Akten zur Auswärtigen Politik der Bundesrepublik Deutschland

Herausgegeben im Auftrag des Auswärtigen Amts
vom Institut für Zeitgeschichte

Hauptherausgeber
Horst Möller

Mitherausgeber
Klaus Hildebrand und Gregor Schöllgen

R. Oldenbourg Verlag München 2006

Akten zur Auswärtigen Politik der Bundesrepublik Deutschland

1975

Band I: 1. Januar bis 30. Juni 1975

Wissenschaftliche Leiterin
Ilse Dorothee Pautsch

Bearbeiter
Michael Kieninger, Mechthild Lindemann
und Daniela Taschler

R. Oldenbourg Verlag München 2006

Bibliografische Information der Deutschen Bibliothek
Die Deutsche Bibliothek verzeichnet diese Publikation in der Deutschen
Nationalbibliografie; detaillierte bibliografische Daten sind im Internet
über <http://dnb.ddb.de> abrufbar.

Bibliographic information published by Die Deutsche Bibliothek
Die Deutsche Bibliothek lists this publication in the Deutsche
Nationalbibliografie; detailed bibliographic data is available in the Internet at
<http://dnb.ddb.de>.

© 2006 Oldenbourg Wissenschaftsverlag GmbH, München
Rosenheimer Straße 145, D-81671 München
Internet: http://www.oldenbourg.de

Das Werk einschließlich aller Abbildungen ist urheberrechtlich geschützt. Jede Verwertung außerhalb der Grenzen des Urheberrechtsgesetzes ist ohne Zustimmung des Verlages unzulässig und strafbar. Dies gilt insbesondere für Vervielfältigungen, Übersetzungen, Mikroverfilmungen und die Einspeicherung und Bearbeitung in elektronischen Systemen.

Umschlaggestaltung: Dieter Vollendorf
Gedruckt auf säurefreiem, alterungsbeständigem Papier (chlorfrei gebleicht).
Gesamtherstellung: R. Oldenbourg Graphische Betriebe Druckerei GmbH, München

ISBN-13: 978-3-486-57754-9
ISBN-10: 3-486-57754-9

Inhalt

Vorwort	VII
Vorbemerkungen zur Edition	VIII
Verzeichnisse	XV
Dokumentenverzeichnis	XVII
Literaturverzeichnis	LXX
Abkürzungsverzeichnis	LXXVII
Dokumente	1
Band I (Dokumente 1–186)	3
Band II (Dokumente 187–395)	865
Register	1859
Personenregister	1859
Sachregister	1923

Anhang: Organisationsplan des Auswärtigen Amts vom Oktober 1975

Vorwort

Mit den Jahresbänden 1975 veröffentlicht das Institut für Zeitgeschichte zum dreizehnten Mal eine Sammlung von Dokumenten aus dem Politischen Archiv des Auswärtigen Amts unmittelbar nach Ablauf der 30jährigen Aktensperrfrist.

Das Erscheinen der vorliegenden Bände gibt Anlaß, allen an dem Werk Beteiligten zu danken. So gilt mein verbindlichster Dank dem Auswärtigen Amt, vor allem dem Politischen Archiv. Gleichermaßen zu danken ist dem Bundeskanzleramt für die Erlaubnis, unverzichtbare Gesprächsaufzeichnungen in die Edition aufnehmen zu können. Herrn Bundeskanzler a.D. Helmut Schmidt danke ich für die Genehmigung zum Abdruck wichtiger und die amtliche Überlieferung ergänzender Schriftstücke aus seinem Depositum im Archiv der sozialen Demokratie der Friedrich-Ebert-Stiftung in Bonn.

Großer Dank gebührt ferner den Kollegen im Herausgebergremium, die sich ihrer anspruchsvollen Aufgabe in bewährter Kollegialität gewidmet haben.

Am 1. Januar 2005 hat zum ersten Mal seit Bestehen der Aktenedition eine personelle Veränderung im Herausgebergremium stattgefunden. Es ist mir ein besonderes Anliegen, dem ehemaligen Hauptherausgeber, Herrn Professor Dr. Dr. h.c. Hans-Peter Schwarz, und den gemeinsam mit ihm ausgeschiedenen Mitherausgebern Frau Professor Dr. Helga Haftendorn, Herrn Professor Dr. Werner Link und Herrn Professor Dr. Dr. h.c. Rudolf Morsey für ihre fast fünfzehnjährige Tätigkeit nachdrücklich zu danken. Ihre herausragende Sachkompetenz und ihr unermüdliches Engagement haben entscheidend zum Niveau und zum Erfolg der „Akten zur Auswärtigen Politik der Bundesrepublik Deutschland" beigetragen. Auch an der Vorbereitung der vorliegenden Bände waren sie maßgeblich beteiligt.

Gedankt sei dem wie stets präzise arbeitenden Verlag R. Oldenbourg sowie den in der Münchener Zentrale des Instituts Beteiligten, insbesondere der Verwaltungsleiterin Frau Ingrid Morgen.

Das Hauptverdienst am Gelingen der zwei Bände gebührt den Bearbeitern, Herrn Dr. Michael Kieninger, Frau Dr. Mechthild Lindemann und Frau Dr. Daniela Taschler, zusammen mit der Wissenschaftlichen Leiterin der Abteilung des Instituts für Zeitgeschichte im Auswärtigen Amt, Frau Dr. Ilse Dorothee Pautsch. Ihnen sei für die erbrachte Leistung nachdrücklichst gedankt.

Ebenso haben wesentlich zur Fertigstellung der Edition beigetragen: Herr Dr. Tim Geiger durch die Anfertigung des Personenregisters, Herr Dr. Matthias Peter durch Mithilfe bei der Bearbeitung, Herr Dr. Wolfgang Hölscher und Frau Cornelia Jurrmann M.A. durch die Herstellung des Satzes, Frau Jutta Bernlöhr, Frau Gabriele Tschacher und Frau Brigitte Hoffmann durch Schreibarbeiten sowie Frau Ulrike Hennings M.A. und die Herren Andreas Doyé M.A., Joachim Hausknecht, Lars Lüdicke M.A. und Thomas Olig M.A.

Berlin, den 1. Oktober 2005   Horst Möller

Vorbemerkungen zur Edition

Die „Akten zur Auswärtigen Politik der Bundesrepublik Deutschland 1975" (Kurztitel: AAPD 1975) umfassen zwei Bände, die durchgängig paginiert sind. Den abgedruckten Dokumenten gehen im Band I neben Vorwort und Vorbemerkungen ein Dokumentenverzeichnis, ein Literaturverzeichnis sowie ein Abkürzungsverzeichnis voran. Am Ende von Band II finden sich ein Personen- und ein Sachregister sowie ein Organisationsplan des Auswärtigen Amts vom Oktober 1975.

Dokumentenauswahl

Grundlage für die Fondsedition der „Akten zur Auswärtigen Politik der Bundesrepublik Deutschland 1975" sind die Bestände des Politischen Archivs des Auswärtigen Amts (PA/AA). Schriftstücke aus anderen Bundesministerien, die in die Akten des Auswärtigen Amts Eingang gefunden haben, wurden zur Kommentierung herangezogen. Verschlußsachen dieser Ressorts blieben unberücksichtigt. Dagegen haben die im Auswärtigen Amt vorhandenen Aufzeichnungen über Gespräche des Bundeskanzlers mit ausländischen Staatsmännern und Diplomaten weitgehend Aufnahme gefunden. Als notwendige Ergänzung dienten die im Bundeskanzleramt überlieferten Gesprächsaufzeichnungen. Um die amtliche Überlieferung zu vervollständigen, wurde zusätzlich das Depositum des ehemaligen Bundeskanzlers Helmut Schmidt im Archiv der sozialen Demokratie der Friedrich-Ebert-Stiftung ausgewertet.

Entsprechend ihrer Herkunft belegen die edierten Dokumente in erster Linie die außenpolitischen Aktivitäten des Bundesministers des Auswärtigen. Sie veranschaulichen aber auch die Außenpolitik des jeweiligen Bundeskanzlers. Die Rolle anderer Akteure, insbesondere im parlamentarischen und parteipolitischen Bereich, wird beispielhaft dokumentiert, sofern eine Wechselbeziehung zum Auswärtigen Amt gegeben war.

Die ausgewählten Dokumente sind nicht zuletzt deshalb für ein historisches Verständnis der Außenpolitik der Bundesrepublik Deutschland von Bedeutung, weil fast ausschließlich Schriftstücke veröffentlicht werden, die bisher der Forschung unzugänglich und größtenteils als Verschlußsachen der Geheimhaltung unterworfen waren. Dank einer entsprechenden Ermächtigung wurden den Bearbeitern die VS-Bestände des PA/AA ohne Einschränkung zugänglich gemacht und Anträge auf Herabstufung und Offenlegung von Schriftstücken beim Auswärtigen Amt ermöglicht. Das Bundeskanzleramt war zuständig für die Deklassifizierung von Verschlußsachen aus den eigenen Beständen. Kopien der offengelegten Schriftstücke, deren Zahl diejenige der in den AAPD 1975 edierten Dokumente weit übersteigt, werden im PA/AA zugänglich gemacht (Bestand B 150).

Nur eine äußerst geringe Zahl der für die Edition vorgesehenen Aktenstücke wurde nicht zur Veröffentlichung freigegeben. Hierbei handelt es sich vor allem um Dokumente, in denen personenbezogene Vorgänge im Vordergrund stehen oder die auch heute noch sicherheitsrelevante Angaben enthalten. Von einer

Deklassifizierung ausgenommen war Schriftgut ausländischer Herkunft bzw. aus dem Bereich multilateraler oder internationaler Organisationen wie etwa der NATO. Unberücksichtigt blieb ebenfalls nachrichtendienstliches Material.

Dokumentenfolge

Die 395 edierten Dokumente sind in chronologischer Folge geordnet und mit laufenden Nummern versehen. Bei differierenden Datumsangaben auf einem Schriftstück, z. B. im Falle abweichender maschinenschriftlicher und handschriftlicher Datierung, ist in der Regel das früheste Datum maßgebend. Mehrere Dokumente mit demselben Datum sind, soweit möglich, nach der Uhrzeit eingeordnet. Erfolgt eine Datierung lediglich aufgrund sekundärer Hinweise (z. B. aus Begleitschreiben, beigefügten Vermerken usw.), wird dies in einer Anmerkung ausgewiesen. Bei Aufzeichnungen über Gespräche ist das Datum des dokumentierten Vorgangs ausschlaggebend, nicht der meist spätere Zeitpunkt der Niederschrift.

Dokumentenkopf

Jedes Dokument beginnt mit einem halbfett gedruckten Dokumentenkopf, in dem wesentliche formale Angaben zusammengefaßt werden. Auf Dokumentennummer und Dokumentenüberschrift folgen in kleinerer Drucktype ergänzende Angaben, so rechts außen das Datum. Links außen wird, sofern vorhanden, das Geschäftszeichen des edierten Schriftstücks einschließlich des Geheimhaltungsgrads (zum Zeitpunkt der Entstehung) wiedergegeben. Das Geschäftszeichen, das Rückschlüsse auf den Geschäftsgang zuläßt und die Ermittlung zugehörigen Aktenmaterials ermöglicht, besteht in der Regel aus der Kurzbezeichnung der ausfertigenden Arbeitseinheit sowie aus weiteren Elementen wie dem inhaltlich definierten Aktenzeichen, der Tagebuchnummer einschließlich verkürzter Jahresangabe und gegebenenfalls dem Geheimhaltungsgrad. Dokumentennummer, verkürzte Überschrift und Datum finden sich auch im Kolumnentitel über dem Dokument.

Den Angaben im Dokumentenkopf läßt sich die Art des jeweiligen Dokuments entnehmen. Aufzeichnungen sind eine in der Edition besonders häufig vertretene Dokumentengruppe. Der Verfasser wird jeweils in der Überschrift benannt, auch dann, wenn er sich nur indirekt erschließen läßt. Letzteres wird durch Hinzufügen der Unterschrift in eckigen Klammern deutlich gemacht und in einer Anmerkung erläutert („Verfasser laut Begleitvermerk" bzw. „Vermuteter Verfasser der nicht unterzeichneten Aufzeichnung"). Läßt sich der Urheber etwa durch den Briefkopf eindeutig feststellen, so entfällt dieser Hinweis. Ist ein Verfasser weder mittelbar noch unmittelbar nachweisbar, wird die ausfertigende Arbeitseinheit (Abteilung, Referat oder Delegation) angegeben.

Eine weitere Gruppe von Dokumenten bildet der Schriftverkehr zwischen der Zentrale in Bonn und den Auslandsvertretungen. Diese erhielten ihre Informationen und Weisungen in der Regel mittels Drahterlaß, der fernschriftlich oder per Funk übermittelt wurde. Auch bei dieser Dokumentengruppe wird in der Überschrift der Verfasser genannt, ein Empfänger dagegen nur, wenn der

Drahterlaß an eine einzelne Auslandsvertretung bzw. deren Leiter gerichtet war. Anderenfalls werden die Adressaten in einer Anmerkung aufgeführt. Bei Runderlassen an sehr viele oder an alle diplomatischen Vertretungen wird der Empfängerkreis nicht näher spezifiziert, um die Anmerkungen nicht zu überfrachten. Ebenso sind diejenigen Auslandsvertretungen nicht eigens aufgeführt, die nur nachrichtlich von einem Erlaß in Kenntnis gesetzt wurden. Ergänzend zum Geschäftszeichen wird im unteren Teil des Dokumentenkopfes links die Nummer des Drahterlasses sowie der Grad der Dringlichkeit angegeben. Rechts davon befindet sich das Datum und – sofern zu ermitteln – die Uhrzeit der Aufgabe. Ein Ausstellungsdatum wird nur dann angegeben, wenn es vom Datum der Aufgabe abweicht.

Der Dokumentenkopf bei einem im Auswärtigen Amt eingehenden Drahtbericht ist in Analogie zum Drahterlaß gestaltet. Als Geschäftszeichen der VS-Drahtberichte dient die Angabe der Chiffrier- und Fernmeldestelle des Auswärtigen Amts (Referat 114). Ferner wird außer Datum und Uhrzeit der Aufgabe auch der Zeitpunkt der Ankunft festgehalten, jeweils in Ortszeit.

In weniger dringenden Fällen verzichteten die Botschaften auf eine fernschriftliche Übermittlung und zogen die Form des mit Kurier übermittelten Schriftberichts vor. Beim Abdruck solcher Stücke werden im Dokumentenkopf neben der Überschrift mit Absender und Empfänger die Nummer des Schriftberichts und das Datum genannt. Gelegentlich bedienten sich Botschaften und Zentrale des sogenannten Privatdienstschreibens, mit dem außerhalb des offiziellen Geschäftsgangs zu einem Sachverhalt Stellung bezogen werden kann; darauf wird in einer Anmerkung aufmerksam gemacht.

Neben dem Schriftwechsel zwischen der Zentrale und den Auslandsvertretungen gibt es andere Schreiben, erkennbar jeweils an der Nennung von Absender und Empfänger. Zu dieser Gruppe zählen etwa Schreiben der Bundesregierung, vertreten durch den Bundeskanzler oder den Bundesminister des Auswärtigen, an ausländische Regierungen, desgleichen auch Korrespondenz des Auswärtigen Amts mit anderen Ressorts oder mit Bundestagsabgeordneten.

Breiten Raum nehmen insbesondere von Dolmetschern gefertigte Niederschriften über Gespräche ein. Sie werden als solche in der Überschrift gekennzeichnet und chronologisch nach dem Gesprächsdatum eingeordnet, während Verfasser und Datum der Niederschrift – sofern ermittelbar – in einer Anmerkung ausgewiesen sind.

Die wenigen Dokumente, die sich keiner der beschriebenen Gruppen zuordnen lassen, sind aufgrund individueller Überschriften zu identifizieren.

Die Überschrift bei allen Dokumenten enthält die notwendigen Angaben zum Ausstellungs-, Absende- oder Empfangsort bzw. zum Ort des Gesprächs. Erfolgt keine besondere Ortsangabe, ist stillschweigend Bonn zu ergänzen. Hält sich der Verfasser oder Absender eines Dokuments nicht an seinem Dienstort auf, wird der Ortsangabe ein „z. Z." vorangesetzt.

Bei den edierten Schriftstücken handelt es sich in der Regel jeweils um die erste Ausfertigung oder – wie etwa bei den Drahtberichten – um eines von mehreren gleichrangig nebeneinander zirkulierenden Exemplaren. Statt einer Erstausfertigung mußten gelegentlich ein Durchdruck, eine Abschrift, eine Ablichtung oder ein vervielfältigtes Exemplar (Matrizenabzug) herangezogen werden. Ein entsprechender Hinweis findet sich in einer Anmerkung. In wenigen Fällen sind Entwürfe abgedruckt und entsprechend in den Überschriften kenntlich gemacht.

Dokumententext

Unterhalb des Dokumentenkopfes folgt – in normaler Drucktype – der Text des jeweiligen Dokuments, einschließlich des Betreffs, der Anrede und der Unterschrift. Die Dokumente werden ungekürzt veröffentlicht. Sofern in Ausnahmefällen Auslassungen vorgenommen werden müssen, wird dies durch Auslassungszeichen in eckigen Klammern („[...]") kenntlich gemacht und in einer Anmerkung erläutert. Bereits in der Vorlage vorgefundene Auslassungen werden durch einfache Auslassungszeichen („...") wiedergegeben.

Offensichtliche Schreib- und Interpunktionsfehler werden stillschweigend korrigiert. Eigentümliche Schreibweisen bleiben nach Möglichkeit erhalten; im Bedarfsfall wird jedoch vereinheitlicht bzw. modernisiert. Dies trifft teilweise auch auf fremdsprachige Orts- und Personennamen zu, deren Schreibweise nach den im Auswärtigen Amt gebräuchlichen Regeln wiedergegeben wird.

Selten vorkommende und ungebräuchliche Abkürzungen werden in einer Anmerkung aufgelöst. Typische Abkürzungen von Institutionen, Parteien etc. werden allerdings übernommen. Hervorhebungen in der Textvorlage, also etwa maschinenschriftliche Unterstreichungen oder Sperrungen, werden nur in Ausnahmefällen wiedergegeben. Der Kursivdruck dient dazu, bei Gesprächsaufzeichnungen die Sprecher voneinander abzuheben. Im äußeren Aufbau (Absätze, Überschriften usw.) folgt das Druckbild nach Möglichkeit der Textvorlage.

Unterschriftsformeln werden vollständig wiedergegeben. Ein handschriftlicher Namenszug ist nicht besonders gekennzeichnet, eine Paraphe mit Unterschriftscharakter wird aufgelöst (mit Nachweis in einer Anmerkung). Findet sich auf einem Schriftstück der Name zusätzlich maschinenschriftlich vermerkt, bleibt dies unerwähnt. Ein maschinenschriftlicher Name, dem ein „gez." vorangestellt ist, wird entsprechend übernommen; fehlt in der Textvorlage der Zusatz „gez.", wird er in eckigen Klammern ergänzt. Weicht das Datum der Paraphe vom Datum des Schriftstückes ab, wird dies in der Anmerkung ausgewiesen.

Unter dem Dokumententext wird die jeweilige Fundstelle des Schriftstückes in halbfetter Schrifttype nachgewiesen. Bei Dokumenten aus dem PA/AA wird auf die Angabe des Archivs verzichtet und nur der jeweilige Bestand mit Bandnummer genannt. Dokumente aus VS-Beständen sind mit der Angabe „VS-Bd." versehen. Bei Dokumenten anderer Herkunft werden Archiv und Bestandsbezeichnung angegeben. Liegt ausnahmsweise ein Schriftstück bereits veröffentlicht vor, so wird dies in einer gesonderten Anmerkung nach der Angabe der Fundstelle ausgewiesen.

Kommentierung

In Ergänzung zum Dokumentenkopf enthalten die Anmerkungen formale Hinweise und geben Auskunft über wesentliche Stationen im Geschäftsgang. Angaben technischer Art, wie Registraturvermerke oder standardisierte Verteiler, werden nur bei besonderer Bedeutung erfaßt. Wesentlich ist dagegen die Frage, welche Beachtung das jeweils edierte Dokument gefunden hat. Dies läßt sich an den Paraphen maßgeblicher Akteure sowie an den – überwiegend handschriftlichen – Weisungen, Bemerkungen oder auch Reaktionen in Form von Frage- oder Ausrufungszeichen ablesen, die auf dem Schriftstück selbst oder auf Begleitschreiben und Begleitvermerken zu finden sind. Die diesbezüglichen Merkmale sowie damit in Verbindung stehende Hervorhebungen (Unterstreichungen oder Anstreichungen am Rand) werden in Anmerkungen nachgewiesen. Auf den Nachweis sonstiger An- oder Unterstreichungen wird verzichtet. Abkürzungen in handschriftlichen Passagen werden in eckigen Klammern aufgelöst, sofern sie nicht im Abkürzungsverzeichnis aufgeführt sind.

In den im engeren Sinn textkritischen Anmerkungen werden nachträgliche Korrekturen oder textliche Änderungen des Verfassers und einzelner Adressaten festgehalten, sofern ein Konzipient das Schriftstück entworfen hat. Unwesentliche Textverbesserungen sind hiervon ausgenommen. Ferner wird auf einen systematischen Vergleich der Dokumente mit Entwürfen ebenso verzichtet wie auf den Nachweis der in der Praxis üblichen Einarbeitung von Textpassagen in eine spätere Aufzeichnung oder einen Drahterlaß.

Die Kommentierung soll den historischen Zusammenhang der edierten Dokumente in ihrer zeitlichen und inhaltlichen Abfolge sichtbar machen, weiteres Aktenmaterial und anderweitiges Schriftgut nachweisen, das unmittelbar oder mittelbar angesprochen wird, sowie Ereignisse oder Sachverhalte näher erläutern, die dem heutigen Wissens- und Erfahrungshorizont ferner liegen und aus dem Textzusammenhang heraus nicht oder nicht hinlänglich zu verstehen sind.

Besonderer Wert wird bei der Kommentierung darauf gelegt, die Dokumente durch Bezugsstücke aus den Akten der verschiedenen Arbeitseinheiten des Auswärtigen Amts bis hin zur Leitungsebene zu erläutern. Zitate oder inhaltliche Wiedergaben sollen die Entscheidungsprozesse erhellen und zum Verständnis der Dokumente beitragen. Dadurch wird zugleich Vorarbeit geleistet für eine vertiefende Erschließung der Bestände des PA/AA. Um die Identifizierung von Drahtberichten bzw. -erlassen zu erleichtern, werden außer dem Verfasser und dem Datum die Drahtberichtsnummer und, wo immer möglich, die Drahterlaßnummer angegeben.

Findet in einem Dokument veröffentlichtes Schriftgut Erwähnung – etwa Abkommen, Gesetze, Reden oder Presseberichte –, so wird die Fundstelle nach Möglichkeit genauer spezifiziert. Systematische Hinweise auf archivalische oder veröffentlichte Quellen, insbesondere auf weitere Bestände des PA/AA, erfolgen nicht. Sekundärliteratur wird generell nicht in die Kommentierung aufgenommen.

Angaben wie Dienstbezeichnung, Dienststellung, Funktion, Dienstbehörde und Nationalität dienen der eindeutigen Identifizierung der in der Kommentierung vorkommenden Personen. Bei Bundesministern erfolgt ein Hinweis zum jeweiligen Ressort nur im Personenregister. Eine im Dokumententext lediglich mit ihrer Funktion genannte Person wird nach Möglichkeit in einer Anmerkung namentlich nachgewiesen. Davon ausgenommen sind der jeweilige Bundespräsident, Bundeskanzler und Bundesminister des Auswärtigen.

Die Bezeichnung einzelner Staaten wird so gewählt, daß Verwechslungen ausgeschlossen sind. Als Kurzform für die Deutsche Demokratische Republik kommen in den Dokumenten die Begriffe SBZ oder DDR vor und werden so wiedergegeben. Der in der Forschung üblichen Praxis folgend, wird jedoch in der Kommentierung, den Verzeichnissen sowie den Registern der Begriff DDR verwendet. Das Adjektiv „deutsch" findet nur bei gesamtdeutschen Belangen oder dann Verwendung, wenn eine eindeutige Zuordnung gegeben ist. Der westliche Teil von Berlin wird als Berlin (West), der östliche Teil der Stadt als Ost-Berlin bezeichnet.

Der Vertrag vom 8. April 1965 über die Einsetzung eines gemeinsamen Rates und einer vereinigten Kommission der Europäischen Gemeinschaften trat am 1. Juli 1967 in Kraft. Zur Kennzeichnung der Zusammenlegung von EWG, EURATOM und EGKS wird in der Kommentierung ab diesem Datum von „Europäischen Gemeinschaften" bzw. „EG" gesprochen.

Die zur Kommentierung herangezogenen Editionen, Geschichtskalender und Memoiren werden mit Kurztitel angeführt, die sich über ein entsprechendes Verzeichnis auflösen lassen. Häufig genannte Verträge oder Gesetzestexte werden nur bei der Erstnennung nachgewiesen und lassen sich über das Sachregister erschließen.

Wie bei der Wiedergabe der Dokumente finden auch in den Anmerkungen die im Auswärtigen Amt gebräuchlichen Regeln für die Transkription fremdsprachlicher Namen und Begriffe Anwendung. Bei Literaturangaben in russischer Sprache wird die im wissenschaftlichen Bereich übliche Transliterierung durchgeführt.

Verzeichnisse

Das *Dokumentenverzeichnis* ist chronologisch angelegt. Es bietet zu jedem Dokument folgende Angaben: Die halbfett gedruckte Dokumentennummer, Datum und Überschrift, die Fundseite sowie eine inhaltliche Kurzübersicht.

Das *Literaturverzeichnis* enthält die zur Kommentierung herangezogenen Publikationen, die mit Kurztiteln oder Kurzformen versehen wurden. Diese sind alphabetisch geordnet und werden durch bibliographische Angaben aufgelöst.

Das *Abkürzungsverzeichnis* führt die im Dokumententeil vorkommenden Abkürzungen auf, insbesondere von Organisationen, Parteien und Dienstbezeichnungen sowie sonstige im diplomatischen Schriftverkehr übliche Abbreviaturen. Abkürzungen von Firmen werden dagegen im Sachregister unter dem Schlagwort „Wirtschaftsunternehmen" aufgelöst. Nicht aufgenommen werden geläufige Abkürzungen wie „z.B.", „d.h.", „m.E.", „u.U." und „usw." sowie Abkürzungen, die im Dokumententext oder in einer Anmerkung erläutert sind.

Register und Organisationsplan

Im *Personenregister* werden in der Edition vorkommende Personen unter Nennung derjenigen politischen, dienstlichen oder beruflichen Funktionen aufgeführt, die im inhaltlichen Zusammenhang der Dokumente wesentlich sind. Das

Sachregister ermöglicht einen thematisch differenzierten Zugriff auf die einzelnen Dokumente. Näheres ist den dem jeweiligen Register vorangestellten Hinweisen zur Benutzung zu entnehmen.

Der *Organisationsplan* vom Oktober 1975 zeigt die Struktur des Auswärtigen Amts und informiert über die Namen der Leiter der jeweiligen Arbeitseinheiten.

Verzeichnisse

Dokumentenverzeichnis

1	03.01.	Staatssekretär Gehlhoff an Botschafter Sahm, Moskau	S. 3

Gehlhoff informiert über den Stand der Beziehungen zur UdSSR, analysiert im einzelnen die Verhandlungen über die Einbeziehung von Berlin (West) in bilaterale Abkommen und benennt die von Sahm im Gespräch mit dem sowjetischen Stellvertretenden Außenminister Semskow anzusprechenden Themen.

2	05.01.	Botschafter von Staden, Washington, an das Auswärtige Amt	S. 10

Staden kommentiert die Interviews des amerikanischen Außenministers Kissinger mit den Wochenzeitschriften „Newsweek" und „Business Week" zur Entspannungspolitik und zur Ölkrise.

3	10.01.	Aufzeichnung des Ministerialdirektors Lahn	S. 18

Lahn faßt die Ergebnisse der Verhandlungen mit Kuba über die Wiederaufnahme der diplomatischen Beziehungen zusammen.

4	14.01.	Aufzeichnung des Ministerialdirigenten Dreher	S. 22

Dreher erörtert die Einrichtung einer Stiftung für Opfer nationalsozialistischer Gewaltmaßnahmen zur abschließenden Regelung der Wiedergutmachungsfrage.

5	15.01.	Vortragender Legationsrat I. Klasse Pfeffer an das Bundesministerium der Verteidigung	S. 30

Pfeffer erläutert die politische Bedeutung der militärischen Ausbildungshilfe für Länder der Dritten Welt.

6	17.01.	Aufzeichnung des Botschafters Schirmer	S. 32

Schirmer unterbreitet Vorschläge für die Diskussion im Rahmen der EPZ über den Europäisch-Arabischen Dialog, insbesondere über eine Beteiligung der PLO, und bittet um Weisung.

7	17.01.	Botschafter Pauls, Peking, an das Auswärtige Amt	S. 34

Pauls berichtet über Gespräche des CSU-Vorsitzenden Strauß mit dem Vorsitzenden des ZK und des Politbüros der Kommunistischen Partei Chinas, Mao Tse-tung, mit Ministerpräsident Chou En-lai und mit dem chinesischen Außenminister Chiao Kuan-hua.

8	20.01.	Runderlaß des Vortragenden Legationsrats I. Klasse Dohms	S. 38
		Dohms informiert über die Ergebnisse der Währungskonferenzen im Januar 1975.	
9	21.01.	Gespräch des Bundeskanzlers Schmidt und des Bundesministers Genscher mit den Abgeordneten Carstens und Stücklen	S. 44
		Erörtert werden die Beziehungen zur DDR und weitere Aspekte der Deutschlandpolitik sowie Währungsprobleme.	
10	21.01.	Botschafter Sahm, Moskau, an das Auswärtige Amt	S. 56
		Sahm berichtet von einem Gespräch mit dem sowjetischen Stellvertretenden Außenminister Semskow über die Nahost-Politik der Bundesrepublik, den 30. Jahrestag des Endes des Zweiten Weltkriegs, die Einbeziehung von Berlin (West) in bilaterale Abkommen und die KSZE.	
11	22.01.	Aufzeichnung des Ministerialdirigenten Meyer-Landrut	S. 64
		Meyer-Landrut gibt eine Einschätzung polnischer Äußerungen zum Stand der bilateralen Beziehungen.	
12	22.01.	Aufzeichnung des Vortragenden Legationsrats I. Klasse Ruth	S. 69
		Für eine Sitzung des Bundessicherheitsrats faßt Ruth den Stand der MBFR-Verhandlungen zusammen.	
13	22.01.	Aufzeichnung des Vortragenden Legationsrats Gehl	S. 74
		Gehl erläutert den Stand der KSZE.	
14	23.01.	Aufzeichnung des Ministerialdirigenten Fischer	S. 81
		Fischer resümiert die Verhandlungen mit der Demokratischen Republik Vietnam (Nordvietnam) über die Aufnahme diplomatischer Beziehungen und unterbreitet Vorschläge für das weitere Vorgehen.	
15	23.01.	Runderlaß des Vortragenden Legationsrats Engels	S. 84
		Engels informiert über die Gespräche des Bundesministers Genscher mit dem französischen Außenminister Sauvagnargues. Im Mittelpunkt standen Europafragen, der Vorschlag für eine Konferenz erdölproduzierender und -verbrauchender Staaten, der Europäisch-Arabische Dialog und die Einbeziehung von Berlin (West) in Verträge der Bundesrepublik.	
16	24.01.	Rundschreiben des Bundeskanzlers Schmidt	S. 91
		Schmidt erläutert das Verfahren und die Zuständigkeiten für die Verhandlungen mit der DDR.	

Februar

17 27.01. Aufzeichnung des Ministerialdirigenten Lautenschlager S. 93

Lautenschlager legt die Schwierigkeiten hinsichtlich der Erteilung von Ausfuhrgenehmigungen für Rüstungsgüter aus deutsch-französischer Koproduktion dar.

18 28.01. Ministerialdirektor van Well an die Botschaft in Moskau S. 100

Van Well gibt einen Überblick über die bei der KSZE in Genf vorliegenden Vorschläge zur Formel über friedliche Grenzänderungen („peaceful change") in der Prinzipienerklärung.

19 04.02. Aufzeichnung des Ministerialdirektors van Well S. 105

Van Well informiert über ein Gespräch mit dem Staatssekretär im französischen Außenministerium, Destremau, zur europäischen Zusammenarbeit im Bereich der Verteidigung.

20 06.02. Gespräch des Bundesministers Genscher mit dem österreichischen Außenminister Bielka-Karltreu in Wien S. 107

Erörtert werden insbesondere der Konsularvertrag zwischen Österreich und der DDR, offene Fragen in den bilateralen Beziehungen und die Entspannungspolitik.

21 06.02. Botschafter von Staden, Washington, an Ministerialdirektor van Well S. 116

Staden kommentiert die Sprachregelung zu einer Benutzung amerikanischer Stützpunkte in der Bundesrepublik für Materiallieferungen an Israel im Falle eines neuen Nahost-Kriegs.

22 07.02. Runderlaß des Staatssekretärs Gehlhoff S. 118

Gehlhoff erläßt Richtlinien für die Einbeziehung von Berlin (West) in völkerrechtliche Verträge der Bundesrepublik.

23 07.02. Runderlaß des Vortragenden Legationsrats I. Klasse Dohms S. 123

Dohms berichtet über die deutsch-französischen Konsultationen am 3./4. Februar in Paris. Themen waren vor allem Energiefragen, die internationale Wirtschaftslage, die Europa-Politik, der Europäisch-Arabische Dialog, die Situation im Nahen Osten und Perspektiven der Entspannungspolitik.

24 11.02. Gesandter Boss, Brüssel (NATO), an das Auswärtige Amt S. 134

Boss informiert über eine Sitzung des Ständigen NATO-Rats mit den Leitern der KSZE-Delegationen der NATO-Mitgliedstaaten in Genf. Im Mittelpunkt der Erörterungen standen Verhandlungsstand und -taktik, insbesondere bei den vertrauensbildenden Maßnahmen, Überlegungen zum Abschluß der zweiten Konferenzphase und die Konferenzfolgen.

XIX

25 12.02. Aufzeichnung des Botschafters Roth S. 140

Roth befaßt sich mit den Folgen eines Abkommens mit Brasilien über Zusammenarbeit bei der friedlichen Nutzung der Kernenergie für die Nichtverbreitungspolitik der Bundesrepublik.

26 14.02. Aufzeichnung des Ministerialdirektors Hermes S. 143

Hermes berichtet von den Verhandlungen mit Brasilien über ein Abkommen über Zusammenarbeit bei der friedlichen Nutzung der Kernenergie und erörtert Fragen der Sicherheitskontrolle.

27 14.02. Vortragender Legationsrat I. Klasse von der Gablentz, z.Z. Dublin, an das Auswärtige Amt S. 147

Gablentz teilt die Ergebnisse der Konferenz der Außenminister der EG-Mitgliedstaaten im Rahmen der EPZ in Dublin zu den Themen KSZE, Europäisch-Arabischer Dialog, Europäisches Parlament, Zusammenarbeit in der UNO und Zypern-Konflikt mit.

28 17.02. Aufzeichnung des Ministerialdirektors van Well S. 153

Van Well faßt ein Gespräch des Bundeskanzlers Schmidt mit dem amerikanischen Außenminister Kissinger zusammen. Erörtert wurden Energiekrise und Währungsfragen, Entwicklungshilfe, die Lage im Nahen Osten, das britische Referendum über die EG-Mitgliedschaft und die Beziehungen zur Volksrepublik China.

29 17.02. Aufzeichnung des Ministerialdirigenten Jesser S. 159

Jesser erörtert die Haltung der Bundesregierung zur Palästina-Frage und gegenüber der PLO.

30 17.02. Aufzeichnung des Vortragenden Legationsrats I. Klasse Andreae S. 165

Andreae resümiert ein Gespräch der europäischen SALT-Experten in Brüssel über die am 23./24. November 1974 in Wladiwostok getroffenen amerikanisch-sowjetischen Vereinbarungen über eine Begrenzung strategischer Waffen (SALT).

31 18.02. Aufzeichnung des Ministerialdirektors van Well S. 168

Van Well faßt ein Gespräch des Bundesministers Genscher mit dem amerikanischen Außenminister Kissinger zusammen. Themen waren das Verhältnis der amerikanischen Regierung zum Kongreß, die Entspannungspolitik, der Besuch von Genscher in Schweden sowie die Lage im Nahen Osten und der Zypern-Konflikt.

32	19.02.	**Aufzeichnung des Ministerialdirektors van Well**	S. 172
		Van Well unterbreitet Verfahrensvorschläge zur Wiederaufnahme der Verteidigungshilfe an Griechenland und die Türkei.	
33	19.02.	**Bundeskanzler Schmidt an den britischen Schatzkanzler Healey**	S. 177
		Schmidt äußert sich zu den Vorschlägen der EG-Kommission für einen Korrekturmechanismus beim Finanzierungssystem der Europäischen Gemeinschaften.	
34	20.02.	**Botschafter Krapf, Brüssel (NATO), an das Auswärtige Amt**	S. 179
		Krapf berichtet von der Unterrichtung des Ständigen NATO-Rats über die Gespräche des amerikanischen Außenministers Kissinger mit dem sowjetischen Außenminister Gromyko in Genf sowie den Besuch des Premierministers Wilson in Moskau. Diskutiert wurden außerdem MBFR, KSZE, die Lage im Nahen Osten und der Stand der amerikanisch-sowjetischen Beziehungen.	
35	24.02.	**Runderlaß des Vortragenden Legationsrats I. Klasse Dohms**	S. 187
		Dohms informiert über die Unterredungen des Bundesministers Genscher mit dem italienischen Außenminister Rumor und Ministerpräsident Moro in Rom. Erörtert wurden die Europa- und Entspannungspolitik, die Lage im Nahen Osten und der Europäisch-Arabische Dialog, der Zypern-Konflikt, Planungen für eine internationale Energiesicherung, Regelungen für italienische Gastarbeiter in der Bundesrepublik und die Einführung des PAL-Farbfernsehsystems in Italien.	
36	25.02.	**Botschafter Behrends, Wien (MBFR-Delegation), an das Auswärtige Amt**	S. 192
		Behrends berichtet über sowjetische Änderungsvorschläge zum sowjetischen Entwurf vom 8. November 1973 für einen MBFR-Vertrag und übermittelt erste Stellungnahmen dazu.	
37	26.02.	**Gespräch des Bundesministers Genscher mit dem israelischen Außenminister Allon**	S. 196
		Erörtert werden der aktuelle Stand des Nahost-Konflikts, die wirtschaftliche Lage in der Bundesrepublik und die britische Haltung zu den Europäischen Gemeinschaften.	
38	26.02.	**Gespräch des Staatssekretärs Schüler, Bundeskanzleramt, mit dem sowjetischen Botschafter Falin**	S. 205
		Falin warnt vor der Veröffentlichung der im Auftrag der Bundesregierung erstellten Dokumentation zu „Vertreibung und Vertreibungsverbrechen".	

39	26.02.	**Botschafter Sonnenhol, Ankara, an das Auswärtige Amt**	S. 208
		Sonnenhol berichtet von einem Gespräch mit dem türkischen Außenminister Esenbel über den Zypern-Konflikt, das amerikanische Waffenembargo gegen die Türkei und die Verteidigungshilfe der Bundesrepublik.	
40	04.03.	**Gespräch des Bundeskanzlers Schmidt mit Ministerpräsident Trudeau**	S. 212
		Besprochen werden der kanadische Verteidigungsbeitrag zur NATO und das Verhältnis Kanadas zu den Europäischen Gemeinschaften, der Abschluß der KSZE sowie der Nichtverbreitungsvertrag von 1968.	
41	04.03.	**Aufzeichnung des Legationsrats I. Klasse Leonberger, Bundeskanzleramt**	S. 215
		Leonberger referiert aus einem Telefongespräch des Bundeskanzlers Schmidt mit Staatspräsident Giscard d'Estaing die Erörterung der Einberufung einer Konferenz erdölproduzierender und -verbrauchender Staaten.	
42	04.03.	**Aufzeichnung des Legationsrats I. Klasse Leonberger, Bundeskanzleramt**	S. 216
		Aus dem Telefongespräch des Bundeskanzlers Schmidt mit Staatspräsident Giscard d'Estaing resümiert Leonberger die Ausführungen zu den Themen für den Europäischen Rat am 10./11. März in Dublin, insbesondere zum Korrekturmechanismus beim Finanzierungssystem der Europäischen Gemeinschaften.	
43	05.03.	**Gespräche des Bundesministers Genscher mit dem bulgarischen Außenminister Mladenow**	S. 220
		Genscher und Mladenow erörtern die KSZE, die MBFR-Verhandlungen, die Lage im Nahen Osten, den Zypern-Konflikt sowie die bilateralen Wirtschafts- und Kulturbeziehungen.	
44	07.03.	**Aufzeichnung des Staatssekretärs Gehlhoff**	S. 232
		Gehlhoff faßt eine Unterredung mit den Botschaftern der Drei Mächte zusammen. Gesprächsthema war der Aufenthalt des Generalbundesanwalts in Berlin (West) aufgrund der Entführung des Vorsitzenden des Berliner Landesverbands der CDU, Lorenz.	
45	07.03.	**Botschafter Held, Sanaa, an das Auswärtige Amt**	S. 234
		Held informiert über die Haltung der Regierung der Demokratischen Volksrepublik Jemen (Südjemen) zum Asylersuchen der Entführer des Vorsitzenden des Berliner Landesverbands der CDU, Lorenz.	

46	10.03.	Aufzeichnung des Ministerialdirektors Hermes	S. 237
		Hermes stellt Überlegungen zu einem Abkommen mit Brasilien über Zusammenarbeit bei der friedlichen Nutzung der Kernenergie an.	
47	12.03.	Aufzeichnung des Ministerialdirektors van Well	S. 242
		Van Well äußert sich zum Stand und zur Fortsetzung der Gespräche zwischen der Bundesrepublik und Polen. Hauptthemen sind die Umsiedlung, die Entschädigungsfrage und ein Finanzkredit.	
48	12.03.	Aufzeichnung des Ministerialdirigenten Ruhfus	S. 247
		Ruhfus berichtet über die Flucht von vier portugiesischen Offizieren in die Botschaft der Bundesrepublik in Lissabon.	
49	12.03.	Runderlaß des Ministerialdirektors van Well	S. 250
		Van Well informiert über die Beratungen zur KSZE auf der Tagung des Europäischen Rats am 10./11. März in Dublin.	
50	14.03.	Aufzeichnung des Vortragenden Legationsrats I. Klasse Pfeffer	S. 256
		Pfeffer resümiert ein Gespräch des Bundesministers Genscher mit dem Abteilungsleiter im amerikanischen Außenministerium, Hartman, zum Zypern-Konflikt und zur Verteidigungshilfe an die Türkei.	
51	17.03.	Gespräch des Bundeskanzlers Schmidt mit dem sowjetischen Botschafter Falin	S. 261
		Themen sind die KSZE, das wissenschaftlich-technische Abkommen mit der UdSSR, wirtschaftliche Zusammenarbeit und Berlinfragen.	
52	18.03.	Aufzeichnung des Ministerialdirektors van Well	S. 265
		Van Well unterrichtet über die ungarischen Reparations- und Wiedergutmachungsforderungen.	
53	18.03.	Botschafter Blech, Genf (KSZE-Delegation), an das Auswärtige Amt	S. 271
		Blech faßt ein Gespräch mit der sowjetischen KSZE-Delegation über den Verhandlungsstand zusammen.	
54	20.03.	Aufzeichnung des Vortragenden Legationsrats Kastrup	S. 278
		Kastrup informiert über die Unterrichtung der Botschafter der Drei Mächte zum Stand der Verhandlungen mit der DDR.	

| 55 | 22.03. | Aufzeichnung des Vortragenden Legationsrats I. Klasse Munz | S. 282 |

Munz legt die Ergebnisse einer Besprechung im Bundeskanzleramt zur Lage in Portugal dar.

| 56 | 24.03. | Aufzeichnung des Vortragenden Legationsrats Freiherr von Pfetten-Arnbach | S. 285 |

Pfetten-Arnbach berichtet über eine Sitzung der Afrika-Expertengruppe im Rahmen der EPZ zur Frage einer gemeinsamen Vertretung der EG-Mitgliedstaaten in Guinea-Bissau.

| 57 | 24.03. | Drahterlaß des Vortragenden Legationsrats I. Klasse Pfeffer | S. 287 |

Pfeffer informiert über ein Gespräch des Staatssekretärs Gehlhoff mit den Botschaftern Phrydas (Griechenland) und Halefoglu (Türkei) zur Wiederaufnahme der Verteidigungshilfe an beide Staaten.

| 58 | 25.03. | Aufzeichnung des Vortragenden Legationsrats I. Klasse Ruth | S. 290 |

Ruth erörtert die Hauptprobleme und das weitere Vorgehen hinsichtlich der Einbeziehung amerikanischer nuklearer Komponenten (Option III) bei den MBFR-Verhandlungen.

| 59 | 25.03. | Aufzeichnung des Vortragenden Legationsrats I. Klasse Randermann | S. 296 |

Randermann resümiert den Sachstand beim Abkommen mit Brasilien über Zusammenarbeit bei der friedlichen Nutzung der Kernenergie.

| 60 | 25.03. | Ministerialdirigent Ruhfus an Botschafter von Staden, Washington | S. 300 |

Ruhfus übermittelt ein Schreiben des Bundesministers Genscher an den amerikanischen Außenminister Kissinger zur Lage in Portugal.

| 61 | 26.03. | Aufzeichnung des Bundesministers Genscher | S. 302 |

Genscher faßt eine Unterredung mit Bundeskanzler Schmidt über die Beziehungen mit Polen zusammen.

| 62 | 26.03. | Aufzeichnung des Ministerialdirektors Lahn | S. 304 |

Lahn erläutert die Politik der Bundesregierung gegenüber der PLO.

| 63 | 26.03. | Botschafter Ritzel, Prag, an das Auswärtige Amt | S. 309 |

Ritzel übermittelt die Aufzeichnung eines Gesprächs des Bundesministers Genscher mit Ministerpräsident Štrougal am 25.

		März in Prag über wirtschaftliche und humanitäre Fragen sowie über die wissenschaftlich-technische Zusammenarbeit.	
64	27.03.	Aufzeichnung des Vortragenden Legationsrats I. Klasse Kühn	S. 315
		Kühn faßt ein Gespräch des Staatssekretärs Gehlhoff mit dem sowjetischen Botschafter Falin vom Vortag zusammen. Themen waren das Zweijahres-Kulturprogramm, das Abkommen über wissenschaftlich-technische Zusammenarbeit und der Rechtshilfeverkehr.	
65	27.03.	Botschafter von Keller, Ottawa, an das Auswärtige Amt	S. 321
		Keller berichtet von kanadischen Überlegungen zur möglichen Reduzierung von in der Bundesrepublik stationierten Streitkräften.	
66	27.03.	Botschafter Caspari, Lissabon, an das Auswärtige Amt	S. 323
		Caspari informiert über ein Gespräch mit Präsident Costa Gomes am 26. März zu Hilfeleistungen der Bundesrepublik für Portugal.	
67	30.03.	Botschafter Dröge, Saigon, an das Auswärtige Amt	S. 327
		Dröge erläutert die Sicherheitslage in der Republik Vietnam (Südvietnam).	
68	02.04.	Aufzeichnung des Vortragenden Legationsrats Fett	S. 329
		Fett legt den Stand der europäischen Zusammenarbeit in der Luft- und Raumfahrtindustrie dar.	
69	04.04.	Aufzeichnung des Botschafters von Lilienfeld, Madrid	S. 333
		Lilienfeld resümiert ein Gespräch des Bundesministers Genscher mit dem spanischen Außenminister Cortina Mauri zum Verhältnis zwischen Spanien und der NATO.	
70	04.04.	Vortragender Legationsrat I. Klasse Marré an die Botschaft in Santiago de Chile	S. 336
		Marré berichtet von der öffentlichen Diskussion über eine angebliche Kapitalhilfezusage an Chile durch Bundesminister Matthöfer.	
71	04.04.	Ministerialdirektor Hermes an die Botschaften in London und Rom	S. 338
		Hermes übermittelt eine Stellungnahme der Bundesregierung zum Wunsch Indiens, das MRCA-Triebwerk RB 199 in Lizenz zu bauen.	

72	08.04.	Aufzeichnung des Ministerialdirektors Hermes	S. 341
		Hermes äußert sich zur Zulässigkeit von Exporten aus deutsch-französischer Rüstungskooperation in Drittstaaten.	
73	08.04.	Aufzeichnung des Ministerialdirigenten Ruhfus	S. 348
		Ruhfus erörtert den belgischen Vorschlag, die Entscheidung über ein Nachfolgemodell für das Kampfflugzeug vom Typ „Starfighter" zum Ausgangspunkt für eine engere europäische Zusammenarbeit in der Luft- und Raumfahrtindustrie zu machen.	
74	09.04.	Botschafter Krapf, Brüssel (NATO), an das Auswärtige Amt	S. 351
		Krapf informiert über den Meinungsaustausch im Ständigen NATO-Rat zur Frage einer Gipfelkonferenz der NATO-Mitgliedstaaten.	
75	10.04.	Bundeskanzler Schmidt an den amerikanischen Außenminister Kissinger	S. 355
		Schmidt äußert sich zur Situation in Portugal.	
76	12./ 13.04.	Konferenz der Außenminister der EG-Mitgliedstaaten in Dublin	S. 358
		Themen sind der Tindemans-Bericht zur Europäischen Union, eine Verbesserung der Strukturen und Entscheidungsprozesse in den Europäischen Gemeinschaften, die europäische Verteidigungspolitik, die Lage im Nahen Osten, das Abkommen zwischen den Europäischen Gemeinschaften und Israel bzw. den Maghreb-Staaten, die Situation in Vietnam sowie die Lage in Portugal und Spanien.	
77	14.04.	Aufzeichnung des Ministerialdirigenten Fischer	S. 369
		Fischer diskutiert die Frage der Anerkennung der Königlichen Regierung der Nationalen Einheit Kambodschas und der Wiederaufnahme diplomatischer Beziehungen.	
78	14.04.	Botschafter von Lilienfeld, Madrid, an Bundesminister Genscher	S. 372
		Lilienfeld berichtet über ein Gespräch mit Prinz Juan Carlos zur innenpolitischen Lage in Spanien.	
79	14.04.	Botschafter Krapf, Brüssel (NATO), an das Auswärtige Amt	S. 375
		Krapf informiert über informelle Gespräche zum künftigen Verhältnis zwischen Griechenland und der NATO.	

April

80	15.04.	Gespräch des Bundesministers Genscher mit dem ägyptischen Außenminister Fahmi in Kairo	S. 378
		Erörtert werden die Beziehungen zwischen Ägypten und Saudi-Arabien, die Bemühungen des amerikanischen Außenministers Kissinger zur Lösung des Nahost-Konflikts sowie diesbezügliche Überlegungen der ägyptischen Regierung.	
81	15.04.	Gespräch des Bundeskanzlers Schmidt mit Staatspräsident Giscard d'Estaing	S. 384
		Themen sind der Besuch von Giscard d'Estaing in Algerien sowie die Vorkonferenz erdölproduzierender und -verbrauchender Staaten vom 7. bis 15. April in Paris.	
82	15.04.	Aufzeichnung des Ministerialdirigenten Fischer	S. 387
		Fischer resümiert den Stand der Verhandlungen mit der Demokratischen Republik Vietnam (Nordvietnam) über die Aufnahme diplomatischer Beziehungen.	
83	15.04.	Vortragender Legationsrat Niemöller an die Botschaft in Washington	S. 390
		Niemöller übermittelt ein Schreiben des Bundesministers Genscher an den amerikanischen Außenminister Kissinger zum Nahost-Konflikt.	
84	16.04.	Aufzeichnung des Ministerialdirigenten Lautenschlager	S. 392
		Lautenschlager legt die britische Haltung zu einem Abkommen zwischen der Bundesrepublik und Brasilien über Zusammenarbeit bei der friedlichen Nutzung der Kernenergie dar.	
85	16.04.	Botschafter von Staden, Washington, an das Auswärtige Amt	S. 396
		Staden erläutert die außenpolitischen Tendenzen in der amerikanischen Regierung sowie die derzeitige Rolle des Kongresses in der Außenpolitik.	
86	17.04.	Aufzeichnung des Ministerialdirigenten Fischer	S. 401
		Fischer spricht sich dafür aus, dem taiwanesischen Finanzminister Li kein Einreisevisum auszustellen.	
87	18.04.	Aufzeichnung des Botschafters z.b.V. Robert	S. 404
		Robert bewertet den Verlauf der Vorkonferenz erdölproduzierender und -verbrauchender Staaten vom 7. bis 15. April in Paris.	

88	18.04.	Aufzeichnung des Vortragenden Legationsrats I. Klasse Lücking	S. 408

Lücking referiert das Ergebnis einer Staatssekretärsbesprechung zur Frage der Einbeziehung von Berlin (West) in ein Post- und Fernmeldeabkommen mit der DDR.

89	18.04.	Ministerialdirektor Lahn, z. Z. Kairo, an das Auswärtige Amt	S. 412

Lahn faßt die Gespräche des Bundesministers Genscher während seines Besuchs in Saudi-Arabien am 16./17. April zusammen. Themen waren der Nahost-Konflikt und die bilateralen Wirtschaftsbeziehungen.

90	21.04.	Aufzeichnung des Vortragenden Legationsrats I. Klasse Dittmann	S. 416

Dittmann legt die Position der Bundesregierung zur internationalen Rohstoffpolitik dar.

91	23.04.	Bundeskanzler Schmidt an den amerikanischen Außenminister Kissinger	S. 419

Schmidt äußert sich zur Lage in Portugal.

92	23.04.	Botschafter Roth an die KSZE-Delegation in Genf	S. 422

Roth übermittelt die Auffassung der Bundesregierung zur Vorankündigung größerer Manöver als Teil der vertrauensbildenden Maßnahmen der KSZE.

93	23.04.	Botschafter von Hase, London, an das Auswärtige Amt	S. 425

Hase berichtet über britische Vorstellungen zur Ministersitzung der Eurogroup am 7. Mai in London.

94	24.04.	Aufzeichnung des Ministerialdirigenten Kinkel	S. 428

Kinkel gibt den Verlauf des Überfalls auf die Botschaft der Bundesrepublik in Stockholm wieder.

95	24.04.	Telefongespräch des Bundeskanzlers Schmidt mit Ministerpräsident Palme	S. 432

Thema ist der Überfall auf die Botschaft der Bundesrepublik in Stockholm.

96	29.04.	Gespräch des Bundeskanzlers Schmidt mit dem sowjetischen Botschafter Falin	S. 434

Besprochen werden die Lage in Portugal, das mögliche Datum der KSZE-Schlußkonferenz und der 30. Jahrestag der Beendigung des Zweiten Weltkriegs.

Mai

| 97 | 30.04. | Aufzeichnung des Ministerialdirektors Sanne, Bundeskanzleramt | S. 437 |

Sanne resümiert ein Gespräch des Bundeskanzlers Schmidt mit dem iranischen Wirtschaftsminister Ansari über die Frage einer privaten Konferenz unabhängiger Sachverständiger aus erdölproduzierenden und -verbrauchenden Staaten zu Energiefragen.

| 98 | 30.04. | Aufzeichnung des Ministerialdirektors Lahn | S. 439 |

Lahn erörtert den Vorschlag einer Nahost-Initiative im Rahmen der EPZ.

| 99 | 30.04. | Botschafter Krapf, Brüssel (NATO), an das Auswärtige Amt | S. 443 |

Krapf informiert über die Sitzung des Politischen Ausschusses der NATO auf Gesandtenebene zur Frage der Sicherheitsgarantien für nichtnukleare Unterzeichnerstaaten des Nichtverbreitungsvertrags von 1968.

| 100 | 30.04. | Ministerialdirigent Dreher an Botschafter Held, Sanaa | S. 446 |

Dreher teilt mit, daß sich die Bundesregierung und die betroffenen Bundesländer mit einer Abschiebung der Entführer des Vorsitzenden des Berliner Landesverbands der CDU, Lorenz, aus der Demokratischen Volksrepublik Jemen (Südjemen) in die Bundesrepublik einverstanden erklären.

| 101 | 02.05. | Aufzeichnung des Ministerialdirektors van Well | S. 448 |

Van Well bewertet das amerikanische Papier vom 18. April zur Einbeziehung amerikanischer nuklearer Komponenten in die MBFR-Verhandlungen (Option III).

| 102 | 05.05. | Gespräch des Bundesministers Genscher mit NATO-Generalsekretär Luns | S. 457 |

Genscher und Luns erörtern die Möglichkeit einer Konferenz der NATO-Mitgliedstaaten auf der Ebene der Staats- und Regierungschefs, den Nahost-Konflikt, die Beziehungen zwischen Griechenland und der Türkei, die Lage in Spanien, die Entspannungspolitik und die Rüstungsstandardisierung innerhalb der NATO.

| 103 | 05.05. | Aufzeichnung des Ministerialdirigenten Meyer-Landrut | S. 466 |

Meyer-Landrut befaßt sich mit dem Problem der Teilnahme von Vertretern der Bundesregierung und der Auslandsvertretungen an Feierlichkeiten zum 30. Jahrestag des Endes des Zweiten Weltkriegs.

104	05.05.	**Aufzeichnung des Vortragenden Legationsrats I. Klasse Randermann**	S. 470
		Randermann informiert über die Konferenz der wichtigsten Lieferstaaten von Kerntechnologie (Suppliers Conference) am 23. April in London.	
105	06.05.	**Aufzeichnung des Ministerialdirektors Lahn**	S. 474
		Lahn formuliert eine Weisung an die Botschaft in Paris für die Gespräche mit der Vertretung der Provisorischen Revolutionsregierung der Republik Südvietnam über die Fortsetzung der diplomatischen Beziehungen.	
106	06.05.	**Botschafter Sahm, Moskau, an das Auswärtige Amt**	S. 477
		Sahm resümiert den Stand der Beziehungen zur UdSSR und unterbreitet Vorschläge für das weitere Vorgehen.	
107	07.05.	**Botschafter von Staden, Washington, an das Auswärtige Amt**	S. 484
		Staden gibt Äußerungen des amerikanischen Außenministers Kissinger gegenüber dem CDU-Abgeordneten Schröder über die amerikanische Truppenpräsenz in Europa wieder.	
108	09.05.	**Gespräch des Bundeskanzlers Schmidt mit dem iranischen Wirtschaftsminister Ansari in Hamburg**	S. 485
		Thema ist die von Schmidt vorgeschlagene private Konferenz unabhängiger Sachverständiger aus erdölexportierenden und -verbrauchenden Staaten über Energiefragen.	
109	09.05.	**Ministerialdirektor van Well an die Botschaft in Washington**	S. 488
		Van Well übermittelt einen Rückblick auf die Entwicklung der Haltung der westlichen Teilnehmerstaaten zur KSZE.	
110	09.05.	**Botschafter Krapf, Brüssel (NATO), an das Auswärtige Amt**	S. 492
		Krapf informiert über die Ministersitzung der Eurogroup am 7. Mai in London.	
111	09.05.	**Vortragender Legationsrat I. Klasse Andreae an die Botschaft in Washington**	S. 495
		Andreae berichtet von der Unterrichtung des Ständigen NATO-Rats über den Stand der amerikanisch-sowjetischen Gespräche über eine Begrenzung strategischer Waffen (SALT II).	

112	12.05.	Gespräch des Bundesministers Genscher mit dem syrischen Außenminister Khaddam	S. 499
		Themen sind der Nahost-Konflikt und der Europäisch-Arabische Dialog.	
113	12.05.	Aufzeichnung des Staatssekretärs Gehlhoff	S. 504
		Gehlhoff faßt ein Gespräch des Bundeskanzlers Schmidt mit Bundesminister Genscher über die Beziehungen zu Polen und zur UdSSR zusammen.	
114	13.05.	Aufzeichnung des Vortragenden Legationsrats I. Klasse Pfeffer	S. 507
		Pfeffer zieht eine Bilanz der Ministersitzung der Eurogroup am 7. Mai in London.	
115	13.05.	Botschafter Dröge, z. Z. Bangkok, an das Auswärtige Amt	S. 511
		Dröge schildert die Evakuierung der Botschaft in Saigon sowie der Mitarbeiter von Hilfsorganisationen und technischen Projekten nach Bangkok unmittelbar vor der Kapitulation der Regierung der Republik Vietnam (Südvietnam).	
116	14.05.	Ministerialdirigent Meyer-Landrut an die Ständige Vertretung bei der NATO in Brüssel	S. 514
		Meyer-Landrut entwickelt eine Position zur Öffentlichkeitsarbeit im Hinblick auf die KSZE.	
117	15.05.	Gespräch des Bundeskanzlers Schmidt mit dem amerikanischen Botschafter Hillenbrand	S. 521
		Hillenbrand überbringt ein Schreiben des Präsidenten Ford zur Fortsetzung des Devisenausgleichs und erörtert mit Schmidt eine Reihe aktueller Fragen.	
118	15.05.	Aufzeichnung des Ministerialdirigenten Lautenschlager	S. 523
		Lautenschlager berichtet über den Sachstand des Devisenausgleichs mit den USA und skizziert Grundsätze für ein neues Abkommen.	
119	15.05.	Botschafter Böker, Rom (Vatikan), an das Auswärtige Amt	S. 528
		Böker informiert über ein Gespräch mit dem Sekretär des Rats für die öffentlichen Angelegenheiten der Kirche, Casaroli, zu dessen geplantem Besuch in Ost-Berlin.	

120	16.05.	**Gespräch des Bundeskanzlers Schmidt mit Ministerpräsident Karamanlis**	S. 534

Die Gesprächspartner erörtern die innenpolitische und wirtschaftliche Situation in Griechenland, die Beziehungen zwischen Griechenland und den Europäischen Gemeinschaften bzw. der NATO, Aspekte der Verteidigungshilfe sowie den Zypern- und den Ägäis-Konflikt.

121	16.05.	**Aufzeichnung des Vortragenden Legationsrats I. Klasse Fleischhauer**	S. 541

Fleischhauer legt die Folgen dar, die sich aus dem Urteil des Bundesverfassungsgerichts vom 25. Februar zum Fünften Gesetz zur Reform des Strafrechts für die Rechtseinheit mit Berlin (West) ergeben.

122	19.05.	**Gespräch des Bundesministers Genscher mit dem portugiesischen Außenminister Melo Antunes**	S. 545

Thema ist die innenpolitische und wirtschaftliche Lage in Portugal.

123	20.05.	**Botschafter von Hase, London, an das Auswärtige Amt**	S. 549

Hase berichtet über die WEU-Ministerratstagung in London, in deren Mittelpunkt die Ost-West-Beziehungen, Fragen der Rüstungszusammenarbeit und die Beziehungen zwischen WEU-Ministerrat und -Versammlung standen.

124	21.05.	**Aufzeichnung des Staatssekretärs Sachs**	S. 556

Sachs befaßt sich mit Vorschlägen des Bundesministeriums für wirtschaftliche Zusammenarbeit, die Kapitalhilfe an Israel künftig in Raten auszuzahlen.

125	21.05.	**Aufzeichnung des Ministerialdirektors Hermes**	S. 557

Hermes erörtert die Möglichkeiten der Einbeziehung von Berlin (West) in die Direktwahlen zum Europäischen Parlament.

126	21.05.	**Aufzeichnung des Ministerialdirigenten Ruhfus**	S. 564

Ruhfus faßt ein Gespräch des Bundesministers Genscher mit dem amerikanischen Außenminister Kissinger über die Lage in Portugal und die Folgen für die NATO zusammen.

127	21.05.	**Aufzeichnung des Vortragenden Legationsrats I. Klasse Dannenbring**	S. 567

Dannenbring resümiert ein Gespräch des Bundesministers Genscher mit dem amerikanischen Außenminister, in dem Kissinger über die Unterredung mit dem sowjetischen Außenminister Gromyko in Wien zu Fragen der KSZE berichtete.

128	21.05.	Botschafter Krapf, Brüssel (NATO), an das Auswärtige Amt	S. 569

Krapf gibt eine Vorschau auf die NATO-Ratstagung auf der Ebene der Staats- und Regierungschefs.

129	22.05.	Aufzeichnung des Bundesministers Genscher	S. 577

Genscher faßt eine Unterredung mit dem amerikanischen Außenminister Kissinger zusammen. Themen waren die Entspannungspolitik sowie die Lage in Portugal und Spanien.

130	22.05.	Aufzeichnung des Ministerialdirektors van Well	S. 579

Van Well informiert über ein Gespräch des Bundeskanzlers Schmidt und des Bundesministers Genscher mit dem amerikanischen Außenminister Kissinger. Erörtert wurden u. a. die MBFR-Verhandlungen, die KSZE, die NATO-Ratstagung auf der Ebene der Staats- und Regierungschefs, der Nahost-Konflikt, das Devisenausgleichsabkommen und die Konferenz der erdölproduzierenden und -verbrauchenden Staaten.

131	22.05.	Aufzeichnung des Ministerialdirigenten Meyer-Landrut	S. 584

Meyer-Landrut gibt Informationen über ein Gespräch des amerikanischen Botschafters Hillenbrand mit dem sowjetischen Botschafter in Ost-Berlin, Abrassimow, am 12. Mai zum Vier-Mächte-Abkommen über Berlin von 1971 weiter.

132	23.05.	Botschafter Krapf, Brüssel (NATO), an das Auswärtige Amt	S. 587

Krapf berichtet über die Ministersitzung des Ausschusses für Verteidigungsplanung der NATO (DPC).

133	25.05.	Gespräch des Bundesministers Genscher mit dem Sekretär des ZK der Kommunistischen Partei Rumäniens, Andrei	S. 599

Themen sind die Wirtschaftsbeziehungen, die Errichtung von Konsulaten und die Einbeziehung von Berlin (West) in bilaterale Abkommen, ferner die KSZE und der Nahost-Konflikt.

134	27.05.	Aufzeichnung des Ministerialdirigenten Ruhfus	S. 609

Ruhfus unterbreitet Vorschläge zur Verstärkung der Kontakte zum amerikanischen Kongreß.

135	27.05.	Botschafter Blech, Genf (KSZE-Delegation), an das Auswärtige Amt	S. 615

Blech informiert über die Diskussion zur KSZE auf der Konferenz der Außenminister der EG-Mitgliedstaaten im Rahmen der EPZ in Dublin.

136	28.05.	Botschafter von Lilienfeld, Madrid, an das Auswärtige Amt	S. 618

Lilienfeld gibt Äußerungen des Staatssekretärs im spanischen Außenministerium, Rovira, zum Verhältnis zwischen Spanien und der NATO wieder.

137	28.05.	Botschafter Böker, Rom (Vatikan), an das Auswärtige Amt	S. 623

Böker berichtet über ein Gespräch mit dem Sekretär des Rats für die öffentlichen Angelegenheiten der Kirche, Casaroli, zu dessen geplantem Besuch in Ost-Berlin.

138	29.05.	Gespräch des Bundeskanzlers Schmidt mit Präsident Ford in Brüssel	S. 627

Erörtert werden insbesondere die Frage einer Annäherung Spaniens an die NATO, Wirtschaftsprobleme, die Fortsetzung der Vorkonferenz der erdölproduzierenden und -verbrauchenden Staaten bzw. die Einberufung einer privaten Konferenz unabhängiger Sachverständiger zu Energiefragen und schließlich eine Stützungsaktion für Ägypten.

139	29.05.	Gespräch des Bundeskanzlers Schmidt mit Ministerpräsident Demirel in Brüssel	S. 633

Im Mittelpunkt stehen der Zypern- und der Ägäis-Konflikt sowie die Situation türkischer Gastarbeiter in der Bundesrepublik.

140	29.05.	Gespräch des Bundeskanzlers Schmidt mit Premierminister Wilson in Brüssel	S. 635

Themen sind die Aussichten für das britische Referendum über die EG-Mitgliedschaft, Währungsfragen und die Situation im Mittelmeerraum.

141	30.05.	Gespräch des Bundeskanzlers Schmidt mit Ministerpräsident Gonçalves in Brüssel	S. 640

Die Gesprächspartner erörtern die innenpolitische und wirtschaftliche Lage in Portugal.

142	30.05.	Vortragender Legationsrat I. Klasse Hauber an die Botschaft in Washington	S. 646

Hauber nimmt Stellung zum amerikanischen Entwurf vom 7. April für einen Vertrag über das Verbot der Umweltkriegführung.

143	01.06.	Runderlaß des Vortragenden Legationsrats I. Klasse Pfeffer	S. 649
		Pfeffer informiert über die NATO-Ratstagung auf der Ebene der Staats- und Regierungschefs am 29./30. Mai in Brüssel und würdigt sie als sichtbaren Ausdruck des Zusammenhalts des Bündnisses.	
144	02.06.	Aufzeichnung des Staatssekretärs Gehlhoff	S. 661
		Gehlhoff faßt ein Gespräch mit den Botschaftern Wormser (Frankreich), Henderson (Großbritannien) und Hillenbrand (USA) über Berlin betreffende Fragen zusammen.	
145	03.06.	Botschafter von Hase, London, an das Auswärtige Amt	S. 665
		Hase regt an, die britische Regierung nach einem positiven Ausgang des Referendums über die EG-Mitgliedschaft zu einer aktiveren Mitarbeit in den Europäischen Gemeinschaften zu ermutigen.	
146	03.06.	Botschafter Schlaich, Genf (CCD), an das Auswärtige Amt	S. 668
		Schlaich erläutert die Ergebnisse der Überprüfungskonferenz vom 5. bis 30. Mai zum Nichtverbreitungsvertrag von 1968.	
147	06.06.	Gespräch des Bundesministers Genscher mit dem Generaldirektor der sowjetischen Nachrichtenagentur TASS, Samjatin	S. 677
		Erörtert werden die unterschiedliche Auslegung des Vier-Mächte-Abkommens über Berlin von 1971, die KSZE und die Lage im Nahen Osten.	
148	06.06.	Aufzeichnung des Staatssekretärs Gehlhoff	S. 685
		Gehlhoff resümiert eine Ressortbesprechung bei Bundeskanzler Schmidt über die finanziellen Aspekte der geplanten Vereinbarungen mit Polen, insbesondere des Abkommens über Renten- und Unfallversicherung.	
149	06.06.	Botschafter Freiherr von Wechmar, New York (UNO), an das Auswärtige Amt	S. 690
		Wechmar bittet um Sprachregelung zu Mitteilungen über eine angebliche militärische Zusammenarbeit der NATO und insbesondere der Bundesrepublik mit Südafrika.	
150	10.06.	Aufzeichnung des Vortragenden Legationsrats I. Klasse Rumpf	S. 692
		Rumpf nennt Argumente für eine Freigabe der Dokumentation zur Geschichte der deutschen Kriegsgefangenen des Zweiten Weltkriegs.	

151	11./ 12.06.	Deutsch-ungarische Regierungsgespräche	S. 695
		Die Gesprächspartner erörtern die KSZE, die Auswirkungen der EG-Politik auf Ungarn, die Entspannungspolitik, den Status von Berlin, das Verhältnis zu Staaten der Dritten Welt und dabei insbesondere die Rohstoffproblematik, die Lage im Mittelmeerraum, im Persischen Golf und im Nahen Osten sowie die bilateralen Wirtschafts- und Kulturbeziehungen.	
152	11.06.	Aufzeichnung des Ministerialdirektors van Well	S. 715
		Van Well faßt den Stand der Verhandlungen zwischen der DDR und Drittstaaten über Konsularabkommen zusammen.	
153	11.06.	Aufzeichnung des Ministerialdirektors van Well	S. 720
		Van Well legt die mit dem Bundesministerium der Verteidigung vereinbarten Leitlinien für die MBFR-Verhandlungen vor.	
154	11.06.	Ministerialdirektor van Well an Botschafter von Staden, Washington	S. 723
		Van Well übermittelt ein Schreiben des amerikanischen Außenministers Kissinger zu den auf der KSZE festzulegenden Parametern für Manövervorankündigungen sowie das Antwortschreiben des Bundesministers Genscher.	
155	12.06.	Gespräch des Bundeskanzlers Schmidt mit dem sowjetischen Stellvertretenden Ministerpräsidenten Nowikow	S. 725
		Im Mittelpunkt stehen Projekte der bilateralen wirtschaftlichen Zusammenarbeit wie der Bau eines Kernkraftwerks in der UdSSR im Austausch gegen sowjetische Stromlieferungen nach Berlin (West) und in die Bundesrepublik sowie die Errichtung eines Hüttenwerks bei Kursk.	
156	12.06.	Gespräch des Bundeskanzlers Schmidt mit dem ungarischen Außenminister Puja	S. 737
		Besprochen werden die Wirtschaftsbeziehungen sowie die ungarischen Ansprüche auf Wiedergutmachung.	
157	12.06.	Ministerialdirektor Hermes an die Botschaft in Washington	S. 739
		Hermes nimmt Stellung zur amerikanischen Reaktion auf das Abkommen zwischen der Bundesrepublik und Brasilien über Zusammenarbeit bei der friedlichen Nutzung der Kernenergie.	
158	13.06.	Aufzeichnung der Botschaft in Paris	S. 744
		Vorgelegt wird die Aufzeichnung über ein Gespräch des Bundesministers Genscher mit dem französischen Außenminister	

Juni

Sauvagnargues. Themen waren die Fortsetzung des Dialogs zwischen den erdölexportierenden und -verbrauchenden Staaten, den Vorschlag einer Stützungsaktion für Ägypten, die Lage in Portugal und französische Überlegungen zur europäischen Verteidigung.

159 14.06. Vortragender Legationsrat I. Klasse Feit, z. Z. Paris, an das Auswärtige Amt S. 749

Feit informiert über Gespräche des Bundesministers Genscher mit dem französischen Außenminister Sauvagnargues am Vortag. Erörtert wurden die weitere Entwicklung der Europäischen Gemeinschaften nach dem britischen Referendum über die EG-Mitgliedschaft, der Dialog zwischen den erdölexportierenden und -verbrauchenden Staaten, die europäisch-arabischen Beziehungen und die KSZE.

160 16.06. Gespräch des Bundeskanzlers Schmidt mit dem Vorsitzenden der Portugiesischen Sozialistischen Partei, Soares S. 756

Schmidt und Soares befassen sich mit der innenpolitischen Situation in Portugal.

161 16.06. Aufzeichnung des Vortragenden Legationsrats I. Klasse Lücking S. 759

Lücking faßt die Ergebnisse einer Ressortbesprechung über die Einbeziehung von Berlin (West) in ein Post- und Fernmeldeabkommen mit der DDR zusammen.

162 17.06. Botschafter Sahm, Moskau, an das Auswärtige Amt S. 763

Sahm berichtet über einen sowjetischen Protest gegen die Beflaggung der Botschaft anläßlich des Tags der deutschen Einheit.

163 17.06. Botschafter von Staden, Washington, an das Auswärtige Amt S. 766

Staden informiert über die Gespräche des Bundesministers Genscher mit dem amerikanischen Außenminister Kissinger und Senatoren in Washington. Themen waren die transatlantischen Beziehungen, die KSZE, die Energie- und Rohstoffpolitik, der Vorschlag einer Stützungsaktion für Ägypten, der Nahost-Konflikt, die Beziehungen zwischen den USA und der Türkei nach der Einstellung der Verteidigungshilfe, die Lage in Portugal und das Abkommen zwischen der Bundesrepublik und Brasilien über Zusammenarbeit bei der friedlichen Nutzung der Kernenergie.

164 18.06. Aufzeichnung des Botschafters Roth S. 772

Roth weist auf die Folgen hin, die das Abkommen mit Brasilien über Zusammenarbeit bei der friedlichen Nutzung der Kern-

XXXVII

energie für die Nichtverbreitungspolitik der Bundesregierung haben könne.

165 18.06. Botschafter Steltzer, Kairo, an das Auswärtige Amt S. 776

Steltzer berichtet von Gesprächen im ägyptischen Außenministerium über den Nahost-Konflikt, die jordanisch-syrischen Absprachen zu verstärkter Zusammenarbeit, die libysch-sowjetischen Beziehungen und eine Stützungsaktion für Ägypten.

166 19.06. Aufzeichnung des Vortragenden Legationsrats I. Klasse Ruth S. 781

Ruth nennt aktuelle Themen der MBFR-Verhandlungen, zu denen gemeinsame Positionen der NATO-Mitgliedstaaten erarbeitet werden müßten.

167 19.06. Botschafter Pauls, Peking, an das Auswärtige Amt S. 785

Pauls informiert über eine Unterredung mit dem chinesischen Außenminister Chiao Kuan-hua, in der die chinesische Bewertung der europäischen rüstungswirtschaftlichen Zusammenarbeit und der Lage in Südostasien im Mittelpunkt stand.

168 19.06. Botschafter z. b. V. Balken, z. Z. London, an das Auswärtige Amt S. 788

Balken resümiert die Ergebnisse der Konferenz der wichtigsten Lieferstaaten von Kerntechnologie (Suppliers Conference) am 18./19. Juni sowie die bilateralen Konsultationen mit Frankreich, Großbritannien, Kanada und den USA im Vorfeld.

169 19.06. Botschafter Wieck, Teheran, an das Auswärtige Amt S. 792

Wieck befaßt sich mit den Folgen öffentlicher Äußerungen beider Seiten zur nicht zustande gekommenen Lieferung von Panzern des Typs „Leopard" aus der Bundesrepublik an den Iran.

170 19.06. Ministerialdirektor van Well, z. Z. Ankara, an das Auswärtige Amt S. 796

Van Well berichtet über ein Gespräch des Bundesministers Genscher mit Ministerpräsident Demirel zu den Auswirkungen des amerikanischen Waffenembargos auf das Verhältnis der Türkei zu den USA und zur NATO.

171 20.06. Botschafter Blech, Genf (KSZE-Delegation), an das Auswärtige Amt S. 800

Blech unterrichtet über die Bemühungen, sich mit der KSZE-Delegation der DDR auf einen deutschen Text der Formel über friedliche Grenzänderungen („peaceful change") in der Prinzipienerklärung zu einigen.

Juni

172 23.06. **Gespräch des Bundeskanzlers Schmidt mit Bundeskanzler Kreisky** S. 805

Erörtert werden u.a. die Handelsbeziehungen, die Arbeiten am Rhein-Main-Donau-Kanal, das Problem der in Italien inhaftierten Kriegsgefangenen Kappler und Reder und die Verhandlungen zwischen den Luftfahrtgesellschaften AUA und Lufthansa wegen der Landerechte in Düsseldorf.

173 23.06. **Besprechung bei Bundeskanzler Schmidt** S. 809

In der Besprechung zur Vorbereitung der „Fact-finding Mission" des Staatsministers Wischnewski erläutert Schmidt die Auswirkungen der Währungs- und der Ölkrise von 1973 auf die Weltwirtschaftslage sowie die Folgen der Ölpreiserhöhungen. Es werden Überlegungen zur Natur und Lösung der Krise angestellt; der Bundeskanzler legt seine Vorstellungen zur Vorbereitung und Durchführung dieser Reise dar.

174 23.06. **Aufzeichnung des Ministerialdirektors van Well** S. 815

Van Well informiert über ein Gespräch des Bundesministers Genscher mit Bundeskanzler Kreisky. Themen waren die in Italien inhaftierten Kriegsgefangenen Kappler und Reder, eine Stärkung des Europarats, das Verhältnis zwischen Österreich und den Europäischen Gemeinschaften, die KSZE, die Lage im Nahen Osten, die amerikanisch-türkischen Beziehungen und die polnische Haltung in den Verhandlungen mit der Bundesrepublik.

175 23.06. **Aufzeichnung der Ministerialdirektoren van Well und Hermes** S. 819

Van Well und Hermes unterbreiten Vorschläge für ein europapolitisches Arbeitsprogramm, das sich auf eine Verdeutlichung der politischen Ziele, die Wirtschafts- und Währungsunion, die Stärkung der Institutionen und eine engere Zusammenarbeit der EG-Mitgliedstaaten in der Außenpolitik konzentrieren sollte.

176 23.06. **Aufzeichnung des Ministerialdirektors Lahn** S. 824

Lahn legt den Stand der Beratungen über eine europäische Nahost-Initiative dar und äußert sich zum weiteren Vorgehen.

177 23.06. **Botschafter Sonnenhol, Ankara, an Ministerialdirektor Hoppe** S. 827

Sonnenhol übermittelt Aufzeichnungen über die Gespräche des Bundesministers Genscher mit dem türkischen Außenminister Çaglayangil und mit Ministerpräsident Demirel in Ankara. Themen waren die sowjetische Militärpolitik und die Lage im Nahen Osten.

178	25.06.	**Bundeskanzler Schmidt an Staatspräsident Giscard d'Estaing**	S. 830
		Schmidt plädiert für eine Einbeziehung der Schweiz in die europäische Währungsschlange.	
179	26.06.	**Gespräch des Bundesministers Genscher mit dem brasilianischen Außenminister Azeredo da Silveira**	S. 832
		Erörtert werden die amerikanische Reaktion auf das Abkommen zwischen der Bundesrepublik und Brasilien über Zusammenarbeit bei der friedlichen Nutzung der Kernenergie und die amerikanische Haltung angesichts der Vordringens des Kommunismus in Afrika, Asien und Europa.	
180	26.06.	**Gespräch des Staatsministers Wischnewski mit Präsident Boumedienne in Algier**	S. 837
		Die Gesprächspartner befassen sich mit dem Verhältnis von Industrie- und Entwicklungsländern, insbesondere in bezug auf die Rohstoffproblematik und die Entwicklungshilfe.	
181	26.06.	**Runderlaß des Ministerialdirektors van Well**	S. 843
		Van Well berichtet von den Gesprächen am Rande der EG-Ministerratstagung in Luxemburg über die KSZE, Reaktionen auf die Unabhängigkeit Mosambiks, den französischen Vorschlag einer europäischen Zypern-Initiative und eine internationale Stützungsaktion für Ägypten.	
182	27.06.	**Aufzeichnung des Vortragenden Legationsrats Lewalter**	S. 847
		Lewalter faßt ein Telefonat mit dem Mitglied der EG-Kommission, Brunner, zusammen, der vor einer Isolierung der Bundesrepublik bei der europäischen Forschungszusammenarbeit warnte.	
183	27.06.	**Ministerialdirektor Lahn an Botschafter Fischer, Tel Aviv**	S. 848
		Lahn übermittelt ein Schreiben des Bundesministers Genscher an den israelischen Außenminister Allon zu einer europäischen Nahost-Initiative und erläutert die damit verbundenen Absichten der EG-Mitgliedstaaten.	
184	28.06.	**Botschafter Blech, Genf (KSZE-Delegation), an das Auswärtige Amt**	S. 852
		Blech legt den Stand der Beratungen auf der KSZE über Manövervorankündigungen dar.	

| 185 | 30.06. | Gespräch des Bundeskanzlers Schmidt mit Ministerpräsident Mintoff | S. 857 |

Mintoff äußert sich zu den Beziehungen Maltas zu Libyen und legt Wünsche für technische Hilfe vor. Erörtert werden außerdem die KSZE und das Verhältnis zwischen Malta und den Europäischen Gemeinschaften.

| 186 | 30.06. | Vortragender Legationsrat I. Klasse Hellbeck an die Botschaft in Seoul | S. 862 |

Hellbeck informiert über eine Unterredung des Bundesministers Genscher mit dem stellvertretenden südkoreanischen Ministerpräsidenten Nam Duck Woo. Themen waren die Wirtschaftslage, das Verhältnis zur Demokratischen Volksrepublik Korea (Nordkorea) und die innenpolitische Lage in der Republik Korea (Südkorea).

| 187 | 01.07. | Aufzeichnung des Ministerialdirigenten Jesser | S. 865 |

Jesser informiert über die Ergebnisse der Beratungen der Nahost-Arbeitsgruppe im Rahmen der EPZ am 27. Juni in Dublin über eine europäische Nahost-Initiative.

| 188 | 01.07. | Botschafter Sahm, Moskau, an das Auswärtige Amt | S. 869 |

Sahm berichtet über eine Unterredung mit dem sowjetischen Außenminister Gromyko zum Stand der bilateralen Beziehungen.

| 189 | 02.07. | Aufzeichnung des Staatssekretärs Gehlhoff | S. 877 |

Gehlhoff resümiert das Ergebnis dreier Gespräche mit dem polnischen Botschafter Piątkowski über die geplanten bilateralen Abkommen.

| 190 | 04.07. | Gespräch des Bundeskanzlers Schmidt mit Ministerpräsident Palme in Harpsund | S. 882 |

Schmidt und Palme erörtern die Situation der Weltwirtschaft, Rohstoff- und Energiefragen sowie die Beziehungen zwischen der Bundesrepublik und Polen.

| 191 | 07.07. | Bundesminister Genscher an Staatssekretär Frank, Bundespräsidialamt | S. 885 |

Genscher erläutert die Ergebnisse der KSZE.

| 192 | 07.07. | Aufzeichnung des Ministerialdirektors van Well | S. 889 |

Van Well befaßt sich mit der amerikanischen Reaktion auf das Abkommen vom 27. Juni zwischen der Bundesrepublik und Brasilien über Zusammenarbeit bei der friedlichen Nutzung der Kernenergie und mit den Folgen für Exporte von Kernanlagen aus der Bundesrepublik.

193 07.07. Drahterlaß des Ministerialdirigenten Meyer-Landrut   S. 893

Meyer-Landrut nimmt Stellung zu rumänischen Vorschlägen auf der KSZE hinsichtlich der Formulierung des Textes über friedliche Grenzänderungen („peaceful change") in der Prinzipienerklärung.

194 09.07. Gespräch des Bundeskanzlers Schmidt mit Ministerpräsident Rabin   S. 895

Themen sind die Lage im Nahen Osten und insbesondere die Aussichten für ein Interimsabkommen zwischen Ägypten und Israel, die finanzielle und wirtschaftliche Situation Israels, die Überlegungen hinsichtlich einer Stiftung für Opfer nationalsozialistischer Gewaltmaßnahmen sowie die Auswirkungen des Nahost-Konflikts auf die Weltwirtschaft.

195 09.07. Aufzeichnung des Vortragenden Legationsrats I. Klasse Pfeffer   S. 905

Pfeffer bewertet Äußerungen des amerikanischen Verteidigungsministers Schlesinger zur Nuklearstrategie der NATO.

196 10.07. Aufzeichnung des Ministerialdirigenten Lautenschlager   S. 907

Mit Blick auf die zukünftige Entwicklung der Europäischen Gemeinschaften erörtert Lautenschlager Möglichkeiten einer abgestuften EG-Mitgliedschaft.

197 10.07. Botschafter Freiherr von Braun, Paris, an Ministerialdirektor van Well   S. 914

Braun nimmt Stellung zur Studie der gemeinsamen Arbeitsgruppe des Auswärtigen Amts und des Bundesministeriums der Verteidigung über Möglichkeiten einer europäischen Zusammenarbeit auf dem Gebiet der Sicherheit und Verteidigung.

198 11.07. Aufzeichnung des Ministerialdirektors Lahn   S. 919

Lahn schlägt Sondierungen bei der Demokratischen Volksrepublik Korea (Nordkorea) über die Aufnahme formaler Handelsbeziehungen vor.

199 11.07. Aufzeichnung des Vortragenden Legationsrats I. Klasse Böcker   S. 924

Böcker faßt das Gespräch des Bundesministers Genscher mit Ministerpräsident Rabin vom Vortag zusammen. Themen waren der Nahost-Konflikt und mögliche arabische Initiativen gegen Israel im Rahmen der UNO.

200	11.07.	Aufzeichnung des Vortragenden Legationsrats I. Klasse Fleischhauer	S. 927
		Fleischhauer erläutert die Ergebnisse des Besuchs des Sekretärs des Rats für die öffentlichen Angelegenheiten der Kirche, Casaroli, vom 9. bis 15. Juni in der DDR.	
201	11.07.	Botschafter Blech, Genf (KSZE-Delegation), an das Auswärtige Amt	S. 931
		Blech informiert über Stellungnahmen auf der KSZE zur Weigerung Maltas, den Konferenzergebnissen zuzustimmen, sofern nicht eigene Forderungen bezüglich der Mittelmeer-Erklärung erfüllt würden.	
202	11.07.	Botschafter Krapf, Brüssel (NATO), an das Auswärtige Amt	S. 935
		Krapf legt den Stand der Diskussion innerhalb der NATO über die Einbeziehung amerikanischer nuklearer Komponenten (Option III) in die MBFR-Verhandlungen dar.	
203	14.07.	Aufzeichnung des Vortragenden Legationsrats I. Klasse Dannenbring	S. 941
		Dannenbring faßt das Gespräch des Bundeskanzlers Schmidt mit dem amerikanischen Außenminister Kissinger am 12. Juli zum deutsch-amerikanischen Devisenausgleich zusammen.	
204	14.07.	Runderlaß des Vortragenden Legationsrats Engels	S. 942
		Engels informiert über den Besuch des amerikanischen Außenministers Kissinger am 11./12. Juli in der Bundesrepublik. Themen der Gespräche waren die KSZE, die Lage im Nahen Osten, die Energie- und Rohstoffpolitik, die Situation der Weltwirtschaft, die Entwicklung in Portugal, SALT und die amerikanische Haltung zur UNO.	
205	16.07.	Aufzeichnung des Staatssekretärs Gehlhoff	S. 948
		Gehlhoff vergleicht die Positionen der Bundesrepublik und Polens zur Umsiedlung, zum Abkommen über Renten- und Unfallversicherung und zum Finanzkredit.	
206	16.07.	Botschafter Lebsanft, Brüssel (EG), an das Auswärtige Amt	S. 952
		Lebsanft berichtet von der Diskussion auf der EG-Ministerratstagung über das Mehrjahres- und das Energie-Forschungsprogramm.	

207	16.07.	Botschafter Krapf, Brüssel (NATO), an Ministerialdirektor van Well	S. 956
		Krapf nimmt Stellung zur Studie der gemeinsamen Arbeitsgruppe des Auswärtigen Amts und des Bundesministeriums der Verteidigung über Möglichkeiten einer europäischen Zusammenarbeit auf dem Gebiet der Sicherheit und Verteidigung.	
208	17.07.	Botschafter Krapf, Brüssel (NATO), an das Auswärtige Amt	S. 961
		Krapf informiert über Beratungen der Botschafter der Eurogroup-Mitgliedstaaten zur Einbeziehung Frankreichs in eine europäisch-amerikanische Rüstungszusammenarbeit.	
209	18.07.	Runderlaß des Vortragenden Legationsrats Engels	S. 965
		Engels teilt die Ergebnisse der Tagung des Europäischen Rats am 16./17. Juli mit, auf der die Situation der Weltwirtschaft, das Verhältnis zwischen Industrie- und Entwicklungsländern, die KSZE und die weitere Entwicklung der Europäischen Gemeinschaften im Mittelpunkt standen.	
210	18.07.	Botschafter Freiherr von Braun, Paris, an das Auswärtige Amt	S. 972
		Braun stellt Überlegungen zur deutsch-französischen Rüstungskooperation, insbesondere zur Exportpolitik, an.	
211	18.07.	Botschafter Behrends, Wien (MBFR-Delegation), an das Auswärtige Amt	S. 976
		Behrends übermittelt den Abschlußbericht über die sechste Runde der MBFR-Verhandlungen.	
212	21.07.	Bundesminister Genscher an Bundeskanzler Schmidt	S. 979
		Genscher legt eine gemeinsame Bewertung von französischen Äußerungen zur Sicherheits- und Verteidigungspolitik durch das Auswärtige Amt und das Bundesministerium der Verteidigung vor.	
213	21.07.	Gespräch des Staatssekretärs Gehlhoff mit dem Generalsekretär im französischen Außenministerium, de Courcel	S. 984
		Erörtert werden die KSZE, die MBFR-Verhandlungen und mögliche Probleme mit der UdSSR wegen Berlin (West).	
214	21.07.	Aufzeichnung des Ministerialdirektors van Well	S. 986
		Van Well äußert sich zur britischen Absicht, die Patrouillentätigkeit an der Landgrenze zur DDR unter Hinweis auf die Verantwortlichkeit der Bundesrepublik einzustellen.	

215	21.07.	Botschafter von Hase, London, an das Auswärtige Amt	S. 989
		Hase übermittelt seine Überlegungen zur Studie der gemeinsamen Arbeitsgruppe des Auswärtigen Amts und des Bundesministeriums der Verteidigung über Möglichkeiten einer europäischen Zusammenarbeit auf dem Gebiet der Sicherheit und Verteidigung.	
216	22.07.	Botschafter Blech, Genf (KSZE-Delegation), an das Auswärtige Amt	S. 995
		Blech informiert über den Abschluß der Beratungen zu militärischen Aspekten der Sicherheit auf der KSZE.	
217	22.07.	Botschafter Blech, Genf (KSZE-Delegation), an das Auswärtige Amt	S. 1000
		Vor dem Hintergrund der unterschiedlichen Interessen der Teilnehmerstaaten beurteilt Blech die Ergebnisse der KSZE zur Zusammenarbeit in den Bereichen der Wirtschaft, der Wissenschaft und Technik sowie der Umwelt (Korb II).	
218	23.07.	Aufzeichnung des Staatssekretärs Gehlhoff	S. 1004
		Gehlhoff erläutert die noch offenen Fragen in den Verhandlungen mit Polen, insbesondere die Abwicklung der Ausreisen aus Polen sowie neue polnische Vorschläge zur Struktur der Gesamtvereinbarung.	
219	24.07.	Gespräch des Bundesministers Genscher mit dem britischen Außenminister Callaghan in Hamburg	S. 1008
		Erörtert werden MBFR, die KSZE, die Lage im südlichen Afrika und im Nahen Osten, der Zypern-Konflikt, die Situation in Italien und der Fischereikonflikt mit Island.	
220	24.07.	Deutsch-britisches Regierungsgespräch in Hamburg	S. 1014
		Themen sind insbesondere der Fischereikonflikt mit Island, die Entwicklung in Portugal, Italien und Spanien, die EG-Agrarpolitik und -Finanzverwaltung, die Wirtschaftslage in Europa und die Energiepolitik.	
221	25.07.	Aufzeichnung des Ministerialdirigenten Jesser	S. 1021
		Jesser faßt Erkenntnisse aus der Reise des Bundesministers Genscher vom 30. Juni bis 7. Juli nach Liberia, Ghana, Sambia und Malawi zusammen und zieht Schlüsse für die Afrika-Politik der Bundesrepublik.	
222	27.07.	Deutsch-amerikanisches Regierungsgespräch	S. 1032
		Im Mittelpunkt stehen die amerikanische Haltung zur Entwicklung in den europäischen Mittelmeerstaaten sowie in der Türkei und Zypern und die Situation der Weltwirtschaft.	

Dokumentenverzeichnis für Band II

223 27.07. Aufzeichnung des Bundeskanzlers Schmidt S. 1039

Schmidt legt die Ergebnisse seiner Gespräche mit Staatspräsident Giscard d'Estaing und mit Premierminister Wilson zu institutionellen Fragen der Europäischen Gemeinschaften dar.

224 28.07. Aufzeichnung des Ministerialdirektors Sanne, Bundeskanzleramt S. 1045

Sanne resümiert ein deutsch-amerikanisches Regierungsgespräch über die Lage in Portugal, den Dialog zwischen erdölproduzierenden und -verbrauchenden Staaten, MBFR und SALT.

225 28.07. Aufzeichnung des Staatssekretärs Gehlhoff S. 1049

Gehlhoff berichtet über die Verhandlungen mit Polen über das Abkommen zur Renten- und Unfallversicherung, den Finanzkredit und das Ausreiseprotokoll.

226 28.07. Aufzeichnung des Ministerialdirektors van Well S. 1053

Van Well befaßt sich mit den Folgen der amerikanischen Entscheidung, die Einstellung der Verteidigungshilfe an die Türkei aufrechtzuerhalten, und mit den Möglichkeiten einer Einwirkung auf die Türkei von seiten der Bundesregierung.

227 29.07. Deutsch-jugoslawisches Regierungsgespräch in Helsinki S. 1057

Erörtert werden die Entwicklung in Portugal, der Zypern-Konflikt, die Lage im Nahen Osten und die Situation der Weltwirtschaft.

228 29.07. Runderlaß des Vortragenden Legationsrats Engels S. 1064

Engels informiert über die deutsch-französischen Konsultationen am 25./26. Juli, in deren Mittelpunkt wirtschafts- und währungspolitische Fragen, der Nahost- und der Zypern-Konflikt standen.

229 30.07. Gespräch des Bundeskanzlers Schmidt mit Präsident Husák in Helsinki S. 1069

Themen sind die bilateralen Beziehungen, die Situation der Weltwirtschaft sowie die Lage im Nahen Osten.

230 30.07. Gespräch des Bundeskanzlers Schmidt mit dem Ersten Sekretär des ZK der SED, Honecker, in Helsinki S. 1075

Die Gesprächspartner erörtern die innerdeutschen Beziehungen, das Vier-Mächte-Abkommen über Berlin, wirtschaftliche Kooperationsvorhaben sowie die Transitpauschale.

August

231 31.07. Gespräch des Bundeskanzlers Schmidt mit S. 1084
Ministerpräsident Trudeau in Helsinki

Im Mittelpunkt stehen die Stationierung kanadischer Streitkräfte in der Bundesrepublik sowie die Nichtverbreitung von Kernwaffen.

232 31.07. Gespräch des Bundesministers Genscher mit dem S. 1087
Sekretär des Rats für die öffentlichen Angelegenheiten der Kirche, Casaroli, in Helsinki

Genscher und Casaroli befassen sich mit der vom Heiligen Stuhl erwogenen Neuordnung der Bistumsgrenzen in der DDR sowie der Einrichtung einer selbständigen Bischofskonferenz der DDR.

233 31.07. Gespräch des Bundeskanzlers Schmidt mit S. 1091
Staatspräsident Giscard d'Estaing, Premierminister Wilson und Präsident Ford in Helsinki

Die Gesprächspartner erörtern die Aussichten für ein ägyptisch-israelisches Abkommen sowie das Vorgehen im Falle eines Antrags auf Ausschluß Israels aus der UNO-Generalversammlung.

234 31.07. Deutsch-sowjetisches Regierungsgespräch in Helsinki S. 1097

Besprochen werden hauptsächlich die Ergebnisse der KSZE, die bilateralen Wirtschaftsbeziehungen, die Einbeziehung von Berlin (West) in bilaterale Abkommen, das Vier-Mächte-Abkommen über Berlin sowie der Termin für einen Besuch des Generalsekretärs des ZK der KPdSU, Breschnew, in der Bundesrepublik.

235 31.07. Gespräch des Bundesministers Genscher mit dem S. 1110
sowjetischen Außenminister Gromyko in Helsinki

Hauptthema ist die Einbeziehung von Berlin (West) in ein Abkommen über Rechtshilfe, das Zweijahresprogramm zum Kulturabkommen und in ein Abkommen über wissenschaftlich-technische Zusammenarbeit.

236 01.08. Gespräch des Bundeskanzlers Schmidt mit dem Ersten S. 1113
Sekretär des ZK der SED, Honecker, in Helsinki

Themen sind die Verkehrswege zwischen der Bundesrepublik und Berlin (West), die Transitpauschale, wirtschaftliche Kooperationsvorhaben und die Lage der Weltwirtschaft.

237 01.08. Gespräch des Bundeskanzlers Schmidt mit Präsident S. 1121
Makarios in Helsinki

Erörtert wird der Zypern-Konflikt, insbesondere die territoriale Aufteilung der Insel.

238	01.08.	Aufzeichnung des Ministerialdirigenten Jesser	S. 1123

Jesser analysiert die Haltung der Volksrepublik China zur Deutschland- und Berlin-Frage.

239	01.08.	Ministerialdirektor van Well, z. Z. Helsinki, an das Auswärtige Amt	S. 1128

Van Well berichtet über ein Gespräch des Bundeskanzlers Schmidt mit Präsident Ceaușescu. Im Mittelpunkt standen die Ergebnisse der KSZE und die bilateralen wirtschaftlichen Beziehungen.

240	01.08.	Ministerialdirektor van Well, z. Z. Helsinki, an das Auswärtige Amt	S. 1131

Van Well unterrichtet über ein Gespräch des Bundesministers Genscher mit dem Außenminister der DDR, Fischer. Themen waren die innerdeutschen Beziehungen und die Lage im Nahen Osten.

241	05.08.	Aufzeichnung des Vortragenden Legationsrats I. Klasse Fleischhauer	S. 1134

Fleischhauer erörtert die rechtlichen Fragen eines einseitigen Verbindungsbriefs („Schnurbrief") der Bundesregierung im Zusammenhang mit den Abkommen mit Polen.

242	05.08.	Vortragender Legationsrat Strenziok an Botschafter von Lilienfeld, Madrid	S. 1136

Strenziok übermittelt Informationen über ein Gespräch des Bundeskanzlers Schmidt mit Ministerpräsident Arias Navarro am 30. Juli in Helsinki, in dem die Lage in Portugal und Spanien sowie die Beziehungen zwischen Spanien und der NATO erörtert wurden.

243	05.08.	Botschaftsrat I. Klasse Graf Finck von Finckenstein, Prag, an das Auswärtige Amt	S. 1142

Finckenstein informiert über eine Note mit Erstattungsansprüchen aus der Zeit des Zweiten Weltkriegs, die ihm im tschechoslowakischen Außenministerium übergeben wurde.

244	05.08.	Ministerialdirigent Meyer-Landrut an die Botschaft in Warschau	S. 1144

Meyer-Landrut unterrichtet über die Vereinbarungen mit Polen zur Renten- und Unfallversicherung und über einen Finanzkredit sowie das Ausreiseprotokoll.

August

245 06.08. Aufzeichnung des Ministerialdirigenten Meyer-Landrut S. 1149

Meyer-Landrut faßt eine Diskussion in der Bonner Vierergruppe zur Behandlung sowjetischer Proteste in Berlin-Fragen zusammen.

246 11.08. Gespräch des Bundesministers Genscher mit dem italienischen Außenminister Rumor in Berchtesgaden S. 1152

Die Gesprächspartner erörtern den Zypern-Konflikt und die Rolle der Europäischen Gemeinschaften, die innenpolitische Situation in der Türkei, den Nahost-Konflikt, die Lage in Portugal sowie die Beteiligung Italiens an der geplanten Konferenz der Staats- und Regierungschefs über Wirtschafts- und Währungsfragen.

247 11.08. Aufzeichnung des Ministerialdirigenten Redies S. 1161

Redies notiert die Reaktionen in Griechenland, der Türkei und Zypern auf eine mögliche Initiative der Europäischen Gemeinschaften zur Lösung des Zypern-Konflikts.

248 15.08. Angestellter Verheugen an Bundesminister Genscher, z. Z. Berchtesgaden S. 1164

Verheugen übermittelt die Aufzeichnung über ein Gespräch zwischen Genscher und UNO-Generalsekretär Waldheim am 11. August in Salzburg. Im Mittelpunkt standen der Zypern- und der Nahost-Konflikt, die bevorstehende Sondersitzung der UNO-Generalversammlung, das Konsulat der Bundesrepublik in Windhuk und die Frage der Bezeichnung der Bundesrepublik in russischsprachigen UNO-Dokumenten.

249 19.08. Aufzeichnung des Ministerialdirektors Lahn S. 1168

Lahn erörtert die Abgrenzung der Zuständigkeiten sowie die Kooperation mit dem Bundesministerium für wirtschaftliche Zusammenarbeit.

250 21.08. Ministerialdirigent Redies an die Botschaften in Paris und Rom S. 1173

Redies informiert über den Inhalt eines zyprischen Memorandums zur Lösung des Zypern-Konflikts und äußert sich zum weiteren Vorgehen.

251 25.08. Aufzeichnung des Ministerialdirektors Lahn S. 1177

Lahn faßt ein Gespräch des Bundesministers Genscher mit dem indischen Außenminister Chavan am 22. August in Frankfurt/Main zusammen. Themen waren die bevorstehende Sondersitzung der UNO-Generalversammlung, der Nahost-Konflikt, die Arbeitsmöglichkeiten für Journalisten aus der Bundesrepublik in Indien sowie die Lage in Bangladesch nach dem Staatsstreich.

| 252 | 25.08. | Aufzeichnung des Botschafters Jaenicke | S. 1181 |

Jaenicke berichtet über den Stand des Airbus-Programms und untersucht die möglichen außenpolitischen Folgen eines Abbruchs durch die Bundesrepublik.

| 253 | 26.08. | Aufzeichnung des Ministerialdirigenten Redies | S. 1185 |

Redies analysiert die Probleme einer europäischen Sicherheits- und Verteidigungspolitik.

| 254 | 26.08. | Aufzeichnung des Vortragenden Legationsrats I. Klasse Munz | S. 1192 |

Munz notiert, daß die amerikanische Botschaft um Unterstützung einer Demarche in Portugal wegen der dortigen innenpolitischen Entwicklung gebeten habe.

| 255 | 27.08. | Aufzeichnung des Botschafters Jaenicke | S. 1196 |

Jaenicke äußert sich zum Export von Schützenpanzern des Typs „Marder" und von Infanteriewaffen nach Saudi-Arabien.

| 256 | 29.08. | Gespräch des Bundeskanzlers Schmidt mit Ministerpräsident Jørgensen in Sonderburg | S. 1199 |

Besprochen werden die wirtschaftliche Lage in Dänemark und in der Bundesrepublik sowie institutionelle Fragen der Europäischen Gemeinschaften.

| 257 | 29.08. | Aufzeichnung des Referats 310 | S. 1202 |

Die Position der Bundesrepublik hinsichtlich einer finanziellen Stützungsaktion für Ägypten wird dargelegt.

| 258 | 31.08. | Ministerialdirigent Jesser, z. Z. Beirut, an das Auswärtige Amt | S. 1206 |

Jesser informiert über den Besuch des Staatsministers Moersch im Libanon. In den Gesprächen mit Präsident Frangieh und dem libanesischen Außenminister Takla sowie dem Leiter des PLO-Büros in Beirut, Schafiq el Hout, standen die bilateralen Beziehungen und der Nahost-Konflikt im Mittelpunkt.

| 259 | August | Aufzeichnung des Auswärtigen Amts | S. 1211 |

Gegenstand ist die Reise des Staatsministers Wischnewski in sieben Staaten zur Vorbereitung einer weiteren Konferenz zwischen erdölproduzierenden und -verbrauchenden Staaten.

| 260 | 02.09. | Ministerialdirigent Jesser, z. Z. Bagdad, an das Auswärtige Amt | S. 1221 |

Jesser berichtet von einem Gespräch des Staatsministers Moersch mit dem stellvertretenden Vorsitzenden des irakischen Revolutionären Kommandorats, Hussein, über die bilateralen Beziehungen.

261 03.09. Aufzeichnung des Vortragenden Legationsrats I. Klasse S. 1223
Fleischhauer

Fleischhauer erläutert das weitere Vorgehen gegenüber dem Heiligen Stuhl in der Frage einer Neuregelung der kirchenrechtlichen Verhältnisse in der DDR.

262 05.09. Aufzeichnung des Staatssekretärs Hermes S. 1228

Hermes notiert einen Protest des italienischen Botschafters Luciolli dagegen, daß Italien zu wichtigen Gesprächen nicht eingeladen werde.

263 05.09. Botschafter Freiherr von Wechmar, New York (UNO), S. 1229
an das Auswärtige Amt

Wechmar unterrichtet über ein Gespräch des Bundesministers Genscher mit dem sambischen Außenminister Banda. Gesprochen wurde über die Lage in Rhodesien und Namibia, das Konsulat der Bundesrepublik in Windhuk sowie die bilateralen Beziehungen.

264 08.09. Kabinettvorlage des Auswärtigen Amts S. 1232

Dargelegt werden die Grundsätze der Bundesregierung für den Dialog mit erdölproduzierenden und anderen Entwicklungsländern.

265 09.09. Ministerialdirektor van Well an die Botschaft in S. 1240
Den Haag

Van Well erteilt Weisung, im niederländischen Außenministerium die Besorgnis der Bundesregierung über die geplanten Kürzungen des niederländischen Verteidigungsbeitrags zum Ausdruck zu bringen.

266 11.09. Gespräch des Bundesministers Genscher mit dem S. 1242
südafrikanischen Außenminister Muller

Besprochen werden die Rhodesien-Frage, die Lage in Namibia und Angola sowie die mögliche Schließung des Konsulats der Bundesrepublik in Windhuk.

267 12.09. Aufzeichnung des Vortragenden Legationsrats Hölscher S. 1247

Hölscher legt die Haltung der amerikanischen Regierung zur geplanten Lieferung eines Kernkraftwerks aus der Bundesrepublik an die UdSSR dar.

268	15.09.	Gespräch des Bundesministers Genscher mit Ministerpräsident Tindemans	S. 1249
		Die Gesprächspartner diskutieren grundsätzliche Fragen einer Europäischen Union, u.a. die künftigen Kompetenzen der Organe der Europäischen Gemeinschaften.	
269	16.09.	Gespräch des Bundeskanzlers Schmidt mit Ministerpräsident Tindemans	S. 1253
		Im Mittelpunkt stehen eine gemeinsame europäische Außen- und Sicherheitspolitik, die Möglichkeiten einer gemeinsamen Wirtschafts- und Währungspolitik sowie die institutionelle Ausgestaltung der Europäischen Gemeinschaften.	
270	16.09.	Aufzeichnung des Ministerialdirigenten Lautenschlager	S. 1257
		Lautenschlager faßt Verlauf und Ergebnisse der 7. Sondersitzung der UNO-Generalversammlung über Entwicklung und internationale Zusammenarbeit in New York zusammen.	
271	16.09.	Aufzeichnung des Vortragenden Legationsrats I. Klasse Steger	S. 1263
		Steger berichtet über den Stand der Verhandlungen mit der Provisorischen Revolutionsregierung der Republik Südvietnam über die Aufnahme diplomatischer Beziehungen.	
272	16.09.	Ministerialdirigent Ruhfus an Ministerialdirektor van Well, z.Z. Washington	S. 1265
		Ruhfus übermittelt Überlegungen zur Abwehr des Kommunismus in Portugal, Spanien und Italien.	
273	17.09.	Staatssekretär Hermes an Botschafter von Staden, Washington	S. 1270
		Hermes äußert sich zu einer möglichen Einstellung der Devisenausgleichsabkommen mit den USA.	
274	19.09.	Botschafter von Staden, Washington, an Staatssekretär Hermes	S. 1271
		Staden analysiert die Haltung der amerikanischen Regierung und des Kongresses in bezug auf den Devisenausgleich und unterbreitet Vorschläge für das weitere Vorgehen der Bundesregierung.	
275	19.09.	Botschafter Krapf, Brüssel (NATO), an das Auswärtige Amt	S. 1275
		Krapf unterrichtet über Konsultationen im Ständigen NATO-Rat zur Implementierung der Beschlüsse der KSZE.	

September

276	22.09.	Gespräch des Bundesministers Genscher mit dem polnischen Außenminister Olszowski in New York	S. 1279

Thema sind die in Helsinki geschlossenen bilateralen Vereinbarungen und deren parlamentarische Behandlung in der Bundesrepublik sowie der bevorstehende Besuch von Genscher in Polen.

277	23.09.	Aufzeichnung des Vortragenden Legationsrats I. Klasse Ruth	S. 1282

Ruth informiert über den Stand der MBFR-Verhandlungen in Wien und erörtert die mögliche Einbeziehung amerikanischer nuklearer Komponenten (Option III) in das Verhandlungsangebot der teilnehmenden NATO-Mitgliedstaaten.

278	23.09.	Botschafter von Hase, London, an das Auswärtige Amt	S. 1287

Im Hinblick auf zu erwartende Forderungen der britischen Regierung rät Hase dazu, die Haltung der Bundesregierung in der Frage des Devisenausgleichs festzulegen.

279	23.09.	Ministerialdirektor van Well, z. Z. New York, an das Auswärtige Amt	S. 1289

Van Well berichtet über ein Gespräch des Bundesministers Genscher mit dem sowjetischen Außenminister Gromyko zur Einbeziehung von Berlin (West) in bilaterale Abkommen.

280	24.09.	Gespräch des Bundesministers Genscher mit den Außenministern Sauvagnargues (Frankreich), Callaghan (Großbritannien) und Kissinger (USA)	S. 1292

Gesprochen wird über die Lage in Portugal und in Italien sowie über den Teilnehmerkreis für die geplanten Gespräche über Wirtschafts- und Währungsfragen.

281	24.09.	Aufzeichnung des Ministerialdirigenten Meyer-Landrut	S. 1298

Meyer-Landrut resümiert eine Sitzung der Bonner Vierergruppe zur möglichen Freilassung von Rudolf Heß und zur Umwandlung der Haftanstalt Spandau in eine Gedenkstätte.

282	24.09.	Aufzeichnung des Vortragenden Legationsrats Gehl	S. 1301

Gehl analysiert den Stand der Ost-West-Beziehungen nach Abschluß der KSZE.

283	24.09.	Vortragender Legationsrat Strenziok an die Ständige Vertretung bei der UNO in New York	S. 1309

Strenziok äußert sich zu einer möglichen Demarche der EG-Mitgliedstaaten bei der spanischen Regierung wegen der Vollstreckung von Todesurteilen.

284 24.09. Vortragender Legationsrat I. Klasse von der Gablentz, z. Z. New York, an das Auswärtige Amt S. 1313

Gablentz informiert über eine Sitzung des Politischen Komitees im Rahmen der EPZ sowie über ein Treffen der Außenminister der EG-Mitgliedstaaten. Themen waren eine mögliche Demarche bei der spanischen Regierung wegen der Vollstreckung von Todesurteilen, der Zypern-Konflikt, die Lage in Portugal, die KSZE und der Nahost-Konflikt.

285 25.09. Ministerialdirektor van Well, z. Z. New York, an das Auswärtige Amt S. 1319

Van Well berichtet über ein Gespräch des Bundesministers Genscher mit dem französischen Außenminister Sauvagnargues und dem griechischen Außenminister Bitsios zum Zypern-Konflikt.

286 26.09. Aufzeichnung des Ministerialdirektors Lautenschlager S. 1322

Lautenschlager befaßt sich mit grundsätzlichen Fragen des Exports von Panzern des Typs „Leopard".

287 26.09. Ministerialdirektor van Well, z. Z. New York, an das Auswärtige Amt S. 1327

Van Well unterrichtet über ein Gespräch des Bundesministers Genscher mit dem Außenminister der DDR, Fischer. Im Mittelpunkt standen die bilateralen Beziehungen und die Ergebnisse der KSZE.

288 29.09. Aufzeichnung des Ministerialdirektors Arnold S. 1330

Arnold unterbreitet Vorschläge zur künftigen Handhabung von Zuwendungen für kulturelle Zwecke in Südtirol.

289 30.09. Runderlaß des Ministerialdirektors van Well S. 1334

Van Well informiert über ein Gespräch des Bundesministers Genscher mit dem türkischen Außenminister Çaglayangil zum Zypern-Konflikt.

290 30.09. Botschafter Sahm, Moskau, an Bundesminister Genscher S. 1337

Sahm berichtet über ein Gespräch des CDU-Vorsitzenden Kohl mit Ministerpräsident Kossygin. Erörtert wurden die Beziehungen zwischen der Bundesrepublik und der UdSSR, Vorwürfe der Tageszeitung „Prawda" gegen den CSU-Vorsitzenden Strauß und wirtschaftliche Fragen.

291	06.10.	**Bundeskanzler Schmidt an Staatspräsident Giscard d'Estaing**	S. 1344
		Schmidt nimmt Stellung zur Assoziierung des Schweizer Franken mit der europäischen Währungsschlange und zur Situation des gemeinsamen Weinmarkts.	
292	06.10.	**Aufzeichnung des Ministerialdirigenten Ruhfus**	S. 1347
		Ruhfus resümiert Gespräche des Bundeskanzlers Schmidt in den USA. Erörtert wurden vor allem Rüstungsexporte und die Frage eines Devisenausgleichs.	
293	06.10.	**Botschafter Wickert, Bukarest, an Ministerialdirigent Kinkel**	S. 1350
		Wickert übermittelt ein Schreiben an Bundesminister Maihofer, in dem er darauf hinweist, daß die bestehende Vereinbarung mit Rumänien über Familienzusammenführung durch zu große Publizität gefährdet werden könne.	
294	07.10.	**Aufzeichnung des Ministerialdirektors Hiss, Bundeskanzleramt**	S. 1354
		Hiss faßt ein Gespräch des Bundeskanzlers Schmidt mit Präsident Ford in Washington zusammen. Themen waren wirtschaftspolitische Fragen, die Lage auf Zypern und in Spanien sowie SALT.	
295	07.10.	**Runderlaß des Vortragenden Legationsrats I. Klasse von der Gablentz**	S. 1360
		Gablentz informiert über ein Treffen der Außenminister der EG-Mitgliedstaaten und des Politischen Komitees im Rahmen der EPZ. Besprochen wurden die Lage auf Zypern und in Spanien sowie die europapolitischen Implikationen von MBFR.	
296	09.10.	**Gespräch des Bundesministers Genscher mit dem polnischen Außenminister Olszowski in Warschau**	S. 1365
		Erörtert werden die Umsetzung der am selben Tag unterzeichneten bilateralen Vereinbarungen, insbesondere des Abkommens über die Gewährung eines Finanzkredits und des Ausreiseprotokolls, sowie die Ratifizierung des Abkommens über Renten- und Unfallversicherung.	
297	09.10.	**Botschafter von Puttkamer, Belgrad, an das Auswärtige Amt**	S. 1374
		Puttkamer berichtet über ein Gespräch mit dem jugoslawischen Verteidigungsminister Ljubičić zur Zusammenarbeit auf militärischem Gebiet und zum jugoslawischen Wunsch nach Waffen aus der Bundesrepublik.	

298	09.10.	Botschafter von Staden, Washington, an das Auswärtige Amt	S. 1377

Staden informiert über Gespräche im amerikanischen Außenministerium und mit Angehörigen des Nationalen Sicherheitsrats zum Stand von SALT.

299	10.10.	Bundeskanzler Schmidt an den Präsidenten der EG-Kommission, Ortoli	S. 1381

Schmidt nimmt Stellung zu Verhandlungen zwischen der EG-Kommission und Ägypten über ein langfristiges Lieferabkommen für Agrarerzeugnisse.

300	10.10.	Aufzeichnung des Ministerialdirektors Lautenschlager	S. 1384

Lautenschlager legt den Entwurf eines Schreiben des Bundeskanzlers Schmidt an die Regierungschefs der übrigen EG-Mitgliedstaaten vor. Thematisiert werden Verhandlungen zwischen der EG-Kommission und Ägypten über ein langfristiges Lieferabkommen für Agrarerzeugnisse sowie die europäische Entwicklungshilfe.

301	10.10.	Bundeskanzler Schmidt an Premierminister Wilson	S. 1387

Schmidt äußert sich zum Teilnehmerkreis der geplanten Konferenz über Wirtschafts- und Währungsfragen und zur Vertretung der Europäischen Gemeinschaften auf einer Konferenz über internationale wirtschaftliche Zusammenarbeit. Zudem nimmt er Stellung zu den Verhandlungen zwischen der EG-Kommission und Ägypten über ein langfristiges Lieferabkommen für Agrarerzeugnisse sowie zur europäischen Entwicklungshilfe.

302	13.10.	Botschafter von Lilienfeld, Madrid, an das Auswärtige Amt	S. 1391

Lilienfeld berichtet über ein Gespräch mit Ministerpräsident Arias Navarro über die Vollstreckung von Todesurteilen in Spanien.

303	14.10.	Aufzeichnung des Ministerialdirektors Blech	S. 1396

Blech legt eine Aufzeichnung des Planungsstabs zur Haltung der Bundesrepublik gegenüber der Republik Südafrika und der Lage in Namibia vor.

304	14.10.	Aufzeichnung des Vortragenden Legationsrats I. Klasse Rumpf	S. 1403

Rumpf erläutert die rumänischen Forderungen nach Wiedergutmachung gegenüber der Bundesrepublik.

305	14.10.	Botschafter Oncken, Athen, an das Auswärtige Amt	S. 1406

Oncken informiert über ein Gespräch mit dem Abteilungsleiter im griechischen Außenministerium, Chorafas, über die Beziehungen zwischen Griechenland und der NATO.

306	15.10.	Aufzeichnung des Ministerialdirigenten Dreher	S. 1410

Dreher begründet, warum den Mitgliedern der Chinesischen Oper Taiwan keine Visen zur Einreise in die Bundesrepublik erteilt werden sollen.

307	16.10.	Aufzeichnung des Ministerialdirektors Hiss, Bundeskanzleramt	S. 1416

Hiss resümiert ein Gespräch des Bundeskanzlers Schmidt mit dem saudi-arabischen Erdölminister Yamani zu Fragen der Weltwirtschaft, zum Ölpreis und zur Lage im Nahen Osten.

308	17.10.	Staatssekretär Gaus, Ost-Berlin, an das Auswärtige Amt	S. 1419

Gaus übermittelt Informationen aus einem Gespräch des Ministerialrats Bräutigam mit dem Abteilungsleiter im Außenministerium der DDR, Seidel, über den Berlin-Artikel des Vertrags vom 7. Oktober über Freundschaft, Zusammenarbeit und gegenseitigen Beistand zwischen der DDR und der UdSSR.

309	18./ 19.10.	Konferenz der Außenminister der EG-Mitgliedstaaten in Lucca	S. 1421

Themen sind Ausbau und Vertiefung der Europäischen Gemeinschaften, der Dialog mit den Entwicklungsländern, die Ost-West-Beziehungen, die Lage im Nahen Osten und auf Zypern sowie die geplante Konferenz über Wirtschafts- und Währungsfragen.

310	20.10.	Aufzeichnung des Staatssekretärs Hermes	S. 1441

Hermes faßt ein Gespräch mit dem Generalsekretär im französischen Außenministerium, de Courcel, zu Grundsätzen der Rüstungsexportpolitik zusammen.

311	20.10.	Aufzeichnung des Vortragenden Legationsrats I. Klasse Steger	S. 1446

Steger informiert über ein Gespräch des Ministerialdirigenten Fischer mit dem nordvietnamesischen Botschafter in Paris, Vo Van Sung, zur wechselseitigen Errichtung von Botschaften und zur Möglichkeit der Gewährung von Wirtschaftshilfe an die Demokratische Republik Vietnam (Nordvietnam).

312	20.10.	Botschafter Steltzer, Kairo, an das Auswärtige Amt	S. 1450

Steltzer erörtert das Für und Wider einer Beteiligung der Bundesrepublik an Rüstungslieferungen für Ägypten.

313	21.10.	Aufzeichnung des Ministerialdirigenten Meyer-Landrut	S. 1454
		Meyer-Landrut äußert sich zu einem möglichen Besuch des NATO-Generalsekretärs Luns in Berlin (West).	
314	23.10.	Aufzeichnung des Ministerialdirektors Lautenschlager	S. 1458
		Lautenschlager stellt Überlegungen an, unter welchen Bedingungen Großbritannien bereit sein könnte, auf eine eigene Vertretung bei einer Konferenz über Internationale Wirtschaftliche Zusammenarbeit zu verzichten.	
315	23.10.	Vortragender Legationsrat Freiherr von Mentzingen an die Botschaft in Budapest	S. 1461
		Mentzingen informiert über ein Gespräch des Staatssekretärs Gehlhoff mit dem ungarischen Botschafter Hamburger zu Fragen der Wiedergutmachung und der Vertiefung der bilateralen Beziehungen; er übermittelt den Text einer Antwortnote auf die ungarische Note vom 25. Februar.	
316	23.10.	Botschafter Lilienfeld, Madrid, an das Auswärtige Amt	S. 1465
		Lilienfeld berichtet von einer Unterredung mit Prinz Juan Carlos über dessen politische Vorstellungen für die Zeit nach dem Tod des Staatschefs Franco.	
317	24.10.	Vortragender Legationsrat I. Klasse Fleischhauer an die Botschaft beim Heiligen Stuhl in Rom	S. 1469
		Fleischhauer unterrichtet über ein Gespräch des Bundesministers Genscher mit dem Sekretär des Rats für die öffentlichen Angelegenheiten der Kirche, Casaroli, zu Fragen der kirchenrechtlichen Neuordnung in der DDR.	
318	24.10	Botschafter Sonnenhol, Ankara, an Bundesminister Genscher	S. 1473
		Sonnenhol übermittelt den Vorschlag des türkischen Außenministers Çaglayangil, auf Zypern eine Pufferzone zwischen dem nördlichen und dem südlichen Teil der Insel einzurichten.	
319	27.10.	Aufzeichnung des Referats 220	S. 1475
		Der Stand der Verhandlungen über eine Begrenzung strategischer Waffen (SALT II) wird dargelegt. Erläutert werden insbesondere die noch offenen Fragen wie die Einbeziehung amerikanischer cruise missiles und nicht-zentraler Systeme sowie die Interessen der europäischen NATO-Mitgliedstaaten an SALT.	
320	28.10.	Bundeskanzler Schmidt an Premierminister Wilson	S. 1478
		Schmidt setzt sich mit Vorschlägen zur Verbesserung des Finanzgebarens der Europäischen Gemeinschaften auseinander.	

321	28.10.	**Aufzeichnung des Staatssekretärs Hermes**	S. 1480
		Hermes faßt ein Gespräch mit dem Unterstaatssekretär im amerikanischen Außenministerium, Sisco, zu Grundsätzen der Rüstungsexportpolitik zusammen.	
322	29.10.	**Gespräch des Bundeskanzlers Schmidt mit dem chinesischen Stellvertretenden Ministerpräsidenten Teng Hsiao-ping in Peking**	S. 1486
		Erörtert werden Fragen der internationalen Politik, insbesondere der Weltwirtschaftspolitik sowie des europäischen und globalen Gleichgewichts.	
323	30.10.	**Gespräch des Bundeskanzlers Schmidt mit dem Vorsitzenden des ZK und des Politbüros der KP Chinas, Mao Tse-tung, in Peking**	S. 1495
		Die Gesprächspartner legen ihre Sicht der weltpolitischen Lage dar.	
324	30.10.	**Botschafter Krapf, Brüssel (NATO), an das Auswärtige Amt**	S. 1500
		Krapf berichtet über eine Sitzung des Ständigen NATO-Rats zur Lage im Fernen Osten nach der Kapitulation der Republik Vietnam (Südvietnam).	
325	30.10.	**Botschafter Freiherr von Braun, Paris, an das Auswärtige Amt**	S. 1506
		Braun analysiert die Entwicklung der deutsch-französischen Beziehungen seit dem Amtsantritt des Staatspräsidenten Giscard d'Estaing.	
326	31.10.	**Gespräch des Bundeskanzlers Schmidt mit dem chinesischen Stellvertretenden Ministerpräsidenten Teng Hsiao-ping in Peking**	S. 1514
		Im Mittelpunkt des Gesprächs steht die internationale Sicherheitslage unter besonderer Berücksichtigung des militärischen Gleichgewichts.	
327	31.10.	**Runderlaß des Vortragenden Legationsrats I. Klasse von der Gablentz**	S. 1520
		Gablentz legt die Ergebnisse einer Konferenz der Außenminister der EG-Mitgliedstaaten im Rahmen der EPZ zu Fragen der Nahost-Politik dar.	
328	31.10.	**Botschafter Oncken, Athen, an das Auswärtige Amt**	S. 1524
		Oncken berichtet über ein Gespräch mit Ministerpräsident Karamanlis zum Vorschlag, auf Zypern eine Pufferzone zwischen dem nördlichen und dem südlichen Teil der Insel einzurichten.	

329	03.11.	Gespräch des Bundesministers Genscher mit dem jugoslawischen Außenminister Minić	S. 1528

Themen sind die KSZE, vor allem die Auslegung der Schlußakte, und die Beziehungen zwischen der Bundesrepublik und der DDR, insbesondere im Hinblick auf den Status von Berlin.

330	04.11.	Gespräch des Bundesministers Genscher mit dem jugoslawischen Außenminister Minić	S. 1537

Erörtert werden vor allem die bilaterale wirtschaftliche und militärische Zusammenarbeit, die Berichterstattung über Jugoslawien in den Medien der Bundesrepublik, die Tätigkeit jugoslawischer Emigranten, die Pflege deutscher Kriegsgräber in Jugoslawien, der Nahost- und der Zypern-Konflikt sowie die Entwicklung in Spanisch-Sahara.

331	04.11.	Aufzeichnung des Ministerialdirektors Lahn	S. 1547

Lahn spricht sich gegen eine Lieferung von Waffen und nichtmilitärischem Gerät an die ägyptische Armee aus.

332	05.11.	Botschafter Oncken, Athen, an das Auswärtige Amt	S. 1551

Oncken berichtet von einem Gespräch mit dem griechischen Außenminister Bitsios über die Vermittlungsbemühungen der Bundesrepublik im Zypern-Konflikt.

333	05.11.	Botschafter Wieck, Teheran, an das Auswärtige Amt	S. 1555

Wieck informiert über ein Gespräch des Bundeskanzlers Schmidt mit Schah Reza Pahlevi und Ministerpräsident Hoveyda in Teheran. Erörtert wurden u. a. die weltpolitische Lage, die Beziehungen zwischen dem Iran und den Europäischen Gemeinschaften sowie das Dreiecksgeschäft zwischen der Bundesrepublik, dem Iran und der UdSSR zur Lieferung von Erdgas, weiterhin die Zusammenarbeit bei der friedlichen Nutzung der Kernenergie und die Errichtung einer Raffinerie im Iran durch Firmen aus der Bundesrepublik.

334	06.11.	Aufzeichnung des Ministerialdirektors Lautenschlager	S. 1564

Lautenschlager untersucht mögliche außenpolitische Konsequenzen von Äußerungen des Bundeskanzlers Schmidt gegenüber Schah Reza Pahlevi und Ministerpräsident Hoveyda zur bilateralen Zusammenarbeit bei der friedlichen Nutzung der Kernenergie.

335	06.11.	Aufzeichnung des Ministerialdirektors van Well	S. 1569

Van Well plädiert für die Einführung des luftgestützten amerikanischen Aufklärungs-, Überwachungs- und Alarmsystems AWACS in der NATO.

November

336 06.11. Aufzeichnung des Botschaftsrats I. Klasse Stöckl, London   S. 1571

Stöckl resümiert ein Gespräch des Staatssekretärs Hermes mit dem Staatssekretär im britischen Außenministerium, Brimelow, zu Grundsatzfragen der Rüstungsexportpolitik.

337 06.11. Botschafter Wieck, Teheran, an das Auswärtige Amt   S. 1576

Wieck unterrichtet über ein Gespräch des Bundeskanzlers Schmidt mit dem iranischen Wirtschafts- und Finanzminister Ansari zu wirtschaftspolitischen Fragen.

338 07.11. Botschafter Krapf, Brüssel (NATO), an das Auswärtige Amt   S. 1579

Krapf informiert über die Sondersitzung der Minister der Eurogroup am 5. November in Den Haag, auf der eine verbesserte Rüstungszusammenarbeit und eine französische Beteiligung daran im Mittelpunkt standen.

339 12.11. Gespräch des Bundesministers Genscher mit dem sowjetischen Außenminister Gromyko in Moskau   S. 1582

Themen sind die Bundespräsenz in Berlin (West), Demonstrationen vor der sowjetischen Botschaft, die Anwesenheit von Angehörigen der Nationalen Volksarmee an einer Gedenkfeier am sowjetischen Ehrenmal in Berlin (West) sowie der Stand der bilateralen Beziehungen.

340 12.11. Bundeskanzler Schmidt an Premierminister Wilson   S. 1586

Zur Vorbereitung der bevorstehenden Tagung des Europäischen Rats in Rom übermittelt Schmidt grundsätzliche Überlegungen zur Europapolitik.

341 12.11. Aufzeichnung der Vortragenden Legationsrätin I. Klasse Finke-Osiander   S. 1596

Finke-Osiander erörtert die in den Verhandlungen mit der DDR über ein Post- und Fernmeldeabkommen noch offene Frage der Einbeziehung von Berlin (West).

342 13.11. Ministerialdirektor van Well, z. Z. Moskau, an das Auswärtige Amt   S. 1602

Van Well berichtet über ein Gespräch des Bundesministers Genscher mit dem sowjetischen Außenminister Gromyko. Themen waren die Ergebnisse der KSZE, die Einbeziehung von Berlin (West) in bilaterale Abkommen und die Erteilung von Mehrfachsichtvermerken für Journalisten.

343 13.11. Aufzeichnung des Ministerialdirektors Lautenschlager   S. 1608

Lautenschlager befaßt sich mit der Rüstungsexportpolitik der Bundesrepublik und untersucht Konsequenzen einer möglichen Lockerung der bisherigen Praxis.

344 13.11. Aufzeichnung des Legationsrats I. Klasse Barth   S. 1615

Barth faßt Expertengespräche mit Großbritannien über Finanzfragen der Europäischen Gemeinschaften zusammen.

345 14.11. Generalkonsul Groener, Luanda, an das Auswärtige Amt   S. 1620

Groener bittet um eine Entscheidung hinsichtlich einer Anerkennung der Unabhängigkeit von Angola.

346 15.11. Konferenz der Staats- und Regierungschefs aus sechs Industriestaaten auf Schloß Rambouillet   S. 1622

Die Teilnehmer analysieren die gegenwärtige wirtschaftliche Lage in ihren Staaten und unterbreiten Vorschläge zur Verbesserung der internationalen Zusammenarbeit.

347 15.11. Aufzeichnung des Vortragenden Legationsrats Hehenberger   S. 1632

Hehenberger bilanziert den Stand der Beziehungen zu Pakistan und verweist auf die Rolle Frankreichs.

348 16.11. Konferenz der Staats- und Regierungschefs aus sechs Industriestaaten auf Schloß Rambouillet   S. 1634

Themen sind der internationale Handel und die Reform des Weltwährungssystems.

349 16.11 Konferenz der Staats- und Regierungschefs aus sechs Industriestaaten auf Schloß Rambouillet   S. 1645

Im Mittelpunkt stehen die Energie-, die Rohstoff- und die Entwicklungspolitik.

350 17.11 Konferenz der Staats- und Regierungschefs aus sechs Industriestaaten auf Schloß Rambouillet   S. 1651

Die Teilnehmer sprechen über Probleme und Perspektiven des Ost-West-Handels.

351 18.11 Gespräch des Bundesministers Genscher mit dem brasilianischen Außenminister Azeredo da Silveira in Brasilia   S. 1655

Die Gesprächspartner befassen sich mit der Lage in Angola, dem Nord-Süd-Dialog, den Bedingungen für ausländische Investitionen in Brasilien und der „Zionismus-Debatte" in der UNO.

| 352 | 18.11. | **Aufzeichnung des Vortragenden Legationsrats I. Klasse Hellbeck** | S. 1661 |

Hellbeck skizziert die Perspektiven für die bilateralen Beziehungen nach dem Regierungswechsel in Australien.

| 353 | 18.11. | **Botschafter Oncken, Athen, an das Auswärtige Amt** | S. 1665 |

Oncken unterrichtet über die Reaktion des griechischen Außenministers Bitsios auf ein Schreiben des Bundesministers Genscher zum Zypern-Konflikt.

| 354 | 20.11. | **Kabinettvorlage des Auswärtigen Amts** | S. 1668 |

Vorgelegt werden die auf der Konferenz der wichtigsten Lieferstaaten (Suppliers Conference) erarbeiteten Richtlinien für den Export von Kerntechnologie.

| 355 | 25.11. | **Gespräch des Bundesministers Genscher mit dem bulgarischen Außenminister Mladenow** | S. 1674 |

Die Gesprächspartner erörtern die Bedeutung der KSZE für die Entspannungspolitik sowie die Einbeziehung von Berlin (West) in bilaterale Verträge.

| 356 | 25.11. | **Gespräch des Bundeskanzlers Schmidt mit Staatsratsvorsitzendem Schiwkow** | S. 1678 |

Themen sind die Lage in Südosteuropa, der Zypern-Konflikt, die KSZE, das Verhältnis der Europäischen Gemeinschaften zum RGW, die Lage der Weltwirtschaft sowie bilaterale Fragen, insbesondere die Wirtschaftsbeziehungen.

| 357 | 26.11. | **Botschafter Krapf, Brüssel (NATO), an das Auswärtige Amt** | S. 1689 |

Krapf gibt einen Überblick über die auf der kommenden NATO-Ministerratstagung zu behandelnden Themen, darunter bündnisinterne Probleme, die Folgen der KSZE, MBFR und SALT.

| 358 | 27.11. | **Gespräch des Bundesministers Genscher mit dem israelischen Außenminister Allon in Tel Aviv** | S. 1695 |

Besprochen werden der Nahost-Konflikt und die Haltung der Europäischen Gemeinschaften, eine mögliche Beteiligung der PLO an der Nahost-Debatte der UNO, der Israel-Boykott der arabischen Staaten, die Wirtschaftshilfe der Bundesrepublik für Israel und die Bildung einer Gemischten Kommission.

| 359 | 27.11. | **Vortragender Legationsrat I. Klasse Rouget an die Botschaften in London und Paris** | S. 1705 |

Rouget übermittelt den Entwurf für eine von Pakistan im Zusammenhang mit der geplanten Lieferung einer Schwerwasseranlage abzugebende Erklärung und gibt die pakistanische Reaktion darauf wieder.

360 28.11. **Gespräch des Bundesministers Genscher mit Ministerpräsident Rabin in Tel Aviv** S. 1708

Erörtert werden der Nahost-Konflikt, die Palästinenser-Frage und die bilateralen Beziehungen.

361 30.11. **Aufzeichnung des Ministerialdirektors van Well** S. 1712

Angesichts der gescheiterten Vermittlungsbemühungen der Bundesregierung unterbreitet van Well Vorschläge zum weiteren Vorgehen im Zypern-Konflikt.

362 01.12. **Ministerialdirigent Kinkel an Legationsrat I. Klasse Chrobog, z. Z. Rom** S. 1715

Kinkel informiert über das Fischereiabkommen zwischen der Bundesrepublik und Island sowie über die möglichen Folgen des Fischereistreits für die NATO.

363 03.12. **Aufzeichnung des Ministerialdirektors Lahn** S. 1718

Lahn resümiert die Ergebnisse einer Botschafterkonferenz über Lateinamerika in Caracas.

364 03.12. **Aufzeichnung des Vortragenden Legationsrats I. Klasse Lücking** S. 1722

Lücking referiert die französische Haltung zur Einbeziehung von Berlin (West) in ein Rechtshilfeabkommen zwischen der Bundesrepublik und der UdSSR.

365 04.12. **Gespräch des Bundesministers Genscher mit dem rumänischen Außenminister Macovescu in Bukarest** S. 1725

Erörtert werden Fragen der Familienzusammenführung und der Erleichterung von Verwandtenbesuchen, vor allem der Umtauschzwang und das Beherbergungsverbot.

366 04.12. **Aufzeichnung des Vortragenden Legationsrats I. Klasse Dannenbring** S. 1727

Dannenbring erläutert den Stand der sowjetisch-norwegischen Verhandlungen über die Grenzziehung in der Barentssee und die norwegische Inanspruchnahme des Festlandsockels von Spitzbergen.

367 04.12. **Runderlaß des Vortragenden Legationsrats I. Klasse Engels** S. 1732

Engels informiert über Verlauf und Ergebnis der Tagung des Europäischen Rats am 1./2. Dezember in Rom. Im Mittelpunkt standen die Pariser Konferenz über internationale wirtschaftliche Zusammenarbeit, die Direktwahlen zum Europäischen Parlament und der Haushalt der Europäischen Gemeinschaften.

368 04.12. **Ministerialdirigent Meyer-Landrut an die Botschaft in Warschau** S. 1737

Meyer-Landrut faßt ein Gespräch des Staatssekretärs Gehlhoff mit dem polnischen Stellvertretenden Außenminister Czyrek zusammen, in dem insbesondere die parlamentarische Behandlung der Vereinbarungen vom 9. Oktober und das Problem geeigneter Botschaftsgelände in Bonn und Warschau besprochen wurden.

369 05.12. **Gespräch des Bundesministers Genscher mit Präsident Ceaușescu in Bukarest** S. 1742

Themen sind die bilateralen Wirtschaftsbeziehungen, die Familienzusammenführung, die MBFR-Verhandlungen in Wien, die Folgen der KSZE, das Verhältnis zwischen Rumänien bzw. dem RGW und den Europäischen Gemeinschaften sowie die wachsende internationale Bedeutung der Volksrepublik China.

370 05.12. **Aufzeichnung des Botschafters Roth** S. 1754

Roth übermittelt eine mit dem Bundesministerium der Verteidigung abgestimmte Vorlage des Auswärtigen Amts zur Einbeziehung amerikanischer nuklearer Komponenten in die MBFR-Verhandlungen (Option III).

371 08.12. **Botschafter Moltmann, Algier, an das Auswärtige Amt** S. 1759

Moltmann berichtet über ein Gespräch mit dem Generalsekretär im algerischen Verteidigungsministerium, Latreche, in dem dieser den Wunsch nach engerer Zusammenarbeit mit der Bundesrepublik auf dem Verteidigungssektor vortrug.

372 09.12. **Aufzeichnung des Ministerialdirektors Lautenschlager** S. 1763

Lautenschlager legt dar, warum der bilaterale Devisenausgleich mit Großbritannien nicht fortgeführt werden sollte.

373 09.12. **Botschafter Peckert, Ankara, an das Auswärtige Amt** S. 1766

Peckert unterrichtet über die Reaktion des Generalsekretärs im türkischen Außenministerium, Elekdag, auf eine französische Initiative zur Lösung des Zypern-Konflikts.

374 09.12. **Botschafter z.b.V. Balken, z.Z. Washington, an das Auswärtige Amt** S. 1770

Balken berichtet über Gespräche im amerikanischen Außenministerium zur angestrebten Zusammenarbeit zwischen der Bundesrepublik und dem Iran bei der friedlichen Nutzung der Kernenergie.

375	10.12.	Aufzeichnung des Vortragenden Legationsrats I. Klasse Lücking	S. 1773

Lücking resümiert eine Diskussion in der Bonner Vierergruppe über die Einbeziehung von Berlin (West) in die Direktwahlen zum Europäischen Parlament.

376	10.12.	Botschafter Krapf, Brüssel (NATO), an das Auswärtige Amt	S. 1776

Krapf berichtet über den vertraulichen Teil der Ministersitzung des Ausschusses für Verteidigungsplanung der NATO (DPC) in Brüssel. Im Mittelpunkt standen die Verteidigungsplanung (defence review), SALT und MBFR.

377	11.12.	Gespräch des Bundesministers Genscher mit dem türkischen Außenminister Çaglayangil in Brüssel	S. 1781

Erörtert werden Wege zur Lösung des Zypern-Konflikts, insbesondere die Wiederaufnahme der Gespräche zwischen den Vertretern der griechischen und der türkischen Volksgruppe auf Zypern, Klerides und Denktasch.

378	11.12.	Vortragender Legationsrat Kunz an Vortragenden Legationsrat I. Klasse Pfeffer, z. Z. Brüssel	S. 1784

Kunz übermittelt eine Aufzeichnung über die Beschlüsse der Ministersitzung der Eurogroup vom 8. Dezember zu Fragen der europäischen Rüstungszusammenarbeit und der Standardisierung militärischen Geräts.

379	12.12.	Botschafter Krapf, Brüssel (NATO), an das Auswärtige Amt	S. 1787

Krapf informiert über die NATO-Ministerratstagung im erweiterten Kreis. Themen waren Fragen der Rüstungszusammenarbeit und der Standardisierung militärischen Geräts sowie eine Leitstudie über Ernährung und Gesundheit.

380	12.12.	Ministerialdirektor van Well, z. Z. Brüssel, an das Auswärtige Amt	S. 1791

Van Well berichtet über ein Gespräch des Bundesministers Genscher mit dem griechischen Außenminister. Im Mittelpunkt stand die Reaktion von Bitsios auf den Vorschlag einer Wiederaufnahme von Gesprächen zwischen den Vertretern der griechischen und der türkischen Volksgruppe auf Zypern, Klerides und Denktasch.

381	12.12.	Botschafter Krapf, Brüssel (NATO), an das Auswärtige Amt.	S. 1795

Krapf übermittelt den Beschluß der NATO-Ministerratstagung im kleinen Kreis, den Vorschlag der Einbeziehung amerikanischer nuklearer Komponenten (Option III) bereits vor der Weihnachtspause in die MBFR-Verhandlungen einzuführen.

382 12.12. **Ministerialdirektor van Well, z. Z. Brüssel, an das Auswärtige Amt** S. 1797

Van Well unterrichtet über ein Treffen mit den Abteilungsleitern Andréani (Frankreich), Campbell (Großbritannien) und Hartman (USA) zu Deutschland- und Berlin-Fragen. Erörtert wurden die sowjetische Position zum Vier-Mächte-Abkommen über Berlin sowie die Einbeziehung von Berlin (West) in das Übereinkommen von 1972 über das Verbot von B-Waffen und in die Direktwahlen zum Europäischen Parlament.

383 13.12. **Runderlaß des Ministerialdirektors van Well** S. 1803

Van Well gibt eine Bewertung der NATO-Ministerratstagung in Brüssel, vor allem hinsichtlich der Beschlüsse zu MBFR, zur Standardisierung militärischen Geräts und zur Fortführung der Entspannungspolitik. Zudem resümiert er den Stand des Fischereizonenstreits mit Island und der Vermittlungsversuche im Zypern-Konflikt.

384 16.12. **Aufzeichnung des Vortragenden Legationsrats I. Klasse Müller** S. 1807

Müller analysiert die bilateralen Beziehungen zu den afrikanischen Staaten südlich der Sahara und erörtert eine außen- und entwicklungspolitische Schwerpunktsetzung vor dem Hintergrund der fortschreitenden Entkolonialisierung und des sowjetischen Eingreifens in Angola.

385 16.12. **Runderlaß des Vortragenden Legationsrats I. Klasse Engels** S. 1815

Engels informiert über das Gespräch des Bundesministers Genscher mit dem französischen Außenminister Sauvagnargues u.a. über die sowjetische Entspannungspolitik nach der KSZE-Schlußkonferenz von Helsinki, über die Situation im Nahen Osten, die Zusammenarbeit der EG-Mitgliedstaaten im Rahmen der UNO, den Europäisch-Arabischen Dialog, das Verhältnis der Europäischen Gemeinschaften zu den Maschrek-Staaten und zu Israel sowie die geplanten Direktwahlen zum Europäischen Parlament.

386 17.12. **Aufzeichnung des Staatssekretärs Gehlhoff** S. 1820

Gehlhoff berichtet von der Sitzung der Bonner Vierergruppe. Thema war die nach Ansicht der Drei Mächte mangelnde Konsultation beim Abschluß der Verkehrsverhandlungen zwischen der Bundesrepublik und der DDR.

387 17.12. Vortragender Legationsrat Wentker an Botschafter von Staden, Washington — S. 1822

Aus einem Gespräch des Bundesministers Genscher mit dem amerikanischen Außenminister Kissinger am Rande der NATO-Ministerratstagung in Brüssel referiert Wentker die Ausführungen zum Nahen Osten sowie zu SALT und MBFR.

388 18.12. Aufzeichnung des Ministerialdirektor Lautenschlager — S. 1825

Lautenschlager resümiert die Ergebnisse der Expertengespräche zur Umgestaltung der bisherigen deutsch-amerikanischen Abkommen über einen Devisenausgleich, in deren Mittelpunkt die Haltung des Kongresses stand.

389 18.12. Aufzeichnung des Botschafters Roth — S. 1828

Vor dem Hintergrund amerikanischer und französischer Vorbehalte bekräftigt Roth die Notwendigkeit zur Einbeziehung von Berlin (West) in das Übereinkommen von 1972 über das Verbot von B-Waffen.

390 19.12. Botschafter Behrends, Wien (MBFR-Delegation), an das Auswärtige Amt — S. 1832

Behrends berichtet über Gespräche mit Vertretern der an den MBFR-Verhandlungen teilnehmenden Warschauer-Pakt-Staaten zum Vorschlag der NATO-Mitgliedstaaten für eine Einbeziehung amerikanischer nuklearer Komponenten (Option III).

391 22.12. Botschafter Behrends, Wien (MBFR-Delegation), an das Auswärtige Amt — S. 1835

Behrends bilanziert den Verlauf der siebten Runde der MBFR-Verhandlungen in Wien. Schwerpunkte waren der Vorschlag der NATO-Mitgliedstaaten für eine Einbeziehung amerikanischer nuklearer Komponenten (Option III), allgemeine Reduzierungsprinzipien und die Frage der Streitkräftedefinition.

392 23.12. Aufzeichnung des Ministerialdirigenten Meyer-Landrut — S. 1841

Meyer-Landrut legt den Stand der Verhandlungen mit der DDR zur Feststellung des Grenzverlaufs an der Elbe im Bereich Schnackenburg/Lauenburg dar.

393 23.12. Botschafter Grewe, Tokio, an das Auswärtige Amt — S. 1845

Grewe informiert über das Gespräch des Bundeskanzlers Schmidt mit dem japanischen Außenminister Miyazawa. Themen waren die Konferenz der Staats- und Regierungschefs über Wirtschafts- und Währungsfragen auf Schloß Rambouillet, die Konferenz über internationale wirtschaftliche Zusammenarbeit sowie die Aussichten für eine Fortsetzung der Entspannungspolitik.

394 24.12. Botschafter Grewe, Tokio, an das Auswärtige Amt S. 1848

Grewe faßt das Gespräch des Bundesministers Genscher mit dem japanischen Außenminister Miyazawa zusammen. Im Mittelpunkt standen das Vordringen kommunistischer Parteien in Europa und der Bürgerkrieg in Angola.

395 29.12. Gespräch des Bundeskanzlers Schmidt mit Ministerpräsident Karamanlis in Athen S. 1851

Schwerpunkte des Gesprächs sind das Verhältnis zwischen Griechenland und den Europäischen Gemeinschaften, die Wirtschafts- und Verteidigungshilfe der Bundesrepublik, die Lage im Nahen Osten sowie der Zypern-Konflikt.

Literaturverzeichnis

AAPD	Akten zur Auswärtigen Politik der Bundesrepublik Deutschland, hrsg. im Auftrag des Auswärtigen Amts vom Institut für Zeitgeschichte. Jahresband 1963 (Teilbände I–III). Jahresband 1964 (Teilbände I–II). Jahresband 1965 (Teilbände I–III). Jahresband 1966 (Teilbände I–II). Jahresband 1967 (Teilbände I–III). Jahresband 1968 (Teilbände I–II). Jahresband 1969 (Teilbände I–II). Jahresband 1970 (Teilbände I–III). Jahresband 1971 (Teilbände I–III). Jahresband 1972 (Teilbände I–III). Jahresband 1973 (Teilbände I–III). Jahresband 1974 (Teilbände I–II), München 1994–2005.
ACHTER GESAMTBERICHT 1974	Achter Gesamtbericht über die Tätigkeit der Gemeinschaften 1974, hrsg. von der Kommission der Europäischen Gemeinschaften, Brüssel 1975.
ADAP, D	Akten zur deutschen auswärtigen Politik 1918–1945. Serie D (1937–1945). Band II: Deutschland und die Tschechoslowakei (1937–1938), Baden-Baden 1953.
AdG	Archiv der Gegenwart, zusammengestellt von Heinrich von Siegler, Bonn/Wien/Zürich 1955 ff.
AMTSBLATT DER EUROPÄISCHEN GEMEINSCHAFTEN	Amtsblatt der europäischen Gemeinschaften (EGKS, EWG, EURATOM), Brüssel 1958 ff.
AUF POSTEN	Auf Posten... . Berichte und Erinnerungen aus 50 Jahren deutscher Außenpolitik. Zum 125jährigen Jubiläum des Auswärtigen Amtes, hrsg. von Reinhard Bettzuege, München und Landsberg am Lech 1996.
AUSSENPOLITIK DER DDR	Dokumente zur Außenpolitik der Deutschen Demokratischen Republik. Band XVII: 1969. Band XVIII: 1970. Band XXIII: 1975, hrsg. vom Institut für Internationale Beziehungen an der Deutschen Akademie für Staats- und Rechtswissenschaft der DDR in Zusammenarbeit mit der Abteilung Rechts- und Vertragswesen des Ministeriums für Auswärtige Angelegenheiten der Deutschen Demokratischen Republik, Berlin [Ost] 1971, 1972 und 1979.
AUSWÄRTIGE POLITIK	Die Auswärtige Politik der Bundesrepublik Deutschland, hrsg. vom Auswärtigen Amt unter Mitwirkung eines wissenschaftlichen Beirats, Köln 1972.
BEN GURION UND ADENAUER	Yeshayahu A. Jelinek und Rainer A. Blasius, Ben Gurion und Adenauer im Waldorf Astoria. Gesprächsaufzeichnungen vom israelisch-deut-

	schen Gipfeltreffen in New York am 14. März 1960. Dokumentation, in: Vierteljahrshefte für Zeitgeschichte 45 (1997), S. 309–344.
BONN UND OST-BERLIN	Heinrich Potthoff, Bonn und Ost-Berlin 1969–1982. Dialog auf höchster Ebene und vertrauliche Kanäle. Darstellung und Dokumente, Bonn 1997.
BR DRUCKSACHEN	Verhandlungen des Bundesrates, Drucksachen, Bonn 1949–1990.
BRANDT, Berliner Ausgabe, Bd. 9	Willy Brandt, Berliner Ausgabe, Band 9. Die Entspannung unzerstörbar machen. Internationale Beziehungen und deutsche Frage 1974–1982, bearb. von Frank Fischer, Bonn 2003.
BT ANLAGEN	Verhandlungen des Deutschen Bundestages. Anlagen zu den Stenographischen Berichten, Bonn 1950 ff.
BT STENOGRAPHISCHE BERICHTE	Verhandlungen des Deutschen Bundestages. Stenographische Berichte, Bonn 1950 ff.
BULLETIN	Bulletin des Presse- und Informationsamtes der Bundesregierung, Bonn 1951 ff.
BULLETIN DER EG	Bulletin der Europäischen Gemeinschaften, hrsg. vom Generalsekretariat der Kommission der Europäischen Gemeinschaften, Brüssel 1968 ff.
BUNDESANZEIGER	Bundesanzeiger, hrsg. vom Bundesminister der Justiz, Bonn 1950 ff.
BUNDESGESETZBLATT	Bundesgesetzblatt, hrsg. vom Bundesminister der Justiz, Bonn 1949 ff.
BUNDESREPUBLIK DEUTSCHLAND UND CHINA	Bundesrepublik Deutschland und China 1949 bis 1995: Politik–Wirtschaft–Wissenschaft–Kultur. Eine Quellensammlung, hrsg. von Mechthild Leutner, Berlin 1995.
CHRUSCHTSCHOW ERINNERT SICH	Chruschtschow erinnert sich, hrsg. von Strobe Talbott, Reinbek 1971.
COLD WAR INTERNATIONAL HISTORY PROJECT BULLETIN	The Cold War International History Project Bulletin, Nr. 10 (March 1998), Washington D.C. 1998.
CONGRESSIONAL RECORD	Congressional Record. Proceedings and Debates of the 89th Congress, Second Session, Band 112, Teil 16 (August 29, 1966 to September 12, 1966). Proceedings and Debates of the 91st Congress, First Session, Band 115, Teil 27 (November 26, 1969 to December 4, 1969). Proceedings and Debates of the 93rd Congress, First Session, Band 119, Teil 24 (September 20, 1973 to September 27, 1973). Proceedings and Debates

of the 93rd Congress, Second Session, Band 120, Teil 19 (July 23, 1974 to July 30, 1974). Proceedings and Debates of the 94th Congress, First Session, Band 121, Teil 13 (June 2, 1975 to June 5, 1975), Washington D. C. 1966, 1969, 1973, 1974 und 1975.

CONSTITUTIONS OF NATIONS, Bd. III — Constitutions of Nations, Revised 3rd Edition, Band 3 – Europe. Published by Amos J. Peaslee, Den Haag 1968.

DBPO III/II — Documents on British Policy Overseas. Serie III, Band II: The Conference on Security and Cooperation in Europe, 1972–75, hrsg. von G. Bennet und K. A. Hamilton, London 1997.

DEPARTMENT OF STATE BULLETIN — The Department of State Bulletin. The Official Weekly Record of United States Foreign Policy, Washington D.C. 1947 ff.

DIEHL, Jahre — Günther Diehl, Die indischen Jahre. Erfahrungen eines deutschen Botschafters, Frankfurt am Main 1991.

DOCUMENTS ON DISARMAMENT — Documents on Disarmament, hrsg. von der United States Arms Control and Disarmament Agency, Washington D. C. 1960 ff.

DOKUMENTE ZUR BERLIN-FRAGE 1944–1966 — Dokumente zur Berlin-Frage 1944–1966, hrsg. vom Forschungsinstitut der Deutschen Gesellschaft für Auswärtige Politik e.V., Bonn, in Zusammenarbeit mit dem Senat von Berlin, 3. Auflage, München 1967.

DOKUMENTE ZUR BERLIN-FRAGE 1967–1986 — Dokumente zur Berlin-Frage 1967–1986, hrsg. für das Forschungsinstitut der Deutschen Gesellschaft für Auswärtige Politik e.V., Bonn, in Zusammenarbeit mit dem Senat von Berlin von Hans Heinrich Mahnke, München 1987.

DzD II — Dokumente zur Deutschlandpolitik. II. Reihe: Vom 9. Mai 1945 bis 4. Mai 1955. Band 1: Die Konferenz von Potsdam, 3 Teilbände. Band 2: Die Konstituierung der Bundesrepublik Deutschland und der Deutschen Demokratischen Republik. 7. September bis 31. Dezember 1949, 2 Teilbände, hrsg. vom Bundesministerium des Innern unter Mitwirkung des Bundesarchivs, Neuwied 1992 und München 1996.

DzD III — Dokumente zur Deutschlandpolitik. III. Reihe: Vom 5. Mai 1955 bis 9. November 1958. 4 Bände, hrsg. vom Bundesministerium für innerdeutsche Beziehungen, Frankfurt am Main 1971–1981.

DzD IV — Dokumente zur Deutschlandpolitik. IV. Reihe: Vom 10. November 1958 bis 30. November 1966. 12 Bände, hrsg. vom Bundesministerium für

	innerdeutsche Beziehungen, Frankfurt am Main 1971–1981.
DzD V	Dokumente zur Deutschlandpolitik. V. Reihe: Vom 1. Dezember 1966 bis 20. Oktober 1969. Band 2: 1. Januar bis 31. Dezember 1968, 2 Teilbände, hrsg. vom Bundesministerium für innerdeutsche Beziehungen, bearbeitet von Gisela Oberländer, Frankfurt am Main 1987.
EFTA BULLETIN 2 (1961)	EFTA Bulletin. Europäische Freihandelsassoziation, Jg. 2, [Genf] 1961.
ENTSCHEIDUNGEN	Entscheidungen des Bundesverfassungsgerichts, hrsg. von den Mitgliedern des Bundesverfassungsgerichts, Tübingen 1953 ff.
ENTSCHEIDUNGEN DES OBERSTEN RÜCKERSTATTUNGSGERICHTS FÜR BERLIN	Entscheidungen des Obersten Rückerstattungsgerichts für Berlin, Bd. 24 (Entscheidungen Nr. 805–831), veröffentlicht auf Anweisung des Gerichts gemäß Artikel 8 der Geschäfts- und Verfahrensordnung, Berlin 1967.
ERSTER GESAMTBERICHT 1967	Erster Gesamtbericht über die Tätigkeit der Gemeinschaften 1967, hrsg. von der Kommission der Europäischen Gemeinschaften, Brüssel 1968.
EUROPA-ARCHIV	Europa-Archiv. Zeitschrift für Internationale Politik, Bonn 1946 ff.
FRUS 1961–1963	Foreign Relations of the United States 1961–1963. Band XI: Cuban Missile Crisis and Aftermath, hrsg. von Edward C. Keefer, Charles S. Sampson und Louis S. Sampson, Washington D.C. 1996.
GENSCHER, Erinnerungen	Hans-Dietrich Genscher, Erinnerungen, Berlin 1995.
GESETZBLATT DER DDR	Gesetzblatt der Deutschen Demokratischen Republik, Berlin [Ost] 1949 ff.
HANSARD, Commons	The Parliamentary Debates (Hansard). House of Commons, Official Report. Fifth Series. Band 882, Band 894, Band 895 (Session 1974–1975), London [1975].
HONECKER, Reden	Erich Honecker, Reden und Aufsätze, Band 3, hrsg. vom Institut für Marxismus-Leninismus beim ZK der SED, Berlin [Ost] 1976.
HUMAN RIGHTS	Human Rights, European Politics, and the Helsinki Accord: the Documentary Evolution of the Conference on Security and Co-operation in Europe 1973–1975, 6 Bände, hrsg. von Igor I. Kavass, Jacqueline P. Granier und Mary F. Dominick, Buffalo/ New York 1981.
ICJ REPORTS, 1971	International Court of Justice. Reports of Judgements, Advisory Opinions and Orders.

	Legal Consequences for States of the Continued Presence of South Africa in Namibia (South West Africa) notwithstanding Security Council Resolution 276 (1970). Advisory Opinion of 21 June 1971, [Den Haag 1971].
JOURNAL OFFICIEL. ASSEMBLÉE NATIONALE	Journal Officiel de la République Française. Débats Parlementaires. Assemblée Nationale, Paris 1947 ff.
KISSINGER, Jahre	Henry A. Kissinger, Jahre der Erneuerung. Erinnerungen, München 1999.
KOHL, Erinnerungen	Helmut Kohl, Erinnerungen 1930–1982, München 2004.
LUXEMBURG, Revolution	Die Russische Revolution. Eine kritische Würdigung. Aus dem Nachlaß von Rosa Luxemburg, hrsg. und eingel. von Paul Levi, [Berlin] 1922.
NATO FINAL COMMUNIQUES 1949–1974	Texts of Final Communiques 1949–1974. Issued by Ministerial Sessions of the North Atlantic Council, the Defence Planning Committee, and the Nuclear Planning Group, Brüssel o. J.
NATO FINAL COMMUNIQUES 1975–1980	Texts of Final Communiques 1975–1980. Issued by Ministerial Sessions of the North Atlantic Council, the Defence Planning Committee, and the Nuclear Planning Group, Brüssel o. J.
NATO STRATEGY DOCUMENTS	NATO Strategy Documents 1949–1969, hrsg. von Gregory W. Pedlow in collaboration with NATO International Staff Central Archives, Brüssel [1997].
PIATKOWSKI, Misja	Wacław Piątkowski, Moja misja nad Renem, Krakau 1984.
LA POLITIQUE ETRANGÈRE	La Politique Etrangère de la France. Textes et Documents. 1974 (2 Teilbände). 1975 (2 Teilbände), hrsg. vom Ministère des Affaires Etrangères, Paris 1975 und 1976.
PUBLIC PAPERS, FORD	Public Papers of the Presidents of the United States. Gerald R. Ford. Containing the Public Messages, Speeches, and Statements of the President. August 9 to December 31, 1974. January 1 to December 31, 1975, Washington D.C. 1975 und 1977.
PUBLIC PAPERS, NIXON	Public Papers of the Presidents of the United States. Richard Nixon. Containing the Public Messages, Speeches, and Statements of the President. 1971, Washington D.C. 1972.
REICHSGESETZBLATT	Reichsgesetzblatt, hrsg. vom Reichsministerium des Innern, Berlin 1911 und 1919–1945.

SBORNIK DEJSTVUJUŠČICH DOGOVOROV	Sbornik dejstvujuščich dogovorov, soglašenij i konvencij, zakljucennych SSSR s inostrannymi gosudarstvami. Band XXXI, Moskau 1977.
SCHMIDT, Menschen	Helmut Schmidt, Menschen und Mächte, Berlin 1987.
SCHMIDT, Nachbarn	Helmut Schmidt, Die Deutschen und ihre Nachbarn. Menschen und Mächte II, Berlin 1990.
SICHERHEIT UND ZUSAMMENARBEIT Bd. 2	Sicherheit und Zusammenarbeit in Europa (KSZE). Analyse und Dokumentation 1973–1978, hrsg. von Hans-Adolf Jacobsen, Wolfgang Mallmann und Christian Meier, Köln 1978.
SIEBENTER GESAMTBERICHT 1973	Siebenter Gesamtbericht über die Tätigkeit der Gemeinschaften 1973, hrsg. von der Kommission der Europäischen Gemeinschaften, Brüssel 1974.
STRAUSS, Erinnerungen	Franz Josef Strauß, Die Erinnerungen, Berlin 1989.
UN GENERAL ASSEMBLY, 26th Session, Plenary Meetings	United Nations. Official Records of the General Assembly. Twenty-Sixth Session. Plenary Meetings. Verbatim Records of Meetings. 21 September–22 December 1971, 3 Bände, New York 1974.
UN GENERAL ASSEMBLY, 29th Session, Plenary Meetings	United Nations. Official Records of the General Assembly. Twenty-Ninth Session. Plenary Meetings. Verbatim Records of Meetings. 17 September–10 October 1974, 3 Bände, New York 1986.
UN GENERAL ASSEMBLY, 30th Session, Official Records	United Nations. Official Records of the General Assembly. Thirtieth Session. Annexes, New York 1976.
UNITED NATIONS RESOLUTIONS Serie I	United Nations Resolutions. Series I: Resolutions Adopted by the General Assembly, hrsg. von Dusan J. Djonovich, New York 1972 ff.
UNITED NATIONS RESOLUTIONS Serie II	United Nations Resolutions. Series II: Resolutions and Decisions Adopted by the Security Council, hrsg. von Dusan J. Djonovich, New York 1988 ff.
UNITED NATIONS SECURITY COUNCIL, Official Records, 28th year	United Nations Security Council. Official Records, New York 1973.
UNITED STATES IN WORLD AFFAIRS 1933	The United States in World Affairs. An Account of American Foreign Relations 1933, hrsg. von Walter Lippmann, New York und London 1934.
UNITED STATES. STATUTES AT LARGE 1948	United States. Statutes at Large. Containing the Laws and Concurrent Resolutions Enacted During the Second Session of the Eightieth Congress of the United States of America 1948 and Proclamations, Treaties, and International

	Agreements other than Treaties. Band 62, Washington D.C. 1949.
UNITED STATES. STATUTES AT LARGE 1968	United States. Statutes at Large. Containing the Laws and Concurrent Resolutions Enacted During the Second Session of the Ninetieth Congress of the United States of America 1968 and Reorganization Plans and Proclamations. Band 82, Washington D.C. 1969.
UNITED STATES. STATUTES AT LARGE 1973	United States. Statutes at Large. Containing the Laws and Concurrent Resolutions Enacted During the First Session of the Ninety-Third Congress of the United States of America 1973 and Reorganization Plans and Proclamations. Band 87, Washington D.C. 1974.
UNITED STATES. STATUTES AT LARGE 1974	United States. Statutes at Large. Containing the Laws and Concurrent Resolutions Enacted During the First Session of the Ninety-Third Congress of the United States of America 1974 and Proclamations. Band 88, Teil 2, Washington D.C. 1976.
UNTS	United Nations Treaty Series. Treaties and International Agreements. Registered or Filed and Recorded with the Secretariat of the United Nations, [New York] 1946/1947 ff.
WAHLHANDBUCH	Wahlhandbuch für die Bundesrepublik Deutschland. Daten zu Bundestags-, Landtags- und Europawahlen in der Bundesrepublik Deutschland, in den Ländern und in den Kreisen 1946–1989, 2 Bände, hrsg. von Claus A. Fischer, Paderborn 1990.
WEU, PROCEEDINGS	Assembly of Western European Union. Proceedings. Twentieth Ordinary Session, Second Part, December 1974, Band 3: Assembly Documents, Paris 1975.
WICKERT, Augen	Erwin Wickert, Die glücklichen Augen. Geschichten aus meinem Leben, Stuttgart 2001.
YEARBOOK OF THE UNITED NATIONS	Yearbook of the United Nations. 1973. 1974. 1975, hrsg. vom Office of Public Information. United Nations, New York 1976, 1977 und 1978.
ZEHN JAHRE DEUTSCHLANDPOLITIK	Zehn Jahre Deutschlandpolitik. Die Entwicklung der Beziehungen zwischen der Bundesrepublik Deutschland und der Deutschen Demokratischen Republik 1969–1979. Bericht und Dokumentation, hrsg. vom Bundesministerium für innerdeutsche Beziehungen, [Melsungen] 1980.

Abkürzungsverzeichnis

AA	Auswärtiges Amt	BEG	Bundesentschädigungsgesetz
ABM	Anti-Ballistic Missile	BIP	Bruttoinlandsprodukt
ACE	Allied Command Europe	BK(A)	Bundeskanzler(amt)
ACDA	(United States) Arms Control and Disarmament Agency	BKC/L	Berlin Kommandatura Commandant/Letter
ADN	Allgemeiner Deutscher Nachrichtendienst	BK/L	Berlin Kommandatura/Letter
AEC	Atomic Energy Commission	BK/O	Berlin Kommandatura/Order
AFNORTH	Allied Forces Northern Europe	BM	Bundesminister/ium
		BMA	Bundesminister/ium für Arbeit und Sozialordnung
AFP	Agence France Press	BMB	Bundesminister/ium für innerdeutsche Beziehungen
AKP	Afrika, Karibik, Pazifik		
AL	Abteilungsleiter		
AM	Außenminister	BMBau	Bundesminister/ium für Raumordnung, Bauwesen und Städtebau
ANC	African National Congress		
Anl./Anlg.	Anlage/Anlagen	BMELF	Bundesminister/ium für Ernährung, Landwirtschaft und Forsten
APODETI	Associação Popular Democrática de Timor		
ARD	Arbeitsgemeinschaft der öffentlich-rechtlichen Rundfunkanstalten der Bundesrepublik Deutschland	BMF	Bundesminister/ium der Finanzen
		BMFT	Bundesminister/ium für Forschung und Technologie
		BMI	Bundesminister/ium des Innern
AStV	Ausschuß der Ständigen Vertreter	BMJ	Bundesminister/ium der Justiz
AWG	Außenwirtschaftsgesetz	BML	Bundesminister/ium für Ernährung, Landwirtschaft und Forsten
AZ	Aktenzeichen		
B	Belgien	BMP	Bundesminister/ium für das Post- und Fernmeldewesen
BAM	Bundesaußenminister		
BBC	British Broadcasting Corporation	BMV	Bundesminister/ium für Verkehr
BDI	Bundesverband der Deutschen Industrie	BMV(t)g	Bundesminister/ium der Verteidigung

Abkürzungsverzeichnis

BMWi	Bundesminister/ium für Wirtschaft	DC	Democrazia Cristiana
BMZ	Bundesminister/ium für wirtschaftliche Zusammenarbeit	DDR	Deutsche Demokratische Republik
		DE	Drahterlaß
BND	Bundesnachrichtendienst	Dg	(Ministerial-)Dirigent
BPA	Presse- und Informationsamt der Bundesregierung	DFG	Deutsche Forschungsgemeinschaft
BPräsA	Bundespräsidialamt	DGB	Deutscher Gewerkschaftsbund
BR	Bundesrat		
BR I	Botschaftsrat I. Klasse	DIHT	Deutscher Industrie- und Handelskammertag
BRD	Bundesrepublik Deutschland	DK	Dänemark
BSP	Bruttosozialprodukt	DKP	Deutsche Kommunistische Partei
BSR	Bundessicherheitsrat		
BT	Bundestag	DLF	Deutschlandfunk
BVerfG	Bundesverfassungsgericht	DM	Deutsche Mark
CBM	Confidence Building Measures	dpa	Deutsche Presse-Agentur
		DPC	Defense Planning Committee
CC	Comité Central		
CCD	Conference of the Committee on Disarmament	DRK	Deutsches Rotes Kreuz
		DSB	Deutscher Sportbund
CDU	Christlich-Demokratische Union Deutschlands	DTSB	Deutscher Turn- und Sportbund
CENTO	Central Treaty Organization	EAD	Europäisch-Arabischer Dialog
CIA	Central Intelligence Agency	EAG	Europäische Atomgemeinschaft
COCOM	Coordinating Committee for East-West Trade Policy	EC	European Community
		ECE	Economic Commission for Europe
COMECON	Council for Mutual Economic Aid/Assistance	EFTA	European Free Trade Association
CSCE	Conference on Security and Cooperation in Europe	EG	Europäische Gemeinschaften
ČSSR	Československá Socialistická Republika	EGKS	Europäische Gemeinschaft für Kohle und Stahl
CSU	Christlich-Soziale Union		
D	Deutschland bzw. (Ministerial-)Direktor	EIB	Europäische Investitionsbank
DB	Drahtbericht	EP	Europäisches Parlament

EPZ	Europäische Politische Zusammenarbeit	geh.	geheim
		GG	Grundgesetz
ER	Europäischer Rat	GK	Generalkonsul bzw. Gipfelkonferenz
ETA	Euskadi Ta Askatasuna		
EU	Europäische Union	GS	Generalsekretär
EURATOM	Europäische Atomgemeinschaft	GV	Generalversammlung
		I(T)	Italien
EVG	Europäische Verteidigungsgemeinschaft	IAEA	International Atomic Energy Agency
EVZ	Europäische Verteidigungszusammenarbeit	IAEO	Internationale Atomenergieorganisation
		ICAO	International Civil Aviation Organization
EWG	Europäische Wirtschaftsgemeinschaft	ICBM	Intercontinental Ballistic Missile
F	Frankreich		
FAZ	Frankfurter Allgemeine Zeitung	IEA	International Energy Agency
FBS	Forward Based Systems	IGH	Internationaler Gerichtshof
FCO	Foreign and Commonwealth Office	IKRK	Internationales Komitee vom Roten Kreuz
FDP	Freie Demokratische Partei	IMF	International Monetary Fund
FNLA	Frente Nacional de Libertação de Angola	IOC	International Olympic Committee
FPÖ	Freiheitliche Partei Österreichs	IRBM	Intermediate-Range Ballistic Missile
FRAP	Frente Revolucionario Antifascista y Patriótico	IWF	Internationaler Währungsfonds
FRELIMO	Frente de Libertação de Moçambique	KfW	Kreditanstalt für Wiederaufbau
FRETILIN	Frente Revolucionária de Timor-Leste Independente	KH	Kapitalhilfe
FRG	Federal Republic of Germany	KP	Kommunistische Partei
		KPČ	Kommunistische Partei der ČSSR
FS	Fernschreiben		
FüS	Führungsstab der Streitkräfte	KPdSU	Kommunistische Partei der Sowjetunion
GATT	General Agreement on Tariffs and Trade	KPF	Kommunistische Partei Frankreichs
GB	Great Britain/ Großbritannien	KPI	Kommunistische Partei Italiens

Abkürzungsverzeichnis

KPP	Kommunistische Partei Portugals	NIOC	National Iranian Oil Company
KPS	Kommunistische Partei Spaniens	NL	Niederlande
KSZE	Konferenz für Sicherheit und Zusammenarbeit in Europa	NPG	Nuclear Planning Group/ Nukleare Planungsgruppe
		NPT	Non-proliferation Treaty
KZ	Konzentrationslager	NS	Nationalsozialismus
LR I	Legationsrat I. Klasse	NSC	National Security Council
LS	Legationssekretär	NV	Nichtverbreitung
LUX	Luxemburg	NVA	Nationale Volksarmee
MB	Ministerbüro	OAE	Organisation für Afrikanische Einheit
MBFR	Mutual and Balanced Force Reduction	OAPEC	Organization of Arab Petroleum Exporting Countries
MC	Military Committee		
MD	Ministerialdirektor	OAS	Organisation Amerikanischer Staaten
MdB	Mitglied des Bundestages		
MDg	Ministerialdirigent	OAU	Organization of African Unity
MFA	Movimento das Forças Armadas	OECD	Organization for Economic Cooperation and Development
MfAA	Ministerium für Auswärtige Angelegenheiten		
		OEEC	Organization for European Economic Cooperation
Mio.	Million/en		
MIRV	Multiple Independently Targetable Reentry Vehicles	OPEC	Organization of Petroleum Exporting Countries
		OTAN	Organisation du traité de l'Atlantique Nord
MP	Ministerpräsident/in		
MPLA	Movimento Popular de Libertação de Angola	PAL	Phase Alternating Line
		PCI	Partito Comunista Italiano
MR	Ministerialrat	PCP	Partido Comunista Português
MRBM	Medium-Range Ballistic Missile		
		PCUS	Parti communiste de l'Union Soviétique
MRCA	Multi Role Combat Aircraft		
Mrd.	Milliarde/n	PK	Politisches Komitee
MTI	Magyar Távirati Iroda	PLO	Palestine Liberation Organization
NATO	North Atlantic Treaty Organization		
		PM	Premierminister
NfD	Nur für den Dienstgebrauch	PPD	Partido Popular Democrático

PSI	Partito Socialista Italiano	SR	Sicherheitsrat
PSOE	Partido Socialista Obrero Español	SSM	Surface to Surface Missile
		StM	Staatsminister
PSP	Partido Socialista Português	StS	Staatssekretär
PS	Parti socialiste	SU	Sowjetunion
PStS	Parlamentarischer Staatssekretär	SWAPO	South West Africa People's Organization
PVAP	Polnische Vereinigte Arbeiterpartei	SZR	Sonderziehungsrechte
		TASS	Telegrafnoe Agentstvo Sovetskogo Sojuza
PZ	Politische Zusammenarbeit		
RD	Regierungsdirektor	TOP	Tagesordnungspunkt
RE	Rechnungseinheit	TSI	Treuhandstelle für den Interzonenhandel
RFE	Radio Free Europe		
RGW	Rat für gegenseitige Wirtschaftshilfe	UDR	Union des démocrates pour la république
RI	Républicains Indépendants	UdSSR	Union der Sozialistischen Sowjetrepubliken
RIAS	Rundfunk im amerikanischen Sektor	UDT	Uniã Democrátia Timor
RSFSR	Russische Sozialistische Föderative Sowjetrepublik	UIT	Union Internationale des Télécommunications
SAC	Standing Armaments Committee	UK	United Kingdom
		UN	United Nations
SACEUR	Supreme Allied Commander Europe	UNCTAD	United Nations Conference on Trade and Development
SACLANT	Supreme Allied Commander Atlantic	UNDOF	United Nations Disengagement Observer Force
SALT	Strategic Arms Limitation Talks		
SECAM	Système en couleur avec mémoire	UNEF	United Nations Emergency Force
SED	Sozialistische Einheitspartei Deutschlands	UNESCO	United Nations Educational, Scientific and Cultural Organization
SFB	Sender Freies Berlin	UNIDO	United Nations Industrial Development Organization
SLBM	Shiplaunched Ballistic Missile		
sm	Seemeile	UNO	United Nations Organization
SPD	Sozialdemokratische Partei Deutschlands	US	United States

Abkürzungsverzeichnis

USA	United States of America	VOA	Voice of America
USAP	Ungarische Sozialistische Arbeiterpartei	VR	Volksrepublik
		VS	Verschlußsache
USSR	Union of Socialist Soviet Republics	VS-v	VS-vertraulich
UStS	Unterstaatssekretär	WEU	Westeuropäische Union
VAM	Vizeaußenminister	WP	Warschauer Pakt
VAR	Vereinigte Arabische Republik	WWU	Wirtschafts- und Währungsunion
VLR I	Vortragender Legationsrat I. Klasse	z.b.V.	zur besonderen Verwendung
VM	Vizeminister	ZDF	Zweites Deutsches Fernsehen
VMA	Vier-Mächte-Abkommen		
VN	Vereinte Nationen	ZK	Zentralkomitee

Dokumente

1

Staatssekretär Gehlhoff an Botschafter Sahm, Moskau

213-321.00-2/75 VS-vertraulich 3. Januar 1975[1]
Fernschreiben Nr. 8 Aufgabe: 6. Januar 1975, 11.33 Uhr

Betr.: Entwicklung der deutsch-sowjetischen Beziehungen im Jahre 1975
Bezug: DB Nr. 4519 vom 30.12.1974 – VS-v[2]

Für Botschafter persönlich

I. Die insgesamt erfreuliche Bilanz der deutsch-sowjetischen Beziehungen zur Jahreswende kann nicht darüber hinwegtäuschen, daß wir in der für uns äußerst vitalen Frage der Einbeziehung Berlins in die deutsch-sowjetische Zusammenarbeit keine Fortschritte erzielt haben. Die sowjetische Weigerung, den Interessen Berlins auf der Grundlage des VMA[3] Rechnung zu tragen, wurde im Verlauf des vergangenen Jahres um so offenkundiger, je weniger wir uns auf leere und nicht tragfähige Kompromißformeln einzulassen bereit waren. Die Sowjets sollten, gerade in den Gesprächen mit dem Bundeskanzler und mit dem Bundesaußenminister in Moskau[4], erkannt haben, daß ihre Taktik bei uns nicht verfängt, den in der Berlinfrage bestehenden Dissens durch vage Formeln und schriftlich nicht fixierte Zusagen zu überdecken. Auf der Ebene der praktischen sowjetischen Politik und Propaganda entspricht dieser Taktik die ständige Bagatellisierung des Berlin-Problems im Rahmen der Gesamtbeziehungen, die jetzt auch wieder von Bondarenko geäußerte Unterstellung, allein die deutsche Seite sei der Urheber aller Schwierigkeiten, und der Versuch, das Auswärtige Amt als Störenfried in der ansonsten friedlichen Landschaft der deutsch-sowjetischen Beziehungen hinzustellen.

Es wäre sicherlich nicht realistisch, die gesamten Beziehungen zur Sowjetunion ausschließlich in der Berlin-Optik zu sehen. Die Möglichkeiten einer qualitativen und quantitativen Erweiterung der Beziehungen sind sehr vielfältig

---

[1] Ablichtung.
Der Drahterlaß wurde von Vortragendem Legationsrat Dingens konzipiert.
Hat den Ministerialdirigenten Meyer-Landrut und Kinkel am 3. bzw. 7. Januar 1975 vorgelegen.
Hat Bundesminister Genscher am 8. Januar 1975 vorgelegen, der handschriftlich für Kinkel vermerkte: „Bereitlegen für Gespräch mit Falin."
Hat Kinkel am 21. Februar 1975 erneut vorgelegen, der handschriftlich vermerkte: „Erl[edigt]."

[2] Botschafter Sahm, Moskau, berichtete über ein Gespräch mit dem Abteilungsleiter im sowjetischen Außenministerium, Bondarenko, in dem beide Gesprächspartner die mangelnden Fortschritte in den bilateralen Beziehungen bedauert hätten. Bondarenko habe dabei mehrfach betont, „daß die sowjetische Seite klare Vorschläge zur Lösung der noch offenen Fragen gemacht hätte, die an der deutschen Haltung gescheitert seien". Sahm plädierte dafür, „daß Anstrengungen unternommen werden, um die Bemühungen um die Normalisierung und Pflege der deutsch-sowjetischen Beziehungen fortzusetzen", und bat um Unterrichtung über den Stand der Verhandlungen über die bilateralen Abkommen und weitere Projekte wie die Lieferung von Strom aus sowjetischen Kernkraftwerken. Vgl. VS-Bd. 10140 (213); B 150, Aktenkopien 1974.

[3] Für den Wortlaut des Vier-Mächte-Abkommens vom 3. September 1971 sowie des Schlußprotokolls vom 3. Juni 1972 vgl. UNTS, Bd. 880, S. 116–148. Für den deutschen Wortlaut vgl. BUNDESANZEIGER, Nr. 174 vom 15. September 1972, Beilage, S. 44–73.

[4] Bundeskanzler Schmidt und Bundesminister Genscher hielten sich vom 28. bis 31. Oktober 1974 in der UdSSR auf. Vgl. dazu AAPD 1974, II, Dok. 309, Dok. 311–316 und Dok. 321.

und müssen genutzt werden. Dies gilt keineswegs nur für den wirtschaftlichen Bereich, sondern auch für den Kulturaustausch und die Öffentlichkeitsarbeit. Das Projekt der Ausstellung der Bundesrepublik Deutschland im Frühjahr 1975[5] ist deshalb für uns besonders bedeutsam. Auch der gute Wille, der heute offensichtlich bei vielen sowjetischen Partnern vorhanden ist, wenn es um die Zusammenarbeit mit der Bundesrepublik geht, sollte nicht enttäuscht werden. Andererseits bleibt Berlin der Gradmesser für die Qualität der Beziehungen zur Sowjetunion und für den Erfolg weiterer Entspannungsbemühungen zum gesamten Ostblock. Wir können nicht zulassen, daß Berlin von der Zusammenarbeit auf den verschiedenen, in Abkommen und Vereinbarungen zu regelnden Fachgebieten ausgeschlossen wird und sich die Beziehungen dadurch gleichsam an Berlin vorbei entwickeln. Für unsere Politik bedeutet das, auch weiterhin für die Einbeziehung Berlins befriedigende, unsere Rechtsposition nicht präjudizierende Formeln zu finden.

II. Der Stand der Verhandlungen über die Berlin-Einbeziehung in die verschiedenen bilateralen Abkommen ist wie folgt: Die in den Gesprächen des Bundesaußenministers in Moskau von Gromyko gegebene Zusage hinsichtlich der ad-personam-Lösung bei der Einbeziehung der Berliner Bundesämter in die wissenschaftlich-technische Zusammenarbeit[6] wurde inzwischen von Falin abgestritten.[7] Damit sind Sowjets eindeutig von einem für uns wesentlichen Ergebnis der Moskauer Verhandlungen wieder abgerückt. Auch bei der Rechtshilfe zeichnen sich keine Fortschritte ab, da Sowjets an dem früheren Schema, d.h. einer zweiseitigen Protokollnotiz über Rechtshilfeverkehr Bundesgebiet–Sowjetunion und einer mit der ersteren in keinem Bezug verbundenen einseitigen Protokollnotiz über Rechtshilfeverkehr Berlin-West–Sowjetunion, festhalten.[8]

---

[5] Die Ausstellung der Bundesrepublik Deutschland in der UdSSR fand vom 13. bis 25. März 1975 in Moskau statt. Vgl. dazu Dok. 64, Anm. 19.

[6] Bei den Verhandlungen über ein Abkommen mit der UdSSR über wissenschaftlich-technische Zusammenarbeit vereinbarten Bundesminister Bahr und der sowjetische Außenminister Gromyko am 9. März 1974 in Moskau eine Protokollnotiz, wonach ständige Einwohner von Berlin (West) sowie Organisationen mit ständigem Sitz in Berlin (West) an Vereinbarungen über wissenschaftlich-technische Zusammenarbeit beteiligt sein konnten, sofern diese dem Vier-Mächte-Abkommen über Berlin vom 3. September 1971 entsprachen und ein sachliches Interesse vorlag. Vgl. dazu AAPD 1974, I, Dok. 84.
In der Folgezeit stellte die UdSSR klar, daß für sie jedoch eine Zusammenarbeit mit Bundesämtern mit Sitz in Berlin nicht in Frage komme. Ministerialdirektor van Well schlug dem sowjetischen Gesandten Tokowinin am 7. August 1974 eine Lösung vor, wonach die UdSSR sich bereit erklären könnte, „aus ihrer Haltung keine Konsequenzen ad personam zu ziehen, d.h. Beamte, die an den Obersten Bundesbehörden beschäftigt seien, in den Austausch einzubeziehen". Vgl. die Aufzeichnung des Vortragenden Legationsrats Stabreit vom 8. August 1974; Referat 213, Bd. 112708.
Am 30. Oktober 1974 unterbreitete Gromyko Bundesminister Genscher in Moskau den Vorschlag einer Zusatzerklärung: „Natürliche Personen werden aus der Zusammenarbeit im Rahmen der besonderen Vereinbarungen aufgrund ihres Wohnsitzes in Berlin (West) oder wegen ihrer beruflichen Tätigkeit nicht ausgeschlossen." Vgl. AAPD 1974, II, Dok. 316.

[7] Am 21. November 1974 führte der sowjetische Botschafter Falin im Gespräch mit Bundesminister Genscher aus, daß die sowjetische Auffassung, die Bundesämter seien illegal in Berlin (West), zwangsläufig zum Ausschluß von Mitarbeitern dieser Ämter aus Delegationen führe. Vgl. dazu AAPD 1974, II, Dok. 337.

[8] Der Vorschlag zur Abgabe der Protokollnotizen zum Rechtshilfeverkehr wurde Bundesminister Bahr am 9. März 1974 vom sowjetischen Außenminister Gromyko in Moskau unterbreitet. Vgl. dazu AAPD 1974, I, Dok. 84.
Am 30. September 1974 bezeichnete der sowjetische Botschafter Falin gegenüber Ministerialdirek-

Da die Errichtung des Intourist-Büros sehr stark im sowjetischen Interesse liegt[9], wird keine Veranlassung gesehen, von uns aus die Frage des Austauschs von Briefen erneut zur Debatte zu stellen. Der Sachstand ist der, daß die für eine mögliche Verteilung durch ein DZT[10]-Büro in Moskau in Frage kommenden Berlin-Prospekte hier geprüft und als ungeeignet befunden wurden. Der Berliner Senat ist allerdings bereit, möglichst schon für die Deutsche Ausstellung in Moskau einen Prospekt in russischer Sprache herauszugeben, der dann in Inhalt und Bezeichnungen von den Sowjets nicht mehr beanstandet werden kann.

Das Zweijahresprogramm zum Kulturabkommen[11] ist das einzige Projekt, über das eine Einigung in absehbarer Zeit möglich erscheint: Die Frage einer einseitigen sowjetischen Erklärung hinsichtlich der Weiterführung der „direkten

Fortsetzung Fußnote von Seite 4

tor Sanne, Bundeskanzleramt, die sowjetische Haltung zur Einbeziehung von Berlin (West) in ein Rechtshilfeabkommen zwischen der Bundesrepublik und der UdSSR „als unverändert gegenüber März 1974 mit einer zweiseitigen und einer einseitigen Protokollnotiz. Versuche der deutschen Seite, die beiden Protokollnotizen zu verbinden oder ein gemeinsames Dach darüber zu spannen, könnten von sowjetischer Seite nicht akzeptiert werden. Die Sowjetunion sei der Bundesrepublik in dieser Frage weit entgegengekommen, indem sie ihre Bereitschaft erklärt habe, ihre autonome Regelung des Rechtshilfeverkehrs mit Berlin (West) der Bundesregierung gegenüber in Form einer einseitigen Protokollnotiz zur Kenntnis zu geben und den Rechtshilfeverkehr im Wege des Direktverkehrs zwischen der Bundesrepublik und der UdSSR sowie zwischen Berlin (West) und der UdSSR gleichzeitig aufzunehmen, ohne daß diese Gleichzeitigkeit schriftlich fixiert würde." Vgl. die Aufzeichnung des Vortragenden Legationsrats I. Klasse Meyer-Landrut vom 1. Oktober 1974; VS-Bd. 10141 (213); B 150, Aktenkopien 1974.

9 Nach Delegationsgesprächen vom 1. bis 4. Oktober 1974 in Moskau wurde Einverständnis darüber erzielt, daß der sowjetischen Tourismus-Organisation „Intourist" die Errichtung eines Informationsbüros in Frankfurt/Main gestattet werden sollte und im Gegenzug die Deutsche Zentrale für Tourismus ein Büro in Moskau eröffnen werde. Entsprechende Briefe sollten während der Sitzung der deutsch-sowjetischen Kommission für wirtschaftliche und wissenschaftlich-technische Zusammenarbeit vom 15. bis 18. Oktober 1974 in Moskau unterzeichnet werden. In Ziffer 6 des Schreibens des Vorsitzenden der Hauptverwaltung für ausländischen Tourismus beim Ministerrat der UdSSR sollte ausgeführt werden: „Die sowjetische Seite wird gegen die Vertretung auch der Interessen entsprechender Institutionen von Berlin (West) auf dem Gebiet des Tourismus durch das Büro der Deutschen Zentrale für Tourismus e.V. in Moskau in Übereinstimmung mit dem Viermächte-Abkommen vom 3. September 1971 und im Rahmen der in Ziffer 1 festgelegten Aufgaben keine Einwände haben." Für das Verhandlungsprotokoll vom 4. Oktober 1974 und die Briefe vgl. Referat 213, Bd. 112707.
Am 14. Oktober 1974 informierte Vortragender Legationsrat I. Klasse Meyer-Landrut die Botschaft in Moskau darüber, daß der Briefaustausch verschoben werden müsse: „Sowjets verstehen die Formulierung des einseitigen Briefes tatsächlich so, daß das Fremdenverkehrsamt des Senats als ‚staatliche Stelle' zu gelten hat und damit von dem in Moskau zu eröffnenden Büro der DZT nicht vertreten werden kann." Vgl. den Drahterlaß Nr. 887; Referat 213, Bd. 112707.

10 Deutsche Zentrale für Tourismus.

11 In Artikel 12 des Abkommens vom 19. Mai 1973 zwischen der Bundesrepublik und der UdSSR über kulturelle Zusammenarbeit wurde festgelegt: „Zur Verwirklichung der Ziele dieses Abkommens werden die Vertragsparteien Zweijahresprogramme für die Zusammenarbeit vereinbaren." Vgl. BUNDESGESETZBLATT 1973, Teil II, S. 1686.
Vom 23. September bis 1. Oktober 1974 fanden Verhandlungen zwischen der Bundesrepublik und der UdSSR über die beiderseits vorgelegten Entwürfe für ein Zweijahresprogramm statt. Dazu vermerkte Vortragender Legationsrat I. Klasse Meyer-Landrut am 2. Oktober 1974, die Gespräche seien abgebrochen worden, „weil es nicht möglich war, in diesem Programm die vorgesehenen Berliner Vorhaben normal, zusammen mit den aus der Bundesrepublik vorgesehenen Vorhaben aufzuführen. Die von den Sowjets vorgeschlagenen Konstruktionen hätten unser Verständnis vom Vier-Mächte-Abkommen über den Haufen geworfen. Hier bedarf es sicherlich langwieriger Detail-Gespräche auf diplomatischem Wege, um nicht zu Formulierungen zu kommen, die uns negativ präjudizieren." Vgl. Referat 213, Bd. 112686.

Kontakte" wurde mit der hiesigen sowjetischen Botschaft besprochen.[12] Gewarnt durch die Nachricht, der „Berliner Konzert-Chor" sei von Goskoncert zu einer Erklärung aufgefordert worden, seine geplante Tournee finde außerhalb des Kulturabkommens statt[13], haben wir unsererseits eine Gegenerklärung vorgeschlagen. Diese stellt klar, daß solche „direkten Kontakte" mit Berlin (West) nach unserer Auffassung immer im Rahmen des Kulturabkommens stattfinden.[14] Hierauf hat sowjetische Botschaft jetzt mitgeteilt, in Moskau sei von der Forderung einer Erklärung durch Goskoncert nichts bekannt.

Gleichzeitig besteht die sowjetische Seite auf ihrer einseitigen Erklärung hinsichtlich der „direkten kulturellen Kontakte" mit Berlin (West). In Anlehnung an den Text des entsprechenden Punktes im Zweijahresprogramm soll diese Erklärung wie folgt lauten: „Was Berlin (West) betrifft, so kann die sowjetische Seite die Durchführung auch anderer Besuche und Austauschvorhaben auf der Grundlage von Einzelabsprachen zwischen den entsprechenden Organisationen vorschlagen. Dieses Programm läßt die Möglichkeit der Entwicklung direkter kultureller Kontakte, wie sie bisher schon stattgefunden haben, auch in Zukunft unberührt." In den Gesprächen mit sowjetischer Botschaft wurde klargestellt, daß wir die Hinnahme einer solchen Erklärung nur dann erwägen

---

[12] Die UdSSR wünschte eine einseitige Erklärung, daß das Zweijahresprogramm die Unterhaltung und Entwicklung direkter Kontakte zwischen der UdSSR und Berlin (West) nicht beeinträchtige. Vgl. dazu AAPD 1974, II, Dok. 311.
Am 23. Oktober 1974 wurde dem sowjetischen Botschaftsrat Koptelzew als Stellungnahme zu der gewünschten einseitigen Erklärung übermittelt: „Da auf deutscher Seite grundsätzliche Bedenken gegen wie immer geartete einseitige Erklärungen bestehen, wird die Aufnahme folgenden Punktes in das Zweijahresprogramm vorgeschlagen: ‚Beide Seiten können die Durchführung auch anderer für beide Seiten annehmbarer Besuche und Austauschvorhaben auf der Grundlage von Einzelabsprachen zwischen entsprechenden Organisationen beider Seiten vorschlagen. Dieses Programm läßt die Möglichkeit der Entwicklung direkter kultureller Kontakte, wie sie bisher schon stattgefunden haben, auch in Zukunft unberührt.'" Vgl. die Aufzeichnung des Vortragenden Legationsrats Dingens vom 24. Oktober 1974; Referat 213, Bd. 112716.
Am 4. Dezember 1974 vermerkte Referat 213, die sowjetische Seite sei grundsätzlich mit der Aufnahme einer solchen Formulierung in das Programm einverstanden, beharre aber auf einer zusätzlichen eigenen Erklärung: „Die Sowjets hatten keine Einwände dagegen, die Formulierung ihrer einseitigen Erklärung ähnlich zu fassen. Der Wortlaut der sowjetischen Erklärung würde dann etwa lauten: ‚Was Berlin (West) anbetrifft, so können auch andere Besuche und Austauschvorhaben auf der Grundlage von Einzelabsprachen zwischen den entsprechenden Organisationen durchgeführt werden. Die Möglichkeit der Entwicklung direkter kultureller Kontakte, wie sie bisher schon stattgefunden haben, bleibt unberührt.'" Vgl. Referat 213, Bd. 112716.
[13] Das Amt des Bevollmächtigten des Landes Berlin beim Bund übermittelte am 3. Dezember 1974 einen Vermerk der Senatskanzlei von Berlin vom 25. November 1974 über folgende telefonische Mitteilung: „Der Berliner Konzertchor habe durch die Berliner Agentur Matzelt eine Einladung der sowjetischen Agentur Goskoncert zu einem Gastspiel in der Sowjetunion erhalten. Die Goskoncert sei bereit, alle Kosten bis auf die Kosten der Anreise zu übernehmen. Das Angebot sei daher für den Chor sehr interessant. Nunmehr verlange Herr Matzelt eine schriftliche Erklärung darüber, daß das Gastspiel als außerhalb des Kulturaustausches stehend betrachtet werde. Herr Matzelt beruft sich bei dieser Forderung auf einen Wunsch der Goskoncert". Vgl. Referat 213, Bd. 112716.
[14] Vortragender Legationsrat I. Klasse Kühn schlug am 4. Dezember 1974 als Wortlaut einer Gegenerklärung zur Einbeziehung von Berlin (West) in das Kulturabkommen mit der UdSSR vor: „Die Bundesregierung versteht die sowjetische Erklärung so, daß Besuche und Austauschvorhaben, die mit den entsprechenden Organisationen hinsichtlich Berlins (West) direkt vereinbart werden, im Rahmen des Abkommens über kulturelle Zusammenarbeit zwischen der Bundesrepublik Deutschland und der UdSSR vom 19.5.1973 stattfinden." Vgl. Referat 213, Bd. 112716.
Am 11. Dezember 1974 übergab Ministerialdirigent Meyer-Landrut dem sowjetischen Botschaftsrat Koptelzew eine entsprechende Erklärung, die dieser „kommentarlos" entgegennahm. Vgl. die Aufzeichnung von Kühn vom 11. Dezember 1974; Referat 213, Bd. 112716.

können, wenn in Zukunft von Berliner Ensembles keine Sondererklärungen über die Nichtanwendbarkeit des deutsch-sowjetischen Kulturabkommens verlangt werden und wenn wir eine Zusicherung dahingehend erhalten, daß auch bei einer durch „direkte Kontakte" zustandegekommenen Berliner Gastspielreise gegen die Betreuung der Künstler durch die Botschaft Moskau keine Einwendungen erhoben werden.[15]

Für die Einbeziehung Berlins in die Sportbeziehungen sind die Verhandlungen zwischen dem Deutschen Sportbund und dem sowjetischen Sportkomitee maßgebend. Diese sind, soweit hier bekannt, noch nicht weiter gediehen.[16] Der Vereinbarungsentwurf des DSB[17] wird von sowjetischer Seite noch geprüft. Tokowinin teilte uns bereits mit, man sehe sich aufgrund früherer Haltung im IOC nicht in der Lage, die Bezugnahme auf die Regeln des IOC im Zusammenhang mit der Erwähnung des VMA, so wie sie in der Vereinbarung des DSB mit dem DTSB[18] enthalten ist, zu akzeptieren.

Von allen wegen Schwierigkeiten in der Berlinfrage stagnierenden Projekten soll zunächst nur das Zweijahresprogramm hier weiter mit der sowjetischen Botschaft verfolgt werden. Wir haben Fortschritte in den verschiedenen anderen Projekten davon abhängig gemacht, daß zunächst die Verhandlungen über dieses Programm weitergeführt und zum Abschluß gebracht werden. Nur so ist

---

[15] Vortragender Legationsrat I. Klasse Kühn berichtete am 20. Dezember 1974 nach einem Gespräch mit dem sowjetischen Botschaftsrat Koptelzew: „Moskau betrachte unseren Vorschlag einer Gegenerklärung als unannehmbar. [...] Ich habe Koptelzew darauf hingewiesen, daß die Nachricht über die ‚Sonder-Erklärung' aus Berlin uns gerade veranlaßt habe, die Frage der rechtlichen Qualität der ‚direkten Kontakte' aufzuwerfen. Koptelzew erklärte, seiner Meinung nach sei es nicht opportun, diese Frage zu vertiefen. Er stimme mit uns überein, daß es wichtiger sei, eine praktische Lösung zu finden. Auf meinen Hinweis, daß sich in diesem Zusammenhang insbesondere das Problem der Betreuung solcher Ensembles aus Berlin durch unsere Botschaft in Moskau stelle – eine Frage, bei der es leicht zu unerfreulichen Reibungen kommen könne – , erwiderte Koptelzew, dieses Problem werde auch auf sowjetischer Seite gesehen. Er glaube, hier könne eine für beide Seiten akzeptable Lösung gefunden werden." Vgl. Referat 213, Bd. 112716.

[16] Am 26./27. November 1974 fanden in Moskau Verhandlungen zwischen dem Deutschen Sportbund (DSB) und dem Komitee für Körperkultur und Sport beim Ministerrat der UdSSR statt. Erörtert wurden ein sowjetischer Abkommensentwurf vom 14. November 1974 und ein Gegenentwurf des DSB vom 24. November 1974. DSB-Generalsekretär Gieseler teilte am 2. Dezember 1974 über die Verhandlungen mit: „Während auf sowjetischer Seite der Standpunkt vertreten wird, daß es sich hierbei um einen Sportverkehr zwischen der UdSSR und der BRD handelt, wird von deutscher Seite grundsätzlich festgestellt, daß der Deutsche Sportbund eine nichtstaatliche Organisation ist, die in ihrem Zuständigkeitsbereich über die Bundesrepublik Deutschland hinausgeht und entsprechend den Regeln, Bestimmungen und allgemeinen Gepflogenheiten der Internationalen Föderation auch Berlin (West) einschließt". Von sowjetischer Seite sei ein Programm mit 76 Sportbegegnungen für 1975 übergeben worden, „allerdings ohne Berlin-Begegnungen. Auf diesen Mangel wurde sofort aufmerksam gemacht". Vgl. Referat 213, Bd. 112718.

[17] Im Entwurf des Deutschen Sportbundes vom 24. November 1974 für eine Vereinbarung über die Prinzipien der Zusammenarbeit zwischen dem Komitee für Körperkultur und Sport beim Ministerrat der UdSSR und dem DSB wurde einleitend ausgeführt, die Vertragspartner hätten sich geeinigt, „ihre Zusammenarbeit auf der Grundlage der Regeln und Gepflogenheiten des Internationalen Olympischen Komitees und der Internationalen Sportorganisationen und, was Berlin (West) angeht, auch in Übereinstimmung mit den Bestimmungen des Vier-Mächte-Abkommens vom 3. September 1971 nach folgenden Prinzipien weiter auszugestalten". Vgl. Referat 213, Bd. 112718.

[18] In Artikel 2 des Protokolls vom 8. Mai 1974 über die Regelung der Sportbeziehungen zwischen dem Deutschen Sportbund (DSB) und dem Deutschen Turn- und Sportbund (DTSB) wurde festgelegt: „Beide Seiten werden ihre sportlichen Beziehungen entsprechend den Bestimmungen und Gepflogenheiten des Internationalen Olympischen Komitees und der Internationalen Sportorganisationen und, was Berlin (West) betrifft, auch in Übereinstimmung mit den Bestimmungen des Viermächteabkommens vom 3.9.1971 regeln." Vgl. ZEHN JAHRE DEUTSCHLANDPOLITIK, S. 270.

es möglich, in diesem Bereich wenigstens einen gewissen Fortschritt zu erzielen. Sollten sich auch die Gespräche über das Zweijahresprogramm als aussichtslos erweisen, so ist vorgesehen, die Frage der Einbeziehung Berlins grundsätzlich und auf höherer Ebene mit der sowjetischen Führung aufzunehmen.

III. In dem Gespräch mit Semskow[19] sollten neben den positiven Aussichten einer Weiterentwicklung der Beziehungen im neuen Jahr (Handelsvolumen, Großprojekte, Kooperation, Arbeit der Kommission[20], deutsche Ausstellung, 5. Jahrestag des Moskauer Vertrages[21]) auch die Fragen der Einbeziehung Berlins in die bilateralen Beziehungen im Mittelpunkt stehen. Sie werden gebeten, zum Ausdruck zu bringen, daß die Bundesregierung die Entwicklung in diesem Bereich mit großer Sorge beobachtet, und etwa wie folgt zu argumentieren: Die Bundesregierung hat in der Vergangenheit ihre Bereitschaft gezeigt, über alle Details der Einbeziehung Berlins in die bilaterale Zusammenarbeit zu sprechen und Lösungen zu finden, die in vollem Einklang mit dem VMA stehen. Diese Bereitschaft besteht auch weiter. Leider sind die im vergangenen Jahr erzielten Fortschritte nur geringfügig gewesen. Die Diskussion um das wissenschaftlich-technische Abkommen hat immer noch keine Einigung gebracht – obwohl eine grundsätzliche Übereinstimmung hinsichtlich der Ausdehnung von bilateralen Abkommen auf Berlin (West) seit langem vorliegt.[22] Dabei geht es der Bundesregierung nicht darum, die Bestimmungen des VMA extensiv oder restriktiv auszulegen. Sie hält es vielmehr für logisch und dem Buchstaben und Geist des VMA entsprechend, daß Berlin (West) von der praktischen Zusammenarbeit zwischen der Bundesrepublik Deutschland und der UdSSR nicht ausgeschlossen wird. Sie will vermeiden, daß in Zukunft wegen der Einbeziehung Berlins in diese Zusammenarbeit Schwierigkeiten entstehen, die zu einer ernsthaften Belastung der Gesamtbeziehungen führen

---

[19] Botschafter Sahm, Moskau, führte am 20. Januar 1975 ein Gespräch mit dem sowjetischen Stellvertretenden Außenminister Semskow. Vgl. dazu Dok. 10.

[20] Die Kommission der Bundesrepublik und der UdSSR für wirtschaftliche und wissenschaftlich-technische Zusammenarbeit trat am 19. April 1972 unter der Leitung des Bundesministers Schiller und des sowjetischen Stellvertretenden Ministerpräsidenten Nowikow in Bonn zu ihrer konstituierenden Sitzung zusammen. Vgl. dazu die Aufzeichnung des Vortragenden Legationsrats I. Klasse Blumenfeld vom 20. April 1972; Referat II A 4, Bd. 1517. Vgl. auch das Kommuniqué; BULLETIN 1972, S. 824 f.
Die Kommission trat einmal jährlich zusammen.

[21] Für den Wortlaut des Vertrags vom 12. August 1970 zwischen der Bundesrepublik und der UdSSR vgl. BUNDESGESETZBLATT 1972, Teil II, S. 354 f.

[22] Am 27. März 1972 einigten sich Staatssekretär Frank und der sowjetische Botschafter Falin auf die Formulierung für die Berlin-Klausel: „Im Einklang mit dem Vier-Mächte-Abkommen vom 3. September 1971 wird sich dieser Vertrag in Übereinstimmung mit den festgelegten Verfahren auf Berlin (West) erstrecken." Frank stellte dabei klar, daß die Bundesregierung „auf den in der jetzt üblichen Berlin-Klausel enthaltenen Nachsatz ‚sofern nicht die Regierung der Bundesrepublik Deutschland innerhalb von drei Monaten ...' nur gegenüber der Sowjetunion verzichten" könnte, da diese wisse, um was es sich bei den in Anlage IV zum Vier-Mächte-Abkommen über Berlin vom 3. September 1971 zitierten „festgelegten Verfahren" handele. Vgl. die Aufzeichnung des Ministerialdirigenten van Well vom 28. März 1972; VS-Bd. 8558 (II A 1); B 150, Aktenkopien 1972. Vgl. dazu auch AAPD 1972, I, Dok. 74 und Dok. 86.
Artikel 10 des Langfristigen Abkommens vom 5. Juli 1972 zwischen der Bundesrepublik und der UdSSR über den Handel und die wirtschaftliche Zusammenarbeit enthielt erstmals die vereinbarte Berlin-Klausel („Frank-Falin-Klausel"): „Entsprechend dem Vier-Mächte-Abkommen vom 3. September 1971 wird dieser Vertrag in Übereinstimmung mit den festgelegten Verfahren auf Berlin (West) ausgedehnt." Vgl. BUNDESGESETZBLATT 1972, Teil II, S. 844.

könnten. Die Bundesregierung hofft, daß es möglich sein wird, zunächst einmal die Verhandlungen über das Zweijahresprogramm zum Abschluß zu bringen und dann Lösungen zu finden, die die Arbeit an den zahlreichen weiteren Abkommensprojekten voranbringen.

Weitere Gesprächsthemen aus hiesiger Sicht: Bitte um Unterstützung der deutschen Architekten-Delegation im Zusammenhang mit dem Botschaftsneubau[23], Unterbringung des Militärattaché-Stabes[24], Familienzusammenführung[25].

Zur Frage der Lieferung von Atomstrom über Berlin[26] ergeht besonderer Erlaß.[27]

Gehlhoff[28]

VS-Bd. 14056 (010)

[23] Am 18. Dezember 1974 kündigte Vortragender Legationsrat I. Klasse Bertele der Botschaft in Moskau den Besuch einer Architektendelegation vom 13. bis 16. Januar 1975 an. Vgl. den Drahterlaß; Referat 213, Bd. 112762.

[24] Eine grundsätzliche Vereinbarung zum Austausch von Militärattachés zwischen der Bundesrepublik und der UdSSR wurde während des Besuchs des Staatssekretärs Bahr, Bundeskanzleramt, am 9./10. Oktober 1972 in Moskau erzielt. Vgl. dazu AAPD 1972, III, Dok. 317.
Zur Unterbringung des Militärattaché-Stabes in Moskau berichtete Botschafter Sahm, Moskau, am 16. April 1975, daß von sowjetischer Seite „eine Hälfte des unmittelbar neben dem gegenwärtigen Kanzleigebäude gelegenen Wohnhauses angeboten" worden sei: „Lage und Größe des Objekts entsprechen optimal unseren Vorstellungen." Vgl. den Drahtbericht Nr. 1303; Referat 213, Bd. 112762.

[25] Am 24. Februar 1975 teilte Botschafter Sahm, Moskau, mit, daß eine Reihe von Interventionen der Botschaft in Härtefällen der Familienzusammenführung abgelehnt worden sei mit der Begründung, „daß wegen Fehlens eines nahen Verwandtschaftsverhältnisses eine Voraussetzung für ‚Familienzusammenführung' nicht gegeben sei". Nach sowjetischer Ansicht sei „der Begriff der Familie sehr eng zu fassen, er umfasse lediglich die Ehepartner und ihre unmündigen Kinder". Sahm wies darauf hin, daß diese Auffassung durch den auf der KSZE in Genf vorliegenden Text zur Familienzusammenführung gestützt werde, der „ebenfalls nur von einem sehr engen Familienbegriff ausgeht". Vgl. den Drahtbericht Nr. 633; Referat 213, Bd. 112795.

[26] Seit 1974 lagen der UdSSR Angebote der Kraftwerk Union AG, Frankfurt/Main, und von Energieversorgungsunternehmen aus der Bundesrepublik vor, die den Bau einer Kernkraftwerkseinheit von 1300 Megawatt sowie den Bezug von elektrischem Strom aus diesem Kraftwerk vorsahen. Das Kernkraftwerk, für das „auch das für die Brennelement-Erstausstattung erforderliche Natururan (ca. 550 000 kg)" geliefert werden sollte, das dann in der UdSSR angereichert würde, sollte „mit sowjetischen Stromlieferungen aus diesem Kraftwerk in das Bundesgebiet über Berlin (West) bezahlt werden". Um eine direkte Leitungsführung über Polen, die DDR und Berlin (West) ins Bundesgebiet zu ermöglichen, war ein Standort an der lettischen, litauischen oder ostpreußischen Ostseeküste vorgesehen. Vgl. die Aufzeichnung des Ministerialdirektors Hermes vom 5. September 1974; Referat 421, Bd. 117699.
Die Trassenführung war Thema der Gespräche des Bundeskanzlers Schmidt mit Ministerpräsident Kossygin am 29. Oktober sowie des Abschlußgesprächs mit der sowjetischen Regierung am 30. Oktober 1974 in Moskau. Kossygin sagte dabei zu, entsprechende Verhandlungen mit der DDR zu führen. Vgl. dazu AAPD 1974, II, Dok. 313 und Dok. 321.

[27] Am 8. Januar 1975 teilte Ministerialdirektor Hermes der Botschaft in Moskau mit, laut inoffizieller Mitteilung solle „Mitte November 1974 ein Mitarbeiter des Staatskomitees für Außenwirtschaftsbeziehungen, Malzew, in der DDR erste Gespräche über die Transitleitung geführt haben; jedoch sei man dabei zu keiner Einigung gelangt. [...] Von diesen Verhandlungen mit der DDR hängt die Durchführung der am 29. Oktober 1974 in Moskau erörterten ‚Tangential-Lösung' (getrennte Umschalt- und Kontrollstellen sollen an der Sektorengrenze jeweils auf Westberliner bzw. Gebiet der DDR stehen, Direktleitung Berlin (West) in das Bundesgebiet), die einen Kompromiß zwischen Direktleitung durch Berlin (West) – Bundesrepublik Deutschland und Stichleitung nach Berlin (West) darstellt, ab." Bei Gesprächen mit dem sowjetischen Außenministerium solle das Thema „als nicht besonders vorrangig behandelt werden"; jedoch könne nachgefragt werden, ob die sowjetische Regierung „schon Gelegenheit hatte, mit der DDR Verbindung aufzunehmen". Vgl. den Drahterlaß Nr. 17; Referat 421, Bd. 117699.

[28] Paraphe vom 6. Januar 1975.

2

Botschafter von Staden, Washington, an das Auswärtige Amt

114-10021/75 VS-vertraulich Aufgabe: 5. Januar 1975, 12.15 Uhr
Fernschreiben Nr. 18 Ankunft: 5. Januar 1975, 20.16 Uhr
Cito

Betr.: Kissinger zur Jahreswende
hier: Interviews mit Newsweek vom 30.12.[1] und Business Week vom 13.1.[2]

In seinen zwei Interviews zur Jahreswende hat Kissinger die Bilanz des Jahres 1974 mit einem Ausblick auf das neue Jahr verbunden. Das Gespräch mit Business Week hat am 23.12. stattgefunden, das mit Newsweek einige Tage früher.

Ich beschränke mich in der folgenden Bewertung der dort als bekannt vorausgesetzten Texte auf die Gesichtspunkte, die mir aus Washingtoner Sicht als die wesentlichsten erscheinen:

1) Die beiden Gespräche sind in magistraler Weise mit bemerkenswerter Offenheit geführt worden. Man mag an Kissingers Methode, Geheimdiplomatie und Schocktherapie zu verbinden, Kritik üben, aber man wird sich der intellektuellen Faszination durch diese Texte kaum entziehen können. Die Interviews zeigen den amerikanischen Außenminister auf der Höhe seiner analytischen Schärfe und sprachlichen Brillanz, und sie zeigen darüber hinaus, wie sicher er sich in seiner Stellung fühlt und fühlen darf. Eben noch hat die hier jährlich durchgeführte Meinungsumfrage nach den zehn bedeutendsten Männern der Welt Kissinger auf dem ersten Platz gezeigt, und es brauchte nur 48 Stunden, um Spekulationen darüber den Boden zu entziehen, daß die Äußerungen des Außenministers durch den Präsidenten nicht gedeckt seien.[3] Das Ansehen Kissingers und seine durch die Shuttle-Diplomatie erworbene einma-

---

[1] Am 30. Dezember 1974 veröffentlichte die Wochenzeitschrift „Newsweek" ein am 18. Dezember 1974 geführtes Interview mit dem amerikanischen Außenminister Kissinger. Für den Wortlaut vgl. DEPARTMENT OF STATE BULLETIN, Bd. 72 (1975), S. 57–63. Für Auszüge vgl. Anm. 7, 10, 21, 24 und 27.

[2] Am 3. Januar 1975 berichtete Botschafter von Staden, Washington, über das am selben Tag in der Tageszeitung „Washington Post" wiedergegebene Interview, das der amerikanische Außenminister am 23. Dezember 1974 der Wochenzeitschrift „Business Week" gegeben hatte. Darin befasse sich Kissinger mit der Energiepolitik und mache eine Einigung der erdölverbrauchenden Staaten „über die finanzielle Frage zur Voraussetzung des multilateralen Dialogs mit den Ölproduzenten". Der Bundesrepublik werde dabei eine besondere Verantwortung für das Zustandekommen des von Kissinger am 14. November 1974 vorgeschlagenen Solidaritätsfonds der Verbraucherländer in Höhe von 25 Milliarden Dollar zugewiesen, wodurch sie „unter Umständen in eine taktisch schwierige Lage geraten" könne. Vgl. den Drahtbericht Nr. 8; VS-Bd. 523 (014); B 150, Aktenkopien 1975.
Für den Wortlaut des Interviews, das in der „Business Week" vom 13. Januar 1975 abgedruckt wurde, vgl. DEPARTMENT OF STATE BULLETIN, Bd. 72 (1975), S. 97–106. Für Auszüge vgl. Anm. 10, 16, 18, 21 und 27.

[3] In der Presse wurde dazu mitgeteilt, Präsident Ford habe sich „hinter die Äußerungen seines Außenministers gestellt. Das Kissinger-Interview mit dem Wirtschaftsmagazin ‚Business Week' ‚spiegelt die Auffassung des Präsidenten wider', teilte der Sprecher des Weißen Hauses, Nessen, mit." Vgl. den Artikel „Kissingers Erwägungen finden weltweite Kritik"; FRANKFURTER ALLGEMEINE ZEITUNG vom 6. Januar 1975, S. 1.

lige Personenkenntnis machen den Außenminister für die voraussehbare Zukunft unentbehrlich.

2) Die Presse hat ihre Akzente bei der Kommentierung der beiden Interviews teilweise nicht ganz richtig gesetzt. Nicht die mögliche Anwendung von Gewalt im Nahen Osten durch die USA steht im Mittelpunkt der Aufmerksamkeit von Kissinger[4], sondern das Verhältnis zur Sowjetunion, die Frage der Ölpreise und die Frage der weiteren Verhandlungen zwischen Israel und Ägypten. Die Offenheit, mit der Kissinger sich über alle diese Fragen äußert, findet ihre Erklärung in einem sehr bezeichnenden Satz, mit dem der Außenminister auf die Frage antwortet, ob die USA über politische Druckmittel gegenüber dem Ölkartell verfüge: „A country of the magnitude of the United States is never without political recourse."[5] Kissinger handelt nicht aus einer „arrogance of power". Dazu denkt er als Historiker zu skeptisch, ja pessimistisch. Aber er handelt im vollen Bewußtsein der Macht.

3) Die Sorge um das weitere Schicksal der Entspannungspolitik nimmt im Denken Kissingers einen hohen Rang ein.

(Ich empfehle alle darauf bezüglichen Darlegungen in den beiden Texten besonderer Aufmerksamkeit.) Er sieht die Einigung von Wladiwostok über SALT[6] als den großen und, wie er hofft, bleibenden Erfolg des Jahres 1974[7] und übt

---

[4] Am 4. Januar 1975 wurde in der Presse berichtet, der amerikanische Außenminister schließe „‚im äußersten Notfall' die Möglichkeit einer militärischen Intervention der USA in den erdölproduzierenden arabischen Staaten nicht aus". Kissinger sei bei der Rückkehr aus dem Weihnachtsurlaub von Journalisten „sofort mit Fragen über seine Aussagen zum Ölproblem überschüttet" worden. Vgl. den Artikel „Kissinger: Intervention nur im äußersten Notfall"; DIE WELT vom 4./5. Januar 1975, S. 1.
Am 6. Januar 1975 wurde mitgeteilt: „Auf weltweite Kritik sind die Erwägungen des amerikanischen Außenministers Kissinger über einen Krieg zur Sicherung der Energieversorgung im Falle einer ‚Strangulation' der westlichen Industriestaaten durch die Ölländer gestoßen." Die „verhüllte Drohung" habe im Mittelpunkt einer Sitzung der kuweitischen Regierung gestanden, und die Kairoer Tageszeitung „Al Ahram" habe „neue Pläne der arabischen Staaten zur Abwehr eines möglichen Angriffs" gefordert. Vgl. den Artikel „Kissingers Erwägungen finden weltweite Kritik"; FRANKFURTER ALLGEMEINE ZEITUNG vom 6. Januar 1975, S. 1 f.

[5] Vgl. DEPARTMENT OF STATE BULLETIN, Bd. 72 (1975), S. 98.

[6] Bei einem Treffen am 23./24. November 1974 in Wladiwostok vereinbarten Präsident Ford und der Generalsekretär des ZK der KPdSU, Breschnew, eine Gemeinsame Erklärung zu den Verhandlungen über eine Begrenzung strategischer Waffen: „Having noted the value of previous agreements on this question [...] they reaffirm the intention to conclude a new agreement on the limitation of strategic offensive arms, to last through 1985. [...] Agreement was reached that further negotiations will be based on the following provisions. 1) The new agreement will incorporate the relevant provisions of the Interim Agreement of May 26, 1972, which will remain in force until October 1977. 2) The new agreement will cover the period from October 1977 through December 31, 1985. 3) Based on the principle of equality and equal security, the new agreement will include the following limitations: a) Both sides will be entitled to have a certain agreed aggregate number of strategic delivery vehicles; b) Both sides will be entitled to have a certain agreed aggregate number of ICBMs and SLBMs [...] equipped with multiple independently targetable warheads (MIRVs). 4) The new agreement will include a provision for further negotiations beginning no later than 1980–1981 on the question of further limitations and possible reductions of strategic arms in the period after 1985. 5) Negotiations between the delegations of the U.S. and USSR to work out the new agreement incorporating the foregoing points will resume in Geneva in January 1975." Vgl. DEPARTMENT OF STATE BULLETIN, Bd. 71 (1974), S. 879. Für den deutschen Wortlaut vgl. EUROPAARCHIV 1975, D 95 f.

[7] Auf die Frage nach der Einstufung der am 23./24. November 1974 in Wladiwostok erzielten Vereinbarungen mit der UdSSR äußerte der amerikanische Außenminister Kissinger gegenüber der Wochenzeitschrift „Newsweek": „Very high, and of more permanent significance than perhaps any-

zugleich bittere Kritik am Kongreß, der dem Präsidenten mit dem Jackson-Vanik Amendment zur Trade Bill[8], vor allem aber mit der Begrenzung der Eximbank-Kredite an die Sowjetunion auf 300 Mio. Dollar für die nächsten vier Jahre[9] (ein Betrag, den der Kongreß auf Antrag des Präsidenten übrigens erhöhen könnte) das wirtschaftspolitische Instrumentarium im Verhältnis zum russischen Partner aus der Hand geschlagen habe.[10]

Man ist in der Umgebung Kissingers der Ansicht, daß das amerikanisch-sowjetische Verhältnis einen „neuralgischen" Punkt erreicht habe. Die Russen seien in der Entspannungspolitik nicht auf ihre Kosten gekommen, wirtschaft-

---

Fortsetzung Fußnote von Seite 11

thing else that was achieved. The various disengagement agreements in the Middle East were dramatic and important because they reversed a trend toward another outbreak of a war and may have set the stage for making some important progress. But I think in terms of permanent achievements, I would rank the outline for a second SALT agreement at or near the top." Vgl. DEPARTMENT OF STATE BULLETIN, Bd. 72 (1975), S. 57.

[8] Nach der Einbringung des Handelsabkommens vom 18. Oktober 1972 zwischen den USA und der UdSSR in den Kongreß wurden von Senator Jackson im Senat und dem Abgeordneten Vanik im Repräsentantenhaus Zusatzanträge eingebracht. Dazu berichtete Gesandter Noebel, Washington, am 12. April 1973, nach dem Handelsabkommen sei „vorgesehen, der Sowjetunion die Meistbegünstigungsklausel zu gewähren, was allerdings von der Zustimmung des Kongresses abhängt. Hier haben sich erhebliche Schwierigkeiten für die Regierung ergeben, da unter der Führung von Senator Jackson eine starke Gruppe die Gewährung der Meistbegünstigung von der Abschaffung der sowjetischen ,Auswanderungssteuer' abhängig macht." Vgl. den Drahtbericht Nr. 1089; Referat 213, Bd. 112693.

Am 20. Dezember 1974 verabschiedete der amerikanische Kongreß den „Trade Act of 1974". In dessen Abschnitt 402 war festgelegt, daß, um „das fortdauernde Einstehen der Vereinigten Staaten für die fundamentalen Menschenrechte zu gewährleisten", Staatshandelsländern keine Behandlung nach dem Prinzip der Meistbegünstigung und keine „Kredite oder Kreditgarantien oder Investitionsgarantien gewährt werden" sollten, wenn „ein derartiges Land 1) seinen Bürgern das Recht oder die Gelegenheit zur Auswanderung verweigert; 2) mehr als eine nominelle Steuer auf Auswanderung oder Visa oder sonstige für die Auswanderung erforderliche Dokumente erhebt, gleichgültig zu welchem Zweck oder aus welchem Grunde; 3) mehr als eine nominelle Steuer, Abgabe, Geldstrafe, Gebühr oder sonstige Zahlung als Folge des Wunsches eines Bürgers erhebt, in das Land seiner Wahl auszuwandern". Auch Handelsabkommen sollten mit solchen Staaten nicht abgeschlossen werden können. Vgl. EUROPA-ARCHIV 1975, D 108 f.

[9] Am 21. Dezember 1974 verabschiedete der Kongreß das Ermächtigungsgesetz für die Export-Import-Bank, dem zufolge für Kredite an die UdSSR lediglich insgesamt 300 Mio. Dollar für 1975 bis 1978 zur Verfügung gestellt werden durften. Vgl. dazu EUROPA-ARCHIV 1975, D 92.

[10] Im Interview mit der Wochenzeitschrift „Newsweek" wurde der amerikanische Außenminister gefragt, ob ihn die Ankündigung der sowjetischen Regierung, sie werde keine Garantien hinsichtlich der Auswanderung von Juden aus der UdSSR geben, mit Blick auf das neue Außenhandelsgesetz beunruhige. Dazu führte Kissinger aus: „Without saying anything, without making any claims for it, we managed to increase Jewish emigration from 400 a year in 1968 to 35 000 before any of this debate started. [...] If we can maintain a Soviet commitment to détente, and if we can make clear that this is related to the emigration question, existing understandings will have a chance. But what we have had is, first, excessive claims. And now the Export-Import Bank bill has been encumbered with amendments that, to all practical purposes, virtually prevent loans of any substantial size to the Soviet Union. Loans are more important to the Soviet Union than most-favored-nation status, and in this respect the Soviets are worse off now, after three years of détente and even after increased Jewish emigration, than they were to begin with. We cannot simply keep saying that the Soviets must pay something for détente, and then not provide anything from our side to give them an interest in its continuance." Vgl. DEPARTMENT OF STATE BULLETIN, Bd. 72 (1975), S. 58 f.

Im Interview mit der Wochenzeitschrift „Business Week" äußerte Kissinger zu dem Thema: „But beyond that, a President who has only $ 300 million of credit flexibility over four years is forced in a crisis more and more to rely on diplomatic or military pressures. He has no other cards. The economic card has been effectively removed from his hand." Vgl. DEPARTMENT OF STATE BULLETIN, Bd. 72 (1975), S. 105.

lich und diplomatisch (Naher Osten, Zypern), und zwar überwiegend ohne eigenes Verschulden. Man werde erst sehen müssen, ob sich der Rückschlag, wie Moskau dies anscheinend zunächst wolle, auf den wirtschaftlichen Bereich beschränken lasse oder auf andere Felder übergreife, wie z. B. den Nahen Osten, wo die sowjetische Führung der Shuttle-Diplomatie Kissingers bisher mit einer „reluctant acquiescence" zugesehen habe. Es sei sehr zweifelhaft, ob die Sowjetunion die Meistbegünstigung unter den Bedingungen der Trade Bill überhaupt annehmen werde (hierauf bezieht sich auch die Bemerkung des Präsidenten bei der Unterzeichnung der bill am 3.1., daß er diese Klausel möglicherweise nicht werde anwenden können[11]).[12]

Diese Sorgen erhalten durch zwei Umstände zusätzliche Nahrung. Einmal hält man es in der Umgebung Kissingers für sehr schwer, den Kongreß auf eine konstruktivere Linie in der Entspannungspolitik zu bringen. Dies hat vielfache Gründe, über die ich schon berichtet habe und auf die ich in einem weiteren Bericht nach Zusammentritt des 94. Kongreß[13] erneut eingehen werde. Zum anderen beschäftigt man sich natürlich auch hier mit den gängigen Gerüchten über den Gesundheitszustand von Breschnew und mit den entsprechenden Spekulationen über eine Wachablösung im Kreml. Auch hier allerdings weiß man anscheinend nichts Genaues. Man spricht von einem stark wechselnden Befinden. Aber man stellt sich die Frage, ob Breschnew zum regulären Zeitpunkt des 25. Parteikongresses im Frühjahr 1977[14] noch im Amt sein wird. (Bei der Absage des Besuchs im Nahen Osten hätten gesundheitliche Gründe mitgespielt, aber, wie mir erneut bestätigt wurde, allem Anschein nach nicht entscheidend.[15])

---

[11] Präsident Ford äußerte am 3. Januar 1975 anläßlich der Unterzeichnung des „Trade Act of 1974": „It authorizes the Administration, under certain conditions, to extend non-discriminatory tariff treatment to countries whose imports do not currently receive such treatment in the United States. This is an important part of our commercial and overall relations with Communist countries. Many of the act's provisions in this area are very complex and may well prove difficult to implement. I will, of course, abide by the terms of the act, but I must express my reservations about the wisdom of legislative language that can only be seen as objectionable and discriminatory by other sovereign nations." Vgl. PUBLIC PAPERS, FORD 1975, S. 3.

[12] Am 10. Januar 1975 teilte die sowjetische Regierung den USA mit, daß sie vor dem Hintergrund der gerade verabschiedeten amerikanischen Handelsgesetzgebung das bilaterale Handelsabkommen vom 18. Oktober 1972 nicht in Kraft setzen werde. Botschafter Sahm, Moskau, gab dazu am 22. Januar 1975 die Einschätzung: „Amerikanische Behandlung der SU bei der Erörterung der trade bill war Moskau von vornherein ein Ärgernis. Der Versuch, von außen her Bedingungen für sowj[etische] Emigrationspolitik zu stellen, wurde von sowj. Führung als einschneidender Eingriff aufgefaßt, der Prämissen und Grenzen sowj. Entspannungsbereitschaft berührte." Dennoch hätte die UdSSR Zusagen gemacht und sei damit an die Grenze des ihr „zumutbar Erscheinenden gegangen. Als Angelegenheit dann in westlicher Öffentlichkeit breitgetreten wurde (Jackson-Brief) und der Kongreß zusätzlich noch weitere Erschwerungen schuf (Beschränkung Eximbank-Kredite), dürfte für Sowjets das Maß des Erträglichen überschritten gewesen sein." Vgl. den Drahtbericht Nr. 252; Referat 213, Bd. 112767.
Vgl. dazu auch KISSINGER, Jahre, S. 244–250.

[13] In den USA fanden am 5. November 1974 Wahlen zum Repräsentantenhaus und Teilwahlen zum Senat statt. Der aus diesen Wahlen hervorgegangene 94. Kongreß trat am 14. Januar 1975 erstmals zusammen.

[14] Der XXV. Parteitag der KPdSU fand bereits vom 24. Februar bis 5. März 1976 in Moskau statt.

[15] Am 2. Januar 1975 wurde in der Presse berichtet, daß der auf Mitte Januar festgelegte Besuch des Generalsekretärs des ZK der KPdSU, Breschnew, im Nahen Osten während der Gespräche des ägyptischen Außenministers Fahmi und des Kriegsministers al-Gamasi mit der sowjetischen Regierung vom 28. bis 31. Dezember 1974 in Moskau abgesagt worden sei. Vgl. dazu den Artikel „Un-

4) In zweiter Linie beschäftigt sich Kissinger mit der durch die Ölpreise hervorgerufenen Krise und den Mitteln zu ihrer Bewältigung.[16] In diesem Zusammenhang möchte ich die Aufmerksamkeit insbesondere auf folgende Einzelheiten lenken:

a) Für Kissinger ist die – jetzt auf den finanziellen Aspekt konzentrierte – Solidarität der Ölverbraucher[17] nicht nur ein verhandlungstaktisches Mittel. Seiner Ansicht nach müssen die Ölpreise mittelfristig gesenkt werden, wenn es nicht zu Zusammenbrüchen in der industrialisierten Welt kommen soll. Das einzige Mittel aber, dieses Ziel auch ohne Solidarität der Verbraucher zu erreichen, wäre ein amerikanischer politischer Druck auf Länder wie den Iran und Saudi-Arabien, der die Regime dieser Länder gefährden würde.

b) Diese Äußerungen muß man im Zusammenhang mit den Ausführungen über die Rolle Saudi-Arabiens sehen und der Schlüsselstellung, die Kissinger Ländern wie Algerien, Kuwait und Syrien zumißt. Man muß sie auch im Zusammenhang mit der meistzitierten Äußerung sehen, in der Kissinger, in Beantwortung einer Frage, amerikanische Gewaltanwendung für den Fall nicht ausschließt, daß es zu einer „wirklichen Erdrosselung" der industrialisierten Welt kommen sollte.[18] Solche Äußerungen tut Kissinger nicht von ungefähr. Er be-

---

Fortsetzung Fußnote von Seite 13

ruhen in Kairo nach Absage der Breschnew-Reise"; FRANKFURTER ALLGEMEINE ZEITUNG vom 2. Januar 1975, S. 1.
Über die Hintergründe berichtete Botschaftsrat I. Klasse Witte, Kairo, am 2. Januar 1975: „Ausschlaggebender Faktor dürfte Sadats Option gegen sofortige Einberufung der Genfer Konferenz (Globallösung) und für eine erneute Kissinger-Runde (step-by-step) sein." Vgl. den Drahtbericht Nr. 1; VS-Bd. 9984 (310); B 150, Aktenkopien 1975.
Botschafter von Staden, Washington, teilte am 7. Januar 1975 dazu mit, daß nach amerikanischer Überzeugung der Besuch vor allem wegen der Fortschritte bei der Aushandlung eines Entflechtungsabkommens zwischen Ägypten und Israel abgesagt worden sei: „Der Abschluß einer weiteren Vereinbarung, die durch amerikanische Vermittlung ausgehandelt wurde, einige Wochen nach dem Breschnew-Besuch hätte die relativ geringen Einflußmöglichkeiten der Sowjets auf das Geschehen im Nahen Osten unterstrichen und der Reise des Parteichefs jegliche längerfristige Wirkung genommen." Vgl. den Drahtbericht Nr. 34; VS-Bd. 9984 (310); B 150, Aktenkopien 1975.

[16] Auf die Frage, welche Bedingungen gegeben sein müßten, damit es zu einer Senkung der Ölpreise käme, führte der amerikanische Außenminister Kissinger gegenüber der Wochenzeitschrift „Business Week" aus: „The objective conditions depend upon a number of factors: One, a degree of consumer solidarity that makes the consumers less vulnerable to the threat of embargo and to the dangers of financial collapse. Secondly, a systematic effort at energy conservation of sufficient magnitude to impose difficult choices on the producing countries. Thirdly, institutions of financial solidarity so that individual countries are not so obsessed by their sense of impotence that they are prepared to negotiate on the producers' terms. Fourth, and most important, to bring in alternative sources of energy as rapidly as possible so that that combination of new discoveries of oil, new oil-producing countries, and new sources of energy creates a supply situation in which it will be increasingly difficult for the cartel to operate." Vgl. DEPARTMENT OF STATE BULLETIN, Bd. 72 (1975), S. 97 f.

[17] Am 14. November 1974 forderte der amerikanische Außenminister Kissinger in Chicago angesichts der durch die Ölkrise verursachten Energie- und Zahlungsbilanzprobleme mehr Solidarität der Industriestaaten: „The most serious immediate problem facing the consuming countries is the economic and financial strain resulting from high oil prices. Producer revenues will inevitably be reinvested in the industrialized world; there is no other outlet. But they will not necessarily flow back to the countries whose balance of payments problems are most acute. [...] Therefore the governments of Western Europe, North America, and Japan should move now to put in place a system of mutual support that will augment and buttress private channels whenever necessary. The United States proposes that a common loan and guarantee facility be created to provide for redistributing up to $ 25 billion in 1975, and as much again the next year if necessary." Vgl. DEPARTMENT OF STATE BULLETIN, Bd. 71 (1974), S. 753 f. Für den deutschen Wortlaut vgl. EUROPA-ARCHIV 1975, D 11.

[18] Gegenüber der Wochenzeitschrift „Business Week" führte der amerikanische Außenminister Kissinger auf die Frage nach einer eventuellen militärischen Intervention im Nahen Osten aus: „A

urteilt die Lage im Nahen Osten ohne Frage als ernst. Wenn er sagt, daß die Verhandlungslage ermutigender sei als zur Zeit des syrischen Disengagement[19], daß die Gefahr eines neuen Krieges oft überschätzt würde, daß seiner Meinung nach kein verantwortlicher israelischer Politiker an einem Präventivkrieg denke, daß es selbst im Falle eines neuen Nahostkrieges nicht notwendig zu einem Ölembargo kommen müsse, dann sind solche Äußerungen nicht in erster Linie analytisch, sondern als Ermahnung zu verstehen. Kissinger beurteilt die Verhandlungschancen und die Kriegsgefahr tatsächlich um einiges weniger optimistisch, als es nach den Interviews den Anschein haben könnte. In seiner Umgebung läßt man erkennen, daß die Äußerungen des Präsidenten über eine erhebliche Kriegsgefahr im Falle einer Stagnation der Verhandlungen die hiesige Lageeinschätzung richtiger wiedergeben. Was Kissinger will, ist die eigene und die Weltöffentlichkeit problembewußt machen und den unmittelbar Beteiligten sagen, wie sie sich verhalten sollten und mit welchen Folgen sie andernfalls in extremis zu rechnen hätten. Aber auch nur „in extremis".

Amerikanische Gewaltanwendung bleibt aus guten Gründen, auf die ich in einem besonderen Bericht eingehen werde[20], eine äußerst entfernte Möglichkeit.

c) Bei seiner Behandlung des Problems der Solidarität kommt Kissinger auch auf das Verhältnis der USA zu ihren Alliierten zu sprechen. Zu seinen teilweise diskriminierenden Äußerungen[21] haben die amerikanischen Vertretungen

Fortsetzung Fußnote von Seite 14

very dangerous course. We should have learned from Viet-Nam that it is easier to get into a war than to get out of it. I am not saying that there's no circumstance where we would not use force. But it is one thing to use it in the case of a dispute over price; it's another where there is some actual strangulation of the industrialized world. [...] I want to make clear, however, that the use of force would be considered only in the gravest emergency." Vgl. DEPARTMENT OF STATE BULLETIN, Bd. 72 (1975), S. 101.

19 Am 31. Mai 1974 unterzeichneten Israel und Syrien in Genf eine Vereinbarung über Truppenentflechtung. Sie sah außer einem Waffenstillstand den Rückzug der beiderseitigen Truppen auf festgelegte Linien, den Austausch der Kriegsgefangenen sowie die Bergung der Gefallenen vor. Ein zusätzliches Protokoll regelte die Aufgaben der UNO-Truppe zur Überwachung der Truppenentflechtung. Für den Wortlaut des Abkommens und des Protokolls vgl. EUROPA-ARCHIV 1974, D 329 f.

20 Botschafter von Staden, Washington, erläuterte am 15. Januar 1975, die Ausführungen des amerikanischen Außenministers Kissinger über einen möglichen Einsatz von Gewalt im Nahen Osten seien „mit Vorsicht" aufzunehmen: „Auch unter rein außenpolitischen Gesichtspunkten wären die Nachteile einer militärischen Aktion unabweisbar. Selbst wenn der SU, aus welchen Gründen auch immer, ein derartiges militärisches Vorgehen geduldet würde, wäre eine Fortsetzung der Entspannungspolitik erschwert, wenn nicht unmöglich gemacht. Sogar die kooperativsten arabischen Staaten müßten ihre Zusammenarbeit mit den USA aufkündigen. Eine politische Einflußnahme der Amerikaner im Mittelostraum wäre auf längere Sicht unmöglich, die Stellung Israels dadurch weiter verschlechtert, die Position der Vereinigten Staaten in den Vereinten Nationen und gegenüber der gesamten Dritten Welt ernsthaft geschwächt." Zwar werde in der Öffentlichkeit ein härteres Vorgehen gegenüber den erdölproduzierenden Staaten im Nahen und Mittleren Osten gefordert: „Ob die breite Öffentlichkeit jedoch eventuell auch bereit sein würde, eine längere militärische Auseinandersetzung gutzuheißen, ist sehr zweifelhaft." So gelte der Vorbehalt eines militärischen Eingreifens wohl nur für den Fall einer angesichts der israelischen militärischen Möglichkeiten eher unwahrscheinlichen „Gefährdung der Existenz Israels" oder der von Kissinger angesprochenen „wirklichen Erdrosselung" der westlichen Industriestaaten. Vgl. den Drahtbericht Nr. 104; VS-Bd. 9968 (204); B 150, Aktenkopien 1975.

21 Im Interview mit der Wochenzeitschrift „Newsweek" hob der amerikanische Außenminister Kissinger hervor, „that the political demoralization of the industrialized countries must be arrested". Vgl. DEPARTMENT OF STATE BULLETIN, Bd. 72 (1975), S. 61.
Gegenüber der „Business Week" führte Kissinger dazu aus: „The political problem is that the whole Western world, with the exception perhaps of the United States, is suffering from political malaise, from inner uncertainty and a lack of direction. This also affects economic conditions because it means that you have no settled expectations for the future and therefore a lowered willingness to

in Europa inzwischen eingehende Sprachregelungen erhalten, um den voraussehbaren Schaden zu begrenzen.[22] Aber darauf kommt es nicht an. Entscheidend bleibt die Einschätzung Europas durch Kissinger, sein Pessimismus über die politische Unsicherheit und Impotenz des alten Kontinents, von der er niemand ausdrücklich ausnimmt, und über dessen wirtschaftliche Schwäche, von der nur die Bundesrepublik Deutschland frei sei.

Diese Einschätzung Europas bestärkt Kissinger in seiner Überzeugung, daß die Beziehungen zwischen den „Industrieländern" – nicht etwa nur den Atlantischen Nationen – neu gestaltet werden müssen, und zwar im Sinne seiner Rede vom 23.4.73 (Year of Europe)[23], die sich nachträglich als richtig erwiesen habe. Die Neugestaltung muß den wirtschaftlichen und politischen Bereich ebenso erfassen wie bisher den sicherheitspolitischen.[24] Für die – nicht erwähnte – EG ist in Kissingers Denken nur Raum, soweit sie sich in diesen Rahmen einfügt.

Fortsetzung Fußnote von Seite 15

take risks." Auf eine angebliche Feindseligkeit in Europa gegenüber den USA angesprochen, erklärte Kissinger: „Why are the Europeans so hostile to the United States? I think they suffer from an enormous feeling of insecurity. They recognize that their safety depends on the United States, their economic well-being depends on the United States, and they know that we're essentially right in what we're doing. So the sense of impotence, the inability to do domestically what they know to be right, produces a certain peevishness which always stops just short of political actions. No foreign minister ever says this." Vgl. DEPARTMENT OF STATE BULLETIN, Bd. 72 (1975), S. 99 und S. 104.

[22] Am 4. Januar 1975 übergab der amerikanische Gesandte Cash Staatssekretär Gehlhoff Erläuterungen des amerikanischen Außenministers Kissinger zu dessen Äußerungen im Interview mit der Wochenzeitschrift „Business Week" zum europäisch-amerikanischen Verhältnis: „In order to avoid a recurrence of the unfortunate debates of last year, I want to assure your Foreign Minister that I believe US–European cooperation is much improved, and indeed, in a very satisfactory state today. [...] I want you to stress to the Foreign Minister that I believe our cooperation, particularly on energy matters, is excellent". Vgl. die Anlage zum Vermerk von Gehlhoff vom 6. Januar 1975; Referat 204, Bd. 110290.

[23] Am 23. April 1973 führte der Sicherheitsberater des amerikanischen Präsidenten, Kissinger, auf dem Jahresessen der „Associated Press" in New York über die Europa-Politik der USA aus: „Nineteen seventy-three is the year of Europe because the era that was shaped by decisions of a generation ago is ending. The success of those policies has produced new realities that require new approaches: The revival of western Europe is an established fact, as is the historic success of its movement toward economic unification. The East-West strategic military balance has shifted from American preponderance to near-equality, bringing with it the necessity for a new understanding of the requirements of our common security. Other areas of the world have grown in importance. Japan has emerged as a major power center. In many fields, ‚Atlantic' solutions to be viable must include Japan. We are in a period of relaxation of tensions. But as the rigid divisions of the past two decades diminish, new assertions of national identity and national rivalry emerge. Problems have arisen, unforeseen a generation ago, which require new types of cooperative action. Insuring the supply of energy for industrialized nations is an example." Vgl. DEPARTMENT OF STATE BULLETIN, Bd. 68 (1973), S. 593. Für den deutschen Wortlaut vgl. EUROPA-ARCHIV 1973, D 220. Vgl. dazu auch AAPD 1973, I, Dok. 118.

[24] Im Interview mit der Wochenzeitschrift „Newsweek" erläuterte der amerikanische Außenminister Kissinger Überlegungen zu den Veränderungen in den internationalen Beziehungen: „The structure that emerged in the immediate postwar period was essentially geared to military defense. Some of the difficulties that emerged in the sixties and early seventies, as a result of the growth of European unity and the emergence of Japan, were that the military organization and the political and economic organization had grown out of phase with each other. It has proved difficult to bring them back into phase by purely military arrangements. This is what I attempted to say in my ‚Year of Europe' speech, which was a little premature, but many of whose basic principles are now being accepted. Now the problem of how the advanced industrialized nations can give effect to the realities of interdependence is one of the most serious problems of our time – in the fields of energy, of food, and of the whole nature of economic policies." Vgl. DEPARTMENT OF STATE BULLETIN, Bd. 72 (1975), S. 60f.

Dies ist an sich nicht neu. Aber es wird jetzt erkennbar, daß Kissinger in der Ölkrise – die ohnehin gemeistert werden muß – das Vehikel sieht, seine vor dieser Krise entwickelte Konzeption durchzusetzen. Diese Konzeption aber ist nicht, wie manche Kreise in Paris fürchten mögen, als Baustein eines Kondominiums mit der SU gedacht, sondern als Element des Gleichgewichts mit dem russischen Partner, von dem Kissinger sagt: ... Entspannung bedeutet nicht, daß wir mit der Sowjetunion Kollaborateure geworden sind, sondern, daß wir teils Rivalen sind und teils ideologisch unvereinbar miteinander, und daß wir uns teils zögernd und behutsam auf Zusammenarbeit hinbewegen (edging toward cooperation).[25]

d) Bemerkenswert sind im Zusammenhang mit der Ölkrise schließlich einige Bemerkungen zur Führungsstruktur in Washington. Sie zeigen, wie stark die Stellung des Außenministers auch institutionell ist. Durch das Zurückdrängen des „Council for International Economic Policy" (und nachdem nach Flanigan nun auch Eberle zurückgetreten ist[26]) hat Kissinger erreicht, daß der National Security Council sich auch der außenwirtschaftlichen Strategie annimmt, die der Außenminister als integralen Bestandteil der Außenpolitik ansieht. Darüber hinaus gibt es für internationale Energiefragen einen besonderen Arbeitskreis, dem wiederum Kissinger vorsteht. Mit dem Übergewicht von Kissinger gegenüber Simon hat der Außenminister durch diese organisatorische Struktur eine bisher ungekannte Machtfülle im Gesamtfelde der politischen, sicherheitspolitischen und wirtschaftlichen Außenbeziehungen erreicht. Allerdings muß diese Konzentration seiner Macht auf dem Hintergrund einer Administration gesehen werden, die den Beweis ihrer Stärke noch schuldet und die einem Kongreß gegenübersteht, der dazu neigt, ihre außenpolitische Bewegungsfreiheit empfindlich einzuschränken.

Kissingers Stärke bleibt daher eine relative.

5) Zu dem dritten Hauptthema der Interviews, den Aussichten im Nahen Osten[27],

---

[25] Vgl. DEPARTMENT OF STATE BULLETIN, Bd. 72 (1975), S. 59.

[26] Am 25. Juni 1974 gab das Weiße Haus bekannt, daß Peter Flanigan zum August als Vorsitzender des Ausschusses für Internationale Wirtschaftspolitik zurücktrete und der Sonderbotschafter des amerikanischen Präsidenten für Handelsangelegenheiten, Eberle, zum Nachfolger ernannt sei. Vgl. dazu AdG 1974, S. 18770.
Eberle reichte am 17. Dezember 1974 seinen Rücktritt ein, den Präsident Ford mit Schreiben vom 24. Dezember 1974 akzeptierte. Für den Wortlaut des Briefwechsels vgl. PUBLIC PAPERS, FORD 1974, S. 776.

[27] Im Interview mit der Wochenzeitschrift „Newsweek" gab der amerikanische Außenminister Kissinger die Einschätzung, daß Verhandlungen über eine Lösung des Nahost-Konflikts wegen der innenpolitischen Situation der Beteiligten schwieriger als noch im Vorjahr geworden seien: „The stakes are also higher. But I believe that progress is possible." Zu möglichen Verhandlungen zwischen Israel und der PLO führte er aus: „It is impossible for the United States to recommend negotiation with the PLO until the PLO accepts the existence of Israel as a legitimate state. As long as the PLO proposals envisage, in one form or another, the destruction of Israel, we don't see much hope for negotiation with the PLO." Vgl. DEPARTMENT OF STATE BULLETIN, Bd. 72 (1975), S. 59. Gegenüber der Wochenzeitschrift „Business Week" äußerte Kissinger zur Situation im Nahen Osten: „In the absence of a political settlement there is always the danger of another Arab-Israeli war. On the other hand, war is talked about much too loosely. Both sides lost grievously in the last war. Neither side really won. I think the readiness of either side to go to war is often exaggerated. I also believe that there is some possibility of political progress before the spring." Vgl. DEPARTMENT OF STATE BULLETIN, Bd. 72 (1975), S. 100 f.

werde ich, wie schon angekündigt, in der kommenden Woche erneut berichten.[28]

[gez.] Staden

VS-Bd. 9965 (204)

3

Aufzeichnung des Ministerialdirektors Lahn

300-321.00 KUB   10. Januar 1975[1]

Über Herrn Staatssekretär[2] Herrn Minister[3]

Betr.: Wiederaufnahme diplomatischer Beziehungen zu Kuba[4]

Anlagen: 6[5]

Zweck der Vorlage: Bitte um Billigung des Verhandlungsergebnisses und Unterrichtung des Kabinetts

1) Die vom 7. bis 9. Januar 1975 in Paris geführten Verhandlungen haben zu dem gewünschten Ergebnis geführt. Im einzelnen wurden vereinbart:

– ein Protokoll über das Ergebnis der Verhandlungen,
– ein Kommuniqué über die Wiederaufnahme diplomatischer Beziehungen,
– ein Briefwechsel über technische Fragen,

---

[28] Am 7. Januar 1975 berichtete Botschafter von Staden, Washington, daß die USA den Abschluß eines zweiten israelisch-ägyptischen Entflechtungsabkommens für Februar 1975 erhofften. Weitere Schritte zur Lösung des Nahost-Konflikts zeichneten sich nicht ab: „Die amerikanische Haltung hinsichtlich der weiteren Entwicklung im Nahen Osten ist durch eine gewisse Ernüchterung geprägt. Im State Department war eine stärkere arabische Aktivität in Richtung auf eine Entschärfung des Nahost-Konflikts erhofft worden. Insbesondere ist man enttäuscht, daß die kooperativeren arabischen Staaten nicht nachhaltiger auf die PLO eingewirkt haben, um diese zu einer vernünftigeren Haltung zu bewegen. Eine Westuferlösung scheint in weite Ferne gerückt." Vgl. den Drahtbericht Nr. 34; VS-Bd. 9984 (310); B 150, Aktenkopien 1975.

[1] Die Aufzeichnung wurde von Vortragendem Legationsrat I. Klasse Hampe konzipiert.

[2] Hat Staatssekretär Sachs am 13. Januar 1975 vorgelegen.

[3] Hat Bundesminister Genscher am 15. Januar 1975 vorgelegen.

[4] Nach Bekanntgabe der Anerkennung der DDR durch die kubanische Regierung am 12. Januar 1963 brach die Bundesrepublik die diplomatischen Beziehungen zu Kuba am 14. Januar 1963 ab. Vgl. dazu AAPD 1963, I, Dok. 19.

[5] Dem Vorgang beigefügt. Für das von Ministerialdirektor Lahn und dem kubanischen Delegationsleiter Boza Hidalgo-Gato am 9. Januar 1975 unterzeichnete Protokoll, das Kommuniqué über die Wiederaufnahme diplomatischer Beziehungen, die Briefwechsel über technische Fragen, über die konsularische Betreuung für Personen mit ständigem Wohnsitz in Berlin (West) bzw. über Einreise und Aufenthalt von Personen mit ständigem Wohnsitz in Berlin (West) sowie die Verbalnote zur Unterrichtung der Regierungen über die Zustimmung zum Verhandlungsergebnis vgl. Referat 300, Bd. 102058.

- ein Briefwechsel über die konsularische Betreuung für Personen mit ständigem Wohnsitz in Berlin (West),
- ein Briefwechsel betreffend Einreise und Aufenthalt von Personen mit ständigem Wohnsitz in Berlin (West),
- eine Verbalnote zur Unterrichtung der Regierungen über die Zustimmung zum Verhandlungsergebnis.

Die Briefwechsel zu Berlin entsprechen den mit der ČSSR[6], Ungarn[7], Bulgarien[8] und der Mongolei[9] vereinbarten Klarstellungen. In den Verhandlungen

---

[6] Am 9./10. August 1973 vereinbarten Staatssekretär Frank und der tschechoslowakische Stellvertretende Außenminister Goetz einen Briefwechsel über die konsularische Betreuung von Personen mit ständigem Wohnsitz in Berlin (West). Die Bundesregierung teilte mit: „Die Bundesrepublik Deutschland wird die konsularische Betreuung für Personen mit ständigem Wohnsitz in Berlin (West) auf dem Gebiet der Tschechoslowakischen Sozialistischen Republik im Einklang mit dem Vier-Mächte-Abkommen vom 3. September 1971, Anlage IV A und B und unter der dort erwähnten Voraussetzung, daß Angelegenheiten der Sicherheit und des Status nicht berührt werden, ausüben." Im Antwortbrief bestätigte die tschechoslowakische Regierung, „daß die konsularische Betreuung für Personen mit ständigem Wohnsitz in den Westsektoren Berlins durch die Bundesrepublik Deutschland auf dem Gebiet der Tschechoslowakischen Sozialistischen Republik im Einklang mit dem Vier-Mächte-Abkommen vom 3. September 1971, Anlage IV A und B und unter der dort erwähnten Voraussetzung, daß Angelegenheiten der Sicherheit und des Status nicht berührt werden, ausgeübt werden kann." Vgl. Referat 214, Bd. 112661.
Vereinbart wurde außerdem ein Briefwechsel über Einreise und Aufenthalt von Personen mit ständigem Wohnsitz in Berlin (West) in der ČSSR, in dem die tschechoslowakische Regierung unter Bezugnahme auf Absatz 3 des Vereinbarten Verhandlungsprotokolls I zum Vier-Mächte-Abkommen über Berlin vom 3. September 1971 erklärte: „Personen mit ständigem Wohnsitz in den Westsektoren Berlins, die ein Visum für die Einreise in die Tschechoslowakische Sozialistische Republik beantragen, haben bei den entsprechenden tschechoslowakischen Stellen vorzulegen: a) einen Paß, der mit dem Stempel ‚ausgestellt in Übereinstimmung mit dem Vier-Mächte-Abkommen vom 3. September 1971' versehen ist; b) einen Personalausweis oder ein anderes entsprechend abgefaßtes Dokument, das bestätigt, daß die das Visum beantragende Person ihren ständigen Wohnsitz in den Westsektoren Berlins hat, und das die genaue Adresse des Inhabers und dessen Lichtbild enthält. Personen mit ständigem Wohnsitz in den Westsektoren Berlins, die auf diese Weise ein Visum erhalten haben, steht es frei, während ihres Aufenthalts in der Tschechoslowakischen Sozialistischen Republik nach ihrer Entscheidung entweder beide Dokumente oder eines von beiden mit sich zu führen. Das von einer tschechoslowakischen Stelle ausgestellte Visum wird als Grundlage für die Einreise in die Tschechoslowakische Sozialistische Republik und der Paß oder der Personalausweis als Grundlage für die konsularische Betreuung nach Maßgabe des Vier-Mächte-Abkommens während des Aufenthalts solcher Personen im Gebiet der Tschechoslowakischen Sozialistischen Republik dienen." Im Antwortbrief bestätigte die Bundesregierung, daß sie das Schreiben zur Kenntnis genommen habe. Vgl. Referat 214, Bd. 112661. Vgl. dazu auch AAPD 1973, II, Dok. 244.

[7] Für die anläßlich der Aufnahme diplomatischer Beziehungen zwischen der Bundesrepublik und Ungarn am 13. Dezember 1973 in Budapest unterzeichneten Briefwechsel über die konsularische Betreuung für Personen mit ständigem Wohnsitz in Berlin (West) bzw. betreffend Einreise und Ausreise von Personen mit ständigem Wohnsitz in Berlin (West) in der Ungarischen Volksrepublik, die den mit der ČSSR vollzogenen Briefwechseln entsprachen, vgl. Referat 214, Bd. 112672. Vgl. dazu auch AAPD 1973, III, Dok. 421.

[8] Für die anläßlich der Aufnahme diplomatischer Beziehungen zwischen der Bundesrepublik und Bulgarien am 12. Dezember 1973 in Sofia unterzeichneten Briefwechsel über die konsularische Betreuung für Personen mit ständigem Wohnsitz in Berlin (West) bzw. betreffend Einreise und Ausreise von Personen mit ständigem Wohnsitz in Berlin (West) in der Volksrepublik Bulgarien, die den mit der ČSSR vollzogenen Briefwechseln entsprachen, vgl. Referat 010, Bd. 178562. Vgl. dazu auch AAPD 1973, III, Dok. 420.

[9] Für die bei den Verhandlungen über die Aufnahme diplomatischer Beziehungen zwischen der Bundesrepublik und der Mongolischen Volksrepublik am 22. Januar 1974 in London unterzeichneten Briefwechsel über die konsularische Betreuung für Personen mit ständigem Wohnsitz in Berlin (West) bzw. betreffend Einreise und Ausreise von Personen mit ständigem Wohnsitz in Berlin (West) in der Mongolischen Volksrepublik, die den mit der ČSSR vollzogenen Briefwechseln entsprachen, vgl. Referat 313, Bd. 100280. Vgl. dazu auch AAPD 1974, I, Dok. 20.

wurde von kubanischer Seite widerspruchslos zur Kenntnis genommen, daß unter dem Begriff „konsularische Dienste" nach unserer Auffassung alle Funktionen auf konsularischem Gebiet zu verstehen sind, wie sie international üblich sind und von unseren Auslandsvertretungen überall in der Welt ausgeübt werden. Zu dem besonderen Problem der Rechtshilfe, auf die wir ausdrücklich hingewiesen haben, meinte der kubanische Delegationsleiter, er gehe davon aus, daß es „darüber keinen Streit" geben würde und daß sich gegebenenfalls in der Praxis zufriedenstellende Lösungen finden lassen würden. Zu einer schriftlichen Aussage in dieser Frage war die kubanische Seite allerdings nicht bereit.[10]

Auf unsere Bitte sagte die kubanische Seite zu, in Fällen, in denen Deutschen oder Deutsch-Kubanern bisher die Ausreise verweigert wurde (etwa 10 Personen), aus humanitären Gründen Entgegenkommen zu zeigen. In der Frage der Entschädigung deutscher Staatsangehöriger für Kriegs- und Revolutionsschäden[11] ist die kubanische Delegation darauf hingewiesen worden, daß wir eine abschließende Regelung erwarten.[12] Die Kubaner erklärten, daß sie Verhandlungen über solche Forderungen erst nähertreten könnten, wenn eine genaue Spezifikation vorgelegt würde.

2) Bei unseren Verhandlungen hat sich erneut gezeigt, daß die kubanische Regierung – oder mindestens ein Teil ihrer maßgebenden Funktionäre – bemüht ist, ihre Außenbeziehungen zu diversifizieren, d. h. die einseitige Ausrichtung auf die Sowjetunion und zu enge Bindung an den COMECON abzubauen. Darin dürfte vor allem die Erklärung für das auffällige Interesse zu finden sein, das die kubanische Regierung in den letzten 18 Monaten an der Aufnahme der Beziehungen zu uns an den Tag gelegt hat.[13] Delegationsführer Boza Hidalgo-

---

[10] Am 7. Januar 1975 berichtete Ministerialdirektor Lahn, z. Z. Paris, er habe dem kubanischen Delegationsleiter Boza Hidalgo-Gato die Entwürfe für Briefwechsel über die konsularische Betreuung bzw. Einreise und Aufenthalt von Personen mit ständigem Wohnsitz in Berlin (West) übergeben und erläutert: „Zur konsularischen Betreuung gehöre nach unserem Verständnis die Inanspruchnahme der Dienste der Botschaft durch Gerichte und Behörden. Boza nahm meine Ausführungen zur Kenntnis und bemerkte, er glaube, daß man auf der Grundlage des Vier-Mächte-Abkommens in diesen Punkten zu einem Einvernehmen gelangen könne. Im übrigen, fügte Boza hinzu, liege Berlin der kubanischen Seite ‚etwas ferner'." Vgl. den Drahtbericht Nr. 46; Referat 300, Bd. 102058.

[11] Referat 514 führte am 30. Dezember 1974 dazu aus, daß die kubanische Regierung am 13. Januar 1953 „die Beschlagnahme allen Feindvermögens aufgehoben" und die Rückgabe angeordnet habe. Es handele sich um „1,4 Mio. DM, größtenteils Handelsforderungen, die vom kubanischen Fiskus vereinnahmt wurden", außerdem um das Grundstück des Deutschen Vereins Havanna, die Deutsche Schule Havanna, Vermögen von Angehörigen der ehemaligen deutschen Gesandtschaft sowie deren Akten, das Archiv und das Inventar. Davon sei „so gut wie nichts zurückgegeben worden, obwohl zwischen den Regierungen der Bundesrepublik und Kubas wiederholt darüber gesprochen und verhandelt wurde und obwohl entsprechende Zusagen gemacht wurden". Vgl. Referat 300, Bd. 100553a.

[12] Dazu teilte Ministerialdirektor Lahn, z. Z. Paris, am 8. Januar 1975 mit, er habe dem kubanischen Delegationsleiter Boza Hidalgo-Gato erklärt, daß die Bundesregierung nach Errichtung der Botschaft in Havanna die „Rückgabe des beschlagnahmten deutschen Vorkriegsvermögens" aufgreifen werde. Boza Hidalgo-Gato sei auf dieses Thema nicht vorbereitet gewesen. Vgl. den Drahtbericht Nr. 70; Referat 300, Bd. 102058.

[13] Am 26. April 1974 teilte Vortragender Legationsrat I. Klasse Dohms den diplomatischen Vertretungen mit, daß Präsident Boumedienne Bundeskanzler Brandt bei dessen Besuch in Algerien am 19./20. April 1974 den Wunsch des Ministerpräsidenten Castro vorgetragen habe, die diplomatischen Beziehungen zur Bundesrepublik zu normalisieren: „Der Wunsch der Kubaner ist seit etwa einem Jahr auf verschiedenen Kanälen an uns herangetragen worden. Es ist uns bekannt, daß Kuba hauptsächlich aus wirtschaftlichen Gründen die Wiederaufnahme der Beziehungen wünscht.

Gato erklärte ganz offen, daß Kuba bei aller Verbundenheit mit dem sozialistischen Lager auf die Wahrung seiner Eigenständigkeit großen Wert lege. Den Beziehungen zur Bundesrepublik, so meinte er, beabsichtige Kuba Priorität einzuräumen und Modellcharakter für das Verhältnis zwischen einem Entwicklungsland und einem Industriestaat beizulegen.

3) Es wird gebeten, das Kabinett außerhalb der Tagesordnung zu unterrichten. (Die Zustimmung zur Wiederaufnahme der Beziehungen war in der Sitzung vom 11.9.1974[14] erteilt worden.)[15]

Die Abteilungen 2 und 5 haben mitgezeichnet.

Lahn

Referat 300, Bd. 102058

Fortsetzung Fußnote von Seite 20
Anscheinend bestehen Schwierigkeiten bei der Akkreditierung eines kubanischen Botschafters bei den EG, und im übrigen werden deutsche Entwicklungshilfe und Ausfuhrgarantien erwartet." Die Bundesregierung habe „bislang auf die kubanischen Avancen zurückhaltend reagiert". Vgl. den Runderlaß Nr. 43; Referat 300, Bd. 100553.

14 Am 11. September 1974 beschloß das Kabinett, daß ab Ende Oktober 1974 Verhandlungen mit Kuba über die Wiederaufnahme diplomatischer Beziehungen geführt werden sollten, nachdem zuvor „der aus politischen Gründen zu 30 Jahren Haft verurteilte Deutsch-Kubaner Gengler aus der Haft entlassen und die Rückzahlung von Handelsschulden geregelt" worden war. Vgl. die Aufzeichnung des Ministerialdirektors Lahn vom 18. September 1974; Referat 300, Bd. 100553a.

15 Am 16. Januar 1975 wies Vortragender Legationsrat Repges die Botschaft in Paris an, die kubanische Botschaft über die Zustimmung der Bundesregierung zu unterrichten. Vgl. dazu den Drahterlaß Nr. 150; Referat 300, Bd. 102058.
Am 18. Januar 1975 gaben die Bundesrepublik und Kuba die Wiederaufnahme der diplomatischen Beziehungen bekannt. Für das Kommuniqué vgl. BULLETIN 1975, S. 56.

4

Aufzeichnung des Ministerialdirigenten Dreher

514-552-44/75 geheim 14. Januar 1975[1]

Betr.: Plan einer Stiftung für notleidende jüdische Opfer nationalsozialistischer Gewaltmaßnahmen[2];
hier: Besprechung mit dem Bundeskanzler am 16. Januar 1975[3]

Vorschlag einer Stellungnahme:

I. Es wird vorgeschlagen, dem Projekt und den von Herrn Bundesminister a. D. Möller übersandten Entwürfen[4] zumindest in ihrer jetzigen Form nicht zuzustimmen.

---

[1] Die Aufzeichnung wurde von Vortragendem Legationsrat I. Klasse Rumpf konzipiert.
Am 14. Januar 1975 leitete Ministerialdirigent Dreher sie über Staatssekretär Sachs an Bundesminister Genscher als „Vorschlag einer Stellungnahme des Herrn Ministers" für die Besprechung bei Bundeskanzler Schmidt am 16. Januar 1975.
Hat Sachs am 14. Januar 1975 vorgelegen.
Hat Genscher am 15. Januar 1975 vorgelegen, der handschriftlich vermerkte: „Am 15.1. dem Bu[ndes]K[anzler] anh[and] dieses Vermerkes vorgetragen." Vgl. den Begleitvermerk; VS-Bd. 10824 (514); B 150, Aktenkopien 1975.

[2] Am 16. Februar 1973 übermittelte Staatssekretär Grabert, Bundeskanzleramt, Bundesminister Schmidt ein Memorandum der „Jewish Claims Conference" zu Fragen der Wiedergutmachung. Darin wurde gefordert, den Kreis der Anspruchsberechtigten für Wiedergutmachung zu erweitern und die Ausschlußfristen in der Entschädigungsgesetzgebung der Bundesrepublik aufzuheben. Nach Berechnungen des Bundesministeriums der Finanzen bedeutete ein Eingehen auf diese Forderungen ein Gesamtrisiko von bis zu 27 Mrd. DM. Für das undatierte Memorandum und die Stellungnahme des Bundesministeriums der Finanzen vom 20. März 1973 vgl. Referat 514, Bd. 1350.
In der Folgezeit wurden in der SPD-Fraktion Überlegungen zur Gründung einer Stiftung angestellt, deren Leistungen auch nicht-jüdischen Verfolgten aus der Zeit der nationalsozialistischen Herrschaft zugute kommen sollten. Der Vorschlag wurde zunächst vom Bundeskanzleramt aufgegriffen und weiter geprüft; Bundesminister Scheel sprach sich gegen weitere Sonderregelungen mit Israel aus. Vgl. dazu AAPD 1973, II, Dok. 169.
Am 8. Oktober 1974 erläuterte Bundeskanzler Schmidt dem Präsidenten des Jüdischen Weltkongresses, Goldmann, Vorschläge zur Errichtung einer Stiftung. Vereinbart wurde, daß Goldmann mit Bundesminister a. D. Möller als Beauftragtem der Bundesregierung sowie einem Beauftragten der israelischen Regierung einen Satzungsentwurf für die geplante Stiftung ausarbeiten sollte. Vgl. dazu AAPD 1974, II, Dok. 293. Vgl. ferner AAPD 1974, II, Dok. 368.

[3] Am 16. Januar 1975 fand ein Gespräch des Bundeskanzlers Schmidt mit den Fraktionsvorsitzenden Carstens (CDU/CSU), Mischnick (FDP) und Wehner (SPD) statt, an dem Bundesminister Genscher teilnahm. Schmidt hob hervor, daß für ihn eine gemeinsame Initiative der Fraktionen im Bundestag hinsichtlich der „in Aussicht genommenen ‚Abschlußgeste' für notleidende Opfer nationalsozialistischer Gewaltmaßnahmen" die entscheidende Voraussetzung darstelle. Dazu erklärte Carstens, daß die CDU/CSU-Fraktion einer „finanziellen ‚Abschlußgeste' im Prinzip positiv gegenüberstehe; auch gegen die Höhe habe sie keine Einwendungen. Hinsichtlich der Einzelheiten der vorgesehenen Regelung müsse sie sich aber eine weitere Prüfung vorbehalten. [...] Was den Vorschlag für eine gemeinsame Entschließung aller Fraktionen angehe, so sei die CDU/CSU dazu nicht bereit. Die Regierung hätte die bisherigen Verhandlungen geführt – ob durch Bundesminister a. D. Möller oder unmittelbar, spiele dabei keine Rolle – und präsentiere jetzt eine fertige Lösung." Sie solle daher auch die Verantwortung übernehmen. Demgegenüber konnte der Vorsitzende der CSU-Landesgruppe, Stücklen, „dem Vorhaben auch im Prinzip keinesfalls eine so positive Zustimmung geben. Eine gemeinsame Entschließung aller drei Bundestagsfraktionen werde es nicht geben." Vgl. die Gesprächsaufzeichnung; VS-Bd. 14068 (010); B 150, Aktenkopien 1975.

[4] Am 3. Januar 1975 übermittelte Staatssekretär Schüler, Bundeskanzleramt, Bundesminister Genscher ein Schreiben des Bundesministers a. D. Möller vom 12. Dezember 1974 an Bundeskanzler Schmidt, mit dem Möller den von ihm gemeinsam mit dem Präsidenten des Jüdischen Weltkongres-

Gegen das ganze Projekt der Stiftung bestehen erhebliche außen- und wiedergutmachungspolitische Bedenken:

1) Es ist mit ungünstigen Rückwirkungen in den osteuropäischen Staaten zu rechnen, wenn bekanntgegeben wird, daß die Bundesregierung noch einmal DM 540 Mio. für jüdische Verfolgte bereitstellt, während sie es weiterhin ablehnt, in den Staaten des Ostblocks lebende ehemalige, insbesondere nichtjüdische Verfolgte zu entschädigen. Der gegen uns bereits im Hinblick auf die Wiedergutmachungsverträge mit westlichen Staaten[5] erhobene Vorwurf der Diskriminierung würde verstärktes Gewicht erhalten. Die in der Satzung (§ 3 II)[6] ausgesprochene Absicht, Juden zu entschädigen, die erst nach dem 31.12.1965 ihre osteuropäische Heimat verlassen haben (post-65-Fälle)[7], würde uns dort besonders verübelt werden, da hierin eine Unterstützung der Abwanderungsbewegung gesehen werden würde. Würde andererseits die Claims Conference, wie vermutet wird, Entschädigungen auch an in Osteuropa verbleibende Juden überweisen, wäre der Diskriminierungseffekt nicht geringer.

Fortsetzung Fußnote von Seite 22
    ses, Goldmann, und dem Staatssekretär im israelischen Finanzministerium, Agmon, erarbeiteten Entwurf einer Satzung der „Stiftung für notleidende jüdische Opfer nationalsozialistischer Verfolgung" sowie von Richtlinien zur Ausführung dieser Satzung vorlegte. Vgl. VS-Bd. 10824 (514); B 150, Aktenkopien 1975.
5 Die Bundesrepublik schloß am 11. Juli 1959 mit Luxemburg, am 7. August 1959 mit Norwegen, am 24. August 1959 mit Dänemark, am 18. März 1960 mit Griechenland, am 8. April 1960 mit den Niederlanden, am 15. Juli 1960 mit Frankreich, am 28. September 1960 mit Belgien, am 2. Juni 1961 mit Italien, am 29. Juni 1961 mit der Schweiz, am 9. Juni 1964 mit Großbritannien und am 3. August 1964 mit Schweden Abkommen über die Entschädigung für Opfer nationalsozialistischer Verfolgung. Außerdem enthielt der Finanz- und Ausgleichsvertrag mit Österreich vom 27. November 1961 („Kreuznacher Abkommen") eine Wiedergutmachungsregelung.
6 Gemäß Paragraph 3 Absatz I des am 3. Januar 1975 übermittelten Entwurfs der Stiftungssatzung vom 5. Dezember 1974 sollten „die Leistungen der Stiftung zugute kommen jüdischen Opfern, die durch nationalsozialistische Gewaltmaßnahmen Schäden an Leben, an Körper oder Gesundheit oder an Freiheit erlitten haben und sich in einer Notlage befinden". Laut Absatz II sollten insbesondere diejenigen berücksichtigt werden „die deshalb keine Ansprüche auf Leistungen wegen Verfolgungsschäden geltend machen können, weil sie ihr Heimatland erst nach dem 31.12.1965 verlassen haben". Vgl. VS-Bd. 10824 (514); B 150, Aktenkopien 1975.
7 Nach Paragraph 4 des Gesetzes vom 29. Juni 1956 zur Entschädigung für Opfer der nationalsozialistischen Verfolgung (Bundesentschädigungsgesetz – BEG) bestand Anspruch auf Entschädigung, „wenn der Verfolgte a) am 31. Dezember 1952 seinen Wohnsitz oder dauernden Aufenthalt im Geltungsbereich dieses Gesetzes gehabt hat; b) vor dem 31. Dezember 1952 verstorben ist und seinen letzten Wohnsitz oder dauernden Aufenthalt im Geltungsbereich dieses Gesetzes gehabt hat; c) vor dem 31. Dezember 1952 ausgewandert ist, deportiert oder ausgewiesen worden ist und seinen letzten Wohnsitz oder dauernden Aufenthalt in Gebieten gehabt hat, die am 31. Dezember 1937 zum Deutschen Reich gehört haben, es sei denn, daß er im Zeitpunkt der Entscheidung seinen Wohnsitz oder dauernden Aufenthalt in Gebieten hat, mit deren Regierungen die Bundesrepublik Deutschland keine diplomatischen Beziehungen unterhält". Anspruchsberechtigt waren zudem Vertriebene, Heimkehrer und Flüchtlinge aus der DDR sowie Verfolgte, sofern die betreffende Person „am 1. Januar 1947 sich in einem D[isplaced]P[ersons]-Lager im Geltungsbereich dieses Gesetzes aufgehalten hat und entweder nach dem 31. Dezember 1946 aus dem Geltungsbereich dieses Gesetzes ausgewandert oder als heimatloser Ausländer in die Zuständigkeit der deutschen Behörden übergegangen ist oder die deutsche Staatsangehörigkeit erworben hat." Vgl. BUNDESGESETZBLATT 1956, Teil I, S. 563 f.
Für Verfolgte, die nach dem 1. Oktober 1953 und bis spätestens 31. Dezember 1965 die osteuropäischen Staaten verlassen hatten („Post-fifty-three-Fälle"), wurde durch Artikel V des Zweiten Gesetzes vom 14. September 1965 zur Änderung des Bundesentschädigungsgesetzes (BEG-Schlußgesetz) ein Sonderfonds in Höhe von 1,2 Mrd. DM geschaffen. Vgl. dazu BUNDESGESETZBLATT 1965, Teil I, S. 1335–1337.
Somit bestand für Opfer, die erst nach dem 31. Dezember 1965 die osteuropäischen Staaten verlassen hatten, kein Anspruch auf Entschädigung („Post-sixty-five-Fälle").

Diese Entwicklung könnte dazu führen, daß unsere Beziehungen zu den osteuropäischen Staaten weiter belastet würden oder aber die Bundesrepublik gezwungen würde, ihre bisherige Weigerung, Wiedergutmachung in den Ostblock zu zahlen, aufzugeben. Daraus könnten unübersehbare finanzielle Konsequenzen entstehen.

Auch Jugoslawien könnte nach Bekanntgabe der Stiftung auf seine Entschädigungsforderungen zurückkommen, auf die es niemals ausdrücklich verzichtet hat.[8]

2) Es ist zu befürchten, daß durch diese „Abschlußgeste" auch andere immer wieder erhobene und von uns abgelehnte Entschädigungsforderungen, wie z. B. die der Zwangssterilisierten, der Zwangsarbeiter, der luxemburgischen, belgischen und französischen Zwangsrekrutierten[9] und der Nationalgeschädigten[10]

---

[8] Jugoslawien erhob seit 1962 Anspruch auf eine Wiedergutmachungsregelung, den die Bundesregierung zum einen unter Hinweis auf Artikel 5 Absatz 2 des Abkommens vom 27. Februar 1953 über deutsche Auslandsschulden (Londoner Schuldenabkommen), zum anderen mit dem Hinweis darauf ablehnte, daß Jugoslawien die DDR anerkannt und damit verneint habe, daß die Bundesrepublik alleinige Rechtsnachfolgerin des Deutschen Reiches sei. Vgl. dazu AAPD 1964, I, Dok. 77.
Aufgrund der Zusage des Bundesministers Brandt vom 28. Juli 1969 gegenüber dem jugoslawischen Außenminister Tepavac, das Problem der Wiedergutmachung nach den Wahlen zum Bundestag am 28. September 1969 in Angriff zu nehmen, fanden seit Juni 1970 bilaterale Gespräche statt, die im Mai 1971 unterbrochen wurden. Vgl. dazu AAPD 1970, II, Dok. 404, sowie AAPD 1971, II, Dok. 178 und Dok. 225.
Während der Gespräche am 18./19. April 1973 auf Brioni einigten sich Bundeskanzler Brandt und Staatspräsident Tito dahingehend, daß „die noch offenen Fragen aus der Vergangenheit auf eine Weise zu lösen sind, die den Interessen des einen wie des anderen Landes entsprechen würde". Dies solle durch eine langfristige Zusammenarbeit auf wirtschaftlichem und anderen Gebieten erreicht werden. Vgl. das Kommuniqué; BULLETIN 1973, S. 428. Vgl. dazu auch AAPD 1973, I, Dok. 111 und Dok. 112.

[9] Am 28. September 1970 übergaben die Botschafter Hommel (Luxemburg), Sauvagnargues (Frankreich) und Schuurmans (Belgien) Staatssekretär Frank gleichlautende Aide-mémoires zur Entschädigung der im Zweiten Weltkrieg durch die deutsche Wehrmacht zwangsrekrutierten Elsässer und Lothringer. Eine solche Entschädigung wurde von der Bundesregierung abgelehnt mit der Begründung, daß dies zu den Forderungen gehöre, deren Prüfung durch Artikel 5 Absatz 2 des Abkommens vom 27. Februar 1953 über deutsche Auslandsschulden (Londoner Schuldenabkommen) bis zu einer endgültigen Regelung der Reparationsfrage zurückgestellt seien. Vgl. dazu AAPD 1970, III, Dok. 415. Vgl. ferner AAPD 1971, II, Dok. 247.
Am 18. Februar 1975 übergab der französische Botschafter Wormser Staatssekretär Sachs eine Note, in der um eine erneute Prüfung des Problems gebeten wurde. Wormser „fügte seiner Note mündlich hinzu, die französische Regierung wünsche eine Antwort in schriftlicher Form und noch rechtzeitig vor dem geplanten Besuch des Herrn Bundespräsidenten in Paris Mitte April". Dazu notierte Vortragender Legationsrat I. Klasse Rumpf am 25. Februar 1975: „In Anbetracht der schwebenden Diskussion um die DM 600 Mio. Stiftung für Israel und andere unbefriedigte Reparations- und Wiedergutmachungsforderungen empfiehlt es sich, von der bisherigen Haltung der Bundesregierungen diesen Forderungen gegenüber nicht abzuweichen. Nach allen bisherigen Erfahrungen spielen die elsässischen Zwangsrekrutierten in Frankreich nicht im entferntesten die innenpolitische Rolle, die der Schwesterverband in Luxemburg einnimmt. Von daher sei eine Verschlechterung der bilateralen Beziehungen nicht zu befürchten." Vgl. Referat 514, Bd. 1487.
Für die französische Note und die Antwortnote der Bundesregierung vom 11. April 1975 vgl. Referat 514, Bd. 1487.

[10] Artikel VI des Zweiten Gesetzes vom 14. September 1965 zur Änderung des Bundesentschädigungsgesetzes (BEG-Schlußgesetz) enthielt die „Sonderregelung für Nationalgeschädigte". In Absatz 1 wurde dazu festgelegt: „Personen, die unter der nationalsozialistischen Gewaltherrschaft aus Gründen ihrer Nationalität unter Mißachtung der Menschenrechte geschädigt worden und am 1. Oktober 1953 Flüchtlinge im Sinne der Genfer Konvention vom 28. Juli 1951 gewesen sind, haben Anspruch auf Entschädigung für einen dauernden Schaden an Körper oder Gesundheit. Aus Gründen der Nationalität ist derjenige geschädigt, bei dem die Zugehörigkeit zu einem fremden Staat oder zu einem nichtdeutschen Volkstum ganz oder wesentlich den Grund für die schädigende

belebt würden. Der Vertreter des Hohen Flüchtlingskommissars der Vereinten Nationen in der Bundesrepublik Deutschland hat am 10. Januar 1975 bereits seine Forderung zu Gunsten der Nationalgeschädigten in Erinnerung gerufen (Anlage)[11].

3) Die Bundesrepublik würde mit der Errichtung dieser Stiftung sich erneut als haftbar für NS-Unrecht bekennen, ohne daß die Frage der Mitverantwortung und Mitbeteiligung der DDR an der endgültigen Entschädigungsregelung geklärt wäre.

4) Mögliche Auswirkungen auf die arabischen Staaten (Beitrag Dg 31)[12]:
Der Staat Israel soll durch die Errichtung der Stiftung nicht unmittelbar begünstigt werden. Gleichwohl wird nach den bisherigen Erfahrungen bei der Abwicklung der Wiedergutmachung ca. ein Drittel des Stiftungsbetrages Berechtigten in Israel zukommen. Die arabischen Staaten haben sich im Zusammenhang mit der Normalisierung der deutsch-arabischen Beziehungen damit abgefunden, daß Geldmittel im Wege der Wiedergutmachung auch nach Israel fließen (Statistiken nach dem neuesten Stand liegen bei Abt. 5 vor). Die Schaffung eines weiteren Fonds über die umfangreichen laufenden Beträge hinaus könnte die Wiedergutmachungsproblematik in den arabischen Staaten jedoch erneut ins Gespräch bringen und zu kritischen Fragen Anlaß geben.

5) Berücksichtigung bei der Gewährung von Wirtschaftshilfe an Israel (Beitrag Dg 31):
Es sollte überlegt werden, ob die Errichtung der Stiftung nicht angezeigt erscheinen läßt, die Israel damit indirekt zukommenden Leistungen bei der etwaigen Vereinbarung künftiger Kapitalhilfe zu berücksichtigen. Dies sollte vor dem Hintergrund der gesamten, bisher von der Bundesrepublik Deutschland erbrachten Leistungen an Israel gesehen werden:

a) Wiedergutmachungsabkommen von 1952[13]

(+ 450 Mio. an Jewish Claims Agency)

– nicht rückzahlbar –   3 Mrd. DM

b) Kredite der „Aktion Geschäftsfreund"[14] 1961–65
(rückzahlbar, Rückzahlungsbedingungen 1970 auf

Fortsetung Fußnote von Seite 24
Maßnahme gebildet hat. Soweit keine anderen Gründe für die unter Mißachtung der Menschenrechte vorgenommene schädigende Maßnahme ersichtlich sind, wird bei dem Personenkreis nach den Sätzen 1 und 2 vermutet, daß die Schädigung aus Gründen der Nationalität erfolgt ist." Vgl. BUNDESGESETZBLATT 1965, Teil I, S. 1337.

11 Dem Vorgang nicht beigefügt.

12 Ministerialdirigent Jesser übermittelte Ministerialdirigent Dreher am 9. Januar 1975 Überlegungen zu den Auswirkungen der geplanten Stiftung auf die arabischen Staaten und zur Berücksichtigung bei der Gewährung von Wirtschaftshilfe an Israel mit dem Vorschlag, sie „in die Aufzeichnung der Unterabteilung 51 für das Gespräch des Herrn Ministers im Bundeskanzleramt am 16.1.1975" aufzunehmen. Vgl. VS-Bd. 9990 (310); B 150, Aktenkopien 1975.

13 Für den Wortlaut des Abkommens vom 10. September 1952 zwischen der Bundesrepublik und Israel vgl. BUNDESGESETZBLATT 1953, Teil II, S. 37–97.

14 Bundeskanzler Adenauer und der israelische Ministerpräsident führten am 14. März 1960 ein Gespräch im Waldorf-Astoria-Hotel in New York, in dem Ben Gurion konkrete Wünsche nach Krediten äußerte. Adenauer erklärte sein grundsätzliches Einverständnis, Israel finanziell zu unterstützen, legte sich aber nicht in Einzelheiten fest. Von israelischer Seite wurde jedoch die Haltung des Bundeskanzlers als konkrete Zusage gewertet, daß die Bundesrepublik Israel eine Entwicklungshilfe auf

Kapitalhilfebedingungen umgeschuldet[15]) 569,8 Mio. DM
c) Waffenlieferungen bis 1965[16]
– nicht rückzahlbar – rd. 200 Mio. DM
d) Ausgleichszahlungen 1965 für nicht gelieferte Waffen[17]
– nicht rückzahlbar – 150 Mio. DM
e) Kapitalhilfe von 1965 bis 1974[18]
– rückzahlbar – 1,375 Mrd. DM.

Ferner kommen der israelischen Zahlungsbilanz die Leistungen der individuellen Wiedergutmachung an in Israel lebende Empfänger zugute (bis 30.6.74 etwa 44,5 Mrd. DM, davon etwa ein Drittel an in Israel lebende Empfänger).

In diesem Zusammenhang wird häufig von einer angeblichen, dem Auswärtigen Amt aber nicht bekannten Zusage Bundeskanzler Adenauers an Ministerpräsident Ben Gurion aus dem Jahre 1960 in Höhe von 2 Mrd. DM gesprochen. Dieser Betrag ist bereits überschritten.

II. Wenn ungeachtet dieser Bedenken an dem Plan einer Abschlußgeste festgehalten wird, sollte die vorliegende Konzeption jedenfalls in einigen wichtigen Punkten überprüft und geändert werden. Das Auswärtige Amt ist insoweit auch nicht durch das Schreiben des früheren Bundesministers des Auswärtigen Walter Scheel an Bundeskanzler Willy Brandt vom 8. Oktober 1973 präjudiziert, denn darin werden „die von Herrn Goldmann entwickelten Vorstellungen (lediglich) einer näheren Prüfung wert" befunden.

Im einzelnen sind gegen die vorgelegten Entwürfe folgende Einwände zu erheben:

1) Abschlußquittung:

Entgegen der von Herrn Möller in seinem Schreiben an den Bundeskanzler vom 12. Dezember 1974 (Seite 3) geäußerten Ansicht[19] kann die Formulierung

---

Fortsetzung Fußnote von Seite 25

kommerzieller Basis in Form eines Darlehens von jährlich 200 Mio. DM für zehn Jahre gewähren werde. Vgl. dazu AAPD 1966, I, Dok. 120. Vgl. dazu ferner BEN GURION UND ADENAUER, S. 330–344. Im Rahmen der Aktion „Geschäftsfreund" wurden zwischen 1961 und 1965 in halbjährlichen, jeweils neu ausgehandelten Tranchen Zahlungen an Israel geleistet.

15 Die Bundesregierung und Israel vereinbarten im April 1970 die Stundung der Rückzahlung der im Rahmen der Aktion „Geschäftsfreund" gewährten Kredite. Die Vereinbarung sah vor, daß Israel bis 1975 keine Rückzahlungen zu leisten hatte; gleichzeitig wurde der Zinssatz auf drei Prozent festgelegt. Vgl. dazu AAPD 1970, I, Dok. 25, und AAPD 1970, II, Dok. 298.

16 Im August 1962 genehmigte Bundeskanzler Adenauer eine Ausrüstungshilfe an Israel mit einem Gesamtumfang von 240 Mio. DM. Im Oktober 1964 gelangten Nachrichten über die durchgeführten und noch auszuführenden geheimen Lieferungen, die unter dem Decknamen „Frank[reich/Kol]onien]" liefen und u.a. 150 Panzer aus amerikanischer Produktion beinhalteten, an die Öffentlichkeit. Vom Februar 1965 an bemühte sich die Bundesregierung um eine Einstellung der Waffenlieferungen gegen Zahlung einer Ablösungssumme an Israel. Vgl. dazu AAPD 1965, I, Dok. 1, Dok. 2 und Dok. 70.

17 Nach Verhandlungen des CDU-Abgeordneten Birrenbach als Sonderbeauftragtem der Bundesregierung vom 7. bis 10. März, vom 17. bis 22. März sowie vom 6. bis 14. April 1965 in Israel über die Ablösung der Waffenlieferungen sowie die Aufnahme diplomatischer Beziehungen akzeptierte Israel eine Ausgleichszahlung für die nicht mehr gelieferten Panzer. Vgl. dazu AAPD 1965, II, Dok. 185.

18 Die Bundesrepublik und Israel schlossen seit 1966 jährlich neu zu verhandelnde Abkommen über Kapitalhilfe. Diese beliefen sich zunächst auf 160 Mio. DM und wurden ab 1968 auf 140 Mio. DM festgelegt. Vgl. dazu AAPD 1966, I, Dok. 146, bzw. AAPD 1968, I, Dok. 168.

19 Zu der geplanten Abschlußquittung teilte Bundesminister a.D. Möller Bundeskanzler Schmidt am 12. Dezember 1974 mit, die „von Herrn Dr. Nahum Goldmann im Namen der Claims Conference

der „Abschlußquittung" nicht für ausreichend angesehen werden. Durch die beiden vorgesehenen Schreiben des israelischen Finanzministeriums und der Claims Conference wird der Staat Israel überhaupt nicht und die Claims Conference nur unvollständig gebunden. Der Staat Israel nimmt lediglich Kenntnis davon, daß die Claims Conference im Einvernehmen mit der israelischen Regierung erklärt, sie, d.h. die Claims Conference, werde weitere Wiedergutmachungsforderungen an die Bundesrepublik Deutschland nicht stellen. Die Abschlußerklärung der Claims Conference jedoch ist dadurch qualifiziert, daß im letzten Absatz des Schreibens von Herrn Dr. Goldmann mögliche Änderungen der deutschen Gesetzgebung erwähnt werden und der Vorbehalt gemacht wird, daß die Claims Conference „ihr Möglichstes zur sinnentsprechenden Durchführung der bestehenden Wiedergutmachungsgesetzgebung" beitragen kann.

Die Abschlußerklärung der Claims Conference bindet natürlich nicht andere jüdische Organisationen.

Die vorgeschlagenen Formulierungen von jüdischer Seite sind im Lichte der Erfahrungen zu beurteilen, die in der Vergangenheit mit anderen von jüdischer Seite abgegebenen Abschlußerklärungen gemacht worden sind. Zum Israel-Abkommen vom 10. September 1952 gehört ein Briefwechsel zwischen dem deutschen Bundeskanzler und dem israelischen Außenminister[20], worin erklärt wird, durch das damalige Abkommen werde die von dem Staate Israel geltend gemachte Forderung auf eine Eingliederungshilfe als geregelt angesehen. Dann heißt es wörtlich: „Der Staat Israel wird keine weiteren Forderungen gegen die Bundesrepublik Deutschland erheben aufgrund von oder in Verbindung mit Schäden, die durch die nationalsozialistische Verfolgung verursacht worden sind". Vorbehalten bleiben in Absatz 2 dieses Briefes des israelischen Außenministers nur geltende oder künftige gesetzliche Ansprüche.

Obwohl inzwischen – außer den unter I. 5) erwähnten Leistungen – aufgrund des sog. Dinstein-Abkommens vom 6. Februar 1970 weitere 280 Mio. DM an den Staat Israel gezahlt worden sind[21], sollte an diese Abschlußerklärung er-

Fortsetzung Fußnote von Seite 26
unterfertigte Verzichtserklärung endgültigen Charakters" enthalte die Feststellung, „daß die Claims Conference im Einvernehmen mit der Regierung des Staates Israel handelt. Der israelische Finanzminister Rabinowitz hat inzwischen ein Schreiben an Dr. Goldmann gerichtet, das auf die Erklärung der Claims Conference Bezug nimmt und unter wörtlicher Wiederholung des betreffenden Absatzes der Erklärung bestätigt, daß die israelische Regierung hiervon Kenntnis genommen hat. [...] Die israelische Regierung fürchtet eine schädliche öffentliche Auseinandersetzung, weshalb sie sich nicht unmittelbar äußern möchte. Das Schreiben des Finanzministers, durch das er in aller Form die Kenntnisnahme der israelischen Regierung von der Verzichtserklärung bestätigt, schließt meiner Ansicht nach, wie von Ihnen gewünscht, spätere Ansprüche der israelischen Regierung aus, auch etwa nach einem Regierungswechsel." Für das am 3. Januar 1975 übermittelte Schreiben vgl. VS-Bd. 10824 (514); B 150, Aktenkopien 1975.

20 Für den Wortlaut des Briefwechsels zwischen Bundeskanzler Adenauer und dem israelischen Außenminister Sharett vgl. BUNDESGESETZBLATT 1953, Teil II, S. 65–67.

21 Am 28. Juni 1971 erläuterte Vortragender Legationsrat I. Klasse Hoffmann: „In dem deutsch-israelischen Vertrag von 1952 hat die israelische Regierung es übernommen, für die Gesundheitsschäden israelischer Verfolgter in Israel grundsätzlich selbst aufzukommen. Wie sich später herausstellte, war die Zahl dieser Gesundheitsgeschädigten weitaus größer, als die Israelis bei Abschluß des Vertrages angenommen hatten. Aus diesem Grunde hat sich die Bundesregierung im Februar 1970 auf starkes Drängen Israels schließlich bereit erklärt, in einem geheimen Abkommen (Dinstein-Abkommen) einen Teil dieser Rentenzahlungen bis zur Höhe vom 100 Mio. DM zu übernehmen. In diesem Abkommen wurde weiter vereinbart, daß der Härtefonds nach dem Bundesrückerstattungsgesetz zu gegebener Zeit erneut überprüft und freiwerdende Beträge zu dem genannten Zweck an Israel gezahlt werden sollten." Vgl. VS-Bd. 9870 (I B 4); B 150, Aktenkopien 1971.

innert werden. Im Zusammenhang mit der Gründung der Stiftung sollte vom israelischen Staat wenigstens eine Bekräftigung der damaligen Verzichtserklärung gegenüber der Bundesrepublik Deutschland verlangt werden.

In dem Schreiben von Herrn Dr. Goldmann sollte der letzte Absatz, der die verschiedenen Vorbehalte enthält, gestrichen werden, da die Erfahrung mit seiner „Abschlußerklärung" nach Erlaß des BEG-Schlußgesetzes von 1965[22] lehrt, wie wenig ihn solche Erklärungen von der Erhebung neuer Forderungen abhalten.

2) Zum Entwurf der Satzung:

a) Im Hinblick auf die oben dargelegten außenpolitischen Bedenken wäre zu erwägen, die Stiftung nicht nur für jüdische Verfolgte, sondern für NS-Verfolgte schlechthin zu errichten. Zumindest sollte eine neutrale Bezeichnung gewählt werden.

b) Die ausdrückliche Erwähnung der post-65-Auswanderer in § 3 II. sollte ebenfalls unterbleiben.

c) Der Begriff der Notlage in den §§ 1 und 3[23] in Verbindung mit § 1 der Richtlinien[24] bedarf einer Präzisierung.

d) Zu beanstanden ist besonders § 5 der Satzung, der den Vertretern der Claims Conference im Stiftungsrat eine Mehrheit gewährt[25], wobei nur ein Vertreter des Zentralrats der Juden in Deutschland zugestanden wurde. Diese Regelung in Verbindung mit den §§ 6 und 7[26] muß sich als eine ziemlich unbeschränkte Herrschaft der Claims Conference und damit des Herrn Dr. Goldmann über die Stiftung und ihre Mittel auswirken. Kontrollorgan und Beschwerdekommission werden von dem so zusammengesetzten Stiftungsrat oh-

---

[22] Für den Wortlaut des Zweiten Gesetzes vom 14. September 1965 zur Änderung des Bundesentschädigungsgesetzes (BEG-Schlußgesetz) vgl. BUNDESGESETZBLATT 1965, Teil I, S. 1315–1340.

[23] In Paragraph 1 des Bundesminister Genscher am 3. Januar 1975 übermittelten Entwurfs der Stiftungssatzung in der Fassung vom 5. Dezember 1974 wurde ausgeführt: „Die Stiftung trägt der Tatsache Rechnung, daß sich trotz der bisherigen Wiedergutmachungsleistungen der Bundesrepublik Deutschland weiterhin jüdische Opfer, die von nationalsozialistischen Gewaltmaßnahmen betroffen worden sind, in Notlagen befinden. Zweck der Stiftung ist es, in solchen Notlagen Einzelpersonen auf Antrag durch finanzielle Zuwendungen Hilfe zu leisten." In Paragraph 3 wurde der Personenkreis genannt und in Absatz III festgestellt: „Eine Notlage soll dann nicht angenommen werden, wenn der Verfolgte laufende Leistungen wegen Verfolgungsschäden bezieht oder eine angemessene Leistung erhalten hat." Vgl. VS-Bd. 10824 (514); B 150, Aktenkopien 1975.

[24] In Paragraph 1 des Bundesminister Genscher am 3. Januar 1975 übermittelten Entwurfs der Richtlinien wurde ausgeführt, daß die in Paragraph 3 der Stiftungssatzung genannten Personen „zur Linderung ihrer Notlage Beihilfen von der Stiftung erhalten" sollten. Vgl. VS-Bd. 10825 (514); B 150, Aktenkopien 1975.

[25] In Paragraph 5 des Bundesminister Genscher am 3. Januar 1975 übermittelten Entwurfs der Stiftungssatzung in der Fassung vom 5. Dezember 1974 wurde festgelegt: „Der Stiftungsrat besteht aus 22 Personen: 1) zwölf Vertretern der Claims Conference, unter denen Vertreter des Zentralrats sein müssen; 2) je einer unabhängigen israelischen und deutschen Persönlichkeit, die auf übereinstimmenden Vorschlag der Regierung des Staates Israel, der Claims Conference und der Regierung der Bundesrepublik Deutschland ernannt werden; 3) acht Personen weltweiten Ansehens, die von den vorgenannten Mitgliedern kooptiert werden." Vgl. VS-Bd. 10824 (514); B 150, Aktenkopien 1975.

[26] In Paragraph 6 des Bundesminister Genscher am 3. Januar 1975 übermittelten Entwurfs der Stiftungssatzung in der Fassung vom 5. Dezember 1974 wurde der Stiftungsrat ermächtigt, „ein Kontrollorgan und eine Beschwerdekommission zu errichten, die Mitglieder dieser Organe zu ernennen für einen Zeitraum, der vom Stiftungsrat festgesetzt wird, und die Befugnisse dieser Organe zu bestimmen". Gemäß Paragraph 7 bestellte und überwachte der Stiftungsrat zudem den aus fünf Personen bestehenden Stiftungsvorstand. Vgl. VS-Bd. 10824 (514); B 150, Aktenkopien 1975.

ne nähere Richtlinien selbst bestellt, ebenso der Vorsitzende, dessen Amtszeit nicht begrenzt wird.

e) Bedenken muß auch § 8 I. erwecken, der den Vorstand ermächtigt, „Gelder, die nicht unmittelbar für die Zwecke der Stiftung benötigt werden, zu investieren". Damit ist Herrn Goldmann die Möglichkeit gegeben, Bundesmittel, die der Stiftung anvertraut wurden, auch für politische Zwecke zu verwenden.

Das in § 6 der Richtlinien gewährte Auskunfts- und Prüfungsrecht für BMF und Bundesrechnungshof stellt kein ausreichendes Gegengewicht dar, da es sich erst nachträglich auswirken kann.

f) Als Sitz der Stiftung ist die Schweiz vorgesehen; das hat zur Folge, daß auf die Stiftung schweizerisches Recht angewandt werden würde. Demgegenüber sollte grundsätzlich die Anwendung des deutschen Rechts, der Sitz der Stiftung also in der Bundesrepublik angestrebt werden. Mindestens müßten die Unterschiede zwischen den schweizerischen und deutschen in Betracht kommenden Rechtsvorschriften noch näher geprüft werden.

III. In Anbetracht der dargelegten Bedenken gegen die vorliegenden Entwürfe wird dringend gebeten, einen Sachverständigenausschuß aus Vertretern der sachlich beteiligten Bundesministerien zu bilden und ihn zu beauftragen, Gegenvorschläge auszuarbeiten.[27]

Dreher

VS-Bd. 9990 (310)

---

[27] Am 23. Januar 1975 übermittelte Vortragender Legationsrat I. Klasse Oldenkott, Bundeskanzleramt, Vortragendem Legationsrat I. Klasse Schönfeld die Aufzeichnung über das Gespräch bei Bundeskanzler Schmidt am 16. Januar 1975 über eine „,Abschlußgeste' für notleidende Opfer nationalsozialistischer Gewaltmaßnahmen" und bat um eine Stellungnahme des Auswärtigen Amts zu den vorliegenden Entwürfen für eine Stiftungssatzung, für Richtlinien sowie für Erklärungen der „Jewish Claims Conference" und der israelischen Regierung. Vgl. VS-Bd. 14068 (010); B 150, Aktenkopien 1975.
Bundesminister Genscher teilte Schmidt am 11. Februar 1975 mit, er sehe „die große politische und humanitäre Bedeutung einer abschließenden Geste zur Wiedergutmachung des nationalsozialistischen Unrechts" und sei grundsätzlich ebenfalls für die Errichtung einer Stiftung. Er wies jedoch auf mögliche Forderungen der osteuropäischen Staaten sowie weitere „nie ganz eingeschlafene Entschädigungsforderungen" hin; auch mit Kritik aus arabischen Staaten sei zu rechnen. Genscher plädierte für eine Überprüfung der Entwürfe, u. a. hinsichtlich einer stärkeren Berücksichtigung der nicht-jüdischen Opfer aus der Zeit des Nationalsozialismus und der Errichtung der Stiftung mit Sitz in der Bundesrepublik, „um die Kontrolle nach den Vorschriften des deutschen Rechts ausüben zu können". Vgl. VS-Bd. 531 (014); B 150, Aktenkopien 1975.

5
Vortragender Legationsrat I. Klasse Pfeffer an das Bundesministerium der Verteidigung

201-360.41-2174/74 15. Januar 1975[1]

Betr.: Militärische Ausbildungshilfe
Bezug: Schreiben Fü S II 5 vom 1.10.1974

Zur politischen Bedeutung der militärischen Ausbildungshilfe für Länder der Dritten Welt im Rahmen unserer Außenpolitik nimmt das Auswärtige Amt wie folgt Stellung:

Die von der Bundeswehr geleistete militärische Ausbildungshilfe ist – neben ihrer militärpolitischen Wirkung – in vielen Fällen eine nützliche Ergänzung zur Pflege unserer außenpolitischen Beziehungen zu Staaten der Dritten Welt. Ähnlich wie die Entwicklungshilfe taugt sie zwar nicht als Werkzeug kurzfristiger außenpolitischer Erwägungen. Sie ist jedoch geeignet, das Spektrum unserer möglichen Einflußnahme zu verbreitern.

Im Rahmen unserer Bestrebungen, Kontakte zu den wichtigen gesellschaftlichen Gruppen in den Entwicklungsländern aufzubauen, kommt dem militärischen Bereich insbesondere deshalb große Bedeutung zu, weil aus der Armee in vielen dieser Länder die Führungseliten hervorgehen.

Die Verteidigungsministerien der betreffenden Länder wenden sich erfahrungsgemäß besonders gern an die Bundeswehr, denn diese gilt als modern, ihr Ausbildungs- und Weiterbildungsangebot ist umfassend, die Ausbildungsmethoden werden geschätzt, die Ausbildung selbst wird als solide und gründlich gewertet. Die ausländischen Soldaten leben sich in der Gemeinschaft der Bundeswehr erfahrungsgemäß leicht ein.

Betreuung, Fürsorge und die Tatsache, daß die Bundeswehr bemüht ist, sich um die kleinen Probleme des Alltags zu kümmern, haben Resonanz gefunden. Hierin unterscheidet sich die deutsche militärische Ausbildungshilfe wesent-

---

[1] Durchdruck.
Am 8. Januar 1975 leitete Vortragender Legationsrat I. Klasse Pfeffer den Entwurf des Schreibens „mit der Bitte um Mitzeichnung" an die Ministerialdirigenten Fischer, Jesser und Sigrist. Dazu teilte er mit: „Das Bundesministerium der Verteidigung hat das Auswärtige Amt um eine allgemeine Stellungnahme zum außenpolitischen Wert der militärischen Ausbildungshilfe gebeten. Diese Stellungnahme des Auswärtigen Amts soll im Bundesministerium der Verteidigung einer Leitungsvorlage über die Schaffung der personellen, materiellen und infrastrukturellen Voraussetzungen für die Durchführung von Ausbildungshilfe in den kommenden Jahren beigefügt werden. Das Bundesministerium der Verteidigung benötigt eine Erhöhung der Mittel für Ausbildungshilfe, wenn den zunehmenden Wünschen der Entwicklungsländer Rechnung getragen werden soll. Umstrukturierungen innerhalb der Bundeswehr und der Mangel an Lehrkräften am Bundessprachenamt im Verhältnis zur Zahl der Auszubildenden, die ohne Deutschkenntnisse ankommen, machen nach Angaben des Bundesministeriums der Verteidigung die Aufrechterhaltung der militärischen Ausbildungshilfen – selbst im bisherigen Umfang – zunehmend schwieriger." Vgl. VS-Bd. 9542 (201); B 150, Aktenkopien 1975.
Hat Fischer und Jesser am 10. Januar 1975 vorgelegen.
Hat Sigrist am 13. Januar 1975 vorgelegen.

lich von Ausbildungen in anderen Ländern. Es kommt dem Ansehen der Bundesrepublik Deutschland zugute, wenn die ausgebildeten Offiziere diese positiven Eindrücke mitnehmen.

Der wachsende Umfang von Ausbildungswünschen von seiten der Länder der Dritten Welt läßt das Bemühen dieser Länder erkennen, sich nicht einseitig auf Großmächte abzustützen und sich mehr und mehr aus den postkolonialen Bindungen zu lösen. Hierbei mag die Erkenntnis eine wichtige Rolle spielen, daß die deutsche militärische Ausbildungshilfe ohne Bedingungen gewährt wird. Bei manchen Staaten ist auch die Erlangung einer relativen Unabhängigkeit von einem Monopol der Sowjetunion in Ausbildungs- und Ausrüstungsfragen das Motiv der Inanspruchnahme unserer Ausbildungshilfe.

Die Ausbildung junger Offiziere auch aus politisch schwierigen Ländern bietet die Chance, ihnen das Funktionieren eines freiheitlichen demokratischen Rechtsstaates vorzuleben. Gerade die Angehörigen der Streitkräfte sich entwickelnder Länder sollten von dieser Erfahrung nicht ausgeschlossen werden.

An unserem Prinzip, die Ausbildungshilfe nicht aufzudrängen, aber den von Ländern der Dritten Welt vorgetragenen Wünschen nach Möglichkeit zu entsprechen, sollte festgehalten werden. Dabei sollte weiterhin auf eine gewisse Ausgewogenheit geachtet und das Entstehen ungeeigneter Schwerpunkte vermieden werden. Die für eine solche flexible Politik notwendigen Mittel sollten mindestens im jetzigen Umfang bereitgestellt werden.

Im Auftrag
Pfeffer[2]

VS-Bd. 9542 (201)

[2] Paraphe vom 9. Januar 1975.

6

Aufzeichnung des Botschafters Schirmer

32-310.10 EG 17. Januar 1975[1]

Herrn Staatssekretär[2]

Betr.: Europäisch-Arabischer Dialog[3]

Bezug: Staatssekretärsvorlage vom 6. Januar 1975 – 32-310.10 EG[4]

Zweck der Vorlage: Bitte um Weisung für Sitzung der Europäischen Koordinierungsgruppe am 22. Januar und des Politischen Komitees am 23./24. Januar 1975 in Dublin

1) Die Europäische Koordinierungsgruppe für den Europäisch-Arabischen Dialog (EKG) wird sich am 22. Januar in Dublin mit der Frage befassen, wie

---

[1] Die Aufzeichnung wurde von Botschafter Schirmer und Vortragendem Legationsrat Richter konzipiert.

[2] Hat Staatssekretär Gehlhoff am 22. Januar 1975 vorgelegen, der die Weiterleitung an Ministerialdirektor Lahn verfügte und handschriftlich vermerkte: „Wie mehrfach besprochen, müssen wir in der Frage der Beteiligung der PLO am EAD vorsichtig vorgehen. Auf den Sitzungen in Dublin sollte deshalb auch geprüft werden, ob nicht der jüngste Vorschlag von G[eneral]S[ekretär] Riad (Ausarbeitung eines Papiers der Neun zum EAD) einen akzeptablen Kompromiß bietet. Es sollte erreicht werden, daß die E[uropäische]K[oordinierungs]G[ruppe] dem PK mehrere Lösungsvorschläge unterbreitet."
Hat Lahn am 22. Januar 1975 vorgelegen, der die Weiterleitung an Ministerialdirigent Jesser verfügte und handschriftlich vermerkte: „B[itte] Anruf."
Hat Jesser am 22. Januar 1975 vorgelegen, der die Weiterleitung an den „Arbeitsstab Europäisch-Arabischer Dialog" verfügte und handschriftlich vermerkte: „H[err] Weiß, würden Sie den Anruf zwischen 16.00 u. 17.00 [Uhr] erledigen?"
Hat Legationsrat I. Klasse Weiss am 22. Januar 1975 vorgelegen, der handschriftlich vermerkte: „Erl[edigt]. Nachricht an Botsch[after] Schi[rmer] nach Dublin durchgegeben."

[3] Der Vorschlag eines Europäisch-Arabischen Dialogs wurde von Vertretern der Arabischen Liga am 14./15. Dezember 1973 der Konferenz der Staats- und Regierungschefs der EG-Mitgliedstaaten in Kopenhagen unterbreitet. Auf der Konferenz der Außenminister der EG-Mitgliedstaaten im Rahmen der EPZ am 10./11. Juni 1974 wurde beschlossen, den Dialog über eine Zusammenarbeit auf wirtschaftlichem, technologischem und kulturellem Gebiet zu beginnen. Vgl. dazu AAPD 1974, I, Dok. 167.
Am 10. Januar 1975 erläuterte der Arbeitsstab für den Europäisch-Arabischen Dialog: „Am 26. November 1974 sollte in Paris die operative Phase des EAD mit dem Zusammentritt der ‚Allgemeinen Kommission' beginnen." Folgen sollte die Einsetzung von Arbeitsgruppen für Industrialisierung, Infrastruktur, Finanz- und Investitionsfragen, Wissenschaft und Kultur. Anfang November 1974 habe die Arabische Liga einen Beobachterstatus für die PLO gefordert und später mitgeteilt, „die Allgemeine Kommission könne ohne die PLO nicht zusammentreten". Vgl. Referat 310, Bd. 104985.

[4] Ministerialdirigent Jesser erläuterte am 6. Januar 1975: „Der Beginn der operativen Phase des Europäisch-Arabischen Dialogs scheiterte bisher an der arabischen Forderung, daß die PLO als Mitglied der Arabischen Liga an dem Dialog teilnehmen müsse. Während Frankreich und Italien, in abgeschwächter Form auch Belgien, Luxemburg und Irland, auf diese Forderung eingehen wollten, haben wir in Übereinstimmung mit Großbritannien, den Niederlanden und Dänemark erklärt, daß die Zeit für eine Teilnahme der PLO am Europäisch-Arabischen Dialog noch nicht reif sei. [...] Alle Versuche, im Rahmen der Neun Kompromißlösungen auf der Grundlage des Zusammentreffens von Regierungsvertretern zu finden (Einschränkung des Kreises der beteiligten Staaten, beschränktes Beobachterstatut der PLO in Arbeitsausschüssen) sind gescheitert." Einen Ausweg biete daher der – offenbar auch für die arabischen Staaten akzeptable – französische Vorschlag, Studiengruppen aus Sachverständigen zu bilden, unter denen auch Palästinenser sein könnten, „ohne daß dies nach außen hin sichtbar würde". Vgl. Referat 310, Bd. 104985.

die Weiterführung des Europäisch-Arabischen Dialogs ohne Beteiligung der PLO sichergestellt werden kann. Das Politische Komitee als nächsthöheres Organ der EPZ wird am Vormittag des 24. Januar ebenfalls in Dublin über dieselbe Frage beraten.

2) Wie sich aus der Bezugsvorlage ergibt, hat AM Sauvagnargues bei seinem Besuch in Kairo[5] den Eindruck gewonnen, die Araber hätten nunmehr hinsichtlich der PLO-Beteiligung am EAD eingelenkt. Es ist nicht mehr von einer PLO-Delegation in der Allgemeinen Kommission oder deren Arbeitsausschüssen die Rede, sondern vom Beginn der Zusammenarbeit in sog. Studiengruppen, denen nur Sachverständige angehören sollen, die als Experten und nicht als Regierungsvertreter handeln würden. Eine Anerkennung der PLO durch die Neun wäre damit ausgeschlossen.

Dieser Vorschlag bedeutet nicht nur ein Einlenken der Araber, sondern auch Frankreichs, das sich zuvor immer für eine Beteiligung der PLO am EAD eingesetzt hatte. Frankreich rückt damit von seiner ursprünglich starren Auffassung ab und schließt sich unserer Haltung an.

3) Aus den jüngsten Kontakten mit den übrigen Mitgliedern der EKG ergibt sich, daß sich ein Konsens der übrigen Acht dahingehend abzeichnet, der vorgeschlagenen Lösung zuzustimmen.

Der Herr Bundesminister hat dem ägyptischen Botschafter Kaamel am 16. Dezember 1974 zum Thema PLO/EAD erklärt, er begrüße eine pragmatische Lösung. Der Beginn des Dialogs im kleineren Rahmen, also ohne alle Mitgliedstaaten, sei zweckmäßig, weil dann das PLO-Problem nicht akut werde (Aufzeichnung der Abteilung 3 vom 17. Dezember 1974 – 310-321.21 AGY).[6]

Ich bin der Auffassung, daß der Vorschlag, den EAD zunächst in Studiengruppen ohne formelle Regierungsbeteiligung zu beginnen, der von dem Herrn Bundesminister aufgezeigten Lösungsmöglichkeit entspricht und einen Weg aus der bisherigen Stagnation eröffnet. Das arabische Einlenken zeigt zugleich, daß die von uns verfolgte zurückhaltende Verhandlungstaktik erfolgreich war. Auf die sich nunmehr abzeichnende Kompromißbereitschaft sollte auch deshalb eingegangen werden, um zu vermeiden, daß die Araber uns den Vorwurf eines politischen Konfrontationskurses machen.

Ein möglichst baldiger Beginn der Institutionalisierung der europäisch-arabischen Kooperation ist zudem erforderlich, da Anfang März Libyen den Libanon in der Präsidentschaft der Arabischen Liga ablösen wird.

4) Die nächste Sitzung der EKG am 22. Januar liegt zeitlich vor der Sitzung des Politischen Komitees, auf der gemäß Weisung von Herrn Staatssekretär Gehlhoff vom 10. Januar[7] das Problem besprochen werden soll.

---

5 Der französische Außenminister Sauvagnargues hielt sich vom 19. bis 23. Dezember 1974 in Kairo auf.

6 Bundesminister Genscher führte gegenüber dem ägyptischen Botschafter Kaamel weiter aus: „Die Bundesrepublik nehme keine dogmatische Position ein und mache ihre Haltung nicht von derjenigen anderer Mitglieder der Europäischen Gemeinschaft abhängig. Die PLO habe es selbst in der Hand, wie das Verhältnis zu ihr sich gestalten würde, und zwar insbesondere durch ihre Einstellung zum Problem des Terrorismus und zum Existenzrecht Israels." Vgl. die Aufzeichnung des Vortragenden Legationsrats I. Klasse Böcker vom 17. Dezember 1974; Referat 010, Bd. 178569.

7 Am 10. Januar 1975 vermerkte Staatssekretär Gehlhoff handschriftlich auf der Aufzeichnung des Ministerialdirigenten Jesser vom 6. Januar 1975 zum Europäisch-Arabischen Dialog: „Dieses Pro-

Ich schlage vor, daß ich in der EKG-Sitzung am 22. Januar einem Konsensus über die Einsetzung von Studiengruppen ad referendum zustimme und Herr D 2[8] ermächtigt wird, im PK am 24. Januar die Zustimmung der Bundesregierung zu erklären.[9]

Schirmer

Referat 310, Bd. 104985

7

Botschafter Pauls, Peking, an das Auswärtige Amt

VS-NfD   Aufgabe: 17. Januar 1975, 12.40 Uhr[1]
Fernschreiben Nr. 21   Ankunft: 17. Januar 1975, 09.28 Uhr
Citissime

Herr Strauß ist gestern vom Vorsitzenden Mao Tse-tung in Gegenwart des Stellvertretenden Ministerpräsidenten Teng Hsiao-ping empfangen worden.[2] Der Besuch wurde überraschend anberaumt. Nach der Rückkehr von Herrn Strauß und seiner Delegation von einem Ausflug zur Großen Mauer und zu den Ming-Gräbern wurde ihnen gesagt, in fünf Minuten führe man erneut ab zu einem sehr wichtigen Gespräch. Herr Strauß hat, ebenso wie seinerzeit der dänische Ministerpräsident Hartling[3], offensichtlich auf chinesische Bitte, nicht angegeben, mit welchem Verkehrsmittel und wie lange Zeit der Anmarsch zum Vorsitzenden beansprucht hat. Offensichtlich wollen die Chinesen die Tatsa-

---

Fortsetzung Fußnote von Seite 33

blem sollte zunächst beim nächsten Zusammentreffen der Politischen Direktoren im Kreise der Neun (und nicht nur zwischen uns und Frankreich) besprochen und geklärt werden. Wir müssen hier vorsichtig vorgehen." Vgl. Referat 310, Bd. 104985.

[8] Günther van Well.

[9] Am 29. Januar 1975 informierte Botschafter Schirmer über den Beschluß der Europäischen Koordinierungsgruppe (EKG) vom 22. Januar 1975, der Arabischen Liga eine Aufzeichnung zu den europäischen Vorstellungen für den Europäisch-Arabischen Dialog zu übermitteln, um „ungeachtet der Schwierigkeiten, die im Zusammenhang mit der Forderung nach Beteiligung der PLO aufgetaucht sind, der arabischen Seite das fortbestehende Interesse der Neun am EAD zu beweisen". Einen entsprechenden Entwurf werde die EG-Kommission bis zum 1. Februar 1975 vorlegen. Vermerkt worden sei außerdem die Bereitschaft der Arabischen Liga, den Dialog auf Expertenebene zu beginnen: „Dabei würden jeweils eine einheitliche arabische und europäische Expertendelegation zusammentreffen. Die nationale Herkunft der Experten würde dabei keine Rolle spielen. Der EPZ-Ministerrat wird sich am 13. Februar mit diesem Vorschlag befassen." Vgl. den Runderlaß Nr. 334; Referat 310, Bd. 104985.
Für den Bericht der EKG vom 22. Januar 1975 sowie den Entwurf der EG-Kommission vom 28. Januar 1975 für ein Arbeitspapier zum Europäisch-Arabischen Dialog vgl. Referat 310, Bd. 104985.

[1] Hat Bundesminister Genscher vorgelegen.
[2] Der CSU-Vorsitzende Strauß hielt sich vom 12. bis 24. Januar 1975 in der Volksrepublik China auf und besuchte vom 24. bis 26. Januar 1975 Hongkong. Vgl. dazu auch STRAUSS, Erinnerungen, S. 466–469.
[3] Ministerpräsident Hartling besuchte die Volksrepublik China vom 18. bis 24. Oktober 1974.

che, daß Mao sich nicht in Peking aufhält, verschleiern. Es ist ziemlich gewiß, daß das Treffen in Maos Winterwohnsitz in der Nähe von Hangchow stattgefunden hat und daß man dorthin geflogen ist. Mao sei, als die Gäste sein Zimmer betraten, aufgestanden und habe Herrn Strauß als „Herr Vorsitzender" angeredet. Sodann haben die beiden Vorsitzenden ein längeres Gespräch über folgende Themen (so von Herrn Strauß angegeben) geführt: die Sicherheit in der Welt, Entspannungspolitik, Sicherung des Friedens. Mao habe sich auch sehr positiv über das Verhältnis zwischen Deutschen und Chinesen in einer weiten Perspektive geäußert. Die Unterhaltung wurde auf Englisch durch Maos Dolmetscherin Nancy Tang übersetzt. Mao habe einen natürlich sehr alten, aber geistig sehr präsenten Eindruck erweckt. Er sei gut informiert, und seine schnelle Reaktion auf bestimmte Stichworte zeige, daß er die Themen und die Terminologie völlig beherrsche. Mitunter erwecke er den Eindruck einer gewissen Abwesenheit während des Gesprächs, indem er auch die Augen halb schließe. Dieser Eindruck täusche aber. Er folge sehr aufmerksam, z.B. habe er, als Herr Strauß über die sowjetische Politik gegenüber der Bundesrepublik und Westeuropa gesprochen habe, plötzlich aus scheinbarer Versunkenheit aufgeschaut und das Wort „Finnlandisierung" dazwischengeworfen und anschließend einige Ausführungen gemacht, die zeigten, daß er den Ideen von Herrn Strauß sehr aufmerksam gefolgt war und sie fest in Erinnerung hatte. Das chinesische Interesse an Westeuropa und dessen Entwicklung sei erneut ganz evident geworden, ebenso tiefes Mißtrauen betr. KSZE.

Für den gestrigen Abend war im Programm fest vorgesehen ein Presseempfang mit deutschen und ausländischen Journalisten für Herrn Strauß in meinem Hause. Um 18.00 Uhr rief Herr Straußens Gastgeber, das Institut für Internationale Beziehungen, an, Herr Strauß sei noch in einer wichtigen Unterredung und werde vermutlich etwas später kommen. Nachdem meine Mitarbeiter und ich unsere Gäste stundenlang anderweitig zu unterhalten versucht hatten und das Institut uns ständig hinhielt, konnten wir schließlich um 23.00 Uhr mit der zurückgekehrten Delegation von Herrn Strauß Kontakt aufnehmen. Ich sprach mit ihm am Telefon, und wir verabredeten, daß er noch zu mir kommt. Eine Viertelstunde später erneuter Anruf, Herr Strauß müsse zu einem weiteren wichtigen Gespräch kurz vor Mitternacht abfahren und könne nicht mehr in die Botschaft kommen. Es folgte Empfang durch Ministerpräsident Chou En-lai, wie das Kommuniqué sagt, im Krankenhaus. Herr Strauß sagte mir, daß er durchaus nicht den Eindruck eines Krankenhauses, sondern von einer Art Palast gehabt habe mit einem Gesprächsraum wie andere, in denen er gewesen sei. Chou habe ihn in der Mitte des Raumes stehend empfangen, auf Deutsch angesprochen und ihn dann, ebenso wie Mao, erinnert, daß er über die Unterredungen mit dem Außenminister[4] und dem Stellv. Ministerpräsidenten[5]

---

[4] An den Gesprächen des CSU-Vorsitzenden mit dem chinesischen Außenminister Chiao Kuan-hua nahm Botschafter Pauls, Peking, „auf ausdrücklichen Wunsch von Dr. Strauß" nicht teil. Vgl. den Drahtbericht Nr. 17 von Pauls; Referat 303, Bd. 101541.

[5] Über das Gespräch des CSU-Vorsitzenden mit dem Stellvertretenden Ministerpräsidenten Teng Hsiao-ping berichtete Botschafter Pauls, Peking, am 16. Januar 1975, Strauß habe das gemeinsame Sicherheitsinteresse der Bundesrepublik und der Volksrepublik China hervorgehoben und ausgeführt: „Ein starkes China sei eine Sicherheitsgarantie für Europa." Dazu habe Teng Hsiao-ping bemerkt: „Wenn man sich Täuschungen über die Entspannung hingebe und ebenso über die Abrüstung, so wachse die Gefahr des dritten Weltkrieges, den nur die zwei Supermächte auslösen könn-

voll unterrichtet sei. Nach dem Eindruck von Herrn Strauß auch wohl, um anzudeuten, daß dieser seine vorherigen Ausführungen nicht noch einmal zu wiederholen brauche. Das Gespräch sei um dieselben Themen wie mit Mao und dem Stellv. Ministerpräsidenten Teng Hsiao-ping gegangen. Chou habe sodann mit großer Wärme über seine Erinnerungen an Deutschland[6] und seine Empfindungen dem deutschen Volk gegenüber gesprochen. Das Gespräch mit ihm sei kürzer gewesen als das mit Mao, und der Protokollchef habe Herrn Strauß bei der Fahrt zu Chou gesagt, es handele sich hier um einen Höflichkeitsbesuch. Eine solche Charakterisierung war vor dem Gespräch mit Mao nicht gegeben worden. An dem Empfang bei Chou habe Außenminister Chiao Kuan-hua teilgenommen, der sich nur mit gelegentlichen Bemerkungen beteiligte, während der Stellv. Ministerpräsident Teng Hsiao-ping bei dem Gespräch mit Mao vollkommen schwieg, aber nach Beendigung der Unterredung, als die deutschen Besucher den Raum verließen, noch bei Mao zurückblieb. Herr Strauß bezeichnete seine gestrigen Empfänge durch Mao und durch Chou als mehr als eine Geste, sondern als einen Ausdruck von Achtung gegenüber einem Gast, dessen politische Ansicht man ernstnehme. Auf Frage eines Journalisten sagte er, daß er von den Chinesen keine Botschaft für den Bundeskanzler erhalten habe und jeder Gedanke an Geheimdiplomatie in Verbindung mit seiner Reise jeder Grundlage entbehre. Herr Strauß hat gegenüber den deutschen Journalisten in den vergangenen Tagen wiederholt bemerkt, daß er den Bundeskanzler über seine Gespräche nach Rückkehr unterrichten wolle.

Mit dem Empfang durch den Vorsitzenden Mao Tse-tung und Chou En-lai ist trotz sonst gleichen protokollarischen Ranges der Besuch von Herrn Strauß gegenüber dem von Ministerpräsident Kohl[7] stark hervorgehoben. Herr Kohl hat beide chinesischen Staatsmänner nicht gesehen. Senator Mansfield ist von Ministerpräsident Chou En-lai, nicht aber vom Vorsitzenden Mao empfangen worden. Die auffallend umgekehrte Folge – erst durch Mao und dann durch Chou – erklärt sich wohl damit, daß Teng Hsiao-ping aufgrund seiner Unterredung mit Strauß dem Vorsitzenden den Empfang, an dem er selber auch teilnahm, empfohlen hat. Ursprünglich war vermutlich auch kein Empfang durch Chou En-lai vorgehen, aber der Ministerpräsident hat, als er von dem Empfang von Herrn Strauß durch Mao hörte, sicherlich entschieden, daß er auch Strauß sehen wolle, um den Eindruck zu vermeiden, als könne er dies aus gesundheitlichen Gründen nicht oder als bestehe eine unterschiedliche Auffassung innerhalb der obersten Führung. Heath ist auch von Mao und Chou empfangen wor-

Fortsetzung Fußnote von Seite 35
ten. Bisher sei zuviel geredet und zuwenig getan worden. Wenn das so weitergehe, wachse die Gefahr. Eine deutlich sichtbare Folge aller sogenannten Entspannungsabkommen sei eine forcierte Rüstung auf sowjetischer Seite, vor allem eine Rüstung zur See, mit der ein enormer Aufbau des sowjetischen nuklearen und konventionellen Potentials einhergehe. Die Vereinigten Staaten befänden sich in der Defensive. [...] Amerika habe sich seit dem Ende des Krieges überengagiert und sei mit seinen augenblicklichen Kräften diesem Überengagement nicht gewachsen." Teng Hsiao-ping habe auf die große Bedeutung der Einigung Europas hingewiesen: „Wenn die Russen ganz China besetzten, seien sie damit nicht die Herren der Welt. Wenn Europa mit seinem ganzen faktischen geistigen, technologischen Potential in ihre Hände falle, dann hätten sie die Weltherrschaft errungen." Vgl. den Drahtbericht Nr. 17; Referat 303, Bd. 101541.
6 Chou En-lai studierte 1922 in Berlin.
7 Der CDU-Vorsitzende Kohl hielt sich vom 3. bis 12. September 1974 in der Volksrepublik China auf.

17. Januar 1975: Pauls an Auswärtiges Amt   7

den.⁸ Darüber hinaus war sein Protokoll das für einen amtierenden Regierungschef.

Zu seinen beiden Gesprächen mit Außenminister Chiao Kuan-hua sagte mir Herr Strauß, daß diese sich gleichfalls mit den oben genannten und den in der Unterredung mit Teng Hsiao-ping behandelten Themen befaßt hätten. Bilaterale deutsch-chinesische Fragen seien nicht erörtert worden. Chiao Kuan-hua habe auch zwischendurch etwas politisch philosophiert, was Mao und Chou nicht getan hätten. Zu dem Gespräch mit dem Stellv. Generalstabschef Li sagte Herr Strauß, dieses sei am unergiebigsten gewesen. Der General habe ausführlich über die chinesische Theorie des Volkskrieges und ähnliche Dinge gesprochen, aber sei jedem Versuch, die Sprache auf operative, taktische oder technische Fragen zu bringen, ausgewichen.⁹

Bei beiden gestrigen Besuchen wurde Herr Strauß von seiner Frau, seinem persönlichen Referenten Dr. Voss und Herrn Horlacher begleitet. An dem Gespräch mit Mao hat nur Dr. Voss teilgenommen.¹⁰

[gez.] Pauls

Referat 010, Bd. 178616

---

8 Der Vorsitzende der britischen Konservativen Partei, Heath, hielt sich vom 24. bis 28. Mai 1974 in der Volksrepublik China auf.

9 Ein weiteres Gespräch führte CSU-Vorsitzender Strauß mit dem chinesischen Stellvertretenden Außenhandelsminister Yao Yi-lin, der „das chinesische Prinzip des ‚Alles–aus–eigener–Kraft–Tuns'" erläuterte. Vgl. den Drahtbericht Nr. 17 des Botschafters Pauls, Peking, vom 16. Januar 1975; Referat 303, Bd. 101541.

10 Am 20. Januar 1975 zog Ministerialdirektor Lahn aus den Gesprächen des CSU-Vorsitzenden Strauß in Peking die Schlußfolgerung, daß die „im Grunde seit langem bekannte Präferenz der Chinesen für die außenpolitische Linie der Opposition" die China-Politik der Bundesregierung nicht beeinflussen solle: „Daraus ergibt sich, daß die bisher unverbindlich für Ende März/Anfang April vorgesehene Reise des Herrn Bundeskanzlers nach China auch durch die bevorzugte Behandlung von Herrn Dr. Strauß seitens der Chinesen nicht in Frage gestellt werden sollte." Vgl. Referat 303, Bd. 101541.

8
Runderlaß des Vortragenden Legationsrats I. Klasse Dohms

Fernschreiben Nr. 7 Ortex   **20. Januar 1975**[1]

Zu den Währungskonferenzen

I. 1) Im Mittelpunkt der gerade zu Ende gegangenen Serie von Währungskonferenzen: EG-Finanzminister in London[2], Zehnergruppe[3], 24er Ausschuß der Entwicklungsländer[4], IWF-Interimsausschuß in Washington[5] stand das Thema der Rückschleusung (Recycling) der Petrogelder zur Finanzierung ölpreisbedingter Zahlungsbilanzdefizite.[6] Verhandelt wurde ferner über das Goldproblem, eine Aufstockung des Kreditvolumens des IWF (Quotenüberprüfung) sowie Änderungen des IWF-Abkommens (Statutenänderung)[7].

---

[1] Hat Ministerialdirigent Kinkel am 21. Januar 1975 vorgelegen.

[2] Die Konferenz der Finanzminister der EG-Mitgliedstaaten fand am 7. Januar 1975 statt.

[3] Die Ministertagung der Zehnergruppe – der Belgien, die Bundesrepublik, Frankreich, Großbritannien, Italien, Japan, Kanada, die Niederlande, Schweden und die USA angehörten – fand am 14. und 16. Januar 1975 in Washington statt.

[4] Die Tagung der Gruppe der 24, der Gruppe der Entwicklungsländer für internationale Währungsfragen, fand am 13./14. Januar 1975 in Washington statt.

[5] Auf der Tagung des Ausschusses des Gouverneursrats des Internationalen Währungsfonds (IWF) für die Reform des internationalen Währungssystems am 12./13. Juni 1974 in Washington wurde ein Interimsausschuß eingesetzt, der „den Gouverneursrat bei der Aufsicht über die Handhabung und Anpassung des internationalen Währungssystems, einschließlich des kontinuierlichen Ablaufs des Anpassungsprozesses, sowie in diesem Zusammenhang bei der Überwachung der Entwicklung der globalen Liquidität und der Übertragung realer Ressourcen an die Entwicklungsländer [...] und bei der Bewältigung plötzlich auftretender systembedrohender Störungen" beraten sollte. Vgl. EUROPA-ARCHIV 1974, D 414.
Der Interimsausschuß tagte am 15./16. Januar 1975.

[6] Am 11. Dezember 1974 legte Referat 412 zum Recycling von Ölgeldern dar: „1) Erdölförderländer werden im laufenden Jahr über 60 Mrd. Dollar Devisenüberschüsse ansammeln; für 1975 wird ein Betrag von etwa 120 Mrd. Dollar geschätzt. Die entsprechenden Defizite der ölverbrauchenden Länder müssen langfristig zu einem zusätzlichen Einkommenstransfer in die Ölexportländer führen. Dieser Einkommenstransfer muß real konsolidiert werden: durch Leistungsbilanzüberschüsse oder Kapitalexporte. 2) In der Zwischenzeit sind die Defizitländer auf ‚Lieferanten-Kredite' der Ölexportländer angewiesen – Recycling. Die Rückschleusung der Ölgelder ist bisher in erfreulich hohem Umfang und verhältnismäßig störungsfrei vor allem über die privaten Finanzmärkte (Euromärkte) erfolgt – mehr als 23 Mrd. Dollar." Allerdings sei das monatliche Rückschleusungsvolumen rückläufig, und auch die Verschuldung einzelner Staaten bereite Sorge: „Großbritannien wird im kommenden Jahr schätzungsweise mehr als eine Milliarde Dollar nur für Zinsen- und Amortisationsleistungen aufbringen müssen; Italien 2,2 Mrd. Dollar". Daraus ergebe sich, „daß das private Recycling durch ein offizielles bzw. organisiertes ergänzt werden muß. Dies geschieht z. Z. in bescheidenem Maße im IWF." Vgl. Referat 412, Bd. 109322.
Am 15. Januar 1975 erläuterte Referat 412 zu den Vorschlägen zum „Ausbau der ‚Recycling-Mechanismen' [...]: Kissinger-Plan zur Schaffung eines von den OPEC-Ländern unabhängigen Solidaritätsfonds im Rahmen der OECD – Größenordnung ca. 25 Mrd. Dollar; Witteveen/Healey-Plan für eine erweiterte IWF-Ölfazilität für 1975 – Größenordnung ca. 6 bis 8 Mrd. Dollar". Die Bundesregierung unterstütze dabei wie die übrigen EG-Mitgliedstaaten eine Erweiterung der IWF-Ölfazilität, der Kreditfazilität zum Ausgleich ölpreisbedingter Zahlungsbilanzdefizite: „Der US-Vorschlag zum Rückschleusungsproblem (umfassend: ein finanzielles Sicherheitsnetz, die Umgestaltung des IWF und einen Trust Fund für Zahlungsbilanzhilfen zu günstigen Konditionen für die am härtesten betroffenen Entwicklungsländer) stößt bei uns in seiner Gesamtheit als auch in seinen Einzelelementen auf starke Bedenken – wir sind aber bereit, an einer Prüfung mitzuarbeiten." Vgl. Referat 412, Bd. 109326.

[7] Für den Wortlaut des Abkommens von Bretton Woods vom 27. Dezember 1945 über die Errichtung

Die deutsche Seite war durch Finanzminister Apel und StS Pöhl sowie Bundesbankpräsident Klasen und Vizepräsident Dr. Emminger vertreten.

2) In der Frage, welche zusätzlichen Finanzierungsmechanismen zur Sicherung des internationalen Handels- und Zahlungsverkehrs eingesetzt werden sollten, wurde ein ausgewogener Kompromiß zwischen den amerikanischen und europäischen Vorstellungen einerseits und denen der Industrie- und Entwicklungsländer andererseits erzielt. Vereinbart wurde, die IWF-Ölfazilität um 6 Mrd. Dollar aufzustocken und für den Kreis der OECD-Länder einen Solidaritätsfonds in Höhe von 25 Mrd. Dollar einzurichten. Die Verhandlungen über die Währungsgoldfrage, Quotenerhöhung und Statutenänderung brachten unterschiedlich große Fortschritte.

Finanzminister Apel äußerte sich nach Rückkehr uneingeschränkt positiv über das Ergebnis des Währungsmarathons und bezeichnete die Konferenz als eine der konstruktivsten und ertragreichsten der letzten Jahre.[8]

II. Im einzelnen

Recycling

1) Die Verhandlungen über die Frage, wie sicherzustellen ist, daß genügend Ölgelder zu jenen Ländern zurückfließen, die sie am dringendsten gebrauchen, nahmen entgegen gewissen Pressespekulationen und sonstigen Befürchtungen einen normalen, sachgerechten Verlauf. Der prophezeite Zusammenstoß EG/USA[9] und das atlantische Zerwürfnis fanden nicht statt. Die Basis für den europäisch-amerikanischen Interessenausgleich war bereits am Vorabend der Konferenzen beim Gespräch BK Schmidt mit US-Notenbankchef Burns in Hamburg gelegt worden.[10] Die abschließende Zusammenkunft der EG-Finanz-

---

Fortsetzung Fußnote von Seite 38
    des Internationalen Währungsfonds und der Weltbank vgl. UNTS, Bd. 2, S. 39–205. Für den deutschen Wortlaut vgl. BUNDESGESETZBLATT 1952, Teil II, S. 638–683.
    Für die am 31. Mai 1968 beschlossene, geänderte Fassung vgl. UNTS, Bd. 726, S. 266–319. Für den deutschen Wortlaut vgl. BUNDESGESETZBLATT 1968, Teil II, S. 1227–1250.

8 Am 18. Januar 1975 wurde berichtet, Bundesminister Apel habe nach der Rückkehr aus Washington von einer „der erfolgreichsten Währungskonferenzen der letzten Jahre" gesprochen und „besonders lobend" die Zusammenarbeit mit Frankreich und den USA hervorgehoben: „Sie habe eine zentrale Rolle für den Erfolg der Konferenz gespielt." Vgl. den Artikel „Solidaritätsfonds für die Ölverbraucher"; FRANKFURTER ALLGEMEINE ZEITUNG vom 18. Januar 1975, S. 9.

9 In der Presse wurden „schwierige Debatten" für die währungspolitischen Beratungen vom 14. bis 16. Januar 1975 in Washington vorhergesagt, nachdem die Konferenz der Finanzminister der EG-Mitgliedstaaten am 7. Januar 1975 in London eine „kaum verborgene Ablehnung" des vom amerikanischen Außenminister Kissinger vorgeschlagenen Solidaritätsfonds in Höhe von 25 Mrd. Dollar ergeben hatte. Weitere Schwierigkeiten wurden wegen der unvereinbaren amerikanischen und französischen Position zur Behandlung des Goldes im internationalen Währungssystem vorausgesehen. Vgl. den Artikel „Absage an den Kissinger-Plan"; FRANKFURTER ALLGEMEINE ZEITUNG vom 9. Januar 1975, S. 7.

10 Am 20. Januar 1975 informierte Ministerialdirektor Hiss, Bundeskanzleramt, Ministerialdirigent Kinkel telefonisch über das Gespräch des Bundeskanzlers Schmidt mit dem Vorsitzenden der amerikanischen Notenbank, Burns, am 11. Januar 1975. Zum Vorschlag des amerikanischen Außenministers Kissinger, einen Solidaritätsfonds in Höhe von 25 Milliarden Dollar aufzulegen, habe Schmidt „eine positivere Haltung eingenommen" als noch beim Besuch in den USA am 5./6. Dezember 1974 und „insbesondere folgende Punkte hervorgehoben: a) Zweifellos Verdienst der Amerikaner, diesen Vorschlag des Fonds gemacht zu haben und ihn auch mit Nachdruck zu betreiben; besonders hervorzuheben: die Solidarität [...]. b) Es dürfe sich nicht um eine Fazilität neben anderen handeln; wichtig sei, daß finanziell schwachen Ländern vor Erpressung Schutz gewährt werde. c) IWF-Fazilität neben dem Fonds notwendig; darf nicht durch ‚Kissinger-Fonds' behindert werden.

minister in London diente dazu, die EG-Position in den Einzelheiten zu definieren und verhandlungstaktisch abzusichern.[11]

Die Washingtoner Formel von der Komplementarität der von den Europäern einerseits und den USA andererseits verfochtenen Recycling-Modelle beinhaltet im einzelnen:

2) IWF-Ölfazilität 1975

Die 1974 zur Finanzierung ölpreisbedingter Defizite geschaffene Ölfazilität (rd. 3,5 Mrd. Dollar) wird fortgesetzt und um 6 Mrd. Dollar aufgestockt. Die Mittel sollen wie bisher überwiegend von den Ölüberschußländern aufgebracht werden und den von Öldefiziten besonders hart getroffenen Entwicklungs- und Industrieländern zufließen. Laufzeit bis zu sieben Jahre.

Im Unterschied zu 1974 soll die Mittelvergabe an wirtschaftspolitische Auflagen geknüpft und ein Teil der Kredite zu Vorzugszinsen 30 besonders finanzschwachen Entwicklungsländern zugute kommen. Die Kosten dieser Subventionierung werden je zur Hälfte von den OPEC- und den OECD-Ländern getragen.[12]

3) OECD-Solidaritätsfonds

Als neues Selbsthilfeinstrument der 24 OECD-Mitgliedstaaten wird unverzüglich ein zusätzliches Kreditabkommen zur gegenseitigen finanziellen Unter-

---

Fortsetzung Fußnote von Seite 39
d) Bundesrepublik wird kein Geld einzahlen, wohl aber Garantien geben." Vgl. die Aufzeichnung von Kinkel; Referat 412, Bd. 105680.
In der Presse wurde dazu berichtet, Schmidt und Burns hätten sich darüber verständigt, „daß sich kein Mitglied des Fonds unter Berufung auf finanzielle Schwierigkeiten seiner solidarischen Haftungspflicht entziehen könne" und „die Bedingungen für die Kreditaufnahme beim Währungsfonds strikt definiert werden sollen". Von seiten der Bundesrepublik werde die Mittelbeschaffung mit Hilfe von Bürgschaften, nicht über direkte Beiträge, erfolgen. Im Gegenzug für das Zustandekommen des Solidaritätsfonds würden die USA der von den EG-Mitgliedstaaten gewünschten Aufstockkung der Ölfazilitäten zustimmen. Vgl. den Artikel „Bonn gibt Bedenken gegen Kissinger-Ölfonds auf"; FRANKFURTER ALLGEMEINE ZEITUNG vom 15. Januar 1975, S. 11.

[11] Die Konferenz der Finanzminister der EG-Mitgliedstaaten am 7. Januar 1975 in London kam zu dem Ergebnis, „daß zunächst der Vorschlag des Exekutivdirektors des Internationalen Währungsfonds, Witteveen, unterstützt werden sollte, der die Schaffung neuer ‚Öl-Fazilitäten' in Höhe von etwa 10 Milliarden Dollar vorsieht. Dagegen soll der wirtschaftspolitisch ehrgeizigere Plan Kissingers, der einen Fonds von 25 Milliarden Dollar vorsieht, zunächst ‚wohlwollend' geprüft werden." Geeinigt hätten sich die Minister zudem auf eine Erhöhung der Quoten im Internationalen Währungsfonds um 30 bis 35 Prozent und eine Einschränkung der Rolle des Goldes im internationalen Währungssystem. Vgl. den Artikel „Gemeinsame Haltung zu Währungsfragen"; FRANKFURTER ALLGEMEINE ZEITUNG vom 8. Januar 1975, S. 7.

[12] Dazu wurde im Kommuniqué über die Tagung des Interimsausschusses des Gouverneursrats des Internationalen Währungsfonds am 16. Januar 1975 in Washington festgestellt: „Der Ausschuß kam überein, daß 1975 die Ölfazilität auf breiterer Grundlage bestehen bleiben sollte. Er forderte den Geschäftsführenden Direktor auf, so bald wie möglich mit den wichtigen ölexportierenden Mitgliedern des Fonds und mit anderen Mitgliedern in starker Reserve- und Zahlungsposition Gespräche über Darlehen dieser Länder zur Finanzierung der Fazilität zu führen. Der Ausschuß einigte sich auf eine Größenordnung von fünf Milliarden S[onder]Z[iehungs]R[echten] als Limit der für diesen Zweck aufzunehmenden Darlehen. [...] Der Ausschuß unterstrich die Notwendigkeit durchschlagender Hilfsmaßnahmen zugunsten der besonders hart betroffenen Entwicklungsländer. Im Zusammenhang mit der Ölfazilität unterstützte der Ausschuß voll die Empfehlung des Geschäftsführenden Direktors, daß angemessene Beiträge der ölexportierenden Staaten, der Industrieländer und vielleicht auch anderer beitragsfähiger Mitglieder auf ein neu einzurichtendes Sonderkonto gezahlt werden sollten und daß der Fonds dieses Sonderkonto verwalten sollte, um besonders hart betroffenen Mitgliedern die ihnen im Rahmen der Ölfazilität entstehenden Zinslasten zu erleichtern." Vgl. EUROPA-ARCHIV 1975, D 193.

stützung in Höhe von 25 Mrd. Dollar mit einer vorläufigen Laufzeit von zwei Jahren abgeschlossen. Dieser Solidaritätsfonds soll mit dazu beitragen, daß die OECD-Länder ohne Einflußnahme seitens der Ölstaaten nach innen und außen eine Politik betreiben können, die es erlaubt, ihre Wirtschaften den veränderten wirtschaftlichen Verhältnissen anzupassen. Der Zusammenhang mit der in der IEA angestrebten Zusammenarbeit zur Energieeinsparung und Entwicklung von Ersatzenergien wird ausdrücklich festgestellt.

Wesentliche Merkmale des Solidaritätsfonds sind seine Nothilfefunktion „Kreditmöglichkeit der letzten Chance", der bindende Charakter der Beteiligungsverpflichtung (nur beschränktes opting-out) und die Bindung der Kreditinanspruchnahme an die Zustimmung zu konkreten wirtschaftspolitischen Verpflichtungen.

Noch keine endgültige Einigung konnte erzielt werden über die Finanzierungsmethode (Beiträge, Garantieleistungen oder Mischsystem?) und die Quotenaufteilung. Aufgrund der für Aufbringung, Stimmrecht und Haftung aber bereits vereinbarten Kriterien (BSP[13] und Außenhandelsvolumen) dürfte die Quotenaufteilung sich in der Nähe von 25 v. H. für die USA, je 12,5 v. H. für die BR Deutschland und Japan sowie 8,5 v. H. für Frankreich und 8 v. H. für Großbritannien bewegen.[14]

4) Für die deutsche Haltung in den Londoner und Washingtoner Verhandlungen waren folgende politische und wirtschaftliche Überlegungen maßgebend: daß

a) eine Lösung der Ölpreisfrage nicht auf dem Wege der Konfrontation, sondern nur der Kooperation zu erreichen ist,

– dieses Kooperationskonzept aber wirkungsvolle Selbsthilfeabsprachen der Industrieländer nicht überflüssig macht,

– eine Situation zu vermeiden ist, in der uns die Verantwortung für eine eventuelle Blockierung des Erzeuger-Verbraucherdialogs angelastet werden könnte,

– die zentrale Rolle des IWF als Ausgleichs- und Steuerungsorgan der währungspolitischen Zusammenarbeit nicht geschwächt werden sollte,

– ein qualitativ und quantitativ ausreichendes System unterschiedlicher Rückschleusungsmechanismen zur Verfügung stehen sollte,

---

[13] Bruttosozialprodukt.
[14] Die Minister der Zehnergruppe kamen auf der Tagung am 14. und 16. Januar 1975 zu dem Ergebnis, „daß ein Solidaritätsfonds als neue, allen OECD-Mitgliedern zugängliche finanzielle Unterstützungs-Vereinbarung zum frühestmöglichen Zeitpunkt geschaffen werden sollte. Jeder Teilnehmer erhält eine Quote, mit der seine Verpflichtungen und seine Kreditansprüche sowie sein relatives Stimmgewicht festgelegt werden. Die Aufteilung der Quoten erfolgt hauptsächlich auf der Basis von Bruttosozialprodukt und Außenhandel. Die Summe aller Teilnehmerquoten wird etwa 25 Milliarden US-Dollar für eine Zeit von zwei Jahren betragen." Geklärt werden müsse noch die Art der Finanzierung: „Diese könnte durch direkte Beiträge und/oder durch gemeinsame Kreditaufnahme auf den Kapitalmärkten erfolgen." Vgl. EUROPA-ARCHIV 1975, D 191 f.
Das Abkommen über die Einrichtung eines Solidaritätsfonds wurde am 9. April 1975 in Paris unterzeichnet. Dazu teilte Vortragender Legationsrat Engels am 10. April 1975 mit, die Forderungen der Bundesregierung, „Betonung des Ausnahmecharakters und Anwendung nur in Notfällen; zeitliche und quantitative Beschränkung des Fonds; Kreditvergabe nur gegen wirtschaftspolitische Auflagen; deutsche Finanzierung allein durch Garantien", hätten durchgesetzt werden können. Vgl. den Runderlaß Nr. 49; Referat 412, Bd. 105681.

– die direkte Mittelaufnahme bei den Ölländern zu bevorzugen ist und sich die OPEC-Länder an Verantwortung und Risiken der Anlage der Ölgelder beteiligen sollten;

b) Fortsetzung und Ausbau der IWF-Ölfazilität sich schon deshalb empfehlen, da dieses Instrument schnell verfügbar und einsatzbereit ist,

– der Spielraum für kurzfristige Devisenoperationen durch mittelfristige Mittelbindung einzuschränken ist und sich somit die Störanfälligkeit des unterm Floating-Regime ohnehin labilen Wechselkursgefüges vermindern läßt,

– die Anlage suchenden Petrodollars von Portfolio-Investitionen (Verkauf des Quandtschen Daimler-Pakets an Kuwait)[15] weg und auf den Anleihesektor zu lenken und damit die Überfremdungsgefahr abzubauen ist,

– jede Fondskonstruktion zu verhindern ist, die uns neben den USA den Löwenanteil am Finanzierungs- und Risikoobligo angelastet hätte,

– zu bequeme Finanzierungsmöglichkeiten zu vermeiden sind, da unseres Erachtens für die Defizitländer kein Weg an einer beherzten Anpassung an veränderte Verhältnisse vorbeiführt.

III. Die Ergebnisse des Interimsausschusses (Nachfolgeorgan des 20er Ausschusses[16]) lassen sich im übrigen wie folgt zusammenfassen:

Quotenerhöhung

Beschlossen wurde, das (normale) Kreditvolumen des IWF um 32,5 v.H. auf 39 Mrd. SZR[17] (rd. 48 Mrd. Dollar) zu erweitern. Hierbei soll der Quotenanteil der Ölländer von bisher rd. 5 v.H. auf 10 v.H. erhöht werden, der Anteil der Entwicklungsländer aber gleichbleiben. Die Aufteilung der hieraus resultierenden Quotenkürzung für die Industrieländer muß im einzelnen noch festgelegt werden, wobei wir allerdings davon ausgehen, daß unser gegenwärtiger Anteil von 5,48 v.H. unangetastet bleibt.[18]

Die Quotenerhöhung ging nach der Einigung über die Komplementarität von Ölfazilität und Solidaritätsfonds verhältnismäßig reibungslos über die Bühne.

---

15 Am 29. November 1974 wurde in der Presse mitgeteilt, daß die Quandt-Gruppe einen Großteil ihres Daimler-Benz-Aktienpakets verkauft habe, nämlich insgesamt etwa 13 bis 14 Prozent der Daimler-Benz-Aktien mit einem Börsenwert von etwa 800 Mio. DM: „Daß es sich um einen sehr potenten Erwerber handeln muß, ist angesichts solcher Zahlen selbstverständlich. Wer es ist, wird nicht gesagt; angeblich wissen auch die unmittelbar Beteiligten nicht, um wen es sich handelt." Vgl. den Artikel „Die Quandt-Gruppe verkauft fast alle Daimler-Aktien"; FRANKFURTER ALLGEMEINE ZEITUNG vom 29. November 1974, S. 15.
Am 3. Dezember 1974 wurde gemeldet, daß Kuwait die Aktien erworben habe. Vgl. dazu den Artikel „Die Mercedes-Aktien gehen nach Kuwait"; FRANKFURTER ALLGEMEINE ZEITUNG vom 3. Dezember 1974, S. 11.

16 Der Gouverneursrat des Internationalen Währungsfonds beschloß am 28. Juli 1972 die Bildung eines Ausschusses für die Reform des internationalen Währungssystems (Ausschuß der Zwanzig). Der Ausschuß konstituierte sich auf der Jahrestagung der Weltbank und des Internationalen Währungsfonds vom 25. bis 29. September 1972 in Washington. Teilnehmer waren neben den Staaten der Zehnergruppe Äthiopien, Argentinien, Australien, Brasilien, Indien, Indonesien, Irak, Marokko, Mexiko und Zaire. Vgl. dazu EUROPA-ARCHIV 1972, Z 207.
Der Ausschuß der Zwanzig legte am 12./13. Juni 1974 seinen Schlußbericht vor. Vgl. dazu das Kommuniqué; EUROPA-ARCHIV 1974, D 409–414.

17 Sonderziehungsrechte.

18 Vgl. dazu Ziffer 5 des Kommuniqués über die Tagung des Interimsausschusses des Gouverneursrats des Internationalen Währungsfonds am 16. Januar 1975 in Washington; EUROPA-ARCHIV 1975, D 193.

Die kräftige Heraufsetzung des IWF-Kreditvolumens erklärt auch die Zustimmung aller Seiten, einschließlich der Entwicklungsländer, zu einer Aufstokkung der Ölfazilität um nur 6 Mrd. statt der ursprünglich geforderten 12 Mrd. Dollar.

Goldfrage

In der Goldfrage einigte man sich darauf, den offiziellen Goldpreis abzuschaffen und in den IWF-Statuten jede Erwähnung des Goldes zu streichen. Gold soll in Zukunft wie eine Ware behandelt werden, wobei allerdings bei der Liberalisierung des Goldankaufsrechtes seitens der Notenbanken auf gewisse Reglementierungen nicht verzichtet werden dürfte. Konkret wurde beschlossen, die Goldeinzahlungspflicht in Höhe von 25 v. H. im Rahmen der beschlossenen Quotenerhöhung ab sofort aufzuheben. Es steht damit jedem Land grundsätzlich frei, in SZR und/oder in Landeswährung zu zahlen.[19]

Keine Fortschritte wurden in der Frage erzielt, was mit den Goldbeständen des IWF geschehen wird und ob Teile davon direkt oder indirekt zugunsten der Entwicklungsländer mobilisiert werden sollen.

Statutenänderung[20]

In der Frage der Änderung obsolet gewordener IWF-Statuten konnten die Meinungsunterschiede zwar weiter eingeengt werden, Form und Ausmaß der Statutenänderung bleiben aber noch umstritten. Die Exekutivdirektoren wurden aufgefordert, ihre Beratungen über die Ausgestaltung der SZR, die Legalisierung des Floating, die Schaffung von SZR für Entwicklungshilfezwecke (link) und die Ablösung des Interimsausschusses durch einen permanenten Gouverneursrat fortzusetzen und dem Interimsausschuß für seine nächste Tagung im Juni 1975 verabschiedungsreife Texte vorzulegen.[21]

---

[19] Vgl. dazu Ziffer 8 des Kommuniqués über die Tagung des Interimsausschusses des Gouverneursrats des Internationalen Währungsfonds am 16. Januar 1975 in Washington; EUROPA-ARCHIV 1975, D 194.

[20] In Ziffer 6 des Kommuniqués über die Tagung des Interimsausschusses des Gouverneursrats des Internationalen Währungsfonds am 16. Januar 1975 in Washington wurden die Exekutivdirektoren gebeten, Änderungsentwürfe zu den IWF-Statuten zu folgenden Themen vorzulegen: „a) Zu gegebener Zeit Umwandlung des Interimsausschusses in einen ständigen Ministerausschuß (‚Council'), in dem jedes Mitglied die Stimmen der von ihm vertretenen Länder gesondert abgeben darf. [...] b) Verbesserungen im Generalkonto, die folgendes einschließen würden: i) Abschaffung der Verpflichtung von Mitgliedsländern, bei Zahlungen an den Fonds für Subskriptionen und Rückkäufe Gold zu verwenden, sowie – nach Prüfung durch die Exekutivdirektoren – die Bestimmung der Zahlungsmedien; und ii) Vorkehrungen, die sicherstellen, daß unter zufriedenstellenden Absicherungen für alle Mitglieder die Fondsbestände an allen Währungen bei seinen Operationen verwendbar sind. c) Verbesserungen der Wesensmerkmale der S[onder]Z[iehungs]R[echte], die geeignet sind, sie zum Hauptreserve-Aktivum des internationalen Währungssystems zu machen. d) Vorkehrungen für stabile, aber anpassungsfähige Paritäten und für die Freigabe von Wechselkursen in besonderen Situationen und unter geeigneten Regeln und Überwachung durch den Fonds". Weiter diskutiert werden solle auch „die Möglichkeit einer Abkommensänderung zwecks Herstellung einer Verbindung zwischen der Zuteilung von SZR und der Entwicklungsfinanzierung", wobei jedoch auch „andere Wege zur vermehrten Übertragung realer Ressourcen an die Entwicklungsländer zu prüfen" seien. Gemäß Ziffer 7 war zudem „die Möglichkeit einer Abkommensänderung zu prüfen, die dem Fonds die unmittelbare Unterstützung internationaler Ausgleichslager von Rohstoffen erlauben würden". Vgl. EUROPA-ARCHIV 1975, D 193 f.

[21] Der Interimsausschuß des Gouverneursrats des Internationalen Währungsfonds tagte am 10./11. Juni 1975 in Paris. Vgl. dazu Dok. 224, Anm. 12.

IV. Das Ergebnis des Washingtoner Währungstreffens ist politisch und wirtschaftlich bedeutsam. Es ist angesichts der sehr unterschiedlichen Ausgangspositionen und Vorstellungen der EG-Partner, der USA sowie der Entwicklungsländer als ausgewogener Kompromiß und eindrucksvoller Erfolg zu werten.

Der Solidaritätsfonds ist ein weiteres sichtbares Zeichen westlicher Solidarität und ein wichtiger Meilenstein auf dem Wege zum Erzeuger-Verbraucherdialog.

Die Aufstockung der Ölfazilität und die damit verbundene Aufwertung des IWF unterstreichen andererseits die Bereitschaft der Industrieländer zur kooperativen Lösung der ölpreisbedingten Probleme. Mit diesen zusätzlichen Mechanismen dürften nun qualitativ und quantitativ ausreichende Vorkehrungen zur Finanzierung der Zahlungsbilanzdefizite und damit zur Sicherung des weltweiten Handelsaustausches getroffen sein.

Der Washingtoner Kompromiß über Solidaritätsfonds und Ölfazilität trägt unseren deutschen Vorstellungen und Interessen weitgehend Rechnung. Wir begrüßen das Ergebnis, weil es

– im Zeichen der Kooperation und nicht der Konfrontation steht,
– die auf dem internationalen Handels- und Zahlungsverkehr lastenden Unsicherheiten mindert,
– den Anpassungsprozeß der Defizitländer an veränderte weltwirtschaftliche Verhältnisse erleichtert, und
– keine einseitige, sondern eine angemessene Aufteilung der Anpassungslasten vorsieht.

[gez.] Dohms

Referat 010, Bd. 178596

9

Gespräch des Bundeskanzlers Schmidt und des Bundesministers Genscher mit den Abgeordneten Carstens und Stücklen

21. Januar 1975[1]

Vermerk über ein Gespräch des Bundeskanzlers und des Bundesaußenministers mit den MdB Carstens und Stücklen am 21. Januar 1975 im Bundeskanzleramt

Das Gespräch dauerte von 18.00 bis 19.15 Uhr

1) Außerhalb der „Tagesordnung" sprach Herr *Carstens* die Frage seiner Plazierung am Tisch bei Essen des Bundeskanzlers an. Der Bundeskanzler äußerte Verständnis für die Beschwerde, daß die Plazierung zu niedrig sei. Es gehe

[1] Die Gesprächsaufzeichnung wurde von Ministerialdirektor Sanne, Bundeskanzleramt, gefertigt.

nicht an, daß die Staatssekretäre des Bundes höher säßen als die Fraktionsvorsitzenden. Man müsse diese vielmehr in die Rangfolge der Bundesminister nach dem Dienstalter einreihen.

2) Der *Bundeskanzler* stellte fest, er habe zu dem Gespräch gebeten aufgrund der Beschwerde des Oppositionsführers im Bundestag, er werde nicht genügend von der Regierung unterrichtet.[2] Ihm liege daran, daß Herr Carstens das Gefühl verliere, daß er etwas nicht wisse.

3) Über die Kontakte mit der DDR habe er am 11. Dezember im Bundestag berichtet.[3] Er wolle jetzt die Dinge mitteilen, über die er in der Öffentlichkeit nicht habe sprechen können. Es seien aber nur wenige und keine bedeutenden Punkte.

Im Mai 1974 habe die DDR vorgefühlt, ob die Bundesregierung zu Verhandlungen bereit sei.[4] Dabei habe sicher der schlechte Eindruck der Guillaume-Affäre[5] mitgespielt.

Im Ministergespräch am 21. Juni sei entschieden worden, daß in den Verhandlungen die Stromversorgung Berlins und der Verkehrsverbund zwischen Berlin und dem Bundesgebiet erste Priorität haben müßten.[6] Als Voraussetzung habe man die Änderung der Haltung der DDR zum Mindestumtausch[7] betrachtet.

---

[2] Der Vorsitzende der CDU/CSU-Fraktion, Carstens, bezeichnete am 11. Dezember 1974 im Bundestag die Informationspolitik der Bundesregierung zu den Gesprächen mit der DDR als „katastrophal". Vgl. BT STENOGRAPHISCHE BERICHTE, Bd. 90, S. 9229.

[3] Für den Wortlaut der Ausführungen des Bundeskanzlers Schmidt zu den Gesprächen mit der DDR seit der Regierungserklärung vom 17. Mai 1974 vgl. BT STENOGRAPHISCHE BERICHTE, Bd. 90, S. 9219 f.

[4] In der Presse wurden am 22. Mai 1974 Äußerungen des Sprechers des Ministeriums für Auswärtige Angelegenheiten der DDR wiedergegeben, wonach die DDR positiv zu Gesprächen über die weitere Entwicklung der Beziehungen mit der Bundesrepublik stehe. In der Regierung würden auch Überlegungen zur Senkung des Mindestumtauschs von Devisen für Besucher der DDR bzw. von Ost-Berlin angestellt. Vgl. dazu den Artikel „‚DDR' kündigt Überprüfung des Zwangsumtausches an"; DIE WELT vom 22./23. Mai 1974, S. 1.

[5] Am 24. April 1974 wurde der Referent im Bundeskanzleramt, Guillaume, unter dem Verdacht der geheimdienstlichen Tätigkeit für die DDR verhaftet. Laut Presseberichten gab die Generalbundesanwaltschaft in Karlsruhe dazu am 25. April 1974 folgende Erklärung ab: „Nach Vorermittlungen des Bundesamtes für Verfassungsschutz und des Bundeskriminalamtes, Abteilung Staatsschutz Bonn-Bad Godesberg, wurden gestern mehrere Personen vorläufig festgenommen, darunter der seit 1970 im Bundeskanzleramt tätige höhere Angestellte Günter Guillaume. Dieser ist nach eigenen Angaben Offizier der Nationalen Volksarmee der DDR und Mitarbeiter des Ministeriums für Staatssicherheit. Er ist 1956 als angeblicher Flüchtling in die Bundesrepublik gekommen. Die Beschuldigten werden wegen des Verdachts langjähriger geheimdienstlicher Tätigkeit dem Ermittlungsrichter des Bundesgerichtshofes zugeführt. Gegen den Angestellten ist inzwischen Haftbefehl ergangen. Die Ermittlungen dauern an." Vgl. den Artikel „Mitarbeiter des Bundeskanzlers unter Spionageverdacht"; FRANKFURTER ALLGEMEINE ZEITUNG vom 26. April 1974, S. 1.

[6] Über die Ressortbesprechung am 21. Juni 1974 vermerkte Ministerialdirektor Sanne, Bundeskanzleramt, am 24. Juni 1974, Bundesminister Friderichs habe zum Thema „Stromversorgung Berlins" die Überlegungen erläutert, Strom aus der DDR, aus Polen und aus der UdSSR zu beziehen: „Der Bundeskanzler stellte unwidersprochen fest, daß die drei genannten Modelle sich nicht gegenseitig ausschließen müssen. In der Skala unserer Interessen stehe jedenfalls langfristig die Versorgung Berlins mit Strom an der Spitze." Zu den Verkehrsverbesserungen sei ausgeführt worden, „daß der Senat sein Verkehrskonzept fertiggestellt habe und dieses nunmehr mit der Bundesregierung abstimmen werde. Der Bau einer Autobahn Berlin–Hamburg habe darin Priorität." Vgl. Helmut-Schmidt-Archiv, 1/HSAA 006928.

[7] Am 5. November 1973 erhöhte die DDR mit Wirkung vom 15. November 1973 den verbindlichen Mindestumtausch „für Personen mit ständigem Wohnsitz in nichtsozialistischen Staaten und in Westberlin, die zum besuchsweisen Aufenthalt in die Deutsche Demokratische Republik einreisen",

Verhandlungen darüber sollten nicht geführt werden, da die DDR ihre einseitig getroffene Maßnahme auch einseitig zurücknehmen müßte. Den Ausdruck „Geschäftsgrundlage" benütze er, der Bundeskanzler, nicht, weil es eine unterschiedliche Vertragslage hinsichtlich der Vereinbarungen gebe, die zwischen dem Senat und der DDR einerseits und der Bundesregierung und der DDR andererseits geschlossen worden seien.

Im Sommer habe es die Schwierigkeiten wegen des Umweltbundesamtes gegeben.[8] Diese habe er im direkten Kontakt mit Breschnew so aplaniert, daß keine mittlere Berlinkrise daraus entstanden sei. Breschnew habe ihm zugesagt, daß die Reaktionen auf die Errichtung des Umweltbundesamtes nur in eingeschränkter Form erfolgen würden.[9] An diese Zusage hätten die Sowjets sich gehalten.

Die informellen Kontakte mit der DDR[10] hätten Anfang September zu einem Briefwechsel mit Honecker[11] geführt. Darin habe man sich weitgehend über eine Palette geeinigt, deren Punkte teils von uns, teils von der anderen Seite vorgeschlagen worden seien. Einige der DDR-Vorschläge hätten wir abgelehnt.[12]

Von September bis Dezember 1974 habe es intensive Bemühungen gegeben, Honecker von der Notwendigkeit der Zurücknahme seiner Maßnahmen beim Mindestumtausch zu bewegen.[13] Dies sei in zwei Etappen schließlich gelun-

Fortsetzung Fußnote von Seite 45
von bislang 10 auf 20 Mark pro Aufenthaltstag bzw. von 5 auf 10 Mark für einen Tagesaufenthalt in Ost-Berlin. Für den Wortlaut der Anordnung vgl. GESETZBLATT DER DDR 1973, Teil I, S. 517.

[8] Am 19. Juni 1974 stimmte der Bundestag der Errichtung des Umweltbundesamts als selbständige Bundesoberbehörde im Geschäftsbereich des Bundesministeriums des Innern mit Sitz in Berlin (West) zu. Für den Wortlaut des Gesetzes vom 22. Juli 1974 vgl. BUNDESGESETZBLATT 1974, Teil I, S. 1505 f.
Die DDR und die UdSSR betrachteten dies als Verstoß gegen das Vier-Mächte-Abkommen vom 3. September 1971. Vgl. dazu die Erklärungen des sowjetischen Außenministeriums bzw. der DDR vom 20. Juli 1974; EUROPA-ARCHIV 1974, D 580–582.
Am 31. Juli 1974 wurde in der Presse berichtet, daß einem Mitarbeiter des Umweltbundesamts von den Grenzbehörden der DDR die Benutzung der Transitstrecke verweigert worden sei. Die Drei Mächte protestierten daraufhin am 5. August 1974 in Moskau gegen das Vorgehen der DDR. Vgl. dazu AAPD 1974, II, Dok. 230.

[9] Vgl. dazu das Gespräch des Bundeskanzlers Schmidt mit dem Generalsekretär des ZK der KPdSU, Breschnew, am 30. Oktober 1974 in Moskau; AAPD 1974, II, Dok. 315.

[10] In einer Mitteilung vom 10. Juli 1974 an den Ersten Sekretär des ZK der SED, Honecker, die der SPD-Fraktionsvorsitzende Wehner am Folgetag übergab, schlug Bundeskanzler Schmidt Gespräche von persönlichen Beauftragten vor: „Diese sollten die Interessenschwerpunkte einander gegenüberstellen und den Versuch machen, sie soweit aufeinander abzustimmen, daß erfolgversprechende Verhandlungen beginnen können." Schmidt nannte zudem eine Reihe von Themen, über die verhandelt werden sollte. Vgl. BONN UND OST-BERLIN, S. 303 f.

[11] Für den Wortlaut des Schreibens des Bundeskanzlers Schmidt vom 6. September 1974 an den Ersten Sekretär des ZK der SED, Honecker, sowie der Antwort von Honecker vom 10. September 1974 vgl. BONN UND OST-BERLIN, S. 305–311.

[12] Vgl. dazu die Vorschläge der DDR vom 9. Dezember 1974 an die Bundesregierung bzw. an den Senat von Berlin; ZEHN JAHRE DEUTSCHLANDPOLITIK, S. 281–283.

[13] Bundeskanzler Schmidt teilte dem Ersten Sekretär des ZK der SED, Honecker, am 25. September 1974 mit, daß es beim Mindestumtausch darum gehe, der Öffentlichkeit die DDR „als einen verläßlichen Verhandlungspartner darstellen zu können". Die vor Unterzeichnung des Grundlagenvertrags vom 21. Dezember 1972 vereinbarte Grundlage zu den Mindestumtauschverpflichtungen müsse wieder hergestellt werden: „In den Augen unserer Öffentlichkeit steht die Respektabilität der Verhandlungspartner auf dem Spiel. Diesen Punkt kann man nicht beiseite schieben in einem Augenblick, in dem erneut einerseits Verpflichtungen der BRD vertraglich festgelegt werden sollen, die DDR aber gewisse eigene Leistungen nur als einseitige Maßnahmen zugestehen will." Vgl. BONN UND OST-BERLIN, S. 312.
Mit Schreiben vom 4. November 1974 zeigte Schmidt sich zufrieden mit der Ankündigung von Honecker, die Sätze für den Mindestumtausch zu senken, wenn er auch der Auffassung sei, „daß nur

gen.¹⁴ Breschnew habe sich wohl bemüht, Honecker in dieser Frage zu beeinflussen, uns dies aber nicht mitgeteilt.

Strikte Vertraulichkeit und persönliche Einschaltung des Bundeskanzlers sei notwendig gewesen, da Honecker bei dieser Operation auch persönlich einen erheblichen Gesichtsverlust hinnehmen mußte. Er habe klargemacht, daß die künftige Einhaltung der jetzt erreichten Umtauschregelung zur Geschäftsgrundlage der Beziehungen gehöre. Das sei es, was der Außenminister ein Stück clausula rebus sic stantibus genannt habe.¹⁵

Auf eine Frage von Carstens bestätigte der Bundeskanzler, daß dies auch für den Swing¹⁶ gelte.

Swing sei einer der Punkte, die von der DDR für die Palette vorgeschlagen worden seien. Zwar hätte unsere Seite die Verhandlungen über den Swing auch später vornehmen können, aber auch dann wäre er nicht Gegenstand eines Handels gewesen. Er, der Bundeskanzler, habe aber gemeint, daß die Regelung des Swing zu diesem Zeitpunkt¹⁷ es der DDR etwas erleichtern würde, sich beim Mindestumtausch weitgehend zu revidieren. Er hätte zwar die Zurücknahme der Umtauschquote von 200 auf 120% für wünschenswert gehalten, man sei aber dann schließlich bei 130% geblieben. Die Forderung einer

Fortsetzung Fußnote von Seite 46
    eine Rückkehr zu der bis zum 15. November 1973 geltenden Regelung das Problem des Mindestumtauschs aus der Welt geschafft hätte". Jedoch teilte er mit: „Ohne eine Freistellung der Rentner vom Mindestumtausch im gleichen Umfang wie vor dem 15. November 1973 wäre ich nicht in der Lage, dem Beginn der vorgesehenen Verhandlungen zwischen unseren Regierungen über Fragen beiderseitigen Interesses zuzustimmen." Vgl. BONN UND OST-BERLIN, S. 317.

14 Am 5. November 1974 wurde der Mindestumtausch für Besucher der DDR aus nichtsozialistischen Staaten und Berlin (West) auf 13 Mark pro Aufenthaltstag bzw. auf 6,50 Mark bei einem Tagesaufenthalt in Ost-Berlin gesenkt. Für die Anordnung über die Durchführung eines verbindlichen Mindestumtausches von Zahlungsmitteln vgl. GESETZBLATT DER DDR 1974, Teil I, S. 497.
Mit Anordnung Nr. 2 über die Durchführung eines verbindlichen Mindestumtausches von Zahlungsmitteln vom 10. Dezember 1974 wurden Besucher der DDR, die „a) das 16. Lebensjahr noch nicht vollendet haben oder b) das Rentenalter erreicht haben", vom Zwangsumtausch befreit. Vgl. GESETZBLATT DER DDR 1974, Teil I, S. 565.

15 Am 10. Dezember 1974 äußerte Bundesminister Genscher gegenüber den Außenministern Sauvagnargues (Frankreich), Callaghan (Großbritannien) und Kissinger (USA), die Bundesrepublik habe gegenüber der DDR eine „clausula rebus sic stantibus" stipuliert, um eine größtmögliche Garantie dafür zu haben, daß die DDR nicht erneut Maßnahmen im Reise- und Besucherverkehr treffe, ohne Konsequenzen für den Swing befürchten zu müssen. Vgl. dazu AAPD 1974, II, Dok. 367.

16 Die Abrechnung des Waren- und Dienstleistungsverkehrs zwischen der Bundesrepublik und der DDR erfolgte über drei Unterkonten, die bis zu einem gewissen Betrag überzogen werden konnten („Swing"). Gemäß Artikel 8 des Abkommens vom 20. September 1951 über den Handel zwischen den Währungsgebieten der Deutschen Mark (DM-West) und den Währungsgebieten der Deutschen Mark der Deutschen Notenbank (DM-Ost) (Berliner Abkommen) in der Fassung vom 16. August 1960 war die Bundesbank berechtigt, im Falle eines Debitsaldos der Deutschen Notenbank von 100 Mio. Verrechnungseinheiten auf den Unterkonten weitere Lastschriften auszusetzen. Vgl. BUNDESANZEIGER, Nr. 32 vom 15. Februar 1961, Beilage, S. 2.
Am 6. Dezember 1968 vereinbarten Ministerialrat Kleindienst, Bundesministerium für Wirtschaft, und der Stellvertretende Minister für Außenwirtschaft der DDR, Behrendt, eine an den Lieferungen der DDR orientierte jährliche Neufestsetzung des Überziehungskredits („Swing") in Höhe von 25% der im Vorjahr bezahlten Lieferungen und Dienstleistungen. Für den Briefwechsel vgl. Referat II A 1, Bd. 869.

17 Mit Briefwechsel vom 6. Dezember 1974 vereinbarten der Leiter der Treuhandstelle für den Interzonenhandel, Kleindienst, und der Stellvertretende Minister für Außenwirtschaft der DDR, Behrendt, die Fortsetzung der Swing-Regelung bis zum 31. Dezember 1981 in Höhe von maximal 850 Millionen Verrechnungseinheiten. Für den Wortlaut des Briefwechsels vgl. NEUES DEUTSCHLAND vom 11. Dezember 1974, S. 2.

Rücknahme um 100% hätte er für übertrieben gehalten. Die von Erich Honecker paraphierte neue Regelung des Mindestumtauschs liege hier im Hause.

Übrigens habe eine Analyse des BMWi vom Sommer 1974 deutlich gezeigt, daß die DDR bei Nichtverlängerung des Swing ihre Bezüge aus der Bundesrepublik erheblich einschränken müßte.

In der übernächsten Woche würden wahrscheinlich die Verhandlungen mit der DDR über Verkehrsfragen durch Staatssekretär Gaus eröffnet werden.[18] Ein Teil der Gespräche solle auch in der Bundesrepublik geführt werden. Er habe aber Wert auf eine gewisse Einheitlichkeit der Verhandlungsführung gelegt. Die Einrichtung einer zentralen Verhandlungsdelegation werde Inhalt eines Briefes an die Kabinettmitglieder sein, der materiell die Wirkung eines Organisationserlasses haben werde.[19]

Ein Teil der Palette werde durch den Senat von Berlin verhandelt werden. Dabei handle es sich um Punkte, die nach dem Vier-Mächte-Standpunkt in den Bereich der Stadt gehörten.

Die früher begonnenen Verhandlungen sollten zur Vermeidung von Diskontinuität wie bisher weiterlaufen.

Hinsichtlich des Inhalts der Verhandlungen über die Verkehrswege steht bisher nichts fest außer der Tatsache, daß über die bekannten Punkte[20] geredet werden solle. Alle Zeitungsmeldungen, wann, was, mit welchen Kosten usw. verwirklicht werde, seien falsch. Es sei vielmehr noch alles offen. Man könne aber soviel sagen, daß einiges schnell gehen werde, wie z. B. die Öffnung der Bahnhöfe Staaken und Schwanheide, weil es da keine großen Finanzprobleme gebe. Über anderes wie z. B. die neue Autobahn werde man vielleicht drei Jahre verhandeln müssen (Beispiel Elbtunnel). Im übrigen gebe es bei der Frage Nord- oder Südtrasse auch militärische Fragestellungen auf beiden Seiten.

Über die Frage der Aufteilung von Kosten und Nutzen müsse verhandelt werden.

Dann gebe es noch ein anderes, schwieriges Problem: die Rekonstruktion der Autobahn Helmstedt–Berlin. Hier spiele die Transitpauschale eine Rolle.[21] Dazu müsse man wissen, daß die Pauschale in ihrer Zweckbestimmung nicht so eindeutig definiert sei, wie das vielleicht wünschenswert wäre. Sie sei im

---

[18] Die Verhandlungen mit der DDR über Verkehrsfragen wurden erst am 24. März 1975 aufgenommen. Zu den Hintergründen für die Verzögerung vgl. Dok. 54.

[19] Für das Rundschreiben des Bundeskanzlers Schmidt vom 24. Januar 1975 vgl. Dok. 16.

[20] Am 11. Februar 1975 erstellte die interministerielle Arbeitsgruppe für die Verhandlungen mit der DDR einen Themenkatalog für die Gespräche über Verkehrsfragen. Dazu vermerkte Vortragender Legationsrat I. Klasse Lücking am 12. Februar 1975: „Intern stellten sich die Prioritäten nach dem derzeitigen Stand der Überlegungen wie folgt dar: aa) Ausbau des Grenzbahnhofs Schwanheide und Öffnung des Bahnübergangs Staaken; bb) Teltow-Kanal; cc) Rekonstruktion der Autobahn Marienborn–Berlin; dd) Bau einer Autobahn Hamburg–Berlin; ee) administrative Maßnahmen." Vgl. Referat 210, Bd. 111585.

[21] Gemäß Artikel 18 des Abkommens vom 17. Dezember 1971 zwischen der Regierung der Bundesrepublik und der Regierung der DDR über den Transitverkehr von zivilen Personen und Gütern zwischen der Bundesrepublik und Berlin (West) zahlte die Bundesrepublik für „Abgaben, Gebühren und andere Kosten, die den Verkehr auf den Transitwegen betreffen, einschließlich der Instandhaltung der entsprechenden Wege, Einrichtungen und Anlagen, die für diesen Verkehr benutzt werden", eine jährliche Pauschalsumme. Diese wurde für die Jahre 1972 bis 1975 auf 234,9 Mio. DM pro Jahr festgelegt. Vgl. EUROPA-ARCHIV 1972, D 75.

übrigen für alle Verkehrswege gedacht, nicht nur für eine Autobahn. Außerdem habe die DDR schlecht abgeschnitten, als man die Pauschale damals festsetzte.

Ein anderes Problem sei die Frage der Stromlieferungen nach Berlin. Die DDR habe angeboten, aus ihrem Netz zu liefern.[22] Dies gehe schon aus technischen Gründen (Schwankungen) nicht. Aber auch davon abgesehen, würden wir uns in dieser Frage sehr lange abwartend verhalten. Nach Meinung der Bundesregierung sei das Kernkraftwerk, das die Sowjetunion von uns für den Raum Königsberg beziehen wolle[23], die einzige Möglichkeit, endlich einen direkten Stromverbund zwischen der Bundesrepublik und Westberlin herzustellen. Ein nukleares Kraftwerk in Westberlin zu bauen, werde uns nicht gelingen. Für herkömmliche Kraftwerke sei aber 1980 kein Platz mehr. Breschnew und Kossygin hätten in Moskau nach schwierigen Verhandlungen dem Projekt im Prinzip zugestimmt.[24] Die DDR versuchte nun, es zu unterlaufen.[25] Daher müßten wir hinhaltend verhandeln. Man könne feststellen, daß sich die Interessen der DDR und der UdSSR gelegentlich störten.

In der Presse habe gestanden, daß es keine COCOM-Genehmigung[26] für das

---

22 Mit Schreiben vom 10. September 1974 legte der Erste Sekretär des ZK der SED, Honecker, Bundeskanzler Schmidt dar: „Die Regierung der Deutschen Demokratischen Republik wird in Kürze dem Senat von Berlin West ein Angebot über Stromlieferungen aus dem Netz der DDR unterbreiten. Wie mir bekannt ist, hat die Bundesregierung seit längerer Zeit zugesagt, der DDR ein Angebot über die Lieferung und Errichtung eines Kernkraftwerkes auf dem Territorium der DDR vorzulegen, dessen Bezahlung u. a. durch Stromlieferungen nach der BRD und Berlin West langfristig erfolgen soll. Die Verhandlungen zu diesem Projekt könnten sofort beginnen." Vgl. BONN UND OST-BERLIN, S. 310.
Am 9. Dezember 1974 bot die Regierung der DDR dem Senat von Berlin (West) an, „Elektroenergie aus dem Netz der Deutschen Demokratischen Republik (in einer Größenordnung bis zu 300 MW) ab 1975 zu liefern und die hierfür erforderlichen Übertragungsleitungen und anderen technischen Einrichtungen auf dem Territorium der Deutschen Demokratischen Republik zu schaffen". Vgl. ZEHN JAHRE DEUTSCHLANDPOLITIK, S. 282.
23 Zur geplanten Lieferung eines Kernkraftwerks aus der Bundesrepublik in die UdSSR gegen sowjetische Stromlieferungen an die Bundesrepublik und an Berlin (West), vgl. Dok. 1, Anm. 26.
24 Vgl. dazu das Gespräch des Bundeskanzlers Schmidt mit Ministerpräsident Kossygin am 29. Oktober bzw. das Abschlußgespräch mit der sowjetischen Regierung am 30. Oktober 1974 in Moskau; AAPD 1974, II, Dok. 313 und Dok. 321.
25 Zur Reaktion der DDR auf Sondierungen der UdSSR hinsichtlich der Trassenführung für Stromlieferungen nach Berlin (West) bzw. an die Bundesrepublik vgl. Dok. 1, Anm. 27.
Am 3. Februar 1975 vermerkte Vortragender Legationsrat Hölscher, Bundesminister Genscher habe den sowjetischen Botschafter am 28. Januar 1975 auf das Thema angesprochen, worauf Falin „aber nur verhältnismäßig lakonisch geantwortet habe, ‚die Angelegenheit sei in Arbeit'". Vgl. Referat 421, Bd. 117699.
Gegenüber Bundesminister Friderichs äußerte Falin am 3. Februar 1975, die UdSSR habe „noch keine endgültige Nachricht von Freunden aus Berlin". Vgl. die am 5. Februar 1975 vom Bundesministerium für Wirtschaft übermittelte Gesprächsaufzeichnung; Referat 413, Bd. 114269.
26 Gemäß der Embargo-Liste des 1951 unter Vorsitz der USA gegründeten Coordinating Committee for East-West Trade Policy (COCOM) war die Ausfuhr bestimmter Güter an kommunistische Staaten untersagt bzw. einer strengen Kontrolle und Kontingentierung unterworfen.
Am 24. September 1974 reichte die Bundesregierung bei COCOM einen Antrag auf Gewährung einer Exportgenehmigung für die Lieferung eines Kernkraftwerk an die UdSSR ein. Ministerialdirektor Hermes führte am 21. Oktober 1974 zum Stand des Antragsverfahrens aus: „Inzwischen hat Italien unserem Antrag ebenfalls zugestimmt, so daß nur noch die Reserven der drei wichtigsten Länder: der USA, Großbritannien und Frankreich sowie der Niederlande bestehen. [...] Aus Gesprächen von unseren Botschaftsvertretern mit Angehörigen des Office of Science and Technology im amerikanischen Außenministerium wurde ersichtlich, daß die amerikanische Seite irritiert darüber ist, daß die Bundesrepublik Deutschland nach dem abzuschließenden Vertrag mit der

Kraftwerk geben werde.²⁷ Dies sei falsch. Natürlich würden die Drei Mächte ihre Zustimmung erteilen. Er habe die Staats- und Regierungschefs der Drei unterrichtet, bevor er nach Moskau gefahren sei.²⁸

Herr *Carstens* stellte die Frage, ob der Bundeskanzler der Opposition den Organisationserlaß zur Verfügung stellen werde. Der *Bundeskanzler* antwortete, es handele sich nicht um einen Organisationserlaß, sondern um einen Brief, von dem er gesagt habe, daß er materiell wie ein Erlaß wirken solle. Im übrigen sehe er keinen Grund, warum er Herrn Carstens nicht Einblick in den Brief geben sollte.

Auf die weitere Frage, wer künftig Instruktionen an Herrn Gaus geben werde, antwortete der *Bundeskanzler*, dieses werde im allgemeinen durch den Chef des Bundeskanzleramtes²⁹, gelegentlich aber auch durch ihn selbst geschehen.

4) Zur Elbe-Frage stellte Herr *Carstens* fest, daß die CDU/CSU nicht mit dem von Bundesminister Maihofer im Ausschuß vertretenen Standpunkt übereinstimme, nach dem die Bundesrepublik sich wohl mit der Grenze in der Strommitte abfinden müsse.³⁰ Einmal gehe es um die Aufrechterhaltung eines Rechts-

---

Fortsetzung Fußnote von Seite 49
  Sowjetunion auch Natururan zur Anreicherung in die UdSSR liefern soll, das anschließend zur Herstellung der Brennelemente wieder nach Deutschland zurückgeliefert wird. Diese Regelung könne man sich auf amerikanischer Seite nur so erklären, daß die UdSSR entweder selbst nicht über genügend Natururan verfüge oder es nur zu einem wesentlich höheren Preis beschaffen könne. Als denkbar bezeichneten die amerikanischen Gesprächspartner auch, daß die UdSSR dem bei Betreibung des Reaktors anfallenden Plutonium strategische Bedeutung beimesse. Die Tatsache, daß die Bundesrepublik Deutschland nicht beabsichtige, das angereicherte Uran ihrer Kontrolle zu unterwerfen, erschwere eine positive Stellungnahme der USA zu dem geplanten Vertrag, zumal wenn sich die Beachtung der IAEO-Safeguards nicht durchsetzen lassen werde." Vgl. Referat 421, Bd. 117699.

[27] In der Presse wurde berichtet, daß Großbritannien und die USA noch keine Zustimmung zur Lieferung der Kernkraftwerke aus der Bundesrepublik an die UdSSR gegeben hätten, nach den COCOM-Richtlinien jedoch eine einstimmige Beschlußfassung erforderlich sei. Weiter wurde darauf hingewiesen, daß die USA „bisher zu den striktesten Verfechtern einer möglichst rigorosen Kontrolle" gehört hätten. Vgl. den Artikel „Unerwartete Schwierigkeiten für das Kraftwerk in Königsberg"; FRANKFURTER ALLGEMEINE ZEITUNG vom 11. Januar 1975, S. 10.

[28] Vgl. dazu das Schreiben des Bundeskanzlers Schmidt vom 18. Oktober 1974 an den amerikanischen Außenminister Kissinger; AAPD 1974, II, Dok. 303.
Für das Schreiben vom selben Tag an Staatspräsident Giscard d'Estaing vgl. VS-Bd. 526 (014); B 150, Aktenkopien 1974.
Für das Schreiben vom 18. Oktober 1974 an Premierminister Wilson vgl. VS-Bd. 529 (014); B 150, Aktenkopien 1974.
Frankreich stimmte am 3. Dezember 1974 dem Antrag der Bundesrepublik zu. Vgl. dazu den Drahterlaß Nr. 17 des Ministerialdirektors Hermes vom 8. Januar 1975 an die Botschaft in Moskau; Referat 421, Bd. 117699.

[29] Manfred Schüler.

[30] Pressberichten zufolge vertrat Bundesminister Maihofer in einer Sitzung des Ausschusses für innerdeutsche Beziehungen am 19. Dezember 1974 die Auffassung, daß an der Elbe „der Grenzverlauf in der Mitte des Stromes verlaufe". Alle Bundesregierungen bis 1972 hätten den Rechtsstandpunkt eingenommen, daß die Elbe in voller Breite zur Bundesrepublik gehöre. Dem Protokoll über die Sitzung der Gemeinsamen Grenzkommission vom 2. bis 4. Juli 1974 in Schwerin sei zu entnehmen, daß die Delegation der Bundesrepublik mündlich erklärt habe, daß von der Mitte des Flusses ausgegangen werden solle, woraufhin der Delegationsleiter der DDR, Fenzlein, erwidert habe: „,Wir haben nichts dagegen, wenn wir dies schriftlich festhalten ... Die Mitte wäre ein günstiger Verlauf der Grenze für die Erledigung der anderen Probleme. Wir müssen natürlich von der Souveränität beider Staaten ausgehen ...'". Vgl. den Artikel „Warum die Elbe zum Westen gehört"; DIE WELT vom 15. Januar 1975, S. 7.
Dazu vermerkte Ministerialdirektor van Well am 29. Januar 1975, Maihofer habe den Ausschuß „über ein Memorandum der Alliierten Hohen Kommission vom 11. Mai 1953 mit beigefügten Karten, in denen der Grenzverlauf in der Strommitte eingezeichnet ist", unterrichtet. Dem stehe offen-

standpunktes, den alle Bundesregierungen bisher eingenommen hätten, zum anderen um ein Politikum. Die DDR wolle mindestens bis zur Mitte der Elbe auf Flüchtlinge schießen können.

Der *Bundeskanzler* wies auf die schwierige Lage hin, in der sich die Bundesrepublik befinde. Wenn die Angelegenheit auf die Vier-Mächte-Ebene komme, so würden wir damit reinfallen. Wir müßten versuchen, Vorteile für die Festlegung der Grenze in der Strommitte herauszuholen. Als Alternative biete sich nur an, die ganze Sache liegenzulassen und den bisherigen unbefriedigenden Zustand weiter hinzunehmen.

Mit den Westmächten gebe es im übrigen auch sonst manchmal Schwierigkeiten, z. B. im Falle der Beauftragung des Regierenden Bürgermeisters Schütz mit dem Amt des für die deutsch-französischen Kulturfragen zuständigen Länderchefs.[31] Die Bundesregierung wolle sich in dieser Frage gegenüber Paris durchsetzen.[32]

5) Herr *Carstens* kam auf die Nationalstiftung[33] zu sprechen. Es sei ihm klar, daß die Frage nicht entscheidungsreif sei. Die Bundesregierung solle aber die

Fortsetzung Fußnote von Seite 50
bar ein im Auftrag eines CDU-Abgeordneten erstelltes Gutachten des Wissenschaftlichen Dienstes des Bundestags gegenüber, „das angeblich zu dem Ergebnis kommt, die Grenze zur DDR verlaufe am Ostufer der Elbe. Soweit hier bekannt geworden, berücksichtigt das Gutachten jedoch die Entwicklung nur bis zum Jahre 1952." Vgl. VS-Bd. 10180 (210); B 150, Aktenkopien 1975.

31 Das Kabinett beschloß am 18. Dezember 1974, den Regierenden Bürgermeister von Berlin, Schütz, „für die Jahre 1975 bis 1978" zum Bevollmächtigten der Bundesrepublik Deutschland für kulturelle Angelegenheiten im Rahmen des Vertrags vom 22. Januar 1963 über die deutsch-französische Zusammenarbeit zu ernennen. Vgl. das Kurzprotokoll vom 6. Januar 1975; Referat 621 B, Bd. 108903.

32 Am 22. Januar 1975 führte der französische Außenminister Sauvagnargues gegenüber Bundesminister Genscher aus, „der französische Staatspräsident sei der Meinung, daß Schütz nicht an dem Gipfel in Paris teilnehmen solle. Dies beruhe nicht auf einem Protest der Sowjetunion, was er ausdrücklich betonen wolle; es sei vielmehr so, daß aus französischer Sicht kein sachliches Bedürfnis für eine Teilnahme von Herrn Schütz bestehe." Genscher erklärte demgegenüber, die „Frage der Teilnahme oder Nichtteilnahme sei von grundsätzlicher Bedeutung; sie gewinne zusätzliche Bedeutung im Hinblick auf die in Berlin anstehende Wahl". Er werde „die Frage seiner eigenen Teilnahme für den Fall des Wegbleibens von Herrn Schütz prüfen". Vgl. die Aufzeichnung des Ministerialdirigenten Kinkel vom 23. Januar 1975; VS-Bd. 14054 (010); B 150, Aktenkopien 1975.
In einem Telefongespräch mit Staatspräsident Giscard d'Estaing bekräftigte Bundeskanzler Schmidt am 27. Januar 1975 den Wunsch nach einer Beteiligung des Regierenden Bürgermeisters von Berlin. Zwar sollten in den deutsch-französischen Konsultationen am 3./4. Februar 1975 in Paris keine kulturellen Fragen behandelt werden, aber Schütz stehe „mitten im Wahlkampf für die Wahlen zum Berliner Abgeordnetenhaus", und seine Teilnahme an den Konsultationsbesprechungen werde in der Öffentlichkeit diskutiert. Giscard d'Estaing erklärte sich daraufhin einverstanden, Schütz auf die Teilnehmerliste zu setzen. Vgl. die Aufzeichnung des Ministerialdirektors Leister, Bundeskanzleramt; Helmut-Schmidt-Archiv, 1/HSAA 006586.

33 Am 18. Januar 1973 stellte Bundeskanzler Brandt in seiner Regierungserklärung Überlegungen dazu an, daß „eines Tages öffentliche und private Anstrengungen zur Förderung der Künste in eine Deutsche Nationalstiftung münden könnten. Ansätze dazu böte die ‚Stiftung Preußischer Kulturbesitz', an der neben dem Bund Bundesländer beteiligt sind. In einer Nationalstiftung könnte auch das lebendige Erbe ostdeutscher Kultur eine Heimat finden." Vgl. BT STENOGRAPHISCHE BERICHTE, Bd. 81, S. 130.
Nach der Regierungserklärung des Bundeskanzlers Schmidt am 17. Mai 1974 wurde in der Presse vermerkt, daß dieses Projekt „Schmidts Beschränkung ‚in Realismus und Nüchternheit auf das Wesentliche' zum Opfer" gefallen sei. Vgl. den Artikel „Die andere Handschrift"; DIE WELT vom 20. Mai 1974, S. 7.
Am 29. Mai 1974 wurde berichtet: „Die Sowjetunion sperrt sich gegen die Gründung einer ‚Deutschen Nationalstiftung für Kunst und Kultur' in Berlin. Auch die westlichen Alliierten haben Einwände. Die Alliierten deuteten an, sie würden die Einrichtung der Nationalstiftung in Berlin als Belastung des Viermächteabkommens bewerten." Ein in fünfter Fassung vorliegender, vertraulicher Gesetzentwurf des Bundesministeriums des Innern enthalte „keinen Hinweis auf den ur-

Option Berlin offenhalten. Nach Auffassung der CDU/CSU könne die Stiftung nur dort ihren Sitz haben.

Der *Bundeskanzler* antwortete, nach seinem Eindruck gebe es verschiedene Vorstellungen bei verschiedenen Personen. Einig seien sie sich nur darüber, daß der Bund bezahlen solle. Nur die Sitzfrage sei öffentlich mit Pathos behandelt worden, trotzdem es andere, viel schwierigere Probleme gebe. Er könne sich jedenfalls unter einer Nationalstiftung nichts Rechtes vorstellen, wenn diese nur das Dach für die Stiftung Preußischer Kulturbesitz[34] abgeben solle.

Herr *Genscher* betonte, daß man weder zwei Apparate nebeneinander noch einen Balkon an der Stiftung Preußischer Kulturbesitz wünschen könne. Die letztere sei ja schon jetzt in gewisser Weise treuhänderisch für eine spätere Nationalstiftung tätig. Große Probleme werde es noch mit den Fragen des Stiftungsrechts und des Stiftungssteuerrechts geben. Der *Bundeskanzler* unterstrich, daß unendliche Komplikationen wegen dieser beiden Fragen zu erwarten seien.[35]

6) Herr *Carstens* warf das Thema der geistigen Auseinandersetzung mit der DDR auf. Man müsse bei den Menschen den Willen erhalten, ein Volk zu sein. Für die CDU/CSU sei es dringend erwünscht, daß der 17. Juni das Symbol für die Einheit Deutschlands und als Feiertag erhalten bleibe.[36]

Fortsetzung Fußnote von Seite 51
    sprünglich geplanten Standort Berlin". Vgl. den Artikel „Scheitert das Projekt ‚Nationalstiftung'?"; DIE WELT vom 29. Mai 1974, S. 5.
    Am 9. August 1974 teilte Staatssekretär Gehlhoff den Botschaftern Wormser (Frankreich), Henderson (Großbritannien) und Hillenbrand (USA) mit, das Kabinett habe am 7. August 1974 festgestellt, daß die Errichtung einer solchen Stiftung noch nicht spruchreif sei und sich somit auch die Frage des Sitzes vorerst nicht stelle. Vgl. dazu AAPD 1974, II, Dok. 232.
34 Mit Gesetz vom 25. Juli 1957 erhielt die Stiftung „Preußischer Kulturbesitz" das „Eigentum und sonstige Vermögensrechte des ehemaligen Landes Preußen" übertragen, die „im Amtsbereich des Reichs- und Preußischen Ministers für Wissenschaft, Erziehung und Volksbildung oder im Amtsbereich des Preußischen Ministerpräsidenten verwaltet wurden, [...] soweit es sich handelt 1) um Kulturgüter; hierzu gehören insbesondere Archiv-, Bibliotheks-, Museumsbestände und sonstige Kunstsammlungen oder wissenschaftliche Sammlungen einschließlich Inventar; 2) um Grundstücke, die überwiegend zur Unterbringung dieser Kulturgüter bestimmt waren." Die Stiftung war zudem verpflichtet, „die auf sie übergegangenen, aus kriegsbedingten Gründen aus Berlin verlagerten Kulturgüter alsbald zurückzuführen". Vgl. BUNDESGESETZBLATT 1957, Teil I, S. 841.
35 Am 10. Februar 1975 wurde in der Presse berichtet, daß kaum mit der Gründung einer Nationalstiftung noch in der laufenden Legislaturperiode zu rechnen sei, obwohl Bundesminister Maihofer darauf hingewiesen habe, „daß die im Bundeshaushalt für 1975 vorgesehenen 25 Millionen Mark einen ‚heilsamen Zwang' zu Fortschritten ausüben könnten". Hemmend für das Projekt wirke sich zum einen die Kulturhoheit der Länder aus, zum anderen die Einbeziehung der Stiftung Preußischer Kulturbesitz, die nahelegen würde, Berlin (West) zum Sitz der Nationalstiftung zu machen. Offenbar wolle die Bundesregierung „nach der Auseinandersetzung um das Umweltbundesamt nicht schon wieder einen Berlin-Streit mit den Sowjets" auslösen. Vgl. den Artikel „Das Gerangel ohne Ende um die deutsche Nationalstiftung"; DIE WELT vom 10. Februar 1975, S. 2.
36 Im Juni 1974 kam es zu Auseinandersetzungen zwischen der Bundesregierung und der CDU/CSU-Fraktion. Letztere sah in der von SPD und FDP für den 17. Juni 1974 angesetzten Bundestagsdebatte über den Gesetzentwurf zur Mitbestimmung den Versuch, „den 17. Juni auf kaltem Wege zu einem Arbeitstag zu machen", und setzte ihrerseits für diesen Tag eine Fraktionssitzung im Reichstag in Berlin (West) zum Gedenken an den 17. Juni 1953 an. Vgl. den Artikel „17. Juni: Die Union tagt in Berlin. Nur SPD und FDP im Bundestag"; DIE WELT vom 12. Juni 1974, S. 1.
    Am 18. Juni 1974 wurde in der Presse über die Fortsetzung der Diskussion berichtet, obwohl beide Seiten auf die geplanten Sitzungen verzichtet hatten. Während sich Vertreter der CDU für die Beibehaltung des 17. Juni als Feiertag und dafür ausgesprochen hätten, diesen Tag „als Symbol des Kampfes um Freiheit, soziale Gerechtigkeit und nationale Einheit" wieder stärker in das öffentliche Bewußtsein zu rücken, hätten sich der Regierende Bürgermeister von Berlin, Schütz, und Bun-

Herr *Stücklen* warf ein, Bundesminister Genscher habe Überlegungen angestellt, den Verfassungstag[37] zum Nationalfeiertag zu erklären.[38] Er und seine Freunde seien anderer Meinung. Gelte noch die Zusage, daß die Regierungsparteien dies nicht mit Mehrheit entscheiden würden?[39] Bleibe das Kabinett Schmidt bei dieser Aussage? Ihm seien Zweifel gekommen, nachdem er in einem Kalender der Bundespost den 17. Juni wie einen Wochentag gedruckt gefunden habe.

Der *Bundeskanzler* antwortete, daß er eine Änderung des bisherigen nicht für gut halten würde.

Herr *Genscher* fügte hinzu, dies sei eine sensible Frage, die man nicht zum Gegenstand der Konfrontation machen sollte. Er wolle aber darauf hinweisen, daß der Bundespräsident schon einzeln mit den vier Parteivorsitzenden[40] über diese Frage gesprochen habe und wohl beabsichtige, ein weiteres Mal gemeinsam darüber zu sprechen. Die Auslandsvertretungen hätten den 17. Juni nie als Feiertag begangen, wohl aber seien erstmals 1974 Empfänge zum Verfassungstag veranstaltet worden.[41] Er halte dies für richtig.

Fortsetzung Fußnote von Seite 52
    deskanzler Schmidt dafür eingesetzt, „den 17. Juni zwar nicht als Feiertag, wohl aber als Gedenktag beizubehalten". Wie Schütz habe auch Bundesminister Bahr befürwortet, „den Tag der Verkündung des Grundgesetzes, den 23. Mai, zu einem Nationalen Feiertag zu erheben". Vgl. den Artikel „Keine Einigung über 17. Juni als Feiertag"; DIE WELT vom 18. Juni 1974, S. 1f.

37 23. Mai.
38 Am 21. Mai 1973 berichtete Vortragender Legationsrat I. Klasse Bazing von Beratungen am 17. Mai 1973 über Gesetzentwürfe des Bundesministeriums des Innern zur Einführung eines Verfassungstags als gesetzlichen Feiertag bzw. zur Änderung des Gesetzes vom 4. August 1953 über den Tag der deutschen Einheit: „Die Erörterung ergab grundsätzliche Einigkeit unter den vertretenen Ressorts einschließlich des Bundeskanzleramts über das Ziel einer Umwandlung des 17. Juni in einen nationalen Gedenktag ohne gesetzlichen Feiertagscharakter und die Einführung eines Verfassungstages als neuen gesetzlichen Feiertag. Beides soll erstmals für das Jahr 1974 (25 Jahre Grundgesetz!) gelten." Vgl. Referat 210, Bd. 109287.
39 Am 16. Juni 1973 befaßte sich das Präsidium des Kuratoriums Unteilbares Deutschland mit den Überlegungen der Bundesregierung, den Jahrestag des 17. Juni 1953 nicht mehr als gesetzlichen Feiertag, sondern als Gedenktag zu begehen. Bundestagsvizepräsident von Hassel sprach sich für einen solchen Schritt aus mit der Einschränkung: „An der Aufrechterhaltung des 17. Juni als Gedenktag dürfe nicht gezweifelt werden. Eine Ablösung des 17. Juni durch den 23. Mai finde nicht die Zustimmung der Unionsparteien. [...] Der nationale Feiertag solle auf jeden Fall gemeinsam und nicht im Gegensatz entschieden werden." Er bitte darum, daß für diese wichtige Frage „keine Mehrheitsentscheidung durch die Koalition gefällt werde, sondern daß die Einrichtung eines Staatsfeiertages Sache aller Parteien und damit des Deutschen Bundestages sei". Vgl. das Protokoll der Präsidiumssitzung; Referat 210, Bd. 109287.
40 Willy Brandt (SPD), Hans-Dietrich Genscher (FDP), Helmut Kohl (CDU) und Franz-Josef Strauß (CSU).
41 Vortragender Legationsrat I. Klasse Döring vermerkte am 11. Februar 1970, bereits 1969 sei „der Zwanzigste Jahrestag der Verkündung des Grundgesetzes (23. Mai 1949) von der Mehrzahl unserer Auslandsvertretungen durch einen repräsentativen Empfang begangen worden, der in der Form den an den Dienstorten üblichen Veranstaltungen zum Nationaltag der übrigen ausländischen Missionen angeglichen war". Darüber hinaus seien zum 17. Juni Sonderveranstaltungen durchgeführt worden. Vgl. Referat II A 1, Bd. 280.
Am 11. Februar 1974 teilte Staatssekretär Frank den diplomatischen Vertretungen mit: „Die Bundesregierung hat beschlossen, in diesem Jahr den 24. Mai, an dem vor 25 Jahren das Grundgesetz in Kraft trat, im ganzen Bundesgebiet als Gründungstag der Bundesrepublik Deutschland festlich zu begehen." Für die Vertretungen wurde daher Beflaggung für diesen Tag angeordnet; auch sollte ein Empfang gegeben werden, wie ihn „die Vertreter anderer Länder alljährlich an ihrem Nationalfeiertag geben". Vgl. Referat 210, Bd. 109287.

Der *Bundeskanzler* erinnerte daran, daß das, was die Große Koalition wegen des 17. Juni beabsichtigt habe[42], nicht zustande gekommen sei. Er habe nicht die Absicht, die Frage wieder zu beleben. Über die Probleme der geistigen Auseinandersetzung mit der DDR sollte man ein anderes Mal ausführlich sprechen. Die Debatte über die Lage der Nation am 30. und 31. Januar werde vielleicht Ansätze ergeben, wenn beide Seiten zu diesem Thema die gleichen Vorstellungen hätten.[43]

7) Der Bundeskanzler berichtete über die Bemühungen der westlichen Industriestaaten, durch Recycling die Dollareinnahmen der ölproduzierenden Staaten in die Wirtschaft der Industriestaaten zurückzuführen. Kissinger habe sich vorgestellt, daß der Westen mit internen Anstrengungen die Zahlungsbilanzen der Defizitländer ausgleichen könne.[44] Es habe Gespräche auf drei Ebenen gegeben, im Fünfer-Kreis, in der Zehner-Gruppe und in der Zwanziger-Gruppe.[45] Er selbst habe ein Gespräch mit Arthur Burns geführt.[46] Schließlich sei ein Kompromiß erzielt worden, nach dem der Weltwährungsfonds in größerem Maß als bisher in den Stand gesetzt wird, ein Recycling herbeizuführen, und zusätzlich der Kissinger-Fonds geschaffen wird. Wir hätten aber dafür gesorgt, daß beim letzteren eine Anzahl von Kautelen eingebaut werden.

---

[42] Am 12. Februar 1968 legte Bundesminister Lücke aufgrund eines „vom Bundeskabinett in der Sitzung vom 7. Februar 1968 erteilten Auftrages" den Entwurf eines Gesetzes zur Änderung des Gesetzes vom 4. August 1953 über den Tag der deutschen Einheit vor. Gemäß Paragraph 1 sollte der 17. Juni „als Nationaler Gedenktag des deutschen Volkes begangen", als gesetzlicher Feiertag jedoch aufgehoben werden. Vgl. die Kabinettsvorlage; Referat II A 1, Bd. 237.
Am 14. Februar 1968 beschloß das Kabinett „im Sinne der Vorlage des Innenministeriums". Vgl. die Aufzeichnung des Ministerialdirigenten Sahm vom 16. Februar 1968; Referat II A 1, Bd. 237.
Nachdem der Bundesrat am 22. März 1968 keine Einwände gegenüber dem Gesetzentwurf erhoben hatte, wurde er am 3. April 1968 dem Bundestag zugeleitet. Vgl. dazu BT ANLAGEN, Bd. 120, Drucksache Nr. V/2818.
In einer Kabinettssitzung am 6. Mai 1968 sprach sich Bundeskanzler Kiesinger, unterstützt von Bundesminister Wehner, hinsichtlich der Gestaltung des 17. Juni 1968 „entschieden gegen einen Staatsakt wie in den vergangenen Jahren aus". Das Kabinett beschloß entsprechend. Vgl. den Auszug aus dem Kurzprotokoll vom 6. Mai 1968; Referat II A 1, Bd. 237.
Der Gesetzentwurf zur Abschaffung des 17. Juni als gesetzlicher Feiertag wurde in der fünften Legislaturperiode nicht verabschiedet. Am 27. Januar 1970 notierte Vortragender Legationsrat Lücking dazu die Information des Bundesministeriums des Innern: „Der Innenausschuß habe mit der Vorlage noch befaßt werden können, sie sei aber nicht einmal mehr vom Sozial- und Arbeitsausschuß behandelt worden. Man sei sich einig gewesen zwischen den Parteien über die Abschaffung des 17. Juni als Feiertag, keine Einigung habe man jedoch erzielen können über das, was man als ‚Wahrung des sozialen Besitzstandes' im Hinblick auf den 17. Juni bezeichnet." Vgl. Referat II A 1, Bd. 280.
[43] Im Anschluß an den Bericht des Bundeskanzlers Schmidt am 30. Januar 1975 zur Lage der Nation fand im Bundestag eine Debatte zur Deutschlandpolitik statt. Vgl. dazu BT STENOGRAPHISCHE BERICHTE, Bd. 91, S. 10034–10122, S. 10139–10147, und S. 10162–10187.
[44] Zum Vorschlag des amerikanischen Außenministers Kissinger vom 14. November 1974, einen Solidaritätsfonds der Industriestaaten in Höhe von 25 Mrd. Dollar einzurichten, vgl. Dok. 2, Anm. 17.
[45] Am 28./29. September 1974 kamen in Washington die Außen- und Finanzminister der Bundesrepublik, Frankreichs, Großbritanniens, Japans und der USA zusammen. Vgl. dazu AAPD 1974, II, Dok. 284, Dok. 289 und Dok. 292.
Zur Ministertagung der Zehnergruppe am 14. und 16. Januar 1975 und des Interimsausschusses des Internationalen Währungsfonds am 15./16. Januar 1975 in Washington vgl. Dok. 8.
[46] Zum Gespräch des Bundeskanzlers Schmidt mit dem Vorsitzenden der amerikanischen Notenbank, Burns, am 11. Januar 1975 in Hamburg vgl. Dok. 8, Anm. 10.

- Der Fonds könne nur in Anspruch genommen werden, wenn das betreffende Land alle anderen ihm zumutbaren Mittel zum Ausgleich seiner Zahlungsbilanz ausgeschöpft habe.
- Die Beteiligungsquoten an dem auf 25 Mrd. Dollar festgesetzten Fonds würden noch ausgehandelt. Die US-Quote werde etwa 25% betragen, die unsere zwischen 8 und 15% liegen. Bei einer 10%-Quote betrage unser Anteil etwa 6 Mrd. DM.
- Es sei durchgesetzt worden, daß die Beteiligung auch in Form von Notenbankkrediten oder staatlichen Garantien möglich ist.

Die endgültige Konstruktion müsse im Haushaltsausschuß besprochen werden. Unser Entschluß, dem Kissinger-Vorschlag schließlich zuzustimmen, beruhe einmal auf der Notwendigkeit der Allianztreue, zum anderen auf der Einsicht, daß man eine politische Erpreßbarkeit westlicher Defizitstaaten verhindern müsse. Das ganze sei ein Sicherheitsnetz, von dem man nur hoffen könne, daß es nicht gebraucht werde.

8) Der Bundeskanzler sprach das Thema der Koordination der Nachrichtendienste an. Sein Vorschlag sei, daß es keinen Sonderbeauftragten geben werde, sondern der Chef des Bundeskanzleramtes die Koordination übernehmen solle. Das Ressortprinzip werde nicht verletzt.

Herr *Carstens* machte geltend, daß man einen Geheimdienst nicht wie ein Ressort kontrollieren könne. Entscheidend sei, daß sich an der Spitze des Geheimdienstes ein erstklassiger Mann befinde, der das volle Vertrauen der Regierung genieße.[47]

9) Der *Bundeskanzler* wies darauf hin, daß Herr Leisler Kiep nicht ganz korrekt berichtet habe, als er davon sprach, er sei nicht vorher über ein Zusammentreffen mit DDR-Politikern bei seinem Besuch in Ost-Berlin unterrichtet worden.[48] Mehr wolle er dazu nicht sagen.

10) Es wurde vereinbart, daß der Presse über dieses Gespräch gesagt werden solle, man habe einen Gedankenaustausch über drei Fragen gehalten

---

[47] Am 29. Januar 1975 stimmte das Kabinett einem Organisationserlaß des Bundeskanzlers Schmidt zur Verbesserung der Zusammenarbeit der Nachrichtendienste zu. Beauftragter für die Nachrichtendienste wurde der Staatssekretär im Bundeskanzleramt, Schüler. Für den Wortlaut des Erlasses vgl. BULLETIN 1975, S. 251.

[48] Der CDU-Abgeordnete Kiep hielt sich am 15. Januar 1975 in Ost-Berlin auf. Staatssekretär Gaus, Ost-Berlin, berichtete am 17. Januar 1975: „Er unterrichtete sich am Nachmittag über die Arbeit der Ständigen Vertretung und führte am Abend in meiner Residenz bei einem von mir gegebenen Essen ein mehrstündiges Gespräch, an dem auf seiten der DDR der Stellvertretende Außenminister Grunert, der für die Bundesrepublik im Außenministerium zuständige Abteilungsleiter Seidel, der Abteilungsleiter im Zentralkomitee, Prof. Häber (von 1965 bis 1971 stellvertretender Staatssekretär für westdeutsche Fragen) und der stellvertretende (Ost-)CDU-Vorsitzende Heyl teilnahmen." Das Gespräch sei „von beiden Seiten sehr offen, unbefangen, aber auch pointiert" geführt worden. Vgl. den Drahtbericht Nr. 69; Referat 210, Bd. 111567.
In der Presse wurde dazu mitgeteilt, Kiep habe offenbar längere Zeit vor dem Besuch mit Gaus Vereinbarungen über die Teilnehmer an dem Essen getroffen, „diese Zusammensetzung nach eigenem Bekunden" aber nicht gekannt. Vgl. die Artikel „Unbehagen bei der Union über Kieps Besuch in Ost-Berlin" und „SPD und FDP zeigen sich erstaunt über ‚hysterische Reaktion' der Union"; FRANKFURTER ALLGEMEINE ZEITUNG vom 17. Januar 1975, S. 4, bzw. vom 18. Januar 1975, S. 3.

- Stand der Beziehungen zwischen der Bundesrepublik Deutschland und der DDR
- Berliner Fragen
- Weltwirtschaftsfragen, insbesondere Kissinger-Fonds und Recycling.[49]

Helmut-Schmidt-Archiv, 1/HSAA 007008

10

Botschafter Sahm, Moskau, an das Auswärtige Amt

VS-NfD Aufgabe: 21. Januar 1975, 17.21 Uhr[1]
Fernschreiben Nr. 239 Ankunft: 21. Januar 1975, 17.57 Uhr
Citissime

Betr.: Deutsch-sowjetische Beziehungen;
hier: Gespräch mit Stellvertretendem Außenminister Semskow am 20.1.1975

Bezug: DE Nr. 8 vom 6.1. (213-321.00–2 VS-v)[2] und Nr. 38 vom 17.1. (213-321-50/75 VS-v)[3]

Zur Unterrichtung und mit Bitte um Weisung:

I. Gespräch mit Semskow fand am 20.1.75 in Residenz statt. Ich hatte ihn mit Kwizinskij und Terechow (Dritte Europäische Abteilung) zum Abendessen eingeladen, nachdem ich kurze Zeit vorher entgegen früheren Mitteilungen erfahren hatte, daß Semskow doch zur Verfügung stehe (Bondarenko mit Lungenentzündung im Krankenhaus).

Unterhaltung von etwa drei Stunden verlief in freundlichem Ton, wobei Semskow immer wieder Interesse an ausführlichem und offenem Gespräch betonte und Bedeutung der Beziehungen zwischen unseren Ländern hervorhob. In der

---

[49] Zum Gespräch des Bundeskanzlers Schmidt mit dem CDU/CSU-Fraktionsvorsitzenden Carstens wurde am 22. Januar 1975 in der Presse gemeldet, es habe „keine Gemeinsamkeit in der Deutschland-Politik erkennen lassen". Jedoch sei eine Fortsetzung der Unterredungen vereinbart worden. Vgl. die Meldung „Bald wieder Gespräch Schmidt–Carstens"; DIE WELT vom 22. Januar 1975, S. 1.

[1] Hat Vortragendem Legationsrat I. Klasse Kühn und Vortragendem Legationsrat Dingens am 22. Januar 1975 vorgelegen.

[2] Vgl. Dok. 1.

[3] Vortragender Legationsrat I. Klasse Kühn erklärte sich mit dem Vorschlag des Botschafters Sahm, Moskau, einverstanden, „um Termin bei Gromyko nachzusuchen". Für den am 9. Januar 1975 konzipierten Drahterlaß vgl. VS-Bd. 10213 (213); B 150, Aktenkopien 1975.
Sahm hatte den Vorschlag zu einem Gespräch mit dem sowjetischen Außenminister am 9. Januar 1975 unterbreitet, nachdem ihm mitgeteilt worden war, daß der sowjetische Stellvertretende Außenminister Semskow zu dem „erbetenen Gespräch in der zweiten Hälfte Januar voraussichtlich nicht zur Verfügung stehen" werde. Vgl. den Drahtbericht Nr. 97; VS-Bd. 10213 (213); B 150, Aktenkopien 1975.

Sache wurde Unterhaltung von Semskow jedoch außerordentlich hart und aggressiv geführt. Dabei beschränkte er sich nach offenbar vorher abgestimmtem Plan auf Schwerpunkte Berlin und Frage des Prinzips friedlichen Wandels bei KSZE.[4] Kurz behandelt wurde außerdem Thema 30. Jahrestag des Kriegsendes.[5] Noch bei Tisch, vor Beginn eigentlicher Sachgespräche, brach Semskow eine engagierte Diskussion unserer Israel-Politik vom Zaun.

Während der Gespräche betonte Semskow, daß er für deutsch-sowjetische Beziehungen nicht kompetent sei und deshalb nur zum Thema KSZE „verantwortlich" sprechen könne. Dadurch kam es weder zu dem von mir gewünschten Tour d'horizon noch zu einer Erörterung der im Bezugsdrahterlaß genannten Einzelheiten des bilateralen Verhältnisses. Semskow erkannte deshalb meinen Wunsch nach Fortführung des Gespräches an. Dies soll etwa in zwei Wochen stattfinden. Offen blieb, ob es mit Gromyko fortgeführt wird oder mit Semskow. Dies wird sowjetische Seite nach Rücksprache Semskows mit Gromyko entscheiden. Allerdings meinte Semskow, daß in einem Gespräch mit Gromyko „konkrete Vorschläge" erwünscht seien, d. h. wohl ein Eingehen auf sowjetische Wünsche erwartet wird.[6]

II. Im einzelnen:

1) Zum Thema unserer Israel-Politik erging sich Semskow – aus persönlichem Interesse als Historiker, wie er sagte – in eingehende temperamentvolle Kritik unserer Wiedergutmachungsleistungen, die nicht an die Opfer des Nazismus gingen, sondern den expansionistischen Zionismus unterstützten, während die Länder, welche die meisten Opfer, auch jüdischer Bürger, zu beklagen hätten, wie vor allem die Sowjetunion, unberücksichtigt blieben. Wie um den Ton für folgende Sachgespräche zu setzen, stellte er wiederholt den 6 Mio. getöteten Juden die 20 Mio. im Zweiten Weltkrieg umgekommenen Sowjetmenschen gegenüber.

Ich trat dem mit Erläuterung unserer Wiedergutmachungspolitik und ihren historischen und moralischen Grundlagen entgegen. Bei meinem Hinweis auf DDR brach er Thema ab.

2) 30. Jahrestag des Kriegsendes

Anknüpfend an Semskows Ausführungen über Opfer Zweiten Weltkriegs drückte ich Verständnis aus, daß Sowjetunion 30. Jahrestag des Sieges über Faschis-

---

[4] Zum Stand der Gespräche über den Prinzipienkatalog in Korb I (Sicherheit) bei der KSZE in Genf vgl. Dok. 13.

[5] Am 14. Januar 1975 vermerkte Vortragender Legationsrat I. Klasse Kühn: „Die Sowjetunion beabsichtigt, den 30. Jahrestag der Beendigung des Zweiten Weltkrieges (9. Mai) nicht nur in ihrem Machtbereich, sondern auch im nichtkommunistischen Ausland mit großem Propaganda-Aufwand zu begehen. Die zahlreichen zu diesem Thema bereits erschienenen sowjetischen Kommentare reihen diesen Jahrestag in die Serie der großen Gedenktage des sozialistischen Lagers ein. Der ‚Sieg über den Faschismus' wird in seiner Bedeutung der Oktober-Revolution gleichgesetzt. Die aktuellen Bezüge werden durch die Hervorhebung der Bedeutung des sowjetischen Sieges für Frieden und Sicherheit in Europa hergestellt. [...] Nachdem Versuche der sowjetischen Regierung, mit den ehemaligen Alliierten eine gemeinsame Siegesfeier (möglicherweise in Torgau) zu veranstalten, fehlgeschlagen sind, werden wir mit sowjetischen Bemühungen rechnen müssen, in den Hauptstädten wenigstens aus Anlaß des Jahrestages selbst Großveranstaltungen mit starker internationaler Beteiligung zustande zu bringen." Vgl. Referat 213, Bd. 112719.

[6] Am 21. Februar 1975 wurden die Gespräche des Botschafters Sahm, Moskau, mit dem sowjetischen Stellvertretenden Außenminister Semskow fortgesetzt. Vgl. dazu Anm. 15 und 23.

mus zu feiern wünsche, bat aber gleichzeitig um Verständnis dafür, daß für uns 9. Mai neben der auch von uns begrüßten Niederlage des Nationalsozialismus mit großem Unglück für das deutsche Volk und Verlust staatlicher Einheit verknüpft sei. Ich sprach Hoffnung aus, daß sowjetische Seite den Feierlichkeiten zu diesem Jahrestag keine Akzente geben werde, die sich gegen Bundesrepublik Deutschland richteten und unsere Beziehungen belasten könnten. Dabei erwähnte und begrüßte ich, daß mir Iwanow, Vizepräsident der Freundschaftsgesellschaft, kürzlich mitgeteilt habe, die Pläne für die Gesellschaft sähen keine Siegesfeiern vor, sondern man orientiere sich auf die Zukunft hin.

Semskow erwiderte, wenn man auch Bundesregierung und Koalitionsparteien in diesem Zusammenhang keine Vorwürfe zu machen habe, so sei nicht zu übersehen, daß es in der BRD Kräfte des Revisionismus und Militarismus gebe, die Niederlage des Faschismus bedauerten und Entspannungspolitik bekämpften. Dabei wolle er keine Namen nennen. Er wolle auch eine Reihe hoher Beamter der BRD von Vorwürfen ausnehmen, von denen er wisse, daß manche sehr aktiv an der Entspannungspolitik mitgewirkt hätten. Ich erwiderte, daß ich die ganze Bundesrepublik Deutschland verträte und nicht nur die gegenwärtige Koalition.

Semskows Bemerkungen legen Vermutung nahe, daß Sowjets 30. Jahrestag benutzen werden, um fortdauernde Aktivität der „Kräfte der Vergangenheit" in Bundesrepublik Deutschland (im Gegensatz zu DDR) aufs Korn zu nehmen.

3) Berlin

Von seinen Bemerkungen über Entspannungsgegner kam Semskow von sich aus auf das Berlin-Thema und erklärte: Wenn wir ungestörte Entwicklung der Beziehungen mit Sowjetunion wünschten, sollten wir aufhören, immer wieder Präzedenzfälle in West-Berlin zu schaffen, die dem Vier-Mächte-Abkommen widersprächen.

Sowjetische Seite würde unsere Versuche, Westberlin entgegen VMA doch als Teil der „BRD" zu behandeln, niemals akzeptieren. Für Sowjetunion werde West-Berlin immer eine besondere politische Einheit bleiben. Unsere ständigen Versuche, Westberlin im Gegensatz zum Vier-Mächte-Abkommen näher an uns zu ziehen, irritierten selbst diejenigen in der Sowjetunion, die grundsätzlich für die weitere Verbesserung unserer bilateralen Beziehungen seien.

Ich erwiderte, daß wir nicht versuchen sollten, uns gegenseitig Verletzung von Abkommen vorzuwerfen. Wir gingen davon aus, daß alle Beteiligten sich an das VMA hielten. Es gebe aber Interpretationsunterschiede seit Abschluß des VMA. Wir müßten versuchen, uns in konkreten Streitfragen auf praktische Lösungen zu einigen.

Semskow erging sich in geschichtlicher Betrachtung: Sowjets hätten Westberlin (sic) im Krieg erobert, dafür seien 400 000 sowjetische Soldaten gefallen. Durch Kriegsausgang habe Sowjetunion stärkere Position in Berlin. (Ich erinnerte an Vier-Mächte-Status für ganz Berlin.) Sie habe nach Kriegsende Westberlin den Westmächten übergeben – das sei seiner Meinung nach ein Fehler gewesen –, hätte aber niemals zugestimmt und würde das auch nicht tun, daß Westberlin der BRD „angekoppelt" würde.

Ich betonte die entscheidende Bedeutung, die die Bindungen zu Westberlin für uns und die Stadt hätten. Semskow ging nach üblicher sowjetischer Methode auf die Bindungen nicht ein, sondern unterstrich immer wieder, daß Westberlin kein Teil der BRD sei und auch nie wird.

Ich versuchte immer wieder, Gespräch von Grundsatzerörterung auf anstehende praktische Fragen zurückzuführen, worauf sich Semskow jedoch nicht einließ. Auf meine Feststellung, wir sollten von Ergebnissen der Gespräche Bundeskanzlers und Bundesaußenministers in Moskau vom Oktober 1974[7] ausgehend zu Lösungen gelangen, erwiderte Semskow: Die BRD versuche gerade, vom Ergebnis dieser Gipfelgespräche abzurücken – wobei er weder sowjetische Version des Ergebnisses dieser Gespräche präzisierte, noch angab, worin unser angebliches „Abrücken" bestände. Ich wies dies mit Bemerken zurück, nach unserem Eindruck sei es Falin in Bonn, der hinter Ergebnisse Moskauer Gipfels zurückgegangen sei, was von sowjetischen Gesprächspartnern lebhaft bestritten wurde. Ich betonte, daß es unter diesen Umständen wohl nur möglich sei, auf Ministerebene Fortschritte zu machen.

4) KSZE

Semskow drängte schließlich von Berlin-Thema, für das er sich nicht eigentlich zuständig fühle, weg und kam auf KSZE, wofür er neben Kowaljow mitverantwortlich sei. Deren Fortgang, erklärte er, werde gegenwärtig noch von zwei Problemen behindert: unseren Schwierigkeiten bei den Grenzfragen in Korb I und den holländischen Forderungen zu Korb III[8]. Er unterzog unsere Haltung in Genf harter Kritik: Mit den neuen Formulierungsvorschlägen zur Frage des „friedlichen Wandels" seien wir von einer schon vereinbarten Fassung abgerückt[9] und hätten diese Vereinbarung gebrochen. Unsere jetzt in Genf dazu vertretene Position sei völlig unannehmbar. Auf dieser Grundlage werde man sich nie einigen. Falls wir dabei blieben, würden wir uns isolieren wie Malta in der ersten Etappe.[10] Kein anderer Konferenzteilnehmer unterstütze unsere Haltung wirklich.

---

7 Bundeskanzler Schmidt und Bundesminister Genscher hielten sich vom 28. bis 31. Oktober 1974 in der UdSSR auf. Vgl. dazu AAPD 1974, II, Dok. 309, Dok. 311–316 und Dok. 321.

8 Am 16. Oktober 1973 legte die niederländische Delegation der Unterkommission 10 (Kultur) der KSZE den Entwurf für eine Resolution über die Zugänglichkeit von Werken der Literatur, der Kunst, der Wissenschaft und der Bildung vor, der von der sowjetischen Delegation zurückgewiesen wurde. Vgl. dazu AAPD 1973, III, Dok. 347.
Am 2. April 1974 brachten die Niederlande einen überarbeiteten Resolutionsentwurf ein, nach dem die KSZE beschließen sollte, „die Veröffentlichung in den anderen Staaten von aus ihren jeweiligen Ländern stammenden Werken der Literatur, der Kunst, der Wissenschaft und der Geisteswissenschaft durch die Erleichterung von Kontakten und Kommunikationen zwischen Autoren und Verlagsanstalten oder anderen Institutionen, die sich damit befassen, solche Werke dem Publikum zugänglich zu machen, wo auch immer die Betroffenen sich befinden mögen, zu fördern." Vgl. den Drahtbericht Nr. 652 des Referenten Witte, Genf (KSZE-Delegation), vom 6. Mai 1974; Referat 212, Bd. 100006.
Zu den niederländischen Vorschlägen vgl. auch HUMAN RIGHTS, Bd. 5, S. 171 f. und S. 229.

9 Zu den bei der KSZE in Genf vorliegenden Formulierungsvorschlägen zu friedlichen Grenzänderungen („peaceful change") und zur Unterbringung in der Prinzipienerklärung vgl. Dok. 18.

10 Am 23. März 1973 legte Malta bei den multilateralen Vorgesprächen für die KSZE in Helsinki einen Vorschlag zur Einbeziehung von Algerien und Tunesien als vollberechtigte Teilnehmer der KSZE vor. Der Vorschlag wurde von den übrigen Delegationen abgelehnt. Während der ersten Phase der KSZE vom 3. bis 7. Juli 1973 in Helsinki forderte Malta, daß seine Bemühungen um Algerien und Tunesien im Kommuniqué zum Ausdruck gebracht würden, und drohte, anderenfalls

Ich widersprach den Behauptungen über unseren angeblichen Vereinbarungsbruch und unsere Isolierung mit Hinweisen auf die Konferenzregeln[11], unsere Vorbehalte und die gemeinsame westliche Haltung.

Zur Sache erläuterte ich, daß wir lediglich sicherzustellen wünschten, daß die Möglichkeit einer völkerrechtlich zulässigen, friedlich vereinbarten Vereinigung der beiden deutschen Staaten und einer ebenso friedlich vereinbarten Aufhebung der Grenzen in der EG durch die KSZE-Schlußdokumente nicht ausgeschlossen würde.

Semskow ging mit keinem Wort auf diese beiden Fragen ein, sondern wiederholte nur, daß unsere Haltung zum peaceful change unannehmbar sei.

Ich erwähnte die – aus sowjetischer Sicht so gesehene – Vereinigung der baltischen Staaten 1940 mit der Sowjetunion[12], nannte das Beispiel der Vereinigung Ägyptens und Syriens[13] und fragte, ob die Sowjetunion etwa eine von zwei Staaten im sozialistischen Lager gewünschte Vereinigung oder etwa eine Vereinigung Gibraltars mit Spanien oder Nordirlands mit Irland mit sowjetischer Interpretation der Prinzipien der Unverletzlichkeit der Grenzen und des friedlichen Wandels für unvereinbar halte.

Semskow wich unwirsch mit dem Bemerken aus, dabei handele es sich um heute nicht aktuelle Fälle der Geschichte (baltische Staaten) oder nicht vergleichbare Beispiele (Ägypten – Syrien). Er habe nicht zu prophezeien, sondern Regelungen für heute zu finden.

Obwohl Semskow sorgsam vermied, zur Frage der Vereinbarkeit einer friedlichen Wiedervereinigung Deutschlands oder der Vereinigung Europas mit der von Sowjets gewünschten Fassung und Interpretation des Prinzipienkatalogs Stellung zu nehmen, machte das Gespräch deutlich, daß Sowjetunion gerade diese Fälle friedlicher Grenzaufhebung auszuschließen wünscht und deshalb so starren Widerstand gegen unsere Wünsche zum peaceful change leistet.

Auch bei diesem Thema ging Semskow nicht auf die streitigen Details ein, sondern bestand darauf, daß wir Absprachen gebrochen hätten.

Fortsetzung Fußnote von Seite 59
    die einstimmige Verabschiedung des Kommuniqués zu blockieren. Schließlich wurde ein entsprechender Passus in Ziffer 7 aufgenommen. Für den Wortlaut vgl. SICHERHEIT UND ZUSAMMENARBEIT, Bd. 2, S. 716.
    Zur Diskussion über die maltesische Forderung in Helsinki vgl. auch DBPO III/II, S. 160–162.

[11] Die Verfahrensregeln für die KSZE waren in den Ziffern 64 bis 88 der Schlußempfehlungen der multilateralen Vorgespräche für die KSZE in Helsinki vom 8. Juni 1973 festgelegt. Gemäß Ziffer 79 waren die Vertreter der Teilnehmerstaaten berechtigt, formelle Vorbehalte oder interpretative Erklärungen registrieren zu lassen. Vgl. dazu SICHERHEIT UND ZUSAMMENARBEIT, Bd. 2, S. 605.

[12] Nach der Besetzung Estlands, Lettlands und Litauens durch sowjetische Truppen im Juni 1940 wurden unter sowjetischem Druck neue Regierungen eingesetzt. Die am 14./15. Juli 1940 neugewählten Parlamente beantragten am 21. Juli 1940 die Aufnahme in die UdSSR. Litauen wurde am 2. August, Lettland am 5. August und Estland am 6. August 1940 Sozialistische Sowjetrepublik.

[13] Am 1. Februar 1958 schlossen sich Ägypten und Syrien zur Vereinigten Arabischen Republik (VAR) zusammen. Syrien trat am 30. September 1961 aus der Union aus, während Ägypten den Staatsnamen VAR beibehielt.
Am 17. April 1963 wurde erneut die Schaffung einer Vereinigten Arabischen Republik aus der bisherigen VAR, Syrien und dem Irak proklamiert. Jedoch kam es noch im selben Jahr zu Differenzen zwischen Präsident Nasser und der in Syrien und im Irak herrschenden Baath-Partei. Mit dem Ablaufen der Frist für die vorgesehene Volksabstimmung am 17. September 1963 scheiterte die Union. Vgl. dazu auch AAPD 1963, II, Dok. 338.

Ich wies auf lange Verhandlungsgeschichte hin, die der vereinfachten Darstellung Semskows widerspreche, und daß bereits mehrere Formulierungsvorschläge, auch von sowjetischer Seite, zu peaceful change gemacht worden seien. Da er anscheinend unzutreffend unterrichtet sei, sei ich bereit, ihm einen kurzen Abriß der Verhandlungsgeschichte zur Verfügung zu stellen.

Ich bitte, der Botschaft eine entsprechende chronologische Darstellung zu übermitteln, die bei Fortführung des Gesprächs entstellende sowjetische Darstellung zu dem Punkt erschweren würde (Akten der Botschaft darüber sind nicht ganz vollständig).[14] Die Behauptung, daß wir völlig isoliert seien, hielt er nach meiner Erwähnung der Neun nicht aufrecht, meinte aber, die Neun könnten nichts diktieren.[15]

Auf meine Bemerkung, daß ein weiteres in Genf noch strittiges Problem z.Z. die CBM seien[16], antwortete Semskow mit langen Ausführungen, die von Verhandlungsstand längst überholt sind: Bewegungen einer Division seien, wie u.a. Erfahrungen türkischer Zypern-Aktion[17] bewiesen hätten, militärisch bedeutungslos und würden zu unvertretbarem bürokratischem Aufwand führen. Erst vom Korps an handele es sich um militärisch bedeutsame Einheiten. Unterstellung der Sowjetunion unter Kontrolle bis Ural sei für Großmacht unzumutbar. Im übrigen sei NATO durch amerikanische Satelliten genau unterrichtet. Die Sowjets hätten dieses vom Westen aufgeworfene Thema von Anfang an als künstlich betrachtet. Ihr Eingehen darauf sei schon ein Kompromiß gewesen.

5) Wiederholt unterstrich ich die große Bedeutung, die Moskauer Vertrag für die Entwicklung unserer Beziehungen gehabt hätte. Inzwischen seien diese Beziehungen stabil und tragfähig. Ich hätte jedoch die Sorge, daß seit dem Besuch des Bundeskanzlers und des Bundesministers des Auswärtigen keine Fortschritte gemacht worden seien, sondern eine Art Pause eingetreten sei. Wir müßten uns beide bemühen, Sinn und Gewicht dieses Besuches weiterwirken zu lassen. Semskow griff abschließend die bekannte sowjetische Position wieder auf, wir sollten unsere wichtigen bilateralen Beziehungen nicht mit unwichtigen Dingen belasten. D.h. wir sollten keine „unwichtigen" Probleme aufwerfen (diese Formulierung mag auch für seine KSZE-Ausführungen gegolten haben).

---

14 Ministerialdirektor van Well übermittelte am 28. Januar 1975 der Botschaft in Moskau eine Darstellung der Entwicklung der Formel zu friedlichen Grenzänderungen („peaceful change"). Vgl. Dok. 18.
Am 31. Januar 1975 bat Botschafter Sahm, Moskau, „für das Papier über Verhandlungsgeschichte zum Thema ‚peaceful change'", das er dem sowjetischen Stellvertretenden Außenminister Semskow übergeben wolle, um die amtlichen russischen Fassungen der bislang vorgelegten Formulierungen. Vgl. den Drahtbericht Nr. 369; Referat 212, Bd. 111534.

15 Am 21. Februar 1975 führte Botschafter Sahm, Moskau, erneut ein Gespräch mit dem sowjetischen Stellvertretenden Außenminister, in dem Semskow „zwei Elemente der sowjetischen Position zum ‚schwimmenden Satz'" über friedliche Grenzänderungen („peaceful change") hervorhob: „1) die Formulierung (peaceful change) könne nicht beim Prinzip ‚Unverletzlichkeit der Grenzen' angehängt werden; 2) sowjetische Seite wünsche, daß Formulierung über Möglichkeit der Änderung von Grenzen drei Bestandteile enthalte: Hinweis auf das Völkerrecht; friedliche Regelung; Einvernehmen bei Regelung solcher Fragen". Vgl. den Drahtbericht Nr. 613 von Sahm; Referat 010, Bd. 178580.

16 Zur Diskussion über vertrauensbildende Maßnahmen („confidence-building measures") bei der KSZE in Genf vgl. Dok. 13.

17 Zu den Vorgängen auf Zypern im Juli und August 1974 vgl. Dok. 27, Anm. 20.

III. Wertung

1) Ausführungen Semskows zu den drei behandelten Themen:

30. Jahrestag Kriegsendes, Berlin (Festschreibung besonderer politischer Einheit), KSZE (Festschreibung der Grenzen) lassen gewissen Zusammenhang erkennen, der bei Deutung sowjetischer Haltung mit zu berücksichtigen ist. Semskow erwähnte wiederholt Blutzoll, den Sowjets für Erringung ihrer Stellung in Mitteleuropa und besonders Berlin entrichtet haben, und ließ Machtposition des Siegers und Eroberers anklingen. Insofern erinnerte Gespräch an frühe Zeiten deutsch-sowjetischer Beziehungen.

2) In Semskows harter Linie ist gewiß kräftiger Schuß Taktik. Es kam sowjetischer Seite offenbar darauf an, Eindruck zu vermitteln, daß sowjetische Haltung in Berlin und zu „peaceful change" unnachgiebig sei und wir zu Konzessionen bereit sein müssen, wenn gute Beziehungen fortdauern sollen. Fast klang in seinen Ausführungen der Versuch an, die von uns vertretene Verbindung zwischen guten bilateralen Beziehungen und einer zufriedenstellenden Lage in Berlin sowjetischerseits aufzugreifen oder zumindest zu drohen, daß die Sowjetunion diese Verbindung auch in diesem Sinne nutzen könne.

3) Ich kann jedoch nicht ausschließen, daß Härte Semskows mehr als Taktik widerspiegelt. Man kann nicht außer acht lassen, daß Sowjets zur Zeit auch in Beziehungen zu anderen Staaten, insbesondere den USA (dazu folgt Gesamtwürdigung in gesondertem DB)[18] und Japan (vgl. DB 235 vom 20.1. VS-v)[19] unkonziliante Haltung zeigen. Es ist möglich (dazu folgt gesonderter Bericht[20]), daß Sowjets in gegenwärtiger Phase dem Westen gegenüber größere

---

[18] Am 22. Januar 1975 legte Botschafter Sahm, Moskau, dar: „Das Verhältnis zu Washington, die tragende Säule sowjetischer Entspannungspolitik, durchläuft zur Zeit eine kritische Phase. Dies drückt sich am deutlichsten aus in den Schwierigkeiten im Handelsbereich." Die Behandlung des amerikanisch-sowjetischen Handelsabkommens vom 18. Oktober 1972 durch den amerikanischen Kongreß stelle „eine Demütigung dar, die die Weltmacht Sowjetunion nicht hinzunehmen bereit war. Auswirkungen dieses Rückschlags auf künftigen sowjetischen Kurs werden davon abhängen, ob es gelingt, Abkühlung auf Handelsbereich zu isolieren und vielleicht teilweise zu heilen. Ein wesentliches Motiv sowjetischer Entspannungspolitik, durch bipolare Zusammenarbeit mit USA regionale Interessen leichter durchzusetzen und Weltmachtanspruch im Wege der Teilnahme an internationalem Krisenmanagement zu befriedigen, hat sich im vergangenen Jahr kaum erfüllt. Washington hat Sowjets im Wunsch nach schnellem KSZE-Abschluß nicht wirksam unterstützt und sie aus Befriedungsdiplomatie im Nahen Osten – und wohl auch in Zypern – ausgeschlossen. Nur auf dem Gebiet der strategischen Rüstungsbegrenzung dürfte die Bilanz positiv aussehen." Vor diesem Hintergrund sei die sowjetische Presse „in letzter Zeit zunehmend zu Angriffen auf amerikanische Aktionen übergegangen". Vgl. den Drahtbericht Nr. 250; Referat 213, Bd. 112768.

[19] Botschafter Sahm, Moskau, berichtete über den Besuch des japanischen Außenministers Miyazawa vom 15. bis 17. Januar 1975 in der UdSSR: „Aus jap[anischer] Botschaft ist zu hören, daß Besuch schwierig und wenig erfolgreich verlaufen ist. Die Verschlechterung des sowj[etisch]-jap[anischen] Verhältnisses seit Abspringen der Japaner vom Tjumen-Projekt ist nicht aufgehalten, sondern eher unterstrichen worden." Hinsichtlich einer Rückgabe der Kurilen an Japan sei „keinerlei Fortschritt erzielt worden, sondern ein Bestreben der Sowjets festzustellen gewesen, die Frage stärker zur Seite zu schieben als 1973. Auf jap. Darlegungen, daß die Rückgabe der Inseln notwendig sei, wenn Sowjets gutnachbarliche und freundschaftliche Beziehungen wünschten, habe Gromyko geantwortet, daß in dieser Frage beide Auffassungen weit auseinander lägen und daß die SU eine solche Ansicht nicht als Basis für die künftigen Verhandlungen akzeptieren könne." Vgl. VS-Bd. 10215 (213); B 150, Aktenkopien 1975.

[20] Botschafter Sahm, Moskau, übermittelte am 22. Januar 1975 eine Einschätzung der sowjetischen Außenpolitik zum Jahresbeginn 1975. Gegenüber den Rückschlägen für die sowjetische Regierung in der Nahost-Politik, in Zypern und beim Abschluß der KSZE schienen „die Wirtschaftskrise der Industrieländer und die dadurch ausgelöste soziale Unruhe in einigen Ländern (z. B. Italien) wie

Zurückhaltung zeigen werden, um weitere Entwicklung abzuwarten, wobei interne sowjetische Gründe bis zu gewissem Grad mitspielen mögen. Im Verhältnis zu uns mag außerdem Unsicherheit über Ausgang bevorstehender Landtagswahlen[21] und der Bundestagswahlen 1976[22] eine Rolle spielen, die Sowjets abwartende Haltung geraten sein läßt. Auffällig war, daß Semskow versuchte, Schwierigkeiten, die wir angeblich machten, zwar nicht ausdrücklich, aber doch erkennbar der FDP anzulasten.

4) In praktischer Hinsicht stellt sich Lage in Genf und Berlin verschieden dar:

a) Sowjets wissen – und Semskow deutete dies auch an –, daß sie bei KSZE für jede Formulierung unsere Zustimmung brauchen. Nach meiner Auffassung geben Semskows Ausführungen erneuten Anlaß, in Genf hinsichtlich unserer legitimen deutschland- und europapolitischen Anliegen fest zu bleiben und die Unterstützung unserer europäischen und atlantischen Partner zu sichern. Falls es zu keiner befriedigenden Formulierung in den einschlägigen Punkten kommen sollte, könnten uns Sowjets später entgegenhalten, uns sei ja ihre Haltung zur Unvereinbarkeit einer Wiedervereinigungspolitik und europäischen Einigungspolitik mit KSZE-Schlußdokumenten vorher bekannt gewesen.

b) Hinsichtlich Berlins stimmen Semskows Ausführungen pessimistischer. Aus hiesiger Sicht bestehen kaum Aussichten, daß Sowjets in nächster Zeit ihre unnachgiebige Haltung ändern. Es bleibt daher nichts anderes übrig, als weiterhin Schritt für Schritt in Einzelfragen praktische Lösungen anzustreben.[23]

[gez.] Sahm

Referat 213, Bd. 112758

Fortsetzung Fußnote von Seite 62

auch die politischen Veränderungen im Mittelmeerraum (Sturz der Rechtsdiktaturen in Griechenland und Portugal, griechischer Austritt aus militärischer NATO-Organisation) für Moskau günstig. Diese Entwicklungen sind jedoch zweischneidig und decken grundsätzliches Dilemma sowjetischer Entspannungspolitik auf: Zusammenarbeit mit westlichen bürgerlichen Regierungen stößt im eigenen Lager besonders dann auf ideologische Einwände, wenn linke Kräfte im Westen die Zeit reif halten für gesellschaftliche Veränderungen. Andererseits fürchten Sowjets, daß Krise im Westen rechtsgerichtete und sowjetfeindliche Kräfte emporspülen könnte [...]. Eine ernste Krise, die Westen bis an Rand des wirtschaftlichen Zusammenbruchs treibt, würde von Moskau erhoffte wirtschaftlichen Früchte der Entspannungspolitik gefährden." Vgl. den Drahtbericht Nr. 250; Referat 213, Bd. 112768.

21 Am 2. März 1975 fanden die Wahlen zum Berliner Abgeordnetenhaus statt; es folgten am 9. März bzw. am 13. April 1975 die Wahlen zu den Landtagen in Rheinland-Pfalz und Schleswig-Holstein sowie am 4. Mai 1975 im Saarland und in Nordrhein-Westfalen. Am 28. September 1975 fanden die Wahlen zur Bürgerschaft in Bremen statt.

22 Die Wahlen zum Bundestag fanden am 3. Oktober 1976 statt.

23 Botschafter Sahm, Moskau, führte am 21. Februar 1975 erneut ein Gespräch mit dem sowjetischen Stellvertretenden Außenminister. Zur Diskussion über Berlin-Fragen berichtete Sahm am 22. Februar 1975, Semskow habe ausgeführt: „Westberlin werde in Entspannung einbezogen, aber nicht in Form einer Kontrolle Westberlins durch die Bundesrepublik Deutschland. Dies sei der Kern der Angelegenheit. Sowjets seien für strikte Einhaltung des V[ier-]M[ächte-]A[bkommens], und dies weder in ausgeweitetem noch in eingeschränktem Sinne. [...] Das einzige Hindernis auf dem Wege positiver Entwicklung in der Westberlinfrage sei unsere Haltung. Wir sollten Realismus zeigen. [...] Es sei nutzlos zu glauben, daß sowjetische Seite in dieser Frage Kompromisse machen werde." Vgl. den Drahtbericht Nr. 628; Referat 010, Bd. 178578.

11

Aufzeichnung des Ministerialdirigenten Meyer-Landrut

214-321.00 POL 22. Januar 1975[1]

Über den Herrn Staatssekretär[2] dem Herrn Minister[3]

Betr.: Jüngste polnische Äußerungen zum Stand der deutsch-polnischen Beziehungen

1) Seit einigen Monaten sind offizielle Äußerungen von polnischer Seite zum Stand der deutsch-polnischen Beziehungen spärlich und sehr zurückhaltend. Der Erste Sekretär Gierek und Außenminister Olszowski haben öffentlich zuletzt Anfang Oktober 1974 auf einer Pressekonferenz in Washington zum Verhältnis zur Bundesrepublik Deutschland Stellung genommen. (Während sich Gierek darauf beschränkt hatte, seine Befriedigung darüber zu äußern, daß sich die Bundesrepublik Deutschland dem Entspannungsprozeß angeschlossen habe, betonte Außenminister Olszowski die Kompliziertheit des beiderseitigen Normalisierungsprozesses, der nach seiner Auffassung die Lösung der Frage der Entschädigung für ehemalige KZ-Häftlinge einschließe.)[4]

In der polnischen Presse erschien zuletzt am 7. Dezember 1974 aus Anlaß des vierten Jahrestages des Abschlusses des deutsch-polnischen Vertrages[5] ein Artikel zu den deutsch-polnischen Beziehungen. Der bekannte Publizist und Deutschland-Experte Wojna äußerte sich dabei in der parteiamtlichen Tageszeitung „Trybuna Ludu" offenbar im Auftrage des ZK der Polnischen Vereinigten Arbeiterpartei. Er betonte die Bedeutung der Lösung der Entschädigungsfrage, spielte demgegenüber das Problem der Umsiedlung stark herunter und erklärte abschließend, man müsse sich darüber im klaren sein, daß „ein Fortschritt in der Normalisierung unserer Beziehungen abhängig ist davon, ob und wie die Bundesrepublik an die von Polen formulierten Postulate herangeht". Zur selben Schlußfolgerung kam am selben Tage die führende polnische Tages-

---

[1] Die Aufzeichnung wurde von Vortragender Legationsrätin I. Klasse Finke-Osiander und von Vortragendem Legationsrat Arnot konzipiert.
[2] Hat Staatssekretär Sachs am 23. Januar 1975 vorgelegen.
[3] Hat Bundesminister Genscher am 29. Januar 1975 vorgelegen.
[4] Der Erste Sekretär des ZK der PVAP, Gierek, hielt sich vom 6. bis 13. Oktober 1974 in Begleitung des polnischen Außenministers Olszowski in den USA auf. Botschafter von Staden, Washington, berichtete am 9. Oktober 1974, Gierek habe sich am Mittag vor dem National Press Club befriedigt darüber gezeigt, daß die Bundesrepublik „sich dem Entspannungsprozeß angeschlossen habe, der durch Anerkennung der Unverrückbarkeit des politischen und territorialen Status quo möglich geworden sei". Die Beantwortung der Frage nach den zukünftigen Beziehungen zwischen der Bundesrepublik und Polen habe er Olszowski überlassen: „Dieser bezeichnete die Beziehungen als wichtigen Aspekt der polnischen Außenpolitik. Sie seien aufgrund des geschlossenen Vertrages normalisiert worden. Das sei aber ein komplizierter Prozeß, der die Lösung von auf den Weltkrieg zurückzuführenden Problemen erfordere. Dazu gehöre die Entschädigung von noch lebenden ehemaligen KZ-Häftlingen. ‚Ihre Rechte sind unveräußerlich, und wir werden von diesem Anspruch nicht abweichen.'" Vgl. den Drahtbericht Nr. 2995; Referat 214, Bd. 116627.
[5] Für den Wortlaut des Vertrags vom 7. Dezember 1970 zwischen der Bundesrepublik und Polen über die Grundlagen der Normalisierung ihrer gegenseitigen Beziehungen vgl. BUNDESGESETZBLATT 1972, Teil II, S. 362 f.

zeitung „Życie Warszawy", indem sie feststellte, ein weiterer Fortschritt in Richtung auf eine völlige Normalisierung hänge jetzt „ausschließlich" von der Haltung der Bundesrepublik ab.[6]

2) Aus jüngster Zeit liegen Äußerungen von Vizeminister Czyrek (im Gespräch mit Botschafter Ruete am 9.1.1975[7]) und wiederum von Wojna (Interview mit dem Deutschen Fernsehen, ausgestrahlt in der Sendung „Kontraste" am 16.1. 1975) vor.

– Vizeminister Czyrek betonte das fortdauernde Interesse Polens an einer Gesamtregelung der Probleme. Zur Umsiedlung wiederholte er, die polnische Regierung sei mit ihrem Angeboten (abschließende Regelung bei einer Ausreise von 70 000 – 80 000 Personen) so weit wie irgend möglich gegangen. Aus den verschiedensten Gründen könne sie über die von ihr genannte Zahl nicht hinausgehen. Wenn wir uns den polnischen Zahlen annäherten, könne eine Basis für eine Verständigung gefunden werden. Zur Regelung insgesamt vertrat er die Auffassung, die polnische Seite habe auf höchster Ebene alles gesagt, was es zu sagen gäbe. Jetzt sei die Bundesregierung an der Reihe.

– Wojna äußerte sich entsprechend der Linie seines bereits zitierten Artikels. Nach der Auffassung Wojnas ist die Lösung der Wiedergutmachungsfrage in gewissem Sinne eine Voraussetzung für den weiteren Fortgang des Normalisierungsprozesses (ohne daß er dabei Einzelheiten präzisierte). Bei der Umsiedlung werde sich die polnische Regierung auch in Zukunft (!) von dem Grundsatz des guten Willens leiten lassen. Auf die Frage, wo nach seiner Meinung der Ball liege, antwortete Wojna, daß aus auf der Vergangenheit beruhenden Gründen der Ball meistens auf der Seite der Bundesrepublik liege.

3) Die Äußerungen von Vizeminister Czyrek und Wojna wiederholen die seit der Übergabe des Frelek-Papiers im April 1974[8] ständig verwandte polnische Argumentation.

---

[6] Am 9. Dezember 1974 berichtete Botschafter Ruete, Warschau, der polnische Journalist Wojna habe in der Tageszeitung „Trybuna Ludu" ausgeführt: „Der Warschauer Vertrag sei kein Ziel an sich, sondern ein ‚Instrument der Normalisierung'. Normalisierung bedeute vor allem die ‚Überwindung der tragischen Belastung der Geschichte'. [...] Das ‚große Problem', die ‚Sache der noch lebenden KZ-Opfer', habe besondere Bedeutung für die Überwindung der Vergangenheit, und ‚niemand in Bonn darf die geringste Illusion haben, daß ein Ausklammern dieser Frage aus der Gesamtheit der Normalisierung möglich sein wird'. Das durch eine lautstarke innenpolitische Propaganda in den Vordergrund gerückte Problem der sogenannten Familienzusammenführung habe ein mit der Frage der KZ-Opfer ‚absolut nicht vergleichbares spezifisches Gewicht'." Ähnlich habe der stellvertretende Chefredakteur der Tageszeitung „Życie Warszawy", Wysocki, geschrieben, „hinsichtlich des ‚großen humanitären Problems der Häftlinge der Hitler-KZs' herrsche ‚vollkommene Klarheit und Einmütigkeit in der ganzen polnischen Gesellschaft. Die polnische öffentliche Meinung habe dazu eine einzige gemeinsame Meinung, und wer das nicht erkennt, zeige eine weitgehende Kurzsichtigkeit'." Vgl. den Drahtbericht Nr. 1040; Referat 214, Bd. 116626.

[7] Korrigiert aus „8.1.1975".
Über das Gespräch mit dem polnischen Stellvertretenden Außenminister berichtete Botschafter Ruete, Warschau, am 15. Januar 1975: Czyrek habe das polnische Interesse an einer „einverständlichen Gesamtregelung" betont: „Verschiedene Gründe sprächen für eine derartige Lösung (30 Jahre nach Kriegsschluß, europäische Sicherheitskonferenz, weltweite Entspannung und internationale Zusammenarbeit als einzige Möglichkeit des Zusammenlebens, Interesse an sachlicher Zusammenarbeit mit uns). Die Gesamtbereinigung der Probleme dürfe jedoch nicht auf Kosten Polens vor sich gehen." Vgl. den Drahtbericht Nr. 28; Referat 214, Bd. 116628.

[8] Am 11. April 1974 übergab der Abteilungsleiter im ZK der PVAP, Frelek, Bundeskanzler Brandt ein Non-Paper („Frelek-Papier"), in dem festgestellt wurde, daß Polen die Verpflichtungen aus der

- Sie geht, was die Sache betrifft, von einer Ungleichwertigkeit der zur Diskussion stehenden beiderseitigen Interessen aus. Während als wesentliches politisches Problem die Regelung der polnischen Entschädigungsforderungen gilt, wobei die verwandten Formulierungen weiterhin Flexibilität zur Form der Lösung anzeigen, wird die von uns als Hauptproblem betrachtete Umsiedlung als sachlich untergeordnete, bereits weitgehend gelöste Frage interpretiert, deren weitere Behandlung keine besonderen Anstrengungen erfordert, sondern durch Fortführung der bisherigen polnischen Praxis gelöst werden kann.

- Zum Procedere stellt Vizeminister Czyrek fest, daß sich die polnische Seite auf höchster Ebene abschließend geäußert habe und die Bundesregierung nun an der Reihe sei, wobei der Eindruck erweckt wird, als habe die Bundesregierung nicht auf höchster Ebene Stellung bezogen oder jedenfalls doch nur in einer taktischen Weise, so daß ausschließlich von ihr weitere Konzessionen zu erwarten seien.

Es entspricht ständiger polnischer Übung, von auf polnischer Seite bestehenden Schwierigkeiten durch die Behauptung abzulenken, es liege an der Bundesregierung, neue Schritte zu tun, da Polen bereits seinem guten Willen entsprechend gehandelt habe. Dabei zeigt sich bei Wojna insofern eine besondere Nuance, als er behauptet, schon aus der Struktur der anstehenden Fragen seien wir prinzipiell immer am Zuge. Auch dies entspricht jedoch einer latent immer vorhandenen polnischen Grundtendenz, die gegenwärtigen deutsch-polnischen Beziehungen aus der Notwendigkeit beständiger deutscher Anstrengungen zur Wiedergutmachung der Vergangenheit zu begreifen.

Fortsetzung Fußnote von Seite 65

„Information" über Maßnahmen zur Lösung humanitärer Probleme, die die polnische Regierung im Zusammenhang mit der Paraphierung des Warschauer Vertrags am 18. November 1970 übergeben hatte, erfüllt habe. Die Forderungen der Bundesregierung nach Genehmigung weiterer Ausreisen sei deshalb unangemessen. Dennoch sei die polnische Seite bereit, „zu Forderungen des Bundeskanzlers und seiner Regierung betreffs der Fortsetzung und Beendigung der ‚Aktion für die Familienzusammenführung' positiv Stellung zu nehmen, die im Jahre 1970 angenommenen Kriterien tatsächlich umfassender auszulegen und die Ausreise aus Polen für den restlichen Personenkreis, der familiäre Bindungen zu Bürgern der BRD hat, zu genehmigen. Es liegt jedoch offensichtlich vor, daß hier nicht in Betracht die Zahlen von Personen kommen können, die sogar nicht durch die vorangemeldeten Anträge begründet sind. Würden sie angenommen, so würde in Wirklichkeit eine in ihren Ausmaßen gewichtige ökonomische Emigration der polnischen Bevölkerung stattfinden, also eine Emigration, die sozialistisches Polen weder betrieb, noch die Absicht hat zu betreiben." Für die Erteilung von Ausreisegenehmigungen könnten höchstens 60 000–70 000 Personen in Betracht kommen. Die polnische Regierung sei bereit, diese Zahlen und Zusagen in einer offiziellen Erklärung zu bestätigen, die den Zeitraum für den Abschluß der Familienzusammenführung auf drei Jahre festlegen würde. Außerdem wurde ausgeführt: „Die Bereitschaft der polnischen Seite, das Problem der ‚Aktion der Familienzusammenführung', das von der Regierung der BRD als ein wichtiges humanitäres Problem betrachtet wird, zu lösen, erfordert eine Lösung seitens der BRD des unvergleichbar größeren und akuteren Problems, das von Polen gestellt wird. Es ist die Frage der Entschädigung für die ehemaligen Häftlinge der Konzentrationslager." Polen sei „entschieden, dieses Problem so lange sowie in allen möglichen Formen zu stellen, bis es gelöst wird". Dafür sei eine Summe von 600 Millionen DM vorgeschlagen worden. In der Frage der Pauschalabgeltung aller von polnischer Seite erhobenen Rentenansprüche sei ein Betrag von 700 Millionen DM gefordert worden. Zur Förderung der Wirtschaftsbeziehungen wolle man auf der Grundlage der polnischen Forderungen nach einem Finanzkredit von drei Milliarden DM und einem Investitionskredit von sieben Milliarden DM weiterverhandeln. Vgl. Referat 214, Bd. 116627.

- Die Äußerungen Vizeminister Czyreks und Wojnas enthalten sowohl in der Substanz als auch bezüglich der Behauptung zum Procedere, bei uns liege der Ball, nichts Neues. Sie folgen der Linie, prinzipiell der Bundesregierung die Schuld für den unbefriedigenden Stand der Dinge zuzuschieben.

Ein verschärfendes Element tritt insofern hervor, als Vizeminister Czyrek erklärte, auf der polnischen Seite habe man nicht den Eindruck, daß bei uns der Wille zu einer umfassenden, großzügigen und dauerhaften Regelung noch vorhanden sei. Hier wird, in der letzten Zeit zum ersten Mal, in ausdrücklicher Form die Bereitschaft der Bundesregierung zur Regelung des deutsch-polnischen Verhältnisses in Zweifel gezogen.

Aus diesen Äußerungen ergibt sich insgesamt das Bild, daß sich die polnische Haltung seit dem Abrücken von den im Dezember 1973 erzielten Ergebnissen der deutsch-polnischen Gespräche[9] praktisch kaum bewegt und entwickelt hat. Während sie freilich noch am ehesten Zeichen von Flexibilität hinsichtlich der Entschädigungsfrage erkennen läßt, ist die polnische Position zur Umsiedlung völlig starr geblieben. Auch die Ausführungen in den beiden Briefen des Bundeskanzlers an Herrn Gierek[10] und die eindringlichen Darlegungen von Staats-

---

[9] Am 6./7. Dezember 1973 hielt sich der polnische Außenminister Olszowski in der Bundesrepublik auf. Die Bundesregierung erklärte sich während der Gespräche bereit, Polen einen Finanzkredit in Höhe von einer Milliarde DM zur Verfügung zu stellen, wobei über Zins, Laufzeit und Karenzzeit noch verhandelt werden könne. Zur Frage der Ausreise von Deutschen aus Polen in die Bundesrepublik erläuterte Bundesminister Scheel die Vorstellung, daß in den Jahren 1974, 1975 und 1976 jeweils 50 000 Personen übersiedeln sollten und dann erneut geprüft würde, wie ein Abschluß der Übersiedlungen erreicht werden könnte. Vgl. dazu AAPD 1973, III, Dok. 402.
In der „zwischen den Delegationen abgestimmten Äußerung der Delegationssprecher vom 7.12.1973" wurde zur „Frage der umfassenden Regelung der Ausreisen innerhalb der nächsten drei bis fünf Jahre" lediglich die polnische Bereitschaft erwähnt, im Jahr 1974 „50 000 Personen die Ausreise zu genehmigen. Beide Seiten beschlossen, ein Protokoll über die Gesamtregelung zu vereinbaren." Vgl. Referat 421, Bd. 117634.

[10] Am 23. Juli 1974 teilte Bundeskanzler Schmidt dem Ersten Sekretär des ZK der PVAP, Gierek, die Bereitschaft mit, sich weiter um eine Regelung der offenen Fragen in den Beziehungen zu Polen zu bemühen: „Ich bin der Auffassung, daß wir dabei die Grundlage vom Dezember 1973 beibehalten müssen. Dies gilt insbesondere für die Lösung des Problems der Umsiedlung. Die Bundesregierung hält das Angebot eines ungebundenen Finanzkredits in Höhe von 1 Milliarde DM aufrecht. Die allgemeine Entwicklung der Wirtschaftslage in der Bundesrepublik Deutschland erleichtert ihr freilich diese Position auf längere Sicht keineswegs." Eine Einigung über die Kreditkonditionen wie auch über die Höhe der Rentenpauschale halte er für möglich. Hinsichtlich der polnischen Vorschläge zur Entschädigung habe sich die Bundesregierung ihre Haltung „niemals leicht gemacht", wobei er jedoch „keine Möglichkeit sehe, auf derartige Vorschläge einzugehen. Die Konzeption, die von den damaligen Außenministern Scheel und Olszowski in Helsinki entwickelt wurde und die eine Ablösung der Entschädigung durch eine intensivere wirtschaftliche Zusammenarbeit einschließlich eines Kredits vorsah, war für die Bundesregierung ohnehin schon mit erheblichen Schwierigkeiten verbunden." Vgl. Referat 214, Bd. 116627.
Zum Antwortschreiben von Gierek vom 2. September 1974 stellte Ministerialdirigent Blech am 10. September 1974 fest: „In der Sache hält die polnische Seite an ihren im April 1974 übermittelten Vorstellungen fest. Unserem Wunsch (Wiederherstellung der Gesprächsbasis vom Dezember 1973, insbesondere in der Umsiedlungsfrage) setzt die polnische Seite den Wunsch entgegen, nicht nur ‚die positiven Ergebnisse' der bisherigen Gespräche, sondern auch die polnischen Vorschläge vom April zum Ausgangspunkt der künftigen Gespräche zu machen. Sie macht damit polnisches Eingehen auf unsere Anliegen abhängig von deutschem Eingehen auf polnische Anliegen, das heißt im Kern auf die polnischen Wünsche in der Wiedergutmachungsfrage." Vgl. VS-Bd. 10159 (214); B 150, Aktenkopien 1974.
Der polnische Botschafter Piątkowski übergab Schmidt am 1. Oktober 1974 ein weiteres Schreiben von Gierek, daneben „die Entwürfe für Vereinbarungen Rentenpauschale, Finanzkredit und Gewährleistungen sowie den Entwurf einer Erklärung der polnischen Regierung zur ‚Information'

sekretär Gehlhoff gegenüber Herrn Gierek im November 1974[11] haben offenbar noch nicht die von uns erstrebte Wirkung gehabt, die polnische Seite zu einem erneuten Überdenken ihrer Haltung in dieser Frage zu veranlassen.

Wir werden daher unsere Bemühungen aktiv fortsetzen müssen, der polnischen Führung die zentrale Bedeutung der Umsiedlungsfrage im deutsch-polnischen Verhältnis zu verdeutlichen und klarzustellen[12], daß die Anstrengungen, zu denen die Bundesregierung in anderen Bereichen bereit ist, nur unter der Voraussetzung möglich sind, daß die polnische Seite bei der Umsiedlung Entgegenkommen zeigt.

i. V. Meyer-Landrut

Referat 214, Bd. 116628

Fortsetzung Fußnote von Seite 67
vom Dezember 1970. [...] Der Botschafter fügte als mündliche Mitteilung hinzu, die polnische Regierung sei bei einer Einigung auf der von ihr vorgeschlagenen Basis bereit, eine nicht zu veröffentlichende Erklärung darüber abzugeben, daß die Frage der Entschädigung für KZ-Opfer für die polnische Seite nunmehr endgültig erledigt sei. Der Bundeskanzler betonte, wie empfindlich er in diesem Punkte sei. Er halte die 17 Millionen Menschen in der DDR für genauso verantwortlich für das, was während des Dritten Reichs geschehen sei, wie die Menschen in der Bundesrepublik Deutschland. Dies sei seine feste, sittlich begründete Auffassung, die niemand überwinden könne. Der Botschafter warf ein, dies sei ein schwerer Punkt. Der Bundeskanzler entgegnete, er wisse das, wolle aber schon jetzt deutlich sagen, daß er – selbst wenn wir uns in Sachfragen einigen können – doch niemals unterschreiben werde, was der Bundesrepublik Deutschland eine moralische Verantwortung auferlege. Die Formulierungen in dem ihm übergebenen Papier seien für ihn so nicht akzeptabel." Vgl. die Gesprächsaufzeichnung; Helmut-Schmidt-Archiv, 1/HSAA 006972.
Mit Schreiben vom 19. November 1974 erklärte Schmidt gegenüber Gierek, er trete „seit langem aus persönlicher Überzeugung" für eine Verständigung und Zusammenarbeit mit Polen ein. Er habe die von Piątkowski übergebenen Entwürfe sorgfältig geprüft und dabei „den Eindruck gewonnen, daß in einigen zentralen Punkten die beiderseitigen Vorstellungen noch erheblich voneinander abweichen". Deshalb habe er Staatssekretär Gehlhoff beauftragt, die Vorstellungen der Bundesregierung „persönlich eingehend zu erläutern". Vgl. Helmut-Schmidt-Archiv, 1/HSAA 006605.
11 Für die Gespräche des Staatssekretärs Gehlhoff mit dem Ersten Sekretär des ZK der PVAP, Gierek, am 20./21. November 1974 in Warschau vgl. AAPD 1974, II, Dok. 335 und Dok. 336.
12 Der Passus „Wir werden daher ... und klarzustellen" wurde von Bundesminister Genscher hervorgehoben. Dazu vermerkte er handschriftlich: „r[ichtig]".

12

Aufzeichnung des Vortragenden Legationsrats I. Klasse Ruth

221-372.02-106/75 geheim 22. Januar 1975[1]

Betr.: Sitzung des Bundessicherheitsrats am 27.1.1975;
hier: Bericht über den Stand der MBFR-Verhandlungen

1) Die Verhandlungen in Wien gehen am 30. Januar mit der 55. Plenarsitzung in ihre fünfte Runde.[2]

Die geringen Verhandlungsfortschritte bei 15 Monaten Verhandlungsdauer überraschen nicht. MBFR ist zum Teil komplizierter und als multilaterale Verhandlung zeitraubender als SALT. Selbst SALT führte erst nach drei Jahren zu ersten Ergebnissen.[3] Die bisherigen Verhandlungen waren jedoch nicht nutzlos. Sie haben immerhin gezeigt, daß ein sachliches Gespräch über konkrete Aspekte der militärischen Sicherheit zwischen Ost und West möglich ist.

2) Eine Einigung zeichnet sich in Wien derzeit ebensowenig ab wie ein Nachlassen des beiderseitigen Interesses an Verhandlungsergebnissen. Der Erfolgsmangel beruht vor allem auf der fortbestehenden Unvereinbarkeit der beiderseitigen langfristigen Zielsetzungen:

– die NATO möchte das bisherige Kräftemißverhältnis beim Personalbestand der Landstreitkräfte in Mitteleuropa im Zuge von Reduzierungen bis zu einem ungefähren Gleichstand (common ceiling) im Interesse größerer Stabilität beseitigen,

– der Warschauer Pakt möchte es unverändert erhalten und im Zuge von Reduzierungen auf unabsehbare Zeit festschreiben.

3) In der vierten Runde (Herbst 1974) hat es auf beiden Seiten gewisse Angebote gegeben, um Bewegungen vorzubereiten:

---

[1] Die Aufzeichnung wurde von Vortragendem Legationsrat I. Klasse Ruth am 22. Januar 1975 über Botschafter Roth an Referat 201 als Unterlage für die Sitzung des Bundessicherheitsrats am 27. Januar 1975 geleitet.
Hat Roth am 22. Januar 1975 vorgelegen. Vgl. den Begleitvermerk; VS-Bd. 8639 (201); B 150, Aktenkopien 1975.
Hat Bundesminister Genscher vorgelegen.

[2] Seit 30. Oktober 1973 fanden in Wien die MBFR-Verhandlungen statt. Die vierte Runde der Verhandlungen dauerte vom 24. September bis 12. Dezember 1974. Für den Abschlußbericht des Botschafters Behrends, Wien (MBFR-Delegation) vgl. AAPD 1974, II, Dok. 375.
Zum Beginn der fünften Runde vgl. Dok. 36, besonders Anm. 2.

[3] Nach Vorgesprächen zwischen den USA und der UdSSR vom 17. November bis 22. Dezember 1969 in Helsinki über eine Begrenzung strategischer Waffen begann die erste Phase der Strategic Arms Limitation Talks (SALT) vom 16. April bis 14. August 1970 in Wien. Die amerikanisch-sowjetischen Gespräche wurden abwechselnd in Helsinki und Wien fortgesetzt. Am 26. Mai 1972 unterzeichneten der Generalsekretär des ZK der KPdSU, Breschnew, und Präsident Nixon in Moskau einen Vertrag über die Begrenzung der Raketenabwehrsysteme (ABM-Vertrag) und ein Interimsabkommen über Maßnahmen hinsichtlich der Begrenzung strategischer Waffen (SALT) mit Protokoll. Für den Wortlaut vgl. UNTS, Bd. 944, S. 4–26. Für den deutschen Wortlaut vgl. EUROPA-ARCHIV 1972, D 392–398.
Vgl. auch die vereinbarten und einseitigen Interpretationen zu den Verträgen; DEPARTMENT OF STATE BULLETIN, Bd. 67 (1972), S. 11–14. Für den deutschen Wortlaut vgl. EUROPA-ARCHIV 1972, D 398–404.

a) Die NATO schlug vor,

– Streitkräftedaten auszutauschen,

– Landstreitkräfte anhand funktionaler Kriterien gemeinsam zu definieren. (Dieses Abgehen vom Uniformprinzip würde die numerische Disparität im Personalbestand der Landstreitkräfte verringern.)[4]

b) Um östliche Bedenken gegen den Rahmenvorschlag der NATO[5] auszuräumen, hat die NATO weiter folgende Verdeutlichungen ihres Konzepts für den Fall einer befriedigenden Vereinbarung über die erste Phase (d.h. sowjetisch-amerikanische Reduzierungen, Zustimmung zum Konzept der übereinstimmenden Höchststärke im Personalbestand der Landstreitkräfte) angeboten:

– Festlegung des zeitlichen Abstands zwischen den beiden Phasen[6],

– Vereinbarung einer Revisionsklausel für das Phase-I-Abkommen[7],

– Nichterhöhung der Personalstärke der nichtamerikanischen und nichtsowjetischen Landstreitkräfte in Verbindung mit Reduzierungen für amerikanische und sowjetische Landstreitkräfte[8],

---

[4] Die Themen Datenaustausch und Definition der Landstreitkräfte wurden vom Leiter der amerikanischen MBFR-Delegation, Resor, im Emissärgespräch am 15. Oktober 1974 eingeführt. Botschafter Behrends, Wien (MBFR-Delegation), berichtete dazu: „Er bot eine Vereinbarung über die Definition der Landstreitkräfte an, bei der das Personal der Helikoptereinheiten des WP, die der Unterstützung der Landstreitkräfte dienten, in die Landstreitkräfte einbezogen, dagegen das bisher vom Westen den Landstreitkräften zugerechnete Personal der polnischen und tschechoslowakischen Luftverteidigungsstreitkräfte ausgeklammert würden." Dies würde „die Ausgangszahl für die Festlegung der Verminderungen der WP-Seite [...] beträchtlich vermindern. Angesichts dessen würde eine solche Vereinbarung ein Einvernehmen erfordern, daß der nächste Schritt ein Austausch von Daten über die Gesamtstärke der Landstreitkräfte beider Seiten mit dem Ziel einer Einigung darüber sein werde und daß die so definierten Landstreitkräfte die zu reduzierenden Streitkräfte sein würden." Vgl. den Drahtbericht Nr. 809; VS-Bd. 8246 (201); B 150, Aktenkopien 1974.

[5] Der Leiter der amerikanischen MBFR-Delegation, Resor, führte am 22. November 1973 namens der an den MBFR-Verhandlungen teilnehmenden NATO-Mitgliedstaaten Rahmenvorschläge für ein MBFR-Abkommen ein. Diese sahen eine Verminderung der Landstreitkräfte beider Seiten auf dem Gebiet Belgiens, der Bundesrepublik, der ČSSR, der DDR, Luxemburgs, der Niederlande und Polens vor. Ziel der Verhandlungen sollte ein Gleichstand beider Seiten in Form einer übereinstimmenden Höchststärke des Personals (common ceiling) mit jeweils etwa 700 000 Mann sein. Vorgesehen war, diese Reduzierungen in zwei aufeinanderfolgenden Phasen mit zwei Abkommen zu erreichen. In einer ersten Phase sollten nur die Streitkräfte der USA und der UdSSR reduziert werden. Die Vorschläge sahen außerdem Vereinbarungen über vertrauensbildende und stabilisierende Maßnahmen sowie zur Verifikation vor. Vgl. dazu AAPD 1973, III, Dok. 386.

[6] Am 6. Juni 1974 berichtete Botschafter Behrends, Wien (MBFR-Delegation), daß im Emissärgespräch am 4. Juni 1974 von den Delegationen der an den Verhandlungen teilnehmenden NATO-Mitgliedstaaten „die Möglichkeit einer zeitlichen Festlegung des Beginns der zweiten Verhandlungsphase" vorgeschlagen worden sei, „ohne damit ein Echo zu erzielen". Vgl. den Drahtbericht Nr. 543; VS-Bd. 9462 (221); B 150, Aktenkopien 1974.

[7] Im Emissärgespräch am 4. Juni 1974 in Wien nahm der Leiter der britischen MBFR-Delegation, Rose, Stellung zur Frage, „was geschieht, wenn die Verhandlungen der zweiten Phase keinen Erfolg innerhalb eines angemessenen Zeitraums haben". Rose erklärte die Bereitschaft der Delegationen der an den Verhandlungen teilnehmenden NATO-Mitgliedstaaten, einem Übereinkommen zur ersten Phase eine Klausel hinzuzufügen, „wonach nach einer bestimmten Frist eine Überprüfung stattfinden könne. Diese Frist könne ebenso wie die Dauer des no-increase-commitments vereinbart werden." Vgl. den Drahtbericht Nr. 543 des Botschafters Behrends, Wien (MBFR-Delegation), vom 6. Juni 1974; VS-Bd. 9462 (221); B 150, Aktenkopien 1974.

[8] Botschafter Behrends, Wien (MBFR-Delegation), führte im Emissärgespräch am 22. Mai 1974 einen Vorschlag der an den MBFR-Verhandlungen teilnehmenden NATO-Mitgliedstaaten zu „no increase" ein: „Ich verwies auf das vom Osten häufig und auch in dieser Sitzung vorgebrachte Argument des Ostens, daß das westliche Phasenkonzept es den westlichen direkten Teilnehmern mit

- Nichterhöhung des Luftwaffenpersonals zwischen den Phasen[9],
- Verpflichtung aller direkten Teilnehmer zu Reduzierungen in der zweiten Phase, um die übereinstimmende Höchststärke zu erreichen.[10]

4) Der WP ist auf die Angebote der NATO bisher nicht eingegangen. Statt dessen schlug er seinerseits vor:

a) ein erstes Abkommen auf Verminderungen von insgesamt 20 000 Mann auf beiden Seiten abzuschließen. Hieran sollten sich 1975 alle direkten Teilnehmer beteiligen.[11]

Die NATO lehnte diesen Vorschlag ab, da er lediglich die gesonderte Behandlung der ersten Stufe des ursprünglichen WP-Vorschlags bedeuten würde. Für die NATO-Ablehnung ist maßgeblich, daß sie

- numerisch gleiche Verminderungen wegen der bestehenden Disparitäten nicht akzeptieren kann,
- mit Rücksicht auf Washington nach wie vor auf substantiellen amerikanisch-sowjetischen Reduzierungen in einer ersten Phase besteht,

Fortsetzung Fußnote von Seite 70

Ausnahme der USA ermögliche, in der Zeit zwischen Abschluß des Phase I-Abkommens und Beendigung der Phase II ihre Streitkräfte zu vergrößern und damit den Effekt der Phase I wieder zunichte zu machen. Um diesem Bedenken Rechnung zu tragen, könnten die NATO-Staaten bereit sein, im Rahmen ihres Vorschlages für die Phase I und unter Voraussetzung eines befriedigenden Phase I-Abkommens einschließlich Vereinbarung einer common ceiling für Landstreitkräfte, eine Formel zu erwägen, die vorsieht, daß keine Seite den Gesamtstand (overall level) des Personals der Landstreitkräfte überschreitet, der sich aus den Reduktionen als Folge des Phase I-Abkommens ergeben würde. Diese Formel würde den Zeitraum zwischen den beiden vom Westen vorgeschlagenen Verhandlungsphasen abdecken, würde aber auf jeden Fall nur für eine noch festzulegende bestimmte Zeitdauer Geltung haben." Vgl. den Drahtbericht Nr. 507 vom 26. Mai 1974; VS-Bd. 8246 (201); B 150, Aktenkopien 1974.

[9] Die an den MBFR-Verhandlungen teilnehmenden NATO-Mitgliedstaaten schlugen am 26. November 1974 ein Moratorium der Luftstreitkräfte vor. Vgl. dazu AAPD 1974, II, Dok. 343.

[10] Am 10. Juli 1974 trug der Leiter der niederländischen MBFR-Delegation, Quarles van Ufford, im Emissärsgespräch den Text einer „den östlichen Gesprächsteilnehmern schriftlich überlassenen Formel" vor. Darin wurde ausgeführt: „The allies are willing to consider a commitment to the effect that the Western contribution to second phase reductions to an agreed common ceiling on overall ground forces manpower of each side would include reductions in the ground forces in the area of all non-US Western direct participants. The allies could undertake such a commitment only in the event of a satisfactory first phase agreement. The only exception are the forces of Luxembourg. You have already informally indicated that you would not expect Luxembourg to reduce its forces, so we assume that this point will give rise to no difficulty." Vgl. den Drahtbericht Nr. 647 des Botschafters Behrends, Wien (MBFR-Delegation), vom 11. Juli 1974; VS-Bd. 8247 (201); B 150, Aktenkopien 1974.

[11] Botschafter Behrends, Wien (MBFR-Delegation), berichtete am 15. Oktober 1974, der Leiter der sowjetischen MBFR-Delegation, Chlestow, habe am selben Tag einen formalisierten Vorschlag für einen ersten Reduzierungsschritt vorgelegt. Dieser sehe vor: „a) Verminderung der Streitkräfte aller direkten Teilnehmer um insgesamt 20 000 Mann auf jeder Seite mit entsprechender Bewaffnung und Ausrüstung im Laufe des Jahres 1975. b) Im Rahmen dieser Gesamtreduzierungen sollen die Streitkräfte der Vereinigten Staaten und der Sowjetunion um je 10 000 Mann, die Streitkräfte Polens und der Bundesrepublik um je 5000 Mann vermindert werden, während die restlichen Reduzierungen von 5000 Mann auf jeder Seite auf die Streitkräfte der übrigen direkten Teilnehmer entfallen würden. c) Die Verminderung der amerikanischen und sowjetischen Streitkräfte würde in der ersten Hälfte des Jahres 1975, die Verminderungen der Streitkräfte der übrigen Teilnehmer in der zweiten Hälfte des Jahres 1975 durchgeführt. d) Diese Reduzierungen könnten als erster Reduzierungsschritt in einem besonderen Abkommen vereinbart und formalisiert werden. Dieses Abkommen würde die Verpflichtung aller direkten Teilnehmer enthalten, Verhandlungen über weitere und substantiellere Reduzierungen einschließlich ihrer Bewaffnung fortzusetzen." Der Vorschlag könne jedoch „nicht als ein Modell aufgefaßt werden, das ein Präjudiz für künftige weitergehende Reduktionen schaffe". Vgl. den Drahtbericht Nr. 809; VS-Bd. 8246 (201); B 150, Aktenkopien 1974.

– die Herstellung nationaler Höchststärken strikt ablehnt.

b) Der WP schlug gegen Ende der vierten Verhandlungsrunde vor, den Personalbestand der Streitkräfte für jeden direkten Teilnehmer getrennt vorläufig einzufrieren.[12]

Die NATO wandte hiergegen ein, daß dies

– dem Verhandlungsziel der Reduzierungen auf eine übereinstimmende Höchststärke nicht entspreche,

– nationale Verpflichtungen fordere und damit nationale Höchststärken bringe,

– ohne die vom Osten abgelehnte Einigung über Streitkräftedaten unzweckmäßig sei,

– eine endgültige Sanktionierung des unausgewogenen Kräfteverhältnisses anbahne.

Ein Gegenzug der NATO wird im Bündnis gegenwärtig vorbereitet.

5) Die Aussichten, in der kommenden fünften Runde substantielle Fortschritte zu erzielen, sind gering. Das MBFR-Interesse der Großmächte ist zur Zeit untergeordnet

– der sowjetischen Priorität für den Abschluß der KSZE,

– der amerikanischen Priorität für ein SALT-II-Abkommen.

Beide Seiten sind gleichwohl entschlossen, den begonnenen Dialog in Wien fortzusetzen, auch wenn vorläufig eine Aussicht auf konkrete Reduzierungsvereinbarungen noch nicht besteht.

6) In der NATO besteht Übereinstimmung darüber, daß am zentralen Verhandlungsziel des ungefähren Gleichstands des Personalbestands der Landstreitkräfte festgehalten werden muß. Dieses Ziel hat durch die SALT-II-Absprache von Wladiwostok[13] über eine numerische Parität der strategischen zentralen Systeme zusätzliche Bedeutung erlangt. Ob seine Durchsetzbarkeit bei MBFR damit erleichtert wird, bleibt abzuwarten. Vornehmlich amerikanischen Interessen entspricht der Vorschlag der NATO, den Reduzierungsprozeß mit substantiellen sowjetischen und amerikanischen Reduzierungen zu beginnen. Die amerikanische Regierung hielt und hält eine vorgezogene Reduzierung sowjetischer und amerikanischer Landstreitkräfte im Rahmen vom MBFR für erforderlich, um dem innenpolitischen Druck auf einseitige amerikanische Reduzierungen entgegenwirken zu können.[14] Es entspricht auch dem Interesse der eu-

---

[12] Die an den MBFR-Verhandlungen teilnehmenden Warschauer-Pakt-Staaten schlugen am 26. November 1974 ein Moratorium der Land- und Luftstreitkräfte der elf direkten Teilnehmerstaaten im Reduzierungsgebiet für die Dauer der Verhandlungen vor. Vgl. dazu AAPD 1974, II, Dok. 343.

[13] Zu den amerikanisch-sowjetischen Vereinbarungen vom 23./24. November 1974 vgl. Dok. 2, Anm. 6.

[14] Am 28. Januar 1975 berichtete Botschafter Behrends, Wien (MBFR-Delegation), der Leiter der amerikanischen MBFR-Delegation, Resor, habe am Vortag die Frage verneint, „ob das amerikanische Verminderungsinteresse angesichts der hohen Arbeitslosigkeit nicht abgenommen habe […]. Die Rückverlegung von Einheiten in die USA könne die Wirtschaft am neuen Standort stimulieren. Die Mitglieder des Kongresses seien mehr an Truppenpräsenz in ihren Wahlkreisen als in Europa interessiert. Es gebe ferner starken Druck auf Verminderung der Verteidigungsausgaben, die nur durch Verminderung der Personalausgaben erzielt werden könnten." Vgl. den Drahtbericht Nr. 41; VS-Bd. 9490 (221); B 150, Aktenkopien 1975.

ropäischen Bündnispartner, einseitige amerikanische Reduzierungen zu verhindern.

7) Unter den Verbündeten werden zur Zeit mögliche Formen der Einbeziehung von Luftwaffenpersonal in MBFR diskutiert. Die Vertreter der Bundesrepublik Deutschland haben bereits erklärt, daß die Bundesregierung der Einbeziehung des Luftwaffenpersonals in Reduzierungen nicht zustimmen wird.[15]

Die Frage, ob unter Berücksichtigung der östlichen Forderung nach Einbeziehung nuklearer Waffen, und um die Durchsetzbarkeit des westlichen Verhandlungsvorschlags zu erhöhen, die Einbeziehung amerikanischer nuklearer Komponenten (sogenannte Option III)[16] vorgesehen werden soll, wird gegenwärtig in Washington noch geprüft und ist Gegenstand bilateraler Konsultationen.[17] Die Alliierten sind sich darüber im klaren, daß die Einführung nuklearer Elemente in die MBFR-Verhandlungen ein wesentlicher Schritt wäre, der auch im Hinblick auf die zukünftige Verteidigungsstrategie des Bündnisses sorgfältig geprüft und vorbereitet werden muß.

Eingespielt und bewährt haben sich die Abstimmungsmechanismen der NATO für die Wiener Verhandlungen. Die Ad-hoc-Gruppe in Wien, an deren Beratungen alle in Wien anwesenden NATO-Delegationen teilnehmen, bereitet sowohl die offiziellen Plenarsitzungen als auch die inoffiziellen Gespräche sorgfältig vor. Im NATO-Rat und seinen besonderen Ausschüssen und Arbeitsgruppen werden die Richtlinien für erforderliche Verhandlungsvarianten ausgearbeitet und Grundlagenarbeiten für längerfristige Entscheidungen geleistet.

Die NATO hat in den bisherigen Verhandlungen bewiesen, daß sie zu einer in Taktik und Substanz abgestimmten Verhandlungsführung fähig ist. Dies muß auch in Zukunft so bleiben. Die Bundesregierung spielt im NATO-Rahmen und

---

[15] Am 27. Januar 1975 führte Botschafter Behrends, Wien (MBFR-Delegation), in der Ad-hoc-Gruppe der an den MBFR-Verhandlungen teilnehmenden NATO-Mitgliedstaaten aus, „daß eine Entscheidung der NATO über die Einbeziehung des Luftwaffenpersonals in den common ceiling und ihre Modalitäten zumindest eine interne Entscheidung über die Frage der Verminderungen solchen Personals voraussetze. Auch diese Entscheidung sei nur im Zusammenhang mit der Erörterung weiterer substantieller Änderungen der NATO-Position, vor allem der Option III, zweckmäßig. Es sei bedenklich, wesentliche Änderungen der NATO-Position seriatim und ohne Klarheit über die nächsten Schritte einzuführen." Vgl. den Drahtbericht Nr. 41 vom 28. Januar 1975; VS-Bd. 9490 (221); B 150, Aktenkopien 1975.
Gesandter Boss, Brüssel (NATO), berichtete am 29. Januar 1975 von Gesprächen über den amerikanischen Vorschlag vom 15. Januar 1975, „Luftwaffenpersonal schon jetzt in Reduzierungen einzubeziehen [...]. Resor und Dean seien aus Wien mit der Überzeugung zurückgekehrt, daß dieser Schritt so schnell wie möglich vollzogen werden müsse. [...] Der deutsche Gesprächspartner wies darauf hin, daß wir die Bereitschaft der USA, uns in einer Ablehnung von Reduzierungen europäischen Luftwaffenpersonals zu unterstützen, dankbar zur Kenntnis genommen hätten; besser sei es jedoch, eine Präzendenzwirkung von vornherein soweit wie möglich zu verhindern." Es sei deutlich gemacht worden, daß die Bundesregierung dem Vorschlag „in der vorliegenden Form nicht zustimmen werde". Vgl. den Drahtbericht Nr. 120; VS-Bd. 9488 (221); B 150, Aktenkopien 1975.

[16] Am 16. April 1973 genehmigte Präsident Nixon das Papier „The United States' Approach to MBFR", das drei Optionen für die NATO-Position in den bevorstehenden MBFR-Verhandlungen enthielt. Das Papier wurde der Botschaft der Bundesrepublik am 26. April 1973 übergeben und am 30. April 1973 in der NATO eingeführt. Für das Papier vgl. VS-Bd. 9421 (221). Vgl. dazu auch AAPD 1973, I, Dok. 120.

[17] Am 19. März 1974 fanden in Washington amerikanisch-britisch-deutsche Konsultationen über die Frage der Einbeziehung nuklearer Komponenten in die MBFR-Verhandlungen statt, die danach auf amerikanischen Wunsch zunächst bilateral fortgesetzt wurden. Vgl. dazu AAPD 1974, I, Dok. 101.

in Wien die ihr infolge der geographischen Lage und des sicherheitspolitischen Gewichts der Bundesrepublik Deutschland zugewiesene Rolle.

[Ruth][18]

VS-Bd. 8639 (201)

13

Aufzeichnung des Vortragenden Legationsrats Gehl

212-360.04-128/75 VS-vertraulich   22. Januar 1975[1]

Betr.: KSZE – Stand der Genfer Verhandlungen

Korb I (Sicherheit)

1) Prinzipiendeklaration[2]

Von zehn Prinzipien sind sieben in erster Lesung vorläufig registriert worden, zuletzt das Prinzip „Achtung der Menschenrechte und Grundfreiheiten"[3], wobei sich der Westen mit seinen Vorschlägen weitgehend durchsetzen konnte. Gegenwärtig Beratungen über die Prinzipien des Selbstbestimmungsrechts der Völker[4] und der Zusammenarbeit zwischen den Staaten[5]. Danach bleibt aus

---

[18] Verfasser laut Begleitvermerk. Vgl. Anm. 1.

[1] Die Aufzeichnung wurde von Vortragendem Legationsrat Gehl am 22. Januar 1975 an Referat 201 als Unterlage für die Sitzung des Bundessicherheitsrats am 27. Januar 1975 geleitet. Dazu führte er aus: „Herr D 2 hat die Bedeutung der vertrauensbildenden Maßnahmen im jetzigen KSZE-Verhandlungsstadium besonders hervorgehoben. Dies erklärt die im Vergleich zu den übrigen Themen ausführlichere Darstellung dieses Punktes im anliegenden Beitrag." Vgl. VS-Bd. 10204 (212); B 150, Aktenkopien 1975.

[2] In den Ziffern 17 und 18 der Schlußempfehlungen der multilateralen Vorgespräche für die KSZE vom 8. Juni 1973 wurde die Kommission zu Korb I (Sicherheit) beauftragt, „jene grundlegenden Prinzipien zu erörtern und zu formulieren, die jeder Teilnehmerstaat zur Gewährleistung des Friedens und der Sicherheit aller Teilnehmerstaaten in seinen Beziehungen zu allen anderen Teilnehmerstaaten ungeachtet ihrer politischen, wirtschaftlichen oder sozialen Systeme zu achten und anzuwenden hat". In Ziffer 19 wurden folgende zehn Prinzipien genannt: „Souveräne Gleichheit, Achtung der der Souveränität innewohnenden Rechte; Enthaltung von der Androhung oder Anwendung von Gewalt; Unverletzlichkeit der Grenzen; Territoriale Integrität der Staaten; Friedliche Regelung von Streitfällen; Nichteinmischung in innere Angelegenheiten; Achtung der Menschenrechte und Grundfreiheiten, einschließlich der Gedanken-, Gewissens-, Religions- oder Überzeugungsfreiheit; Gleichberechtigung und Selbstbestimmungsrecht der Völker; Zusammenarbeit zwischen den Staaten; Erfüllung völkerrechtlicher Verpflichtungen nach Treu und Glauben." Vgl. SICHERHEIT UND ZUSAMMENARBEIT, Bd. 2, S. 595.

[3] Für den Wortlaut des am 20. November 1974 registrierten Dokuments CSCE/II/A/136 vgl. HUMAN RIGHTS, Bd. 3, S. 172 f.

[4] Am 11. Dezember 1974 übermittelte Gesandter Freiherr von Groll, Genf (KSZE-Delegation), den Entwurf einer Formulierung zum Selbstbestimmungsrecht der Völker für die Prinzipiendeklaration und teilte mit, daß dieser Text am Vortag registriert worden wäre, „wenn nicht einige Delegationen (Kanada, Griechenland, Türkei, Zypern, Jugoslawien, Schweiz, Spanien und Rumänien) noch

dem Prinzipiendekalog noch der Grundsatz der Erfüllung völkerrechtlicher Verpflichtungen nach Treu und Glauben.[6] Offen ist auch noch die Plazierung des im Grundsatz bereits gebilligten Passus über die fortdauernde Zulässigkeit friedlicher und einvernehmlicher Grenzänderungen („peaceful change").[7] Im Rahmen der Schlußdispositionen der Prinzipiendeklaration wird über einen Passus zur Gleichwertigkeit und zum Interpretationszusammenhang der Prinzipien[8] zu verhandeln sein. Nach dem ersten Durchgang wird eine zweite Le-

Fortsetzung Fußnote von Seite 74
eine Formulierung zum Verhältnis Selbstbestimmungsrecht – territoriale Integrität gewünscht hätten." Vgl. den Drahtbericht Nr. 1719; Referat 212, Bd. 111542.
Zu den Beratungen über das achte Prinzip vgl. auch AAPD 1974, II, Dok. 377.
Der Entwurf zum Prinzip „Gleichberechtigung und Selbstbestimmungsrecht der Völker" wurde am 19. Februar 1975 registriert. Für das Dokument CSCE/II/A/137 vgl. HUMAN RIGHTS, Bd. 3, S. 173 f.

5 Am 20. Dezember 1974 teilte Gesandter Freiherr von Groll, Genf (KSZE-Delegation), dazu mit: „Größere Schwierigkeiten bereitet, wie erwartet, die Diskussion des Prinzips ‚Zusammenarbeit'. Drei Hauptthemen wurden bisher erörtert: Form und Inhalt eines Einleitungssatzes; Kontakte und Rolle des Individuums; Frieden und Sicherheit in Europa." Vgl. den Drahtbericht Nr. 1773; Referat 212, Bd. 111536.

6 Vortragender Legationsrat I. Klasse Freiherr von Groll nahm am 25. Oktober 1974 zu den in Genf bislang von Frankreich, der UdSSR, Jugoslawien, der Türkei und den Niederlanden eingebrachten Vorschlägen zum zehnten Prinzip der KSZE-Prinzipiendeklaration Stellung: „Die Vorschläge befassen sich mit der Erfüllung völkerrechtlicher Verpflichtungen im Einklang mit der Charta der Vereinten Nationen, ferner mit der Frage, wie bei einer Kollision von Verpflichtungen gemäß der Charta der Vereinten Nationen und Verpflichtungen aus internationalen Abkommen verfahren werden soll. Der französische Vorschlag befaßt sich darüber hinaus mit der Fortgeltung früherer bilateraler und multilateraler Abkommen und enthält eine Aussage über den Vorrang der VN-Charta vor der KSZE-Prinzipiendeklaration." Da Frankreich einen Passus gewünscht habe, „der die Fortgeltung der Vier-Mächte-Rechte sicherstellt", habe die Bonner Vierergruppe folgende Rechtswahrungsklausel („Unberührtheitsklausel") erarbeitet: „Die Teilnehmerstaaten stellen fest, daß die vorliegende Deklaration die Rechte der Teilnehmerstaaten oder die von ihnen geschlossenen oder sie betreffenden zwei- oder mehrseitigen Verträge, Abkommen und im Einklang mit dem Völkerrecht stehenden Vereinbarungen nicht berühren kann und wird." Diese Formel sei noch Gegenstand der Diskussion auch unter den EG-Mitgliedstaaten. Vgl. Referat 212, Bd. 111536.
Am 11. Dezember 1974 legte die französische KSZE-Delegation den Delegationsleitern der übrigen EG-Mitgliedstaaten in Genf einen neuen Entwurf zu Punkt 10 der Prinzipienerklärung vor: „Les états participants reconnaissent que les obligations assumées par eux les uns envers les autres conformément au droit international les lient et doivent être exécutées de bonne foi. Dans l'exercice de leurs droits souverains, dont le droit de déterminer leurs lois et règlements, ils se conforment à leurs obligations juridiques en droit international en outre, ils tiennent dûment compte des documents finals de la CSCE et les appliquent. Les états participants constatant que la présente (titre du document) ne peut affecter et n'affectera pas leurs droits, obligations et responsabilités, non plus que les traités, accords et arrangement conformes au droit international qui les reflètent, antérieurement souscrits par ces états ou qui les concernent. Les états participants réaffirment qu'en cas de conflit entre les obligations souscrits par eux en vertu d'accords internationaux et les obligations qui sont les leurs aux termes de la Charte des Nations Unies, s'ils sont membres de cette organisation, ces dernières obligations prévaudront, conformément à la Charte des Nations Unies." Vgl. den Drahtbericht Nr. 1719 des Gesandten Freiherr von Groll, Genf (KSZE-Delegation); Referat 212, Bd. 100009.
Der französische Entwurf wurde am 12. Dezember 1974 „ohne Vorankündigung" in der Sitzung der Unterkommission 1 (Prinzipien) eingeführt. Vgl. die Aufzeichnung des Vortragenden Legationsrats Gehl; Referat 212, Bd. 111536. Für den Wortlaut des Dokuments CSCE/II/A/31 vgl. HUMAN RIGHTS, Bd. 3, S. 138.

7 Zu den bei der KSZE in Genf vorliegenden Formulierungsvorschlägen zu friedlichen Grenzänderungen („peaceful change") und zur Unterbringung in der Prinzipienerklärung vgl. Dok. 18.

8 In Ziffer 11 des Vorschlags für eine Erklärung über die Prinzipien der Beziehungen zwischen den Teilnehmerstaaten der KSZE, den die französische Delegation am 19. Oktober 1973 der KSZE in Genf vorlegte, wurde ausgeführt: „Die Teilnehmerstaaten erklären, daß die Entwicklung ihrer Beziehungen und der Fortschritt ihrer Zusammenarbeit auf allen Gebieten von der strikten Einhaltung der oben aufgeführten Prinzipien abhängen. Sie erkennen an, daß diese Prinzipien gleichwer-

sung der Prinzipien folgen, um über die bisher noch in Klammern gesetzten strittigen Textteile Einvernehmen herzustellen.

2) Verwirklichung der Prinzipien

Die Konferenz befaßt sich in der Sonderarbeitsgruppe ferner mit Vorschlägen über die Verwirklichung der Prinzipien in der zwischenstaatlichen Praxis. Hierbei geht es um Konkretisierungen des Gewaltverbots aus der Prinzipiendeklaration (Rumänien)[9] und um ein System der friedlichen Streitregelung (Schweiz)[10]. Die Redaktionsarbeiten in der Sonderarbeitsgruppe verlangen unsere besondere Aufmerksamkeit, weil der Osten hier versucht, Weichen für politische Konferenzfolgen zu stellen (Vorgriff auf die unter Tagesordnungspunkt IV erörterten Fragen der Konferenzfolgen).

3) Militärische Aspekte der Sicherheit

Die Ausarbeitung von vertrauensbildenden Maßnahmen wie Manöverbeobachteraustausch und Vorankündigung von größeren militärischen Manövern ist

Fortsetzung Fußnote von Seite 75

tig sind und daß ein jedes von ihnen im Zusammenhang mit den anderen ausgelegt werden muß." Vgl. EUROPA-ARCHIV 1974, D 3.

Das KSZE-Unterkomitee im Rahmen der EPZ beschloß am 16. Januar 1975 in Dublin, daß die EG-Mitgliedstaaten „nachdrücklich darauf bestehen" sollten, diese Elemente in der Prinzipienerklärung zu erhalten. Vgl. den Drahtbericht Nr. 14 des Vortragenden Legationsrats I. Klasse Freiherr von Groll, z.Z. Dublin, vom 17. Januar 1975; Referat 212, Bd. 100020.

[9] Im Anschluß an einen ersten Vorschlag vom 19. September 1973 brachte die rumänische Delegation am 1. Februar 1974 auf der KSZE einen revidierten Vorschlag zum Gewaltverzicht ein, mit dem die an der KSZE teilnehmenden Staaten sich verpflichten sollten, „in ihren gegenseitigen Beziehungen keine Gewalt anzuwenden oder anzudrohen", Streitfälle mit friedlichen Mitteln beizulegen, „keine Truppen auf das Gebiet eines anderen Teilnehmerstaates ohne dessen freie Einwilligung [...] eindringen zu lassen und auf ihm zu unterhalten", keine „Machtdemonstration vorzunehmen, um einen anderen Staat zu veranlassen, auf die volle Ausübung seiner souveränen Rechte zu verzichten", Verhandlungen über eine allgemeine Abrüstung unter wirksamer internationaler Kontrolle zu führen, „keinerlei Zwang oder Druck im wirtschaftlichen Bereich auszuüben, der gegen die politische Unabhängigkeit und die der Souveränität innewohnenden Rechte eines Teilnehmerstaates gerichtet ist" und schließlich, „mit allen Mitteln, welche die Bildung, Kultur, Information wie auch die Erweiterung menschlicher Kontakte jedem Teilnehmerstaat verfügbar machen, die Schaffung einer Atmosphäre des Vertrauens und der Achtung zwischen den Völkern zu fördern, die dazu angetan ist, Propaganda für einen Angriffskrieg und Anwendung oder Androhung von Gewalt gegen einen anderen Teilnehmerstaat auszuschließen, und auf ihren Gebieten Aufwiegelung, falsche Informationen und feindliche Propaganda gegen andere Staaten nicht zuzulassen". Vgl. den Drahterlaß Nr. 115 des Vortragenden Legationsrats Gehl vom 15. Februar 1974 an die Botschaft in Bukarest; Referat 212, Bd. 111536.

[10] Für den Wortlaut des schweizerischen Entwurfs vom 18. September 1973 für einen Vertrag über ein europäisches System der friedlichen Beilegung von Streitigkeiten vgl. SICHERHEIT UND ZUSAMMENARBEIT, Bd. 2, S. 718–774.

Botschafter Blech, Genf (KSZE-Delegation), teilte am 23. Januar 1975 aus einem Gespräch mit dem Leiter der schweizerischen KSZE-Delegation, Bindschedler, mit, „daß die Schweiz in der Frage ihres Projektes über ein Streiterledigungssystem eine flexiblere Haltung annehmen will. Sie bereite einen neuen Text für einen operativen Teil einer KSZE-Entschließung vor, der den obligatorischen Charakter des Systems nicht mehr enthalte und Verhandlungen nach der KSZE nicht ausschließlich auf schweizerische Vorstellungen über Streitregelungsmechanismen beschränke. [...] Wir halten die schweizerischen Vorstellungen für problematisch. Sie kommen dem Osten in zweifacher Weise entgegen: nicht nur Aufgabe des ‚Obligatorismus', sondern auch Eröffnung einer Verhandlung über ‚andere' Regelungsmechanismen für zwischenstaatliche Streitigkeiten in Europa, an denen die SU interessiert ist. Bei solchen Verhandlungen gewinnt die Schweiz nicht viel mehr als die Überleben ihres ambitiösen und wenig aussichtsreichen Projekts um den Preis, daß sie selbst und andere westliche Staaten sich auch mit unannehmbaren östlichen Vorstellungen auseinandersetzen muß: letztlich einem vom Osten konzipierten Sicherheitssystem." Vgl. den Drahtbericht Nr. 80; Referat 212, Bd. 100010.

konkreter Auftrag der Schlußempfehlungen von Helsinki.[11] Die Sowjetunion ist bestrebt, zu diesem Thema mit einem Minimalergebnis die zweite Phase abzuschließen. Dies ist bei dem Austausch von Manöverbeobachtern akzeptabel. Bei der Absprache über die Vorankündigung von größeren militärischen Manövern besteht die Sowjetunion bisher aber auf Positionen, die nicht nur die Maßnahme entwerten, sondern dem Westen Schaden zufügen können. So will die Sowjetunion nationale Manöver nur an den Manövern benachbarte Staaten, also in den meisten Fällen nur an Mitglieder des Warschauer Pakts, vorankündigen und beharrt auf ihrem Vorschlag, daß nur solche Manöver angekündigt werden sollen, die in einem schmalen Streifen von 100 km entlang den Staatsgrenzen stattfinden.[12] Dieser Vorschlag ist für den Westen unannehmbar, weil er

– die Grenzen in Europa akzentuiert,
– ein Berlin-Problem auf der KSZE aufwirft (wo soll der Grenzstreifen verlaufen?),
– die kleineren europäischen Staaten relativ sehr viel mehr belastet als die Sowjetunion, die sich damit einer moralischen Verpflichtung zur Vorankündigung leicht ganz entziehen kann,
– in Europa Zonen mit unterschiedlichem sicherheitspolitischem Status schafft.

Die Position der neun Europäer und der NATO ist es, daß ein befriedigendes Verhandlungsergebnis zu den vertrauensbildenden Maßnahmen zu den essentials gehört, die eine Voraussetzung für den Übergang zur dritten Konferenz-

---

[11] In Ziffer 23 der Schlußempfehlungen der multilateralen Vorgespräche für die KSZE vom 8. Juni 1973 wurde festgelegt: „Um das Vertrauen zu stärken und die Stabilität und Sicherheit zu erhöhen, soll die Kommission/Unterkommission der Konferenz geeignete Vorschläge über vertrauensbildende Maßnahmen unterbreiten, wie die vorherige Ankündigung größerer militärischer Manöver auf einer von der Konferenz festzulegenden Grundlage und den Austausch von Beobachtern bei militärischen Manövern auf Einladung und unter gegenseitig annehmbaren Bedingungen. Die Kommission/Unterkommission prüft außerdem die Frage einer vorherigen Ankündigung größerer militärischer Bewegungen und unterbreitet ihre Schlußfolgerungen." Vgl. SICHERHEIT UND ZUSAMMENARBEIT, Bd. 2, S. 596.

[12] Am 10. Juli 1974 gab Legationsrat I. Klasse Roßbach, Genf (KSZE-Delegation), Ausführungen des Mitglieds der sowjetischen KSZE-Delegation, Mendelewitsch, vom 3. Juli 1974 zu vertrauensbildenden Maßnahmen wieder. Die UdSSR sei bereit, „alle Manöver, die unter der Kommandoebene eines Armeecorps (Armee) stattfinden, anzukündigen; dieser Fall trete praktisch schon ab der Größenordnung von zwei Divisionen ein. Mendelewitsch erklärte weiter, die SU halte am Grundkonzept der Notifizierung an Nachbarn (Beseitigung von Beunruhigung) fest. Die Bereitschaft, multinationale Manöver auf der Führungsebene eines Armeekorps an alle Teilnehmer anzukündigen, sei bereits ein wichtiges Zugeständnis und Entgegenkommen an den Westen. Multinationale Manöver fänden in der SU nicht statt. Größere nationale Manöver in dem Polen benachbarten sowjetischen Grenzgebiet würden ausschließlich gegenüber Polen notifiziert werden. Der von der SU zugestandene Grenzbereich mit einer Tiefe von 100 km sei das Äußerste, was die SU einräumen könne. Über die Einbeziehung der Küstengewässer in derartige Grenzgebiete werde derzeit in Moskau beraten." Vgl. Referat 212, Bd. 100019. Vgl. dazu auch AAPD 1974, II, Dok. 196.
Botschafter Brunner, Genf (KSZE-Delegation), resümierte am 23. Oktober 1974 die Gespräche mit der sowjetischen KSZE-Delegation: „Zu der Frage der Manöverankündigungen ist die Sowjetunion unverändert unbeweglich. Es gibt keinerlei Flexibilität zu dem Umfang der Ankündigungszone und dem Adressatenkreis. Hier setzt die Sowjetunion Erwartungen an uns und deutet an, manches werde möglich werden, wenn wir den Grundsatz der Freiwilligkeit dieser vertrauensbildenden Maßnahme stärker zur Geltung brächten." Vgl. den Drahtbericht Nr. 1505; VS-Bd. 10126 (212); B 150, Aktenkopien 1974.

phase bilden. Unter den Neun und in der NATO wird die Formel „befriedigendes Ergebnis" demnächst präzisiert werden.[13] Es ist nicht auszuschließen, daß die Sowjetunion das politische Engagement des Westens für die vertrauensbildenden Maßnahmen unterschätzt und deshalb bisher ihre Verhandlungsmarge nicht voll eingesetzt hat. Der Westen kann bei den vertrauensbildenden Maßnahmen auf die Unterstützung der neutralen und ungebundenen Staaten rechnen.

Korb II (Zusammenarbeit)

Wesentliche Themenbereiche sind abgeschlossen oder stehen kurz vor Abschluß (Umweltschutz, Wissenschaft, Technik und Handelserleichterungen, wobei westlicher Forderung nach verbesserten Kontakten und Information im Wirtschaftsverkehr weitgehend Rechnung getragen ist). Offen ist noch Meistbegünstigung, Gegenseitigkeit der Vorteile und Verpflichtungen sowie Berücksichtigung der Interessen „europäischer Entwicklungsländer".[14] EG hat osteuropäischen Staatshandelsländern angeboten, daß sie nach KSZE für Verhandlungen über Gewährung der de jure-Meistbegünstigung bereit ist.[15]

---

[13] Das KSZE-Unterkomitee im Rahmen der EPZ verabschiedete am 16./17. Januar 1975 in Dublin einen Bericht für das Politische Komitee, in dem auf das Risiko hingewiesen wurde, das Problem der vertrauensbildenden Maßnahmen „dem ‚Schlußhandel' zu überlassen. Jedenfalls sollten die Neun der sowjetischen Delegation klarmachen, daß noch in der zweiten Konferenzphase befriedigende Ergebnisse erzielt werden müßten. Es wird den Politischen Direktoren anheimgestellt, den Wunsch ihrer Regierungen zu bekräftigen, ein präzises politisches Engagement über C[onfidence]B[uilding]M[easures] zu erhalten." Von seiten der Bundesrepublik, Großbritanniens und der Niederlande sei hervorgehoben worden, daß dieser Text zu schwach sei und, falls er „der anderen Seite bekannt würde, diese noch in ihrem Bestreben bestärken [würde], außer Manöverbeobachtern keine weiteren CBM auf der Konferenz zuzugestehen". Vgl. den Drahtbericht Nr. 14 des Vortragenden Legationsrats I. Klasse Freiherr von Groll, z. Z. Dublin, vom 17. Januar 1975; Referat 212, Bd. 100020. Vgl. dazu auch DBPO III/II, S. 369.
Vgl. dazu ferner die Diskussion im Ständigen NATO-Rat am 7. Februar 1975 in Brüssel unter Beteiligung der Delegationsleiter bei der KSZE in Genf; Dok. 24.

[14] Botschafter Brunner, Genf (KSZE-Delegation), berichtete am 21. Februar 1974 von den Beratungen über Korb II. Nachdem bisher nur Rumänien „für eine besonders deutliche Hervorhebung der Interessen der europäischen Entwicklungsländer eingetreten" sei, habe jetzt auch die Türkei vorgeschlagen, den Entwurf der Schlußakte zu Korb II „durch einen Hinweis auf die Interessen europäischer Entwicklungsländer zu ergänzen". Vgl. den Drahtbericht Nr. 244; Referat 212, Bd. 100024.
Am 19. Dezember 1974 teilte Botschafter Blech, Genf (KSZE-Delgation), dazu mit: „Rumänische Delegation erklärte in privatem Gespräch und in den Sitzungen mehrfach, keinen Hinweis auf Gegenseitigkeit akzeptieren zu können, wenn nicht ein eindeutiger Hinweis auf die Entwicklungsländer in Europa aufgenommen werde. Die neue Kompromißformel der Türkei (‚Interessen der Entwicklungsländer und -gebiete in der ganzen Welt, einschließlich der weniger entwickelten Länder in Europa') wird von Rumänien abgelehnt. Übrige WP-Staaten wollen auf der KSZE keine ‚Entwicklungsländer in Europa als neue Länderkategorie' akzeptieren." Vgl. den Drahtbericht Nr. 1767; Referat 212, Bd. 100024.
Vgl. dazu auch den am 20. Februar 1975 von Bulgarien, Rumänien, der Türkei und Österreich eingebrachten Formulierungsvorschlag; HUMAN RIGHTS, Bd. 4, S. 13.

[15] Dazu teilte Gesandter Freiherr von Groll, Genf (KSZE-Delegation), am 27. Januar 1975 mit: „WP verlangt Verankerung umfassender Meistbegünstigung als Prinzip. Für EG ist sie Verhandlungsgegenstand und nur auf Zölle bezogen. Da KSZE kein Gremium für Handelsvertragsverhandlungen ist, können wir Meistbegünstigung hier de jure nicht gewähren. (EG-Rat hat COMECON-Staaten Angebot zu Handelsvertragsverhandlungen übermittelt und dieses Angebot auf der KSZE wiederholt.) [...] Eine Verbindung politischer Gegenleistungen mit wirtschaftlichen Fragen wird von EG-Staaten als nicht realistisch angesehen, zumal alle EG-Staaten, anders als die USA, allen COMECON-Ländern bereits de facto Meistbegünstigung gewähren." Vgl. den Drahtbericht Nr. 92, Referat 212, Bd. 111538.

Korb III (Kommunikationen)

Hier sind die für uns wichtigsten humanitären Fragen, insbesondere Familienzusammenführung[16], relativ befriedigend abgeschlossen und nur noch einige damit zusammenhängende Probleme im Einleitungstext zu klären.[17] Wenn Thema Erleichterung der Arbeitsbedingungen für Journalisten[18] in gleicher Weise abgeschlossen werden kann, sehen wir keine wesentlichen Probleme mehr bei Korb III. Verhandlungen können sich noch durch großes Interesse der Franzosen an der Kultur hinauszögern.[19] Dies entlastet uns, weil wir Zeit für die für uns vitalen Probleme in Korb I gewinnen.

---

[16] Botschafter Blech, Genf (KSZE-Delegation), übermittelte am 28. November 1974 den Text über die Familienzusammenführung, der „in der kommenden Woche geistig registriert werden" solle. Darin sicherten die an der KSZE teilnehmenden Staaten zu, Gesuche von Personen zu behandeln, „die mit Angehörigen ihrer Familie zusammengeführt werden möchten, unter besonderer Beachtung von Gesuchen dringenden Charakters – wie solchen, die von Kranken oder alten Personen eingereicht werden." Ferner sicherten die Staaten zu, daß im Rahmen der Anträge auf Familienzusammenführung anfallende Gebühren niedrig zu halten seien, daß persönlicher Besitz bei Umsiedlung mitgeführt werden könne und daß sie die Bemühungen des Roten Kreuzes bzw. des Roten Halbmondes unterstützen würden. Sie bestätigten ferner, „daß die Einreichung eines Gesuches betreffend Familienzusammenführung zu keiner Veränderung der Rechte und Pflichten des Gesuchstellers oder seiner Familienmitglieder führen wird. Der aufnehmende Teilnehmerstaat wird angemessene Sorge tragen hinsichtlich der Arbeitsbeschaffung für Personen aus anderen Teilnehmerstaaten, die in diesem Staat im Rahmen der Familienzusammenführung mit seinen Bürgern ständigen Wohnsitz nehmen." Vgl. den Drahtbericht Nr. 1653; Referat 212, Bd. 111542.
Am 2. Dezember 1974 teilte Blech mit, die Unterkommission 8 (Menschliche Kontakte) habe dem Text über Familienzusammenführung zugestimmt. Vgl. den Drahtbericht Nr. 1663; Referat 212, Bd. 111541.

[17] Botschafter Blech, Genf (KSZE-Delegation), berichtete am 2. Dezember 1974 über den Stand der Verhandlungen in der Unterkommission 8 (Menschliche Kontakte): „Offen sind noch folgende Themen: Eheschließungen; Reiseerleichterungen; Tourismus; Jugendaustausch; einleitender Text [...]. Bei dem Text zur Eheschließung wünscht der Westen drei Elemente (einen Hinweis auf die Ein- und Ausreisemöglichkeit zur Eheschließung, Ausreisemöglichkeiten für Ehepartner nach ihrer Heirat, zügige und nicht zu teure Bearbeitung von zur Eheschließung nötigen Dokumenten. [...] Mit der Behandlung der Texte zu ‚Tourismus' und ‚Jugendaustausch' wurde noch nicht begonnen. In dem Einleitungstext wird voraussichtlich gesagt werden, daß die Bewegungsfreiheit (freer movement) und Kontakte erleichtert werden." Vgl. den Drahtbericht Nr. 1663; Referat 212, Bd. 111541.

[18] Gesandter Freiherr von Groll, Genf (KSZE-Delegation), informierte am 20. Dezember 1974 über die Schwierigkeiten bei der Formulierung eines Textes zu den Arbeitsbedingungen für Journalisten: „a) Die SU möchte in dem gesamten Text von ‚akkreditierten' Journalisten sprechen, um klarzumachen, daß er nur auf Journalisten Verwendung findet, die auch als solche einreisen. Sie behauptet, daß schon die Erteilung des Visums für einen Journalisten mit dem entsprechenden Hinweis im Visum eine Akkreditierung bedeute. b) Die SU möchte an möglichst vielen Stellen einen Hinweis auf bilaterale Vereinbarungen [...]. c) Die SU lehnt bisher jeden Hinweis auf ‚Ausweisung' ab." Groll übermittelte einen neuen schweizerischen Vorschlag, der „weitgehend sowjetischen Vorstellungen" entspreche und von der Delegation der Bundesrepublik „in einer ersten Stellungnahme in mehreren Punkten kritisiert" worden sei. Da die Schweiz Koordinator im Bereich Information sei, werde ihr Vorschlag die Verhandlungsposition der Bundesrepublik nicht erleichtern. Vgl. den Drahtbericht Nr. 1777; Referat 212, Bd. 100026.

[19] Am 13. Dezember 1974 vermerkte Vortragende Legationsrätin Krüger zu den Arbeiten an Korb III der KSZE, daß Frankreich das stärkste Interesse am Bereich Kultur gezeigt habe: „Zur Zeit liegt die Verhandlungsführung fast ausschließlich in den Händen der Franzosen, die ihre Vorschläge in informellen bilateralen Gesprächen mit den Sowjets verteidigen und dazu tendieren, ihre westlichen Partner nach Einigung mit den Sowjets vor vollendete Tatsachen zu stellen." Dies habe allerdings auch Vorteile wie die Verlängerung der Verhandlungen durch den Umfang der französischen Vorschläge: „Was Korb III anbetrifft, sind wir in sowjetischer Sicht nicht die einzigen und nach Abschluß der Redaktion des Textes zur Familienzusammenführung überhaupt nicht mehr diejenigen, die besondere Schwierigkeiten bereiten." Vgl. Referat 212, Bd. 111540.

Korb IV (Konferenzfolgen)

Zur Diskussion stehen vier Vorschläge (ČSSR[20], Jugoslawien[21], Finnland[22] und Dänemark[23]). Osten wünscht Errichtung eines ständigen Konsultativkomitees, Westen schlägt mit dänischem Vorschlag nach KSZE Interimsperiode und für 1977 Treffen hoher Beamter vor, die weitere Beschlüsse fassen sollen. Redaktionsarbeiten stehen noch ganz am Anfang (Formulierung von Präambelsätzen).

Zeitplan

Als Termin für Phase III wird jetzt Juni/Juli 1975 ins Auge gefaßt.[24]

[Gehl][25]

VS-Bd. 10204 (212)

---

[20] Während der ersten Phase der KSZE auf der Ebene der Außenminister vom 3. bis 7. Juli 1973 in Helsinki schlug die tschechoslowakische Delegation am 4. Juli 1973 vor, 1) zur „Vorbereitung und Einberufung von nachfolgenden gesamteuropäischen Konferenzen ein Konsultativkomitee von bevollmächtigten Vertretern aller interessierten Staaten Europas, der USA und Kanadas zu bilden. 2) In dem Konsultativkomitee wird auch periodisch ein Meinungs- und Informationsaustausch zu gemeinsam interessierenden Fragen durchgeführt, welche die Festigung der Sicherheit und die Entwicklung der Zusammenarbeit in Europa betreffen. [...] 4) Das Konsultativkomitee wird immer dann zusammentreten, wenn dies von seinen Teilnehmern als zweckmäßig erachtet wird. 5) Das Konsultativkomitee wird nach Abstimmung zwischen allen Teilnehmerstaaten zu den behandelten Fragen Empfehlungen annehmen." Vgl. SICHERHEIT UND ZUSAMMENARBEIT, Bd. 2, S. 683.

[21] Gesandter Freiherr von Groll, Genf (KSZE-Delegation), teilte am 1. März 1974 mit, daß die jugoslawische KSZE-Delegation am selben Tag einen Vorschlag zu den Konferenzfolgen angekündigt habe: „Er sieht Schaffung eines ‚Nachfolge-Komitees' vor, das sich zweimal im Jahre in verschiedenen Hauptstädten treffen und vor allem Durchführung der Konferenzbeschlüsse überwachen soll." Positiv an dem Vorschlag sei, „daß nicht die Überwachung der Prinzipiendeklaration, sondern die Kontrollfunktion für den Operationsbereich im Vordergrund steht und das Rotationsprinzip postuliert wird, wodurch die Bildung eines ständigen Sekretariats verhindert würde." Vgl. den Drahtbericht Nr. 296; Referat 212, Bd. 100005.
Für den Wortlaut des jugoslawischen Vorschlags vom 28. März 1974 vgl. HUMAN RIGHTS, Bd. 3, S. 23 f.

[22] Gesandter Freiherr von Groll, Genf (KSZE-Delegation), übermittelte am 12. Juni 1974 einen finnischen Resolutionsentwurf zu den KSZE-Folgen und teilte dazu mit, der Vorschlag sei von den „westlichen Delegationen [...] sehr reserviert" aufgenommen worden, da er im Gegensatz zum dänischen Vorschlag vom 26. April 1974 „die alsbaldige Konstituierung einer Art ‚Koordinationsausschuß'" vorsehe. Vgl. den Drahtbericht Nr. 861; Referat 212, Bd. 111549.
Für den Wortlaut des finnischen Entwurfs vom 7. Juni 1974 vgl. HUMAN RIGHTS, Bd. 3, S. 26 f.

[23] Am 1. Mai 1974 berichtete Botschafter Brunner, Genf (KSZE-Delegation), Dänemark habe in der Arbeitsgruppe ‚Konferenzfolgen' einen Resolutionsentwurf vorgelegt, der innerhalb der EPZ und der NATO abgestimmt sei. In dem beigefügten, auf den 26. April 1974 datierten dänischen Vorschlag wurde ausgeführt, die Bestimmungen der KSZE sollten zukünftig multilateral im Rahmen von bestehenden internationalen Organisationen und durch Expertentreffen gewährleistet werden. Darüber hinaus solle 1977 „eine Zusammenkunft leitender Beamter einberufen werden, um a) die Ausführung der von der Konferenz über Sicherheit und Zusammenarbeit in Europa gefaßten Beschlüsse sowie den Stand der Beziehungen zwischen den Teilnehmerstaaten im allgemeinen zu beurteilen, und b) so wie es im Lichte dieser Beurteilung angebracht erscheint, Vorschläge über geeignete Maßnahmen zur Verfolgung der durch die Konferenz über Sicherheit und Zusammenarbeit in Europa gesetzten Ziele zu unterbreiten, die sich erstrecken könnten auf I. zusätzliche Zusammenkünfte von Experten; II. weitere Zusammenkünfte leitender Beamter, III. eine neue Konferenz." Vgl. den Drahtbericht Nr. 630; Referat 212, Bd. 111549.
Für den Wortlaut des dänischen Entwurfs vgl. HUMAN RIGHTS, Bd. 3, S. 24 f.

[24] Ministerialdirektor van Well teilte am 27. Januar 1975 mit, daß sich das Politische Komitee im Rahmen der EPZ am 23. Januar 1975 in Dublin darauf geeinigt habe, der Konferenz der Außenminister der EG-Mitgliedstaaten im Rahmen der EPZ am 13. Februar 1975 in Dublin folgende Formulierung zu den Zeitvorstellungen für den Abschluß der KSZE vorzuschlagen: „‚Die Neun teilen den allgemeinen Wunsch, die Konferenz so bald wie möglich zu beenden. Sie sind der Auffas-

14

Aufzeichnung des Ministerialdirigenten Fischer

302-321.00 VIV-17/75 VS-vertraulich   23. Januar 1975[1]

Herrn Staatssekretär[2]

Betr.: Verhandlungen über die Aufnahme diplomatischer Beziehungen zu Nordvietnam[3]

Zur Unterrichtung und mit dem Vorschlag vorgelegt,

– der Übergabe des Entwurfs eines Briefes an den nordvietnamesischen Verhandlungsführer[4], der mit einer entsprechenden Antwort eine Regelung der mit der Errichtung und dem Status der Botschaften in Hanoi und Bonn zusammenhängenden Fragen bilden soll,

– der Übergabe der Entwürfe von zwei Briefwechseln über Berlin (West) (Entwürfe nach Vorbild des Briefwechsels mit der ČSSR[5] liegen bei[6]),

– der Einlassung auf einen Meinungsaustausch über das Pariser Vietnam-Abkommen vom 27.1.1973[7] entsprechend dem nordvietnamesischen Wunsch

zuzustimmen.[8]

Fortsetzung Fußnote von Seite 80
sung, daß die Konferenz zu Beginn des Sommers beendet werden könnte, wenn alle Teilnehmerstaaten entsprechende Anstrengungen unternehmen.' Formelle Festlegung lehnen die Neun ab, um nicht ihren wichtigsten Hebel zur Durchsetzung ihrer ‚essentials' aus der Hand zu geben." Vgl. den Runderlaß Nr. 294; Referat 212, Bd. 100020.

25 Verfasser laut Begleitvermerk. Vgl. Anm. 1.

1 Die Aufzeichnung wurde von Vortragendem Legationsrat I. Klasse Berendonck und von Legationsrat I. Klasse Truhart konzipiert.
2 Hat Staatssekretär Sachs am 28. Januar 1975 vorgelegen.
3 Die Bundesrepublik verhandelte seit dem 27. November 1974 mit der Demokratischen Republik Vietnam (Nordvietnam) über die Aufnahme diplomatischer Beziehungen. Zu den aus Sicht der Bundesrepublik dabei zu klärenden Fragen vgl. AAPD 1974, II, Dok. 332.
4 Vo Van Sung.
5 Zum Briefwechsel mit der ČSSR über die konsularische Betreuung für Personen mit ständigem Wohnsitz in Berlin (West) bzw. betreffend Einreise und Ausreise von Personen mit ständigem Wohnsitz in Berlin (West) in die ČSSR vgl. Dok. 3, Anm. 6.
6 Dem Vorgang beigefügt. Vgl. VS-Bd. 10033 (302); B 150, Aktenkopien 1975.
7 Am 27. Januar 1973 wurde in Paris ein Abkommen über die Beendigung des Kriegs und die Wiederherstellung des Friedens in Vietnam unterzeichnet. Es sah einen Waffenstillstand vor, ferner den Abzug des amerikanischen Militärpersonals aus Vietnam innerhalb von 60 Tagen sowie die Freilassung der Kriegsgefangenen. Kapitel IV enthielt die Verpflichtung zur Respektierung des „Rechtes auf Selbstbestimmung durch das südvietnamesische Volk" sowie die Schaffung eines „Nationalrats der Nationalen Versöhnung", in dem die Regierung der Republik Vietnam (Südvietnam) und die Provisorische Revolutionsregierung der Republik Südvietnam u. a. freie Wahlen für Südvietnam vorbereiten sollten. Die Wiedervereinigung Vietnams sollte mit friedlichen Mitteln zwischen Nord- und Südvietnam herbeigeführt werden. Schließlich legte das Abkommen die Einsetzung von Gemeinsamen Militärkommissionen, internationalen Kontroll- und Überwachungskommissionen sowie die Einberufung einer internationalen Indochina-Konferenz binnen 30 Tagen fest. Für den Wortlaut des Abkommens und der vier zugehörigen Protokolle vgl. DEPARTMENT OF STATE BULLETIN, Bd. 68 (1973), S. 169–188. Für den deutschen Wortlaut vgl. EUROPA-ARCHIV 1973, D 112–122 (Auszug).
8 Die Spiegelstriche innerhalb des Passus „Zur Unterrichtung ... zuzustimmen" wurden von Staatssekretär Sachs durch die Ziffern 1 bis 3 ersetzt. Dazu vermerkte er handschriftlich: „Mit 1 und 2

Sachstand:

In der dritten Gesprächsrunde am 18. Dezember 1974[9] nahm der nordvietnamesische Botschafter Sung zu unseren Vorstellungen über die vor Aufnahme der diplomatischen Beziehungen zu klärenden Fragen Stellung. Dabei zeigten sich folgende Unterschiede beider Auffassungen:

1) Die Nordvietnamesen sind gegen eine Bezugnahme auf das Wiener Übereinkommen über diplomatische Beziehungen (WÜD)[10]. Sie wollen eine Regelung der Vorrechte und Befreiungen nach dem Prinzip der Gleichbehandlung am Ort und stehen dem Grundsatz der Gegenseitigkeit zurückhaltend gegenüber. Eine Regelung soll in der Form eines Aide-mémoire festgehalten werden. Wir hingegen wollen in einem Notenwechsel oder in einem gemeinsamen Protokoll Regelungen auf der Grundlage der WÜD treffen und am Prinzip der Gegenseitigkeit festhalten.

Botschafter Sung erbat die schriftliche Formulierung unserer Vorstellungen zu den Regelungen im Zusammenhang mit der Errichtung von Botschaften noch vor dem nächsten Treffen am 5.2.1975.

2) Im Vordergrund stehen nach wie vor die unterschiedlichen Auffassungen zur Behandlung der Frage unserer Vertretung für Berlin (West).

Die Nordvietnamesen lehnen eine Erörterung der Frage im Zusammenhang mit der Aufnahme diplomatischer Beziehungen ab. Sie erklärten sich jedoch dann bereit, darüber zu sprechen, wenn wir unsererseits der Erörterung gewisser, in dem Pariser Vietnamabkommen und der Schlußakte der Pariser Vietnamkonferenz[11] enthaltenen Fragen zustimmten. Botschafter Sung kündigte für die vierte Gesprächsrunde am 5.2.1975[12] eine Erläuterung dessen an, was er im einzelnen darunter versteht.

Fortsetzung Fußnote von Seite 81

einverstanden. Zu 3 bitte ich die Zustimmung von St.S. Gehlhoff n[ach] R[ückkehr] einzuholen." Ministerialdirigent Fischer legte Gehlhoff die Aufzeichnung am 30. Januar 1975 vor und bat um Zustimmung zu seinen Vorschlägen, obwohl das für den 5. Februar 1975 vorgesehene vierte Gespräch mit dem nordvietnamesischen Botschafter in Paris, Vo Van Sung, verschoben worden sei. Gehlhoff vermerkte dazu handschriftlich am 4. Februar 1975: „1) Die Übergabe der Papiere zu Punkt 1 und 2 sollte erst vorgenommen werden, nachdem uns die Nordvietnamesen den nächsten Besprechungstermin mitgeteilt haben. 2) Der Einlassung auf einen Meinungsaustausch über das Pariser Vietnam-Abkommen stimme ich mit folgender Maßgabe zu: a) Die nordvietnamesische Delegation kann ihren Standpunkt darlegen; b) unsere Delegation beschränkt sich auf eine ganz knappe Entgegnung. Eine eigentliche Diskussion ist zu vermeiden." Vgl. VS-Bd. 10033 (302); B 150, Aktenkopien 1975.

9 Zum dritten Gespräch des Botschafters Freiherr von Braun, Paris, mit dem nordvietnamesischen Botschafter Vo Van Sung über die Aufnahme diplomatischer Beziehungen vgl. AAPD 1974, II, Dok. 380.

10 Für den Wortlaut des Wiener Übereinkommens vom 18. April 1961 über diplomatische Beziehungen vgl. BUNDESGESETZBLATT 1964, Teil II, S. 958–1005.

11 Vom 26. Februar bis 2. März 1973 fand in Paris die Internationale Konferenz zur Wiederherstellung des Friedens in Vietnam statt. In der Schlußakte bestätigte und billigte sie das Abkommen vom 27. Januar 1973 sowie die dazugehörenden vier Protokolle. In Artikel 7 war festgelegt: „In the event of a violation of the Agreement or the Protocols which threatens the peace, the independence, sovereignty, unity, or territorial integrity of Viet-Nam, or the right of the South Vietnamese people to self-determination, the parties signatory to the Agreement and the Protocols shall, either individually or jointly, consult with the other Parties to this Act with a view to determining necessary remedial measures." Vgl. DEPARTMENT OF STATE BULLETIN, Bd. 68 (1973), S. 346. Für den deutschen Wortlaut vgl. EUROPA-ARCHIV 1973, D 125.

12 Das vierte Gespräch des Botschafters Freiherr von Braun, Paris, mit dem nordvietnamesischen Botschafter Vo Van Sung über die Aufnahme diplomatischer Beziehungen wurde auf den 12. Februar 1975 verschoben. Vgl. dazu die Drahtberichte Nr. 285 des Gesandten Lahusen, Paris, vom

Gründe:

1) Die Übergabe unserer schriftlich formulierten Vorstellungen über eine Regelung im Zusammenhang mit der Errichtung von Botschaften soll den Nordvietnamesen die Möglichkeit geben, sich auf die Einzelfragen einzustellen, die wir geregelt wissen wollen.

2) Nachdem den Nordvietnamesen in der zweiten Gesprächsrunde am 4.12.1974[13] bereits der Wortlaut des Briefwechsels mit der ČSSR über Berlin (West) übergeben worden war, sollte nunmehr der Entwurf eines entsprechenden deutsch-nordvietnamesischen Briefwechsels übermittelt werden.[14]

3) Wir müssen einerseits das politische Junktim, das die Nordvietnamesen zwischen der Erörterung einer Berlinfrage und dem Pariser Abkommen aufgestellt haben, auflösen. Dabei sollten wir mit dem unterschiedlichen Charakter beider Fragen – hier rechtlich, dort politisch – argumentieren. In diesem Zusammenhang sind Ausführungen zu dem Charakter des Pariser Abkommens nicht zu vermeiden.

Andererseits können wir den nordvietnamesischen Wunsch, Ausführungen zu dem Pariser Abkommen zu machen, nicht a priori ablehnen, ohne den Nordvietnamesen den Vorwand zu geben, einer Erörterung der Berlinfrage auszuweichen. Vermutlich werden die Nordvietnamesen versuchen, aus den Bestimmungen des Pariser Abkommens die Notwendigkeit einer Änderung unserer Politik gegenüber Vietnam – insbesondere unserer Haltung zur provisorischen Revolutionsregierung – herzuleiten. Daraus könnte sich die Notwendigkeit ergeben, Ausführungen zur Relevanz des Pariser Abkommens für uns und unser Verhältnis zu Nordvietnam – erforderlichenfalls in einer neuen Gesprächsrunde – zu machen. Wir hätten dann dem nordvietnamesischen Wunsch nach einem Meinungsaustausch über das Pariser Abkommen Rechnung getragen und könnten dann auf der Erörterung der Berlinfrage bestehen.[15]

Fortsetzung Fußnote von Seite 82
29. Januar 1975 sowie Nr. 349 von Braun vom 4. Februar 1975; VS-Bd. 10033 (302); B 150, Aktenkopien 1975.
13 Zum zweiten Gespräch des Botschafters Freiherr von Braun, Paris, mit dem nordvietnamesischen Botschafter Vo Van Sung über die Aufnahme diplomatischer Beziehungen vgl. AAPD 1974, II, Dok. 353.
14 Der Entwurf der Briefwechsel zur Einbeziehung von Berlin (West) wurde der Botschaft in Paris am 24. Januar 1975 zusammen mit einem Brief über die mit der Errichtung von Botschaften in Hanoi und Bonn zusammenhängenden Fragen von Vortragendem Legationsrat I. Klasse Berendonck übermittelt. Für den Schrifterlaß vgl. VS-Bd. 10033 (302); B 150, Aktenkopien 1975.
 Am 5. Februar 1975 bat Berendonck die Botschaft in Paris, der nordvietnamesischen Verhandlungsdelegation vor dem nächsten Gespräch am 12. Februar 1975 „möglichst bald" die Entwürfe zu übersenden. Vgl. den Drahterlaß; VS-Bd. 14059 (010); B 150, Aktenkopien 1975.
15 Vortragender Legationsrat I. Klasse Berendonck teilte der Botschaft in Paris am 5. Februar 1975 mit: „Fragen des Pariser Abkommens vom 27.1.1973 und der Schlußakte der Vietnam-Konferenz vom 2.3.73 können nicht Gegenstand der Verhandlungen sein. Ein Junktim zwischen der Behandlung dieser Fragen mit der Berlinfrage müssen wir ablehnen. Die Berlinfrage ist rechtlicher Natur und steht in unauflösbarem Zusammenhang mit unseren diplomatischen Beziehungen zu allen Staaten. Die Fragen des Pariser Abkommens und der Schlußakte der Vietnam-Konferenz sind politischer Natur und betreffen uns nicht. Beide Fragenkomplexe stehen in keinem sachlichen Zusammenhang." Ein Meinungsaustausch ohne „eigentliche Diskussion" könne jedoch erfolgen. Vgl. den Drahterlaß; VS-Bd. 14059 (010); B 150, Aktenkopien 1975.
 Im vierten Gespräch mit Botschafter Freiherr von Braun, Paris, am 12. Februar 1975 führte der nordvietnamesische Botschafter Vo Van Sung aus, entsprechend der Schlußakte der Pariser Vietnamkonferenz vom 2. März 1973 sei es „der Wunsch seiner Regierung, daß die Bundesregierung

Dg 51[16], Referate 110 und 210 haben mitgezeichnet.

Fischer

VS-Bd. 10033 (302)

15

Runderlaß des Vortragenden Legationsrats Engels

Fernschreiben Nr. 10 Ortex   **23. Januar 1975**

Zu den deutsch-französischen Außenminister-Konsultationen am 22. Januar 1975

I. Meinungsaustausch zwischen BM Genscher und AM Sauvagnargues am 22. Januar in Bonn diente Vorbereitung deutsch-französischen Gipfels am 3./4. Februar[1], EPZ-Ministertreffens am 13. Februar[2] und Treffens europäischer Regierungschefs am 10./11. März in Dublin[3]. Konsultationen konzentrierten sich auf Europafragen (Organisation der Treffen europäischer Regierungschefs, britische EG-Mitgliedschaft). Die Minister erörterten die Vorbereitung internationaler Energiekonferenz.[4] Sie behandelten den Europäisch-Arabischen Dialog und Berlin-Probleme.

Fortsetzung Fußnote von Seite 83
sich verpflichte, die fundamentalen Rechte des vietnamesischen Volkes zu beachten; für die Zeit, in der es eine einheitliche südvietnamesische Regierung nicht gebe, eine nicht feindliche Haltung (une attitude nonhostile) gegenüber der Provisorischen Revolutionsregierung einnehme; Personen, die Inhaber eines von der Provisorischen Revolutionsregierung ausgestellten Passes seien, nicht diskriminiere. Wenn die Bundesregierung bereit sei, diese Wünsche zu prüfen, so sei auch seine Regierung bereit, sich mit den [sich] aus dem Vier-Mächte-Abkommen über Berlin für das Vertretungsrecht der Bundesregierung in Sachen Berlin ergebenden Folgen zu befassen. Sonst komme eine Aufnahme diplomatischer Beziehungen nur ohne Behandlung des Vertretungsrechts für Berlin in Frage; weitere Verhandlungen würden dann schwierig sein." Vgl. den Drahtbericht Nr. 449 von Braun vom 13. Februar 1975; VS-Bd. 9306 (110); B 150, Aktenkopien 1975.

[16] Herbert Dreher.

[1] Zu den deutsch-französischen Konsultationen am 3./4. Februar 1975 in Paris vgl. Dok. 23.

[2] Zur Konferenz der Außenminister der EG-Mitgliedstaaten im Rahmen der EPZ in Dublin vgl. Dok. 27.

[3] Zur Tagung des Europäischen Rats am 10./11. März 1975 vgl. Dok. 49.

[4] Vor dem Hintergrund entsprechender saudiarabischer Überlegungen schlug Staatspräsident Giscard d'Estaing auf einer Pressekonferenz am 24. Oktober 1974 vor, für Anfang 1975 eine Konferenz von zehn oder zwölf erdölexportierenden und -verbrauchenden Staaten einzuberufen, die sich vor allem mit zwei Problemen befassen sollte: „Le premier problème, c'est la nature de la garantie qui peut être offerte aux pays exportateurs de pétrole concernant la protection de leur revenu, autrement dit le problème de l'indexation du prix du pétrole sur un certain nombre d'éléments de référence. En contrepartie de la recherche d'un accord sur ce point, devraient être examinées les conditions dans lesquelles doit se dérouler la phase actuelle d'ajustement de l'économie mondiale, car un ajustement est nécessaire et la garantie de revenu ne peut pas être donnée à partir de n'importe quel niveau de revenu, encore moins, bien entendu, à partir d'une relance perpétuelle du prix ou de l'inflation." Vgl. LA POLITIQUE ETRANGÈRE 1974, II, S. 137.

Meinungsaustausch verlief in gewohnter aufgelockerter und harmonischer Atmosphäre. AM Sauvagnargues unterstrich Bedeutung solidarischen deutschfranzösischen Handelns für Fortschritt europäischen Einigungswerks.

II. Im einzelnen:

1) AM Sauvagnargues erläuterte Vorstellungen zu Vorbereitung, Teilnehmern und Ablauf künftiger Tagungen des europäischen Rates der Regierungschefs und Außenminister.[5] Er meinte, daß Paris an Bezeichnung „conseil européen" vorläufig festhalten wolle. Als Modell für Ablauf Dubliner und weiterer Ratstagungen bezeichnete Sauvagnargues Pariser Treffen europäischer Regierungschefs vom 9./10. Dezember 1974.[6] Als französische Optionen erwähnte er:

- Vorbereitung durch Politische Direktoren, Ständige Vertreter und Außenminister (insbesondere Tagesordnung).

- Teilnahme an Diskussionen beschränkt auf Regierungschefs und Außenminister sowie Kommissionspräsident. Giscard messe dieser Beschränkung Teilnehmerkreises besondere Bedeutung bei. Eine Erweiterung (entsprechend Benelux-Vorschlägen[7]) schloß AM Sauvagnargues aus, weil sonst das Erreichte in Frage gestellt würde.

- Ad-hoc-Sekretariat (léger). Organisatorische Ausgestaltung solle jeweiliger Präsidialmacht obliegen. Zusammensetzung: jeweils ein Vertreter gegenwärtiger, früherer und zukünftiger Präsidialmacht sowie des EG-Sekretariats. Sekretariatsaufgaben sollten wegen Doppelfunktion des europäischen Rates (im Rahmen der Gemeinschaft und der EPZ) nicht allein von EG-Sekretariat übernommen werden.[8]

---

5 Auf der Gipfelkonferenz der EG-Mitgliedstaaten am 9./10. Dezember 1974 in Paris beschlossen die Staats- und Regierungschefs, „dreimal jährlich und so oft wie nötig mit den Außenministern als Rat der Gemeinschaft und im Rahmen der Politischen Zusammenarbeit zusammenzutreten. Unter Berücksichtigung der bestehenden Praxis und geltenden Verfahren wird das administrative Sekretariat in geeigneter Weise sichergestellt. Um den Zusammenhang der Gemeinschaftstätigkeiten und die Kontinuität der Arbeit zu gewährleisten, werden die Außenminister als Rat der Gemeinschaft mit einer impulsgebenden und koordinierenden Rolle betraut. Sie können bei der gleichen Gelegenheit im Rahmen der Politischen Zusammenarbeit zusammentreten." Vgl. Ziffer 3 des Kommuniqués; EUROPA-ARCHIV 1975, D 41.

6 Zur Gipfelkonferenz der EG-Mitgliedstaaten am 9./10. Dezember 1974 vgl. AAPD 1974, II, Dok. 369.

7 Am 17. Januar 1975 berichtete Botschafter Lebsanft, Brüssel (EG), daß sich der Ausschuß der Ständigen Vertreter mit der Tagung der Regierungschefs und Außenminister am 10./11. März 1975 in Dublin befaßt habe: „Irland, IT[alien] und Benelux vertraten mit uns die Ansicht, daß es sich um einen echten Rat handele, der nach den Vorschriften des Vertrages vorbereitet werden müsse [...] Mehrere Vertreter dieser Gruppe (NL, IT) gaben zu überlegen, ob man nicht zwischen einer echten Ratstagung und einem allgemeinen Gespräch ohne Beschlüsse trennen sollte. Teilnahme von Beamten sowie Ratssekretariat, soweit Zuständigkeit der Gemeinschaft betroffen, war für diese Gruppe selbstverständlich. Demgegenüber vertrat Frankreich, unterstützt von Dänemark, die Ansicht, daß es sich bei den Treffen der Regierungschefs um eine Art europ[äischer] Regierung handele. Nach franz[ösischer] Tradition seien bei Kabinettssitzungen der Regierung Beamte nicht anwesend." Vgl. den Drahtbericht Nr. 159; Referat 410, Bd. 105647.

8 Am 30. Januar 1975 teilte Ministerialdirigent Lautenschlager dem irischen Botschafter McDonagh zwischen den Ressorts abgestimmte Überlegungen zur ersten Sitzung des Europäischen Rats am 10./11. März 1975 in Dublin mit: „Insbesondere habe ich erneut darauf hingewiesen, daß wir mit den Tagungen der Regierungschefs und Außenminister keine neue Institution schaffen wollten und wir insbesondere auch an unserer Haltung in der Sekretariatsfrage festhielten (kein neues Sekretariat, möglichst weitgehende Einschaltung des Ratssekretariats in Brüssel; Ablehnung der jüngsten französischen Vorschläge für ein – wiederum – ‚secrétariat léger', das sich aus der letzten, der gegenwärtigen und der künftigen Präsidentschaft zusammensetzt.)" Vgl. Referat 410, Bd. 105647.

– Verzicht auf Abschlußkommuniqué. Entscheidungen könnten durch schriftliche Presseverlautbarungen mitgeteilt werden.

BM stellte erhebliche Übereinstimmung mit unseren Vorstellungen fest. Es müsse möglich sein, in engstem Kreise wichtige Fragen zu behandeln. Im übrigen müßte gemäß Pariser Kommuniqué beraten und entschieden werden als EG- oder EPZ-Rat. Über Zusammensetzung des Sekretariats solle jeweilige Präsidentschaft entscheiden und sich dabei des Ratssekretariats bedienen. Hierbei könnten praktische Erwägungen den Ausschlag geben; eine Routine werde sich von allein entwickeln.

2) Sauvagnargues äußerte Besorgnis über „Britische Frage"[9]. Briten wünschten Konzessionen, seien jedoch im Hinblick auf Referendum[10] zu keinen endgültigen Festlegungen bereit. Britische Erklärungen zur „shopping list"[11] seien

---

[9] Auf der EG-Ministerratstagung am 1./2. April 1974 in Luxemburg kündigte der britische Außenminister Callaghan eine Überprüfung der britischen Haltung zur EG-Mitgliedschaft an. Vortragender Legationsrat I. Klasse Dohms teilte dazu am 3. April 1974 mit, die Überlegungen beträfen folgende Bereiche: „Überprüfung der gemeinsamen Agrarpolitik; stärkere Berücksichtigung der Interessen der Länder des Commonwealth und der Entwicklungsländer; Änderung der Verteilung der finanziellen Lasten; allgemeine Überprüfung der Orientierung der Außenbeziehungen der Gemeinschaft (mit besonderer Betonung der Beziehungen zu den USA); Zweifel daran, ob das Ziel, bis 1980 die WWU zu verwirklichen und Politische Union zu schaffen, realistisch und mit den Interessen Großbritanniens zu vereinbaren ist. Britische Regierung will außerdem prüfen, ob die geltenden Gemeinschaftsregeln ihre Handlungsfreiheit bei Regionalpolitik, Industrie- und Fiskalpolitik nicht unangemessen einschränken. Sie ist nicht bereit, definitive Festschreibung der Währungsparitäten zu akzeptieren, solange nicht ausreichende Konvergenz der Wirtschaftspolitik und der wirtschaftlichen Entwicklung in den Mitgliedstaaten gewährleistet ist, da sie befürchtet, sonst u. U. Massenarbeitslosigkeit hinnehmen zu müssen. Briten wollen angestrebte Änderungen zunächst im Rahmen geltender Gemeinschaftsverfahren versuchen, behalten sich aber vor, auch Vertragsänderungen zu verlangen, falls britischen Wünschen nicht entsprochen werden kann." Vgl. den Runderlaß Nr. 33; Referat 240, Bd. 102872. Vgl. dazu auch AAPD 1974, I, Dok. 133.
Callaghan machte auf der EG-Ministerratstagung am 4. Juni 1974 in Luxemburg nähere Angaben zum britischen Wunsch nach Neuregelung der Bedingungen für die EG-Mitgliedschaft. Für den Wortlaut der Erklärung vgl. BULLETIN DER EG, 6/1974, S. 6–17.

[10] Im Manifest der Labour Party für die Wahlen zum Unterhaus am 10. Oktober 1974 wurde zum Referendum über die EG-Mitgliedschaft ausgeführt: „In the greatest single peacetime decision of this century – Britain's membership in the Common Market – the British people were not given a chance to say whether or not they agreed to the terms accepted by the Tory Government. [...] The Labour Government pledges that within twelve months of this election we will give the British people the final say, which will be binding on the Government – through the ballot box – on whether we accept the terms and stay in or reject the terms and come out." Vgl. BRITAIN WILL WIN WITH LABOUR. October 1974 Labour Party Manifesto; London 1974.

[11] Am 8. Dezember 1974 berichtete Botschafter von Hase, London, Premierminister Wilson habe am Vorabend vor der Vereinigung Londoner Labour-Bürgermeister folgende Liste britischer Wünsche für Neuverhandlungen mit der EG aufgestellt: „1) größere Änderungen in der gemeinsamen Agrarpolitik, damit diese aufhöre, eine Bedrohung des Weltnahrungsmittelhandels zu sein [...]; 2) neue und fairere Methoden der Finanzierung des Gemeinschaftsbudgets, damit der britische Beitrag im Verhältnis zu dem, was andere Mitgliedstaaten zahlen, fair ist; 3) Zurückweisung jeder internationalen Vereinbarung, die GB wachsende Arbeitslosigkeit zugunsten fester Wechselkurse aufzwingen könnte (gegen WWU); 4) Aufrechterhaltung der Macht des britischen Parlaments für die Führung einer effektiven Regional-, Industrie- und Fiskalpolitik; 5) eine Vereinbarung über Kapitalbewegungen, die die britische Zahlungsbilanz und Vollbeschäftigungspolitik schützt; 6) Gewährleistung der wirtschaftlichen Interessen des Commonwealth und der Entwicklungsländer, vor allem Sicherstellung des Zugangs zum britischen Markt und eine Handels- und Entwicklungspolitik der erw[eiterten] Gemeinschaft, die nicht nur assoziierten Überseegebieten zugute kommt; 7) keine Harmonisierung der Mehrwertsteuer, die eine Besteuerung der ‚necessities' (Nahrungsmittel, Grundverbrauchsgüter) verlange." Vgl. den Drahtbericht Nr. 3118; Referat 410, Bd. 105613.
Für einen Auszug aus der Rede vgl. auch EUROPA-ARCHIV 1975, D 40 f.

im übrigen wenig konkret. BM unterstrich, daß Grundprinzipien der Gemeinschaft nicht in Frage gestellt werden dürften. Wir sollten Großbritannien die Entscheidung für Europa erleichtern. Sein Ausscheiden würde schweren Rückschlag für EG bedeuten. Sauvagnargues stimmte zu. Er betonte, wir müßten gegenüber Briten einheitliche Haltung wahren. Andernfalls werde es hier und da zu Konzessionen kommen, die dann im Endergebnis die Grundlagen der Gemeinschaft verändern und Deutschland höhere Leistungen abfordern würden. Gesamtkomplex würde beim deutsch-französischen Gipfel vom Präsidenten angesprochen werden. Er sprach dann über die letzte von Franzosen gegenüber unseren Fachressorts zur Diskussion gestellte Formel, nach der sich ein künftiger Korrekturmechanismus[12] nur auf Modifizierungen der Mehrwertsteuerzahlungen beziehen dürfe, nicht aber auf die beiden anderen Finanzierungsprinzipien Abschöpfungs- und Zolleinnahmen. Über zusätzliche deutsche Überlegungen (Einführung eines Schwellensatzes, Ausgleiche bei Unterschreitung einer mittleren BIP[13]-Linie) werde man in Paris noch nachdenken. BM verwies darauf, daß Voraussetzung für Realisierung französischen Vorschlags Einigkeit der EG-Staaten über einheitliche Bemessungsgrundlagen bei Mehrwertsteuer[14] sei.

---

[12] Auf der Gipfelkonferenz der EG-Mitgliedstaaten am 9./10. Dezember 1974 in Paris forderten die Staats- und Regierungschefs „die Organe der Gemeinschaft (den Rat und die Kommission) auf, so rasch wie möglich einen allgemein anwendbaren Korrekturmechanismus auszuarbeiten, mit dem im Rahmen des Systems und des Funktionierens der eigenen Mittel anhand objektiver Kriterien und unter besonderer Berücksichtigung der Anregungen der britischen Regierung hierzu im Laufe des Annäherungsprozesses der Volkswirtschaften der Mitgliedstaaten das mögliche Auftreten von Situationen verhindert werden kann, die für einen Mitgliedstaat unannehmbar und mit dem reibungslosen Funktionieren der Gemeinschaft unvereinbar wären." Vgl. Ziffer 37 des Kommuniqués; EUROPA-ARCHIV 1975, D 46.
Am 24. Januar 1975 berichtete Botschafter Lebsanft, Brüssel (EG), ein Korrekturmechanismus im Bereich der Eigeneinnahmen der Europäischen Gemeinschaften solle nach den Vorstellungen der EG-Kommission „in Gang gesetzt werden, wenn drei wirtschaftliche Kriterien und zwei Haushaltskriterien in dem betreffenden Mitgliedsland erfüllt sind. Bei den wirtschaftlichen Kriterien wird an folgendes gedacht: Das Bruttosozialprodukt pro Kopf darf nicht höher als 80 liegen, wenn der Durchschnitt in der Gemeinschaft mit 100 angesetzt wird. Großbritannien erhält nach dieser Berechnung z.Z. die Kennziffer 76. Die Wachstumsrate darf nicht höher als 110 liegen, wenn die durchschnittliche Wachstumsrate des Bruttosozialprodukts pro Kopf im Gemeinschaftsdurchschnitt 100 beträgt. Der Mitgliedstaat muß ein Zahlungsbilanzdefizit in laufender Rechnung haben. Es ist noch streitig, ob die drei Kriterien kumulativ erfüllt sein müssen oder ob es genügt, daß neben dem ersten entweder das zweite oder das dritte Kriterium erfüllt ist." Als Haushaltskriterien seien genannt: „Die Abweichung des Haushaltsanteils des ‚armen' Mitgliedstaats muß mindestens 20 Prozent über seinem Anteil am Bruttosozialprodukt der Gemeinschaft liegen. Es ist kontrovers, ob dieses Kriterium lediglich das Aufkommen aus der Mehrwertsteuer berücksichtigen soll, wie von französischer Seite gewünscht, was aber für die britische Seite kaum akzeptabel sein dürfte. Der Beitrag des betreffenden Mitgliedstaats muß höher sein als die Ausgaben der Gemeinschaft in diesem Staat." Der Mitgliedstaat, der diese Kriterien in einem Haushaltsjahr erfülle, solle im folgenden Jahr den Betrag erstattet bekommen, „um den sein Haushaltsanteil seinen Anteil am Bruttosozialprodukt überstiegen hat". Umstritten sei noch, „ob bei Vorliegen der Voraussetzung der korrektive Mechanismus automatisch in Gang gesetzt werden oder ob er von bestimmten wirtschaftspolitischen Auflagen abhängig gemacht werden soll. Letztere Lösung stößt auf heftigen britischen Widerstand." Vgl. den Drahtbericht Nr. 272; VS-Bd. 8884 (410); B 150, Aktenkopien 1975.
[13] Bruttoinlandsprodukt.
[14] Am 12. August 1974 legte die EG-Kommission eine Neufassung des Vorschlags vom 29. Juni 1973 zur Harmonisierung der Rechtsvorschriften der EG-Mitgliedstaaten über die Umsatzsteuern vor, der auf die Schaffung eines gemeinsamen Mehrwertsteuersystems abzielte. Bis zu 1% der Mehrwertsteuer sollte den Europäischen Gemeinschaften als Eigeneinnahmen zufließen. Vgl. dazu BULLETIN DER EG 7–8/1974, S. 44.

Beide Seiten kamen überein, auf die Vorlage des Kommissionsvorschlages am 10.2.[15] nicht zu warten, sondern ihre Kontakte fortzusetzen, und daß die französische Botschaft in Bonn in der Budgetfrage zwecks weiterer Abstimmung engen Kontakt mit Auswärtigem Amt halten solle.

3) Bei der Erörterung der gemeinsamen Agrarpolitik versicherte Sauvagnargues, er sehe keine grundsätzlichen deutsch-französischen Meinungsverschiedenheiten.[16] Von Versicherung Bundesministers, wir hielten an Prinzipien gemeinsamen Agrarmarkts fest, zeigte er sich befriedigt. Bundesminister betonte, daß bestehende Interessengegensätze nicht allein durch Landwirtschaftsminister ausgeräumt werden könnten.[17] Beide Seiten waren sich einig, daß daher diese Frage bei deutsch-französischem Gipfel eingehend behandelt werden müsse.

4) BM unterstrich, daß bei AKP-Verhandlungen[18] für uns die Grenze der Kom-

---

[15] Die EG-Kommission legte dem EG-Ministerrat ihren Bericht zum Korrekturmechanismus im Bereich der Eigeneinnahmen am 30. Januar 1975 vor. Vgl. dazu Dok. 23, Anm. 16.

[16] Im Vorfeld der EG-Ratstagungen auf der Ebene der Landwirtschaftsminister am 13./14. Januar bzw. 20./21. Januar 1975 in Brüssel, auf denen über die von der EG-Kommission vorgeschlagenen Agrarpreise verhandelt werden sollte, wurde in der Presse berichtet, das Thema sei „noch kontroverser als in früheren Jahren, denn von der Bundesregierung wird ein Abbau des Grenzausgleichs verlangt". Zudem würden in Frankreich „Pläne für eine Renationalisierung der gemeinsamen Agrarpolitik ausgearbeitet. Paris ist dieser Meldung zufolge der Auffassung, daß Frankreich zur Zeit den europäischen Verbrauchern besondere Dienste erweist, da die Agrarpreise im Augenblick zum großen Teil niedriger sind als die Weltmarktpreise. Es bleibt abzuwarten, ob sich Paris als größter Agrarproduzent der Gemeinschaft diese ‚Leistungen' politisch honorieren lassen wird, gegebenenfalls im Rahmen der für das Frühjahr vorgesehenen Debatte über eine ‚Bestandsaufnahme der gemeinsamen Agrarpolitik'." Vgl. den Artikel „Vor Beschlüssen über die Agrarpreise der Gemeinschaft"; FRANKFURTER ALLGEMEINE ZEITUNG vom 6. Januar 1975, S. 2.

[17] Die EG-Ratstagung auf der Ebene der Landwirtschaftsminister am 13./14. Januar 1975 in Brüssel führte zu keiner Einigung über die Agrarpreise: Ein Teil der Mitgliedstaaten hielt „die von der Kommission vorgeschlagene Preiserhöhung von durchschnittlich neun Prozent für unzureichend", ein anderer Teil für überhöht. Auch über den Vorschlag zum Abbau des Grenzausgleichs kam es zu keiner Einigung. Vgl. den Drahtbericht Nr. 102 des Botschafters Lebsanft, Brüssel (EG), vom 14. Januar 1975; Referat 411, Bd. 530.
Am 22. Januar 1975 berichtete Lebsanft, daß sich die Landwirtschaftsminister auch am 20./21. Januar 1975 nicht hätten einigen können und auf den 10./11. Februar 1975 vertagt hätten. Es sei deutlich geworden, „daß Kommissionsvorschläge für überwiegende Mehrzahl der Delegationen keine Basis für Kompromiß darstellen". Insbesondere bei den Milch- und Rindfleischpreisen sowie beim Abbau des Grenzausgleichs seien die Gegensätze „gegenwärtig nicht überbrückbar". Vgl. den Drahtbericht Nr. 211; Referat 411, Bd. 530.

[18] Seit dem 25./26. Juli 1973 verhandelte die EWG mit zunächst 41 Staaten in Afrika, im karibischen Raum und im Pazifischen Ozean über ein Nachfolgeabkommen zum Assoziierungsabkommen vom 29. Juli 1969 zwischen der EWG und 17 afrikanischen Staaten und Madagaskar (II. Abkommen von Jaunde) und um ein Assoziierungsabkommen vom 24. September 1969 zwischen der EWG und den Staaten der Ostafrikanischen Gemeinschaft, Kenia, Tansania und Uganda (Abkommen von Arusha), die am 31. Januar 1975 ausliefen. Vom 13. bis 15. Januar 1975 fand in Brüssel eine Verhandlungsrunde auf Ministerebene statt. Dazu teilte Vortragender Legationsrat I. Klasse Dohms am 17. Januar 1975 mit, die Verhandlungen hätten „noch nicht die erhoffte Einigung über das abzuschließende Vertragswerk, das nach dem ursprünglichen Zeitplan der Kommission am 30. oder 31. Januar in Lomé unterzeichnet werden sollte", gebracht. Die mittlerweile 46 AKP-Staaten hätten ohne Einigung über ein Zucker-Protokoll in anderen Fragen nicht weiter verhandeln wollen. So habe das Gemeinschaftsangebot zum Finanzvolumen in Höhe von 3 Mrd. Rechnungseinheiten nicht eingebracht werden können, dem die Forderung der AKP-Staaten von 8 Mrd. Rechnungseinheiten gegenüberstehe. Weiter führte Dohms aus: „Abgesehen von Einzelfragen der Handelsregelung ist vor allem die Frage der Zugeständnisse der Gemeinschaft auf dem Agrarsektor ungelöst. Die bei Marktordnungswaren vom Ministerrat jetzt zusätzlich beschlossenen und den AKP angebotenen leichten Verbesserungen wurden als ungenügend zurückgewiesen. Die AKP fordern weiterhin freien und unbegrenzten Zugang für alle landwirtschaftlichen Produkte zum europäischen Markt. Die den AKP noch zusätzlich gemachten Zugeständnisse beim System der Erlösstabilisierung (Höhe der

promißbereitschaft erreicht sei. Das gelte sowohl für Preisgarantie wie für Höhe der Finanzhilfe. AM Sauvagnargues vertrat den gleichen Standpunkt.

5) Energiepolitik

Gesprochen wurde ausschließlich über den Konsumenten-Produzenten-Dialog. AM Sauvagnargues erklärte, daß seines Erachtens bereits ausreichende Voraussetzungen für die Einberufung der Vorkonferenz gegeben seien und man am März-Termin festhalten könne. Von den von US-Seite genannten drei Bedingungen[19] sei die Solidaritätsforderung im Finanzbereich durch die Washingtoner Einigung über den 25 Mrd.-Dollar-Fonds[20] erfüllt. Was Verbrauchseinsparung und Entwicklung der Energieressourcen anbetreffe, sollte es möglich sein, bald zu einvernehmlichen Positionen zu kommen. Die amerikanische Seite beurteile den Stand der Vorbereitungsarbeiten wohl ebenso positiv, wie aus einer gerade veröffentlichten Presseerklärung der US-Botschaft in Paris hervorgehe.

Bundesminister zeigte sich über den augenfälligen amerikanisch-französischen Konsens in der Vorbereitungsfrage erfreut, stimmte der Analyse seines Gastes im wesentlichen zu, wies aber darauf hin, daß in zwei Fragen (Einsparung und Energieressourcen) noch Meinungsunterschiede vorhanden seien.

Das Gespräch vermittelte den Eindruck, daß Paris demnächst zur Vorkonferenz einladen werde.[21]

6) Beim Meinungsaustausch zum Europäisch-Arabischen Dialog (EAD) bestand Einigkeit über notwendige Fortführung und konstruktive Ausgestaltung europäischen Gesprächs mit arabischen Staaten. Französischer AM legte dar, daß nach seinen Informationen Forderung nach Beteiligung der Palästinenser am EAD nicht von PLO, sondern Saudi-Arabien ausgegangen sei. Sauvag-

Fortsetzung Fußnote von Seite 88

Schwellen, Verfahrensweise, Erleichterung bei der Rückzahlung) konnten die AKP nicht zur Zustimmung bewegen. [...] Diese starre Verhandlungsführung dürfte im wesentlichen ihren Grund in den internen Koordinierungsschwierigkeiten haben, zum Teil aber auch in dem durch die Solidarität der 46 vermittelten Gefühl der Stärke." Vgl. den Runderlaß Nr. 5; Referat 010, Bd. 178596.

Eine am 30. Januar 1975 begonnene Ministerkonferenz in Brüssel konnte „nach einer mehr als 24stündigen Verhandlungsrunde vom 31.1.1975 morgens bis 1.2.1975 vormittags erfolgreich beendet werden", wobei auch das Gemeinschaftsangebot zur Finanzhilfe in Höhe von 3 Mrd. Rechnungseinheiten angenommen worden sei. Vgl. den Drahtbericht Nr. 365 des Botschafters Lebsanft, Brüssel (EG); Referat 410, Bd. 105618.

Das Abkommen zwischen Staaten in Afrika, im karibischen Raum und im Pazifischen Ozean und der EWG wurde am 28. Februar 1975 in Lomé unterzeichnet. Für den Wortlaut einschließlich der Zusatzprotokolle sowie der am 11. Juli 1975 in Brüssel unterzeichneten internen Abkommen über Maßnahmen zur Durchführung des Abkommens und über die Finanzierung und Verwaltung der Hilfe der Gemeinschaft vgl. BUNDESGESETZBLATT 1975, Teil II, S. 2318–2417.

19 Die amerikanische Regierung sah Zusammenarbeit der erdölverbrauchenden Staaten bei Programmen zur Energieeinsparung und zur Entwicklung bestehender und alternativer Energiequellen sowie finanzielle Solidarität als wesentliche Voraussetzungen einer Konferenz der erdölverbrauchenden und -produzierenden Staaten. Vgl. dazu das Kommuniqué vom 16. Dezember 1974 über das Treffen des Präsidenten Ford mit Staatspräsident Giscard d'Estaing vom 14. bis 16. Dezember 1974 auf Martinique; DEPARTMENT OF STATE BULLETIN, Bd. 72 (1975), S. 42 f. Für den deutschen Wortlaut vgl. EUROPA-ARCHIV 1975, D 136–138.

20 Zur Einigung über die Einrichtung des vom amerikanischen Außenminister Kissinger vorgeschlagenen Solidaritätsfonds in Höhe von 25 Mrd. Dollar auf der Ministertagung der Zehnergruppe am 14. und 16. Januar 1975 in Washington vgl. Dok. 8.

21 Die französische Regierung lud am 1. März 1975 zu einer Vorkonferenz der erdölproduzierenden und -verbrauchenden Staaten ein. Vgl. dazu EUROPA-ARCHIV 1975, Z 52.
Die Vorkonferenz fand vom 7. bis 15. April 1975 in Paris statt. Vgl. dazu Dok. 87.

nargues äußerte sich zuversichtlich, daß (wie ihm bereits AM Fahmi in Kairo versichert habe[22]) auch Palästinenser seinem Kompromißvorschlag (Beginn des Dialogs in Expertengruppe einschließlich palästinensischer Sachverständiger) zustimmen würden. BM begrüßte Weiterführung der Vorbereitung des EAD im Neunerrahmen.[23] Kompromißvorschlag ermögliche gewisse Öffnung. In unserer Sicht entscheide – wie er es kürzlich auch dem ägyptischen Botschafter so gesagt habe[24] – PLO selbst über ihr Verhältnis zu Europäern (Stellung zum Existenzrecht Israels und Einstellung terroristischer Aktivitäten). BM meinte, wir müßten gemeinsam Sorge tragen, Eindruck zu vermeiden, daß Dialog gegenwärtig unterbrochen sei. Sauvagnargues stimmte zu.

7) BM dankte für französische Unterstützung in für uns wichtiger Frage der Einrichtung europäischen Zentrums für Berufsausbildung in Berlin.[25] BM sprach ferner Thema der Erstreckung internationaler Verträge auf Berlin (West) an. Vier-Mächte-Abkommen dürfe nicht, wie von SU, im Sinne ausgelegt werden, daß nur bestimmte Kategorien von Verträgen auf Berlin erstreckt würden. Gegen eine derartige Auffassung sprächen sowohl außenpolitische Argumente (zu erwartende Schwierigkeiten mit SU) wie unbedingte Notwendigkeit der Wahrung der Rechtseinheit zwischen Berlin und der Bundesrepublik Deutschland. AM Sauvagnargues äußerte grundsätzliche Zustimmung.[26]

Engels[27]

Referat 202, Bd. 111206

---

[22] Der französische Außenminister Sauvagnargues hielt sich vom 19. bis 23. Dezember 1974 in Kairo auf.
[23] Vgl. dazu die Beschlüsse der EG-Mitgliedstaaten vom 22. Januar 1975; Dok. 6, Anm. 9.
[24] Zum Gespräch des Bundesministers Genscher mit dem ägyptischen Botschafter Kaamel am 16. Dezember 1974 vgl. Dok. 6, Anm. 6.
[25] Am 20. Januar 1975 beschloß der EG-Ministerrat die Einrichtung eines europäischen Zentrums für Berufsbildung in Berlin (West). Vgl. dazu den Artikel „EG-Zentrum kommt nach Berlin"; DIE WELT vom 21. Januar 1975, S. 1.
[26] Zum Gespräch des Bundesministers Genscher mit dem französischen Außenminister Sauvagnargues am 22. Januar 1975 über die Einbeziehung von Berlin (West) in internationale Verträge vermerkte Vortragender Legationsrat I. Klasse Feit am 24. Januar 1975 ergänzend, Sauvagnargues habe geäußert, „die Lösung müsse auf der Basis gegenseitiger Mäßigung gesucht werden. Die Bundesrepublik habe jahrelang versucht, ihre Bindungen zu Berlin (West) auszubauen. Es bestehe daher die Versuchung, auch solche Verträge auf Berlin auszudehnen, die Berlin nur weitschweifig und entfernt berühren." Genscher habe entgegnet, „es sei ein politisches Faktum, daß die SU auf allen Bereichen die Anwendung von internationalen Verträgen auf Berlin zu verhindern suche". Die UdSSR sei „nicht an der Frage der ‚Sicherheit' interessiert, sondern daran, die Rechtseinheit zwischen der Bundesrepublik und Berlin zu zerstören". Bei einer unterschiedslosen Einbeziehung von Berlin (West) in alle Verträge „würden die Drei Mächte keine Rechte einbüßen, sie würden vielmehr ihre Rechtsstellung in Berlin auch insoweit voll zur Geltung bringen können". Vgl. Referat 202, Bd. 111206.
[27] Paraphe.

16

Rundschreiben des Bundeskanzlers Schmidt

24. Januar 1975[1]

Streng persönlich

Betr.: Verhandlungen mit der DDR

Sehr geehrter Herr Kollege,

gestützt auf Erwägungen in einem Kreis, der sich mit der Vorbereitung der bevorstehenden Verhandlungen mit der DDR zu befassen hatte[2], bin ich – im Interesse einer größtmöglichen politischen Einheitlichkeit in der Verhandlungsführung – zu folgenden Schlüssen gekommen, nach denen ich künftig zu verfahren bitte:

a) Für die neu zu beginnenden Verhandlungen wird eine zentrale Verhandlungsdelegation unter Leitung von Staatssekretär Gaus gebildet, deren Zusammensetzung je nach Verhandlungsthema wechselt, an der jedoch stets ein Vertreter des BMB beteiligt ist.

b) Alle Delegationen bzw. Kommissionen geben nach jeder Verhandlungsrunde unverzüglich einen (fern-)schriftlichen Kurzbericht an das BMB und das Bundeskanzleramt, die zentrale Verhandlungsdelegation außerdem an das für die Verhandlungsmaterie fachlich zuständige Ressort. Eine ausführliche Niederschrift über den Verhandlungsablauf wird so schnell wie möglich den gleichen Empfängern zugestellt.

c) Der Bundesminister für innerdeutsche Beziehungen leitet einen Koordinationsausschuß, an dessen Sitzungen je nach Verhandlungsgegenstand die Leiter der Verhandlungsdelegationen, der TSI[3], der Kommissionen sowie Vertreter des Bundeskanzleramtes, des Auswärtigem Amts, des für die Verhandlungsmaterie der zentralen Delegation fachlich zuständigen Ressorts und des Senats von Berlin teilnehmen. In diesem Ausschuß werden die politischen Verhandlungsrichtlinien für die Delegationen und Kommissionen abgestimmt.

Den Regierenden Bürgermeister von Berlin[4] habe ich gebeten, sich dem Verfahren nach b) und c) anzuschließen.

Nach dem derzeitigen Stand stehen folgende neu zu beginnende Verhandlungen an:

– Vereinbarungen über den Ausbau bzw. Neubau von Verkehrswegen,

---

[1] Das Rundschreiben war an alle Bundesminister gerichtet.
Hat Bundesminister Genscher am 29. Januar 1975 vorgelegen.
Hat Ministerialdirektor van Well am 5. Februar 1975 vorgelegen.
Hat Ministerialdirigent Meyer-Landrut vorgelegen.

[2] Am 15. Januar 1975 fand bei Bundeskanzler Schmidt ein Ministergespräch über DDR-Fragen statt, in dem die Verhandlungsführung mit der DDR, Verkehrsfragen sowie die Öffentlichkeitsarbeit thematisiert wurden. Vgl. dazu die Aufzeichnung des Ministerialdirektors Sanne, Bundeskanzleramt, vom 16. Januar 1975; VS-Bd. 10166 (210); B 150, Aktenkopien 1975.

[3] Treuhandstelle für den Interzonenhandel.

[4] Klaus Schütz.

- Neufestsetzung der Transitpauschale[5],
- weitere Teilvereinbarungen für den nichtkommerziellen Zahlungs- und Verrechnungsverkehr,
- Vereinbarungen über den gegenseitigen Bezug von Büchern, Zeitschriften, Rundfunk- und Fernsehproduktionen.

Die Leiter unserer Delegationen für die nachstehend aufgeführten, bereits in Verhandlung befindlichen Gebiete gehören dem Koordinationsausschuß an:

Post- und Fernmeldeverkehr, Rechtsverkehr, Wissenschaft und Technik, Kultur, Umwelt, Innerdeutscher Handel (Berliner Abkommen und dazugehörige Vereinbarungen[6]), Braunkohlenabbau Helmstedt, Erdgasvorkommen Wustrow, Grenzkommission, Transitkommission, Verkehrskommission.

Der Bundesminister für innerdeutsche Beziehungen entscheidet jeweils nach den zu besprechenden Themen, ob der Koordinationsausschuß mit allen Mitgliedern oder nur mit einem Teil der Mitglieder tagt.

Ich weise außerdem noch einmal auf die Notwendigkeit hin, daß Verlautbarungen gegenüber der Öffentlichkeit über Verhandlungen mit der DDR einer Abstimmung bedürfen.

Mit freundlichen Grüßen
Schmidt

VS-Bd. 10166 (210)

---

[5] Die im Transitabkommen vom 17. Dezember 1971 zwischen der Bundesrepublik und der DDR getroffene Regelung zur Transitpauschale lief 1975 aus. Vgl. dazu Dok. 9, Anm. 21.

[6] Zum Abkommen vom 20. September 1951 über den Handel zwischen den Währungsgebieten der Deutschen Mark (DM-West) und den Währungsgebieten der Deutschen Mark der Deutschen Notenbank (DM-Ost) (Berliner Abkommen) in der Fassung vom 16. August 1960 sowie den ergänzenden Vereinbarungen vgl. Dok. 9, Anm. 16 und 17.

17

Aufzeichnung des Ministerialdirigenten Lautenschlager

403-411.10 FRA VS-NfD   27. Januar 1975[1]

Herrn Staatssekretär[2]

Zweck der Vorlage: Bitte um Zustimmung zu I. 3, III. und IV. und Zeichnung der als Anlagen 1 und 2 beigefügten Schreiben[3]

Betr.: Regelung der deutsch-französischen Rüstungskooperation hinsichtlich der Exporte in Drittländer;
hier: Beantwortung des Schreibens von Staatssekretär Dr. Mann vom 21.1.1975[4];
Vorbereitung der deutsch-französischen Gespräche am 3./4. Februar 1975 in Paris[5]

Bezug: a) gesondert überreichtes Schreiben von StS Dr. Mann vom 21. Januar 1975 – VS-geheim – mit zwei Anlagen
       b) beigefügtes Schreiben von Staatssekretär Dr. Mann vom 13. Dezember 1974 – offen – mit einer Anlage (Anlg. 3)[6]
       c) beigefügte Vorlage der Abteilung 4 – 403-411.10 FRA VS-NfD vom 11. Dezember 1974 (Anlg. 4)[7]

---

[1] Die Aufzeichnung wurde von Vortragendem Legationsrat I. Klasse Kruse und von Legationsrat Dix konzipiert.

[2] Hat Staatssekretär Sachs am 28. Januar 1975 vorgelegen.
Hat im Durchdruck Staatssekretär Gehlhoff am 6. Februar 1975 vorgelegen, der handschriftlich für Ministerialdirektor van Well vermerkte: „Ich bitte, wie wir es gestern besprachen, hierüber noch ein Gespräch mit Abt[eilung] 4 zu führen. Ziel: eine Formel finden, die uns ein weitgehendes Eingehen auf die französischen Wünsche erlaubt." Vgl. VS-Bd. 9939 (202); B 150, Aktenkopien 1975.

[3] Dem Vorgang beigefügt. Vgl. Anm. 18 und 19.

[4] Für das Schreiben des Staatssekretärs Mann, Bundesministerium der Verteidigung, an die Staatssekretäre Sachs, Rohwedder, Bundesministerium für Wirtschaft, und Schüler, Bundeskanzleramt, mit Anlagen vgl. VS-Bd. 8596 (201).

[5] Zu den deutsch-französischen Konsultationen am 3./4. Februar 1975 vgl. Dok. 23.
Am 22. Januar 1975 berichtete Gesandter Blomeyer-Bartenstein, Paris, daß im französischen Verteidigungsministerium der Wunsch bestehe, bei den deutsch-französischen Konsultationen ein „politisches Gespräch" über die Rüstungskooperation zu führen: „Die Zusammenarbeit in diesem Bereich habe sich leider nicht sehr befriedigend entwickelt." Vgl. den Drahtbericht Nr. 220; Referat 422, Bd. 117137.

[6] Dem Vorgang nicht beigefügt.

[7] Dem Vorgang beigefügt. Ministerialdirektor Hermes nahm Stellung zu einer vom Bundesministerium der Verteidigung übermittelten, mit dem Bundesministerium für Wirtschaft und dem Auswärtigen Amt abgestimmten Aufzeichnung zu Exporten aus deutsch-französischer Rüstungskooperation in dritte Staaten. Deutlich werde darin, daß die bisherigen Gründe für die Versagung solcher Exporte unverändert seien, nämlich „Gefahr der Verwendung bei friedensstörenden Handlungen, Verletzung völkerrechtlicher Verpflichtungen der Bundesrepublik, Gefahr einer zu schweren und nachhaltigen Störung unserer auswärtigen Beziehungen, daß unser vorrangiges Interesse an der deutsch-französischen Rüstungszusammenarbeit ausnahmsweise im Einzelfall hinter dieser Erwägung zurücktreten muß [...]. Es wird eindringlich verdeutlicht, daß Frankreich von seinem Recht Gebrauch machen könnte, von uns verweigerte Teile und Komponenten im eigenen Lande zu produzieren [...] und daß bei einer solchen Entwicklung die militärischen, wirtschaftlichen und politischen Vorteile der Kooperation (Waffenstandardisierung, günstigere Nutzung der Fertigungskapazitäten, Stärkung der NATO) aufs Spiel gesetzt werden." Vgl. Referat 422, Bd. 117137.

Anlg.: vier
>Anlg. 1: Entwurf eines Schreibens an StS Dr. Mann nebst Gesprächsvorschlag als Anlage
>Anlg. 2: Entwurf eines Schreibens an StS Dr. Rohwedder und StS Dr. Schüler mit zwei Anlagen
>Anlg. 3: Schreiben von StS Dr. Mann vom 13.12.1974
>Anlg. 4: Vorlage der Abteilung 4 – 403-411.10 FRA VS-NfD vom 11. Dezember 1974

I. 1) Frankreich und die Bundesrepublik haben im Februar 1972 ein Regierungsabkommen über die Ausfuhr des gemeinsam produzierten Rüstungsmaterials in dritte Länder geschlossen, in dem sich die beiden Regierungen verpflichten (Art. 2 des Abkommens[8]),

– sich grundsätzlich gegenseitig nicht daran zu hindern, das gemeinsam entwickelte und gefertigte Rüstungsmaterial in Drittländer auszuführen,
– die für die Zulieferungen erforderlichen Ausfuhrgenehmigungen ohne Verzug zu erteilen,
– die nationalen Gesetze über die Ausfuhr von Kriegswaffen und sonstigem Rüstungsmaterial im Geiste der deutsch-französischen Zusammenarbeit auszulegen und anzuwenden und
– solche Ausfuhrgenehmigungen nur im Ausnahmefall und nach vorangegangenen Konsultationen zu versagen.

2) Im Zusammenhang mit der Billigung dieses Regierungsabkommens hat die Bundesregierung entschieden (Kabinettsbeschluß vom 1. Dezember 1971), daß ein Ausnahmefall im Sinne des Regierungsabkommens nur dann vorliegt, wenn die deutschen Zulieferungen nach Frankreich zwingende gesetzliche Bestimmungen verletzen würden.

Solche zwingenden gesetzlichen Versagungsgründe liegen vor:

---

[8] In Artikel 2 der Regierungsvereinbarung vom Februar 1972 zwischen der Bundesrepublik und Frankreich über die Ausfuhr von gemeinsam entwickelten und/oder gefertigten Kriegswaffen und sonstigem Rüstungsmaterial in dritte Länder hieß es: „Keine der beiden Regierungen wird die andere Regierung daran hindern, Kriegswaffen oder sonstiges Rüstungsmaterial, das aus einer gemeinsam durchgeführten Entwicklung oder Fertigung hervorgegangen ist, in Drittländer auszuführen oder ausführen zu lassen. Da sich der spezifische Charakter von Baugruppen und Einzelteilen eines unter die Ausfuhrformalitäten für Kriegswaffen und sonstiges Rüstungsmaterial fallenden Waffensystems ändert, wenn sie integrierender Bestandteil eines gemeinsam entwickelten und gefertigten Waffensystems werden, verpflichtet sich jede der beiden Regierungen, die für die Lieferung von Einzelteilen und Komponenten an das ausführende Land erforderlichen Ausfuhrgenehmigungen nach den in den nationalen Gesetzen vorgesehenen Verfahren ohne Verzug zu erteilen. Beide Regierungen sind übereingekommen, daß sie die nationalen Gesetze über die Ausfuhr von Kriegswaffen und sonstigem Rüstungsmaterial im Geiste der deutsch-französischen Zusammenarbeit auslegen und anwenden werden. Die Möglichkeit, eine Ausfuhrgenehmigung für Komponenten eines Gemeinschaftsprojekts zu versagen, kann nur im Ausnahmefall in Anspruch genommen werden. Für einen solchen Fall vereinbaren beide Regierungen, daß sie sich vor einer endgültigen Entscheidung eingehend konsultieren werden. Es liegt bei dem Bundesminister der Verteidigung oder dem Staatsminister für Nationale Verteidigung, die Initiative zu solchen Konsultationen zu ergreifen." Vgl. die Anlage zur Aufzeichnung des Ministerialdirektors Hermes vom 8. April 1975; VS-Bd. 8875 (403); B 150, Aktenkopien 1975.

– Für die Herstellung und Beförderung von Kriegswaffen (§ 6 Abs. 3 Nr. 1 und 2 Kriegswaffenkontrollgesetz[9]),

a) wenn die Gefahr besteht, daß die Zulieferungen bei einer friedensstörenden Handlung, insbesondere bei einem Angriffskrieg, verwendet werden,

b) wenn Grund zu der Annahme besteht, daß die Erteilung der Genehmigung völkerrechtliche Verpflichtungen der Bundesrepublik verletzen oder deren Erfüllung gefährden würde,

– für die Ausfuhr von Kriegswaffen und sonstigen Rüstungsgütern (§ 3 Abs. 1 Satz 2 in Verbindung mit § 7 Abs. 1 Außenwirtschaftsgesetz[10]),

c) wenn die Versagung der Ausfuhrgenehmigung zur Verhütung erheblicher Störungen unserer auswärtigen Beziehungen, zur Gewährleistung unserer Sicherheit und zur Verhütung von Störungen des friedlichen Zusammenlebens der Völker erforderlich ist, und wenn diese drei Ziele höher zu bewerten sind als das volkswirtschaftliche Interesse an der beantragten Ausfuhr.

Die vage gefaßte Formulierung der genannten Bestimmungen ermöglicht es uns, den französischen Exportwünschen weitgehend entgegenzukommen. Es wird im Einzelfall vor allem darauf ankommen, ob die Gefahr der Verwendung bei einer friedensstörenden Handlung oder die Verletzung völkerrechtlicher Verpflichtungen zu bejahen ist oder ob die zu erwartende Störung unserer Beziehungen zu anderen Ländern ausnahmsweise höher zu bewerten ist als die aus der Versagung einer Ausfuhrgenehmigung resultierende Störung unserer Beziehungen zu Frankreich.

In diesem Zusammenhang hat die Bundesregierung am 1. Dezember 1971 beschlossen, daß der deutsch-französischen Zusammenarbeit auf dem Rüstungssektor in der Regel Vorrang vor einer möglichen Belastung unserer Beziehungen zu anderen Ländern und vor dem Risiko einer öffentlichen Kritik an der mittelbaren deutschen Beteiligung an französischen Waffenexporten eingeräumt wird. Nur die Gefahr einer schweren und nachhaltigen Störung unserer auswärtigen Beziehungen soll zur Versagung einer Ausfuhrgenehmigung führen können. Dagegen müssen die „Politischen Grundsätze der Bundesregierung für den Export von Kriegswaffen und sonstigen Rüstungsgütern" vom 16. Juni 1971[11] im Bereich der deutsch-französischen Rüstungszusammenarbeit zurücktreten. Der Waffenexport in Spannungsgebiete soll jedoch in jedem Fall der Konsultationspflicht unterliegen.

3) Verschiedene deutsch-französische Gemeinschaftsentwicklungen sind jetzt oder in absehbarer Zukunft so weit fortgeschritten, daß sie auch für den Export produziert werden können. Frankreich beabsichtigt daher, die in Anlage 2 des

---

[9] Für den Wortlaut des Ausführungsgesetzes vom 20. April 1961 zu Artikel 26 Absatz 2 des Grundgesetzes (Kriegswaffenkontrollgesetz) vgl. BUNDESGESETZBLATT 1961, Teil I, S. 444–450.

[10] Für den Wortlaut des Außenwirtschaftsgesetzes vom 28. April 1961 vgl. BUNDESGESETZBLATT 1961, Teil I, S. 481–495.

[11] Die „Politischen Grundsätze der Bundesregierung für den Export von Kriegswaffen und sonstigen Rüstungsgütern" wurden vom Kabinett am 16. Juni 1971 verabschiedet, nachdem der Bundessicherheitsrat einer ersten Fassung am 1. Dezember 1970 zugestimmt hatte. Vgl. dazu AAPD 1971, I, Dok. 83.

Schreibens von StS Mann vom 21. Januar 1975 – VS-geheim – aufgeführten Exportvorhaben durchzuführen.

Von den dort genannten Exportvorhaben sind für uns unter Berücksichtigung der zwingenden gesetzlichen Versagungsgründe nur solche problematisch, die für Nahostländer und Südafrika bestimmt sind und bei denen unsere Zulieferungen Kriegswaffen darstellen (Milan, Hot[12]).

Bei den Exporten in Nahostländer[13] kommt es darauf an, ob die Gefahr der Verwendung bei friedensstörenden Handlungen anzunehmen ist. Angesichts der gegenwärtigen Lage in Nahost muß davon ausgegangen werden, daß die Gefahr eines Krieges besteht. Dabei kann nicht vorausgesagt werden, welches der betroffenen Länder der Angreifer sein würde. Deshalb ist gemäß § 6 Abs. 3 Nr. 1 KWKG die Ausfuhrgenehmigung für solche Zulieferungen zu versagen, von denen wir wissen, daß sie als Bestandteil einer deutsch-französischen Waffe in die unmittelbar militärisch an dem Konflikt beteiligten Länder (Ägypten, Syrien, Jordanien, Irak, Israel) exportiert werden sollen.

Dagegen erscheinen deutsche Zulieferungen für Exporte in solche Nahostländer rechtlich und politisch vertretbar, die bisher militärisch an den Konflikt im wesentlichen nicht beteiligt waren (Saudi-Arabien, Kuwait, Abu Dhabi), jedoch sollten wir der französischen Regierung unsere Bedenken hinsichtlich dieser Exporte – insbesondere im Falle Saudi-Arabiens – in den dafür vorgesehenen Konsultationen mitteilen und nach Möglichkeit darauf hinwirken, daß die genannten Länder sich gegenüber Frankreich verpflichten müssen, diese Waffen nicht in einem Krieg gegen Israel zu benutzen und nicht zu reexportieren.

Gegenwärtig wird noch geprüft, ob bei dem Exportvorhaben nach Südafrika[14] Grund zu der Annahme besteht, daß eine deutsche Beteiligung völkerrechtliche Verpflichtungen der Bundesrepublik verletzt (§ 6 Abs. 3 Nr. 2 KWKG), und ob gegebenenfalls vorrangige außenpolitische Gründe gegen unsere Beteiligung an diesem Export sprechen.

Für die Entscheidung, ob die Ausfuhrgenehmigung für deutsche Zulieferungen zu versagen ist, ist das überragende wirtschaftliche und politische Interesse

---

[12] Neben den Panzerabwehrraketen „Milan" und „Hot" wurden die Boden-Luft-Rakete „Roland" und das Kampfflugzeug „Alpha-Jet" in deutsch-französischer Rüstungskooperation gefertigt.

[13] Frankreich hob am 29. August 1974 das seit dem 5. Juni 1967 bestehende Waffenembargo gegenüber Ägypten, Israel, Jordanien und Syrien auf. Am 28. Februar 1975 berichtete Botschafter Freiherr von Braun, Paris: „Über Waffenkäufe an diese Länder wird seitdem ‚von Fall zu Fall' entschieden." Kurz vor der Aufhebung des Embargos sei von französischer Seite erklärt worden, „Frankreich verfolge eine dynamische Waffenexportpolitik aus Gründen der politischen Zweckmäßigkeit, der Auslastung der Industrie und der Verbesserung der Zahlungsbilanz. Frankreich könne es im Grundsatz nicht akzeptieren, daß Rüstungskooperation mit uns französische Handlungsfreiheit bei Export einschränke. U[nter] U[mständen] könne Frankreich seine Handlungsfreiheit wichtiger sein als Rüstungskooperation mit uns." Vgl. den Drahtbericht Nr. 635; VS-Bd. 9939 (202); B 150, Aktenkopien 1975.

[14] Zum französischen Exportvorhaben nach Südafrika teilte Vortragender Legationsrat I. Klasse Kruse am 30. Januar 1975 mit: „Frankreich beabsichtigt, 1500 Milan-Panzerabwehrraketen nach Südafrika zu exportieren. Diese Waffe ist ein deutsch-französisches Gemeinschaftsprodukt. Aus der Bundesrepublik werden Gefechtsköpfe – Kriegswaffen im Sinne des Kriegswaffenkontrollgesetzes von 1961 – nach Frankreich geliefert und dort mit dem französischen Treibsatz fertig montiert." Nach Auffassung des Bundesministeriums der Verteidigung sei „der Weiterexport nicht zu berücksichtigen, weil die Gefechtsköpfe in Frankreich fest mit dem französischen Teil der Waffe verbunden werden." Vgl. Referat 422, Bd. 117137.

Frankreichs an der ungehinderten Ausfuhr deutsch-französischer Waffen zu berücksichtigen. Die französische Regierung hat uns mehrfach darauf hingewiesen, daß sie sich veranlaßt sehen könnte, diese Waffen in eigener Regie herzustellen, wenn wir die für ihren Export notwendigen Zulieferungen verweigern sollten. Beide Länder müßten dann auf die militärischen, wirtschaftlichen und politischen Vorteile der Rüstungskooperation verzichten.

In den vorgeschlagenen Konsultationen muß deshalb auch geklärt werden, ob die französische Regierung bereit ist, die Kooperation trotz der Versagungsfälle Nahost und – möglicherweise – Südafrika fortzusetzen.

II. 1) StS Mann hat am 13. Dezember 1974 für das Ministergespräch mit dem Herrn Bundeskanzler am 18. Dezember 1974[15] eine mit uns und dem BMWi abgestimmte Vorlage übersandt (Anlage 3), die unter Nr. III ein weitgehendes Entgegenkommen gegenüber den Franzosen bei Beachtung unserer zwingenden Versagungsgründe vorschlägt. In dem Gespräch am 18. Dezember wurde entschieden, daß eine Gruppe von Abteilungsleitern aus dem Bundeskanzleramt, dem Bundesministerium für Wirtschaft, dem Bundesministerium der Verteidigung und dem Auswärtigen Amt eine Bestandsaufnahme der französischen Lieferabsichten ausarbeiten und die Haltung der Bundesregierung in den vorgesehenen Konsultationen mit der französischen Regierung über die beabsichtigten Exporte in den Irak[16] vorbereiten soll. StS Mann hat diesen Auftrag mit dem beigefügten Schreiben vom 21. Januar 1975 an sich gezogen und zugleich eine Vorlage übersandt, die er nach Zustimmung seitens Bundeskanzleramt, Bundesministerium für Wirtschaft und Auswärtigem Amt dem Herrn Bundeskanzler zuleiten will.

2) Diese Vorlage vom 21. Januar 1975 hält sich im wesentlichen an die frühere Vorlage des BMVg vom 13. Dezember 1974. Sie weicht jedoch in ihrer Nr. I.5) in problematischer Weise von der bisherigen Linie der beteiligten Ressorts ab. Es wird dort vorgeschlagen, in allen Fällen, in denen deutsche Zulieferungen in das französische Endprodukt fest integriert werden, Frankreich als Endverbleibsland anzusehen und damit auf jede weitere Prüfung der zwingenden Versagungsgründe im Hinblick auf den Endverbleib in einem Drittland zu verzichten.

Ob diese Gesetzesinterpretation für die hier zur Entscheidung anstehenden Fälle rechtlich möglich ist, hat das BMWi als Genehmigungsbehörde zu klären. Bisher haben die Besprechungen der beteiligten Ressorts ergeben, daß der Verzicht auf die Prüfung des uns bekannten Endverbleibs in einem dritten

---

15 Zum Gespräch des Bundeskanzlers Schmidt mit den Bundesministern Friderichs, Genscher und Leber am 18. Dezember 1974 über Fragen der Rüstungsexportpolitik vgl. AAPD 1974, II, Dok. 378.

16 Zu der von Frankreich beabsichtigten „Lieferung größerer Mengen Milan-Flugkörper an den Irak" vermerkte Ministerialdirektor Hermes am 11. Dezember 1974: „Der Irak verfolgt eine Politik, die in extremer Weise auf militärische Lösungen des Nahost-Konfliktes, der internen Auseinandersetzung mit den Kurden und möglicherweise auch der Grenzstreitigkeiten mit dem Iran gerichtet ist. [...] Die Lieferung dieser Flugkörper an den Irak würde die Beziehungen der Bundesrepublik zu Israel in äußerst schwerer Weise belasten, weil der Irak im Oktoberkrieg 1973 Kontingente auf den Golanhöhen gegen Israel eingesetzt hat und dies in einem möglichen sechsten Nahostkrieg voraussichtlich wiederholen wird. Hinzu kommt, daß wir kaum unsere Mitwirkung bei französischen Exporten in andere arabische Nahostländer verweigern könnten, wenn wir der Lieferung in den Irak zugestimmt haben." Vgl. Referat 422, Bd. 117137.

Land bedenklich wäre, weil die deutschen Zulieferungen teilweise bis zur Hälfte der Endprodukte ausmachen und diese weltweit als deutsch-französische Gemeinschaftswaffen bekannt sind. Im übrigen steht die von StS Mann vorgeschlagene Erklärung gegenüber Frankreich, daß die Bundesregierung eine einseitige Politik Frankreichs im Nahostbereich keinesfalls unterstützen werde, in Widerspruch zu dem Vorschlag, die deutschen Zulieferungen ohne Rücksicht auf den späteren Endverbleib der Waffen zu genehmigen.

3) Die Vorlage läßt entgegen dem Auftrag des Ministergesprächs vom 18. Dezember 1974 nicht erkennen, wie die Abstimmung der Haltung der Bundesregierung zu dem Export in den Irak erfolgen soll.

4) Gegen das vorgeschlagene Verfahren, an den Konsultationen gegebenenfalls Vertreter der beteiligten Ressorts BMWi, BMVg und AA gleichberechtigt teilnehmen zu lassen, bestehen keine Bedenken, wenn gewährleistet ist, daß eine einheitliche Auffassung vertreten wird.

Ebenfalls zweckmäßig ist es, den Bundessicherheitsrat die endgültige Entscheidung aufgrund des Ergebnisses der Konsultationen treffen zu lassen.

III. Der Export von deutsch-französischen Gemeinschaftswaffen wird voraussichtlich bei den deutsch-französischen Konsultationen am 3./4. Februar 1975 von den Verteidigungsministern[17], möglicherweise auch von den Regierungschefs, besprochen werden.

Aufgrund der vorstehenden Erwägungen sollte der französischen Seite folgendes gesagt werden:

– Die Bundesregierung ist sich bewußt, welch große Bedeutung die französische Regierung den möglichst uneingeschränkten Exporten der deutsch-französischen Gemeinschaftswaffen beimißt.

– Die Bundesregierung ist bereit, ihre restriktive Rüstungsexportpolitik nicht auf die deutschen Zulieferungen für die Koproduktion anzuwenden; sie ist jedoch gehalten und aufgrund der deutsch-französischen Regierungsvereinbarung von 1972 auch berechtigt, die zwingenden gesetzlichen Versagungsgründe zu beachten. Solche Versagungsgründe bestehen in den Fällen: Gefahr der Verwendung bei friedensstörenden Handlungen, Verletzung völkerrechtlicher Verpflichtungen der Bundesrepublik, Gefährdung deutscher Sicherheitsinteressen und Gefahr schwerer und nachhaltiger Störungen der deutschen auswärtigen Beziehungen. Die Bundesregierung ist bereit, ihren Beurteilungsspielraum bei der Anwendung dieser Bestimmungen voll zugunsten der deutsch-französischen Kooperation auszuschöpfen.

– Konkret bedeutet dies, daß die Bundesregierung lediglich die Zulieferungen für die Exporte Frankreichs in bestimmte Nahostländer und nach Südafrika eingehender prüfen muß. Die Bundesregierung wird der französischen Regierung in Kürze mitteilen, hinsichtlich welcher konkreten Exportvorhaben sie Bedenken hat und Konsultationen wünscht. Die endgültige Entscheidung wird die Bundesregierung aufgrund des Ergebnisses der Konsultationen treffen.

[17] Georg Leber und Yvon Bourges.

IV. Vorschlag:

1) Zustimmung zu I. 3), II., III.,

2) Beantwortung des Schreibens von StS Mann vom 21. Januar 1975 gemäß beigefügtem Antwortentwurf[18],

3) Schreiben an die Staatssekretäre Dr. Schüler und Dr. Rohwedder gemäß beigefügten Entwürfen.[19]

Abteilungen 2 und 3 haben mitgezeichnet.

Lautenschlager

Referat 422, Bd. 117137

---

[18] Dem Vorgang beigefügt. Am 28. Januar 1975 teilte Staatssekretär Sachs Staatssekretär Mann, Bundesministerium der Verteidigung, mit: „Das Auswärtige Amt ist mit Ihrer als Anlage 1 zu Ihrem Schreiben vom 21. Januar 1975 übersandten Vorlage über die Regelung der Exporte aus der deutsch-französischen Rüstungsproduktion im wesentlichen einverstanden." Jedoch empfehle sich, „zur Klarstellung auf die zwingenden gesetzlichen Versagungsgründe hinzuweisen, die zu einem Ausnahmefall im Sinne des Art. 2 des deutsch-französischen Regierungsabkommens über den Export der Gemeinschaftswaffen führen können". Bedenken bestünden hinsichtlich des Vorschlags des Bundesministeriums der Verteidigung, „in allen Fällen, in denen deutsche Zulieferungen in das französische Endprodukt fest integriert werden, Frankreich als Endverbleib anzusehen und damit auf jede weitere Prüfung der zwingenden Versagungsgründe im Hinblick auf den Endverbleib in einem Drittland zu verzichten." Abgesehen von der Frage, ob dies rechtlich möglich sei, könnten die politischen Probleme auf diesem Weg kaum umgangen werden, da die fraglichen Rüstungsgüter „weltweit als deutsch-französische Gemeinschaftswaffen bekannt sind. Auch eine Erklärung, daß wir eine einseitige Politik Frankreichs in Nahost nicht unterstützen, könnte uns politisch nicht helfen, wenn wir de facto derartigen Exporten Frankreichs zustimmen." Der französischen Regierung sollte daher mitgeteilt werden, daß sich die Bundesrepublik bei den französischen Exportvorhaben in den Nahen Osten und an Südafrika eine eingehendere Prüfung der Ausfuhrgenehmigungen für Zulieferungen aus der Bundesrepublik vorbehalte und gegebenenfalls Konsultationen einleiten werde. Vgl. Referat 422, Bd. 117137.

[19] Dem Vorgang beigefügt. Am 28. Januar 1975 übermittelte Staatssekretär Sachs den Staatssekretären Schüler, Bundeskanzleramt, und Rohwedder, Bundesministerium für Wirtschaft, Durchdrucke des Schreibens vom selben Tag an Staatssekretär Mann, Bundesministerium der Verteidigung, „nebst beigefügtem Gesprächsvorschlag für die deutsch-französischen Konsultationen am 3./4. Februar in Paris". Vgl. Referat 422, Bd. 117137.

18

Ministerialdirektor van Well an die Botschaft in Moskau

212-341.31-132/75 VS-vertraulich 28. Januar 1975[1]
Fernschreiben Nr. 359 Plurex Aufgabe: 30. Januar 1975, 13.41 Uhr

Betr.: KSZE-Prinzipiendeklaration;
hier: „Peaceful change"

Bezug: DB 239 der Botschaft Moskau vom 21.1.1975[2]

I. Ost-West-Auseinandersetzung um allseits akzeptable Formel zum „peaceful change" (p.c.) stellt sich seit 5. April 1974 wie folgt dar:

1) Teilnehmerstaaten registrierten am 5. April 1974 vorläufig einen Text über Prinzip der Unverletzlichkeit der Grenzen.[3] Gleichzeitig wurde auf besonderem Blatt Text einer Formel zum p.c. vorläufig registriert, der westlichem Vorschlag für Formulierung des Prinzips 3 „Unverletzlichkeit der Grenzen" entstammte, den Frankreich am 19. Oktober 1973[4] in Genf eingebracht hatte. Die am 5. April vorläufig registrierte Formel lautet:

„The participating states consider that their frontiers can be changed only in accordance with international law through peaceful means and by agreement."[5]

Über Plazierung der Formel zum p.c. beim Prinzip 3 „Unverletzlichkeit der Grenzen" kam es wegen Widerstandes der WP-Staaten zu keiner Einigung. Endverbleib der Formel blieb vorerst offen. Konferenz-Journal enthält Eintragung des Vorsitzenden der Prinzipien-Unterkommission[6], wonach über eine allgemein annehmbare Plazierung der Formel zum p.c. „in einem der Prinzipien" später entschieden werde.

---

[1] Der Drahterlaß wurde von Vortragendem Legationsrat Pieck konzipiert.
Hat Vortragendem Legationsrat Gehl am 28. Januar 1975 vorgelegen, der handschriftlich vermerkte, daß Referat 500 „im Konzept mitgezeichnet" habe.
Hat Vortragender Legationsrätin I. Klasse Finke-Osiander am 30. Januar 1975 vorgelegen.
Hat Ministerialdirigent Meyer-Landrut vorgelegen.

[2] Vgl. Dok. 10.

[3] Am 5. April 1974 einigte sich die Unterkommission 1 (Prinzipien) der KSZE auf folgende Aussage zur Unverletzlichkeit der Grenzen: „The participating States regard as inviolable all one another's frontiers as well as the frontiers of all States in Europe and therefore they will refrain now and in the future from assaulting those frontiers. Accordingly they will also refrain from any demand for or act of seizure and usurpation of part or all of the territory of any participating State." Vgl. das Dokument CSCE/II/A/125; HUMAN RIGHTS, Bd. 3, S. 166.

[4] Korrigiert aus: „19. Oktober 1974".
Im französischen Entwurf vom 19. Oktober 1973 für eine Erklärung über die Prinzipien der Beziehungen zwischen den Teilnehmerstaaten der KSZE wurde zu Prinzip 3 ausgeführt: „Die Teilnehmerstaaten halten ihre Grenzen, wie sie an diesem Tag bestehen, wie immer nach ihrer Auffassung deren rechtlicher Status sein mag, für unverletzlich. Die Teilnehmerstaaten sind der Auffassung, daß ihre Grenzen nur im Einklang mit dem Völkerrecht, durch friedliche Mittel und mittels Übereinkunft, in Achtung des Selbstbestimmungsrechts der Völker geändert werden können." Vgl. EUROPA-ARCHIV 1974, D 2.

[5] Vgl. das Dokument CSCE/II/A/126; HUMAN RIGHTS, Bd. 3, S. 167.

[6] J. Campbell.

Wir machten unsere definitive Zustimmung zur Registrierung des Prinzips „Unverletzlichkeit der Grenzen" von fünf Vorbehalten abhängig. Danach stimmen wir der Registrierung nur zu, wenn über folgende Fragen Einigung erzielt ist:
– über das Prinzip, indem Formulierung des p.c. untergebracht wird,
– über genaue Formulierung des p.c. in diesem neuen Zusammenhang,
– über genaue Formulierung des Prinzips des Selbstbestimmungsrechts der Völker,
– über eine Formel über Zusammenhang der Prinzipien und
– über für uns befriedigenden deutschen Wortlaut dieser Prinzipien (zusammengefaßte Darstellung vgl. Ortex Nr. 35 vom 8.4.1974[7]).

2) US-Außenminister Kissinger schlug bei Nixon-Besuch in Moskau im Juni 1974[8] sowjetischer Seite zur Aufnahme bei Prinzip 1 („souveräne Gleichheit, Achtung der Souveränität innewohnenden Rechte") folgende Formel vor:

„In accordance with international law the participating states consider that their frontiers can be changed through peaceful means and by agreement".

Gromyko sagte Prüfung zu.[9]

Erläuterung:

Kissinger-Formel bringt zwar die drei Elemente „in accordance with international law", „peaceful means" und „agreement" in der von uns gewünschten Reihenfolge, war indessen mit uns nicht im einzelnen abgestimmt. Insbesondere enthält sie nicht den Zusatz „and nothing in the present declaration shall affect this right."[10] – Diesen Zusatz hielten wir für wünschenswert, wenn Aussage über p.c. bei Prinzip 1 (Souveränität) und nicht bei Prinzip 3 (Unverletzlichkeit der Grenzen) oder jedenfalls bei Prinzip 4 (territoriale Integrität) untergebracht wird. Bei einer Unterbringung außerhalb des Bereichs der „Territorial-Prinzipien" kann leicht Eindruck entstehen, als sei Aussage über p.c. generelle Leerformel, die durch spezielle Aussage in Prinzip 3 für europäischen Bereich in negativer Weise überlagert wird. – Da Kissinger-Formel genannten Zusatz nicht enthält, wird für uns Aufnahme einer Aussage über Gleichrangigkeit und Interpretationszusammenhang zwischen den einzelnen Prinzipien besonders wichtig, so wie sie in befriedigender Weise in Ziffer 11 französischen Prinzipienentwurfs[11] vorgesehen ist. Bundesminister hat dies Außenminister Kissinger gegenüber bei Gespräch in Miesbach am 6. Juli 1974 eingehend dargelegt. Kissinger sagte uns auch insoweit Unterstützung zu.[12]

---

7 Für den Runderlaß des Vortragenden Legationsrats I. Klasse Dohms vgl. Referat 212, Bd. 111534.
8 Präsident Nixon hielt sich vom 27. Juni bis 3. Juli 1974 in Begleitung des amerikanischen Außenministers Kissinger in der UdSSR auf. Vgl. dazu AAPD 1974, II, Dok. 195 und Dok. 197–200.
9 Zum Gespräch des amerikanischen Außenministers Kissinger mit dem sowjetischen Außenminister Gromyko über friedliche Grenzänderungen („peaceful change") vgl. AAPD 1974, II, Dok. 198.
10 Am 30. April 1974 schlug Bundesminister Scheel dem amerikanischen Außenminister Kissinger die Formel vor: „Die Souveränität der Teilnehmerstaaten umfaßt, gemäß dem Völkerrecht, das Recht, ihre Grenzen durch friedliche Mittel und im Wege der Übereinstimmung zu ändern, und nichts in dieser Deklaration wird dieses Recht beeinträchtigen." Vgl. AAPD 1974, I, Dok. 138.
11 Für Ziffer 11 des französischen Entwurfs vom 19. Oktober 1973 vgl. Dok. 13, Anm. 8.
12 Zum Gespräch des Bundesministers Genscher mit dem amerikanischen Außenminister Kissinger am 6. Juli 1974 über die KSZE vgl. AAPD 1974, II, Dok. 202.

3) US-Delegation brachte Formel (vgl. oben 2) zur Einfügung bei Prinzip 1 (Souveränität) am 25. Juli 1974 in Genf offiziell ein.[13]

4) Gromyko übergab Bundesminister am 26. September 1974 in sowjetischer Mission in New York[14] folgende Formel:

„The participating states consider that their frontiers can be changed, in accordance with international law, only through peaceful means and by agreement."

Dabei erklärte Gromyko auf Vorschlag Bundesministers zustimmend, Gespräche über allseits akzeptable Formulierung des Passus über den p.c. sollten in Genf fortgeführt werden. Sowjetischerseits sei man zwar der Ansicht gewesen, Sache sei bereits abgestimmt. Man habe aber festgestellt, daß sie noch „schwimme". Deshalb wolle er uns hiermit abgeänderte Formulierung des amerikanischen Vorschlags zur Prüfung vorlegen.

5) Sowjets widerriefen später gegenüber amerikanischer Seite die unter 4) zitierte Formel wegen eines „Tippfehlers" (Erklärung sowjetischen Botschaftsangehörigen in Washington, Woronzow, gegenüber State Department am 27.9.1974).

6) Woronzow übergab State Department am 27. September 1974 folgende „konkrete" Formel:

„The participating states consider that their frontiers can change[15] only in accordance with international law, by peaceful means and by agreement."[16]

7) Sowjetischer Vizeaußenminister Kowaljow (KSZE-Delegationsleiter) schlug Botschafter Brunner in Genf am 23. Oktober 1974 folgende Formel vor:

„The participating states consider that their frontiers can only be changed, in accordance with international law, by peaceful means and by agreement."

Kowaljow erklärte dabei, amerikanische Formel (vgl. oben 2) sei für Sowjetunion inakzeptabel. Sie rege politisch zu Grenzänderungen geradezu an. Über Plazierung in Prinzipiendeklaration sagte Kowaljow nichts.[17]

Mit dieser Formel kehrte Sowjetunion mit unbedeutenden Modifizierungen („in accordance with international law" ist in Kommata gesetzt, „only" ist mehr

---

[13] Botschafter Brunner, Genf (KSZE-Delegation), berichtete am 26. Juli 1974, daß die amerikanische KSZE-Delegation die mit dem amerikanischen Außenminister Kissinger „verabredete positive Formulierung des ‚peaceful change', ‚in accordance with international law, and the participating states consider that their frontiers can be changed through peaceful means and by agreement'" eingebracht habe. Vgl. den Drahtbericht Nr. 1140; Referat 212, Bd. 100008.

[14] Für das Gespräch des Bundesministers Genscher mit dem sowjetischen Außenminister Gromyko am 26. September 1974 in New York vgl. AAPD 1974, II, Dok. 277.

[15] Die Wörter „can change" wurden unterschlängelt. Dazu handschriftliche Bemerkung: „be changed".

[16] Für die im amerikanischen Außenministerium übergebene sowjetische Formel vgl. VS-Bd. 10130 (212); B 150, Aktenkopien 1974.

[17] Botschafter Brunner, Genf (KSZE-Delegation), berichtete am 23. Oktober 1974, der Leiter der sowjetischen KSZE-Delegation, Kowaljow, habe am selben Tag die amerikanische Formel für inakzeptabel erklärt. Die Sowjetunion sei jedoch bereit, eine Formel über friedliche Grenzänderungen, die von der am 5. April registrierten etwas abweiche, in die Prinzipienerklärung einzufügen. Dies sei eine ‚erhebliche Konzession', denn im Moskauer Vertrag stehe bekanntlich im Text selbst nichts über die friedliche Grenzänderungen. Kowaljow wiederholte die am 26. September in New York von Gromyko vorgeschlagene Formel, jedoch mit einer Abweichung bei der Stellung des Wortes ‚nur': ‚Les États participants considèrent que leurs frontières peuvent être modifiées seulement conformément au droit international par des moyens pacifiques et par voie d'accord.'" Vgl. den Drahtbericht Nr. 1511; VS-Bd. 10114 (210); B 150, Aktenkopien 1974.

nach vorn gezogen) zum Wortlaut der Formel vom 5. April 1974 zurück, und zwar mit Maßgabe, daß dieser Text nicht bei Prinzip 3 eingefügt werden solle.
Erläuterung:
Wir halten Einfügung des p.c. beim Prinzip der Unverletzlichkeit der Grenzen weiterhin für optimale Lösung. Falls sich dies nicht durchsetzen läßt, könnten wir Unterbringung des p.c. bei einem der anderen Prinzipien zustimmen, wenn

– Aussage des p.c. positiv formuliert würde (Fortfall von „only". Damit soll Eindruck vermieden werden, als handele es sich bei Formel des p.c. um generelle Aussage, die durch Prinzip der Unverletzlichkeit der Grenzen konkret so stark eingeschränkt werde, daß sie praktisch nur noch Grenzkorrekturen erfasse),

– Satzteil „in accordance with international law" in einer Weise formuliert wird, daß Übereinstimmung mit dem Völkerrecht nicht als Voraussetzung für friedliche und einvernehmliche Grenzänderung aufgefaßt werden kann und

– in Prinzipiendeklaration Aussage über Gleichrangigkeit und Interpretationszusammenhang der Prinzipien aufgenommen wird (um zwischen Prinzip der Unverletzlichkeit der Grenzen und der bei einem anderen Prinzip eingefügten Formel des p.c. Brücke herzustellen).[18]

8) Wir haben amerikanische Bereitschaft, unsere Interessen wahrende p.c.-Formel bilateral mit Sowjetunion zu erörtern, akzeptiert.[19] State Department hat sowjetischer Botschaft Mitte Januar 1975 folgende Formulierung vorgeschlagen, die von uns als erste Rückfallposition nach der von uns auch weiterhin als optimal eingeschätzten Kissinger-Formel (vgl. oben 2) in Aussicht genommen worden war:

---

[18] Am 31. Januar 1975 teilte Ministerialdirektor van Well der Botschaft in Moskau folgende Korrekturen zu dieser Erläuterung mit: „Statt ‚falls sich dies nicht durchsetzen läßt, könnten wir Unterbringung des p[eaceful] c[hange] bei einem der anderen Prinzipien zustimmen' soll es heißen: ‚falls sich dies nicht durchsetzen läßt, könnten wir Unterbringung des p.c. bei Prinzip 1 (souveräne Gleichheit) zustimmen'. Der zweite Anstrich der ‚Erläuterung' sollte wie folgt umformuliert werden: ‚Satzteil ‚in accordance with international law' so plaziert wird, daß er als Klarstellung der Völkerrechtsmäßigkeit von friedlichen und einvernehmlichen Grenzänderungen erscheint und nicht als eine von Fall zu Fall besonders nachzuweisende Voraussetzung für friedliche und einvernehmliche Grenzänderungen aufgefaßt werden kann'." Vgl. den Drahterlaß Nr. 392; VS-Bd. 10200 (212); B 150, Aktenkopien 1975.

[19] Am 6. Dezember 1974 bot der amerikanische Außenminister Kissinger Bundesminister Genscher in einem Gespräch in Washington an, die Position der Bundesrepublik zu friedlichen Grenzänderungen („peaceful change") gegenüber der UdSSR zu vertreten. Vgl. dazu AAPD 1974, II, Dok. 360. Am 16. Januar 1975 teilte Ministerialdirigent Meyer-Landrut der Botschaft in Washington mit: „USA hatten uns Mitte Dezember in NATO unterrichtet, daß sie Überlegungen für bilaterale Gespräche mit sowjetischer Seite über ‚peaceful change' anstellen." Grundlage solle die amerikanische Formel vom 25. Juli 1974 sein; jedoch seien von amerikanischer Seite zwei Rückfallpositionen vorgeschlagen worden. Anläßlich der NATO-Ministerratstagung am 12./13. Dezember 1974 in Brüssel habe die Delegation der Bundesrepublik angeregt, Hauptziel bei den vorgesehenen amerikanisch-sowjetischen Gesprächen solle die Durchsetzung der Formel vom 25. Juli 1974 bleiben: „Nur im äußersten Notfall solle von ihr abgegangen werden." Dazu seien den USA zwei neue Rückfallpositionen vorgeschlagen worden, in denen insbesondere darauf Wert gelegt worden sei, das Wort „only" zu vermeiden: „Bundesminister hat auf Drahtbericht über amerikanische Vorschläge mit Rückfallpositionen zu Formel des ‚peaceful change' handschriftlich vermerkt: ‚Ich habe schwerste Bedenken gegen das Wort ‚only'. Damit bekommt die Formel eine völlig andere Bedeutung. Aus einer dynamischen Formel wird weniger als eine statische, nämlich eine sehr restriktive.'" Vgl. den Drahterlaß Nr. 179; VS-Bd. 10200 (212); B 150, Aktenkopien 1975.

„The participating states consider in accordance with international law that their frontiers can be changed through peaceful means and by agreement."[20]

Sowjetische Reaktion steht noch aus.[21]

II. Zusammenfassend ist zu sagen:

1) Aufnahme einer Aussage über fortdauernde Zulässigkeit friedlicher und einvernehmlicher Grenzänderungen in die Prinzipiendeklaration wurde am 5. April 1974 von allen KSZE-Teilnehmerstaaten im Grundsatz gebilligt:

2) Offen bleiben u.a. zwei Fragen:

a) Plazierung des Passus über den p.c.

Konferenzjournal enthält die unwidersprochen gebliebene Eintragung des Vorsitzenden der Prinzipien-Unterkommission, daß Formel über den p.c. „in einem der Prinzipien" plaziert werde. Damit bleibt auch noch Unterbringung des p.c. bei Prinzip 3 (Unverletzlichkeit der Grenzen) möglich.[22]

b) Modifikation des Formeltextes

Seit Oktober 1974 behauptet sowjetische Seite, wir machten Versuch, etwas zu ändern, was bereits in Genf vereinbart worden sei. Sie übergeht damit Tatsache, daß Mehrzahl der KSZE-Teilnehmerstaaten diese Auffassung keineswegs teilt und ferner, daß wir am 5. April 1974 Fünf-Punkte-Vorbehaltserklärung abgegeben haben. Sowjetische Seite setzt sich mit ihrer Argumentation in Widerspruch zu ihrem Verhalten nach dem 5. April 1974, als sie durch Eingehen auf neue Textvorschläge und Vorlage eigener Änderungsentwürfe zum p.c. den Grundsatz der Modifizierbarkeit der Formel vom 5. April 1974 konkludent anerkannte.

van Well[23]

VS-Bd. 10200 (212)

---

[20] Gesandter Noebel, Washington, teilte am 21. Januar 1975 mit, daß das amerikanische Außenministerium am selben Tag diese Formel der sowjetischen Botschaft in Washington übermittelt habe. Vgl. dazu den Drahtbericht Nr. 163; VS-Bd. 10200 (212); B 150, Aktenkopien 1975.
Vortragender Legationsrat Gehl informierte die KSZE-Delegation in Genf am 23. Januar 1975 über die amerikanische Initiative, die von der Bundesregierung begrüßt werde: „Eine Einigung über die peaceful change Formel liege in unserem Interesse. Sie dürfe keinesfalls Gegenstand der Schlußverhandlungen werden." Vgl. den Drahterlaß Nr. 35; VS-Bd. 10200 (212); B 150, Aktenkopien 1975.

[21] Die Formel zu friedlichen Grenzänderungen („peaceful change") war Thema der Gespräche des amerikanischen Außenministers Kissinger mit dem sowjetischen Außenminister Gromyko am 16./17. Februar 1975 in Genf. Vgl. dazu Dok. 34, besonders Anm. 13.

[22] Am 27. Januar 1975 berichtete Ministerialdirektor van Well über die Beschlüsse des Politischen Komitees im Rahmen der EPZ vom 23. Januar 1975 in Dublin zu friedlichen Grenzänderungen („peaceful change"): „Zur weiteren Behandlung des ‚peaceful change' haben wir unsere Ansicht durchgesetzt, daß Frage der ‚Unterbringung' der Formel in einem der zehn Prinzipien vor Beginn der zweiten Lesung gelöst sein muß; wir wollen verhindern, daß sie in den Schlußhandel gerät; von den Amerikanern am 26.7.74 in Genf eingebrachte ‚positive' Formel weiter Verhandlungsgrundlage ist; am 5. April 1974 registrierte ‚negative' Formel im dritten Prinzip (Unverletzlichkeit der Grenzen) untergebracht werden soll, sofern Sowjets darauf bestehen, daß sie nicht verändert wird". Vgl. den Runderlaß Nr. 294; Referat 212, Bd. 100020.

[23] Paraphe vom 30. Januar 1975.

19

Aufzeichnung des Ministerialdirektors van Well

201-363.13-305/75 VS-vertraulich 4. Februar 1975[1]

Herrn Staatssekretär mit dem Vorschlag, den Herrn Bundesminister zu unterrichten[2]

Betr.: Europäische Verteidigungszusammenarbeit

Beim heutigen Essen in unserer Residenz in Paris anläßlich des deutsch-französischen Gipfels[3] sprach mich der Parlamentarische Staatssekretär (Républicain Indépendant) im Quai d'Orsay, Destremau, in dieser Frage wie folgt an: Ob es stimme, daß wir gegen eine Belebung der WEU[4] seien. Er habe mit dem Staatspräsidenten[5] über die Frage der europäischen Verteidigungszusammenarbeit gesprochen. Auch der Staatspräsident sei der Auffassung, daß die Westeuropäer im Bereich der Verteidigung enger zusammenarbeiten müßten. Zwischen der Zusammenarbeit in der Allianz und der rein nationalen Verteidigungspolitik müsse eine europäische Ebene geschaffen werden. Dazu würde sich die WEU gut eignen, da sie die westeuropäischen Staaten umfasse, die zu einer solchen Zusammenarbeit bereit seien, da ihr ein Vertrag über die Sicherheitsfrage zugrunde liege[6] (während die Römischen Verträge hierzu nichts enthiel-

---

[1] Hat Ministerialdirigent Ruhfus am 11. Februar 1975 vorgelegen.
Hat Botschafter Roth und Vortragender Legationsrätin Steffler am 13. Februar 1975 vorgelegen.

[2] Hat Staatssekretär Gehlhoff am 5. Februar 1975 vorgelegen, der die Wörter „Herrn Bundesminister" hervorhob und handschriftlich vermerkte: „Vorzulegen."
Hat Bundesminister Genscher am 11. Februar 1975 vorgelegen.

[3] Zu den deutsch-französischen Konsultationen am 3./4. Februar 1975 in Paris vgl. Dok. 23.

[4] Seit Juni 1973 wurden in Frankreich Überlegungen zu einer stärkeren verteidigungspolitischen Zusammenarbeit zwischen den EG-Mitgliedstaaten angestellt. Vgl. dazu AAPD 1973, III, Dok. 300, Dok. 391 und Dok. 393.
Ministerialdirektor van Well vermerkte dazu am 25. Januar 1974: „1) Nach der neuesten Entwicklung [...] können wir davon ausgehen, daß Frankreich neuerdings das Ziel avisiert, der Neuner-Gemeinschaft auch eine verteidigungspolitische Dimension zu geben. Eine gemeinsame Verteidigungspolitik und Organisation der Neun soll der krönende Abschluß des europäischen Einigungsprozesses sein. Jobert wünscht bis zum Jahr 1980 eine sich immer stärker verdichtende staatenbündische Zusammenfassung und ab 1980 eine bundesstaatliche Form mit einem europäischen Verteidigungsminister. Jobert und Galley haben in Aussicht gestellt, die Teilnahme Frankreichs an der Vorneverteidigung mit uns zu diskutieren. 2) Eine gewisse Verwirrung über die französische Motivation ist dadurch entstanden, daß die französische Regierung noch zur Zeit Debrés als Verteidigungsminister den Vorschlag gemacht hat, die Rüstungskooperation im Rahmen der WEU anzusiedeln. Diesen Vorschlag haben wir, seinerzeit zu Recht, als einen nur dem nationalen Interesse Frankreichs dienenden, gegen Eurogroup gerichteten Vorstoß angesehen. An diesem Vorschlag hat Frankreich festgehalten, während es nun offenbar ein umfassenderes Ziel avisiert und die Meinung vertritt, daß sich die WEU als Rahmen für die ‚Verteidigungsdimension' der Neuner-Gemeinschaft eignet. 3) Wir tendieren im Augenblick dahin, die Rüstungszusammenarbeit in der Eurogroup zu belassen in der Hoffnung, daß sich unter veränderten Vorzeichen eine Mitarbeit Frankreichs erreichen läßt, und die Harmonisierung der Verteidigungspolitik sogleich in den Rahmen der Neun zu verlegen, der Irland und Dänemark nicht ausschließt. Wir hoffen, daß diese beiden Länder eine solche Harmonisierung nicht blockieren und im Laufe der Zeit sogar aktiv an ihr mitwirken werden." Vgl. VS-Bd. 8171 (201); B 150, Aktenkopien 1974.

[5] Valéry Giscard d'Estaing.

[6] Für den Wortlaut des WEU-Vertrags in der Fassung vom 23. Oktober 1954 vgl. BUNDESGESETZBLATT 1955, II, S. 283–288.

ten[7]) und vor allem, weil dessen Artikel 5 eine starke Beistandsklausel darstelle.[8] Selbstverständlich müsse der Vertrag den veränderten Umständen angepaßt werden (il faut faire la toilette du traité). Bei diesen Bemühungen müsse man sehr vorsichtig vorgehen, um nicht unnötig sowjetische Befürchtungen auszulösen. Gerade im Hinblick auf die Sowjetunion sei es vielleicht gut, wenn unterhalb der NATO mit ihrem direkten amerikanischen Verbund noch eine eigene Verteidigungsorganisation Westeuropas geschaffen werde.

Destremau erwähnte zur Illustration den Fall des sowjetischen Einmarsches in die ČSSR.[9] Die französische Regierung habe seinerzeit etwa 48 Stunden vor dem Einmarsch entsprechende Informationen erhalten, daraufhin Washington gefragt und die Antwort erhalten, die USA würden in der Sache nichts unternehmen. Damals wäre es vielleicht zweckmäßig gewesen, 10 oder 15 westeuropäische Divisionen zu Manövern in Süddeutschland zu versammeln. Das hätte sicherlich seinen Eindruck auf die Sowjetunion nicht verfehlt, ohne sofort das Verhältnis der Sowjetunion zu den Vereinigten Staaten ins Spiel zu bringen.

Ich habe unter Hinweis auf das Interview von Bundesminister Leber im „General-Anzeiger" vom 31. Januar[10] (das Destremau übrigens kannte) ausgeführt, daß unsere Überlegungen in der Frage des organisatorischen Ansatzes einer europäischen Verteidigungszusammenarbeit noch keine konkreten Formen angenommen haben, daß wir jedoch unsere Europa-Politik insgesamt auf den Neuner-Prozeß, d. h. die Schaffung einer Europäischen Union der Mitgliedstaaten der EG konzentrierten. Wir zögerten, in Westeuropa eine weitere Untergruppierung zu schaffen. Auch hätten wir den Eindruck, daß die Iren und Dänen die Entwicklung der sicherheits- und verteidigungspolitischen Komponente des Einigungsprozesses nicht behindern dürften, wenngleich sie mögli-

---

7 Für den Wortlaut der Römischen Verträge vom 25. März 1957 vgl. BUNDESGESETZBLATT 1957, Teil II, S. 753–1223.
8 Artikel V des WEU-Vertrags in der Fassung vom 23. Oktober 1954: „Sollte einer der Hohen Vertragschließenden Teile das Ziel eines bewaffneten Angriffs in Europa werden, so werden ihm die anderen Hohen Vertragschließenden Teile im Einklang mit den Bestimmungen des Artikels 51 der Satzung der Vereinten Nationen alle in ihrer Macht stehende militärische und sonstige Hilfe und Unterstützung leisten." Vgl. BUNDESGESETZBLATT 1955, Teil II, S. 286.
9 Am 20./21. August 1968 kam es zu einer Intervention von Truppen des Warschauer Pakts in der ČSSR.
10 Bundesminister Leber führte auf die Frage nach einer eigenen Sicherheitspolitik der Europäischen Gemeinschaften analog zur Europäischen Politischen Zusammenarbeit aus: „Es gibt im EG-Rahmen bekanntlich noch keine konkreten Institutionen für eine kontinuierliche sicherheitspolitische Zusammenarbeit der Neun. Das heißt aber nicht, daß die EG-Staaten in diesem Bereich überhaupt nicht zusammenarbeiten." Leber verwies auf die Eurogroup, an der Frankreich allerdings nicht teilnehme, was man „durch intensive bilaterale Beziehungen auszugleichen" versuche. Zu den Perspektiven einer europäischen Verteidigungsgemeinschaft, wie sie vor zwanzig Jahren angestrebt worden sei, äußerte Leber: „Es wäre doch eine Illusion, zu glauben, daß Frankreich heute, im Besitz solcher Nuklearwaffen, geneigter wäre, in eine europäische Verteidigungsorganisation einzutreten und seine Nuklearwaffen zu europäisieren. [...] Aber ich glaube, daß die Verfügungsgewalt über Waffen und damit auch die Vorsorge für die Sicherheit der Nation erst zu einem Zeitpunkt europäisiert werden können, in dem eine handlungsfähige europäische Exekutive und Legislative existieren. Auf der anderen Seite dürfen wir es natürlich nicht dazu kommen lassen, daß wir auf diesem Gebiet erst bei Null beginnen, wenn Europa sich politisch schon geeinigt hat. Wir müßten auch hier in die europäische Einigung hineinwachsen, müßten Vorarbeiten leisten und Vorbedingungen schaffen, auf die später eine europäische Verteidigungspolitik und eine europäische Verteidigungsorganisation begründet werden könnten." Vgl. den Artikel „Leber: Bundeswehr eine geachtete Armee"; GENERAL-ANZEIGER vom 31. Januar 1975, S. 13.

cherweise daran nicht aktiv mitwirken oder sogar zunächst die Politik des leeren Stuhls verfolgen würden. Destremau meinte, Paris hätte hiergegen sicherlich nichts einzuwenden. Die Schwierigkeit liege nur darin, daß man keinen Vertrag habe, und man benötige wohl einen Vertrag. Das wiederum würde viel Aufsehen erregen und wohl auch schwierig werden. Ich verwies darauf, daß es vielleicht zunächst nur darauf ankomme, sich über Fragen der Sicherheitspolitik im Rahmen der EPZ, die gegebenenfalls um Vertreter der Verteidigungsministerien erweitert werden könnte, zu konsultieren mit dem Ziel einer Harmonisierung.

Destremau beendete das Gespräch mit der Feststellung, sein Präsident sei der Auffassung, daß der europäische Einigungsprozeß sich auch auf die Sicherheits- und Verteidigungskomponente erstrecken müsse.

van Well

VS-Bd. 8605 (201)

20

Gespräch des Bundesministers Genscher mit dem österreichischen Außenminister Bielka-Karltreu in Wien

VS-NfD 6. Februar 1975[1]

Am 6. Februar, 15.15 Uhr bis 17.00 Uhr, führte Herr Minister im Dienstzimmer seines österreichischen Kollegen, Außenminister Bielka, ein Gespräch mit seinem Kollegen[2]

Teilnehmer: AM Bielka, AM Genscher, Botschafter Gredler, Botschafter Grabert, LR Dr. Vavrik, MDg Dr. Kinkel.

Minister *Bielka* begrüßte Herrn Minister und hieß ihn in Österreich willkommen.

Minister dankte für die Einladung und lud den österreichischen Außenminister zu einem offiziellen Besuch noch in diesem Jahr in die Bundesrepublik Deutschland ein (ins Auge gefaßt wurde im Hinblick auf die Wahlen in Österreich[3] Juni oder September). Österreichischer Außenminister nahm Einladung dankend an. Genauer Zeitpunkt blieb vorläufig offen.

[1] Durchdruck.
Die Gesprächsaufzeichnung wurde von Ministerialdirigent Kinkel am 7. Februar 1975 gefertigt.
[2] Bundesminister Genscher hielt sich am 6./7. Februar 1975 in Wien auf, wo er am Opernball teilnahm. Im Anschluß an das Gespräch mit dem österreichischen Außenminister Bielka-Karltreu führte er ein Gespräch mit Bundeskanzler Kreisky über die Einrichtung eines UNO-Konferenzzentrums in Wien, die Beziehungen zwischen der Bundesrepublik und Polen sowie das Konsularabkommen zwischen Österreich und der DDR. Für die Gesprächsaufzeichnung vgl. VS-Bd. 9936 (202); B 150, Aktenkopien 1975.
[3] In Österreich fanden am 5. Oktober 1975 Wahlen zum Nationalrat statt.

Minister schlug sodann vor, zunächst die bilateralen Probleme zu besprechen; er sprach den Konsularvertrag Österreich–DDR[4] an. Minister wies darauf hin, daß Bundesregierung nie die Absicht gehabt habe, sich in die Beziehungen Österreichs zu dritten Ländern einzumischen. Unter Hinweis auf den Verfassungsauftrag des Artikels 116 GG[5] bat er aber um Verständnis für die Auffassung der Bundesregierung zur Problematik des Konsularvertrages Österreich–DDR. Problematik wurde im einzelnen besprochen. Minister wies darauf hin, daß es für uns außerordentlich wichtig sei, daß in Österreich bisher geübte Praxis konsularischer Betreuung von DDR-Bürgern, die sich durch die Bundesrepublik Deutschland betreuen lassen wollen, beibehalten bleibt. Er dankte in diesem Zusammenhang für die bisherigen Erklärungen von Bundeskanzler Kreisky in dieser Richtung.[6] Sodann kam die Sprache auf die Frage, ob eine gewisse Formalisierung seitens der österreichischen Seite möglich sei.

Minister erklärte, daß er die österreichische Absicht begrüße, im Bericht zum Vertragstext, der dem Parlament vorgelegt wird, zum Ausdruck zu bringen, daß durch den Vertrag die Verpflichtungen, welche Österreich im Rahmen des Wiener Übereinkommens[7] gegenüber anderen Mitgliedstaaten hat, nicht berührt werden sollen.[8]

Minister *Bielka* antwortete dahin, daß eine endgültige Entscheidung über diese Frage noch nicht getroffen sei. Sicher sei jedenfalls, daß sich in der bisher praktizierten Handhabung nichts ändern werde. Im übrigen enthalte der be-

---

4 Am 10. Mai 1974 wurde der Konsularvertrag zwischen Österreich und der DDR paraphiert. Zur Haltung der Bundesregierung zu dem Abkommen vgl. AAPD 1974, II, Dok. 352.

5 Artikel 116 des Grundgesetzes vom 23. Mai 1949: „1) Deutscher im Sinne dieses Grundgesetzes ist vorbehaltlich anderweitiger gesetzlicher Regelung, wer die deutsche Staatsangehörigkeit besitzt oder als Flüchtling oder Vertriebener deutscher Volkszugehörigkeit oder als dessen Ehegatte oder Abkömmling in dem Gebiete des Deutschen Reiches nach dem Stande vom 31. Dezember 1937 Aufnahme gefunden hat. 2) Frühere deutsche Staatsangehörige, denen zwischen dem 30. Januar 1933 und dem 8. Mai 1945 die Staatsangehörigkeit aus politischen, rassischen oder religiösen Gründen entzogen worden ist, und ihre Abkömmlinge sind auf Antrag wieder einzubürgern. Sie gelten als nicht ausgebürgert, sofern sie nach dem 8. Mai 1945 ihren Wohnsitz in Deutschland genommen haben und nicht einen entgegengesetzten Willen zum Ausdruck gebracht haben." Vgl. BUNDESGESETZBLATT 1949, S. 15 f.

6 In einem Interview mit dem Zweiten Deutschen Fernsehen antwortete Bundeskanzler Kreisky am 21. Januar 1975 auf die Frage, „was im konkreten Fall mit einem ‚DDR'-Flüchtling geschehen wird, der sich in Wien an die Botschaft der Bundesrepublik wendet: ‚Dasselbe, was immer geschehen ist. Wir sind ein Land, das jedem Flüchtling ein Maximum an Bewegungsfreiheit konzediert, und werden uns nicht einmischen, wenn seine Staatsbürgerschaftsverhältnisse auf eine Weise geregelt sind, die uns erlaubt, sie anzuerkennen. Wir werden niemanden in eine Staatsbürgerschaft hineinzwingen, aber wir können auch nicht a priori Erklärungen abgeben, die mit völkerrechtlichen Grundsätzen in Widerspruch stehen.'" Vgl. den Artikel „Kreisky verbittet sich Bonner Kritik an der Wiener Außenpolitik"; DIE WELT vom 22. Januar 1975, S. 1.
In einem Interview mit der Tageszeitung „Die Welt" bekräftigte Kreisky diese Ausführungen. Vgl. dazu den Artikel „‚Dieses Interview, dann ist Schluß'"; DIE WELT vom 24. Januar 1975, S. 3.

7 Für den Wortlaut des Wiener Übereinkommens vom 24. April 1963 über konsularische Beziehungen vgl. BUNDESGESETZBLATT 1969, Teil II, S. 1587–1703.

8 Am 29. Mai 1974 schlug der Abteilungsleiter im österreichischen Außenministerium, Nettel, vor, etwa folgende Formulierung in die amtlichen Erläuterungen der österreichischen Regierung zum Gesetz über den Konsularvertrag mit der DDR aufzunehmen: „Art. 1 (früher 25) enthält – ohne zu Grundsatzfragen der Staatsangehörigkeit des betroffenen Personenkreises Stellung zu nehmen – eine Definition des in Frage kommenden Personenkreises. Die allgemein anerkannten Regeln des Völkerrechts, insbesondere das W[iener]Ü[bereinkommen über]K[onsularische Beziehungen] im Verhältnis zu den Vertragsstaaten dieser Konvention, werden nicht berührt." Vgl. den Drahtbericht Nr. 523 des Gesandten Freiherr von Dungern, Wien, vom 30. Mai 1974; Referat 502, Bd. 167030.

absichtigte Konsularvertrag mit der DDR keine weitergehenden, für die Bundesrepublik belastenden Verpflichtungen. Österreichische Seite lasse es jedem DDR-Bürger auch in Zukunft offen, von wem er betreut werden wolle. Minister Bielka ging zunächst nicht auf die Frage einer Formalisierung ein.

Minister wies darauf hin, daß für die Bundesrepublik die anstehende Frage von besonderer praktischer Bedeutung sei in den Ländern, in denen die Betreuungspraxis durch die Konsulate nicht so selbstverständlich in unserem Sinne geregelt sei. Großbritannien habe sich bereit erklärt, mit der Bundesregierung einen Briefwechsel in außerordentlich positivem Sinn für uns auszutauschen.[9] Deshalb sei Bundesregierung auch bei anderen Ländern interessiert, Formalisierung zu erreichen. Minister schnitt die Frage an, ob österreichische Seite uns nicht in einem Brief mitteilen könne, was erläuternd in den Bericht zum Vertragsgesetz aufgenommen werden soll.

Minister *Bielka* antwortete, die Angelegenheit sei durch ungewollte Publizität so hochgespielt worden[10], daß sich die österreichische Seite nur noch schwer bewegen könne. Andererseits habe diese Publizität auch zur Klarheit beigetragen, zu einer Klarheit, die eine Formalisierung der vom Minister geschilderten

---

[9] Ministerialdirektor van Well vermerkte am 18. November 1974, der britische Botschaftsrat Cromartie habe zu den Verhandlungen zwischen Großbritannien und der DDR über einen Konsularvertrag mitgeteilt: „a) Die britische Seite sah sich nicht in der Lage, die DDR dazu zu bewegen, auf eine Bezugnahme auf die DDR-Staatsbürgerschaftsgesetzgebung im Konsularvertrag zu verzichten. b) Die britische Seite wird jedoch – wie gegenüber der DDR bereits angekündigt – in einem Briefwechsel mit uns klarstellen, daß die Rechte der Bundesrepublik durch den Vertrag mit der DDR nicht berührt werden. Sie ist mit der Veröffentlichung des Briefwechsels einverstanden." Van Well führte dazu aus, daß der Briefwechsel drei Punkte enthalten müsse: „a) Bestätigung unserer Rechte aus dem deutsch-britischen Konsularvertrag aus dem Jahre 1956 mit der Verweisung auf Art. 116 GG; b) Hinweis auf die fortbestehende umfassende deutsche Staatsangehörigkeit und auf die Verantwortung Großbritanniens als einer der Vier Mächte für Fragen, die Deutschland als Ganzes betreffen; c) außerdem muß die Veröffentlichung des Briefwechsels geklärt werden, auch die Frage, wo und in welcher Form der Briefwechsel veröffentlicht wird." Vgl. Referat 210, Bd. 111635.
Am 24. Januar 1975 übermittelte Gesandter Freiherr von Stein, London, den britischen Vorschlag für das von der Bundesregierung zu bestätigende Schreiben: „Your Excellency, I have the honour to inform you that a consular convention was signed today between the United Kingdom and the German Democratic Republic. I am instructed to state that this convention will not affect the right of consular officers of the Federal Republic of Germany in the United Kingdom to continue to render consular services, within the framework of the consular convention of 30 July 1956 between the United Kingdom and the Federal Republic of Germany, to all Germans as defined in article 116 of the Basic Law, who so request." Vgl. den Drahtbericht Nr. 166; Referat 010, Bd. 178600.

[10] In der Presse wurde am 17. Januar 1975 berichtet, Österreich habe „als erster westlicher Staat ein Konsular-Abkommen mit Ost-Berlin paraphiert, das von einer ‚DDR'-Staatsbürgerschaft ausgeht. [...] Nach diesen Informationen werden sich Deutsche aus der ‚DDR' auf österreichischem Boden nicht auf ihre ‚deutsche Staatsangehörigkeit' berufen können." Vgl. den Artikel „Wien erkennt der ‚DDR' eigene Staatsbürgerschaft zu"; DIE WELT vom 17. Januar 1975, S. 1.
Am 18. Januar 1975 wurde mitgeteilt, die Bundesregierung habe der österreichischen Regierung den Rechtsstandpunkt übermittelt: „Die deutsche Staatsangehörigkeit ist seit 1945 weder staatsrechtlich noch völkerrechtlich aufgehoben oder neu definiert worden. Die Bundesregierung hält an der Auffassung vom Fortbestand einer einheitlichen deutschen Staatsangehörigkeit fest." An dieser Position habe sich auch durch den Abschluß des Grundlagenvertrags mit der DDR am 21. Dezember 1972 nichts geändert. Vgl. den Artikel „Bonn betont in Wien: Es gibt nur eine deutsche Staatsangehörigkeit"; DIE WELT vom 18./19. Januar 1975, S. 1.
Presseberichten zufolge führte Bundeskanzler Kreisky am 21. Januar 1975 zur Frage einer DDR-Staatsbürgerschaft aus: „‚Wir können uns nicht zu der Erklärung durchringen, daß das ein Staat ohne Staatsbürger ist.' Wünschen aus Bonn nach Beschränkung des Abkommens werde er ‚ein sehr taubes Ohr leihen'." Vgl. den Artikel „Kreisky verbittet sich Bonner Kritik an der Wiener Außenpolitik"; DIE WELT vom 22. Januar 1975, S. 1.

Art nicht mehr notwendig mache. Bisher sei vorgesehen gewesen, zusätzlich unserer Botschaft in Wien eine mündliche Erklärung abzugeben. Er persönlich sei der Meinung, daß auch diese Erklärung nicht mehr notwendig sei.

Minister wies nochmals darauf hin, daß die anstehende Frage nicht in erster Linie ein Problem zwischen der Bundesrepublik Deutschland und Österreich in der praktischen Handhabung sei, sondern ein Problem mit dritten Ländern. Er äußerte deshalb nochmals die Bitte, eine Formalisierung vorzunehmen.

Minister *Bielka* antwortete dadurch, daß er auf die Schwierigkeiten hinwies, die Österreich in seinen Verhandlungen mit der DDR habe. Die DDR habe achselzuckend zur Kenntnis genommen, daß Österreich es bei der bisherigen Praxis der konsularischen Betreuung belassen wolle.

Minister kam sodann auf die Frage zu sprechen, welche praktischen Vorteile sich die österreichische Seite von dem Abschluß des Konsularvertrages verspreche.

Minister *Bielka* antwortete, hauptsächlich konsularisch betreuende Hilfe für Doppelstaatler.[11] Er habe bei seinem Dienstantritt[12] bemerkt, daß vorgesehene Lösung wahrscheinlich für Österreich nicht Lösung aller Probleme im Zusammenhang mit den Doppelstaatlern bringe. Deshalb sei Abkommen noch nicht unterzeichnet worden, vielmehr liefen Verhandlungen über Zusatzerklärungen und Gegenerklärungen. Durch diese Zusatzerklärungen, zu denen sich die DDR wahrscheinlich bereit finden werde, erklärte Österreich das Recht, für alle österreichischen Staatsbürger zu intervenieren.

Minister fragte, ob es denn eine klare Definition der Frage gebe, wer Österreicher im Sinne dieser Erklärung sei.

Minister *Bielka* räumte ein, daß dies nicht der Fall sei, gleichwohl müsse in der Praxis versucht werden, mit der DDR in dieser Frage zurechtzukommen. Immerhin handele es sich um 15 000 Personen, für die die Erklärung zutreffe.

Minister *Bielka* wies anschließend darauf hin, daß die Behauptung, Österreich habe die DDR-Staatsbürgerschaft ausdrücklich anerkannt, falsch sei. Österreich habe vielmehr nur die allgemein bekannte Formel angewandt.

Er wies nochmals eine Formalisierung der Erläuterungen zum Bericht zum Vertragsgesetz zurück.

Minister erklärte, daß die Konsularfragen in der kürzlichen Debatte des Deutschen Bundestages zur Lage der Nation eine große Rolle gespielt hätten. Opposition habe sich dieser Frage sehr angenommen.[13]

---

[11] Am 16. Januar 1975 berichtete Botschafter Grabert, Wien, „daß es sich bei dem Personenkreis, für den sich die österreichische Regierung seit langem einsetzt, um etwa 3500 Österreicher in der DDR und 900 Österreicher in Ost-Berlin handelt. [...] Hierbei hat die österreichische Regierung sich stets darauf berufen, daß dieser Personenkreis ausschließlich die österreichische Staatsbürgerschaft besitzt, weil die ihnen nach dem März 1938 übertragene Staatsangehörigkeit des Deutschen Reiches als Folge der Nichtigerklärung der Besetzung Österreichs durch Deutschland ex tunc unwirksam war. Die österreichische Regierung hatte sich bisher immer geweigert, Anknüpfungspunkte dafür anzuerkennen, daß der genannte Personenkreis die Staatsbürgerschaft der DDR zusätzlich erworben haben könnte." Vgl. den Drahtbericht Nr. 12; Referat 010, Bd. 178618.

[12] Erich Bielka-Karltreu wurde österreichischer Außenminister, nachdem der bisherige Amtsinhaber Kirchschläger am 8. Juli 1974 das Amt des Bundespräsidenten übernommen hatte.

[13] In der Debatte über den Bericht der Bundesregierung zur Lage der Nation befaßte sich der CDU-Abgeordnete Marx am 30. Januar 1975 mit der „plötzlich aufbrechenden Diskussion um Konsular-

Minister *Bielka* erklärte, der deutsche Botschafter[14] könne ihn ja nach den erläuternden Bemerkungen fragen; er werde sodann eine Antwort geben. Einen großen Schriftverkehr in diesem Zusammenhang wolle er vermeiden.[15] Im übrigen sehe er die Möglichkeit, die Vertragsunterzeichnung bis nach dem Kreisky-Besuch[16] zurückzustellen. Die DDR dränge ihn sehr, insbesondere zur Vertragsunterzeichnung in Ostberlin. Dies werde er keinesfalls tun. Er werde erst in die Bundesrepublik fahren und später dann in die DDR. Die Vertragsunterzeichnung werde in Ostberlin stattfinden, nicht aber durch ihn.[17]

Minister antwortete, er würde es ebenfalls vorziehen, wenn Vertragsunterzeichnung erst nach dem Kreisky-Besuch stattfinde.

Minister wies sodann darauf hin, daß er keine Pressekonferenz in Wien geben werde, sondern nur ein Pressehintergrundgespräch über eine von beiden Seiten abgestimmte Erklärung durchführen werde.

Fortsetzung Fußnote von Seite 110
verträge, welche die DDR mit anderen Ländern abzuschließen sich anschickt" und führte dazu aus: „Man hat uns immer gesagt, durch besonders sorgfältige diplomatische Unterrichtungen habe man die anderen Staaten gebeten, in ihrem Handeln auf die besondere Lage in Deutschland Rücksicht zu nehmen. Nun zeigt sich die Hohlheit einer solchen Politik. [...] Mir scheint, daß zu spät und am falschen Platz versucht wird, etwas festzuhalten, was in der Konsequenz dieser schlecht durchdachten Deutschland-Politik längst der Bundesregierung durch ihre linken Hände geronnen ist. [...] Wenn heute andere Staaten mit der DDR Konsularverträge abschließen, dann gehen sie davon aus, daß die DDR durch die ausdrücklichen Ermunterungen der Bundesregierung – urbi et orbi, könnte man sagen – zu einem Staat erklärt wurde, mit dem man nicht nur völkerrechtliche Verträge schließen könne und solle, sondern den die anderen Staaten auch völkerrechtlich anerkennen sollten und der dann vollberechtigtes Mitglied der Vereinten Nationen werde." Marx stellte fest, daß die Bundesregierung bei der Vorlage des Grundlagenvertrags mit der DDR vom 21. Dezember 1972 „die heiklen Tatsachen und die mutmaßlichen negativen Folgen dem deutschen Volk verschwiegen" und insbesondere darauf verzichtet habe, die Staatsangehörigkeitsfragen eindeutig zu regeln. Zum selben Thema sagte der CDU-Abgeordnete Abelein am 31. Januar 1975: „Dritte Staaten mögen die Rechtsposition der Bundesregierung kennen. Aber man kann dritte Staaten nicht für die entscheidenden Fehler verantwortlich machen, die diese Bundesregierung allein gemacht hat". Vgl. BT STENOGRAPHISCHE BERICHTE, Bd. 91, S. 10083 f. bzw. S. 10165.

14 Horst Grabert.
15 Im Gespräch mit Bundeskanzler Kreisky am 6. Februar 1975 in Wien stellte Bundesminister Genscher erneut „die Frage – die er auch bereits seinem österreichischen Kollegen gestellt habe –, ob von seiten Österreichs nicht noch eine für uns wünschenswerte Formalisierung durch einen zusätzlichen Brief stattfinden könne. In dem Brief könnte der deutschen Seite dem Sinne nach nochmals mitgeteilt werden, was erläuternd im Bericht zum Vertragsgesetz vorgesehen ist. Bundeskanzler Kreisky erklärte, er sei der Meinung, daß ein solcher Brief geschrieben werden könne." Vgl. die Gesprächsaufzeichnung; VS-Bd. 9936 (202); B 150, Aktenkopien 1975.
In Anknüpfung an diese Äußerung von Kreisky wies Ministerialdirigent Meyer-Landrut Botschafter Grabert, Wien, am 14. Februar 1975 an, „das Gespräch zu der Frage der Formalisierung der österreichischen Erklärungen zum frühestmöglichen Zeitpunkt und an hoher Stelle wieder aufzunehmen". Vgl. den Drahterlaß Nr. 60; VS-Bd. 10186 (210); B 150, Aktenkopien 1975.
16 Der Besuch des Bundeskanzlers Kreisky in der Bundesrepublik war für den 24./25. Februar 1975 vorgesehen. Am 18. Februar 1975 bat die österreichische Regierung um eine Verschiebung des Termins. Dazu erläuterte die österreichische Botschafter Gredler: „Dies sei als freundliche Geste von Österreich gemeint, damit Bundeskanzler Schmidt die Viruslungenentzündung voll auskurieren könne und nicht der ihm nachgesagten Versuchung erliege, seine Gesundheit durch vorzeitige Wiederaufnahme der Tätigkeit zu gefährden. Botschafter Gredler fügte hinzu, daß diese Verschiebung ja doch wohl auch im deutschen Interesse liegen müsse, da eine Unterzeichnung des Konsularvertrages DDR–Österreich gemäß Absprache ja nicht vor dem Besuch Kreisky in Bonn erfolgen solle." Vgl. die Aufzeichnung des Vortragenden Legationsrats Müller-Chorus vom 19. Februar 1975; Referat 202, Bd. 109210.
Kreisky besuchte die Bundesrepublik vom 22. bis 24. Juni 1975. Zu den Gesprächen mit Bundeskanzler Schmidt und Bundesminister Genscher am 23. Juni 1975 vgl. Dok. 172 und Dok. 174.
17 Der Konsularvertrag zwischen der DDR und Österreich wurde am 26. März 1975 in Ost-Berlin unterzeichnet. Für den Wortlaut vgl. AUSSENPOLITIK DER DDR, Bd. XXIII/2, S. 892–911.

Minister *Bielka* war damit einverstanden, daß in diesem Pressehintergrundgespräch gesagt wird, daß beide Seiten über die Konsularangelegenheit gesprochen hätten.

Minister Bielka habe neuerdings versichert, daß sich an der bisherigen Praxis der konsularischen Betreuung von DDR-Bürgern in Österreich nichts ändern würde. Er bat, im Pressehintergrundgespräch nicht von den erläuternden Bemerkungen im Bericht zu sprechen.

An weiteren bilateralen Fragen wurden besprochen:

a) Gegenseitige Anerkennungen von Prüfungen und amtlichen Zeugnissen:

Botschafter *Grabert* erklärte, eine positive Regelung sei in Sicht.

b) Rückgabe deutscher Kunstgegenstände:

Minister *Bielka* erklärte, daß ihm eine Liste übergeben worden sei.[18] Diese Liste werde er prüfen lassen. Die österreichische Seite sehe das Problem, es seien zwei Komplexe zu unterscheiden; problematisch sei der Komplex der Gegenstände, deren rechtmäßiges Eigentum nur über eine Klage geklärt werden könne. Hier sei für die österreichische Seite das Problem die Überlastung und das langsame Arbeiten der Gerichte.

c) Verletzung des österreichischen Luftraums[19]:

Dieser Komplex wurde nur kurz angesprochen; Minister Bielka wies leicht ironisch darauf hin, daß sich die Verletzungsfälle langsam „eingependelt" hätten.

---

[18] Im November 1970 meldete das Bundesministerium der Finanzen gemäß dem österreichischen Gesetz vom 27. Juni 1969 über die Bereinigung der Eigentumsverhältnisse des im Gewahrsam des Bundesdenkmalamts befindlichen Kunst- und Kulturguts eine Reihe von Kunstgegenständen zur Herausgabe an. Dazu wurde mitgeteilt, daß es sich um „vor und während des Zweiten Weltkrieges fast ausschließlich außerhalb Österreichs vom ehem[aligen] Deutschen Reich bzw. ihm zugehörigen Dienststellen" erworbene Gegenstände handele, die während des Krieges „in verschiedenen Bergungsorten Österreichs" ausgelagert gewesen seien. Ein Teil sei „wegen ihrer Übergröße bereits im Jahre 1945 in Österreich verblieben", ein Teil zunächst von den amerikanischen Behörden zum Central Collecting Point nach München überführt, von dort im Januar 1952 auf Anweisung des amerikanischen Außenministeriums jedoch an die amerikanischen Behörden nach Salzburg zurückgesandt worden, die für die Überprüfung und Sicherung sorgen sollten. Für das am 25. November 1970 zur Kenntnisnahme an die Oberfinanzdirektion München übermittelte Schreiben vgl. Referat 514, Bd. 1384.
Am 26. Juni 1974 schlug Vortragender Legationsrat I. Klasse Rumpf vor, Ministerialdirektor van Well solle am 1. Juli 1974 gegenüber dem amtierenden Generalsekretär im österreichischen Außenministerium, Steiner, ausführen, daß die wiederholte Weigerung der österreichischen Regierung, über eine Rückgabe der mehr als 1000 Kunstgegenstände zu verhandeln, „mit den gutnachbarlichen Beziehungen" zwischen den beiden Staaten nicht vereinbar sei. Vgl. Referat 514, Bd. 1384.
Van Well folgte diesem Vorschlag und brachte im Gespräch mit Steiner außerdem das „Petitum vor, über den Gesamtkomplex auf Regierungsebene zu sprechen und über die 150 von dem österreichischen Gesetz nicht erfaßten Kunstgegenstände zu verhandeln". Vgl. die Aufzeichnung des Vortragenden Legationsrats I. Klasse Dannenbring vom 8. Juli 1974; Referat 514, Bd. 1384.
Am 5. Dezember 1974 vermerkte Vortragender Legationsrat Bäumer, er habe mit Ministerialrat Reich, Bundesministerium der Finanzen, vereinbart, daß eine Liste der nicht vom österreichischen Kulturgutbereinigungsgesetz erfaßten Güter „dem AA demnächst übersandt" werde: „Hierüber sollten mit der österreichischen Regierung alsbald Verhandlungen stattfinden." Vgl. Referat 514, Bd. 1384.

[19] Mit Note vom 31. Oktober 1973 wies die österreichische Botschaft darauf hin, daß „regelmäßig Verletzungen des österreichischen Luftraumes durch deutsche Freiballons festgestellt" worden seien, was „aus neutralitätspolitischen Erwägungen" nicht hingenommen werden könne. Am 4. Februar 1974 demarchierte die österreichische Botschaft erneut wegen mehrfacher Verletzung des österrei-

d) Landerechte für die österreichische Fluggesellschaft in Düsseldorf[20]:
Minister Bielka bat den Minister, in dieser Frage seinen Einfluß geltend zu machen. Das Landerecht für die österreichische Fluggesellschaft in Düsseldorf sei für die österreichische Seite bedeutsam. Man habe in Wien den Eindruck, daß die Lufthansa die Angelegenheit verzögere. Minister Bielka bat mit Nachdruck um eine unterstützende Intervention des Ministers.[21]

e) Handelsbilanz Bundesrepublik Deutschland–Österreich[22]: Besprochen wurden alle anstehenden Probleme anhand der Vorlage in der Gesprächsmappe. Besonders Problemkomplexe: Dienstleistungsgewerbe; Rückgang österreichischer Gastarbeiter.

f) Berlin-Klausel:
Minister dankte dem österreichischen Außenminister für die Haltung der österreichischen Seite hinsichtlich der Berlin-Klausel in deutsch-österreichischen Verträgen.

Minister *Bielka* erklärte, daß die österreichische Seite in dieser Frage in letzter Zeit zunehmend Schwierigkeiten bekomme. Es werde immer schwerer, die Klausel durchzusetzen.

Fortsetzung Fußnote von Seite 112
chischen Luftraumes durch einen Hubschrauber des Bundesgrenzschutzes. Für die Verbalnoten vgl. Referat 423, Bd. 117999.
Am 1. Juli 1974 bedauerte Ministerialdirektor van Well im Gespräch mit dem amtierenden Generalsekretär im österreichischen Außenministerium, Steiner, „das neuerliche Ansteigen von Luftraumverletzungen und verwies auf unsere den Österreichern übergebene Verbalnote vom 21. Juni 1974. Auch der Herr Bundesminister bedauere die Vorkommnisse, auf deren Abstellung alle deutschen Stellen insistieren würden." Vgl. die Aufzeichnung des Vortragenden Legationsrats I. Klasse Dannenbring vom 8. Juli 1974; Referat 514, Bd. 1384.

20 Am 20./21. Januar 1975 fanden in Bonn Gespräche zwischen den Luftfahrtbehörden statt über die Absicht des österreichischen Luftfahrtunternehmens „Austrian Airlines" (AUA), ab 1. April 1975 einen täglichen Fluglinienedienst zwischen Wien und Düsseldorf einzurichten. Dies wurde abgelehnt mit der Begründung, daß „schon jetzt ein erhebliches Ungleichgewicht zuungunsten der Lufthansa" bestehe. Auch habe der 1974 von der Lufthansa eingerichtete Direktdienst „eine so geringe Durchschnittsauslastung" gehabt, daß er Ende des Jahres eingestellt worden sei. Die österreichische Seite wies demgegenüber darauf hin, daß die Einrichtung eines AUA-Dienstes nach Düsseldorf nicht verweigert werden könne, „weil Düsseldorf im Fluglinienplan unter den dem österreichischen Luftfahrtunternehmen eingeräumten Punkten ausdrücklich erwähnt sei". Vgl. die Aufzeichnung des Bundesministeriums für Verkehr vom 28. Januar 1975; Referat 423, Bd. 117999.

21 Auf Antrag der österreichischen Regierung fanden am 25./26. März 1975 in Bonn „von österreichischer Seite teilweise mit ungewöhnlicher Schärfe" geführte Konsultationen zwischen Delegationen des Bundesministeriums für Verkehr und des österreichischen Verkehrsministerium über die Einrichtung eines Direktdienstes zwischen Wien und Düsseldorf durch die AUA statt. Dazu vermerkte Ministerialdirigent Sigrist: „Da die österreichische Seite nicht zu annehmbaren Gegenleistungen bereit war, wurde keine Einigung erzielt. Die Konsultationen mußten ergebnislos abgebrochen werden." Angesichts der bestehenden Disparität im Luftverkehr mit Österreich zugunsten der AUA – im „Sommerfahrplan 1975 z. B. 28 Liniendienste der Deutschen Lufthansa und 63 Liniendienste der AUA" – und der Weigerung der AUA, im Austausch andere Wochendienste einzustellen, sei die Einrichtung der neuen Linie durch das Bundesministerium für Verkehr nicht genehmigt worden. Vgl. Referat 423, Bd. 117999.

22 Am 5. Februar 1975 teilte Botschafter Grabert, Wien, dazu mit: „Von einer verschlechterten Handelsbilanz im buchstäblichen Sinn des Wortes gegenüber der Bundesrepublik kann nicht gesprochen werden." Der Eindruck entstehe, weil das bilaterale Defizit 1974 höher gewesen sei als das österreichische Außenhandelsdefizit insgesamt: „Dies wirkt sich diesmal besonders aus, weil die Deviseneingänge aus dem Fremdenverkehr, die sonst das Handelsbilanzdefizit mehr oder weniger ausgeglichen haben, gegenläufig zur Außenhandelsexplosion (+ 30%) um 17% niedriger als 1973 gewesen sind." Auch müsse „die grundsätzliche Änderung der Devisenlage durch die Erhöhung der Ölpreise in Betracht" gezogen werden. Vgl. den Schriftbericht Nr. 177; Referat 202, Bd. 109210.

Minister dankte der österreichischen Seite nochmals. Er vertrat die Auffassung, daß die UdSSR aus dieser Frage keinen ernsthaften Streitpunkt machen werde, denn sie würde dadurch ihre Beziehungen zu dritten Ländern in Gefahr bringen.

An multilateralen Themen wurden besprochen:

Entspannungspolitik:

Minister erläuterte, daß sich nach seiner Auffassung die Interessenlage und die Rahmenbedingungen auf der östlichen Seite in dieser Frage nicht geändert hätten. Dies sehe man u. a. daran, daß die UdSSR das Problem des Abbruchs der Handelsbeziehungen[23] „klein"gespielt hätten.

Minister erläuterte sodann seinem österreichischen Kollegen die laufenden Verhandlungen mit der DDR (Verbesserung Verkehrsverbindungen nach Berlin usw.).

Minister *Bielka* wies seinerseits darauf hin, daß sich für die österreichische Seite immer mehr der Eindruck verstärke, daß die östlichen Länder keinen stärkeren Verkehr über die Grenzen wünschten. Für ihn sei deutlich die Tendenz sichtbar, „die Bazillusträger des Westens" aus dem eigenen Lande möglichst fernzuhalten.

Er stellte sodann die Frage nach dem voraussichtlichen Ende der KSZE.

Minister antwortete, daß versucht werden sollte, den Abschluß bis zum Sommer zu schaffen. Bei Korb III habe sich einiges positiv bewegt. Bei den vertrauensbildenden Maßnahmen müsse noch etwas abgewartet werden.[24] Schwierigkeiten erwarte er beim Prinzipienkatalog. Hier dürfe keine Ungleichgewichtigkeit kommen. Die Frage des peaceful change sei nicht nur für die Bundesrepublik, sondern auch für die Neun äußerst wichtig. Die Formulierung, die in den [...][25] werde bestimmt von dem Platz, an der sie stehe. Eine stärkere Formulierung müsse sicherlich dann gefunden werden, wenn die Formulierung bei dem Punkt „Souveränität" untergebracht werde.[26] Ein besonderes Problem sei die Frage der Nachfolge der KSZE. In Moskau hätten der Kanzler und er[27] sich nicht auf eine Abschlußkonferenz auf höchster Ebene eingelassen. Dies schließe nicht aus, daß doch so verfahren werde. Die Franzosen seien in dieser Frage etwas anderer Auffassung.[28] Im übrigen dürfe nicht mehr zu lange mit dem

---

[23] Zur Mitteilung der sowjetischen Regierung vom 10. Januar 1975, daß sie das amerikanisch-sowjetische Handelsabkommen vom 18. Oktober 1972 nicht in Kraft setzen werde, vgl. Dok. 2, Anm. 12.

[24] Zum Stand der Verhandlungen über vertrauensbildende Maßnahmen bei der KSZE in Genf vgl. Dok. 13.

[25] Auslassung in der Vorlage.

[26] Zu den bei der KSZE in Genf vorliegenden Formulierungsvorschlägen zu friedlichen Grenzänderungen („peaceful change") und zur Unterbringung in der Prinzipienerklärung vgl. Dok. 18.

[27] Bundeskanzler Schmidt und Bundesminister Genscher hielten sich vom 28. bis 31. Oktober 1974 in der UdSSR auf. Vgl. dazu AAPD 1974, II, Dok. 309, Dok. 311–316 und Dok. 321.

[28] Im Kommuniqué über den Besuch des Generalsekretärs des ZK der KPdSU, Breschnew, vom 4. bis 7. Dezember 1974 in Frankreich wurde ausgeführt: „Les deux parties ont noté qu'au cours de la deuxième phase de la Conférence à Genève, des progrès substantiels ont été accomplis [...]. Elles constatent que sont créés de bonnes prémisses pour la conclusion à bref délai de la Conférence et pour la tenue de sa troisième phase et la signature des documents finals au niveau le plus élevé." Vgl. LA POLITIQUE ETRANGÈRE 1974, II, S. 243. Für den deutschen Wortlaut vgl. EUROPA-ARCHIV 1975, D 61.

Abschluß gewartet werden. In Dublin werde bei der nächsten Sitzung[29] die Frage angesprochen werden, wie die Entspannungspolitik des Westens nach der KSZE anzupacken sei.

Minister *Bielka* fragte sodann den Minister, wie er die Zusammenarbeit der Neun bewerte.

Minister antwortete dahingehend, daß die Zusammenarbeit leichter, selbstverständlicher geworden sei. In Genf beispielsweise sei sie ausgesprochen gut. In Brüssel etwas schwieriger.

Minister ging sodann auf die UN-Problematik ein und erläuterte die Haltung der Bundesregierung. Es werde sicher notwendig sein, die UN-Probleme aktiver anzupacken. Dann würden sicher auch bessere Ergebnisse erzielt. Möglichkeiten böten sich über die AKP und auch beispielsweise über den euro-arabischen Dialog. Notwendig sei auch, sich nicht die Tagesordnung aufdrängen zu lassen, sondern sie weitgehend selbst zu bestimmen.

Minister stellte sodann an seinen österreichischen Kollegen die Frage, ob die österreichischen Beziehungen zu den östlichen Ländern gleich oder verschieden seien.

Minister *Bielka* verwies zunächst auf die sich laufend verbessernden Beziehungen Österreichs zur ČSSR. Die ČSSR zeige – im Gegensatz zur bisherigen kühlen Haltung – immer mehr Interesse an Österreich. Sehr gut seien die Beziehungen Österreichs zu Polen und Ungarn. Die größten Schwierigkeiten bestünden zur Zeit im Verhältnis zu Jugoslawien. Diese Unstimmigkeiten seien aber langsam am Abflauen. Ein wichtiges Problem sei die Restitution von Gütern. Hierauf lege Jugoslawien besonders großen Wert.

Minister wies sodann darauf hin, daß die Bundesregierung im Westen ihre Probleme in der Gemeinschaft habe. Die augenblicklichen Hauptfragen seien die Energieproblematik und die Frage, ob Großbritannien in der Gemeinschaft bleibe. Bundesrepublik habe viel getan in dieser Richtung, u.a. in der Budget-Frage.[30] Gefährlich werde die Situation, wenn England tatsächlich ausschere, insbesondere im Hinblick auf evtl. nachfolgendes Ausscheren der Dänen und Iren. Deshalb sei Bundesregierung besonders stark am Verbleib Englands in der Gemeinschaft interessiert. Es werde sehr stark auf die Abfassung des Referendums[31] ankommen.

Minister *Bielka* fragte sodann nach der wirtschaftlichen Lage in der Bundesrepublik.

Minister antwortete, daß er die wirtschaftliche Situation nicht für schlecht halte. Die getroffenen Maßnahmen[32] würden sicherlich greifen; es sei mehr eine

---

29 Zur Konferenz der Außenminister der EG-Mitgliedstaaten im Rahmen der EPZ am 13. Februar 1975 in Dublin vgl. Dok. 27.

30 Zu den Überlegungen hinsichtlich eines Korrekturmechanismus im Bereich der Eigeneinnahmen der Europäischen Gemeinschaften vgl. Dok. 15, Anm. 12, und Dok. 23, Anm. 16.

31 Zur britischen Ankündigung eines Referendums über die EG-Mitgliedschaft vgl. Dok. 15, Anm. 10.

32 Das Kabinett verabschiedete am 12. Dezember 1974 das „Programm stabilitätsgerechter Aufschwung". Für den Wortlaut vgl. BULLETIN 1974, S. 1556–1560.
Bundeskanzler Schmidt stellte am 13. Dezember 1974 die zwölf wirtschaftspolitischen Maßnahmen im Bundestag vor, darunter neue Investitionen des Bundes in Höhe von 1,13 Mrd. DM, ein Vorziehen der Investitionen des zweiten Halbjahrs 1975, Investitionszulagen und Lohnzuschüsse für Un-

Frage des Zeitpunkts. Dies sei wichtig, insbesondere im Hinblick auf die wichtige Wahl in Nordrhein-Westfalen.³³ Dadurch bekomme dieses Problem auch eine hochpolitische Komponente.

Besprochen wurde sodann abschließend die Nahost-Situation.

Minister erklärte, daß er einen Konflikt dann für wahrscheinlich halte, wenn die bisherigen Eindämm-Mechanismen versagten. Sehr wichtig sei, wie Ägypten sich verhalten werde. Er habe große Achtung vor Sadat. Israel dürfe nicht der Eindruck vermittelt werden, als sei es von allen verlassen.

Referat 010, Bd. 178618

21

Botschafter von Staden, Washington, an Ministerialdirektor van Well

114-10575/75 geheim Aufgabe: 6. Februar 1975, 18.35 Uhr[1]
Fernschreiben Nr. 316 Ankunft: 7. Februar 1975, 07.14 Uhr

Ausschließlich für D 2[2] persönlich

Betr.: Die Benutzung der amerikanischen Stützpunkte in der Bundesrepublik Deutschland im Falle eines neuen Nahost-Krieges[3]

Fortsetzung Fußnote von Seite 115
ternehmen, diverse Steuererleichterungen sowie eine Expansion des sozialen Wohnungsbaus. Zur Umsetzung dieser Maßnahmen wurden drei Gesetzesvorlagen in den Bundestag eingebracht. Vgl. dazu BT STENOGRAPHISCHE BERICHTE, Bd. 90, S. 9420 f.
Der Bundestag billigte die drei Gesetzesvorlagen am 19. Dezember 1974.
³³ In Nordrhein-Westfalen fanden am 4. Mai 1975 Wahlen zum Landtag statt.

[1] Hat Vortragendem Legationsrat I. Klasse Schönfeld vorgelegen, der die Weiterleitung an Staatssekretär Gehlhoff und das Ministerbüro verfügte.
Hat Gehlhoff am 26. Februar 1975 vorgelegen.
Hat Ministerialdirigent Kinkel am 26. Februar 1975 vorgelegen.
Hat Bundesminister Genscher am 2. März 1975 vorgelegen, der handschriftlich vermerkte: „Siehe Brief BK an Präs[ident] Ford."
[2] Günther van Well.
[3] Im arabisch-israelischen Krieg vom Oktober 1973 („Jom-Kippur-Krieg") entschloß sich die amerikanische Regierung am 13. Oktober 1973 zu Waffenlieferungen an Israel. Dies betraf auch Material, das in amerikanischen Stützpunkten in der Bundesrepublik lagerte. Nachdem bekannt wurde, daß das Material in Bremerhaven auf israelische Schiffe verladen wurde, forderte die Bundesregierung auch mit Blick auf den Waffenstillstand vom 22./23. Oktober 1973 die Einstellung der Waffenlieferungen vom Bundesgebiet aus. Vgl. dazu AAPD 1973, III, Dok. 322, Dok. 335, Dok. 337 und Dok. 341–343.
Die Wochenzeitschrift „Der Spiegel" berichtete im Dezember 1974 wiederholt über Beratungen darüber, wie sich die Bundesrepublik im Falle eines erneuten Nahost-Kriegs zu amerikanischen Wünschen verhalten solle, Stützpunkte in der Bundesrepublik für Nachschublieferungen nach Israel zu verwenden. Vgl. die Artikel „Bonn: Nahost-Neutralität in Gefahr" und „Nahost-Politik: Bonn an der Klagemauer"; DER SPIEGEL vom 9. bzw. 23. Dezember 1974, S. 21–23 bzw. S. 17 f.
Am 6. Januar 1975 antwortete Bundeskanzler Schmidt in einem Interview mit dem „Spiegel" auf

Bezug: DE 439 vom 5.2.1975[4]

Bezugserlaß gibt mir Anlaß zu folgenden Hinweisen:

1) Der Betreff des Erlasses und seine Ziffer 2) sind nicht unbedingt deckungsgleich. Ihrem Wortlaut nach würde Ziffer 2) auch Gespräche über Eventualfallplanung unter Ausklammerung der Benutzung amerikanischer Stützpunkte in der Bundesrepublik Deutschland ausschließen. Ich gehe davon aus, daß dies nicht gemeint ist, und weise hierbei insbesondere auf die dort vorliegende Berichterstattung des Verteidigungsattachés[5] über die Beurteilung der Nachschublage und der damit verbundenen Probleme hin.

2) Die hiesige Gesprächsführung von Herrn Bundestagsabgeordneten Dr. Wörner[6], über die dem Herrn Bundesminister ein besonderer Bericht vorliegt, zeigt, daß mit intensiver Erörterung des angesprochenen Problemkreises durch Besucher aus dem Deutschen Bundestag gerechnet werden muß. Es entsteht hier also das Problem, daß parlamentarische Kreise möglicherweise umfangreichere und genauere Informationen erhalten als die Bundesregierung, jedenfalls insoweit, als die letztere auf eine Berichterstattung durch die Botschaft angewiesen ist. Wieweit dies der Fall ist, vermag ich nicht zu beurteilen.

[gez.] Staden

VS-Bd. 14063 (010)

Fortsetzung Fußnote von Seite 116

    die Frage: „Wie stark ist eigentlich der Druck der Amerikaner auf die Bundesrepublik, ihnen im Kriegsfall Flugplätze und Häfen für Nachschublieferungen an Israel bereitzustellen?": „Ich weiß von keinem Druck. Wir würden uns darauf auch nicht einlassen. Da ich mich nicht als Kanzler einer Weltmacht fühle, werde ich über Ihre Frage nicht öffentlich philosophieren. Das wäre lebensgefährlich." Vgl. den Artikel „Wir sind ein erstklassiger Partner"; DER SPIEGEL vom 6. Januar 1975, S. 33. Die Presse griff diese Äußerungen auf und berichtete außerdem, die USA hätten sich darauf eingerichtet, Rüstungsgüter auch ohne Zwischenlandungen nach Israel befördern zu können. Da dies nur in begrenztem Umfang möglich sei, hätten die amerikanische und die Bundesregierung „Regeln für solche Fälle gesucht. Sie sehen offenbar vor, daß Bonn die Benutzung amerikanischer Basen und amerikanischen Rüstungsmaterials in der Bundesrepublik dulden wird, wenn Washington sich befleißigt, öffentliches Aufsehen zu vermeiden." Vgl. den Artikel „Washington auf Non-stop Nachschub nach Israel eingerichtet"; FRANKFURTER ALLGEMEINE ZEITUNG vom 6. Januar 1975, S. 1.

4 Ministerialdirektor van Well übermittelte der Botschaft in Washington und der Ständigen Vertretung bei der NATO in Brüssel die Sprachregelung zur Benutzung amerikanischer Stützpunkte in der Bundesrepublik im Falle eines neuen Nahost-Krieges: „1) Bundeskanzler und Bundesminister Genscher und Leber hätten diese Angelegenheit an sich gezogen. Andere Stellen seien nicht autorisiert, Stellungnahmen hierzu abzugeben. 2) Der Bundesminister des Auswärtigen hat ferner Weisung erteilt, daß von Rückfragen in Washington oder in der NATO wegen einer amerikanischen Eventualfallplanung abgesehen werden solle, es sei denn auf seine besondere Weisung aus gegebenem Anlaß." Vgl. VS-Bd. 8598 (201); B 150, Aktenkopien 1975.

5 Militärattaché Seizinger, Washington, berichtete am 7. Januar 1975 über Voraussetzungen und Möglichkeiten einer militärischen Intervention der USA im Nahen Osten im Falle eines erneuten Ölembargos durch die arabischen Staaten. Für den Schriftbericht vgl. VS-Bd. 9957 (204); B 150, Aktenkopien 1975.

6 Der CDU-Abgeordnete Wörner hielt sich vom 27. bis 30. Oktober 1974 in den USA auf.

22

Runderlaß des Staatssekretärs Gehlhoff

501-505.34 VS-NfD   7. Februar 1975[1]

Betr.: Einbeziehung des Landes Berlin in die völkerrechtlichen Vereinbarungen der Bundesrepublik Deutschland

Bezug: Runderlaß vom 15.2.1966 – V 1-80.24/2 VS-NfD[2];
Runderlaß vom 27.8.1969 – V 1-80.24 VS-NfD[3]

Die Aufrechterhaltung und Weiterentwicklung der Bindungen (ties, liens) zwischen der Bundesrepublik Deutschland und Berlin ist auch nach dem Inkrafttreten des Vier-Mächte-Abkommens über Berlin vom 3. September 1971 eine Aufgabe von hervorragender politischer Bedeutung[4] und – wie vom Bundesver-

---

[1] Vervielfältigtes Exemplar.
Hat Ministerialdirigent Kinkel am 22. Februar 1975 vorgelegen, der die Weiterleitung an Bundesminister Genscher verfügte.
Hat Genscher am 25. Februar 1975 vorgelegen.

[2] Vor dem Hintergrund verstärkter „Angriffe gegen die bestehenden rechtlichen, administrativen, wirtschaftlichen, kulturellen und politischen Bindungen zwischen der Bundesrepublik Deutschland und ihrem Land Berlin" von seiten der Ostblock-Staaten übermittelte Staatssekretär Carstens den Arbeitseinheiten im Auswärtigen Amt sowie den diplomatischen Vertretungen Grundsätze und Richtlinien für die Einbeziehung des Landes Berlin in die völkerrechtlichen Verträge der Bundesrepublik. Dazu teilte er mit: „In besonderem Maße sind die Bemühungen der kommunistischen Staaten darauf gerichtet, die Einbeziehung Berlins in die völkerrechtlichen Verträge der Bundesrepublik Deutschland zu verhindern. Diesen Bemühungen muß von deutscher Seite entschieden entgegengetreten werden; sie dürfen auch nicht durch Unachtsamkeit oder Vergeßlichkeit deutscher Verhandlungsführer indirekt gefördert werden." Vgl. Referat 500, Bd. 964.

[3] Staatssekretär Duckwitz informierte die Arbeitseinheiten im Auswärtigen Amt und die diplomatischen Vertretungen über die Änderung des Verfahrens zur Zurückweisung von Protesten der Ostblock-Staaten gegen die Einbeziehung des Landes Berlin in multilaterale Verträge: „In Zukunft sollen derartige Proteste nicht mehr in jedem einzelnen Fall durch Noten an die jeweilige Depositarmacht zurückgewiesen werden. Vielmehr soll dies in gewissen Zeitabständen – etwa von ein bis zwei Jahren – durch eine an den Generalsekretär der Vereinten Nationen gerichtete und von diesem unter den VN-Mitgliedern zirkulierte inhaltsgleiche Note der Vier Mächte geschehen." Vgl. Referat 500, Bd. 963.

[4] In Teil II B des Vier-Mächte-Abkommens über Berlin vom 3. September 1971 wurde ausgeführt: „The Governments of the French Republic, the United Kingdom and the United States of America declare that the ties between the Western Sectors of Berlin and the Federal Republic of Germany will be maintained and developed, taking into account that these Sectors continue not to be a constituent part of the Federal Republic of Germany and not to be governed by it. Detailed arrangements concerning the relationship between the Western Sectors of Berlin and the Federal Republic of Germany are set forth in Annex II." Vgl. UNTS, Bd. 880, S. 125. Für den deutschen Wortlaut vgl. BUNDESANZEIGER, Nr. 174 vom 15. September 1972, Beilage, S. 47.
In Anlage II Absatz 1 und 2 des Vier-Mächte-Abkommens über Berlin vom 3. September 1971 erklärten die Vier Mächte: „1) They declare, in the exercise of their rights and responsibilities, that the ties between the Western Sectors of Berlin and the Federal Republic of Germany will be maintained and developed, taking into account that these Sectors continue not to be a constituent part of the Federal Republic of Germany and not to be governed by it. The provisions of the Basic Law of the Federal Republic of Germany and of the Constitution operative in the Western Sectors of Berlin which contradict the above have been suspended and continue not to be in effect. 2) The Federal President, the Federal Government, the Bundesversammlung, the Bundesrat and the Bundestag, including their Committees and Fraktionen, as well as other state bodies of the Federal Republic of Germany will not perform in the Western Sectors of Berlin constitutional or official acts which contradict the provisions of paragraph 1." Vgl. UNTS, Bd. 880, S. 127. Für den deutschen Wortlaut vgl. BUNDESANZEIGER, Nr. 174 vom 15. September 1972, Beilage, S. 53.

fassungsgericht im Grundvertragsurteil vom 31.7.1973 hervorgehoben – auch vom Grundgesetz gefordert.[5] Zu diesen Bindungen gehört die Einbeziehung des Landes Berlin in alle völkerrechtlichen Übereinkünfte, die von der Bundesrepublik Deutschland geschlossen werden oder denen sie beitritt, soweit nicht im Einzelfall die Vorbehaltsrechte der Drei Westmächte entgegenstehen. Dies ist eine der wesentlichen Voraussetzungen dafür, daß der einheitliche Rechtsstand in der Bundesrepublik und in Berlin gewahrt wird.

Im einzelnen gelten hierfür die folgenden Richtlinien:

1) Falls vor den Verhandlungen über eine völkerrechtliche Übereinkunft Zweifel oder während der Verhandlungen Schwierigkeiten hinsichtlich der Einbeziehung Berlins auftauchen, ist Referat 501 zu beteiligen.

Soweit Fragen des Status und der Sicherheit berührt werden und deshalb dem sich noch auf diese beiden Kriterien des Annexes IV zum Vier-Mächte-Abkommen[6] beziehenden, den speziellen Gegenstand der Rechte und Verantwortlichkeiten der Vier Mächte bildenden Vorbehalt Rechnung getragen werden muß, sind auch die Referate 210 und 500 unmittelbar zu beteiligen.

---

[5] Im Urteil des Bundesverfassungsgerichts vom 31. Juli 1973 zum Vertrag vom 21. Dezember 1972 zwischen der Bundesrepublik und der DDR über die Grundlagen der Beziehungen wurde ausgeführt: „Der Vertrag ändert nichts an der Rechtslage Berlins, wie sie seit je von Bundestag, Bundesrat und Bundesregierung, den Ländern der Bundesrepublik und dem Bundesverfassungsgericht gemeinsam unter Berufung auf das Grundgesetz verteidigt worden ist. Das Grundgesetz verpflichtet auch für die Zukunft alle Verfassungsorgane in Bund und Ländern, diese Rechtsposition ohne Einschränkung geltend zu machen und dafür einzutreten. Nur in diesem Kontext dürfen die Erklärungen beider Seiten in bezug auf Berlin (West) ausgelegt und verstanden werden." Daher schränkten die Erklärungen über die Ausdehnung von Abkommen und Regelungen auf Berlin (West) „in keiner Weise die grundgesetzliche Pflicht der für die Bundesrepublik Deutschland handelnden Organe ein, bei jedem Abkommen und bei jeder Vereinbarung mit der Deutschen Demokratischen Republik, die ihrem Inhalt nach auf das Land Berlin und seine Bürger ausgedehnt werden können, auf der Ausdehnung auf Berlin zu bestehen und nur abzuschließen, wenn der Rechtsstand Berlins und seiner Bürger gegenüber dem für den Geltungsbereich des Grundgesetzes geltenden Rechtsstand – vorbehaltlich des für Berlin geltenden alliierten Vorbehalts und ‚in Übereinstimmung mit dem Vier-Mächte-Abkommen vom 3. September 1971' – nicht verkürzt wird." Vgl. ENTSCHEIDUNGEN, Bd. 36, S. 32 f.

[6] In Anlage IV A des Vier-Mächte-Abkommens über Berlin vom 3. September 1971 teilten die Drei Mächte der UdSSR mit: „1) The Governments of the French Republic, the United Kingdom and the United States of America maintain their rights and responsibilities relating to the representation abroad of the interests of the Western Sectors of Berlin and their permanent residents, including those rights and responsibilities concerning matters of security and status, both in international organisations and in relations with other countries. 2) Without prejudice to the above and provided that matters of security and status are not affected, they have agreed that a) The Federal Republic of Germany may perform consular services for permanent residents of the Western Sectors of Berlin. b) In accordance with established procedures, international agreements and arrangements entered into by the Federal Republic of Germany may be extended to the Western Sectors of Berlin provided that the extension of such agreements and arrangements is specified in each case. c) The Federal Republic of Germany may represent the interests of the Western Sectors of Berlin in international organisations and international conferences. d) Permanent residents of the Western Sectors of Berlin may participate jointly with participants from the Federal Republic of Germany in international exchanges and exhibitions. Meetings of international organisations and international conferences as well as exhibitions with international participation may be held in the Western Sectors of Berlin. Invitations will be issued by the Senat or jointly by the Federal Republic of Germany and the Senat." Vgl. UNTS, Bd. 880, S. 128. Für den deutschen Wortlaut vgl. BUNDESANZEIGER, Nr. 174 vom 15. September 1972, Beilage, S. 54–57.
In Anlage IV B nahm die UdSSR diese Mitteilung der Drei Mächte zur Kenntnis und verpflichtete sich, dagegen keine Einwände zu erheben. Für den Wortlaut vgl. UNTS, Bd. 880, S. 128 f. Für den deutschen Wortlaut vgl. BUNDESANZEIGER, Nr. 174 vom 15. September 1972, Beilage, S. 56–59.

2) Das bei der Einbeziehung des Landes Berlin in die völkerrechtlichen Übereinkünfte der Bundesrepublik Deutschland zu beobachtende Verfahren ist in der Erklärung der Alliierten Kommandantur Berlin vom 21. Mai 1952 – BKC/L (52) 6[7] – festgelegt, auf der die seitherige ständige Praxis beruht.

Diese „festgelegten Verfahren" und die auf ihnen beruhende Praxis sind durch Anlage IV A 2b) zum Vier-Mächte-Abkommen vom 3. September 1971 von den Drei Mächten bekräftigt worden; die UdSSR hat in Anlage IV B 2b) erklärt, daß sie unter der Voraussetzung, daß Angelegenheiten des Status und der Sicherheit nicht berührt werden, ihrerseits gegen die Einbeziehung der westlichen Sektoren Berlins in die völkerrechtlichen Verträge der Bundesrepublik Deutschland keine Einwendungen mehr erheben wird.

Damit hat die UdSSR sich zwar nicht dazu verpflichtet, bei allen mit ihr selbst abzuschließenden bilateralen Verträgen, die weder Status noch Sicherheit berühren, eine Berlin-Klausel zu akzeptieren. In dem Vier-Mächte-Abkommen liegt aber die Bestätigung des Rechts der Bundesrepublik Deutschland, zu allen solchen Verträgen

– im multilateralen Bereich Berlin-Erklärungen abzugeben,
– im bilateralen Bereich Berlin-Klauseln vorzuschlagen und bei Ablehnung dieses Vorschlages davon abzusehen, den Vertrag ohne Berlin-Klausel abzuschließen.

A. Bei der Einbeziehung in völkerrechtliche Vereinbarungen wird das „Land Berlin" grundsätzlich auch als solches bezeichnet. Die Bezeichnung „Berlin (West)" ist in der Regel nur zu verwenden,

– bei bilateralen und multilateralen Verträgen, zu deren Vertragspartnern ein Ostblockstaat gehört oder hinzutreten kann,
– bei bilateralen Verträgen mit Hilfsorganen und mit Sonderorganisationen der Vereinten Nationen und allen anderen internationalen Organisationen, an denen Ostblockstaaten beteiligt sind.

In allen Fällen, in denen von der Bezeichnung „Land Berlin" abgewichen werden soll, ist eine vorherige Beteiligung des Referats 501 erforderlich.

B. Im übrigen gilt für die Einbeziehung Berlins folgendes:

a) In zweiseitige Übereinkünfte (Staatsverträge, Regierungsabkommen, Ressortabkommen, Notenwechsel) wird Berlin im allgemeinen durch eine besondere Bestimmung im Vertragstext (Berlin-Klausel) einbezogen. Dies gilt grundsätzlich auch für völkerrechtliche Übereinkünfte zur Ergänzung, Änderung oder Verlängerung einer Übereinkunft.

Eine besondere Berlin-Klausel ist in den letztgenannten Fällen jedoch nicht unbedingt erforderlich. Vielmehr kann es ausreichen, wenn auf die Berlin-Klausel des Rahmenabkommens ausdrücklich Bezug genommen wird.

Die Bezugnahme lautet wie folgt:

„im übrigen gelten die Bestimmungen des Abkommens über ... vom ... einschließlich der Berlin-Klausel (Art. ...) auch für diese Vereinbarung."

---

[7] Für den Wortlaut des Schreibens der Alliierten Kommandatura BKC/L (52) 6 vom 21. Mai 1952 vgl. DOKUMENTE ZUR BERLIN-FRAGE 1944–1966, S. 175–177.

Referat 501 ist rechtzeitig zu beteiligen, wenn auf die Aufnahme einer ausdrücklichen Berlin-Klausel in eine akzessorische Vereinbarung verzichtet werden soll.

Die Standard-Berlin-Klausel hat folgenden Wortlaut:

„Dieser Vertrag (oder: Abkommen usw.) gilt auch für das Land Berlin, sofern nicht die Regierung der Bundesrepublik Deutschland gegenüber der Regierung von ... innerhalb von drei Monaten nach Inkrafttreten des Vertrages (oder Abkommens usw.) eine gegenteilige Erklärung abgibt."

Der Wortlaut der Berlin-Klausel in Vereinbarungen mit Ostblock-Staaten weicht von der Standard-Berlin-Klausel ab. Für diesen Bereich gibt es keine einheitliche Berlin-Klausel. Bei Vereinbarungen, an denen Ostblockstaaten beteiligt sind, ist daher in allen Fällen Referat 501 schon im Stadium der Vorbereitung der Verhandlungen zu beteiligen.

b) Bei mehrseitigen Übereinkünften wird bei Hinterlegung der deutschen Ratifikations- oder Beitrittsurkunde (bzw. bei Abgabe der Erklärung, daß die innerstaatlichen Voraussetzungen für das Inkrafttreten der Übereinkunft erfüllt sind) gegenüber dem Verwahrer schriftlich oder zu Protokoll eine gesonderte Berlin-Erklärung abgegeben. Die Berlin-Erklärung hat grundsätzlich folgenden Wortlaut:

„Ich habe die Ehre, im Namen der Regierung der Bundesrepublik Deutschland im Zusammenhang mit der heutigen Hinterlegung der Ratifikationsurkunde zum Übereinkommen vom ... über ... zu erklären, daß das Übereinkommen mit Wirkung von dem Tag, an dem es für die Bundesrepublik Deutschland in Kraft treten wird (oder: in Kraft getreten ist), auch für das Land Berlin (oder abweichende Bezeichnung, s. u.) gilt."

Da die Berlin-Klausel in der Regel keinen Widerrufsvorbehalt enthält, muß – anders als bei zweiseitigen Übereinkünften – bei der Ratifikation mehrseitiger Übereinkünfte das interne Verfahren der Einbeziehung Berlins abgeschlossen sein, bevor die Berlin-Erklärung abgegeben werden kann. Zum internen Verfahren gehört die Vorlage bei der Alliierten Kommandantur (s. u. 3). Bei mehrseitigen Übereinkünften, die nach Artikel 59 Abs. 2 Satz 1 GG[8] der Zustimmung der gesetzgebenden Körperschaften bedürfen, muß ferner außer dem von den gesetzgebenden Körperschaften des Bundes beschlossenen Vertragsgesetz auch das vom Berliner Abgeordnetenhaus beschlossene Übernahmegesetz vorliegen.

In jedem Einzelfall ist die Weisung, eine Berlin-Erklärung abzugeben, wegen der zu wählenden Bezeichnung („Land Berlin" oder „Berlin (West)") bis auf weiteres dem Referat 501 zur Mitzeichnung zuzuleiten. Gleichfalls ist dieses Referat zu beteiligen, wenn keine Ratifikation (bzw. Abgabe der Erklärung über die Erfüllung der innerstaatlichen Voraussetzungen) vorgesehen ist und die Übereinkunft bereits mit der Unterzeichnung in Kraft treten soll.

---

8 Artikel 59 Absatz 2 des Grundgesetzes vom 23. Mai 1949: „Verträge, welche die politischen Beziehungen des Bundes regeln oder sich auf Gegenstände der Bundesgesetzgebung beziehen, bedürfen der Zustimmung oder der Mitwirkung der jeweils für die Bundesgesetzgebung zuständigen Körperschaften in der Form eines Bundesgesetzes. Für Verwaltungsabkommen gelten die Vorschriften über die Bundesverwaltung entsprechend." Vgl. BUNDESGESETZBLATT 1949, S. 7.

3) Um die Zustimmung der Alliierten Kommandantur zur Einbeziehung Berlins in eine Übereinkunft herbeizuführen, übersendet das federführende Referat des Auswärtigen Amts bzw. des zuständigen Fachressorts so früh wie möglich – spätestens sogleich nach der Unterzeichnung – der Vertretung des Landes Berlin je 17 Exemplare der Übereinkunft einschließlich der dazugehörigen Anlagen (Protokolle, Briefe) in den Vertragssprachen Englisch und/oder Französisch und Deutsch (Deutsch ggf. als „Übersetzung"). Die Vertretung des Landes Berlin teilt mit, sobald die Einbeziehung Berlins durch die Alliierte Kommandantur gebilligt ist.

Texte von Übereinkünften, die der Zustimmung der gesetzgebenden Körperschaften bedürfen, brauchen der Vertretung des Landes Berlin nicht zugeleitet zu werden. In diesen Fällen übermittelt die Vertretung des Landes Berlin der Alliierten Kommandantur von sich aus die Bundesrats-Drucksache, die – neben dem Vertragsgesetz – den Vertragstext enthält.

Unabhängig davon, ob eine mehrseitige Übereinkunft zustimmungsbedürftig ist oder nicht, übersendet das federführende Referat des Auswärtigen Amts bzw. des zuständigen Fachressorts der Vertretung des Landes Berlin den Entwurf der anläßlich der Hinterlegung der Ratifikationsurkunde oder bei anderer Gelegenheit abzugebenden Berlin-Erklärung (17fach).

Die Verantwortung für die ordnungsmäßige Einleitung des Berlin-Verfahrens liegt auch dann bei dem federführenden Referat des Auswärtigen Amts, wenn im Einzelfall das zuständige Fachressort um die Übersendung der Unterlagen an die Vertretung des Landes Berlin gebeten wurde.

4) Von der grundsätzlichen Einbeziehung Berlins in die von der Bundesrepublik Deutschland geschlossenen völkerrechtlichen Übereinkünfte sind solche ausgeschlossen, die eines der in der Anordnung der Alliierten Kommandantur Berlin BKC/L (55) 3 vom 5. Mai 1955[9] vorbehaltenen Sachgebiete berühren. Solche Vorbehaltsrechte bestehen u. a. auf den Gebieten der Verteidigung und der Luftfahrt.

Berühren nur einzelne Artikel einer Übereinkunft diese Vorbehaltsgebiete, so kommt eine eingeschränkte Berlin-Klausel in Betracht, deren Formulierung den Besonderheiten des einzelnen Falles zu entsprechen hat.

In allen Fällen, in denen Berlin in zwei- oder mehrseitigen Übereinkünften im Hinblick auf die Vorbehaltsrechte der Alliierten nicht oder nur zum Teil einbezogen werden kann, ist Referat 501 zu beteiligen.

5) Über die Behandlung von Protesten gegen die Einbeziehung des Landes Berlin in multilaterale völkerrechtliche Übereinkünfte wird von Fall zu Fall entschieden.

Um eine lückenlose Übersicht über eingehende Proteste sicherzustellen, haben die Auslandsvertretungen über jeden in ihrem Bereich eingegangenen Protest unverzüglich dem Auswärtigen Amt zu berichten. Ref. 501, das zu einem um-

---

[9] Die Alliierte Kommandatura Berlin erklärte am 5. Mai 1955, daß die alliierten Behörden weiterhin Machtbefugnisse ausüben würden u. a. im Bereich „Abrüstung und Entmilitarisierung, einschließlich verwandter Gebiete der wissenschaftlichen Forschung, zivile Luftfahrt sowie die damit in Beziehung stehenden Verbote und Beschränkungen der Industrie". Vgl. DOKUMENTE ZUR BERLIN-FRAGE 1944–1966, S. 234.

fassenden Überblick über Zahl und Art der Proteste und ihrer Behandlung imstande sein muß, ist nachrichtlich über alle eingehenden Proteste und ihre Beantwortung zu unterrichten. Die Referate 210 und 500 sind stets zu beteiligen.

Die Frage der Federführung für die Beantwortung der Proteste bleibt hiervon unberührt.

6) Ich bitte, diesen Erlaß den Angehörigen aller Arbeitseinheiten, die regelmäßig oder in Einzelfällen mit der Führung von Vertragsverhandlungen oder mit der Bearbeitung von Vertragsentwürfen betraut sind (oder betraut werden könnten), alle sechs Monate in Erinnerung zu bringen.

Die Bezugserlasse vom 15.2.1966 und vom 27.8.1969 sowie der Erlaß vom 13.5. 1968 – V 1-80.24/2 VS-NfD[10] – sind hiermit aufgehoben.

Weitere Exemplare dieses Runderlasses können beim Auswärtigen Amt, Referat 501 (Hausruf 2711), angefordert werden.

In Vertretung
Gehlhoff

Referat 010, Bd. 178600

23

Runderlaß des Vortragenden Legationsrats I. Klasse Dohms

240-312.74 Aufgabe: 7. Februar 1975, 12.09 Uhr
Fernschreiben Nr. 21 Ortex
Citissime

Zu den deutsch-französischen Gipfelkonsultationen am 3./4. Februar 1975 in Paris

Wichtigste Themen waren:

1) Energiefragen

a) Bei Behandlung des Themas Internationale Energiekonferenz[1] erzielten Bundeskanzler und Staatspräsident Einverständnis über baldige Einberufung der Vorkonferenz (Botschafterebene) durch Frankreich etwa für Mitte März[2]; Not-

---

[10] Ministerialdirektor Thierfelder informierte die Arbeitseinheiten im Auswärtigen Amt und die diplomatischen Vertretungen über die Mitteilung der Drei Mächte, „daß die Zurückweisung der kommunistischen Proteste in Zukunft von allen drei verbündeten Regierungen ohne Rücksicht darauf erfolgen soll, ob sie an dem betreffenden multilateralen Vertrag beteiligt sind. Mit dieser Entscheidung, bei der Zurückweisung nicht auf die Eigenschaft als Vertragsstaat, sondern auf die besondere Verantwortlichkeit der Drei Mächte für Berlin abzustellen, ist eine schon lange bestehende Zweifelsfrage geklärt worden." Vgl. Referat II A 1, Bd. 258.

[1] Zum Vorschlag des Staatspräsidenten Giscard d'Estaing vom 24. Oktober 1974, für Anfang 1975 eine Konferenz erdölproduzierender und -verbrauchender Staaten einzuberufen, vgl. Dok. 15, Anm. 4.

[2] Die französische Regierung lud am 1. März 1975 zu einer Vorkonferenz der erdölproduzierenden und -verbrauchenden Staaten ein. Vgl. dazu EUROPA-ARCHIV 1975, Z 52.
Die Vorkonferenz fand vom 7. bis 15. April 1975 in Paris statt. Vgl. dazu Dok. 87.

wendigkeit vorheriger Verständigung mit USA, Teilnahmeregelung nach Yamani-Formel[3], wobei neun EG-Staaten durch Gemeinschaft als solche in Gestalt EG-Präsidentschaft vertreten sein werden (Ratspräsident sowie Kommissionspräsident assistiert von Vertretern der Mitgliedstaaten). Franzosen betonten, daß sie ihre Rolle als Vorsitz der Vorkonferenz rein prozedural verstehen und den britischen Wunsch nach individueller Teilnahme[4] ablehnen.

Deutsch-französisches Einvernehmen ergab sich auch hinsichtlich zügiger Inangriffnahme der Vorbereitung für Vor- und Hauptkonferenz sowie notwendiger flexibler Abstimmung der Verbraucherländer parallel mit Fortschritten im Verbraucher-Produzenten-Dialog.

Bundeskanzler würdigte in diesem Zusammenhang vermittelnde Rolle Frankreichs auch im Hinblick auf Verständigung mit den arabischen Erdölproduzenten.

b) Bezüglich des OECD-Solidaritätsfonds (25 Mrd. Dollar)[5] bekräftigte Bundeskanzler, daß wir aus rechtlichen und budgetären Gründen unseren Beitrag in Form von Bürgschaften für Kreditaufnahmen auf den Kapitalmärkten leisten werden. Paris beabsichtigt selbst, direkte Beitragsleistungen zu erbringen.

c) In der Frage EG–Iran[6] sprechen sich die Franzosen für ein Präferenzabkommen aus. AM Sauvagnargues zeigte Verständnis für die auch von der Kommission vorgebrachten Bedenken gegen die Ausweitung des EG-Präferenzraumes.

---

[3] Am 24. September 1974 berichtete Ministerialdirektor Hermes: „Minister Yamani regte am Rande der 14. Welthandelsratstagung in Genf gegenüber dem Ständigen Vertreter Frankreichs in Genf in generellen Formulierungen an, im VN-Rahmen einen Ministerausschuß zu schaffen bzw. im Anschluß an die 29. Generalversammlung eine Ministerkonferenz einzuberufen, der vier OPEC-Länder (Iran, Venezuela, Algerien, Saudi-Arabien) sowie drei wichtige Entwicklungsländer (Indien, Brasilien, Zaire) sowie drei Industrieländer (USA, Japan, EG) angehören sollten und die sich mit Grundstoff- (und Energie-), Technologie- und Finanzfragen beschäftigen solle." Vgl. den Drahterlaß Nr. 4021; Referat 405, Bd. 113902.

[4] Ministerialdirektor Hermes faßte am 30. Januar 1975 ein Gespräch des Staatssekretärs Sachs mit dem britischen Botschafter am Vortag zusammen, in dem Henderson ausgeführt habe: „Außenminister Callaghan werde heute oder morgen in Washington AM Kissinger vorschlagen, Vorkonferenz und Hauptkonferenz sollten nicht mehr als 18 Teilnehmer haben, je sechs für die drei Ländergruppen. Für die industrialisierten Verbraucherländer sollten die ‚großen Fünf' (USA, Japan, Deutschland, Frankreich und Großbritannien) sowie Irland als Vertreter der Gemeinschaft teilnehmen." Sachs habe sich enttäuscht gezeigt, „daß Großbritannien die vorgesehene Dreierlösung (USA, Japan, EG) nicht wolle. Wir seien dafür, daß die Gemeinschaft gemeinsam auftrete." Vgl. Referat 405, Bd. 113909.

[5] Zur Einigung über die Einrichtung des vom amerikanischen Außenminister Kissinger vorgeschlagenen Solidaritätsfonds in Höhe von 25 Mrd. Dollar auf der Ministertagung der Zehnergruppe am 14. und 16. Januar 1975 in Washington vgl. Dok. 8.

[6] Zu den Beziehungen zwischen dem Iran und den Europäischen Gemeinschaften führte Referat 411 am 12. September 1974 aus, daß das Handelsabkommen vom 14. Oktober 1963 am 30. November 1973 ausgelaufen sei. Der Iran wolle nun „seine Beziehungen zur EG auf eine breitere Grundlage stellen. Er möchte insbesondere die Ausfuhr der Erzeugnisse seiner im Entstehen befindlichen Industrie in die EG ermöglichen und fordert deshalb eine über den Umfang des bisherigen Handelsabkommens und der allgemeinen Präferenzen hinausgehende Öffnung des europäischen Marktes für seine gewerblichen Produkte durch seine Einbeziehung in das regionale Präferenzsystem der EWG gegenüber den Mittelmeerländern oder Abschluß eines umfassenden Handels- und Kooperationsabkommens mit handelspolitischen Erleichterungen für die Ausfuhr iranischer Erzeugnisse nach Europa und mit verstärkter Vermittlung von europäischem know-how nach Iran." Dem stünden die EG-Kommission und EG-Mitgliedstaaten aufgeschlossen gegenüber; eine Ausweitung des EG-Präferenzraums jedoch „würde zu Schwierigkeiten mit den USA führen", und für „Kooperationsabmachungen im Rahmen eines umfassenden Abkommens mit dem Iran besitzt die EG keine Zuständigkeit". Vgl. Referat 311, Bd. 104756.

Er betonte, daß der Denkprozeß in dieser Frage in Paris noch nicht abgeschlossen sei. AM Genscher unterstrich unser dringendes Interesse an einer begrenzten Lösung in der Form von Zollbefreiungen für Mineralölerzeugnisse aus Kooperationsprojekten (deutsch-iranisches Raffinerievorhaben[7]).

d) Wirtschaftsminister[8] sprachen über Energieeinsparungen (Deutschland und Frankreich erreichen vorgesehene Ziele[9]); Frankreich ist an Festlegung quantitativer Ziele in EG interessiert; wir sind dagegen; Entwicklung alternativer Energiequellen (übereinstimmende Zielvorstellungen: Forcierung von Kernenergie und Erdgas, Stabilisierung der Kohleproduktion).

---

7 Am 3. Mai 1974 informierte Vortragender Legationsrat I. Klasse Dohms über eine auf der deutsch-iranischen Investitionskonferenz am 29./30. April 1974 getroffene Vereinbarung zur Errichtung einer Exportraffinerie im Iran: „Deutsche Ölgesellschaften und National Iranian Oil Company zeichneten letter of understanding über Bau ‚petrochemisch orientierter' Exportraffinerie durch gemeinsam auf 50:50 Basis zu bildende Gesellschaft. Produktaufnahme für 1977 vorgesehen." Vgl. den Runderlaß Nr. 46; Referat 414, Bd. 105421.
Am 16. Dezember 1974 führte Staatssekretär Rohwedder, Bundesministerium für Wirtschaft, ein Gespräch mit den Gesellschaften der German Oil Company, die „auf der gegenwärtigen Verhandlungsbasis keine Realisierungschance" sahen. Zum einen sei nach dem neuen iranischen „Petroleum Act" der Gemeinschaftsbesitz einer Raffinerie nicht mehr möglich, zum anderen stelle sich das Zollproblem. Vielleicht könnte der EG-Ministerrat „aus energiepolitischen Gründen einer Lösung das Unbedenklichkeitstestat erteilen, die ein für den deutschen Markt bestimmtes zollfreies Produktenkontingent vorsieht. Allerdings müsse dann noch das handelspolitische Unbedenklichkeitstestat hinzukommen, bezüglich dessen zusätzliche (d. h. von außerhalb der Gemeinschaft kommende) Schwierigkeiten ins Haus stünden." Vgl. die am 9. Januar 1975 an das Auswärtige Amt übermittelte Gesprächsaufzeichnung; Referat 311, Bd. 104756.
8 Jean-Pierre Fourcade und Hans Friderichs.
9 Das Kabinett billigte am 23. Oktober 1974 eine Fortschreibung des Energieprogramms vom 26. September 1973. Dazu wurde mitgeteilt: „Die im Energieprogramm vom September 1973 festgelegte Gesamtkonzeption hat sich als richtig angelegt erwiesen. Die veränderten energiewirtschaftlichen Eckdaten verlangen aber neue Maßnahmen und eine andere Gewichtung der Prioritäten: Noch stärkeres Zurückdrängen des Mineralölanteils an der Energieversorgung und gleichzeitig höhere Priorität für die Sicherung einer ausreichenden und kontinuierlichen Mineralölversorgung. Der Mineralölanteil an der Primärenergieversorgung soll von 55 Prozent auf etwa 44 Prozent 1985 zurückgehen. Eine neue Position für den wichtigsten deutschen Energieträger Steinkohle; beschleunigte Nutzung der relativ sicheren Energien Erdgas, Braunkohle und Kernenergie; zügiger Ausbau der Energieanlagen in der Bundesrepublik Deutschland unter Berücksichtigung der Erfordernisse des Umweltschutzes. Langfristige Standortvorsorge für Energieanlagen; verstärkte Energieeinsparung durch rationellere Nutzung der Energie; höhere Priorität für die Energieforschung, um die Abhängigkeit der Bundesrepublik vom Öl mittel- und langfristig vermindern zu können; Verbesserung der Krisenvorsorge, insbesondere durch höhere Bevorratung, um zeitweiligen Mengenverknappungen der Ölzufuhren besser begegnen zu können; intensive Anstrengungen für eine breit angelegte Zusammenarbeit der Verbraucherländer, um Lösungen für die Probleme des Weltölmarktes im internationalen Rahmen zu finden. Nationale Lösungsversuche reichen nicht aus." Vgl. BULLETIN 1974, S. 1261. Für den Wortlaut des Programms vgl. BT ANLAGEN, Bd. 196, Drucksache Nr. 7/2713.
Zur Energiepolitik der französischen Regierung wurde in der Presse berichtet: „Die französische Regierung will mit einer Steigerung der Kohleförderung und der Erzeugung von mehr Atomenergie der durch die erhöhten Ölpreise ausgelösten Energiekrise im Land beggnen. Ministerpräsident Chirac erklärte vor der Nationalversammlung, Frankreich müsse bei konsequenter Befolgung dieser Pläne und bei freiwilliger Einschränkung des Öl- und Treibstoffverbrauchs in der Industrie und im privaten Kraftverkehr bis 1985 nur noch 50 Prozent der benötigten Energie einführen. [...] Im einzelnen sehen die von Chirac vorgelegten Pläne eine durch Abkommen zwischen Regierung und Unternehmen vereinbarte Reduzierung des Ölverbrauchs in der Industrie vor. Außerdem soll die Kohleförderung in den nächsten 99 Jahren um 46 Mill[ionen] t gesteigert werden." Ferner sollten durch die verstärkte Elektrizitätsgewinnung durch Kernkraftwerke ab 1985 jährlich etwa 65 Mio. t Öl eingespart werden. Vgl. den Artikel „Frankreich forciert die Kohle und baut mehr Kernkraftwerke"; DIE WELT vom 7. Oktober 1974, S. 11.

e) Industrie[10]- und Wissenschaftsminister[11] stellten gemeinsam fest, daß im Bereich der Kernenergie ermutigende Ansätze für industrielle Zusammenarbeit bestehen (HTR[12], Schneller Brüter, Siedewasserreaktor). Eine Koordination der Bemühungen von EG und OECD auf den Gebieten der Forschung und Entwicklung wird angestrebt.

2) Internationale und europäische Wirtschaftslage

a) Minister Fourcade bezeichnete gegenwärtige Konjunkturentwicklung in Frankreich als hoffnungsvoll (Verminderung Preisanstiegs, Verbesserung Zahlungsbilanz, Dämpfung Wirtschaftswachstums, Arbeitslosigkeit etwas steigend). Zu Jahresbeginn sind leichte Konjunkturstützungsmaßnahmen angelaufen. Es wird davon ausgegangen, daß Konjunkturbelebung in Deutschland schneller eintritt als in Frankreich.

b) Zu GATT-Handelsverhandlungen[13] bestand Einigkeit über Harmonisierung der Zolltarife und substantielle Zollsenkungen als Schwerpunkte.[14]

3) Aktuelle Europa-Fragen

a) Meinungsaustausch zum Verhalten gegenüber britischen Forderungen in der Frage britischer EG-Mitgliedschaft[15] ergab Einvernehmen, daß Kommissionsvorschläge zum Korrekturmechanismus[16] gute Ausgangsbasis für weitere

---

[10] Michel d'Ornano und Hans Friderichs.

[11] Michel d'Ornano und Hans Matthöfer.

[12] Hochtemperatur-Reaktor.

[13] Mit einer Ministerkonferenz vom 12. bis 14. September 1973 in Tokio wurde eine neue GATT-Verhandlungsrunde eröffnet. Ziel der Verhandlungen sollten neben Zollsenkungen der Abbau nichttarifärer Handelshemmnisse, die Liberalisierung des Handels mit Agrarprodukten, die Revision des multilateralen Schutzklauselsystems und Maßnahmen für die Entwicklungsländer sein. Vgl. dazu die Erklärung der Konferenz; EUROPA-ARCHIV 1973, D 540–542.
Die Verhandlungsrunde wurde im Oktober 1973 begonnen, dann jedoch abgebrochen, weil der neue Trade Act noch nicht vom amerikanischen Kongreß verabschiedet worden war.

[14] Dazu führte der französische Wirtschafts- und Finanzminister Fourcade in der deutsch-französischen Konsultationsbesprechung am 4. Februar 1975 aus: „Das wesentliche Ziel der multilateralen Verhandlungen besteht darin, zu einer Harmonisierung der Zölle zu gelangen. Die amerikanischen Zölle sind höher als die unseren. Ein System der linearen Reduktion würde die europäischen Länder begünstigen. Wir sind der Auffassung, daß die Harmonisierung durch eine wesentliche Reduzierung der Zölle eintreten könnte, wenn eine Reihe von Zollschranken in Amerika fallen würde." Vgl. die Gesprächsaufzeichnung; Referat 420, Bd. 106424.
Die Handelsverhandlungen im Rahmen des GATT wurden am 11. Februar 1975 aufgenommen. Vgl. dazu Dok. 90, Anm. 6.

[15] Zum britischen Wunsch nach Neuregelung der Bedingungen für die EG-Mitgliedschaft vgl. Dok. 15, Anm. 9 und 11.

[16] Am 30. Januar 1975 legte die EG-Kommission dem EG-Ministerrat ihren Bericht zum Korrekturmechanismus im Bereich der Eigeneinnahmen der Europäischen Gemeinschaften vor. Darin wurde ausgeführt, daß eine „unannehmbare und mit dem reibungslosen Funktionieren der Gemeinschaft unvereinbare Situation" durch folgende, gleichzeitig festgestellte Daten definiert werde: „Bruttosozialprodukt pro Kopf der Bevölkerung von weniger als 85 % des durchschnittlichen BSP pro Kopf der Bevölkerung in der Gemeinschaft; Wachstumsrate des BSP pro Kopf der Bevölkerung von weniger als 120 % der durchschnittlichen Wachstumsrate in der Gemeinschaft; Defizit in der Bilanz der laufenden Posten". Eine unannehmbare Situation könne auch eintreten, wenn der relative Anteil eines EG-Mitgliedstaates an der Gemeinschaftsfinanzierung „mehr als 110 % des relativen BSP des betreffenden Mitgliedstaates beträgt", oder durch die potentielle Nettodevisenbelastung aufgrund der Zahlungen an den Gemeinschaftshaushalt. Nach den Vorstellungen der EG-Kommission „würde ein etwaiger Überschuß bei der Abführung der eigenen Mittel, der bei der Differenz zwischen den übertragenen eigenen Mitteln sowie denjenigen eigenen Mitteln festgestellt wird, die bei Anwendung eines auf das BSP gestützten Aufbringungsschlüssels übertragen worden sind, Anspruch auf eine Rückzahlung aus einer neuen Zweckbestimmung im Haushaltsplan eröffnen. Die Höhe der Rück-

Erörterung darstellen, jedoch näherer Prüfung bedürfen.[17] Es bestand Übereinstimmung, daß für diese Frage in der Perspektive des Rates der europäischen Regierungschefs in Dublin 10./11. März[18] möglichst rasch in der Gemeinschaft eine Lösung gefunden werden muß.

b) Der intensive Meinungsaustausch zwischen den Landwirtschaftsministern[19] galt insbesondere den Agrarpreisverhandlungen 1975/76 im Rahmen der gemeinsamen Agrarpolitik der EG.[20] Die Standpunkte beider Länder konnten weiter geklärt, eine gemeinsame Haltung erwartungsgemäß jedoch noch nicht erzielt werden. In wichtigen Fragen bestehen deshalb weiterhin Meinungsunterschiede:

– französische Forderung eines besonderen Inflationsausgleichs durch eine produktbezogene Beihilfe;
– Preisanhebung bei tierischen Veredelungsprodukten;
– Höhe des Nachtragshaushalts;
– Gemeinschaftsbeteiligung an den Ausgleichszulagen für Bergbauern.[21]

Einvernehmen bestand darüber, daß die Preisverhandlungen durch die unterschiedlichen Preissteigerungsraten in den einzelnen Mitgliedsländern erschwert sind. Beide Länder sind aber entschlossen, die gemeinsame Agrarpolitik fortzusetzen.

Unter den gegebenen Umständen ist zweifelhaft, ob der französische Wunsch, die Preisverhandlungen im Agrarrat vom 10./11. Februar 1975 abzuschließen, erfüllt werden kann.[22]

Fortsetzung Fußnote von Seite 126
   zahlung wäre unter Bezugnahme auf den festgestellten abgeführten Überschuß festzusetzen." Vgl. EUROPA-ARCHIV 1975, D 172–175.
17 Dazu notierte Vortragender Legationsrat I. Klasse Jelonek am 4. Februar 1975, daß Staatspräsident Giscard d'Estaing und Bundeskanzler Schmidt die Einsetzung einer vierköpfigen deutsch-französischen Arbeitsgruppe aus je einem Vertreter der jeweiligen Außen- bzw. Finanzministerien zur Prüfung der Vorschläge der EG-Kommission und zur Erarbeitung einer gemeinsamen Position zum Korrekturmechanismus im Bereich der Eigeneinnahmen der Europäischen Gemeinschaften vereinbart hätten: „Die Gruppe soll vertraulich tagen, wobei, falls etwas nach außen durchsickern sollte, von einer ‚Abstimmung des Zahlenwerkes' gesprochen werden soll." Der französische Außenminister Sauvagnargues habe bereits angekündigt, daß Frankreich bei den Beratungen im Ausschuß der Ständigen Vertreter fordern werde: „eine zeitliche Begrenzung (nur sieben Jahre), ein degressives Verfahren (fortschreitenden Abbau der Ausgleichssätze), Anhebung der Plafonds (Beschränkung der Finanzlasten)." Vgl. Referat 202, Bd. 111198.
18 Zur Tagung des Europäischen Rats am 10./11. März 1975 vgl. Dok. 49.
19 Christian Bonnet und Josef Ertl.
20 Zu den EG-Agrarpreisverhandlungen vgl. Dok. 15, Anm. 16 und 17.
21 Zu den Gesprächen des Bundesministers Ertl mit dem französischen Landwirtschaftsminister Bonnet vermerkte Vortragender Legationsrat I. Klasse Loeck, Bundeskanzleramt, am 3. Februar 1975: „Frankreich fordert weiterhin, insbesondere bei tierischer Produktion, höhere Preise als wir. Eine Überbrückung durch differenzierte Preisanhebung sei bei tierischen Produkten äußerst schwierig, in der Endrunde jedoch möglicherweise nicht ausgeschlossen." Ferner bestehe Frankreich „auf Erzeugerbeihilfen, insbesondere der Kuhprämie, die zu 100% gemeinschaftlich finanziert werden soll". Dies würde aber dazu führen, daß der EG-Nachtragshaushalt erheblich über den Vorstellungen der Bundesregierung liegen müsse. Das Bergbauernprogramm wolle die Bundesrepublik zu 25% aus Gemeinschaftsmitteln finanzieren, Frankreich zu 50%. Vgl. Helmut-Schmidt-Archiv, 1/HSAA 006647.
22 Ministerialdirigent Bömcke, Brüssel (EG), teilte am 13. Februar 1975 mit, daß die EG-Ratstagung auf der Ebene der Landwirtschaftsminister vom 10. bis 13. Februar 1975 „in einer großen Kraftanstrengung" einen Kompromiß über die Agrarpreise für 1975/76 erzielt habe: „Wichtigstes Element des Preisbeschlusses ist differenzierter Anhebungssatz für die einzelnen Mitgliedstaaten, um stark

Die Gespräche und Verhandlungen mit Frankreich, den übrigen Mitgliedsländern und mit der Kommission werden auf bilateraler und multilateraler Ebene (Agrarrat vom 10./11.2.) fortgesetzt.

c) Zur Problematik der EG-Rechnungseinheit bestand Übereinstimmung, daß gegenwärtiger Zustand (18 verschiedene Einheiten) unbefriedigend und Vereinheitlichung erstrebenswert sei. Angestrebt wird Einführung einer an europäischen Währungskorb gebundenen Rechnungseinheit.

d) Erörterung der Vorbereitung Treffens europäischer Regierungschefs in Dublin am 10./11. März führte zu Einvernehmen in einigen Punkten (Beschränkung der TO auf wesentliche Themen, kleiner Teilnehmerkreis, Anwesenheit des Kommissionspräsidenten[23] und des Generalsekretärs des Rates[24]).

Franzosen neigen zu einer Orientierung an Modell des letzten Pariser Treffens[25] (Stil von Kabinettssitzungen). Deutsche Seite bevorzugt Modell der vertraulichen Ratssitzungen und wünscht, Zusammensetzung des Teilnehmerkreises den EG- oder EPZ-Erfordernissen flexibel anpassen zu können.

4) Europäisch-Arabischer Dialog

Gespräche der Außenminister ergaben Übereinstimmung über große Bedeutung Dialogs mit arabischen Staaten. BM erläuterte, daß keine Unterbrechung Dialogs in Frage komme, da dieser stabilisierende Wirkung für Nahost-Region besitze. Beide Minister waren sich einig, daß amerikanische Bedenken gegen französische Kompromißformel (Expertengespräche ohne offiziell designierte PLO-Vertreter)[26] ausgeräumt werden müßten. Sachverständigentreffen verhindert nach gemeinsamer Auffassung Politisierung Dialogs und damit Besorgnisse Kissingers.[27]

5) Nahost

AM Sauvagnargues unterrichtete über Sadat-Besuch 27./28. Januar in Paris, den er als „positiven Faktor" im Verhältnis Kairos zu Europa und für Gesamtentwicklung im Nahen Osten wertete. Er traf im einzelnen folgende Feststellungen:

Fortsetzung Fußnote von Seite 127

voneinander abweichende Kostenentwicklung innerhalb der EG in gewissem Rahmen Rechnung tragen zu können." Einige Delegationen hätten jedoch deutlich gemacht, „daß bei einem weiteren Auseinanderstreben der Inflationsraten in den Mitgliedstaaten im kommenden Jahr eine gemeinsame Basis kaum zu finden sein wird. Es müsse daher mit allem Nachdruck auf eine Harmonisierung der nationalen Wirtschafts- und Währungspolitiken hingearbeitet werden, um gemeinsamen Agrarmarkt zu erhalten." Vgl. den Drahtbericht Nr. 502; Referat 411, Bd. 530.

[23] François-Xavier Ortoli.

[24] Nicholas Hommel.

[25] Zur Gipfelkonferenz der EG-Mitgliedstaaten am 9./10. Dezember 1974 vgl. AAPD 1974, II, Dok. 369. Zu den dort gefaßten Beschlüssen hinsichtlich einer Zusammenkunft der Staats- und Regierungschefs als Europäischer Rat vgl. Dok. 15, Anm. 5.

[26] Zum französischen Vorschlag für den Europäisch-Arabischen Dialog vgl. Dok. 6.

[27] Am 3. Februar 1975 berichtete Botschafter von Staden, Washington, er habe den amerikanischen Außenminister „über den letzten Stand im Europäisch-Arabischen Dialog" unterrichtet: „Kissinger äußerte sich ausgesprochen abschätzig über den Dialog. Er warf die Frage auf, was ein nichtregierungsamtlicher arabischer Experte überhaupt sein solle, und brachte starke Zweifel darüber zum Ausdruck, daß es beim nichtgouvernementalen Charakter der Delegationen bleiben werde. (That will last two weeks, then it will be a governmental delegation.)" Vgl. den Drahtbericht Nr. 279; VS-Bd. 9959 (204); B 150, Aktenkopien 1975.

– Ägyptische Zustimmung zu Passus Abschlußkommuniqué über anerkannte, gesicherte und garantierte Grenzen aller Staaten der Region sei bemerkenswert.[28] Diese werde damit erstmals in bilaterales Dokument aufgenommen.

– Sadat beurteilte Friedenschancen jetzt optimistischer (zweites Disengagement[29] sei praktisch schon Gewißheit – „quasi certitude"). Ägypter erwarteten Vereinbarung Disengagements innerhalb von drei Monaten, sie würden nach dieser Frist auch ohne Disengagement nach Genf[30] gehen. Vertrauliche Kontakte zwischen Ägypten und SU sähen Beteiligung der PLO in späterer Phase Genfer Konferenz vor, Vereinbarung darüber solle bereits bei Konferenzbeginn getroffen werden.

– Frankreich wolle Beeinträchtigung der Friedensbemühungen Kissingers vermeiden. Gegenüber ägyptischem Drängen (Frankreichs Beteiligung an Genfer Konferenz im Kommuniqué festzuschreiben), hätten Franzosen darauf hingewiesen, daß es für Frankreich oder Westeuropa zu früh sei, im arabisch-israelischen Kontext besondere Rolle zu übernehmen. Allerdings könnten Paris und wohl Europa später Beitrag zur Garantie der Grenzen leisten.

Anschließende Diskussion ergab deutsch-französisches Einverständnis, daß baldige Erarbeitung europäischer Position zur Garantiefrage notwendig sei. Voraussichtlich wird EPZ-Expertengruppe am 13.2. Auftrag zur Fortsetzung entsprechender Studie erhalten.[31] Sauvagnargues betonte, kein Staat dürfe a priori von Beteiligung an Garantieerklärung und Entsendung von Kontingenten ausgeschlossen werden. Auch Europa sei dazu berufen.

Sauvagnargues erläuterte Präsident Giscards Äußerungen zum Recht der Palästinenser auf ein „Vaterland".[32] Nach Auffassung des Präsidenten müßten

---

28 Im Kommuniqué über den Besuch des Präsidenten Sadat vom 27. bis 29. Januar 1975 in Frankreich wurde zu einer Friedensregelung im Nahen Osten ausgeführt: „Celui-ci, pour être juste et durable, devra répondre à trois conditions fondamentales: l'évacuation des territoires occupés en 1967, la prise en considération du droit du peuple palestinien à disposer d'une patrie, la reconnaissance du droit de tous les Etats de la région à vivre en paix à l'intérieur de frontières sûres, reconnues et garanties." Vgl. LA POLITIQUE ÉTRANGÈRE 1975, I, S. 66.

29 Am 18. Januar 1974 unterzeichneten Israel und Ägypten am Kilometerstein 101 der Straße von Kairo nach Suez eine erste Vereinbarung über Truppenentflechtung. Sie sah außer einem Waffenstillstand den Rückzug der beiderseitigen Truppen auf bestimmte Linien und die Einrichtung einer Entflechtungszone vor, in der UNO-Friedenstruppen stationiert werden sollten. Für den deutschen Wortlaut vgl. EUROPA-ARCHIV 1974, D 327 f.

30 Am 21. Dezember 1973 wurde in Genf die Friedenskonferenz für den Nahen Osten auf Außenministerebene eröffnet, an der unter dem gemeinsamen Vorsitz der USA und der UdSSR Ägypten, Israel und Jordanien sowie UNO-Generalsekretär Waldheim teilnahmen. Die Konferenz beschloß eine Fortsetzung der Verhandlungen auf Botschafterebene. Außerdem wurde die Bildung militärischer Arbeitsgruppen beschlossen, die über ein Auseinanderrücken der israelischen und ägyptischen Streitkräfte am Suez-Kanal verhandeln sollten. Vgl. dazu den Artikel „Nahost-Konferenz beschließt Militärgespräche in Genf"; DIE WELT vom 24./25. Dezember 1973, S. 1.
Die Verhandlungen der militärischen Arbeitsgruppen wurden am 9. Januar 1974 unterbrochen. Vgl. dazu den Artikel „Mideast Talks Recessed for Consultations"; INTERNATIONAL HERALD TRIBUNE vom 10. Januar 1974, S. 1 f.

31 Zum Auftrag der Konferenz der Außenminister der EG-Mitgliedstaaten im Rahmen der EPZ an die Europäische Koordinierungsgruppe, ein Informationspapier zum Europäisch-Arabischen Dialog zu erstellen, vgl. Dok. 27, besonders Anm. 13.

32 Anläßlich des Besuchs des Präsidenten Sadat in Frankreich führte Staatspräsident Giscard d'Estaing am 27. Januar 1975 in einer Tischrede aus, daß nach französischer Auffassung eine Friedensregelung im Nahen Osten möglich sei, „à partir du moment où l'on accepte de voir tel quel ce qu'exigent la dignité et les droits des parties en cause: le droit des pays arabes à recouvrer leur intégrité terri-

die Palästinenser später ein Territorium (wohl Cisjordanien) erhalten, um dort ihr Selbstbestimmungsrecht ausüben zu können.

6) Perspektiven der Entspannungspolitik

BM unterrichtete über Gespräch mit Botschafter Falin (Entspannungspolitik nicht an Personen gebunden. Breschnew hatte Zustimmung Politbüros).[33] AM Sauvagnargues stimmte mit BM überein, daß Fortsetzung der Entspannungspolitik auch im sowjetischen Interesse liege. Es sei Aufgabe des Westens – im Hinblick auf zu erwartende Fortsetzung der ideologischen Auseinandersetzung (Konferenz der europäischen KP'en)[34] – sich durch neue Planungen auf Zeit nach Abschluß der KSZE einzustellen (öffentliche Präsentation westlichen Entspannungskonzepts).

a) Behandlung aktueller Probleme ergab Übereinstimmung, daß zweite Phase nicht auf Ministerebene abgeschlossen werden solle. Die gemeinsame Position zum Niveau der Schlußphase solle beibehalten werden (abhängig vom Ergebnis zweiter Phase).[35] Bei Erörterung der Frage der Konferenzfolgen stimmte französische Seite BM zu, der dänischen Vorschlag[36] als unsere Maximalposition bezeichnete (evtl. Reduzierung Interimsperiode auf zwei Jahre, falls sich KSZE-Abschluß noch verzögere).

b) BM unterstrich Bedeutung, die wir Durchsetzung der von Amerikanern eingeführten Formel zum „peaceful change"[37] und Fortschritten bei CBMs beimessen. BM erläuterte unsere Position. CBMs seien weniger militärisch als sicherheitspolitisch wichtig, da ihre Ausdehnung auf alle europäischen Staaten Diskriminierung deutschen Raums (unterschiedlicher sicherheitspolitischer Sta-

---

Fortsetzung Fußnote von Seite 129

toriale par l'évacuation des territoires occupés, le droit du peuple palestinien à disposer comme les autres peuples du monde, d'une patrie, le droit d'Israël à vivre, comme tous Etats de la région, dans des frontières sûres, reconnues et, j'ajoute, efficacement garanties." Vgl. LA POLITIQUE ETRANGÈRE 1975, I, S. 61.

[33] Über das Gespräch des Bundesministers Genscher mit dem sowjetischen Botschafter Falin vermerkte Vortragender Legationsrat Hölscher am 3. Februar 1975: „Der Bundesminister hatte bis Freitag seinen Vermerk über das Gespräch am 28.1. noch nicht abdiktiert". Am 20. Februar 1975 notierte Hölscher dazu handschriftlich: „Bis heute hat der Herr Minister den Vermerk über sein Gespräch noch nicht diktiert." Vgl. Referat 421, Bd. 117699.
Zu dem die Lieferung eines Kernkraftwerks an die UdSSR betreffenden Teil des Gesprächs vgl. Dok. 9, Anm. 25.

[34] Im Kommuniqué des Konsultativtreffens der kommunistischen und Arbeiterparteien Europas vom 16. bis 18. Oktober 1974 in Warschau wurde ausgeführt: „Nach einem ausführlichen und brüderlichen Meinungsaustausch, an dem sich alle auf dem Treffen vertretenen Parteien beteiligten, wurde Übereinstimmung erzielt, daß es notwendig und zweckmäßig ist, eine Konferenz der kommunistischen und Arbeiterparteien Europas vorzubereiten und einzuberufen. Es wurde der Wunsch geäußert, daß die Konferenz nicht später als Mitte 1975 stattfindet." Vgl. NEUES DEUTSCHLAND vom 19. Oktober 1974, S. 1.
Vom 19. bis 21. Dezember 1974 fand in Budapest ein Vorbereitungstreffen statt, bei dem die Einsetzung einer „Redaktionskommission zur Koordinierung der Auffassungen" beschlossen wurde. Vgl. EUROPA-ARCHIV 1975, Z 18.

[35] Der Ständige NATO-Rat beschloß am 14. März 1974, dem Beschluß des Politischen Komitees im Rahmen der EPZ vom 6. Februar 1974 zu folgen, daß die Entscheidungen über die Ebene der KSZE-Schlußkonferenz erst auf der Grundlage der Ergebnisse der zweiten Phase der KSZE getroffen werden könnten. Vgl. dazu AAPD 1974, I, Dok. 95.
Zur französischen Haltung dazu vgl. auch Dok. 20, Anm. 28.

[36] Zum dänischen Vorschlag vom 26. April 1974 zu den Konferenzfolgen vgl. Dok. 13, Anm. 23.

[37] Zu den bei der KSZE in Genf vorliegenden Formulierungsvorschlägen zu friedlichen Grenzänderungen („peaceful change") und zur Unterbringung in der Prinzipienerklärung vgl. Dok. 18.

7. Februar 1975: Runderlaß von Dohms 23

tus) verhindere. Sie seien als KSZE-Element auch wichtig, um sie im Rahmen von MBFR weiterbehandeln zu können. AM Sauvagnargues bekundete zwar grundsätzlich französische Unterstützung für unsere Anliegen. Zu CBMs habe Frankreich jedoch weiterhin Bedenken, weil eben ihr militärpolitischer Wert praktisch keine Bedeutung habe.

8) Lage in Portugal[38]

Außenminister führten Meinungsaustausch über Entwicklung in Portugal. (Druck der KP mit Ziel der Hinausschiebung freier Wahlen).[39] Beide Minister erwarten, daß bilaterale Kontakte zu dieser Frage im westlichen Kreis fortgesetzt werden.

9) VN

Gedankenaustausch der Außenminister zur letzten VN-Generalversammlung[40] ergab Übereinstimmung, Thema VN am 13. Februar auf EPZ-Ministerebene[41] zu besprechen.

10) Rüstungsexport

Französische Seite erläuterte Probleme in deutsch-französischer Rüstungszusammenarbeit (deutsche Zurückhaltung beim französische Export von Waffensystemen aus Gemeinschaftsproduktion).[42] AM Sauvagnargues verwies auf Fall

---

[38] Am 25. April 1974 stürzte das portugiesische Militär unter Führung des früheren stellvertretenden Generalstabschefs de Spinola die Regierung unter Ministerpräsident Caetano und ersetzte sie durch eine von der „Bewegung der Streitkräfte" getragene Militärjunta, die „Junta der Nationalen Errettung". Vgl. dazu AAPD 1974, I, Dok. 136.
Im Verlauf des Jahres 1974 kam es mehrfach zu Regierungskrisen, in deren Folge de Spinola am 28. September 1974 als Präsident der „Junta der Nationalen Errettung" und damit als Präsident der Republik zurücktrat. Am 7. Februar 1975 gab Botschafter Caspari, Lissabon, die Einschätzung: „Neun Monate nach dem Umsturz bietet Portugal ein etwas verwirrendes Bild. Wenn auch die ‚Bewegung der Streitkräfte' der ausschlaggebende Machtfaktor ist, so sind doch die Kompetenzen und Gewichte innerhalb und außerhalb ihrer so unterschiedlich verteilt, daß nur schwer festzustellen ist, wessen Wort letztlich den Ausschlag bei politischen Entscheidungen gibt. [...] Die Wahlen zur Verfassunggebenden Nationalversammlung, die für April 1975 bevorstehen, werden zwar eine Art Test für die Stärke der politischen Parteien sein, besagen aber noch nicht, daß damit klare politische Verhältnisse geschaffen werden. Es gibt in der ‚Bewegung der Streitkräfte' starke Tendenzen, sich institutionalisieren, was ihr auf lange Zeit die Kontrolle des politischen Geschehens ermöglichen würde. Damit dürfte die Wirksamkeit der demokratischen Willensbildung stark eingeschränkt sein. Die unausgetragenen ideologischen und machtpolitischen Konflikte, die innerhalb der ‚Bewegung der Streitkräfte' vorhanden sind, würden, wenn sie nicht bereinigt werden, fortgeschleppt und dürften sich merkbar auf den zivilen Bereich auswirken." Vgl. den Schriftbericht Nr. 192; Referat 203, Bd. 110242.
[39] Am 27. Januar 1975 vermerkte Vortragender Legationsrat I. Klasse Munz, die Lage in Portugal habe sich „in den letzten Monaten und Wochen nicht konsolidiert, sie ist insgesamt labiler geworden. [...] Portugal ist wenige Wochen vor den in Aussicht gestellten Wahlen zur verfassunggebenden Nationalversammlung am Scheideweg zwischen pluralistischer, freiheitlicher, parlamentarischer Demokratie oder einem sozialrevolutionären Militärregime gestützt auf die Kommunisten und die von ihnen beherrschten Gewerkschaften (Intersindical). Für die pluralistische Demokratie treten die Regierungsparteien PSP und PPD sowie die außerhalb der Regierung rechts der Mitte stehende Centro Democratico Social (CDS) ein." Alle drei Parteien würden bei Wahlen nach Meinungsumfragen wohl einen höheren Stimmanteil erreichen als die Kommunistische Partei: „Daher das Interesse der Kommunisten, es am besten gar nicht erst zu den für März oder April angekündigten Wahlen kommen zu lassen." Vgl. Referat 203, Bd. 110213.
[40] Die XXIX. UNO-Generalversammlung fand vom 17. September bis 19. Dezember 1974 statt.
[41] Zur Konferenz der Außenminister der EG-Mitgliedstaaten im Rahmen der EPZ in Dublin vgl. Dok. 27.
[42] Zur Haltung der Bundesregierung gegenüber Exporten aus deutsch-französischer Rüstungskooperation vgl. Dok. 17.

131

Irak und zitierte in diesem Zusammenhang Äußerungen des Schahs[43] gegenüber PM Chirac[44], daß französische Lieferungen nach dort angesichts jetzigen sowjetischen Waffenmonopols begrüßenswert wären.[45] BM erwiderte, daß wir diese Fragen zur Zeit interministeriell prüften und um Klärung bemüht seien.

11) Weltraum

Industrie- und Wissenschaftsminister waren sich einig, daß für Verabschiedung der Konvention für neue Weltraumorganisation ESA[46] keine grundsätzlichen Schwierigkeiten mehr bestehen. Die Minister stimmten ferner im Prinzip überein, daß zweites Flugmodell des Fernmeldesatelliten Symphonie im August gestartet werden soll.[47]

12) Verteidigungsfragen

a) Verteidigungsminister sprachen über Frage der Instandhaltung französischer Kasernen in Deutschland.[48] BM Leber verwies auf Zuständigkeit des BMF. Er werde aber Rechtslage erneut überprüfen lassen.

b) Zur Sicherheitsproblematik im Mittelmeer/Nahost-Raum erläuterte französische Seite, es gehe ihr in dieser Region darum, politischen Einfluß (auch im Interesse Europas) zu gewinnen, mit dem Ziel, rüstungspolitisches Übergewicht (der SU) zu verhindern.

13) Bevollmächtigter für kulturelle Angelegenheiten[49] und französischer Erziehungsminister[50] behandelten Intensivierung französischen Sprachunterrichts an deutschen Schulen (französisches Petitum) sowie Projekte gemeinsamer Berufsausbildung.

---

[43] Mohammed Reza Pahlevi.
[44] Ministerpräsident Chirac hielt sich vom 21. bis 23. Dezember 1974 im Iran auf.
[45] Über die Ausführungen des französischen Außenministers Sauvagnargues gegenüber Bundesminister Genscher am 4. Februar 1975 in Paris teilte Ministerialdirektor van Well der Botschaft in Paris am 20. Februar 1975 mit: „Probleme der deutsch-französischen Rüstungszusammenarbeit ergäben sich daraus, daß Frankreich, im Nahen Osten jedenfalls, Rüstungslieferungen von Fall zu Fall und unter dem Kriterium entscheide, daß das militärische Gleichgewicht nicht gestört werden solle, während in Bonn eine sehr viel striktere Politik verfolgt werde. Wegen des Irak gäbe es jetzt Probleme, weil Milliarden Anzahlungen bereits in Paris lägen. Außerdem habe der Schah von Persien gegenüber Chirac sich für die französischen Lieferungen nach dem Irak ausgesprochen, weil nur so verhindert werden könne, daß es dort ein sowjetisches Waffenmonopol gebe." Vgl. den Drahterlaß Nr. 169; Referat 202, Bd. 109198.
[46] Das Übereinkommen zur Gründung einer Europäischen Weltraumorganisation wurde am 30. Mai 1975 in Paris unterzeichnet. Für den Wortlaut vgl. BUNDESGESETZBLATT 1976, Teil II, S. 1862–1904.
[47] Der erste gemeinsame deutsch-französische Fernmelde-Satellit „Symphonie" startete am 19. Dezember 1974. Er wurde am 22. Januar 1975 offiziell eingeweiht. Für das aus diesem Anlaß geführte Fernsehgespräch des Staatspräsidenten Giscard d'Estaing mit Bundeskanzler Schmidt vgl. BULLETIN 1975, S. 65 f.
Am 20. Februar 1975 gab das Bundesministerium für Forschung und Technologie als Starttermin für den zweiten deutsch-französischen Fernsehsatelliten „Symphonie B" den 21. August 1975 bekannt. Vgl. dazu BULLETIN 1975, S. 216.
[48] Vortragender Legationsrat I. Klasse Loeck, Bundeskanzleramt, vermerkte am 3. Februar 1975 dazu, der französische Verteidigungsminister Bourges habe im Gespräch mit Bundesminister Leber die Auffassung vertreten, „daß gemäß Abkommen von 1959 die äußere Instandhaltung dem Gastland obliege, während die Stationierungsmacht für die innere Instandhaltung verantwortlich sei. Falls die deutsche Seite ihrer Verpflichtung nicht nachkomme, könne Frankreich sich gezwungen sehen, seine Truppen abzuziehen." Vgl. Helmut-Schmidt-Archiv, 1/HSAA 006647.
[49] Klaus Schütz.
[50] René Haby.

14) Koordinatoren[51] erzielten Einvernehmen, daß Austausch aktiver Beamter künftig auch Arbeitspraktika in den Verwaltungen umfassen soll. Arbeitsprogramm deutsch-französischen Jugendwerks müsse noch effektiver gestaltet werden.

15) Regierungssprecher[52] stellten übereinstimmend fest, daß Bild des Partnerlandes im Fernsehen in letzter Zeit an Objektivität gewonnen habe.

Wertung

Ergebnis des Gipfeltreffens unterstreicht verstärktes Bemühen beider Regierungen, schwerwiegenden Auswirkungen der Energiepreiserhöhung auf Westeuropa durch geschlossene Haltung und durch aktives gemeinsames Handeln zu begegnen. Konsultationen erbrachten „völlige Übereinstimmung" (Präsident Giscard) in bezug auf zentrales Problem vorbereitender Energiekonferenz sowie Annäherung der Standpunkte in wichtiger Frage britischer Mitgliedschaft. Weitgehendes deutsch-französisches Einvernehmen in anderen wichtigen Fragen (europäische Gipfeltreffen, Entspannungspolitik, VN, grundsätzlich auch bei EAD) wird anschließende Behandlung im Neuner-Rahmen (EPZ-Minister 13.2., Regierungschefs 10./11.3.) erleichtern.

Erfolgreiche deutsch-französische Bemühungen zur Erarbeitung gemeinsamer Standpunkte erweisen sich damit – auch angesichts schwieriger Lage anderer europäischer Länder (Großbritannien, Italien) – in verstärktem Maße als wichtiges Element europäischer Stabilität.

Dohms[53]

Referat 240, Bd. 102879

---

[51] Pierre Lapie und Carlo Schmid.
[52] André Rossi und Armin Grünewald.
[53] Paraphe.

24

Gesandter Boss, Brüssel (NATO), an das Auswärtige Amt

114-10642/75 VS-vertraulich Aufgabe: 11. Februar 1975, 18.00 Uhr[1]
Fernschreiben Nr. 188 Ankunft: 11. Februar 1975, 20.20 Uhr

Betr.: KSZE
 hier: Konsultationen im NATO-Rahmen

Zur Unterrichtung

I. Am 7. Februar 1975 fand im NATO-Rat eine weitere Konsultation über die KSZE mit Delegationsleitern aus Genf[2] statt.[3] Das Ergebnis läßt sich wie folgt zusammenfassen:

1) Die Diskussion konzentrierte sich vornehmlich auf folgende Fragen:
– Überblick über den derzeitigen Verhandlungsstand in Genf,
– Verhandlungstaktik bei CBM,
– Zeitpunkt des Abschlusses der zweiten Phase und Natur der Schlußdokumente,
– Konferenzfolgen.

2) Es herrschte weitgehende Übereinstimmung, daß man in der derzeitigen Verhandlungsphase der KSZE den harten Kern der Probleme erreicht habe. Der Verhandlungsfluß sei zäh und habe sich gegenüber der Zeit vor der Weihnachtspause erheblich verlangsamt.

3) Dennoch sahen die Mehrzahl der Sprecher dem Fortgang der Verhandlungen in Genf mit „cautious" bzw. „qualified optimism" entgegen, da sich der Zusammenhalt des Westens und die Abstimmung mit den Neutralen weiterhin bewähre.

Anlaß zu dieser vorsichtig-optimistischen Gesamteinschätzung war ferner die übereinstimmende Ansicht aller Sprecher, daß die Sowjetunion offenbar gewillt ist, ihre in der Kündigung des sowjetisch-amerikanischen Handelsvertrages[4] zum Ausdruck gekommene Verärgerung nicht auf die KSZE durchschlagen zu lassen. Die sowjetische Haltung wurde von mehreren Sprechern als „business as usual" qualifiziert. Sowjetische Gesprächspartner hätten mehrfach ihr unvermindertes Interesse an einem erfolgreichen Abschluß der KSZE hervorgehoben.

---

[1] Ablichtung.
 Hat Vortragendem Legationsrat Gehl am 12. Februar 1975 vorgelegen.
[2] Eine erste Konsultation im Ständigen NATO-Rat mit den Delegationsleitern bei der KSZE in Genf fand am 3. Dezember 1974 in Brüssel statt. Vgl. dazu AAPD 1974, II, Dok. 351.
[3] Zur Sitzung des Ständigen NATO-Rats mit den Delegationsleitern bei der KSZE in Genf am 7. Februar 1975 in Brüssel vgl. auch DBPO III/II, S. 376–378.
[4] Für den Wortlaut des Handelsabkommens vom 18. Oktober 1972 zwischen der UdSSR und den USA sowie der Anhänge und Briefwechsel vgl. DEPARTMENT OF STATE BULLETIN, Bd. 67 (1972), S. 595–603.
 Zur Mitteilung der sowjetischen Regierung vom 10. Januar 1975, daß sie das Handelsabkommen nicht in Kraft setzen werde, vgl. Dok. 2, Anm. 12.

4) Alle Sprecher brachten ihre Enttäuschung über die nach wie vor kompromißlose Haltung der Sowjetunion bezüglich wichtiger Fragen in Korb I und III zum Ausdruck. Bei der Prinzipienerklärung stagnieren die Verhandlungen, insbesondere bei den vertrauensbildenden Maßnahmen seien keinerlei Fortschritte feststellbar.

5) Die große Bedeutung der vertrauensbildenden Maßnahmen für einen befriedigenden Abschluß der KSZE wurde von allen Sprechern betont. Es herrschte weitgehend Übereinstimmung, der sowjetischen Seite zu verstehen zu geben, daß eine Blockierung bei CBM eine Verzögerung der Verhandlungen nach sich ziehen könnte. Mehrere Sprecher schlossen sich der Haltung der Neun an und erklärten, daß man sich nicht darauf einlassen dürfe, CBM erst in der Schlußphase zu verhandeln.[5]

6) Abschluß der zweiten Phase

Mehrere Sprecher lehnten jede Festlegung eines Zeitpunktes ab, um nicht in Genf unter Zeitdruck zu geraten. Mitte 1975 wurde mehrfach als mögliches Datum genannt.

7) Rechtsnatur der Dokumente

Hierzu betonten vor allem der amerikanische und deutsche Sprecher, daß die Ergebnisse der Konferenz vor allem politisch-moralische und nicht rechtlich bindende Absprachen sein würden.[6]

8) Es herrschte Übereinstimmung, daß eine Konkretisierung der bisherigen Diskussion über die Konferenzfolgen vordringlich sei. Die Mehrheit der Sprecher befürwortete grundsätzlich eine Fortsetzung des multilateralen Dialogs zwischen Ost und West auf der Basis des dänischen Papiers.[7] Engländer und Norweger plädierten für den frühen Zusammentritt einer Überprüfungskonferenz.

---

[5] Am 27. Januar 1975 teilte Ministerialdirektor van Well über die Beratungen des Politischen Komitees im Rahmen der EPZ zur KSZE am 23. Januar 1975 in Dublin mit, daß sich bei den vertrauensbildenden Maßnahmen die Auffassung der Bundesregierung durchgesetzt habe, „daß Verhandlungen, die seit dem letzten Frühjahr stagnieren, nicht so weit hinausgezögert werden dürfen, daß sie in den ‚Schlußhandel' geraten, und daß das wesentliche Kriterium ihre Anwendung auf ganz Europa ist; gewisse Ausnahmen könnten für die Sowjetunion und die Türkei gemacht werden, die außereuropäische Grenzen haben, andere Sonderzonen sollen nicht geschaffen werden". Vgl. den Runderlaß Nr. 294; Referat 212, Bd. 100020.

[6] Am 28. Januar 1975 nahm Ministerialdirigent Meyer-Landrut Stellung zu einem amerikanischen Vorschlag hinsichtlich des Charakters der KSZE-Beschlüsse. Die Bundesregierung halte an ihrer Auffassung fest: „Nach Willen der westlichen Teilnehmerstaaten soll es sich bei Empfehlungen, Resolutionen, Deklarationen sowie sonstigen Schlußdokumenten, die in gegenwärtiger Konferenzphase redigiert und in dritter Phase verabschiedet werden sollen, um politisch-moralische Absichtserklärungen handeln. Schlußdokumente sind daher nicht darauf angelegt, neues regionales Völkerrecht zu schaffen." Was den amerikanischen Wunsch nach einem „qualifizierten Satz" dazu angehe, hätte die Bundesregierung „an und für sich nichts gegen eine generelle Feststellung des Inhalts, daß alle KSZE-Beschlüsse politisch-moralische Absichtserklärungen sind. Wir halten einen solchen Satz aber nicht für durchsetzbar. Ganz gefährlich erschiene es uns, einen solchen Satz nur auf die Körbe II und III zu beschränken. Dadurch würden diese beiden Körbe abgewertet und Korb I aufgewertet; es könnte mit einigem Recht der Umkehrschluß gezogen werden, daß Korb I mehr ist als eine politisch-moralische Absichtserklärung." Vgl. den Drahterlaß Nr. 300 an die KSZE-Delegation in Genf; VS-Bd. 10200 (212); B 150, Aktenkopien 1975.

[7] Zum dänischen Vorschlag vom 26. April 1974 zu den Konferenzfolgen vgl. Dok. 13, Anm. 23.

9) Der Konsultationsmechanismus im Bereich der KSZE, insbesondere die Abstimmung zwischen den Neun und den Fünfzehn, wurde allgemein gelobt. Mehrere Sprecher begrüßten die Unterrichtung über die Beschlüsse des PK in Dublin.[8]

Eine weitere Konsultation im NATO-Rat wurde für den Zeitraum nach Ostern[9] vorgeschlagen.

10) Der stellvertretende Generalsekretär[10] dankte allen Delegationsleitern und stellte einen weitgehenden Konsens der Bündnispartner in den wichtigsten Fragen fest. Er regte eine weitere Konsultation nach Ostern an und begrüßte die Anregung, die westliche CBM-Position im Politischen Komitee weiter zu erörtern.

II. Im einzelnen ist folgendes festzuhalten:

Der italienische Sprecher erläuterte im Namen der Neun das Ergebnis der Sitzung des PK in Dublin und gab einen kurzen Überblick über den Stand der Konferenz.

Der norwegische Sprecher führte aus, daß sich die Ansichten seiner Regierung weitgehend mit den in Dublin formulierten Positionen der Neun decke. Er betonte die große Bedeutung, welche die öffentliche Meinung Norwegens den CBM (besonders den Ankündigungen auch kleiner Manöver) beimesse, und forderte nachdrücklich Festigkeit der westlichen Verhandlungsposition. Der sowjetischen Seite solle, ggf. über die Delegationsleiter, deutlich gemacht werden, daß ohne Fortschritt in CBM kein Fortschritt auf anderen Gebieten zu erwarten sei.

Im Bereich Konferenzfolgen forderte der norwegische Sprecher mehr Aufgeschlossenheit des Westens und eine weniger defensive Haltung. Seine Regierung schätze die Gefahren, die sich aus einer intensiven Fortsetzung des multilateralen Dialogs für den Westen ergeben könnten, nicht hoch ein. Er befürwortete den dänischen Vorschlag, jedoch mit der Anregung, daß ein erstes Überprüfungstreffen von Beamten bereits nach einem Jahr einberufen werden sollte.

Der kanadische Sprecher, der im übrigen weitgehend Neuner-Positionen unterstützte, nannte als möglichen Termin für Abschluß der Phase II den Sommeranfang, der jedoch nur dann eingehalten werden könne, wenn befriedigende Ergebnisse erzielt worden seien.

Der harten Haltung der anderen Seite auch bei CBM dürfe nicht nachgegeben werden. Sollte es hier keine Fortschritte geben, werde Kanada gegebenenfalls neue Überlegungen vortragen.[11] Er befürwortete die Fortsetzung der multila-

---

[8] Das Politische Komitee im Rahmen der EPZ tagte am 23./24. Januar 1975 in Dublin und befaßte sich am ersten Tag mit der KSZE. Zu den Beschlüssen vgl. Anm. 15. Vgl. außerdem Dok. 13, Anm. 24, und Dok. 18, Anm. 22.
[9] 30./31. März 1975.
[10] Paolo Pansa Cedronio.
[11] Botschafter Blech, Genf (KSZE-Delegation), berichtete am 5. Februar 1975 über „neue kanadische Vorstellungen zur Fortentwicklung der NATO-Position zur Manövervorankündigung", die zunächst außer der Bundesrepublik nur den USA, Großbritannien und den Niederlanden mitgeteilt worden seien: „Die neue Konzeption beruht auf dem Gedanken eines differenzierten Ankündigungssystems, in dem jeweils unterschiedliche Werte der einzelnen Parameter einer bestimmten Kategorie von Manövern zugeordnet werden; die Kategorien sind nach der Größenordnung der Manöver festgelegt: Armeecorps und darüber, verstärkte Division, eine Division." Die Ankündigungsfrist richte

teralen Kontakte auf der Grundlage des dänischen Papiers, lehnte bürokratische Strukturen nach sowjetischen Vorstellungen[12] jedoch ab.

Der portugiesische Sprecher unterstützte weitgehend die Positionen der Neun und begrüßte die Überlegungen der Norweger und Engländer zu den Konferenzfolgen.

Bei Korb II brachte der portugiesische Sprecher das besondere Interesse seiner Regierung zur Formel über Entwicklungsländer in Europa zum Ausdruck und befürwortete die von der Türkei eingebrachte erste Formel[13].

Der türkische Sprecher betonte ebenfalls die Übereinstimmung seiner Regierung mit den Positionen der Neun, wobei er insbesondere den „peaceful change", die Gleichwertigkeit der Prinzipien und die CBMs erwähnte. Er schlug vor, im Rahmen der Fünfzehn etwa notwendig werdende Modifikationen der Haltung zu den Konferenzfolgen bald zu prüfen.

Der holländische Sprecher stellte die Notwendigkeit eines Fortschritts bei den CBM für einen erfolgreichen Abschluß der KSZE in den Mittelpunkt seiner Überlegungen. Er betonte nachdrücklich ihren politischen Wert und regte an, einen neuen Anlauf zur Überwindung der derzeitigen Stagnation der Verhandlungen zu machen (Beschränkung auf alljährlich fünf bis zehn Manöverankündigungen auf jeder Seite unter Zurückstellen der bisherigen Parameter[14]), u. a. auch um der Öffentlichkeit unser Entgegenkommen demonstrieren zu können. Für das Procedere schlug er vor, in Genf die Frage der CBMs auf die politische Ebene anzuheben, um gegenüber der östlichen Seite die Bedeutung der CBM

Fortsetzung Fußnote von Seite 136
    sich nach der Größe der Manöver: für Armeekorps „sieben Wochen (NATO-Position), auf Ebene verstärkter Division Frist: 30 Tage (Position der Neutralen), auf Divisionsebene Frist: 10 Tage (WP-Position). [...] Bei der Festsetzung der Werte der einzelnen Parameter werde Kanada dafür eintreten, daß bei dem Geltungsbereich das Prinzip ‚ganz Europa' für alle drei Manöverkategorien gelten und lediglich für die SU ein in der Tiefe abgestufter Gebietsstreifen vorgesehen werden solle". Vgl. den Drahtbericht Nr. 163; VS-Bd. 9473 (221); B 150, Aktenkopien 1975.

[12] In Anknüpfung an einen Vorschlag der Tagung des Politischen Beratenden Ausschusses des Warschauer Pakts am 25./26. Januar 1972 in Prag, auf einer gesamteuropäischen Konferenz zu Fragen der Sicherheit und Zusammenarbeit in Europa ein ständiges Organ der interessierten Teilnehmerstaaten zur Fortsetzung der Arbeiten zu schaffen, forderte die UdSSR am 22. Januar 1973 bei den multilateralen Vorbereitungen der KSZE, die Errichtung eines Konsultativkomitees auf die Tagesordnung der KSZE zu setzen, das weitere Konferenzen vorbereiten und Fragen der Sicherheit und Zusammenarbeit erörtern sollte. Vgl. dazu AAPD 1973, I, Dok. 25.
Zu dem in der Prager Deklaration über Frieden, Sicherheit und Zusammenarbeit in Europa enthaltenen Vorschlag vgl. EUROPA-ARCHIV 1972, D 110.

[13] Zur Diskussion auf der KSZE in Genf über eine Formel zu den Interessen der Entwicklungsländern in Europa vgl. Dok. 13, Anm. 14.

[14] Vgl. dazu die Vorstellungen der UdSSR zu Manövervorankündigungen; Dok. 13, besonders Anm. 12. Am 3. Februar 1975 berichtete Gesandter Freiherr von Groll, Genf (KSZE-Delegation): „NATO-Caucus behandelte erneut schwierige Frage des Geltungsbereichs für die Ankündigung größerer Manöver. Alle Sprecher unterstützen Notwendigkeit alsbaldiger Einführung der Zahl 700 km für Tiefe des Gebietsstreifens, mit dem sich Sowjetunion an Vereinbarung über Manöverankündigung beteiligen soll. Es bestand Einigkeit, daß eindeutiger Satz für Ausnahmeregelung von dem Prinzip ‚ganz Europa' nicht gefunden werden kann, zumal wenn er zugleich für Sowjetunion und Türkei gelten sowie Interessen der Neutralen bezüglich Ostsee, Nordsee und Mittelmeer Rechnung tragen soll." Am 27. und 29. Januar 1975 sei in der Unterkommission 2 (Militärische Aspekte der Sicherheit) über die „Ankündigungsschwelle" beraten worden. Die Warschauer-Pakt-Staaten hätten „Beschreibung der Größenordnung durch eine auch sie bindende Zahl" abgelehnt: „Ankündigung kleinerer Manöver (Division) gefährde nationale Sicherheitsinteressen, da sie zu Aufdeckung militärischer Strukturen und der Dislozierung der Streitkräfte führe." Vgl. den Drahtbericht Nr. 134; VS-Bd. 10201 (212); B 150, Aktenkopien 1975.

für den Westen zu unterstreichen. Er regte an, möglichst rasch in der NATO zu untersuchen, wieviel Manöver des WP jährlich auf Divisionsebene stattfinden und wieviel Notifikationen für uns von Bedeutung seien. Auf Grund der Ergebnisse könne man dann auch die anderen Parameter entsprechend festlegen.

Im Bereich Konferenzfolgen forderte der holländische Sprecher die Bündnispartner auf, konkretere Vorstellungen über die Fortsetzung des multilateralen Dialogs nach Beendigung der KSZE zu entwerfen.

Der amerikanische Sprecher begrüßte die in Dublin ausgearbeitete Position der Neun als im allgemeinen übereinstimmend mit dem Standpunkt seiner Regierung. Er kritisierte jedoch die Haltung der Neun, welche ohne Konsultation mit den Fünfzehn (u. a. in Gesprächen mit der anderen Seite) die erste Lesung der Prinzipien von Fortschritten bei CBM abhängig gemacht hätten.[15] Die amerikanische Delegation halte die erste Lesung noch vor der Osterpause für möglich.

Bezüglich der Rechtsnatur der Konferenzdokumente betonte der amerikanische Sprecher die Übereinstimmung der westlichen Bündnispartner, daß es sich bei den KSZE-Resolutionen nur um politisch-moralische Absichtserklärungen ohne juristische Verbindlichkeit handeln dürfe.

Der deutsche Sprecher unterstrich die Notwendigkeit für die westlichen Nationen, ihre Festigkeit und ihren Zusammenhalt auch in der Schlußphase aufrechtzuerhalten. Dann lasse sich auch der beginnende „Nervenkrieg" durchstehen. Ohne faire und ausgeglichene Kompromisse, welche die wesentlichen Interessen des Westens berücksichtigen, könne die Konferenz nicht zum Abschluß gebracht werden. Auf keinen Fall dürfe sich der Westen unter Zeitdruck setzen lassen.

Er dankte für die Unterstützung, welche unsere Bemühungen um eine befriedigende Lösung des „peaceful change" bei den Verbündeten gefunden haben[16], und wies auf die Bedeutung der Gleichwertigkeit und des Interpretationszusammenhangs aller Prinzipien[17] hin.

Für die CBMs regte er an, die Position der Neun zur Basis der weiteren Arbeiten der Fünfzehn zu machen und die großen Linien eines Textes auszuarbeiten, der keine unannehmbaren sowjetischen Elemente enthalten dürfe (z.B. Grenzzonenkonzept und Ankündigung nur an Nachbarn). Als Geltungsbereich für die CBMs müsse ganz Europa angesehen werden mit Einschränkungen lediglich für die Sowjetunion und die Türkei.

Der deutsche Sprecher setzte sich dafür ein, am dänischen Vorschlag zu den Konferenzfolgen festzuhalten, und betonte, daß es eines gewissen Zeitraums bedürfe, um die Ergebnisse der Konferenz und ihre Umsetzung in die Realität beurteilen zu können. Die Überprüfungskonferenz könne daher nicht schon ein

---

[15] Das Politische Komitee im Rahmen der EPZ beschloß am 23. Januar 1975 in Dublin, daß vor Abschluß der ersten Lesung der Prinzipienerklärung ein akzeptabler Text zu vertrauensbildenden Maßnahmen vorliegen müßte. Vgl. dazu DBPO III/II, S. 369, Anm. 7.
[16] Zu den bei der KSZE in Genf vorliegenden Formulierungsvorschlägen zu friedlichen Grenzänderungen („peaceful change") und zur Unterbringung in der Prinzipienerklärung vgl. Dok. 18.
[17] Zur Frage der Gleichwertigkeit und des Interpretationszusammenhangs der Prinzipien vgl. Dok. 13, Anm. 8.

Jahr nach Beendigung der KSZE angesetzt werden. Die im dänischen Vorschlag genannte Frist bis 1978 sei ohnehin schon auf zwei Jahre zusammengeschrumpft, wenn man ein Ende der Konferenz in diesem Sommer unterstelle.

Bezüglich der Rechtsnatur der KSZE-Dokumente führte der deutsche Sprecher aus, daß der Art der Unterzeichnung und dem Gesamtszenario der dritten Phase große Bedeutung für die Hervorhebung des nicht juristischen, politisch-moralischen Charakters der Dokumente zukomme.

Der dänische Sprecher äußerte sich positiv bezüglich der Gesamteinschätzung des bisherigen Verlaufs. Er plädierte für Flexibilität bei den CBM im Sinne der holländischen Vorschläge.

Der belgische Sprecher warnte davor, sich in der Endphase unter Zeitdruck setzen zu lassen. Der Westen müsse darauf bestehen, daß die ihn interessierenden Fragen vorangebracht würden. Der Sowjetunion dürfe keine Hoffnung gemacht werden, die KSZE ohne CBMs abschließen zu können. Dem norwegischen Vorschlag bezüglich Überprüfungskonferenz nach einem Jahr stand er ablehnend gegenüber.

Der französische Sprecher kritisierte den holländischen CBM-Vorschlag, u. a. weil hierdurch nur die Blockpolitik gefördert werde.

Im Bereich Konferenzfolgen lehnte er den norwegischen Vorschlag ab (keine Festlegung von Daten, bevor nicht erste Implementierungserfolge vorliegen, Gefahr, in die Nähe östlicher Institutionalisierungsvorstellungen zu kommen).

Der englische Sprecher begrüßte den Zeitpunkt der NATO-Konsultation im Zusammenhang mit dem bevorstehenden Besuch des britischen Außenministers in Moskau.[18] Hier biete sich eine Gelegenheit, die sowjetische Position u. a. bezüglich CBM auszuloten. Dem holländischen Vorschlag der Modifizierung der CBM-Parameter stand er skeptisch gegenüber.

Er bezog sich auf das britische Papier zu den Konferenz-Folgen[19] und sprach sich dafür aus, die Gefahren eines permanenten Ost-West-Dialogs nicht zu überschätzen.[20]

Konkret machte der englische Sprecher den Vorschlag, hochrangige Beamte aus allen KSZE-Teilnehmerstaaten zusammentreten zu lassen, um die Implementierung der KSZE-Beschlüsse zu überprüfen. Ein bürokratischer Apparat

---

18 Der britische Außenminister Callaghan begleitete Premierminister Wilson bei dessen Besuch in der UdSSR vom 13. bis 17. Februar 1975. Zum Gespräch zwischen Callaghan und dem sowjetischen Außenminister Gromyko über die KSZE am 14. Februar 1975 vgl. DBPO III/II, S. 378–382. Vgl. dazu auch Dok. 34, Anm. 1.

19 Am 18. Dezember 1974 übermittelte Gesandter Freiherr von Groll, Genf (KSZE-Delegation), einen britischen Vorschlag zu den Konferenzfolgen, der am Vortag dem KSZE-Unterkomitee im Rahmen der EPZ vorgelegt worden war. Darin wurde ausgeführt: „In the past the main argument against the creation of permanent machinery has been that it would give the Soviet Union means of interfering in the affairs of Western Europe. We believe this danger has been exaggerated." Befürwortet wurde, wie im dänischen Vorschlag vom 26. April 1974 vorgesehen, eine Art Probezeit nach der KSZE; jedoch sei diese im vorliegenden Vorschlag zu lang: „A probationary period of three years might well cause the momentum of the dialogue to be lost. Pressures might develop which could be exploited to our disadvantage. Hence our preference would be for a meeting of Ambassadors or senior officials, whether described as such or as a Conference committee, to take place about a year after the conclusion of the third stage of the Conference to review the situation and consider proposals for future meetings and further work." Vgl. Referat 212, Bd. 100020.

20 Korrigiert aus: „Ost-West-Dialogs zu überschätzen".

würde dadurch vermieden und die Möglichkeit unerwünschter Einmischungen gering gehalten. In Übereinstimmung mit dem norwegischen Vorschlag befürwortete der englische Sprecher ein erstes Zusammentreffen dieser Art etwa ein Jahr nach Beendigung der dritten Phase.

[gez.] Boss

VS-Bd. 10217 (213)

25

Aufzeichnung des Botschafters Roth

222-371.45-313/75 VS-vertraulich 12. Februar 1975

Herrn D 2[1]

Betr.: Unterrichtung des Ministers über derzeitigen Stand der deutsch-brasilianischen Verhandlungen über ein Abkommen der beiden Regierungen über Zusammenarbeit auf dem Gebiet der friedlichen Nutzung der Kernenergie[2]

Ich bitte, dafür Sorge zu tragen, daß bei der Unterrichtung des Ministers über den Stand der derzeitigen deutsch-brasilianischen Verhandlungen auf die Risiken für unsere Nichtverbreitungspolitik hingewiesen wird, die ein Abkommen auf der Basis des vorliegenden Entwurfs mit sich bringen würde.

Kernstück für die Bewertung dieser Risiken ist der neuformulierte zweite Absatz, Artikel 3[3], der entscheidend hinter unsere Ausgangsposition zurückfällt.

1) Der neue Artikel 3 verlangt von der brasilianischen Regierung vor Aufnahme deutscher Lieferungen den Abschluß eines Abkommens für Sicherungsmaßnahmen mit der IAEO. Die frühere Spezifizierung, daß ein solches Abkommen den gesamten Brennstoffkreislauf auf brasilianischem Hoheitsgebiet

---

[1] Hat Ministerialdirektor van Well vorgelegen.
[2] Zur Unterrichtung des Bundesministers Genscher über den Stand der Verhandlungen mit Brasilien zu einem Abkommen über Zusammenarbeit bei der friedlichen Nutzung der Kernenergie vgl. Dok. 26.
[3] Artikel 3 des Entwurfs vom 11. Februar 1975 für ein Abkommen mit Brasilien über Zusammenarbeit auf dem Gebiet der friedlichen Nutzung der Kernenergie: „[1] Jede Vertragspartei wird auf Ersuchen eines Exporteurs im Rahmen der für sie geltenden Rechtsvorschriften Ausfuhrgenehmigungen für die Lieferung von Kernmaterialien, -ausrüstungen und -einrichtungen sowie für die Übermittlung einschlägiger technologischer Informationen in das Gebiet der anderen Vertragspartei erteilen. [2] Diese Lieferung oder Übermittlung setzt voraus, daß die empfangende Vertragspartei ein Abkommen über Sicherungsmaßnahmen mit der Internationalen Atomenergie-Organisation geschlossen hat, das sicherstellt, daß diese Kernmaterialien, -ausrüstungen und -einrichtungen sowie die einschlägigen technologischen Informationen nicht für Kernwaffen oder sonstige Kernsprengkörper verwendet werden." Vgl. Referat 413, Bd. 114242.

umfassen soll⁴, wurde fallengelassen. Nach der zur Zeit geübten Praxis der IAEO – und der brasilianischen Seite ist dies sehr gut bekannt – bedeutet dies, daß das geforderte Abkommen nur objektgebundene Kontrollen vorsehen wird.

Ein solches Abkommen schließt nicht aus, daß die brasilianische Regierung, die ihr aus der Zusammenarbeit mit der Bundesrepublik Deutschland zufallenden Informationen und technischen Kenntnisse mittelbar nutzt, um in eigenen, internationalen Kontrollen nicht unterworfenen Anlagen eine nationale Kapazität für die Herstellung von Kernsprengkörpern aufzubauen. Die von der brasilianischen Regierung bisher eingenommene Haltung legt die Vermutung nahe, daß dieses eines der Ziele ist, welche sie mit deutscher Hilfe anstrebt.

2) Der Absatz 2 des neuen Artikels 3 geht hinter die von der Bundesregierung im Herbst 1974 eingenommene Position zurück. Der Abschluß eines Vertrages mit Brasilien, mit dem der neue Artikel 3 für beide Seiten verbindlich würde, präjudiziert die zukünftige Haltung der Bundesregierung in einem entscheidenden Punkt ihrer zukünftigen Nichtverbreitungspolitik. Sie ist im Herbst 1974 zu der Auffassung gekommen, daß zur Absicherung der Nichtverbreitungspolitik bei der Zusammenarbeit mit Nicht-NV-Vertragsstaaten internationale Kontrollen des gesamten Brennstoffkreislaufs auf dem Hoheitsgebiet des Empfängerstaates gefordert werden sollten.⁵

Sie hat diese Haltung auch gegenüber der amerikanischen Regierung bestätigt. Diese Forderung ist inzwischen auch ein Kernstück des amerikanischen Vor-

---

⁴ Im Entwurf vom 21. Januar 1975 für ein Abkommen mit Brasilien über Zusammenarbeit auf dem Gebiet der friedlichen Nutzung der Kernenergie lautete Artikel 3, Absatz 1: „Jede Vertragspartei wird auf Ersuchen eines Exporteurs im Rahmen der für sie geltenden Rechtsvorschriften Ausfuhrgenehmigungen für die Lieferung von Kernmaterialien, -ausrüstungen und -einrichtungen in das Gebiet der anderen Vertragspartei erteilen, sofern diese ein Abkommen über Sicherungsmaßnahmen mit einer zuständigen internationalen Organisation geschlossen hat, das sicherstellt, daß keine Kernenergie von der friedlichen Nutzung abgezweigt und für Kernsprengkörper verwendet wird. Insbesondere setzt die Lieferung sensitiver Kernmaterialien, -ausrüstungen und -einrichtungen sowie die Übermittlung der einschlägigen technologischen Informationen voraus, daß die einführende Vertragspartei ein Abkommen über Sicherungsmaßnahmen mit einer zuständigen internationalen Organisation geschlossen hat, das den in Dokument INFCIRC 153 der Internationalen Atomenergie-Organisation in seiner letzten gültigen Fassung oder einem an seine Stelle tretenden Dokument niedergelegten Kriterien entspricht." Absatz 2 spezifizierte, was unter sensitiven Kernmaterialien, -ausrüstungen und -einrichtungen zu verstehen war. Vgl. Referat 410, Bd. 111242.
Dazu teilte Vortragender Legationsrat Scholtyssek der Botschaft in Brasilia am 30. Januar 1975 ergänzend mit, daß gemäß Ziffer 1 des Dokuments INFCIRC 153 Empfängerstaaten sich dazu verpflichten sollten, Sicherheitskontrollen zu akzeptieren „on all source or special fissionable material in all peaceful nuclear activities within its territory, under its jurisdiction or carried out under its control anywhere, for the exclusive purpose of verifying that such material is not diverted to nuclear weapons or other nuclear explosive devices". Vgl. den Drahterlaß Nr. 34; Referat 410, Bd. 111242.

⁵ In einer Ressortbesprechung am 18. Juli 1974 wurden die Folgen erörtert, die sich vor dem Hintergrund des indischen Kernwaffentests vom 18. Mai 1974 für die Zusammenarbeit mit dritten Staaten bei der friedlichen Nutzung der Kernenergie ergaben. Dabei wurden eine restriktivere Handhabung bei Lieferung von Kernanlagen und spaltbarem Material für notwendig erachtet und Überlegungen zur besseren Kontrolle bei der Verwendung angestellt. Vgl. dazu AAPD 1974, II, Dok. 228.
Am 6. November 1974 stellte Ministerialdirektor Hermes Übereinstimmung mit dem amerikanischen Vorschlag fest, waffenfähiges nukleares Material sowie Anreicherungs- und Wiederaufbereitungsanlagen mit der dazugehörigen Technologie nur solchen Nichtkernwaffenstaaten zu liefern, die ihren gesamten Brennstoffkreislauf IAEO-Sicherheitskontrollen unterwerfen würden. Vgl. dazu AAPD 1974, II, Dok. 325.

schlages für eine koordinierte Exportpolitik der Hauptlieferländer.[6] Die Bundesregierung hat zugestimmt, daß der Versuch für eine solche koordinierte Exportpolitik unternommen werden sollte.[7]

Die Bundesregierung würde also einseitig den Versuch, zu einer koordinierten Exportpolitik zu gelangen, aufgeben und so den Weg zu einem ungesteuerten internationalen Wettbewerb auf dem Gebiet der friedlichen Nutzung der Kernenergie öffnen.[8]

Es erscheint daher dringend geboten, die deutsch-brasilianischen Verhandlungen nicht unter Zeitdruck abzuschließen und das Kabinett erst dann mit der Angelegenheit zu befassen, wenn die amerikanische Reaktion auf die vorgesehene Unterrichtung über den Stand der Verhandlungen vorliegt.[9]

Roth

VS-Bd. 9497 (222)

---

[6] Botschafter von Staden, Washington, berichtete am 1. November 1974, der stellvertretende Direktor der amerikanischen Abrüstungsbehörde, Zurhellen, habe am selben Tag ein Papier mit dem Vorschlag einer Konferenz der wichtigsten Lieferstaaten von Kerntechnologie übergeben. Darin werde ausgeführt: „The U[nited]S[tates']G[overnment] envisions undertakings among suppliers to establish common restraints and conditions on nuclear supply, with a view to minimizing the risks of nuclear weapons proliferation. We are considering a small, private conference of key suppliers as a means of working out such undertakings. All suppliers would of course be free to apply more restrictive policies." Vgl. den Drahtbericht Nr. 3235; VS-Bd. 9440 (220); B 150, Aktenkopien 1974.

[7] Am 25. November 1974 wies Ministerialdirektor Hermes die Botschaft in Washington an, dem amerikanischen Außenministerium mitzuteilen, daß die Bundesregierung einer Konferenz der wichtigsten Lieferstaaten von Kerntechnologie „zur Ausarbeitung von Absprachen bezüglich einer gemeinsamen Politik auf dem Gebiete nuklearer Exporte und von Sicherungsmaßnahmen" zustimme. Die Bundesregierung würde dabei eine Teilnahme der Niederlande begrüßen. Ferner sollte dargelegt werden: „Wir erwägen, ob wir mit den für die deutschen Exporte in Betracht kommenden Ländern bereits begonnene Gespräche auf der Grundlage der amerikanischen Vorschläge [...] fortführen, wobei wir darauf achten würden, daß der Verlauf der von den Amerikanern vorgeschlagenen Konsultationen hierdurch nicht präjudiziert wird." Vgl. den Drahterlaß Nr. 4988; VS-Bd. 8857 (413); B 150, Aktenkopien 1974.
Zur Haltung der Bundesregierung zu einer Konferenz der wichtigsten Lieferstaaten von Kerntechnologie vgl. auch AAPD 1974, II, Dok. 325.

[8] Am 17. Februar 1975 wies Botschafter Roth erneut darauf hin, daß die Bundesregierung bei Abschluß des Abkommens mit Brasilien über Zusammenarbeit bei der friedlichen Nutzung der Kernenergie in seiner jetzigen Form „die zukünftige Nichtverbreitungspolitik der Bundesregierung in einem entscheidenden Punkt" präjudiziere. Damit wäre sie bei der geplanten Konferenz der wichtigsten Lieferstaaten von Kerntechnologie auch „nicht mehr in der Lage, die von ihr und anderen Regierungen bisher vertretene Auffassung zur Kontrolle des gesamten Kernbrennstoffkreislaufs auch bei der Zusammenarbeit mit Nicht-NV-Vertragsparteien nachhaltig zu vertreten". Auch würde sie das bisher zusammen mit den USA angestrebte koordinierte Vorgehen „trotz gegebener Zusage vorzeitig und einseitig unterlaufen". Vgl. VS-Bd. 9497 (222); B 150, Aktenkopien 1975.

[9] Zur amerikanischen Reaktion auf die Unterrichtung über den Stand der Verhandlungen mit Brasilien vgl. Dok. 46.

26

Aufzeichnung des Ministerialdirektors Hermes

413-491.09 BRA VS-NfD   **14. Februar 1975**[1]

Über Herrn Staatssekretär[2] Herrn Minister[3]

Betr.: Langfristige technisch-industrielle Zusammenarbeit mit Brasilien auf dem Gebiet der friedlichen Verwendung der Kernenergie;
hier: Verhandlung mit einer brasilianischen Delegation vom 5. bis 12. Februar 1975

Zweck der Vorlage:
zur Information, auch im Hinblick auf den Besuch von Außenminister Kissinger[4];
Zustimmung zu III., Unterrichtung des amerikanischen Botschafters[5]

I. Vom 5. bis 12. Februar haben in Bonn unter meiner Leitung Verhandlungen mit einer brasilianischen Delegation über ein Regierungsabkommen betreffend eine langfristige Zusammenarbeit (vorgesehene Laufzeit des Abkommens 15 Jahre) auf dem Kerngebiet stattgefunden.

Auf der Grundlage eines 1969 geschlossenen deutsch-brasilianischen Abkommens über wissenschaftliche Zusammenarbeit und technologische Entwicklung[6] haben sich zwischen den beiden Ländern auf dem Kerngebiet enge Beziehungen entwickelt.

Dies führte im Juli 1974 dazu, daß die Brasilianer den Wunsch äußerten, ihre gesamte künftige Nuklearindustrie in Zusammenarbeit mit deutschen Unternehmen aufzubauen. Die Brasilianer betonten dabei, daß sie der Bundesrepublik Deutschland, die sich in wenigen Jahren auf diesem Gebiet von ausländischer Abhängigkeit weitgehend freigemacht habe, ausdrücklich den Vorzug vor einer Zusammenarbeit mit den Vereinigten Staaten oder Frankreich gäben.[7]

---

[1] Die Aufzeichnung wurde von Vortragendem Legationsrat I. Klasse Randermann und von Vortragendem Legationsrat Wagner konzipiert.

[2] Hat Staatssekretär Sachs am 14. Februar 1975 vorgelegen.

[3] Hat Bundesminister Genscher am 18. Februar 1975 vorgelegen, der handschriftlich vermerkte: „Wir sollten darauf achten, daß wir nicht durch zu strenge Selbstverpflichtungen uns aus Märkten ausschalten, in die andere eindringen. Die Mitbewerber werden sicher in ihren Forderungen an die Empfänger nicht über den NV-Vertrag hinausgehen."

[4] Zu diesem Absatz vermerkte Staatssekretär Sachs handschriftlich: „Rate ab, Angelegenheit von uns in jetzigem Stadium bei Besuch aufzugreifen. Da K[issinger] nicht informiert, besteht Gefahr unerwünschter amerikanischer Festlegung at high level."
Der amerikanische Außenminister Kissinger hielt sich am 15./16. Februar 1975 in der Bundesrepublik auf. Vgl. dazu Dok. 28 und Dok. 31.

[5] Martin J. Hillenbrand.

[6] Für den Wortlaut des Regierungsabkommens vom 9. Juni 1969 zwischen der Bundesrepublik und Brasilien über Zusammenarbeit in der wissenschaftlichen Forschung und technologischen Entwicklung vgl. BUNDESGESETZBLATT 1969, Teil II, S. 2119–2123.

[7] Das Angebot für eine Zusammenarbeit auf dem Gebiet der friedlichen Nutzung der Kernenergie wurde Staatssekretär Haunschild, Bundesministerium für Forschung und Technologie, am 22./23. Juli 1974 in Brasilia von der brasilianischen Regierung unterbreitet. Neben der Lieferung von mindestens vier Kernkraftwerken durch Firmen aus der Bundesrepublik, der gemeinsamen Errichtung einer Konversionsanlage für Natururan, einer Brennelementefabrik sowie einer Wiederaufbe-

Der brasilianische Präsident Geisel hat sich gegenüber Staatssekretär Sachs persönlich für diese Zusammenarbeit engagiert.[8]

Das erwartete Auftragsvolumen aus der beabsichtigten Zusammenarbeit für die deutsche Industrie beläuft sich in 15 Jahren auf 18 bis 20 Mrd. DM. Die deutsche Kernindustrie, die durch den heimischen Markt nur zu etwa 40% ihrer Kapazität ausgelastet wird, ist an dieser Zusammenarbeit mit Brasilien stark interessiert. Aufgrund der übermächtigen amerikanischen Konkurrenz fällt es ihr äußerst schwer, auf ausländischen Märkten Fuß zu fassen. Die Bundesminister für Wirtschaft[9] und für Forschung und Technologie[10] setzen sich nachdrücklich für die vorgesehene Zusammenarbeit ein.

II. Bei den Verhandlungen gelang es, Einigung über acht von zehn Artikeln des Abkommenentwurfs[11] zu erzielen.

Offen ist vor allem jedoch noch eine wichtige Frage:

Die Brasilianer sind wahrscheinlich bereit, für alle von uns gelieferten nuklearen Materialien, Anlagen und Ausrüstungsgegenstände sowie für die einschlägigen technologischen Informationen IAEO-Sicherheitskontrollen zu akzeptieren.[12] Hiermit wäre unseren Verpflichtungen aus dem NV-Vertrag[13] Genüge getan. Die Kontrolle auch der technologischen Informationen geht sogar über die Erfordernisse des NV-Vertrages hinaus.

Nach der indischen Kernexplosion[14] waren wir ebenso wie die USA jedoch zu dem Schluß gekommen, daß es zur Verhinderung einer weiteren Proliferation

Fortsetzung Fußnote von Seite 143

reitungsanlage zeigte sich die brasilianische Regierung an Anlagen zur Urananreicherung interessiert. Dazu bemerkte Botschafter z.b.V. Balken am 8. August 1974: „Ein Problem in diesem Zusammenhang stellt jedoch der brasilianische Wunsch nach Errichtung einer Zentrifugenanlage für Urananreicherung und einer Wiederaufbereitungsanlage in Brasilien [dar]. Mit der Zentrifugenanlage kann hoch angereichertes, für Kernwaffenzwecke verwendbares Material hergestellt werden. In einer Wiederaufbereitungsanlage fällt Plutonium ab, mit dem ebenfalls relativ einfach Plutoniumbomben hergestellt werden können." Vgl. Referat 413, Bd. 105375.

[8] Staatssekretär Sachs hielt sich vom 19. bis 21. August 1974 in Brasilien auf. Am 20. August 1974 berichtete er über das Gespräch mit dem brasilianischen Präsidenten am Vortag, Geisel habe den „erheblichen technologischen Rückstand" Brasiliens erwähnt und darauf hingewiesen: „Als Rohstoffland mit großen Entwicklungsmöglichkeiten und stabiler innerer Ordnung biete es günstige Bedingungen der Kooperation. Die Bundesrepublik Deutschland mit ihrem hohen technologischen Niveau sei für Brasilien ein idealer Partner." Insbesondere erwähnt habe Geisel die „industrielle Zusammenarbeit im Kernenergiebereich, über deren Stand er sich unterrichtet zeigte". Vgl. den Drahtbericht Nr. 254; Referat 300, Bd. 100491.

[9] Hans Friderichs.

[10] Hans Matthöfer.

[11] Für den Entwurf vom 11. Februar 1975 für ein Abkommen zwischen der Bundesrepublik und Brasilien über Zusammenarbeit auf dem Gebiet der friedlichen Nutzung der Kernenergie vgl. Referat 413, Bd. 111242. Vgl. dazu auch Dok. 25, Anm. 3.
Am 14. Februar 1975 teilte Vortragender Legationsrat I. Klasse Randermann den Botschaften in Brasilia und Washington mit, daß die brasilianische Delegation die Artikel 2, wonach „die Vertragsparteien auch auf friedliche Kernsprengungen verzichten", und Artikel 3, wonach „die Vertragsparteien ihren gesamten Brennstoffkreislauf IAEO-Sicherheitskontrollen unterstellen", nicht akzeptiert habe. Vgl. den Drahterlaß Nr. 592; Referat 413, Bd. 111242.

[12] Am 4. Dezember 1974 informierte der brasilianische Botschafter da Silva Mafra Staatssekretär Sachs darüber, daß Brasilien die von der IAEO vorgesehenen Sicherheitskontrollen akzeptieren werde. Vgl. dazu AAPD 1974, II, Dok. 356.

[13] Für den Wortlaut des Vertrags vom 1. Juli 1968 über die Nichtverbreitung von Kernwaffen vgl. BUNDESGESETZBLATT 1974, Teil II, S. 786–793.

[14] Am 18. Mai 1974 führte Indien einen unterirdischen Atomtest durch. Zur Reaktion der Bundesregierung vgl. AAPD 1974, II, Dok. 228.

von Kernwaffen erforderlich wäre, wenn Empfängerländer von sog. sensitiven Kernanlagen nicht nur einzelne Anlagen, sondern ihren gesamten Brennstoffkreislauf IAEO-Sicherheitskontrollen unterwürfen. Zu den sensitiven Anlagen, deren Produkte für die Herstellung von Nuklearwaffen verwandt werden könnten, gehören Anreicherungsanlagen und Wiederaufbereitungsanlagen. Beide sollen auch zu einem späteren Zeitpunkt Gegenstand der praktischen technisch-industriellen Zusammenarbeit sein, denn Brasilien verlangt ein volles „Paket" und macht schon den Auftrag auf Lieferung eines deutschen Reaktors von unserer Bereitschaft zu einer umfassenden Zusammenarbeit abhängig.

Unser Vorschlag auf Kontrolle des gesamten Brennstoffkreislaufs von Nicht-NV-Vertragsparteien geht über den NV-Vertrag hinaus. Zu dieser Frage haben die USA eine Konferenz der wichtigsten Nuklear-Lieferstaaten vorgeschlagen. Wir haben dem zugestimmt.[15] Da Frankreich eine Beteiligung bisher nicht zugesagt hat[16], ist es jedoch zweifelhaft, ob diese Konferenz, zu der bereits vor drei Monaten eingeladen wurde, zustande kommt.[17] Vor Beginn unserer Verhandlungen mit Brasilien hatten wir den USA zugesagt, daß wir ihre erweiterten Kontrollvorschläge – also die Unterstellung des gesamten Brennstoffkreislaufs – bei unseren Brasilienverhandlungen berücksichtigen würden.

Die Verhandlungen haben jedoch ergeben, daß Brasilien nicht bereit ist, die durch den NV-Vertrag nicht gedeckten erweiterten IAEO-Kontrollen zu akzeptieren. Brasilien, das nicht Partei des NV-Vertrages ist und nicht beabsichtigt beizutreten, argumentiert, daß es bei Annahme unserer Forderung praktisch die Verpflichtungen einer NV-Vertragspartei auf sich nähme.

Wir haben daher bei dieser Frage mangels Einigung die Verhandlungen unterbrechen müssen. Ob die Annahme von Sicherheitskontrollen durch Brasilien nur für die von uns gelieferten Anlagen, Materialien und Einrichtungen ausreicht oder ob wir – unter Inkaufnahme des Risikos, daß die vorgesehene Zusammenarbeit mit Brasilien nicht zustande kommt – auch im Lichte etwaiger amerikanischer Reaktionen darauf bestehen müssen, daß die Brasilianer ihren gesamten Brennstoffkreislauf IAEO-Sicherungsmaßnahmen unterstellen, ist eine Frage, die das Kabinett zu entscheiden haben wird. Die Befassung des Kabinetts ist für Ende Februar vorgesehen.[18]

---

[15] Zum amerikanischen Vorschlag vom 1. November 1974 und zur Haltung der Bundesregierung vgl. Dok. 25, Anm. 6 und 7.

[16] Zur französischen Haltung hinsichtlich einer Konferenz der wichtigsten Lieferstaaten von Kerntechnologie vgl. Dok. 46, Anm. 19.

[17] Die erste Konferenz der wichtigsten Lieferstaaten von Kerntechnologie (Suppliers Conference) fand am 23. April 1975 in London statt. Vgl. dazu Dok. 104.

[18] Am 18. Februar 1975 legte Ministerialdirektor Hermes eine auf den 19. Februar 1975 datierte Kabinettvorlage zur Unterrichtung der Bundesregierung über das geplante Abkommen mit Brasilien vor. Darin wurde ausgeführt: „Die Entscheidung, vor der die Bundesregierung steht, ist von großer politischer und wirtschaftlicher Tragweite. Sie ist wesentlich für die Lebens- und Wettbewerbsfähigkeit unserer Kernindustrie sowie für die Verwirklichung unserer energiepolitischen Ziele. Sie ist andererseits aber auch wesentlich für die Zukunft der Nichtverbreitungspolitik. Sie berührt insbesondere unser Verhältnis zu Brasilien und zu den USA." Ein abschließendes Votum wurde noch nicht empfohlen, da „als wesentliches Entscheidungskriterium" noch die amerikanische Reaktion abgewartet werden müsse. Der brasilianischen Regierung solle gesagt werden, daß für die Entscheidung „noch etwas Zeit" benötigt werde.
Dazu vermerkte Staatssekretär Sachs am 19. Februar 1975 handschriftlich: „BMFT hat Vorlage zugestimmt. BMWi hat nachträglich auf hoher Ebene Bedenken angemeldet." Außerdem habe Botschaf-

III. Unsere enge Zusammenarbeit mit den USA erfordert, daß wir die USA in großen Zügen über das Ergebnis unserer Verhandlungen mit Brasilien unterrichten. Diese Unterrichtung beabsichtige ich im Falle der Zustimmung durch den Herrn Minister Anfang nächster Woche gegenüber dem hiesigen amerikanischen Botschafter vorzunehmen[19].

Hermes

Referat 413, Bd. 114242

Fortsetzung Fußnote von Seite 145

ter Roth „soeben eine von D2 weitergeleitete Sondervorlage beigefügt." Vgl. Referat 413, Bd. 111242. In der Stellungnahme vom 19. Februar 1975 zur Kabinettvorlage empfahl Roth Mitzeichnung durch Ministerialdirektor van Well, um eine rechtzeitige Unterrichtung der Bundesregierung sicherzustellen und Zeit für die Vorbereitung der Entscheidung zu gewinnen. Es sei allerdings „gegen den Widerstand der Abteilung 4 und vor allem der Vertreter des BMFT" nicht gelungen, „die volle Problematik des bisherigen Verhandlungsergebnisses, vor allem soweit die zukünftige Nichtverbreitungspolitik der Bundesregierung in Frage steht, eindeutig klarzustellen". Vgl. VS-Bd. 9497 (222); B 150, Aktenkopien 1975.
Am 28. Februar 1975 vermerkte Roth, die inzwischen erstellte Neufassung der Kabinettvorlage habe die „beanstandete Unklarheit" eher noch verstärkt. Gegenüber dem nunmehr eingefügten „positiven Entscheidungsvorschlag" wolle er nochmals auf seine Bedenken wegen der Präjudizierung internationaler Absprachen über eine koordinierte Exportpolitik, die von amerikanischer Seite „mit hoher Priorität weiterverfolgt" würden, und die Folgen für die Nichtverbreitungspolitik der Bundesrepublik hinweisen: „Es geht nicht um die Frage einer ‚erweiterten', sondern einer wirksamen Nichtverbreitungspolitik. [...] Eine Zusammenarbeit mit Brasilien auch im sensitiven Bereich bringt die Gefahr mit sich, daß die Bundesregierung eine proliferationsfördernde Entwicklung in Brasilien ungewollt beschleunigt." Vgl. Referat 413, Bd. 114241.

[19] An dieser Stelle fügte Staatssekretär Sachs handschriftlich ein: „mit gleichzeitiger Unterrichtung unserer Botschaft in Washington".
Die Botschaften in Brasilia und Washington wurden am 14. Februar 1975 über den Stand der Verhandlungen mit Brasilien informiert. Vgl. Anm. 11.
Am 19. Februar 1975 unterrichtete Ministerialdirektor Hermes die Botschaft in Washington von seinem Gespräch mit dem amerikanischen Botschafter Hillenbrand am selben Tag „über das wesentliche die Nichtverbreitungs- und Sicherheitskontrollfragen betreffende Ergebnis der deutsch-brasilianischen Verhandlungen". Er habe hervorgehoben, daß „gewichtige wirtschaftliche Interessen" auf dem Spiel stünden, und eine Aufzeichnung mit den brasilianischen Zusagen hinsichtlich Sicherungsmaßnahmen übergeben: „Hiernach würde Brasilien Sicherheitskontrollverpflichtungen und Einschränkungen beim Reexport akzeptieren, die über Art. III des N[icht]V[erbreitungs]-Vertrags hinausgehen. Allerdings ist es uns nicht gelungen, in dem Abkommenstext einen generellen Verzicht Brasiliens auch auf friedliche Kernsprengungen und eine Unterstellung des gesamten brasilianischen Brennstoffkreislaufes unter IAEO-Sicherheitsmaßnahmen durchzusetzen." Vgl. Referat 300, Bd. 100509.

27

Vortragender Legationsrat I. Klasse von der Gablentz, z. Z. Dublin, an das Auswärtige Amt

VS-NfD
Fernschreiben Nr. 28

Aufgabe: 14. Februar 1975, 12.20 Uhr[1]
Ankunft: 14. Februar 1975, 16.52 Uhr

Betr.: EPZ-Ministertreffen am 13.2.75;
hier: Ortex

Es wird gebeten, folgenden Ortex über das 18. EPZ-Ministertreffen abzusetzen.

I. 18. EPZ-Ministertreffen erbrachte Billigung der Neuner-Haltung für laufende KSZE-Verhandlungen, grundsätzliche Einigung über weiteres Vorgehen beim Europäisch-Arabischen Dialog, Entscheidung über Verstärkung der Zusammenarbeit in den VN, Auftrag an Präsidentschaft, mit EP über Verfahren zur Beantwortung parlamentarischer Fragen zur EPZ-Tätigkeit zu sprechen. Im Meinungsaustausch über aktuelle politische Probleme einigten sich Minister auf gemeinsame Stellungnahme zur Lage Zyperns anläßlich der Ausrufung zypern-türkischer Teilrepublik und zu Portugal anläßlich des Besuchs von Vize-Präsident Soames.

Ausgestaltung und Ablauf des Treffens zeigte erneut, mit welcher Entschiedenheit der irische Vorsitzende[2] es versteht, die Mitwirkung seines Landes in der Europapolitik zur Geltung zu bringen.

II. Im einzelnen:

1) KSZE

Minister billigten Grundlinien der ihnen vorgelegten Dokumente über Verhandlungspositionen der Neun im gegenwärtigen Stadium der Konferenz.[3] Erörterung ergab folgende zusätzliche Orientierungspunkte:

– Alle Minister betonten entscheidende Bedeutung der Frage friedlicher Grenzänderung, nicht nur für Deutschland, sondern auch für Europa.

– Vertrauensbildende Maßnahmen: Einigkeit über politische Bedeutung eines positiven Konferenzergebnisses. BM hob mit Zustimmung seiner Kollegen Notwendigkeit der Erstreckung auf ganz Europa (u. a. wegen Präjudizierung von MBFR) hervor. Vereinigtes Königreich und Dänemark warnten vor zu starker Festlegung westlicher Verhandlungstaktik, da mögliche Einigung sowieso erst in letzter Minute zu erwarten.

---

[1] Ablichtung.
Hat Vortragendem Legationsrat Lewalter am 17. Februar 1975 vorgelegen.

[2] Garret FitzGerald.

[3] Zu dem vom Politischen Komitee im Rahmen der EPZ vorgelegten Bericht zur KSZE vgl. Dok. 13, Anm. 24, Dok. 18, Anm. 22, bzw. Dok. 24, Anm. 15.
Am 17. Februar 1975 vermerkte Vortragender Legationsrat I. Klasse von der Gablentz, eine formelle Billigung des Berichts durch die Außenminister sei „vor allem an Dänen" gescheitert, „die auf nuanciertere dänische und englische Haltung zum zeitlichen link bei den vertrauensbildenden Maßnahmen (Beschluß des PK vom 23./24. Januar: annehmbarer Text vor Abschluß der ersten Lesung) hinwiesen." Vgl. Referat 212, Bd. 100020.

– Wahrung der Vier-Mächte-Rechte[4]: Italiener wiesen auf Bedenken der Neutralen[5] hin, während sich vor allem das Vereinigte Königreich und Frankreich mit Nachdruck für deutliche Unberührtheitsklausel einsetzten.

– Konferenzfolgen: BM für Festhalten am dänischen Vorschlag[6] und gegen Diskussion möglicher Rückfallpositionen. Auch hier ließ Dänemark, das wegen Regierungsneubildung[7] von Generalsekretär[8] vertreten war, größere Kompromißbereitschaft erkennen mit dem Argument, bisherige KSZE-Ergebnisse seien insgesamt für Westen zufriedenstellend.

PK wird mögliche KSZE-Erörterung durch Regierungschefs am 10./11.3. in Dublin vorbereiten.[9]

2) Europäisch-Arabischer Dialog (EAD)

Minister erörterten Möglichkeit einer Weiterführung des Dialogs unter Bedingungen, die seine Politisierung und Präjudizierung europäischer Haltung zur PLO verhindern.[10] Präsidentschaft wird mit Vorsitz und Generalsekretär Arabischer Liga[11] über „Treffen europäischer und arabischer Experten" sprechen.[12]

---

[4] Vgl. dazu den französischen Vorschlag für eine Rechtswahrungsklausel („Unberührtheitsklausel"); Dok. 13, Anm. 6.

[5] Am 4. Februar 1975 unternahm der Leiter der schweizerischen KSZE-Delegation, Bindschedler, im Auftrag der Delegationen der neutralen und ungebundenen Staaten eine Demarche beim Leiter der französischen KSZE-Delegation, André, in der er u. a. ausführte: „Le texte déposé par la France, même si l'on sait qu'il vise la situation particulière de l'Allemagne, est formulé de façon générale. De ce fait, tout Etat pouvait s'en prévaloir pour faire triompher ses intérêts propres et même justifier une action contre un autre Etat. La doctrine Brejnev serait reconnue et, du même coup, tout ce qui a été acquis à cette conférence serait détruit." Für die „Démarche des pays neutres et non-alignés auprès de M. Gérard André" vgl. Referat 212, Bd. 100021.

Am 14. Februar 1975 berichtete Gesandter Freiherr von Groll, Genf (KSZE-Delegation), von seiten der britischen und amerikanischen KSZE-Delegation sei darauf hingewiesen worden, daß der französische Vorschlag vom 12. Dezember 1974 nicht unverändert bleiben könne, da „der Widerstand gegen das Wort ‚responsabilités' in erster Linie und den Ausdruck ‚qui les concernent' in zweiter Linie ziemlich sei (angeführt von Rumänien und Jugoslawien, aber auch Schweiz und Malta)." Vgl. den Drahtbericht Nr. 217; Referat 212, Bd. 111536.

Vortragender Legationsrat Gehl vermerkte am 28. Februar 1975, daß der italienische Gesandte Ferraboschi vorstellig geworden sei und Bedenken „gegen eine mögliche Bestätigung des Inhalts der Art. 53 und 107 der VN-Satzung sowie eine Indossierung der Breschnew-Doktrin durch die gegenwärtige Fassung des französischen Vorschlags" vorgebracht habe. Vgl. Referat 212, Bd. 111536.

[6] Zum dänischen Vorschlag vom 26. April 1974 zu den Konferenzfolgen vgl. Dok. 13, Anm. 23.

[7] Am 28. Januar 1975 trat in Dänemark die Regierung des Ministerpräsidenten Hartling zurück, nachdem das Parlament am selben Tag mit 86 gegen 85 Stimmen bei 5 Enthaltungen diesen Schritt gefordert hatte. Am 13. Februar 1975 bildete Anker Jørgensen eine sozialdemokratische Minderheitsregierung. Vgl. dazu EUROPA-ARCHIV, Z 28 und Z 37.

[8] Eigil Jørgensen.

[9] Auf der Grundlage eines Vorschlags der Delegation der Bundesrepublik verabschiedete das Politische Komitee im Rahmen der EPZ am 3. März 1975 einen Erklärungsentwurf zur KSZE für den Europäischen Rat. Außerdem wurde ein Bericht über die wichtigsten noch offenen Fragen zur Sicherheit und Zusammenarbeit in Europa vorgelegt. Für den Wortlaut der beiden Entwürfe vgl. Referat 212, Bd. 100020.

Zur Tagung des Europäischen Rats am 10./11. März 1975 vgl. Dok. 49.

[10] Zur Diskussion im Rahmen der EPZ über eine Einbeziehung der PLO in den Europäisch-Arabischen Dialog vgl. Dok. 6.

[11] Mahmoud Riad.

[12] Dazu teilte Vortragender Legationsrat I. Klasse von der Gablentz, z.Z. Dublin, am 13. Februar 1975 mit, die Außenminister hätten sich auf Leitlinien für eine Demarche der Präsidentschaft bei der Arabischen Liga geeinigt. Danach wurde ein Expertentreffen in Kairo vorgeschlagen: „The meeting would be made up of one single Arab and one single European delegation, each delegation comprising experts sitting as such and not in a representative capacity." Dies bedeute: „The pres-

EAD-Koordinierungsgruppe bereitet Informationspapier über europäische Vorstellungen zum Inhalt des EAD vor.[13]

Erörterungen der Minister im engsten Kreis mußten vertraulich behandelt werden, um Erfolg der Gespräche mit Arabern nicht von vorneherein zu vereiteln. BM faßte politischen Konsens der Minister zusammen: weder Stillstand noch Unterbrechung des Dialogs, dem bereits im jetzigen Stadium wesentliche politische Bedeutung zukommt; Voraussetzung für eine Entscheidung über Teilnahme der PLO z. Z. nicht gegeben; grundsätzliche Bereitschaft zur Vorbereitung sachlicher Zusammenarbeit auf wirtschaftlichem, technologischem und kulturellem Gebiet in Form von Expertengesprächen. Minister waren sich einig über Notwendigkeit enger Konsultationen mit USA.[14]

III. Fragen des Europäischen Parlaments (EP):

In Ausführung des Auftrags der Regierungschefs[15] beauftragten Minister Präsidentschaft, mit EP auf der Grundlage eines Arbeitspapiers[16] ein Verfahren zur Beantwortung parlamentarischer Anfragen aus dem EPZ-Bereich auszuarbeiten, das vor allem am Anfang sehr flexibel gehalten werden sollte.

IV. Vereinte Nationen:

Minister stimmten unserer Initiative für verstärkte Neuner-Zusammenarbeit in den VN[17] zu. Rechtzeitige Ausarbeitung gemeinsamer Positionen soll den

Fortsetzung Fußnote von Seite 148

ence of Palestinian experts in the Arab delegation does not imply any acceptance by the Nine of claims by the PLO regarding its own status. Accordingly, it would be advisable to avoid any public statement concerning the status of Palestinian experts." Vgl. den Drahtbericht Nr. 27; Referat 010, Bd. 178582. Für den deutschen Wortlaut des „Beschlusses des EPZ-Ministerrats vom 13. Februar 1975 (Dubliner Formel)" vgl. Referat 010, Bd. 178584.

[13] Am 18. Februar 1975 übermittelte die EPZ-Präsidentschaft eine unter Berücksichtigung von Anregungen der EG-Mitgliedstaaten erstellte Neufassung des Arbeitspapiers vom 28. Januar 1975 zum Europäisch-Arabischen Dialog. Vgl. dazu den Drahtbericht Nr. 366 aus Dublin (Coreu); Referat 310, Bd. 104985.
Die Europäische Koordinierungsgruppe verabschiedete das Arbeitspapier am 27. Februar 1975 und beschloß, es am 3. März 1975 dem Politischen Komitee im Rahmen der EPZ in Brüssel vorzulegen. Vgl. dazu den Drahtbericht Nr. 35 des Legationsrats I. Klasse Weiß, z. Z. Dublin, vom 28. Februar 1975; Referat 310, Bd. 104985.

[14] Am 7. Februar 1975 vermerkte Vortragender Legationsrat I. Klasse von der Gablentz, daß die irische Botschaft über eine Demarche der amerikanischen Botschaft in Dublin zum Europäisch-Arabischen Dialog informiert habe. Die USA seien nicht gegen den Dialog: „They remain concerned, however, that the dialogue might get into areas that would complicate US efforts towards a settlement in the Middle East and US efforts to work out consumer co-operation on energy matters. The US side trusts that the Nine will continue to stand by their pledge not to make oil or Middle East politics a part of the dialogue. So long as the PLO endorses the use of terrorism in Israel, and remains dedicated to the ultimate disappearance of Israel as a sovereign state, the US considers it difficult, if not impossible, to conceive Israeli/PLO negotiation." Vgl. Referat 310, Bd. 104985.
Zur Haltung des amerikanischen Außenministers Kissinger zum Europäisch-Arabischen Dialog vgl. auch Dok. 23, Anm. 27.

[15] In Ziffer 4 des Kommuniqués der Gipfelkonferenz der EG-Mitgliedstaaten am 9./10. Dezember 1974 in Paris wurde festgestellt: „In Anbetracht der wachsenden Bedeutung der Politischen Zusammenarbeit für den Aufbau Europas ist es wichtig, das Europäische Parlament enger an den Arbeiten zu beteiligen, unter anderem durch Beantwortung der Fragen, die von den Abgeordneten in bezug auf die Tätigkeiten der Politischen Zusammenarbeit an die Präsidentschaft gerichtet werden." Vgl. EUROPA-ARCHIV 1975, D 42.

[16] Für das Arbeitspapier der EPZ-Korrespondenten vom 3. Februar 1975 „Procedures pour répondre aux questions posées par l'assemblée sur les activités de la coopération politique" vgl. den Drahtbericht Nr. 235 aus Dublin (Coreu) vom 4. Februar 1975; Referat 410, Bd. 105606.

[17] Auf der Grundlage von Äußerungen des Bundesministers Genscher auf der Konferenz der Außenminister der EG-Mitgliedstaaten im Rahmen der EPZ am 11. November 1974, daß eine gemeinsa-

Neun eine größere Chance geben, mit eigenen Initiativen in VN aufzutreten, die ihrem politischen, wirtschaftlichen und finanziellen Gewicht entsprechen. Differenzierte Positionen einzelner Staaten der Neun müssen dabei Durchsetzung gemeinsamer Interessen nicht entgegenstehen. Ziel gemeinsamer Neuner-Haltung soll sein, eine vermittelnde Rolle zu spielen und entstandene Konfrontationen[18] nach Möglichkeit abzubauen. In ihrer VN-Politik sollten die Neun stärker als bisher ihre Sonderbeziehungen zu vielen Staaten der Dritten Welt (z. B. AKP) einsetzen. BM erinnerte an Diskrepanz zwischen bilateralem und multilateralem Verhalten vieler Staaten, vor allem der Dritten Welt, und forderte verstärkte Nutzung der guten bilateralen Beziehungen auch für multilaterale Zusammenarbeit.

V. Zypern:

Meinungsaustausch der Minister im engsten Kreis über möglichen Neuner-Beitrag zur Minderung der Spannungen zwischen den Konflikt-Parteien zeigte Konsensus für ein Vorgehen, das in vorsichtiger Weise Bereitschaft der Neun für einen solchen Beitrag zu erkennen gibt. Die Nachricht über Ausrufung eines Teil-Bundesstaats im zypern-türkischen Teil[19] veranlaßte Minister, hierzu auf der Grundlage ihrer bisherigen gemeinsamen Zypern-Positionen öffentlich in folgender Erklärung Stellung zu nehmen:

The nine ministers (the Danish minister being represented by the Secretary General of the Department of Foreign Affairs) meeting in Dublin in the context of political cooperation, examined recent developments in Cyprus.

They recalled the relations of association which link Greece, Turkey and the Republic of Cyprus with the European Community and the particular interest

Fortsetzung Fußnote von Seite 149

me Haltung zur Behandlung der Palästina-Frage in der UNO wünschenswert sei, schlug Ministerialdirektor van Well am 22. November 1974 vor, die Haltung der EG-Mitgliedstaaten in der UNO stärker zu koordinieren, um ein Gegengewicht zum geschlossenen Vorgehen der UNO-Mitgliedstaaten aus der Dritten Welt zu bilden. Vgl. dazu AAPD 1974, II, Dok. 340.
Ministerialdirigent Redies vermerkte dazu am 17. Januar 1975, daß das Politische Komitee am 23./24. Januar 1975 mit dem Thema befaßt werde „mit dem Ziel, eine grundsätzliche Diskussion der Minister bei ihrem Treffen am 13./14. Februar vorzubereiten; Richtlinien für die Arbeit der VN-Experten-Gruppe festzulegen, die den Ministern zur Billigung vorzulegen sind". Vgl. Referat 010, Bd. 178582.

[18] Am 17. Januar 1975 führte Vortragender Legationsrat I. Klasse Gorenflos zur Debatte zwischen den Industriestaaten und den Staaten der Dritten Welt in der UNO aus: „Im Kern geht es um die Frage der Funktion der VN in der Nord-Süd-Auseinandersetzung, die in der Weltorganisation einen zentralen Schauplatz hat. Der Westen, der seinen beherrschenden Einfluß in den VN eingebüßt hat, betrachtet die Weltorganisation als ein Forum der Kommunikation, der fairen Debatte, der konkreten Zusammenarbeit, als ein Instrument, mit dem ‚durch Ausgleich der Interessen die Interdependenz zu organisieren' ist (Frankreich). Die Dritte Welt dagegen sieht in den VN ein Instrument zur dynamischen Veränderung, zur Durchsetzung ihrer Forderungen nach politischer Mitsprache und wirtschaftlicher Umverteilung gegenüber den beharrenden Kräften der Industriestaaten." Vgl. Referat 010, Bd. 178582.

[19] Am 13. Februar 1975 berichtete Botschafter Sonnenhol, Ankara: „Der Führer der Zypern-Türken, Denktasch, hat heute mit der Ausrufung des zypern-türkischen Föderation-Teil-Staates die mit Ankara abgestimmte Antwort auf den hier als total unseriös empfundenen zypern-griechischen Lösungsvorschlag gegeben. Die Türken, die nach der Vereinbarung zwischen Karamanlis und Makarios vor dessen Rückkehr auf die Insel glaubten, davon ausgehen zu dürfen, daß alle Seiten das Prinzip der regionalen Föderation akzeptiert hatten, und sich von Klerides darin bestätigt fühlten, sehen sich nun als düpiert an und haben entsprechend reagiert. Ausrufung zypern-türkischen Staates bedeutet kein Abgehen von der Grundlinie türkischer Politik, Unabhängigkeit Zyperns in einem bi-föderalen System anzustreben, dessen türkischer Teilstaat nunmehr gebildet wurde." Vgl. den Drahtbericht Nr. 164; Referat 203, Bd. 110277.

shown by the nine member states in the evolution of the situation in Cyprus since July 1974.[20] Recalling their previous declarations on this subject[21] and in particular, the importance which they attach to the independence and the territorial integrity of Cyprus, and recalling also the relevant resolutions of the United Nations[22], they are making contact through the intermediary of the

[20] Am 15. Juli 1974 unternahm die von griechischen Offizieren befehligte zypriotische Nationalgarde einen Putsch gegen Präsident Makarios, der am Folgetag Zypern verließ. Zum neuen Präsidenten wurde Nicos Sampson proklamiert. Am frühen Morgen des 20. Juli 1974 landeten türkische Truppen auf Zypern. Am 22. Juli 1974 trat ein Waffenstillstand in Kraft. Nach dem Rücktritt der griechischen Militärregierung in Athen trat auch Sampson am 23. Juli 1974 zurück. Das Präsidentenamt wurde vom bisherigen Parlamentspräsidenten Klerides übernommen. Vgl. dazu AAPD 1974, II, Dok. 217.
Am 8. August 1974 wurde ein Abkommen über die Festlegung der Demarkationslinien auf Zypern abgeschlossen; jedoch begann am 14. August 1974 ein erneuter Angriff türkischer Truppen, nachdem Klerides die Forderung des Sprechers der türkischen Volksgruppe auf Zypern, Denktasch, hinsichtlich einer territorialen Trennung der beiden Bevölkerungsgruppen abgelehnt hatte. Die militärischen Operationen wurden am 16. August 1974 nach Appellen des UNO-Sicherheitsrats weitgehend eingestellt. Vgl. dazu AAPD 1974, II, Dok. 233, Dok. 236 und Dok. 238.

[21] Am 22. Juli 1974 forderten die Außenminister der EG-Mitgliedstaaten im Rahmen der EPZ in einem Kommuniqué „unter Bezugnahme auf Resolution 353 des Sicherheitsrats alle an dem Konflikt beteiligten Parteien dringend auf: 1) den Waffenstillstand tatsächlich einzuhalten; 2) mit den Streitkräften der Vereinten Nationen bei der Erfüllung ihrer Aufgaben hinsichtlich der beiden Bevölkerungsgruppen Zyperns eng zusammenzuarbeiten; 3) sich einzusetzen für die Wiederherstellung der verfassungsmäßigen Ordnung in Zypern, mit der ihrer Ansicht nach das Weiterbestehen des gegenwärtigen De-facto-Regimes nicht vereinbar ist. Sie bekräftigen in dieser Hinsicht ihre Unterstützung der vom Vereinigten Königreich eingeleiteten Initiative und halten es für sehr wichtig, daß die Konsultationen, zu denen das Vereinigte Königreich nach Genf einberufen will, unverzüglich unter Beteiligung der beiden anderen Garantiemächte eröffnet werden. Die neun Minister erwarten, daß die drei Länder, die mit der Europäischen Wirtschaftsgemeinschaft assoziiert sind, den an sie gerichteten Appell beachten werden. Sie sind entschlossen, ihre diplomatische Aktion im Sinne der hiermit festgelegten Ziele fortzuführen, und haben die Präsidentschaft mit dieser Aufgabe betraut." Vgl. EUROPA-ARCHIV 1974, D 444 f.

[22] Am 20. Juli 1974 verabschiedete der UNO-Sicherheitsrat die Resolution Nr. 353. Darin wurde ausgeführt: „The Security Council [...] 1) calls upon all States to respect the sovereignty, independence and territorial integrity of Cyprus; 2) calls upon all parties to the present fighting as a first step to cease all firing and requests all States to exercise the utmost restraint and to refrain from any action which might further aggravate the situation; 3) demands an immediate end to foreign military intervention in the Republic of Cyprus that is in contravention of operative paragraph 1) above; 4) requests the withdrawal without delay from the Republic of Cyprus of foreign military personnel present otherwise than under the authority of international agreements, including those whose withdrawal was requested by the President of the Republic of Cyprus, Archbishop Makarios, in his letter of 2 July 1974; 5) calls upon Greece, Turkey and the United Kingdom of Great Britain and Northern Ireland to enter into negotiations without delay for the restoration of peace in the area and constitutional government in Cyprus and to keep the Secretary-General informed; 6) calls upon all parties to co-operate fully with the United Nations Peace-keeping Force in Cyprus to enable it to carry out its mandate; 7) decides to keep the situation under constant review and asks the Secretary-General to report as appropriate with a view to adopting further measures in order to ensure that peaceful conditions are restored as soon as possible." Vgl. UNITED NATIONS RESOLUTIONS, Serie II, Bd. IX, S. 63. Für den deutschen Wortlaut vgl. EUROPA-ARCHIV 1974, D 443 f.
Mit Resolution Nr. 357 vom 14. August 1974 forderte der UNO-Sicherheitsrat erneut die Einstellung der Kämpfe auf Zypern und die Wiederaufnahme von Verhandlungen zwischen den Konfliktparteien. Für den Wortlaut vgl. UNITED NATIONS RESOLUTIONS, Serie II, Bd. IX, S. 64. Für den deutschen Wortlaut vgl. EUROPA-ARCHIV 1974, D 448.
Mit Resolution Nr. 360 vom 16. August 1974 sprach der UNO-Sicherheitsrat seine Mißbilligung der Wiederaufnahme der militärischen Operationen auf Zypern aus und forderte zu Verhandlungen auf, die nicht durch die Ergebnisse militärischer Aktionen präjudiziert sein sollten. Für den Wortlaut vgl. UNITED NATIONS RESOLUTIONS, Serie II, Bd. IX, S. 65. Für den deutschen Wortlaut vgl. EUROPA-ARCHIV 1974, D 450 f.
Resolution Nr. 361 des UNO-Sicherheitsrats vom 30. August 1974 befaßte sich mit der Situation

president, with the governments of Cyprus, Greece and Turkey to convey to them:
- that they continue to regard as highly desirable the search, by way of consultation between the two communities in Cyprus, for a negotiated solution which would be both durable and equitable;
- that to facilitate the realisation of this objective, the Nine are ready to hold discussions with representatives of all the interested parties.[23]

VI. Portugal:

StS Hattersley berichtete über Portugal-Besuch AM Callaghans am 6./7. Februar, der demokratische Kräfte in Portugal ermutigen sollte in schwieriger Lage, die durch Einschüchterungsversuche, unsichere Regierungskontrolle und Abwesenheit klarer wirtschaftspolitischer Linie gekennzeichnet sei.[24] Er setzte sich aufgrund der Besuchserfahrung dafür ein, unter Vermeidung jeder verletzenden Einmischung in innere Angelegenheiten die klare moralische Unterstützung der demokratischen Kräfte in Portugal durch die Staaten Westeuropas zum Ausdruck zu bringen. Er erinnerte daran, daß Soares in Paris betont habe[25], welch großen Einfluß das Interesse Westeuropas am Aufbau pluralistischer Demokratie in Portugal auf die dortigen Wähler habe. Minister einigten sich, den Anlaß des Lissabon-Besuchs Vizepräsident Soames[26] zu nutzen, um die Neunerhaltung öffentlich zum Ausdruck zu bringen („Sie betrachten diesen Besuch als konkreten Ausdruck des guten Willens der Neun und des Interesses, den sie der Aufrechterhaltung enger Beziehungen mit Portugal beimessen, zu einem Zeitpunkt, in dem es sich zu einer wirklichen Demokratie auf dem Wege demokratischer Wahlen entwickelt").

[gez.] Gablentz

Referat 010, Bd. 178582

Fortsetzung Fußnote von Seite 151

der Flüchtlinge auf Zypern und rief zu humanitärer Hilfe auf. Für den Wortlaut vgl. UNITED NATIONS RESOLUTIONS, Serie II, Bd. IX, S. 65 f. Für den deutschen Wortlaut vgl. EUROPA-ARCHIV 1974, D 459 f.

[23] Am 28. Februar 1975 führte Referat 203 zur Haltung der EG-Mitgliedstaaten zum Zypern-Konflikt aus: „Die einseitige Proklamierung eines zyperntürkischen Teilstaates am 13. Februar 1975 hat an der Haltung der Neun in der Zypernfrage nichts geändert: Eintreten für Unabhängigkeit, Souveränität und territoriale Integrität Zyperns und alleinige Anerkennung der Regierung Makarios; Befürworten einer Verhandlungslösung durch direkte interkommunale Gespräche und Vermeiden einer Internationalisierung des Konflikts." Vgl. Referat 203, Bd. 110269.

[24] Zur Lage in Portugal vgl. Dok. 23, Anm. 38 und 39.

[25] Der portugiesische Außenminister Soares hielt sich am 8. Januar 1975 in Paris auf.

[26] Der Vizepräsident der EG-Kommission, Soames, besuchte Portugal am 12./13. Februar 1975.

28

Aufzeichnung des Ministerialdirektors van Well

204-321.36 USA-273/75 VS-vertraulich   **17. Februar 1975[1]**

Betr.: Gespräch Bundeskanzler – Kissinger während des Mittagessens im Bungalow am 16. Februar[2]

Vor dem Mittagessen fand ein etwa einstündiges Gespräch im kleinsten Kreise (Bundeskanzler, Bundesaußenminister, Kissinger und Sisco) statt. Zu diesen Herren wurden während des 1 1/2stündigen Mittagessens noch hinzugezogen: die Herren Hillenbrand, Sonnenfeldt, Hiss und van Well. Dieses Gespräch nahm etwa folgenden Verlauf:

Kissinger stellte fest, nach dem vorangegangenen Gespräch habe er den Eindruck, daß der Bundeskanzler von der Wünschbarkeit eines geschützten Preises (Mindestpreis bei Öl)[3] nicht mehr überzeugt zu werden brauche. Er nehme zur Kenntnis, daß die Stellungnahme der Bundesregierung jedoch noch weitere Beratungen mit dem Bundeswirtschafts- und -finanzministerium erforderlich mache.

Der Bundeskanzler meinte, daß die IEA sich mit den verschiedenen Aspekten des Recycling-Problems intensiver befassen müsse, nämlich:

1) Der Frage arabischer Investitionen in Unternehmen der westlichen Industriestaaten (Fall Mercedes[4]). Kissinger erwähnte, daß die amerikanische Regierung bereits eine Studie eingeleitet habe. Er sei der Auffassung, man solle dieses Problem gemeinschaftlich prüfen. Wenn jeder es für sich getrennt mache, dann bestünde die Gefahr, daß der eine den anderen konkurrenziere. Hinsichtlich der Wünschbarkeit von Regierungsvorkehrungen gegen solche Investitionen bestünden in den USA unterschiedliche Meinungen.

Es wurde vereinbart, die Studie gemeinsam durchzuführen und dies in der IEA zur Sprache zu bringen.

---

[1] Durchschlag als Konzept.
[2] Der amerikanische Außenminister Kissinger hielt sich am 15./16. Februar 1975 in der Bundesrepublik auf. Zum Gespräch mit Bundesminister Genscher am 16. Februar 1975 vgl. Dok. 31.
[3] In der „State of the Union Message" am 15. Januar 1975 kündigte Präsident Ford die Förderung der Inlandsproduktion von Erdöl und Kohle sowie des Kernkraftprogramms an und führte weiter aus: „To provide the critical stability for our domestic energy production in the face of world price uncertainty, I will request legislation to authorize and require tariffs, import quotas, or price floors to protect our energy prices at levels which will achieve energy independence". Vgl. PUBLIC PAPERS, FORD 1975, S. 42. Für den deutschen Wortlaut vgl. EUROPA-ARCHIV 1975, D 143.
Der amerikanische Außenminister Kissinger äußerte sich am 3. Februar 1975 vor dem National Press Club in Washington zur Frage der Ölpreise im Dialog zwischen erdölproduzierenden und -verbrauchenden Staaten: „A central issue, of course, will be price. It is vital to agree on prices for the long run which will satisfy the needs of consumers and producers alike. The balance-of-payments crisis of the consumers must be eased; at the same time, the producers are entitled to know that they can count on a reasonable level of income over a period of time." Vgl. DEPARTMENT OF STATE BULLETIN, Bd. 72 (1975), S. 244. Für den deutschen Wortlaut vgl. EUROPA-ARCHIV 1975, D 266.
[4] Zum Verkauf von 14 % der Daimler-Benz-Aktien an Kuwait durch die Quandt-Gruppe im November 1974 vgl. Dok. 8, Anm. 15.

2) Die Zukunft des Euro-Dollar-Marktes (den man – so meinte der Bundeskanzler – wohl besser den „London-New York-Markt" oder noch besser den „Petro-Dollar-Markt" nennen sollte). Was sei zu tun, um die Störungen, die von Bankzusammenbrüchen ausgehen können, zu begrenzen? Der Bundeskanzler sprach sich für ein Netz bindender Vereinbarungen zwischen den Zentralbanken aus, um Zusammenbrüche von Geschäftsbanken, die durch plötzlichen Abruf von Petro-Dollar-Guthaben verursacht werden, zu vermeiden. Im Fünfer-Club der Finanzminister und Notenbankpräsidenten habe man darüber zwar schon seit längerem gesprochen, sei aber nicht zu durchgreifenden Ergebnissen gekommen. Man habe sich wohl verabredet, daß die Zentralen der Geschäftsbanken ihre im Ausland befindlichen Filialen notfalls finanziell abdecken (z.B. die Chase Manhattan Bank ihre Filiale in London). Das reiche aber nicht aus. Man könne daran zweifeln, ob die Bank of England in der Lage sei, genügend Dollars zur Verfügung zu stellen, um die britischen Bankfilialen in New York gegen alle Risiken abzusichern. Die Sache sei sehr wichtig, da es durchaus möglich sei, daß die Ölproduzenten statt der Ölwaffe bei einer weiteren Verschärfung des Konflikts die Petro-Dollar-Waffe einsetzten, um durch plötzliche und umfangreiche Abzüge von Dollarguthaben politischen Druck auszuüben.

Kissinger fragte, was er tun könne, um in Washington Druck hinter die Sache zu bringen. Wenn er mit Simon oder Burns darüber sprechen würde, bekäme er wahrscheinlich zur Antwort, alles sei unter Kontrolle. Es sei so schwer, in Washington Einigung über eine solche Politik herbeizuführen, und deshalb habe er Zuflucht zu öffentlichen konzeptionellen Erklärungen[5] genommen, die dann schließlich offizielle Politik geworden seien.

Der Bundeskanzler und Kissinger verabredeten, daß MD Hiss in den nächsten zwei Wochen nach Washington reisen solle, um auf persönlicher Basis als ein mit den Gedanken des Bundeskanzlers besonders vertrauter Sachverständiger mit engen Mitarbeitern des amerikanischen Außenministers (es wurden Sonnenfeldt, Enders, Robertson genannt) eine Eventualfallplanung zu besprechen.

3) Entwicklungshilfe

Der Bundeskanzler meinte, die westlichen Industriestaaten müßten sich Gedanken machen, wie einigen Entwicklungsländern geholfen werden kann, ihre neuen Energiedefizite zu decken. Man dürfe diese bilateralen Hilfsmaßnahmen nicht nur den arabischen Staaten überlassen, die dann ihre starke bilaterale Stellung für politische Zwecke (Stimmverhalten in den Vereinten Nationen) benutzen würden. Er setzte sich dafür ein, daß der Westen sich nicht zu sehr auf multilaterale Hilfe konzentrieren, sondern die Möglichkeiten der Stärkung der bilateralen Beziehungen nicht unterschätzen sollte.

Kissinger fragte den Bundeskanzler, wie er sich den Ablauf der Erzeuger-Verbraucher-Konferenz[6] vorstellt. Der Bundeskanzler meinte, es werde sich wohl um ein längerfristiges Unternehmen handeln, das wie die KSZE eingeleitet würde. Zuerst würde eine Vorkonferenz auf Botschafterebene stattfinden über

---

[5] Vgl. dazu die Ausführungen des amerikanischen Außenministers Kissinger gegenüber den Wochenzeitschriften „Newsweek" und „Business Week" vom 30. Dezember 1974 bzw. 13. Januar 1975; Dok. 2.
[6] Zum Vorschlag des Staatspräsidenten Giscard d'Estaing vom 24. Oktober 1974, für Anfang 1975 eine Konferenz erdölproduzierender und -verbrauchender Staaten einzuberufen, vgl. Dok. 15, Anm. 4.

17. Februar 1975: Aufzeichnung von van Well 28

Tagesordnung und organisatorische Vorkehrungen[7], dann würden wohl für die einzelnen Sachbereiche Arbeitsgruppen gebildet, die ihr Ergebnis einer Vollkonferenz vorlegen würde. Gleichlaufend mit diesem Ablauf würde der Westen gemeinsame Positionen pari passu präzisieren.

Kissinger fand den Vergleich mit der KSZE nicht gut. Die KSZE sei ein Beispiel dafür, wie jeder jeden zu überlisten trachte (everybody tries to cross everybody else). Im übrigen werde die Konferenz für die Erzeugerseite gerade dem Zweck dienen, eine gemeinsame Position der Industriestaaten zu verhindern. Wenn es im multilateralen Dialog mit den Erzeugerstaaten keinen konkreten Fortschritt gebe, würde Washington seine bilateralen finanziellen Arrangements treffen (er bestritt ausdrücklich, daß es bisher solche Arrangements mit Saudi-Arabien gegeben habe). Abschließend bemerkte Kissinger, daß es entscheidend wichtig sei, daß die USA und die Bundesrepublik zusammenarbeiteten.[8]

Kissinger erwähnte, er werde dieses Mal Paris mit besuchen[9], weil die französische Politik sich seit der Neubildung der Regierung[10] positiv entwickelt habe. Er würdigte lebhaft die Haltung von Giscard d'Estaing in Martinique[11] und hielt auch Sauvagnargues für einen Außenminister, mit dem man gut zusammenarbeiten könne. Der Bundeskanzler verwies auf die wichtige Rolle von Chirac. Kissinger meinte daraufhin, er werde Giscard, den er am Mittwoch[12] zum Frühstück treffen werde, fragen, ob er bei einem nächsten Besuch nicht auch Chirac aufsuchen solle.

Der Bundeskanzler berichtete über sein gutes Verhältnis zu Giscard. Hinsichtlich der Fragen der Sicherheit werde er wahrscheinlich noch zwölf Monate brauchen, um neue Akzente zu setzen. Er müsse gerade in diesen Fragen wegen der UDR[13] vorsichtig sein und sich erst genügend Sicherheit verschaffen. Aber

---

7 Zur Vorkonferenz der erdölproduzierenden und -verbrauchenden Staaten vom 7. bis 15. April 1975 in Paris vgl. Dok. 87.
8 Vortragender Legationsrat I. Klasse Dohms berichtete am 17. Februar 1975 ergänzend, daß Bundeskanzler Schmidt und der amerikanische Außenminister Kissinger davon ausgingen, „daß die Aufstellung der Tagesordnung für die Hauptkonferenz große Schwierigkeiten bereiten wird, da die Ölländer das Konferenzthema auf Rohstoff- und Entwicklungsfragen auszudehnen beabsichtigen, während die Amerikaner dezidiert der Auffassung sind, daß nur bei Beschränkung des Themas auf die Erdölproblematik konkrete Ergebnisse zu erzielen sind. Wir teilen diese Auffassung." Vgl. den Runderlaß Nr. 28; Referat 240, Bd. 102879.
9 Der amerikanische Außenminister Kissinger hielt sich am 18./19. Februar 1975 in Frankreich auf.
10 Nach den Wahlen zum Amt des Staatspräsidenten in Frankreich am 5. und 19. Mai 1974, aus denen Valéry Giscard d'Estaing als Sieger hervorging, wurde am 28. Mai 1974 eine neue Regierung unter Ministerpräsident Chirac gebildet.
11 Vom 14. bis 16. Dezember 1974 traf Staatspräsident Giscard d'Estaing auf Martinique mit Präsident Ford zusammen. Zu den Ergebnissen wurde im Kommuniqué vom 16. Dezember 1974 ausgeführt: „The two Presidents [...] recognized the importance for the USA, the EEC and other industrialized nations of implementing policies for the conservation of energy, the development of existing and alternative sources of energy, and the setting up of new mechanisms of financial solidarity. They stressed the importance of solidarity among oil importing nations on these issues. The two Presidents also exchanged views on the desirability of a dialogue between consumers and producers and in that connection discussed the proposal of the President of the French Republic of October 24 for a conference of oil exporting and importing countries. They agreed that it would be desirable to convene such a meeting at the earliest possible date." Vgl. DEPARTMENT OF STATE BULLETIN, Bd. 72 (1975), S. 43. Für den deutschen Wortlaut vgl. EUROPA-ARCHIV 1975, D 137.
12 19. Februar 1975.
13 Union des Démocrates pour la République.

seine allgemeine Linie sei – das könne man jetzt schon absehen – sehr viel akzeptabler sowohl für uns als auch wohl für die Amerikaner. Kissinger stimmte dem lebhaft zu und meinte, das beziehe sich auf die Außenpolitik allgemein.

Der Bundeskanzler war der Auffassung, daß bis auf weiteres kein zusätzlicher Prestigegewinn der PLO im Europäisch-Arabischen Dialog in Betracht kommen könne. Er habe öffentlich festgestellt, daß eine Anerkennung der PLO nur unter zwei Voraussetzungen erfolgen könne, nämlich der Anerkennung des Lebensrechts Israels in gesicherten und anerkannten Grenzen und der Absage an den Terrorismus.[14] Kissinger erwiderte, er habe dasselbe gerade im deutschen Fernsehen gesagt, er habe dieselbe Position. Überhaupt finde er die europäische Besessenheit (obsession) mit der PLO seltsam. Die arabischen Regierungen, mit denen er gesprochen habe, hätten ihn in der Frage nicht bedrängt, nicht einmal Präsident Assad in Damaskus.[15]

Kissinger fragte den Bundeskanzler erneut nach seinen Vorstellungen über die Energiekonferenz. Der Bundeskanzler ging davon aus, daß Frankreich nunmehr auf der Grundlage des Ergebnisses von Martinique eine Vorbereitungskonferenz nach der Yamani-Formel[16] einberufen werde. Diese Formel habe er schon vor zwei Jahren mit Shultz bei dem Finanzministertreffen in Rom diskutiert. Das Niveau der Konferenzteilnehmer solle ausreichend niedrig (Botschafterrang) sein; es sollten keine substantiellen Fragen erörtert werden.

Kissinger ging davon aus, daß Frankreich nicht ständig den Vorsitz der Konferenz beanspruche. Der Bundeskanzler meinte, daß die Franzosen dies auch nicht beanspruchten, höchstens den Vorsitz der Vorbereitungskonferenz und der Eröffnungssitzung der Hauptkonferenz. Kissinger befürchtete, daß, selbst wenn die Neun eine gemeinsame Position vertreten würden, die Franzosen dennoch ihren Vorsitz dazu benutzen würden, hinter den Kulissen zugunsten ihrer nationalen Interessen zu manövrieren. Er sei bereit, alles für das französische Prestige zu tun, nicht jedoch Substanzinteressen hintanzustellen.

Der Bundeskanzler warf die Frage der Vertretung der Neun auf. Es sei mißlich, daß die normale Präsidentschaft alle sechs Monate wechsele. Frankreich beabsichtige nicht, in der Energiekonferenz für Europa zu sprechen. Die Franzosen hätten uns gefragt, ob wir nicht diese Aufgabe übernehmen wollten. Minister Genscher verwies hier auf die konstitutionellen Schwierigkeiten der Neun. Vielleicht könne man für mehrere Themen, deren Behandlung sich auf mehrere Präsidentschaften erstrecken wird, jeweils eine längerfristige Federführung festlegen. Kissinger warf ein, er hoffe nicht, daß die Franzosen die Dauerzuständigkeit für den euro-arabischen Dialog bekämen.

---

[14] In einem Interview mit der französischen Tageszeitung „Le Figaro" äußerte Bundeskanzler Schmidt am 3. Februar 1975 auf die Frage nach einer Teilnahme der PLO am Europäisch-Arabischen Dialog: „Solange die PLO sich in zwei Punkten nicht eindeutig festgelegt hat, nämlich was das Recht des Staates Israel auf Existenz in gesicherten Grenzen angeht und was den Verzicht auf Terrorakte angeht, kann ich mir die Frage überhaupt nicht ernsthaft stellen. Das heißt nicht, daß wir in der Bundesrepublik nicht durchaus Verständnis für die Nöte und Notwendigkeiten der Palästinenser hätten. Aber das sind zwei verschiedene Dinge." Vgl. BULLETIN 1975, S. 170.

[15] Der amerikanische Außenminister Kissinger traf am 13. Februar 1975 mit Präsident Assad in Damaskus zusammen.

[16] Zu den Vorstellungen des saudiarabischen Erdölministers Yamani hinsichtlich der Teilnehmer an einer Energie-Konferenz vgl. Dok. 23, Anm. 3.

Kissinger fragte den Bundeskanzler nach seiner Einschätzung des britischen EG-Referendums.[17] Der Bundeskanzler sprach von 49:51% zugunsten des Verbleibs.[18] Die Acht hätten inzwischen wohl die Grenze möglicher Konzessionen an London erreicht. Kissinger erwähnte, daß Callaghan sehr stark für den Verbleib eingestellt sei. Der Bundeskanzler zeigte sich sehr besorgt über die britische Wirtschaftslage, die allmählich schlechter zu werden drohe als die Italiens. Selbst wenn Großbritannien eigene Öleinkommen haben würde, würden sie nicht einmal ausreichen, um Schulden und Zinsen zurückzuzahlen.

Der Bundeskanzler erwähnte seine bevorstehende Reise nach China.[19] Kissinger berichtete, daß bei seinem letzten Besuch im November[20] Chou En-lai nicht krank gewesen sei und die Fäden fest in der Hand gehalten habe, und zwar energischer noch als ein Jahr vorher. Demgegenüber habe Mao nicht mehr voll die Kontrolle der Geschäfte gehabt. China habe nur ein einziges Interesse an den USA, und zwar nicht Taiwan, sondern die Aufrechterhaltung des Kräftegleichgewichts gegenüber der Sowjetunion. Solange Peking die Überzeugung habe, daß die USA dieses Kräftegleichgewicht aufrechterhalten können, werde China auf seine Beziehungen zu Washington großen Bedacht nehmen. Wenn Peking jedoch dieses Vertrauen verliere, werde es zu Arrangements mit der Sowjetunion Zuflucht suchen und in der Dritten Welt eine heftige anti-westliche Kampagne einleiten. Deswegen sei er, Kissinger, so besorgt, daß China die amerikanische Politik gegenüber der Türkei, Griechenland und Zypern und gegenüber Südostasien, die durch das Handicap einer Spannung zwischen dem Kongreß und der Administration gekennzeichnet sei[21], als Schwäche auslege.

---

17 Zur britischen Ankündigung eines Referendums über die EG-Mitgliedschaft vgl. Dok. 15, Anm. 10.
18 Zu den Aussichten für die Fortsetzung der britischen EG-Mitgliedschaft notierte Staatssekretär Sachs am 23. Januar 1975, der ehemalige britische Botschaftsrat Pope habe sich am Vorabend „recht pessimistisch" gezeigt: „Wenn gegenwärtig in Großbritannien abgestimmt würde, so müsse man mit 70% Nein-Stimmen rechnen. [...] Heath habe es bei allem persönlichen Eintreten für den Beitritt völlig versäumt, die britische breite Masse über die Bedeutung und die möglichen Auswirkungen des Beitritts oder Nicht-Beitritts aufzuklären." Premierminister Wilson sei wohl „persönlich durchaus überzeugt, daß ein Verbleiben Großbritanniens aus den Gründen wirtschaftlicher Vernunft notwendig sei"; es sei aber zu befürchten, „daß Wilson mit Rücksicht auf die gespaltene Meinung in seiner Partei, den Widerstand der großen Gewerkschaften und die eher ablehnende Haltung der breiten Masse gegen die Europäische Gemeinschaft keine eindeutige Empfehlung vor dem Referendum zugunsten des Verbleibens Großbritanniens in der Gemeinschaft geben werde, sondern sich damit begnügen werde, das Für und Wider darzulegen. Man sei auf dem Kontinent wohl etwas zu optimistisch, wenn man davon ausgehe, daß den Engländern vernünftigerweise gar keine Wahl bleibe, als ihre Mitgliedschaft in der EG aufrechtzuerhalten. Es gebe da irrationale Momente." Vgl. Referat 014, Bd. 226.
19 Bundeskanzler Schmidt besuchte die Volksrepublik China vom 29. Oktober bis 2. November 1975. Vgl. dazu Dok. 322, Dok. 323 und Dok. 326.
20 Der amerikanische Außenminister Kissinger hielt sich vom 25. bis 29. November 1974 in der Volksrepublik China auf.
21 Nachdem Präsident Ford bereits mehrfach sein Veto gegen Entschließungen des amerikanischen Kongresses zur Einstellung der Verteidigungshilfe an die Türkei eingelegt hatte, unterzeichnete er am 18. Oktober eine Resolution des Kongresses vom 17. Oktober 1974, wonach die Verteidigungshilfe an die Türkei zum 10. Dezember 1974 ausgesetzt werden sollte. Dieser Termin wurde mit Resolutionen des Senats und des Repräsentantenhauses vom 17. bzw. 18. Dezember auf den 5. Februar 1975 verschoben. Vgl. dazu die Erklärungen des Präsidenten Ford vom 18. Oktober 1974 und vom 5. Februar 1975; PUBLIC PAPERS, FORD 1974, S. 380f., bzw. PUBLIC PAPERS, FORD 1975, S. 196. Vgl. dazu ferner AAPD 1974, II, Dok. 357.
Zu den Auswirkungen auf die amerikanischen Bemühungen, zwischen Griechenland und die Türkei Verhandlungen über den Zypern-Konflikt herbeizuführen, führte Ford am 13. Februar 1975 in New York aus: „In this very difficult time, the American people expect responsible conduct from

Er erinnere sich z.B., daß im vorigen Jahr auf dem Höhepunkt der Meinungsverschiedenheiten im europäisch-amerikanischen Verhältnis Chiao Kuan-hua ihm einen Brief geschrieben habe, in dem er ihn ermahnt habe, mit Westeuropa nach außen eine united front aufrechtzuerhalten und niemals in der Öffentlichkeit Irritation über Europa zu zeigen. Kissinger meinte, die Chinesen seien einer unserer besseren NATO-Verbündeten. Sie behinderten auch nicht seine Bemühungen im Nahen Osten trotz ihrer Propagandahaltung in den Vereinten Nationen. So habe der chinesische Botschafter in Washington[22] ihm vor seiner kürzlichen Abreise in den Nahen Osten in typisch chinesischer Weise gesagt, daß das chinesische Volk für die legitimen Rechte des palästinensischen Volkes eintrete und daß die chinesische Regierung ihm, Kissinger, Erfolg wünsche.

Kissinger erwähnte dann die Schwierigkeiten zwischen der Administration und dem Kongreß in Washington. Er halte sie für überwindbar. Er habe über hundert von den neu gewählten Senatoren und Abgeordneten[23] inzwischen gesprochen, und er sehe eine Chance, sie zu überzeugen. Das Problematische sei, daß sie nicht eigentlich an der Substanz der Fragen interessiert seien, sondern an ihrem eigenen politischen Image (Fernsehen, Zeitungen). Sie seien mehr an den „mechanics of power" interessiert als an den tieferliegenden Fragestellungen.

Kissinger hielt es für wichtig, daß die NATO ein Gipfeltreffen halte vor dem KSZE-Gipfel.[24] Der letzte NATO-Gipfel[25] sei recht künstlich gewesen. Der Prä-

Fortsetzung Fußnote von Seite 157

individual Members of Congress and from Congress as a whole, as well as from the President. In Cyprus, the United States has long sought to mediate between two valued allies in order to secure the independence and territorial integrity of that strategic island. A renewed negotiation scheduled to bring together the Foreign Ministers of Greece and Turkey in a meeting with Secretary Kissinger in Brussels this week broke down because of Congressional insistence that military assistance to Turkey be terminated." Dieser Beschluß des Kongresses habe negative Folgen sowohl für die westliche Sicherheit insgesamt als auch für die Sicherheitslage im Nahen Osten: „And most tragically of all, it does nothing to improve the lot of those Cypriots in whose name this Congressional action was supposedly taken." Vgl. PUBLIC PAPERS, FORD 1975, S. 253.

Für Südostasien forderte Ford bereits am 28. Januar 1975 eine Aufstockung der Verteidigungshilfe. Die für die Republik Vietnam (Südvietnam) vorgesehenen 700 Mio. Dollar reichten angesichts des wachsenden nordvietnamesischen militärischen Drucks nicht einmal zur Deckung der minimalen Verteidigungsausgaben, geschweige denn zur Anschaffung neuer Panzer, Flugzeuge, Lkws und Artillerie. Daher sollten zusätzlich 300 Mio. Dollar bereitgestellt werden. Auch in Kambodscha, wo sich die Regierung Angriffen kommunistischer Truppen gegenübersehe, seien der Frieden und die Stabilität Südostasiens in Gefahr: „I am, therefore, proposing: legislation to eliminate the current ceilings on military and economic assistance to Cambodia, and to authorize the appropriation of an additional $ 222 million for military aid for Cambodia, and an amendment to the fiscal year 1975 budget for the additional $ 222 million." Für den Wortlaut der Mitteilung an den Kongreß vgl. PUBLIC PAPERS, FORD 1975, S. 119–123.

[22] Die Volksrepublik China unterhielt ein Verbindungsbüro in Washington. Leiter war Huang Chen.

[23] In den USA fanden am 5. November 1974 Wahlen zum Repräsentantenhaus und Teilwahlen zum Senat statt. Der aus diesen Wahlen hervorgegangene 94. Kongreß trat am 14. Januar 1975 zusammen.

[24] Der Vorschlag, im Vorfeld der KSZE-Schlußkonferenz eine Konferenz der Staats- und Regierungschefs der NATO-Mitgliedstaaten abzuhalten, wurde von Bundesminister Genscher und dem amerikanischen Außenminister Kissinger bereits am 6. Dezember 1974 in Washington erörtert. Vgl. dazu AAPD 1974, II, Dok. 360.

Am 6. März 1975 äußerte sich Ministerialdirigent Meyer-Landrut positiv zu dem ursprünglich von NATO-Generalsekretär Luns stammenden Vorschlag: „Der Westen sollte seinerseits die Initiative behalten und in einem den Ost-West-Beziehungen angemessenen Rahmen sein Verständnis der KSZE-Ergebnisse darlegen. Hierfür wäre am besten eine NATO-Gipfelkonferenz geeignet, weil die NATO unabhängig vom Entspannungsprozeß die Grundlage für die Sicherheit Europas ist und weil sident werde zusätzlich zur Teilnahme an einem solchen Gipfel noch einen Besuch in Bonn und in Berlin[26] machen.

Abschließend erwähnte Kissinger, daß er gern bei Gelegenheit seines nächsten Europa-Besuchs, d.h. spätestens bis Mitte April, Berlin besuchen wolle, und daß er mit einer sofortigen Bekanntmachung dieser Absicht einverstanden sei.[27]

gez. van Well

VS-Bd. 9960 (204)

29

Aufzeichnung des Ministerialdirigenten Jesser

Dg 31   17. Februar 1975[1]

Die deutsche Haltung gegenüber der Palästinenserfrage

Entscheidend für unsere Haltung gegenüber der Palästinenserfrage ist unser eigenes deutsches und europäisches Interesse. Unser vitales Interesse liegt in einer dauerhaften Befriedung der nahöstlichen Region. Eine dauerhafte Friedensregelung für den Nahen Osten ist aber ohne eine Lösung des Problems der arabischen Palästinenser unmöglich. Bis in die jüngere Zeit schien es zwar, als ob die Territorialfrage (Rückzug Israels aus besetzten Gebieten gemäß Sicherheitsratsresolution 242 vom 22.11.1967[2]) das Hauptproblem bei der Regelung

---

Fortsetzung Fußnote von Seite 158

die Vereinigten Staaten und Kanada im Gegensatz zu einem westlichen Gipfel im institutionellen Rahmen der EG oder des Europarats einbezogen sind." Vgl. Referat 212, Bd. 111522.

Zur Diskussion dieses Vorschlags in der NATO vgl. Dok. 74.

25 Die NATO-Ratstagung auf der Ebene der Staats- und Regierungschefs fand am 25. Juni 1974 in Brüssel statt. Vgl. dazu AAPD 1974, I, Dok. 191.

26 Präsident Ford besuchte die Bundesrepublik vom 26. bis 28. Juli 1975. Vgl. dazu Dok. 222 und Dok. 224.

27 Vgl. dazu den Artikel „Kissinger kündigt für April seinen Besuch in Berlin an"; DIE WELT vom 17. Februar 1975, S. 1.

Der amerikanische Außenminister Kissinger besuchte die Bundesrepublik erneut am 20./21. Mai 1975 und hielt sich am 21. Mai 1975 in Begleitung des Bundesministers Genscher in Berlin (West) auf. Zu den Gesprächen mit Genscher und mit Bundeskanzler Schmidt vgl. Dok. 126, Dok. 127, Dok. 129 und Dok. 130.

1 Hat Ministerialdirektor van Well vorgelegen.

2 Resolution Nr. 242 des UNO-Sicherheitsrats vom 22. November 1967: „The Security Council [...] 1) Affirms that the fulfilment of Charter principles requires the establishment of a just and lasting peace in the Middle East which should include the application of both the following principles: i) Withdrawal of Israel armed forces from territories occupied in the recent conflict; ii) Termination of all claims or states of belligerency and respect for and acknowledgment of the sovereignty, territorial integrity and political independence of every State in the area and their right to live in peace within secure and recognized boundaries free from threats or acts of force; 2) Affirms further the necessity a) For guaranteeing freedom of navigation through international waterways in the area; b) For achieving a just settlement of the refugee problem; c) For guaranteeing the territorial

der israelisch-arabischen Auseinandersetzung sei, also ein Problem zwischen Israel und seinen etablierten arabischen Nachbarstaaten, während das Problem der arabischen Palästinenser seit 1948 lange Zeit als eine bloße Flüchtlingsfrage aufgefaßt wurde. Heute jedoch ist es einhellige Weltmeinung, daß auf arabischer Seite das palästinensische Volk der Hauptbetroffene des Nahost-Konflikts ist und daß seine Rechte und Interessen in eine friedliche Regelung der israelisch-arabischen Auseinandersetzung einzubeziehen sind. Auch wir haben dies erkannt und anerkannt: mit der Verlautbarung der neun europäischen Außenminister vom 6.11.1973[3], bekräftigt durch das Kommuniqué der europäischen Staats- und Regierungschefs vom 15.12.1973[4], sowie mit der Erklärung der deutschen Delegation in der Palästina-Debatte der Generalversammlung der Vereinten Nationen vom 19.11.1974.[5]

Politische Glaubwürdigkeit und logische Konsequenz gebieten es, die praktische Politik mit dem verbal Erklärten in Übereinstimmung zu halten. Das heißt:

Fortsetzung Fußnote von Seite 159

inviolability and political independence of every State in the area, through measures including the establishment of demilitarized zones". Vgl. UNITED NATIONS RESOLUTIONS, Serie II, Bd. VI, S. 42. Für den deutschen Wortlaut vgl. EUROPA-ARCHIV 1969, D 578 f.

[3] In der am 6. November 1973 von den Außenministern der EG-Mitgliedstaaten beschlossenen Erklärung zum Nahost-Konflikt wurde ausgeführt: „Die neun Regierungen der Europäischen Gemeinschaft [...] sind wie folgt übereingekommen: 1) Sie treten nachdrücklich dafür ein, daß die Streitkräfte beider Seiten im Nahost-Konflikt gemäß den Entschließungen 339 und 340 des Sicherheitsrats sofort zu den Stellungen zurückkehren, die sie am 22. Oktober innehatten. Sie glauben, daß eine Rückkehr zu diesen Stellungen eine Lösung anderer drängender Probleme im Zusammenhang mit den Kriegsgefangenen und der ägyptischen dritten Armee erleichtern wird. 2) Sie hegen die feste Hoffnung, daß im Anschluß an die Verabschiedung der Resolution 338 vom 22. Oktober durch den Sicherheitsrat endlich Verhandlungen über die Wiederherstellung eines gerechten und dauerhaften Friedens im Nahen Osten mittels Verwirklichung aller Teile der Sicherheitsrats-Resolution 242 beginnen werden. Sie erklären sich bereit, alles in ihrer Macht Stehende zu tun, um zu diesem Frieden beizutragen. Ihrer Auffassung nach müssen diese Verhandlungen im Rahmen der Vereinten Nationen stattfinden. [...] 3) Sie sind der Auffassung, daß eine Friedensvereinbarung insbesondere auf folgenden Punkten beruhen sollte: I. Unzulässigkeit des Gebietserwerbs durch Gewalt; II. Notwendigkeit, daß Israel die territoriale Besetzung beendet, die es seit dem Konflikt von 1967 aufrechterhalten hat; III. Achtung der Souveränität, der territorialen Unversehrtheit und Unabhängigkeit eines jeden Staates in dem Gebiet sowie seines Rechts, in Frieden innerhalb sicherer und anerkannter Grenzen zu leben; IV. Anerkenntnis, daß bei der Schaffung eines gerechten und dauerhaften Friedens die legitimen Rechte der Palästinenser berücksichtigt werden müssen. 4) Sie erinnern daran, daß gemäß Entschließung 242 die Friedensregelung Gegenstand internationaler Garantien sein muß." Solche Garantien sollten auch durch die Entsendung friedenserhaltender Streitkräfte in die vorgesehenen entmilitarisierten Zonen verstärkt werden. Vgl. EUROPA-ARCHIV 1974, D 29 f.

[4] Vgl. dazu Ziffer 6 des Kommuniqués der Gipfelkonferenz der EG-Mitgliedstaaten am 14./15. Dezember 1973 in Kopenhagen; EUROPA-ARCHIV 1974, D 54 f.

[5] Am 19. November 1974 erklärte Botschafter Freiherr von Wechmar, New York (UNO), zur Palästina-Debatte in der UNO-Generalversammlung: „We support the Palestinian people's right to self-determination. For us Germans, with our own bitter experience, this is indeed only natural. It is inadmissible, in our view, to acquire territory by force, and we consider it necessary for Israel to end the territorial occupation it has maintained since the conflict of 1967. [...] But we also think that the settlement to be reached in the Palestinian question must incorporate all the essential principles laid down in Security Council resolution 242 (1967). It must be based, above all, on respect for the sovereignty, territorial integrity and independence of every State in the Middle East, as well as on the right of those States to live in peace within their recognized boundaries. The right to live, as well as a secure existence, must be guaranteed for all states in the area. This applies not least to Israel." Vgl. UN GENERAL ASSEMBLY, 29th Session, Plenary Meetings, S. 969 f.

17. Februar 1975: Aufzeichnung von Jesser

Wir müssen uns im Sinne unserer erklärten Politik mit denjenigen befassen, welche das palästinensische Volk repräsentieren und seine Rechte und Interessen nach außen vertreten. Als alleiniger Vertreter des palästinensischen Volkes wird von arabischer Seite (einschließlich Jordaniens) die Palästina-Befreiungsorganisation (PLO) betrachtet (Beschluß der Arabischen Gipfelkonferenz von Rabat vom 28.10.1974)[6]; sie nimmt an der Arabischen Liga teil; und als alleiniger Vertreter wird sie auch von der überwältigenden Mehrheit der Generalversammlung der Vereinten Nationen (Beschluß 3236 vom 22.11.1974)[7] anerkannt.

All dies ist für uns zwar rechtlich nicht bindend, aber politisch relevant. Denn anders laufen wir die Gefahr, zwangsläufigen politischen Entwicklungen hinterherzuhinken und den Anschluß an Gegenwart und Zukunft zu verlieren: Wir müssen mit der PLO leben – und die PLO muß mit uns leben. Aus ihr wird über kurz oder lang eine palästinensische Exilregierung und aus dieser die etablierte Regierung eines arabischen Teils Palästinas erwachsen. Alle Befreiungsbewegungen in der Dritten Welt sind diesen Weg gegangen.

Bei der praktischen Gestaltung unserer Politik geht es nicht darum, die PLO rechtlich „anzuerkennen", sondern sie politisch zur Kenntnis zu nehmen und sie in unser politisches Kalkül faktisch einzubeziehen. Hierfür spricht:

– Wir müssen uns der Mehrheit der Neun anschließen (Frankreich, Italien, Belgien, Luxemburg und Irland) und möglicherweise einer gemeinsamen europäischen Haltung den Weg ebnen.

---

[6] Die Konferenz der Könige und Präsidenten der Mitgliedstaaten der Arabischen Liga vom 26. bis 29. Oktober 1974 faßte den Beschluß, „1) das Recht des palästinensischen Volkes auf Selbstbestimmung und Rückkehr in sein Heimatland zu bekräftigen; 2) das Recht des palästinensischen Volkes zu bekräftigen, in jedem palästinensischen Territorium, das befreit wird, eine unabhängige nationale Autorität unter Führung der Palästinensischen Befreiungsorganisation, der einzigen legitimen Vertretung des palästinensischen Volkes, zu errichten; diese Autorität soll, sobald sie errichtet ist, von den arabischen Staaten auf allen Gebieten und allen Ebenen unterstützt werden; 3) die Palästinensische Befreiungsorganisation im Rahmen der arabischen Solidarität bei der Erfüllung ihrer Pflichten auf nationaler und internationaler Ebene zu unterstützen; 4) das Haschemitische Königreich Jordanien, die Syrische Arabische Republik, die Arabische Republik Ägypten und die Palästinensische Befreiungsorganisation aufzurufen, eine Formel für die Regelung ihrer Beziehungen im Lichte dieser Beschlüsse und im Hinblick auf deren Ausführung auszuarbeiten; 5) daß die arabischen Staaten verpflichtet sind, die palästinensische nationale Einheit zu verteidigen und sich nicht in die inneren Angelegenheiten der palästinensischen Aktion einzumischen". Vgl. EUROPA-ARCHIV 1975, D 616.

[7] Resolution Nr. 3236 der UNO-Generalversammlung vom 22. November 1974: „The General Assembly [...] 1) Reaffirms the inalienable rights of the Palestinian people in Palestine, including: a) The right of self-determination without external interference; b) The right to national independence and sovereignty; 2) Reaffirms also the inalienable right of the Palestinians to return to their homes and property from which they have been displaced and uprooted, and calls for their return; 3) Emphasizes that full respect for and the realization of these inalienable rights of the Palestinian people are indispensable for the solution of the question of Palestine; 4) Recognizes that the Palestinian people is a principal party in the establishment of a just and lasting peace in the Middle East; 5) Further recognizes the right of the Palestinian people to regain its rights by all means in accordance with the purposes and principles of the Charter of the United Nations; 6) Appeals to all States and international organizations to extend their support to the Palestinian people in its struggle to restore its rights, in accordance with the Charter; 7) Requests the Secretary-General to establish contacts with the Palestine Liberation Organization on all matters concerning the question of Palestine". Vgl. UNITED NATIONS RESOLUTIONS, Serie I, Bd. XV, S. 254. Für den deutschen Wortlaut vgl. EUROPA-ARCHIV 1975, D 622 f.

- Die PLO war schon vor den jüngsten Beschlüssen der Vereinten Nationen bei vielen internationalen Konferenzen (z. B. Seerechts-Konferenz, ICAO, UNESCO, Genfer Konferenz über humanitäres Völkerrecht) als Beobachter vertreten, was von uns hingenommen wurde.
- Durch die Resolutionen 3236 und 3237 (XXIX)[8] der Vereinten Nationen ist die PLO weltweit aufgewertet worden.
- Wir sollten nicht als einer der letzten Staaten einer sich klar abzeichnenden Entwicklung hinterherhinken.
- Das Beispiel der afrikanischen Befreiungsbewegungen zeigt, daß ein rechtzeitiger Kontakt für unsere späteren außenpolitischen Beziehungen wichtig ist.
- Unsere politischen Beziehungen zu den Staaten der arabischen Welt würden erheblich verbessert werden (Beispiel: Frankreich), was auch Auswirkungen auf unsere künftige Energieversorgung haben würde.
- Der Vorwurf des Terrorismus gegen die PLO führt nicht weiter; die Geschichte zeigt, daß viele nationale Unabhängigkeitsbewegungen, nicht nur im Nahen Osten, zumindest zeitweilig Gewalt anwendeten.
- Die gemäßigten Führer der PLO stehen unter starkem Druck ihrer Basis und der außenstehenden Widerstandsgruppen und bedürfen unserer Unterstützung.
- Wir müssen ein Interesse daran haben, daß auch nach Schaffung eines palästinensischen Staates die Gemäßigten dort die Oberhand behalten; Kontakte jetzt zur PLO würden eine wirksame spätere Hilfe für einen Staat Palästina erleichtern.
- Dem Einfluß der Sowjetunion auf die PLO sollte entgegengetreten werden.[9]
- Der Europäisch-Arabische Dialog kann ohne eine Berücksichtigung der PLO nicht erfolgreich vorangetrieben werden[10]; Sicherung der Energieversorgung, Rückschleusung der Ölgelder und Exportinteressen der deutschen Wirtschaft stehen dabei auf dem Spiel.
- Eine friedliche Beilegung des Nahost-Konflikts wird nur unter Beteiligung der Palästinenser möglich sein; die Freundschaft zu Israel kann es gebieten, auch unpopuläre, aber unabweisbare Schritte zu tun, die letztlich Israel zugute kommen werden.

---

[8] In Resolution Nr. 3237 der UNO-Generalversammlung vom 22. November 1974 wurde zur Gewährung des Beobachterstatus für die Palästinensische Befreiungsorganisation (PLO) ausgeführt: „The General Assembly [...] 1) Invites the Palestine Liberation Organization to participate in the sessions and the work of the General Assembly in the capacity of observer; 2) Invites the Palestine Liberation Organization to participate in the sessions and the work of all international conferences convened under the auspices of the General Assembly in the capacity of observer; 3) Considers that the Palestine Liberation Organization is entitled to participate as an observer in the sessions and the work of all international conferences convened under the auspices of other organs of the United Nations; 4) Requests the Secretary-General to take the necessary steps for the implementation of the present resolution." Vgl. UNITED NATIONS RESOLUTIONS, Serie I, Bd. XV, S. 254.
[9] Zu diesem Satz vermerkte Ministerialdirektor van Well handschriftlich: „Letztlich sehr intensive Bemühungen."
[10] Zu einer Einbeziehung der PLO in den Europäisch-Arabischen Dialog vgl. Dok. 6.

- Wir haben in Übereinstimmung mit unseren europäischen Partnern die legitimen Rechte der Palästinenser und deren Selbstbestimmungsrecht anerkannt: Dies muß sich letztlich auch in unserem politischen Handeln niederschlagen.

Was besagt dies für unsere praktische Politik?

Wir wollen zwar nicht zu einer vorzeitigen politischen Aufwertung der PLO beitragen und vor allem durch eine Aufwertung nicht die laufenden Friedensbemühungen stören. Wir können aber im Blick auf künftige Entwicklungen das Feld vorbereiten, d. h.:

- Wir können bestehende nichtoffizielle Kontakte zur PLO (Beirut[11], Damaskus[12], Kairo[13], Bonn[14]) ausbauen.
- Wir können entsprechend einer künftigen Einbeziehung der PLO in die Verhandlungen über eine Friedensregelung die PLO zu gegebener Zeit in den Europäisch-Arabischen Dialog einbeziehen.
- Wir sollten vor allem unsere öffentlichen Erklärungen zur Frage der Palästinenser und der PLO strikt an dem von uns vertretenen Prinzip der Ausgewogenheit unserer Nahostpolitik ausrichten. Erklärungen, die den Eindruck der Unausgewogenheit erwecken können, fordern negative arabische Reaktionen heraus, wie z. B. im Falle des Interviews von Bundeskanzler

---

[11] Am 29. Januar 1975 berichtete Botschafter Lankes, Beirut, von einem Schreiben des Leiters der Politischen Abteilung der PLO, Kaddoumi, „daß die PLO Herrn Toufik al-Sadafi beauftragt hat, sich mit der Botschaft bezüglich ‚Angelegenheiten der Palästinenser und der PLO im Libanon in Verbindung zu setzen' und daß ‚um jedmögliche Hilfe in diesem Bereich' gebeten wird". Lankes sah das Schreiben „als Ausdruck des Wunsches nach einem geregelten Kontakt" und eventuellen Hinweis darauf, „daß die PLO Unterstützung (auch materieller Art) für im Libanon beheimatete Palästinenser bzw. hiesige Einrichtungen zur Sprache bringen will. [...] Jedenfalls scheinen mir Form und Anliegen des Schreibens anzuzeigen, daß es sich nicht um einen Versuch handelt, die Anerkennung der PLO durch die Bundesregierung zu erreichen." Vgl. den Drahtbericht Nr. 26; Referat 310, Bd. 108755.
Am 4. Februar 1975 teilte Lankes ergänzend mit, daß neben der Botschaft der Bundesrepublik nur die französische und italienische angeschrieben worden seien und damit die Botschaften, die „schon seit längerer Zeit zwar inoffizielle, aber doch nennenswerte Kontakte mit PLO-Vertretern unterhalten". Die Botschafter seien im Rahmen der EPZ zusammengekommen und hätten beschlossen, eine mündliche Eingangsbestätigung zu geben: „In diesem Verfahren wird keine politische Wertung der PLO gesehen. Vorsicht bei denkbaren Schritten in Richtung auf eine Verfestigung der Kontakte ist geboten." Vgl. den Drahtbericht Nr. 32; Referat 310, Bd. 108755.

[12] Der CDU-Abgeordnete Schröder traf am 17. Dezember 1974 in Damaskus mit dem Vorsitzenden des Exekutivkomitees der PLO, Arafat, zusammen. Vgl. dazu AAPD 1974, II, Dok. 371.
Botschaftsrat Bartels, Damaskus, teilte am 4. Januar 1975 mit, daß „offenbar im Rahmen einer besonderen Zuständigkeitsweisung" bislang ausschließlich die Botschaft in Beirut Kontakte zur PLO unterhalten habe. Angesichts der verstärkten Aktivitäten der PLO in Damaskus plädierte Bartels dafür, auch dort Verbindung aufzunehmen: „Das Zusammentreffen zwischen Herrn Dr. Schröder, MdB, und Yassir Arafat hat für Kontakte zwischen der Botschaft und den Palästinensern außerordentlich günstige Voraussetzungen geschaffen, die hier in Damaskus genutzt werden sollten. Es versteht sich dabei, daß sich direkte Kontakte zwischen dem jeweiligen Behördenleiter und Spitzenvertretern der PLO verbieten. Auf mittlerer Ebene hingegen sollte Verbindung aufgenommen werden." Vgl. den Schriftbericht Nr. 2, Referat 310, Bd. 108755.

[13] Am 27. September 1972 wurde der Vertreter der PLO im Büro der Arabischen Liga in Bonn, Frangieh, ausgewiesen. Jedoch wurden in der Folgezeit wiederholt Gespräche mit ihm in Kairo und Algier geführt. Vgl. dazu AAPD 1973, I, Dok. 4, Dok. 63 und Dok. 98. Vgl. ferner AAPD 1973, III, Dok. 408.

[14] Am 29. November 1974 führte Vortragender Legationsrat I. Klasse Redies ein Gespräch mit dem Vertreter der PLO, Frangieh. Vgl. dazu AAPD 1974, II, Dok. 347.

Schmidt mit „Figaro" vom 3.2.1975 (Text vergleiche Anlage)[15]. Hierzu wird uns von arabischer Seite vorgehalten:

Eine solche Erklärung sei deswegen einseitig, weil sie nur Zugeständnisse der Palästinenser erwähne, nicht aber solche der Israeli. Die Herbeiführung eines dauerhaften und gerechten Friedens erfordere jedoch Zugeständnisse von beiden Seiten. Wer lediglich vom Nachgeben der einen Seite spreche, ohne im Kontext auch auf das Nachgeben der anderen Seite einzugehen, verfahre nicht unparteiisch. Außerdem sei das Aushandeln einer Friedensregelung für den Nahen Osten stets ein do ut des, so z. B. Hinnahme des Rechts Israels, in sicheren und anerkannten Grenzen zu leben, durch die Palästinenser gegen Rückzug der Israeli aus den im Junikrieg 1967 besetzten arabischen Gebieten[16] und Anerkennung des Selbstbestimmungsrechts des palästinensischen Volkes durch Israel. Mit dem Setzen einer einseitigen Vorbedingung zu Lasten der Araber werde das vorweggenommen, was gerade Gegenstand des Aushandelns einer Friedensregelung sein müsse. Damit werde das an den Anfang eines Verhandlungsprozesses gestellt, was erst das Ergebnis dieses Prozesses sein könne. Es ist schwierig, dieser Argumentation entgegenzutreten. Um berechtigte Einwände und mögliche Zweifel auf arabischer Seite von vornherein auszuschließen, sollten wir daher stets zusammen mit der Erwähnung der Notwendigkeit palästinensischer Zugeständnisse auch die Notwendigkeit israelischer Zugeständnisse erwähnen. Nur so ist unsere erklärte Politik der Ausgewogenheit glaubwürdig.

Jesser

Referat 310, Bd. 108755

---

[15] Dem Vorgang beigefügt. Für den die PLO betreffenden Auszug aus dem Interview vgl. Referat 310, Bd. 108755. Vgl. auch Dok. 28, Anm. 14.

[16] Am 5. Juni 1967 griffen israelische Streitkräfte ägyptische Truppen auf der Sinai-Halbinsel an und nahmen einen Tag später den Gaza-Streifen und den jordanischen Teil von Jerusalem ein. Am folgenden Tag ordnete das Oberkommando der ägyptischen Streitkräfte die Sperrung des Suez-Kanals an. Die Kampfhandlungen fanden am 10. Juni 1967 mit der Besetzung der Sinai-Halbinsel und des Gebietes westlich des Jordans durch Israel ein vorläufiges Ende. Der Suez-Kanal blieb für die Schiffahrt gesperrt. Vgl. dazu AAPD 1967, II, Dok. 207 und Dok. 208.

30

Aufzeichnung des
Vortragenden Legationsrats I. Klasse Andreae

220-371.85/50-271/75 geheim   17. Februar 1975[1]

Betr.: Konsultation der Europäischen SALT-Experten (sog. Petrignani-Gruppe)

Auf Einladung ihres Vorsitzenden, des Herrn Gesandten Da Rin, erörterte die Petrignani-Gruppe am 14.1.1975 in Brüssel das Ergebnis der Abmachungen von Präsident Ford und Generalsekretär Breschnew über die Begrenzung strategischer Offensivwaffen, die im November 74 in Wladiwostok getroffen wurden.[2]

Herr Da Rin berichtete zunächst über Gespräche, die er kurz zuvor in Washington über das gleiche Thema geführt hatte. Das State Department sei über Wladiwostok höchst erfreut gewesen; Alexis Johnson hätte sich ohne jede Reserve positiv dazu geäußert. Im Pentagon sei man dagegen kritischer. Das gelte besonders für Schlesinger. Während Kissinger die Auffassung vertrete, daß die USA keine Zugeständnisse gemacht hätten, sei sich Schlesinger darüber klar, daß in den der Sowjetunion verbleibenden qualitativen Möglichkeiten eine potentielle Gefahr für die amerikanischen ICBMs läge. Was den Verzicht auf Einbeziehung der FBS angehe, so werde dieser im State Department mit dem erheblichen Interesse Breschnews am Fortbestehen der Entspannung begründet. Breschnew habe die sowjetische Hierarchie gezwungen, den Wladiwostok-Bissen zu schlucken, wozu es einiger Überredung auf höchster politischer Ebene bedurft hätte. Die im Kongreß lautgewordene Kritik insbesondere daran, daß das „throwweight" nicht begrenzt werde, sei verständlich, könne aber nicht

---

[1] Hat Botschafter Roth am 20. Februar 1975 vorgelegen, der handschriftlich vermerkte: „Die Argumentation, trotz Nichtregelung des ‚Throwweight' Problems bestehe ‚Gleichwertigkeit', halte ich nicht für zutreffend. Es wird insbesondere Parität angestrebt. Seine Auswirkung ist im wesentlichen polit-psychologischer Art. Qualitativ besteht weiterhin eine offene ‚Machbarkeits'situation: Ich bleibe bei meiner in meiner ersten Bewertung gemachten Aussage, daß eine Beurteilung eines Abkommens auf der Basis von Wladiwostok für die strategische Balance erst in einigen Jahren möglich sein wird, wenn klarer wird, welchen Weg die beiden Großen gehen. Versuchen Sie bitte auch weiterhin, das Wort ‚FBS' zu töten. Gerade im Zusammenhang mit einer ‚allgemeinen Nichtumgehungsklausel' ist der einzig zutreffende Ausdruck ‚noncentral systems'."
Hat den Vortragenden Legationsräten I. Klasse Pfeffer und Ruth am 21. bzw. 24. Februar 1975 vorgelegen.
Hat Vortragendem Legationsrat I. Klasse Hauber am 5. März 1975 vorgelegen.

[2] Zu den amerikanisch-sowjetischen SALT-Vereinbarungen vom 23./24. November 1974 vgl. Dok. 2, Anm. 6.
Zur Bewertung führte Vortragender Legationsrat I. Klasse Andreae am 28. Januar 1975 aus: „Die erzielte Einigung könnte auf folgendem Kompromiß beruhen: Die amerikanische Seite ist von ihrer bisherigen Zielsetzung der wesentlichen Gleichheit der strategischen Waffen (essential equivalence), die auch die qualitativen Aspekte (vor allem das ‚throwweight') einschließen sollte, abgegangen und hat sich mit zahlenmäßiger Parität zufriedengegeben; die sowjetische Seite hat offenbar nicht mehr a) auf der Erhaltung der für sie vorteilhaften Zahlenrelationen von SALT I, b) auf der Eingrenzung weiterer amerikanischer technischer Entwicklungen, c) auf einer Einbeziehung der FBS und Kompensation für strategische Systeme dritter Länder, d) auf dem Verbot der Weitergabe strategischer Systeme und ihrer Komponenten an Bündnispartner (non-transfer) bestanden." Vgl. VS-Bd. 8648 (201); B 150, Aktenkopien 1975.

überzeugen, da zwischen den strategischen Systemen beider Seiten mehr oder minder Gleichwertigkeit (approximate parity) erzielt werde. Jedenfalls halte es die amerikanische Regierung derzeit für äußerst unwahrscheinlich, daß die Sowjets aufgrund der Wladiwostok-Regelung zur Entwicklung einer Erstschlagskapazität instand gesetzt würden.

Zwei Punkte würden in den bevorstehenden Verhandlungen, die Ende Januar beginnen sollten[3], besondere Schwierigkeiten aufwerfen:

1) Verifikation der Vertragsabmachungen

Was MIRV angehe, so müßten wohl alle Systeme, die einmal mit MIRV getestet worden seien, als auch mit MIRV ausgerüstet gezählt werden.

2) Definition

Fallen cruise missiles und Bomber (welche?) unter die einzubeziehenden Systeme?

Nach seinem Bericht über die Gespräche in Washington wandte sich Da Rin der Frage zu, ob die Petrignani-Gruppe, nachdem sie ihre Arbeit zur FBS-Frage abgeschlossen habe[4], noch weiter tätig sein sollte. Er neige dazu, die Frage zu bejahen, da es auch außerhalb der FBS im Verlauf der bevorstehenden Verhandlungen in Genf Fragen geben werde, die die europäischen Bündnispartner mit einigem Nutzen diskutieren könnten.

In der Diskussion stimmten der britische, deutsche und holländische sowie der belgische Vertreter der von Da Rin angeregten Weiterführung der Gruppenarbeit zu. Man wurde sich darüber klar:

1) daß keineswegs sicher sei, ob das FBS-Problem vollständig vom Tisch sei. Es bestehe durchaus die Möglichkeit, daß schon mit[5] der Definitionsfrage die als FBS verstandenen Systeme wieder in die Diskussion eingeführt würden. In diesem Zusammenhang sei

2) die Notwendigkeit für eine Nichtumgehungsklausel in einer u. U. erneuerten, eventuell dem deutschen Vorschlag von 1971[6] angenäherten Form zu prüfen.

---

[3] Vom 31. Januar bis 7. Mai 1975 fand in Genf die achte Runde der zweiten Phase der Gespräche zwischen den USA und der UdSSR über eine Begrenzung strategischer Waffen (SALT II) statt.

[4] Vgl. dazu die „Schlußfolgerungen aus den Beratungen der an SALT interessierten europäischen Nationen über das Problem nicht-zentraler Systeme in Europa"; AAPD 1974, II, Dok. 287.

[5] Korrigiert aus: „der".

[6] Am 30. April 1971 übermittelte Botschafter Roth der Ständigen Vertretung bei der NATO in Brüssel eine Stellungnahme zu „German views on the problem of possible upsetting of strategic stability by manipulations of non-central medium range nuclear systems" als Grundlage für SALT-Konsultationen in der NATO über die Einbeziehung von nicht-zentralen Systemen und von Forward Based Systems. Darin wurde ausgeführt: „The question arises thus whether one should perhaps offer to the Soviets to tie up the validity of any SALT agreement to the non-circumvention of a general undertaking not to manipulate systems not covered by the SALT agreement. [...] The following formula might serve the described purposes: Any manipulation, by the two contracting parties, of their non-central systems, not covered by the SALT agreement, which would be so essential as to upset the strategic stability would call in question the validity of the SALT agreement." Vgl. den Drahterlaß Nr. 2301; VS-Bd. 3603 (II B 1); B 150, Aktenkopien 1971.
Zur Erörterung des Vorschlags am 17. Mai 1971 im Ständigen NATO-Rat vgl. die Aufzeichnung des Vortragenden Legationsrats I. Klasse Menne vom 18. Mai 1971; VS-Bd. 3603 (II B 1); B 150, Aktenkopien 1971.

3) Die No-transfer-Frage sei zwar in Wladiwostok nicht erwähnt, könne aber durchaus von den Sowjets wieder ins Spiel gebracht werden, was für die Europäer von erheblicher Bedeutung sei.

4) Die Bemerkung Schlesingers, daß FBS[7] – wenn überhaupt – in Zukunft bei MBFR verhandelt werden sollte[8], ist zwar wenig verständlich. Möglich ist aber ein verstärkter Druck der Sowjets auf Einbeziehung nuklearer Elemente in MBFR. Auch dieser Bereich sollte im Auge behalten werden.

Es wurde beschlossen, eine weitere Sitzung der Gruppe in zeitlichem Zusammenhang mit der nächsten Unterrichtung des NATO-Rats durch die amerikanische Delegation stattfinden zu lassen.[9]

Andreae

VS-Bd. 9472 (220)

---

[7] Dieses Wort wurde von Botschafter Roth unterschlängelt. Dazu Fragezeichen.
[8] Der amerikanische Verteidigungsminister Schlesinger führte am 9. Dezember 1974 in einer Pressekonferenz in Brüssel zu den SALT betreffenden Absprachen des Präsidenten Ford mit dem Generalsekretär des ZK der KPdSU, Breschnew, vom 24./25. November 1974 in Wladiwostok aus: „I think from the standpoint of Western Europe that the results are interesting, not only in terms of the agreement between the United States and the Soviet Union to have equality in terms of the number of central strategic systems, but perhaps more significant is the willingness of the Soviet Union to abandon a position that it has maintained for some years that would require forward-based systems to be included in considerations with regard to central strategic systems. Forward-based systems were dropped from any discussion with relation to the central strategic systems and to the extent that there will be any discussions of forward-based systems, it would take place within the discussions going on mutual and balanced force reductions." Vgl. VS-Bd. 9472 (220); B 150, Aktenkopien 1974.
[9] Die europäischen SALT-Experten trafen am 24. Februar 1975 im Anschluß an die SALT-Konsultationen im Ständigen NATO-Rat erneut zusammen. Erörtert wurde ein neuer sowjetischer Abkommensentwurf. Der Vorsitzende der Expertengruppe, Da Rin, wies den amerikanischen Vertreter, Earle, darauf hin, daß das „Wiederauftauchen der FBS-Frage in Genf" beunruhigend sei, nachdem die UdSSR in Wladiwostok zunächst „dem Nichteinschluß der FBS in SALT II so bereitwillig" zugestimmt hätten. Earle führte dazu aus, daß „der erneute sowjetische Rückgriff auf die FBS-Systeme nicht sehr überraschend" sei. Er glaube nicht, „daß die sowjetischen Vorstellungen hinsichtlich FBS in SALT II überleben werden. Sie werden jedoch in den nachfolgenden Verhandlungen mit Sicherheit wieder auftauchen." Vgl. die Gesprächsaufzeichnung; VS-Bd. 3617; B 150, Aktenkopien 1975.

31

Aufzeichnung des Ministerialdirektors van Well

204-321.36 USA-314/75 VS-vertraulich   18. Februar 1975[1]

Betr.: Gespräch des Herrn Bundesaußenministers mit Dr. Kissinger unter vier Augen am 16. Februar

Der Herr Minister hat mir folgende Schilderung des Vier-Augen-Gesprächs gegeben:

1) Innenpolitische Lage in den USA

Kissinger verwies auf das in der letzten Zeit akuter gewordene Problem der Regierbarkeit der Vereinigten Staaten. Es habe eine große Machtverschiebung zugunsten des Kongresses stattgefunden.[2] Die Administration könne die Einmischung des Kongresses in die operative Führung der Außenpolitik (Handelsvertrag mit der Sowjetunion[3], Militärhilfe für die Türkei[4], Militärhilfe für Südostasien[5]) nicht lange hinnehmen, sonst würde die amerikanische Regierung als ernster Partner im internationalen Verkehr in Frage gestellt. Der Präsident[6] und er seien bereit zu einer öffentlichen Auseinandersetzung, damit das amerikanische Volk die Gefahren, die mit diesen Tendenzen verbunden sind, klar erkennt. Im neuen Kongreß gebe es zu viele unerfahrene Leute, die mehr den Zeitströmungen Gehör schenken als den langfristigen Tendenzen. Er glaube jedoch, daß die Mehrheit des Kongresses auf die Dauer zu einer vernünftigeren Haltung gebracht werden könne.

2) Entspannungspolitik

Der Bundesminister berichtete über sein Gespräch mit Falin, der gesagt habe, daß die Affäre um den Handelsvertrag nicht zu einer wirklichen Belastung der Beziehungen der Sowjetunion zu den USA geführt habe, da man in Moskau überzeugt sei, daß Präsident Nixon und Kissinger den Vertrag, so wie er ausgehandelt worden sei, auch ehrlich gewollt hätten.[7] Kissinger meinte, die amerikanischen Eindrücke deckten sich mit dieser Aussage.

Beide Minister hätten darin übereingestimmt, daß die Rahmenbedingungen und Interessenlagen, die zur Einleitung der Entspannungspolitik auf beiden Seiten

---

[1] Durchschlag als Konzept.
[2] In den USA fanden am 5. November 1974 Wahlen zum Repräsentantenhaus und Teilwahlen zum Senat statt. Der aus diesen Wahlen hervorgegangene 94. Kongreß trat am 14. Januar 1975 zusammen.
[3] Zur amerikanischen Handelsgesetzgebung vom 3. Januar 1975 und zur Mitteilung der sowjetischen Regierung vom 10. Januar 1975, daß sie das amerikanisch-sowjetische Handelsabkommen vom 18. Oktober 1972 nicht in Kraft setzen werde, vgl. Dok. 2, Anm. 8, 9 und 12.
[4] Zum Beschluß des amerikanischen Kongresses vom 17. Oktober bzw. 17./18. Dezember 1974 über die Einstellung der Verteidigungshilfe für die Türkei zum 5. Februar 1975 vgl. Dok. 28, Anm. 21.
[5] Zur Aufforderung des Präsidenten Ford vom 28. Januar 1975 an den amerikanischen Kongreß, zusätzliche 300 Mio. Dollar Verteidigungshilfe für die Republik Vietnam (Südvietnam) und 222 Mio. Dollar Verteidigungshilfe für Kambodscha bereitzustellen, vgl. Dok. 28, Anm. 21.
[6] Gerald R. Ford.
[7] Zum Gespräch des Bundesministers Genscher mit dem sowjetischen Botschafter Falin am 28. Januar 1975 vgl. Dok. 23, Anm. 33.

18. Februar 1975: Aufzeichnung von van Well 31

geführt hätten, fortbestünden. Kissinger sagte, er habe immer mit einer gewissen Skepsis die von deutscher Seite gehegten Erwartungen der Ergebnisse der Entspannungspolitik betrachtet. Er sei z. B. der Auffassung, daß es nach wie vor das Ziel der sowjetischen Politik sei, Berlin zu einer freien Stadt zu machen.[8] Diese seine Einschätzung der sowjetischen Haltung erkläre auch seine sehr feste Haltung, die er in der Angelegenheit Umweltbundesamt[9] eingenommen habe. Er mache sich über die Starrheit Gromykos Sorgen; er sei noch immer in den Denkkategorien der 50er Jahre befangen. Er zeige sich wohl auch deswegen sehr hart und unbeweglich, um seine Stellung im Politbüro zu stärken. Deshalb neige er, Kissinger, dazu, über wichtige Fragen nicht mit Gromyko, sondern mit Breschnew zu sprechen.

Der Bundesminister verwies darauf, daß es unsere Politik sei, möglichst viele Streitpunkte im Verhältnis zur Sowjetunion auszuräumen. Deshalb lehne er auch unklare Formulierungen wie z. B. im Zusammenhang mit dem wissenschaftlich-technischen Abkommen[10] ab. Eine dauerhafte Verbesserung der Beziehungen lasse sich nur erreichen, wenn man aufrichtig miteinander umgehe. Er mache sich über die Art des sowjetischen Herangehens an das Verhältnis zu uns Sorgen. Es sei recht kleinkariert und belaste durch ständige Nadelstiche die Vertiefung der beiderseitigen Beziehungen. Z. B. hätte die Sowjetunion vor einigen Tagen in einem offiziösen Artikel recht unrealistische Dinge über eine dritte Staatsbürgerschaft für Westberliner verbreitet.[11] Gromyko sei inzwischen auch hinter seine eigenen Erklärungen zum wissenschaftlich-technischen Abkommen, die er uns in Moskau gemacht habe[12], zurückgegangen. Er würde es begrüßen, wenn Kissinger Gromyko auf diese Enttäuschung auf deutscher Seite aufmerksam machen würde.[13] Er sei dankbar, daß die amerikanische und die Bundesregierung übereinstimmend der Meinung seien, daß die Entspannungspolitik eng mit der Lage in Berlin verknüpft ist, wie das auch im NATO-Kommuniqué von Ottawa[14] zum Ausdruck gebracht worden sei.

---

8 In der Note vom 27. November 1958 an die Drei Mächte („Berlin-Ultimatum") forderte die UdSSR, „daß die Frage Westberlin gegenwärtig durch die Umwandlung Westberlins in eine selbständige politische Einheit – eine Freistadt – gelöst werde, in deren Leben sich kein Staat, darunter auch keiner der bestehenden zwei deutschen Staaten, einmischen würde". Die „Freistadt" sollte „entmilitarisiert" und es sollten „daselbst keinerlei Streitkräfte stationiert werden". Dieser Status war durch die Vier Mächte, die UNO oder die beiden deutschen Teilstaaten zu garantieren. Vgl. DzD IV/1, S. 174 f.

9 Zur Haltung der Drei Mächte und der UdSSR hinsichtlich der Errichtung des Umweltbundesamts in Berlin (West) vgl. Dok. 9, Anm. 8.

10 Zu den Verhandlungen zwischen der Bundesrepublik und der UdSSR über ein Abkommen zur wissenschaftlich-technischen Zusammenarbeit vgl. Dok. 1.

11 In der Presse wurde am 8. Februar 1975 über das in Berlin (West) erschienene Buch von W. N. Wyssozki mit dem Titel „Westberlin" berichtet und daraus der Passus zitiert: „Die Westberliner sind als Einwohner eines Sondergebildes weder Bürger der BRD noch der DDR. Sie besitzen ein besonderes Dokument, den ‚Personalausweis', der sie als Bewohner eines Sondergebildes legitimiert, das zu keinem Staate gehört." Vgl. den Artikel „Ein Gebilde besonderer Art"; DIE WELT vom 8. Februar 1975, S. 2.

12 Zu den Ausführungen des sowjetischen Außenministers Gromyko gegenüber Bundesminister Genscher am 30. Oktober 1974 in Moskau vgl. Dok. 1, Anm. 6.

13 Der amerikanische Außenminister Kissinger traf am 16./17. Februar 1975 in Genf mit dem sowjetischen Außenminister Gromyko zusammen. Vgl. dazu Dok. 34.

14 In Ziffer 6 des Kommuniqués der NATO-Ministerratstagung am 18./19. Juni 1974 in Ottawa wurde ausgeführt: „Ministers reaffirmed their conviction that progress towards detente in Europe is inseparably linked with the strict observance and full application of the Berlin Agreement." Vgl.

169

Kissinger drückte sein volles Verständnis für die Ausführungen des Bundesministers aus und sagte, er werde Gromyko in Genf darauf ansprechen und uns anschließend unterrichten.[15]

Der Bundesminister bemerkte, er habe eigentlich die Absicht, um die Jahresmitte einen Besuch in Moskau zu den jährlichen Konsultationen zu machen, müsse sich aber fragen, was dabei herauskommen könne. Er werde von der Öffentlichkeit nach seiner Rückkehr wieder gefragt werden, was denn nun konkret an Fortschritten erreicht worden sei, nachdem schon nach dem Besuch des Bundeskanzlers und des Bundesaußenministers in Moskau[16] sich kaum etwas bewegt habe.

3) Besuch in Schweden

Der Bundesminister berichtete über seine Eindrücke von seiner Reise nach Stockholm[17], vor allem über das energische Bemühen von Palme und Außenminister Andersson, die Neutralitätspolitik auch gegen sowjetischen Druck fortzusetzen. Die Schweden hätten eine sehr realistische Haltung. Der Bundesminister habe vor allem einen guten Eindruck von Außenminister Andersson gehabt, der für enge Beziehungen zu Westeuropa eintrete. Auf den Einwand von Kissinger, Andersson habe kürzlich eine heftige Kritik an der amerikanischen Vietnam-Politik geübt[18], verwies der Bundesminister auf die wahrscheinliche

Fortsetzung Fußnote von Seite 169
NATO FINAL COMMUNIQUES 1949–1974, S. 316. Für den deutschen Wortlaut vgl. EUROPA-ARCHIV 1974, D 338.

[15] Am 20. Februar 1975 teilte Vortragender Legationsrat I. Klasse Dannenbring den Botschaften in Moskau und Washington mit, daß der amerikanische Botschafter Hillenbrand am Vortag Informationen des amerikanischen Außenministers Kissinger über das Gespräch mit dem sowjetischen Außenminister am 16./17. Februar 1975 in Genf zur Berlin-Frage übermittelt habe. Von Kissinger auf die Besorgnisse der Bundesregierung angesprochen, habe Gromyko ausgeführt, „daß für die Sowjetregierung in Berlin zwei Prinzipienfragen berührt seien: 1) die illegale Anwesenheit bestimmter Bundeseinrichtungen […]. 2) Das einzig legale Dokument für Berliner sei das ‚residency-Dokument'." Gromyko habe ferner erwähnt, „daß seine Regierung bereit sei, das wissenschaftlich-technische Abkommen zu unterzeichnen, jedoch nur mit Ausnahme der Berlin-Klausel." Vgl. den Drahterlaß Nr. 677; VS-Bd. 9960 (204); B 150, Aktenkopien 1975.

[16] Bundeskanzler Schmidt und Bundesminister Genscher hielten sich vom 28. bis 31. Oktober 1974 in der UdSSR auf. Vgl. dazu AAPD 1974, II, Dok. 309, Dok. 311–316 und Dok. 321.

[17] Bundesminister Genscher hielt sich vom 13. bis 15. Februar 1975 in Schweden auf. Dazu teilte Vortragender Legationsrat I. Klasse Dohms am 16. Februar 1975 mit, Genscher habe unterstrichen, „daß durch den fortschreitenden wirtschaftlichen und politischen Zusammenschluß der Neun keine neuen Gräben in Europa gezogen, sondern die Nichtmitgliedländer so weit wie möglich und soweit sie es wünschen an der europäischen Entwicklung beteiligt werden sollen". Mit Ministerpräsident Palme seien vor allem der Nahost-Konflikt und die internationale Energie- und Rohstoffpolitik erörtert worden, mit dem schwedischen Außenminister außer der europäischen Zusammenarbeit und der KSZE die schwedische Neutralitätspolitik, die Andersson als „Politik der Bündnisfreiheit" definiert habe: „Schweden werde sich im Frieden und im Krieg keiner Militärallianz anschließen und würde sich bei einem Angriff entschlossen verteidigen. Diese Neutralitätspolitik bedeute jedoch nicht den Verzicht auf eine aktive Außenpolitik und eine eigene Stellungnahme zur Entwicklung der Weltpolitik. Schweden habe z. B. die Sowjetunion wegen des Einmarsches in Prag und die USA wegen Vietnam kritisiert. Andererseits lasse Schweden sich durch Kritik der sowjetischen Regierung nicht davon abhalten, Verteidigungswaffen an NATO-Länder und andere zu liefern." Vgl. den Runderlaß Nr. 26; Referat 010, Bd. 178619.

[18] Botschafter Stoecker, Stockholm, berichtete am 29. Januar 1975, daß sich der schwedische Außenminister Andersson auf einer Sitzung des schwedischen Vietnam-Komitees am 27. Januar 1975 gegen die Absicht der amerikanischen Regierung gewandt habe, „den militärischen Beistand für das Saigon-Regime auszuweiten. Dieses Regime klammere sich an die Macht aufgrund der amerikanischen Unterstützung. Eine gesteigerte Einmischung von USA werde den Konflikt aber nur verlängern." Die südvietnamesische Regierung habe sich nicht an das Abkommen vom 27. Januar 1973 bzw. die Schlußakte der Internationalen Konferenz zur Wiederherstellung des Friedens in Vietnam

innerparteiliche Motivation der Rede. Andersson müsse ab und zu den radikalen linken Parteiflügel neutralisieren. In Wirklichkeit halte Andersson die Parteiführung auf einem mittleren Kurs und habe entscheidend dazu beigetragen, daß in außen- und sicherheitspolitischen Fragen die Regierung sich nicht mehr auf die Kommunisten, sondern auf die Liberalen stütze. Der Bundesminister empfahl daher Kissinger, Schweden und seinem Außenminister eine gewisse Aufmerksamkeit zu widmen. Vielleicht sei es gut, wenn Kissinger eine kleine Geste mache, indem er Andersson, der nächste Woche nach Kairo reise, über seine Nahost-Mission[19] unterrichte. Kissinger wollte dies tun.

4) Nahost

Kissinger hielt die gegenwärtige Führung in Israel nicht für stark. Golda Meir und Allon seien die stärksten Persönlichkeiten. Z. B. würde es doch wohl im Interesse Israels liegen, sich mit amerikanischen Waffenlieferungen an Ägypten einverstanden zu erklären. Sadat brauche bessere Waffen. Wenn er, Kissinger, Regierungschef in Israel wäre, würde er die USA direkt bitten, Waffen an Sadat zu liefern. Nur dann könnten sie sicher sein, daß bei einem neuen Krieg kein Airlift nach Ägypten stattfinde, um die Vorräte aufzufüllen. Kissinger halte nichts von der Genfer Konferenz[20]; sie kompliziere die Sache nur. Er könne die ganze europäische PLO-Diskussion[21] nicht verstehen. In den arabischen Hauptstädten habe man die PLO-Frage nur beiläufig erwähnt. Die Ägypter versuchten, die PLO möglichst herauszuhalten. Wer Genf wünsche, werfe damit gleichzeitig die Frage der Teilnahme der PLO auf, die Israel nicht akzeptieren könne. Jordanien werde ohnehin nicht in Genf teilnehmen. Damit würden die Friedensverhandlungen bei einer Verlagerung nach Genf zum Stillstand kommen und die Kriegsgefahr erhöht werden. Er sei zuversichtlich, daß in den nächsten Monaten kein neuer Krieg ausbrechen werde.

Was die politischen Konzessionen Sadats angehe, so glaube er, Kissinger, nicht, daß eine ägyptische Nicht-Angriffserklärung erreichbar sei. Mit der Bereitschaft, einen Teilvertrag über Sinai zu schließen[22], hätten sich die Möglich-

Fortsetzung Fußnote von Seite 170

vom 2. März 1973 gehalten, sondern vielmehr eine neue militärische Offensive gestartet: „Heute gingen die Kampfhandlungen immer noch weiter. Die Verantwortung für diese Entwicklung liege beim Saigoner Regime und der Seite, die dies weiterhin unterstütze." Die USA schienen „keine Lehre aus den Erfahrungen der letzten 20 Jahre gezogen zu haben. USA habe einen Kolonialkrieg übernommen, der dem Schutz der Demokratie nicht gedient habe. Auf amerikanischer Seite werde erklärt, daß man mit vollem Recht gegen das Pariser Abkommen verstoßen könne, unter Hinweis auf den angeblichen Vertragsbruch des Gegners. Dies eröffne aber außerordentlich beunruhigende Perspektiven." Vgl. den Drahtbericht Nr. 21; Referat 204, Bd. 110358.

19 Der amerikanische Außenminister Kissinger besuchte Israel am 10./11. Februar 1975. Am 12./13. Februar 1975 führte er Gespräche mit der ägyptischen Regierung in Kairo und am 13. Februar 1975 mit der syrischen Regierung in Damaskus. Nach erneuten Gesprächen am 14. Februar 1975 mit der israelischen Regierung in Tel Aviv und der jordanischen Regierung in Akaba besuchte er am 15. Februar 1975 Saudi-Arabien.

20 Zur Friedenskonferenz für den Nahen Osten in Genf vgl. Dok. 23, Anm. 30.

21 Zur Frage der Einbeziehung der PLO in den Europäisch-Arabischen Dialog vgl. Dok. 6.

22 Am 2. Februar 1975 äußerte Präsident Sadat gegenüber Zeitungsherausgebern und Journalisten, daß für ihn die Voraussetzung einer Friedenskonferenz für den Nahen Osten nach wie vor ein „israelischer Rückzug an drei Fronten – Sinai, Golan, Westufer des Jordans" sein müsse. Teillösungen auf dem Weg zu diesem Ziel seien jedoch denkbar: „Israelischen Rückzug von den Sinaipässen und den Ölfeldern zurückzuweisen wäre Verrat an der arabischen Sache, denn jede Stärkung und Verbesserung der Position Ägyptens ist ein Vorteil für alle anderen Araber." Vgl. den Artikel „Sadat will sich nicht umstimmen lassen"; FRANKFURTER ALLGEMEINE ZEITUNG vom 4. Februar 1975, S. 5.

keiten Sadats angesichts der Haltung der übrigen arabischen Staaten erschöpft.

5) Zypern

Kissinger würde es begrüßen, wenn die Bundesrepublik der Türkei helfen würde, vor allem bei Rüstungsgütern.[23] Er halte die Entscheidung des Kongresses für revisibel. Er mache sich Sorge über mögliche Neuorientierungen der Türkei. Schon habe Ghadafi der Türkei umfangreiche Hilfsgelder angeboten.

van Well[24]

VS-Bd. 9960 (204)

32

Aufzeichnung des Ministerialdirektors van Well

201-363.60/2-460/75 VS-vertraulich   **19. Februar 1975**[1]

Über den Herrn Staatssekretär[2] dem Herrn Bundesminister[3] zur Genehmigung.

Betr.: Wiederaufnahme der Verteidigungshilfe für Türkei und Griechenland[4]
       hier: Implementierung des BSR-Beschlusses[5]

---

[23] Zu den Überlegungen der Bundesregierung hinsichtlich einer Wiederaufnahme der Verteidigungshilfe für Griechenland und die Türkei vgl. Dok. 32.

[24] Paraphe.

[1] Die Aufzeichnung wurde von Vortragendem Legationsrat I. Klasse Pfeffer konzipiert. Pfeffer vermerkte zusätzlich handschriftlich: „Termin: BM heute bis 14.00 Uhr."
Pfeffer vermerkte außerdem: „Ein Doppel vorab an Herrn Leiter Leitungsstab für Besprechung des Herrn Bundesministers mit den Botschaftern heute. Herr D 2 hat Aufzeichnung noch nicht unterschrieben."

[2] Hat Staatssekretär Sachs am 19. Februar 1975 vorgelegen.

[3] Hat Bundesminister Genscher am 20. Februar 1975 vorgelegen.

[4] Wegen des Militärputsches in Griechenland am 21. April 1967 setzte die Bundesrepublik ihre Verteidigungshilfe an Griechenland aus, die bis dahin im Rahmen von Jahresprogrammen der NATO gewährt worden war. Vgl. dazu AAPD 1968, II, Dok. 344.
Am 1. März 1971 beschloß der Bundessicherheitsrat, die NATO-Verteidigungshilfe an Griechenland wieder aufzunehmen. Der Beschluß war jedoch bei Abgeordneten von SPD und FDP nicht unumstritten, so daß er vorerst nicht umgesetzt wurde. Vgl. dazu AAPD 1971, I, Dok. 122. Vgl. ferner AAPD 1972, I, Dok. 48, und AAPD 1973, III, Dok. 404.
Zur Verteidigungshilfe an die Türkei vermerkte Ministerialdirigent Simon am 30. August 1974: „Wie bekannt, gewährt die Bundesrepublik seit 1963 wegen der beiderseitigen Zugehörigkeit zur NATO der Türkei Verteidigungshilfe. Zugrunde liegen Abkommen zwischen beiden Ländern, die jeweils über eine sogenannte ‚Tranche' geschlossen werden und üblicherweise einen Zeitraum von 1 1/2 Jahren umfassen." Ein Abkommen über die achte Tranche stehe zur Unterzeichnung an; wegen der „akuten Spannungen um Zypern" sei aber noch kein Termin festgelegt worden. Auch seien Lieferungen von Rüstungsgütern aus der siebten Tranche der Verteidigungshilfe und von kommerziellen Rüstungsgütern „nach der Landung türkischer Truppen auf Zypern am 20.7.1974 wesentlich eingeschränkt" worden: „Die Entscheidung über seit dem 20.7.74 eingegangene Anträge auf Exportgenehmigung, die nach dem Kriegswaffenkontrollgesetz bzw. nach dem Außenwirtschaftsgesetz in beiden Fällen erforderlich ist, wurde grundsätzlich zurückgestellt. Die Durchführung be-

Bezug: Mündliche Weisung des Herrn Ministers vom 18.2.1975

Im Einvernehmen mit den Botschaftern Sonnenhol, Oncken und Sartorius[6] wird folgendes vorgeschlagen:

I. Zeitpunkt

Wiederaufnahme der Verteidigungshilfe für Türkei und Griechenland, sobald BSR-Beschluß im Umlaufverfahren gefaßt ist, und zwar aus folgenden Gründen:

1) Türkei kommt wegen US-Einstellungsbeschluß[7] objektiv in sehr schwierige Lage (in etwa 3–4 Monaten Lahmlegung der türkischen Luftwaffe). Die politisch/psychologischen Wirkungen des amerikanischen Beschlusses auf die Türkei sind tiefgreifend und schwer ganz zu prognostizieren. Wiederaufnahme unserer Hilfe würde Gefahren abfangen helfen.

2) Wiederaufnahme der Verteidigungshilfe an Türkei ist für Griechenland erträglich, wenn wir gleichzeitig Überschußmaterial dorthin liefern und sonstige kompensatorische Maßnahmen herausstellen (z. B. kommerzielle Rüstungslieferungen; Besuche).

3) Wirkung in Zypern kann wahrscheinlich in Grenzen gehalten werden, wenn wir Ausgewogenheit unserer Waffenlieferungen richtig an den Mann bringen.

Fortsetzung Fußnote von Seite 172

reits genehmigter Exporte wurde verzögert. Eine türkische Militärmaschine, die sich bei Wiederaufnahme der Kampfhandlungen auf Zypern durch die Türkei am 14.8.74 in der Bundesrepublik befand und ‚Starfighter'-Ersatzteile sowie verschiedene kommerziell erworbene Rüstungsgüter abholen sollte, wurde nicht beladen und kehrte am 16.8. in die Türkei zurück." Vgl. VS-Bd. 8627 (201); B 150, Aktenkopien 1974.
Am 17. September 1974 legte Ministerialdirektor van Well den Entwurf einer Vorlage für den Bundessicherheitsrat vor mit dem Vorschlag, die Verteidigungshilfe an die Türkei und Griechenland wieder aufzunehmen. Vgl. VS-Bd. 8073 (201); B 150, Aktenkopien 1974.

5 Am 13. Februar 1975 legte Staatssekretär Sachs einen zwischen Staatssekretär Mann, Bundesministerium der Verteidigung, und dem Parlamentarischen Staatssekretär Haehser, Bundesministerium der Finanzen, ausgehandelten Entwurf einer Vorlage an den Bundessicherheitsrat vor, der nach Zustimmung des Auswärtigen Amts „im Umlaufverfahren den übrigen Mitgliedern des BSR zugeleitet wird. [...] Hiernach stellt sich das Bild folgendermaßen dar: Die Türkei erhält demnächst Verteidigungshilfe und Überschußmaterial. Griechenland erhält demnächst Überschußmaterial und voraussichtlich Verteidigungshilfe im Jahre 1976. Die vom Auswärtigen Amt angestrebte Ausgewogenheit der Hilfe für beide Bündnispartner ist insofern nicht ganz erreicht." Jedoch biete die Vorlage „genügend Flexibilität, um beide Bundesgenossen zufriedenzustellen". Vgl. VS-Bd. 8627 (201); B 150, Aktenkopien 1975.

6 Am 18. Februar 1975 fand im Auswärtigen Amt eine Besprechung des Bundesministers Genscher mit den Botschaftern in den drei am Zypern-Konflikt beteiligten Staaten statt. Erörtert wurden die innenpolitische Lage in Griechenland, der Türkei und Zypern sowie Perspektiven zur Lösung des Zypern-Konflikts. Dazu wurde festgestellt: „1) Ein Zusammenleben der Griechen und Türken auf Zypern in Gemengelage ist nicht mehr möglich. 2) Die Frage einer ‚Paketlösung' zwischen Ankara und Athen wird sich eines Tages stellen unter Einbeziehung der Ägäis- und der Thrazien-Frage. Hierfür bedarf es der gegenwärtig nicht vorhandenen Kontaktfähigkeit beider Seiten." Jedoch sollten, auch im Zusammenwirken mit den anderen EG-Mitgliedstaaten, direkte griechisch-türkische Kontakte gefördert werden: „Substantiell müssen diese politischen Aktionsmöglichkeiten im Hinblick auf den Abbau der griechisch-türkischen Spannungen in einen Zusammenhang gestellt werden mit anderen Bereichen unserer bilateralen Beziehungen zu beiden Ländern (Militärhilfe, Stützungskredite, Unterstützung der Europapolitik etc.). Dabei kommt die Herstellung von Junktims allerdings nicht infrage." Vgl. die Aufzeichnung des Referats 203 vom 19. Februar 1975; Referat 010, Bd. 178566.

7 Zum Beschluß des amerikanischen Kongresses vom 17. Oktober bzw. 17./18. Dezember 1974 über die Einstellung der Verteidigungshilfe für die Türkei zum 5. Februar 1975 vgl. Dok. 28, Anm. 21.

4) Die Entwicklung auf Zypern selbst (Proklamation eines türkischen Teilstaates)[8] steht der baldigen Implementierung des BSR-Beschlusses nicht entgegen (Hoffnung auf Ernüchterung in Griechenland; das fait accompli schafft womöglich eine neue Lösungsbasis). Spannung hat nicht zugenommen.

5) Durch Gewährung unserer Verteidigungshilfe hoffen wir unseren Einfluß zugunsten einer Entspannung im griechisch-türkischen Verhältnis und einer Verhandlungslösung für Zypern noch stärker als bisher geltend machen zu können.[9]

6) Vorschlag auf baldige Implementierung muß im Zusammenhang mit dem prozeduralen Vorschlag auf temporäre Vertraulichkeit (vgl. III) gesehen werden.

II. Ausgewogenheit

Der BSR-Beschluß gibt die Möglichkeit, beide Bündnispartner „ausgewogen" zu behandeln. Die Bundesregierung hat also die Möglichkeit, Griechenland mehr Überschußmaterial zu liefern als der Türkei, solange die Türkei Verteidigungshilfe und Überschußmaterial erhält. Umfang und Wert der tatsächlichen Lieferungen ist für den jeweils anderen Bündnispartner schwer zu durchschauen und zu kontrollieren. Es wird darauf ankommen, daß wir Ausgewogenheit behaupten und jeweils zu vertreten bereit sind. Die Bundesregierung wird deshalb verhältnismäßig flexibel vorgehen können. Der griechischen Seite sollte man andeuten, daß wir die NATO-Verteidigungshilfe eigentlich nur an Bündnispartner geben können, die der militärischen Integration des Bündnisses angehören.[10] Auf diese Weise geben wir ein Signal für 1976. Ein weiteres faktisches Ausscheiden aus der Integration würde die Wiederaufnahme der eigentlichen Verteidigungshilfe gefährden, eine Rückkehr in die Integration würde unseren Entschluß erleichtern bzw. den Umfang unserer Hilfe günstig beeinflussen. Auf diese Weise kann jedenfalls der „hinkende" Beschluß des BSR gegenüber Griechenland indirekt begründet werden (nicht nur Haushaltsmotiv[11]). Im übrigen werden wir beiden Partnern gegenüber bei der Eröffnung des

---

[8] Zur Proklamation eines türkisch-zypriotischen Föderationsstaates am 13. Februar 1975 vgl. Dok. 27, Anm. 19.

[9] Der Passus „hoffen wir ... zu können" ging auf Streichungen und handschriftliche Einfügungen des Ministerialdirektors van Well zurück. Vorher lautete er: „erhoffen wir Steuerungselement, das geradezu friedenstiftend wirken kann (auch: Wegnahmemöglichkeit bei Spannungszunahme). Beweis: US-Einstellung hat Spannung gefördert und US-Einfluß stark gemindert."

[10] Griechenland erklärte am 14. August 1974 den Austritt aus der militärischen Integration der NATO. Vgl. dazu AAPD 1974, II, Dok. 236.
Am 10. Februar 1975 äußerte der griechische Verteidigungsminister Averoff-Tossizza gegenüber Bundesminister Leber in Athen: „Diese Entscheidung ließe sich nicht rückgängig machen. Die griechische Regierung wäre andernfalls gegenüber eigener Öffentlichkeit nicht glaubwürdig. Man könne aber für die Zusammenarbeit einen Ausweg finden, der dem Fortbestand der politischen Allianz Rechnung trage und die Sicherheit sowohl Griechenlands als auch der anderen Allianzmitglieder gewährleiste. So könnten Vorkehrungen getroffen werden, die im Konfliktfall eine sofortige Reintegration Griechenlands in die Kooperation vorsähen. Griechenland sei seinerseits an praktischer Kooperation in zahlreichen Fragen interessiert, so hinsichtlich weiterer nuklearer Ausrüstung dafür in Frage kommender griechischer Einheiten." Vgl. den Drahtbericht Nr. 112 des Botschafters Oncken, Athen, vom 12. Februar 1975; VS-Bd. 9953 (203); B 150, Aktenkopien 1975.

[11] Am 7. Februar 1975 vermerkte Staatssekretär Sachs, Staatssekretär Mann, Bundesministerium der Verteidigung, habe ihm gegenüber geäußert: „Zur Wiederaufnahme der normalen Verteidigungshilfe an Griechenland sei seine Vorstellung, daß man den Griechen folgendes sagen solle: a) im Moment seien hierfür keine Haushaltsmittel verfügbar; b) politisch gebe es aber keine Barrieren mehr;

Beschlusses darauf hinweisen müssen, daß wir NATO-Verteidigungshilfe an die Südflanke gewähren, was Ausgewogenheit voraussetzt, und nicht aus diesem Zusammenhang zu lösende bilaterale Hilfe an einzelne Bündnispartner. Zur Ausgewogenheit gehört schließlich, daß wir beiden Alliierten reinen Wein einschenken über das, was wir mit dem jeweils anderen vorhaben.

III. Eröffnung

Sobald Bundesminister über den Zeitpunkt der Wiederaufnahme entschieden hat, werden wir ein genau überlegtes Eröffnungsverfahren in Gang setzen müssen. Dieses Verfahren betrifft den türkischen und den griechischen Bündnispartner, Zypern, die USA, unsere eigene Öffentlichkeit und die Öffentlichkeit in den genannten Ländern.

Wir empfehlen übereinstimmend, daß der Herr Staatssekretär den türkischen und griechischen Botschafter getrennt empfängt, um ihnen mit der Bitte um vertrauliche Behandlung den Beschluß des BSR zu eröffnen und zu erläutern.[12] Die Botschafter Sonnenhol, Oncken und Sartorius werden zu parallelen Schritten angewiesen. Botschafter von Staden erhält Erlaß für Mitteilung an den amerikanischen Außenminister.[13] Auch die Unterzeichnung der achten Tranche durch den Herrn Staatssekretär und den türkischen Botschafter vollzieht sich unter Ausschluß der Öffentlichkeit.[14]

Die Vertraulichkeit ist angeraten, besonders wegen der zu erwartenden Rückwirkungen in Zypern (Gefahr für unsere Botschaft in Nikosia) und in der deutschen Presse.

Ob Vertraulichkeit überhaupt und wenn ja, ob sie über einen längeren Zeitraum hinweg voll gewahrt werden kann, mag bezweifelt werden. Immerhin ist zu erwarten, daß die Spekulationen in der deutschen Presse, die sich an den Besuch Kissingers in Bonn[15] heften, demnächst abflauen. Wenn dann das Arrangement Stück für Stück zutage tritt und die Zypern-Situation sich nicht verschlechtert, wird durch „Gewöhnung" vielleicht eine abmildernde Wirkung erzielt. Die endgültige Sprachregelung für die Presse, am besten im Anschluß an gezielte Hintergrundgespräche, müßte sich vor allem gegen die Argumentation richten, wir durchbrächen unsere restriktive Exportpolitik und lieferten Waffen in Spannungsgebiete. Wir liefern an Bündnispartner. Der Begriff „Spannungsgebiet" ist fehl am Platz. Wir verwenden die Waffenhilfe, die der Stärkung des Atlantischen Bündnisses dient, gleichzeitig, um mäßigend auf die beiden Bündnispartner im Zypern-Konflikt einzuwirken.

Fortsetzung Fußnote von Seite 174
c) die Bundesregierung würde sich bemühen, einen gangbaren Weg zu finden, um solche Lieferungen an Griechenland möglich zu machen." Vgl. VS-Bd. 9676 (201); B 150, Aktenkopien 1975.

12 Staatssekretär Gehlhoff erläuterte am 24. März 1975 dem türkischen Botschafter Halefoglu und dem griechischen Botschafter Phrydas den Beschluß zur Wiederaufnahme der Verteidigungshilfe. Vgl. dazu Dok. 57.

13 Vgl. dazu den Drahterlaß Nr. 1203 des Ministerialdirektors van Well vom 20. März 1975 an die Botschaften in Ankara, Athen, Nikosia und Washington sowie die Ständige Vertretung bei der NATO in Brüssel; Dok. 57, Anm. 3.

14 Staatssekretär Gehlhoff und der türkische Botschafter Halefoglu unterzeichneten am 3. April 1975 das Abkommen über die achte Tranche der Verteidigungshilfe im Rahmen der NATO. Vgl. dazu die Aufzeichnung des Vortragenden Legationsrats I. Klasse Pfeffer vom 3. April 1975; Referat 422, Bd. 117182.

15 Der amerikanische Außenminister Kissinger hielt sich am 15./16. Februar 1975 in der Bundesrepublik auf. Vgl. dazu Dok. 28 und Dok. 31.

Die NATO braucht wohl erst unterrichtet zu werden, wenn Veröffentlichung bevorsteht.

Für die vorübergehende Vertraulichkeit spricht auch, daß wir den Eindruck in der deutschen Öffentlichkeit vermeiden wollen, als träten wir mit unserer Verteidigungshilfe an die Türkei als Lückenbüßer für die USA ein (Bekanntwerden mit zeitlichem Abstand von Kissinger-Besuch). Bei entsprechenden Hintergrundgesprächen wäre darauf hinzuweisen, daß die Grundsatzentscheidung des BSR auf Wiederaufnahme der Verteidigungshilfe vor dem Beschluß des Kongresses auf Einstellung der Verteidigungshilfe an die Türkei gefallen ist, und darauf, daß wir – im Gegensatz zu USA – Verteidigungshilfe sowohl an die Türkei als auch an Griechenland wieder aufnehmen, also abgewogen verfahren.

Falls der Herr Bundesminister mit diesen Überlegungen einverstanden ist, sollten der Herr Bundeskanzler und der Herr Bundesminister der Verteidigung[16] oder vielleicht sämtliche Mitglieder des BSR durch ein Schreiben des Bundesministers unterrichtet werden, damit zunächst Vertraulichkeit auf deutscher Seite gesichert bleibt und später eine einheitliche Öffentlichkeitsarbeit und Verlautbarungspraxis eingehalten werden.

Solange BSR-Umlaufverfahren nicht abgeschlossen ist[17], sollte Sprachregelung an die Presse weiterhin strikt lauten: Entscheidung der Bundesregierung ist noch nicht gefallen. Auf Anfrage könnte hinzugefügt werden, daß kommerzielle Waffenlieferungen an beide Bündnispartner seit zwei Monaten[18] wieder freigegeben sind.[19]

van Well

VS-Bd. 8627 (201)

---

[16] Georg Leber.

[17] Am 28. Februar 1975 teilte Bundesminister Genscher Bundeskanzler Schmidt mit, daß das Umlaufverfahren zur Vorlage des Bundesministeriums der Verteidigung zur Verteidigungshilfe an die Türkei und Griechenland am 25. Februar 1975 abgeschlossen worden sei: „Einwände sind nicht erhoben worden." Genscher plädierte dafür, den Beschluß wegen „der möglichen Rückwirkungen in Zypern – Gefahr für unsere Botschaft in Nikosia –, aber auch wegen der noch ausstehenden Zustimmung des Auswärtigen Ausschusses und des Haushaltsausschusses" möglichst vertraulich zu behandeln. Vgl. VS-Bd. 8627 (201); B 150, Aktenkopien 1975.

[18] Die Wörter „seit zwei Monaten" wurden von Ministerialdirektor van Well handschriftlich eingefügt.
Am 3. Januar 1975 teilte Ministerialdirigent Lautenschlager den Botschaften in Ankara, Athen und Washington sowie der Ständigen Vertretung bei der NATO in Brüssel mit: „In einem Gespräch beim Bundeskanzler, an dem die Bundesminister des Auswärtigen, der Finanzen, der Verteidigung und für Wirtschaft teilnahmen, wurde entschieden, daß kommerzielle Waffenlieferungen an Griechenland und die Türkei wieder genehmigt werden." Vgl. den Drahterlaß Nr. 15; Referat 422, Bd. 117137.

[19] Am 25. Februar 1975 wurde in der Bonner Tageszeitung „General-Anzeiger" berichtet, daß die Bundesregierung die Lieferung von Überschußmaterial der Bundeswehr an die Türkei und Griechenland erwäge. In einem Kommentar wurde dazu ausgeführt, daß zwar keine der beiden Seiten bevorzugt werden solle. Jedoch könne die Entscheidung der Bundesregierung zur Folge haben, daß Griechenland und die Türkei eines Tages mit „funkelnagelneuen Panzern und Kanonen aus Deutschland aufeinander losgehen". Auch habe sich die Bundesregierung verpflichtet, keine Waffen in Spannungsgebiete zu liefern: „Über Nacht scheint das amtliche Bonn Spannungen im türkisch-griechischen Krisenfeld nicht mehr wahrzunehmen." Vgl. die Artikel „Zögerndes Echo" und „Keine einseitige Waffenhilfe der Bundesrepublik an Athen oder Ankara. Entscheidung über Zeitpunkt neuer Lieferungen noch offen"; GENERAL-ANZEIGER vom 25. Februar 1975, S. 1.
Dazu notierte Vortragender Legationsrat I. Klasse Pfeffer am selben Tag, diese Berichterstattung habe das „Konzept der temporären Vertraulichkeit erneut gestört". Er schlug folgende Antwort auf

33

Bundeskanzler Schmidt an den britischen Schatzkanzler Healey

19. Februar 1975[1]

Lieber Denis,

ich danke Ihnen sehr für Ihr Schreiben vom 3. Februar 1975, in dem Sie mir die britische erste Reaktion auf den Bericht der Kommission zum Korrekturmechanismus für die britische Finanzbelastung durch den EG-Haushalt[2] darlegten.[3] Ihre Erläuterungen erreichten mich gerade zur rechten Zeit. Es war mir sehr nützlich, schon zu Beginn meiner Gespräche mit Präsident Giscard d'Estaing[4] über ein Bild der britischen Vorstellungen in dieser Frage zu verfügen.

Inzwischen ist die Diskussion innerhalb der Gemeinschaft bereits weitergegangen. Ich habe mit Befriedigung festgestellt, daß James Callaghan in der EG-

---

Fortsetzung Fußnote von Seite 176

bereits vorliegende Anfragen der Botschaften der NATO-Mitgliedstaaten vor: „1) Die Bundesregierung hat im Prinzip beschlossen, die Verteidigungshilfe an die Türkei und Griechenland in ausgewogener Form wieder aufzunehmen. 2) Sie tut dies aus multilateralem Allianz-Interesse und hofft, damit zum Ausgleich zwischen Griechenland und der Türkei beizutragen. 3) Die Entscheidung über den Zeitpunkt steht noch aus. Bundesreg[ierung] will zunächst die Debatte des Sicherheitsrats der VN abwarten. 4) Diese Unterrichtung ist streng vertraulich zu behandeln und nur für die Unterrichtung des jeweiligen Außenministeriums bestimmt. 5) Die augenblicklichen Pressespekulationen sind hinderlich. Das Argument, die Bundesregierung sei kurz davor, Waffen in Spannungsgebiete zu liefern und damit ihre restriktive Rüstungsexportpolitik zu durchlöchern, ist abwegig. Die restriktive Exportpolitik ist für Länder außerhalb des NATO-Territoriums konzipiert worden. Sie gilt für Lieferungen an Verbündete nicht." Vgl. VS-Bd. 9677 (201); B 150, Aktenkopien 1975.

1 Ablichtung.
 Das Schreiben wurde dem britischen Schatzkanzler Healey mit Begleitschreiben des Staatssekretärs Schüler, Bundeskanzleramt, vom 19. Februar 1975 übermittelt. Darin teilte Schüler mit: „Bundeskanzler Helmut Schmidt, der zur Zeit erkrankt ist, hat mich gebeten, den bereits von ihm genehmigten, aber noch nicht unterschriebenen Brief an Sie zu übersenden." Vgl. Referat 010, Bd. 178596.
 Am 20. Februar 1975 übermittelte Ministerialdirigent Loeck, Bundeskanzleramt, die Schreiben an Vortragenden Legationsrat I. Klasse Schönfeld mit der Bitte um Veranlassung, „daß die beiden Schreiben (nebst der inoffiziellen Übersetzung) fernschriftlich vorab an die Botschaft London zur Weiterleitung gegeben werden".
 Hat Schönfeld am 20. Februar 1975 vorgelegen.
 Hat Bundesminister Genscher am 21. Februar 1975 vorgelegen.
2 Zum Bericht der EG-Kommission vom 30. Januar 1975 zum Korrekturmechanismus im Bereich der Eigeneinnahmen der Europäischen Gemeinschaften vgl. Dok. 23, Anm. 16.
3 Der britische Schatzkanzler Healey teilte Bundeskanzler Schmidt am 3. Februar 1975 mit, daß er den Bericht der EG-Kommission vom 30. Januar 1975 für eine gute Gesprächsgrundlage halte. Es gebe jedoch einzelne Punkte, die der Labour Party und der britischen Öffentlichkeit nur schwer zu vermitteln wären: „1) No country with a balance of payments surplus could qualify for a reimbursement, even if it was clearly paying for more than its share. This would be so even if the other countries of the community were also in surplus. [...] 2) The formula for reimbursement proposed in the report is complicated, but full repayment would not apply to the first 30 percent of the excess, and is limited in total to two-thirds of the excess however large. [...] 3) Another proposed limitation on the total to be repaid is that it should not exceed the member state's total VAT contribution." Für das mit Drahtbericht Nr. 214 des Botschafters von Hase, London, übermittelte Schreiben vgl. Referat 010, Bd. 178596.
4 Zu den deutsch-französischen Konsultationen am 3./4. Februar 1975 in Paris vgl. Dok. 23.

Ratstagung vom 10./11. Februar 1975 in Übereinstimmung mit der Haltung aller anderen Mitgliedstaaten den Kommissionsvorschlag als eine gute Grundlage für eine erfolgversprechende weitere Behandlung des Problems bezeichnet hat.[5]

Ebenso wie Sie bin ich der Meinung, daß die von der Kommission entwickelte Konzeption noch in dem einen oder anderen Punkt einer Veränderung bedarf. So frage auch ich mich beispielsweise – in Übereinstimmung mit der britischen Haltung –, ob es zweckmäßig ist, unter die Voraussetzungen für eine Auslösung des Korrekturmechanismus das Bestehen eines Zahlungsbilanzdefizits aufzunehmen.

Ich kann mich aber des Eindrucks nicht erwehren, daß die in Ihrem Brief aufgeführten und von James Callaghan während der letzten Ratstagung wiederholten britischen Änderungswünsche[6] so weit gespannt sind, daß sie eine Regelung auf der Grundlage des von uns gemeinsam als konstruktiv betrachteten Kommissionsvorschlages erheblich erschweren.

Die Debatte im EG-Rat vom 11. Februar hat mit Deutlichkeit gezeigt, daß alle Partner Großbritanniens in der Gemeinschaft willens sind, das Ihrige zu einer Einigung beizutragen. Die Bundesregierung verbindet mit dieser Haltung ihrerseits die Erwartung, daß die britische Regierung sich im Falle einer Einigung für ein Verbleiben Großbritanniens in der Gemeinschaft aussprechen wird.

Soweit ich unterrichtet bin, besteht allgemeine Übereinstimmung, daß eine Lösung, sofern irgend möglich, schon auf der nächsten EG-Ratstagung am 3./4.

---

5 Über die „Orientierungsdebatte" zum Korrekturmechanismus im Bereich der Eigeneinnahmen der Europäischen Gemeinschaften auf der EG-Ministerratstagung am 10./11. Februar 1975 in Brüssel berichtete Botschafter Lebsanft, Brüssel (EG), am 11. Februar 1975, alle Delegationen einschließlich der britischen hätten den Bericht der EG-Kommission vom 30. Januar 1975 „als gute Grundlage für eine zufriedenstellende Lösung des Problems" bezeichnet. Der britische Außenminister Callaghan habe jedoch bemängelt „bei Kriterien: willkürliche Begrenzung des B[rutto]I[nlands]P[rodukts] auf weniger als 85 Proz[ent] des Gemeinschaftsdurchschnitts; reales Wachstum geringer als 120 Proz.; Zahlungsbilanzdefizit. Außerdem beanstandete er Begrenzung der Erstattung auf zwei Drittel der vollen Differenz zwischen Finanzierungsanteil und Anteil an Gemeinschafts-B[rutto]S[ozial]P[rodukt] und Beschränkung der Erstattung bei Mehrwertsteueranteil. Andererseits erkannte er aber an, daß gerechterweise Nettogläubiger des Gemeinschaftshaushalts keine Erstattung erhalten sollten." Vgl. den Drahtbericht Nr. 471; Referat 410, Bd. 105613.
6 Zum britischen Wunsch nach Neuregelung der Bedingungen für die EG-Mitgliedschaft vgl. Dok. 15, Anm. 9 und 11.
Botschafter von Hase, London, berichtete am 13. Februar 1975, daß die britische Regierung vier Bereiche benannt habe, „in denen unbedingt noch befriedigende Ergebnisse erzielt werden müssen, ehe die ‚Neuverhandlungen' als im großen und ganzen abgeschlossen bezeichnet und einer Wertung durch das Kabinett unterzogen werden können: 1) Budgetfrage: Britischer Widerstand gegen das Kriterium des Zahlungsbilanzdefizits und gegen die im Kommissionsvorschlag enthaltenen Schwellenwerte und Begrenzungen der Rückerstattung (zwei Drittel). Nach britischen Berechnungen würde sich danach der Rückerstattungsbetrag auf nur 56 Prozent des Differenzbetrages belaufen (einschl[ießlich] einer ca. 16prozentigen brit[ischen] Beteiligung an einem evtl. Ausgleichsfonds). Dieses ist nach britischer Auffassung nicht als Erfolg zu präsentieren, da die Gegner leicht behaupten könnten, die Regierung habe ihre wichtigste Forderung nur halb erfüllt bekommen. [...] 2) Nationale Beihilfe- und Industriepolitik: Aufrechterhaltung der Kompetenz von Regierung und vor allem Parlament, rasch und gezielt regional- und industriepolitische Maßnahmen zu ergreifen, vor allem Beibehaltung des Systems der ‚Regional Employment Premiums' (REP). Widerstand gegen das Kriterium, daß regionalpolitische Maßnahmen ausschließlich der Schaffung oder Sicherung von Arbeitsplätzen dienen sollen." Weitere Bereiche seien die gemeinsame Agrarpolitik und eine befriedigende Regelung für Neuseeland. Vgl. den Drahtbericht Nr. 312; Referat 410, Bd. 105613.

März 1975⁷ erzielt werden sollte. Wenn das nicht gelingt, muß diese Frage auf der Tagung der Regierungschefs am 10./11. März in Dublin⁸ abschließend geregelt werden.

Sie werden mir aber sicherlich darin zustimmen, daß für das Zustandekommen eines für alle EG-Partner annehmbaren Kompromisses über die britischen Neuverhandlungswünsche eine flexible Haltung Großbritanniens von wesentlicher Bedeutung ist.

Mit freundlichen Grüßen
gez. Helmut Schmidt

Referat 010, Bd. 178596

34

Botschafter Krapf, Brüssel (NATO), an das Auswärtige Amt

114-10813/75 VS-vertraulich   Aufgabe: 20. Februar 1975, 21.30 Uhr
Fernschreiben Nr. 254   Ankunft: 20. Februar 1975, 23.23 Uhr
Citissime

Betr.: West-Ost-Politik
       hier: Konsultation im NATO-Rat
Bezug: DB Nr. 248 vom 20.2.1975¹

Zur Unterrichtung

I. Der Counselor des amerikanischen Außenministeriums, Sonnenfeldt, unterrichtete den NATO-Rat am 20. Februar 1975 über die Gespräche Kissingers mit Gromyko in Genf am 16. und 17. Februar 1975. An der anschließenden

---

7 Zur EG-Ministerratstagung am 3./4. März 1975 in Brüssel vgl. Dok. 42, Anm. 5 und 7.
8 Zur Tagung des Europäischen Rats am 10./11. März 1975 vgl. Dok. 49.

1 Botschafter Krapf, Brüssel (NATO), gab Informationen des Unterstaatssekretärs im britischen Außenministerium, Killick, über den Besuch des Premierministers Wilson und des britischen Außenministers Callaghan vom 13. bis 17. Februar 1975 in der UdSSR weiter. Die britischen Gesprächspartner hätten „als zur Zeit drängende Weltprobleme die Frage der Welternährung, die krisenhafte Entwicklung der Weltwirtschaft, die Energiekrise und die Probleme der Dritten Welt genannt. Breschnew habe demgegenüber die Sicherung des Friedens und die Verhinderung eines Nuklearkrieges, einmal sogar das Überleben der weißen Rasse als die vordringlichsten Probleme hervorgehoben." Bezüglich der KSZE sei deutlich geworden, daß die sowjetische Regierung ihren „Abschluß der KSZE auf höchster Ebene als gesichert ansehe. Nur die Frage des Zeitpunktes sei noch offen. Die Sowjetunion rechne mit Sommer 1975. In den für den Westen noch ungelösten Bereichen habe die Sowjetunion eine kompromißlose Haltung an den Tag gelegt. Die Briten hätten sich im Korb I für Fortschritte bei der Frage des ‚peaceful change' eingesetzt, die Sowjets hätten sich hart gezeigt, doch habe die britische Delegation den Eindruck mitgenommen, die Sowjets würden vielleicht ihre Anregungen prüfen, den ‚peaceful change' in einer verbesserten Formulierung möglicherweise beim vierten Prinzip (territoriale Integrität) unterzubringen. Abweisend sei die sowjetische Reaktion auch

Diskussion beteiligte sich auch Sir John Killick, der den NATO-Rat bei gleicher Gelegenheit über den Besuch Wilsons in Moskau unterrichtet hatte (vgl. DB Nr. 248).

Die Unterrichtung Sonnenfeldts sowie die anschließende Diskussion erstreckten sich insbesondere auf allgemeine Fragen der Entspannungspolitik einschließlich MBFR und KSZE. Wesentliche neue Gesichtspunkte ergaben sich nicht; es bestätigte sich der Eindruck, daß die USA davon ausgehen, daß die Sowjetunion ihre Entspannungspolitik auch nach den Auseinandersetzungen über das amerikanisch-sowjetische Handelsabkommen[2] ohne wesentliche Änderung fortsetzen wird.

Im einzelnen ergaben die einleitenden Bemerkungen Sonnenfeldts sowie die Diskussion folgendes:

1) Lage der sowjetischen Führungsspitze

Sonnenfeldt bemerkte, daß die Gespräche in Genf keine zusätzlichen Erkenntnisse über Gesundheit Breschnews[3] gebracht hätten. Bei dem amerikanisch-sowjetischen Gipfeltreffen in Wladiwostok[4] habe Breschnew beachtliche körperliche Ausdauer gezeigt. Aus der Umgebung des Generalsekretärs sei jedoch damals schon bekannt geworden, daß Breschnew sich vor dem Treffen nicht wohlgefühlt habe, daß er unbedingt Ruhe brauche und in Zukunft die Warnungen und Ratschläge seiner Ärzte ernster nehmen müsse als bisher. Es sei deshalb klar gewesen, daß Breschnew gesundheitliche Sorgen habe. Über die Zukunft könne man nur spekulieren. Angesichts der nicht uneingeschränkten Gesundheit Breschnews werde er sich sicherlich Gedanken über seine Nachfolge machen. Vieles spräche dafür, daß er einen geordneten Übergang der Verantwortung auf einen Nachfolger wünsche. Dies werde zu der Beurteilung Breschnews in der Geschichte beitragen, ein Gesichtspunkt, der für Breschnew offensichtlich sehr wichtig sei. Wie sich mögliche Nachfolger Breschnews zu dieser Frage stellten, sei offen. Erstmals sei jedoch ein „peaceful change" in der Führungsspitze der Sowjetunion denkbar.

Fortsetzung Fußnote von Seite 179
    bei der Erörterung der CBMs gewesen. Wenn überhaupt, so seien hier nach britischer Einschätzung Konzessionen nur bei Manöverankündigungen zu erwarten." Vgl. VS-Bd. 14054 (010); B 150, Aktenkopien 1975.

[2] Für den Wortlaut des Handelsabkommens vom 18. Oktober 1972 zwischen der UdSSR und den USA sowie der Anhänge und Briefwechsel vgl. DEPARTMENT OF STATE BULLETIN, Bd. 67 (1972), S. 595–603.
Zur Mitteilung der sowjetischen Regierung vom 10. Januar 1975, daß sie das Handelsabkommen nicht in Kraft setzen werde, vgl. Dok. 2, Anm. 12.

[3] In der Presse wurde im Januar und Februar 1975 wiederholt über den Gesundheitszustand des Generalsekretärs des ZK der KPdSU spekuliert, da Breschnew keinerlei öffentliche Verpflichtungen wahrnahm. Erst anläßlich des Besuchs des Premierministers Wilson vom 13. bis 17. Februar 1975 in der UdSSR zeigte er sich wieder in der Öffentlichkeit. Vgl. dazu die Artikel „Breschnjew an einer schweren Lungenentzündung erkrankt" bzw. „Leidet Breschnjew an Leukämie?"; DIE WELT vom 6. bzw. 7. Januar 1975, jeweils S. 2. Vgl. ferner den Artikel „Seit Weihnachten trat Breschnjew nicht mehr auf"; DIE WELT vom 20. Januar 1975, S. 1. Vgl. auch den Artikel „Breschnew noch nicht im Dienst"; FRANKFURTER ALLGEMEINE ZEITUNG vom 1. Februar 1975, S. 4.

[4] Zu den Gesprächen des Präsidenten Ford mit dem Generalsekretär des ZK der KPdSU, Breschnew, vom 23./24. November 1974 vgl. Dok. 2, Anm. 6.

Diesen Überlegungen schloß sich Sir John Killick an. Er erwähnte, daß Breschnew bei der Diskussion mit Wilson einmal bemerkt habe, „this is only me personally talking, soon there may be someone else in my place".

Man dürfe diesen Ausspruch nicht überbewerten, aber er zeige doch, daß Breschnew sich mit diesem Problem befasse.

Sonnenfeldt bemerkte zum Verhalten Gromykos in Genf, daß es etwas gelöster als bei anderen Gelegenheiten gewesen sei. Killick bemerkte dagegen, daß Gromyko bei der Diskussion mit den Briten außerordentlich hart gewesen sei, was AM Callaghan nahezu zur Verzweiflung gebracht habe.

2) Sowjetische Entspannungspolitik

Sonnenfeldt hob zum Schluß seiner einleitenden Bemerkungen hervor, daß nach amerikanischer Ansicht die grundsätzliche Linie der sowjetischen Außenpolitik wie in den letzten zwei bis drei Jahren auf der Grundlage der Beschlüsse des letzten Parteikongresses[5] festgesetzt werde. Es sei sicher nicht ohne Bedeutung, daß Breschnew den Besuch eines westlichen Regierungschefs gewählt habe, um erneut in der Öffentlichkeit aufzutreten und sich mit der bisherigen Linie der sowjetischen West-Politik erneut zu identifizieren. Damit sei ein Signal gesetzt, das für die sowjetische Außenpolitik maßgebend sei. Auch die amerikanische Außenpolitik werde von der Annahme einer in den Grundlinien unveränderten sowjetischen Außenpolitik ausgehen, sowohl die bilateralen als auch die multilateralen Gespräche mit der Sowjetunion würden fortgesetzt.

Der belgische Ständige Vertreter[6] bemerkte zu diesen Ausführungen, daß die Bewertung der sowjetischen Außenpolitik offensichtlich nicht auf unbedingt zuverlässigen Erkenntnissen beruhe. Daraus leite sich für die westliche Außenpolitik die Forderung nach größerer Vorsicht ab.

Zur Entspannungspolitik im allgemeinen bemerkte Davignon, man müsse davon ausgehen, daß eine Schlußphase der KSZE auf höchster Ebene ein politisches Faktum sei. Die öffentliche Meinung werde daraus den Schluß ziehen, daß ein Zustand völliger Entspannung der Ost-West-Beziehungen erreicht sei. Dabei werde leider die Tatsache in den Hintergrund treten, daß der allein überzeugende Test für eine Entspannungsbereitschaft der Sowjetunion, nämlich die sowjetische Bereitschaft zu einem Auseinanderrücken im militärischen Bereich, noch ausstehe. Die einzige ernsthafte Diskussion militärischer Fragen finde im Rahmen der bilateralen SALT-Verhandlungen statt. Bei MBFR werde man mit schwerwiegenden sowjetischen Positionen konfrontiert wie dem Ein-

---

[5] Der XXIV. Parteitag der KPdSU fand vom 30. März bis 9. April 1971 in Moskau statt.
Im Rechenschaftsbericht am 30. März 1971 formulierte der Generalsekretär des ZK der KPdSU, Breschnew, 14 Hauptaufgaben im Rahmen der sowjetischen „Politik der aktiven Verteidigung des Friedens und der Festigung der internationalen Sicherheit". Dazu zählten die „Liquidierung der Kriegsherde in Südostasien und im Nahen Osten", Gewaltverzicht bei der Lösung von Streitfragen, die endgültige „Anerkennung der im Ergebnis des Zweiten Weltkriegs entstandenen territorialen Veränderungen in Europa", die Gewährleistung der kollektiven Sicherheit in Europa, der Abschluß von Verträgen über das Verbot atomarer, bakteriologischer und chemischer Waffen, ein allgemeiner Atomtest-Stopp, die Schaffung kernwaffenfreier Zonen, „die Kernwaffenabrüstung aller der Staaten, die im Besitz von Kernwaffen sind", die Einstellung des Wettrüstens und die Einberufung einer Weltabrüstungskonferenz sowie die „Liquidierung der ausländischen Militärbasen". Vgl. EUROPA-ARCHIV 1971, D 244 f.

[6] André de Staercke.

schluß nuklearer Elemente und der Ablehnung einer gemeinsamen Höchststärke.[7] Die Sowjetunion werde auch mit größtem Nachdruck nationale Höchststärken fordern, insbesondere im Hinblick auf die militärische Stärke eines Bündnispartners. Diesen Forderungen werde man zu einem Zeitpunkt entgegentreten müssen, in dem die Möglichkeiten diplomatischer Initiativen wegen des Endes der KSZE auf die andere Seite übergegangen seien. Er frage sich, ob es bei dieser Sachlage wirklich zu verantworten sei, sich im Rahmen der KSZE nur mit den Quisquilien von vertrauensbildenden Maßnahmen zu befassen.

Unter Hervorhebung, daß es sich um eine persönliche Stellungnahme handele, erwiderte Sonnenfeldt, er sei verwirrt (considerably disturbed) über diejenigen, die den Fortgang der Entspannungspolitik als hilflose Zuschauer verfolgten.

Der Entspannungsprozeß habe nur Sinn, wenn er von uns bewußt gesteuert werde. Dabei sei allerdings der Ausdruck „Entspannung" besonders gefährlich und irreführend. Man solle sich aber nicht über die sowjetischen Intentionen aufhalten, sondern müsse nach Mitteln und Wegen suchen, um die sowjetische Politik zu beeinflussen. Die jüngste Phase der Beziehungen mit der Sowjetunion habe dem Westen tatsächlich Möglichkeiten gegeben, das sowjetische Verhalten zu beeinflussen. Grundlage dieser Politik sei eine Einflußnahme auf die Sowjetunion durch eine Mischung von Zugeständnissen und Verweigerungen (a mix of benefits and penalties). Insbesondere unter diesem Gesichtspunkt habe die Administration die Ablehnung des Handelsabkommens durch den Kongreß[8] bedauert, weil sie die amerikanische Außenpolitik eines wichtigen Mittels der Einflußnahme auf die Sowjetunion beraubt habe. Es träfe nicht zu, daß der Westen gegenüber den sowjetischen Ambitionen hilflos sei. Die Entspannungspolitik sei ein Prozeß, und mit dem Ende der KSZE würde sicherlich keine neue Ära beginnen. Das Ziel dieser Politik müsse es bleiben, die Macht der Sowjetunion mit allen Mitteln einzugrenzen.

Davignon erwiderte, daß er das Entspannungskonzept Sonnenfeldts grundsätzlich teile, das ändere aber nichts an dem verhängnisvollen Einfluß, den z. B. der Abschluß der KSZE auf höchster Ebene auf die öffentliche Meinung im Westen haben werde. Er verwies in diesem Zusammenhang auf die schon jetzt bestehenden und ständig zunehmenden Schwierigkeiten, die die belgische Regierung habe, um für die Bestellung einer neuen Generation von Flugzeugen Unterstützung in der öffentlichen Meinung zu finden.

3) MBFR

Sonnenfeldt führte aus, daß in Genf neue sachliche Aspekte von MBFR nicht diskutiert worden seien. Er stimme mit der Ansicht überein, daß die Sowjetunion ohne weitere Fortschritte der KSZE bei MBFR auf ihren bisherigen Positionen beharren werde. Weiterhin habe er den Eindruck, daß sich die Sowjetunion im Rahmen von MBFR nicht flexibel zeigen werde, solange sich die SALTs in einem aktiven Stadium befänden.[9] Er hob hervor, daß die Gespräche in Genf für diese Ansicht keine neuen Gesichtspunkte ergeben hätten und die-

---

[7] Zur sowjetischen Haltung bei den MBFR-Verhandlungen in Wien vgl. Dok. 36.

[8] Zur Verabschiedung des „Trade Act of 1974" durch den amerikanischen Kongreß am 20. Dezember 1974 vgl. Dok. 2, Anm. 8.

[9] Am 31. Januar 1975 begann in Genf die achte Runde der zweiten Phase der Gespräche zwischen den USA und der UdSSR über eine Begrenzung strategischer Waffen (SALT II).

se Annahmen eher auf Spekulationen als auf gesicherten Erkenntnissen beruhen.

Auf meine Frage, ob die jüngsten Kontakte mit der Sowjetunion überhaupt ein so ernsthaftes sowjetisches Interesse an MBFR ergeben hätten, daß es voraussichtlich auch nach einem Abschluß von KSZE und SALT weiterbestehen werde, betonte Sonnenfeldt erneut, daß alle Einschätzungen der sowjetischen Haltung zu MBFR spekulativ seien. Allerdings habe Breschnew vor einiger Zeit einen politischen Zusammenhang von KSZE und MBFR ausdrücklich anerkannt. Darüber hinaus müsse man aber von einem grundsätzlichen sowjetischen Interesse an dem Komplex ausgehen, den die Sowjetunion als „militärische Entspannung in Europa" bezeichne. Die Sowjets seien sich über die politischen Schwierigkeiten einiger Bündnispartner mit ihrem Verteidigungshaushalt durchaus im klaren, sie wüßten aber auch, in welch starkem Maße solche Entwicklungen, insbesondere in den USA, einem plötzlichen Wandel unterliegen könnten. Daraus könne man schließen, daß von sowjetischer Seite doch erheblicher Wert darauf gelegt werde, daß die erhofften Truppenreduzierungen nicht einseitig, sondern im Rahmen internationaler Abkommen vorgenommen würden. Ein allgemeines sowjetisches Interesse an einer Regelung der militärischen Konfrontation in Zentraleuropa ergebe sich auch aus der wirtschaftlichen Belastung der Sowjetunion durch die Notwendigkeit, an zwei verschiedenen Fronten starke militärische Kräfte zu unterhalten. Die Sowjetunion werde zwar auch auf lange Sicht und nicht nur im Hinblick auf die Absicherung ihres Einflusses innerhalb des Warschauer Paktes bedeutende Streitkräfte in Osteuropa unterhalten. Nach Abschluß von KSZE und SALT werde aber das Interesse der Sowjetunion an einer „Regelung" der militärischen Konfrontation in Europa größer werden. Es sei möglich, daß die Sowjetunion sich dann auch für Fortschritte bei MBFR entscheiden werde. Sicherlich habe die Sowjetunion ein Interesse daran, die Bereiche KSZE, SALT und MBFR in zeitlicher Reihenfolge zu behandeln. Es sei eine wichtige Aufgabe der westlichen Politik, der Sowjetunion klarzumachen, daß der Entspannungsprozeß nicht fortgesetzt werden könne, wenn die Sowjetunion ihr großes militärisches Übergewicht in Mitteleuropa aufrechterhalte. Wenn die Sowjetunion eine Fortsetzung der Entspannung wünsche, werde sie letzten Endes auch einer Regelung der Konfrontation auf konventionellem Gebiet zustimmen müssen.

Sir John Killick unterstützte die amerikanischen Ausführungen. Er hob hervor, daß die Sowjets bei der Kommuniqué-Verhandlung sehr nachdrücklich darauf gedrängt hätten, eine zeitliche Reihenfolge von „politischer und militärischer Entspannung" festzulegen. Nur durch entschiedenen britischen Widerstand sei es gelungen, zwischen diesen beiden Elementen im Kommuniqué ein komplementäres Verhältnis zum Ausdruck zu bringen.[10]

---

10 In der britisch-sowjetischen Erklärung vom 17. Februar 1975 über den Besuch des Premierministers Wilson in der UdSSR wurde ausgeführt: „Attaching great importance to the further strengthening of stability and security in Europe, the United Kingdom and the Soviet Union expressed themselves in favour of complementing measures of political détente with those of military détente." Vgl. THE TIMES vom 18. Februar 1975, S. 6. Für den deutschen Wortlaut vgl. EUROPA-ARCHIV 1975, D 219.

4) KSZE

Sonnenfeldt bemerkte, über KSZE sei in Genf kurz gesprochen worden. Das sowjetische Interesse an einem baldigen Abschluß der Konferenz auf höchster Ebene sei klar. Allerdings habe die Sowjetunion frühere Vorstellungen zur Terminfrage der Schlußphase revidiert. Sie akzeptiere, daß noch einige „Wochen oder Monate" erforderlich seien und eine Beendigung auch nur der zweiten Phase vor dem 30. Jahrestag des Endes des Zweiten Weltkrieges[11] nicht zu erwarten sei.

Zur Frage des „peaceful change" meinte Sonnenfeldt, daß Gromyko ihnen dasselbe gesagt habe wie den Briten in Moskau (vgl. Bezugsdrahtbericht): Als Ergebnis könne man festhalten, daß die Sowjetunion einem Hinweis auf die Möglichkeit des friedlichen Wandels bei der Unverletzlichkeit der Grenzen keinesfalls zustimmen werde. Ihre Präferenz sei eine Erwähnung im Zusammenhang mit der souveränen Gleichheit der Staaten (erstes Prinzip), eine gewisse „Bereitschaft oder Möglichkeit (vague readiness)" bestehe, den friedlichen Wandel bei der territorialen Integrität (viertes Prinzip) zu erwähnen. Was die Formel für den „peaceful change" anlange, so habe sich eine gewisse Bewegung im Hinblick auf das Wort „only" in der im April 1974 registrierten Formel I[12] ergeben.[13] Die Sowjetunion sehe das Problem des „peaceful change" im Zusammenhang mit der Gesamtkonferenz. Ihr sei klar, daß sie ohne Flexibilität in dieser wie in anderen Fragen nicht zu dem von ihr gewünschten Abschluß der Konferenz kommen werde. Die USA teilten die Ansicht anderer Bündnispartner, daß man vermeiden müsse, die Frage des „peaceful change" als letztes Problem und im Rahmen einer Schlußregelung zu behandeln.

Zu den vertrauensbildenden Maßnahmen sei die sowjetische Reaktion sehr zurückhaltend gewesen, sowohl hinsichtlich der Frage des Anwendungsraumes als auch im Hinblick auf den Umfang der zu notifizierenden Manöver.[14] Die

---

[11] 8./9. Mai 1975.

[12] Für die am 5. April 1974 bei der KSZE in Genf registrierte Formel zu friedlichen Grenzänderungen („peaceful change") und zur Unterbringung in der Prinzipienerklärung vgl. Dok. 18.

[13] Am 19. Februar 1975 informierte der amerikanische Botschafter Hillenbrand Ministerialdirektor van Well über die Gespräche des amerikanischen Außenministers Kissinger mit dem sowjetischen Außenminister Gromyko am 16./17. Februar 1975 in Genf. Kissinger habe dargelegt, „daß drittes Prinzip (Unverletzlichkeit der Grenzen) der logische Platz für einen Passus über ‚peaceful change' sei. Falls sowjetische Seite dies ablehne und auf Unterbringung beim ersten Prinzip (souveräne Gleichheit der Staaten) bestehe, müsse die Formulierung positiv gefaßt werden, das Wort ‚only' also entfallen. Am nächsten Tag habe Gromyko folgende Formel zur Einfügung beim ersten Prinzip vorgeschlagen: ‚The participating States consider that their frontiers can be changed in accordance with international law, by peaceful means and by agreement.' [...] Die Frage Kissingers, ob die sowjetische Seite zur Erweiterung des Spielraums der Konsultationen auch eine Einfügung der Formel beim vierten Prinzip (territoriale Integrität) akzeptieren könne, habe Gromyko nach anfänglichem Zögern bejaht." Das amerikanische Außenministerium „werte den Verzicht der Sowjets auf das Wort ‚only' als bedeutsame Konzession". Vgl. die Aufzeichnung des Legationsrats I. Klasse Seibert; VS-Bd. 10200 (212); B 150, Aktenkopien 1975.
Auf Wunsch der Bundesregierung schlugen die USA der UdSSR am 26. Februar 1975 die Einfügung eines zusätzlichen Kommas vor, so daß die Formel lautete: „The participating states consider that their frontiers can be changed, in accordance with international law, by peaceful means and by agreement." Die UdSSR erklärte sich damit einverstanden. Vgl. die Aufzeichnung des Ministerialdirigenten Meyer-Landrut vom 3. März 1975; VS-Bd. 10200 (212); B 150, Aktenkopien 1975.

[14] Zur sowjetischen Haltung hinsichtlich vertrauensbildender Maßnahmen vgl. Dok. 13, besonders Anm. 12.
Im Gespräch mit dem sowjetischen Außenminister Gromyko schlug der britische Außenminister

USA seien sich nicht klar darüber, welche Schlüsse man daraus ziehen könne, daß die Sowjetunion in den letzten Tagen in der Presse ein Manöver angekündigt habe, das offensichtlich jenseits des 100-km-Grenzstreifens liege.[15]

Korb III sei nicht besonders erörtert worden. Man habe allerdings bei den sowjetischen Gesprächspartnern keinen Zweifel darüber gelassen, daß ohne eine befriedigende Lösung auch in diesem Bereich nicht weiterzukommen sei.

Auf eine Frage des italienischen Sprechers, wie die Formulierung der Genfer Gemeinsamen Erklärung zur Schlußphase[16] zu verstehen sei, antwortete Sonnenfeldt ausweichend. Eine besondere Diskussion über das Niveau der dritten Phase habe nicht stattgefunden. Die Sowjetunion wisse, daß diese Phase nur dann auf höchster Ebene stattfinde, wenn befriedigende Ergebnisse erzielt seien. Die Kommuniqué-Formulierung habe den Zweck, in „einer etwas obskuren Weise" die Erzielung befriedigender Ergebnisse als Bedingung für eine dritten Phase auf höchster Ebene herauszustellen. Man sei sich im klaren darüber, daß diese Formulierung in Moskau möglicherweise anders interpretiert werde.

Eine belgische Frage, ob erneut über die Möglichkeit gesprochen worden sei, den Schlußakt der zweiten Phase einschließlich des „Schlußhandels" der Ergebnisse auf der Ebene der Außenminister zu vollziehen, verneinte Sonnenfeldt. Ein derartiger Vorschlag sei seit etwa einem Jahr von den Sowjets nicht mehr erwähnt worden. Soweit ihm bekannt sei, ziehe Kissinger eine solche Lösung nicht in Erwägung.

5) Naher Osten

Sonnenfeldt verwies auf die Gemeinsame Erklärung in Genf.[17] Die Gespräche zu diesem Thema seien konstruktiv verlaufen. Das sowjetische Hauptanliegen sei eindeutig eine Wiederaufnahme der Genfer Konferenz[18] und eine Einbeziehung der Sowjetunion in den diplomatischen Prozeß. Die sowjetische Haltung

Fortsetzung Fußnote von Seite 184
Callaghan am 14. Februar 1975 in Moskau vor, daß eine Vereinbarung über vertrauensbildende Maßnahmen ganz Europa mit Ausnahmen für die Türkei und die UdSSR einbeziehen sollte: „A band of Soviet territory 400 kms deep should be sufficient for the purpose." Auf die Frage von Gromyko: „What was wrong with the Soviet proposal that the zone to be covered should be 100 kms from the frontiers of participating states?" antwortete Callaghan, „this idea was laughable. He did not see how it could possibly create confidence in the way which was required." Vgl. DBPO III/II, S. 381.

[15] Am 16. Februar 1975 wurde in der sowjetischen Presse gemeldet, daß im März im europäischen Teil der UdSSR ein Manöver stattfinden werde. Vgl. die Meldung „V ministerstve oborony SSSR"; PRAVDA vom 16. Februar 1975, S. 2.

[16] In der amerikanisch-sowjetischen Erklärung vom 17. Februar 1975 über die Gespräche der Außenminister Kissinger und Gromyko in Genf wurde festgestellt: „It was noted that a great deal of progress has been achieved at the Conference on Security and Cooperation in Europe. The two sides stated that they will continue to make active efforts jointly with the other participants to have the Conference successfully concluded at an early date. They assume that the results achieved permit its conclusion at the highest level." Vgl. DEPARTMENT OF STATE BULLETIN, Bd. 72 (1975), S. 291.

[17] Zur Lage im Nahen Osten wurde in der amerikanisch-sowjetischen Erklärung vom 17. Februar 1975 über die Gespräche der Außenminister Kissinger und Gromyko in Genf ausgeführt: „The two sides remain concerned over the dangers persisting in the situation there. They reaffirmed their intention to make every effort to promote a solution of the key issues of a just and lasting peace in the area on the basis of UN Resolution 338, taking into account the legitimate interests of all the peoples of the area, including the Palestinian people, and respect for the right to independent existence of all states in the area. The two sides believe that the Geneva Conference should play an important part in the establishment of a just and lasting peace in the Middle East, and should resume its work at an early date." Vgl. DEPARTMENT OF STATE BULLETIN, Bd. 72 (1975), S. 291.

[18] Zur Friedenskonferenz für den Nahen Osten in Genf vgl. Dok. 23, Anm. 30.

zu dem „Schritt-für-Schritt-Verfahren" sei nur schwer zu bewerten. Klar sei, daß die Sowjetunion ein solches Verfahren nicht wünsche.[19] Sein persönlicher Eindruck sei jedoch, daß die Sowjetunion bereit sei, dieses Verfahren letzten Endes hinzunehmen. Die Sowjets wüßten, daß sie mit einer Wiederaufnahme der Genfer Konferenz erst rechnen könnten, wenn die Teilnehmer dazu bereit seien. Außer von Syrien liege eine solche Bereitschaftserklärung aber nicht vor.[20]

Sir John Killick bestätigte, daß Breschnew auf eine sofortige Aufnahme der Genfer Konferenz gedrängt habe. Dieses Drängen sei jedoch nicht heftig und nicht betont emotional gewesen, die sowjetische Position in dieser Frage sei offensichtlich an den Realitäten orientiert.

Auf eine Frage des französischen Ständigen Vertreters[21], ob Gromyko außer einer Wiedereinberufung der Genfer Konferenz auch bestimmte Lösungsmodalitäten gefordert habe, antwortete Sonnenfeldt sehr kurz, daß in der Sache die Sowjetunion ihre bekannten maximalen Positionen vertreten habe.

6) Sowjetisch-amerikanische Beziehungen

In einer Gesamtbewertung der Genfer Gespräche erklärte Sonnenfeldt, daß der Meinungsaustausch klare Unterschiede im Hinblick auf den Nahen Osten ergeben habe. Auch fahre die Sowjetunion fort, die amerikanische Haltung im Zusammenhang mit dem gescheiterten Handelsabkommen zu verurteilen. Im übrigen sei das Außenministertreffen jedoch in einer freundlichen und positiven Atmosphäre verlaufen.

Sonnenfeldt ging nochmals kurz auf die bekannten innenpolitischen Hintergründe für den sowjetischen Rücktritt von dem vereinbarten Handelsabkommen ein. Er hob hervor, daß dieses Abkommen nach den Änderungen der ame-

---

[19] Am 20. Februar 1975 berichtete Botschafter Sahm, Moskau, daß der amerikanische Botschafter in Moskau, Stoessel, der an den Gesprächen der Außenminister Kissinger und Gromyko am 16./17. Februar 1975 in Genf teilgenommen habe, zur Diskussion über den Nahen Osten mitgeteilt habe, der sowjetische Außenminister „hätte deutlich und in aller Breite seine Unzufriedenheit über die Teilabkommen, den Ausschluß der Sowjets von Verhandlungen, Verzögerung der Genfer Konferenz usw. ausgedrückt. Amerikanische Seite stehe nicht zu ihren Verpflichtungen. Kissinger hätte sehr freimütig geantwortet. Alle sowjetischen Erklärungen beschränkten sich auf Schlagworte, worauf es jedoch ankomme, seien erreichbare Ergebnisse, praktische Lösungen. Die Sowjets wiederholten prinzipielle Erklärungen, machten jedoch keine Vorschläge, wie man sie verwirklichen könne. Die Fortsetzung der Genfer Konferenz heute würde zu einem vollkommenen Stillstand führen. [...] Gromyko hätte demgegenüber erklärt, die Amerikaner wollten Genf zu einer rein formalen Angelegenheit machen, bei der nur das unterzeichnet werden sollte, was alles zuvor bereits woanders vereinbart worden sei." Zur Beteiligung der PLO habe Gromyko geäußert: „‚Wir wünschen, daß sie von Anfang an dabei sind.'" Vgl. den Drahtbericht Nr. 596; VS-Bd. 9965 (204); B 150, Aktenkopien 1975.

[20] Zur syrischen Haltung vermerkte Referat 310 am 13. Januar 1975, Syrien fürchte „einen Alleingang Kairos in Form eines erweiterten Entflechtungsabkommens im Sinai mit Israel, ohne selbst auf den Golan-Höhen eine weitere Räumung durch Israel erreichen zu können. Denn für Israel ist ein Rückzug im Sinai wesentlich weniger problematisch als auf den in der Nähe seines Kernlandes gelegenen Golan-Höhen. Syrien neigt daher auch mehr dazu, die Verhandlungen nach Genf zu verlegen, um eine Gesamtregelung zu erreichen und Teillösungen auf seine Kosten auszuschließen." Vgl. Referat 310, Bd. 104961.

In der gemeinsamen Erklärung anläßlich des Besuchs des sowjetischen Außenministers Gromyko vom 1. bis 3. Februar 1975 in Syrien sprachen sich beide Seiten für eine unverzügliche Wiederaufnahme der Arbeit der Friedenskonferenz für den Nahen Osten in Genf aus. Für den Wortlaut der Erklärung vgl. PRAVDA vom 4. Februar 1975, S. 4.

[21] François de Tricornot de Rose.

rikanischen Handelsgesetzgebung durch den Kongreß sowohl aus psychologischen wie auch aus sachlichen Gründen (Kredite) für die Sowjetunion kaum annehmbar gewesen sei. Die USA hätten den Eindruck, daß sich die Sowjetunion dennoch bemühe, die Auswirkungen dieser „Episode" möglichst zu begrenzen. Die sowjetische Presse sei zwar sehr kritisch gewesen, in den bilateralen Kontakten habe sich jedoch von Anfang an kein grundsätzlicher Wandel der sowjetischen Haltung gegenüber den USA abgezeichnet. Im Handelsbereich selbst würden die sowjetisch-amerikanischen Gespräche, u. a. amerikanisch-sowjetische Wirtschaftskommission in Moskau, fortgesetzt, u. a. um die Schwierigkeiten zu überwinden, die durch das Scheitern des Abkommens eingetreten waren.

Sir John Killick bemerkte in diesem Zusammenhang, daß Breschnew über den Einfluß des Senats auf die amerikanische Haltung und insbesondere die Rolle Senator Jacksons genau unterrichtet gewesen sei.

[gez.] Krapf

VS-Bd. 6113 (212)

35

Runderlaß des Vortragenden Legationsrats I. Klasse Dohms

240-312.74
Fernschreiben Nr. 31 Ortex

Aufgabe: 24. Februar 1975, 18.47 Uhr

Zum Ministerbesuch in Rom am 20./21.2.1975

Der Bundesminister des Auswärtigen traf am 20./21.2.1975 anläßlich eines Arbeitsbesuchs in Rom mit seinem italienischen Kollegen, Mariano Rumor, zusammen. Der Minister wurde auch vom italienischen Ministerpräsidenten Aldo Moro empfangen. Die Gespräche verliefen in besonders freundschaftlicher Atmosphäre und brachten nahezu völlige Übereinstimmung der Auffassungen.

Folgendes bleibt festzuhalten:

1) Europapolitik

Beide Seiten waren sich über Notwendigkeit weiterer Mitgliedschaft Großbritanniens[1] einig. AM Rumor betonte, daß ein britisches Protokoll vor dem Referendum wünschenswert sei, das Gewißheit gebe, daß die Briten keine Aufweichung der europäischen Einheit anstreben. BM Genscher äußerte sich zurückhaltend und gab eventuelle negative Folgen zu bedenken.

---

[1] Zum britischen Wunsch nach Neuregelung der Bedingungen für die EG-Mitgliedschaft und zur Ankündigung eines Referendums vgl. Dok. 15, Anm. 9–11, sowie Dok. 33, Anm. 6.

2) NV-Vertrag[2]

AM Rumor berichtete über den am gleichen Tag erfolgten Beschluß der italienischen Regierung, das Zustimmungsgesetz einzubringen. Die italienische Seite rechnet mit der Verabschiedung eines Gesetzes[3] noch vor der Review-Konferenz.[4]

3) Entspannungspolitik

Bundesminister legte dar, daß die objektiven Voraussetzungen für ihre Fortsetzung weiterhin gegeben sind. AM Rumor stimmte zu. Es werde allerdings noch lange dauern bis zu einer wirksamen Abrüstung auch der nuklearen Waffen. In der Zwischenzeit müsse die KSZE weiterverfolgt werden. Am Ende der zweiten Phase solle ein Treffen auf hoher Ebene im NATO- oder Neuner-Rahmen stattfinden, um westliche Positionen der Öffentlichkeit darlegen zu können. Der BM plädierte für Abhaltung im NATO-Rahmen, weil auch die USA beteiligt werden müßten.[5]

AM Rumor empfahl, die MBFR-Verhandlungen in Wien mit großer Aufmerksamkeit zu verfolgen. Bezüglich des möglichen Einschlusses von Nuklearwaffen[6] sollte gemeinsam der Standpunkt aufrechterhalten werden, daß sich dieser nur auf taktische Waffen beschränken sollte. Beide Minister stimmten überein, daß die Reduzierung der Streitkräfte bei den Supermächten beginnen müsse. BM wies nachdrücklich darauf hin, daß es nicht zu Sonderrechten und Sonderpflichten kommen dürfe und nicht zur Festsetzung nationaler Höchststärken.

Hinsichtlich allgemeiner Bewertung der Entspannungspolitik waren beide Minister einig, daß der Westen auf der Hut sein müsse. In einigen Ländern machten sich übersteigerte Erwartungen von möglichen Ergebnissen des Entspannungsprozesses breit. Man müsse Entspannung immer in enger Verbindung mit dem Fortbestand einer echten Verteidigungsbereitschaft sehen.

4) Naher Osten

Unter Bezugnahme auf die bereits erfolgte EPZ-Unterrichtung über den Kissinger-Besuch in Bonn[7] legte BM dar, daß man Sadat wohl überfordern würde, wenn man von ihm über das De-facto-Verhalten hinaus eine formelle Erklärung Israel gegenüber erwarten würde. Er werde bei dem bevorstehenden Besuch des israelischen AM in Bonn[8] diesem zuraten, die gegenwärtige Chance einer verantwortungsvollen Führung in Ägypten zu nutzen. Italienische Seite

---

[2] Korrigiert aus: „VN-Vertrag".

[3] Das italienische Parlament stimmte am 17. April 1975 dem Gesetz zum Nichtverbreitungsvertrag vom 1. Juli 1968 zu. Die Ratifikationsurkunde wurde am 2. Mai in London und Washington und am 4. Mai 1975 in Moskau hinterlegt.

[4] Vom 5. bis 30. Mai 1975 fand in Genf eine Konferenz zur Überprüfung des Nichtverbreitungsvertrags vom 1. Juli 1968 statt. Vgl. dazu Dok. 146.

[5] Zu einer Konferenz der Staats- und Regierungschefs der NATO-Mitgliedstaaten im Vorfeld der KSZE-Schlußkonferenz vgl. Dok. 28, Anm. 24.

[6] Zu den Überlegungen hinsichtlich einer Einbeziehung amerikanischer nuklearer Komponenten in die MBFR-Verhandlungen (Option III) vgl. Dok. 58.

[7] Der amerikanische Außenminister Kissinger hielt sich am 15./16. Februar 1975 in der Bundesrepublik auf. Vgl. dazu Dok. 28 und Dok. 31.

[8] Der israelische Außenminister Allon hielt sich vom 26. bis 28. Februar 1975 in der Bundesrepublik auf. Vgl. dazu Dok. 37.

wies darauf hin, daß eine Rückkehr nach Genf[9] erst sinnvoll sei, wenn zwischen der USA und der Sowjetunion Einverständnis besteht. Anderenfalls würde das Ergebnis der Konferenz nur noch eine stärkere Konfrontation bedeuten. Auf die Frage nach evtl. europäischen Garantien für Israel oder die arabischen Staaten im Rahmen einer Friedensordnung im Nahen Osten erklärte BM Genscher, daß unsere Meinungsfindung darüber noch nicht abgeschlossen sei und dies wohl auch keine aktuelle Frage sei.

5) Europäisch-Arabischer Dialog

Beide Seiten waren der Auffassung, daß seit dem letzten EPZ-Ministertreffen[10] sich keine neue Entwicklung ergeben habe. BM wies auf entsprechende Frage darauf hin, daß AM Kissinger keine Bedenken mehr geäußert habe, wenn auch vielleicht noch gewisse Vorbehalte spürbar gewesen seien.

6) Die Lage im Mittelmeer war ein zentrales Thema der Gespräche. AM Rumor gab seiner Sorge Ausdruck, daß durch die zunehmende Desartikulierung des Bündnisses an der Südflanke eine immer größere Verantwortung auf Italien laste. Die Südflanke sei derzeit die schwächste Region der Allianz. BM Genscher wies wiederholt darauf hin, daß auch wir die Lage als ernst beurteilen und voll die zentrale Rolle Italiens in diesem Raum würdigen. Wir hielten es für außerordentlich wichtig, daß Italien seine Verteidigungsanstrengungen aufrechterhalte. Rumor wies auf Zusammenhänge mit Wirtschaftsfragen hin und bat, daß man mehr als bisher in den internationalen Gremien der zentralen Rolle Italiens in diesem Raum Rechnung tragen möge. Die eingeleitete wirtschaftliche Stabilisierung Italiens sei objektiv gesehen ein gemeinsames Anliegen. Völlige Übereinstimmung bestand über den Zusammenhang wirtschaftlicher Stabilität und Verteidigungsfähigkeit.

7) Zum Zypern-Problem, das sehr eingehend erörtert wurde, waren sich beide Seiten einig, daß eine Internationalisierung vermieden werden müsse[11] und die beiden Bevölkerungsgruppen unter Mithilfe von Ankara und Athen sich einigen müssen. AM Rumor empfahl erneut Bildung eines Neuner-Forums. BM Genscher stimmte zu unter Voraussetzung, daß die Beteiligten dies wünschten. Beide Minister veröffentlichten zur Zypern-Frage eine gemeinsame Erklärung, welche im wesentlichen die Neuner-Erklärung von Dublin vom 13.2.1975 bekräftigt.[12]

---

[9] Zur Friedenskonferenz für den Nahen Osten in Genf vgl. Dok. 23, Anm. 30.

[10] Zur Konferenz der Außenminister der EG-Mitgliedstaaten im Rahmen der EPZ am 13. Februar 1975 in Dublin vgl. Dok. 27.

[11] Am 28. Februar 1975 vermerkte Referat 203, daß sich der UNO-Sicherheitsrat seit dem 20. Februar 1975 mit dem Zypern-Konflikt befasse. Dabei habe „der alte sowjetische Vorschlag, die Zypernverhandlungen nach New York zu verlegen und die S[icherheits]R[ats]-Mitglieder sowie einige Blockfreie hinzuzuziehen, Unterstützung vor allem von griechischer und zyperngriechischer Seite" gefunden: „Wir lehnen eine solche Internationalisierung ab, weil sie die Lösungschancen eher verschlechtert als verbessert und lediglich die SU mit ins Spiel bringt." Vgl. Referat 203, Bd. 110269.

[12] In der Erklärung wurde ausgeführt: „Die beiden Außenminister haben eingehend und mit großer Sorge die Lage im östlichen Mittelmeer und insbesondere das Zypernproblem erörtert. Sie waren sich einig, daß die Mitgliedstaaten der Europäischen Gemeinschaft unter Berücksichtigung ihres Assoziationsverhältnisses mit Griechenland, der Türkei und der Republik Zypern eine besondere Verantwortung haben, zum Abbau der Spannungen beizutragen und bei der Suche nach einer gerechten, dauerhaften und friedlichen Lösung mitzuhelfen. In diesem Sinne bekräftigen sie die Erklärung, welche die neun Außenminister am 13.2.1975 verabschiedet haben." Vgl. den Runderlaß Nr. 693 des Vortragenden Legationsrats I. Klasse Munz vom 22. Februar 1975; Referat 203, Bd. 110229.

8) Energieprobleme

Im Mittelpunkt des Meinungsaustausches standen Fragen der geplanten internationalen Erdölkonferenz.[13] Beide Seiten stimmten darin überein, daß eine Ausweitung der Thematik auf Rohstoff-Fragen, so wie es einige OPEC- und Entwicklungsländer anstreben[14], im Interesse der Erfolgsaussichten der Konferenz vermieden werden müsse. Um die Konferenz aber nicht zu blockieren, sollten die westlichen Industriestaaten möglichst von vornherein mit einem konstruktiven Vorschlag zur Behandlung von Rohstoff-Fragen auf anderer Ebene aufwarten.

Bezüglich des von Kissinger vorgeschlagenen floor-price-Systems[15] meldeten die Italiener angesichts ihrer ungünstigen Ausgangslage erhebliche Vorbehalte an. Beide Seiten waren sich einig, daß die Frage, wie Investitionen in Ersatzenergien zu schützen seien, sehr sorgfältig geprüft werden müsse, wobei – nach italienischer Ansicht – die unterschiedlichen energiepolitischen Gegebenheiten der einzelnen Länder zu berücksichtigen seien. BM Genscher warnte in diesem Zusammenhang davor, Lösungen etwa in Richtung der EG-Agrarmarktordnungen zu suchen.

Einig waren sich die Gesprächspartner auch darüber, daß die Fragen der Anlage der Petrodollars in Industrieunternehmen (Überfremdungsgefahr) und die Probleme, die sich aus einer plötzlichen Umdisposition kurzfristig angelegter Ölgelder ergeben können, aufmerksam geprüft werden sollten.

9) Gastarbeiter

Unter Bezugnahme auf den kürzlichen Besuch von StS Granelli in Bonn regte AM Rumor an, den italienischen Arbeitern statt drei Monate künftig sechs Monate lang Arbeitslosengeld zu bezahlen und ihnen Stipendien zur beruflichen Weiterbildung zu gewähren. BM Genscher wies auf unsere Bemühungen um einen baldigen Aufschwung der Konjunktur in Stabilität hin, der alle diese Probleme am wirksamsten lösen würde. Im übrigen seien die Italiener als Angehörige eines EG-Landes den Gastarbeitern anderer Nationalitäten gegenüber in vielfacher Weise privilegiert.

10) PAL-Farbfernsehen[16]

Die Frage wurde in Vier-Augen-Gesprächen von uns angesprochen.[17] Ganz offensichtlich war die kürzliche Erklärung des französischen Außenministers be-

---

[13] Zum Vorschlag des Staatspräsidenten Giscard d'Estaing vom 24. Oktober 1974, für Anfang 1975 eine Konferenz erdölproduzierender und -verbrauchender Staaten einzuberufen, vgl. Dok. 15, Anm. 4. Vom 7. bis 15. April 1975 fand in Paris eine Vorkonferenz statt. Vgl. dazu Dok. 87.

[14] Auf einer Konferenz der Außen-, Erdöl- und Finanzminister der OPEC-Staaten vom 24. bis 26. Januar 1975 in Algier sprachen sich die Teilnehmer für eine internationale Konferenz über Rohstoff-Probleme und Entwicklungsfragen aus. Vgl. dazu EUROPA-ARCHIV 1975, Z 36.

[15] Zu den amerikanischen Überlegungen hinsichtlich eines Mindestpreises für Erdöl vgl. Dok. 28, Anm. 3.

[16] Seit 1964 konkurrierten die Bundesrepublik mit dem PAL-System und Frankreich mit dem SECAM-System um die Einführung des Farbfernsehens in Europa. In Italien bemühte sich Frankreich seit dem Frühjahr 1969, die Regierung von einer 1967 getroffenen Vorentscheidung zugunsten von PAL abzubringen. Vgl. dazu AAPD 1969, I, Dok. 83 und Dok. 115. Vgl. dazu ferner AAPD 1973, III, Dok. 311.

[17] Am 21. Februar 1975 informierte Botschafter Meyer-Lindenberg, Rom, über die Gespräche des Bundesministers Genscher mit Ministerpräsident Moro und dem italienischen Außenminister Ru-

züglich angeblicher italienischer Verpflichtungen für SECAM[18] wenig hilfreich. AM Rumor meinte, Entscheidung könne Anfang März fallen. MP Moro stellte längere Frist wegen gegenwärtiger Wirtschaftslage in Aussicht. Einverständnis, daß in Kürze eine deutsche Expertendelegation auf dem Gebiet der Technologie nach Italien entsandt wird.[19]

11) Kappler[20]

Auch dieses Thema ist in kleinem Kreise von deutscher Seite angesprochen worden. Eine neue Entwicklung zeichnet sich nicht ab.

12) Zur innenpolitischen Lage Italiens zog AM Rumor im Vier-Augen-Gespräch eine zuversichtliche Bilanz. Die wirtschaftliche und soziale Entwicklung verlaufe durchaus positiv. Durch Drosselung der Einfuhr und Steigerung der Ausfuhr sei es gelungen, die Zahlungsbilanzsituation zu verbessern. Die Steuererhöhungen und maßvollere Forderungen der Gewerkschaften hätten sich ebenfalls günstig ausgewirkt. Sorgen bereiten allerdings noch der Rückgang der Investitionstätigkeit und die Verschlechterung der Beschäftigungslage. Die italienische Regierung erwarte bis Ende 1975 eine weitere Besserung. Politisch habe der nunmehr erfolgte klare Beschluß der DC gegen eine Zusammenarbeit mit den Kommunisten[21] stabilisierend gewirkt.

13) Bei einem außenpolitischen Tour d'horizon äußerte AM Rumor ernste Besorgnis über Entwicklung in Jugoslawien nach Tito. Der voraussichtliche Nachfolger Titos, Kardelj, sei sehr krank. Der Westen müsse alles tun, um Jugoslawien an den Westen zu binden oder auf Politik der Äquidistanz zu drängen. – Besorgnis herrscht auf italienischer Seite auch über Entwicklung in Portugal.[22] Hinsichtlich Spaniens waren Italiener zuversichtlicher, weil es dort ei-

---

Fortsetzung Fußnote von Seite 190

mor über das Thema Farbfernsehen. Genscher habe insbesondere darauf hingewiesen, „daß eine große Zahl der Mitgliedstaaten der EG sich für das deutsche System entschieden hätte und daß die italienische Entscheidung für das deutsche System deshalb auch eine Entscheidung im Gemeinschaftssinne sei". Vgl. den Drahtbericht Nr. 329; VS-Bd. 8889 (414); B 150, Aktenkopien 1975.

18 Am 17. Februar 1975 berichtete Botschafter Meyer-Lindenberg, Rom, über ein Interview des französischen Außenministers mit der Mailänder Wirtschaftszeitung „Il sole – 24 ore". Sauvagnargues habe auf die Frage, ob während des Besuchs des italienischen Außenministers Rumor am 7./8. Februar 1975 in Paris auch das Thema Farbfernsehen erörtert worden sei, geäußert, das Problem sei „in einem positiven Geist erörtert worden. Die französische Seite erwartet, daß Italien die in der Vergangenheit eingegangenen Verpflichtungen einhält." Vgl. den Drahtbericht Nr. 283; Referat 414, Bd. 105453.

19 Eine Expertendelegation aus der Bundesrepublik hielt sich am 4. März 1975 in Rom auf und legte „die wichtigsten wirtschaftlichen und technischen Aspekte" für eine Entscheidung zugunsten des PAL-Farbfernsehsystems dar. Vgl. den Drahtbericht Nr. 404 des Botschafters Meyer-Lindenberg, Rom, vom 5. März 1975; Referat 414, Bd. 105453.

20 Der ehemalige SS-Obersturmbannführer Kappler wurde am 20. Juli 1948 in Italien zu lebenslanger Haft verurteilt, die er im Militärgefängnis von Gaeta verbüßte. Er war wegen der von ihm geleiteten Erschießung von 335 italienischen Geiseln in den Fosse Ardeatine bei Rom am 24. März 1944 angeklagt. Das Gericht berücksichtigte den Kappler erteilten Erschießungsbefehl über 320 Geiseln und verurteilte ihn für die Ermordung von 15 weiteren Geiseln. Seit 1955 setzte sich die Bundesregierung bei der italienischen Regierung wiederholt für eine Begnadigung von Kappler ein

21 Auf der Tagung des Nationalrats der Democrazia Cristiana vom 31. Januar bis 4. Februar 1975 in Rom sprach sich der Generalsekretär der Partei, Fanfani, gegen einen Kompromiß mit der Kommunistischen Partei aus. Vgl. dazu den Artikel „Fanfani setzt sich durch"; FRANKFURTER ALLGEMEINE ZEITUNG vom 4. Februar 1975, S. 4.

22 Zur Situation in Portugal vgl. Dok. 23, Anm. 38 und 39.

nen breiten Fächer politischer Kräfte gebe, die im Begriff seien, sich zu formieren.

Dohms[23]

Referat 240, Bd. 102879

36

Botschafter Behrends, Wien (MBFR-Delegation), an das Auswärtige Amt

114-10925/75 geheim　　　　　　　　　　　Aufgabe: 25. Februar 1975, 18.00 Uhr[1]
Fernschreiben Nr. 118　　　　　　　　　　Ankunft: 25. Februar 1975, 19.35 Uhr
Citissime

Betr.: MBFR
　　　hier: vierte informelle Sitzung der fünften Verhandlungsrunde[2]

Delegationsbericht Nr. 30/75

I. In der informellen Sitzung am 25. Februar 1975 schlug Chlestow folgende Änderungen und Zusätze zum östlichen Vertragsentwurf vom 8. November 1973[3] vor:

1) Die erste Stufe des Vertragsentwurfs vom 8. November 1973, die eine Verminderung von 20 000 Mann auf jeder Seite mit Bewaffnung und Ausrüstung im Jahre 1975 vorsehe, könne in der Weise durchgeführt werden, wie sie im

---

[23] Paraphe.
[1] Hat Vortragendem Legationsrat I. Klasse Schönfeld vorgelegen.
[2] Die fünfte Runde der MBFR-Verhandlungen begann am 30. Januar 1975 in Wien.
Zur Diskussion insbesondere in den Emissärgesprächen berichtete Botschafter Behrends, Wien (MBFR-Delegation), am 14. Februar 1975: „Während in den letzten beiden Verhandlungsrunden die informellen Gespräche dazu verwandt wurden, präzise Einzelthemen zu erörtern, hat sich seit Beginn dieser Runde in den informellen Gesprächen eine Grundsatzdiskussion entwickelt. Die Sitzung am 11. Februar zeigte, daß vor allem zu den Problemen ‚kollektive ceilings' und ‚Daten' der Osten beträchtliche Argumentationsschwierigkeiten hat. Es wurde deutlich, daß die östliche Forderung nach nationalen ceilings im Grunde nur auf eine Begrenzung der Bundeswehr abzielt. Da aber andererseits der Osten sich nicht dem Vorwurf aussetzen will, daß er diskriminierende Regelungen anstrebt und den politischen Status der Bundesrepublik zu beschränken sucht, ist es nicht schwierig, die östliche Position in diesem Punkte ad absurdum zu führen. Ebenso ist die Diskussion der Frage ‚common ceiling oder Erhaltung des gegenwärtigen Kräfteverhältnisses' nützlich, weil sie zeigt, daß es dem Osten darauf ankommt, eine für ihn günstige De-facto-Situation, die er für nicht gesichert hält, in eine irreversible De-iure-Situation umzuwandeln." Vgl. den Drahtbericht Nr. 95; VS-Bd. 9490 (221); B 150, Aktenkopien 1975.
[3] Die sowjetische Delegation legte am 8. November 1973 bei den MBFR-Verhandlungen in Wien den Entwurf eines MBFR-Abkommens vor. Danach sollte in einer ersten Phase im Jahre 1975 auf beiden Seiten eine Reduzierung von 20 000 Mann stattfinden, in einer zweiten Phase im Jahre 1976 5 % der Streitkräfte jedes Teilnehmerstaates reduziert werden und in einer dritten Phase im Jahre 1977 jeder Teilnehmerstaat weitere 10 % seiner Streitkräfte abbauen. Vgl. dazu AAPD 1973, III, Dok. 369.

östlichen Vorschlag für einen ersten Reduzierungsschritt vom 15. Oktober 1974[4] vorgeschlagen sei. Das heiße:

a) Die sowjetischen und amerikanischen Streitkräfte im Reduzierungsgebiet würden um je 10 000 Mann vermindert und die Streitkräfte zum Beispiel der Bundesrepublik Deutschland und Polens um je 5000. Die restlichen 5000 auf jeder Seite würden auf die übrigen direkten Teilnehmer aufgeteilt.

b) Die Verminderungen der sowjetischen und amerikanischen Streitkräfte würden in der ersten Hälfte des Jahres 1975 durchgeführt, die Verminderungen der Streitkräfte der übrigen direkten Teilnehmer in der zweiten Hälfte des Jahres 1975.

2) Die im Vertragsentwurf vom 8. November 1973 vorgesehenen Verminderungen von fünf Prozent der Streitkräfte jedes direkten Teilnehmerstaates im Verlauf des Jahres 1976 könnten ebenfalls so durchgeführt werden, daß die Verminderungen der amerikanischen und sowjetischen Streitkräfte in der ersten Hälfte des Jahres 1976, die der Streitkräfte der übrigen direkten Teilnehmer in der zweiten Hälfte des Jahres 1976 implementiert würden.

3) Die dritte Stufe des östlichen Vertragsentwurfs, die eine Verminderung von 10 Prozent der Streitkräfte jedes direkten Teilnehmers im Jahre 1977 vorsehe, bleibe unverändert. Die östlichen direkten Teilnehmer sähen keinen Anlaß, von ihrer Position abzuweichen, daß alle Verminderungen dieser Stufe gleichzeitig zu implementieren sind.

4) Der östliche Vorschlag eines ersten Reduzierungsschrittes werde weiterhin aufrechterhalten. Die östliche Seite sei bereit, diesen ersten Reduzierungsschritt entweder in einem gesonderten Abkommen zu vereinbaren oder als erste Stufe des Dreijahresprogramms des östlichen Vertragsentwurfs vom 8. November 1973. Zur Erläuterung sagte Chlestow, diese Änderungen des Vertragsentwurfs bewiesen die Bereitschaft des Ostens zu substantiellen Verminderungen. Sie berücksichtigen, soweit dies möglich sei, den westlichen Wunsch, unter den direkten Teilnehmerstaaten zu differenzieren und die Vereinigten Staaten und die Sowjetunion mit dem Reduzierungsprozeß beginnen zu lassen.

Der Osten könne dagegen nicht von seiner Forderung abweichen, daß alle direkten Teilnehmer gleichzeitig konkrete Reduzierungsverpflichtungen eingehen müßten. Was die Modifizierung der zweiten Stufe anbetreffe, könnten die westlichen Teilnehmer sich selbst ausrechnen, wieviel fünf Prozent ausmachten. Wenn man die für die zweite Stufe vorgeschlagenen Verminderungen der amerikanischen und sowjetischen Streitkräfte vergleiche, werde ersichtlich, daß der Osten für die erste Hälfte des Jahres 1976 asymmetrische Reduktionen vorgeschlagen habe. Auch darin sei der Osten dem Westen entgegengekommen.

II. Dean, Adriaenssen und ich sagten, wir könnten uns zu diesem Vorschlag nur vorläufig und auf persönlicher Basis äußern und erst nach Konsultation mit den anderen Mitgliedern der NATO-Gruppe dazu Stellung nehmen.

Dean sagte, die erste Modifizierung bedeute eine Inkorporierung des östlichen Erste-Schritt-Vorschlages in den östlichen Vertragsentwurf. Entscheidend da-

---

[4] Zum Vorschlag der sowjetischen MBFR-Delegation vom 15. Oktober 1974 vgl. Dok. 12, Anm. 11.

bei sei, daß der Inhalt des Vorschlages unverändert sei. Die NATO-Seite habe bereits in mehreren informellen Sitzungen und in einer Plenarerklärung darauf hingewiesen, daß der Erste-Schritt-Vorschlag das Kardinalproblem der Disparitäten außer acht lasse und zu einer Kodifizierung dieser Disparitäten führen würde und daß dieser Vorschlag an der vom Westen abgelehnten östlichen Ausgangsposition festhalte, daß alle direkten Teilnehmer sich gleichzeitig zu Reduzierungen verpflichten müßten, ehe irgendwelche Reduzierungen stattfinden. Eine Reihe präziser Fragen, die vom Westen gestellt wurden, hätten ergeben, daß der Osten zu keinerlei Modifizierung des Erste-Schritt-Vorschlages bereit sei, gelte diese westliche Kritik auch, wenn dieser Vorschlag als erste Stufe in den östlichen Vertragsentwurf inkorporiert werde.[5] Was den Vorschlag anbetreffe, die sowjetischen und amerikanischen Streitkräfte mit der Implementierung der zweiten Stufe des Vertragsentwurfs beginnen zu lassen, sei dies eine östliche Bewegung von allerdings begrenztem Wert. Auch hier bleibe die östliche Forderung unverändert, daß alle direkten Teilnehmer gleichzeitig Reduzierungsverpflichtungen eingehen müßten.

Adriaenssen sagte, eine Kombination von zwei Negativa des östlichen Vertragsentwurfs und des östlichen Erste-Schritt-Vorschlages ergebe noch kein Positivum. Einige Aspekte, wie z. B. die östliche Bereitschaft zur asymmetrischen Implementierung während eines begrenzten Zeitraumes, bedürften näherer Prüfung. Die östlichen Vorschläge ließen wesentliche Anliegen des Westens unberücksichtigt, nämlich die Notwendigkeit, das Endziel des Reduzierungsprozesses zu fixieren, die Disparitäten zu beseitigen und auf mögliche europäische Entwicklungen Rücksicht zu nehmen, indem z. B. der BRD nicht durch Zuteilung einer besonderen Reduzierungsquote ein besonderer Status gegeben werde.

Strulak sagte, die ersten westlichen Kommentare seien eine unangenehme Überraschung für den Osten. Der Westen unterschätze die Bedeutung dieser neuen Vorschläge. Der östliche Vorschlag eines ersten Schrittes sei niemals ernsthaft diskutiert und in konstruktiver Weise diskutiert worden. Der Osten sei jetzt bereit, nicht nur in der ersten, sondern auch in der zweiten Stufe des östlichen Vertragsentwurfs auf die westlichen Wünsche bezüglich der Sequenz der Reduzierungen einzugehen. Die Sowjetunion würde in der ersten Hälfte des Jahres 1976 wesentlich mehr Streitkräfte reduzieren als die Vereinigten Staaten. Der Vorwurf der Diskriminierung der Bundesrepublik sei unberechtigt. Die Worte „zum Beispiel" zeigten die Flexibilität des Ostens. Wenn irgend jemand diskriminiert werde, dann Polen, das in der ersten Stufe sich zu den gleichen Reduzierungen wie die Bundesrepublik verpflichten müsse, obwohl seine Streitkräfte wesentlich kleiner als die Bundeswehr seien. Oeser sagte, die Inkorporierung des Erste-Schritt-Vorschlages in den Vertragsentwurf komme der westlichen Forderung nach substantiellen Reduzierungen entgegen.

Ich führte aus, der Osten habe niemals bestritten, daß der vom Osten vorgeschlagene erste Schritt bedeute, daß die erste Stufe des Vertragsentwurfs abgelöst und zum Gegenstand eines gesonderten Abkommens gemacht würde.

---

5 Unvollständiger Satz in der Vorlage.

Man habe sich eingehend in mehreren informellen Gesprächen darüber unterhalten, ob die östliche Seite dabei lediglich Details ausgefüllt habe, die in der ersten Stufe des Vertragsentwurfs nicht spezifiziert waren, oder – wie der Osten behauptete – diese erste Stufe inhaltlich modifiziert habe. Wenn dieser erste Schritt jetzt wieder in die erste Stufe des Vertragsentwurfs zurückverwandelt werde, ohne daß sein Inhalt im geringsten verändert werde, könne dies schwerlich als Entgegenkommen bezeichnet werden. Die vom Osten vorgeschlagene Änderung des Implementierungsmodus der zweiten Stufe sei dagegen in der Tat etwas Neues, allerdings von sehr begrenztem Wert.

III. Die Ad-hoc-Gruppe wird für die nächste mündliche Berichterstattung im NATO-Rat am 28. Februar 1975 eine Stellungnahme zu den neuen östlichen Vorschlägen ausarbeiten.[6]

Bericht über die anderen Themen der informellen Sitzung am 25. Februar 1975 folgt.[7]

[gez.] Behrends

VS-Bd. 530 (014)

---

[6] Botschafter Behrends, Wien (MBFR-Delegation), berichtete am 6. März 1975, der Leiter der britischen MBFR-Delegation, Rose, habe im Emissärgespräch vom 4. März 1975 die Stellungnahme der beteiligten NATO-Mitgliedstaaten vorgetragen: „Er erläuterte im einzelnen, daß diese Modifizierungen nur ein oberflächliches neues Arrangement von Komponenten der östliche Position darstellten, deren substantieller Inhalt unverändert bleibe." Der Leiter der belgischen MBFR-Delegation, Adriaenssen, habe ausgeführt, „daß die Verwirklichung der östlichen Vorschläge eine erhebliche Verminderung der Sicherheit des Westens zur Folge haben würde. Die geographischen Disparitäten und die Tatsache, daß jede MBFR-Vereinbarung die sowjetischen Streitkräfte als ganzes nicht begrenzen und das erhebliche außerhalb des Reduzierungsgebietes stationierte Verstärkungspotential der Sowjetunion nicht berühren würde, seien objektive und unbestreitbare Faktoren. Sie müßten in jedem Reduzierungsabkommen kompensiert werden. Nur so könne dem vereinbarten Prinzip der unverminderten Sicherheit beider Seiten Rechnung getragen werden." Vgl. den Drahtbericht Nr. 136; VS-Bd. 9490 (221); B 150, Aktenkopien 1975.

[7] Am 28. Februar 1975 teilte Botschafter Behrends, Wien (MBFR-Delegation), ergänzend zum Emissärgespräch am 25. Februar 1975 mit, der Leiter der belgischen MBFR-Delegation, Adriaenssen, habe erläutert: „Für den Westen bedeute ‚gegenseitig', daß jede Seite Verpflichtungen eingehen sollte, die nicht notwendig die gleichen seien, die jedoch zu einem gerechten Ergebnis mit gleichwertigen Gesamtauswirkungen auf jeder Seite führen müßten. Solch ein Ergebnis könne nur erzielt werden, wenn den Disparitäten Rechnung getragen werde." Er, Behrends, habe die sich aus der Nichteinbeziehung der sowjetischen Streitkräfte als ganzes ergebenden „geographischen Disparitäten und die militärischen Auswirkungen" erläutert, Argumente, die der Leiter der sowjetischen MBFR-Delegation, Chlestow, als „ingeniös und gut formuliert, aber irrelevant" bezeichnet habe: Die Tatsache, daß die sowjetischen Streitkräfte bei einem Abzug aus dem Reduzierungsraum immer noch Teil des Verstärkungspotentials blieben, könne „kein Thema der Wiener Verhandlungen sein". Vgl. den Drahtbericht Nr. 127; VS-Bd. 9490 (221); B 150, Aktenkopien 1975.

37

Gespräch des Bundesministers Genscher mit dem israelischen Außenminister Allon

105-13.A/75 **26. Februar 1975**[1]

Der Herr Bundesminister des Auswärtigen empfing am 26. Februar 1975 um 15.30 Uhr im Auswärtigen Amt den israelischen Außenminister Herrn Allon zu einem Gespräch, an dem Botschafter Dr. Fischer und Botschafter Meroz teilnahmen.[2]

Der Herr *Minister* wiederholte einleitend, wie sehr er diesen Besuch begrüße und die Möglichkeit würdige, offen und vertrauensvoll alle Fragen von gemeinsamem Interesse zu erörtern.

Herr *Allon* schlug als Tagesordnung vor, daß der Herr Minister über den Stand der EG, die Ost-West-Beziehungen und die deutsche Nahost- und Israelpolitik berichte. Am Freitag[3] könne man dann einige spezifische bilaterale Fragen erörtern. Er wolle auch seine eigenen Ansichten darlegen und außerdem darüber sprechen, wie die bilateralen Beziehungen gefördert werden könnten und was Deutschland zur Verwirklichung des Abkommens zwischen EG und Israel[4] beitragen könne. Sodann lud er den Herrn Bundesminister zu einem Besuch in Israel ein.

Der Herr *Bundesminister* dankte für die Einladung und stimmte der Tagesordnung zu. Er bat Herrn Allon, zunächst in diesem kleinen Kreis darzulegen, wie er die Lage vor Kissingers zweiter Reise[5] und die weitere Entwicklung beurteile.

---

[1] Die Gesprächsaufzeichnung wurde von Vortragendem Legationsrat I. Klasse Weber am 27. Februar 1975 gefertigt und mit Begleitvermerk am 28. Februar 1975 Ministerialdirigent Kinkel zugeleitet.
Hat Kinkel am 1. und erneut am 2. März 1975 vorgelegt, der handschriftlich vermerkte: „Herrn Min[ister] vorzulegen. Rege an, das Prot[okoll] ins Haus zu geben."
Hat Bundesminister Genscher am 3. März 1975 vorgelegen.
Hat Kinkel erneut am 4. März 1975 vorgelegen, der handschriftlich vermerkte: „Je Abl[ichtung] über St[aatssekretär] G[ehlhoff] D 2 und D 3 zugel[eitet]." Vgl. Referat 010, Bd. 178622.

[2] Der israelische Außenminister Allon hielt sich vom 26. bis 28. Februar 1975 in der Bundesrepublik auf, nachdem er bereits am 22./23. Februar 1975 an der Tagung der Sozialistischen Internationale in Berlin (West) teilgenommen hatte.

[3] 28. Februar 1975.

[4] Am 23. Januar 1975 wurden die Verhandlungen zwischen Israel und den Europäischen Gemeinschaften über ein Abkommen zwischen der EWG und Israel im Rahmen des Globalkonzepts („approche globale") für die Mittelmeerländer sowie ein Abkommen über Erzeugnisse der EGKS abgeschlossen. Dazu wurde mitgeteilt: „Mit diesen beiden Abkommen soll schrittweise eine Freihandelszone zwischen den Vertragsparteien geschaffen und die Zusammenarbeit im wirtschaftlichen Bereich als Ergänzung zum Handelsverkehr hergestellt werden." Israel habe außerdem beantragt, „die in diesem Abkommen vorgesehene Kooperation so weit wie möglich auszubauen und diesem Abkommen ferner ein Finanzprotokoll beizufügen, das Israel den Zugang zu den gemeinschaftlichen Finanzinstituten gestattet." Vgl. BULLETIN DER EG 1/1975, S. 72 f.
Ministerialdirigent Jesser vermerkte am 3. März 1975, der israelische Außenminister Allon habe erläutert, Israel wolle das Abkommen „aus wichtigen wirtschaftlichen Gründen" zum 1. Juli 1975 in Kraft treten lassen, und Bundesminister Genscher gebeten, „sich bei der nächsten Ratssitzung (am 3.3.75) dafür zu verwenden, daß die Unterzeichnung spätestens Anfang Mai erfolge, damit genügend Zeit für die administrativen Vorbereitungsmaßnahmen bleibe. Vgl. Referat 010, Bd. 178622.

[5] Der amerikanische Außenminister Kissinger führte am 8. März 1975 Gespräche mit Präsident Sadat in Kairo, am 9. März 1975 mit der israelischen Regierung in Tel Aviv und mit der syrischen Re-

Herr *Allon* berichtete, daß bei seinem Amerika-Besuch im Januar[6] Ford und Kissinger den Wunsch nach politischen Fortschritten im Nahen Osten geäußert hätten. Über den Weg seien sie sich jedoch im unklaren gewesen, denn auch eine Großmacht wolle kein Risiko auf sich nehmen und eine ungewisse Aktion starten. Er selbst habe sich damals im einzelnen nicht festlegen wollen, jedoch sein grundsätzliches Einverständnis mit einer schrittweisen Lösung und seine Bereitschaft zu erkennen gegeben, einem Rückzug im Sinai im Austausch gegen eine politische Regelung zuzustimmen. Das Ausmaß des Rückzugs hänge aber von der Art der ägyptischen Konzessionen ab. Außerdem lasse sich Israel nicht unter Druck setzen. Im übrigen gehörten seine Gespräche in Washington zu den besten diplomatischen Verhandlungen, die er je geführt habe. Die meisten seiner Wünsche (Waffen) seien erfüllt worden. Er habe schließlich vorgeschlagen, Kissinger solle zu einem offiziellen Besuch nach Israel kommen und während seines Aufenthalts in der Region Sondierungsbesuche in anderen Ländern machen.[7] Sollten sich dabei positive Aussichten ergeben, könne eine weitere Aktion ins Auge gefaßt werden. Das Ergebnis sei bekannt. Die Aussichten für eine Interimsvereinbarung stünden 50:50, was nicht viel heiße.

Der Abstand zwischen der israelischen und der ägyptischen Position sei sehr erheblich. Ägypten wolle für einen israelischen Rückzug hinter die Pässe und die Ölfelder keine echten Gegenleistungen erbringen.

Ägypten sei zwar bereit, über die Amerikaner Israel gegenüber Zusagen zu machen und vielleicht auch ein Dokument zu unterzeichnen, weigere sich jedoch bis jetzt, den Kriegszustand zu beenden. Außerdem müsse das evakuierte Gebiet demilitarisiert werden, da sonst eine Lösung von zweifelhaftem Wert sei. Kissinger sei sich der Divergenz bewußt, wolle jedoch versuchen, eine Lösung zu finden, wobei er den Grund für Kissingers Optimismus nicht kenne. Die Syrer und die PLO versuchten alles, um eine Vereinbarung zu hintertreiben. Der Einfluß der PLO sei im Abnehmen, wogegen der Jordaniens, das geduldig abwarte, zunehme. König Feisal und der Schah von Iran[8] hätten sich für eine Vereinbarung ausgesprochen. Für sie gehe es dabei auch darum, den sowjetischen Einfluß einzudämmen. Die Frage sei, wie im Falle Ägyptens der Weg zu einer Vereinbarung geebnet werden könne. Israel sei auch zu Verhandlungen mit Syrien bereit.

Der Herr *Minister* fragte, wie Herr Allon die Rolle der Sowjetunion beurteile.

Herr *Allon* führte aus, bis vor kurzem sei die Sowjetunion nicht an einer Friedensregelung interessiert gewesen, vielmehr habe sie einen Zustand aufrechterhalten wollen, der weder Friede noch Krieg sei. Heute unterstütze sie eine Regelung nach ihrer Vorstellung. Sie habe aus der Vergangenheit gelernt, daß

Fortsetzung Fußnote von Seite 196
    gierung in Damaskus. Am 10./11. März hielt er sich zu Gesprächen über Zypern in der Türkei auf. Vom 11. bis 23. März führte er abwechselnd Vermittlungsgespräche in Tel Aviv und Kairo; am 15./16. März besuchte er Jordanien und am 19. März 1975 Saudi-Arabien.

6 Der israelische Außenminister Allon besuchte die USA vom 15. bis 17. Januar 1975.

7 Der amerikanische Außenminister Kissinger besuchte Israel am 10./11. Februar 1975. Am 12./13. Februar 1975 führte er Gespräche mit der ägyptischen Regierung in Kairo und am 13. Februar 1975 mit der syrischen Regierung in Damaskus. Nach erneuten Gesprächen am 14. Februar 1975 mit der israelischen Regierung in Tel Aviv und der jordanischen Regierung in Akaba besuchte er am 15. Februar 1975 Saudi-Arabien.

8 Mohammed Reza Pahlevi.

eine unklare Situation auf die Dauer zu einem neuen Krieg führen könne. Dieses Risiko wolle sie nicht eingehen.

Einer schrittweisen Politik Kissingers habe sie nicht widersprochen. Es komme ihr vor allem auf Gleichberechtigung mit den Vereinigten Staaten an. Dies sei im Grunde das Hauptmotiv für ihre Unterstützung einer Genfer Konferenz[9], zu der es wohl in jedem Fall kommen werde. Deswegen habe Gromyko auch einer neuen Mission Kissingers zugestimmt. Die Russen verfügten im Nahen Osten nicht mehr über ihren früheren Einfluß. Das einzige pro-sowjetische Element – in sehr viel höherem Maße als die Syrer oder die Iraker – sei die PLO, in der sich einige Elemente marxistisch-leninistische Doktrinen zu eigen gemacht hätten und eine gesamtarabische Revolution predigten, ein Konzept, das weit über das Problem Palästinas hinausgehe.

Der Herr *Bundesminister* fragte nach der möglichen Rolle, die die PLO auf einer Genfer Konferenz spielen könne.

Herr *Allon* antwortete, sie werde überhaupt keine Rolle spielen. Wenn ein Veto gegen die Teilnahme der PLO eingelegt werde – und jeder Teilnehmer habe ein solches – dann würde die andere Seite möglicherweise ohne PLO erscheinen. Jordanien nehme nach Rabat[10] vielleicht gar nicht teil, da es die Palästinenser nicht mehr vertrete. Dies sei eine sehr kluge Taktik. Er fragte sodann den Herrn Minister, wie Kissinger die Lage beurteilt habe.[11]

Der Herr *Minister* führte aus, Kissingers Beurteilung entspreche den Darlegungen von Herrn Allon, d.h. er halte einen Erfolg für möglich, aber nicht für sicher, wobei der Grad der Wahrscheinlichkeit bei Kissinger etwas höher liege. Aus deutscher Sicht gehe es bei dem Nahen Osten um mehr als nur eine benachbarte Region, der man Frieden wünsche. Hier habe man sehr viel mehr Interesse investiert. Bei verschiedenen Gelegenheiten habe man sich deutscherseits klar und unabweisbar zum Lebensrecht Israels bekannt. Darüber könne nicht verhandelt werden. Die derzeitige Entwicklung in Ägypten und den arabischen Ländern, die Ägypten nahestünden, dürfte nach hiesiger Auffassung eine Chance eröffnen, die vielleicht historisch sei.

Man sei erfreut, daß die Vereinigten Staaten eine so aktive Rolle spielten und Israel ein hohes Maß an Flexibilität zeige. Deutscherseits wolle man Israel ermutigen, diesen Weg weiter zu beschreiten. Er wolle in aller Offenheit sagen, daß die Zeit nicht notwendigerweise für Israel arbeite. Diesen Eindruck gewinne er, wenn er mit den Vertretern anderer Länder zusammentreffe, und auch in der öffentlichen Meinung finde er seinen Niederschlag. Trotz der amerikanischen Meinungsumfrage dürfe nicht übersehen werden, daß die Haltung oft durch einen Ölopportunismus bestimmt werde.

Wir begrüßten nachdrücklich die Bemühungen, mit Ägypten zu einer bilateralen Vereinbarung zu gelangen. Man könne nur mit Überraschung zur Kenntnis nehmen, wie wenig Beachtung die darin liegende Chance finde und wie sehr man sich auf Genf konzentriere.

---

9 Zur Friedenskonferenz für den Nahen Osten in Genf vgl. Dok. 23, Anm. 30.

10 Zur Konferenz der Könige und Präsidenten der Mitgliedstaaten der Arabischen Liga vom 26. bis 29. Oktober 1974 vgl. Dok. 29, Anm. 6.

11 Der amerikanische Außenminister Kissinger hielt sich am 15./16. Februar 1975 in der Bundesrepublik auf. Vgl. dazu Dok. 28 und Dok. 31.

Er stimme mit Herrn Allon überein, daß der sowjetische Einfluß im Nahen Osten nicht gewachsen sei. Er halte die Politik Kissingers für richtig, der Gromyko zu erkennen gegeben habe, daß man an den sowjetischen Vorstellungen nicht uninteressiert sei, aber andererseits eine Entscheidungsbefugnis nicht einräume. Man müsse die derzeitige Entwicklung auch vor dem Hintergrund ägyptischer Bemühungen sehen, sich aus dem sowjetischen Einfluß zu lösen. Er selbst sei skeptisch gegenüber Bemühungen, die Sowjetunion näher an eine Lösung des Konflikts heranzuführen, wisse aber, daß es in Deutschland auch andere Auffassungen gebe.

Herr *Allon* unterstrich, daß Israel bezüglich der territorialen Frage zwar flexibel sei, bezüglich der Sicherheit aber weniger flexibel sein müsse. Ziehe man sich wesentlich von der derzeitigen Linie zurück, so müsse man sicher sein können, daß zumindest eine Vereinbarung über die Beendigung des Kriegszustands zustande komme. Damit schiede Ägypten aus dem Krieg aus, was ein wichtiger Schritt auf dem Weg zum Frieden wäre. Er wisse nicht, ob sich die Ägypter klar seien, wie hartnäckig die Israelis in der Frage der Gegenleistung sein könnten. Er hoffe, Kissinger wisse es, da sonst seine Mission fehlschlagen wird. Eine Vereinbarung müsse überdies langfristig sein.

Mit Befriedigung habe er den deutschen Standpunkt zu den Bemühungen Kissingers gehört, der dem britischen, niederländischen und dänischen entspreche. Die Franzosen nähmen eine andere Haltung ein. Er sei sicher, daß die Beibehaltung guter Beziehungen zwischen der Bundesrepublik und Israel gleichzeitigen guten Beziehungen zu den arabischen Ländern nicht im Wege stehe. Daß dies möglich sei, zeige auch das Beispiel der Vereinigten Staaten. Es sei für Israel kein Grund zur Eifersucht, wenn sich die deutschen Beziehungen zur arabischen Welt verbesserten, dies sei legitim, richtig und verständlich. Wenn es aber um die Sicherheit Israels gehe, könne Deutschland nicht unbeteiligt bleiben, und dann sei es eine Frage der Ausgewogenheit plus der besonderen Beziehungen mit Israel.[12] Auch dieses besondere Verhältnis beeinträchtigt keinesfalls bessere Beziehungen zu den arabischen Staaten. Wenn die eigene Position mit Festigkeit und Nachdruck vertreten werde, fänden sich die Araber mit den Realitäten einer Situation ab. Er wiederholte, Deutschland könne gute Beziehungen zu Israel und zu dessen Nachbarn unterhalten und das besondere Verhältnis beibehalten, das sich allmählich entwickelt habe.

In Berlin habe Kreisky vorgeschlagen, daß eine gemeinsame amerikanisch-sowjetische Militärstreitmacht in der Pufferzone stationiert werden solle. Er ha-

---

12 Am 15. Januar 1975 berichtete Botschaftsrat I. Klasse Rückriegel, Tel Aviv, der israelische Außenminister Allon sei von der Presse aufgefordert worden, „bei seinem kommenden Besuch in Bonn auf dem Gebiet der ‚besonderen Beziehungen' verlorengegangenes Terrain zurückzuerobern. Auf einen Nenner gebracht lautet die in der israelischen Publizistik vertretene These, die deutsch-israelischen Beziehungen seien nicht und könnten nicht Beziehungen gleicher Art wie die zwischen Israel und anderen Staaten sein. Aus dieser Konstruktion wird dann gefolgert, daß Israel das Recht habe, in gewissen Situationen von der Bundesrepublik Deutschland ein ganz bestimmtes Verhalten zu fordern." Rückriegel sah in dieser Forderung „mehr, als was einem Staat zugemutet werden kann. Es läuft im Endeffekt darauf hinaus, uns ein Servitut aufzuerlegen, das uns unserer Handlungs- und Entscheidungsfreiheit berauben würde." Ein solches Verhältnis, „das einer Degradation der deutschen Souveränität gleichkäme", liege weder im Interesse der Bundesrepublik noch Israels. Wenn die „Insinuation ‚besonderer Beziehungen'" konsequent zurückgewiesen werde, würde die israelische Seite jedoch wohl nicht insistieren. Vgl. Referat 310, Bd. 104790.

be diesen Vorschlag sofort zurückgewiesen mit dem Argument, daß nicht einzusehen sei, warum sowjetische Truppen in ein Gebiet geholt werden sollten, in dem sie jetzt nicht seien und das sie dann nicht mehr verlassen würden.[13] Gegenüber einer Garantie der beiden Supermächte sei er skeptisch, da ihr eine unterschiedliche Lagebeurteilung zugrunde liegen könne, wodurch die Wirkung einer solchen Garantie neutralisiert werde. Die Russen verfolgten eine einseitige anti-israelische Politik.

Auf die EG eingehend sagte Herr Allon, die gemeinsame Erklärung der Sechs[14] und der Neun[15] stütze sich auf die französische Interpretation der Entschließung 242[16] und stehe damit im Widerspruch zu den Absichten der britischen Verfasser dieser Resolution. Wegen unterschiedlicher linguistischer und politischer Interpretation sei hier eine Chance vertan worden. Die Länder der Gemeinschaft sollten in höherem Maße ihre Muskeln zeigen, da sie stärker seien, als sie dächten. Wenn man zusammenstehe und auf der Grundlage der Einheit und der Stärke mit den Arabern verhandle, werde man von ihnen bekommen, was man wolle. Europa sei gegenüber Erpressungen und Embargos zu nachgiebig. Der Schah habe beispielsweise erklärt, daß sich der Iran nicht an einem Embargo beteiligen und das Öl nicht als politisches Instrument benutzen werde. Alle europäischen Länder hätten inzwischen Reserven für vier bis sechs Monate angesammelt, so daß man auch einem Embargo für eine gewisse Zeit gewachsen sei. Die Preise hätten nichts mit dem Konflikt zu tun, vielmehr sei dies ein rein wirtschaftliches Problem. Europa hätte eine entscheidendere Rolle spielen können, wenn es die gemäßigteren Elemente im Nahen Osten unterstützt und einen Dialog mit beiden Seiten oder mit keiner Seite geführt hätte, wenn es Israel dabei geholfen hätte, sich wirtschaftlich zu erholen, und wenn es Israel und die arabischen Länder, die dies wünschten, näher an die EG herangeführt hätte. Dies wäre nicht weniger wichtig gewesen als die Bemühungen der amerikanischen Politik.

Der Herr *Bundesminister* kam noch einmal auf die Rolle der Sowjetunion zurück und sagte, es könne nicht das Ziel der Nahostpolitik des Westens oder Europas sein, die Sowjetunion in Positionen zu bringen oder zurückzubringen, in

---

[13] Zur Diskussion über die Lage im Nahen Osten auf der Tagung der Sozialistischen Internationale am 22./23. Februar 1975 in Berlin (West) wurde in der Presse berichtet: „Nicht bestätigen wollte Brandt Gerüchte über einen angeblichen Streit zwischen der ehemaligen israelischen Ministerpräsidentin, Golda Meir, und dem österreichischen Bundeskanzler Kreisky. Brandt sagte lediglich, es habe sich um eine ‚sehr offene' Aussprache gehandelt". Der israelische Außenminister Allon habe Bereitschaft erklärt „zu einem weiteren Truppenabzug an der ägyptischen Front, um eine Interimslösung zu erreichen. [...] Zu der ‚Schritt-für-Schritt-Lösung', die er als wünschenswert bezeichnete, könnten die europäischen Länder eine ganze Menge beitragen. Eine europäische Mitverantwortung bei möglichen internationalen Garantien" habe Allon aber abgelehnt. Vgl. den Artikel „Sozialistische Internationale für Fortsetzung der Entspannungspolitik"; FRANKFURTER ALLGEMEINE ZEITUNG vom 24. Februar 1975, S. 2.

[14] Die Außenminister der EG-Mitgliedstaaten verabschiedeten am 13./14. Mai 1971 im Rahmen der EPZ einen Nahost-Bericht. Vgl. dazu AAPD 1971, I, Dok. 143.

[15] Zur Nahost-Erklärung der Außenminister der EG-Mitgliedstaaten vom 6. November 1973 vgl. Dok. 29, Anm. 3.

[16] Zur Resolution Nr. 242 des UNO-Sicherheitsrats vom 22. November 1967 vgl. Dok. 29, Anm. 2.
Nach französischer Auffassung wurde in der Resolution der Rückzug der israelischen Truppen „aus den während des jüngsten Konflikts besetzten Gebieten" gefordert, nicht nur, wie dem englischen Wortlaut abzuleiten, der Rückzug „aus während des jüngsten Konflikts besetzten Gebieten". Vgl. dazu AAPD 1971, II, Dok. 241.

denen sie derzeit nicht sei. Was die Haltung der Neun angehe, so sei die gemeinsame Grundlage die Erklärung vom Herbst 1973, zu der wir auch heute stünden. Die Muskeln der Europäer seien unterschiedlich stark, und er befürchte, wenn sie auf unterschiedliche Weise gezeigt würden, mache das keinen großen Eindruck. Selbst wenn alle am gleichen Strick zögen, sei nicht sicher, daß man in der gleichen Richtung ziehe. Deutscherseits sei man der Auffassung, daß sich das wirtschaftliche und politische Potential zum Nutzen aller am besten im Rahmen einer ausgewogenen Politik einsetzen lasse. Dies ermögliche es auch, einen vernünftigen Einfluß auf die Araber auszuüben.

Auf die Ausführungen Herrn Allons über den Zusammenhang zwischen Flexibilität und Sicherheit eingehend, fragte der Herr Minister, was Sicherheit überhaupt sei. Es handele sich um die Gewißheit, daß Sicherheit auch tatsächlich existiere. Dies sei nicht nur eine Frage der politischen Beurteilung, sondern auch des Vertrauens in die führenden Persönlichkeiten auf der arabischen Seite. Diese Gewißheit müsse auch ausgedrückt werden. Eine fünffach unterzeichnete Abmachung wäre für ihn nichts wert, wenn er nicht sicher sein könne, daß sie auch erfüllt werde. Andererseits scheine sich für die Ägypter das Problem zu stellen, wie sie ihre Bereitschaft erklären und wieweit sie dabei gehen könnten. Auch für Kissinger sei dies die Hauptfrage: Wie lasse sich das Vertrauen Israels gewinnen, ohne daß Israel zu territorialen Konzessionen nicht bereit sei?

Herr *Allon* sagte, nur eine Erklärung des guten Willen sei nicht genug, doch wenn die andere Seite selbst dies verweigere, wisse man woran man sei. Nach den langen Jahren des Kriegs habe die Unterzeichnung eines Dokuments sicher eine gewaltige politische und psychologische Bedeutung, doch müsse sie von beiderseitigen wirksamen Sicherheitsvereinbarungen begleitet werden. Er selbst habe vorgeschlagen, in der Pufferzone Sicherheitsstreitkräfte zu stationieren, die aus israelischen und ägyptischen Einheiten sowie aus Einheiten einer dritten Partei bestünden, doch halte Kissinger dies nicht für möglich. Das derzeitige System, nach dem das Mandat für die VN-Truppen nach wenigen Monaten immer wieder erneuert werden müsse[17], sei schlecht. Damit schaffe man künstlich eine Situation, die zu Schwierigkeiten führen müsse. Am besten wäre ein Mandat, dessen Ablauf nicht von vornherein festgelegt wäre.

---

17 Am 25. Oktober 1973 beschloß der UNO-Sicherheitsrat die Einsetzung einer „United Nations Emergency Force" (UNEF) für den Nahen Osten. In Resolution Nr. 341 vom 27. Oktober 1973 hieß es: „The Security Council [...] Decides that the Force shall be established [...] for an initial period of six months, and that it shall continue in operation thereafter, if required, provided the Security Council so decides." Vgl. UNITED NATIONS RESOLUTIONS, Serie II, Bd. IX, S. 45.
Während die UNEF II für die Einhaltung der Truppenentflechtung zwischen Ägypten und Israel sorgte, wurde die mit der Resolution Nr. 350 des UNO-Sicherheitsrats vom 31. Mai 1974 ebenfalls für zunächst sechs Monate eingesetzte „United Nations Disengagement Observer Force" (UNDOF) mit der Umsetzung der Truppenentflechtung zwischen Israel und Syrien betraut. Vgl. dazu UNITED NATIONS RESOLUTIONS, Serie II, Bd. IX, S. 60.
Die Mandate wurden am 23. Oktober bzw. 29. November 1974 zuletzt verlängert und liefen in Ägypten am 23. April bzw. in Syrien am 30. Mai 1975 aus. Am 19. Februar 1975 wurde in der Presse berichtet, daß Syrien das Mandat nur verlängern wolle, wenn bis dahin ein Termin für die Friedenskonferenz für den Nahen Osten in Genf feststehe. Vgl. dazu die Meldung „Syrien will UN-Mandat nur unter Bedingungen verlängern"; FRANKFURTER ALLGEMEINE ZEITUNG vom 19. Februar 1975, S. 1.

Ein weiteres Element sei die Verläßlichkeit der Streitkräfte. Wenn amerikanische Streitkräfte ohne sowjetische Streitkräfte diese Aufgabe übernehmen könnten, wäre man damit einverstanden. Dies sei jedoch nicht möglich. Deswegen sei es besser, weder Amerikaner noch Russen zu haben.

Sicherheit beruhe nicht nur auf physischen Vorkehrungen, sondern auch auf der Fähigkeit, sich selbst zu verteidigen. Mit entsprechender Ausrüstung könne sich Israel gegen die Araber verteidigen. Es stelle sich die Frage, was eine verteidigungsfähige Grenze sei. Angesichts der revolutionären Entwicklung der Waffentechnologie bedeute Terrain heute sehr viel mehr als früher. Obschon die derzeitige Grenze die am besten zu verteidigende Linie sei, bestehe israelischerseits die Bereitschaft, gewisse Risiken einzugehen. Als militärischer Fachmann glaube er, daß die derzeitige strategische Situation einen fairen Kompromiß zulasse, der beiden Seiten in gleicher Weise weh tue und helfe. In Prozenten lasse sich so etwas nicht ausdrücken. Er sei optimistisch, daß Gespräche aufgenommen werden können, doch sei er über das Ergebnis skeptisch. Die Zeit als solche sei neutral, es hänge davon ab, wie man sie nutze. Man wolle die gebotene Chance wahrnehmen und versuchen, dem Frieden näherzukommen, sei es bilateral, sei es in Genf, wobei man die erste Alternative vorziehe.

Der Herr *Minister* sagte, er habe den Eindruck, daß die Ägypter mehr tun könnten, als sie versprechen könnten.

Herr *Allon* erwiderte, wenn sie nicht sagen könnten, wozu sie bereit seien, könnten sie es auch nicht halten. Die Ägypter könnten die Welt nicht dauernd an der Nase herumführen. Die PLO versuche, ihren Einfluß auf Sadat geltend zu machen, und wenn er keine vertragliche Vereinbarung über die Beendigung des Kriegszustandes anbieten könne, dann könne er sie auch nicht ausführen. Was mögliche Garantien angehe, so unterschätze er nicht die Beteiligung Dritter, doch könne dies kein Ersatz sein für die Fähigkeit zur Selbstverteidigung. So müsse auch die Möglichkeit einer Verbindung mit der NATO gesehen werden. Bei unmittelbarer Beteiligung der Sowjetunion handle es sich sofort um eine globale Angelegenheit. Er müsse die Freunde in Mittel- und Nordeuropa warnen, das Mittelmeer, den weichen Unterleib des Bündnisses, nicht zu vernachlässigen. Man brauche nur an die jüngsten Ereignisse in Griechenland und der Türkei zu erinnern. Ford habe ihm gesagt, ein starkes, lebensfähiges und zuverlässiges Israel sei ein Aktivposten für die Vereinigten Staaten und den Westen.

Der Herr *Bundesminister* erwähnte sein Gespräch mit Präsident Ford im September 1974[18], das vorwiegend der Lage im Mittelmeerraum gegolten habe. Er teile die Auffassung über die strategische Bedeutung Israels. Eine Analyse der Situation in einer Reihe von Mittelmeerländern sei außerordentlich beunruhigend, denn hier zeige sich, daß die demokratischen Strukturen des Bündnisses gefährdet seien, das 25 Jahre lang die Sicherheit gewährleistet und verhindert habe, daß der Osten auch nur einen Meter in den Bereich des Bündnisses eingedrungen sei. Nunmehr zeige sich plötzlich, daß sich hinter dem Schild des Bündnisses besorgniserregende interne Entwicklungen vollzögen. Ein Sprecher

---

[18] Bundesminister Genscher führte am 26. September 1974 in Washington ein Gespräch mit Präsident Ford. Vgl. dazu AAPD 1974, II, Dok. 284.

des Auswärtigen Amts habe am Vortage in einem Hintergrundgespräch auf seine ausdrückliche Weisung unterstrichen, Israel müsse wissen, daß es sich auf uns verlassen könne.

Herr *Allon* teilte die Besorgnisse des Herrn Ministers über die Entwicklung der Demokratien und die Situation in Portugal und Jugoslawien. Er hob hervor, daß man zur selben strategischen Region gehöre. Er bedauerte ferner, daß zu wenig über Möglichkeiten der Verbesserung des demokratischen Systems nachgedacht werde.

Der Herr *Bundesminister* ging sodann auf die Lage in der Bundesrepublik ein. Es sei verständlich, daß sich nach dem Krieg das Interesse zunächst auf den wirtschaftlichen Aufbau konzentriert habe. „Wohlstand für alle" sei in der Adenauerzeit ein wirksames Wahlmotto gewesen. Dies habe dazu geführt, daß die Menschen Demokratie und permanent steigende Prosperität gleichgesetzt hätten. Heute müsse nun der Öffentlichkeit klargemacht werden, daß es hier gewisse Grenzen gebe, die nicht angehoben werden können. Insoweit habe die Energiekrise eine heilsame Wirkung gehabt, als sie den Menschen vor Augen geführt habe, daß es auch noch andere Werte gebe. Dies sei sicher wichtig gewesen. Aufgabe der politischen Führer sei es, die Öffentlichkeit mit der Wirklichkeit vertraut zu machen. Was die Bereitschaft hierfür angehe, so bestünden in den einzelnen Ländern erhebliche Unterschiede. Dies erkläre auch die Disharmonie innerhalb der EG bei der Bekämpfung der Inflation. Daß in Deutschland die Inflationsrate 6%, in anderen Länder aber 25% betrage, habe mit einem gemeinsamen Markt nichts mehr zu tun. All dies berühre die Stabilität der Demokratie. Er sehe die Gefahr, daß das Vertrauen in die Demokratie erschüttert werde. Die deutschen Parteien seien sicher nicht vernünftiger, doch seien sie vielleicht entschlossener in der Durchführung dessen, was wirtschaftlich notwendig sei, weil in Deutschland unvergessen sei, daß eine Demokratie einmal an der Arbeitslosigkeit und Inflation gescheitert sei. Die derzeitige Situation sei zwar für die Regierung schlecht, staatspolitisch sei sie aber gut. Was die Gemeinschaft angehe, so müsse man zu einer Harmonisierung gelangen, um eine Stabilitätsgemeinschaft zu schaffen. Dies werde nicht einfach sein.

Zu Großbritannien führte der Herr Minister aus, daß wir Großbritannien in der Gemeinschaft brauchten, den Engländern aber die Entscheidung nicht abnehmen könnten. Wir wollten jedoch alles tun, um in England die Befürworter eines Verbleibens in der Gemeinschaft in die Lage zu versetzen, eine positive Entscheidung herbeizuführen.[19] Dies sei auch in unserem eigenen Interesse. Wenn Großbritannien aus der Gemeinschaft ausscheide, werde es nicht bei einem Land bleiben. Dies wäre ein Rückschlag für die Bemühungen um Einheit, der weit über den rein wirtschaftlichen Bereich und Mitteleuropa hinauswirken würde.[20] Deshalb gehe es hier um eine eminent politische Frage. Daß dies

---

[19] Zu den noch offenen Fragen bei der Neuverhandlung der Bedingungen für die britische EG-Mitgliedschaft vgl. Dok. 33, Anm. 6.
Am 26. Februar 1975 veröffentlichte die britische Regierung das Weißbuch „Referendum on United Kingdom Membership of the European Community", in dem sie ein Referendum für Juni 1975 ankündigte und Vorschläge für die Durchführung unterbreitete. Für den Wortlaut vgl. Referat 410, Bd. 105613.

[20] Zu den Auswirkungen eines britischen EG-Austritts legte Ministerialdirektor van Well am 28. Februar 1975 eine gemeinsam mit Vertretern des Bundesministeriums der Verteidigung ausgearbei-

203

auch teuer sei und Geld koste, liege auf der Hand. Die andere Alternative wäre aber noch teurer.

Herr *Allon* sagte sodann, er habe einige wirtschaftliche Fragen, vor allem was die Lücke in der Handels- und Zahlungsbilanz mit der Bundesrepublik[21] angehe, und fragte, bei welchem seiner Gespräche er dieses Thema am besten anschneide. In dem zweiten Gespräch mit dem Herrn Minister am 28. Februar wolle er auch darauf zurückkommen.[22]

Der Herr *Minister* regte an, die Frage mit dem Finanzminister[23] und dem Bundeskanzler[24] zu erörtern.[25]

Fortsetzung Fußnote von Seite 203

tete Aufzeichnung vor. Darin wurde ausgeführt, ein britisches Ausscheiden aus den Europäischen Gemeinschaften würde „1) inneres Gleichgewicht und Zusammenhalt der EG gefährden; 2) die weltpolitische Stellung der EG schwächen und die Chancen einer gemeinsamen europäischen Außenpolitik beeinträchtigen; 3) den britischen Beitrag zur westlichen Verteidigung beeinflussen und die Chancen eines gemeinsamen europäischen Verteidigungsbeitrags im Rahmen der Allianz mindern; 4) den wirtschaftlichen Interessen der Bundesrepublik Deutschland zuwiderlaufen; 5) die deutsch-britischen Beziehungen belasten." So würde „in kritischer Phase des europäischen Einigungsprozesses in allen EG-Staaten die Bereitschaft zu europapolitischem Engagement" gemindert und eventuell auch die irische und dänische EG-Mitgliedschaft gefährdet; darüber hinaus werde die „Verbindung Bonn/Paris [...] zu kritischer Größe: Sie gewinnt entweder ein für andere Partner unerträgliches Gewicht oder verliert an Bedeutung durch wiederauflebende außenpolitische Zielkonflikte". Vgl. Referat 410, Bd. 105647.

21 Am 20. Februar 1975 berichtete Botschafter Fischer, Tel Aviv, der israelische Außenminister Allon habe sich am Vortrag besorgt über das Ausmaß des Defizits in der Handelsbilanz mit der Bundesrepublik – „israelische Ausfuhren nach Deutschland 1974: 355 Mio. DM, israelische Einfuhren aus Deutschland 1974: 1,2 Milliarden DM" – geäußert: „Auf Hinweis, daß israelische Lücke durch gesteigerte Exportanstrengungen und bessere Anpassung an deutschen Markt überwunden werden müsse, wobei wir zu Unterstützung, nicht jedoch zu amtlichen Interventionen bereit seien, antwortete er, damit könne entweder ein dringendes Problem nicht rasch genug gelöst werden." Allon habe auch eine Erhöhung der Kapitalhilfe angesprochen und sei darauf hingewiesen worden, „daß Haushaltsenge, Verlagerung des Schwergewichts bei Kapitalhilfe auf ärmste Länder und Ausgewogenheit Nahost-Politik Erhöhung ausschließen dürften". Vgl. den Drahtbericht Nr. 74; Referat 010, Bd. 178622.

22 Am 3. März 1975 notierte Ministerialdirigent Jesser aus dem Gespräch des Bundesministers Genscher mit dem israelischen Außenminister über wirtschaftliche Fragen, Allon habe „die Bedeutung der ,schon fast traditionellen deutschen Wirtschaftshilfe von jährlich 140 Mio. DM'" hervorgehoben: „Für die Zukunft Israels sei die Fortsetzung und Erhöhung dieser Wirtschaftshilfe (etwa auf 200 Mio. DM) angesichts der hohen Verteidigungsausgaben Israels (34%), der Kosten der Aufnahme von Einwanderern und der notwendig gewordenen drastischen Steuererhöhungen besonders wichtig, zumal die deutsche Hilfe in harter Währung gegeben werde." Allon habe auf die früher gegebene Summe von 165 Mio. DM hingewiesen, die „dann auf 140 Mio. ermäßigt worden sei, weil bis zu einer solchen Summe die parlamentarische Zustimmung nicht erforderlich sei. Er bitte zu berücksichtigen, daß die Regierung im Parlament über eine starke Position verfüge." Genscher sei auf das Thema nicht eingegangen. Vgl. Referat 010, Bd. 178622.

23 Hans Apel.

24 Über das Gespräch mit Bundeskanzler Schmidt am 27. Februar 1975 teilte der israelische Außenminister Allon Bundesminister Genscher am Folgetag mit, es sei auch über den Vorschlag einer Stiftung für Opfer nationalsozialistischer Verfolgung gesprochen worden: „Wenngleich diese Frage in den Bereich der Claims Conference falle und die unmittelbare Zuständigkeit der israelischen Regierung nicht berühre, so stehe sie doch hinter den Kulissen und unterstütze Herrn Goldmann. Sie beabsichtige aber nicht, in dieser Frage zusätzliche oder besondere Ersuchen an die deutsche Seite zu richten." Vgl. VS-Bd. 9990 (310); B 150, Aktenkopien 1975.

Darüber hinaus vermerkte Ministerialdirigent Jesser am 3. März 1975 zu dem Gespräch, daß die Lage im Nahen Osten im Mittelpunkt gestanden habe: „Der Bundeskanzler betonte den Zusammenhang zwischen Friedenslösung und der Ölproblematik. Er wies insbesondere auf das weiterhin in arabischer Hand befindliche Druckmittel der Ölpreiserhöhung und der Zerrüttung des Währungsgleichgewichts durch Verschiebungen der enormen Ölgelder hin und erläuterte die Konzepte der EG und der Internationalen Energie-Agentur zur Einleitung einer Kooperation zwischen Produzenten- und Konsumentenländern." Vgl. Referat 010, Bd. 178622.

Auf die Frage von Herrn *Allon* nach einem möglichen Zeitpunkt seines Besuchs in Israel, erwiderte der Herr *Minister*, er denke dabei an den Herbst, wobei er sich auf ein genaues Datum noch nicht festlegen könne.[26]

Das Gespräch endete um 17.30 Uhr.

Referat 010, Bd. 178622

38

Gespräch des Staatssekretärs Schüler, Bundeskanzleramt, mit dem sowjetischen Botschafter Falin

26. Februar 1975[1]

Botschafter *Falin* suchte auf seinen eigenen Wunsch heute Chef BK zu einem Gespräch auf. Er überreichte ihm ein Papier (ohne Bezeichnung und Überschrift), in dem die sowjetische Seite dem Bundeskanzler ihre Besorgnis über Hinweise der deutschen Presse auf eine angeblich durch die Bundesregierung vorbereitete Dokumentation über Verbrechen der sowjetischen Truppen und

---

Fortsetzung Fußnote von Seite 204

[25] Der israelische Außenminister Allon erörterte am 27. Februar 1975 wirtschaftliche Fragen mit den Bundesministern Bahr und Apel. Dazu vermerkte Ministerialdirigent Jesser am 3. März 1975, Allon habe um Erhöhung der Kapitalhilfe auf 200 Mio. DM gebeten, was Apel für nicht möglich erachtet habe. Bahr habe für 1975 und 1976 je 140 Mio. DM zugesagt und in Aussicht gestellt, „daß durch Dreiecksprojekte gegebenenfalls weitere Finanzmittel aufgebracht werden könnten". Er habe auch die erneute Bitte um Prüfung einer Kapitalhilfe-Erhöhung nicht abgelehnt. Vgl. Referat 010, Bd. 178622.

[26] Bundesminister Genscher besuchte Israel vom 27. bis 30. November 1975. Vgl. dazu Dok. 358 und Dok. 360.

[1] Ablichtung.
Die Gesprächsaufzeichnung wurde von Ministerialdirigent Loeck, Bundeskanzleramt, am 26. Februar 1975 gefertigt.
Am 3. März 1975 leitete Loeck Ministerialdirigent Kinkel mit Begleitschreiben die Gesprächsaufzeichnung mit der vom sowjetischen Botschafter Falin übergebenen Aufzeichnung sowie einer weiteren Aufzeichnung vom 27. Februar 1975 zu, in der vorgeschlagen wurde, es „dem Ermessen des Auswärtigen Amts" zu überlassen, „ob zusätzlich zu den Bemerkungen von Chef B[undes]K[anzleramt] gegenüber Botschafter Falin noch eine weitere Antwort erforderlich ist". Vgl. Referat 511, Bd. 102663.
In dem Begleitschreiben teilte Loeck mit, Bundeskanzler Schmidt habe Weisung gegeben, die Aufzeichnungen „dem Herrn Bundesminister des Auswärtigen persönlich zuzuleiten. Der Herr Bundeskanzler hat dazu bemerkt, er habe Herrn Bundesminister Genscher bereits mündlich orientiert". Er sei einverstanden mit dem Vorschlag, dem Auswärtigen Amt weitere Schritte anheimzustellen. Außerdem habe Schmidt erläutert, er sei sich mit Genscher „in der Notwendigkeit einig gewesen, alle diese Dokumentationsaktivitäten zu dämpfen".
Hat Kinkel am 6. März 1975 vorgelegen, der die Weiterleitung an Staatssekretär Gehlhoff verfügte.
Hat Gehlhoff am 6. März 1975 vorgelegen, der die Weiterleitung an Ministerialdirektor van Well verfügte.
Hat Ministerialdirigent Dreher am 11. März 1975 vorgelegen, der die Weiterleitung an die Referate 514 und 511 verfügte. Vgl. Referat 511, Bd. 102663.

ihrer Kriegsverbündeten an der deutschen Zivilbevölkerung² zum Ausdruck bringt. Sie warnt vor derartigen Publikationen. Zugleich droht sie, auf deutsche Veröffentlichungen dieser Art durch Publizierung ihrer eigenen Dokumente und Materialien über deutsche Kriegsverbrechen zu antworten.³

Botschafter Falin wiederholte diese Warnungen mündlich. Er deutete an, daß nach deutschen Pressehinweisen auch das Zweite Deutsche Fernsehen beabsichtige, im Zusammenhang mit dem 30. Jahrestag des Kriegsendes das Problem der Vertreibungsverbrechen zu behandeln. Es sei damit zu rechnen, daß dies auch in der deutschen Presse geschehen werde. Der Botschafter sprach die Erwartung aus, daß die Bundesregierung nicht tatenlos abwarten werde, daß die Ergebnisse zehnjähriger Arbeit der beiden Regierungen durch das Aufwühlen nationaler Emotionen gefährdet würden.

Chef BK wies in seiner Erwiderung darauf hin, daß die Bundesregierung auf Presseveröffentlichungen keinen Einfluß habe. Ihrerseits habe sie die Frage der Veröffentlichung einer Dokumentation über Vertreibungsverbrechen keineswegs in dem Sinne behandelt, der in dem sowjetischen Papier vorausgesetzt werde.⁴

---

² In der Presse wurde berichtet, aus „der von der Bundesregierung geheimgehaltenen ‚Dokumentation von Vertreibungsverbrechen'" gehe hervor, daß es „für die Gebiete östlich von Oder und Neiße mehr als 400 000 ‚Opfer völkerrechtswidriger Verbrechen'" gebe. Hinzu kämen 130 000 Fälle in der Tschechoslowakei und mehr als 80 000 in Jugoslawien. Vgl. den Artikel „Geheime Dokumentation enthüllt: 600 000 Deutsche ermordet"; DIE WELT vom 18./19. Januar 1975, S. 1.
Am 17. Februar 1975 wurde gemeldet, daß einer Umfrage des Instituts für Demoskopie Allensbach zufolge 55 Prozent der Bevölkerung für eine Veröffentlichung der Dokumentation seien. Vgl. dazu die Meldung „Mehrheit: Dokumente veröffentlichen"; DIE WELT vom 17. Februar 1975, S. 3.

³ In der sowjetischen Aufzeichnung wurde ausgeführt: „Es ist wohl kaum notwendig, Herr Bundeskanzler, Ihnen in Erinnerung zu bringen, mit welchen Gefühlen unsere Soldaten und Offiziere nach Deutschland kamen, nachdem sie durch niedergebrannte und zerstörte Städte und Dörfer, durch verwüstete Gebiete Rußlands, der Ukraine, Weißrußlands und anderer Teile unseres Staates gegangen waren. Wir wollen etwas anderes in Erinnerung rufen – die Befehle, die das sowjetische Oberkommando erlassen hat und die den Schutz der Interessen der Zivilbevölkerung zum Ziel hatten, über die Artikel in der sowjetischen Presse damals, wo das Gefühl der Rache gegenüber dem deutschen Volke verurteilt wurde, wo die Rede war von der Notwendigkeit, den Nazismus, aber allein den Nazismus, zu zerschlagen und zu vernichten, und wo berichtet wurde über die Hilfe, die unsere Truppen der Bevölkerung bei der Herbeiführung eines normalen Lebens, das von den Faschisten desorganisiert war, leisteten. Wenn Einzelfälle eines nicht humanen Umgangs, über welche die Presse der Bundesrepublik schreibt, vorkamen, so sollte man wissen, daß diese von der sowjetischen Truppenführung verurteilt und die Schuldigen streng bestraft wurden. Es gibt keinerlei Gründe, über ‚massenweise begangene Grausamkeiten' zu sprechen mit dem Versuch, dies als eine indirekte Rechtfertigung der Greueltaten der Nazis zu benutzen, die sich das Ziel einer Versklavung oder gar physischer Vernichtung ganzer Völker gesetzt hatten. [...] Wir möchten nicht eine öffentliche Polemik über diese Frage aufnehmen und Dokumente und Materialien der Außerordentlichen Kommission zur Aufklärung von Nazi-Verbrechen auf dem Territorium der UdSSR, des Nürnberger Tribunals und anderer Gerichte herausholen". Vgl. Referat 511, Bd. 102663.

⁴ Am 28. Mai 1974 legte das Bundesarchiv der Bundesregierung einen Bericht über „Vertreibung und Vertreibungsverbrechen" vor. In einer undatierten Aufzeichnung über die Dokumentation wurde dazu mitgeteilt, daß der Auftrag an das Bundesarchiv aufgrund einer Kabinettvorlage des Bundesministers Windelen erteilt worden sei, „von deren Verfahrensvorschlägen die Bundesregierung in der Kabinettsitzung vom 25. Juni 1969 zustimmend Kenntnis nahm und in der es hieß, ‚eine Veröffentlichung des Materials sei nicht vorzusehen'". Vgl. Referat 213/214, Bd. 112746.
Am 7. August 1974 kam das Kabinett „zur Auffassung, daß durch den Kabinettsbeschluß vom 25. Juni 1969 die Frage der Veröffentlichung ausreichend geregelt ist". Vgl. den Auszug aus dem Kurzprotokoll vom 14. August 1974; Referat 213/214, Bd. 112746.
Im Anschluß an eine parlamentarische Anfrage des CDU-Abgeordneten Windelen, ob die Bundesregierung bereit sei, „der Öffentlichkeit am 8. Mai 1975 anläßlich des 30. Jahrestages des Kriegs-

Von bevorstehenden Veröffentlichungen deutscher Öffentlichkeitsmedien zu Kriegs- und Vertreibungsverbrechen sei ihm, auch im Zusammenhang mit dem 30. Jahrestag des Kriegsendes, nichts bekannt geworden. Wir hielten es für außerordentlich schädlich, wenn durch derartige Veröffentlichungen eine Eskalation gegenseitiger Vorwürfe eingeleitet würde, die alte Wunden, und zwar nicht nur im Verhältnis zur Sowjetunion, wieder aufreißen würde. Demgemäß werde die Bundesregierung alles in ihren Kräften Stehende tun, um dies zu verhindern.[5]

Der *Botschafter* kam sodann auf die Haltung der Opposition gegenüber der Sowjetunion zu sprechen, die er als unverständlich bezeichnete.

Chef BK bemerkte, die Bundesregierung sei ihrerseits bemüht, die eingeleitete konstruktive Entwicklung des deutsch-sowjetischen Verhältnisses nachdrücklich zu fördern. Sie habe allerdings den Eindruck, daß es auf manchen Gebieten etwas schneller vorangehen könne. Das gelte z. B. für das Atomkraftwerksprojekt.

Fortsetzung Fußnote von Seite 206
    endes – eventuell unter Verantwortung einer wissenschaftlichen Kommission – eine zusammenfassende Darstellung im Zusammenhang mit dem Zweiten Weltkrieg geschehener Verbrechen von Deutschen und an Deutschen vorzulegen – ggf. warum nicht?" kam es am 25. September 1974 zu einer Diskussion zwischen Abgeordneten der CDU/CSU-Fraktion und dem Parlamentarischen Staatssekretär Baum, Bundesministerium des Innern. Auf die Nachfrage des CDU-Abgeordneten Wohlrabe nach der vom Bundesarchiv vorgelegten Dokumentation wies Baum auf die Tatsache hin, daß eine Veröffentlichung auf Vorschlag des damaligen Bundesministers Windelen nach dem Kabinettsbeschluß vom 25. Juli 1969 „von vornherein nicht vorgesehen" gewesen sei und die Bundesregierung diesen Beschluß als ausreichende Regelung betrachte. Für den Wortlaut der Anfrage und der anschließenden Diskussion vgl. BT STENOGRAPHISCHE BERICHTE, Bd. 89, S. 7906–7914.

5 Am 21. März 1975 war der Bericht des Bundesarchivs über Vertreibung und Vertreibungsverbrechen Thema eines Koalitionsgesprächs. Dazu vermerkte Staatssekretär Schüler, Bundeskanzleramt, Bundeskanzler Schmidt habe die Ansicht vertreten, „daß man vermeiden sollte, durch derartige Veröffentlichungen weitere Anreize zu bieten, daß der Ostblock seinerseits, insbesondere mit dem 30. Jahrestag, zu Gegendarstellungen veranlaßt wird. Auch in der westlichen Welt gebe es eine beträchtliche Aufnahmebereitschaft für die Darstellung von Grausamkeiten aus der Zeit des Dritten Reiches." Auch Bundesminister Genscher habe hervorgehoben: „Das deutsche Interesse könne nicht darin bestehen, Diskussionen über diese Frage in Gang zu bringen. Was die andere Seite vorbringen könne, sei bedrückend, und zwar nicht nur von Prag, Moskau und Warschau." Nachdem festgestellt worden sei, daß es sich nicht „um wissenschaftlich gesicherte Ergebnisse" handele, habe sich Schmidt „für eine wissenschaftliche Durchleuchtung z. B. durch Strafrechtler und Historiker" ausgesprochen, die fünf Jahre in Anspruch nehmen könne: „Die öffentliche Darstellung bedürfe aber noch der Klärung." Nach dem vorsorglichen Protest der UdSSR gegen eine Veröffentlichung „solle die Entscheidung vielleicht im Zusammenhang mit dem 30. Jahrestag von seiten der Bundesregierung bekanntgegeben werden." Vgl. Helmut-Schmidt-Archiv, 1/HSAA 009369.
Am 18. April 1975 teilte Staatssekretär Fröhlich, Bundesministerium des Innern, mit: „Im ‚Verlag für Öffentlichkeitsarbeit in Wirtschaft und Politik, Wilfried Ahrens, 8125 Huglfing/Ob[er]b[ayern]' ist vor kurzem das Buch ‚Verbrechen an Deutschen – Die Opfer im Osten' erschienen." Es handele sich dabei um „eine wörtliche Wiedergabe" des Berichts des Bundesarchivs, der nur in 15 Exemplaren hergestellt und „als ‚VS-vertraulich' eingestuft und gekennzeichnet worden" sei. Von straf- oder zivilrechtlichen Schritten wolle man absehen, „weil entsprechende Maßnahmen der Veröffentlichung eine besondere – unerwünschte – Publizität verleihen würden". Für eine Beschlagnahmung der Auflage sei die Veröffentlichung wohl bereits zu breit gestreut. Vgl. Referat 213/214, Bd. 112746. Für den Bericht vgl. VERBRECHEN AN DEUTSCHEN. DIE OPFER IM OSTEN, hrsg. von Wilfried Ahrens, Huglfing 1975.
Der Bericht wurde im Dezember 1982 „zur wissenschaftlichen und publizistischen Benutzung im Bundesarchiv freigegeben" und 1989 „in der autorisierten Fassung" veröffentlicht. Vgl. VERTREIBUNG UND VERTREIBUNGSVERBRECHEN 1945–1948. Bericht des Bundesarchivs vom 28. Mai 1974. Archivalien und ausgewählte Erlebnisberichte, hrsg. von der Kulturstiftung der Deutschen Vertriebenen, Bonn 1989, S. 9 und S. 11.

Der *Botschafter* erwiderte, die Sowjetunion habe absprachegemäß Kontakte zur DDR aufgenommen.⁶ Diese seien vorläufig noch ohne Ergebnis geblieben. Falls sich erweise, daß die Trassenführung für das Atomkraftwerk nicht in der Weise erfolgen könne, wie wir es uns vorgestellt hätten, gebe es ja noch die Möglichkeit, andere Projekte zu verfolgen. Er fügte aber hinzu, er wolle hiermit nicht ausschließen, daß es doch noch zu der Realisierung in der uns vorschwebenden Weise komme. Die Sowjetunion könne nur nicht dritten Staaten vorschreiben, daß diese unseren gemeinsamen Überlegungen folgten. Die DDR müsse daher in der Frage der Trassenführung des Atomkraftwerks das letzte Wort behalten.

Chef BK erwiderte, daß wir demnach wohl noch einige Zeit zuwarten müßten.

Der *Botschafter* bestätigte dies mit dem Zusatz, der Bundeskanzler möge doch bei passender Gelegenheit an das Versprechen erinnern, das ihm in Moskau gegeben worden sei.⁷

Referat 511, Bd. 102663

39

Botschafter Sonnenhol, Ankara, an das Auswärtige Amt

114-10969/75 VS-vertraulich   Aufgabe: 26. Februar 1975, 17.50 Uhr[1]
Fernschreiben Nr. 203   Ankunft: 26. Februar 1975, 18.01 Uhr
Citissime

Betr.: Gespräch mit Außenminister Esenbel

Zur Information

Erörterte am 26.2. mit türkischem Außenminister im Lichte der Ergebnisse der Besprechungen bei Bundesminister[2] und unter Berücksichtigung der jüngsten Berichte der Botschaft Athen den mit Zypern zusammenhängenden Fragenbereich. Am 27.2. ist ein Gespräch mit Ministerpräsident Prof. Irmak vorgesehen, über das ich gesondert berichte.

1) Ich habe Außenminister Esenbel dargelegt, daß meine Regierung im Interesse einer dauerhaften Regelung des türkisch-griechischen Verhältnisses Ver-

---

⁶ Zur geplanten Lieferung eines Kernkraftwerks aus der Bundesrepublik in die UdSSR gegen sowjetische Stromlieferungen an die Bundesrepublik und an Berlin (West) und zu den Kontakten der UdSSR mit der DDR hinsichtlich der Trassenführung vgl. Dok. 9, Anm. 25.

⁷ Bundeskanzler Schmidt und Bundesminister Genscher hielten sich vom 28. bis 31. Oktober 1974 in der UdSSR auf. Zu den Gesprächen über die Lieferung eines Kernkraftwerks vgl. AAPD 1974, II, Dok. 313 und Dok. 321.

[1] Hat Vortragendem Legationsrat I. Klasse Munz vorgelegen, der die Weiterleitung an Vortragenden Legationsrat Strenziok verfügte.

[2] Zum Gespräch des Bundesministers Genscher mit den Botschaftern Oncken, Athen; Sartorius, Nikosia; und Sonnenhol, Ankara, am 18. Februar 1975 vgl. Dok. 32, Anm. 6.

ständnis für den türkischen Wunsch nach einer föderativen Lösung auf einer geographischen Basis habe. Die griechische Regierung habe sich damit aber noch nicht abgefunden, von der griechischen und griechisch-zyprischen öffentlichen Meinung ganz zu schweigen. Die letzten Ereignisse in Athen[3] hätten bewiesen, daß man Karamanlis nicht überfordern dürfe. Meine Regierung erwarte deshalb, daß die Türkei eine Lösung anstrebe, die Griechenland erlaube, das Gesicht zu wahren und es nicht demütige.

Der Minister erwiderte, das höre Ankara nun seit August 1974.[4] Die Türkei könne nicht auf ihre Interessen verzichten, um Karamanlis einen Dienst zu erweisen. Vorleistungen kämen nicht mehr in Frage.

Ich habe geantwortet, daß es nicht um Vorleistungen gehe, sondern um die Gewißheit, daß die türkische Regierung am Konferenztisch bereit sei, in Zypern genug Terrain aufzugeben, um zu einer für beide Seiten tragbaren Lösung zu kommen. Ecevit habe das seinerzeit in Aussicht gestellt und mir gegenüber jüngst bestätigt.[5]

Der Außenminister erklärte, die türkische Regierung vertrete noch immer diese Auffassung, sie könne aber nicht vorleisten, um irgend jemand einen Gefallen zu tun.

2) Das Außenministerium erwartet aufgrund des westlichen Einflusses eine für die Türkei tragbare Resolution des Sicherheitsrates. Zur Frage der Wiederaufnahme der Verhandlungen Denktasch–Klerides[6] erklärte der Außenmini-

---

[3] Am 24. Februar 1975 „unternahm eine in Griechenland verteilte Gruppe von etwa 200 Offizieren den Versuch eines Putsches". Dazu teilte Botschafter Oncken, Athen, am 25. Februar 1975 mit: „Putschziele waren angeblich die Freilassung von Ioannides [...], dann energischere Maßnahmen der Regierung gegenüber der Türkei, wobei auch neutralistische Vorstellungen, wie sie bereits in der Ära Ioannides gang und gäbe waren, eine Rolle gespielt haben dürften." Ein weiteres Motiv sei offenbar auch das Empfinden, „die Regierung lege in der Frage der Studenten-Demonstrationen und Studentenstreiks, die seit Wochen den gesamten Lehrbetrieb an den Universitäten Saloniki und Patras lahmlegen, eine nicht genügend feste Hand an den Tag". Die Regierung habe die Lage allerdings unter Kontrolle. Vgl. den Drahtbericht Nr. 148; Referat 203, Bd. 110220.

[4] Zur Besetzung des nördlichen Teils Zyperns durch türkische Streitkräfte im Juli und August 1974 vgl. Dok. 27, Anm. 20.

[5] Botschafter Sonnenhol, Ankara, führte am 17. August 1974 ein Gespräch mit Ministerpräsident Ecevit. Vgl. dazu AAPD 1974, II, Dok. 238.

[6] Am 8. Januar 1975 begann eine neue Runde der interkommunalen Gespräche auf Zypern, die jedoch zu keinem Ergebnis führte. Am 11. Februar 1975 berichtete Botschafter Sartorius, Nikosia, über einen am Vortag von seiten der zyperngriechischen Volksgruppe vorgelegten Vorschlag, demzufolge Zypern „ein föderaler Staat", zusammengesetzt aus Kantonen", werden sollte: „Die Zyperntürken sollen volle lokale Autonomie innerhalb ihrer Kantone erhalten." Sie sollten außerdem entsprechend ihrer Bevölkerungszahl in der Regierung und in staatlichen Stellen vertreten sein. Vorgesehen war außerdem eine Entmilitarisierung Zyperns, die Rückkehr der Flüchtlinge und eine Umsiedlung im Süden wohnender Zyperntürken in den Nordteil der Insel, wechselseitige Entschädigungen für bei Kampfhandlungen entstandene Schäden und die Garantie der Unabhängigkeit, Souveränität und territorialen Integrität Zyperns durch die UNO, die USA und die UdSSR. Sartorius teilte dazu mit: „Die Vorschläge sind in allen Punkten für die zyperntürkische Seite nicht akzeptabel. Sie sind in erster Linie von Makarios für die Weltöffentlichkeit bestimmt. Ankara betreibt seit Monaten planmäßig die Aufteilung der Insel in zwei bevölkerungsmäßig sauber getrennte Staaten." Vgl. den Drahtbericht Nr. 52; Referat 203, Bd. 110277.

Nach der Proklamation eines türkisch-zypriotischen Föderationsstaates am 13. Februar 1975 übergab dessen Präsident, Denktasch, noch am selben Abend „dem Vertreter des VN-Generalsekretärs, Weckmann, einen zyperntürkischen Gegenvorschlag zur Lösung des Zypernproblems zwecks Weiterleitung an Klerides" und teilte mit, daß er die interkommunalen Gespräche fortsetzen wolle. Vgl. den Drahtbericht Nr. 57 von Sartorius; Referat 203, Bd. 110277.

ster, seine Regierung hätte es vorgezogen, die Verhandlungen im bisherigen Rahmen in Zypern weiterzuführen. (Ich nehme an, daß dahinter der Wunsch nach Zeitgewinn steckt, da man hier weiß, daß die gegenwärtige Regierung kein ernsthafter Verhandlungspartner ist.[7]) UN-Generalsekretär Waldheim, der hier offenbar einen positiven Eindruck hinterließ[8], habe vorgeschlagen, die Verhandlungen auszudehnen auf je einen Delegierten der türkischen und griechischen Regierung neben Denktasch und Klerides und dem UN-Vertreter sowie die Verhandlungen an einen dritten Ort zu verlegen, um sie dem Einfluß von Makarios zu entziehen.

Die türkische Regierung habe sich unter der Voraussetzung, daß die beiden Volksgruppenvertreter und Athen einverstanden sind, dieser Auffassung angeschlossen. Sie würde Wien als Konferenzort vorziehen.

Der Außenminister unterstrich dabei, daß eine Ausweitung durch die VN für die Türkei nicht akzeptabel sei.

Auf meine Frage, wie die „good will"-Erklärung der EG-Länder[9] genutzt werden könne, erklärte der Minister, eine Ausweitung der Verhandlungen (oder „Forum") auch nach dieser Seite sei nicht angebracht. Die Entsendung eines hochrangigen Emissionärs zur Unterstützung des die Neun repräsentierenden Botschafters im Sinne einer „fact finding mission" sei hingegen akzeptabel.

3) Zur Frage des amerikanischen Waffenembargos[10] und seiner Folgen wies ich den Minister auf die Reaktion hin, die sein hartes Interview in Newsweek (Herald Tribune vom 17.2.)[11] in deutschen Regierungskreisen gehabt habe. Noch schärfer habe sich der außenpolitische Sprecher der republikanischen Volkspartei, Prof. Ülman, am 24.2. im Parlament geäußert. Der Minister war sichtlich bemüht, seine harte Sprache gegenüber Amerika abzuschwächen, blieb aber dabei, daß, falls das Waffenembargo nicht aufgehoben werde, die Türkei unter Verbleiben in der NATO ihre Verteidigungspolitik revidieren müsse. Wegen der dann entstehenden Lastenverteilungsfrage würden die übrigen NATO-Partner vor jeder weiteren Entscheidung konsultiert werden. Die Türkei wolle im westlichen Bündnis bleiben. Ihre Belastungsfähigkeit habe aber

---

[7] Die Regierung unter Ministerpräsident Irmak war seit 29. November 1974 lediglich geschäftsführend im Amt.
[8] UNO-Generalsekretär Waldheim führte am 19. Februar 1975 in Ankara Gespräche mit der türkischen Regierung über den Zypern-Konflikt.
[9] Für die Zypern-Erklärung der Außenminister der EG-Mitgliedstaaten vom 13. Februar 1975 vgl. Dok. 27.
[10] Zum Beschluß des amerikanischen Kongresses vom 17. Oktober bzw. 17./18. Dezember 1974 über die Einstellung der Verteidigungshilfe für die Türkei zum 5. Februar 1975 vgl. Dok. 28, Anm. 21.
[11] In dem Interview für die amerikanische Wochenzeitschrift „Newsweek" führte der türkische Außenminister Esenbel zu den Auswirkungen der Einstellung der Verteidigungshilfe für die Türkei aus: „This kind of pressure from a friend and ally is tantamount to betrayal and stiffens our resistance. And now a federated Turkish-Cypriot state has been created. This is an irrevocable decision." Die USA hätten die Verteidigungshilfe nicht gewährt, um der Türkei einen Gefallen zu erweisen: „For $ 140 million – half in credits, half in grants, and a paltry sum by present day standards – the United States and NATO are getting one of the best security bargains in the world. You have much more to lose than we Turks." Über eine Verstärkung der amerikanischen Stützpunkte werde die Türkei jetzt nicht verhandeln; die Reaktion auf das Embargo werde jedoch im bilateralen Bereich bleiben: „We are not now considering the option of leaving NATO." Vgl. den Artikel „Turks Weigh Action on U.S. Bases"; INTERNATIONAL HERALD TRIBUNE vom 17. Februar 1975, S. 1 f.

Grenzen, und das zusätzliche Risiko der bilateralen amerikanischen Basen könne ohne amerikanische Hilfe nicht getragen werden.

Auf meine Frage, ob beabsichtigt sei, schon in naher Zukunft Schritte zur Reduzierung des bilateralen amerikanischen Engagements zu unternehmen, sagte der Minister offensichtlich in der Absicht, beruhigend zu wirken: „Zunächst werden nur Studien angestellt und Vorbereitungen getroffen, damit wir für den Fall der Beibehaltung des Embargos gerüstet sind. Darüber hinaus wollen wir zur Zeit nicht gehen. Natürlich sind unsere Erklärungen nach außen schärfer, weil wir mit starken antiamerikanischen Reaktionen zu rechnen haben. Wir hoffen, daß es Kissinger, unterstützt von Luns, gelingen wird, die Entscheidung des Kongresses zu revidieren. Ist dies nicht der Fall, müssen wir handeln, und unsere Bundesgenossen müssen das wissen."

Ich wies den Minister auf die Gefahr hin, die Türkei könne durch eine Reduzierung ihres Verteidigungspotentials an Bündniswert verlieren, zumal die unstabile innere Lage und die wachsenden wirtschaftlichen Schwierigkeiten ohnehin zu großer Besorgnis Anlaß gäben.

4) Zur Frage der deutschen Militärhilfe an die Türkei und Griechenland verhielt ich mich entsprechend der vereinbarten Sprachregelung, stellte eine baldige positive Mitteilung in Aussicht und ließ dabei erkennen, daß in einen Teil der Hilfe auch Griechenland in einem ausgewogenen Verhältnis einbezogen werde.[12] Der Außenminister zeigte hierfür Verständnis[13], wie im übrigen auch die hiesige Presse, die in den letzten Tagen dieses Thema weitgehend abgehandelt hat.

Ich wäre dankbar, wenn die Freigabe nun nicht mehr lange hinausgeschoben würde, zumal der Kissinger-Besuch[14] hinreichend lange zurückliegt.[15]

[gez.] Sonnenhol

VS-Bd. 9944 (203)

---

[12] Zu den Überlegungen der Bundesregierung hinsichtlich einer Wiederaufnahme der Verteidigungshilfe für Griechenland und die Türkei vgl. Dok. 32.
[13] Der Passus „einbezogen werde ... Verständnis" wurde von Vortragendem Legationsrat I. Klasse Munz handschriftlich eingefügt.
[14] Der amerikanische Außenminister Kissinger hielt sich am 15./16. Februar 1975 in der Bundesrepublik auf. Vgl. dazu Dok. 28 und Dok. 31.
[15] Zur Mitteilung an die türkische Regierung über die Freigabe der Verteidigungshilfe durch die Bundesregierung vgl. Dok. 57.

40

Gespräch des Bundeskanzlers Schmidt mit Ministerpräsident Trudeau

4. März 1975[1]

Vier-Augen-Gespräch des Bundeskanzlers mit dem kanadischen Premierminister P. E. Trudeau am 4. März 1975, 15.15 Uhr[2]

Bei dem knapp zweistündigen Gespräch standen die multilateralen Themen
- NATO und kanadischer Verteidigungsbeitrag,
- Abschluß der KSZE,
- Verhältnis Kanadas zur EG und
- der Nichtverbreitungsvertrag[3]

im Vordergrund.

Zur Frage der Entwicklung der Beziehungen zwischen Kanada und den EG unterstrich *Trudeau* zunächst die Motivation und die Bedeutung dieses Elements seiner Außenpolitik. Zum einen sei dies ein komplementärer Faktor auf wirtschaftlichem Gebiet zu dem militärischen Engagement in Europa. Zum anderen benötige Kanada um seiner eigenen Identität willen ein Gegengewicht zu der engen politischen, wirtschaftlichen und kulturellen Verflechtung mit den Vereinigten Staaten. Auf Frage des Bundeskanzlers erklärte Trudeau, daß die USA offenbar diesen kanadischen Wunsch hinnehmen, da sie noch nie offiziell Bedenken geäußert hätten.

Auf die Frage des *Bundeskanzlers*, was konkret mit dem Begriff „contractual link" zwischen Kanada und der EG gemeint sei, erläuterte der kanadische *Premierminister*, sein Land habe zunächst der Kommission den Entwurf eines Handelsabkommens vorgelegt[4], das darauf abzielte, daß kanadische Waren einen „fairen" Zutritt zum Gemeinsamen Markt erhalten würden. Bei seinem Besuch im vergangenen Jahr in Brüssel habe die Kommission Vorschläge ge-

---

[1] Durchdruck.
Die Gesprächsaufzeichnung wurde von Legationsrat I. Klasse Leonberger, Bundeskanzleramt, am 6. März 1975 gefertigt und am 7. März 1975 von Vortragendem Legationsrat I. Klasse Graf zu Rantzau, Bundeskanzleramt, Vortragendem Legationsrat I. Klasse Schönfeld übermittelt.
Hat Schönfeld am 7. März 1975 vorgelegen, der die Weiterleitung an das Ministerbüro, die Staatsminister Moersch und Wischnewski sowie die Ministerialdirektoren Hermes und van Well verfügte.
Hat Bundesminister Genscher am 8. März 1975 vorgelegen. Vgl. den Begleitvermerk; Referat 010, Bd. 178622.
[2] Ministerpräsident Trudeau hielt sich vom 1. bis 5. März 1975 in der Bundesrepublik auf.
Am 3. März 1975 fand ein Gespräch des Bundesministers Genscher mit Trudeau über EG-Fragen, die Lage im Mittelmeerraum, die Entspannungspolitik sowie Fragen der Nichtverbreitungspolitik statt. Für die Gesprächsaufzeichnung vgl. Referat 420, Bd. 108673.
[3] Für den Wortlaut des Nichtverbreitungsvertrags vom 1. Juli 1968 vgl. BUNDESGESETZBLATT 1974, Teil II, S. 785–793.
[4] Die kanadische Regierung übermittelte den Europäischen Gemeinschaften am 20. April 1974 ein Aide-mémoire, in dem sie die Aufnahme von Verhandlungen über ein Handelsabkommen vorschlug. Das Aide-mémoire enthielt als Anlage den Entwurf eines Handelsabkommens. Für das Aide-mémoire und den Entwurf vgl. Referat 411, Bd. 454.

macht, die über seinen Entwurf hinausgingen.⁵ Bei nachfolgenden Gesprächen in Ottawa habe man sehr befriedigende Ergebnisse erzielt.⁶ Kanada sei sich mit der Kommission einig, daß das Abkommen mehr auf die Kooperation, weniger auf ein klassisches Handelsabkommen zugeschnitten sein sollte.

„Essentially what we want is to ensure that the further development of our economy and our export-markets is not blocked."

Der *Bundeskanzler* sagte Trudeau die volle Unterstützung der Bundesregierung für die kanadischen Wünsche in dieser Richtung zu.⁷

Der Bundeskanzler erkundigte sich nach der kanadischen Beurteilung des Stands der Arbeiten in der KSZE. *Trudeau* gab der Hoffnung Ausdruck, daß man bald in die dritte Phase eintreten könne. Man müsse sich in diesem Zusammenhang noch abstimmen, ob eine westliche Gipfelkonferenz vor der Hauptkonferenz oder unmittelbar nach dieser abgehalten werden soll.⁸ Der *Bundeskanzler* stimmte Trudeau zu, daß es sich hierbei um kein operatives Treffen handeln könne, sondern nur eine Gemeinsame Erklärung verabschiedet werden soll. Im Hinblick auf den Veranstaltungsort habe Kanada noch keine konkreten Vorstellungen. Wünschenswert sei vermutlich ein kleineres Land. Auf die Anmerkung des kanadischen *Premiers*, er wäre auch mit Berlin einverstanden, lenkte der *Bundeskanzler* ab, unterstrich aber, daß jeder Gast bei einem individuellen Besuch in Berlin willkommen sei.

Das Hauptanliegen des kanadischen *Premierministers* für das Gespräch mit dem Bundeskanzler waren offensichtlich die Fragen im Zusammenhang mit dem NV-Vertrag. Er brachte zunächst seine Ungeduld wegen der noch ausstehenden Ratifizierung des NV-Vertrages durch die EG-Staaten, die Partner des NV-Vertrages sind, zum Ausdruck. Der *Bundeskanzler* verwies auf Ita-

---

5 Ministerpräsident Trudeau besuchte die EG-Kommission in Brüssel am 24. Oktober 1974. Botschafter Lebsanft, Brüssel (EG), gab hierzu die Information weiter, die EG-Kommission habe gegenüber Trudeau Bedenken der Gemeinschaft hinsichtlich eines Vertrags geäußert, „der nur Bestimmungen des GATT wiederhole". Man sei übereingekommen, „sich für weitere exploratorische Gespräche Zeit zu lassen. Kanadische Regierung wolle ihre eigenen Wünsche im Lichte der jetzigen geführten Gespräche überdenken und präzisieren. [...] Die Kommission wolle jetzt Überlegungen anstellen, wie den beiderseitigen Interessen in einem allgemeinen Rahmen und Orientierungsvertrag über wirtschaftliche Kooperation Rechnung getragen werden könne." Vgl. den Drahtbericht Nr. 3853; Referat 411, Bd. 454.
6 Eine Delegation der EG-Kommission führte am 6./7. Februar 1975 in Ottawa Erkundungsgespräche mit der kanadischen Regierung über den Abschluß einer Vereinbarung. Hierzu bemerkte Botschafter von Keller, Ottawa, am 11. Februar 1975: „Über den Inhalt einer Vereinbarung zwischen den EG und Kanada besteht auf beiden Seiten noch keine völlige Klarheit. Aus Randbemerkungen der Delegierten konnte entnommen werden, daß man seitens der Kommission möglicherweise ein sehr allgemein gehaltenes Kooperations-Rahmenabkommen, durch das eine Basis für eine weite Skala von wirtschaftlichen Aktivitäten geschaffen würde, erwägt." Vgl. den Schriftbericht Nr. 133; Referat 411, Bd. 454.
7 Auf der EG-Ministerratstagung am 24./25. Juni 1975 in Luxemburg stimmten die Außenminister zu, „daß ein Rahmenvertrag zwischen der EG und Kanada ausgehandelt wird, der auch Elemente der wirtschaftlichen Kooperation enthalten soll, nachdem Frankreich erstmals seinen Vorbehalt gegen die Einbeziehung der Kooperation in einen Gemeinschaftsvertrag zurückgezogen hatte". Vgl. den Runderlaß Nr. 95 des Vortragenden Legationsrats Engels vom 27. Juni 1975; Referat 240, Bd. 102880.
8 Zu einer Konferenz der Staats- und Regierungschefs der NATO-Mitgliedstaaten im Vorfeld der KSZE-Schlußkonferenz vgl. Dok. 28, Anm. 24.

213

lien[9] und ermunterte Trudeau, diese Frage bei seinem bevorstehenden Besuch in Rom[10] mit Nachdruck anzusprechen. Im Hinblick auf den tatsächlichen Wert des NV-Vertrags äußerte der Bundeskanzler die Meinung, er habe diesen immer als ein psychologisches Instrument angesehen, dieses könne aber die Weitergabe von nuklearen Waffen nicht verhindern. Das Verhalten Indiens betrachte er mit Besorgnis.[11]

Trudeau gab zwar zu (I see no magic in NPT), daß man nicht zu viel erwarten dürfe, unterstrich jedoch seine Auffassung, daß man die Verbreitung der nuklearen Technologie und von Kernbrennstoff (Plutonium) verhindern bzw. kontrollieren könne. Hierzu bedürfe es allerdings der Ausarbeitung von gemeinsamen Richtlinien für Kontroll- und Sicherheitsmaßnahmen im Zusammenhang mit Liefergeschäften. Dies müsse einer der Hauptpunkte auf der Tagesordnung der bevorstehenden Konferenz zur Revision des NV-Vertrages in Genf[12] sein.

Der *Bundeskanzler* zeigte sich skeptisch über mögliche Fortschritte auf diesem Gebiet. Er bezweifelte vor allem die Bereitschaft der Großen zur Mitarbeit. Er könne sich nicht vorstellen, daß die USA und die Sowjetunion Kontrollen (z. B. ihres Plutoniums) im eigenen Lande zustimmen würden.

Das Gespräch wurde mit einem kurzen Meinungsaustausch über eine gemeinsame Strategie der Hauptgeberländer in der Entwicklungshilfe abgeschlossen.

Die zu Beginn des Gesprächs von Trudeau ausgesprochene Einladung zu einem offiziellen Besuch in Kanada nahm der Bundeskanzler dankend an.

Referat 010, Bd. 178622

---

[9] Die italienische Regierung beschloß erst am 20. Februar 1975, das Zustimmungsgesetz zum Nichtverbreitungsvertrag vom 1. Juli 1968 im Parlament einzubringen. Vgl. dazu Dok. 35, besonders Anm. 3.
Die Ratifikationsurkunde zum Nichtverbreitungsvertrag vom 1. Juli 1968 wurde von den Niederlanden bei den Depositarmächten Großbritannien, UdSSR und USA am 2. Mai 1975 hinterlegt. Die Bundesrepublik hinterlegte ihre Urkunde am 2. Mai 1975 in London und Washington. Belgien, Italien und Luxemburg hinterlegten ihre Urkunden am 2. Mai 1975 in London und Washington sowie am 4. Mai 1975 in Moskau. Frankreich trat dem Nichtverbreitungsvertrag erst am 3. August 1992 bei.
[10] Ministerpräsident Trudeau hielt sich vom 6. bis 9. März 1975 in Italien auf.
[11] Indien führte am 18. Mai 1974 einen unterirdischen Kernwaffentest durch. Zur Reaktion der Bundesregierung vgl. AAPD 1974, II, Dok. 228.
[12] Die Überprüfungskonferenz zum Nichtverbreitungsvertrag vom 1. Juli 1968 fand vom 5. bis 30. Mai 1975 in Genf statt. Vg. dazu Dok. 146.

41

Aufzeichnung des
Legationsrats I. Klasse Leonberger, Bundeskanzleramt

VS-vertraulich 4. März 1975[1]

Betr.: Konferenz zwischen Erdölproduzenten- und Erdölverbraucherländern[2]

Bezug: Telefongespräch des Bundeskanzlers mit Giscard d'Estaing am 4.3., 20.30 Uhr

Der Bundeskanzler erkundigte sich, ob die Einladungen für die Vorkonferenz verschickt worden seien[3] und ob es richtig sei, daß sich die USA überrascht gezeigt hätten.

Giscard führte hierzu aus, Kissinger habe sich mit diesem Verfahren zunächst einverstanden erklärt. Später jedoch habe er seine Meinung geändert und gefordert, daß das Treffen zwischen Verbrauchern und Produzenten nicht stattfinden dürfe, bevor die Verbraucher eine gemeinsame Position über die Entwicklung alternativer Energiequellen ausgearbeitet hätten. Giscard unterstrich, daß er sich an die ursprüngliche Abmachung[4] gehalten habe. Der Bundeskanzler unterstützte ihn in seinem Vorhaben, die Vorbereitungskonferenz am 7. April 1975 beginnen zu lassen.

Der Bundeskanzler informierte Giscard, daß er von Präsident Ford auf seinen Vorschlag, die zweite Runde des Expertengesprächs einzuberufen[5], eine positi-

---

[1] Die Aufzeichnung wurde von Ministerialrat Leister, Bundeskanzleramt, am 5. März 1975 an Ministerialdirigent Kinkel „zur persönlichen Kenntnisnahme Ihres Herrn Ministers" übermittelt.
Hat Kinkel am 5. März 1975 vorgelegen.
Hat Bundesminister Genscher am 6. März 1975 vorgelegen.
Hat Kinkel am 6. März 1975 erneut vorgelegen, der die Weiterleitung an Staatssekretär Gehlhoff, Ministerialdirektor Hermes und Ministerialdirigent Lautenschlager verfügte.
Hat Gehlhoff und Lautenschlager am 6. März 1975 vorgelegen.
Hat Hermes am 7. März 1975 vorgelegen.

[2] Zum Vorschlag des Staatspräsidenten Giscard d'Estaing vom 24. Oktober 1974, eine Konferenz von erdölproduzierenden und -verbrauchenden Staaten einzuberufen, vgl. Dok. 15, Anm. 4.

[3] Die französische Regierung lud am 1. März 1975 zu einer Vorkonferenz der erdölproduzierenden und -verbrauchenden Staaten ein. Vgl. dazu EUROPA-ARCHIV 1975, Z 52.
Die Vorkonferenz fand vom 7. bis 15. April 1975 in Paris statt. Vgl. dazu Dok. 87.

[4] Vgl. dazu das Kommuniqué vom 16. Dezember 1974 über das Treffen des Präsidenten Ford mit Staatspräsident Giscard d'Estaing vom 14. bis 16. Dezember 1974 auf Martinique; Dok. 28, Anm. 11.

[5] Mit Schreiben vom 23. Dezember 1974 schlug Bundeskanzler Schmidt Staatspräsident Giscard d'Estaing, Premierminister Wilson und Präsident Ford eine Konferenz privater unabhängiger Sachverständiger zu Energiefragen vor. Vgl. dazu AAPD 1974, II, Dok. 382.
Nach einer ersten Runde, zu der Wilfried Guth (Bundesrepublik), Raymond Barre (Frankreich), Eric Roll (Großbritannien), Hideo Suzuki (Japan) und George P. Shultz (USA) am 2./3. Februar 1975 in Kronberg zusammentrafen, teilte Schmidt Ford am 14. Februar 1975 mit, er sei „sehr befriedigt darüber, daß die fünf Herren in allen wesentlichen Fragen übereingestimmt haben". So seien sie der Überzeugung, „daß die außergewöhnlich hohen Überschüsse der Ölländer eine vorübergehende Erscheinung sind und eine gute Chance dafür besteht, daß bis 1980 wieder ein besseres Gleichgewicht in der Weltwirtschaft erreicht wird". Angesichts der Übereinstimmung könnten die Industrieländer „demnach in dem bevorstehenden Dialog mit den ölproduzierenden Ländern eine gemeinsame Position einnehmen". Zur Vorbereitung dieses Dialogs sei ein erneutes Treffen der Expertengruppe zweckmäßig und „anschließend eine Zusammenkunft mit Vertretern der wichtigsten Produzentenländer Iran, Saudi-Arabien, Algerien und Venezuela auf einer privaten infor-

ve Antwort erhalten habe. Giscard äußerte ebenfalls sein Einverständnis, worauf der Bundeskanzler ankündigte, er werde die Initiative ergreifen und den deutschen Vertreter W. Guth bitten, die anderen Teilnehmer zu einem Treffen nach New York[6] einzuladen. Weiter beabsichtige er, eine dritte Gesprächsrunde unter Einbeziehung von Vertretern der Produzentenländer vorzuschlagen. Nur hierdurch könne man die Vorschläge Kissingers realistischer machen. Es sei seiner Auffassung nach nicht möglich, eine gemeinsame Position der Verbraucher festzulegen, ohne daß man die Meinungen und die Haltung der Produzentenländer erforscht habe.

Leonberger

VS-Bd. 14066 (010)

42

Aufzeichnung des
Legationsrats I. Klasse Leonberger, Bundeskanzleramt

VS-vertraulich   4. März 1975[1]

Betr.: Konferenz der EG-Regierungschefs in Dublin am 10./11.3.1975[2]

Bezug: Telefongespräch des Bundeskanzlers mit Giscard d'Estaing am 4.3., 20.30 Uhr

Auf Frage Giscards äußerte der Bundeskanzler die Absicht, an der Konferenz in Dublin teilzunehmen. Die endgültige Entscheidung hänge jedoch vom Rat der Ärzte ab. In jedem Fall werde aber Außenminister Genscher die Bundesrepublik mit allen Vollmachten vertreten.

Giscard äußerte seine Enttäuschung über das Ergebnis des Gespräches zwischen den beiden Außenministern Genscher und Sauvagnargues am Rande der

---

Fortsetzung Fußnote von Seite 215

mellen Basis". Für das Schreiben, das der Botschaft in Washington mit Drahterlaß Nr. 188 des Vortragenden Legationsrats I. Klasse Schönfeld vom 20. Februar 1975 übermittelt wurde, vgl. VS-Bd. 523 (014); B 150, Aktenkopien 1975.
Entsprechende Schreiben gingen am selben Tag Giscard d'Estaing und Wilson zu. Für die Schreiben vgl. VS-Bd. 523 (014); B 150, Aktenkopien 1975.

[6] Die zweite Runde der Gespräche privater unabhängiger Sachverständiger fand am 22./23. März 1975 statt. Mit Schreiben vom 25. März 1975 übermittelte das Vorstandsmitglied der Deutsche Bank AG, Guth, Bundeskanzler Schmidt einen Bericht über das Treffen und teilte mit, die fünf Experten glaubten alle, „daß das von Ihnen von Anfang an ins Auge gefaßte Treffen mit ein paar hochqualifizierten OPEC-Vertretern eine Chance hat und man deshalb den Versuch auf jeden Fall machen sollte." Ein Termin könne für Mitte Mai ins Auge gefaßt werden. Vgl. Referat 010, Bd. 178592.

[1] Die Aufzeichnung wurde am 5. März 1975 von Ministerialrat Leister, Bundeskanzleramt, an Ministerialdirigent Kinkel übersandt. Vgl. dazu Dok. 41, Anm. 1.

[2] Zur Tagung des Europäischen Rats in Dublin vgl. Dok. 49.

EG-Ministerratssitzung in Brüssel.³ Genscher habe sich nach Darstellung von Sauvagnargues sehr vage und unverbindlich gezeigt. Berichten seines Außenministers zufolge seien die Positionen der deutschen und französischen Seite nicht völlig geklärt und weiterhin unterschiedlich. Giscard äußerte die Befürchtung, daß die Meinungsunterschiede erst während der Konferenz in Dublin deutlich zum Vorschein kommen könnten. Solch eine politisch ungünstige Entwicklung müsse verhindert werden.

Der Bundeskanzler erwiderte, die beiden Außenminister hätten sich möglicherweise mißverstanden. Außenminister Genscher habe für die Sitzung im Ministerrat freie Hand gehabt, einen zusätzlichen Finanzierungsbeitrag der Bundesrepublik in Höhe von 250 Millionen RE in Aussicht zu stellen. Bei den Verhandlungen in Dublin könne er, der Bundeskanzler, die obere Grenze des deutschen Beitrags – falls notwendig – nochmals um 50 Millionen RE heraufsetzen.

Der Bundeskanzler führte weiter aus, Genscher habe ihm berichtet, daß sein französischer Kollege offenbar keine klaren Grenzen für den französischen Finanzierungsbeitrag habe. Frankreich sei allerdings bereit, den von der EG-Kommission ausgearbeiteten Vorschlag für einen Korrekturmechanismus⁴ zu akzeptieren. – Genscher habe am Rande der Ministerratskonferenz in Brüssel auch mit dem britischen Außenminister Callaghan gesprochen. Dieser habe geäußert, man müsse über den Vorschlag der EG-Kommission noch allgemein diskutieren, und ließ durchblicken, daß Großbritannien noch Änderungswünsche zum Kommissionsvorschlag habe.⁵ Genschers Eindruck sei gewesen, daß die Briten sich weiterhin nicht festlegen wollten. Nach seiner Darstellung habe er seinen britischen Kollegen nochmals auf die Vereinbarungen im Pariser Kommuniqué vom Dezember 1974⁶ hingewiesen. Außerdem habe er unterstrichen, daß das Finanzierungssystem der EG erhalten bleiben müsse und die Leistungsfähigkeit der Partner Großbritanniens in der EG nicht überstrapaziert werden dürfe. Er habe allerdings gegenüber Callaghan keine konkrete Grenze der finanziellen Belastbarkeit der Bundesrepublik genannt (dies sei

---

3 Zum Gespräch des Bundesministers Genscher mit dem französischen Außenminister Sauvagnargues am Rande der EG-Ministerratstagung am 3. März 1975 teilte Ministerialdirigent Lautenschlager mit, die beiden Minister seien sich darüber einig gewesen, daß die „hochpolitische Frage" eines Korrekturmechanismus im Bereich der Eigeneinnahmen der Europäischen Gemeinschaften auf der Tagung des Europäischen Rats am 10./11. März in Dublin entschieden werden solle. Genscher habe bestätigt, „daß es in Dublin um eine politische Frage hohen Ranges ginge, deren Lösung nicht durch eine vorzeitige, die Standpunkte möglicherweise verhärtende Diskussion präjudiziert werden sollte. Auch wir seien uns der französischen Haltung in Dublin nicht ganz sicher; daher sei es gut, daß die Regierungschefs noch vorher in Kontakt treten würden." Vgl. Referat 410, Bd. 105614.

4 Zum Bericht der EG-Kommission vom 30. Januar 1975 zum Korrekturmechanismus im Bereich der Eigeneinnahmen der Europäischen Gemeinschaften vgl. Dok. 23, Anm. 16.

5 Auf der EG-Ministerratstagung am 3./4. März 1975 in Brüssel äußerte der britische Außenminister Callaghan folgende Änderungswünsche zum Vorschlag der EG-Kommission zum Korrekturmechanismus im Bereich der Eigeneinnahmen der Europäischen Gemeinschaften: „Streichung des Zahlungsbilanzdefizits als Kriterium, Begrenzung des Berechnungsmodus auf Mehrwertsteuer unannehmbar, Grenze für Rückzahlungen zu restriktiv, reale Wachstumsrate über 120 v. H. hinaus anheben". Vgl. den Drahtbericht Nr. 747 des Botschafters Lebsanft, Brüssel (EG), vom 4. März 1975; Referat 410, Bd. 105614.

6 Zu den Vereinbarungen über den Korrekturmechanismus im Bereich der Eigeneinnahmen der Europäischen Gemeinschaften vgl. Ziffer 37 des Kommuniqués der Gipfelkonferenz der EG-Mitgliedstaaten am 9./10. Dezember 1974 in Paris; Dok. 15, Anm. 12.

nur im Gespräch mit Sauvagnargues geschehen). Sauvagnargues habe ihn im übrigen in diesem letzten Punkt durch eine Intervention im Ministerrat unterstützt.[7]

Auf die Frage Giscards, was getan werden könnte, um die deutschen und französischen Standpunkte weiter anzunähern, schlug der Bundeskanzler folgendes vor:

1) Während der Konferenz in Dublin sollten er und Giscard stets in enger Verbindung stehen.

2) Das Hauptgewicht im Zusammenhang mit dem Korrekturmechanismus müsse der Mehrwertsteuer zukommen. Die Zölle und Abschöpfungen seien von zweitrangiger Bedeutung. Dies heiße, daß der Kommissionsvorschlag in seinen finanziellen Auswirkungen begrenzt werde.

Giscard teilte nicht die Skepsis des Bundeskanzlers im Hinblick auf eine Einigung mit Großbritannien auf dieser Linie. Seiner Auffassung nach seien die Briten bereit, den Kommissionsvorschlag (mit Ausnahme des Zahlungsbilanzkriteriums) zu akzeptieren.

Zurückkommend auf die Möglichkeiten für eine gemeinsame deutsch-französische Position auf der Konferenz von Dublin unterstrich Giscard, man benötige Willensstärke, um dieses Ziel zu erreichen. Der Bundeskanzler fügte hinzu, es müsse auf alle Fälle verhindert werden, daß Deutschland und Frankreich gegeneinander ausgespielt würden.

Giscard regte an, nochmals einen Versuch zur Annäherung und Abklärung der beiderseitigen Standpunkte zu unternehmen. Zu diesem Zweck wurde ein Treffen zwischen Ministerialdirektor Hiss/BKA und Pierre-Brossolette/Kabinettschef des französischen Präsidenten in den nächsten Tagen in Paris vereinbart. Die beiden Experten sollen einen gemeinsamen Bericht ausarbeiten, auf dessen Basis die deutsche und französische Seite erneut prüfen werden, inwieweit die Positionen unterschiedlich sind und wo Möglichkeiten zu mehr Gemeinsamkeit bestehen.[8]

Der Bundeskanzler faßte das Ergebnis des Telefongesprächs wie folgt zusammen:

---

[7] Über die EG-Ministerratstagung am 3./4. März 1975 in Brüssel berichtete Botschafter Lebsanft, Brüssel (EG), am 4. März 1975, daß insbesondere die Bundesrepublik und Frankreich die Entscheidung über den Korrekturmechanismus im Bereich der Eigeneinnahmen der Europäischen Gemeinschaften als „noch nicht entscheidungsreif" bezeichnet hätten. Die Delegation der Bundesrepublik habe als Kriterien für eine Lösung genannt: „Verhinderung unannehmbarer Situation, Wahrung des Systems der eigenen Mittel und damit der gemeinschaftl[ichen] Finanzverfassung, Berücksichtigung der finanziellen Leistungsfähigkeit auch derjenigen Mitgliedstaaten, die durch Mechanismus zusätzlich belastet werden. Dafür müsse sich finanzielle Auswirkung in vertretbaren Grenzen halten." Die Entscheidung über den Korrekturmechanismus sei an die Staats- und Regierungschefs für die Tagung des Europäischen Rats am 10./11. März 1975 in Dublin verwiesen worden. Vgl. den Drahtbericht Nr. 747; Referat 410, Bd. 105614.

[8] Das Gespräch des Ministerialdirektors Hiss, Bundeskanzleramt, mit dem Generalsekretär des französischen Präsidialamts, Pierre-Brossolette, fand am 6. März 1975 in Paris statt. Dabei wurden weitgehende Übereinstimmung hinsichtlich des Korrekturmechanismus im Bereich der Eigeneinnahmen der Europäischen Gemeinschaften und eine Annäherung der Standpunkte bei den Kriterien für eine „unannehmbare Situation" erzielt. Vgl. dazu die Aufzeichnung von Hiss vom 7. März 1975; Referat 410, Bd. 105647.

- Beide Seiten akzeptieren den Kommissionsvorschlag als Verhandlungsgrundlage.
- Dieser soll begrenzt werden durch die Betonung des Gewichts der Mehrwertsteuer.
- Es soll eine zeitliche Begrenzung auf sieben Jahre – Beginn 1975 (Giscard: Beginn 1976) – angestrebt werden.
- Das Volumen der zusätzlichen finanziellen Belastungen muß sich im Rahmen von 300 Millionen RE halten.

Giscard bestätigte, daß eine mögliche Erhöhung des Volumens erst nach Konsultationen zwischen BK und Giscard außerhalb der Konferenz in Erwägung gezogen werden solle. Der Bundeskanzler regte an, daß bei dem geplanten vorbereitenden Expertengespräch in Paris auch eine Rückfallposition für diesen Zweck ausgearbeitet werden soll.

Zu den übrigen von Großbritannien aufgeworfenen Problemen[9] äußerte Giscard, daß er im Hinblick auf die Behandlung von Neuseeland keine wichtigen Probleme mehr sehe. Es müsse verhindert werden, daß sich die Erörterungen in Einzelheiten verlieren würden.

Abschließend unterrichtete der Bundeskanzler Giscard, daß er nicht in der Lage sei, in der Frage der Subventionen für Bergbauern weitere Konzessionen zu machen.[10] Giscard zeigte hierfür Verständnis.

Leonberger

VS-Bd. 14066 (010)

---

[9] Zu den noch offenen Fragen bei der Neuregelung der Bedingungen für die britische EG-Mitgliedschaft vgl. Dok. 33, Anm. 6.
[10] Zu den deutsch-französischen Gesprächen über die Agrarpolitik der Europäischen Gemeinschaften vgl. Dok. 23, besonders Anm. 21.

43

Gespräche des Bundesministers Genscher mit dem bulgarischen Außenminister Mladenow

5. März 1975[1]

Bundesminister *Genscher* eröffnete die Delegationsgespräche und schlug vor, zunächst die multilateralen Fragen zu behandeln, und regte an, daß AM Mladenow als erster das Wort ergreife.

AM *Mladenow* bedankte sich für die freundliche Aufnahme und auch für die ausgezeichnete Vorbereitung des Besuches.[2] Er sei sich bewußt, daß die zur Verfügung stehende Zeit sehr kurz sei, wolle sich daher auf nur einige Fragen konzentrieren, so wie das vorher besprochen worden sei.

Die bulgarische Regierung sei der Auffassung, daß die gegenwärtige Lage der Entspannung in der Welt optimistisch beurteilt werden könne. Die Politik der Entspannung habe in Europa greifbare Erfolge gebracht. Im Verhältnis der einzelnen Länder zueinander herrsche jetzt ein Klima, das im Vergleich zu dem vor 30 Jahren deutliche Fortschritte aufweise. Heute werde von Entspannung nicht nur gesprochen, sondern es werde auch etwas getan. Das als sehr positiv zu bewertende Ergebnis sei ein dauerhafter Frieden. Das wichtigste sei, diesen Prozeß zu verbreiten und ihn so weit voranzutreiben, daß er nicht mehr umkehrbar gemacht werden könne.

Im Entspannungsprozeß spiele die KSZE eine wesentliche Rolle. Diese Konferenz sei durch die gemeinsamen Bemühungen aller Länder zustande gekommen. Es habe einen Beitrag der sozialistischen, aber auch einen wichtigen Beitrag der westlichen Länder gegeben. Besonders hervorheben wolle er den Beitrag der Bundesrepublik Deutschland. Ohne die Mitwirkung der Bundesrepublik Deutschland und ihre Politik der Entspannung wäre es nicht zu dieser Konferenz gekommen. Er sage das nicht aus Höflichkeit, sondern weil dies die Beurteilung seiner Regierung sei.

Niemand habe die Vorstellung gehabt, daß die Verhandlungen der KSZE ganz ohne Schwierigkeiten verlaufen würden. Es habe Schwierigkeiten gegeben, es gebe sie, und es werde sie auch weiterhin geben. Die bulgarische Regierung sei der Meinung, daß die dritte Etappe der Konferenz in nächster Zukunft einberufen werden könne. Die noch offenen Fragen könnten nach bulgarischer Ansicht bei gemeinsamer Anstrengung noch bis April 1975 erledigt werden. Seiner Ansicht nach sei dies ein Problem der richtigen Weisungen an die Delegationen. Die einzelnen Delegationen fühlten sich in Genf sehr wohl. Wenn man es ihnen überließe, werde die Konferenz noch Jahre dauern. Das sei natürlich ein Scherz.

Die bulgarische Regierung sei jedoch der Auffassung, daß eine Einigung erzielt und die Probleme gelöst werden könnten. Im ersten und im dritten Korb bestünden noch einige offene Fragen. Ihrer Natur nach seien sie jedoch nicht von

---
[1] Die Gespräche fanden von 11.40 Uhr bis 13.00 Uhr bzw. von 16.00 Uhr bis 17.20 Uhr statt.
[2] Der bulgarische Außenminister Mladenow besuchte die Bundesrepublik am 4./5. März 1975.

der Art, daß sie nicht bald redigiert werden könnten. Die bulgarische Regierung sei optimistisch. Sie sei davon überzeugt, daß die höchsten Vertreter der Regierungen bald die Ergebnisse der Konferenz niederlegen könnten. Er sei der Meinung, daß die bereits erzielten und noch zu erzielenden Ergebnisse ihrem Gehalt nach geeignet seien, von den Staatsoberhäuptern der beteiligten Länder bestätigt zu werden.

Den Verhandlungen in Wien[3] messe die bulgarische Regierung große Bedeutung bei. Sie lasse sich dabei von dem Gedanken leiten, daß die politische Entspannung nicht vorangetrieben werden könne, ohne daß auch eine militärische Entspannung stattfinde. Die KSZE und die Verhandlungen in Wien seien zwar organisatorisch nicht miteinander verbunden, es gebe aber logische Beziehungen. Die bulgarische Regierung sei an den Ergebnissen der Wiener Verhandlungen außerordentlich interessiert. Bulgarien und die anderen sozialistischen Länder hätten eine Reihe von Initiativen eingebracht. Die bulgarische Regierung sei nicht der Meinung, daß diese Initiativen in jedem Fall zum Erfolg führen müßten. Sie sei aber auch nicht der Meinung, daß die Verhandlungen auch weiterhin fruchtlos verlaufen sollten. Die bulgarische Regierung gehe davon aus, daß im Ergebnis der Verhandlungen die Sicherheit aller beteiligten Staaten gewährleistet sein müsse. Für alle zu ergreifenden Maßnahmen sei davon auszugehen, daß ein gewisses Gleichgewicht bereits bestehe. Aus einer Veränderung oder Störung dieses Gleichgewichts sei wenig Positives zu erwarten. Er wolle offen sagen, daß die bulgarische Regierung nicht der Ansicht sei, daß eine einseitige Schwächung der östlichen Seite dem Frieden in Europa nützen könne. Auch eine Schwächung des Westens werde dem Frieden nicht helfen. Das bestehende Gleichgewicht müsse deshalb garantiert werden. Die WP-Staaten hätten vorgeschlagen, daß als erster Schritt die Streitkräfte reduziert werden.[4] Dieser Vorschlag sei nicht angenommen worden. Auch der weitere Vorschlag, ein Verbot der Erweiterung der Streitkräfte zu stipulieren[5], sei vom Westen nicht angenommen worden. Gegenwärtig sondierten die WP-Staaten in Wien in informellen Gesprächen eine neue Initiative, die dann offiziell eingebracht werden solle.

Nicht weit von Europa bestünden Brandherde, die die europäischen Länder nicht unbeachtet lassen könnten. Er meine den Nahen Osten und Zypern. Bulgarien sei auf der Seite der Araber, nicht deshalb, weil sie sympathischer seien, und nicht deshalb, weil Bulgarien Israel Gefühle des Hasses entgegenbringe. Bulgarien sei auf der Seite der Araber, weil es nicht auf der Seite der Aggressoren sein könne. Bis zum Nahostkrieg 1967[6] habe Bulgarien zu Israel ausgedehnte Handelsbeziehungen unterhalten. Nachdem Israel die Haltung eines Aggressors und einer Besatzungsmacht eingenommen habe, habe Bulgarien diese Beziehungen nicht mehr länger aufrechterhalten können. Bulgarien werde seine Position beibehalten, bis die besetzten Gebiete zurückgegeben und die

---

3 Am 30. Januar 1975 begann in Wien die fünfte Runde der MBFR-Verhandlungen.
4 Zum Vorschlag der an den MBFR-Verhandlungen teilnehmenden Warschauer-Pakt-Staaten vom 15. Oktober 1974 vgl. Dok. 12, Anm. 11.
5 Die an den MBFR-Verhandlungen teilnehmenden Warschauer-Pakt-Staaten schlugen am 26. November 1974 ein Moratorium der Land- und Luftstreitkräfte der elf direkten Teilnehmerstaaten im Reduzierungsgebiet für die Dauer der Verhandlungen vor. Vgl. dazu AAPD 1974, II, Dok. 343.
6 Zum arabisch-israelischen Krieg vom 5. bis 10. Juni 1967 („Sechs-Tage-Krieg") vgl. Dok. 29, Anm. 16.

Rechte der Palästinenser geregelt seien. Bulgarien sei der Meinung, daß für alle Länder dieser Region, einschließlich Israel, gleiche Sicherheit gelten müsse. Bulgarien sei für eine Gesamtlösung, nicht für Teillösungen. Teillösungen könne man mit Dampfablassen vergleichen, das die Gefahr eines erneuten Überdrucks nicht beseitige. Teillösungen könnten leicht zu einer neuen Zuspitzung der Lage führen. Die bulgarische Regierung sei der Auffassung, daß die Lösung der Frage nur in Genf[7] erfolgen könne. An diesen Verhandlungen hätten alle Beteiligten, einschließlich Israels und der Palästinenser, nach dem Prinzip der Gleichberechtigung teilzunehmen.

Für Bulgarien sei Zypern ein souveräner Staat und Mitglied der Vereinten Nationen. Zypern sei zudem ein befreundetes Land. Die bulgarische Regierung sei der Auffassung, daß die territoriale Integrität Zyperns und seine Unabhängigkeit erhalten bleiben müsse. Sie trete für den Rückzug aller fremden Truppen ein und auch dafür, daß das Recht der türkischen und griechischen Zyprioten respektiert werde, ihre Staatsordnung selbst zu bestimmen. Er sei der Meinung, daß dies eine gerechte und billige Position sei. Die bulgarische Regierung würde einen gleichen Standpunkt auch bei anderen Streitfällen ähnlicher Art einnehmen.

Bulgarien verfolge in seiner Außenpolitik eine konstruktive Politik gutnachbarlicher Beziehungen zu allen Ländern auf der Balkanhalbinsel, ungeachtet der bestehenden gesellschaftspolitischen Unterschiede. Bulgarien mische sich nicht in innere Angelegenheiten eines anderen Landes. Die Gesellschaftsordnung sei eine Frage der inneren Ordnung. Natürlich werde Bulgarien auch nicht zulassen, daß andere sich in die inneren Angelegenheiten Bulgariens einmischen. Die wichtigste Orientierung der bulgarischen Außenpolitik sei die Politik der Sowjetunion und die der anderen sozialistischen Länder. Dies sei kein Hindernis, sondern eine Vorbedingung für gleichberechtigte Beziehungen auch zu den westlichen Ländern. Die bulgarische Regierung sei befriedigt, daß gute Beziehungen auch zu Ländern wie Frankreich, Großbritannien, Italien, Belgien bestünden. Bulgarien strebe gute Beziehungen auch mit den USA an. Es werde jedoch keine Handelsvereinbarung abschließen, die Bedingungen enthalte, die eine Einmischung in innere Angelegenheiten bedeute.

Bundesminister *Genscher* bedankte sich für die ausführlichen Darlegungen. Die deutsche Seite habe es gerne gehört, daß AM Mladenow den Beitrag der Bundesrepublik Deutschland zur Entspannungspolitik hoch einschätze. Die Bundesregierung habe ihre Politik als einen Beitrag zur Entspannung in Europa verstanden und gewollt. Er sei davon überzeugt, daß allen Verständigen klar sein müsse, daß es zur Entspannungspolitik keine vernünftige Alternative gebe. Man dürfe sich deshalb auf diesem Wege nicht entmutigen lassen.

Entscheidend sei, daß alle Beteiligten sich darüber im klaren seien, daß die Rahmenbedingungen für diese Politik auf allen Seiten vorhanden seien. Die Bundesrepublik Deutschland sei Mitglied eines Bündnissystems, das wir als Voraussetzung unserer Sicherheit ansähen. Die Bundesrepublik Deutschland gehöre der EG an und arbeite auf die politische Einigung Europas zu. Beides sei die Voraussetzung dafür, daß die Bundesrepublik auch weiterhin aktiven

---

[7] Zur Friedenskonferenz für den Nahen Osten in Genf vgl. Dok. 23, Anm. 30.

Anteil an der Entspannungspolitik nehmen werde. Das gelte um so mehr, als die Bundesrepublik Deutschland sich in dieser Frage völlig einig mit seinen Verbündeten wisse. Auch die spezifischen Fragen, die uns als Deutsche interessierten, glaubten wir in einem Klima der Entspannung am besten lösen zu können. Das Vier-Mächte-Abkommen von Berlin sei der Beweis, was möglich sei, wenn Entspannung gewollt sei.

Im Rahmen unserer Bemühungen um eine konstruktive Entspannungspolitik wirkten wir auch bei der KSZE mit.

Er teile die von Außenminister Mladenow vorgetragene Meinung, daß schon wesentliche Ergebnisse erzielt worden seien. Allerdings seien noch eine Reihe von Problemen zu lösen, obwohl auch hier gute Aussichten bestünden. Wir seien sicher, daß die noch offenen Fragen bei gutem Willen aller Beteiligten bald gelöst werden könnten. Über die Regierungen hinaus hätten sich auch Parlamentarier aller Länder mit der Frage der KSZE beschäftigt. Auf einer kürzlichen Tagung in Belgrad[8] habe sich gezeigt, daß man sich verständigen könne. Als Beispiel wolle er den Grundsatz der Gleichwertigkeit und des Interpretationszusammenhangs der Prinzipien erwähnen.

Für uns stehe die Qualität der Ergebnisse im Vordergrund. Nach unserer Ansicht solle sich die Ebene der dritten Phase der Konferenz an der Qualität der Ergebnisse orientieren. Je konstruktiver die KSZE arbeite, desto höher könne die Ebene sein.

Was die Verhandlungen in Wien angehe, so hätten wir Sorge, daß dort ein Stillstand eingetreten sei. Die Bundesregierung habe an den Wiener Verhandlungen großes Interesse und auch viele Initiativen eingebracht. Wir bedauerten deshalb diesen Stillstand um so mehr. Unser Konferenzziel sei, zu einem gewissen Gleichgewicht zu kommen, zu einem Gleichgewicht, das im Augenblick noch nicht bestehe. Es gehe darum, die bestehenden Disparitäten abzubauen. Das sei die grundsätzliche Frage, über die man sich einig werden müsse. Alles andere seien quantitative Fragen, für deren Lösung er keine besonderen Schwierigkeiten sehe. Wer sollte mehr an einem positiven Ergebnis der Wiener Verhandlungen interessiert sein, wenn nicht die Bundesrepublik Deutschland? Wir wünschten Stabilität in Europa, nicht nur für Zeiten des Sonnenscheins.

In Nahen Osten nähmen wir Partei für eine gerechte und dauerhafte Friedensordnung in dieser Region. Unsere Position sei eindeutig. Sie entspreche den Resolutionen der VN[9] und der Entscheidung der neun Außenminister der EG vom

---

[8] Vom 2. bis 7. Februar 1975 fand in Belgrad die „Zweite interparlamentarische Konferenz über europäische Zusammenarbeit und Sicherheit" statt. Vgl. dazu den Artikel „Ermutigendes Ergebnis auf der Belgrader Konferenz der europäischen Parlamentarier"; FRANKFURTER ALLGEMEINE ZEITUNG vom 8. Februar 1975, S. 2.

[9] Vgl. dazu die Resolution Nr. 242 des UNO-Sicherheitsrats vom 22. November 1967; Dok. 29, Anm. 2. Resolution Nr. 242 wurde durch die Resolution Nr. 338 des UNO-Sicherheitsrats vom 22. Oktober 1973 zu dem am 6. Oktober 1973 begonnenen arabisch-israelischen Krieg („Jom-Kippur-Krieg") bekräftigt: „The Security Council 1) Calls upon all parties to the present fighting to cease all firing and terminate all military activity immediately, no later than 12 hours after the moment of the adoption of this decision, in the positions they now occupy; 2) Calls upon the parties concerned to start immediately after the cease-fire the implementation of Security Council resolution 242 (1967) in all of its parts; 3) Decides that, immediately and concurrently with the cease-fire, negotiations shall start between the parties concerned under appropriate auspices aimed at establishing a just

November 1973[10]. Diese Entscheidung gehe von drei Grundforderungen aus: von dem Recht Israels, in anerkannten und gesicherten Grenzen zu leben, von der Notwendigkeit, besetzte Gebiete zu räumen und von der Beachtung der legitimen Rechte des palästinensischen Volkes. Wir unterstützten alle Bemühungen, die zur Erreichung dieser Ziele dienten, und sei es auch nur in Teilbereichen. Wir seien auch daran interessiert, vorbereitende Lösungen zu finden. Deshalb unterstützten wir auch die Bemühungen Außenminister Kissingers. Wir hätten mit Genugtuung gehört, daß AM Kissinger in Genf für seine Bemühungen ein gewisses Verständnis seines sowjetischen Kollegen gefunden habe.[11]

Unsere Politik im Nahen Osten wollten wir ausgewogen gestalten. Das bedeute, daß wir gute Beziehungen zu Israel und zu den arabischen Ländern unterhalten. Die Bundesregierung glaube, daß wir so am besten auf beiden Seiten auf vernünftige Lösungen hinwirken könnten. Als Mitglied der EG nähmen wir teil am Europäisch-Arabischen Dialog, der ebenfalls als ein Beitrag zur Stabilisierung dieser Region anzusehen sei. Auch er sei im übrigen der Meinung, daß zwischen der Stabilität im Nahen Osten und dem Frieden in Europa ein Zusammenhang bestehe.

Zum Zypern-Problem wolle er vorausschicken, daß sowohl die Türkei wie Griechenland Verbündete und auch assoziierte Mitglieder der EG seien. Letzteres gelte auch für Zypern. In einem kürzlichen Treffen der EG-Außenminister in Dublin habe sich die EG erneut zur Unabhängigkeit und territorialen Integrität Zyperns bekannt.[12] Wir würden alles tun, um eine Lösung der Beteiligten zu ermöglichen und zu erleichtern. Eingedenk des deutschen Sprichwortes: Viele Köche verderben den Brei, seien wir gegen eine irgendwie geartete Internationalisierung bei der Lösung des Zypern-Problems.

Aus den Ausführungen von AM Mladenow habe er den Eindruck gewonnen, daß Bulgarien wie wir den hohen Wert der Entspannungspolitik für unsere beiden Länder wie für die Völker Europas erkannt habe. Unsere eigenen Interessen seien offenkundig. Von der Entspannungspolitik erhofften wir uns auch eine Erleichterung der Lebensbedingungen unseres Volkes, das in zwei Staaten lebe. Wir erhofften uns auch ein positives Ergebnis für Berlin, das ein Punkt vitalen Interesses für uns sei.

AM *Mladenow* erwiderte, er habe den Eindruck, daß in vielen Fragen unsere Ansichten übereinstimmten. Er schätze unseren Wunsch, gemeinsam am Ziel der Entspannung zu arbeiten, hoch ein. Dies sei eine gute Politik, die auf einem gesunden Realismus basiere.

Fortsetzung Fußnote von Seite 223
    and durable peace in the Middle East." Vgl. UNITED NATIONS RESOLUTIONS, Serie II, Bd. IX, S. 44. Für den deutschen Wortlaut vgl. EUROPA-ARCHIV 1974, D 313.
    In der Resolution Nr. 3236 der UNO-Generalversammlung vom 22. November 1974 wurde zur Palästinenserfrage Stellung genommen. Vgl. dazu Dok. 29, Anm. 7.

10 Zur Nahost-Erklärung der Außenminister der EG-Mitgliedstaaten vom 6. November 1973 vgl. Dok. 29, Anm. 3.

11 Zu den Gesprächen des amerikanischen Außenministers Kissinger mit dem sowjetischen Außenminister Gromyko am 16./17. Februar 1975 in Genf vgl. Dok. 34.

12 Zur Konferenz der Außenminister der EG-Mitgliedstaaten im Rahmen der EPZ am 13. Februar 1975 in Dublin vgl. Dok. 27.

BM Genscher habe die Frage von Berlin (West) aufgeworfen. Bulgarien stehe fest auf dem Boden des Vier-Mächte-Abkommens. Es halte sich daran und möchte auch, daß andere sich daran halten.

Eine Frage sei in den bisherigen Erörterungen bisher noch nicht berührt worden, nämlich das Verhältnis zwischen der EG und dem RGW.[13] Beide Organe seien politische Realitäten. Da sie bestünden, müßten wir uns auch nach ihnen richten. Das Beste sei, Kontakte zwischen beiden Organen herzustellen. Der richtige Weg ist der, der bereits beschritten worden ist. Die Kontakte befänden sich noch in einer Anfangsphase und noch auf einer niedrigen Ebene.[14] Sie sollten auf höherer Ebene fortgesetzt werden.

Nachmittagssitzung

AM Mladenow begann die Darlegung der bilateralen Fragen mit der Feststellung, daß sich die bilateralen Beziehungen im vergangenen Jahr günstig entwickelt hätten. Nicht alle Möglichkeiten seien jedoch genutzt worden. Die Grundlinie der bilateralen politischen Beziehungen zeigten sich daran, daß in diesem Jahr mehrere wichtige Begegnungen stattfänden. Die Bundesminister Fride-

---

[13] Anläßlich des Besuchs des luxemburgischen Außenministers Thorn am 24./25. Juli 1973 in der UdSSR erklärte die sowjetische Regierung, daß sie und ihre Verbündeten bereit seien, der Existenz der Europäischen Gemeinschaften Rechnung zu tragen und RGW-Generalsekretär Fadejew zu beauftragen, mit den Europäischen Gemeinschaften Kontakt aufzunehmen. Erste Gespräche wurden im August 1973 in Kopenhagen geführt. Vgl. dazu EUROPA-ARCHIV 1973, Z 172 f. und Z 192.
Aufgrund eines Beschlusses des EG-Ministerrats vom 17. September 1974 legte die EG-Kommission einen Entwurf für Handelsabkommen zwischen den Europäischen Gemeinschaften und den RGW-Mitgliedstaaten vor, der am 7. November 1974 vom EG-Ministerrat gebilligt wurde. Darin erklärten die Europäischen Gemeinschaften ihre Bereitschaft, mit den einzelnen RGW-Mitgliedstaaten „langfristige, nicht präferenzielle Handelsabkommen auf der Grundlage gegenseitiger Vereinbarungen mit gleichwertigen Vorteilen und Verpflichtungen" abzuschließen: „Die einzelnen Abkommen würden die jeweilige Struktur des Handels der Gemeinschaft mit den verschiedenen Ländern berücksichtigen. Die Gemeinschaft beabsichtigt, vorbehaltlich der üblichen Ausnahmen, die Meistbegünstigung auf zolltariflichem Gebiet zu gewähren. Auch Bestimmungen für den Agrarsektor sind nicht ausgeschlossen. Wie in solchen Abkommen üblich, sieht der Entwurf die Einführung gemischter Ausschüsse und entsprechender Schutzmechanismen vor." Vgl. BULLETIN DER EG 11/1974, S. 14.
[14] Vom 2. bis 7. Februar 1975 führte der Generaldirektor für Auswärtige Beziehungen der EG-Kommission, Wellenstein, in Moskau Gespräche mit einer Delegation des RGW unter Vorsitz des Leiters der Außenhandelsabteilung, Moissejenko. Botschafter Sahm, Moskau, berichtete dazu am 7. Februar 1975: „Gespräche wurden heute früh ergebnislos abgebrochen, nachdem in ganze Nacht anhaltender Sitzung keine Einigung über Kommuniqué erzielt werden konnte. Man ist sich einig, daß Gespräche fortgesetzt werden müssen. [...] Gegensatz bestand letztlich darin, daß COMECON lediglich an Prestigegewinn durch Besuch Ortoli interessiert ist, nicht aber an Einigung über Zusammenarbeit. Wellenstein vertrat demgegenüber Auffassung, daß Besuch eines Vertreters der Kommission nur sinnvoll sei, wenn vorher Klarheit über mögliche Punkte der Zusammenarbeit herbeigeführt worden ist. Auch bezeichnete er Aussicht auf Normalisierung der Beziehungen zwischen COMECON-Staaten und EG als notwendige Grundlage für Besuch. Allgemeines Verhalten der anderen Seite, insbesondere bei Kommuniqué-Verhandlungen, hätte Einigung unmöglich gemacht. Wellenstein beklagte bitter mangelnde Kompetenz, fehlende materielle Vorbereitung, völlige Konfusion und fehlende Bereitschaft zur Zusammenarbeit auf anderer Seite. Substanzgespräche sind nur zu ganz wenigen Punkten möglich gewesen." Sahm ergänzte: „Ich bin der Meinung, daß wir am Anfang eines sehr langen Weges stehen, der von weltwirtschaftlicher Entwicklung und ihren Rückwirkungen auf EG, von Fortgang KSZE und internen Auseinandersetzungen im COMECON wesentlich beeinflußt werden dürfte. Versuch, in dieser frühen Phase schon Einigung über konkrete Punkte der Zusammenarbeit zu finden, ohne daß politische Philosophie der gegenseitigen Beziehungen erörtert und abgeklärt wurde, dürfte wenig Aussicht auf Erfolg haben." Vgl. den Drahtbericht Nr. 411; Referat 010, Bd. 178596.

richs und Ertl besuchten Bulgarien[15], ebenso eine Delegation von Parlamentariern[16]. Aufgrund einer Einladung des Bundespräsidenten werde der Vorsitzende des Staatsrates Schiwkow in die Bundesrepublik Deutschland kommen.[17] Das Jahr 1975 verspreche damit, ein reiches Jahr zu werden. Er wolle seine Befriedigung über diese Entwicklung zum Ausdruck bringen.

Beim Besuch des damaligen Außenministers Scheel im vergangenen Jahr sei man sich einig gewesen, daß den Beziehungen starke vertragliche Grundlagen gegeben werden sollten.[18] Das wirtschaftliche Kooperationsabkommen sei bereits paraphiert und werde anläßlich des bevorstehenden Besuches von Bundesminister Friderichs in Sofia unterzeichnet.[19] Das Abkommen über wissenschaftlich-technische Zusammenarbeit werde vorbereitet[20], zum Kulturabkommen könne der bulgarische Entwurf in Kürze übermittelt werden.[21] Die bulgarische Seite habe der deutschen Seite auch Entwürfe für zwei Abkommen auf dem Gebiet des Verkehrs zugeleitet. Hier werde noch eine Stellungnahme der deutschen Seite erwartet.[22]

---

[15] Bundesminister Friderichs hielt sich am 14./15. Mai 1975 in Bulgarien auf.
Der für den 1. bis 3. Juni 1975 geplante Besuch des Bundesministers Ertl in Bulgarien wurde auf Wunsch des Bundeskanzlers Schmidt verschoben. Vgl. dazu das Schreiben des Ministerialdirektors Pirkmayr, Bundesministerium für Ernährung, Landwirtschaft und Forsten, vom 15. Mai 1975 an Botschafter Menne, Sofia; Referat 214, Bd. 133302.

[16] Eine Delegation des Bundestags unter Leitung der Bundestagspräsidentin Renger hielt sich vom 23. bis 27. Juni 1975 in Bulgarien auf.

[17] Staatsratsvorsitzender Schiwkow und der bulgarische Außenminister Mladenow besuchten die Bundesrepublik vom 24. bis 28. November 1975. Vgl. dazu Dok. 355 und Dok. 356.

[18] Bundesminister Scheel hielt sich am 25./26. März 1974 in Bulgarien auf. Vgl. dazu AAPD 1974, I, Dok. 105–107.

[19] Für den Wortlaut des Abkommens vom 14. Mai 1975 zwischen der Bundesrepublik und Bulgarien über die Entwicklung der wirtschaftlichen, industriellen und technischen Zusammenarbeit vgl. BUNDESGESETZBLATT 1975, Teil II, S. 1154f.

[20] Für den bulgarischen Entwurf vom Juli 1974 des Abkommens über wissenschaftlich-technische Zusammenarbeit zwischen der Bundesrepublik und Bulgarien vgl. Referat 214, Bd. 133307.
Vortragender Legationsrat Saumweber teilte der Botschaft in Sofia am 18. April 1975 mit, „daß sich auch nach dem Besuch des bulgarischen Außenministers Mladenow in Bonn (4. bis 6.3.) an unserer bisherigen Haltung zur Frage der Aufnahme von Verhandlungen mit Ostblockstaaten über den Abschluß von wissenschaftlich-technischen Abkommen nichts geändert hat: Wir sind zwar weiterhin interessiert, die Zusammenarbeit im wissenschaftlich-technischen Bereich zu entwickeln. Die Aufnahme von Verhandlungen soll jedoch zurückgestellt werden, bis die entsprechenden Verhandlungen mit der Sowjetunion abgeschlossen sind [...]. Bis dahin möglich sind Gespräche, die nicht den Abschluß des Abkommens direkt vorbereiten, etwa zu weiterer Klärung von möglichen Bereichen für eine spätere Zusammenarbeit auch im Rahmen von Expertenreisen sowie Informationsaustausch." Vgl. den Drahterlaß; Referat 214, Bd. 133307.

[21] Botschafter Menne, Sofia, berichtete am 14. April 1975, ein Entwurf für ein Kulturabkommen sei dem bulgarischen Außenministerium am 10. April 1974 übergeben worden: „Gesprächspartner war noch nicht in der Lage, sich seinerseits zu Zeitvorstellungen bzw. Frage eines bulgarischen Entwurfs zu äußern". Vgl. den Drahtbericht Nr. 145; Referat 214, Bd. 133312.
Ein bulgarischer Gegenentwurf wurde der Botschaft in Sofia am 11. Oktober 1975 übergeben. Vgl. dazu die Aufzeichnung des Vortragenden Legationsrats I. Klasse Schmid vom 30. Oktober 1975; Referat 214, Bd. 133312.

[22] Vortragender Legationsrat I. Klasse Jirka faßte am 5. Mai 1975 den Stand der Verhandlungen mit Bulgarien über ein Straßenverkehrsabkommen zusammen. Im Dezember 1972 habe die bulgarische Seite den Entwurf einer Ressortvereinbarung über den Straßen-, Personen- und Güterverkehr übermittelt, der keine Klausel über die Einbeziehung von Berlin (West) enthalten habe. Nachdem bereits 1966 Verhandlungen über den Abschluß eines Abkommens an der bulgarischen Weigerung, Berlin (West) mit einzubeziehen, gescheitert seien, sei eine Stellungnahme zu diesem Entwurf unterblieben. Im September 1974 habe die bulgarische Seite einen neuen Entwurf überreicht. Hierzu solle die Botschaft in Sofia der bulgarischen Regierung mitteilen: „Die Prüfung des bulgarischen

Der deutschen Seite sei auch ein bulgarischer Entwurf für ein Abkommen über Erleichterungen bei der Sichtvermerkserteilung übergeben worden.[23] Bulgarischerseits befürworte man an sich die gänzliche Abschaffung des Sichtvermerkszwanges, habe aber Verständnis dafür, daß es für die deutsche Seite Gründe gäbe, die sie daran hindere, die Visumspflicht aufzugeben. Deshalb sei vorgeschlagen worden, Erleichterungen bei der Visumserteilung zu vereinbaren. Die bulgarische Seite erwarte hierzu eine deutsche Stellungnahme.

Auch für ein Abkommen über die gegenseitige Anerkennung von Zeugnissen und Diplomen sei ein bulgarischer Entwurf übergeben worden.[24] Auch hierzu stehe eine deutsche Antwort noch aus.

Die wirtschaftlichen Beziehungen zwischen beiden Ländern seien gut und mit großen Schritten vorangegangen. Die Bundesrepublik Deutschland sei der wichtigste westliche Handelspartner Bulgariens. Ein ernstes Problem sei jedoch das wachsende bulgarische Defizit im Handel mit der Bundesrepublik Deutschland. Schon in den Gesprächen mit BM Scheel habe er die Frage aufgeworfen, wie dieses Defizit reduziert werden könne. Grundsätzlich seien zwei Wege denkbar: einmal die bulgarischen Einkäufe in der Bundesrepublik Deutschland zu reduzieren, zum anderen die bulgarischen Ausfuhren in die Bundesrepublik Deutschland zu erhöhen. Der erste Weg sei ungesund. Der zweite Weg sei die Richtung, die einzuschlagen sei. Die bulgarische Seite wolle realistisch vorgehen. Ein Ausgleich sei nicht möglich, aber bei gemeinsamen Anstrengungen ein annähernder Ausgleich. Hier gäbe es Schwierigkeiten: nämlich mengenmäßige Beschränkungen und Abschöpfungen für Einfuhren der Bundesrepublik Deutschland aus Bulgarien. Zwar seien 95% der deutschen Einfuhrpositionen liberalisiert, doch entfielen auf die restlichen, noch nicht liberalisierten 5% der Einfuhrpositionen 25% der bulgarischen Ausfuhr. Bulgarien plädiere für eine volle Liberalisierung aller Einfuhren aus Bulgarien. Es lege auch weiterhin Wert darauf, daß für Einfuhren aus Bulgarien Präferenzzölle gewährt werden.

Bulgarien sei dabei, die Struktur seiner Ausfuhren zu verbessern. Der Anteil der Maschinen und anderen Anlagegütern müsse sich erhöhen. Bulgarien sehe ferner in der industriellen Kooperation große Möglichkeiten.

Eine weitere Frage, die die wirtschaftlichen Beziehungen betreffe, ergebe sich daraus, daß seit 1.1.1975 ein vertragsloser Zustand bestehe.[25] Zwar sei richtig,

---

Fortsetzung Fußnote von Seite 226
    Entwurfs vom September 1974 [...] sei noch nicht abgeschlossen. Dies liege daran, daß die in dem Entwurf enthaltenen Vorschriften über den Personenverkehr inhaltlich so erheblich von unseren Vorstellungen abweichen, daß sogar die Erstellung eines Gegenentwurfs in Erwägung gezogen werden müßte. Auch die Vorschriften über den Güterverkehr stünden in wesentlichen Punkten mit Grundsätzen unserer nationalen Verkehrspolitik im Widerspruch, so daß sie in dieser Form kaum als Grundlage für Verhandlungen dienen könnten. Schließlich trage der Entwurf nicht der Notwendigkeit Rechnung, Berlin (West) in den Geltungsbereich auch des neuen Abkommens einzubeziehen." Vgl. Referat 214, Bd. 133307.

23 Der bulgarische Entwurf eines Abkommens über die Erleichterung des Visaregimes wurde am 3. Oktober 1974 übergeben. Für den Wortlaut vgl. Referat 214, Bd. 133312.

24 Der bulgarische Entwurf eines Abkommens über die Äquivalenz der Bildungsurkunden, der wissenschaftlichen Titel und Grade, die in der Volksrepublik Bulgarien und der Bundesrepublik Deutschland ausgestellt, beziehungsweise, verliehen werden", wurde am 3. Oktober 1974 übergeben. Für den Wortlaut vgl. Referat 214, Bd. 133312.

25 Das Langfristige Abkommen vom 12. Februar 1971 zwischen der Bundesrepublik und Bulgarien über den Warenverkehr, über die Zusammenarbeit auf wirtschaftlichem und technischem Gebiet und

daß der Handelsaustausch auch ohne Vertrag weiterginge. Doch wolle er nachdrücklich darauf hinweisen, daß ein vertragsloser Zustand weitreichende Unsicherheit für den bulgarischen Außenhandel zur Folge habe und die Wirtschaftsplanung behindere. Bulgarien würde es deshalb begrüßen, wenn es für die bilateralen Handelsbeziehungen schriftliche Zusicherungen erhalten könnte. Bulgarien habe einen Briefwechsel über die Fortgestaltung des bestehenden Handelsregimes vorgeschlagen.

Die kulturellen Beziehungen entwickelten sich gut. Ein Kulturabkommen und ein Abkommen über wissenschaftlich-technische Zusammenarbeit würden vorbereitet. Jedes Jahr gingen 60 bis 80 Stipendiaten zur weiteren Spezialisierung in die Bundesrepublik Deutschland. Zahlreiche Chöre und Orchester würden ausgetauscht. Wenn er richtig unterrichtet sei, bestehe ein deutsches Interesse daran, die Ausstellung thrakischer Kunst auch in die Bundesrepublik Deutschland zu bekommen. In Bulgarien gastierten Chöre aus der Bundesrepublik Deutschland. Die deutsche Architekturausstellung in Sofia[26] sei ein großer Erfolg gewesen. Die deutsche Sprache werde in Bulgarien überall gelehrt. Die bulgarische Sprache werde in der Bundesrepublik Deutschland an fünf deutschen Universitäten unterrichtet. Alles in allem gesehen befänden sich die kulturellen Beziehungen auf einer aufsteigenden Linie. Er wolle jetzt der ersten stellvertretenden Vorsitzenden des Staatskomitees für Kunst und Kultur, Frau Schiwkowa, das Wort erteilen.

Frau *Schiwkowa* betonte, daß das Staatskomitee für Kunst und Kultur die bisherige Entwicklung auf dem Gebiet des kulturellen Austausches sehr begrüße und befriedigt sei, daß die Unterzeichnung eines Kulturabkommens bevorstehe. Sie sei der Meinung, daß Möglichkeiten bestünden, den kulturellen Austausch weiterzuentwickeln. Das würde nur dem guten Stand des Austausches in anderen Bereichen entsprechen. Der kulturelle Austausch könne sich auf alle in Frage kommenden Gebiete erstrecken, z. B. auch auf das der Musik. Bulgarien sei nicht nur das Land der Sänger und Chöre, sondern besitze auch andere ausübende Künstler in der Musik. Diese Künstler könnten ausgetauscht werden. Andererseits sollten auch deutsche Künstler nach Bulgarien kommen. Auch auf dem Gebiet der bildenden Kunst gebe es große Austauschmöglichkeiten. Ebenso könnten Ausstellungen aller Art, über alte Kulturdenkmäler wie über moderne Kunst, ausgetauscht werden. Bulgarien sei gerne bereit, die Ausstellung thrakischer Kunst auch in der Bundesrepublik Deutschland zu zeigen.

Bulgarien feiere 1981 die 1300-Jahrfeier der Gründung des bulgarischen Staates. Für diesen Anlaß würden einige Ausstellungen vorbereitet, auch über andere Kulturen, die im Laufe der Zeit in Bulgarien vertreten waren. U. a. werde eine Ausstellung kirchlicher Kunst (Ikonen, Altarwände, Kirchengeräte) vorbereitet, die in Frankreich gezeigt werden soll. Diese Ausstellung könne auch in der Bundesrepublik Deutschland gezeigt werden.

Fortsetzung Fußnote von Seite 227

über die Handelsvertretungen war gültig bis zum 31. Dezember 1974. Für den Wortlaut sowie den ergänzenden Briefwechsel und die Warenprotokolle vgl. BUNDESANZEIGER, Nr. 69 vom 14. April 1971, S. 2–5. Vgl. dazu auch AAPD 1970, III, Dok. 550.

[26] Vom 18. Februar bis 6. März 1974 wurde in Sofia eine Architekturausstellung mit dem Titel „Leben in der Stadt" gezeigt.

Zum Gedenken an die Bogomilenbewegung, die bekanntlich von Bulgarien ihren Ausgang genommen habe, bereite das Staatskomitee für Kunst und Kultur Veranstaltungen vor, in deren Rahmen Ausstellungen, Symposien und Konferenzen geplant seien. Es sei beabsichtigt, die Länder, in die die Bogomilenbewegung ausgestrahlt habe (Italien, Frankreich, Jugoslawien), zur Teilnahme an diesen Veranstaltungen einzuladen. Falls Wissenschaftler aus der Bundesrepublik Deutschland sich in der Lage sähen, auf den vorgesehenen Symposien und Konferenzen etwa über den Einfluß der Bogomilenbewegung auf die deutsche Reformation zu berichten, werde ihre Teilnahme sehr begrüßt.

Eine weitere Austauschmöglichkeit könne darin gesehen werden, daß kunstgeschichtliche Denkmäler, etwa der Art, wie sie im Römisch-Germanischen Museum in Köln gezeigt werden, in Ausstellungen zusammengefaßt und im jeweils anderen Land gezeigt werden. Denkbar sei auch, vergleichende Ausstellungen durchzuführen, in denen etwa römische Funde aus beiden Länder nebeneinander gezeigt werden.

Im Bereich der bildenden Kunst könnten Ausstellungen über moderne Malerei oder moderne Bildhauerei veranstaltet werden. Denkbar wäre auch ein Austausch von Museumsstücken, die in einem Museum des jeweils anderen Landes für längere Zeit ausgestellt werden. Es könne ferner daran gedacht werden, gemeinsame Forschungsarbeiten in den Bibliotheken und Archiven zu fördern. Auch im Bibliothekswesen könnte die Zusammenarbeit weiterentwickelt werden. Man könnte zum Beispiel eine Ausstellung alter Handschriften etwa über die historischen Ursprünge des bulgarischen Volkes veranstalten. Ähnliche Ausstellungen in Bulgarien über die deutsche Geschichte würden sehr gerne akzeptiert. Bulgarischerseits bestehe der Wunsch, daß mehr bulgarische Autoren in der Bundesrepublik Deutschland verlegt werden. Zu diesem Zweck sei es nützlich, Autorenlisten auszutauschen, mit deren Hilfe dann festgestellt werden könne, was bereits verlegt wurde und was noch verlegt werden könnte.

Die bulgarische Seite wolle ferner einen kontinuierlichen Austausch prominenter Künstler und Schriftsteller vorschlagen, damit beide Seiten die Möglichkeit hätten, den Stand der Kultur im jeweils anderen Land besser kennenzulernen. Die bulgarische Seite wäre auch bereit, eine Delegation prominenter Kunst- und Kulturschaffender nach Bulgarien einzuladen, damit sie sich dort mit den kulturellen Bedingungen in Bulgarien bekannt machen. Zugleich böte ihre Anwesenheit den bulgarischen Künstlern die Möglichkeit, im Gespräch die kulturellen Bedingungen in der Bundesrepublik Deutschland kennenzulernen.

Bundesminister *Genscher* bedankte sich für diese Darlegungen. Man müsse überlegen, wie diese Vorschläge verwirklicht werden könnten. Soweit er verstehe, werde im Zusammenhang mit dem Kulturabkommen auch ein Programm erarbeitet. In diesem Programm seien die Einzelheiten des kulturellen Austausches festzulegen. Seiner Meinung nach sollte mit den Verhandlungen für ein Kulturabkommen möglichst bald, wenn möglich noch im Mai 1975 begonnen werden. Soweit er unterrichtet sei, könne der deutsche Entwurf für ein Kulturabkommen spätestens Anfang April 1975 übermittelt werden. Wenn irgend möglich, sollten die Gespräche über das Programm parallel zu den Verhandlungen über das Kulturabkommen aufgenommen werden.

Frau *Schiwkowa* warf an dieser Stelle ein, daß das Komitee für Kunst und Kultur bereit sei, die bulgarischen Vorschläge für das Zweijahresprogramm möglichst bald zur Verfügung zu stellen.

Bundesminister *Genscher* schlug daraufhin vor, daß beide Seiten sich vornehmen sollten, noch im Mai mit den Verhandlungen über das Kulturabkommen und das Zweijahresprogramm zu beginnen. Die deutsche Seite könne nach den Äußerungen von Frau Schiwkowa wohl davon ausgehen, daß sie die bulgarischen Vorschläge für das Programm möglichst bald erhalte (Frau Schiwkowa bestätigte dies nochmals ausdrücklich).

AM *Mladenow* führte dann aus, daß es die bulgarische Seite begrüßen würde, wenn gleichzeitig auch die Verhandlungen über ein Abkommen über wissenschaftlich-technische Zusammenarbeit zu beginnen könnten.

Bundesminister *Genscher* erwiderte, daß er grundsätzlich einverstanden sei. Allerdings gebe es hier ein Berlin-Problem, nämlich die Einbeziehung der wissenschaftlichen Forschungseinrichtungen des Bundes in Berlin (West).

AM *Mladenow* warf hier ein, daß ihm das Problem bekannt sei. Gleichwohl sollten die Vorarbeiten in konstruktivem Geist fortgesetzt werden.

Bundesminister *Genscher* stimmte zu, daß weitergearbeitet werden müsse.

In der Frage der von der bulgarischen Seite vorgeschlagenen Beseitigung des Visazwangs bzw. der Erleichterung bei der Sichtvermerkserteilung kenne die bulgarische Seite sicherlich die hier für uns bestehenden Probleme. Wie lange dauere durchschnittlich die Visaerteilung? (Botschafter Menne: 17 Tage; AM Mladenow: dreimal zu lang.) Als früherer Innenminister[27] sei er gegenüber dem hier federführenden Innenministerium in einer schlechten Position. Gleichwohl wollten wir uns noch einmal darum kümmern, welche Fortschritte auf diesem Gebiet möglich seien.

Wenn er jetzt auf die wirtschaftlichen Beziehungen zu sprechen komme, wolle er zunächst fragen, wo die bulgarische Seite eine Expansion ihrer Ausfuhren in die Bundesrepublik Deutschland für möglich halte und ob es richtig sei, daß Bulgarien zahlreiche Kontingente nicht ausgeschöpft habe.

AM *Mladenow* erwiderte, daß Bulgarien im Maschinenbau, in der Chemie, in der Metallurgie Waren erzeuge, die es auch in viele Länder ausführe. Es sei möglich, daß Kontingente nicht ausgenutzt worden seien. Die deutsche Einfuhrregelung für die Einfuhr aus Bulgarien sollte vorsehen, daß die traditionellen Kontingente erhalten bleiben, die Kontingente für Waren, die Bulgarien jetzt ausführen könne, dagegen erhöht werden.

Im kommenden Fünfjahresplan seien umfangreiche Investitionen für Anlagen und Maschinen vorgesehen. Diese Anlagen und Maschinen müßten zum großen Teil aus der Bundesrepublik Deutschland eingeführt werden. Um diese Einfuhren bezahlen zu können, müsse Bulgarien in die Lage versetzt werden, seine Ausfuhren zu erhöhen.

BM *Genscher* erwiderte, daß ihm die ungünstige Entwicklung der deutsch-bulgarischen Handelsbeziehungen erst mit der Lektüre der ihm zur Vorbereitung

---

[27] Hans-Dietrich Genscher war von 1969 bis 1974 Bundesminister des Innern.

des Besuches vorgelegten Gesprächsunterlagen bekannt geworden sei. Er wolle mit Bundesminister Friderichs darüber sprechen. In seinen Gesprächsunterlagen lese er, daß man Bulgarien die Möglichkeit angeboten habe, in das Präferenzsystem der EWG einbezogen zu werden. Dieses Angebot sei von Bulgarien aber nicht ausgenutzt worden, obwohl gesagt worden sei, daß Frankreich und die Bundesrepublik Deutschland einen entsprechenden Antrag an die EG unterstützen würden.

AM *Mladenow* antwortete, daß Bulgarien einen solchen Schritt nicht einseitig gehen könne. Bulgarien habe im Rahmen der UNCTAD erklärt, daß es eine Präferenzbehandlung für sich wünsche. Gleiches hätten beispielsweise auch Mexiko, Venezuela und Jugoslawien getan und daraufhin die präferentielle Behandlung ohne einen förmlichen Antrag an die EG erhalten. Es gebe also Präzedenzfälle. Bulgarien bäte darum, daß sein Wunsch nach der Gewährung von Präferenzzöllen ähnlich behandelt würde. Ein förmlicher Antrag an die EG mache Bulgarien Schwierigkeiten. Bulgarien habe deshalb seine Frage nach Gewährung von Präferenzzöllen über die UNCTAD gestellt.

BM *Genscher* erwiderte daraufhin, daß wir bereit seien, die Frage der Gewährung einer präferentiellen Behandlung für Einfuhren aus Bulgarien noch einmal zu prüfen.

AM *Mladenow* bedankte sich für das gezeigte Verständnis. Er freue sich, daß sich die Möglichkeit abzeichne, BM Genscher bald in Bulgarien als seinen Gast zu begrüßen.

BM *Genscher* bedankte sich für die offene Art der Gesprächsführung. Er bedaure, daß für den Besuch nicht mehr Zeit zur Verfügung gestanden habe und AM Mladenow deshalb keine Gelegenheit gehabt habe, das Land etwas näher kennenzulernen. AM Mladenow möge versichert sein, daß wir alles tun werden, unsere Beziehungen auf allen in Frage kommenden Gebieten auf die positivste Weise zu fördern und zu entwickeln.

Referat 214, Bd. 133297

44

Aufzeichnung des Staatssekretärs Gehlhoff

014-134/75 VS-NfD 7. März 1975[1]

Herrn D 2[2] im Hause

Betr.: Viereressen am 7. März 1975
hier: Peter Lorenz[3]

Bei meinem heutigen Essen mit den Botschaftern der Drei Mächte[4] kam folgender Punkt zur Sprache:

Die drei Botschafter äußerten erhebliche Besorgnis über die gestrige Ankündigung des Bundesjustizministers[5], derzufolge der Generalbundesanwalt[6] sich nach Berlin begeben habe, um dort die Ermittlungen im Zusammenhang mit der Entführung von Peter Lorenz zu leiten.[7] Es sei verständlich – so äußerten sie – daß der Generalbundesanwalt sich nach Berlin begebe, doch wäre eine öffentliche Ankündigung der geschehenen Art besser unterblieben. Jetzt sei das

---

[1] Durchdruck.
Hat Bundesminister Genscher am 8. März 1975 vorgelegt, der handschriftlich vermerkte: „Was ist mit der Mitteilung, die mir BM Vogel machte?"
Hat Staatssekretär Gehlhoff am 10. März 1975 erneut vorgelegt, der handschriftlich vermerkte: „Herrn D 2 b[itte] Vermerk über das Treffen der Vierergruppe am 7.3. vorlegen."
Hat Vortragendem Legationsrat Lewalter am 11. März 1975 vorgelegt, der handschriftlich vermerkte: „Erl[edigt]."

[2] Günther van Well.

[3] Der Vorsitzende des Berliner Landesverbands der CDU, Lorenz, wurde am 27. Februar 1975 von Mitgliedern der „Bewegung 2. Juni" entführt. Die Entführer forderten die Veröffentlichung einer „Mitteilung" in verschiedenen Tageszeitungen sowie die Freilassung mehrerer Inhaftierter, darunter Verena Becker, Rolf Heissler, Gabriele Kröcher-Tiedemann, Horst Mahler, Rolf Pohle und Ingrid Siepmann. Die Häftlinge sollten zusammen mit dem ehemaligen Regierenden Bürgermeister von Berlin, Albertz, als Geisel außer Landes geflogen werden. Nachdem am 2. März 1975 ein Krisenstab unter Vorsitz des Bundeskanzlers Schmidt beschlossen hatte, den Forderungen der Entführer nachzukommen, wurden fünf der Inhaftierten und Albertz am darauffolgenden Tag aus der Bundesrepublik ausgeflogen. Nach einem mehrstündigen Irrflug und langwierigen Verhandlungen mit der Regierung der Demokratischen Volksrepublik Jemen (Südjemen) erteilte diese die Landegenehmigung für Aden und eine Aufenthaltserlaubnis für die Häftlinge. Albertz verlas am 4. März 1975 eine Erklärung der Häftlinge, worauf Lorenz einen Tag später freigelassen wurde. Vgl. dazu AdG 1975, S. 19288–19290.

[4] Olivier Wormser (Frankreich), Nicolas Henderson (Großbritannien), Martin J. Hillenbrand (USA).

[5] Hans-Jochen Vogel.

[6] Martin Buback.

[7] Am 6. März 1975 teilte Vortragender Legationsrat I. Klasse Lücking mit, die Vertreter der Drei Mächte hätten „heute kurzfristig aufgrund einschlägiger Pressemeldungen (,Der Generalbundesanwalt hat sich nach Berlin begeben, um selbst die Ermittlungen zu leiten') um eine Sonderkonsultation in der Bonner Vierergruppe gebeten. Sie haben sich sehr besorgt gezeigt. Solange der Sachverhalt nicht in einer für sie befriedigenden Weise aufgeklärt sei, müßten sie erhebliche Zweifel haben, ob das Verhalten des Generalbundesanwalts mit den einschlägigen in Berlin geltenden Rechtsvorschriften voll vereinbar sei. [...] Die Drei haben erhebliche Zweifel an der Zulässigkeit einer unmittelbaren Aktion des Generalbundesanwalts in Berlin geäußert. Sie halten eine vom Bund zentral gesteuerte Ermittlungsaktion unter Einschluß Berlins für durchaus vertretbar unter der Voraussetzung, daß der Bund nicht unmittelbar handelt, sondern dadurch, daß die entsprechenden Berliner Organe im Einvernehmen mit dem Generalbundesanwalt vorgehen." Vgl. Referat 010, Bd. 178655.

Problem aufgeworfen, ob Berlin vom Bund regiert werde. Proteste der Sowjetunion seien vorauszusehen.[8]

Ich erwiderte, das AA sei sich der Berlin-Problematik im Zusammenhang des Entführungsfalles bewußt gewesen und habe in den Beratungen der Bundesregierung auf eine Berücksichtigung der Interessen der Drei Alliierten hingewirkt. Im übrigen sei uns heute durch das BMJ gesagt worden, daß der Generalbundesanwalt sich nach Berlin begeben habe, um sich dort über die von der Berliner Polizei geführten Ermittlungen zu unterrichten.

Die Alliierten waren mit der zuletzt genannten Formel voll zufrieden und äußerten, sie würden diese Formel ggf. auch in Gesprächen mit der Sowjetunion verwenden. Sie baten im übrigen, daß eine entsprechende Klarstellung in geeigneter Weise auch gegenüber der Öffentlichkeit vorgenommen werde.

(Anmerkung: Ich habe heute nachmittag das BMJ, und zwar wegen Abwesenheit von StS Erkel Herrn MD Schneider, von dem Wunsch der Alliierten unterrichtet. Zu meiner Überraschung sagte mir Herr Schneider, der Generalbundesanwalt beabsichtigte noch heute nachmittag eine Erklärung herauszugeben, derzufolge er im Rahmen seiner Ermittlungen bestimmte Anweisungen an die Berliner Polizei gegeben habe. Ich bat Herrn Schneider daraufhin, die Erklärung des Generalbundesanwalts zunächst zurückzuhalten und wegen der Bitte der Drei Alliierten, die wir ernst nehmen müßten, mit seinem Minister sogleich in Verbindung zu treten.)[9]

gez. Gehlhoff

Referat 010, Bd. 178655

[8] Am 15. März 1975 berichtete Botschafter Sahm, Moskau, daß Mitarbeiter des sowjetischen Außenministeriums „grundsätzliche sowjetische Kritik offen zum Ausdruck" gebracht hätten: „Sie monierten insbesondere Einsatz von Polizisten aus der B[undes]R[epublik] Deutschland und Tätigkeit Generalbundesanwalts bei Fahndungsaktion nach Lorenz-Entführung." Vgl. den Drahtbericht Nr. 914; Referat 010, Bd. 178578.
Gesandter Hansen, Washington, teilte am 4. April 1975 mit, daß der sowjetische Geschäftsträger in Washington, Woronzew, dem Abteilungsleiter im amerikanischen Außenministerium, Hartman, am selben Tag ein Non-paper übergeben habe. Darin hieß es: „Of late, in connection with the kidnapping of the chairman of the West Berlin Christian Democratic Union Mr. P. Lorenz, a number of unlawful acts had been committed in the western sectors of Berlin on the part of the authorities of the FRG, which cannot be justified even by the extraordinary character of Mr. Lorenz's case. [...] the state offices and institutions of the FRG, including the internal and justice ministries, the Federal Office on the Protection of the Constitution and the Federal Criminal Police Agency have on the outset meddled with the investigation. [...] State offices and officials of the FRG have been executing official acts in implementing direct state authority over the western sectors that is well known to be directly prohibited by the Quadripartite Agreement of September 3, 1971. Thus, there is a gross violation of the Quadripartite Agreement. As it happened in similar circumstances before, the FRG also is seeking at this time to cover its unlawful acts referring to the agreement on the part of the USA, Great Britain and France, practically putting them into a position of accessories to the violation of the Quadripartite Agreement." Vgl. den Drahtbericht Nr. 882; Referat 213, Bd. 112772.
[9] Vortragender Legationsrat I. Klasse Lücking informierte am 10. März 1975 darüber, daß am 7. März 1975 gegen 20.00 Uhr in der amerikanischen Botschaft eine kurzfristig einberufene Sondersitzung der Bonner Vierergruppe stattgefunden habe, bei der der französische Vertreter darauf hingewiesen hätte, „daß der Senator für Justiz in Berlin inzwischen folgende Presseverlautbarung abgegeben habe: ‚Der Generalbundesanwalt hat sich in Berlin über die von der Polizei getroffenen Maßnahmen unterrichtet. In Gesprächen mit dem Senator für Justiz und dem Generalstaatsanwalt bei dem Landgericht ist er über den Stand der Ermittlungen in Kenntnis gesetzt worden. Die Ermittlungen wegen Geiselnahme von Peter Lorenz und weiterer Delikte werden von der Staats-

45

Botschafter Held, Sanaa, an das Auswärtige Amt

114-11141/75 VS-vertraulich   Aufgabe: 7. März 1975, 09.00 Uhr[1]
Fernschreiben Nr. 59   Ankunft: 7. März 1975, 10.43 Uhr
Citissime

Betr.: Entführung von Peter Lorenz[2]
       hier: Asylersuchen der Anarchisten
Bezug: DB Nr. 58 vom 6.3.[3]

Bitte um Weisung

I. Aufgrund meines Gespräches mit südjemenitischem Außenminister Muti am 4.3. (vgl. auch DB Nr. 55 vom 4.3.[4]) folgt Analyse südjemenitischen Verhaltens gegenüber Asylersuchen der fünf in DV Jemen[5] verbliebenen Anarchisten[6] (abgestimmt mit in dortiger Mentalität erfahrenem britischen Kollegen in Aden[7]):

1) Südjemenitische Regierung ist gegenüber Anarchisten nicht verbindlich auf ihre Bitte um Gewährung von Asyl eingegangen. Vielmehr hat sie

a) Flugzeug aus humanitären Gründen landen lassen, um „Luftfahrtkatastrophe zu verhüten" (Absturz oder Notlandung wegen Benzinmangels),

---

Fortsetzung Fußnote von Seite 233
  anwaltschaft bei dem Landgericht geführt. Die dort gebildete Arbeitsgruppe untersteht nicht dem Bundesanwalt." Lücking fuhr fort, auf Fragen der Drei Mächte habe Ministerialdirektor Schneider, Bundesministerium der Justiz, erklärt: „Der Generalbundesanwalt habe zur Zeit nicht die Absicht, sich erneut nach Berlin zu begeben. Er könne allerdings keine verbindliche Stellungnahme dazu abgeben, ob nicht eine Entwicklung eintreten werde, die den Generalbundesanwalt zwingen würde, die gesamten Ermittlungen zu übernehmen." Vgl. Referat 010, Bd. 178655.

[1] Hat Ministerialdirigent Jesser am 7. März 1975 und erneut am 28. April 1975 vorgelegen, der handschriftlich vermerkte: „Eine Ablichtung ausgehändigt an Reg[ierungs] Dir[ektor] Walter, BMJ, auf Wunsch von StS Erkel vom 28.4.75. In Quittungsbuch eingetragen."
[2] Zur Entführung des Vorsitzenden des Berliner Landesverbands der CDU, Lorenz, am 27. Februar 1975 vgl. Dok. 44, besonders Anm. 3.
[3] Botschafter Held, Sanaa, übermittelte eine Erklärung des südjemenitischen Außenministeriums vom 4. März 1975 zur Entführung des Vorsitzenden des Berliner Landesverbands der CDU, Lorenz, sowie ein Interview, das er, Held, der Aden News Agency hierzu gewährt hatte. Vgl. VS-Bd. 10012 (311); B 150, Aktenkopien 1975.
[4] Legationsrat Mühlen, Sanaa, übermittelte eine telefonische Nachricht des Botschafters Held, z. Z. Aden: „Ergebnisse freundschaftlichen Gesprächs mit Außenminister: 1) Regierung P[eople's] D[emocratic] R[epublic of] Y[emen] wollte Maschine nicht landen lassen oder wenigstens hätten Täter mit ihr das Land wieder verlassen müssen. Erlaubnis zum Verbleib wurde nur auf ausdrücklichen Wunsch unsererseits erteilt. 2) Außenminister über kriminelle Vergangenheit Täter informiert. 3) Täter praktisch unter Hausarrest, dürfen mit niemand Kontakt aufnehmen. 4) Regierung P.D.R.Y. würde ihnen jederzeit Verlassen des Landes mit beliebigem Ziel gestatten. Selbst positive Reaktion auf Auslieferungsersuchen nicht auszuschließen." Vgl. VS-Bd. 10012 (311); B 150, Aktenkopien 1975.
[5] Demokratische Volksrepublik Jemen (Südjemen).
[6] Verena Becker, Rolf Heissler, Gabriele Kröcher-Tiedemann, Rolf Pohle und Ingrid Siepmann.
[7] James Ramage.

b) unserem Ersuchen – und nicht Bitte der Anarchisten – um Asyl entsprochen und darüber hinaus nur im Umfang „to stay in the People's Democratic Republic of Yemen" und nicht in von uns erbetenem Ausmaß „unrestricted"⁸.

2) Daraus ist zu schließen, daß

a) südjemenitische Regierung sich nicht ideologisch den Anarchisten verbunden fühlt,

b) sie Anwesenheit der Anarchisten in Aden innenpolitisch eher als Störfaktor ansieht,

c) aufgrund einer neuerdings allgemein pragmatischeren und insbesondere auf eigenen Vorteil ausgerichteten Außenpolitik sie eine Trübung der sich anbahnenden Beziehungen zu uns unbedingt vermeiden möchte,

d) sie sich deshalb gegenüber Anarchisten nicht gebunden hat, um in ihrem weiteren Verhalten freie Hand zu haben.

3) Somit ergibt sich,

a) daß DV Jemen, ohne gegenüber Anarchisten wortbrüchig zu werden, sie praktisch unter Hausarrest halten, abschieben oder auch an uns ausliefern kann,

b) wir mit einer positiven Reaktion auf eventuelle entsprechende Bemühungen rechnen können.

4) Allerdings ist zu bedenken:

a) Bereits aufgrund ihres bisherigen Verhaltens erwartet DV Jemen von uns Gegenleistungen durch Entwicklungshilfezusagen, die über das von RD Sahlmann, BMZ, anläßlich seines Besuches in Aden unterzeichnete Protokoll⁹ hinausgehen. Sie wird weiteres Entgegenkommen von konkretem Angebot in dieser Richtung (weitere 5 bis 10 Mio. KH?) abhängig machen.

b) Um uns nicht zu unserem früheren Verhalten – Ersuchen um „unrestricted stay" – in Widerspruch zu setzen, sollten wir kein Auslieferungsersuchen stel-

---

8 Botschafter von Hase, London, teilte am 4. März 1975 mit, die Botschaft in London habe „nach Eingang der telefonischen Weisung am 3.3.75 um 23.45 [Uhr] Ortszeit das Foreign Office gebeten, über die britische Botschaft in Aden folgende Botschaft an die Regierung der V[olks]R[epublik] Jemen weiterzuleiten: ‚The Government of the Federal Republic of Germany requests in the interest of the release of Peter Lorenz that the authorities of the People's Democratic Republic of Yemen comply with the wish of the five detainees to be granted unrestricted residence.' Foreign Office teilte am 4.3. um 6.00 [Uhr] Ortszeit mit, daß diese Botschaft in der Nacht dem Bereitschaftsdienst des Außenministeriums von Süd-Jemen übergeben wurde." Vgl. den Drahtbericht Nr. 442; VS-Bd. 10012 (311); B 150, Aktenkopien 1975.
Am 4. März 1975 übermittelte Legationsrat Mühlen, Sanaa, die Antwort der südjemenitischen Regierung: „Re[ferring to] your request to grant the five prisoners permission to stay in People's Democratic Republic of Yemen in order to save the life of Peter Lorenz the Government of People's Democratic Republic of Yemen decided to accept the request." Vgl. den Drahtbericht Nr. 52; VS-Bd. 10012 (311); B 150, Aktenkopien 1975.

9 Vom 10. bis 13. Dezember 1974 fanden in Aden Verhandlungen zwischen Regierungsdirektor Sahlmann, Bundesministerium für wirtschaftliche Zusammenarbeit, und der südjemenitischen Regierung statt, die „zur Unterzeichnung eines Protokolls führten, mit dem Entwicklungshilfe zugesagt wurde und der Abschluß von Rahmenabkommen über Kapitalhilfe und über technische Hilfe für ‚early 1975' vereinbart wurde." Vgl. die Aufzeichnung des Ministerialdirigenten Dreher vom 3. Februar 1975; VS-Bd. 10767 (501); B 150, Aktenkopien 1975.

len, sondern gegenüber Anarchisten nicht verpflichtete DV Jemen diese abschieben lassen.[10]

c) Wenn wir nicht abwarten wollen, ob und wann DV Jemen der Anarchisten von sich aus überdrüssig wird und sie daher abschiebt, müßte entsprechende Initiative durch vertrauliche Kontaktaufnahme mit südjemenitischer Regierung erfolgen.[11]

Dabei gehen wir das Risiko ein, daß aufgrund der unterschiedlichen innenpolitischen Strömungen in der DV Jemen unserer Anregung letztlich eventuell doch nicht stattgegeben wird und darüber hinaus – gezielt oder unbeabsichtigt – von südjemenitischer Seite Vertraulichkeit der Kontakte nicht gewahrt bleibt.

Ob ein Ersuchen um Abschiebung in Hinblick auf ähnliche Verbrechen in der Zukunft opportun ist, kann ich nicht abschließend beurteilen. Ich könnte mir aber vorstellen, daß ein Verstopfen des letzten Schlupfloches, nämlich Aden, für solche Verbrecher die Anarchisten entmutigen würde.

II. DV Jemen ist für ihre Unterstützung bereits in Telegramm Bundesaußenministers und durch mich (vgl. Bezugs-DB) Dank ausgesprochen. Ich möchte entsprechende Dankesbezeugung auch gegenüber AR Jemen[12] anregen, wo ich wirklich jede denkbare Hilfe gefunden habe (Erteilung der Landeerlaubnis in Sanaa innerhalb weniger Minuten, stundenlanger Aufenthalt des Mitglieds des Führungsrates und Innenministers Mutawakil mit mir am Flughafen in Erwartung der Anarchisten usw.). Außer jemenitischen Behörden haben vor allen Dingen sich – außer in Aden – auch hiesige britische Botschaft sowie englische Privatfirma „Cable and Wircless" (durch kostenlose Offenhaltung einer Leitung nach Aden) verdient gemacht. Auch ihnen sollte unser Dank ausgesprochen werden.

[gez.] Held

VS-Bd. 10012 (311)

---

[10] Der Passus „Ersuchen um ... abschieben lassen" wurde von Ministerialdirigent Jesser hervorgehoben. Dazu vermerkte er handschriftlich: „Ja."
[11] Zur Frage der Abschiebung der Entführer aus Aden in die Bundesrepublik vgl. Dok. 100.
[12] Arabische Republik Jemen (Nordjemen).

46

Aufzeichnung des Ministerialdirektors Hermes

413-491.09 BRA VS-NfD 10. März 1975[1]

Über Herrn Staatssekretär[2] Herrn Minister[3]

Betr.: Regierungsabkommen mit Brasilien über eine Zusammenarbeit auf dem Gebiet der friedlichen Nutzung der Kernenergie

Zweck der Vorlage: Zur Information und Entscheidung über das weitere Vorgehen

Anlagen

I. 1) Mit Rücksicht auf unsere Zusage an die Brasilianer, das Kabinett möglichst umgehend mit dem ausgehandelten Abkommensentwurf zu befassen, war die aus der Anlage 1[4] ersichtliche, mit den beteiligten Ressorts abgestimmte Kabinettvorlage ausgearbeitet worden, über die das Kabinett am 12.3.1975 entscheiden sollte (Abt. 2 hatte allerdings nur mit Bedenken mitgezeichnet).

In der Vorlage wurde nach Abwägung der Problematik vorgeschlagen, das Kabinett möge der beabsichtigten Zusammenarbeit mit Brasilien auf der Grundlage des beigefügten Abkommensentwurfs zustimmen. Die Vorlage stand unter dem Vorbehalt, daß bis zur Kabinettssitzung vom 12.3.75 nicht doch noch schwerwiegende Bedenken von der amerikanischen Regierung geltend gemacht würden.

2) Bevor die Kabinettvorlage zur Unterzeichnung vorgelegt werden konnte, ging der beigefügte Drahtbericht der Botschaft Washington Nr. 566 vom 4.3.75 – VS-v (Anlage 2)[5] – über ein Gespräch zwischen Botschafter von Staden und dem Leiter der amerikanischen Abrüstungsbehörde, Iklé, ein. Hieraus ergeben sich erhebliche Bedenken der Amerikaner gegen einen Vertragsabschluß zwischen uns und Brasilien zum gegenwärtigen Zeitpunkt:

Die USA

– würden Anreicherungs- und Wiederaufarbeitungsanlagen an Brasilien zumindest zum gegenwärtigen Zeitpunkt nicht liefern,
– bäten uns, bis zum Zusammentreten und Abschluß der Konferenz der wichtigsten nuklearen Lieferstaaten[6] keine Entscheidung zu treffen,

---

[1] Die Aufzeichnung wurde von Vortragendem Legationsrat I. Klasse Randermann konzipiert.
[2] Hat Staatssekretär Gehlhoff am 14. März 1975 vorgelegen.
[3] Hat Bundesminister Genscher am 17. März 1975 vorgelegen, der handschriftlich vermerkte: „Man sollte bis zum 31.3. warten."
[4] Dem Vorgang nicht beigefügt.
Zur Kabinettvorlage vom 19. Februar 1975 vgl. Dok. 26, Anm. 18.
[5] Dem Vorgang nicht beigefügt.
Botschafter von Staden, Washington, übermittelte ein amerikanisches Positionspapier zum Stand der „Überlegungen in Sachen Brasilien", das ihm am 3. März 1975 vom Direktor der amerikanischen Abrüstungsbehörde, Iklé, übergeben worden war. Vgl. dazu VS-Bd. 8887 (413); B 150, Aktenkopien 1975.
[6] Zum amerikanischen Vorschlag vom 1. November 1974, eine Konferenz der wichtigsten Lieferstaaten von Kerntechnologie einzuberufen, vgl. Dok. 25, Anm. 6.

– hofften, daß die Franzosen in den nächsten Wochen der Konferenz zustimmen würden, so daß diese möglicherweise noch im März zusammentreten kann.

Botschafter von Staden mißt in einer von uns angeforderten Wertung (DB Nr. 600 vom 6.3.1975 VS-v – Anlage 3)[7] der Reaktion von Iklé erhebliches Gewicht zu. Eine amerikanische Verstimmung wäre im Falle eines deutschen Alleinganges wahrscheinlich. Wie tief diese Verstimmung gehen würde, sei schwer vorauszusehen. Man wünsche auf jeden Fall, Gelegenheit zu weiteren Konsultationen zu haben (DB Nr. 614 vom 6.3.1975 VS-v – Anlage 4)[8], ehe von uns endgültige Entscheidungen getroffen würden, und lege großen Wert auf eine eingehende deutsch-amerikanische Abstimmung.

3) Gegenüber Brasilien ist die Lage z.Z. etwas entspannter.

Der brasilianische Botschafter[9] hat am 6.3.75 erklärt, sein Außenminister, der das ausgehandelte Abkommen unterzeichnen will, sei mit einem Besuchstermin im Juni einverstanden.[10] Auch wir müssen, vor allem mit Rücksicht auf die Vorlagepflicht bei der EG-Kommission gem. Art. 103 EAG-Vertrag[11] und den EWG-[12] und EAG-Vertrag, den Brasilianern noch Änderungen des Abkommenstextes vorschlagen. Dies wurde dem Botschafter bereits mitgeteilt.[13] Wir

---

[7] Dem Vorgang nicht beigefügt.
Für den Drahtbericht vgl. VS-Bd. 8887 (413); B 150, Aktenkopien 1975.

[8] Dem Vorgang nicht beigefügt.
Botschafter von Staden, Washington, teilte über ein Gespräch mit dem Direktor der amerikanischen Abrüstungsbehörde, Iklé, am 6. März 1975 mit, dieser habe erklärt, die amerikanische Regierung „sei stark interessiert am Zustandekommen der vorgeschlagenen multilateralen Konferenz und würde Wert darauf legen, daß die auszuarbeitende gemeinsame Politik nicht präjudiziert wird. Allerdings ließe es sich noch nicht übersehen, wie lange Zeit man für die Erarbeitung multilateraler Positionen brauchen würde. Deshalb lege man inzwischen großen Wert auf eine eingehende deutsch-amerikanische Abstimmung, um sicherzustellen, daß die Bundesrepublik und die USA die gleiche Linie verfolgten." Iklé habe erkennen lassen, „daß den Amerikanern insbesondere deshalb an einer weiteren Abstimmung mit uns gelegen ist, weil im brasilianischen Fall sensitive Technologien involviert sind". Vgl. VS-Bd. 8887 (413); B 150, Aktenkopien 1975.

[9] Egberto da Silva Mafra.

[10] Der brasilianische Außenminister Azeredo da Silveira besuchte vom 25. bis 27. Juni 1975 die Bundesrepublik und unterzeichnete mit Bundesminister Genscher am 27. Juni das Abkommen über Zusammenarbeit auf dem Gebiet der friedlichen Nutzung der Kernenergie. Vgl. dazu Dok. 179.

[11] Artikel 103 des EURATOM-Vertrags vom 25. März 1957: „Die Mitgliedstaaten haben der Kommission ihre Entwürfe von Abkommen und Vereinbarungen mit einem dritten Staat, einer zwischenstaatlichen Einrichtung oder einem Angehörigen eines dritten Staates mitzuteilen, soweit diese Abkommen und Vereinbarungen den Anwendungsbereich dieses Vertrags berühren. Enthält der Entwurf Bestimmungen, welche die Anwendung dieses Vertrags beeinträchtigen, so gibt die Kommission dem betreffenden Mitgliedstaat innerhalb eines Monats nach Eingang der an sie gerichteten Mitteilung ihre Einwendungen bekannt. Der Staat kann das beabsichtigte Abkommen oder die beabsichtigte Vereinbarung erst schließen, wenn er die Bedenken der Kommission beseitigt hat oder wenn er durch Antrag im Dringlichkeitsverfahren einen Beschluß des Gerichtshofes über die Vereinbarkeit der beabsichtigten Bestimmungen mit den Vorschriften dieses Vertrags herbeigeführt und diesem Beschluß entsprochen hat. Der Antrag kann dem Gerichtshof jederzeit vorgelegt werden, sobald der Staat die Einwendungen der Kommission erhalten hat." Vgl. BUNDESGESETZBLATT 1957, Teil II, S. 1076.

[12] Für den Wortlaut des EWG-Vertrags vom 25. März 1957 vgl. BUNDESGESETZBLATT 1957, Teil II, S. 753–1013.

[13] Ministerialdirektor Hermes informierte die Botschaft in Brasilia am 10. März 1975 darüber, daß der ausgehandelte Abkommensentwurf gemäß Artikel 103 des EURATOM-Vertrags vom 25. März 1957 der EG-Kommission vorgelegt werden müsse, „die innerhalb eines Monats Einwendungen erheben kann. Wir haben Entwurf hierauf geprüft. Um mögliche Einwendungen der Kommission

haben daher gegenüber Brasilien noch etwas Zeit. Allerdings hatten die Brasilianer beabsichtigt, mit den deutschen Industriefirmen die ersten Verträge bereits in den nächsten Tagen zu unterzeichnen.

II. Die amerikanische Reaktion auf die am 19.2.1975[14] gegenüber dem hiesigen amerikanischen Botschafter vorgenommene Unterrichtung über den die Nichtverbreitungspolitik und Sicherheitskontrollen betreffenden Teil des Brasilien-Abkommens[15] ist in der Form maßvoll. In der Sache wird jedoch das klare Petitum geäußert, daß wir vor dem Abschluß der Konferenz der wichtigsten Lieferstaaten keine Entscheidungen treffen und der amerikanischen Regierung auf jeden Fall Gelegenheit zu Konsultationen geben.

In der Sache ändert die amerikanische Reaktion unsere positive Haltung zu dem Brasilien-Abkommen nicht:

Wir haben in dem Abkommen mehr erreicht, als unsere Verpflichtungen aus dem NV-Vertrag[16] erfordern. Aus Expertengesprächen, die wir am 26.2. mit einer britischen Delegation in Bonn hatten[17], schließen wir, daß auch die Briten auf der Konferenz der sieben wichtigsten Lieferstaaten keine weitergehenden Sicherheitskontrollforderungen, die auch sie für unrealistisch halten, stellen würden. Das gleiche scheint, wie sich aus dem Drahtbericht der Botschaft Washington Nr. 632 vom 7.3.75[18] VS-v (Anlage 5)[19] ergibt, auch für Frankreich

Fortsetzung Fußnote von Seite 238
    vorzubeugen, müssen wir bezüglich der Artikel 3 und 4 noch Änderungen vorschlagen, die materiell an dem erzielten Verhandlungsergebnis jedoch nichts ändern. Gleichzeitig hat sich bei dieser Überprüfung herausgestellt, daß auch unabhängig von den Bestimmungen des EWG- und EAG-Vertrages Artikel 4 Abs. 1 einer Neuformulierung bedarf, da er bei wörtlicher Auslegung in seiner jetzigen Fassung Exportbeschränkungen enthält, die über die erzielte materielle Einigung hinausgehen und weder für Brasilien noch für uns notwendig sind." Hermes bat die Botschaft, der brasilianischen Regierung diese Änderungswünsche möglichst umgehend zu übermitteln und fügte hinzu, dem brasilianischen Botschafter da Silva Mafra sei am 6. März 1975 mitgeteilt worden, „daß wir den Abkommensentwurf erst nach erfolgter brasilianischer Zustimmung zu den vorgeschlagenen Änderungen der EG-Kommission vorlegen könnten. Auch hielten wir es für günstiger, zunächst Einvernehmen über diese Textkorrekturen herzustellen, bevor wir das Bundeskabinett mit dem Vertragsentwurf befassen." Vgl. den Drahterlaß Nr. 903; Referat 413, Bd. 114242.

14 Korrigiert aus: „27.2.1975".
15 Zur Unterrichtung des amerikanischen Botschafters Hillenbrand durch Ministerialdirektor Hermes am 19. Februar 1975 vgl. Dok. 26, Anm. 19.
16 Für den Wortlaut des Nichtverbreitungsvertrags vom 1. Juli 1968 vgl. BUNDESGESETZBLATT 1974, Teil II, S. 786–793.
17 Vortragender Legationsrat I. Klasse Randermann vermerkte am 4. März 1975, die Gespräche mit britischen Experten am 26. Februar 1975 über die Exportpolitik bei der Lieferung sensitiver Kernanlagen hätten zu einer „fast vollständigen Übereinstimmung der Auffassungen" geführt. Die britischen Ansichten entsprächen auch materiell „dem Ergebnis, das wir in unseren Verhandlungen mit Brasilien hinsichtlich der Fragen der Nichtverbreitungs- und Sicherungsmaßnahmen erzielt hatten. [...] Aufgrund der bestehenden materiellen Übereinstimmung ließ es sich vermeiden, daß wir in dem Gespräch mit der britischen Delegation unsere Erfahrungen bei unseren Verhandlungen mit Brasilien mitteilen mußten. Brasilien brauchte nicht erwähnt zu werden. [...] Diese weitgehende Übereinstimmung mit den britischen – aber auch den kanadischen – Ansichten bedeutet, daß wir auch unter Zugrundelegung unseres mit Brasilien erzielten Verhandlungsergebnisses in die von den USA vorgeschlagene Siebener-Konsultation gehen können, ohne befürchten zu müssen, isoliert zu sein." Vgl. Referat 300, Bd. 100509.
18 Korrigiert aus: „8.3.1975".
19 Dem Vorgang nicht beigefügt.
    Botschafter von Staden, Washington, informierte über ein Gespräch zwischen amerikanischen und französischen Experten über den amerikanischen Vorschlag vom 1. November 1974, eine Konferenz der wichtigsten Lieferstaaten von Kerntechnologie durchzuführen: „Die Notwendigkeit einer gemeinsamen Politik gegenüber Spannungsgebieten oder unsicheren Abnehmerländern stellen Fran-

zu gelten. Die Kanadier, die uns zur Vorbereitung dieser Konferenz den Entwurf eines mit Empfangsstaaten abzuschließenden Sicherheitskontrollabkommens überlassen haben[20], gehen bezüglich der zu fordernden Sicherungsmaßnahmen ebenfalls weniger weit als die USA, wollen aber die Wiederaufarbeitung und Anreicherung von der Zustimmung des Lieferstaates abhängig machen. Die Sowjetunion und Japan haben sich in der Frage bisher nicht geäußert. Es ist daher anzunehmen, daß auf der Konferenz der Lieferstaaten weitergehende amerikanische Forderungen, die über das hinausgehen, was wir mit den Brasilianern ausgehandelt haben, nicht durchsetzbar sein werden.

Andererseits dürfen wir uns nicht dem Vorwurf aussetzen, durch einen Alleingang die Konferenz der Lieferstaaten in einem wesentlichen Punkt von vornherein negativ präjudiziert zu haben. Auch können wir eine amerikanische Bitte um weitere bilaterale Konsultationen im Falle Brasiliens nicht rundweg ablehnen.

III. Dies bedeutet, daß die Angelegenheit noch nicht reif ist, dem Kabinett zur Entscheidung vorgelegt zu werden.

Auf der anderen Seite können wir nicht unbegrenzt auf das Ergebnis der Konferenz der Lieferstaaten warten. Wir wissen nicht, ob und wann diese Konferenz zustandekommt und ob und wann sie zu Ergebnissen führt. Bei einem zu langen Zuwarten besteht die Gefahr, daß das Brasiliengeschäft verlorengeht, ohne daß der Sache der Nichtverbreitungspolitik gedient wäre.

Hieraus ergibt sich, daß wir möglichst umgehend noch einmal mit der amerikanischen Regierung sprechen sollten. In diesem Gespräch sollten wir jedoch den Eindruck vermeiden, als müßten wir die amerikanische Regierung um Zustimmung zu unserem Abkommen mit Brasilien bitten.

Wir sollten der amerikanischen Seite mitteilen, daß wir ihre Einwände gegen einen baldigen Abschluß des Vertrages mit Brasilien sorgfältig geprüft hätten. Wir hätten in diese Prüfung die wahrscheinlichen Aussichten für Absprachen der Lieferstaaten von Nuklearanlagen und Nukleartechnologie einbezogen, so, wie sie sich nach mehrmonatigen Bemühungen darstellten. Nach unserem Eindruck über die bisherige Diskussion würde es bereits als ein gewisser Fortschritt in der Nichtverbreitungspolitik angesehen werden können, wenn auf einer Konferenz aller sieben in Betracht kommenden Regierungen, deren Zustandekommen leider noch ungewiß ist, verbindliche Absprachen erzielt würden, die dem Ergebnis unserer Verhandlungen mit Brasilien entsprächen. Die Bundesregierung müsse zu ihrem Bedauern davon ausgehen, daß wenig Aussicht besteht, weitergehende Absprachen aller in Frage kommenden Lieferländer zu erreichen. Sie hätte daher Bedenken, angesichts der berechtigten Interessen der deutschen Kernindustrie den Vertragsschluß mit Brasilien länger hinauszuschieben. Wir wären gern bereit, der amerikanischen Regierung in einem bilateralen Gespräch diese unsere Haltung noch im einzelnen zu erläutern.

Fortsetzung Fußnote von Seite 239
zosen nicht in Zweifel." Sie fürchteten aber offenbar, „in der Konferenz in eine isolierte Position zu geraten oder zur Annahme von Beschlüssen gezwungen zu sein, die sie nicht wollten". Vgl. VS-Bd. 10026 (300); B 150, Aktenkopien 1975.

[20] Für den am 25. Februar 1975 übergebenen kanadischen Entwurf „Trilateral Safeguards Agreement for Recipient States which are not Parties to the NPT" vgl. Referat 413, Bd. 114260.

Sollten bei diesem Gespräch die Amerikaner, wie zu erwarten, uns weiterhin mit Nachdruck bitten, bis zum Abschluß der Konferenz der Lieferstaaten keine Entscheidungen bezüglich Brasiliens zu treffen, könnten wir erklären, wir seien bereit, die erste Runde der Konferenz abzuwarten, wenn diese tatsächlich – wie die USA hoffen – noch im März oder spätestens April zustandekommt.[21]

Diese Gesprächsführung mit der amerikanischen Regierung sollte noch keine endgültige Aussage enthalten über die Sachposition, die die Bundesregierung einnehmen würde, sollte es zu einer Konferenz der Lieferländer kommen. Wir sollten zumindest unser Möglichstes tun, um nicht diejenigen zu sein, die eine mögliche Absprache der Lieferländer auf ein „Minimum" reduzieren. Wir können damit rechnen, daß andere Lieferländer, insbesondere die Franzosen, keine Bereitschaft zeigen, weitergehende Absprachen der Lieferländer mitzumachen. Auf diese Weise könnten wir dem Vorwurf entgehen, diejenigen zu sein, die von vornherein das Ergebnis der Verhandlungen der Lieferländer in einer der amerikanischen Seite unerwünschten Weise präjudiziert hätten.

IV. Es wird daher vorgeschlagen:

1) die Befassung des Kabinetts mit dem mit Brasilien ausgehandelten Abkommensentwurf wird kurzfristig zurückgestellt,

2) es werden in dieser Frage möglichst umgehend Gespräche mit der amerikanischen Regierung aufgenommen,

3) im Lichte auch des Ergebnisses dieser Gespräche wird das Kabinett mit der Angelegenheit befaßt werden.

Im Falle der Zustimmung des Herrn Ministers müßte eine entsprechende Übereinstimmung mit den beteiligten Ressorts hergestellt werden.

Abteilung 2 und 3 haben mitgezeichnet.

Hermes

Referat 413, Bd. 114242

---

[21] Die erste Konferenz der wichtigsten Lieferstaaten von Kerntechnologie (Suppliers Conference) fand am 23. April 1975 in London statt. Vgl. dazu Dok. 104.

47

Aufzeichnung des Ministerialdirektors van Well

214-321.00 POL-390/75 geheim   12. März 1975[1]

Über Herrn Staatssekretär[2] Herrn Bundesminister[3]

Betr.: Deutsch-polnische Beziehungen;
    hier: Fortgang der Gespräche über die offenen Fragen

Zweck der Vorlage: Entscheidung über

a) eine deutsche Initiative zum Fortgang der Gespräche mit Polen,

b) Festlegung unserer Verhandlungsposition.

I. Stand der deutsch-polnischen Gespräche

1) Vizeaußenminister Czyrek hat in einem Gespräch mit Botschafter Ruete am 26. Februar 1975 den polnischen Wunsch zu erkennen gegeben, die in den deutsch-polnischen Gesprächen anstehenden Fragen vor dem Beginn der dritten Phase der KSZE[4] zu lösen. Er hat darüber hinaus die Bereitschaft Polens zum Ausdruck gebracht, die Gespräche wieder aufzunehmen, wenn eine entsprechende Initiative der Bundesregierung erfolgt.[5] Auch aus anderen polnischen Äußerungen geht hervor, daß die polnische Seite eine deutsche Initiative erwartet.

2) Seit dem Abschluß des Briefwechsels zwischen dem Bundeskanzler und dem Ersten Sekretär Gierek[6] sowie dem Gespräch Staatssekretär Gehlhoffs mit Herrn Gierek Ende November in Warschau[7] sind über dreieinhalb Monate vergangenen.

---

[1] Die Aufzeichnung wurde von Vortragender Legationsrätin I. Klasse Finke-Osiander und von Vortragendem Legationsrat Arnot konzipiert.

[2] Hat Staatssekretär Gehlhoff am 17. März 1975 vorgelegen.

[3] Hat Bundesminister Genscher laut handschriftlichem Vermerk des Legationsrats I. Klasse Chrobog vom 18. März 1975 vorgelegen.

[4] Die KSZE-Schlußkonferenz fand vom 30. Juli bis 1. August 1975 in Helsinki statt.

[5] Botschafter Ruete, Warschau, informierte am 26. Februar 1975 über das Gespräch mit dem polnischen Stellvertretenden Außenminister. Czyrek habe geäußert, daß es im Verhältnis zwischen der Bundesrepublik und Polen zu einer bedauerlichen Klimaverschlechterung gekommen sei, die „gefahrvoll sei, nicht nur für die bilateralen Beziehungen, sondern auch für die Verhältnisse in Zentraleuropa. Man sei dabei in eine Sackgasse geraten und zu einer vollkommenen Stagnation gelangt. Diese widerspreche aber der allgemeinen europäischen Entwicklung, die in Richtung auf eine Gipfelkonferenz in Helsinki laufe. [...] Polen hoffe, daß es unseren beiden Regierungen möglich sein werde, der Konferenz zu berichten, daß sie ihre schwerwiegenden Probleme einvernehmlich im Geiste der Konferenz gelöst hätten. Dies wäre sicher von erheblichem Interesse für ganz Europa. Beide Regierungschefs würden nach einer solchen Erklärung in Helsinki sicher den uneingeschränkten Beifall Europas finden. Polen sei trotz des gegenwärtig schlechten Klimas bereit, den Gesprächsfaden wieder aufzunehmen, wenn eine entsprechende Initiative der Bundesregierung erfolge." Vgl. den Drahtbericht Nr. 158; Referat 214, Bd. 116628.

[6] Zum Briefwechsel zwischen Bundeskanzler Schmidt und dem Ersten Sekretär des ZK der PVAP, Gierek, vgl. Dok. 11, Anm. 10.

[7] Für die Gespräche des Staatssekretärs Gehlhoff mit dem Ersten Sekretär des ZK der PVAP, Gierek, am 20./21. November 1974 in Warschau vgl. AAPD 1974, II, Dok. 335 und Dok. 336.

Aus unserer Sicht sprechen folgende Gründe für die Fortsetzung der deutsch-polnischen Gespräche:
- Die Schwierigkeiten, denen die deutschen Umsiedlungsbewerber in Polen ausgesetzt sind, machen eine Lösung des Problems nach wie vor dringlich.
- Die Fortsetzung der Gespräche könnte dazu beitragen, die Störungen im Klima der deutsch-polnischen Beziehungen, die in den letzten Wochen aufgetreten sind, aufzufangen und weiteren Irritationen vorzubeugen.

Diese Störungen sind zunächst durch die auf polnischer Seite wieder aufgenommene öffentliche Diskussion der Entschädigungsforderungen aufgetreten.

In diesem Zusammenhang hat die Absicht der Bundesregierung, im Wege einer Abschlußregelung 600 Mio. DM an Juden zu zahlen, die aus der Sowjetunion ausgewandert sind[8], neue Bitterkeit und Unverständnis hervorgerufen. Dabei wird darauf hingewiesen, daß die Bundesregierung sich nicht in der Lage sieht, einem entsprechend hohen Betrag, der als symbolische Geste zur Abgeltung der dem polnischen Volk zugefügten Leiden gedacht war, zuzustimmen.

Auch im Kreise unserer Verbündeten ist eine gewisse Sympathie für die polnischen Entschädigungsforderungen spürbar geworden. Die innenpolitische Diskussion über die offene Entschädigungsfrage führt, insbesondere in kirchlichen Kreisen und bei Teilen der SPD, zu einer kritischen Unruhe über die vermeintliche Untätigkeit gegenüber Polen.

Zur Belastung der Beziehungen hat weiterhin auf polnischer Seite die bei uns fortgesetzte Diskussion über die Zweckmäßigkeit der Veröffentlichung der Vertreibungsdokumentation beigetragen.[9] Der Wunsch nach einer Veröffentlichung wird als unangemessener Versuch empfunden, eine Gegenrechnung für die dem polnischen Volk von Deutschland zugefügten Leiden aufzumachen.

Schließlich hat auch die polnische Absage des deutsch-polnischen Round-table-Gesprächs, die mit der vorgesehenen Teilnahme von MdB Hupka begründet wurde, eine zusätzliche negative Wirkung ausgeübt.[10]
- Vom 12. bis 19. März 1975 werden in Warschau die im Januar wieder aufgenommenen deutsch-polnischen Verhandlungen über das Sozialversicherungsabkommen einschließlich der Pauschale[11] fortgesetzt. Es ist nicht auszu-

---

8 Zum Plan einer Stiftung für Opfer nationalsozialistischer Verfolgung vgl. Dok. 4.
9 Zur Diskussion über eine Veröffentlichung des Berichts des Bundesarchivs über „Vertreibung und Vertreibungsverbrechen" vgl. Dok. 38, besonders Anm. 2 und 4.
10 Botschafter Ruete, Warschau, teilte am 26. Februar 1975 mit, der polnische Stellvertretende Außenminister Czyrek habe die Absage einer geplanten „Round-table-Conference" damit begründet, „daß den polnischen Teilnehmern [...] einer der schärfsten Vertreter des deutschen Revisionismus als Gesprächspartner zugemutet worden sei. Herr Hupka sei wegen seiner Polen gegenüber eindeutig negativen Haltung als Gesprächspartner inakzeptabel. Man habe nicht mit Kräften konfrontiert werden wollen, die gegen eine Normalisierung seien." Vgl. den Drahtbericht Nr. 158; Referat 214, Bd. 116628.
11 Während der Verhandlungen vom 7. bis 10. Januar 1975 zwischen der Bundesrepublik und Polen über ein Sozialversicherungsabkommen wurden zwei getrennte polnische Entwürfe für ein Abkommen über Renten- und Unfallversicherung sowie ein Abkommen über Ausgleichszahlungen für Renten- und Sozialleistungen vorgelegt. Dazu teilte Vortragender Legationsrat Arnot der Botschaft in Warschau am 13. Januar 1975 mit: „Es stellte sich heraus, daß ein wesentlicher Grund für die polnische Forderung auf ein getrenntes Pauschalabkommen der Wunsch war, eine Ratifizierung dieser Regelung zu vermeiden. Sie war dabei offenbar von der Sorge über die mögliche Dauer sowie

schließen, daß nach den bisher erzielten Fortschritten nunmehr der Text fertiggestellt werden kann. Damit wäre die formelle Voraussetzung für die Verhandlungen über die Höhe der Pauschale geschaffen. Sie könnten allerdings nur im Zusammenhang mit den übrigen Fragen, insbesondere derjenigen der Umsiedlung, geführt werden.[12]

Angesichts all dieser Elemente erscheint es auch von unserem Standpunkt her nützlich, einen weiteren Versuch zur Lösung der noch offenen Probleme zu unternehmen.

II. Fortsetzung der deutsch-polnischen Gespräche

1) Zur Substanz der Verhandlungen

Die Gespräche sollten fortgesetzt werden, nachdem innerhalb der Bundesregierung eine erneute Klärung unserer Positionen stattgefunden hat.

Abteilung 2 schlägt vor, daß der Herr Bundesminister diese Klärung mit dem Herrn Bundeskanzler herbeiführt.[13] Dabei wären folgende Verhandlungselemente zu berücksichtigen:

– Finanzkredit

Es sollte sichergestellt werden, daß wir unser Angebot in Höhe von 1 Mrd. DM aufrechterhalten und die dafür notwendigen innerstaatlichen Voraussetzungen schaffen. Gleichzeitig sollte geprüft werden, wie weit wir der polnischen Seite bei den Kreditkonditionen entgegenkommen könnten (Stand der Positionen bei dem letzten Gespräch in der Arbeitsgruppe Finanzkredit am 24. Januar 1974:

polnische Seite: Zinssatz von 2,5 % jährlich mit einer an die Auszahlung anschließenden Laufzeit von 20 Jahren einschließlich fünf tilgungsfreier Jahre, deutsche Seite: Zinssatz von 3,5 % jährlich mit einer Laufzeit von 15 Jahren einschließlich fünf tilgungsfreier Jahre.)

Die Auszahlung (unser Vorschlag drei Jahre) sollte in jedem Fall mit den fest

---

Fortsetzung Fußnote von Seite 243

den Ausgang (Widerstand im Bundesrat) und deren Rückwirkungen auf die beabsichtigte Gesamtregelung der noch offenstehenden Fragen im beiderseitigen Verhältnis geleitet. Demgegenüber haben wir mehrfach klargestellt, daß unsere Rechtsordnung die Ratifizierung dieser Regelung in jedem Fall unvermeidlich macht." Vgl. den Drahterlaß Nr. 17; Referat 214, Bd. 116657.

[12] Über die Verhandlungen vom 13. bis 18. März 1975 zwischen der Bundesrepublik und Polen zum Abschluß eines Sozialversicherungsabkommens berichtete Ministerialdirigent Haase, Bundesministerium für Arbeit und Sozialordnung, z. Z. Warschau, am 19. März 1975, es sei deutlich geworden, „daß die polnische Seite den eigentlichen Verhandlungszweck in der Aushandlung der in Aussicht genommenen Pauschalabfindung sieht, für die das Sozialversicherungsabkommen im wesentlichen nur ein Alibi bilden soll, während für die deutsche Seite die Aushandlung eines befriedigenden Abkommenstextes die Bereitstellung der Pauschale überhaupt erst ermöglicht. Das Ergebnis [...] ist ein erneuter Durchgang des Hauptabkommens und des in Aussicht genommenen Zusatzdokuments betreffend die Pauschalabfindung." Haase führte weiter aus, daß im Hauptabkommen über alle Artikel mit Ausnahme der Frage des Geltungsbereichs und der Problematik der Individualansprüche Einigung erzielt werden konnte, während im ergänzenden Dokument über die Pauschalabfindung eine Anzahl grundlegender Fragen weiterhin offen sei. Was die politische Funktion der Pauschale betreffe, habe die polnische Seite den bereits in Bonn unternommenen Versuch wiederholt, „von deutscher Seite eine ausdrückliche Erklärung zu erhalten, daß sich die Pauschale aus einem Sozial- und Wiedergutmachungsteil zusammensetzt. Dieses Ansinnen wurde erneut abgelehnt." Vgl. den Drahtbericht Nr. 227; Referat 214, Bd. 116657.

[13] Vgl. dazu das Gespräch des Bundeskanzlers Schmidt mit Bundesminister Genscher am 26. März 1975; Dok. 61.

vereinbarten Ausreisen im Rahmen der Umsiedlungsregelung synchronisiert werden.[14]

– Ausfuhrbürgschaften
Wir sollten sicherstellen, daß wir unsere Position, die wir bei den Gesprächen der deutsch-polnischen Expertengruppe im Januar 1974 den Polen mitgeteilt hatten, aufrechterhalten, nämlich ohne Vereinbarung eines festen Plafonds im Einzelfall mit großem Wohlwollen die Übernahme von Ausfuhrgarantien für Geschäfte prüfen zu wollen, die für die polnische Seite auf längere Sicht zu einer Steigerung ihrer Exporte und für die deutsche Seite zu wirtschaftlich erwünschten Importen führen.

– Pauschale im Rahmen des Sozialversicherungsabkommens
Es sollte geprüft werden, inwieweit wir in der Lage sind, uns über die bisher in den Besprechungen beim Bundeskanzler ins Auge gefaßten Höhe der Pauschale von 1 Mrd. DM den polnischen Vorstellungen, die sich auf 1,3 Mrd. DM[15] belaufen, anzunähern. Eine weitere Angleichung der beiderseitigen Vorstellungen erscheint aus politischen und psychologischen Gründen wünschenswert.

– Umsiedlung
In den Gesprächen seit Frühjahr 1974 sind wir darum bemüht, die polnische Führung zu einer Rückkehr zu der im Dezember 1973 erreichten Verständigung[16] zu bewegen (Ausreise von insgesamt 150 000 Personen in drei Jahren und Prüfung der verbleibenden Fälle innerhalb der beim Deutschen Roten Kreuz registrierten Höhe von Ausreisewünschen sowie deren Regelung in den verbleibenden zwei Jahren). Die polnische Seite ist dagegen seit April 1974 (Frelek-Papier[17]) lediglich bereit, im Wege einer Abschlußregelung maximal 70 000 bis 80 000 Personen die Ausreise zu gestatten. Nach dem Ergebnis des Briefwechsels zwischen dem Bundeskanzler und dem Ersten Sekretär Gierek, dem Gespräch Staatssekretär Gehlhoffs mit Herrn Gierek im November 1974 in Warschau sowie zahlreichen weiteren Gesprächen ist nicht damit zu rechnen, daß Polen integral die im Dezember 1973 entwickelten Vorstellungen wiederaufnimmt.
Angesichts dieser Ausgangslage sollten wir zwar prinzipiell weiterhin an der Notwendigkeit einer Gesamtregelung der Umsiedlung festhalten, uns jedoch zur Höhe der fest zu vereinbarenden Ausreisen flexibel zeigen. Ohne Festlegung einer definitiven Zahl sollte unser Verhandlungsziel darin bestehen, die polnische Seite nachdrücklich und so weit wie möglich von der von ihr genannten Zahl von 70 000 bis 80 000 fort- und auf die von uns erwünschte

---

[14] Zu den Gesprächen vom 22. bis 24. Januar 1974 zwischen der Bundesrepublik und Polen über einen ungebundenen Finanzkredit vermerkte Ministerialdirigent Simon am 25. Januar 1974, die polnische Seite habe erklärt, sie „müsse ihre Position grundsätzlich aufrechterhalten und könne lediglich bei der Frage der Auszahlungsfrist uns auf halbem Wege entgegenkommen und sich mit 2 1/2 Jahren einverstanden erklären. Im übrigen habe sie keinen Spielraum". Vgl. Referat 214, Bd. 116647.
[15] Die Zahlenangaben „1 Mrd. DM" und „1,3 Mrd. DM" wurden von Staatssekretär Gehlhoff mit Fragezeichen versehen. Dazu vermerkte er handschriftlich: „Die Zahlen sollten nachgeprüft werden."
[16] Zu den Ergebnissen des Besuchs des polnischen Außenministers Olszowski am 6./7. Dezember 1973 in der Bundesrepublik vgl. Dok. 11, Anm. 9.
[17] Zum polnischen Non-paper vom 11. April 1974 („Frelek-Papier") vgl. Dok. 11, Anm. 8.

Zahl von 150 000 zuzubewegen und eine Abschlußregelung für die verbleibenden Fälle sicherzustellen.

Wenn wir gewisse Abstriche von unseren bisherigen quantitativen Vorstellungen über die zu vereinbarende Zahl der Umsiedler machen, müssen wir um so mehr Wert darauf legen, daß den besonders dringlichen Umsiedlungsfällen bei der Erteilung von Ausreisegenehmigungen Priorität eingeräumt wird. Nur wenn wir den harten Kern des Umsiedlungsproblems lösen, wird sich eine wirkliche Entlastung der deutsch-polnischen Beziehungen erreichen lassen. In der von uns angestrebten zahlenmäßigen Vereinbarung der Ausreiseentwicklung innerhalb der nächsten zwei bis drei Jahre müßten wir daher auf die Einbeziehung folgender Kategorien von Umsiedlungsbewerbern bestehen:

- Personen, die sich seit langen Jahren (teilweise seit 1959) um die Ausreise bemühen,
- Personen, deren Angehörige nach polnischen Vorschriften illegal in der Bundesrepublik Deutschland geblieben sind,
- Personen, die im Zusammenhang mit ihren Ausreisebemühungen Arbeitsplatzverlust, Haftstrafen oder sonstige Nachteile erlitten haben,
- sowie alle diejenigen Fälle, zugunsten derer die Bundesregierung bei der polnischen Regierung interveniert hat (bisher ca. 6000). Bei ihnen handelt es sich um innenpolitisch virulente Ausreiseanliegen.

2) Zum Procedere

Sobald unsere Verhandlungsposition mit dem Bundeskanzler abgestimmt ist, sollten wir die polnische Regierung zur Fortsetzung der Gespräche nach Bonn einladen. Es wird vorgeschlagen, daß[18] auch weiterhin Staatssekretär Gehlhoff mit der Führung der Gespräche beauftragt wird[19].

van Well

VS-Bd. 10230 (214)

---

[18] An dieser Stelle wurde von Ministerialdirektor van Well gestrichen: „der Bundeskanzler".
[19] Dieses Wort wurde von Ministerialdirektor van Well handschriftlich eingefügt.

48

Aufzeichnung des Ministerialdirigenten Ruhfus

203-320.20 PTG 12. März 1975[1]

Eilt sehr!

Herrn Staatssekretär[2] zur Entscheidung

Betr.: Aufenthalt von vier portugiesischen Offizieren in der deutschen Botschaft in Lissabon

Botschafter Caspari bat telefonisch um vorsorgliche Weisung, wie er sich bei einem eventuellen Vorschlag des portugiesischen Staatspräsidenten[3], die in der Botschaft weilenden Offiziere mit Gewalt abzuführen, verhalten solle.

Botschafter neigt der Ansicht zu, daß einem solchen Ersuchen des portugiesischen Staatspräsidenten Folge geleistet werden sollte. Botschafter wies darauf hin, daß das Asylersuchen der Offiziere durch das Völkerrecht nicht gedeckt sei.

Bei einem weiteren Verbleiben der Offiziere in der Botschaft befürchtet Botschafter noch für heute gefährlichere Demonstrationen sowie Reaktionen der portugiesischen Öffentlichkeit.

Zwischen den Offizieren und dem Militärkabinett des Staatspräsidenten haben inzwischen weitere Kontakte stattgefunden, die aber ohne Ergebnisse geblieben sind. Staatspräsident besteht nach wie vor auf bedingungsloser Übergabe, wobei den Offizieren eine Behandlung nach Recht und Gesetz zugesichert wurde. Die Offiziere gingen darauf nicht ein und verlangen weiterhin freies Geleit.

Botschaftsrat Heibach wurde bei einer Vorsprache vom Militärkabinett bedeutet, daß es jetzt Sache der Botschaft sei, die Offiziere zum Verlassen der Botschaft zu bewegen. Die Botschaft sieht hierin einen Versuch der portugiesischen Seite, ihr die Verantwortung zuzuschieben.

Gegebenenfalls will Botschaft eine schriftliche Zusicherung erbitten, daß Offiziere nach Übergabe korrekt behandelt werden. Mündlich wurde ihr dies bereits zugesichert.

Botschafter bittet um telefonische Übermittlung der Weisung.[4]

---

[1] Durchschlag als Konzept.
Die Aufzeichnung wurde von Vortragendem Legationsrat I. Klasse Munz und von Vortragendem Legationsrat Laub konzipiert.
[2] Walter Gehlhoff.
[3] Francisco da Costa Gomes.
[4] Staatssekretär Gehlhoff bat die Botschaft in Lissabon am 12. März 1975, der portugiesischen Regierung „den Standpunkt der Bundesregierung wie folgt zu erläutern: Es ist ein in unserer Verfassung niedergelegter Grundsatz, daß Flüchtlingen Zuflucht gewährt wird. Dieser humanitäre Schutz wird eingeräumt ohne Rücksicht auf die politische Einstellung der Flüchtlinge. Nach den unglücklichen Erfahrungen in unserer Vergangenheit mißt die öffentliche Meinung in der Bundesrepublik Deutschland diesem Grundsatz besondere Bedeutung bei. Aus diesem Grunde ist es der Bundesregierung nicht möglich, die Offiziere, die in der Botschaft Zuflucht gesucht haben, gewaltsam aus dem Gebäude auszuweisen oder ihrer zwangsweisen Abführung zuzustimmen. Die Bundesregierung hat diese Haltung nicht nur in Portugal, sondern auch in anderen Ländern in gleich oder

In der Anlage wird eine Übersicht über den bisherigen Ablauf dieser Angelegenheit beigefügt.

i. V. Ruhfus

[Anlage][5]

Betr.: Asylfall in der Botschaft Lissabon

1) Nach dem gescheiterten Putschversuch einiger portugiesischer Militäreinheiten am 11. März 1975[6] teilte mir BR I Heibach um 18.00 Uhr mit, in der Botschaft Lissabon hätten vier portugiesische Offiziere um Asyl nachgesucht. Die Offiziere hätten gesagt, es bestünde Gefahr für Leib und Leben. Herr Heibach sagte, er beabsichtige, ihnen unter diesen Umständen für die Nacht Unterkunft zu gewähren, und wolle – nach Rückkehr des Botschafters vom Flugplatz – dann mit den portugiesischen Behörden Verbindung aufnehmen, damit evtl. eine Regelung gefunden würde. Ich sagte Herrn Heibach, daß Asylzusagen nicht gemacht werden sollten.

2) Um 18.10 Uhr habe ich Herrn StS Gehlhoff unterrichtet. Er gab Weisung, nochmals mit der Botschaft Lissabon zu sprechen, damit versucht würde, die Offiziere gütlich zum Verlassen der Botschaft zu bewegen, damit ein eigentlicher Asylfall erst gar nicht entstehe. Anschließend habe ich den Leiter des Leitungsstabes, MDg Dr. Kinkel, und Herrn Dg 20, MDg Dr. Ruhfus, über den Sachverhalt unterrichtet.

3) Um 18.30 Uhr teilte BR I Heibach bei neuem Anruf mit, er habe bereits den Chef des Militärkabinetts des Staatspräsidenten[7] unterrichtet, der einen hochrangigen Offizier in die Botschaft schicken wolle, um die Offiziere zum Verlassen der Botschaft zu bewegen. Wegen der gebotenen Diskretion wollte Herr Heibach bei anderen Botschaften nicht anfragen, ob dort auch Asylersuchen vorlägen. Hochrangige Putsch-Offiziere hätten sich nach Spanien abgesetzt, offenbar auch General Spinola.[8]

4) Um 19.40 Uhr teilte Botschaft Lissabon dem Bereitschaftsdienst mit, StM Moersch sei nach Frankfurt abgeflogen. Über den Bereitschaftsdienst wurde seine Abholung dort veranlaßt.

5) 19.50 Uhr: VLR Ganns (013) fragt an wegen AFP-Meldung aus Lissabon, ein portugiesischer General habe in der deutschen Botschaft um Asyl nachgesucht. Die Botschaft habe auf Frage gesagt, ihr sei davon nichts bekannt. Wir verblieben, hier ebenso zu antworten.

Fortsetzung Fußnote von Seite 247

ähnlich gelagerten Fällen eingenommen. Diese Haltung bedeutet selbstverständlich keinerlei Identifizierung oder Unterstützung der politischen Einstellung der Zufluchtsuchenden. Die Bundesregierung bittet die zuständigen portugiesischen Stellen, Möglichkeiten für eine Lösung zu suchen, die die Anwendung von Zwang oder Gewalt nicht erforderlich macht. Dies könnte etwa geschehen durch die Gewährung der Ausreise nach Spanien oder in ein anderes Land." Vgl. den Drahterlaß Nr. 59; Referat 203, Bd. 110242.

5 Die Anlage wurde von Vortragendem Legationsrat I. Klasse Munz gefertigt.

6 Am 11. März 1975 scheiterte in Portugal ein Putschversuch von Teilen der Streitkräfte unter Leitung des ehemaligen Staatspräsidenten de Spinola.

7 Fontes Pereira de Melo.

8 General de Spinola und weitere Offiziere flohen am 11. März 1975 nach Spanien und begaben sich von dort am 14. März 1975 nach Brasilien.

6) 20.25 Uhr: BR I Heibach gab an, daß der Chef des Militärkabinetts des Staatspräsidenten mit den Offizieren in der Botschaft verhandelt habe, leider sei die Unterredung ohne Ergebnis geblieben. Der Staatspräsident verlange, die Offiziere sollten sich stellen und vor einem Militärgericht verantworten. Die Offiziere lehnten das ab, weil sie kein Vertrauen mehr in ein faires Verfahren hätten. Sie forderten freies Geleit. Der Chef des Militärkabinetts sei jetzt beim Staatspräsidenten, um diesem Bericht zu erstatten.

Botschaft bestätigte auf Anfragen von der Presse, es sei zutreffend, daß vier Offiziere Zuflucht gesucht hätten. Sie verweise weiterhin darauf, daß die Angelegenheit bereits vom Militärkabinett des Staatspräsidenten behandelt werde.

Die Botschaft stehe indessen unter Militärschutz. Vor der Botschaft hielte sich eine kleinere Zahl von Demonstranten auf, die sich jedoch ruhig verhielten.

Botschafter Caspari beabsichtige, ggf. persönlich beim Staatspräsidenten wegen der Offiziere vorzusprechen.

7) 21.25 Uhr: Der Bereitschaftsdienst rief an und teilte mit, daß nach Auskunft von BR I Heibach der Staatspräsident eine Entscheidung über die Offiziere in der Botschaft bis morgen (Mittwoch) früh vertagt habe. Die Demonstranten vor der Botschaft verhielten sich weiterhin ruhig.

8) Am 12.3.1975 teilt BR Heibach um 8.30 Uhr telefonisch mit, die Botschaft erwarte heute früh eine Entscheidung des Präsidenten. Sie wolle auf alle Fälle heute noch eine Lösung herbeiführen. Die vier Offiziere seien in Hungerstreik getreten, benähmen sich aber „kultiviert".

Kleinere Demonstrationen vor der Botschaft hätten bis 2.00 Uhr nachts angedauert. Dabei seien Rufe laut geworden „Deutsche raus!"; insgesamt aber ruhiger Verlauf.[9]

Referat 203, Bd. 110242

---

[9] Vortragender Legationsrat I. Klasse Munz vermerkte am 12. März 1975, Botschafter Caspari, Lissabon, habe ihm am selben Abend um 21.20 Uhr telefonisch mitgeteilt, „die vier portugiesischen Offiziere hätten nach dramatischen Bemühungen freiwillig die Botschaft verlassen und sich den Militärbehörden gestellt. Der Verlauf der Verhandlungen sei äußerst prekär gewesen. Botschafter Caspari hat zwei Stunden im Amt des Präsidenten verhandelt mit dem Chef des Militärkabinetts. Folgende ehrenvolle Bedingungen seien ausgehandelt worden: Symbolische Überführung der Offiziere durch den deutschen Botschafter in die Hand des portugiesischen Präsidenten; Zusicherung einer Behandlung nach rechtsstaatlichen Prinzipien; Zusicherung persönlicher Integrität an Leib und Leben; Garantie der Sicherheit der Familien. Der Präsident hat diese Bedingungen angenommen, jedoch die Gewährung von freiem Abzug ins Ausland verweigert. [...] Die freiwillige Aufgabe der vier Offiziere wäre im letzten Moment jedoch fast gescheitert, weil General Damião unerwartet als neue Bedingung seiner Übergabe nannte, seine Familie solle in Deutschland Asyl erhalten. Erst wenn sie dort angekommen sei, wolle er aufgeben. Das Scheitern der Gespräche konnte nur [dadurch] vermieden werden, daß Botschafter Caspari sein Ehrenwort als Botschafter gab, daß seine Familie, falls sie nach Deutschland einreisen wolle, dort Asyl erhalten werde. Der Chef der Militärbehörde sagte Ausreise der Familien zu." Vgl. Referat 203, Bd. 110242.
Am 18. Juni 1975 übersandte Caspari ein an ihn gerichtetes Schreiben von Damião, „der sich noch immer im Militärgefängnis Trafaria in der Nähe von Lissabon aufhält und dort auf sein Verfahren wartet". Damião bedankte sich darin für die Unterstützung während seines Aufenthalts in der Botschaft und bei der Ausreise seiner Familie in die Bundesrepublik. Dazu stellte Caspari fest: „Besser konnte uns kaum bestätigt werden, daß wir eine nicht nur politisch, sondern auch menschlich adäquate Lösung des Problems gefunden haben." Vgl. den Schriftbericht Nr. 727; Referat 010, Bd. 178586.

49

Runderlaß des Ministerialdirektors van Well

212-341.18-553/75 VS-vertraulich Aufgabe: 12. März 1975, 16.11 Uhr[1]
Fernschreiben Nr. 944 Plurex
Citissime

Betr.: KSZE-Diskussion beim Europäischen Rat in Dublin am 10./11.3.1975[2]

I. Die Regierungschefs und Außenminister der Neun erörterten nach dem Diner am 10.3. etwa eine Stunde lang die Lage, wie sie sich nach der Botschaft Breschnews an Wilson, die am 10.3. vormittags in London übergeben wurde, darstellt. Der Wortlaut der Botschaft, den uns die Briten mit der Bitte um größte Vertraulichkeit überlassen haben, wird in der Anlage 1 übermittelt.

Der sowjetische Geschäftsträger[3] bemerkte bei der Übergabe, daß ähnliche Botschaften an Präsident Ford, Präsident Giscard d'Estaing, Bundeskanzler Schmidt und Ministerpräsident Moro unterwegs seien. Inzwischen teilten die Franzosen mit, daß die Botschaft Chirac am Abend des 10.3. vom sowjetischen Botschafter[4] übermittelt wurde. Dabei habe dieser die Erwartung geäußert, daß aus Dublin ein positives Echo auf die Botschaft Breschnews erfolgen möge.

Die Botschaft Breschnews an Bundeskanzler Schmidt wurde am 11. März von Botschafter Falin im Bundeskanzleramt übergeben. Botschafter Falin erklärte bei der Übergabe, der Vorschlag sei nicht für die Öffentlichkeit bestimmt. Es handle sich nicht um einen Akt der Propaganda. Die Sowjetunion unternehme zusätzliche Anstrengungen, um die KSZE bald zu einem guten Ende zu bringen. Es sei wichtig, daß dies noch vor der Sommerpause geschehe, da weitere Verzögerungen Auswirkungen haben könnten, die sich heute noch nicht abschätzen ließen. Die Konferenz sei kein Selbstzweck, sondern solle den Weg für die Durchführung praktischer Maßnahmen eröffnen. Text der Botschaft an den Bundeskanzler in einer inoffiziellen Übersetzung wird als Anlage 2 übermittelt. Er soll nur zur eigenen restriktiven Unterrichtung dienen. Hinsichtlich

---

[1] Der Runderlaß wurde von Vortragendem Legationsrat Gehl konzipiert.
[2] Über die Tagung des Europäischen Rats in Dublin teilte Vortragender Legationsrat I. Klasse Dohms am 13. März 1975 außerdem mit: „Hauptthema der Tagung waren die letzten beiden britischen Wünsche an die Gemeinschaft im Rahmen der sogenannten ‚Neuverhandlungen': Verminderung der Finanzbelastung des Vereinigten Königreichs; besondere Einfuhrregelung für Milcherzeugnisse aus Neuseeland über 1977 hinaus." Die Finanzfrage sei auf der Grundlage des Vorschlags der EG-Kommission vom 30. Januar 1975 zum Korrekturmechanismus im Bereich der Eigeneinnahmen der Europäischen Gemeinschaften gelöst worden, wobei die „Obergrenze eines eventuellen Erstattungsbetrages auf 250 Mio. Rechnungseinheiten festgesetzt" worden sei. Die Neuverhandlungen seien damit abgeschlossen. Zur Energiepolitik sei beschlossen worden, die gemeinsame Vorbereitung auf die Konferenz erdölproduzierender und -verbrauchender Staaten unverzüglich aufzunehmen, und bekräftigt worden, daß „auf die durch die Energieproblematik aufgeworfenen Fragen außenpolitischer, weltwirtschaftlicher, monetärer und entwicklungspolitischer Art gemeinsame Antworten" gefunden werden sollten. Die Tagesordnungspunkte „Weltwirtschaftslage und wirtschaftliche und soziale Lage der Gemeinschaft; Rohstoff-Fragen im Rahmen der Beziehungen zu den Entwicklungsländern" seien aus Zeitmangel nur gestreift worden. Zum Zypern-Konflikt sei eine kurze Erklärung abgegeben worden. Vgl. den Runderlaß Nr. 39; Referat 240, Bd. 102879.
[3] Wladimir Michajlowitsch Semjonow.
[4] Stepan Wassiljewitsch Tscherwonenko.

der Unterrichtung anderer über die Botschaft Breschnews an Bundeskanzler ist weitere Weisung abzuwarten.

Die Regierungschefs und Außenminister sahen die Aufforderung Breschnews, die Schlußphase der KSZE am 30. Juni zu beginnen, im Lichte der Berichte über einen möglichen Rücktritt Breschnews später in diesem Jahr. Die Regierungschefs der Neun, die Breschnew in den letzten Monaten gesprochen haben[5], waren übereinstimmend der Auffassung, daß der sowjetische Parteichef aufrichtig bemüht ist, seine Entspannungspolitik so zu verankern, daß sie nicht mehr rückgängig gemacht werden kann. Mehrere Regierungschefs sprachen sich dafür aus, die KSZE noch unter Breschnew abzuschließen, da nicht mit Sicherheit angenommen werden könne, daß die Nachfolger in dem Maße wie er auf die Entspannungspolitik und die KSZE festgelegt seien. Callaghan schlug vor, die Gelegenheit des Breschnew-Vorschlags zu nutzen und die Sowjets dazu zu bringen, uns in den wichtigen offenen Punkten entgegenzukommen. Callaghan erwähnte: peaceful change, Gleichrangigkeit der Prinzipien, vertrauensbildende Maßnahmen, Verbesserung der Arbeitsbedingungen von Journalisten. Callaghans Ausführungen wurden von mehreren anderen unterstützt. Beschlüsse wurden jedoch nicht gefaßt. Es blieb bei einem Meinungsaustausch.

II. Die Regierungschefs und Außenminister erörterten ferner die Frage der westlichen Abstimmung im Zusammenhang mit der dritten KSZE-Phase. Es wurde festgestellt, daß die Außenminister der Neun am 26. und 27. Mai in Dublin[6] und der NATO-Ministerrat am 29. Mai in Brüssel[7] zusammentreten werden. Allgemein wurde die Auffassung geäußert, daß diese Treffen dazu dienen könnten, die westliche Konzeption der Entspannungspolitik zu formulieren und öffentlich zu präsentieren und die westliche Haltung auf der Schlußphase der KSZE zu koordinieren. Der Gedanke eines westlichen Gipfels vor Helsinki wurde zurückhaltend aufgenommen. Allgemein wurde es nicht für gut gehalten, kurz vor der KSZE-Schlußsitzung eine Demonstration der Blöcke zu veranstalten. Zwar sei vor der Schlußphase eine Konzentrierung der westlichen Haltung anzustreben, jedoch sollte sie in den üblichen Gremien (EPZ- und NATO-Tagung) erfolgen. Auch wäre es mißlich, die Neutralen außen vor zu lassen.

Die Politischen Direktoren der Neun einigten sich nach Rücksprache mit ihren Chefs am Morgen des 11.3. auf den Text einer KSZE-Erklärung, der vom Europäischen Rat gebilligt wurde (Wortlaut in Anlage 3).

Die neun Direktoren gingen in ihrer Diskussion davon aus, daß nunmehr mit einer Tendenz zum Abschluß der KSZE im Juli gerechnet werden müsse. Das hieße, daß bis Anfang Juni das Konferenzergebnis technisch, einschließlich der

---

[5] Bundeskanzler Schmidt und Bundesminister Genscher hielten sich vom 28. bis 31. Oktober 1974 in der UdSSR auf. Vgl. dazu AAPD 1974, II, Dok. 309, Dok. 311–316 und Dok. 321.
Der Generalsekretär des ZK der KPdSU, Breschnew, besuchte vom 4. bis 7. Dezember 1974 Frankreich.
Premierminister Wilson hielt sich vom 13. bis 17. Februar 1975 in der UdSSR auf. Vgl. dazu Dok. 34, Anm. 1.

[6] Zur Konferenz der Außenminister der EG-Mitgliedstaaten im Rahmen der EPZ am 26. Mai 1975 in Dublin vgl. Dok. 135.

[7] Die NATO-Ratstagung am 29./30. Mai 1975 in Brüssel fand auf der Ebene der Staats- und Regierungschefs statt. Vgl. dazu Dok. 143.

Übersetzungen und Druckarbeiten, fertiggestellt sein müsse. Abgesehen von der Notwendigkeit sowjetischer Zugeständnisse in einigen essentiellen Punkten bleibe angesichts der vielen Klammern und der noch offenen Präambeln viel Arbeit zu tun. In folgenden drei Punkten wurde Übereinstimmung erzielt:

1) Den Regierungschefs, die Botschaften Breschnews erhalten haben, soll vorgeschlagen werden, die Antwort auf die KSZE-Erklärung von Dublin zu stützen, insbesondere auf den letzten Absatz. Auch soll darauf hingewiesen werden, daß die Frage des zügigen Abschlusses der KSZE mit den anderen Regierungschefs der Neun in Dublin erörtert worden sei.[8] In den Kontakten mit den USA soll versucht werden, die Antwort Fords in diesem Sinne zu beeinflussen. Die Delegationsleiter in Genf sollen die sich aus diesem Briefwechsel ergebenden Konsequenzen für die Konferenzarbeit ermitteln.

2) Das Sous-Comité soll beschleunigt die verbleibenden Essentials ausarbeiten, die dann dem PK zu seiner nächsten Sitzung[9] und den Ministern am 13./14.4. in Luxemburg[10] vorgelegt werden sollen.

3) Sous-Comité und PK sollen beschleunigt die Konzeption der Neun für die Entspannungspolitik ausarbeiten, damit die Minister sie am 27.5. diskutieren können. Auf Vorschlag von Ducci wurde vereinbart, beim nächsten PK zur Erleichterung der entsprechenden Sous-Comité-Arbeiten eine Orientierungsdebatte zu führen über die gemeinsame Abstimmung der Regierungschefs-Erklärungen bei der dritten KSZE-Phase, ferner über die Fortsetzung der Entspannungspolitik der Neun (evtl. feierliche gemeinsame Erklärung in Anlehnung an das jüngste belgische Coreu), über die Frage der Konferenzfolgen und über einen westlichen Gipfel (die Präsidentschaft erwähnte hierbei, daß der amerikanische Botschafter in Dublin[11] am Wochenende vorstellig geworden sei, um in Anknüpfung an die ihm zuteil gewordene Unterrichtung über das PK am 3.3. weisungsgemäß das amerikanische Interesse an einer Erörterung der Frage eines westlichen Gipfeltreffens zum Ausdruck zu bringen).

III. Am 10.3. erörterten die neun Politischen Direktoren einige Einzelaspekte der KSZE:

Ducci kündigte an, daß die italienische Delegation im Sous-Comité zum peaceful change zwei Fragen aufwerfen werde:

a) das Verb „considèrent" sei zu schwach, sie schlügen „reconnaissent" vor[12];

---

[8] Für das Schreiben des Bundeskanzlers Schmidt vom 19. März 1975 an den Generalsekretär des ZK der KPdSU, Breschnew, vgl. Dok. 51, Anm. 7.

[9] Am 7. April 1975 legte die irische EG-Ratspräsidentschaft einen Bericht für die Sitzung des Politischen Komitees am 8./9. April 1975 zum Thema KSZE vor. Vgl. dazu den Drahtbericht Nr. 612 des Botschafters Blech, Genf (KSZE-Delegation), vom 7. April 1975; Referat 212, Bd. 100020.

[10] Am 12./13. April 1975 kamen die Außenminister der EG-Mitgliedstaaten zu einem informellen Treffen im Rahmen der EPZ in Dublin zusammen. Am 14. April trafen sie sich erneut am Rande der EG-Ministerratstagung in Luxemburg. Vgl. dazu Dok. 76.

[11] John D. J. Moore.

[12] Vgl. dazu die zwischen der UdSSR und den USA abgestimmte Formel zu friedlichen Grenzänderungen („peaceful change"); Dok. 34, Anm. 13.
Am 14. März 1975 berichtete Botschaftsrat Henze, Genf (KSZE-Delegation), daß die Formel von den Leitern der KSZE-Delegationen aus den EG-Mitgliedstaaten erörtert worden sei: „Italiener bezeichneten den eigenen Wunsch, das Wort ‚consider' in der Grenzformel in ‚recognize' abzuändern, nunmehr als unrealistisch." Vgl. den Drahtbericht Nr. 439; Referat 212, Bd. 100010.
Zur Einbringung der Formel auf der KSZE am 17. März 1975 vgl. Dok. 53, Anm. 10.

b) die vorgesehene Unterbringung am Ende des ersten Prinzips entspreche nicht der Bedeutung des peaceful change. Er solle vielmehr am Anfang des Prinzips dort untergebracht werden, wo die verschiedenen Rechte aufgeführt werden, die die Souveränität ausmachen. Ducci bemerkte noch, daß der peaceful change an und für sich kein Recht sei, sondern eine „faculté". Ich habe darauf hingewiesen, daß „considèrent" aus dem ursprünglichen französischen Vorschlag[13] stamme. Meines Wissens sei die genaue Unterbringung im ersten Prinzip noch nicht mit den Sowjets besprochen worden, so daß im Kreise der Neun und Fünfzehn das Für und Wider noch erörtert werden könne. Ich selbst erläuterte, warum wir für die Unterbringung bei der Behandlung der zwischenstaatlichen Beziehungen sind. Die Diskussion wurde nicht vertieft, sondern zunächst dem Sous-Comité überlassen.

Ducci kündigte italienische Bemühungen im Sous-Comité an, Malta zu veranlassen, seinen Resolutionsentwurf zum Mittelmeer und zum euro-arabischen Dialog[14] zurückzuziehen. Um dies zu erreichen, sollten die Neun gegenüber Mintoff eine Geste machen. Malta könnte dem Europäisch-Arabischen Dialog assoziiert werden, indem es laufend in großen Zügen über den Fortgang des Dialogs unterrichtet wird. Nach kurzer Diskussion wurde verabredet, die Sache beim nächsten PK zu behandeln und das Sous-Comité zu bitten, dem PK hierzu einen Bericht vorzulegen.

Ducci begrüßte das neue deutsche Papier zur Schlußakte. Er erwähnte anerkennend, daß von „cooperation irrespective of political, economic and social systems" gesprochen werde, ohne den Terminus „peaceful coexistence" zu verwenden.[15] (In der Diskussion ergab sich übrigens, daß neben Amerikanern und Engländern auch Italiener und Belgier in Kommuniqués mit den Sowjets bereits den Begriff der „friedlichen Koexistenz" verwendet haben.) Ducci bedauerte, daß in unserem Text nirgendwo von „frei" die Rede sei. Er schlug vor, von „freiem Austausch" zu sprechen.

[gez.] van Well

---

[13] Zum französischen Vorschlag vom 19. Oktober 1973 für eine Erklärung über die Prinzipien der Beziehungen zwischen den Teilnehmerstaaten der KSZE vgl. Dok. 18, Anm. 4.

[14] Am 11. September 1974 unterbreitete die maltesische KSZE-Delegation ein „Arbeitsdokument über Fragen betreffend die Sicherheit in Europa". Darin wurde festgestellt, daß die bei der KSZE vorgesehenen vertrauensbildenden Maßnahmen nicht ausreichen würden, um den Mittelmeerländern Sicherheit zu verschaffen, und „daß die beiden Supermächte eine echte und dauerhafte Entspannung nicht erreichen können ohne die Entstehung eines unabhängigen Europas, dem es freisteht, seine eigene Identität zu behaupten und einen wirksamen Puffer zwischen den beiden Supermächten zu bilden." Intendiert sei die Schaffung eines Euro-Arabischen Staatenbundes, „der auch alle anderen Staaten im Mittelmeerraum, den Iran und die Staaten am Golf einschließen würde". Die Delegation Maltas sei der Ansicht, „daß diese Konferenz den Dialog, der zwischen der Europäischen Wirtschaftsgemeinschaft und den Mitgliedern der Arabischen Liga eingeleitet worden ist, begrüßen sollte", und schlage vor, ihn zu erweitern. Vgl. das Dokument CSCE/CC/44; Referat 212, Bd. 111514. Vgl. ferner HUMAN RIGHTS, Bd. 3, S. 45–47.

[15] Am 7. März 1975 übermittelte Vortragender Legationsrat I. Klasse Freiherr von Groll der KSZE-Delegation in Genf einen Entwurf zur KSZE-Schlußakte. In der vorgeschlagenen Präambel, auf die die Konferenzdokumente folgen sollten, hieß es: „The Conference noted with satisfaction the progress made in recent years in developing detente and peaceful cooperation between states irrespective of their political, economic and social systems. It expressed the common view of the participating states that detente should be established on a firm basis throughout the world, and pledged their efforts to this end." Vgl. den Drahterlaß Nr. 69; VS-Bd. 10198 (212); B 150, Aktenkopien 1975.

Folgt Anlage 1:

„Esteemed Mr Prime Minister,

thinking over the results of our recent meetings with you in Moscow I become increasingly convinced of the importance of our joint efforts in strengthening peace and security, especially in Europe. In this connection I would like to address you now on the subject that we already discussed in detail in Moscow, namely the Conference on Security and Co-operation in Europe, and more precisely the dates for holding the final stage of that important political forum.

We have agreed with you that much progress has been made in the work of the conference and that premises exist for its completion in the near future. As far as is known that view is generally shared by the majority of other participants in the conference. We continue to believe that the conference can be completed within the time limits which we discussed.

It is our view that at this point it is important to set a final time limit for the completion of the conference and not to abandon it any more. Therefore we would like to come to a firm understanding with you to start the final stage of the conference at the highest level in Helsinki in the last days of June, say on 30 June. We strongly believe that this suggestion will be acceptable to you and we will be able together to agree quickly on this matter with other participants in the conference.

There is no doubt that a successful conclusion of the Conference on Security and Co-operation in Europe will be an important contribution to stronger peace and stability on that continent. Everything must be done to complete the conference with good results without any further delay.

Respectfully
L. Brezhnev

Folgt Anlage 2:

Sehr geehrter Herr Bundeskanzler,

ich spreche Sie in einer Frage an, die bereits wiederholt Gegenstand unseres Meinungsaustausches und unserer Gespräche war; auch bei Ihrem Besuch in Moskau im Herbst vorigen Jahres. Es handelt sich um die Konferenz über Sicherheit und Zusammenarbeit in Europa, und zwar um die Festlegung eines Termins für die Schlußphase dieses wichtigen politischen Forums. Wie ich es verstehe, sind wir mit Ihnen einer Meinung darüber, daß der baldigste Abschluß der Konferenz notwendig und möglich ist.

In den letzten Tagen haben sich die Dinge in Genf verbessert. Das gibt die Möglichkeit, die Arbeit der zweiten Phase nun demnächst abzuschließen. Es ist also notwendig, eine definitive Entscheidung über den Zeitpunkt der auf höchster Ebene stattzufindenden dritten Phase der Konferenz zu treffen. Hier kommt es nicht nur darauf an, einen konkreten Termin zu vereinbaren, sondern auch, diese Vereinbarung konsequent einzuhalten und keine Verschleppungen mehr zuzulassen. Eine solche Haltung würde den Interessen aller Beteiligten entsprechen und eine klare Orientierung für den Verlauf der Arbeit geben.

Ich schlage deshalb vor, daß wir uns bindend darauf einigen, die Schlußphase der Konferenz auf höchster Ebene Ende Juni – sagen wir am 30. Juni d. J. – in Helsinki einzuberufen.

Ich möchte hoffen, daß Sie diesem Vorschlag positiv gegenüberstehen und ihn unterstützen werden.

Ein erfolgreicher Abschluß der Konferenz über Sicherheit und Zusammenarbeit in Europa wird ohne Zweifel einen wichtigen Beitrag zur Festigung des Friedens und der Stabilität auf unserem Kontinent leisten. Nach unserer Überzeugung sollte man alles daran setzen, die Konferenz mit guten Ergebnissen und ohne weitere Verzögerungen abzuschließen.

Ich habe mich in diesem Brief an Sie auf nur eine Frage beschränkt, deren Lösung besonders wichtig und dringend erscheint. Auf andere Fragen, die in unserem Blickfeld liegen, habe ich vor, etwas später zurückzukommen.

Mit ausgezeichneter Hochachtung
gez. L. Breschnew, den 8. März 1975

Folgt Anlage 3:
Erklärung über die KSZE

Die Regierungschefs haben den Willen der Neun bekräftigt, ihre Politik der Entspannung und Zusammenarbeit in Europa fortzuführen und auszubauen.

Sie haben die Hoffnung ausgesprochen, daß diese Politik zu einem immer stärkeren Verständnis und Vertrauen zwischen den Völkern beitragen wird, was die Grundlage für eine echte Verbesserung des politischen Klimas auf dem Kontinent bildet. Dieses Ziel muß insbesondere darin zum Ausdruck kommen, daß zwischen den Staaten und den Völkern Beziehungen entwickelt werden, in denen dem Menschen ein wichtiger Platz eingeräumt wird.

In diesem Zusammenhang haben die Konferenz über die Sicherheit und Zusammenarbeit in Europa sowie die Durchführung ihrer Beschlüsse eine große Rolle zu spielen.

Die Regierungschefs äußern ihre Befriedigung über die konstruktive Rolle, welche die Neun dank ihrer abgestimmten Diplomatie und ihrer gemeinsam eingenommenen Haltung beim Ablauf dieser Konferenz spielen konnten, die die Interessen der Europäischen Gemeinschaft in starkem Maße berührt.

Die Regierungschefs haben den Fortgang der Arbeiten, die zur Zeit in Genf stattfinden, geprüft; sie haben festgestellt, daß bereits wesentliche Fortschritte erzielt worden sind, daß aber noch wichtige Punkte geregelt werden müssen.

Sie haben sich für einen möglichst raschen Abschluß dieser Arbeiten ausgesprochen. Sie beabsichtigen, zu diesem Zweck ihre Bemühungen fortzusetzen und zu verstärken, um in aufgeschlossenem und konstruktivem Geist positive Lösungen für die noch zur Diskussion stehenden oder noch schwebenden Fragen zu finden.

Die Regierungschefs äußern den Wunsch, daß alle Teilnehmerstaaten mit der gleichen Entschlossenheit wie sie selbst die erforderlichen Anstrengungen unternehmen, um in allen auf der Tagesordnung stehenden Themen ausgewogene und zufriedenstellende Ergebnisse zu erzielen. Dadurch würde es möglich, den Abschluß der Konferenz in kurzer Frist und auf höchster Ebene in Aussicht zu nehmen.

VS-Bd. 10198 (212)

50

Aufzeichnung des Vortragenden Legationsrats I. Klasse Pfeffer

201-360.90 ZYP–881/75 VS-vertraulich 14. März 1975[1]

Betr.: Besuch von Assistant Secretary Hartman beim Herrn Bundesminister am 14. März 1975[2]
hier: Ergebnisprotokoll

Mr. Hartman: Außenminister Kissinger hat mich beauftragt, Sie über seine Gespräche in Ankara und Athen[3] und über die Auseinandersetzung zwischen der amerikanischen Regierung und dem Kongreß wegen der Verteidigungshilfe an die Türkei[4] zu unterrichten.

Die türkische Reaktion auf die amerikanische Entscheidung, die Waffenhilfe an die Türkei einzustellen, geht sehr tief. Kissinger hat bei allen türkischen politischen Führern festgestellt, daß sie sich tief verletzt fühlen und große Sorge darüber zeigen, daß ein Verbündeter sie so behandelt. Alle türkischen Gesprächspartner haben die Grundlage des US-türkischen Verhältnisses in Zweifel gezogen. Alle haben darauf hingewiesen, daß der Zypern-Konflikt vollkommen getrennt gesehen werden müsse. Türken werfen den Griechen vor, daß sie über ihre Lobby im Kongreß nur Druck auszuüben versuchen, anstatt mit Türken selbst zu sprechen. Kissingers Gesamteindruck läuft darauf hinaus, daß

---

[1] Die Aufzeichnung wurde am 14. März 1975 von Vortragendem Legationsrat I. Klasse Pfeffer über Staatssekretär Gehlhoff Bundesminister Genscher „zur Genehmigung" vorgelegt mit dem Vermerk: „Nur den Referaten 203 und 204 ist auf deren Bitte hin ein Durchdruck vorab ausgehändigt worden mit dem Bemerken, daß Ihre Zustimmung noch aussteht. Der Kern des Gesprächs wird den Botschaften Ankara, Athen, Washington und NATO-Vertretung Brüssel durch Fernschreiben übermittelt."
Hat Gehlhoff am 18. März 1975 vorgelegen.
Hat Genscher am 19. März 1975 vorgelegen.
Hat Legationsrat I. Klasse Chrobog am 21. März 1975 vorgelegen, der handschriftlich für Referat 201 vermerkte: „Da hier nur ein D[urch]d[ruck] zur Verfügung steht, wird gebeten, einen D[urch]d[ruck] vom Ref[erat] aus an BMVtg zu übersenden." Vgl. den Begleitvermerk; VS-Bd. 8604 (201); B 150, Aktenkopien 1975.
[2] Das Gespräch des Bundesministers Genscher mit dem Abteilungsleiter im amerikanischen Außenministerium, Hartman, fand von 10.15 Uhr bis 11.15 Uhr statt. Es nahmen außerdem der amerikanische Botschafter Hillenbrand, Ministerialdirektor van Well, Vortragender Legationsrat I. Klasse Pfeffer, Vortragende Legationsrätin Siebourg und Vortragender Legationsrat Wallau teil.
[3] Der amerikanische Außenminister Kissinger traf sich am 7. März 1975 mit dem griechischen Außenminister Bitsios in Brüssel und hielt sich am 10. März 1975 zu Gesprächen in Ankara auf.
[4] Zum Beschluß des amerikanischen Kongresses vom 17. Oktober bzw. 17./18. Dezember 1974 über die Einstellung der Verteidigungshilfe für die Türkei zum 5. Februar 1975 vgl. Dok. 28, Anm. 21.

Gefahr für die Sicherheit an der Südostflanke besteht, aber auch eine langfristige Gefahr für die Orientation der Türkei und schließlich für den Fortschritt in der Zypernfrage und damit für eine Verbesserung der griechisch-türkischen Beziehungen. Man braucht nicht zu befürchten, daß die Türkei demnächst sich der Sowjetunion zuwendet, wohl aber, daß die Türken irrational handeln und irreversible Schritte unternehmen, die auch den Griechen eine Beendigung des Zypern-Konflikts sehr erschweren.

Der amerikanische Außenminister möchte die Bundesregierung in dieser Situation, in welcher der amerikanische Kongreß Schwierigkeiten bereitet, so „eindringlich wie möglich" bitten mitzuhelfen, daß die Türken nicht in einen Paria-Komplex verfallen. Die Türken unterscheiden im übrigen ganz klar zwischen der amerikanischen Regierung und dem amerikanischen Kongreß und erkennen an, daß die amerikanische Regierung alles tut, um die Fehlentscheidung des Kongresses rückgängig zu machen.

Zur Situation in Washington ist folgendes zu berichten: Kissinger hat vor Antritt seiner Reise nach Ankara und Athen mit einer großen Anzahl von Senatoren und Kongreßabgeordneten selbst gesprochen. Dabei hat er sich auch des Argumentes bedient, die Einstellung der Waffenhilfe an die Türkei führe zu einer Verschleppung des griechisch-türkischen Ausgleichs, zur langsamen Erosion der Stellung von Karamanlis und damit unter Umständen zum neuerlichen Zusammenbruch der Demokratie in Griechenland.

Die Stimmung im Foreign Relations Committee des Senats ist umgeschlagen. Eine ganze Reihe von Senatoren haben erkannt, daß sie falsch gehandelt haben. Senator Symington hat dies öffentlich zugegeben. Symington ist Senator aus dem gleichen Staat wie Senator Eagleton, des Befürworters des Waffenstopps gegenüber der Türkei. Kissinger hofft auf eine positive Senatsentscheidung noch vor Ostern[5]. Das Abgeordnetenhaus bereitet größere Schwierigkeiten. Es müssen noch viele Abgeordnete persönlich umgestimmt werden. Dabei will die Administration goldene Brücken bauen und den Abgeordneten helfen, Entschuldigungen für ihren Meinungsumschwung zu finden. Die Administration wird sich auf dieses Problem sehr stark konzentrieren.

Was die Zypern-Frage angeht, so hat Kissinger folgenden Gesamteindruck, der streng vertraulich zu behandeln ist: Griechenland ist bereit, so schnell wie möglich abzuschließen und dabei ein bizonales Arrangement in einem föderierten System zu akzeptieren. Die Griechen brauchen jedoch als türkische Konzession die Räumung eines Teils der besetzten Gebiete.[6] Kissinger hat sich nicht auf die Einzelheiten der Denktasch/Klerides-Gespräche[7] eingelassen, sondern einen Rahmen für die Lösung der zentralen Probleme gesucht. Er hat deshalb die skizzierte griechische Bereitschaft an die Türken weitergeleitet.

Ursprünglich wollten die Türken den amerikanischen Außenminister jetzt nicht in Ankara empfangen, und zwar mit der Begründung, seine Politik sei zwar richtig, aber wegen der unglücklichen Kongreßentscheidung wolle die türki-

---

[5] 30./31. März 1975.
[6] Zur Besetzung des nördlichen Teils Zyperns durch türkische Streitkräfte im Juli und August 1974 vgl. Dok. 27, Anm. 20.
[7] Zu den interkommunalen Gesprächen auf Zypern vgl. Dok. 39, Anm. 6.

sche Regierung ihn nicht der feindlichen Atmosphäre in Ankara aussetzen. Bitsios hat andererseits darauf bestanden, daß Kissinger selbst mit den politischen Führern in der Türkei spricht. Kissinger hat deshalb hart auf die Türkei eingewirkt, so daß sein Besuch möglich wurde. Beim Besuch hat dann das aus Technikern bestehende Kabinett[8] sich zufrieden darüber gezeigt, daß Kissinger selbst auf die politisch maßgebenden Persönlichkeiten einwirken konnte. Kissinger hat mit fast allen wesentlichen Persönlichkeiten gesprochen. Die Reaktion der türkischen Politiker auf Kissingers Mission war ganz unterschiedlich: Einige wiesen darauf hin, das Kabinett der Techniker könne nicht handeln. Andere erklärten, solange die Entscheidungen des amerikanischen Kongresses gegen die Türkei wirkten, gebe es keine Lösung. Ecevit schließlich hat um Geduld gebeten, bis er durch Wahlen bestätigt sei. Ecevit hat einen sehr guten Eindruck auf Kissinger gemacht. Ecevit ist weitsichtig, gerade auch in bezug auf die griechisch-türkischen Beziehungen. Die Griechen wissen das.

Kissinger ist, wie gesagt, optimistisch, daß ein Lösungsrahmen gefunden werden kann, wenn die Türken eine „vernünftige" Räumungsquote zugestehen. Über die Quote haben die Türken und Griechen allerdings verschiedene Ansichten. Die Griechen legen Wert auf die wirtschaftliche Lebensfähigkeit ihres Anteils am Territorium der Insel.

Die große Unbekannte ist Makarios. Der Mann ist eine Katastrophe. Die Türken mißtrauen ihm; Karamanlis mag ihn nicht. Es erhebt sich die Frage, ob die griechische Regierung Makarios kontrollieren kann. Karamanlis geht in eine Richtung, die Makarios bekämpfen wird. Deshalb ist die Tendenz der griechischen Regierung so geheimhaltungsbedürftig.

Kissinger hofft dringlich, daß die Bundesrepublik Deutschland die Verteidigungshilfe an die Türkei wieder aufnehmen kann.[9] Die Türkei braucht insbesondere Ersatzteile, die sie zur Zeit von den USA nicht bekommt. Es geht darum, Zeit zu gewinnen und die türkische Emotion zu dämpfen, bis der Kongreß den Stopp wieder aufhebt. Gelingt die Dämpfung der Leidenschaften nicht, so muß man mit irreversiblen türkischen Aktionen rechnen (von der Schließung amerikanischer Basen bis zu tiefgreifenden Veränderungen in den amerikanisch-türkischen Beziehungen).

Bundesminister: Mein Eindruck aus dem Gespräch mit Ecevit heute deckt sich mit dem von Ihnen mitgeteilten Bild.[10] Daß die Türken den Unterschied zwi-

---

[8] Seit 29. November 1974 war in der Türkei eine geschäftsführende Regierung unter Ministerpräsident Irmak im Amt.

[9] Zu den Überlegungen der Bundesregierung hinsichtlich einer Wiederaufnahme der Verteidigungshilfe für Griechenland und die Türkei vgl. Dok. 32.

[10] Über das Gespräch des Bundesministers Genscher mit dem ehemaligen Ministerpräsidenten am 14. März 1975 vermerkte Vortragender Legationsrat Wallau am 17. März 1975, Ecevit habe klar „zwischen der Haltung der amerikanischen Administration und der des amerikanischen Senats" unterschieden und ausgeführt, „die Türkei könne ohne militärischen Nachschub nicht lange aushalten. Ankara würde keinen Augenblick übersehen, daß die Bundesrepublik als Waffenlieferant keineswegs an Stelle der Vereinigten Staaten treten könne." Zum Grundsatz der Gleichheit der Alliierten habe Ecevit erklärt, „daß der Verteidigungsbeitrag der Türkei wesentlich höher liege als der Griechenlands und daß die Türkei noch nicht einmal mit ihrem Austritt aus der NATO gedroht habe. Der türkische Verteidigungsbeitrag sei bedeutsamer als die Nachschublieferungen, die die Türkei zum Teil sogar selbst bezahlt habe, mit anderen Worten: der Grundsatz der Gleichheit zwischen den Alliierten treffe nicht zu im Verhältnis seines Landes zu Griechenland. [...] Er erzählte weiter, die Lage der Türkei sei im Augenblick noch ruhig; zwar gebe es vereinzelte Stimmen, die

schen der Haltung der amerikanischen Regierung und der Haltung des amerikanischen Kongresses sehen und machen, scheint mir ein wichtiger Aktivposten für Kissinger zu sein.

Ich habe mich im Gespräch mit Ecevit bemüht, darauf hinzuweisen, welchen Wert wir auf gute Beziehungen mit der Türkei legen (traditionelle deutsch-türkische Freundschaft; Zusammenarbeit mit dem assoziierten Mitglied der EG[11]; türkische Gastarbeiter in Deutschland; gemeinsame Zielsetzungen im Bündnis; bedrohliche Lage im Mittelmeerraum).

Zur Verteidigungshilfe habe ich daran erinnert, daß die türkische Seite seit meinem Treffen mit dem türkischen Außenminister[12] am Rande der NATO-Konferenz Anfang Dezember 1974[13] und meinem Gespräch mit dem türkischen Botschafter[14] auf dem Sylvester-Empfang des Herrn Bundespräsidenten weiß, daß ich mich für die Wiederaufnahme der Verteidigungshilfe an die Türkei einsetze. Inzwischen ist der Grundsatz-Beschluß der Bundesregierung gefaßt.[15] Zur Ingangsetzung der Verteidigungshilfe bedarf es noch der näheren Abstimmung zwischen Bundeskanzler, Bundesminister des Auswärtigen und Bundesminister der Verteidigung[16]. Ein Angebot an Griechenland muß parallel erfolgen. Ecevit weiß als Kenner der deutschen Situation, daß wir nicht in die Rolle der USA eintreten können. Aber natürlich hat die Wiederaufnahme der deutschen Verteidigungshilfe gerade in diesem Zeitpunkt besonderes Gewicht und wirkt auch im Verhältnis zwischen der Türkei und den USA.

Den Zypern-Konflikt möchten wir innerhalb der Beteiligten abgehandelt sehen, d. h. zwischen Communities und der griechischen und türkischen Regierung. Ecevit hat Gesprächsbereitschaft erkennen lassen. Neu ist für mich, daß die Griechen nunmehr Verständnis für eine bizonale Lösung zeigen.

Wir werden alles tun, um den Türken das Gefühl zu geben, nicht alleingelassen zu sein.

Ecevit hat auch Wirtschaftsfragen angesprochen: Die Neuverhandlung mit Großbritannien[17] habe er mit großem Interesse verfolgt; auch die Türkei habe Wünsche. Das ist natürlich ein ziemlicher Zündstoff für die Gemeinschaft. Ich habe Ecevit gebeten, uns ein Memorandum zu schicken.

Fortsetzung Fußnote von Seite 258

auch für einen türkischen NATO-Austritt plädierten. Er glaube aber, mit diesen Kreisen fertigzuwerden, wenn die Nachschublieferungen wieder einsetzten. Er müsse aber davor warnen, daß, je länger die Hilfe ausbleibe, desto stärker der negative Einfluß dieser Kräfte werde. Ecevit äußerte keine Einwendungen gegen die Wiederaufnahme der Waffenlieferungen an Griechenland, vorausgesetzt, die Ungleichwertigkeit des Verteidigungsbeitrags zur NATO würde beherzigt." Vgl. Referat 010, Bd. 178566.

11 Die Türkei und die EWG schlossen am 12. September 1963 ein Abkommen zur Gründung einer Assoziation. Für den Wortlaut vgl. BUNDESGESETZBLATT 1964, Teil II, S. 510–549.
12 Melih Esenbel.
13 Die NATO-Ministerratstagung fand am 12./13. Dezember 1974 in Brüssel statt. Vgl. dazu AAPD 1974, II, Dok. 372–374 und Dok. 376.
14 Vahit Halefoglu.
15 Zur Billigung der Wiederaufnahme der Verteidigungshilfe an Griechenland und die Türkei durch den Bundessicherheitsrat vgl. Dok. 32, Anm. 17.
16 Georg Leber.
17 Zum britischen Wunsch nach Neuregelung der Bedingungen für die EG-Mitgliedschaft vgl. Dok. 33, Anm. 6.

MD van Well: Es geht den Türken wohl um die dreiseitigen Verhandlungen im Zusammenhang mit dem Europäisch-Arabischen Dialog.

Mr. Hartman: Wir sind wie Sie der Meinung, daß die Hilfe an die Türkei gleichzeitig mit der Hilfe an Griechenland gegeben werden sollte. Die USA setzen ihre Verteidigungshilfe an Griechenland fort. Die Türken verstehen dies. Beide Staaten sollen Verteidigungshilfe bekommen.

Amerikanische Regierung ist sehr zufrieden mit dem Ausgang der Zypern-Debatte in den Vereinten Nationen.[18] Es ist gut, daß die Sowjetunion nicht involviert wird. Communities sollten weiter miteinander sprechen; damit sie aber Fortschritte machen können, muß es zu einer grundsätzlichen Übereinstimmung zwischen der türkischen und der griechischen Regierung kommen. Die Detail-Verhandlungen kann man den Communities überlassen. Dieses Verfahren ist auch wichtig für die Einwirkung auf den Kongreß, den man mit Detail-Fortschritten nicht zum Umstoßen seiner eigenen Entscheidung bringen kann. Kissinger hat keine Generallösung. Er vermittelt seine Eindrücke zwischen den Türken und Griechen, um beide Regierungen „aufeinander zu in Bewegung zu setzen". Die bizonale Lösung ist, wie der Bundesminister richtig sagt, die einzig vernünftige.

Die Türken brauchen vor allem Ersatzteile für die F-104 G. Vielleicht kann die Bundesrepublik Deutschland diese Ersatzteile in der nächsten Tranche liefern. Dies ist jedenfalls meine Hauptmission: die Bitte Kissingers an Sie weiterzugeben, rasch die Verteidigungshilfe an die Türkei wieder aufzunehmen. Dabei geht es weniger um den Grundsatz-Beschluß als um baldige tatsächliche Lieferung. Wir verstehen, daß Deutschland nicht in die von den USA erzeugte Lücke eintreten kann.

Das Gespräch wendete sich sodann kurz anderen Gegenständen zu, vor allem der Vorbereitung der Energie-Konferenzen.[19] Auf Weisung von Herrn D2 braucht hierüber nichts festgehalten zu werden, da Mr. Hartman wegen seiner Abwesenheit von Washington keine neuen Gesichtspunkte zu dieser Thematik beisteuern konnte.

Pfeffer

VS-Bd. 8604 (201)

---

[18] Zur Behandlung der Zypern-Frage im UNO-Sicherheitsrat vgl. Dok. 27, Anm. 22.
[19] Zum Vorschlag des Staatspräsidenten Giscard d'Estaing vom 24. Oktober 1974, für Anfang 1975 eine Konferenz erdölproduzierender und -verbrauchender Staaten einzuberufen, vgl. Dok. 15, Anm. 4. Die Vorkonferenz fand vom 7. bis 15. April 1975 in Paris statt. Vgl. dazu Dok. 87.
Vom 21. bis 28. April 1975 tagte in Paris die erste europäische Kernenergiekonferenz.

51

Gespräch des Bundeskanzlers Schmidt mit dem sowjetischen Botschafter Falin

17. März 1975[1]

Der *Bundeskanzler* stellte fest, daß er nach einer längeren Pause wegen seiner Erkrankung erst jetzt seine Dienstgeschäfte wieder voll aufnehmen könne. Er habe inzwischen eine Anzahl von Papieren gelesen. Einige beschäftigten sich mit Gesprächen von sowjetischen Persönlichkeiten mit solchen aus der Bundesrepublik Deutschland oder dem Ausland. Alle Gespräche hätten das deutsch-sowjetische Verhältnis oder – was praktisch zusammengehöre – West-Berlin-Fragen berührt. Diese Mosaiksteine setzten sich bei ihm zu dem Gesamtbild zusammen, daß die sowjetische Führung nach seiner Auffassung einen Fehler begehe, wenn sie der Bundesregierung unterstelle, sie wolle heute etwas anderes als im Oktober 1974.[2]

Es sei nicht unsere Schuld, daß das Kernkraftwerksprojekt[3] bisher nicht zustande gekommen sei. Herr Kossygin habe ihm in Moskau gesagt, daß er mit der DDR sprechen wolle.[4] Seither wüßten wir nur aus Andeutungen und indirekten negativen Mitteilungen, daß es hier bisher keine positive Entwicklung gebe.[5]

Die wirtschaftliche Zusammenarbeit werde noch viele Jahre Schwierigkeiten machen. Das liege zum Teil an der schwerfälligen sowjetischen Bürokratie. Tatsächlich aber stehe es gar nicht so schlecht in diesem Bereich.

---

[1] Ablichtung.
Die Gesprächsaufzeichnung wurde von Ministerialdirektor Sanne, Bundeskanzleramt, am 18. März 1975 gefertigt.
Hat Bundeskanzler Schmidt vorgelegen.
Am 20. März 1975 wurde die Gesprächsaufzeichnung von Ministerialdirigent Loeck, Bundeskanzleramt, an Vortragenden Legationsrat I. Klasse Schönfeld übermittelt.
Hat Schönfeld am 21. März 1975 vorgelegen, der die Weiterleitung an Staatssekretär Gehlhoff verfügte.
Hat Gehlhoff am 24. März 1975 vorgelegen. Vgl. den Begleitvermerk; VS-Bd. 524 (014); B 150, Aktenkopien 1975.
Hat Vortragendem Legationsrat Lewalter am 16. April 1975 vorgelegen.
Hat Bundesminister Genscher vorgelegen.

[2] Vom 28. bis 31. Oktober 1974 hielten sich Bundeskanzler Schmidt und Bundesminister Genscher in der UdSSR auf. Vgl. dazu AAPD 1974, II, Dok. 309, Dok. 311–316 und Dok. 321.

[3] Zur geplanten Lieferung eines Kernkraftwerks aus der Bundesrepublik in die UdSSR gegen sowjetische Stromlieferungen an die Bundesrepublik und an Berlin (West) vgl. Dok. 1, Anm. 26.

[4] Vgl. dazu das Gespräch des Bundeskanzlers Schmidt mit Ministerpräsident Kossygin am 29. Oktober 1974 sowie das Abschlußgespräch am 30. Oktober 1974; AAPD 1974, II, Dok. 313 und Dok. 321.

[5] Zu den Kontakten zwischen der UdSSR und der DDR hinsichtlich der Trassenführung für Stromlieferungen aus der UdSSR nach Berlin (West) und in die Bundesrepublik vgl. Dok. 9, Anm. 25.
Im Gespräch mit Bundesminister Friderichs am 14. März 1975 in Moskau führte der sowjetische Stellvertretende Ministerpräsident Nowikow zur Frage der Trassenführung aus, die technischen Experten seien „der Auffassung, daß es falsch wäre, die Trasse durch Berlin (West) zu führen. Auch die DDR sei gegen eine solche Trassenführung, und die sowjetische Seite stimme mit dieser Auffassung überein." Vgl. die Aufzeichnung des Vortragender Legationsrat I. Klasse Sieger vom 20. März 1975; Referat 413, Bd. 114269.

Er wolle den Botschafter ausdrücklich auf sein Interview in der Literaturnaja gaseta[6] aufmerksam machen. Wenn der Generalsekretär den vollen Text des Interviews kenne, so werde er sicher sein, daß diesem Bundeskanzler in bezug auf die Ostpolitik genauso zu vertrauen sei wie dessen Vorgänger. Als Fußnote wolle er aus gegebenem Anlaß hinzufügen, daß man sich in Moskau auch keine falschen Vorstellungen über die Entwicklung nach einem etwaigen Regierungswechsel machen solle.

Zur KSZE werde der Generalsekretär in wenigen Tagen eine Antwort auf seine Botschaft erhalten.[7] Herr Breschnew wisse, daß der Bundeskanzler im Prinzip seinem Wunsch verständnisvoll gegenüberstehe. Die Botschaft des Generalsekretärs habe sich mit der KSZE-Erklärung der Neun in Dublin[8] gekreuzt. Der Inhalt sei bei der Formulierung des Textes bekannt gewesen. Er glaube, daß dieser Text für die Sowjetunion relativ angenehm sein müsse (Falin warf ein, das glaube er auch).

In der Frage des peaceful change bahne sich jetzt eine für uns befriedigende Regelung an.[9] Einige westliche Partner hätten aber noch andere Wünsche. Er, der Bundeskanzler, beurteile als wichtig die vertrauensbildenden Maßnahmen. Dieser Punkt berühre keine speziellen deutschen Interessen, und er halte ihn für lösbar unter gebührender Berücksichtigung der Interessen aller Beteiligten.

In der Frage des technisch-wissenschaftlichen Abkommens gebe es immer noch Meinungsverschiedenheiten, die ihm nach wie vor nicht ganz klar seien. Ihm scheine es, als ob die sowjetische Meinung heute noch die gleiche sei, die die sowjetische Führung im September 1974 vertreten habe[10], und zwar auch noch an den ersten beiden Tagen in Moskau. Am letzten Tag habe es dann etwas gegeben, was uns den Eindruck vermitteln sollte, als ob sich die sowjetische Position bewegt habe.[11] Dies war für uns sehr wichtig, wir waren innerlich davon

---

[6] Für den Wortlaut des Interviews vom 5. März 1975 vgl. BULLETIN 1975, S. 296–298.

[7] Für das Schreiben des Generalsekretärs des ZK der KPdSU, Breschnew, vom 11. März 1975 an Bundeskanzler Schmidt vgl. Dok. 49.
In seiner Antwort vom 19. März 1975 teilte Schmidt Breschnew mit: „Ich stimme mit Ihnen überein, daß es gelungen ist, auf der Konferenz in Genf Fortschritte zu erzielen. Hierzu haben alle Beteiligten beigetragen. Gemeinsam mit der UdSSR wie auch den übrigen Konferenzteilnehmern wird meine Regierung ihre Anstrengungen fortsetzen, um auch eine Lösung der noch offenen Fragen zu erreichen. Ich bin zuversichtlich, daß wir bald werden übersehen können, für welchen Zeitpunkt ein Termin der Schlußphase festgelegt werden könnte. Die für die nächsten Wochen zu erwartende Beschleunigung der Konferenzarbeiten sollte uns in der Tat erlauben, so hoffe ich mit Ihnen, den Sommer für die Schlußphase ins Auge zu fassen und den genauen Termin mit den übrigen Konferenzteilnehmern abzustimmen. Die Bundesregierung ist entschlossen, zügig zu Ergebnissen in den noch offenen Punkten der Tagesordnung zu kommen." Vgl. den Drahterlaß Nr. 1187 des Ministerialdirektors van Well vom 20. März 1975 an die Botschaft in Moskau; VS-Bd. 10191 (212); B 150, Aktenkopien 1975.

[8] Für die Erklärung des Europäischen Rats vom 11. März 1975 über die KSZE vgl. Dok. 49.

[9] Zum Stand der Verhandlungen über eine Formel zu friedlichen Grenzänderungen („peaceful change") bei der KSZE in Genf vgl. Dok. 53.

[10] Der sowjetische Außenminister Gromyko hielt sich am 15./16. September 1974 in der Bundesrepublik auf. Für die Gespräche mit Bundesminister Genscher zum Abkommen über die wissenschaftlich-technische Zusammenarbeit vgl. AAPD 1974, II, Dok. 265 und Dok. 270.

[11] Zum Vorschlag des sowjetischen Außenministers Gromyko vom 30. Oktober 1974 für eine Zusatzerklärung zum Abkommen über wissenschaftlich-technische Zusammenarbeit vgl. Dok. 1, Anm. 6.

17. März 1975: Gespräch zwischen Schmidt und Falin   51

überzeugt und haben öffentlich dieser Überzeugung Ausdruck gegeben.[12] Heute könne er sich nicht mehr erklären, worin die sowjetische Bewegung bestanden haben solle.

Der *Botschafter* erwiderte, daß er den gleichen Punkt Herrn Genscher versucht habe zu erklären.[13] Vor dem Schlußgespräch in Moskau habe es keine sowjetische Bereitschaft gegeben, mit Spezialisten aus den Bundesämtern in Berlin-West zusammenzuarbeiten, selbst wenn diese noch andere Funktionen außerhalb der Bundesämter haben. Erst in der Nacht nach dem Theaterbesuch habe Gromyko auf den dringenden Wunsch des Generalsekretärs hin eingelenkt. Seitdem vertrete man den Standpunkt, daß solche Personen aus den Bundesämtern, die gleichzeitig Professoren seien oder in anderer Weise eine zusätzliche Funktion hätten, z.B. in Instituten tätig seien, für die Zusammenarbeit akzeptiert werden könnten. Er verweise darauf, daß Herr Genscher z.B. Herrn Gromyko die Frage gestellt habe, ob auch eine Zugehörigkeit zum VDI schon ausreiche[14].

Zum Verständnis der sowjetischen Haltung müsse er auch darauf hinweisen, daß die deutsche Position in den Monaten vom März bis Mai 1974 eskaliert sei. Im März habe man entgegen starker sowjetischer Bedenken beschlossen, daß auch juristische Personen grundsätzlich in die Zusammenarbeit einbezogen würden. Ein entsprechender Protokollvermerk sei formuliert worden. Im Mai habe dann Bundesminister Genscher die Einbeziehung des Personals der Bundesämter in die Zusammenarbeit verlangt.[15] Er, der Botschafter, habe zu erreichen versucht, daß man noch einmal insoweit entgegenkomme, daß dieses Personal nicht grundsätzlich ausgeschlossen würde, sondern nur in den Fällen, in denen es eindeutig ausschließlich das jeweilige Bundesamt repräsentiere. Herr Gromyko habe im September Herrn Genscher gesagt, daß dies nicht gehe.[16] In Moskau habe er sich schließlich doch dazu durchgerungen. Dies werde von unserer Seite offenbar nicht genügend gewürdigt.

Zum Kernkraftwerksprojekt könne er nur sagen, daß Gespräche mit der DDR und Polen geführt würden. Er erinnere sich an das Gespräch des Bundeskanz-

---

12 Bundeskanzler Schmidt führte am 6. November 1974 im Bundestag zu den Ergebnissen der Gespräche mit der sowjetischen Regierung vom 28. bis 31. Oktober 1974 in Moskau aus: „Die Probleme Berlins haben bei fast allen Gesprächen eine große Rolle gespielt. [...] Uns geht es um die Beseitigung von Schwierigkeiten der praktischen Anwendung auf Teilgebieten, und zwar mit zweifacher Zielrichtung: zum einen Berlin an der deutsch-sowjetischen Zusammenarbeit voll teilhaben zu lassen und zum anderen die Beziehungen zwischen uns und der Sowjetunion von vermeidbaren Belastungen freizuhalten." Insbesondere in den Gesprächen des Bundesministers Genscher sei es um die Einbeziehung von Berlin (West) in beabsichtigte Verträge mit der UdSSR gegangen. Es sei nicht so, „daß die Sowjetunion diese Einbeziehung verweigerte. Es geht um das Wie, es geht nicht um das Ob." Schmidt dankte Genscher für die Verhandlungsführung, „die mit Geduld und Festigkeit einen Fortschritt erbracht hat, der eine erfolgversprechende Fortsetzung der Verhandlungen möglich macht". Vgl. BT STENOGRAPHISCHE BERICHTE, Bd. 90, S. 8529.
13 Vgl. dazu das Gespräch des Bundesministers Genscher mit dem sowjetischen Botschafter Falin am 21. November 1974; AAPD 1974, II, Dok. 337.
14 Der Passus „die Frage ... ausreiche" wurde von Bundeskanzler Schmidt hervorgehoben. Dazu vermerkte er handschriftlich: „Und was war die Antwort?"
15 Zu der am 9. März 1974 zwischen Bundesminister Bahr und dem sowjetischen Außenminister Gromyko in Moskau vereinbarten Protokollnotiz zum Abkommen mit der UdSSR über wissenschaftlich-technischen Zusammenarbeit und zur anschließenden Diskussion darüber vgl. Dok. 1, Anm. 6.
16 Vgl. dazu das Gespräch des Bundesministers Genscher mit dem sowjetischen Außenminister Gromyko am 26. September 1974 in New York; AAPD 1974, II, Dok. 277.

263

lers mit Herrn Kossygin. Dieser habe darauf aufmerksam gemacht, daß die Entscheidung im Einvernehmen mit der DDR und Polen fallen müsse. Er habe seiner Zentrale über das dringende Interesse der Bundesregierung berichtet, aber keine Antwort in der Sache erhalten.

Der *Bundeskanzler* kam noch einmal auf die verschiedenen sowjetischen Beschwerden der jüngsten Zeit zurück:

Es sei nicht wahr, daß wir die Sowjetunion in der Frage des EG-Berufsbildungszentrums vor vollendete Tatsachen gestellt hätten. Der Botschafter sei Ende September 1974 durch Herrn Sanne informiert worden.[17] Der Beschluß über die Errichtung des Zentrums sei in Brüssel erst im Januar 1975 getroffen worden.[18] Es störe ihn, daß der Botschafter die sowjetische Führung offenbar nicht unterrichtet habe.[19]

Hinsichtlich der Entsendung von Polizeibeamten aus Bundesländern nach Berlin (West) im Zusammenhang mit dem Fall Lorenz[20] habe er sich erkundigt, ob dieses nach dem Vier-Mächte-Abkommen zulässig sei. Man habe ihm bestätigt, es sei in Ordnung, da die entsprechende Vereinbarung seinerzeit nach Berlin übernommen worden sei. Trotzdem habe er sich auch hier bemüht, daß die sowjetische Seite auch seitens der Bundesregierung über den Vorgang unterrichtet würde, gerade weil er persönlich Wert darauf lege, daß der direkte Kontakt gewahrt bleibe.[21]

Der *Botschafter* gab zu, daß er einen Fehler gemacht habe, als er im September 1974 nicht über das Gespräch mit Herrn Sanne nach Moskau berichtet habe. Sein Eindruck sei damals gewesen, es handele sich mehr um die beiläufige Erwähnung einer Problematik, zu der er auf eine Frage gesagt habe, er könne sich mangels genauer Kenntnis nicht dazu äußern.

Davon abgesehen, müsse er darauf hinweisen, daß die Vier Mächte der Unterzeichner des Berlinabkommens seien. Aber nicht nur sie, sondern auch wir trügen Verantwortung für die Verwirklichung des Abkommens. Ihm scheine es

[17] Vortragender Legationsrat I. Klasse Kühn vermerkte am 22. Januar 1975, die „Herren Tokowinin und Koptelzew von der sowjetischen Botschaft" hätten Ministerialdirigent Meyer-Landrut „um nähere Informierung über die Errichtung des geplanten EG-Zentrums für Berufsbildung in Berlin" gebeten: „Insbesondere interessiere sie die Frage der Rechtsform des Instituts und der Status seiner Angehörigen. Die sowjetische Seite sei bisher über das Projekt noch nicht unterrichtet gewesen und habe erst aus der Zeitung Einzelheiten erfahren." Meyer-Landrut habe darauf hingewiesen, „daß bei einem Gespräch am 30.9.1974 zwischen Botschafter Falin und Herrn Sanne vom Bundeskanzleramt, an dem er teilgenommen habe, Botschafter Falin von der geplanten Gründung des EG-Zentrums unterrichtet worden sei. Es handle sich bei dem Institut um eine rein wissenschaftlich-technische Einrichtung, deren Gründung auf einer Entscheidung des EG-Rates beruhe." Vgl. Referat 213, Bd. 112785.

[18] Der EG-Ministerrat beschloß am 20. Januar 1975 die Errichtung eines Europäischen Zentrums für Berufsbildung in Berlin (West). Vgl. dazu den Artikel „EG-Zentrum kommt nach Berlin"; DIE WELT vom 21. Januar 1975, S. 1.
Am 6. Februar 1975 protestierte die UdSSR bei den Drei Mächten gegen diesen Beschluß. Vgl. dazu DOKUMENTE ZUR BERLIN-FRAGE 1967–1986, S. 428 f.

[19] Zu diesem Absatz vermerkte Vortragender Legationsrat Lewalter handschriftlich: „Herrn Staatssekretär mit der Bitte um Kenntnisnahme."

[20] Zur Entführung des Vorsitzenden des Berliner Landesverbands der CDU, Lorenz, am 27. Februar 1975 und zur sowjetischen Haltung bezüglich der Tätigkeit zusätzlicher Polizeikräfte in Berlin (West) vgl. Dok. 44, besonders Anm. 3 und 8.

[21] Dieser Absatz wurde von Bundesminister Genscher hervorgehoben. Dazu vermerkte er handschriftlich: „Das besagt nichts über die Unterrichtung durch BKA."

264

nützlich, wenn in der Bundesrepublik Diskussionen in der Öffentlichkeit darüber vermieden würden, was nun einmal nach dem Abkommen nicht gehe, und sich künftig konzentrierten auf das, was das Abkommen an Verbesserungen gebracht habe. Es sei jedenfalls der Wunsch seiner Regierung, die Beziehungen zur Bundesrepublik Deutschland von „Ballast" zu befreien.

Der *Bundeskanzler* erwähnte zum Schluß des Gespräches beiläufig das Stagnieren der vorgesehenen Verhandlungen mit der DDR über den Ausbau von Verkehrswegen zwischen Berlin und dem Bundesgebiet.[22] Er habe den Eindruck, daß die Zurückhaltung der DDR auch darauf zurückgeführt werden könne, daß ihr aus Moskau noch kein grünes Licht gegeben worden sei.

Der Botschafter äußerte sich hierzu nicht.

VS-Bd. 524 (014)

52

Aufzeichnung des Ministerialdirektors van Well

214-552 UNG-613/75 VS-vertraulich   **18. März 1975**[1]

Über Herrn Staatssekretär[2] Herrn Bundesminister[3]

Betr.: Ungarische Reparations- einschließlich Wiedergutmachungsforderungen[4];
     hier: Neue ungarische Note vom 25.2.1975

Zweck der Vorlage: Unterrichtung und Bitte um Entscheidung über das weitere Procedere

I. Sachverhalt

1) Botschafter Hamburger übergab am 25. Februar Herrn D 2 eine neue Note als Antwort auf die des Auswärtigen Amts vom 5.11.1974[5] und betonte, die neue Note[6] sei wegen der guten Beziehungen in einem bewußt freundschaftlichen Ton gehalten. Ungarn hoffe, daß die noch ungelöste Frage seiner vermögensrechtlichen und finanziellen Forderungen bald zufriedenstellend geklärt werden könne.

---

22 Die Verkehrsverhandlungen mit der DDR wurden am 24. März 1975 aufgenommen. Vgl. dazu Dok. 54.

1 Die Aufzeichnung wurde von Vortragender Legationsrätin I. Klasse Finke-Osiander und von Vortragendem Legationsrat Mattes konzipiert.
2 Hat Staatssekretär Gehlhoff am 1. April 1975 vorgelegen.
3 Hat Bundesminister Genscher am 5. April 1975 vorgelegen.
4 Am 11. Juli 1974 übergab die ungarische Regierung der Bundesregierung eine Verbalnote mit zwei Anlagen zu Wiedergutmachungs- bzw. Rückerstattungsansprüchen sowie zur wirtschaftlichen Zusammenarbeit. Vgl. dazu AAPD 1974, II, Dok. 229.
5 Für die Note der Bundesregierung vom 5. November 1974 vgl. AAPD 1974, II, Dok. 324.
6 Für die ungarische Note vom 25. Februar 1975 vgl. VS-Bd. 10237 (214).

Herr D2 sagte Prüfung unter Beteiligung der zuständigen Ressorts zu und verwies auf die in unserer Note erklärte Bereitschaft, die ungarischen Güter zurückzugeben, die sich nachweislich im Bundesgebiet befänden.

2) Ungarn hatte, wie zuvor mehrfach angekündigt, in einer Note vom 11.7.1974 Ansprüche wegen der Rückerstattung verschleppter Vermögen und „unausgeglichener Forderungen" über 500 Mio. DM und wegen nationalsozialistischer Verfolgungsmaßnahmen über 400 Mio. DM geltend gemacht und Vorschläge für die wirtschaftliche Zusammenarbeit beim infrastrukturellen und industriellen Ausbau Ungarns, insbesondere durch zinsverbilligte Kredite, unterbreitet. In unserer Antwortnote vom 5.11.1974 haben wir zwar die Bereitschaft zu einem umfassenden Ausbau der traditionell guten Beziehungen erklärt, aber die Reparations- einschließlich Wiedergutmachungs-(WG)-Forderungen unter Hinweis auf die einschlägigen Bestimmungen des ungarischen Friedensvertrages[7], des Vertrages zur Regelung aus Krieg und Besatzung entstandener Fragen zwischen der Bundesrepublik Deutschland und den Drei Mächten[8] und des Londoner Schuldenabkommens[9] zurückgewiesen. Wir haben ferner betont, daß für uns dieses Thema mit den Ungarn 1971 abgeschlossenen Entschädigungsabkommen (100 Mio. DM Abfindung für fristgerecht angemeldete Rückerstattungsansprüche und 6,25 Mio. DM für Opfer pseudo-medizinischer Versuche)[10]

---

[7] In Artikel 30 des Friedensvertrags vom 10. Februar 1947 zwischen den Alliierten und Assoziierten Mächten und Ungarn wurde ausgeführt: „1) From the coming into force of the present Treaty, property in Germany of Hungary and of Hungarian nationals shall no longer be treated as enemy property and all restrictions based on such treatment shall be removed. 2) Identifiable property of Hungary and Hungarian nationals removed by force or duress from Hungarian territory to Germany by German forces or authorities after January 20, 1945, shall be eligible for restitution. 3) The restoration and restitution of Hungarian property in Germany shall be effected in accordance with measures which will be determined by the Powers in occupation of Germany. 4) Without prejudice to these and to any other dispositions in favour of Hungary and Hungarian nationals by the Powers occupying Germany, Hungary waives on its own behalf and on behalf of Hungarian nationals all claims against Germany and German nationals outstanding on May 8, 1945, except those arising out of contracts and other obligations entered into, and rights acquired, before September 1, 1939. This waiver shall be deemed to include debts, all inter-governmental claims in respect of arrangements entered into in the course of the war and all claims for loss or damage arising during the war." Vgl. UNTS, Bd. 41, S. 200.

[8] Teil 10 des Vertrags vom 26. Mai 1952 zur Regelung aus Krieg und Besatzung entstandener Fragen regelte die ausländischen Interessen in Deutschland. Für den Wortlaut in der Fassung vom 23. Oktober 1954 vgl. BUNDESGESETZBLATT 1954, Teil II, S. 212–224, bzw. BUNDESGESETZBLATT 1955, Teil II, S. 239 f.

[9] In Artikel 5 Absatz 4 des Abkommens vom 27. Februar 1953 über deutsche Auslandsschulden (Londoner Schuldenabkommen) wurde ausgeführt: „Die gegen Deutschland oder deutsche Staatsangehörige gerichteten Forderungen von Staaten, die vor dem 1. September 1939 in das Reich eingegliedert oder am oder nach dem 1. September 1939 mit dem Reich verbündet waren, und von Staatsangehörigen dieser Staaten aus Verpflichtungen, die zwischen dem Zeitpunkt der Eingliederung (bei dem mit dem Reich verbündet gewesenen Staaten dem 1. September 1939) und dem 8. Mai 1945 eingegangen worden sind, oder aus Rechten, die in dem genannten Zeitraum erworben worden sind, werden gemäß den Bestimmungen behandelt, die in den einschlägigen Verträgen genannt worden sind oder noch getroffen werden. Soweit gemäß den Bestimmungen dieser Verträge solche Schulden geregelt werden können, finden die Bestimmungen dieses Abkommens Anwendung." Vgl. BUNDESGESETZBLATT 1953, Teil II, S. 341.

[10] Vom 11. bis 22. Januar 1971 fanden Verhandlungen zwischen dem Bundesministerium der Finanzen und dem ungarischen Finanzministerium über eine Globalentschädigung für ungarische Opfer von pseudomedizinischen Menschenversuchen während der Zeit der nationalsozialistischen Gewaltherrschaft sowie über ungarische Rückerstattungsansprüche statt. Dazu teilte das Bundesministerium mit: „Die Verhandlungen führten am 22. Januar 1971 zum Abschluß einer Vereinbarung zwischen den beiden Finanzministerien, die eine deutsche Zahlung von 6,25 Mio. DM zur abschließenden

erledigt sei. Wir haben uns lediglich bereit erklärt, die Rückgabe der nachweislich im Bundesgebiet befindlichen ungarischen Güter wohlwollend zu prüfen. Abschließend haben wir unser Interesse am weiteren Ausbau der wirtschaftlichen Zusammenarbeit bekundet und betont, hierfür seien zwar keine zinsverbilligten Kredite, wohl aber die verstärkte Übernahme von Ausfuhrbürgschaften möglich.

3) Ungarische Gesprächspartner haben bereits unmittelbar nach Übergabe der deutschen Antwort bei den Besuchen von Bundesminister Friderichs am 11./12. November 1974 und von Staatsminister Wischnewski vom 9. bis 12. Januar 1975 erklärt, Ungarn könne sich mit unserer Antwort nicht zufriedengeben und werde in einer neuen Demarche die Einsetzung einer Expertengruppe zur Klärung der vermögensrechtlichen Forderungen vorschlagen. Während Vertreter der ungarischen Regierung auf eine rasche Aufnahme solcher Gespräche drängten[11], zeigte sich ZK-Sekretär Biszku gegenüber Staatsminister Wischnewski flexibler. Auf dessen Hinweis, das Thema sei bei uns innenpolitisch nicht mehr zu verkraften, gab Biszku zu verstehen, Ungarn wolle uns keine innenpolitischen Schwierigkeiten machen. Die Angelegenheit könne daher gegebenenfalls auch später behandelt werden.

4) Die neue ungarische Note ist in einem sachlichen Ton gehalten. Sie konzentriert sich auf die Reparationsforderungen, während die Wiedergutmachungs-Frage mehr beiläufig, quasi nur als Merkposten, berührt wird. Unser Rechtsstandpunkt wird als unbegründet zurückgewiesen, da Ungarn dem Londoner Schuldenabkommen nicht beigetreten sei. Unser Angebot, die nachweislich im Bundesgebiet befindlichen Güter zurückzugeben, wird mit der Begründung abgelehnt, Ungarn sei nicht beweispflichtig. Maßgebend sei vielmehr, daß solche Güter in das Bundesgebiet verschleppt worden seien. Die ungarischen Ausführungen münden in dem Vorschlag, möglichst bald eine Expertengruppe zur Klärung der juristischen und praktischen Fragen und Regelung der Ansprüche einzusetzen. Abschließend wird nochmals der Wunsch für eine deutsche Unterstützung bei dem Ausbau der ungarischen Infrastruktur wiederholt, die angesichts der geographischen Lage des Landes für den wachsenden Ost-West-Handel von großer Bedeutung sei. Ungarn rechne mit der Möglichkeit, auf dem deutschen Kapitalmarkt Finanzkredite aufnehmen zu können.

Fortsetzung Fußnote von Seite 266
    pauschalen Entschädigung der ungarischen Opfer pseudomedizinischer Menschenversuche vorsieht. Damit werden alle Individualverfahren erledigt, die auf Grund eines Beschlusses der Bundesregierung vom 26. Juli 1951 bei dem Internationalen Komitee vom Roten Kreuz in Genf eingeleitet worden waren. Eine zweite, ebenfalls am 22. Januar 1971 abgeschlossene Vereinbarung zwischen der Bundesrepublik und der Landesorganisation für die Interessenvertretung der Nazi-Verfolgten in Ungarn führt zu einer globalen Erledigung von über 62000 Anmeldungen mit schätzungsweise 200 000 Ansprüchen ungarischer Geschädigter, die aufgrund des Bundesrückerstattungsgesetzes von 1957 bei den deutschen Wiedergutmachungsbehörden anhängig waren. Die Bundesrepublik zahlt an die Interessenvertretung zur pauschalen Abgeltung der genannten Ansprüche einschl[ießlich] aller im Bundesrückerstattungsgesetz vorgesehenen Zinsen einen Betrag von 100 Mio. DM, der in drei gleichen Jahresraten 1972, 1973 und 1974 fällig wird." Vgl. BULLETIN 1971, S. 180.

11 Am 10. Januar 1975 führte der Staatssekretär im ungarischen Außenministerium, Marjai, gegenüber Staatsminister Wischnewski aus, daß die „November-Note der Bundesregierung sehr deutlich als für die ungarische Seite nicht akzeptabel" bezeichnet werden müsse: „Insbesondere habe stutzig gemacht, daß Note sich auch künftigen Gesprächen verschließe. [...] Mit beiderseitigen Deklarationen sei es nicht getan. Bei ehrlich gemeinten Beziehungen könne für beide Seiten annehmbare Lösung des Problems gefunden werden, anderenfalls bliebe schlechter Geschmack." Vgl. den Drahtbericht Nr. 15 von Wischnewski, z. Z. Budapest; Referat 214, Bd. 116585.

II. Erste Analyse der neuen ungarischen Note

1) Politische Gesichtspunkte

Angesichts des bisherigen Insistierens Ungarns überrascht es nicht, daß es dieses Thema trotz der in unserer Antwortnote eindeutig dargelegten ablehnenden Haltung erneut aufgreift. Seiner Taktik dürften vor allem folgende Ziele bzw. Motive zugrunde liegen:

Es zielt darauf ab, uns mit der ständigen Betonung, die Reparationsfrage stelle ein noch ungelöstes und somit belastendes Problem für den Ausbau der Beziehungen dar, in die Position des „Schuldners" zu drängen. Dies kommt seiner vorsichtigen Außenpolitik entgegen, da es auf diese Weise seinen Bündnispartnern, voran der DDR, dokumentieren kann, daß die Beziehungen zu uns nicht problemfrei und damit einem umfassenden Ausbau Grenzen gesetzt sind.

Vor allem die DDR wacht argwöhnisch darüber, daß ihr bisheriges Monopol der „deutschen Repräsentanz" in Ungarn unangetastet bleibt. Ungarn ist deshalb daran interessiert, die Reparations- und Wiedergutmachungsfrage offenzuhalten. Dies dürfte auch die o. g. Äußerung von ZK-Sekretär Biszku gegenüber StM Wischnewski erklären, diese Angelegenheit könne gegebenenfalls auch später behandelt werden, um deutsche innenpolitische Schwierigkeiten zu vermeiden.

Ferner gibt sich Ungarn offenbar der Hoffnung hin, daß wir zu einem späteren Zeitpunkt vielleicht doch noch geneigt sind, auf osteuropäische Entschädigungsforderungen unmittelbar oder wenigstens mittelbar über die Einräumung günstiger Kredite einzugehen. Für diese Motivation spricht, daß Ungarn in seinen bisherigen Noten jeweils seine Reparations- und WG-Forderungen mit dem Ausbau der wirtschaftlichen Zusammenarbeit verknüpft hat.

2) Rechtliche Gesichtspunkte

Der Rechtsstandpunkt der Bundesrepublik wurde bereits in unserer Verbalnote vom 5.11.1974 dargelegt; er wird durch die neuen ungarischen Ausführungen nicht erschüttert. Unsere Auffassung läßt sich wie folgt zusammenfassen:

– Sämtliche ungarischen Forderungen unterliegen dem Verzicht Ungarns auf Ansprüche gegen Deutschland und deutsche Staatsangehörige, wie er im Art. 30 des ungarischen Friedensvertrages vom 10.2.1947 (FVU) bestimmt ist.

– Zudem ist die Prüfung der aus dem Zweiten Weltkrieg herrührenden Forderungen (einschließlich Wiedergutmachung) gegen Deutschland bis zu einer endgültigen Regelung der Reparationsfrage in einem Friedensvertrag mit Gesamtdeutschland zurückgestellt (Reparationsaufschub und -zahlungsverbot), Art. 5 des Londoner Schuldenabkommens vom 28.2.1953 (LSA).

– Die Restitution zugunsten Ungarns, wie sie im dritten und fünften Teil des Überleitungsvertrags in der Fassung vom 23.10.1954 vorgesehen war[12], auf

---

[12] Für den Wortlaut des dritten Teils „Innere Rückerstattung" des Vertrags vom 26. Mai 1952 zur Regelung aus Krieg und Besatzung entstandener Fragen in der Fassung vom 23. Oktober 1954 (Überleitungsvertrag) vgl. BUNDESGESETZBLATT 1954, Teil II, S. 181–187, bzw. BUNDESGESETZBLATT 1955, Teil II, S. 237 f.

Für den Wortlaut des fünften Teils „Äußere Restitutionen" des Vertrags vom 26. Mai 1952 zur Regelung aus Krieg und Besatzung entstandener Fragen in der Fassung vom 23. Oktober 1954 (Über-

die in Art. 30 Abs. 3 FVU Bezug genommen wird, ist längst abgeschlossen, auch durch die deutsch-ungarische Rückerstattungsvereinbarung vom 22.1. 1971 über DM 100 Mio.
– Die Rückgabe evtl. in der Bundesrepublik nachweisbarer ungarischer Güter aus der Kriegszeit wird wohlwollend geprüft werden.

Vorbehaltlich einer eingehenden Prüfung – auch der zuständigen Ressorts – kann zu den Hauptargumenten der neuen ungarischen Note folgendes bemerkt werden:
– Die ungarische Argumentation, die Bundesrepublik könne sich auf den Friedensvertrag für Ungarn (FVU) mangels eigenen Unterzeichnens und auf das Londoner Schuldenabkommen (LSA) wegen des Nicht-Beitritts Ungarns nicht berufen, ist nicht überzeugend; denn zunächst sind die Unterzeichner eines völkerrechtlichen Vertrages selbst daran gebunden, d.h. Ungarn an die Verpflichtungen aus seinem Friedensvertrag und die Bundesrepublik an die Bestimmungen des Londoner Schuldenabkommens. Zudem sind die beiden Verträge durch entsprechende Klauseln untereinander verknüpft – Art. 5 Abs. 4 LSA sowie Art. 7[13] und 30 Abs. 3 FVU.
– Der ungarische Hinweis auf das deutsch-italienische Abkommen vom 2.6. 1961 über die Regelung gewisser vermögensrechtlicher, wirtschaftlicher und finanzieller Fragen[14] geht fehl, da darin die Freigabe bzw. der Rückkauf des beschlagnahmten deutschen Vermögens in Italien geregelt wurde. Die beiden ungarischen Noten zielen aber in gar keiner Weise auf die Rückgabe des konfiszierten deutschen Vermögens in Ungarn ab.
– Die ungarische Einlassung, es handele sich um verschleppte ungarische Güter, muß zurückgewiesen werden, denn es ist davon auszugehen, daß die Abtransporte im Einvernehmen mit der damaligen ungarischen Regierung, die mit dem Deutschen Reich verbündet war, teilweise sogar mit den jeweiligen Eigentümern erfolgt waren.
– Die ungarische Einwendung des eigenen Beweisnotstands greift nicht durch, da es sich bei den angeblich nach Deutschland verbrachten ungarischen Gütern nicht um solche handelt, die nach Art. 30 Abs. 3 FVU zu restituieren wären; in Wirklichkeit werden Forderungen geltend gemacht, auf die Ungarn gem. Art. 30 Abs. 4 FVU verzichtet hat.

III. Weiteres Procedere

Es wird für unerläßlich gehalten, in einer Antwortnote nochmals unmißverständlich unseren Standpunkt darzulegen, daß sich die Bundesregierung aus rechtlichen und politischen Gründen nicht in der Lage sehe, auf die ungari-

Fortsetzung Fußnote von Seite 268
leitungsvertrag) vgl. BUNDESGESETZBLATT 1954, Teil II, S. 195–200, bzw. BUNDESGESETZBLATT 1955, Teil II, S. 238f.
13 Artikel 7 des Friedensvertrags vom 10. Februar 1947 zwischen den Alliierten und Assoziierten Mächten und Ungarn: „Hungary undertakes to recognise the full force of the Treaties of Peace with Italy, Romania, Bulgaria and Finland and other agreements or arrangements which have been or will be reached by the Allied and Associated Powers in respect of Austria, Germany and Japan for the restoration of peace." Vgl. UNTS, Bd. 41, S. 176.
14 Für den Wortlaut des Vertrags vom 2. Juni 1961 zwischen der Bundesrepublik und Italien über die Leistungen zugunsten italienischer Staatsangehöriger, die von nationalsozialistischen Verfolgungsmaßnahmen betroffen worden sind, vgl. BUNDESGESETZBLATT 1963, Teil II, S. 791f.

schen Forderungen einzugehen. Bei den vermögensrechtlichen Forderungen handele es sich um Reparationen und nicht um restituierbare Güter wie z. B. Kunstgegenstände. Da nach dem Londoner Schuldenabkommen ein Reparationsaufschub und Zahlungsverbot für die Bundesrepublik Deutschland bestehe, könnten auch keine Expertengespräche in Frage kommen. Wir sollten ferner Ungarn zu verstehen geben, daß ein Festhalten an diesen Forderungen nicht geeignet sei, den von beiden Seiten gewünschten Ausbau der Beziehungen zu fördern. Im gleichen Sinne sollten auch die bevorstehenden Gespräche mit Ungarn (Konsultationen am 14./15. April zwischen Herrn D 2 und Vize-Außenminister Nagy[15] und Besuch des ungarischen Außenministers vom 21. bis 23. Mai[16]) geführt werden.

Diese eindeutige Haltung erscheint angesichts der hinter der ungarischen Taktik sichtbaren Zielsetzung erforderlich. Hinzu kommt, daß es sich bei den ungarischen Forderungen keineswegs – wie unter Ziff. II, 2 dargelegt – um verschleppte Güter, wie z. B. Kunstgegenstände, sondern um kaschierte Reparationsforderungen handelt.

Was die Antwortnote anbetrifft, wird vorgeschlagen, diese wie die erste Note vom 5.11.1974 im Hause zu fertigen und die Zustimmung der bisher beteiligten Ressorts (BMF und BMWi) wieder über entsprechende Schreiben des Herrn Staatssekretärs an seine beiden Kollegen einzuholen.[17]

Die Abteilungen 4 und 5 haben mitgezeichnet.

van Well

VS-Bd. 10237 (214)

---

[15] Der ungarische Stellvertretende Außenminister Nagy hielt sich am 14./15. April 1975 in der Bundesrepublik auf. Über die „ersten förmlichen deutsch-ungarischen Konsultationen seit Aufnahme diplomatischer Beziehungen im Dezember 1973" teilte Vortragender Legationsrat Engels am 17. April 1975 mit, Themen seien der Abschluß eines Kultur- sowie eines Abkommens über die wissenschaftlich-technische Zusammenarbeit, wirtschaftliche Fragen und die KSZE gewesen. Vgl. den Runderlaß Nr. 50; Referat 240, Bd. 102880.

[16] Der ungarische Außenminister Puja besuchte vom 11. bis 13. Juni 1975 die Bundesrepublik. Vgl. dazu Dok. 151 und Dok. 156.

[17] Zur Antwortnote der Bundesregierung vom 22. Oktober 1975 zu den ungarischen Reparations- und Wiedergutmachungsforderungen vgl. Dok. 315.

53

Botschafter Blech, Genf (KSZE-Delegation), an das Auswärtige Amt

114-11325/75 VS-vertraulich Aufgabe: 18. März 1975, 18.10 Uhr[1]
Fernschreiben Nr. 463 Ankunft: 18. März 1975, 22.14 Uhr

Betr.: Erörterung des Konferenzstandes mit sowjetischer KSZE-Delegation

1) Hiesiger Übung entsprechend, gab ich dem sowjetischen Delegationsleiter, Vize-Außenminister Kowaljow, und einigen seiner Delegationsmitglieder (Dubinin, Botschafter Mendelewitsch, Kondraschew, Schazkich) am 12.3.1975 ein Abendessen. Es gab Gelegenheit zu einer ausführlichen und systematischen Erörterung der wesentlichen offenen Fragen der Konferenz und des Verhältnisses der beiden Delegationen zueinander. Das etwa vierstündige Gespräch wurde auf Deutsch und Russisch mit Hilfe eines Dolmetschers geführt. Auf deutscher Seite nahmen MDg Meyer-Landrut, VLR I Dr. Fleischhauer, VLR I von Groll, BR Henze und Herr Scheel als Dolmetscher teil.

2) Kowaljow und Dubinin wiederholten mit gewisser Schärfe Behauptungen, unsere Delegation sei stets überaus mißtrauisch und bremse demgemäß die Konferenzarbeiten. Die Beziehungen zwischen beiden Delegationen hätten sich in letzter Zeit verschlechtert; dies wirke sich auch negativ auf die Beziehungen zwischen den beiden Staaten aus. („Dies kann man auch nicht mit einem Glas Wein fortspülen.")

Wir widersprachen in gebührender Weise und stellten die Frage, welches politische Interesse wir nach sowjetischer Auffassung überhaupt an einer Verzögerungstaktik haben sollten. Wir hätten vielmehr stets alles daran gesetzt, um die Arbeiten mit dem Ziel für alle befriedigender und ausgewogener Lösungen voranzutreiben. Allerdings gebe es voneinander abweichende Sachpositionen; wenn es angesichts dieser Unterschiede seine Zeit brauche, für alle Beteiligten akzeptable und ausgewogene Lösungen der Sachfragen zu erzielen, so sei es unzulässig, hieraus auf einen Mangel an gutem Willen auf unserer Seite zu schließen. Diesen Willen immer wieder – oft sehr polemisch und auch in öffentlichen Angriffen – in Zweifel zu ziehen, trüge nicht zu dem auch von uns gewünschten Verhältnis eines wachsenden Vertrauens bei. Unsere politische Linie sei kontinuierlich; sie habe sich nicht geändert, seit wir uns mit der Moskauer Absichtserklärung vom 12.8.1970[2] für die KSZE eingesetzt hätten.

Vor allem bei der folgenden Erörterung einzelner Sachfragen wurde klar, daß die sowjetische Delegation uns immer dann des Bremsens beschuldigt, wenn

---

[1] Hat Vortragendem Legationsrat Gehl am 19. März 1975 vorgelegen.
[2] In Punkt 6 der „Absichtserklärungen" zum Vertrag vom 12. August 1970 zwischen der Bundesrepublik und der UdSSR, der wortgleich mit Leitsatz 10 vom 20. Mai 1970 („Bahr-Papier") war, wurde ausgeführt: „Die Regierung der Bundesrepublik Deutschland und die Regierung der Union der Sowjetischen Sowjetrepubliken begrüßen den Plan einer Konferenz über Fragen der Festigung der Sicherheit und Zusammenarbeit in Europa und werden alles von ihnen Abhängende für ihre Vorbereitung und erfolgreiche Durchführung tun." Vgl. BULLETIN 1970, S. 1098.

wir gegenüber der Sowjetunion unterschiedliche Auffassungen in Substanzfragen vertreten müssen. Kowaljow warf uns insbesondere vor, wir stellten uns im Kreise der Neun und Fünfzehn Kompromissen, die auch sowjetischen Vorstellungen Rechnung tragen würden, entgegen. Er habe hier – nicht zuletzt dank Informationen, die er auch von unseren eigenen Freunden erhalte – ein klares Bild. Wir widersprachen. Wenn er, Kowaljow, wirklich genau wisse, was im Kreise der Neun oder Fünfzehn besprochen werde, könne er auch erkennen, daß es keineswegs stets wir seien, die die härtesten Positionen in bestimmten Fragen einnehmen. Wir wirkten gerade auch im Kreise unserer Freunde immer wieder auf realistische und konstruktive Konzeptionen hin, die allerdings unseren wesentlichen Interessen und denen unserer Freunde entsprechen müßten. Kowaljow meinte hierauf, dann sollten wir unsere Flexibilität in der Konferenz selbst auch deutlich machen. Ihm wurde entgegnet, daß die Delegation der Bundesrepublik Deutschland sich – ungeachtet dessen, was im internen Kreise diskutiert werde – in der Konferenz selbst nicht in einen offenen Gegensatz zu ihren Freunden stelle. Wenn er, Kowaljow, ein solches Verhalten zum Test der Güte der Beziehungen zwischen unserer und der sowjetischen Delegation machen wolle, verkenne er unsere politischen Prioritäten.

3) Zu den vertrauensbildenden Maßnahmen kündigte Kowaljow einen Wandel in der sowjetischen Haltung an.[3] Er betonte, daß wir die erste Delegation seien, mit der er darüber spreche. Er werde ein entsprechendes Signal in der Sitzung des Koordinationsausschusses vom 13.3. geben (inzwischen geschehen).[4]

Die Sowjetunion sei bereit, bei ausdrücklicher und schriftlich fixierter Anerkennung des Prinzips der Freiwilligkeit, – er bezog sich dabei auf die Gespräche Gromykos in Bonn[5] – ihr bisheriges Angebot von Parametern in bestimmter Weise zu modifizieren. Auf unsere Frage nach dem grundsätzlichen Anwendungsbereich „ganz Europa" sagte er, daß die sowjetische Delegation hier flexibel sei. Wir verwiesen auf das für unsere Seite nicht akzeptable sowjetische Grenzstreifenkonzept (Grenzstreifen entlang aller europäischen Grenzen). Er wiederholte dieses Konzept nicht, sondern bezog sich in der weiteren Diskussion ausschließlich auf die Notwendigkeit eines begrenzten Streifens auf dem Gebiet der SU entlang ihrer europäischen Grenzen. Er betonte mehrfach, daß ein solcher Grenzstreifen von 100 km, über den die SU nicht hinausgehen könne, ein Territorium umfassen würde, das 1 1/2 mal so groß wie die Bundesrepublik Deutschland sei, also ein ganz beträchtliches Gebiet darstelle. Andere Länder erwähnte er nicht. Kowaljow machte schließlich deutlich, daß die SU auch

---

[3] Zur sowjetischen Haltung hinsichtlich vertrauensbildender Maßnahmen vgl. Dok. 13, besonders Anm. 12.

[4] Botschaftsrat Henze, Genf (KSZE-Delegation), teilte am 14. März 1975 mit, der Leiter der sowjetischen KSZE-Delegation, Kowaljow, habe in der Sitzung des Koordinierungsausschusses am 13. März 1975 die Notwendigkeit betont, „die Arbeiten der zweiten Phase bald zum Abschluß zu bringen. In der Kommission I müsse man bei den CBM weiterkommen. Wenn andere Delegationen bei der Manöverankündigung auf maximalistische Positionen verzichten und wenn man die Freiwilligkeit der Ankündigung als Grundlage festlege, dann sei denkbar, daß man sich auf die Ankündigung aller nationalen und multilateralen Manöver an alle Teilnehmerstaaten, nicht nur an die Nachbarländer einige. Dies ‚solle' – wie beim Manöverbeobachter-Austausch – auf freiwilliger Grundlage geschehen." Vgl. den Drahtbericht Nr. 437; Referat 212, Bd. 111545.

[5] Der sowjetische Außenminister Gromyko hielt sich am 15./16. September 1974 in der Bundesrepublik auf. Vgl. dazu AAPD 1974, II, Dok. 263–267, Dok. 269 und Dok. 270.

das Prinzip der Unterrichtung aller Teilnehmerstaaten akzeptieren könne. Voraussetzung sei insgesamt, daß der Westen von seinen „maximalistischen" Parametern herunterkomme.[6]

4) Einleitungstext über verbesserte „Kontakte"
Die Diskussion verlief kontrovers. Die SU-Delegation beharrte darauf, daß es im russischen Text „Vervollkommnung" (für die in anderen Sprachen verwendeten Begriffe „Verbesserung", „improvement", „amélioration") der bestehenden Praxis heißen müsse, während wir verlangten, daß es auch im Russischen, wie in den anderen Texten „Verbesserung" heißen müsse. Die sowjetische Delegation war von ihrer Behauptung nicht abzubringen, wir allein behinderten die Registrierung des Textes und damit die Arbeiten bei „Korb III". Mit philologischen Argumenten und massiven Ermahnungen versuchten sie, eine Meinungsänderung bei uns herbeizuführen. Unsere Gegenargumente, daß in unseren bilateralen Verträgen und Absichtserklärungen „Verbesserung" stets durch das entsprechende russische Wort „ulutschenie" übersetzt worden sei, auch im humanitären Bereich, wollten sie für diesen Fall nicht gelten lassen, ebensowenig, daß abweichende Texte zu kritischen Fragen im Bundestag, Mißverständnissen und abweichenden Interpretationen führen würden, die wir gerade auf diesem heiklen Gebiet vermeiden wollten. Schließlich blieb nur die Feststellung, daß in dieser Frage bald eine Lösung gefunden werden müsse.

5) Registrierung des „peaceful change"
Beide Delegationen waren einig, daß die Frage politisch gelöst ist, die zwischen US- und SU-Regierungen ausgehandelte Kompromißformel[7] sollte bald von der US-Delegation eingebracht werden, und zwar mit einem Hinweis auf ihre Unterbringung im ersten Prinzip, aber ohne Festlegung ihrer genauen Einordnung innerhalb des registrierten Textes dieses Prinzips. SU-Delegation hatte Kenntnis von unserem Vorschlag, die Formel als vorletzten Satz in den Schlußabsatz des ersten Prinzips aufzunehmen. Wir bemerkten dazu, daß dann der Schlußsatz über die Bündnisse modifiziert werden sollte; das Einleitungswort „therefore" könne entfallen. SU-Delegation behielt sich Stellungnahme zur genauen Placierung der Formel im ersten Prinzip vor. Diese Frage brauche erst bei der zweiten Lesung geklärt zu werden. Nach sowjetischer Ansicht sollten wir unsere fünf Vorbehalte vom 5. April 1974[8] in diesem Zusammenhang nicht erwähnen, um das Verfahren „so geräuschlos wie möglich" abzuwickeln. Wir haben gesagt, daß dies – bei Aufrechterhaltung der noch nicht erledigten Vorbehalte – durchaus in Betracht gezogen werden könne, da sich diese Vorbehalte nicht gegen den „peaceful change", sondern gegen das dritte Prinzip „Unver-

---

[6] Zu den Vorstellungen der NATO-Mitgliedstaaten zu Manövervorankündigungen vgl. Dok. 24, Anm. 15.
Die neuen sowjetischen Überlegungen zu Manövervorankündigungen wurden am 19. März 1975 in der Unterkommission 2 (Militärische Aspekte der Sicherheit) der KSZE vorgetragen. Vgl. dazu den Drahtbericht Nr. 478 des Botschafters Blech, Genf (KSZE-Delegation), vom selben Tag; VS-Bd. 6111 (212); B 150, Aktenkopien 1975.
[7] Für die zwischen der UdSSR und den USA abgestimmte Formel zu friedlichen Grenzänderungen („peaceful change") vgl. Dok. 34, Anm. 13.
[8] Zu den Vorbehalten der Bundesregierung hinsichtlich der Registrierung des Prinzips der Unverletzlichkeit der Grenzen vgl. Dok. 18.

letzlichkeit der Grenzen" richten, das erst dann als vereinbart gilt, wenn sämtliche Vorbehalte erfüllt sind.

Auf unsere informatorische Frage, weshalb es in dem uns von den Amerikanern übergebenen russischen Text der revidierten „peaceful change"-Formel[9] statt „mit friedlichen Mitteln" jetzt „auf friedliche Weise" heiße, antwortete Kowaljow unerwartet heftig: Dies sei die mit den Amerikanern abgestimmte Fassung. Wenn wir den Text in Frage stellten, sei das eine Erpressung.

Wir verwahrten uns gegen diesen Vorwurf. Mendelewitsch kam seinem Delegationsleiter mit dem Hinweis zu Hilfe, daß die Amerikaner selbst neben der englischen auch eine russische Fassung des Textes übergeben hätten, also für beide Fassungen verantwortlich seien (US-Botschafter Sherer konnte dies nicht bestätigen). Im übrigen bedeute beides das gleiche; die Sachaussage sei durch diese Wortwahl nicht verändert worden.

Wir erklärten unser Interesse an korrekten russischen Fassungen dieses wie aller anderen Texte u. a. auch mit der Notwendigkeit, zusammen mit DDR deutsche Fassungen herzustellen. Dies könnte sehr schwierig sein, wenn englische und russische Texte nicht voll übereinstimmten. Alle Textfassungen sollten den verhandelten Gegenstand so präzise wie möglich wiedergeben (Kowaljow: selbstverständlich).[10]

6) Rechtswahrungsklausel

Die sowjetische Delegation warf uns vor, daß wir am 12. Dezember 1974 die von den Franzosen eingebrachte Rechtswahrungsklausel[11] nicht wie die US, UK und sowjetische Delegation sofort unterstützt hätten, und unterstellte auch hier „Bremsversuche". Wir hätten durch unser Verhalten die Ungebundenen dazu animiert, gegen den Text vorzugehen.[12] Wir stellten klar, daß wir der Rechtswahrungsklausel gegenüber unseren Verbündeten zugestimmt hätten. Daß wir uns in der Konferenz selbst bei der Einbringung des Textes am 12.12.1974 nicht zustimmend geäußert hätten, habe seinen Grund darin gehabt, daß die Franzosen den Text nicht für sich, sondern im Rahmen eines neuen Gesamttextes für das zehnte Prinzip (Erfüllung völkerrechtlicher Verpflichtungen nach Treu und Glauben) eingebracht hätten, der mehrere Schreib-

---

9 Gesandter Freiherr von Groll, Genf (KSZE-Delegation) teilte am 10. März 1975 mit, die amerikanische Delegation habe „heute den ihr von sowjetischer Delegation übermittelten Text der zur Unterbringung beim ersten Prinzip abgesprochenen ‚peaceful change'-Formel" übergeben. Darin werde „anstelle von ‚mit friedlichen Mitteln' (engl. Original: ‚by peaceful means') aber der Ausdruck ‚auf friedliche Weise' verwendet". Vgl. den Drahtbericht Nr. 407; Referat 212, Bd. 100200.

10 Am 17. März 1975 brachte die amerikanische KSZE-Delegation in der Unterkommission 1 (Prinzipien) der KSZE „die mit Sowjetunion ausgearbeitete Formel über die friedliche Grenzänderung zur Aufnahme in Prinzip 1 (souveräne Gleichheit), und zwar als revidierte Fassung ihres Vorschlages vom 26.7.1974", ein. Zu den gleichzeitig zirkulierten Fassungen in den übrigen Konferenzsprachen teilte Botschafter Blech, Genf (KSZE-Delegation), am 18. März 1975 mit, die deutsche Fassung gebe „die in Washington gefundene Lösung, wie sie im englischen und russischen Text zum Ausdruck kommt, im entscheidenden Punkt – Stellenwert der Bezugnahme auf das Völkerrecht – nicht wieder" und werde daher geändert werden müssen. Die deutsche Fassung laute: „Die Teilnehmerstaaten sind der Auffassung, daß ihre Grenzen geändert werden können, in Übereinstimmung mit dem Völkerrecht, durch friedliche Mittel und durch Vereinbarung." Vgl. den Drahtbericht Nr. 464; Referat 212, Bd. 100010.

11 Zum französischen Vorschlag vom 12. Dezember 1974 vgl. Dok. 13, Anm. 6.

12 Zu den Einwänden insbesondere neutraler Staaten gegen den französischen Vorschlag einer Rechtswahrungsklausel („Unberührtheitsklausel") vom 12. Dezember 1974 vgl. Dok. 27, Anm. 5.

fehler enthalten habe, die dann später revidiert werden mußten. Außerdem seien wir mit dem Einleitungssatz des französischen Entwurfs nicht einverstanden, der nur auf das völkerrechtliche Vertragsrecht abstelle. Die Versuche der Neutralen, den französischen Text zu ändern, wären im übrigen sicher auch nicht ausgeblieben, wenn wir uns am 12.12. geäußert hätten. In Übereinstimmung mit unserer den drei Hauptverbündeten gegebenen Zustimmung lehnten wir es ab, mit den Neutralen die Frage einer Änderung dieses Textes zu erörtern.

Die SU-Delegation nahm diese Klarstellung befriedigt zur Kenntnis. Als Formulierung für den ersten Satz des zehnten Prinzips schlug sie vor: „generally recognized principles and norms of international law".

Wir wiesen darauf hin, daß wir in diesem Zusammenhang „generally recognized norms (or rules) of international law" vorziehen würden.

7) Das neunte Prinzip (Kooperation)

Die sowjetische Delegation meinte, die Redaktion könne schon abgeschlossen sein, wenn wir uns energisch für eine Kompromißlösung einsetzten. Wir wiesen gerade in diesem Zusammenhang darauf hin, daß wir grundsätzlich nicht bereit seien, in offener Sitzung unseren Freunden zu widersprechen. Bei dem zur Zeit diskutierten Hinweis auf die persönlichen Kontakte könnten wir uns mit der Formel: „alle Arten von Kontakten" (SU)[13] einverstanden erklären.[14]

8) Meistbegünstigung[15]

Diese Frage wurde von Kowaljow nur kurz gestreift. Er nannte sie die wichtigste noch ungelöste Frage des Korbes II und meinte, auch hier nehme unsere Delegation eine besonders harte Haltung ein. Wir entgegneten, daß wir über diese Frage gar nicht allein entscheiden könnten; sie gehöre zum Kompetenzbereich der EG. Die Neun müßten daher mit einer Stimme sprechen. Kein EG-Staat könne eine Sonderhaltung einnehmen. Wir hätte nicht nur in Genf, sondern auch mit Außenminister Gromyko in Bonn in bilateralen Gesprächen klar gemacht, daß die EG-Staaten keine Verpflichtung zur allgemeinen Anerkennung eines Prinzips der Meistbegünstigung einigen könnten. Außenminister Gromyko habe selbst in Bonn erklärt, die Sowjetunion betrachte die Meistbegünstigung zwar als ein wichtiges Element der wirtschaftlichen Zusammenarbeit, sie sei jedoch für ihre wirtschaftliche Entwicklung von ihr nicht abhängig. Wenn es unmöglich sei, werde sie auf der Meistbegünstigung nicht bestehen.

Kowaljow nahm diese Bemerkung mit Unwillen auf.

---

13 Gesandter Freiherr von Groll, Genf (KSZE-Delegation), berichtete am 24. Februar 1975, das Mitglied der sowjetischen KSZE-Delegation, Mendelewitsch, habe mitgeteilt, „daß er nunmehr seine Instruktionen aus Moskau für die Behandlung der Kontakte im neunten Prinzip bekommen habe und ein rascher Abschluß der Arbeiten am neunten Prinzip möglich sei." Mendelewitsch habe ausgeführt, daß seine Regierung folgende Formulierung akzeptieren könne: „Guided by these aims and striving for such results of their co-operation, the participating states will also promote diverse links, exchanges and all forms of contacts which they may agree upon in the future." Vgl. den Drahtbericht Nr. 292; Referat 212, Bd. 111536.

14 Der Entwurf zum Prinzip „Zusammenarbeit zwischen den Staaten" wurde am 1. April 1975 registriert. Für das Dokument CSCE/II/A/138 vgl. Referat 212, Bd. 111536. Vgl. auch HUMAN RIGHTS, Bd. 3, S. 174 f.

15 Zu den Verhandlungen über das Prinzip der Meistbegünstigung vgl. Dok. 13, Anm. 15.

9) Form und Unterzeichnung der Schlußdokumente

Kowaljow hatte gehört, daß wir im Rahmen der „Neun" an dieser Frage arbeiteten.[16] Wir betonten, daß wir in der Tat sehr intensiv darüber nachdenken, da dies eins der wichtigen Themen sei, die bald im Rahmen des Koordinationsausschusses gelöst werden müßten. Wir baten um eine Darlegung der sowjetischen Haltung unter Hinweis auf die Grundgedanken des von den Holländern eingebrachten Vorschlags vom 19.2.1974[17] und Kowaljows Bemerkungen im Koordinationsausschuß am 7.3.[18]

Kowaljow nannte die sowjetische Haltung zum holländischen Projekt „negativ". Moskau wolle weder den Eindruck erwecken, daß ein zweiter Wiener Kongreß[19] stattgefunden habe, noch ein Dokument wie nach einer multilateralen Wirtschaftskonferenz verabschieden, also keine Schlußakte mit Anlagen. Statt dessen solle zu jedem Punkte der Tagesordnung ein besonders Dokument zusammengestellt werden: Zum TOP I eine „Generaldeklaration" (russ. „generalnaja deklarazija"). Auf diese Bezeichnung lege man in Moskau besonderen Wert. Sie sollte eine Präambel haben, in der u. a. der Gedanke ausgedrückt werde, daß der Entspannungsprozeß „irreversibel" sei, dann kämen die zehn Prinzipien, dann die Schlußbestimmungen, die bestimmte „Sektionen" enthalten können, z. B. eine für die rumänischen Texte[20]; da hinein (dahinter?) gehörte dann auch die Rechtswahrungsklausel.

Je ein Dokument sollte es dann auch für die TOP II, III und IV geben. Alle vier Dokumente sollten unterschrieben werden, nicht aber Einzelpapiere wie das Streitschlichtungsprojekt[21] oder die rumänischen Texte. Unsere Frage nach der „Mittelmeerdeklaration"[22] konnte Kowaljow nicht beantworten. Sachgespräche und Frage der Dokumente sollten in der zweiten Phase abgeschlossen werden. Die dritte Phase würde sehr kurz sein; auf ihr solle nicht mehr verhandelt werden.

---

[16] Zur Diskussion im Rahmen der EPZ über die Form der Schlußakte der KSZE vgl. Dok. 49, besonders Anm. 15.
[17] Am 19. Februar 1974 übergab die niederländische Delegation dem Exekutivsekretariat der KSZE den im Rahmen der EPZ ausgearbeiteten und mit der NATO abgestimmten Entwurf vom 14. Februar 1974 zu einem KSZE-Schlußdokument. Dazu berichtete Botschafter Brunner, Genf (KSZE-Delegation), am 19. Februar 1974, daß darin offengelassen werde, „ob die einzelnen Resolutionen etc. direkt nach der Präambel abgedruckt (und von Ministern unterzeichnet werden, wie Ungebundene dies wünschen) oder ob nur die Präambeln nebst Einleitung und Schluß unterzeichnet werden (wie es ursprünglich Absicht der Holländer war)." Vgl. den Drahtbericht Nr. 230; Referat 212, Bd. 100005. Für den Entwurf vgl. Referat 212, Bd. 100005.
[18] Gesandter Freiherr von Groll, Genf (KSZE-Delegation), berichtete am 10. März 1975, der Leiter der sowjetischen KSZE-Delegation, Kowaljow, habe in der Sitzung des Koordinationsausschusses am 7. März 1975 „erstmalig in offener Sitzung Angaben zu sowjetischen Vorstellungen über Schlußdokumente" gemacht. Danach halte „sowjetische Delegation es nicht für opportun, für dritte Phase umfangreiches Dokument auszuarbeiten; Kommuniqué protokollarischer Natur, das während der zweiten Phase ausgearbeitet werden sollte, würde ausreichen". Vgl. den Drahtbericht Nr. 402; Referat 212, Bd. 111545.
[19] Der Wiener Kongreß tagte vom 18. September 1814 bis 9. Juni 1815.
[20] Zu den rumänischen Vorschlägen zum Gewaltverzicht vgl. Dok. 13, Anm. 9
[21] Zu den schweizerischen Vorstellungen über ein europäisches System der friedlichen Beilegung von Streitigkeiten vgl. Dok. 13, Anm. 10.
[22] Zum Resolutionsentwurf Maltas vom 11. September 1974 zum Mittelmeerraum vgl. Dok. 49, Anm. 14.

Wir erläuterten unsere Vorstellungen unter Hinweis auf das holländische Papier. Wichtig sei vor allem, eine Form zu finden, die dokumentiert, daß alle Dokumente formell gleich sind.

Dies vertrage sich durchaus damit, daß die Prinzipiendeklaration eben deshalb, weil es sich um allgemeine Prinzipien handele, inhaltlich einen anderen Stellenwert habe als etwa Bestimmungen über Lesesäle. Es müsse aber deutlich werden, daß alle Verhandlungsergebnisse für das Konferenzziel unentbehrlich seien. Wir wollten deshalb alle Dokumente unter einem Deckblatt zusammenfassen, in dem wir in eindrucksvoller Form gemeinsam unsere Auffassung von der Entspannung und Zusammenarbeit formulieren. Insoweit werde auch dem Rechnung getragen, was die SU mit der Generaldeklaration wolle. Der Einleitungstext sollte im übrigen so gefaßt sein, daß er alle Konferenzthemen abdeckt und geeignet wäre, sowohl in der „Prawda" als auch in „Die Welt" abgedruckt zu werden.

Wir wiesen auf die Frage der Unterschrift hin. In den Schlußempfehlungen von Helsinki[23] sei hierzu nichts zu finden. Eine Unterzeichnung könne doch wohl nur bedeuten, daß Teilnehmer der dritten Phase die Ergebnisse der Konferenz zur Kenntnis nehmen und authentisieren. Dies sei eine Konferenz „sui generis", für die wir uns etwas Passendes einfallen lassen müßten.

Kowaljow stellte Meinungsunterschiede in dieser Frage fest. Nach sowjetischer Vorstellung sollte das allgemeine Entspannungskonzept nicht in der Schlußakte, sondern in der Präambel zur „Generaldeklaration" definiert werden. Er wollte aber betonen, daß nach sowjetischen Vorstellungen nicht nur diese, sondern auch die Dokumente zum II. und III. TOP unterschrieben werden sollten.

10) Konferenzfolgen

Kowaljow umriß die sowjetische Haltung wie folgt: Im Dokument zum TOP IV sollte vor allem der Gedanke der Kontinuität des multilateralen Entspannungsprozesses zum Ausdruck kommen. Dies könne man wohl am besten dadurch erreichen, daß man eine weitere KSZE in Erwägung ziehe. Deshalb unterstütze die SU den ČSSR-Vorschlag[24]. Doch sei sie auch an allen anderen Vorschlägen interessiert. Ihr Interesse an dieser Frage sei aber nicht größer als das der meisten anderen Delegationen. Die Sowjetunion stehe der Idee eines Ständigen Organs nahe, habe ein solches aber nicht nötig, da sie mit und ohne Organ in jedem Fall stets „eine Stimme in europäischen Angelegenheiten" haben werde.

Wir erläuterten den dänischen Vorschlag[25], der keineswegs bedeute, daß der multilaterale Entspannungsprozeß nach der Konferenz abgebrochen werde. Wir gingen ebenfalls davon aus, daß dieser Prozeß fortzusetzen sei. Im Unterschied zu den anderen Vorschlägen sehe der dänische Vorschlag lediglich vor, daß man eine gewisse Zeit abwarten solle, ehe man sich erneut zusammensetze, um zu prüfen, was künftig geschehen sollte. Er schließe für die Beschlüsse, die die hohen Beamten zu treffen hätten, keine Option, auch nicht eine weitere Konferenz, aus.

---

[23] Für den Wortlaut der Schlußempfehlungen der multilateralen Vorgespräche für die KSZE vom 8. Juni 1973 vgl. SICHERHEIT UND ZUSAMMENARBEIT, Bd. 2, S. 593–607.
[24] Zum tschechoslowakischen Vorschlag vom 4. Juli 1973 zu den Konferenzfolgen vgl. Dok. 13, Anm. 20.
[25] Zum dänischen Vorschlag vom 26. April 1974 zu den Konferenzfolgen vgl. Dok. 13, Anm. 23.

Kowaljow entgegnete, wichtig sei vor allem, daß die Idee einer neuen Konferenz klar ausgedrückt werde. Dies könne über den ČSSR-Vorschlag geschehen. Vom dänischen sei er „am weitesten entfernt". Die sowjetische Haltung sei aber flexibel.

11) Datum und Ebene der dritten Phase wurden nicht näher erörtert. Sowjetische Delegation hält Frage offenbar nicht mehr für strittig. Zur technischen Vorbereitung der dritten Phase erklärten wir uns bereit, einer Arbeitsgruppe des Koordinationsausschusses zuzustimmen.

12) Gesamteindruck:
Trotz gelegentlich harter Kritik bemühte sich die sowjetische Delegation ganz offensichtlich um eine verbesserte Zusammenarbeit mit uns für die Schlußrunde der zweiten Konferenzphase, wohl in der Erkenntnis, daß dies zur schnellen Lösung der noch offenen Sachfrage nicht unwesentlich beitragen könnte.

Die wiederholten Bemerkungen von Kowaljow: Die Konferenz werde sehr bald zu Ende gehen – dies wisse er positiv –, deuten darauf hin, daß sich die Sowjets durch das feste Datum des Breschnew-Briefs[26] selbst unter Druck gesetzt haben. Dies eröffnet einige Chancen für den Westen.

[gez.] Blech

VS-Bd. 10193 (212)

54

Aufzeichnung des Vortragenden Legationsrats Kastrup

210-321.00 DDR-655/75 VS-vertraulich   **20. März 1975**[1]

Betr.: Verhandlungen mit der DDR

Am 19. März 1975 unterrichtete im Bundeskanzleramt MD Dr. Sanne die Botschafter der Drei Mächte[2], die von je einem Mitarbeiter begleitet waren, über den Stand der Verhandlungen mit der DDR. Von seiten des Auswärtigen Amts nahm VLR Dr. Kastrup an dem Gespräch teil.

I. 1) MD Sanne erläuterte, wie sich die Gespräche, die StS Gaus mit Nier und Seidel geführt habe, seit den Mitteilungen der DDR vom 9.12.1974[3] bis zur Erklärung unseres Einverständnisses zum Angebot der DDR, die Verhandlun-

---

[26] Für die Schreiben des Generalsekretärs des ZK der KPdSU, Breschnew, vom 10. bzw. 11. März 1975 vgl. Dok. 49.

[1] Durchschlag als Konzept.
[2] Olivier Wormser (Frankreich), Nicolas Henderson (Großbritannien), Martin J. Hillenbrand (USA).
[3] Für die Vorschläge der DDR vom 9. Dezember 1974 an die Bundesregierung bzw. an den Senat von Berlin vgl. ZEHN JAHRE DEUTSCHLANDPOLITIK, S. 281–283.

gen am 24.3.1975 zu beginnen⁴, entwickelt hätten. Bemerkenswert sei, daß die DDR, die noch um die Jahreswende auf rasche Aufnahme der Verhandlungen gedrängt habe, Ende Januar auf die Mitteilung von StS Gaus, daß wir verhandlungsbereit seien, bereits zögernd reagiert habe. Ab Anfang Februar habe sie immer deutlicher zu verstehen gegeben, daß sie nicht verhandeln könne. Die von der DDR vorgebrachten Gründe, insbesondere die Haltung der Bundesregierung zum Abschluß von Konsularabkommen der DDR mit dritten Staaten⁵ und die Erklärung des Bundeskanzlers zur Lage der Nation⁶, seien auf unserer Seite immer als Vorwände angesehen worden.

Über die wahren Gründe für die Verzögerung könne man allerdings nur Vermutungen anstellen. Zu nennen seien interne Meinungsverschiedenheiten zwischen den für die Politik und den für die Wirtschaft in der DDR Verantwortlichen, Unsicherheit über die Haltung Moskaus und möglicherweise die zeitweise Inaktivität Breschnews.

2) Was den Inhalt der bevorstehenden Verhandlungen anbetreffe, so möchte er, Sanne, zwei Punkte besonders hervorheben:

– Transitpauschale

Art. 18 des Transitabkommens⁷ sehe Verhandlungen über eine Neufestsetzung für das zweite Halbjahr 1975 unter Berücksichtigung der Entwicklung des Transitverkehrs vor. Der Finanzminister der DDR⁸ habe vergangene Woche in einem Schreiben an BM Apel gebeten, die Verhandlungen in absehbarer Zeit zu beginnen. Wir würden der DDR antworten, daß wir im Prinzip gegen vorgezogene Verhandlungen nichts einzuwenden hätten. Eine

---

4 Am 24. März 1975 wurden die Verkehrsverhandlungen mit der DDR aufgenommen. Vgl. dazu die Meldung „Heute beginnen die Verkehrsgespräche mit DDR"; FRANKFURTER ALLGEMEINE ZEITUNG vom 24. März 1975, S. 1.

5 Zum Konsularabkommen zwischen der DDR und Österreich und der im Zusammenhang damit stehenden Diskussion über Fragen der Staatsangehörigkeit vgl. das Gespräch des Bundesministers Genscher mit dem österreichischen Außenminister Bielka-Karltreu am 6. Februar 1975 in Wien; Dok. 20. Zu den Konsularabkommen zwischen der DDR und weiteren Staaten vgl. Dok. 152.
Nachdem in der Presse am 21. Februar 1975 die baldige Aufnahme der „bisher von der ‚DDR' hinausgezögerten Verhandlungen" mit der Bundesrepublik angekündigt worden war, wurde drei Tage später berichtet, daß in der Presse der DDR Kritik an der Haltung der Bundesregierung in der Staatsangehörigkeitsfrage geübt werde und „indirekt Konsequenzen für die geplante Verhandlungsrunde" über eine Verbesserung der Verkehrswege angedroht würden. Vgl. die Artikel „Bonn und Ost-Berlin beginnen mit neuen Verhandlungen an" bzw. „Ost-Berlin droht Konsequenzen für Verkehrsgespräche an"; DIE WELT vom 21. Februar 1975, S. 1, bzw. vom 24. Februar 1975, S. 2.

6 Bundeskanzler Schmidt führte am 30. Januar 1975 vor dem Bundestag aus: „Die Deutschen wollen nicht – und wer es etwa wollte, der könnte es nicht – sich von ihrer Zugehörigkeit zur deutschen Nation lossagen." Deshalb sei „das Verhältnis zwischen den beiden deutschen Staaten ein Verhältnis von besonderer Art. Wir bleiben dabei, auch wenn die Führung der DDR darin – fälschlich – den Versuch der Bundesrepublik zu sehen meint, der DDR einen internationalen Minderstatus aufzuzwingen." Die Bundesregierung werde weiterhin versuchen, „den Menschen in Deutschland so viel Möglichkeit zur Nation zu schaffen, wie sie es nur kann. Diese Politik entspricht dem Auftrag des Grundgesetzes, das ja übrigens in Art. 116 eine einheitliche Staatsangehörigkeit unter seinen Schutz gestellt hat." Schmidt ging auch auf „Todesstreifen und Schießbefehl" sowie die harten Strafen bei den Fluchthelferprozessen in der DDR ein und äußerte die Ansicht, „daß der Grundsatz der Verhältnismäßigkeit und daß die humanitäre Verantwortung gegenüber den Menschen gerade auch in einem Staat gelten müsse, der sozialistisch sein will". Vgl. BT STENOGRAPHISCHE BERICHTE, Bd. 91, S. 10034.

7 Zu Artikel 18 des Transitabkommens vom 17. Dezember 1971 zwischen der Bundesrepublik und der DDR vgl. Dok. 9, Anm. 21.

8 Siegfried Böhm.

Festlegung der Höhe nach sei jedoch erst gegen Ende des Jahres möglich, da vorher noch keine vollständigen Zahlen vorlägen. Die Transitpauschale werde in den Verhandlungen über die Verbesserung des Transitverkehrs eine erhebliche Rolle spielen. Wir gingen davon aus, daß die Pauschalsumme bei der Frage der Finanzierung bestimmter Projekte berücksichtigt werde.

– Teltow-Kanal
Unter Berücksichtigung der Ergebnisse der Beratungen in der Vierergruppe[9] habe im Januar ein Gespräch beim Bundeskanzler mit dem Regierenden Bürgermeister über die Frage der Verhandlungsführung stattgefunden.[10] Dabei sei man einig gewesen, daß es vorzuziehen sei, wenn der Bund verhandele. Man habe jedoch kaum Aussichten für ein Nachgeben der DDR in dieser Frage gesehen. Dennoch sei StS Gaus angewiesen worden, die Härte der DDR-Haltung zu testen. In dem Gespräch mit Nier – und noch mehr in einer Unterredung zwischen dem Chef der Senatskanzlei, Herz, und Mitdank – sei klar geworden, daß für die DDR die Verhandlung durch den Senat eine conditio sine qua non sei. In einem Schreiben an Senator Stobbe habe der Chef des Bundeskanzleramtes heute den Senat gebeten, durch Beauftragte mit der Regierung der DDR über Fragen des Ausbaus des Teltow-Kanals zu verhandeln.[11] Die Bundesregierung habe sich in dem Schreiben ausdrücklich vorbehalten, ihrerseits mit der Regierung der DDR über Fragen zu verhandeln, die die Öffnung des Kanals für den Schiffsverkehr sowie die notwendigen Erleichterungen bei der Abfertigung und Kontrolle des Verkehrs betreffen. Er, Sanne, brauche in diesem Kreise nicht zu erläutern, was damit gemeint sei. Man müsse jedoch realistischerweise in Rechnung stellen, daß es der DDR gegenüber wohl nicht möglich sein werde, beim Teltow-Kanal das durchzusetzen, was bei anderen Wasserstraßen nicht gelungen sei. Die DDR

---

[9] Ministerialdirigent Meyer-Landrut teilte am 14. Januar 1975 mit, in der Sitzung der Bonner Vierergruppe am 9. Januar 1975 habe der französische Sprecher die Auffassung vertreten, „die Verhandlungen über die Öffnung des Teltow-Kanals sollten von der Bundesregierung geführt werden". Er habe jedoch auf die Frage des deutschen Sprechers, „ob die französische Seite sich damit gegen eine Verhandlungsführung durch den Senat ausspreche", sein Votum dahingehend eingeschränkt, „französischerseits werde der Verhandlungsführung durch die Bundesregierung der Vorzug gegeben, man werde jedoch die Bedenken gegen eine Verhandlungsführung durch den Senat zurückstellen, falls sich die deutsche Seite hierfür entscheiden sollte". Meyer-Landrut ergänzte, der amerikanische und der britische Sprecher hätten erklärt, „von ihrer Seite bestünden keine Bedenken gegen, aber auch keine Präferenz für die eine oder andere der beiden Alternativen. Sollte sich die Bundesregierung für eine Verhandlungsführung durch den Senat entscheiden, sei eine ‚specific authorization' durch die Alliierte Kommandantur erforderlich." Vgl. Referat 210, Bd. 111586.

[10] Zum Gespräch des Bundeskanzlers Schmidt mit dem Regierenden Bürgermeister von Berlin, Schütz, am 15. Januar 1975 vgl. die Aufzeichnung des Ministerialdirektors Sanne, Bundeskanzleramt, vom 16. Januar 1975; VS-Bd. 10166 (210); B 150, Aktenkopien 1975.

[11] Staatssekretär Schüler, Bundeskanzleramt, teilte dem Senator für Bundesangelegenheiten, Stobbe, am 18. März 1975 mit, die Bundesregierung habe „auf Grund der im Ministergespräch bei dem Herrn Bundeskanzler am 15. Januar 1975 mit dem Herrn Regierenden Bürgermeister getroffenen Absprache" die Frage der Verhandlungsführung über den Teltow-Kanal erneut geprüft. Das Ergebnis der Prüfung habe „die im Ministergespräch vorherrschende Auffassung bestätigt, daß die Verhandlungsführung durch den Senat zweckmäßig ist. Die Bundesregierung bittet deshalb den Senat, durch Beauftragte mit der Regierung der DDR über Fragen des Ausbaues des Teltow-Kanals zu verhandeln. Die Bundesregierung behält sich vor, ihrerseits mit der Regierung der DDR über Fragen zu verhandeln, die die Öffnung des Kanals für den Schiffsverkehr sowie die notwendigen Erleichterungen bei der Abfertigung und Kontrolle des Verkehrs betreffen." Vgl. Referat 210, Bd. 111586.

habe sich auf den Standpunkt gestellt, daß das Transitregime dort ende, wo der Wasserweg zum ersten Mal Berliner Territorium berühre.

3) Über die Verhandlungsvorschläge der DDR vom 9.12.1974 hinaus werde die Bundesregierung eine Reihe von administrativen Maßnahmen vorschlagen, die ohne großen finanziellen Aufwand zu realisieren seien, z. B.

– Öffnung des Straßenübergangs Heiligensee in Berlin (West) zunächst zur Erleichterung des Straßenverkehrs in den Norden der DDR und nach Skandinavien, später Benutzung als Übergang der Transitautobahn Berlin (West) nach Hamburg;
– Öffnung des Straßenübergangs Lichtenrade in Berlin (West) für den Straßenverkehr in den Süden der DDR und in dritte Staaten;
– Verbesserung des Reisezugverkehrs zwischen der Bundesrepublik Deutschland und Berlin (West), insbesondere Anschluß Berlins an das TEE-Netz, Einsetzung von besonderen Transitschnellzügen u. ä.

Wie die DDR hierauf reagieren werde, sei ungewiß.

II. Aus der anschließenden Diskussion ist festzuhalten:

1) Der britische Botschafter fragte, ob mit der Rückkehr Abrassimows[12] nach unserer Einschätzung eine „unangenehme Zeit" bevorstehe.

MD Sanne entgegnete, das könne sein, warum Abrassimow wieder nach Ostberlin geschickt worden sei, könne man nicht eindeutig beantworten. Es sei möglich, daß er dort einen härteren Kurs in der Berlin-Frage vertreten solle. Man könne auch den Gesichtspunkt einer stärkeren Aufsicht über die DDR nicht ausschließen. In jedem Fall sei Abrassimow in der Lage, als unmittelbar Beteiligter aus der Geschichte der Berlin-Verhandlungen heraus argumentieren zu können.

2) Die Frage des britischen Botschafters, ob eine Tendenz feststellbar sei, daß Botschafter Falin mit der Bundesregierung immer mehr über Berlin-Angelegenheiten spreche, verneinte MD Sanne. Von einer Steigerung der Intensität könne man nicht sprechen. Falin weise aber in letzter Zeit immer wieder darauf hin, daß die Bundesregierung der eigentliche Schuldige für die Probleme sei. Berlin stelle „Ballast" für die bilateralen Beziehungen dar, der abgeworfen werden müsse. Er, Sanne, befürchte, daß wir noch in schwieriges Wasser kommen würden. Das gelte insbesondere für die Berlin-Problematik im Zusammenhang mit EG-Fragen, wie unmittelbare Wahlen zum Europäischen Parlament[13], Paßunion[14] u. ä. Hier müsse die Vierergruppe so stark wie möglich

---

[12] Pjotr Andrejewitsch Abrassimow war von 1962 bis 1971 sowjetischer Botschafter in Ost-Berlin und wurde dort am 15. März 1975 erneut akkreditiert.

[13] Die Gipfelkonferenz der EG-Mitgliedstaaten am 9./10. Dezember 1974 in Paris beschloß eine engere Beteiligung des Europäischen Parlaments an der Politischen Zusammenarbeit, eine Erweiterung seiner Kompetenzen und die baldige Verwirklichung allgemeiner Wahlen zum Europäischen Parlament, worüber der EG-Ministerrat 1976 beschließen sollte. Vgl. dazu Ziffer 4 und 12 des Kommuniqués; EUROPA-ARCHIV 1975, D 42 f.
Zu einer Einbeziehung von Berlin (West) in Direktwahlen zum Europäischen Parlament vgl. Dok. 125.

[14] In Ziffer 10 des Kommuniqués der Gipfelkonferenz der EG-Mitgliedstaaten am 9./10. Dezember 1974 in Paris wurde die Einsetzung einer Arbeitsgruppe angekündigt, „die die Möglichkeiten zur Schaffung einer Paß-Union und – im Vorgriff – die Einführung eines einheitlichen Passes untersuchen soll". Vgl. EUROPA-ARCHIV 1975, D 42.

eingeschaltet werden und in freimütiger Diskussion Alternativen erörtern, ohne daß von seiten der Drei Mächte darauf verwiesen werde, die Bundesregierung müsse sich zunächst eine eigene Meinung bilden.

Kastrup[15]

VS-Bd. 10165 (210)

55

Aufzeichnung des Vortragenden Legationsrats I. Klasse Munz

203-320.10 PTG-535/75 geheim   22. März 1975

Betr.: Lage in Portugal[1]

Anlg.: 1

1) Am 21.3.1975 gingen der Bundesregierung Informationen zu, wonach in Portugal sich eine kommunistische Machtübernahme nach Prager Modell (1948) abzeichne (s. Anlage)[2].

2) Auf Einladung des Bundeskanzlers fand um 19.00 Uhr eine Besprechung statt, an der auch der Bundesminister des Auswärtigen, Staatsminister Wischnewski und Staatssekretär Gehlhoff teilnahmen. Ergebnis: Die Informatio-

---

[15] Paraphe vom 21. März 1975.

[1] Nach dem gescheiterten Putschversuch vom 11. März 1975 wurde am 12. März von der aus 200 Mitgliedern bestehenden Versammlung der „Bewegung der Streitkräfte" ein Oberster Revolutionsrat mit Präsident Costa Gomes an der Spitze eingesetzt. Der Revolutionsrat, der ermächtigt wurde, Beschlüsse einer künftigen zivilen Regierung aufzuheben, verstaatlichte am 13. und 14. März 1975 alle Privatbanken und Versicherungsgesellschaften. Entsprechend der Ankündigung von Costa Gomes vom 17. März 1975, „falls nötig, ein exzessives Parteienspektrum zu beschneiden", verbot der Revolutionsrat am 18. März 1975 jede weitere politische Tätigkeit der Christlich-Demokratischen Partei, der Arbeiter- und Bauernallianz und der maoistischen Bewegung für die Reorganisation des Proletariats. Am darauffolgenden Tag ordnete er „aus ‚technisch-organisatorischen' Gründen" die Verschiebung der ursprünglich für den 12. April 1975 vorgesehenen Wahl einer verfassunggebenden Versammlung auf den 25. April 1975 an. Vgl. die Drahtberichte Nr. 112 und Nr. 117 des Botschafters Caspari, Lissabon, vom 18. März bzw. vom 20. März 1975; Referat 110241.

[2] Dem Vorgang beigefügt. Der SPD-Abgeordnete Friedrich vermerkte am 21. März 1975 für Bundeskanzler Schmidt: „Heute um 16.00 Uhr kam direkt aus Lissabon der Genosse Ruthmann (Pressesprecher der Sozialistischen Fraktion im Europäischen Parlament) mit einer persönlichen mündlichen Botschaft von Mario Soares." Nach den Informationen von Soares solle die portugiesische Regierung unter starker Beteiligung der Kommunistischen Partei umgebildet werden. Präsident Costa Gomes habe „die Armee nicht mehr in der Hand [...]. Soares ist der Auffassung, daß hier nach dem Prager Modell (1948) gehandelt wird. Die Wirtschaftssituation wird kritisch. [...] Es besteht die Befürchtung der Wahlmanipulation. Im Land breitet sich Angst aus. Die Kommunisten beherrschen die Geheimpolizei. Die Akten der PIDE (Politische Polizei Salazars) werden zur Erpressung genutzt, vor allem gegen Journalisten, die nicht bereit sind, mit den Kommunisten konform zu gehen. Soares bittet uns um schnelle Einwirkung auf die Staaten der EG, Moskau, Vatikan und Mobilisierung der Öffentlichkeit und um Einwirkung auf Präsident Gomes." Vgl. VS-Bd. 9947 (203); B 150, Aktenkopien 1975.

nen seien ernst zu nehmen. Der Bundeskanzler telefonierte mit US-Präsident Ford und dem britischen Ministerpräsidenten Wilson.[3] Dabei wurde angeregt:
- Konsultation im NATO-Rahmen in Brüssel,
- Einbestellung des jeweiligen sowjetischen Botschafters,
- Neuner-Demarche durch Präsidentschaft beim portugiesischen Ministerpräsidenten (für pluralistische Demokratie).

3) Nach der Besprechung im Kanzleramt besprach sich der Staatssekretär im Auswärtigen Amt mit NATO-Botschafter Krapf, D 2[4] und den Referatsleitern 201[5] und 203[6]. Es wurde veranlaßt:
- Einschaltung des Nuntius[7] (Bitte um Intervention des Vatikans) durch StM Wischnewski,
- Drahtweisung nach Dublin (Befassung der Präsidentschaft mit dem Ziel einer Neuner-Demarche in Lissabon)[8],
- Drahtweisung an NATO-Botschafter wegen Einberufung des NATO-Rates bzw. Konsultation im NATO-Rahmen,
- Unterrichtung der Botschaften Washington und Lissabon[9].

[3] Zum Telefongespräch des Bundeskanzlers mit dem britischen Premierminister am 21. März 1975 vermerkte Legationsrat I. Klasse Leonberger am selben Tag, Schmidt habe Wilson mitgeteilt, „daß er soeben mit Präsident Ford am Telefon gesprochen habe. Er habe auf möglicherweise beunruhigende Entwicklungen, die sich morgen oder übermorgen in Portugal vollziehen könnten" hingewiesen. Ford habe erwidert, „daß er genau die gleichen Informationen besitze. BK sagte, nach einer Kabinettsumbildung in Lissabon sollten nach seinem Wissen vier bis fünf Kommunisten ins Kabinett […]. Die sozialistische Partei solle ausgeschaltet werden. Der Bundeskanzler gab auch den Eindruck wieder, daß Staatspräsident Gomes die Lage nicht mehr voll unter Kontrolle habe und insbesondere die Verhältnisse in der Armee unübersichtlich geworden sein. Der Bundeskanzler unterrichtete Wilson, daß er Präsident Ford vorgeschlagen habe, heute nacht den NATO-Rat in Brüssel zusammentreten zu lassen. Präsident Ford habe Prüfung dieses Vorschlages zugesagt und hinzugefügt, daß er mit großer Wahrscheinlichkeit diesem Ratschlag folgen werde." Vgl. VS-Bd. 9947 (203); B 150, Aktenkopien 1975.
Für die Aufzeichnung von Leonberger vom 21. März 1975 über das Telefongespräch von Schmidt mit Ford vom selben Tag vgl. VS-Bd. 9947 (203); B 150, Aktenkopien 1975.
[4] Günther van Well.
[5] Franz Pfeffer.
[6] Hermann Munz.
[7] Corrado Bafile.
[8] Ministerialdirektor van Well teilte der Botschaft in Dublin am 21. März 1975 zur Lage in Portugal mit, daß der Revolutionsrat beabsichtige, mehrere Kommunisten an der neu zu bildenden Regierung zu beteiligen, und fuhr fort, es „nicht ausgeschlossen werden, daß möglicherweise kurzfristig Entwicklungen eintreten, die über die portugiesischen Kommunisten und von den kommunistischen Ländern gesteuert, ein neues totalitäres Regime in Portugal entstehen ließen." Van Well wies die Botschaft an, „dies der Präsidentschaft mitzuteilen und sie zu bitten, erwähnte Information den Partnern […] mit der Anregung weiterzugeben, daß die Präsidentschaft dem portugiesischen Präsidenten im Namen der Neun die Besorgnis zum Ausdruck bringt, daß der Weg zu freiheitlicher, pluralistischer Demokratie in Portugal und damit auch zu enger Verbindung Portugals zu Westeuropa gefährdet werden könnte. Die neun Regierungen bekräftigen ihr Bekenntnis zu den Menschenrechten und bringen ihren Wunsch zum Ausdruck, daß Portugal zu politischer und wirtschaftlicher Stabilität finden möge, zu der die Staaten der Gemeinschaft nach Kräften beizutragen hoffen." Vgl. den Drahterlaß Nr. 1205; VS-Bd. 9947 (203); B 150, Aktenkopien 1975.
[9] Mit Drahterlaß Nr. 1206, der zur Unterrichtung auch an die Botschaften in Washington und Lissabon übermittelt wurde, teilte Ministerialdirektor van Well Botschafter Krapf, Brüssel (NATO), am 21. März 1975 die Einschätzung der Bundesregierung zur Lage in Portugal mit und bat Krapf, sich sofort mit seinem „amerikanischen Kollegen vorzubesprechen. Dabei müßte insbesondere überlegt

4) In Abwesenheit von Botschafter Falin wurde der sowjetische Gesandte Tokowinin vom Bundeskanzler einbestellt.[10]

5) Im Bundeskanzleramt fand um 24.00 Uhr erneut eine Besprechung statt. Eine weitere Zusammenkunft ist für 22.3.1975, 11.00 Uhr, im Bundeskanzleramt vorgesehen.

6) Am 22.3.1975, 10.00 Uhr, teilte BR Höynck von der NATO-Vertretung in Brüssel mit, die Weisung DE 1206 sei ausgeführt. Es werde verfahren gemäß Ziffer 3 Satz 3 (Konsultation zu Sechsen heute um 11.00 Uhr[11]).

Munz

VS-Bd. 9947 (203)

Fortsetzung Fußnote von Seite 283

werden, ob die Einberufung des NATO-Rats zu einer Sondersitzung unter Beteiligung Portugals opportun ist. Wir könnten uns vorstellen, daß der Generalsekretär die Botschafter der Vierzehn (minus Portugal), und zwar nur die Botschafter ohne Begleitung, zusammenruft." Vgl. VS-Bd. 9947 (203); B 150, Aktenkopien 1975.

[10] Vortragender Legationsrat I. Klasse Munz vermerkte am 21. März 1975 über das Gespräch des Bundeskanzlers mit dem sowjetischen Gesandten Tokowinin vom selben Tag, Schmidt habe ausgeführt, „es gebe besorgniserregende Informationen aus Portugal, wonach dort die Gefahr einer Entwicklung auf chaotische Zustände hin sich abzeichne und die Lage außer Kontrolle geraten könne. Dies müsse wohl ein Grund zur Besorgnis für alle, auch für die Sowjetunion sein. Einzelheiten über die vorliegenden Informationen oder deren Hintergründe wurden nicht genannt. Tokowinin sagte zu, seiner Regierung zu berichten und Sorge zu tragen, daß auch Breschnew unterrichtet werde." Vgl. den Drahterlaß Nr. 1209; VS-Bd. 9947 (203); B 150, Aktenkopien 1975.

[11] Gesandter Boss, Brüssel (NATO), teilte am 22. März 1975 als Ergebnis der informellen Besprechung, die „unter Beteiligung der Ständigen Vertreter der USA, Belgiens, Frankreichs, Italiens, des britischen Geschäftsträgers und mir" stattfand, mit: „Alle Beteiligten teilten mehr oder minder die Besorgnis der Bundesregierung. Eine Befassung des NATO-Rats unter Beteiligung der Portugiesen wurde von allen als unzweckmäßig angesehen. Jedoch sollen [...] die 14 (ohne Portugal) zusammentreten, um über die Lage in Portugal zu konsultieren. Alle Beteiligten waren sich darüber einig, daß Demarchen sowohl gegenüber der Sowjetunion als auch in Lissabon nur geringe positive Wirkung haben, andererseits aber wegen der westlichen öffentlichen Meinungen unerläßlich sein dürften. Die Demarchen sollten insbesondere gegenüber den Portugiesen sehr behutsam ausgeführt werden, um den Vorwurf einer Einmischung in innere Angelegenheiten zu vermeiden." Vgl. den Drahtbericht Nr. 423; VS-Bd. 9947 (203); B 150, Aktenkopien 1975.

56

**Aufzeichnung des
Vortragenden Legationsrats Freiherr von Pfetten-Arnbach**

24. März 1975

Betr.: Sitzung der EPZ-Afrika-Expertengruppe am 20.3.1975
hier: Tagesordnungspunkt:
Gemeinsame Vertretung der Neun in Guinea-Bissau

Bezug: Coreu Nr. 25 vom 29.1.1975[1]

1) Ergebnis:

Alle Teilnehmer gingen davon aus, daß eine Konstruktion der von uns vorgeschlagenen Art rechtlich möglich sei. Verschiedene Delegationen meldeten jedoch erhebliche Vorbehalte hinsichtlich der politischen und praktischen Durchführbarkeit an und zeigten generelle Reserve.

Für den Vorschlag sprachen sich Italien, Luxemburg und Großbritannien aus (letzteres unter Vorbehalt des positiven Ausgangs des Europareferendums[2]).

Dagegen war Frankreich. Dazwischen lagen Belgien, Niederlande, Dänemark und Irland, die offenbar zögern, aber eher skeptisch sind. Die Niederlande bevorzugen einen abschnittsweisen, graduellen Prozeß, der letztendlich zu einer gemeinsamen Vertretung hinführt. Sie und die Iren erklärten, sie vermöchten die genauen Auswirkungen einer gemeinsamen Vertretung in der Zukunft noch nicht voll zu überblicken.

Deutsche Delegation versprach, auf vorgebrachte Einwände nochmals per Coreu einzugehen, ehe nächste Expertensitzung beschließt, in welcher Form und mit welchem Ziel PK befaßt wird.

2) Vorgebrachte Argumente gegen deutschen Vorschlag:

– Angesichts des Neulandes, welches betreten wird, trüge man die Verantwortung für das Gelingen dieses Experiments. Es könnten sich aus europäischer

---

[1] Korrigiert aus: „28.2.1975".
In dem Drahterlaß wurde dargelegt, daß die Frage der Errichtung von Vertretungen in Guinea-Bissau durch die diplomatische Anerkennung der EG-Mitgliedstaaten am 12. August 1974, die Anerkennung des Gebietes durch Portugal am 10. September 1974 und die Bereitschaft einiger EG-Mitgliedstaaten, mit Guinea-Bissau diplomatische Beziehungen aufzunehmen, akut geworden sei. Dabei würden einige EG-Mitgliedstaaten nicht beabsichtigen, am Regierungssitz des Landes eigene Vertretungen zu errichten, sondern Botschafter in Nachbarstaaten doppelt zu akkreditieren. Die Bundesregierung habe dagegen angeregt, anstelle von Doppelakkreditierungen in Guinea-Bissau eine gemeinsame Vertretung der EG-Mitgliedstaaten zu errichten. Dazu wurde ausgeführt: „Une nouvelle impulsion aurait des effets dans le processus d'unification européenne. Cela prouverait, en autre, aux yeux de l'opinion mondiale, la volonté politique et la détermination des Neuf de se présenter également en commun en politique extérieure. Les expériences ainsi rassemblées pourraient à l'avenir être aussi mises à profit dans d'autres domaines d'une représentation commune à l'extérieur. [...] L'Ambassade commune, en tant que représentation mixte, représenterait donc aussi bien la Communauté que les Etats membres groupés en son sein et serait compétente, de ce fait, dans tous les domaines qui sont mis en commun et dans lesquels les Etats membres pratiquent une politique commune. Elle attesterait la cohérence de la C. E. et de la C. P. E. décidée à la Conférence au sommet et serait l'expression tangible de la solidarité de la Communauté." Vgl. Referat 321, Bd. 108276.

[2] Zur britischen Ankündigung eines Referendums über die EG-Mitgliedschaft vgl. Dok. 37, Anm. 19.

Sicht Nachteile ergeben, wenn es fehlschlage (Frankreich). Scheitern eines derartigen Präzedenzfalles würde europäische Öffentlichkeit desillusionieren (Holland).
– Es müsse nicht immer Interessen- oder Meinungsidentität fortbestehen (Frankreich). Ökonomische Interessengegensätze im Augenblick zwar wenig wahrscheinlich, sie könnten aber in der Zukunft aufbrechen (Belgien).
– Afrikanische Länder sammeln möglichst viele Botschaften in ihrer Hauptstadt. Deshalb bereits Doppelakkreditierungen unerwünscht. Eine gemeinsame Vertretung könnte in afrikanischen Augen ähnliche Voreingenommenheit wachrufen (Holland und Frankreich). Würde ein kleines Entwicklungsland wie Guinea-Bissau sich nicht durch das Ansinnen der Errichtung einer gemeinsamen Vertretung psychologisch beschwert fühlen und mißtrauisch reagieren (Luxemburg)?
– Würden nicht andere afrikanische Länder die Frage stellen, welche politische Bedeutung diesem Schritt der Neun zukomme? Was würden diejenigen afrikanischen Länder sagen, in denen einige EG-Mitglieder überhaupt nicht vertreten sind? Hätten sie nicht das Gefühl, gegenüber Guinea-Bissau benachteiligt zu sein (Holland)?
– EG seit langem etabliert, EPZ aber noch im delikaten Anfangsstadium (Belgien).
– Könnte ein derartiges Experiment gegenwärtig anderswo wiederholt werden? Wenn nein, hat es dann einen Sinn (Irland)?
– Wenn EG-Mitglieder, wie z. B. Irland, nur in einem einzigen afrikanischen Land diplomatisch vertreten sind, kann man ihnen dann zumuten, ausgerechnet im Kleinstaat Guinea-Bissau im Rahmen einer gemeinsamen Vertretung präsent zu sein (Irland)?[3]

Über Herrn VLR I Müller[4] Herrn D 3[5]

Pfetten

Referat 321, Bd. 108276

---

[3] Am 12. Mai 1975 wurden von der Delegation der Bundesrepublik folgende Argumente gegen die von der Afrika-Expertengruppe im Rahmen der EPZ vorgebrachten Einwände übermittelt: „En égard au désir fondamental exprimé par les neuf Chefs de Gouvernement et les Ministres des Affaires étrangères d'entendre la coopération à d'autres domaines de la politique extérieure, de nouveau moyens d'actions concertée des pays de la Communauté doivent être mis a l'épreuve également dans la pratique." Weiter wurde ausgeführt, daß auch bei einer gemeinsamen Vertretung der Neun ein individuelles Vorgehen der einzelnen Staaten möglich bleibe und auch von einer gemeinsamen Vertretung dem Gastland gegenüber unterschiedliche Nuancen dargestellt werden könnten. Das Terrain für ein gemeinsames Auftreten der Neun in Drittstaaten sei schon vorbereitet, und die EG-Mitgliedstaaten hätten sich bei der Anerkennung des Neustaates Guinea-Bissau bereits abgestimmt. Schließlich wurde betont: „Si l'Ambassade commune des Neuf en Guinée-Bissau fait ses preuves, on pourrait parfaitement envisager plus tard de répéter ce modèle dans d'autres pays, par exemple dans ceux où plusieurs pays de la C. E. ne sont pas représentés pour des raisons d'économie et de rationalisation." Vgl. den Drahterlaß Nr. 123; Referat 321, Bd. 108276.
Die Afrika-Expertengruppe im Rahmen der EPZ konnte sich am 11. Juni 1975 in Dublin nicht auf eine gemeinsame Vertretung in Guinea-Bissau einigen: „Frankreich war gegen jede Neuner-Vertretung, Niederlande und Dänemark im Falle Guinea-Bissau. Viele Delegationen hielten Projekt für verfrüht." Vgl. die Aufzeichnung des Vortragenden Legationsrats Merkel vom 13. Juni 1975; Referat 312, Bd. 108250.

[4] Hat Vortragendem Legationsrat I. Klasse Müller am 24. März 1975 vorgelegen.

[5] Hat Ministerialdirektor Lahn am 25. März 1975 vorgelegen.

57

Drahterlaß des Vortragenden Legationsrats I. Klasse Pfeffer

201-363.60/2-962/75 VS-vertraulich　　　　　Aufgabe: 24. März 1975, 19.22 Uhr[1]
Fernschreiben Nr. 1230 Plurex

Betr.: Wiederaufnahme der Verteidigungshilfe an Türkei und Griechenland[2]
Bezug: DE vom 20.3.1975 – AZ 201-363.60/2-554/75-VS-vertraulich[3]

1) Herr Staatssekretär Gehlhoff hat heute den türkischen[4] und griechischen Botschafter[5] empfangen und einleitend die mit Bezugserlaß übermittelten Gesprächsvorschläge vorgetragen.

2) Der türkische Botschafter dankte für die Mitteilungen, die seine Regierung mit Befriedigung zur Kenntnis nehmen werde. Auf diese Entscheidung der Bundesregierung warte Ankara schon seit Monaten. Die türkische Regierung habe sich große Sorge über die Auswirkungen des Stopps auf die deutsch-türkischen und auf die Allianz-Beziehungen gemacht. Das Wichtigste sei nun, daß diese Schwierigkeiten lautlos überwunden würden.

---

[1] Drahterlaß an die Botschaften in Ankara, Athen, Nikosia und Washington sowie an die Ständige Vertretung bei der NATO in Brüssel.
Hat Referat 204 zur Mitzeichnung vorgelegen.
[2] Zu den Überlegungen der Bundesregierung hinsichtlich einer Wiederaufnahme der Verteidigungshilfe für Griechenland und die Türkei vgl. auch Dok. 32.
[3] Ministerialdirektor van Well teilte den Botschaften in Athen, Ankara, Nikosia und Washington sowie der Ständigen Vertretung bei der NATO in Brüssel mit, daß Staatssekretär Gehlhoff am 24. März 1975 „die Botschafter der Türkei und Griechenlands getrennt empfangen und sie anhand der in der Anlage übermittelten Sprechzettel über den Beschluß des Bundessicherheitsrats zur Wiederaufnahme der Verteidigungshilfe an beide Länder unterrichten" werde. Die Botschafter in Ankara und Athen, Sonnenhol und Oncken, wurden angewiesen, „an möglichst hoher Stelle im Außenministerium des Gastlandes vorzusprechen und [...] über die Wiederaufnahme der Verteidigungshilfe an das jeweilige Gastland zu unterrichten." Im Gesprächsvorschlag für Gehlhoff gegenüber dem griechischen Botschafter Phrydas wurde ausgeführt, daß die Bundesregierung die Verteidigungshilfe an Griechenland wieder aufzunehmen beabsichtige: „Da diese Hilfe wegen der Ihnen bekannten Umstände seit 1968 unterbrochen war, konnte sie aus haushaltsrechtlichen Gründen nicht mehr 1975 eingeplant werden. Eine weitere Schwierigkeit liegt darin, daß wir diese Verteidigungshilfe, die im Rahmen des NATO-Bündnisses gegeben wird, eigentlich nur an Bündnispartner liefern können, die der militärischen Integration der NATO angehören. Die Bundesregierung wird sich dennoch dafür einsetzen, daß die Verteidigungshilfe an Ihr Land bei den Beratungen für den Haushalt 1976 in Ansatz gebracht wird. Bis zum Anlaufen der Verteidigungshilfe ist beabsichtigt, Ihnen mit der kostenlosen Abgabe von Bundeswehrmaterial zu helfen. [...] Allerdings kann die Lieferung des Überschußmaterials erst nach Zustimmung der zuständigen parlamentarischen Gremien (Haushaltsausschuß, Auswärtiger Ausschuß) erfolgen. Wir wollen uns bemühen, diese Zustimmung so schnell wie möglich zu erhalten und hoffen, daß sie bis Ende April vorliegt. Etwa im Mai könnten dann die ersten Lieferungen anlaufen, zumindest aber konkrete Verhandlungen erfolgen." Im Gesprächsvorschlag gegenüber dem türkischen Botschafter Halefoglu hieß es, der Bundessicherheitsrat habe beschlossen, „daß die unterbrochene Abwicklung der siebten Tranche der Verteidigungshilfe freigegeben werden und die Unterzeichnung der achten Tranche erfolgen kann. [...] Die Unterzeichnung der achten Tranche kann nach unseren Vorstellungen in etwa acht Tagen erfolgen. [...] Zusätzlich zur Verteidigungshilfe ist beabsichtigt, der Türkei Überschußmaterial der Bundeswehr zu liefern." Vgl. den Drahterlaß Nr. 1203; VS-Bd. 8627 (201); B 150, Aktenkopien 1975.
[4] Vahit Halefoglu.
[5] Aristoteles J. Phrydas.

Er stehe zur Unterzeichnung der achten Tranche, wie vom Herrn Staatssekretär vorgeschlagen, in der Woche nach Ostern zur Verfügung. Die Vollmacht aus Ankara liege ihm bereits vor. Der türkische Militärattaché[6] werde sich unserem Vorschlag entsprechend unverzüglich mit dem Bundesministerium der Verteidigung in Verbindung setzen.[7]

Was die Wiederaufnahme der Verteidigungshilfe an Griechenland angehe, so habe Ecevit bei seinem Bonner Besuch dem Bundeskanzler[8] und den Bundesministern des Auswärtigen[9] und der Verteidigung[10] erklärt, daß die Türkei hiergegen nichts einzuwenden habe. Die deutsche Hilfe sollte allerdings im Verhältnis stehen zu den Leistungen, welche die beiden Allianzpartner der Südostflanke für die gemeinsame Verteidigung tatsächlich erbrächten. Er erinnere daran, daß die Türkei im Gegensatz zu Griechenland der militärischen Integration der NATO angehöre.[11] Ankara hoffe, daß die griechische Regierung ihren Entschluß, aus der militärischen Integration der NATO auszutreten, wieder aufheben werde.

3) Der griechische Botschafter erwiderte auf die Mitteilungen des Staatssekretärs folgendes: Es sei erfreulich, daß die Verteidigungshilfe an Griechenland wieder aufgenommen werde. Die Regierung Karamanlis habe die Gründe verstanden, die zur Einstellung unserer Hilfe geführt hätten, weniger allerdings, daß diese Hilfe seit August 1974 eingestellt geblieben sei.

Der Botschafter erkundigte sich sodann danach, in welchem Verhältnis die künftige Verteidigungshilfe an Griechenland zu derjenigen an die Türkei stehen werde (Umfang, Wert und zeitliche Effektuierung).

Der Herr Staatssekretär erläuterte noch einmal, daß im Falle der Türkei keine „Unterbrechung im Haushalt" eingetreten sei. Für Griechenland könnten erst im Haushalt 1976 wieder Mittel bereitgestellt werden. Trotz dieser Schwierigkeit werde sich die Bundesregierung bemühen, an beide Partner in ausgewogener Weise zu liefern.

Der Botschafter fragte besorgt, ob die NATO-Verteidigungshilfe für die Türkei womöglich „schon morgen" wiederaufgenommen werde, während die Lieferungen aus Überschußmaterial zunächst durch die beiden Ausschüsse des Bundes-

---

[6] Sabri Deliç.
[7] Staatssekretär Gehlhoff und der türkische Botschafter Halefoglu unterzeichneten am 3. April 1975 das Abkommen über die achte Tranche der Verteidigungshilfe im Rahmen der NATO. Vgl. dazu die Aufzeichnung des Vortragenden Legationsrats I. Klasse Pfeffer vom 3. April 1975; Referat 422, Bd. 117182.
[8] Legationsrat I. Klasse Leonberger, Bundeskanzleramt, vermerkte zum Gespräch des Bundeskanzlers mit dem ehemaligen Ministerpräsidenten Ecevit am 13. März 1975, Schmidt habe den Beschluß angekündigt, „daß, vorbehaltlich der Zustimmung des Auswärtigen Ausschusses des Bundestages, die Militärhilfe sowohl an die Türkei als auch an Griechenland wieder aufgenommen werde. Aus Gründen der Erhaltung des Gleichgewichts wolle man beide Seiten mit militärischen Ausrüstungsgütern versorgen. Diese Entscheidung der Bundesregierung sei auch von den USA begrüßt worden." Ecevit habe den Ausführungen des Bundeskanzlers zugestimmt. Vgl. die Gesprächsaufzeichnung; Helmut-Schmidt-Archiv, 1/HSAA 007031.
[9] Zum Gespräch des Bundesministers Genscher mit dem ehemaligen Ministerpräsidenten Ecevit am 14. März 1975 vgl. Dok. 50, besonders Anm. 10.
[10] Georg Leber.
[11] Griechenland erklärte am 14. August 1974 den Austritt aus der militärischen Integration der NATO. Vgl. dazu Dok. 32, Anm. 10.

tages genehmigt werden müßten und frühestens im Mai aufgenommen werden könnten.

Der Staatssekretär erklärte, auf den Tag genau lasse sich so etwas nicht synchronisieren. Er hoffe, daß die Hilfe an beide Länder ungefähr gleichzeitig wiederaufgenommen werde.

Der Botschafter wies noch einmal darauf hin, welche Bedeutung nach seiner Meinung der Gleichzeitigkeit und der Ausgewogenheit zukomme. Vor kurzem seien sehr scharfe Artikel in der griechischen Presse erschienen. Er sei sich mit Herrn D 2[12] einig gewesen, daß am ehesten eine Beruhigung eintrete, wenn über die Waffenhilfe nicht mehr öffentlich gesprochen und geschrieben werde. Er wisse, daß Griechen und Deutsche das gleiche Interesse an dieser Wahrung der Vertraulichkeit hätten. Wir müßten aber damit rechnen, daß andere die Sache doch wieder publik machten. Dann könne man nur mit den Argumenten der Gleichzeitigkeit und Ausgewogenheit die Leidenschaften in Griechenland einigermaßen dämpfen. Es sei also sehr wichtig, daß keine Veröffentlichungen erfolgten. Das gelte für die Verteidigungshilfe an Griechenland und für diejenige an die Türkei. Der Zeitpunkt für Verlautbarungen wäre jetzt besonders ungünstig, da die Türken in einer ganzen Reihe von Fällen den griechischen Luftraum in der Ägäis verletzten, und zwar im Rahmen von Manövern. Die griechische Regierung habe in Ankara energisch protestiert und im Wiederholungsfall angedroht, alle völkerrechtlich zulässigen Maßnahmen anzuwenden.

Der Botschafter fragte sodann, ob der Verteilerschlüssel für die Verteidigungshilfe ungefähr derselbe sein werde wie 1968 oder ob ein Ausgleich für die Unterbrechung in Frage komme. Der Staatssekretär erläuterte daraufhin, wir verständen unter Ausgewogenheit die Berücksichtigung der Faktoren Umfang, Zeitpunkt und Größe der beiden Empfangsländer. Die Lücke, die in den Lieferungen an Griechenland von 1968 bis heute aufgetreten sei, lasse sich nicht nachträglich füllen.

Der Staatssekretär gab abschließend der Hoffnung Ausdruck, daß es Ankara und Athen und den beiden Volksgruppen auf Zypern im Interesse unseres Bündnisses, Europas und aller unmittelbar Beteiligten gelingen werde, friedliche Lösungen zu finden.

Pfeffer

VS-Bd. 8627 (201)

---

12 Günther van Well.

58

Aufzeichnung des Vortragenden Legationsrats I. Klasse Ruth

221-372.20/7-464/75 geheim   25. März 1975[1]

Betr.: MBFR;
hier: Begrenzungsproblematik bei der Option III

I. Weiteres Vorgehen

1) Am 20. und 21. März fanden in Washington erneut trilaterale deutsch-britisch-amerikanische MBFR-Gespräche[2] statt. Die Gespräche konzentrierten sich auf die Problematik einer Begrenzung der mit Option III betroffenen Waffensysteme (F-4, Pershing und nukleare Sprengköpfe) sowie auf die Problematik der Einbeziehung der Panzer, die sich bereits aus dem Verhandlungsvorschlag der NATO (Reduzierung einer sowjetischen Panzerarmee) ergibt. Die Gespräche fanden auf Expertenebene statt. Verbindliche Beschlüsse wurden nicht gefaßt.

2) Auf amerikanischer Seite wird nunmehr unter Berücksichtigung der Ergebnisse des trilateralen Gedankenaustauschs ein neues Papier zur Option III erarbeitet, das erneut dem NSC vorgelegt werden muß. Man rechnet in Washington damit, daß die Formulierung des Papiers und die Billigung durch den NSC in etwa zwei bis drei Wochen abgeschlossen sein können.

3) Nach Billigung dieses Papiers durch den NSC wird es der deutschen und der britischen Regierung zur Kenntnis gegeben werden, um den beiden Regierungen Gelegenheit zu geben, sich mit dem letzten Stand der amerikanischen

---

[1] Die Aufzeichnung wurde von Vortragendem Legationsrat I. Klasse Ruth am 25. März 1975 an Ministerialdirektor van Well weitergeleitet mit dem Vorschlag, „den Herrn Staatssekretär über Absatz I" zu unterrichten.
Hat van Well am 26. März 1975 vorgelegen, der handschriftlich vermerkte: „H[errn] Staatssekretär vorzulegen (insbesondere S. 5 f.)." Vgl. Anm. 8.
Hat Staatssekretär Gehlhoff am 1. April 1975 vorgelegen, der handschriftlich für van Well vermerkte: „Hierüber muß bald eine Hausbesprechung geführt werden."

[2] Amerikanisch-britisch-deutsche Konsultationen über die Frage der Einbeziehung amerikanischer nuklearer Komponenten in die MBFR-Verhandlungen (Option III) fanden erstmals am 19. März 1974 in Washington statt. Sie wurden danach auf amerikanischen Wunsch zunächst bilateral fortgesetzt. Vgl. dazu AAPD 1974, I, Dok. 101.
Am 27./28. Februar 1975 fanden in Washington trilaterale Gespräche statt. Hierzu teilte Vortragender Legationsrat I. Klasse Ruth am 4. März 1975 mit: „Die Konsultationen haben bestätigt, daß die amerikanische Regierung entschlossen ist, die Option III in den MBFR-Verhandlungen auszuspielen, und zwar mit der ursprünglichen Substanz: 1000 nukleare Sprengköpfe, 36 Pershing, 54 F-4-Flugzeuge. [...] Die amerikanische Regierung besteht auf einer Ausspielung der Option III im MBFR-Zusammenhang, weil die Option III nach ihrer Auffassung ihre MBFR-Position gegenüber dem amerikanischen Kongreß wesentlich verbessern würde; weil die nukleare Komponente im Nunn-Amendment eine zentrale Rolle spielt und weil eventuelle Empfehlungen für quantitative Veränderungen in den MBFR-Zusammenhang gebracht werden sollten; weil der Inhalt der Option III den Vorstellungen Schlesingers für eine Straffung und Modernisierung der nuklearen amerikanischen Präsenz in Europa entspricht." Ruth ergänzte, die USA hätten klargemacht, daß Option III benutzt werden sollte, „um die MBFR-Verhandlungen in Wien vom Fleck zu bringen und die westlichen Verhandlungsziele: Zustimmung zum Konzept des ungefähren Gleichstands, Abzug einer sowjetischen Panzerarmee zu erreichen." Vgl. VS-Bd. 9480 (221); B 150, Aktenkopien 1975.

Überlegungen zu befassen.³ Die amerikanische Seite hofft, daß es möglich ist, eine Position zu formulieren, die von den drei Regierungen zumindest tendenziell unterstützt werden kann. Wir haben mit den Briten deutlich gemacht, daß wir uns die Möglichkeit vorbehalten, in der NATO auch abweichend Stellung zu nehmen und zu Einzelpunkten eigene Vorschläge zu unterbreiten; das Ausmaß der Übereinstimmung hängt naturgemäß von der Fassung des neuesten amerikanischen Papiers ab.

4) Nach Prüfung des neuen amerikanischen Papiers durch die deutsche und britische Regierung in weiteren zwei bis drei Wochen nach Erhalt des amerikanischen Papiers soll das Option-III-Papier dann als amerikanische Vorlage in der NATO zirkuliert und dort diskutiert werden. Eine der ersten Aufgaben wird darin bestehen, in Brüssel das geeignete Gremium hierfür zu bestimmen.

II. Hauptprobleme

Bei den Erörterungen in Washington wurde erneut deutlich:
– daß mit der Option III eine neue komplizierende Qualität in die MBFR-Verhandlungen einbezogen wird,
– daß die künftigen Verhandlungsschritte mit der größten Sorgfalt entwickelt werden müssen,
– daß die Alliierten und insbesondere die Teilnehmer an den bisherigen trilateralen Gesprächen die Option III in engster Abstimmung vorbereiten und verhandeln müssen.

Der letzte trilaterale Gedankenaustausch in Washington hatte ausschließlich die Möglichkeiten und Probleme eines reziproken Vorgehens bei der Begrenzung der Elemente der Option III und der Panzer zu prüfen. Es bestand darin Übereinstimmung, daß ein gewisses Maß an Begrenzung des verbleibenden Umfangs der reduzierten Systeme unumgänglich ist, daß dabei aber das politisch und militärisch Vertretbare sorgfältig geprüft und von uns insbesondere am Kriterium der westlichen Flexibilität gemessen werden muß. Der Diskussion lagen ein deutsches⁴ und britisches⁵ Papier sowie eine neue amerikanische Ausarbeitung zur Begrenzungsproblematik⁶ zugrunde. Die deutsche und britische Position war in einem bilateralen Gespräch am 14. März abgestimmt worden.⁷

---

3 Zum amerikanischen Papier vom 18. April 1975 und zur Haltung der Bundesregierung dazu vgl. Dok. 101.
4 Am 10. März 1975 übermittelte Vortragender Legationsrat I. Klasse Ruth das Arbeitspapier „MBFR – remaining issues" vom 7. März 1975 an die Botschaften in London und Washington, das sich „ausschließlich mit der Begrenzungsproblematik im Zusammenhang von Option III" befaßte. Ruth teilte dazu mit: „Die Frage der numerischen Definition des common ceiling als das mit der Option III zu verkoppelnde Verhandlungsziel bleibt noch offen. Wir sind jedoch der Auffassung, daß versucht werden sollte, mit der Option III eine Quantifizierung des common ceiling zu erreichen." Vgl. den Drahterlaß Nr. 892; VS-Bd. 9482 (221); B 150, Aktenkopien 1975.
5 Für das britische Papier „MBFR: Option III: Ceilings and Constraints" vom 11. März 1975 vgl. VS-Bd. 9482 (221).
6 Für das undatierte amerikanische Arbeitspapier „Option III – post-trilateral ceiling issues" vgl. VS-Bd. 9482 (221).
7 Botschaftsrat I. Klasse Hofmann vermerkte am 16. März 1975, das Gespräch mit britischen Experten am 14. März 1975 habe zu einer Annäherung der Standpunkte, hauptsächlich aufgrund britischen Einlenkens geführt. Einigung sei über folgende Punkte erzielt worden: „1) Efforts should be made to define ‚aircraft with a nuclear task/rôle' without resorting to the criterion of crew training;

Folgende Hauptprobleme wurden diskutiert:

1) Definition der einzubeziehenden Flugzeuge

a) Es standen folgende Möglichkeiten zur Debatte:

– nuklearfähige Flugzeuge nach Typen definiert:
Die Problematik dieser Lösung liegt darin, daß nicht nur nuklearfähige Flugzeuge in tatsächlich nuklearer Rolle betroffen würden, sondern auch nuklearfähige Flugzeuge in konventioneller Rolle.

– nuklearfähige Flugzeuge nach Modellen definiert:
Nach diesem Verfahren wären alle Modelle einzubeziehen, die nuklear ausgerüstet sind. Dieses Verfahren würde hinsichtlich der nuklearfähigen, aber nicht nuklear ausgerüsteten Flugzeuge eine größere Flexibilität sicherstellen. Es würde aber bedeuten, daß alle für den nuklearen Einsatz ausgerüsteten Flugzeuge betroffen würden, auch wenn sie nicht für eine nukleare Rolle assigniert würden.

– Flugzeuge in nuklearer Rolle:
Dieses Verfahren würde uns größtmögliche Flexibilität erhalten. Die Problematik liegt hier darin, daß es sich bei dem zugrundegelegten Kriterium um eine planerische Entscheidung handelt, die einerseits nur schwer durch nationale technische Mittel der Gegenseite verifizierbar ist und andererseits die Gefahr enthält, der Gegenseite ein Mitspracherecht in der Planung zu geben. Dieses Verfahren wurde besonders intensiv von der britischen Delegation vertreten. Wir haben diese flexible Position mit der Begründung unterstützt, daß es möglich sein müßte, die unerwünschten Einflußnahmen der anderen Seite zu verhindern und eine deklaratorische Lösung zu finden.

b) Die Amerikaner haben eine endgültige Entscheidung hinsichtlich dieser drei Alternativen noch nicht gefällt. Sie haben jedoch keinen Zweifel daran gelassen, daß sie die Definition „Flugzeuge in nuklearer Rolle" nicht für machbar halten.

Möglicherweise läßt sich eine Lösung finden, die zwischen der Modelldefinition und der flexibelsten Definition nach der nuklearen Rolle liegt. Die Briten und wir wurden von den Amerikanern gebeten, zu diesem Punkt möglichst bald unsere Position klarzustellen.

c) Bei allen Varianten wird es kaum zu umgehen sein, mit Listen zu arbeiten, in denen die betroffenen Flugzeuge beider Seiten festgehalten werden. Die Amerikaner haben dazu bereits Vorschläge entwickelt, die jedoch ein hohes Maß an vereinbartem Detail erfordern. Wir haben demgegenüber den Standpunkt ver-

---

Fortsetzung Fußnote von Seite 291

2) Option III should be elaborated as a ‚make-weight' in order to obtain W[arsaw] P[act] agreement to the Western Phase I program including withdrawal of a Soviet tank army and a quantified common ceiling on manpower; 3) Option III should maintain the focus on US and Soviet reductions in Phase I. The Non-US participants should accept only temporary commitments in connection with Option III; 4) It is undesirable to envisage constraints formulated as vague, generalized non-circumvention commitments. The same is true of a clause permitting ‚modest increases'. Constraints/ceilings should rather be defined in concrete forms, though not as narrow as originally conceived by the US." Keine Einigung sei über die Fragen erzielt worden, ob „Boden-Bodenraketen im Raum generell in Constraints/Ceilings einbezogen werden" sollten und: „Mit welchen Modalitäten sollen/können Kampfpanzer in Begrenzungen einbezogen werden?" Vgl. VS-Bd. 9482 (221); B 150, Aktenkopien 1975.

treten, daß man allenfalls deklaratorische Listen ins Auge fassen sollte, um die Gefahr der permanenten Einflußnahme der anderen Seite auf die Ausgestaltung unserer Ausrüstung zu umgehen.

2) Boden-Boden-Raketen

Auch bei der Begrenzung der Boden-Boden-Raketen ergibt sich die Frage der geeigneten Definition. Die Möglichkeiten schwanken zwischen
- Spezifizierung auf Pershing,
- Spezifizierung nach Reichweite,
- Einbeziehung aller Boden-Boden-Raketen.

Die britische Delegation hat zunächst die Auffassung vertreten, daß eine generelle Definition dem Kriterium der Flexibilität am ehesten gerecht werden könnte. Die Amerikaner und wir vertraten dagegen die Auffassung, daß die zu begrenzenden Systeme möglichst eng gefaßt werden sollten und daß insbesondere die nuklearfähigen Haubitzen und die Raketensysteme bis einschließlich Lance nicht begrenzt werden dürfen. Wir haben daher die amerikanische Definition „Boden-Boden-Raketen mit einer Reichweite über 500 km" unterstützt. Dies würde künftigen Modernisierungserfordernissen und den militärischen Anforderungen gerecht werden. Für unsere Pershing bliebe Modernisierung des gegenwärtigen Bestands im Austausch 1:1 möglich.

3) Nukleare Sprengköpfe

Die zahlenmäßige Begrenzung der Gesamtzahl im Raum der Reduzierungen auf dem nach den vorgesehenen amerikanischen Reduzierungen erreichten Niveau erschien den Gesprächsteilnehmern relativ unproblematisch. Bei der Formulierung eines entsprechenden Verhandlungsvorschlags muß darauf geachtet werden, daß auch hier die Modernisierung sichergestellt wird und nationale Auflagen für die europäischen Elemente vermieden werden.

4) Problematik der Reziprozität

a) Es geht um die Frage, ob und in welcher Weise Begrenzungen ausgehandelt werden sollen
- für den Umfang der reduzierten Systeme auf der reduzierenden Seite (amerikanische F-4, Pershing, nukleare Sprengköpfe, sowjetische Panzer);
- für den Umfang der von der anderen Seite reduzierten Systeme (amerikanische Panzer; sowjetische Flugzeuge, SSMs und nukleare Sprengköpfe);
- für die entsprechenden europäischen Waffensysteme.

b) Die Forderung ausreichender Reziprozität wird vor allem von der britischen Seite erhoben. Es wurde in der Diskussion deutlich, daß eine generelle Lösung des Problems ohne negative Auswirkungen auf die westliche Flexibilität kaum möglich ist. Dies trifft insbesondere für eine allgemeine Begrenzung des Umfangs der Panzer zu, die eine Festschreibung der bestehenden Panzerdisparitäten zugunsten des Ostens bedeuten würde. Diese Festschreibung wird von allen Beteiligten als unakzeptabel bezeichnet.

Die Aussicht, eine akzeptable Begrenzungslösung zu finden, hängt weitgehend von der Möglichkeit ab, eine akzeptable, flexible Definition der Waffensysteme zu entwickeln.

Ein besonderes Problem liegt naturgemäß in der Frage, ob und in welcher Weise europäische Systeme in entsprechende Begrenzungsvereinbarung schon in der ersten Phase einbezogen werden sollen. Alle Beteiligten sind sich darin einig, daß mit einer entsprechenden Forderung der anderen Seite bei Einführung der Option III gerechnet werden muß.

c) Britischer common-ceiling-Vorschlag

Im britischen Papier ist der Vorschlag enthalten, für die reduzierten Systeme jeweils übereinstimmende Höchststärken festzulegen. Dieser Vorschlag entspricht dem britischen Interesse nach strikter Reziprozität. Er sieht vor:
- common ceiling für Flugzeuge in nuklearer Rolle,
- common ceiling für alle Boden-Boden-Raketen,
- common ceiling für Panzer auf der Höhe der überlegenen Panzerzahl des Warschauer Pakts.

Das Problem der nuklearen Sprengköpfe wurde als Sonderproblem in diesem Zusammenhang nicht behandelt.

Die britischen Überlegungen bestechen zunächst wegen ihrer Affinität mit dem common-ceiling-Konzept für Landstreitkräfte. Die Amerikaner und wir waren uns jedoch darin einig, daß die Nachteile die Vorzüge überwiegen. Diese Nachteile bestehen in folgendem:
- Aufgabe der Konzentration auf Landstreitkräfte und generelle Ausweitung auf Waffensysteme,
- Vereinbarung eines Netzes von rüstungskontrollpolitischen Vereinbarungen im Raum der Reduzierungen; das Ergebnis wäre eine zunehmende Verdichtung solcher Vereinbarungen, die es schwermachen würde, die Schaffung einer besonderen Rüstungskontrollzone zu verhindern.

Die britischen Überlegungen, die von London selbst als Beitrag zu einer Vervollständigung möglicher Szenarios gedacht sind, weichen von der Struktur des Konzepts für die erste Phase zu weit ab, um in diesem Zusammenhang in Erwägung gezogen werden zu können.

[8]III. Angesichts der Schwierigkeit, eine Lösung des Problems der Reziprozität auf der Basis der diskutierten Kategorien zu finden, habe ich auf persönlicher Basis vorgeschlagen, folgende Alternative zu prüfen:

1) Ausgehend von der Einteilung des MBFR-Verhandlungsprogramms in zwei Phasen (erste Phase sowjetische und amerikanische Elemente, Europäer erst in zweiter Phase) wird auch bei der Option III und bei der Begrenzungsproblematik die Konzentration auf sowjetische und amerikanische Elemente in der ersten Phase beibehalten.

2) Die Option-III-Absprache in der ersten Phase könnte folgenden Inhalt haben:

Element 1 – sowjetische und amerikanische Reduzierungen:
- Sowjetunion Panzerarmee mit 68 000 Mann und 1700 Panzern,
- USA 39 000 Mann, 1000 nukleare Sprengköpfe, 54 F-4, 36 Pershing.

---

[8] Beginn der Seite 5 der Vorlage.

Element 2 – Nichterhöhungszusagen beider Seiten für die von ihnen reduzierten Systeme:
- Sowjetunion Nichterhöhung für die Zahl der Kampfpanzer,
- USA Nichterhöhung für die Flugzeuge und SSMs (Pershing).

Diese Regelung würde eine Festschreibung der Panzerdisparität vermeiden und die Tatsache berücksichtigen, daß die sowjetischen Trägersysteme, von denen Europa vor allem bedroht wird, außerhalb des Raums der Reduzierungen in der Sowjetunion disloziert sind.

Element 3:
- allgemeine Zustimmung zum common ceiling,
- Nichterhöhungszusage aller direkten Teilnehmer hinsichtlich des beiderseitigen Gesamtumfangs der Landstreitkräfte und des Luftwaffenpersonals (in Wien bereits vorgeschlagen)[9],
- Nichterhöhungszusage beider Seiten hinsichtlich des im jeweiligen Teil des Raums der Reduzierungen lagernden Gesamtbestands der nuklearen Sprengköpfe.

3) Für die zweite Phase könnten dann Nichterhöhungszusagen für den Umfang der Flugzeuge und der Raketensysteme entsprechend der gefundenen Definitionen ins Auge gefaßt werden. Die Begrenzung der Panzerzahl im Raum der Reduzierungen würde auf dem Wege über die Mannschaftsstärke vorgenommen. Die Position hierzu müßte im einzelnen noch ausgearbeitet werden.

4) Der auf persönlicher Basis vorgebrachte Vorschlag fand besonders auf amerikanischer Seite Interesse, wurde aber auch von britischer Seite nicht abgelehnt. Es wurde jedoch mit Recht darauf hingewiesen, daß es sich hierbei vor allem um eine Eröffnungsposition handeln werde und daß wir uns darüber klarwerden müßten, ob bei entsprechenden sowjetischen Forderungen eine Zusatzposition im Vorgriff auf die zweite Phase angeboten werden könne.

Ich habe darauf hingewiesen, daß die „Eröffnungsposition" zunächst dazu dienen könne, die Chancen der Ausspielung der Option III zu prüfen, und daß erst dann entschieden werden solle, ob ein weiterer Schritt getan werden müsse. Voraussetzung dafür sei nach meiner Meinung, daß die andere Seite bereit ist, der Reduzierung des Personals der Landstreitkräfte auf eine übereinstimmende Höchststärke beider Seiten (common ceiling) zuzustimmen. Ich habe außerdem darauf hingewiesen, daß mit dem Gedanken, eine Obergrenze für den Gesamtbestand der nuklearen Sprengköpfe zu vereinbaren, bereits ein wesentlicher Bestandteil der zu erwartenden sowjetischen Forderungen in die erste Phase einbezogen sei, ohne daß dadurch allerdings die strukturelle und technologische Flexibilität der Allianz und die europäische kooperative Option negativ präjudiziert werde.

Ruth

VS-Bd. 9482 (221)

---

[9] Zu den Vorschlägen der an den MBFR-Verhandlungen teilnehmenden NATO-Mitgliedstaaten vom 22. Mai 1974 und vom 26. November 1974 für ein Moratorium der Land- und Luftstreitkräfte zwischen den Phasen vgl. Dok. 12, Anm. 8 und 9.

59

Aufzeichnung des
Vortragenden Legationsrats I. Klasse Randermann

413-491.09 VS-NfD 25. März 1975

Herrn Staatssekretär[1]

Betr.: Zusammenarbeit mit Brasilien auf dem Gebiet der friedlichen Nutzung der Kernenergie
hier: Vorsprache des amerikanischen Botschafters[2] bei Herrn Staatssekretär am 25.3.1975

Anl.: FS an MDg Schmidt-Küster[3]
DB Nr. 779 vom 24.3. aus Washington VS-v[4]

Zweck der Vorlage: Zur Information

I. Der letzte Sachstand ist folgender:

1) Der Leiter der brasilianischen Verhandlungsdelegation und neuernannte Chef von Nuclebras[5] hat in einem Fernschreiben an MDg Schmidt-Küster (BMFT) mitgeteilt, die brasilianische Regierung sei mit den letzten deutschen Änderungsvorschlägen zu dem ausgehandelten Abkommen[6] einverstanden und wünschte eine möglichst baldige Unterzeichnung. Die Unterzeichnung sollte nicht abhängig gemacht werden von dem für den Juni vorgesehenen Besuch des brasilianischen Außenministers.[7] Zur weiteren Aushandlung der industriellen Verträge würde ab 7. April 1975 eine deutsche, aus Regierungs- und Industrievertretern zusammengesetzte Delegation in Brasilia erwartet (Anlage 1).

Es ist mit dem BMFT abgesprochen, daß dieses Fernschreiben über unsere Botschaft in Brasilia zu beantworten ist.

2) Anstelle der zunächst erwogenen Reise von D4[8] hat Herr von Staden am Freitag, den 21.3.75, den Direktor der amerikanischen Abrüstungsbehörde Iklé darüber unterrichtet, daß hier angesichts der berechtigten Interessen der deut-

---

[1] Hat Staatssekretär Gehlhoff am 25. März 1975 vorgelegen.
[2] Martin J. Hillenbrand.
[3] Dem Vorgang beigefügt. Für das Fernschreiben des Leiters der brasilianischen Verhandlungsdelegation, Nogueira Batista, vom 19. März 1975 an Ministerialdirigent Schmidt-Küster, Bundesministerium für Forschung und Technologie, vgl. Referat 413, Bd. 114242.
[4] Dem Vorgang nicht beigefügt.
Botschafter von Staden, Washington, berichtete über Gespräche vom 24. März 1975 mit dem Staatssekretär im amerikanischen Außenministerium, Ingersoll, und mit Vertretern der amerikanischen Abrüstungsbehörde. Vgl. VS-Bd. 8887 (413); B 150, Aktenkopien 1975.
[5] Paulo Nogueira Batista.
[6] Zu den Änderungsvorschlägen der Bundesregierung vom 10. März 1975 für ein Abkommen zwischen der Bundesrepublik und Brasilien über die Zusammenarbeit auf dem Gebiet der friedlichen Nutzung der Kernenergie vgl. Dok. 46, Anm. 13.
Für den Entwurf in der Fassung vom 20. März 1975 vgl. Referat 413, Bd. 114242.
[7] Der brasilianische Außenminister Azeredo da Silveira besuchte vom 25. bis 27. Juni 1975 die Bundesrepublik und unterzeichnete mit Bundesminister Genscher am 27. Juni das Abkommen über Zusammenarbeit auf dem Gebiet der friedlichen Nutzung der Kernenergie. Vgl. dazu Dok. 179.
[8] Peter Hermes.

schen Kernindustrie Bedenken bestünden, den Vertragsabschluß mit Brasilien weiter hinauszuschieben. Wir hätten im Falle Brasilien in bezug auf die Nichtverbreitungspolitik das Erreichbare erreicht. Auch die von den Amerikanern vorgeschlagene Konferenz der Lieferländer würde, wenn sie überhaupt zustande komme, keine weitergehenden Ergebnisse erzielen.[9] Außerdem hatten wir in diesem Gespräch eine Reihe von Fragen zum Inhalt des mit Brasilien vorgesehenen Abkommens beantwortet.[10]

Diese Position haben wir in einem DE nach Washington vom 24.3.75 noch einmal bekräftigt.[11] Die amerikanische Reaktion ergibt sich aus ersten Äußerungen von Iklé vom 24.3.75 sowie aus einem Gespräch, das Herr von Staden am 24.3.75 mit dem stellvertretenden amerikanischen Außenminister Ingersoll hatte (Anlage 2).

Ingersoll bat hier um kurzfristigen Aufschub der deutschen Entscheidung, damit in der Zwischenzeit noch technische Expertengespräche stattfinden könnten.

Die Amerikaner weisen darauf hin, daß das deutsche Abkommen mit Brasilien einen Präzedenzfall für alle späteren Abkommen von Lieferländern mit dritten Staaten darstellen würde. Die deutschen Bedingungen seien zwar ein gewisser Fortschritt in Richtung auf die Nichtverbreitungspolitik, reichten jedoch nicht aus. Es sei nicht der gesamte brasilianische Brennstoffkreislauf Sicherheitskontrollen unterworfen. Die IAEO sei zur Durchsetzung von Sicherheitskontrollen bei Wiederaufarbeitungs- und Anreicherungsanlagen nicht genügend qualifiziert. Zusätzliche Sicherungsmaßnahmen seien daher notwendig. Da die Konferenz der Lieferstaaten nicht rechtzeitig zustande käme, schlügen die Amerikaner kurzfristige bilaterale Konsultationen vor, wobei sie für unser Abkommen mit Brasilien noch Verbesserungen für notwendig hielten.

Die entsprechenden amerikanischen Vorschläge sehen im wesentlichen folgendes vor:

---

[9] Zum amerikanischen Vorschlag vom 1. November 1974, eine Konferenz der wichtigsten Lieferstaaten von Kerntechnologie einzuberufen, vgl. Dok. 25, Anm. 6.
Am 23. April 1975 fand in London eine erste Konferenz statt. Vgl. dazu Dok. 104.

[10] Zum Gespräch des Botschafters von Staden, Washington, mit dem Direktor der amerikanischen Abrüstungsbehörde, Iklé, vgl. den Drahtbericht Nr. 752 von Staden vom 21. März 1975; VS-Bd. 9472 (220); B 150, Aktenkopien 1975.

[11] Ministerialdirektor Hermes erläuterte Botschafter von Staden, Washington, die Haltung der Bundesregierung: „Bisherige amerikanische Reaktion bestätigt unsere Auffassung, daß weiteres Warten bezüglich Vertragsabschluß mit Brasilien keine neuen Ergebnisse bringen wird. [...] Die von Iklé ins Gespräch gebrachte Vorkonferenz der hierzu bereiten Lieferländer ohne Frankreich und unter Umständen anscheinend auch ohne Japan halten wir für zwecklos und für uns sogar gefährlich. Selbst in dem unwahrscheinlichen Fall, daß man sich auf dieser Konferenz auf die Linie der amerikanischen Vorschläge einigen würde, wäre diese Einigung praktisch wirkungslos, da nicht damit zu rechnen ist, daß vor allem Frankreich sich nachträglich den getroffenen Vereinbarungen anschließt. Ein Eingehen auf einen derartigen amerikanischen Vorschlag würde für uns die Gefahr des Verlustes des Brasiliengeschäftes mit sich bringen, ohne der Sache der Nichtverbreitung in irgendeiner Weise zu dienen, wobei wir nicht ausschließen können, daß letztlich dann die Amerikaner einspringen." Hermes bat Staden, er solle, „sofern nicht die Reaktion von Ingersoll außergewöhnlich massiv ausfällt, [...] durchblicken lassen, daß vorbehaltlich der Entscheidung des Kabinetts unsere positive Haltung zu dem mit Brasilien ausgearbeiteten Abkommensentwurf unverändert bleibt". Vgl. den Drahterlaß Nr. 320; VS-Bd. 8887 (413); B 150, Aktenkopien 1975.

- deutsches Mitspracherecht und Kontrolle bei Anreicherungs- und Wiederaufarbeitungsprogramm, einschließlich gemeinsamer Anlagen;
- klare Definition im Abkommen selbst der IAEO-Kontrollen bezüglich der sensitiven Technologie;
- besondere Bestimmungen über die Wirksamkeit der IAEO-Kontrollen bei Anreicherungs- und Wiederaufarbeitungsanlagen;
- besondere Bestimmungen über bilaterale deutsche Sicherungskontrollen im Falle des Wegfalles der IAEO-Sicherheitskontrollen;
- Bestimmungen über zusätzliches deutsches Mitspracherecht hinsichtlich des Zeitplans des Aufbaues des brasilianischen Brennstoffkreislaufs.

Es ist damit zu rechnen, daß der amerikanische Botschafter die gleichen Vorschläge unterbreiten wird.

II. Infolge der Abwesenheit von Dg 22[12], D 2[13] und D 4 sowie der Spitze des BMFT war eine Abstimmung kurzfristig heute nur mit dem BMWi und BMFT auf Referentenebene möglich.

Übereinstimmung bestand darüber, daß wir kaum noch weiter zweigleisig verfahren können, indem wir gegenüber den Brasilianern davon ausgehen, daß bezüglich des Abkommens nur noch technische Schwierigkeiten bestünden und auf der anderen Seite mit den Amerikanern in ausgedehnte materielle Expertendiskussionen eintreten.

Der amerikanische Vorschlag auf Expertendiskussionen auf mittlerer oder sogar unterer Ebene würde eine weitere Verzögerung der auf politischer Ebene notwendigen Entscheidung bedeuten. Er würde mit Sicherheit zur Folge haben, daß wir den Brasilianern auf absehbare Zeit mangels einer Entscheidung des Kabinetts noch nicht unsere Zustimmung mitteilen könnten. Auf der anderen Seite können wir einen amerikanischen Konsultationswunsch nicht rundweg ablehnen. Zu erwägen wäre daher, den Amerikanern mitzuteilen, daß wir zu einem weiteren Gespräch zwar bereit sind, aber sofort auf hoher politischer Ebene, wobei Sachverständige hinzugezogen werden könnten.

Hierbei müßte davon ausgegangen werden, daß die Einarbeitung der amerikanischen Vorschläge in das Brasilienabkommen praktisch eine Neuverhandlung mit Brasilien notwendig machen würde. Dies wäre für die brasilianische Seite kaum akzeptabel. Unser Ziel sollte daher sein, der amerikanischen Seite auf politischer Ebene nochmals zu erklären, daß wir im Falle Brasilien das Erreichbare erreicht haben und daß weitere Änderungen im Abkommenstext nicht mehr möglich sind. Falls sich auch diese Diskussion noch längere Zeit hinzieht, müßte erwogen werden, ob es nicht an der Zeit wäre, den Brasilianern zu erklären, daß wir aufgrund unserer Annahme der brasilianischen Verhandlungsposition bei den übrigen uns befreundeten Staaten, mit denen wir uns in Fragen der Nichtverbreitungspolitik ständig konsultieren, in unerwartete Schwierigkeiten geraten sind, die über den Einzelfall Brasilien hinausgehen, und daß wir deshalb auch aus diesem Grund noch etwas Zeit benötigen. Andernfalls ist

---

[12] Hellmuth Roth.
[13] Günther van Well.

zu erwarten, daß wir gegenüber den Brasilianern wegen unserer Verzögerungstaktik unglaubwürdig werden.

III. Die Ausführungen des amerikanischen Botschafters könnten zunächst rezeptiv entgegengenommen werden. Es könnte allerdings darauf hingewiesen werden, daß die amerikanische Seite in dem Gespräch zwischen dem amerikanischen Botschafter und D4 bereits am 19.2.1975[14] unter Übergabe eines entsprechenden Papiers über alle wesentlichen Punkte des Brasilien-Abkommens informiert worden war und daß wir jetzt nicht mehr sehr lange mit einer Entscheidung des Kabinetts warten können.[15]

Randermann

Referat 413, Bd. 114242

---

[14] Zur Unterrichtung des amerikanischen Botschafters Hillenbrand durch Ministerialdirektor Hermes am 19. Februar 1975 vgl. Dok. 26, Anm. 19.

[15] Über das Gespräch des Staatssekretärs Gehlhoff mit dem amerikanischen Botschafter am 25. März 1975 teilte Vortragender Legationsrat I. Klasse Randermann der Botschaft in Washington am 26. März 1975 mit, Hillenbrand habe hervorgehoben, es sei „notwendig, strenge multilaterale Maßnahmen zur Vermeidung einer weiteren Proliferation von Kernwaffen zu vereinbaren", und habe „dringend um bilaterale technische Konsultationen" vor Vereinbarungen zwischen der Bundesrepublik und Brasilien gebeten. Gehlhoff habe Prüfung zugesagt, aber darauf hingewiesen, daß eine „Verschiebung des Abschlusses mit Brasilien [...] unüberwindbare Schwierigkeiten mit sich bringen" würde. Vgl. den Drahterlaß Nr. 357; VS-Bd. 8887 (413); B 150, Aktenkopien 1975.
Eine amerikanische Sachverständigendelegation hielt sich am 7. April 1975 zu Gesprächen über das Abkommen zwischen der Bundesrepublik und Brasilien über Zusammenarbeit bei der friedlichen Nutzung der Kernenergie in Bonn auf. Ministerialdirektor Hermes vermerkte dazu am 8. April 1975: „Die amerikanischen Wünsche laufen letztlich darauf hinaus, die Kabinettsentscheidung bis in den Sommer, möglicherweise sogar bis in den Herbst zu vertagen. Die Amerikaner wollen die NV-Überprüfungskonferenz abgewartet sehen und sind vor Abschluß einer Konferenz der Kernmaterialländer überhaupt gegen ein derartiges Abkommen." Auch bestünden weiter inhaltliche Bedenken. Hermes schlug vor, „den Amerikanern in der Frage des Abschlusses eines trilateralen Sicherheitskontrollabkommens zwischen Brasilien, der IAEO und uns entgegenzukommen. [...] Falls der amerikanische Widerspruch immer noch sehr stark bliebe, sollten wir äußerstenfalls erwägen, ob wir in einem zusätzlichen – ggf. geheimen – Briefwechsel zu dem Brasilienabkommen den Brasilianern mitteilen, daß wir bezüglich der Lieferbedingungen für sensitive Kernanlagen in Konsultationen mit den wichtigsten Lieferländern stehen und daß wir ggf. gehalten sein könnten, auch auf Brasilien das Ergebnis dieser Konsultationen, wenn es von allen betroffenen Lieferstaaten akzeptiert wird, anzuwenden." Vgl. Referat 413, Bd. 114242.

60

Ministerialdirigent Ruhfus
an Botschafter von Staden, Washington

203-320.10 PTG-555/75 geheim 25. März 1975[1]
Fernschreiben Nr. 338 Aufgabe: 27. März 1975, 10.35 Uhr

Für Botschafter

Betr.: Lage in Portugal

Enthält Weisung

1) Außenminister Kissinger hat dem Minister am 24. März 1975 durch Botschafter Hillenbrand telegraphisch die Instruktionen übermittelt, die der amerikanische Botschafter in Lissabon[2] für eine Demarche bei Präsident Costa Gomes erhalten hat.[3] Inhalt dieser Instruktion ist inzwischen auch durch die NATO-Konsultationen in Brüssel den Partnern bekannt gemacht worden.[4] Ihre Kenntnis dort wird als gegeben angenommen.

2) Sie werden gebeten, Außenminister Kissinger folgendes Antwort-Telegramm des Ministers zu übermitteln:

„Lieber Herr Kollege Kissinger,

ich bin Ihnen sehr dankbar für die freundliche Übermittlung der Instruktionen, die der Botschafter der Vereinigten Staaten in Lissabon für die Durchführung einer Demarche beim Präsidenten der Portugiesischen Republik erhalten hat. Ich brauche Ihnen nicht zu versichern, daß auch ich die Entwicklung der Lage in Portugal mit Besorgnis verfolge. Dies ist der Grund, weshalb wir für eine Abstimmung unseres Vorgehens im NATO-Rahmen bzw. im Rahmen der

---

[1] Der Drahterlaß wurde von Vortragendem Legationsrat I. Klasse Munz konzipiert.
Hat Vortragendem Legationsrat I. Klasse Dannenbring am 25. März 1975 vorgelegen.
Hat Staatssekretär Gehlhoff am 26. März 1975 vorgelegen.
Hat Bundesminister Genscher am 27. März 1975 vorgelegen.
[2] Frank C. Carlucci.
[3] Für die Instruktion vgl. VS-Bd. 9947 (203).
[4] Gesandter Boss, Brüssel (NATO), übermittelte am 24. März 1975 die Instruktion, die der amerikanische NATO-Botschafter Bruce in einer „Besprechung der Vierzehn unter Vorsitz des Generalsekretärs" vom selben Tag bekanntgegeben hatte. Darin hieß es: „The U.S. ambassador in Lisbon has been instructed to make the following points to the Portuguese President: Express U.S. concern about the leftist consolidation of power in Portugal, the reported impending appointment of additional communist ministers (including a report this might include the minister of the interior), as well as the impression being created that a leftist military dictatorship is being established; express the U.S. belief that these developments would adversely affect the character of the alliance and fundamentally change Portugal's relationship to its allies [...]; express U.S. concern at reports of violence and intimidation, and the potential effect of such actions on the possibilities for free choice by the Portuguese people, and our hope that the Portuguese government will deal more effectively with the problem; state that a strong expectation was raised throughout the West that the change in the Portuguese Government 11 months ago would lead to freedom and democracy in Portugal, and that the West – of which Portugal is so much a part – would be deeply disappointed should Portugal move from the tyranny of the Right to a deeper tyranny of the Left." Vgl. den Drahtbericht Nr. 426; VS-Bd. 9947 (203); B 150, Aktenkopien 1975.

Europäischen Politischen Zusammenarbeit eingetreten sind.[5] Nachdem unsere europäischen Partner sich über eine gemeinsame europäische Demarche in Lissabon nicht einigen konnten[6], hat der deutsche Botschafter in Lissabon[7] Weisung für eine bilaterale Demarche bei Präsident Costa Gomes erhalten. Er wurde angewiesen, zum Ausdruck zu bringen, mit welcher Sympathie und Hoffnung wir die Entwicklung in Portugal nach dem 25. April 1974[8] verfolgt haben, die dem befreundeten und verbündeten Land einen Weg eröffnete, der Portugal ein engeres Zusammengehen mit Europa ermöglichen und dem portugiesischen Volk die Freiheit geben soll. Wir gingen auch weiterhin davon aus, daß durch die jüngsten Ereignisse in Portugal an der Zielrichtung auf eine freiheitliche, pluralistische Demokratie hin und dem Zusammenwirken im gemeinsamen Bündnis sich nichts geändert habe. Die Erklärungen der portugiesischen Regierung zur Fortsetzung der Bündnispolitik hätten uns mit Genugtuung erfüllt. Wir seien jedoch besorgt über die zunehmende Agitation portugiesischer Extremisten gegen die Verbündeten Portugals. Die Bundesregierung vertraue auf die Durchführung freier Wahlen zur Verfassunggebenden Versammlung am 25. April 1975 und daß dieselben durch solche Agitationen nicht gestört oder behindert würden. Wir wollten uns nicht in die inneren Angelegenheiten eines befreundeten Landes mischen. Unsere Anteilnahme und unsere Sorge seien Ausdruck der Solidarität und der Bereitschaft, beim Aufbau einer demokratischen Gesellschaft auf der Grundlage der freiheitlichen Ordnung und der Menschenwürde mitzuwirken.[9]

Ich nehme an, daß der deutsche Botschafter in Lissabon seine Demarche am 25. oder 26. d. M. durchführen wird.[10] Ich schlage vor, daß wir uns gegenseitig

---

[5] Zu den Bemühungen der Bundesregierung um ein gemeinsames Vorgehen angesichts der Entwicklungen in Portugal vgl. Dok. 55, Anm. 8 und 9.

[6] Botschafter Fechter, Dublin, berichtete am 24. März 1975 über ein Gespräch der irischen EG-Ratspräsidentschaft mit den Botschaftern der EG-Mitgliedstaaten in Dublin über die Entwicklung in Portugal. Belgien, Dänemark, Italien und die Niederlande seien im Prinzip mit dem Vorschlag der Bundesregierung einverstanden, eine gemeinsame Demarche auszuführen, sofern allgemeines Einvernehmen der Neun erzielt werde, jedoch seien Modifikationen des Textes erwünscht. Der britische Botschafter in Lissabon, Trench, sei bereits angewiesen, zu demarchieren. Fechter führte weiter aus: „Französische Regierung hält den gegenwärtigen Zeitpunkt für bilaterale oder EG-Demarche nicht für geeignet. [...] Irische Präsidentschaft stellte abschließend fest, daß Einvernehmen über eine EG-Demarche einstweilen nicht zustande gekommen sei und Irland daher Demarche zur Zeit nicht unternehmen könne. Mein Vertreter wies demgegenüber darauf hin, daß man unseres Erachtens nicht länger warten könne und wir unter Umständen bilateral Demarche unternehmen würden." Vgl. den Drahtbericht Nr. 44; VS-Bd. 9947 (203); B 150, Aktenkopien 1975.

[7] Fritz Caspari.

[8] Zum Regierungsumsturz in Portugal vgl. Dok. 23, Anm. 38.

[9] Staatssekretär Gehlhoff übermittelte Botschafter Caspari, Lissabon, am 24. März 1975 den Text der Demarche der Bundesregierung an die portugiesische Regierung. Gehlhoff wies Caspari an, bei der Übergabe „auch auf die Versuche hinzuweisen, durch plump gefälschte angebliche Dokumente die freundschaftlichen Beziehungen zwischen der Bundesregierung und der portugiesischen Regierung zu stören. Diese Verleumdungskampagne gehe, wie schon bei früheren Gelegenheiten, ganz offensichtlich von Kreisen aus, die an einer solchen Störung Interesse haben. Wir sind über diese Manöver beunruhigt, obwohl wir sicher sind, daß die portugiesische Regierung diesen plumpen Fälschungen keinen Glauben schenkt und diese Aktion schließlich ihr Ziel verfehlen wird." Vgl. den Drahterlaß Nr. 1228; VS-Bd. 9947 (203); B 150, Aktenkopien 1975.

[10] Botschafter Caspari, Lissabon, teilte am 26. März 1975 mit, er habe die Demarche am selben Tag ausgeführt. Präsident Costa Gomes habe versichert, „die portugiesische Regierung erfülle alle von ihr der NATO gegenüber übernommenen Verpflichtungen. Der Revolutionsrat habe erklärt, daß er das Bündnis und alle damit im Zusammenhang stehenden gültigen Verpflichtungen respektiere."

über das Ergebnis unserer Demarchen im Rahmen der NATO-Konsultationen in Brüssel unterrichtet halten.

Mit freundlichen Grüßen
Hans-Dietrich Genscher
Bundesminister des Auswärtigen."

Ruhfus[11]

VS-Bd. 9947 (203)

61

Aufzeichnung des Bundesministers Genscher

26. März 1975[1]

Streng vertraulich[2]

Betr.: Vermerk über deutsch-polnische Gespräche bei dem Herrn Bundeskanzler am 26.3.1975, 14.15 Uhr

1) Es bleibt bei dem Angebot eines Finanzkredits von 1 Milliarde DM (trotz Brief Apel).

Bundeskanzler hat Bedenken, ob das in drei Jahres-Zahlungen möglich ist.

Ich habe erklärt, das sei notwendig, weil wir sonst von bisheriger Haltung abgehen würden.

2) Rentenpauschale

Bundeskanzler sieht einen Rahmen von 700 Millionen bis 1,3 Milliarden.

Ich habe gesagt, Bonn müsse sich realistisch darauf einstellen, daß der Rahmen voll ausgeschöpft werden kann. Voraussetzung ist, daß Polen uns freistellt

---

Fortsetzung Fußnote von Seite 301

Caspari führte weiter aus, er habe Costa Gomes erklärt, „daß eine gezielte Verleumdungskampagne gegen die Bundesregierung, Persönlichkeiten in der Bundesrepublik und mich selbst im Gange sei, die mit Fälschungen und Lügen arbeite. Auf die Bemerkung des Präsidenten, daß wir ja darauf erwidern könnten, erinnerte ich ihn daran, daß seine Regierung ebenso wie die Botschaft prompt entsprechende Erklärungen herausgegeben hätten. Der Präsident erklärte, selbstverständlich schenkten weder er noch die portugiesische Regierung diesen Verleumdungen irgendwelchen Glauben, und so könne daraus auch keine Störung entstehen." Zur Frage der Abhaltung von freien Wahlen habe Costa Gomes bemerkt: „Wir werden alles tun, um sicherzustellen, daß die Wahlen so vollkommen wie möglich werden." Vgl. den Drahtbericht Nr. 132; VS-Bd. 9947 (203); B 150, Aktenkopien 1975.

11 Paraphe.

1 Ablichtung.
Hat Ministerialdirigent Kinkel vorgelegen.

2 Die Wörter „Streng vertraulich" wurden von Ministerialdirigent Kinkel handschriftlich eingefügt.

von Individualansprüchen, soweit diese Freistellung möglich ist. Ganz sicher nicht möglich für Personen, die die deutsche Staatsangehörigkeit haben.

3) Wiedergutmachung

Bundeskanzler ist dezidiert der Meinung: keine Wiedergutmachungszahlung. Wohl aber nichts dagegen einzuwenden, wenn der erhöhte Betrag für die Rentenpauschale Polens als insoweit annehmbar betrachtet und bezeichnet wird.

4) Aussiedler

Unverzichtbar, daß neben genauer Festlegung von Ausreisenden für bestimmte Jahre und in zahlenmäßiger Höhe polnische Seite einen Besserungsschein oder Prüfungszusage für den Rest und für die Zukunft ausstellen muß.

Übereinstimmung, daß die Zahl von 150000 für die zahlenmäßige Festlegung nicht zu halten sein wird, sondern daß man wahrscheinlich auf eine darunter liegende Zahl zurückgehen müsse.

Ich darf an dieser Stelle bemerken, daß der Bundeskanzler, was ich nicht wußte, meine Unterlagen hatte. Ich ging davon aus, der Bundeskanzler hätte den Vermerk nicht.

5) Bundeskanzler unterrichtete mich darüber, daß er vor kurzem Herrn Gierek signalisiert habe, er wolle mit ihm bei der Konferenz in Helsinki sprechen über diesen Themenkreis.

Gierek habe seinem Mittelsmann gegenüber (bei dem Gespräch fungierte Herr Piątkowski als Dolmetscher) erklärt, er würde es für richtig halten, schon vorher ein geheimes Treffen zwischen ihm und dem Kanzler vorzusehen, und in Helsinki könne man die Sache dann besiegeln.

Er, der Bundeskanzler, habe Bedenken gegen ein solches Treffen. Ich habe ihn in diesen Bedenken bestärkt.

Von diesem Kontakt wisse das Außenministerium in Warschau nichts.

Der Bundeskanzler bitte mich, auch den Apparat des Auswärtigen Amtes nicht darüber zu informieren.

6) Verfahren

a) Innenpolitische Abklärung

Bundeskanzler übernimmt es, bis 14 Tage nach Rückkehr aus seinem Osterurlaub Widerstand von BMF aufzulösen. Er hält es außerdem für notwendig, daß ein Gespräch stattfindet mit dem Vorsitzenden der SPD[3] und außerdem mit den Vorsitzenden der beiden Koalitions-Fraktionen[4], außerdem mit dem Präsidenten der Bundesbank[5] und seinem Vizepräsidenten Emminger (Finanzierungsmodus).

b) Prozedur gegenüber Polen

Offengeblieben. Muß besprochen werden nach Abklärung des innenpolitischen Teils.

---

3 Willy Brandt.
4 Herbert Wehner (SPD) und Wolfgang Mischnick (FDP).
5 Bundeskanzler Schmidt führte am 11. Mai 1975 ein Gespräch mit dem Bundesbankpräsident Klasen. Vgl. dazu Dok. 113.

Ich habe darum gebeten, mir Gelegenheit zu geben, die Angelegenheit mit Staatssekretär Gehlhoff zu erörtern.

Genscher[6]

VS-Bd. 524 (014)

62

Aufzeichnung des Ministerialdirektors Lahn

310-321.00 PAL-494/75 VS-vertraulich 26. März 1975[1]

Über Herrn Staatssekretär[2] Herrn Minister[3]

Betr.: Unsere Politik gegenüber der PLO

Bezug: Weisung von Herrn D 3

Zweck der Vorlage: Zur Information und mit der Bitte um Weisung

I. 1) Kontakte unserer Vertretungen Beirut und Damaskus

Unsere Vertretungen in Beirut und Damaskus unterhalten seit Jahren mehr oder weniger regelmäßige inoffizielle Kontakte zur PLO. In Beirut bestanden sie auf der Referentenebene, vereinzelt auch auf der des Botschafters. Sie sind nach dem Tod eines PLO-Verbindungsmannes[4] erheblich zurückgegangen. In Damaskus beschränken sich die Kontakte im wesentlichen auf das zufällige Zusammentreffen bei gesellschaftlichen Anlässen.

Nach dem Gespräch des Bundestagsabgeordneten Dr. Schröder mit Arafat[5] bat unsere Botschaft Damaskus um Weisung, ob sie die sich bietende Möglichkeit zu intensiveren inoffiziellen Kontakten wahrnehmen könne.[6] Damaskus wurde um Zurückhaltung gebeten.[7]

---

[6] Paraphe vom 1. April 1975.

[1] Die Aufzeichnung wurde von Vortragendem Legationsrat I. Klasse Böcker konzipiert.
[2] Hat Staatssekretär Gehlhoff am 3. April 1975 vorgelegen.
[3] Hat Bundesminister Genscher am 8. Mai 1975 vorgelegen.
[4] Am 5. April 1973 führte Botschaftsrat Nowak, Beirut, ein Gespräch mit dem stellvertretenden Vorsitzenden der PLO, Abou Youssef. Zu weiteren Treffen kam es nicht, da Youssef am 10. April 1973 bei einem israelischen Angriff in Beirut ums Leben kam. Vgl. dazu AAPD 1973, I, Dok. 98.
[5] Der CDU-Abgeordnete Schröder traf am 17. Dezember 1974 in Damaskus mit dem Vorsitzenden des Exekutivkomitees der PLO, Arafat, zusammen. Vgl. dazu AAPD 1974, II, Dok. 371.
[6] Zur Anfrage des Botschaftsrats Bartels, Damaskus, vom 4. Januar 1975 vgl. Dok. 29, Anm. 12.
[7] Mit Schreiben vom 18. Februar 1975 teilte Legationsrat I. Klasse Hellner Botschaftsrat Bartels, Damaskus, mit, das „Problem der Aufnahme von quasi-diplomatischen oder anderen formellen Kontakten mit der PLO" sei Gegenstand der Diskussion im Rahmen der EPZ. Eine feste Meinung habe sich „noch nicht gebildet, obgleich in einzelnen Fällen die Frage erörtert wird, wie weit man bei protokollarischen Anlässen an eine Teilnahme von PLO-Vertretern auf unterer Ebene denken könnte". Vgl. Referat 310, Bd. 108755.

Auf einen Bericht der Botschaft Beirut, die von dem PLO-Führer Kaddoumi schriftlich um Aufnahme von Kontakten gebeten worden war[8], wurde die als Anlage 1 beigefügte Weisung erteilt.[9]

2) PLO-Kontakte verbündeter Staaten

Beirut: Franzosen und Italiener regelmäßig, gelegentlich auf Botschafterebene; Amerikaner unregelmäßig auf der Ebene eines politischen Botschaftsrats; Briten gelegentliche Kontakte im gesellschaftlichen Rahmen (jedoch regelmäßige Kontakte der Arbeitsebene des Foreign Office mit dem inoffiziellen Londoner PLO-Büro); ferner haben die schweizerische und irische Botschaft Verbindung zu PLO-Vertretern.

Damaskus: Franzosen und Italiener ähnlich wie in Beirut; Amerikaner keine Kontakte; ständiger Vertreter des britischen Botschafters pflegt Kontakte mit PLO-Vertretern in seiner Wohnung; die niederländische Botschaft hat als wertvoll empfundene Verbindungen zu Führungsleuten der PLO.

Ferner hören wir, daß die Amerikaner sich im Herbst 1974 intensiv um inoffizielle Kontakte zur PLO auf höherer Ebene (UStS Sisco) bemühten; sie kamen anscheinend nicht zustande, weil die PLO nur an offenen Kontakten interessiert gewesen sein soll.

3) Sowjetunion

Offizielle Kontakte zur PLO; Sowjets bemühen sich in jüngster Zeit – offenbar im Hinblick auf die Genfer Konferenz[10] – um die Vertiefung ihres Einflusses in der PLO und anderen Palästinenser-Organisationen.

4) Israel

Treffen des politischen Sekretärs der Mapam, Feder, mit einem PLO-Vertreter in Prag und des damaligen Informationsministers Yariv mit PLO-Professoren; ferner bislang offenbar erfolglose Bemühungen der israelischen Regierung um Kontakt mit Arafat: Nach unseren Informationen soll die PLO die israelischen Wünsche zurückgewiesen haben, weil die Israelis auf geheimen Kontakten bestanden haben sollen.

---

[8] Zum Schreiben des Leiters der Politischen Abteilung der PLO, Kaddoumi, vom 23. Januar 1975, das der Botschaft der Bundesrepublik in Beirut am 28. Januar 1975 übergeben wurde, vgl. Dok. 29, Anm. 11.

[9] Dem Vorgang beigefügt. Ministerialdirigent Jesser teilte der Botschaft in Beirut am 7. Februar 1975 mit, es bestünden „keine Bedenken […] eine mündliche Empfangsbestätigung zu geben mit dem Hinweis, daß die bisherigen Kontaktpersonen der Botschaft bereit seien, mit Sadafi in Verbindung zu treten. Dabei ist jedoch jeder Hinweis zu unterlassen, daß die Kontaktpersonen der Botschaft bereit seien, Safadi im Sinne des Schreibens Kaddoumis vom 23.1. zu unterstützen. […] Entscheidend ist, daß die neuen Kontakte zu Safadi ebenso wie die fortgesetzten Kontakte mit Vertretern palästinensischer Organisationen nicht im Widerspruch zu unserer allgemeinen Politik gegenüber der PLO stehen, wie sie im Drahterlaß Nr. 14 vom 31.1. dargestellt ist. Das Auswärtige Amt legt gerade jetzt großen Wert darauf, der PLO nicht den Eindruck einer Aufwertung zu geben, da die amerikanischen Friedensbemühungen im Nahost in ein besonders empfindliches Stadium eintreten und potentielle Störungen unter allen Umständen vermieden werden müssen." Vgl. VS-Bd. 9990 (310); B 150, Aktenkopien 1975.

[10] Zur Friedenskonferenz für den Nahen Osten in Genf vgl. Dok. 23, Anm. 30.

II. Unsere künftige PLO-Politik

Die Beendigung der Kissinger-Mission[11] gibt sicherlich keinen Anlaß zu einer wesentlichen Änderung unserer Politik gegenüber der PLO, jedoch sollten einzelne Akzente jetzt anders gesetzt werden.

Der wichtigste Grund unserer äußerst zurückhaltenden Einstellung gegenüber der PLO war die Rücksichtnahme auf die amerikanischen Bemühungen um eine schrittweise Lösung des Nahostkonflikts. Eine Neubelebung der Kissinger-Mission ist auch nach amerikanischer Auffassung äußerst unwahrscheinlich. Allem Anschein nach kommt es schon bald zur Einberufung der Genfer Konferenz.[12]

In Genf wird die PLO-Frage möglicherweise gleich zu Beginn aktuell werden, insbesondere dann, wenn die PLO selbst sich zur Teilnahme entschließen sollte. Dazu war sie bisher nicht bereit, weil die Teilnahme als konkludente Anerkennung der Sicherheitsrats-Resolution 242[13] (und damit der Existenz Israels) ausgelegt werden könnte. Es ist zur Zeit noch nicht zu überschauen, wie sich die Bildung einer syrisch-palästinensischen Gesamtführung auf die Stellung der PLO auswirken wird. Sie kann die Teilnahme der PLO in Genf erleichtern und dazu beitragen, die radikalen Gruppen in die Isolierung abzudrängen.

Nimmt die PLO in der einen oder anderen Form in Genf teil, dürfte sie entsprechend dieser Form mehr oder weniger aufgewertet werden. Israel könnte natürlich durch eine völlig ablehnende Haltung die Konferenz blockieren. Aber auch in diesem Fall ist als Reaktion auf die israelische Haltung eher mit einer Aufwertung als mit dem Fortbestehen des Status quo zu rechnen.

Es kann nicht in unserem Interesse liegen, hinter einer solchen Entwicklung zurückzubleiben. Wir sollten uns vielmehr der sich verändernden Situation

---

[11] Der amerikanische Außenminister Kissinger begann am 8. März 1975 seine – von einem Aufenthalt in der Türkei am 10./11. März unterbrochene – Nahost-Reise nach Ägypten, Israel, Syrien, Jordanien und Saudi-Arabien. In der Nacht zum 23. März 1975 brach er die Reise ab, nachdem die Vermittlungsbemühungen gescheitert waren.
Botschafter von Staden, Washington, berichtete am 24. März 1975 über eine Unterredung mit dem Unterstaatssekretär im amerikanischen Außenministerium, Sisco, vom selben Tag, der die Gründe für das Scheitern der Kissinger-Mission erläuterte. Danach habe Kissinger die Reise unter der Voraussetzung angetreten, „daß alle Beteiligten sich über die Position der anderen im klaren seien. Israel habe gewußt, daß Sadat nicht bereit war, eine formelle Erklärung zur Beendigung des Kriegszustandes abzugeben, daß er andererseits jedoch die Räumung der Pässe und des Ölfeldes verlangen mußte. Die Gespräche in Damaskus und Riad hätten den Eindruck bestärkt, daß Sadat ein Abkommen unter den genannten Voraussetzungen hätte abschließen können. Kairo habe Zusicherungen angeboten, die einer Erklärung zur Beendigung des Kriegszustandes sehr nahe gekommen wären. Im übrigen habe er auch Konzessionen bei den Boykott-Maßnahmen angeboten. Die zum Schluß von Israel angebotene Lösung, die Pässe bis zur Paßhöhe und das Ölfeld dergestalt freizugeben, daß es von israelisch besetztem Gebiet umgeben sei, hätte Sadat mit dem Gegenvorschlag beantwortet, die drei strittigen Gebiete durch VN-Truppen zu besetzen. Dies habe Rabin abgelehnt. [...] Die USA hätten sich darum bemüht, Israel auf dem Wege von zweiseitigen Verhandlungen zu schützen. Nun werde es sich in Genf einer Vielzahl von Feinden gegenübersehen und mit der Notwendigkeit konfrontiert, die großen Probleme (endgültige Grenzen, Jerusalem usw.) zu lösen. Die Administration habe auf Weisung des Präsidenten eine Neubewertung ihrer Nahost-Politik eingeleitet, wobei relativ schnell Optionen entwickelt werden sollten. [...] Obwohl insofern noch keine Entscheidung gefällt worden sei, werde es wohl darauf hinauslaufen, der Abhaltung der Genfer Konferenz zuzustimmen." Vgl. den Drahtbericht Nr. 783; VS-Bd. 9984 (310); B 150, Aktenkopien 1975.

[12] Dieser Satz wurde von Staatssekretär Gehlhoff mit Fragezeichen versehen.

[13] Zur Resolution Nr. 242 des UNO-Sicherheitsrats vom 22. November 1967 vgl. Dok. 29, Anm. 2.

rechtzeitig und allmählich anpassen. Dies könnte durch eine maßvolle, aber nicht zu ängstliche Intensivierung von Kontakten mit PLO-Vertretern und ferner in der Weise geschehen, daß in öffentlichen Erklärungen zur PLO-Frage die Akzente etwas anders gesetzt werden als bisher, ohne jedoch die „Anerkennungsgrenze" zu überschreiten. Beides würde sich ergänzen. Mit zunehmenden Kontakten würden wir in der PLO unseren Einfluß geltend machen können. Eine ausschließliche Verbindung zur PLO, d.h. eine Außerachtlassung von Kontakten mit konkurrierenden Gruppen, wäre nicht ratsam.

Im einzelnen schlägt Abteilung 3 vor:

1) Kontakte zu PLO-Vertretern:

Unsere Botschaften Damaskus, Beirut und Kairo werden gebeten mitzuteilen, welche Möglichkeiten sie sehen, ihre Kontakte zu intensivieren, ohne den Eindruck einer wesentlichen Wandlung unserer Politik hervorzurufen. Insbesondere kämen zwanglose Kontakte auf der Ebene unterhalb des Behördenleiters in Betracht (Besuche, gesellschaftliche Veranstaltungen in kleinerem Rahmen usw.), wobei nicht ausgeschlossen werden soll, daß der Behördenleiter bei Veranstaltungen dieser Art hinzutritt und mit PLO-Vertretern spricht (vgl. Entwurf eines Erlasses – Anlage 2[14]). Alle diese Kontakte haben einen nichtoffiziellen Charakter.

Eine Belastung unserer Beziehungen zu Israel, den USA oder den arabischen Gastländern sind bei diesem Vorgehen nicht zu befürchten.

2) Öffentliche Erklärungen zur PLO:

Nach unserem Standpunkt entscheidet die PLO durch ihr Verhalten, durch ihre Einstellung zum Terrorismus und zum Existenzrecht Israels selbst darüber, inwieweit sie in internationale Gespräche einbezogen werden will.

Von – auch gemäßigter – arabischer Seite werden gegen diese Formel, die auch dem Bundeskanzler-Interview im Figaro[15] zugrunde liegt, folgende Einwände gemacht:

– Operationen der PLO außerhalb Israels seien eingestellt und „unter Strafe gestellt" worden (hier ist, vor allem was die „Bestrafung" angeht, Skepsis am Platze). Operationen in Israel seien kein Terrorismus (dieser Standpunkt ist für uns natürlich völlig unannehmbar, wenngleich wir auch nicht verkennen, daß Terrorismus von einer Vielzahl heutiger Regierungen einschließlich der israelischen vor der jeweiligen Staatsgründung praktiziert wurde).

– Wenn wir auf der Anerkennung des Existenzrechts Israels bestünden, würden wir die palästinensische Seite mit einer Vorbedingung belasten, die im Verhältnis Israels zur PLO nicht gestellt werde; denn von Israel verlangten wir nicht die Anerkennung des Existenzrechts (oder des Selbstbestimmungsrechts) der Palästinenser bzw. der PLO.

---

[14] Dem Vorgang beigefügt. Vgl. VS-Bd. 9990 (310); B 150, Aktenkopien 1975.
Zum Drahterlaß an die Botschaften in Beirut, Damaskus und Kairo vgl. Anm. 21.
[15] Zum Interview des Bundeskanzlers Schmidt mit der Tageszeitung „Le Figaro" am 3. Februar 1975 vgl. Dok. 28, Anm. 14.

Dieser Standpunkt ist nicht gänzlich unbegründet. Auf den formalen Unterschied[16] zwischen dem Staat Israel auf der einen und der nicht als Völkerrechtssubjekt anerkennungsfähigen PLO sollten wir es nicht ankommen lassen.

Eine von unserer bisherigen Haltung ausgehende, aber leicht modifizierte Neuformulierung ist in dem anliegenden Teilentwurf eines längeren – hauptsächlich Ägypten betreffenden – Interviews enthalten, das kurz vor Beginn der Reise des Herrn Ministers nach Kairo[17] der ägyptischen (und deutschen) Presse gegeben werden sollte (Anlage 3[18]). Diese Formulierung würde sich sicherlich beim Kairo-Besuch positiv auswirken. Auch Kairo hat uns stets gedrängt, in der PLO-Frage flexibler zu sein. Anscheinend verspricht sich Kairo von einer entgegenkommenderen Haltung westlicher Regierungen eine Eindämmung des sowjetischen Einflusses und eine Stärkung der gemäßigten Gruppen in der PLO.

Nachtrag: Inzwischen ist über Verbindungen zur PLO noch folgendes bekanntgeworden:

Die USA unterhalten mit der PLO überdies in New York „technische Kontakte".

Der Vatikan wickelt seine Kontakte mit den palästinensischen Organisationen seit längerer Zeit über die Apostolische Nuntiatur in Beirut ab. Der Papst[19] selbst hat im November 1974 den palästinensischen Vertreter bei der Welternährungskonferenz, Deeb[20], empfangen.[21]

Lahn

VS-Bd. 9990 (310)

---

[16] Die Wörter „Auf den formalen Unterschied" wurden von Staatssekretär Gehlhoff hervorgehoben. Dazu vermerkte er handschriftlich: „Jedenfalls braucht dies nicht das einzige Kriterium zu sein."
[17] Bundesminister Genscher besuchte Ägypten vom 14. bis 16. April 1975. Vgl. dazu Dok. 80.
[18] Dem Vorgang beigefügt. VS-Bd. 9990 (310); B 150, Aktenkopien 1975.
Am 14. April 1975 äußerte Bundesminister Genscher gegenüber der ägyptischen Tageszeitung „Al Ahram": „Die Palästinenser-Frage ist ein politisches Problem. […] Die Notwendigkeit, die legitimen Rechte der Palästinenser im Rahmen einer Friedensregelung zu berücksichtigen, betonten die Außenminister der neun Staaten der Europäischen Gemeinschaft in ihrer Erklärung vom 6. November 1973, die unverändert auch unseren politischen Standpunkt wiedergibt. In der Palästinadebatte der Vereinten Nationen hat daher unsere Delegation am 19. November 1974 ausdrücklich das Selbstbestimmungsrecht des palästinensischen Volkes unterstützt und sein Recht anerkannt, selbst zu entscheiden, ob es auf den von Israel zu räumenden Gebieten eine eigene staatliche Autorität errichten oder eine andere Lösung wählen will. Zwischen der Sicherung der Existenz des Staates Israel und der Berücksichtigung der legitimen Rechte der Palästinenser in dem von mir hier verdeutlichten Sinn besteht ein innerer Zusammenhang: Beide Rechte müssen Beachtung finden, ohne das jeweils andere zu beeinträchtigen." Vgl. BULLETIN 1975, S. 463.
[19] Paul VI.
[20] Die Welternährungskonferenz der UNO fand vom 5. bis 16. November 1974 in Rom statt.
[21] Am 9. Mai 1975 vermerkte Vortragender Legationsrat Niemöller handschriftlich für Ministerialdirektor Lahn: „Die Aufzeichnung ist heute zurückgekommen. Ich gehe davon aus, daß unser Vorschlag genehmigt ist. Der Entwurf eines Runderlasses müßte wohl im Lichte der neueren Entwicklung überarbeitet werden, aber im operativen Teil unverändert bleiben. Das Interview ist praktisch schon gegeben worden (MENA vor Beginn der Reise nach Kairo, Al Ahram am 14.4.75)." Vgl. VS-Bd. 9990 (310); B 150, Aktenkopien 1975.
Am 3. Juni 1975 wies Lahn die Botschaften in Beirut, Damaskus und Kairo an, zu Überlegungen, „unter Vermeidung von Publizität maßvolle Kontakte zu Vertretern der PLO anzuknüpfen oder anzubahnen", Stellung zu nehmen. Lahn konkretisierte: „In Betracht kämen z. B.: wiederholte Ge-

63

Botschafter Ritzel, Prag, an das Auswärtige Amt

114-11532/75 VS-vertraulich Aufgabe: 26. März 1975, 18.00 Uhr
Fernschreiben Nr. 212 Ankunft: 26. März 1975, 21.15 Uhr
Cito

Betr.: Besuch BM Genscher in Prag vom 24. bis 26. März 1975
hier: Dolmetscher-Aufzeichnung des Gesprächs zwischen BM Genscher und dem Vorsitzenden der Regierung der ČSSR, Dr. Lubomir Štrougal, am 25.3.1975 um 12.15 Uhr im Gebäude der Föderalen Versammlung. (Anwesend waren von deutscher Seite MD Dr. Hermes und Botschafter Dr. Ritzel, von tschechoslowakischer Seite AM Chňoupek und Botschafter Goetz)

Im Anschluß an seine einleitenden Begrüßungsworte wertete MP Štrougal das Ergebnis der von BM Genscher geführten Verhandlungen positiv und hob insbesondere das tschechoslowakische Interesse an Wirtschaftsfragen und der wirtschaftlichen Zusammenarbeit hervor. Viele Schritte seien in diesem Bereich vielleicht mit einer gewissen Verspätung getan worden, wie etwa die Erstellung notwendiger Analysen über den Markt in der Bundesrepublik Deutschland. Jetzt interessierten jedoch nicht die Versäumnisse der Vergangenheit, sondern man müsse über die in der Zukunft liegenden Dinge sprechen. MP Štrougal bekundete das Interesse der tschechoslowakischen Seite an einer dynamischen Entwicklung. Eine der Voraussetzungen hierfür, die Bearbeitung des deutschen Marktes, werde nun geschaffen, nachdem etwas derartiges zum Zeitpunkt des Besuches des ehemaligen BK Brandt in Prag[1] überhaupt noch nicht vorgelegen habe. Die bereits bestehenden Verbindungen auf dem Gebiete der Kooperation hätten unter anderem auch schwache Stellen deutlich gemacht, die es zu überwinden gelte. Die Kooperation müsse nun die Grundlage der Wirtschaftsbeziehungen bilden, auch wenn er, Štrougal, meine, daß auch im klassischen Handel noch Reserven und nicht genutzte Möglichkeiten stecken würden. Man stehe in der ČSSR jetzt vor der Aufgabe, die Kooperationsbeziehungen in den Griff zu bekommen, denn sie würden ein neues Element in der Unternehmenssphäre darstellen. Fortschritte auf diesem Gebiete seien

---

Fortsetzung Fußnote von Seite 308
  spräche eines Botschaftsangehörigen (nicht des Missionschefs) mit Vertretern der Organisation, soweit diese nicht zur PLO-Führungsgruppe gehören (also nicht etwa Yassir Arafat u. a.), Einladungen an solche PLO-Vertreter im kleinen Kreis, Teilnahme eines Botschaftsvertreters an politisch annehmbaren gesellschaftlichen oder sonstigen Veranstaltungen der PLO, Zusammentreffen mit ihnen zu Hause oder an drittem Ort usw., kurz: Herstellung fortlaufender, nicht-offizieller Kontakte, die im Laufe der Zeit zur Schaffung einer Atmosphäre des sachlichen Gedankenaustausches führen können." Vgl. den Drahterlaß; VS-Bd. 9990 (310); B 150, Aktenkopien 1975.

[1] Bundeskanzler Brandt und Bundesminister Scheel hielten sich anläßlich der Unterzeichnung des Vertrags über die gegenseitigen Beziehungen zwischen der Bundesrepublik und der ČSSR am 11./12. Dezember 1973 in Prag auf.
Für den Wortlaut des Vertrags vom 11. Dezember 1973 vgl. BUNDESGESETZBLATT 1974, Teil II, S. 990–992.

noch im Laufe dieses Jahres möglich. Die ČSSR sei ein guter Partner. Ohne Entwicklung der Kooperation könne man jedoch weder ein wirtschaftliches Gleichgewicht erzielen noch erhalten. Er, Štrougal, begrüße den Abschluß des Kooperationsabkommens[2], das eine gewisse Plattform darstelle, von der aus man z. B. durch die Arbeit der vorgesehenen gemischten Kommission[3] weitere Fortschritte erzielen könne. MP Štrougal äußerte die Hoffnung, BM Friderichs zu einem Besuch in der ČSSR begrüßen zu können. Die sich aus dem kommenden Fünf-Jahres-Plan ergebenden Perspektiven könne die Botschaft erläutern.

Anschließend wandte sich MP Štrougal dem Komplex der humanitären Fragen zu. Er gab zu verstehen, daß er die große Bedeutung, die ihm die deutsche Seite in ihren Überlegungen zukommen lasse, erkannt habe. Man wolle diese auf der Tagesordnung stehende Frage nicht umgehen und habe sich ja auch bereits im Briefwechsel dazu geäußert, der nun keineswegs unter den Tisch fallen solle. Was sich im Moment tue, könne nicht als fehlende Bereitschaft der tschechoslowakischen Seite ausgelegt werden. Diese sei im Gegenteil dazu bereit, Geist und Buchstaben des Briefes[4] zu erfüllen, wobei es jedoch im Moment schwerfalle, die Dinge quantitativ zu bestimmen. Schon bei der Formulierung des Briefes sei man sich dessen bewußt gewesen, daß ein schwieriges Problem vorliege. Gewisse Fortschritte seien noch im Laufe dieses Jahres zu erwarten. Zur Zeit erkunde die tschechoslowakische Seite das Gelände. Er, Štrougal, müsse jedoch darauf hinweisen, daß man keine Anwerbung von Ausreisewilligen vornehmen könne. Die tschechoslowakische Seite verfüge zur Zeit noch nicht über genaue Zahlen, wie viele Menschen an der Aussiedlung Interesse hätten, und diese seien sehr schwer zu bestimmen. Sicherlich liege sie nicht bei 20 000 oder 25 000. Die Frage müsse unter dem quantitativen Aspekt betrachtet werden und stelle so gesehen kein großes Problem dar. Um konkreter sprechen zu können, benötige man jedoch noch eine gewisse Zeit. Er, Štrougal, könne andererseits versichern, daß man noch im laufenden Jahr Fortschritte erzielen wolle, um der deutschen Seite keinen Grund zur Kritik am Jahresende zu geben. Man sei bemüht, hierfür die entsprechenden Bedingungen zu schaffen, wobei man jedoch eine gewisse politische Geisteshaltung in Betracht zie-

---

[2] Das Abkommen zwischen der Bundesrepublik und der ČSSR über die weitere Entwicklung der wirtschaftlichen, industriellen und technischen Zusammenarbeit wurde am 22. Januar 1975 während des Besuchs des tschechoslowakischen Außenhandelsministers Barčak in Bonn unterzeichnet. Für den Wortlaut vgl. BUNDESGESETZBLATT 1975, Teil II, S. 5988.

[3] In Artikel 6 des Abkommens vom 22. Januar 1975 zwischen der Bundesrepublik und der ČSSR über die weitere Entwicklung der wirtschaftlichen, industriellen und technischen Zusammenarbeit wurde die Einsetzung einer Gemischten Kommission vereinbart. Zu den Aufgaben der Kommission gehörte: „a) sich unter Berücksichtigung der Gesamtheit der beiderseitigen Wirtschaftsbeziehungen mit allen Fragen der wirtschaftlichen, industriellen und technischen Zusammenarbeit zwischen beiden Ländern zu befassen, b) einen regelmäßigen Meinungsaustausch über die Weiterentwicklung der wirtschaftlichen, industriellen und technischen Zusammenarbeit zu führen sowie neue Kooperationsmöglichkeiten und Themen für bestimmte Bereiche in beiden Ländern und auf dritten Märkten festzustellen, c) sonstige Fragen zu erörtern, die sich aus der Durchführung dieses Abkommens ergeben. Die Kommission wird Arbeitsgruppen bilden, denen besondere Aufgaben aus dem Bereich der wirtschaftlichen, industriellen und technischen Zusammenarbeit übertragen werden." Vgl. BULLETIN 1975, S. 58.

[4] Für den Wortlaut des Briefwechsels des Bundesministers Scheel mit dem tschechoslowakischen Außenminister Chňoupek über humanitäre Fragen vom 13. Dezember 1973 vgl. BUNDESGESETZBLATT 1974, Teil II, S. 995.

hen müsse und es gewisse, auf örtliche Verhältnisse und Bedingungen zurückzuführende Dinge auszuräumen gebe. Man sei erst nach 30 Jahren zu einem Vertragsabschluß gekommen, so daß mit gewissen Rückständen aus der Vergangenheit gerechnet werden müsse. Man könne jedoch mit der Bereitschaft der staatlichen Führung rechnen, die Angelegenheit zu lösen und bis zum Ende des Jahres Fortschritte zu erreichen.

Abschließend bat MP Štrougal BM Genscher, Grüße an den Bundespräsidenten Scheel und BK Schmidt auszurichten, und bekundete sein Interesse, nach Heranreifen der Zeit und der Bedingungen mit letzterem auch einmal in der ČSSR über Wirtschaftsprobleme zu sprechen. Außerdem bat MP Štrougal, Bundeskanzler a.D. Brandt zu grüßen, dessen realistische Haltung er hoch einschätze.

BM Genscher dankte in seiner Erwiderung zunächst dafür, daß MP Štrougal ihm dieses Gespräch, in dem einige wichtige Fragen zu erörtern seien, trotz großer zeitlicher Beanspruchung ermöglicht habe, und überbrachte herzliche Grüße von Bundespräsident Scheel. Die Annahme der Einladung nach Prag unter Zurückstellung anderer Verpflichtungen bringe den konstruktiven Willen seiner Regierung zum Ausdruck, die Beziehungen zwischen den beiden Ländern zu vertiefen. Gestern und heute habe man gemeinsam multilaterale und bilaterale Probleme erörtert, wobei in vielen weltpolitischen Fragen Übereinstimmung oder eine fast übereinstimmende Beurteilung festgestellt worden sei.

In den bilateralen Beziehungen gebe es bisher nicht genutzte große Perspektiven. Er, Genscher, sei dankbar für den Hinweis auf die Kooperation, wo im Vergleich zu anderen sozialistischen Staaten ein Nachholbedarf bestehe. Die tschechoslowakische Seite habe inzwischen die Leiter und die Mitglieder der Fachgruppen für die Arbeit der gemischten Kommission benannt. Er, Genscher, werde dafür Sorge tragen, daß nun auch die deutsche Seite diesen Schritt vollziehe. Er wolle nicht verschweigen, daß der Entwicklung der ökonomischen Bedingungen auch eine hohe politische Bedeutung zukomme. Daraus resultiere auch sein persönlicher Einsatz in Wirtschaftsfragen.

Anschließend leitete BM Genscher auf die humanitären Fragen über, die er offen und frei erörtern wolle. Man müsse sich vergegenwärtigen, daß die Lösung dieser Fragen für die Beurteilung der Entspannungspolitik wichtig sei. Bis zur Aufnahme der Entspannungspolitik habe man eine große Anzahl von Ausreisen verzeichnen können. Jetzt sei sie niedrig. Diese Tatsache veranlasse den Bürger zu der nicht unbedingt böswillig gemeinten Frage, ob dies das Ergebnis unserer Entspannungspolitik sei.

Für die Bundesregierung sei es wichtig, als Ergebnis dieser Gespräche etwas vorweisen zu können, was den Bürgern auch in diesem Punkt eine positive Beurteilung ermögliche.

Er, Genscher, wolle keine rosaroten Streifen malen, wenn kein Grund dafür vorliege, denn nichts sei gefährlicher, als Illusionen zu hegen, die sich später als sinnlos herausstellen würden. Er nehme zur Kenntnis, daß die tschechoslowakische Seite einen Schritt tun wolle, der der deutschen Seite zum Jahresende eine positive Würdigung ermögliche. Er begrüße die Möglichkeit, anschließend noch ein Gespräch unter sechs Augen mit MP Štrougal und AM Chňoupek führen zu können.

BM Genscher bemerkte im Anschluß an diese Ausführungen, seine Regierung verfolge in ihrer Politik den Grundsatz der Kontinuität. Dies sei man den Völkern schuldig, und darin liege auch der Grund für den Einsatz bei der KSZE. Man verfolge das Ziel, den Menschen zu zeigen, daß Entspannungspolitik konkrete Ergebnisse für den einzelnen bringe. Auch im Ausbau der ökonomischen Beziehungen sehe man ein Stück Außenpolitik und die Möglichkeit, den Menschen beider Staaten zu helfen. Bei den Delegationsgesprächen habe man auch das Verhältnis zwischen der EG und dem RGW, das es zu intensivieren gelte, angesprochen.[5] Hier seien große Möglichkeiten vorhanden.

MP Štrougal äußerte zunächst in Anknüpfung an den letzten Punkt, die Zusammenarbeit zwischen den beiden Wirtschaftsgruppierungen EG und RGW stehe auf der Tagesordnung. Zur KSZE bemerkte er, nicht die Frage, ob es nun im Juli oder später zum Treffen in Helsinki komme[6], sondern die Realisierung der Beschlüsse dieser Konferenz sei wichtig. Er, Štrougal, sehe im ersten Gespräch zwischen der EG und dem RGW eine Sondierung, die verständlicherweise noch keine konkreten Umrisse einer künftigen Zusammenarbeit gebracht habe.[7] Die Suche nach der Herbeiführung von Kontakten auf beiden Seiten sei zwar schwierig, aber unerläßlich, denn nicht alles könne auf bilaterale Weise gelöst werden. Er, Štrougal, räume ein, daß dem bilateralen Element noch für lange Zeit große Bedeutung zukommen werde, was jedoch die Aufnahme der multilateralen Zusammenarbeit zwischen denjenigen, die es wünschen würden, nicht überflüssig mache. Im RGW berate man zur Zeit über Verfahren und Inhalt weiterer Verhandlungen, wobei klar sei, daß ein Anknüpfen der Zusammenarbeit unter Berücksichtigung der EG und RGW-Prinzipien erfolgen müsse. – Zunächst prüfe man noch, inwieweit eine Anpassung an die EG-Prinzipien notwendig sei, später werde geprüft, auf welchen Gebieten diese zu erfolgen habe. Eine zweite Etappe solle dann schon Formen konkreter Zusammenarbeit aufzeigen. MP Štrougal sprach in diesem Zusammenhang den Wunsch aus, daß auch die EG nach Vorstellungen suchen möge, wie dieses strategische Ziel zu erreichen sei.

Anschließend stellte MP Štrougal mit Befriedigung fest, daß in den Verhandlungen nicht nur Wirtschaftsprobleme erörtert worden seien. Um erfolgreich zu sein, müsse man auf allen Gebieten zusammenarbeiten. Ein Abkommen der wissenschaftlich-technischen Zusammenarbeit sei zwar wichtig, aber nicht entscheidend. Trotz der Tatsache, daß die ČSSR auf einigen Gebieten nicht so

---

5 Im Regierungsgespräch am 25. März 1975 führte der tschechoslowakische Außenminister Chňoupek zum Verhältnis zwischen den Europäischen Gemeinschaften und dem RGW aus, „man sei der Meinung, daß den weiteren Kontakten größeres Verständnis vorausgehen könne. [...] Man betrachte regelmäßige Kontakte zwischen den beiden Organisationen als Bestandteil einer Erweiterung der Zusammenarbeit in Europa. Man müsse aber auch im Auge behalten, daß bisher noch diskriminierende Elemente im Handel mit den sozialistischen Ländern fortbestünden, die gerade von EG-Ländern praktiziert würden. Diese betrachte man als ernsthaftes Hindernis, das nicht nur die Wirtschafts- und Handelsentwicklung begrenze, sondern auch eine mögliche Bedrohung der Entspannung darstelle." Vgl. die Gesprächsaufzeichnung; Referat 214, Bd. 133318.
6 Zum Vorschlag des Generalsekretärs des ZK der KPdSU, Breschnew, vom 8. März 1975, für Ende Juni 1975 die KSZE-Schlußkonferenz auf der Ebene der Staats- und Regierungschefs nach Helsinki einzuberufen, vgl. Dok. 49.
7 Zu den Gesprächen des Generaldirektors für Auswärtige Beziehungen der EG-Kommission, Wellenstein, mit einer Delegation des RGW unter Vorsitz des Leiters der Außenhandelsabteilung, Moissejenko, vom 2. bis 7. Februar 1975 in Moskau vgl. Dok. 43, Anm. 14.

weit sei wie die Bundesrepublik Deutschland, existiere der Boden für eine Zusammenarbeit in bestimmten Bereichen. Große Bedetung komme auch der Zusammenarbeit auf kulturellem Gebiete zu. Hier gelte es, die Rückstände der Vergangenheit auszuräumen. Er, Štrougal, wisse, daß tschechoslowakische Ensembles, Solisten und Kulturschaffende gerne in der Bundesrepublik Deutschland auftreten würden. Er wolle die Tatsache unterstreichen, daß dieser Bereich breite Volksmassen interessiere. Dabei gehe es jedoch auch um die Vermittlung eines der objektiven Wirklichkeit entsprechenden Bildes der ČSSR, was in einigen Artikeln und Sendungen in der Bundesrepublik Deutschland nicht zu erkennen sei. Auch wenn diese Erscheinungen manchmal Ärger bereiten würden, dürfe man sie nicht überbewerten, denn man könne davon ausgehen, daß sie wohl nie ganz auszuräumen seien. Eine Korrektur sei jedoch insofern möglich, als man an diejenigen Menschen herantreten könne, durch die die öffentliche Meinung beeinflußt werde, d.h. insbesondere an die Journalisten. Man verfolge nicht das Ziel, die Zustände zu idealisieren, weil man wisse, daß nicht alles in Ordnung sei. In der ČSSR befinde man sich auf der Suche nach einer gewissen Ordnung, die es dem Menschen ermöglichen solle, sein Leben so gut wie möglich einzurichten. Durch die KSZE würden solche Gedanken einen gewissen Raum erhalten und auch eine bessere Informiertheit der Menschen erreicht werden. MP Štrougal wies auf die historische Bedeutung des Vorhabens hin, gute Nachbarn zu sein, und zwar noch in diesem Jahrhundert, nachdem man in der Vergangenheit etwas Derartiges nicht gekannt habe.

Deshalb komme dem Besuch von BM Genscher große politische Bedeutung zu. Er sei als ein Ausdruck für die Unterstützung dieser Politik zu werten. Der Besuch bringe die Suche nach Auswegen aus den Problemen voran. Auch das noch geplante Gespräch zwischen BM Genscher und GS Husák[8] müsse in diesem Geiste offen geführt werden, wobei man auch Fragen aufwerfen könne, die im Vordergrund dieser Begegnung gestanden hätten. Im übrigen sei Herr Husák ausschließlich für freimütige Gespräche.

MP Štrougal unterstrich, in der politischen und staatlichen Führung der ČSSR gebe es keine andere Tendenz als den Willen, ein guter Nachbar zu sein. Problematisch sei nur der Zeitpunkt, die Frage, wann ein Problem aufzuwerfen sei, damit man es gut lösen könne.

BM Genscher wies in seiner Entgegnung zunächst darauf hin, daß die EG-Vertreter im Besitze von umfassenden Vollmachten für die Verhandlungen im RGW seien. Er habe mit Freude zur Kenntnis genommen, daß die Meinungsbildung innerhalb des RGW im Gange sei. Er, Genscher, bitte die tschechoslowakische Seite, z.B. auch über die Botschaft, um entsprechende bilaterale Anregungen, die die deutsche Seite dann in die EG einbringen könne. Die deutsche Seite sei ein treibender Faktor hinsichtlich der EG–RGW-Gespräche.

BM Genscher hob anschließend hervor, daß Begegnungen auf kommunaler Ebene angesichts der gegenwärtigen Entwicklungsphase der bilateralen Beziehungen besonders nützlich seien. Auch am wissenschaftlich-technischen Austausch, der nach einer befriedigenden Berlin-Klausel vertraglich fixiert werden

---

[8] Das Gespräch des Bundesministers Genscher mit dem Generalsekretär des ZK der KPČ, Husák, fand am 25. März 1975 statt.

könne, habe die deutsche Seite großes Interesse. Insgesamt könne er, Genscher, feststellen, daß die Bundesregierung daran interessiert sei, den Vertrag nicht als Endstation, sondern als Basis für eine positive Entwicklung zu betrachten. Angesichts der Wichtigkeit des Bildes, das sich die eine Seite von der anderen mache, sei es notwendig, möglichst viele Journalisten aufgrund unmittelbarer Einladungen in beiden Richtungen reisen zu lassen. Man meine es ernst mit dem Abbau der Vorurteile. MP Štrougal führte abschließend aus, der Vertrag mit der Bundesrepublik Deutschland sei allgemein positiv aufgenommen worden. Noch vorhandenen retardierenden Strömungen könne nur ein minimaler Einfluß zugebilligt werden. Entscheidend und wichtig sei, was die Haupttendenz unterstütze. So gesehen, könne sein Besuch in der Bundesrepublik Deutschland nur von Vorteil sein. Er, Štrougal, freue sich auf ein Wiedersehen mit BM Genscher.

Ende der Dolmetscher-Aufzeichnung.

Über Gespräch unter sechs Augen wird BM eigene Notizen fertigen.[9]

[gez.] Ritzel

VS-Bd. 10236 (214)

---

[9] Zur Unterredung mit Ministerpräsident Štrougal und dem tschechoslowakischen Außenminister Chňoupek am 25. März 1975 notierte Bundesminister Genscher am 11. April 1975: „In diesem Gespräch habe ich noch einmal auf die Lösung humanitärer Fragen hingewiesen, ohne deren Lösung das deutsch-tschechoslowakische Verhältnis unverändert belastet sei. Niemand könne in Deutschland verstehen, daß als Ergebnis der Entspannungspolitik die Ausreisen radikal abnehmen. Ich würde mich nicht scheuen, als Ergebnis des Besuchs auch mitzuteilen, daß die tschechoslowakische Regierung offenbar für so etwas kein Verständnis habe. Aus der mir zuvor in größerem Kreis gemachten Zusicherung entnähme ich jedoch, daß man Verständnis auch für unsere Wünsche auf der Grundlage des humanitären Briefwechsels habe, nur müßte ich auf der Konsequenz bestehen. Ich könnte nur davon sprechen, daß ich eine positive Entwicklung in diesem Jahr erwartete, wenn die Zahl der Ausreisen in diesem Jahr bei mindestens 2500 bis 3000 läge unter besonderer Berücksichtigung der Härtefälle. Der Ministerpräsident sagte mir das ausdrücklich zu, bat mich aber, das Thema auch dem Generalsekretär nahezubringen." Genscher fuhr fort, Chňoupek habe zu einem späteren Zeitpunkt erklärt, „als Zeichen des tschechischen guten Willens werde man dabei als ersten Schritt im Jahre 1975 die von mir genannte Zahl ausreisen lassen. Auf meine Frage, ob die von dem Ministerpräsidenten genannten ‚Gegner der Entspannung, die es auch im sozialistischen Lager gibt', diese Zusicherung ins Wanken bringen könnten, erklärte der Außenminister, das brauche ich nicht zu befürchten, denn ich könne mich fest darauf verlassen, daß der Generalsekretär, der Ministerpräsident und er entschlossen seien, diese Frage jetzt zu lösen." Vgl. Referat 214, Bd. 133318.

64

Aufzeichnung des Vortragenden Legationsrats I. Klasse Kühn

213-321.00 27. März 1975[1]

Betr.: Arbeitsessen StS Gehlhoff/Botschafter Falin am 26. März 1975

Teilnehmer: Botschafter Falin, Gesandter Tokowinin, BR Koptelzew, StS Gehlhoff, MD 2 van Well, VLR I Dr. Kühn.

Aus der vierstündigen Besprechung anläßlich des Arbeitsessens StS Gehlhoff/ Botschafter Falin am 26. März 1975 ist folgendes festzuhalten:

1) Deutsch-sowjetisches Zweijahres-Kulturprogramm

Es wurde übereinstimmend festgestellt, daß eine verhältnismäßig rasche Einigung über den materiellen Inhalt des Zweijahresprogramms einschließlich der Frage des Sportaustausches[2] in Aussicht steht.

Zu klären sind jedoch noch folgende Fragen:

a) Abgabe der sowjetischen Erklärung zu Direktkontakten mit Berlin (West)[3]

b) Klärung der Frage der Betreuung von Teilnehmern am Kulturaustausch aus Berlin (West)[4]

Zu a) Die Sowjets möchten ihre Erklärung zu Direktkontakten mit Berlin (West) nach Möglichkeit vor Abreise der deutschen Delegation nach Moskau bei einem Treffen zwischen StS Gehlhoff und Botschafter Falin in Bonn abgeben. Falin schlug vor, daß die deutsche Gegenerklärung lediglich in einer Bestätigung besteht, die sowjetische Erklärung sei zur Kenntnis genommen worden. Damit sei dem deutschen Wunsch entsprochen, die einseitige sowjetische Erklärung „nicht ohne Antwort im Raum stehen" zu lassen.

Die deutsche Seite hat demgegenüber erklärt, dies sei nicht ausreichend. Allenfalls könne daran gedacht werden, die Kenntnisnahme der sowjetischen Er-

---

[1] Die Aufzeichnung wurde am 1. April 1975 von Vortragendem Legationsrat Dingens über Ministerialdirektor van Well Staatssekretär Gehlhoff „mit der Bitte um Genehmigung" vorgelegt. Dazu vermerkte Dingens: „Eine erste Prüfung der von Botschafter Falin gemachten Vorschläge ergibt, daß ein wesentliches sowjetisches Entgegenkommen in den einzelnen zur Debatte stehenden Fragen der Einbeziehung Berlins in die geplanten Abkommen und Vereinbarungen nicht festzustellen ist. Eine Analyse hierzu wird nachgereicht." Vgl. Referat 213, Bd. 112758.
Hat dem Vertreter von van Well, Ministerialdirigent Ruhfus, vorgelegen.
Hat Staatssekretär Gehlhoff am 1. April 1975 vorgelegen.

[2] Zu den Verhandlungen zwischen der Bundesrepublik und der UdSSR über die Sportbeziehungen vgl. Dok. 1, Anm. 16 und 17.

[3] Zum Vorschlag einer sowjetischen Erklärung zu Direktkontakten vgl. Dok. 1, Anm. 12.

[4] Am 12. März 1975 vermerkte Vortragende Legationsrätin Lindemann, daß der sowjetischen Seite am 24. Februar 1975 „die Abgabe folgender deutscher Erwiderung vorgeschlagen" worden sei: „Die deutsche Seite interpretiert die soeben abgegebene sowjetische Erklärung dahingehend, daß die Betreuung von Teilnehmern am Kulturaustausch mit Berlin (West) durch die Botschaft der Bundesrepublik Deutschland in Moskau bzw. das Generalkonsulat der Bundesrepublik Deutschland in Leningrad hierdurch nicht eingeschränkt wird. Im übrigen hat die deutsche Seite von den wiederholten in Bonn und Moskau abgegebenen sowjetischen Versicherungen Kenntnis genommen, wonach von Berliner Partnern im Kulturaustausch Erklärungen, daß das Kulturabkommen zwischen der UdSSR und der Bundesrepublik Deutschland vom 19. Mai 1973 nicht anwendbar sei, bisher nicht verlangt worden sind und auch künftig nicht verlangt werden." Vgl. Referat 213, Bd. 112801.

klärung zu bestätigen und sie mit Punkt 51 des Entwurfs für das Zweijahresprogramm[5] zu verknüpfen.

Mögliche Form:

„Ich habe von Ihrer Erklärung Kenntnis genommen. Das Zweijahres-Kulturprogramm läßt, wie Sie wissen, die Möglichkeit der Entwicklung direkter kultureller Kontakte, wie sie bisher schon stattgefunden haben, ausdrücklich unberührt. Meinerseits möchte ich darauf hinweisen, daß die Betreuung von Teilnehmern am Kulturaustausch aus Berlin (West) durch die Botschaft der Bundesrepublik Deutschland in Moskau bzw. das Generalkonsulat der Bundesrepublik Deutschland in Leningrad hierdurch nicht eingeschränkt wird."

b) Hinsichtlich der Einzelheiten der Betreuung von Teilnehmern aus Berlin (West) durch die Botschaft und das Generalkonsulat der Bundesrepublik Deutschland wies Botschafter Falin darauf hin, daß die „tragenden Elemente" einer Einigung hierüber zweckmäßigerweise im Zusammenhang mit den weiteren Verhandlungen über das Zweijahresprogramm ausgearbeitet werden sollten. Es würde sonst nur zu Reibungen bei der Durchführung des Kulturprogramms kommen, die die Atmosphäre „vor Ort" vergiften würden. Letzte Einzelheiten könne man zwar jeweils bei der Vorbereitung der einzelnen Austauschmaßnahmen in Moskau vereinbaren; in den Grundzügen müsse man sich jedoch vorher einigen. Die sowjetische Seite habe selbstverständlich nichts gegen die konsularische Betreuung der Teilnehmer aus Berlin (West). Auch sei es dem Botschafter unbenommen, die Betreffenden privat oder gesellschaftlich zu betreuen, am Flugplatz abzuholen oder z. B. durch den Kulturreferenten fachlich beraten und betreuen zu lassen.

Eine ganz andere Sache sei jedoch die protokollarische Betreuung, die stets auch einen politischen Inhalt habe. Das gelte z. B. für die Veranstaltung eines offiziellen Empfangs durch den Botschafter. Diese Frage sei auch wegen der Schaffung eventueller Präzedenzfälle wichtig, insbesondere im Hinblick auf einen Besuch des Regierenden Bürgermeisters von Berlin in der Sowjetunion.

Hinsichtlich der Interpretierung des Begriffs „Betreuung" müsse man zwischen der Botschaft und dem Auswärtigen Amt auf Arbeitsebene noch zu einer Klärung kommen. BR Koptelzew hatte bei einem anderen Gespräch angedeutet, man könne für solche Fälle an die Veranstaltung von Empfängen durch die Besucher selbst denken, die dann ihrerseits den Botschafter einladen würden; auch könnten die Besucher selbst insistieren, daß zu sowjetischerseits zu veranstaltenden Empfängen der Botschafter oder Botschaftsangehörige eingeladen würden.[6]

---

[5] Punkt 51 des Zweijahresprogramms zum deutsch-sowjetischen Kulturaustausch: „Beide Seiten können die Durchführung auch anderer Besuchs- und Austauschvorhaben auf der Grundlage von Einzelabsprachen zwischen den entsprechenden Organisationen vorschlagen. Dieses Programm läßt die Möglichkeit der Entwicklung direkter kultureller Kontakte, wie sie bisher schon stattgefunden haben, auch in Zukunft unberührt." Vgl. die Aufzeichnung des Vortragenden Legationsrats I. Klasse Kühn vom 25. März 1975; Referat 213, Bd. 112759.

[6] Zur Betreuung von Künstlern aus Berlin (West) bei Besuchen in der UdSSR erläuterte der sowjetische Botschaftsrat Koptelzew am 22. April 1975: „Die Abholung und Verabschiedung von Westberliner Künstlern durch Vertreter der Botschaft und des Generalkonsulats können als konsularische Betreuung betrachtet werden, wenn diese Handlungen ihrem Charakter und ihrer Form nach von dem allgemein üblichen Begriff einer solchen Betreuung nicht abweichen. Auf persönlicher Grund-

2) Deutsch-sowjetisches Abkommen über wissenschaftlich-technische Zusammenarbeit: Einbeziehung Berliner Bundesämter[7]

StS Gehlhoff wies darauf hin, daß die deutsche Seite eine praktische Lösung suche, bei der kein Fachmann hinsichtlich seiner Teilnahme an der wissenschaftlich-technischen Zusammenarbeit diskriminiert wird; dies müsse auch für die Angehörigen von Bundesämtern in Berlin (West) gelten. Eine Lösungsmöglichkeit wäre, die Angehörigen aller Bundesämter (also nicht nur der Berliner Bundesämter) für die Zeit ihrer Teilnahme an Vorhaben der wissenschaftlich-technischen Zusammenarbeit mit der Sowjetunion an die zuständigen obersten Bundesbehörden in Bonn abzuordnen und ihnen entsprechende Dienstpässe auszustellen.

Botschafter Falin sah gewisse technische Schwierigkeiten bei einer solchen Lösung voraus (Angabe eines tatsächlich nicht bestehenden Wohnsitzes u. ä.). Es gehe bei der Suche nach einer Lösung um eine für beide Seiten akzeptable Interpretation der Formel vom Herbst 1974 („Natürliche Personen werden aus der Zusammenarbeit im Rahmen der besonderen Vereinbarungen aufgrund ihres Wohnsitzes in Berlin (West) oder wegen ihrer beruflichen Tätigkeit nicht ausgeschlossen").[8]

Man müsse objektive Kriterien finden. Die sowjetische Seite habe seinerzeit vorgeschlagen, die Angehörigen der Bundesämter in Berlin (West) bei Teilnahme an der wissenschaftlich-technischen Zusammenarbeit in anderer Eigenschaft (z. B. als Professor, Ingenieur, Arzt) zu präsentieren. Aus prinzipiellen Gründen sei die sowjetische Seite auf keinen Fall bereit, mit den Institutionen als solchen zusammenzuarbeiten. Ähnlich schwierig sei das Problem, wenn leitende Persönlichkeiten der Berliner Bundesämter benannt würden (z. B. Präsidenten oder Vizepräsidenten).

Es sei aber letztlich Sache der deutschen Seite allein, wie sie die Teilnehmer an der wissenschaftlich-technischen Zusammenarbeit – auch solche aus Berlin (West) – benenne, d. h. mit welcher Berufsbezeichnung, Qualifikation oder in welcher Eigenschaft. Es sei nicht Aufgabe der sowjetischen Seite, Nachweise hierzu zu verlangen, wenn die deutsche Seite Fachleute als geeignet für die Zusammenarbeit vorschlage. Er könne nur wiederholen, daß man auch sowjetischerseits eine praktische Lösung suche, bei der die seinerzeit vorgeschlagene Klausel in einer für beide Seiten akzeptablen Weise Anwendung finden könne.

Fortsetzung Fußnote von Seite 316
lage können Mitglieder der Botschaft und des Generalkonsulats den Westberliner Künstlern ihre Aufmerksamkeit erweisen, dürfen dabei aber keinen Anspruch auf eine besondere Aufmerksamkeit sich selbst gegenüber seitens der Flughafenverwaltung erheben." Vortragender Legationsrat Dingens vermerkte am 23. April 1975, Koptelzew habe präzisiert, „hier habe man vor allem die Benutzung des VIP-Raums im Auge". Ferner glaube die sowjetische Regierung nicht, „daß das V[ier-]M[ächte-]A[bkommen] in vollem Maße eingehalten werde, wenn die Botschaft oder das Generalkonsulat einen offiziellen Empfang zu Ehren von Künstlern oder anderen Vertretern aus Berlin (West) veranstalten würde". Vgl. Referat 610, Bd. 107779.

7 Zur Einbeziehung von Bundesämtern und Bundesanstalten mit Sitz in Berlin (West) in das deutsch-sowjetische Abkommen über wissenschaftlich-technische Zusammenarbeit vgl. Dok. 1, Anm. 6 und 7.

8 Die Formel wurde vom sowjetischen Außenminister Gromyko im Gespräch mit Bundesminister Genscher am 30. Oktober 1974 in Moskau vorgeschlagen. Vgl. dazu AAPD 1974, II, Dok. 316.

Es wurde vereinbart, das Problem zu überdenken und auf Arbeitsebene weiterzubehandeln.[9]

3) Deutsch-sowjetischer Rechtshilfeverkehr

Zum Thema „Aufnahme des deutsch-sowjetischen Rechtshilfeverkehrs" erklärte Botschafter Falin folgendes:

In der Sache selbst bestehe schon seit längerer Zeit im wesentlichen Einverständnis.[10] Wenn man eine Methode der Beschreibung und nicht eine solche der juristischen Festlegung wähle, könne man auch in diesem Punkt weiterkommen.

Die sowjetische Seite sei auch bereit, den Rechtshilfeverkehr zwischen der Sowjetunion und der Bundesrepublik Deutschland einerseits und der Sowjetunion und Berlin (West) andererseits praktisch mehr oder weniger gleichzeitig in Gang zu setzen, sobald die innerstaatlichen Voraussetzungen dafür geschaffen worden seien. Der materielle Inhalt der zweiseitigen Protokollnotiz Sowjetunion/Bundesrepublik und der einseitigen sowjetischen Protokollnotiz betr. Berlin (West) solle gleich sein, auch wenn es im Wortlaut leichte Unterschiede gäbe.[11]

Vom Tage der Veröffentlichung der Bekanntmachung über den Rechtshilfeverkehr an solle dieser praktisch aufgenommen werden.

Die zu veröffentlichende Bekanntmachung würde wie folgt überschrieben: „Bekanntmachung zum Übermittlungsweg von Rechtshilfeersuchen".

Der Text würde lauten: „Der Botschafter der Sowjetunion Falin und Staatssekretär Gehlhoff haben folgende Erklärungen ausgetauscht:

---

[9] Vortragender Legationsrat Dingens vermerkte am 14. April 1975, der sowjetische Botschaftsrat Koptelzew sei am 11. April 1975 um eine Erläuterung gebeten worden, „wie sich die sowjetische Seite die Präsentation der Angehörigen der Bundesämter in einer Doppelfunktion konkret vorstelle. Koptelzew erwiderte, wir sollten nicht von einer Doppelfunktion reden. Es ginge darum, daß die sowjetische Seite im Rahmen des Austauschs ‚alle fachlich qualifizierten Berliner Wissenschaftler akzeptieren' werde. Es müsse allerdings der Nachweis vorhanden sein, daß diese wirkliche wissenschaftliche Funktionen ausüben. Sollte der einzelne Wissenschaftler außerdem Beamter eines Berliner Bundesamtes sein, so werde man davon keine Kenntnis nehmen, da man bekanntlich wolle man mit diesen Bundesämtern nichts zu tun haben. Eine Ausnahme von dieser vorgeschlagenen Regelung bilden allerdings die Leiter der Bundesämter. Diese werde man nicht akzeptieren können." Vgl. Referat 213, Bd. 112801.

[10] Vortragender Legationsrat I. Klasse Kühn teilte am 25. März 1975 zum Sachstand über die Verhandlungen beim deutsch-sowjetischen Rechtshilfeverkehr mit: „Mit der sowjetischen Seite wurde Einigung darüber erzielt, daß der Rechtshilfeverkehr in Zivil- und Handelssachen sowohl für die Gerichte im Bundesgebiet als auch für die Gerichte in Berlin (West) im Wege des Direktverkehrs abgewickelt werden soll. Es wurde auch Einvernehmen darüber hergestellt, daß als Übermittlungsweg der Weg über die Justizministerien der Länder der Bundesrepublik Deutschland und den Senator für Justiz in Berlin (West) auf der einen und die Justizministerien der Unionsrepubliken der UdSSR auf der anderen Seite vorgesehen werden soll." Was die Form der Vereinbarungen des Direktverkehrs angehe, seien zwei Protokollnotizen vorgesehen: „Eine gleichlautende Protokollnotiz beider Seiten über den Rechtshilfeverkehr Bundesgebiet/Sowjetunion; eine einseitige sowjetische Protokollnotiz, die die Einführung des Direktverkehrs im Verhältnis zu Berlin (West) autonom und losgelöst von der mit uns getroffenen Vereinbarung behandeln würde." Kühn ergänzte, die UdSSR habe sich bisher geweigert, „diese Protokollnotizen in ihrer wesentlichen Aussage inhaltlich übereinstimmend zu formulieren". Vgl. Referat 213, Bd. 112758.

[11] Der Vorschlag zur Abgabe der Protokollnotizen zum Rechtshilfeverkehr wurde Bundesminister Bahr am 9. März 1974 vom sowjetischen Außenminister Gromyko in Moskau unterbreitet. Vgl. dazu AAPD 1974, I, Dok. 84.

Auf der Grundlage der Vereinbarung zwischen den Außenministern Gromyko und Scheel vom 3. November 1973[12] hat ein Meinungsaustausch zwischen der Sowjetunion und der Bundesrepublik Deutschland über Fragen der Rechtshilfe stattgefunden. Als Ergebnis des Meinungsaustauschs erfolgt der Rechtshilfeverkehr in Zivil- und Handelssachen auf dem Wege des Direktverkehrs zwischen den Justizministerien der Unionsrepubliken und den Justizministerien der Bundesrepublik Deutschland.

Gleichzeitig hat der sowjetische Botschafter folgende Erklärung abgegeben:

Die sowjetische Seite erklärt ihr Einverständnis damit, daß in Übereinstimmung mit dem Vier-Mächte-Abkommen vom 3. September 1971 der Rechtshilfeverkehr in Zivil- und Handelssachen zwischen den Justizministerien der Unionsrepubliken der UdSSR und dem Senator für Justiz in Berlin (West) auf dem Wege des Direktverkehrs erfolgt."

Es wurde vereinbart, die Frage auf Arbeitsebene weiterzubehandeln und die Texte endgültig abzustimmen.

4) Weitere Gesprächspunkte:

a) Botschafter Falin erklärte, die sowjetische Seite würde sich freuen, Bundesminister Genscher und seine Gattin in Moskau zu empfangen. Als Zeitpunkt kämen die Wochen zwischen der zweiten und dritten KSZE-Phase in Frage. Ein genauer Termin solle bestimmt werden, sobald der Zeitpunkt der dritten KSZE-Phase feststeht.[13]

Botschafter Falin gab der Hoffnung Ausdruck, daß bis dahin auf den angesprochenen Gebieten Fortschritte erzielt werden könnten.

b) Botschafter Falin erklärte ferner, die sowjetische Seite hoffe, daß in Kürze Reiseerleichterungen seitens der Bundesrepublik Deutschland zugestanden werden, die den in der Sowjetunion am 5. April 1974 in Kraft getretenen Reiseerleichterungen[14] entspreche. Es wurde ihm mitgeteilt, daß – wie der sowje-

---

[12] Korrigiert aus: „3. Oktober 1973".
Zu der von Bundesminister Scheel mit dem sowjetischen Außenminister Gromyko am 3. November 1973 in Moskau getroffenen Vereinbarung vgl. AAPD 1973, III, Dok. 350.

[13] Zum Vorschlag des Generalsekretärs des ZK der KPdSU, Breschnew, vom 8. März 1975, für Ende Juni 1975 die KSZE-Schlußkonferenz auf der Ebene der Staats- und Regierungschefs nach Helsinki einzuberufen, vgl. Dok. 49.
Die KSZE-Schlußkonferenz fand vom 30. Juli bis 1. August 1975 statt.
Bundesminister Genscher begleitete Bundespräsident Scheel bei dessen Besuch vom 10. bis 15. November 1975 in der UdSSR. Vgl. dazu Dok. 339 und Dok. 342.

[14] Botschafter Sahm, Moskau, teilte am 20. Februar 1974 mit, er habe vom Abteilungsleiter im sowjetischen Außenministerium, Bondarenko, am selben Tag eine Note „über gewisse Reiseerleichterungen" erhalten: „a) Die Leiter diplomatischer Vertretungen und ihre Familienmitglieder sowie deren persönliche Dolmetscher und Chauffeure können in Zukunft mit beliebigen Transportmitteln die nicht gesperrten Städte und Gebiete der UdSSR bereisen, ohne die Reisen vorher in der Protokollabteilung des S[owjetischen]A[ußen]M[inisteriums] registrieren zu lassen; b) für das Personal der Botschaften einschließlich der Militärattachés entfällt die Registrierungspflicht für Reisen in die nicht gesperrten Städte und Gebiete des Bezirks Moskau. Es handelt sich dabei praktisch um eine nicht unerhebliche Ausdehnung der 40-km-Sperrzone. [...]; c) die Registrierungspflicht für Mitarbeiter von Botschaften und Konsulaten bei Reisen in Städte und Ortschaften, die an Verkehrswegen liegen, die für ausländische Autotouristen geöffnet sind, wird von 48 auf 24 Stunden verkürzt; d) die neue Regelung tritt am 5. April 1974 in Kraft. Die bisher gemäß Note aus 1966 gesperrten Gebiete bleiben unverändert. Einige bisher offenbar nicht gesperrte Gebiete werden zusätzlich vorübergehend gesperrt." Bondarenko habe ergänzend vorgetragen, „diese neue Regelung gelte auf der Grundlage der Gegenseitigkeit. In Verbindung damit erwarte man auch eine Antwort

tischen Botschaft bereits bekannt – mit einer positiven Entscheidung in Kürze zu rechnen sei.

c) Botschafter Falin bat weiter um baldige Antwort auf die sowjetische Note vom 4. Dezember 1974 betr. Festlandsockel der Ostsee[15]. Es wurde ihm mitgeteilt, daß eine Antwort vorbereitet werde.[16]

d) Zur Frage der beiderseitigen Eröffnung von Touristikbüros[17] wurde mit Befriedigung festgestellt, daß eine günstige Regelung in kurzer Frist erreicht werden könne. Als Zeitpunkt für eine mögliche Vereinbarung wurde die nächste Sitzung der deutsch-sowjetischen Wirtschaftskommission Anfang Juni 1975[18] genannt.

e) Mit Bezug auf die deutsche Industrieausstellung in Moskau[19] wurde von beiden Seiten festgestellt, daß diese ein guter Erfolg geworden sei und sich die Zusammenarbeit zwischen den offiziellen Stellen beider Seiten bei der Vorbereitung der Ausstellung gut bewährt habe. Dies sollte auch einem weiteren Kreis bekanntgemacht werden.

Im Konzept
gez. Kühn

Referat 213, Bd. 112758

Fortsetzung Fußnote von Seite 319
der Regierung der Bundesrepublik Deutschland über Maßnahmen zur Erleichterung der Bewegung von sowjetischen Diplomaten." Vgl. den Drahtbericht Nr. 660; Referat 502, Bd. 167114.

[15] In der sowjetischen Note hieß es: „Die sowjetische Seite stellt mit Befriedigung eine erfolgreiche Entwicklung der regionalen Zusammenarbeit zwischen den Ostseestaaten fest und hält es für möglich und zweckmäßig, den nächsten Schritt in dieser Richtung zu unternehmen, und zwar eine Vereinbarung aller Ostseestaaten über Fragen der Nutzung des Festlandsockels in der Ostsee zu erzielen. Eine gute Grundlage für eine solche Vereinbarung könnte die Deklaration über den Festlandsockel der Ostsee sein, die am 23. Oktober 1968 von den Vertretern der UdSSR, der DDR und der VR Polen in Moskau unterzeichnet wurde." Vgl. Referat 213, Bd. 112746.

[16] Mit Note vom 12. Juni 1975 teilte die Bundesregierung der sowjetischen Regierung mit, sie sei über die erfolgreiche Entwicklung der Zusammenarbeit der Anliegerstaaten der Ostsee vor allem auf den Gebieten der Fischerei und des marinen Umweltschutzes befriedigt und werde bemüht bleiben, die Zusammenarbeit auch in der Zukunft zu vertiefen. Sie bezweifle jedoch, „daß Themen wie die Abgrenzung oder die Nutzung des Festlandsockels unter der Ostsee im gegenwärtigen Zeitpunkt geeignet sind, die Beziehungen im Ostseegebiet zu intensivieren". Hierzu wurde ausgeführt: „Probleme, die die Nutzung des Festlandsockels berühren, sollten nach Auffassung der Regierung der Bundesrepublik Deutschland im gegenwärtigen Zeitpunkt nicht Gegenstand regionaler Verhandlungen sein, solange eine globale Regelung dieser Fragen im Rahmen der III. Seerechtskonferenz der Vereinten Nationen nicht in Kraft getreten ist. [...] Die Bundesrepublik Deutschland sieht sich nicht in der Lage, der Deklaration über den Festlandsockel der Ostsee vom 23. Oktober 1968 unter anderem deshalb beizutreten, weil Ziff. 9 der Deklaration im Widerspruch zu zwischenstaatlichen Verpflichtungen der Bundesrepublik Deutschland, zu ihrer Auffassung über die Nutzung der Ostsee und zu ihrem innerstaatlichen Recht steht." Vgl. Referat 413, Bd. 114235.

[17] Zur Eröffnung von Touristikbüros in der Bundesrepublik bzw. in der UdSSR vgl. Dok. 1, Anm. 9.

[18] Die Tagung der deutsch-sowjetischen Kommission für wirtschaftliche und wissenschaftlich-technische Zusammenarbeit fand vom 9. bis 11. Juni 1975 statt. Vgl. dazu Dok. 155, Anm. 3 und 5.

[19] Die Ausstellung der Bundesrepublik Deutschland in der UdSSR fand vom 13. bis 25. März 1975 in Moskau statt. Gesandter Balser, Moskau, berichtete am 27. März 1975, die Ausstellung könne sowohl „hinsichtlich Besucherzahl (rd. 600 000) und während der Ausstellung geführter Geschäftsverhandlungen" als Erfolg betrachtet werden. Auch bezüglich der Beteiligung von Berlin (West) müsse „als beträchtlicher Erfolg gewertet werden, daß die sowjetische Seite bei einer hier als Nationalausstellung gewerteten Veranstaltung nach anfänglichem Zögern eine Mitwirkung von Berlinern überhaupt zuließ. Dem sowjetischen Besucher ist deutlich geworden, und zwar mehr als bei den üblichen internationalen Ausstellungen, daß Berlin (West) bei der Repräsentation des eigenen

65

Botschafter von Keller, Ottawa, an das Auswärtige Amt

114-11566/75 VS-vertraulich Aufgabe: 27. März 1975, 17.45 Uhr
Fernschreiben Nr. 104 Ankunft: 28. März 1975, 07.56 Uhr
Cito

Betr.: Beteiligung Kanadas an den NATO-Streitkräften in Deutschland

1) Am 21.3. stattete ich dem Staatssekretär (Under-Secretary of State) des kanadischen Außenministeriums, Mr. Robinson, meinen Abschiedsbesuch[1] ab. Nach wenigen einleitenden Worten wies mich Mr. Robinson darauf hin, daß die kanadische Regierung die Frage des zweckmäßigsten Einsatzes ihrer Streitkräfte prüfe. Dabei überlege man, ob es nicht von Vorteil sei, das bisher in Europa eingesetzte kanadische Kontingent nach Kanada zurückzuverlegen, vornehmlich zur stärkeren Sicherung des – zur Zeit ziemlich vernachlässigten – kanadischen Nordens. Er frage mich, welches wohl die Reaktion der Bundesregierung wäre, falls Kanada sich gezwungen sehe, seine Truppen aus Deutschland zurückzuziehen. Ich erwiderte, daß dies von der Bundesregierung sicher als ein harter Schlag empfunden würde. Eine solche Aktion der kanadischen Regierung müsse sowohl unter militärischen als auch unter politischen Gesichtspunkten gesehen werden. Wenngleich ich kein Fachmann auf militärischem Gebiet sei, sei mir bekannt, daß das kanadische Kontingent von 5000 Mann von uns als ein wichtiger Beitrag zur Verteidigung Europas angesehen werde. Trotz der Problematik der Centurion-Panzer stelle das kanadische Kontingent einen wichtigen Faktor im Verteidigungskonzept für Europa dar. Es sei bekannt, daß die kanadischen Truppen hochqualifiziert seien. Dies zeige sich u. a. auch bei den Wettbewerben innerhalb der NATO-Streitkräfte.

Noch schwerer als die militärischen Auswirkungen schienen mir die politischen und psychologischen Folgen eines Rückzugs der kanadischen Truppen zu sein. Kanada werde nicht nur bei uns, sondern auch innerhalb der Allianz als ein besonders zuverlässiger Partner angesehen. Eine Zurücknahme der kanadischen Truppen auf das Heimatgebiet könne als Beginn einer Erosion gedeutet werden mit Auswirkungen auch auf andere Partner der Allianz. Sicher würde auch die deutsche Bevölkerung, mit der die kanadischen Truppen ausgezeichnete Beziehungen unterhielten, den Abzug schmerzhaft vermerken. Im übrigen stehe das kanadische Kontingent in Deutschland in einem engen Zusammenhang mit der kanadischen Mitwirkung bei den KSZE-Verhandlungen und bei den Gesprächen über MBFR. Der Abzug des Kontingents würde vermutlich von vielen Seiten als ein nachlassendes Interesse an Europa gedeutet werden.

Fortsetzung Fußnote von Seite 320
  Lebens unter das Dach der Bundesrepublik Deutschland gehört. Dieser Eindruck ist durch die Kennzeichnung der Berliner Stände mit Fähnchen und Hinweis auf das Vier-Mächte-Abkommen nicht vermindert, sondern eher deutlicher geworden." Vgl. den Schriftbericht Nr. 1232; Referat 213, Bd. 112784.

[1] Botschafter von Keller, Ottawa, trat am 31. März 1975 in den Ruhestand.

Mr. Robinson entgegnete, daß die kanadische Regierung zu diesem Thema noch keinen Beschluß gefaßt habe, es seien lediglich Überlegungen im interministeriellen Rahmen im Gange, bei denen die Verteidigung des kanadischen Nordens und eine stärkere Konzentration der Verteidigungskraft eine Rolle spielten. Wenn überhaupt so etwas in Erwägung gezogen werde, handelte es sich um eine Planung für ein Konzept nach den nächsten fünf bis sieben Jahren. Er lenkte sodann zu einem anderen Thema über.

2) Am 26.3. empfing mich Ministerpräsident Trudeau zum Abschiedsbesuch. Der Abschiedsbesuch eines Missionschefs bei Trudeau ist an sich ungewöhnlich. In meinem Falle hatte die Anmeldung hierzu Erfolg, offenbar weil mich der Ministerpräsident bei der Verabschiedung in Bonn am Ende seines Deutschlandbesuches[2] aufgefordert hatte, ihn vor meiner Abreise von Ottawa nochmals aufzusuchen. Ich benutzte die Gelegenheit während des etwa Zehn-Minuten-Besuches, den Ministerpräsidenten auf die Bedeutung hinzuweisen, die die Bundesregierung den kanadischen Truppen beimesse, und zwar sowohl unter militärischen als auch unter politischen und psychologischen Gesichtspunkten. Herr Trudeau erwiderte, die kanadische Regierung habe keineswegs die Absicht, das kanadische Kontingent zurückzuziehen oder zu vermindern, jedenfalls nicht für voraussehbare Zukunft.

Ich hatte den Eindruck, daß Herr Trudeau über die von Staatssekretär Robinson erwähnten interministeriellen Überlegungen nicht unterrichtet war.

3) Heute stattete ich Außenminister MacEachen einen Abschiedsbesuch ab, an den sich ein Essen im kleinen Kreis (14 Personen) anschloß. Sowohl bei der Unter-vier-Augen-Unterhaltung als auch in meinem Dankestoast wies ich auf die Bedeutung der Allianz hin und auf die Gemeinsamkeit der Werte, die nur gemeinsam verteidigt werden könnten. Mr. MacEachen nahm meine Ausführungen zur Kenntnis, ohne darauf einzugehen. Es war nicht zu erkennen, ob er von Mr. Robinson über meine Unterhaltung mit letzterem unterrichtet worden war oder nicht.

4) Es ist an sich nicht verwunderlich, daß bei dem allgemeinen Desinteresse kanadischer Politiker an Verteidigungsfragen die Frage, inwieweit weitere Einsparungen auf dem militärischen Sektor – eventuell auch in Europa – erzielt werden können, auf mittlerem Regierungsniveau geprüft wird. Es ist nicht auszuschließen, daß das Thema Abzug oder Verringerung der Truppen aus Deutschland trotz der Zusicherung des Premierministers in Zukunft mehr oder weniger offiziell wieder aufs Tapet kommt. Beruhigung ist andererseits, daß in letzter Zeit ein wichtiger Teil der kanadischen Presse die mangelnden Verteidigungsanstrengungen Kanadas eingehend behandelt und damit zumindest gegenüber den Ermüdungstendenzen retardierend wirkt.[3]

[gez.] Keller

VS-Bd. 9967 (204)

---

[2] Ministerpräsident Trudeau hielt sich vom 1. bis 5. März 1975 in der Bundesrepublik auf. Vgl. dazu Dok. 40.

[3] Am 9. April 1975 bat Vortragender Legationsrat I. Klasse Pfeffer die Botschaft in Ottawa, dem Staatssekretär im kanadischen Außenministerium, Robinson, mitzuteilen, daß seine Ausführungen die Bundesregierung beunruhigten: „Wir hatten geglaubt, daß während des kürzlichen Besuchs Mi-

66

Botschafter Caspari, Lissabon, an das Auswärtige Amt

Fernschreiben Nr. 136   Aufgabe: 27. März 1975, 19.00 Uhr[1]
                                     Ankunft: 28. März 1975, 12.53 Uhr

Betr.: Möglichkeiten deutscher Hilfe für Portugal
Bezug: Telefonische Weisung von Herrn VLR I Munz vom 26.3.75

I. Während meines Besuches bei Präsident Costa Gomes am 26.3.75[2] berührte ich kurz das Thema deutscher Hilfeleistung für Portugal. Ich sagte dem Präsidenten, von anderer Seite hätte ich gehört, daß er von Umfang und Tempo der Portugal von westlichen Ländern gewährten Hilfe nicht befriedigt sei. (Äußerung gegenüber US-Botschafter[3]). Obwohl ich keinen Auftrag hierzu hätte, möchte ich von mir aus hierzu bemerken, daß sich die Bundesregierung bald

---

Fortsetzung Fußnote von Seite 322
nisterpräsident Trudeaus in Bonn zwischen beiden Seiten volle Übereinstimmung in den grundlegenden Fragen der gemeinsamen Sicherheit erzielt worden sei. Dazu gehöre zentral die Stationierung kanadischer Truppen in der Bundesrepublik Deutschland. [...] Wir werten die kanadische Truppenpräsenz als wertvollen Beitrag zur konventionellen Verteidigungsfähigkeit im NATO-Mittelabschnitt sowie zur Verstärkung der Luftstreitkräfte im AFNORTH-Bereich und der ACE Mobile Force. [...] Jede Herabsetzung der konventionellen Verteidigungsfähigkeit der Allianz würde angesichts der unvermindert anhaltenden Aufrüstung des Warschauer Pakts ernste Folgen für unsere gemeinsame Sicherheit haben und die Erfolgsaussichten der Ost-West-Entspannungspolitik in Frage stellen. Im übrigen würde sich ein Abbau der kanadischen Truppenpräsenz in Europa auch auf die politische Mitsprache Kanadas in der Allianz auswirken, auf die wir großen Wert legen." Vgl. den Drahterlaß; VS-Bd. 9967 (204); B 150, Aktenkopien 1975.
Am 17. April 1975 berichtete Gesandter Wolff, Ottawa, Robinson habe darum gebeten, er „möge mit seinem Vertreter Halstead sprechen". Wolff teilte mit, Halstead habe erklärt, „es müsse zu einem Mißverständnis zwischen unserem Botschafter und Robinson gekommen sein. Kanada habe keinesfalls die Absicht, seine militärische Rolle in Europa im Rahmen der NATO aufzugeben. Er könne kategorisch erklären, ein Rückzug der kanadischen Streitkräfte aus Deutschland sei nicht beabsichtigt. [...] Gegenwärtig sei eine Untersuchung des kanadischen Verteidigungsministeriums im Gange, wie die vier Aufgaben der kanadischen Streitkräfte (Verteidigung der Hoheitsrechte und der Unabhängigkeit des Landes; Beteiligung an der Verteidigung Nordamerikas zusammen mit den USA; Zusammenschluß mit den Verbündeten in der kollektiven Sicherheit der NATO; Beteiligung an friedenserhaltenden Operationen) am besten erfüllt werden könnten, und zwar auch unter Kostengesichtspunkten." Auf die Frage, ob im Hinblick auf die kanadischen Streitkräfte in der Bundesrepublik die Möglichkeit bestehe, „die Zusammensetzung des kanadischen Kontingents zu modifizieren, indem z.B. den Luftstreitkräften eine größere und den Bodentruppen eine geringere Rolle zugewiesen werde", habe Halstead erwidert, „dies sei eine der möglichen Optionen". Vgl. den Drahtbericht Nr. 125; VS-Bd. 9967 (204); B 150, Aktenkopien 1975.
Am 18. Juni 1975 übermittelte Gesandter Boss, Brüssel (NATO), ein Papier der kanadischen NATO-Delegation vom selben Tag über die kanadischen Vorstellungen zur Truppenpräsenz in der Bundesrepublik. Vgl. dazu den Drahtbericht Nr. 887; VS-Bd. 9967 (204); B 150, Aktenkopien 1975.

[1] Ablichtung.
  Hat Bundesminister Genscher am 1. April 1975 vorgelegen, der handschriftlich für Staatssekretär Gehlhoff vermerkte: „1) Es fehlen Vorschläge für den EG-Bereich. 2) Sind die Einladungsvorschläge (siehe X) inzwischen eingegangen?" Vgl. Anm. 7.
[2] Zum Gespräch des Botschafters Caspari, Lissabon, mit Präsident Costa Gomes am 26. März 1975 vgl. auch Dok. 60, Anm. 10.
[3] Frank C. Carlucci.

nach dem 25. April 1974[4] zu Hilfeleistungen an Portugal bereit erklärt und um die Angabe konkreter Wünsche und Vorhaben gebeten habe. Bestimmte Vorhaben seien schließlich von Minister Alves anläßlich seines Besuches in Bonn im November 1974 in allgemeiner Form vorgebracht worden.[5] Die von uns erbetene Spezifizierung habe dann trotz häufiger Erinnerungen unsererseits nochmals fast drei Monate, nämlich bis Ende Januar 1975, gedauert, als mir vier Projektvorhaben übergeben worden seien. Ich möchte den Präsidenten hierauf hinweisen, denn unsere auch von Herrn Bundesminister Bahr Herrn Minister Alves in Aussicht gestellte Hilfeleistung[6] sei leider durch die langsame Arbeit der portugiesischen Behörden verzögert worden. Jedenfalls möchte ich ihn um Verständnis dafür bitten, daß in unserem Fall das Tempo der Hilfeleistung in erheblich stärkerem Maße von den portugiesischen als von den deutschen Behörden bestimmt worden sei.

Der Präsident machte sich hierzu eingehende Notizen und äußerte im übrigen keine Kritik.

Im folgenden übermittelte ich unter Vorbehalt späterer Ergänzung Vorschläge für Hilfeleistungen auf den Gebieten der Wirtschaft, der Öffentlichkeitsarbeit und der Kultur. Vorschläge für Einladungen an Mitglieder des Revolutionsrates, der Regierung und hochrangige Persönlichkeiten zu Besuchen in der Bundesrepublik Deutschland werden nachgereicht.[7]

1) Wirtschaft

Auf wirtschaftlichem Gebiet könnte Portugal folgende Hilfe angeboten werden:

a) bei Projekten, die die Botschaft mit Bericht vom 29.1.75 – Nr. 130/75-WI-440 – übermittelt hat (Darlehen an portugiesische Entwicklungsbank, Eisenbahnlinie Sines – Lissabon, drei landwirtschaftliche Vorhaben)[8];

b) auf den Gebieten, für die im portugiesischen Wirtschaftsplan der nächsten drei Jahre besondere Prioritäten eingeräumt werden: Wohnungsbau, Verkehr (Häfen, Metro Lissabon, Omnibuspark Porto und Lissabon), Nachrichtenwesen, Fischerei (s. Bericht WI-403-30 PTG vom 16.10.74);

c) evtl. Darlehen über die europäische Entwicklungsbank.

---

[4] Zum Regierungsumsturz in Portugal vgl. Dok. 23, Anm. 38.
[5] Während des Besuchs des portugiesischen Ministers ohne Geschäftsbereich, Alves, vom 4. bis 7. November 1974 in Bonn, äußerte die portugiesische Delegation gegenüber Bundesminister Genscher Interesse an Kapitalhilfe der Bundesrepublik und kündigte die Vorlage geeigneter Projekte an. Vgl. die Aufzeichnung des Referats 203 vom 6. November 1974; Referat 203, Bd. 101437.
[6] Über die Gespräche der portugiesischen Delegation am 6. November 1974 im Bundesministerium für wirtschaftliche Zusammenarbeit teilte Vortragender Legationsrat I. Klasse Mühlen der Botschaft in Lissabon am 12. November 1974 mit, es seien Kredite für zwei Bewässerungsprojekte, das Verkehrserschließungsprojekt Sines, zwei Wärmekraftwerke und die Ausstattung einer Kreditbank zur Unterstützung von Kleinindustrien erbeten worden: „Zusagen wurden nicht gemacht. Zahlen über Umfang eventueller deutscher Hilfe wurden nicht gemacht. Portugiesische Seite wurde darauf hingewiesen, der offizielle Antrag auf Kredithilfe mit Projektvorschlägen müsse auf diplomatischem Weg über Botschaft Lissabon geleitet werden." Entsprechend habe sich Bundesminister Bahr am selben Tag gegenüber dem portugiesischen Minister ohne Geschäftsbereich, Alves, geäußert. Vgl. den Drahterlaß Nr. 163; Referat 420, Bd. 117761.
[7] Dieser Satz wurde von Bundesminister Genscher durch Kreuz hervorgehoben. Vgl. Anm. 1.
[8] Für den Schriftbericht des Botschafters Caspari, Lissabon, vgl. Referat 420, Bd. 117762.

2) Öffentlichkeitsarbeit und Kultur

Eine Möglichkeit zur Unterstützung Portugals im Bereich der Öffentlichkeitsarbeit zeichnet sich auf dem Gebiet des Fernsehens ab. Seit Ende 1974 finden darüber Gespräche statt. Zuletzt haben sich als Fachleute Ing. Nessler vom Bundespresseamt und Medienreferent Bittner vom Bundesministerium für wirtschaftliche Zusammenarbeit über die technischen Möglichkeiten einer Zusammenarbeit am Ort unterrichtet. Sie sprachen dabei im hiesigen Informationsministerium mit Minister Fregattenkapitän José Correia Jesuino und dem Generalsekretär für das Informationswesen, Fregattenkapitän Rui Montez. Als Ergebnis, das mit den Fachleuten des portugiesischen Fernsehens abgestimmt ist, trugen sie Generaldirektor Montez vor, daß im Rahmen einer deutschen Hilfe aus technischer Sicht in Frage käme:

Ausstattung des bereits im Rohbau fertiggestellten neuen Studiogebäudes mit farbtüchtigem Gerät und Übernahme der gesamten Planung für ein neu zu bauendes Studiozentrum durch die deutsche Seite.

Für die bereits bestehenden Anlagen des portugiesischen Fernsehens seien infolge ihres schlechten Zustandes keine Neuinvestitionen möglich, allenfalls wären Ersatzteillieferungen zu empfehlen.

Finanzielle Zusagen wurden bisher nicht gegeben. Herrn Dr. Püllen im Bundespresseamt sind weitere Einzelheiten bekannt.

Generaldirektor Montez versprach der Botschaft, die portugiesischen Wünsche konkretisiert an die Bundesregierung heranzutragen. Durch die letzten Ereignisse ist jedoch mit Verzögerungen zu rechnen. So ist beispielsweise das Amt des Präsidenten der RTP (Rádio-Televisão Portuguesa) noch neu zu besetzen.

Von deutscher Seite sollte darauf hingewirkt werden, daß finanzielle Mittel bereitgestellt werden, so daß, wenn die Entscheidung der portugiesischen Seite gefallen ist, die deutschen Hilfsmaßnahmen rasch anlaufen können.

Unabhängig von dieser Zusammenarbeit im Bereich der Fernsehtechnik und -planung würde es die Botschaft begrüßen, wenn der portugiesischen Seite für das Fernsehen geeignete Filme angeboten werden könnten. Da die ursprünglich von dem ehemaligen Minister Vitor Alves anläßlich seines Deutschlandbesuchs erbetenen Lehrfilme über die Demokratie in der Bundesrepublik Deutschland offenbar nicht vorhanden sind, kommen in erster Linie deutsche Unterhaltungsprogramme in Frage. Dies wurde zwar im Schreiben des Bundespresseamts an das Auswärtige Amt – IV B 1 43 155 PTG vom 7.11.74 nicht für möglich angesehen, da ARD und ZDF es bisher abgelehnt haben, Transtel die Lieferung von Filmen in die Mittelmeerländer zu erlauben.[9] Nachdem Portugal

---

[9] Das Presse- und Informationsamt teilte mit Schreiben vom 7. November 1974 mit, der portugiesische Minister ohne Geschäftsbereich, Alves, habe während seines Besuchs in der Bundesrepublik im Gespräch mit Staatssekretär Bölling folgende „Wünsche und Anregungen" vorgebracht: „1) Deutsche Hilfe bei der ‚Umerziehung' der portugiesischen Journalisten, die nach den Jahren der Diktatur des Denkens in demokratischen Kategorien entwöhnt seien. Portugiesische Journalisten sollten in der Bundesrepublik freiheitlichen Journalismus lernen. 2) Deutsche Fernsehprogramme für das portugiesische Fernsehen, insbesondere ‚Lehr'-Filme über die Demokratie in der Bundesrepublik. 3) Fernsehprogramme für portugiesische Gastarbeiter." Vgl. Referat 203, Bd. 101437.

inzwischen als Entwicklungsland anzusehen ist, sollte in dieser Richtung nochmals ein Versuch unternommen werden.

Im kulturellen Bereich wäre es zweckmäßig, volkstümliche Darbietungen aus dem Bereich Gesang und Tanz nach Portugal zu bringen. Große Wirkung haben hier zahlreiche sowjetische, rumänische und andere osteuropäische Darbietungen, zumal auf diesem Gebiet der Sprachbarriere nur geringe Bedeutung zukommt und breitere Schichten der Bevölkerung angesprochen werden.

3) Hilfsaktionen auf militärischem Gebiet

Nach Absprache mit dem Bundespresseamt wird vorgeschlagen,
- die Weiterführung bisheriger bilateraler Verpflichtungen einschl. der positiven Lösungen offener Probleme zu erwägen;
- Wiederaufnahme früherer Ausbildungsvorhaben der Luftwaffe und ausgelaufener Rüstungsaufträge zu prüfen;
- auf offizielle Einladung hochrangiger portugiesischer Offiziere zunächst zu verzichten, portugiesischen Besuchswünschen jedoch zuzustimmen.

Verteidigungsattaché[10] weist darauf hin, daß alle mit militärischen Fragen zusammenhängenden Vorschläge wegen der anstehenden schwierigen Problematik der laufenden Verhandlungen mit dem Portugal-Beauftragten des BMVg, StS Fingerhut, abgestimmt werden müssen.

[gez.] Caspari

Referat 010, Bd. 178566

[10] Karl-Otto Perlich.

67

Botschafter Dröge, Saigon, an das Auswärtige Amt

114-11596/75 VS-vertraulich Aufgabe: 30. März 1975, 11.30 Uhr
Fernschreiben Nr. 159 Ankunft: 30. März 1975, 05.20 Uhr
Citissime nachts

Betr.: Sicherheitslage in Südvietnam[1]
Bezug: DB vom 29.3.75 Pol 320.10[2]

I. Die Sicherheitslage in Südvietnam hat sich soweit verschlechtert, daß ich die Notwendigkeit einer Evakuierung aller Deutschen nicht mehr ausschließen kann und Detailpläne vorbereite. Dieser Entschluß beruht auf folgender Lagebeurteilung:

a) Die chaotischen Zustände in Danang[3], das noch vor wenigen Tagen unter allen Umständen gehalten werden sollte, hat an die Moral der kämpfenden Truppe

---

[1] Da nach der Unterzeichnung des Abkommens vom 27. Januar 1973 über die Beendigung des Kriegs und die Wiederherstellung des Friedens in Vietnam die Kampfhandlungen zwischen der Demokratischen Republik Vietnam (Nordvietnam) und der Republik Vietnam (Südvietnam) nicht eingestellt wurden, kam es am 13. Juni 1973 in Paris zur Vereinbarung eines Zusatzabkommens, wonach am 15. Juni 1973 ein neuer Waffenstillstand in Kraft treten sollte, der jedoch ebenfalls nicht eingehalten wurde. Im Dezember 1974 begannen die Streitkräfte der Demokratischen Republik Vietnam (Nordvietnam) und des Vietcong eine Großoffensive im Mekong-Delta und in der südvietnamesischen Provinz Phuoc Long. Die südvietnamesischen Streitkräfte konnten trotz Generalmobilmachung am 13. März 1975 den Vormarsch der gegnerischen Truppen nicht stoppen und mußten sich zurückziehen.
Am 15. März 1975 äußerte sich Ministerialdirektor Lahn zur Situation: „Die südvietnamesische Regierung hat am 14.3.1975 ohne Konsultation mit der amerikanischen Regierung die militärische Preisgabe des Hochlandes und der nördlichen Küstenprovinzen beschlossen. Mit der Rücknahme der Verteidigungslinien tritt sie der nordvietnamesischen Strategie entgegen, die Regierungstruppen nach dem Vorbild von Dien Bien Phu an isolierbaren Plätzen einzukesseln. Als positive Nebenwirkung ihrer Entscheidung erhofft sie die Mobilisierung von Unterstützung des befreundeten Auslandes für ihren Kampf um das Überleben. Eine zusätzliche Hilfe aus den USA ist fraglich. Die Nordvietnamesen haben ohne größeren Widerstand der Regierungstruppen ihre Kontrolle auf die Hälfte des Territoriums Südvietnams mit elf Provinzen ausdehnen können. Die Aufgabe weiteren Gebietes, einschließlich der zweitgrößten Stadt des Landes, Danang, liegt im Bereich des Möglichen." Vgl. Referat 302, Bd. 101738.
[2] Botschafter Dröge, Saigon, berichtete, daß sich die Lage in der Republik Vietnam (Südvietnam) zusehends verschlechtere, und teilte weiter mit: „Im Lichte der Erfahrungen von Danang, wo meine Evakuierungsempfehlung vom 25.3. noch teilweise auf Unverständnis stieß und drei Tage später die Luftbrücke wegen völligem Chaos eingestellt werden mußte, habe ich heute – nach Absprache mit der amerikanischen Botschaft – alle deutschen Staatsangehörigen in Saigon durch persönliches Rundschreiben gebeten, sich auf den Spannungsfall vorzubereiten." Vgl. den Drahtbericht Nr. 155; Referat 302, Bd. 101738.
[3] Mit Einnahme der Provinzen Quang Ngai und Quang Tin durch nordvietnamesische und Vietcong-Truppen am 24. März 1975 war die Hafenstadt Danang von ihren Landverbindungen abgeschnitten. Am 28. März 1975 teilte Militärattaché Weste, Saigon, mit: „Trotz insgesamt nachlassender gegnerischer Aktivitäten hat sich die Lage in S[üd]v[iet]n[am] weiter verschlechtert. Das Flüchtlingsproblem, in seiner Größenordnung die Organisationsfähigkeit der südv[ietnamesischen] Administration überfordernd, führte bereits zu anarchischen Zuständen in Danang. [...] In Danang ist die Polizei nicht mehr funktionsfähig. Die Streitkräfte befinden sich in einem Auflösungszustand. Die Desertationsrate ist hoch. Die Luftbrücke mußte vorläufig eingestellt werden, da Flüchtlingsmassen die Absperrungen überwalzten und die Abflugmöglichkeiten blockierten. [...] Der Fall von Hué und das Flüchtlingselend, von dem auch viele Soldatenfamilien betroffen wurden, zersetzen die Mo-

so angeschlagen, daß ihr Verteidigungswille auch um Saigon ernsthaft bezweifelt werden muß. Angesichts der im Raum um Saigon dislozierten NVA[4]-Großverbände ist bei einem massiven Angriff ein schneller Zusammenbruch der Front um die Hauptstadt nicht auszuschließen. Anzeichen für eine Besserung der Moral sind nicht erkennbar.

b) Nach allen Informationen ist mit einem Eingreifen der USA, die allein die Lage noch stabilisieren könnten, nicht zu rechnen. Die amerikanische Botschaft hat bereits ein Evakuierungszentrum in Tan Son Nhut eingerichtet.

II. Nachdem ich alle Deutschen gebeten habe, sich auf den Spannungsfall vorzubereiten, empfiehlt die Botschaft jetzt allen ratsuchenden Deutschen, deren Aufenthalt nicht unbedingt erforderlich ist, Vietnam zu verlassen. Ich halte in den Sicherheitsfragen mit den befreundeten Missionen Kontakt.

III. Ich bitte vorsorglich um Ermächtigung, die Vorevakuierung und gegebenenfalls die Hauptevakuierung der hier lebenden deutschen Staatsangehörigen anzuordnen, wenn ich dies aufgrund meiner Lagebeurteilung für notwendig halte.

Als Evakuierungsorte kommen Bangkok und Singapur in Frage.[5]

Erbitte Drahtweisung auch zur Frage der Übernahme der durch diese Maßnahme entstehenden Kosten.[6]

[gez.] Dröge

VS-Bd. 10032 (302)

Fortsetzung Fußnote von Seite 327

ral der Truppe, so daß nur noch ein Wunder die Kampfwilligkeit der Restverbände S[üd]viet[nam]s wiederherstellen kann. Dieses Wunder kann nur in Form substantieller Militärhilfe aus Amerika kommen. Das Gefühl, von aller Welt, besonders den USA, im Stich gelassen zu sein, und einem sicheren Sieg der anderen Seite entgegensehen zu müssen, hat die Aussichten der mil[itärischen] Führungsspitze, Positionen eines konsolidierten Rest-Vietnams halten zu können, auf ein Minimum reduziert." Vgl. den Drahtbericht Nr. 143; Referat 302, Bd. 101738.

[4] Nordvietnamesische Armee.

[5] Zur Evakuierung aus Saigon vgl. Dok. 115.

[6] Am 30. März 1975 informierte Vortragender Legationsrat Keil die Botschaft in Saigon, das Bundesministerium für wirtschaftliche Zusammenarbeit habe wunschgemäß darum gebeten, die Botschaft „zu ermächtigen, die Vorevakuierung und ggf. die Hauptevakuierung der T[echnische]H[ilfe]-Experten und ihrer Familien des TH-Projekts ‚Schlachthof Saigon' anzuordnen, wenn die Botschaft dies aufgrund ihrer Lagebeurteilung für notwendig hält. [...] Die Konrad-Adenauer-Stiftung hat bereits vor einer Woche ihre beiden Experten in Saigon ermächtigt, erstens von sich aus das Land zu verlassen, wenn sie es für erforderlich halten, und zweitens sich an den Krisenplan unserer Botschaft zu halten. Die Kosten werden von der Konrad-Adenauer-Stiftung übernommen." Keil teilte außerdem mit, das Bundesministerium des Innern sichere „Übernahme der Kosten für Evakuierung verbliebener M[alteser]H[ilfs]D[ienst]-Helfer zu". Vgl. den Drahterlaß Nr. 54; Referat 302, Bd. 101745.

68

Aufzeichnung des Vortragenden Legationsrats Fett

422–455.00/01 2. April 1975[1]

Herrn Staatssekretär[2] auf Weisung des Herrn D4[3] zur Unterrichtung vorgelegt

Betr.: Europäische Zusammenarbeit in der Luft- und Raumfahrtindustrie

Bezug: Gespräch des Botschafters von Braun mit dem französischen Verteidigungsminister Bourges;
Punkt V des beigefügten DB Paris Nr. 703 vom 6.3.1975[4]

Zu den Darlegungen zu Fragen der europäischen Zusammenarbeit in der Luft- und Raumfahrtindustrie (LRI) ist anhand der hier verfügbaren Unterlagen folgendes zu sagen:

1) Die Bundesregierung stimmt mit der von Minister Bourges gegebenen Lagebeurteilung überein:

Für die europäischen Staaten steht in den nächsten Jahren tatsächlich die Weiterexistenz einer technologisch und wirtschaftlich eigenständigen LRI auf dem Spiel. Angesichts fehlender Markterfolge hoch subventionierter ziviler Vorhaben (Concorde, Airbus, Mercure, VFW 614 und F 28) und enormer Haushaltsbelastungen großer, z.T. gegenseitig konkurrierender militärischer Projekte (MRCA, Mirage, Jaguar, ACF[5], Viggen u.a.), droht über die notwendige Kapazitätsanpassung hinaus ein „LRI-Abbau in Raten" durch Aufgabe wesentlicher Programme und Verzicht auf anspruchsvolle neue Projekte.

2) Ein wesentlich engeres Zusammenwirken von europäischen Luftverkehrsgesellschaften und Flugzeugherstellern könnte ein Ansatzpunkt sein, um im zivilen Sektor eine Tendenzumkehr zu erreichen. Die Bemühungen von Luftfahrtgesellschaften und Flugzeugherstellern um eine gemeinsame Planung verdienen insoweit Unterstützung.

3) Eine durchgreifende Verbesserung der Situation setzt jedoch weit mehr voraus:

---

[1] Die Aufzeichnung wurde von Vortragendem Legationsrat Fett und von Legationsrat Reyels konzipiert.
[2] Hat Staatssekretär Sachs am 3. April 1975 vorgelegen.
[3] Peter Hermes.
[4] Dem Vorgang nicht beigefügt.
Botschafter Freiherr von Braun, Paris, vermerkte über das Gespräch mit dem französischen Verteidigungsminister, Bourges habe ausgeführt, die „übermächtige amerikanische Konkurrenz" führe dazu, „daß man der europäischen Luftfahrtindustrie, wenn sie weiter ausschließlich mit ihrer gegenwärtigen ‚bricolage' (Kleinproduktion) beschäftigt werde, in überschaubarer Zeit überhaupt keine Zukunft mehr prophezeien könne. Er habe sich sagen lassen, daß die Kapazitäten der deutschen, französischen, holländischen und eventuell italienischen Luftfahrtindustrien aber so miteinander in Einklang gebracht werden könnten, daß man gemeinsame Programme aufstellen und auch durchführen könnte." Außerdem müsse man in der Lage sein, „den Luftfahrtgesellschaften den Erwerb der dann produzierten Flugzeuge nahezulegen". Vgl. VS-Bd. 9939 (202); B 150, Aktenkopien 1975.
[5] Air Combat Fighter.

- Abstimmung der Programme und Bedarfsdeckung seitens der europäischen Regierungen auch im militärischen Sektor,
- Abstimmung der nationalen Subventionssysteme und der Förderungspolitik, insbesondere Exportpolitik,
- Straffung und Rationalisierung der Kapazitäten im europäischen Rahmen,
- Aufbau von den US-Herstellern ebenbürtigen europäischen Vertriebs- und after-sales-service-Organisationen.

4) Ansätze zu einer solchen grundlegenden Verbesserung sind bisher im wesentlichen auf drei Ebenen entwickelt worden:

Im Rahmen der Institutionen der EG, zwischen den Regierungen der Hauptproduzentenländer und privat im Zusammenwirken von Luftfahrtgesellschaften und Flugzeugherstellern.

a) Zusammenarbeit im Rahmen der Institutionen der EG

Die EG-Kommission hat im Jahre 1972 Vorschläge für umfangreiche Maßnahmen der Gemeinschaft auf dem Gebiet der LRI vorgelegt. Darin stellt sie fest, daß die europäische Luftfahrtindustrie international nicht wettbewerbsfähig ist, und nennt dafür folgende, allgemein akzeptierte Hauptgründe:

- das Fehlen eines echten europäischen Binnenmarktes für ziviles und militärisches Luftfahrtgerät (vergleichbar den USA),
- die zu sehr an divergierenden nationalen Zielen ausgerichtete Industriepolitik der europäischen Regierungen und
- die durch nationale Begrenzungen geprägte, nicht aufgabengerechte Industriestruktur mit starker Aufsplitterung der Kapazitäten, meist zu kleinen Unternehmensdimensionen und unabgestimmter Programm- und Investitionsplanung.[6]

Die Vorschläge der Kommission haben zur Entschließung des Rats vom 3. März 1975 geführt, in der als wesentliche Grundsätze der Zusammenarbeit festgehalten werden:

sachlich:
- gegenseitige Information,
- Abstimmung über neue Programme,
- Förderung der Zusammenarbeit der nationalen Industrien im europäischen Rahmen,
- zu diesem Zweck: koordinierte Gewährung von Beihilfen,

institutionell:
- Konsultation und Konzertierung der verschiedenen Maßnahmen im Rat.[7]

In Anwendung dieser Entschließung hat der Rat den Ausschuß der Ständigen Vertreter aufgefordert, dem Rat vor dem 1.10.1975 auf der Grundlage eines Berichts der Kommission einen ersten Gesamtbericht über das Funktionieren

---

[6] Für die Vorschläge der EG-Kommission vom 12. Juli 1972 über die auf dem Luftfahrtsektor zu treffenden industriepolitischen und technologischen Maßnahmen vgl. BULLETIN DER EG 9/1972, S. 23–26.

[7] Für den Wortlaut der Entschließung des EG-Ministerrats vom 4. März 1975 über Konzertierung und Konsultation zwischen den Mitgliedstaaten in der Industriepolitik auf dem Luftfahrzeugsektor vgl. AMTSBLATT DER EUROPÄISCHEN GEMEINSCHAFTEN, Nr. C 59 vom 13. März 1975, S. 1 f.

der Luftfahrzeugbau-Industrie in der Gemeinschaft und die für die Entwicklung dieser Industrie erforderlichen Maßnahmen vorzulegen.[8]

b) Zusammenarbeit zwischen den drei europäischen Hauptproduzenten-Ländern Frankreich, Großbritannien, Bundesrepublik Deutschland

Zum Zwecke dieser Kooperation wurde 1972 der „Trilaterale Direktorenausschuß für europäische LRI-Zusammenarbeit („Club")" gegründet. Er beschäftigte sich mit der detaillierten Abstimmung von Programmen und Projekten und der Analyse des Marktes für neues Fluggerät.

Die letzte Sitzung dieses Gremiums fand am 8. Februar 1974 statt. Seither war eine trilaterale Zusammenarbeit wegen des Desinteresses der neuen Labour-Regierung[9] (Konzentration auf nationale Restrukturierung: Verstaatlichungsprogramm) nicht mehr möglich.

c) Private Zusammenarbeit von Luftfahrtgesellschaften und Flugzeugherstellern

Angesichts des Stillstands in der trilateralen staatlichen Kooperation haben die hauptbeteiligten Privatunternehmen Initiativen entwickelt:

– Die Fluggesellschaften Air France, British Airways und Lufthansa präzisierten gegenüber sechs Herstellerfirmen aus vier Ländern ihre Anforderungen an ein Kurz- und Mittelstreckenflugzeug für die 80er Jahre.

– Die angesprochenen Herstellerfirmen sind: British Aircraft Corporation (GB), Dornier (D), Hawker Siddeley Aviation (GB), Messerschmitt-Bölkow-Blohm (D), Societé Nationale Industrielle Aérospatiale (F), VFW-Fokker (D/NL). Sie arbeiten nun unverbindlich und in ständiger Abstimmung mit den Fluggesellschaften einen Entwurf für das benötigte Flugzeug aus.

– Die sechs Herstellerfirmen haben in einem gemeinsamen Memorandum vom 18.11.1974 die Teilnehmer des europäischen Gipfeltreffens am 9.12.1974 in Paris[10] auf die Situation der europäischen LRI und insbesondere auf das neue Projekt aufmerksam gemacht. Zur Verabschiedung des von den Firmen erbetenen positiven Votums ist es nicht gekommen.[11]

---

[8] Am 3. Oktober 1975 wurden dem EG-Ministerrat Vorschläge der EG-Kommission für ein Aktionsprogramm für die europäische Luftfahrtindustrie und Luftfahrt vorgelegt. Für den Wortlaut vgl. BULLETIN DER EG, Beilage 11/75.

[9] Nach den Wahlen zum britischen Unterhaus am 28. Februar 1974 wurde der Vorsitzende der Labour Party, Wilson, am 4. März mit der Bildung einer Minderheitsregierung beauftragt. Am 7. März 1974 stellte er sein Kabinett vor. Am 10. Oktober 1974 fanden erneut Wahlen zum Unterhaus statt, aus denen die Labour-Regierung mit absoluter Mehrheit hervorging.

[10] Zur Gipfelkonferenz der EG-Mitgliedstaaten am 9./10. Dezember 1974 in Paris vgl. AAPD 1974, II, Dok. 369.

[11] Das Bundesministerium für Wirtschaft erläuterte am 21. Januar 1975, die europäischen Flugzeughersteller hätten im Memorandum vom 18. November 1974 die Staats- und Regierungschefs der EG-Mitgliedstaaten aufgefordert, „durch eine gemeinsame Erklärung die Bemühungen der Flugzeughersteller und einiger großer Luftverkehrsgesellschaften in Europa um engere Zusammenarbeit bei künftigen zivilen Projekten zu unterstützen. Die Firmeninitiative zielt speziell auf ein neu zu entwickelndes Kurz- und Mittelstrecken-Verkehrsflugzeug für ca. 200 Passagiere zum Einsatz ab Mitte der 80er Jahre, für das die Deutsche Lufthansa, Air France und British Airways gemeinsame Bedarfsvorstellungen entwickelt und von den genannten Flugzeugunternehmen Entwürfe erbeten hatten. Die Regierungschefs konnten sich mit diesem Problem nicht mehr befassen." Vgl. Referat 420, Bd. 117828.

Wie sich die geplante Verstaatlichung der britischen Flugzeugindustrie[12] auf diese Form der Zusammenarbeit auswirken wird, bleibt abzuwarten.

5) Die LRI-Politik der Bundesregierung trägt der skizzierten Entwicklung Rechnung:

Eine umfassende Darstellung des gegenwärtigen Stands der deutschen LRI und der Planung für ihre weitere Entwicklung ist in dem vom Kabinett gebilligten „Basisprogramm für die deutsche Luft- und Raumfahrtindustrie 1974 – 1978 (Fortschreibung)", erschienen als Bundestagsdrucksache 7/2986 vom 13.12. 1974[13], niedergelegt.

Das Basisprogramm belegt die in den Grundsätzen wie auch in den einzelnen Projekten durchgehend europäische Ausrichtung der deutschen Luft- und Raumfahrtindustrie. Es stellt jedoch ernüchtert fest (III.2):

„Die Erfahrungen seit 1970 haben gezeigt, daß Ansätze für eine gemeinsame europäische Luftfahrtindustriepolitik aufgrund der Entwicklungen in den anderen europäischen Staaten einstweilen schwer realisierbar erscheinen. Bei Offenhaltung künftiger europäischer und transatlantischer Optionen und unter Fortsetzung ihrer Bemühungen im europäischen Rahmen richten sich die Anstrengungen der Bundesregierung daher gegenwärtig verstärkt auf eine Konsolidierung der deutschen Luft- und Raumfahrtindustrie. Die Bundesregierung beabsichtigt in diesem Sinne, ihre strukturpolitischen Zielvorstellungen für die deutsche Luft- und Raumfahrtindustrie zu überprüfen und in angemessener Frist ein überarbeitetes Strukturkonzept für die deutsche LRI vorzulegen."

Durch die Einsetzung eines „Koordinators für die Deutsche Luft- und Raumfahrt"[14] wurde die Strukturverbesserung der deutschen Luft- und Raumfahrtindustrie als vordringliches Ziel der Bundesregierung deutlich.

6) Die Bundesregierung würde aber auch in der gegenwärtigen Lage sämtliche Anregungen positiv bewerten, die einen Anstoß dazu geben könnten, die Bemühungen um europäische Lösungen entsprechend den früheren oben erwähnten Initiativen wieder aufzunehmen und den Ausweg nicht ausschließlich in nationalen Restrukturierungen zu suchen.

Wenn es gelänge, die Entscheidung über die F-104-Nachfolge[15] mit einer Verpflichtung zu mehr Gemeinsamkeit bei zukünftigen Projekten zu nutzen, könn-

---

[12] Über die Pläne der britischen Regierung zur Verstaatlichung der Flugzeugindustrie berichtete Botschafter von Hase, London, am 3. Februar 1975, daß Premierminister Wilson die grundsätzliche Absicht in der Regierungserklärung vom 29. Oktober 1974 angekündigt habe. Nach den Vorstellungen der Regierung solle ein entsprechendes Gesetz im Frühjahr im Unterhaus eingebracht und im Herbst verabschiedet werden, „so daß die Verstaatlichung etwa Anfang 1976 wirksam werden kann". Angesichts einer Reihe anderer kontroverser Gesetzesvorhaben sei aber fraglich, ob diese Terminplanung durchzuhalten sein werde. Zudem habe die Konservative Partei die Pläne „scharf verurteilt. Oppositionsführer Heath kündigte an, seine Fraktion werde versuchen, das Nationalisierungsgesetz mit ‚allen ihr zur Verfügung stehenden Mitteln des parlamentarischen Verfahrens' zu verhindern." Vgl. den Schriftbericht Nr. 486; Referat 420, Bd. 117828.

[13] Für den Wortlaut vgl. BT ANLAGEN, Bd. 199, Drucksache Nr. 7/2986.

[14] Martin Grüner.

[15] Zu Überlegungen, ein europäisches Nachfolgemodell für das Kampfflugzeug F-104 („Starfighter") zu entwickeln, vgl. Dok. 73.

te dies ein wesentlicher Impuls für eine Stärkung der europäischen LRI-Zusammenarbeit sein.

Fett

Referat 420, Bd. 117828

69

Aufzeichnung des Botschafters von Lilienfeld, Madrid

203-321.11 SPA-658/75 VS-vertraulich   4. April 1975[1]

Erstes Gespräch Bundesminister mit Außenminister Cortina am Donnerstag, 3. April 1975, 12.00 Uhr[2]

Der spanische Außenminister Cortina sprach sich sehr lebhaft für eine engere Mitarbeit Spaniens mit Europa, insbesondere unter dem Aspekt der Sicherheit und der Bedeutung Spaniens für den Mittelmeerraum, aus. Er schilderte hierbei auch die spanischen Vorstellungen einer Mitwirkung in Anlehnung an die NATO – entweder auf der Basis von bilateralen Abkommen mit den USA oder – lieber – auf der Basis eines regulären Abkommens mit der NATO.

Unser Minister äußerte sich hierzu grundsätzlich positiv und betonte die Bedeutung Spaniens für die Sicherheit Europas, die im übrigen nicht geteilt wer-

---

[1] Hat Vortragendem Legationsrat Strenziok vorgelegen, der die Aufzeichnung am 7. April 1975 an Referat 201 weiterleitete. Dazu teilte er mit: „Bei dem Konsultationsbesuch des Bundesaußenministers in Madrid am 3./4. April 1975 wurden die mit dem Verhältnis Spanien zu USA und NATO zusammenhängenden Fragen in einem separaten Gespräch der beiden Außenminister behandelt, an dem nur noch Botschafter von Lilienfeld teilnahm. Er hat hierüber beiliegende Aufzeichnung gefertigt."
Hat Vortragendem Legationsrat Holik am 8. April 1975 vorgelegen, der handschriftlich vermerkte: „H[errn] Pfeffer z[ur] K[enntnis]. H[err] Spiegel (b[itte] auch Unterr[ichtung]) über Gespr[äch] mit Franco erbitten."
Hat Vortragendem Legationsrat I. Klasse Pfeffer am 9. April 1975 vorgelegen.
Hat Legationsrat I. Klasse Spiegel am 15. April 1975 vorgelegen, der handschriftlich vermerkte: „Herr Strenziok schickt uns Vermerk (Gespräch sei uninteressant!)." Vgl. den Begleitvermerk; VS-Bd. 8603 (201); B 150, Aktenkopien 1975.
[2] Bundesminister Genscher hielt sich am 3./4. April 1975 in Spanien auf. Ein Gespräch mit Außenminister Cortina Mauri am 4. April 1975 war den Wirtschaftsbeziehungen gewidmet, insbesondere der „Frage des Airbus-Abkommens" und den spanischen Verpflichtungen daraus, ferner der Einführung des PAL-Farbfernsehens in Spanien und der Lage der spanischen Gastarbeiter in der Bundesrepublik. Vgl. die Aufzeichnung des Ministerialdirigenten Sigrist vom 8. April 1975; Referat 420, Bd. 117801.
Außer mit Cortina Mauri führte Genscher Gespräche mit Staatschef Franco, Prinz Juan Carlos und Ministerpräsident Arias Navarro. Zu den internationalen Themen, die dabei behandelt wurden, gehörten: „Fragen der europäischen Sicherheit, Entwicklung des europäischen Integrationsprozesses und Verhältnis Spaniens zur Europäischen Gemeinschaft und zur EPZ, Entspannungspolitik und KSZE. Verhältnis zu den kommunistischen Staaten und Rolle der kommunistischen Parteien in den westeuropäischen Ländern, Lage im Mittelmeerraum (Nahost, Portugal, Zypern), Weltwirtschaftslage und die sich aus der Energiekrise ergebenden Probleme." Vgl. den Runderlaß Nr. 48 des Vortragenden Legationsrats Engels vom 7. April 1975; Referat 240, Bd. 102880.

den könne. Er sagte zu, sich für die spanischen Vorstellungen im NATO-Rat einzusetzen. Über das praktische Procedere müsse man sich noch abstimmen. (Hierzu sagte mir Außenminister Cortina heute, er wolle erst noch die gegenwärtig in Madrid stattfindende Gesprächsrunde mit den Amerikanern abwarten und mir Anfang der nächsten Woche Bescheid geben.) Unser Minister gab dann in dem Gespräch mit Franco eine eingehendere Stellungnahme zu den von Minister Cortina aufgeworfenen Gedanken ab.

Im einzelnen führte Cortina folgendes aus:

In den Verhandlungen über die amerikanischen Stützpunkte[3] sei es erforderlich, sich der heute gegebenen militärischen Lage anzupassen, in der die Luftwaffenbasen weniger nötig geworden seien als solche für nukleare U-Boote, da die große Auseinandersetzung heute mit Nuklearraketen ausgetragen werde. Dementsprechend sei auch das spanische Sicherheitsbedürfnis – selbst bei einem lokal begrenzten Konflikt – größer als etwa vor zehn Jahren. Dem müßten die Amerikaner durch eine Sicherheitsgarantie Rechnung tragen, die möglichst über das hinausginge, was er mit Kissinger im Juli vergangenen Jahres in Madrid unterzeichnet hätte.[4] Die Frage ergäbe sich für Spanien, wie man dem am besten Rechnung trage: entweder mit den Amerikanern bilateral oder durch eine stärkere Verankerung Spaniens in der NATO. Bei dem Abkommen mit den USA müsse genau abgegrenzt werden, was US-spanisch und was NATO-spanisch sei. Man müsse sicherstellen, daß die spanischen Basen nicht für andere Zwecke mißbraucht würden (Nahostkrieg). Die USA tendierten dahin, beide Verwendungszwecke miteinander zu vermischen. Spanien möchte nicht von

---

[3] Am 6. August 1970 schlossen Spanien und die USA ein Abkommen über Freundschaft und Zusammenarbeit, in dem auch die Zusammenarbeit in der Verteidigung geregelt war. In einer im Anhang beigefügten Note sicherte der amerikanische Außenminister Rogers Militärhilfe zu und stellte fest, daß die USA sich als befugt betrachteten, die Luftstützpunkte Torrejon, Zaragoza und Moron sowie den Marinestützpunkt Rota, ferner Kraftstoffdepots und Hilfseinrichtungen zu nutzen. Das Abkommen lief 1975 aus. Für den Wortlaut vgl. DEPARTMENT OF STATE BULLETIN, Bd. 63 (1970), S. 237–243. Für den deutschen Wortlaut vgl. EUROPA-ARCHIV 1970, D 482–492.
Am 4. März 1975 berichtete Botschafter von Lilienfeld, Madrid: „Die Verhandlungen zwischen den USA und Spanien über eine Neuregelung sind im Gange, verlaufen aber schleppend. [...] Spanien erstrebt eine Sicherheitsgarantie für die Risiken, die es durch die Gewährung der USA-Basen auf sich genommen hat." Die USA seien für einen Eintritt Spaniens in die NATO, „auch weil sie Spanien eine Sicherheitsgarantie bilateraler Art – zumindest in der von diesem gewünschten Form – wahrscheinlich nicht gewähren können". Der Kongreß lehne eine solche Garantie grundsätzlich ab. Vgl. den Drahtbericht Nr. 151; VS-Bd. 8595 (201); B 150, Aktenkopien 1975.

[4] Der amerikanische Außenminister Kissinger besuchte am 8./9. Juli 1974 Spanien, wo er mit seinem spanischen Amtskollegen Cortina Mauri am 9. Juli 1974 eine Grundsatzerklärung über die gegenseitigen Beziehungen paraphierte, die am 19. Juli 1974 von Präsident Nixon in San Clemente und von Prinz Juan Carlos in Madrid unterzeichnet wurde. Darin bekräftigten beide Staaten ihren Willen zur Verbesserung der Zusammenarbeit im Bereich der Verteidigung. Sie äußerten die Ansicht, daß ihre gemeinsamen Verteidigungsanstrengungen diejenigen der im atlantischen Bereich bestehenden Sicherheitssysteme ergänzten. Weiter hieß es: „The two Governments recognize that the security and integrity of both the United States and Spain are necessary for the common security. They reaffirm, therefore, that a threat to or an attack on either country would be a matter of concern to both and each country would take such action as it may consider appropriate within the framework of its constitutional processes. [...] Aware that cooperation should be reflected in all fields, they believe that harmonious political and economic relations constitute valuable support for security, insofar as they permit each country to benefit from the program of the other. To this end both Governments will endeavor to avoid conflicts between their respective economic policies and to eliminate any obstacles which may arise in the way of their collaboration." Vgl. DEPARTMENT OF STATE BULLETIN, Bd. 71 (1974), S. 231. Für den deutschen Wortlaut vgl. EUROPA-ARCHIV 1974, D 343.

4. April 1975: Aufzeichnung von Lilienfeld 69

der NATO militärisch abhängig sein, sei jedoch zu einer weitgehenden Zusammenarbeit mit der NATO bereit. Dies müsse jedoch vertraglich oder auf Grund eines Abkommens geregelt werden. Spanien sei sich darüber klar, daß es zur Zeit nicht Mitglied der NATO werden könne. Wir genössen z. B. den Vorteil der Überflüge nach Beja.[5] Die spanische Seite stelle uns ihren Luftraum gern zur Verfügung, aber auch dies sollte irgendwie formell geregelt werden. Der amerikanische NATO-Botschafter Bruce werde wahrscheinlich in der nächsten Zeit den NATO-Rat mit dieser Frage befassen. Er, Cortina, wäre dankbar, wenn wir die spanische Haltung und eine zwischen Spanien und den USA erzielte Regelung im NATO-Rat unterstützen könnten. Auch eine solche Zusammenarbeit würde Spanien näher an Europa, und zwar in einem entscheidenden Punkt, nämlich der Sicherheit, heranführen. Ohne die Iberische Halbinsel sei die Südflanke Europas offen; ohne Spanien sei Europa als solches unvollständig. Spanien sei zu voller Zusammenarbeit bereit und zur Übernahme jeder Verantwortung; dies könne jedoch nur auf einer völlig gleichberechtigten Basis geschehen. Die spanische Seite sei sich der von uns bei der erstrebten Annäherung an Europa geleisteten Hilfe dankbar bewußt und hoffe auch unter dem Sicherheitsaspekt auf eine besonders enge Zusammenarbeit mit uns.

Unser Minister betonte, daß bei jeder Form der Auseinandersetzung ganz Westeuropa betroffen sein würde. „Lokale Konflikte" würde es nicht mehr geben. Die Sicherheit Europas sei daher unteilbar („Ihre Sicherheit ist unsere und umgekehrt").

Spanien sei auch unabhängig von den jüngsten Ereignissen in Portugal[6] von entscheidender Bedeutung für die Sicherheit Westeuropas – ganz unabhängig von der Frage seiner eventuellen NATO-Mitgliedschaft. Die Ereignisse in Portugal hätten sich psychologisch günstig ausgewirkt, da sie manchen Leuten – auch in der Bundesrepublik – die Augen über die Realitäten geöffnet hätten.

Lilienfeld

VS-Bd. 8603 (201)

---

[5] Die Bundeswehr nutzte seit 1960 den spanischen Luftraum für Überflüge zum portugiesischen Luftwaffenstützpunkt Beja. Verhandlungen zwischen der Bundesrepublik und Spanien zum Abschluß eines Verwaltungsabkommens über Überflugrechte über spanisches Hoheitsgebiet führten zu keinem Ergebnis. Am 24. März 1975 vermerkte Referat 201, das Bundesministerium der Verteidigung sei nach wie vor am Abschluß eines Abkommens interessiert, jedoch sei dieses Interesse „wegen der außerordentlich geringen Nutzung der Basis Beja in Portugal und wegen der ungewissen Zukunftsaussichten sehr zurückgegangen. [...] Die gegenwärtige Praxis ist zufriedenstellend. Die spanischen Behörden sind kooperativ und entgegenkommend." Vgl. VS-Bd. 8605 (201); B 150, Aktenkopien 1975.
[6] Zur Lage in Portugal vgl. Dok. 55 und Dok. 60.

70

Vortragender Legationsrat I. Klasse Marré
an die Botschaft in Santiago de Chile

301-321.00 CHL Aufgabe: 4. April 1975, 18.43 Uhr
Fernschreiben Nr. 84
Cito

Betr.: Hiesige Polemik über sog. Matthöfer-Zusage (45 Mio.-Kapitalhilfe aus 1973)

In den letzten Tagen ist Thema „Chile" erneut Gegenstand von Auseinandersetzungen in hiesiger Öffentlichkeit geworden, die vorläufigen Höhepunkt im BM Matthöfer zugeschriebener Bezeichnung chilenischer Militärjunta als „Mörderbande" gefunden haben.

1) Ausgangspunkt war Pressekonferenz von MdB Todenhöfer nach Rückkehr aus Chile am 1. April in Bonn. MdB Todenhöfer berichtete, Präsident Pinochet habe baldige Freilassung fast aller Häftlinge zugesichert, sofern deren Aufnahme in Drittländern gewährleistet sei. Weiteres Gesprächsthema sei Zusage einer KH von 45 Mio. DM durch Matthöfer im April 1973 an Regierung Allende[1] gewesen. Todenhöfer befürwortete Realisierung dieser Zusage, sofern es sich nicht um Prestige-Projekt der Militärjunta, sondern um Vorhaben handele, das notleidender Bevölkerung zugute komme.[2]

2) Laut Pressemeldungen teilte Sprecher des BMFT am 2. April mit, BM Matthöfer erinnere sich nicht solcher Zusage. Er habe aus Todenhöfers Äußerungen Junktim zwischen Kreditzusage und Freilassung der Häftlinge herausgelesen und bezeichnete – der Presse zufolge – diese Verbindung als „ungeheuerlich".[3]

3) Am 3. April veröffentlichte hiesige chilenische Botschaft Presseerklärung zu sog. Matthöfer-Zusage und vorerwähntem Junktim. Noch am 31.8.1973 habe Matthöfer gegenüber damaligem Botschafter Klein Kreditangebot wiederholt, nähere Einzelheiten der Verwendung des Kredits vereinbart und dem Botschafter versichert, daß Bundesregierung die von ihren Vertretern offiziell geäußerten Versprechungen stets eingehalten habe. Chilenische Regierung habe für Freilassung der Gefangenen keine Bedingungen gestellt. In Presseerklärung

---

[1] Am 15. April 1975 legte Vortragender Legationsrat I. Klasse Marré eine Abschrift des Berichts der Botschaft Santiago de Chile vom 26. April 1973 über ein Gespräch des Parlamentarischen Staatssekretärs Matthöfer, Bundesministerium für wirtschaftliche Zusammenarbeit, mit dem chilenischen Planungsminister Gonzalo Martner vom 18. April 1973 vor. Danach gab Matthöfer „mit der Bitte um vertrauliche Behandlung bekannt, daß die Bundesregierung Chile in Zukunft hinsichtlich der Zusammenarbeit ebenso wie Peru und Kolumbien behandeln werde. Dies bedeute u. a., daß die Bundesregierung für 1973 zusätzlich zu den bereits bewilligten 21,1 Mio. DM Warenhilfekredit Kapitalhilfe bis maximal 45 Mio. DM und technische Hilfe bis zu 20 Mio. DM bereitstellen könne." Vgl. die Aufzeichnung; Referat 400, Bd. 111990.

[2] Vgl. dazu den Artikel „CDU/CSU fordert für Chile weitere Entwicklungshilfe"; GENERAL-ANZEIGER vom 2. April 1975, S. 2.

[3] Vgl. dazu den Artikel „Matthöfer ‚weiß nichts' von Kreditzusage an Chile"; FRANKFURTER ALLGEMEINE ZEITUNG vom 3. April 1975, S. 3.

wird Herrn Matthöfer „unangebrachtes Verhalten" vorgeworfen, das die Botschaft „entschieden zurückweist".

4) Noch am gleichen Tage erklärte BM Matthöfer laut dpa vor Journalisten, er habe 1973 der Regierung Allende „lediglich eine vorläufige, nicht schriftliche Kapitalzusage gegeben". Unter jetzigem Regime seien Voraussetzungen für Kapitalhilfe nicht mehr gegeben. BM Matthöfer nannte Militärjunta dpa zufolge „Mörderbande".

5) Heutige Bundespressekonferenz befaßte sich mit vorstehender Auseinandersetzung. Regierungssprecher Bölling erklärte, BM Matthöfer vertrete die Bezeichnung „Mörderbande" selbst und könne nicht die ganze Bundesregierung in die Pflicht nehmen. Regierungssprecher wertete Art und Weise, in der Botschaft mit Presseerklärung in innenpolitische Vorgänge der Bundesrepublik eingegriffen habe, als „gelinde gesagt, ungewöhnlich".⁴

Um Drahtbericht über etwaige chilenische Reaktionen wird gebeten.⁵

Marré

Referat 301, Bd. 101785

---

⁴ Staatssekretär Bölling, Presse- und Informationsamt, führte während der Pressekonferenz am 4. April 1975 weiter aus: „Was den Sachverhalt angeht, so hat ein Gespräch, das ich vorhin mit Herrn Matthöfer habe führen können und auch Erkundigungen im Hause Bahr ergeben, daß für einen Kredit von 45 Millionen DM zu keiner Zeit eine völkerrechtliche Zusage gegeben worden ist. [...] Anders als bei einem inzwischen ausgezahlten Kredit in Höhe von 21,3 Millionen DM, der völkerrechtlich verbindlich verabredet worden war, und zwar sechs Wochen vor dem Militärputsch, hat es sich bei den 45 Millionen DM um eine Absichtserklärung gehandelt." Vgl. Referat 301, Bd. 101785.

⁵ Botschafter Luedde-Neurath, Santiago de Chile, berichtete am 9. April 1975: „Staatssekretär Außenministerium rief mich gestern nachmittag zu sich, um mir das große Befremden seiner Regierung über die starken Äußerungen des deutschen Ministers für Forschung und Technologie zum Ausdruck zu bringen. Respekt und Achtung vor den Beziehungen zwischen selbständigen Staaten sollten einen Verzicht auf solche Worte durch Regierungsmitglieder angezeigt sein lassen. Chilenische Regierung bitte mich, meiner Regierung, insbesondere dem Herrn Bundeskanzler und dem Herrn Minister des Auswärtigen, dieses Befremden zur Kenntnis zu bringen; sie würde es begrüßen, wenn seitens der Bundesregierung etwas geschähe, um diese beklagenswerte Situation in den beiderseitigen Beziehungen zu überwinden." Luedde-Neurath regte an, ihn „zur Abgabe einer Erklärung zu ermächtigen, mit der die Angelegenheit durch einige Worte des Bedauerns beigelegt werden kann." Vgl. den Drahtbericht Nr. 100; Referat 301, Bd. 101785.
Ministerialdirigent Jesser teilte Luedde-Neurath am 10. April 1975 mit, er könne erklären, „daß es sich bei Äußerungen von Bundesminister Matthöfer um dessen persönliche Meinung handle, die weder die Meinung des Auswärtigen Amts noch die der Bundesregierung wiedergebe. Darüber hinaus können Sie bedauern, wenn falscher Eindruck entstanden sei, daß Bundesregierung sich Äußerungen von BM Matthöfer zu eigen gemacht habe. Im übrigen sollten Sie weiterhin bemüht bleiben, ihren chilenischen Gesprächspartnern gegenüber die Bedeutung dieser Angelegenheit ‚herunterzuspielen' und das Interesse der Bundesregierung an Fortführung der traditionell guten deutsch-chilenischen Beziehungen zu betonen. [...] Auch könnten Sie in diskreter, Ihnen geeignet erscheinender Weise durchblicken lassen, daß Bundesregierung, trotz starken innenpolitischen Drucks und mitunter abweichend von Haltung unserer Bündnispartner und anderer westlicher Regierungen, chilenische Anliegen aufgeschlossen behandelt hat." Vgl. den Drahterlaß Nr. 90; Referat 301, Bd. 101785.

71

Ministerialdirektor Hermes
an die Botschaften in London und Rom

403-411.10 INI-347/75 VS-vertraulich 4. April 1975[1]
Fernschreiben Nr. 1417 Plurex Aufgabe: 7. April 1975, 17.38 Uhr
Cito

Betr.: Von Indien gewünschter Kauf und Lizenzbau des MRCA-Triebwerkes RB 199[2]

Bezug: (für London) DB Nr. 1625 vom 26.6.1974[3]
DB Nr. 2393 vom 13.9.1974[4]

I. 1) Sie werden gebeten, folgendes Aide-mémoire dem zuständigen Staatssekretär Ihres Gastlandes zu erläutern und zu überreichen:

Aide-mémoire:

Die indische Botschaft Bonn hat die Bundesregierung durch Verbalnote vom 21.6.1974 gebeten, den Export des Triebwerkes RB 199, das für das gemeinsam von Großbritannien, Italien und der Bundesrepublik Deutschland entwickelte Kampfflugzeug MRCA bestimmt ist, und der Fertigungsunterlagen für dieses Triebwerk nach Indien zu genehmigen.[5]

Die Bundesregierung geht davon aus, daß aufgrund des Übereinkommens Nr. 2 mit der britischen und der italienischen Regierung über die gemeinsame Entwicklung und Fertigung des MRCA vom 14. Mai 1969 (Abschnitt XIII)[6] die beteiligten Regierungen in gegenseitigem Einvernehmen über den Verkauf des Triebwerks und über die Weitergabe von Informationen über das Triebwerk entscheiden.

---

[1] Der Drahterlaß wurde von Legationsrat Dix konzipiert.
Hat den Vortragenden Legationsräten Bensch und Keil sowie Legationsrat I. Klasse Fuhrmann am 4. April 1975 zur Mitzeichnung vorgelegen.
[2] Indien bemühte sich seit dem Frühjahr 1974 um den Kauf und die Lizenzen für das MRCA-Triebwerk RB 199. Vgl. dazu AAPD 1974, I, Dok. 148.
[3] Botschafter von Hase, London, berichtete über Gespräche zwischen britischen und indischen Regierungsvertretern zur Frage der Lizenzfertigung des RB 199-Triebwerks in Indien. Dabei habe die britische Seite erklärt, „ihre Entscheidung sei noch völlig offen. Der indische Atomtest könne in diesem Zusammenhang nicht außer Betracht bleiben". Die Botschaft schließe daraus, „daß die britische Regierung angesichts des indischen Atomtests namentlich aus Rücksichtnahme gegenüber dem linken Flügel der Labour-Partei zögert, der indischen Regierung, wie ursprünglich geplant, eine positive, wenn auch in bezug auf den Zeitpunkt unverbindliche Zusage zu geben." Vgl. VS-Bd. 8845 (403); B 150, Aktenkopien 1975.
[4] Botschafter von Hase, London, teilte mit, ein Gesprächspartner im britischen Außenministerium habe ihm erklärt, „der Sachstand habe sich seit der letzten Unterhaltung [...] nicht verändert. Briten seien weiterhin zurückhaltend, hauptsächlich als Folge der indischen Atomexplosion. Bis zu den Wahlen – und bei einem Labour-Sieg auch nachher – werde sich an dieser Zurückhaltung nichts ändern." Vgl. VS-Bd. 8845 (403); B 150, Aktenkopien 1975.
[5] Für die indische Verbalnote vom 21. Juni 1974 vgl. VS-Bd. 8845 (403).
[6] Für das „General Memorandum of Understanding" vom 14. Mai 1969 zwischen der Bundesrepublik, Großbritannien und Italien über die gemeinsame Entwicklung und Produktion eines neuen Kampfflugzeugs (MRCA) vgl. VS-Bd. 1913 (201).

Die zuständigen Stellen der Bundesregierung haben deshalb mit den zuständigen Stellen der britischen und der italienischen Regierung in informellen Kontakten die Frage besprochen und die Antworten erhalten, daß die britische und die italienische Regierung den Wunsch der indischen Regierung zurückhaltend beurteilen.

Die Bundesregierung neigt nach eingehender Prüfung ebenfalls dazu, die indische Anfrage ablehnend zu beantworten. Sie läßt sich dabei von der Überlegung leiten, daß

– der Geheimschutz für die schutzbedürftigen Teile des Triebwerkes in Indien nicht in ausreichendem Maße gewährleistet erscheint,
– das Triebwerk in einem mit deutscher Beratung geplanten indischen Kampfflugzeug verwendet werden soll, das als Träger für nukleare Waffen geeignet wäre,
– der Rüstungswettlauf zwischen Pakistan und Indien nicht durch europäische Waffenlieferungen von solcher Tragweite verschärft werden sollte.

Die Bundesregierung beabsichtigt daher, der indischen Regierung mitzuteilen, daß die beteiligten Regierungen einvernehmlich zu der Entscheidung gelangt seien, die Anfrage der indischen Regierung ablehnend zu beantworten (Aidemémoire Ende).

2) Dabei sollen Sie zusätzlich auf folgendes hinweisen:

Die indische Regierung plant seit längerem die Entwicklung eines modernen Kampfflugzeuges, das mit dem Triebwerk RB 199 ausgerüstet werden soll. Bedarfsziel: 330 Stück für Anfang der 80er Jahre. Eine Aufrüstung der indischen Luftstreitkräfte in dem vorgesehenen Umfang würde das bestehende Kräfteverhältnis in Südasien grundlegend zugunsten Indiens verändern. Indien erhielte eine Vormachtstellung, die – zusammen mit der indischen Nuklearpolitik – die Nachbarländer in hohem Maße beunruhigen und zu Gegenmaßnahmen veranlassen würde. Die Folge wäre ein Rüstungswettlauf, der die begrenzten Mittel dieser Länder der dringend erforderlichen wirtschaftlichen Entwicklung entziehen würde.

Die Bundesregierung beabsichtigt, die ablehnende Entscheidung der indischen Regierung möglichst bald mitzuteilen. Sie wäre deshalb für eine verbindliche Erklärung (Aide-mémoire) dankbar, mit der die britische (italienische) Ablehnung des indischen Wunsches bestätigt wird.

Zusatz für Rom:

Der Kontakt in dieser Frage hat zwischen dem BMVg und dem dortigen Verteidigungsministerium stattgefunden und eine klare Ablehnung des indischen Wunsches ergeben.

Zusatz für London:

Die indische Botschaft behauptet in ihrer Note vom 21.6.1974, der britische Verteidigungsminister[7] habe gegenüber der indischen Regierung die prinzipielle Zustimmung der britischen Regierung zu der Lieferung des Triebwerks er-

---

[7] Roy Mason.

klärt, unter der Voraussetzung, daß auch die italienische Regierung und die Bundesregierung einverstanden seien.

Der zuständige Beamte des Foreign Office, Wilford, hat uns gegenüber auf der EPZ-Tagung Arbeitsgruppe Asien im Februar 1975[8] erklärt, daß die britische Regierung ihre Auffassung nach dem indischen Atomtest[9] überprüft habe und jetzt vermutlich den indischen Wunsch ablehnen werde.

II. Nur zu Ihrer Unterrichtung:

Die Form des Aide-mémoire wurde gewählt, um eine in gleicher Weise verbindliche britische und italienische Erklärung (Aide-mémoire) zu erhalten, damit sich die beiden Regierungen später nicht anders als bisher äußern und uns mit der Ablehnung isolieren.

Wir wollen den Indern möglichst bald antworten. Sie sollten daher versuchen, die Äußerung Ihres Gastlandes möglichst binnen drei Wochen zu erhalten.[10]

Hermes[11]

VS-Bd. 8876 (403)

---

[8] Die Asien-Expertengruppe im Rahmen der EPZ tagte am 24. Februar 1975 in Dublin.
[9] Indien führte am 18. Mai 1974 einen unterirdischen Kernwaffentest durch. Zur Reaktion der Bundesregierung vgl. AAPD 1974, II, Dok. 228.
[10] Botschafter von Hase, London, berichtete am 15. April 1975, von britischer Seite sei mitgeteilt worden, die Frage von Kauf und Lizenzbau des MRCA-Triebwerks durch Indien sei „eine delikate Angelegenheit" und werde zur Zeit von den zuständigen britischen Stellen geprüft: „Man werde britischerseits versuchen, unserem Wunsch nachzukommen und die erbetene verbindliche Erklärung (Aide-mémoire) innerhalb von drei Wochen zu geben." Vgl. den Drahtbericht Nr. 684; VS-Bd. 8876 (403); B 150, Aktenkopien 1975.
Botschafter Meyer-Lindenberg, Rom, teilte am 23. Juni 1975 mit, das italienische Außenministerium sei mit dem Inhalt der vorgeschlagenen gemeinsamen Antwort einverstanden. Vgl. dazu den Drahtbericht Nr. 1066; VS-Bd. 8876 (403); B 150, Aktenkopien 1975.
Am 25. Juni 1975 teilte Vortragender Legationsrat I. Klasse Dufner den Botschaften in London, Neu Delhi und Rom mit, daß der indischen Botschaft am selben Tag folgende Verbalnote der Bundesregierung übermittelt worden sei: „Die Regierung der Bundesrepublik Deutschland hat den mit Verbalnote vom 21. Juni 1974 übermittelten Wunsch der indischen Regierung mit den Regierungen des Vereinigten Königreichs und Italiens, die gemeinsam an dem MRCA-Projekt beteiligt sind, aufmerksam geprüft. Sie bedauert mit den Regierungen des Vereinigten Königreichs und Italiens, daß es im gegenwärtigen Zeitpunkt nicht möglich ist, dem Wunsch der indischen Regierung zu entsprechen." Vgl. den Drahterlaß Nr. 2562; VS-Bd. 8876 (403); B 150, Aktenkopien 1975.
[11] Paraphe vom 7. April 1975.

72

Aufzeichnung des Ministerialdirektors Hermes

403-411.10/01 FRA-370/75 geheim   **8. April 1975**[1]

Über Herrn Staatssekretär[2] Herrn Minister[3]

Betr.: Deutsch-französische Rüstungskooperation, Exporte in Drittländer;
hier: Stellungnahme zu der französischen Exportliste vom 17. Januar 1975

Bezug: Beigefügter Vermerk des Herrn Staatssekretärs Dr. Sachs vom 7. Februar 1975[4]

Anl.: a) Französische Exportliste vom 17. Januar 1975[5]

b) Bezugsvermerk

c) Texte des Abkommens von 1972 und der gesetzlichen Grundlagen[6]

Zweck der Vorlage: Zur Entscheidung, welche Stellungnahme das Auswärtige Amt zu der französischen Exportliste gegenüber dem Bundesministerium der Verteidigung abgeben soll.

I. 1) Frankreich und die Bundesrepublik Deutschland sind in dem Regierungsabkommen von 1972 übereingekommen, sich bei der Ausfuhr des gemeinsam produzierten Rüstungsmaterials in dritte Länder grundsätzlich nicht zu behindern.[7] Die nationalen Gesetze sollen großzügig ausgelegt und die Ausfuhrge-

---

[1] Die Aufzeichnung wurde von Vortragendem Legationsrat I. Klasse Kruse und von Legationsrat Dix konzipiert.
Hat Dix am 24. Juli 1975 erneut vorgelegen, der handschriftlich vermerkte: „Stellungnahme AA wurde am 2.7.75 in Ressortbespr[echung] BMVg und BMWi mitgeteilt."

[2] Hat Staatssekretär Sachs am 9. April 1975 vorgelegen.

[3] Hat Bundesminister Genscher am 9. April 1975 vorgelegen.

[4] Dem Vorgang beigefügt. Staatssekretär Sachs informierte über eine Besprechung mit den Staatssekretären Mann, Bundesministerium der Verteidigung, und Rohwedder, Bundesministerium für Wirtschaft, über den französischen Wunsch nach Exporten aus der deutsch-französischen Rüstungskooperation. Mann habe dabei die Ansicht vertreten, „daß die deutschen Zulieferungen allenfalls in wenigen Einzelfällen selbst Kriegswaffen seien [...]. Außerdem verlören die deutschen Zulieferungen in den meisten Fällen ihre Identität beim Einbau in die französischen Waffen (Untergang in einem aliud)." Dazu stellte Sachs fest: „Folgt man der Betrachtungsweise des BMVg, so bestünde in aller Regel kein Anlaß, die Ausfuhrgenehmigungen für deutsche Zulieferungen zu französischen Exporten aus der gemeinsamen Waffenproduktion zu versagen. [...] Der weitere Export – nach Montage der Gesamtsysteme – aus Frankreich in Drittländer wäre dann rechtlich und politisch für die Erteilung der Genehmigungen unerheblich." Dies werde die Bundesregierung allerdings „nicht davor bewahren, politisch und ökonomisch als Mitexporteure dieser – weltweit als deutsch-französische Gemeinschaftsproduktion bekannten – Waffensysteme angesehen zu werden". Nach Ansicht der Abteilungen 4 und 5 sei die Auffassung des Bundesministeriums der Verteidigung allerdings „auch rechtlich nicht haltbar". Vgl. VS-Bd. 8875 (403); B 150, Aktenkopien 1975.

[5] Dem Vorgang beigefügt. Vgl. VS-Bd. 8875 (403).

[6] Dem Vorgang beigefügt waren eine Abschrift des Artikels 2 der Regierungsvereinbarung vom Februar 1972 zwischen der Bundesrepublik und Frankreich über die Ausfuhr von gemeinsam entwickelten und/oder gefertigten Kriegswaffen und sonstigem Rüstungsmaterial in dritte Länder sowie Auszüge aus dem Grundgesetz vom 23. Mai 1949, aus dem Kriegswaffenkontrollgesetz vom 20. April 1961 und aus dem Außenwirtschaftsgesetz vom 28. April 1961. Vgl. VS-Bd. 8875 (403); B 150, Aktenkopien 1975.

[7] Vgl. dazu Artikel 2 der Regierungsvereinbarung vom Februar 1972; Dok. 17, Anm. 8.

nehmigungen für die gegenseitigen Zulieferungen sollen nur im Ausnahmefall und nach vorherigen Konsultationen der beiden Regierungen versagt werden. Die Federführung für die Konsultationen haben die Verteidigungsministerien.

Das Abkommen bezieht sich z. Z. auf die Panzerabwehrraketen Milan und Hot, das Flugabwehrsystem Roland, das Flugzeug Alpha-Jet in zwei Versionen: Luftnahunterstützung und Schulung, und das Radarsystem Ratac[8]; Milan, Hot und Roland und die Kampfversion des Alpha-Jet sind Kriegswaffen, für die von deutschen Firmen Teile (Kriegswaffen und sonstige Rüstungsgüter bis zu 50%) zugeliefert werden. Die Schulversion des Alpha-Jet und Ratac und die deutschen Zulieferungen hierfür sind dagegen nur „sonstige Rüstungsgüter", die nicht unter das Kriegswaffen-Kontrollgesetz[9] fallen.

2) Mit dem Regierungsabkommen von 1972 haben wir uns verpflichtet, die Ausfuhrgenehmigungen für unsere Zulieferungen an Frankreich in der Regel zu erteilen. Demnach können die Genehmigungen nur versagt werden, wenn folgende gesetzliche Voraussetzungen erfüllt sind:

– Gefahr der Verwendung der von uns zugelieferten Kriegswaffen bei friedensstörenden Handlungen (zwingender Versagungsgrund nach § 6 Abs. 3 Nr. 1 Kriegswaffenkontrollgesetz);

– Verletzung von völkerrechtlichen Verpflichtungen der Bundesrepublik (zwingender Versagungsgrund nach § 6 Abs. 3 Nr. 2 Kriegswaffenkontrollgesetz);

– äußerst schwere Gefährdung unserer Sicherheits- und außenpolitischen Interessen und des friedlichen Zusammenlebens der Völker (engstmögliche Auslegung des weiten Ermessens nach § 7 Abs. 1 Außenwirtschaftsgesetz[10]).

Beide Staaten haben sich das Recht vorbehalten, die gesamte Produktion der gemeinschaftlich entwickelten Waffen in eigener Regie durchzuführen, wenn Zulieferungen verweigert werden. Die Franzosen haben bereits angedroht, von diesem Recht Gebrauch zu machen.

II. In dem Ministergespräche mit dem Bundeskanzler am 18. Dezember 1974[11] wurden die Bedenken des Auswärtigen Amts gegen die französischen Lieferungen an den Irak[12] geltend gemacht. Es wurde entschieden, daß BMWi, BMVg und AA unter Federführung des BMVg eine Bestandsaufnahme der französischen Lieferabsichten erarbeiten und die Haltung der Bundesregierung in den nach Art. 2 des Regierungsabkommens vorgesehenen Konsultationen mit der französischen Regierung vorbereiten sollen.

Frankreich hat uns am 17. Januar 1975 die beigefügte Liste seiner Exportabsichten übersandt und drängt auf baldige Entscheidung hierzu und zu weiteren, im folgenden aufgeführten Exportabsichten (nächster Termin des BMVg: Gespräch der Minister Leber und Bourges am 25. April).

---

8 Radar Target Acquisition.
9 Für den Wortlaut des Ausführungsgesetzes vom 20. April 1961 zu Artikel 26 Absatz 2 des Grundgesetzes (Kriegswaffenkontrollgesetz) vgl. BUNDESGESETZBLATT 1961, Teil I, S. 444–450.
10 Für den Wortlaut des Außenwirtschaftsgesetzes vom 28. April 1961 vgl. BUNDESGESETZBLATT 1961, Teil I, S. 481–495.
11 Zum Gespräch des Bundeskanzlers Schmidt mit den Bundesministern Friderichs, Genscher und Leber am 18. Dezember 1974 über Fragen der Rüstungsexportpolitik vgl. AAPD 1974, II, Dok. 378.
12 Zu den französischen Lieferungen an den Irak und den Bedenken des Auswärtigen Amts vgl. Dok. 17, Anm. 16.

III. 1) BMWi, BMVg und AA stimmen darin überein, daß bei folgenden von Frankreich beabsichtigten Lieferungen außerhalb des NATO-Bereichs die Exportgenehmigungen für die deutschen Zulieferungen erteilt werden sollten:
Milan an Schweden, Iran, Spanien, Tunesien, Indien, Hot an Indien, Roland an Brasilien, Ratac an Saudi-Arabien, Irak und Venezuela.

2) Meinungsverschiedenheiten zwischen den Ressorts bestehen bei den Lieferungen an Länder des Nahen Ostens und an Südafrika.

Das BMVg sieht auch bei diesen Exporten keine Versagungsgründe, weil die deutschen Zulieferungen in Frankreich durch Verarbeitung in das Endprodukt ihre Identität verlören und nur als Bestandteil einer französischen Waffe weiterexportiert werden. Bei unseren Zulieferungen solle es sich also ausschließlich um Exporte nach Frankreich handeln. Das BMWi neigt ebenfalls zu dieser Auffassung, geht jedoch nicht soweit, auch die Anwendbarkeit des Versagungsgrundes nach § 7 (äußerst schwere Belastung unserer sicherheits- und außenpolitischen Interessen und des friedlichen Zusammenlebens der Völker) auszuschließen.

Das AA vertritt dagegen die Auffassung, daß die von uns gelieferten Gefechtsköpfe und Bordwaffen ihre Eigenschaft als Kriegswaffe im Sinne der Anlage zum Kriegswaffenkontrollgesetz auch durch den Einbau in Lenkflugkörper und Flugzeuge in Frankreich nicht verlieren.

Die Auffassung des BMVg und BMWi würde zu der politisch und rechtlich nicht vertretbaren Konsequenz führen, daß deutsche Kriegswaffen und Kriegswaffenteile ungehindert in Kriegsgebiete exportiert werden könnten, wenn sie nur zuvor in einem NATO-Land montiert oder verarbeitet worden sind.

Dies würde der ratio legis des KWKG widersprechen, das nachdrücklich verhindern will, daß deutsche Kriegswaffen und Kriegswaffenteile auf welche Weise auch immer zu friedensstörenden Handlungen in Drittländern verwendet werden.

Außerdem würden uns die Waffen mit aller Wahrscheinlichkeit politisch zugerechnet werden.

Deshalb hält das AA daran fest (vgl. hierzu Weisung des Herrn Ministers auf dem Bezugsvermerk – Anlage 2, Seite 3[13]), daß bei der Genehmigung des Exportes deutscher Kriegswaffen nach Frankreich auch der Weiterexport der in Frankreich zusammengesetzten Kriegswaffen in Drittländer zu berücksichtigen ist.

Zwar ist das AA für die Auslegung des Kriegswaffenkontrollgesetzes nicht federführend. Das AA hat aber zu prüfen, ob die seines Erachtens nicht zutref-

---

13 Staatssekretär Sachs führte am 7. Februar 1975 aus: „Das Auswärtige Amt sollte sich in jedem Fall [...] die Möglichkeit offenhalten, zumindest bei äußerst schwerer Gefährdung unserer außen- und sicherheitspolitischen Interessen die Ausfuhrgenehmigungen für die deutschen Zulieferungen zu versagen. In der Regel sollte jedoch im Sinne der deutsch-französischen Vereinbarung dem französischen Interesse an der Durchführung der Exporte Vorrang vor der möglichen Belastung unserer auswärtigen Beziehungen eingeräumt werden. Auf dieser Grundlage soll nunmehr die Stellungnahme zu der französischen Exportliste erarbeitet werden."
Der letzte Satz wurde von Bundesminister Genscher hervorgehoben. Dazu vermerkte er handschriftlich: „r[ichtig]". Vgl. VS-Bd. 8875 (403); B 150, Aktenkopien 1975.

fende Auslegung des KWKG durch das BMWi außenpolitische Belange berührt, die in die Zuständigkeit des AA fallen.

IV. 1) Frankreich hat gegenwärtig folgende Exporte von Waffen aus deutsch-französischer Koproduktion in den Nahen Osten in Aussicht genommen:

Ägypten: 200 Flugzeuge Alpha-Jet, möglicherweise die Kampfversion;

Israel: 2550 Milan, Export soll nach neuesten Informationen aus besonderer Quelle nicht zustande kommen, weil die französischen Firmen angeblich arabische Repressionen befürchten;

Libanon: 360 Milan;

Irak: 3750 Milan, 3400 Hot, Verträge abgeschlossen, hohe Vorauszahlungen des Irak sind bereits geleistet;

Saudi-Arabien: 2100 Hot;

Kuwait: 1560 Milan, 1200 Hot;

Abu Dhabi: 1200 Hot, Vertrag abgeschlossen.

2) Geht man davon aus, daß die deutschen Zulieferungen ihre Kriegswaffeneigenschaft durch den Einbau in Waffen in Frankreich nicht verlieren, so liegt es bei der gegenwärtigen Lage im Nahen Osten (vorläufiges Scheitern der Kissinger-Mission[14], geringe Aussichten einer Einigung in Genf[15]) nahe, den zwingenden Versagungsgrund „Gefahr der Verwendung bei friedensstörenden Handlungen" (§ 6 Abs. 3 Nr. 1 KWKG) zu bejahen. Darüber hinaus muß auch mit einer äußerst schweren Belastung unserer auswärtigen Beziehungen (§ 7 Abs. 1 AWG) zu Israel gerechnet werden, wenn die Lieferungen – falls sich die diesbezüglichen Hinweise bestätigen – einseitig nur in arabische Länder gehen sollten.

3) Eine andere Beurteilung dieser Versagungsgründe, die es uns ermöglichen würde, unsere Zulieferungen für die genannten Exporte zu genehmigen, würde bei der gegenwärtigen bedrohlichen Entwicklung im Nahen Osten voraussetzen, daß die beabsichtigten französischen Exporte die Waffenruhe im Nahen Osten eher stabilisieren als zusätzlich gefährden. Eine solche stabilisierende Wirkung der französischen Waffenlieferungen könnte nur dann angenommen werden, wenn die Lieferungen das militärische Gleichgewicht im Nahen Osten aufrechterhalten und im Rahmen einer ausgewogenen und stabilisierenden Nahost-Politik erfolgen. Ob dies der Fall ist, kann in erster Linie durch Konsultation zwischen Frankreich und den Vereinigten Staaten als den beiden größten Rüstungslieferanten des Nahen Ostens geklärt werden, an der wir beteiligt werden sollten.

Nur wenn Frankreich sich bereit erklärt, das militärische Gleichgewicht im Nahen Osten zu erhalten, und zu diesem Zweck seine Waffenlieferungen mit den Vereinigten Staaten abstimmt, und nur wenn diese Abstimmung zu einem für uns befriedigenden Ergebnis führt, könnten wir überhaupt die Erteilung der Exportgenehmigungen für die deutschen Zulieferungen in Erwägung ziehen.

---

[14] Zum Abbruch der Bemühungen des amerikanischen Außenministers Kissinger um eine Vermittlung im Nahost-Konflikt vgl. Dok. 62, Anm. 11.
[15] Zur Friedenskonferenz für den Nahen Osten in Genf vgl. Dok. 23, Anm. 30.

Ob die französische Regierung zu einer solchen dreiseitigen Abstimmung ihrer Rüstungsexporte bereit wäre, müßte zunächst auf möglichst hoher Ebene bilateral mit den Franzosen geklärt werden.

4) Soweit die französischen Exporte für Länder bestimmt sind, die bisher nicht unmittelbar militärisch am Konflikt beteiligt waren (Kuwait, Abu Dhabi) bzw. für solche Länder, die nur mit kleinen Truppenkontingenten beteiligt waren (Irak, Saudi-Arabien), muß bei der Größe der geplanten Exporte damit gerechnet werden, daß diese Länder nur als Durchgangsstation für Lieferungen in die arabischen Konfliktstaaten dienen. Deshalb können diese Exporte nicht großzügiger behandelt werden als Lieferungen in die Konfliktstaaten selbst.

5) Es ist nicht zu verkennen, daß die vorgeschlagene dreiseitige Abstimmung ein kompliziertes Verfahren bedingt, dessen Ergebnis nicht abzusehen ist. Auch ist zu befürchten, daß die französische Regierung bei einem für sie negativen Ausgang der Konsultationen noch mehr verstimmt sein würde als bei einer sofortigen Ablehnung unserer Zulieferungen im gegenwärtigen Zeitpunkt. Dennoch erscheint dieser Weg als der einzig gangbare, wenn man folgenden Erwägungen gerecht werden will:

– Angesichts des überragenden wirtschaftlichen Interesses Frankreichs an diesen Exporten (Äußerungen der Minister Sauvagnargues und Bourges – Androhungen der Kündigung des Abkommens – in den Parallelkonsultationen und in der Plenarsitzung des deutsch-französischen Gipfels am 3./4. Februar 1975 in Paris[16], Schreiben Minister Bourges an Minister Leber) und der Gefahr des Scheiterns der deutsch-französischen Rüstungskooperation mit allen abträglichen Folgen für die deutsch-französischen Beziehungen sollten alle Möglichkeiten ausgeschöpft werden, um zu einer positiven Entscheidung zu gelangen. Eine Aufkündigung der gut funktionierenden deutsch-französischen Rüstungskooperation würde zudem ein besonders wichtiges Element unserer künftigen europäischen Verteidigungszusammenarbeit zerstören. Unsere Politik der europäischen Einigung würde also einen schweren Rückschlag erleiden.

– Nur wenn wir uns der amerikanischen Zustimmung versichert haben und auf erfolgreiche dreiseitige Bemühungen um eine Stabilisierung der Waffenruhe im Nahen Osten verweisen können, wären wir in der Lage, unsere mittelbare Beteiligung an den geplanten Exporten außen- und innenpolitisch zu rechtfertigen. Denn dann könnten wir sagen, daß die Lieferungen – möglicherweise in Verbindung mit neuen politischen Initiativen der drei beteiligten Staaten – die „Gefahr von friedensstörenden Handlungen" im Nahen Osten verringert haben.

---

16 Korrigiert aus: „2./3. Februar 1975 in Paris".
Zu den Äußerungen des französischen Außenministers Sauvagnargues am 4. Februar 1975 im Gespräch mit Bundesminister Genscher vgl. Dok. 23, Anm. 45.
In der abschließenden Plenarsitzung der deutsch-französischen Konsultationen berichtete Sauvagnargues über seine Ausführungen und fügte hinzu, er habe hervorgehoben, „daß diese Frage Gegenstand einer sehr sorgfältigen Prüfung sein müßte, denn die Schwierigkeiten [...] stellten ernste Probleme wirtschaftlicher und finanzieller Art dar". Der französische Verteidigungsminister Bourges schloß sich „in bezug auf die Ausfuhrmaßnahmen den Ausführungen des Außenministers" an. Vgl. die Gesprächsaufzeichnung; Referat 420, Bd. 106424.

V. 1) Für den Export nach Südafrika (3020 Milan, Exportantrag der deutschen Firma für 1430 Gefechtsköpfe liegt vor) sind keine zwingenden gesetzlichen Versagungsgründe gegeben. Trotz der bisher vorliegenden Resolutionen des Sicherheitsrates und der Generalversammlung der VN[17] sowie trotz der einseitigen Erklärungen der Bundesregierung[18] besteht keine völkerrechtliche Verpflichtung der Bundesrepublik zum Verzicht auf Waffenlieferungen an Südafrika.

Die Genehmigung für Zulieferungen nach Südafrika kann deshalb nur versagt werden, wenn sie unsere auswärtigen Beziehungen in äußerst schwerer Weise belasten würde.

Mit ihren wiederholten Erklärungen vor den Vereinten Nationen (seit 1963), keine Genehmigungen zur Ausfuhr von Kriegswaffen, Munition und Spezialmaschinen für die Herstellung von Waffen und Munition nach Südafrika zu erteilen, hat sich die Bundesregierung politisch festgelegt. Dies gilt jedenfalls für direkte Lieferungen aus der Bundesrepublik.

2) Nach Auffassung von Abteilung 3 gilt diese Bindung auch für die Zulieferungen im Rahmen der Rüstungskooperation.[19] Wir müßten deshalb mit äußerst

---

[17] Am 7. August 1963 verabschiedete der UNO-Sicherheitsrat die Resolution Nr. 181 zu Südafrika, in der es hieß: „The Security Council [...] solemnly calls upon all States to cease forthwith the sale and shipment of arms, ammunition of all types and military vehicles to South Africa". Diese Forderung wurde mit Resolution Nr. 182 vom 4. Dezember 1963 erweitert: „The Security Council [...] solemnly calls upon all States to cease forthwith the sale and shipment of equipment and materials for the manufacture and maintenance of arms and ammunition in South Africa". Vgl. UNITED NATIONS RESOLUTIONS, Serie II, Bd. IV, S. 85 und S. 87.
Der Aufruf wurde mit den Resolutionen Nr. 191 vom 18. Juni 1964 und Nr. 311 vom 4. Februar 1972 erneuert. Vgl. UNITED NATIONS RESOLUTIONS, Serie II, Bd. V, S. 23–25, bzw. Serie II, Bd. IX, S. 20.
Auch die UNO-Generalversammlung forderte mehrfach alle Staaten auf, angesichts der südafrikanischen Apartheidspolitik jegliche militärische, wirtschaftliche und technische Zusammenarbeit zu beenden. Vgl. dazu die Resolution Nr. 2671 F vom 8. Dezember 1970; UNITED NATIONS RESOLUTIONS, Serie I, Bd. XIII, S. 249 f.
Mit Resolution Nr. 3324 E forderte die UNO-Generalversammlung am 16. Dezember 1974 alle Staaten dazu auf: „d) To end any exchanges of military, naval or air attachés with South Africa; e) To prohibit visits of any military personnel or officials of the Department of Defence and related agencies from South Africa; f) To cease all co-operation with South Africa in nuclear and other modern technological research, particularly research with military applications". Vgl. UNITED NATIONS RESOLUTIONS, Serie I, Bd. XV, S. 288 f.

[18] Am 19. Dezember 1963 übermittelte Botschafter Freiherr von Braun, New York (UNO), UNO-Generalsekretär U Thant folgende Erklärung zur Resolution Nr. 182 des Sicherheitsrats vom 4. Dezember 1963: „Die Entschließung entspricht der bisherigen Praxis der Bundesregierung, die seit langem keine Genehmigungen zur Ausfuhr von Kriegswaffen, Munition und Spezialmaschinen für die Herstellung von Waffen und Munition nach der Südafrikanischen Republik erteilt hat und entschlossen ist, an dieser Politik festzuhalten." Vgl. BULLETIN 1963, S. 2005.
Anläßlich des Besuchs einer Delegation des UNO-Sonderausschusses für Apartheid in Bonn am 27. August 1973 erinnerte Bundesminister Scheel daran, „daß sich die Bundesregierung schon 1963 der Verurteilung der Apartheidspolitik durch den VN-Sicherheitsrat angeschlossen hat. Sie hat ein Embargo über die Lieferungen von Kriegswaffen, Munition und Militärfahrzeugen sowie von Ausrüstung und Material zu deren Herstellung und Unterhaltung nach Südafrika verhängt. Sie hat sich jeder militärischen Zusammenarbeit mit Südafrika enthalten." Vgl. BULLETIN 1973, S. 1003.

[19] Am 20. Februar 1975 vermerkte Ministerialdirigent Jesser, daß ihm Ministerialdirektor Lahn dazu telefonisch mitgeteilt habe: „Das Votum gegen die etwaige Lieferung von Waffen nach Südafrika wäre auch negativ, weil eine solche Lieferung die Glaubwürdigkeit unserer feierlichen Erklärungen in Frage stellen und dadurch unserer Außenpolitik schweren Schaden zufügen würde. Innenpolitisch sei eine solche Lieferung auch sehr bedenklich und würde heftige Kritik auslösen." Vgl. VS-Bd. 8875 (403); B 150, Aktenkopien 1975.

schweren Belastungen unserer auswärtigen Beziehungen im Bereich Afrikas und der Dritten Welt (VN) rechnen, wenn wir den Lieferungen zustimmen würden.

3) Abteilung 2 ist demgegenüber der Auffassung, daß wir unsere mittelbaren Lieferungen im Rahmen der Rüstungskooperation anders beurteilen müssen als direkte Exporte nach Südafrika: In diesem Fall müsse die Abwägung zwischen unseren Beziehungen zu Frankreich und zu den Staaten der Dritten Welt zu dem Ergebnis führen, daß der deutsch-französischen Rüstungskooperation und damit den deutsch-französischen Beziehungen, die den höchsten politischen Stellenwert haben, Vorrang eingeräumt wird. Diese Entscheidung erscheine bei solchen deutsch-französischen Waffen gerechtfertigt, die, wie Milan, nicht zur Bekämpfung innerer Unruhen eingesetzt werden können. Gegenüber den zu erwartenden Beschuldigungen, wir zementierten das rassistische Regime in Südafrika und erhielten es am Leben, müsse darauf verwiesen werden, daß es sich um einen Export handelt, den Frankreich in eigener Verantwortung durchführt.

VI. Aufgrund vorstehender Erwägungen wird vorgeschlagen:

1) dem unter IV. dargestellten Verfahren zuzustimmen,

2) bei dem Gespräch mit Herrn Bundesminister Leber am 10. April[20] im obigen Sinne Einvernehmen zu erzielen,

3) durch eine gemeinsame Vorlage von BMVg, BMWi und AA, für die das BMVg federführend wäre, die Zustimmung des Herrn Bundeskanzlers einzuholen (– zweckmäßigerweise sollten wir die Federführung übernehmen, falls Herr BM Leber unsere Bedenken gegen die französischen Exporte nicht teilen sollte –),

4) die Klärung der Frage, ob Frankreich bereit wäre, der vorgeschlagenen dreiseitigen Konsultation mit den Vereinigten Staaten zuzustimmen, entweder in dem Gespräch des Herrn Ministers mit Außenminister Sauvagnargues am 21. April in Paris[21] herbeizuführen oder dem Gespräch der Minister Leber und Bourges am 25. April in Bonn[22] zu überlassen,

5) die Entscheidung über den beabsichtigten Export nach Südafrika gleichzeitig mit der endgültigen Entscheidung über die Exporte in den Nahen Osten zu treffen, um eine außenpolitisch abgestimmte Behandlung beider Fragen zu ermöglichen.

---

[20] Am 15. April 1975 notierte Vortragender Legationsrat I. Klasse Pfeffer, bei dem Kolloquium des Auswärtigen Amts und des Bundesministeriums der Verteidigung am 10. April 1975 habe es zum Thema „Deutsch-französische Rüstungskooperation und Exporte aus dieser Produktion" eine längere Aussprache gegeben. Sie habe geendet mit dem „Auftrag der Minister an beide Häuser, die Interessenlage bei Waffenlieferungen an Drittländer zu prüfen: Welche Gefahren entstehen bei westlicher Verweigerung; in welchen Fällen kommt es mit welchem Grad an Wahrscheinlichkeit zu Lieferungsabhängigkeiten von den Warschauer-Pakt-Staaten?" Vgl. VS-Bd. 8613 (201); B 150, Aktenkopien 1975.

[21] Bundesminister Genscher begleitete Bundespräsident Scheel bei dessen Besuch vom 21. bis 25. April 1975 in Frankreich und führte am 21. April 1975 in Paris ein Gespräch mit dem französischen Außenminister Sauvagnargues, in dessen Mittelpunkt die Lage in Vietnam und die Verhandlungen zwischen der DDR und dem Senat von Berlin standen. Vgl. dazu den Drahtbericht Nr. 1287 des Ministerialdirigenten Ruhfus, z. Z. Paris, vom 22. April 1975; VS-Bd. 9937 (202); B 150, Aktenkopien 1975.

[22] Bundesminister Leber traf am 24. April 1975 mit dem französischen Verteidigungsminister Bourges zusammen.

Abteilungen 2 (Dg 20[23]), 3 (Dg 31[24]), VRB[25] und Unterabteilung 51 (Dg 51[26]) haben mitgezeichnet

Hermes

VS-Bd. 8875 (403)

73

Aufzeichnung des Ministerialdirigenten Ruhfus

201-363.13-1108/75 VS-vertraulich 8. April 1975[1]

Über Herrn Staatssekretär[2] Herrn Minister zur Information und mit der Bitte um Zustimmung zu III.

Betr.: Europäische Luftfahrtintegration
hier: Nachfolge des Starfighters

Anlagen[3]

I. 1) Die vier NATO-Staaten Belgien, Holland, Dänemark und Norwegen haben die Absicht, sich gemeinsam auf ein Nachfolge-Modell für den Starfighter zu einigen. Zur Diskussion stehen zwei Modelle:

Die amerikanische YF-16 und die französische Mirage. Finanzielle und militärische Gründe (billiger, leistungsstärker) sprechen nach Auffassung aller vier Staaten für die amerikanische Maschine.

Eine belgische Delegation unter Leitung des Kabinettschefs des Außenministers, van Bellinghen, die am 2. April 1975 im Auswärtigen Amt vorsprach, erklärte, daß die belgische Regierung aus politischen Gründen dennoch die Mirage der YF-16 vorziehe. Die Mirage sei „die europäische Präferenz". Eine Entscheidung zugunsten der Mirage bedeute allerdings ein erhebliches Opfer. Dieses Opfer könne der belgischen Öffentlichkeit gegenüber nur dann gerechtfertigt werden, wenn die belgische Regierung auf eine Kompensation verweisen könnte. Eine solche Kompensation wäre die Zusage Frankreichs, sich an einer Integration der europäischen Luftfahrtindustrie im militärischen wie im zivilen Bereich zu beteiligen. Die belgische Regierung würde daher den lukrativen Auftrag an die

---

[23] Jürgen Ruhfus.
[24] Walter Jesser.
[25] Carl-August Fleischhauer.
[26] Herbert Dreher.

[1] Die Aufzeichnung wurde von Vortragendem Legationsrat I. Klasse Pfeffer und von Legationsrat I. Klasse Fein konzipiert.
Hat Vortragendem Legationsrat Lewalter am 16. April 1975 vorgelegen, der handschriftlich vermerkte: „Referat 201 zurückgereicht; Vorlage hat zum Kolloquium BMVg vorgelegen."
[2] Hat den Staatssekretären Gehlhoff und Sachs am 10. April 1975 vorgelegen.
[3] Dem Vorgang beigefügt. Vgl. Anm. 5, 7 und 8.

französische Industrie gerne dazu benutzen, um im Gegenzug das Einverständnis Frankreichs für eine Mitwirkung an der europäischen Luftfahrtintegration einzuholen.

In diesem Zusammenhang ist anzumerken, daß der Gesamtauftrag der vier NATO-Staaten als „das Geschäft des Jahrhunderts" gilt. Zeitungsmeldungen sprechen von einem Wert von 55 Mrd. DM, Nachfolgekosten eingeschlossen.[4] Im BMVg war eine Bestätigung dieses Betrages allerdings nicht zu erhalten.

Die belgische Delegation schlug ein belgisch-niederländisch-französisch-deutsches Treffen vor, um über die Integration der europäischen Luftfahrtindustrie zu beraten. Sie verwies auf ein Arbeitspapier, welches die belgischen Vorschläge zur Struktur der europäischen Luftfahrtkooperation enthält (Anlage 1[5]). Die Delegation bat die deutschen Teilnehmer des Gesprächs um eine möglichst baldige Stellungnahme.[6]

2) Die Niederländer sind über die Pläne der Belgier orientiert. Der hiesige niederländische Gesandte, van de Mortel, sprach am 7. April 1975 bei Dg 20 vor, um ein „Non-paper" (Anlage 2[7]) zu den niederländischen Erwägungen über die Luftfahrtintegration vorzulegen. Darin wird die Auffassung vertreten, daß jetzt ein psychologisch günstiger Moment gekommen sei, um über die Förderung der Integration zu sprechen.

Der Unterschied zwischen der niederländischen und der belgischen Auffassung besteht dem niederländischen Gesandten zufolge darin, daß eine solche Integration erst nach dem Kauf und der Lebensdauer des Starfighter-Nachfolgers sinnvoll sei.

Die Belgier halten das konkrete „Geschäft des Jahrhunderts" für den besten Hebel, um Frankreich und andere zur Integration ihrer Luftfahrtindustrie zu bringen, die Niederländer möchten das konkrete Geschäft der Starfighter-Nachfolge unabhängig von einem solchen großen Plan abschließen.

---

4 Hierzu wurde in der Presse berichtet, sollten sich die vier NATO-Mitgliedstaaten auf ein gemeinsames Nachfolgemodell für das Kampfflugzeug vom Typ Starfighter einigen, „käme eine Bestellung von etwa 350 Maschinen zustande, ein Auftrag von fast fünf Milliarden Mark. Die Nachfolgekosten, die für Ersatzteile und Wartung entstehen, dürften dem Hersteller, der den Zuschlag erhält, in den nächsten zehn Jahren nochmals etwa den zehnfachen Betrag einbringen." Vgl. den Artikel „Nachfolger des ‚Starfighter' soll bis zum Mai feststehen"; FRANKFURTER ALLGEMEINE ZEITUNG vom 4. April 1975, S. 5.
5 Dem Vorgang beigefügt. Für das undatierte belgische Arbeitspapier vgl. VS-Bd. 8615 (201); B 150, Aktenkopien 1975.
6 Am 23. April 1975 teilte Bundesminister Genscher dem belgischen Außenminister van Elslande auf dessen Schreiben vom 27. März 1975 mit, die belgischen Vorstellungen deckten sich „in wesentlichen Punkten mit Überlegungen der Bundesregierung, wie sie auf dem zivilen Sektor erst kürzlich wieder in der Entschließung des Rates der Europäischen Gemeinschaften vom 3. März 1975 ‚über Konzertierung und Konsultation zwischen Mitgliedstaaten in der Industriepolitik auf dem Luftfahrzeugsektor' zum Ausdruck gekommen sind. Die Bundesregierung begrüßt daher eine Initiative der belgischen Regierung mit dem Ziel einer verstärkten europäischen Zusammenarbeit auf dem Gebiet der Luftfahrt und ist bereit, an Erörterungen darüber im Kreise interessierter Länder teilzunehmen. Sie ist allerdings der Auffassung, daß auch Großbritannien und Italien hinzugezogen werden sollten." Vgl. Referat 010, Bd. 178598.
7 Dem Vorgang beigefügt. Für das niederländische Papier „Gedankengänge der niederländischen Regierung über die europäische Zusammenarbeit bei der Nachfolge der derzeitigen Jagdflugzeuge" vom 7. April 1975 vgl. VS-Bd. 8615 (201); B 150, Aktenkopien 1975.

3) Die Franzosen teilten über ihren hiesigen Gesandten Morizet Herrn Staatssekretär Sachs mit, daß sie die belgische Demarche in der Frage der Luftfahrtintegration voll unterstützen. Frankreich sei bereit, mit der Bundesregierung darüber zu sprechen, wie es auch schon mit den Belgiern und den Dänen Gespräche darüber geführt habe (Anlage 3[8]).

4) Die Norweger und Dänen neigen, den Ausführungen der belgischen Delegation zufolge, nicht dem Kauf der Mirage, sondern dem Ankauf der amerikanischen YF-16 zu.

II. Die Verteidigungsminister Belgiens, Hollands, Dänemarks und Norwegens[9] haben am 3. April 1975 festgestellt, daß die amerikanische YF-16 das vorteilhaftere Modell sei. Zeitungsmeldungen weisen darauf hin, daß damit jedoch noch keine politische Entscheidung zugunsten der YF-16 gefallen sei. Wir haben den genauen Wortlaut der Entscheidung der Verteidigungsminister sowie dessen Interpretation aus belgischer Sicht von der hiesigen belgischen Botschaft angefordert.

III. Abteilung 2 schlägt vor, daß der Herr Minister die Frage stellt, wie Minister Leber die Entscheidung der vier Verteidigungsminister vom 3.4.1975 interpretiert und den belgischen Vorschlag überhaupt beurteilt. Aus der Sicht des Auswärtigen Amts verdient dieser Vorschlag sorgfältige Prüfung. Auf Anhieb erscheine er als ein geeignetes Mittel, zur Integration der europäischen Luftfahrtindustrie und damit zur Standardisierung beizutragen. Daß erhebliche Schwierigkeiten zu überwinden sind, und zwar sowohl wirtschaftlicher Art (z. B. nationale Anteile an der integrierten Luftfahrtindustrie), wie politischer Art (z. B. die Auswirkungen einer solchen Integration auf die USA, denen das „Geschäft des Jahrhunderts" entgehen würde), ist offensichtlich.

Die Sache eilt aus folgenden Gründen: Die Optionen der französischen und der amerikanischen Flugzeughersteller laufen Ende April 1975 aus. Die Belgier haben deshalb um die deutsche Entscheidung bis möglichst Mitte April gebeten. Der Bundesminister des Auswärtigen muß damit rechnen, daß der belgische Außenminister ihn am Rande des Neuner-Treffens in Dublin am 12./13. April[10] auf diese Sache anspricht. Dafür sollte eine gemeinsame Sprachregelung heute erarbeitet werden.[11]

Vermerk nur für Herrn Minister:

An der Diskussion mit der belgischen Delegation nahm vom BMVg MDg Dr. Trienes teil. Dr. Trienes sprach sich während der Diskussion mit den Belgiern vorsichtiger, nach der Diskussion nur im deutschen Kreis in prononcierter Form gegen das Vorhaben der Belgier aus. Die Belgier verfolgten im wesentlichen eigennützige wirtschaftliche Motive. Nach unserer Auffassung sind eigennüt-

---

[8] Dem Vorgang beigefügt. Für die Aufzeichnung des Legationsrats I. Klasse Dohmes vom 7. April 1975 vgl. VS-Bd. 8615 (201); B 150, Aktenkopien 1975.

[9] Paul van den Boeynants (Belgien), Orla Møller (Dänemark), Hendrikus Vredeling (Niederlande), Alv Jakob Fostervoll (Norwegen).

[10] Am 12./13. April 1975 kamen die Außenminister der EG-Mitgliedstaaten zu einem informellen Treffen im Rahmen der EPZ in Dublin zusammen. Vgl. dazu Dok. 76.

[11] Am 11. April 1975 legte Ministerialdirigent Ruhfus Bundesminister Genscher einen Sprechzettel vor und führte dazu aus, dieser sei „in der Sache nicht negativ, sondern ausweichend gehalten". Vgl. VS-Bd. 8615 (201); B 150, Aktenkopien 1975.

zige Motive, falls sie gleichzeitig dem europäischen Nutzen dienen, geradezu zu begrüßen.

Ruhfus

VS-Bd. 8615 (201)

74

Botschafter Krapf, Brüssel (NATO), an das Auswärtige Amt

114-11764/75 VS-vertraulich Aufgabe: 9. April 1975, 17.30 Uhr[1]
Fernschreiben Nr. 481 Ankunft: 9. April 1975, 18.50Uhr
Citissime

Betr.: NATO-Gipfeltreffen[2]
Bezug: DB 479 vom 8.4.1975[3]

Bitte um Weisung

I. In der Sitzung des NATO-Rats am 9. April 1975 sprach Generalsekretär Luns die Frage eines Gipfeltreffens der NATO an.

Die Stellungnahmen der Ständigen Vertreter, die erneut auf persönlicher Basis erfolgten (abgesehen vom britischen Ständigen Vertreter[4]), führten zu stärkerer Betonung der möglichen negativen Aspekte eines Gipfeltreffens – insbesondere von seiten des französischen Ständigen Vertreters[5] –, als dies bei der gestrigen informellen Diskussion (vgl. Bezugsdrahtbericht) der Fall war. Zudem ergab sich, daß die britische Initiative auf eine NATO-Gipfelkonferenz in

---

[1] Hat Vortragendem Legationsrat I. Klasse Pfeffer am 10. April 1975 vorgelegen, der handschriftlich vermerkte: „T[ermin] 15.4.1975". Vgl. Anm. 14.
[2] Zu einer Konferenz der Staats- und Regierungschefs der NATO-Mitgliedstaaten im Vorfeld der KSZE-Schlußkonferenz vgl. Dok. 28, Anm. 24.
[3] Botschafter Krapf, Brüssel (NATO), informierte über ein Gespräch der NATO-Botschafter am 8. April 1975. Dabei habe der britische Botschafter Peck mitgeteilt, daß der britische Außenminister Callaghan „in einem Brief an Kissinger die Frage eines NATO-Gipfels aufgeworfen und es als naheliegend bezeichnet habe, eine Gipfelkonferenz zeitlich mit der für Ende Mai geplanten NATO-Außenministerkonferenz zusammenfallen zu lassen". Es habe sich ergeben, „daß der Gedanke einer NATO-Gipfelkonferenz allgemeine Zustimmung fand. Mit Ausnahme Kanadas sprachen sich jedoch alle Beteiligten einschließlich des Generalsekretärs dagegen aus, eine NATO-Gipfelkonferenz mit der Vorbereitung der KSZE-Gipfelkonferenz zu begründen. Der französische Botschafter lehnte eine so motivierte Gipfelkonferenz rundweg ab. Es wurde vielmehr dahingehend argumentiert, die Öffentlichkeit erwarte von der NATO im gegenwärtigen Zeitpunkt, daß sie sich mit den verschiedenen negativen Entwicklungen innerhalb des Bündnisses und der Weltlage allgemein befasse. Unter dieser Voraussetzung sei ein Gipfeltreffen auch aus französischer Sicht zu begrüßen. Es könne zu diesem kritischen Zeitpunkt dazu dienen, die Solidarität der NATO erneut zu bekräftigen und insbesondere auch die Solidarität der Vereinigten Staaten mit den übrigen Bündnispartnern zu unterstreichen." Vgl. VS-Bd. 8116 (201); B 150, Aktenkopien 1975.
[4] Edward Peck.
[5] François de Tricornot de Rose.

Hinblick auf die dritte Phase der KSZE abzielt. Das Ergebnis der Erörterung fasse ich wie folgt zusammen:

1) Es bestand Einigkeit darüber, daß ein Gipfeltreffen eine Reihe schwieriger Fragen aufwerfe und die Vor- und Nachteile sorgfältig gegeneinander abgewogen werden müßten. Der britische, amerikanische[6], belgische[7] und türkische[8] Ständige Vertreter unterstrichen die Nützlichkeit eines Gipfeltreffens, weil in der gegenwärtigen Weltlage die Öffentlichkeit eine Bekundung der Solidarität der Bündnispartner erwarte; diese Ansicht habe auch ich vertreten.

Der französische und der griechische[9], aber auch der italienische[10] und der niederländische[11] Ständige Vertreter hoben hervor, daß bei einem Gipfeltreffen konkrete Ergebnisse erzielt werden müßten und z.Z. nicht abzusehen sei, in welchen Bereichen solche Ergebnisse zu erwarten seien.

2) Zur Motivation eines Gipfeltreffens sprach sich die große Mehrheit dafür aus, keine unmittelbare Verbindung mit der Schlußphase der KSZE herzustellen. Der kanadische[12] und der britische (unter Berufung auf die Initiative Callaghans) Ständige Vertreter befürworteten eine Ausrichtung des Gipfeltreffens auf die Schlußphase der KSZE.

3) Zum Zeitpunkt eines Gipfeltreffens hoben mehrere Ständige Vertreter hervor, man solle nicht ohne weiteres von einer Zusammenlegung der geplanten NATO-Ministerkonferenz mit einem NATO-Gipfeltreffen ausgehen. Es komme auch ein Gipfeltreffen in kürzerem Abstand vor oder nach der Schlußphase der KSZE in Frage. Alle Sprecher gingen davon aus, daß bei einer Zusammenlegung des NATO-Gipfeltreffens mit der geplanten NATO-Ministerkonferenz das Gipfeltreffen in Brüssel stattfinden solle. Die von Generalsekretär Luns angesprochene Frage einer belgischen Einladung für ein solches Treffen wurde vom belgischen Ständigen Vertreter damit beantwortet, daß mit einer solchen Einladung zu rechnen sei.

4) Als Rahmen für einen Besuch des US-Präsidenten[13] in Europa, außer einem Gipfeltreffen, sah der belgische Ständige Vertreter die Möglichkeit, daß der Präsident einzelne Hauptstädte besuche. Der französische Ständige Vertreter wies darauf hin, daß in Verbindung damit auch ein Besuch des Präsidenten beim NATO-Rat in Brüssel denkbar sei.

5) Der NATO-Rat wird den Meinungsaustausch über ein Gipfeltreffen am 16. April 1975 fortsetzen. Hierzu bitte ich um Weisung.[14]

II. Im einzelnen ist aus der Diskussion festzuhalten:

1) Der britische Ständige Vertreter hatte Weisung, den Rat über die wesentlichsten Punkte der Initiative Außenminister Callaghans zu unterrichten. Dabei

---

6 David K. E. Bruce.
7 André de Staercke.
8 Orhan Eralp.
9 Byron Theodoropoulos.
10 Felice Catalano di Melilli.
11 Abraham K. F. Hartogh.
12 Arthur R. Menzies.
13 Gerald R. Ford.
14 Dieser Satz wurde von Vortragendem Legationsrat I. Klasse Pfeffer hervorgehoben. Vgl. Anm. 1 und Anm. 16.

wurde nicht klar, ob diese Initiative Gegenstand eines Gesprächs Callaghans mit Kissinger war oder ob Callaghan Kissinger in dieser Sache geschrieben hat.
Der britische Sprecher hob hervor, daß Callaghans Vorstoß in Fortsetzung seines Gesprächs mit Kissinger im Londoner Flughafen am 27. März sowie unter Berücksichtigung der Diskussion im NATO-Rat am 17. März 1975 (vgl. DB 391 vom 18.3.[15]) erfolgt sei. Es handele sich deshalb im Grund nicht um eine neue britische Initiative. Neu sei nur, daß dieses Thema durch eine Presseindiskretion in die Öffentlichkeit gelangt sei. Callaghans „Botschaft" an Kissinger habe drei Elemente enthalten:
– Wenn ein Gipfeltreffen der NATO vor der dritten Phase der KSZE stattfinden solle, solle man es mit der geplanten NATO-Frühjahrskonferenz in Brüssel verbinden;
– das Gipfeltreffen solle im Zusammenhang mit dem Thema der KSZE stehen,
– die Bedeutung der KSZE solle nicht heruntergespielt werden.
Es müsse aber zum Ausdruck kommen, daß die Notwendigkeit der westlichen Verteidigung auch nach der KSZE voll bestehen bleibe.
2) Der belgische Ständige Vertreter hob hervor, daß die ursprüngliche Diskussion im NATO-Rat sowie die Initiative Callaghans einen deutlichen Zusammenhang zwischen KSZE und Gipfeltreffen hergestellt habe. Infolge der jüngsten Entwicklung der Weltlage sei es jedoch angebracht, KSZE und NATO-Gipfeltreffen zu „entkoppeln". Thema des Gipfeltreffens solle in erster Linie ein Meinungsaustausch über die Lage im Bündnis sein, Das schließe selbstverständlich nicht aus, daß auch über die Bedeutung der KSZE im Rahmen der Ost-West-Beziehungen gesprochen werde.
3) Der französische Ständige Vertreter ging von der Frage aus, was Inhalt eines Kommuniqués eines Gipfeltreffens sein könne. Welche konkreten Ergebnisse werde man der Öffentlichkeit vorweisen können? Es sei zwar denkbar, daß innerhalb der Besprechungen auf höchster Ebene eine Tour d'horizon zur Welt-

---

15 Botschafter Krapf, Brüssel (NATO), teilte mit, der britische Geschäftsträger Logan habe bei der Konsultation im Ständigen NATO-Rat am 17. März 1975 darauf hingewiesen, daß seine Regierung zur Frage eines „westlichen Gipfeltreffens vor der dritten Phase der KSZE" noch keine Entscheidung getroffen habe. Sie überlege jedoch, ob ein solches Treffen nicht in der Form einer NATO-Gipfelkonferenz abgehalten werden könne: „Der wesentliche sachliche Vorteil eines solchen Arrangements liege darin, daß eine Frühjahrs-NATO-Konferenz auf höchster Ebene nicht so ausschließlich auf die KSZE ausgerichtet sei, wie dies bei einem besonderen Gipfeltreffen zwangsläufig der Fall sein werde." Der amerikanische NATO-Botschafter Bruce habe hervorgehoben, „daß die Sowjetunion im Zusammenhang mit der Phase III eine groß angelegte Kampagne in der Öffentlichkeit führen werde; ein westlicher Gipfel könne dazu beitragen, die Bedeutung einer dritten Phase der KSZE in der richtigen Proportion für das Gesamtkonzept der Entspannungspolitik zu sehen." Der französische NATO-Botschafter de Tricornot de Rose habe sich sehr zurückhaltend geäußert und die Frage aufgeworfen, „ob nicht grundsätzlich die Nachteile eines solchen Gipfels eindeutig überwiegen. Ein westliches Gipfeltreffen werde die Bedeutung einer dritten Phase der KSZE auf höchster Ebene verstärken. Man müsse fragen, was auf einem solchen westlichen Gipfeltreffen eigentlich entschieden werden solle. Ein Gipfel könne kaum zu dem Ergebnis kommen, daß die Resultate der KSZE unbefriedigend seien, weil man sich damit selbst ins Unrecht setze. Wenn man jedoch herausstelle, wie gut die Ergebnisse der KSZE seien, trage man zu einer möglichen Entspannungseuphorie bei. [...] Außerdem sei mit ziemlicher Sicherheit damit zu rechnen, daß der Warschauer Pakt ein westliches Gipfeltreffen mit einem Treffen des Warschauer Pakts auf höchster Ebene beantworten werde. Dadurch verstärkte sich die Gefahr, daß der Westen in den Augen der Öffentlichkeit als der verlierende Teil bei der KSZE erscheine." Vgl. VS-Bd. 9938 (202); B 150, Aktenkopien 1975.

lage zustande komme. Im Kommuniqué werde man sich aber auf jeden Fall auf den Bereich der Zuständigkeit des Bündnisses beschränken müssen. Wenn man dabei keine konkreten Beiträge zur Verbesserung der Lage des Bündnisses erziele, könnten sich die inneren Schwierigkeiten des Bündnisses verstärken.

4) Auch der griechische Ständige Vertreter äußerte sich sehr skeptisch zu einem Gipfeltreffen. Das Bündnis sei im Innern mit schwierigen Problemen konfrontiert. Ein Kommuniqué müsse konkrete Anhaltspunkte für eine Lösung dieser Schwierigkeiten bieten. Auf der anderen Seite wolle er nicht verkennen, daß im Rahmen der Ost-West-Beziehungen, insbesondere bei MBFR und anderen Abrüstungsverhandlungen, Themen zur Diskussion stünden, die eine Erörterung auf höchster Ebene verdienten.

5) In einer temperamentvollen Stellungnahme brachte der amerikanische Ständige Vertreter seine Überzeugung zum Ausdruck, daß die Staats- bzw. Regierungschefs der 15 Bündnispartner in der Lage sein müßten, bei einem Zusammentreffen eine substantiale Diskussion zu führen. Er neige zu der Ansicht, daß man die Bedeutung der KSZE nicht überbewerten dürfe. Bedeutendere Konsultationsthemen seien z. B. SALT und MBFR.

6) Der kanadische Ständige Vertreter setzte sich erneut für einen klaren Zusammenhang zwischen einem NATO-Gipfeltreffen und der Schlußphase der KSZE ein. Deshalb sei die Verbindung eines Gipfeltreffens mit der für Ende Mai geplanten NATO-Ministerkonferenz untunlich; denn dadurch werde man weitere Fortschritte bei den KSZE-Verhandlungen in Genf nach dem NATO-Gipfel praktisch unmöglich machen.

7) Der niederländische und der italienische Ständige Vertreter hoben die bereits erwähnten Probleme eines Gipfeltreffens hervor und betonten die Notwendigkeit einer sorgfältigen Abwägung der Vor- und Nachteile.

8) Ich habe unter Bezugnahme auf die Ausführungen des amerikanischen und belgischen Ständigen Vertreters nur kurz Stellung genommen und als meine Auffassung vertreten, daß die Öffentlichkeit in der gegenwärtigen Weltlage ein Zusammentreffen des Bündnisses auf höchster Ebene erwarte.[16]

[gez.] Krapf

VS-Bd. 8116 (201)

[16] Am 15. April 1975 äußerte Ministerialdirektor van Well gegenüber der Ständigen Vertretung bei der NATO in Brüssel zu einer Konferenz der Staats- und Regierungschefs der NATO-Mitgliedstaaten, auch die Bundesregierung sehe „gewisse Probleme (keine herausragenden konkreten Ergebnisse, Schwierigkeiten mit Kommuniqué, ungesicherte Teilnahme aller Regierungschefs)". Sie meine aber, daß es ungünstig wäre, wenn das Gipfeltreffen nicht stattfände. Nach Ansicht der Bundesregierung „sollte man versuchen, das Gipfeltreffen auf folgende Thematik zu konzentrieren: ‚Tour d'horizon' zur Weltlage, soweit sie Rückwirkungen auf das Bündnis hat. Schärfen gegen die USA wegen ihrer fernöstlichen Politik müssen vermieden werden. Wir wollen ganz im Gegenteil die Situation des Bündnisses von der fernöstlichen absetzen und uns gerade jetzt ostentativ an die Seite unseres Hauptverbündeten stellen; Besprechung der Lage innerhalb des Bündnisses mit dem Ziel, Kohäsion zu verbessern; Stand der Ost-West-Beziehungen (SALT, MBFR, KSZE); Wirtschaft und Verteidigung."
Vgl. den Drahterlaß Nr. 1544; VS-Bd. 14063 (010); B 150, Aktenkopien 1975.
Botschafter Krapf, Brüssel (NATO), faßte am 16. April 1975 Erörterungen der NATO-Botschafter während eines Arbeitsessens am 15. April 1975 und während der Sitzung des Ständigen NATO-Rats am 16. April 1975 zusammen: „Es zeichnet sich ein Konsens darüber ab, daß am 29./30. Mai 1975 in Brüssel eine NATO-Konferenz unter Teilnahme von Staats- und Regierungschefs stattfin-

75

Bundeskanzler Schmidt an den amerikanischen Außenminister Kissinger

Geheim   **10. April 1975**[1]

Lieber Henry,

am 21. März habe ich mit Präsident Ford telefoniert[2], um ihm meine Sorgen über die Entwicklung in Portugal mitzuteilen. Sie waren damals noch im Nahen Osten[3]. Ich habe kurz darauf einen Urlaub angetreten, zu dem mir mein Arzt dringend geraten hatte.

Nachdem ich jetzt meine Arbeit in Bonn wieder voll aufgenommen habe, möchte ich auch Ihnen noch ein Wort zu Portugal sagen.

Seit meiner Initiative gegenüber Ihrem Präsidenten, Präsident Giscard d'Estaing, Premierminister Wilson und dem sowjetischen Geschäftsträger in Bonn[4] sind drei Wochen vergangen. Die inzwischen abgeschlossene Regierungsbildung in Lissabon[5] hat noch nicht alle Befürchtungen bestätigt, ist aber ein deutliches Zeichen dafür, daß die Situation sich ständig verschlechtert. Ich bin der Meinung, daß wir, d. h. die Staaten des Atlantischen Bündnisses, dem gegenüber nicht untätig bleiben können.

Die Demarchen des amerikanischen[6], britischen[7], belgischen, niederländischen[8]

Fortsetzung Fußnote von Seite 354

det. [...] Zur Motivation des Gipfeltreffens bestand weitgehend Einigkeit darüber, daß die Vorbereitung des Schlußphase der KSZE nicht im Mittelpunkt des Treffens stehen solle. Nach der Meinung der Mehrheit sollen Hauptgesprächsthemen die Lage im Bündnis, die Entwicklung der internationalen Lage und ihre Auswirkungen auf das Bündnis sein. [...] Eine große Mehrheit befürwortete ein sehr kurzes, gut vorbereitetes Kommuniqué zum Abschluß des Gipfeltreffens. Eine besondere feierliche Erklärung oder eine bloße Wiederholung der Erklärung von Ottawa wurde nahezu einhellig abgelehnt." Vgl. den Drahtbericht Nr. 528; VS-Bd. 8116 (201); B 150, Aktenkopien 1975.

[1] Durchdruck.
Zu dem Schreiben vermerkte Bundesminister Genscher bereits am 9. April 1975 für Staatssekretär Gehlhoff: „Bundeskanzler gab mir einen im Kanzleramt entworfenen Brief zur Kenntnis, den er an Außenminister Kissinger senden will mit der Bitte, über den Inhalt auch den Präsidenten zu unterrichten. Über die Tatsache des Briefes und den Inhalt im allgemeinen soll auch unser Botschafter in Washington unterrichtet werden." Vgl. VS-Bd. 9947 (203); B 150, Aktenkopien 1975.

[2] Zu den Telefongesprächen des Bundeskanzlers Schmidt mit Präsident Ford und Premierminister Wilson am 21. März 1975 vgl. Dok. 55, Anm. 3.

[3] Der amerikanische Außenminister Kissinger besuchte im Rahmen seiner Nahost-Reise vom 8. bis 23. März 1975 Israel, Ägypten, die Türkei, Syrien, Jordanien und Saudi-Arabien. Zum Abbruch seiner Bemühungen um eine Vermittlung im Nahost-Konflikt vgl. Dok. 62, Anm. 11.

[4] Zum Gespräch des Bundeskanzlers Schmidt mit dem sowjetischen Gesandten Tokowinin am 21. März 1975 vgl. Dok. 55, Anm. 10.

[5] Am 26. März 1975 vereidigte Präsident Costa Gomes eine neue Provisorische Regierung, der acht Offiziere und 13 Zivilisten angehörten. Neuer Außenminister wurde Ernesto Melo Antunes. Der bisherige Außenminister Soares blieb als Minister ohne Geschäftsbereich im Kabinett.

[6] Zur amerikanischen Demarche, die von Botschafter Carlucci am 25. März 1975 bei Präsident Costa Gomes ausgeführt wurde, vgl. Dok. 60, Anm. 4.

[7] Botschafter von Hase, London, informierte am 24. März 1975 über ein Gespräch mit dem Staatssekretär im britischen Außenministerium, Brimelow, vom selben Tag. Dieser habe mitgeteilt, der britische Botschafter in Lissabon, Trench, beauftragt worden sei, „am 24.3. portugiesischen Präsidenten oder Premierminister aufzusuchen und dort auf der Grundlage folgender Gedanken vor-

und deutschen Botschafters[9] bei Präsident Gomes waren gewiß nützlich, um unser Interesse an der Entwicklung demokratisch legitimierter Institutionen zu unterstreichen. Andererseits überschätze ich nicht die Wirkung solcher Aktionen. Zudem kann man sie nicht beliebig wiederholen.

Mir scheint es wichtig, daß wir eine Reihe von Maßnahmen, die man jetzt ergreifen kann, in die Tat umsetzen und daß wir uns außerdem darüber klarwerden, was wir tun wollen, falls es zu einer kommunistischen Machtübernahme in Portugal oder zu einer deutlich erkennbaren Entwicklung in dieser Richtung kommen sollte.

Für die Bundesrepublik gibt es zur Zeit drei Wege, auf denen sie die Demokratie in Portugal zu stärken versucht:

– Über die politischen Parteien und die von ihnen getragenen Stiftungen werden Mittel zur direkten Unterstützung der entsprechenden portugiesischen Parteien geleitet,
– in einem bilateralen Unterstützungsprogramm von Regierung zu Regierung werden u. a. Rüstungsaufträge und Kapitalhilfe nach Portugal vergeben[10],
– im multilateralen Bereich bemüht sich die Bundesregierung um mehr Entgegenkommen seitens der Europäischen Gemeinschaft gegenüber den portugiesischen Wünschen[11].

Das Ziel ist, einen Zusammenbruch der portugiesischen Wirtschaft zu vermeiden, das Interesse der portugiesischen Junta an der Zusammenarbeit mit dem

Fortsetzung Fußnote von Seite 355
stellig zu werden: Die April-Ereignisse in Portugal hätten in London Genugtuung ausgelöst. Inzwischen hätten sich aber Dinge ereignet, die mit einer demokratischen Entwicklung nicht mehr zu vereinbaren seien. Großbritannien sehe den bevorstehenden Wahlen mit großer Hoffnung entgegen, weil deren Abhaltung sehr wichtig für die Entwicklung demokratischer Verhältnisse in Portugal sei. Es komme jetzt darauf an, die Wahlen in Portugal in der richtigen Atmosphäre abzuhalten. Die Freunde Portugals würden sehr enttäuscht sein, wenn das Versprechen zur Wiederherstellung der Demokratie im Lande nicht erfüllt werden könnte." Vgl. den Drahtbericht Nr. 577; VS-Bd. 9947 (203); B 150, Aktenkopien 1975.

[8] Für die Demarchen des belgischen Botschafters Wéry und des niederländischen Botschafters de Waal vom 27. März 1975 vgl. VS-Bd. 9947 (203).

[9] Zur Demarche der Bundesregierung und ihrer Ausführung durch Botschafter Caspari, Lissabon, am 26. März 1975 vgl. Dok. 60, Anm. 9 und 10.

[10] Zur wirtschaftlichen Zusammenarbeit mit Portugal vgl. Dok. 66.
Am 10. April 1975 wurde in der Presse über einen Kabinettsbeschluß vom Vortag berichtet, wonach erst nach den Wahlen in Portugal über konkrete Hilfsmaßnahmen und auch über ihren Umfang entschieden werde. Im Gespräch sei allerdings ein Kapitalhilfekredit in Höhe von 70 Mio. DM. Vgl. dazu den Artikel „Hilfe für Portugal erst nach der Wahl?"; DIE WELT vom 10. April 1975, S. 3.

[11] Referat 410 führte am 2. April 1975 zum portugiesischen Wunsch nach wirtschaftlicher Unterstützung durch die Europäischen Gemeinschaften aus: „Aufgrund des Ratsbeschlusses vom 12.11.1974, mit Portugal über eine Neugestaltung der Beziehungen zu verhandeln, hat die portugiesische Regierung erstmals am 25./26.11.1974 im Gemischten Ausschuß EWG–Portugal ihre Wünsche an die Gemeinschaft konkretisiert. Die erbetenen Präzisierungen erfolgten jedoch nur zögernd, so daß die Meinungsbildung innerhalb der EG sich noch immer in der Anfangsphase befindet. Insbesondere steht die Stellungnahme der Kommission noch aus. [...] Portugal wünscht: finanzielle Hilfe über die Europäische Investitionsbank (EIB) (Größenordnung offen); günstigere handelspolitische Regelungen im Rahmen des bestehenden Freihandelsabkommens mit der EWG (gewerblicher und Agrarbereich): Mehr Schutzmöglichkeiten für die eigene Produktion, erleichterter Zugang zum EG-Markt; Konsolidierung und Verbesserung bestehender Regelungen für 1 Million portugiesischer Arbeitskräfte in der EG, einheitlich für die gesamte Gemeinschaft; industrielle Zusammenarbeit (noch nicht näher präzisiert). Daneben ist Portugal besonders an einer Übergangsregelung für die Portwein-Einfuhr in die Gemeinschaft interessiert." Vgl. Referat 203, Bd. 110242.

Westen wachzuhalten und die Moral der von den Radikalen bedrängten Demokraten zu stärken. Es würde mich beruhigen zu hören, welche entsprechenden Maßnahmen die USA durchführen oder planen.

Ungleich schwieriger zu beantworten ist die Frage nach unserer Haltung im Fall einer Machtübernahme der Kommunisten in Portugal. Wir stünden dann vor einer vergleichbaren Situation wie die sowjetische Führung 1968 angesichts der Entwicklung in der ČSSR.

Zwar kann man auf alle möglichen Unterschiede zwischen 1968 und 1975, zwischen Ost und West, zwischen der strategischen Bedeutung Portugals und der ČSSR usw. hinweisen. Für mich ist aber eine Überlegung entscheidend: Bleibt die Fortsetzung der Entspannungspolitik möglich, wenn erst einmal ein Stück aus dem westlichen Bündnissystem herausgebrochen worden ist? Werden nicht die Kräfte im Westen, die diese Entspannungspolitik schon immer als verderblich angesehen haben, ihr Ende erzwingen? Und werden die entsprechenden Kräfte im Osten nicht sagen, daß angesichts des Verfalls der NATO weitere Zugeständnisse der UdSSR an die USA in weltpolitischen Streitpunkten falsch wären?

Diese Sorgen bedrücken sicher nicht nur mich. Gerade den USA als der westlichen Führungsmacht würde im Ernstfall die Verantwortung für jede Maßnahme oder das Unterlassen jeder Maßnahme angelastet werden. Die Folgen eines unbedachten Verhaltens müßten wir alle tragen!

Ich bin mir klar darüber, daß der NATO-Rat nicht mehr und der Europäische Rat noch nicht geeignet ist, um derart delikate Fragen unter Verbündeten zu erörtern. Ich möchte mich deshalb zunächst einmal an Sie wenden mit den Fragen:
– Gibt es in Washington Überlegungen, die mir vertraulich mitgeteilt werden können?
– Auf welchem Wege, durch welche Persönlichkeiten und bei welcher Gelegenheit könnte ein Meinungsaustausch hierüber stattfinden?

Ich wäre Ihnen dankbar, wenn Sie den Inhalt dieses Briefes zusammen mit meinen besten Empfehlungen Präsident Ford mitteilen würden.

Unser Botschafter in Washington[12] ist über die Tatsache dieses Briefes unterrichtet, ohne seinen Inhalt im einzelnen zu kennen.[13]

[Schmidt]

VS-Bd. 9947 (203)

---

[12] Berndt von Staden.
[13] Für das Antwortschreiben des amerikanischen Außenministers Kissinger vom 12. April 1975 an Bundeskanzler Schmidt vgl. VS-Bd. 9947 (203).

76

Konferenz der Außenminister der EG-Mitgliedstaaten in Dublin

105-18.A/75 12./13. April 1975[1]

Aufzeichnung über die bei dem informellen Treffen der Außenminister in Dublin am 12. und 13. April geführten Gespräche

(Die Aufzeichnung ist weitgehend aus dem Gedächtnis niedergeschrieben, da es neben dem Flüster-Dolmetschen nicht möglich war, vollständige Notizen mitzuschreiben.)

Behandelte Themen:
- Haltung der Mitgliedstaaten zur Europäischen Union
Bericht von PM Tindemans über Stand seines Berichts;
- bestehende Strukturen und Entscheidungsprozesse der Gemeinschaft und ihre mögliche Verbesserung;
- Datum des nächsten Europäischen Rats;
- Verlauf der Pariser Öl-Konferenz;
- Bericht von AM Callaghan über britische Haltung vor Commonwealth-Konferenz in Jamaika;
- Naher Osten;
- Maghreb, Israel;
- Vietnam;
- Portugal und Spanien;
- simultan ausgestrahltes Fernsehprogramm der Gemeinschaft.

Bericht von PM Tindemans[2]:

PM *Tindemans* erläuterte zunächst sein Arbeitsprogramm: In der ersten Jahreshälfte 1975 werde er die Meinungen der Regierungen und der verschiedenen Gruppierungen und Kreise innerhalb der Mitgliedstaaten über allgemeine

---

[1] Die Aufzeichnung wurde von Vortragender Legationsrätin Siebourg am 14. April 1975 gefertigt und am 15. April 1975 an das Ministerbüro weitergeleitet.
Hat Bundesminister Genscher am 4. Mai 1975 vorgelegen. Vgl. dazu den Begleitvermerk; Referat 010, Bd. 178582.
[2] In Ziffer 13 des Kommuniqués der Gipfelkonferenz der EG-Mitgliedstaaten am 9./10. Dezember 1974 in Paris erklärten die Staats- und Regierungschefs, sie hielten es „für zweckmäßig, daß sich die Neun so bald wie möglich über eine Gesamtkonzeption der Europäischen Union einigen. In diesem Zusammenhang unterstreichen sie im Einklang mit den Forderungen der Pariser Konferenz der Staats- und Regierungschefs vom Oktober 1972 die Bedeutung, die sie den Berichten der Organe der Gemeinschaft beimessen. Sie bitten das Europäische Parlament, die Kommission und den Gerichtshof, ihre Berichte bereits vor Ablauf des ersten Halbjahres 1975 vorzulegen. Sie sind übereingekommen, den Premierminister des Königreichs Belgien, Herrn Tindemans, zu beauftragen, den Regierungschefs auf der Grundlage der Berichte der Organe sowie der Konsultationen, die er mit den Regierungen und den repräsentativen Kreisen der öffentlichen Meinung in der Gemeinschaft führen wird, vor Ende 1975 einen zusammenfassenden Bericht vorzulegen." Vgl. EUROPA-ARCHIV 1975, D 43.
Vgl. dazu auch AAPD 1974, II, Dok. 369.

Zielvorstellungen und praktischen Inhalt der Europäischen Union einholen. Erste Kontakte seien in allen neun Ländern aufgenommen.

Seinen Aufenthalt in Irland habe er am Vortage genutzt, hier bereits Gespräche zu führen (Vertreter der Parteien, der Gewerkschaften, der Studentenorganisationen, der Arbeitgeber etc.).

Alle Gesprächspartner (mit der einzigen Ausnahme der Studentenvertreter) hätten sich positiv zur Idee der Europäischen Union geäußert. Jedoch, zu seinem großen Erstaunen, hätten alle diese Gesprächspartner übereinstimmend erklärt, der institutionelle Rahmen für die Zukunft erscheine ihnen mehr oder minder nebensächlich, wesentlich sei vielmehr, daß man sofort in praxi zu gemeinsamen Politiken gelange.

Der *dänische Außenminister*[3] erklärte, für sein Land gelte offensichtlich dasselbe wie für Irland: Im dänischen Volk bestünden Empfindlichkeiten gegenüber dem Gedanken der Supranationalität und der Erweiterung der Zuständigkeiten von EG-Institutionen; jedoch wünsche man Fortschritte beim Herausarbeiten und Verfolgen gemeinsamer Politiken. Wenn Dänemark Änderungen der bestehenden Verträge[4] anstrebe, so eben unter dem Ziel, in dem einen oder anderen Bereich zu einer gemeinsamen Politik kommen zu können.

Der *niederländische Außenminister*[5] erläuterte, innerhalb der Regierung sei die Meinungsbildung nicht abgeschlossen. Das Volk wolle die Europäische Union, wenngleich der Enthusiasmus in der gegenwärtig erlebten Desintegrationsphase zu erlahmen beginne. Eine besondere Gefahr sehe er darin, daß die „großen" Mitgliedstaaten die Tendenz zeigen könnten, Probleme unter sich zu erörtern und den „Kleinen" dann lediglich die Beschlüsse vorzulegen. Ein solches Verhalten wäre unbedingt das Ende der Europäischen Union. Möglicherweise sei man 1972 zu ehrgeizig in den Zielsetzungen gewesen[6], grundsätzlich aber müsse man, gerade angesichts gegenwärtiger Probleme, am Ziel einer Union festhalten. Dabei sei es realistischer, zunächst den Bereich der Außenpolitik und erst danach die Verteidigungspolitik einzubeziehen. Um das Interesse der

---

3 Knud Børge Andersen.
4 Für den Wortlaut der Römischen Verträge vom 25. März 1957 vgl. BUNDESGESETZBLATT 1957, Teil II, S. 753–1223.
5 Max van der Stoel.
6 Auf der Gipfelkonferenz der EG-Mitgliedstaaten und -Beitrittsstaaten am 19./20. Oktober 1972 in Paris trafen die Staats- und Regierungschefs Maßnahmen zur Vertiefung der europäischen Integration. Sie einigten sich u. a. auf die Gründung eines Fonds für währungspolitische Zusammenarbeit und die Errichtung eines europäischen Regionalfonds, die ihre Tätigkeit im folgenden Jahr aufnehmen sollten. Ferner sprachen sie sich für eine Intensivierung der Europäischen Politischen Zusammenarbeit aus und beauftragten die Außenminister mit der Erstellung eines „Zweiten Luxemburger Berichts" über Maßnahmen zur weiteren Fortentwicklung dieser Zusammenarbeit". Schließlich gaben sie die Erarbeitung von Programmen für ein gemeinsames Vorgehen in den Bereichen Sozial-, Industrie-, Technologie- und Wissenschaftspolitik in Auftrag. In Ziffer 16 ihrer Erklärung setzten sie sich als Ziel, „vor dem Ende dieses Jahrzehnts in absoluter Einhaltung der bereits geschlossenen Verträge die Gesamtheit der Beziehungen der Mitgliedstaaten in eine Europäische Union umzuwandeln". Vgl. die „Erklärung der Konferenz der Staats- bzw. Regierungschefs der Mitgliedstaaten der erweiterten Europäischen Gemeinschaften in Paris am 19. und 20. Oktober 1972"; EUROPA-ARCHIV 1972, D 502–508. Vgl. dazu auch AAPD 1972, III, Dok. 344.

Bevölkerung lebendig zu erhalten, müßten konkrete Resultate (z. B. Paßunion[7]) vorgewiesen werden.

Präsident *Ortoli* kündigte an, die Kommission werde in Kürze einen Bericht über ihre Vorstellungen von einer Union vorlegen. Dieser werde drei Hauptpunkte umfassen: die Erweiterung der Zuständigkeiten, die Schaffung angemessener Institutionen, die Etappen des Weges zu diesen Zielen.[8]

Der *dänische Außenminister* hielt dagegen, da die USA eine aktive Rolle in der Verteidigung und für die Sicherheit Europas zu spielen hätten, sei es weder angebracht noch realistisch, von einer „Europäischen Verteidigungspolitik" zu sprechen. Ebenso sehe er im Falle der Schaffung einer gemeinsamen Außenpolitik die Gefahr, daß die „Kleinen" gezwungen würden, die Linie der „Großen" zu akzeptieren. Dem würde Dänemark nicht zustimmen können. Anstatt den Eindruck zu erwecken, es solle eine supranationale Struktur geschaffen werden, sollten lieber verstärkte Bemühungen um konkreten Fortschritt in spezifischen Bereichen einsetzen.

Bundesminister erläuterte, daß die Schaffung einer gemeinsamen europäischen Verteidigungspolitik und die Rolle der USA in der Verteidigung Europas keinen Gegensatz darstellten. Ferner sei Fortschritt in Europa undenkbar, ohne daß man entsprechenden Institutionen die angemessene Autorität verleihe. Vielmehr sei andernfalls die Gefahr weitergehender Desintegration gegeben.

Der *italienische Außenminister* erklärte, Europa spiele derzeit in der Welt eine sehr geringe Rolle. Nur ein einiges Europa könne die ihm zukommende Rolle voll übernehmen. Hierfür sei es notwendig, klare Vorstellungen zu entwickeln, wie eine solche Union aussehen solle, welche Institutionen, welche Befugnisse, welche Wege angestrebt werden. Über diese Vision der Zukunft dürfe man die Völker nicht im unklaren lassen, sondern müsse sie voll ins Bild setzen. Geschehe all dies nicht, so sei weitere Desintegration selbst des Bestehenden unausweichlich.

AM *Callaghan* erklärte, offensichtlich müsse zwischen zwei Gruppen von Mitgliedstaaten unterschieden werden – den „alten" und den „neuen". Für das britische Volk gelte, daß, wenn die von den Vorrednern dargelegten Standpunkte tatsächlich das Ziel der Gemeinschaft seien, im Referendum[9] negativ gestimmt werden würde. Im Gegensatz zu AM Rumors Meinung könne er das hier Gesagte dem britischen Volk sicherlich nicht zur Kenntnis bringen. Es jedoch verbergen zu müssen, vermittle ihm Unbehagen. Überdies halte auch er persönlich es nicht für sinnvoll, den nationalen Staat, eine Struktur, die sich in 200 Jahren bewährt habe, nun zu zerschlagen. Ohnehin gehe die westliche Demo-

---

[7] Vgl. dazu Ziffer 10 des Kommuniqués der Gipfelkonferenz der EG-Mitgliedstaaten am 9./10. Dezember 1974 in Paris; Dok. 54, Anm. 14.

[8] Der Bericht der EG-Kommission über die Europäische Union wurde am 25. Juni 1975 dem amtierenden Präsidenten des Europäischen Rats, Cosgrave, vorgelegt. Für den Wortlaut vgl. BULLETIN DER EG, Beilage 5/75.

[9] Zum britischen Wunsch nach Neuregelung der Bedingungen für die EG-Mitgliedschaft und zur Ankündigung eines Referendums vgl. Dok. 33, Anm. 6, und Dok. 37, Anm. 19.
Nach der Debatte im britischen Unterhaus vom 7. bis 9. April 1975 über das Ergebnis der Neuverhandlungen mit den Europäischen Gemeinschaften wurde das Referendum auf den 5. Juni 1975 anberaumt. Vgl. dazu EUROPA-ARCHIV 1975, Z 68 f.

kratie gegenwärtig durch eine schwierige Phase. Eine weitere Zentralisierung der Entscheidungsgremien, eine Entfernung des Entscheidungszentrums von London, werde die Demokratie keineswegs stärken, müsse sie vielmehr ein weiteres Mal schwächen und gefährden. Somit halte er es für äußerst unangebracht, einen Bericht auszuarbeiten (Tindemans-Bericht), der dann am Ende Mangel an Übereinstimmung aufweise. Die Auswirkung müsse zu einer um vieles schlechteren Situation führen, im Vergleich zur heutigen Lage.

Ferner könne er AM Rumor nicht zustimmen, Europa sei gegenwärtig in der Weltpolitik unbedeutend. Ganz im Gegenteil werde Europa sehr umworben (Zypernfrage, Rolle in VN, Naher Osten), und weder die SU noch die USA hielten es für unbedeutend.

Er stimme ferner dem dänischen Kollegen zu: Es sei nicht angebracht, gegenüber den USA die Rolle Europas in der eigenen Verteidigung herauszustreichen, wenn doch die Präsenz und eine zentrale Funktion Amerikas hier unerläßlich seien.

Im Gegensatz zu Herrn Tindemans sei er keineswegs erstaunt über die Äußerungen der zur Europäischen Union befragten irischen Gesprächspartner. Er pflichte diesen Personen bei, es sei an der Zeit, Vorschläge zu konkreten Möglichkeiten zu machen, z.B. zu gemeinsamem Vorgehen im Bereich der Energiefragen.

Bestehende Uneinigkeiten würden nicht durch Aufpfropfung einer supranationalen Struktur aus dem Wege geräumt werden. Nebenbei: England habe heute schon genügend Probleme innerhalb der bestehenden nationalen Struktur. Schottland strebe größere Unabhängigkeit an, denn das Nordseeöl finde sich in schottischen Gewässern.

AM *Thorn* rief in Erinnerung, daß Präsident Pompidou auf dem Pariser Gipfel 1972 den Begriff „Europäische Union" geprägt habe[10], wobei er selbst seinerzeit zugab, nicht zu wissen, was Inhalt dieses Begriffes sei, vielmehr sei es nach Vorstellung Pompidous Aufgabe der Gemeinschaft gewesen, diesen Begriff zu füllen und zu präzisieren. Wenn man damals das Jahr 1980 als Ziel gesetzt habe, so hauptsächlich, um einen festen Zielpunkt vor Augen zu haben, nicht weil man damals davon ausgegangen sei, das Ziel werde zu diesem Zeitpunkt unter allen Umständen erreicht sein.

Heute hätten diese Gedanken unverändert ihre Gültigkeit. Europa ohne Einbeziehung weiterer Bereiche der Politik, ohne erweiterte Institutionen, ohne Autorität, ohne feste Zielvorstellungen sei undenkbar, und das bisher Erreichte würde weiterer Desintegration anheimfallen.

AM *Callaghan* entgegnete, nach diesen flammenden Worten sei er bestürzter als zuvor und stelle sich die bedrängende Frage, ob er das britische Volk zwangsläufig über die Ziele der Gemeinschaft täuschen müsse. Denn die hier vorgebrachten Vorstellungen würden vom britischen Volk abgelehnt werden,

---

[10] Staatspräsident Pompidou führte am 19. Oktober 1972 auf der Gipfelkonferenz der EG-Mitgliedstaaten und -Beitrittsstaaten in Paris aus: „Puisse le fait que vous êtes tous réunis aujourd'hui à Paris, constituer en lui-même un signe et un encouragement pour ceux qui, comme moi, croient à la nécessité de construire au cours de la présente décennie, une Union européenne décidée à assumer son destin." Vgl. LA POLITIQUE ETRANGÈRE 1972, II, S. 108.

überdies habe England den Römischen Vertrag und nichts Weitergehendes unterzeichnet. Andererseits müsse das Referendum aber nun wie angesetzt abgehalten werden. Er sehe sich und Großbritannien in einem Dilemma.
(An dieser Stelle fehlen Äußerungen des belgischen Außenministers[11].) Der britische Außenminister fuhr fort:
Man könne nicht zunächst einen Rahmen abstecken und den lebendigen Körper dann da hineinpassen wollen. Dem hier Gesagten würde das britische Volk entgegenhalten, es möge wohl sein, daß die Entwicklung auf eine Union hin sich am Ende natürlicherweise entwickle, aber zunächst müßten jetzt konkrete Ansätze sichtbar werden, müßten konkrete und praktische Dinge miteinander unternommen werden.
Nach erneuter Äußerung des Herrn Bundesaußenministers erklärte AM *FitzGerald*: Nach den Darlegungen von PM Tindemans seien die Reaktionen der irischen Gesprächspartner offensichtlich recht positiv ausgefallen. Andererseits gebe es die bekannten Empfindlichkeiten auf britischer und dänischer Seite. Wenn in den vergangenen drei Jahren weniger Fortschritt erzielt worden sei, so könne dies jedoch nicht insgesamt Großbritannien angelastet werden. Die Öffentlichkeit neige dazu, Meinungsunterschiede besonders stark zu beobachten und zu empfinden. Desintegration trete aber unweigerlich auf, sobald man an ihre Existenz glaube. Infolgedessen sei es wichtig, die Öffentlichkeit besser zu informieren, echte Öffentlichkeitsarbeit für die Gemeinschaft zu betreiben.
Er teile die Auffassung einiger Vorredner, daß Europa zur Zeit keine effiziente Rolle in der Welt spiele. Eine Rolle zu spielen, setze aber den Willen dazu voraus. Es sei ein gewisses Vakuum entstanden, weil es das alte Europa nicht mehr gebe, das neue noch nicht geschaffen sei. Ebenfalls sei die demokratische Kontrolle im europäischen Bereich von hoher Bedeutung. Würde sie hergestellt, so ergebe sich zwangsläufig ein weiteres Stück Integration und damit einhergehend eine Stärkung der britischen Rolle im Gesamtverband.
AM *Callaghan* warf die Frage ein, warum man die Interessen der Gemeinschaft nicht mit denen aus dem Verband des Commonwealth vereinigen wolle. Die bevorstehende Konferenz der Commonwealth-Regierungschefs in Jamaika[12] sei ein weiteres Feld für mögliche gemeinsame Aktion der Neun in ihren Beziehungen zur Dritten Welt.
Präsident *Ortoli* führte aus, mehrfach sei die Gefahr einer Entmutigung der Öffentlichkeit hervorgehoben worden. Er habe schon oben dargelegt, daß seines Erachtens ohne die klare Sicht von der zu schaffenden Union das Ziel Europa nicht zu erreichen sei. Andere seien umgekehrt der Meinung, es gelte zunächst konkret, pragmatisch vorzugehen. Dem stimme er insofern zu, als zweifelsohne noch breiter Raum für die Koordinierung spezifischer Politiken und Maßnahmen frei sei (z. B. Beziehungen zu Kanada, Iran, Sowjetunion, COMECON, Vorgehen im Bereich KSZE, Handelspolitik).

---

11 Renaat van Elslande.
12 Die Konferenz der Regierungschefs der Commonwealth-Staaten fand vom 29. April bis 6. Mai 1975 in Kingston statt.

Er wolle hier erneut betonen: Beides sei notwendig und simultan möglich: die konkrete und praktische Aktion und die Erarbeitung einer klaren Vorstellung und Zielsetzung der Europäischen Union.

Der *irische Außenminister* unterstützte diese Vorstellung und meinte, das wohlverstandene eigene Interesse der Neun weise ohnehin den Weg zur Zusammenarbeit in weiteren Bereichen.

Der *dänische Europaminister*[13] wies darauf hin, daß Vereinbarungen des Römischen Vertrages und im Bereich der Handelspolitik oft genug unter dem Deckmantel der bilateralen Zusammenarbeit umgangen würden. Er würde es begrüßen, wenn man sich zunächst einmal um Erfüllung der eingegangenen Verpflichtungen und Abkommen bemühe. Als nächster Schritt könne gemeinsames Vorgehen in neuen Bereichen, z.B. Energiesektor, folgen. Über die Energiefragen müsse derzeit in der Gemeinschaft doch nur deswegen diskutiert werden, weil bedauerlicherweise noch kein gemeinsamer Energiemarkt existiere.

Bestehende Strukturen und Entscheidungsprozesse der Gemeinschaft und ihre mögliche Verbesserung:

Alle Anwesenden erklärten ihre Unzufriedenheit mit der gegenwärtigen Situation, deren Mängel zusammenfassend in folgenden Punkten gesehen wurden:

- Allzu häufig vertreten Minister oder Beamte ein- und derselben Regierung unterschiedliche Positionen. Eine eindeutige Vorklärung und Koordinierung in den nationalen Gremien sei unerläßlich, wobei gleichzeitig eine zu starke Vorklärung der nationalen Position die Gefahr der Inflexibilität in der eigentlichen Verhandlung in sich berge.
- Die Außenminister könnten zwar sicherlich nicht alle Arbeiten an sich ziehen, müßten aber doch jedenfalls die ihnen zukommende letzte Entscheidungsbefugnis und die Vorrangigkeit des Außenministerrats wahren.
- Die Ständigen Vertreter müßten Vertreter ihrer Regierungen, nicht lediglich der Außenministerien sein. Sie müßten überdies auch in Fachfragen besser von ihren heimischen Regierungen vorinformiert werden, um den Rat weitergehend entlasten zu können.
- Wenngleich die Beauftragung von „Europa-Staatssekretären" in Kabinettsministerrang bereits früher abgelehnt worden sei[14], müßten doch die Vorteile, die mit diesem Verfahren erzielt worden wären, auf nunmehr anderen Wegen erreicht werden können.
- Wie bereits früher ab und an praktiziert, könnten sich die Außenminister von Fachministern, insbesondere den Finanzministern, je nach Tagesordnung begleiten lassen, um zügige und sinnvolle Beschlußfassung zu ermöglichen. Jedoch sei es nicht angebracht, eine solche Begleitung durch Fachmi-

---

13 Ivar Nørgaard.
14 Bundesminister Scheel schlug auf der EG-Ministerratstagung am 1. März 1971 in Brüssel vor, die Ständigen Vertreter bei den Europäischen Gemeinschaften in den Rang von Regierungsmitgliedern zu erheben. Gedacht wurde dabei an die Ernennung zu Staatssekretären. Vgl. dazu AAPD 1971, I, Dok. 79 und Dok. 111.
Der Vorschlag fand auf der Gipfelkonferenz der EG-Mitgliedstaaten und -Beitrittsstaaten am 19./20. Oktober 1972 in Paris keine Zustimmung. Vgl. dazu AAPD 1972, III, Dok. 344.

nister zur ständigen Einrichtung zu machen, die Entscheidung müsse den Außenministern jeweils ad hoc anheim gegeben sein.

Es wurde beschlossen, daß der irische Außenminister in Zusammenarbeit mit Präsident Ortoli ein Papier über mögliche Verbesserung der Strukturen anhand obiger Anregungen ausarbeiten werde.

Datum des nächsten Europäischen Rats:

Vorsorglich wurden der 16. und 17. Juli als mögliche Daten festgehalten.[15]

Verlauf der Pariser Öl-Konferenz[16]:

AM *Sauvagnargues* (der nur am 13. April, also ab diesem TOP, an den Gesprächen teilnahm) berichtete über die auf der Öl-Konferenz aufgetretenen Schwierigkeiten.

Nach kurzem Meinungsaustausch wurde beschlossen, der Delegation der Gemeinschaft die Weisung zukommen zu lassen, sie möge gemeinsam mit den USA und Japan in dem Bemühen um Einigung auf eine gemeinsame Position fortfahren.

Zur Frage der individuellen Vertretung Großbritanniens erklärte AM *Callaghan*, er könne nicht um der Gemeinschafts-Solidarität willen die britische Position aufgeben, zumal dann nicht, wenn es bislang kein ausgearbeitetes Mandat für die Gemeinschaftsvertretung gebe; und ein Gemeinschaftsmandat werde es nicht geben, es sei denn, eine gewisse Individual-Vertretung werde zugestanden. Einem Mandat, für das er keine Kabinetts-Zustimmung habe, könne er ohnehin nicht zustimmen.

AM *Sauvagnargues* wies auf die Verantwortung hin, die Großbritannien mit Einnahme dieser Sonderhaltung auf sich nehme.

Konferenz der Commonwealth-Regierungschefs in Kingston, Jamaika, ab 26. April 1975:

AM *Callaghan* erklärte, das Konzept Großbritanniens im Hinblick auf diese Konferenz sei, Konfrontation zu vermeiden oder abzubauen, die Energiefragen von den Rohstoff-Fragen womöglich zu trennen, einige der Commonwealth-Länder möglicherweise aus der Gruppe der 77 herauszulösen. Letzteres erscheine aussichtsreich, da sich manche ohnehin nur mangels einer Alternative an die algerische Linie angeschlossen hätten.[17] Insgesamt wolle GB aus der Defensive heraus und zu einer Initiative gelangen, wozu einige Vorstellungen entwickelt seien (z. B. Aushandlung neuer und Verbesserung bestehender Warenabkommen, Schaffung von „buffer-stocks", keine Indexierung u. ä.). Großbritannien verspreche sich von der Konferenz Auswirkungen auf die Gruppe der 77, möglicherweise sogar auf den Gang der Pariser Öl-Konferenz.[18]

---

15 Zur Tagung des Europäischen Rats am 16./17. Juli 1975 in Brüssel vgl. Dok. 209.
16 Zur Vorkonferenz der erdölproduzierenden und -verbrauchenden Staaten vom 7. bis 15. April 1975 in Paris vgl. Dok. 87.
17 Auf einer Konferenz der Außen-, Erdöl- und Finanzminister der OPEC-Staaten vom 24. bis 26. Januar 1975 in Algier sprachen sich die Teilnehmer für eine internationale Konferenz über Rohstoff-Probleme und Entwicklungsfragen aus. Vgl. dazu EUROPA-ARCHIV 1975, Z 36.
18 Botschafter Schmidt, Kingston, informierte am 3. Mai 1975 über einen von Premierminister Wilson auf der Konferenz der Regierungschefs der Commonwealth-Staaten vom 29. April bis 6. Mai 1975 entwickelten Sechs-Punkte-Plan: „1) Verbesserung des Informationsaustauschs über Angebot und

Die im einzelnen schon in konkreter Form vorliegenden Vorschläge zur möglichen Durchführung obiger Zielvorstellungen werde er sobald wie möglich, d. h. nach Beginn der Konferenz, den Partnern übermitteln.

Naher Osten

In folgenden Punkten bestand weitgehend Übereinstimmung der Auffassungen:

Nach Abbruch des step-by-step approach von AM Kissinger[19] sei für Europa weiterhin Aktionsraum weniger in einer Ersatzinitiative als vielmehr in der Aufnahme des Europäisch-Arabischen Dialogs zu suchen.

Das Augenmerk richte sich allgemein jetzt auf die Genfer Konferenz[20], jedoch sei es durchaus möglich, daß noch vor der Konferenz ein weiterer „step" vollzogen werde. Präsident Sadat habe eine sehr hilfreiche und positive Rolle gespielt, könne aus innenpolitischen Rücksichten jedoch in den öffentlichen Äußerungen nicht weitergehen als geschehen. An diesem Punkt müsse auf Israel eingewirkt werden, wozu der bevorstehende Besuch von AM Allon in Großbritannien[21] eine Gelegenheit biete. Israel müsse überdies das Gefühl der Isolierung genommen werden, das angesichts einer zugunsten der arabischen Seite umgeschlagenen öffentlichen Meinung in besonderem Maße verhängnisvoll werden könne.

Arafat scheine in der jüngeren Vergangenheit seine Haltung verhärtet zu haben. Die Palästinenser und Arafat müßten in die Verantwortung genommen und zu der Einsicht gebracht werden, daß Status der provisorischen Regierung und Terrorakte unvereinbar seien.

AM *Callaghan* betonte, die Mitwirkung zweier europäischer Staaten an der Genfer Konferenz sei ein Positivum. Die konkrete Einladung hierzu obliege jedoch den beiden Präsidialmächten, wenngleich man AM Kissinger zu gegebener Zeit hierauf ansprechen könne. Zur Zeit scheine niemand mit großer Eile nach Genf zu drängen.

Fortsetzung Fußnote von Seite 364
    Nachfragetendenzen. 2) Erarbeitung klarer Richtlinien für Anwendung von Import- und Exportrestriktionen. 3) Förderung von Produzenten-Verbraucher-Zusammenschlüssen. 4) Unterstützung der gemeinsamen Anstrengungen von Produzenten und Verbrauchern, Warenabkommen abzuschließen". Fünftens sollten Regulierungsmechanismen darauf abzielen, Marktpreise lohnend für Produzenten und Verbraucher zu gestalten und ein Gleichgewicht zwischen Produktion und Verbrauch herzustellen, und sechstens die „Errichtung eines Gesamtrahmens zur Stabilisierung der Exportgewinne aus Rohstoffen" angestrebt werden. Es gehe darum, „die unerträglichen Schwankungen der Weltpreise zu vermindern und die Einkommen der Entwicklungsländer aus Rohstoffexporten auf dem Hintergrund einer geordneten Expansion des Welthandels zu erhöhen". Die von den Entwicklungsländern vorgeschlagene Indexierung der Rohstoffpreise habe Wilson skeptisch beurteilt, „da Maßstäbe, verschiedene Arten und Wirkungen von Indexierungen noch nicht hinreichend geklärt" seien. Vgl. den Drahtbericht Nr. 20; Referat 204, Bd. 110363.
    Zur Behandlung der Wirtschaftsfragen vgl. besonders die Ziffern 27 bis 30 des Kommuniqués; EUROPA-ARCHIV 1975, D 499–501.
19 Zum Abbruch der Bemühungen des amerikanischen Außenministers Kissinger um eine Vermittlung im Nahost-Konflikt vgl. Dok. 62, Anm. 11.
20 Zur Friedenskonferenz für den Nahen Osten in Genf vgl. Dok. 23, Anm. 30.
    Am 1. April 1975 teilte der ägyptische Außenminister Fahmi mit, daß er die UdSSR und die USA gebeten habe, Schritte zur Wiedereinberufung der Friedenskonferenz einzuleiten. Auch Frankreich, Großbritannien und ein blockfreier Staat sollten teilnehmen. Vgl. dazu den Artikel „Ägypten dringt auf baldigen Beginn der Genfer Konferenz"; FRANKFURTER ALLGEMEINE ZEITUNG vom 3. April 1975, S. 1.
21 Der israelische Außenminister Allon hielt sich am 14. April 1975 in Großbritannien auf.

AM *Sauvagnargues* berichtete, daß Präsident Boumedienne anläßlich des französischen Algerienbesuchs[22] die notwendige Beteiligung der PLO von Anbeginn betont habe (schon aus Gründen der Auferlegung von Verantwortlichkeit). Frankreich dränge nicht, von Anbeginn an der Konferenz beteiligt zu werden, erst von einem gewissen Stadium der Arbeiten an sei in französischer Sicht die Teilnahme erforderlich.

Er ergänzte, die Sowjetunion nehme eine der westlichen durchaus verwandte Haltung ein.

Die Lage im Nahen Osten werde ab Juni erneut in eine Schwierigkeit geraten, weil dann eine erneute Verlängerung des Mandats der UNO-Truppen[23] nicht zu erwarten sei.

AM *Thorn* erklärte, die Rolle Europas liege in der übereinstimmenden Einwirkung auf die Nahost-Staaten.

Unter diesen Gesichtspunkten, so wurde übereinstimmend geäußert, könne AM FitzGerald bei seiner bevorstehenden Nahost-Reise[24] auch in seiner Eigenschaft als Ratspräsident auftreten.

Abkommen mit Maghreb einerseits, Israel andererseits:

Es bestand Einigkeit darüber, daß der Kompromiß in den Verhandlungen mit dem Maghreb[25] nunmehr möglich erscheine und daß es überdies tunlich sei, das Abkommen jetzt zum Abschluß zu bringen, da andernfalls eine Verschlechterung der Lage und Atmosphäre zu erwarten sei. Dieser Punkt solle in diesem Sinne bei der bevorstehenden Luxemburger Ratssitzung abgeschlossen werden.[26]

Daneben sei es dann geboten, das Abkommen mit Israel ebenfalls zum vorgesehenen Datum (5. Mai) zu unterzeichnen.[27]

---

[22] Staatspräsident Giscard d'Estaing besuchte Algerien vom 10. bis 12. April 1975.

[23] Zu den Mandaten für die UNO-Friedenstruppen in Ägypten und Syrien vgl. Dok. 37, Anm. 17.

[24] Der amtierende EG-Ratspräsident, FitzGerald, hielt sich vom 20. bis 24. Mai 1975 in Jordanien, Syrien, Libanon und Ägypten auf.

[25] Im Rahmen des Globalkonzepts für die Mittelmeerländer verhandelten die Europäischen Gemeinschaften seit 1973 mit Algerien, Marokko und Tunesien über den Abschluß eines Assoziierungsabkommens. Die jüngsten Verhandlungsrunden mit Tunesien vom 21. bis 23. März 1975 und Marokko am 24./25. März 1975 blieben ohne Ergebnis. Hierzu teilte Ministerialrat Abel, Brüssel (EG), am 26. März 1975 mit, Hauptgegenstand der Schwierigkeiten und Anlaß für Vertagungen der Verhandlungen sei „Forderung nach Verbesserung des Agrarangebots der Gemeinschaft. [...] Keine Annäherung gab es auch bei Forderung der Gemeinschaft nach befriedigender Regelung der Fischereirechte sowie nach Nichtdiskriminierung von Mitgliedstaaten, Unternehmen oder Einzelpersonen der Gemeinschaft im Handelsbereich (arabischer Boykott!) und bei Ursprungsregeln." Vgl. den Drahtbericht Nr. 1050; Referat 410, Bd. 114313.
Zu den Verhandlungen mit Algerien am 16./17. April 1975 vermerkte Botschafter Lebsanft, z. Z. Luxemburg: „Wie bereits bei Gesprächen mit Tunesien und Marokko endeten die Verhandlungen ohne endgültige Einigung und ohne die Vereinbarung eines neuen Termins. [...] Meinungsverschiedenheiten waren im wesentlichen gleiche wie die mit Tunesiern und Marokkanern." Vgl. den Drahtbericht Nr. 31; Referat 410, Bd. 114313.

[26] Auf der EG-Ministerratstagung am 14./15. April 1975 in Luxemburg wurde beschlossen, daß die Verhandlungen mit den Maghreb-Staaten fortgesetzt werden könnten. Vgl. dazu den Runderlaß Nr. 53 des Vortragenden Legationsrats Engels vom 18. April 1975; Referat 240, Bd. 102880.

[27] Zu den Verhandlungen zwischen den Europäischen Gemeinschaften und Israel über ein Abkommen zwischen der EWG und Israel im Rahmen des Globalkonzepts für die Mittelmeerländer vgl. Dok. 37, Anm. 4.
Das Abkommen wurde am 11. Mai 1975 in Brüssel unterzeichnet. Für den Wortlaut vgl. AMTSBLATT DER EUROPÄISCHEN GEMEINSCHAFTEN, Nr. L 136 vom 28. Mai 1975, S. 1–190.

Vietnam

Der *irische Außenminister* unterrichtete seine Kollegen über eine Botschaft von AM Kissinger. Der amerikanische Botschafter in Irland[28] habe bereits um Informierung über Verlauf der Dubliner Gespräche gebeten (Inhalt der Botschaft drei Punkte: Die Neun mögen Hanoi zur Einstellung der kriegerischen Aktionen auffordern, die Parteien zur Rückkehr zu den Pariser Abkommen[29] auffordern und verstärkte humanitäre Hilfe leisten.)

AM *Sauvagnargues* erklärte: Die Amerikaner hätten mit ihrer Indochina-Politik nun eindeutig Schiffbruch erlitten und verhielten sich in dieser Situation nicht nur emotional, sondern auch unüberlegt. So könne die Vorstellung, 100 000 bis 200 000 Südvietnamesen auf die Philippinen zu evakuieren, wohl unmöglich realisiert werden. Somit sei es Aufgabe der westlichen Verbündeten, die Amerikaner in einer Weise zu unterstützen, die ihnen letzten Gesichtsverlust erspare.

Einziger Ausweg aus der gegenwärtigen Katastrophe in Vietnam sei, eine politische Lösung in Saigon herbeizuführen. Dies würde zumindest auf einige Zeit die relative Eigenständigkeit des Rest-Südens wahren helfen. Politische Lösung aber heiße eindeutig Rücktritt von Präsident Thieu. An die Adresse Hanois könnten die Neun somit etwa erklären, wenn dort eine politische Lösung gewünscht werde, so setzte diese die Einstellung der Kriegshandlungen voraus. Im übrigen informiere er seine Kollegen hiermit darüber, daß die französische Regierung während des Staatsbesuchs in Algerien die Regierung Sihanouk (GRUNC) anerkannt habe.[30]

Während der französisch-amerikanischen Gespräche auf Martinique[31] habe Frankreich sich bemüht, die Zustimmung der USA dazu zu erwirken, die alsbaldige Rückkehr Sihanouks nach Phnom Penh zu ermöglichen. Dieses Unterfangen sei seinerzeit an der Ablehnung des Plans durch Sihanouk gescheitert.

AM *Callaghan* entgegnete, es werde schwerfallen, den Amerikanern ihre emotionale Verflechtung mit den Ereignissen unverblümt ausreden zu wollen.

Im übrigen enthalte das Pariser Abkommen sowohl Vereinbarungen, die durch die Ereignisse hinfällig gemacht worden seien, wie auch solche, die weiterhin Anwendung finden könnten.

Letzterem stimmte AM *Sauvagnargues* zu.

Es bestand Einigkeit darüber, daß die beiden ersten Punkte aus der Kissinger-Botschaft im weiteren Gespräch mit den USA geklärt werden müßten. Auch über die Interdependenz zwischen politischer Lösung und Einstellung der Kriegshandlungen bestand Einigkeit

---

28 John D. J. Moore.
29 Zu den Abkommen vom 27. Januar bzw. 2. März 1973 über die Beendigung des Kriegs und die Wiederherstellung des Friedens in Vietnam sowie zum Zusatzabkommen vom 13. Juni 1973 vgl. Dok. 14, Anm. 7 und 11, sowie Dok. 67, Anm. 1.
30 Frankreich erkannte die Königliche Regierung der Nationalen Einheit Kambodschas unter Norodom Sihanouk am 12. April 1975 an.
31 Präsident Ford und Staatspräsident Giscard d'Estaing trafen sich vom 14. bis 16. Dezember 1974 auf Martinique. Vgl. dazu Dok. 28, Anm. 11.

Präsident *Ortoli* kündigte an, die Kommission werde bei der bevorstehenden Luxemburger Tagung einen detaillierten Vorschlag zur humanitären Hilfe der Gemeinschaft unterbreiten. Es wurde beschlossen, hierüber in Luxemburg die Beschlußfassung herbeizuführen[32], zumal man hier in Dublin nicht als Rat tage und nicht beschlußfähig sei.

Überdies wurde beschlossen, daß die nationalen Maßnahmen humanitärer Hilfe koordiniert werden sollten, wozu ebenfalls einhellig die Meinung herrschte, alle Hilfsmaßnahmen sollten der gesamten vietnamesischen Bevölkerung zugute kommen, unabhängig davon, unter welchem Regime sie sich jeweils befinde.

Die Politischen Direktoren werden Auftrag erhalten, eine Antwort der Neun auf die Kissinger-Botschaft auszuarbeiten.

Portugal, Spanien

Der Meinungsaustausch ergab völlige Übereinstimmung über die Notwendigkeit, die demokratischen Kräfte in Portugal zu stärken. Während jedoch einige der Anwesenden (B, Lux, D) der Auffassung waren, Hilfe müsse schon vor den Wahlen[33] einsetzen, zumal von anderer Seite massive Unterstützung gewährt werde, so blieben andere (Irland, F, GB, NL) der Auffassung, daß der Eindruck der Einmischung in interne Angelegenheiten vermieden werden müsse und erst nach den Wahlen Initiativen zu ergreifen seien.

Bundesminister berichtete über seine Gespräche in Spanien[34] und über die dortigen Chancen für die Entwicklung demokratischer Kräfte. Seinen Schlußfolgerungen wurde weitgehend beigepflichtet.

Der *irische Außenminister* betonte die durch die gemeinsame katholische Tradition gegebene besondere Verbundenheit, die spezifische Möglichkeiten eröffne.

Es bestand Übereinstimmung dahin, daß alle Möglichkeiten zum Ausbau der Kontakte, Besuchstätigkeit u. ä. genutzt werden müßten.

EG-Fernsehprogramm

AM *FitzGerald* sagte Bundesminister zu, sich bis zur Ratstagung am 5. Mai eingehend mit dem vom Ersten Programm des Deutschen Fernsehens unterbreiteten Vorschlag befassen zu wollen, so daß diese Frage bis dahin beratungsreif sei.

Referat 010, Bd. 178582

---

[32] Auf der EG-Ministerratstagung am 14./15. April 1975 in Luxemburg wurde der Beschluß gefaßt, der Republik Vietnam (Südvietnam) „eine gemeinschaftliche Nahrungsmittelhilfe (insbesondere Milchpulver und Reis) im Wert von ca. 1,14 Mio. RE, die rasch und wirksam über UNICEF und das IKRK abgewickelt werden soll", zukommen zu lassen. Eine weitere Nahrungsmittelhilfe im Wert von 2,2 bis 3 Mio. RE werde von der Kommission vorbereitet. Vgl. den Runderlaß Nr. 53 des Vortragenden Legationsrats Engels vom 18. April 1975; Referat 240, Bd. 102880.
[33] Die Wahlen zur Verfassunggebenden Versammlung in Portugal fanden am 25. April 1975 statt. Vgl. dazu Dok. 96, Anm. 6.
[34] Bundesminister Genscher hielt sich am 3./4. April 1975 in Spanien auf und führte dort Gespräche u. a. mit Staatschef Franco, Prinz Juan Carlos, Ministerpräsident Arias Navarro sowie dem spanischen Außenminister Cortina Mauri. Vgl. dazu Dok. 69.

77

Aufzeichnung des Ministerialdirigenten Fischer

302-321.00 KHM-625/75 VS-vertraulich 14. April 1975[1]

Herrn Staatssekretär[2] zur Unterrichtung und mit dem Vorschlag vorgelegt, gegebenenfalls Herrn Isoup Ganthi – inoffizieller Vertreter des Prinzen Sihanouk in Stockholm – zu Gesprächen in das Auswärtige Amt zu bitten.

Betr.: Beziehungen zu der Regierung des Prinzen Sihanouk

1) Herr Isoup Ganthi, der in den letzten beiden Jahren mehrfach informelle Kontakte mit VLR I Berendonck unterhielt, fragte bei diesem in einem Telefonat aus Stockholm am 12. April an, ob die Bundesregierung bereit sei, die königliche Regierung der Nationalen Einheit Kambodschas (GRUNC) anzuerkennen. Ganthi berichtete, daß nach der Anerkennung der GRUNC durch Frankreich[3] auch die schwedische Regierung in den nächsten Tagen die Anerkennung aussprechen werde[4].

2) VLR I Berendonck hat darauf hingewiesen, daß die Bundesrepublik Deutschland zu keinem Zeitpunkt diplomatische Beziehungen zur Khmer-Republik unterhalten habe. Die Beziehungen zwischen beiden Ländern seien von der königlich-kambodschanischen Regierung 1969 abgebrochen worden.[5] Es liege an

---

[1] Die Aufzeichnung wurde von Vortragendem Legationsrat I. Klasse Berendonck und von Legationsrat I. Klasse Truhart konzipiert.
 Hat Ministerialdirigent Fischer am 17. April 1975 vorgelegen, der handschriftlich vermerkte: „Ref[erat] 302 wie besprochen."
[2] Hat Staatssekretär Gehlhoff am 16. April 1975 vorgelegen.
[3] Frankreich erkannte die Königliche Regierung der Nationalen Einheit Kambodschas unter Norodom Sihanouk am 12. April 1975 an.
[4] Die Anerkennung der Königlichen Regierung der Nationalen Einheit Kambodschas unter Norodom Sihanouk durch Schweden erfolgte am 16. April 1975.
[5] Nach der Anerkennung der DDR durch Kambodscha am 8. Mai 1969 konnte zwischen Bundeskanzler Kiesinger und Bundesminister Brandt keine Einigung darüber erzielt werden, die diplomatischen Beziehungen zu Kambodscha abzubrechen. Kambodscha brach dann seinerseits am 10. Juni 1969 die Beziehungen ab. Vgl. dazu AAPD 1969, I, Dok. 169 und Dok. 175.
 Am 27. Februar 1973 trat Botschaftsrat Freiherr Marschall von Bieberstein, Phnom Penh, für eine baldige Wiederaufnahme der diplomatischen Beziehungen zur Khmer Republik ein. Marschall führte aus: „Nachdem wir fast drei Jahre lang unbeirrt erklärt haben, daß lediglich ungeklärtes Verhältnis zu DDR uns an Wiederaufnahme diplomatischer Beziehungen zu Kambodscha hindere und diese wiederhergestellt werden könnten, sobald Grundvertrag abgeschlossen sei, haben wir jetzt noch – aber nicht mehr lange – die Chance, Wiederaufnahme als Routinevorgang hinzustellen. [...] Verpassen wir dagegen diese uns jetzt noch gegebene Gelegenheit, so wird jede künftige Stellungnahme, Wiederaufnahme oder weiteres Abwarten automatisch als Unterstützung oder Ablehnung eines bestimmten Regimes ausgelegt werden." Vgl. den Drahtbericht Nr. 14; Referat 312, Bd. 100234.
 Vortragender Legationsrat I. Klasse Pfeffer sprach sich am 13. März 1973 hingegen „angesichts der unübersichtlichen Lage in Kambodscha und unserer beschränkten Interessen" gegen eine sofortige Normalisierung der Beziehungen aus. Er schlug vor, „die Wiederaufnahme diplomatischer Beziehungen zu Phnom Penh vorerst zurückzustellen, bis sich eine Lösung des Konflikts in diesem Land wenigstens in Ansätzen abzeichnet. Spätestens zum Zeitpunkt der Aufnahme diplomatischer Beziehungen mit Nordvietnam sollte allerdings auch unser Verhältnis zur Khmer Republik erneut geprüft werden." Staatssekretär Frank stimmte dem Vorschlag am 18. März 1973 zu. Vgl. Referat 312, Bd. 100234.

ihr, eine Initiative zur Wiederherstellung der Beziehungen zu ergreifen.⁶ Daraufhin sagte Ganthi, daß er telegraphisch eine Stellungnahme des Prinzen Sihanouk einholen wolle.

3) Die Initiative Ganthis überrascht nicht. Ein persönliches Interesse kann nicht ausgeschlossen werden. Andererseits erscheint in Kenntnis seines bisherigen behutsamen Verhaltens wenig wahrscheinlich, daß er in einer Frage von erheblicher politischer Bedeutung aktiv geworden ist, ohne sich der Deckung durch Sihanouk sicher zu wähnen. Es ist zu erwarten, daß bald eine klare Stellungnahme vorliegen wird.

Es sprechen Argumente dafür, ein Interesse Sihanouks an einer raschen Entscheidung über die Aufnahme der abgebrochenen Beziehungen zu uns anzunehmen. Sihanouk, der auf die in Kambodscha agierenden neuen Kräfte nur geringen Einfluß hat, muß seine Position innerhalb der GRUNC zunächst auf das Bezugsnetz seiner Auslandsbeziehungen abstützen. Je eindeutiger das Ausland mit seinen für Kambodscha interessanten, wenn nicht sogar wichtigen Hilfsressourcen Sihanouk als Gesprächspartner ansieht, desto stärker kann er nach innen seine Unentbehrlichkeit beweisen und darauf seinen Einfluß aufbauen. Eine von ihm betriebene Wiederaufnahme der diplomatischen Beziehungen zu uns könnte er als einen wichtigen Erfolg vorweisen. Dabei kommt es darauf an, daß die Wiederaufnahme zu einem Zeitpunkt geschieht, in dem sie noch Bedeutung für die Gewichtsverteilung innerhalb der neuen kambodschanischen Regierung hat.

4) Für uns stellt sich die Frage, ob wir dem Bestreben Sihanouks entgegenkommen sollten.

Wir brauchen dabei keine Belastung unserer Beziehungen zu anderen Staaten zu riskieren. Da die USA in einer Note an Sihanouk bereits ein Interesse an seiner Rückkehr zur Macht bekundet haben, entfällt das Argument der Rücksichtnahme auf amerikanische Belange. Peking stützt Sihanouk, Moskau arbeitet gegen sein Comeback, erkennt ihn jedoch formell als Staatschef an.

Mit einer Anerkennung zu einem Zeitpunkt, der für Sihanouks interne Position noch bedeutsam sein könnte, würden wir einen Beitrag zur Stützung der gemäßigten Elemente eines neuen Regimes in Kambodscha⁷ leisten.

Bedenken gegen eine beschleunigte Wiederaufnahme der Beziehungen könnten in zweierlei Richtung erhoben werden:
– Wenn wir sofort zu einem Regime Beziehungen aufnehmen, das in Ablehnung jeder Verhandlungschance seine politischen Ziele allein mit militäri-

---

6 Der Passus „VLR I Berendonck ... zu ergreifen" wurde von Staatssekretär Gehlhoff hervorgehoben. Dazu vermerkte er handschriftlich: „r[ichtig]".

7 Am 16. April 1975 ersuchte die kambodschanische Regierung die Roten Khmer um einen Waffenstillstand. Norodom Sihanouk lehnte dies ab und forderte die bedingungslose Kapitulation, worauf die Regierung zurücktrat. Am 17. April 1975 besetzten die Truppen der Roten Khmer die Innenstadt von Phnom Penh. Ihr Oberkommandierender, der stellvertretende Ministerpräsident der Königlichen Regierung, Khieu Samphan, wurde von Sihanouk zum Inhaber der Verwaltungsmacht proklamiert und ordnete am 18. April 1975 die Evakuierung der Hauptstadt an. Vom 25. bis 27. April 1975 tagte unter Vorsitz von Khieu Samphan ein außerordentlicher Nationalkongreß, der Sihanouk als Staatschef und Vorsitzenden der Nationalen Einheitsfront sowie Penn Nouth als Ministerpräsident bestätigte. Vgl. dazu EUROPA-ARCHIV 1975, Z 78.

schen Mitteln durchgesetzt und dabei auf die Belange der Zivilbevölkerung keine Rücksicht genommen hat, könnte der Bundesregierung vorgehalten werden, daß sie es mit ihrem Bekenntnis zu den Prinzipien der Gewaltlosigkeit und der Humanität nicht ernst meine;

- Die Aufnahme von Beziehungen ohne Vorklärung, welche Qualität diese Beziehungen haben werden – z. B., ob die neue Regierung die bis 1969 unproblematischen Fragen des Status unserer Vertretung und der Botschaftsangehörigen sowie unser Vertretungsrecht für Berlin (West) nicht etwa neu beurteilt –, könnte als voreilig aus unserer Interessenlage angesehen werden.

Das erste Bedenken hat in erster Linie innenpolitische Relevanz. Das zweite Bedenken könnte dadurch gemildert werden, daß wir zu einem möglichst frühen Zeitpunkt Sondierungen beginnen. Diese könnten in einem Gespräch mit Ganthi eingeleitet werden, der hierzu in das Auswärtige Amt gebeten werden sollte.[8] In einem solchen Gespräch könnten wir auch auf die besonders aktuelle Frage der Sicherstellung unserer Gebäude und des von uns nach wie vor gehaltenen Personals dringen.[9]

Fischer

VS-Bd. 10032 (302)

---

[8] Der Passus „daß wir ... werden sollte" wurde von Staatssekretär Gehlhoff hervorgehoben. Dazu vermerkte er handschriftlich: „Die Initiative liegt bei Sihanouk. Wenn er klar mitteilen läßt, er wolle die dipl[omatischen] Beziehungen wieder aufnehmen, können wir Ganthi mitteilen, daß wir zu einem Gespräch (im AA) zur Verfügung stehen."

[9] Am 6. März 1975 teilte Ministerialdirektor Lahn der Abteilung für die Wahrnehmung der Interessen der Bundesrepublik bei der französischen Botschaft in Phnom Penh (Schutzmachtvertretung) mit: „Aufgrund der bedrohlichen Entwicklung in und um Phnom Penh sowie im Hinblick auf unsere begrenzte Interessenlage in Kambodscha wurde entschieden, den Reststab vorübergehend nach Bangkok zu evakuieren, bis sich die Lage in Kambodscha normalisiert hat. [...] Unsere Präsenz in Kambodscha wird gewährleistet, indem Kanzlei und Residenz sowie das kambodschanische Personal beibehalten werden. Die Abwesenheit des Reststabes wird nur vorübergehend sein. Seine Rückkehr ist für den Augenblick vorgesehen, wo sich die gegenwärtige Situation gebessert oder eine neue Ordnung etabliert hat." Vgl. den Drahterlaß Nr. 850; Referat 302, Bd. 101635.
Am 14. März 1975 informierte Botschaftsrat Vollers, Phnom Penh: „Kanzler Heilandt fliegt morgen früh nach Bangkok. Ich folge nach Abwicklung des Notwendigsten mit nächster Möglichkeit am Dienstag, 18.3." Vgl. den Drahtbericht Nr. 19; Referat 302, Bd. 101635.

78

**Botschafter von Lilienfeld, Madrid,
an Bundesminister Genscher**

14. April 1975[1]

Sehr verehrter Herr Minister!
Gestern traf ich Prinz Juan Carlos im Hause von Freunden von mir. Er bat mich, Ihnen folgendes zu Ihrer persönlichen Unterrichtung zu übermitteln:
Er hätte das Gespräch mit Ihnen[2] sehr begrüßt, jedoch bedauert, sich nicht freier äußern zu können. Die Anwesenheit Ihres spanischen Kollegen[3] hätte dies unmöglich gemacht. (Ich hatte Ihnen wohl seinerzeit berichtet, daß dieser seinen Posten der Freundschaft seiner Frau mit Frau Franco verdanke.) Er (der Prinz) hätte seine kurze Bemerkung Ihnen gegenüber beim Abschied jedoch sehr ernst gemeint. Die Frage der Post-Franco-Zeit beschäftige ihn Tag und Nacht. Je länger der gegenwärtige Zustand andauere, desto schwieriger werde seine eigene Aufgabe. Ein einigermaßen geordneter Übergang sei nur denkbar, wenn er von Anfang an klarstellen könne, daß er ein demokratisches Staatswesen und fortschrittliches Spanien schaffen wolle, in dem jeder Bürger – gleich welcher politischen Ausrichtung – das Recht zur Mitarbeit und zur freien Meinungsäußerung habe. Dies könne natürlich nicht über Nacht herbeigeführt werden. Er teile jedoch Ihre Auffassung – und sei für diesen Ihren Hinweis auch Franco gegenüber sehr dankbar –, daß das Land rechtzeitig auf eine demokratische Entwicklung vorbereitet werden müsse, damit nicht bei einem Wechsel in der Führung – der jeden Augenblick eintreten könne – nur die Kommunisten aktionsfähig und gut organisiert sind. Er und seine politischen Freunde, zu denen auch Ministerpräsident Arias zähle, versuchten daher schon jetzt, eine Organisation der liberalen Mitte vorzubereiten. Portugal sei ein Warnungsbeispiel[4] – auch für Spanien – dafür, was geschehen könne, wenn man mit der politischen Öffnung zu lange zögere. Er habe für diese seine Gedanken der Schaffung eines modernen Staatswesens viel Zustimmung in weiten Kreisen gefunden, besonders auch bei jüngeren Politikern, Offizieren und Intellektuellen. Er versuche schon heute, eine möglichst weitgespannte Basis für die von ihm eines Tages zu bildende Übergangsregierung zu schaffen. Daher habe er auch Kontakte mit verhältnismäßig weit links stehenden Gruppen aufgenommen – sogar durch Mittelsleute bis zu kommunistisch orientierten Kreisen, die ja auch Spanier seien und mit denen man zumindest die Diskussion suchen sollte, wenn schon eine Zusammenarbeit auf parlamentarischer Ba-

---

1 Privatdienstschreiben.
  Ablichtung.
  Hat Bundesminister Genscher am 28. April 1975 vorgelegen.
2 Bundesminister Genscher hielt sich am 3./4. April 1975 in Spanien auf und führte dort Gespräche u. a. mit Staatschef Franco, Prinz Juan Carlos, Ministerpräsident Arias Navarro sowie dem spanischen Außenminister Cortina Mauri. Vgl. dazu Dok. 69.
3 Pedro Cortina Mauri.
4 Zur Lage in Portugal vgl. Dok. 55 und Dok. 60.

sis kaum durchführbar sei. Das Ergebnis aller dieser Kontakte sei sehr ermutigend und hätte ihm den Eindruck vermittelt, daß er zu gegebener Zeit eine große Mehrheit des Volkes hinter sich haben würde. Er habe Ihr Gespräch mit den drei Vertretern der „legalen Opposition"[5] sehr begrüßt. Selbst wenn man Sie – leider sogar in einigen spanischen Zeitungen – deswegen kritisiert habe, so hätten Sie damit doch der spanischen Öffentlichkeit gezeigt, daß man auch außerhalb der gegenwärtigen Regierung stehende demokratische Kräfte heranziehen müsse. Die durch Ihren Besuch intensivierte öffentliche Debatte über das zukünftige Verhältnis Spaniens gegenüber NATO und Europa zeige die grundsätzliche Bereitwilligkeit des spanischen Volkes, hierbei eine größere Rolle zu übernehmen. Ihr Besuch habe den „Europäern" und den liberalen Kräften in Spanien neue Hoffnung gegeben. Diese Hoffnungen dürften nicht enttäuscht und Spanien nicht in die Isolierung zurückgetrieben werden. Entscheidend sei daher, daß im Augenblick des Wechsels die Freunde Spaniens im Ausland – darunter an führender Stelle Deutschland – seinen Bemühungen zur Liberalisierung volle Unterstützung gewährten und diese nicht erst von einem „demokratischen Wohlverhalten" abhängig machten. Er sei sicher, daß sich das spanische Volk dann mit einem großen Aufatmen zu Europa und zur Demokratie hinwenden werde.

Der Ministerpräsident hätte ihm kürzlich über sein Gespräch mit Ihnen berichtet und sich äußerst positiv darüber ausgesprochen. Das gleiche hätte er von mehreren Ministern gehört, die ihm politisch nahestünden (ich nehme an, es handelt sich um Finanz-[6], Landwirtschafts-[7] und Unterstaatssekretär im Ministerrang in der Kanzlei des Ministerpräsidenten[8], mit denen Sie beim Diner Cortinas länger sprachen.)

Ich habe mich über diese Äußerungen des Prinzen sehr gefreut. Sie bestätigen zum einen die äußerst schwierige und gefährdete Situation, in der er sich als die wohl einzige Persönlichkeit befindet, der es vielleicht gelingen könnte, einen geordneten Übergang nach Francos Abtreten zu gewährleisten. Dies wissen aber auch diejenigen, die glauben, Spanien erst einmal durch eine Periode des völligen Umbruches führen zu müssen, aus der es dann als „geläuterte Demokratie" (à la Portugal!?) hervorgehen würde. Seine Sorge bestätigt aber m. E. auch die Notwendigkeit, diesem sich neu bildenden fortschrittlichen Spanien heute bereits zu helfen und es für die Sicherheit Europas heranzuziehen.

Ich bin Ihnen auch unter diesem Aspekt sehr dankbar, daß Sie gerade jetzt nach Madrid gekommen sind. Wenn Sie auch von manchen Seiten kritisiert

---

5 Dazu wurde in der Presse berichtet: „Nach Beendigung seines offiziellen Besuches traf Genscher mit drei spanischen Persönlichkeiten zusammen, die nicht zur Regierung gehören. Es sind der aus der Falange kommende Manuel Cantarero, der Vorsitzender der ehemaligen Mitglieder der Jugendorganisation der Falange ist, der liberale Monarchist Areilza, Graf von Motrico, und Fernando Ordóez, der bis zum letzten Herbst Chef der spanischen staatlichen Industrieholding INI und vorher Staatssekretär im Finanzministerium war. Die drei Politiker gelten als verhältnismäßig liberal innerhalb des Franco-Systems. Die spanische Regierung war offensichtlich sehr daran interessiert, daß Genscher mit diesen Politikern und nicht mit den Vertretern der demokratischen Oppositionsparteien zusammentraf." Vgl. den Artikel „Spaniens Regierung lehnt Forderung nach Demokratisierung des Landes entschieden ab"; FRANKFURTER ALLGEMEINE ZEITUNG vom 5. April 1975, S. 2.
6 Rafael Cabello de Alba y Garcia.
7 Tomás Allende y Garcia-Baxter.
8 Antonio Carro Martinez.

worden sind – was mir besonders im Hinblick auf die Frage der „Oppositionellen" reichlich unfair erschien – so glaube ich, daß sich bei uns doch allmählich die Erkenntnis von der Notwendigkeit einer Einbeziehung Spaniens in die Verteidigung Europas durchsetzen und Ihr rechtzeitiges Eintreten hierfür eines Tages als kluge Voraussicht auch innenpolitisch anerkannt werden wird. Ich habe eine vergleichbare Sinneswende bei uns schon einmal in meiner Zeit in Teheran erlebt, wie sie Willy Brandt mit seinem Iran-Besuch im März 1972[9] einleitete. Die Ereignisse in Portugal sollten – so hoffe ich jedenfalls – es der Bundesregierung erleichtern, diesen Kurs Spanien gegenüber durchzustehen.[10]

Ich darf anregen, auch den Herrn Bundespräsidenten von diesem Brief in Kenntnis zu setzen[11], da er mit dem Prinzen Ende Oktober v. J. bei seinem Besuch in Bonn[12] ein ähnliches Gespräch hatte.

Mit den besten Empfehlungen

Ihr sehr ergebener
Lilienfeld

P.S. Zum Ergebnis der Wahlen in Schleswig-Holstein[13] darf ich Sie sehr herzlich beglückwünschen – ich kann mir denken, daß es für Sie ein feiner Ansporn sein wird.[14]

Referat 010, Bd. 178647

---

[9] Bundeskanzler Brandt besuchte den Iran vom 5. bis 8. März 1972. Vgl. dazu AAPD 1972, I, Dok. 47.
[10] Bundesminister Genscher antwortete am 29. April 1975 auf das Schreiben des Botschafters von Lilienfeld, Madrid, er „habe die Bemerkung, die der Prinz auf dem Weg von seinem Arbeitszimmer zur Haustür in englischer Sprache machte, so aufgefaßt, wie er selbst sie Ihnen gegenüber interpretiert hat. Ich hatte im übrigen schon während des Gesprächs den Eindruck, daß er sich durch die Anwesenheit des Außenministers und vielleicht auch einiger Beamter nicht ganz frei fühlte. [...] Sie sollen wissen, daß ich die Frage der Zukunft Spaniens außerordentlich ernst nehme und daß ich alles in meinen Kräften Stehende tun möchte, um den weitsichtigen Persönlichkeiten in Spanien bei ihren Bemühungen, das Tor zur Demokratie zu öffnen, in jeder Weise zu helfen. Wenn Sie es für angebracht halten und sich dazu eine Gelegenheit bietet, können Sie das dem Prinzen, aber auch anderen infrage kommenden Persönlichkeiten sagen. Das gleiche gilt für die Bekanntgabe meiner Bereitschaft, mich mit dem Prinzen oder dem Ministerpräsidenten allein oder in Anwesenheit von Ihnen geeignet gehaltener Persönlichkeiten an jedem Ort zu treffen, selbstverständlich auch inoffiziell oder im Rahmen einer privaten Reise." Vgl. Referat 010, Bd. 178647.
[11] Mit Schreiben vom 29. April 1975 übermittelte Bundesminister Genscher eine Kopie an Bundespräsident Scheel. Vgl. dazu Referat 010, Bd. 178647.
[12] Bundespräsident Scheel empfing Prinz Juan Carlos am 28. Oktober 1974.
[13] Am 13. April 1975 fanden Wahlen zum Landtag in Schleswig-Holstein statt. Dabei erhielten die CDU 50,4% und die SPD 40,1% der Stimmen. Die FDP erreichte 7,1% und kehrte damit in den Landtag zurück, nachdem sie bei den Landtagswahlen 1971 an der 5%-Hürde gescheitert war.
[14] Dieser Zusatz wurde von Botschafter von Lilienfeld, Madrid, am 15. April 1975 handschriftlich hinzugefügt.

79

Botschafter Krapf, Brüssel (NATO), an das Auswärtige Amt

114-11867/75 geheim   Aufgabe: 14. April 1975, 18.00 Uhr[1]
Fernschreiben Nr. 516   Ankunft: 14. April 1975, 19.26 Uhr
Cito

Betr.: Beziehungen Griechenlands zur NATO[2]

Bezug: DB 434 vom 26.3.1975 – 20-94.08/2-1238/75 geheim[3]

Bitte um Weisung

Auf Veranlassung des griechischen Ständigen Vertreters[4] bat heute der belgische Botschafter de Staercke die Ständigen Vertreter des Vereinigten Königreichs[5], Italiens[6], der Vereinigten Staaten und der Bundesrepublik zusammen mit dem griechischen[7] Botschafter zu einer informellen Erörterung des künftigen Verhältnisses Griechenlands zur NATO zu sich.

Hierbei führte der griechische Botschafter folgendes aus:

Die griechisch-amerikanischen Verhandlungen über die Beziehungen im Verteidigungsbereich machten zur Zeit keine Fortschritte, da der gesamte Rahmen des künftigen Verhältnisses Griechenlands zur NATO noch nicht feststehe.

Man müsse die gegenwärtige Lage auf folgendem Hintergrund sehen:

---

[1] Hat Staatssekretär Sachs am 15. April 1975 vorgelegen.
   Hat Staatssekretär Gehlhoff am 16. April 1975 vorgelegen, der handschriftlich vermerkte: „Bitte mir Weisung vor Abgang vorlegen."

[2] Griechenland erklärte am 14. August 1974 seinen Austritt aus der militärischen Integration der NATO. Vgl. dazu Dok. 32, Anm. 10.

[3] Gesandter Boss, Brüssel (NATO), berichtete von einem Gespräch mit den NATO-Botschaftern Peck (Großbritannien), Catalano di Melilli (Italien) und Bruce (USA) über „das weitere Vorgehen zur Klärung der Beziehungen im Verteidigungsbereich zwischen den USA und Griechenland einerseits und zwischen der Allianz und Griechenland andererseits". Dabei habe Bruce erläutert, daß die Gespräche zwischen den USA und Griechenland praktisch zum Stillstand gekommen seien, „weil die griechische Seite keine Klarheit über die amerikanische selbständige Rolle und die amerikanische Rolle als Bündnispartner hat. Eine vorsätzliche Verschleppungstaktik der Griechen liege nicht vor. Die amerikanische Regierung denke daran, zunächst in einem Gespräch Griechenlands mit einigen Alliierten die Klarstellung dieses Problemkreises zu versuchen." Hierzu äußerte Boss, es erscheine „angesichts des gegenwärtigen Standes der türkisch-griechischen Beziehungen nicht ratsam, das Gespräch zwischen Griechenland und Allianzmitgliedern in irgendeiner Form aufzugreifen. Ein solches Verhalten würde über kurz oder lang auch zur Mitbeteiligung der Türkei führen müssen. Wie sich bereits bei der Behandlung des Infrastrukturkomplexes zeigte, erhebt die Türkei extreme Forderungen für die Regelung des Verhältnisses Griechenland – NATO. Die Allianz würde deshalb binnen kurzem ihrerseits in die Sackgasse geraten. [...] Die Vertretung ist der Auffassung, daß es besser wäre, wenn die Amerikaner bilaterale Gespräch mit den Griechen weiterführen würden bis zu einem Zeitpunkt, in dem die Aufnahme des Gesprächs in der Allianz Erfolge verspricht." Vgl. VS-Bd. 8601 (201); B 150, Aktenkopien 1975.

[4] Angelos Chorafas.

[5] Edward Peck.

[6] Felice Catalano di Melilli.

[7] Die Wörter „belgische", „Vereinigten Königreichs", „Italiens", „Vereinigte Staaten", „Bundesrepublik" und „griechischen" wurden von Staatssekretär Gehlhoff hervorgehoben. Dazu vermerkte er handschriftlich: „Frankreich gesondert?"

Die griechische Regierung habe sich mit der Definition ihres künftigen Verhältnisses zur NATO nicht beeilt, da sie hierfür eine günstigere Atmosphäre (Klärung der Zypern-Frage) abwarten wollte. Bedauerlicherweise habe sich statt dessen die Lage verschlechtert, und das griechisch-türkische Verhältnis befinde sich in einer kritischen Entwicklung. Die gegenwärtig in der Türkei entfachte Kampagne ließe in Athen Zweifel daran aufkommen, ob Ankara wirklich an einer Verhandlungslösung interessiert sei. Die Schwäche der neuen türkischen Regierung[8], der im übrigen drei besonders fanatische Extremisten angehörten, könnte sie dazu verleiten, aus innenpolitischen Gründen ihre Vorgängerin an Schärfe nach außen hin übertreffen zu wollen. Es herrsche in Athen das Gefühl, daß die Türkei systematisch eine neue Krisensituation in der Ägäis aufbaue, die in den nächsten Wochen oder Monaten zur Explosion führen könne.

Auch vom Bündnis her fühle man sich in Griechenland nicht ermutigt. Man sei enttäuscht über Kissinger und besonders auch über die Haltung der amerikanischen Administration in Sachen Türkei-Hilfe.[9] Auch die öffentlichen Äußerungen von Generalsekretär Luns seien in Griechenland negativ vermerkt worden. Er komme jedenfalls als Mittler nicht in Frage.

Obwohl sich also die gegenwärtige Lage vom griechisch-türkischen Verhältnis her recht düster darstelle, sei sich die griechische Regierung klar darüber, daß ihre Beziehungen zur NATO in einem größeren Zusammenhang gesehen werden müßten. Sie sei deshalb bereit, dem Bündnis gegenüber in den kommenden Wochen ihre Ansichten darüber mitzuteilen, wie sie sich in großen Zügen ihr künftiges Verhältnis zur NATO vorstelle.

Als Vorbereitung hierfür halte sie es für nützlich, wenn zunächst in diesem kleinen Kreis von sechs Staaten eine Vorklärung darüber stattfinde, was mit einiger Aussicht auf Erfolg in die offiziellen Beratungen mit NATO als Ganzem eingeführt werden solle.

Er, der griechische Botschafter, schlage deshalb vor, daß er nächste Woche demselben Kreis einen Überblick über die griechischen Vorstellungen vermitt-

---

[8] Am 31. März 1975 wurde in der Türkei eine neue Regierung unter Ministerpräsident Demirel gebildet. Das Parlament sprach ihr am 12. April 1975 „mit 222 Ja-Stimmen gegen 218 Nein-Stimmen und zwei Enthaltungen das Vertrauen aus". Botschafter Sonnenhol, Ankara, berichtete am 14. April 1975: „Die Abstimmung selbst verlief tumultartig, begleitet von Prügeleien und Bedrohungen mit der Schußwaffe. Der Parlamentspräsident erlitt eine Herzattacke. Die Vorgänge vor und während der Wahl Demirels geben einen Vorgeschmack für das politische Klima, das in einigen Monaten herrschen dürfte, wenn sich herausstellen sollte, daß diese Koalitionsregierung nicht, wie allgemein erwartet wird, nur bis zu Neuwahlen im Herbst hält, sondern versucht, auf dieser schmalen Basis auf längere Sicht an der Macht zu bleiben." Vgl. den Drahtbericht Nr. 348; Referat 203, Bd. 110268.

[9] Zum Beschluß des amerikanischen Kongresses vom 17. Oktober bzw. 17./18. Dezember 1974 über die Einstellung der Verteidigungshilfe für die Türkei zum 5. Februar 1975 vgl. Dok. 28, Anm. 21.
Zu den Bemühungen der amerikanischen Regierung, ein anderes Votum des Kongresses in dieser Frage herbeizuführen, berichtete Gesandter Hansen, Washington, am 8. April 1975 mit: „Entgegen den Erwartungen der Administration ist im Senat immer noch keine positive Entscheidung über die Wiederaufnahme der Militärhilfe an die Türkei zustande gekommen. Lediglich der Ausschuß für auswärtige Angelegenheiten gab in der Woche vor Ostern ein bejahendes Votum ab." Die Entscheidung sei aber knapp gewesen, so daß „bisher deshalb keine Plenarentscheidung herbeigeführt" worden sei: „Die Administration hat nach der Osterpause ihr intensives ‚Lobbying' im Senat wiederaufgenommen. Es werden noch einige Tage vergehen, bis sich absehen läßt, ob eine erfolgreiche Plenarabstimmung gewagt werden kann." Vgl. den Drahtbericht Nr. 911; Referat 203, Bd. 110270.

le. Diese griechischen Vorstellungen über das Verhältnis zur NATO könnten dann in den fünf Hauptstädten daraufhin untersucht werden, wie weit sie zu einer Weiterbehandlung im Gesamt-NATO-Rahmen geeignet seien und welche Folgerungen für die Organisation der eigentlichen Verhandlungen hieraus zu ziehen seien. So könne er sich vorstellen, daß seine Regierung davon ausgehen wolle, daß für Griechenland für den Fall eines Angriffs durch den Ostblock auch weiterhin der Schutz durch NATO bestehen bleibe. Es müsse daher untersucht werden, welche Konsequenzen ein solcher politischer Entschluß für die praktische Mitarbeit innerhalb der NATO haben werde.

So sei z. B. auch in Friedenszeiten eine Zusammenarbeit auf vielen Teilgebieten denkbar, selbst wenn die griechischen Truppen nicht integriert sein würden. Er nannte als Beispiel das Fernmeldegebiet.

Die griechische Initiative, die gegenüber dem Bezugsbericht eine neue Entwicklung darstellt, wurde von den Anwesenden begrüßt. Der Doyen, der seinerzeit die Verhandlungen mit Frankreich[10] geführt hatte, wies darauf hin, daß die Gruppe der Sechs, die ja kein NATO-Mandat besitze, besonders darauf achten müsse, daß sich in ihrem Kreis noch keine „NATO-Meinung" bilden dürfe, die von den übrigen als Vorwegnahme eines Ratsbeschlusses angesehen werden könne. Wir könnten also bei unserer nächsten Zusammenkunft lediglich eine Reaktion unserer Hauptstädte auf das von der griechischen Regierung vorgeschlagene Verfahren und anschließend unsere Meinung zur Brauchbarkeit der konkreten griechischen Vorschläge dartun. Nach dieser Vorklärung müsse der Rat in seiner Gesamtheit befaßt werden. Er schlage vor, daß er zur nächsten Sitzung dieses informellen Kreises auch den Beigeordneten Generalsekretär für politische Angelegenheiten, Herrn Kastl, einlade und daß er noch heute nachmittag den Generalsekretär selbst vertraulich über das Ergebnis der heutigen Sitzung informiere. Hiergegen wurde kein Einspruch erhoben.

Der amerikanische Botschafter Bruce unterstrich noch einmal besonders sein Einverständnis mit diesem Procedere. Es bestehe wohl Einigkeit darüber, daß man eine möglichst weitgehende Rückkehr Griechenlands in die NATO wünsche. Hierzu sei es einerseits notwendig, die Türkei vom Überschreiten gewisser Grenzen abzuhalten, andererseits innerhalb der Allianz in größter Vertraulichkeit und Geduld zu verhandeln. In diesem Sinne betrachte er die heutige griechische Initiative als einen sehr konstruktiven Schritt.

---

10 Frankreich schied am 1. Juli 1966 aus der militärischen Integration der NATO aus. Auf der NATO-Ministerratstagung am 7. Juni 1966 wurde beschlossen, daß die Bundesregierung mit Frankreich über Aufenthaltsrecht und Status der französischen Streitkräfte in der Bundesrepublik verhandeln sollte. Zusätzlich waren multilaterale Verhandlungen der vierzehn NATO-Mitgliedstaaten unter der Leitung des belgischen NATO-Botschafters de Staercke über den militärischen Auftrag der französischen Streitkräfte in der Bundesrepublik, ihre Unterstellung unter dem NATO-Befehl im Verteidigungsfall, die Mitarbeit Frankreichs im Luftverteidigungssystem der NATO und die Einfügung in das NATO-Alarmsystem vorgesehen. Vgl. dazu AAPD 1966, I, Dok. 182.
Die Verhandlungen zwischen der Bundesrepublik und Frankreich wurden vom 13. Juni bis 13. Dezember 1966 geführt; diejenigen der NATO-Mitgliedstaaten seit dem 21. Juni 1966. Sie wurden seit dem 23. November 1966 vom Oberbefehlshaber der NATO-Streitkräfte in Europa, Lemnitzer, und dem Oberbefehlshaber der französischen Streitkräfte, Ailleret, fortgesetzt. Zu den in einem Briefwechsel vom 10. August bzw. 22. August 1967 festgehaltenen Ergebnissen vgl. AAPD 1967, III, Dok. 330.

Die nächste Sitzung der Sechs ist auf Donnerstag, den 24. April, um 10.30 Uhr, anberaumt worden.[11]

VS-Bd. 8601 (201)

[gez.] Krapf

80

Gespräch des Bundesministers Genscher mit dem ägyptischen Außenminister Fahmi in Kairo

105-21.A/75   15. April 1975[1]

Vier-Augen-Gespräch des Herrn Bundesministers des Auswärtigen mit dem ägyptischen Außenminister Fahmi am 15. April 1975 um 10.40 Uhr in Kairo; hier: Dolmetscheraufzeichnung[2]

---

[11] Am 23. April 1975 teilte Ministerialdirektor van Well der Ständigen Vertretung bei der NATO in Brüssel mit: „Das von der griechischen Regierung vorgeschlagene Verfahren zur Vorklärung des künftigen Verhältnisses Griechenlands zur NATO in begrenztem Kreise von sechs NATO-Ländern enthält zweifellos gewisse Risiken." Es werde „sehr darauf geachtet werden müssen, daß sich in diesem Kreis noch keine ‚NATO-Meinung' bilden darf, die von den übrigen Bundesgenossen als Vorwegnahme eines Ratsbeschlusses angesehen werden könnte. Vor allem muß der Gefahr entgegengewirkt werden, das Mißtrauen der Türkei hervorzurufen und damit das Verhältnis NATO–Türkei zu belasten." Vgl. den Drahterlaß Nr. 131; VS-Bd. 8601 (201); B 150, Aktenkopien 1975.
Über die Sitzung am 24. April 1975 berichtete Botschafter Krapf, Brüssel (NATO), am selben Tag, der griechische NATO-Botschafter Theodoropoulos habe ein Papier übergeben, bei dem es sich um „erste allgemeine Überlegungen der griechischen Regierung handele, wie sie sich die zukünftige Zusammenarbeit" zwischen Griechenland und der NATO denke. Er, Krapf, habe darauf hingewiesen, „daß in diesem Kreis darauf geachtet werden müsse, noch keine ‚NATO-Meinung' zu entwickeln und stattdessen überlegt werden solle, wie die Angelegenheit am besten prozedural weiterbehandelt werden könne." Vgl. den Drahtbericht Nr. 576; VS-Bd. 8601 (201); B 150, Aktenkopien 1975.

[1] Die Gesprächsaufzeichnung wurde von Vortragendem Legationsrat I. Klasse Weber am 21. April 1975 gefertigt und am 23. April 1975 an das Ministerbüro weitergeleitet.
Hat Bundesminister Genscher am 4. Mai 1975 vorgelegen. Vgl. dazu den Begleitvermerk; Referat 010, Bd. 178620.

[2] Bundesminister Genscher hielt sich vom 14. bis 16. April 1975 in Ägypten auf, besuchte am 16./17. April 1975 Saudi-Arabien und kehrte zu einem Gespräch mit dem Generalsekretär der Arabischen Liga, Riad, am 18. April 1975 nach Kairo zurück. Über die weiteren Gespräche in Kairo teilte Ministerialdirektor Lahn, z. Z. Kairo, am 18. April 1975 mit, Anlaß des Besuchs in Ägypten sei die zweite Tagung der deutsch-ägyptischen Kommission für Entwicklung und Wiederaufbau gewesen; dabei seien Abkommen über Kapitalhilfe von 90 Mio. DM für Projekte der Wasser- und Stromerzeugung, der Tonziegelfabrikation und Rinderzucht sowie Warenhilfe von 155 Mio. DM, aus denen auch „das sehr erfolgreiche Projekt der Bilharziose-Bekämpfung im Gebiet von Fayum" fortgesetzt werde, unterzeichnet worden. Am 15. April 1975 habe außerdem ein Gespräch mit Präsident Sadat auf dessen Landsitz bei Kairo stattgefunden. Sadat habe die Ansicht geäußert, „die BRD und Europa hätten jetzt die Aufgabe, Initiativen zu ergreifen: Israel müsse durch seine Freunde zu der Einsicht gebracht werden, daß man zwar Israel, aber nicht seine Eroberungen zu schützen bereit sei. [...] Es komme darauf an, Israel zu überzeugen, daß seine Sicherheit nicht durch schon seit 27 Jahren überholte strategische Überlegungen, sondern in erster Linie nur politisch gesichert werden könne." Vgl. den Drahtbericht Nr. 657; Referat 010, Bd. 178620.

AM *Fahmi* bezeichnete einleitend die Beziehungen zu Saudi-Arabien immer noch als sehr gut. Den Mord an König Feisal[3] betrachte man nicht als die Tat eines Einzelnen, sondern als eine Auseinandersetzung innerhalb der Familie. Die Beteiligung ausländischer Elemente sei nicht ganz auszuschließen, da der Mörder einige Wochen in Ostdeutschland gewesen sei. König Khalid sei nie sehr stark an Regierungsgeschäften interessiert gewesen, wogegen Abdullah, der Kommandeur der Nationalgarde, ein starker Mann sei. Wenn die Situation während des nächsten halben Jahres gehalten werden könne, sei man über den Berg. Es gebe liberale und extreme Elemente, die zwar keine Kommunisten seien, aber nicht wollten, daß Saudi-Arabien auf unbestimmte Zeit durch eine Gruppe von Brüdern regiert werde. Die Situation sei keineswegs stabil und könne gefährlich werden. Sultan sei ein guter und aktiver Mann. Fahd, der Kronprinz, sei früher oft als Playboy aufgetreten. Sehr viel hänge jetzt von den Vereinigten Staaten ab, und die nächsten sechs Monate seien entscheidend. Gerüchte, wonach die CIA etwas mit dem Mord zu tun gehabt haben solle, halte er für unbegründet.

Was die anderen arabischen Länder angehe, so seien die Beziehungen zum Irak gut. Allerdings sei die Baath-Partei mindestens ebenso gefährlich wie die Kommunisten, wenn nicht noch gefährlicher. Sie versuche auch in Syrien Fuß zu fassen, wogegen sich aber die Syrer wehrten. Mit Libyen, Tunesien und Marokko bestünden gute Beziehungen. Boumedienne sei ein ernsthafter Mann. Libyen werde sehr nachhaltig unterstützt. Gegenwärtig seien mehr als 200 000 ägyptische Sachverständige aller Bereiche dort. Auf diese Weise könne Ägypten einen starken Einfluß auf die libysche Wirtschaft ausüben. Ghadafi sei verrückt. Er habe beispielsweise König Feisal zehn Tage vor seinem Tod besucht[4], um ihm Lektionen im Islam zu erteilen. Zur Beerdigung sei er aber nicht gekommen und habe auch keinen Vertreter geschickt. Ghadafi wolle Präsident von Ägypten werden.

AM Fahmi berichtete sodann über die letzte Gesprächsrunde mit Kissinger in Assuan. Die Beziehungen mit den Amerikanern seien auf allen Ebenen sehr eng, und man habe Vertrauen in Kissinger, in dem man einen aufrichtigen Menschen von Fleiß und Ausdauer kennen- und schätzengelernt habe, der nichts verspreche, was er nicht auch halten könne. Von Anfang seien die persönlichen Beziehungen zu ihm sehr gut gewesen. In Ägypten habe man Bedenken gegen die letzten beiden Pendelmissionen[5] gehabt und ihm auch gesagt, wenn er auf der ersten Reise keine Regelung zustande bringe, brauche er ein zweites Mal gar nicht mehr zu kommen, da in der Zwischenzeit die Gegner einer Vereinbarung seine Bemühungen zu hintertreiben versuchten. Außerdem könne man sich der Atmosphäre in Israel nicht sicher sein. Schließlich habe aber Ford Sadat um Zustimmung zu den beiden Reisen gebeten, die man nicht vorenthalten habe.

---

[3] König Feisal wurde am 25. März 1975 ermordet.
[4] Der Präsident des Revolutionären Kommandorats, el-Ghadafi, hielt sich am 5./6. März 1975 in Saudi-Arabien auf.
[5] Der amerikanische Außenminister Kissinger besuchte im Rahmen seiner Nahost-Reise vom 10. bis 15. Februar 1975 Israel, Ägypten, Syrien, Jordanien und Saudi-Arabien.
Vom 8. bis 23. März 1975 besuchte Kissinger Ägypten, Israel, die Türkei, Syrien, Jordanien und Saudi-Arabien. Zum Abbruch seiner Bemühungen um eine Vermittlung im Nahost-Konflikt vgl. Dok. 62, Anm. 11.

Auf der zweiten Reise hätten die Israelis Kissinger Formeln für die Beendigung des Kriegszustandes mitgegeben, obschon sie gewußt hätten, daß die Ägypter nicht zustimmten, solange noch Gebiete besetzt seien, weil dies auch eine Zustimmung zum Gebietserwerb gewesen wäre. Kissinger habe dann die israelische Bereitschaft mitgeteilt, der ägyptischen Formel zuzustimmen, keine Gewalt anzuwenden, solange die Vereinbarung gültig sei. Daran wollten aber die Israelis eine Reihe von Punkten knüpfen. Beispielsweise sollte in der ägyptischen Presse jede Propaganda gegen Israel untersagt werden. Dies sei mit der Pressefreiheit und der von Präsident Sadat verfolgten Demokratisierung nicht vereinbar. Sodann sollten aus Israel kommende Flugzeuge der internationalen Luftfahrtgesellschaften in Ägypten landen. Auch dieser Vorschlag habe politische Absichten verfolgt. Man könne den Gesellschaften jedoch die Streckenführung nicht vorschreiben. Ferner sollte jede Diskriminierung gegen israelische Besatzungsmitglieder auf Schiffen, die den Suez-Kanal passierten, untersagt sein. Auch daraus wollten die Israelis politisches Kapital schlagen. Sie seien gar nicht auf den Suez-Kanal angewiesen, da sie alle erforderlichen Lieferungen über das Mittelmeer bekämen.

Er habe Kissinger wissen lassen, daß auch über die militärischen Aspekte gesprochen werden müsse. Dabei sei klargeworden, daß es den Israelis nicht darum gehe, Fortschritte zu erzielen. Vielmehr wollten sie Kissingers Mission scheitern lassen.

Der israelische Vorschlag, die Ölfelder zurückzugeben, sei durch die Hoffnung inspiriert worden, Öl aus dem Iran zu beziehen. Der Vorschlag, die Ölfelder als Enklave zurückzugeben, sei überdies unannehmbar. Vielmehr müßte die jetzige Waffenstillstandslinie nach Süden hin soweit verlängert werden, daß sie auch die Ölfelder einschließe. AM Fahmi legte im einzelnen die Vorschläge Ägyptens bezüglich der Ölfelder und der Pässe dar. Die Israelis wollten die Pässe nicht aufgeben, weil sie die beste Verteidigungslinie darstellten. Sie bemühten sich außerdem, den amerikanischen Kongreß gegen die Regierung auszuspielen, Kissinger anzugreifen, die jüdische Lobby zu mobilisieren und dem Bild der Amerikaner in der Welt Schaden zuzufügen. Kissinger habe den Mißerfolg seiner Mission nicht als persönlichen, sondern als amerikanischen Mißerfolg angesehen. Es liege auf der Hand, daß die Kommunisten ein sehr starkes Interesse daran hätten, frühere Positionen zurückzugewinnen oder neue zu erlangen, wie beispielsweise in Ägypten, Portugal und Spanien. Die Amerikaner befänden sich noch mitten in einem Prozeß des Umdenkens, der, wie ihm der amerikanische Botschafter[6] gesagt habe, in einer Woche abgeschlossen sein werde. Er selbst glaube, daß es mindestens vier Wochen dauern werde.

Der Herr *Minister* bezog sich auf Äußerungen von AM Fahmi vom Vortage, aus denen er den Eindruck gewonnen habe, daß er bezüglich einer Genfer Konferenz[7] skeptisch sei.[8] Demnach seien weitere bilaterale Bemühungen nicht ausgeschlossen.

---

[6] Hermann Eilts.

[7] Zur Friedenskonferenz für den Nahen Osten in Genf vgl. Dok. 76, Anm. 20.

[8] Über das Gespräch des Bundesministers Genscher mit dem ägyptischen Außenminister im Beisein der Delegationen am 14. April 1975 teilte Ministerialdirektor Lahn, z. Z. Kairo, am 18. April 1975 mit, Fahmi habe zu einer Friedenskonferenz für den Nahen Osten in Genf geäußert: „Die ägypti-

AM *Fahmi* sagte, man werde sich erneuten amerikanischen Versuchen nicht widersetzen, doch sei eine Beendigung des Kriegszustandes politisch ausgeschlossen. Die Russen setzten Ägypten wirtschaftlich, finanziell und rüstungspolitisch erheblichem Druck aus, dem Ägypten aber nicht nachgeben werde. Offensichtlich fürchteten die Russen die Politik der offenen Tür. Was die Technologie angehe, so liege Ägypten sehr viel daran, sie aus dem Westen zu beziehen, was wiederum den Russen ein Dorn im Auge sei. Was die Russen anböten, sei zum Teil veraltet oder nur unter dem Gesichtspunkt ägyptischer Gegenlieferungen ausgesucht. So nehme beispielsweise die Sowjetunion Schuhe im Wert von 17 Millionen Pfund ab.

Der Herr *Minister* erwähnte das Gespräch mit Botschafter Meroz kurz vor seiner Reise.[9] Er zählte im einzelnen auf, wozu Israel nach den Worten des Botschafters bereit sei, wenn seitens Ägyptens ein Gewaltverzicht erklärt werde.

AM *Fahmi* sagte, im Grunde wollten die Israelis die Pässe nicht räumen. Eine Freigabe des Gebietes nördlich der Pässe bis zum Mittelmeer sei von keinem militärischen Wert. Ägyptischerseits habe man nicht auf den Pässen bestanden, sondern vorgeschlagen, daß sich beide Seiten zurückzögen und die Pässe selbst von den VN besetzt würden. Die Israelis müßten aber die auf den Pässen installierten Warnsysteme abbauen. Diese seien ohnehin völlig überflüssig, da israelische Aufklärungsflugzeuge das ganze Gebiet erfassen könnten, selbst wenn sie 37 km innerhalb der Grenze flögen. Außerdem habe das Schicksal der Bar-Lev-Linie[10] den zweifelhaften Wert solcher Einrichtungen gezeigt. Falls der Herr Minister sich einen persönlichen Eindruck verschaffen wolle, lasse sich dies leicht arrangieren.

Der Herr *Minister* sagte, sein Programm lasse dies nicht zu. Seine Absage beruhe nicht auf politischen Überlegungen.

Fortsetzung Fußnote von Seite 380
sche Regierung sei weiterhin bereit, Vorschläge für Zwischenlösungen zu prüfen, vorausgesetzt jedoch, daß Israel in diesen Vorschlägen inflexible Haltung aufgebe. Ägypten werde seine Kräfte zwar für den Aufbau des Landes einsetzen, gleichzeitig aber auch seine Verteidigungsbereitschaft erhöhen, um zur Befreiung der von Israel seit 1967 besetzt gehaltenen ägyptischen Gebiete für den Fall ausgerüstet zu sein daß eine friedliche Lösung sich als unmöglich erweisen sollte. Etwas überraschend sagte Fahmi, er würde eine Teilnahme der Bundesrepublik an der Genfer Konferenz begrüßen. Allerdings müsse Ägypten vorher wissen, daß die Bundesrepublik eine positive Nahostpolitik zu führen bereit sei." Vgl. den Drahtbericht Nr. 657; Referat 010; Bd. 178620.

9 Vortragender Legationsrat Niemöller vermerkte über das Gespräch des Bundesministers Genscher mit dem israelischen Botschafter am 11. April 1975, Meroz habe die israelische Haltung zur jüngsten Entwicklung im Nahostkonflikt folgendermaßen erläutert: „1) Der Hauptgrund für das Scheitern der Mission AM Kissingers sei gewesen, daß Israel von Ägypten eine Erklärung über die Beendigung des Kriegszustandes (non-belligerency) erhofft habe, zu der Ägypten aber nicht bereit gewesen sei; 2) Als dies klar geworden sei, habe Israel eine Gewaltverzichtserklärung Ägyptens akzeptiert. Als Gegenleistung sei es bereit gewesen: Abu Rodeis mit Landverbindung zurückzugeben; die Pässe zu räumen, habe dort aber ein Warnsystem gegen ägyptische Überraschungsangriffe einrichten wollen. Ägypten wäre eine gleiche Möglichkeit eingeräumt worden. Entmilitarisierungsmaßnahmen hätten diese Regelung ergänzen sollen; nördlich der Pässe das gesamte Gebiet bis zum Mittelmeer zu räumen." Vgl. Referat 310, Bd. 104790.

10 Der israelische Generalstabschef Bar-Lev veranlaßte nach dem Krieg vom 5. bis 10. Juni 1967 den Bau einer Reihe von stark besetzten und mit großen Mengen an Waffen und Munition ausgestatteten Beobachtungsposten am Suez-Kanal. Die „Bar-Lev-Linie", die als uneinnehmbar galt, wurde in dem am 6. Oktober 1973 begonnenen arabisch-israelischen Krieg („Jom-Kippur-Krieg") von ägyptischen Streitkräften überrannt.

AM *Fahmi* erinnerte an den Besuch Bundeskanzler Brandts[11], dessen Denken durch die an der Bar-Lev-Linie gewonnenen Eindrücke sehr stark beeinflußt worden sei. Die Israelis hätten für den Bau dieser Linie 350 Millionen Dollar ausgegeben, die Ägypter hätten alles innerhalb von sechs Stunden zunichte gemacht.

Der Herr *Minister* sagte, wenn er es richtig verstehe, wolle man nun abwarten, ob die Amerikaner nach dem Besuch Allons[12] neue Vorschläge machten. Deutscherseits sei man Genf gegenüber auch skeptisch. Die Erhöhung der Teilnehmerzahl sei keine Garantie für raschen Erfolg. Man würde neue Bemühungen Kissingers begrüßen und wie in der Vergangenheit unterstützen. Man sei an einer vernünftigen Lösung und einem Erfolg der Vereinigten Staaten interessiert, die der engste Verbündete seien. Wir würden jeden Erfolg begrüßen, der es ermöglichen würde, daß Ägypten und Israel zusammenkämen.

AM *Fahmi* sagte, es bestehe kein Zweifel an der deutschen Haltung, doch frage er sich, welche Rolle Europa spielen könne. Wenn die Vereinigten Staaten ihre Rolle nicht mehr spielen könnten, stelle sich die Frage, was in einer Situation geschehe, in der die Europäer sagten, sie könnten nichts tun. Gehe dann die Angelegenheit an die VN zurück? Werde Ägypten gezwungen, Waffen zu kaufen, wo immer dies möglich sei, auch bei der Sowjetunion, was es nicht wolle?

Der Herr *Minister* bezog sich auf die Ostpolitik und unterstrich, wie schwierig es innenpolitisch sei, aus einer festgefahrenen Situation herauszukommen. Deshalb verstehe man auch die Probleme, wenn in einem Land um neue Positionen gerungen werde. Israel fehle der große Mann, der wie einst de Gaulle in Nordafrika den Wandel vollziehen könne. Er habe Allon gesagt, die Gespräche, die über Kissinger mit Ägypten geführt würden, böten eine historische Chance, die genutzt werden sollte, da sie auch im Interesse Israels liegen dürfte.[13] Jetzt werde viel von der Meinungs- und Willensbildung in Israel abhängen. In Dublin[14] sei man sich darüber im klaren gewesen, daß eine Abkehr Europas von Israel Enttäuschung auslösen und den Ultras Auftrieb geben könnte. Dies würde die Situation noch unübersichtlicher und gefährlicher machen.

Deshalb versuche man, einen konstruktiven Beitrag zu einer realistischen Lösung auf der Grundlage der Erklärung vom November 1973[15] zu leisten. Bei der Schaffung von Frieden und Stabilität gehe es um gemeinsame Interessen benachbarter Regionen. Wenn die Europäer aufgefordert würden, Verantwortung zu übernehmen, so seien sie dazu bereit, wodurch aber amerikanische Bemühungen nicht gestört werden dürften. Seine frühere Bemerkung, eine hohe Teilnehmerzahl in Genf sei keine Gewähr für raschen Erfolg, stehe nicht im Widerspruch zur Unterstützung einer englischen und französischen Teilnahme, weil damit das europäische Element gestärkt werde. Der britische Außen-

---

[11] Bundeskanzler Brandt besuchte Israel vom 7. bis 11. Juni 1973. Vgl. dazu AAPD 1973, II, Dok. 184 und Dok. 191.
[12] Der israelische Außenminister Allon hielt sich am 21. April 1975 in den USA auf.
[13] Für das Gespräch des Bundesministers Genscher mit dem israelischen Außenminister Allon am 26. Februar 1975 vgl. Dok. 37.
[14] Zum informellen Treffen der Außenminister der EG-Mitgliedstaaten im Rahmen der EPZ am 12./13. April 1975 in Dublin vgl. Dok. 76.
[15] Zur Nahost-Erklärung der Außenminister der EG-Mitgliedstaaten vom 6. November 1973 vgl. Dok. 29, Anm. 3.

minister[16] habe ihn darum gebeten, Herrn Fahmi zu sagen, daß die britische Regierung sich einer Bitte nicht entziehen werde, sich andererseits aber auch nicht aufdrängen wolle. Die Engländer sähen die Situation bezüglich der Amerikaner wie wir. Man dürfe die Möglichkeiten Europas nicht überschätzen, denn es sehe sich auch internen Schwierigkeiten gegenüber. Bezüglich der Nahostpolitik sei man aber trotz einiger Differenzen in einigen formellen Fragen einer Meinung.

AM *Fahmi* bezweifelte, daß sich eine Parallele zur Ostpolitik ziehen lasse, da der Widerstand gegen eine Lösung bisher immer von der anderen Seite gekommen sei.

Der Herr *Minister* unterstrich, daß es ihm nicht um einen Vergleich gegangen sei. Er habe nur die Schwierigkeit unterstrichen, starre Vorstellungen und Positionen zu überwinden. Israel müsse realistische Schritte tun, wobei die Zeitfrage eine wesentliche Rolle spielte. Der in Gang gekommene Prozeß sollte beschleunigt werden, ohne ihn zu überstürzen oder zu unterbrechen.

AM *Fahmi* sagte, er sei nicht sicher, ob Israel tatsächlich den Frieden wolle und dazu fähig sei. Es sei eine offene Frage, ob der derzeitigen israelischen Haltung taktische oder strategische Überlegungen zugrunde lägen.

AM Fahmi kam noch einmal auf das zurück, was er als die entscheidende Frage bezeichnete: Wer werde das Vakuum füllen, falls die Vereinigten Staaten versagen sollten – die Sowjetunion oder Europa? Für die Europäer laute die Frage, ob sie hierzu bereit seien oder dies den Sowjets überließen.

Der Herr *Minister* erwiderte, man werde das keineswegs den Sowjets überlassen. Er wiederholte, daß die Europäer bereit seien, Verantwortung zu übernehmen, jedoch nicht gegen die Amerikaner. Sollte ein Fall eintreten, wie ihn AM Fahmi genannt habe, so müßten sich die Europäer in dieser Stunde ihrer Verantwortung bewußt sein. Was die andere Frage angehe, so könne man nicht übersehen, daß es in allen Ländern Leute gebe, für die, auch wenn es um den Frieden gehe, die Taktik im Vordergrund stehe. Er glaube aber, daß verantwortungsbewußte Männer wie Allon die Interessen richtig einzuschätzen wüßten. Israel könne von einem Konflikt nichts gewinnen. Er seinerseits wolle AM Fahmi fragen, welche Rolle Europa denn spielen könne.

AM *Fahmi* antwortete, Europa sollte deutlich seine Haltung darlegen und klarmachen, daß es eine Fortsetzung des Zustandes, der weder Friede noch Krieg sei, nicht dulden könne und echten Fortschritt zu sehen wünsche. Wenn Europa amerikanische Initiativen weiterhin unterstütze, so sollte es ernsthaft mit den Israelis reden.

Der Herr *Minister* erinnerte an den Wunsch AM Fahmis, nicht die sog. Kurzformel zu benutzen. Als Allon sein Gast gewesen sei, habe er bei einem Essen in Anwesenheit israelischer Journalisten die einzelnen Punkte aufgezählt.[17]

---

[16] James Callaghan.
[17] In der Tischrede anläßlich des Besuchs des israelischen Außenministers Allon führte Bundesminister Genscher am 26. Februar 1975 aus: „Unsere Haltung beruht unverändert auf einer integralen Anwendung der Sicherheitsratsentschließungen Nr. 242 und Nr. 338 und der gemeinsamen Erklärung der neun Außenminister der Europäischen Gemeinschaft vom 6. November 1973." Vgl. BULLETIN 1975, S. 262.

Die Politik Sadats habe er öffentlich als konstruktiv und hilfreich bezeichnet.[18] Solche Äußerungen würden ihre Wirkung in Israel sicher nicht verfehlen. Man dürfe den dortigen Prozeß aber nicht überstürzen, da er sonst zu unkontrollierbaren Reaktionen führen würde. Entscheidend sei, wieviel Zeit man habe. Vorschläge und Reaktionen wie die Sadats ermöglichten es der deutschen Seite, auf die Israelis einzuwirken. Eine ausgewogene Politik sei eine ehrliche Politik, und deutscherseits spreche man überall mit einer Zunge. Von den neun Ländern sei es für Deutschland aus naheliegenden Gründen sicher am schwierigsten, einen ausgewogenen Beitrag zu leisten. Er halte es aber aufgrund der freundschaftlichen Beziehungen zu den arabischen Ländern, aber auch zu Israel, für möglich.

Das Gespräch endete gegen 12.30 Uhr.

Referat 010, Bd. 178620

81

Gespräch des Bundeskanzlers Schmidt mit Staatspräsident Giscard d'Estaing

15. April 1975[1]

Gespräch des Herrn Bundeskanzlers mit Giscard d'Estaing am 15. April 1975, 19.15 Uhr (Dauer: ca. 1/2 Std.)

Der *Bundeskanzler* leitete das Gespräch mit der Frage nach dem Verlauf der Algerienreise des französischen Präsidenten[2] ein. *Giscard* erwiderte, sie sei schwierig gewesen. Man habe ihm aber einen guten Empfang bereitet. Die Bevölkerung sei freundlich gewesen, und die Regierung habe auch eine konkrete Geste der Versöhnung gezeigt (Besuch Boumediennes bei einem französischen Empfang bei Anwesenheit ehemaliger Siedler).

Das Gesamtergebnis sei positiv zu bewerten.

Auf die Frage, ob persönliche Beziehungen mit Boumedienne möglich gewesen seien, antwortete Giscard, sein algerischer Gesprächspartner sei früher hart

---

[18] In einem Interview mit der Middle East News Agency und dem ägyptischen Rundfunk äußerte Bundesminister Genscher: „Es ist richtig, daß der Nahostkonflikt Europa und auch die Bundesrepublik in jeder Weise berührt. Deshalb sind auch wir an einer baldigen friedlichen Regelung dringend interessiert. Zur gegenwärtigen Lage ist zu sagen, daß uns das Ausbleiben von Fortschritten sehr enttäuscht hat. Um so mehr ist anzuerkennen, daß es keinen Rückfall in Richtung einer Konfrontation gegeben hat. Vielmehr hat Präsident Sadat eine sehr konstruktive und verantwortungsbewußte Haltung eingenommen, als er die Verlängerung des VN-Mandats und die Öffnung des Suez-Kanals in Aussicht stellte. Solche Gesten politischer Vernunft und des guten Willens sind einer friedlichen Regelung sicherlich förderlich." Vgl. die Aufzeichnung des Presse- und Informationsamts vom 13. April 1975; Referat 010, Bd. 178620.

[1] Die Gesprächsaufzeichnung wurde von Legationsrat I. Klasse Leonberger, Bundeskanzleramt, gefertigt.

[2] Staatspräsident Giscard d'Estaing hielt sich vom 10. bis 12. April 1975 in Algerien auf.

gewesen, sei jetzt aber realistischer und gemäßigter. Er habe Vorbehalte gegen die USA, könne aber ein guter Partner für Europa werden.

Der *Bundeskanzler* sagte, ihm sei gerüchteweise zugetragen worden, daß zwischen Boumedienne und Giscard Einigung über einen Tagesordnungsentwurf für die Vorkonferenz der erdölverbrauchenden und erdölerzeugenden Länder[3] erzielt worden sei. *Giscard* berichtete, Boumedienne habe zunächst auf einer gleichmäßigen Behandlung der Energie- und Rohstoff-Fragen bestanden. Er habe ihm jedoch erklärt, daß dies unrealistisch sei, wobei er allerdings auch unterstrichen habe, daß auch die Probleme der Entwicklungsländer auf der Konferenz berücksichtigt werden sollten. Auf dieser Linie sei man sich schließlich sehr nahegekommen. Gegen die gemeinsam erarbeitete Grundlage hätten aber die Europäer Bedenken gehabt, worauf sich die französische Delegation wieder auf die generelle Linie der ölverbrauchenden Länder zurückzog. Die Pariser Konferenz habe infolgedessen gestern abend kurz vor dem Abbruch gestanden. Eine neue Initiative habe sich nach einem überraschenden Privatbesuch des iranischen Premierministers Hoveyda entwickelt. Der neue Vorschlag, der von Venezuela, Iran und Algerien unterstützt wird, ziele darauf ab, in der Tagesordnung für die Hauptkonferenz nur die Hauptfragen aufzulisten, wie z. B.

1) Energiefragen einschl. Erdöl,

2) Rohstoff-Fragen (einschl. Nahrungsmittelversorgung),

3) Finanzierung der Entwicklung u. a.

Dieser Vorschlag werde augenblicklich von den Europäern gemeinsam mit den Amerikanern und den Japanern diskutiert. Die deutsche Delegation verhalte sich sehr zurückhaltend und flexibel; sie werde sich aber im Ergebnis vermutlich der Haltung der Amerikaner und Briten anschließen, die im Prinzip gegen die Pariser Vorkonferenz seien.

Auf die Frage des Bundeskanzlers nach einer Erklärung für die britische Haltung nannte Giscard zwei Gründe:

a) die Briten hätten sich mit den Amerikanern dahingehend geeinigt, daß man ein Scheitern der gegenwärtig laufenden Konferenz nicht verhindern solle, aber nach der Commonwealth-Konferenz[4] neue Vorschläge mehr oder weniger des gleichen Inhalts auf den Tisch legen werde;

b) die USA seien verstimmt über die französische Vietnampolitik.

Giscard äußerte, er finde die europäische Haltung unverständlich und bedauere, daß man die Probleme nicht realistisch sehe. Ein Scheitern der Konferenz müßte von den Entwicklungsländern mit Recht als ein feindseliges Verhalten der Industrieländer interpretiert werden.

Der *Bundeskanzler* unterstrich, daß er die Meinung Giscards in den folgenden Punkten teile:

– wenn die Tagesordnung nur eine Auflistung der Probleme ohne eine Präjudizierung der Lösung enthalte, sei diese akzeptabel;

---

3 Zur Vorkonferenz der erdölproduzierenden und -verbrauchenden Staaten vom 7. bis 15. April 1975 in Paris vgl. Dok. 87.
4 Die Konferenz der Regierungschefs der Commonwealth-Staaten fand vom 29. April bis 6. Mai 1975 in Kingston statt. Vgl. dazu Dok. 76, Anm. 18.

– eine französische Isolierung sei nicht wünschenswert;
– er habe seine Delegation vor einer Isolierung gewarnt, gleichzeitig aber darauf hingewiesen, daß es sich bei den anstehenden Fragen um die Hauptprobleme der Weltpolitik dieses Jahres handele und man sich entsprechend verhalten müsse. Über eine Absprache zwischen den Briten und den Amerikanern und über die amerikanische Verstimmung über die französische Vietnampolitik habe er keine Informationen.

Giscard riet dem Bundeskanzler auf dessen Frage zu einer sofortigen Intervention. Der *Bundeskanzler* sagte zu, daß er seine Delegation um eine Unterbrechung der Besprechungen bitten werde und nach Prüfung der Delegationsberichte Weisung erteilen werde, im Prinzip die französische Linie zu unterstützen.

Der Bundeskanzler fragt den französischen Präsidenten, ob er es für nützlich halte, falls die Hauptkonferenz tatsächlich stattfinden werde, Empfehlungen einer privaten Expertenrunde[5] für deren Vorbereitung einzuholen. Die Frage, ob Giscard mit Boumedienne hierüber bereits gesprochen habe, wurde verneint.

Auf die positive Antwort Giscards zu dem Vorschlag des Bundeskanzlers wurde über das weitere Verfahren folgendes vereinbart:
– Der Bundeskanzler schlägt dem Iran vor, über seine Verbindung je einen Experten aus Venezuela, Algerien, Saudi-Arabien, dem Iran und aus den USA, Großbritannien, Frankreich, Japan und der Bundesrepublik zu einer Gesprächsrunde über Energie- bzw. Erdölfragen einzuladen.[6]
– Außenminister Genscher kündigt den Saudis bei seinem gegenwärtigen Besuch[7] die iranische Initiative an.[8]
– Giscard tut das gleiche über seine Kontakte zu Boumedienne und zu der Regierung Venezuelas.

Die beiden Gesprächspartner schlossen mit der übereinstimmenden Auffassung, daß man die Probleme dieser Welt real sehen müsse, und unterstrichen ihre Entschlossenheit, die Pariser Konferenz zu einem positiven Ergebnis zu führen

---

[5] Bundeskanzler Schmidt schlug Staatspräsident Giscard d'Estaing, Premierminister Wilson und Präsident Ford mit Schreiben vom 23. Dezember 1974 eine private Konferenz unabhängiger Sachverständiger aus erdölproduzierenden und -verbrauchenden Staaten zu Energiefragen vor. Vgl. dazu AAPD 1974, II, Dok. 382.
Am 2./3. Februar 1975 fand ein privates Treffen unabhängiger Sachverständiger aus erdölverbrauchenden Staaten in Kronberg statt, ein weiteres am 22./23. März 1975 in New York. Vgl. dazu Dok. 41, Anm. 5 und 6.

[6] Vgl. dazu die Gespräche des Bundeskanzlers Schmidt mit dem iranischen Wirtschaftsminister Ansari am 30. April 1975 bzw. am 9. Mai 1975 in Hamburg; Dok. 97 und Dok. 108.

[7] Bundesminister Genscher hielt sich am 16./17. April 1975 in Saudi-Arabien auf. Vgl. dazu Dok. 89.

[8] Am 16. April 1975 informierte Staatssekretär Gehlhoff Bundesminister Genscher, z. Z. Djidda, darüber, daß Botschafter Wieck, Teheran, angewiesen werde, der iranischen Regierung vorzuschlagen, die Initiative zu einer „Zusammenkunft privater Sachverständiger für Fragen des Erdöls und damit zusammenhängende Finanzprobleme" zu ergreifen. Bundeskanzler Schmidt bitte darum, gegenüber dem „höchstrangigen saudischen Gesprächspartner die Initiative des Bundeskanzlers [zu] erwähnen und [zu] erläutern, verbunden mit der Bitte, die Unterrichtung vertraulich zu behandeln und nicht in weitere Kanäle (OPEC) einfließen zu lassen". Vgl. den Drahterlaß Nr. 104; VS-Bd. 523 (014); B 150, Aktenkopien 1975.

und die Expertenrunde mit dem Ziel der Erarbeitung sachlicher Vorschläge in Kürze einberufen zu lassen.[9]

Helmut-Schmidt-Archiv, 1/HSAA 006586

82

Aufzeichnung des Ministerialdirigenten Fischer

302-321.00 VIV-618/75 VS-vertraulich   15. April 1975[1]

Herrn Staatssekretär[2]

Betr.: Verhandlungen über die Aufnahme diplomatischer Beziehungen zu Nordvietnam[3]

Mit dem Vorschlag vorgelegt:

Folgenden Text einer Antwort auf die letzte Mitteilung des nordvietnamesischen Botschafters vom 3.4.1975 zuzustimmen:[4]

1) Die Bundesregierung kann kein Junktim zwischen der Klarstellung ihrer Vertretungsrechte für Berlin (West) und anderen Fragen akzeptieren.

2) Die Bundesregierung bestimmt ihre Haltung zum Pariser Vietnam-Abkommen[5] unabhängig von den Verhandlungen über die Aufnahme diplomatischer Beziehungen mit der Demokratischen Republik Vietnam.

Aus den bisher zu diesem Thema abgegebenen Erklärungen geht eindeutig hervor, daß die Bundesregierung das Abkommen positiv beurteilt und für seine Einhaltung durch alle Parteien eintritt.

---

[9] Am 21. April 1975 teilte Bundeskanzler Schmidt Staatspräsident Giscard d'Estaing mit, er sei nach dem erfolgreichen privaten Treffen unabhängiger Sachverständiger aus erdölverbrauchenden Staaten am 22./23. März 1975 in New York „noch mehr als zuvor in der Überzeugung bestärkt, daß derartige Treffen nützliche Beiträge für den Entscheidungsprozeß der Regierungen liefern können. Ich habe Präsident Ford und Premierminister Wilson geschrieben, daß ich es jetzt, nachdem die Pariser Vorkonferenz unterbrochen werden mußte, für zweckmäßig halte, die Absicht zu verwirklichen, die auch die Sachverständigen in New York empfohlen haben, nämlich ein Treffen dieser Gruppe mit Sachverständigen aus einigen Produzentenländern zu arrangieren." Für das von Vortragendem Legationsrat I. Klasse Schönfeld mit Drahterlaß Nr. 417 am 22. April 1975 an die Botschaft in Paris übermittelte Schreiben vgl. VS-Bd. 523 (014); B 150, Aktenkopien 1975.
Für die Schreiben an Ford und Wilson vom selben Tag vgl. VS-Bd. 523 (014); B 150, Aktenkopien 1975.
[1] Die Aufzeichnung wurde von Vortragendem Legationsrat Keil und von Legationsrat I. Klasse Truhart konzipiert.
[2] Hat Staatssekretär Gehlhoff am 18. April 1975 vorgelegen.
[3] Die Bundesrepublik verhandelte seit dem 27. November 1974 mit der Demokratischen Republik Vietnam (Nordvietnam) über die Aufnahme diplomatischer Beziehungen. Vgl. dazu Dok. 14.
[4] Zu diesem Absatz vermerkte Staatssekretär Gehlhoff handschriftlich: „Ja".
[5] Zu den Abkommen vom 27. Januar bzw. 2. März 1973 über die Beendigung des Kriegs und die Wiederherstellung des Friedens in Vietnam sowie zum Zusatzabkommen vom 13. Juni 1973 vgl. Dok. 14, Anm. 7 und 11, sowie Dok. 67, Anm. 1.

3) Die Bundesregierung ist damit einverstanden, daß die Verhandlungsführer[6] ihre Vertreter mit der Erörterung von Einzelfragen befassen, die sich aus den Formulierungen der Texte ergeben, die der nordvietnamesischen Seite übergeben worden sind.

Sachdarstellung

1) Die seit 27. November 1974 von den Botschaftern beider Länder in Paris vertraulich geführten Verhandlungen über die Aufnahme diplomatischer Beziehungen zwischen der Bundesrepublik Deutschland und der Demokratischen Republik Vietnam sind nach der sechsten Gesprächsrunde am 5. März 1975 ohne Vereinbarung eines neuen Termins unterbrochen worden. Beide Seiten haben jedoch ihre Bereitschaft zur jederzeitigen Wiederaufnahme der Verhandlungen erklärt, falls der Verhandlungspartner auf die Vorstellungen der eigenen Seite eingehen würde.[7]

2) Wir bestehen auf einer schriftlich fixierten Klarstellung der Vertretungsrechte unserer künftigen Botschaft in Hanoi für die Interessen von Berlin (West) als Voraussetzung für die Vereinbarung über die Aufnahme diplomatischer Beziehungen. Des weiteren wollen wir eine schriftliche Vereinbarung über die Vorrechte und Befreiungen der künftigen Botschaften in Hanoi und Bonn.

Die Nordvietnamesen, die anfangs nur über die Redaktion eines Kommuniqués über die Aufnahme diplomatischer Beziehungen verhandeln wollten, haben sich zu einer vorherigen Vereinbarung über die Vorrechte und Befreiungen der Botschaften bereit erklärt. Sie machten jedoch ein Eingehen auf unsere Berlin (West) betreffenden Forderungen abhängig von unserer Bereitschaft, uns schriftlich zur Beachtung des Pariser Vietnam-Abkommens vom 27. Januar 1973 und einem als „non-hostilé" umschriebenen Wohlverhalten gegenüber der Provisorischen Revolutionsregierung in Südvietnam (PRG) zu verpflichten.

Dieses nordvietnamesische Junktim haben wir abgelehnt. Daraufhin lehnte der nordvietnamesische Verhandlungsführer die Behandlung der Berlin (West) betreffenden Fragen ab.

Während einer Begegnung am 3.4.1975 aus anderem Anlaß, schwächte der nordvietnamesische Botschafter seine Forderung dahin ab, daß wir unsere „nichtfeindliche Haltung" gegenüber dem Pariser Abkommen und der Provisorischen Revolutionsregierung in irgendeiner Form bekunden sollten. Er verwies auf die Erklärung des japanischen Premierministers[8] vom 29.1.1974, die die nordvietnamesische Regierung zur Kenntnis genommen habe. Sie lautete: „Obwohl die japanische Regierung die Provisorische Revolutionsregierung nicht anerkennt, nimmt sie dennoch gegenüber der Provisorischen Revolutionsregierung keine feindliche Haltung ein." Im übrigen erklärte er sich grundsätzlich mit den von uns überreichten Papieren zur Frage der Vertretung Berlins und des Status

---

[6] Sigismund Freiherr von Braun und Vo Van Sung.
[7] Zum Gespräch des Botschafters Freiherr von Braun, Paris, mit dem nordvietnamesischen Botschafter Sung am 5. März 1975 vgl. den Drahtbericht Nr. 687 von Braun vom selben Tag; VS-Bd. 10033 (302); B 150, Aktenkopien 1975.
[8] Kakuei Tanaka.

unserer Vertretung einverstanden, wo nur einige Details noch zu besprechen seien. Dies solle alsbald durch Vertreter der Verhandlungsführer geschehen.[9]

3) Die Nordvietnamesen wollen unser Interesse an einer Anerkennung unserer Vertretungsrechte für Berlin (West) als Hebel benutzen, um eine Änderung unserer Politik gegenüber Südvietnam zu erreichen. Auch gegenüber anderen westlichen Ländern hat Hanoi durch das Hinauszögern einer Vereinbarung über die Errichtung von Botschaften (Japan), der Erteilung des Agréments für den Botschafter (Italien), des Termins für die Überreichung des Beglaubigungsschreibens (Großbritannien, Kanada, Niederlande) bzw. der Entsendung eines Botschafters (Frankreich) eine Änderung der Haltung zur PRG zu bewirken versucht. Die genannten Staaten mußten z. T. länger als ein Jahr warten. Sie haben schließlich, ohne ihre Haltung gegenüber der PRG zu ändern, in den letzten Monaten ihr Ziel erreicht. Der britische Botschafter hat zwar kein Beglaubigungsschreiben überreichen können, doch hat die britische Regierung durch Herabstufung ihrer Vertretung auf Geschäftsträgerebene das Problem gelöst.

Das letztliche Einlenken Hanois gegenüber diesen Staaten wird in dem Zusammenhang gebracht mit dem zunehmenden nordvietnamesischen Interesse an Verbindungen zu und Hilfe aus den westlichen Industrieländern für seinen wirtschaftlichen Aufbau.

4) Wir stehen nicht unter Zeitdruck, der uns zu einem baldigen Abschluß der Verhandlungen drängen würde. Die Beweggründe der Kabinettsentscheidung vom 11. Juli 1973, Hanoi Gespräche über die Aufnahme diplomatischer Beziehungen anzubieten[10] (unsere grundsätzliche Bereitschaft zu Beziehungen mit allen Staaten, Beitrag zur Stabilisierung der Region), sind längerfristiger Natur. Zum gegenwärtigen Zeitpunkt haben wir kein ins Gewicht fallendes Interesse, das unsere Präsenz in Hanoi als vordringlich erscheinen läßt.

Wir können auch in der Sache keine Zugeständnisse machen. Wie immer sich infolge der Ereignisse in Südvietnam der völkerrechtliche Status der PRG entwickeln mag, wäre es außerordentlich gefährlich, irgendeine Verbindung zwischen der Berlin-Frage und dem Komplex des Pariser Vietnam-Abkommens sowie der PRG und damit den Anschein einer beides verbindenden Geschäftsgrundlage zuzulassen.

5) Als diejenigen, die die Initiative ergriffen hatten, sollten wir an unserer grundsätzlichen Bereitschaft zur Herstellung der diplomatischen Beziehungen zu Nordvietnam auch weiterhin keinen Zweifel lassen. Die unter Punkt 4) genannten Beweggründe sind nach wie vor gültig. Darüber hinaus haben wir auch die wachsende politische Bedeutung Nordvietnams für die Entwicklung der südasiatischen Region in unsere Überlegungen einzubeziehen. Die gegenwärtige militärische Offensive Nordvietnams gegen Südvietnam sollte uns nicht zu einer Demonstration der Mißbilligung veranlassen. Wir haben unser Angebot zur Aufnahme diplomatischer Beziehungen nie von einer Änderung

---
[9] Zum Gespräch des Botschafters Freiherr von Braun, Paris, mit dem nordvietnamesischen Botschafter Sung am 3. April 1975 vgl. den Drahtbericht Nr. 995 von Braun vom selben Tag; VS-Bd. 10033 (302); B 150, Aktenkopien 1975.
[10] Zur Entscheidung der Bundesregierung vom 11. Juli 1973 vgl. AAPD 1973, II, Dok. 223.

des Verhaltens Hanois gegenüber Südvietnam abhängig gemacht. Eine Entscheidung, die Verhandlungen gegenwärtig einzufrieren, wäre – wegen der vereinbarten Vertraulichkeit – ein wenig öffentlichkeitswirksamer Schritt. Sie würde auf das Verhalten Nordvietnams nicht im positiven Sinne wirken. Vielmehr würden wir uns eines Kanals berauben, den wir möglicherweise für die Rettung von Deutschen benötigen, die bereits in den kommunistischen Machtbereich geraten sind (freiwillig ein deutscher Pfarrer in Dalat) oder noch geraten könnten.

Andererseits sollten wir die Verhandlungen nicht überhastet führen und eine Vereinbarung über die Aufnahme diplomatischer Beziehungen nicht zu einem Zeitpunkt vornehmen, der in Verbindung mit den gegenwärtigen militärischen Aktionen Nordvietnams in Südvietnam gesehen werden könnte. Die anstehenden Sachdifferenzen in Grundsatz- und Detailfragen sind gegenwärtig noch so groß, daß mit einem raschen Abschluß der Verhandlungen nicht zu rechnen ist.

Die Referate 500 und 210 haben mitgezeichnet.

Fischer

VS-Bd. 10033 (302)

83

Vortragender Legationsrat Niemöller an die Botschaft in Washington

310-310.10 NO-543[I]/75 geheim   Aufgabe: 15. April 1975, 18.07 Uhr[1]
Fernschreiben Nr. 406

Betr.: Schreiben AM Kissingers an den Herrn Bundesminister vom 22.3.

Nachfolgend wird Wortlaut des Antwortschreibens des Herrn Bundesministers an AM Kissinger mit der Bitte um Weiterleitung übermittelt. Originalschreiben folgt bei nächster Gelegenheit mit Kurier. Folgt Text:

Lieber Herr Kollege,

im Anschluß an unser Telefongespräch vom 23. März 1975 möchte ich Ihnen noch einmal brieflich für Ihr Schreiben vom 22. März danken, mit dem Sie mich von der Unterbrechung ihrer Vermittlungsbemühungen im Nahen Osten[2] unterrichteten. Ich bedaure es außerordentlich, daß trotz Ihrer sachkundigen und engagierten Anstrengungen ein positives Ergebnis angesichts der Haltung der Parteien nicht hat erzielt werden können. Gleichwohl gebührt Ihnen Dank und Anerkennung für Ihren großen persönlichen Einsatz. Ich bin zuversicht-

---

[1] Durchdruck.
[2] Zum Abbruch der Bemühungen des amerikanischen Außenministers Kissinger um eine Vermittlung im Nahost-Konflikt vgl. Dok. 62, Anm. 11.

lich, daß Ihre vertrauensvollen Beziehungen zu den Staatsmännern der Region und Ihr Verhandlungsgeschick es Ihnen doch noch ermöglichen werden, einen weiteren sichtbaren Beitrag zum Frieden im Nahen Osten zu leisten.

Im letzten Satz Ihres Schreibens lassen Sie mich wissen, daß Ihnen etwaige Gedanken zu diesem Fragenkreis willkommen seien. Ich möchte mich heute auf zwei Gesichtspunkte beschränken: Im Hinblick auf die möglichen Auswirkungen eines neuen Konflikts im Nahen Osten auf den Weltfrieden erscheint es mir von besonderer Bedeutung, die Konfliktparteien nachdrücklich auf ihre Verantwortung für den Frieden hinzuweisen und sie um Mitwirkung bei der Herstellung der Bedingungen für eine gerechte und dauerhafte Regelung im Sinne der Sicherheitsratsentschließungen zu ersuchen. Die internationale Gemeinschaft kann es nicht zulassen, daß sie durch einen Konflikt vorwiegend regionalen Ursprungs in eine äußerst gefahrvolle Entwicklung hineingezogen wird.

Außerdem halte ich es für wichtig, daß die weltpolitischen Aspekte des Nahost-Konflikts durch die gegenwärtigen Schwierigkeiten nicht erneut an Gewicht gewinnen. Ich wünsche Ihnen deshalb, daß Ihnen das Vertrauen beider Konfliktparteien erhalten bleibt.

Dies wäre eine gute Gewähr dagegen, daß eine zunehmende Polarisierung sich auf die Ebene der Großmächte überträgt.

Ich wäre Ihnen verbunden, wenn Sie die Verbindung mit mir in dieser Frage auch weiterhin, wie Sie in Ihrem Schreiben ankündigen, aufrechterhalten würden.

Mit herzlichen Grüßen
gez. Genscher

Zur dortigen Unterrichtung folgt nachstehend Wortlaut des Schreibens, das AM Kissinger an den Herrn Bundesminister gerichtet hatte:

Dear Mr. Minister:

I want you to know that, contrary to everything we expected and despite the most strenuous efforts by the United States, it has not been possible to bring about an agreement between the Egyptian and Israeli positions on another step toward an overall settlement. Therefore, I am announcing the suspension of my mission and my immediate return to Washington to consult the President[3] and the Congress.

You and I have often discussed the Middle East problem, so I know you are fully aware of its complexities in this instance, even though we were proceeding on a step-by-step basis, the strength of long-standing psychological and political perceptions combined with substantive differences on particular points to create an unbridgeable gap. Both governments impress us as sincerely desiring an agreement and there was some progress in narrowing substantive differences. However, in the final analysis, I could not overcome the major obstacle posed by the publicly-announced Israeli position of refusing to give back the oilfields and evacuate the passes for anything less than non-belligerency, and

---

3 Gerald R. Ford.

the long-held Egyptian position that the state of non-belligerency can be considered only in the context of a very major Israeli move, if not a final settlement.

The United States Government will continue its efforts to help bring peace to the Middle East and we will wish to continue to consult very closely with you on the most effective means of proceeding. As soon as our consultations in Washington have enabled me to gain a clearer perception of what our future strategy and tactics should be, I will be in contact with you. In the interim, we would welcome any ideas you might have.

Warmest regards
Henry A. Kissinger
Secretary of State

Niemöller[4]

VS-Bd. 9984 (310)

84

Aufzeichnung des Ministerialdirigenten Lautenschlager

413-491.09 BRA   **16. April 1975**

Über Herrn Staatssekretär[1] dem Herrn Minister[2]
Betr.: Zusammenarbeitsabkommen mit Brasilien
hier: a) Britische Demarche
b) Französische Haltung zur Suppliers Conference
Bezug: Kabinettvorlage des Auswärtigen Amts vom 16. April 1975
413-491.09 BRA VS-NfD[3]

Zweck der Vorlage: Zur Information

I. 1) Anläßlich der Überbringung der britischen Einladung für die am 23.4. in London vorgesehene Konferenz der wichtigsten nuklearen Lieferstaaten[4] er-

---

[4] Paraphe.

[1] Hat Staatssekretär Sachs am 18. April 1975 vorgelegen.

[2] Hat Bundesminister Genscher am 4. Mai 1975 vorgelegen, der handschriftlich vermerkte: „Dr. Kinkel: Bitte zu dieser Frage Sprechzettel für meine Begegnung mit AM Kissinger vorbereiten lassen."
Hat Ministerialdirigent Kinkel vorgelegen, der handschriftlich für Legationsrat I. Klasse Chrobog vermerkte: „Bitte erl[edigen]."
Hat Chrobog am 5. Mai 1975 vorgelegen, der handschriftlich vermerkte: „1) Herrn Leiter Ref[erat] 413 m[it] d[er] B[itte] um Erledigung gem[äß] Min[ister]vermerk. Gespräch mit Kissinger findet am 20.5. statt. 2) W[ieder]v[orlage] 20.5."

[3] Für die Kabinettvorlage vgl. Referat 413, Bd. 114242.

[4] Zur ersten Konferenz der wichtigsten Lieferstaaten von Kerntechnologie (Suppliers Conference) am 23. April 1975 in London vgl. Dok. 104.

klärte der britische Wissenschaftsattaché Newington am 16.4. im Ref. 413 auf Weisung seiner Regierung folgendes:
– Die im Rahmen der deutsch-niederländisch-britischen Gasultrazentrifugenzusammenarbeit errichtete trilaterale Gesellschaft URENCO habe bei dem Gemeinsamen Regierungsausschuß die Genehmigung zu Verhandlungen mit Brasilien über den Export von Zentrifugenanlagen beantragt. Die Auffassung der britischen Regierung im gemeinsamen Regierungsausschuß werde sein, daß Brasilien als Nicht-Partei des NV-Vertrages[5] eine derartig sensitive Technologie nicht zur Verfügung gestellt werden dürfe.
– Die britische Regierung sei überrascht, daß die Bundesregierung beabsichtige, Brasilien eine derartig sensitive Anlage in Gestalt des Trenndüsenverfahrens zur Verfügung zu stellen. Dies verstoße gegen den Geist, wenn nicht gegen den Buchstaben des NV-Vertrages. Das deutsche Vorgehen sei um so überraschender, als wir gerade dabei seien, den NV-Vertrag zu ratifizieren.[6]
– Die britische Regierung sei ebenfalls überrascht, daß wir diese Frage nicht in dem Gemeinsamen Regierungsausschuß zur Sprache gebracht hätten. Nach Art. III.3) des die trilaterale Zusammenarbeit regelnden Vertrags von Almelo hätten die Vertragsparteien sich gegenseitig im gemeinsamen Ausschuß über technische oder wirtschaftliche Entwicklungen zu unterrichten, welche die kommerzielle Nutzung der Gasultrazentrifugenzusammenarbeit durch die gemeinsamen Industrieunternehmen erheblich beeinträchtigen könnten.[7]
Die Zurverfügungstellung des Trenndüsenverfahrens an Brasilien könnte dem Markt für das Zentrifugenverfahren und damit dessen kommerzielle Nutzung beeinträchtigen. Wenn die Briten in unserer Lage gewesen wären, hätten sie die Angelegenheit im Gemeinsamen Ausschuß diskutiert.

Im anschließenden Gespräch erklärte Newington – auf eine entsprechende Frage allerdings mit der Bitte, dies nicht als Teil der offiziellen Demarche zu betrachten – man scheine in London den Eindruck zu haben, daß die Bundesregierung im Falle Brasilien in einer „fairly irresponsible way" vorgehe. Er gab zu, daß es sich um eine für britische Verhältnisse recht starke Demarche handele.

2) Als erste vorläufige Reaktion wurde Newington folgendes erwidert:
– Wir hätten gegenüber den Brasilianern aus Nichtverbreitungsgründen ausdrücklich die Lieferung der sensitiven Zentrifugenanlagen abgelehnt. Eine Zusammenarbeit mit Brasilien beim Trenndüsenverfahren würde von uns deshalb erwogen, weil eine nach diesem Verfahren für niedrige Anreiche-

---

5 Für den Wortlaut des Nichtverbreitungsvertrags vom 1. Juli 1968 vgl. BUNDESGESETZBLATT 1974, Teil II, S. 785–793.
6 Das Gesetz zum Nichtverbreitungsvertrag vom 1. Juli 1968 wurde am 4. Juni 1974 von Bundespräsident Heinemann unterzeichnet. Die Ratifikationsurkunde wurde am 2. Mai 1975 in London und Washington hinterlegt.
7 Am 4. März 1970 unterzeichneten die Bundesrepublik, Großbritannien und die Niederlande in Almelo ein Übereinkommen über die Zusammenarbeit bei der Entwicklung und Nutzung des Gasultrazentrifugenverfahrens zur Herstellung angereicherten Urans. Artikel III.3) lautete: „Die Vertragsparteien unterrichten sich gegenseitig durch den Gemeinsamen Ausschuß über technische oder wirtschaftliche Entwicklungen, welche die kommerzielle Nutzung des Gaszentrifugenverfahrens durch die gemeinsamen Industrieunternehmen erheblich beeinträchtigen könnten." Vgl. BUNDESGESETZBLATT 1971, Teil II, S. 935.

rung ausgelegte Anlage sich nicht zu der für Kernwaffenzwecke notwendigen Hochanreicherung eigne. Aus diesen Gründen hätte im Gegensatz zum Zentrifugenverfahren das Trenndüsenverfahren auch nie klassifiziert zu werden brauchen.

– Im übrigen hätten wir uns unsere Entscheidung im Falle Brasilien, die auf Kabinettebene noch nicht gefallen sei, auch nicht einfach gemacht. Die Behauptung, unsere vorgesehenen Abmachungen mit Brasilien verstießen möglicherweise gegen den Buchstaben des NV-Vertrages, sei unhaltbar. Dem widersprächen die NV-Vertragsverhandlungsgeschichte sowie die zu seiner Verwirklichung getroffenen Vereinbarungen der nuklearen Lieferstaaten (Zangger-Memoranden[8]). Auch dem Geist des NV-Vertrages widerspreche unser Brasilienabkommen nicht, da wir in wesentlichen Punkten brasilianische Zusagen erreicht hätten, die über die Erfordernisse des NV-Vertrages hinausgehen: z. B. die IAEO-Sicherungsmaßnahmen auch bezüglich der Technologie und das Erfordernis unserer Zustimmung beim Reexport von sensitiven Anlagen und Material. Ein wesentlicher Gesichtspunkt für uns sei ferner gewesen, daß wir im Falle einer Verweigerung der vorgesehenen Zusammenarbeit Brasilien möglicherweise auf dem Weg eigener völlig unkontrollierter Entwicklungen abgedrängt hätten.

Im übrigen seien wir über die britische Demarche sehr erstaunt. Während unserer Konsultationen mit einer britischen Delegation im vergangenen Februar habe die britische Seite die amerikanische Forderung nach einer Unterstellung des gesamten Brennstoffkreislaufs des Empfangsstaates unter IAEO-Sicherungsmaßnahmen im Falle der Lieferung auch sensitiver Kernanlagen als unrealistisch bezeichnet.[9] Wir seien daher in dem Glauben gewesen, mit der britischen Regierung insoweit auf einer Linie zu liegen. Auch dies habe bei unserer Entscheidung eine nicht unwesentliche Rolle gespielt.

– Wir seien nicht der Auffassung, daß unsere Zusammenarbeit mit Brasilien auch auf dem Gebiet des Trenndüsenverfahrens ein Fall der nach dem Vertrag von Almelo notwendigen Unterrichtung des Gemeinsamen Regierungsausschusses sei. In der Verwertung unseres eigenen Trenndüsenverfahrens seien wir frei; die Gefahr, daß durch das Trenndüsenverfahren der Markt für

---

[8] Zu den Zangger-Memoranden teilte Ministerialdirigent Lautenschlager am 20. August 1974 mit: „Der NV-Vertrag regelt in Artikel III Abs. 2 die Anwendung von Sicherungsmaßnahmen im Zusammenhang mit dem Export von Kernmaterial und -ausrüstungen. [...] Nicht festgelegt wurde in Artikel III Abs. 2, welche Materialien und Ausrüstungen im einzelnen von diesen Ausfuhrbedingungen betroffen sind. Um eine einheitliche Auslegung der Exportbeschränkungen zu gewährleisten und Wettbewerbsverzerrungen, die aus einer unterschiedlichen Auslegung herrühren könnten, möglichst auszuschließen, hat sich 1970 in Wien ein Ausschuß industriell fortgeschrittener Länder unter Vorsitz des Schweizer IAEO-Delegierten Zangger etabliert, der in langwierigen Verhandlungen zwei Memoranden fertiggestellt hat, die die fraglichen Gegenstände und die Bedingungen ihrer Ausfuhr definieren. Die Materialien und Ausrüstungsgegenstände, bezüglich derer man sich einig ist, daß sie unter die Bestimmungen von Art. III Abs. 2 NV-Vertrag fallen, ergeben sich aus den Memoranden bzw. aus der dem einen Memorandum beigefügten sog. Trigger-Liste." Es sei nicht beabsichtigt, „die Zangger-Memoranden in die Form völkerrechtlich verbindlicher Abkommen zu kleiden. Die einzelnen Staaten bekräftigen in auszutauschenden Noten einseitig lediglich die Absicht, nach den festgelegten Grundsätzen verfahren zu wollen." Mitglieder des Zangger-Komitees seien nahezu alle in Frage kommenden Lieferstaaten mit Ausnahme Frankreichs und der UdSSR, die aber zu erkennen gegeben habe, sich gemäß den Memoranden verhalten zu wollen. Vgl. den Runderlaß Nr. 3547; Referat 413, Bd. 114193.

[9] Zu den deutsch-britischen Expertengesprächen am 26. März 1975 vgl. Dok. 46, Anm. 17.

das Zentrifugenverfahren erheblich beeinträchtigt werden könnte, sähen wir aus technischen und wirtschaftlichen Gründen nicht.

3) Der britische Wissenschaftsattaché erklärte auf eine entsprechende Frage, daß er von sich aus außer diesen Ausführungen keine zusätzliche, formellere Antwort auf seine Demarche für notwendig halte.

II. Im Rahmen deutsch-französischer Konsultationen über Abrüstungsfragen, die am 16.4. in Bonn unter Leitung von D 2[10] stattfanden, hat die französische Delegation die Haltung Frankreichs zur amerikanischen Einladung bezüglich einer Konferenz der wichtigsten Lieferstaaten nuklearer Materialien und Ausrüstungen[11] dargelegt.[12]

Danach ist Frankreich generell bereit, den in der ursprünglichen amerikanischen Einladung enthaltenen Vorschlägen insoweit zu folgen, als von dem Empfängerstaat nuklearer Materialien und Ausrüstungen

a) ein genereller Verzicht auf Kernexplosionen zu friedlichen Zwecken,

b) die Unterstellung der gelieferten Materialien und Ausrüstungen unter IAEO-Sicherungsmaßnahmen,

c) Vereinbarungen über den physischen Schutz von Material und Anlagen

zu fordern seien.

Frankreich könne sich aber unter keinen Umständen der amerikanischen Forderung anschließen, wonach sog. sensitive Anlagen nur dann geliefert werden dürften, wenn der Empfängerstaat seinen gesamten Brennstoffkreislauf IAEO-Sicherungsmaßnahmen unterwerfe. Für Frankreich kämen auch im sensitiven Bereich nur auf das gelieferte Objekt beschränkte Kontrollen in Frage, wobei allerdings auch die Möglichkeit der Kontrolle der gelieferten Technologie erwogen werden könne.

Auch der amerikanische Vorschlag besonderer Exportrestriktionen bei Lieferungen in Spannungsgebiete und an instabile Staaten erscheine wenig praktikabel, da man keine schwarze Liste aufstellen könne. Im Einzelfall könnten aber Konsultationen angebracht sein.

---

10 Günther van Well.
11 Zum amerikanischen Vorschlag vom 1. November 1974, eine Konferenz der wichtigsten Lieferstaaten von Kerntechnologie abzuhalten, vgl. Dok. 25, Anm. 6.
12 Zu den Gesprächen über eine Konferenz der wichtigsten Lieferstaaten von Kerntechnologie im Rahmen der deutsch-französischen Konsultationsbesprechungen über Abrüstungsfragen vermerkte Vortragender Legationsrat Ritter von Wagner am 22. April 1975, von französischer Seite sei ausgeführt worden, sie „sei grundsätzlich damit einverstanden, daß nukleare Ausrüstungen und Materialien nur gegen Sicherheitskontrollen geliefert werden sollten." Allerdings könne es Ausnahmen geben. Auch die „amerikanische Forderung nach Unterstellung des gesamten Brennstoffkreislaufs unter Sicherungsmaßnahmen, wenn sog. sensitives Material oder sensitive Anlagen geliefert würden, könnte Frankreich unter keinen Umständen akzeptieren. [...] Der amerikanischen Forderung, bei Lieferungen in politisch unstabile Länder oder Spannungsgebiete besondere Vorsichtsmaßnahmen zu treffen, könne Frankreich nicht folgen. Es gehe nicht an, eine Art schwarze Liste von Staaten, gegen die allgemein diskriminiert werde, anzulegen. Dagegen könne man sich französischerseits vorstellen, daß Konsultationen über Lieferungen an besonders heikle Staaten durchaus angebracht wären." Frankreich würde an der Konferenz „nur teilnehmen können, wenn diese informell und vertraulich durchgeführt werde. Beschlüsse dürften nur einstimmig gefaßt werden. Die Konferenz dürfte nicht zur Institution werden. Die teilnehmenden Staaten müßten frei bleiben, sich von etwaigen Absprachen wieder zu lösen." Vgl. Referat 413, Bd. 105361.

III. Für unser Brasilienabkommen bedeutet dies folgendes:

Die Briten sind inzwischen bezüglich der wesentlichen Frage der Unterstellung des gesamten Brennstoffkreislaufes unter IAEO-Sicherungsmaßnahmen im Falle der Lieferung von sensitiven Anlagen anscheinend auf die amerikanische Linie umgeschwenkt. Dagegen lehnen die Franzosen dies kategorisch ab.

Hieraus folgt, daß wir uns bezüglich dieser Forderung möglicherweise noch starkem bilateralen amerikanischen und britischen Druck ausgesetzt sehen könnten, daß aber mit einer entsprechenden Einigung auf der Suppliers Conference kaum zu rechnen ist. Allerdings ist nicht auszuschließen, daß die Suppliers Conference in der Frage der friedlichen Kernexplosionen zu Ergebnissen kommt, die Auswirkungen auf den entsprechenden Artikel in unserem Abkommen mit Brasilien haben könnten.

Gleichwohl kann im gegenwärtigen Zeitpunkt der in der Kabinettvorlage enthaltene Vorschlag unverändert bleiben.

Zur Frage des Zusammentretens der Suppliers Conference und den damit zusammenhängenden Fragen folgt besondere Aufzeichnung.

Lautenschlager

Referat 413, Bd. 114242

85

Botschafter von Staden, Washington, an das Auswärtige Amt

114-11930/75 geheim   Aufgabe: 16. April 1975, 21.05 Uhr[1]
Fernschreiben Nr. 1009   Ankunft: 17. April 1975, 08.51 Uhr

Betr.: Außenpolitische Tendenzen in den Vereinigten Staaten

Zur Unterrichtung

I. 1) Der Zusammenbruch Kambodschas[2], die schweren Niederlagen der Südvietnamesen[3], aber auch das Scheitern der Kissinger-Mission im Nahen Osten[4], die Situation an der NATO-Südflanke und die Entwicklung in Portugal[5] haben der amerikanischen Öffentlichkeit in drastischer Weise die Grenzen der eigenen außenpolitischen Einflußmöglichkeiten vor Augen geführt. Zwar wurden schon vor der jüngsten Entwicklung in Indochina Südvietnam und besonders der Thieu-Regierung von vielen Amerikanern keine wirklichen Chancen gegenüber Hanoi mehr eingeräumt. Trotzdem hat der schnelle nordvietnamesische

---

[1] Hat Vortragendem Legationsrat I. Klasse Dannenbring am 17. April 1975 vorgelegen.
[2] Zur Lage in Kambodscha vgl. Dok. 77, besonders Anm. 7.
[3] Zur Entwicklung in der Republik Vietnam (Südvietnam) vgl. Dok. 67.
[4] Zum Abbruch der Bemühungen des amerikanischen Außenministers Kissinger um eine Vermittlung im Nahost-Konflikt vgl. Dok. 62, Anm. 11.
[5] Zur Lage in Portugal vgl. Dok. 55 und Dok. 60.

Vormarsch Überraschung und Enttäuschung ausgelöst und die ohnehin in weiten Kreisen bestehenden Zweifel an der Notwendigkeit eines eigenen weltweiten außenpolitischen und besonders militärischen Engagements Amerikas verstärkt. Das bedeutet nicht, daß das Interesse für internationale Vorgänge schwindet. Eher ist eine Hinwendung zu einer Weltpolitik mit friedlichen Mitteln spürbar. Das Bewußtsein für die Interdependenz der Vereinigten Staaten mit der übrigen Welt ist als Folge der kritischen Wirtschaftsentwicklung und insbesondere der Energiekrise eher gewachsen.

Die neuen Tendenzen bedeuten aber eine verminderte unmittelbare Risikobereitschaft und eine stärker werdende Abneigung gegenüber dem eigenen militärischen Engagement. Die „missionarische" Phase der amerikanischen Außenpolitik, die vom Willen zum eigenen Einsatz getragen war, scheint sich ihrem Ende zuzuneigen.

Dieser Entwicklung, wie sie besonders stark in der öffentlichen Meinung zum Ausdruck kommt, entsprechen weitgehend auch die Auffassungen der Senatoren und Abgeordneten. Zum Teil ist der unter dem Eindruck von Watergate[6] gewählte ungewöhnlich „liberale" Kongreß, bei dem im Haus die Demokraten sogar über eine Zweidrittelmehrheit verfügen, sogar der Vorreiter dieser neuen Tendenzen. Selbstverständlich gibt es daneben auch gegenläufige konservativere Strömungen. Sie vermögen sich jedoch zur Zeit kaum zur Geltung zu bringen.

2) Von der veränderten außenpolitischen Grundhaltung der Öffentlichkeit und des Kongresses zu trennen ist das außenpolitisch fast noch schwerer wiegende strukturelle Problem im Verhältnis zwischen Administration und Kongreß. Die Stärke der „imperial presidency" auf außenpolitischem Gebiet beruhte weniger auf dem Buchstaben der Verfassung, die dem Senat insoweit ja ausdrücklich eine besondere Rolle zuweist, als auf dem stillschweigenden Anerkenntnis des Kongresses, daß der Präsident die Hauptverantwortung in der Außenpolitik tragen muß.

---

[6] Am 17. Juni 1972 wurden fünf Personen verhaftet, die bei einem Einbruch in Büroräume der Demokratischen Partei im Watergate-Hotel in Washington Abhörmikrophone anbringen wollten. Bei den anschließenden Ermittlungen stellte sich heraus, daß sie Beziehungen zum Wahlkampfbüro des Präsidenten Nixon hatten. Am 27. Februar 1973 setzte der amerikanische Senat einen Untersuchungsausschuß ein, dessen Arbeit eine Verwicklung von Regierungskreisen in die „Watergate-Affäre" immer deutlicher werden ließ. Schließlich geriet Nixon selbst in den Verdacht, an der Verschleierung der Aktionen seines Wahlkampfbüros beteiligt zu sein. Der Untersuchungsausschuß des Senats beantragte die Herausgabe von Tonbandaufzeichnungen, die Nixon über die Gespräche mit seinen Mitarbeitern angefertigt hatte. Nixon verweigerte zunächst die Herausgabe der Aufzeichnungen und übergab sie dann nur unvollständig. Nachdem der Rechtsausschuß des Repräsentantenhauses Vorbereitungen hinsichtlich eines möglichen Amtsenthebungsverfahrens gegen Nixon getroffen und ihn am 11. April 1974 zur Herausgabe aller noch fehlenden Tonbänder aufgefordert hatte, erklärte sich Nixon am 29. April 1974 bereit, bearbeitete Abschriften von Tonbändern zur Verfügung zu stellen. Bei der Überprüfung dieser Abschriften ergaben sich Diskrepanzen zu Tonbändern, die dem Rechtsausschuß des Repräsentantenhauses bereits vorlagen. Im Juli 1974 wurde Nixon vom Supreme Court zur vollständigen Herausgabe der Tonbandaufzeichnungen aufgefordert.
Der Rechtsausschuß des Repräsentantenhauses sprach sich während seiner Sitzung vom 27. bis 30. Juli 1974 für ein Amtsenthebungsverfahren gegen Nixon wegen Behinderung der Justizverwaltung, Verletzung verfassungsmäßiger Rechte von Bürgern sowie willentlicher Mißachtung von Subpoenae des Rechtsausschusses des Repräsentantenhauses aus. Um dem Amtsenthebungsverfahren zuvorzukommen, gab Nixon am 8. August 1974 in einer Rundfunk- und Fernsehansprache seinen Rücktritt bekannt.

Um ihm eine schnelle und effektive Führung der Außenpolitik zu ermöglichen, brachte der Kongreß seine außenpolitischen Auffassungen meist lediglich durch Resolutionen zum Ausdruck, die keine unmittelbar bindende Wirkung für die Administration hatten.

Das hat sich seit 1973 (War Powers Act[7], Verbot des Militäreinsatzes in Indochina[8]) geändert. Heute will der Kongreß nicht nur zu außenpolitischen Fragen gehört werden, sondern die einzelnen außenpolitischen Entscheidungen oft selbst treffen, zumindest konditionieren. Er tut dies – oft ohne Rücksicht auf weitgehende außenpolitische Konsequenzen – in der Form von Gesetzen und Gesetzesänderungen. Die Verweigerung weiterer Waffenlieferungen an Südvietnam[9], der Stopp der Militärhilfe an die Türkei[10] und der Zusatz zum Handelsgesetz von 1974, der die Gewährung von Handelsvorteilen für die SU an bestimmte Bedingungen knüpfte[11], sind bezeichnende Beispiele aus jüngerer Zeit. Da Exekutive und Legislative voneinander unabhängig sind, birgt das Vorgehen des Kongresses die Gefahr einer Blockierung der amerikanischen Außenpolitik. Auf jeden Fall hat sie an Beweglichkeit verloren und ist durch eine zu große Berechenbarkeit geschwächt worden. (Hanoi weiß, daß die amerikanische Luftwaffe nicht eingreifen kann!) Andererseits wohnt ihr in vielen Fällen zunehmend ein Element der Unberechenbarkeit inne (Jackson-Amendment zur trade bill, von der die SU überrascht wurde).

Dieses Strukturproblem der amerikanischen Regierungsform ist nicht unbedingt an die gegenwärtigen Mehrheitsverhältnisse gebunden. Es kann 1976 überdauern. Auch demokratische Präsidenten mit einem mehrheitlich demokratischen Kongreß haben sich z. B. auf innenpolitischem Gebiet ähnlichen Schwierigkeiten gegenüber gesehen.

3) Das einzige Mittel, um wieder zu einer größeren Beweglichkeit zurückzufinden, ist der Konsensus zwischen Exekutive und Legislative. Die Aussichten, in der gegenwärtigen innenpolitischen Konstellation zu einem Einverständnis zwischen beiden Gewalten zu gelangen, sind jedoch leider nicht günstig. Die außenpolitische Erklärung des Präsidenten vor dem Kongreß am 10. April[12]

---

[7] Für den Wortlaut des „War Powers Act of 1973" vgl. UNITED STATES. STATUTES AT LARGE 1973, Bd. 87, S. 555–559.

[8] Präsident Nixon unterzeichnete am 1. Juli 1974 eine Gesetzesvorlage des Kongresses vom 29. Juni 1974, nach der sämtliche Mittel für Aktivitäten der amerikanischen Streitkräfte in Indochina ab dem 15. August 1974 gesperrt wurden.

[9] Zur Aufforderung des Präsidenten Ford vom 28. Januar 1975 an den amerikanischen Kongreß, zusätzliche 300 Mio. Dollar Militärhilfe für die Republik Vietnam (Südvietnam) bereitzustellen, vgl. Dok. 28, Anm. 21.

[10] Zum Beschluß des amerikanischen Kongresses vom 17. Oktober bzw. 17./18. Dezember 1974 über die Einstellung der Verteidigungshilfe für die Türkei zum 5. Februar 1975 vgl. Dok. 28, Anm. 21.

[11] Zur amerikanischen Handelsgesetzgebung vom 3. Januar 1975 vgl. Dok. 2, Anm. 8 und 9.

[12] Präsident Ford äußerte sich am 10. April 1975 vor beiden Häusern des amerikanischen Kongresses zur Lage in Indochina, zu den transatlantischen Beziehungen, zur Zusammenarbeit mit Staaten der Dritten Welt und insbesondere Lateinamerikas, zur Lage im Nahen Osten, zu den Beziehungen zur UdSSR und zur Volksrepublik China und zu Fragen wie Energie- und Rohstoffpolitik. Ford bekräftigte: „I am here to work with the Congress. In the conduct of foreign affairs, Presidential initiative and ability to act swiftly in emergencies are essential to our national interest." So erfordere die kritische Situation in Vietnam und Kambodscha Entscheidungen. Zum einen könne man die Republik Vietnam (Südvietnam) ihrem Schicksal überlassen, zum anderen versuchen, die Einhaltung der Abkommen vom 27. Januar bzw. 2. März 1973 über die Beendigung des Kriegs und die Wiederherstellung des Friedens in Vietnam militärisch zu erzwingen. Es gebe aber auch die Möglichkeit,

und die Reaktion der Senatoren und Abgeordneten auf die Äußerungen Fords machen das deutlich (DB 948 vom 11.4.1975 – Pol 322.00 USA)[13].

Der Präsident ist ein Politiker, der dazu neigt, an einer einmal getroffenen Entscheidung festzuhalten. Seine gute Eigenschaft, auch in unbequemen Situationen – jedenfalls zunächst – standhaft zu bleiben, ist ihm im Verhältnis zum Kongreß auf außenpolitischem Terrain im Wege. Bislang ist es ihm nicht gelungen, die auf außenpolitischem Gebiet besonders spürbare Kluft zwischen Administration und Kongreß zu verengen.

Kissinger hat ihm bei der Beeinflussung des Kongresses bisher wenig helfen können. Seine Bemühungen, den Kongreß mehr zu pflegen, mehr Verständnis für seine Außenpolitik zu wecken, waren wenig erfolgreich. Die Neigung, dem Kongreß öffentlich die Schuld für außenpolitische Fehlentwicklungen zuzuschreiben, ist wenig geeignet, ihm unter den Abgeordneten und Senatoren neue Freunde zu gewinnen. Seine Kenntnisse, sein Einfallsreichtum, seine Genialität werden weiter von den meisten anerkannt, und sein Ansehen in der öffentlichen Meinung bleibt hoch. Die nach Ansicht vieler Amerikaner zu undurchsichtige Art, wie er die amerikanische Außenpolitik führt, und die Substanz dieser Politik selbst werden aber zunehmend in Zweifel gezogen. Besonders die liberalen intellektuellen Kreise machen ihn mehr und mehr zur Zielscheibe ihrer Kritik.

Für Kissinger wird es entscheidend darauf ankommen, bald eine neue Basis für die Zusammenarbeit mit Kongreß zu finden. Von der offenen Frage, ob dies gelingt, wird es abhängen, ob seine „Nützlichkeit" für den Präsidenten bestehen bleibt.

Für uns ist wichtig, ihn gerade in dieser nicht einfachen Phase keinesfalls zu vernachlässigen, sondern zu stützen. Schlesinger ist von den Schwierigkeiten zwischen Administration und Kongreß bisher relativ verschont geblieben. Seine im Vergleich zu Kissinger kaum minder große Intelligenz und sein behutsames, aber „durchsichtiges" Vorgehen haben ihn weitgehend aus der Schußlinie parlamentarischer Kritik herausgehalten. Er hat in letzter Zeit an Beliebtheit eher etwas zugenommen.

Im demokratischen Lager steht der Administration auf außenpolitischem Gebiet vor allem Senator Jackson gegenüber. Er führt mit der Regierung eine harte Sprache und ist nach wie vor der schärfste Gegner der Außenpolitik Kis-

Fortsetzung Fußnote von Seite 398
    die im Januar beantragten 300 Mio. Dollar für Militärhilfe und zusätzliche Mittel für wirtschaftliche und humanitäre Zwecke zu bewilligen sowie diese Mittel in einem Umfang aufzustocken, der es der südvietnamesischen Regierung ermögliche, die militärische Situation zu stabilisieren und eine Verhandlungslösung zu suchen: „I am therefore asking the Congress to appropriate without delay $ 722 million for emergency military assistance and an initial sum of $ 250 million for economic and humanitarian aid for South Vietnam." Ford rief ferner zur Aufhebung des Beschlusses über die Einstellung der Verteidigungshilfe an die Türkei auf. Vgl. PUBLIC PAPERS, FORD 1975, S. 462f. Für den deutschen Wortlaut der Rede vgl. EUROPA-ARCHIV 1975, D 239–248 (Auszug).

13 Gesandter Hansen, Washington, berichtete über die Erklärung des Präsidenten Ford vom 10. April 1975 zur Außenpolitik. Im Anschluß daran habe im Fernsehen eine Diskussion unter Beteiligung von Mitgliedern des amerikanischen Kongresses, Publizisten und Vertretern früherer Regierungen stattgefunden, in der die Auffassung deutlich geworden sei, „es habe sich um eine verhältnismäßig spröde, hausbackene Wiederholung der Thesen Kissingers gehandelt", die Ausführungen zu Indochina seien schwach gewesen und der Kongreß werde die geforderten Mittel für Militärhilfe an die Republik Vietnam (Südvietnam) nicht bewilligen. Ferner „wurden Zweifel geäußert, ob die Ansprache geeignet sei, das Verhältnis zwischen Administration und Kongreß wesentlich zu verbessern". Vgl. Referat 010, Bd. 178568.

singers. Er scheint nicht willens und ist wohl auch nicht der Mann, um jetzt einen Konsens in der Außenpolitik herbeizuführen. Vielleicht könnte es Kennedy, der sich aber weiter sehr zurückhält. Beide müssen von uns wie bisher sorgsam gepflegt werden.

II. 1) Die Tendenzen in Öffentlichkeit und Kongreß, außenpolitische, insbesondere militärische Risiken zu vermeiden, verbunden mit den zunehmenden Eingriffen des Kongresses in den außenpolitischen Entscheidungsprozeß, haben die Beweglichkeit der amerikanischen Außenpolitik eingeschränkt und sie ohne Frage geschwächt. Die amerikanische Außenpolitik hat an Dynamik verloren, und die Vereinigten Staaten werden in Zukunft wahrscheinlich mehr als bisher eine Status-quo-Politik treiben.

Hinzu kommt, daß als Folge von Watergate unter den politischen Aktiven der moralische Purismus wieder lebendiger geworden ist. Eine seiner Auswirkungen ist eine Art Lähmung der über seine Aufklärung hinausgehenden nachrichtendienstlichen Tätigkeit der USA. Der CIA mag Fehler begangen haben. Daß jedoch die amerikanische Großmacht es jetzt aus innenpolitischen Rücksichten kaum noch wagen kann, geheimdienstliche politische Aktionen durchzuführen, geht sicher auch manchen CIA-Kritikern zu weit.

2) Die Gefahren, die mit diesen Entwicklungen verbunden sind, müssen realistisch gesehen werden. Es wäre aber falsch, sie zu dramatisieren. Die Administration ist außenpolitisch weder gelähmt noch handlungsunfähig. Sie wird nur – besonders in ihrer Indochina-Politik – künftig noch vorsichtiger vorgehen müssen als bisher. Ihr Handlungsspielraum ist gerade dort jetzt sehr begrenzt. Hierzu werde ich gesondert berichten.

Gegenüber den anderen Teilen der Welt zeichnen sich bisher in den Grundzügen der amerikanischen Haltung keine grundsätzlichen Änderungen ab.

Die Entspannungspolitik gegenüber der SU wird trotz Jacksons Gegnerschaft, dessen Ansichten in diesem Punkt von Meany und weiten Teilen der Gewerkschaften geteilt werden, weitergeführt werden. Sie liegt schon wegen der Absprachen auf nuklearem Gebiet im Interesse beider Großmächte. Das wird in den USA allgemein erkannt. Zwar hat auch in diesem Bereich eine gewisse Enttäuschung eingesetzt. Eine Änderung der gegenwärtig verfolgten politischen Linie wird daraus aber nicht resultieren.

Das Bewußtsein der Bedeutung der Allianz mit Japan ist durch die Ereignisse in Indochina nicht beeinträchtigt worden. Die Zusammenarbeit, besonders auf handelspolitischem Gebiet, ist gut. Die bilateralen Beziehungen sind eng. Das gilt grundsätzlich ebenfalls für das Verhältnis der USA zu Südkorea.

3) Auch die Bindungen an Europa sind durch die gegenwärtigen Ereignisse nicht direkt in Mitleidenschaft gezogen worden. Der neue Kongreß[14] hat bisher nicht erkennen lassen, daß er wesentliche Abstriche am Verteidigungshaushalt vornehmen wird. Zur Stationierungsfrage wird die Haltung des Kongresses in diesem Jahr nicht ungünstiger beurteilt als 1974. Wir werden aber, wenn das so bleiben soll, der veränderten Stimmungslage in Kongreß und Öffentlichkeit

---

14 In den USA fanden am 5. November 1974 Wahlen zum Repräsentantenhaus und Teilwahlen zum Senat statt. Der aus diesen Wahlen hervorgegangene 94. Kongreß trat am 14. Januar 1975 erstmals zusammen.

Rechnung tragen müssen. Es kommt jetzt sehr darauf an, den Amerikanern Vertrauen entgegenzubringen. Es sollte außerdem alles getan werden, um ihnen deutlich zu machen, daß es sich lohnt, für Europa einzustehen und daß es insbesondere für sie von militärischer, politischer und wirtschaftlicher Bedeutung ist, in Europa engagiert zu bleiben. Die Bundesrepublik hat hier eine besondere Aufgabe. Sie wird in dieser schwierigen Phase in besonderem Maße als eine Insel der Stabilität – nicht nur wirtschaftlich – gesehen.

Auf meine bisherige eingehende Berichterstattung zu diesem Komplex wird verwiesen.

III. Ich bitte, den Bericht dem Herrn Bundesminister vorzulegen, und rege an, ihn auch dem Herrn Bundeskanzler zugänglich zu machen.

[gez.] Staden

VS-Bd. 9965 (204)

86

Aufzeichnung des Ministerialdirigenten Fischer

303-321.00 CHT   17. April 1975[1]

Herrn Staatssekretär mit der Bitte um Zustimmung

Betr.: Vorschlag: Die Erteilung des Sichtvermerks für den taiwanischen Finanzminister Li abzulehnen

1) Der taiwanische Finanzminister Li hatte am 2.4. in Hongkong einen Sichtvermerk zum Besuch mehrerer Firmen in der Bundesrepublik Deutschland beantragt. Ein gewichtiges Interesse war aber lediglich bei der DEMAG festzu-

---

[1] Die Aufzeichnung wurde von Vortragendem Legationsrat I. Klasse Hellbeck konzipiert.
Hat Staatssekretär Gehlhoff laut Vermerk des Vortragenden Legationsrats Reiche vom 22. April 1975 vorgelegen.
Hat Vortragendem Legationsrat I. Klasse Schönfeld vorgelegen, der handschriftlich vermerkte: „Habe Herrn Wegner (Ref[erat] 303) am 23.4., 10.25 Uhr, gebeten, von Botschaft Paris telefonisch in Erfahrung zu bringen, wie Franzosen Visumsantrag beschieden haben. Entscheidung BM (im Gespräch StS – BM 22.4. abends): wenn positiv, können wir nicht ablehnen; wenn negativ, soll Angelegenheit mit BK aufgenommen werden."
Hat Bundeskanzler Schmidt am 23. April 1975 vorgelegen, der zum Vermerk von Schönfeld handschriftlich bemerkte: „Dem stimme ich zu."
Hat Gehlhoff am 23. April 1975 erneut vorgelegen, der handschriftlich für Bundesminister Genscher vermerkte: „Wir erfahren soeben aus Paris: Der Visumsantrag ist dort bis zum Staatspräsidenten Giscard hinaufgegangen und negativ (d. h. keine Einreisegenehmigung) entschieden worden. Wollen Sie, wie gestern abend erwähnt, die Angelegenheit noch mit dem Bundeskanzler erörtern? Der Antragsteller (Finanzminister Li) will noch diese Woche in die Bundesrepublik einreisen."
Hat Genscher am 23. April 1975 vorgelegen, der handschriftlich vermerkte: „Randbemerkung BK bedeutet, daß er in Übereinstimmung mit der französischen Entscheidung und mit mir für Ablehnung ist."
Hat Ministerialdirektor Lahn vorgelegen.

stellen, während alle anderen im Antrag genannten Firmen ihr Desinteresse bekundet haben. Mit FS vom 9.4. war das Generalkonsulat Hongkong gebeten worden, diese Fragen zu klären.² Nach einem ausführlichen Gespräch mit Direktor Kitz (DEMAG) am 15.4. ergab sich nunmehr, daß die DEMAG für das in Taiwan im Aufbau begriffene Stahlwerk bereits einen Hochofen und eine Stranggußanlage im Wert von 180 Mio. DM geliefert hat und einen weiteren Anschlußauftrag ähnlicher Art im Werte von 400 Mio. DM erhofft. Finanzminister Li ist maßgeblich an der Erteilung dieser Aufträge beteiligt und wird außerdem demnächst Vorsitzender des Aufsichtsrates der bestellenden China Steel Corp. werden. Herr Kitz wurde darauf aufmerksam gemacht, daß ein Bekanntwerden der Reise nicht nur eine beträchtliche Verstimmung von seiten Pekings auf politischer Ebene auslösen würde, sondern daß – ähnlich wie im Falle Hoechst – die DEMAG selbst mit chinesischen Repressalien zu rechnen habe. Herr Kitz erklärte sich bereit, das Risiko eingehen zu wollen und sagte zu, für sorgfältige Abschirmung des Besuchers Rechnung tragen zu wollen. Minister Li möchte nun vom 24. bis 29.4. die Firmen DEMAG, Lurgi, Still und Siemens besuchen.

2) Gegenüber den starken wirtschaftlichen Interessen bestehen die politischen Bedenken jedoch weiter fort.

a) Die Reisen von taiwanischen Politikern sind nicht geheimzuhalten. Wir müssen Beschwerden der Chinesen gewärtigen, würden aber auch Repressalien gegenüber den beteiligten Firmen zu erwarten haben (die Firma Hoechst leidet noch heute unter den Folgen des Besuchs von Herrn Winnacker bei einem taiwanischen Minister im Mai 1974).

Politisch wären uns die Beschwerden Pekings deswegen unangenehm, weil seit der Aufnahme diplomatischer Beziehungen³ das Taiwan-Problem und die Deutschland-Frage unausgesprochen in einem wechselseitigen Abhängigkeitsverhältnis gestanden haben. So wenig uns die verbalen Solidaritätsbekundungen Pekings für die praktische Lösung der Deutschland-Frage auch nützen, so sehr sollten wir doch darauf bedacht sein, das Wohlwollen des einzigen kommunistischen Staates in dieser Frage uns zu erhalten.

b) Die Erteilung des beantragten Sichtvermerks setzt uns zudem der Gefahr aus, daß wir die bisherige Linie – Ministern aus Taiwan kein Visum zu erteilen – nicht mehr fortsetzen können. Weitere Persönlichkeiten aus Taiwan werden sich auf diesen Fall berufen, und es besteht zudem die Gefahr, daß uns in der Öffentlichkeit die Inkonsequenz unseres Verhaltens vorgehalten wird. Weitere Beschwerden, z.B. seitens der Konzertagentur Schlote wegen der Nichterteilung von Sichtvermerken für die Operntruppe[4], sind nicht ausgeschlossen.

---

[2] Vortragender Legationsrat I. Klasse Hellbeck bat das Generalkonsulat in Hongkong, klären zu lassen, „welche konkreten Wünsche auf seiten Herrn Lis bestehen". Vgl. den Drahterlaß Nr. 29; Referat 303, Bd. 101557.

[3] Die Bundesrepublik und die Volksrepublik China nahmen am 11. Oktober 1972 diplomatische Beziehungen auf. Vgl. dazu AAPD 1972, III, Dok. 328.

[4] Am 8. Januar 1975 vermerkte Ministerialdirektor Lahn, die Konzertdirektion Schlote, Salzburg, beabsichtige, „zwischen September 1975 und Februar 1976 eine Europa-Tournee der ‚Chinesischen Nationaloper' aus Taiwan durchzuführen. Schwerpunkt der Tournee soll in der Bundesrepublik Deutschland liegen, wo etwa 50 bis 55 Aufführungen geplant sind. [...] Herrn Schlote wurde bereits

17. April 1975: Aufzeichnung von Fischer 86

Zu rechnen ist weiter damit, daß Taiwan im Zuge seiner Politik, verlorenes Terrain wiederzugewinnen, uns immer mehr hochrangige Besucher schicken wird. Eine Ablehnung dieser Personen wird uns vor allem dann schwer werden, wenn wir uns auf eine Diskussion der Besuchswünsche einlassen.

c) Während die Briten Herrn Li ein Visum zugesagt haben, haben die Franzosen (letzte Auskunft vom 15.4.) noch keine Entscheidung getroffen, tendieren aber in Hinblick auf den für Mai vorgesehenen Besuch des chinesischen Vizeministerpräsidenten[5] zur Ablehnung, obwohl französische Firmen ebenfalls mit namhaften Aufträgen am gleichen Projekt beteiligt sind wie die DEMAG.

3) Bei der Abwägung der Argumente ist zu berücksichtigen, daß bei einer Erteilung des Sichtvermerks ein kaum zu reparierender Schaden entstünde, während die vorgeschlagene Versagung nicht dazu führen muß, daß die DEMAG den genannten Auftrag verliert. Wesentlich ist weiter, daß der DEMAG selbst ein beträchtlicher Schaden entstehen könnte.

4) Referat 510 hat telefonisch mit dem Bemerken zugestimmt, daß nach § 2 des Ausländergesetzes Sichtvermerke verweigert werden können, wenn Belange der Bundesrepublik Deutschland beeinträchtigt werden[6], was hier der Fall sei.

Fischer

Referat 303, Bd. 101557

Fortsetzung Fußnote von Seite 402

in Übereinstimmung mit unserer Botschaft Peking und nach Abstimmung mit unseren EG-Partnern mitgeteilt, daß er nicht mit Erteilung von Aufenthaltserlaubnissen rechnen könne." Vgl. Referat 303, Bd. 101558. Vgl. dazu ferner Dok. 306.

5 Der chinesische Stellvertretende Ministerpräsident Teng Hsiao-ping besuchte Frankreich vom 13. bis 17. Mai 1975.

6 In Paragraph 2 des Ausländergesetzes vom 28. April 1965 wurde ausgeführt: „Ausländer, die in den Geltungsbereich dieses Gesetzes einreisen und sich darin aufhalten wollen, bedürfen einer Aufenthaltserlaubnis. Die Aufenthaltserlaubnis darf erteilt werden, wenn die Anwesenheit des Ausländers Belange der Bundesrepublik Deutschland nicht beeinträchtigt." Vgl. BUNDESGESETZBLATT 1965, Teil I, S. 353.

87

Aufzeichnung des Botschafters z. b. V. Robert

405-411.70 SB 18. April 1975[1]

Über D 4[2] und Herrn Staatssekretär[3] Herrn Minister zur Information vorgelegt

Betr.: Pariser Vorkonferenz erdölverbrauchender und -erzeugender Länder[4];
hier: Gesamtbewertung und Schlußfolgerungen

1) In den neun Konferenztagen gelang es nicht, die weitgehenden und grundsätzlichen Unterschiede in den Auffassungen der Öl- und Entwicklungsländer einerseits sowie der Industriestaaten andererseits zu überwinden. Diese betrafen die Verhandlungsgegenstände und -ziele sowie die dahinterstehenden wirtschaftspolitischen Wünsche, insbesondere die Gewichtung der einzelnen Verhandlungsthemen sowie die Preisgestaltung und -sicherung bei Rohöl und anderen Rohstoffen: Während die Industriestaaten eine Konferenz über Energie und damit zusammenhängende Fragen wollten, verlangten die Öl- und Entwicklungsländer eine Art Weltwirtschaftskonferenz mit Betonung von Rohstoff-, Entwicklungs- und Finanzierungsfragen; sie forderten hierbei ferner die Einbeziehung der Indexierung für Rohstoffe einschließlich Rohöl und Kapitalanlagen. Während daher die Entwicklungsländer die materielle Behandlung insbesondere der Themen ihres Interesses auf der kommenden Konferenz wünschten, vertraten die Industriestaaten die Ansicht, daß der Hauptakzent auf die Energieprobleme gelegt werden müsse; andere Themen könnten nach kurzer Diskussion in zuständige andere internationale Gremien, ggf. mit Empfehlungen der Konferenz, verwiesen werden, um konkrete Resultate zu ermöglichen.

Die Vorkonferenz konnte daher eine Tagesordnung für die Hauptkonferenz nicht erarbeiten. Terminort und Teilnehmerkreis der Hauptkonferenz wurden nicht festgelegt.

2) Aus außenpolitischer Sicht ist hervorzuheben, daß es gelang, eine harte Konfrontation beider Gruppen und einen Abbruch der Vorkonferenz zu vermeiden; sie soll wieder aufgenommen werden, sowie die Voraussetzungen hierfür gegeben sind.[5]

Die Zusammenarbeit innerhalb der Gemeinschaft, insbesondere auch die deutsch-französische Kooperation, sowie zwischen der EG, den USA und Japan war eng und auch dann konstruktiv, wenn unterschiedliche Auffassungen in einzelnen

---

[1] Durchschlag als Konzept.
[2] Hat dem Vertreter des Ministerialdirektors Hermes, Ministerialdirigent Lautenschlager, am 18. April 1975 vorgelegen.
[3] Hans-Georg Sachs.
[4] Die Vorkonferenz der erdölproduzierenden und -verbrauchenden Staaten fand vom 7. bis 15. April 1975 statt.
[5] Die Vorkonferenz der erdölproduzierenden und -verbrauchenden Staaten tagte erneut vom 13. bis 16. Oktober 1975 in Paris. Vgl. dazu Dok. 309, Anm. 21 und 22.

Sachfragen vorlagen; Alleingänge Frankreichs wurden zwar bedauert, die Haltung der Industriestaaten in der Konferenz blieb jedoch stets einheitlich.[6]

Eine amerikanisch-französische Auseinandersetzung erfolgte nicht, obwohl die Verhandlungsführung des französischen Präsidenten der Vorkonferenz[7] besonders von amerikanischer Seite kritisiert wurde.

Das Verhältnis zwischen den Industriestaaten und den Öl- und anderen Entwicklungsländern wurde nicht belastet, jedoch auch nicht verbessert; das Mißtrauen der vertretenen Staaten der Dritten Welt gegenüber dem Verständnis der Industrieländer für ihre Belange besteht weiter. Die Forderungen der Entwicklungsländer bleiben weiterhin zum Teil unangemessen.

3) In wirtschaftlicher Sicht hat die Konferenz zunächst weder positive noch negative Folgen und ändert nichts an der vorher bestehenden Lage; insbesondere konnte die Aufnahme des Dialogs im Energiebereich nicht erreicht werden. Längerfristig mag sich die bessere Kenntnis aller Beteiligten über die wirtschaftspolitischen Ziele und Möglichkeiten ihrer Partner günstig auswirken, ebenso das grundsätzliche Interesse Saudi-Arabiens, des Iran, Venezuelas und auch Algeriens an einer engeren bilateralen Kooperation mit den Industriestaaten, auch im Energiebereich. Die Industriestaaten haben weitgehend erkannt, daß ein starres Festhalten an bisherigen Positionen auf die Dauer kaum möglich sein wird, wenn das Verhältnis zur Dritten Welt nicht zunehmenden Belastungen ausgesetzt werden soll.

4) Aufgrund der Haltung der Teilnehmer der Vorkonferenz könnte eine bloße Wiederaufnahme der Vorkonferenz ohne vorherige Annäherung der Standpunkte zu keinem materiellen Ergebnis führen; es wäre dann auch nicht möglich, wiederum ein außen- und wirtschaftspolitisch mindestens unschädliches Ergebnis zu erzielen: Eine nochmalige Vorkonferenz ohne konkreten Erfolg würde ohne Zweifel eine nicht unerhebliche Verhärtung der Fronten zwischen Industrie- und Entwicklungsländern bedeuten und trüge die Gefahr einer Spaltung der Industriestaaten in sich.

5) Um eine möglichst baldige Wiederaufnahme der Vorkonferenz zu ermöglichen, wird es unter Berücksichtigung der Tendenzen der Delegationen, die in zahlreichen Gesprächen ausgelotet wurden, darauf ankommen, daß die Industriestaaten zunächst auf Grund ihrer jeweiligen Interessenlage und danach gemeinsam die offenen Probleme daraufhin überprüfen, welche Maßnahmen sie vorsehen können, um den Öl- und Entwicklungsländern gegenüber ein ver-

---

6 Am 16. April 1975 berichtete Botschafter z. b. V. Robert, z. Z. Paris, daß Frankreich, nachdem sich die erdölproduzierenden und -verbrauchenden Staaten angesichts fehlender Einigung auf eine Tagesordnung bereits auf eine „Unterbrechung ohne gegenseitige Beschuldigungen und unter Hinweis auf künftige Kooperationsmöglichkeiten und eine spätere Wiederaufnahme der Konferenzvorbereitung" geeinigt hatten, noch eine „unabgestimmte" Demarche bei den erdölproduzierenden Staaten durchgeführt habe mit dem Ziel, diese für ein Entgegenkommen hinsichtlich der Tagesordnung zu gewinnen. Der daraufhin von ihnen vorgelegte Entwurf für eine Tagesordnung sei von den USA und Japan abgelehnt worden, „da die bloßen Überschriften den bestehenden Konfliktstoff voll auf die Hauptkonferenz übertragen würden". Lediglich Frankreich sei zur Annahme des Entwurfs bereit gewesen, habe aber dann den Entschluß der übrigen EG-Mitgliedstaaten mitgetragen, von einer Debatte über den Vorschlag abzusehen. Vgl. den Drahtbericht Nr. 290; Referat 405, Bd. 113909.

7 Louis de Guiringaud.

405

stärktes Verständnis zu beweisen, ohne Grundsätze des westlichen Wirtschaftssystems in Frage zu stellen.

Offene Probleme:

a) Mangelndes Vertrauen der Entwicklungsländer zum Verständnis der Industriestaaten: Zur Verbesserung wurde einer Intensivierung der bilateralen und multilateralen Kooperation mit den Öl- und Entwicklungsländern besondere Bedeutung beigemessen, wobei ein ausgewogenes Verhältnis zwischen Förderungsmaßnahmen der Industriestaaten auf den verschiedenen Gebieten und einer verständnisvolleren Haltung der Ölproduzentenländer in den Pariser Gesprächen von den Industriestaaten als wesentlich bezeichnet, von den Öl- und Entwicklungsländern im allgemeinen nicht kritisiert wurde.

b) Rohstoff-Probleme: Die Entwicklungsländer wissen, weshalb ihr Wunsch nach Garantie der Kaufkraft ihrer Exporterlöse für Rohöl und andere Rohstoffe im Sinn einer Indexierung nicht erfüllt werden kann. Gesten der Industriestaaten, die für das – bei einem steten Steigen der Preise für Industriegüter verständliche – Anliegen der Entwicklungsländer ein partielles Entgegenkommen zeigen, dürften nach den Pariser Kontakten positive Auswirkungen haben; hierbei wurde z.B. an eine Wechselkurssicherung, an Preisgleitklauseln ohne Bezug auf die Preise von Industriegütern und an Rohstoffabkommen in den Fällen, in denen damit eine Stabilisierung des Marktes ohne starke dirigistische Eingriffe möglich ist, gedacht – Maßnahmen, die ad hoc nach Prüfung des Einzelfalls erfolgen und die die wirtschaftspolitische Ordnung der Industriestaaten nicht in Frage stellen könnten.

c) Internationale Kooperation im Interesse der wirtschaftlichen Entwicklung der Dritten Welt: Zahlreiche Wünsche der Entwicklungsländer für die Tagesordnung der Hauptkonferenz stoßen bei den Industriestaaten auf keine grundsätzlichen Bedenken: Finanzierungsprobleme auf Grund der jüngsten weltwirtschaftlichen Entwicklung, Investitionen, Hilfe bei der schnelleren Industrialisierung und dem Ausbau von Landwirtschaft und Infrastruktur, nichtreziproke Handelspräferenzen, Transfer von Technologie, besondere Maßnahmen zugunsten der am stärksten betroffenen Entwicklungsländer. Eine sachliche und zeitliche Verbindung von zusätzlichen Maßnahmen der Industriestaaten in diesen Bereichen mit einem Entgegenkommen der Ölproduzenten im Energiebereich erschien zahlreichen Delegierten zu Recht möglich und wünschenswert. In der Frage der Wertsicherung von Kapitalerträgen der Entwicklungsländer wurde von einigen an ähnliche Maßnahmen wie bei den Rohstoffen gedacht.

d) Materielle Behandlung der verschiedenen Verhandlungsthemen innerhalb und außerhalb der Konferenz: In den Pariser Gesprächen ergab sich, daß die Meinungsverschiedenheiten in der Vorkonferenz stark an Bedeutung verlieren würden, sobald eine Annäherung der Standpunkte über die möglichen materiellen Ergebnisse der Hauptkonferenz in allen wichtigen Bereichen vorläge.

e) Wiederaufnahme der Vorkonferenz: Zahlreiche westliche Delegierte waren der Ansicht, daß eine erfolgreiche Wiederaufnahme folgende Voraussetzungen haben müßte:

- Vorherige Abstimmung mit den Öl- und anderen Entwicklungsländern über die Grundzüge der Tagesordnung der Hauptkonferenz nach erfolgter Annäherung der Ansichten aller Beteiligten hinsichtlich der zu erwartenden materiellen Ergebnisse der Konferenz.
- Bei Vorliegen dieser Voraussetzungen sollte die erwünschte Möglichkeit bestehen, die Vorkonferenz in gleicher Zusammensetzung wie beim ersten Mal zusammentreten zu lassen.
- Bedenken einiger Delegationen gegen eine nochmalige Vorkonferenz in Paris unter französischem Vorsitz sollten dann ebenfalls geringer werden.
- Auch die Einigung über Ort und Vorsitz der Hauptkonferenz würde in diesem Fall leichter, insbesondere nachdem über die Teilnahme an der Hauptkonferenz (acht Industriestaaten, acht OPEC-Länder, acht bis elf sonstige Entwicklungsländer) schon in Paris grundsätzliche Übereinstimmung erzielt worden ist; die Frage der Teilnahme von Beobachtern, insbesondere von OPEC und IEA, ist allerdings noch gänzlich offen und bisher kontrovers.[8]

Robert[9]

Referat 405, Bd. 113909

---

[8] Vortragender Legationsrat I. Klasse Kruse vermerkte am 15. April 1975 zur Diskussion über die Beteiligung der Internationalen Energie-Agentur (IEA) an einer Energiekonferenz, daß dies von den erdölproduzierenden Staaten abgelehnt werde: „Algerische Begründung: Die IEA sei ein Organ der Konfrontation. Der Forderung nach Ausschluß der IEA von der Hauptkonferenz nachzugeben schien den westlichen Industrieländern, von Frankreich abgesehen, nicht möglich, da in westlicher Sicht die IEA keineswegs ein Organ der Konfrontation ist, der Westen auch keine Forderung auf Ausschluß der OPEC gestellt hat, ein Nachgeben in dieser Frage das westliche Prestige beeinträchtigen müßte und die Verhandlungsposition des Westens auf der Hauptkonferenz schwächen würde." Vgl. Referat 405, Bd. 113909.
[9] Paraphe.

88

**Aufzeichnung des
Vortragenden Legationsrats I. Klasse Lücking**

210-321.05 DDR VS-NfD 18. April 1975[1]

Betr.: Verhandlungen mit der DDR über ein Post- und Fernmeldeabkommen[2]
hier: Ergebnis der Staatssekretärsbesprechung, die am 16. April um 15.00 Uhr im BMB unter Vorsitz vom BM Franke zur Frage der Einbeziehung Berlins in ein Post- und Fernmeldeabkommen mit der DDR stattfand

1) Ergebnis

Es ist folgendes beschlossen worden:

Die interministerielle Arbeitsgruppe soll sobald wie möglich zusammentreten, um auszuarbeiten:

(1) eine für uns akzeptable Erklärung der DDR;

(2) eine Gegenerklärung der Bundesregierung.

Die deutsche Position wird mit den Drei Mächten in der Bonner Vierergruppe abgestimmt.

2) Verlauf der Besprechung

StS Elias (BMP) sagte, er habe aus den Verhandlungen die Überzeugung gewonnen, daß wir bei einem weiteren Beharren auf der reinen Frank-Falin-Klausel[3] den Abbruch der Verhandlungen riskierten. Es würde dann keine Sonderregelung zwischen den beiden deutschen Staaten geben, sondern die einschlägigen internationalen Vereinbarungen[4] müßten in Kraft gesetzt werden. Ein „Auslandsverkehr" mit der DDR würde uns astronomische Summen kosten. Er gehe davon aus, daß sich Abänderungen an der von der DDR vorgeschlagenen Interpretationserklärung zur Berlin-Klausel[5] nicht durchsetzen lie-

---

[1] Hat Bundesminister Genscher am 4. Mai 1975 vorgelegen.
Hat Staatssekretär Gehlhoff am 6. Mai 1975 vorgelegen, der handschriftlich vermerkte: „Herrn D 2 m[it] d[er] B[itte] um Beachtung der Weisung des Ministers." Vgl. Anm. 7, 8 und 13.
Hat Ministerialdirektor van Well am 6. Mai 1975 vorgelegen.
Hat Legationsrat I. Klasse Oestreich am 9. Mai 1975 vorgelegen, der handschriftlich vermerkte: „B[undes]P[ost]M[inisterium] (RD Dr. Reinfeld) und BMB (RD Motsch) am 9.5. über Haltung BM unterrichtet und darauf hingewiesen, daß Textmodelle BM noch vorgelegt werden müssen, nachdem BM Franke entschieden hat. BPM auch auf Notwendigkeit der Unterrichtung der Drei Mächte vor nächster Verhandlungsrunde (28.5.) hingewiesen."

[2] Das Bundesministerium für das Post- und Fernmeldewesen sowie das Ministerium für Post- und Fernmeldewesen der DDR nahmen am 7. Dezember 1972 Verhandlungen über ein Post- und Fernmeldeabkommen auf. Am 10. April 1975 fand die 20. Verhandlungsrunde statt.

[3] Zu der im April 1972 zwischen Staatssekretär Frank und dem sowjetischen Botschafter Falin vereinbarten Berlin-Klausel vgl. Dok. 1, Anm. 22.

[4] Für den Wortlaut des Internationalen Fernmeldevertrags vom 25. Oktober 1973 und der Zusatzprotokolle vgl. BUNDESGESETZBLATT 1976, Teil II, S. 1090–1191.
Am 5. Juli 1974 wurden in Lausanne eine Reihe von Verträgen des Weltpostvereins unterzeichnet. Für den Wortlaut vgl. BUNDESGESETZBLATT 1975, Teil II, S. 1514–1714.

[5] Am 10. April 1975 vermerkte Ministerialdirigent Ruhfus, der Vorschlag der DDR für eine Erklärung zu Protokoll laute: „Die Deutsche Demokratische Republik geht davon aus, daß das Abkommen zwischen der Regierung der Deutschen Demokratischen Republik und der Regierung der Bun-

ßen. Wir befänden uns verhandlungstaktisch wegen der Einbeziehung Berlins gegenüber der DDR schon seit einiger Zeit in der Defensive. Innerhalb der Bundesregierung müsse nunmehr unbedingt bis zur nächsten Verhandlungsrunde (28.5.)[6] Einvernehmen über die Haltung erzielt werden, die unsere Delegation bezüglich der Einbeziehung Berlins in das Abkommen gegenüber der DDR einnehmen soll.

BM Franke betonte, die Bundesregierung habe ein vorrangiges Interesse am baldigen Abschluß der Verhandlungen mit der Maßgabe, daß für die Einbeziehung von Berlin in das Abkommen eine vertretbare Lösung gefunden werde.

StS Fröhlich erklärte, eine Aufweichung der Frank-Falin-Klausel durch eine Interpretationserklärung der DDR bedeute einen Markstein für alle noch zu führenden Folgeverhandlungen. Hätten wir doch bisher die Frank-Falin-Klausel als eine mühsam erkämpfte, für uns gerade noch akzeptable Rückzugsposition betrachtet. Die Hinnahme einer Interpretationserklärung der DDR ohne eine Gegenerklärung von unserer Seite, durch die unser Rechtsstandpunkt gewahrt werde, sei sehr problematisch. Es handele sich um eine eminent politische Entscheidung, die wohl vom Kabinett gebilligt werden müsse.[7]

StS Gehlhoff sagte, es müßten nicht nur die Wirkungen einer Modifizierung der Frank-Falin-Klausel auf künftige Verhandlungen mit der DDR berücksichtigt werden, sondern auch die Folgen für die Vertragsverhandlungen mit allen osteuropäischen Staaten. Wir würden von dem, was wir der DDR im Einzelfall des Postabkommens zugestanden hätten, nicht wieder loskommen.[8] Es sei uns seinerzeit schon sehr schwergefallen, von der klassischen Berlinklausel[9] auf die Frank-Falin-Klausel herabzugehen. Formell gehe es um Fragen des Vier-Mächte-Abkommens, materiell um Fragen der Sicherheit und des Status von Berlin.[10] Über diese Fragen könnten die Vier Mächte diskutieren, und die

Fortsetzung Fußnote von Seite 408
    desrepublik Deutschland auf dem Gebiet des Post- und Fernmeldewesens sowie die Verwaltungsabkommen über den Postverkehr, den Fernmeldeverkehr und die Abrechnung der Leistungen im Post- und Fernmeldetransit in Übereinstimmung mit dem Vierseitigen Abkommen vom 3.9.1971 auf Berlin (West) unter der Voraussetzung sinngemäß angewendet werden, *daß in Berlin (West) die Einhaltung der Bestimmungen dieser Abkommen gewährleistet wird.* Regelungen zwischen den zuständigen Organen (Behörden) und der Deutschen Demokratischen Republik und von Berlin (West), die Fragen des Post- und Fernmeldeverkehr zwischen der Deutschen Demokratischen Republik und Berlin (West) betreffen, bleiben hiervon unberührt." Dazu stellte Ruhfus fest, denkbar wäre eine „entschärfte Fassung" dieser Erklärung, nämlich wenn der hervorgehobene Passus geändert würde in: „daß die Bestimmungen dieser Abkommen in Berlin (West) in Kraft gesetzt werden". Vgl. VS-Bd. 10167 (210); B 150, Aktenkopien 1975.
6 Die 21. Verhandlungsrunde über ein Post- und Fernmeldeabkommen mit der DDR fand erst am 2. Oktober 1975 statt.
7 Dieser Absatz wurde von Bundesminister Genscher hervorgehoben. Dazu vermerkte er handschriftlich: „r[ichtig]".
8 Der Passus: „StS Gehlhoff sagte ... nicht wieder loskommen" wurde von Bundesminister Genscher hervorgehoben. Dazu vermerkte er handschriftlich: „r[ichtig]".
9 Am 6. Februar 1954 übermittelte das Bundesministerium der Finanzen dem Senat von Berlin einen Kabinettsbeschluß zur Erstreckung von Bundesrecht auf Berlin. Danach sollte für internationale Verträge die folgende Berlin-Klausel vorgeschlagen werden: „Dieser Vertrag (dieses Abkommen o. ä.) gilt auch für das Land Berlin, sofern nicht die Regierung der Bundesrepublik Deutschland gegenüber der Regierung ... innerhalb von drei Monaten nach Inkrafttreten des Vertrages (Abkommens o. ä.) eine gegenteilige Erklärung abgibt". Vgl. DOKUMENTE ZUR BERLIN-FRAGE 1944–1966, S. 173.
10 Vgl. dazu Anlagen IV A und IV B des Vier-Mächte-Abkommens über Berlin vom 3. September 1971; Dok. 22, Anm. 6.

Bundesregierung könnte sie mit den drei Schutzmächten erörtern. Wir dürften uns aber unter keinen Umständen mit der DDR auf eine Diskussion darüber einlassen, ob und inwieweit im gegebenen Fall Status und Sicherheit berührt würden. Eine materielle Erörterung, was Status und Sicherheit seien, könne nicht Gegenstand unserer Diskussion mit der DDR sein. Auch das Auswärtige Amt wolle, daß das Postabkommen zustande komme. Die Drei Mächte seien bereits konsultiert worden. Sie hätten davor gewarnt, einen Weg einzuschlagen, der auf eine Diskussion mit der DDR über die Interpretation des Vier-Mächte-Abkommens hinauslaufe.

Die Drei bäten darum, daß das weitere Vorgehen bezüglich der Berlin-Klausel mit ihnen laufend abgestimmt werde.

StS Gehlhoff sagte weiter, von der Sache her müßten wir daran interessiert sein, die Probleme mit der DDR vorher zu klären, um später endlose Diskussionen über Fragen von Status und Sicherheit im Hinblick auf das Vier-Mächte-Abkommen zu vermeiden. In der DDR-Erklärung müßte zumindest der Passus „daß in Berlin (West) die Einhaltung der Bestimmungen dieser Abkommen gewährleistet wird" ersetzt werden durch „daß die Bestimmungen dieser Abkommen in Berlin (West) in Kraft gesetzt werden". Auf diese Weise könne die DDR ihr Gesicht wahren.

MD Sanne führte aus, die DDR und wir gingen von verschiedenen Rechtsauffassungen aus. Wir könnten kein Abkommen erreichen, das unseren Rechtsstandpunkt festschreibe. Erreichbar sei lediglich ein Abkommen mit offenem Dissens. Wir könnten eine DDR-Erklärung unter der Bedingung akzeptieren, daß wir in einer entsprechenden Gegenerklärung unseren Rechtsstandpunkt wahrten. Im übrigen glaube er nicht an eine große Präzedenzwirkung eines solchen Vorgehens.[11]

StS Gaus und StS Elias unterstützten die Auffassung von Herrn Sanne.

StS Gehlhoff wies darauf hin, daß unsere Gegenerklärung eindeutig sein müsse; in ihr müsse irgendwie zum Ausdruck kommen, daß wir mit den Drei Mächten gesprochen hätten und diese der Auffassung seien, daß Fragen des Status und der Sicherheit nicht berührt würden und das Abkommen daher voll auf Berlin erstreckt würde.

StS Gaus meinte, es müsse vermieden werden, daß durch eine Bezugnahme auf die Drei Mächte in unserer Gegenerklärung die vierte Signatarmacht auf den Plan gerufen würde.

Senatsdirigent Meichsner betonte in längeren Ausführungen das Interesse des Senats an einer eindeutigen Einbeziehung Berlins in das Postabkommen.

---

11 Am 18. April 1975 bemerkte Vortragender Legationsrat I. Klasse Fleischhauer, daß ihn die Überlegung, „die als unvermeidlich anzusehende Erklärung der DDR mit einer Gegenerklärung zu beantworten, die unserer Auffassung nach die Rechtslage in aller Schärfe und Deutlichkeit wiedergebe", überrasche: „Denn immer dann, wenn zwei Willensäußerungen gegenüberstehen, die sich nicht decken, so ist von einer Nichteinigung zu sprechen; das jetzt und sei es auch nur aushilfsweise ins Auge gefaßte Verfahren könnte mithin sehr leicht dazu führen, daß Berlin wegen des offenen Dissenses zwischen den beiden Erklärungen eben nicht in die Postvereinbarung einbezogen sei. Wenn man überhaupt den Weg von zwei nicht ganz identischen Erklärungen gehen wollte, so müßte man zunächst einmal aus der DDR-Erklärung das Wort ‚sinngemäß' entfernen. Ferner müßte man dahin kommen, den Dissens nach Möglichkeit einzugrenzen; kein Dissens dürfe darüber bestehen, daß Berlin einbezogen sei." Vgl. VS-Bd. 9706 (500); B 150, Aktenkopien 1975.

Ich habe gesagt (StS Gehlhoff hatte in der Zwischenzeit die Sitzung verlassen, um das Auswärtige Amt im Auswärtigen Ausschuß des Bundestages zu vertreten), es dürfte nunmehr darum gehen, möglichst bald einen Formulierungsvorschlag, insbesondere für unsere Gegenerklärung, zu erarbeiten, der mit den Drei Mächten in der Bonner Vierergruppe abgestimmt werden müßte. Dabei sei insbesondere auch darauf zu achten, daß die DDR den bilateralen Austausch von Erklärungen mit uns nicht im internationalen multilateralen Bereich benutzen könne, um das Vertretungsrecht der Bundesregierung für Berlin in Frage zu stellen. Bedeutende internationale Konferenzen im Post- und Fernmeldewesen[12] stünden bevor.[13]

In jüngster Zeit hätte die DDR auf einer Konferenz in Genf bereits grundsätzlich das Vertretungsrecht der Bundesregierung für Berlin in Post- und Fernmeldeangelegenheiten in Frage gestellt mit der Behauptung, Status und Sicherheit seien berührt.[14]

BM Franke stellte als Ergebnis der Diskussion fest:

Es ist folgendes beschlossen worden:

Die interministerielle Arbeitsgruppe soll sobald wie möglich zusammentreten, um auszuarbeiten:

1) eine für uns akzeptable Erklärung der DDR;

2) eine Gegenerklärung der Bundesregierung.[15]

Die deutsche Position wird mit den Drei Mächten in der Bonner Vierergruppe abgestimmt.

Lücking

VS-Bd. 10167 (210)

---

[12] Vom 6. Oktober bis 21. November 1975 fand in Genf die zweite Sitzungsperiode der Regionalen Verwaltungskonferenz für den Lang- und Mittelwellenrundfunk der Internationalen Fernmeldeunion statt.

[13] Zu diesem Absatz vermerkte Bundesminister Genscher handschriftlich: „Die einseitige Erklärung muß noch eindeutiger sein als eine gemeinsame Formel."

[14] Am 5. Februar 1975 resümierte Referat 210 den Stand der Regionalen Verwaltungskonferenz für den Lang- und Mittelwellenrundfunk der Internationalen Fernmeldeunion in Genf. Die Bundesregierung habe während der ersten Sitzungsperiode vom 7. bis 25. Oktober 1974 in Genf die Interessen von Berlin (West) mitvertreten und beabsichtige, dies auch in der am 6. Oktober 1975 beginnenden zweiten Sitzungsperiode zu tun. Jedoch habe die DDR bereits „auf der ersten Sitzungsperiode der Konferenz eine Erklärung abgegeben, in der sie unter anderem darauf hinwies, ,that as far as matters of security and of the status of Berlin (West) are affected by the conference work, the strict observance of the Quadripartite Agreement of 3rd September, 1971, must be guaranteed.' Darüber hinaus soll der Leiter der sowjetischen Delegation in Genf geäußert haben, daß die Neuverteilung von Frequenzen Sicherheit und Status von Berlin berühre und die Bundesrepublik Deutschland daher die Interessen von Berlin (West) auf der Konferenz 1975 nicht mitvertreten könne." Vgl. Referat 210, Bd. 115045.

[15] Zu den Überlegungen der interministeriellen Arbeitsgruppe zu einer Erklärung der DDR und einer Gegenerklärung der Bundesregierung hinsichtlich der Einbeziehung von Berlin (West) in ein Post- und Fernmeldeabkommen vgl. Dok. 161.

89

Ministerialdirektor Lahn, z. Z. Kairo, an das Auswärtige Amt

Fernschreiben Nr. 658　　　　　　　　　　　Aufgabe: 18. April 1975, 12.30 Uhr
Cito　　　　　　　　　　　　　　　　　　　Ankunft: 18. April 1975, 12.49 Uhr

Betr.: Nahost-Reise des Bundesministers[1]
　　　hier: Besuch in Riad

I. Für Referat 311: Es wird gebeten, dieses Telegramm Referat 240 als Grundlage für das Ortex[2] zuzuleiten.

II. Erstes Gespräch mit dem amtierenden Außenminister Saud al-Feisal

Das Gespräch wandte sich in der Hauptsache der Nahostpolitik zu. Saud bezeichnete Deutschland als das wichtigste Mitglied der Europäischen Gemeinschaft, das seinen Einfluß im Nahen Osten gemäß seiner wirtschaftlichen Bedeutung noch vergrößern müsse. Der politische Einfluß sei unserem wirklichen Gewicht nicht angemessen.

Bundesminister begrüßte diesen ersten persönlichen Meinungsaustausch mit AM Saud, der eine wichtige Voraussetzung für die Vertiefung unserer Beziehungen sei. Deutschland sei dem Nahen Osten benachbart. Es verbänden uns viele gemeinsame Interessen, wie sie in dem Europäisch-Arabischen Dialog zur konkreten Behandlung anstünden. Durch den EAD würde ein neues Modell der Kooperation geschaffen, das in seiner Bedeutung noch nicht von allen erkannt worden sei. BM erläuterte sodann unsere Nahostpolitik auf der Grundlage der Neuner-Erklärung vom November 1973.[3] Unsere Politik sei durch Ausgewogenheit und Aufrichtigkeit gekennzeichnet.

In Israel habe nach seiner Überzeugung ein Umdenkprozeß eingesetzt, nachdem man sich über viele Jahre an überholte Vorstellungen in bezug auf Sicherheit geklammert habe. Heute sollte Israel seine wahre Interessenlage erkennen und sich der Gefährdung bewußt sein, daß durch eine zu lange Stagnation der Einfluß des Kommunismus in Nahost wachsen würde.

AM Saud äußerte die Ansicht, daß die öffentliche Meinung in Israel für die Lösung des Konflikts nicht entscheidend sein dürfe. Vielmehr komme es darauf an, daß die mit Israel befreundeten Staaten, vor allem die USA, Israel zur Kompromißbereitschaft drängten.

Die Mißachtung des Problems der Palästinenser habe bisher jedem Lösungsversuch entgegengestanden. Vor allem spiele die Zeitfrage eine Rolle. Ein wei-

---

[1] Bundesminister Genscher hielt sich vom 16. bis 18. April 1975 in Saudi-Arabien auf, nachdem er vom 14. bis 16. April 1975 Ägypten besucht hatte. Zum Gespräch mit dem ägyptischen Außenminister Fahmi am 15. April 1975 in Kairo vgl. Dok. 80.
[2] Für den Runderlaß Nr. 56 des Vortragenden Legationsrats I. Klasse Dohms vom 21. April 1975 vgl. Referat 010, Bd. 178620.
[3] Zur Nahost-Erklärung der Außenminister der EG-Mitgliedstaaten vom 6. November 1973 vgl. Dok. 29, Anm. 3.

teres Hinauszögern würde das Risiko eines neuen Konflikts erhöhen und dem Einfluß der Sowjetunion im Nahen Osten förderlich sein.

Gespräch mit König Khalid

BM übermittelte Einladung an AM, der an diesem Gespräch teilnahm, zu Besuch in der BRD möglichst noch in diesem Jahre.

Zur politischen Situation erklärte BM, daß Bundesregierung über Ausgang Pariser Konferenz[4] besorgt sei, da dieser leicht zu Resignation verleiten könne. Es sei aber im allseitigen Interesse außerordentlich wichtig, die Kooperation fortzuführen.

König bemerkte, daß deutsche Haltung zur Nahost-Frage bei Arabern manchmal auf Kritik stoße. Sie sei nicht aktiv genug und oft zu vorsichtig. Er gäbe zu überlegen, die PLO anzuerkennen[5], was eine Lösung des Palästinenser-Problems erleichtern würde.

BM erläuterte daraufhin deutsche Nahostpolitik unter Einschluß der vier Punkte der Neuner Erklärung, unsere Haltung im Rahmen der EG und den innerhalb der EG – Beteiligung der PLO – erarbeiteten Vorschlag.[6] Die Arabische Liga werde hierzu voraussichtlich in der nächsten Woche Stellung nehmen.[7]

Gespräch mit Kronprinz Fahd

Fahd gab zunächst längere Erklärung zur Nahost-Frage.

Die arabische Welt erwarte eine gerechte Lösung und einen gerechten Frieden. Der Weg hierzu könne nur durch eine Räumung der besetzten Gebiete gefunden werden. Weiterhin sei eine Freigabe des palästinensischen Volkes erforderlich.

Es gäbe viele Juden, die die radikale Haltung der israelischen Regierung nicht verstünden. Diese nütze vor allem der SU, die nicht durch Waffengewalt, sondern mit politischen Mitteln den nahöstlichen Raum in ihre Hand bekommen wolle.

Die arabischen Staaten benötigten daher gerade jetzt eine wirksame Unterstützung des Westens, insbesondere der USA. Eine gerechte Nahost-Lösung sei dringend geboten, damit die SU von einer Stagnation nicht profitiere. Die von der arabischen Welt erstrebte Kooperation mit dem Westen könne diesem viele Möglichkeiten eröffnen. Die saudische Regierung hoffe, daß die BRD ihr Gewicht in der EG in diesem Sinne einsetzen möchte.

Es wäre für die BRD im übrigen leicht, ein besseres Verhältnis zur PLO herzustellen, wenn sie dem Beispiel Londons folgte und die Gründung eines PLO-Büros in der Hauptstadt ermöglichte.

---

4 Zur Vorkonferenz der erdölproduzierenden und -verbrauchenden Staaten vom 7. bis 15. April 1975 in Paris vgl. Dok. 87.
5 Zur Politik der Bundesregierung gegenüber der PLO vgl. Dok. 62.
6 Zum Beschluß der Außenminister der EG-Mitgliedstaaten im Rahmen der EPZ vom 13. Februar 1975 (Dubliner Formel) vgl. Dok. 27, Anm. 12.
7 Am 27. April 1975 teilte der Generalsekretär der Arabischen Liga, Riad, dem irischen Botschafter in Kairo, Kennedy, mit, daß der Rat der Arabischen Liga beschlossen habe, den Vorschlag der EG-Mitgliedstaaten vom 13. Februar 1975 zum Europäisch-Arabischen Dialog anzunehmen. Vgl. dazu den Drahtbericht Nr. 862 vom 28. April 1975 aus Dublin (Coreu); Referat 310, Bd. 104986.

BM äußerte Befriedigung, daß saudische Regierung Politik König Feisals fortsetzen wolle.[8] Die bisherige Politik Saudi-Arabiens sei uns vertraut und werde von uns begrüßt.

BM erläuterte die ausgewogene deutsche Nahostpolitik und unsere Politik des Ausgleichs und der Entspannung in Europa, die nur deswegen erfolgreich gewesen sei, weil sie sich auf ein effektives Verteidigungsbündnis stützen konnte.

Die BRD begrüße den EAD, der ein Modell für die Zusammenarbeit von Staatengruppen werden könne.

Gespräch mit Prinz Moussaed (Finanz- und Wirtschaftsminister)

Prinz Moussaed erklärte einleitend, er hoffe, daß die anläßlich des Besuchs von BM Friderichs vereinbarte deutsch-saudische Regierungs- und Wirtschaftskommission[9] noch im Sommer zu ihrer konstituierenden Sitzung zusammentreten werde. Er ließ erkennen, daß er über das bisherige Ausbleiben deutscher Projektvorschläge ungeduldig sei.

Es wurde vereinbart, daß die Kommission möglicherweise noch vor der Sommerpause in Bonn auf StS-Ebene zusammentreten solle.[10]

Prinz Moussaed betonte das besondere saudische Interesse auf dem Bausektor, der Eisenindustrie, dem Agrarbereich und nannte außerdem das Ausbildungswesen.

Die weitere Unterredung betraf vor allem zwei Probleme, nämlich die Entwicklung der Weltwirtschaft und die künftige Entwicklungspolitik.

Der Bundesminister betonte, daß nach dem Scheitern der Pariser Konferenz alles getan werden müsse, um den Gedanken der Kooperation lebendig zu erhalten. Saudi-Arabien könne hierbei als Verfechter einer gemäßigten Energie-Politik sicherlich eine wichtige Rolle spielen.

Auch hinsichtlich der Entwicklungspolitik sollte man sich von der Vernunft leiten lassen. OPEC-Länder und Industriestaaten hätten eine gemeinsame Verantwortung gegenüber den wirtschaftlich bedrängten Entwicklungsländern.

Der Gedanke der Zusammenarbeit sollte aber auch im EAD gefördert werden. Von deutscher Seite (PStS Brück) wurde weiter herausgestellt, daß die Dreiecks-Kooperation im Sudan[11] ein richtunggebendes Beispiel für ähnliche Projekte bieten würde.

---

[8] König Feisal wurde am 25. März 1975 ermordet.

[9] Eine Delegation unter Leitung von Bundesminister Friderichs hielt sich vom 4. bis 7. November 1974 in Saudi-Arabien auf. Dabei wurde die Einsetzung einer Gemeinsamen Kommission für wirtschaftliche Zusammenarbeit beschlossen.

[10] Die konstituierende Sitzung der deutsch-saudiarabischen Gemeinsamen Kommission für wirtschaftliche Zusammenarbeit fand am 5./6. August 1975 in Bonn statt. Für das Sitzungsprotokoll vgl. Referat 311, Bd. 108834.

[11] Botschafter Montfort, Djidda, teilte am 26. Mai 1975 mit, der stellvertretende saudi-arabische Außenminister Masoud habe zur Frage von trilateralen Kooperationsmöglichkeiten erklärt, „Saudi-Arabien ziehe ganz entschieden eine – bilaterale – Zusammenarbeit mit Entwicklungsländern vor, denen es finanzielle Unterstützung geben wolle. Es sei dann Sache des Nehmerlandes, welchen ausländischen Partner es als Lieferant oder Unternehmer bei der Durchführung der geplanten Entwicklungsvorhaben bevorzuge. Gemeinsame Kreditzusagen mit anderen Geberländern lehne die saudische Regierung ab." Masouds Äußerungen stimmten überein mit der Haltung des Finanz- und Wirtschaftsministers Prinz Moussaed. Dessen „freundliche Reaktion beim Genscherbesuch, eine

Die Bundesregierung habe Kapitalhilfe für den Bau einer Straße zur Verfügung gestellt. Sie würde es begrüßen, wenn Saudi-Arabien dieses große Projekt ebenfalls fördern würde.

Prinz M. erklärte hierzu die grundsätzliche Kooperationsbereitschaft seiner Regierung. In den demnächst beginnenden sudanesisch-saudischen Gesprächen würden entsprechende Möglichkeiten geprüft werden.

Abschlußgespräch mit Prinz Saud

Das Gespräch bildete eine Art Rückschau auf die vorangegangenen Diskussionen. Der Prinz betonte noch einmal den Wunsch der Saudis, die bilaterale Zusammenarbeit auf politischem, wirtschaftlichem und kulturellem Gebiet zu intensivieren.

Die Besprechungen hätten gezeigt, daß auf beiden Seiten eine weitgehende Übereinstimmung der Ansichten gegeben sei. Dies treffe insbesondere im Hinblick auf Fragen der Energieproblematik zu.

III. Wertung

Der Besuch hat gezeigt, daß die saudi-arabische Politik unter der gegenwärtigen Regierung den bisherigen Kurs beibehalten wird. Saudi-Arabien wird infolge seines wirtschaftlichen Wachstums die Möglichkeit haben, mehr noch als bisher als wirtschaftlicher und politischer Faktor hervorzutreten.

Dies wird zunächst im arabischen Staatenverband deutlich werden, dann jedoch ganz besonders in allen Fragen, die vom Recycling ausgehen und die Energieversorgung betreffen.

Es wurde ferner erkennbar, daß Saudi-Arabien primär um die Unabhängigkeit der arabischen Welt besorgt ist und Einflüsse der Supermächte nach Möglichkeit ausschalten möchte. In diesem Sinne erfüllt es eine stabilisierende Funktion, die besonders für Europa von entscheidender Bedeutung sein kann.

Im bilateralen Bereich ist der Wille zur Zusammenarbeit unverkennbar. Es zeigt sich andererseits, daß die saudische Administration vielen Aufgaben nur langsam nachzukommen vermag. Für die deutsche Wirtschaft sind zweifellos außerordentliche Möglichkeiten gegeben, die unter den gegebenen Umständen weitgehend genutzt werden sollten.

[gez.] Lahn

Referat 010, Bd. 178620

Fortsetzung Fußnote von Seite 414
Dreieckskooperation Bundesrepublik – Saudi-Arabien – Sudan könne geprüft werden, war offensichtlich mehr eine höfliche Ausrede, um den Gast nicht zu verletzen, als eine ernsthaft gemeinte Zusage." Vgl. den Drahtbericht Nr. 289; Referat 311, Bd. 108836.

90

**Aufzeichnung des
Vortragenden Legationsrats I. Klasse Dittmann**

402-411.20 21. April 1975

Über Herrn Dg 40[1] Herrn D 4[2]

Betr.: Internationale Rohstoffpolitik;
hier: Künftige deutsche Haltung

1) Die Bundesregierung vertritt aufgrund der geltenden Absprachen unter den Ressorts folgende Haltung

– Aufrechterhaltung des Funktionierens der Marktkräfte im internationalen Rohstoffhandel, mit gewissen Einschränkungen bei internationalen Rohstoffabkommen;

– ungehinderter Zugang aller Staaten zu den Grundstoffmärkten und damit Sicherung der Versorgung;

– Bereitschaft zum Abschluß von weltweiten Rohstoffabkommen, in geeigneten Fällen nach sorgfältiger Prüfung Ware für Ware mit dem Ziel einer Stabilisierung der Märkte und einer Steigerung der Ausfuhren der Entwicklungsländer;

– Bereitschaft, im Rahmen dieser Abkommen gerechtfertigten Preisanhebungen von Fall zu Fall zuzustimmen;

– Ablehnung von regionalen Rohstoffabkommen, die zu einer Spaltung des Weltmarktes und zu einer Diskriminierung der in ihnen nicht vertretenen Entwicklungsländer führen (jedoch Bereitschaft einer bevorzugten Behandlung der AKP-Staaten durch den Einsatz allgemein wirkender Instrumente: Präferenzen, Erlösstabilisierung).

Als Instrumente zur Verwirklichung unserer Ziele haben wir zugestimmt

– Exportquoten seitens der Erzeuger,

– Marktausgleichslagern, die von Erzeugern finanziert werden,

– finanziell begrenzten Erlösstabilisierungen im Rahmen des AKP-Abkommens[3].

2) Die wichtigsten Forderungen der Entwicklungsländer sind

– Einsetzen der Rohstoffpolitik als Mittel zum Transfer von Ressourcen;

– Festsetzung von administrierten Preisen, die auch langfristig über den Gleichgewichtspreisen des Weltmarktes liegen;

– Erlösstabilisierung;

– Indexierung;

---

[1] Hat Ministerialdirigent Sigrist am 22. April 1975 vorgelegen.
[2] Hat Ministerialdirektor Hermes am 22. April 1975 vorgelegen.
[3] Zum AKP-EWG-Abkommen von Lomé vom 28. Februar 1975 vgl. Dok. 15, Anm. 18.

- Bildung von Ausgleichslagern, die gemeinsam von Erzeugern und Verbrauchern finanziert werden;
- Erzeugerkartelle;
- Abnahmegarantien;
- integrierte Rohstoffpolitik (Vorschläge des UNCTAD-Generalsekretärs Corea), u. a. weltweites, auch von Verbrauchern mitzufinanzierendes Ausgleichslager für alle Rohstoffe (Kosten 10 – 12 Mrd. $).

3) Bei unserer künftigen Politik müssen wir berücksichtigen
- Haltung der anderen EG-Mitgliedstaaten (Frankreich und insbesondere die Niederlande sind zu einem weitergehenden Entgegenkommen gegenüber den Entwicklungsländern bereit);
- Haltung der USA und Japan;
- Haltung der anderen großen Rohstofferzeuger (Kanada, Südafrika, Australien);
- mögliche finanzielle Belastungen;
- Grenzen, die uns durch unsere Wirtschaftsordnung vorgegeben sind.

4) Im einzelnen:

Preise

Wir stimmen dem Ziel einer Stabilisierung der Märkte grundsätzlich zu. Damit wollen wir die übermäßigen Preisschwankungen ausschalten, lehnen jedoch die Änderung eines langfristigen Preistrends ab. In der Praxis sind wir im Hinblick auf die weltweite Inflation und unter Berücksichtigung der Entwicklung der Produktion, der Produktionskosten, des Verbrauchs und sonstiger Faktoren zu jährlichen Preisanpassungen bereit. Eine feste Indexierung einzelner Rohstoffpreise an die Preise der Industriegüter halten wir jedoch nicht für durchführbar. Allenfalls könnte dieses Problem einer Studiengruppe überwiesen werden.

Ausgleichslager

Die bisherige Haltung der Bundesregierung – Finanzierung allein durch die Erzeuger – sollten wir modifizieren. Es bieten sich an
- Finanzierung durch eine von den Erzeugern zu erhebende, aber letzten Endes von den Verbrauchern zu tragende Abgabe;
- direkte Beteiligung an der Finanzierung zu Lasten des Haushalts.

Die Ressorts (mit Ausnahme des BMZ) lehnen diese von uns offengelassenen Optionen ab. Wir sollten für beide Möglichkeiten eintreten. Einer Abgabe haben wir bereits im Kakao-Abkommen[4] zugestimmt. Diese grundsätzliche Bereitschaft sollte für alle Abkommen gelten. Die Finanzierung über den Haushalt bietet den Vorteil einer stärkeren Einflußnahme. Wenn eine Finanzierung dieser zusätzlichen Ausgaben durch Zuweisung besonderer Mittel nicht möglich ist, sollten wir uns für die Bereitstellung der erforderlichen Mittel im Rahmen des Einzelplans 23 (BMZ) aussprechen. Diese Lösung ist

---

4 Für den Wortlaut des Internationalen Kakao-Übereinkommens vom 21. Oktober 1972 vgl. BUNDESGESETZBLATT 1973, Teil II, S. 1693–1754.

vergleichbar mit der für die Finanzierung der Erlösstabilisierung im Rahmen des AKP-Abkommens gefundenen Regelung (Fonds im Fonds). Das BMZ wird sich allerdings entschieden dagegen aussprechen. Gleichwohl sollten wir dafür eintreten, denn mit teilweise relativ bescheidenen Mitteln (erforderliche Kosten für das Zinn-Abkommen[5] z.B. 40 Mio. DM) könnte politisch mehr erreicht werden als durch bilaterale oder multilaterale Entwicklungshilfe. Da die Mittel ohnehin frühestens 1976 fällig würden, könnten sie im Rahmen der Zuwachsraten verkraftet werden.

Erlösstabilisierung

Wir halten die Erlösstabilisierung des AKP-Abkommens nicht als Modell für weltweite Lösungen. Gleichwohl sollte eine Arbeitsgruppe prüfen, welche Kosten bei weltweiter Anwendung entstehen würden.

Erzeugerkartelle

Erzeugerkartellen können wir nicht zustimmen. Sie beschränken das Angebot, treiben die Preise hinauf und vermindern die weltwirtschaftliche Leistungsfähigkeit insgesamt. Intern hatten wir geprüft, ob wir Verhaltensregeln für Erzeugerkartelle zustimmen sollten, um sie auf diese Weise zur Einhaltung eines uns günstigen Marktverhaltens zu veranlassen. Die Frage ist noch nicht entschieden.

Zugang zu den Märkten

Wir legen auf eine Sicherung des Zugangs zu den Märkten entscheidenden Wert und müssen auch für Exportverbote bessere als die gegenwärtigen Regelungen finden. Die Einbeziehung dieser Fragen in die GATT-Verhandlungen[6] halten wir für einen Schritt in die richtige Richtung.

Nationale Lagerhaltung

Für unsere nationale Rohstoffpolitik ist eine nationale Lagerhaltung, wie wir sie bei Erdöl betreiben, integraler Bestandteil. Der Aufbau von Lagern kann über Haushaltsmittel, mit Steuererleichterungen oder durch Verwendung der Devisenreserven der Bundesbank erfolgen. Da Haushaltsmittel und Steuererleichterungen angesichts der Haushaltslage nicht in Frage kommen, sollten wir uns für den Aufbau einer strategischen Rohstoffreserve bei den Erzeugnis-

---

[5] Für den Wortlaut des Vierten Internationalen Zinn-Übereinkommens vom 15. Mai 1970 vgl. BUNDESGESETZBLATT 1971, Teil II, S. 1198–1257.

[6] Am 11. Februar 1975 wurden „die multilateralen Handelsverhandlungen im GATT unter Teilnahme von 91 Industrie- und Entwicklungsländern" aufgenommen, nachdem die amerikanische Regierung mit dem am 20. Dezember 1974 verabschiedeten „Trade Act of 1974" und die EG-Kommission mit dem Beschluß des EG-Ministerrats vom 10. Februar 1975 entsprechende Verhandlungsvollmachten erhalten hatten. Dazu teilte Vortragender Legationsrat Engels am 17. Februar 1975 mit, nach den Vorstellungen des EG-Ministerrats werde eine durchschnittliche Zollsenkung zwischen 25% und 50% angestrebt: „Damit ist Frankreich von seiner ursprünglichen Ablehnung jeder Konkretisierung des anzustrebenden Zollabbaus abgerückt." Weitere Verhandlungsgrundsätze seien: „Um nicht-tarifäre Handelshemmnisse abbauen zu können, werden internationale Wohlverhaltensklauseln befürwortet. Ausweitung des Welthandels im Agrarbereich ist vornehmlich im Rahmen weltweiter Warenabkommen zu suchen. [...] Ermöglichung selektiver Schutzmaßnahmen bei internen Marktstörungen durch übermäßigen Importdruck." Das Mandat werde im Laufe der Verhandlungen, die voraussichtlich mehrere Jahre dauern würden, präzisiert werden müssen. Weiter wurde mitgeteilt: „Wichtigster politischer Aspekt der GATT-Verhandlungen ist, daß sie die Beziehungen der EG zur übrigen Welt nachhaltig beeinflussen werden." Vgl. den Runderlaß Nr. 27; Referat 240, Bd. 102879.

sen einsetzen, die für das Funktionieren unserer Wirtschaft von wesentlicher Bedeutung sind und bei denen unsere Abhängigkeit besonders groß ist. Die Währungsreserven, die zinslos in Form von Gold gehalten werden, können ebenso gut in anderen Rohstoffen, insbesondere Nichtedel-Metallen, gehalten werden. Dies wäre
– ein Beitrag zur Sicherung der eigenen Versorgung,
– gleichzeitig ein nationaler Beitrag zur Stabilisierung der Rohstoffmärkte.
Es wird vorgeschlagen, eine Arbeitsgruppe zur Prüfung dieses Vorschlages einzusetzen.

Dittmann

Referat 402, Bd. 122076

91

Bundeskanzler Schmidt an den amerikanischen Außenminister Kissinger

Geheim 23. April 1975[1]

Lieber Henry,

vielen Dank für Ihre schnelle Antwort auf meine Mitteilung zur Lage in Portugal.[2] Wir sind uns offenbar weitgehend einig in der Beurteilung der gegenwärtigen Lage sowie der Gefahren, die sich aus möglicherweise eintretenden Entwicklungen ergeben könnten.

Die Bundesregierung hat der portugiesischen Regierung inzwischen den Rahmen erläutert, in dem sie Möglichkeiten für eine engere bilaterale Zusammenarbeit sieht.[3]

---

[1] Durchdruck.
Ministerialdirektor Sanne, Bundeskanzleramt, übermittelte den Durchdruck des Schreibens am 23. April 1975 an Staatssekretär Gehlhoff „persönlich" und vermerkte handschriftlich: „Text von BK gebilligt, aber noch nicht unterschrieben." Vgl. den Begleitvermerk; VS-Bd. 9947 (203); B 150, Aktenkopien 1975.

[2] Für das Schreiben des Bundeskanzlers Schmidt vom 10. April 1975 an den amerikanischen Außenminister Kissinger vgl. Dok. 75.
Für das Antwortschreiben vom 12. April 1975 vgl. VS-Bd. 9947 (203).

[3] Ministerialdirigent Ruhfus bat Botschafter Caspari, Lissabon, am 16. April 1975, Ministerpräsident Gonçalves „über die Bereitschaft der Bundesregierung zu einer engeren Zusammenarbeit mit Portugal" zu informieren. Die Bundesregierung schlage vor, „in Gespräche über die beabsichtigte Bereitstellung von Kapitalhilfemitteln im Jahre 1975 zur Förderung des wirtschaftlichen Aufbaus in Portugal einzutreten. Sie ist schon mit der Bearbeitung der von portugiesischer Seite genannten Projekte befaßt, ist jedoch bereit, auch andere Vorhaben (z. B. das von der Regierung geförderte Programm des sozialen Wohnungsbaus) in die Prüfung einzubeziehen, falls die portugiesische Regierung dies wünscht." Ruhfus ergänzte, die Bundesregierung schlage auch die Wiederbelebung des deutsch-portugiesischen Wirtschaftsausschusses vor und begrüße die bevorstehenden Besuche von Außenminister Melo Antunes und des Ministers für Umweltschutz und Infrastruktur, Fernandes, in Bonn.

Ministerpräsident Gonçalves hat unser Angebot im Grundsatz begrüßt.[4] Über Einzelheiten soll nach den Wahlen[5] gesprochen werden.

Was die Unterstützung der nichtkommunistischen politischen Kräfte und Parteien in Portugal angeht, so stimme ich mit Ihnen überein, daß dies eine Aufgabe vor allem für die europäischen Schwesterparteien ist. Ich könnte mir aber vorstellen, daß die Vereinigten Staaten den Verbündeten mit Informationen helfen, z.B. durch laufende Mitteilung ihrer Erkenntnisse über die Entwicklung der innenpolitischen Szene und die Wirksamkeit oder Lücken von Hilfsprogrammen.

Unsere Anstrengungen, im Rahmen der Neun den portugiesischen Interessen mehr als bisher entgegenzukommen[6], setzen wir fort. Noch wissen wir nicht, wie weit wir damit kommen. Jedenfalls dürfte dieser Weg relativ viel Zeit beanspruchen, bevor fühlbare Ergebnisse erreicht sind.

Für besonders wichtig halte ich die bilateralen Unterstützungsprogramme von Regierung zu Regierung.[7] Ich verstehe Ihre Sorge, daß ein größeres Programm wirtschaftlicher und militärischer Hilfe als eine Unterstützung des gegenwärtigen politischen Trends in Lissabon interpretiert werden könnte. Ich bin jedoch der festen Überzeugung, daß dieses Risiko in Kauf genommen werden muß, solange sich die Lage noch nicht grundlegend geändert hat. Ich glaube, daß ein möglichst schneller Beginn öffentlich wirksamer Hilfsaktionen des Westens überwiegend Signalwirkung zu unseren Gunsten haben würde.

Ich teile Ihre Befürchtungen, daß es in Portugal zu einer verdeckten Machtübernahme der Kommunisten durch eine Unterwanderung der Bewegung der Streitkräfte kommen könnte. Ich glaube allerdings nicht, daß wir unsere Sache schon verloren geben müssen. Auch innerhalb der Streitkräfte gibt es Offiziere, die den wachsenden Einfluß der Kommunisten als eine Bedrohung empfinden.[8]

Wahrscheinlich wird es eine längere Zeit der Unsicherheit geben. In dieser Periode gilt es, einerseits das Vertrauen der gutwilligen Portugiesen in die Absichten des Westens zu stärken. Der Westen darf nicht Portugal und die Portu-

---

Fortsetzung Fußnote von Seite 419

Sie sei an einer „Ausweitung des Besucheraustausches interessiert" und werde „alles in ihren Kräften Stehende unternehmen, um eine Lösung für die derzeitigen Schwierigkeiten bei der Einfuhr von Portwein zu finden". Vgl. den Drahterlaß Nr. 100; Referat 203, Bd. 110242.

[4] Botschafter Caspari, Lissabon, informierte am 18. April 1975 über sein Gespräch mit Ministerpräsident Gonçalves vom selben Tag. Gonçalves habe sich für das Angebot der Bundesregierung bedankt und sich mit dessen Veröffentlichung einverstanden erklärt. Er habe sich besonders an der Möglichkeit einer Förderung des sozialen Wohnungsbaus interessiert gezeigt. Vgl. dazu den Drahtbericht Nr. 181; Referat 203, Bd. 110242.

[5] Die ursprünglich für den 12. April 1975 vorgesehenen Wahlen für eine Verfassunggebende Versammlung in Portugal fanden am 25. April 1975 statt. Vgl. dazu Dok. 96, Anm. 6.

[6] Zum Stand der Überlegungen innerhalb der Europäischen Gemeinschaften, dem Wunsch Portugals nach wirtschaftlicher Unterstützung entgegenzukommen, vgl. Dok. 75, Anm. 11.

[7] Zum Stand der Überlegungen der Bundesregierung für Hilfeleistungen an Portugal vgl. Dok. 66.

[8] Nach einem Aufenthalt vom 22. bis 24. April 1975 in Lissabon gab Vortragender Legationsrat Laub die Einschätzung: „Der Einfluß der KP auf die Bewegung der Streitkräfte und den Revolutionsrat ist nicht übermäßig groß. Die KP hat sich aber gefährliche Machtpositionen bei den Gewerkschaften und im Medienbereich geschaffen. Beide werden eindeutig von ihr beherrscht. Die KP hat damit die Möglichkeit, Druck auf den Revolutionsrat auszuüben. Es gibt Anzeichen dafür, daß die Offiziere beginnen, diese kommunistischen Machtpositionen mit Unbehagen zu betrachten. Vgl. Referat 203, Bd. 110242.

giesen als kommunistisch einstufen, bevor diese das selbst tun. Vorsorglich müssen wir andererseits intern unsere Möglichkeiten für den Fall klären, daß die Entwicklung in Portugal einen schlimmen Verlauf nimmt.

Ich bin Ihnen dankbar für Ihre Bereitschaft, die Herren Sonnenfeldt und Hyland hierher zu entsenden. Wenn Sie es vorziehen, würde aber auch ein von mir persönlich Beauftragter aus Bonn nach Washington kommen können. Dies würde Herr van Well sein. Mit ihm zusammen würde Botschafter von Staden an den in Aussicht genommenen vertraulichen Gesprächen teilnehmen.

Bitte lassen Sie mich wissen, welches Procedere und welcher Zeitpunkt Ihnen am besten paßt.[9]

Mit freundlichen Grüßen
[Schmidt]

VS-Bd. 9947 (203)

---

[9] Am 1. Mai 1975 teilte der amerikanische Außenminister Kissinger Bundeskanzler Schmidt mit, er stimme einem Besuch des Ministerialdirektors van Well in Washington zu vertraulichen Konsultationen über die weitere Entwicklung in Portugal zu. Für das Schreiben vgl. Referat 010, Bd. 178566.
Am 19. Mai 1975 faßte van Well die Ergebnisse seiner Unterredung mit dem Berater im amerikanischen Außenministerium, Sonnenfeldt, vom 15. Mai 1975 zusammen. Zur Frage des künftigen Verhältnisses der NATO-Mitgliedstaaten zu Portugal habe er geäußert, die Politik der Bundesregierung bestehe im Kern darin, „die Lage in Portugal nicht als hoffnungslos anzusehen, und sowohl zu den Offizieren wie zu den demokratischen Parteien ein möglichst gutes konstruktives Verhältnis zu finden. Wir sind nicht dafür, daß die Portugiesen die NATO verlassen." Auf die Frage von Sonnenfeldt, wann für die Bundesregierung „der Punkt erreicht sei, daß Portugal die NATO verlassen" müsse, habe er geantwortet: „Wenn Portugal es selbst wünscht. Wir halten es nicht für richtig, immer wieder zu äußern, welche Gefahren durch die Mitgliedschaft Portugals in der NATO für die Allianz selbst und für andere europäische Länder entstehen können. [...] Die NATO, die auch mit extrem rechtsorientierten Mitgliedern gelebt hat, muß stark genug sein, im demokratischen Prozeß Europas auch Linksausschläge aufzufangen und allmählich zu korrigieren. Eine Politik der Isolierung und des Herausdrängens Portugals nach dem Motto ‚lieber ein kommunistisches Portugal außerhalb der Allianz als ein Volksfront-Portugal in der NATO' würde von weiten, auch offiziellen Kreisen der europäischen Bündnispartner nicht mitgemacht; das europäisch-amerikanische Verhältnis würde neuen Belastungen ausgesetzt." Vgl. VS-Bd. 9950 (203); B 150, Aktenkopien 1975.

92

Botschafter Roth an die KSZE-Delegation in Genf

221-341.32/2-639/75 geheim Aufgabe: 23. April 1975, 16.55 Uhr[1]
Fernschreiben Nr. 1678 Plurex
Citissime

Betr.: Vertrauensbildende Maßnahmen
hier: Vorankündigung größerer Manöver
Bezug: DB Nr. 781 vom 22.4.1975 geh.[2]
DB Nr. 759 vom 21.4.1975 VS-v[3]

1) Wir sind der Auffassung, daß sich die NATO im Sinne des letzten Absatzes des Berichts 781 über die wesentlichen Punkte einer Manövervorankündigung klarwerden muß.[4] Sie wird mit einer Beschränkung der Abstimmung auf die

---

[1] Der Drahterlaß wurde von Botschaftsrat I. Klasse Gescher konzipiert.
Hat im Bundesministerium der Verteidigung zur Mitzeichnung vorgelegen.
Hat Ministerialdirektor van Well vorgelegen
Hat Vortragendem Legationsrat I. Klasse Ruth am 24. April 1975 vorgelegen.

[2] Gesandter Freiherr von Groll, Genf (KSZE-Delegation), teilte mit, daß die am 15. April 1975 erstmals zusammengetretene inoffizielle Arbeitsgruppe zum Thema Manövervorankündigung am 21. April 1975 zum dritten Mal getagt habe. Dabei hätten sowjetische Äußerungen die Erwartung gerechtfertigt, „daß Westen, jedenfalls bei Zustimmung zum Konzept der Freiwilligkeit, Verhandlungsziel, das er sich bei diesen Parametern gesteckt hat, – umfassender Adressatenkreis, gesamtes Territorium der Staaten mit Ausnahmeregelung (Grenzstreifen) für SU und Türkei – erreichen wird." Bei den Delegationen aus den NATO-Mitgliedstaaten sei die Tendenz deutlich, „Erreichung günstigerer Werte bei Größenordnung bzw. Schwellenwert relativ größerer Bedeutung beizumessen als Durchsetzung größerer Tiefe des sowjetischen Gebietsstreifens über 100 km hinaus. Andeutung des I[nternational] M[ilitary] S[taff], bei Manöver auf Divisionsebene und darüber würden im Falle sowjetischer Grenzstreifen-Tiefe von 100 km etwa 75 Prozent der Gesamtzahl dieser Manöver in den drei westlichen Militärbezirken erfaßt, dürfte wesentlich zu dieser Präferenz beigetragen haben." Vgl. VS-Bd. 10201 (212); B 150, Aktenkopien 1975.

[3] Gesandter Freiherr von Groll, Genf (KSZE-Delegation), informierte über die Sitzungen der informellen Arbeitsgruppe zum Thema Manövervorankündigung. In der Sitzung am 17. April 1975 habe die UdSSR „deutlichen Hinweis auf eventuelle Zustimmung zu Prinzip ‚Ganz Europa' mit Ausnahmeregelung für SU und Türkei" gegeben. Die sowjetische Delegation habe erklärt, „die SU könnte nichtdiskriminierende Anwendungsart erwägen mit verschiedenen Ausnahmen für Staaten, die Nachbarn von Nichtteilnehmerstaaten sind." Groll fuhr fort: „Polen und ČSSR deuteten ebenfalls Bereitschaft an, ursprüngliche Position (Grenzstreifen von 100 km Tiefe auf ihrem Territorium) im Sinne einer Einbeziehung ihres gesamten Gebietes zu überdenken, wiesen jedoch, wie auch SU, auf Zusammenhang mit Freiwilligkeitskonzept hin. SU bestätigte Einbeziehung teils sowjetischen Gebiets und stellte Fläche, die bei Grenzlänge von 3500 km und Tiefe von 100 km erfaßt würde, Gebiet gegenüber, das einzelne andere Staaten einbringen würden. In dieser Hinsicht dürfe es auch keine sie diskriminierenden Ergebnisse geben. Westen bestand auf Regelung, die sinnvolle Beteiligung aller Staaten gewährleiste." Groll teilte weiter mit, in der Sitzung am 18. April 1975 habe das Mitglied der sowjetischen KSZE-Delegation, Mendelewitsch, versichert: „,Grundlage der Freiwilligkeit' könne weder ‚willkürlich', noch ‚wahlweise', noch ‚gelegentlich' bedeuten. Diese Implikationen habe SU allenfalls in Helsinki im Auge gehabt (sic). Er stimmte Gedanken zu, daß Vornahme einer vertrauensbildenden Maßnahme Akt souveräner Autorität eines Staates sei, jedoch könne derartige Formulierung nicht Ersatz für Grundlage der Freiwilligkeit sein." Vgl. VS-Bd. 10201 (212); B 150, Aktenkopien 1975.

[4] Gesandter Freiherr von Groll, Genf (KSZE-Delegation), berichtete, die Delegationen aus den NATO-Mitgliedstaaten würden sich in ihrer nächsten Sitzung mit der Verhandlungsmarge befassen. Um diese festzulegen, müsse man „eine Vorstellung von dem voraussichtlich zu erreichenden Ergebnis

taktischen Fragen ohne eine Präzisierung der Zielvorstellungen nicht mehr lange auskommen können.

2) Die Frage der Priorität zwischen den Parametern „Tiefe des sowjetischen Territoriums" und „Schwelle der Größenordnung" sehen wir aber umgekehrt wie die Delegation. Wir messen der Tiefe des sowjetischen Territoriums erheblich mehr Bedeutung bei als der Größenordnung.

3) Die Höherbewertung der Größenordnung durch die Mehrzahl unserer NATO-Partner entspringt einer militärischen Betrachtungsweise der CBM, die wir nie geteilt haben. Es überrascht uns nicht, überzeugt uns aber auch nicht, daß der IMS sich ebenfalls für die Priorität der Größenordnung ausgesprochen hat.

4) Eine Ausnahmeregelung für sowjetisches Territorium in der Weise, daß die Sowjetunion nur einen Grenzstreifen von 100 km in eine Absprache über die Manövervorankündigung einbringt, ist unzureichend. In diesem Falle hätte die SU als Konzession für einen abgeschwächten Verbindlichkeitsgrad nur die Erfassung des gesamten Territoriums der ost- und westeuropäischen Staaten zugestanden und keinen eigenen Beitrag geleistet. Das sowjetische Argument, daß sich ein 100-km-Grenzstreifen zu einem größeren Territorium addiere als dem der Bundesrepublik Deutschland oder Frankreichs, ist irreführend. Nicht die Fläche, sondern die Tiefe des Raumes ist die relevante Bezugsgröße. Tatsache bleibt, daß bei einer solchen Regelung alle übrigen europäischen KSZE-Teilnehmer der SU gegenüber deutlich benachteiligt würden.

5) Es kam uns immer darauf an, eine Regelung zu erreichen, welche die Sowjetunion in vergleichbarer Weise wie die anderen europäischen Staaten in „vertrauensbildende Maßnahmen" einbezieht. Es darf nicht der absurde Eindruck entstehen, als ob die kleineren europäischen Staaten zur Vertrauensbildung mehr beitragen müßten als die Sowjetunion. Die politische Optik einer Regelung, die auf dem KSZE-Gipfel angenommen werden soll, ist wichtiger als militärische Ergebnisse, deren Relevanz wir ohnehin nicht sehr hoch einschätzen. Die SU muß, wenn sie sich darüber beklagt, der anderen Weltmacht gegenüber diskriminiert zu werden, die Konsequenzen aus der geographischen Tatsache ziehen, daß ein besonders wichtiger Teil ihres Territoriums in Europa liegt. Ebenso wenig wie bei MBFR können wir bei den CBM die geographischen Gegebenheiten ignorieren.

6) Den holländischen Gedanken, zu untersuchen, bei welcher Größenordnung eine annähernd gleiche Anzahl von Vorankündigungen in West und Ost herauskommen könnte[5], halten wir für abwegig. Er ist offensichtlich allein von dem Gesichtspunkt der Verhandelbarkeit eingegeben. Dies ist sicher ein wichtiger Gesichtspunkt. Er sollte aber nicht dazu führen, daß wir Ergebnisse anvisieren, die für uns politisch nachteilig sind. Der dortigen Auffassung wird

---

Fortsetzung Fußnote von Seite 422

haben. Dieses könnte nach allen hier verfügbaren Informationen etwa wie folgt aussehen: bei Zustimmung des Westens zum Konzept der Freiwilligkeit: Geltungsbereich: ganz Europa mit Gebietsstreifen von 150 km für SU und Türkei; Größenordnung: 18 000–20 000 Mann; Ankündigungsfrist: drei Wochen. Sollten wir eine solche Lösung als realistisch ansehen, müßte die Verhandlungsmarge entsprechend modifiziert werden. Insbesondere erscheint beim Gebietsstreifen eine Erweiterung des Verhandlungsmandats (jetzt 500 km) auf 300 km erforderlich." Vgl. VS-Bd. 10201 (212); B 150, Aktenkopien 1975.

5 Zu den niederländischen Vorstellungen zu Manövervorankündigungen vgl. Dok. 24.

zugestimmt, daß die NATO auf keinen Fall dem Osten diesbezügliche Überlegungen zur Kenntnis geben darf. Wir würden es sogar für zweckmäßig halten, den Gedanken der Frequenzkurven nicht weiter zu verfolgen.

7) Wir nehmen wie die Delegation an, daß die SU sich in einer Ausdehnung des Geltungsbereichs auf ein Gebiet von 300 km Tiefe auf ihrem Territorium stärker widersetzen wird als einer Herabsetzung der Schwelle der Größenordnung. Die NATO sollte ihre Anstrengungen, einen tieferen sowjetischen Grenzstreifen zu erhalten, jedoch nicht aufgeben. Das Prinzip der Freiwilligkeit sollten wir gegenüberstellen dem Prinzip, daß alle KSZE-Teilnehmer für ihr europäisches Gebiet in gleicher Weise über die vorgesehenen Maßnahmen zur Vertrauensbildung beitragen müssen. Der besonderen Verdeutlichung des Freiwilligkeitsprinzips durch die Worte „on a voluntary basis" können wir nur dann zustimmen, wenn die Sowjets ihre Absicht erklären, ihr eigenes Gebiet einzubeziehen. Als Ausnahmeregelung von dem anerkannten Prinzip könnten wir schließlich auf einen Gebietsstreifen von 300 km zurückgehen.

8) Das türkische Problem sollte nicht schwierig zu lösen sein. Wenn man eine Ausnahme vom Prinzip ganz Europa für Staaten zuläßt, die nichteuropäische Grenzen haben, ist nicht einzusehen, warum man die kleine Türkei genauso behandeln muß wie die große Sowjetunion. Man könnte also von der SU einen Gebietsstreifen von 300 km, von der Türkei aber einen von 100 km verlangen.

9) Nach unserer Vorstellung sollte ein Ergebnis der Verhandlungen über die Manövervorankündigungen wie folgt aussehen:

Bei Zustimmung des Westens zum Konzept der Freiwilligkeit:

– Geltungsbereich ganz Europa mit Gebietsstreifen von 300 km für Sowjetunion und 100 km für Türkei,

– Größenordnung 25 000 – 30 000 Mann,

– Ankündigungsfrist drei Wochen.

Roth[6]

VS-Bd. 9473 (221)

[6] Paraphe.

93

Botschafter von Hase, London, an das Auswärtige Amt

114-12099/75 VS-vertraulich	Aufgabe: 23. April 1975, 17.34 Uhr[1]
Fernschreiben Nr. 734	Ankunft: 23. April 1975, 21.12 Uhr
Cito	

Betr.: Tagung der Eurogroup am 7. Mai in London[2]

Zur Information

Aus heutigem Gespräch mit dem stellvertretenden UStS des FCO, Sir John Killick, und dem Gespräch VLR I Pfeffers mit Tickell, an dem Mitarbeiter teilnahm, halte ich folgendes zu den britischen Vorstellungen zum Ablauf der kommenden Eurogroup-Tagung fest:

I. 1) Der Brief des britischen Verteidigungsministers Mason an Bundesminister Leber, der am 22. April in Bonn übergeben wurde (und der der Botschaft gleichzeitig zur Kenntnis gegeben wurde)[3], solle den ernsthaften Willen Masons deutlich machen, das Treffen zu einem sichtbaren Erfolg werden zu lassen.

2) In den vorrangigen Fragen der Rationalisierung und Standardisierung der Rüstungen sei es erforderlich, daß sich vorerst die Eurogroup-Mitglieder darüber klar würden, in welchen Bereichen sie eigene Produktionen sinnvoll einsetzen bzw. an die USA verkaufen könnten und wieweit sie weiterhin auf Rüstungskäufe von den Amerikanern angewiesen blieben. Als zweite Stufe eines „two-tier system" solle die Eurogroup den USA eine „shopping- und selling-list" übermitteln, die die Notwendigkeit eines „two-way traffic" in der Rüstungsproduktion (BM Leber: „keine Einbahnstraße") unterstreiche, gleichzeitig die bisher bilateralen „shopping-lists" durch eine gemeinsame Eurogroup-Liste ersetze und äquivalente amerikanische Käufe europäischer Rüstungsgüter (evtl. Harrier, Leopard etc.) vorschlage. Mason hoffe, dieses Ziel auf der Eurogroup-Sitzung zu erreichen (ein detailliertes britisches Papier dazu werde zur rechtzeitigen Zirkulation vorbereitet)[4], um bei seinem der Sitzung folgenden

---

[1] Hat Vortragendem Legationsrat I. Klasse von der Gablentz am 28. April 1975 vorgelegen, der handschriftlich vermerkte: „Mit 201 vereinbart, daß in heutiger Weisung zu SAC auch Hinweis, daß wir am 20.5. (M[inister]R[at]) nicht über belgischen Vorschlag diskutieren wollen (verfrüht)."
Hat Vortragendem Legationsrat I. Klasse Ruth vorgelegen.

[2] Zur Ministersitzung der Eurogroup am 7. Mai 1975 in London vgl. Dok. 110 und Dok. 114.

[3] In einer Aufzeichnung des Bundesministeriums der Verteidigung vom 5. Mai 1975 wurde vermerkt, der britische Verteidigungsminister Mason habe in seinem Schreiben an Bundesminister Leber angeregt, „eine Festlegung von Sollmengen für europäische Rüstungskäufe in USA und von amerikanischen Rüstungskäufen in Europa vorzuschlagen", und darüber hinaus „für eine zunächst auf drei Jahre bemessene Zeit die amerikanischen Käufe in Europa auf insgesamt etwa 2,5 Mrd. US-Dollar zu erhöhen und für den gleichen Zeitraum europäische Käufe in USA von rund 5 Mrd. US-Dollar vorzusehen." Vgl. Referat 201, Bd. 102485.

[4] Mit Schreiben vom 1. Mai 1975 an die Minister der Eurogroup konkretisierte der britische Verteidigungsminister Mason seine Vorschläge zur Rüstungszusammenarbeit in der NATO. Sie müsse auf einer Zweibahnstraße zwischen Europa und den USA beruhen. Neben den bereits im Schreiben vom 21. April 1975 genannten Vorschlägen zum Umfang der wechselseitigen Rüstungskäufe regte Mason an: „We should also seek to establish a goal für a programme of complementary development projects to be set in hand on each side of the alliance, and for common logistic support and training for common weapons and equipment. Finally, we should make clear that our overall aim is

Amerikabesuch[5] Schlesinger bereits ein konkretes Angebot unterbreiten zu können.

3) Nach britischer Ansicht wäre ein solch konkreter Vorschlag ein substantieller Beitrag der Europäer zum gemeinsamen Verteidigungsprogramm und würde zudem das europäische „bargaining weight" erhöhen. Ein solches Angebot käme einerseits den Vorstellungen Schlesingers entgegen (s. amerikanischen Entwurf zur „ministerial guidance"[6] und amerikanische Kritik an der britischen defence review[7]). Andererseits führe es zur Einsparung von finanziellen Mitteln, die GB einfach – angesichts seiner wirtschaftlichen Situation – nicht mehr aufbringen könne, und ermögliche GB die Aufrechterhaltung seines Beitrags zur gemeinsamen Verteidigungsstärke. Man hoffe, daß die USA bereits bei der nächsten Sitzung des DPC[8] auf diesen Vorschlag antworten werde und die Frage somit dort weiterbehandelt werden könne.

4) Beide Gesprächspartner unterstrichen die große Bedeutung, die die britische Regierung in der gegenwärtigen Situation der Pflege und Weiterentwicklung der Eurogroup als der einzig sinnvollen europäischen Verteidigungskonstellation innerhalb des Bündnisses zumesse. Aus innenpolitischen Gründen komme für die britische Regierung die Anbahnung einer europäischen Verteidigungspolitik im Rahmen der Neun z.Z. nicht in Frage: auf keinen Fall vor dem EG-Referendum[9], auch was danach komme, sei völlig offen. Bisher habe die Labour-Regierung dieser Frage keine Überlegungen gewidmet. Es sei bekannt – so Killick –, daß Wilson einer Verteidigungskomponente der Gemeinschaft eher negativ gegenüberstehe. Die Gemeinschaft sei – so Tickell – in britischen Augen eine wirtschaftliche Organisation mit einem lediglich sich u.U. erweiternden außenpolitischen Konsultationsmechanismus. Ob sich die Gemeinschaft eines Tages eine verteidigungspolitische Komponente zulege, müsse der längerfristigen Entwicklung überlassen bleiben. Vielleicht könne diese – ohne viel Aufhebens – aus den sich anbahnenden Neuner-Experten-Gesprächen über die europäischen Implikationen von MBFR erwachsen.

Fortsetzung Fußnote von Seite 425

to increase interdependence between Europe and the US even further in the longer term." Für das mit Drahtbericht Nr. 625 des Botschafters Krapf, Brüssel (NATO), vom 2. Mai 1975 übermittelte Schreiben vgl. Referat 201, Bd. 113527.

5 Militärattaché Schünemann, London, teilte am 9. April 1975 mit, nach Informationen aus dem britischen Verteidigungsministerium beabsichtige Verteidigungsminister Mason, „im Einverständnis mit seinen Minister-Kollegen in seiner Eigenschaft als Chairman der Eurogroup zu Schlesinger zu fahren, um dort die Wichtigkeit der europäischen Verteidigungsbemühungen zu demonstrieren (show that Eurogroup is in business). Er wolle dabei erneut auf die Wichtigkeit europäisch-amerikanischer Rüstungsprojekte hinweisen unter dem Schlagwort ‚europäisch-amerikanische Rüstungspolitik sei keine Einbahnstraße'. Gleichzeitig beabsichtige er zu sondieren, welchen amerikanischen Vorstellungen über US–europäische Rüstungszusammenarbeit bestünden." Vgl. den Drahtbericht Nr. 648; Referat 201, Bd. 102485.

6 Zur „Ministerial guidance 1975", die auf der Ministersitzung des Ausschusses für Verteidigungsplanung der NATO am 22./23. Mai 1975 verabschiedet wurde, vgl. Dok. 110, Anm. 6, und Dok. 132, Anm. 9.

7 Am 19. März 1975 legte die britische Regierung das britische Verteidigungsweißbuch 1975 vor, dessen erstes Kapitel sich mit der Überprüfung der Verteidigungspolitik befaßte. Vgl. dazu Dok. 128, Anm. 4.

8 Zur Ministersitzung des Ausschusses für Verteidigungsplanung der NATO (DPC) am 22./23. Mai 1975 in Brüssel vgl. Dok. 132.

9 Das Referendum über die britische EG-Mitgliedschaft fand am 5. Juni 1975 statt. Vgl. dazu Dok. 145.

5) Beide Gesprächspartner vertraten die Auffassung, nur eine attraktive, effiziente Eurogroup könne Frankreich zu einer Änderung seiner bisher ablehnenden Haltung bewegen. Eine geduldige Weiterentwicklung der Zusammenarbeit in der Eurogroup, Weiterverfolgung der o. a. Masonschen Ideen und Nachweis sichtbarer Erfolge in der Koordination der Rüstungspolitik könne, da sie „facts of life" seien, das französische Eigeninteresse in Richtung auf die Eurogroup sich orientieren lassen. Politischer – wahrscheinlich fruchtloser – Appelle an Frankreich bedürfe es dann nicht. Die Masonschen Vorstellungen würden – so Tickell – den „French rubbish" (z. B. die Eurogroup diene nur dem Ankauf amerikanischer Überschußgüter) ad absurdum führen können.

II. Mit Besorgnis hat die britische Regierung (vorerst nur auf Arbeitsebene) die neuen belgischen Vorschläge zu einer Intensivierung der Rüstungszusammenarbeit im Rahmen der WEU, unter Verwendung des Apparats des SAC[10], aufgenommen.

1) Der hiesige belgische Botschafter[11] übergab in der vergangenen Woche dem Foreign Office ein ausführliches Exposé im Anschluß an die Ausführungen Minister van Elslandes vor der WEU-Versammlung am 5. Dezember 1974[12], das in der nächsten Woche in der WEU-Arbeitsgruppe verteilt und evtl. im WEU-Ministerrat am 20. Mai[13] erörtert werden soll. Der belgische Vorschlag, dessen sechsseitiger französischer Text als Anlage weitergegeben wird[14], greift den ursprünglichen französischen Vorschlag einer Aktivierung des SAC für die Rüstungszusammenarbeit wieder auf[15] und fordert – trotz sorgfältiger Beachtung der Rolle der Allianz, der Eurogroup und der (vorerst nur wünschenswerten) Aktivität der Neun – ein Tätigwerden der WEU (SAC) zu Sieben, als Kern der Neun, u. a. auf folgenden Gebieten:

– Analyse der europäischen Rüstungsindustrie;
– Inventar der transnationalen europäischen Rüstungsprojekte, mit sorgfältiger Analyse der Effizienz und Rentabilität, der Vor- und Nachteile, der Schwierigkeiten und Widerstände bestehender Kooperationsprojekte und ihrer Zukunftsaussichten. Darüber hinaus fordert die Studie im Interesse einer gemeinsamen europäischen Politik die Definition der Bedürfnisse, eine gemeinsame Beschaffungspolitik und eine gemeinsame Forschungs- und Entwicklungspolitik im Rahmen der WEU. Die Sieben sollen letztlich die Neun mit einem Vorschlag der Integration der Rüstungsindustrien befassen.

2) Die britische Bewertung dieses belgischen Vorschlags ist eindeutig ablehnend. Bereits bei Übergabe des Papiers wurde den Belgiern hier gesagt, er führe zu Konfusion und Duplizität der bestehenden Bemühungen. Man bezweifelt, ob diese van Elslandeschen Ideen mit dem belgischen Verteidigungsminister[16]

---

10 Standing Armaments Committee.
11 Robert Rothschild.
12 Für den Wortlaut der Ausführungen des belgischen Außenministers van Elslande vgl. WEU, PROCEEDINGS, S. 154–162.
13 Zur WEU-Ministerratstagung am 20. Mai 1975 in London vgl. Dok. 123.
14 Dem Vorgang beigefügt. Vgl. VS-Bd. 9925 (200); B 150, Aktenkopien 1975.
15 Zu den französischen Überlegungen, die europäische Rüstungszusammenarbeit im Rahmen der WEU zu stärken, vgl. Dok. 19, Anm. 4.
16 Paul van den Boeynants.

abgestimmt seien, der eng mit Mason in der Eurogroup zusammenzuarbeiten bereit scheine. Sie stünden in direktem Gegensatz zu den britischen Vorstellungen einer Weiterentwicklung der Rüstungszusammenarbeit und Standardisierung im Rahmen der Eurogroup und drohten, den Masonschen „approach", der sich, wie Killick betonte, auf Ideen Bundesminister Lebers stütze, zu konterkarieren. Es sei zu befürchten, daß dieser belgische Vorschlag die uneingeschränkte Zustimmung der Franzosen finde und sie damit weiter von der Eurogroup entferne. Killick: „They would encourage the French in the wrong direction." Den Briten kommt vor allem auch die ausdrückliche Zielrichtung des belgischen Vorschlags auf eine engere Zusammenarbeit der Neun, mit Hilfe der WEU-Sieben, zur Zeit besonders ungelegen. Das eindeutige britische Bekenntnis zur Eurogroup dürfte ein klares Nein zu den belgischen Vorschlägen einer Aktivierung des SAC zur Folge haben.

3) Killick macht sich Sorgen, wie der belgische Vorschlag im Ministerrat am 20. Mai behandelt werden sollte. Seine Empfehlung ist: Begrüßung, Kenntnisnahme, Zusage weiterer Erörterung im Ständigen Rat, gleichzeitiger Hinweis auf parallele Aktionen in der Eurogroup und nach Möglichkeit Verhinderung jeder Publizität vor dem Referendum.

4) Da mir das belgische Papier von Sir John Killick vertraulich zur persönlichen Kenntnisnahme überlassen wurde, bitte ich, von der Kenntnis des Papiers keinen Gebrauch (vor allem nicht gegenüber den Belgiern) zu machen, ehe es nicht offiziell im Rahmen der WEU zirkuliert wurde. Andere WEU-Mitglieder sind bisher nicht von dem belgischen Vorstoß unterrichtet.

[gez.] Hase

VS-Bd. 9925 (200)

94

Aufzeichnung des Ministerialdirigenten Kinkel

24. April 1975

VS-NfD
Ablauf Überfall Botschaft Stockholm[1]
Ministerbüro

1) 12.35 Uhr: Herr Sulimma überbringt dpa-Meldung von 12.15 Uhr.

2) Sofort anschließend Versuche, Minister über die im Tagesplan angegebenen Telefonnummern und Polizeipräsidium Hagen zu erreichen.

---

[1] Am 24. April 1975 gegen 11.50 Uhr besetzten sechs deutsche Terroristen die Botschaft der Bundesrepublik in Stockholm. Sie nahmen zwölf Botschaftsangehörige, darunter Botschafter Stoecker, als Geiseln und forderten die Freilassung von 26 Häftlingen der Baader-Meinhof-Gruppe.

3) Ca. 12.50 Uhr: Herr Verheugen ruft zurück und wird über Sachverhalt unterrichtet. Sagt Rückruf des Ministers zu.

4) Danach Besprechung bei StS Gehlhoff und verschiedene Telefonate mit dem Leiter des Arbeitsstabes „Stockholm", Herrn MDg Dencker.

5) 14.05 Uhr: Anruf bei Dencker mit der Bitte um Mitteilung neuesten Sachstands.

Dencker telefoniert vom anderen Apparat mit Stockholm, was bruchstückhaft mitzuhören war.

Ca. 14.08 Uhr: Dencker kommt an den Apparat und fragt, ob Unterzeichner mitgehört habe. Unterzeichner erklärt, ja, teilweise. Dencker schildert seinen letzten Anruf aus Stockholm, in dem er von einem Angehörigen unserer Botschaft gebeten worden sei, Verantwortung dafür zu übernehmen, daß schwedische Polizei im Botschaftsgebäude bleibt, obwohl Terroristen Ultimatum bis 14.00 Uhr gestellt und damit gedroht haben, falls Polizei Botschaftsgebäude bis zu diesem Zeitpunkt nicht verlassen habe, die Geisel Mirbach zu erschießen. Dencker teilt Unterzeichner mit, daß er diese Verantwortung übernommen habe, daß man der Polizei an Ort und Stelle Verantwortung überlassen müsse.

Unterzeichner brachte erhebliche Bedenken zum Ausdruck; Dencker blieb aber bei seiner Meinung und erklärte, er trage diese Verantwortung. Unterzeichner bat Dencker, wenigstens sich für diese seine Entscheidung Abdeckung einzuholen, weil unschwer erkennbar sei, daß aus dieser Entscheidung Folgerungen entstehen könnten.

6) Sofort danach Versuche, Minister zu erreichen, um ihm diesen Sachverhalt mitzuteilen.

7) Ca. 14.15 Uhr: Anruf von Herrn Schmülling, BMI, der mitteilt, daß Dencker BMI über die Anfrage aus Stockholm und seine Entscheidung unterrichtet habe. Frage von Schmülling, ob BMI noch Entscheidung treffen müsse.

8) In diesem Augenblick Anruf des Ministers aus dem Auto; Unterzeichner schilderte Sachverhalt. Minister ordnete sofort an, daß Dencker dem schwedischen AA umgehend mitteilen möge, daß aus deutscher Sicht Sicherungen von Menschenleben absoluten Vorrang habe. Außerdem möge die von Herrn Dencker übernommene Verantwortung insoweit revidiert werden.

9) Unterzeichner gab dies unverzüglich an Dencker weiter, der Stockholm in der Leitung hatte und seinerseits die Weisung des Ministers sofort weitergab.

10) Ca. 14.30 Uhr: Minister kehrt aus dem Wahlkampf[2] ins AA zurück.

11) 14.40 Uhr: Besprechung im Dienstzimmer des Ministers.

Teilnehmer: Minister, StS Gehlhoff, Dencker, Kinkel, Lewalter (teilweise).

Minister ordnet an: Interne Zuständigkeit Bundesregierung liegt beim BMI. Es bleibt bei der getroffenen Entscheidung: Menschenleben dürfen nicht gefährdet werden; Minister ordnet weitere Maßnahmen an.

12) 14.50 Uhr: Anruf des schwedischen Ministerpräsidenten Palme bei Bundesminister.

---

[2] Am 4. Mai 1975 fanden Wahlen zu den Landtagen in Nordrhein-Westfalen und im Saarland statt.

Palme schildert Situation aus dortiger Sicht. Teilt mit, daß es mit ziemlicher Sicherheit feststehe, daß zwei der Terroristen Mitglieder der Baader-Meinhof-Bande seien, nämlich Andreas Vogel und Angela Luther. Angeblich sei Militärattaché Mirbach erschossen. Acht Geiseln; falls Polizei Botschaftsgebäude in den eingenommenen Etagen nicht räume, werde alle fünf Minuten eine Geisel erschossen (so Androhung der Terroristen).

Minister teilt Herrn Palme mit, daß Bundesregierung sich nicht in polizeitaktische Maßnahmen einmischen wolle, daß für Bundesregierung aber Leben der Geiseln Vorrang vor allem hätte.

Palme weist darauf hin, daß es sich um deutsches Territorium handele, schwedische Polizei werde zurückgezogen. Terroristen machten rücksichtslosen Eindruck; sie seien schwer bewaffnet und hätten u. a. Handgranaten.

Während des Gesprächs wies Palme darauf hin, daß Polizei im Augenblick das Gebäude verlasse. Er regte an, daß man in Kontakt bleiben solle, da wahrscheinlich Entscheidungen von beiden Regierungen getroffen werden müssen.

13) 14.55 Uhr: Ferngespräch Maihofer/Genscher (ganz kurz, da Gespräch des Bundeskanzlers dazwischenkommt).

14.57 Uhr: Ferngespräch Genscher/Kanzler.

Minister schildert Bundeskanzler die augenblickliche Situation. Minister erläutert, daß er der schwedischen Regierung durchgegeben habe, daß Leben der Geiseln bei allen Entscheidungen Vorrang habe. Bundeskanzler billigte diese Entscheidung ausdrücklich.

Minister erklärte, man könne im Augenblick nicht sagen, wie und wann Mirbach ums Leben gekommen sei. Minister fragt sodann Bundeskanzler, wo nun Entscheidungszentrum liegen solle. Kanzler antwortet: Im BMI, er lege aber Wert darauf, daß hochrangiger Vertreter des AA im Krisenstab BMI mitwirke.

Sodann kommt Sprache auf zu entsendende deutsche Delegation nach Stockholm. Bundeskanzler erklärt, er habe dies bereits mit BM Maihofer besprochen. Nach seiner Meinung müsse hochrangiger Beamter des AA aus Bonn zusammen mit anderen Fachleuten nach Stockholm fliegen.

Kanzler bekräftigt nochmals ausdrücklich, daß er die augenblicklich getroffenen Entscheidungen, insbesondere die Entscheidung, daß Leben der Geiseln Vorrang habe, mittrage, betonte aber ausdrücklich, daß es für den Fall, daß die Herausgabe von Baader, Meinhof usw. gefordert werde, eine ausführliche Besprechung im Krisenstab stattfinden müsse.

Minister regt an, die Einberufung eines großen Krisenstabes vorzubereiten. Bundeskanzler stimmt dem zu.

Minister weist darauf hin, daß er Weisung erteilt habe, alle deutschen Auslandsvertretungen vor weiteren Anschlägen zu warnen. Er regt an, alle Krisenstabsmitglieder vorzuwarnen. Kanzler war gegenüber einer Vorwarnung etwas zurückhaltend und war dagegen, daß Öffentlichkeit zunächst etwas erfahren sollte. Es wurde vereinbart, weiter in Kontakt zu bleiben.

14) Minister entschied, daß MDg Eick vom AA mit deutscher Delegation nach Stockholm mitreise.

15) Ferngespräch Genscher/Maihofer:

Minister berichtet über Gespräch mit Palme und Kanzler, teilt mit, daß Mirbach angeblich tot. Er, Genscher, habe Palme nochmals mitgeteilt, daß Leben der Geiseln absoluten Vorrang habe. Polizei habe inzwischen Botschaft geräumt.

Minister wies darauf hin, daß Palme davon gesprochen habe, daß wahrscheinlich in Berlin Inhaftierte freigelassen werden sollten. Maihofer und Minister waren sich einig, daß deutsche Delegation sofort mit der nächsten zur Verfügung stehenden Maschine nach Stockholm fliegen sollte. Minister teilt Maihofer die Namen der wahrscheinlich erkannten Terroristen Luther und Vogel mit.

16) Anschließend entscheidet Minister, daß Herr Dencker in den Krisenstab des BMI geht. Herr Dannenbring leitet Krisenstab im AA.

17) 15.45 Uhr: Gespräch des Ministers mit dem Pressereferenten Sulimma über weitere Behandlung der Angelegenheit in pressemäßiger Hinsicht. Es soll weitgehend an Krisenstab BMI verwiesen werden.

18) 15.46 Uhr: Anruf von Ministerpräsident Palme. Weist darauf hin, daß inzwischen Brief der Terroristen eingegangen sei, schildert in etwa den Inhalt. Schwedischer Botschafter in Bundesrepublik Deutschland[3] soll mitfliegen. Freilassung von 26 Gefangenen wird gefordert, u. a. Baader und Meinhof, Sammelpunkt: Rhein-Main-Flughafen. Jeder Freigelassene soll 20 000 $ erhalten. Von Frankfurt aus soll zu einem nicht bekannten Ort geflogen werden. Text des Briefes gehe im Augenblick Kanzleramt zu.[4] Palme erklärte, er habe eben mit dem Kanzler gesprochen. Palme teilt mit, entgegen seiner früheren Mitteilung lebe Mirbach noch, sei im Krankenhaus, werde von Ärzten behandelt. Terroristen hätten mitgeteilt, daß Mirbach erschossen worden sei, weil Polizei Botschaft nicht geräumt habe.

19) 15.50 Uhr: Ferngespräch Genscher/Bundeskanzler

Minister unterrichtet Bundeskanzler über die bis dahin gelaufenen Gespräche, insbesondere mit Palme und Maihofer. Ultimatum läuft 21.00 Uhr ab. Bis zu diesem Zeitpunkt sollen die Freigelassenen in Frankfurt zusammengeführt werden. Es kam zur Sprache, daß vor acht Tagen in der Presse stand, Terroristen seien in Schweden.[5] Minister erklärt, Fall Lorenz[6] sei Testfall gewesen. Anschließend besprachen Kanzler und Minister Einzelheiten der Einberufung des Krisenstabes.

20) 16.00 Uhr: Besprechung im Dienstzimmer des Ministers mit StS Gehlhoff, Verheugen, Kinkel.

21) 16.01 Uhr: Anruf von Ministerpräsident Kohl bei Minister. Beide besprechen die Angelegenheit.

---

3 Sven Backlund.
4 Für das Schreiben des „Kommando Holger Meins" an die Regierungen der Bundesrepublik und Schwedens vgl. Helmut-Schmidt-Archiv, 1/HSAA 006616.
5 In der Presse wurde dazu berichtet: „Nach Angaben der Stockholmer Zeitung ‚Expressen' hat die schwedische Polizei am Wochenende einen Hinweis erhalten, daß sich zwei deutsche Terroristen, angeblich zwei der Entführer des Berliner CDU-Chefs Peter Lorenz, in Schweden aufhalten." Vgl. die Meldung „Entführer doch in Schweden?"; DIE WELT vom 1. April 1975, S. 2.
6 Zur Entführung des Vorsitzenden des Berliner Landesverbandes der CDU, Lorenz, am 27. Februar 1975 vgl. Dok. 44, besonders Anm. 3.

22) 16.08 Uhr: Minister unterrichtet Bundespräsident in Paris. Es wird mitgeteilt, daß 16.30 Uhr der große Krisenstab im Kanzleramt zusammentritt. Bundespräsident erwägt offensichtlich, sein Essen anläßlich des Staatsbesuchs heute abend in Paris[7] abzusagen. Scheel beabsichtigt, nochmals mit dem französischen Präsidenten[8] ein kurzes Gespräch zu führen und dann abzufliegen.

Kinkel

Referat 010, Bd. 178658

95

Telefongespräch des Bundeskanzlers Schmidt mit Ministerpräsident Palme

24. April 1975[1]

Vermerk über Telefongespräch Bundeskanzler mit Ministerpräsident Palme am 24. April 1975, um 21.45 Uhr

Palme berichtet über die augenblickliche Lage.[2] Er habe mit den Terroristen gesprochen. Sie seien nicht zu Verhandlungen bereit gewesen, sondern hätten nur nochmals unterstrichen, daß das Ultimatum feststehe, daß um 22.00 Uhr eine weitere Geisel erschossen werde und daß bei einem Angriff durch die Polizei das Gebäude in die Luft gesprengt werde.

Palme wies auf die Gefahr hin, daß der Beschluß der Bundesregierung, die Freilassung der genannten Häftlinge zu verweigern[3], durch die Geiselnehmer über Telefon direkt an die Öffentlichkeit gelangen könne.

Bundeskanzler erwiderte, dies könne nicht verhindert werden.

Palme berichtete, daß sein Justizminister[4] sich zum Botschaftsgebäude begeben habe, um persönlich einen weiteren Verhandlungsversuch zu unternehmen.

---

[7] Bundespräsident Scheel hielt sich vom 21. bis 24. April 1975 in Frankreich auf. Er beendete seinen Besuch wegen des Überfalls auf die Botschaft der Bundesrepublik in Stockholm einen Tag früher als vorgesehen.

[8] Valéry Giscard d'Estaing.

[1] Die Aufzeichnung wurde am 30. April 1975 gefertigt.

[2] Zur Besetzung der Botschaft der Bundesrepublik in Stockholm am 24. April 1975 durch sechs deutsche Terroristen vgl. Dok. 94.

[3] Um 13.00 Uhr trat in Bonn der Krisenstab zusammen, der um 18.30 Uhr seine Arbeit mit dem einstimmig gefaßten Beschluß beendete, auf die Forderungen der Terroristen nicht einzugehen und auch keine weiteren Verhandlungen zu führen.
Ministerialdirigent Eick, z. Z. Stockholm, teilte dem Krisenstab um 21.15 Uhr mit, der schwedische Justizminister Geijer habe die Terroristen über den Beschluß der Bundesregierung unterrichtet. Die Unterrichtung habe bei den Terroristen Verwirrung hervorgerufen. Vgl. dazu die Aufzeichnung des Krisenstabs vom 25. April 1975; Referat 010, Bd. 178658.

[4] Lennart Geijer.

Zur Frage möglicher Polizeiaktionen sagte Palme, daß man evtl. einen Gasangriff unternehme. Im Rahmen der Vorbereitungen habe man den Installateur der Belüftungs- und Heizungsanlagen des Botschaftsgebäudes ausfindig gemacht und erörtere gegenwärtig mit ihm die technischen Fragen. Eine Entscheidung sei allerdings noch nicht gefallen. Ob diese zustande komme, sei zweifelhaft, da die Erfolgsaussichten einer solchen Maßnahme nicht kalkulierbar und die Aktion nicht ungefährlich sei.

Bundeskanzler wiederholte, daß die Verantwortung und die Entscheidungsbefugnis für Polizeiaktionen allein bei der schwedischen Regierung liegen könnten.

Bundeskanzler unterrichtete Palme über die zweite Sitzung des großen Krisenstabes. Es habe keine neuen Ergebnisse gegeben. Man werde an der Entscheidung der Nichtauslieferung unter allen Umständen festhalten. Mit den Parteivorsitzenden[5] sei vereinbart worden, daß die Bundesregierung morgen vormittag eine Erklärung vor dem Bundestag abgeben werde.[6] Bundeskanzler sagte vorherige Abstimmung des Textes mit der schwedischen Regierung zu.

Palme schloß das Gespräch mit der Bemerkung, daß nach seinem Eindruck die Geiselnehmer sehr unruhig geworden seien, als sie von dem Entschluß der Bundesregierung gehört hätten. Offenbar hätten sie eine Weigerung nicht erwartet. Dies könne man daran sehen, daß sie sich nach Übermittlung des Beschlusses eine Stunde Bedenkzeit auserbeten hätten.[7]

Helmut-Schmidt-Archiv, 1/HSAA 006616

---

5 Willy Brandt (SPD), Hans-Dietrich Genscher (FDP), Helmut Kohl (CDU), Franz Josef Strauß (CSU).
6 Bundeskanzler Schmidt führte am 25. April 1975 im Bundestag aus: „Abermals, wie im Falle der Entführer des Berliner Abgeordneten Lorenz, galt es abzuwägen zwischen der Rettung von unmittelbar bedrohtem Menschenleben auf der einen Seite und andererseits der Gefährdung, der Infragestellung der überragenden Aufgabe des Staats, das Leben aller seiner Bürger zu sichern. Es war zwischen sehr hohen Rechtsgütern abzuwägen: Zehn oder elf Menschenleben – der Oberstleutnant von Mirbach war bereits niedergeschossen worden, als die sogenannten Forderungen der Verbrecher mitgeteilt wurden – waren in höchstem Maße bedroht; dagegen stand der lebensschützende, die friedens- und rechtsschützende Funktion unseres Staats. Der Rechtsstaat kann seine Funktion nur dann erfüllen, wenn die Bürger darauf vertrauen können, daß er seine Gesetze auch durchsetzt. Unsere Verfassung weist allein dem Staat die Verpflichtung und das Recht zu, über Strafe und über Freiheit zu entscheiden. Das hat nach festen gesetzlichen Regeln, nach einem gesetzlichen geordneten Verfahren zu geschehen. Terroristen dürfen Entscheidungen über Freiheit und Leben anderer nicht an sich reißen." Vgl. BT STENOGRAPHISCHE BERICHTE, Bd. 93, S. 11782 f.
7 Gegen 23.50 Uhr kam es in der Botschaft zu mehreren Explosionen, durch die das Botschaftsgebäude in Brand geriet.
Im Telefongespräch mit Bundeskanzler Schmidt am 25. April 1975 um 1.40 Uhr teilte Ministerpräsident Palme mit, daß die „Terroristenaktion beendet sei". Nach seinem derzeitigen Kenntnisstand ergebe sich folgender Ausgang des Geschehens: „1) Die Geiseln: drei Frauen vorher freigelassen; zwei Tote, Baron von Mirbach, der bekanntlich schon zu Beginn des Überfalls erschossen wurde; bei dem anderen Toten handele es sich wahrscheinlich um den Wirtschaftsreferenten der Botschaft, Botschaftsrat Hillegaart. [...] Sieben Botschaftsangehörige seien in Krankenhäuser eingeliefert worden, die Mehrzahl sei nur leicht verletzt; ein Schwerverletzter; Botschafter Stoecker sei am Leben und habe zu Fuß das Botschaftsgebäude verlassen; 2) Die Terroristen (vermutlich sechs Personen): ein Toter, der sich selbst das Leben genommen habe. Es handele sich um den Terroristen, der bis zuletzt versucht habe, zu entkommen. Die restlichen Terroristen seien mit teils schweren, teils leichteren Verletzungen in Krankenhäuser eingeliefert worden; 3) Eine Anzahl schwedischer Polizisten sei bei dem Einsatz leicht verletzt worden." Vgl. die Gesprächsaufzeichnung; Helmut-Schmidt-Archiv, 1/HSAA 006616.

96

**Gespräch des Bundeskanzlers Schmidt
mit dem sowjetischen Botschafter Falin**

29. April 1975[1]

1) Der sowjetische *Botschafter* überbrachte dem Bundeskanzler mündlich die Antwort des Generalsekretärs der KPdSU[2] auf die Mitteilungen, die der Bundeskanzler dem sowjetischen Geschäftsträger am 21. März zur Lage in Portugal gemacht hatte[3].

Der Sturz des faschistischen Regimes und die demokratische Umgestaltung in Portugal[4] sei von der ganzen Welt ebenso mit Genugtuung aufgenommen worden, wie auch die Dekolonisierungspolitik Portugals überall Anerkennung finde. Die Umgestaltung vollziehe sich unter voller Beteiligung des portugiesischen Volkes. Es sei verständlich, daß ein so komplexer Vorgang manche Diskussionen auslösen müsse. Die mit dem alten faschistischen Regime verbundenen Kräfte versuchten, die Lage anzuheizen; sie hätten sogar einen Putschversuch[5] unternommen. Diese Kräfte würden von reaktionären Kreisen des Auslandes unterstützt, die damit eine unzulässige Einmischung in die inneren Verhältnisse Portugals begingen. Die Sowjetunion sei tief überzeugt davon, daß dem portugiesischen Volk die Möglichkeit gegeben werden müsse, nach eigenem Willen seine innenpolitischen Verhältnisse ohne Druck und Drohung von außen zu gestalten. Daher sei es notwendig, alles zu unternehmen, damit Einmischungsversuche von außen verhindert würden. Die sowjetische Führung halte sich konsequent an diese Linie. Sie unterstütze die auf Unabhängigkeit gerichteten Bestrebungen der portugiesischen Staatsführung.

Der *Bundeskanzler* erwiderte, er habe dazu nichts zu antworten. Ihm habe damals daran gelegen, in einer Situation, in der hier der Eindruck entstanden war, daß der Demokratisierungsprozeß in Portugal durch unüberlegte Handlungen der einen oder anderen Seite in Frage gestellt werden könnte, seine Sorgen auszusprechen. Dies sei geschehen und, wie von ihm gewünscht, dem Generalsekretär mitgeteilt worden. Wir begrüßten die Beseitigung des frühe-

---

[1] Ablichtung.
Die Gesprächsaufzeichnung wurde von Ministerialdirektor Sanne, Bundeskanzleramt, am 30. April 1975 gefertigt und am selben Tag an Ministerialdirektor van Well übermittelt. Dazu teilte er mit: „Der Bundeskanzler bittet das Auswärtige Amt um eine Aufzeichnung über die dortigen Vorstellungen zum voraussichtlichen Termin einer KSZE-Gipfelkonferenz."
Hat van Well am 30. April 1975 vorgelegen.
Hat Staatssekretär Gehlhoff am 30. April 1975 vorgelegen, der die Weiterleitung an Bundesminister Genscher „zur Unterrichtung" verfügte.
Hat Genscher am 1. Mai 1975 vorgelegen.
Hat Vortragendem Legationsrat I. Klasse Kühn vorgelegen. Vgl. das Begleitschreiben; Referat 213, Bd. 112758.

[2] Leonid Iljitsch Breschnew.

[3] Zum Gespräch des Bundeskanzlers Schmidt mit dem sowjetischen Gesandten Tokowinin am 21. März 1975 vgl. Dok. 55, Anm. 10.

[4] Zum Regierungsumsturz in Portugal am 25. April 1974 vgl. Dok. 23, Anm. 38.

[5] Am 11. März 1975 scheiterte in Portugal ein Putschversuch von Teilen der Streitkräfte unter Leitung des ehemaligen Staatspräsidenten de Spinola.

ren Regimes in Portugal und hofften, daß das Resultat der Wahlen[6] eine gute Grundlage für weitere Fortschritte im Demokratisierungsprozeß darstelle. Eine Einmischung von außen hielten auch wir für unerwünscht.

2) Der Bundeskanzler erkundigte sich nach den Vorstellungen der sowjetischen Führung zum Datum eines KSZE-Gipfels.

Der *Botschafter* verwies auf die bekannte Position seiner Regierung[7], neue Informationen lägen ihm nicht vor. Je schneller es zum Gipfeltreffen komme, desto besser sei es. Die Entwicklung in dieser Welt gehe so schnell, daß manche positive Dinge in Gefahr gerieten, nicht mehr verwirklicht werden zu können, wenn man sie nicht rechtzeitig sichere. Der Gedanke des Bundeskanzlers, daß Gelegenheit zum Meinungsaustausch zwischen führenden Persönlichkeiten während der Gipfelkonferenz gegeben sein müsse, stehe den Überlegungen der sowjetischen Führung nahe.

Der *Bundeskanzler* unterstrich, daß die Konferenz zeitlich genügend ausgedehnt sein müsse. Wenn jeder der Vertreter der 35 Staaten auch nur ein kurzes Statement abgeben wolle, dann seien bereits zwei Arbeitstage vergangen, ehe auch nur die Diskussion angefangen habe. Außerdem seien wohl eine große Zahl von bilateralen Gesprächen am Rande wünschenswert. Ihm liege an einem Gespräch mit dem Generalsekretär. Er wolle aber auch mit anderen Persönlichkeiten sprechen. Eine Konferenz, die nur aus dem Vortrag von Statements bestehe, habe keinen politischen Wert. Er denke deshalb, daß man etwa eine Woche für die Konferenz vorsehen müsse. Im übrigen empfinde er es als sehr lästig, daß er das Datum der Konferenz immer noch nicht in seinem Terminkalender berücksichtigen könne.

Der *Botschafter* wies darauf hin, daß er im Auswärtigen Amt bei seinen Gesprächen[8] die Meinung gehört habe, daß die Konferenz wohl im September stattfinden werde. Darauf erwiderte der *Bundeskanzler*, daß ihm ein etwas früherer Termin lieber wäre.

Der *Botschafter* betonte, daß Moskau jede Beschleunigung begrüßen würde. Auf die Frage des Bundeskanzlers nach dem Termin der Außenminister-Konsultationen erläuterte der Botschafter, daß BM Genscher den Wunsch geäußert habe, in der Zeit zwischen der zweiten und dritten Stufe der KSZE nach

---

[6] Bei den Wahlen am 25. April 1975 zur Verfassunggebenden Versammlung in Portugal erhielten die Sozialistische Partei 37,87 % der Stimmen und damit 116 Sitze, die Demokratische Volkspartei 26,38 % (80 Sitze), die Kommunistische Partei 12,53 % (30 Sitze), das Demokratisch-Soziale Zentrum 7,65 % (16 Sitze), die Demokratische Bewegung 4,12 % (5 Sitze) und die Volksdemokratische Union 0,79 % (1 Sitz). Darüber hinaus entsandten Macau und die Auslandsportugiesen jeweils einen Vertreter in die Verfassunggebende Versammlung. Vgl. dazu EUROPA-ARCHIV 1975, Z 78.
Botschafter Caspari, Lissabon, gab dazu am 29. April 1975 die Einschätzung, das Wahlergebnis trage „eindeutig Akzente gegen die Kommunisten und die anderen Linksgruppen, aber auch gegen Teile der ‚Bewegung der Streitkräfte'". Es bestehe die Möglichkeit, daß die Wahl „den der gegenwärtigen Entwicklung innewohnenden Antagonismus fördert, nämlich zwischen freiheitlich-demokratischem Weg zum Sozialismus oder einer Gesellschaftsveränderung von oben". Vgl. den Drahtbericht Nr. 198; Referat 203, Bd. 110240.

[7] Zum Vorschlag des Generalsekretärs des ZK der KPdSU, Breschnew, vom 8. März 1975, für Ende Juni 1975 die KSZE-Schlußkonferenz auf der Ebene der Staats- und Regierungschefs nach Helsinki einzuberufen, vgl. Dok. 49.

[8] Der Passus „daß er ... Gesprächen" wurde von Vortragendem Legationsrat I. Klasse Kühn hervorgehoben. Dazu Fragezeichen.

Moskau zu reisen. Seine Seite begrüße im übrigen auch den Gedanken von Staatssekretär Gehlhoff, daß alle Berlinprobleme geklärt und abgeschlossen sein sollten, soweit das überhaupt möglich ist, bevor sich die Minister träfen.[9] Er sei der Meinung, es sei schlecht, mit der Klärung von Problemen auf die Reise von Herrn Genscher[10] zu warten. In der Öffentlichkeit entstünde sonst der Eindruck, daß es außer den Berliner Problemen keine wichtigen Fragen zwischen den beiden Regierungen zu besprechen gebe.

3) Der *Bundeskanzler* äußerte im Zusammenhang mit dem 30. Jahrestag des Kriegsendes sein Bedauern, daß es nicht zu den von ihm vorgeschlagenen Kranzniederlegungen in Bonn und Moskau gekommen sei.[11] Der *Botschafter* wies darauf hin, daß er sein Bestes getan habe, aber eine andere Entscheidung aus Moskau erhalten hatte. Er werde nun wie jedes Jahr in Dortmund einen Kranz für die Opfer des Faschismus niederlegen. Er erkundigte sich, wie die offizielle Haltung der Bundesregierung zu dem von ihm gegebenen Empfang sein werde.

Der *Bundeskanzler* antwortete, daß die Bundesregierung durch einen hohen Beamten vertreten sein werde, aber auch nur durch diesen.

Der *Botschafter* äußerte Bedenken wegen der Veranstaltung des Bundespräsidenten am 6. Mai.[12] Er hoffe, es werde dort nichts gesprochen werden, was für die Vertreter der sozialistischen Länder unzumutbar sei. Er wolle lieber erst gar nicht dort hingehen, als die Veranstaltung vorzeitig verlassen zu müssen. Er seinerseits bemühe sich in jeder Weise, ohne antideutsche Töne auszukommen.

Der *Bundeskanzler* antwortete, daß ihm die Besorgnisse des Botschafters unbegründet erschienen. An der Veranstaltung würden viele Vertreter von Ländern teilnehmen, die mit uns im Kriege waren. Ihm mißfalle, daß in einigen östlichen Stimmen die Bundesrepublik quasi zum Nachfolger des Dritten Reiches gestempelt werde.

Der *Botschafter* entgegnete, daß dieses wahrscheinlich von „Ihren Brüdern"[13] geschehe, nicht aber von sowjetischer Seite.

Referat 213, Bd. 112758

---

[9] Vgl. dazu das Gespräch des Staatssekretärs Gehlhoff mit dem sowjetischen Botschafter Falin am 26. März 1975; Dok. 64.

[10] Bundesminister Genscher reiste erst vom 10. bis 15. November 1975 in Begleitung des Bundespräsidenten Scheel in die UdSSR. Vgl. dazu Dok. 339 und Dok. 342.

[11] Zur Frage der Feierlichkeiten anläßlich des 30. Jahrestages des Endes des Zweiten Weltkriegs vgl. Dok. 103.

[12] Der Passus „Bedenken ... 6. Mai" wurde von Vortragendem Legationsrat I. Klasse Kühn hervorgehoben. Dazu vermerkte er handschriftlich: „Wie kann ein Botschafter es sich herausnehmen, Bedenken gegen eine Veranstaltung des Staatsoberhauptes des Gastlandes vorzubringen?!"
Bundespräsident Scheel hielt am 6. Mai 1975 anläßlich einer Gedenkstunde zum 30. Jahrestag des Endes des Zweiten Weltkriegs in Europa in der Schloßkirche der Bonner Universität, zu der die Botschafter in der Bundesrepublik eingeladen waren, eine Rede. Für den Wortlaut vgl. BULLETIN 1975, S. 549–553.

[13] Die Wörter „Ihren Brüdern" wurden von Vortragendem Legationsrat I. Klasse Kühn unterschlängelt. Dazu Fragezeichen und Ausrufezeichen.

97

Aufzeichnung des Ministerialdirektors Sanne, Bundeskanzleramt

Geheim 30. April 1975[1]

Betr.: Vermerk über ein Gespräch des Bundeskanzlers mit dem Wirtschaftsminister des Iran, Herrn Ansari, am 30.4.1975 im Bundeskanzleramt

1) Der Bundeskanzler hatte Herrn Ansari zu einem Gespräch nach Bonn gebeten, um die im Winter begonnene Erörterung eines Treffens privater Experten aus ölproduzierenden und ölverbrauchenden Ländern[2] fortzusetzen.[3] Das Gespräch hatte folgendes Ergebnis:

– Die Schwierigkeiten, die ursprünglich vor allem im Verhältnis zu den Vereinigten Staaten bestanden haben, sind jetzt überwunden. Es haben zwei Treffen von Experten aus fünf Verbraucherländern stattgefunden[4], die die Regierungen dieser Länder von der Nützlichkeit derartiger Veranstaltungen überzeugt haben. Die Zeit ist jetzt reif, um ein Treffen mit Experten aus dem Iran, Saudi-Arabien, Algerien und Venezuela zu arrangieren.

– Der Schah[5] ist immer noch der Auffassung, daß derartige Treffen nützlich sind. Seine Situation sei aber durch das Stattfinden und durch das Ergebnis

---

[1] Ablichtung.
Die Aufzeichnung wurde von Ministerialdirektor Sanne, Bundeskanzleramt, am 13. Mai 1975 zusammen mit der Aufzeichnung über das Gespräch des Bundeskanzlers Schmidt mit dem iranischen Wirtschaftsminister Ansari am 9. Mai 1975 in Hamburg sowie dem Schreiben von Schmidt vom 12. Mai 1975 an Staatspräsident Giscard d'Estaing und Präsident Ford Staatssekretär Gehlhoff übermittelt mit dem Hinweis, die Schreiben seien „eilbedürftig, weil der Schah von Persien ab 15. Mai in Washington sein wird".
Hat Gehlhoff am 13. Mai vorgelegen, der handschriftlich vermerkte: „1) Herrn Minister zur Unterrichtung. 2) Herrn St.S. Sachs zur Kenntnis und mit der Bitte um Übernahme des Vorgangs. MD Sanne wies mich heute allerdings nochmals auf die Bitte des Bundeskanzlers hin, den Vorgang nicht ins Haus zu geben."
Hat Bundesminister Genscher vorgelegen.
Hat Sachs am 2. Juni 1975 vorgelegen. Vgl. das Begleitschreiben; VS-Bd. 523 (014); B 150, Aktenkopien 1975.

[2] Mit Schreiben vom 23. Dezember 1974 schlug Bundeskanzler Schmidt Präsident Ford, Staatspräsident Giscard d'Estaing und Premierminister Wilson eine private Konferenz unabhängiger Sachverständiger zu Energiefragen vor. Vgl. dazu AAPD 1974, II, Dok. 382.

[3] Am 18. April 1975 wies Staatssekretär Gehlhoff Botschafter Wieck, Teheran, an, „an geeigneter Stelle (vorzugsweise Ministerpräsident Hoveyda oder Minister Ansari) folgendes vorzubringen: Ende des Jahres 1974 haben Gespräche zwischen dem Bundeskanzler und Minister Ansari stattgefunden. Damals sei die Idee erörtert worden, eine Anzahl privater Sachverständiger für Fragen des Erdöls und damit zusammenhängender Finanzprobleme zusammenkommen zu lassen, damit sie in einer freien Diskussion und ohne den Weisungen ihrer Regierungen unterworfen zu sein über die Möglichkeiten einer Lösung der bestehenden Probleme diskutieren zu können. [...] Es gab Schwierigkeiten, die Vereinigten Staaten von der Nützlichkeit einer solchen Zusammenkunft privater Sachverständiger aus Produzenten- und Verbraucherstaaten zu überzeugen. Der Bundeskanzler ist der Meinung, daß dies jetzt gelungen ist." Von seiten der erdölproduzierenden Staaten denke Schmidt an Personen aus Algerien, dem Iran, Saudi-Arabien und Venezuela. Er hoffe auf einen baldigen Besuch von Ansari, um „noch einige Prozedurfragen" zu klären. Vgl. den Drahterlaß Nr. 228; VS-Bd. 523 (014); B 150, Aktenkopien 1975.

[4] Ein erstes Treffen fand am 2./3. Februar 1975 in Kronberg statt, das zweite am 22./23. März 1975 in New York. Vgl. dazu Dok. 41, Anm. 5 und 6.

[5] Mohammed Reza Pahlevi.

der Pariser Vorkonferenz[6] etwas verändert. Er würde es deshalb vorziehen, wenn nicht er die Initiative gegenüber den anderen Produzentenländern ergreifen müßte.

- Der Bundeskanzler wird Anfang nächster Woche mit Präsident Giscard d'Estaing Verbindung aufnehmen, um ihn zu bitten, daß er sich an Präsident Boumedienne wendet.[7] Etwa gleichzeitig wird er in Washington anfragen, ob die USA die Initiative gegenüber Venezuela übernehmen wollen.
- Dem Schah wird vorgeschlagen werden, daß er bei seinem für die nächste Woche vorgesehenen Staatsbesuch in Venezuela[8] mit dem dortigen Präsidenten[9] vertraulich über die Angelegenheit spricht.
- Wenn die Beteiligung Algeriens und Venezuelas gesichert erscheint, wird von seiten der Bundesrepublik durch ihren Botschafter[10] mit dem Kronprinzen von Saudi-Arabien[11] Verbindung aufgenommen werden, um unter Bezug auf das von BM Genscher in Djidda geführte Gespräch[12] nunmehr um die Benennung eines Experten zu bitten.
- Es soll weiterhin das Prinzip gelten, daß jeder Teilnehmer an den Expertentreffen jedes Thema zur Diskussion stellen kann. Die Experten sollen weder Auflagen ihrer Regierungen haben noch ihre Regierungen binden können.
- Das erste Treffen der gemischten Gruppe soll voraussichtlich in der Nähe von Frankfurt stattfinden und ein bis zwei Tage dauern. Danach berichten die Experten an die Regierungen ihrer Länder, eventuell verbunden mit dem Vorschlag, weitere Treffen abzuhalten.
- Angesichts des etwas schwierigen Procederes für die Einberufung des Treffens ist mit seinem Stattfinden nicht vor Ende Mai/Anfang Juni zu rechnen.

Minister Ansari wird in Teheran über das Ergebnis des Gesprächs mit dem Bundeskanzler berichten und möglichst bald die Stellungnahme des Schahs nach Bonn übermitteln. Er schloß nicht aus, daß er die Antwort persönlich überbringt.[13]

2) Weisungsgemäß habe ich Herrn Guth unterrichtet und ihm anheim gestellt, seinen bisherigen Gesprächspartnern[14] eine kurze Zwischeninformation zukommen zu lassen.

Sanne

VS-Bd. 523 (014)

[6] Zur Vorkonferenz der erdölproduzierenden und -verbrauchenden Staaten vom 7. bis 15. April 1975 in Paris vgl. Dok. 87.
[7] Bundeskanzler Schmidt bat Staatspräsident Giscard d'Estaing am 6. Mai 1975 telefonisch und erneut mit Schreiben vom 12. Mai 1975 um eine Initiative bei Präsident Boumedienne. Vgl. dazu Dok. 108, Anm. 12.
[8] Schah Reza Pahlevi hielt sich vom 5. bis 9. Mai 1975 in Venezuela auf.
[9] Carlos Andrés Pérez Rodríguez.
[10] Norbert Montfort.
[11] Fahd ibn Abdul Aziz al-Saud.
[12] Bundesminister Genscher hielt sich vom 16./17. April 1975 in Saudi-Arabien auf. Vgl. dazu Dok. 89.
[13] Vgl. dazu das Gespräch des Bundeskanzlers Schmidt mit dem iranischen Wirtschaftsminister Ansari am 9. Mai 1975 in Hamburg; Dok. 108.
[14] Raymond Barre (Frankreich), Eric Roll (Großbritannien), Hideo Suzuki (Japan) und George P. Shultz (USA).

98

Aufzeichnung des Ministerialdirektors Lahn

310-310.10 NO 30. April 1975[1]

Über Herrn Staatssekretär[2] Herrn Minister

Betr.: Auswertung der Nahost-Reise des Bundesministers
hier: Europäische Nahost-Initiative[3]

Bezug: 1) Hausbesprechung bei StS Dr. Gehlhoff am 29.4.75
2) Weisung des Bundesministers vom 29.4.75

1) Präsident Sadat und AM Fahmi haben in den Gesprächen mit dem Bundesminister mehrfach hervorgehoben, daß nunmehr – d. h. in der Zeit zwischen Abbruch der Kissinger-Mission[4] und Beginn der Genfer Konferenz[5] – die Zeit für eine europäische Initiative gekommen sei: Europa solle seine freundschaftlichen Beziehungen zu Israel zur Einwirkung auf Israel nutzen. Ähnlich äußerte sich auch Staatsminister Saud Feisal beim Besuch des Ministers in Saudi-Arabien. Der Bundesminister entgegnete, die Bundesregierung sei – auch im Rahmen der Neun – bereit, Verantwortung zu übernehmen; sie sei offen für Anregungen, welchen Beitrag sie leisten könne. Fahmi erwähnte in diesem Zusammenhang eine „erneute europäische Erklärung nach der Art der Erklärung der Neun vom 6.11.73"[6].

2) Es besteht kein Zweifel, daß Sadat und Fahmi, wenn sie von einer europäischen Initiative reden, an einen einseitig gegen Israel gerichteten Schritt denken, der Israels Isolierung verstärken soll. Sie glauben anscheinend, daß Israel, wenn überhaupt, nur angesichts weltweiter Isolierung zu einem Friedensschluß gedrängt werden könne, der die Herausgabe sämtlicher besetzter Gebiete zum Inhalt hat.

3) Für uns ist ein einseitig an Israel gerichteter Schritt solcher Art, der im übrigen eher kontraproduzent sein dürfte, indiskutabel. Diese Auffassung dürfte

---

[1] Die Aufzeichnung wurde von Vortragendem Legationsrat I. Klasse Böcker konzipiert.
[2] Walter Gehlhoff.
[3] Am 21. April 1975 vermerkte Ministerialdirektor Lahn, die arabischen Gesprächspartner des Bundesministers Genscher hätten bei dessen Besuchen vom 14. bis 16. April in Ägypten und am 16./17. April 1975 in Saudi-Arabien „übereinstimmend und mit Nachdruck die Erwartung ausgesprochen", daß sich die Bundesregierung stärker für eine Lösung des Nahost-Konflikts im Sinne der Resolution Nr. 242 des UNO-Sicherheitsrats vom 22. November 1967 einsetzen werde. Die Bundesregierung solle dabei nicht allein vorgehen, sondern im Rahmen der Europäischen Gemeinschaften. Sie könne aber den „Anstoß zu dieser Erörterung geben, evtl. auch schon substantielle Vorstellungen entwickeln. Ein solches Procedere dürfte auch die Zustimmung der amerikanischen Regierung finden, die gerade jetzt nach der Rolle Europas fragen dürfte." Lahn schlug daher eine Hausbesprechung zum prozeduralen Vorgehen und zum möglichen Inhalt einer Initiative vor. Vgl. VS-Bd. 9984 (310); B 150, Aktenkopien 1975.
Zu den Gesprächen von Genscher in Ägypten und Saudi-Arabien vgl. Dok. 80 und Dok. 89.
[4] Zum Abbruch der Bemühungen des amerikanischen Außenministers Kissinger um eine Vermittlung im Nahost-Konflikt vgl. Dok. 62, Anm. 11.
[5] Zur Friedenskonferenz für den Nahen Osten in Genf vgl. Dok. 76, Anm. 20.
[6] Zur Nahost-Erklärung der Außenminister der EG-Mitgliedstaaten vom 6. November 1973 vgl. Dok. 29, Anm. 3.

auch im Rahmen der Neun vorherrschen. Eine europäische Initiative, zu der die Neun aufgrund ihrer Nachbarschaft und der vielseitigen Beziehungen zur Nahost-Region legitimiert sind, müßte sich an alle Staaten des Konflikts und die Arabische Liga, in der die Palästinenser vertreten sind, richten; denn der Friedenslösung steht nicht allein fehlende Willigkeit Israels, die militärische Besetzung der 1967 eroberten Gebiete zu beenden, sondern nach wie vor auch die unklare Haltung arabischer Konfliktparteien zum gesicherten Existenzrecht Israels entgegen.

4) Eine europäische Initiative ist – darin ist Sadat zuzustimmen – aus einer Reihe von Gründen gerade jetzt dringlich:

– Die Initiative würde mit gebotener Deutlichkeit das legitime Interesse Europas an den Geschehnissen in der benachbarten Region hervorheben und zum Ausdruck bringen, daß Europa sich, wenn eine Friedenslösung in Angriff genommen wird, nicht auf eine bloße Zuschauerrolle beschränken kann.

– Sie würde integrierend zur Konfliktslösung beitragen: Durch erneute Hervorhebung der wesentlichen Elemente einer Friedenslösung, wie sie schon in der Erklärung der Neun vom 6.11.1973 enthalten sind, bestärken wir den internationalen Konsensus zum gesicherten und garantierten Lebensrecht Israels, zur territorialen Frage sowie zu den Rechten der Palästinenser. Je größer und deutlicher dieser Konsensus ist, der übrigens kürzlich in bezug auf das Recht Israels auf garantierte Existenz eine überraschende Bekräftigung durch den sowjetischen Außenminister erfuhr[7], desto schwieriger wird es den Konfliktparteien sein, sich über ihn hinwegzusetzen.

– Die deutsche Öffentlichkeit erwartet, daß wir uns auf die gegebene Lage einstellen, um die Folgen eines etwaigen fünften Nahost-Kriegs, dessen Ausbruch nach endgültigem Scheitern der Friedensbemühungen noch wahrscheinlicher würde, im Rahmen des Möglichen von uns abzuwenden. Sollte die europäische Initiative ohne Wirkung bleiben, würden wir – und unsere Partner – immerhin in der Lage sein, der arabischen Seite darzutun, daß wir im Rahmen unserer Möglichkeiten eine aktive Nahostpolitik, die auch den arabischen Vorstellungen entsprach, geführt haben. Der deutschen Öffentlichkeit gegenüber hätten wir diese Möglichkeit selbst dann, wenn sich unsere Vorschläge im Rahmen der Neun nicht verwirklichen ließen.

5) Für die Form einer europäischen Initiative ergeben sich drei Optionen:

(1) Beschluß der Neun, daß die einzelnen Mitglieder bei den Konfliktparteien (s.o.) bilateral vorstellig werden, und zwar ohne oder nach nur sehr allgemeiner Abstimmung über den Inhalt der Demarchen.

---

[7] Der sowjetische Außenminister Gromyko führte anläßlich des Besuchs des syrischen Außenministers Khaddam in Moskau vom 23. bis 25. April 1975 aus, daß eine Friedensregelung für den Nahen Osten „sehr einfach sein" könne. Israel müsse „dafür nur seine Pläne aufgeben, die Gebiete anderer Völker zu annektieren, müßte sich aus diesen Gebieten zurückziehen und den Weg zum Frieden mit den arabischen Staaten beschreiten. Israel kann, falls es dies wünscht, die striktesten Garantien unter Beteiligung auch der Sowjetunion an einem entsprechenden Abkommen erhalten. Diese Garantien würden friedliche Bedingungen für die Existenz und Entwicklung aller Staaten des Nahen Ostens gewährleisten." Vgl. den Artikel „Moskau bereit zu offiziellen Garantien für die Existenz Israels"; FRANKFURTER ALLGEMEINE ZEITUNG vom 25. April 1975, S. 1.

Ein solcher Schritt wird mit Sicherheit von Sadat als ungenügend betrachtet, ja er dürfte eher schädlich als nützlich sein. Überdies haben die Franzosen bei früherer Diskussion einer etwaigen europäischen Initiative im Kreise der Nahost-Experten des PK durchblicken lassen, daß bilaterale Schritte ohnehin möglich seien, die Neun aber nur tätig werden sollten, wenn es um einen gemeinsamen politischen Schritt gehe, der außerdem ein gewisses Maß an Relevanz haben müsse.

(2) Beschluß der Neun, die Präsidentschaft mit der Ausführung einer Demarche bei den Konfliktsländern zu beauftragen, nachdem über den Inhalt der Demarche, der sich nach der Haltung der jeweiligen Adressaten richtet, Einigung erzielt worden ist.

Unterschiedliche Inhalte der Demarchen würden einer Veröffentlichung, weil zu unerwünschten Vergleichen führend, entgegenstehen. Eine Veröffentlichung ist aber wegen der oben erwähnten integrierenden Wirkung erwünscht.

(3) Demarche wie zu 2), jedoch mit abgestimmtem gleichlautendem Inhalt, der nachher veröffentlicht wird.

Dieses Procedere würde in formeller und substantieller Hinsicht die Gemeinsamkeit der Grundzüge der Nahostpolitik der Neun sichtbar werden lassen. Es wäre der bloßen Herausgabe einer Erklärung – so das Procedere bei der Erklärung der Neun vom 6.11.1973 – vorzuziehen; mit dem vertrauensvollen Verhältnis, das die Neun zu den Staaten des Nahostkonflikts unterhalten, wäre es unvereinbar, wenn die Erklärung der Neun erst durch die Nachrichtenmedien zur Kenntnis der Adressaten gelangte.

6) Zum praktischen Vorgehen:

(1) Die Idee einer erneuten europäischen Initiative wurde bereits am 23.1.75 in der Sitzung der Expertengruppe des PK zur Diskussion gestellt.[8] Bei der damaligen Situation – die Kissinger-Mission war noch weit vom Abschluß entfernt – bestand in der Expertengruppe und anschließend im PK wenig Neigung, den Vorschlag aufzugreifen. Anfang April befaßten sich Expertengruppe und PK erneut ohne Enthusiasmus mit dem Vorschlag einer europäischen Initiative, ohne schon in Betracht zu ziehen, welche Art und welchen Inhalt sie haben sollte.[9] Die Präsidentschaft wurde allerdings beauftragt, sich in Wa-

---

[8] Beim Treffen der Nahost-Expertengruppe im Rahmen der EPZ am 23. Januar 1975 in Dublin wurde von italienischer Seite vorgeschlagen, die EG-Mitgliedstaaten sollten „durch eine diplomatische Initiative – nach Kontakt mit amerikanischer Regierung – gegenüber den Parteien des N[ah]O[st]-Konflikts das europäische Interesse an einer Konfliktslösung darlegen. Der Vorschlag fand nicht die Zustimmung der übrigen Teilnehmer." Die Vertreter verschiedener EG-Mitgliedstaaten hätten „Bedenken geltend gemacht, daß eine solche Initiative der Neun sich störend auf Friedensbemühungen Kissingers auswirken könnte. [...] Im Ergebnis hätten wir Meinungsaustausch mit Arabern über aktuelle Fragen des NO-Konflikts; wir würden also erhalten, was wir in E[uropäisch-]A[rabischen]D[ialog] vermeiden wollen: einen politisierten euro-arabischen Dialog." Das Politische Komitee einigte sich am 24. Januar 1975 in Dublin auf die Formel: „Le Comité Politique [...] a constaté qu'une initiative diplomatique de portée générale n'était pas indiquée dans les circonstances actuelles." Vgl. die Aufzeichnung des Vortragenden Legationsrats I. Klasse Böcker vom 29. Januar 1975; VS-Bd. 9997 (310); B 150, Aktenkopien 1975.

[9] Am 7. April 1975 vermerkte Vortragender Legationsrat I. Klasse Böcker, die Nahost-Expertengruppe im Rahmen der EPZ habe am 5. April 1975 erneut die Frage einer gemeinsamen Initiative bei den am Nahost-Konflikt beteiligten Staaten erörtert: „Allgemeine Reaktion war jetzt positiver als im Januar." Vgl. Referat 310, Bd. 109111.
Im Ergebnisprotokoll über die Sitzung des Politischen Komitees im Rahmen der EPZ am 8./9. April

shington im einzelnen über die Gründe zu informieren, die zum Scheitern der Kissinger-Mission geführt hatten.

Es bestand von Anfang an Einigkeit, daß es dringend erwünscht sei, vor einem gemeinsamen Schritt die Vereinigten Staaten zu konsultieren, um sicherzustellen, daß die europäische Initiative und etwaige amerikanische Schritte sich nicht gegenseitig behinderten.

Beim „Gymnicher" Minister-Treffen in Dublin am 12./13.4.75 bestätigten die Minister die Grundlagen der gemeinsamen Nahostpolitik, die auch die Grundlage eventueller gemeinsamer Schritte der Neun bilden sollte.[10]

(2) Wir sollten in der Sitzung des PK am 12./13.5.75 in Dublin mit unserem Vorschlag der Idee einer europäischen Initiative einen neuen Impuls geben und gleichzeitig ein Papier einbringen, das unsere Vorstellungen zum Inhalt der Demarche (und Erklärung) wiedergibt. Hierzu sind wir insbesondere auf Grund der Nahost-Reise des Bundesministers legitimiert. Ein Entwurf – dabei handelt es sich um den ersten Vorentwurf, der noch einer sorgfältigen Überarbeitung und Abstimmung mit StS Gehlhoff bedarf. Er soll hier nur die mögliche Substanz andeuten[11] – liegt dieser Vorlage bei.[12] Wichtig ist, daß beim EPZ-Ministertreffen am 26.5.75 über die Initiative entschieden werden kann.[13]

Lahn

Referat 310, Bd. 109111

Fortsetzung Fußnote von Seite 441
1975 in Dublin wurde die Nahost-Expertengruppe dazu aufgefordert, ihre Überlegungen hinsichtlich eines europäischen Beitrags für eine Friedensregelung weiterzuverfolgen. Darüber hinaus wurde ausgeführt: „Le Comité politique a eu échange de vues sur les perspectives de négociation de paix. Il a noté que l'Égypte avait demandé la convocation de la conférence de Genève. Il s'est posé la question de savoir si la méthode des accords partiels était désormais périmée et a constaté qu'il ne disposait pas d'informations suffisantes pour répondre. Il est convenu dans ce contexte que la Présidence plus particulièrement tiendra le Comité politique informé des éléments qu'elle recueillera à ce sujet." Vortragender Legationsrat I. Klasse von der Gablentz teilte dazu am 10. April 1975 mit, „hinter verklausulierter Sprache" verberge sich „italienischer Vorschlag eines Neuner-Appells an die Konfliktparteien, durch flexible Haltung Möglichkeit einer Diplomatie der kleinen Schritte auch neben Genfer Konferenz aufrechtzuerhalten. Vorschlag stieß bei gegenwärtiger Unübersichtlichkeit der Lage, die Festlegung auf einen bestimmten Inhalt der Demarchen schwierig macht, auf Skepsis. Zurückhaltung vor allem der Briten und Franzosen. Wir betonten Unerläßlichkeit engster Abstimmung über Lagebeurteilung und Opportunität eventueller europäischer Aktion mit den USA". Die niederländische Delegation habe berichtet, „daß Israelis bei Besuch AM van der Stoels in Jerusalem letzte Woche jede Rolle für Europa bei Lösung des Nahost-Konflikts und Erweiterung des Teilnehmerkreises [der] Genfer Konferenz" abgelehnt hätten. Vgl. den Runderlaß Nr. 1483; VS-Bd. 9978 (200); B 150, Aktenkopien 1975.

10 Zum informellen Treffen der Außenminister der EG-Mitgliedstaaten im Rahmen der EPZ am 12./13. April 1975 in Dublin vgl. Dok. 76.

11 Der Passus „dabei handelt es sich ... Substanz andeuten" wurde von Ministerialdirektor Lahn handschriftlich eingefügt.

12 Dem Vorgang beigefügt. In dem Vorentwurf einer Demarche der EG-Mitgliedstaaten in Ägypten, Israel, Jordanien und Syrien sowie bei der Arabischen Liga wurde auf die „Gefahren eines Schwebezustandes zwischen Nicht-Krieg und Nicht-Frieden" hingewiesen und die Konfliktparteien dazu aufgerufen, „auf der Grundlage der von der internationalen Staatengemeinschaft für gerecht und angemessen gehaltenen wesentlichen Elemente einer Regelung des Nahostkonflikts alles in ihren Kräften Stehende für eine Friedensvereinbarung zu tun. Sie appellieren an Israel, im Zuge einer solchen Regelung die legitimen Rechte des palästinensischen Volkes, einschließlich des Rechts auf Selbstbestimmung, anzuerkennen und die seit 1967 aufrechterhaltene territoriale Besetzung zu beenden. Sie appellieren an die arabischen Staaten und das palästinensische Volk, zur gleichen Zeit das Lebensrecht, die Souveränität, die territoriale Unversehrtheit und Unabhängigkeit Israels so-

99

Botschafter Krapf, Brüssel (NATO), an das Auswärtige Amt

114-12291/75 geheim
Fernschreiben Nr. 609

Aufgabe: 30. April 1975, 13.30 Uhr[1]
Ankunft: 1. Mai 1975, 07.38 Uhr

Betr.: NPT-Konferenz
hier: Sicherheitsgarantien für nichtnukleare Unterzeichnerstaaten des NPT[2]

Bezug: DB 554 vom 22.4.1975 – 1701/75 VS-v[3]

Zur Unterrichtung

I. Der Politische Ausschuß erörterte in der Sitzung am 29. April 1975 noch einmal die Frage der Sicherheitsgarantien für nichtnukleare Unterzeichnerstaaten des NPT. Nachdem der Vertreter des Internationalen Militärstabes

---

Fortsetzung Fußnote von Seite 442

wie sein Recht, in Frieden und innerhalb sicherer, anerkannter und garantierter Grenzen zu leben, anzuerkennen." Vgl. Referat 310, Bd. 109111.

Über die Behandlung einer Nahost-Initiative auf der Sitzung des Politischen Komitees im Rahmen der EPZ am 12./13. Mai 1975 in Dublin berichtete Vortragender Legationsrat I. Klasse von der Gablentz am 14. Mai 1975: „In einer Antwort der US-Botschaft in Dublin vom 28.4. auf informelle Sondierung der Präsidentschaft über Chancen der Politik der kleinen Schritte hatten Amerikaner den Neun nahegelegt, von europäischen Nahost-Initiativen abzusehen bis zum Abschluß der Überprüfung amerikanischer Nahost-Politik, aber gleichzeitig Interesse an weiterer Diskussion mit den Neun bekundet. Relevé spiegelt insbesondere französisches Bemühen wider, Formulierungen zu vermeiden, die als Zustimmung zu US-Stellungnahme ausgelegt werden könnten." Vgl. den Runderlaß Nr. 1960; VS-Bd. 9978 (200); B 150, Aktenkopien 1975.

13 Am 27. Mai 1975 teilte Vortragender Legationsrat I. Klasse Dohms über die Konferenz der Außenminister der EG-Mitgliedstaaten im Rahmen der EPZ am 26. Mai 1975 in Dublin mit, auf Vorschlag des Bundesministers Genscher sei das Politische Komitee beauftragt worden, „bei seiner nächsten Sitzung am 16.6. erneut die Möglichkeit eines Neuner-Beitrags zur Friedenssuche im Nahen Osten zu prüfen. Die vorsichtige Fassung des Auftrags (Prüfung statt Vorbereitung einer konkreten Demarche bei den Konfliktparteien) wird durch das Bestreben einiger Delegationen erklärt, zunächst die Erfolgsaussichten einer möglichen Neuner-Demarche zu prüfen und die zur Zeit laufende Überprüfung der amerikanischen Nahostpolitik abzuwarten." Vgl. den Runderlaß Nr. 73; Referat 240, Bd. 102880.

1 Hat Vortragendem Legationsrat I. Klasse Hauber am 2. Mai 1975 vorgelegen, der handschriftlich vermerkte: „M. E. haben wir den Bezugsdrahtbericht nicht erhalten. Bitte von 220 anfordern."
Hat Vortragendem Legationsrat Gründel am 5. Mai 1975 vorgelegen, der handschriftlich vermerkte: „Liegt bei."
Hat Hauber am 6. Mai 1975 erneut vorgelegen.

2 Für den Wortlaut des Nichtverbreitungsvertrags vom 1. Juli 1968 vgl. BUNDESGESETZBLATT 1974, Teil II, S. 785–793.
Die Überprüfungskonferenz zum Nichtverbreitungsvertrag vom 1. Juli 1968 fand vom 5. bis 30. Mai 1975 in Genf statt. Vgl. dazu Dok. 146.

3 Botschafter Krapf, Brüssel (NATO), teilte mit, der niederländische Vertreter habe während der Sitzung des Politischen Ausschusses auf Gesandtenebene am 22. April 1975 erklärt, „seiner Regierung läge es daran, im Kreis der Allianz eine Formel zu entwickeln, durch die nur solche Staaten eine Sicherheitsgarantie erhalten können, die den NPT-Vertrag unterzeichnen. Vor allem dürfe eine solche Formel die Strategie der Allianz in keiner Weise beeinträchtigen." Der niederländische Vertreter habe folgende Formel zirkuliert, jedoch Wert darauf gelegt, „sie nicht als ‚niederländische Formel' bezeichnet zu sehen: ‚an undertaking not to use nuclear weapons against any non-nuclear-weapon state unless such a state would take part in an armed attack initiated or supported by a nuclear-weapon state'." Vgl. VS-Bd. 9497 (222); B 150, Aktenkopien 1975.

auch die am 22.4. vorgelegte „niederländische Formel" als nicht vereinbar mit der NATO-Strategie bezeichnet und der amerikanische Vertreter auf Grund einer ausführlichen Weisung die ablehnende Haltung der amerikanischen Regierung gegenüber der Abgabe von negativen Sicherheitsgarantien erläutert hatte, herrschte Übereinstimmung, daß angesichts dieser klaren Aussagen die Frage der Sicherheitsgarantien im NATO-Rahmen nicht weiterverfolgt werden sollte.

Alle Sprecher begrüßten die Tatsache, daß die Konsultation ein besseres Verständnis der Positionen der Bündnispartner ermöglicht habe und die Delegationen in Genf damit in die Lage versetzt werden, besser auf etwaige Initiativen von Nicht-Nuklearstaaten zu reagieren.

II. Im einzelnen ist aus der Sitzung folgendes festzuhalten:

1) Der Vertreter des internationalen militärischen Stabes erklärte, daß auch die mit Bezugsbericht übermittelte neue niederländische Formel mit der NATO-Strategie der flexiblen Antwort[4] und Vorwärtsverteidigung[5] nicht zu vereinbaren sei.

Gemäß dieser Strategie könnte es unter gewissen Umständen nicht ausgeschlossen werden, Nuklearwaffen auch auf neutralem Territorium einzusetzen. So könnte für den Fall, daß die Sowjetunion oder Warschauer-Pakt-Staaten dabei seien, Länder wie Österreich oder Jugoslawien zu besetzen, um die Bundesrepublik Deutschland oder Italien zu bedrohen, es notwendig werden, Nuklearwaffen gegen Verbände des Warschauer Paktes auf neutralem Boden einzusetzen.

2) Der amerikanische Vertreter teilte mit, daß die amerikanische Administration ihre Prüfung der Frage der Sicherheitsgarantien nunmehr abgeschlossen habe, und legte auf Grund des in der Anlage übermittelten Sprechzettels[6] die ablehnende Haltung der amerikanischen Regierung gegenüber negativen Sicherheitsgarantien im einzelnen dar.

Der britische Vertreter begrüßte den Meinungsaustausch und erklärte, daß seine Regierung sich der Stellungnahme des Internationalen Militärstabes und der amerikanischen Regierung anschließe.

---

[4] Der Ausschuß für Verteidigungsplanung der NATO stimmte am 12. Dezember 1967 in Brüssel der vom Militärausschuß vorgelegten Direktive MC 14/3 („Overall Strategic Concept for the Defense of the North Atlantic Treaty Organization Area") zu. Nach dem unter dem Begriff „flexible response" bekannt gewordenen Konzept sollten begrenzte Angriffe zunächst konventionell und, falls notwendig, mit taktischen Nuklearwaffen abgewehrt werden. Lediglich bei einem Großangriff sollte das strategische nukleare Potential zum Einsatz kommen. Für den Wortlaut vgl. NATO STRATEGY DOCUMENTS, S. 345–370. Vgl. dazu ferner AAPD 1967, III, Dok. 386.

[5] Am 15. März 1957 stellte der Militärausschuß der NATO in der Direktive MC 48/2 („Measures to Implement the Strategic Concept") fest: „In addition to our nuclear retaliatory measures, our land, sea and air forces must be developed also to respond immediately to the task of defending the sea areas and NATO territories as far forward as possible in order to maintain the integrity of the NATO area, counting on the use of their nuclear weapons at the outset." Vgl. NATO STRATEGY DOCUMENTS, S. 323.

[6] Dem Vorgang beigefügt. Der amerikanische Vertreter führte aus, negative Sicherheitsgarantien seien inkompatibel mit der NATO-Strategie der „flexible response" und würden diejenigen Alliierten benachteiligen, die bei der Ausübung ihres Rechts auf kollektive Selbstverteidigung Nuklearwaffen auf ihrem Territorium stationiert hätten. Vgl. VS-Bd. 9497 (222); B 150, Aktenkopien 1975.

3) Der niederländische Vertreter führte noch eine neue Formel ein, die nachstehend übermittelt wird, und wies darauf hin, daß diese Formel Sicherheitsgarantien nur denen zusage, welche den NPT-Vertrag unterschreiben:

„an undertaking not to use or threaten to use nuclear weapons against any non-nuclear-weapon state, party to the Non-Proliferation Treaty, unless such a state would take part in an armed attack (conflict) initiated or supported by a nuclear-weapon state."

Er zeigte im übrigen Verständnis für die Stellungnahme der amerikanischen Regierung und erklärte, daß es der niederländischen Regierung vor allem auf einen Meinungsaustausch vor Beginn der NPT-Konferenz angekommen sei, der es den Delegationen in Genf ermöglicht, in voller Kenntnis der Positionen der Bündnispartner Gespräche zu führen.

4) Der italienische und belgische Vertreter hielten auch die neue niederländische Formel für unvereinbar mit der NATO-Strategie.

5) Der dänische Vertreter erklärte, daß im Rahmen einer Tagung der nordischen Abrüstungsexperten der schwedische Vertreter, der als Vorsitzender der NPT-Konferenz fungieren werde[7], zum Ausdruck gebracht habe, daß er davon ausgehe, daß die negativen Sicherheitsgarantien kein wichtiger Diskussionspunkt in Genf sein werden.

6) Die Mehrheit der Sprecher erklärte abschließend, daß sie das Ergebnis des Meinungsaustausches begrüßen und es für sinnvoll hielten, auch künftig von Fall zu Fall Abrüstungsfragen in der NATO zu konsultieren.

[gez.] Krapf

VS-Bd. 9497 (222)

---

[7] Inga Thorsson.

100

Ministerialdirigent Dreher an Botschafter Held, Sanaa

511-530.36-625/75 VS-vertraulich 30. April 1975[1]
Fernschreiben Nr. 83 Aufgabe: 2. Mai 1975, 11.31 Uhr
Citissime

Betr.: Anarchisten in Aden[2]
Bezug: DE Nr. 78 vom 26.4.1975[3]

Für Botschafter

I. Bitte südjemenenitischer Regierung folgende vertrauliche Mitteilung machen: Die zuständigen deutschen Behörden, d. h. die drei Länder Bayern, Berlin und Nordrhein-Westfalen, würden gegen eine Abschiebung der fünf Häftlinge, nämlich der deutschen Staatsangehörigen

1) Verena Christiane Becker, geb. 31.7.1952 in Berlin,

2) Rolf Gerhard Heissler, geb. 3.6.1948 in Bayreuth,

3) Gabriele Kröcher-Tiedemann, geb. 18.5.1951 in Ziegendorf,

4) Rolf Ludwig Pohle, geb. 4.1.1942 in Berlin,

5) Ingrid Gertrud Elisabeth Siepmann, geb. 12.6.1944 in Marienberg,

in die Bundesrepublik Deutschland keine Einwendungen erheben und sind zu deren Übernahme bereit.

II. Ich bitte Sie, sich in Ihren Äußerungen auf vorstehende Mitteilung zu beschränken und hierbei von jeder Erläuterung oder Interpretation Abstand zu nehmen.

---

[1] Am 30. April 1975 vermerkte Ministerialdirigent Dreher: „Dg 31 wurde beteiligt."
Hat Staatssekretär Gehlhoff am 30. April 1975 vorgelegen.
Hat Bundesminister Genscher am 1. Mai 1975 vorgelegen, der handschriftlich für Gehlhoff vermerkte: „Mit der Weiterleitung des Ersuchens des BMJ bin ich einverstanden unter der Voraussetzung a), daß BM Maihofer zustimmt; b), daß die im Vermerk vom 30.4.75 genannten Voraussetzungen erfüllt sind: aa) Zustimmung Bayern und Information durch Schütz, bb) Unterrichtung NRW. Ich bitte sofort das Vorliegen der Voraussetzungen festzustellen, damit Weisung unverzüglich abgehen kann."
Hat Gehlhoff am 1. Mai 1975 erneut vorgelegen, der zu a) handschriftlich vermerkte: „Hat 1.5. um 10.10 [Uhr] zugestimmt." Zu den Punkten aa) und bb) vermerkte Gehlhoff handschriftlich: „Liegt laut StS Erkel (1.5. 10.20 [Uhr]) beides vor."
Um 11.05 Uhr vermerkte Gehlhoff handschriftlich: „FS kann abgehen."

[2] Zur Aufnahme der bei der Entführung des Vorsitzenden des Berliner Landesverbands der CDU, Lorenz, am 27. Februar 1975 freigepreßten Häftlinge in der Demokratischen Volksrepublik Jemen (Südjemen) vgl. Dok. 44, besonders Anm. 3, und Dok. 45.

[3] Ministerialdirigent Jesser informierte Botschafter Held, Sanaa, darüber, daß die zuständigen Behörden in der Bundesrepublik prüfen würden, „ob die südjemenitische Regierung gebeten werden soll, die fünf freigelassenen Häftlinge in die Bundesrepublik Deutschland abzuschieben und sie bis zu ihrer Überstellung in sofortige Haft in Aden zu nehmen. Eine endgültige positive Entscheidung hierüber ist noch nicht getroffen, aber für die nächsten Tage zu erwarten." Vgl. VS-Bd. 10797 (511); B 150, Aktenkopien 1975.

Über südjemenitische Reaktion bitte sofort drahtlich berichten.[4]

III. Bitte sich zwecks vorstehender Mitteilung unverzüglich persönlich nach Aden zu begeben. Es wird Ihnen anheimgestellt, für die Dienstreise Ihr privates Flugzeug zu benutzen, wenn Sie dies für zweckmäßig halten.

IV. Nur zu Ihrer Information:

Das Auswärtige Amt wird in dieser Angelegenheit auf dem Wege der Amtshilfe für Justizbehörden tätig. Alle Entscheidungen müssen also von letzteren getroffen werden. Dies gilt auch für noch offene Entscheidung, wie gegebenenfalls Abschiebung der Anarchisten in Bundesrepublik Deutschland technisch abgewickelt werden soll. Hierzu bleibt weitere Weisung nach Eingang des erbetenen Berichts vorbehalten.[5]

[gez.] Dreher

VS-Bd. 10797 (511)

---

[4] Botschafter Held, z. Z. Aden, berichtete am 3. Mai 1975, daß ihn der südjemenitische Außenminister Muti zur Haltung der Bundesrepublik für den Fall einer Abschiebung der Häftlinge in ein Drittland befragt habe, und führte dazu weiter aus, die südjemenitische Regierung wolle „wohl über unsere Bereitschaft zur Übernahme hinaus auf Umweg über diese ‚Gretchen-Frage' Antrag auf Auslieferung erzwingen, damit wir für eventuelle Überstellung weitergehende Mitverantwortung tragen und gegenüber Südjemeniten in größeres Obligo geraten. Da unwahrscheinlich, daß Drittland aufnahmebereit, sollten wir, falls innenpolitisch vertretbar, auf gestellte Frage indifferent reagieren. Glaube, [daß] wir auch so Überstellung letztlich erreichen." Vgl. den Drahtbericht Nr. 25; VS-Bd. 10797 (511); B 150, Aktenkopien 1975.

[5] Am 7. Mai 1975 wies Ministerialdirigent Dreher die Botschaften in Aden und Sanaa an, auf Wunsch des Bundesministers Maihofer „dem südjemenitischen Außenminister folgendes mitzuteilen: ‚Zur Frage der Abschiebung in ein Drittland möchten die zuständigen deutschen Behörden, nämlich die Länder Bayern, Berlin und Nordrhein-Westfalen, von einer Äußerung absehen. Sie sind unverändert zur Übernahme der Häftlinge bereit.'" Vgl. den Drahterlaß Nr. 1876; VS-Bd. 10797 (511); B 150, Aktenkopien 1975.
Botschafter Held, Sanaa, informierte am 11. Mai 1975 über eine Unterredung mit Muti. Dieser habe erklärt, „daß sich seine Regierung zur Überstellung der Anarchisten in die BRD nicht habe durchringen können." Vgl. den Drahtbericht Nr. 152; VS-Bd. 10797 (511); B 150, Aktenkopien 1975.

101

Aufzeichnung des Ministerialdirektors van Well

221-372.20/7-670/75 geheim 2. Mai 1975[1]

Über Herrn Staatssekretär[2] dem Herrn Bundesminister[3] vorgelegt. Ein Durchdruck zur Unterrichtung des Bundeskanzleramts ist beigefügt.

Betr.: MBFR;
 hier: Option III

Zweck der Vorlage:

Kenntnisnahme der anliegenden gemeinsamen Referentenvorlage des Auswärtigen Amts und des Bundesministeriums der Verteidigung.

Vorschlag

– in Kürze in einem Kolloquium mit dem Bundesminister der Verteidigung[4] Probleme der Option III anhand der beigefügten Vorlage zu erörtern[5]
– oder, falls sich ein Ministergespräch zur Zeit nicht verwirklichen läßt, in einem Gespräch der Staatssekretäre der beiden Häuser[6] Probleme der Option III zu erörtern.

Billigung der Kapitel III und IV der beigefügten gemeinsamen Vorlage des Auswärtigen Amts und des Bundesministeriums der Verteidigung.

II. 1) Die amerikanische Botschaft hat uns am 18. April das erwartete Papier mit der letzten amerikanischen Position zur Option III übergeben.[7] Das Papier wurde gleichzeitig auch dem Foreign Office ausgehändigt. Es soll nach dem 12. Mai in der NATO zirkuliert werden.

Das amerikanische Papier lehnt sich an die frühere Ausarbeitung vom 15. Februar[8] an, die die Basis von zwei trilateralen deutsch-britisch-amerikanischen

---

[1] Die Aufzeichnung wurde von Vortragendem Legationsrat I. Klasse Ruth konzipiert.
 Hat Vortragendem Legationsrat I. Klasse Schönfeld am 12. Mai 1975 vorgelegen, der handschriftlich vermerkte: „BK hat heute Doppel erhalten."
[2] Hat Staatssekretär Gehlhoff am 5. Mai 1975 vorgelegen.
[3] Hat Bundesminister Genscher am 8. Mai 1975 vorgelegen, der handschriftlich vermerkte: „1) Mit Erörterung mit BMVtg einverstanden. Ist Haltung Bu[ndes]K[anzler]A[mt] bekannt? 2) R[ücksprache]."
 Hat Staatssekretär Gehlhoff am 12. Mai 1975 erneut vorgelegen, der handschriftlich vermerkte: „Eilt! Herrn D 2 b[itte] Stellungnahme zu der Frage (1.) des Ministers."
 Hat dem Vertreter des Ministerialdirektors van Well, Botschafter Roth, am 12. Mai 1975 vorgelegen, der die Weiterleitung an Referat 221 verfügte.
 Am 14. Mai 1975 antwortete Roth auf die Frage von Genscher, daß Bundeskanzler Schmidt in einem Gespräch über MBFR am 19. September 1974 geäußert habe, „daß die Option III hinsichtlich der nuklearen Sprengköpfe akzeptabel sei, daß er jedoch hinsichtlich der Pershings und der F-4-Kampfflugzeuge Bedenken habe." Vgl. VS-Bd. 8639 (201); B 150, Aktenkopien 1975.
[4] Georg Leber.
[5] Das Kolloquium des Auswärtigen Amts mit dem Bundesministerium der Verteidigung über MBFR fand am 6. Juni 1975 statt. Vgl. dazu Dok. 153.
[6] Walter Gehlhoff und Siegfried Mann.
[7] Für das amerikanische Papier „Views on Next Steps in MBFR" vgl. VS-Bd. 8639 (201).
[8] Für das undatierte amerikanische Papier „Option III – post-trilateral ceiling issues" vgl. VS-Bd. 9482 (221).

Konsultationen bildete.⁹ Es berücksichtigt einige der von den Briten und uns in diesen Gesprächen vorgebrachten Überlegungen.

2) Die zuständigen Referate des Auswärtigen Amts und des Bundesministeriums der Verteidigung haben die als Anlage vorgelegte gemeinsame Aufzeichnung ausgearbeitet. Sie wird im Bundesministerium der Verteidigung der Spitze des Hauses gleichzeitig zur Billigung vorgelegt.

3) Die Substanz der amerikanischen Option III blieb gegenüber der ursprünglichen amerikanischen Option III vom 30. April 1973 unverändert.¹⁰ Sie sieht vor:
– 1000 nukleare amerikanische Sprengköpfe,
– 54 amerikanische nuklearfähige F-4-Kampfflugzeuge,
– 36 amerikanische Boden-Boden-Raketen.

4) Von besonderer Bedeutung werden über die Reduzierungsinhalte hinaus kollaterale Begrenzungsvereinbarungen sein. Für uns steht dabei im Mittelpunkt die Problematik der Einbeziehung bzw. Nichteinbeziehung europäischer Systeme und die Vermeidung unerwünschter Auswirkungen im Raum der Reduzierungen.

5) Mit der Option III würde ein qualitativ neues Element in die MBFR-Verhandlungen eingeführt werden. Die möglichen Konsequenzen dieses Schrittes müssen daher mit großer Sorgfalt geprüft werden. Insbesondere muß im Auge behalten werden, daß die Sowjetunion auch eine restriktive Einführung nuklearer Elemente als Hebel zur Begrenzung des gesamten westlichen Nuklearpotentials im Raum der Reduzierungen zu nutzen versuchen wird.

Andererseits kommt der Option III ein großes verhandlungstaktisches Gewicht zu, das geeignet sein kann, das zentrale Verhandlungsziel des Westens, nämlich die Herstellung des common ceiling, durchzusetzen. Die westliche Verhandlungsposition würde substantiell angereichert werden. Sowohl mit dem Erfolg als auch mit dem Scheitern eines entsprechenden Verhandlungszugs würde eine neue Situation entstehen. Die amerikanische Regierung rechnet außerdem damit, daß die Einführung der Option III in die Verhandlungen – selbst wenn der Versuch fehlschlagen sollte – den Kongreß von der Ernsthaftigkeit der amerikanischen Verhandlungsposition überzeugen würde und sich auf die Bereitschaft zur vollen Aufrechterhaltung der amerikanischen Präsenz in Europa günstig auswirken würde.

6) Die Diskussion über die Option III muß im Zusammenhang mit der amerikanischen Debatte über die Thematik des Berichts der amerikanischen Regierung zum Nunn-Amendment¹¹ gesehen werden. Dieser Bericht stellt eine ge-

---

⁹ Am 27./28. Februar 1975 und am 20./21. März 1975 fanden in Washington trilaterale Gespräche über die Einbeziehung amerikanischer nuklearer Komponenten in die MBFR-Verhandlungen (Option III) statt. Vgl. dazu Dok. 58.
¹⁰ Am 16. April 1973 genehmigte Präsident Nixon das Papier „The United States' Approach to MBFR", das drei Optionen für die NATO-Position in den bevorstehenden MBFR-Verhandlungen enthielt. Das Papier wurde der Botschaft der Bundesrepublik am 26. April 1973 übergeben und am 30. April 1973 in der NATO eingeführt. Für das Papier vgl. VS-Bd. 9421 (221). Vgl. dazu auch AAPD 1973, I, Dok. 120.
¹¹ Bei den Beratungen des amerikanischen Senats zu dem am 5. August 1974 verabschiedeten „Military Procurement Authorization Act 1975" brachte Senator Nunn mehrere Änderungsanträge ein,

wisse Verringerungsmarge nuklearer Sprengköpfe fest, die jedoch nach Auffassung der amerikanischen Regierung mit der Option III im MBFR-Verhandlungsrahmen genutzt werden soll.[12]

7) Bei der Entwicklung der NATO-Position zur Option III muß auch berücksichtigt werden, daß die französische Regierung die nukleare Option für außerordentlich bedenklich hält und insbesondere bei einer Begrenzung der europäischen Systeme irreparable Schäden für die europäische Entwicklung erwartet.[13] Wir werden also auf die französischen Einwände Rücksicht nehmen müssen, die im übrigen weitgehend unserer eigenen Bewertung entsprechen, um die Chance, Frankreich doch noch näher an MBFR heranzuführen, nicht endgültig zu verbauen.

8) Das neue amerikanische Papier erkennt die von uns und den Briten vorgebrachten Bedenken möglicher Auswirkungen auf die zukünftige europäische Entwicklung an. Es stellt fest, daß

– die Reduzierungsinhalte bei der Option III nur amerikanische Systeme umfassen,

Fortsetzung Fußnote von Seite 449
von denen drei die europäischen NATO-Mitgliedstaaten betrafen. So sollten die amerikanischen Streitkräfte in Europa mit Ausnahme der Kampftruppen im Verlauf von zwei Jahren um 18 000 Mann reduziert werden, von denen 6000 im ersten Jahr abzuziehen waren; jedoch war der amerikanische Verteidigungsminister ermächtigt, die Kampftruppen um die gleiche Zahl aufzustocken. Beschlossen wurde außerdem, die Zahl der Sprengköpfe taktischer Nuklearwaffen der NATO bis 30. Juni 1975 einzufrieren, sofern sich nicht in Europa eine unmittelbare Gefahrenlage ergäbe. Schließlich wurde der Verteidigungsminister beauftragt, einen Bericht über Kosten und Effektivitätsverluste aufgrund fehlender Standardisierung der Rüstungen innerhalb der NATO abzugeben und Vorschläge zur Standardisierung vorzulegen, mittels derer sich die konventionelle Verteidigungskapazität der NATO verbessern ließe. Vgl. dazu CONGRESSIONAL RECORD, Bd. 120, Teil 19, S. 24934 und S. 25812.

[12] Am 17. April 1975 faßte Vortragender Legationsrat I. Klasse Pfeffer den Inhalt des Berichts des amerikanischen Verteidigungsministers Schlesinger vom 1. April 1975 an den Kongreß zusammen, der zu den nuklearen Aspekten des Nunn-Amendments Stellung nahm: „NATO-Triade muß aufrechterhalten werden. Die konventionelle Komponente der Verteidigung wird als ‚schwächstes Bein' bezeichnet; Verstärkung sei notwendig, um Nuklearschwelle zu heben. Die nicht-zentralen Kernwaffen sind wichtiges Element für Abschreckung und Verteidigung und gewinnen noch an Bedeutung, weil für zentrale Kernwaffen Parität erreicht ist. [...] MBFR ist nicht das einzige Motiv für eine Restrukturierung der nicht-zentralen Kernwaffen in Europa." Vgl. VS-Bd. 8624 (201); B 150, Aktenkopien 1975.
Am 4. Juni 1975 legte Botschafter Roth eine Aufzeichnung des Referats 221 über „Option III und Nunn-Amendment" vom 2. Juni 1975 vor, in der festgestellt wurde: „Während das Nunn-Amendment selbst keinen MBFR-Bezug enthält, stellt Schlesinger ihn in seiner geheimen Vorlage her." So sehe der amerikanische Verteidigungsminister in seinem Bericht vom 1. April 1975 Reduzierungsmöglichkeiten bei nuklearen Sprengköpfen „vor allem auf dem Wege des Ersatzes alter durch neue Waffentypen auf einer Basis kleiner als 1:1, ferner durch einen Wechsel in der Zielzuweisung. Wie aus späteren US-Papieren hervorgeht, besteht nach Auffassung des Pentagon vor allem in Honest John, Sergeant, Nike-Hercules und veralteten Fliegerbomben eine Reduzierungsmarge, deren Gesamtzahl von 1000 Sprengköpfen in der Option III ziemlich genau entspricht." Vgl. VS-Bd. 9486 (221); B 150, Aktenkopien 1975.

[13] In der Sitzung der deutsch-französischen Studiengruppe am 16. April 1975 führte der Unterabteilungsleiter im französischen Außenministerium, Pagniez, aus, es stelle sich die Frage, „ob die Einführung der Option III tatsächlich dazu führen werde, eine Vereinbarung über das common ceiling zu erreichen. Auf jeden Fall gäbe Option III den Verhandlungen eine neue Dimension, die ihre Gefahren noch erhöhe. Der notwendige Spielraum zur Organisation der europäischen Verteidigung könnte eingeschränkt werden. Die französische Hauptsorge sei, daß vertragliche Bindungen eingegangen würden, die diese Beschränkungen bewirken könnten. Deshalb habe die französische Seite stets empfohlen, nur über Reduzierungen der stationierten Streitkräfte, also der sowjetischen und amerikanischen, zu verhandeln." Vgl. die Aufzeichnung des Vortragenden Legationsrats I. Klasse Ruth vom 17. April 1975; VS-Bd. 9479 (221); B 150, Aktenkopien 1975.

– die Auswirkungen auf europäische Systeme auf ein Minimum begrenzt werden sollen.

Wir schlagen darüber hinaus vor, wie in der Anlage näher ausgeführt, das „Nichtumgehungsproblem" bei der Option III dadurch zu lösen, daß die europäische Komponente ausschließlich durch die bereits angebotene Begrenzung des Personalbestands der Land- und Luftstreitkräfte berücksichtigt wird, d. h. jede direkte Auswirkung auf europäische Waffensysteme vermieden wird.

9) Die bisher von uns und den Briten in dieser Frage eingenommene Haltung kann in den Verhandlungen zu einer Belastungsprobe mit den Amerikanern führen, wenn allein daran ein sonst befriedigendes Abkommen zu scheitern droht. Bei der bevorstehenden Diskussion der Option III in der NATO muß diese Frage offen angesprochen und eine klare gemeinsame Position entwickelt werden.

10) Bei der Ausarbeitung einer gemeinsamen NATO-Position zur Option III muß naturgemäß auch die allgemeine internationale Lage berücksichtigt werden (Vietnam). Dies gilt insbesondere für die Frage der Einbeziehung der nuklearen Träger (Pershing und F-4). Die politisch-psychologischen Auswirkungen ihrer Einbeziehung müssen besonders sorgfältig abgewogen werden.

van Well

Anlage

I. Inhalt des amerikanischen Option-III-Papiers

1) Reduzierungsinhalt: In Übereinstimmung mit der ursprünglichen amerikanischen „Option III" vom 30. April 1973 sollen abgezogen werden

– 1000 nukleare amerikanische Sprengköpfe,
– 54 amerikanische nuklearfähige F-4-Kampfflugzeuge,
– 36 amerikanische Pershing Boden-Boden-Raketen.

2) Bei dem Reduzierungsinhalt soll es sich um ein einmaliges Angebot in der ersten Phase der MBFR-Verhandlungen handeln, das dem Ziel dient, den Abzug einer sowjetischen Panzerarmee einschließlich der dazugehörigen 1700 Panzer und die Zustimmung des Warschauer Pakts zum common-ceiling-Konzept zu erreichen.

3) Absprachen über die Begrenzung der reduzierten Systeme

Es wird unumgänglich sein, den verbleibenden Bestand der reduzierten Systeme beider Seiten einer Begrenzungsregelung zu unterwerfen. Die Amerikaner fassen folgende Regelung ins Auge:

a) Begrenzung der sowjetischen Panzer, und zwar der sowjetischen „main battle tanks", die nach Modellen definiert würden.

b) Begrenzung „amerikanischer nuklearer Sprengköpfe" unter Verwendung dieser breiten Definition; Vermeidung der Begrenzung spezifischer Typen, um die erforderliche Flexibilität für das Mischungsverhältnis zu erhalten.

c) Amerikanische F-4-Kampfflugzeuge:

Begrenzung nuklearfähiger Kampfflugzeuge, die als nuklearfähige Modelle definiert werden, wenn wenigstens einige Flugzeuge dieses Modells ohne weitere Modifizierung zum nuklearen Einsatz in der Lage sind. Rein konventionelle Flugzeuge sollen nicht berührt werden.

d) Amerikanische Boden-Boden-Raketen mit einer Reichweite von mehr als 500 km (Pershing).

4) Reziproke Begrenzung

a) Amerikanische Panzer

Hier ergibt sich ein besonders schwieriges Problem wegen der bestehenden zahlenmäßigen Disparität zwischen Ost und West und der Präzedenzwirkung für die europäischen Panzer. Diese Problematik ist von den Amerikanern erkannt. Sie suchen eine Definition, die ein Maß an Flexibilität erhalten und die Auffüllung der amerikanischen Panzer auf die Sollstärke ermöglichen würde. Den Amerikanern schwebt eine Zusage vor, den Panzerbestand nicht in dem Maße zu erhöhen, das die Grundlage der Vereinbarung über Option-III-Reduzierungen in Frage stellen wird. Diese Formel würde einen Dialog darüber voraussetzen, welche Erhöhung die Basis der Vereinbarung in Frage stellen würde. In der dafür erforderlichen Zeit könnte die Sollstärke amerikanischer Panzer erreicht werden.

b) Für die sowjetischen nuklearen Systeme würde eine vergleichbare Formulierung angestrebt werden, d. h. die Sowjets würden zustimmen, die den von den Amerikanern reduzierten Systemen vergleichbaren sowjetischen Systeme nicht in einem Maße zu erhöhen, das die Basis der Vereinbarung in Frage stellen würde.

5) Nichtamerikanische und nichtsowjetische Systeme

Die Amerikaner erwarteten, daß die Sowjets eine Zusicherung verlangen werden, daß amerikanische Reduzierungen nicht durch alliierte Erhöhungen wettgemacht werden. Dafür schwebt den Amerikanern folgendes vor:

a) Es soll gesagt werden, daß europäische Systeme in der ersten Phase nicht zur Diskussion stehen und daß die Zusage, den Personalbestand der Land- und Luftstreitkräfte nicht zu erhöhen, eine Nichtumgehung durch die Alliierten gewährleiste.

b) Für den Fall, daß dies vom Osten nicht akzeptiert werde und dadurch eine Absprache in der ersten Phase gefährdet würde, sollen die Verbündeten prüfen, ob eine zeitliche Begrenzung auf Waffensysteme akzeptabel wäre.

Die Amerikaner haben zwei Möglichkeiten geprüft:

Eine zeitlich begrenzte Absprache, keine Erhöhungen vorzunehmen, die die Basis des Abkommens in der ersten Phase in Frage stellen würden. Dabei würde es sich um die kollektive Gesamtsumme der Systeme handeln, die den Systemen entsprechen,

– die von den Amerikanern reduziert wurden,

– die im Abkommen der ersten Phase für die Reduzierung vorgesehen sind.

6) Einbeziehung des Luftwaffenpersonals im common ceiling

Die Amerikaner schlagen vor, dieses Problem in der NATO parallel zur Entwicklung der Option III weiterzubehandeln und zu entscheiden, ob es zusammen mit der Option III oder unabhängig von den Verhandlungen eingeführt werden soll. Dagegen nehmen die Amerikaner ausdrücklich von ihren bisherigen Überlegungen zur Reduzierung von Luftwaffenpersonal Abstand.

II. Unsere bisherige Position

1) Als Ergebnis eines Ministergesprächs mit dem Bundeskanzler am 28. Mai 1973 wurde als unsere Haltung bei der Erarbeitung der westlichen Verhandlungsposition u. a. festgestellt: „Die Substanz der Option III kann gegebenenfalls als Ergänzung eingeführt werden."[14]

Diese Formulierung hält die Möglichkeit der Zustimmung zur Einbeziehung der Option III offen. Diese Möglichkeit hat der Bundesminister der Verteidigung auf der Sitzung des DPC am 7. Juni 1973 angedeutet.[15] Der Außenminister hat die entsprechende Äußerung auf der NATO-Ministerratstagung in Kopenhagen am 14. Juni 1973[16] wiederholt („elements of Option III could be added to this arrangement").[17]

---

[14] Zum Gespräch des Bundeskanzlers Brandt mit den Bundesministern Bahr, Leber, Scheel und Schmidt über die drei Optionen des am 30. April 1973 in der NATO eingeführten amerikanischen MBFR-Vorschlags vgl. AAPD 1973, II, Dok. 171.

[15] Botschafter Krapf, Brüssel (NATO), berichtete am 7. Juni 1973, Bundesminister Leber habe auf der Ministersitzung des Ausschusses für Verteidigungsplanung der NATO (DPC) in Brüssel zu MBFR ausgeführt: „Nach Ansicht der Bundesregierung trage die im amerikanischen MBFR-Positionspapier enthaltene erste Option am ehesten den Interessen des Bündnisses Rechnung. Der darin enthaltene Bezug auf stationierte und einheimische Streitkräfte könne durch Elemente der Option III angereichert und müsse durch Bestimmungen über constraints und Verifikation ergänzt werden. Die Bundesregierung begreife die erste Option in der Weise, daß am Ende der Verhandlungen – in einem Papier – die Reduzierung sowohl von stationierten als auch von einheimischen Streitkräften geregelt werde." Vgl. den Drahtbericht Nr. 656; VS-Bd. 9423 (221); B 150, Aktenkopien 1973.
Zur Ministersitzung des Ausschusses für Verteidigungsplanung der NATO (DPC) am 7. Juni 1973 in Brüssel vgl. auch AAPD 1973, II, Dok. 183.

[16] Korrigiert aus: „17. Juni 1973".

[17] Am 14. Juni 1973 führte Bundesminister Scheel auf der NATO-Ministerratstagung in Kopenhagen zu MBFR aus: „The Federal government welcomes the American paper on ,The United States' Approach to MBFR' which has laid the foundation for the development of joint options for negotiations. The alliance must now go full out to make its preparations on the basis of that paper. In the course of our preparations, we shall also see how best to fit in the principle of the phased inclusion of stationed and indigenous forces. I feel that the guidelines paper could contain a reference to this question that would be satisfactory to all if the formula which we find for this important point is flexible enough. At the meeting of the DPC in Brussels, my colleague, Defence Minister Leber, has given a detailed account of our position on the inclusion of indigenous forces, so that I can confine myself to repeating here what he outlined as the position of the Federal government on this question: We should reach an understanding along the lines of Option I of the American paper; to seek an arrangement in one paper for stationed and indigenous forces. The reduction of stationed forces could take place years before a second phase involving the reduction of indigenous forces. Elements of option III could be added to this arrangement." Vgl. den Drahtbericht Nr. 155 des Ministerialdirektors van Well, z. Z. Kopenhagen, vom 14. Juni 1973; VS-Bd. 2081 (201); B 150, Aktenkopien 1973.
Zur NATO-Ministerratstagung am 14./15. Juni 1973 in Kopenhagen vgl. auch AAPD 1973, II, Dok. 195.

2) Die Option III hat in die von der NATO im Oktober 1973 verabschiedete Position keinen Eingang gefunden.[18] Eine NATO-Entscheidung hierüber steht damit noch aus.

3) In bilateralen Gesprächen mit den Amerikanern und in den trilateralen deutsch-amerikanisch-britischen Erörterungen über Option III haben wir klargemacht, daß wir nicht beabsichtigen, die Einbeziehung der Option III zu blockieren unter der Voraussetzung, daß sie auf das Ziel der Erreichung des common ceiling gerichtet ist. Wir haben unterstrichen, daß wir uns jedoch Modifizierungen und eine abschließende Stellungnahme unter Berücksichtigung der NATO-Diskussion vorbehalten.

4) In den bisherigen Gesprächen über Option III haben wir versucht, mit Beiträgen, die ausdrücklich als Auffassung der Arbeitsebene gekennzeichnet wurden, unsere Interessen hinsichtlich der Option III zur Geltung zu bringen. Im neuen amerikanischen Papier wurden unsere Vorstellungen teilweise berücksichtigt. Eine Reihe von Problemen bedarf noch der Klärung.

III. Für uns wesentliche Gesichtspunkte

Die Amerikaner haben uns angeboten, ihr Papier vor Einbringung in der NATO zu kommentieren. Sie haben gebeten, daß es sich bei diesen Kommentaren um offizielle Stellungnahmen der Bundesregierung handeln möge. Wir haben den Amerikanern gesagt, daß wir den von ihnen genannten Termin des 30. April für die Abgabe ausdrücklich als verbindlich bezeichneter Kommentare nicht einhalten können (Wahltermin 4. Mai[19], Abwesenheit der zuständigen Referenten und Abteilungsleiter des BMVg). Wir hätten aber nicht die Absicht, die Zirkulierung des Papiers in der NATO aufzuhalten, da uns dann immer noch die Möglichkeit bleibe, in der NATO unsere Position erneut zur Geltung zu bringen.

Da das amerikanische Papier nunmehr nach dem 12. Mai in der NATO zirkuliert werden soll, wird die Botschaft Washington (nach einem Gedankenaustausch mit den Briten am 5. Mai[20]) angewiesen, den Amerikanern vorher folgende Gesichtspunkte als vorläufige deutsche Reaktion nahezubringen:[21]

1) Mit Option III wird ein qualitativ neues Element in die MBFR-Verhandlungen eingeführt. Die Konsequenzen müssen sorgfältig abgewogen werden.

2) Wir sind uns darüber im klaren, daß die amerikanische Regierung aus verhandlungstaktischen und innenpolitischen Gründen die Ausspielung der Option III wünscht. Wir haben nicht die Absicht, dies zu blockieren. Wie in den bisherigen Erörterungen werden wir uns auch in der NATO kritisch, aber konstruktiv an der Entwicklung einer gemeinsamen Position zur Option III beteiligen.

---

[18] Am 17. Oktober 1973 verabschiedete der Ständige NATO-Rat die Verhandlungsposition der an den MBFR-Verhandlungen teilnehmenden NATO-Mitgliedstaaten. Für das Papier C-M (73) 83 (Final) „Alliance Approach to Negotiations on MBFR" vgl. VS-Bd. 9417 (221).
Vgl. dazu auch AAPD 1973, III, Dok. 326.

[19] Am 4. Mai 1975 fanden Wahlen zu den Landtagen in Nordrhein-Westfalen und im Saarland statt.

[20] Ein bilaterales deutsch-britisches Gespräch über MBFR fand am 9. Mai 1975 in London statt. Für eine Aufzeichnung des Bundesministeriums der Verteidigung vom 12. Mai 1975 vgl. VS-Bd. 9479 (201).

[21] Der folgende Text wurde der Botschaft in Washington am 6. Mai 1975 übermittelt. Für den Drahterlaß des Ministerialdirektors van Well vgl. VS-Bd. 8639 (201); B 150, Aktenkopien 1975.

3) Wir haben in den bisherigen Gesprächen die Position vertreten, daß uns die Einbeziehung der nuklearen Sprengköpfe relativ unproblematisch erscheint, daß wir jedoch gegen die Einbeziehung der Pershing und insbesondere der Flugzeuge erhebliche Bedenken haben. Diese Bedenken bestehen fort. Deshalb müssen wir auf folgende Voraussetzungen bestehen:
- Es muß die sowjetische Zustimmung zum common ceiling gefordert werden, und zwar vorzugsweise zu einem quantifizierten common ceiling, unter allen Umständen jedoch zum common-ceiling-Konzept.
- Es darf sich bei den reduzierten Systemen der Option III nur um amerikanische Systeme handeln.
- Das Ausspielen der Option III muß eine einmalige Aktion sein, bei der klargemacht wird, daß sie nur in der ersten Verhandlungsphase in Frage kommt und in der zweiten Phase unter Einbeziehung europäischer Systeme nicht wiederholt werden wird.
- Die Konzentration der MBFR-Verhandlungen auf den Personalbestand der Landstreitkräfte für die Reduzierungen und auf die Herstellung des common ceiling im Personalbestand der Land- und Luftstreitkräfte muß erhalten bleiben.
- Die Frage der Rückführmöglichkeiten der abgezogenen Systeme muß NATO-intern eindeutig geklärt sein.
- Analoge europäische Systeme müssen aus den Reduzierungen und Limitierungen herausgehalten werden, damit künftige Strukturveränderungen sowie Entwicklungen in den konventionellen Waffensystemen nicht beeinträchtigt werden. Auch eine zeitlich begrenzte Limitierung der europäischen Waffensysteme würde wegen der Präjudizwirkung für die zweite Phase unseren Bedenken nicht gerecht werden.

Die Nichtumgehung sowjetisch-amerikanischer Vereinbarungen kann allein über die vereinbarten Höchststärken für Land- und Luftstreitkräfte-Personal gewährleistet werden. Begrenzungen europäischer Waffensysteme würden unausweichlich die europäische Flexibilität qualitativ beeinträchtigen.
- Die europäischen Optionen dürfen durch die Einführung der Option III nicht beeinträchtigt werden.

4) Wir legen größten Wert darauf, daß die Option III zum maximalen Nutzen eingeführt wird und daß so weit wie möglich unerwünschte negative Folgen ausgeschlossen werden. Dies bedeutet insbesondere auch,
- daß mit Option III versucht wird, den Durchbruch zur Herstellung der konventionellen Parität zu erzielen (common ceiling),
- daß die Flexibilität der westlichen Verteidigung insgesamt erhalten bleibt,
- daß eine qualitative Begrenzung der Waffensysteme auf westlicher Seite im Raum der Reduzierungen mit Sicherheit ausgeschlossen wird,
- daß insbesondere konventionelle Waffensysteme (Panzer und Flugzeuge) in ihren Entwicklungen und Produktionsmöglichkeiten nicht beeinträchtigt werden,
- daß die Abschreckungsglaubwürdigkeit des Westens erhalten bleibt.

5) Wir legen Wert darauf, daß wir mit der Einführung der Option III nicht in einen unausweichlichen Zugzwang geraten, d. h. daß die Möglichkeit eines Fehlschlags mit der Einführung der Option III einkalkuliert werden muß, wie dies im amerikanischen Papier mit folgender Feststellung geschieht: „While we strongly prefer to conclude a successful MBFR agreement with the Pact, we believe that failure to reach agreement would be preferable to an agreement which would degrade the military balance or significantly constrain NATO's ability to improve its position unilaterally."

6) Wir legen Wert darauf, daß vor Einführung der Option III in Wien alle wesentlichen Aspekte der Option III in der NATO geklärt sind. Dazu gehört auch die Frage, in welcher Weise eine Begrenzung der europäischen Systeme von der NATO ins Auge gefaßt werden kann. Die im amerikanischen Papier vorgeschlagene Vertagung der Entscheidung über dieses Problem erscheint uns nicht annehmbar.

7) Da in der letzten Verhandlungsrunde in Wien[22] deutlich geworden ist, daß der Osten möglicherweise bereit ist, eine Datendiskussion zu beginnen, sollte der Zeitpunkt für die Einführung der Option III sich bestimmen

– nach dem Abschluß der Option-III-Beratungen in der NATO,
– aber auch nach dem Fortgang einer möglichen Datendiskussion in Wien.[23]

Wir halten jedenfalls eine Synchronisierung zwischen Option III und Datendiskussion und eine Berücksichtigung der Erkenntnisse aus der Datendiskussion für wünschenswert.

IV. Folgende für uns wichtige Fragen bleiben nach wie vor offen und werden in der NATO zusätzlich diskutiert werden müssen:

1) Nukleare Sprengköpfe
– Problematik der Miniaturisierung und der Frage, ob der bei einem künftigen 1:1 Austausch gegebene Spielraum ausreicht,
– sicherer Ausschluß europäischer Systeme,
– eindeutige Erhaltung der bisherigen Methoden der nuklearen Teilhabe,
– Klärung des Arsenals des WP.

2) Pershings
– Problematik der generellen Begrenzung der SSMs[24] mit einer Reichweite über 500 km im Blick auf die mögliche Konventionalisierung entsprechender Waffensysteme.
– Bedeutung der in den westlichen Militärbezirken stationierten entsprechenden sowjetischen Waffensysteme.

---

[22] Die fünfte Runde der MBFR-Verhandlungen fand vom 30. Januar 1975 bis 17. April 1975 in Wien statt.

[23] Zum Fortgang der Diskussion über Streitkräftedaten berichtete Botschafter Behrends, Wien (MBFR-Delegation), am 30. Mai 1975, im Emissärgespräch am 27. Mai 1975 habe der Leiter der sowjetischen MBFR-Delegation, Chlestow, „leicht irritiert" auf das erneute Drängen der an den MBFR-Verhandlungen teilnehmenden NATO-Mitgliedstaaten auf eine Datendiskussion reagiert: „Der Osten werde im geeigneten Zeitpunkt bereit sein, über Daten zu sprechen. Zunächst solle man jedoch anstehende Prinzipien-Fragen, z. B. wer von Anfang an reduzieren solle, lösen. Er sehe sich daher bis auf weiteres nicht in der Lage, Streitkräfteangaben zu bestätigen oder zu dementieren." Vgl. den Drahtbericht Nr. 329; VS-Bd. 9491 (221); B 150, Aktenkopien 1975.

[24] Surface-to-surface Missile.

– Prüfung der Möglichkeiten, ob zu begrenzende Pershing als nuklearfähige Boden-Boden-Raketen definiert werden könnten.
– Bedeutung, die der WP der Raketenentwicklung beimißt.

3) Flugzeuge
– Problematik der Definition,
– Verhinderung eines negativen Einflusses auf europäische Systeme,
– Vermeidung negativer Konsequenzen für künftige Entwicklungen (MRCA).

4) Westliche Panzer

a) – Berücksichtigung der eklatanten Disparitäten zwischen Ost und West,
– Notwendigkeit der Vermeidung qualitativer Begrenzungen für europäische Systeme,
– Verhinderung von unerwünschten Nichtumgehungsabsprachen für Panzerabwehrwaffen.

b) Im Zusammenhang mit der Panzerproblematik würden wir es nach wie vor vorziehen, auf eine numerische Begrenzung der Panzerzahl auch für amerikanische und damit naturgemäß auch sowjetische Panzer zu verzichten und die Begrenzung der Panzer für europäische und amerikanische Panzer auf dem Wege der vereinbarten Höchststärken für Land- und Luftstreitkräfte-Personal sicherzustellen.

VS-Bd. 9483 (221)

102

Gespräch des Bundesministers Genscher mit NATO-Generalsekretär Luns

201-321.36-1505/75 geheim   **5. Mai 1975**[1]

Gespräch des Herrn Bundesministers mit dem Generalsekretär der NATO, Luns, am 5. Mai 1975[2]

Generalsekretär *Luns*: Die Bundesrepublik Deutschland ist eine große Stütze der Allianz und nach den USA der stärkste Bundesgenosse, und zwar in militärischer, wirtschaftlicher und finanzieller Hinsicht. Die Einstellung der Bundesregierung wirkt sich auf alle Bundesgenossen günstig aus. Oft machen die Flanken Sorgen, aber schließlich ist Zentraleuropa das wichtigste Gebiet für die Allianz, und es stimmt mich zuversichtlich, daß dieses Gebiet in so fester Hand ist.

---

[1] Die Gesprächsaufzeichnung wurde von Vortragendem Legationsrat I. Klasse Pfeffer gefertigt und über Staatssekretär Gehlhoff Bundesminister Genscher zugeleitet.
Hat Gehlhoff am 26. Mai 1975 vorgelegen.
Hat Genscher vorgelegen.

[2] Das Gespräch fand von 11.00 Uhr bis 12.00 Uhr im Gästehaus des Auswärtigen Amts statt. Teilnehmer waren neben Bundesminister Genscher und NATO-Generalsekretär Luns: Botschafter Krapf, z. Z.

Der Besuch des Herrn Bundesministers in Madrid[3] hat wiederum bewiesen, daß die Bundesregierung stark genug ist, Initiativen zu ergreifen, die andere Bundesgenossen sich aus innenpolitischen Gründen nicht erlauben dürfen.
Wie beurteilt die Bundesregierung den Gedanken des NATO-Gipfels?[4]
Bundesminister: Wir sind von vornherein für den Gipfel eingetreten. Wir hätten ihn auch im näheren zeitlichen Zusammenhang mit der KSZE begrüßt. Er kommt aber jetzt besonders zeitgerecht, weil wir wegen der Ereignisse in Südostasien die Geschlossenheit des Bündnisses demonstrieren müssen. Wir freuen uns, daß Präsident Ford nach Europa kommen will[5], und haben großes Interesse daran, daß dieses Gipfeltreffen erfolgreich verläuft. Bei dem Besuch des Herrn Bundespräsidenten in Frankreich[6] habe ich dem französischen Staatspräsidenten[7] und dem französischen Außenminister[8] gesagt, Frankreich möge auf dem Gipfel möglichst hochrangig vertreten sein, also mindestens durch Chirac. Man könne, so habe ich argumentiert, Ford nicht verweigern, was man Nixon gewährt habe.[9]

Das Bündnis zu den Vereinigten Staaten müssen wir gerade jetzt sehr sorgfältig pflegen. Wir wollen amerikanische Senatoren und Abgeordnete in verstärktem Maße in die Bundesrepublik Deutschland einladen.[10] Der Besuch der Delegation unter Senator Humphrey[11] hat uns gezeigt, daß wir nicht mehr wie früher auf einen ganz soliden Bestand von Allianz-Kennern unter den amerikanischen Parlamentariern zurückgreifen können. Die neuen, jüngeren Senatoren und Abgeordneten kennen Europa nicht genügend. Ich glaube, einige der Begleiter Humphreys sind anders von hier weggegangen, als sie gekommen sind, nämlich positiv beeinflußt. Wir müssen den Amerikanern die westeuropäische Realität an Ort und Stelle zeigen.

Generalsekretär: Das ist ein ausgezeichneter Gedanke. Die neuen amerikanischen Parlamentarier brauchen eine europäische Ausbildung. Bei meinem Be-

---

Fortsetzung Fußnote von Seite 457

Bonn, Ministerialdirektor van Well, Gesandter Holzheimer, die Vortragenden Legationsräte I. Klasse Pfeffer und Ruth sowie die Vortragenden Legationsräte Sulimma und Wallau; außerdem der stellvertretende NATO-Generalsekretär für politische Angelegenheiten, Kastl, der Kabinettschef des NATO-Generalsekretärs, van Campen, und die Persönliche Referentin, Borgman-Brouwer.

3 Zum Besuch des Bundesministers Genscher in Spanien am 3./4. April 1975 vgl. Dok. 69.
4 Zu einer Konferenz der Staats- und Regierungschefs der NATO-Mitgliedstaaten im Vorfeld der KSZE-Schlußkonferenz vgl. Dok. 74.
5 Am 10. April 1975 führte Präsident Ford im amerikanischen Kongreß zu den transatlantischen Beziehungen aus: „It is time to take stock, to consult on our future, to affirm once again our cohesion and our common destiny. I therefore expect to join with the other leaders of the Atlantic alliance at a Western summit in the very near future." Vgl. PUBLIC PAPERS, FORD 1975, S. 466. Für den deutschen Wortlaut vgl. EUROPA-ARCHIV 1975, D 244.
6 Bundespräsident Scheel hielt sich vom 21. bis 25. April 1975 in Begleitung des Bundesministers Genscher in Frankreich auf.
7 Valéry Giscard d'Estaing.
8 Jean Sauvagnargues.
9 Am 26. Juni 1974 fand die NATO-Ratstagung in Brüssel auf der Ebene der Staats- und Regierungschefs statt. Vgl. dazu AAPD 1974, I, Dok. 191.
10 Zu den Überlegungen einer Verstärkung der Kontakte zum amerikanischen Kongreß vgl. Dok. 134.
11 Bundesminister Genscher führte am 2. April 1975 ein Gespräch mit den amerikanischen Senatoren Humphrey, Culver, Morgan und Scott sowie dem Assistenten des Senats, Ritch, die im Rahmen einer „NATO-Studienreise" am 1. April 1975 Berlin (West) und am 2. April 1975 Bonn besuchten. Vgl. dazu die Gesprächsaufzeichnung; VS-Bd. 8595 (201); B 150, Aktenkopien 1975.

such in Ankara¹² ist mir von türkischer Seite gesagt worden, daß amerikanische Abgeordnete der Griechenland-Lobby in Ankara sehr rasch hätten umgekrempelt werden können. Sie hätten Ankara mit der Erkenntnis verlassen, daß die amerikanische Waffenhilfe an die Türkei wiederaufgenommen werden müsse.¹³

Ich glaube, wir sollten auf dem Gipfel nicht eine kleine Ottawa-Erklärung¹⁴ anstreben. Mit Bruce und Rumsfeld habe ich besprochen, ob Präsident Ford vielleicht eine Botschaft des Kongresses auf der Gipfelkonferenz verlesen könnte, eine Botschaft, in welcher der Kongreß das amerikanische Engagement in Europa feierlich bekräftigt. Was halten Sie von diesem Gedanken?

Bundesminister: Die Idee ist gut. Ob die amerikanische Regierung eine solche Botschaft des Kongresses erhält?

Krapf: Es ist auch wichtig, daß die Europäer den USA ihr Vertrauen aussprechen.

Bundesminister: Das wird der Herr Bundeskanzler in jedem Falle tun.

Im übrigen brauchen wir unbedingt eine Entspannungsstrategie für die Zeit nach der KSZE. Die andere Seite wird dann eine große Entspannungs-Offensive eröffnen und den Versuch machen, die Erosion im westlichen Lager weiter zu fördern.

Generalsekretär: Ich bin sehr reserviert gegenüber einem Ost-West-Gipfeltreffen nach Abschluß der Arbeiten in Genf.¹⁵ Kann man ein solches Gipfeltreffen noch vermeiden?

Glauben Sie, daß Chirac am NATO-Gipfeltreffen teilnehmen wird?

Bundesminister: Die Frage scheint in Frankreich noch nicht entschieden.¹⁶

Generalsekretär: Ich hielte es für unklug, wenn Frankreich sich nur durch seinen Außenminister vertreten ließe.

MD van Well: Frankreich würde die USA dadurch brüskieren. Es bestünde die Gefahr, daß die Presse gerade diesen Punkt besonders hervorheben und den NATO-Gipfel als nicht erfolgreich darstellen würde.

Bundesminister: Das ist richtig: Die unterschiedliche Teilnahme am Gipfel würde von der Presse hochgespielt werden und die übrige Substanz womöglich überdecken.

---

12 NATO-Generalsekretär Luns führte am 28./29. April 1975 Gespräche in Ankara.
13 Zum Beschluß des amerikanischen Kongresses vom 17. Oktober bzw. 17./18. Dezember 1974 über die Einstellung der Verteidigungshilfe für die Türkei zum 5. Februar 1975 vgl. Dok. 28, Anm. 21.
14 Für den Wortlaut der am 19. Juni 1974 vom NATO-Ministerrat in Ottawa gebilligten und veröffentlichten Erklärung über die Atlantischen Beziehungen, die am 26. Juni 1974 von den Staats- und Regierungschefs in Brüssel unterzeichnet wurde, vgl. NATO FINAL COMMUNIQUES 1949–1974, S. 318–321. Für den deutschen Wortlaut vgl. EUROPA-ARCHIV 1974, D 339–341. Vgl. dazu auch AAPD 1974, I, Dok. 183 und Dok. 191.
15 Zum Vorschlag des Generalsekretärs des ZK der KPdSU, Breschnew, vom 8. März 1975, für Ende Juni 1975 die KSZE-Schlußkonferenz auf der Ebene der Staats- und Regierungschefs nach Helsinki einzuberufen, vgl. Dok. 49.
16 Staatspräsident Giscard d'Estaing und Ministerpräsident Chirac ließen sich auf der NATO-Ratstagung auf der Ebene der Staats- und Regierungschefs am 29./30. Mai 1975 in Brüssel durch den französischen Außenminister Sauvagnargues vertreten. Giscard d'Estaing nahm jedoch am 29. Mai 1975 an einem von König Baudouin I. gegebenen Essen teil. Vgl. dazu den Artikel „NATO-Gipfeltreffen eröffnet"; SÜDDEUTSCHE ZEITUNG vom 30. Mai 1975, S. 2.

Generalsekretär: Was die militärische Zusammenarbeit angeht, so sind wir allerdings mit Frankreich zufrieden, sehr zufrieden. Mehr darf ich nicht sagen. Seit Pompidou hat sich viel geändert. Wir machen erhebliche Fortschritte, unter Respektierung der französischen Entscheidung von 1966 (Austritt aus der militärischen Integration).[17] Das geschieht auf sehr elastische Weise.

Sehr bedauerlich finde ich die niederländischen und dänischen Reaktionen auf die Ereignisse im Fernen Osten. Vertreter beider Regierungen haben den Sieg des Vietcong[18] wie einen Sieg für die Freiheit gefeiert. Die Amerikaner haben in Kopenhagen protestiert. Daraufhin hat Jørgensen vor dem Parlament zurückgesteckt.[19] Bundesminister Leber hat zu diesem Thema das Treffende geschrieben.

Bundesminister: Die negativen Beispiele, die Sie erwähnten, müssen wir zusammen sehen mit der Aufweichungs-Offensive, von der ich vorhin gesprochen habe.

Generalsekretär: Darf ich mich dem Nahen Osten zuwenden? Ich bin besorgt, daß es zu einer neuen Krise kommt. Welchen Eindruck haben Sie von Ihren Gesprächen mit Allon?[20]

Bundesminister: Ich glaube nicht, daß es zu einer neuen Krise kommt. Der syrische Außenminister kommt demnächst nach Bonn.[21] Meine Eindrücke in Kai-

---

[17] Frankreich schied am 1. Juli 1966 aus der militärischen Integration der NATO aus.

[18] Zur Kapitulation der Regierung der Republik Vietnam (Südvietnam) gegenüber der Provisorischen Revolutionsregierung der Republik Südvietnam am 30. April 1975 vgl. Dok. 105, Anm. 4.

[19] Botschafter Ahrens, Kopenhagen, berichtete am 6. Mai 1975 über Äußerungen des dänischen Ministerpräsidenten in einem Rundfunkinterview, in dem Jørgensen den USA „eine totale Fehlbeurteilung der Lage in Südvietnam" vorgeworfen und erklärt habe, „konservative Führer in Washington hätten sich in Indochina in ihren Zielen völlig geirrt und auf ‚falscher ideologischer Grundlage' Außenpolitik geführt. Dagegen äußerte Jørgensen keinerlei Kritik an der nordvietnamesisch-kommunistischen Invasion in Südvietnam." Nach einem förmlichen Protest der USA habe Jørgensen dann in einer Debatte im dänischen Parlament am 2. Mai 1975 seine Kritik dahingehend erläutert, „diese habe sich gegen das fehlende Verständnis der USA für die politischen Strömungen in Südost-Asien gerichtet. Gleichzeitig äußerte er aber den Respekt der dänischen Regierung vor den Hauptelementen der amerikanischen Außenpolitik, nicht zuletzt der Entspannungspolitik gegenüber der UdSSR und China." Vgl. den Schriftbericht Nr. 323, Referat 204, Bd. 110324.

[20] Zum Gespräch des Bundesministers Genscher mit dem israelischen Außenminister Allon am 26. Februar 1975 vgl. Dok. 37.
Genscher traf am 2. Mai 1975 in Düsseldorf erneut mit Allon zusammen. Dazu teilte Vortragender Legationsrat I. Klasse Dohms am 5. Mai 1975 mit, Genscher habe über seine Gespräche vom 14. bis 16. April in Kairo und am 16./17. April 1975 in Riad berichtet. Allon habe sich zum Abbruch der Bemühungen des amerikanischen Außenministers Kissinger um eine Vermittlung im Nahost-Konflikt und zu den Aussichten einer Friedenskonferenz in Genf geäußert: „Israel sei zwar jederzeit bereit, in neue Gespräche über eine Zwischenlösung einzutreten, aber Angebote, die über das hinausgehen würden, was am Ende der Kissinger-Mission von Israel zugestanden worden sei, könne es nicht geben. [...] Israel habe von Ägypten für die kleine Lösung, die zur Diskussion stand, nicht die Erklärung der Nicht-Kriegführung, sondern nur einen konkret definierten Gewaltverzicht gefordert. Ägypten habe nicht mehr zugestehen wollen als die regelmäßige Erneuerung eines Gewaltverzichts in bestimmten zeitlichen Abständen. Dies aber würde dazu geführt haben, daß Ägypten nach einem Jahr oder 1 1/2 Jahren erneute Forderungen gestellt hätte, verbunden mit der Drohung, daß in Kollusion mit der Sowjetunion die Verlängerung des Gewaltverzichts im Sicherheitsrat vereitelt würde, falls Israel auf zusätzliche Forderungen nicht eingehe." Eine solche Regelung sei inakzeptabel gewesen, „denn Israel könne nicht strategisch wichtige Gebiete für nichts aufgeben". Zur Teilnahme an einer Friedenskonferenz sei Israel bereit, jedoch sei mit Fortschritten kaum zu rechnen. Vgl. den Runderlaß Nr. 62; Referat 010, Bd. 178570.

[21] Der syrische Außenminister Khaddam besuchte die Bundesrepublik vom 12. bis 14. Mai 1975. Vgl. dazu Dok. 112.

ro²² waren günstig. Sadat versucht wirklich, sich an den Westen anzulehnen. Die Gespräche der Ägypter in der Sowjetunion²³ sind sehr kühl verlaufen. Die ägyptische Führung denkt nicht daran, das Terrain wieder aufzugeben, das sie den Sowjets entwunden hat.²⁴ Die Wirtschaftssituation in Ägypten ist allerdings besorgniserregend.²⁵ Umso höher muß man das Verantwortungsgefühl Sadats achten.

Was Saudi-Arabien angeht²⁶, so wird der Kronprinz²⁷ wohl nach einiger Zeit das Heft übernehmen. Er wird vom Außenminister²⁸ gestützt. Der Kronprinz hat klar erkannt, wie wichtig es ist, daß die westlichen Industriestaaten stabil und handlungsfähig bleiben. Ich habe ihm auseinandergesetzt, daß eine Verminderung unserer Stabilität, und zwar der wirtschaftlichen wie der verteidigungspolitischen, nach dem Gesetz der kommunizierenden Röhren entsprechenden Gewinn für die Kommunisten bringt. Eine solche Politik machen, hieße für Saudi-Arabien, die eigenen (antikommunistischen) Prinzipien untergraben.

Wie Sie sehen, habe ich eine hohe Meinung vom Kronprinzen und vom Außenminister. Der König²⁹ schien eigentlich nur an der Rolle der PLO interessiert, ein Thema, auf das mich sonst niemand angesprochen hat.

Wir bemühen uns um enge Zusammenarbeit mit Saudi-Arabien und hoffen, daß es weiter einen mäßigenden Einfluß auf die übrigen arabischen Staaten ausüben wird (z. B. gegen Algerien auf Energie-Vorkonferenz³⁰). Ich verrate kein Geheimnis, wenn ich sage, daß in der Bundesrepublik Deutschland Meinungsverschiedenheiten über die Teilnahme der Sowjetunion an einer Nahost-Konferenz bestehen. Ich habe alle meine nahöstlichen Gesprächspartner, also

---

[22] Bundesminister Genscher hielt sich vom 14. bis 16. April 1975 in Ägypten auf. Vgl. dazu Dok. 80.
[23] Der ägyptische Außenminister Fahmi hielt sich vom 19. bis 22. April 1975 in der UdSSR auf.
[24] Am 18. Juli 1972 gab Präsident Sadat bekannt, daß er die UdSSR aufgefordert habe, ihre Militärberater und Experten aus Ägypten abzuziehen. Botschaftsrat Vogeler, Kairo, berichtete am 19. Juli 1972, Sadat habe außerdem die „Übernahme aller militärischen Einrichtungen, die seit 1967 auf ägyptischem Boden errichtet wurden, in das ausschließliche Eigentum der ägyptischen Regierung unter Kontrolle und Verfügungsgewalt der ägyptischen Streitkräfte" bekanntgegeben und ägyptisch-sowjetische Konsultationen über die weitere Zusammenarbeit vorgeschlagen. Die Entscheidungen seien die Konsequenz aus der sowjetischen Weigerung, „Ägypten militärisch in erforderlichem Maße zu unterstützen". Vgl. den Drahtbericht Nr. 609; Referat I B 4, Bd. 529.
[25] Am 3. Mai 1975 berichtete Botschafter Steltzer, Kairo, „über den äußerst kritischen Zustand der wirtschaftlichen Lage Ägyptens und die daraus resultierenden Gefahren für den Bestand des Regimes, eine friedliche Lösung des Nahost-Konflikts und die europäisch-arabische Zusammenarbeit". Ägypten befinde sich „in einer ernsten Liquiditätskrise. Hohe Verschuldung, fallende Weltmarktpreise für Baumwolle, inflationäre Entwicklung im Inneren und unerträgliche Kriegslasten haben zu einem Devisenmangel geführt, der es ägyptischer Regierung fast unmöglich macht, die elementarsten Bedürfnisse der ärmeren Bevölkerung zu befriedigen, geschweige denn, ihren Schuldenverpflichtungen rechtzeitig nachzukommen. Die Abhängigkeit von Lebensmittelimporten hat zu ernsten Verknappungen an verschiedenen Grundnahrungsmitteln geführt, die teilweise zu horrenden Preisen auf dem Schwarzmarkt angeboten werden und eine fortschreitende Unzufriedenheit in der Arbeiterschaft bewirken. Es fehlt an Rohstoffen für die Industrie, deren Kapazitäten dadurch nicht ausgelastet sind, und die Erträge der Landwirtschaft leiden an dem Fehlen von Kunstdünger." Vgl. den Drahtbericht Nr. 740; VS-Bd. 9992 (310); B 150, Aktenkopien 1975.
[26] Bundesminister Genscher besuchte Saudi-Arabien am 16./17. April 1975. Vgl. dazu Dok. 89.
[27] Fahd ibn Abdul Aziz al-Saud.
[28] Saud al-Faisal.
[29] Khalid ibn Abd al-Aziz.
[30] Zur Vorkonferenz der erdölproduzierenden und -verbrauchenden Staaten vom 7. bis 15. April 1975 in Paris vgl. Dok. 87.

die Israelis, die Ägypter und die Saudi-Araber, ermutigt, eine solche Entwicklung nicht zuzulassen.

Generalsekretär: Die Sowjetunion hat nach meiner Ansicht kein echtes Interesse an einer dauerhaften Lösung des Nahost-Konflikts, sondern an einer „kontrollierten Spannung", die ihr am meisten zugute kommt; denn nach einer Lösung verliert die Sowjetunion ihren Einfluß in diesem Raum. Für wie geschmeidig sehen Sie die israelische Politik an? Verlangen die Israelis nicht zuviel an öffentlichen Erklärungen von seiten der Araber?

Bundesminister: Ich habe dem israelischen Außenminister gesagt, daß die Ägypter de facto mehr geben als öffentlich versprechen können.

Generalsekretär: Vielleicht darf ich nun auf meinen Besuch in Ankara eingehen. Der Beschluß des amerikanischen Kongresses, daß keine Waffen mehr an die Türkei geliefert werden dürfen, hat in Ankara ein tiefes Trauma hinterlassen. Dieser Beschluß hat aber auch Griechenland Schaden zugefügt, da sich seitdem die türkische Haltung gegenüber Griechenland verhärtet hat. In meinen mehr als achtstündigen Gesprächen mit dem Präsidenten[31], dem Ministerpräsidenten[32], dem Außenminister[33] und dem Chef des Generalstabes[34] habe ich unter anderem auch darauf hinweisen müssen, daß Griechenland nicht aus der militärischen Integration der NATO ausgeschieden ist, sondern daß Griechenland über ein solches Ausscheiden erst verhandeln muß und will.[35] Im übrigen habe ich sehr stark für eine türkische Geste gegenüber Griechenland plädiert.

Kastl: – auch mit dem Argument, daß dies auf den amerikanischen Kongreß gut wirken würde. Die Türken zielen jetzt auf eine multilaterale NATO-Verteidigungshilfe.

Generalsekretär: Das ist im DPC nicht durchsetzbar. Einige Verbündete wollen das der Griechen wegen nicht. Man kann den gleichen Effekt ja auch durch bilaterale Verteidigungshilfe mehrerer Länder erzielen.

Bundesminister: Ich werde in der ersten Juli-Hälfte nach Ankara reisen.[36]

Generalsekretär: Das begrüße ich außerordentlich. Vielleicht ist es Ihnen möglich, andere Bundesgenossen zu überreden, Verteidigungshilfe an die Türkei zu geben. Ich werde mich noch in dieser Woche mit den 13 NATO-Botschaftern (ohne Frankreich und Griechenland) wegen eventueller Verteidigungshilfe an die Türkei besprechen und dies bilateral mit den Franzosen tun. Die Türken sind sehr aufgebracht über die Wiederbewaffnung des Dodekanes[37], mit Recht,

---

[31] Fahri Korutürk.
[32] Süleyman Demirel.
[33] Ihsan Sabri Çaglayangil.
[34] Ilhami Sancar.
[35] Griechenland erklärte am 14. August 1974 den Austritt aus der militärischen Integration der NATO. Vgl. dazu Dok. 32, Anm. 10.
[36] Bundesminister Genscher hielt sich vom 18. bis 20. Juni 1975 in der Türkei auf. Vgl. dazu Dok. 170 und Dok. 177.
[37] Dazu vermerkte Referat 201 am 30. April 1975: „Alle der Türkei vorgelagerten griechischen Inseln sind durch drei internationale Verträge ganz oder weitgehend demilitarisiert: Meerengenkonvention von Lausanne 1923 (Nordgruppe), griechisch-türkischer Friedensvertrag von Lausanne 1923 (mittlere Gruppe), italienischer Friedensvertrag 1947 (Dodekanes). Mit jeweils unterschiedlicher Begründung bestreitet Griechenland die fortdauernde Gültigkeit dieser Bestimmungen bzw. (Rück-

denn die Griechen haben offenbar vertragswidrig gehandelt. Die Griechen haben überhaupt geglaubt, daß nach Übernahme der Regierung durch Karamanlis[38] sie vom Westen alles bekommen könnten. Jetzt sind sie teilweise enttäuscht. Das schlägt sich in nationalistischen Strömungen nieder. Die Stellung von Karamanlis ist nicht ganz so stark, wie man nach den Zahlen im Parlament[39] meinen möchte.

Kastl: Die Lage wird noch kompliziert durch die Schwäche der türkischen Regierung, die wenig Manövrierraum für Konzessionen hat.

Generalsekretär: Das Ansehen der Bundesrepublik Deutschland in der Türkei ist sehr hoch. Die Haltung der Bundesregierung wurde bei meinem Besuch in Ankara sehr gelobt (Wiederaufnahme der Verteidigungshilfe[40]). Der deutsche Botschafter[41] war als einziger Botschafter in das Besuchsprogramm von türkischer Seite aufgenommen.

Bundesminister: Ich darf daran erinnern, daß wir durchaus innenpolitische Widerstände zu überwinden hatten. Wir sind froh, daß die Dinge so gut über die Bühne gegangen sind.

Nun zu meinem Besuch in Madrid. Ich habe allen meinen spanischen Gesprächspartnern gesagt, welche Lehren Spanien aus den Vorgängen in Portugal ziehen muß. Spanien muß bald mit der Demokratie beginnen, sonst beginnen die Kommunisten mit ihrer Art der Nicht-Demokratie. Es kommt darauf an, schnell demokratische Parteien und nicht-kommunistische Gewerkschaften aufzubauen, sonst fällt die Macht den Kommunisten, den Meistern der Subversion, zu oder unpolitischen Offizieren, die Werkzeuge der Kommunisten werden können.

Ich habe für diese Argumentation offene Ohren gefunden. Der Ministerpräsident[42] versteht dieses Problem. Ich habe es auch dem Staatschef Franco vorgetragen, bei dem ich eigentlich nur zehn Minuten bleiben sollte und der das Gespräch auf eine ganze Stunde ausgedehnt hat. Auf Franco scheinen allerdings beide Richtungen einzuwirken: die alten Falangisten, die gerade jetzt die Daumenschrauben noch stärker anziehen möchten, und das fortschrittliche Lager, das vom Ministerpräsidenten und vom Prinzen[43] verkörpert wird.

Fortsetzung Fußnote von Seite 462

    fallposition) beruft sich darauf, daß Ankara ihre Einhaltung nur bei friedfertigem Verhalten der Türkei gegenüber Griechenland verlangen könne, was zur Zeit nicht gegeben sei. Die Türkei hat gegen die inzwischen erfolgten griechischen Remilitarisierungsmaßnahmen bei den Signatarmächten der vorerwähnten Verträge protestiert." Außerdem würden Aufklärungsflüge unternommen, was die griechische Regierung aber als Verletzung der griechischen Lufthoheit betrachte: „Die Möglichkeit von Luftzwischenfällen ist bei dieser Sachlage nicht ausgeschlossen." Vgl. VS-Bd. 8116 (201); B 150, Aktenkopien 1975.

38 Konstantin Karamanlis kehrte am 24. Juli 1974 aus dem Exil nach Griechenland zurück und übernahm am selben Tag die Regierung. Vgl. dazu EUROPA-ARCHIV 1974, Z 187f.

39 Die Partei des Ministerpräsidenten Karamanlis, die Neue Demokratie, verfügte nach den Wahlen zum griechischen Parlament vom 17. November 1974 über 220 Sitze, die Zentrumsunion/Neue Kräfte über 60, die Panhellenische Sozialistische Bewegung hatte 12 und die Vereinigte Linke 8 Sitze inne. Vgl. dazu EUROPA-ARCHIV 1974, Z 279.

40 Zur Wiederaufnahme der Verteidigungshilfe an die Türkei durch die Bundesregierung vgl. Dok. 57.

41 Gustav Adolf Sonnenhol.

42 Carlos Arias Navarro.

43 Juan Carlos de Borbón y Borbón.

Ich habe meinen Ministerkollegen in der EPZ gesagt[44], es sei geradezu eine europäische Pflicht, daß wir hintereinander nach Spanien führen. Die meisten allerdings sind sehr vorsichtig und äußern sich in engerem Kreise weniger reserviert als in größerem.

Generalsekretär: Wie verhält sich Callaghan?

Bundesminister: Er hat sich nicht geäußert. Ich glaube aber, daß er sich schwertun wird. In Großbritannien ist die Zeit des Spanischen Bürgerkrieges noch sehr lebendig.

Krapf: Hinzu kommt die Gibraltar-Frage. Wir müssen sogar befürchten, daß diese Frage den Regimewechsel in Spanien überlebt.

van Well: Wir haben Sorge, daß die USA die Spanien-Frage zu stark forcieren und damit einen Rückschlag hervorrufen.

Generalsekretär: Was ich praktisch tun kann, tue ich.
(Besprechungen mit dem spanischen Botschafter; Briefings für spanische Offiziere.)

Bundesminister: Die Amerikaner haben ja wohl die Idee, daß ein amerikanisch-spanischer Vertrag und ein Vertrag zwischen Spanien und der NATO geschlossen werden sollte.[45] Die Amerikaner müssen aber die Lage im Bündnis sehen. Die Bundesregierung könnte, obwohl es auch für sie nicht einfach wäre, zustimmen, aber wir haben große Zweifel wegen einer ganzen Reihe von Bundesgenossen. Die Spanier sollten nicht zuviel verlangen. Wir geben uns Mühe: Der spanische Außenminister kommt noch in diesem Jahr nach Bonn.[46]

Generalsekretär: Ich habe den Spaniern erklärt, ihr gegenwärtiger Status habe doch auch seine Vorteile: Sie würden im Bündnisfalle nicht automatisch verwickelt, wenn etwa eine Aggression gegen die Türkei oder Norwegen erfolge. Spanien, selbst betroffen, würde im Ernstfall von den USA mitverteidigt.

Kastl: Darf ich noch einmal das Gespräch auf die von Herrn Bundesminister angeschnittene Frage nach der künftigen westlichen Entspannungsstrategie bringen? Die Sowjets versuchen jetzt, das Pferd zu reiten, das wir gesattelt haben, indem sie sagen, die politische Entspannung müsse durch die militärische Entspannung ergänzt werden. Wir können das Roß nur reiten, wenn Frankreich mitreitet. Wie steht es mit Frankreichs Haltung?

Bundesminister: Ich bin davon überzeugt, daß die Warschauer-Pakt-Staaten eine große publizistische Offensive vorbereiten: Sie erklären bereits, unsere Forderung auf Abbau der Disparitäten sei entspannungsfeindlich, denn die augenblicklichen Disparitäten hätten ja das Gleichgewicht gesichert. Auch unsere eigenen Gazetten fangen schon an, mich als entspannungsfeindlich anzugreifen. Wir brauchen also ein eigenes aktives westliches Konzept.

van Well: Wir müssen auf eine Gleichgewichts-Diskussion hinaus. Die Gleichgewichts-Forderung läßt sich auch am besten innenpolitisch absichern.

---

[44] Bundesminister Genscher traf am 12./13. April 1975 mit seinen Amtskollegen zu einem informellen Treffen im Rahmen der EPZ in Dublin zusammen. Vgl. dazu Dok. 76.

[45] Zu den Verhandlungen über die amerikanischen Stützpunkte in Spanien vgl. Dok. 69, Anm. 3.

[46] Am 8./9. Januar 1976 besuchte der spanische Außenminister de Areilza die Bundesrepublik. Zum Gespräch mit Bundesminister Genscher vgl. die Aufzeichnung des Ministerialdirigenten Ruhfus vom 9. Januar 1976; AAPD 1976.

Krapf: Wir haben es mit einem analogen Problem wie bei der Bekämpfung des Terrorismus zu tun. Wir müssen die Sympathisanten reduzieren, der harte Kern ist ohnehin nicht zu überzeugen.

Generalsekretär: Die Zahl der Sympathisanten ist doch wohl inzwischen auf ganz wenige geschrumpft?

Bundesminister: Das werden wir sehen, sobald bei Verhaftungen die erste Türklinke abgebrochen ist.

Generalsekretär: Ich bin sehr besorgt über die Ausbreitung der sowjetischen Flotte. Diese Flotte hat absolut offensive Merkmale. Ein weiteres, bisher weniger beachtetes Feld der sowjetischen Aufrüstung sind die chemischen Waffen, insbesondere Nervengase. Die Sowjetunion behauptet, das seien konventionelle Waffen. Bei der Übung WINTEX[47] sind wir in eine sehr eigenartige Lage geraten: Beim Einsatz chemischer Waffen durch die Sowjetunion in Süddänemark hat ausgerechnet die dänische Regierung den Antrag gestellt, die Allianz möge sofort mit Kernwaffen die Sowjetunion selbst angreifen. Ich möchte hier zeitig auf dieses Problem aufmerksam machen und warnen, daß hierdurch eine ungeheure Eskalationswirkung entsteht. Chemische Waffen verändern den Krieg qualitativ. Sie sind keine konventionellen Waffen in der von uns benutzten Terminologie.

van Campen: Die Studie von SHAPE über den jüngsten Nahost-Krieg, ein über 400seitiges Buch, enthält die Feststellung, daß alle von den Israelis erbeuteten sowjetischen Panzer eine Standardausrüstung für die chemische Kriegführung aufwiesen.

Generalsekretär: Bevor meine Zeit ausläuft, bleibt noch zu erwähnen, daß ich heute nachmittag mit dem Bundeskanzler die Frage der Standardisierung[48] besprechen möchte. Der Mangel an Standardisierung kostet uns 10 Mrd. Dollar. Die Ebene der Rüstungsdirektoren bringt uns nicht mehr weiter. Es bedarf einer Sonderkonferenz auf ganz hoher Ebene. Die USA sind dafür gewonnen. Den USA muß klargemacht werden, daß die Einbahnstraße in der Waffenbeschaffung (nur Käufe in den USA) für die Allianz verhängnisvoll wäre. Wir brauchen eine europäische Rüstungsindustrie. Dies wird plötzlich auch solchen Bundesgenossen klar, von denen man es nicht unbedingt erwarten würde. Der niederländische Verteidigungsminister will plötzlich mehr Geld für die Rüstung ausgeben[49], weil die Gewerkschaften das aus Arbeitsbeschaffungsgründen fordern, und die Italiener sind aus ähnlichen Erwägungen bereit, 1000 Mrd.[50] Li-

---

47 Die NATO-Übung WINTEX 75 fand vom 3. bis 10. März 1975 statt.
48 NATO-Generalsekretär Luns übergab Bundeskanzler Schmidt am 5. Mai 1975 ein Memorandum zur Standardisierung der Rüstungen in der NATO. Vgl. dazu Dok. 114.
49 Am 14. Februar 1975 wurde in der Presse mitgeteilt, daß der niederländische Verteidigungsminister Vredeling, „offensichtlich enttäuscht über den Verlauf der Ost-West-Gespräche über den gegenseitige Truppenverminderung", zusätzliche 47,5 Mio. Gulden für den Verteidigungshaushalt beantragt habe, vor allem, um die Truppenstärke zu erhalten. Vgl. die Meldung „Mehr Geld für die Armee der Niederlande"; FRANKFURTER ALLGEMEINE ZEITUNG vom 14. Februar 1975, S. 5.
50 Korrigiert aus: „Mio."
Am 8. Januar 1975 berichtete Marineattaché Gabriel, Rom, daß die italienische Regierung am 23. Dezember 1974 ein Marinegesetz verabschiedet habe, „das eine zusätzliche Erhöhung der Investitionsmittel für die italienische Marine in Höhe von 1000 Milliarden Lire (ca. 3,7 Mrd. DM) vorsieht". Der Betrag solle innerhalb eines Zeitraums von zehn Jahren zur Verfügung gestellt und da-

re für die Modernisierung ihrer Flotte auszuwerfen. Auch für dem Verteidigungsfall wäre es sehr wichtig, daß wir nicht vollständig von amerikanischem Material abhängen. Leider paßt die Ent-Standardisierung, die augenblicklich Schule macht, absolut nicht in diese Logik. Ich hoffe, daß Sie deshalb in der Frage der Starfighter-Nachfolge[51] auf die Niederländer einwirken werden.

van Well: Wir müssen uns aus dieser Frage heraushalten.

VS-Bd. 8595 (201)

103

Aufzeichnung des Ministerialdirigenten Meyer-Landrut

213-704.01 VS-NfD 5. Mai 1975

Über Herrn D2[1] und Herrn Staatssekretär[2] dem Herrn Minister[3] zur Unterrichtung vorzulegen

Betr.: 30. Jahrestag der deutschen Kapitulation
hier: deutsche Teilnahme an Feierlichkeiten

Bezug: Vorlage für Herrn Staatssekretär[4] und Kabinettsvorlage vom 21. April 1975[5];
Weisung des Herrn Ministers vom 3. Mai 1975[6]

I. Unser Verhalten bei Einladungen zu Feierlichkeiten aus Anlaß des 30. Jahrestages der Kapitulation wird sowohl durch den Runderlaß vom 31. Januar

---

Fortsetzung Fußnote von Seite 465
mit das im italienischen Weißbuch 1974 geforderte Modernisierungsprogramm bis 1984 verwirklicht werden. Vgl. den Schriftbericht; Referat 201, Bd. 113498.
51 Zur Frage des Nachfolgemodells für das Kampfflugzeug vom Typ „Starfighter" vgl. Dok. 73. Zur Haltung der Bundesregierung vgl. Dok. 114, Anm. 7.

[1] Hat Ministerialdirektor van Well am 5. Mai 1975 vorgelegen.
[2] Hat Staatssekretär Gehlhoff am 5. Mai 1975 vorgelegen.
[3] Hat Bundesminister Genscher am 7. Mai 1975 vorgelegen.
[4] In einer Aufzeichnung für Staatssekretär Gehlhoff empfahl Ministerialdirigent Meyer-Landrut am 21. April 1975 zum Verhalten bei Einladungen zu Feierlichkeiten anläßlich des 30. Jahrestags des Endes des Zweiten Weltkriegs in den Ostblock-Staaten: „An Kranzniederlegungen, zu denen das gesamte Diplomatische Corps eingeladen wird, nehmen unsere Botschafter oder deren Stellvertreter teil. [...] Von einer Teilnahme an Paraden ist abzusehen." Zu anderen Veranstaltungen sei bereits am 31. Januar 1975 Weisung ergangen. In westlichen Staaten werde der Botschafter auf Einladung der Gastregierung an Empfängen oder Kranzniederlegungen teilnehmen. In der DDR bestehe „keine Veranlassung, an irgendwelchen Siegesfeiern oder speziellen Veranstaltungen teilzunehmen". Vgl. Referat 213, Bd. 112719.
[5] Am 21. April 1975 schlug Ministerialdirektor van Well vor, in der Kabinettssitzung am 23. April 1975 anzuregen, daß kein Kabinettsmitglied am Empfang der sowjetischen Botschaft zum 30. Jahrestag des Endes des Zweiten Weltkriegs teilnehmen und festzulegen, daß ein Mitglied des Protokolls des Auswärtigen Amts anwesend sein solle. Für die Vorlage vgl. Referat 213, Bd. 112719.
[6] Am 24. April 1975 teilte Gesandter Lahusen, Paris, zur Frage der Teilnahme Frankreichs an Feierlichkeiten aus Anlaß des 30. Jahrestags des Endes des Zweiten Weltkriegs mit, nach einem Gespräch

1975[7] als auch durch nachfolgende Einzelweisungen an unsere Auslandsvertretungen geregelt. Diese Regelung sieht vor, daß die Auslandsvertretungen an Siegesfeierlichkeiten oder Empfängen der kommunistischen Länder aus diesem Anlaß nicht teilnehmen. Gegen Totenehrungen und Kranzniederlegungen bestehen dagegen keine Bedenken. Der Runderlaß wurde im Berliner „Extradienst" veröffentlicht[8] und dürfte allen zuständigen Stellen in den Ländern des Ostblocks bekannt sein.

Unsere Haltung ist bereits im März im Rahmen der Bonner Vierergruppe und im Politischen Ausschuß der NATO den Verbündeten erläutert worden, die daraufhin ihren Auslandsvertretungen ebenfalls Zurückhaltung auferlegten.[9]

Fortsetzung Fußnote von Seite 466
im französischen Außenministerium werde man davon ausgehen müssen, „daß Frankreich zumindest auf Veranstaltungen der Staaten offiziell vertreten sein wird, die 1945 zu den ‚Siegermächten' gerechnet werden. Man bedauert, darüber hinaus jetzt auch dem DDR-Empfang in Paris nicht mehr fernbleiben zu können, nachdem der französische Botschafter in der DDR auf ausdrücklichen deutschen Wunsch und unter Aufhebung einer früheren gegenteiligen Weisung angewiesen worden sei, an bestimmten DDR-Veranstaltungen teilzunehmen. Die Änderung der französischen Haltung werde von der Überlegung bestimmt, keine Differenzen unter den Verbündeten sichtbar werden zu lassen und Staatssekretär Gaus keine Schwierigkeiten zu machen."
Der Passus „nachdem der französische ... angewiesen worden sei" wurde von Bundesminister Genscher hervorgehoben. Dazu vermerkte er am 3. Mai 1975 handschriftlich: „1) Ich bitte zu prüfen, wer wem gegenüber welchen Wunsch ausgesprochen hat; 2) W[ieder]v[orlage] 5.5." Vgl. den Drahtbericht Nr. 1350; Referat 213, Bd. 112719.
7 Ministerialdirigent Meyer-Landrut führte aus: „Die Sowjetunion und die Länder des Ostblocks beabsichtigen, den 30. Jahrestag der deutschen Kapitulation (9. Mai 1975) nicht nur in ihrem Machtbereich, sondern auch im nichtkommunistischen Ausland in den Dienst ihrer ‚Friedenspolitik' zu stellen. Dieser Jahrestag wird bereits jetzt in der östlichen Publizistik stark herausgestellt, der Sieg über den Faschismus als Sieg der ‚progressiven Kräfte' und als Vorbote der Politik der friedlichen Koexistenz kommunistischer Lesart interpretiert. Es ist auch damit zu rechnen, daß [...] Feierlichkeiten aller Art stattfinden, die mit dem Gedenken an den Zweiten Weltkrieg und den Sieg über Hitlerdeutschland die Verfolgung ganz konkreter außenpolitischer Zielsetzungen des Kommunismus verbinden werden. [...] Es besteht kein Anlaß, am 30. Jahrestag der Kapitulation von der bisherigen Übung abzuweichen, die darin bestand, an Totenehrungen und religiösen Feiern teilzunehmen, Siegesfeiern aus diesem Anlaß jedoch fernzubleiben. Insofern bestehen keine Bedenken, daß die Auslandsvertretungen der Opfer des Nationalsozialismus und des Krieges in den Gastländern in geeigneter Weise gedenken, wie dies auch bereits in der Vergangenheit geschehen ist. Bei einer Ehrung von gefallenen Soldaten sollte diese in jeweils gleicher Weise erfolgen, daß nicht nur westliche Kriegstote einbezogen werden. [...] Eine Teilnahme an Siegesfeierlichkeiten und den aus ihrem Anlaß veranstalteten Empfängen sollte auch weiterhin unterbleiben. Dies gilt nicht nur für die üblichen Feiern zum 9. Mai, sondern auch – besonders im Ostblock – für Gedenkfeiern einzelner Schlachtensiege." Vgl. Referat 213, Bd. 112719.
8 Am 17. März 1975 teilte Vortragender Legationsrat Dingens mit, daß im „links-orientierten Berliner Informationsdienst ‚Extra' vom 11.3.1975 [...] unter der Überschrift ‚Auswärtiges Amt: Verbot an den Feiern zur Befreiung teilzunehmen' der volle Wortlaut des Runderlasses – VS-NfD – vom 31.1.1975 betreffend die Teilnahme an Feierlichkeiten zum 30. Jahrestag der deutschen Kapitulation abgedruckt" worden sei: „Hier ist das Original des Runderlasses weitergegeben worden. Der Inhalt des Runderlasses, vor allem, wenn er unvollständig zitiert wird, kann zu einer nützlichen Handhabe der östlichen Propaganda gegen die Bundesregierung, insbesondere aber gegen das Auswärtige Amt werden." Vgl. Referat 213, Bd. 112719.
9 Vortragender Legationsrat I. Klasse Kühn informierte am 19. März 1975 über die Unterrichtung durch die Drei Mächte in der Bonner Vierergruppe. Danach hätte die UdSSR „den ehemaligen Kriegsalliierten bilateral vorgeschlagen, aus Anlaß des 30. Jahrestages bestimmte gemeinsame Veranstaltungen durchzuführen, wie Gedenkstunden auf alliierten Friedhöfen, ein amerikanisch-sowjetisches Treffen an der Elbe, Austausch von Veteranen-Delegationen, Besuchsaustausch der Oberkommandierenden beider Seiten in Deutschland, gegenseitige Schiffsbesuche usw." Auf seiten der Drei Mächte bestehe die Tendenz, „keine Gedenkfeiern auf deutschem Boden zu veranstalten und sich im übrigen auf Totenehrungen, den Austausch von Veteranen-Delegationen und die auch schon

II. Botschafter Falin hatte gegenüber dem Herrn Staatssekretär zunächst die Möglichkeit angedeutet, daß er auf einen Empfang zum 30. Jahrestag verzichten könnte. Statt dessen sollten in Bonn und in Moskau Kränze niedergelegt werden.[10] Kurz darauf allerdings teilte Falin mit, auf Weisung Moskaus müsse er den Empfang geben.[11]

Um sicherzustellen, daß, wie bei dem Empfang der sowjetischen Botschaft aus Anlaß des 25. Jahrestages 1970, auch in diesem Jahr Mitglieder der Bundesregierung an dem sowjetischen Empfang nicht teilnehmen, hat das Auswärtige Amt am 23. April einen Kabinettsbeschluß erwirkt. Er legt fest, daß von seiten der Bundesregierung nur der Chef des Protokolls des Auswärtigen Amts[12] der Einladung Falins Folge leistet.

III. Unsere Ständige Vertretung in Ost-Berlin hatte bereits Anfang April über die Frage der Teilnahme an DDR-Veranstaltungen zum 30. Jahrestag mit Vertretern der amerikanischen, britischen und französischen Botschaften gesprochen. In diesen Gesprächen hat die Ständige Vertretung unsere Ablehnung des hinter der Kampagne zum 30. Jahrestag stehenden kommunistischen Konzepts zum Ausdruck gebracht. Da jedoch die Ständige Vertretung den Runderlaß des Auswärtigen Amts nicht hatte und eine Abstimmung mit dem Auswärtigen Amt über das Verhalten in Ost-Berlin zu diesem Zeitpunkt noch nicht stattgefunden hatte, äußerte sich der Sprecher der Ständigen Vertretung über eine mögliche Teilnahme an dem DDR-Staatsakt und an der Kranzniederlegung in Treptow anläßlich des 30. Jahrestages weder positiv noch negativ. In späteren Gesprächen, die Staatssekretär Gaus mit den drei Botschaftern in

---

Fortsetzung Fußnote von Seite 467

in den vergangenen Jahren veranstalteten Gedenkfeiern zur Beendigung des Zweiten Weltkrieges zu beschränken. Insgesamt sollen die mit den Sowjets gemeinsam durchzuführenden Veranstaltungen auf möglichst niedriger Ebene gehalten werden." Vgl. den Drahterlaß Nr. 1224; Referat 213, Bd. 112719.

10 Staatssekretär Gehlhoff vermerkte am 11. April 1975, der sowjetische Botschafter Falin habe ihn am 7. April 1975 „auf – wie er betonte – ‚persönlicher Basis' um einen Rat zur Frage eines sowjetischen Empfangs in Bonn zum 30. Jahrestag der Befreiung von der nationalsozialistischen Diktatur" gebeten. Falin habe ihn darüber informiert, „daß die sowjetischen Botschaften im Ausland aus diesem Anlaß durchweg einen Empfang geben würden. Er sei sich darüber im klaren, daß dieser Tag für die Bundesrepublik Deutschland nicht nur die Niederlage des Nationalsozialismus bedeute, sondern auch mit anderen Erinnerungen verbunden sei. Die sowjetische Botschaft in Bonn habe für diese Problematik mehr Verständnis, als dies im sowjetischen Außenministerium der Fall sei. In jedem Fall würde die Botschaft an diesem Tage einige Kränze niederlegen [...]. Darüber hinaus stellten sich für ihn die Fragen, ob er in Bonn einen Empfang geben solle, ob ein solcher Empfang zu einer gewissen Belastung in unseren bilateralen Beziehungen führen könnte und ob Vertreter der Bundesregierung an einem derartigen Empfang teilnehmen würden." Gehlhoff führte weiter aus, er habe Falin am 11. April 1975 erklärt, „daß es besser wäre, wenn er aus Anlaß des 8. Mai 1975 keinen Empfang gäbe. Im übrigen hätte ich mir überlegt, daß an diesem Tag nicht nur ein Kranz durch ihn (Botschafter Falin) in Bonn, sondern auch ein Kranz durch unseren Botschafter in Moskau niedergelegt werden könnte. Meine Überlegungen zu diesem letzten Punkt seien allerdings noch nicht abgeschlossen". Falin habe sich bedankt und hinzugefügt, „hierdurch in seiner Ansicht bestärkt, besser keinen Empfang zu geben, auch wenn dies in Moskau nicht voll verstanden werde". Vgl. Referat 014, Bd. 209.

11 Am 17. April 1975 vermerkte Staatssekretär Gehlhoff, der sowjetische Botschafter Falin habe ihm telefonisch mitgeteilt, er sei von seinem Außenministerium angewiesen worden, „aus Anlaß des 30. Jahrestages der Zerschlagung des Hitler-Faschismus" einen Empfang zu geben. Vgl. Referat 014, Bd. 209.

12 Franz Joachim Schoeller.

Ost-Berlin[13] führte, brachte er zum Ausdruck, daß eine westliche Teilnahme an der DDR-Veranstaltung sogar unter manchen Gesichtspunkten wünschenswert sei. Am 21. April informierte sich Staatssekretär Gaus im Bundeskanzleramt über den Tenor unseres Runderlasses an die Auslandsvertretungen. Dennoch vertrat er die Ansicht, daß die Ständige Vertretung einer Veranstaltung aus Anlaß des Sieges über den Hitler-Faschismus in Ost-Berlin nicht fernbleiben könne. Soweit dem Auswärtigen Amt bekannt, hat er diese Auffassung auch in einem Gespräch mit dem Chef des Bundeskanzleramts[14] zur Geltung gebracht. Ergebnis dieses Gesprächs war die Entscheidung, daß Staatssekretär Gaus am Staatsakt und an der Kranzniederlegung in Treptow teilnimmt, wenn auch die alliierten Botschafter dies tun.

Diese Entscheidung wurde dem Auswärtigen Amt am Nachmittag des 23.4. 1975 mitgeteilt und von uns den Alliierten zur Kenntnis gebracht. Wir baten die Alliierten, uns sobald als möglich darüber zu unterrichten, wie sich ihre Vertreter in Ostberlin verhalten würden.

IV. Dem Auswärtigen Amt sind naturgemäß nicht alle Einzelheiten der Gespräche von Staatssekretär Gaus mit den alliierten Botschaftern in Ostberlin und im Bundeskanzleramt bekannt. Die Entscheidung der Alliierten, ihre ursprüngliche Zurückhaltung aufzugeben und die Teilnahme an den Veranstaltungen dem Ermessen ihrer Botschafter anheimzustellen, ist uns nicht offiziell mitgeteilt worden, auch wissen wir nicht, ob diese Änderung ihrer bisherigen Haltung tatsächlich auf einen „ausdrücklichen deutschen Wunsch" zurückzuführen ist. Das Auswärtige Amt hat einen solchen Wunsch jedenfalls nie geäußert. Eine eventuelle Befassung des Bundeskabinetts mit dieser Frage wäre Angelegenheit des Bundeskanzleramts gewesen.

Meyer-Landrut

Referat 213, Bd. 112719

---

[13] Bernard Guillier de Chalvron (Frankreich), Herbert Keeble (Großbritannien), John S. Cooper (USA).
[14] Manfred Schüler.

104

**Aufzeichnung des
Vortragenden Legationsrats I. Klasse Randermann**

413-491.09-458/75 VS-vertraulich   5. Mai 1975[1]

Betr.: Konferenz der wichtigsten nuklearen Lieferstaaten (Suppliers Conference)

I. Am 23. April fand in London auf amerikanische Einladung[2] eine Konferenz der sieben wichtigsten nuklearen Lieferstaaten (USA, SU, GB, Frankreich, Kanada, Japan und Bundesrepublik) statt, um zu prüfen, welche Maßnahmen nach der indischen Kernexplosion[3] zur Vermeidung einer weiteren Proliferation von Kernwaffen notwendig sind.

Die Konferenz fand zunächst in Form einer exploratorischen Vorkonferenz statt. Sie soll am 18.6. ebenfalls in der gleichen Form wiederholt werden.[4] Die amerikanische Delegation wird es übernehmen, bis zu diesem Zeitpunkt ein Papier über den bisher auf der Konferenz erzielten Konsensus zu fertigen.[5] Sie beabsichtigt, zu diesem Zweck vorher noch bilaterale Konsultationen zu führen.[6]

Frankreich hatte seine Teilnahme von folgenden Bedingungen abhängig gemacht, über die auf der Konferenz Übereinstimmung bestand:

1) informeller und vertraulicher Charakter,

2) nur einstimmige Beschlußfassung,

3) keine Institutionalisierungsfolge,

4) Möglichkeit des Rücktritts von gefaßten Beschlüssen.

Über die Einladung weiterer Staaten wurden keine Beschlüsse gefaßt. Die SU schlug die Einladung der DDR vor, die Briten, unterstützt von uns, diejenige der Niederlande. Die Franzosen erklärten, daß in diesem Falle auch an die Partner Frankreichs bei der Gasdiffusion (Italien, Belgien, Spanien, ggf. Iran) zu denken wäre. Die Einladung weiterer Staaten, die wie Schweden ebenfalls in Betracht kämen, wurde darauf nicht mehr diskutiert.

Die allgemeine Diskussion zur Einleitung der Konferenz war kurz. Es bestand weitgehend Übereinstimmung, daß weitere, auch über den NV-Vertrag[7] und das bisherige IAEO-Sicherheitskontrollsystem hinausgehende Maßnahmen be-

---

[1] Ablichtung.
Hat Vortragendem Legationsrat I. Klasse Dannenbring am 9. Mai 1975 vorgelegen.

[2] Zum amerikanischen Vorschlag vom 1. November 1974, eine Konferenz der wichtigsten Lieferstaaten von Kerntechnologie abzuhalten, vgl. Dok. 25, Anm. 6.

[3] Am 18. Mai 1974 führte Indien einen unterirdischen Atomtest durch. Zur Reaktion der Bundesregierung vgl. AAPD 1974, II, Dok. 228.

[4] Zur Konferenz der wichtigsten Lieferstaaten von Kerntechnologie (Suppliers Conference) am 18./19. Juni 1975 in London vgl. Dok. 168.

[5] Für das amerikanische Papier „Discussion Paper on Safeguards and Export Controls", das am 20. Mai 1975 der Botschaft in Washington übergeben wurde, vgl. Referat 413, Bd. 105361.

[6] Zum Gespräch mit der amerikanischen Delegation bei der zweiten Konferenz der wichtigsten Lieferstaaten von Kerntechnologie (Suppliers Conference) am 18./19. Juni 1975 in London vgl. Dok. 168.

[7] Für den Wortlaut des Nichtverbreitungsvertrags vom 1. Juli 1968 vgl. BUNDESGESETZBLATT 1974, Teil II, S. 786–793.

sonders der wichtigsten Lieferstaaten notwendig sind, um eine weitere Proliferation von Kernwaffen zu vermeiden. Alle Teilnehmer bekundeten ihren Willen zur Kooperation. Die Amerikaner verwiesen auf die von ihnen mit ihrer Einladung vom 1.11.1974 vorgelegten Vorschläge und erklärten, diese stellten kein Evangelium dar, sondern lediglich den Ausgangspunkt ihrer Überlegungen. Wenn eine Ideallösung nicht zu erreichen sei, müsse geprüft werden, welche zweitbeste Lösung akzeptabel sei. Wichtig sei es, auf dem richtigen Weg fortzuschreiten.

Grundlage der Diskussion waren sodann die fünf amerikanischen Vorschläge[8]:

1) Weitgehende Übereinstimmung bestand darüber, daß eine Zusammenarbeit auf dem Kerngebiet nur stattfinden sollte, wenn der Empfangsstaat ausdrücklich darauf verzichtet, die ihm gelieferten nuklearen Materialien und Ausrüstungsgegenstände für Kernwaffen[9], einschließlich von Kernsprengkörpern auch für friedliche Zwecke, zu verwenden. Über den NV-Vertrag hinaus sollte von dieser Verpflichtung auch die gelieferte Technologie umfaßt werden. Die USA, die SU, GB, Frankreich und wir erklärten, daß sie bereits jetzt entsprechend verfahren. Offen bleibt jedoch noch die Frage, was genau unter „Technologie" zu verstehen ist.

Die USA schlugen ferner vor, daß in den entsprechenden Zusammenarbeitsabkommen mit Empfangsstaaten auch hilfsweise bilaterale Sicherheitskontrollen für den Fall vereinbart werden sollten, daß die IAEO nicht in der Lage sei, selbst zu kontrollieren. Hierzu äußerten sich die Briten, die Franzosen und wir skeptisch. Wir erklärten, daß wir über kein nationales Sicherheitskontrollsystem verfügten und deshalb auch nicht beabsichtigten, bilateral in anderen Staaten zu kontrollieren. Wir gingen davon aus, daß die IAEO in der Lage sein werde, ihre Sicherheitskontrollen wirksam durchzuführen.

2) Übereinstimmung bestand ferner darüber, daß nukleare Lieferungen nur unter der Bedingung erfolgen sollten, daß geliefertes Material und Ausrüstungsgegenstände für ihre Lebensdauer IAEO-Sicherungsmaßnahmen unterliegen. Der Vorschlag einer Überprüfung der Triggerliste der Zangger-Memoranden[10] wurde im Prinzip befürwortet, an eine umfangreiche Ergänzung ist jedoch nicht gedacht. Die Amerikaner erwähnten Schwerwasseranlagen und Technologie. Wir stimmten dem Grundsatz zu, erklärten jedoch, bezüglich möglicher materieller Ergänzungen uns jetzt noch nicht binden zu können.

Japan erklärte, es habe den NV-Vertrag noch nicht ratifiziert.[11] Während die-

---

8 Ministerialdirektor Hermes erläuterte am 6. November 1974, die USA hätten als Diskussionspunkte für eine Konferenz der wichtigsten Lieferstaaten von Kerntechnologie vorgeschlagen: 1) Zusammenarbeit mit Nicht-Kernwaffenstaaten nur gegen ausdrückliche Verpflichtung zur friedlichen Verwendung; 2) Lieferung von nuklearem Material nur gegen ausreichende IAEO-Sicherheitskontrollen; 3) Lieferung von waffenfähigem Material sowie von Anreicherungs- und Wiederaufbereitungsanlagen an Nicht-Kernwaffenstaaten nur für multinationale Unternehmen oder gegen eine Verpflichtung zur Non-Proliferation und Unterwerfung des gesamten Brennstoffkreislaufs unter IAEO-Sicherungsmaßnahmen; 4) Maßnahmen zum Schutz von Anlagen und Material vor Diebstahl oder Sabotage; 5) strenge Kriterien für Lieferungen in Spannungsgebiete oder instabile Staaten. Vgl. dazu AAPD 1974, II, Dok. 325.
9 Korrigiert aus: „nicht für Kernwaffen".
10 Zu den Zangger-Memoranden vgl. Dok. 84, Anm. 8.
11 Botschafter Grewe, Tokio, berichtete am 7. April 1975 über ein Gespräch mit dem japanischen Außenminister. Miyazawa habe hinsichtlich der Ratifizierung des Nichtverbreitungsvertrags vom 1. Juli

ser Interimsperiode könne es die Zangger-Memoranden nur im Rahmen seiner sonstigen internen rechtlichen Möglichkeiten anwenden.

3) Die Bedeutung der Vereinbarung von Maßnahmen auch auf dem Gebiet der physical security wurde allgemein anerkannt. Entsprechende Maßnahmen fielen zwar in die nationale Zuständigkeit, die IAEO könne hier jedoch eine nützliche Rolle spielen, z. B. bei der Ausarbeitung entsprechender Abkommen und Entwürfe. Besonders beim Materialtransport sei eine internationale Zusammenarbeit notwendig.

4) Bezüglich des amerikanischen Vorschlags besonders strenger Maßnahmen bei der Lieferung sensitiven Materials und Ausrüstungsgegenständen an Staaten, die in Spannungsgebieten liegen oder politisch nicht stabil sind, bestand Einvernehmen, daß die Aufstellung einer Schwarzen Liste nicht nötig sei. Entscheidungen könnten nur von Fall zu Fall getroffen werden. Frankreich sprach sich hier aber gegen ein formalisiertes Konsultationsverfahren aus.

5) Über den wichtigsten amerikanischen Vorschlag einer Unterwerfung des gesamten Brennstoffkreislaufs des Empfangsstaats gemäß INFCIRC 153[12] im Falle der Lieferung von sensitiven Materialien und Anlagen war keine volle Übereinstimmung zu erzielen.

Frankreich lehnte diesen Vorschlag in einem bereits zu Beginn verteilten Papier rundweg ab. Die SU unterstützte dagegen den amerikanischen Vorschlag. Die Briten und Kanadier sprachen sich im Grundsatz ebenfalls für ihn aus, bemerkten aber, die Durchsetzbarkeit dieses Vorschlags hänge davon ab, daß alle Lieferstaaten ihn sich zu eigen machten. Von britischer Seite wurde erwähnt, es sei denkbar, daß Lieferstaaten in gewissen Fällen durch zu harte Kontrollforderungen einen technisch fortgeschrittenen Empfängerstaat auf eine unkontrollierte eigene Entwicklung abdrängen könnten.

Auch wir befürworteten diese Gedanken im Prinzip, warnten aber vor zu strengen Bedingungen für die Empfangsstaaten und äußerten Zweifel an der Durchführbarkeit. Wir stellten ferner die Frage, ob im Falle der Aufstellung einer Kategorie von sensitiven Anlagen neben Anreicherungs- und Wiederaufarbeitungsanlagen nicht auch mit Natururan betriebene Schwerwasserreaktoren mit aufgenommen werden müssen. Die Japaner äußerten sich nicht.

Fortsetzung Fußnote von Seite 471

1968 durch Japan ausgeführt: „Wahrscheinlich werde der Vertrag etwa Ende April/Anfang Mai im Parlament eingebracht werden. Das könne bei einer ein- bis zweimonatigen Verlängerung der Sitzungsperiode auch zur Ratifizierung ausreichen, zumal die Obstruktionsmöglichkeiten des Oberhauses beschränkt seien. Vor der Revisionskonferenz sei allerdings sicher nicht mit der Ratifikation zu rechnen. Auf seine Frage erläuterte ich ihm unsere Ratifikationsprobleme im Zusammenhang mit Italien. Er äußerte in allgemeiner Form Interesse an einer Abstimmung mit uns vor der Revisionskonferenz. Seine Regierung stehe insofern vor einem Dilemma, als sie bei der Konferenz nicht gerne offen mit den Ländern der Dritten Welt gemeinsame Sache machen wolle, es andererseits aber aus Rücksicht auf die eigene öffentliche Meinung nicht an der nötigen Klarheit gegenüber den Nuklearmächten fehlen lassen dürfe." Vgl. den Drahtbericht Nr. 219; Referat 302, Bd. 101473.

[12] In der Folge des Nichtverbreitungsvertrags vom 1. Juli 1968 wurde ein neues IAEO-Sicherungssystem zur Kontrolle der Nichtkernwaffenstaaten erforderlich. Am 20. April 1971 billigte der Gouverneursrat der IAEO ein entsprechendes Modellabkommen, das eine Kontrolle des gesamten Nuklearkreislaufs eines Staates ermöglichte. Für das Dokument INFCIRC/153 vgl. INTERNATIONAL ATOMIC ENERGY AGENCY, The Structure and Content of Agreements Between the Agency and States Required in Connection with the Treaty on the Non-Proliferation of Nuclear Weapons, [Wien] 1971.

Die USA unterstrichen, unterstützt von der Sowjetunion, daß für die Lieferung von Wiederaufarbeitungsanlagen meist kein hinreichender wirtschaftlicher Grund bestehe. Besondere Zurückhaltung sei notwendig.

Der amerikanische Vorschlag, sensitive Anlagen nur gegen eine „multinational participation" zu liefern, fand verhältnismäßig positive Aufnahme. Die Amerikaner erklärten, ideal wäre die Beteiligung mehrerer Staaten einer Region. Damit könnte regionalen Besorgnissen entgegengewirkt werden. Da dies aber schwer zu erreichen sein werde, müßte zumindest ein Mitspracherecht des Lieferanten bei der Errichtung und dem Betrieb sensitiver Anlagen gesichert werden.

Die Kanadier unterstrichen diesen Punkt und bemerkten, sie versuchten, sich ein Einspruchsrecht für die Wiederaufarbeitung und Anreicherung im Empfängerland zu sichern. Die Franzosen erklärten, daß sie bereit seien, Empfangsstaaten in dieser Richtung zu „ermutigen". Anreicherungsanlagen und Wiederaufarbeitungsanlagen seien derartig kostspielig, daß sich insoweit eine regionale Zusammenarbeit anbiete. Wir erwähnten, daß man in dieser Zusammenarbeit an joint ventures denken kann. Der Umfang des Regierungseinflusses hierauf sei allerdings fraglich.

Hinsichtlich der Kontrolle der sensitiven Technologie sollte nach französischer Ansicht alles das Sicherungsmaßnahmen unterliegen, was aus der erhaltenen technischen Hilfe stamme. Es könne an eine Verpflichtung des Empfangsstaates gedacht werden, eine gelieferte Anlage innerhalb eines bestimmten Zeitraums (10 bis 15 Jahre) nicht ohne IAEO-Sicherungsmaßnahmen zu reproduzieren, wobei auf das technologische Grundverfahren abzustellen sei.

Übereinstimmung bestand darüber, daß im sensitiven Bereich ein Reexport nur mit Zustimmung des Lieferstaates erfolgen solle.

In diesem Zusammenhang vorgebrachte amerikanische Forderung einer allgemeinen Verpflichtung des Empfangsstaats zur Nichtverbreitung unter Einschluß des Verzichts auf Kernsprengkörper für die friedliche Nutzung aufgrund auch von Eigenentwicklungen wurde nicht vertieft. Frankreich erklärte, daß dies praktisch die Übernahme der Verpflichtungen aus dem NV-Vertrag bedeute. Nicht alle Staaten, die den NV-Vertrag ablehnten, wünschten Kernwaffen. Es bestünde die Gefahr, derartige Staaten in die falsche Richtung abzudrängen. Dieser Vorschlag habe etwas Unrealistisches an sich. Wir äußerten Zweifel, ob ein Verzicht auf Kernsprengkörper auch für friedliche Zwecke in jedem Falle durchsetzbar sei.

Neben den amerikanischen Vorschlägen wurde auch kurz der kanadische Vorschlag der Ausarbeitung eines trilateralen Sicherheitskontrollmusterabkommens erörtert, das mit Nichtkernwaffenstaaten abgeschlossen würde. Die USA, die SU, Japan erklärten, diesen Vorschlag noch prüfen zu müssen. Die Briten begrüßten die kanadische Initiative, erklärten aber ebenso wie die Franzosen, daß diese Frage innerhalb der IAEO diskutiert werden sollte. Wir begnügten uns damit, einige Fragen zu stellen.

Referat 222 hat mitgezeichnet.

gez. Randermann

VS-Bd. 9965 (204)

105

Aufzeichnung des Ministerialdirektors Lahn

302-321.00 VIE VS-NfD   **6. Mai 1975**[1]

Über Herrn Staatssekretär[2] Herrn Minister[3]

Betr.: Fortsetzung unserer Beziehungen zu Südvietnam[4]

mit dem Vorschlag vorgelegt, folgender Weisung an unsere Botschaft in Paris zuzustimmen:

„1) Sie werden gebeten, so bald wie möglich auf Botschaftsratsebene Kontakt mit der dortigen Vertretung der Provisorischen Revolutionsregierung der Republik Südvietnam aufzunehmen und unsere Auffassung über die Fortsetzung unserer Beziehungen zu Südvietnam erläutern zu lassen.

2) Der südvietnamesischen Seite sollte folgendes mündlich vorgetragen werden:

Die diplomatischen Beziehungen, die seit nahezu 20 Jahren zwischen der Bundesrepublik Deutschland und Südvietnam bestehen[5], sind nach unserer Auffassung durch den Wechsel der Regierungsform in Südvietnam nicht unterbrochen worden, da es sich hierbei um eine innere Angelegenheit dieses Staates handelte. Die Bundesregierung ist bereit, diese Beziehungen fortzusetzen und mit der neuen Regierung Südvietnams zusammenzuarbeiten. Falls diese Bereitschaft auch seitens der südvietnamesischen Regierung besteht, wird die Bundesregierung ihre Botschaft in Saigon wieder eröffnen und das allein aus Sicherheitsgründen evakuierte deutsche Botschaftspersonal[6] nach Saigon zurückschicken. Unter dieser Voraussetzung wird sie die Regierung Südvietnams einladen, ihrerseits diplomatische Vertreter nach Bonn zu entsenden. Wir gehen von dem Fortbestand der gegenseitigen Rechte und Pflichten beider Staaten aus. Wir legen Wert darauf, daß die Botschaften beider Staaten ihre Aufgaben im gleichen Umfang sowohl in personeller, sachlicher als auch territorialer Hinsicht wie bisher wahrnehmen können.

---

[1] Die Aufzeichnung wurde von Vortragendem Legationsrat Neukirchen und von Legationsrat I. Klasse Truhart konzipiert.

[2] Hat Staatssekretär Gehlhoff am 7. Mai 1975 vorgelegen.

[3] Hat Bundesminister Genscher am 8. Mai 1975 vorgelegen.

[4] Am 30. April 1975 erklärte die Regierung der Republik Vietnam (Südvietnam) die bedingungslose Kapitulation gegenüber der Provisorischen Revolutionsregierung der Republik Südvietnam (PRRSV). Dazu wurde in der Presse berichtet: „Die Kapitulation Saigons war am Vortag von Präsident Minh in einer nur einminütigen Rundfunkansprache bekanntgegeben worden. ‚Im Interesse des Friedens, der nationalen Aussöhnung und der Eintracht der Menschen in Südvietnam' gab er die bedingungslose Übergabe bekannt und forderte die Regierungstruppen auf, die Waffen niederzulegen. Kurz zuvor hatten die letzten Amerikaner mit Hubschraubern Saigon verlassen. Minh, der erst am Montag das Präsidentenamt übernommen hatte, wurde nach dem Einmarsch der Vietkong an einen unbekannten Ort gebracht." Vgl. den Artikel „Kommunisten feiern ‚totalen Sieg' – USA warnen Moskau und Peking"; DIE WELT vom 2. Mai 1975, S. 1.

[5] Die Bundesrepublik richtete am 12. Juni 1957 eine Gesandtschaft in Saigon ein, die am 25. April 1960 in eine Botschaft umgewandelt wurde.

[6] Zur Evakuierung der Botschaftsangehörigen am 24. April 1975 vgl. Dok. 115.

Aus unserer Auffassung über die Kontinuität der Beziehungen zwischen beiden Staaten folgt, daß auch der Rechtsstatus der Botschaften beider Staaten und die Vorrechte und Befreiungen der Botschaftsangehörigen fortbestehen und die Botschaften ihren Tätigkeiten im Rahmen der völkerrechtlichen Normen und Gebräuche, wie sie im Wiener Übereinkommen vom 18. April 1961[7] ihren Ausdruck gefunden haben, ungehindert nachgehen können.

Wir schlagen vor, die Bereitschaft der beiden Regierungen zur Fortsetzung der diplomatischen Beziehungen in einem Kommuniqué festzuhalten.

3) Drahtbericht über Demarche und Reaktion der südvietnamesischen Seite erbeten."

Sachdarlegung:

1) Die politischen Veränderungen in Südvietnam haben völkerrechtlich an dem Fortbestand der diplomatischen Beziehungen zu diesem Staat nach unserer Auffassung zunächst nichts geändert. Wir haben mit dem sicherheitsbedingten Abzug der deutschen entsandten Kräfte unsere Botschaft in Saigon nicht aufgegeben. Beide Regierungen haben nunmehr zu entscheiden, ob sie die bestehenden Beziehungen fortsetzen, ihnen eine andere Qualität geben oder beenden wollen.

2) Wir sollten uns aus folgenden Gründen für eine Fortsetzung entscheiden und damit die Provisorische Revolutionsregierung als die vertretungsbefugte Regierung von Südvietnam anerkennen:

– Unsere europäischen Partner behalten ihre Vertretungen in Saigon bei;
– wir können unsere auf Frieden und Stabilität in der Region abzielende Politik wirksam nur durch Präsenz am Ort verfolgen und haben deswegen auch vor, nach Abschluß der Verhandlungen über die Aufnahme diplomatischer Beziehungen mit Nordvietnam[8] eine Vertretung in Hanoi einzurichten;
– wir können im Einklang mit unseren europäischen Partnern und anderen westlichen Vertretungen das Interesse der neuen Regierung in Saigon an einer Politik der friedlichen Zusammenarbeit, des Ausgleichs und der Unabhängigkeit gegenüber fremder Hegemonie nur stärken, wenn wir in Südvietnam vertreten sind;
– wir stehen im Wort für die Gewährung humanitärer Hilfe und von Aufbauhilfe in Südvietnam;
– wir haben deutsche Staatsangehörige zu betreuen und haben auch gegenüber den vietnamesischen Mitarbeitern unserer Botschaft, des Goethe-Instituts und deutscher Hilfsprogramme eine Verantwortung;
– wir sollten unser geistig-kulturelles Engagement, das in der erfolgreichen Tätigkeit des Goethe-Instituts in Saigon seinen deutlichsten Ausdruck gefunden hat, nicht ohne Not abschreiben;
– es gilt, das Bundeseigentum (Gebäude, Grundstücke etc.) zu halten;

---

7 Für den Wortlaut des Wiener Übereinkommens vom 18. April 1961 über diplomatische Beziehungen vgl. BUNDESGESETZBLATT 1964, Teil II, S. 958–1005.
8 Zu den Verhandlungen mit der Demokratischen Republik Vietnam (Nordvietnam) über die Aufnahme diplomatischer Beziehungen vgl. Dok. 82.

– das Problem der Südvietnamesen im Bundesgebiet, die ihre Familienangehörigen in Südvietnam haben, ist bei Fortbestand der Beziehungen leichter zu handhaben als über den umständlichen Weg einer Schutzmachtvertretung im Fall des Abbruchs der Beziehungen.

3) Bisher liegen keine eindeutigen Erklärungen über die Haltung der neuen Regierung in Saigon vor. Andeutungen von Vertretern der Provisorischen Revolutionsregierung im Ausland, die neue Regierung wolle gute Beziehungen mit allen Staaten, widersprechen Rundfunkmeldungen in Saigon, nach denen die Beziehungen zu den Entsenderländern der bisherigen Botschaften erloschen seien. Uns ist an einer baldigen Klärung gelegen, u. a. deswegen, weil wir über den Verbleib unseres in Bangkok wartenden Botschafters[9] entscheiden möchten. Der Kontakt über die Vertretungen in Paris erscheint als der schnellste Weg.

4) Es ist nicht auszuschließen, daß die neue südvietnamesische Regierung ihr Verhältnis insbesondere zu einigen westlichen Staaten neu gestalten möchte und nach nordvietnamesischem Vorbild Status und Wirkungsmöglichkeiten der Botschaften zu beschneiden versuchen wird. Dies werden wir bis zu einem gewissen Grade hinnehmen können. Wir müssen nur sicher sein, daß Interessen von Gewicht gewahrt bleiben. Das gilt für die notwendigen Voraussetzungen der Tätigkeit der Botschaft – ungestörte Funk- und Kurierverbindungen, Vorrechte und Befreiungen, Achtung unserer Gebäude. Mit dem Hinweis darauf, daß die Botschaften wie bisher ihre Aufgaben im gleichen Umfang sowohl in personeller, sachlicher als auch territorialer Hinsicht wahrnehmen, stellen wir klar, daß wir auch weiterhin die Interessen von Berlin (West) vertreten.

Referate 500, 502 und 210 haben mitgezeichnet.[10]

Lahn

VS-Bd. 10033 (302)

---

[9] Heinz Dröge.
[10] Ministerialdirigent Jesser übermittelte die Weisung mit Drahterlaß Nr. 478 vom 9. Mai 1975 an die Botschaft in Paris. Vgl. dazu VS-Bd. 10033 (302); B 150, Aktenkopien 1975.
Die Provisorische Revolutionsregierung der Republik Südvietnam (PRRSV) erklärte sich am 6. Juni 1975 an diplomatischen Beziehungen interessiert. Jedoch teilte der Leiter der südvietnamesischen Vertretung in Paris, Pham Van Ba, am 20. Juni 1975 in einem ersten Kontaktgespräch mit Gesandtem Lahusen, Paris, mit: „Die Prov[isorische] Revolutionsregierung sehe sich nicht als Nachfolgerin des ehemaligen Regimes von Saigon. Beziehungen müßten auf eine neue Basis gestellt werden. Das bedeutet, daß im Augenblick lediglich de-facto-Restbeziehungen bestünden. So erkenne man z. B. an, daß die Bundesrepublik Deutschland Eigentümerin der Botschaftsgebäude etc. in Saigon sei, und seine Regierung beanspruche das Verfügungsrecht über Eigentum des südvietnamesischen Staates in der Bundesrepublik Deutschland. Diplomatische Beziehungen bestünden jedoch erst von dem Augenblick einer neuen schriftlichen Einigung an." Vgl. den Drahtbericht Nr. 2105 von Lahusen; VS-Bd. 10033 (302); B 150, Aktenkopien 1975. Vgl. dazu ferner die Aufzeichnung des Ministerialdirektors Lahn vom 27. Juni 1975; Referat 302, Bd. 101743.

106

Botschafter Sahm, Moskau, an das Auswärtige Amt

114-12380/75 VS-vertraulich   Aufgabe: 6. Mai 1975, 13.25 Uhr[1]
Fernschreiben Nr. 1499   Ankunft: 6. Mai 1975, 15.17 Uhr
Citissime

Betr.: Deutsch-sowjetisches Verhältnis
Bezug: Drahterlaß Nr. 368 vom 3.5.

1) Die deutsch-sowjetischen Beziehungen sind – abgesehen von einigen spezifischen bilateralen Fragen – von Moskau aus gesehen nur im Zusammenhang mit dem allgemeinen Ost-West-Verhältnis und dem jeweiligen Stand der sowjetischen Entspannungspolitik zu verstehen. Die Bedeutung dieser Beziehungen ist ohne Zweifel von dem Machtgefälle zwischen den beiden Ländern geprägt, doch sehen die Sowjets in der Bundesrepublik Deutschland (als stärkster Macht in Westeuropa) sowohl einen Partner wie auch ein Objekt ihrer Entspannungspolitik:
– Die politische und wirtschaftliche Kraft dieses stabilsten westlichen Landes wird durch die Rolle in NATO, EG und westlichen Beratungsgremien multipliziert.
– Die Stärke der Bundeswehr im Bündnis mit den USA (in der NATO) wird als potentielle militärische Bedrohung des Ostblocks angesehen.
– Die von uns offengehaltene Deutschlandfrage ist ein ständiger Störfaktor der sowjetischen Status-quo-Politik.
– Unser Verhalten in Berlin (zusammen mit den Drei Mächten) steht ständig im Gegensatz zur langfristigen Berlin-Politik der Sowjetunion.
– Unsere Wirtschaftskraft spielt eine wichtige Rolle in den Planungen der Sowjets für die wirtschaftliche Entwicklung der Sowjetunion.

Die Sowjets wollen durch Ausbau der Beziehungen mit uns erreichen, daß wir mit unserer Deutschland- und Berlinpolitik das Konzept der sowjetischen Europapolitik nicht stören, sie sind eben deshalb nicht bereit, durch prinzipielle Konzessionen in Deutschland- und Berlinfragen von sich aus zur Entlastung der bilateralen Beziehungen in diesem Bereich beizutragen. Hinsichtlich EG und NATO hoffen Sowjets, uns zu einer Abschwächung der Priorität der Zusammenarbeit in den „geschlossenen" westlichen Systemen zugunsten einer Unterstützung gesamteuropäischer Kooperation und kollektiver Sicherheitsmodelle zu bewegen. Im wirtschaftlich-technischen Bereich hoffen Sowjets auf unsere Mitarbeit selbst im Falle von Phasen politischer Abkühlung.

---
[1] Hat Vortragendem Legationsrat I. Klasse Schönfeld vorgelegen, der die Weiterleitung an die Staatssekretäre Gehlhoff und Sachs verfügte und handschriftlich vermerkte: „Diese Darstellung ist vom BM für das Gespräch mit H[errn] Sahm angefordert worden."
Hat Gehlhoff am 8. Mai 1975 vorgelegen, der handschriftlich vermerkte: „Auch an Leiter Planungsstab."
Hat Sachs am 12. Mai 1975 vorgelegen.
Hat Ministerialdirektor Blech vorgelegen.

2) Wenn die Sowjetunion bei Einleitung ihrer neuen Westpolitik unter Breschnew weitergehende Erwartungen gehegt haben mag, so sind ihr inzwischen die Grenzen und Möglichkeiten dieser „Entspannungspolitik" deutlicher geworden:

unveränderte Fortdauer der machtpolitischen und ideologischen Gegensätze zu den USA und ihren Verbündeten – Schwierigkeit, bei SALT einen Durchbruch zu erreichen; Einheit des westlichen Lagers, insbesondere bei KSZE und MBFR.

Dazu kommen Schwierigkeiten im eigenen Lager (politisch wie ideologisch). Dilemmata der sowjetischen Lage in Portugal, Griechenland–Türkei–Zypern, Nahost, die langsame Entwicklung der wirtschaftlichen Kooperation mit dem Westen und eine gewisse Unsicherheit wegen der jederzeit möglichen politischen und persönlichen Veränderungen bei westlichen Gesprächspartnern (Brandt, Pompidou, Nixon)[2].

Die sowjetische Führung hat daraus offensichtlich die Folgerung gezogen, daß auf allen Gebieten in längeren Zeiträumen gerechnet werden muß, daß schnelle Erfolge nicht überall zu erwarten sind und daß sie deshalb vorsichtshalber ohne vorzeitige Konzessionen vorgehen sollte.

Es kommt hinzu, daß – nach Abschluß der KSZE – ein Alltag auch in der Entspannungspolitik eintreten wird, daß die Gipfelbegegnungen zur Routine werden (jetzt sollen Besuche gekrönter Häupter in der SU[3] Substanz durch Glanz ersetzen) und daß neue Probleme in den Vordergrund treten, bei deren Bewältigung das neue Verhältnis zwischen Ost und West zwar hilfreich, aber nicht allein maßgebend zu sein braucht.

In dieses ernüchterte Bild paßt auch die gegenwärtige sowjetische Politik gegenüber der BRD.

3) Der entscheidende Durchbruch für die Neugestaltung der Beziehungen mit Osteuropa geschah mit der Bildung der sozial-liberalen Regierung 1969[4], die bereit war, die DDR als Staat zu akzeptieren und unsere Entspannungspolitik nach Osten auf die SU zu konzentrieren. Die Ergebnisse liegen heute vor: Mit allen Ostblockstaaten konnten vertragliche Beziehungen unter Wahrung unserer politischen Grundpositionen hergestellt werden. Das Vier-Mächte-Abkommen hat die Einbeziehung Berlins in den Entspannungsprozeß ermöglicht, Bundesrepublik Deutschland und DDR sind Mitglieder der VN[5], die KSZE findet statt, und die BRD hat den Nichtverbreitungsvertrag ratifiziert.[6] Wir sind in allen diesen Gebieten gleichberechtigte Partner geworden. Damit ist ein Abschnitt unserer Ostpolitik abgeschlossen, der in dieser Form weder wiederholt noch fortgesetzt werden kann.

---

[2] Staatspräsident Pompidou verstarb am 2. April 1974. Bundeskanzler Brandt trat am 6. Mai 1974 zurück, Präsident Nixon am 9. August 1974.

[3] Vom 27. Mai bis 2. Juni 1975 besuchten Königin Margrethe II. und Prinz Henrik in Begleitung des dänischen Außenministers Andersen die UdSSR. Vom 5. bis 10. Juni 1975 bzw. vom 23. Juni bis 2. Juli 1975 folgten Besuche des Großherzogs Jean von Luxemburg und des belgischen Königs Baudouin I.

[4] Nach den Wahlen zum Bundestag vom 28. September 1969 bildeten SPD und FDP am 21. Oktober 1969 eine neue Regierung.

[5] Die Bundesrepublik und die DDR wurden am 18. September 1973 in die UNO aufgenommen. Vgl. dazu AAPD 1973, III, Dok. 310.

[6] Die Bundesrepublik hinterlegte die Ratifikationsurkunde zum Nichtverbreitungsvertrag vom 1. Juli 1968 am 2. Mai 1975 in London und Washington.

4) Allein schon aus dieser Tatsache ergibt sich die Notwendigkeit, die weiteren Aussichten für die Entwicklung der bilateralen Beziehungen im Rahmen des Ost-West-Verhältnisses zu überprüfen und unsere Möglichkeiten abzuwägen.

5) Wir müssen damit rechnen, daß nach Abschluß der KSZE eine Propagandawelle des Ostblocks und der „fortschrittlichen Kräfte" in den westeuropäischen Staaten losgelassen wird, die ihr Ergebnis der östlichen Sprachregelung anpaßt. Schon in dieser Phase werden besondere Interessen der Bundesrepublik Deutschland berührt werden (Friedensvertrag, endgültige Lösung der Grenzfrage, völkerrechtliche Verbindlichkeit des Prinzipienkataloges).

Ferner kann man schon jetzt davon ausgehen, daß künftige Handlungen oder Unterlassungen der Bundesregierung, die nicht mit den sowjetischen Interessen übereinstimmen, als Verletzung der angeblichen Verpflichtung aus der KSZE angegriffen und verurteilt werden. Insofern wird Zeit nach dem Abschluß der KSZE zu Belastungen der deutsch-sowjetischen Beziehungen führen können.

Es wird deshalb darauf ankommen, daß wir dieser Situation nicht isoliert ausgesetzt werden, sondern daß wir die in den Verhandlungen bewährte Solidarität der EG, der NATO und der freien Staaten auch für die Zeit danach aufrechterhalten und den gemeinsamen Interessen nutzbar machen.

Unabhängig davon scheint es mir aber auch angebracht, daß noch vor der dritten Phase, also z. B. bei der Ministerkonsultation, ein offenes Wort mit der SU gesprochen wird. Dabei wäre darauf hinzuweisen, daß kein europäisches Land durch die KSZE an der Verfolgung seiner legitimen nationalen Ziele auf friedlichem Wege gehindert wird und daß der Brief zur deutschen Einheit[7] genauso gültig bleibt wie unser Anspruch auf volle Anwendung des Vier-Mächte-Abkommens oder unser Recht, uns mit anderen – auch zur Verteidigung – zusammenzuschließen. Dabei müßte dem „peaceful change" durch entsprechende Interpretation das angemessene Gewicht gegeben werden.

Wir sollten klarstellen, daß die Entspannung nur aufgrund von gegenseitig annehmbaren Bedingungen tragfähig sein kann, nicht jedoch dann, wenn eine Seite versucht – wie dies sowjetische Propaganda in wachsendem Maße tut –, die Entspannung als Instrument zur Schwächung oder gar Verdrängung der anderen Seite zu verwenden. Deshalb müssen wir verlangen, daß SU unser Bemühen um den Schutz unserer Gesellschaftsordnung, die Landesverteidigung und eine Integrations- und Bündnispolitik als entspannungskonform respektiert, statt sie ständig als entspannungswidrig anzuprangern (vgl. dazu im einzelnen DB 1494 vom 5.5.75 – Pol[8]). Im übrigen können wir dazu beitragen, die

---

[7] Im „Brief zur deutschen Einheit", der anläßlich der Unterzeichnung des Moskauer Vertrags vom 12. August 1970 im sowjetischen Außenministerium übergeben wurde, stellte die Bundesregierung fest, „daß dieser Vertrag nicht im Widerspruch zu dem politischen Ziel der Bundesrepublik Deutschland steht, auf einen Zustand des Friedens in Europa hinzuwirken, in dem das deutsche Volk in freier Selbstbestimmung seine Einheit wiedererlangt". Vgl. BUNDESGESETZBLATT 1972, Teil II, S. 356. Einen wortgleichen Brief richtete Staatssekretär Bahr, Bundeskanzleramt, an den Staatssekretär beim Ministerrat der DDR, Kohl, anläßlich der Unterzeichnung des Vertrags vom 21. Dezember 1972 über die Grundlagen der Beziehungen zwischen der Bundesrepublik und der DDR. Für den Wortlaut vgl. BUNDESGESETZBLATT 1973, Teil II, S. 425.

[8] Botschafter Sahm, Moskau, berichtete über Artikel in offiziösen sowjetischen Zeitschriften, in denen „die westliche Doktrin des ‚Gleichgewichts der Kräfte' als Grundlage der Ost-West-Beziehungen pauschal abgelehnt" werde: „Begründung: Diese These sei letzten Endes darauf gerichtet, eine Stärkung der Positionen des Sozialismus und eine weitere Veränderung des Kräfteverhältnisses

sowjetische Politik, die eine kooperative und eine offensive Komponente hat, vor der Versuchung eines übermäßigen Abgleitens auf ein offensives Gleis zu bewahren, indem wir gemeinsam mit unseren westlichen Verbündeten und Freunden Anreize für Kooperation geben (vgl. dazu unter Ziff. 10), aber möglichst wenig Ansatzpunkte zur Ausnützung von Schwächen bieten.

6) In den gegenwärtig aktuellen Berlin-Fragen ist es nicht ausgeschlossen, daß die SU in der nächsten Zeit Lösungen anbietet oder akzeptiert, die geeignet sind, die Streitpunkte aus dem Wege zu räumen. Dies würde es den Sowjets erlauben, zum Zeitpunkt des KSZE-Gipfels[9] und dann später bei dem 25. Parteikongreß[10] festzustellen, daß keine Meinungsverschiedenheiten mehr vorliegen. (Neue Gegensätze könnten dann um so leichter als Verletzung des Vier-Mächte-Abkommens und auch der KSZE-Ergebnisse durch die Bundesregierung dargestellt werden).

Es wäre daher wohl zu empfehlen, daß bei der Einigung über die verschiedenen Streitpunkte noch einmal deutlich (und wohl auch öffentlich) unsere und der Drei Mächte Interpretation des VMA in den Punkten dargelegt werden, wo nach wie vor entgegengesetzte Auffassungen bestehen bleiben und in Zukunft zu Streit Anlaß geben werden (Außenvertretung[11], Einbeziehung in Verträge[12], Bindungen[13]).

7) In einer Zeit verstärkter ideologischer Anstrengungen im östlichen Lager, die nach der KSZE zu erwarten ist (Konferenz europäischer KP[14], 25. Partei-Kongreß der KPdSU), werden auch die ideologischen Gegensätze zwischen Ost und West deutlicher zu Tage treten. In bezug auf die BRD kann man mit Auseinandersetzungen mit der SPD, Reibungen mit der FDP und scharfer Kritik an CDU und CSU rechnen. Die sowjetische Haltung vor den letzten Landtagswahlen in der BRD und insbesondere vor der Berliner Wahl[15] hat gezeigt, daß die Sowjets nicht bereit sind, irgendwelche Schritte zur Unterstützung der für die Ostpolitik verantwortlichen Koalitionsparteien zu unternehmen. Sie sind wohl auf eine Linie festgelegt, die eine Unterstützung von nicht-kommunistischen Kräften in der Innenpolitik anderer Länder nur dann erlaubt, wenn die-

---

Fortsetzung Fußnote von Seite 479

zugunsten von ‚Frieden, Fortschritt und Demokratie' zu hindern." Außerdem werde „als Programm verkündet, daß nach der KSZE die Überwindung der Teilung Europas in verschiedene Militärblöcke in Angriff genommen werden müsse". Vgl. Referat 213, Bd. 112774.

[9] Zum Vorschlag des Generalsekretärs des ZK der KPdSU, Breschnew, vom 8. März 1975, für Ende Juni 1975 die KSZE-Schlußkonferenz auf der Ebene der Staats- und Regierungschefs nach Helsinki einzuberufen, vgl. Dok. 49.

[10] Der XXV. Parteitag der KPdSU fand vom 24. Februar bis 5. März 1976 in Moskau statt.

[11] Vgl. dazu Anlage IV A und IV B des Vier-Mächte-Abkommens über Berlin vom 3. September 1971; Dok. 22, Anm. 6.

[12] Zur Diskussion über die Einbeziehung von Berlin (West) in Abkommen zwischen der Bundesrepublik und der UdSSR vgl. Dok. 64.

[13] Vgl. dazu Teil II B des Vier-Mächte-Abkommens über Berlin vom 3. September 1971; Dok. 22, Anm. 4.

[14] Zur geplanten Konferenz der kommunistischen und Arbeiterparteien Europas vgl. Dok. 23, Anm. 34. Am 5. Mai 1975 berichtete die Presse, die SED habe Meldungen dementiert, daß die Vorbereitungen unterbrochen worden seien. Vgl. dazu den Artikel „Vorbereitungen zur KP-Konferenz in der DDR"; FRANKFURTER ALLGEMEINE ZEITUNG vom 5. Mai 1975, S. 3.

[15] Am 2. März 1975 fanden die Wahlen zum Berliner Abgeordnetenhaus statt; es folgten am 9. März bzw. am 13. April 1975 die Wahlen zu den Landtagen in Rheinland-Pfalz und Schleswig-Holstein sowie am 4. Mai 1975 im Saarland und in Nordrhein-Westfalen.

se mit der betreffenden KP zusammenarbeiten. So werden die Fragen des Radikalen-Erlasses[16], der Beziehung zur DKP, die Haltung der Gewerkschaften, weiterhin zu Spannungen führen können.

8) Der Abschluß der KSZE wird es andererseits aber auch uns erlauben, mit größerem Nachdruck auf die Verbesserung der gegenseitigen Beziehungen und auf Verwirklichung der Programme aus Korb II und III hinzuwirken. Wir sollten uns sehr frühzeitig darauf vorbereiten, unter Berufung auf die KSZE eine „Offensive des Lächelns" an die SU heranzutragen und der Rückwanderung und Familienzusammenführung, der Begegnung von Menschen und dem Austausch von Kultur und Information den Platz zu schaffen, der ihm in unserer Vorstellungswelt gebührt, ohne daß wir den Eindruck machen, das System verändern zu wollen. In diesen Zusammenhang gehört auch ein deutsch-sowjetischer Gesprächskreis, dem ich nach wie vor eine wichtige Rolle bei der Gestaltung der Beziehungen und der Ausräumung von Mißverständnissen zuschreibe.

9) Noch schwer zu übersehen ist die künftige Entwicklung auf dem Gebiet der Abrüstung. Vielerlei Anzeichen deuten darauf hin, daß die Warschauer-Pakt-Staaten auf dem KP-Treffen und die SU beim 25. Parteikongreß die These, wonach der politischen die militärische Entspannung folgen müsse, durch eine Propagandawelle (die im Westen offene Ohren finden kann) und scheinbar konkrete Vorschläge untermauern. Der Westen könnte dieser Taktik am besten dadurch begegnen, daß er – möglichst gemeinsam oder einheitlich – seinerseits wirkungsvolle, aber auch realisierbare Vorschläge auf diesem Gebiet macht. Es würde der Bundesrepublik Deutschland gut anstehen, hier initiativ zu werden.

10) Bleibt das Gebiet der Wirtschaft. Hier begegnen sich die beiderseitigen Interessen. In einer Zeit eines schnellen und weite Bevölkerungskreise umfassenden Informationsaustausches bedeutet für die SU ihr Zurückbleiben in der Wirtschaftsentwicklung und im Lebensstandard der Bevölkerung sowohl gegenüber dem Westen wie auch gegenüber den wirtschaftlichen fortgeschrittenen RGW-Staaten (DDR, Polen, ČSSR) ein Dilemma, das ihr System unattraktiv macht. In der sowjetischen Gesamtpolitik kommt deshalb der Sicherung eines schnellen wirtschaftlichen Wachstums eine hohe Priorität zu. Ein zügiges Wirtschaftswachstum erfordert in gewissem Umfang die Mitwirkung des westlichen wirtschaftlichen und wissenschaftlich-technischen Potentials. Die hohen Zuwachsraten des sowjetischen Westhandels beweisen, daß die SU diesen Weg zielbewußt beschreitet. Dementsprechend ist eine Determinante der sowjeti-

---

16 Am 28. Januar 1972 vereinbarten die Ministerpräsidenten der Länder unter dem Vorsitz des Bundeskanzlers Brandt Grundsätze über die Mitgliedschaft von Beamten in extremen Organisationen: „Nach den Beamtengesetzen von Bund und Ländern und den für Angestellte und Arbeiter entsprechend geltenden Bestimmungen sind die Angehörigen des Öffentlichen Dienstes verpflichtet, sich zur freiheitlich-demokratischen Grundordnung im Sinne des Grundgesetzes positiv zu bekennen und für deren Erhaltung einzutreten. Verfassungsfeindliche Bestrebungen stellen eine Verletzung dieser Verpflichtung dar. Die Mitgliedschaft von Angehörigen des Öffentlichen Dienstes in Parteien oder Organisationen, die die verfassungsmäßige Ordnung bekämpfen – wie auch die sonstige Förderung solcher Parteien und Organisationen –, wird daher in aller Regel zu einem Loyalitätskonflikt führen. Führt das zu einem Pflichtverstoß, so ist im Einzelfall zu entscheiden, welche Maßnahmen der Dienstherr ergreift. Die Einstellung in den Öffentlichen Dienst setzt nach den genannten Bestimmungen voraus, daß der Bewerber die Gewähr dafür bietet, daß er jederzeit für die freiheitlich-demokratische Grundordnung im Sinne des Grundgesetzes eintritt. Bestehen hieran begründete Zweifel, so rechtfertigen diese in der Regel eine Ablehnung." Vgl. BULLETIN 1972, S. 142.

schen Außenpolitik die Absicherung und Festigung ihrer Position auf den westlichen Märkten: Sicherung des freien Zugangs zu den westlichen Kreditmärkten, Sicherung eines hohen Liberalisierungsniveaus, Reduzierung der Embargobestimmungen, langfristige Sicherung der Absatzmärkte für sowjetische Erzeugnisse durch Mitwirkung bei der Schaffung stabiler Ost-West-Beziehungen im Rahmen der gegebenen Möglichkeiten. Im Rahmen dieses Westöffnungskonzepts fällt der BRD in sowjetischer Sicht eine Sonderrolle zu: Sie verfügt über eine hochentwickelte Industrie und über einen leistungsfähigen Kapitalmarkt, sie ist der größte Maschinenexporteur der Welt, ihre geographische Lage befähigt sie in besonderem Maße zur Einfuhr sowjetischer Brennstoffe, Rohstoffe und Halbstoffe, vor allem soweit sie über Pipelines transportiert werden.

Alle Anzeichen sprechen dafür, daß die dynamische Entwicklung der deutschsowjetischen Wirtschaftsbeziehungen erst an ihrem Anfangspunkt stehen. Diese Entwicklung liegt auch in unserem Interesse. Abgesehen von der durch den sowjetischen Markt gegebenen besseren Auslastung der Export-Kapazität unseres Maschinenbaus, unserer Stahlindustrie und unserer chemischen Industrie besteht für uns über die Wirtschaftspolitik die Möglichkeit, die in der SU für eine Westöffnungspolitik eintretenden Kreise zu stärken und über breit gestreute Kontakte im Zusammenwirken mit unseren westlichen Verbündeten einen gewissen Einfluß zu nehmen, sofern die Kontakte intensiviert und über lange Zeiträume fortgeführt werden können.

Im Rahmen unserer Gesamtpolitik gegenüber der SU sollte ein Akzent auf einer zügigen Intensivierung der Wirtschaftsbeziehungen liegen. Das sowjetische Interesse müßte allerdings auch den politischen Beziehungen nutzbar gemacht werden. Es darf kein Zweifel daran gelassen werden, daß Förderung der wirtschaftlichen Beziehungen durch die Bundesregierung nur in dem Ausmaß möglich ist, das das politische Klima erlaubt. Bei Gipfelgesprächen und in der Kommission[17] sollten deswegen immer neue Anstrengungen unternommen werden, um unsere Interessen mit denen der Sowjets in Einklang zu bringen. Dabei sollten wir intern die Voraussetzungen schaffen, die es unseren Firmen erlauben, von den Sowjets ein Höchstmaß an Gegenleistungen zu verlangen.

Dazu gehört vor allem die Sicherung der Möglichkeit, weitere Bundesgarantien zu vergeben (gegenwärtiges Sowjetunion-Obligo 6,5 Mrd. DM, über Aufträge von weiteren 10 bis 15 Mrd. DM werden erfolgversprechende Verhandlungen geführt).

Ein Zentralpunkt des bevorstehenden 25. Parteitages der KPdSU wird die Verabschiedung des zehnten Fünfjahresplanes sein. Bei bevorstehenden Begegnungen sollte daher die Frage einer Mitwirkung der Bundesrepublik Deutschland durch Maschinen- und Anlagenexporte im Rahmen der Realisierung des zehnten Fünfjahresplans im Vordergrund stehen.

11) Wenn es zutrifft, daß Breschnew sich auf den Höhepunkt seiner Karriere (KSZE-Gipfel, 25. Parteitag) zubewegt, dann wird er für alle Gesten empfänglich sein, die den Ruhm seiner Person steigern. Wir sollten deswegen diese Situation ausnutzen, um so viel wie möglich aus ihr (und ihm) herauszuholen.

---

17 Zur Kommission der Bundesrepublik und der UdSSR für wirtschaftliche und wissenschaftlich-technische Zusammenarbeit vgl. Dok. 1, Anm. 20.

Da gegenüber Botschaftsangehörigen schon Zweifel geäußert wurden, ob wir noch daran interessiert seien, daß Breschnew Einladung folgt[18], scheint mir eine förmliche Erneuerung der Einladung des Bundeskanzlers an Breschnew zu einem Arbeitsbesuch (etwa nach Hamburg) angebracht. Sie könnte durch Bundeskanzler a. D. Brandt im Mai[19] oder durch den Herrn Minister bei der vorgesehenen Konsultation übermittelt werden. Letzteres würde möglicherweise Gelegenheit zu einem Empfang des Ministers durch Breschnew bieten, um Botschaft des Kanzlers zu überbringen.[20]

Der Besuch des Bundespräsidenten im Herbst[21] würde einen Anlaß bieten, den Stand der deutsch-sowjetischen Beziehungen durch Erinnerung an den 20. Jahrestag der Aufnahme der diplomatischen Beziehungen[22], den fünften Jahrestag des Moskauer Vertrages[23] und an die oben in Ziffer 5 erwähnten Tatsachen zu kennzeichnen und der sowjetischen Öffentlichkeit Voraussetzungen und Möglichkeiten für ihre weitere Entwicklung darzustellen.

[gez.] Sahm

VS-Bd. 524 (014)

---

[18] Bundeskanzler Schmidt lud den Generalsekretär des ZK der KPdSU, Breschnew, während seines Besuchs vom 28. bis 31. Oktober 1974 in der UdSSR zu einem Gegenbesuch in die Bundesrepublik ein. Vgl. dazu AAPD 1974, II, Dok. 315.

[19] Am 9. Mai 1975 wurde in der Presse mitgeteilt, daß der für den 14. bis 22. Mai 1975 geplante Besuch des SPD-Vorsitzenden Brandt in der UdSSR verschoben worden sei. Vgl. dazu die Meldung „Brandt verschiebt Moskau-Reise"; FRANKFURTER ALLGEMEINE ZEITUNG vom 9. Mai 1975, S. 2.
Brandt hielt sich vom 3. bis 9. Juli 1975 in der UdSSR auf. Für das Gespräch mit dem Generalsekretär des ZK der KPdSU, Breschnew, am 3. Juli 1975 in Moskau vgl. BRANDT, Berliner Ausgabe, Bd. 9, S. 138–150.

[20] Am 31. Mai 1975 erneuerte Bundeskanzler Schmidt die Einladung an den Generalsekretär des ZK der KPdSU, Breschnew, und lud auch Ministerpräsident Kossygin ein. Als Termin schlug er „einen Zeitpunkt zwischen Ende September und Ende Oktober oder ab Mitte November" vor. Für das mit Drahterlaß Nr. 428 vom 5. Juni 1975 an die Botschaft in Moskau übermittelte Schreiben vgl. VS-Bd. 10214 (213); B 150, Aktenkopien 1975.

[21] Bundespräsident Scheel und Bundesminister Genscher hielten sich vom 10. bis 15. November 1975 in der UdSSR auf. Vgl. dazu Dok. 339 und Dok. 342.

[22] Die Aufnahme diplomatischer Beziehungen zwischen der Bundesrepublik und der UdSSR wurde am 13. September 1955 vereinbart. Für das Kommuniqué vgl. DzD III/1, S. 332–334.

[23] Der Vertrag zwischen der Bundesrepublik und der UdSSR wurde am 12. August 1970 in Moskau unterzeichnet.

107

Botschafter von Staden, Washington, an das Auswärtige Amt

114-12444/75 VS-vertraulich   Aufgabe: 7. Mai 1975, 16.00 Uhr[1]
Fernschreiben Nr. 1264   Ankunft: 8. Mai 1975, 08.47 Uhr

Betr.: Gespräch zwischen Außenminister Kissinger und Bundesminister a. D.
Dr. Schröder, MdB, am 6. Mai
hier: amerikanische Truppen in Europa[2]

Auf eine entsprechende Frage von Herrn Abgeordneten Dr. Schröder unterstrich Kissinger mit Nachdruck, daß es keine einseitigen Truppenreduktionen in Europa geben werde, solange Präsident Ford und er selbst im Amt seien. Wie er hinzusetzte, bestehe eine gute Chance dafür, daß der Präsident auch nach den Wahlen von 1976[3] im Amt bleiben werde. Kissinger räumte allerdings ein, daß dies die Haltung der Administration und nicht notwendigerweise die des Kongresses sei.

Kissinger warnte vor langfristigem Optimismus. Es gebe im Kongreß Kräfte, die für Truppenreduktionen außerhalb Europas einträten und dabei betonten, man wolle die NATO nicht schwächen und das NATO-Gebiet dementsprechend ausnehmen. Man müsse aber befürchten, daß die gleichen Kreise an die in Europa stationierten amerikanischen Streitkräfte herangehen würden, sobald sie ihre Ziele in anderen Teilen der Welt erreicht hätten.

Kissinger betonte mit Nachdruck, daß eine sowjetische Angriffsaktion in Europa ohne sofortige amerikanische Reaktion unvorstellbar sei. Wohl hingegen könne er sich eine andere Gefahr vorstellen. Falls Amerika und Europa nicht eng zusammenarbeiteten, könne es möglicherweise zur Anwendung von Gewalt in anderen Teilen der Welt kommen, wie etwa auf dem indischen Subkontinent oder im Nahen Osten. Eine solche Gewöhnung an die Lösung offener Fragen durch Gewalt könne seiner Ansicht nach demoralisierende Auswirkungen auf Europa haben. Es liege am Westen, und es sei diesem auch möglich, derartige Entwicklungen zu verhindern.

Über die europäische Einigungsentwicklung befragt, bemerkte Kissinger, daß Europa ihm zur Zeit nicht sehr kohärent (not very cohesive now) erscheine. Das einzige Land, dessen innere Verhältnisse Zutrauen erweckten, sei die Bun-

---

[1] Hat Vortragendem Legationsrat I. Klasse Dannenbring am 9. Mai 1975 vorgelegen.
[2] Der CDU-Abgeordnete Schröder hielt sich vom 3. bis 7. Mai 1975 in den USA auf.
Weitere Themen des Gesprächs mit dem amerikanischen Außenminister Kissinger am 6. Mai 1975 waren KSZE und MBFR sowie die Lage im Nahen Osten. Dazu führte Kissinger aus: „Die Optionen, den step-by-step approach fortzusetzen oder in eine allgemeine Verhandlung einzutreten, würden noch geprüft. In beiden Alternativen stelle sich die Frage, ob die amerikanische Regierung die Initiative allein tragen oder versuchen sollte, dies zusammen mit der Sowjetunion zu tun." Letzteres könne aber innenpolitische Probleme aufwerfen und sei „nur in einer sehr subtilen Weise (in a very complicated way) möglich". Vgl. den Drahtbericht Nr. 1260 des Botschafters von Staden, Washington, vom 7. Mai 1975; VS-Bd. 9984 (310); B 150, Aktenkopien 1975.
Zu den Ausführungen von Kissinger zur KSZE vgl. Dok. 109, Anm. 3.
[3] Die amerikanischen Präsidentschaftswahlen fanden am 2. November 1976 statt.

desrepublik Deutschland. Wenn es sich als möglich erweisen sollte, ein vereinigtes Europa zu schaffen, könne dies von ihm aus gesehen nur begrüßt werden.

Dem Wunsch des Außenministers entsprechend, bitte ich diesen Bericht restriktiv zu behandeln.

[gez.] Staden

VS-Bd. 9968 (204)

108

Gespräch des Bundeskanzlers Schmidt mit dem iranischen Wirtschaftsminister Ansari in Hamburg

Geheim 9. Mai 1975[1]

Vermerk über ein Gespräch des Bundeskanzlers mit dem iranischen Wirtschaftsminister, Herrn Ansari, am 9. Mai in Hamburg über ein Treffen privater Experten für Öl- und Finanzfragen[2]

Herr *Ansari* überbrachte Grüße des Schah[3], der weiterhin für ein Treffen privater Experten sei unter der Voraussetzung, daß die Teilnehmer jedes gewünschte Thema ansprechen könnten und keine Bindungen für die Regierung entstünden.

Er gehe davon aus, daß nicht der Iran die Initiative gegenüber anderen Verbraucherländern zu ergreifen habe. Wer immer die Initiative ergreife, könne aber sagen, daß der Schah ein solches Treffen für nützlich halte. Mit dem Präsidenten von Venezuela[4] habe der Schah allgemein über die Nützlichkeit aller Versuche gesprochen, den Dialog zwischen Erzeuger- und Verbraucherländern mit dem Ziel einer Annäherung der Vorstellungen beider Seiten weiterzuführen.[5] Die Frage eines Treffens privater Experten habe er nicht ausdrücklich berührt. Die Benennung eines iranischen Experten solle erst erfolgen, wenn die Beteiligung anderer Verbraucherländer erfolgt sei. Sie könne dann kurzfristig geklärt werden.

---

1 Ablichtung.
Die Gesprächsaufzeichnung wurde von Ministerialdirektor Sanne, Bundeskanzleramt, am 12. Mai 1975 gefertigt und am 13. Mai 1975 Staatssekretär Gehlhoff zusammen mit der Aufzeichnung über das Gespräch des Bundeskanzlers Schmidt mit dem iranischen Wirtschaftsminister Ansari am 30. April 1975 und Schreiben von Schmidt vom 12. Mai 1975 an Staatspräsident Giscard d'Estaing und Präsident Ford übermittelt. Vgl. dazu Dok. 97, Anm. 1.
2 Zum ersten Gespräch des Bundeskanzlers Schmidt mit dem iranischen Wirtschaftsminister Ansari am 30. April 1975 über eine private Konferenz unabhängiger Sachverständiger zu Energiefragen vgl. Dok. 97.
3 Mohammed Reza Pahlevi.
4 Carlos Andrés Pérez Rodríguez.
5 Schah Reza Pahlevi hielt sich vom 5. bis 9. Mai 1975 in Venezuela auf.

George Shultz und Sir Eric Roll seien in Teheran gewesen. Dabei sei auch kurz über die bisherigen Expertentreffen der Verbraucherländer[6] gesprochen worden.

Der *Bundeskanzler* berichtete über sein Telefongespräch mit Präsident Giscard d'Estaing. Der Präsident zögere, an die Algerier heranzutreten, weil er eine Ablehnung von Präsident Boumedienne befürchte. Die Algerier hätten – nach dem persönlichen Eindruck des französischen Präsidenten – den enttäuschenden Verlauf der Pariser Vorkonferenz[7] wohl noch nicht verwunden. Giscard wolle jedenfalls noch dieses Gespräch des Bundeskanzlers mit Herrn Ansari abwarten, bevor er seine Entscheidung für oder gegen eine Initiative gegenüber den Algeriern treffe. Falls die Entscheidung negativ sei, werde er, der Bundeskanzler, sich selbst an Boumedienne wenden.

Von Präsident Ford habe er eine Botschaft erhalten, in der der Präsident grundsätzlich einem privaten Expertentreffen zustimme. George Shultz stehe dafür zur Verfügung.[8] Auch nach amerikanischer Auffassung dürften die Regierungen nicht durch die Ergebnisse der Expertengespräche gebunden sein. Die Frage sei, welche Themen von den Experten erörtert werden sollten.

Der Bundeskanzler erklärte, er werde Präsident Ford am Montag antworten und dabei unterstreichen, daß es keine Tagesordnung für die Experten geben könne. Jeder Versuch in dieser Richtung wäre nutzlos.[9]

Premierminister Wilson habe kurz und grundsätzlich positiv auf die letzte Mitteilung des Bundeskanzlers[10] geantwortet. Eine ausführlichere Stellungnahme habe er sich für die Zeit nach seiner Rückkehr von der Commonwealth-Konferenz vorbehalten.[11]

---

[6] Ein erstes privates Treffen unabhängiger Sachverständiger aus erdölverbrauchenden Staaten fand am 2./3. Februar 1975 in Kronberg statt, ein zweites am 22./23. März 1975 in New York. Vgl. dazu Dok. 41, Anm. 5 und 6.

[7] Zur Vorkonferenz der erdölproduzierenden und -verbrauchenden Staaten vom 7. bis 15. April 1975 in Paris vgl. Dok. 87.

[8] Für das am 30. April 1975 von Gesandtem Hansen, Washington, übermittelte Schreiben des Präsidenten Ford vgl. den Drahtbericht Nr. 1180; VS-Bd. 523 (014); B 150, Aktenkopien 1975.

[9] Am 12. Mai 1975 wies Bundeskanzler Schmidt Präsident Ford erneut auf das Interesse hin, möglichst bald eine private Konferenz von Sachverständigen für Energie- und Finanzfragen aus erdölproduzierenden und -verbrauchenden Staaten zustande zu bringen. Da sich die Experten aus den erdölverbrauchenden Staaten bereits getroffen hätten, zweifle er nicht daran, daß sie die Gespräche „von einer gemeinsamen Basis aus führen" würden: „Andererseits halte ich es für wichtig, daß jeder Teilnehmer die ihn interessierenden Themen zur Diskussion stellen kann. Gerade darin besteht ja der Unterschied zu Konferenzen offizieller Regierungsvertreter, bei denen schon die Einigung über die Tagesordnung ein erhebliches Problem darstellt." Vgl. VS-Bd. 523 (014); B 150, Aktenkopien 1975.

[10] Zu dem Schreiben des Bundeskanzlers Schmidt vom 21. April 1975 an Staatspräsident Giscard d'Estaing, Premierminister Wilson und Präsident Ford vgl. Dok. 81, Anm. 9.

[11] Premierminister Wilson teilte am 2. Mai 1975 mit, daß er wegen seiner Teilnahme an der Konferenz der Regierungschefs der Commonwealth-Staaten vom 29. April bis 6. Mai 1975 in Kingston später ausführlich zu den Vorschlägen des Bundeskanzlers Schmidt Stellung nehmen werde: „But I agree with you that there might well be a part for this group to play in our further contacts with the oil producers." Vgl. den Drahtbericht Nr. 815 des Gesandten Noebel, London; VS-Bd. 523 (014); B 150, Aktenkopien 1975.
Am 20. Mai 1975 äußerte sich Wilson positiv zur Initiative von Schmidt, gab aber zu bedenken: „We believe, after the failure of producers to agree on an agenda at the preparatory meeting in Paris, that movement towards continuation of the dialogue will have to be cautious and well prepared if any further meeting is to be fruitful. We see the group of experts as part of the exploratory

Der *Bundeskanzler* stellte die Frage, wie Herr Ansari die Lage beurteile, falls die Algerier eine Teilnahme an einem privaten Expertentreffen verweigerten. Müsse das zu einer Verschiebung führen?

Herr *Ansari* antwortete, daß eine algerische Absage sicher Einfluß auf die übrigen Beteiligten haben werde. Man wolle nicht den Eindruck von Reibungen (im eigenen Lager) erwecken. Zwischen den Erzeuger- und den Verbraucherländern gebe es Meinungsverschiedenheiten. In Paris hätten alle OPEC-Staaten im wesentlichen eine einheitliche Auffassung vertreten. Das Ziel jeden Dialogs könne nicht das Zerstören gemeinsamer Positionen der einen oder anderen Seite sein, sondern müsse unter Aufrechterhalten der Solidarität auf jeder Seite dem Suchen nach konstruktiven Lösungen dienen.

Der *Bundeskanzler* wies auf die Notwendigkeit hin, den Plan einer privaten Expertenkonferenz fallenzulassen, falls es nicht gelinge, das algerische Interesse zu wecken. In diesem Fall werde er überlegen, fact finding missions in die verschiedenen Hauptstädte zu entsenden. Man könne die Dinge nicht einfach treiben lassen. Zunächst aber wolle er versuchen, Präsident Giscard d'Estaing zu einer Initiative gegenüber Algerien zu bewegen.[12] Falls dies hilfreich sei, werde er Giscard anbieten, das Expertentreffen in Frankreich stattfinden zu lassen. Die Amerikaner werde er bitten, mit ihrer Initiative gegenüber Venezuela zu warten, bis die Haltung der Algerier geklärt sei. Das Ergebnis[13] werde er Herrn Ansari wissen lassen.

Herr *Ansari* wies darauf hin, daß der Schah ab nächsten Donnerstag in Washington sei.[14]

Darauf erwiderte der *Bundeskanzler*, er werde Washington über die Gespräche mit Ansari unterrichten, damit Präsident Ford auf den Besuch vorbereitet sei.

VS-Bd. 523 (014)

Fortsetzung Fußnote von Seite 486
    process in which we are all also engaged bilaterally. But the complexities will be greater in a meeting of experts, once it has been extended to include representatives of OPEC countries who may be officials rather than experts from the private sector. Our experts will require time to prepare their position and to inform themselves of the latest thinking of their respective governments. We think it would be most useful if our experts could meet together again before engaging in a broader discussion. I believe that it will be much easier to make progress if the discussion can be confined to oil and related financial problems and if it can remain a dialogue with OPEC alone." Skeptisch zeigte sich Wilson gegenüber einer algerischen Beteiligung: „I have particularly in mind the risk that the Algerians at least might see these meetings as an attempt to out-manoeuvre the developing country participants at the Paris meeting by trying to divide producers of oil from other less developed countries. They may see both the composition, which excludes non-oil less developed countries, and terms of reference, which are confined to energy and associated problems, as a means to this end." Vgl. VS-Bd. 523 (014); B 150, Aktenkopien 1975.

[12] Mit Schreiben vom 12. Mai 1975 bat Bundeskanzler Schmidt Staatspräsident Giscard d'Estaing nach dem „Telefongespräch vom 6. Mai" noch einmal, „mit Präsident Boumedienne Verbindung aufzunehmen und ihm Art und Zweck des geplanten Expertentreffens mit der Bitte um Beteiligung Algeriens zu erläutern". Der Iran werde sich nur beteiligen, „wenn auch Algerien zustimmt. Damit hängt es nun von der algerischen Haltung ab, ob wir auf diesem Weg weiterkommen. Ich habe keinen Zweifel, daß Saudi-Arabien und Venezuela im Prinzip bereit sind, sich zu beteiligen." Vgl. VS-Bd. 523 (014); B 150, Aktenkopien 1975.

[13] Zum vorläufigen Ergebnis der Bemühungen des Bundeskanzlers Schmidt um eine private Konferenz unabhängiger Sachverständiger für Energie- und Finanzfragen aus erdölexportierenden und -verbrauchenden Staaten vgl. Dok. 138, Anm. 19.

[14] Schah Reza Pahlevi hielt sich am 15./16. Mai 1975 in den USA auf.

109

Ministerialdirektor van Well an die Botschaft in Washington

212-341.14 USA-1120I/75 VS-vertraulich   Aufgabe: 9. Mai 1975, 12.54 Uhr[1]
Fernschreiben Nr. 506
Citissime nachts

Betr.: Gespräch zwischen Außenminister Kissinger und Bundesminister a. D. Dr. Schröder[2]

Bezug: DB 1259 vom 7.5.75[3]

1) Eine rückblickende Diskussion, ob der KSZE ein falsches Konzept zugrunde liegt, erscheint uns akademisch, nachdem die Konferenz zum „fact of life" geworden ist. Tatsache ist, daß die NATO-Verbündeten alle wesentlichen die KSZE betreffenden Entscheidungen gemeinsam getroffen haben und ihr Entspannungskonzept in der KSZE-Agenda Verwirklichung gefunden hat. Es lag und liegt an der Allianz, die KSZE zu einem für den Westen günstigen Abschluß zu führen. Wir können nicht verhehlen, daß wir uns vielleicht häufig eine tatkräftigere amerikanische Beteiligung an den Verhandlungen in Genf gewünscht hätten.

Unabhängig davon läßt sich der Ursprung der Konferenz nicht loslösen von der allgemeinen weltpolitischen Situation in der zweiten Hälfte der 60er Jahre und den verschiedenen Komponenten, die zu ihrer Entstehung beigetragen haben. Die NATO sah sich zu jener Zeit vor die Notwendigkeit gestellt, ihre politische Basis über den reinen Sicherheitsaspekt hinaus zu erweitern, wenn sie die Effizienz des Bündnisses erhalten wollte. Für die NATO bedeutete das zu jener Zeit das Konzept der gegenseitigen Ergänzung von militärischer Sicherheit und politischer Entspannung, wie es im Harmel-Bericht von 1967[4] im einzelnen ausgeführt wurde. Die NATO-Verbündeten hatten damit entschieden, sich als Bündnis in den Entspannungsdialog einzuschalten, um diesen im Sinne der Allianz beeinflussen zu können.

Ein wesentlicher Faktor für die Bereitschaft der NATO, den Entspannungsprozeß in ihre politische Zielsetzung einzubeziehen, scheint uns die Erkenntnis ge-

---

[1] Der Drahterlaß wurde von Vortragendem Legationsrat Gehl konzipiert.
[2] Zum Gespräch des CDU-Abgeordneten Schröder mit dem amerikanischen Außenminister Kissinger am 6. Mai 1975 in Washington vgl. Dok. 107.
[3] Botschafter von Staden, Washington, berichtete über das Gespräch des CDU-Abgeordneten Schröder mit dem amerikanischen Außenminister am 6. Mai 1975 in Washington zur KSZE, Kissinger habe sich „in der bereits bekannten abwertenden Art" geäußert. Der KSZE „liege ein falsches Konzept zugrunde, und er könne für den Westen lediglich im Interesse erkennen, diese Sache so bald als möglich und mit möglichst geringen negativen Folgen zum Abschluß zu bringen". Es wäre klüger gewesen, „MBFR vor KSZE zu verhandeln. Die amerikanische Seite habe hierüber jedoch keine Kontrolle gehabt." Vgl. VS-Bd. 10193 (212); B 150, Aktenkopien 1975.
[4] Für den Wortlaut des „Berichts des Rats über die künftigen Aufgaben der Allianz" (Harmel-Bericht), der dem Kommuniqué über die NATO-Ministerratstagung am 13./14. Dezember 1967 in Brüssel beigefügt war, vgl. NATO FINAL COMMUNIQUES 1949–1974, S. 198–202. Für den deutschen Wortlaut vgl. EUROPA-ARCHIV 1968, D 75–77.

wesen zu sein, daß Fragen der Sicherheit und Zusammenarbeit in Europa ohnehin – mit oder ohne Konferenz – auf der politischen Agenda standen und daß es besser war, sie gemeinsam anzugehen. Hätten sich die einzelnen Bündnispartner bemüht, diese Fragen bilateral zu lösen, so hätte dieser Versuch notwendigerweise zur Schwächung der inneren Geschlossenheit des westlichen Bündnisses führen müssen. Die Bereitschaft einzelner Bündnispartner dazu war durchaus vorhanden (französische Außenpolitik).

Hinzu kommt, daß einzelne Bündnispartner ein Eingehen auf die östlichen Konferenzvorschläge befürworteten (dänischer Außenminister Haekkerup auf der NATO-Ministertagung vom Juni 1966[5], britischer Außenminister öffentlich in London im November 1966[6]) und eine gemeinsame Reaktion der Allianz geraten schien. Die französische Regierung stimmte dem Konferenzgedanken – im Gegensatz zu MBFR – bereits im frühen Stadium zu.[7]

Sowohl der erfolgreiche Abschluß der Berlin-Verhandlungen wie die Abhaltung der MBFR scheinen uns im ursächlichen Zusammenhang mit der westlichen Zustimmung zur KSZE zu stehen. Tatsache ist, daß die NATO beide Fragen zu Vorbedingungen der KSZE gemacht hatte.

2) KSZE und Berlin-Problem

Auf der Tagung vom Mai 1970 in Rom erklärte der Ministerrat der NATO seine Bereitschaft, die Möglichkeiten einer KSZE zu untersuchen, falls Fortschritte in folgenden Bereichen erzielt würden:

– den Gesprächen zwischen den beiden Teilen Deutschlands,
– den getrennten Verhandlungen zwischen der Bundesrepublik Deutschland und der Sowjetunion und Polen,
– den SALT-Gesprächen,

---

[5] Im Vorfeld der NATO-Ministerratstagung am 7./8. Juni 1966 in Brüssel brachte der dänische NATO-Botschafter Schram-Nielsen im Ständigen NATO-Rat Vorschläge des Außenministers Haekkerup für eine Initiative zu einer europäischen Sicherheitskonferenz ein und führte dazu aus, der „Westen müsse auf der Konferenz zum Ausdruck bringen, daß er bereit sei, den Realitäten im gesamten Komplex der europäischen Sicherheit einschließlich der Wiedervereinigung Deutschlands auf den Grund zu gehen. Eine westliche Initiative für eine europäische Sicherheitskonferenz würde der öffentlichen Meinung entgegenkommen, die schon seit langem den Wunsch habe, die gegenwärtige Stagnation zu überwinden". Vgl. den Drahtbericht Nr. 1028 des Botschafters Grewe, Paris (NATO), vom 25. Mai 1966; VS-Bd. 4078 (II B 2); B 150, Aktenkopien 1966. Vgl. dazu auch AAPD 1966, I, Dok. 169.

[6] Am 21. November 1966 führte der britische Außenminister Brown vor einer Konferenz ost- und westeuropäischer Journalisten in London zu einer europäischen Sicherheitskonferenz aus: „Wir müssen auf eine solche Konferenz hinarbeiten, und sofern sie sorgfältig vorbereitet wird, dann je eher je besser. [...] Aber bevor wir eine Konferenz abhalten, müssen wir die Bedingungen schaffen, unter denen sie gute Aussichten auf Erfolg hat. Wir müssen die Maßnahmen festlegen, die zu erörtern sind, und uns darüber einigen, welche Ergebnisse wir erzielen wollen, so daß der Zweck der Konferenz darin bestehen würde, den Weg zu jenen vereinbarten Zielen zu finden." Vgl. EUROPA-ARCHIV 1967, D 34 f.

[7] Auf der NATO-Ministerratstagung am 3./4. Dezember 1970 in Brüssel sprach sich der französische Außenminister Schumann dafür aus, sofort nach Abschluß einer Berlin-Regelung mit der Vorbereitung einer europäischen Sicherheitskonferenz zu beginnen, und wich damit von der bisher von den NATO-Mitgliedstaaten vertretenen Linie ab, daß auch Fortschritte in den Gesprächen zwischen der Bundesrepublik und der DDR eine Vorbedingung für die multilaterale Vorbereitung seien. Vgl. dazu AAPD 1970, III, Dok. 586.

– den Vier-Mächte-Verhandlungen über Berlin.[8]

Im Dezember 1970 präzisierte der NATO-Ministerrat die Verknüpfung von KSZE und Berlin. Er betonte die Bereitschaft der Allianz, Sondierungen über Termin und Modalitäten einer KSZE aufzunehmen, „sobald die Berlin-Gespräche einen befriedigenden Abschluß gefunden haben und insoweit, als die übrigen laufenden Gespräche einen günstigen Verlauf nehmen".[9]

Der amerikanische Außenminister Rogers erklärte am 1.12.71 vor dem Verein der Auslandspresse in Washington zur Verknüpfung von KSZE und Berlin-Problem:

„Ein weiterer Schritt in dem Prozeß der Versöhnung, der auf der kommenden NATO-Tagung[10] aktive Behandlung finden wird, ist eine Konferenz über europäische Sicherheit und Zusammenarbeit. Die NATO hat klar zu verstehen gegeben, daß sie keine Vorbereitungen für eine solche Konferenz treffen wird, solange die Berlin-Verhandlungen nicht erfolgreich abgeschlossen sind ... sobald jedoch das Protokoll unterzeichnet ist[11] – so daß eine befriedigende Lösung der Berlin-Frage ein tatsächliches Faktum ist –, wird im kommenden Jahr der Weg für konkrete Vorbereitungen einer solchen Konferenz offen sein."[12]

3) KSZE und MBFR

Eine weitere Vorbedingung, die die NATO für den Beginn der KSZE stellte, war die Zustimmung der Sowjetunion und ihrer Verbündeten im Warschauer Pakt zur Aufnahme von Verhandlungen über MBFR im Rahmen der KSZE oder parallel zu dieser. Bereits in der Anlage zum Schlußkommuniqué der Ministertagung von Reykjavik vom 25.6.1968 hatte die NATO den Warschauer Pakt zur Aufnahme von Verhandlungen über beiderseitige und ausgewogene Truppenverminderungen aufgefordert.[13]

---

[8] Zu den von der NATO-Ministerratstagung am 26./27. Mai 1970 in Rom formulierten Voraussetzungen für eine KSZE vgl. Ziffern 14 bis 17 des Kommuniqués; NATO FINAL COMMUNIQUES 1949–1974, S. 235 f. Für den deutschen Wortlaut vgl. EUROPA-ARCHIV 1970, D 317 f. Vgl. dazu auch AAPD 1970, II, Dok. 244.

[9] Vgl. Ziffer 10 des Kommuniqués der NATO-Ministerratstagung am 3./4. Dezember 1970 in Brüssel; NATO FINAL COMMUNIQUES 1949–1974, S. 245. Für den deutschen Wortlaut vgl. EUROPA-ARCHIV 1971, D 76. Vgl. dazu auch AAPD 1970, III, Dok. 586.

[10] Die NATO-Ministerratstagung fand am 9./10. Dezember 1971 in Brüssel statt. Vgl. dazu AAPD 1971, III, Dok. 439.

[11] Das Schlußprotokoll zum Vier-Mächte-Abkommen über Berlin vom 3. September 1971 wurde am 3. Juni 1972 unterzeichnet.

[12] Der amerikanische Außenminister Rogers führte anläßlich des fünfzigjährigen Bestehens des Vereins der Auslandspresse in Washington zur KSZE außerdem aus: „In general, we would view a conference on European security and cooperation in dynamic rather than static terms. We would firmly oppose any attempt to use it to perpetuate the political and social division of Europe. We would see a conference not as a ratification of the existing divisions but as a step on the long road to a new situation – a situation in which the causes of tension are fewer, contacts are greater, and the continent could once more be thought of as Europe rather than as two parts." Für den Wortlaut der Rede vgl. DEPARTMENT OF STATE BULLETIN, Bd. 65 (1971), S. 693–696. Für den deutschen Wortlaut vgl. EUROPA-ARCHIV 1972, D 93–96 (Auszug).

[13] Auf der NATO-Ministerratstagung am 24./25. Juni 1968 in Reykjavik wurde eine Erklärung („Signal von Reykjavik") verabschiedet, in der die Außenminister und Vertreter der am NATO-Verteidigungsprogramm beteiligten Staaten ihre Bereitschaft zu Maßnahmen auf dem Gebiet der Rüstungskontrolle unter Beachtung folgender Grundsätze erklärten: „a) Mutual force reductions should be reciprocal and balanced in scope and timing. b) Mutual reductions should represent a substantial

Angesichts des Zögerns des Warschauer Pakts, auf MBFR-Vorschläge einzugehen, blieb die Frage einer ausgewogenen Truppenreduzierung die letzte größere Unklarheit vor der Durchführung der KSZE-Vorbereitungsgespräche. Die Ministertagung der NATO vom 31.5.72 in Bonn schlug daher vor, daß „multilaterale Sondierungen über beiderseitige und ausgewogene Truppenverminderungen so bald wie möglich entweder vor oder parallel zu den multilateralen Vorbereitungsgesprächen über die KSZE durchgeführt werden".[14] Die Aufnahme von MBFR-Verhandlungen wurde zum quid pro quo von KSZE-Verhandlungen.

Bei Gesprächen Kissingers in Moskau vom 10. bis 14. September 1972[15] wurde der inoffizielle Konferenzfahrplan wie folgt festgelegt: KSZE-Vorgespräche Beginn November 1972 in Helsinki, MBFR-Sondierungen Beginn Ende Januar 1973 in Wien; wenn KSZE-Vorgespräche erfolgreich, erscheine Juni 1973 als mögliches Datum für KSZE-Beginn; MBFR-Verhandlungen nicht später als Oktober 1973. Der formelle „link" zwischen KSZE und MBFR war damit aufgehoben, der politische festgelegt.

van Well[16]

VS-Bd. 10193 (212)

Fortsetzung Fußnote von Seite 490

and significant step, which will serve to maintain the present degree of security at reduced cost, but should not be such as to risk de-stabilizing the situation in Europe. c) Mutual reductions should be consonant with the aim of creating confidence in Europe generally and in the case of each party concerned. d) To this end, any new arrangement regarding forces should be consistent with the vital security interests of all parties and capable of being carried out effectively." Ferner wurde die Aufnahme von Gesprächen mit der UdSSR und anderen osteuropäischen Staaten angekündigt. Vgl. NATO FINAL COMMUNIQUES 1949–1974, S. 210. Für den deutschen Wortlaut vgl. EUROPA-ARCHIV 1968, D 360.

14 Vgl. Ziffer 14 des Kommuniqués der NATO-Ministerratstagung vom 30./31. Mai 1972; NATO FINAL COMMUNIQUES 1949–1974, S. 278 f. Für den deutschen Wortlaut vgl. EUROPA-ARCHIV 1972, D 355. Vgl. dazu auch AAPD 1972, II, Dok. 159.

15 Zu den Ergebnissen der Gespräche des Sicherheitsberaters des amerikanischen Präsidenten, Kissinger, in Moskau hinsichtlich des Parallelismus von MBFR- und KSZE-Gesprächen vgl. AAPD 1972, II, Dok. 279.

16 Paraphe.

110

Botschafter Krapf, Brüssel (NATO), an das Auswärtige Amt

114-12468/75 VS-vertraulich
Fernschreiben Nr. 655
Cito

Aufgabe: 9. Mai 1975, 14.00 Uhr
Ankunft: 9. Mai 1975, 15.34 Uhr

Betr.: Eurogroup-Ministersitzung in London am 7. Mai 1975
hier: vertrauliche Sitzung, zweiter Teil

Bezug: DB Nr. 840 VS-NfD vom 7.5.75 aus London[1]

Zur Unterrichtung

Nach der Diskussion über Formen der Rüstungszusammenarbeit zwischen den Europäern selbst und mit den USA[2] wurden folgende Punkte besprochen:

1) Sicherung der Öl- und Erdgasförderanlagen in der Nordsee

Der niederländische Verteidigungsminister[3] gab eine Erklärung dahingehend ab, daß der Schutz der Ölförderanlagen in Friedenszeiten nach Überprüfung durch die beteiligten Länder nicht Sache der Eurogroup sein könne, da im wesentlichen juristische und polizeiliche Probleme berührt würden.[4]

Die Niederlande seien aber trotzdem der Ansicht, daß eine Zusammenarbeit der beteiligten Nationen unerläßlich sei. Die niederländische Regierung werde daher in naher Zukunft zu einer Konferenz einberufen, in der die Fragen gemeinsam untersucht werden sollen.

Der norwegische Verteidigungsminister[5] wies darauf hin, daß der Schutz der Ölfördereinrichtungen in Krisen- und Kriegszeiten Sache der militärischen Seite sei und aus diesem Grunde bereits durch SACLANT untersucht würde. In Nor-

---

[1] Vizeadmiral Steinhaus, Bundesministerium der Verteidigung, z.Z. London, informierte über die Ergebnisse der Ministersitzung der Eurogroup am 7. Mai 1975 in London. Wichtigstes Ergebnis sei die Unterzeichnung der Grundsätze über die Zusammenarbeit in der Logistik gewesen, außerdem hätten Großbritannien und die Niederlande ein „Memorandum of understanding" für logistische Zusammenarbeit beim Hauptantrieb von Fregatten" unterzeichnet, dem auch Belgien beitreten werde. Berichtet worden sei dann über die Fortschritte in den einzelnen Arbeitsgruppen zur Rüstungszusammenarbeit in der Eurogroup, zur Kommunikation, zu Ausbildungsprojekten, zur Sanitätsorganisation, zu Wehrstrukturfragen und zum Verteidigungskonzept „Eurolongterm". Vgl. Referat 201, Bd. 113527.

[2] Zur Diskussion über die Rüstungszusammenarbeit auf der Ministersitzung der Eurogroup in London vgl. Dok. 114.

[3] Hendrikus Vredeling.

[4] Das Bundesministerium der Verteidigung vermerkte dazu am 28. April 1975, der Schutz der Erdölförderanlagen in der Nordsee sei von niederländischer Seite in der Ministersitzung der Eurogroup am 9. Dezember 1974 in Brüssel eingeführt worden: „Ein norwegischer Vorschlag sieht vor, die Frage nicht im Rahmen der Eurogroup, sondern zunächst auf Expertenebene zu erörtern. In Norwegen liegt demnach der Schutz der Anlagen im Frieden in der Zuständigkeit des Justizministeriums. Ähnlich ist auch in der Bundesrepublik Deutschland für die friedensmäßige Sicherung – gleich welcher Art – das BMI zuständig, wenn nicht Länderzuständigkeiten gegeben sind. Insofern läßt sich auch von deutscher Seite eine Diskussion außerhalb der Eurogroup vertreten." Vgl. Referat 201, Bd. 102485.

[5] Alv Jacob Fostervoll.

wegen sei der Schutz im Frieden jedoch Sache des Justizministeriums. Norwegen sei daher mit dem niederländischen Vorschlag einverstanden.

2) Ministerial guidance

Der niederländische Verteidigungsminister wies darauf hin, daß die ministerial guidance wichtige Probleme der Allianz behandele, vor allem die Notwendigkeit der Erhaltung ausreichender konventioneller Kräfte mit dem Ziel, die nukleare Schwelle so hoch wie möglich zu halten. Die Zusammenarbeit zwischen den Nationen der Allianz sei als besonders notwendig herausgestellt worden.[6] Die Niederlande seien jedoch der Ansicht, daß man unbedingt bald greifbare Ergebnisse auf dem Gebiet der Rationalisierung brauche, wenn man nicht in ökonomische und finanzielle Schwierigkeiten laufen wolle. Die Niederlande seien damit einverstanden, daß in dem Abschnitt „resources" Erhöhungen des Verteidigungshaushaltes bis zu einer Größe von fünf percent als wünschenswert dargestellt werden. Es sollte aber in der Dezembersitzung der Minister[7] über die Maßnahmen zur Rationalisierung auf jeden Fall gesprochen werden. Zur Vorbereitung dieser Diskussion sollte das DPC vorher folgende Fragen untersuchen:

– Ist die derzeitige NATO-Struktur selbst ein Hindernis für die Rationalisierung?
– Stellt die von den USA vorgelegte Matrix ein brauchbares Mittel zur Rationalisierung dar?
– Könnte das „lines of communication" (loc)-Konzept als Muster dienen?

Er stellte heraus, daß eine Lösung dieser Frage durch die Niederlande besonders dringend sei, da sich Holland den „Luxus" der weiteren Erhaltung von drei Teilstreitkräften leiste. Die Frage, ob genügend Geldmittel dafür weiterhin noch aufgebracht werden können, stelle sich nicht der jetzigen Regierung, sondern wäre ein Problem, mit dem die nächste fertigwerden müsse.

Der norwegische Verteidigungsminister stellte heraus, daß sich die ministerial guidance in voller Übereinstimmung mit den nationalen norwegischen Interes-

---

[6] Dazu wurde in Ziffer 4 der „Ministerial guidance 1975", die am 22./23. Mai 1975 in der Ministersitzung des Ausschusses für Verteidigungsplanung der NATO (DPC) in Brüssel verabschiedet wurde, ausgeführt: „The long-range defence concept supports agreed NATO strategy by calling for a balanced force structure of interdependent strategic nuclear, theatre nuclear and conventional force capabilities. Each element of this Triad performs a unique rôle; in combination they provide mutual support and reinforcement. No single element of the Triad can substitute for another. The concept also calls for the modernisation of both strategic and theatre nuclear capabilities; however, major emphasis is placed on maintaining and improving Alliance conventional forces. NATO has already achieved a large measure of success in this regard. NATO has fielded the basic ingredients for a stalwart conventional defence. However, disparities between NATO and the Warsaw Pact conventional forces remain. The Allies must reduce these disparities and provide a stable, long-term basis for attaining and maintaining adequate conventional forces." Gemäß Ziffer 5 setzte ein solches Konzept die Aufrechterhaltung der vorhandenen Streitkräfte sowie die weitere Modernisierung und Verbesserung und zu diesem Zweck eine jährliche reale Steigerung der nationalen Verteidigungsausgaben der Bündnispartner voraus: „It also requires the optimum use of resources available for defence through the rigorous setting of priorities and a greater degree of co-operation between national forces within the Alliance." Vgl. NATO FINAL COMMUNIQUES 1975–1980, S. 25. Für den deutschen Wortlaut vgl. EUROPA-ARCHIV 1975, D 386 f.

[7] Die Ministersitzung der Eurogroup fand am 8. Dezember 1975 in Brüssel statt. Vgl. dazu Dok. 378.

sen befände und betonte, daß der Einschluß des „long term defence concept"[8] eine gute Idee und auch notwendig sei.

Der dänische Verteidigungsminister[9] warnte davor, daß man in der Diskussion jetzt Gefahr laufe, zu weit zu gehen. Die Diskussion der ministerial guidance sollte nur im NATO-Rahmen erfolgen und daher dem DPC vorbehalten bleiben.

Der belgische Verteidigungsminister[10] gab daraufhin eine Erklärung ab, die auf eine Erweiterung des Aufgabenbereichs der Eurogroup hinzielte. Er beklagte sich darüber, daß die Eurogroup sich hauptsächlich nur mit technischen Fragen befasse, Fragen der gemeinsamen Politik und auch der Verteidigungspolitik jedoch ausklammere. Es sei notwendig, daß die Eurogroup auch in Fragen der Gesamtpolitik ihre Stimme hören ließe und dies nicht nur den Ministerpräsidenten und Außenministern überließe. Nach vier Jahren Tätigkeit in der Eurogroup sei er der Überzeugung, daß sich die europäischen Verteidigungsminister mehr als bisher an der Diskussion über die auswärtige Politik beteiligen sollten.

Der britische Verteidigungsminister[11] als Vorsitzender faßte wie folgt zusammen:

a) Die niederländische Warnung und Forderung nach Fortschritten auf dem Gebiet der Rationalisierung sei von den Mitgliedern der Eurogroup wohl verstanden worden. Er glaube, daß es zweckmäßig sein würde, in der Dezember-Sitzung über dieses Gebiet ausgiebig zu diskutieren.

b) Er schloß sich der norwegischen Ansicht an, daß die Erweiterung der ministerial guidance um das „long term defence concept" eine gute Sache sei.

c) Zu dem belgischen Vorschlag auf Erweiterung der Eurogroup-Arbeit in den allgemeinen politischen Rahmen hinein nahm er selbst nicht Stellung, sondern forderte die Minister auf, darüber nachzudenken und ihm in einem Brief ihre persönliche Ansicht dazu mitzuteilen.

3) Die Sitzung endete um 16.35 Uhr.

[gez.] Krapf

VS-Bd. 8613 (201)

---

8 Zum „long-range defence concept" vgl. Ziffer 2 bis 6 der „Ministerial guidance 1975", die am 22./23. Mai 1975 in der Ministersitzung des Ausschusses für Verteidigungsplanung der NATO (DPC) in Brüssel verabschiedet wurde; NATO FINAL COMMUNIQUES 1975–1980, S. 25 f. Für den deutschen Wortlaut vgl. EUROPA-ARCHIV 1975, D 386 f.
9 Orla Møller.
10 Paul van den Boeynants.
11 Roy Mason.

111

**Vortragender Legationsrat I. Klasse Andreae
an die Botschaft in Washington**

220-371.85/20-727/75 geheim   Aufgabe: 9. Mai 1975, 17.06 Uhr[1]
Fernschreiben Nr. 1903 Plurez

Betr.: SALT II
Bezug: Drahtbericht Nr. 1049 vom 18.4.[2]

1) Am 7.5. unterrichtete der Leiter der amerikanischen SALT-Delegation, Botschafter A. Johnson, den NATO-Rat über den letzten Stand der SALT-Verhandlungen.[3] Johnson hatte diese Konsultation ursprünglich nicht beabsichtigt, unterbrach aber dann den Rückflug seiner Delegation nach Washington in Brüssel, nachdem die italienische NATO-Delegation aufgrund der Besprechungen in der Petrignani-Gruppe den Wunsch geäußert hatte, die amerikanische Delegation über die Vorstellungen einiger europäischer Staaten zu bestimmten SALT-Fragen zu unterrichten.

2) Botschafter Johnson begann seinen kurzen Bericht über den Sachstand der Verhandlungen in Genf mit einem Rückblick über die Entwicklung der letzten drei Monate: Nach Eingang der beiden Abkommensentwürfe (sowjetischer Entwurf: Anfang Februar, amerikanischer Entwurf: Anfang März 1975) habe man jetzt einen gemeinsamen Vertragsentwurf formulieren können, der allerdings zu sehr vielen wichtigen Fragen noch keine Antwort enthalte und daher mit zahlreichen Klammern versehen sei. Der Entwurf sei dennoch nützlich, da man mit zahlreichen Nebenfragen schon habe aufräumen können. Es sei jetzt eine Verhandlungspause bis zum 2. Juni vereinbart worden, die beide Delegationen zur Einholung weiterer Instruktionen in den Hauptstädten benutzen würden.

3) Die wesentlichen Auffassungsunterschiede charakterisierte Johnson wie folgt:

a) Die USA wünschen eine Definition der schweren ICBMs, die Sowjets halten sie für überflüssig.

b) Die Sowjets wollen den Backfire-Bomber nicht zu den schweren Bombern zählen, die auf die zulässige Gesamtzahl angerechnet werden müssen.

---

[1] Durchdruck.
[2] Botschafter von Staden, Washington, gab Informationen aus dem Nationalen Sicherheitsrat, der amerikanischen Abrüstungsbehörde und dem amerikanischen Außenministerium zum Stand der Gespräche zwischen den USA und der UdSSR über eine Begrenzung strategischer Waffen (SALT II) weiter. Im Februar sei von sowjetischer Seite ein Abkommensentwurf vorgelegt worden, auf den die USA am 5. März 1975 mit einem Gegenentwurf reagiert hätten: „Jede Seite verfolge ein anderes Konzept. Während Sowjets analog zu SALT I (Abkommen, Protokoll, Erklärungen) ein aus mehreren Dokumenten bestehendes, das Interimsabkommen unverändert übernehmendes SALT II-Paket schaffen möchten, schwebt Amerikanern als Verhandlungsziel ein umfassender, geschlossener, systematischer Vertrag ohne Zusatzerklärungen vor." Vgl. VS-Bd. 9969 (204); B 150, Aktenkopien 1975.
[3] Vom 31. Januar bis 7. Mai 1975 fand in Genf die achte Runde der zweiten Phase der Gespräche zwischen den USA und der UdSSR über eine Begrenzung strategischer Waffen (SALT II) statt.

c) Während die USA nur die Luft-/Boden- ballistischen Raketen in die Höchstzahl von 2400 Abschußvorrichtungen einbeziehen wollen, bestehen die Sowjets darauf, auch die cruise missiles einzubeziehen.

d) Die Sowjets verlangen erneut eine Berücksichtigung der von ihnen als FBS bezeichneten Systeme sowie der Systeme dritter Staaten, die USA lehnen diese Forderung unter Hinweis auf die eindeutigen Bestimmungen der Absprache von Wladiwostok[4] kategorisch ab.

e) Die Sowjets beharren auf einer Transfer-Klausel[5], auch diese wird von den Amerikanern zurückgewiesen, allerdings offenbar weniger nachdrücklich als die FBS-Forderung.

4) Als besonders schwierig bezeichnete Johnson die Verifikationsfrage, insbesondere bei MIRV. Nach amerikanischer Auffassung, die von den Sowjets nicht geteilt wird, sollte das neue Abkommen, das alle Fragen sehr viel gründlicher und eindeutiger regelt als das Interimsabkommen[6], Bestimmungen enthalten, die sicherstellen, daß die Verifizierung mit Hilfe nationaler Mittel tatsächlich durchführbar ist. Hierzu habe die amerikanische Seite ein besonderes Protokoll vorbereitet, das die Sowjets bisher ablehnten.

5) An die Erklärung von Botschafter Johnson schloß sich eine Aussprache an. Dabei präzisierte Johnson auf kanadische Frage die Vorstellungen der Amerikaner bezüglich des Verhandlungsverlaufs in Genf: Die Sowjets strebten immer noch einen so rechtzeitigen Abschluß der Verhandlungen an, daß Breschnew das Abkommen bei seinem Besuch im kommenden Sommer (?)[7] unterzeichnen könne. Er, Johnson, hoffe, daß Semjonow in der jetzigen Verhandlungspause in Moskau neue Instruktionen erhalte, die in manchen Punkten ein Weiterkommen ermöglichten. Die wesentlichen Positionen seien ja jetzt deutlich abgesteckt. Der jetzt vorliegende gemeinsame Text habe zudem den Vorteil, daß er aus sich heraus verständlich sei und daher viel übersichtlicher als der „Dschungel" des Interimsabkommens von 1972 mit seinen zahlreichen Interpretationen und einseitigen Erklärungen. Allerdings glaube er nicht, daß die beiden Delegationen in Genf den Abkommensentwurf abschließend behandeln könnten.

6) Johnson bekräftigte die eindeutige negative Haltung der amerikanischen Regierung zu den sowjetischen FBS-Wünschen, worüber er Semjonow niemals im Zweifel gelassen habe. Lange Zeit hätten die Sowjets diesen Punkt nicht mehr erwähnt. Erst heute, in der letzten Sitzung vor Unterbrechung der Ver-

---

[4] Zu den amerikanisch-sowjetischen SALT-Vereinbarungen vom 23./24. November 1974 vgl. Dok. 2, Anm. 6.

[5] Dazu berichtete Botschafter von Staden, Washington, am 18. April 1975, der sowjetische Entwurf für ein SALT II-Abkommen „enthalte ein strenges Verbot des Transfer von Waffentechnologie und Plänen (z. B. MIRV-blueprints). Offenbar sei SU über Umgehungsmöglichkeiten durch Weitergabe an UK und Frankreich besorgt." Vgl. den Drahtbericht Nr. 1049; VS-Bd. 9969 (204); B 150, Aktenkopien 1975.

[6] Für den Wortlaut des Interimsabkommen vom 26. Mai 1972 zwischen den USA und der UdSSR über Maßnahmen hinsichtlich der Begrenzung strategischer Waffen (SALT) mit Protokoll vgl. UNTS, Bd. 944, S. 4–12. Für den deutschen Wortlaut vgl. EUROPA-ARCHIV 1972, D 396–398.

[7] Am 28. April 1975 wurde in der Presse berichtet, daß der zunächst für Juni oder Juli 1975 anvisierte Besuch des Generalsekretärs des ZK der KPdSU, Breschnew, in den USA verschoben worden sei. Vgl. die Meldung „Breschnjew erst im Herbst in die USA"; DIE WELT vom 28. April 1975, S. 1.

handlungen (7. Mai), habe Semjonow bei der Rekapitulation der noch offenen wichtigen Punkte die FBS-Frage mit aufgeführt. Sie sei also noch nicht erledigt.

7) Zum Unterschied zwischen „leichten" und schweren Raketen:

Die SS-11 habe ein Wurfgewicht wie die Minuteman-Rakete. Die neuen sowjetischen SS-17 und -19 hätten ein dreimal so starkes Wurfgewicht. Es sei daher absurd, diese als leichte Raketen anzusehen. Die amerikanische Seite schlage daher vor, nicht mehr von „leichten", sondern von „nichtschweren" Raketen zu sprechen. Die Trennlinie soll, wie von dort berichtet, bei der SS-19 liegen. Die Sowjets wehrten sich auch gegen die von den USA gewünschte Festsetzung einer Höchstgrenze für schwere Raketen (nach Umfang und Wurfgewicht). Nach ihrer Auffassung genüge die Bestimmung des Interimsabkommens, wonach eine Vergrößerung der Silos unzulässig sei.[8] Diese sowjetische Auffassung decke sich mit ihrer allgemeinen Haltung, wonach es genügen müsse, wesentliche Bestimmungen des Interimsabkommens wörtlich auf das neue Abkommen zu übertragen.

8) Nach Abschluß der Diskussion trug der italienische Vertreter die von der Petrignani-Gruppe erarbeiteten Überlegungen zu folgenden Punkten vor: non-central systems, Definitionen, no-transfer und Nichtumgehung. (Text des Papiers folgt gleichfalls mit Kurier.)[9] Er brachte die Hoffnung zum Ausdruck, daß diese Überlegungen, die er allerdings nicht als das Ergebnis der Beratungen mehrerer europäischer Bündnispartner, sondern nur als die Auffassung seiner Regierung darstellte, in die Verhandlungsposition der USA einfließen werden. Der belgische und der deutsche Vertreter pflichteten den von Italien vorgetragenen Überlegungen bei und betonten, daß diese die Auffassung ihrer Regierungen zu diesen Punkten darstellten. Wir fügten noch eine Bemerkung zum

---

[8] Nach Artikel IV des Interimsabkommens zwischen den USA und der UdSSR vom 26. Mai 1972 über Maßnahmen hinsichtlich der Begrenzung strategischer Waffen (SALT) war die Modernisierung strategischer ballistischer Angriffsflugkörper und Abschußvorrichtungen erlaubt; Ziffer J) der Gemeinsamen Interpretationen legte jedoch fest, daß dabei die Ausmaße der landgestützten ICBM-Abschuß-Silos nicht wesentlich vergrößert werden durften („will not be significantly increased"). In einer weiteren Erklärung stellte der Leiter der amerikanischen SALT-Delegation, Smith, am 26. Mai 1972 dazu fest: „The Parties agree that the term ‚significantly increased' means that an increase will not be greater than 10–15 percent of the present dimensions of land-based ICBM silo launchers." Der Leiter der sowjetischen SALT-Delegation, Semjonow, erwiderte darauf, daß diese Erklärung der sowjetischen Auffassung entspreche. Vgl. UNTS, Bd. 944, S. 4. Vgl. ferner DEPARTMENT OF STATE BULLETIN, Bd. 67 (1972), S. 11 f. Für den deutschen Wortlaut vgl. EUROPA-ARCHIV 1972, D 396 und D 400.

[9] Für das von den europäischen SALT-Experten (Petrignani-Gruppe) erarbeitete Arbeitspapier vom April 1975 vgl. VS-Bd. 9472 (220).
Am 23. April 1975 erläuterte Vortragender Legationsrat I. Klasse Andreae die von der Petrignani-Gruppe am 21. März und 17. April 1975 ausgearbeiteten Vorschläge „zu vier Themen der gegenwärtigen SALT-Verhandlungen". So werde empfohlen, „bei der – bisher erfolgreichen – ablehnenden Haltung zur Einbeziehung der FBS zu bleiben" und bei den einzubeziehenden Systemen „eine möglichst enge Lösung" zu suchen, um den Spielraum der NATO bei der Einführung von Nachfolgesystemen zu erhalten. Die von sowjetischer Seite gewünschte „No-transfer-Klausel" solle abgelehnt werden: „Sollte allerdings ständiges Nichteingehen auf sowjetische Vorschläge verhandlungstaktisch nicht annehmbar sein, so könnte an eine allgemein gefaßte Nichtumgehungsklausel gedacht werden, mit der die sowjetischen Wünsche sowohl zum Transfer wie zu den nicht-zentralen Systemen berücksichtigt werden (eine solche Klausel kann so vage gefaßt sein, daß sie sowohl Dislozierung und Aufbau von nicht-zentralen System abdeckt als auch die Übertragung von Systemen und deren Komponenten an Verbündete)." Vgl. VS-Bd. 9472 (220); B 150, Aktenkopien 1975.

Problem der Nichtumgehungsklausel hinzu, die gleichfalls mit Kurier übersandt wird.[10]

Der britische Vertreter unterstützte gleichfalls die italienischen Darlegungen, wobei er besonders auf die Bedeutung der No-transfer-Frage abhob.

Der niederländische Vertreter goß etwas Wasser in den europäischen Wein, indem er darauf hinwies, daß die von Italien vorgetragenen Überlegungen nicht die Auffassung seiner Regierung widerspiegelten, sondern von dieser lediglich als Ergebnis von Expertenberatungen aufgefaßt werden würden.

9) Botschafter Johnson erwiderte kurz, daß nach seinem ersten Eindruck die meisten von Italien vorgetragenen Überlegungen in der amerikanischen Verhandlungsposition bereits berücksichtigt seien. Er wies besonders darauf hin, daß das Problem einer Nichtumgehungsklausel von beiden Seiten in den jüngsten Verhandlungen nicht mehr aufgebracht worden sei.

10) Bitte bei sich bietender Gelegenheit im State Department darauf hinweisen, daß sich die Staaten der Petrignani-Gruppe von der amerikanischen SALT-Delegation anläßlich nächster Konsultation noch näheres Eingehen auf die in ihrem Papier enthaltenen Überlegungen erhoffen.[11] (London und Rom werden im gleichen Sinne vorstellig werden.)

Andreae[12]

VS-Bd. 9472 (220)

---

[10] Am 13. Mai 1975 übermittelte Vortragender Legationsrat I. Klasse Andreae der Botschaft in Washington einen Drahterlaß, mit dem er am 6. Mai 1975 die Ständige Vertretung bei der NATO in Brüssel angewiesen hatte, bei den SALT-Konsultationen im Ständigen NATO-Rat am Folgetag auszuführen, „daß eine Nichtumgehungsklausel bei SALT keineswegs wünschenswert ist und möglichst vermieden werden sollte". Da sie aber als Rückfallposition geeignet erscheine, habe es für die europäischen SALT-Experten gegolten, „die Vorteile, die eine etwaige Nichtumgehungsklausel haben könnte, nämlich die bindende Wirkung gegenüber dem Westeuropa bedrohenden Potential an IRBM/MRBM, abzuwägen gegen Nachteile, die z. B. in einer Einschränkung der NATO-Beweglichkeit, der Behinderung des Herbeiführens von Verstärkungen in Spannungszeiten liegen könnten." Offensichtlich sei eine Modernisierung des sowjetischen Mittelstreckenpotentials im Gange, mit der „die Bedrohung zweifellos erheblich verstärkt" werde; außerdem könnte auch ein Teil der sowjetischen ICBM auf Westeuropa gerichtet werden: „Bei dieser Betrachtungsweise würden sich die Vor- und Nachteile einer Nichtumgehungsklausel, sollten die USA sie akzeptieren müssen, für uns etwa gegeneinander aufheben. Es bedarf dabei keiner besonderen Erwähnung, daß eine im Rahmen von SALT II vereinbarte Nichtumgehungsklausel nur die beiden Vertragsparteien binden kann, also die Handlungsfreiheit dritter Staaten nicht beeinträchtigt." Vgl. den Drahterlaß Nr. 1855; VS-Bd. 9472 (220); B 150, Aktenkopien 1975. Für den Schrifterlaß vom 13. Mai 1975 vgl. VS-Bd. 9472 (220); B 150, Aktenkopien 1975.

[11] Am 14. Mai 1975 berichtete Botschafter von Staden, Washington, über ein Gespräch mit einem Mitglied der amerikanischen SALT-Delegation zu den Vorschlägen der europäischen SALT-Experten. Auch aus amerikanischer Sicht komme eine Einbeziehung nicht-zentraler Systeme nicht in Betracht. Auch „hinsichtlich der Definitionen seien die Überlegungen der Petrignani-Gruppe weitgehend berücksichtigt. [...] Für ein Eingehen auf eine eventuelle Transfer-Verbotsklausel sei es noch zu früh", ebenso wie für die Einführung einer Nichtumgehungsklausel. Vgl. den Drahtbericht Nr. 1353; VS-Bd. 9472 (220); B 150, Aktenkopien 1975.

[12] Paraphe.

112

Gespräch des Bundesministers Genscher mit dem syrischen Außenminister Khaddam

321.11 SYR 12. Mai 1975

Am ersten Tag[1] wurden Nahost und EAD besprochen. *Khaddam* und *Bundesminister* gingen davon aus, daß sie bei ihren Gesprächen nicht Vergangenheit behandeln wollten. *Khaddam* sagte jedoch eingangs, daß in Europa noch viele Menschen glaubten, die Araber wollten die Israelis ins Meer werfen. Diese Ansicht würde von israelischer Seite bewußt gefördert, weil sie der israelischen Expansion dienlich sei. Israel sei heute fünfmal so groß wie zur Zeit des VN-Teilungsplans von 1947.[2] Das stets wiederholte israelische Sicherheitsargument ziehe nicht mehr. Sichere Grenzen im traditionellen Sinne gebe es bei heutigem Stand militärischer Technologie nicht mehr; geographische Grenzen seien kein Kriterium für Sicherheit mehr. Warum, so fragte Khaddam, werde in Europa immer nur von der Gefahr für Tel Aviv gesprochen, nicht aber von der Gefahr für Damaskus? Israel habe auf den Golanhöhen Siedlungen errichtet. Wenn man dies zulasse, könne Israel nach einer gewissen Zeit mit der Forderung nach wiederum vorgeschobenen Grenzen kommen, um diese Siedlungen zu schützen.

Arabische Staaten betrieben unzulängliche Aufklärung, daher hätte man in Europa im Aggressor Israel den Angegriffenen gesehen. Araber wollten Frieden aus zwei Gründen: Sie seien selbst Opfer der Aggression, und sie benötigten Kriegsausgaben für die Überwindung ihrer Rückständigkeit. Alle Friedensmöglichkeiten seien gescheitert, Jarring[3] und der für Israel günstige Rogers-

---

[1] Der syrische Außenminister Khaddam hielt sich vom 12. bis 14. Mai 1975 in der Bundesrepublik auf. Am 12. Mai 1975 führte er ein Gespräch mit Bundeskanzler Schmidt, in dem neben dem Nahost-Konflikt auch Wirtschaftsprobleme erörtert wurden. Für die Gesprächsaufzeichnung vgl. Referat 310, Bd. 108768.

[2] Am 29. November 1947 stimmte die UNO-Generalversammlung einer Teilung Palästinas zu. Für den Wortlaut der Resolution Nr. 181 vgl. UNITED NATIONS RESOLUTIONS, Serie I, Bd. 1, S. 322–343.

[3] Aufgrund der Resolution Nr. 242 des UNO-Sicherheitsrats vom 22. November 1967 wurde der schwedische Botschafter in Moskau, Jarring, zum Sonderbeauftragten der UNO für den Nahen Osten ernannt. Nach vergeblichen Bemühungen um eine Vermittlung zwischen Israel und der VAR in der Folgezeit übergab Jarring am 8. Februar 1971 dem ägyptischen UNO-Botschafter al-Zayyat und dem israelischen UNO-Botschafter Tekoah in New York einen Vorschlag zur Lösung des Nahost-Konflikts. Danach sollten beide Staaten gleichzeitig gegenüber Jarring vor der Aufnahme konkreter Verhandlungen folgende Verpflichtungen eingehen: „Israel would give a commitment to withdraw its forces from occupied U.A.R. territory to the former international boundary between Egypt and the British Mandate of Palestine on the understanding that satisfactory arrangements are made for: a) establishing demilitarized zones; b) practical security arrangements in the Sharm el Sheikh area for guaranteeing freedom of navigation through the straits of Tiran; and c) freedom of navigation through the Suez Canal." Die VAR sollte sich zu einem Friedensschluß mit Israel bereit finden, in dem beide Seiten den Kriegszustand für beendet erklären und sich gegenseitig das Recht auf Unabhängigkeit, auf ein Leben in Frieden innerhalb gesicherter und anerkannter Grenzen und auf Nichteinmischung in die inneren Angelegenheiten des jeweils anderen Staates zusichern sollten. Vgl. den Drahtbericht Nr. 120 des Gesandten Jesser, Kairo, vom 19. Februar 1971; Referat I B 4, Bd. 352.
Die VAR erklärte sich am 15. Februar 1971 bereit, diese Verpflichtungen einzugehen, und stimmte der Stationierung einer UNO-Friedenstruppe in Sharm el Sheik zu. Im Gegenzug sollte Israel sich dazu bereit finden, alle in der Resolution Nr. 242 des UNO-Sicherheitsrats vom 22. November 1967

499

Plan⁴. Dann führte der „no peace – no war"-Zustand zum vierten Nahost-Krieg im Oktober 1973⁵. Israel hätte eigentlich aus Oktoberkrieg lernen müssen und wissen müssen, daß man Krieg nur verhindern kann, wenn man den Grund der Spannung beseitigt: die Lage des palästinensischen Volkes und die Besetzung der Gebiete. Vermittlungsaktionen der Amerikaner hätten nicht zuwege gebracht, VN-Resolution 242⁶ auch nur teilweise zu verwirklichen. Die Araber seien unter keinen Umständen zu Verzicht in bezug auf diese beiden Punkte bereit.

US-Hilfe für Israel habe keine Parallele in Geschichte. Auf unseren Vorhalt, daß Israel nicht zum Frieden bereit sei, wenn es in diesem Ausmaße amerikanische Hilfe erhielte, habe Kissinger geantwortet, die Hilfe versetze Amerikaner in den Stand, auf Israel Druck auszuüben. Der Fehlschlag der Kissinger-Mission⁷ habe aber gezeigt, daß dies nicht möglich ist.

Im gewissen Sinne gelte dies auch für die europäischen Staaten. Das Freihandelsabkommen zwischen EG und Israel⁸ unterstütze die aggressive Haltung Israels: Europa habe seine Karten verspielt, es hätte Druck ausüben können, um Frieden zu sichern. Für die Erlangung des Friedens gäbe es zwei Wege:

Fortsetzung Fußnote von Seite 499
dargelegten Maßnahmen umzusetzen. Vgl. dazu den Drahtbericht Nr. 142 von Jesser vom 25. Februar 1971; Referat I B 4, Bd. 352.
Israel erklärte sich am 26. Februar 1971 einverstanden mit der Beendigung des Kriegszustandes, mit der Anerkennung des Rechts der VAR auf sichere Grenzen sowie mit Verhandlungen über die Frage der palästinensischen Flüchtlinge, ebenso grundsätzlich mit einem Rückzug der israelischen Streitkräfte. Allerdings wurde bekräftigt: „Israel will not withdraw to the pre-June 5, 1967, lines." Vgl. den Drahtbericht Nr. 196 des Botschaftsrats I. Klasse Hensel, Tel Aviv, vom 3. März 1971; Referat I B 4, Bd. 352.

4 Am 9. Dezember 1969 unterbreitete der amerikanische Außenminister Rogers im Rahmen einer Rede in Washington Vorschläge zur Lösung des Nahost-Konflikts. Danach sollten Israel und die VAR eine bindende Verpflichtung zur Einhaltung des Friedens eingehen und unter Leitung des Sonderbeauftragten der UNO für den Nahen Osten, Jarring, Sicherheitsmaßnahmen wie die Schaffung entmilitarisierter Zonen und eine Regelung für den Gaza-Streifen erarbeiten. Israel sollte seine Streitkräfte aus der VAR abziehen. Vgl. dazu EUROPA-ARCHIV 1969, D 597–602.
Nachdem Israel den ersten „Rogers-Plan" am 22. Dezember 1969 abgelehnt hatte, schlug Rogers mit Schreiben vom 19. Juni 1970 den Außenministern Riad (VAR) sowie al-Rifai (Jordanien) die Aufnahme von Verhandlungen über eine Beilegung des Nahost-Krieges vor. Der neue „Rogers-Plan" sah die Wiederherstellung einer Waffenruhe für zumindest einen begrenzten Zeitraum vor. Israel, Jordanien und die VAR sollten ferner ihre Bereitschaft erklären, die Resolution Nr. 242 des UNO-Sicherheitsrats vom 22. November 1967 zu akzeptieren. Unter der Leitung von Jarring sollten Verhandlungen zwischen den drei Staaten geführt werden: „The purpose of the aforementioned discussions is to reach agreement on the establishment of a just and lasting peace between them based on 1) mutual acknowledgement by the U.A.R. (Jordan) and Israel of each other's sovereignty, territorial integrity and political independence, and, 2) Israeli withdrawal from territories occupied in the 1967 conflict". Vgl. DEPARTMENT OF STATE BULLETIN, Bd. 63 (1970), S. 178 f. Für den deutschen Wortlaut vgl. EUROPA-ARCHIV 1970, D 450
Am 4. Oktober 1971 unterbreitete Rogers vor der UNO-Generalversammlung den Vorschlag der Aufnahme von Verhandlungen zwischen Israel und Ägypten über ein Interimsabkommen zur Wiedereröffnung des Suez-Kanals und erklärte die Bereitschaft der amerikanischen Regierung zu einer „konstruktiven Rolle" beim Zustandekommen eines solchen Abkommens. Für den Wortlaut der Ausführungen vgl. UN GENERAL ASSEMBLY, 26th Session, Plenary Meetings, 1950th meeting, S. 5.

5 Korrigiert aus: „1974".

6 Zur Resolution des UNO-Sicherheitsrats vom 22. November 1967 vgl. Dok. 29, Anm. 2.

7 Zum Abbruch der Bemühungen des amerikanischen Außenministers Kissinger um eine Vermittlung im Nahost-Konflikt vgl. Dok. 62, Anm. 11.

8 Für den Wortlaut des Abkommens vom 11. Mai 1975 zwischen Israel und den Europäischen Gemeinschaften vgl. AMTSBLATT DER EUROPÄISCHEN GEMEINSCHAFTEN, Nr. L 136 vom 28. Mai 1975, S. 1–190.

Verhandlungen oder Krieg. Syrien sei gegen Krieg, aber es müsse weltweiter Druck auf Israel ausgeübt werden, zumal der Konflikt heute nicht mehr regional sei. Der Nahe Osten sei von strategischer Bedeutung für die drei Kontinente. Ferner habe der Nahe Osten eine besondere Bedeutung als Kommunikationsweg, und schließlich sei der Nahe Osten wegen des arabischen Öls und der arabischen Geldüberschüsse für Europa von großer Bedeutung. Das letztere werde nicht ohne Einfluß auf das Weltwirtschaftssystem sein. Vielleicht werde der Nahe Osten schon in Kürze das wichtigste Gebiet der Welt überhaupt sein. Interdependenz zwischen arabischem Öl und europäischer Industrie sei im Oktoberkrieg evident geworden.[9] Aus diesen Gründen müßten Europa und arabische Staaten zusammenarbeiten. Aber bisher sei dies ungenügend. 1956 sei auf Israel Druck ausgeübt worden, und Israel zog sich zurück.[10] Heute aber könne man auf Druckausübung nicht verzichten. Die öffentliche Meinung in Europa müsse auf Israel Druck ausüben. Die Genfer Konferenz[11] sei auch unter diesem Gesichtspunkt notwendig. Israel sei gegen die Konferenz. Die Gefahr eines neuen Krieges sei groß, da es keinen arabischen Verzicht auf die besetzten Gebiete und die Rechte der Palästinenser geben werde. Es werde weiter Beeinflussungsversuche Israels durch Manipulation der öffentlichen Meinung geben.

Bundesminister: Für die Bundesrepublik liege NO-Konflikt nicht in weiter Ferne. Ihr Friede auch unser Friede. Wir seien aus eigenem Interesse an Friedensmöglichkeiten interessiert. Bundesregierung sehe Beziehungen zu arabischen Ländern als einen der wichtigsten Teile ihrer Politik an, daher EAD, der Fülle von Möglichkeiten biete. NO-Politik sei Politik mit substantiellen Vorschlägen zur Konfliktlösung. Bundesminister erwähnte sodann im einzelnen die vier

---

[9] Am 17. Oktober 1973 beschlossen die OAPEC-Mitgliedstaaten eine Erhöhung der Preise für Rohöl um 17 % sowie eine Beschränkung ihrer Ölproduktion. Zwischen dem 18. und dem 30. Oktober 1973 beschlossen mehrere arabische Staaten, kein Erdöl mehr in die Niederlande zu liefern. Vgl. dazu AAPD 1973, III, Dok. 345.
Am 18. Oktober 1973 gab Abu Dhabi den Stopp von Öllieferungen in die USA bekannt; Saudi-Arabien kündigte diesen Schritt für den Fall an, daß die USA ihre Haltung zum Nahost-Krieg nicht änderten. Am 19. Oktober 1973 beschloß Libyen ein Verbot für Ölexporte in die USA, dem sich Algerien, Bahrain, Dubai, Katar und Kuwait am 21. Oktober 1973 anschlossen. Vgl. dazu den Artikel „8 Arab States Joining in Oil Boycott of U.S."; INTERNATIONAL HERALD TRIBUNE vom 22. Oktober 1973, S. 1.
Am 5. November 1973 beschlossen die OAPEC-Mitgliedstaaten mit Ausnahme des Irak eine Drosselung ihrer Erdölförderung im November um 25 % gegenüber dem September und kündigten eine weitere Drosselung an. Am 22./23. Dezember 1973 beschlossen die am Persischen Golf gelegenen OPEC-Mitgliedstaaten in Teheran zudem eine Erhöhung des Preises von 5,09 auf 11,60 Dollar pro Barrel. In den folgenden Tagen erhöhten weitere OPEC-Mitgliedstaaten die Rohölpreise. Vgl. dazu EUROPA-ARCHIV 1973, Z 254, bzw. EUROPA-ARCHIV 1974, Z 23.
[10] Nach der Verstaatlichung des Suez-Kanals durch die ägyptische Regierung im Juli 1956 verschärften sich die Spannungen zwischen Ägypten und Israel. Der Konflikt führte zum israelischen Sinai-Feldzug vom 29. Oktober bis 5. November 1956 und zu bewaffneten Auseinandersetzungen in der Suez-Kanal-Zone unter Beteiligung von Frankreich und Großbritannien. Am 2. November 1956 forderte die UNO-Generalversammlung eine sofortige Feuereinstellung aller Beteiligten und den Rückzug der Parteien des ägyptisch-israelischen Waffenstillstandsabkommens vom 24. Februar 1949 hinter die in diesem Abkommen vorgesehenen Linien. Die amerikanische Regierung verlangte unter Hinweis auf diese Resolution den Rückzug der französischen und britischen Truppen aus der Suez-Kanal-Zone, lehnte jedoch den sowjetischen Vorschlag eines gemeinsamen Eingreifens ab. Israel mußte die Sinai-Halbinsel und den Gaza-Streifen räumen. Für den Wortlaut der Resolution Nr. 997 vgl. UNITED NATIONS RESOLUTIONS, Serie I, Bd. V, S. 240.
[11] Zur Friedenskonferenz für den Nahen Osten in Genf vgl. Dok. 76, Anm. 20.

Punkte der Erklärung der Neun vom 6.11.73[12] und hob besonders den letzten Punkt (Palästinenser) hervor. Bundesregierung vertrete diese Position mit der gebotenen Aufrichtigkeit. Er habe sie Allon dargelegt[13] und in Tischrede öffentlich klargestellt.[14] Wir sprächen beiden Parteien gegenüber eine Sprache, das sei wesentlicher Beitrag, den wir leisten könnten.

Kein Zweifel, daß die Vergangenheit unsere NO-Politik belastet. Jetzt habe sich NO-Politik Bundesregierung freigeschwommen. Beide Gespräche mit Allon[15] hätten das gezeigt. Bemerkenswert sei, daß Allon gerade bei Besuch in Bonn Februar 75 von Identität des palästinensischen Volkes erstmalig gesprochen habe.[16] Kürzlich habe es einen kleinen Rückfall in der israelischen Haltung gegenüber Bundesregierung gegeben. Rabin hat in Interview mit SFB unsere Nahostpolitik als nicht ganz ausgewogen, weil auf der einseitigen Erklärung der Neun vom 6.11.73 beruhend, bezeichnet. Er, Bundesminister, sei darauf in Interview in General-Anzeiger am 9.5.75[17] eingegangen.

Bei Entwicklung israelischer Haltung wird man die Schwierigkeiten berücksichtigen müssen, die eine Meinungsänderung verursacht. Wir hätten das aufgrund unserer Politik gegenüber DDR selbst kennengelernt. Wir wollten diesen Prozeß der Umorientierung in Israel aufgrund unserer Erfahrungen fördern. Auf Frage, was Europa tun könne: Europa habe zunehmend Verantwortung. Unsere Worte würden in Israel gehört, und zwar im Sinne einer Annahme unserer Erklärung von 1973, die nach unserer Vorstellung einzig und allein als Grundlage für Frieden dienen könne.

Unsere Mitwirkung sei kürzlicher Abschluß des Abkommens EG–Israel: Vertrag werde unsere Einwirkungsmöglichkeit auf Israel erhöhen. Es handele sich nicht um Bevorzugung eines Landes, denn auch Maghreb und Maschrek würden Verträge bekommen.[18]

---

[12] Zur Nahost-Erklärung der Außenminister der EG-Mitgliedstaaten vgl. Dok. 29, Anm. 3.

[13] Vgl. dazu das Gespräch des Bundesministers Genscher mit dem israelischen Außenminister Allon am 26. Februar 1975; Dok. 37.

[14] Zur Tischrede des Bundesministers Genscher vom 26. Februar 1975 vgl. Dok. 80, Anm. 17.

[15] Zum Gespräch des Bundesministers Genscher mit dem israelischen Außenminister Allon am 2. Mai 1975 in Düsseldorf vgl. Dok. 102, Anm. 20.

[16] Der israelische Außenminister Allon führte am 26. Februar 1975 in einer Tischrede aus: „Ich bin mir keines Problems bewußt in der Auseinandersetzung zwischen uns und unseren Nachbarn – einschließlich der Notwendigkeit, für einen Ausdruck der Identität der Palästinenser eine konstruktive Lösung zu finden –, das nicht auf dem Wege der Verhandlungen lösbar ist." Vgl. BULLETIN 1975, S. 263.

[17] Korrigiert aus: „9.5.73".
In dem Interview antwortete Bundesminister Genscher auf die Frage, ob er vor dem Hintergrund der Äußerungen des Ministerpräsidenten Rabin von Vortag die Notwendigkeit sehe, „im Interesse der ausgewogenen deutschen Nahost-Politik nun bestimmte Positionen im Verhältnis zu Israel zu überprüfen": „Unsere Nahost-Politik bedarf keiner Änderung. [...] Unsere Haltung im Nahost-Konflikt ist von Offenheit und Aufrichtigkeit gegenüber beiden Partnern bestimmt. Dazu gehört es auch, unseren arabischen und israelischen Freunden zu sagen, daß wir nur eine Konfliktregelung für aussichtsreich halten, die den Grundsätzen der europäischen Erklärung vom 6. Dezember 1973 entspricht. Über die Grundlagen einer Konfliktregelung gibt es einen weiten internationalen Konsensus. Die vordringliche Aufgabe ist es jetzt, diesen Konsensus in eine gesicherte Friedensordnung zu übertragen." Vgl. den Artikel „Europäer können Friedensregelung in Nahost fördern"; GENERAL-ANZEIGER vom 10./11. Mai 1975, S. 17.

[18] Zu den Verhandlungen zwischen den Europäischen Gemeinschaften und den Maghreb-Staaten vgl. Dok. 76, Anm. 25.
Am 23. Januar 1975 schlug die EG-Kommission dem EG-Ministerrat die sofortige Aufnahme von

Khaddam: Abkommen EG–Israel nicht ausgewogen, das gelte auch, wenn Maghreb-Abkommen bevorstehe. NO-Konflikt bestehe mit Israel, nicht mit Maghreb. Abkommen EG–Israel sei Ermunterung derzeitiger israelischer Haltung.

Bundesminister: Auch er hätte lieber Gleichzeitigkeit beider Verträge gesehen.

Khaddam: Israel wolle PLO nicht akzeptieren. Bilaterale Schritte zu Zwischenlösungen seien eher hemmend.

Bundesminister: Wir prüften zur Zeit europäische Initiative, d. h. Versuch, alle mit Konflikt Beteiligten von Richtigkeit unserer Position zu überzeugen.[19]

Khaddam auf Frage nach Entwicklung PLO und Einschätzung der Bedeutung entmilitarisierter Zonen: Palästinensisches Volk in Gesamtheit unterstütze PLO und Arafats Führung, auch arabische Regierungen und Hussein (Rabat)[20]. Warum habe Bundesregierung PLO nicht anerkannt? Ausgewogenheit verlange Anerkennung PLO, so wie auch Israel anerkannt worden sei.

Zu entmilitarisierten Zonen: Assad habe in Newsweek[21] dazu Stellung genommen. Voraussetzung für Akzeptierung sei Gleichmäßigkeit auf beiden Seiten.[22]

Bundesminister: Wir hätten das auch nie als einseitige Regelung verstanden. PLO: Wir könnten nach unserer Auffassung des Völkerrechts nur Staaten anerkennen. Aber arabische Seite hätte sicher gespürt, daß wir in Europa unbefangen und pragmatisch mit PLO ins Gespräch kommen wollen.

Bundesminister auf Bemerkung Khaddams über weniger ausgewogene Haltung der CDU/CSU im Vergleich zur sozial-liberalen Koalition: Nach Nahost-Reise 14. bis 18.4.[23] habe außenpolitischer Sprecher der CDU, Marx, sich sehr positiv über Reise geäußert. Carstens habe gesagt, daß es in bezug auf NO-Politik weitgehende Übereinstimmung gäbe.

Fortsetzung Fußnote von Seite 502

Verhandlungen mit den Maschrek-Staaten Ägypten, Jordanien, Libanon und Syrien über Abkommen vor, die nach denselben Grundsätzen abgeschlossen werden sollten wie diejenigen mit den Maghreb-Staaten. Zu den von der EG-Kommission vorgesehenen Leitlinien für die Verhandlungen vgl. BULLETIN DER EG 1/1975, S. 71 f.

Auf der EG-Ministerratstagung am 14./15. April 1975 in Luxemburg wurden die Ständigen Vertreter mit der Prüfung der Kommissionsvorschläge beauftragt. Vgl. den Runderlaß Nr. 53 des Vortragenden Legationsrats Engels vom 18. April 1975; Referat 240, Bd. 102880.

Im Gespräch mit dem syrischen Außenminister Khaddam am 13. Mai 1975 wies Bundesminister Genscher auf diesen Beschluß hin und sagte zu, daß die Bundesregierung in Brüssel den Vorschlag einbringen werde, daß entsprechende Verhandlungen bereits vor der Sommerpause aufgenommen werden sollten. Vgl. dazu die Gesprächsaufzeichnung; Referat 310, Bd. 108768.

19 Zu den Überlegungen hinsichtlich einer europäischen Initiative für den Nahen Osten vgl. Dok. 98.

20 Zu den Beschlüssen der Konferenz der Könige und Präsidenten der Mitgliedstaaten der Arabischen Liga vom 26. bis 29. Oktober 1974 in Rabat vgl. Dok. 29, Anm. 6.

21 Für den Wortlaut des Interview mit Präsident Assad zur Lage im Nahen Osten vgl. den Artikel „Voices Across the Fence"; NEWSWEEK vom 3. März 1975, S. 10.

22 Präsident Assad äußerte im Januar 1975 gegenüber der Wochenzeitschrift „Time", daß Syrien bereit sei, auf unbegrenzte Zeit eine entmilitarisierte Zone entlang der israelisch-syrischen Grenze zu akzeptieren, sofern Israel einem zehn Kilometer breiten Streifen beiderseits der Grenze zustimme. Vgl. dazu den Artikel „Syrien und Ägypten für Schaffung entmilitarisierter Zonen"; FRANKFURTER ALLGEMEINE ZEITUNG vom 28. Januar 1975, S. 1.

23 Bundesminister Genscher hielt sich vom 14. bis 16. April 1975 in Ägypten auf, besuchte am 16./17. April 1975 Saudi-Arabien und hielt sich am 18. April 1975 erneut in Kairo auf. Vgl. dazu Dok. 80 und Dok. 89.

Khaddam: Syrien habe positive Wirkung der Entwicklung der deutschen Nahostpolitik gespürt.

Bundesminister zum EAD: Für uns außerordentlich bedeutsam. Viele hier und dort hätten Perspektiven noch nicht völlig erkannt. EAD etwas völlig Neues, Modellfall für multilaterale Kooperation zwischen Regionen. Erstrecke sich auf praktisch alle Gebiete: Wirtschaft, Technologie, Kultur. Selbstverständlich habe EAD erhebliche politische Auswirkungen. *Khaddam* stimmte dem zu. Es gäbe keinen wirtschaftlichen und keinen besonderen politischen Dialog: Wirtschaft wirke sich politisch aus. Man solle jetzt ersten Schritt tun.[24] Wenn Dialog auch politische Auswirkungen habe, so solle doch vermieden werden, daß wir gegenseitig versuchten, uns unsere Auffassungen gegenseitig aufzuzwingen. Aber Mindestmaß an politischer Übereinstimmung sei notwendig.

Bundesminister: Wir seien enge Freunde und Alliierte der USA. USA hätten – nachdem EAD anfangs als störend empfunden worden sei – gesehen, daß er auch vom amerikanischen Interesse gesehen nützlich sei, denn es sei nicht ohne Einfluß für USA, wenn enge Freunde so engen Kontakt zu Arabern hätten.

Referat 310, Bd. 108768

113

Aufzeichnung des Staatssekretärs Gehlhoff

VS-vertraulich   **12. Mai 1975**[1]

Betr.: Verhältnis zur Sowjetunion und zu Polen

Der Bundeskanzler und der Bundesaußenminister behandelten heute in einem knapp einstündigen Gespräch, an dem auch MD Sanne und der Unterzeichnende teilnahmen, die beiden oben genannten Punkte.

1) Polen

Der Bundeskanzler berichtete über ein Gespräch, das er am 11. Mai mit Bundesfinanzminister Apel und Bundesbank-Präsident Klasen geführt habe. Hierbei sei für die Finanzierung der Globallösung mit Polen (Finanzkredit, Rentenpauschale) noch keine abschließende Lösung gefunden worden. Im ganzen müsse man mit einem Finanzbedarf von rund 2 Mrd. DM rechnen. Die Herren Apel und Klasen seien gebeten worden, bis Ende Mai 1975 verschiedene Möglichkeiten einer solchen Finanzierung noch einmal zu prüfen und dann einen Bericht vorzulegen.[2] Es komme jedenfalls nur ein Weg in Frage, welcher der Bundes-

---

[24] Das erste Expertentreffen im Rahmen des Europäisch-Arabischen Dialogs fand vom 10. bis 15. Juni 1975 in Kairo statt. Vgl. dazu Dok. 175, Anm. 13.

[1] Hat Bundesminister Genscher am 17. Mai 1975 vorgelegen.

[2] Zum Ergebnis der Beratungen des Bundesministers Apel mit Bundesbankpräsident Klasen vgl. die Ausführungen von Apel in der Regierungsbesprechung am 6. Juni 1975; Dok. 148.

regierung nicht von neuem den Vorwurf oder gar eine Klage wegen eines mit den Haushaltsgesetzen nicht vereinbarten Verfahrens einbringe.

Angesichts der Haushaltslage und der Lage der Exportwirtschaft warf der Bundeskanzler die Frage auf, ob der vorgesehene Finanzkredit von 1 Mrd. DM liefergebunden gegeben werden müsse. Bundesminister Genscher bemerkte hierzu, eine solche Lieferbindung würde von den Polen kaum als Zwang aufgefaßt werden.

Bundesminister Genscher äußerte, daß das vorgesehene Rentenabkommen[3] noch durch das BMJ und das BMI auf seine Verfassungskonformität geprüft werden müßte.[4]

Es bestand Einverständnis, daß eine Globalregelung mit Polen (Finanzkredit, Rentenabkommen mit Pauschale, Umsiedlung) unbedingt angestrebt werden müsse, neue Initiativen gegenüber den Polen aber erst ergriffen werden könnten, wenn die Finanzierungsfrage geklärt ist.

Der Unterzeichnende wurde ermächtigt, in dem Gespräch mit Botschafter Piątkowski am 13. Mai nochmals unsere Position einschließlich unserer Schwierigkeiten darzustellen.

2) Sowjetunion

Bundesminister Genscher wies eingangs auf das Telegramm mit der Analyse der deutsch-sowjetischen Beziehungen durch Botschafter Sahm[5] hin und knüpfte daran die Bemerkung, daß wir uns auf eine erhebliche sowjetische Propa-

---

[3] Nach Verhandlungen vom 21. bis 25. April 1975 einigten sich die Delegationen aus der Bundesrepublik und aus Polen auf den Text eines Abkommens über Renten- und Unfallversicherung und auf eine Vereinbarung über die Zahlung einer Rentenpauschale durch die Bundesrepublik. Offen blieben Ort und Zeitpunkt der Unterzeichnung, die Höhe der von der Bundesrepublik zu zahlenden Rentenpauschale sowie Zahl und Zahlungstermine der Jahresraten. Für das Verhandlungsprotokoll und die Entwürfe vgl. Referat 214, Bd. 116657.
Dazu vermerkte Ministerialdirigent Dreher am 12. Mai 1975, die Delegation aus der Bundesrepublik habe kein Mandat gehabt, um über die Höhe der Rentenpauschale zu verhandeln. Darüber könne „nur auf höchster politischer Ebene und unter Berücksichtigung der beiden anderen auszuhandelnden Bereiche (Finanzkredit und Umsiedlung) entschieden und verhandelt werden". Vgl. Referat 214, Bd. 116657.

[4] Mit Schreiben vom 16. Mai 1975 bat Ministerialdirigent Dreher das Bundesministerium für Arbeit und Sozialordnung, die vorliegenden Entwürfe des Abkommens mit Polen über Renten- und Unfallversicherung und die dazugehörige Zusatzvereinbarung unter Beteiligung der Bundesministerien des Innern und der Justiz „unter verfassungsrechtlichen Gesichtspunkten" zu überprüfen. Dies gelte „wohl insbesondere für die vorgesehene Regelung der individuellen Rentenansprüche der in Polen lebenden Deutschen im Sinne des Art. 116 GG, z.B. mögliche Schmälerung der Eigentumsgarantie nach Art. 14 GG, mögliche Beeinträchtigung des Gleichheitsgrundsatzes des Art. 3 GG". Vgl. Referat 214, Bd. 116657.
In Antwort auf die Bitte des Bundesministeriums der Justiz vom 28. Mai 1975, zunächst „die sachliche Problematik der in Frage kommenden Abkommensbestimmungen" darzulegen, erläuterte das Bundesministerium für Arbeit und Sozialordnung am 10. Juni 1975, das geplante Abkommen gehe „von dem sogenannten ‚Eingliederungsprinzip' aus: Das bedeutet: Der Berechtigte erhält seine Rente von dem Versicherungsträger des Landes, in dem er seinen ständigen Wohnsitz hat, nach den dort geltenden Regeln." Versicherungszeiten im jeweils anderen Staat würden dabei berücksichtigt. Jedoch solle ein in Polen lebender Deutscher „nach dem Abkommen grundsätzlich nur eine polnische und keine deutsche Rente erhalten. Dabei ist darauf hinzuweisen, daß die auf die entsprechenden Versicherungszeiten entfallende polnische Rente gemäß dem dortigen sozialen und wirtschaftlichen System niedriger ist als eine deutsche Rente." Ein weiteres Problem liege in der bisherigen Rechtslage, nach der zwischen Deutschen in „Zentralpolen" und Deutschen mit „Wohnsitz in den früheren deutschen Ostgebieten" unterschieden werde. Für den Briefwechsel vgl. Referat 214, Bd. 116657.

[5] Für den Drahtbericht vom 6. Mai 1975 vgl. Dok. 106.

ganda nach Abschluß der KSZE einstellen müßten. Deshalb käme es darauf an, von vornherein klarzumachen, daß die Fortsetzung unserer Verteidigungspolitik im Rahmen der NATO, die Politik der europäischen Einigung sowie die Verfolgung unserer nationalen Interessen (Offenhalten der deutschen Frage) nicht als entspannungsfeindlich angesehen werden dürften. Der Bundeskanzler stimmte dieser Linie zu.

Der Minister erläuterte sodann den Stand hinsichtlich der drei auszuhandelnden Abkommen (Rechtshilfe, wissenschaftlich-technische Zusammenarbeit, Zwei-Jahresprogramm zum Kulturaustausch).[6] Er wies auf die große Gefahr hin, die entstehen könnte, wenn die Sowjetunion ein Nachprüfungsrecht hinsichtlich der Qualifikation der deutschen Experten erhielte. Er bezeichnete außerdem die generelle Nichteinbeziehung der Präsidenten und Vizepräsidenten von Bundesämtern und -anstalten, die in Berlin liegen, in die wissenschaftlich-technische Zusammenarbeit als nahezu nicht annehmbar.

Ferner kritisierte der Minister, daß die beiden Regierungssprecher[7] sich kürzlich ohne Abstimmung mit dem Auswärtigen Amt zu der „personenbezogenen Lösung" geäußert hätten.[8] Durch diese Äußerungen würde auf sowjetischer Seite ein falscher Eindruck erweckt und unsere Verhandlungsposition erschwert.

Der Bundeskanzler führte aus: Wir müßten zu 50 % mit der Möglichkeit rechnen, daß Breschnew nur noch bis Ostern 1976 im Amt bleibe; seine Nachfolger würden dann wahrscheinlich für einige Zeit nicht gewillt oder nicht in der Lage sein, strittige Fragen mit uns alsbald zu lösen. Daraus ergebe sich, daß wir unsere offenen Fragen mit der Sowjetunion entweder noch in diesem Sommer anstreben müßten oder aber für längere Zeit vielleicht nicht mehr erreichen würden.[9] Für ihn, den Bundeskanzler, komme es darauf an, die offenen Probleme vom Tisch zu bekommen. Er sei im Prinzip der Ansicht, daß er allem zustimmen könne, was der Bundesaußenminister an Regelungen erreiche und vereinbare.

Hinsichtlich der Verlegung von Bundesämtern nach Berlin, so führte der Bundeskanzler ferner aus, gebe es wohl von Anfang an einen offenen Dissens zwischen den Russen und uns. Seiner Ansicht nach habe es keinen Zweck, in dieser Frage so zu tun, als seien wir in unseren Handlungen völlig frei.

Im Ergebnis wurde festgestellt:

Es ist eindeutig Sache des Auswärtigen Amts, die Verhandlungen mit der Sowjetunion fortzuführen. Das BPA soll sich zu diesen Fragen nicht ohne Abstimmung mit dem AA äußern. In der Substanz müssen mit der Sowjetunion geschriebene Texte ausgemacht, aber darüber hinaus auch klare mündliche Absprachen getroffen werden, wie das Geschriebene zu interpretieren sei.

Gehlhoff

VS-Bd. 524 (014)

---

[6] Zum Stand der Verhandlungen mit der UdSSR über die Abkommen vgl. Dok. 64.
[7] Klaus Bölling und Armin Grünewald.
[8] In der Presse wurden Äußerungen des stellvertretenden Regierungssprechers Grünewald wiedergegeben, denen zufolge zwischen der Bundesrepublik und der UdSSR „im Rahmen ihrer Verhandlungen für ein ‚technologisch-wissenschaftliches Abkommen' gegenwärtig eine ‚personenbezogene Lösung'" erörtert werde. Vgl. die Meldung „Noch kein Termin für Breschnew-Besuch in Bonn"; FRANKFURTER ALLGEMEINE ZEITUNG vom 9. Mai 1975, S. 2.
[9] So in der Vorlage.

114

Aufzeichnung des Vortragenden Legationsrats I. Klasse Pfeffer

201-363.12/0-1592/75 VS-vertraulich   13. Mai 1975

Über Herrn Staatssekretär[1] Herrn Bundesminister[2] zur Information

Betr.: Eurogroup-Ministersitzung in London am 7. Mai 1975[3]

Folgende Punkte erscheinen mir aus der Sicht des Auswärtigen Amts besonders festhaltenswert:

1) Standardisierung; europäische Zusammenarbeit auf dem Rüstungsgebiet; europäisch-amerikanische Zusammenarbeit auf dem Rüstungsgebiet

Diese Fragen rücken immer mehr in den Mittelpunkt. Die Erkenntnis setzt sich durch, daß moderne Waffenentwicklung, daraus folgende Kostensteigerungen, Inflationsabschläge, sozialer Druck auf die Budgets, Strategie-Debatte (Betonung der konventionellen Komponente) und die europäischen Einigungsbestrebungen dazu zwingen, das Gebiet der Standardisierung nicht mehr den Rüstungsdirektoren – sei es der NATO, sei es der Eurogroup, sei es in Ad-hoc-Gruppierung – zu überlassen; die Regierungen selbst müssen die nationalen Hemmnisse überwinden, denen sich die Rüstungsdirektoren gegenübersehen und die den Fortschritt so verlangsamen, ja oft unmöglich machen. Dabei häufen sich im Augenblick die Initiativen, die sich nur zum Teil miteinander vereinbaren lassen:

– Eurogroup-Sondersitzung zu diesem Thema in der zweiten Hälfte 1975 (am 7.5.1975 beschlossen)[4];

– Vorschlag einer NATO-Minister-Sondersitzung zum gleichen Zweck (Außenminister – Verteidigungsminister – Wirtschaftsminister), wohl erst 1976;

– vergleiche auch anliegendes, soeben hier eingegangenes Aide-mémoire, das Generalsekretär Luns dem Herrn Bundeskanzler am 5. Mai 1975 übergeben hat[5];

– Vorschlag des britischen Verteidigungsministers Mason, der zur Zeit Vorsitzender der Eurogroup ist, einer europäisch-amerikanischen Rüstungszusammenarbeit mit mehr oder wenigen festen Abnahmequoten (Zwei-Bahn-Straße)[6];

---

1 Hat Staatssekretär Sachs am 14. Mai 1975 vorgelegen.
2 Hat Bundesminister Genscher am 17. Mai 1975 vorgelegen.
3 Zur Ministersitzung der Eurogroup vgl. auch Dok. 110.
4 Die Sondersitzung der Minister der Eurogroup zur europäisch-amerikanischen Rüstungszusammenarbeit fand am 5. November 1975 in Den Haag statt. Vgl. dazu Dok. 338.
5 Dem Vorgang nicht beigefügt.
  Für das Aide-mémoire zur Standardisierung der Rüstungen vgl. VS-Bd. 14063 (010).
  Zum Besuch des NATO-Generalsekretärs Luns am 5. Mai 1975 in der Bundesrepublik vgl. auch Dok. 102.
6 Zu den Vorstellungen des britischen Verteidigungsministers Mason vgl. Dok. 93, besonders Anm. 3 und 4.

- belgischer Vorschlag auf Integration der europäischen Luftfahrtindustrie (im Zusammenhang mit der Starfighter-Nachfolge; Federführung bei Abt. 4)[7];
- neue belgische WEU-Vorschläge (Rüstungsintegration).[8]

2) Staatenkonferenz über humanitäres Völkerrecht[9]; hier: Auswirkungen auf NATO-Verteidigungskonzept

Bundesminister Leber hat in der Eurogroup-Sitzung in London seine Sorge geäußert, daß auf der Staatenkonferenz über humanitäres Völkerrecht Regelungen verabschiedet werden könnten, die im Widerspruch zur NATO-Verteidigungskonzeption stehen. Die Regierungen der Verbündeten ließen sich auf der Staatenkonferenz in der Regel von Juristen vertreten, die nicht mit den zentralen Fragen der Sicherheitspolitik und Strategie befaßt seien. Ein Artikel[10] scheine sogar den Ersteinsatz von Kernwaffen zu verbieten.[11]

---

[7] Zu den belgischen Vorschlägen zur Integration der europäischen Luftfahrtindustrie im militärischen und zivilen Bereich vgl. Dok. 73.
Am 22. Mai 1975 vermerkte Ministerialdirektor Hermes, das Bundeskanzleramt habe dazu mitgeteilt, „daß wir uns nach Ansicht des Herrn Bundeskanzlers nicht in die Entscheidung einiger Bündnispartner über die Starfighter-Nachfolge hineinziehen lassen wollen. Der Herr Bundeskanzler glaube aber nicht, daß es zweckmäßig wäre, eine europäische Beteiligung an den Expertengesprächen über eine europäische L[uft- und]R[aumfahrt]I[ndustrie]-Zusammenarbeit von einer vorherigen Entscheidung der betreffenden NATO-Länder über die Starfighternachfolge abhängig zu machen." Vgl. Referat 420, Bd. 117829.
Mit Aide-mémoire vom 26. Mai 1975 wurde Belgien und den Niederlanden die Bereitschaft zu weiteren Expertengesprächen über die Luftfahrtindustrie mitgeteilt, „wenn auch Großbritannien und Italien eingeladen werden und teilnehmen. [...] Die Bundesregierung betont erneut, daß sie nicht wünscht, die anstehende Entscheidung von vier Partnerländern über die F-104-Nachfolge ihrerseits in irgendeiner Weise zu beeinflussen." Vgl. Referat 420, Bd. 117829.
[8] Zu den belgischen Vorschlägen zur Rüstungsintegration im Rahmen der WEU vgl. Dok. 93.
Am 15. Mai 1975 übergab der Mitarbeiter im belgischen Außenministerium, van de Kerckhove, „den EPZ-Korrespondenten in Brüssel ein Arbeitspapier der belgischen Regierung über die gemeinsame europäische Erforschung, Entwicklung und Herstellung von Rüstungsmaterial", das in der NATO behandelt werden solle. Ziel sei „ein Ersatz für die zur Zeit noch nicht zu verwirklichende europäische Rüstungsagentur der Neun. Gleichzeitig soll die zur Diskussion gestellte Form der Zusammenarbeit – der französische Vertreter sprach wiederholt von einem ‚neuen Gremium' – auch den Ländern Gelegenheit zur Mitarbeit geben, die nicht Mitglieder der Eurogroup, der NATO oder auch der EG sind. Die WEU ist hierfür nach belgischer Auffassung das geeignete Diskussionsforum." Vgl. den Drahtbericht Nr. 140 des Botschaftsrats I. Klasse Arz von Straussenburg, Brüssel; Referat 420, Bd. 117830.
[9] Vom 3. Februar bis 18. April 1975 fand in Genf die zweite Session der Konferenz zur Weiterentwicklung des humanitären Kriegsvölkerrechts statt.
[10] In Artikel 46 Absatz 3 des ersten Zusatzprotokolls zu den Genfer Abkommen vom 12. August 1949 in der von der Konferenz zur Weiterentwicklung des humanitären Kriegsvölkerrechts am 14. März 1975 angenommenen Fassung hieß es: „Indiscriminate attacks are prohibited. Indiscriminate attacks are those which are not directed at a specific military objective; or those which employ a method or means of combat which cannot be directed at a specific military objective, or the effects of which cannot be limited as required by this Protocol, and consequently are of a nature to strike military objectives or civilian objects without distinction." Vgl. Referat 201, Bd. 102505.
Dazu vermerkte Vortragender Legationsrat Fröwis am 26. März 1975: „Die vorgeschlagenen Anwendungsverbote sind mit den Sicherheitsinteressen der Bundeswehr und der mit uns verbündeten Streitkräfte nicht zu vereinbaren. Es ist unverständlich, daß unsere Bündnispartner meinen, man könne mit solchen Verboten leben. Wir können nicht glauben, daß unsere Partner davon ausgehen, in einem großen Kriege würde niemand die Gebote und Verbote des humanitären Völkerrechts respektieren. [...] Angesichts unserer politischen und psychologischen Vorbelastung aus der deutschen Vergangenheit könnte es sich die Bundeswehr nicht leisten, die Beachtung des humanitären Völkerrechts mit einer Mentalreservation zu versehen." Vgl. Referat 220, Bd. 109366.
[11] Am 21. Mai 1975 legte Vortragender Legationsrat I. Klasse Fleischhauer dazu dar, daß andere NATO-Mitgliedstaaten die Befürchtungen des Bundesministeriums der Verteidigung nicht teilten:

Diese Problematik, so führte der Bundesminister der Verteidigung aus, müsse in der NATO sorgfältig diskutiert, die Haltung der Verbündeten miteinander abgestimmt werden.

Der Vorsitzende der Eurogroup möge deshalb Generalsekretär Luns bitten, dieses Thema auf die Tagesordnung der nächsten DPC-Ministertagung zu setzen (22./23. Mai 1975).[12]

Die Eurogroup hat so beschlossen.

Die Frage könnte nach meiner Ansicht auch im nächsten Ministerkolloquium (AA–BMVg)[13] besprochen werden.

3) Spanien

Bundesminister Leber hat mir außerhalb der Sitzung gesagt, die USA forcierten die Spanienfrage offenbar zu sehr; man müsse Rückschläge befürchten. Auch die Wirkungen auf Portugal könnten ungünstig sein.

Er stellte die Frage, ob man die Reise des Präsidenten Ford nach Madrid[14] noch abbiegen könne.

Ich habe das bezweifelt, nachdem die Reise öffentlich angekündigt worden sei. Höchstens die Art des Besuches könnte man vielleicht noch beeinflussen.[15]

4) Europäische Verteidigung; Zusammenhang mit MBFR

Aus Gesprächen am Rande der Sitzung, vor allem mit Beamten des Foreign Office und des Verteidigungsministeriums, fasse ich zusammen:

Die Briten sind davon überzeugt, daß Frankreich sich auch in Zukunft nicht in die MBFR-Verhandlungen verwickeln lassen will.[16] Der französische Widerstand werde wegen Option III sogar noch zunehmen, weil durch sie die „force de frappe" berührt werden könnte. Wir sollten nicht darauf hoffen, daß Frankreich durch den Gang der Dinge zur Mitarbeit an MBFR gezwungen werde. Man müsse leider umgekehrt befürchten, daß es Frankreich wegen der Teil-

---

Fortsetzung Fußnote von Seite 508

„Vielmehr würden wir uns innerhalb der NATO als Nicht-Kernwaffenstaat in eine Extremposition gegenüber Artikel 46 begeben und Gefahr laufen, uns unter unseren Bündnispartnern zu isolieren. Die Analyse des Bundesministeriums der Verteidigung geht nämlich von einer übertrieben engen Auslegung des Artikels 46 aus, die ihrerseits wiederum auf einer nicht ganz korrekten deutschen Übersetzung beruht. Es erscheint daher erforderlich, zunächst einmal innerhalb der Bundesregierung eine einheitliche, sachlich korrekte und außenpolitisch vertretbare Linie zu erarbeiten, bevor Konsultationen in der NATO eingeleitet werden." Vgl. VS-Bd. 9705 (500); B 150, Aktenkopien 1975. Am 12. Juni 1975 notierte Vortragender Legationsrat Fröwis als Ergebnis einer Hausbesprechung vom Vortag, daß zum einen eine Vorbehaltserklärung zu Artikel 46 völkerrechtlich wirksam wäre; zum anderen könne die NATO im Verteidigungsfall „aufgrund des Rechts zur kollektiven Selbstverteidigung gemäß Art. 51 VN-Charta sowie aufgrund des Repressalienrechts alle erforderlichen Waffen einschließlich der Kernwaffen einsetzen. Auch Präventivschlag [ist] zulässig." Vgl. Referat 220, Bd. 109366.

12 Zur Ministersitzung des Ausschusses für Verteidigungsplanung der NATO (DPC) in Brüssel vgl. Dok. 132.

13 Das Kolloquium des Auswärtigen Amts mit dem Bundesministerium der Verteidigung war für den 11. Juli 1975 vorgesehen. Vgl. dazu die Aufzeichnung des Vortragenden Legationsrats I. Klasse Pfeffer vom 15. April 1975; VS-Bd. 8613 (201); B 150, Aktenkopien 1975.
Das Kolloquium wurde jedoch abgesagt.

14 Präsident Ford hielt sich am 31. Mai und 1. Juni 1975 in Spanien auf. Vgl. dazu Dok. 136, Anm. 15.

15 Dieser Absatz wurde von Bundesminister Genscher hervorgehoben. Dazu vermerkte er handschriftlich: „r[ichtig]".

16 Zur französischen Haltung zu den MBFR-Verhandlungen vgl. Dok. 101, Anm. 13.

nahme wichtiger europäischer Partner an MBFR so schwerfalle, zu mutigen Schlüssen für eine europäische Verteidigungszusammenarbeit zu kommen. Dies wäre um so bedauerlicher, als auch von britischer Seite für das erste eher Hindernisse auf diesem Wege zu erwarten seien (die britischen Beamten äußerten sich in diesem Punkte sehr freimütig). Der Versuch, die Franzosen in die MBFR-Verhandlungen einzubeziehen, werde scheitern. Eine Art Arbeitsteilung der beiden europäischen Kernwaffenmächte (Briten innerhalb, Franzosen außerhalb der MBFR-Verhandlungen) sei im übrigen vom europäischen Standpunkt aus sogar nützlich. Die sowjetische und die französische MBFR-Position seien nach britischer Ansicht in besonderem Maße unvereinbar, weil die Sowjetunion die Phasen I und II von vornherein miteinander verbinden wolle und Frankreich die Phase II aus doppeltem Grunde nicht wünsche (Einbeziehung der Bundesrepublik Deutschland; Gefahr für „force de frappe").

Deshalb komme es sehr auf die Haltung der USA an. Es sei zu hoffen, daß die amerikanische Regierung wegen der jüngsten weltpolitischen Ereignisse vielleicht noch mehr Rücksicht auf die europäischen Verbündeten nehmen und das Tempo etwas drosseln werde.

Ich habe erwidert, daß es uns sehr darauf ankomme, für MBFR Einverständnis mit Frankreich zu erzielen. Die europäischen Einigungsnotwendigkeiten begründeten wir, im Gegensatz zu den Franzosen, niemals mit Zweifeln an den USA, sondern damit, daß die europäische Entwicklung aus eigenem Recht notwendig sei. Dieser letztere Hinweis wurde von den britischen Gesprächspartnern sehr begrüßt: Man wolle auch nur noch so argumentieren.

5) Entwicklung in Vietnam

Man hat mich am Rande der Sitzung auch gefragt, ob es uns aufgefallen sei, daß die Regierungen von Nord- und Südvietnam davon sprächen, eine Wiedervereinigung der beiden Landesteile komme erst nach einer Zeit des Wettstreits und der Angleichung der beiden „unterschiedlichen Gesellschaftssysteme" in Betracht.

Ich habe erwidert, es handle sich vielleicht um einen Köder für spätere Entwicklungen in Korea. (Wir sollten nach meiner Ansicht derartige Fangfragen nicht auf uns selbst beziehen, da wir durch doppelte Integration in NATO und EG geschützt sind und Interesse daran haben, keine falschen Vergleiche aufkommen zu lassen).

Pfeffer

VS-Bd. 8613 (201)

115

Botschafter Dröge, z. Z. Bangkok, an das Auswärtige Amt

Schriftbericht Nr. 447   13. Mai 1975[1]

Betr.: Evakuierung aus Vietnam

Am 24. April 1975 brachte eine gecharterte Convair den Rest der deutschen Botschaft Saigon zusammen mit den letzten ausreisewilligen Mitgliedern der deutschen Kolonie nach Bangkok in Sicherheit. Sechs Tage später wurde die Hauptstadt Südvietnams nach Artillerie- und Raketenbeschuß von der nationalen Befreiungsfront eingenommen.[2]

Die Evakuierung war für uns und die meisten anderen ausländischen Missionen der letzte Akt eines Dramas, das kaum jemand in dieser Form vorausgesehen hatte. Als ich im November v. J. meinen Dienst antrat[3], war Südvietnam noch das mit Vietkong-Punkten besprenkelte Leopardenfell, das es jahrelang gewesen war. Man konnte sich mit einiger Vorsicht im Lande bewegen, konnte das Malteser-Krankenhaus in Danang und die „Christusträger" in Tam Ky besuchen, sich in Dalat und Umgebung ansehen, wie die Regierung sich im Verein mit ausländischen humanitären Organisationen um die Eingliederung der Flüchtlinge aus dem Norden bemühte, und im Mekongdelta hoffnungsvolle Bewässerungsprojekte besichtigen. Die militärische Aktivität im Lande war vielseitig und rege. Auch in Saigon gehörte das nächtliche Artilleriefeuer zur gewohnten Geräuschkulisse. Aber all das überschritt nicht den Rahmen des seit Jahren Üblichen.

Vor diesem Hintergrund war es nicht unrealistisch, daß eine Delegation der Kreditanstalt für Wiederaufbau Anfang November 1974 Projektstudien zur Ausfüllung des im September 1974 unterzeichneten Rahmenabkommens für Entwicklungshilfe[4] anstellte. Die deutschen Projekte im humanitären Bereich standen bereits unter vietnamesischer Regie. Alle Beobachter gingen davon aus, daß der militärisch-politische Schwebezustand trotz der von beiden Seiten gebrachten hohen Opfer an Toten und Verwundeten noch mehrere Jahre anhalten könnte.

Die ersten Zweifel an dieser Einschätzung stellten sich ein, als Nordvietnam und der Vietkong im Dezember 1974 seine militärischen Aktionen verstärkten und nacheinander ein rundes Dutzend Distrikthauptstädte einnahmen. Die erste Phase der neuen Offensive gipfelte in der Einnahme der Provinz Phuoc Long am 7. Januar 1975. Die Têt-Feiertage (10. bis 12. Februar) brachten nicht den vom Vietkong angekündigten und von der Bevölkerung befürchteten großen Angriff, sondern eine Erholungspause, die der Gegner offensichtlich nutz-

---

[1] Hat Legationsrat I. Klasse Truhart vorgelegen.
[2] Zur Kapitulation der Regierung der Republik Vietnam (Südvietnam) gegenüber der Provisorischen Revolutionsregierung der Republik Südvietnam am 30. April 1975 vgl. Dok. 105, Anm. 4.
[3] Heinz Dröge war seit dem 13. November 1974 Botschafter in Saigon.
[4] Für den Wortlaut des am 5. September 1974 in Saigon unterzeichneten Abkommens, das eine Kapitalhilfe in Höhe von 40 Mio. DM vorsah, vgl. BUNDESGESETZBLATT 1975, Teil II, S. 115.

te, um Verstärkung heranzuführen und seine strategischen Dispositionen zu treffen. Anfang März wurde die Lage in den Hochlandprovinzen kritisch. Ban Me Thout, Kontum und Pleiku fielen nacheinander am 17., 18. und 19. März.

Die deutschen Staatsangehörigen, die überall im Lande verstreut ihren Tätigkeiten nachgingen, waren keinesfalls erbaut, als wir ihnen angesichts der bedrohlichen Entwicklung nahelegten, ihre Aufenthaltsorte zu verlassen. Sie waren seit Jahren gewöhnt, mit der Gefahr zu leben. Daß die kleinen Scharmützel sich zur großen Katastrophe entwickeln könnten, wollte niemand recht glauben. Schließlich sind sie dann doch unserem Rat gefolgt und konnten alle in Sicherheit gebracht werden. Die Mitarbeiter des Malteser-Krankenhauses und die „Christusträger" verließen Danang unter chaotischen Umständen buchstäblich Stunden vor dem Fall der Stadt am 30. März.[5]

Die Aufgabe der Hochlandprovinzen und der Verlust der nördlichen Küstenstädte führte zu einer Massenflucht von unbeschreiblichem Ausmaß. Eineinhalb Millionen Flüchtlinge bewegten sich unter zum Teil schrecklichen Bedingungen nach Osten und Süden. Da die Landverbindungen an vielen Stellen vom Gegner unterbrochen waren, wurde versucht, die Menschen auf dem Seeweg oder per Luft ins Delta zu befördern. Auf Bitten der amerikanischen Regierung erklärte die Bundesrepublik sich bereit, zwei Linienfrachtschiffe für die Evakuierung von Flüchtlingen zur Verfügung zu stellen. M/S Rheinland und M/S Vogtland, die sich im südchinesischen Meer befanden, wurden umgeleitet und trafen am 1. bzw. 3. April vor der südvietnamesischen Küste in Höhe von Cam Ranh ein und warteten außerhalb der Hoheitsgewässer auf ihren Einsatz. Da die für eine Evakuierung in Frage kommenden Küstenstädte unerwartet schnell in die Hände des Gegners fielen und die verbliebenen Möglichkeiten durch amerikanische Schiffe bewältigt werden konnten, wurden unsere Schiffe auf Anregung der amerikanischen Regierung schließlich angewiesen, ihren ursprünglichen Kurs fortzusetzen.

Zur Linderung der Flüchtlingsnot stellte die Bundesregierung sofort erhebliche Mittel bereit.[6] Die Botschaft wurde am 27. März 1975 ermächtigt, an Ort und Stelle Hilfsgüter im Werte von bis zu 500 000,-- DM zu kaufen. Die Ermächtigung wurde zwei Tage später auf 2 Mio. DM erweitert. Aus diesen Mitteln gaben wir gezielte Hilfe an Organisationen, mit denen die Botschaft seit längerem persönlichen Kontakt unterhielt. Dazu kamen direkte Lieferungen aus der Bundesrepublik. Am 4. April 1975 brachte eine Chartermaschine 18 Tonnen hochwertiger Lebensmittel. Weitere Flugzeugladungen kamen am 7., 8., 15. und 16. April. Die Lieferungen wurden jeweils unverzüglich in kleinere Propellermaschinen umgeladen und zu den Flüchtlingszentren in Vungtau und Phu Quoc weitergeleitet. Auf der Flüchtlingsinsel Phu Quoc konnten wir uns davon überzeugen, daß unsere Hilfssendungen auf schnellstem Wege in die Hände der Bedürftigen gelangten.

---

[5] Zu den Ereignissen in der Republik Vietnam (Südvietnam) im März 1975 vgl. auch Dok. 67.
[6] Das Kabinett beschloß am 26. März 1975 eine Aufstockung der Mittel für die humanitäre Hilfe in Vietnam um 10 Mio. DM. Am 9. April 1975 wurde der Betrag erneut um 10 Mio. DM erhöht. Vgl. dazu die Ausführungen des Bundesministers Genscher am 9. April 1975 im Bundestag; BT STENOGRAPHISCHE BERICHTE, Bd. 92, S. 11310.

Als bald darauf der Regierungsapparat praktisch zusammenbrach, mußten wir allerdings dem Auswärtigen Amt empfehlen, die humanitäre Hilfe einzustellen, weil keine Gewähr mehr dafür bestand, daß die Lieferungen tatsächlich ihr Ziel erreichten.

Inzwischen war die militärische Lage um Saigon bedrohlich geworden. Der Ring gegnerischer Kräfte schloß sich zusehends. Es war zu befürchten, daß der Flugplatz Tan Son Nhut bald durch Artilleriebeschuß ausgeschaltet werden könnte. Deshalb hatten wir die deutschen Staatsangehörigen, die seit Ende März in Saigon konzentriert waren, in einem Rundschreiben vom 29. März gebeten, sich auf eine Evakuierung einzustellen. Am 4. April schickte die Bundesregierung eine gecharterte Lufthansa-Maschine, mit der 136 Deutsche, darunter alle Frauen und Kinder der Botschaft, nach Frankfurt geflogen wurden. Vier Tage später spitzte sich die Lage auch innenpolitisch zu. Von der Botschaftskanzlei aus konnten wir beobachten, wie ein südvietnamesischer Jagdbomber den Präsidentenpalast bombardierte. Die Nervosität der Bevölkerung wuchs. Saigon wurde panisch. Am 20. April brachten wir mit einem zweiten Charterflugzeug weitere 39 Deutsche in Sicherheit.

Als größtes Hindernis für eine zügige Evakuierung unserer Staatsangehörigen hatte sich inzwischen die strikte Ausreisesperre erwiesen, die die Regierung über alle Vietnamesen verhängt hatte und die sie mit besonderer Akribie auch auf Ausländer vietnamesischen Ursprungs anwenden wollte. Je näher die alte Republik Vietnam dem Untergang war, desto obstinater beriefen ihre Beamten sich auf die Geltung der Gesetze. Wir konnten trotzdem schließlich allen ausreisewilligen Deutschen das Exitvisum beschaffen. Als unser letztes Evakuierungsflugzeug am 24. April aus Saigon abflog, blieben nur noch etwa 40 Landsleute in Südvietnam zurück, die entweder unter allen Umständen bleiben wollten oder aus persönlichen Gründen noch nicht bereit waren, das Land zu verlassen.

Wir verließen Saigon inmitten des großen Exodus. Zum Flugplatz bewegte sich eine riesige Karawane landflüchtiger Vietnamesen. Den Regierungsbeamten an den verschiedenen Stationen stand die Nervosität in den Gesichtern. Am Flughafen trafen wir hohe Funktionäre mit gepackten Koffern. Der Staat war am Ende.

Dröge

Referat 302, Bd. 101745[*]

---

[*] Bereits veröffentlicht in: AUF POSTEN, S. 90–92.

116

**Ministerialdirigent Meyer-Landrut an die
Ständige Vertretung bei der NATO in Brüssel**

212-241.31-1185/75 VS-vertraulich 14. Mai 1975[1]
Fernschreiben Nr. 1970 Plurex Aufgabe: 15. Mai 1975, 16.07 Uhr
Cito

Betr.: KSZE-Öffentlichkeitsarbeit im Zusammenhang mit Phase III[2]
Bezug: Plurex 1723 vom 25.4.1975[3]
DB 645 vom 7.5.1975 von Brüssel NATO[4]
DB 674 vom 12.5.1975 von Brüssel NATO[5]

1) Berichte über Diskussion und erste Durchsicht zirkulierter Papiere zeigen, daß es unter Bündnispartnern über Bedeutung und Funktion auszuarbeitenden Papiers zur KSZE-Öffentlichkeitsarbeit divergierende und eher vage Vorstellungen gibt, die sich erst in Ansätzen konkretisieren.

---

[1] Der Drahterlaß wurde von Vortragendem Legationsrat Pieck konzipiert.
Hat Vortragendem Legationsrat Gehl am 14. Mai 1975 vorgelegen.
Hat Vortragendem Legationsrat I. Klasse Ruth und Vortragendem Legationsrat Holik zur Mitzeichnung vorgelegen.

[2] Am 20. März 1975 berichtete Botschafter Krapf, Brüssel (NATO), daß der Politische Ausschuß auf Gesandtenebene dem amerikanischen Vorschlag, eine „Studie über Öffentlichkeitsarbeit im Zusammenhang mit Phase III" der KSZE zu erstellen, zugestimmt habe: „Es laufe jetzt bereits eine groß angelegte Propagandakampagne der osteuropäischen Staaten an, die sich nach Ende der zweiten Phase noch verstärken werde. Die Bündnispartner müßten auf diese Kampagne offensiv reagieren. [...] Es bestand Einigkeit darüber, daß die Studie nicht als ‚verbindliche Richtlinie' für die Öffentlichkeitsarbeit der Bündnispartner anzusehen ist." Sie solle Grundsätze enthalten, die von den Bündnispartnern „je nach ihrer besonderen innen- und außenpolitischen Situation verwendet werden" könnten. Vgl. den Drahtbericht Nr. 413; VS-Bd. 10194 (212); B 150, Aktenkopien 1975.
Ein erster Entwurf wurde vom Internationalen Sekretariat am 24. März 1975 vorgelegt. Für den Wortlaut vgl. VS-Bd. 10194 (212).

[3] Ministerialdirigent Meyer-Landrut äußerte „grundsätzliche Bedenken" gegen den neuen Entwurf des Internationalen Sekretariats vom 10. April 1975 zur KSZE-Öffentlichkeitsarbeit. Er sei „zu defensiv und zu argumentativ gehalten. [...] Wir sind der Auffassung, daß gemeinsames Papier über Öffentlichkeitsarbeit nicht in erster Linie dazu bestimmt ist, Argumente und Interpretationen der Gegenseite zu entkräften, sondern unsere eigene Entspannungskonzeption, wie sie sich in den KSZE-Ergebnissen widerspiegelt, vorzutragen." So müsse deutlich gemacht werden, daß die KSZE nur eine Etappe auf dem Weg zur Entspannung in Europa sei und es „entscheidend auf Durchführung der Konferenzbeschlüsse ankommt". Auch solle verdeutlicht werden, „daß Entspannung nur möglich ist auf einer soliden Sicherheitsgrundlage, wie sie die Atlantische Allianz verbürgt. Die Allianzpartner müssen daher klarstellen, daß diese Grundlage der gemeinsamen Sicherheit erhalten bleiben muß und daß sich das militärische Kräfteverhältnis nicht zu ihren Ungunsten entwickeln darf." Vgl. VS-Bd. 10194 (212); B 150, Aktenkopien 1975.

[4] Gesandter Boss, Brüssel (NATO), berichtete von den Beratungen im Politischen Ausschuß auf Gesandtenebene über den Entwurf des Internationalen Sekretariats vom 10. April 1975 zur KSZE-Öffentlichkeitsarbeit. Die Mehrheit der Anwesenden habe sich für eine weitere Diskussion auf dieser Grundlage ausgesprochen, wenn auch bereits eine Reihe von Änderungsvorschlägen gemacht worden sei. Da die Vorstellungen der Bundesregierung „in der Sache weitgehende Unterstützung finden dürften", schlug Boss vor, „möglichst kurzfristig ein in sich geschlossenes Papier als Beitrag für die weitere Diskussion zur Verfügung" zu stellen. Vgl. VS-Bd. 10194 (212); B 150, Aktenkopien 1975.

[5] Botschafter Krapf, Brüssel (NATO), teilte mit, daß Dänemark am 12. Mai 1975 im Politischen Ausschuß auf Gesandtenebene den Entwurf einer Einleitung für ein Positionspapier zur KSZE-Öffentlichkeitsarbeit als Grundlage für weitere Erörterungen vorgelegt habe: „Die Mehrheit der Spre-

2) Wir gehen von folgenden Erwartungen aus:

a) Diskussion über geeignete und von allen gebilligte Basis für gemeinsame KSZE-Öffentlichkeitsarbeit sollte im Bewußtsein der Bedeutung der Thematik gründlich geführt werden. Zeitdruck zahlt sich nicht aus – verwaschenes Papier nützt nichts.

b) Erwünscht ist eine möglichst klare, konzise Sprache, die die relevanten Fakten beschreibt.

c) Nach unserem Eindruck gehen in bisherigen Beiträgen motivierende Überlegungen und gemeinsame Sprachregelungen (Interpretationsrahmen) ineinander über. Beides sollte getrennt werden.

d) Wir streben Einvernehmen unter den Bündnispartnern an, sich weitgehend, in entscheidenden Punkten auch an Wortlaut gemeinsamer Sprachregelung zu halten. Wir sind wegen KSZE-Thematik und spezifisch gegen uns gerichteter östlicher Absichten an Solidarität westlicher Partner auch gerade im Hinblick auf eigene Öffentlichkeitsarbeit besonders interessiert. Es kann nicht unser Interesse sein, jedem Partner anhand vager Orientierungen größeren Spielraum für eigene Sprachregelung zu überlassen. Wir brauchen wegen der zu erwartenden breiten und mit größter Intensität vorgetragenen Propagandakampagne des Ostens mehr Gemeinsamkeit.

3) Wir meinen daher, daß wir uns mit zwei Themen befassen sollten:

a) Bedingungen, Ziele und Praktizierung unserer KSZE-Öffentlichkeitsarbeit, vgl. Teil I.

b) Gemeinsame Sprachregelung (Interpretationsrahmen), vgl. Teil II.

I. Bedingungen, Ziele und Praktizierung unserer KSZE-Öffentlichkeitsarbeit

Hier scheint es uns wesentlich um drei Fragen zu gehen:

1) Unter welchen Bedingungen betreiben wir KSZE-Öffentlichkeitsarbeit?

2) Was wollen wir erreichen (Ziele)?

3) Wie wollen wir es erreichen (Praxis)?

Zu 1) (Bedingungen):

Wir haben es mit zwei entscheidenden Bedingungen zu tun:

– Unsere Öffentlichkeit ist weitgehend uninformiert, teils von Details verwirrt, teils uninteressiert.

– KSZE geht mit gemeinsamen Beschlüssen zu Ende, die von Staats- und Regierungschefs der Teilnehmerstaaten unterzeichnet werden. Abschluß-Gipfel[6] zeigt der Öffentlichkeit nicht nur, daß man sich geeinigt hat, sondern daß alle Staaten dieser Einigung besondere Bedeutung beimessen.

Fortsetzung Fußnote von Seite 514

cher unterstützte die dänische Ansicht, Ziel der Arbeit solle nicht ein ‚politisches Papier' sein, sondern eine Liste von Material und Argumenten, die von jedem Bündnispartner verwendet und mit den Nuancen der nationalen Positionen angereichert werden könnten." Vgl. VS-Bd. 10194 (212); B 150, Aktenkopien 1975.

6 Zum Vorschlag des Generalsekretärs des ZK der KPdSU, Breschnew, vom 8. März 1975, für Ende Juni 1975 die KSZE-Schlußkonferenz auf der Ebene der Staats- und Regierungschefs nach Helsinki einzuberufen, und zur Zustimmung des Europäischen Rats am 10./11. März 1975 in Dublin, die Schlußkonferenz auf höchster Ebene abzuhalten, vgl. Dok. 49.

Diese Grundbedingungen geben unserer Öffentlichkeitsarbeit eine bestimmte Richtung.

Zu 2) (Ziele):

a) Wir wollen unsere Öffentlichkeit informieren, über Zusammenhänge aufklären, Interesse wecken.

b) Wir wollen, daß unsere Öffentlichkeit die KSZE-Ergebnisse als gemeinsamen Erfolg aller Teilnehmerstaaten versteht.

c) Wir wollen darüber hinaus, daß unsere Öffentlichkeit die KSZE-Ergebnisse als Erfolg der westlichen Entspannungsbemühungen erkennt und wertet.

d) Schließlich gilt es, Skepsis und Pessimismus abzubauen, indem wir überzogenen Erwartungen begegnen und mögliche Euphorie dämpfen.

Zu 3) (Praxis):

Hieraus folgt für die Praxis unserer Öffentlichkeitsarbeit:

a) Wir sollten alle Ergebnisse der KSZE als das Resultat gemeinsamer Ost-West-Bemühungen würdigen. Das bedeutet, daß wir den Dissens in Einzelfragen nicht als solchen beim Namen nennen, sondern konkludent in unserer Interpretation östliche Einwände vorwegnehmend entkräften. Wie wir uns nach der KSZE angesichts östlicher Propaganda verhalten, ist jetzt noch nicht unser Thema.

b) Wir sollten deutlich machen, daß KSZE für den Westen ein Erfolg war, kein Sieg. Hierzu sollten wir die westliche Entspannungskonzeption in ihrer Entwicklung seit dem Harmel-Bericht 1967[7] in Grundzügen erläutern.

c) Unsere Öffentlichkeitsarbeit sollte objektiv und unpolemisch sein, zugleich aber selbstsicher und entschieden.

d) Schließlich sollten wir klarmachen, daß KSZE weder Wendepunkt noch Krönung der Entspannung ist, sondern eine erste Etappe auf dem Wege zur Klimaverbesserung in Europa.

II. Gemeinsamer Interpretationsrahmen

(Nachfolgend der erste Entwurf einer gemeinsamen Sprachregelung für unsere KSZE-Öffentlichkeitsarbeit in Form eines Interpretationsrahmens, der Raum für nationale Nuancierungen läßt. Wir sind uns klar, daß dieser Entwurf in vielem noch verbessert und ergänzt werden muß.)

1) Gesamtwürdigung der KSZE

1.1) Wir begrüßen den erfolgreichen Abschluß der KSZE, die jetzt nach knapp drei Jahren in Helsinki zu Ende ging. Der Abschluß dieser Konferenz ist ein Erfolg aller Teilnehmerstaaten. Sie ist Ausdruck des Willens der Beteiligten, künftig die Konfrontation in Europa durch ein aktives Bekenntnis zum Gewaltverzicht abzubauen und sich der friedlichen Zusammenarbeit zuzuwenden.

1.2) Die Beschlüsse der Konferenz sind das Resultat von Verhandlungen. Verhandeln heißt, den Kompromiß suchen. Keiner der beteiligten Staaten hat ver-

---

[7] Für den Wortlaut des „Berichts des Rats über die künftigen Aufgaben der Allianz" (Harmel-Bericht), der dem Kommuniqué über die NATO-Ministerratstagung am 13./14. Dezember 1967 in Brüssel beigefügt war, vgl. NATO FINAL COMMUNIQUES 1949–1974, S. 198–202. Für den deutschen Wortlaut vgl. EUROPA-ARCHIV 1968, D 75–77.

sucht, die KSZE zu einem Instrument zu machen, um andere Staaten zu zwingen, ihr politisches und gesellschaftliches System zu ändern. Die Folgen einer solchen Zielsetzung wären nur gereiztes Prestigebewußtsein und eine erneute Konfrontation gewesen, zum Nachteil der Entspannung und damit zu Lasten der Menschen.

1.3) Die KSZE war der erste multilaterale Versuch eines thematisch weitgespannten Interessenausgleichs zwischen Ost und West in Europa. Entspannung ist nur möglich auf der Grundlage gegenseitig annehmbarer Bedingungen.

1.4) Multilaterale Entspannungspolitik ist nicht die Fortsetzung klassischer Bündnis- und Sicherheitspolitik, sondern eine neue zusätzliche Dimension der Zusammenarbeit, die von den Menschen selbst gestaltet werden kann und die ihnen unmittelbaren Nutzen bringt.

1.5) Die KSZE ist eine erste Etappe auf dem Wege zu mehr Vertrauen[8] und verbesserter Zusammenarbeit in Europa. Sie ist weder Wendepunkt noch Krönung des Entspannungsprozesses.

1.6) Voraussetzung für einen Prozeß der Entspannung ist eine solide Sicherheitsgrundlage, wie sie für die westlichen Staaten die atlantische Allianz verbürgt. Die Ergebnisse der KSZE können diese auf solidarische Verteidigungsanstrengungen gegründete Sicherheit weder ersetzen noch in ihrer Bedeutung relativieren.

2) Erfolg westlicher Entspannungsbemühungen

2.1) Die Einberufung der KSZE war die Konsequenz des Entspannungswillens aller Beteiligten. Ihre Ergebnisse sind ohne den Beitrag der Staaten der atlantischen Allianz nicht zu denken.

2.2) Die westliche Entspannungskonzeption geht zurück auf den „Bericht über die künftigen Aufgaben der Allianz", den Harmel-Bericht von 1967. Danach erfüllt die Allianz zwei Funktionen:

– Aufrechterhaltung einer ausreichenden militärischen Stärke und politische Solidarität unter den Partnern sowie

– die weitere Suche nach Fortschritten in Richtung auf dauerhafte Beziehungen, mit deren Hilfe die grundlegenden politischen Fragen in Europa gelöst werden können.

Militärische Sicherheit und eine Politik der Entspannung stellen daher für die Allianz keinen Widerspruch dar, sondern ergänzen sich gegenseitig.

2.3) Verstärkt seit 1969 haben die Staaten der atlantischen Allianz in einem indirekten Dialog mit dem Warschauer Pakt und in bilateralen Konsultationen mit den ungebundenen und neutralen Staaten Vorschläge für eine gemeinsame Tagesordnung einer „Konferenz über Sicherheit und Zusammenarbeit in Europa" unterbreitet. Diese Vorschläge führten dazu, daß

– die Konferenz bilateral und multilateral gründlich vorbereitet wurde,

– die USA und Kanada gleichberechtigt an der Konferenz teilnahmen,

---

[8] Dieses Wort wurde von Ministerialdirigent Meyer-Landrut handschriftlich eingefügt. Dafür wurde gestrichen: „Sicherheit".

– vor der Annahme der Einladung der finnischen Regierung zu multilateralen Konsultationen in Helsinki das Vier-Mächte-Abkommen über Berlin 1972 abgeschlossen wurde[9] und

– Verhandlungen über beiderseitige und ausgewogene Truppenverminderungen in Europa (MBFR) parallel zu den multilateralen KSZE-Konsultationen angesetzt wurden.[10]

2.4) Der Westen konnte sich mit seinen Vorstellungen bei den multilateralen Konsultationen in Helsinki über eine gemeinsame KSZE-Tagesordnung in entscheidenden Punkten durchsetzen. Es gelang,

– in den Katalog der zu definierenden Prinzipien für den Westen wesentliche Grundsätze aufzunehmen,

– die Behandlung militärischer Aspekte der Sicherheit zu gewährleisten,

– die Bedeutung der menschlichen Kontakte und des Informationsaustausches für die friedliche Zusammenarbeit in Europa in der Tagesordnung konkret zu behandeln[11].

3) KSZE-Ergebnisse

3.1) Alle Beschlüsse der KSZE sind politisch-moralische Absichtserklärungen, schaffen also kein neues Völkerrecht.

3.2) Die Prinzipiendeklaration enthält Absichtserklärungen in Form allgemeiner Regeln für alle Bereiche der Zusammenarbeit. So führt der Katalog ein Prinzip auf, das sich mit der Zusammenarbeit zwischen den Staaten auf allen Ebenen befaßt. Der Katalog enthält ferner u. a. ein Prinzip der Unverletzlichkeit der Grenzen, also die Feststellung, daß Grenzen nicht gewaltsam geändert werden dürfen, sowie die Klarstellung der fortdauernden Zulässigkeit friedlicher und einvernehmlicher Grenzänderungen. Dadurch wird deutlich, daß kein Staat gehindert wird, seine legitimen nationalen Interessen auf friedlichem Wege zu verfolgen. Ferner enthält die Deklaration Grundsätze wie die der Achtung der Menschenrechte und des Selbstbestimmungsrechts der Völker. Alle Prinzipien haben gleichen Rang und werden im Zusammenhang miteinander interpretiert.

3.3) Die KSZE-Beschlüsse machen deutlich, daß ohne eine Einbeziehung militärischer Aspekte in den multilateralen Dialog der Entspannungsprozeß in Europa unvollständig bleiben muß. Dieser Gedanke wird durch Absprachen über vertrauensbildende Maßnahmen wie die vorherige Ankündigung größerer militärischer Manöver und den Austausch von Manöverbeobachtern konkretisiert.

---

[9] Am 3. Juni 1972 wurde das Schlußprotokoll zum Vier-Mächte-Abkommen über Berlin vom 3. September 1971 unterzeichnet.
Am 20. Juli 1972 teilte die finnische Regierung die Absicht mit, „den 22. November 1972 als Datum für den Beginn der M[ultilateralen] V[orbereitung] vorzuschlagen". Vgl. den Drahtbericht Nr. 828 des Botschafters Krapf, Brüssel (NATO), vom 25. Juli 1972; VS-Bd. 1703 (201); B 150, Aktenkopien 1972.

[10] Auf der Grundlage einer Note der sowjetischen Regierung, die dem Sicherheitsberater des amerikanischen Präsidenten, Kissinger, am 14. September 1972 in Moskau übergeben wurde, wurden die Termine für den Beginn der ersten Runde der multilateralen Vorgespräche für die KSZE am 22. November 1972 in Helsinki und die Explorationsgespräche über die Aufnahme von MBFR-Verhandlungen am 31. Januar 1973 in Wien vereinbart. Vgl. dazu AAPD 1972, II, Dok. 279, und AAPD 1972, III, Dok. 359.

[11] Die Wörter „zu behandeln" wurden von Ministerialdirigent Meyer-Landrut handschriftlich eingefügt. Dafür wurde gestrichen: „anzusprechen".

3.4) Die Konferenz hat die große Bedeutung engerer wirtschaftlicher Zusammenarbeit auf der Grundlage der Gegenseitigkeit der Vorteile bekräftigt. Gleichzeitig haben die Teilnehmerstaaten erkannt, daß Zusammenarbeit nur wirksam verbessert werden kann, wenn die Menschen stärker miteinbezogen werden. So besteht jetzt Einvernehmen u.a. darüber, Geschäftskontakte zu erleichtern und mehr Informationen über Märkte und Produktionsbedingungen zu liefern.

3.5) Auf westliche Initiative wurde das Thema „Zusammenarbeit in humanitären und anderen Bereichen" in die KSZE-Tagesordnung als gleichwertiger Tagesordnungspunkt aufgenommen. Es ging dabei um die Verbesserung der menschlichen Kontakte, des Informationsaustausches und der Zusammenarbeit bei Kultur und Bildung. Bei den humanitären Fragen, also bei der Verbesserung der menschlichen Kommunikationen, ging es um Themen, die noch vor wenigen Jahren tabu waren, weil sie als Einmischung in die inneren Angelegenheiten galten. Es konnten konkrete Absprachen getroffen werden, die die Probleme der Menschen zwar noch nicht lösen, aber die Grundlage dafür schaffen, daß ihr Los erleichtert werden kann[12].

3.6) Alle Beteiligten waren sich einig, daß der Entspannungsprozeß nach Abschluß der KSZE nicht abbrechen darf. Daher werden sich die KSZE-Teilnehmerstaaten nach einem vereinbarten Fristablauf erneut über weitere Impulse für die multilaterale Entspannungspolitik verständigen. Vertrauen als Grundlage für verbesserte Beziehungen wird nur geschaffen, wenn sich die Staaten in ihrer täglichen Praxis an ihre Absichtserklärungen nach Geist und Buchstaben halten.

4) Auswirkungen der KSZE

Neben den schriftlich fixierten Ergebnissen hat die Konferenz Entwicklungen in Gang gesetzt oder Tendenzen gestärkt, die für den weiteren Entspannungsprozeß in Europa von Bedeutung sind oder werden können.

4.1) Wichtiges positives Ergebnis der Konferenz war für den Westen die erfolgreich erprobte Solidarität unter den Partnern der atlantischen Allianz. Die KSZE hat den Zusammenhalt der Partner gestärkt.

4.2) Die Europäische Gemeinschaft wurde auf der Konferenz von den osteuropäischen Staaten de facto anerkannt.

4.3) Die Konferenz hat den Geist der Zusammengehörigkeit zwischen den ungebundenen und neutralen Staaten sowie den Staaten der westlichen Allianz neu belebt. In vielen Bereichen verbanden sie gleichgerichtete Interessen.

4.4) Das Verfahrensprinzip des Konsensus[13] hat das Unabhängigkeits- und Selbstwertgefühl mancher osteuropäischer und ungebundener Staaten auf der KSZE gestärkt, auch wenn es sich nicht immer offen äußern konnte. Dies könnte auf längere Sicht dazu führen, daß sich die an der KSZE beteiligten Staaten

---

[12] Die Wörter „werden kann" wurden von Vortragendem Legationsrat Gehl handschriftlich eingefügt. Dafür wurde gestrichen: „wird".

[13] In Ziffer 69 der Schlußempfehlungen der multilateralen Vorgespräche für die KSZE in Helsinki vom 8. Juni 1973 wurde festgelegt: „Die Beschlüsse der Konferenz werden durch Konsens gefaßt. Konsens ist gegeben, wenn kein Vertreter einen Einwand erhebt und diesen als Hindernis für die anstehende Beschlußfassung qualifiziert." Vgl. SICHERHEIT UND ZUSAMMENARBEIT, Bd. 2, S. 603.

mehr als bisher an den Vorteilen der Zusammenarbeit als an Doktrinen orientieren.

4.5) Die KSZE-Verhandlungen hatten einen sichtbaren liberalisierenden Effekt auf die Innenpolitik osteuropäischer Staaten. Zu erinnern ist an die vorsichtigere[14] Behandlung der Dissidenten durch die sowjetische Bürokratie.

4.6) Ein wichtiger Gewinn der Konferenz liegt schließlich darin, daß sich 35 Staaten zu einer Bestandsaufnahme der europäischen Ost-West-Probleme zusammengefunden haben. Eine solche Bestandsaufnahme macht deutlich, wo gemeinsame Lösungen versucht werden können und wo Gegensätze auf nicht absehbare Zeit hinaus unüberbrückbar bleiben. Eine solche Inventur befreit von Illusionen. Sie ist auch deshalb wichtig, weil auf diese Weise eine gemeinsame Plattform gewonnen wird, von der die beteiligten Staaten künftig als Maßstab und als feste Größe für weitere Entspannungsbemühungen ausgehen können.

5) Nach KSZE-Phase

5.1) Die Konferenz ist zu Ende. Jetzt wird sich zeigen müssen, wie sich die Beschlüsse in der Praxis bewähren. Wer die Konferenzbeschlüsse nicht einhält, stellt damit das Ergebnis der Konferenz in Frage.

5.2) So wenig wie die KSZE ein verteidigungsfähiges Bündnis für den Westen ersetzen kann, so wenig werden die KSZE-Ergebnisse den Prozeß der Einigung Westeuropas behindern. Das westeuropäische Einigungswerk bedeutet keine Beeinträchtigung der gesamteuropäischen Perspektive, sondern ist im Gegenteil ein konstruktiver Faktor im gesamteuropäischen Prozeß.

5.3) Die KSZE-Ergebnisse sollen die bestehende Lage in Europa nicht einfrieren, sondern die Völker und Menschen[15] Europas zusammenbringen. Die Grenzzäune sollen nicht verstärkt, sondern allmählich abgebaut werden.

Nur dann wird die KSZE die Erwartungen erfüllt haben, die die Menschen in sie setzen.[16]

Meyer-Landrut[17]

VS-Bd. 10194 (212)

---

[14] Dieses Wort wurde von Ministerialdirigent Meyer-Landrut handschriftlich eingefügt. Dafür wurde gestrichen: „zunehmend delikatere".
[15] Die Wörter „und Menschen" wurden von Ministerialdirigent Meyer-Landrut handschriftlich eingefügt.
[16] Am 17. Juli 1975 legte Ministerialdirektor van Well das von den NATO-Mitgliedstaaten erarbeitete Papier zur KSZE-Öffentlichkeitsarbeit vor und teilte dazu mit: „Die endgültige Verabschiedung wurde bis zum Abschluß der Genfer Arbeitsphase vertagt. Doch wurde Einvernehmen erzielt, daß die mit der Öffentlichkeitsarbeit befaßten Regierungsstellen das Material schon jetzt benutzen dürfen." Vgl. Referat 212, Bd. 111663.
[17] Paraphe.

117

Gespräch des Bundeskanzlers Schmidt
mit dem amerikanischen Botschafter Hillenbrand

15. Mai 1975[1]

1) Botschafter *Hillenbrand*, der auf seinen Wunsch vom Bundeskanzler empfangen wurde, überbrachte das Originalschreiben des amerikanischen Präsidenten in der Frage eines neuen Offset-Abkommens.[2]

Der *Bundeskanzler* nahm den Brief mit dem Bemerken entgegen, daß ihn das Original ebensowenig freue wie die Kopie, die er vorab erhalten habe.

2) Der *Botschafter* erläuterte den Ablauf des Schiffszwischenfalls an der kambodschanischen Küste[3] sowie die Überlegungen, die die amerikanische Regierung dazu geführt haben, eine harte Haltung einzunehmen.

3) Der *Botschafter* kam kurz auf die Stockholmer Geiselnahme[4] zu sprechen und gab seiner Befriedigung Ausdruck, daß die Bundesregierung sich so verhalten habe, wie es auch die amerikanische Regierung getan haben würde.

Der *Bundeskanzler* bemerkte beiläufig, es erscheine ihm notwendig, daß alle, die in Berlin (West) Verantwortung tragen, sich zusammensetzen, um die innere Sicherheitslage der Stadt rechtzeitig zu überprüfen. Handele man erst, wenn der Notfall eingetreten sei, wäre es meistens zu spät.

4) Der *Botschafter* berichtete kurz über sein Gespräch mit Abrassimow am 12. Mai.[5] Hierbei kam auch die Äußerung zur Sprache, die StS Gaus aus seinem Gespräch mit Abrassimow vom 14. Mai mitgeteilt hat.[6] Der Botschafter wies darauf hin, daß Abrassimow ihm gegenüber den Kissinger-Besuch in West-

---

[1] Die Gesprächsaufzeichnung wurde von Ministerialdirektor Sanne, Bundeskanzleramt, gefertigt.
[2] Für das Schreiben des Präsidenten Ford vom 3. Mai 1975 an Bundeskanzler Schmidt vgl. VS-Bd. 8890 (420).
Vgl. dazu auch Dok. 118.
[3] Am 12. Mai 1975 brachten kambodschanische Kriegsschiffe im Golf von Siam das amerikanische Handelsschiff „Mayaguez" auf und zwangen es bei der Insel Koh Tang zum Ankern; die Mannschaft wurde interniert. Zwei Tage später versenkten amerikanische Flugzeuge fünf kambodschanische Kanonenboote. Am 15. Mai 1975 landeten amerikanische Marineeinheiten auf Koh Tang und nahmen die „Mayaguez" wieder in Besitz; gleichzeitig wurde der kambodschanische Luftwaffenstützpunkt Ream bombardiert. Noch am selben Tag wurde die Besatzung der „Mayaguez" von einem kambodschanischen Fischkutter an Bord eines amerikanischen Zerstörers gebracht. Vgl. dazu EUROPA-ARCHIV 1975, Z 88.
[4] Zum Überfall auf die Botschaft der Bundesrepublik in Stockholm am 24. April 1975 vgl. Dok. 94 und Dok. 95.
[5] Zum Gespräch des amerikanischen Botschafters Hillenbrand mit dem sowjetischen Botschafter in Ost-Berlin, Abrassimow, vgl. Dok. 131.
[6] Staatssekretär Gaus, Ost-Berlin, berichtete am 14. Mai 1975, der sowjetische Botschafter in Ost-Berlin, Abrassimow, habe erklärt, aufgrund von Presseberichten gehe die UdSSR davon aus, „daß Bundesaußenminister Genscher beabsichtige, den amerikanischen Außenminister Kissinger am 21. Mai nach West-Berlin zu begleiten. Eine solche Begleitung Kissingers durch Genscher werde ‚von der Sowjetunion und der DDR' als ein ‚höchst bedenklicher Akt der Bundesregierung' angesehen werden, der Bundespräsenz bei falscher Gelegenheit demonstrieren solle. Die Bundesrepublik müsse für einen solchen Fall mit nachteiligen Reaktionen sowohl der Sowjetunion als auch der DDR rechnen." Vgl. den Drahtbericht Nr. 730; VS-Bd. 10172 (210); B 150, Aktenkopien 1975.

Berlin⁷ mit keinem Wort erwähnt habe. Einen Tag später habe aber in einer West-Berliner Zeitung gestanden, daß Kissinger auf Einladung des Bundesaußenministers Berlin besuche.⁸ Dies könnte zu der Bemerkung Abrassimows gegenüber StS Gaus beigetragen haben.

Der *Bundeskanzler* sagte dazu, er hoffe, daß kein Vertreter der Bundesregierung eine Formulierung gebrauchen werde, wie sie in der West-Berliner Zeitung stand.

5) Der *Botschafter* erkundigte sich, ob er Außenminister Kissinger zur Vorbereitung auf das Gespräch mit dem Bundeskanzler⁹ etwas über die voraussichtlichen Themen mitteilen solle.

Der *Bundeskanzler* erläuterte seine Absicht, Herrn Kissinger darüber zu unterrichten, was er beim Gipfeltreffen in Brüssel¹⁰ sagen wolle.

– Im Mittelpunkt seiner Ausführungen werde die gefährliche Weltwirtschaftssituation stehen. New York sei seit Monaten das Zentrum des Weltpessimismus.

– Außerdem werde er auf die amerikanische Politik gegenüber Portugal und Spanien eingehen. Die Politik gegenüber Portugal sei zu pessimistisch und ließe das nach außen erkennen. Damit helfe man dem Kommunismus in Portugal und schwäche die demokratischen Kräfte.

In Spanien wende sich die amerikanische Politik nicht genügend an die Kreise, die in ein paar Jahren die Macht haben werden. Die Kreise um Franco würden ihren Einfluß bald verlieren. Die amerikanischen Stützpunkte seien nur gesichert, wenn ihrer Aufrechterhaltung auch die demokratischen Kräfte Spaniens zustimmten. Der Besuch Präsident Fords in Madrid¹¹ scheine ihm nicht weise.

– Schließlich werde er die Vorgänge bei der Pariser Ölkonferenz¹² und die Frage des weiteren Verhaltens der Verbraucherländer ansprechen. Amerika habe seine Führungsrolle in diesem Bereich bisher nicht überzeugend wahrgenommen. Vor einem Jahr sei die amerikanische Linie gewesen, daß der Ölpreis auf jeden Fall gesenkt werden müsse. Inzwischen hätten die USA ihre Position völlig umgekehrt und träten für die Festsetzung von Mindestpreisen ein.¹³ Dies sei aber nur ein Beispiel dafür, daß die Dinge nicht recht-

---

7 Der amerikanische Außenminister Kissinger besuchte am 20./21. Mai 1975 die Bundesrepublik und hielt sich am 21. Mai 1975 in Begleitung des Bundesministers Genscher in Berlin (West) auf. Zur Ankündigung des Besuchs vgl. Dok. 28, Anm. 27.
8 Berichtet wurde, daß der amerikanische Außenminister Kissinger am 20./21. Mai 1975 „auf Einladung von Bundesaußenminister Genscher" die Bundesrepublik besuche. Am 21. Mai 1975 werde er im Abgeordnetenhaus von Berlin sprechen und dabei „sicherlich von einem Mitglied der Bundesregierung begleitet sein". Vgl. die Meldung „Vierstündiger Berlin-Besuch Kissingers am 21. Mai bestätigt"; DER TAGESSPIEGEL vom 13. Mai 1975, S. 1.
9 Zum Gespräch des Bundeskanzlers Schmidt und des Bundesministers Genscher mit dem amerikanischen Außenminister Kissinger am 21. Mai 1975 vgl. Dok. 130.
10 Zur NATO-Ratstagung auf der Ebene der Staats- und Regierungschefs am 29./30. Mai 1975 vgl. Dok. 143.
11 Präsident Ford hielt sich am 31. Mai und 1. Juni 1975 in Spanien auf. Vgl. dazu Dok. 136, Anm. 15.
12 Zur Vorkonferenz der erdölproduzierenden und -verbrauchenden Staaten vom 7. bis 15. April 1975 in Paris vgl. Dok. 87.
13 Vgl. dazu die Äußerungen des Präsidenten Ford vom 15. Januar 1975 bzw. des amerikanischen Außenministers Kissinger vom 3. Februar 1975; Dok. 28, Anm. 3.

zeitig durchdacht und abgestimmt würden. Auch die Franzosen hätten Fehler im Zusammenhang mit der Pariser Vorkonferenz gemacht. Wir könnten es uns angesichts der Größe der Probleme nicht länger leisten, die Dinge schleifen zu lassen.

Der *Botschafter* wies darauf hin, daß mit dem Unterstaatssekretär Maxwell Robinson ein wichtiger neuer Mann einen Schlüsselposten im State Department eingenommen habe. Robinson besitze das Vertrauen der Geschäftswelt, sei weitsichtig und aufgeschlossen und insistiere auf eine klare Abgrenzung der Verantwortlichkeiten innerhalb der Administration, an der es seit dem Weggang von Casey[14] gefehlt habe.

Abschließend wurde kurz über den Personenkreis gesprochen, der an dem Frühstück beim Bundeskanzler am 21. Mai teilnehmen soll. Der *Bundeskanzler* bestätigte, daß von unserer Seite er selbst und BM Genscher teilnehmen. Er stelle es Außenminister Kissinger frei, ob er jemanden mitbringen wolle. Die amerikanische Seite solle sich aber ebenfalls auf insgesamt zwei Teilnehmer beschränken.

Helmut-Schmidt-Archiv, 1/HSAA 007047

118

Aufzeichnung des Ministerialdirigenten Lautenschlager

420-554.10 USA-529/75 VS-vertraulich   **15. Mai 1975**[1]

Herrn Staatssekretär[2] zur Unterrichtung für die Staatssekretärs-Besprechung am Mittwoch, 21.5.1975, 14.00 Uhr, im Bundeskanzleramt und mit der Bitte um Billigung des Vorschlags zu Ziffer II.5).

Betr.: Deutsch-amerikanischer Devisenausgleich;
       hier: Schreiben des amerikanischen Präsidenten Ford an den Herrn Bundeskanzler vom 3. Mai 1975[3]

Anlage[4]

I. Sachstand

1) Zum Ausgleich der die amerikanische Zahlungsbilanz belastenden Kosten der Stationierung von US-Truppen in der Bundesrepublik Deutschland sind seit

---

[14] William J. Casey war 1972/73 Unterstaatssekretär im amerikanischen Außenministerium.

[1] Die Aufzeichnung wurde von Vortragendem Legationsrat I. Klasse Mühlen und von Legationsrat Reyels konzipiert.
[2] Hat Staatssekretär Sachs am 22. Mai 1975 vorgelegen.
[3] Für das Schreiben des Präsidenten Ford vgl. VS-Bd. 8890 (420).
[4] Dem Vorgang beigefügt. Für die Aufstellung „Deutsche Leistungen an die USA im Rahmen der bisher abgewickelten Devisenausgleichsabkommen (1.7.61 bis 30.6.75)" vgl. VS-Bd. 8890 (420); B 150, Aktenkopien 1975.

1961 acht Devisenausgleichsabkommen zwischen der Bundesrepublik Deutschland und den USA geschlossen worden.

Nach einer NATO-Resolution vom 26.7.1957 sind Voraussetzung für einen Devisenausgleich ernsthafte Zahlungsbilanzschwierigkeiten eines Entsendestaates, für den die Kosten der Truppenstationierung eine schwere zusätzliche Belastung darstellen.[5]

Die inzwischen abgewickelten sieben Abkommen, die den Zeitraum vom 1.7. 1961 bis 30.6.1973 umfassen, erreichen insgesamt ein Ausgleichsvolumen von 34,38 Mrd. DM (vgl. anliegende Aufstellung).

Das vom damaligen Bundesfinanzminister Schmidt in Washington im März 1974 ausgehandelte und im April 1974 in Bonn unterzeichnete laufende Devisenausgleichsabkommen gilt für die Zeit vom 1.7.1973 bis 30.6.1975.[6] Es sieht folgende Leistungen der Bundesrepublik Deutschland vor:

Gesamtwert 5920 Mio. DM

– größter Bestandteil, wie schon in den früheren Abkommen, militärische Beschaffungen in Höhe von	2750 Mio. DM
– Beschaffung von Urantrennarbeit für zivile Nutzung	200 Mio. DM
– Bilaterale Projekte der wissenschaftlich-technologischen Zusammenarbeit	100 Mio. DM
– Kasernenmodernisierung	600 Mio. DM
– Übernahme von Landegebühren auf deutschen Zivilflughäfen und von gewissen Grundsteuern	20 Mio. DM
– Erwerb niedrigverzinslicher Schuldverschreibungen des amerikanischen Schatzamtes durch die Deutsche Bundesbank	2250 Mio. DM

Die erste Hälfte dieser Leistungen ist zum Ablauf des ersten Vertragsjahres erbracht worden, der Erwerb von Schuldverschreibungen des amerikanischen

---

[5] Der Ständige NATO-Rat verabschiedete am 26. Juli 1957 die Resolution „On the Common Solution of Currency Problems Arising from the Stationing of Forces in Other Member Countries". Darin hieß es: „The North Atlantic Council [...] decides: 1) The NATO member countries which can invoke currency difficulties resulting from the stationing of their troops in other member states and for the solution of which they request the assistance of their partners are those countries i) which are required, in accordance with NATO plans, to station forces on the territory of other member states; ii) which are at any given time experiencing serious balance of payments difficulties; and iii) for which the cost of stationing of forces represents at such time a heavy additional burden on their balance payments. [...] 2) The countries which, at any given time, consider themselves entitled to plead before their partners that they fulfill, or will fulfill within the succeeding twelve months, simultaneously the three conditions specified above shall submit to the Council a detailed memorandum containing all appropriate explanations to justify that there are good grounds for their request for assistance. 3) These memoranda will be forwarded forthwith to two or three independent experts of recognised competence in the field of international finance. [...] The experts shall advise the Council whether in their judgement the countries involved do or will fulfill simultaneously the three conditions specified above." Für das NATO-Dokument CM (57) 112 vgl. Referat II A 7, Bd. 769.

[6] Bundesminister Schmidt und der amerikanische Finanzminister Shultz erzielten am 19. März 1974 in Washington eine grundsätzliche Einigung über ein Devisenausgleichsabkommen zwischen der Bundesrepublik und den USA. Vgl. dazu den Artikel „Einigung über Devisenausgleich"; FRANKFURTER ALLGEMEINE ZEITUNG vom 21. März 1974, S. 2.
Für das am 25. April 1974 unterzeichnete Abkommen vgl. Referat 420, Bd. 106361. Vgl. dazu auch AAPD 1974, I, Dok. 137.

Schatzamtes durch die Deutsche Bundesbank ist nahezu in voller Höhe abgeschlossen.

Bei der Verwendung der auf dem Gebiet der Nuklearkooperation vorgesehenen Mittel stellte der höhere US-Preis für Urantrennarbeit ein Problem dar, das durch das BMFT in kürzlich abgeschlossenen Verhandlungen gelöst wurde.

Insgesamt wird das laufende Devisenausgleichsabkommen in den USA positiv bewertet.

Dies ist um so bemerkenswerter, als ein wesentlicher Teil des Gesamtvolumens (2,25 Mrd. DM) im Erwerb niedrig verzinslicher Schuldverschreibungen des amerikanischen Schatzamtes durch die Deutsche Bundesbank besteht. Diese Transaktionen, die nur eine vorübergehende Erleichterung der amerikanischen Zahlungsbilanz bringen, sind in der Vergangenheit von prominenten Senatoren häufig kritisiert worden. Es mag sein, daß der von der Bundesbank zugestandene niedrige Zinsfuß von 2,5 % und die lange Laufzeit von sieben Jahren den amerikanischen Kongreß beeindruckt hat.

Als positiv vom deutschen Standpunkt ist zu werten, daß für dieses Darlehen keine Mittel des Bundeshaushalts eingesetzt werden müssen. Haushaltsmittel sind lediglich für die Kasernenmodernisierung (Kasernen, die deutsches Eigentum sind) und ein geringerer Betrag (20 Mio. DM) für Landegebühren auf deutschen Zivilflughäfen und Grundsteuern für Betreuungseinrichtungen (wie PX[7]-Läden, Unteroffiziersmessen und Offizierskasinos) erforderlich.

Erstmals konnte in einem Devisenabkommen eine zusätzliche Sicherheitsgarantie für die Bundesrepublik verankert werden. Artikel 6 des Abkommens stellt fest, daß die aufgrund des Abkommens geleisteten Zahlungen auf der Stärke der am 1. Juli 1973 in der Bundesrepublik stationierten amerikanischen Streitkräfte beruhen. Für den Fall einer substantiellen Änderung der Truppenstärke sind Konsultationen über die Auswirkung einer solchen Änderung auf die im Abkommen niedergelegten Verpflichtungen vorgesehen.

2) Seit Jahren wird von amerikanischer Seite der Wunsch geäußert, die europäischen Verbündeten sollten einen stärkeren Anteil der Kosten übernehmen, die den USA durch die Truppenstationierung in Europa erwachsen („burden sharing"). Dieser Wunsch wurde zur konkreten Forderung durch einen Antrag der Senatoren Jackson und Nunn, in dem die Administration verpflichtet wurde, von den Europäern den vollen Ausgleich dieser Kosten zu verlangen und die amerikanischen Truppen bei Nichterfüllung durch die Europäer um entsprechende Prozentsätze zu kürzen.[8] Dieser Antrag, dessen Ziel darin bestand, wesentlich weitergehenden Forderungen nach Kürzung der in Europa stationier-

---

[7] Post-Exchange.
[8] Die Senatoren Jackson und Nunn brachten am 25. September 1973 einen Ergänzungsantrag zur Military Procurement Authorization Bill für das Haushaltsjahr 1973/74 ein. Dieser sah einen vollen Ausgleich der durch die Stationierung amerikanischer Truppen verursachten Kosten vor. Andernfalls sollten ab dem 1. Dezember 1974 die amerikanischen Truppen um den Prozentsatz reduziert werden, der durch die Devisenausgleichszahlungen nicht abgedeckt wurde. Für den Wortlaut vgl. CONGRESSIONAL RECORD, Bd. 119, Teil 24, S. 31311. Vgl. dazu ferner AAPD 1973, III, Dok. 327. Das Repräsentantenhaus und der Senat stimmten dem Antrag in einer leicht veränderten Fassung am 31. Oktober bzw. 5. November 1973 zu. Vgl. dazu den Drahtbericht Nr. 3331 des Botschafters von Staden, Washington, vom 6. November 1973; Referat 420, Bd. 106359.
Das Amendment trat am 16. November 1973 in Kraft.

ten Truppen zu begegnen (Mansfield-Bestrebungen)[9], erlangte als Bestandteil des Verteidigungsbeschaffungsgesetzes für 1974 Gesetzeskraft (sog. „Jackson - Nunn-Amendment"). Präsident Ford hat aufgrund der inzwischen vorliegenden endgültigen Zahlen in seinem Bericht an den Kongreß vom 20. Februar 1975 seine bereits im November 1974 getroffene Feststellung[10] bekräftigt, daß bei Berücksichtigung des deutsch-amerikanischen bilateralen Devisenausgleichsabkommen die durch die Stationierung amerikanischer Truppen in Europa im US-Haushaltsjahr 1974 (1.7.73 bis 30.6.74) entstandenen Zahlungsbilanzverluste mehr als ausgeglichen sind.[11]

Die Diskussion um das „burden sharing" konzentriert sich auf drei Bereiche:

a) Beschaffung von Rüstungsgütern in den USA und verwandte Maßnahmen (wie etwa im deutsch-amerikanischen Devisenausgleichsabkommen vorgesehen),

b) Senkung des amerikanischen Kostenanteils beim NATO-Zivil- und Militärhaushalt,

c) Entlastung der USA beim NATO-Infrastrukturprogramm.

II. Stellungnahme

1) Bei den Devisenausgleichszahlungen ist von deutscher Seite stets vermieden worden, über Nachfolgekosten zu sprechen. Abkommenstexte und auch sonstige offizielle Dokumente enthalten daher auch keine Hinweise auf eventuell abzuschließende zukünftige Abkommen. Bei der Entscheidung über die Aufnahme neuer Devisenausgleichsverhandlungen müßten die Zahlungsbilanzlage (negative Zahlungsbilanz, die durch die Stationierungskosten zusätzlich belastet wird) und verteidigungspolitische Erwägungen berücksichtigt werden. Durch den Ablauf des derzeitigen Abkommens am 30.6.1975 entsteht kein Zeitdruck, da wir in früheren Fällen Abkommen mit halbjähriger und 3/4jähriger Verzögerung abgeschlossen und rückwirkend in Kraft gesetzt haben.

2) Ein neues Abkommen sollte folgende Grundsätze berücksichtigen:

a) Die Leistungen müssen verteidigungswirksam sein,

b) keine Leistung sollte ohne eine Gegenleistung erfolgen,

c) das Ausgleichsvolumen beträgt maximal 80% (20% sind auch bisher stets für Rückflüsse angesetzt worden),

---

[9] Senator Mansfield brachte am 31. August 1966 erstmals eine Resolution im amerikanischen Senat ein, in der eine Reduzierung der in Europa stationierten amerikanischen Truppen verlangt wurde. Für den Wortlaut vgl. CONGRESSIONAL RECORD, Bd. 112, Teil 16, S. 21442, bzw. CONGRESSIONAL RECORD, Bd. 115, Teil 27, S. 36149.
In den folgenden Jahren wiederholte Mansfield regelmäßig seine Forderung. Am 9. Mai 1975 wurde in der Presse berichtet, daß der Senator erstmals seit 1966 keine Entschließung zur Reduzierung der amerikanischen Streitkräfte in Europa einbringen werde. Vgl. dazu den Artikel „Stimmung gegen Isolationismus wächst im amerikanischen Kongreß"; FRANKFURTER ALLGEMEINE ZEITUNG vom 9. Mai 1975, S. 1.

[10] Am 18. November 1974 unterrichtete Präsident Ford den amerikanischen Kongreß über den Ausgleich der amerikanischen Devisenaufwendungen für die Stationierung von Truppen in Europa. Danach wurden die amerikanischen Ausgaben durch das Devisenausgleichsabkommen vom 25. April 1974 mit der Bundesrepublik und die Rüstungseinkäufe anderer NATO-Mitgliedstaaten deutlich übertroffen. Für den Wortlaut des Berichts vgl. PUBLIC PAPERS, FORD 1974, S. 631 f. Für den deutschen Wortlaut vgl. EUROPA-ARCHIV 1975, D 230 f.

[11] Am 20. Februar 1975 bestätigte Präsident Ford in einem Bericht an den amerikanischen Kongreß, daß die von ihm am 17. November 1974 genannten Zahlen korrekt seien. Vgl. dazu PUBLIC PAPERS, FORD 1975, S. 266 f.

d) bei den amerikanischen Ausgaben müssen die NATO-bezogenen Kosten abgezogen werden.

3) Die amerikanische Regierung hat bisher jeweils zu Beginn der Verhandlungen den geschätzten Betrag der zu erwartenden Devisenausgaben für den Abkommenszeitraum als Grundlage ihrer Forderungen angegeben. Für den Abkommenszeitraum 1.7.1973 bis 30.6.1975 betrug die Summe 3,3 Mrd. $ = 8,25 Mrd. DM. Diese amerikanischen Angaben sind von deutscher Seite stets akzeptiert worden.

Überprüfungen durch die Deutsche Bundesbank, die zu einem früheren Zeitpunkt intern vorgenommen worden sind, haben ergeben, daß die amerikanischen Angaben im wesentlichen zutreffen.

Für den Zeitraum 1.7.1975 bis 30.6.1977 sind amerikanische Forderungen zumindest in gleicher Höhe wie für das letzte Abkommen zu erwarten. Voraussichtlich ist mit einer Erhöhung in Größenordnung des Preissteigerungsfaktors zu rechnen.

4) Ein neues Devisenausgleichsabkommen sollte nach Möglichkeit die traditionellen Elemente enthalten:

Militärische Beschaffung (Schätzung des BMVg für den Zeitraum 1.7.75 bis 30.6.77 werden noch vorgelegt),
ggf. Mittel für Kasernensanierungen,
ggf. Bundesbankkredite.

Die Basis sollten wiederum die militärischen Beschaffungen darstellen.

Die Ausgaben für Kasernensanierung haben in Amerika eine positive psychologische Wirkung gehabt. Da es sich um Kasernen handelt, die deutsches Eigentum sind, kommen diese Aufwendungen letzten Endes auch der Bundesrepublik Deutschland zugute.

Die Bundesbankkredite werden zwar von amerikanischer Seite nicht als vollwertiges Ausgleichselement anerkannt, sind aber für das Zustandekommen eines Ausgleichs bei den letzten Abkommen unentbehrlich gewesen.

Zivile Beschaffungen sind stets problematisch, da ihre Anrechenbarkeit oft zu Diskussionen führt. So haben die im letzten Abkommen vorgesehenen Beträge für Urantrennarbeit (200 Mio. DM) und für gemeinsame wissenschaftliche Forschungsprojekte (100 Mio. DM) wegen des Preises und der Anerkennung der Zusätzlichkeit langwierige Verhandlungen erforderlich gemacht.

5) Für die Frage des Devisenausgleichs mit den Vereinigten Staaten und Großbritannien[12] ist bisher das Auswärtige Amt federführend gewesen, obwohl die entscheidenden Verhandlungen, die zum Abschluß des letzten Abkommens mit den Vereinigten Staaten geführt haben, vom damaligen Finanzminister Schmidt mit seinem amerikanischen Kollegen Shultz geführt worden sind. Außenpolitische Gründe sprechen zwar für eine einvernehmliche Regelung dieser Frage mit den Vereinigten Staaten und Großbritannien. Für die konkrete Ausfüllung

---

12 Die Bundesregierung schloß seit 1962 Devisenausgleichsabkommen mit Großbritannien. Am 18. März 1971 unterzeichneten Staatssekretär Freiherr von Braun und der britische Botschafter Jackling das Abkommen über den deutsch-britischen Devisenausgleich in Form eines Notenwechsels. Die Regelung trat am 1. April 1971 in Kraft und galt bis zum 31. März 1976. Für den Wortlaut vgl. Referat III A 5, Bd. 726. Vgl. dazu auch AAPD 1971, I, Dok. 48.

der Abkommen sind jedoch finanzielle Gesichtspunkte ausschlaggebend. Daher sollte aus der Praxis beim Abschluß des letzten Abkommens die Konsequenz gezogen werden, die Federführung für ein neues Abkommen dem BMF zu übertragen.

Im Einvernehmen mit D 4[13], der die deutsche Delegation bei den letzten Verhandlungen mit Großbritannien und den Vereinigten Staaten geleitet hat, wird vorgeschlagen, daß der Herr Staatssekretär die Frage der Federführung in o. a. Sinne bei der Staatssekretärs-Besprechung[14] anschneidet.

Abteilung 2 hat mitgezeichnet.

Lautenschlager

VS-Bd. 8890 (420)

119

Botschafter Böker, Rom (Vatikan), an das Auswärtige Amt

114-12575/75 geheim	Aufgabe: 15. Mai 1975, 18.30 Uhr[1]
Fernschreiben Nr. 41	Ankunft: 15. Mai 1975, 20.27 Uhr
Cito	

Zur Unterrichtung und mit der Bitte um Weisung.

Betr.: Geplante Reise Erzbischof Casarolis nach Ostberlin

Bezug: DB vom 11.4.75 – Nr. 32[2] und DE vom 24.4. Nr. 15[3]

I. Gestern hatte ich endlich Gelegenheit, um Erzbischof Casaroli über seine geplante Reise nach Ostberlin zu sprechen. Dabei habe ich mich an Inhalt und Duktus des Drahterlasses vom 24. April gehalten.

---

[13] Peter Hermes.
[14] In der Staatssekretärbesprechung am 21. Mai 1975 im Bundeskanzleramt erläuterte Staatssekretär Schüler, Bundeskanzleramt, Bundeskanzler Schmidt „sei überrascht, daß nach dem letzten Abkommen erneut die Forderung auf Devisenausgleich gestellt werde, insbesondere im Hinblick auf unsere Leistungen im währungspolitischen Bereich. Es sei fraglich, ob man sich den amerikanischen Wünschen völlig entziehen könne. Jedenfalls werde das Volumen geringer sein als beim letzten Abkommen." Staatssekretär Sachs brachte den Vorschlag vor, die Federführung für die Verhandlungen dem Bundesministerium der Finanzen zu übertragen: „Er habe noch keine Gelegenheit gehabt, die Entscheidung des Herrn Ministers hierüber einzuholen. Sobald dies geschehen sei, werde er Staatssekretär Schüler unterrichten." Vgl. die Aufzeichnung des Ministerialdirektors Hermes vom 21. Mai 1975; VS-Bd. 8890 (420); B 150, Aktenkopien 1975.

[1] Hat Vortragendem Legationsrat I. Klasse Treviranus am 16. Mai 1975 vorgelegen.
[2] Botschafter Böker, Rom (Vatikan) berichtete: „Der sogenannte vatikanische Außenminister, Erzbischof Casaroli, gab gestern im Laufe einer längeren Unterhaltung nach anfänglichen Verschleierungsversuchen zu, daß Gerüchte zuträfen, wonach er in den nächsten Monaten höchstwahrscheinlich zu Gesprächen mit der DDR-Regierung nach Ostberlin reisen werde." Casaroli habe behauptet, „‚kirchliche Kreise' sowohl im Osten wie im Westen Deutschlands seien vom Vatikan darüber konsultiert worden und hätten Verständnis gezeigt", daß er eine Antwort auf den Besuchsvorschlag

Casaroli gab gleich eingangs zu verstehen, daß die Reise eine beschlossene Sache sei und nur noch Detailfragen offenstünden. Die schweren Bedenken, die der deutsche Episkopat, West und Ost, teils schriftlich und teils mündlich angemeldet hatten, versuchte er in ihrer Bedeutung herabzustufen. Außerdem war er bemüht, Meinungsverschiedenheiten innerhalb des Episkopats nach Kräften auszuspielen. Er meinte auch von sich aus, er sei sich darüber klar, daß die Reise in der Bundesrepublik Deutschland kein positives Echo finden werde. Er selbst trete sie ohne Illusion und ohne Freude an. Auch dem Papst[3] sei die Entscheidung nicht leichtgefallen. Er wolle sich aber später nicht den Vorwurf machen lassen, eine Gelegenheit zu einem vielleicht nützlichen Gespräch ungenutzt gelassen zu haben. Es läge dem Papst völlig fern, deutsche Gefühle verletzen oder deutsche Interessen schädigen zu wollen. Er glaube vielmehr, im Interesse der Kirche und damit auch der deutschen Katholiken zu handeln.

Über den Charakter der in Ostberlin zu führenden Gespräche sagte Casaroli zunächst, es solle sich um einen „Dialog" und nicht um „Verhandlungen" handeln. Später gebrauchte er den Ausdruck, man strebe ein „Arrangement" an.

Meine Frage, ob Gerüchte zuträfen, daß die DDR-Regierung ihn ausgerechnet für den 17. Juni eingeladen habe, beantwortete er mit einem klaren Nein. Die DDR-Seite habe vielmehr wissen lassen, daß sein Besuch aus Termingründen vor dem 15. Juni stattfinden müsse. Ich machte Casaroli darauf aufmerksam, daß dann nur noch wenig Zeit für die nach dem Reichskonkordat[4] erforderli-

---

Fortsetzung Fußnote von Seite 528
    der DDR vom Juli 1974 nicht länger hinauszögern könne. Er habe erkennen lassen, „daß er eine rein kirchlich motivierte Reise wohl nur auf Einladung von Kardinal Bengsch oder des jeweils zuständigen Bischofs vornehmen könne und daß offenbar Kardinal Bengsch nicht daran denkt, eine solche Einladung auszusprechen. Dagegen habe Kardinal Bengsch erklärt, wenn Casaroli schon Ostberlin besuche, dürfe er auch Westberlin nicht auslassen." Auf die Frage, ob es sich bei den Gesprächen mit der Regierung der DDR „um einen allgemeinen Gedankenaustausch oder um konkrete Verhandlungen über kirchenrechtliche Fragen handeln werde", habe Casaroli erwidert, „leider werde letzteres nicht zu vermeiden sein". Vgl. VS-Bd. 9951 (203); B 150, Aktenkopien 1975.

3 Vortragender Legationsrat I. Klasse Fleischhauer teilte Botschafter Böker, Rom (Vatikan), zu dem geplanten Besuch des Sekretärs des Rats für die öffentlichen Angelegenheiten der Kirche, Casaroli, in der DDR mit: „Das Auswärtige Amt hält es nicht für erforderlich und zweckmäßig, daß Casaroli auch in Berlin (West) auftritt. Hierdurch [...] könnte in unerwünschter Weise der Eindruck erweckt werden, als gehe der Vatikan von der politischen Eigenständigkeit Berlins aus." Hervorgehoben werden solle auch, „daß die Bundesregierung unter allen Umständen über alle etwa bei den Verhandlungen mit der DDR vereinbarte Maßnahmen der Kurie vorher zu unterrichten ist, die konkordatäre Belange und darüber hinaus die Beziehungen zwischen Bundesrepublik und H[ei]l[igem] Stuhl berühren. [...] Sie wird insbesondere auch darauf zu achten haben, daß sich eventuelle uns berührende kirchenrechtliche Regelungen zwischen dem Vatikan und der DDR im Rahmen des Sonderverhältnisses halten, wie es zwischen den beiden Staaten in Deutschland besteht und durch den Grundvertrag umschrieben ist." Für den am 17. April 1975 konzipierten Drahterlaß vgl. VS-Bd. 10768 (501); B 150, Aktenkopien 1975.

3 Paul VI.

4 In Artikel 11 des Konkordats vom 20. Juli 1933 zwischen dem Deutschen Reich und dem Heiligen Stuhl war festgelegt: „Die gegenwärtige Diözesanorganisation und -zirkumskription der katholischen Kirche im Deutschen Reich bleibt bestehen. Eine in Zukunft etwa erforderlich erscheinende Neueinrichtung eines Bistums oder einer Kirchenprovinz oder sonstige Änderungen der Diözesanzirkumskription bleiben, soweit es sich um Neubildungen innerhalb der Grenzen eines deutschen Landes handelt, der Vereinbarung mit der zuständigen Landesregierung vorbehalten. Bei Neubildungen oder Änderungen, die über die Grenzen eines deutschen Landes hinausgreifen, erfolgt die Verständigung mit der Reichsregierung, der es überlassen bleibt, die Zustimmung der in Frage kommenden Länderregierungen herbeizuführen. Dasselbe gilt entsprechend für die Neuerrichtung oder Änderung von Kirchenprovinzen, falls mehrere deutsche Länder daran beteiligt sind. Auf

chen und auch in den vor zwei Jahren geführten Gesprächen Casaroli–von Schenck konzedierten Konsultationen[5] verbliebe. Wir müßten aber auf eine rechtzeitige und eingehende Konsultation entscheidenden Wert legen. Casaroli erklärte sich hierzu bereit, wenn auch ohne großen Enthusiasmus. Er hofft offensichtlich, daß unter Zeitdruck die Konsultation sowieso nur oberflächlicher Natur sein werde. Allerdings meinte er auch, es wäre vielleicht von Vorteil, wenn wieder wie vor zwei Jahren ein mit der Materie vertrautes Mitglied der Rechtsabteilung des Auswärtigen Amtes zum Zwecke der Konsultation nach Rom kommen könne. Im übrigen betrachte er unser heutiges Gespräch als einen ersten Akt der Konsultation.

II. Hinsichtlich der Sachfragen war folgendes festzustellen:

1) Casaroli ist sich nunmehr – vor allem nach den Zwischenfällen des letzten Herbstes (mißglückter Schütz-Besuch[6] und Teilnehmerliste bei der Bischofssynode[7]) – der besonders delikaten und heiklen Natur der Berlinfrage bewußt. Ich machte ihn erneut darauf aufmerksam, daß das Problem Berlin in fast allen zwischen dem Vatikan und der DDR evtl. anstehenden Fragen involviert ist. Casaroli schien dies einzusehen und sagte, er sei zu einem Gedankenaustausch hierüber gern bereit,

2) Casaroli reagierte äußerst zurückhaltend, fast ablehnend, auf den Hinweis, wir erwarteten, daß der Vatikan eventuelle uns berührende kirchenrechtliche Regelungen im Rahmen des Sonderverhältnisses halte, wie es zwischen den beiden Staaten in Deutschland besteht (Punkt 3 des o. a. Drahterlasses). Er meinte hierzu, die Begriffe „Deutschland" und „Nation" seien völkerrechtlich schwer zu erfassen und verschiedenster Interpretation fähig. Es sei ja wohl bekannt, daß die DDR in diesen Fragen anderer Ansicht sei als die Bundesrepublik Deutschland. Der Vatikan werde sich streng an die Regeln des Völkerrechts halten, weil er nur dann auf festem Boden stünde. Die Entscheidung des

---

Fortsetzung Fußnote von Seite 529

kirchliche Grenzverlegungen, die lediglich im Interesse der örtlichen Seelsorge erfolgen, finden die vorstehenden Bedingungen keine Anwendung. Bei etwaigen Neugliederungen innerhalb des Deutschen Reiches wird sich die Reichsregierung zwecks Neuordnung der Diözesanorganisation und -zirkumskription mit dem Heiligen Stuhl in Verbindung setzen." Vgl. REICHSGESETZBLATT 1933, Teil II, S. 682.

5 Ministerialdirektor von Schenck führte am 10. April, am 18. Mai und am 14. Juni 1973 Gespräche mit dem Sekretär des Rats für die öffentlichen Angelegenheiten der Kirche, Casaroli, in Rom. Die Gesprächspartner erörterten ihre unterschiedlichen Auffassungen zu den Folgen des Grundlagenvertrags vom 21. Dezember 1972. Während Casaroli betonte, daß die Bundesrepublik mit dem Vertrag auf jegliche Einflußnahme auf die kirchlichen Belange in der DDR verzichtet habe, hob Schenck hervor, daß der Modus-vivendi-Charakter des Vertrags den Vatikan nicht von der in Artikel 11 des Konkordats vom 20. Juli 1933 zwischen dem Deutschen Reich und dem Heiligen Stuhl festgelegten Konsultationspflicht mit der Bundesrepublik entbinde. Zum Gespräch vom 10. April 1973 vgl. die Aufzeichnung des Vortragenden Legationsrats I. Klasse Treviranus vom 11. April 1973; Referat 501, Bd. 1138. Zum Gespräch vom 18. Mai 1973 vgl. die Aufzeichnung von Treviranus vom 22. Mai 1973; Referat 203, Bd. 101446. Zum Gespräch vom 14. Juni 1973 vgl. die Aufzeichnung von Treviranus vom 15. Juni 1973; Referat 501, Bd. 1206.

6 Ende Oktober 1974 sagte der Regierende Bürgermeister von Berlin, Schütz, eine Audienz bei Papst Paul VI. ab, nachdem ihm die Auflage gemacht worden war, daß Botschafter Böker, Rom (Vatikan), nicht an der Audienz teilnehmen sollte. Vgl. dazu AAPD 1974, II, Dok. 322.

7 Auf der Teilnehmerliste für die am 27. September 1974 beginnende Bischofssynode in Rom wurde der Bischof von Berlin, Kardinal Bengsch, als Teilnehmer aus der DDR aufgeführt. Zur Diskussion zwischen der Bundesrepublik und dem Heiligen Stuhl wegen der Bedeutung einer solchen Einordnung für den Status von Berlin vgl. AAPD 1974, II, Dok. 260 und Dok. 300.

Bundesverfassungsgerichts über die Ostverträge[8] sei wohl nicht Bestandteil des Völkerrechts, sondern eher innerpolitischer Natur. Ich erwiderte, daß es für den Vatikan auch von rechtlicher Relevanz sein müsse, wenn die Bundesrepublik Deutschland als treuer Konkordatspartner erklärte, daß die Ratifizierung der Verträge nur im Sinne der in dem Urteil des Bundesverfassungsgerichts festgelegten Prinzipien zu verstehen sei. Außerdem sei es meines Wissens immer die Größe der Kirche gewesen, daß sie dem jus divinum und dem jus naturale einen höheren Rang eingeräumt hätte als dem vergänglichen weltlichen Recht. Ich hoffte, daß dies heute nicht anders geworden sei. Casaroli erwiderte ausweichend, der Heilige Stuhl habe natürlich viel Verständnis und Sympathie für die schwierige Lage des deutschen Volkes und werde bemüht sein, unseren Gesichtspunkten im Rahmen des Möglichen Rechnung zu tragen.

3) Hinsichtlich der in Ostberlin zu erörternden Probleme erwähnte Casaroli nur zwei: erstens die Festlegung neuer Diözesangrenzen (Zirkumskription)[9] und zweitens die Schaffung einer eigenen nationalen Bischofskonferenz der DDR[10]. Über die mögliche Einrichtung offizieller Verbindungsbüros oder gar die Herstellung diplomatischer Beziehungen zwischen dem Vatikan und der DDR sprach er nicht. Ich hatte den Eindruck, daß der Heilige Stuhl diese Frage zunächst zurückstellt, um den Zorn des deutschen Episkopats in Ost und West nicht auf die Spitze zu treiben.

Ich erklärte Casaroli, daß sowohl eine neue Zirkumskription wie die Einrichtung einer nationalen Bischofskonferenz in Ostberlin sowohl das Berlin-Problem wie die Frage des Sonderverhältnisses zwischen den beiden Staaten berühre und daher Gegenstand der Konsultationen sein müsse.[11] Casaroli rea-

---

[8] Am 31. Juli 1973 verkündete der Zweite Senat des Bundesverfassungsgerichts, das Ratifikationsgesetz zum Grundlagenvertrag vom 21. Dezember 1972 sei mit dem Grundgesetz vereinbar. Zum Verhältnis des Grundlagenvertrags zum Wiedervereinigungsgebot wurde in der Begründung ausgeführt: „Alle Ausführungen zur verfassungskonformen Auslegung des Vertrags lassen sich zurückführen auf den einen Grunddissens, den der Vertrag selbst in der Präambel offenlegt; die Vertragsschließenden sind sich einig, daß sie über die ‚nationale Frage' nicht einig sind". Ferner sei der Vertrag auf Ausfüllung durch Folgeverträge angelegt. Drittens habe die Bundesregierung gegenüber der DDR stets darauf hingewiesen, daß sie den Vertrag nur abschließen könne, soweit er mit dem Grundgesetz vereinbar sei: „Diese Umstände sind geeignet auch in der völkerrechtlichen Auseinandersetzung, insbesondere auch gegenüber dem Vertragspartner dem Vertrag die Auslegung zu geben, die nach dem Grundgesetz erforderlich ist." Vgl. ENTSCHEIDUNGEN, Bd. 36, S. 35 f.

[9] Seit 1949 befanden sich Teile von Diözesen mit Bischofssitz in der Bundesrepublik auf dem Gebiet der DDR. Die bischöflichen Kompetenzen wurden in diesen Gebieten zunächst durch Kommissare wahrgenommen, die von den jeweiligen Bischöfen der zuständigen Diözesen in der Bundesrepublik ernannt wurden, darüber hinaus jedoch mit einem „Mandatum speciale" des Papstes handelten, das die Übertragung bestimmter, der päpstlichen Genehmigung unterliegender Befugnisse regelte. Bei den kommissarisch verwalteten Jurisdiktionsbezirken der katholischen Kirche in der DDR handelte es sich um das Generalvikariat Erfurt als Teil des Bistums Fulda, das Erzbischöfliche Kommissariat Magdeburg als Teil des Erzbistums Paderborn, das Kommissariat und Generalvikariat Meiningen als Teil des Bistums Würzburg sowie das Kommissariat Schwerin als Teil des Bistums Osnabrück. Vgl. dazu AAPD 1972, III, Dok. 324.
Am 23. Juli 1973 wurden die bisherigen Kommissare zu dem Papst unmittelbar unterstehenden Apostolischen Administratoren ernannt. Vgl. dazu AAPD 1973, II, Dok. 226.

[10] In der DDR gab es keine nationale Bischofskonferenz. Die in der DDR residierenden Bischöfe gehörten der Deutschen Bischofskonferenz an, konnten an ihr jedoch aus politischen Gründen nicht teilnehmen. Die Bischöfe der DDR trafen sich daher in einem informellen Gremium, das als Berliner Ordinarienkonferenz bezeichnet wurde. Vgl. dazu AAPD 1974, II, Dok. 260.

[11] Zur Frage einer Konsultationsverpflichtung des Heiligen Stuhls legte Ministerialdirektor von Schenck am 23. Januar 1974 dar: „Der H[ei]l[ige] Stuhl wird seine Beziehungen zur DDR grundsätzlich frei

gierte hierauf recht allergisch und meinte, es wäre nach Lage der Dinge für jeden Vertreter des Vatikans heute sinnlos, nach Ostberlin zu reisen, ohne in diesen zwei Fragen Absprachen anzustreben (d. h. Konzessionen zu machen).

III. Weisungsgemäß gab ich Casaroli zu verstehen, daß ein Besuch in Westberlin anläßlich seines Besuchs in Ostberlin weder zweckmäßig noch erwünscht sei. Wenn er die Lage in Westberlin in Augenschein nehmen wolle, so würde dies am zweckmäßigsten im Zusammenhang mit einem Besuch in der Bundesrepublik geschehen. Dies war die einzige Anspielung, die ich auf Casarolis weitere Reisepläne machte. Er selbst nahm sie nicht zum Anlaß, seine Idee einer Reise nach Bonn erneut zu erwähnen.

IV. Casaroli benutzte das Gespräch mit mir auch zu einigen wohldosierten, aber unmißverständlichen Seitenhieben auf den deutschen Episkopat. Er meinte zunächst, die deutschen Bischöfe protestieren zwar immer beim Papst. Letzten Endes fügten sie sich dann aber doch. Er habe aus seinen Sondierungen den Eindruck gewonnen, daß die deutschen Bischöfe den Vorhaben des Vatikans mit der DDR bereits mit einer gewissen Resignation gegenüber stünden. Im übrigen seien Sondierungen Roms bei den deutschen Bischöfen immer mit dem Risiko von Indiskretion verbunden. Soeben habe gerade die „Frankfurter Allgemeine" unter Berufung auf deutsche kirchliche Stellen eine Meldung über seinen geplanten Besuch in Ostberlin gebracht.[12] Casarolis Verärgerung hierüber schien sich gegen das Bonner Sekretariat der Deutschen Bischofskonferenz zu richten.

Über Kardinal Bengsch meinte er, dieser sei hin- und hergerissen zwischen seinen Gefühlen als deutscher Patriot und seiner Loyalität gegenüber dem Papst. Außerdem sei er als Bischof von Berlin der einzige Bischof im Gebiet der DDR, der regelmäßig in den Westen reisen könne, und habe daher eine etwas andere Mentalität als die übrigen DDR-Bischöfe. Diese erkennten ihn zwar an als ihr geistliches Oberhaupt, folgten ihm politisch aber nur in bedingtem Maße.

Hierzu ist zu bemerken, daß auf Beschluß der Berliner Ordinarienkonferenz und auf Wunsch von Kardinal Bengsch Ende April Anfang Mai vier Bischöfe aus der DDR (Schaffran, Meißen; Aufderbeck, Erfurt; Braun, Magdeburg und Huhn, Görlitz) nach Rom gereist waren, um dem Vatikan an hoher Stelle ihre Bedenken und die ihrer Amtsbrüder über die vatikanische Politik gegenüber

---

Fortsetzung Fußnote von Seite 531

regeln dürfen, nachdem die Bundesrepublik Deutschland als der vom Vatikan anerkannte staatliche Partner des Reichskonkordats der DDR im Grundvertrag die Selbständigkeit ihrer staatlichen Kompetenzen und die uneingeschränkte Parität mit der Bundesrepublik zuerkannt hat. Die Bundesrepublik hat hierbei nur ein begrenztes Mitspracherecht, das sich nur darauf stützen kann, daß die Diözesen Paderborn, Osnabrück, Fulda und Würzburg in das DDR-Gebiet hineinragen und Berlin (West) Teil des Bistums Berlin ist. Insoweit werden durch organisatorische Änderungen in diesen Bistümern eigene Belange der Bundesrepublik berührt, die ihr nach Artikel 11 des Reichskonkordats einen Anspruch auf vorherige Konsultation geben. Eine Aufspaltung der grenzdurchschnittenen Bistümer durch päpstliche Zirkumskriptionsbullen müßte mit der Bundesrepublik als loyalem Partner des Reichskonkordats rechtzeitig und umfassend konsultiert werden." Allerdings „würden solche Maßnahmen des Hl. Stuhls nach dessen Auffassung, die rechtlich kaum widerlegt werden kann, letztlich nicht von der Zustimmung der Bundesrepublik abhängen". Vgl. Referat 501, Bd. 165571.

[12] Vgl. dazu den Artikel „Zurückhaltung bei Katholiken vor Casarolis DDR-Besuch"; FRANKFURTER ALLGEMEINE ZEITUNG vom 13. Mai 1975, S. 3.

der DDR vorzutragen. Statt die Bischöfe als Delegation gemeinsam zu empfangen, hatte Casaroli sie zu Einzelaudienzen zu sich gebeten. Hierdurch war es ihm wohl gelungen, Meinungsverschiedenheiten und persönliche Gegensätzlichkeiten aufzuspüren und ins Spiel zu bringen, zumal bekannt ist, daß Bischof Braun (Magdeburg) schon seit langem eine von der allgemeinen Linie des deutschen Episkopats abweichende Haltung einnimmt – angeblich, weil er den Ehrgeiz hat, Erzbischof von Magdeburg zu werden. Auch Bischof Huhn (Görlitz), dessen Amtsbezirk von den geplanten Maßnahmen sowieso nicht betroffen würde, soll neuerdings nicht mehr ganz standfest sein.

V. Daß die Politik Casarolis im Vatikan nicht unumstritten ist, zeigte ein Gespräch, das ich heute mit dem Substituten im Staatssekretariat, Erzbischof Benelli, hatte. Ich berichtete Benelli über mein voraufgegangenes Gespräch mit Casaroli und sagte, wir seien über die Reisepläne und ihre Implikationen natürlich nicht sehr glücklich. Noch wesentlich unglücklicher sei der deutsche Episkopat. Es sei zu befürchten, daß die Reaktion der deutschen Presse und Öffentlichkeit recht negativ sein werde. Benelli enthielt sich jeden Kommentars, aber gab durch Gesten, die deutlicher waren als Worte, zu verstehen, daß er die Bedenken gegenüber der Reise Casarolis voll teilt. Ohne Zweifel aber hat Casaroli die volle Unterstützung des Papstes. Er selbst aber fühlt sich in seiner Rolle nicht ganz wohl. Daher argumentiert er auch rein defensiv. Z. B. auf meine Bemerkung, die deutsche Presse würde wohl nicht verfehlen, darauf hinzuweisen, daß er der erste Außenminister eines doch wohl der westlichen Welt zugehörenden Staatsgebildes sei, der in Ostberlin einen offiziellen Besuch machte, erwiderte er: Erstens sei er kein Außenminister und zweitens habe sein Besuch keinen offiziellen Charakter.

Das Gespräch mit Casaroli hat sich jedoch trotz der sachlichen Gegensätzlichkeiten durchweg in höflicher, ja freundschaftlicher Form abgespielt.[13]

[gez.] Böker

VS-Bd. 10768 (501)

---

[13] Am 20. Mai 1975 übermittelte Botschafter Böker, Rom (Vatikan), „einige Anregungen für das nächste Konsultationsgespräch mit Erzbischof Casaroli". So sollte darauf hingewiesen werden, daß bei einem Reisetermin Mitte Juni die Zeit für Konsultationen kaum ausreichend sei und daher gegebenenfalls um eine Verschiebung der Reise in die DDR gebeten werde. Zur Einrichtung einer nationalen Bischofskonferenz der DDR könnte gesagt werden: „Wir bedauerten, daß hierdurch die Teilung Deutschlands vertieft würde. Wenn die Schaffung einer solchen Bischofskonferenz jedoch unerläßlich sei, legten wir auf folgendes Wert: a) daß sie auf keinen Fall den Namen ‚nationale Bischofskonferenz' trüge, weil hierdurch der Eindruck einer getrennten DDR-Nation hervorgerufen wird. [...] b) Die Zuständigkeit dieser Konferenz dürfe sich keinesfalls auf die Stadt Berlin erstrecken, die nach wie vor – West wie Ost – unter Vier-Mächte-Statut steht. Ganz besonders dürfe sie sich nicht erstrecken auf Westberlin, das zwar nicht Bestandteil der Bundesrepublik, dieser aber angegliedert sei." Außerdem könnte mitgeteilt werden: „Wir erkennen keine Notwendigkeit zu einer Änderung der Zirkumskription der ganz oder teilweise in der DDR gelegenen Bistümer oder Bistumsteile. Ein Festhalten an den alten Bistumsgrenzen würde im Gegenteil unserem Wunsche auf weitestgehende Erhaltung bestehender Bande zwischen beiden Teilen Deutschlands entgegenkommen." Vgl. den Drahtbericht Nr. 42; VS-Bd. 10768 (501); B 150, Aktenkopien 1975.
Zur Reaktion des Auswärtigen Amts auf die Mitteilungen von Böker vgl. Dok. 137, Anm. 3.

120

Gespräch des Bundeskanzlers Schmidt mit Ministerpräsident Karamanlis

410-420.10 GRI-545/75 geheim 16. Mai 1975[1]

Gesprächsteilnehmer:
Bundeskanzler, MP Karamanlis, Bundesminister Genscher, Außenminister Bitsios, Botschaftsrat Evangelidis (als Dolmetscher), VLR Dr. Trumpf (als Dolmetscher und Protokollführer).

Bundeskanzler brachte seine Genugtuung über Gelegenheit zu einem offenen Meinungsaustausch im engsten Kreise zum Ausdruck. Er würde es begrüßen, mit MP Karamanlis über die Wirtschaftslage Griechenlands (dessen jüngste Entwicklung wir zuerst mit Sorge, dann mit Zuversicht betrachtet hätten), das Verhältnis des Landes zu seinen Nachbarn und über die allgemeine außenpolitische Situation zu sprechen.

MP *Karamanlis* erläuterte als eigentlichen Zweck seines Besuchs[2] die Wiederaufnahme persönlicher Kontakte als Voraussetzung einer engen Zusammenarbeit. Er wolle – auch auf die Gefahr der Nichtübereinstimmung – offen und aufrichtig mit dem Kanzler sprechen. Ausgangslage bei seiner Amtsübernahme[3] sei ein von der zusammengebrochenen Diktatur hinterlassenes Chaos gewesen. In das politische Vakuum wäre bei Ausbleiben einer stabilisierenden politischen Kraft die Straße oder der Kommunismus hineingestoßen. Seine Rückkehr nach Griechenland habe Ruhe in Volk und Armee gebracht, so daß er in rascher Folge eine schmerzlose, unblutige demokratische Normalisierung durch Parlamentswahlen, Volksbefragung über die Monarchie, Kommunalwahlen und Ausarbeitung einer neuen Verfassung habe durchführen können.[4] Durch das ihm von der griechischen Bevölkerung entgegengebrachte Vertrauen habe er den Demokratisierungsprozeß ohne größere Schwierigkeiten auf den jetzigen Stand bringen können.

Nunmehr stehe er vor der zweiten Phase seiner Aufgabe, nämlich das Land durch Lösung der von der Diktatur hinterlassenen Probleme zu konsolidieren. Gelinge ihm dies – und hierfür sei er auf die Unterstützung der befreundeten

---

[1] Durchschlag als Konzept.
Die Gesprächsaufzeichnung wurde von Vortragendem Legationsrat Trumpf am 20. Mai 1975 gefertigt und über Staatssekretär Gehlhoff Bundesminister Genscher und Bundeskanzler Schmidt zugeleitet.
Hat Ministerialdirigent Lautenschlager am 20. Mai 1975 vorgelegen.

[2] Ministerpräsident Karamanlis hielt sich in Begleitung des griechischen Außenministers Bitsios vom 15. bis 17. Mai 1975 in der Bundesrepublik auf.

[3] Konstantin Karamanlis kehrte am 24. Juli 1974 aus dem Exil nach Griechenland zurück und übernahm am selben Tag die Regierung. Vgl. dazu EUROPA-ARCHIV 1974, Z 187 f.

[4] Am 17. November 1974 fanden in Griechenland Wahlen zum Parlament statt. Zum Ergebnis vgl. Dok. 102, Anm. 39.
Am 8. Dezember 1974 sprachen sich in einer Volksabstimmung über die Staatsform 69,2 % der Griechen für eine Republik aus. Am 9. Dezember 1974 trat das Parlament, das gleichzeitig Verfassunggebende Versammlung war, zu seiner konstituierenden Sitzung zusammen. Vgl. dazu EUROPA-ARCHIV 1975, Z 3.

Mächte angewiesen –, so werde er in etwa zwei Jahren aus Griechenland eine gesunde und dynamische Demokratie machen, die für ihre eigene Sicherheit und zugleich mit für die der freien Welt aufkommen könne. Er habe vier wesentliche Probleme:
- die Verabschiedung der Verfassung[5] und die Wiederherstellung der Disziplin in den Streitkräften (bei denen das Gefühl einer nationalen Demütigung durch die Türkei nachwirke);
- die Bereinigung des Streits mit der Türkei über Zypern und die Ägäis[6]: dieses Problem sei besonders ernst, da es eine reale Kriegsgefahr in sich berge;
- die Integration Griechenlands in die EG in der Perspektive der politischen Einigung Europas. Er strebe die griechische Mitgliedschaft[7] nicht so sehr aus wirtschaftlichen, als aus nationalen Gründen an: Es gehe für ihn vor allem darum, die Demokratie zu festigen und in einem vereinigten Europa endgültig abzusichern;
- die Wiederherstellung gesunder wirtschaftlicher Verhältnisse.

Auf Fragen des Bundeskanzlers erläuterte MP Karamanlis zunächst die wirtschaftliche Lage: Die Diktatur habe die griechische Wirtschaft in schlechtem Zustand hinterlassen, mit großem Defizit im Haushalt und in der Zahlungsbilanz. Sorgen bereiteten:
- die Rezession, geringe in- und ausländische Investitionsneigung wegen anhaltender Spannung mit der Türkei zusätzlich zu Einflüssen der weltweiten Rezession; Wirtschaftswachstum 1974 leicht rückläufig (1974: 2%); 1975 geringe Wachstumsrate (1–2%) erwartet;
- die Inflation (1973: 33%, 1974: 14%, 1975: 17–18%).

Dagegen geringe Arbeitslosigkeit, den Haushalt habe er durch Erhöhung der indirekten Steuern und Erweiterung der Vermögenssteuer saniert. Einschnei-

---

[5] Die neue griechische Verfassung wurde am 7. Juni 1975 verabschiedet. Vgl. dazu EUROPA-ARCHIV 1975, Z 107.

[6] Am 30. April 1975 erläuterte Referat 201 zu den Hintergründen des Ägäis-Konflikts, Griechenland wolle die Türkei auf ihre Hoheitsgewässer beschränken „und so das gesamte Ägäische Meer – Wasserfläche, Luftraum und Meeresboden – zu einem griechischen ‚mare nostrum'" machen. Demgegenüber verlange die Türkei eine Beteiligung. Daraus ergäben sich Streitfragen um die Hoheitsgewässer, den Luftraum, den Festlandsockel und den militärischen Status der ostägäischen Inseln. So verlange die Türkei „für Flüge aus der Ägäis nach Anatolien Voranmeldung etwa ab der Mitte des Seegebiets. Griechenland betrachte diese Maßnahme als Eingriff in seine Lufthoheit und beantworte sie mit der Sperrung des griechischen Luftraums für Einflüge in die Türkei." Davon sei auch die Bundesrepublik direkt betroffen, da der Flugverkehr aus Berlin (West) nicht in den bulgarischen Luftraum ausweichen könne. Was den Festlandsockel angehe, so berufe sich Griechenland „auf die Genfer Konvention von 1958, wonach auch Inseln ein eigener Schelf (bis zu einer technisch nutzbaren Tiefe) zugesprochen und die Schelfabgrenzung zwischen verschiedenen Staaten nach dem Äquidistanzprinzip geregelt wird. Danach wäre der ägäische Meeresboden ausschließlich griechisches Eigentum, der Türkei verblieben nur Küstenstreifen von wenigen sm. Würde sich Griechenland der Staatengruppe anschließen, die das bisherige Schelfprinzip durch eine 200-sm-Wirtschaftszone ersetzen will, würde die Türkei auch das Recht des Fischfangs in der Ägäis verlieren. [...] Das Problem hatte sich im vergangenen Jahr zugespitzt, als angesichts von Ölfunden vor der griechischen Küste die rohstoffarme Türkei hoffte, auch in ‚ihrem' Teil der Ägäis fündig zu werden." Vgl. VS-Bd. 8116 (201); B 150, Aktenkopien 1975.
Zum Problem des militärischen Status der ostägäischen Inseln vgl. Dok. 102, Anm. 37.

[7] Griechenland stellte am 12. Juni 1975 einen Antrag auf Beitritt zu den Europäischen Gemeinschaften. Vgl. dazu BULLETIN DER EG 6/1975, S. 11–14.

dendstes Problem sei das Zahlungsbilanzungleichgewicht: 1975 erwartetes Defizit etwa 800 Mio. US Dollar (Devisenreserven 0,9–1 Mrd. US Dollar). Aus eigener Kraft sei die Lücke nicht zu schließen. Etwa die Hälfte werde durch französische Banken (300 Mio.) und den IWF (100 Mio.) gedeckt. Versuche, arabische Gelder zu bekommen (durch Mission des Außenministers und von Sonderbotschaftern im arabischen Ländern) hätten bislang keine konkreten Resultate erbracht. Deshalb bedürfe Griechenland dringend der Hilfe seiner Freunde, um das Vertrauen in die Wirtschaft zu festigen und die Stabilität der Demokratie abzusichern. Angespannte Zahlungsbilanz-Lage habe vor allem zwei Ursachen: Energiekosten und Rüstungsbedarf. Absurderweise habe die Militärdiktatur das Land ohne Waffen gelassen. Konkret benötige Griechenland: Zahlungsbilanz-Hilfe, Militärhilfe und Kapitalhilfe. Es wäre dankbar, wenn die letztjährige deutsche Zusage[8] etwas erhöht werden könne.

Bundeskanzler zog zunächst einen Vergleich zur Wirtschaftslage in der Bundesrepublik (geringe Inflationsrate bei für uns ungewöhnlich hoher Arbeitslosigkeit, erhebliches Haushaltsdefizit, das trotz der Rezession nicht durchzuhalten sei) und erklärte dann, die Bundesregierung habe den Willen, Griechenland im Rahmen ihrer Möglichkeiten mit Rat und Tat zu helfen. Vordringlich müsse das griechische Zahlungsbilanz-Problem gelöst werden. Um unsere einschlägigen Verbindungen für eine mögliche Hilfe zu benützen, schlüge er einen Besuch des Gouverneurs der Bank von Griechenland bei Bundesbankpräsident Klasen und Kontakte mit den Währungsfachleuten des BMF vor.[9] Die Wiederaufnahme der klassischen Militärhilfe könne er für 1976 zusagen; über das Ausmaß könne, da der Haushalt noch nicht aufgestellt sei, noch keine Schätzung gemacht werden. 1975 könne aus haushaltsrechtlichen Gründen nur Überschußhilfe geleistet werden.[10] Zur bilateralen Kapitalhilfe äußerte sich der Bundeskanzler nicht konkret.

MP *Karamanlis* fragte, ob die Bundesregierung den Kauf von vier U-Booten (die er auch wegen der sowjetischen und bulgarischen Bedrohung in der Ägäis brauche) im Rahmen der künftigen Militärhilfe teilweise vorfinanzieren könne, so daß die griechische Marine die Boote jetzt bestellen könne. *Bundeskanzler* antwortete, der vor drei Wochen empfangene Brief von Verteidigungsminister

---

[8] Am 6. November 1974 wurde ein Abkommen mit Griechenland über die Gewährung einer Warenhilfe in Höhe von 60 Mio. DM geschlossen. Für den Wortlaut vgl. BUNDESGESETZBLATT 1974, Teil II, S. 1437 f.

[9] Der Gouverneur der Bank von Griechenland, Zolotas, führte am 28. Mai 1975 in Frankfurt/Main Gespräche mit Bundesbankpräsident Klasen, dem Vizepräsidenten der Bundesbank, Emminger, und dem Vorstandsmitglied der Deutsche Bank AG, Guth. Am 30. Mai 1975 sprach er mit Staatssekretär Sachs und übergab ein Aide-mémoire zur griechischen Wirtschaftslage. Vgl. dazu die Aufzeichnung des Vortragenden Legationsrats I. Klasse Mühlen vom 2. Juni 1975; Referat 201, Bd. 113495.

[10] Zu den haushaltsrechtlichen Einschränkungen bei der Wiederaufnahme der Verteidigungshilfe an Griechenland vgl. Dok. 57, besonders Anm. 3.
Mit Schreiben vom 16. Mai 1975 erinnerte Staatssekretär Gehlhoff Staatssekretär Mann, Bundesministerium der Verteidigung, hinsichtlich der Lieferungen von Überschußmaterial der Bundeswehr an Griechenland und die Türkei daran, „daß eine überproportionale Berücksichtigung Griechenlands an diesen Lieferungen einen Ausgleich dafür bieten soll, daß die Türkei nach der Unterzeichnung der achten Tranche einen Vorsprung vor Griechenland hat, das mit einem entsprechenden Abkommen erst 1976 zum Zuge kommen kann. [...] Hierbei sollte von einem Verhältnis 5:3 ausgegangen werden. Dabei sollte auch jeder Eindruck vermieden werden, daß die Ausgewogenheit durch eine rein rechnerische Operation hergestellt wird. Das Mehr zugunsten Griechenlands sollte auch optisch deutlich in Erscheinung treten." Vgl. VS-Bd. 9676 (201); B 150, Aktenkopien 1975.

Averoff werde noch geprüft.[11] Man müsse, wie im NATO-Rahmen üblich, auch die militärischen Notwendigkeiten überprüfen. Im übrigen seien U-Boote teure Waffensysteme, geeignet für Atlantik und Nordsee. Er frage sich, ob in der Ägäis mit ihren vielen Inseln – ähnlich wie in der westlichen Ostsee – Schnellboote (fast patrol boats), die mehr Verteidigungskraft für weniger Geld brächten, nicht zweckmäßiger seien. Auch er habe als Verteidigungsminister[12] gegen den Rat der Marinefachleute die Anschaffung einer größeren Anzahl von Schnellbooten durchgesetzt. Mit U-Booten könne die griechische Marine gegen den türkischen Seehandel, mit Schnellbooten gegen die türkische Marine operieren. MP *Karamanlis* verwies darauf, daß die türkische Marine 17, die griechische sieben U-Boote besitze; die Chefs aller Waffengattungen seien einmütig für die Anschaffung der U-Boote gewesen. Er wolle aber die Anregungen des Bundeskanzlers prüfen. *Bundeskanzler* empfahl einen Meinungsaustausch zwischen den Marinestäben, auch über die maritime Lage im Mittelmeer überhaupt. MP *Karamanlis* stimmte zu.[13]

Bundeskanzler fuhr fort, wir wollten aus eigenem Interesse die griechische Verteidigungskraft stärken. Griechenland sei aufgrund seiner geographischen Position ein wichtiger Pfeiler in der Gesamtverteidigung Europas. Er habe schon zum vormaligen AM Mavros gesagt[14], welche Bedeutung wir der griechischen Mitgliedschaft im Bündnis beimessen, und zwar nicht nur einer nominellen, sondern auch hinsichtlich der Verteidigungskraft. In diesem Zusammenhang müsse man auch einen griechischen Beitritt zur Europäischen Gemeinschaft sehen. Er habe die nationalpolitische Bedeutung, die der Ministerpräsident dem Beitritt gebe, voll verstanden. Für uns mache es keinen Sinn, wenn Griechenland zugleich aus der atlantischen Gemeinschaft ausscheide.[15] Wir seien auch besorgt über die anhaltende Divergenz mit Frankreich in diesem Punkt[16], das seit de Gaulle, aber auch noch unter Giscard, eine reservierte Position zum Bündnis einnehme. Ein politischer Zusammenschluß Europas sei ohne ein gemeinsames Verteidigungskonzept nicht vorstellbar. Er betone, daß es uns beunruhige, wenn sich Griechenland auf eine ähnlich reservierte Position wie

---

[11] Am 15. April 1975 teilte der griechische Verteidigungsminister Averoff-Tossizza Bundesminister Leber mit, daß die griechische Marine beabsichtige, bei einer deutschen Werft den Bau von vier Unterseebooten von 1200 t in Auftrag zu geben. Es gebe jedoch Finanzierungsprobleme. Wenn die Bundesregierung einen Kredit in Höhe von 200 000 DM zur Verfügung stellen könnte, wäre die griechische Regierung in der Lage, die restlichen 55 % der Kosten aufzubringen zu Bedingungen, die mit der betreffenden Werft auszuhandeln wären. Für den Wortlaut des Schreibens vgl. Referat 422, Bd. 117150.

[12] Helmut Schmidt war von 1969 bis 1972 Bundesminister der Verteidigung.

[13] An dieser Stelle Fußnote in der Vorlage: „Beim Gespräch nach dem Abendessen in der Residenz des griechischen Botschafters riet der Bundeskanzler auf eine Frage des Ministerpräsidenten, nicht Verteidigungsminister Averoff oder den Befehlshaber der Marine nach Bonn zu entsenden, sondern einen hochrangigen Offizier seines Vertrauens in Begleitung eines Experten für militärische Finanzfragen. MP Karamanlis bat den Bundeskanzler, Herrn Zolotas, den Gouverneur der Bank von Griechenland, bei dessen Besuch in Bonn zu empfangen, und sei es auch nur für zehn Minuten. Er werde ihn ermächtigen, auch über das Thema der bilateralen Kapitalhilfe zu sprechen. Bundeskanzler sagte zu, Herrn Zolotas kurz zu empfangen."

[14] Bundeskanzler Schmidt führte am 10. September 1974 ein Gespräch mit dem griechischen Außenminister Mavros. Vgl. dazu AAPD 1974, II, Dok. 257.

[15] Griechenland erklärte am 14. August 1974 den Austritt aus der militärischen Integration der NATO. Vgl. dazu Dok. 32, Anm. 10.

[16] Frankreich schied am 1. Juli 1966 aus der militärischen Integration der NATO aus.

Frankreich in der Allianz zurückzöge. Er habe Verständnis für die Verärgerung in Athen über die Unfähigkeit der Allianz und der USA als deren Führungsmacht, den Übergriff der Türkei in Zypern[17] zu verhindern. Dies dürfe aber nicht zu voreiligen Entscheidungen führen. Die Sicherheit gegenüber dem Norden und der wachsenden sowjetischen Position im Mittelmeer sei nur in der Struktur der Atlantischen Allianz zu gewährleisten. Das Gleichgewicht zwischen den USA und der SU sei nicht bei Raketen bedroht, sondern durch das Wachstum der sowjetischen maritimen Macht, und dies insbesondere im Mittelmeerraum, mit all den internen Rückwirkungen auf die Länder, die sich dadurch bedroht fühlten.

MP *Karamanlis* erwiderte, auch ihm bereite die Schwäche des Westens Sorge. Was fehle, seien nicht Geld und Waffen, sondern Entschlossenheit und Opferbereitschaft. Europa sei wirtschaftlich doppelt so stark wie die Sowjetunion, gebe aber prozentual nur halb so viel für seine Rüstung aus wie diese. Europa müsse geeint in Zusammenarbeit mit den USA seine Verteidigung schaffen. Er habe deshalb als erster schon vor 15 Jahren ein einiges atlantisches Europa gefordert.

Was die NATO betreffe, so sei der Fall Frankreichs dem Griechenlands nicht ähnlich. Frankreich sei nicht gezwungen gewesen, die militärische Integration zu verlassen. De Gaulle habe aus nationaler Ambition eine eigene französische Weltpolitik machen wollen. Dagegen hätte sich Griechenland in einer Zwangslage befunden. In der Nacht nach dem zweiten türkischen Überfall habe er vor drei Alternativen gestanden:

– Krieg (den die Generäle in diesem Augenblick gewollt hätten),

– Rücktritt (und Rückfall des Landes ins Chaos),

– Austritt aus der NATO.

Er habe davon das geringste Übel gewählt, das Übel, das reparabel sei. Nach Beilegung des Streits mit der Türkei bestünde die Möglichkeit zur Rückkehr. Wenn die Türkei zur Vernunft zurückkehre, entfiele automatisch der Grund, aus dem Griechenland sich aus der militärischen Integration zurückgezogen habe. Wenn nicht, könne er allerdings nicht mehr zurück. In seiner 40jährigen politischen Laufbahn sei er, Karamanlis, stets prowestlich und proatlantisch gewesen. Niemand bedaure mehr als er, außerhalb der NATO stehen zu müssen. Er sei bereit, bei den aktuellen Krisen und Problemen schwere Entscheidungen zu treffen, wenn er den nötigen Beistand finde. Deshalb sei es auch nicht fair, zwischen EG-Beitritt und NATO eine Verbindung herzustellen. Erhalte er in der Beitrittsfrage keine Unterstützung, so würde Griechenland in neue Abenteuer gestürzt und für den Westen endgültig vorlorengehen.

Bundeskanzler bemerkte, er begrüße diese Klarstellung außerordentlich. Die letzte Viertelstunde des Gesprächs sei sehr wichtig gewesen. Wenn es der Wille des Ministerpräsidenten sei – wie er hier im engsten Kreis erklärt habe –, im gegebenen Moment in die militärische Integration zurückzukehren, so helfe uns dies außerordentlich. Wir wären deshalb bereit, Griechenland in der EG-Frage zu helfen, soweit unsere Möglichkeiten reichten. Er stelle also fest, daß

---

[17] Zu den Vorgängen auf Zypern im Juli und August 1974 vgl. Dok. 27, Anm. 20.

man sich in den Fragen der Verteidigung des Westens, der Beibehaltung der Demokratie und der Einigung Europas 100% einig sei.

MP *Karamanlis* erwähnte, die Sowjetunion habe ihm indirekt angeboten, die Sicherheit Griechenlands zu garantieren. Dies habe er abgelehnt.

Bundeskanzler ging dann zur Zypern-Frage über. Wie könne sie gelöst werden, welche Personen und Regierungen könnten helfen, sei die Rückkehr von Makarios[18] hilfreich gewesen?

MP *Karamanlis* erwiderte, die Rückkehr von Makarios sei ein innerzyprisches Problem. Sie möge zu 50% hinderlich sein, zu 50% sei sie aber notwendig, da ohne seine Unterschrift kein Vertrag von den Zyprioten akzeptiert werde. Makarios sei ein notwendiges Übel. Er sei jetzt aber nicht mehr der alte, und er, Karamanlis, habe ihn unter Kontrolle.

Es käme jetzt darauf an, daß die Türken vernünftige Lösungen akzeptieren. Er sei sehr besorgt, da in der Türkei eine verworrene innenpolitische Situation herrsche, die zu einem Wettlauf in der Demagogie und zu einem krankhaften Nationalismus führe. Bisher seien die Türken nicht zu vernünftigen Lösungen bereit, weder in der Zypern- noch in der Ägäis-Frage. Letztere sei ein von den Türken allein hervorgerufenes Problem. Seit 1913 sei der Zustand der Grenzen in der östlichen Ägäis unumstritten gewesen. Die Türken hätten Griechenland einseitig durch Veröffentlichung nationaler Gesetze vor vollendete Tatsachen gestellt. Trotzdem habe er Mäßigung und Vernunft gezeigt, indem er den Haager Gerichtshof angerufen habe.[19] Die Ägäis-Frage stünde auf der Tagesordnung des Treffens von AM Bitsios mit AM Çaglayangil am Wochenende in Rom.[20] Bei diesem Treffen werde man auch die anderen Streitfragen berühren können.

Auf Frage des Bundeskanzlers bemerkte MP Karamanlis, wahrscheinlich sei es für die deutsche Seite leichter festzustellen, wo das tatsächliche Entscheidungszentrum in der Türkei liege, bei den Politikern oder dem Militär. Ecevit sei für die erste Invasion verantwortlich gewesen, die verzeihlich und in gewissem Umfang begründbar gewesen sei. Die zweite Invasion aber – nach Wiederherstellung der Legalität in Zypern, die ja das angebliche Ziel der Landung gewesen sei, und nach seiner, Karamanlis, Rückkehr nach Griechenland – sei ei-

---

[18] Der ehemalige Präsident Makarios, der Zypern am 16. Juli 1974 verlassen hatte, kehrte am 7. Dezember 1974 zurück. Vgl. dazu EUROPA-ARCHIV 1975, Z 6 f.

[19] Am 20. Januar 1975 erwähnte der griechische Botschafter Phrydas im Gespräch mit Staatssekretär Sachs, „daß sich u. a. weitere Schwierigkeiten zwischen Griechenland und der Türkei ergeben könnten aus der erneuten Beauftragung der Türkei auf Petroleum-Untersuchungen in einem Teil der Ägäis zwischen Griechenland und der Türkei, und zwar in dem Gebiet westlich der Inseln Chios und Samos." Vgl. die Aufzeichnung von Sachs; Referat 422, Bd. 117150.

Am 27. Januar 1975 schlug die griechische Regierung vor, die strittigen Fragen in bezug auf die Ägäis vom Internationalen Gerichtshof in Den Haag klären zu lassen. Ministerpräsident Irmak erklärte sich am 29. Januar 1975 „im Prinzip" einverstanden, präzisierte jedoch wenige Tage später, „daß die Türkei das Angebot zwar annehme, jedoch unter der Bedingung, daß sich türkische und griechische Regierungsvertreter zuvor in gemeinsamen Verhandlungen über die strittigen Punkte klarwerden, um dem Gerichtshof präzise sagen zu können, in welchen offen gebliebenen Streitfragen die beiden Parteien seine Entscheidung erbitten". Vgl. die Drahtberichte Nr. 115 und Nr. 140 des Botschafters Sonnenhol, Ankara, vom 30. Januar bzw. 5. Februar 1975; Referat 201, Bd. 113508.

[20] Der griechische Außenminister Bitsios und der türkische Außenminister Çaglayangil trafen vom 17. bis 19. Mai 1975 zusammen.

ne moralisch, politisch und überhaupt vernünftig nicht zu erklärende Aktion. Daraus zöge er den Schluß, daß nicht Ecevit, sondern die Generäle dafür verantwortlich seien.

Bundeskanzler bemerkte, auch Ecevit habe bei seinem kürzlichen Besuch in Bonn[21] nur eine schwache Begründung für die rein imperialistische zweite Invasion geben können. Ecevit habe aber gemeint, er würde sich schneller mit Karamanlis verständigen können als die jetzige türkische Regierung.

MP *Karamanlis* antwortete, er sei zur Verständigung mit der Türkei bereit. Es sei sein Ziel, die Einheit der NATO und die türkisch-griechische Zusammenarbeit wiederherzustellen. Schließlich sei er es gewesen, der 1959 seine Unterschrift unter die Verträge über die Unabhängigkeit Zyperns[22] gesetzt und damit den Jahrhunderte alten nationalen Anspruch auf Vereinigung Zyperns mit dem Mutterland im Interesse des Friedens aufgegeben habe. Heute akzeptiere er als Lösung die geographische Föderation. Die Aufteilung der Insel müsse aber den Bevölkerungsverhältnissen gerecht werden. Die jetzige faktische Aufteilung – 40% der Fläche für 18% der Bevölkerung – sei inakzeptabel.

Bundeskanzler hielt dies für eine vernünftige und maßvolle Position. Auf seine Frage, welche Regierungen Hilfestellung leisten könnten, nannte MP *Karamanlis* die amerikanische und die deutsche. Nützlich sei auch eine konzertierte Einwirkung der Generäle der NATO. Wichtig sei, daß alles in diskreter Form geschehe. *Bundeskanzler* wies darauf hin, daß AM Genscher im Sommer in die Türkei reisen wolle[23], und erkundigte sich nach dem Stand der Kontakte mit den USA. AM *Bitsios* sagte, er habe sich dreimal mit AM Kissinger getroffen. Beim letzten Mal habe Kissinger ihm gesagt, er wolle bei seinem bevorstehenden Besuch in Ankara nochmals explorieren.[24] Auch die Amerikaner seien – daran habe der kürzliche Besuch Hartmans in Ankara nichts geändert – über die Absichten der Türkei im unklaren.

Auf Zwischenfrage des Bundeskanzlers nach dem Grundtenor der Eröffnungsrede des Ministerpräsidenten auf dem Brüsseler NATO-Gipfel[25] antwortete *Karamanlis*, er habe sich damit noch nicht beschäftigt.

AM *Bitsios* ergänzte, der MP werde ein kurzes neutrales Eingangsstatement abgeben und danach eine Rede als griechischer Ministerpräsident halten. MP *Karamanlis* fügte hinzu, in dieser Rede werde er den Verbündeten seine Haltung erläutern.

---

[21] Der ehemalige Ministerpräsident Ecevit führte am 13. März 1975 ein Gespräch mit Bundeskanzler Schmidt. Vgl. dazu Dok. 57, Anm. 8.
Zum Gespräch mit Bundesminister Genscher am 14. März 1975 vgl. Dok. 50, Anm. 10.

[22] Auf den Konferenzen von Zürich (5. bis 11. Februar 1959) und London (17. bis 19. Februar 1959) wurde eine Einigung über den künftigen Status von Zypern erzielt. Der dabei ausgearbeitete Garantievertrag über die Unabhängigkeit Zyperns und der Bündnisvertrag zwischen Zypern, Griechenland und der Türkei wurden am 16. August 1960 unterzeichnet. Für den Wortlaut vgl. UNTS, Bd. 382, S. 3–7, bzw. UNTS, Bd. 397, S. 287–295.

[23] Bundesminister Genscher hielt sich vom 18. bis 20. Juni 1975 in der Türkei auf. Vgl. dazu Dok. 170 und Dok. 177.

[24] Der amerikanische Außenminister Kissinger traf sich am 7. März 1975 mit dem griechischen Außenminister Bitsios in Brüssel und hielt sich am 10. März 1975 zu Gesprächen in Ankara auf.

[25] Zur NATO-Ratstagung auf der Ebene der Staats- und Regierungschefs am 29./30. Mai 1975 vgl. Dok. 143.

Abschließend bat MP Karamanlis den Bundeskanzler um geeignete Initiativen und Unterstützung. *Bundeskanzler* antwortete, AM Genscher und er seien von offener Aussprache sehr positiv beeindruckt. Er wolle dies auch unserer Öffentlichkeit zu verstehen geben und werde dazu die Gelegenheit der heutigen Tischrede benützen.[26] Wir wollten, soweit wir könnten, helfen und weiter nachdenken, da man die Dinge jetzt deutlicher sehe. Über den Konflikt mit der Türkei solle man miteinander im Gespräch bleiben.

Bundeskanzler nahm schließlich eine Einladung zu einem Besuch in Griechenland an, dessen Termin noch festgesetzt werden soll.[27]

VS-Bd. 8884 (410)

121

Aufzeichnung des Vortragenden Legationsrats I. Klasse Fleischhauer

500-510.51-732/75 VS-vertraulich   **16. Mai 1975**[1]

Herrn Staatssekretär[2]

Betr.: Erstreckung der Wirkung von Entscheidungen des BVerfG auf Berlin; hier: Entscheidung zu § 218 StGB[3]

Bezug: Vorlage vom 4.3.1975 – 500-510.51-331¹/75 VS-v[4]

Anlg.: 1[5]

Vorschlag: Erörterung mit den Botschaftern der drei alliierten Mächte[6] bei dem Essen am 22. Mai 1975

---

[26] Für den Wortlaut der Tischreden des Bundeskanzlers Schmidt am 16. Mai 1975 vgl. BULLETIN 1975, S. 590–592.
[27] Bundeskanzler Schmidt besuchte Griechenland am 28./29. Dezember 1975. Vgl. dazu Dok. 395.
[1] Die Aufzeichnung wurde von Vortragendem Legationsrat Duisberg konzipiert.
[2] Hat Staatssekretär Gehlhoff laut Vermerk des Vortragenden Legationsrats Reiche vom 2. Juni 1975 vorgelegen, der handschriftlich hinzufügte: „Angelegenheit ist von ihm auf dem Viereressen angesprochen worden (s[iehe] Vermerk v[om] 2.6.75)." Vgl. Anm. 15.
[3] Mit Artikel 1 des Fünften Gesetzes zur Reform des Strafrechts vom 18. Juni 1974 wurde Paragraph 218 StGB neu geregelt. In Paragraph 218a war danach festgelegt: „Der mit Einwilligung der Schwangeren von einem Arzt vorgenommene Schwangerschaftsabbruch ist nicht nach § 218 strafbar, wenn seit der Empfängnis nicht mehr als zwölf Wochen verstrichen sind." § 218b enthielt Indikationen zum Schwangerschaftsabbruch nach Ablauf der zwölf Wochen. Vgl. BUNDESGESETZBLATT 1974, Teil I, S. 1297f.
[4] Vortragender Legationsrat I. Klasse Fleischhauer informierte über eine Ressortbesprechung vom 27. Februar 1975 über die Erstreckung der Wirkung von Entscheidungen des Bundesverfassungsgerichts auf Berlin (West). Vgl. VS-Bd. 9707 (500); B 150, Aktenkopien 1975.
[5] Dem Vorgang beigefügt. Vgl. Anm. 13.
[6] Olivier Wormser (Frankreich), Nicholas Henderson (Großbritannien) und Martin J. Hillenbrand (USA).

1) Sachstand:

Die Entscheidung des Bundesverfassungsgerichts (BVerfG) vom 25.2.1975, mit der das Fünfte Strafrechtsreformgesetz in seinem wesentlichen Teil, der neuen Regelung der Abtreibung (§ 218 StGB), für verfassungswidrig erklärt worden ist, hat das Problem der Übernahme von Entscheidungen des BVerfG im Normenkontrollverfahren nach Berlin in akuter Form aufgeworfen, weil sich das BVerfG in diesem Fall nicht auf eine bloße Nichtigkeitserklärung beschränkt hat, sondern selbst im Wege einer Anordnung neue Regeln für die Behandlung von Abtreibungstatbeständen aufgestellt hat.[7]

Entscheidungen des BVerfG gelten formell nicht in Berlin.[8] Hebt das Gericht im Wege der Normenkontrolle auch in Berlin geltendes Recht auf, so stehen wir auf dem Standpunkt, daß damit das Substrat des Berliner Übernahmegesetzes entfällt, welches damit gegenstandslos wird; die Entscheidung des BVerfG wirkt sich dann indirekt doch in Berlin aus. Die Drei Mächte haben dem bisher nicht widersprochen. Im Falle des Urteils zu § 218 ist dieser Weg aber nicht gangbar, weil das BVerfG entsprechend einer neuerdings häufigeren Tendenz die Neufassung des § 218 nicht einfach aufgehoben, sondern durch eine positive Neuregelung ersetzt hat.

Nach Berlin ist das 5. Strafrechtsreformgesetz nicht übernommen worden; das bereits eingeleitete Mantelgesetzverfahren wurde im Hinblick auf die Anfechtung des Gesetzes vor dem BVerfG ausgesetzt. In Berlin gilt daher noch § 218

---

[7] Das Bundesverfassungsgericht urteilte am 25. Februar 1975, daß das Fünfte Gesetz zur Reform des Strafrechts vom 18. Juni 1974 „der verfassungsrechtlichen Verpflichtung, das werdende Leben zu schützen, nicht in dem gebotenen Umfang gerecht geworden" sei. Der neue Paragraph 218a sei mit dem Grundgesetz „insoweit unvereinbar und nichtig, als er den Schwangerschaftsabbruch auch dann von der Strafbarkeit ausnimmt, wenn keine Gründe vorliegen, die – im Sinne der Entscheidungsgründe – vor der Wertordnung des Grundgesetzes Bestand haben". Bis zum Inkrafttreten einer gesetzlichen Neuregelung ordnete das Gericht daher an, daß die in Paragraph 218b vorgesehenen Indikationen für einen straffreien Schwangerschaftsabbruch nach Ablauf von zwölf Wochen „auch auf Schwangerschaftsabbrüche in den ersten zwölf Wochen seit der Empfängnis anzuwenden" seien. Straffrei bleiben solle ferner der „mit Einwilligung der Schwangeren von einem Arzt innerhalb der ersten zwölf Wochen seit der Empfängnis vorgenommene Schwangerschaftsabbruch [...], wenn an der Schwangeren eine rechtswidrige Tat nach den §§ 176 bis 179 des Strafgesetzbuches vorgenommen worden ist und dringende Gründe für die Annahme sprechen, daß die Schwangerschaft auf der Tat beruht". Von einer Bestrafung absehen könne das Gericht, wenn ein Schwangerschaftsabbruch erfolgt sei, „um von der Schwangeren die auf andere ihr zumutbare Weise nicht abzuwendende Gefahr einer schwerwiegenden Notlage abzuwenden". Vgl. ENTSCHEIDUNGEN, Bd. 39, S. 1–3.

[8] Zum Geltungsbereich des Gesetzes vom 12. März 1951 über das Bundesverfassungsgericht war in Paragraph 106 festgelegt: „Soweit das Grundgesetz für das Land Berlin gilt oder die Zuständigkeit des Bundesverfassungsgerichts durch ein Gesetz Berlins in Übereinstimmung mit diesem Gesetz begründet wird, findet dieses Gesetz auch auf Berlin Anwendung." Vgl. BUNDESGESETZBLATT 1951, Teil I, S. 254.
Am 20. Dezember 1952 erhob die Alliierte Kommandatura Berlin Einspruch gegen eine Übernahme des Gesetzes über das Bundesverfassungsgericht nach Berlin, da dies „Berlin als einen Bestandteil des Bundes erscheinen lassen" würde: „Die Alliierte Kommandatura sieht in dem Bundesverfassungsgericht eines der Organe, in denen die oberste Regierungsgewalt in der Bundesrepublik verankert ist. Würde die in dem vom Senat überreichten Gesetzentwurf vorgesehene Ausdehnung der Zuständigkeit dieses Gerichtshofes auf Berlin angenommen, so wäre dies gleichbedeutend mit einer Verletzung der Vorbehalte, die die Militärgouverneure in ihrem Schreiben vom 12. Mai 1949, mit denen sie das Grundgesetz gebilligt haben, formuliert hatten." Vgl. das Schreiben BK/O (52) 35; DOKUMENTE ZUR BERLIN-FRAGE 1944–1966, S. 127.

StGB in alter Fassung⁹, so daß dort u. a. Abtreibungstatbestände strafrechtlich verfolgt werden müssen, die im Bundesgebiet nach der Entscheidung des BVerfG straffrei wären.

Eine Übernahme der Entscheidung des BVerfG nach Berlin im Wege des für Gesetze oder Verordnungen geltenden Verfahrens¹⁰ wird von den Alliierten aus grundsätzlichen Erwägungen abgelehnt. Eine Angleichung der Rechtslage in Berlin an den vom BVerfG für das Bundesgebiet geschaffenen Zustand durch autonome Berliner Gesetzgebung wirft andererseits wegen der hier zu Tage tretenden prinzipiellen Auffassungsunterschiede zwischen den Alliierten und uns Schwierigkeiten auf. Während die Alliierten davon ausgehen, daß das nach Berlin übernommene Bundesrecht dort als Landesrecht gilt und die Rechtsangleichung deshalb durch einfaches Landesgesetz erfolgen könne und müsse, sind wir der Auffassung, daß nach Berlin übernommenes Bundesrecht auch dort Bundesrecht bleibt und der Berliner Gesetzgeber in dieses Recht nur eingreifen kann, wenn er dazu von den drei alliierten Mächten als Träger der obersten Gewalt angewiesen wird.

In den Verhandlungen zwischen dem Berliner Senat und Vertretern der Drei Mächte ist deshalb der Entwurf einer Anordnung der Alliierten Kommandantur ausgearbeitet worden, in der dieser Dissens durch eine Formel verdeckt werden sollte, die von den Alliierten als bloße Klarstellung, vom Berliner Senat dagegen als Anweisung verstanden werden konnte.¹¹

---

⁹ Gemäß Paragraph 218 StGB in der bis zum Fünften Gesetz zur Reform des Strafrechts vom 18. Juni 1974 gültigen Fassung war Schwangerschaftsabbruch bzw. der Versuch des Schwangerschaftsabbruchs grundsätzlich strafbar.

¹⁰ In der Verfassung von Berlin vom 1. September 1950 war in Artikel 87 Absatz 1 und 2 festgelegt: „1) Artikel 1 Absatz 2 und 3 der Verfassung treten in Kraft, sobald die Anwendung des Grundgesetzes für die Bundesrepublik Deutschland in Berlin keinen Beschränkungen unterliegt. 2) In der Übergangszeit kann das Abgeordnetenhaus durch Gesetz feststellen, daß ein Gesetz der Bundesrepublik Deutschland unverändert auch in Berlin Anwendung findet." Vgl. VERORDNUNGSBLATT FÜR GROSS-BERLIN Teil I, S. 439.
Im Vorbehaltsschreiben zur Berliner Verfassung vom 29. August 1950 (BK (50) 75) suspendierte die Alliierte Kommandatura Artikel 1 Absatz 2 und 3 und stellte zu Artikel 87 fest: „Ferner finden die Bestimmungen irgendeines Bundesgesetzes in Berlin erst Anwendung, nachdem seitens des Abgeordnetenhauses darüber abgestimmt wurde und dieselben als Berliner Gesetz verabschiedet worden sind." Vgl. DOKUMENTE ZUR BERLIN-FRAGE 1944–1966, S. 154.
Am 8. Oktober 1951 präzisierte die Alliierte Kommandatura diese Bestimmung durch die Feststellung, daß das Abgeordnetenhaus von Berlin „ein Bundesgesetz mit Hilfe eines Mantelgesetzes, das die Bestimmungen des betreffenden Bundesgesetzes in Berlin für gültig erklärt", übernehmen dürfe. Vgl. das Schreiben der Alliierten Kommandatura vom 8. Oktober 1951 (BK/O (51) 56) in der Fassung der BK/O (55) 10 vom 14. Mai 1955; DOKUMENTE ZUR BERLIN-FRAGE 1944–1966, S. 166.
In der Erklärung der Alliierten Kommandatura vom 26. Mai 1952 anläßlich der Neuordnung der Beziehungen zwischen den drei Westmächten und der Bundesrepublik (BKC/L (52) 7) wurde ausgeführt: „IV. Die alliierte Kommandatura wird, vorbehaltlich des Artikels I und II dieser Erklärung, keine Einwände dagegen erheben, daß Berlin nach einem angemessenen von der alliierten Kommandatura zugelassenen Verfahren die Gesetzgebung der Bundesrepublik übernimmt [...].
VII. Die Berliner Gesetzgebung tritt gemäß den Bestimmungen der Berliner Verfassung in Kraft. Im Falle der Nichtübereinstimmung mit alliierter Gesetzgebung, oder mit anderen Maßnahmen der alliierten Behörden, oder mit den Rechten der alliierten Behörden auf Grund dieser Erklärung, kann die Berliner Gesetzgebung durch die Alliierte Kommandatura aufgehoben oder für nichtig erklärt werden." Vgl. DOKUMENTE ZUR BERLIN-FRAGE 1944–1966, S. 165.

¹¹ Mit Schreiben vom 3. Dezember 1974 an die Alliierte Kommandatura wies der Regierende Bürgermeister von Berlin, Schütz, darauf hin, daß in Fällen, in denen das Bundesverfassungsgericht „positive Anordnungen" treffe, keine Möglichkeit bestehe, der daraus „entstandenen Rechtslage in Berlin durch rechtspraktische Maßnahmen Rechnung zu tragen. Daraus folgt die Gefahr einer unterschiedli-

Der Erlaß dieser Anordnung ist jedoch bisher am französischen Widerstand gescheitert.[12]

2) Für weitere Einzelheiten wird auf das beigefügte Papier[13] verwiesen, das MD van Well bei den nächsten deutsch-französischen Direktoren-Konsultationen seinem französischen Kollegen übergeben wird.[14]

3) Vorschlag:

Es wird vorgeschlagen, bei dem Essen mit den Botschaftern der Drei Mächte am 22.5.1975 das Problem in allgemeiner Form unter Hervorhebung der politischen Bedeutung der Angelegenheit anzusprechen. Dabei könnte darauf hingewiesen werden, daß es sich nicht so sehr um eine rechtstechnische Frage handele als vielmehr um ein grundsätzliches Problem der Erhaltung der Rechtseinheit und damit eines wesentlichen Teils der Bindungen zwischen dem Bund und Berlin. Da es politisch unerwünscht wäre, die hier bestehenden Auffassungsunterschiede zwischen den Alliierten und uns offenbar werden zu lassen,

---

Fortsetzung Fußnote von Seite 543

chen Rechtsentwicklung im Bund und in Berlin. Dies zu vermeiden ist auch der erklärte Wunsch der Alliierten Kommandantur." Schütz schlug vor, das Problem im Wege einer Erstreckungsverordnung oder eines Erstreckungsgesetzes zu lösen, mit denen „nicht Entscheidungen des Bundesverfassungsgerichts, sondern lediglich die durch sie bewirkten Änderungen übernommener Bundesgesetze auf Berlin erstreckt werden. Der Name und die Entscheidung des Bundesverfassungsgerichts würden in diesem Zusammenhang keine Erwähnung finden. [...] Um Mißverständnisse zu vermeiden, wäre es allerdings erwünscht, wenn durch eine begleitende Äußerung der Alliierten Kommandantur klargestellt würde, daß nach Berlin übernommene Bundesgesetze, welche aufgrund früher ergangener gesetzeskräftiger Entscheidungen des Bundesverfassungsgerichts nicht oder in veränderter Form gelten, auch in Berlin in dieser Fassung anzuwenden sind." Vgl. VS-Bd. 9707 (500); B 150, Aktenkopien 1974.

12 Gesandter Lahusen, Paris, berichtete am 27. Februar 1975, der Mitarbeiter im französischen Außenministerium, Plaisant, habe zum Thema „Erstreckung von Verfassungsgerichtsurteilen auf Berlin" ausgeführt, Frankreich „sei bereit, alles zu tun, um zu einer für Bonn annehmbaren und ‚die Rechtseinheit von Berlin und Bund wahrenden' (sic!) Regelung zu gelangen. Nicht anerkennen könne Frankreich dagegen eine Zuständigkeit des Bundesverfassungsgerichts für Berlin." Vgl. den Drahtbericht Nr. 616; VS-Bd. 9707 (500); B 150, Aktenkopien 1975.
Am 20. März 1975 erklärte der französische Vertreter in der Bonner Vierergruppe: „Die bestehenden Meinungsverschiedenheiten beträfen nicht das Ziel – die Rechtseinheit –, sondern die Mittel, mit denen dieses Ziel sicherzustellen sei. Der Berliner Senat gehe bei seiner Argumentation davon aus, daß das Abgeordnetenhaus die Bundesgesetzgebung Wort für Wort übernehmen müsse und daran kein Jota ändern dürfe. [...] Die von den Drei Mächten dem Abgeordnetenhaus erteilte Ermächtigung zur Übernahme von Bundesgesetzen sei vielmehr so zu verstehen, daß das Abgeordnetenhaus verpflichtet sei, Bundesgesetze in jedem einzelnen Fall zu übernehmen. [...] Das Berliner Abgeordnetenhaus könne tun, was es wolle. Dies sei auch im Hinblick auf die Sowjetunion wichtig. Es wäre nicht klug, wenn bei der Sowjetunion der Eindruck entstünde, daß die Übernahme von Bundesgesetzen nach Berlin eine bloße Formalität sei." Vgl. die Aufzeichnung des Vortragenden Legationsrats I. Klasse Kastrup vom 24. März 1975; VS-Bd. 10187 (210); B 150, Aktenkopien 1975.

13 Dem Vorgang beigefügt. In dem Aide-mémoire wurden die unterschiedlichen Rechtsauffassungen zur Übernahme der Entscheidungen des Bundesverfassungsgerichts nach Berlin (West) noch einmal dargelegt und auf den Entwurf einer Anordnung der Alliierten Kommandatura verwiesen. Die französische Regierung wurde gebeten, ihre ablehnende Haltung dazu noch einmal zu überprüfen „mit dem Ziel, dieser oder einer anderen Kompromißformel zuzustimmen, die – ohne Präjudiz für die beiderseitigen Rechtsauffassungen – eine praktische Regelung ermöglichen würde, um die in so gravierender Weise unterbrochene Rechtseinheit zwischen Berlin und dem Bund wiederherzustellen." Vgl. VS-Bd. 9707 (500); B 150, Aktenkopien 1975.

14 Ministerialdirektor van Well übergab das Aide-mémoire am 21. Mai 1975 in Paris dem Abteilungsleiter im französischen Außenministerium, de Laboulaye, der Prüfung zusagte. Vgl. dazu die Aufzeichnung des Vortragenden Legationsrats I. Klasse Feit vom 26. Mai 1975; Referat 202, Bd. 111211.

lege die Bundesregierung großen Wert darauf, daß in der Frage bald eine praktikable Regelung gefunden werde.[15]

Referat 210 hat mitgezeichnet.

Fleischhauer

VS-Bd. 9707 (500)

122

Gespräch des Bundesministers Genscher mit dem portugiesischen Außenminister Melo Antunes

105-29.A/75 VS-vertraulich   19. Mai 1975[1]

Dolmetscheraufzeichnung über das Vier-Augen-Gespräch des Herrn Bundesministers des Auswärtigen mit dem portugiesischen Außenminister am 19. Mai 1975 um 16.30 Uhr[2]

Der *portugiesische Außenminister* erklärte einleitend, er werde in aller Offenheit sprechen, denn der Dialog über politische Fragen sei Voraussetzung für Erfolge bei der Behandlung konkreter Themen.

Die Revolution vom 25. April 1974[3] habe den Wunschvorstellungen des portugiesischen Volkes von Freiheit und wirtschaftlichem und sozialem Fortschritt entsprochen. Nun müßten die in der politischen Verantwortung stehenden Militärs diese Vorstellungen mit einem institutionalisierten Modell der Demokratie in Einklang bringen. Hierbei hätten sich Schwierigkeiten aufgrund der

---

[15] Das Problem der Erstreckung der Wirkung von Entscheidungen des Bundesverfassungsgerichts auf Berlin (West) wurde von Staatssekretär Gehlhoff im Gespräch mit den Botschaftern Wormser (Frankreich), Henderson (Großbritannien) und Hillenbrand (USA) am 2. Juni 1975 erörtert. Vgl. dazu Dok. 144.

[1] Die Gesprächsaufzeichnung wurde von Dolmetscherin Eichhorn gefertigt und am 23. Mai 1975 Ministerialdirigent Kinkel zugeleitet.
Hat Kinkel am 24. Mai 1975 und erneut am 3. Juni 1975 vorgelegen, der die Weiterleitung an Staatssekretär Gehlhoff verfügte.
Hat Bundesminister Genscher vorgelegen.
Hat Gehlhoff am 4. Juni 1975 vorgelegen.
Hat Vortragendem Legationsrat I. Klasse Munz am 10. Juni 1975 vorgelegen.

[2] Der portugiesische Außenminister Melo Antunes hielt sich vom 19. bis 21. Mai 1975 in der Bundesrepublik auf. Weitere Themen der Gespräche mit Bundesminister Genscher, Bundespräsident Scheel und Bundeskanzler Schmidt waren der portugiesische Wunsch „nach Importerleichterungen im Rahmen des bestehenden Freihandelsabkommens" mit den Europäischen Gemeinschaften sowie der Vorschlag zur Einberufung einer Sonderkonferenz, „auf der eine neue Form der wirtschaftlichen, technischen und finanziellen Zusammenarbeit zwischen Portugal und der EG gesucht werden" solle, ferner der Wunsch nach Investitionen in Portugal und Wirtschaftshilfe, der Europäisch-Arabische Dialog, die KSZE und die portugiesische Entkolonisierungspolitik. Vgl. den Runderlaß Nr. 71 des Vortragenden Legationsrats I. Klasse Dohms vom 21. Mai 1975; Referat 203, Bd. 110243. Vgl. dazu auch GENSCHER, Erinnerungen, S. 235 f.

[3] Zum Regierungsumsturz in Portugal vgl. Dok. 23, Anm. 38.

unerwartet harten Kämpfe unter den politischen Parteien ergeben. Dies habe bei den Militärs zu der Erkenntnis geführt, daß die Errichtung einer formalen Demokratie nach westlichem Muster in Portugal kurzfristig nicht möglich sei. Aus dieser Überzeugung sei der Pakt zwischen der Bewegung der Streitkräfte und den politischen Parteien entstanden, der eine längere Intervention (drei bis fünf Jahre) der Militärs als ursprünglich geplant (ein Jahr nach den Wahlen zur Verfassunggebenden Versammlung) vorsehe und die Konsolidierung des Demokratisierungsprozesses garantieren solle.[4] Vor diesem Hintergrund müsse das Wahlergebnis[5] im Rahmen der durch den Pakt gegebenen formalen Grenzen gesehen werden. Der Pakt lasse den politischen Parteien genügend Spielraum bei der Mitwirkung am Aufbau einer neuen Gesellschaft in Portugal. Entsprechend den Vermutungen der Militärs habe sich das portugiesische Volk in den Wahlen zur Verfassunggebenden Versammlung mit großer Mehrheit für Freiheit und Sozialismus entschieden. Es gebe jedoch politische Gruppierungen in Portugal wie die extrem linken Splittergruppen und insbesondere die Kommunistische Partei (PCP), deren Politik unrealistisch und abenteuerlich sei, die – anders als die wahrhaft demokratischen Parteien und große Teile der Streitkräfte – das Wahlergebnis in Frage stellten und die Errichtung des portugiesischen Modells eines demokratischen und freiheitlichen Sozialismus erschwerten. Aus diesem Grund und angesichts der drohenden Gefahr eines wirtschaftlichen Zusammenbruchs, der eine unhaltbare politische Situation zur Folge haben würde, sei eine Stabilisierung der wirtschaftlichen Lage in Portugal dringend notwendig. Die PCP, ein Vasall der Sowjetunion, strebe unter Aus-

[4] Am 3. April 1975 teilte Botschafter Caspari, Lissabon, mit: „Die Bewegung der Streitkräfte, die sich durch ihre Institutionalisierung in Gestalt des Obersten Revolutionsrates und der Delegierten-Versammlung bereits die entscheidenden Machtpositionen in Portugal zugeschrieben hat, geht jetzt in ihrer Politik, die Geschicke des Landes immer stärker in die Hand zu nehmen, noch einen Schritt weiter. Sie hat gestern den zwölf offiziell zugelassenen Parteien den Abschluß eines Paktes vorgeschlagen, der für eine Übergangszeit von drei bis fünf Jahren nach Inkrafttreten der Verfassung gelten soll. [...] Erst nach der Übergangsperiode soll es erlaubt sein, die Verfassung und damit die vereinbarten Prinzipien zu ändern. Dieser Zeitpunkt ist nach den Vorstellungen der Bewegung auch derjenige, an dem sie sich selbst auflösen und die Souveränität der zivilen Seite übergeben will." Vgl. den Drahtbericht Nr. 144; Referat 010, Bd. 178566.
Am 10. April 1975 berichtete Caspari über den Inhalt des Paktes, der am folgenden Tag unterzeichnet werden sollte: „Die Verfassung, die von der Verfassunggebenden Versammlung ausgearbeitet werden soll, wird durch den Präsidenten nach Anhörung des Revolutionsrats verkündet. Bis zur Amtsübernahme durch die neuen Souveränitätsorgane, die durch die schaffende Verfassung definiert werden, üben der Revolutionsrat, die Versammlung der Streitkräfte und die provisorische Regierung ihre bisherigen Funktionen aus. [...] Der Präsident der Republik ist gleichzeitig Präsident des Revolutionsrats und Oberkommandierender der Streitkräfte." Er habe weitgehende Vollmachten, ebenso wie der Revolutionsrat, der u. a. „innerhalb der zu schaffenden Verfassung die notwendigen programmatischen Orientierungsrichtlinien der Innen- und Außenpolitik zu definieren und über ihre Verwirklichung zu wachen" habe und die Gesetzesvorlagen des Parlaments und der Regierung verabschiede, sofern sie die Wirtschafts-, Gesellschafts- und Finanzpolitik, die auswärtigen Beziehungen oder „die Ausübung der bürgerlichen Freiheiten und Grundrechte" beträfen. Die Gesetzgebungsbefugnisse des Parlaments würden „nur (!) beschränkt durch die notwendige Zustimmung des Revolutionsrates auf den oben genannten Gebieten". Jedoch könnten Gesetzesvorhaben, die nicht vom Revolutionsrat gebilligt worden seien, in einer zweiten Abstimmung mit Zweidrittelmehrheit vom Parlament verabschiedet werden: „Soweit bekannt, stellt das eine wesentliche Änderung gegenüber der nicht veröffentlichten ursprünglichen Fassung der Plattform dar, die vermutlich durch den Widerstand der Parteien durchgesetzt wurde." Vgl. den Drahtbericht Nr. 164; Referat 203, Bd. 110241.
[5] Zum Ergebnis der Wahlen vom 25. April 1975 zur Verfassunggebenden Versammlung in Portugal vgl. Dok. 96, Anm. 6.

nutzung dieser Situation eine Hegemoniestellung an. Vor diesem Hintergrund seien die Probleme sicher besser zu verstehen, mit denen der Oberste Revolutionsrat, das derzeit höchste politische Organ in Portugal, konfrontiert sei.

Bedauerlicherweise gebe es in den Streitkräften und im Revolutionsrat keine einheitlichen Vorstellungen über die Entwicklung des politischen Prozesses in Portugal. Der Parteienstreit finde seinen Niederschlag auch in den Streitkräften. Die sich daraus ergebenden Spannungen würden auch in Zukunft bestehen. In den letzten Wochen habe sich allerdings die Tendenz zu einer unparteiischen Haltung der Streitkräfte immer stärker abgezeichnet. Dennoch, so sagte Minister Melo Antunes, verhehle er seine Besorgnis nicht, daß es durch das Vorgehen der PCP und der extrem linken Gruppen zu einer Spaltung der Streitkräfte kommen könne.

Es gebe in seinem Land eine starke politische Strömung, der auch er angehöre, zugunsten einer Politik der nationalen Unabhängigkeit bei gleichzeitiger Annäherung an Europa – Zusammenarbeit auf politischem, wirtschaftlichem und sozialem Gebiet – und einer Stärkung des Bündnisses – Mitgliedschaft Portugals in der NATO. Diese Politik liege andererseits auch im Interesse Europas und des europäischen Gleichgewichts.

Er erwähnte ferner die Bedeutung Europas für die Konsolidierung des politischen Prozesses in Portugal und verwies auf die Wichtigkeit des Mittelmeers als Südflanke Europas, die von den politischen Ereignissen in Portugal beeinflußt werden könne. Zu der erwähnten Politik der nationalen Unabhängigkeit gehöre ein autonomes, demokratisches, sozialistisches Modell und die Öffnung zur Dritten Welt, zu Afrika und dort insbesondere zu den ehemaligen Kolonien. Abschließend unterstrich der portugiesische Außenminister die mögliche Rolle seines Landes in einem Dialog zwischen den industrialisierten Ländern Europas und den Staaten der Dritten Welt.

Der Herr *Bundesminister* dankte für diese Darlegungen und erinnerte an die eigenen Anfangsschwierigkeiten des Wiederaufbaus nach dem Krieg. Diese Erfahrung erleichtere das Verständnis für die portugiesischen Probleme nach dem Sturz der Diktatur. Wenn die politische Entwicklung in Portugal von anderen Regierungen kritisch beurteilt werde, so hänge dies nicht zuletzt damit zusammen, daß vielen Völkern die schlimme Erfahrung einer Diktatur erspart geblieben sei. Er fragte, ob sich die Linie, die Außenminister Melo Antunes repräsentiere, in der Bewegung der Streitkräfte durchsetzen werde, wie er den Einfluß der Kommunisten in den Gewerkschaften und in den Massenmedien einschätze, welchen Einfluß die Sowjetunion und ihre Partner auf die PCP ausübten und ob dieser Einfluß auch materieller Art sei.

Der *portugiesische Außenminister* erwiderte, aufgrund der erwähnten These der Überparteilichkeit der Bewegung der Streitkräfte verringere sich z. Z. der Einfluß der Kommunisten in diesem Organ. Eine starke kommunistische Durchsetzung sei wohl in der Intersindical, dem Dachverband, nicht aber in den einzelnen Gewerkschaften gegeben. Wenn freie Gewerkschaftswahlen stattfänden – und dies sei im Moment Gegenstand heftiger Diskussionen in Portugal – würden die Kommunisten die Verlierer solcher Wahlen sein. Es sei ebenfalls richtig, daß die Kommunisten alle politischen Waffen einsetzten, um Presse, Ra-

547

dio- und Fernsehanstalten unter ihre Kontrolle zu bringen. Es sei eines der größten Probleme der Regierung, die Medien von parteipolitischem Einfluß zu befreien.

Der Herr *Bundesminister* bezeichnete es als ein Anliegen der Bundesregierung, in den bilateralen Beziehungen sowie im Verhältnis Portugals zur EG und zum Bündnis alles zu tun, wodurch die demokratischen Kräfte in Portugal gestärkt würden, ohne daß dies jedoch als Einmischung gedacht sei. Wenn er am folgenden Tage mit dem amerikanischen Außenminister zusammentreffe, wolle er diesem auch die Gründe und Motive für die deutsche Haltung gegenüber Portugal darlegen.[6] Wann immer es der portugiesische Außenminister für zweckmäßig halte, ihm Mitteilungen zukommen zu lassen – möglicherweise auch auf anderem als diplomatischem Wege –, stehe er ihm zur Verfügung. Bei der deutschen Bereitschaft, Portugal auf dem Weg zur Demokratie und zur EG zu unterstützen, sei man sich zwar auch der strategischen Bedeutung bewußt, doch sei dies nicht der einzige Gesichtspunkt. Wenn die anläßlich dieses Besuchs geführten Gespräche für die deutsche Seite klarere Vorstellungen über die Situation in Portugal und die Absichten der politisch Verantwortlichen bringe, so sei schon dies als Erfolg zu bewerten. Deutscherseits bemühe man sich um ein freundschaftliches Verhältnis zu Portugal, und die gegenwärtige Situation sei ein Test für diese Freundschaft.[7]

Zum Abschluß des Gesprächs bezeichnete der *portugiesische Außenminister* die vom Herrn Bundesminister gezeichneten Perspektiven als ermutigend für Formen wirksamer Kooperation bei der Errichtung einer gerechten und freiheitlichen Gesellschaft in Portugal; letztere könne Portugals Beitrag für zunehmende Demokratie und Sicherheit in Europa darstellen.

Das Gespräch endete gegen 18.00 Uhr.

VS-Bd. 9949 (203)

---

[6] Der amerikanische Außenminister Kissinger hielt sich am 20./21. Mai 1975 in der Bundesrepublik auf. Für die Gespräche mit Bundesminister Genscher am 20. Mai 1975 über die Lage in Portugal vgl. Dok. 126 und Dok. 129.

[7] Im Gespräch am 20. Mai 1975 schlug Bundesminister Genscher dem portugiesischen Außenminister Melo Antunes vor, „einflußreiche Persönlichkeiten der Bewegung der Streitkräfte in die Bundesrepublik einzuladen". Nach Auffassung der Bundesregierung sei es notwendig, „daß die Verantwortlichen in der Bewegung der Streitkräfte und in der Regierung sich durch Rat für die Lösung der schwerwiegenden ökonomischen Probleme des Landes einsetzen, vor allem durch Rat, der die deutschen Möglichkeiten mit einsetze". Vgl. die Aufzeichnung von Genscher; VS-Bd. 14058 (010); B 150, Aktenkopien 1975.

123

Botschafter von Hase, London, an das Auswärtige Amt

VS-NfD Aufgabe: 20. Mai 1975, 19.19 Uhr[1]
Fernschreiben Nr. 968 Ankunft: 20. Mai 1975, 20.55 Uhr
Citissime

Auch für Referate 201 und 204
Auch als Unterlage für Unterrichtung Auswärtigen Ausschusses am 21.5. durch StM Moersch
BMVg: Planungsstab
Betr.: WEU
  hier: Ministerrat in London am 20. Mai 1975
Bezug: Laufende Berichterstattung

Zur Information

I. WEU-Ministerrat tagte am 20. Mai unter Vorsitz AM Callaghans in London. Delegationsleiter: Außenminister van Elslande, Thorn, van der Stoel, StM Moersch, StS Destremau, Battaglia.

Dem Ministerrat schloß sich inzwischen traditionelles Mittagessen und Kolloquium mit Präsidialausschuß und Abgeordneten des Politischen Ausschusses der WEU-Versammlung an.

Ministerrat ordnet sich in die Reihe der für den westlichen Zusammenhalt wichtigen Begegnungen der zweiten Mai-Hälfte 1975 ein:

EPZ- und Ministertreffen 26. Mai in Dublin[2],
Ministertreffen Internationaler Energieagentur und der OECD in Paris 27. und 28. Mai[3],

---

[1] Hat Vortragender Legationsrätin Steffler am 21. Mai 1975 vorgelegen.
[2] Zur Konferenz der Außenminister der EG-Mitgliedstaaten im Rahmen der EPZ am 26. Mai 1975 in Dublin vgl. Dok. 135.
[3] Botschafter z. b. V. Robert, z. Z. Paris, teilte zur Sitzung des Verwaltungsrats der OECD und der Internationalen Energieagentur am 27. Mai 1975 mit: „Unter Vorsitz des belgischen Außenministers van Elslande erörterte der Verwaltungsrat auf Ministerebene die bisherigen Fortschritte in der Erfüllung des Internationalen Energieprogramms (IEP), die zukünftige Orientierung der Arbeiten in beiden essentiellen Bereichen der internen Zusammenarbeit der Verbraucherländer und die Fortführung des Dialogs. [...] Alle Delegationen hoben die bisher erzielten Ergebnisse der Arbeiten der Agentur hervor. Die Sitzung diente in erster Linie dazu, die bisherigen Ergebnisse zu billigen, die Solidarität der Verbraucherländer zu unterstreichen und die Ziele für die nächsten Monate abzustecken: insbesondere Zusammenarbeit bei der Entwicklung alternativer Energieträger und auf dem Gebiet der Forschung und Entwicklung, aber auch, auf spezielle Intervention Kissingers, im Bereich der Kernenergie, andererseits hinsichtlich der Intensivierung der Beziehungen zwischen den Verbraucherländern und den Entwicklungsländern." Vgl. den Drahtbericht Nr. 412; Referat 405, Bd. 113928.
Zur OECD-Ministerratstagung am 28./29. Mai 1975 berichtete Vortragender Legationsrat I. Klasse Dohms am 3. Juni 1975, die Minister der 24 Teilnehmerstaaten hätten die Entschlossenheit bekräftigt, „neue konstruktive Ansätze zur Verbesserung der Lage der Entwicklungsländer zu suchen und den in der Pariser Vorkonferenz begonnenen Dialog auf verbreiterter thematischer Basis alsbald fortzusetzen. Neben Energie und Erdöl sollen – wie von den Entwicklungsländern gefordert – Rohstoffe, Nahrungsmittel sowie die Entwicklungshilfe für die besonders benachteiligten Entwicklungs-

NATO-Gipfel Brüssel 29./30. Mai⁴ und
Bonner Sitzung der WEU-Versammlung zum 20. Jahrestag des Brüsseler Vertrages⁵ vom 26. bis 30. Mai.⁶

Hinter Diskussion der Minister zu den Themen „Ost-West-Beziehungen", Rüstungszusammenarbeit in Europa (Tätigkeit des Ständigen Rüstungsausschusses) stand die Frage nach der Rolle der WEU in der gegenwärtigen Lage der Europa- und Bündnis-Politik. Callaghan brachte in seinen Antworten an die Abgeordneten den Konsensus der sieben WEU-Mitglieder zum Ausdruck:

Unverzichtbarer Vertrag, Aufrechterhaltung der gegenwärtigen Struktur, wichtige Rolle der WEU-Versammlung als europäisches parlamentarisches Forum für Sicherheits- und Verteidigungsfragen. Diesen Funktionen tut es keinen Abbruch, wenn das Schwergewicht der europäischen und atlantischen Zusammenarbeit in der gegenwärtigen politischen Konstellation bei NATO und EG/EPZ liegt, deren Tätigkeit WEU nicht duplizieren sollte.

II. Im einzelnen:

1) Ost-West-Beziehungen

a) Beziehungen der Bundesrepublik Deutschland zur DDR

aa) StM Moersch führte das Thema ein. Ursache der Schwierigkeiten sei, daß DDR einerseits Interesse an Zusammenarbeit mit uns habe, auf der anderen Seite die Unterschiede und Systemverschiedenheiten betone, um auf ihrer Seite den Führungsanspruch der SED nicht zu gefährden. Im Rahmen eines Überblicks über die anstehenden Probleme kam der StM auf die Konsularverträge und die mit ihnen verbundene Frage der Staatsangehörigkeit zu sprechen und unterstrich die Erwartung der Bundesregierung, daß in den freien Staatswesen unserer Verbündeten auf den Willen des einzelnen Deutschen weitestgehend Rücksicht genommen werde. Das Nebeneinander zwischen Bundesrepublik Deutschland und DDR habe sich in meisten Drittländern als problemlos erwiesen. In Ostblockländern versuche die DDR Störaktionen gegen zu gutes Verhältnis dieser Länder zur Bundesrepublik Deutschland. Im VN-Rahmen Angriffe und Abgrenzung, aber auch vereinzelt Kooperation bei gemeinsamer In-

---

Fortsetzung Fußnote von Seite 549

länder, und zwar in den jeweils dafür zuständigen Gremien, behandelt werden." Vgl. den Runderlaß Nr. 76; Referat 240, Bd. 102880. Für den Wortlaut des Kommuniqués vgl. EUROPA-ARCHIV 1975, D 349–352.

4 Zur NATO-Ratstagung auf der Ebene der Staats- und Regierungschefs am 29./30. Mai 1975 in Brüssel vgl. Dok. 143.

5 Am 17. März 1948 schlossen Belgien, Frankreich, Großbritannien, Luxemburg und die Niederlande in Brüssel ein Verteidigungsbündnis. Für den Wortlaut des Brüsseler Vertrags vgl. UNTS, Bd. 19, S. 51–63.
Die WEU entstand durch den Beitritt der Bundesrepublik und Italiens zum Brüsseler Vertrag auf der Neun-Mächte-Konferenz vom 28. September bis 3. Oktober 1954 in London. Für den Wortlaut des Protokolls zur Änderung und Ergänzung des Brüsseler Vertrags, das Bestandteil der Pariser Verträge vom 23. Oktober 1954 war, vgl. BUNDESGESETZBLATT 1955, Teil II, S. 258–261.

6 Am 3. Juni 1975 teilte Vortragender Legationsrat I. Klasse Dohms zur Tagung der WEU-Versammlung mit, es seien „die bekannten Positionen zur Rolle der WEU in der gegenwärtigen europa- und verteidigungspolitischen Konstellation" vertreten worden. Die Tagung habe die Auffassung der Bundesregierung bestätigt, „die WEU funktionsfähig zu erhalten, ihr aber keine wesentlichen neuen politischen oder Verteidigungsaufgaben zuzuweisen". Vgl. den Runderlaß Nr. 77; Referat 240, Bd. 102880.

teressenlage (Seerechtskonferenz[7]). Vorreiter östlicher Vorstöße gegen die Vertretung Berlins durch die Bundesrepublik Deutschland in bewußt restriktiver Auslegung des – von DDR gar nicht unterzeichneten – Vier-Mächte-Abkommens. – Ernennung Abrassimows zum sowjetischen Botschafter in Berlin (Ost)[8] habe vor allem zwei Aspekte: Als einziger unmittelbarer Beteiligter an VMA-Verhandlungen psychologischer Vorteil der „authentischen" Interpretation. Als Urheber der Ernennung Honeckers zum SED-Chef[9] leichtere Disziplinierung der DDR-Führung möglich. Mit der Ernennung des „Parteimanns" Abrassimow sei außerdem eine Verlagerung des Schwerpunkts sowjetischer Deutschlandpolitik nach Berlin (Ost) eingetreten, durch die die sowjetische Interessenlage zwar nicht verändert, aber doch nuanciert werde.

bb) Callaghan bezeichnete britisch-DDR-Beziehungen als „korrekt und geschäftsmäßig". Hinweis auf Besuchsaustausch von Ministern ohne Kabinettsrang und Abschluß einiger technischer Abkommen. Minister sicherte erneut Beachtung unserer Vorstellungen bei Verhandlungen über Konsularvertrag[10] zu. Interessant war Hinweis auf Bemühungen der SED, ihre Kontakte zur Labourpartei zu intensivieren.

cc) Destremau charakterisierte die Beziehungen Frankreichs zur DDR als normalisiert. Verhandlungen über Konsularabkommen[11] zur Zeit auf totem Punkt.

dd) Elslande bezeichnete es als Ziel der belgischen Bemühungen, Verhältnis zur DDR dem Stand der Beziehungen zu anderen osteuropäischen Ländern anzupassen. Mehrere Abkommen seien teils geschlossen, teils in Vorbereitung.

---

[7] Die dritte Runde der dritten UNO-Seerechtskonferenz fand vom 17. März bis 10. Mai 1975 in Genf statt. Dazu teilte Vortragender Legationsrat I. Klasse Dohms am 15. Mai 1975 mit: „Die Aussichten, in einer zukünftigen Seerechtskonvention für uns lebenswichtige Interessen: Freiheit der Schiffahrt, nichtdiskriminierter Zugang zu den Rohstoffen des Meeresbodens, Erhaltung unserer Fernfischerei, Freiheit der Meeresforschung berücksichtigt zu sehen, haben sich nicht verbessert." Eine gute Zusammenarbeit auch mit der DDR habe es in Bereichen gegeben, „wo hauptsächlich geographische Gegebenheiten die Position der einzelnen Staaten bestimmten und deshalb politisch-ideologische Gesichtspunkte weniger zum Tragen kamen [...]: Die gemeinsamen Interessen der Hauptindustriestaaten aus Ost und West erwiesen sich in der Regel als stärker als die ideologisch bedingten Gegensätze und führten zu häufiger Zusammenarbeit in wichtigen Fragen." Vgl. den Runderlaß Nr. 67; Referat 240, Bd. 102880.

[8] Pjotr Andrejewitsch Abrassimow wurde am 6. März 1975 zum sowjetischen Botschafter in Ost-Berlin ernannt, nachdem er diesen Posten bereits von 1962 bis 1971 innehatte.

[9] Erich Honecker war seit 1971 Erster Sekretär des ZK der SED.

[10] Ministerialrat Bräutigam, Ost-Berlin, berichtete am 14. Februar 1975, daß der britische Botschafter in Ost-Berlin, Keeble, dem Stellvertretenden Außenminister der DDR, Moldt, die Bereitschaft mitgeteilt habe, „die im November unterbrochenen Konsularverhandlungen wieder aufzunehmen. Zur Sache habe er mitgeteilt, daß 1) die britische Regierung bereit sei, ihren früher eingelegten Vorbehalt gegenüber der von der DDR geforderten Staatsangehörigkeitsdefinition zurückzunehmen und 2) seine Regierung einen Notenwechsel mit der Bundesregierung vorzunehmen beabsichtige, in dem klargestellt werde, daß die Bundesrepublik Deutschland gegenüber Großbritannien weiterhin den konsularischen Schutz für alle Deutschen im Sinne von Artikel 116 des Grundgesetzes ausüben könne, dies wünschen, der Notenwechsel werde nicht gleichzeitig mit der Unterzeichnung des Konsularabkommens vorgenommen und in diesem auch nicht erwähnt werden." Moldt habe „sich auf den Hinweis beschränkt, daß nach Auffassung der DDR Artikel 116 des Grundgesetzes gegen das Völkerrecht verstoße. Der britische Botschafter habe darauf erwidert, daß dies nicht die Auffassung der britischen Regierung sei." Vgl. den Drahtbericht Nr. 245; VS-Bd. 10186 (210); B 150, Aktenkopien 1975.
Zu dem zwischen der Bundesrepublik und Großbritannien vereinbarten Notenwechsel vgl. Dok. 20, Anm. 9.

[11] Zu den Verhandlungen zwischen Frankreich und der DDR über einen Konsularvertrag vgl. Dok. 152.

Er selbst wolle im November 1975 DDR besuchen.[12] Belgisch-DDR-Konsularverhandlungen[13] befinden sich ebenfalls an einem totem Punkt.

ee) Van der Stoel berichtete über politische Konsultation auf Beamtenebene. Verkehrsabkommen sei abgeschlossen und humanitäre Fragen geklärt, Entschädigungsabkommen stehe noch aus. Niederlande habe keine Absicht, mit DDR Konsularvertrag zu schließen, da es ihrer Staatspraxis entspreche, auf WÜK[14] Bezug zu nehmen, und sie weder eigene Konsulate in DDR errichten noch DDR-Konsulate auf niederländischem Boden zulassen wolle.

ff) Battaglia verwies auf Entwicklung Wirtschaftsbeziehungen Italien zu DDR. Besuchsaustausch habe sich auf Ebene von Juniorministern beschränkt. Konsularvertrag[15] solle erst abgeschlossen werden, sobald Verhandlungen anderer Länder zu Ergebnissen geführt haben.

gg) StM Moersch wies abschließend auf die erstaunliche Tatsache hin, daß DDR trotz erheblicher Abhängigkeit von Rohstoff-Weltmarktpreisen (die auch Sowjetunion für ihre Lieferungen zur Richtschnur nehme) ihr BSP um drei bis vier Prozent durch verstärkte Ausfuhren in westliche Länder gesteigert habe.

b) Beziehungen zu anderen Ostblockländern

aa) StM Moersch erwähnte erfreuliche Entwicklung deutsch-sowjetischen Handels[16]. Ausgeglichenere Zahlungsbilanz wegen höherer Preise für sowjetische Rohstofflieferungen. Politischer Dialog werde trotz gewisser Verhärtung sowjetischer Haltung in Berlin- und Deutschlandfrage fortgesetzt. Erfolg deut-

---

[12] Der belgische Außenminister van Elslande hielt sich vom 22. bis 24. März 1976 in der DDR auf.

[13] Am 30. April 1975 berichtete Botschafter Limbourg, Brüssel, daß am 9. Mai 1975 die Verhandlungen zwischen Belgien und der DDR über einen Konsularvertrag aufgenommen werden sollten. Der mit der Vorbereitung der Verhandlungen befaßte stellvertretende Abteilungsleiter im belgischen Außenministerium, van Dyck, sei zwar kooperativ gewesen, „war jedoch fast ängstlich bemüht, sich auch der DDR gegenüber ‚korrekt' zu verhalten. So war er z. B. nicht bereit, uns den Wortlaut des Abschnittes über die Definition der Staatsangehörigkeit aus dem ihm vorliegenden DDR-Entwurf vorzulesen oder gar zu überlassen." Auch den belgischen Entwurf habe van Dyck nicht vorgelegt, jedoch versichert, daß er „keinen Passus über die Staatsangehörigkeit enthalte". Vgl. den Drahtbericht Nr. 125; VS-Bd. 9938 (202); B 150, Aktenkopien 1975.
Über die Konsularverhandlungen vom 9. bis 16. Mai 1975 informierte Botschaftsrat I. Klasse Arz von Straussenburg, Brüssel, am 27. Mai 1975: „Wie schon erwartet, waren die Auffassungen der Frage, ob und inwieweit die Definition der Staatsangehörigkeit in den Text aufzunehmen ist, nicht in Einklang zu bringen." Vgl. den Drahtbericht Nr. 156; Referat 502, Bd. 167019.

[14] Für den Wortlaut des Wiener Übereinkommens vom 24. April 1963 über konsularische Beziehungen vgl. BUNDESGESETZBLATT 1969, Teil II, S. 1585–1703.

[15] Vortragender Legationsrat Bütow vermerkte am 18. Februar 1975: „Seit Ende Februar 1974 laufen Verhandlungen zwischen der DDR und Italien über den Abschluß eines Konsularvertrages. Die zweite Verhandlungsrunde wurde im Juni 1974 abgeschlossen. Offen ist im wesentlichen noch die Klausel über die Definition der Staatsangehörigkeit nach dem Muster der Konsularverträge der DDR mit Österreich und Großbritannien. Die italienische Regierung hat sich bisher hartnäckig geweigert, einer derartigen Klausel zuzustimmen." Vgl. Referat 502, Bd. 167026.
Botschafter Meyer-Lindenberg, Rom, teilte am 9. Mai 1975 mit: „Wie aus dem italienischen Außenministerium zu erfahren ist, wurde DDR-Botschafter Gysi bei G[eneral]S[ekretär] Gaja wegen der Fortsetzung der Verhandlungen über den Konsularvertrag mit Italien vorstellig. Er machte selbst keinen Terminvorschlag, sondern bat Gaja, seinerseits einen Termin zu benennen. Gaja ging bisher jedoch nicht darauf ein. Man rechnet italienischerseits mit einem verstärkten Drängen der DDR erst nach der Unterzeichnung des Konsularvertrages mit Großbritannien." Vgl. den Drahtbericht Nr. 772; Referat 502, Bd. 167026.

[16] Korrigiert aus: „Handelns".

scher Industrieausstellung Moskau[17] sei Beweis für erhebliches sowjetisches Informationsinteresse.

bb) Destremau gab Überblick über die von Frankreich seit langem gepflegten Kontakte. Höhepunkte waren Besuch Breschnews in Rambouillet[18] und Chiracs in Moskau.[19] Weitere Schwerpunkte: Rumänien, Jugoslawien, Polen. Satelliten befinden sich in schwieriger Situation zwischen eigenem Nationalempfinden und Gehorsam gegenüber Weisungen aus Moskau.

cc) Van der Stoel erklärte, Niederlande bemühe sich um Intensivierung und Diversifizierung ihrer osteuropäischen Kontakte, wobei sie hoffe, durch Erklärung westlicher Positionen bestehende Mißverständnisse auszuräumen.

dd) Callaghan wies auf erhebliche Verbesserung britisch-sowjetischer Beziehungen im letzten Jahr hin, auch wenn dies durch Gewährung großzügiger Kredite erleichtert worden sei. Die Sowjetunion habe ehrliches Interesse an Entspannung wie an baldigem Abschluß der KSZE. Auch wir sollten uns, ohne eigene Positionen in der Substanz (vor allem freierer Austausch von Personen und Informationen) aufzugeben, beeilen. Er habe östliche Gesprächspartner darauf hingewiesen, daß wichtige Entscheidungen auf NATO-Gipfel fallen würden und sowjetische Konzessionen vor diesem Datum wünschenswert seien. Nach Abschluß von Genf könne man an die intensive Bearbeitung der MBFR-Problematik gehen. Andere osteuropäische Länder seien um Verbesserung Beziehungen zu Großbritannien intensiv bemüht. Sorge mache den Briten Zukunft Jugoslawiens.

2) Rüstungszusammenarbeit

Van Elslande erläuterte mündlich den belgischen Vorschlag.[20] Ziel sei die Standardisierung durch gemeinsame Definition der Erfordernisse und Produktion im Atlantischen Bündnis, die Steigerung der Wettbewerbsfähigkeit im Neuner-Rahmen mit dem Ziel der Schaffung einer lebensfähigen europäischen Rüstungsindustrie (dazu: europäische Rüstungsagentur) sowie ein ausgeglicheneres Verhältnis zu den USA, um einerseits Europa nicht von der fortgeschrittenen amerikanischen Technologie abzuschneiden, es aber andererseits nicht völlig von amerikanischen Rüstungslieferungen abhängig zu machen. Diese drei Ziele könnten in einer realistischen Diskussion parallel angegangen werden. Die Frage sei, ob wir eine europäische Rüstungsagentur im Neuner-Rahmen sofort anstreben können oder zunächst unmittelbar mögliche, aber begrenzte Schritte unternehmen. Die WEU bilde ein gutes Gremium für vorübergehende Maßnahmen, insbesondere das Sammeln der notwendigen wirtschaftlichen und industriellen Daten, entweder im Rahmen des SRA[21] oder einer ad hoc zu schaffenden Arbeitsgruppe.

Destremau wies auf die langjährige französische Politik der Wiederbelebung des SRA hin und schloß sich dem belgischen Vorschlag an. Frankreich lehne ei-

---

[17] Die „Ausstellung der Bundesrepublik Deutschland" in der UdSSR fand vom 13. bis 25. März 1975 in Moskau statt. Vgl. dazu Dok. 64, Anm. 19.
[18] Der Generalsekretär des ZK der KPdSU, Breschnew, hielt sich vom 4. bis 7. Dezember 1974 in Frankreich auf. Vgl. dazu Dok. 20, Anm. 28.
[19] Ministerpräsident Chirac besuchte die UdSSR vom 19. bis 24. März 1975.
[20] Zum belgischen Vorschlag vom 15. Mai 1975 vgl. Dok. 114, Anm. 8.
[21] Ständiger Rüstungsausschuß.

ne Zusammenarbeit mit den USA nicht ab. Sie erfordere aber auch amerikanisches Entgegenkommen (pour s'entendre, il faut deux).

Unter Hinweis auf Schwierigkeiten bilateraler Rüstungszusammenarbeit war Destremau der Auffassung, daß wesentliche Fortschritte nur zwischen gleich entwickelten Ländern in geographischer Nachbarschaft möglich seien; einen solchen Idealfall stellten die WEU-Länder dar. Man könne mit dem SRA einen ersten Versuch machen. Sei er nicht erfolgreich, wäre immer noch Zeit, andere Instanzen einzuschalten. Kreis der Beteiligten sollte nicht über den WEU-Rahmen erweitert werden, da dies Schwierigkeiten vergrößern und Unübersichtlichkeit steigern würde.

Van der Stoel setzte sich für eine pragmatische Lösung im Rahmen von Allianz und Eurogroup – die er als „a very efficient forum" bezeichnete – ein. Für Fragen der industriellen Zusammenarbeit biete sich der Rahmen der Neun an, zumal eine Teilung zwischen militärischem und zivilem Sektor kaum möglich sei. Van der Stoel sprach sich deshalb zunächst für eine Prüfung des belgischen Vorschlags im Ständigen Rat aus.

StM Moersch schloß sich dem niederländischen Vorschlag an. Das belgische Papier müsse zunächst intern zwischen Ressorts und dann zwischen den Regierungen der Sieben diskutiert werden. Die Aufgabe sei wegen der verschiedenen politischen und wirtschaftlichen Implikationen komplex und dürfte außerdem weder NATO noch Eurogroup beeinträchtigen.

Callaghan bezeichnete Standardisierung und Rüstungszusammenarbeit angesichts zunehmender Beschränkung der verfügbaren Finanzmittel als für die Verteidigung Europas vital. Eurogroup habe sowohl bei technischer Rationalisierung wie im Verhältnis zu den USA Fortschritte erzielt. Überprüfung der industriellen Zusammenarbeit sei angesichts der Bedeutung der Rüstungsindustrie für die Wirtschaftsstruktur ein eminent politisches Problem, zumal eine klare Trennung zwischen militärischem und zivilem Sektor kaum möglich sei. Nach britischer Ansicht solle Ständiger Rat anstehende Frage prüfen und vor weiterer Befassung der SRA zunächst Ministerrat berichten.

Auch Battaglia unterstrich die durch wirtschaftliche Rezession gebotene Notwendigkeit der Standardisierung und setzte sich für Rüstungszusammenarbeit im Neuner-Rahmen ein.

Thorn gab der Hoffnung Ausdruck, daß die belgische Initiative das seit langem anhängige Problem der Rüstungszusammenarbeit vorwärts bringe. Die Frage werfe Schwierigkeiten vielfacher Art auf und dürfe nach luxemburgischer Auffassung nicht im Widerspruch zur atlantischen und Gemeinschaftssolidarität stehen.

Der Rat beschloß nach einiger Diskussion zum weiteren Procedere, daß der Ständige Rat den belgischen Vorschlag prüfen und den Regierungen vorschlagen solle, in welcher Weise der SRA in die Arbeit eingeschaltet werden könne. Van Elslande hatte vorher seinen Vorschlag ausdrücklich auf die wirtschaftlichen und industriellen Aspekte der Rüstungszusammenarbeit beschränkt und darauf hingewiesen, daß keineswegs der zivile Sektor der industriellen Zusammenarbeit unberücksichtigt bleiben dürfe. Minister setzten dem Ständigen Rat keinen Termin für den Abschluß seiner Arbeit.

3) Beziehungen Rat/Versammlung

Callaghan wies im Hinblick auf das anschließende Zusammentreffen mit Präsidial- und Politischem Ausschuß der Versammlung (siehe III) darauf hin, daß der Dialog zwischen beiden Organen nicht immer zufriedenstellend sei. Dies hinge in erster Linie mit der Verlagerung von Aufgaben an andere Gremien (EPZ) und der Notwendigkeit einstimmiger Entscheidungen zusammen. Man müsse der Versammlung immer wieder klarmachen, daß trotz manchmal berechtigter Kritik der Rat an einem harmonischen Verhältnis zu ihr interessiert bleibe.

4) Mit Abschluß der Sitzung ging Vorsitz im Ministerrat an belgischen Außenminister van Elslande über.

III. In Fragen der Abgeordneten kam die Sorge über die langfristige Entwicklung der WEU zum Ausdruck sowie Kritik an den zu allgemeinen Antworten des Rats auf Empfehlungen der Versammlung und an der verzögerten Ernennung eines Generalsekretärs. Callaghan berichtete in seinen Antworten über den Verlauf der Vormittagssitzung der Minister. Er betonte, daß der Ministerrat seine Verantwortung für die Einhaltung der Vertragsvorschriften voll erfülle, auch wenn der Schwerpunkt der Regierungszusammenarbeit heute bei NATO und EG/EPZ liege. Er stellte baldige Ernennung eines WEU-Generalsekretärs in Aussicht und schloß sich der auch von allen Abgeordneten zum Ausdruck gebrachten Anerkennung für die Tätigkeit des amtierenden Generalsekretärs, Botschafters von Plehwe, an. (Nach letzter Information scheinen die Belgier bereit zu sein, auf ihren Kandidaten zugunsten des gegenwärtigen italienischen Botschafters in Bonn, Luciolli, zu verzichten.)

Jedes Drängen auf eine Erweiterung der WEU um Irland, Dänemark und Griechenland würde zur Zeit eher negative Auswirkungen auf den europäischen und atlantischen Zusammenhalt haben.

Dagegen sollte man beginnen, sich Gedanken über eine rationelle Arbeitsteilung unter den sich in ihren Kompetenzen überschneidenden europäischen Organisationen zu machen. Die Erwägungen der Versammlung seien hierzu von besonderem Interesse.

Zum Thema Ost-West-Beziehungen stellte Callaghan das übereinstimmende Urteil aller WEU-Partner heraus, daß Entspannungspolitik von Ost und West weiter betrieben werde. Er sah bei einem Abschluß der KSZE gute Chancen für erfolgreiche MBFR-Verhandlungen, wenn der kommende NATO-Gipfel zur gewünschten Manifestation des westlichen Zusammenhalts werde.

[gez.] Hase

Referat 200, Bd. 109125

124

Aufzeichnung des Staatssekretärs Sachs

014-252/75 21. Mai 1975[1]

Betr.: Kapitalhilfe an Israel

Staatssekretär Kollatz vom BMZ wies mich heute darauf hin, daß sein Haus gegenwärtig erhebliche finanzielle Probleme habe. Von den im Haushalt eingesetzten 1,4 Mrd. DM seien in den ersten vier Monaten d. J. bereits über 750 Mio. DM zur effektiven Auszahlung gekommen. Hierbei, so gab er zu, hätten Sonderfaktoren – Jugoslawien[2] und die 60 Mio. DM Warenhilfe an Griechenland[3] – in Höhe von 200 Mio. DM mitgewirkt. Dennoch sei das gegenwärtige Tempo der Auszahlungen beängstigend. Das BMZ versuche daher, auf verschiedenen Wegen zu bremsen, doch lägen zum Teil unabdingbare Verpflichtungen vor.

Bei Prüfung der verschiedenen Möglichkeiten, eine weitere Massierung von Zahlungen in der nächsten Zeit zu vermeiden, habe sich ergeben, daß nach der bisherigen Übung demnächst die für dieses Jahr vorgesehenen 140 Mio. DM an Israel als einmalige Zahlung geleistet werden müßten. Die Hilfe an Israel werde ja technisch immer noch als Soforthilfe abgewickelt. Bundesminister Bahr habe dem israelischen Außenminister Allon bei seinem Besuch in Bonn[4] angedeutet, daß sich die Hilfe an Israel künftig etwas stärker dem regulären Ablauf der Kapitalhilfeleistungen anpassen sollte. Herr Bahr hat sich in diesem Sinne auch vor kurzem gegenüber dem hiesigen israelischen Botschafter[5] geäußert (zu einer etwaigen Reaktion der beiden Herren hat Herr Kollatz nichts bemerkt).

Staatssekretär Kollatz sagte mir, man erwäge, die Auszahlung dieser 140 Mio. DM von jetzt ab pro rata zeitlich zu staffeln. Auf meine diesbezügliche Frage ließ er aber erkennen, daß aber auch schon eine Aufteilung des Gesamtbetrages in zwei Raten[6] hilfreich sein würde. Staatssekretär Kollatz wies darauf hin, daß für diese Zahlung das Auswärtige Amt federführend sei. Er bat, daß man sich diese Anregung im Auswärtigen Amt einmal überlegen solle, und wird demnächst in der Frage wieder auf mich zukommen. Ich habe Herrn Kollatz ausdrücklich gebeten, gegebenenfalls die Angelegenheit vorher mit der israelischen Seite zu erörtern und einseitige Änderungen des bisherigen Systems zu vermeiden.

---

[1] Hat Legationsrat I. Klasse Dohmes am 7. Juni 1975 vorgelegen, der handschriftlich vermerkte: „Vorgang ist erledigt."

[2] Am 10. Dezember 1974 schloß die Bundesrepublik mit Jugoslawien ein Abkommen über die Gewährung von Kapitalhilfe. Für den Wortlaut vgl. BUNDESGESETZBLATT 1975, Teil II, S. 362 f. Vgl. dazu auch AAPD 1974, II, Dok. 363.

[3] Das Abkommen mit Griechenland über die Gewährung einer Warenhilfe wurde am 6. November 1974 geschlossen. Für den Wortlaut vgl. BUNDESGESETZBLATT 1974, Teil II, S. 1437 f.

[4] Zum Gespräch des Bundesministers Bahr mit dem israelischen Außenminister Allon am 27. Februar 1975 vgl. Dok. 37, Anm. 25.

[5] Yohanan Meroz.

[6] Der Passus „Aufteilung ... Raten" wurde von Staatssekretär Gehlhoff hervorgehoben. Dazu vermerkte er handschriftlich: „Die Zahlung in zwei Raten scheint mir angesichts unserer Haushaltslage und unserer vielen Verpflichtungen vertretbar zu sein."

Hiermit über Herrn Staatssekretär Gehlhoff[7] an Herrn D 3[8].

Falls vom Standpunkt der Abteilung keine Bedenken bestehen sollten, würde ich doch empfehlen, die Angelegenheit dem Herrn Minister vorzulegen.[9]

Sachs

Referat 014, Bd. 226

125

Aufzeichnung des Ministerialdirektors Hermes

410-421.02-556/75 VS-vertraulich   21. Mai 1975[1]

Über Referat 011
1) Herrn Staatsminister Wischnewski[2]
2) über Herrn Staatssekretär[3] dem Herrn Minister[4]
Betr.: Einbeziehung des Landes Berlin in die Direktwahl zum EP[5]

Zweck der Vorlage:
Billigung der Kabinettsvorlage und Zeichnung des anliegenden Schreibens an den Chef des Bundeskanzleramts[6] sowie Paraphierung eines Schreibens an die Bundesminister.

---

[7] Hat Staatssekretär Gehlhoff am 22. Mai 1975 vorgelegen.
[8] Hat Ministerialdirektor Lahn am 23. Mai 1975 vorgelegen, der handschriftlich für die Staatssekretäre Sachs und Gehlhoff vermerkte: „Ich habe Bedenken, dem Wunsch des BMZ Rechnung zu tragen. Der finanziellen Erleichterung stünden folgende Nachteile gegenüber: a) Wir würden die Frage der K[apital]H[ilfe] von 140 Mio. erneut zur Diskussion stellen, u. zwar [sowohl] hinsichtlich der Höhe (Antrag Allons auf 200 Mio.) als auch der Bedingungen. b) PM Rabin würde bei seinem Besuch (8.–11.7.) mit Nachdruck die volle Auszahlung des Betrages verlangen u. wohl auch erhalten. c) Israelis würden mit Sicherheit jüd[ische] öffentl[iche] Meinung mobilisieren. Aus vorstehenden Gründen bin ich im übrigen auch gegen eine Änderung des KH-Zinssatzes von 2 auf 4,5%. Wir provozieren auch damit eine pol[itische] Diskussion, an der uns nicht gelegen sein kann. Unsere KH vermindert sich ohnehin von Jahr zu Jahr um 6–10% (Kaufkraftschwund)."
Hat Gehlhoff erneut am 27. Mai 1975 vorgelegen.
[9] Am 9. Juni 1975 schlossen die Bundesrepublik und Israel ein Abkommen über Wirtschaftshilfe für 1975 in Höhe von 140 Mio. DM, die für Projekte des Wohnungsbaus, des Telefonwesens und der Entwicklungsbank bestimmt waren. Vgl. dazu BULLETIN 1975, S. 704.
[1] Die Aufzeichnung wurde von den Vortragenden Legationsräten Trumpf und Graf Leutrum konzipiert.
[2] Hat Staatsminister Wischnewski am 22. Mai 1975 vorgelegen.
[3] Hat Staatssekretär Sachs am 22. Mai 1975 vorgelegen.
[4] Hat Bundesminister Genscher am 23. Mai 1975 vorgelegen, der handschriftlich vermerkte: „R[ücksprache] StS."
[5] Zur Frage der Direktwahl zum Europäischen Parlament vgl. die Beschlüsse der Gipfelkonferenz der EG-Mitgliedstaaten am 9./10. Dezember 1974 in Paris; Dok. 54, Anm. 13.
[6] Dem Vorgang beigefügt. Für den Wortlaut des Schreibens an Staatssekretär Schüler, Bundeskanzleramt, vgl. VS-Bd. 8884 (410); B 150, Aktenkopien 1975.

Der Ausschuß der Staatssekretäre für Europafragen hat am 30. April 1975 beschlossen, so bald wie möglich das Bundeskabinett über die Problematik der Einbeziehung Berlins in die Direktwahl zum EP zu informieren.

Es wird vorgeschlagen, die beigefügte Kabinettsvorlage zur Behandlung im Kabinett am 28. Mai 1975 zu billigen.

Sie beruht auf dem von den Europa-Staatssekretären gefaßten Beschluß, der vorsieht, in den Konsultationen mit den Drei Mächten die Alternative „Direktwahl" in den Vordergrund zu stellen und die Alternative „Entsendung" als Rückfallposition zu nennen.[7] Der Senat von Berlin hat sich am 6. Mai 1975 mit dieser Verhandlungslinie ausdrücklich einverstanden erklärt.

Die Auffassung des Hauses zu dieser Frage ist folgende:
– angesichts der tatsächlichen innenpolitischen Situation – keine Besserstellung der Berliner Abgeordneten im EP gegenüber ihren Berliner Kollegen im Deutschen Bundestag in bezug auf den Wahlmodus,
– angesichts der bei Festhalten an einer Direktwahl in Berlin unweigerlich hervorgerufenen Auseinandersetzung mit der Sowjetunion und der vermutlich negativen Einstellung der Drei Mächte

ist wohl nur die als Rückfallposition genannte Alternative einer Entsendung der Berliner Abgeordneten in das EP realistisch und durchsetzbar. Allerdings muß gesehen werden, daß wir in einem Spannungsverhältnis zwischen internen Bindungen und außenpolitischen Notwendigkeiten stehen. Auch würde ein Sonderstatus Berlins bei der Direktwahl vermutlich einen Sonderstatus im Rahmen einer Politischen Union nach sich ziehen – ähnlich wie beim Verhältnis Berlins zur Bundesrepublik.

Es erscheint uns trotzdem ratsam, im Kabinett davor zu warnen, unser Verhältnis zu den Alliierten und zur Sowjetunion durch ein zu starres Festhalten an der Direktwahl in Berlin allzusehr zu strapazieren. Die Bundesregierung sollte nicht – wie einzelne Ressorts im Staatssekretärsausschuß andeuteten – sich von den Alliierten quasi gegen ihren Willen zu der Alternative „Entsendung" drängen lassen. Sie sollte die Mitverantwortung für die Lage in Mitteleuropa auf sich nehmen und deswegen alles vermeiden, was als neue Kraftprobe aufgefaßt werden und die Lage in Berlin verschlechtern könnte.

Abteilung 2 und VRB[8] haben mitgezeichnet.

Hermes

[Anlage]

Einbeziehung des Landes Berlin in die Direktwahl zum Europäischen Parlament
I. Ziffer 12 des Kommuniqués der Konferenz der Regierungschefs der EG am 9./10.12.1974 in Paris lautet:
„Die Regierungschefs haben festgestellt, daß das im Vertrag festgelegte Ziel all-

---

[7] In der Sitzung des Ausschusses der Staatssekretäre für Europafragen am 30. April 1975 wurde beschlossen, zunächst die Stellungnahme des Senats von Berlin abzuwarten. Vgl. dazu das Protokoll; Referat 410, Bd. 105667.
[8] Carl-August Fleischhauer.

gemeiner Wahlen zum Europäischen Parlament so bald wie möglich verwirklicht werden sollte. Hierzu erwarten sie mit Interesse die Vorschläge des Parlaments und wünschen, daß der Rat hierüber 1976 beschließt. In diesem Fall würde ab 1978 die allgemeine direkte Wahl erfolgen. ...
Die Kompetenzen des Europäischen Parlaments werden, insbesondere durch die Übertragung bestimmter Befugnisse im Gesetzgebungsverfahren der Gemeinschaften, erweitert."[9]

Das Europäische Parlament hat den nach Art. 138 Abs. 3 EWG-Vertrag[10] erforderlichen Entwurf eines Vertrages zur Einführung der Direktwahl am 14.1.1975 verabschiedet und dem Rat zugeleitet.[11] Die Arbeiten des Rats auf der Grundlage dieses Entwurfs müßten, wenn der Zeitplan eingehalten werden soll, bald nach dem britischen Referendum[12] aufgenommen werden.

Für die Bundesrepublik Deutschland stellt sich im Zusammenhang mit der Einführung der Direktwahl zum EP und der Erweiterung seiner Befugnisse vorrangig die Frage der Einbeziehung des Landes Berlin. Diese Frage wird vermutlich in den Mittelpunkt der innenpolitischen Erörterungen rücken. Sie wird ferner zwangsläufig außenpolitische Rückwirkungen haben, die insbesondere auch unser Verhältnis zur Sowjetunion berühren.

Der Staatssekretärsausschuß für Europafragen hat sich in seiner Sitzung am 30.4.1975 mit der Frage befaßt und hat zum weiteren Verfahren folgende Beschlüsse gefaßt:
– zunächst die Stellungnahme des Berliner Senats abzuwarten,
– das Kabinett zu einem möglichst frühen Zeitpunkt vor den Konsultationen mit den Drei Mächten über die Angelegenheit zu informieren,
– anschließend die Konsultationen mit den Drei Mächten zu führen,
– alle Fraktionen des Deutschen Bundestages zum frühest möglichen Zeitpunkt zu informieren.

II. Beim Vorhaben „Einführung der Direktwahl zum EP" stellen sich berlinpolitisch drei Hauptfragen:
– die Grundsatzfrage der Einbeziehung des Landes Berlin,
– die Frage des Wahlmodus der Berliner Abgeordneten zum EP,
– die Frage der Rechte der Berliner Abgeordneten im EP.

1) Einbeziehung des Landes Berlin
Der Vertragsentwurf des EP (als Grundlage auch der Arbeiten des Rats der EG) sieht in Art. 1 die allgemeine unmittelbare Wahl der Abgeordneten der

---

9 Vgl. EUROPA-ARCHIV 1975, D 42 f.
10 Artikel 138 Absatz 3 des EWG-Vertrags vom 25. März 1957: „Die Versammlung arbeitet Entwürfe für allgemeine unmittelbare Wahlen nach einem einheitlichen Verfahren in allen Mitgliedstaaten aus. Der Rat erläßt einstimmig die entsprechenden Bestimmungen und empfiehlt sie den Mitgliedstaaten zur Annahme gemäß ihren verfassungsrechtlichen Vorschriften." Vgl. BUNDESGESETZBLATT 1957, Teil II, S. 860.
11 Für den Wortlaut des „Entwurfs eines Vertrages zur Einführung allgemeiner unmittelbarer Wahlen der Mitglieder des Europäischen Parlaments" vom 14. Januar 1975 vgl. EUROPA-ARCHIV 1975, D 148–152.
12 Das Referendum über die britische EG-Mitgliedschaft fand am 5. Juni 1975 statt. Vgl. dazu Dok. 145.

Völker im Europäischen Parlament vor. In Art. 2 wird bei der Festlegung der Zahl der Abgeordneten für jeden Mitgliedsstaat, die sich proportional an der Einwohnerzahl orientiert[13], die Berliner Bevölkerung berücksichtigt. Er setzt somit die Einbeziehung Berlins voraus.

Da die Bundesrepublik Berlin – vorbehaltlich der Rechte der Drei Mächte – nach außen vertritt[14], ist die Einbeziehung des Landes Berlin in diesen Vertrag eine Angelegenheit, die von der Bundesrepublik Deutschland in Verbindung mit den Drei Mächten zu entscheiden ist.

Vorschlag:

Die Bundesregierung sollte dafür eintreten, daß das Land Berlin in die für die Einführung der Direktwahl notwendige Vertragsänderung der Römischen Verträge wie bisher einbezogen wird.

Seitens der Bundesregierung wird bei der Hinterlegung der Ratifikationsurkunde somit eine Berlin-Erklärung abzugeben sein. Die Abgabe dieser Erklärung sollte unseren acht EG-Partnern wie üblich schon bei der Vertragsunterzeichnung angekündigt werden.

2) Verfahren zur Wahl der Berliner Abgeordneten im EP

Politisch entscheidende Frage ist, wie die Wahl in Berlin durchgeführt werden soll. Das Wahlverfahren soll sich gemäß Art. 7 Abs. 2 EP-Entwurf bis auf weiteres nach den innerstaatlichen Bestimmungen eines jeden Mitgliedstaates richten.[15]

A. Direktwahl

Die auf das Land Berlin entfallenden Abgeordneten – entsprechend der Einwohnerzahl würden bei Annahme der Vorschläge des EP aus dem deutschen Kontingent von 71 Abgeordneten auf das Land Berlin zwei Abgeordnete entfallen – werden direkt wie die übrigen deutschen Abgeordneten im Bundesgebiet (und gleichzeitig wie alle Abgeordnete in der Gemeinschaft) von der wahlberechtigten Bevölkerung im Lande Berlin gewählt.

Der Staatssekretärsausschuß für Europafragen hat sich dafür ausgesprochen, dieses Verfahren bei den Konsultationen mit den Drei Mächten in den Vordergrund zu stellen. Dem hat der Senat von Berlin in seiner Sitzung vom 6. Mai 1975 zugestimmt (s. Anlage[16]).

---

[13] Nach Artikel 2 des Entwurfs des Europäischen Parlaments vom 14. Januar 1975 war die Wahl von 355 Mitgliedern zum Europäischen Parlament vorgesehen, davon 23 für Belgien, 17 für Dänemark, 71 für die Bundesrepublik, 65 für Frankreich, 13 für Irland, 66 für Italien, 6 für Luxemburg, 27 für die Niederlande und 67 für Großbritannien. Vgl. dazu EUROPA-ARCHIV 1975, D 149.

[14] Vgl. dazu Anlage IV A und IV B des Vier-Mächte-Abkommens über Berlin vom 3. September 1971; Dok. 22, Anm. 6.

[15] Für den Wortlaut von Artikel 7 des Entwurfs des Europäischen Parlaments vom 14. Januar 1975, der die Ausarbeitung eines einheitlichen Wahlverfahrens bis 1980 vorsah, vgl. EUROPA-ARCHIV 1975, D 150.

[16] Dem Vorgang nicht beigefügt.
Am 9. Mai 1975 teilte der Senator für Bundesangelegenheiten und Bevollmächtigte des Landes Berlin beim Bund, Stobbe, Staatsminister Wischnewski mit, daß der Senat den Beschluß des Ausschusses der Staatssekretäre für Europafragen vom 30. April 1975 „mit Befriedigung zur Kenntnis genommen" habe und eine entsprechende Kabinettsentscheidung „außerordentlich begrüßen" würde. Vgl. Referat 410, Bd. 114316.

Zur Begründung:
- Der Zugehörigkeit des Landes Berlin zu den Europäischen Gemeinschaften, die innerhalb der Gemeinschaft unbestritten ist, würde damit im weitesten Umfang Rechnung getragen.
- Berlin ist in die Verträge zur Gründung der EG einbezogen.[17] Art. 138 Ziffer 3 EWG-Vertrag sieht bereits die Einführung der Direktwahl vor. Bisher sind grundsätzlich alle Rechtsakte der EG auch auf Berlin erstreckt worden.
- Die Nichteinbeziehung in die Direktwahl könnte den gemeinschaftsrechtlichen Status Berlins negativ präjudizieren.
- Die Direktwahl ist eine Weichenstellung. Mit ihr wird ein Schritt über die wirtschaftliche Integration hinaus getan. Eine Sonderregelung in diesem Falle würde möglicherweise eine Sonderregelung bei den weiteren Schritten zur politischen Einigung nach sich ziehen.

B. Entsendung

Die Berliner Abgeordneten werden – analog zur Bundestagswahl – in das Europäische Parlament entsandt. Diesen Weg haben wir aufgrund der alliierten Vorbehaltsrechte für die Wahl zum Deutschen Bundestag einschlagen müssen. Dieser Weg war auch in den Gesetzentwürfen der SPD-Fraktion vom 10.6.64[18] und der CDU/CSU-Fraktion vom 5.12.1973[19] zur Einführung der nationalen Direktwahl zum EP vorgesehen.

Die Frage nach der Form der Entsendung, d.h. ob der Deutsche Bundestag oder das Berliner Abgeordnetenhaus die Abgeordneten delegieren soll, würde von der Regelung im nationalen Wahlverfahren (Bundesliste oder Landesliste) abhängig sein.

Zur Bewertung:

Die Bundesregierung muß sich darauf einstellen, daß keine andere Lösung zu erreichen ist als bei den Wahlen zum Deutschen Bundestag.

Der Staatssekretärsausschuß für Europafragen hat aus diesem Grunde empfohlen, bei den Konsultationen mit den Drei Mächten als Rückfallposition die Entsendung vorzusehen. (Im Falle einer Entsendung wäre seitens der Bundesregierung bei Vertragsunterzeichnung im Rahmen der Gemeinschaft ein Vorbehalt bezüglich des Wahlmodus im Lande Berlin einzulegen.)

Nach den bisherigen Konsultationserfahrungen ist zu erwarten, daß die Drei Mächte nur für dieses Verfahren zu gewinnen sein werden. Dafür spricht folgendes:
- Die Drei Mächte haben wiederholt (zuerst in dem Genehmigungsschreiben der Militärgouverneure der drei Westmächte zum Grundgesetz vom 12. Mai

---

[17] Vgl. dazu die Erklärung der Bundesregierung vom 25. März 1957 über die Geltung der Verträge zur Gründung der Europäischen Wirtschaftsgemeinschaft und der Europäischen Atomgemeinschaft für Berlin; BUNDESGESETZBLATT 1957, Teil II, S. 764.
[18] Für den Wortlaut des Entwurfs der SPD-Fraktion für ein Gesetz über die Wahl der deutschen Mitglieder in das Europäische Parlament vgl. BT ANLAGEN, Bd. 91, Drucksache Nr. IV/2338.
[19] Für den Wortlaut des Entwurfs der CDU/CSU-Fraktion für ein Gesetz über die Wahl der deutschen Mitglieder in das Europäische Parlament vgl. BT ANLAGEN, Bd. 183, Drucksache Nr. 7/1352.

1949[20]) einen ausdrücklichen Vorbehalt betreffend die Entsendung und Stellung der Berliner Vertreter im Bundestag eingelegt. Diesem Vorbehalt wurde durch eine Übergangsregelung im Bundeswahlgesetz Rechnung getragen.[21] Der mögliche Hinweis der Alliierten auf diese Regelung ist rechtlich zwar nicht zwingend, weil Berlin aufgrund der alliierten Vorbehalte nicht in den Geltungsbereich des Grundgesetzes einbezogen ist[22], während die Verträge zur Gründung der EG auf Berlin erstreckt worden sind. Dennoch dürfte zu erwarten sein, daß die Drei Mächte in der Frage der Entsendung von Berliner Abgeordneten in das Europäische Parlament eine analoge Haltung einnehmen werden. Dabei werden sie sich voraussichtlich auch von den nachfolgenden politischen Erwägungen leiten lassen.

– Die Direktwahl ist ein besonders augenfälliges Element der politischen Einigung Europas. Ihre Durchführung im Land Berlin würde daher mit Sicherheit von der Sowjetunion als Status-Verletzung und als Verstoß gegen das Vier-Mächte-Abkommen, das ausdrücklich vorsieht, daß die Lage, die sich in diesem Gebiet entwickelt hat, nicht einseitig verändert wird[23], aufgefaßt werden. Die Tatsache, daß die Sowjetunion diesen Vorwurf bei einer Frage von geringerem politischen Gewicht, nämlich der Errichtung des EG-Berufsbil-

---

[20] In Ziffer 4 des Schreibens an den Präsidenten des Parlamentarischen Rates, Adenauer, stellten die Militärgouverneure der Drei Mächte, Koenig (Frankreich), Robertson (Großbritannien) und Clay (USA), fest: „Ein dritter Vorbehalt betrifft die Beteiligung Groß-Berlins am Bund. Wir legen die Auswirkung von Artikel 23 und Artikel 144 Abs. 2 des Grundgesetzes als Annahme unseres früheren Ersuchens aus, das dahin ging, daß Berlin, wenngleich es weder eine stimmberechtigte Vertretung im Bundestag oder Bundesrat erhalten, noch vom Bund aus verwaltet werden kann, dennoch eine kleine Anzahl von Vertretern zur Teilnahme an den Sitzungen dieser gesetzgebenden Körperschaft bestellen darf." Vgl. DzD II/2, S. 345.

[21] Mit Schreiben vom 24. Juni 1953 wies die Alliierte Hohe Kommission Bundeskanzler Adenauer darauf hin, daß die im Entwurf zum Bundeswahlgesetz vom 8. Juli 1953 vorhandene „Bezugnahme auf ‚die wahlberechtigte Bevölkerung des Landes Berlin' [...] fehl am Platze" sei, denn es bestehe „die Gefahr, daß sie so ausgelegt wird, als präjudiziere sie die Modalitäten, nach denen Berlin vorbehaltlich der Genehmigung der Kommandatura die Entsendung seiner Vertreter in den Bundestag gesetzlich regeln kann (d. h. als könnten diese Vertreter von der Bevölkerung gewählt werden). Eine derartige Auslegung könnte von der Alliierten Hohen Kommission nicht akzeptiert werden." Vgl. DOKUMENTE ZUR BERLIN-FRAGE 1944–1966, S. 134.

[22] Am 22. April 1949 erklärten die Militärgouverneure der Drei Mächte Koenig (Frankreich), Robertson (Großbritannien) und Clay (USA) zum Entwurf des Grundgesetzes, ihre Regierungen könnten „gegenwärtig nicht zustimmen, daß Berlin als ein Land in die ursprüngliche Organisation der deutschen Bundesrepublik einbezogen wird". Vgl. DOKUMENTE ZUR BERLIN-FRAGE 1944–1966, S. 113.
Am 29. August 1950 nahm die Alliierte Kommandatura Berlin zum Entwurf der Berliner Verfassung vom 22. April 1948 mit Änderungen vom 4. August 1950 Stellung. Sie ordnete an, daß Artikel 1 Absatz 2 und 3, in denen Berlin als „ein Land der Bundesrepublik Deutschland" bezeichnet und das Grundgesetz sowie die Gesetze der Bundesrepublik als „für Berlin bindend" bezeichnet wurden, zurückgestellt werden sollten. Klargestellt wurde zudem, „daß während der Übergangsperiode Berlin keine der Eigenschaften des zwölften Landes besitzen wird". Für Artikel 1 der Verfassung von Berlin vom 1. September 1950 sowie die BK/O (50) 75 vgl. DOKUMENTE ZUR BERLIN-FRAGE 1944–1966, S. 154.

[23] In Teil I Absatz 4 des Vier-Mächte-Abkommens über Berlin vom 3. September 1971 wurde ausgeführt: „The four Governments agree that, irrespective of the differences in legal views, the situation which has developed in the area, and as it is defined in this Agreement as well as in the other agreements referred to in this Agreement, shall not be changed unilaterally." Vgl. UNTS, Bd. 880, S. 124. Für den deutschen Wortlaut vgl. BUNDESANZEIGER, Nr. 174 vom 15. September 1972, Beilage, S. 45.

dungszentrums im Land Berlin erhob[24], stützt dieses Argument. Darüber hinaus ist nach Auffassung der Botschaft Moskau mit Sicherheit anzunehmen, daß die Sowjetunion in diesem Schritt eine Herausforderung sehen und besonders scharf reagieren wird.

Der Bundesregierung kann nicht daran gelegen sein, daß es über die Frage der Direktwahl der Berliner Abgeordneten zum EP zu einer nachhaltigen Verstimmung der Sowjetunion und einer entsprechenden Verhärtung ihrer Haltung oder gar Gegenmaßnahmen in anderen für das Land Berlin lebenswichtigen Bereichen kommt. Die politischen Vorteile, die Berlin aus der Einführung der Direktwahl ziehen würde, dürften diese Nachteile nicht aufwiegen.

Aus diesen Gründen bedarf es sorgfältiger politischer und rechtlicher Erwägungen, mit welchem Nachdruck die Bundesregierung für die Alternative „Direktwahl" bei den Drei Mächten eintreten kann und muß.

Innenpolitisch und zur Wahrung der Rechtseinheit zwischen Berlin und dem Bund ist die Bundesregierung prinzipiell gehalten, für die Direktwahl in Berlin einzutreten. Andererseits ist sie außenpolitisch gehalten, der Gefahr einer ernsten Belastungsprobe in unserem Verhältnis zu den Alliierten und zu der Sowjetunion vorzubeugen. Denn die Bundesregierung trägt für die Lage in Mitteleuropa Mitverantwortung. Sie kann aus diesem Grunde die Entscheidung auch nicht ausschließlich auf die Alliierten schieben.

Die Frage des Wahlmodus ist zwar eine Grundsatzfrage; dennoch wird zu berücksichtigen sein, daß es sich im gegebenen Fall um eine Sonderregelung für nur zwei Berliner Abgeordnete im EP handelt.

3) Rechte der Berliner Abgeordneten im EP

Seit Bestehen des EP besitzen die Berliner Abgeordneten im Europäischen Parlament dieselben Rechte und Pflichten wie ihre übrigen Kollegen aus der Gemeinschaft. Weder die Drei Mächte noch die Sowjetunion haben diese Frage bisher aufgenommen, obwohl die Befugnisse des EP schrittweise auf dem Haushaltssektor erweitert wurden. Die Einführung der Direktwahl in der Gemeinschaft sollte kein Anlaß sein, einen Status quo minus für die Berliner EP-Abgeordneten hinzunehmen. Die Bundesregierung wird infolgedessen für die Beibehaltung des vollen Stimmrechts der Berliner EP-Abgeordneten eintreten.

Es ist nicht auszuschließen, daß auch diese Frage künftig problematisch wird, insbesondere bei einer wesentlichen Erweiterung der Befugnisse des EP. Eine Erweiterung der Befugnisse auf legislativem Gebiet ist zwar als Absichtserklärung von den neun Regierungschefs auf der Pariser Konferenz im Dezember 1974 beschlossen worden. Konkrete Vorschläge dazu liegen jedoch noch nicht vor. Die Einführung der Direktwahl wird nicht automatisch von einer Befugniserweiterung auf legislativem Gebiet begleitet sein. Das EP wird auf diesem Gebiet sicherlich nur schrittweise und in einem längeren Prozeß ein Mitspracherecht erhalten. Ein Anlaß, das volle Stimmrecht der Berliner EP-Abgeordneten aus diesem Grunde in Frage zu stellen, wird deswegen, wenn überhaupt, erst in ferner Zukunft gegeben sein.

---

[24] Zur sowjetischen Reaktion auf die Errichtung eines europäischen Berufsbildungszentrums in Berlin (West) vgl. Dok. 51, Anm. 17 und 18.

Votum:

Das Bundeskabinett möge zustimmen,

- daß die Drei Mächte in der Vierergruppe auf der Grundlage der vorstehenden Argumente und der vom Staatssekretärsausschuß für Europafragen ausgesprochenen Empfehlung konsultiert werden,
- daß danach die Fraktionen des Deutschen Bundestages informiert werden.[25]

VS-Bd. 8884 (410)

126

Aufzeichnung des Ministerialdirigenten Ruhfus

204-321.36 USA-953/75 geheim 21. Mai 1975[1]

Betr.: Gespräch mit Außenminister Dr. Kissinger in Gymnich am 20. Mai 1975
hier: zum Thema Portugal und zukünftige Entwicklung der Allianz[2]

Nach dem Abendessen fand im Kreise der beiden Delegationen ein ausführlicher, freimütiger Meinungsaustausch über die Lage in Portugal und über die Entwicklung der Allianz statt. Kissinger bat ausdrücklich darum, seine Ausführungen vertraulich zu behandeln.

Ausgangspunkt der Diskussion war die Darlegung der Haltung der Bundesregierung durch Bundesminister Genscher. Er führte aus, daß wir die innere Entwicklung Portugals mit großer Aufmerksamkeit und Sorge beobachteten. Eine Voraussage darüber, ob die gemäßigten oder die linksradikalen Kräfte die Oberhand behalten würden, sei nicht möglich. Nach unserer Einschätzung sei diese Frage gegenwärtig jedoch noch offen. Die Bundesregierung halte sich deshalb für verpflichtet, alles in ihrer Kraft Stehende zu tun, um die gemäßigten Kräf-

---

[25] Am 2. Juni 1975 informierte Ministerialdirigent Kinkel Staatsminister Wischnewski über das Einverständnis zwischen Bundeskanzler Schmidt und Bundesminister Genscher, „daß der von den Europa-Staatssekretären gefaßte Beschluß, in den Konsultationen mit den Drei Mächten die Alternative ‚Direktwahl' in den Vordergrund zu stellen und die Alternative ‚Entsendung' als Rückfallposition zu nennen, nochmals überprüft werden sollte. Um zu vermeiden, daß ein Beschluß der Europa-Staatssekretäre quasi durch einen Kabinettsbeschluß ‚überwunden' werden muß", bäten Schmidt und Genscher um erneute Beratung durch die Staatssekretäre mit dem Ziel, „eine eindeutige, dem Kabinett vorzuschlagende Beschlußfassung" zu erarbeiten. Vgl. Referat 410, Bd. 114316.

[1] Die Aufzeichnung wurde von Vortragendem Legationsrat I. Klasse Dannenbring konzipiert und am 21. Mai 1975 von Ministerialdirigent Ruhfus Staatssekretär Gehlhoff „mit der Bitte um Zustimmung zum Inhalt und zum vorgesehenen Verteiler" vorgelegt.
Hat Gehlhoff am 21. Mai 1975 vorgelegen, der zu dem Vorschlag, die Aufzeichnung „BM Leber (wegen morgiger DPC-Sitzung) persönlich zu überbringen durch VLR I Pfeffer, der BM zu DPC begleitet", handschriftlich vermerkte: „Nur mündliche Unterrichtung." Vgl. den Begleitvermerk; VS-Bd. 9960 (204); B 150, Aktenkopien 1975.

[2] Zu den Gesprächen des Bundesministers Genscher mit dem amerikanischen Außenminister Kissinger am 20. Mai 1975 auf Schloß Gymnich vgl. auch Dok. 127 und Dok. 129.

te bei ihren Bemühungen um die Demokratisierung in Portugal zu unterstützen. Die innenpolitische Entscheidung werde voraussichtlich schon in einigen Monaten fallen. Staatssekretär Gehlhoff unterstrich im Lauf der Diskussion, daß wir die Lage in Portugal für äußerst gefährlich hielten und gerade deshalb den Versuch machen müßten, die demokratischen Kräfte des Landes zu fördern.

Kissinger legte die amerikanische Haltung wie folgt dar:

In der Praxis betreibe seine Regierung eine parallele Politik zu der vom Bundesminister beschriebenen Haltung, bleibe aber immer „zwei Schritte dahinter". Bei der Beurteilung des Problems gelange er jedoch zu einer grundlegend anderen Analyse.

Nach europäischer Auffassung sei in Portugal eine kommunistische Machtübernahme die größte Gefahr. Dies treffe jedoch nicht zu. Vielmehr diene es den sowjetischen Interessen mehr, wenn sich Portugal zwischen Jugoslawien und Algerien entwickle. Dies sei praktisch schon jetzt entschieden. Diese Entwicklung berge für Europa die große Gefahr in sich, daß Portugal für andere europäische NATO-Mitglieder als Beispiel wirken werde, denn damit werde erwiesen, daß ein Land eine anti-amerikanische und neutralistische Regierung haben und trotzdem NATO-Mitglied bleiben und – gewissermaßen zur Belohnung – auch noch mehr Wirtschaftshilfe bekommen könne. Dieses Beispiel werde in den nächsten Jahren in den anderen europäischen Ländern die schon in Ansatz erkennbaren Finnlandisierungs-Tendenzen stärken. Mit einer solchen Entwicklung würde den Kommunisten in allen europäischen Ländern geholfen und der Charakter der NATO total verändert: Man würde es dann mit antiamerikanisch gesinnten Regierungen zu tun haben, an denen Kommunisten beteiligt seien und die ein europäisches Sicherheitssystem unterstützen würden.

Angesichts der Machtpositionen, die die Kommunisten in Portugal bereits jetzt innehätten[3], sei die Wählerentscheidung mit 50% für die Sozialisten bedeutungslos. Soares sei das typische soziologische Beispiel des Opfers (victim) – er werde verlieren. Er sei ein Kerenskij.[4] Die von den Europäern gewährte Hilfe werde jedenfalls nicht Soares zugute kommen. Eine Rückkehr zu einer parlamentarisch-demokratischen Regierung in Portugal halte er schon jetzt nicht für möglich. Antunes stehe weit links. Es gebe in Portugal keine Partei, die weiter rechts als die äußersten Linken der deutschen Sozialdemokratie stünde.

Er (Kissinger) habe hier ein intellektuelles Problem. Er könne nicht begreifen, wie die Europäer unter diesen Umständen erwarten könnten, daß die Portugal gewährte Wirtschaftshilfe den gemäßigten Kräften zugute komme. Im Gegenteil werde die Wirtschaftshilfe immer nur für die Kommunisten wirken. Unter diesen Umständen sei für Portugal keine bessere Lösung zu erwarten als die eines Boumedienne-Regimes, eines „linken Diktators". Die bestehenden Par-

---

[3] Zu einer Einschätzung des Einflusses der Kommunistischen Partei Portugals vgl. Dok. 91, Anm. 8.
[4] Dieser Satz wurde von Staatssekretär Gehlhoff handschriftlich eingefügt.
Alexander Fjodorowitsch Kerenskij war Mitglied der sozialistischen Partei der Trudowiki und wurde nach der Februarrevolution in Rußland vom 12. März 1917 zunächst Justiz-, dann Kriegsminister in der Provisorischen Regierung. Am 21. Juli 1917 übernahm er das Amt des Ministerpräsidenten. Nach der Oktoberrevolution vom 7. November 1917 und der Machtübernahme durch die Bolschewiki ging Kerenskij 1918 ins Exil.

teien würden zunehmend unterdrückt und in den nächsten Monaten „gleichgeschaltet" werden. Er stimme dem Bundesminister zu, daß diese Entscheidung schon in den nächsten Monaten fallen werde.

Bei dieser Sachlage ergäben sich ernste Konsequenzen für die NATO, denn vertrauensvolle (serious) Gespräche mit Portugal seien dann nicht möglich. Es wäre ihm deshalb lieber, wenn Portugal nicht mehr in der NATO wäre. Die Wirtschaftshilfe an Portugal könnte und sollte allerdings fortgesetzt werden.

Die Reaktion der Europäer auf die Entwicklung in Portugal sei typisch: Man wolle linke Regierungen möglichst unterstützen, rechte Regierungen jedoch immunisieren. Regierungen wie früher in Griechenland und jetzt in Spanien seien mit der Regierung in Portugal nicht vergleichbar, weil die portugiesische Entwicklung anderen Ländern als Vorbild diene, was bei Griechenland und Spanien nicht der Fall sei. Auch der Vergleich mit Jugoslawien stimme nicht wegen der unterschiedlichen geographischen Voraussetzungen: Ein Regime wie das jugoslawische würde z. B. auf dem amerikanischen Kontinent eine Gefahr, auf dem Balkan dagegen einen Gewinn (asset) darstellen. Die portugiesische Entwicklung sei auch deshalb gefährlich, weil sie auch gegenüber der Dritten Welt als Brücke diene.

Die Errichtung eines kommunistischen Regimes in Portugal und in anderen europäischen Ländern werde – zu Recht oder zu Unrecht – in jedem Fall als ein Beispiel amerikanischer Impotenz angesehen werden. Damit würden die in Europa schon vorhandenen Tendenzen zur Neutralisierung und zum Marxismus gefördert. Beispiele für diesen Trend seien Italien, Holland, Skandinavien, Griechenland und, bis zu einem gewissen Grade, auch Frankreich. Italien werde vielleicht in fünf Jahren kommunistisch sein. Auch die NATO werde in fünf Jahren nicht mehr so sein, wie wir sie heute kennen. Man müsse sich die Frage stellen, warum das jetzige portugiesische Regime in der NATO bleiben könne, Spanien aber nicht Mitglied werden dürfe.[5] Nach seiner Meinung werde die NATO nicht geschwächt, wenn Portugal das Bündnis verlasse, sondern wenn es Mitglied bleibe. Die NATO müsse zu dieser Frage eine grundlegende Analyse erarbeiten, wobei unter den Mitgliedern Übereinstimmung darüber erzielt werden müßte, daß eine Regierung vom Typ Boumedienne nicht in der NATO bleiben könne.

Kissinger schloß mit der Bemerkung, daß diese seine Analyse für die gegenwärtige amerikanische Politik keine praktischen Konsequenzen habe. Die USA würden, wahrscheinlich auch nächstes Jahr, ihr 25 Mio.-Dollar-Hilfsprogramm für Portugal fortsetzen und damit praktisch die gleiche Politik betreiben wie die Europäer. Er müsse jedoch gestehen, daß diese Politik nicht seiner innersten Überzeugung entspräche und daß er sie für einen Fehler für uns alle halte.

[Ruhfus][6]

VS-Bd. 9960 (204)

---

5 Zu den Bemühungen der USA, Spanien die Mitgliedschaft in der NATO zu ermöglichen, vgl. Dok. 136.
6 Verfasser laut Begleitvermerk. Vgl. Anm. 1.

127

Aufzeichnung des
Vortragenden Legationsrats I. Klasse Dannenbring

204-321.36 USA 962^(II)/75 VS-vertraulich 21. Mai 1975[1]

Betr.: Gespräche mit Außenminister Dr. Kissinger in Gymnich am 20. Mai 1975[2]
hier: KSZE

Kissinger berichtete beim Arbeitsessen über seine am Vortage mit Gromyko in Wien geführten Gespräche. Dabei seien aus dem Bereich der KSZE folgende Punkte zur Sprache gekommen:

1) Gromyko strebe als Termin der dritten Phase Ende Juli 1975 an. Es sei jedoch nicht klargeworden, ob die Sowjets bereit seien, für ein Entgegenkommen des Westens in dieser Terminfrage weitere Konzessionen zu machen.[3] Er (Kissinger) habe Gromyko erklärt, daß der amerikanische Präsident[4] höchstens für 2 1/2 Tage zur Gipfelkonferenz kommen würde. Die Ausdehnung des Gipfeltreffens auf fünf Tage komme für die amerikanische Regierung nicht in Betracht.

2) Bezüglich der vertrauensbildenden Maßnahmen (CBM) seien folgende Punkte erörtert worden:

– Gromyko habe einer Verlängerung der Anmeldefrist für Manöver von 12 auf 18 Tage zugestimmt.

– Gromyko habe ferner der britischen Präambel über die Frage der Manöverankündigung[5] mit Ausnahme des Wortes „therefore" zugestimmt.

---

[1] Hat Vortragendem Legationsrat I. Klasse Freiherr von Groll am 23. Mai 1975 vorgelegen.
Hat Ministerialdirektor van Well vorgelegen.

[2] Der amerikanische Außenminister Kissinger hielt sich am 20./21. Mai 1975 in der Bundesrepublik auf. Vgl. dazu auch Dok. 126, Dok. 129 und Dok. 130.

[3] Am 15. Mai 1975 berichtete auch Botschafter Blech, Genf (KSZE-Delegation), der sowjetische Stellvertretende Außenminister Semskow habe bei einem Besuch in Paris am Vortag vorgeschlagen, „Frankreich und die Sowjetunion sollten am 1.6. offiziell mit dem Wunsch an die finnische Regierung herantreten, diese möge im Juli die konkreten Voraussetzungen für die Teilnahme der Vertreter beider Länder an der dritten Phase der Konferenz in Helsinki schaffen". Die französische Seite habe abgelehnt. Offensichtlich sei aber in keinem anderen NATO-Mitgliedstaat ein entsprechender Vorstoß erfolgt, und die Delegationsleiter seien sich einig gewesen, „daß es sich hier um den Versuch handelt, ein ‚target date' für das Ende der Verhandlungen festzulegen, das auch den Westen unter den bisher vermiedenen Zeitdruck setzen würde." Vgl. den Drahtbericht Nr. 972; Referat 212, Bd. 100011.
Die dritte Phase der KSZE auf der Ebene der Staats- und Regierungschefs fand vom 30. Juli bis 1. August 1975 in Helsinki statt.

[4] Gerald R. Ford.

[5] Am 19. Mai 1975 berichtete Botschafter Blech, Genf (KSZE-Delegation), daß die britische Delegation am 14. Mai 1975 folgenden Vorschlag für eine Präambel zur Manövervorankündigung vorgelegt habe: „convinced of the political importance of prior notification of major military manoeuvres for the promotion of mutual understanding and the strengthening of confidence, stability and security; accepting the responsibility of each of them to promote these objectives; convinced that implementation of this measure in accordance with the accepted criteria and modalities is indispensable for the realisation of these objectives; recognising that this measure derives from political decision and therefore rests upon a voluntary basis". Vgl. den Drahtbericht Nr. 995; VS-Bd. 6112 (212); B 150, Aktenkopien 1975.

– Die Größenordnung der von der Manöverankündigung betroffenen Einheiten (force level) wurde im Sinne von 30 000 besprochen (ob Gromyko dieser Zahl zugestimmt hat, wurde nicht klar)[6].
– Der von Kissinger vorgetragene westliche Vorschlag, das betroffene Gebiet auf 300 km festzulegen[7], wurde von Gromyko abgelehnt und mit dem Gegenvorschlag 100–150[8] km beantwortet.[9] Kissinger hat diesen Gegenvorschlag als nicht akzeptabel bezeichnet und in Aussicht gestellt, daß dieser Punkt unter den westlichen Verbündeten diskutiert werden wird.[10]

Kissinger hat Gromyko in diesem Zusammenhang ausdrücklich erklärt, daß der Westen in der KSZE nicht unter Zeitdruck stehe. Der Bundesminister bestätigte, daß dies auch unsere Haltung sei. Auf Kissingers Frage, ob der von Gromyko genannte Termin Ende Juli technisch erreichbar sei, erwiderte MD van Well, daß man dann bis Ende Mai[11] fertig sein müsse.

3) Aus dem Fragenkomplex des Korbs III sei der Globalvorschlag bezüglich der menschlichen Kontakte und des Informationsaustauschs besprochen worden.[12]

---

[6] Der Passus „(ob ... nicht klar)" wurde von Ministerialdirektor van Well gestrichen.

[7] Zu diesem Vorschlag vgl. Dok. 92.

[8] Die Ziffer „100–" wurde von Ministerialdirektor van Well gestrichen.

[9] Am 21. Mai 1975 berichtete Botschafter Blech, Genf (KSZE-Delegation), nach amerikanischen Informationen habe es „zwischen Kissinger und Gromyko in Wien zum Thema CBM folgende Unterhaltung gegeben: G.: Warum unterstützen Sie uns nicht stärker bei der Freiwilligkeit? K.: Wir brauchen bessere Parameter. G.: Können Sie mit 30 000 Mann (Größenordnung), 18 Tagen (Vorankündigungsfrist) und 150 km (Tiefe sowjetischen Gebiets) leben? In Antwort hierauf soll K. sich nicht festgelegt haben." Vgl. den Drahtbericht Nr. 1015; VS-Bd. 9474 (221); B 150, Aktenkopien 1975.

[10] Der Passus „und in Aussicht ... diskutiert werden wird" wurde von Ministerialdirektor van Well gestrichen. Dafür fügte er handschriftlich ein: „Gromyko und Kissinger verabredeten, daß die USA den Sowjets bis 27.5. die westliche Reaktion mitteilen."
Botschafter Blech, Genf (KSZE-Delegation), teilte am 29. Mai 1975 mit, die amerikanische KSZE-Delegation habe die sowjetische Seite am Vortag über die Reaktion der Verbündeten auf die Vorschläge des sowjetischen Außenministers Gromyko vom 19. Mai 1975 zu den Parametern für Manövervorankündigungen unterrichtet: „Reaktion der Verbündeten besagte, genannte Zahlen seien für Verbündete nicht befriedigend; Hauptinteresse gelte größerer Tiefe sowjetischen Gebiets und niedrigerer Größenordnung, bei Ankündigungsfrist bestehe Flexibilität." Die sowjetische Seite sei aufgefordert worden, „von Gromyko genannte Zahlen in Verhandlungen einzuführen". Blech berichtete außerdem, daß am 23. Mai 1975 der kanadische Vertreter die von den NATO-Mitgliedstaaten vereinbarten Parameter für Manövervorankündigungen in der Unterkommission 2 (Militärische Aspekte der Sicherheit) eingeführt habe: „Tiefe sowjetischen Gebiets 500 km; Ankündigungsfrist sechs Wochen, für den Fall angemessenen östlichen Entgegenkommens fünf Wochen; Größenordnung 15 000 Mann." Vgl. den Drahtbericht Nr. 1087; VS-Bd. 6112 (212); B 150, Aktenkopien 1975. Die sowjetische KSZE-Delegation führte am 30. Mai 1975 die von Gromyko gegenüber Kissinger am 19. Mai 1975 genannten Parameter in der Unterkommission 2 (Militärische Aspekte der Sicherheit) ein. Vgl. dazu den Drahtbericht Nr. 1114 von Blech vom 3. Juni 1975; VS-Bd. 10201 (212); B 150, Aktenkopien 1975.

[11] An dieser Stelle wurde von Ministerialdirektor van Well handschriftlich eingefügt: „mit den offenen politischen Punkten".

[12] Am 15. Mai 1975 wurde der sowjetischen Delegation bei den KSZE-Verhandlungen in Genf ein Globalvorschlag zu menschlichen Kontakten und Informationsaustausch übergeben, in dem bereits vereinbarte Texte mit umstrittenen Formulierungen wie den Präambeltexten zu beiden Punkten sowie insbesondere den Abschnitten zu Reisen aus persönlichen oder beruflichen Gründen und zur Verbesserung der Arbeitsmöglichkeiten für Journalisten zu einem Paket zusammengebunden waren. Für den Wortlaut vgl. Referat 610, Bd. 104621.
Bei der Übermittlung des Vorschlags an das Auswärtige Amt teilte Botschafter Blech, Genf (KSZE-Delegation), am 16. Mai 1975 mit, daß „unter Umständen noch ein kurzer Text über Sportkontakte" eingefügt werden solle. Weiter führte er aus: „Die erste östliche Reaktion war vorsichtig zurückhaltend. Die östliche Seite ist bereit, auf der Basis des westlichen Papiers zu diskutieren. Sie wird

Dem amerikanischen Delegationsleiter in Genf[13] werde ein sowjetisches Papier zugeleitet.[14] Kissinger habe bemerkt, daß dieses Papier zunächst innerhalb der westlichen Gruppe besprochen werden müßte und nur eine gemeinsame Antwort in Betracht käme, die er Gromyko bis Dienstag, 27.5., in Aussicht gestellt habe.[15]

4) Die Frage der Konferenzfolgen[16] erwähnte Kissinger nur kurz. Gromyko habe sich hier flexibel gezeigt und einer Probezeit von zwei Jahren nicht widersprochen.

D 2[17] hat zugestimmt.

Dannenbring[18]

VS-Bd. 10200 (212)

128

Botschafter Krapf, Brüssel (NATO), an das Auswärtige Amt

114-12687/75 VS-vertraulich	Aufgabe: 21. Mai 1975, 21.00 Uhr[1]
Fernschreiben Nr. 738	Ankunft: 22. Mai 1975, 07.09 Uhr

Betr.: Vorschau auf die bevorstehende NATO-Konferenz unter Teilnahme von Staats- und Regierungschefs[2]

I. 1) Das Bündnis ist im Frühjahr 1975 den schwersten inneren Problemen seit dem Ausscheiden Frankreichs aus der militärischen Integration[3] ausgesetzt. Zu diesen Problemen gehören:

Fortsetzung Fußnote von Seite 568
  jedoch versuchen, den Zusammenhang der Texte wieder aufzulösen." Vgl. den Schriftbericht; Referat 610, Bd. 104621.
13 Albert W. Sherer.
14 Zur sowjetischen Reaktion auf den Vorschlag vom 15. Mai 1975 zu menschlichen Kontakten und Informationsaustausch vgl. Dok. 135, Anm. 20, und Dok. 138, Anm. 21.
15 Der Passus „die er ... gestellt habe" wurde von Ministerialdirektor van Well gestrichen.
16 Am 13. Mai 1975 stimmte das Politische Komitee im Rahmen der EPZ einer revidierten Fassung des dänischen Vorschlags vom 26. April 1974 zu den Konferenzfolgen zu. Darin wurde vorgeschlagen, 1977 ein Treffen hoher Beamter abzuhalten, die beurteilen sollten, wie die Beschlüsse der KSZE umgesetzt worden seien. Sie sollten im Anschluß an ihre Erörterung Vorschläge für geeignete Maßnahmen machen, um die Konferenzziele zu erreichen, etwa zusätzliche Expertentreffen, weitere Treffen hoher Beamter oder auch eine weitere Konferenz. Vgl. dazu Ziffer 1 der mit Runderlaß Nr. 1960 des Vortragenden Legationsrats I. Klasse von der Gablentz vom 14. Mai 1975 übermittelten Beschlüsse des Politischen Komitees; VS-Bd. 9978 (200); B 150, Aktenkopien 1975.
17 Günther van Well.
18 Paraphe.
1 Hat Vortragendem Legationsrat Holik vorgelegen.
2 Zur NATO-Ratstagung auf der Ebene der Staats- und Regierungschefs am 29./30. Mai 1975 in Brüssel vgl. Dok. 143.
3 Frankreich schied am 1. Juli 1966 aus der militärischen Integration der NATO aus.

– eine auf breiter Front abnehmende Verteidigungsbereitschaft, die sich in Kürzungen der Beiträge zur gemeinsamen Verteidigung niederschlägt (Großbritannien[4], Niederlande[5], Italien[6]);

– anhaltende Spannungen zwischen Griechenland und der Türkei, die zum Ende jeder militärischen Kooperation zwischen beiden Ländern geführt haben;

– Unsicherheit über die Orientierung Portugals;

[4] Der britische Verteidigungsminister Mason kündigte am 3. Dezember 1974 im Unterhaus an, den Anteil des Verteidigungshaushalts innerhalb der nächsten zehn Jahre von 5,5 % auf 4,5 % des Bruttosozialprodukts zu senken und die Truppenstärke um 35 000 Mann zu reduzieren, wobei insbesondere Truppen aus Übersee abgezogen werden sollten. Für den Wortlaut der Ausführungen vgl. HANSARD, Commons, Bd. 882, Sp. 1351–1357.
Militärattaché Schünemann, London, berichtete am 19. März 1975 über das britische Verteidigungsweißbuch, das Mason am selben Tag im Unterhaus vorgelegt hatte: „Betont wird das Bekenntnis zur NATO und Vorneverteidigung bei Konzentration auf Mitteleuropa und Ostatlantik. In Konsequenz wird die British Army of the Rhine mit 55 000 und die RAF Germany beibehalten und zugesagt, diesen Umfang nicht vor Ende der gegenwärtigen MBFR-Verhandlungen zu verringern. Die See- und Luftstreitkräfte werden auf die Bereiche Eastern Atlantic und Channel zurückgezogen. Die vier nuklearen Polaris-U-Schiffe bleiben britischer Beitrag zur strategischen nuklearen Abschreckung der NATO, und auch die taktischen nuklearen Waffen werden beibehalten." Ferner werde sich Großbritannien weitgehend aus dem Mittelmeer zurückziehen. Vorgesehen seien außerdem Einsparungen im Verteidigungshaushalt in Höhe von 4,7 Milliarden Pfund Sterling über die nächsten zehn Jahre: „Es bleibt eine deutliche Verminderung des brit[ischen] militärischen Potentials festzustellen sowie eine Einbuße britischen Ansehens und der NATO bei den Anrainern des östlichen Mittelmeeres, aber auch bei den skandinavischen Staaten. Die Abschreckung der NATO insgesamt wird nach Studium dieses Weißbuches vom Warschauer Pakt wohl geringer bewertet werden. Andererseits sollte vom deutschen Standpunkt aus nicht übersehen werden, daß unsere unmittelbaren Interessen in Mitteleuropa am wenigsten betroffen worden sind." Vgl. den Drahtbericht Nr. 545; Referat 201, Bd. 102443. Für Auszüge aus dem Weißbuch vgl. EUROPA-ARCHIV 1975, D 321–326.

[5] Die niederländische Regierung gab am 9. Juli 1974 ihre Beschlüsse zur Kürzung der Verteidigungsausgaben bekannt. Sie sahen u. a. eine Reduzierung der Personalstärke der niederländischen Streitkräfte um 20 000 Soldaten bis 1977 und eine Halbierung der in der Bundesrepublik stationierten Raketen-Einheiten des Typs „Nike" auf vier Einheiten vor. Ferner sollte der Wehrdienst von 16 auf zwölf Monate verkürzt werden. Vgl. dazu den Artikel „NATO rügt Hollands Verteidigung"; FRANKFURTER RUNDSCHAU vom 10. Juli 1974, S. 1.
Ministerialdirigent Ruhfus vermerkte am 17. Oktober 1974, daß die niederländischen Vorhaben zur Verteidigungsreform aufgrund heftiger Kritik aus der NATO abgemildert worden seien: „Anteil der Verteidigungsausgaben bleibt bis zum Vorliegen eines positiven MBFR-Ergebnisses unverändert; Dienstzeitverkürzung soll schrittweise und synchron zu den MBFR-Verhandlungen durchgeführt werden. Von den insgesamt elf niederländischen Hawk-Batterien [...] in der Bundesrepublik Deutschland sollen nur drei statt fünf in die Niederlande zurückgeführt werden. Von den acht niederländischen Nike-Batterien in der Bundesrepublik Deutschland [...] werden jetzt, wie ursprünglich vorgesehen, vier reduziert." Vgl. Referat 201, Bd. 102442.

[6] Am 2. Januar 1975 wurde in der Presse berichtet, daß Italien den übrigen NATO-Mitgliedstaaten habe erklären müssen, daß es sich aufgrund der innenpolitischen Lage zu Kürzungen bei den Streitkräften gezwungen sehe: „Deshalb bleibt der Beitrag des Alliierten wohl für geraume Zeit vage, die Stabilisierung der mediterranen Flanke zunächst vollends unmöglich macht. Die Entwicklung setzte im vergangenen Herbst ein, als es die Italiener versäumten, 60 000 Wehrpflichtige einzuberufen, die sie zur Auffüllung ihrer Truppe eigentlich brauchten. Während sie diese Maßnahme den NATO-Gremien verschwiegen, bequemen sie sich im Winter zu der Mitteilung, daß sie ihre Armee um 25 000 Mann vermindern wollten. Folglich wird die Streitmacht bald wahrscheinlich 85 000 Mann weniger zählen." Vgl. den Artikel „Rom narrt die NATO"; DIE WELT vom 2. Januar 1975, S. 4.
Marineattaché Gabriel, Rom, informierte am 21. Februar 1975 über einen Beschluß der italienischen Regierung, die Wehrdienstzeit „bei Heer und Luftwaffe von 15 auf 12, bei der Marine von 24 auf 18 Monate" zu verkürzen. Vgl. den Drahtbericht Nr. 321; Referat 201, Bd. 113498.
Am 21. August 1975 berichtete Militärattaché von Radowitz, Rom, daß das italienische Heer bei einer Soll-Stärke von 341 000 Mann 1975 über eine Ist-Stärke von 218 000 Mann verfüge. Vgl. dazu den Drahtbericht Nr. 1367; Referat 201, Bd. 113498.

- die ungeklärte Rolle Griechenlands nach seiner Erklärung über das Ausscheiden aus der militärischen Integration[7];
- Unsicherheit in der öffentlichen Meinung über die zukünftige Rolle der USA;
- fortdauernde ernste wirtschaftliche Schwierigkeiten in fast allen Bündnisstaaten.

Trotz dieser Belastungen ist das Bündnis funktionsfähig geblieben. Seine Grundlagen wurden nicht in Frage gestellt. Auf die neuen Herausforderungen durch innere Probleme hat die Allianz, die ursprünglich auf die Führungsrolle der USA angelegt war und ihre Zusammenarbeit weitgehend der als real empfundenen sowjetischen Bedrohung verdankte, bemerkenswert flexibel reagiert.

In Ansätzen bilden sich neue Strukturen für die Bewältigung innerer Probleme des Bündnisses heraus: Kleinere Gruppen von Bündnispartnern versuchen, Mittel und Wege für die Beilegung von Spannungen zwischen einzelnen Bündnispartnern zu finden oder Hilfe bei der Lösung innerer Probleme einzelner Bündnispartner zu leisten. (Diese Gruppen wechseln in ihrer Zusammensetzung, stets beteiligt sind jedoch außer den USA die Bundesrepublik Deutschland und Großbritannien). Diese informellen Ansätze genügen jedoch nicht, um die ernsteren Probleme der Allianz einer Lösung näher zu bringen.

Stärker als bisher müssen die europäischen Bündnispartner, vor allem auch die Bundesrepublik Deutschland, ohne auf amerikanische Anregungen zu warten, selber initiativ werden, um rechtzeitig auf Krisensymptome in der Allianz reagieren zu können. Wie die deutsche Initiative zur Portugalfrage[8] gezeigt hat, sind sowohl die USA als auch andere Bündnispartner durchaus bereit, solchen Anregungen zu folgen.[9] Entscheidend dürfte sein, daß das Bündnis bei der Bewältigung seiner Probleme nicht unter Zeitdruck gerät. Zur Konsolidierung der Allianz sollten auch die Möglichkeiten voll genutzt werden, die den Bundesgenossen auf Grund ihrer Mitgliedschaft in anderen westlichen Gremien, z.B. EG, OECD u.a., zur Verfügung stehen (z.B. Wirtschaftshilfe der EG an Portugal[10], EG-Assoziierung für Griechenland[11]).

---

7 Griechenland erklärte am 14. August 1974 den Austritt aus der militärischen Integration der NATO. Vgl. dazu Dok. 32, Anm. 10.

8 Zu den Bemühungen der Bundesregierung um ein gemeinschaftliches Vorgehen der NATO-Mitgliedstaaten gegenüber Portugal vgl. Dok. 55 und Dok. 60.

9 Dieser Satz wurde von Vortragendem Legationsrat Holik mit Fragezeichen versehen.

10 Am 5. Mai 1975 erörterten die Ständigen Vertreter bei den Europäischen Gemeinschaften in Brüssel die Beziehungen zu Portugal. Botschafter Lebsanft, Brüssel (EG), berichtete am 7. Mai 1975, daß die dänische Delegation die EG-Kommission gebeten habe, „schon auf der nächsten Ratstagung den Entwurf eines Verhandlungsmandates zur Entscheidung zu stellen", das zum einen die finanzielle Zusammenarbeit enthalten solle, zum anderen „den Abschluß eines Zusatzprotokolls über wirtschaftliche und technische Zusammenarbeit zur Förderung der portugiesischen Industrie" und Vereinbarungen zur Behandlung portugiesischer Gastarbeiter in den EG-Mitgliedstaaten. Der Präsident der EG-Kommission, Ortoli, habe zugesagt, „daß die Kommission sehr schnell erste Überlegungen vorlegen wolle, doch sei zu bedenken, daß die Art und Weise, in der die Gemeinschaft gegenüber Portugal manövrieren werde, genauso wichtig sei wie der Inhalt der Vorschläge. Die Gemeinschaft müsse Vorschläge vorlegen, von denen man sicher sein könne, daß sie in Portugal auch positiv aufgenommen würden." Vgl. den Drahtbericht Nr. 1513; Referat 410, Bd. 105615.
Am 26. Mai 1975 billigte die EG-Ministerratstagung in Dublin eine Empfehlung zu Portugal. Vortragender Legationsrat I. Klasse Dohms teilte dazu mit, daß ein allgemein gehaltener französischer Entwurf angenommen worden sei; die Außenminister seien sich aber einig gewesen, „daß da-

2) Die Sicherheitslage des Bündnisses ist dadurch gekennzeichnet, daß das militärische Potential des WP in Europa erheblich gewachsen ist, während das der NATO nicht auf allen Gebieten Schritt hält.

Dieser Tatsache wird jedoch in der Öffentlichkeit vieler Allianzpartner unter Berufung auf die vielfältigen Bemühungen um eine Entspannung der politischen Beziehungen zwischen Ost und West nicht mehr genügend Rechnung getragen. Die Unterschätzung der fortdauernden Bedrohung dürfte nach dem erwarteten Abschluß der KSZE auf höchster Ebene in der öffentlichen Meinung weiter zunehmen. Um die sich daraus ergebenden Nachteile für die Verteidigungsfähigkeit und -bereitschaft aufzufangen, ist aus der Sicht des Bündnisses eine angemessene Vorbereitung auf die Zeit nach der KSZE vordringlich.

3) Von der bevorstehenden NATO-Gipfelkonferenz wird deshalb in erster Linie erwartet, daß die Solidarität der Bündnispartner bekräftigt und die Unentbehrlichkeit des Bündnisses für die voraussehbare Zukunft bestätigt wird.

Das Bekenntnis zur Solidarität innerhalb des Bündnisses würde an Glaubwürdigkeit gewinnen, wenn es gelänge, in einzelnen Bereichen konkrete Schritte zur Lösung interner Probleme zu tun. Da solche Lösungen sich eher im kleinen Kreise finden lassen, wird den bi- oder multilateralen Treffen auf höchster Ebene besondere Bedeutung zukommen.

Im Bereich der Ost-West-Beziehungen wird eine Bekräftigung der Entschlossenheit zur Fortsetzung der Entspannungspolitik erwartet, jedoch gleichzeitig ein Hinweis auf die unverändert fortdauernde militärische Konfrontation zwischen Ost und West. Das Drängen auf einen spürbaren Abbau der Konfrontation im militärischen Bereich sollte verbunden werden mit der Warnung, daß die Neigung der Öffentlichkeit, die militärische Konfrontation zwischen Ost und West aus dem Bewußtsein zu verdrängen, letztlich die Sicherheit in Europa und damit den Weltfrieden gefährdet.

Fortsetzung Fußnote von Seite 571
mit keiner der in Betracht kommenden Bereiche ausgeschlossen werden solle (im Kommissionsentwurf wurden erwähnt: finanzielle, industrielle und technologische Zusammenarbeit, Arbeitskräfte, soziale Sicherheit, Handel mit gewerblichen und landwirtschaftlichen Produkten)". Vgl. den Runderlaß Nr. 73 vom 27. Mai 1975; Referat 240, Bd. 102880.

11 Griechenland und die EWG schlossen am 9. Juli 1961 ein Abkommen zur Gründung einer Assoziation, das am 1. November 1962 in Kraft trat. Ferner wurden ein Abkommen zur Durchführung des Assoziierungsabkommens sowie ein Finanzprotokoll unterzeichnet. Für den Wortlaut der Abkommen sowie der dazugehörigen Dokumente vgl. BUNDESGESETZBLATT 1962, Teil II, S. 1143–1361.
Seit dem Militärputsch in Griechenland vom 21. April 1967 wurden nur die Teile des Assoziierungsabkommens angewendet, die präzise Verpflichtungen enthielten. Dies betraf die Bereiche Zollregelungen und Handelsbeziehungen. Dagegen wurden die laufenden Verhandlungen über die Harmonisierung der Agrarpolitik zwischen den Europäischen Gemeinschaften und Griechenland sowie über die Griechenland nach dem 31. Oktober 1967 zu gewährende Finanzhilfe nicht fortgesetzt. Vgl. dazu ERSTER GESAMTBERICHT 1967, S. 392.
Das Europäische Parlament beschloß am 7. Mai 1969, daß aufgrund der politischen Lage ein EG-Beitritt Griechenlands ausgeschlossen sei. Die EG-Kommission wurde dazu aufgefordert, keine weitere Entwicklung der Assoziierung zuzulassen, bis in Griechenland die Voraussetzungen für ein „normales demokratisches Leben" wiederhergestellt seien. Vgl. BULLETIN DER EG 7/1969, S. 114.
Nach dem Regierungswechsel in Griechenland am 24. Juli 1974 erklärte der EG-Ministerrat am 17. September 1974 in Brüssel die Absicht, „unverzüglich den Prozeß des Ausbaus der Assoziation wieder in Gang zu setzen und so den späteren Beitritt Griechenlands zur Gemeinschaft zu erleichtern." Vgl. BULLETIN DER EG 9/1974, S. 61. Vgl. dazu auch AAPD 1974, II, Dok. 255.

II. Im einzelnen ist zu aktuellen Bündnisthemen folgendes auszuführen:

1) Beherrschend bleibt für die Allianz immer die Frage des Verhältnisses zwischen den USA und den übrigen Bündnispartnern. Von der öffentlichen Meinung aller Bündnispartner wird die Frage gestellt, wie die vom Kongreß erzwungene Aufgabe des von den USA über drei Jahrzehnte und unter großen Opfern unterstützten Regimes in Vietnam[12] sich auf das Verhältnis der USA zu seinen Bündnispartnern auswirken wird.

Die USA werden nicht zögern, ihre Garantien für Europa zu bekräftigen. Sie werden dabei aber auch, und zwar wahrscheinlich klarer als bisher, ihre Forderungen und Erwartungen hinsichtlich der Gegenleistungen Europas formulieren. Dazu wird die erneute Forderung nach einer verstärkten Beteiligung Europas an der gemeinsamen Verteidigung gehören. Darüber hinaus werden die USA aber mehr Verständnis und möglicherweise stärkere Unterstützung der Europäer für die Rolle der USA außerhalb des Vertragsgebietes des Atlantikpaktes verlangen.

In diesem Zusammenhang dürften die USA ihre Vorstellungen über die Entwicklung im Nahen Osten zur Diskussion stellen. Mit neuem Nachdruck werden sie verlangen, daß sich die Bündnissolidarität auch auf Bereiche außerhalb der sachlichen Zuständigkeit des Bündnisses auswirkt. Hierbei rechnen die Vereinigten Staaten zweifellos mit einem Mindestmaß an Verständnis für ihre Belange im Wirtschafts- und Energiebereich.

2) An zweiter Stelle der Themenliste stehen die verschiedenen Krisenbereiche, vor allem an der Südflanke des Bündnisses. Portugal könnte eine besondere Rolle spielen, weil die Gipfelkonferenz die erste Gelegenheit für die neuen Machthaber bietet, die Regierungschefs der Bündnispartner und ihre Reaktionen gegenüber dem neuen Kurs der MFA[13] kennenzulernen. Dabei kommt dem Gespräch der europäischen Bündnispartner mit den Portugiesen besondere Bedeutung zu, da die USA u.a. durch den bevorstehenden Besuch von Präsident Ford in Madrid[14] über wenig Einwirkungsmöglichkeiten auf Lissabon verfügen.

Die USA werden beim Gipfeltreffen auch das zukünftige Verhältnis zwischen Spanien und der NATO ansprechen. Sie haben angesichts der Unsicherheit über die Rolle Portugals, Italiens und Griechenlands im Bündnis ein ständig steigendes Interesse daran, daß die amerikanische Präsenz in Spanien nicht wesentlich verringert wird.[15] Angesichts der Gegensätze zwischen Lissabon

---

[12] Zur Aufforderung des Präsidenten Ford vom 28. Januar 1975 an den amerikanischen Kongreß, zusätzliche 300 Mio. Dollar Militärhilfe für die Republik Vietnam (Südvietnam) bereitzustellen, vgl. Dok. 28, Anm. 21.
Zum Vorschlag des Präsidenten Ford vom 10. April 1975, die Hilfeleistungen für Südvietnam aufzustocken, vgl. Dok. 85, Anm. 12.
Am 19. April 1975 wurde in der Presse berichtet, daß der amerikanische Kongreß diesen Vorschlag abgelehnt habe. Vgl. dazu den Artikel „Saigon wartet auf den letzten Schlag der Kommunisten"; FRANKFURTER ALLGEMEINE ZEITUNG vom 19. April 1975, S. 1.

[13] Movimento das Forças Armadas.
Zu den Vorstellungen der „Bewegung der Streitkräfte" hinsichtlich der weiteren Entwicklung in Portugal vgl. Dok. 122, besonders Anm. 4.

[14] Präsident Ford hielt sich am 31. Mai und 1. Juni 1975 in Spanien auf. Vgl. dazu Dok. 136, Anm. 15.

[15] Zu den Verhandlungen über die amerikanischen Stützpunkte in Spanien vgl. Dok. 69, Anm. 3.
Am 14. Mai 1975 gab Botschafter von Staden, Washington, die Information aus dem amerikanischen

und Madrid wird es schwierig sein, Spanien entgegenzukommen, ohne Portugal zu nahe zu treten. Eine ausgeglichene Haltung des Bündnisses insgesamt ist vielleicht nur dadurch zu erreichen, daß die starke amerikanische Hinwendung zu Madrid durch Zurückhaltung anderer Bündnispartner ausgeglichen wird und daß Spanien im übrigen die Tür für die Zeit nach Franco offengehalten wird.

Die Auseinandersetzung zwischen Türken und Griechen im Zusammenhang mit dem Zypern-Konflikt ist eines der Probleme, bei denen die Öffentlichkeit von dem NATO-Gipfeltreffen zwar keine Lösung, aber doch einen Beitrag zur Lösung erwarten wird. Die USA scheinen Lösungsmöglichkeiten zu sehen und ihre diplomatische Aktivität auch auf das Datum des Gipfeltreffens auszurichten. Es sollte vordringlich geprüft werden, welche Hilfestellung auch wir für das Gelingen des vorgesehenen Treffens Karamanlis–Demirel noch vor der Konferenz[16] geben können.

Griechenlands Rolle im Bündnis wird ebenfalls Gegenstand der Diskussion sein. Von Karamanlis wird eine Stellungnahme zu der Frage erwartet, welche Maximen für die Ausgestaltung der Mitarbeit Griechenlands im militärischen Bereich der NATO maßgebend sein werden.[17] Wir sollten darauf hinwirken, daß jetzt keine Klärung verlangt wird, die später nicht wieder rückgängig gemacht werden kann.

Island – die Tatsache, daß es um den Fischereizonenkonflikt zwischen Island und der Bundesrepublik Deutschland[18] seit einiger Zeit ruhig geworden ist,

Fortsetzung Fußnote von Seite 573
Verteidigungsministerium weiter, von spanischer Seite seien folgende Überlegungen angestellt worden: „a) Spanien suche eine stärkere politische Verbindung zu den militärischen Organen der NATO und deren offizielle Anerkennung in Form eines ‚special status', der Grundlage für spätere Entwicklungen sein könne. b) Spanien benötige möglichst große Unterstützung von den USA, um die Haushaltslücke für Verteidigungsausgaben, die der Modernisierung der Streitkräfte dienen sollen, füllen zu können." Zu den spanischen militärischen Forderungen gehörten: „a) Falls keine zufriedenstellende Übereinkunft mit der NATO und kein Sicherheitsabkommen zwischen den USA und Spanien zustande komme, müßte die Benutzung von Stützpunkten in Spanien solchen Streitkräften untersagt werden, die NATO-Aufgaben wahrzunehmen hätten. Hierunter fielen z.B. die Nutzung von Luft-Boden-Schießplätzen, die Stationierung von Lufttankern in Torrejon und die Stationierung von SLBM in Rota sowie die Mitbenutzung amerikanischer Basen durch andere NATO-Staaten. Über alle diese Forderungen könne jedoch verhandelt werden. b) Zusätzlich zu den die NATO berührenden Forderungen solle außerdem die intensive Nutzung von Torrejon vor den Toren Madrids durch die US Air Force eingeschränkt werden. Torrejon solle möglichst nur noch als ‚standby'-Platz erhalten bleiben. c) US-Abzug aus Rota, da die Stationierung von SLBM ein großes Risiko für Spanien schaffe, ohne daß es dafür einen entsprechenden Schutz durch die NATO erhalte." Vgl. den Drahtbericht Nr. 1352; VS-Bd. 9965 (204); B 150, Aktenkopien 1975.

16 Die Ministerpräsidenten Demirel und Karamanlis führten am 31. Mai 1975 ein Gespräch in Brüssel. Vgl. dazu Dok. 143, Anm. 17.
17 Zu den Ausführungen des Ministerpräsidenten Karamanlis auf der NATO-Ratstagung auf der Ebene der Staats- und Regierungschefs am 29./30. Mai 1975 in Brüssel vgl. Dok. 143, Anm. 30.
18 Das isländische Parlament beschloß am 15. Februar 1972 die Ausdehnung der isländischen Fischereizone von 12 auf 50 Seemeilen. Dagegen riefen die Bundesrepublik und Großbritannien den Internationalen Gerichtshof (IGH) an. Im August 1972 traf der IGH eine einstweilige Verfügung, die Fischern aus den beiden klagenden Staaten weiterhin den Fischfang innerhalb der 50-Seemeilen-Zone um Island gestattete. Am 25. Juli 1974 urteilte der IGH, daß die einseitige Ausdehnung der isländischen Fischereizone und die Beschränkung der Fischereirechte unzulässig seien, und forderte Island und die Bundesrepublik dazu auf, einen Interessenausgleich zu suchen. Am 24./25. Oktober 1974 kam nach Verhandlungen in Bonn ein Notenwechsel zustande, der eine Interimsregelung bis zum 13. November 1975 enthielt, nach der insgesamt 17 Fabrikschiffe aus der Bundesrepublik unter bestimmten Auflagen innerhalb der 50-Seemeilen-Zone um Island fischen durften. Der Notenwechsel wurde jedoch vom auswärtigen Ausschuß des isländischen Parlaments verwor-

sollte uns nicht vergessen lassen, daß auch für dieses Problem im übergeordneten Interesse der Allianz bald eine Lösung gefunden werden muß.

3) Im Bereich der Ost-West-Beziehungen sind für das Bündnis SALT wie die multilateralen Verhandlungen von besonderer Bedeutung. Es wird häufig übersehen, daß diese SALT-Verhandlungen für die weitere Entwicklung des Bündnisses und des Verhältnisses der Bündnispartner zu den USA von kaum zu überschätzender Bedeutung sein werden. Bei den SALT-Verhandlungen, die am 2. Juni wieder beginnen, gelang es bisher lediglich, einen gemeinsamen Vertragsentwurf zustande zu bringen, der die gegensätzlichen Standpunkte in einem Papier zusammenfaßt. Die USA bemühen sich um eine Konsultation mit den Bündnispartnern, die bisher jedoch weitgehend auf eine periodische Unterrichtung über den Stand der bilateralen Verhandlungen der USA mit der Sowjetunion beschränkt war. Einige europäische Staaten haben begonnen, nach Diskussionen in einer kleinen informellen Gruppe, ihre Überlegungen den Amerikanern im NATO-Rat vorzutragen.[19]

Zu KSZE konzentriert sich das Interesse des Bündnisses auf die Zeit nach Ende der KSZE. Das gilt einmal für die Frage möglicher Folgeeinrichtungen der KSZE. Darüber hinaus wird hier jedoch damit gerechnet, daß die Sowjetunion nach dem Ende der KSZE eine großangelegte Kampagne führen wird, um die Konferenzergebnisse in ihrem Sinn zu interpretieren. Als Gegengewicht dürften die Bemühungen der einzelnen Bündnispartner allein nicht ausreichen. Ein erhöhtes Maß von Koordination und gemeinsamer Strategie muß für diese Zeit vorgesehen werden.

Gleichzeitig wird nach dem Ende der KSZE den MBFR-Verhandlungen stärkere Bedeutung zukommen. Die USA planen eine baldige Behandlung der Option III im Bündnis.[20] Obwohl dies von amerikanischer Seite nicht zugegeben wird, dürfte das Hauptaugenmerk dabei darauf gerichtet sein, durch die Einführung nuklearer Elemente die Kritiker der amerikanischen Regierung im Kongreß

Fortsetzung Fußnote von Seite 574

fen. Schiffe aus der Bundesrepublik, die innerhalb der 50-Seemeilen-Zone fischten, wurden weiterhin von der isländischen Küstenwache aufgebracht und verfolgt. Vgl. dazu AAPD 1974, I, Dok. 87, sowie AAPD 1974, II, Dok. 370.

Der isländische Botschafter Tryggvason erklärte am 20. Januar 1975 gegenüber Ministerialdirektor van Well, ein von der Bundesrepublik angeregtes Gespräch des Bundesministers Genscher mit dem isländischen Außenminister Ágústsson habe „ohne vorherige Stellungnahme der deutschen Seite über den von Island seit jeher verlangten Ausschluß deutscher Vollfroster von der Hochseefischerei in den Gewässern um Island" keinen Sinn. Auch „eine Verlängerung der Laufzeit des mit Großbritannien geschlossenen Interims-Abkommens" über den 15. November 1975 hinaus werde von seiner Regierung im Vertrauen auf den zu erwartenden Ausgang der Seerechtskonferenz nicht in Betracht gezogen". Vgl. Referat 204, Bd. 110347.

Am 5. Juni 1975 vermerkte Vortragender Legationsrat Duisberg dazu: „Ein erneuter Versuch, mit den Isländern wieder ins Gespräch zu kommen, ist am 8. Mai 1975 am Rande der Seerechtskonferenz in Genf unternommen worden. Angesichts der uns bekannten Bestrebungen in Island, die 50 sm-Fischereizone auf 200 sm zu erweitern, haben wir uns bereit erklärt, im Interesse der deutsch-isländischen Beziehungen und mit Rücksicht auf unsere Fischer, uns auf Gespräche über ein Abkommen einzulassen, dessen Geltungsbereich über 50 sm hinausgehen würde. Eine förmliche Anerkennung der 200 sm kommt allerdings nicht in Frage." Vgl. Referat 201, Bd. 102505.

[19] Zum Stand der Gespräche zwischen den USA und der UdSSR über eine Begrenzung strategischer Waffen (SALT II) und zu den Überlegungen der europäischen SALT-Experten (Petrignani-Gruppe) vgl. Dok. 111.

[20] Zur den amerikanischen Überlegungen zur Einbeziehung amerikanischer nuklearer Komponenten in die MBFR-Verhandlungen (Option III) und zur Absicht, diese Mitte Mai 1975 in der NATO einzubringen, vgl. Dok. 101.

von der Ausgewogenheit der westlichen Verhandlungsposition in Wien zu überzeugen.

Für uns besteht im MBFR-Bereich die Notwendigkeit, als Hauptbetroffene einer MBFR-Regelung in jeder Phase der Diskussion auf sorgfältige Abwägung aller Interessen zu drängen. Dadurch entsteht gelegentlich der Eindruck, daß wir eine Verzögerungstaktik betrieben. Vielleicht sollte die Gelegenheit des Gipfeltreffens genutzt werden um klarzustellen, daß wir auf Grund unserer geographischen Lage gezwungen sind, bei der MBFR-Diskussion einen strengen Maßstab anzulegen, daß die Bundesregierung jedoch nach wie vor MBFR für ein wichtiges Element einer langfristigen Entspannungsdiskussion hält.

Die lange Jahre die Entspannungsdiskussion im Bündnis beherrschenden Probleme der Deutschlandpolitik sind in den Hintergrund getreten. Sie sind jetzt ein Aspekt der Entspannungspolitik unter vielen. Wir sollten jedoch mit Nachdruck auf die latenten Probleme und Gefahren der Lage Berlins hinweisen.

4) Die im Laufe des Jahres 1974 sehr stark in den Vordergrund der Probleme des Bündnisses gerückten wirtschaftlichen Fragen sind in letzter Zeit zwar durch andere Probleme aus der Diskussion zurückgedrängt worden, aber ihr negativer Einfluß auf die Bereitschaft mehrerer Bündnispartner zu finanziellen Leistungen im Rahmen der Verteidigung verstärkt sich.

5) Intensivierung der Konsultationen

Seit der Unterzeichnung der Atlantischen Erklärung in Ottawa[21] hat sich zwar weitgehend die Überzeugung durchgesetzt, daß die Konsultationen im Bündnis nicht auf Sicherheitsfragen und den geographischen Bereich der Allianz beschränkt werden sollten, aber die vorhandenen Möglichkeiten werden nicht immer genügend genutzt. (Eine von den Amerikanern im Frühjahr 75 vorgesehene Unterrichtung über Nahost unterblieb, nachdem die letzte Mission von Dr. Kissinger scheiterte.[22] Die Franzosen unterrichteten nicht über den Besuch von Präsident Sadat in Paris[23], und auch wir haben keine Konsultation über die Nahostreise von BM Genscher[24] angeboten.)

Wir sollten die in der Erklärung von Ottawa enthaltene Aufforderung zu engeren Konsultationen auch über Ereignisse in anderen Gebieten der Welt, soweit sie Interessen des Bündnisses berühren, stärker als bisher nutzen und auch etwa zögernde Allianzpartner von ihrer Notwendigkeit überzeugen.

III. Trotz der geschilderten Schwierigkeiten sowohl im politischen als auch im militärischen Bereich ist das nordatlantische Bündnis in der Lage geblieben, seine Aufgaben zu erfüllen. Es gilt, der Öffentlichkeit in allen Bündnisstaaten

---

[21] Für den Wortlaut der am 19. Juni 1974 vom NATO-Ministerrat in Ottawa gebilligten und veröffentlichten Erklärung über die Atlantischen Beziehungen, die am 26. Juni 1974 von den Staats- und Regierungschefs in Brüssel unterzeichnet wurde, vgl. NATO FINAL COMMUNIQUES 1949–1974, S. 318–321. Für den deutschen Wortlaut vgl. EUROPA-ARCHIV 1974, D 339–341. Vgl. dazu auch AAPD 1974, I, Dok. 183 und Dok. 191.

[22] Zum Abbruch der Bemühungen des amerikanischen Außenministers Kissinger um eine Vermittlung im Nahost-Konflikt vgl. Dok. 62, Anm. 11.

[23] Präsident Sadat hielt sich vom 27. bis 29. Januar 1975 in Frankreich auf. Vgl. dazu Dok. 23, Anm. 28.

[24] Bundesminister Genscher hielt sich vom 14. bis 16. April 1975 in Ägypten auf, besuchte am 16./17. April 1975 Saudi-Arabien und hielt sich am 18. April 1975 erneut in Kairo auf. Vgl. dazu Dok. 80 und Dok. 89.

stärker als bisher deutlich zu machen, daß es keine Alternative für dieses Bündnis gibt und daß Wohlstand und Freiheit nicht ohne Solidarität und Bündnisverpflichtungen gesichert werden können.

Ziel dieses Gipfeltreffens sollte es daher nicht zuletzt sein, die öffentliche Meinung davon zu überzeugen, daß selbst gelegentlich auftauchende Interessengegensätze zwischen einigen Allianzpartnern die übergeordnete Solidarität des Bündnisses nicht beeinträchtigen können und daß die auf freier Zustimmung der Völker beruhende Kohäsion des Nordatlantikpakts letztlich stärker ist als die erzwungene „Völkerfreundschaft" der Gegenseite.

[gez.] Krapf

VS-Bd. 8116 (201)

129

Aufzeichnung des Bundesministers Genscher

VS-vertraulich 22. Mai 1975[1]

Vermerk über Vier-Augen-Gespräch mit Außenminister Kissinger am Dienstag, 20. Mai 1975

Kissinger interessierte sich zunächst für die innenpolitische Situation in der Bundesrepublik. Er gab seinerseits einen Bericht über die gefestigte Stellung von Präsident Ford.

Es wurden dann folgende Themen behandelt:

1) Entspannungspolitik

Kissinger vertrat die Auffassung, daß die Rolle Gromykos in der Außenpolitik stärker geworden sei. Das gelte nicht für SALT. Hier handele er eindeutig nach Weisungen von Breschnew und Marschall Gretschko.

Ich erklärte, man müsse sehr die sowjetische Entspannungspolitik nach der KSZE im Auge behalten. Eine Reihe sowjetischer Stimmen deuteten darauf hin, daß es dann in eine politische und propagandistische Offensive gegen die NATO (Teilung Europas in zwei Militärblöcke muß überwunden werden), gegen die Anwesenheit der Amerikaner in Europa (Europa darf kein Vorposten des amerikanischen Imperialismus sein) und gegen die Auffassung vom Gleichgewicht der Kräfte (ein Gleichgewicht würde den Fortschritt aufhalten) gehen werde.[2]

---

[1] Hat Ministerialdirigent Kinkel am 23. Mai 1975 vorgelegen, der die Weiterleitung „über Herrn St[aatssekretär] G[ehlhoff]" an Ministerialdirektor van Well verfügte.

[2] Am 21. Mai 1975 erläuterte Vortragender Legationsrat Dingens zur sowjetischen Entspannungspolitik, daß jüngste sowjetische Äußerungen „die Entwicklung in Europa und in den Ost-West-Beziehungen als einen ‚Sieg der Kräfte des Sozialismus', als allgemeine Anerkennung der Prinzipien der friedlichen Koexistenz" herausstellten. Nach der KSZE sei eine Kampagne zu erwarten mit dem

Kissinger sagte, auch er seinerseits sehe mit Besorgnis eine solche Entwicklung in der sowjetischen Außenpolitik.

Ich verwies in diesem Zusammenhang auf die NATO-Debatte der letzten Woche im Bundestag.[3]

2) Portugal

Kissinger brachte seine außerordentliche Skepsis gegenüber der Entwicklung in Portugal zum Ausdruck, erklärte sich aber dann wohl bereit, meine Anregung für ein Treffen mit dem portugiesischen Außenminister[4] aufzunehmen.

Es wurden die später noch einmal im größeren Kreis vorgebrachten Argumente[5] ausgetauscht.

3) Spanien

Ich riet Kissinger, den Besuch in Spanien[6] nicht nur unter militärischen Gesichtspunkten zu sehen und vor allen Dingen sich nicht dem Verdacht auszusetzen, als wolle man die Kräfte um Franco gegenüber den Gemäßigten unterstützen.

Kissinger erklärte, Präsident Ford werde nur 15 Minuten mit Franco sprechen, um schon damit seine Distanz zum Ausdruck zu bringen.

Ich sagte dazu, die Begegnung mit Franco sei unabhängig von ihrer Dauer ein Politikum. Ich würde zu einem längeren Gespräch raten, weil nach meiner Erfahrung bei meinem Gespräch mit Franco, das ursprünglich ebenfalls auf 15 Minuten bemessen war, zum Ausdruck kam, daß dieser sehr wohl Argumente für eine Öffnung Spaniens zur Demokratie als Konsequenz zu den portugiesischen Ereignissen aufnahm.[7]

Ich hatte Franco sehr deutlich gesagt, daß dies der einzige Weg sei, um einen kommunistischen Einfluß auf Spanien abzuwehren.

Im übrigen riet ich Kissinger, der Präsident und er sollten Gespräche mit dem Ministerpräsidenten[8] und Prinz Juan Carlos suchen, die beide die Öffnung Spaniens zur Demokratie wollten.

Fortsetzung Fußnote von Seite 577

Ziel, „den sowjetischen Interpretationen der KSZE-Ergebnisse zum Durchbruch zu verhelfen und gleichzeitig die Solidarität des Westens zu schwächen". Als eines der Leitmotive der sowjetischen Außenpolitik erscheine in den Äußerungen das Ziel, „in Europa ein System der kollektiven Sicherheit anzustreben, das die vorhandenen Militärblöcke überflüssig machen soll. Dieser Plan, der auf eine Reduzierung des amerikanischen Einflusses abzielt und der Sowjetunion ein Mitspracherecht auch in Westeuropa sichern soll, manifestiert sich jetzt in der Forderung, ‚die politische Entspannung durch die militärische Entspannung zu ergänzen'. Hiermit kündigt sich eine Verlagerung des Schwerpunkts der sowjetischen Westpolitik auf die Bereiche MBFR und allgemeine Abrüstung an. In diesem Zusammenhang wird die NATO weiterhin als aggressiver Block charakterisiert, der Europa zu einem ‚amerikanischen Imperium' mache." Vgl. Referat 213, Bd. 112774.

[3] Am 15. Mai 1975 wurde im Bundestag der Bericht der Delegation der Bundesrepublik zur 20. Jahrestagung der Nordatlantischen Versammlung vom 11. bis 16. November 1974 in London erörtert. Vgl. dazu BT STENOGRAPHISCHE BERICHTE, Bd. 93, S. 11849–11914.

[4] Der portugiesische Außenminister Melo Antunes hielt sich vom 19. bis 21. Mai 1975 in der Bundesrepublik auf. Der amerikanische Außenminister Kissinger traf am 20. Mai 1975 auf Schloß Gymnich mit ihm zusammen. Vgl. dazu den Artikel „US-Außenminister zu Blitzbesuch in der Bundeshauptstadt"; GENERAL-ANZEIGER vom 21. Mai 1975, S. 1.

[5] Vgl. dazu Dok. 126.

[6] Präsident Ford hielt sich am 31. Mai und 1. Juni 1975 in Spanien auf. Vgl. Dok. 136, Anm. 15.

[7] Zum Besuch des Bundesministers Genscher am 3./4. April 1975 in Spanien vgl. Dok. 69.

[8] Carlos Arias Navarro.

Allerdings seien beide in Gegenwart von Beamten und auch des Außenministers[9] sehr zurückhaltend. Sicher werde es dem Präsidenten gelingen, mit beiden Gespräche in engerem Kreis zu erwirken. Nach meiner Überzeugung würde es ein Erfolg für Präsident Ford sein, wenn es ihm gelänge, die maßvollen Politiker zu stärken, indem er auch Franco gegenüber das Interesse der Vereinigten Staaten an einer solchen Entwicklung deutlich mache.

[Genscher]

VS-Bd. 14057 (010)

130

Aufzeichnung des Ministerialdirektors van Well

204-321.36 USA 966/75 VS-vertraulich   22. Mai 1975[1]

Herrn Staatssekretär m. d. B. um Weiterleitung an den Herrn Bundesminister[2]

Betr.: Gespräch mit Außenminister Dr. Kissinger beim Bundeskanzler am 21. Mai 1975

Der Bundesminister hat anhand seiner Notizen in einer Hausbesprechung am 22.5.1975 über das Gespräch berichtet, das am 21.5.1975 am frühen Morgen beim Bundeskanzler stattgefunden hat.

An dem Gespräch im Kanzlerbungalow haben teilgenommen:

Bundeskanzler, Bundesaußenminister Genscher, Außenminister Dr. Kissinger, Herr Sonnenfeldt, Counsellor im State Department.

Hiermit wird eine Aufzeichnung über das Gespräch vorgelegt. Es ist beabsichtigt, das gesamte Gesprächsprotokoll gemäß unten stehenden Verteilervorschlag[3] zu verteilen; ferner sollten die bei den Einzelthemen angegebenen Arbeitseinheiten den sie interessierenden Auszug erhalten.

van Well

---

[9] Pedro Cortina Mauri.

[1] Die Aufzeichnung wurde von Vortragendem Legationsrat I. Klasse Dannenbring konzipiert.

[2] Hat Staatssekretär Gehlhoff am 26. Mai 1975 vorgelegen, der die Wörter „Herrn Bundesminister" hervorhob.
Hat Bundesminister Genscher vorgelegen.

[3] Vorgeschlagen wurde die Weiterleitung an das Bundeskanzleramt, das Ministerbüro und Büro Staatssekretäre, Ministerialdirektor van Well, die Ministerialdirigenten Ruhfus und Meyer-Landrut sowie Botschafter Roth.

[Anlage]

MBFR:

Kissinger fragte, wie die Bundesregierung zur dritten Option stehe.

BK antwortete, daß unsere Bedenken bekannt seien[4], die Bundesregierung wolle jedoch prinzipiell nicht aufhaltend wirken. Der genaue Zeitpunkt für die Einführung der dritten Option müsse sorgfältig geprüft und rechtzeitig festgelegt werden.

Einvernehmen bestand mit Kissinger darüber, daß dieser Zeitpunkt nicht vor Abschluß der KSZE liegen würde.

Kissinger bat darum, daß die Bundesregierung in dieser Frage mit den Amerikanern laufend Kontakt halten und daß wir unsere Bedenken und Vorschläge nicht direkt im Rat, sondern bilateral vorbringen sollten. BM wiederholte die vereinbarten gemeinsamen Grundsätze, nämlich:

– common ceiling,
– Phasenkonzept (was für die erste Phase vereinbart wurde, gilt nicht automatisch für die weiteren Phasen)[5],
– kein Sonderstatus für Bundeswehr.

BK äußerte besondere Sorge über die sowjetischen Flottenrüstungen. Die Amerikaner müßten dieses Problem klar sehen und prüfen, welche Konsequenzen sich daraus für die MBFR ergeben könnten. Man müsse ferner die psychologische Wirkung der sowjetischen Flottenpräsenz im Mittelmeer bedenken, wo die Sechste Flotte im Verhältnis zur Eskadra heute eine Selbstverteidigungsfunktion erfülle.

Kissinger nahm diese Anregungen auf und erklärte, daß er darüber eine Untersuchung in Auftrag geben wolle.

KSZE:

BK fragte, ob man mit der dritten Phase im Sommer rechnen könne.

Kissinger erwiderte, dies liege nur an den Russen.[6] Der Westen habe seine Möglichkeit für Entgegenkommen erschöpft; weitere Zugeständnisse des Westens seien jetzt nicht mehr möglich.

Der amerikanische Präsident stehe auf dem KSZE-Gipfel nur für 2 1/2 Tage zur Verfügung.

BK bemerkte, diese Zeit erscheine ihm zu kurz. Schon wegen der Gespräche am Rande des Gipfels sollte die Konferenzdauer eine Woche betragen. Er selbst habe die Absicht, z. B. Breschnew, Gierek und Honecker zu sprechen und wolle – schon wegen der Ausgewogenheit – mit einer entsprechenden Anzahl westlicher Regierungschefs sprechen.

---

[4] Zur Haltung der Bundesregierung hinsichtlich der Einbeziehung amerikanischer nuklearer Komponenten in die MBFR-Verhandlungen (Option III) vgl. Dok. 101.
[5] Vgl. dazu die am 22. November 1973 von den an den MBFR-Verhandlungen teilnehmenden NATO-Mitgliedstaaten vorgelegten Rahmenvorschläge; Dok. 12, Anm. 5.
[6] Zu den sowjetischen Bestrebungen, die KSZE-Schlußkonferenz für Ende Juli anzuberaumen, vgl. Dok. 127, Anm. 3.

Kissinger bemerkte, daß man dieses Zeitproblem dadurch lösen könne, daß die Staatsmänner evtl. je einen Tag vor Konferenzbeginn und einen Tag nach Konferenzschluß abreisen, so daß insgesamt dann doch knapp eine Woche zur Verfügung stehen würde.

BK fragte, ob Kissinger den Eindruck habe, daß der Einfluß Gromykos in Moskau gestiegen sei.

Kissinger bejahte diese Frage. Gromyko sei in der Berlin-Frage sehr engagiert, in der KSZE dagegen ohne Konzeption. In strategischen Fragen sei sein Einfluß gering. Insofern seien Breschnew und Gretschko maßgeblich.

NATO-Gipfel[7]:

Kissinger teilte mit, daß Giscard in Brüssel am Essen teilnehmen und mit Präsident Ford zusammentreffen werde.[8] Er (Kissinger) regte an, daß der Bundeskanzler bei seiner Begegnung mit dem Präsidenten[9] auch wirtschaftliche Probleme ansprechen möge.

Präsident Ford werde in seiner Rede auf dem NATO-Gipfel vor allem zwei Themen behandeln, nämlich:

– Er werde versichern, daß in Europa keine Truppenverminderungen vorgenommen würden.
– Er werde sich für die Aufrechterhaltung und Stärkung der atlantischen Konzeption einsetzen.

BK teilte mit, daß er in seiner Rede auch Wirtschaftsfragen behandeln wolle. Er würde es begrüßen, wenn auch Präsident Ford in seiner Rede einen Absatz über die Wirtschaftsprobleme aufnehmen würde, damit er (BK) darauf Bezug nehmen könne.

BK erwähnte, daß er über den geplanten Besuch von Präsident Ford in Madrid[10] nicht glücklich sei – ein solcher Besuch würde dazu beitragen, die Stellung von Politikern zu stabilisieren, die in einigen Monaten weg sein würden.

Kissinger erwiderte, daß es dem Präsidenten darauf ankomme, in Spanien eine portugiesische Entwicklung zu verhindern.

BK erklärte mit Nachdruck, daß den gemäßigten Kräften in Portugal geholfen werden müsse. Kissinger zeigte sich skeptisch und meinte, daß diese Hilfe den Linksradikalen statt den Gemäßigten zugute kommen würde. (Hierzu bemerkte der Bundesminister, daß sich die weiteren Ausführungen Kissingers zu diesem Thema mit Kissingers Darlegungen am Vorabend in Gymnich[11] weitgehend deckten. Kissinger habe jedoch – offenbar unter dem Eindruck der Erklä-

---

7 Zur NATO-Ratstagung auf der Ebene der Staats- und Regierungschefs am 29./30. Mai 1975 in Brüssel vgl. Dok. 143.
8 Staatspräsident Giscard d'Estaing nahm ebensowenig wie Ministerpräsident Chirac an der NATO-Ratstagung am 29./30. Mai 1975 teil, hielt sich jedoch am 29. Mai 1975 zu einem von König Baudouin I. gegebenen Essen in Brüssel auf und traf mit Präsident Ford zusammen. Vgl. dazu den Artikel „NATO-Gipfeltreffen eröffnet"; SÜDDEUTSCHE ZEITUNG vom 30. Mai 1975, S. 2.
9 Für das Gespräch am 29. Mai 1975 in Brüssel vgl. Dok. 138.
10 Präsident Ford hielt sich am 31. Mai und 1. Juni 1975 in Spanien auf. Vgl. dazu Dok. 136, Anm. 15.
11 Zu den Ausführungen des amerikanischen Außenministers Kissinger im Vier-Augen-Gespräch mit Bundesminister Genscher bzw. im Gespräch im größeren Kreis am 20. Mai 1975 vgl. Dok. 126 und Dok. 129.

581

rung des Bundesministers, daß sich die innenpolitische Entwicklung in Portugal in wenigen Monaten entscheiden werde, und wohl auch unter dem positiven Eindruck seines Gesprächs mit Antunes[12] – mehr Verständnis für den Versuch gezeigt, den Demokratisierungsprozeß in Portugal zu unterstützen. Kissinger habe ihm über sein Gespräch mit Antunes berichtet, Antunes sei für die NATO, für Neutralismus und für die Gruppe der 77, er sei nur nicht auch noch für den Warschauer Pakt.)

Griechenland – Türkei:
BK berichtete über den Besuch von Ministerpräsident Karamanlis in Bonn[13] und betonte, daß sich Karamanlis als sehr verantwortungsbewußt gezeigt habe.
Kissinger sagte auf eine entsprechende Frage des Bundeskanzlers, daß Ecevit gegen alles sei, was von Demirel komme. Wenn Ecevit in der Regierung wäre, würde er sicherlich verantwortungsbewußter handeln.

Israel:
Kissinger berichtete über seine Einschätzung der israelischen Politik. Bei seinen letzten Besuchen in Israel[14] habe er den Eindruck gewonnen, daß es der israelischen Regierung hauptsächlich darauf ankomme, das Jahr 1975 zu überstehen und die amerikanischen Wahlen von 1976[15] abzuwarten.
Kissinger bemerkte, daß eine solche Politik zur Katastrophe führen müsse, denn wenn Israel sich weiter so verhalte, bestehe die zunehmende Gefahr einer Konfrontation mit den USA.
Kissinger äußerte sich ferner kritisch über gewisse Methoden der israelischen Politik. Als Beispiel nannte er, daß sich Rabin in einer bestimmten Frage Bedenkzeit über ein Wochenende erbeten habe, offensichtlich nur, um Zeit zu haben, wegen der in Wahrheit schon getroffenen Entscheidung, die israelische Lobby in den USA zu mobilisieren.

Devisenausgleich:
BK bezog sich auf den bei ihm eingegangenen Brief von Präsident Ford mit der Aufforderung um Aufnahme von Verhandlungen über ein neues Devisenausgleichsabkommen.[16] Er wies darauf hin, daß er schon als Bundesfinanzminister in Washington Verständnis dafür gefunden habe, daß man zukünftig aus finanzpolitischen und allgemeinen politischen Überlegungen besser auf ein De-

---

[12] Der amerikanische Außenminister Kissinger traf am 20. Mai 1975 mit dem portugiesischen Außenminister Melo Antunes auf Schloß Gymnich zusammen. Vgl. dazu den Artikel „US-Außenminister zu Blitzbesuch in der Bundeshauptstadt"; GENERAL-ANZEIGER vom 21. Mai 1975, S. 1.
[13] Ministerpräsident Karamanlis hielt sich vom 15. bis 17. Mai 1975 in der Bundesrepublik auf. Für das Gespräch mit Bundeskanzler Schmidt am 16. Mai 1975 vgl. Dok. 120.
[14] Der amerikanische Außenminister Kissinger hielt sich im Rahmen seiner Nahost-Reisen vom 10. bis 15. Februar und vom 9. bis 23. März 1975 mehrfach in Israel auf.
[15] Am 2. November 1976 fanden in den USA Präsidentschaftswahlen sowie Wahlen zum Repräsentantenhaus und Teilwahlen zum Senat statt.
[16] Für das Schreiben des Präsidenten Ford vom 3. Mai 1975 vgl. VS-Bd. 8890 (420).

visenausgleichsabkommen verzichten sollte.[17] An dieser Sachlage habe sich nichts geändert. Er fragte sich, was die amerikanische Regierung jetzt von ihm erwarte.

Kissinger erklärte dazu, ihm sei unvorstellbar, wie der Brief des Präsidenten ohne seine Zustimmung habe abgehen können. Der Brief sei ihm weder bekannt noch verständlich.

Kissinger erklärte, er werde sich zu diesem Schreiben des Präsidenten äußern.[18] Bis dahin solle die deutsche Seite den Brief unbeantwortet liegenlassen.

Pariser Vorkonferenz der Produzenten- und Verbraucherländer[19]:

Kissinger erklärte, daß die USA in der kommenden Woche Gespräche über eine bessere Vorbereitung der Konferenz, auch mit den Franzosen, aufnehmen wollen.

Dieses Thema werde auch bei der Begegnung von Giscard und Ford in Brüssel behandelt werden.

BK legte dar, daß angesichts unserer im Vergleich zu den USA geringen Eigenversorgung unsere Interessenlage im Bereich der Rohstoff- und Energiepolitik anders als die amerikanische sei. Wir seien deshalb auch bereit, über Rohstoffe zu sprechen. Er wiederhole seinen Vorschlag, vorbereitende Gespräche zunächst im Rahmen von privaten Treffen maßgebender Experten[20] (von amerikanischer Seite George Shultz) führen zu lassen.

Kissinger erwiderte, daß auch er schon seit einem Jahr für die Einbeziehung der Rohstoffe sei. Er würde es begrüßen, wenn der Bundeskanzler bei seinem Gespräch mit Präsident Ford in Brüssel den Präsidenten in diesem Sinne beeinflussen würde. Er (Kissinger) habe sich mit seiner Ansicht gegen die „Economic Agency" (gemeint seien die Herren Simon, Greenspan u. a.) nicht durchsetzen können. Er befürchte, daß die USA durch die restriktive Haltung dieser Herren in die Gefahr der Isolation geraten könnten.

BK betonte, daß die weltwirtschaftliche Entwicklung gefährliche Ausmaße annehmen und zu einer Depression wie 1930 führen könne. Neben der Depression gebe es auch noch Inflation. Unter diesen Umständen müßten zusätzliche Schwierigkeiten in der Rohstoffpolitik vermieden werden. Es sei zu bedauern, daß die amerikanische Regierung im wirtschaftlichen Bereich nicht mehr Optimismus ausstrahle, sondern eher Pessimismus verbreite. Auch dieser psychologische Faktor trage zur Depression bei.

Kissinger stimmte zu, daß es eine Parallele zur Depression von 1930 gebe: Die meisten Regierungen seien, wie damals, ratlos. Es fehle ein wirtschaftlicher

---

[17] Bundesminister Schmidt führte am 19. März 1974 Gespräche mit dem amerikanischen Finanzminister Shultz, die zum Abschluß des Devisenausgleichsabkommens führten. Vgl. dazu Dok. 118, Anm. 6.

[18] Der amerikanische Außenminister Kissinger sprach am 12. Juli 1975 mit Bundesminister Genscher über Devisenausgleich. Vgl. dazu Dok. 203.

[19] Zur Vorkonferenz der erdölproduzierenden und -verbrauchenden Staaten vom 7. bis 15. April 1975 vgl. Dok. 87.

[20] Zu den Bemühungen des Bundeskanzlers Schmidt um eine private Konferenz unabhängiger Sachverständiger für Energie- und Finanzfragen aus erdölexportierenden und -verbrauchenden Staaten vgl. Dok. 97 und Dok. 108.

Denker vom Format eines Keynes. Er würde es begrüßen, wenn der Bundeskanzler Präsident Ford in Brüssel auch auf diese wirtschaftliche Problematik ansprechen würde.

Kissinger äußerte, daß Präsident Giscard bei seinen Besuch in Algier[21] zur Zeit der Vorkonferenz bei den Algeriern falsche Hoffnungen geweckt hätte. Dieser Fehler dürfte nicht wiederholt werden.

BK betonte noch einmal, daß es deshalb nützlich wäre, vorbereitende Gespräche von privaten Experten führen zu lassen.

VS-Bd. 9960 (204)

131

Aufzeichnung des Ministerialdirigenten Meyer-Landrut

210-331.00-763/75 geheim   22. Mai 1975[1]

Über Herrn Staatssekretär[2] Herrn Minister[3]

Betr.: Gespräch Botschafter Hillenbrands mit Botschafter Abrassimow in Berlin (West) am 12. Mai 1975

Anlg.: 1[4]

Zweck der Vorlage: Unterrichtung

I. Sachverhalt

Am 12. Mai traf sich in Berlin (West) auf amerikanische Einladung Botschafter Hillenbrand mit Botschafter Abrassimow zu einem Essen. Die in der Anlage beigefügte Aufzeichnung über das Gespräch der beiden Botschafter wurde uns in der Bonner Vierergruppe zur Verfügung gestellt.

Vor dem Essen zog Botschafter Abrassimow seinen amerikanischen Gastgeber zur Seite und sagte ihm „auf rein persönlicher Basis", er frage sich, ob es nicht eine gute Idee sei, wenn die vier Botschafter sich am dritten Jahrestag des In-

---

[21] Staatspräsident Giscard d'Estaing hielt sich vom 10. bis 12. April 1975 in Algerien auf.

[1] Die Aufzeichnung wurde von Vortragendem Legationsrat I. Klasse Lücking und von Legationsrat von Arnim konzipiert.
Hat Ministerialdirektor van Well am 28. Mai 1975 vorgelegen.

[2] Hat Staatssekretär Gehlhoff am 23. Mai 1975 vorgelegen.

[3] Hat Bundesminister Genscher am 24. Mai 1975 vorgelegen, der handschriftlich vermerkte: „Diese Vorlage bitte ich mit nach Washington zu geben."
Hat Vortragendem Legationsrat I. Klasse Schönfeld am 28. Mai 1975 vorgelegen, der die Bemerkung von Genscher handschriftlich ergänzte: „mit etwaigen Ergänzungen wegen zwischenzeitlicher Ereignisse".

[4] Dem Vorgang beigefügt. Für die amerikanische Aufzeichnung über das Gespräch des Botschafters Hillenbrand mit dem sowjetischen Botschafter in Ost-Berlin, Abrassimow, vgl. VS-Bd. 14061 (010).

krafttretens des Vier-Mächte-Abkommens über Berlin⁵ treffen würden. Botschafter Hillenbrand ging darauf nicht weiter ein und meinte, es sei besser, den Vier-Mächte-Mechanismus der Situation vorzubehalten, für die das Abkommen ihn vorgesehen habe.⁶

In dem Gespräch nach dem Essen würdigte Botschafter Hillenbrand das Vier-Mächte-Abkommen als ein aus amerikanischer Sicht wichtiges Dokument. Er drückte die Hoffnung aus, daß auch die Sowjetunion und die DDR die im Vergleich zur Situation der 50er und 60er Jahre großen Verbesserungen anerkennten. Das Vier-Mächte-Abkommen sei ein Kompromiß für beide Seiten. Die Sprache, in die dieser Kompromiß gefaßt ist, sei weithin allgemein und versuche in vielen Bereichen keine spezifischen Definitionen. Er wünsche, etwaige sowjetische Befürchtungen zu zerstreuen, die Drei Mächte konspirierten mit der Bundesrepublik Deutschland, um eine nicht nur quantitative, sondern auch qualitative Veränderung des Status quo herbeizuführen.⁷

Botschafter Abrassimow stellte seine Antwort in den größeren Zusammenhang der sowjetisch-amerikanischen Beziehungen und deren Bedeutung für die Entspannung. Er betonte insbesondere, daß keine Seite „freie" („liberal") Ad-hoc-Interpretationen der Bestimmungen des Abkommens einführen sollte. Die Sowjetunion habe ein Abkommen zwischen vier Parteien unterzeichnet, und einseitige westliche Entscheidungen stellten als solche eine Verletzung des Abkommens dar.

Die Bundesrepublik Deutschland habe sich der Verletzung des Vier-Mächte-Abkommens schuldig gemacht mit der Zustimmung und im Verein mit den westlichen Alliierten. Die Sowjets hegten nicht den Verdacht einer Verschwörung. Sie protestierten dagegen, daß die Drei Mächte stillschweigend der Bundesrepublik Deutschland dabei hülfen, ihre Ziele zu erreichen.

Daneben sprachen beide Botschafter jeweils verschiedene Zwischenfälle im Luftverkehr an, ohne die Diskussion darüber zu vertiefen.

Botschafter Hillenbrand kam auf das Ertrinken eines türkischen Kindes in der Spree⁸ zu sprechen. Botschafter Abrassimow antwortete, diese Angelegenheit

---

⁵ Das Vier-Mächte-Abkommen über Berlin vom 3. September 1971 trat mit der Unterzeichnung des Schlußprotokolls am 3. Juni 1972 in Kraft.
⁶ In Ziffer 4 des Schlußprotokolls vom 3. Juni 1972 zum Vier-Mächte-Abkommen über Berlin vom 3. September 1971 wurde vereinbart: „In the event of a difficulty in the application of the Quadripartite Agreement or any of the above-mentioned agreements or arrangements which any of the four Governments considers serious, or in the event of non-implementation of any part thereof, that Government will have the right to draw the attention of the other three Governments to the provisions of the Quadripartite Agreement and this Protocol and to conduct the requisite quadripartite consultations in order to ensure the observance of the commitments undertaken and to bring the situation into conformity with the Quadripartite Agreement and this Protocol." Vgl. UNTS, Bd. 880, S. 146. Für den deutschen Wortlaut vgl. BUNDESANZEIGER, Nr. 174 vom 15. September 1972, Beilage, S. 73.
⁷ Der Passus: „in vielen Bereichen ... herbeizuführen" wurde von Bundesminister Genscher hervorgehoben. Dazu Fragezeichen und handschriftliche Bemerkung: „Eine wenig kluge Feststellung!"
⁸ Am 11. Mai 1975 ertrank ein fünfjähriger türkischer Junge in Berlin-Kreuzberg in der Spree, nachdem Grenztruppen der DDR der Feuerwehr von Berlin (West) die Hilfeleistung an dem an dieser Stelle auf ganzer Breite zur DDR gehörenden Flußabschnitt verweigert hatten. Vgl. dazu den Artikel „Heftige Reaktion nach Unglück in der Spree"; FRANKFURTER ALLGEMEINE ZEITUNG vom 13. Mai 1975, S. 4.

liege in der Zuständigkeit der DDR, er werde sie aber mit den zuständigen Stellen besprechen.

Schließlich beklagte sich Abrassimow noch über die Behandlung einiger praktischer Fragen der sowjetischen Präsenz in Berlin (West) durch die alliierte Verwaltung.

II. Bewertung

Nach dem Gespräch mit Botschafter Wormser vom 4.4.1975[9] war dies das zweite Treffen von Botschafter Abrassimow mit einem seiner westlichen Partner in der Verantwortung für Berlin.

Zwar hat Botschafter Abrassimow dieses Mal einen erheblich gemäßigteren Ton angeschlagen, in der politischen Substanz ist er aber weitergegangen als gegenüber Botschafter Wormser.[10] Während er gegenüber dem französischen Botschafter noch die Verantwortung der Sowjetunion für „die Anwendung des Vier-Mächte-Abkommens über Berlin in der DDR und ihrer Hauptstadt Berlin" anerkannte und diese von der Verantwortung der Drei Mächte für die westlichen Sektoren trennte, nahm er implicite gegenüber Botschafter Hillenbrand ein Mitspracherecht der Sowjetunion über Berlin (West) mit der Behauptung in Anspruch, ein solches Recht folge aus der Tatsache, daß das Abkommen von vier Parteien unterzeichnet worden sei.

Besonders hervorzuheben ist der Versuch Botschafter Abrassimows, die amerikanische Reaktion auf ein mögliches sowjetisches Verlangen nach informellen oder gar formellen Konsultationen der Vier Mächte im Sinne des Vier-Mächte-Schlußprotokolls zu testen.

Die Haltung Botschafter Hillenbrands kann nur als defensiv bezeichnet werden. Nachdem er aus dem Verlauf der Unterredung von Botschafter Wormser mit seinem Gesprächspartner entnommen hatte, daß Abrassimow vor einer scharfen verbalen Konfrontation nicht zurückschreckt, hat Hillenbrand offenbar versucht, von vornherein eine andere Atmosphäre zu schaffen. Nicht unbedenklich erscheint die Bemerkung Hillenbrands, das Vier-Mächte-Abkommen

---

[9] Zum Gespräch des französischen Botschafters Wormser mit dem sowjetischen Botschafter in Ost-Berlin, Abrassimow, in Berlin (West) vermerkte Vortragender Legationsrat Kastrup am 9. April 1975, nach in der Bonner Vierergruppe übermittelten Informationen sei die Unterredung „nach musikalischer Gesetzmäßigkeit" verlaufen: „sich steigernde Spannung, krisenhafter Höhepunkt, Entspannung". So habe Abrassimow ausgeführt, „die Bundesrepublik verletze in grober Weise das Vier-Mächte-Abkommen und handele hierbei mit Zustimmung oder zumindest mit stillschweigender Billigung der Drei Mächte. [...] So sei die Entführung von Peter Lorenz eine reine Berliner Angelegenheit, in welcher Bonn nichts zu entscheiden gehabt habe. Die Bundesbehörden hätten sich aber verhalten, als sei Berlin ein Land der Bundesrepublik Deutschland. Er müsse hinzufügen, die Sowjetunion werde eine Entsendung von militärischen bzw. paramilitärischen Kräften nach Berlin als ‚sehr sehr schwerwiegend' betrachten." Als Wormser „an die Meinungsverschiedenheiten zur Demilitarisierung Ostberlins" erinnert und Ost-Berlin ausdrücklich als sowjetischen Sektor von Berlin bezeichnet habe, habe Abrassimow entgegnet: „‚Es gibt keinen sowjetischen Sektor von Berlin mehr, wir sind jedoch verantwortlich für die Anwendung des Vier-Mächte-Abkommens in der DDR und in ihrer Hauptstadt Berlin, so wie Sie dafür in Ihren Sektoren verantwortlich sind. Im Mittelalter hätten wir uns den Fehdehandschuh hingeworfen und uns duelliert.' Wormser: ‚Ich bin Ihnen verbunden, daß Sie mich nicht zum Duell provozieren. Aber ich bin bereit, jeder wie auch immer gearteten Einladung von Ihrer Seite Folge zu leisten.'" Vgl. VS-Bd. 10172 (210); B 150, Aktenkopien 1975.

[10] Dieser Satz wurde von Bundesminister Genscher hervorgehoben. Dazu vermerkte er handschriftlich: „r[ichtig]".

enthalte in vielen Bereichen keine „spezifischen Definitionen". Immerhin hat er es vermieden, von „grauen Zonen" zu sprechen.

Meyer-Landrut

VS-Bd. 14061 (010)

132

Botschafter Krapf, Brüssel (NATO), an das Auswärtige Amt

114-12736/75 geheim	Aufgabe: 23. Mai 1975, 20.45 Uhr[1]
Fernschreiben Nr. 754	**Ankunft: 24. Mai 1975, 08.08 Uhr**

Betr.: DPC-Ministersitzung in Brüssel am 22. und 23. Mai 1975

Zur Unterrichtung

Auf der Sitzung der Verteidigungsminister wurden folgende Themen behandelt:

1) Eröffnung

NATO-Generalsekretär Luns eröffnete die Ministertagung und begrüßte dabei besonders den erstmals an einer DPC-Sitzung teilnehmenden dänischen Verteidigungsminister Møller und den türkischen Verteidigungsminister Melen, der in gleicher Eigenschaft letztmals 1971 teilgenommen hatte.

Luns hob die Bedeutung dieser Sitzung angesichts des in einer Woche stattfindenden NATO-Gipfeltreffens[2] hervor. Er bat die Minister um freie Meinungsäußerungen zu allen anstehenden Problemen, da vertrauliche Behandlung aller Gespräche vorausgesetzt werden könne.

Er führte weiter aus, daß andererseits Aufgeschlossenheit der NATO gegenüber der Öffentlichkeit notwendig sei, da deren Verständnis und Unterstützung gebraucht würde. Luns verwies in diesem Zusammenhang auf die zur Verabschiedung heranstehende ministerial guidance, von der eine nicht klassifizierte Kurzfassung der Öffentlichkeit zugänglich gemacht werden soll.[3]

2) Bericht Vorsitzender Eurogroup

a) Unter TO-Punkt I unterrichtete der Vorsitzende der Eurogroup, Minister Mason, (UK), über die Eurogroup-Ministersitzung am 7. Mai in London.[4]

b) In seinem kurzen, allgemein gehaltenen Bericht stellte er vier Punkte besonders heraus:

---

[1] Hat Vortragendem Legationsrat Wentker vorgelegen.
[2] Zur NATO-Ratstagung auf der Ebene der Staats- und Regierungschefs am 29./30. Mai 1975 in Brüssel vgl. Dok. 143.
[3] Für den Wortlaut der „Ministerial guidance 1975" vgl. NATO FINAL COMMUNIQUES 1975–1980, S. 24–29. Für den deutschen Wortlaut vgl. EUROPA-ARCHIV 1975, D 386–390. Für einen Auszug vgl. Anm. 9. Vgl. ferner Dok. 110, Anm. 6.
[4] Zur Ministersitzung der Eurogroup am 7. Mai 1975 vgl. Dok. 110 und Dok. 114.

- die kritische Bestandsaufnahme in der Eurogroup mit Folgerungen für eine straffere, ergebnisorientierte Lenkung der praktischen Zusammenarbeit durch die Minister selbst (zwei Berichte der High Level Working Group);
- die Verabschiedung der „Grundsätze über die logistische Zusammenarbeit"[5];
- die neuen Initiativen der Eurogroup zu engerer Rüstungszusammenarbeit mit dem Ziel, zu standardisieren und eine gesunde industrielle Basis in Europa zu erhalten;
- die Eröffnung des Dialoges mit den USA über Rüstungszusammenarbeit durch die Eurogroup (Mason-Brief an Secretary Schlesinger[6]).

c) Der Generalsekretär unterstrich in seiner Erwiderung nachhaltig die Notwendigkeit zu engerer Zusammenarbeit auf dem Rüstungssektor. Dies sei ein Prüfstein für das Bündnis.

d) Abschließend informierte Minister Fostervoll (Norwegen) über den Stand der Verhandlungen zu F-104-Nachfolge. Nach 1 1/2 Jahren intensiver Arbeit sei die einstimmige Empfehlung der vier beteiligten Verteidigungsminister[7] zur Beschaffung der amerikanischen F-16 ergangen, die in einigen Ländern zur Zeit unter politischen und wirtschaftlichen Gesichtspunkten überprüft werde. Die endgültige Entscheidung soll noch im Mai getroffen werden. Sein Land habe sich zum Ankauf von 72 F-16 in der Erwartung entschieden, daß auch die übrigen Länder dieses Muster beschafften.[8]

3) Restricted session

a) Vortrag des Vorsitzenden des Militärausschusses

Admiral of the Fleet Sir Peter Hill-Norton eröffnete seinen Vortrag mit der

---

[5] Für den Wortlaut der Erklärung vom 7. Mai 1975 über Grundsätze der Eurogroup für die Zusammenarbeit auf dem Gebiet der Logistik vgl. EUROPA-ARCHIV 1975, D 383–385.

[6] Zum Schreiben des britischen Verteidigungsministers Mason vom 9. Mai 1975 an den amerikanischen Verteidigungsminister Schlesinger teilte Botschafter Krapf, Brüssel (NATO), am 21. Mai 1975 mit, „keine Zustimmung" hätte in der staff group der Eurogroup am Vortag „die von Minister Mason beabsichtigte ‚illustrative' Erörterung konkreter Punkte (finanzielle Größenordnungen, einzelne Rüstungsprojekte) bereits während der kommenden DPC-Sitzung" gefunden: „Mehrere Sprecher wiesen darauf hin, daß jetzt die USA im Zuge seien und auf die europäischen Vorschläge antworten müßten. Auf der Grundlage der amerikanischen Überlegungen könnten dann konkrete europäische Vorschläge entwickelt werden. Verfrühte Vorstöße einzelner europäischer Länder stifteten nur Verwirrung und schadeten letztlich europäischen Interessen." Vgl. den Drahtbericht Nr. 731; Referat 201, Bd. 113527.

[7] Paul van den Boeynants (Belgien), Orla Møller (Dänemark), Hendrikus Vredeling (Niederlande), Alv Jacob Fostervoll (Norwegen).

[8] Am 12. Juni 1975 berichtete Botschafter Ahrens, Kopenhagen, das dänische Parlament habe am Vortag die Regierung zum Erwerb von 48 Kampfflugzeugen des amerikanischen Typs F-16 ermächtigt: „Dänemark leistet durch jetzt getroffene Entscheidung Beitrag zur Waffenstandardisierung innerhalb NATO." Vgl. den Drahtbericht Nr. 139; VS-Bd. 8615 (201); B 150, Aktenkopien 1975.
In Belgien kam es wegen der Empfehlung des Ministerpräsidenten Tindemans im Kabinett am 7. Juni 1975, ebenfalls Kampfflugzeuge des Typs F-16 als Ersatz für die 116 F-104-Flugzeuge zu beschaffen, zu einer Regierungskrise. Am 10. Juni 1975 erläuterte Tindemans dem belgischen Parlament diese Entscheidung und sprach sein Bedauern aus, „daß es aus Anlaß der Ersatzbeschaffung für die F-104-G nicht möglich gewesen sei, die Grundlage für eine europäische Luftfahrtindustrie zu schaffen. Die belgische Regierung werde aber ihre Bemühungen in dieser Richtung weiterverfolgen. Aus diesem Grunde habe man nur die Beschaffung von 102 Flugzeugen beschlossen. Der Gegenwert von 14 Flugzeugen sei als belgischer Beitrag zu einem eventuellen ‚Fonds für Forschung und Entwicklung der europäischen Luftfahrtindustrie' reserviert." Das Parlament sprach der Regierung am 12. Juni 1975 das Vertrauen aus. Vgl. den Schriftbericht des Verteidigungsattachés Anger, Brüssel, vom 16. Juni 1975; VS-Bd. 8615 (201); B 150, Aktenkopien 1975.

Feststellung, daß die wesentlichsten Probleme der Allianz zur Zeit ihren Ursprung haben in Entscheidungen, die aus nationalen Gründen durch einzelne Mitglieder der Allianz getroffen worden seien. Sie beträfen die Zurverfügungsstellung von Streitkräften oder Geld oder die Umfangszahlen und hätten daher eine Rückwirkung auf die Fähigkeit, eine zusammenhängende effektive Militärmaschinerie zu erhalten. Er stellte besonders heraus, daß es darauf ankomme, das Kräftegleichgewicht zwischen NATO und dem WP aufrechtzuerhalten. Jede Ungleichgewichtigkeit auch nur eines Teiles der NATO-Triade[9] werde für die Allianz gefährlich. Jedes Ungleichgewicht auf dem Gebiet der konventionellen Streitkräfte würde die nukleare Schwelle senken.

Er unterstützte daher die amerikanischen Initiativen, die Qualität als auch die Quantität der konventionellen Streitkräfte zu stärken. Die wesentlichsten Elemente der Abschreckung seien Quantität, Qualität, Kampfkraft und Moral sowie der politische Wille.

Auf dem Gebiet der Quantität habe der WP in den letzten Jahren zugewonnen, während die NATO-Streitkräfte reduziert worden seien. Bezüglich der Qualität sei die NATO noch auf den meisten Gebieten führend, die Russen bemerkenswert erfolgreich in ihrem Bemühen, die technologische „Lücke" zu schließen. Über den Ausbildungsstand und den Geist unserer Truppen zu urteilen, sei schwierig. Ihm mache Sorgen der Ausbildungszustand und die Ausrüstung von einigen der Reserve-Truppenteile, und er unterstützte die Ansicht von SACEUR, daß eine Dienstzeit von 18 Monaten als Minimum zur Ausbildung einsatzbereiter Soldaten erforderlich sei. Bereits sechs Länder der Allianz hätten ihren Grundwehrdienst auf Zeiten darunter verkürzt.

Was die Frage der politischen Willensbildung angehe, sei die NATO in erheblichem Nachteil, da sie mit einem monolitisch strukturierten Gegner konfrontiert sei.

In diesem Zusammenhang befaßte er sich besonders mit dem Problem der zur Verfügung stehenden Warnzeit.

Er wies darauf hin, daß die Verfahrensübungen der letzten Zeit die Bedeutung eines den Verhältnissen angepaßten Krisenmanagements besonders herausgestellt hätten.

Die Warnzeit selbst sei nur soweit von Nutzen, als sie den Truppenkommandeuren zu den notwendigen Maßnahmen zur Verfügung stehe.

---

[9] Zu den drei Elementen der NATO-Streitkräfte wurde in Ziffer 11 der „Ministerial guidance 1975" ausgeführt, die NATO brauche zur Abschreckung und Verteidigung konventionelle Land-, Luft- und Seestreitkräfte, Nuklearwaffen für taktische Zwecke und strategische Nuklearstreitkräfte, die jeweils glaubwürdig sein und insgesamt ein geschlossenes System bilden sollten: „a) the conventional forces should be strong enough to resist and repel a conventional attack on a limited scale, and to deter larger scale conventional attacks through the prospect of an expansion of the area, scale and intensity of hostilities which could lead to the use of nuclear weapons [...]; b) the purpose of the tactical nuclear capability is to enhance the deterrent and defensive effect of NATO's forces against large-scale conventional attack, and to provide a deterrent against the expansion of limited conventional attack and the possible use of tactical nuclear weapons by the aggressor. Its aim is to convince the aggressor that any form of attack on NATO could result in very serious damage to his own forces [...]; c) it is the function of the strategic nuclear forces to strengthen flexible response options, to provide the capability of extending deterrence across a wide range of contingencies, and to provide an ultimate sanction for the overall strategy." Vgl. NATO FINAL COMMUNIQUES 1975–1980, S. 27. Für den deutschen Wortlaut vgl. EUROPA-ARCHIV 1975, D 388 f.

Zu MBFR betonte er, daß jede Verminderung von Streitkräften auf unserer Seite für die Allianz günstig sei.

Er wies dann auf die internationale Konferenz über humanitäres Völkerrecht[10] hin und stellte die damit verbundenen Probleme heraus (s. hierzu Erklärung BM Leber bei Eurogroup-Sitzung in London und Generalinspekteur[11] bei MCCS-Sitzung am 13.5.1975).[12]

Er wandte sich darauf einigen praktischen Fragen zu, in denen er die Unterstützung der Minister erbat:

– Modernisierung des Luftverteidigungssystems innerhalb der nächsten Dekade einschließlich der richtigen Mischung von Jägern, Raketen, Radar und Fernmeldeverbindungen;
– Überfeinerung von Gerät. Er wies darauf hin, daß die USA jährlich 4,6 Mrd. US-Dollar und die Europäer 2,6 Mrd. US-Dollar für Forschung und Entwicklung ausgäben und wir uns dabei gegenseitig Konkurrenz machten;
– das internationale Militärbudget, das Gefahr läuft, nicht mehr die notwendigen Ausgaben zu decken;
– das Infrastrukturprogramm, durch das nur etwa ein Viertel der wirklich benötigten Mittel bereitgestellt wird.

Er berichtete über den Stand der Untersuchungen SACEURs über Flexibilität und kündigte an, daß der vorliegende Bericht, der 58 Vorschläge enthält, durch das MC überprüft werden wird. Er wies außerdem auf die Untersuchung über die NATO-Kommandostruktur hin.

Positiv könne er vermerken, daß in vielen Bereichen durch die Nationen die Verteidigungsausgaben erhalten und teilweise sogar erhöht worden sind. Unsere gepanzerten Kräfte, die Artillerie und die Panzerabwehrwaffen seien in ihrer Qualität verbessert und neue Schiffe und Flugzeuge in Dienst genommen worden.

Der US-Verteidigungsminister begrüßte den Bericht des Vorsitzenden des Militärausschusses und fand anerkennende Worte für die Arbeit des MC. Er stellte heraus, daß in der letzten Zeit Überprüfungen der Verteidigungshaushalte unter politischen Aspekten vorgenommen wurden und im allgemeinen zu Kürzungen geführt hätten, um damit anderen Bereichen mehr Geld zuführen zu können. Die internationale Situation befinde sich in einer Phase der Prüfung sowohl nach innen als nach außen. Wenn wir zuließen, daß sich das militärische Kräfteverhältnis verschlechtere und wir nicht mit den Entwicklungen Schritt hielten, werde die Situation gefährlich. Die Aufrechterhaltung der Sicherheit erfordere ständige Opfer, daher sei es nötig, Öffentlichkeit und Parlamente davon zu überzeugen. Eine offene Diskussion müsse zeigen, daß die Sowjetunion auf verschiedenen Gebieten unterbewertet worden ist. Das Ende der amerikanischen Verpflichtungen in Südost-Asien führe zu einer neuen Hin-

---

10 Die zweite Session der Konferenz zur Weiterentwicklung des humanitären Kriegsvölkerrechts fand vom 3. Februar bis 18. April 1975 in Genf statt.
11 Armin Zimmermann.
12 Zu den Befürchtungen des Bundesministeriums der Verteidigung hinsichtlich der Auswirkungen der Vorschläge der Konferenz zur Weiterentwicklung des humanitären Kriegsvölkerrechts auf das Verteidigungskonzept der NATO vgl. Dok. 114, besonders Anm. 10.

wendung der USA in Richtung Europa und dadurch zum Ausgleich einiger sowjetischer Verstärkungen. Er sei der Meinung, daß die Sowjetunion glaube, daß der Westen sich an die ständige Verstärkung der militärischen Kraft des Warschauer Paktes gewöhnt habe. Es sei nötig, daß die Allianz mehr zusammenhalte und ihren politischen Willen demonstriere. Wenn wir aus innenpolitischen Gründen unsere Streitkräfte reduzierten, liefen wir Gefahr, die Chance der Demokratie zu verlieren. Schon fühlten sich die Sowjets (siehe Suslow auf der Maikundgebung[13]) überlegen.

b) Intelligence briefing

Der internationale Militärstab gab ein briefing auf der Basis MC 161-75 und MC 255-75[14]. In der darauffolgenden Diskussion zeigten sich die Minister zum Teil von der Größe der Bedrohung beeindruckt und forderten, daß die hierin enthaltenen Fakten auch der Öffentlichkeit zugänglich gemacht würden, um diese von der Notwendigkeit der Verteidigungsaufwendungen zu überzeugen. Die Diskussion endete in der Forderung, die Veränderungen der militärischen Bilanz halbjährlich darzustellen und – soweit mit Rücksicht auf die Intelligence Quellen möglich – der Öffentlichkeit darzulegen. BM Leber erklärte, die Amerikaner würden ihre Verpflichtungen erfüllen, wenn Unsicherheit entstehe, dann produzierten die Europäer sie selbst, und zwar durch mangelhafte Beiträge im konventionellen Bereich. Nur der niederländische Verteidigungsminister[15] erklärte, er sei nicht überzeugt, daß die NATO relativ schwächer werde. Der Chairman MC erklärte demgegenüber, daß alle zuverlässigen Erkenntnisse beweisen, daß das Kräfteausgleichgewicht sich zu Ungunsten der NATO entwickelt. Der US-Verteidigungsminister lobte die neuen Definitionen „Warnung" und „Warnzeit" und stellte fest, wir können Vorbereitungen für eine Aggression mit Sicherheit registrieren, nicht jedoch Entscheidungen für einen Angriff. Wichtig für die Sicherheit sei unsere Reaktion auf solche Indikationen.

c) Ocean 75

Deputy SACLANT[16] gab ein briefing über die weltweite sowjetische Marineübung Ocean-75 vom 14. bis 21.4.75, das dem am 13.5.75 vor dem MCCS gegebenen entspricht (siehe hierzu FS DMV-MC vom 13.5.75, MSGNr. 375 geh.).[17]

---

[13] Das Mitglied des Politbüros der KPdSU, Suslow, führte am 22. April 1975 auf der Festveranstaltung zum 105. Geburtstag von Wladimir Iljitsch Lenin in Moskau aus: „Die Länder der sozialistischen Gemeinschaft demonstrieren eine noch nie dagewesene Dynamik in allen Sphären des gesellschaftlichen Fortschritts, hohe soziale Reife und die prinzipielle Überlegenheit der sozialistischen zwischenstaatlichen Beziehungen gegenüber den Beziehungen zwischen den kapitalistischen Staaten." Vgl. den Artikel „Der Leninismus ist Anleitung zum revolutionären Handeln"; NEUES DEUTSCHLAND vom 23. April 1975, S. 3.

[14] Für eine Stellungnahme des Bundesministeriums der Verteidigung vom 15. Mai 1975 zu den Papieren MC 161-75 „Warsaw Pact Strengths and Capabilities" und MC 255-75 „The Military Significance to NATO of Warsaw Pact Penetration of the Middle East, North Africa, and Adjacent Sea Areas" vgl. VS-Bd. 8609 (201).

[15] Hendrikus Vredeling.

[16] Gerard Mansfield.

[17] Über das Flottenmanöver „Okean 1975", an dem alle fünf sowjetischen Flotten teilnahmen, wurde in der Presse berichtet, die Auswertung habe „alarmierende Erkenntnisse" gebracht. Die Verteidigungsminister der NATO-Mitgliedstaaten hätten sich beeindruckt gezeigt „von den zunehmenden Fähigkeiten der sowjetischen Streitkräfte, die Verbindungswege des westlichen Bündnisses nachhaltig zu stören, ja zeitweise sogar zu unterbrechen. Das gilt mittlerweile für alle Seeverbindungen

BM Leber wies anschließend darauf hin, daß das Anwachsen des sowjetischen Marinepotentials dazu führen könnte, daß sich die NATO über Strukturen und Aufgaben neue Gedanken machen müsse. Als Beispiel führte er an, daß die Sechste Flotte im Mittelmeer jetzt mit der Bekämpfung der sowjetischen Eskadra zunächst so beschäftigt sei, daß sie ihre eigentlichen Aufgaben der Unterstützung des Kampfes in Europa erst zu einem späteren Zeitpunkt ausführen könne. Er stellte weiterhin die Frage, ob man die von Südafrika erzielten Überwachungsergebnisse über sowjetischen Schiffsbewegungen um das Kap im Interesse der Sicherung der Ölwege in irgendeiner Form auch der NATO nutzbar machen könne.

Der Vorsitzende des Militärausschusses erklärte dazu, daß er in der unmittelbaren Zukunft noch keine Notwendigkeit für eine Änderung der Konzeption der Sechsten Flotte im Mittelmeer sehen könne. Die zu erwartende Einführung des neuen sowjetischen Flugzeugträgers in diesem Raum habe keine entscheidende Wirkung, da dieser Flugzeugträger in keiner Weise mit dem amerikanischen Angriffsflugzeugträgern zu vergleichen sei. Er wies jedoch darauf hin, daß SACLANT[18] bei seinen Abschiedsworten anläßlich SHAPEX bereits ausgeführt habe, daß er im Atlantik erst die sowjetischen U-Boote bekämpfen müsse, bevor er seine eigentliche Aufgabe, die Sicherung des Nachschubs für Europa, ausführen könne. Die Probleme müßten auf jeden Fall überprüft werden.

Der Generalsekretär bezeichnete die Idee der Nutzung südafrikanischer Erkenntnisse als interessant, jedoch politisch als sehr sensitiv. Der niederländische Verteidigungsminister erklärte mit Nachdruck, daß seine Regierung sich unter keinen Umständen mit irgendwelchen Kontakten zwischen NATO und Südafrika einverstanden erklären könne.

Der luxemburgische Verteidigungsminister[19] wandte ein, daß es sich die NATO eigentlich gar nicht leisten könne, bei Krisen und im Kriegsfalle in der Wahl ihrer Unterstützung besonders wählerisch zu sein.

d) US-europäische Rüstungszusammenarbeit

Der britische Verteidigungsminister gab Erläuterungen zu der Eurogroup-Vorstellung über die „two-way street" auf dem Gebiet der Rüstungskooperation. Er führte aus, daß Europa nicht in den USA kaufen könne, wenn nicht auch die USA in Europa kauften. Ziele für die Beschaffung in beiden Richtungen müßten gesetzt werden. Darüber hinaus sollte die Zusammenarbeit auf den Gebieten der Ausbildung und der logistischen Unterstützung verstärkt werden.

Der niederländische Verteidigungsminister fügte dem hinzu, daß der gegenseitige Kauf von Rüstungsgütern kein geeigneter Grundsatz sein würde. Die „two-way street" sollte auch zivile Produkte einschließen. Holland hätte keine Probleme, wenn Rüstungsgüter mit ziviler Produktion bezahlt werden können.

Der US-Verteidigungsminister erklärte sich grundsätzlich mit den Vorstellungen des Mason-Briefes einverstanden. Er wies jedoch darauf hin, daß es un-

Fortsetzung Fußnote von Seite 591
  der NATO-Länder: die transatlantischen Linien, die Kaproute, den Seeverkehr im Mittelmeer und in der Nordsee." Vgl. den Artikel „Moskau kann die Seewege blockieren"; FRANKFURTER ALLGEMEINE ZEITUNG vom 20. Juni 1975, S. 3.

[18] Ralph W. Cousins.

[19] Emile Krieps.

möglich sei, die Beschaffung von den Streitkräftestrukturen zu trennen, sonst ergäbe sich anschließend ein Handelsgeschäft ohne verteidigungspolitischen Nutzen. Auch die USA hätten eine lange Geschichte von übertriebenem Protektionismus. Dieser müsse auf beiden Seiten beseitigt werden. Man solle das Problem nicht nur aus der Sicht von Standardisierung und „interoperability" betrachten, sondern müsse daran denken, daß größere Produktionszahlen und weniger Modelle die Verteidigungsleistungen verbesserten. Auf amerikanischer Seite ließe das Nunn-Amendment[20] eine Lockerung des „Buy American Act"[21] erwarten. Es komme darauf an, den internationalen Wettbewerb zu stärken und nicht uneffektive, teure Hersteller zu schützen. Die USA seien immer interessiert an kosteneffektiven Systemen und würden die gegenseitige Beschaffung nicht als ein Mittel zum Ausgleich der Zahlungsbilanz ansehen. Es sei wichtig, daß weiterhin jeder die Ausrüstung beschaffen kann, die am kosteneffektivsten ist. Für die Organisierung des Austausches reichte die Konferenz der NATO-Rüstungsdirektoren nicht aus. Man müsse einen Apparat schaffen, der ständig arbeite und sicherstelle, daß die Zusammenarbeit in einem Stadium vor der Aufstellung der militärischen Forderungen bereits beginne und mit der Überlegung für eine zukünftige Streitkräftestruktur verbunden werde. Er wies auf den Callaghan-Bericht[22] hin, der als Voraussetzung für einen Erfolg des Austausches eine stärkere europäische Zusammenarbeit fordert.

Der italienische Minister[23] wies auf die Notwendigkeit einer Aufrechterhaltung der europäischen technologischen Basis hin, während der belgische Minister[24] herausstellte, daß eine bessere europäische Zusammenarbeit zunächst organisiert werden müsse. Europa sei unvorbereitet und müsse sich erst einigen, wer was produziert, damit Europa nicht zu einer unterentwickelten Region werde. Diese Zusammenarbeit müsse gleichzeitig der Bildung einer europäischen Identität dienen.

Der niederländische Minister wies in diesem Zusammenhang auf die Möglichkeit der Einbeziehung von WEU und EG hin und forderte, daß Norwegen, darüber hinaus aber auch Kanada nicht vergessen werden dürften und Frankreich zur Mitarbeit aufgefordert werden sollte.

---

[20] Zu den Änderungsvorschlägen des amerikanischen Senators Nunn zum „Military Procurement Appropriations Authorization Act 1975" vom 5. August 1974 vgl. Dok. 101, Anm. 11.

[21] Mit der am 3. März 1933 vom amerikanischen Kongreß verabschiedeten „Buy American Bill" wurde die Regierung verpflichtet, nur in den USA produzierte bzw. ausschließlich aus Materialien oder Rohstoffen amerikanischer Herkunft hergestellte Waren zu kaufen. Vgl. dazu UNITED STATES IN WORLD AFFAIRS 1933, S. 24.

[22] Im Auftrag des amerikanischen Verteidigungsministeriums erstellte der Präsident der „Ex-Im Tech, Inc." in Arlington, Thomas A. Callaghan Jr., im August 1974 eine Studie zu „U.S./European Economic Cooperation in Military and Civil Technology", die seit Anfang 1975 Verbreitung in der NATO und den NATO-Mitgliedstaaten fand. Am 13. Juni 1975 legte Vortragender Legationsrat I. Klasse Pfeffer die Studie vor und teilte mit, Callaghan beziffere den „Verlust mangels Waffen-Standardisierung" auf ca. 10. Mrd. Dollar und damit zehn Prozent aller Verteidigungsausgaben. Hindernisse für einen arbeitsteiligen Rüstungsmarkt in der NATO seien die „europäische Zersplitterung" und „rüstungswirtschaftlicher Protektionismus diesseits und jenseits des Atlantik". Vorgeschlagen würden daher die Errichtung eines gemeinsamen Verteidigungsmarktes innerhalb von zwölf Jahren und die Errichtung einer europäischen Rüstungsagentur in der NATO; dazu sollten in einer dreijährigen Anfangsphase „gegenseitige Rüstungskäufe von 2 Mrd. Dollar und Harmonisierung der Forschung" erfolgen. Vgl. Referat 201, Bd. 113532.

[23] Arnaldo Forlani.

[24] Paul van den Boeynants.

Der US-Minister wies auf einen Aspekt in dem Mason-Brief hin, der den Verdacht aufkommen lasse, daß protektionistische Gedanken mitspielten. Die USA könnten nicht eine wettbewerbsfähige, noch technologische europäische Industrie schaffen. Dies sei eine rein europäische Sache. Es sei allerdings zweckmäßig, sich über eine Arbeitsteilung zu einigen. Dabei sei anerkannt, daß Europa einen Vorsprung in der Produktion von Erdkampfausrüstung habe. Er wies darauf hin, daß die USA nicht ohne Wettbewerb kaufen würden.

BM Leber stellte heraus, daß der falsche Eindruck beseitigt werden müsse, wir würden erst jetzt anfangen mit der Standardisierung. Fast alle wichtigen Waffensysteme, die im Dienst seien, wären bi- oder multinational. Das Ziel bleibe die Einheitlichkeit. Eine Zusammenarbeit schon bei der Konzeption würde jedoch auch nicht alle Probleme, wie z. B. die der Zahlungsbilanz, lösen. Eine 40- bis 80prozentige Erfüllung der Forderung wäre ein großartiger Erfolg. Es käme darauf an, die öffentliche Meinung weiterhin für das Problem zu interessieren, da von dort aus sowohl Druck als auch Hilfe kommen könne. Man müsse jedoch erkennen, daß manchmal US-spezifische Entwicklungen für Europa zu aufwendig seien.

Der niederländische Minister warnte vor der Einführung des Begriffs einer „military balance of payments", während der Vorsitzende des Militärausschusses auf die Notwendigkeit der Harmonisierung der Zeitpläne hinwies. Der britische Minister erklärte, daß die Eurogroup nun auf der Basis der US-Stellungnahme weiterarbeiten werde.

e) Neue kanadische Streitkräftestruktur

Minister Leber wies auf Berichte hin, daß Kanada im Rahmen einer Strukturänderung beabsichtige, erhebliche Teile seiner europäischen Kräfte, unter Umständen die gesamten Heeresteile, zurückzuziehen.[25] Eine kanadische Teilnahme an der Gesamtverteidigung in Europa mit Landstreitkräften, die auch mit Panzern ausgerüstet sind, sei wichtig.

Der kanadische Minister[26] erwiderte darauf, daß zur Zeit Überprüfungen stattfinden; mehrere Optionen seien vorhanden, darunter auch eine, die den Rückzug aller Heeresteile vorsehe. Es sei aber noch keine Entscheidung getroffen, daher sei bis auf weiteres keine Änderung zu erwarten. Sie würde nur in Konsultationen mit der NATO getroffen.

Der US-Verteidigungsminister wies darauf hin, daß die Trends gegen die Allianz gerichtet wären. Wenn wir auch bisher Qualität gegen Quantität gesetzt hätten, so seien wir nun dabei, unseren Vorteil zu verlieren. Europa sei am stärksten gefährdet, deswegen seien dort präsente Streitkräfte unerläßlich. Kanada habe vor einiger Zeit bereits sein europäisches Kontingent von 10 000 auf 5000 Mann verringert. Bei aller Qualität der kanadischen Truppen seien jedoch Panzer unentbehrlich. Zur Mitbestimmung gehöre auch die Mitbeteiligung.

Der kanadische Verteidigungsminister wies darauf hin, daß die Qualität der kanadischen Streitkräfte sich nicht nur in der Ausrüstung, sondern auch in der langen Dienstzeit und damit verbundenen guten Ausbildung ausdrücke.

---

[25] Zu den kanadischen Überlegungen hinsichtlich einer Truppenreduzierung in Europa vgl. Dok. 65.
[26] James Richardson.

Der Aufwand zur Erhaltung der Kräfte in Europa sei sehr hoch, Verpflichtungen in anderen Bereichen seien auch abzudecken. Der US-Minister wies nochmals darauf hin, daß es ein absoluter Fehler sei, Panzer abzuschaffen und durch Infanterie zu ersetzen.

f) Lage in Südeuropa

Der italienische Minister wies auf die Verschlechterung der Lage im Mittelmeer bei gleichzeitiger Verstärkung der Position der Sowjetunion hin. Er forderte, daß in diesem Raum neue Formen der Zusammenarbeit gefunden werden. In diesem Zusammenhang bestätigte er, daß die italienische Regierung der Marine besondere Mittel zusätzlich zugewiesen habe.[27] Für Heer und Luftwaffe seien ebenfalls zusätzliche Mittel zu erwarten.

Der türkische Minister stellte heraus, daß die Türkei guten Willen für die Lösung der Probleme gezeigt habe, aber die Entwicklung besorgniserregend sei, besonders durch den Abzug von UK-Kräften[28], die griechische Haltung und das US-Embargo[29]. Er hoffe, daß die Probleme nur vorübergehend seien, damit die Sicherheit in diesem Raum bald wieder hergestellt werden könne.

Der US-Verteidigungsminister brachte daraufhin die Frage der Zusammenarbeit mit Spanien auf, über die mit Drahtbericht Nr. 751 vom 23.5.1975 Az. 20-84.26/2-2191/75 geheim gesondert berichtet wird.[30]

4) TOP 5 – ministerial guidance

Der Generalsekretär nannte den vorliegenden Entwurf[31] eine wichtige Sammlung von Bezugspunkten für die Planungsarbeiten der NATO und bat um Stellungnahmen zu dem Papier insgesamt sowie zu den kontroversen Punkten. In der Diskussion lobten alle Verteidigungsminister die geleistete Arbeit und stellten den Wert der „ministerial guidance" heraus. Das neue long term defense concept wurde durchweg begrüßt.

---

27 Vgl. dazu die Bestimmungen des italienischen Marinegesetzes vom 23. Dezember 1974; Dok. 102, Anm. 50.
28 Am 5. Dezember 1974 teilte Botschafter Oncken, Athen, mit, der britische Botschafter in Athen, Richards, habe Erzbischof Makarios den „britischen Standpunkt zur Frage britischen Truppenabzugs aus Zypern erläutert. Es sei beabsichtigt, zunächst einige Luftwaffen-Einheiten abzuziehen, die Bodentruppen vorläufig zu belassen und später allmählich abzuziehen. Einen Zeitplan für diese ‚phased withdrawals' habe Großbritannien zur Zeit noch nicht. Man denke daran, auf die Dauer alle britischen Einheiten bis auf eine abzuziehen." Vgl. den Drahtbericht Nr. 790; Referat 203, Bd. 101460.
29 Zum Beschluß des amerikanischen Kongresses vom 17. Oktober bzw. 17./18. Dezember 1974 über die Einstellung der Verteidigungshilfe für die Türkei zum 5. Februar 1975 vgl. Dok. 28, Anm. 21.
30 Botschafter Krapf, Brüssel (NATO), berichtete über die viereinhalbstündigen Beratungen auf der Ministersitzung des Ausschusses für Verteidigungsplanung der NATO (DPC) am 22./23. Mai 1975. Gegen die von den USA gewünschte Formulierung zur Bedeutung Spaniens für die NATO hätten sich Dänemark, Großbritannien, die Niederlande und Norwegen gewendet, „ja gegen eine Erwähnung Spaniens im Kommuniqué überhaupt". Offenbar hätten die USA „trotz unserer und anderer Warnungen die Widerstände in einigen verbündeten Ländern unterschätzt". Die schließlich für das Kommuniqué gefundene Formulierung sei insbesondere auf Bemühungen des Bundesministers Leber zurückzuführen und stelle „keinen wirklichen Konsensus dar. Er wird nicht verhindern können, daß die Gegensätze auch weiterhin öffentlich dargelegt werden. Ob der Abschluß der amerikanisch-spanischen Vereinbarungen auf diese Weise gefördert wird, ist fraglich. Andererseits war keine bessere Formel durchzubringen [...]. Die Debatte hat gezeigt, daß die Standpunkte so gegensätzlich sind, daß auch bei der Gipfelkonferenz nicht mit einem Kompromiß gerechnet werden kann, wenn das Thema noch einmal aufgebracht wird." Vgl. VS-Bd. 9969 (204); B 150, Aktenkopien 1975.
31 Für den Entwurf der „ministerial guidance" vom 16. Mai 1975 vgl. VS-Bd. 9230 (201).

595

Die Einigung in den Paragraphen über die Warnzeit wurde erleichtert durch die amerikanische Bereitschaft, auch der Formulierung des internationalen Stabes mit Einschluß des Überraschungsfalles zuzustimmen. Wegen der Bedeutung, die Norwegen, die Türkei und die BRD dem Überraschungsfall beimessen, wurde diese Formulierung akzeptiert.

In der Frage der „resources" wurde die Lösung dadurch erleichtert, daß der kanadische Minister seine überhöhte Forderung nach einem Gesamtallianzstandard zurücknahm. Damit ist die Fassung des internationalen Stabes angenommen.

Über die holländische Forderung, in den Abschnitt über Standardisierung einen Satz aufzunehmen, der im Falle einer Verzögerung der Rationalisierungsmaßnahmen Kürzungen des Streitkräfteumfangs androht, ergab sich eine längere Diskussion. Der holländische Minister fand für seine Auffassung keine Unterstützung. Minister Leber betonte, daß sich langfristig die finanzielle Entwicklung nicht voraussehen lasse. Die Minister sollten sich nicht selbst unter Druck setzen. Es wurde beschlossen, diese Frage dem DPC zur Endformulierung zu überlassen. Im übrigen wurde das Papier mit Dank an alle an der Erarbeitung Beteiligten verabschiedet.

Während der Diskussion betonte der niederländische Minister, zu Zweifeln an der niederländischen Einstellung zu Nuklearwaffen[32] sei kein Anlaß. Das niederländische Kabinett wünsche allerdings, die Abhängigkeit von diesen Waffen zu verringern. Dabei würde man jedoch verantwortlich vorgehen müssen und MBFR berücksichtigen. Eine baldige Einführung dieser Waffen in die Verhandlungen in Wien halte man für notwendig.

5) TOP VI – AD 70[33]

Der Generalsekretär wies darauf hin, daß einige Nationen der Ansicht seien, AD 70 würde allmählich überflüssig. In einigen Fällen müßten dann jedoch

---

[32] Auf dem von der Partei der Arbeit, der Ministerpräsident den Uyl angehörte, veranstalteten „Kongreß über Friede und Sicherheit" vom 10. bis 12. April 1975 wurde einer weiteren NATO-Mitgliedschaft der Niederlande nur unter Vorbehalten zugestimmt. Dazu berichtete Botschafter Obermayer, Den Haag, am 14. April 1975: „Die NATO muß erklären, nicht als erste Kernwaffen gebrauchen zu wollen. Die niederländischen Streitkräfte dürfen keine atomaren Aufgaben mehr erfüllen. Sollte die NATO die taktischen Atomwaffen nicht vor 1978 in die MBFR-Verhandlungen einbeziehen, müssen die Niederlande diese Waffen von ihrem Grundgebiet entfernen. Das Bündnis muß aufgesagt werden, falls der Rolle der französischen Kernwaffen unter Mitwirkung der Bundesrepublik eine Rolle in Mitteleuropa zuerkannt wird. Die Niederlande müssen die Bildung einer europäischen Kernmacht ablehnen und dürfen nicht daran mitwirken. Sie müssen sich gegen eine mögliche Integration der französischen und britischen Kernwaffen und gegen multilaterale militärische Forschungsprojekte aussprechen." Vgl. den Schriftbericht Nr. 457; Referat 201, Bd. 113501.

[33] Auf der NATO-Ministerratstagung am 3./4. Dezember 1970 in Brüssel wurde die „Studie über die NATO-Verteidigungspolitik in den Siebziger Jahren" (AD 70-Studie) verabschiedet. Für den „Report on the Study on Alliance Defence Problems for the 1970s" vgl. VS-Bd. 4589 (II A 3).
Referat II A 7 vermerkte am 25. November 1970 zum Inhalt der Studie, sie verweise „auf die kontinuierlich ansteigenden sowjetischen Rüstungsanstrengungen und auf die Notwendigkeit einer angemessenen Verteidigungsfähigkeit der Allianz" ebenso wie auf „die Notwendigkeit, daß die europäischen Bündnispartner ihre Verteidigungsanstrengungen erhöhen. Ferner wird auf eine Reihe von Schwächen der NATO-Verteidigung hingewiesen, deren baldige Behebung empfohlen wird." Schließlich betone die Studie, daß Fortschritte in der Entspannungspolitik „ein stabiles politisches und militärisches Kräfteverhältnis auf der Grundlage ausreichender Verteidigungsfähigkeit der Allianz" voraussetzten, die Strategie der „flexible response" unverändert Grundlage des Verteidigungskonzepts der NATO bleibe und die Präsenz „substantieller amerikanischer Streitkräfte in Europa [...] aus

Nachfolgeprogramme geschaffen werden. Die EWG³⁴ wurde aufgefordert, sich dieser Frage anzunehmen.

In der kurzen Diskussion hatte der britische Minister darauf hingewiesen, daß die meisten Dringlichkeitsmaßnahmen der AD 70 bereits in Streitkräfteplanungen eingegangen seien. Daher seien die Routine-Frühjahrsberichte nicht mehr erforderlich. Er möchte auch keine neue Maschinerie an Stelle der alten haben.

6) Krisenmanagement

Bei der Behandlung dieses Papiers³⁵ wies der britische Minister darauf hin, daß NATO-Übungen wie z. B. WINTEX zum Einüben der Verfahren und zum Vertrautmachen mit der Art der möglichen Entscheidungen sehr wichtig seien, auch wenn das Szenario nicht der voraussichtlichen Wirklichkeit entspreche. Voraussetzung für ein Funktionieren des NATO-Krisenmanagements seien erhebliche Verbesserungen auf dem Gebiet der Fernmeldeverbindungen.

Der niederländische Verteidigungsminister erklärte, daß in den Niederlanden z. B. die nationale Kommandozentrale in einem Bunker untergebracht sei, jedoch die für die Allianz überaus wichtige NATO-Zentrale ungeschützt arbeiten müsse. Er beantragte, daß auch für die NATO ein geschütztes Kriegshauptquartier gebaut werde. Der Generalsekretär erwiderte, daß dieser Gedanke nicht neu sei, die NATO aber dafür keine Mittel verfügbar hätte.

Das Papier wurde ohne weitere Diskussion angenommen.

7) TOP VIII – AWACS

Der Vorsitzende gab einen kurzen Sachstandsbericht über das Programm³⁶ und hob hervor, daß heute nur der Vorschlag der CNAD³⁷ zur Entscheidung anstehe, eine Projektdefinitionsstudie für das US-AWACS-System E 3 a in Auf-

---

Fortsetzung Fußnote von Seite 596
politischen und militärischen Gründen unverzichtbar" sei. Vgl. VS-Bd. 1545 (II A 7); B 150, Aktenkopien 1970.
Zur Umsetzung der Studie vgl. auch die Beschlüsse der Ministersitzungen des Ausschusses für Verteidigungsplanung der NATO (DPC) vom 28. Mai und 8. Dezember 1971; AAPD 1971, II, Dok. 193, und AAPD 1971, III, Dok. 434.

34 So in der Vorlage.
35 Für den Bericht „NATO Machinery for Crisis Management" vom 15. Mai 1975 vgl. VS-Bd. 9230 (201).
36 Am 7. Mai 1975 erläuterte Vortragender Legationsrat I. Klasse Pfeffer: „Die NATO-Experten haben bereits seit längerem festgestellt, daß das bisherige erdgebundene Aufklärungs- und Überwachungssystem (NADGE) entlang der Ostgrenze der NATO-Partnerstaaten bei der modernen Luftkriegsführung nicht mehr ausreicht, weil es den unteren Luftbereich nur ungenügend abdeckt. Die USA haben als Ergänzung ein luftgestütztes Aufklärungs- und Überwachungssystem – Airborne Early Warning, Aircraft Detection and Tracking and Communications Systems (AWACS) – entwickelt, das sie in jedem Falle für ihre eigene Luftüberwachung verwenden werden. Die Experten der NATO haben dieses System überprüft und empfohlen, es auch für den NATO-Bereich zu verwenden." Allerdings erfordere das hochtechnisierte System einen „außerordentlich hohen Kostenaufwand", nämlich ca. zwei Milliarden Dollar für die als notwendig erachteten 36 Maschinen. Dabei würde auf die Bundesrepublik ein Anteil von mindestens 16,1 % entfallen. Das Bundesministerium der Finanzen habe das Bundesministerium der Verteidigung zu einer Entscheidung aufgefordert, „welche Präferenzen hinsichtlich des MRCA- und des AWACS-Programms gesetzt würden, weil nach Auffassung des BMF die gleichzeitige Durchführung beider Programme haushaltsmäßig nicht möglich sei". Vgl. VS-Bd. 8597 (201); B 150, Aktenkopien 1975.
37 Conference of National Armaments Directors.

trag zu geben. Diese Studie soll sowohl die Luft- als auch die Bodenkomponente umfassen. Ihre Kosten sollen 3 Mio. US-Dollar nicht überschreiten.

Zweck der Studie sei es, zusammen mit einigen noch laufenden Stabsstudien eine abgerundete Entscheidungsgrundlage für die Ministersitzung im Herbst 1975[38] zu schaffen. Frankreich und Griechenland seien hier nicht vertreten. Er werde jedoch dafür Sorge tragen, daß beide Länder voll über Sachstand und Ergebnisse unterrichtet würden, um ihnen die Beteiligung zu ermöglichen. Er betonte abschließend noch einmal, daß mit der heutigen Entscheidung keine weitergehende Verpflichtung verbunden sei.

Der niederländische Minister äußerte sich skeptisch zu diesem Projekt, erhob jedoch gegen die Projektdefinitionsstudie keine Einwände. Dänemark teilte im wesentlichen diese Auffassung. UK bestätigte seine in der CNAD bereits vorgetragene positive Einstellung und erinnerte an sein Nimrod-System, das ggf. als geeignete NATO-Rückfallposition dienen könne.

Italien erklärte sich im Interesse der Bündnissolidarität für die Studie und betonte hierbei die Notwendigkeit, die Probleme der Flankenstaaten angemessen zu berücksichtigen.

BM Leber stimmte der Studie ebenfalls zu und unterstrich erneut, daß hinsichtlich der Finanzierung der Beschaffung über Kostenverteilungsschlüssel zur Zeit noch nicht gesprochen werden könne. Keine der geltenden NATO-Schlüssel sei geeignet.

Kanada betonte sein aktives Interesse an diesem Projekt. Abschließend betonte der Vorsitzende des Militärausschusses noch einmal die militärische Notwendigkeit dieses Systems, zumal der WP etwas ähnliches bereits im Einsatz habe. Die Minister nahmen einstimmig die Berichte der CNAD und des Militärausschusses billigend zur Kenntnis. Sie vereinbarten, das Thema im Dezember 1975 weiter zu behandeln und waren sich einig darüber, daß diese Beschlüsse keine Festlegung für die Beschaffung bedeuten.

8) Über TOP IX – infrastructure ceiling – wurde gesondert berichtet.

9) MBFR

Zu MBFR stellte der Vorsitzende fest, daß es noch nicht zu einem Durchbruch gekommen ist. Eine Diskussion erfolgte nicht.

10) Sonstiges

Der Generalsekretär legte ein vom internationalen Stab erarbeitetes Papier vor (PO-75-60) über die Begrenzung von Komitees und Arbeitsgruppen in der NATO.[39] BM Leber hatte in der letzten Dezembersitzung[40] eine Untersuchung darüber gefordert. Es wird festgestellt, daß vor allem im Bereich von civil emergency planning und bei armaments eine Begrenzung der bestehenden Arbeitsgruppen vorgeschlagen wird. Das Problem wird weiter untersucht. Die Mi-

---

[38] Die Ministersitzung des Ausschusses für Verteidigungsplanung der NATO (DPC) fand am 9./10. Dezember 1975 in Brüssel statt. Vgl. dazu Dok. 376.

[39] Für den Bericht „Limitation of Committees within NATO" vom 14. Mai 1975 vgl. VS-Bd. 8056 (201).

[40] Die Ministersitzung des Ausschusses für Verteidigungsplanung der NATO (DPC) fand am 10./11. Dezember 1974 in Brüssel statt. Vgl. dazu AAPD 1974, II, Dok. 366.

nister haben das vorgelegte Papier zur Kenntnis genommen. Eine Aussprache[41] fand nicht statt.

[gez.] Krapf

VS-Bd. 9969 (204)

133

Gespräch des Bundesministers Genscher mit dem Sekretär des ZK der Kommunistischen Partei Rumäniens, Andrei

214-321.10 RUM 25. Mai 1975[1]

Einleitend übermittelte Herr *Andrei*[2] dem Bundesminister des Auswärtigen Grüße von Präsident Ceaușescu und dessen Wunsch, mit Herrn Genscher in Bukarest zusammenzutreffen. Ebenso wie der letzte Besuch eines deutschen Außenministers (Brandt 1967)[3] ein bedeutendes Ereignis in den gegenseitigen Beziehungen gewesen sei, sei die rumänische Seite sicher, daß auch der Besuch von Minister Genscher die Beziehungen wesentlich fördern werde.

Herr Andrei wies darauf hin, daß im Juni eine FDP-Delegation unter Leitung von Generalsekretär Bangemann nach Rumänien komme.[4] Die rumänische Seite begrüße, daß damit auch die Beziehungen auf der Parteiebene intensiviert würden.

Generell seien die deutsch-rumänischen Beziehungen aus rumänischer Sicht gut, aber sie müßten noch besser werden. Nach rumänischem Eindruck hätten die politischen Kontakte seit dem Besuch von Präsident Ceaușescu in der Bundesrepublik Deutschland[5] abgenommen. Dies betreffe die hochrangigen Kontakte auf der Ebene Kanzler/Außenminister. Gerade diese Kontakte seien jedoch in der gegenwärtigen internationalen Phase besonders wichtig. Auch einige aufgetretene Mißverständnisse hätten sich leicht beseitigen lassen. Die Tatsache, daß er selbst, Andrei, innerhalb der letzten Jahre bereits zum zwei-

---

41 Korrigiert aus: „Ansprache".

1 Die Gesprächsaufzeichnung wurde von Vortragender Legationsrätin I. Klasse Finke-Osiander gefertigt.
2 Der Sekretär des ZK der Kommunistischen Partei Rumäniens, Andrei, hielt sich vom 25. bis 29. Mai 1975 in der Bundesrepublik auf.
3 Bundesminister Brandt besuchte Rumänien vom 3. bis 7. August 1967. Vgl. dazu AAPD 1967, II, Dok. 293.
4 Die FDP-Delegation hielt sich vom 22. bis 25. Juni 1975 in Rumänien auf und führte u.a. Gespräche mit Staatspräsident Ceaușescu, mit dem rumänischen Außenminister Macovescu und Außenhandelsminister Patzan. Vgl. dazu den Schriftbericht Nr. 736 des Botschafters Wickert, Bukarest, vom 1. Juli 1975; Referat 214, Bd. 116672.
5 Staatsratsvorsitzender Ceaușescu besuchte die Bundesrepublik vom 26. bis 30. Juni 1973. Vgl. dazu AAPD 1973, II, Dok. 202, Dok. 203 und Dok. 209.

ten Mal in der Bundesrepublik Deutschland sei[6], unterstreiche die Bedeutung, die Rumänien den Beziehungen beimesse. Er hoffe, daß man im Rahmen seines Besuches auch einen konkreten Zeitplan für die weitere Gestaltung der Beziehungen aufstellen könne. Auf rumänischer Seite bestehe der Wunsch, die Beziehungen in allen Bereichen weiter auszubauen und dabei sowohl die kulturellen und wissenschaftlichen wie auch die wirtschaftlichen Beziehungen.

Die wirtschaftlichen Beziehungen würden weiter wachsen. Die Bilanzen seien jedoch zum rumänischen Nachteil nicht ausgeglichen. Dies habe auch politische Auswirkungen. Rumänien importiere weniger auch aus dritten Ländern, um seine Schulden zu begleichen.

Die rumänische Seite würde es begrüßen, wenn die deutsche Seite zur Erleichterung eines besseren Ausgleichs der Einfuhren und Ausfuhren Erleichterungen auf dem kontingentierten Sektor einräumen würde.

Herr Andrei verwies dann auf einige große Projekte (Donau-Schwarzmeer-Kanal, großes Hafenprojekt am Schwarzen Meer), für die der Wunsch nach deutscher Beteiligung bestehe.

Bei den Gesprächen, die Präsident Ceaușescu bei seinem Besuch in der Bundesrepublik Deutschland, damals mit Bundeskanzler Brandt und Außenminister Scheel, geführt habe, sei auch die Frage der Gewährung eines Kredites zu günstigeren Bedingungen erörtert worden. Diese Frage könne man nicht im Rahmen seines Besuches lösen, aber es könnte vereinbart werden, daß Experten zusammentreffen, um sich darüber zu verständigen.

Rumänien habe gut entwickelte Beziehungen zur Dritten Welt und würde gerne mit der Bundesrepublik Deutschland zusammenarbeiten, um Rohstoffabkommen zu vereinbaren. Auch hier wolle er vorschlagen, eine Arbeitsgruppe einzusetzen, um Projekte auszuarbeiten. Dies käme auch dem deutschen Interesse an gesicherter Rohstoffversorgung entgegen.

Herr Andrei sprach dann noch kurz die Frage der von rumänischer Seite gewünschten Errichtung von Konsulaten in München und Hamburg und dem von deutscher Seite gewünschten Konsulat in Sibiu (Hermannstadt) an.[7] Das Problem sei die Abgrenzung des Konsularbezirks für das Konsulat in Sibiu. Wenn

---

[6] Am 2. April 1974 empfing Bundeskanzler Brandt den Sekretär des ZK der Kommunistischen Partei Rumäniens, Andrei, zu einem Gespräch, in dem Andrei „Gespräche der Spezialisten zu Kreditfragen" anregte. Brandt bezeichnete eine Kreditgewährung als „schwierig", erklärte sich aber mit der Aufnahme von Expertengesprächen einverstanden. Vgl. die Aufzeichnung des Vortragenden Legationsrats Schilling, Bundeskanzleramt; Referat 214, Bd. 112640.

[7] Am 16. Februar 1972 äußerte der rumänische Botschafter Oancea gegenüber Staatssekretär Frank den Wunsch, rumänische Generalkonsulate in Hamburg und München zu errichten. Im Gespräch mit Frank am 22. Februar 1972 bekräftigte der rumänische Erste Stellvertretende Außenminister Macovescu diesen Wunsch und betonte, „Rumänien mache den Vorschlag auf der Grundlage der Gegenseitigkeit". Vgl. die Aufzeichnung des Ministerialdirektors von Staden vom 5. Mai 1972; Referat II A 5, Bd. 1487.
Am 23. Mai 1973 teilte Rumänien sein Einverständnis zur Errichtung eines Generalkonsulats der Bundesrepublik in Sibiu (Hermannstadt) mit. Vgl. dazu den Drahtbericht Nr. 431 des Botschafters Wickert, Bukarest, vom 25. Mai 1973; Referat 214, Bd. 112650.
Zu dem rumänischen Angebot, daß der Amtsbezirk des Generalkonsulats vier von insgesamt 39 Kreisen umfassen sollte, vermerkte Vortragender Legationsrat Hampel am 25. Januar 1974, „daß die Errichtung eines Generalkonsulats in Sibiu nur dann sinnvoll ist, wenn der Amtsbezirk entsprechend groß ist. Wir erwarten von Rumänien 14, mindestens jedoch neun Regierungsbezirke." Vgl. Referat 502, Bd. 167100.

uns Rumänien einen unseren Größenvorstellungen entsprechenden Amtsbezirk einräume, schaffe dies Präzedenzfälle für andere Staaten. „Das ganze Land ist dann plötzlich überzogen."

Minister *Genscher* erwiderte auf diesen letzten Punkt, das Problem sei uns bekannt. Wir seien bereits überzogen.

Er dankte für die Übermittlung der Grüße und der Einladung von Präsident Ceaușescu. Er komme gerne. Im übrigen sei es nicht sein erster Besuch in Rumänien. Die damalige Einladung an ihn als Innenminister[8] hätten wir als Ausdruck des guten Standes der Beziehungen gewertet.

Wir hätten mit Rumänien den intensivsten Besuchsaustausch unter allen WP-Staaten. Er pflichte Herrn Andrei jedoch darin bei, daß es nichts gebe, was nicht noch besser werden könnte. Wir hofften insbesondere, daß die bevorstehenden Konsultationen zwischen den beiden Außenministerien (2./3. Juni in Bukarest) zu guten Ergebnissen führen würden.[9]

Was die von Herrn Andrei vorgetragenen wirtschaftlichen Vorschläge angehe, sollte nach seiner Auffassung geprüft werden, ob neue Kommissionen oder die unter den bestehenden Vereinbarungen vorhandenen diese Fragen behandeln sollten. Diese Themen und die Handelsbilanzprobleme würde Herr Andrei sicher in seinem morgigen Gespräch mit dem Bundeswirtschaftsminister eingehend behandeln können.[10] Auch uns bedrücke das Ungleichgewicht der Handelsbilanz, und man müsse prüfen, welche Möglichkeiten es gebe, um es abzubauen.

Positiv wolle er insbesondere aus deutscher Sicht unterstreichen, daß es im Verhältnis zu Rumänien keine humanitären Probleme gebe. Das Verhältnis zu den Landsmannschaften hier sei gut. Er habe bereits vorgestern dem rumäni-

---

[8] Bundesminister Genscher hielt sich vom 7. bis 11. April 1971 in Rumänien auf.

[9] Am 6. Juni 1975 teilte Vortragender Legationsrat Engels über die Gespräche des Ministerialdirektors van Well mit dem rumänischen Stellvertretenden Außenminister Gliga am 2./3. Juni 1975 in Bukarest mit: „Die rumänische Seite betonte ihr unverändert großes Interesse am weiteren Ausbau der gegenseitigen Beziehungen und zeigte sich bestrebt, die in den letzten Monaten in einigen Bereichen aufgetretenen Friktionen zu überwinden." Themen seien die Wirtschaftsbeziehungen, die Einbeziehung von Berlin (West) in bilaterale Abkommen, der Austausch von Militärattachés, die Eröffnung von Generalkonsulaten in Hamburg und München bzw. Sibiu (Hermannstadt), die Probleme bei Verwandtenbesuchen in Rumänien aufgrund des Zwangsumtauschs von Devisen und aufgrund des Verbots der privaten Beherbergung von Ausländern gewesen, außerdem die KSZE, der Zypern-Konflikt und die Lage in Portugal. Vgl. den Runderlaß Nr. 79; Referat 214, Bd. 116672. Vgl. dazu ferner die Gesprächsaufzeichnung; Referat 214, Bd. 116672.

[10] Im Gespräch mit Bundesminister Friderichs am 26. Mai 1975 bekundete der Sekretär des ZK der Kommunistischen Partei Rumäniens, Andrei, „starkes Interesse an deutschem staatlichen Finanzkredit zu günstigen Zahlungs- und Rückzahlungsbedingungen", der für Kooperationsprojekte verwendet werden solle. Positiv äußerten sich beide Seiten zu einer Intensivierung der Zusammenarbeit „auf dritten Märkten, insbesondere im Rohstoffbereich". Vgl. die Aufzeichnung des Bundesministeriums für Wirtschaft vom 26. Mai 1975; Referat 214, Bd. 116676.
Auch gegenüber Bundesminister Apel sprach Andrei am 27. Mai 1975 „die Bitte nach einem Kredit zu Vorzugsbedingungen aus. Rumänien habe einen großen Bedarf an Ausrüstungen und benötige diesen Kredit als Entwicklungsland". Vgl. die Gesprächsaufzeichnung; Referat 010, Bd. 178646.
Bundeskanzler Schmidt erläuterte Andrei am selben Tag, „daß die Gewährung von Staatskrediten an das Ausland in unserer Lage nicht ratsam sei. Dies habe nichts mit dem deutsch-rumänischen Verhältnis zu tun, sondern sei unsere allgemeine Politik". Vgl. die Gesprächsaufzeichnung; Referat 010, Bd. 178646.

schen Landwirtschaftsminister[11] gesagt, daß jeder Siebenbürger, der hierher komme, ein Botschafter Rumäniens sei.

Zu den in letzter Zeit im Zusammenhang mit einigen Abkommen aufgetretenen Berlin-Problemen[12] wolle er folgendes sagen: Die rumänische Seite hätte plötzlich in Änderung ihrer bisherigen Haltung erklärt, daß nur noch einseitige Regelungen möglich seien. Dies sei für uns nicht machbar. Die rumänische Seite müsse verstehen, daß befriedigende Berlin-Regelungen für uns vital seien. Wir hofften deshalb, daß Rumänien zu den ursprünglichen Konzeptionen zurückkehren könne und daß man gemeinsam bei den bevorstehenden Konsultationen Lösungen finde, die die rumänischen Interessen wahren und für uns annehmbar seien.

Herr *Andrei* erwiderte hierauf, er wolle im einzelnen nicht auf Berlin-Probleme eingehen, jedoch darauf hinweisen, daß Rumänien das Problem der konsularischen Betreuung der Westberliner befriedigend gelöst habe.[13] Er wäre aber unehrlich, wenn er nicht sagen würde, daß Rumänien über den Lärm über das Tribologie-Abkommen überrascht gewesen sei und ihn für unnötig in den deutsch-rumänischen Beziehungen halte.

Minister *Genscher* erklärte hierzu, daß – wie auch die rumänische Seite feststellen könne – das Auswärtige Amt alles getan habe, um die öffentliche Diskussion über diese Frage so bald wie möglich zu beenden. Es komme darauf an, in der Stille zwischen den zuständigen Beamten an einer akzeptablen Lösung weiterzuarbeiten. Er hoffe auf eine positive Regelung im Rahmen der Konsultationen.[14] Danach wolle er so bald wie möglich nach Rumänien kom-

---

[11] Der rumänische Stellvertretende Ministerpräsident und Landwirtschaftsminister Miculescu hielt sich vom 22. bis 26. Mai 1975 in der Bundesrepublik auf. Im Gespräch mit Bundesminister Genscher und Bundesminister Ertl am 22. Mai 1975 wurden insbesondere Wirtschaftsfragen, die Einbeziehung von Berlin (West) in Abkommen und die Familienzusammenführung erörtert. Für die Gesprächsaufzeichnung vgl. Referat 421, Bd. 117668.

[12] Am 23. Mai 1975 erläuterte Referat 214: „Die Ressortabkommen über Gesundheitswesen und Tribologie (Reibe- und Schmiertechnik) konnten wegen noch ungelöster Fragen der Einbeziehung von Berlin (West) und seiner Forschungseinrichtungen bisher noch nicht unterzeichnet werden." So habe der Entwurf für das Tribologie-Abkommen zunächst eine Bestimmung über die Beteiligung bestimmter Institute, darunter auch der Bundesanstalt für Materialprüfung in Berlin (West), enthalten, die auf rumänischen Wunsch entfernt worden sei, aber Eingang in einen Briefwechsel habe finden sollen. Unmittelbar nachdem Parlamentarischer Staatssekretär Hauff, Bundesministerium für Forschung und Technologie, am 4. März 1975 in Bukarest eingetroffen sei, habe dann die rumänische Regierung erklärt, „sie wünsche anstelle des Briefwechsels nur eine einseitige Notifizierung über die zu beteiligenden Institute. Es sei ihr nicht möglich, uns in vertraglicher Form die Teilnahme eines Westberliner Instituts an einem bilateralen Abkommen zu bestätigen." Hauff sei daraufhin vorzeitig abgereist. Das Gesundheitsprogramm habe „wie bei den bisher mit Rumänien vereinbarten Durchführungsprogrammen eine vollständige Berlinklausel" enthalten sollen: „Hierzu war Rumänien mit dem Hinweis, das übergeordnete Ressortabkommen über die Zusammenarbeit auf dem Gesundheitswesen enthalte eine solche, nicht bereit." Vgl. Referat 214, Bd. 116676.

[13] In einem vertraulichen Briefwechsel des Bundesministers Scheel mit dem rumänischen Außenminister Macovescu vom 29. Juni 1973 wurde vereinbart, daß die Bundesrepublik ihre konsularischen Dienste „im Einklang mit dem Vier-Mächte-Abkommen vom 3. September 1971 Anlage IV auch für Personen mit ständigem Wohnsitz in Berlin (West)" ausübte. Für den Briefwechsel, der am 3. April 1974 in Kraft trat, vgl. Referat 214, Bd. 112650.

[14] Über die Behandlung der Einbeziehung von Berlin (West) in bilaterale Abkommen während seiner Gespräche am 2./3. Juni 1975 berichtete Ministerialdirektor van Well, z.Z. Bukarest, am 3. Juni 1975, der rumänische Stellvertretende Außenminister Gliga habe dazu ausgeführt, die rumänische Seite sei „der Auffassung gewesen, daß eine Berlin-Klausel nur in Regierungsabkommen erforderlich sei, nicht jedoch bei Ressortabkommen und bei aus Regierungsabkommen abgeleiteten Verein-

men, um den guten und reibungslosen Stand der Beziehungen zu verdeutlichen.[15]

Herr *Andrei* schlug dann vor, zu internationalen Fragen überzugehen.

Hinsichtlich der Konferenz über Sicherheit und Zusammenarbeit in Europa wolle er folgende Punkte ansprechen:

1) Vertrauensbildende Maßnahmen

Die rumänische Seite halte die Diskussion über die Freiwilligkeit solcher Maßnahmen[16] nicht vereinbar mit dem Ziel, zu klaren und verbindlichen Dokumenten und klaren Verpflichtungen zu gelangen.

2) Erklärung betreffend Vier-Mächte-Rechte[17]

Rumänien habe Verständnis für das Anliegen. Es sei jedoch der Auffassung, daß eine solche Erklärung so klar formuliert sein sollte, daß sie nicht neutralisiert werde durch andere Prinzipien.[18]

3) Rüstungsbegrenzung in Mitteleuropa

Rumänien halte den Abbau der militärischen Konfrontation in Mitteleuropa für sehr wichtig und die Fortschritte, die bei den Verhandlungen hierüber erzielt wurden, noch nicht für ausreichend. Man müsse diese Bemühungen mit

---

Fortsetzung Fußnote von Seite 602

barungen (z. B. Programmen). [...] Herr van Well stellte hierzu klar, daß Ressortabkommen für uns eindeutig zwischenstaatliche Abkommen seien, die die Regierungen verpflichten. Die Notwendigkeit der Aufnahme von Berlin-Klauseln sowohl in Rahmen- wie in Durchführungsabkommen ergebe sich aus der ausdrücklichen Forderung der drei Westmächte, daß die Ausdehnung internationaler Abkommen auf Berlin jeweils ausdrücklich erwähnt werden müsse. Dem trage auch der Text des Vier-Mächte-Abkommens Rechnung." Nach Prüfung der Vorschläge zur Einbeziehung von Berlin (West) in das Gesundheitsprogramm sei Einverständnis erzielt und vereinbart worden, „Abkommen und Programm demnächst in Bonn zu paraphieren". Was das Tribologie-Abkommen angehe, so habe Gliga die Bereitschaft hervorgehoben, „mit den von uns genannten Institutionen zusammenzuarbeiten. Er betonte gleichzeitig ebenso nachdrücklich die Unmöglichkeit, dies förmlich im Abkommen oder im Briefwechsel zum Ausdruck zu bringen. Rumänien wolle keine Diskussionen mit seinen Nachbarn über Abkommen, die es mit uns schlösse." Vgl. den Drahtbericht Nr. 387; Referat 214, Bd. 116672.

15 Bundesminister Genscher besuchte Rumänien am 4./5. Dezember 1975. Vgl. dazu Dok. 365 und Dok. 369.
16 Zur Diskussion über das Konzept der Freiwilligkeit bei Manövervorankündigungen auf der KSZE in Genf vgl. Dok. 92, besonders Anm. 2 und 3.
17 Vgl. dazu den französischen Vorschlag vom 12. Dezember 1974 für eine Rechtswahrungsklausel („Unberührtheitsklausel"); Dok. 13, Anm. 6.
18 Zu den Einwänden gegen den französischen Vorschlag vom 12. Dezember 1974 für eine Rechtswahrungsklausel („Unberührtheitsklausel") vgl. Dok. 27, Anm. 5.
Am 28. Mai 1975 brachte die französische KSZE-Delegation in Genf „eine verkürzte Version der bisher in Genf diskutierten Formel" ein: „Les états participants constatent que la présente (titre du document) ne peut affecter et n'affectera pas leurs droits, obligations ou responsabilités, spécifiquement définies et reconnues, non plus que les traités, accords et arrangements correspondants." Dazu nahm Vortragender Legationsrat Gehl am 3. Juni 1975 Stellung: „Es fehlen die Worte ‚in conformity with international law'. [...] Sie sollten speziell die ‚arrangements' qualifizieren, um zu verhindern, daß die Unberührtheitsklausel einen ‚Pro-Breschnew-Effekt' bekommt. Zugleich wurde durch diese Worte angedeutet, daß sich die Unberührtheitsklausel auf Rechte und Rechtspositionen im völkerrechtlichen Bereich bezieht." Die französische Formel decke auch „die Vierer-Rechte nicht voll ab. Sie stellt nämlich zumindest in bezug auf die Verantwortlichkeiten nur auf solche originären Rechtspositionen ab, die ‚spécifiquement définies et reconnues' sind. Das ist bei dem Teil der Vierer-Position in bezug auf Deutschland als ganzes und Berlin, der die besonderen Verantwortlichkeiten der Vier betrifft, nicht der Fall." Vgl. den Drahterlaß Nr. 433 an die KSZE-Delegation in Genf; VS-Bd. 10200 (212); B 150, Aktenkopien 1975.

Nachdruck fortsetzen in einem Rahmen, der die Beteiligung aller interessierter Staaten sichere.

4) Konferenzfolgen

Rumänien sei gegen eine Pause von 18 Monaten, wie sie die Franzosen vorgeschlagen hätten.[19] Rumänien habe seinerseits eine Arbeitsgruppe von Botschaftern vorgeschlagen, die sich abwechselnd in den Teilnehmerstaaten treffen könnten.[20]

Abschließend unterstrich Herr Andrei, daß die rumänische KSZE-Delegation sehr gute Beziehungen zur Delegation der Bundesrepublik Deutschland unterhalte. Sowohl mit dem früheren[21] wie mit dem jetzigen deutschen Delegationsleiter[22] bestünde eine erfreuliche Zusammenarbeit.

Minister *Genscher* erwiderte zu den einzelnen Punkten:

1) Die Frage Pflicht oder Freiwilligkeit der Maßnahmen sei kein von uns aufgeworfenes Problem. Für die Freiwilligkeit seien andere eingetreten. Wir wollten Maßnahmen, die im wahrsten Sinn des Wortes vertrauensbildend seien.

2) Die Erklärung betreffend die Rechte und Verantwortlichkeiten der Vier Mächte für Deutschland als Ganzes sei für uns ein wichtiger Punkt. Gerade die derzeitige Diskussion darüber, ob die Vier-Mächte-Verantwortung für ganz Berlin gelte – woran es keinen Zweifel gebe –, gebe Anlaß zu befürchten, daß eines Tages auch die Rechte für Deutschland als ganzes angefochten werden könnten. Eine Klarstellung des Weiterbestehens der Vier-Mächte-Rechte sei deshalb ebenso unser Anliegen wie das der drei Westmächte, und wir unterstützten deshalb den französischen Vorschlag. Er habe sich allerdings bei der ersten

---

[19] Am 14. März 1975 erläuterte der französische Vertreter in der Arbeitsgruppe „Konferenzfolgen" der KSZE in Genf die Gründe für die im dänischen Vorschlag vom 26. April 1974 vorgesehene Interimsperiode nach der KSZE-Schlußkonferenz: Sie gebe Zeit für die Bewertung der Ergebnisse, sie bedeute Ansporn zur Umsetzung der Absichtserklärungen, und sie könne durchaus eine Verlängerung des multilateralen Prozesses, nämlich bei der Umsetzung der Beschlüsse sein: „La période intérimaire doit donc rester vide de tout mécanisme, de tout automatisme, car ce n'est pas d'un mécanisme que peut venir l'impulsion, et dans une période si proche de la fin de nos travaux un organisme de contrôle ne paraît ni nécessaire ni utile." Für die am 17. März 1975 in schriftlicher Form vorgelegten Ausführungen vgl. Referat 212, Bd. 100023.

[20] Am 25. April 1975 berichtete Botschafter Blech, Genf (KSZE-Delegation), von einer Stellungnahme des Leiters der rumänischen KSZE-Delegation, Lipatti, in der Arbeitsgruppe „Konferenzfolgen": „Er erklärte, der dänische Vorschlag sei Augenwischerei, täusche eine Pseudo-Kontinuität vor, was die Fortführung des multilateralen Prozesses angehe. Der Gedanke einer Interimsperiode sei schon deshalb absurd, weil die Bewertung der multinationalen Durchführung von Maßnahmen nach dieser Periode nicht möglich sei, wenn nicht während der Interimsperiode ‚kontinuierlich in einem multilateralen Rahmen weitergearbeitet' würde. Ein solcher Rahmen könne nur der Kreis der Teilnehmerstaaten sein; die Übertragung bestimmter Projekte an bestehende internationale Organisationen bedeute, daß man diese Projekte einem sicheren Tod aussetze, weil die in Frage kommenden Organisationen weltweiten, die KSZE-Projekte jedoch europäischen Zuschnitts seien. Ferner sei es unsinnig, nach der dritten Phase der Konferenz eine vierte, nämlich eine Bewertungsphase vorzusehen – wenn diese erst nach 18 Monaten beginnen solle. Wenn man das Werk der Konferenz fortsetzen wolle, bedürfe es organisierter Mechanismen, eines ständigen ‚clearing-house'." Vgl. den Drahtbericht Nr. 813; Referat 212, Bd. 100023.
Am 14. Mai 1975 bekräftigte Lipatti, daß nur eine Methode zur Umsetzung von KSZE-Projekten erfolgversprechend sei: „Verweisung an eine ‚aus der Konferenz' geborene Arbeitsgruppe". Vgl. den Drahtbericht Nr. 982 von Blech vom 16. Mai 1975; Referat 212, Bd. 100023.

[21] Guido Brunner.

[22] Klaus Blech.

Lektüre des französischen Textes gleich gefragt, was andere Länder, z. B. Rumänien, dazu sagen würden. Unser Anliegen sei es, daß unser Problem konkret formuliert werde und daß es nicht zu anderen Zwecken mißbraucht werden könne. Wir seien bereit, Vorschläge zur Konkretisierung zu unterstützen. Bedenken dagegen würden sicherlich nicht auf westlicher Seite bestehen.

Abschließend unterstrich Minister Genscher nochmals, daß wir den französischen Vorschlag deshalb unterstützten, weil er für uns von außerordentlicher Bedeutung sei.

4) Wie unterstützten den dänischen Vorschlag.[23] Je später allerdings der Termin der Konferenz liege, je kürzer werden die im dänischen Vorschlag vorgesehene Frist. Bei unserer Haltung zu diesen Fragen ließen wir uns davon leiten, daß wir keine Beeinträchtigung des westlichen Bündnisses wünschen. Dieses Bündnis sei die Grundlage unserer Sicherheit und über das Bündnis hinaus vielleicht auch für andere Staaten.

Wir hätten in konstruktiver Weise an der KSZE-Konferenz mitgearbeitet. Der Zeitpunkt des Abschlusses der Arbeiten hänge nicht mehr von uns, sondern von der Sowjetunion ab. Wir könnten substantiell keine weiteren Zugeständnisse machen. Er hoffe, daß im Sommer oder im Herbst konstruktive Ergebnisse möglich würden. Hinsichtlich des von sowjetischer Seite vorgeschlagenen Termins 30. Juni[24] sei es zweifelhaft, ob er rein technisch noch möglich sei. Wenn die Konferenz erst im Herbst stattfinde, dann würden sich die im dänischen Vorschlag angenommenen Fristen auf 15 Monate belaufen. Wir wünschten kein Folgeorgan.

Generell danke er Herrn Andrei für die Feststellung, daß klare Formulierungen notwendig seien. Wer gute Ergebnisse wolle, müsse immer etwas geduldiger und hartnäckiger für klare Formulierungen eintreten.

Minister Genscher schlug vor, zur Erörterung des Nahost-Konflikts überzugehen.

Herr *Andrei* wies auf den für kommenden Dienstag[25] bevorstehenden Besuch von Außenminister Allon in Bukarest hin. Es gebe keine militärische Lösung des Nahostkonflikts, sondern es müsse eine politische Lösung gesucht werden. Dazu sei die Genfer Konferenz[26] ein Schritt. Der Kreis der Teilnehmer sollte erweitert werden um weitere Staaten. Man müsse den Rückzug der israelischen Truppen aus den besetzten Gebieten erreichen, die Sicherung des Existenzrechts Israels und die Lösung des Problems des palästinensischen Volkes durch die Schaffung eines eigenen Staates in Cisjordanien und Galiläa[27]. Man müsse die Lösung des Konflikts so rasch wie möglich suchen, da durch die Waffenkonzentration im Nahen Osten die Gefahr kriegerischer Verwicklungen wachse.

---

23 Zum dänischen Vorschlag vom 26. April 1974 zu den Konferenzfolgen vgl. Dok. 13, Anm. 23.
24 Zum Vorschlag des Generalsekretärs des ZK der KPdSU, Breschnew, vom 8. März 1975, für Ende Juni 1975 die KSZE-Schlußkonferenz auf der Ebene der Staats- und Regierungschefs nach Helsinki einzuberufen, vgl. Dok. 49.
25 27. Mai 1975.
26 Zur Friedenskonferenz für den Nahen Osten in Genf vgl. Dok. 76, Anm. 20.
27 Korrigiert aus: „Gallien".

Minister *Genscher* stimmte der generellen Sicht des Problems zu. Ägypten verfüge in Sadat über einen außerordentlich weitsichtigen Staatsmann, der eine Lösung der Vernunft wolle. Sowohl die Öffnung des Suezkanals[28] wie die Erklärung Ägyptens und Syriens machten Verhandlungswillen deutlich.[29] Allon halte er für einen mutigen Mann, der im eigenen Land für eine realistische Sicht eintrete. Wir könnten vielleicht die Lage Israels besser verstehen als andere: Auch wir mußten liebgewordene Vorstellungen in der Deutschland-Frage über Bord werfen und neue konstruktive Vorstellungen entwickeln. Das habe fast zum Sturz der Regierung geführt[30], ohne daß es dabei um so aktuelle Fragen gegangen wäre wie in Israel. Man müsse darauf hinwirken, daß Israel Vertrauen in die Sicherheitsgarantien seiner Nachbarn habe. Auch wenn Kissingers Mission nicht zum Erfolg geführt habe[31], hätte sie doch zur Annäherung der Parteien geführt. Es sei ein historischer Verdienst von Sadat, daß sich die Standpunkte nicht zurückentwickelt hätten. Er sei auch der Auffassung, daß das Problem möglichst vor den nächsten amerikanischen Präsidentschaftswahlen[32] gelöst werden sollte. Die Genfer Konferenz sei um so aussichtsreicher, je mehr im Vorfeld geregelt werden könne. Man könne kein Scheitern von Genf riskieren. Im Sinne des deutschen Sprichworts „viele Köche verderben den Brei" seien wir in erster Linie für Gespräche unter den Beteiligten. Soweit diese nicht von sich aus die Beteiligung weiterer Staaten für nützlich halten, würden wir nicht auf Erweiterung des Kreises drängen.

Herr *Andrei* unterstrich, daß auch Rumänien gute Beziehungen zu den arabischen Staaten unterhalte. Es hätte keine speziellen Interessen in der Region. Rumänien unterhalte gute Kontakte zu Arafat und sage ihm, daß ein gemein-

---

[28] Zur Schließung des Suez-Kanals am 6. Juni 1967 vgl. Dok. 29, Anm. 16.
Am 29. März 1975 erklärte Präsident Sadat, „er habe im Interesse Ägyptens und der Welt entschieden, den Suez-Kanal am 5.6. für die Schiffahrt wieder freizugeben". Vgl. den Drahtbericht Nr. 507 des Botschafters Steltzer, Kairo, vom 1. April 1975; Referat 310, Bd. 104963.

[29] Am 2. Mai 1975 berichtete Botschafter Steltzer, Kairo, Präsident Sadat habe am Vortag in Assiut verstärkte diplomatische Bemühungen um eine Lösung des Nahost-Konflikts angekündigt, „da der Zustand ‚nicht Krieg – nicht Frieden' nicht noch einmal akzeptiert werden könne. Solange auf dem Schlachtfeld nicht gekämpft werde, müßten alle Bemühungen einer diplomatischen Lösung des Konflikts gelten." Vgl. den Drahtbericht Nr. 733; Referat 310, Bd. 104963.
Entgegen ursprünglichen Ankündigungen, das Mandat für die UNO-Friedenstruppen nicht zu verlängern, unterrichtete Syrien UNO-Generalsekretär Waldheim am 21. Mai 1975 über das Einverständnis „mit der Verlängerung des UNDOF-Einsatzes um sechs Monate". Botschafter Freiherr von Wechmar, New York (UNO), gab dazu die Information aus der ägyptischen Ständigen Vertretung bei der UNO: „Syrien habe die Verlängerung von UNDOF auch ohne das vielfach erwähnte ‚bedeutsame israelische Zugeständnis' bewilligt, weil Araber einsähen, daß die Dinge nicht überstürzt werden könnten und Genfer Konferenz kaum vor Herbst zustande kommen könne." Vgl. den Drahtbericht Nr. 928; Referat 310, Bd. 104963.

[30] Nachdem die Koalition aus SPD und FDP durch den Übertritt des SPD-Abgeordneten Hupka zur CDU am 3. März 1972 und den Austritt des Abgeordneten Helms aus der FDP am 23. April 1972 die Mehrheit im Bundestag verloren hatte, stellte die CDU/CSU-Fraktion am 24. April 1972 den Antrag, Bundeskanzler Brandt das Mißtrauen auszusprechen und den CDU/CSU-Fraktionsvorsitzenden Barzel zu seinem Nachfolger zu wählen. Von den 260 Abgeordneten, die an der Abstimmung am 27. April 1972 im Bundestag teilnahmen, stimmten 247 für den Antrag und 10 dagegen; 3 Abgeordnete enthielten sich der Stimme. Die erforderliche absolute Mehrheit von 249 Stimmen wurde damit nicht erreicht. Vgl. dazu BT STENOGRAPHISCHE BERICHTE, Bd. 79, S. 10697–10714.

[31] Zum Abbruch der Bemühungen des amerikanischen Außenministers Kissinger um eine Vermittlung im Nahost-Konflikt vgl. Dok. 62, Anm. 11.

[32] Die amerikanischen Präsidentschaftswahlen fanden am 2. November 1976 statt.

samer palästinensischer Staat von Christen, Juden und Arabern eine schöne Idee, aber nicht realistisch sei, sondern daß die Gründung eines eigenen Staates der Palästinenser in Cisjordanien und Galiläa[33] erforderlich sei. König Hussein sei hiermit einverstanden.[34]

Minister *Genscher* stellte die Frage, wieweit Arafat, der persönlich sicher aufgeschlossen sei, nach rumänischer Einschätzung realistische Vorstellungen im eigenen Lager durchsetzen könne.

Herr *Andrei* unterstrich, daß Arafat jedenfalls sowohl bei seinen eigenen Leuten wie bei den anderen arabischen Staaten der anerkannte Führer der Palästinenser sei. Er sei realistisch, müsse aber alle Fraktionen in seiner Bewegung und in den arabischen Staaten in Betracht ziehen. Einen positiven, realistische Tendenzen fördernden Einfluß übe Sadat aus.

Minister *Genscher* verwies darauf, daß es auch auf israelischer Seite den Beginn einer realistischen Anerkennung gegenüber dem Problem der Palästinenser gebe. Als Beweis hierfür werte er die Äußerung von Minister Allon während seines Besuches in Bonn, es sei notwendig, daß die Palästinenser ihre Identität finden.[35]

Wichtig sei die Sicherung des Existenzrechtes Israels. Er habe Allon nachdrücklich versichert, daß wir Israel darin unterstützten.

Abschließend kam Herr *Andrei* nach einem kurzen allgemeinen Meinungsaustausch über die Rolle der Nation und der Anerkennung nationaler Rechte nochmals auf die Einladung an Minister Genscher nach Bukarest zurück. Herr Andrei fragte, ob Minister Genscher im Juli kommen werde. Die rumänische Seite sehe bei dieser Gelegenheit ausführliche Gespräche mit Präsident Ceaușescu vor.

Minister *Genscher* erwiderte, er hoffe, daß die Konsultationen am 2. und 3. Juni gut verlaufen würden. Er wolle offen sagen, daß ihm daran liege, daß die Frage der beiden Abkommen vorher geklärt werde.

Herr *Andrei* erwiderte, es gebe keine bessere Ebene, als diese und andere Probleme direkt mit Präsident Ceaușescu zu lösen.

Minister *Genscher* unterstrich demgegenüber nochmals seinen Wunsch, diese Frage vorher zu klären.

---

33 Korrigiert aus: „Gallien".
34 König Hussein stellte bereits am 15. März 1972 einen Plan zur Umwandlung von Jordanien in eine Föderation vor. Das Vereinigte Arabische Königreich (United Arab Kingdom) sollte sich in ein palästinensisches und ein jordanisches Teilgebiet („Cis-Jordanien" und „Trans-Jordanien") mit den Hauptstädten Jerusalem bzw. Amman gliedern. Dazu informierte Legationsrat I. Klasse Weiss, Amman, am selben Tag: „Gemeinsame Institutionen: Staatsoberhaupt und Armeeoberbefehlshaber Hussein, Zentralregierung und -parlament, das in direkter und geheimer Abstimmung gewählt werde. Zentrale Zuständigkeit für Außenpolitik, Wirtschafts- und Verteidigungspolitik. Oberster Gerichtshof Hauptstadt Amman. Regionale Institutionen: Parlamente und gewählte Gouverneure, zuständig für alles, was nicht ausdrücklich Zentralregierung vorbehalten bleibt. Hauptstädte Amman und Alt-Jerusalem. Region Jordanien umfaßt Ostufer, Region Palästina das Westufer einschließlich anderer palästinensischer Gebiete, falls Bewohner sich für Zugehörigkeit zu United Arab Kingdom entscheiden." Vgl. den Drahtbericht Nr. 51; Referat I B 4, Bd. 552.
35 Für die Äußerung des israelischen Außenministers Allon vom 26. Februar 1975 vgl. Dok. 112, Anm. 16.
Zum Aufenthalt von Allon vom 26. bis 28. Februar 1975 in der Bundesrepublik vgl. Dok. 37.

Herr *Andrei* erläuterte, daß Juli im Hinblick auf den Terminplan von Präsident Ceaușescu ein günstiger Termin wäre. Für den Herbst wolle die rumänische Seite gerne Bundeskanzler Schmidt einladen. Es gebe viele Dinge von gegenseitigem Interesse zu besprechen, wie etwa die Prinzipien der Beziehungen zwischen den europäischen Staaten, die Überwindung der wirtschaftlichen Spaltung Europas, die Vermeidung einer Wiederholung der Ereignisse des Jahres 1968, die Entwicklungsprobleme Rumäniens und der wirtschaftlichen Zusammenarbeit, die Einstellung des Wettrüstens.

Minister *Genscher* unterstrich, daß auch wir die Einstellung des Wettrüstens wollten. Allerdings wollten wir weniger militärische Anstrengungen ohne mehr Unsicherheit.

Er hoffe, daß Herr Andrei auch diesmal unser Land in dem Bewußtsein unserer konstruktiven Haltung zu bilateralen und internationalen Fragen verlassen werde. Wie er schon dem rumänischen Landwirtschaftsminister gesagt habe, hätten wir nicht vergessen, daß Rumänien uns damals als erstes osteuropäisches Land die Hand gereicht habe.[36] Er freue sich auf seinen nächsten Besuch in Rumänien. Er hoffe, daß die beiderseitigen Mitarbeiter im Juni gute Arbeit leisten würden. Sie seien sozusagen die Reisemarschälle.

Herr *Andrei* erklärte, was Rumänien 1967 getan habe, sei Bestandteil seiner Politik zur Vertretung der rumänischen Interessen. Er wolle jedoch offen sagen, daß auch die Bundesrepublik Deutschland ein Interesse daran habe, daß Rumänien eine solche Politik verfolge und deshalb diese wirtschaftlich fördern sollte.

Abschließend äußerte Herr Andrei die Überzeugung, daß Minister Genscher den weiteren Verlauf seines Besuches gut vorbereiten werde, damit er für die Anliegen, die er vorzutragen habe, entsprechendes Verständnis finde.

Referat 214, Bd. 116676

---

[36] Rumänien nahm am 31. Januar 1967 die diplomatischen Beziehungen zur Bundesrepublik auf. Vgl. dazu AAPD 1967, I, Dok. 39.

134

Aufzeichnung des Ministerialdirigenten Ruhfus

204-321.00 USA-845^(II)/75 VS-vertraulich   27. Mai 1975[1]

Dem Herrn Staatssekretär mit der Bitte um Genehmigung und Weiterleitung an den Herrn Bundesminister[2]

Betr.: Verstärkung unserer Kontakte zum amerikanischen Kongreß

Bezug: Vorlage (zum Sachstand) vom 12. Mai 1975 – 204-321.00 USA-845I/75 VS-v[3]

Zweck: Bitte um Zustimmung zu den empfohlenen Maßnahmen

A. I. Aufgrund einer Besprechung mit BM Leber Mitte April 1975 hatte der Herr Bundesminister Weisung erteilt, unverzüglich Überlegungen anzustellen, welche Maßnahmen ergriffen werden können, um auf den amerikanischen Kongreß im Sinne der atlantischen Beziehungen gezielt einzuwirken. Nach vorbereitenden Überlegungen im Haus und im kleinen Ressortkreis (BPräsA, BKA, BMVg, BPA) war die Botschaft Washington zu eingehender Stellungnahme und zur Vorlage eigener Vorschläge aufgefordert worden. In dem Erlaß wurde darauf hingewiesen, daß der Herr Bundesminister gegebenenfalls besondere und außergewöhnliche Anstrengungen für notwendig hält.[4]

II. Die Botschaft Washington hat mit Bericht vom 3.5.75 (Bezugsvorlage) ausführlich Stellung genommen.[5] Sie hat ihren detaillierten und abgewogenen Vorschlägen folgende grundsätzliche Erwägungen vorangestellt:

---

[1] Die Aufzeichnung wurde von Vortragendem Legationsrat I. Klasse Dannenbring und von Vortragendem Legationsrat Wentker konzipiert.

[2] Hat Staatssekretär Gehlhoff am 5. Juni 1975 vorgelegen, der die Wörter „Herrn Bundesminister" hervorhob und handschriftlich vermerkte: „Ich bin mit den Vorschlägen einverstanden."
Hat Genscher am 9. Juni 1975 vorgelegen.

[3] Vortragender Legationsrat I. Klasse Dannenbring resümierte für Staatssekretär Gehlhoff und Bundesminister Genscher die Ergebnisse eines Gesprächs zwischen Genscher und Bundesminister Leber über die Beziehungen zu den USA sowie die aufgrund einer Ressortbesprechung erarbeitete Weisung an die Botschaft in Washington zu den Kontakten mit dem amerikanischen Kongreß. Vgl. VS-Bd. 9960 (204); B 150, Aktenkopien 1975.

[4] Am 22. April 1975 informierte Ministerialdirektor van Well die Botschaft in Washington über ein Gespräch des Bundesministers Genscher mit Bundesminister Leber am 12. April 1975, in dem festgestellt worden sei, „daß die verbreitete Unkenntnis im Kongreß über die Bedeutung der atlantischen Verbindung vor allem durch den Zuzug neuer Mitglieder und angesichts der verstärkten außenpolitischen Einflußnahme des Kongresses ein großes Problem darstellt". Die Minister hätten übereingestimmt, daß „besondere und außergewöhnliche Anstrengungen unternommen werden müssen, um dieser auf längere Sicht gefährlichen Entwicklung entgegenzuwirken und die Lage durch gezielte Einwirkung auf die Meinungsbildung im Kongreß und ihre Multiplikatoren wieder zu verbessern". Mit der Bitte um Stellungnahme übermittelte van Well erste Vorschläge, die „im kleinen Ressortkreis" erarbeitet worden seien: verstärkte Einladungen an Kongreßmitglieder und Assistenten, die Intensivierung der Kontaktpflege vor Ort, eine Verbesserung des Informationsaustauschs durch gegenseitige Besuche, die Pflege kongreßnaher Institutionen und Organisationen und schließlich die Überlegung, „ob die Bundesregierung zur Wahrnehmung der deutschen Interessen beim Hill eine namhafte und einflußreiche amerikanische Persönlichkeit als ‚Lobbyisten' bestellen sollte". Vgl. den Drahterlaß Nr. 444; VS-Bd. 9960 (204); B 150, Aktenkopien 1975.

[5] Botschafter von Staden, Washington, bekräftigte, „daß der Kontaktpflege heute mehr denn je vorrangige Bedeutung zukommt [...]. Der Erfolg jeder Aktivität gegenüber dem Kongreß hängt we-

- Bestätigung der Priorität der Aufgabe der Intensivierung der Kontakte zum Kongreß;
- gleichzeitig aber Hinweis, daß hierfür das rechte Maß gefunden werden muß (Empfindlichkeiten);
- ferner Hinweis, daß das zentrale Anliegen – den isolationistischen Strömungen entgegenzuwirken – ein langfristiges, nur mit auf Dauer angelegten Kontaktmaßnahmen zu bewältigendes Problem ist;
- Feststellung, daß die Bundesrepublik Deutschland schon jetzt (zusammen mit Großbritannien und der Sowjetunion) bei den Kontaktbemühungen um den Kongreß mit an der Spitze liegt (etwa ein Fünftel aller MdBs haben 1974/75 in Washington Gespräche mit Kongreßmitgliedern geführt);
- realistisch-zurückhaltende Beurteilung der Erfolgsmöglichkeiten (schwer zu überwindende Gleichgültigkeit in außenpolitischen Fragen; Zahlen- und Terminprobleme).

III. Im Lichte des Berichts aus Washington hat am 22.5.75 unter meiner Leitung eine erneute Besprechung der Ressorts und der interessierten Stellen im Hause stattgefunden. Dabei haben die Beteiligten in ihren jeweiligen Zuständigkeitsbereichen abschließend Stellung genommen, so daß nunmehr die nachstehende Zusammenstellung von Maßnahmen – jeweils mit Hinweis auf die erforderlichen Veranlassungen – vorgelegt wird.

B. Folgende Maßnahmen werden empfohlen:

I. Unmittelbare Kontakte Bundestag/Kongreß

1) Gesamtkontakte Bundestag/Kongreß: Die Botschaft Washington hat berichtet, daß der US-Kongreß einer institutionalisierten Zusammenarbeit (z. B. deutschamerikanische Parlamentarier-Gesellschaft; regelmäßiger Austausch) ablehnend gegenüber steht (Gründe: Zurückhaltung gegenüber Auslandsreisen; restriktive rechtliche Bestimmungen; Pressekritik).

Vorschlag: Der Herr Bundesminister könnte das Thema „Verstärkte Beziehungen zwischen Bundestag und Kongreß" und unser Interesse daran bei informellen Gesprächen am Rande des Staatsbesuchs[6] mit führenden Mitgliedern des Kongresses zur Sprache bringen. Der Herr Bundespräsident und der Herr Bundesminister werden – zustimmendenfalls – hierzu entsprechenden Gesprächsvorschlag erhalten.

2) Auswärtiger Ausschuß: Die Botschaft Washington hat vorgeschlagen, daß der Auswärtige Ausschuß des Bundestags einen Delegationsbesuch in Washington

Fortsetzung Fußnote von Seite 609
sentlich von dem rechten Maß ab. State Department und Pentagon stehen zwar Bemühungen der Westeuropäer, die Bündnisinteressen auch direkt gegenüber dem Kongreß vertreten, grundsätzlich positiv gegenüber, weil sie sich hiervon auch eine Unterstützung der eigenen bündnispolitischen Anliegen im Kongreß versprechen." Jedoch seien Empfindlichkeiten im Kongreß „gegenüber einer zu starken und direkten ausländischen Präsenz" zu berücksichtigen. Auch sei es „problematisch, unmittelbar nach dem Fall von Vietnam, d. h. in den nächsten Wochen und Monaten, ,trop de zèle' an den Tag zu legen, was unter Umständen zu Mißdeutungen führen könnte". Staden sprach sich für eine auf Dauer angelegte Kontaktarbeit aus, die auch stärker auf europäischer Ebene koordiniert sein sollte. Er unterbreitete eine Reihe von Vorschlägen zur Verstärkung der Kontakte zum amerikanischen Kongreß. Vgl. den Schriftbericht; VS-Bd. 9960 (204); B 150, Aktenkopien 1975.

[6] Bundespräsident Scheel besuchte die USA vom 15. bis 20. Juni 1975. Vom 15. bis 17. Juni 1975 wurde er von Bundesminister Genscher begleitet. Vgl. dazu Dok. 163.

durchführt (mit Möglichkeit späteren Gegenbesuchs). – Der Auswärtige Ausschuß hat in seiner Sitzung vom 14. Mai 1975 ein Komitee (MdB Mattick, Kliesing, Achenbach) eingesetzt, das sich speziell mit der Verstärkung der Kontakte Bundestag/Kongreß befassen wird. Hauptaufgabe ist dabei, Beschaffung von Sonder-Reisemitteln des Bundestags unter der Voraussetzung zu erwirken, daß eine bessere Koordination der MdB-Reisen und eine bessere Auswahl der US-Gesprächspartner (jüngere Generation im Kongreß) erfolgt.

Vorschlag: Es wird angeregt, daß das Auswärtige Amt ein Schreiben an den Vorsitzenden des Auswärtigen Ausschusses[7] richtet, in dem unser besonderes Interesse an den Überlegungen des Auswärtigen Ausschusses zum Ausdruck gebracht und unsere Mitwirkung angeboten wird. Aus der Sicht der Unterabteilung 20 wäre zu empfehlen, daß ein solches Schreiben für Herrn Staatsminister Moersch vorbereitet wird.

3) Verteidigungsausschuß: Die Botschaft Washington hat auf den bisherigen erfolgreichen Kontakt der Verteidigungsausschüsse von Bundestag und Kongreß hingewiesen.

Vorschlag: Im BMVg wird geprüft, ebenfalls in einem Schreiben des PStS des BMVg[8] an den Vorsitzenden des Verteidigungsausschusses[9] eine Fortsetzung dieser Kontakte – auch unter Berücksichtigung des inzwischen erfolgten Personenwechsels auf beiden Seiten – anzuregen.

4) Einzelbesuche deutscher Parlamentarier: Die Botschaft Washington hat sich für Intensivierung der Einzelbesuche ausgesprochen und darauf hingewiesen, daß der Kreis der Beteiligten (vor allem jüngere Generation) erweitert werden soll. – Auf der Sitzung des Auswärtigen Ausschusses vom 14.5.75 (vgl. oben) hat Herr Staatsminister Moersch die Überlegung vorgetragen, daß deutsche MdBs sich mit ihren US-Kollegen zu Wochenendbesuchen in deren Wahlkreisen treffen könnten (informell, auch ohne Beteiligung der Botschaft).

Vorschlag: In dem unter Ziffer B. I. 2) vorgeschlagenen Schreiben des AA an den Vorsitzenden des Auswärtigen Ausschusses könnte auf diese Möglichkeiten hingewiesen werden.

Gleichzeitig wird Botschaft Washington angewiesen zu prüfen, ob sich auf seiten des Kongresses hierfür Interessenten finden lassen.

5) „Europäisierung" der Kontakte zum Kongreß: Die Botschaft Washington hat darauf hingewiesen, daß angesichts der Tatsache, daß die deutschen Kontakte zum Kongreß jetzt schon mit am zahlreichsten sind, die Kontaktpflege „europäisiert" werden sollte. – Dieser Gedanke (so wurde in der Besprechung am 22.5. ausgeführt) ist zutreffend, wirft aber in der Durchführung erhebliche organisatorische Probleme auf. Gleichwohl ist festzustellen, daß über internationale Gremien (Europaparlament, Nordatlantische Versammlung, IPU) bereits zahlreiche Kontakte bestehen, die weiterhin genutzt werden können.

Sonderprojekt: Sechs deutsche und sechs französische Abgeordnete haben auf persönliche Einladung von Kongreßabgeordneten im April 1975 deren Wahl-

---

[7] Gerhard Schröder.
[8] Hermann Schmidt.
[9] Werner Buchstaller.

kreis besucht. Zur Zeit steht die Frage der Gegeneinladung an die Kongreßabgeordneten an. Die Vorbereitung liegt beim Bundestag (MdBs von Bülow, Dr. Häfele). Die Frage der Finanzierung durch den German Marshall Fund wird zur Zeit geprüft.

Vorschlag: In dem in Ziffer B. I. 2) und 4) vorgeschlagenen Schreiben des AA an den Vorsitzenden des Auswärtigen Ausschusses sollte auf dieses Problem aufmerksam gemacht werden. Dabei könnte angeregt werden, die „Europäisierung" in die vom Bundestag (Komitee Mattick/Kliesing/Achenbach) vorgesehene Koordinierung einzubeziehen. Ferner könnte gebeten werden, dem o. a. Sonderprojekt der sechs deutschen und sechs französischen Abgeordneten besondere Aufmerksamkeit zu schenken.

6) Dolmetscher: Die Botschaft Washington weist auf die große Bedeutung der ausreichenden Versorgung der MdBs mit Dolmetschern hin. – Auf der Ressortbesprechung am 22.5. bestand Übereinstimmung, daß das Sprachproblem sehr wichtig und für den Erfolg der Besuche oft entscheidend ist.

Vorschlag: Nachdem der Vertreter des Bundespresseamts erklärt hat, daß Ad-hoc-Beauftragungen von Dolmetschern an Ort und Stelle bei MdB-Gruppenreisen über Reise-Nebenkosten abgerechnet werden können, wird der Botschaft Washington dies mit Erlaß mitgeteilt.

Hinsichtlich der Gestellung von Dolmetschern für einzeln reisende MdBs sollte in dem unter Ziffer B. I. 2), 4) und 5) angeregten Schreiben des AA an den Vorsitzenden des Auswärtigen Ausschusses angeregt werden, hierfür Mittel des Bundestags zur Verfügung zu stellen (Komitee Mattick/Kliesing/Achenbach).

II. Einladung von Assistenten

Die Botschaft Washington weist darauf hin, daß es sich hierbei um eine besonders wichtige Gruppe handelt und daß die bisherigen Informationsreisen von Kongreßassistenten nach Deutschland bereits sehr erfolgreich gewesen sind. Zusätzliche Assistentenreisen für 1975 sollten wegen Terminschwierigkeiten auf deutscher und amerikanischer Seite (Sitzungsperioden) – über die bisher geplanten Reisen im Herbst 75 hinaus – nicht mehr vorgesehen werden.

Vorschlag: Nachdem der Vertreter des Bundespresseamts erklärt hat, daß zusätzliche Quoten für Assistentenreisen zur Verfügung gestellt werden können, wenn in Washington die Frage der Annahme der Einladungen geklärt ist, wird die Botschaft Washington mit Erlaß um Prüfung gebeten, wo und gegebenenfalls wann zusätzliche Quoten zum Einsatz gebracht werden können.

III. Verstärkte Einschaltung von Stiftungen und anderen Organisationen bei den Einladungen und bei der Programmgestaltung:

1) F. Ebert-, K. Adenauer- und F. Naumann-Stiftung:

Die Botschaft Washington hat verstärkte Einschaltung dieser Stiftungen empfohlen. Sie hat darauf hingewiesen, daß die K. Adenauer-Stiftung bereits über sehr gute Kontakte zum Kongreß, besonders auf der Ebene der Assistenten, verfügt. Die Botschaft schlug weiter vor, daß die Stiftungen Kongreßmitglieder und Assistenten zu ihren Tagungen und Seminaren einladen sollten, woran sich Informationsreisen (BPA-Programm) anschließen könnten. Dies ist ein besonders wichtiger Vorschlag, weil dieser Weg über die Stiftungen die rechtlichen Schwierigkeiten in den USA bei der Annahme von Einladungen vermeiden würde.

Die Ressortbesprechung am 22.5. ergab, daß die Stiftungen nicht über eigene Mittel verfügen. Die Stiftungen können aber beim AA Mittel anfordern (2 Mio. DM, im Verhältnis 2:2:1, verwaltet bei Ref. 640). Die Stiftungen sind bereit zu helfen, sowohl bei den Einladungen als auch bei der Programmgestaltung; wichtig ist Abstimmung untereinander und „Synchronisierung".

Vorschlag: Referate 012 und 204 werden – zunächst einzeln – mit den Stiftungen in Kontakt treten, um den Gesamtkomplex zu besprechen.

2) Sonstige Organisationen: Die Botschaft Washington hat hier die Gesellschaft für Auswärtige Politik, das Institut für Wehrkunde und die Stiftung für Wissenschaft und Politik benannt; an Wehrkundetagungen haben (lt. Botschaft) Mitglieder des Kongresses bereits mit Erfolg teilgenommen. Botschafter von Staden hat der Institutsleitung bereits Vorschläge für weitere Einladungen an Kongreßmitglieder übermittelt (Hinweis auf sehr erfolgreiche und etablierte Kontakte des IISS[10] London mit Kongreßmitgliedern und Assistenten im außenpolitischen und Sicherheitsbereich).

Vorschlag: Das AA sollte an die drei Institutionen herantreten und den Gesamtkomplex mit ihnen besprechen (zuständig ist 02).

3) Amerikanische Institutionen und Organisationen: Die Botschaft Washington hat berichtet, daß sie sich bemüht, die in Frage kommenden Institutionen (z.B. American Council on Germany) zu verstärkten Bemühungen um den Kongreß zu veranlassen. Sie hat überlegt, ob u.a. Wochenendseminare (10 bis 15 Teilnehmer) in der Nähe von Washington mit deutschen und amerikanischen Teilnehmern organisiert werden könnten.

Vorschlag: Die Botschaft Washington wird mit Erlaß gebeten, den Fragenkomplex – besonders die Organisation von Wochenendtreffen – mit den in Frage kommenden Organisationen weiter zu prüfen (u.U. auch Einschaltung der neuen McCloy-Stiftung) und ferner festzustellen, ob sich amerikanische Interessenten finden lassen.

In dem unter Ziffer B. I. 2), 4), 5) und 6) angeregten Schreiben des AA an den Vorsitzenden des Auswärtigen Ausschusses sollte dieser Punkt ebenfalls erwähnt und Prüfung erbeten werden, ob sich deutsche Interessenten finden lassen.

IV. Systematische Kontaktpflege der Botschaft

Die Botschaft Washington hatte um Verstärkung der Politischen Abteilung der Botschaft um einen jüngeren qualifizierten höheren Beamten gebeten, so daß sich zwei höhere Beamte (bisher einer) ausschließlich der Kongreß-Kontaktarbeit widmen könnten. – Hierzu wurde auf der Ressortbesprechung vom 22.5. 75 festgestellt, daß – im Anschluß an die Inspektion im Herbst 1974 – nunmehr sichergestellt ist, daß die sieben Beamten der Politischen Abteilung in Zukunft ohne Vakanzen und ohne die früher vorgesehenen Aushilfsarbeiten bei Presse und Wirtschaft sich ausschließlich auf die politische Arbeit konzentrieren können.

[10] International Institute for Strategic Studies.

Bei dieser Regelung soll es – auch nach Auffassung von Botschafter von Staden – im gegenwärtigen Zeitpunkt bleiben. Botschafter von Staden wies (außerhalb der Besprechung vom 22.5.) darauf hin, daß er es für wichtig hält, daß im Hinblick auf die politische Entwicklung – Schwerpunktbildung in den bilateralen Beziehungen zu den USA – das Ref. 204 personell verstärkt wird, um die neben der laufenden politischen Arbeit anfallenden zahlreichen technischen Anforderungen durchführen zu können.

Vorschlag: Die Botschaft Washington und Ref. 204 werden sich bemühen, die durch vorstehende Intensivierung des Verhältnisses zu den USA entstehenden zahlreichen zusätzlichen Arbeiten zunächst mit den vorhandenen personellen Kräften durchzuführen. Sollte dies nicht möglich sein, bleibt weitere Vorlage vorbehalten.

V. Finanzierungsfragen

1) Arbeitsmaterial für die Kongreßkontakte: Die Botschaft Washington hatte um Aufstockung der für das Arbeitsmaterial (Handbücher, Kongreßkartei, Ausschußpapiere, Ausschuß-Informationsdienste) erforderlichen Mittel um DM 2000,– jährlich (Titel 51201) gebeten.

Vorschlag: Nachdem Ref. 112 festgestellt hat, daß diese Aufstockung durchführbar ist, soll die Botschaft Washington mit Erlaß aufgefordert werden, diese Mittel unter entsprechender Begründung anzufordern.

2) Mittel für die politische Öffentlichkeitsarbeit: Die Botschaft Washington hatte um Erhöhung der Zweckmittel um 20%, um Erhöhung der Honorare für Vortragsredner und um Aufhebung der 25%igen Kürzung der Mittel für das „German Information Center" gebeten. – Das Bundespresseamt hat in der Sitzung vom 22.5.75 erklärt, daß gezielte Maßnahmen der politischen Öffentlichkeitsarbeit, die geeignet sind, die Unterrichtung des Kongresses zu verbessern, mit zusätzlichen Haushaltmitteln geplant werden können. Das BPA hat ferner erklärt, daß – nachdem die Sperre für die Zweckmittel für 1975 nunmehr aufgehoben ist – diese Mittel gegebenenfalls erhöht werden können. Ferner wird das BPA die Frage der Vortragshonorare mit der Botschaft aufnehmen.

Vorschlag: Die Botschaft Washington wird mit Erlaß aufgefordert, die erbetenen Mittel mit im einzelnen begründeten Vorschlägen anzufordern.

C. Eine Kurzfassung – mit Zusammenfassung der Petita – ist dieser Vorlage vorangestellt.[11]

Ruhfus

VS-Bd. 9960 (204)

---

[11] Dem Vorgang beigefügt. Vgl. VS-Bd. 9960 (204); B 150, Aktenkopien 1975.

135

Botschafter Blech, Genf (KSZE-Delegation), an das Auswärtige Amt

114-12785/75 VS-vertraulich Aufgabe: 27. Mai 1975, 20.45 Uhr
Fernschreiben Nr. 1061 Ankunft: 27. Mai 1975, 21.59 Uhr
Citissime

Herrn D 2[1] sofort vorzulegen

Betr.: Ministertagung am 26. Mai 1975 in Dublin[2]
hier: TOP KSZE

A. Nachstehend werden die von Gesandtem von Groll während der Ministertagung in Dublin zum TOP KSZE gefertigten Notizen übermittelt. Es wird gebeten, die in Frage kommenden Auslandsvertretungen und anderen Ressorts nach Billigung des Textes durch Herrn D 2 zu unterrichten.[3]

B. I. Die Außenminister diskutierten den TOP „KSZE" auf der Grundlage des von den Delegationen in Genf vorbereiteten Berichts (RM (75) 7 P)[4].

II. Die wichtigsten Punkte waren

– Zeitvorstellungen,

– Konferenzfolgen,

– vertrauensbildende Maßnahmen.

1) Zeitvorstellungen:

Das Ziel war, den Sowjets ein Zeichen zu geben, die notwendigen Konzessionen möglichst bald zu machen, wenn sie die dritte Phase vor der Sommerpause haben möchten. Die Frage, ob „Ende Juli"[5] erwähnt werden solle oder nicht, wurde lange diskutiert. Schließlich einigten sich die Minister auf die Formel, daß die Möglichkeit besteht, die Verhandlungen in Genf in den nächsten Wochen abzuschließen, sofern unsere Forderungen erfüllt werden.[6] Die Minister waren

---

[1] Hat Ministerialdirektor van Well vorgelegen.
[2] Vortragender Legationsrat I. Klasse Dohms berichtete am 27. Mai 1975, die Konferenz der Außenminister der EG-Mitgliedstaaten im Rahmen der EPZ sei „nach den Beschlüssen der Pariser Gipfelkonferenz vom Dezember 1974 bei gleicher Gelegenheit auch als EG-Rat" zusammengetreten: „Erörterung im Rat am Vormittag über Fragen der EG-Außenbeziehungen (Portugal, weltweite Rohstoff-Fragen, Assoziationsrat EG–Zypern, China) stand in engem sachlichen Zusammenhang mit EPZ-Thematik, so daß sich Minister beim Mittagessen und in der Nachmittagssitzung auf kurze Erörterung der anstehenden EPZ-Probleme (Nahost, Europäisch-Arabischer Dialog, KSZE, VN) beschränken konnte." Vgl. den Runderlaß Nr. 73; Referat 240, Bd. 102880.
Zu den Beratungen über den Nahost-Konflikt vgl. auch Dok. 98, Anm. 13.
[3] Dieser Satz wurde von Ministerialdirektor van Well mit Pfeil hervorgehoben.
[4] Am 22. Mai 1975 übermittelte Botschafter Blech, Genf (KSZE-Delegation), eine Übersetzung des Berichts, „den Präsidentschaft den Ministern am 26.5. vortragen wird". Vgl. den Drahtbericht Nr. 1024; VS-Bd. 10198 (212); B 150, Aktenkopien 1975.
[5] Zu den sowjetischen Bestrebungen, die KSZE-Schlußkonferenz für Ende Juli anzuberaumen, vgl. Dok. 127, Anm. 3.
[6] Die Wörter „diese Forderungen erfüllt werden" wurden von Ministerialdirektor van Well gestrichen. Dafür fügte er handschriftlich ein: „die anderen Konferenzteilnehmer die konstruktive und kompromißbereite Haltung der Neun erwidern".

einmütig der Auffassung, daß wir uns selbst nicht unter Zeitdruck stellen werden[7].

2) Konferenzfolgen:

Dies war die wichtigste der diskutierten Sachfragen. Alle Minister stimmten darin überein, daß die Neun den Prozeß der Entspannung fortzusetzen wünschten, aber jegliche Form der Institutionalisierung ablehnen. Der belgische Außenminister[8] betonte insbesondere unsere Ablehnung eines wie auch immer gearteten „gesamteuropäischen kollektiven Sicherheitssystems". Er wurde vom luxemburgischen Ministerpräsidenten[9] unterstützt, der außerdem Systeme zur Streitregelung[10] ausschließen möchte. Der französische Außenminister[11] unterstrich, daß ein Treffen hoher Beamter auf der Linie des dänischen Vorschlags[12] das Maximum dessen sei, was seine Regierung akzeptieren könne.

Was die Länge der Interimsperiode anbelangt, so erinnerte der französische Außenminister daran, daß der ursprüngliche westliche Vorschlag aus dem Jahre 1974[13] gleichbedeutend mit einer Periode von drei Jahren war und daß die Beibehaltung des Jahres 1977 für das Treffen der hohen Beamten eine wichtige westliche Konzession darstelle. Der dänische[14] und der luxemburgische Außenminister[15] sprachen von zwei Jahren. Minister Genscher erklärte, daß ein Mindestzeitraum von zwei Jahren nach Beendigung der Konferenz für eine vernünftige Beurteilung erforderlich wäre. Der niederländische Außenminister[16] sagte, daß 18 Monate ein sehr kurzer Zeitraum wäre. Andere Zeitangaben wurden nicht gemacht.

Der dänische und der niederländische Außenminister hielten es für möglich, auf der Basis des dänischen Vorschlages einen Kompromiß mit den Neutralen zu finden.

3) Vertrauensbildende Maßnahmen:

Zusammen mit den Fragen der Konferenzfolgen wurden die vertrauensbildenden Maßnahmen von allen Ministern (einschließlich dem französischen AM) als das zweite noch ungelöste Problem von großer politischer Bedeutung bezeichnet. Der Akzent lag auf „befriedigenden Parametern".[17] Außenminister Genscher betonte, daß ein Grenzbereich sowjetischen Territoriums von mindestens 300 km Tiefe in die Manövervorankündigung eingeschlossen werden müß-

---

[7] Dieses Wort wurde von Ministerialdirektor van Well gestrichen. Dafür fügte er handschriftlich ein: „sollten".
[8] Renaat van Elslande.
[9] Gaston Thorn.
[10] Vgl. dazu den schweizerischen Vorschlag vom 18. September 1973 für einen Vertrag über ein europäisches System der friedlichen Beilegung von Streitigkeiten sowie den rumänischen Vorschlag vom 19. September 1973 zum Gewaltverzicht; Dok. 13, Anm. 9 und 10.
[11] Jean Sauvagnargues.
[12] Zum modifizierten dänischen Vorschlag zu den Konferenzfolgen, der am 13. Mai 1975 vom Politischen Komitee im Rahmen der EPZ gebilligt wurde, vgl. Dok. 127, Anm. 16.
[13] Zum dänischen Vorschlag vom 26. April 1974 zu den Konferenzfolgen vgl. Dok. 13, Anm. 23.
[14] Knud Børge Andersen.
[15] Gaston Thorn.
[16] Max van der Stoel.
[17] Zu den bei der KSZE in Genf vorliegenden Vorschlägen zu den Parametern für Manövervorankündigungen vgl. Dok. 127, besonders Anm. 9 und 10.

te. Dies sei eine sehr wichtige Frage, da ihre Lösung sich auf alle künftigen Gespräche im Kontrollbereich[18] auswirken würde.

4) Sonstige Fragen:

a) Fragen des „dritten Korbes"

Der niederländische Außenminister beschrieb die sowjetische Reaktion auf den westlichen Kompromißvorschlag auf dem Gebiet der Kontakte und der Information[19] als „nicht ermutigend".[20] Der italienische Außenminister[21] betonte die Auswirkungen, die die Fragen des dritten Korbes auf die öffentliche Meinung haben werden. Der dänische Außenminister unterstrich die Bedeutung eines befriedigenden Textes über die Arbeitsbedingungen für Journalisten.

b) Schlußdokumente und Unterschrift wurden im Zusammenhang mit der „Gleichwertigkeit" aller Konferenzergebnisse angesprochen (britischer[22] und italienischer Außenminister). Der niederländische Außenminister betonte die Bedeutung der Übereinstimmung der Texte in allen Sprachen. Der Wunsch des Präsidenten der Europäischen Kommission[23], daß der Vertreter der Präsidentschaft der Neun das Schlußdokument in seiner „doppelten Eigenschaft" unterzeichnen sollte, wurde von den Ministern gebilligt.

C. Auf Wunsch der italienischen Delegation, die sonst derartige Unterrichtungen vornimmt, haben wir heute die NATO-Delegationsleiter unter Verwendung dieser Notizen informiert.

[gez.] Blech

VS-Bd. 10198 (212)

---

[18] Dieses Wort wurde von Ministerialdirektor van Well gestrichen. Dafür fügte er handschriftlich ein: „Rüstungskontrollbereich".

[19] Zu dem der sowjetischen KSZE-Delegation am 15. Mai 1975 übermittelten „Globalvorschlag" vgl. Dok. 127, Anm. 12.

[20] Am 23. Mai 1975 berichtete Botschafter Blech, Genf (KSZE-Delegation), die sowjetische KSZE-Delegation habe „ihre Reaktion auf das von westlicher Seite vorgeschlagene ‚global package' vorgetragen, und zwar gestern (21.5.) bezüglich des Teils ‚Kontakte', heute (22.5.) bezüglich des Teils ‚Information'. Die östliche Seite hat es vermieden, das Paket förmlich zu akzeptieren, ist aber bereit, auf seiner Grundlage praktisch zu arbeiten. Sie legte eine Reihe von Punkten mündlich dar, die nach ihrer Ansicht inakzeptabel oder änderungsbedürftig sind. [...] Die große Zahl der von sowjetischer Seite zum Thema ‚Kontakte' gestern vorgebrachten Punkte und die Art und Weise, in der sie dargelegt wurden, wurden von westlicher Seite als gänzlich unbefriedigend empfunden." Insgesamt sei „eine gewisse Nervosität bei der sowjetischen Delegation unverkennbar, die sich wohl aus der Erkenntnis ergibt, daß sie mit ihrer Antwort den ‚global approach' insgesamt gefährden oder zumindest eine langwierige Verhandlungsserie provozieren könnte, die – und dies ganz klar unter sowjetischer Verantwortung – einen für die Abhaltung der dritten Phase noch vor der Sommerpause rechtzeitigen Abschluß der zweiten Phase gefährden würde." Vgl. den Drahtbericht Nr. 1028; Referat 212, Bd. 100026.

[21] Mariano Rumor.

[22] James R. Callaghan.

[23] François-Xavier Ortoli.

136

Botschafter von Lilienfeld, Madrid, an das Auswärtige Amt

114-12805/75 VS-vertraulich Aufgabe: 28. Mai 1975, 17.40 Uhr[1]
Fernschreiben Nr. 397 Ankunft: 28. Mai 1975, 19.47 Uhr
Citissime

Auch für 201; Brüssel NATO mit der Bitte, dort Bundesaußenminister sofort vorzulegen[2]

Betr.: Spanien und die NATO

Bitte um Weisung

I. Staatssekretär Rovira, der zur Zeit Außenminister[3] vertritt, äußerte sich bei einem Dinner, das ich für General Hildebrandt[4] gab, recht enttäuscht über die Haltung der NATO-Verteidigungsminister zu Spanien.[5]

Die in Brüssel von einigen NATO-Vertretern, insbesondere dem Holländer[6], gemachten Äußerungen, die leider auch ihren Weg in die Presse gefunden hätten[7], seien eine „Ohrfeige" für Spanien und ein schwerer Rückschlag gerade auch für die fortschrittlichen Elemente hier im Lande.

Er, Rovira, habe gerade mit mehreren hohen Militärs die Konsequenzen besprochen. Diese hätten ihm zutiefst empört die Forderung präsentiert, sofort die zur NATO ausgestreckten Fühler abzubrechen und das Stützpunktabkommen mit den Amerikanern[8] auslaufen zu lassen. Es sei ihm nur mit Mühe ge-

---

[1] Hat Legationsrat I. Klasse Chrobog am 29. Mai 1975 vorgelegen, der die Weiterleitung an Bundesminister Genscher verfügte.
Hat Vortragendem Legationsrat Lewalter am 30. Mai 1975 vorgelegen, der handschriftlich für Genscher vermerkte: „Hatten Sie diesen Bericht gelesen?"
Hat Genscher vorgelegen.

[2] Bundesminister Genscher hielt sich am 29./30. Mai 1975 anläßlich der NATO-Ratstagung auf der Ebene der Staats- und Regierungschefs in Brüssel auf.

[3] Pedro Cortina Mauri.

[4] Der Inspekteur des Heeres, Hildebrandt, hielt sich vom 24. bis 27. Mai 1975 in Spanien auf. Am 27. Mai 1975 führte er Gespräche mit Staatschef Franco und Prinz Juan Carlos. Vgl. dazu den Drahtbericht Nr. 392 des Botschafters von Lilienfeld, Madrid, vom 28. Mai 1975; Referat 201, Bd. 113507.

[5] Zur Diskussion über die Erwähnung von Spanien im Kommuniqué über die Ministersitzung des Ausschusses für Verteidigungsplanung der NATO (DPC) am 22./23. Mai 1975 in Brüssel vgl. Dok. 132, Anm. 30.

[6] Am 26. Mai 1975 vermerkte Vortragender Legationsrat I. Klasse Pfeffer zur Debatte über Spanien während der Ministersitzung des Ausschusses für Verteidigungsplanung der NATO (DPC) am 22./23. Mai 1975 in Brüssel, das Argument des amerikanischen Verteidigungsministers Schlesinger, „daß die amerikanisch-spanische Zusammenarbeit die Sicherheit Europas stark beeinflusse", habe einige der Verteidigungsminister, darunter den der Niederlande, nicht beeindruckt: „Vredeling: ‚Dann verliert die NATO eben die Niederlande.'" Vgl. VS-Bd. 14063 (010); B 150, Aktenkopien 1975.

[7] Vgl. dazu den Artikel „Wenn Spanien in die NATO kommt, will Holland gehen"; DIE WELT vom 24./25. Mai 1975, S. 1.
Dazu notierte Vortragender Legationsrat I. Klasse Pfeffer am 26. Mai 1975: „Es handelt sich nach allgemeiner Meinung [um die] schwersten Indiskretionen aus dem DPC überhaupt." Vgl. VS-Bd. 14063 (010); B 150, Aktenkopien 1975.

[8] Zu den amerikanisch-spanischen Verhandlungen über ein neues Stützpunkteabkommen vgl. Dok. vgl. Dok. 128, Anm. 15.

lungen, die Herren von einer entsprechenden öffentlichen Erklärung abzuhalten. Die Armeeführung würde aber sicherlich bei Franco und im Kabinett in diesem Sinne vorstellig werden. Sie hätte – wie wir wüßten – in Spanien großen Einfluß auch auf die Außenpolitik.

Die Amerikaner hätten ihren Vorstoß in der NATO psychologisch ungeschickt und in der Sache zu weitgehend vorgenommen. Er hätte auch im Hinblick auf den vom Bundesaußenminister seinerzeit hier gegebenen Rat[9] mehrfach versucht, sie davon abzuhalten, die Aufnahme eines Absatzes über Spanien in das NATO-Schlußkommuniqué ausdrücklich zu verlangen, da er hierfür keine Chancen gesehen hätte. Leider hätte Schlesinger dies jetzt doch getan und das von Spanien erwartete Refus – allerdings in einer so nicht erwarteten beleidigenden Form – erhalten. Er frage sich, ob sich die USA vielleicht auf diese Weise den Spaniern gegenüber ein Alibi verschaffen und ihnen den Beweis liefern wollten, daß ihre Erwartungen z. Z. nicht realisierbar seien? Ob wohl die Engländer hinter diesem ganzen perfiden Spiel steckten? Auf jeden Fall ergebe sich für Spanien eine äußerst unangenehme Lage. Die Brüskierung in Brüssel werde sich ohne Zweifel negativ auf die Bemühungen auch um den Anschluß an Europa und um eine innenpolitische Liberalisierung auswirken und den rechtsextremen Kräften willkommene Argumente liefern, Spanien in der Isolierung zu belassen. Er, Rovira, und die spanische Regierung billigten durchaus unsere Hilfe an Portugal und unsere Versuche, die demokratischen Kräfte dort zu stützen. Selbst wenn es gelingen sollte, eine offene Machtübernahme durch die Kommunisten in Portugal zu verhindern, so würde dieses bestenfalls ein unzuverlässiger Partner in der NATO bleiben. Er verstehe auch aus diesem Grunde nicht, wie man das für die Verteidigung Europas und des Mittelmeeres zumindest ebenso wichtige Spanien in einem solchen Augenblick so vor den Kopf stoßen könne. Er stehe jetzt vor der schwierigen Entscheidung, ob er in der Tat befürworten solle, nunmehr das Abkommen mit den Amerikanern auslaufen zu lassen und es ihnen zu überlassen[10], wo sie einen anderen für die zur Verteidigung Europas übernommenen Verpflichtungen notwendigen Stützpunkt für nukleare U-Boote finden, oder ob er noch einmal zu einem weiteren Versuch zur Einigung raten sollte. Er persönlich neige zu letzterem – die Widerstände im Kabinett und Öffentlichkeit nähmen jedoch zu.

Noch schärfer äußerte sich der Chef des Generalstabes meinem ständigen Vertreter[11] gegenüber: Spanien sollte nunmehr alle NATO-Aktivitäten in und über Spanien sowie in spanischen Hoheitsgewässern unterbinden. Auf die Frage, um welche Aktivitäten es sich handele, erwähnte Vallespin außer den Polaris-U-Booten in Rota die Schießübungen amerikanischer Flugzeuge auf einem Übungsplatz in Aragon und die Überflüge von NATO-gebundenen Luftstreitkräften nach und über spanisches Gebiet. Über letztere könne nur mit uns bilateral verhandelt werden.[12]

---

[9] Bundesminister Genscher hielt sich am 3./4. April 1975 in Spanien auf. Zum Gespräch mit Außenminister Cortina Mauri über das Verhältnis zwischen Spanien und der NATO vgl. Dok. 69.
[10] Korrigiert aus: „auslaufen und es ihnen zu überlassen".
[11] Heinz-Werner Meyer-Lohse.
[12] Zu den Überflugrechten der Bundeswehr in Spanien vgl. Dok. 69, Anm. 5.

2) Ich sagte Rovira, wir hofften, die Spanier würden sich durch diese weitgehend innenpolitisch bedingten Stellungnahmen nicht in ihrer proeuropäischen Haltung entmutigen lassen. Die Amerikaner hätten – so weit ich wüßte – auch gegen unseren Rat – in einer psychologischen Fehleinschätzung der Situation in Brüssel offenbar geglaubt, jetzt bereits eine so konkrete Form vorschlagen zu können. Der Sache Spaniens und der NATO sei damit kein guter Dienst erwiesen worden.

Die militärische Präsenz der Amerikaner in Spanien sei aber nicht nur für Europa, sondern auch für Spanien selbst von entscheidender Bedeutung. Wir hofften, es werde sich eine Lösung für ihren Verbleib in Rota finden lassen. Auch könnte man vielleicht – ohne große Publicity – mit praktischen Maßnahmen beginnen, um die Mitwirkung Spaniens bei der Verteidigung Europas allmählich in die Wege zu leiten, wie dies Frankreich ja schon weitgehend täte.

3) Amerikanischer Botschafter[13] äußerte sich ebenfalls recht besorgt. Er wisse nicht, ob ein etwaiger nochmaliger Vorstoß des Präsidenten auf dem NATO-Gipfel[14] Erfolg haben könne oder überhaupt ratsam sei. Auch unsere anfängliche Unterstützung in dieser Frage – wie sie der Bundesaußenminister nach seinem Besuch in Madrid in Aussicht gestellt habe – scheine wohl aus innenpolitischer Rücksichtnahme nachgelassen zu haben. (Da ich – außer vagen Pressenachrichten – zu unserer Haltung in dieser Frage leider noch immer ohne Weisung bin, konnte ich hierzu keine Stellung nehmen.) Man könnte daher wohl nur noch versuchen, beim Besuch in Madrid durch eine entsprechend kräftige Erklärung des Präsidenten[15] den Schaden soweit wie möglich wieder zu reparieren. Ein wesentliches Zugeständnis in dem von Spanien verlangten politischen Sinne (Aufwertung der Verteidigungsgarantie usw.) könne man im Kongreß nicht durchsetzen. Ein womöglicher Verlust der Stützpunkte – vor allem Rotas – würde aber eine zunächst gar nicht wiedergutzumachende Schwächung der Verteidigung Europas bedeuten – vor allem auch unter dem zunehmenden Unsicherheitsfaktor Portugal.

4) Auch Prinz Juan Carlos äußerte sich in einem kurzen Gespräch, das ich nach dem Besuch General Hildebrandts mit ihm allein hatte, sehr sorgenvoll. Spanien sei gerne bereit, zur Sicherheit Europas beizutragen, könne dies jedoch auf die Dauer nicht „durch die Hintertür" tun. Gerade die europafreundlichen und demokratischen Kräfte in Regierung, Heer und Öffentlichkeit seien durch diese Brüskierung in Brüssel in ihrem guten Willen schwer getroffen. Er wolle dies auch Präsident Ford sagen und bekräftigen, daß er selbst entschlossen sei, später ein solches mit den USA und natürlich indirekt auch mit der

---

13 Wells Stabler.
14 Zur NATO-Ratstagung auf der Ebene der Staats- und Regierungschefs am 29./30. Mai 1975 in Brüssel vgl. Dok. 143.
15 Präsident Ford besuchte Spanien am 31. Mai und 1. Juni 1975. Am 2. Juni 1975 berichtete Botschafter von Lilienfeld, Madrid, daß es Ford offenbar gelungen sei, „eine Atmosphäre des Vertrauens zu schaffen, die es wahrscheinlich mache, daß eine Lösung für die Stützpunktfrage gefunden werden kann […]. Ford habe seine Überzeugung, daß die Bedeutung Spaniens für die Verteidigung des Westens in irgendeiner Weise auch von seiten des Bündnisses anerkannt werden sollte, mehrfach mit Nachdruck zum Ausdruck gebracht und dabei auch zu erkennen gegeben, daß die anderen NATO-Mächte dem letzten Endes in der Sache nicht widersprochen, jedoch nur nicht öffentlich hätten zustimmen können." Vgl. den Drahtbericht Nr. 412; Referat 010, Bd. 178586.

NATO getroffenes Abkommen zu honorieren. Eine etwaige sozialistische spanische Regierung würde dies jedoch sicher nicht tun. Es sei wichtig, daß wir jetzt auf bilateraler Basis die Zusammenarbeit auch im Verteidigungsbereich vorantrieben und Spanien in seiner wirtschaftlichen Situation von der Bundesrepublik wirksamere Unterstützung erhalte.

II. Die Reaktion des sonst sehr besonnenen Staatssekretärs wirft ein Schlaglicht auf die hiesige Situation. Wie bereits berichtet, ist eine Kurzschlußreaktion der spanischen Seite nicht ausgeschlossen[16], die in der Tat – auch im Hinblick auf mögliche weitere negative Entwicklungen in Portugal – von erheblichem Nachteil sein könnte. Spanien fühlt sich durch die Brüsseler Entscheidung von „Europa" brüskiert. Die Amerikaner sind offensichtlich nicht in der Lage, die in sie gesetzten Erwartungen zu erfüllen. Auch die Äußerungen des Bundeskanzlers und des Bundesministers – jedenfalls so, wie sie in der hiesigen Presse mit der Anspielung auf die „gegenwärtige politische Verfassung" Spanien erschienen sind[17] – werden mit Bestürzung als ein Abrücken von ihrer bisher Spanien gegenüber gezeigten verständnisvollen und die Bemühungen um eine Demokratisierung würdigenden Haltung empfunden. Auch die kritischen Äußerungen wegen der Teilnahme von General Hildebrandt an der Parade[18] wurden mit Überraschung zur Kenntnis genommen, da diese hier weitgehend seit langem – vor allem auch im Bewußtsein der Militärs und der Öffentlichkeit – als ein „Tag der Streitkräfte" und nicht als eine Erinnerung an den Bürgerkrieg betrachtet wird.[19]

Es ist bezeichnend, daß Bemerkungen, die ich gestern vor der deutsch-spanischen Handelskammer über den „demokratischen Prozeß der Wandlung zu einem fortschrittlichen modernen Spanien" machte, vom ebenfalls anwesenden Wirtschaftsminister[20] zustimmend aufgegriffen und von der ganzen Presse wie im staatlichen Fernsehen stark herausgestellt wurden.

---

[16] Am 28. Mai 1975 berichtete Militärattaché Kuebart, Madrid: „Die Reaktion spanischer Militärs auf NATO-Verteidigungsministertreffen spiegelt Enttäuschung und Unverständnis wider. Spanien selbst habe nie um Neuordnung seines Verhältnisses zur NATO gebeten. [...] Es scheine geboten, zunächst alle Aktivitäten von NATO-Streitkräften in Spanien zu unterbinden." Vgl. den Drahtbericht Nr. 400; Referat 201, Bd. 113507.

[17] Botschafter von Lilienfeld, Madrid, gab am 28. Mai 1975 die Meldung des Informationsfunks wieder, daß Bundeskanzler Schmidt auf der NATO-Ratstagung am 29./30. Mai 1975 beabsichtige, deutlich zu machen, „‚daß die gegenwärtige Verfassung Spaniens eine übereilte Heranführung des Landes an die NATO nicht ratsam erscheinen lasse'. (Die Meldung beruht offenbar auf dem Briefing von Staatssekretär Bölling vom 27.5.)." Die Presse schreibe Bundesminister Genscher „eine entsprechende Haltung" zu. Vgl. den Drahtbericht Nr. 398; Referat 201, Bd. 113507.

[18] Am 28. Mai 1975 wurde in der Presse berichtet, Bundesminister Leber habe „am Rande des DGB-Kongresses in Hamburg zu erkennen gegeben, daß er die Teilnahme des Heeresinspekteurs, Generalleutnant Hildebrandt, an der Madrider Militärparade zum 36. Jahrestag des Sieges von Franco mißbilligt." Außerdem sei bereits eine parlamentarische Anfrage dazu gestellt worden, und einige SPD-Abgeordnete hätten „das Verhalten des Heeresinspekteurs als ‚unpassend, politisch instinktlos und bedenklich' bezeichnet". Vgl. den Artikel „Auch Leber kritisiert Hildebrandt"; FRANKFURTER ALLGEMEINE ZEITUNG vom 28. Mai 1975, S. 4.

[19] Am 4. Juni 1975 stellte Militärattaché Kuebart, Madrid, dazu fest, Generalleutnant Hildebrandt habe die „äußerst kurzfristige Einladung des Chefs des Generalstabes des spanischen Heeres ohne Brüskierung Gastgeber nicht ablehnen" können. Die Bezeichnung der Parade als „Desfile de la victoria" sei „heftig umstritten und hat auch in diesem Jahr in den Cortes zu Anträgen und Diskussionen mit dem Ziel geführt, Namen zu ändern oder Parade gänzlich abzuschaffen". Vgl. den Drahtbericht Nr. 420; Referat 010, Bd. 178566.

[20] Alfredo Santos Blanco.

In dieser psychologischen Situation wäre es gut, wenn ich nicht nur auf positive Artikel der FAZ sowie der französischen und englischen Presse hinweisen, sondern auch der spanischen Seite – vertraulich und persönlich – ein Signal geben könnte, daß wir unverändert, wenn auch in der durch unsere innenpolitische Situation bedingten vorsichtigen Form, zu der bei den Gesprächen des Bundesaußenministers in Madrid zum Ausdruck gelangten Bereitwilligkeit stehen, Spanien auf seinem Wege nach Europa auch unter früherer oder später Mitwirkung an dessen Verteidigung zu helfen und daß wir bereit sind, notfalls auch bilateral bereits jetzt einige vorbereitende Maßnahmen in dieser Richtung einzuleiten. Dies wäre keineswegs – wie der letzte Spiegel schreibt – eine Stärkung des Franco-Regimes[21], sondern würde gerade den fortschrittlichen Kräften in Spanien und unserer Zusammenarbeit mit diesen zugute kommen. Für möglichst baldige drahtliche Weisung wäre ich dankbar.

Ich bitte um Weiterleitung eines Exemplars dieses Berichts an das Bundesverteidigungsministerium, falls dort keine Bedenken bestehen.

[gez.] Lilienfeld

VS-Bd. 14063 (010)

---

[21] In einem Bericht über den Besuch des amerikanischen Außenministers am 20./21. Mai 1975 in der Bundesrepublik wurde ausgeführt, daß Kissinger offenbar Portugal für die NATO abgeschrieben habe und er insbesondere an den Konsequenzen daraus interessiert gewesen sei. Darin aber hätten ihm „seine Partner in Bonn nicht folgen" wollen: „Sie haben kein Interesse, das abgewirtschaftete Franco-Regime nur wegen der machtpolitischen Interessen der Amerikaner zu stützen, die bei innenpolitischen Unruhen in Spanien um ihre Militärpunkte fürchten. Die Bundesregierung will Spanien erst dann den Weg zu NATO und EG ebnen, wenn das autoritär-faschistische Regiment durch ein demokratisches Regierungssystem abgelöst worden ist. [...] Die von Amerika gewünschte Unterstützung des Franco-Regimes, so fürchten SPD und FDP, könnte die Tendenzen zu einer allmählichen Liberalisierung hemmen." Vgl. den Artikel „Kissinger-Besuch: ‚Ihr seht das falsch'"; DER SPIEGEL, Nr. 22 vom 26. Mai 1975, S. 22.

137

Botschafter Böker, Rom (Vatikan), an das Auswärtige Amt

114-12808/75 geheim Aufgabe: 28. Mai 1975, 19.00 Uhr[1]
Fernschreiben Nr. 47 Ankunft: 28. Mai 1975, 21.44 Uhr
Citissime

Betr.: Reise Casarolis nach Ostberlin

Bezug: Drahtbericht Nr. 41 und 42 vom 15. und 20. Mai 1975 geh.[2] und
Drahterlaß Nr. 21 vom 23. Mai geh.[3]

I. Konnte heute erst Termin bekommen, um Erzbischof Casaroli weisungsgemäß den Inhalt des o. a. Drahterlasses mitzuteilen. Casaroli hörte interessiert zu und machte sich laufend Notizen.

Er eröffnete mir sodann, daß sein Deutschland-Referent, Monsignore Sodano, heute früh nach Ostberlin abgereist sei, um in Gesprächen mit Kardinal Bengsch und anderen Mitgliedern des ostdeutschen Episkopats sowie mit DDR-Dienststellen seinen, Casarolis, Besuch vorzubereiten. Als Reisetermin sei für ihn nunmehr der 9. Juni in Aussicht genommen.[4]

Ich erklärte Casaroli sofort, daß angesichts dieser knappen Frist eine eingehende Konsultation, auf die die Bundesregierung einen Rechtsanspruch habe[5] und auf den sie großen politischen Wert lege, kaum stattfinden könne. Ob es nicht möglich sei, daß Casaroli seine Reise um einige Wochen oder einen Monat verschöbe? Casaroli erwiderte, er sei hinsichtlich des Termins der DDR gegenüber im Wort. Wenn allerdings die DDR-Regierung selbst einen späteren

---

1 Hat Vortragendem Legationsrat I. Klasse Munz am 30. Mai 1975 vorgelegen.
2 Zu den Drahtberichten vgl. Dok. 119, bzw. Dok. 119, Anm. 12.
3 Vortragender Legationsrat I. Klasse Fleischhauer teilte mit, daß der geplante Besuch des Sekretärs des Rats für die öffentlichen Angelegenheiten der Kirche, Casaroli, in der DDR „kaum ohne Abschluß von Vereinbarungen" enden werde. Änderungen der Zirkumskription kirchlicher Gebietseinheiten in der DDR „dürften auf Anpassung der derzeitigen kirchlichen an die staatlichen Grenzen hinauslaufen. Damit würden die bestehenden Grenzen der Westdiözesen berührt." Hier sei nach dem Konkordat vom 20. Juli 1933 Konsultationspflicht gegeben, und es bestehe die Gefahr, daß die Bundesregierung „mangels ausreichender Unterrichtung über die konkreten Vorhaben des Vatikans keine echte Mitsprachemöglichkeit" erhalte. Casaroli solle daher darauf hingewiesen werden, „daß die Bundesregierung ein vertragliches Recht darauf hat, rechtzeitig – vor der Schaffung von faits accomplis – und umfassend von der Kurie über alle ihre Absichten unterrichtet zu werden, die das Konkordat berühren, und daß sie darüber hinaus aufgrund der guten Beziehungen zum H[eil][igen] Stuhl erwarten darf, daß dieser ihre Interessen berücksichtigt." Wenig eingewandt werden könne aus rechtlicher Sicht jedoch gegen „die Neuschaffung bzw. offizielle Institutionalisierung der de facto bereits bestehenden Konferenz der Bischöfe in der DDR [...], da es sich um eine innerkirchliche Maßnahme handelt. Diese Maßnahme würde jedoch wiederum die Verselbständigung der katholischen Kirche in der DDR deutlich machen und den Status von Berlin (West) berühren. [...] Es ist sicherzustellen, daß nicht der Eindruck entsteht, Berlin werde trotz seines Sonderstatus kirchlich von der DDR verwaltet." Für den am 20. Mai 1975 konzipierten Drahterlaß vgl. VS-Bd. 10768 (501); B 150, Aktenkopien 1975.
4 Der Sekretär des Rats für die öffentlichen Angelegenheiten der Kirche, Casaroli, besuchte die DDR vom 9. bis 14. Juni 1975. Vgl. dazu Dok. 200.
5 Vgl. dazu Artikel 11 des Konkordats vom 20. Juli 1933 zwischen dem Deutschen Reich und dem Heiligen Stuhl; Dok. 119, Anm. 5.

Termin wünsche, würde er gern darauf eingehen. Dies habe er auch Sodano als Instruktion mitgegeben.

II. Hinsichtlich der Verhandlungsziele wollte Casaroli nach wie vor nicht in direkter Sprache herausrücken, gab aber in umschreibender Weise doch einige Umrisse seines Verhandlungskonzepts zu erkennen.

1) Zirkumskription der kirchlichen Gebietseinheiten:

Casaroli meinte, hier sei vom Standpunkt des Heiligen Stuhls der Status quo jeder anderen Lösung vorzuziehen. Man müsse aber realistisch sein und erkennen, daß die DDR sich damit nicht abfinden werde und auf Konzessionen drängen werde. Sie werde auch nicht mit Administraturen zufrieden sein, sondern neue Diözesen wollen. Der Heilige Stuhl habe relativ geringe Bedenken gegen eine neue Zirkumskription, die ausschließlich das DDR-Staatsgebiet betrifft. Bedenken bestünden hinsichtlich des Wunsches der DDR, Diözesangrenzen und Staatsgrenzen zusammenfallen zu lassen. Hier habe aber der Grundvertrag[6] die westliche Stellung geschwächt. Er ließ die Frage offen, ob es möglich sein werde, einer neuen Zirkumskription einen provisorischen Charakter zu geben. Interessiert scheint der Heilige Stuhl an der Schaffung eines Erzbistums Magdeburg zu sein, das laut Casaroli auch eine historische Berechtigung habe.

2) Bischofskonferenz der DDR:

Hier steht der Heilige Stuhl auf dem Standpunkt, daß eine solche Konferenz de facto bereits bestehe. Es gehe allenfalls darum, ihr einen neuen Namen und Status zu geben. Man müsse sehen, ob man vermeiden könne, ihr den Namen „nationale Bischofskonferenz" zu geben. Kardinal Bengsch werde auf jeden Fall Sitz und Stimme haben müssen. Der besondere Status Westberlins werde durch die Teilnahme des Westberliner Generalvikars Albs an der Deutschen Bischofskonferenz zum Ausdruck gebracht. Ich wandte ein, daß dies zumindest optisch ein schwaches Gegengewicht gegen die volle Teilnahme von Kardinal Bengsch an einer DDR-Bischofskonferenz sein werde.

3) „Beziehungen":

Casaroli sagte, die DDR habe vor etwa zwei Jahren dem Heiligen Stuhl diplomatische Beziehungen vorgeschlagen.[7] Diesen Vorschlag habe man aber dilatorisch behandelt. In letzter Zeit sei die DDR nicht mehr darauf zurückgekommen. Der Heilige Stuhl sei zur Zeit nicht bereit zu diplomatischen Beziehungen, hauptsächlich wegen des heftigen Widerstandes des deutschen Episkopats einschließlich Kardinal Bengschs. Casaroli ließ aber durchblicken, daß man vielleicht eine andere Form des ständigen Kontaktes mit der DDR-Regierung anstreben werde. Im übrigen hätten wir ja schon vor längerer Zeit erklärt, daß

---

[6] Für den Wortlaut des Vertrags vom 21. Dezember 1972 über die Grundlagen der Beziehungen zwischen der Bundesrepublik und der DDR sowie der begleitenden Dokumente vgl. BUNDESGESETZBLATT 1973, Teil II, S. 423–429.

[7] Botschafter Böker, Rom (Vatikan) berichtete am 15. Dezember 1972, ihm sei „zur Kenntnis gebracht" worden, „daß der Ostberliner Staatssekretär für Kirchenfragen, Seigewasser, gemäß Ostberliner Meldungen beabsichtige, in Bälde nach Rom zu kommen, um im Vatikan Gespräche über eine Neuordnung der Kirchenverhältnisse in der DDR zu führen". Seigewasser beabsichtige dabei u. a., eine „konkordatäre Regelung der Kirchenverhältnisse in der DDR und Aufnahme diplomatischer Beziehungen mit dem Heiligen Stuhl" zu erreichen. Vgl. VS-Bd. 5852 (501); B 150, Aktenkopien 1972. Vgl. dazu auch AAPD 1972, III, Dok. 415.

wir selbst gegen diplomatische Beziehungen nichts einzuwenden hätten (Gespräch StS Frank mit Nuntius Bafile[8]).

4) KSZE:

Die DDR habe zu erkennen gegeben, daß sie an einer Erörterung dieses Themas interessiert sei. Casaroli schien dem keine große Bedeutung beizumessen, war aber über die uns besonders interessierenden Punkte gut informiert.

III. Mein Insistieren auf rechtzeitige und eingehende Konsultationen auf Grund voller Darlegung der vatikanischen Verhandlungsziele machte Casaroli etwas nervös und ärgerlich. Ich erklärte ihm jedoch, daß, wenn er versuche, uns unter Zeitdruck zu überrollen, die Bundesregierung außerordentlich verstimmt würde. Casaroli erwiderte, daß er über die Verhandlungsziele eigentlich nicht mehr sagen könne, als er mir soeben dargelegt habe. Was die maximalen Ziele der DDR seien, wisse man ja aus der Presse. Der Vatikan werde bemüht sein, dem einen gewissen Widerstand entgegenzusetzen. Er, Casaroli, wäre allerdings auch interessiert zu hören, welche Punkte für uns etwa völlig unakzeptabel seien. Aus diesem Grunde würde er es sehr begrüßen, wenn ein Herr der Rechtsabteilung des AA baldigst nach Rom zu einem Konsultationsgespräch käme. Nach Einsichtnahme des Kalenders kamen wir jedoch zu dem Schluß, daß dies erst am Mittwoch, den 4. Juni, möglich sein werde. Casaroli hält sich an diesem Tage mehrere Stunden auf seinem Terminkalender frei. Casaroli betonte im übrigen, es habe mit der Konsultation ja gar keine solche Eile, weil er in Ostberlin bestimmt nicht abschließende Verhandlungen führen werde. Ich wandte ein, auch Vorgespräche pflegten auf der Gegenseite gewisse Erwartungen zu erwecken, die man später nicht mehr enttäuschen könne oder wolle. Insofern sei der richtige Zeitpunkt für Konsultationen jetzt und nicht nach dem Besuch in Ostberlin.

IV. Der heutige Besuch Sodanos in Ostberlin ist laut Casaroli hauptsächlich auf Drängen Kardinal Bengschs und der übrigen DDR-Bischöfe zustande gekommen, die möglichst viel ihrer Ideen in das Verhandlungskonzept einzubringen versuchen. Gleichzeitig soll Sodano mit den DDR-Behörden das Besuchsprogramm besprechen. Hier bestünden noch gewisse Meinungsverschiedenheiten: Die DDR wolle den Besuch so offiziell wie möglich gestalten. Davon versuche der Vatikan herunterzukommen. U.a. schlage die DDR-Regierung eine Kranzniederlegung am Ehrenmal Unter den Linden und einen Besuch im ehemaligen KZ Buchenwald vor. Außerdem habe man ihm einen Besuch in dem Priesterseminar in Erfurt vorgeschlagen. Sodano habe als Weisung mitbekommen, der Besuch solle weniger als ein Staatsbesuch und mehr als ein Privatbesuch sein.

Laut Casaroli hat Nuntius Bafile Kardinal Bengsch getroffen, um mit ihm Fragen dieses Besuches zu besprechen. Der Kardinal bestehe trotz unserer Bedenken auf einem Besuch Casarolis in Westberlin. Um unseren Bedenken Rechnung zu tragen, werde man vielleicht von einem Besuch bei dem Regierenden Bürgermeister Schütz absehen und statt dessen einen Empfang in dem Westberliner Sitz von Kardinal Bengsch, d.h. bei Generalvikar Albs, veranstalten.

---

[8] Am 19. Januar 1973 erörterte Staatssekretär Frank mit dem Apostolischen Nuntius Bafile u.a. eine etwaige Aufnahme diplomatischer Beziehungen zwischen dem Heiligen Stuhl und der DDR. Vgl. dazu AAPD 1973, I, Dok. 14.

V. Ich möchte zum weiteren Procedere folgendes vorschlagen:

1) Ein Mitglied der Rechtsabteilung kommt rechtzeitig zu Gesprächen am Mittwoch, den 4. Juni, nach Rom. Wenn wir uns auf die im Bezugserlaß mitgeteilten Bedenken versteifen, wird uns der Vatikan vorwerfen, daß wir eine uns gebotene Chance der Konsultation versäumt haben. Dies hindert nicht, daß der Vertreter der Rechtsabteilung auch in dem Gespräch am 4. unsere Bedenken nochmals energisch vorträgt.[9]

2) Nuntius Bafile wird an hoher Stelle im AA auf unsere Sorgen und Bedenken nachdrücklich hingewiesen.[10]

3) Kontaktnahme mit Kardinal Bengsch in Berlin, um zu einer übereinstimmenden Haltung wegen der Einbeziehung Westberlins in das Besuchsprogramm zu kommen.[11]

[gez.] Böker

VS-Bd. 9951 (203)

---

[9] Am 6. Juni 1975 faßte Vortragender Legationsrat I. Klasse Fleischhauer sein Gespräch mit dem Sekretär des Rats für die öffentlichen Angelegenheiten der Kirche am 4. Juni 1975 in Rom zusammen. Casaroli habe zu seiner Reise in die DDR ausgeführt: „Zwar gehe es der katholischen Kirche in der DDR relativ gut, doch gerate sie unter zunehmenden Druck des Staates, dem sie auf die Dauer nicht widerstehen könne. Zur Erhaltung der Unabhängigkeit der Kirche und ihrer Freiheit, die innere Ordnung selbst zu gestalten, sei ein Arrangement mit der DDR-Regierung zu suchen. [...] Eine kirchliche Neuordnung erscheine dem H[ei]l[igen] Stuhl aus pastoralen Gründen im Hinblick auf das Drängen der DDR-Regierung nicht länger aufschiebbar, sie sei auch nach dem Zustandekommen des Grundvertrags zulässig, da die Bundesrepublik Deutschland hierdurch auf die Möglichkeit habe, Hoheitsgewalt über Gebiete der DDR auszuüben." Er, Fleischhauer, habe darauf hingewiesen, daß „die Bundesregierung insoweit niemals Hoheitsrechte geltend gemacht" und der Grundlagenvertrag vom 21. Dezember 1972 „das rechtliche Fundament für eine Normalisierung und einen Modus vivendi gelegt habe, nicht aber ein Kreuz über die nationale Frage, die Wiedervereinigung und die Forderung nach Selbstbestimmung mache". Auch dürfe bei einer etwaigen Neuregelung Berlin (West) auf keinen Fall von einer kirchlichen Stelle verwaltet werden, „die ihren Sitz im Gebiet der DDR habe. [...] Auf die Möglichkeit der Einrichtung einer eigenen Bischofskonferenz der DDR (bisher ‚Berliner Ordinarienkonferenz') angesprochen, suchte Casaroli die Konsequenzen eines solchen Schrittes als unbedeutend darzustellen. Die Benennung als ‚nationale' Bischofskonferenz komme für die Kurie nicht in Frage." Vgl. VS-Bd. 10768 (501); B 150, Aktenkopien 1975.

[10] Am 3. Juni 1975 informierte Staatssekretär Gehlhoff Botschafter Böker, Rom (Vatikan), und Vortragenden Legationsrat I. Klasse Fleischhauer, z.Z. Rom, über ein Gespräch mit dem Apostolischen Nuntius. Er habe Bafile gegenüber ausgeführt, daß die Reise des Sekretärs des Rats für die öffentlichen Angelegenheiten der Kirche, Casaroli, in die DDR die Bundesregierung an sich nicht beunruhige: „Wir respektieren das Recht des Vatikans, auch mit der DDR Regelungen zu treffen. Wir sind jedoch besorgt, daß die DDR diese als Bestätigung für die Endgültigkeit der Deutschen Frage darstellen wird. Die Gespräche des Botschafters und nun des VRB mit Casaroli können wir noch nicht als volle Konsultation ansehen." Vgl. den Drahterlaß Nr. 27; VS-Bd. 10768 (501); B 150, Aktenkopien 1975.

[11] Am 27. Mai 1975 berichtete Ministerialrat Bräutigam, z.Z. Bonn, ein Vertreter der katholischen Kirche in der DDR habe ihm gegenüber erwähnt, daß „unter dem Gesichtspunkt der Einheit des Bistums Berlin" erwogen worden sei, „Erzbischof Casaroli im Zusammenhang mit seinem Aufenthalt in Ost-Berlin auch einen Besuch in Westberlin vorzuschlagen". Er, Bräutigam, habe dagegen „den Standpunkt vertreten, daß ein Besuch Casarolis in Berlin (West) den Eindruck der Eigenständigkeit dieses Kirchengebiets erwecken und damit etwaige Tendenzen zu einer Loslösung Westberlins von dem Bistum Berlin verstärken könnte. Ein solcher Eindruck würde vor allem dann entstehen, wenn Casaroli auch mit dem Regierenden Bürgermeister zusammentreffen würde." Der Gesprächspartner habe daraufhin die Möglichkeit erwähnt, „die Einheit des Bistums Berlin dadurch zu unterstreichen, daß der Kardinal zu Ehren Casarolis in Ostberlin einen Empfang für das Domkapitel von St. Hedwig gebe, in dem alle Teile des Bistums Berlin vertreten seien". Vgl. den Drahtbericht Nr. 800; VS-Bd. 10768 (501); B 150, Aktenkopien 1975.

138

Gespräch des Bundeskanzlers Schmidt
mit Präsident Ford in Brüssel

Geheim 29. Mai 1975[1]

Vermerk über ein Gespräch des Bundeskanzlers und des Bundesministers des Auswärtigen mit Präsident Ford und Außenminister Kissinger in Brüssel am 29. Mai 1975[2]

Das Gespräch fand im Rahmen eines Lunchs statt, an dem von amerikanischer Seite General Scowcroft und Herr Sonnenfeldt, von deutscher Seite MD Sanne teilnahmen.

Spanien:

Der *Bundeskanzler* bat Präsident Ford, den Absatz, den er in seiner Rede vor der NATO[3] Spanien widmen wolle, zu überdenken. Er habe schon Herrn Kissinger gebeten, dem Präsidenten auszurichten, wie schwierig die Lage für einige europäische Mitgliedstaaten würde, wenn das Gleiche passiere wie bei der Konferenz der Verteidigungsminister.[4] Auf eine Zwischenfrage des Präsidenten präzisierte der Bundeskanzler, er verlange nicht die Streichung des Absatzes, sondern empfehle eine Modifizierung.

Die Lage in Europa in bezug auf Spanien sei verschieden von der in den Vereinigten Staaten. Die Ära Franco gehe zu Ende. Noch sei nicht klar, wer danach Einfluß haben werde. Wir sollten diejenigen ermutigen, von denen wir hofften, daß sie regieren werden. Das heißt: Wir dürfen nicht nur mit denjenigen sprechen, die gegenwärtig an der Macht sind.

Präsident *Ford* wies auf die schwebenden Verhandlungen über den Stützpunktvertrag[5] hin, denen hohe Priorität eingeräumt werden müsse. Ein Mißerfolg würde auch für die NATO Nachteile bringen. Man führe also einen Balanceakt aus.

---

[1] Ablichtung.
Die Gesprächsaufzeichnung wurde von Ministerialdirektor Sanne, Bundeskanzleramt, am 2. Juni 1975 gefertigt und am selben Tag Staatssekretär Gehlhoff übermittelt.
Hat Gehlhoff am 2. Juni 1975 vorgelegen, der handschriftlich vermerkte: „1) Herrn Minister zur Unterrichtung. 2) Herrn D 2 (bitte auch D 4 beteiligen)."
Hat Bundesminister Genscher vorgelegen.
Hat Vortragendem Legationsrat Reiche am 3. Juni 1975 vorgelegen, der handschriftlich vermerkte: „Heute zwei Kopien dieses Schreibens einschließlich Anlage gefertigt; je eine Kopie an Herrn D 2 und Herrn D 4."
Hat Ministerialdirigent Meyer-Landrut am 16. Juni 1975 vorgelegen, der handschriftlich vermerkte: „Da Vorab-Ex[em]pl[are] an D 2 und D 4 gegangen sind, Ref. 204 z[ur] w[eiteren] V[erwendung]."

[2] Zu dem Gespräch am Rande der NATO-Ratstagung auf der Ebene der Staats- und Regierungschefs am 29./30. Mai 1975 vgl. auch SCHMIDT, Menschen, S. 204–208.

[3] Zur Rede des Präsidenten Ford auf der NATO-Ratstagung auf der Ebene der Staats- und Regierungschefs am 29. Mai 1975 in Brüssel vgl. Dok. 143.

[4] Zur Debatte über die Zusammenarbeit mit Spanien auf der Ministersitzung des Ausschusses für Verteidigungsplanung der NATO (DPC) am 22./23. Mai 1975 in Brüssel vgl. Dok. 132, Anm. 30.

[5] Zu den amerikanisch-spanischen Verhandlungen über ein neues Stützpunkteabkommen vgl. Dok. vgl. Dok. 128, Anm. 15.

Der *Bundeskanzler* entgegnete, man müsse heute mit den Mächtigen von morgen Kontakt aufnehmen, um das Weiterbestehen der besonderen strategischen Verbindungen und der Basen zu sichern. Darüber hinaus gehe es auch um das Standing der Vereinigten Staaten in Europa. Man sage den USA nach, immer auf das falsche Regime zu setzen.

AM *Kissinger* warf ein, daß die Amerikaner auf Spanien diejenigen Theorien anwenden, die die Europäer für Portugal empfehlen. Man unterstütze nicht Franco, aber man wolle auch nicht Bewegungen unterstützen, die unkontrollierbar seien. Die Geschichte zeige, daß es in Spanien einen Nährboden für Anarchismus gebe.

Wirtschaft:

Präsident *Ford* erinnerte an das Gespräch, das er im Spätherbst 1974 mit dem Bundeskanzler geführt habe.[6] Entsprechend unseren damaligen Vorschlägen habe man das Programm für die Wirtschaft zugeschneidert. Es sei ein gutes Programm gewesen, und man könne heute mehr gute als schlechte Zeichen registrieren. Er hoffe, daß man etwa Mitte bis Ende August den Aufschwung deutlich feststellen könne. Die Inflationsrate sei inzwischen auf 6 1/2 % gesunken. Man dürfe andererseits nicht zu weit gehen, sonst sei man in 18 Monaten wieder in einer schlechten Lage.

Der *Bundeskanzler* meinte, er zweifle nicht an der Richtigkeit dieser Ausführungen, aber er bleibe trotzdem tief beunruhigt. Er werde deshalb auch vor dem NATO-Rat vor allem über diese Fragen sprechen.[7] Im Gegensatz zu den 30er Jahren gebe es heute Inflation und parallel dazu ein Absinken der Produktion. Dies sei eine ganz neue Lage. Soweit man Preissenkungen beobachten könne, seien sie vor allen Dingen eine Folge der Rezession. Dazu komme die Explosion der Ölpreise und das freie Schweben der Wechselkurse. Er habe keine Lösung anzubieten.

Präsident *Ford* sagte, er habe eine Beratergruppe, die aus sechs führenden Gewerkschaftlern und sechs führenden Wirtschaftlern bestehe. Diese Gruppe habe Empfehlungen gegeben für weitere Steuererleichterungen und zusätzliche Maßnahmen auf dem Energiesektor. Es handele sich um nichts Drastisches. Er werde diese Vorschläge im Laufe des Sommers in Kraft setzen und rechne mit der Zustimmung des Kongresses.

Der *Bundeskanzler* wies darauf hin, daß der Effekt unserer Steuersenkung[8] gleich Null gewesen sei. Die private Sparrate sei bis auf 17 % gestiegen. Die Bevölkerung gebe das Geld nicht aus, das sie verdiene.

Präsident *Ford* bestätigte, daß es die gleiche Erscheinung in den Vereinigten Staaten gebe. Was fehle, sei nicht das Geld, sondern das Vertrauen.

---

6 Bundeskanzler Schmidt und Bundesminister Genscher hielten sich vom 4. bis 7. Dezember 1974 in den USA auf. Zu den Gesprächen mit Präsident Ford am 5. und 6. Dezember 1974 über wirtschaftspolitische Fragen vgl. AAPD 1974, II, Dok. 355 und Dok. 358.

7 Zu den Ausführungen des Bundeskanzlers Schmidt auf der NATO-Ratstagung auf der Ebene der Staats- und Regierungschefs am 30. Mai 1975 in Brüssel zu wirtschaftlichen Fragen vgl. Dok. 143, besonders Anm. 21.

8 Zu dem am 19. Dezember 1974 vom Bundestag gebilligten „Programm stabilitätsgerechter Aufschwung" vgl. Dok. 20, Anm. 32.

29. Mai 1975: Gespräch zwischen Schmidt und Ford   138

Der *Bundeskanzler* betonte, daß die Vereinigten Staaten die größte Wirtschaftsmacht der Welt seien. Sie entschieden damit auch international den Lauf der Dinge, nicht durch das Volumen ihres Handels, sondern durch ihren psychologischen Einfluß. Amerikanische Geschäftsleute, die durch Europa reisten, predigten den Pessimismus.

AM *Kissinger* warf ein, er habe dem Präsidenten von der Idee des Bundeskanzlers erzählt, ein privates Treffen von Wirtschaftswissenschaftlern zu arrangieren. Der Präsident sei einverstanden. Es handele sich nicht um das Gremium, dessen Einberufung er vor der OECD vorgeschlagen habe.[9]

Der *Bundeskanzler* bezeichnete dies als gut. Die Gruppe dürfte nicht mehr als 15, höchstens 20 Personen umfassen. Man müsse Persönlichkeiten aus Frankreich, Großbritannien, der Bundesrepublik, den Beneluxländern, Italien und Japan beteiligen.

Die Gesprächsteilnehmer waren sich einig, daß man von der zu bildenden Gruppe, wenn kein Heilmittel, so doch eine interessante Diagnose erwarten könne. Mindestens könne man sagen, daß man alles versucht habe.

Erdöl-Konferenz:

AM *Kissinger* teilte mit, daß der französische Präsident[10] AM Sauvagnargues wahrscheinlich Ende Juni[11] zu Gesprächen nach Washington senden werde, um anschließend wieder die Vorkonferenz nach Paris einzuberufen.[12] Man werde dann sehen, wie Algerien sich verhalten werde und ob Iraner und Saudis an seiner Seite bleiben.

Der *Bundeskanzler* betonte, daß man das Risiko eines nochmaligen Abbruches der Konferenz vermeiden müsse. Sie dürfe nicht einberufen werden, bevor zumindest sicher sei, daß sie prozedural funktionieren werde.

AM *Kissinger* entgegnete, deshalb habe er zuerst mit den Franzosen gesprochen.[13] Außerdem seien Briefe an die Produzenten-Länder von Iran bis Venezuela geschrieben worden. Man werde den Bundeskanzler über die Antworten unterrichten. Die Gespräche mit dem Schah in Washington[14] und Kontakte mit Saudi-Arabien hätten gezeigt, daß diese beiden Länder zustimmen könnten.[15]

---

9 Am 28. Mai 1975 mahnte der amerikanische Außenminister Kissinger vor dem OECD-Ministerrat Konzepte zum langfristigen Wirtschaftswachstum an: „I propose that we constitute a special group of distinguished economists both in and out of government. Their purpose should be to identify measures that OECD nations can adopt to assure long term growth." Vgl. DEPARTMENT OF STATE BULLETIN, Bd. 72 (1975), S. 850 f.
10 Valéry Giscard d'Estaing.
11 Korrigiert aus: „Juno".
12 Die erste Vorkonferenz der erdölproduzierenden und -verbrauchenden Staaten fand vom 7. bis 15. April 1975 in Paris statt. Vgl. dazu Dok. 87.
13 Der amerikanische Außenminister Kissinger führte am 27. Mai 1975 ein Gespräch mit Staatspräsident Giscard d'Estaing in Paris. Botschafter Freiherr von Braun, Paris, berichtete dazu am 29. Mai 1975, Hauptthemen seien „Energie- und verwandte Fragen", die Entwicklung in Portugal, die europäische Einigung und die Lage in Indochina gewesen. Vgl. den Drahtbericht Nr. 1819; VS-Bd. 9965 (204); B 150, Aktenkopien 1975.
14 Schah Reza Pahlevi hielt sich am 15./16. Mai 1975 in den USA auf.
15 Die Vorkonferenz der erdölproduzierenden und -verbrauchenden Staaten tagte erneut vom 13. bis 16. Oktober 1975 in Paris. Vgl. dazu Dok. 309, Anm. 21 und 22.

629

Der *Bundeskanzler* empfahl, zusätzlich zu den von Kissinger in Paris vorgeschlagenen drei Arbeitsgruppen eine vierte zu bilden, die sich mit Fragen des internationalen Währungsfonds, der Weltbank usw. beschäftigen sollte.

AM *Kissinger* warf ein, man müsse künftig nach Möglichkeit Formulierungen wie „Neue Weltwirtschaftsordnung" vermeiden.

Der *Bundeskanzler* stimmte dem zu. Indexierung und link seien unannehmbar.

Privates Treffen von Ölexperten[16]:

Der *Bundeskanzler* wies darauf hin, daß er derartige Treffen nach wie vor für nützlich halte. Durch einige der von den Experten gemachten Vorschläge habe er sich in seinen bisherigen Überlegungen bestätigt gefühlt.[17] Andere hätten ihn zu neuen Überlegungen angeregt. Aber es fehle noch an Meinungen aus dem Kreis der Produzenten. – Sowohl der Schah wie Präsident Giscard fürchteten eine Zurückweisung durch die Algerier. Er wolle aber noch einmal mit Giscard über die Frage der Initiative gegenüber Algier sprechen.

AM *Kissinger* erklärte die amerikanische Bereitschaft, an weiteren Treffen teilzunehmen. Man habe gute Beziehungen zu Algerien und scheue sich nicht, dort die Frage anzusprechen. Man kenne die britischen Bedenken[18], aber man sei bereit, sich auch zu beteiligen, wenn die Briten fernblieben.[19]

Ägypten:

Präsident *Ford* und AM *Kissinger* unterstrichen die Notwendigkeit, Präsident Sadat eine substantielle Unterstützung angesichts der großen wirtschaftlichen Schwierigkeiten Ägyptens zu gewähren. Die Vereinigten Staaten seien bereit, 250 Mio. Dollar zur Verfügung zu stellen. Saudi-Arabien habe grundsätzlich den gleichen Betrag zugesagt. Die Japaner hätten sich zu 100 Mio. Dollar verpflichtet. Der Schah des Iran habe bisher 150 Mio. Dollar versprochen. Er werde vielleicht aber auch etwas mehr tun.

Der *Bundeskanzler* stimmte zu, daß Hilfe für Sadat nötig sei. Man müsse aber auch die Größenunterschiede zwischen den Vereinigten Staaten und der Bundesrepublik berücksichtigen. Die amerikanische Wirtschaft sei fünf- bis sechs-

---

[16] Zu den Bemühungen des Bundeskanzlers Schmidt um eine private Konferenz unabhängiger Sachverständiger für Energie- und Finanzfragen aus erdölexportierenden und -verbrauchenden Staaten vgl. Dok. 108.

[17] Vgl. dazu die Schreiben des Bundeskanzlers Schmidt vom 14. Februar bzw. 21. April 1975 an Präsident Ford, Staatspräsident Giscard d'Estaing und Premierminister Wilson; Dok. 41, Anm. 5, bzw. Dok. 81, Anm. 9.

[18] Vgl. dazu das Schreiben des Premierministers Wilson vom 20. Mai 1975 an Bundeskanzler Schmidt; Dok. 108, Anm. 11.

[19] Am 18. Juni 1975 teilte Ministerialdirektor Sanne, Bundeskanzleramt, dem Berater im amerikanischen Außenministerium, Sonnenfeldt, mit, daß inzwischen Staatspräsident Giscard d'Estaing mit Bundeskanzler Schmidt telefoniert und ihm davon abgeraten habe, „Algerien im gegenwärtigen Zeitpunkt anzusprechen. Aus Venezuela ist dem Bundeskanzler eine Mitteilung zugegangen, nach der die dortige Regierung ein Treffen privater Experten erst nach dem Ende der Vorkonferenz für sinnvoll hält. Daß die britische Regierung sich sehr zurückhaltend geäußert hat, wissen Sie. Unter diesen Umständen möchte der Bundeskanzler noch etwas abwarten, bevor er den Plan eines privaten Expertentreffens weiter betreibt. Er erwägt, zunächst einmal ein Regierungsmitglied auf eine Rundreise in verschiedene erdölproduzierende Staaten zu entsenden, um sich genauer über die dort angestellten Überlegungen informieren zu können." Vgl. VS-Bd. 523 (014); B 150, Aktenkopien 1975.

mal so groß wie die unsere, der amerikanische Haushalt dagegen sei zehn- bis zwölfmal größer als der Bundeshaushalt. Bei uns gehöre ein großer Teil der öffentlichen Mittel den Ländern, die dem Bund für derartige Aufgaben, wie sie hier angesprochen seien, nichts zur Verfügung stellten. Die von amerikanischer Seite genannte Zahl für unsere Beteiligung[20] sei viel zu hoch. Wir würden versuchen, einzelne europäische Staaten – nicht die EG – zusammenzubringen, um uns gemeinsam mit ihnen an der Aktion zu beteiligen.

Die Bundesrepublik habe alle Devisenreserven, soweit sie nicht in Gold bestünden, zur Finanzierung des amerikanischen Staatshaushaltes nach Washington gegeben. Er wisse nicht, ob es gut sei, alles in einem Korb liegen zu haben. Z.B. könnten wir jetzt einen kleineren Betrag der ägyptischen Zentralbank zur Verfügung stellen. Das Nutzbarmachen von Devisenreserven außerhalb des eigenen Landes sei eine politische Frage.

AM *Kissinger* bestätigte, daß es hier ein politisches Problem gebe. Wenn man künftig Offset-Abkommen vermeiden wolle, müsse man das Argument der Unterstützung des amerikanischen Haushaltes durch die deutschen Devisenreserven in der Hand behalten.

Der *Bundeskanzler* meinte, man müsse diesen Gedanken trotzdem weiterverfolgen. Vielleicht sollten sich einmal Experten zusammensetzen. Die Bundesregierung könne jedenfalls auch in anderen Fällen leichter Hilfe leisten – z.B. den Griechen und den Türken usw. –, wenn sie in der Frage der Devisenreserven mehr Beweglichkeit habe.

AM *Kissinger* wies auf die notwendige Vertraulichkeit hin. Die Sache werde bisher nur zwischen ihm und dem Präsidenten erörtert.

Ost-West-Fragen:

AM *Kissinger* berichtete, er habe gerade ein Telegramm bekommen, nach dem die Sowjetunion Zugeständnisse bei Korb III der KSZE gemacht habe. Offensichtlich habe sie eine ganze Anzahl der westlichen Vorschläge angenommen.[21] Man müsse jetzt noch erreichen, bei den vertrauensbildenden Maßnahmen den sowjetischen Gebietsstreifen zu erweitern. Gromyko sei in Wien bis zu 150 km gegangen.[22] Der Westen brauche aber ein Minimum von 250 bis 300 km wegen

---

[20] Am 30. Mai 1975 berichtete Ministerialdirektor van Well, z. Z. Brüssel, daß Bundesminister Genscher ihn über Gespräche am Rande der OECD-Ministerratstagung am 28./29. Mai 1975 in Paris informiert habe, in denen von amerikanischer Seite eine „internationale Stützungsaktion zur Abwendung einer ernsten Zahlungsbilanzkrise Ägyptens" angeregt worden sei. Danach hätten der Iran und Saudi-Arabien je 250 Mio. Dollar in Aussicht gestellt, mit Japan und Kuwait würden Gespräche geführt: „Von der Bundesrepublik Deutschland erhoffe man 100 Mio. Dollar." Vgl. den Drahtbericht Nr. 794; VS-Bd. 8870 (400); B 150, Aktenkopien 1975.

[21] Botschafter Blech, Genf (KSZE-Delegation), teilte am 28. Mai 1975 mit, daß die „kühle westliche Reaktion auf die sowjetischen Änderungswünsche zu dem westlichen Gesamtvorschlag für die Bereiche ‚menschliche Kontakte' und ‚Information' (global approach)" die sowjetische KSZE-Delegation veranlaßt habe, „die Liste ihrer Änderungswünsche einzuschränken. Hervorzuheben ist, daß sie den allerdings vom Westen schon stark abgeschwächten Texten zu Reisen, den westlichen Vorschlag über ‚Ausweisung ausländischer Journalisten', die vom Westen vorgeschlagene Gliederung der Texte einschließlich der Titel und Untertitel akzeptierte." Vgl. den Drahtbericht Nr. 1079; Referat 212, Bd. 100026. Vgl. dazu auch DBPO III/II, S. 410–413.

[22] Zu den Gesprächen des amerikanischen Außenministers Kissinger mit dem sowjetischen Außenminister Gromyko am 19./20. Mai 1975 vgl. Dok. 127.

der Präzedenzwirkung auf die MBFR-Verhandlungen. Er habe das Gefühl, daß die Aussichten für eine Gipfelkonferenz noch im Juli[23] jetzt etwas besser als fifty-fifty stünden.

Präsident *Ford* warf ein, daß er Breschnew für Anfang Oktober in den USA erwarte unter der Voraussetzung, daß man bei SALT II Fortschritte mache.[24]

Der *Bundeskanzler* wies auf die unterschiedlichen Zeitvorstellungen zur Dauer der Gipfelkonferenz hin. Er wolle zahlreiche Gespräche am Rande führen, und er gehe davon aus, daß Präsident Ford das Gleiche tun wolle. Wenn man alles zusammenrechne, komme man auf mindestens 3 1/2 Tage.

AM *Kissinger* erwiderte, daß der Präsident nicht tagelang einer Konferenz beiwohnen könne, die nur magere Ergebnisse erzielen werde. Er komme deshalb auf einen Vorschlag des Bundeskanzlers zurück und denke an folgenden Ablauf:

Montag: Ankunft der Konferenzteilnehmer
Dienstag: Beginn der Konferenz
Donnerstagmittag: Ende der Konferenz; wer wolle, könne dann noch am Freitag zu bilateralen Gesprächen in Helsinki bleiben.

Der *Bundeskanzler* meinte, dies sei dann also eine Konferenz von drei Tagen.

AM *Kissinger* präzisierte „von 2 1/2 Tagen".[25]

VS-Bd. 9961 (204)

---

[23] Zu den sowjetischen Bestrebungen, die KSZE-Schlußkonferenz für Ende Juli anzuberaumen, vgl. Dok. 127, Anm. 3.
[24] Am 9. November 1975 erklärte Präsident Ford in einer Pressekonferenz, daß er im laufenden Jahr nicht mehr mit einer Zusammenkunft mit dem Generalsekretär des ZK der KPdSU, Breschnew, rechne. Vgl. dazu PUBLIC PAPERS, FORD 1975, S. 1837.
[25] Die KSZE-Schlußkonferenz fand vom 30. Juli bis 1. August 1975 in Helsinki statt.

139

Gespräch des Bundeskanzlers Schmidt mit Ministerpräsident Demirel in Brüssel

VS-vertraulich   29. Mai 1975[1]

Vermerk über ein Gespräch des Bundeskanzlers und des Bundesaußenministers mit dem türkischen Ministerpräsidenten und dem türkischen Außenminister[2] am 29. Mai 1975 in Brüssel

Herr *Demirel* gab einleitend einen Überblick über die anstehenden Probleme aus türkischer Sicht. Die Unterbrechung der Verteidigungshilfe durch den amerikanischen Kongreß[3] schwäche nicht nur die Türkei, sondern auch die NATO. Die Türkei sei 30 Jahre lang ein loyaler Alliierter gewesen.

Auf Zypern habe es eine Republik gegeben, die aus einem Vertrag entstanden sei, den die Türkei unterzeichnet hatte.[4] Unmittelbar nach seiner Amtsübernahme[5] habe Makarios damit begonnen, diesen Vertrag zu verletzen. Elf Jahre lang habe die türkische Minderheit darunter leiden müssen. Die Türkei sei bereit, Lösungen für die komplizierte Lage zu suchen. Die vor zehn Tagen in Wien begonnenen Gespräche[6] würden einige Zeit beanspruchen. Er selbst werde hier in Brüssel mit MP Karamanlis zusammentreffen[7], den er noch nicht kenne. Er

---

1 Ablichtung.
Die Gesprächsaufzeichnung wurde von Ministerialdirektor Sanne, Bundeskanzleramt, am 2. Juni 1975 gefertigt und am selben Tag zusammen mit der Aufzeichnung über das Gespräch des Bundeskanzlers Schmidt mit Premierminister Wilson am Rande der NATO-Ratstagung auf der Ebene der Staats- und Regierungschefs am 29./30. Mai 1975 in Brüssel an Staatssekretär Gehlhoff übermittelt. Vgl. dazu Dok. 140, Anm. 1.
2 Ihsan Sabri Çaglayangil
3 Zum Beschluß des amerikanischen Kongresses vom 17. Oktober bzw. 17./18. Dezember 1974 über die Einstellung der Verteidigungshilfe für die Türkei zum 5. Februar 1975 vgl. Dok. 28, Anm. 21.
4 Zu den am 16. August 1960 unterzeichneten Abkommen über Zypern vgl. Dok. 120, Anm. 22.
5 Erzbischof Makarios wurde am 13. Dezember 1959 zum Präsidenten von Zypern gewählt.
6 Vom 28. April bis 3. Mai 1975 führten Rauf Denktasch und Glafkos Klerides als Vertreter der türkischen bzw. griechischen Volksgruppe auf Zypern unter der Schirmherrschaft des UNO-Generalsekretärs Waldheim Gespräche in Wien. Dabei wurde beschlossen, den Flughafen Nikosia wieder zu eröffnen unter einer Interimsverwaltung der UNO. Vgl. dazu den Artikel „‚Gewisse Fortschritte' bei schwierigen Zypern-Gesprächen"; FRANKFURTER ALLGEMEINE ZEITUNG vom 5. Mai 1975, S. 3. Eine zweite Gesprächsrunde fand vom 5. bis 7. Juni 1975 in Wien statt. In der Presse wurde dazu berichtet: „Klerides, der ursprünglich erklärt hatte, er werde an den Verhandlungen nicht teilnehmen, falls die für den gestrigen Sonntag geplante Volksabstimmung im türkischen Teil der Insel über die Errichtung eines türkisch-zyprischen Bundesstaates stattfinde, gab sich schließlich mit einer Zusicherung seines türkischen Verhandlungspartners, Rauf Denktasch, zufrieden. Er sagte, daß das Referendum nicht auf eine endgültige Teilung der Insel abziele, sondern lediglich ‚die Grundlagen für eine angemessene Vertretung der türkischen Volksgruppe in einem künftigen föderativen Staat Zypern' schaffen sollte. Bedeutsamer war aber das Zugeständnis Klerides an den türkischen Wunsch, daß bis zu einer endgültigen Regelung eine Übergangsregierung mit beschränkten Machtbefugnissen aus Vertretern beider Volksgruppen gebildet werden soll. Klerides will dieser Zwischenlösung zustimmen, vorausgesetzt, daß sie auf der Grundlage des Vertrages von London von 1960 vorgenommen werde, mit dem die Insel ihre Unabhängigkeit erhielt. Er sieht außerdem die Beteiligung der griechischen und türkischen Volksgruppen im Verhältnis von 70:30 in Regierung, Parlament und Verwaltung vor." Vgl. den Artikel „Beide Volksgruppen Zyperns wollen Übergangsregierung bilden"; DIE WELT vom 9. Juni 1975, S. 4.
7 Das Gespräch fand am 31. Mai 1975 statt. Vgl. dazu Dok. 143, Anm. 17.

sei überzeugt, daß man eine Lösung für das Zypern-Problem finden werde, falls Griechenland nicht durch „unsere europäischen Freunde" ermutigt wird. Die Lage würde erleichtert, wenn die Vereinigten Staaten sich nicht einmischten. Es gebe keine zyprische Nation, sondern zwei Bevölkerungsgruppen, die die Verlängerung von Nationen seien. Es werde nicht leicht sein, zu einem System zurückzukehren, das nicht funktioniert habe. Zypern heute sei die Folge eines gebrochenen Vertrages.

Auch in der Ägäis handele es sich um die Verletzung von Verträgen.[8] Griechenland habe die der Türkei gegenüberliegenden Inseln befestigt. Es strebe danach, aus der Ägäis eine griechische See zu machen.

Der *Bundeskanzler* stellte die Frage, ob in türkischer Sicht eine Zypern-Regelung nur gleichzeitig mit einer Regelung der Ägäis-Probleme möglich sei. Herr *Demirel* antwortete, daß man beide Problemkreise getrennt behandeln und lösen sollte.

Der *Bundeskanzler* bat um Erläuterung zu der Bemerkung, daß eine Zypern-Lösung leichter sei, wenn sich niemand einmische. Welche Lösung habe die Türkei im Auge? Herr *Demirel* erklärte, eine politische Lösung könne nur als Ergebnis von Diskussionen gefunden werden. Zunächst müsse auf beiden Seiten der Wunsch nach einer Lösung bestehen. Sie zu finden, werde nicht leicht sein, da die Gefühle beider Nationen involviert sind. Aber ganz sicher müsse man auf zwei Staaten innerhalb einer Föderation hinauskommen.

Der *Bundeskanzler* erkundigte sich, ob nach türkischen Vorstellungen jede Bevölkerungsgruppe das ihr nach ihrer Größe zustehende Gebiet erhalten solle. Herr *Demirel* erklärte, dies sei unmöglich. Zwar sei die Bevölkerung nur zu 18% türkisch, aber man könne die Gebietsteilung nicht im gleichen Verhältnis vornehmen.

Der *Bundeskanzler* unterstrich, daß auch er Wert darauf lege, die alte türkisch-deutsche Freundschaft zu erhalten. Aber man empfinde auch gegenüber Griechenland Freundschaft. Wir hätten die Militärhilfe für beide Staaten wieder aufgenommen.[9] Wir seien über den Konflikt zwischen Griechenland und der Türkei beunruhigt. Er schwäche die Allianz.

Die Regierung und die Bevölkerung der Bundesrepublik hofften auf eine Lösung. Die deutsche Öffentlichkeit sei mit den Ägäis-Problemen wenig vertraut. Aber es bestehe ein großes emotionales Interesse an der Zypern-Frage, und hier besonders im Hinblick auf die Flüchtlinge. Er empfehle, daß die Türkei dem griechischen Partner und aller Welt ihren guten Willen dadurch beweise, daß sie darüber nachdenke, was man für die Flüchtlinge tun könne. Er sehe dies nicht nur unter dem politischen, sondern auch unter dem humanitären Gesichtspunkt.

Auf Fragen des Bundeskanzlers schilderte Herr *Demirel* kurz die schwierige innenpolitische Lage in der Türkei. Er regiere zur Zeit mit einer kleinen par-

---

8 Zum Ägäis-Konflikt vgl. Dok. 120, Anm. 6.
9 Zur Wiederaufnahme der Verteidigungshilfe an Griechenland und die Türkei durch die Bundesregierung vgl. Dok. 57.

lamentarischen Mehrheit. Er sei noch nicht sicher, ob er Wahlen in diesem oder im nächsten Jahr anstreben solle.[10]

Zum Schluß brachte Herr Demirel die Frage der türkischen Arbeiter in der Bundesrepublik zur Sprache. Der *Bundeskanzler* erzählte, daß er am Vormittag vor 1200 Angehörigen eines Betriebes gesprochen habe, von denen 400 Türken seien.[11] Sie hätten ihm den Eindruck der Zufriedenheit vermittelt.

Herr *Demirel* wies auf die überproportionale Arbeitslosigkeit der Türken in der Bundesrepublik hin. Während sie für ausländische Arbeiter im Schnitt 7 % betrage, belaufe sie sich bei den Türken auf 9,6 %.

Der *Bundeskanzler* wies darauf hin, daß die ausländischen Arbeitnehmer in der Bundesrepublik die gleiche Arbeitslosenfürsorge und sozialen Leistungen in Anspruch nehmen könnten wie ihre deutschen Kollegen. Er nahm ein Memorandum entgegen, das Herr Demirel bereithielt, und gab es an den Bundesminister des Auswärtigen weiter.

VS-Bd. 9944 (203)

140

Gespräch des Bundeskanzlers Schmidt mit Premierminister Wilson in Brüssel

VS-vertraulich 29. Mai 1975[1]

Vermerk über ein Gespräch des Bundeskanzlers und des Bundesaußenministers mit Premierminister Wilson und Außenminister Callaghan am 29. Mai 1975 in Brüssel

Der *Bundeskanzler* wies darauf hin, daß er von BBC aufgefordert worden sei, am Abend des Referendums parallel zu anderen europäischen Regierungschefs ein kurzes Statement abzugeben. Falls der Premierminister einverstanden sei, werde er darauf hinweisen, daß mit der positiven Entscheidung der britischen Bevölkerung die Zusammenarbeit zwischen Großbritannien und der Europäischen Gemeinschaft fortgeführt werden könne. Der Ausgang des Referendums

---

10 Zur Erwartung, daß es im Herbst 1975 zu Neuwahlen in der Türkei kommen werde, und zur Abstimmung im türkischen Parlament am 12. April 1975 über die seit dem 31. März 1975 amtierende Regierung des Ministerpräsidenten Demirel vgl. Dok. 79, Anm. 8.

11 Bundeskanzler Schmidt sprach am 29. Mai 1975 vor der Belegschaft des Hamburger Fertigteil-Bauunternehmens Elementa. Vgl. dazu den Artikel „Vertrauen ist die Hälfte der Konjunktur"; FRANKFURTER ALLGEMEINE ZEITUNG vom 30. Mai 1975, S. 11.

1 Ablichtung.
Die Gesprächsaufzeichnung wurde von Ministerialdirektor Sanne, Bundeskanzleramt, am 2. Juni 1975 gefertigt und am selben Tag zusammen mit der Aufzeichnung über das Gespräch des Bundeskanzlers Schmidt mit Ministerpräsident Demirel am Rande der NATO-Ratstagung auf der Ebene

bedeute, daß das ganze Land hinter der Europapolitik der britischen Regierung stehe.[2]

Der *Premierminister* erklärte sich damit einverstanden. Er erwähnte beiläufig, daß die Labour Party nach dem erfolgreichen Referendum künftig Abgeordnete in die Europäische Versammlung nach Straßburg entsenden werde. Er bitte aber darum, dieses zunächst noch vertraulich zu behandeln.

Die Aussichten für ein erfolgreiches Referendum seien gut. Alle Meinungsumfragen zeigten ein Verhältnis von mindestens 2:1 für ein „Ja". Selbst bei den Gewerkschaften gebe es zur Zeit eine überwiegende positive Tendenz.

Das Gespräch wendete sich dann der Wirtschaftslage zu. Die britische Seite nannte als ihre schwierigsten Probleme die Inflation und die Arbeitslosigkeit. Mit dem Exportvolumen könne man dagegen zufrieden sein.

Der *Bundeskanzler* äußerte, daß letzteres angesichts der erheblichen Abwertung des Pfundes[3] nur natürlich sei. Die Frage des britischen Außenministers, wann der Aufschwung in der Bundesrepublik kommen werde, könne er nicht beantworten. Bis vor kurzem sei er davon ausgegangen, daß der Aufschwung im Juli oder August sichtbar werden würde. Aber jetzt habe er Zweifel. Die Bevölkerung spare überproportional. Dies zwinge die Regierung, den Haushalt zu einem erheblichen Teil durch Kreditaufnahme zu finanzieren.

Der *britische Außenminister* erkundigte sich, wie die Schlange[4] funktioniere.

Fortsetzung Fußnote von Seite 635
der Staats- und Regierungschefs am 29./30. Juni 1975 in Brüssel an Staatssekretär Gehlhoff übermittelt.
Hat Gehlhoff am 3. Juni 1975 vorgelegen, der die Weiterleitung an das Ministerbüro, Staatsminister Wischnewski sowie die Ministerialdirektoren Hermes und van Well verfügte.
Hat dem Vertreter von van Well, Botschafter Roth, am 4. Juni 1975 vorgelegen, der handschriftlich vermerkte: „n[ach] R[ückkehr]."
Hat van Well vorgelegen, der die Weiterleitung an Ministerialdirigent Ruhfus sowie die Referate 200, 201, 202, 203 und 204 verfügte.
Hat Vortragendem Legationsrat I. Klasse Pfeffer vorgelegen, der Vortragenden Legationsrat Holik „wie bespr[ochen]" um Weiterleitung an Referat „204 (Wilson)" und „203 (Demirel)" bat und handschriftlich vermerkte: „„Bilaterale' Unterrichtung + 9".
Hat den Vortragenden Legationsräten I. Klasse Dannenbring und Munz am 12. bzw. 26. Juni 1975 vorgelegen. Vgl. den Begleitvermerk; VS-Bd. 9965 (204); B 150, Aktenkopien 1975.
[2] Zum Ergebnis des Referendums vom 5. Juni 1975 über die britische EG-Mitgliedschaft vgl. Dok. 145, Anm. 5.
[3] Am 9. Mai 1975 wurde in der Presse berichtet, daß die Bank von England für das Pfund Sterling „einen Abwertungsfaktor im Vergleich zu den Paritäten Ende 1971 von 23,7 Prozent errechnet" habe. Vgl. die Meldung „Der Pfundkurs sinkt weiter"; FRANKFURTER ALLGEMEINE ZEITUNG vom 9. Mai 1975, S. 13.
Drei Tage später erreichte die Abwertung „den Rekordstand von 24,4 Prozent seit dem Washingtoner Währungsabkommen vom Dezember 1971". Vgl. den Artikel „Der Franc wieder in der ‚Euro-Schlange'; FRANKFURTER ALLGEMEINE ZEITUNG vom 12. Mai 1975, S. 11.
[4] Der EG-Ministerrat verabschiedete am 21. März 1972 eine Entschließung zur stufenweisen Verwirklichung der Wirtschafts- und Währungsunion. Darin wurden die Notenbanken der EG-Mitgliedstaaten ersucht, „bei voller Ausnutzung der vom Internationalen Währungsfonds auf weltweiter Ebene zugelassenen Bandbreiten den zu einem bestimmten Zeitpunkt bestehenden Abstand zwischen der am höchsten und der am niedrigsten bewerteten Währung der Mitgliedstaaten schrittweise zu verringern". Die Notenbanken sollten demnach so auf den internationalen Devisenmärkten intervenieren, daß spätestens zum 1. Juli 1972 der Abstand zwischen den Währungen von zwei Mitgliedstaaten nicht größer als 2,25% war (Währungsschlange), während nach außen weiterhin die vom Internationalen Währungsfonds vorgesehenen Dollar-Bandbreiten von 4,5% galten. Vgl. EUROPA-ARCHIV 1972, D 338 f.
Der Ausschuß der Notenbankpräsidenten der EG-Mitgliedstaaten vereinbarte am 10. April 1972 in

Der *Bundeskanzler* antwortete, daß Frankreich sich anschicke, in die Schlange zurückzukehren.⁵ Giscard habe eine private Verständigung darüber angeregt, daß man das Verhältnis zwischen Schlange und Dollar so gestalte, daß es nicht zu einer weiteren Dollar-Abwertung komme. Dies könnten wir nicht akzeptieren. Für ihn, den Bundeskanzler, habe die Schlange keine ideologische Bedeutung. Er sehe ihren Nutzen in zweifacher Richtung: Wer in der Schlange bliebe, sei gezwungen, dafür zu sorgen, daß die eigene Währung hinter der allgemeinen Entwicklung nicht hinterherhinkt. Er müsse deshalb in bezug auf die Inflation die gleichen wirtschaftlichen Ziele anstreben wie die übrigen Teilnehmer. Es sei ein Prestigeverlust für ein Land, wenn es die Schlange verlassen müsse. Zweitens habe die Schlange eine psychologische Wirkung: Die Öffentlichkeit erhalte den Eindruck, daß die Regierungen handelten.

Der *britische Außenminister* äußerte Zweifel, ob Frankreich fähig sein werde, in der Schlange zu bleiben. Der *Bundeskanzler* entgegnete, dies sei sicher ein großes Risiko. Es wäre schlimm, wenn Frankreich ein zweites Mal aussteigen müsse. Allerdings dürfe man nicht vergessen, daß das Verlassen der Schlange beim ersten Mal gegen das Votum des damaligen Finanzministers Giscard d'Estaing erfolgt sei.

Der *britische Außenminister* bemerkte, es sei falsch, über eine wirtschaftliche Krise im Vereinigten Königreich zu sprechen. Es handele sich um ein langfristiges Problem, nicht um eines, das kurz vor dem Siedepunkt stehe. Auf eine Frage des Bundeskanzlers ergänzte Premierminister *Wilson*, daß man hoffe, mit den Gewerkschaften zu einer Abmachung zu gelangen.

Der *Bundeskanzler* erkundigte sich, ob die britischen Gewerkschaftler nach dem Referendum an europäischen Gewerkschaftstreffen teilnehmen werden.

Fortsetzung Fußnote von Seite 636

    Basel, daß die Verengung der Bandbreiten am 24. April 1972 in Kraft treten sollte. Vgl. dazu den Artikel „Die Verengung der EWG-Währungsbandbreiten"; NEUE ZÜRCHER ZEITUNG, Fernausgabe vom 13. April 1972, S. 17.
    Aufgrund eines Vorschlags der EG-Kommission vom 4. März 1973 beschloß der EG-Ministerrat am 11./12. März 1973 in Brüssel die Errichtung eines gemeinschaftlichen Wechselkurssystems, das die Beibehaltung des „Gemeinschaftsbands" von 2,25 % vorsah, aber auf Interventionen bezüglich des Wechselkurses des US-Dollar verzichtete. Jedoch gehörten zunächst nur Belgien, die Bundesrepublik, Dänemark, Frankreich, Luxemburg und die Niederlande der Währungsschlange an. Vgl. dazu AAPD 1973, I, Dok. 80.

5 Am 19. Januar 1974 beschloß die französische Regierung die Freigabe des Wechselkurses des Franc für die Dauer von sechs Monaten und schied damit aus der Währungsschlange aus. Vgl. dazu AAPD 1974, I, Dok. 23.
    Am 9. Mai 1975 erklärte Staatspräsident Giscard d'Estaing anläßlich des 25. Jahrestags des Schuman-Plans: „La Communauté [...] a entrepris la création progressive d'une union économique et monétaire. A cet égard, je me réjouis de vous annoncer que la consolidation de notre situation extérieure va permettre à la France, selon des modalités à fixer, de participer à nouveau au mécanisme de flottement concerté des monnaies européennes, connu sous le nom de serpent." Vgl. LA POLITIQUE ETRANGÈRE 1975, I, S. 160.
    Am 20. Mai 1975 befaßte sich die EG-Ratstagung auf der Ebene der Wirtschafts- und Finanzminister in Brüssel mit den Bedingungen für eine Rückkehr des Franc in die europäische Währungsschlange. In der Presse wurde dazu berichtet, daß die von Frankreich geforderte große Anleihe der Europäischen Gemeinschaften, die von den erdölexportierenden Staaten gezeichnet werden solle, bereits aufgelegt sei und auch der Vorschlag einer gemeinsamen Rechnungseinheit „im Prinzip in Form einer Rechtsverordnung angenommen" sei: „Von den französischen Vorschlägen sind noch eine Verbesserung des innergemeinschaftlichen Systems ‚konzertierten Floatens' sowie eine koordinierte Aktion auf den Euromärkten offen." Vgl. den Artikel „Rückkehr Frankreichs zum Währungsblock"; FRANKFURTER ALLGEMEINE ZEITUNG vom 20. Mai 1975, S. 11.

Premierminister *Wilson* hielt das für möglich, empfahl aber, über diese Frage derzeit nicht öffentlich zu sprechen.

Der *Bundeskanzler* regte an zu prüfen, ob man nicht nach dem Referendum einige wichtige Gewerkschaftler in die Bundesrepublik einladen sollte.

Außenminister *Callaghan* meinte, daß die persönlichen Kontakte zwischen den Gewerkschaftlern ohnehin eng seien. Ob es die Absicht der Bundesregierung sei, Einladungen auszusprechen?

Der *Bundeskanzler* verneinte dies. Die Einladungen müßten durch unsere Gewerkschaften ausgesprochen werden. Selbstverständlich aber könnte man Gespräche der Gäste mit den interessierten Bundesministern arrangieren.

Premierminister *Wilson* warf ein, daß die britischen Gewerkschaftler sich dadurch geschmeichelt fühlen würden. Man sollte ihnen aber erst einmal etwas Zeit lassen, sich an die Lage nach dem (positiven) Referendum zu gewöhnen.

Der *britische Außenminister* empfahl, die Einladung an den internationalen Ausschuß des TUC zu richten und nicht an Einzelpersonen. Die Einladung sollte von dem entsprechenden Organ des DGB ergehen.

Der *Bundeskanzler* schlug vor, daß man den Gästen zeigen solle, wie unser gewerkschaftliches System arbeitet. Außerdem solle man sie über die Politik der Bundesregierung informieren.

Der *britische Außenminister* empfahl, bei einem derartigen Besuch nicht zu sehr über Probleme der Gemeinschaft zu sprechen als vielmehr über die allgemeinen politischen Probleme Europas, z. B. über Portugal. Vielleicht könne sich Herr Genscher einmal mit den britischen Gästen unterhalten.

Der *Bundeskanzler* schlug vor, daß Premierminister Wilson ihm in einem privaten Brief nach dem Referendum mitteilt, wie er sich die Einzelheiten der Einladung vorstelle. Man solle auch daran denken, die Gäste in deutsche Unternehmen zu führen, bei denen die Mitbestimmung praktiziert wird.

Außenminister *Callaghan* meinte, es sei wohl richtig, mit der ganzen Angelegenheit bis nach dem Gewerkschaftskongreß im September[6] zu warten.

Das Gespräch wandte sich dann der Zypern-Frage zu. Der *Bundeskanzler* bezeichnete es als gut, daß der griechische und der türkische Regierungschef jetzt miteinander sprächen.[7] Er habe Herrn Demirel auf das Problem hingewiesen, das entstehe, wenn 18 % Türken 40 % des Inselgebiets besetzt halten wollten.[8]

Der *britische Außenminister* bestätigte, daß hier das Hauptproblem liege. Aber die Türken hätten dieses Gebiet nun einmal in der Hand. Die Griechen könnten sich nicht darauf beschränken, Forderungen zu stellen, sie müßten auch Angebote machen. Er habe den Eindruck, daß Makarios inzwischen vernünftiger werde, und er glaube, daß man mit ihm eine Lösung erarbeiten könne. Er empfahl, daß der Bundeskanzler versuchen möchte, MP Karamanlis von der

---

[6] Die Jahrestagung des Trade Union Council (TUC) fand vom 1. bis 5. September 1975 in Blackpool statt.

[7] Am 31. Mai 1975 führten die Ministerpräsidenten Karamanlis und Demirel ein Gespräch in Brüssel. Vgl. dazu Dok. 143, Anm. 17.

[8] Für das Gespräch des Bundeskanzlers Schmidt mit Ministerpräsident Demirel am 29. Mai 1975 in Brüssel vgl. Dok. 139.

Notwendigkeit einer Einigung zu überzeugen. Diese könne etwa bei einem Anteil von 30% des Inselgebiets für die türkische Bevölkerungsgruppe liegen.

Der *Bundeskanzler* teilte als Eindruck aus seinem Gespräch mit MP Demirel mit, daß die türkische Seite die Ägäis-Frage[9] offenbar als weniger schwerwiegend ansehe im Vergleich zu Zypern. Jedenfalls halte Demirel voneinander unabhängige Lösungen der Probleme für möglich.

Der *britische Außenminister* bestätigte, daß Zypern die Schlüsselfrage sei.

Der *Bundeskanzler* berichtete aus seinem Gespräch mit Präsident Ford[10], er habe starken Druck dahingehend ausgeübt, daß der Präsident in seiner NATO-Rede den Absatz über Spanien abändere. Er habe diesen Teil der Rede Fords vorab gesehen, da er vor kurzem einen Beamten nach Washington entsandt habe, speziell um die Spanien-Frage zu besprechen.[11]

Der *britische Außenminister* berichtete über sein Gespräch mit dem portugiesischen Ministerpräsidenten. Es sei eine sehr offenherzige Aussprache gewesen. Gonçalves habe sowohl zugesagt, daß die Zeitung „República"[12] wieder erscheinen werde, wie er auch freie Parlamentswahlen für das nächste Jahr versprochen habe. Gonçalves habe sich darüber beklagt, daß es Bestrebungen gebe, einen Keil zwischen die Bewegung der Streitkräfte und die politischen Kräfte in Portugal zu treiben. Gonçalves sei ein theoretischer Marxist, Admiral Rosa Coutinho könne man nicht als Kommunisten bezeichnen. Für alle portugiesischen Offiziere gelte, daß sie noch unerfahren (naiv) seien.

VS-Bd. 9965 (204)

---

9 Zum Ägäis-Konflikt vgl. Dok. 120, Anm. 6.
10 Für das Gespräch des Bundeskanzlers Schmidt mit Präsident Ford am 29. Mai 1975 in Brüssel vgl. Dok. 138.
11 Am 15. Mai 1975 hielt sich Ministerialdirektor van Well zu Gesprächen über die Lage in Portugal und Spanien in Washington auf. Gegenüber dem Berater im amerikanischen Außenministerium, Sonnenfeldt, und Abteilungsleiter Hartman führte er aus, „daß es beim Problem Spanien nicht so sehr darum gehe, ob es Mitglied der NATO werde, sondern wann". Bundeskanzler Schmidt sei nicht dafür, „Spanien auf die Tagesordnung des Gipfels zu setzen, weil das nur zu einer Debatte führen würde, durch die ein klares, übereinstimmendes Votum nicht erzielt werden könnte." Vgl. die Aufzeichnung von van Well vom 19. Mai 1975; VS-Bd. 9950 (203); B 150, Aktenkopien 1975.
Zu den Ausführungen des Präsidenten Ford auf der NATO-Ratstagung auf der Ebene der Staats- und Regierungschefs am 29. Mai 1975 in Brüssel vgl. Dok. 143.
12 Am 20. Mai 1975 berichtete Botschaftsrat Heibach, Lissabon, daß „der Handstreich die Gemüter bewegt [habe], mit dem die Drucker der Tageszeitung ‚República', des Organs des PSP, gestern den Direktor Raúl Rego und die Redaktion zu entmachten und die Zeitung zu einem Kommunistenblatt umzufunktionieren versucht haben. Als Rego sich weigerte zurückzutreten, wurde er von den Druckern am Verlassen der Redaktionsräume gehindert. Eine gestern abend in aller Eile organisierte Demonstration der Sozialisten, bei der Mario Soares vor 2000 Teilnehmern in schärfsten Worten die neue kommunistische Zensur verdammte, wurde von C[omando]OP[eracionaldo]CON[tinente]-Einheiten so abgedeckt, daß es ihr nicht gelang, in das Gebäude von ‚República' einzudringen. Dort sitzt Rego zur Stunde noch fest". Heibach zog den Schluß, die innenpolitische Lage in Portugal werde „zunehmend anarchischer". Auch Ministerpräsident Gonçalves vertrete die These: „Entweder sei der Portugiese bei der Revolution oder bei der Reaktion", und auch die Versammlung der „Bewegung der Streitkräfte" sympathisiere mit der These, „neben die Parteiendemokratie eine Rätedemokratie zu setzen". Vgl. den Drahtbericht Nr. 230; Referat 203, Bd. 110241.
Heibach teilte am 22. Mai 1975 mit, die Portugiesische Sozialistische Partei versuche die Schließung der „República" dazu zu nutzen, „die ‚Bewegung der Streitkräfte' zu einer klareren Stellungnahme zur Pressefreiheit und über die Rechte der politischen Parteien zu zwingen". Demgegenüber sei es die Taktik des Revolutionsrats, „die Frage der ‚República' ausschließlich in den presserechtlichen Bereich zu verweisen, um ihm damit seine politische Brisanz zu nehmen". Vgl. den Drahtbericht Nr. 232; Referat 203, Bd. 110241.

141

**Gespräch des Bundeskanzlers Schmidt
mit Ministerpräsident Gonçalves in Brüssel**

105-33.A/75 VS-vertraulich   30. Mai 1975[1]

Dolmetscheraufzeichnung über das Gespräch des Bundeskanzlers mit dem portugiesischen Ministerpräsidenten Vasco Gonçalves am 30. Mai 1975 um 9 Uhr in der NATO-Vertretung der Bundesrepublik Deutschland in Brüssel

Bei dem Gespräch waren anwesend:

von deutscher Seite: der Bundesminister des Auswärtigen, Botschafter Krapf, MD Dr. Sanne;

von portugiesischer Seite: Admiral Rosa Coutinho, Botschafter Magalhaes Cruz, Herr Matos Proenca.

Nach den Worten der Begrüßung erklärte der *Bundeskanzler*, man sei zwar anläßlich des kürzlichen Besuches des portugiesischen Außenministers[2] auf eine richtige Beurteilung der Lage in Portugal eingestimmt worden, es sei aber für die deutsche Seite interessant und wertvoll, die Meinung des portugiesischen Ministerpräsidenten kennenzulernen. Wie überall in der Welt bestehe auch in der Bundesrepublik Deutschland sehr großes Interesse an der Entwicklung in Portugal und an dem Fortgang des revolutionären Prozesses. Man empfinde politische und menschliche Sympathie und wünsche eine klarere Vorstellung zu erhalten, als sie durch die Medien vermittelt werde.

Der portugiesische *Ministerpräsident* erwiderte, er habe auch den Eindruck gewonnen, daß eine unzureichende Vorstellung von der Situation im Portugal vorherrsche. Dies sei wahrscheinlich darauf zurückzuführen, daß die Informationen hauptsächlich aus der Optik der verschiedenen politischen Parteien und nicht aus derjenigen der Bewegung der Streitkräfte gegeben würden.

In der Gesellschaft seines Landes fänden zur Zeit strukturelle Veränderungen statt. Es seien Maßnahmen ergriffen worden, um die wichtigsten Produktionsmittel und somit die Wirtschaft in großen Linien zu kontrollieren.

Um die Situation in Portugal zu begreifen, müsse man Geschichte betreiben, zumindest eine Beschreibung des Prozesses geben. Er wolle versuchen, kurz zu resümieren:

---

[1] Durchdruck.
Die Gesprächsaufzeichnung wurde von Dolmetscherin Eichhorn am 30. Mai 1975 gefertigt.
Hat Ministerialdirigent Kinkel am 4. Juni und erneut am 5. Juni 1975 vorgelegen, der die Weiterleitung an Bundesminister Genscher und die Staatssekretäre Gehlhoff und Sachs verfügte.
Hat Genscher vorgelegen.
Hat Sachs am 10. Juni 1975 vorgelegen.
Hat Gehlhoff am 14. Juni 1975 vorgelegen, der handschriftlich vermerkte: „Herrn D 2."
Hat dem Vertreter des Ministerialdirektors van Well, Botschafter Roth, am 19. Juni 1975 vorgelegen, der die Wörter „D 2" hervorhob und handschriftlich vermerkte: „n[ach] R[ückkehr]."
Hat van Well vorgelegen.
Hat Ministerialdirigent Ruhfus vorgelegen.
Hat den Vortragenden Legationsräten I. Klasse Munz und Pfeffer vorgelegen.

[2] Der portugiesische Außenminister Melo Antunes hielt sich vom 19. bis 21. Mai 1975 in der Bundesrepublik auf. Vgl. dazu Dok. 122.

Als die Bewegung der Streitkräfte den Faschismus stürzte[3], habe sie in ihrem Programm die Einsetzung einer provisorischen Regierung vorgesehen, die gleichzeitig mit der Junta zur Nationalen Errettung bestehen sollte. Im Ablauf des politischen Prozesses seien viele Widrigkeiten aufgetreten. General Spínola hätte ausscheiden müssen.[4] Portugal sei derzeit das freieste Land Europas, vielleicht sogar das freieste der Welt. Man habe jedoch festgestellt, daß die politischen Parteien Portugals aus der Ersten Republik[5] nicht genug gelernt hätten, und sei so im Einverständnis mit den Parteien zu dem Schluß gekommen, daß keine von ihnen in der Lage sei, die Stabilität einer echten Demokratie durchzusetzen. Die Bewegung der Streitkräfte müsse weiterhin als Motor und Garant der Revolution verantwortlich bleiben.

Der *Bundeskanzler* nahm Bezug auf die Bemerkung des portugiesischen Ministerpräsidenten, daß Portugal das zur Zeit freieste Land Europas sei, und fragte nach den Vorfällen um die Zeitung „República"[6] und danach, wie man sich den Fortgang dieses Falles vorstelle. Die Bundesrepublik Deutschland würde sich sicher nicht als das freieste, aber wohl als ein freies Land bezeichnen, in dem alle Zeitungen erscheinen könnten. Mit einiger Verwunderung verfolge man die Ereignisse im Zusammenhang mit der „República".

Der portugiesische *Ministerpräsident* erwiderte, in Portugal herrsche absolute Pressefreiheit. Es gebe keine Vorzensur. Der Vorfall „República" sei aus einem Konflikt zwischen den Direktoren der Zeitung und den Arbeitern entstanden. Dabei seien parteipolitische Ziele im Spiel gewesen. Gemäß dem Pressegesetz, das der Ministerpräsident als liberal bezeichnete, werde dieser Fall den Gerichten übergeben. Die Direktion der „República" habe selbst um die Schließung ihrer Redaktionsräume gebeten. Diesem Wunsch sei entsprochen worden und, wie erwähnt, werde der Fall den Gerichten zugeleitet. Zuvor würde der Vorgang noch im Presserat, einer nach dem Pressegesetz bestehenden demokratischen Institution, debattiert.

Der *Bundeskanzler* bemerkte, daß der Fall der Zeitung „República" dem Ansehen des MFA geschadet habe und daß sich im Interesse der Bewegung eine Klärung dringend empfehle. Der Kanzler zitierte in diesem Zusammenhang den gegen Lenin gerichteten Satz von Rosa Luxemburg „Die Freiheit ist immer auch die Freiheit der anderen".[7]

Ministerpräsident *Vasco Gonçalves* sagte, er sei sich bewußt, daß die erwähnten Ereignisse dem Bild Portugals im Ausland geschadet hätten. Es sei jedoch hervorzuheben, daß die Regierung den Wünschen der Direktion dieser Zeitung

---

3 Zum Regierungsumsturz in Portugal am 25. April 1974 vgl. Dok. 23, Anm. 38.
4 Zum Rücktritt des Präsidenten der „Junta der Nationalen Befreiung", de Spínola, am 28. September 1974 vgl. Dok. 23, Anm. 39.
5 In Portugal wurde nach dem Sturz des Königs Manuel II. am 5. Oktober 1910 die Republik ausgerufen und mit Verfassung vom 31. August 1911 festgeschrieben. Sie wurde am 1. Juni 1926 von General de Oliveira Gomes da Costa aufgehoben.
6 Zur Schließung der Tageszeitung „República" vgl. Dok. 140, Anm. 12.
7 1918/19 verfaßte Rosa Luxemburg im Gefängnis in Breslau eine Broschüre über „Die Russische Revolution". Darin führte sie aus: „Freiheit nur für die Anhänger der Regierung, nur für Mitglieder einer Partei – mögen sie noch so zahlreich sein – ist keine Freiheit. Freiheit ist immer Freiheit des anders Denkenden." Vgl. LUXEMBURG, Revolution, S. 109.

entsprechend vorgegangen sei. Es lägen Briefe von ihr vor, in denen das Verhalten der Regierung als korrekt bezeichnet werde.

Der MFA habe die Freiheit in Portugal durch die Revolution hergestellt und sei zusammen mit den Volkskräften in allen Situationen, in denen die Freiheit in Portugal nach dem 25. April gefährdet gewesen sei, an erster Stelle für ihre Verteidigung eingetreten. Es werde der Bewegung sogar bisweilen vorgeworfen, daß sie sich zu wohlwollend verhalte.

Der *Bundeskanzler* wiederholte, daß man in der Bundesrepublik die Entwicklung in Portugal mit großer Sympathie verfolge, so wie dies auch für den Prozeß der Redemokratisierung in Griechenland zutreffe. Möglicherweise seien aber die Vorstellungen über die Situation in Ländern, die entfernt lägen, nicht von ausreichender Klarheit. Man habe allerdings eigene Vorstellungen darüber, daß langfristig die Demokratie nicht von militärischer Seite getragen werden könne. Zur Demokratie gehörten vielmehr die politischen Parteien und auch politische Zeitungen. Man bewundere den Mut, mit dem die Griechen sich den Wahlen gestellt hätten, aus denen Karamanlis mit einer überzeugenden Mehrheit für seinen Demokratisierungsprozeß hervorgegangen sei.[8] In Griechenland sei die Situation schwieriger als in Portugal, da es auch äußere Spannungen – hier Bezug auf Zypern – gäbe.

Die deutsche Seite bemühe sich, bei ihren Freunden in aller Welt und den im Rahmen des NATO-Gipfels in Brüssel[9] versammelten Staaten für Verständnis und Objektivität gegenüber der Bewegung der Streitkräfte und der Entwicklung in Portugal zu werben. Er wolle die besondere Aufmerksamkeit der portugiesischen Seite darauf richten, daß in ihrem Interesse eine psychologische Hilfe hierzu nötig sei. Als Beispiel führte der Kanzler an, daß in der Bundesrepublik Deutschland und in der EG die starke Bereitschaft bestehe, Portugal bei einer Verbesserung seiner wirtschaftlichen Lage zu helfen. Es sei jedoch unerläßlich, daß die portugiesische Seite die psychologischen Voraussetzungen schaffe und den Eindruck vermeide, daß in einigen Punkten in Portugal eine wenig überzeugende Wirtschaftspolitik betrieben werde, die zu einer weiteren Verschlechterung führen könne.

Der portugiesische *Ministerpräsident* unterstrich, daß sich der Prozeß in seinem Land von dem griechischen insofern unterscheide, als in Portugal eine fast 50jährige Diktatur bestanden habe. Das portugiesische Kapital habe sich korrupt und ausschweifend verhalten. In einem Vergleich mit dem Ende des Faschismus in Deutschland führte der portugiesische Ministerpräsident an, dieser Prozeß sei in Portugal nicht so gewaltsam verlaufen. Als Folge habe ein harter Kampf zwischen der Arbeiterklasse und den dem Faschismus verpflichteten Monopolen begonnen. Entgegen den Bitten der provisorischen Regierung hätten die politischen Parteien und ihre Mitglieder kein pädagogisches Verhalten dabei gezeigt, das durch 50 Jahre Faschismus entpolitisierte Volk in die Demokratie einzuweisen. Diese Umstände hätten, wie bereits erwähnt, zu dem

---

[8] Die Wahlen zum griechischen Parlament fanden am 17. November 1974 statt. Zum Ergebnis vgl. Dok. 102, Anm. 39.

[9] Zur NATO-Ratstagung auf der Ebene der Staats- und Regierungschefs am 29./30. Mai 1975 vgl. Dok. 143.

30. Mai 1975: Gespräch zwischen Schmidt und Gonçalves   141

Schluß geführt, daß die politischen Parteien alleine Portugal nicht regieren und keine Demokratie errichten könnten. Mit freiem Einverständnis der politischen Parteien sei beschlossen worden, eine Übergangszeit festzusetzen auf der Basis der Verfassung, die nach den Wahlen vom 25.4.75 ausgearbeitet werde.[10] Diese Verfassung solle die gegebenen Realitäten berücksichtigen und sei unter zwei Aspekten zu sehen: 1) Fortbestehen der Bewegung der Streitkräfte, die eine progressive, patriotische, nationalistische und autonome Kraft für eine autonome Entwicklung darstellten. 2) Fortbestehen der politischen Kräfte, an deren Notwendigkeit nicht gezweifelt werde. Das Resultat der Wahlen zur Verfassunggebenden Versammlung solle in der Zusammensetzung der provisorischen Regierung keinen Niederschlag finden. In der Praxis müsse diese Regierung eine Regierung der Kampagnen sein, damit eine Lösung für die Probleme im Lande gefunden werde. Die provisorische Regierung müsse Kontinuität besitzen. Im Interesse der Demokratisierung des Landes werde diese Regierung bestehen aus einer Koalition der Bewegung der Streitkräfte mit den politischen Parteien, die entsprechend ihrer Repräsentativität im Volke vertreten sein sollten. Die Verfassung werde die bürgerlichen Freiheiten garantieren und ein System vorsehen, in dem es 1) die vom Volk frei gewählte Gesetzgebende Versammlung und 2) die von den Streitkräften gewählte Versammlung der Streitkräfte gebe. Die Versammlung der Streitkräfte habe Funktionen analog zu denen der Senate in anderen europäischen Staaten. Die Staatsorgane seien: der von einem Wahlmännerkollegium (das sich aus Vertretern der beiden Kammern zusammensetze) gewählte Präsident der Republik, die Regierung, in der die in die Gesetzgebende Versammlung gewählten Parteien proportional vertreten seien. Der Ministerpräsident werde vom Präsidenten der Republik ernannt. Die Regierung sei dem Präsidenten der Republik und der Gesetzgebenden Versammlung verantwortlich. Diese neue Verfassung werde für einen Zeitraum von drei bis fünf Jahren in Kraft sein. Am Ende dieser Übergangszeit werde eine neue Verfassung ausgearbeitet. Der Revolutionsrat übernehme den Vorsitz der Versammlung der Streitkräfte, Präsident des Revolutionsrates sei der Präsident der Republik. Er selbst und der anwesende Admiral Rosa Coutinho und ungefähr 20 Militärs seien Mitglieder des Revolutionsrates. Man hoffe, diese Übergangszeit könne sich unter Aufrechterhaltung aller öffentlichen Freiheiten und Konsolidierung der Demokratie vollziehen, wobei die besondere Situation des Landes zu berücksichtigen sei. Der portugiesische Ministerpräsident machte darauf aufmerksam, daß bereits tiefgreifende strukturelle Reformen durchgeführt worden seien, ohne daß die öffentlichen Freiheiten auch nur die geringste Beschränkung erfahren hätten. Dies sei auch dadurch bewiesen, daß die Verstaatlichungen und der Wechsel im Amt des Präsidenten der Republik[11] ohne die Festsetzung einer Sperrstunde oder die Ausrufung des Ausnahmezustandes vonstatten gegangen seien. Man sei nun damit befaßt, das in Praxis umzusetzen, was einige als „Sozialismus" bezeichneten. Mit Bezug auf die Wirt-

---

10 Zum Abkommen vom 11. April 1975 zwischen den portugiesischen Parteien und der „Bewegung der Streitkräfte" vgl. Dok. 122, Anm. 4.
   Zum Ergebnis der Wahlen vom 25. April 1975 vgl. Dok. 96, Anm. 6.
11 Nach dem Rücktritt des Präsidenten der „Junta der Nationalen Befreiung", de Spínola, am 28. September 1974 wurde Francisco da Costa Gomes sein Nachfolger und damit Präsident der Republik.

643

schaft erklärte Vasco Gonçalves, an der Spitze der verschiedenen Ministerien stünden wirtschaftlich qualifizierte Teams, die mit den vom Faschismus geerbten schwerwiegenden Problemen zu kämpfen hätten. Das kapitalistische System und sein Verhalten nach dem 25. April habe ein Vakuum hinterlassen, das nun mit sofortigen Maßnahmen ausgefüllt werden müsse.

Der *Bundeskanzler* hob hervor, daß ein Parlament von Militärs im Ausland nicht akzeptiert werden könne. Aber dies sei ein portugiesisches Problem. Der Bundeskanzler sagte, er spreche nicht nur als Politiker, sondern auch als Nationalökonom, und erklärte, es könne kein Zweifel darüber bestehen, daß die wirtschaftliche Lage in Portugal schlecht sei. Das Bruttosozialprodukt sei das niedrigste in Europa, das Pro-Kopf-Einkommen betrage 900 Dollar. Portugal habe eine Million Arbeitskräfte im Ausland und dennoch eine Arbeitslosenquote von 12% (der portugiesische Ministerpräsident korrigierte: 8%) und eine Inflationsrate von 22%. (Der portugiesische Ministerpräsident warf ein, die Inflationsrate sei in letzter Zeit gesunken.)

Der Kanzler fuhr fort, die Lage sei nur durch internationalen Handelsaustausch in Ordnung zu bringen. Jedes moderne Land nehme an diesem internationalen Austausch teil. So bestreite die Bundesrepublik Deutschland z. B. einen großen Teil des Westhandels der Sowjetunion. Portugal habe ausländische Handelspartner nötig und brauche Kreditgeber. Die Bundesrepublik Deutschland sei bereit zu helfen, aber ohne das Vertrauen der Kreditgeber in den betreffenden Staat sei dies langfristig nicht möglich.

Der portugiesische *Ministerpräsident* erklärte, bei den Verstaatlichungen sei versucht worden, oft sogar zum Schaden der eigenen Wirtschaft, das ausländische Kapital unangetastet zu lassen. Man wisse um die Notwendigkeit des Vertrauens von seiten ausländischer Kapitalgeber, deshalb werde im Moment ein Kodex für ausländische Investitionen ausgearbeitet.[12]

Der Herr *Bundeskanzler* unterstrich, daß es ihm sehr am Herzen liege, deutlich zu machen, daß die Grundlage für eine Verbesserung der wirtschaftlichen Situation das Vertrauen des Auslands sei. Es sei undenkbar, daß Portugal sich aus eigener Kraft aus seiner schwierigen Lage befreien könne. Besuche seien sehr nützlich, um ein Klima des Vertrauens zu schaffen. Man dürfe nicht vergessen, daß die Kreditgeber in anderen Ländern keine verstaatlichten, sondern

---

[12] Am 29. April 1975 legte Botschafter Caspari, Lissabon, eine Aufzeichnung über Portugal vor, in der ausgeführt wurde, daß durch die Verstaatlichung von Privatbanken, Versicherungsgesellschaften und Schlüsselindustrien „die bisher bestehende marktwirtschaftliche Ordnung erhebliche Einschränkungen erlitten" habe: „Weitere Wirtschaftssektoren sollen im Laufe der nächsten Zeit staatlicher Kontrolle unterstellt und teilweise auch nationalisiert werden. Der noch verbleibende private Sektor, in dem Investitionen, auch solche aus dem Ausland, gewünscht und gefördert werden, ist in seinem Umfang noch nicht festgelegt. Auch er dürfte allein schon durch Interdependenz mit dem öffentlichen Sektor erheblichen dirigistischen Eingriffen ausgesetzt sein." Vgl. den Schriftbericht Nr. 530; Referat 203, Bd. 110242.
Der portugiesische Außenminister Melo Antunes wurde während seines Besuchs in der Bundesrepublik vom 19. bis 21. Mai 1975 auf den geplanten Investitionskodex zur Absicherung von Auslandsinvestitionen angesprochen und „stellte die Verabschiedung innerhalb von einem Monat in Aussicht". Vgl. den Runderlaß Nr. 71 des Vortragenden Legationsrats I. Klasse Dohms vom 21. Mai 1975; Referat 203, Bd. 110243.

private Industrien vorfänden. Seine Ausführungen beinhalteten keinen politischen Rat, sondern entsprächen lediglich einer Berufseinsicht.

Der portugiesische *Ministerpräsident* hob die Nützlichkeit befreundeter Hilfe hervor und unterstrich die Notwendigkeit von Gewinngarantien für ausländische Investoren, zumal diese nicht aus altruistischen Motiven handelten. Im vorgesehenen Investitionskodex würden Freiräume für ausländische Investoren berücksichtigt, es gebe einen breiten Privatsektor in Portugal, und man denke auch nicht daran, die Wirtschaft in ihrer Totalität zu verstaatlichen. Es handele sich lediglich um eine Nationalisierung der Grundindustrien. Bei kleinen und mittleren Betrieben sei begreiflicherweise nicht im Staatsinteresse, sondern zur Sicherung der Arbeitsplätze eingegriffen worden. Es dürfe auch nicht vergessen werden, daß zusätzlich zu allen anstehenden Problemen Portugal auch noch die Entkolonialisierung abwickeln müsse. Dieser Prozeß sei in keinem anderen Land unter ähnlichen Umständen und in ähnlicher Form vor sich gegangen. Bei einer schwachen Wirtschaftslage müsse das kleine Land Portugal für die Entstehung fünf neuer Staaten portugiesischer Prägung[13] 1% seines Bruttosozialprodukts aufwenden.

Der *Bundeskanzler* bezeichnete einen Investitionskodex als interessant und gab der Hoffnung Ausdruck, daß seine Ausarbeitung bald zum Abschluß gebracht werden möge. Auch sei die von Ministerpräsident Gonçalves angekündigte Fortsetzung der Beschreibung der politischen Lage von großem Interesse sowie ein Meinungsaustausch mit Elementen der Bewegung der Streitkräfte und den politischen Parteien, die das Fundament jeder Demokratie seien. Es bestehe Bereitschaft auf deutscher Seite, portugiesische Besuche zu empfangen, und auch dazu, deutsche Besucher nach Portugal zu schicken, damit diese die portugiesischen Probleme besser kennenlernen könnten. Der Bundeskanzler dankte dem portugiesischen Ministerpräsidenten für das Gespräch, das den Einblick in die portugiesischen Verhältnisse vertieft habe.

Das Gespräch endete gegen 11 Uhr.

VS-Bd. 9948 (203)

---

[13] Angola, Kapverdische Inseln, Macau, São Tomé und Príncipe sowie Timor.

142

**Vortragender Legationsrat I. Klasse Hauber
an die Botschaft in Washington**

222-370.49-1394/75 VS-vertraulich   Aufgabe: 30. Mai 1975, 12.28 Uhr[1]
Fernschreiben Nr. 2118 Plurex

Betr.: Verbot der Umweltkriegführung;
hier: amerikanischer Übereinkommensentwurf

Bezug: Drahtbericht Nr. 616 v. 7.4.75 aus Genf, auch für Washington[2]

Enthält Weisung

I. Die Botschaft wird gebeten, an geeigneter Stelle in der ACDA, evtl. auch im State Department, über den amerikanischen Übereinkommensentwurf auf der Grundlage nachfolgender Ausführungen ein Gespräch zu führen und darüber zu berichten.

II. Nachdem auf der Tagung der NATO-Abrüstungsexperten vom 8. bis 9. April[3] nur ein ganz kursorischer Gedankenaustausch stattfinden konnte, erscheint es uns zweckmäßig, auch bilateral das Thema mit den USA zu erörtern. Wir entsprechen damit einem amerikanischen Wunsch. Dr. Iklé hat gegenüber Botschafter Roth einen persönlichen Meinungsaustausch in Washington angeregt. Dg 22 behielt sich vor, hierauf – je nach Entwicklung der Lage – zurückzukommen.

---

[1] Durchdruck.
Der Drahterlaß wurde von Vortragendem Legationsrat Neumann konzipiert.
Hat Botschafter Roth am 2. Juni 1975 vorgelegen.

[2] Botschafter Schlaich, Genf (CCD), übermittelte einen amerikanischen Entwurf für einen Vertrag über das Verbot der Umweltkriegführung und teilte mit, die amerikanische Delegation habe dazu ausgeführt: „Entwurf sei Sowjetunion bekannt, er basiere auf dem Ergebnis der amerikanisch-sowjetischen Expertengespräche über Umweltkriegführung vom 25. Februar bis 5. März in Washington. Dieses Treffen habe gezeigt, daß unterschiedliche Auffassungen zusammengeschrumpft und schließlich überbrückbar seien. Bei dem Entwurf handele es sich um einen Parallelentwurf zu dem sowjetischen Entwurf. Aus amerikanischer Sicht halte man die Besprechung von zwei Parallelentwürfen besser als eine Diskussion nur auf der Grundlage eines Entwurfs. Die Amerikaner halten ihren Entwurf für praktikabler. Forschung und Entwicklung werden nicht verboten, das Verifikationsproblem ist ausgeklammert." Vgl. VS-Bd. 9495 (222); B 150, Aktenkopien 1975.
Für Auszüge aus dem amerikanischen Entwurf vgl. Anm. 5 und 7.

[3] Vortragender Legationsrat I. Klasse Hauber notierte am 14. April 1975 über eine Tagung der NATO-Abrüstungsexperten am 8./9. April 1975, der amerikanische Entwurf für einen Vertrag über das Verbot der Umweltkriegführung sei nur kurz erörtert worden: „Die USA scheinen die Absicht zu haben, den Entwurf im Sommer in der CCD einzubringen, obwohl eine förmliche Entscheidung noch nicht gefallen ist. Aus ihren Äußerungen war zu entnehmen, daß sie zwar die Kommentare der Alliierten zur Kenntnis nehmen, aber nicht unbedingt ihre Entscheidung davon abhängig machen wollen. Auf meine Bemerkung, daß es wichtig sei, daß der amerikanische Entwurf vorab im Kreise der Verbündeten diskutiert werde, bemerkte der amerikanische Vertreter, die Verbündeten hätten auch noch in der CCD jede Gelegenheit, Verbesserungen zu dem amerikanischen Entwurf vorzubringen. Er verstiegt sich sogar zu der Behauptung, eine Änderung des amerikanischen Entwurfs sei nach der Einbringung in der CCD genauso leicht möglich wie vorher." Vgl. VS-Bd. 9495 (222); B 150, Aktenkopien 1975.

Generell begrüßen wir die Absicht der Amerikaner, dem sowjetischen Entwurf[4] einen eigenen gegenüberzustellen, und betrachten den amerikanischen in mehrfacher Hinsicht als eine Verbesserung. Ganz allgemein sehen wir die Vorzüge des amerikanischen Entwurfs in seiner Kürze, größeren Flexibilität und Praktikabilität. Allerdings haben wir zu verschiedenen Punkten noch Fragen.

III. Im einzelnen ist folgendes zu dem Entwurf zu bemerken:

1) Nach dem sowjetischen Entwurf würden auch solche Einflußnahmen auf die Umwelt verboten sein, die nicht zu weitreichenden, andauernden und einschneidenden (widespread, long-lasting und severe) Veränderungen der Umwelt führen. Derartige relativ geringfügige Veränderungen würden aber vermutlich schon bei der normalen, konventionellen Kriegführung unvermeidliche Begleiterscheinungen sein. Wir halten daher die amerikanischen Einschränkungen für einen Vorzug.

2) Wir ziehen die Formulierung, die sich auf ein „Verbot der militärischen Anwendung" beschränkt, dem von den Sowjets vorgeschlagenen Anwendungsverbot von Mitteln zu „militärischen und anderen Zwecken" vor und halten ebenfalls eine Einbeziehung von Forschung und Entwicklung für nicht praktikabel.

3) Die amerikanische Generalklausel[5] hat den Vorteil, daß sie die zukünftige Entwicklung miteinbezieht, ohne daß eine Vertragsänderung notwendig ist, während dies bei einer abschließenden Aufzählung einzelner Methoden (sowjetischer Entwurf)[6] nicht möglich ist. Allerdings hat eine Aufzählung den Vorteil größerer Anschaulichkeit. Die Amerikaner haben bereits auf der Tagung der NATO-Abrüstungsexperten angekündigt, daß sie ihre Definition durch eine beispielhafte Aufzählung einiger Methoden ergänzen wollen. Wir halten dies für wünschenswert.

Dabei könnte in Anlehnung an Art. II Ziff. 1 des sowjetischen Entwurfs daran gedacht werden, eine allerdings nicht abschließende Liste verbotener Techniken der Umweltbeeinflussung in Form einer Bestandteil des Vertrages bildenden Anlage aufzustellen, die entsprechend dem Verfahren von Art. V des US-Entwurfs[7] im Bedarfsfall erweitert werden könnte.

---

[4] Am 24. September 1974 brachte die UdSSR im Ersten Ausschuß der UNO-Generalversammlung den Entwurf einer Resolution sowie eines „Übereinkommens über das Verbot der Beeinflussung der Umwelt und des Klimas zu militärischen und sonstigen mit der Aufrechterhaltung der internationalen Sicherheit sowie des Wohlergehens und der Gesundheit der Menschen unvereinbaren Zwecken" ein. Für den Wortlaut vgl. EUROPA-ARCHIV 1975, D 302–306.

[5] Artikel II des amerikanischen Entwurfs für einen Vertrag über das Verbot der Umweltkriegführung bestimmte: „As used in this treaty, the term ‚environmental modification techniques' shall refer to any techniques designed to release or manipulate the natural forces of the earth, the oceans or the atmosphere." Vgl. den Drahtbericht Nr. 616 des Botschafters Schlaich, Genf (CCD), vom 7. April 1975; VS-Bd. 9495 (222); B 150, Aktenkopien 1975.

[6] In Artikel II Ziffer 1 des sowjetischen Entwurfs vom 24. September 1974 für ein Übereinkommen zum Verbot der Umweltkriegführung war eine Reihe konkreter Methoden zur Einwirkung auf die Umwelt genannt, zu deren Nichtanwendung sich die Teilnehmerstaaten verpflichten sollten. Vgl. dazu EUROPA-ARCHIV 1975, D 303 f.

[7] Artikel V des amerikanischen Entwurfs für einen Vertrag über das Verbot der Umweltkriegführung: „1) Any state party may propose amendments to this treaty. The text of any proposed amendment shall be submitted to ... which shall circulate it to all states party. 2) An amendment shall en-

In diesem Zusammenhang würden wir gerne wissen, welche der im sowjetischen Entwurf aufgezählten Methoden die Amerikaner gegenwärtig oder in absehbarer Zeit, d.h. in den nächsten 10 bis 15 Jahren, für technisch durchführbar und militärisch relevant halten und welche dieser Methoden unter die Definition des eigenen Entwurfs fallen würden.

4) Wir sind uns bewußt, daß einer Verifikation auf dem Gebiet des Verbots der Umweltkriegführung große Schwierigkeiten gegenüberstehen. Auch aus diesem Grund halten wir die Einschränkung durch die Generalklausel und den Ausschluß von vorbereitenden Handlungen für gerechtfertigt.

5) Auf der zweiten Session der Diplomatischen Konferenz zur Weiterentwicklung des humanitären Kriegsvölkerrechts im Frühjahr 1975[8] sind auf Kommissionsebene zwei Bestimmungen verabschiedet worden, die ebenfalls die Umweltkriegführung betreffen und Bestandteil der Zusatzprotokolle zur Ergänzung der Genfer Rotkreuz-Konventionen von 1949[9] werden sollen. Es handelt sich um Art. 33 (1. Zusatzprotokoll) Ziff. 3:

„It is forbidden to employ methods or means of warfare which are intended or may be expected to cause wide-spread, long-term, and severe damage to the natural environment",

und Art. 48 (Erstes Zusatzprotokoll):

„1) Care shall be taken in warfare to protect the natural environment against wide-spread, long-term, and severe damage. Such care includes a prohibition on the use of methods or means of warfare which are intended or may be expected to cause such damage to the natural environment and thereby to prejudice the health or survival of the population.

(2) Attacks against the natural environment by way of reprisal are prohibited.) – noch nicht verabschiedet".

Es liegt hier offensichtlich eine Überschneidung mit der Thematik eines Übereinkommens über das Verbot der Umweltkriegführung vor. Wir möchten deswegen auf die Gefahr eines uneinheitlichen internationalen Rechtszustandes hinweisen, die sich aus derartigen Überschneidungen ergibt, und die, wenn

---

Fortsetzung Fußnote von Seite 647

ter into force for all states party which have accepted it, upon the deposit with ... of instruments of acceptance by two-thirds of the states party. Thereafter it shall enter into force for any remaining state party on the date of deposit of its instruments of acceptance." Vgl. den Drahtbericht Nr. 616 des Botschafters Schlaich, Genf (CCD), vom 7. April 1975; VS-Bd. 9495 (222); B 150, Aktenkopien 1975.

[8] Vom 3. Februar bis 18. April 1975 fand in Genf die zweite Session der Konferenz zur Weiterentwicklung des humanitären Kriegsvölkerrechts statt.

[9] Für den Wortlaut des I. Genfer Abkommens vom 12. August 1949 zur Verbesserung des Loses der Verwundeten und Kranken der Streitkräfte im Felde vgl. BUNDESGESETZBLATT 1954, Teil II, S. 783–812.
Für den Wortlaut des II. Genfer Abkommens vom 12. August 1949 zur Verbesserung des Loses der Verwundeten, Kranken und Schiffbrüchigen der Streitkräfte zur See vgl. BUNDESGESETZBLATT 1954, Teil II, S. 813–837.
Für den Wortlaut des III. Genfer Abkommens vom 12. August 1949 über die Behandlung von Kriegsgefangenen vgl. BUNDESGESETZBLATT 1954, Teil II, S. 838–916.
Für den Wortlaut des IV. Genfer Abkommens vom 12. August 1949 zum Schutze von Zivilpersonen in Kriegszeiten vgl. BUNDESGESETZBLATT 1954, Teil II, S. 917–986.

möglich, vermieden werden sollte. Es würde uns interessieren, wie die Amerikaner diesem Problem begegnen wollen.[10]

Hauber[11]

VS-Bd. 9495 (222)

143

Runderlaß des Vortragenden Legationsrats I. Klasse Pfeffer

201-362.05/1-1820/75 geheim
Fernschreiben Nr. 2137 Plurex
Citissime

Aufgabe: 1. Juni 1975, 11.31 Uhr[1]

Betr.: NATO-Gipfeltreffen in Brüssel vom 29. bis 30. Mai 1975

I. Zusammenfassung und Bewertung

Wir beurteilen das NATO-Gipfeltreffen vom 29. bis 30. Mai 1975 als Erfolg. Die Allianz konnte in einer überaus schwierigen Weltlage und bei großen allianzinternen Problemen die Kohäsion des Bündnisses eindrucksvoll manifestieren.[2]
Eine positive politische Wirkung geht schon von der Tatsache des Treffens selbst aus. Mit Ausnahme Frankreichs waren alle Mitgliedstaaten auf höchster politischer Ebene vertreten. Präsident Giscard d'Estaing, der sich im Rat durch

---

[10] Am 4. Juni 1975 teilte Botschafter von Staden, Washington, dazu mit: „Der Hinweis auf eventuelle Überschneidungen zwischen Entwurf zur Umweltkriegführung und den Zusatzprotokollen zur Ergänzung der Genfer Rotkreuz-Konventionen von 1949 wurde zur Kenntnis genommen. Die Amerikaner waren sich dieses Problems bereits bewußt." Vgl. VS-Bd. 9495 (222); B 150, Aktenkopien 1975.
[11] Paraphe.

[1] Ablichtung.
Hat Ministerialdirigent Kinkel am 3. Juni 1975 vorgelegen.
[2] Botschafter Krapf, Brüssel (NATO), übermittelte am 9. Juni 1975 eine Bewertung der NATO-Ratstagung auf der Ebene der Staats- und Regierungschefs: „Wichtigste Aufgabe der NATO-Gipfelkonferenz war es, vor der Weltöffentlichkeit die Bündnissolidarität Nordamerikas und Europas zu demonstrieren und der Gegenseite einen deutlichen Beweis von der Funktionsfähigkeit des Nordatlantikpakts zu geben. Angesichts der Erschütterungen in Südostasien, der Belastung der Allianz durch die Entwicklung an der Südflanke sowie der Verringerung der Verteidigungsbereitschaft in einigen Mitgliedländern bedurfte das Bündnis einer Erneuerung des Vertrauens zu sich selbst. Das Hauptziel – die Bekräftigung der Solidarität und Stabilität der Atlantischen Allianz – wurde erreicht. Für die Bewältigung der inneren Krisen der Allianz zeigten intensive bilaterale und multilaterale Konsultationen Ansätze neuer Strukturen. [...] Die Tatsache, daß diese Gipfelkonferenz unmittelbar in Anschluß an die Tagungen der Internationalen Energieagentur und der OECD anschloß, hat deutlich werden lassen, wie sehr Sicherheitspolitik, Währungs- und Wirtschaftspolitik sich gegenseitig bedingen und wie sehr die Sicherheit der Bündnispartner nicht nur von ihren Verteidigungsanstrengungen und von einer gesunden Wirtschaft in den Industriestaaten, sondern auch von einer sinnvollen langfristigen Gestaltung des Verhältnisses zu den Öl- und Rohstofflieferländern abhängt." Vgl. den Drahtbericht Nr. 837; VS-Bd. 9924 (200); B 150, Aktenkopien 1975.

den Außenminister vertreten ließ, reiste zu einer Begegnung mit Ford und zum Abendessen des belgischen Königs[3] nach Brüssel.

Besonders hoher Wert ist der persönlichen Begegnung und der vertrauensvollen Diskussion der Staats- und Regierungschefs im Rat und am Rande des Gipfeltreffens beizumessen.

Die festen Erklärungen der wichtigsten Staats- und Regierungschefs werden der zukünftigen Arbeit gute Impulse geben.

Präsident Ford hat das amerikanische Engagement in Europa nach dem Fernost-Schock[4] bedingungslos bekräftigt. Die Verpflichtungen aus dem Atlantischen Bündnis, insbesondere der Beistandsartikel 5[5], seien nach amerikanischem Verfassungsrecht „supreme law of the land".[6]

Der Herr Bundeskanzler hat in seiner Rede hervorgehoben:

– Das Herzstück des Bündnisses, die amerikanisch-europäische Solidarität, ist intakt.
– Die USA können sich auch auf Europa verlassen.
– Die europäische Einigung ist ein wichtiger Beitrag zur Stärkung der Allianz.
– Wir beobachten mit großem Interesse das portugiesische Bemühen, eine demokratische Gesellschaft aufzubauen, und haben Verständnis dafür, daß dies nicht über Nacht geschehen kann. Eine undemokratische Entwicklung könnte allerdings zu einer Situation führen, die mit einer Mitgliedschaft in unserer Allianz nicht mehr vereinbar wäre.
– Eine konzentrierte Stabilitätspolitik der Verbündeten ist Voraussetzung für soziale und politische Stabilität und damit auch für die Verteidigung.[7]

Leitmotive der Konferenz sind dem Kommuniqué zu entnehmen. Für uns ist besonders wertvoll die Anerkennung des essentiellen Zusammenhangs zwischen der Entspannung in Europa und der Lage in bezug auf Berlin (Ziff. 5 Abs. 3).[8]

---

[3] Baudouin I.

[4] Zur Machtübernahme der Roten Khmer in Kambodscha vgl. Dok. 77, Anm. 7.
Zur Kapitulation der Regierung der Republik Vietnam (Südvietnam) gegenüber der Provisorischen Revolutionsregierung der Republik Südvietnam am 30. April 1975 vgl. Dok. 105, Anm. 4.

[5] Korrigiert aus: „3".
Artikel 5 des NATO-Vertrags vom 4. April 1949: „The Parties agree that an armed attack against one or more of them in Europe or North America shall be considered an attack against them all; and consequently they agree that, if such an armed attack occurs, each of them, in exercise of the right of individual or collective self-defence recognized by Article 51 of the Charter of the United Nations, will assist the Party or Parties so attacked by taking forthwith, individually and in concert with the other Parties, such action as it deems necessary, including the use of armed force, to restore and maintain the security of the North Atlantic area." Vgl. BUNDESGESETZBLATT 1955, Teil II, S. 290.

[6] Für den Wortlaut der Rede des Präsidenten Ford vom 29. Mai 1975 vgl. PUBLIC PAPERS, FORD 1975, S. 737–742. Für den deutschen Wortlaut vgl. EUROPA-ARCHIV 1975, D 393–397.

[7] Für den Wortlaut der Rede des Bundeskanzlers Schmidt vom 30. Mai 1975 vgl. EUROPA-ARCHIV 1975, D 397–400.

[8] Ziffer 5 des Kommuniqués der NATO-Ratstagung auf der Ebene der Staats- und Regierungschefs (Auszug): „The security afforded by the Treaty enables the Allies to pursue policies reflecting their desire that understanding and co-operation should prevail over confrontation. An advance along this road would be made if the Conference on Security and Co-operation in Europe were concluded on satisfactory terms and its words translated into deeds. The Allies hope that progress in the negotiations will permit such a conclusion in the near future. They reaffirm that there is an essential

Es kam zu keinerlei Kontroversen. Selbst in der Spanien-Frage äußerten sich der britische, niederländische, dänische und belgische Ministerpräsident gemäßigt (Gegensatz zur DPC-Konferenz der Verteidigungsminister am 22.–23. Mai)[9].

Positive Wirkungen erwarten wir auch von den bilateralen Begegnungen am Rande der Konferenz.

Bundeskanzler und Bundesminister waren vor Beginn des Gipfels Gast des amerikanischen Präsidenten zu einem bilateralen Arbeitsessen in der amerikanischen Botschaft, bei dem u. a. der Gang der Konferenz vorerörtert werden konnte.[10] Bundeskanzler traf sich außerdem zusammen mit dem Bundesminister zu einem je einstündigen Gespräch mit dem türkischen Ministerpräsidenten Demirel[11], dem britischen Premierminister Wilson[12] und dem portugiesischen Ministerpräsidenten Gonçalves.[13] Am Rande des Abendessens vom 29. Mai sprachen Bundeskanzler und Bundesminister mit dem isländischen Ministerpräsidenten[14], am Rande des Mittagessens vom 30. Mai mit dem dänischen Ministerpräsidenten[15] und im Anschluß an das Mittagessen mit dem kanadischen Ministerpräsidenten.[16]

Wir sehen es schließlich als besonders wichtig an, daß der Gipfel die Möglichkeit eröffnete, daß Karamanlis und Demirel sich in Brüssel aussprechen konnten.[17]

II. Zum Konferenzrahmen

Im Anschluß an die feierliche Eröffnung des Gipfeltreffens mit Ansprachen des Ehrenpräsidenten Karamanlis, des belgischen Ministerpräsidenten Tindemans als Regierungschef der gastgebenden Nation und von Generalsekretär Luns folgte die Sitzung mit beschränkter Teilnehmerzahl (Bundeskanzler, Bundesminister, Botschafter Krapf und drei hohe Beamte), in der die Staats- und Regierungschefs zum Teil vorbereitete, zum Teil stärker improvisierte Erklärungen abgaben. Die Kette der Erklärungen wurde von gelegentlicher Diskussion unterbrochen, die aus Zeitgründen nur sehr begrenzt sein konnte.

Fortsetzung Fußnote von Seite 650
connection between détente in Europe and the situation relating to Berlin." Vgl. NATO FINAL COMMUNIQUES 1975–1980, S. 30 f. Für den deutschen Wortlaut vgl. EUROPA-ARCHIV 1975, D 401 f.
9 Zur Ministersitzung des Ausschusses für Verteidigungsplanung der NATO (DPC) in Brüssel vgl. Dok. 132.
10 Für das Gespräch des Bundeskanzlers Schmidt mit Präsident Ford am 29. Mai 1975 in Brüssel vgl. Dok. 138.
11 Für das Gespräch des Bundeskanzlers Schmidt mit Ministerpräsident Demirel am 29. Mai 1975 in Brüssel vgl. Dok. 139.
12 Für das Gespräch des Bundeskanzlers Schmidt mit Premierminister Wilson am 29. Mai 1975 in Brüssel vgl. Dok. 140.
13 Für das Gespräch des Bundeskanzlers Schmidt mit Ministerpräsident Gonçalves am 30. Mai 1975 in Brüssel vgl. Dok. 141.
14 Geir Hallgrímsson.
15 Anker Jørgensen.
16 Pierre Elliott Trudeau.
17 Die Ministerpräsidenten Karamanlis und Demirel trafen am 31. Mai 1975 zusammen. In der Presse wurde dazu berichtet: „Die Gefahr, aus den Verteidigungsvorkehrungen an beiden Ufern des Ägäischen Meeres abzulesen und durch Auslassungen mancher Persönlichkeiten auf beiden Seiten in Intervallen zusätzlich angeheizt, daß es zu Kurzschlußreaktionen und Kriegshandlungen kommen könnte, scheint seit dem Gespräch der beiden Regierungschefs gebannt." Das Gespräch habe offenbar „den Weg für die drängendste Lösung" der bilateralen Probleme eröffnet. Vgl. den Artikel „Hoffnung auf eine griechisch-türkische Versöhnung"; FRANKFURTER ALLGEMEINE ZEITUNG vom 2. Juni 1975, S. 1.

Der amerikanische Präsident entschied sich für die Veröffentlichung seiner Rede. Der Bundeskanzler, der an zweiter Stelle sprach, verfuhr daraufhin ebenso. Andere folgten diesem Beispiel. Dadurch ist zwar der Inhalt der Sitzung teilweise offengelegt. Dieser scheinbare Nachteil wird aber bei weitem dadurch wettgemacht, daß die Erklärungen voll auf die Öffentlichkeit wirken können.

III. Erklärungen

Präsident Ford erinnerte an die Grundlagen des Nordatlantikvertrags und an die Bestätigung der fundamentalen Zwecke des Bündnisses durch die Ottawa-Erklärung beim 25. Jahrestag.[18]

Die Vereinigten Staaten von Amerika blieben „bedingungslos und unzweideutig" ihrem Engagement treu, einschließlich des Beistandsartikels 5. Da Verträge „supreme law" der USA seien, sei dieses Engagement juristisch bindend für die Vereinigten Staaten. Das Engagement sei aber auch strategisch gesund, politisch essentiell und moralisch gerechtfertigt und deshalb breiter Unterstützung in den Vereinigten Staaten gewiß.

Der Präsident ging sodann auf die Probleme ein, mit denen die Bundesgenossen außerhalb und innerhalb des Bündnisses konfrontiert sind:

– Die Ereignisse im Fernen Osten hätten einige dazu geführt, die amerikanische Stärke und Zuverlässigkeit in Frage zu stellen. Amerikas militärische Kraft bleibe „second to none", die amerikanische Wirtschaftskraft im Kern gesund und produktiv, und das amerikanische politische System sei aus den Schocks des vergangenen Jahres gestärkt hervorgegangen.

– Schwierigkeiten innerhalb der Allianz hätten die Einheit des Bündnisses und unsere gemeinsame Entschlossenheit in Frage gestellt.

– Wachsender Druck, das Niveau der militärischen Anstrengungen für die NATO zu reduzieren, obwohl die Streitkräfte unserer potentiellen Gegner immer stärker anwüchsen, wirkten sich auf unsere Verteidigungsfähigkeit aus. Die Allianz habe nicht genug für die Standardisierung ihrer Waffen getan. Das müsse korrigiert werden. Die Verbündeten sollten sich auf eine vernünftige Arbeitsteilung bei den Waffenentwicklungsprogrammen und Produktionsverantwortlichkeiten einigen. Der Druck auf die Verteidigungsbudgets müsse jetzt jeden davon überzeugen, daß wir unsere kollektive Sicherheit rationalisieren müßten.

– In der Energieversorgung seien wir wegen unserer starken Abhängigkeit von äußeren Energiequellen noch nicht immun von politischem Druck. Wir würden im Gegenteil jeden Monat verwundbarer. Wir hätten gemeinsame Fortschritte bei der Neutralisierung der Wirkungen gemacht, die durch die Aktionen der ölproduzierenden Länder im letzten Jahr[19] erzeugt worden seien, aber wir hätten noch weit mehr zu tun.

---

18 Für den Wortlaut der am 19. Juni 1974 vom NATO-Ministerrat in Ottawa gebilligten und veröffentlichten Erklärung über die Atlantischen Beziehungen, die am 26. Juni 1974 von den Staats- und Regierungschefs in Brüssel unterzeichnet wurde, vgl. NATO FINAL COMMUNIQUES 1949–1974, S. 318–321. Für den deutschen Wortlaut vgl. EUROPA-ARCHIV 1974, D 339–341. Vgl. dazu auch AAPD 1974, I, Dok. 183 und Dok. 191.

19 Zum Ölboykott der arabischen Staaten vgl. Dok. 112, Anm. 9.

– Im Nahen Osten bleibe ein neuer Krieg möglich, der nicht nur die Länder der Region involvieren, sondern über den Nahen Osten hinaus Uneinigkeit erzeugen könnte, vielleicht auch in der Allianz. Angesichts dieser Probleme sei konzertierte Aktion notwendig. Wir müßten uns sechs Hauptaufgaben widmen:

1) Die Erhaltung einer starken und glaubhaften Verteidigung bleibe wichtigstes Ziel der Allianz. Wenn wir in dieser Aufgabe versagten, würden alle anderen Aufgaben irrelevant. Wir müßten einen besseren Gebrauch von unseren Ressourcen machen. Wir sollten bei der Zuweisung von Verteidigungsaufgaben, Unterstützung (support) und Produktion tatsächlich eine Einheit werden.

2) Wir müßten die Qualität und Integrität der Allianz auf der Basis ungeschmälerter Teilnahme, nicht auf der Basis von Teilmitgliedschaften oder von besonderen Arrangements erhalten.

3) Wir sollten die politische Konsultation verbessern.

4) Wir sollten bei der Entwicklung einer produktiven und realistischen Agenda für die Détente zusammenarbeiten, die unseren Interessen dient und nicht den Interessen anderer, die unsere Werte nicht teilen. Die Ausbeutung unserer Schwächen müsse ausgeschlossen sein. Es müsse sichergestellt sein, daß die Versprechen, die in der KSZE gemacht würden, in die Tat umgesetzt würden, um Freiheit und Menschenwürde für alle Europäer zu fördern. Was MBFR angehe, so sollten wir in der NATO angemessene Initiativen ergreifen, wenn sie unseren Zielen entsprächen.

5) Wir müßten die Zukunft des Westens durch die Stärkung unserer eigenen demokratischen Institutionen sichern und demokratische Prozesse überall fördern. Dabei müßten wir auch über die Allianz hinaussehen.

Wir sollten schon jetzt erwägen, wie wir Spanien mit der westlichen Verteidigung in Verbindung bringen könnten. Spanien habe bereits einen wichtigen Beitrag zur militärischen Sicherheit des Westens geleistet, und zwar als Resultat seiner bilateralen Beziehungen zu den Vereinigten Staaten.[20]

6) Wir sollten uns erneut der Allianz als einem großen gemeinsamen Unternehmen widmen und gemeinsam die Probleme der Umwelt, der Bevölkerung, der Ernährung und der Rohstoffe, des Welthandels, des Währungssystems und der Energie zu bewältigen suchen.

Abschließend betonte der Präsident, daß die USA die Willenskraft, die technische Fähigkeit, den geistigen Antrieb und die Stetigkeit besitzen, um ein starker Partner zu sein und ihre NATO-Verpflichtungen mit neuer Kraft und neuem Mut zu erfüllen.

Der Bundeskanzler stellte folgendes fest:

[20] Zur Bereitstellung spanischer Stützpunkte an die USA und zu den Verhandlungen über eine Verlängerung des Abkommens vom 6. August 1970 vgl. Dok. 128, Anm. 15.
Am 13. Juni 1975 vermerkte Ministerialdirektor van Well, „daß die amerikanische Regierung offenbar erwägt, nach der Ablehnung entsprechender Passagen in den NATO-Kommuniqués Spanien gegenüber bilateral festzustellen, daß die amerikanisch-spanische Zusammenarbeit der NATO diene". Die amerikanische Regierung hoffe, „daß ihr von den Verbündeten nicht widersprochen wird". Van Well plädierte dafür, „daß jedenfalls die Bundesregierung nicht widersprechen sollte". Vgl. VS-Bd. 8603 (201); B 150, Aktenkopien 1975.

Das Herzstück unseres Bündnisses, die amerikanisch-europäische Solidarität, sei intakt. Er habe mit Genugtuung die Versicherung des amerikanischen Präsidenten gehört, daß Amerika sein militärisches Engagement voll respektiere und seine Truppen in Europa nicht einseitig reduzieren werde. Er wolle für uns versichern, und zwar gerade in einem Zeitpunkt, in dem Amerika an seiner weltweiten Verantwortung besonders schwer trage, daß Amerika sich genauso auf uns verlassen könne.

Wir seien der Meinung, daß unsere Bemühungen, die neun Länder der Europäischen Gemeinschaft weiter an das Ziel einer Europäischen Union zu führen, auch einen bedeutenden Beitrag zur Stärkung der Allianz darstellen. Erfolg bei diesem Unternehmen werde uns zu einem stärkeren Partner Amerikas machen.

Der Bundeskanzler begrüßte, daß die portugiesische Regierung ihr Engagement für die atlantische Allianz erneuert habe. Wir beobachten mit großem Interesse das portugiesische Bemühen, eine demokratische Gesellschaft zu schaffen. Wir verstünden, daß demokratische Strukturen nicht über Nacht errichtet werden könnten. Andererseits liege es auf der Hand, daß eine nichtdemokratische Entwicklung Probleme in der Allianz erzeugen und schließlich zu einer Situation führen könnte, die mit einer Mitgliedschaft in der Allianz nicht länger vereinbar wäre.

Der Schutz der Allianz bleibe die Basis für unsere Détente-Politik. Das Ziel der KSZE sei es, Bedingungen für normalere Beziehungen zwischen unseren Ländern und für eine bessere Zusammenarbeit in Europa zu schaffen. Wegen der noch immer ungelösten deutschen Fragen sei die Bundesregierung hieran besonders interessiert.

Der Bundeskanzler wendete sich dann mit Nachdruck wirtschaftlichen Fragen und dem Zusammenhang zwischen Wirtschaft und Verteidigung zu. Unsere Verteidigungsfähigkeit hänge auf doppelte Weise von der Wirtschaftslage der Allianzmitglieder ab:

– Reduzierte wirtschaftliche Stärke beschneide den Umfang der Beiträge zur Allianz.
– Aber noch wichtiger sei es, daß wirtschaftliche Instabilität soziale Unruhe nach sich ziehe.

Er schlug sodann vier Punkte für eine konzertierte Aktion der Mitgliedstaaten vor, die aus der veröffentlichten Rede zu entnehmen sind.[21]

Der britische Premierminister Wilson wies darauf hin, daß Großbritannien für die Verteidigung relativ mehr leiste als andere NATO-Partner. Das könne nicht so bleiben. Die britische Regierung müsse ihre Mittel effektiver einsetzen. Sie wolle sich vor allem auf die NATO konzentrieren.

---

[21] Bundeskanzler Schmidt schlug am 30. Mai 1975 abgestimmtes Handeln der Bündnispartner in der Kreditpolitik vor „in Form eines kooperativen weiteren Abbaus vor allem auch der langfristigen Zinssätze, die für die Investitionen entscheidend sind". Gemeinsamer Kurs müsse es außerdem weiterhin sein, „nationale Restriktionen des Welthandels und ein Wiederaufleben des Protektionismus" zu vermeiden. Drittens blieben vordringlich eine „Zügelung der Kostenerhöhung, Mäßigung der Lohnforderungen und Schaffung von ausreichenden Erträgen für die Finanzierung realer Investitionen". Viertens sei auch bei unterschiedlichen Interessen eine gemeinsame Haltung gegenüber den erdölproduzierenden Staaten und den Entwicklungsländern anzustreben. Vgl. EUROPA-ARCHIV 1975, D 398 f.

Zu Fords Bemerkung über Spanien müsse er folgendes sagen: Großbritannien werde Spanien herzlich begrüßen, wenn die inneren Veränderungen in Spanien den „objectives" der Ottawa-Erklärung und der Präambel des NATO-Vertrages[22] entsprächen. Das sei die Vorbedingung.

Die Sowjets versuchten, das Jahr 1975 zu einem Höhepunkt der Entspannung zu machen. Die Allianz müsse zeigen, daß sie ein ebenso effektives Instrument für die Entspannung wie für die Verteidigung sei. Wir müßten den Sowjets klarmachen, daß der nächste Tagesordnungspunkt laute: substantieller Fortschritt bei den MBFR-Verhandlungen in Wien. Wir sollten im Interesse der Entspannung nicht alle Initiativen den Sowjets überlassen. Wir müßten aus den Schützengräben heraus in den Bewegungskampf.

Wilson unterstrich die Bedeutung des NV-Vertrags. Die Ratifikation des Vertrags durch fünf europäische Allianzpartner[23] habe die westliche Position in der Überprüfungskonferenz[24] gestärkt.

Der portugiesische Ministerpräsident Gonçalves brachte seine Befriedigung zum Ausdruck, im Kreis der Verbündeten zu sein. Es sei dies sein erster Auslandsbesuch als Premierminister.[25] Nach der Revolution, die eine 48jährige Diktatur beseitigt habe[26], gehe es jetzt darum, mit allen Ländern der Welt ungeachtet ideologischer Unterschiede normale Beziehungen herzustellen. Portugal beabsichtige, in der Allianz zu bleiben. Mit dieser Mitgliedschaft sei eine Politik der Unabhängigkeit und Offenheit nicht unvereinbar. Die neue portugiesische Regierung habe die Ottawa-Deklaration unterzeichnet. Deren Artikel 12[27] entspreche voll den Überzeugungen Portugals.

Portugal bleibe den Verpflichtungen treu, die sich aus dem Nordatlantik-Vertrag ergeben. In der internationalen Diskussion würden gewisse Besorgnisse über den Weg Portugals laut. Sie seien unbegründet. Er bitte die Partner, mehr Verständnis und weniger Besorgnis zu manifestieren, sonst bestünde die Gefahr, daß die Solidarität der Allianz ein leeres Wort werde.

---

[22] Präambel des NATO-Vertrags vom 4. April 1949: „The Parties to this Treaty reaffirm their faith in the purposes of the Charter of the United Nations and their desire to live in peace with all peoples and all Governments. They are determined to safeguard the freedom, common heritage and civilization of their peoples, founded on the principles of democracy, individual liberty and the rule of law. They seek to promote stability and well-being in the North Atlantic area. They are resolved to unite their efforts for collective defence and for the preservation of peace and security. They therefore agree to this North Atlantic Treaty". Vgl. BUNDESGESETZBLATT 1955, Teil II, S. 289.

[23] Zur Hinterlegung der Ratifikationsurkunden zum Nichtverbreitungsvertrag vom 1. Juli 1968 durch Belgien, die Bundesrepublik, Italien, Luxemburg und die Niederlande zwischen dem 2. und 4. Mai 1975 vgl. Dok. 40, Anm. 9.

[24] Die Überprüfungskonferenz zum Nichtverbreitungsvertrag vom 1. Juli 1968 fand vom 5. bis 30. Mai 1975 in Genf statt. Vgl. dazu Dok. 146.

[25] Vasco dos Santos Gonçalves wurde am 18. Juli 1974 als portugiesischer Ministerpräsident vereidigt.

[26] Zum Regierungsumsturz in Portugal am 25. April 1974 vgl. Dok. 23, Anm. 38.

[27] In Ziffer 12 der Erklärung über die Atlantischen Beziehungen vom 19. Juni 1974 bekräftigten die NATO-Mitgliedstaaten: „They recall that they have proclaimed their dedication to the principles of democracy, respect for human rights, justice and social progress, which are the fruits of their shared spiritual heritage and they declare their intention to develop and deepen the application of these principles in their countries." Vgl. NATO FINAL COMMUNIQUES 1949–1974, S. 320. Für den deutschen Wortlaut vgl. EUROPA-ARCHIV 1974, D 341.

Der griechische Ministerpräsident Karamanlis erklärte, die Allianz müsse klarstellen, daß sich Geschehnisse in Indochina nicht in Europa wiederholten. Er unterstreiche die Bedeutung Europas für das Weltgleichgewicht.
Die Krise im Nahen Osten sei durch drei Faktoren verursacht worden:
- Dulden der Schaffung von vollendeten Tatsachen,
- Nichtbeachtung von UNO-Resolutionen,
- mangelnder Respekt vor dem Selbstbestimmungsrecht.

Karamanlis warnte davor, dieselben Fehler in einem anderen Bereich der Region zu wiederholen.
Er wolle zwar nicht den griechisch-türkischen Streit zum Gegenstand der heutigen Diskussion machen, wolle aber auf folgendes hinweisen: Die Türkei habe nach dem Coup gegen Makarios eingegriffen, um die Legitimität der Lage wiederherzustellen. Daraufhin sei in Griechenland eine demokratische Regierung an die Macht gekommen. Die Türkei hätte alsdann Zypern verlassen sollen. Statt dessen sei eine zweite Militäraktion gestartet worden.[28] Das habe in Griechenland einen tiefen Schock verursacht.
Daraus erkläre sich griechischer Entschluß, sich aus der militärischen Organisation der Allianz zurückzuziehen.[29] Notwendigkeit, die militärischen Arrangements anzupassen, würde entfallen, wenn die Allianz und die Partner zu einer akzeptablen Zypern-Lösung beitragen würden.[30] Seine Regierung habe bisher Mäßigung gezeigt und werde das auch in Zukunft tun. Er hoffe, daß türkische Seite durch Taten dazu beitragen werde, neue Beziehungen zwischen beiden Ländern herzustellen. Er sehe dem morgigen Treffen mit Demirel hoffnungsvoll entgegen.
Karamanlis sprach sich mit lebhaften Worten für die Glaubwürdigkeit des Westens, die Behebung seiner Schwächen, enge Kooperation und Solidarität und größere Einheit in Europa zur Bewahrung der Demokratie aus.
Der italienische Ministerpräsident Moro unterstrich die Bedeutung der europäischen Entwicklung für das gemeinsame Interesse der Allianz. Zur Lage im Mittelmeer meinte er, daß Italien ein stabiler Partner des Bündnisses sei, der die nötigen Opfer für die Verteidigung bringe. Erste Anzeichen einer wirtschaftlichen Besserung seien erkennbar. Mit der Ratifizierung des Nichtverbreitungsvertrages habe Italien auch auf diesem Gebiet sein Verantwortungsbewußtsein bewiesen.

---

[28] Zu den Vorgängen auf Zypern im Juli und August 1974 vgl. Dok. 27, Anm. 20.
[29] Griechenland erklärte am 14. August 1974 den Austritt aus der militärischen Integration der NATO. Vgl. dazu Dok. 32, Anm. 10.
[30] Ministerpräsident Karamanlis führte zu den Beziehungen zwischen Griechenland und der NATO aus: „Her withdrawal from the military organization of NATO does not mean of course that Greece will fail to respect the obligations undertaken when she became a party to the North Atlantic Treaty. It simply means that Greece believes that it has now become necessary to readjust her relationship with the military organization of the Alliance, an action which she intends to undertake after consultation with her partners. It also means that, if the reasons which led to Greece's withdrawal from the Alliance disappear, if the Members of the Alliance were to contribute to the rapid and just settlement of the Greek-Turkish dispute, Greece could reconsider her position towards NATO." Vgl. Referat 201, Bd. 113495.

Der norwegische Ministerpräsident Bratteli betonte das starke Interesse seines Landes an dem Ausbau der transatlantischen Beziehungen. Die Allianz sei das geeignete Instrument für die Ost-West-Beziehungen. Bei der Beurteilung der Sicherheit solle man nicht vergessen, daß sie ein politisches, militärisches und moralisches Element habe. Letzteres schließe eine demokratische Grundordnung ein.

Norwegen begrüße die Entwicklung Griechenlands und Portugals und hoffe auf eine Stärkung der Demokratie.

Der türkische Regierungschef Demirel begrüßte die Bestätigung der amerikanischen Verpflichtungen gegenüber dem Bündnis. Er betonte jedoch zugleich, daß das Waffenembargo gegenüber der Türkei[31] selbstzerstörerisch sei. Das Bündnis habe in der Vergangenheit seine Ziele verwirklicht und müsse dies auch in Zukunft tun. Dies erfordere Solidarität und gegenseitige Hilfe. Die Ergebnisse der Entspannung befriedigten noch keineswegs. Worte und Taten des WP unterschieden sich wesentlich. Disparität der Streitkräfte könne die andere Seite in Versuchung führen, Druck auszuüben.

In bezug auf Zypern stimme er nicht voll mit der Darstellung seines griechischen Kollegen überein, er werde sich morgen mit ihm treffen und hoffe, daß dies zu größerem Verständnis und Fortschritten in Richtung auf eine Lösung führe.

Der kanadische Ministerpräsident Trudeau erklärte zu Beginn seiner Rede, daß Demokratie und Freiheit als Grundlagen des Nordatlantikpaktes dieses Bündnis von anderen Bündnissen unterscheide. Demokratie und Freiheit bildeten auch die Grundlagen der kanadischen Entschlossenheit, an diesem Bündnis festzuhalten. Anders als im Warschauer Pakt seien die Politiker im Westen jedoch nicht bereit, allen Ratschlägen und Forderungen ihrer Militärberater zu folgen. Der Politiker im Westen bleibe seinen Wählern verantwortlich und müsse daher auch die Entscheidung in Militärfragen treffen. Er sei stolz darauf, hier sagen zu können, daß die öffentliche Meinung in Kanada der kollektiven Sicherheit weiterhin ihre volle Unterstützung gebe.

Das kanadische Verteidigungsbudget werde in diesem Jahr um 11,5 Prozent zunehmen. Kanada glaube weiterhin an das Verteidigungskonzept der NATO und sei bereit, die im Rahmen der NATO vereinbarten „force levels" aufrechtzuerhalten.

Er halte es jedoch für außerordentlich wichtig, im Bereich der Konsultation einen engeren Dialog zwischen den politischen Führern des Bündnisses zu entwickeln. Er wisse, daß die europäischen Staatsmänner sich regelmäßig treffen, während die Regierungschefs der Allianz sich lediglich dreimal während 25 Jahren in diesem Rahmen getroffen hätten.[32] Solche Begegnungen würden die Möglichkeit bieten, vielerlei Fragen, zu denen die Regierungschefs in der Öffentlichkeit Stellung nehmen müßten (wie z.B. force structure u.a.), im Kreis der Verbündeten zu erörtern (vgl. Ziffer IV).

---

31 Zum Beschluß des amerikanischen Kongresses vom 17. Oktober bzw. 17./18. Dezember 1974 über die Einstellung der Verteidigungshilfe für die Türkei zum 5. Februar 1975 vgl. Dok. 28, Anm. 21.
32 Der NATO-Rat trat vom 16. bis 19. Dezember 1957 in Paris und am 26. Juni 1974 in Brüssel auf der Ebene der Staats- und Regierungschefs zusammen.

Der niederländische Ministerpräsident erklärte, die Verbündeten seien hier, um die lebenswichtigen Ziele der Allianz noch einmal zu betonen: Verteidigung, Entspannung und Demokratie. Er sehe eine ganz enge Verbindung dieser drei Elemente. Wenn man eines schwäche, leide auch die Verteidigung. Die Niederlande wüßten, daß die Stabilität in Europa und die atlantische Zusammenarbeit im Verteidigungsbereiche die Grundlage jeder Entspannung seien; solange es keine vereinbarte Abrüstung gebe, seien Verteidigungsanstrengungen notwendig. Er betonte die Notwendigkeit weiterer Standardisierung und sprach die Hoffnung aus, daß diese zu wirklichen Einsparungen führen werde.

Van den Uyl begrüßte die demokratische Entwicklung in Griechenland und die Tatsache, daß sich Portugal von seiner Diktatur befreit habe. Wir hofften, daß Portugal seinen „Weg zu voller Demokratie" finden werde. „Solch ein Portugal" verdiene volle Unterstützung. Er sprach die Hoffnung aus, daß der in den Wahlen[33] zum Ausdruck gekommene freie Wille der Bevölkerung gestärkt werde, innerhalb wie auch außerhalb Portugals.

Anknüpfend an Fords Bemerkung über Spanien, äußerte er die Überzeugung, daß jeder militärische Gewinn, den eine Heranführung Spaniens an die Allianz bringen könnte, durch einen Verlust an öffentlicher Glaubwürdigkeit der Allianz aufgewogen würde. Auch die Niederlande seien dafür, mit Spanien zusammenzuarbeiten, sobald dieses Land zu einem demokratischen Regierungssystem zurückgekehrt sei.

Bei der KSZE hielt van den Uyl eine Reihe realistischer westlicher Forderungen noch nicht für erfüllt, u. a. im Bereich der vertrauensbildenden Maßnahmen und der Information. Sollte die Sowjetunion sich jetzt nicht „mehr bewegen", müßte der KSZE-Gipfel[34] verschoben werden. Auch bei MBFR müßten positive Ergebnisse erreicht werden. Nach niederländischer Meinung sollte die Allianz bald die Einführung taktisch-nuklearer Elemente in MBFR erörtern.[35]

Der isländische Ministerpräsident Hallgrimsson bezeichnete die Verbindungslinien über den Atlantik als vital für das Bündnis. Das WP-Manöver „Okean" vor der Haustür Islands habe die Bedeutung dieser Verbindungslinien für die Verteidigung Zentraleuropas von neuem besonders deutlich gemacht.[36]

Der französische Außenminister Sauvagnargues nannte die Allianz die „Mole unserer Sicherheit". Frankreich sei, obgleich es der integrierten Organisation nicht angehöre[37], volles Mitglied des Bündnisses und wolle dessen Effizienz stärken.[38] Der französische Verteidigungsminister habe in der letzten Woche

---

[33] Zu den Wahlen zur Verfassunggebenden Versammlung in Portugal am 25. April 1975 vgl. Dok. 96, Anm. 6.

[34] Zu den sowjetischen Bestrebungen, die KSZE-Schlußkonferenz für Ende Juli anzuberaumen, vgl. Dok. 127, Anm. 3.

[35] Zur den Überlegungen zur Einbeziehung amerikanischer nuklearer Komponenten in die MBFR-Verhandlungen (Option III) vgl. Dok. 101.

[36] Zum sowjetischen Flottenmanöver „Okean 1975" vgl. Dok. 132, Anm. 17.

[37] Frankreich schied am 1. Juli 1966 aus der militärischen Integration der NATO aus.

[38] Am 30. Mai 1975 führte der französische Außenminister Sauvagnargues aus: „Tout d'abord l'Alliance a été, est et continuera à être le pôle de notre sécurité collective [...]. Pour ce qui le concerne, la France, qui n'appartient pas, pour les raisons qu'elle a définies, à l'Organisation intégrée, est membre à part entière de l'Alliance et entend renforcer son efficacité." Vgl. LA POLITIQUE ETRANGÈRE 1975, I, S. 192.

vor dem Parlament die „Akzentuierung" des Verteidigungshaushalts angekündigt.³⁹ Die Entwicklung einer politischen Union Europas stelle, wie der Bundeskanzler unterstrichen habe, einen besonders positiven Faktor auch für den Zusammenhalt des Bündnisses dar. Frankreich habe niemals Zweifel an der Einstellung der amerikanischen Regierung und des amerikanischen Volkes gegenüber den europäischen Verbündeten gehegt. Wir könnten uns beglückwünschen wegen der Zusicherungen des amerikanischen Präsidenten, die im Kommuniqué einen klaren Niederschlag fänden.⁴⁰

Der dänische Ministerpräsident führte ebenfalls aus, Dänemark habe das amerikanische Engagement niemals bezweifelt. Man müsse Opfer für die Verteidigung bringen. Zu Spanien wolle er folgendes bemerken: Die dänische Regierung wisse es zu schätzen, wie detailliert die USA ihre Verbündeten konsultiert hätten (offenbarer Hinweis auf die Debatte im DPC). Da das Thema erneut aufgebracht worden sei, wolle er für seine Regierung feststellen, daß wir alle ein Interesse daran hätten, daß sich in Spanien ein Prozeß zur Demokratie hin entwickele. Wenn man aber Beziehungen zum gegenwärtigen spanischen Regime aufnehme, würde dieser Prozeß nicht gefördert.

Der luxemburgische Premierminister Thorn ging unter Hinweis auf die Rede des Bundeskanzlers vor allem auf die Wirtschaftsprobleme ein, die die Allianz von innen bedrohen und damit auch die Kohäsion der Bündnispartner.

Er stellte die Forderung auf, daß die Allianz mehr sein müsse als ein Verteidigungsbündnis, dessen Mitglieder sich vor allem auf die USA stützen. Eine zusätzliche Dimension müsse geschaffen werden, um den wirtschaftlichen und sozialen Herausforderungen unserer Zeit zu begegnen.

Thorn begrüßte die Rückkehr Griechenlands und Portugals zur Demokratie und erinnerte daran, daß die in der Allianz vertretenen Staaten zwei Drittel aller Demokratien der Welt repräsentierten.

Der belgische Premierminister Tindemans stimmte der Erklärung des amerikanischen Präsidenten voll zu, das Schicksal habe Nordamerika und Europa unteilbar verbunden. Unter Bezugnahme auf die Vorschläge von Bundeskanzler Schmidt forderte er zur Lösung der wirtschaftlichen Probleme auf, um eine Schwächung der Verteidigungsgrundlagen des Bündnisses zu vermeiden. In diesem Zusammenhang betonte er die besondere Rolle, welche Europa in Zukunft für die Allianz und innerhalb der Allianz spielen könne. Zur Spanien-Fra-

---

39 Der französische Verteidigungsminister Bourges führte am 21. Mai 1975 vor der Nationalversammlung aus: „L'organisation des forces, leur équipement, leur armement, les moyens de l'instruction, les modalités de rappel des réserves, sont les thèmes d'une réflexion dont la finalité est l'efficacité la plus grande. Sans doute à l'occasion du débat budgétaire me sera-t-il possible d'apporter à l'Assemblée des données plus concrètes." Vgl. JOURNAL OFFICIEL, ASSEMBLÉE NATIONALE 1975, S. 2954.

40 In Ziffer 4 des Kommuniqués über die NATO-Ratstagung auf der Ebene der Staats- und Regierungschefs am 29./30. Mai 1975 in Brüssel wurde festgestellt: „The collective security provided by the Alliance, on the basis of a credible capacity to deter and defend, is a stabilising factor beneficial to international relations as a whole, and indeed an essential condition of détente and peace. In a troubled world subject to rapid transformation the Allies reaffirm that the security of each is of vital concern to all. They owe it, not only to themselves but to the international community, to stand by the principles and the spirit of solidarity and mutual assistance which brought them together as Allies. Accordingly the Allies stress their commitment to the provisions of the North Atlantic Treaty, and in particular Article 5 which provides for common defence." Vgl. NATO FINAL COMMUNIQUES 1975–1980, S. 30. Für den deutschen Wortlaut vgl. EUROPA-ARCHIV 1975, D 401.

ge erläuterte der Premierminister die belgische Haltung, der zufolge die künftigen Beziehungen Spaniens zur Allianz von der demokratischen Entwicklung dieses Landes abhängen.

Zur KSZE erklärte er, daß wichtige Ergebnisse noch erreicht werden müßten, daß aber auch der Westen sein Bestes tun sollte, um zu einem positiven Abschluß der Konferenz zu kommen.

Was MBFR angehe, so solle die Allianz in dieser Frage die Initiative behalten und daher auch die Option III in Erwägung ziehen.

IV. Diskussion

1) Option III

Auf Anregung des Generalsekretärs nahm der Vorsitzende des Militärausschusses, Hill-Norton, zur Option III Stellung. Die bisherige Allianz-Position sei zufriedenstellend. Er sei besorgt, daß man jetzt daran denke, etwas von unseren Karten wegzugeben, bevor dies notwendig sei. Unter Bezugnahme auf das holländische Drängen nach einer baldigen Einführung der Option III schilderte er kurz den Ursprung der drei amerikanischen Optionen[41] und erklärte, daß der Rat seinerzeit die Einführung der Option III abgelehnt habe.

Die Frage, ob nukleare Elemente in die Wiener Verhandlungen eingeführt werden sollen, sei unabhängig vom Nunn-Amendment.[42] Beide Fragen sollten nicht miteinander verbunden werden. Abschließend bemerkte er, wir sollten diese wichtige Karte der Option III nicht spielen, bevor wir nicht genau wüßten, welche Folgen es für uns haben würde und was wir dafür bekämen.

2) Regelmäßige NATO-Gipfeltreffen

Die vom kanadischen Ministerpräsidenten aufgeworfene Frage wurde im Verlauf der Konferenz mehrfach aufgegriffen.

Präsident Ford unterstützte den Vorschlag Trudeaus und schlug vor, von nun an jährliche NATO-Gipfeltreffen vorzusehen. Man könne jeweils mit einem Außenminister-Treffen beginnen und mit einer Begegnung der Staats- und Regierungschefs abschließen. Ford regte an, diesen Vorschlag ins Kommuniqué aufzunehmen.

Bundeskanzler erklärte, daß er Verständnis für Trudeaus Vorschlag habe. In der EG habe sich der neue Stil der Chef-Begegnungen sehr bewährt. Die Neun hätten vereinbart, sich dreimal im Jahr in informeller Weise zu treffen, ohne großen Apparat und ohne daß die Öffentlichkeit zuhöre.[43] Er unterstütze deshalb auch für die NATO derartige „Treffen am Kamin", die aber nicht als formelle Ratssitzungen abgehalten werden sollten.

---

[41] Am 16. April 1973 genehmigte Präsident Nixon das Papier „The United States' Approach to MBFR", das drei Optionen für die NATO-Position in den bevorstehenden MBFR-Verhandlungen enthielt. Das Papier wurde der Botschaft der Bundesrepublik am 26. April 1973 übergeben und am 30. April 1973 in der NATO eingeführt. Für das Papier vgl. VS-Bd. 9421 (221). Vgl. dazu auch AAPD 1973, I, Dok. 120.

[42] Zum Nunn-Amendment vgl. Dok. 101, Anm. 11.

[43] Vgl. dazu Ziffer 3 des Kommuniqués der Gipfelkonferenz der EG-Mitgliedstaaten am 9./10. Dezember 1974 in Paris; Dok. 15, Anm. 5.
Zur ersten Tagung des Europäischen Rats am 10./11. März 1975 in Dublin vgl. Dok. 49.

Der französische Außenminister konnte keine Stellung nehmen. Seine Haltung war aber offensichtlich reserviert. Er äußerte als persönliche Meinung, daß es sich nur um informelle Treffen handeln könne und daß kein feststehender Rhythmus eingeführt werden solle.

Die meisten Regierungschefs schienen dem Gedanken wohlwollend gegenüberzustehen. Eine Aufnahme ins Kommuniqué unterblieb.

V. Zu den bilateralen Begegnungen des Herrn Bundeskanzlers ergehen Erlasse, sobald Gesprächsprotokolle aus dem Bundeskanzleramt freigegeben werden.

Die vollen Texte der Erklärungen der Regierungschefs im Rat können dem jeweiligen Botschafter auf Anfrage mit Kurier übersandt werden. Falls möglich, bitte diese Reden am Ort besorgen.

[gez.] Pfeffer

VS-Bd. 14063 (010)

144

Aufzeichnung des Staatssekretärs Gehlhoff

014-836/75 VS-vertraulich   **2. Juni 1975**

Herrn D 2[1] im Hause

Betr.: Besprechung mit den drei Botschaftern[2]

Bei dem heutigen Essen mit den Botschaftern der drei Westmächte wurden folgende Punkte behandelt:

1) Die drei Botschafter brachten nochmals ihren Wunsch zum Ausdruck, vollständiger und mit größerer Regelmäßigkeit über Angelegenheiten unterrichtet zu werden, die Verhandlungen oder Gespräche mit der DDR betreffen und auch Fragen von Berlin berühren.[3]

---

[1] Hat dem Vertreter des Ministerialdirektors van Well, Botschafter Roth, am 3. Juni 1975 vorgelegen, der die Weiterleitung an Ministerialdirigent Meyer-Landrut verfügte „m[it] d[er] B[itte], D 2 n[ach] R[ückkehr] zu unterrichten."
Hat Meyer-Landrut am 4. Juni 1975 vorgelegen, der handschriftlich für Referat 210 vermerkte: „Wie mit Herrn StS besprochen – bitte Stellungnahme."

[2] Olivier Wormser (Frankreich), Nicholas Henderson (Großbritannien) und Martin J. Hillenbrand (USA).

[3] Am 7. März 1975 vermerkte Staatssekretär Gehlhoff, daß die Botschafter Wormser (Frankreich), Henderson (Großbritannien) und Hillenbrand (USA) bei dem „heutigen Viereressen auf Schloß Ernich" darauf hingewiesen hätten, „daß sie bis etwa vor Jahresfrist regelmäßig von dem damaligen StS Bahr über das Verhältnis der Bundesrepublik Deutschland und der DDR, soweit es die Verantwortlichkeiten der Vier Mächte berührte, unterrichtet worden seien. Seit der Umbildung der Bundesregierung sei die Unterrichtung sehr spärlich geworden. Das letzte Mal seien die drei Botschafter durch Ministerialdirektor Sanne im Oktober oder November 1974 unterrichtet worden. Die drei Botschafter baten, die Unterrichtung durch das Bundeskanzleramt in allen Fragen, welche die In-

Die drei Botschafter erwähnten einen Fall, wo StS Gaus die Botschafter der drei Westmächte in Ostberlin[4] unterrichtet habe und daraufhin der deutsche Vertreter in der Vierergruppe in Bonn es abgelehnt habe, denselben Gegenstand noch einmal in der Vierergruppe darzustellen. Die Vierergruppe, so äußerten die drei Botschafter, müsse das eigentliche Beratungsgremium für alle Fragen, die Deutschland als Ganzes und Berlin berühren, bleiben und könne insoweit nicht, auch nicht teilweise, durch Unterrichtungen oder Beratungen in anderen Gremien ersetzt werden. Die drei Botschafter ließen die Hoffnung erkennen, daß sie öfter als bisher zur Unterrichtung in das Auswärtige Amt oder in das Bundeskanzleramt gebeten würden und daß sie auch einmal Gelegenheit bekommen sollten, zu einem Informationsgespräch mit StS Gaus zusammenzutreffen.[5]

2) Gemäß Vorlage des Völkerrechtsberaters vom 16. Mai 1975 – AZ: 500-510.51-732/75 VS-v[6] – brachte ich die Frage der Erstreckung der Wirkung von Entscheidungen des Bundesverfassungsgerichts auf Berlin auf und bat nachdrücklich, hinsichtlich der Angleichung der Rechtslage in Berlin an den vom Bundesverfassungsgericht mit Bezug auf den § 218 für das Bundesgebiet geschaffenen Zustand[7] gemäß der in der Vierergruppe vorgesehenen Kompromißformel[8] zu verfahren. Der französische Botschafter sagte zwar zu, hierüber noch einmal nach Paris zu berichten; er ließ aber Zweifel erkennen, ob seine Regierung unserem Wunsch werde entsprechen können. Uneingeschränkte Unterstützung hinsichtlich der genannten Kompromißformel fand ich nur beim britischen Botschafter.

3) Der britische Botschafter teilte mit, daß er in der nächsten Woche, voraussichtlich am 9.6., im Rahmen eines ausgedehnten Frühstücks mit Botschafter Abrassimow zusammentreffen werde.

4) Die drei Botschafter fragten eingehend nach der Erklärung, die wir uns für die in jüngster Zeit gehäuften sowjetischen Vorstöße gegen Westberlin und insbesondere wegen der sowjetischen Ablehnung des Vier-Mächte-Statuts für ganz

---

Fortsetzung Fußnote von Seite 661

teressen oder Verantwortlichkeiten der Vier Mächte berühren (insbesondere alle Transitfragen), wieder aufzunehmen." Vgl. Referat 213, Bd. 112772.

[4] Bernard Guillier de Chalvron (Frankreich), Herbert Keeble (Großbritannien), John S. Cooper (USA).

[5] Am 27. Juni 1975 teilte Ministerialdirektor Sanne, Bundeskanzleramt, dem Auswärtigen Amt dazu mit: „Bilaterale Verhandlungen mit der DDR, gleichgültig von wem sie geführt werden, gehören nicht grundsätzlich zu den Beratungsgegenständen zwischen Bundesregierung und den Drei Mächten. Von Zeit zu Zeit kann es bestimmte Aspekte geben, die konsultiert werden sollen. Die Initiative dazu kann von deutscher oder von alliierter Seite ergriffen werden. Eine Institutionalisierung ist nicht beabsichtigt." Vgl. Referat 210, Bd. 111564.
Ministerialdirektor van Well antwortete am 3. Juli 1975, das Auswärtige Amt teile diese Bewertung nicht. Der Wunsch der Drei Mächte, „über Fragen der Berlineinbeziehung in die mit der DDR abzuschließenden Verträge bzw. über Fragen der Zugangswege von und nach Berlin im Zusammenhang mit den Verkehrsverhandlungen laufend unterrichtet zu werden", liege „nicht nur in unserem eigenen politischen Interesse, sondern entspricht auch den im Generalvertrag vom 26.5.1952 (in der Fassung vom 23.10.1954) eingegangenen vertraglichen Verpflichtungen der Bundesrepublik Deutschland". Vgl. Referat 210, Bd. 111564.

[6] Für die Aufzeichnung des Vortragenden Legationsrats I. Klasse Fleischhauer vgl. Dok. 121.

[7] Zum Urteil des Bundesverfassungsgerichts vom 25. Februar 1975 vgl. Dok. 121, Anm. 7.

[8] Vgl. dazu den Vorschlag des Regierenden Bürgermeisters von Berlin, Schütz, vom 3. Dezember 1974; Dok. 121, Anm. 11.

Berlin⁹ machten. Ich erläuterte, daß wir die gehäuften sowjetischen Vorstöße mit großer Aufmerksamkeit verfolgten und daß sie energisch zurückgewiesen werden müßten; andererseits hätten wir keine Bestätigung dafür, daß hinter diesen sowjetischen Vorstößen eine grundsätzliche Änderung der sowjetischen Berlinpolitik liege.

Es bestand Einigkeit, daß an dem Vier-Mächte-Statut für ganz Berlin festgehalten werden müsse.

5) Botschafter Hillenbrand, alsbald unterstützt von Botschafter Wormser, betonte die Notwendigkeit, in der Vierergruppe eingehend die Auswirkungen zu diskutieren, welche der Übergang der vollen handelsrechtlichen Befugnisse von den neun Mitgliedstaaten auf die Europäische Gemeinschaft[10] für Westberlin habe; dasselbe gelte für die Frage der Direktwahlen zum Europäischen Parlament.[11] Beide Botschafter äußerten, die Sowjetunion werde in diesen Fragen sehr empfindlich reagieren. Es komme deshalb darauf an, rechtzeitig eine gemeinsame Linie zu erarbeiten, die dann auch durchgehalten werden könne.

Ich erwiderte, daß wir uns gegen eine Erörterung dieser Fragen in der Vierergruppe keinesfalls prinzipiell sträubten. Auch für die Bundesregierung bleibe die Vierergruppe der zentrale Platz für alle derartigen Beratungen. Was die Frage der Direktwahl zum Europäischen Parlament anbelange, so stelle sich

---

[9] Am 12. Mai 1975 nahm die sowjetische Regierung in einer Verbalnote an UNO-Generalsekretär Waldheim Stellung zu einer Verbalnote der Drei Mächte vom 14. April 1975 hinsichtlich der Angaben über Berlin (West) im Demographischen Jahrbuch der UNO, in der die Drei Mächte bekräftigt hatten: „Der Vier-Mächte-Status von Groß-Berlin rührt von den originären Rechten und Verantwortlichkeiten der Vier Mächte her. [...] Weder aus einseitigen, von der Sowjetunion in Verletzung der Vereinbarungen und Beschlüssen der Vier Mächte in bezug auf Groß-Berlin getroffenen Maßnahmen noch aus der Tatsache, daß sich der Sitz der Regierung der Deutschen Demokratischen Republik gegenwärtig im Ostsektor der Stadt befindet, kann hergeleitet werden, daß die Vier-Mächte-Rechte und -Verantwortlichkeiten in bezug auf den Ostsektor in irgendeiner Weise berührt sind. Tatsächlich üben die Vier Mächte auch weiterhin ihre Vier-Mächte-Rechte und -Verantwortlichkeiten in allen vier Sektoren der Stadt aus." Die UdSSR wies diese „Behauptungen über die gegenwärtige Rechtslage Berlins, der Hauptstadt der Deutschen Demokratischen Republik, zurück. Die Hauptstadt der DDR ist ihr untrennbarer Bestandteil und hat genau den gleichen Rechtsstatus wie jedes andere Territorium der DDR. [...] Die sowjetische Seite hält es für erforderlich zu unterstreichen, daß Frankreich, Großbritannien und die USA über keinerlei ‚originäre' und außervertragliche Rechte in bezug auf Berlin verfügen und niemals verfügten." Vgl. DOKUMENTE ZUR BERLIN-FRAGE 1967–1986, S. 414–416.
Zu weiteren sowjetischen Äußerungen zum Vier-Mächte-Status von Berlin vgl. Dok. 147, Anm. 3 und 12.

[10] Nach Artikel 113 des EWG-Vertrags vom 25. März 1957 sollte nach Ablauf einer Übergangszeit die gemeinsame Handelspolitik nach einheitlichen Grundsätzen gestaltet werden. Für den Wortlaut vgl. BUNDESGESETZBLATT 1957, Teil II, S. 846.
Am 16. Dezember 1969 beschloß der EG-Ministerrat in Brüssel eine Sonderübergangsregelung, durch die die EG-Mitgliedstaaten ermächtigt wurden, Handelsprotokolle mit den RGW-Mitgliedstaaten abzuschließen, deren Laufzeit allerdings auf den 31. Dezember 1974 begrenzt war. Nach dem 31. Dezember 1972 durften keine neuen Jahresprotokolle mehr vereinbart werden, da ab diesem Termin die EG-Kommission für alle Handelsverhandlungen der Gemeinschaft zuständig war. Für den Wortlaut der Entscheidung des Rats über die schrittweise Vereinheitlichung der Abkommen über die Handelsbeziehungen zwischen den EG-Mitgliedstaaten und dritten Ländern vgl. AMTSBLATT DER EUROPÄISCHEN GEMEINSCHAFTEN, Nr. L 326 vom 29. Dezember 1969, S. 39–42.

[11] Zu den Überlegungen der Bundesregierung hinsichtlich der Einbeziehung von Berlin (West) in die Direktwahlen zum Europäischen Parlament vgl. Dok. 125.

hier allerdings die Frage des richtigen Zeitpunkts, denn wir wollten keine Erörterung dieses Themas in der Öffentlichkeit zum falschen Zeitpunkt.

Die Botschafter Hillenbrand und Wormser betonten unter Hinweis auf ein diesbezügliches französisches Memorandum, das vor etwa zwei Monaten in die Vierergruppe eingeführt wurde[12], nochmals, daß in Kürze zumindest die Frage der Einbeziehung Berlins in Handelsverträge der Gemeinschaft möglichst bald und eingehend in der Vierergruppe besprochen werden sollte.[13]

Gehlhoff

Referat 210, Bd. 111564

---

[12] Für den Wortlaut des französischen Memorandums vom 18. Februar 1975 vgl. Referat 411, Bd. 405. Vortragender Legationsrat I. Klasse Freitag führte dazu am 11. Juni 1975 aus, das Memorandum stelle insbesondere die Thesen auf: „a) Die Alliierten Vorbehaltsrechte zu Berlin betreffen insbesondere die Außenvertretung Berlins und berühren folglich besonders die diesbezüglichen Artikel 113 und 228 EWG-Vertrag. b) Das Recht der Außenvertretung von Berlin (W[est]) wurde von den drei Westalliierten an die Bundesrepublik delegiert. Die Sowjetunion hat dem im Vier-Mächte-Abkommen zugestimmt. c) Eine entsprechende Delegierung zugunsten der EG besteht nicht und kann auch nicht erfolgen. d) Die EG kann über eine größere Entscheidungsbefugnis betr. Berlin (W) verfügen als Bundesrepublik." Vgl. Referat 411, Bd. 405.

[13] Am 4. Juni 1975 stellte die Bonner Vierergruppe eine Themenliste zum Verhältnis zwischen Berlin (West) und den Europäischen Gemeinschaften auf: „a) die Wahl von Berliner Abgeordneten zum Europäischen Parlament; b) die Erstreckung von durch die Gemeinschaft geschlossenen Verträgen auf Berlin; c) die Einbeziehung Berlins in Handelsverträge der Gemeinschaft mit osteuropäischen Staaten; d) die Erstreckung von Entscheidungen des Ministerrats auf Berlin; e) die Europäische Paßunion." Die Punkte a) und e) wurden als „verfrüht" zurückgestellt. Vgl. die Aufzeichnung des Legationsrats von Arnim vom 10. Juni 1975; Referat 210, Bd. 111614.
Ministerialdirektor van Well befaßte sich am 10. Juli 1975 mit der Einbeziehung von Berlin (West) in Abkommen und Verordnungen der Europäischen Gemeinschaften: „Die Vertreter der Drei Mächte in der Bonner Vierergruppe betrachten die Angelegenheit aufgrund von Weisungen ihrer Hauptstädte als außerordentlich eilbedürftig." Sie hätten „mit Nachdruck" eine erste Stellungnahme bis zum 16. Juli 1975 verlangt. Van Well legte einen Sprechzettel vor, demzufolge ausgeführt werden sollte: „Wenn wir die für das Inkrafttreten von EG-Verträgen mit Drittstaaten und EG-Verordnungen in Berlin geltenden Verfahren ändern, so würde die Sowjetunion hieraus den Schluß ziehen können, daß hier im Widerspruch zum Vier-Mächte-Abkommen eine Änderung der bestehenden Lage vorgenommen wird; zumindest würde aber durch einen solchen Schritt mit großer Wahrscheinlichkeit eine erneute Diskussion über die Zugehörigkeit von Berlin zum Geltungsbereich der EG-Verträge ausgelöst; im übrigen gehen wir davon aus, daß auch die Drei Mächte kein Interesse daran haben, daß die Berlinproblematik – beispielsweise über die Einführung einer Berlin-Klausel in EG-Verträge – Diskussionsgegenstand in den EG-Organen wird und damit auch die anderen sechs EG-Partner und die Kommission eine Art berlinpolitischer Zuständigkeit erwerben". Vgl. Referat 210, Bd. 111614.

145

Botschafter von Hase, London, an das Auswärtige Amt

114-12902/75 VS-vertraulich   Aufgabe: 3. Juni 1975, 18.10 Uhr[1]
Fernschreiben Nr. 1060   Ankunft: 3. Juni 1975, 19.51 Uhr
Citissime

Für den Besuch des Chancellor of the Duchy of Lancaster, Harold Lever, bei dem Herrn Bundeskanzler am 5. Juni 1975[2]

Betr.: Großbritanniens Mitgliedschaft in den EG;
hier: Weitere Entwicklung nach dem britischen Referendum[3]

Bezug: DB 1047 vom 2.6.1975[4]

1) Botschaft hat weisungsgemäß Elemente für Erklärung der Bundesregierung zum Ausgang des Referendums übermittelt (vgl. DB Nr. 1000 vom 23.5.1975). Unabhängig von dieser öffentlichen Erklärung, die die Bundesregierung nach dem Ausgang des Referendums[5] abgeben wird, scheint es mir erforderlich, daß wir versuchen, die Haltung Großbritanniens im Hinblick auf die weitere Entwicklung der Europäischen Gemeinschaften nach bejahendem Ausgang des Re-

---

[1] Hat Vortragendem Legationsrat I. Klasse Dannenbring vorgelegen.
[2] Über das Gespräch des Bundeskanzlers Schmidt mit dem Kanzler des Herzogtums Lancaster, Lever, am Mittag des 5. Juni 1975 vermerkte Ministerialdirektor Hiss, Bundeskanzleramt, „die allgemeine innen- und wirtschaftspolitische Lage in den beiden Ländern" sei ausführlich erörtert worden, wobei sich Lever „ausgesprochen zuversichtlich" hinsichtlich des Referendums über die britische EG-Mitgliedschaft am selben Tag geäußert habe. Weiterer „Hauptpunkt des Gesprächs war ein Meinungsaustausch über die aktuellen Fragen im internationalen energie- und rohstoffpolitischen Bereich unter Einschluß der dadurch aufgeworfenen währungs- und zahlungsbilanzpolitischen Fragen". Vgl. den von Vortragendem Legationsrat I. Klasse Massion, Bundeskanzleramt, am 20. Juni 1975 an Vortragenden Legationsrat I. Klasse Schönfeld übermittelten Vermerk; Referat 204, Bd. 110334.
[3] Zur britischen Ankündigung eines Referendums über die EG-Mitgliedschaft für den 5. Juni 1975 vgl. Dok. 76, Anm. 9.
[4] Botschafter von Hase, London, teilte mit: „Drei Tage vor dem Referendum hat die Kampagne der Befürworter und Gegner der britischen EG-Mitgliedschaft ihren Höhepunkt erreicht. [...] Es handelt sich um die größte öffentliche Kampagne um ein Thema, die je in der britischen Geschichte stattgefunden hat, von oben in Intensität und Argumentation gesteuert." Es zeichne sich eine Mehrheit für den Verbleib Großbritanniens in den Europäischen Gemeinschaften ab, so daß die Gegner nur auf eine geringe Abstimmungsbeteiligung hoffen könnten: „Wilson hat diese Gefahr klar erkannt und in seinen letzten Kampagnereden mit Nachdruck an die Pflicht jedes einzelnen Briten appelliert, in dieser die Zukunft GBs und das Leben der kommenden Generationen einschneidend beeinflussenden Entscheidung zur Wahlurne zu gehen und für den Verbleib in der Gemeinschaft zu stimmen." Allerdings habe die Kampagne „neben der erbitterten Auseinandersetzung zur Sache auch zu persönlichen Kontroversen zwischen führenden Labour-Politikern und damit zu einer Vergiftung der Atmosphäre innerhalb der Regierung geführt, die es für Wilson schwierig machen dürften, die von ihm mit Vehemenz geforderte Rückkehr zur uneingeschränkten Kabinettssolidarität nach dem 5. Juni erfolgreich zu verwirklichen." Vgl. Referat 410, Bd. 105614.
[5] Das Referendum über die britische Mitgliedschaft in den Europäischen Gemeinschaften fand am 5. Juni 1975 statt. 67,2 % der abgegebenen Stimmen sprachen sich für den Verbleib aus, 32,8 % dagegen. Vgl. dazu EUROPA-ARCHIV 1975, Z 107.
Botschafter von Hase, London, berichtete am 6. Juni 1975, sowohl die Wahlbeteiligung als auch die Zustimmung zur Fortsetzung der EG-Mitgliedschaft seien „höher als erwartet" ausgefallen. Insgesamt sei dies „ein Votum, das noch vor wenigen Monaten auch die hiesigen optimistischsten Pro-Europäer nicht vorauszusagen gewagt hätten". Vgl. den Drahtbericht Nr. 1109; Referat 410, Bd. 105614.

ferendums, an dem hier nicht gezweifelt wird, positiv zu beeinflussen. Ausgangspunkt für diese Überlegung ist auf der einen Seite eine von mir und meinen Mitarbeitern bei Gesprächen mit Angehörigen der anderen Mitgliedstaaten der Gemeinschaften immer wieder festgestellte zunehmende „England-Verdrossenheit" des Kontinents, auf der anderen Seite die Gefahr einer sich herausbildenden nur kontemplativen britischen Haltung gegenüber der Gemeinschaft, die auf der Auffassung beruht, daß mit einem positiven Abstimmungsergebnis Großbritannien seinen Teil bereits weitgehend getan hat und nun nur auf die segensreichen Folgen der endgültigen Zugehörigkeit zur EG zu warten braucht.

2) Ich halte den bevorstehenden Besuch von Harold Lever bei dem Herrn Bundeskanzler für eine gute Gelegenheit, um ein Mitglied des britischen Kabinetts frühzeitig auf die unter 1) aufgeführten Probleme anzusprechen. Dabei sollte von unserer Seite zum Ausdruck kommen,

– daß wir weiter Verständnis für die britische Situation haben und
– bereit sind, Zeit für die erforderlichen Anpassungen zu lassen.

Auf der anderen Seite sollte aber auch sehr klar gesagt werden, daß die Europäische Gemeinschaft, nachdem sie viel Geduld bewiesen hat, nunmehr sichtbare britische Zeichen für eine konstruktive Mitarbeit bei der Europapolitik erwartet. Solche Zeichen seien zur Überwindung der „England-Verdrossenheit" in Europa erforderlich. Die Geduld der meisten Mitgliedstaaten der Gemeinschaft sei auf eine harte Probe gestellt. Bei Ausbleiben aktiver Mitarbeit von britischer Seite dürfte es kaum zu vermeiden sein, daß die Enttäuschung der Mitgliedstaaten der Gemeinschaft über Großbritannien in gefährlicher Weise weiter wächst.

3) Die Bundesregierung würde m. E. mit einem solchen Hinweis dem Partner Großbritannien einen Freundschaftsdienst erwiesen, zu dem sie um so eher berechtigt und verpflichtet ist, als sie es war, die sich am nachdrücklichsten und erfolgreichsten für ein gutes Ergebnis der Beitrittsverhandlungen und auch der „re-negotiations" eingesetzt hat. Als Möglichkeit für ein Zeichen positiver britischer Mitarbeit in Europa kämen in Frage:

– Entsendung der britischen Labour-Abgeordneten in das Europäische Parlament und Besetzung der für Großbritannien freigehaltenen Plätze im Wirtschafts- und Sozialausschuß (diese Maßnahmen sind freilich bei positivem Ausgang des Referendums sowieso fällig und dürfen daher nicht überbewertet werden).

– Aufhebung des allgemeinen Vorbehalts, den Premierminister Wilson während des Europäischen Rats in Dublin gegen Direktwahlen des Europäischen Parlaments geltend gemacht hat.[6] Als Zeitpunkt für die Zurücknahme dieses

---

[6] Zur Tagung des Europäischen Rats am 10./11. März 1975 in Dublin vgl. Dok. 49.
Am 12. Juni 1975 bekräftigte der britische Botschafter Henderson im Gespräch mit Bundesminister Genscher den Willen der britischen Regierung, „voll und konstruktiv an allen Politiken und Aktivitäten der Gemeinschaft teilzunehmen. [...] Im übrigen gebe es nach dem gegenwärtigen Stand nur noch einen britischen Vorbehalt hinsichtlich der Direktwahl. Mit diesem Problem wolle seine Regierung sich jetzt schnell beschäftigen." Genscher wies darauf hin, „daß die Frage der Direktwahl für uns das ‚A und O' sei. Daraus könne sich ein neuer Europa-Impuls ergeben." Vgl. die Aufzeichnung des Vortragenden Legationsrats Trumpf; Referat 010, Bd. 178640.

Vorbehalts böte sich der nächste Europäische Rat am 16./17. Juli in Brüssel an.[7]
- Bekenntnis zur gemeinsamen Stabilitätspolitik und entsprechendes Verhalten im Sinne der Brüsseler Rede des Herrn Bundeskanzlers vor dem Ministerrat der NATO in der Besetzung der Staats- und Regierungschefs.[8]

4) Angesichts der Bedeutung der Rolle des Vereinigten Königreichs in der EG halte ich es für erforderlich, daß die Diskussion hierüber auch auf höchster Ebene stattfindet. Ich schlage daher vor, daß nach dem Gespräch mit Harold Lever, das sicher noch einige Aufschlüsse bringen wird, der Herr Bundeskanzler Kontakt mit PM Wilson aufnimmt, sobald sich nach dem Referendum der erste innenpolitische Staub (mögliche Kabinettsumbildung etc.) gesetzt hat. Dieser Kontakt könnte in mündlicher oder schriftlicher Form erfolgen. Die schriftliche Form hätte den Nachteil, daß die Darlegungen nicht so nuanciert und ausführlich vorgetragen werden können und dadurch die Gefahr eines Mißverständnisses entsteht. Auch könnte ein Schreiben des Bundeskanzlers eher Gegenstand einer Indiskretion werden. Der Versuch einer mündlichen Einwirkung auf PM Wilson hätte den Nachteil, daß ein Gespräch wohl nicht so eindrucksvoll ist wie ein Schreiben und daß dafür in naher Zukunft ein eher unauffälliger Gesprächstermin gefunden werden müßte.

Ich darf es der dortigen Überlegung anheimstellen, welche der beiden Formen vorzuziehen ist.[9]

[gez.] Hase

VS-Bd. 9965 (204)

---

[7] Am 13. Juni 1975 berichtete Botschafter von Hase, London, offenbar beabsichtige die britische Regierung „die jetzt herrschende ‚europäische Euphorie'" für neue europäische Initiativen zu nutzen. Nach Informationen aus dem Außenministerium liege der britischen Regierung „im gegenwärtigen Augenblick insbesondere die Frage der unmittelbaren und direkten Wahlen zum Europäischen Parlament am Herzen. In diesem Punkt habe Großbritannien einen echten Vorbehalt eingelegt." Zu neuen Vorschlägen werde man bis zum Europäischen Rat am 16./17. Juli 1975 aber kaum in der Lage sein: „Großbritannien sei von dem Vorschlag, der sich im Entwurf des Parlaments befinde, daß nämlich Wahlen zum EP losgelöst von Wahlen zu den nationalen Parlamenten stattfinden sollten, nicht sehr angetan. Ein solches Wahlverfahren könne man eigentlich erst ins Auge fassen, nachdem sich europäische Parteien gebildet hätten. Auch werde es bei Wahlen, die nur zum Europäischen Parlament stattfänden, den Abgeordneten an Stoff für die Bestreitung des Wahlkampfes fehlen. Die Wahlbeteiligung werde angesichts der nicht vorhandenen Befugnisse des EP sehr niedrig sein." Vgl. den Drahtbericht Nr. 1171; Referat 420, Bd. 105614.
Zur Tagung des Europäischen Rats am 16./17. Juli 1975 vgl. Dok. 209.

[8] Zur Rede des Bundeskanzlers Schmidt vom 30. Mai 1975 vgl. Dok. 143.

[9] Am 6. Juni 1975 beglückwünschte Bundeskanzler Schmidt Premierminister Wilson zum Ausgang des Referendums; Bundesminister Genscher richtete ein Glückwunschschreiben an den britischen Außenminister Callaghan. Für den Wortlaut der Schreiben vgl. BULLETIN 1975, S. 682.

146

Botschafter Schlaich, Genf (CCD), an das Auswärtige Amt

Fernschreiben Nr. 1112 Aufgabe: 3. Juni 1975, 19.00 Uhr
 Ankunft: 4. Juni 1975, 07.00 Uhr

CCD-FS-Nr. 61

Betr.: Überprüfungskonferenz zum NV-Vertrag[1]
hier: Abschluß und erste Bewertung

Bezug: DB Nr. 1101 vom 31.5.1975 (CCD-FS-Nr. 60)[2]

Zur Unterrichtung

I. Die am 5. Mai 1975 eröffnete Überprüfungskonferenz zum NV-Vertrag ist am 30. Mai mit der Annahme eines Schlußdokuments[3] zu Ende gegangen.

58 Vertragsstaaten (Irak nur als Beobachter), sieben Signatar-Staaten, sieben Staaten, die den Vertrag noch nicht unterzeichnet haben, und zwei Regionalorganisationen (OPANAL[4] und Arabische Liga) als Beobachter, Vereinte Nationen und IAEO sowie sieben Nichtregierungsorganisationen haben an der Konferenz teilgenommen. Inwieweit das Fernbleiben von mehr als einem Drittel der Vertragsstaaten (vornehmlich Entwicklungsländer) Verlauf und Ergebnis der Konferenz beeinflußt hat, läßt sich nur schwer beurteilen. Angesichts der zahlenmäßigen Ausgeglichenheit zwischen Industriestaaten und Entwicklungsländern ist es zu Abstimmungen nicht gekommen. Festzuhalten bleibt jedoch, daß die Industriestaaten sich zahlenmäßig in letzter Zeit bei einer Konferenz vergleichbarer Bedeutung selten in einer günstigeren Abstimmungssituation befunden haben. Im übrigen hat die Teilnehmerfrage, auch die der Beob-

---

[1] Gemäß Artikel VIII Absatz 3 des Nichtverbreitungsvertrags vom 1. Juli 1968 sollte fünf Jahre nach Inkrafttreten des Vertrags in Genf eine Konferenz abgehalten werden, um sicherzustellen, „daß die Ziele der Präambel und die Bestimmungen des Vertrags verwirklicht werden", und um die Wirkung des Vertrags zu überprüfen. Vgl. BUNDESGESETZBLATT 1974, Teil II, S. 791.
Am 28. April 1975 vermerkte Referat 220: „Die wichtigsten Themen der Überprüfungskonferenz zeichnen sich wie folgt ab: nukleare Abrüstung der Kernwaffenmächte; Regelung der friedlichen Kernsprengungen; Überprüfung des Sicherheitskontrollsystems der IAEO; technische Hilfe im Kernenergiebereich; Verhältnis des weltweiten NV-Vertragssystems zu regionalen kernwaffenfreien Zonen." Vgl. Referat 222, Bd. 109402.
[2] Botschafter Schlaich, Genf (CCD), berichtete, daß die Überprüfungskonferenz zum Nichtverbreitungsvertrag vom 1. Juli 1968 am Abend des 30. Mai 1975 mit der Annahme eines Schlußdokuments beendet worden sei. Dieses enthalte „als Anhang I die im Konsens angenommene Abschlußerklärung, die aus dem im wesentlichen unveränderten Entwurf der Präsidentin besteht [...]; als Anhang II und III die Resolutionsentwürfe mit den drei Zusatzprotokollen sowie die weiteren Resolutionsentwürfe und Vorschläge, über die (wie bei den drei Zusatzprotokollen) kein Konsens erzielt worden ist; als Anhang IV die in der Schlußsitzung abgegebenen Vorbehalte und interpretierende Erklärungen. Ferner sind Bestandteil des Schlußdokuments alle während der Konferenz angefertigten Protokolle." 15 Staaten, darunter die Bundesrepublik, hätten Erklärungen abgegeben, „die entweder Vorbehalte enthielten oder interpretierenden Charakter hatten". Vgl. Referat 222, Bd. 109402.
[3] Für den Wortlaut der Schlußerklärung, die Bestandteil der Schlußakte vom 30. Mai 1975 war, vgl. EUROPA-ARCHIV 1975, D 530–538.
Für die Schlußakte der Überprüfungskonferenz zum Nichtverbreitungsvertrag vom 1. Juli 1968 vgl. Referat 220, Bd. 109376.
[4] Organismo para la Proscripción de las Armas Nucleares en la América Latina y el Caribe.

achter, keine besonderen Probleme aufgeworfen. Lediglich Pakistan hat seinen Antrag auf Zulassung als Beobachter zurückgezogen, als ihm entsprechend den Verfahrensvorschriften kein Rederecht eingeräumt worden war.

II. Die Annahme des Schlußdokuments und damit ein Ergebnis der Konferenz überhaupt waren bis zur letzten Minute ungewiß. Nachdem der Redaktionsausschuß seine Arbeit mit der Feststellung abschließen mußte, daß Einvernehmen weder über den Text einer Abschlußerklärung noch über einzelne Resolutionen zu erzielen war, legte die Präsidentin[5] dem Plenum der Konferenz einen eigenen Entwurf einer Abschlußerklärung[6] vor. Durch das Vorgehen der Präsidentin und die weitgehende Nichtberücksichtigung ihrer Maximalforderungen offensichtlich überrascht, machte die Gruppe der 77 ihre endgültige Zustimmung zu der Schlußerklärung von der Annahme ihrer Resolutionsentwürfe abhängig, denen die von Mexiko und Rumänien eingebrachten Zusatzprotokollentwürfe[7] beigefügt waren. Letzteres verweigerten die Depositarstaaten[8], die deutlich machten, mit ihrem Einverständnis zu der Abschlußerklärung der Präsidentin bereits bis an die Grenze ihrer Konzessionsbereitschaft gegangen zu sein. Nach Auseinandersetzungen innerhalb der Gruppe der 77 (Jugoslawien

---

5 Inga Thorsson.

6 Für den Entwurf einer Schlußerklärung vom 30. Mai 1975 vgl. Referat 222, Bd. 109402.

7 Botschafter Schlaich, Genf (CCD), berichtete am 12. Mai 1975, daß die mexikanische Delegation am 9. Mai 1975 den Entwurf einer Schlußresolution sowie zweier Zusatzprotokolle eingebracht habe. In dem ersten Zusatzprotokoll sollten sich die Depositarstaaten zu einem zehnjährigen Moratorium aller unterirdischen Atomtests verpflichten, sobald 100 Staaten dem Nichtverbreitungsvertrag vom 1. Juli 1968 beigetreten seien. Weiter hieß es in dem Entwurf: „They undertake to transform the moratorium into a permanent cessation of all nuclear weapon tests, through the conclusion of a treaty for that purpose, as soon as the other nuclear weapon states indicate their willingness to become parties to [the] said treaty." Das zweite Zusatzprotokoll betraf die an den Gesprächen über eine Begrenzung strategischer Waffen (SALT) beteiligten Staaten UdSSR und USA: „They undertake, as soon as the number of parties to the treaty has reached one hundred, a) to reduce by fifty per cent the ceiling of 2400 nuclear strategic delivery vehicles contemplated for each side under the Vladivostok accords; b) to reduce likewise by fifty per cent the ceiling of 1320 strategic ballistic missiles which, under those accords, each side may equip with multiple independently targetable warheads (MIRVs)." Mit dem Beitritt von jeweils zehn weiteren Staaten zum Nichtverbreitungsvertrag sollten diese Zahlen jeweils um weitere zehn Prozent reduziert werden. Vgl. den Drahtbericht Nr. 938; Referat 222, Bd. 109376.

Schlaich übermittelte am 16. Mai 1975 den rumänischen Entwurf für ein drittes Schlußprotokoll „zur Frage zusätzlicher Sicherheitsgarantien für Nichtkernwaffenstaaten". Danach sollten sich die Nuklearstaaten verpflichten, „a) never and under no circumstances to use or threaten to use nuclear weapons against non-nuclear-weapon States parties to the treaty whose territories are completely free from nuclear weapons, [b)] against any other non-nuclear-weapon States parties to the treaty". Vgl. den Drahtbericht Nr. 985; Referat 222, Bd. 109376.

8 Am 21. Mai 1975 berichtete Botschafter Schlaich, Genf (CCD), die amerikanische Delegation habe zum rumänischen Entwurf für ein Schlußprotokoll ausgeführt: „Sicherheitsbindungen, die von Nichtkernwaffenstaaten mit anderen Staaten (Kernwaffenstaaten) zur Abschreckung und Verteidigung gegen bewaffnete Angriffe eingegangen [worden] seien, hätten wesentlich zur Sicherheit und Stabilität ganzer Regionen beigetragen." Das Vertrauen auf die Berücksichtigung ihrer Sicherheitsinteressen sei für einige Staaten „der Grund gewesen, selbst auf die nukleare Option zu verzichten. Negative Sicherheitsgarantien in der von einer Reihe von Delegationen der ungebundenen Staaten geforderten Art einer Verpflichtung, gegenüber Nichtkernwaffenstaaten auf den Einsatz von Kernwaffen oder die Drohung damit zu verzichten, würden nach amerikanischer Auffassung sogenannte positive Garantien im Rahmen mehrseitiger Sicherheitsabkommen aushöhlen. [...] Die Folge könnte eine Schwächung der Fähigkeit zur Abschreckung bewaffneter Angriffe durch die Bündnispartner sein und schließlich in gewissen Fällen den Anreiz verstärken, selbst Kernwaffen zu entwickeln." Vgl. den Drahtbericht Nr. 1011; Referat 222, Bd. 109402.

und Rumänien bestanden auf Annahme ihrer Resolutionsentwürfe[9] und waren offensichtlich bereit, ein Scheitern der Konferenz in Kauf zu nehmen, wurden in ihrer Gruppe schließlich aber überstimmt) erklärten diese sich schließlich bereit, sich der Annahme der Schlußerklärung durch Konsensus nicht zu widersetzen, wenn die Resolutionen in dem ebenfalls von der Präsidentin ausgearbeiteten Schlußdokument in Anhängen unmittelbar nach der Schlußerklärung aufgenommen würden. Mit diesem Verfahren erklärten sich auch die Depositarstaaten einverstanden, so daß nach einer interpretierenden Erklärung des Sprechers der 77, García Robles (Mexiko), das Schlußdokument schließlich in der mehrfach von Stunde zu Stunde verschobenen Schlußsitzung der Konferenz angenommen werden konnte.

III. Trotz des mit Konsens angenommenen Schlußdokuments ist tatsächlich Einvernehmen nur hinsichtlich der Schlußerklärung erzielt worden. Eine Reihe von Gedanken und Forderungen der in Anhang III dem Schlußdokument beigefügten Resolutionsentwürfe ist zwar in die Schlußerklärung eingearbeitet, reichte jedoch für die Zurückziehung dieser Entwürfe nicht aus. Wenn auch damit zu rechnen ist, daß die Ungebundenen auf ihre nicht-verabschiedeten Resolutionsentwürfe bei passender Gelegenheit in den VN zurückkommen werden, so hat einen einigermaßen faßbaren Status nur die Schlußerklärung erhalten, die – ohne Rechtsverpflichtungen zu begründen – in der sich zahlreiche Konferenzteilnehmer durchaus als Dokument von nicht unbeachtlichem praktischem Rang und Leitlinie für die internationale NV-Politik der nächsten Jahre anzusehen ist.[10]

Die Präsidentin folgte mit ihrem Papier in der Struktur völlig, im Inhalt und Wortlaut weitgehend dem im Rahmen der WEOG ausgearbeiteten Entwurf einer Schlußerklärung.[11] Dieser Entwurf wurde in den Teilen geändert und durch zusätzliche Abschnitte ergänzt, über die zum Abschluß der Arbeiten des vornehmlich für den Bereich der Art. III–V.[12] Den westlichen Staaten – nicht zu-

---

[9] Am 22. Mai 1975 übermittelte Botschafter Schlaich, Genf (CCD), einen von Jugoslawien eingebrachten Resolutionsentwurf, dessen „Kern die Aufforderung an die Kernwaffenstaaten ist, spätestens Ende 1976 mit Verhandlungen über den Abzug aller Trägersysteme für Kernwaffen und besonders aller taktischen Kernwaffen vom Territorium von Nichtkernwaffenstaaten zu beginnen". Rumänien habe eine Resolution vorgelegt mit der Forderung, den Abrüstungsausschuß in Genf zu Verhandlungen „auch über Fragen der nuklearen Abrüstung" zu befähigen. Vgl. den Drahtbericht Nr. 1019; Referat 222, Bd. 109402.

[10] So in der Vorlage.

[11] Botschafter Schlaich, Genf (CCD), übermittelte am 15. Mai 1975 den „Entwurf der Depositarstaaten für eine Abschlußerklärung der Konferenz", der von einer „auf Vorschlag der an der Konferenz beteiligten NATO-Staaten eingesetzten informellen Redaktionsgruppe (unter meinem Vorsitz), der mit Ausnahme des Vatikan alle Staaten der W[estern]E[uropean and]O[ther]G[roup] angehörten", überarbeitet worden sei. Er enthielt eine Präambel sowie neun Abschnitte zu den Zielen der Überprüfungskonferenz, einzelnen Artikeln des Nichtverbreitungsvertrags vom 1. Juli 1968, Abrüstung, der Sicherheit der Staaten, Teilnahme und Konferenzfolgen. Vgl. den Drahtbericht Nr. 976; Referat 220, Bd. 109376.

[12] So in der Vorlage.
Artikel III des Nichtverbreitungsvertrags vom 1. Juli 1968 befaßte sich mit den Sicherungsmaßnahmen, Artikel IV mit der Verwendung von Kernenergie für friedliche Zwecke und dem Austausch von Informationen in diesem Bereich, Artikel V mit der Zugänglichkeit von Informationen aus der friedlichen Anwendung von Kernsprengungen für Nichtkernwaffenstaaten. Für den Wortlaut vgl. BUNDESGESETZBLATT 1974, Teil II, S. 788–790.

letzt durch den Vertragsbeitritt der fünf EURATOM-Staaten[13] in einer guten Position – fiel demgemäß die Zustimmung zu dem Entwurf der Präsidentin am wenigsten schwer, auch wenn einige Staaten im Bereich der Art. VI und VII[14] weiterzugehen bereit waren. Die Konferenztaktik des Westens, auf der Basis des ursprünglichen Entwurfs der Depositarstaaten einen gegenüber diesem in Aufbau und Inhalt wesentlich verbesserten Entwurf einer Abschlußerklärung bereitzuhalten und über lange Strecken die hauptsächliche Auseinandersetzung über die Artikel VI und VII sich nach Möglichkeit zwischen ungebundenen Staaten und Ostblock abspielen zu lassen, hat sich damit bewährt. Obwohl insbesondere im Bereich des Zweiten Ausschusses[15] eine gewisse Konfrontation zwischen Industriestaaten (aus West und Ost) und Entwicklungsländern nicht zu vermeiden war und dort die herausragende Stellung der Kernwaffenstaaten durch weitere potente Lieferstaaten relativiert wurde, waren spektakuläre Höhepunkte der Konferenz die Auseinandersetzung besonders zwischen den Delegierten der Sowjetunion und Mexiko.

Zu erwähnen ist hier die erstaunliche Rolle Rumäniens, das sich völlig auf die Seite der ungebundenen Staaten gestellt hat und zur Überraschung auch der anderen Delegationen aus Ostblockstaaten jegliche Bündnisdisziplin vermissen ließ. Da dies besonders deutlich im Bereich der Arbeiten des Ersten Ausschusses zum Ausdruck kam[16], darf man gespannt auf mögliche sowjetische Reaktionen auf diese Herausforderung warten.

IV. 1) Die Schlußerklärung bestätigt in Präambel und den dem Zweck der Konferenz sowie den Art. I und II[17] gewidmeten Teilen die Vertragsziele und vor allem die Bedeutung einer weltweiten Geltung des Vertrages für Frieden und die Sicherheit aller Staaten unter deutlichem Hinweis auf die Notwendigkeit einer größeren Ausgewogenheit von Rechten und Pflichten.

2) Hauptteil des Überprüfungsergebnisses zu Art. VI ist die Kritik an dem fortdauernden Rüstungswettlauf besonders im Kernwaffenbereich, dessen Halt und schließliche Umkehr in erster Linie durch einen umfassenden Teststoppvertrag (CTB[18]) erreicht werden könnte. Während die noch bestehenden technischen und politischen Schwierigkeiten für einen CTB ausdrücklich anerkannt werden, sollen die Kernwaffenstaaten sich sobald wie möglich darüber verständigen, die Waffentests für eine bestimmte Zeit einzustellen, um schließlich zu

---

[13] Zur Hinterlegung der Ratifikationsurkunden zum Nichtverbreitungsvertrag vom 1. Juli 1968 durch Belgien, die Bundesrepublik, Italien, Luxemburg und die Niederlande zwischen dem 2. und 4. Mai 1975 vgl. Dok. 40, Anm. 9.

[14] Artikel VI des Nichtverbreitungsvertrags vom 1. Juli 1968 enthielt die Verpflichtung zu Verhandlungen über „wirksame Maßnahmen zur Beendigung des nuklearen Wettrüstens in naher Zukunft und zur nuklearen Abrüstung", Artikel VII sicherte Staatengruppen das Recht zu, sich zu atomwaffenfreien Zonen zusammenzuschließen. Vgl. BUNDESGESETZBLATT 1974, Teil II, S. 790.

[15] Der Zweite Ausschuß der Überprüfungskonferenz befaßte sich in erster Linie mit wirtschaftlichen Fragen im Zusammenhang mit dem Nichtverbreitungsvertrag vom 1. Juli 1968.

[16] Der Erste Ausschuß der Überprüfungskonferenz erörterte insbesondere Fragen der weiteren Abrüstung, kernwaffenfreie Zonen und das Problem zusätzlicher Sicherheitsgarantien für nichtnukleare Staaten.

[17] Artikel I des Nichtverbreitungsvertrags vom 1. Juli 1968 enthielt die Verpflichtung der Kernwaffenstaaten zur Nichtweitergabe von Kernwaffen, Artikel II die Verpflichtung der Nichtkernwaffenstaaten, keine Kernwaffen herzustellen oder zu erwerben. Für den Wortlaut vgl. BUNDESGESETZBLATT 1974, Teil II, S. 787 f.

[18] Comprehensive Test Ban.

einem endgültigen Versuchsstopp zu gelangen. Trotz einer die Großmächte schonenden Sprache waren diese zu diesem Passus nur unter der Voraussetzung zu bewegen, daß nicht die Konferenz selbst diese Aufforderung ausspricht, sondern sie lediglich als Wunsch einer beträchtlichen Zahl von Delegationen in der Schlußerklärung wiedergegeben wird.

Keine Aufnahme in die Schlußerklärung haben die östlichen Forderungen nach Erwähnung eines CW-Verbotsabkommens[19], eines Abkommens zur Verhinderung der Umweltkriegführung[20], der zehnprozentigen Kürzung der Militärhaushalte der ständigen Sicherheitsratsmitglieder[21] und schließlich der Einberufung einer WAK[22] gefunden.

3) Deutlicher als zu Art. VI kommen in dem Art. VII gewidmeten Teil der Schlußerklärung Besorgnisse und Forderungen der ungebundenen Staaten, insbesondere zur Frage von Sicherheitszusagen durch die Kernwaffenstaaten, zum Ausdruck. Alle Staaten werden aufgefordert, sich – in Übereinstimmung mit der Charta der VN[23] – der Anwendung von Gewalt oder der Drohung damit, gleichgültig ob mit oder ohne Kernwaffen, zu enthalten. Bindende Sicherheitszusagen der Kernwaffenstaaten werden als Wunsch einer großen Zahl von Delegationen, aber nur im Zusammenhang mit der positiv erwähnten Schaffung von kernwaffenfreien Zonen genannt. Die Zusagen der Depositarstaaten im Zusam-

---

[19] Am 28. März 1972 brachten Bulgarien, die ČSSR, die Mongolische Volksrepublik, Polen, Rumänien, die UdSSR, die Ukrainische SSR, Ungarn und die Weißrussische SSR auf der Abrüstungskonferenz in Genf den Entwurf eines Abkommens über das Verbot der Entwicklung, Herstellung und Lagerung chemischer Waffen ein. Für den Wortlaut vgl. DOCUMENTS ON DISARMAMENT 1972, S. 120–124.

[20] Zur Erörterung eines Abkommens zum Verbot der Umweltkriegführung vgl. Dok. 142.

[21] Auf Initiative der UdSSR verabschiedete die UNO-Generalversammlung am 7. Dezember 1973 die Resolution Nr. 3093, in der die ständigen Mitglieder des UNO-Sicherheitsrats aufgefordert wurden, ihre Militärbudgets um zehn Prozent zu kürzen und wiederum zehn Prozent der frei werdenden Mittel den Entwicklungsländern zur Verfügung zu stellen. Weiter hieß es: „The General Assembly [...] Expresses the desire that other States, particularly those with a major economic and military potential, should also take steps to reduce their military budgets and allot part of the funds thus released for the provision of assistance to developing countries". Vgl. UNITED NATIONS RESOLUTIONS, Serie I, Bd. XIV, S. 373.

[22] Am 29. November 1965 nahm die UNO-Generalversammlung die Resolution Nr. 2030 zur Einberufung einer Weltabrüstungskonferenz an. Für den Wortlaut vgl. UNITED NATIONS RESOLUTIONS, Serie I, Bd. X, S. 104. Für den deutschen Wortlaut vgl. EUROPA-ARCHIV 1966, D 158f.
Die UdSSR unterbreitete der UNO-Generalversammlung am 28. September 1971 erneut den Vorschlag für eine Weltabrüstungskonferenz und erklärte es für wünschenswert, vor Ende 1972 Einigung über den Termin und die Tagesordnung für eine solche Konferenz zu erzielen. Für den Resolutionsentwurf vgl. DOCUMENTS ON DISARMAMENT 1971, S. 595f.
Am 16. Dezember 1971 rief die UNO-Generalversammlung dazu auf, bis zum 31. August 1972 Stellung zu diesem Thema zu nehmen; am 29. November 1972 beschloß sie die Einsetzung eines Sonderausschusses. Vgl. dazu die Resolutionen Nr. 2833 bzw. Nr. 2930; UNITED NATIONS RESOLUTIONS, Serie I, Bd. XIII, S. 360f., und Bd. XIV, S. 251. Für den deutschen Wortlaut vgl. EUROPA-ARCHIV 1972, D 172, und EUROPA-ARCHIV 1973, D 187f.
Mit Schreiben vom 1. April 1975 an UNO-Generalsekretär Waldheim, das der sowjetische Botschafter Falin am 7. April 1975 Staatssekretär Gehlhoff in Abschrift übergab, setzte sich die sowjetische Regierung erneut für die baldige Abhaltung einer Weltabrüstungskonferenz ein. Vgl. dazu die Aufzeichnung des Referats 220 vom 10. April 1975; Referat 213, Bd. 112777.
In einer Rede am 11. Juni 1975 in Moskau bekräftigte Ministerpräsident Kossygin den sowjetischen Wunsch. Für den Wortlaut vgl. den Artikel „Leninskij kurs partii"; PRAVDA vom 12. Juni 1975, S. 1f. Vgl. dazu auch den Artikel „Kossygin dringt auf Abrüstungskonferenz"; FRANKFURTER ALLGEMEINE ZEITUNG vom 13. Juni 1975, S. 2.

[23] Für den Wortlaut der UNO-Charta vom 26. Juni 1945 vgl. BUNDESGESETZBLATT 1973, Teil II, S. 433–503.

menhang mit Resolution 255 des Sicherheitsrates[24] werden noch einmal hervorgehoben. Außerdem anerkannte die Konferenz die Bedeutung von Bündnissen für eine Reihe von Staaten und die daraus folgende Notwendigkeit, verschiedene Wege zur Befriedigung der Sicherheitsbedürfnisse von Nichtkernwaffenstaaten zu beschreiten. Die Anerkennung der Bedeutung der Bündnissysteme muß als eine Art Gegengewicht gegenüber den unrealistischen Forderungen der ungebundenen Staaten nach weltweiten negativen Zusagen (non-use-assurances) gesehen werden, die bei Mäßigung dieser Forderungen wohl kaum in die Schlußerklärung aufgenommen worden wäre. Insbesondere Jugoslawien und Rumänien distanzierten sich von dem Konferenzergebnis zu Art. VII, wobei die jugoslawische Delegation erklärte, ihre Regierung werde sich u. U. zu einer Überprüfung ihrer Einstellung zum NV-Vertrag gezwungen sehen.

4) Das Konferenzergebnis zur Präambel, den Art. I und II sowie zu den Art. VI und VII ist aus unserer Sicht annehmbar; unsere Sicherheitsinteressen sind nicht tangiert. Der erneuten und verstärkten Forderung nach Erfüllung der Verpflichtungen aus Art. VI vor allem durch die Kernwaffenstaaten, einschließlich der Forderung nach einem umfassenden Teststoppvertrag, konnten wir uns anschließen. Ob das Konferenzergebnis in diesem Bereich allerdings den Vertrag für die Staaten, die noch außerhalb stehen, attraktiver gemacht hat, ist zweifelhaft. Das ohne weltweite Geltung unvollkommen bleibende gegenwärtige Non-Proliferationssystem muß angesichts der Unausgewogenheiten weiterhin als gefährdet angesehen werden. Vielleicht hat die Konferenz jedoch Denkanstöße für Entwicklungen gegeben, die ohne Vernachlässigung der Sicherheitsinteressen der einem Bündnissystem angehörenden Staaten auch den ungebundenen Staaten das Gefühl vermittelt, daß ihre Sicherheit am besten innerhalb des Vertrages gewährleistet ist.

V. 1) Das Überprüfungsergebnis zu den Art. III–V, das räumlich etwa die Hälfte der Schlußerklärung ausmacht, ist im ganzen ausgewogen und inhaltsreich. Es zieht eine positive Bilanz des seit Vertragsabschluß Erreichten und vermittelt zahlreiche Ansätze für eine umfassendere Verwirklichung dieser Artikel in der Zukunft.

Einigkeit bestand über die Nützlichkeit des bisher geschaffenen Safeguards-Systems, aber auch die Notwendigkeit zu seinem weiteren Ausbau. Die Konferenz hat sich einmütig für die technische Vervollkommnung der Sicherungsmaßnahmen ausgesprochen und – zumal mit Blick auf die Sowjetunion – die

---

24 In Resolution Nr. 255 des UNO-Sicherheitsrats vom 19. Juni 1968 wurde ausgeführt: „The Security Council, Noting with appreciation the desire of a large number of States to subscribe to the Treaty on the Non-Proliferation of Nuclear Weapons, and thereby to undertake not to receive the transfer from any transferor whatsoever of nuclear weapons or other nuclear explosive devices or of control over such weapons or explosive devices directly or indirectly, not to manufacture or otherwise acquire nuclear weapons or other nuclear explosive devices, and not to seek or receive any assistance in the manufacture of nuclear weapons or other nuclear explosive devices, Taking into consideration the concern of certain of these States that [...] appropriate measures be undertaken to safeguard their security [...]; Welcomes the intention expressed by certain States that they will provide or support immediate assistance, in accordance with the Charter, to any non-nuclear-weapon State Party to the Treaty on the Non-Proliferation of Nuclear Weapons that is a victim of an act or an object of a threat of aggression in which nuclear weapons are used". Vgl. UNITED NATIONS RESOLUTIONS, Serie II, Bd. VII, S. 23.

Notwendigkeit eines frühzeitigen Abschlusses von Sicherungsabkommen durch alle Vertragsparteien festgestellt.

Bei der Überprüfung von Art. III hat die Konferenz das bisherige gemeinsame Vorgehen der Lieferländer bei der Interpretation und Anwendung von Art. III, 2 gebilligt. Sie hat sich zu dem Ziel bekannt, die gemeinsamen Exportbedingungen der Lieferländer in Zukunft auf alle friedlichen Aktivitäten der Empfänger im Kernenergiebereich auszuweiten, um so eine graduelle Gleichstellung von Vertragsstaaten und Nichtvertragsstaaten in diesem Bereich herbeizuführen und den Nichtverbreitungseffekt zu fördern. Sie hat alle Export- und Empfängerländer – bei den Lieferländern deutlich an die Adresse Frankreichs gerichtet – zur Zusammenarbeit bei dieser Stärkung der Safeguards-Voraussetzungen aufgerufen.

Die gewachsene Bedeutung des Problems der physical protection ist in der Erklärung anerkannt. Nach in diesem Bereich unkontroverser Debatte ist die IAEO noch einmal ausdrücklich aufgefordert worden, alsbald konkrete Empfehlungen für einen gleichmäßigen Mindestschutz von Kernmaterial zu erarbeiten; die Staaten sind aufgefordert, diese Empfehlungen in Gesetzgebung und Verwaltung und durch den Abschluß der erforderlichen Abkommen umzusetzen.

Bei Art. IV stand die Konferenz den Forderungen der Entwicklungsländer gegenüber, die diese Vorschrift vornehmlich als Instrument erweiterter Hilfe zugunsten nur von Vertragsstaaten mit Entwicklungsländerstatus interpretieren wollten. Jedoch ist ein ausgewogener Text zustande gekommen, der auch das universellere Prinzip einer möglichst weiten Verbreitung[25] von Ausrüstungen, Material und Know-how im Kernenergiebereich bekräftigt. Die Konferenz hat dabei auch bestätigt, daß der Vertrag bisher zu keinerlei Beeinträchtigung der Vertragsstaaten bei der Verwirklichung ihrer kernenergetischen Forschung und Entwicklung geführt hat. Durchaus im Einklang mit dem Vertrag wurde jedoch auch anerkannt, daß bei Hilfsmaßnahmen im Kernenergiebereich der NV-Vertragsstatus der Empfängerländer und ihr Entwicklungsstand wichtige Beurteilungselemente sind. Gewisse Sondermaßnahmen für diese Ländergruppen sind daher als gerechtfertigt und notwendig bezeichnet worden. Nichtvertragsstaaten werden jedoch keinesfalls kategorisch ausgeschlossen.

Den Interessen der Entwicklungsländer – die in dieser Frage gern stärkere, die Industrieländer verpflichtende Texte gesehen hätten – ist auch in einer Empfehlung zu ihrer Entlastung bei Safeguards-Kosten zu stärkerer Ausbildung und Berücksichtigung im Inspektorenwesen etc. Rechnung getragen.

Bei Artikel V ist eine gewisse Skepsis über den wirtschaftlichen Nutzen von friedlichen Kernsprengungen, insbesondere angesichts der damit verbundenen Risiken, zum Ausdruck gekommen. Dennoch hat die Konferenz Schritte zur erstmaligen Verwirklichung des Artikels ergriffen, indem sie zur baldigen Ausarbeitung der dort vorgesehenen Modellabkommen für Kernsprengdienste – im Rahmen der IAEO als zentraler Stelle für ein „PNE[26]-Regime" – aufgefordert hat.

[25] Korrigiert aus: „Verbreiterung".
[26] Peaceful nuclear explosion.

2) Für die Bundesrepublik Deutschland ist dieses Ergebnis fast in vollem Umfange befriedigend.

Das gilt insbesondere für die Punkte, bei denen wir befürchten mußten, in die Defensive zu geraten. Versuche einiger Entwicklungsländer, schon jetzt eine unmittelbare Erstreckung der Safeguards-Anforderungen an Empfängerländer auf deren vollen Brennstoffkreislauf durchzusetzen, konnten abgewehrt werden. Es wurde statt dessen die von uns mitempfohlene „Evolutivklausel" verankert, nach der – bei Billigung der bisher praktizierten Exportpolitik als vertragsgemäß – eine graduelle, gemeinsame Erweiterung der Safeguards-Anforderungen gegenüber Nichtvertragsstaaten erreicht werden soll. Es ist festzuhalten, daß während der ganzen Konferenz keine spezifische Kritik an der deutschen Exportpolitik geübt worden ist und – auch in informellen Gesprächen – unsere Lieferpolitik z.B. gegenüber Brasilien[27] nicht angesprochen wurde. Insgesamt haben auch die in der Safeguardsfrage „progressiveren" Länder unsere Bemühungen um eine graduelle, aber zielstrebige Safeguardspolitik im Rahmen der Mitgliederländer der Lieferländergruppe anerkannt.

In der Frage des physischen Schutzes haben wir als Haupteinbringer des entsprechenden Teiles der Schlußerklärung insofern eine glückliche Rolle gespielt, als dieser wichtige und aktuelle Bereich unumstritten geblieben ist. Unser Entwurf[28] blieb voll erhalten. Bei Art. IV ist es gelungen, unsere bilateralen Zusammenarbeitsabkommen und technischen Hilfsleistungen für Nichtvertragsstaaten dadurch abzusichern, daß – weitgehend auf unser Insistieren hin – ein zu einseitiges Abstellen auf den NV-Vertragsstatus der Empfängerländer vermieden werden konnte.[29]

Trotz des Drängens der Entwicklungsländer konnten wir auch die Klauseln, die auf vermehrte technische und finanzielle Entwicklungshilfe unter Art. IV abzielen, letzten Endes so unverbindlich halten, daß spezifische Ansprüche der

---

27 Zu den Verhandlungen zwischen der Bundesrepublik und Brasilien über Zusammenarbeit auf dem Gebiet der friedlichen Nutzung der Kernenergie und zum Problem der Nichtverbreitungspolitik der Bundesregierung vgl. Dok. 164.

28 In Teil III des Entwurfs einer Schlußerklärung vom 15. Mai 1975 wurden die Nichtnuklearstaaten aufgefordert, Sicherungsabkommen mit der IAEO abzuschließen, während die Nuklearstaaten ihre zivilen Kernanlagen den IAEO-Sicherheitskontrollen unterstellen sollten. Außerdem wurde ausgeführt: „The conference urges that intensified efforts be made to improve safeguards techniques, instrumentation and implementation, it furthermore urges that safeguards should be of adequate duration, preclude diversion to any nuclear explosive devices and contain appropriate provision on re-export. [...] The participants of the conference sharing a common concern that nuclear materials should be carefully protected at all times urge that action be taken without delay to elaborate further, within IAEA, concrete guidelines and standards for the physical protection of nuclear material in use, storage and transit, with a view to ensuring a uniform level of minimum effective protection for such material." Vgl. den Drahtbericht Nr. 976 des Botschafters Schlaich, Genf (CCD); Referat 220, Bd. 109376.

29 Am 14. Mai 1975 berichtete Botschafter Schlaich, Genf (CCD), über die Beratungen zur Behandlung von Nichtunterzeichnern des Nichtverbreitungsvertrags vom 1. Juli 1968: „Debattenredner haben überwiegend mitgeteilt, daß sie ihre eigene technische Hilfe bzw. Exportpolitik unter Art. IV daran ausrichten wollen, ob Empfänger NV-Vertragspartei ist. Kanada schließt Empfängerländer, die nicht Vertragspartei sind, kategorisch aus; Großbritannien will neue Mittel bereitstellen, die nur Vertragsparteien zugute kommen sollen. Nahezu alle Delegationen, die das Problem angesprochen haben (z.B. auch Philippinen, Jamaika) vertreten jedenfalls Auffassung, daß NV-Vertragsstatus des Empfängerlandes berücksichtigt werden müsse." Vgl. den Drahtbericht Nr. 954; Referat 222, Bd. 109402.

Entwicklungsländer, z. B. bei den Budget-Debatten der IAEO, kaum darauf gegründet werden können (vgl. hierzu auch den entsprechenden Absatz unserer mit Bezugsbericht übermittelten Abschlußerklärung[30]). Im Bereich der friedlichen Kernsprengungen schließlich ist unserem, auf PNE-bezogene Dienstleistungen beschränkten, Interesse durch den neuen Anstoß für die Prüfung der vertraglichen Aspekte Rechnung getragen. Der von der Konferenz ausgehende Impuls dürfte ausreichen, um der von uns im IAEO-Gouverneursrat unterstützten Initiative zur Schaffung eines IAEO-Gremiums zum Durchbruch zu verhelfen, das die mit der Vorbereitung von PNEs zusammenhängenden und in die Zuständigkeit der IAEO fallenden Fragen in Angriff nimmt.

Die zentrale Rolle der IAEO für die Aspekte der Kernsprengdienste, die nicht abrüstungsspezifisch sind, ist durch das Konferenzergebnis weiter gestärkt worden.

VI. Einer Forderung der ungebundenen Staaten entsprechend sollen sich die 31. und die 33. VN-Generalversammlung[31] mit den Ergebnissen dieser ersten Überprüfungskonferenz befassen, wobei die 33. Generalversammlung einen Vorbereitungsausschuß für die zweite Überprüfungskonferenz im Jahre 1980[32] einsetzen soll.

VII. Das Abschlußdokument der Konferenz wird nach Auskunft des Sekretariats erst in etwa zwei Wochen verfügbar sein.

[gez.] Schlaich

Referat 413, Bd. 114243

---

[30] Botschafter Schlaich, Genf (CCD), führte in seiner Abschlußerklärung aus: „The paragraphs in the declaration relating to art. IV also meet with our approval, although some delegations including mine had to make certain concessions in negotiating these texts. I want to take this opportunity to emphasize that in view art. IV is too often misconstructed as merely a device for establishing new development assistance funds. In reality it is the charter of the universal exchange of knowledge in the nuclear realm." Vgl. den Drahtbericht Nr. 1101; Referat 222, Bd. 109402.
[31] Die XXXI. UNO-Generalversammlung fand vom 21. September bis 22. Dezember 1976 statt, die XXXIII. UNO-Generalversammlung vom 25. September bis 21. Dezember 1978.
[32] Die zweite Überprüfungskonferenz zum Nichtverbreitungsvertrag vom 1. Juli 1968 fand vom 11. August bis 7. September 1980 in Genf statt.

147

Gespräch des Bundesministers Genscher mit dem Generaldirektor der sowjetischen Nachrichtenagentur TASS, Samjatin

VS-NfD   6. Juni 1975[1]

Gespräch in der Villa Venusberg am 6. Juni 1975, 13.15 bis 15.35 Uhr, anläßlich eines von Minister Genscher für Herrn Samjatin gegebenen Essens[2]

Teilnehmer: Minister Genscher, Minister Samjatin, Botschafter Falin, Botschafter Sahm, MD van Well, MDg Dr. Kinkel.

Minister betonte eingangs, daß Bundesregierung gewillt sei, die Beziehungen zur Sowjetunion fortzuentwickeln und zu vertiefen, und zwar unabhängig von den jeweiligen Umständen.

Er wolle aber seine große Sorge über Äußerungen aus der Sowjetunion nicht verhehlen. Diese Äußerungen stellten eine schwere Belastung des deutsch-sowjetischen Verhältnisses dar. Dies gelte auch für Aktivitäten von sowjetischen Diplomaten in unserem Land. Insgesamt seien die letzten Äußerungen in dieser Richtung nicht gut gewesen. Es komme immer darauf an, wie solche schwierigen Fragen in der Öffentlichkeit behandelt würden. Sowjetische Seite habe sicher beobachtet, daß sich die Mitglieder der Bundesregierung in diesen Fragen jeglicher Äußerungen enthalten hätten. Beide Seiten sollten an die Entspannung denken. Es müsse möglich sein, unter Politikern diese Fragen offen anzusprechen. Minister betonte weiter, daß sein offenes Eingehen auf diesen Fragenkreis von Herrn Samjatin nicht mißgedeutet werden möge: Er tue es nicht, weil er persönlich von der sowjetischen Seite angegriffen worden sei.[3] Dies sei nicht der Grund. Es gehe ihm vielmehr darum, die deutsch-sowjetischen Beziehungen voranzubringen, wobei der Bundesregierung bekannt sei, daß nicht alle Probleme durch die Verträge aus der Welt geschafft werden konnten und können.

---

[1] Die Gesprächsaufzeichnung wurde von Ministerialdirigent Kinkel am 9. Juni 1975 gefertigt.
Hat Bundesminister Genscher am 10. Juni 1975 vorgelegen.
Hat Kinkel am 11. Juni 1975 erneut vorgelegen, der die Weiterleitung an Staatssekretär Gehlhoff und Ministerialdirektor van Well verfügte.
Hat Gehlhoff am 12. Juni 1975 vorgelegen.
Hat van Well vorgelegen.
Hat Ministerialdirigent Meyer-Landrut am 16. Juni 1975 vorgelegen, der die Weiterleitung an Referat 213 verfügte.
Hat Vortragendem Legationsrat I. Klasse Kühn vorgelegen.

[2] Der Generaldirektor der sowjetischen Nachrichtenagentur TASS, Samjatin, hielt sich vom 4. bis 7. Juni 1975 in der Bundesrepublik auf.

[3] In einer Presseerklärung bezeichnete der sowjetische Botschafter in Ost-Berlin, Abrassimow, am 22. Mai 1975 die Tatsache, daß Bundesminister Genscher am Vortag den amerikanischen Außenminister Kissinger bei seinem Besuch in Berlin (West) „in offizieller Eigenschaft" begleitet hatte, als „ernste Verletzung" des Vier-Mächte-Abkommens über Berlin vom 3. September 1971: „In diesem Zusammenhang müssen rechtswidrige Schritte, die dazu bestimmt sind, die angebliche Zugehörigkeit Westberlins zur Bundesrepublik Deutschland zu demonstrieren, und zu eigennützigen Zwecken unternommen werden, als der Entspannung und der Sicherheit nicht dienlich gewertet werden." Die amtliche Nachrichtenagentur ADN bezeichnete den Vorgang als „Amtsanmaßung des BRD-Außenministers". Vgl. NEUES DEUTSCHLAND vom 22. Mai 1975, S. 2.

677

Samjatin antwortete, daß die Sowjetunion mit großer Aufmerksamkeit die politische Situation in der Bundesrepublik beobachte und großen Wert auf die deutsche Politik lege. Die von Partei und Regierung ausgearbeitete offizielle politische Linie zur Bundesrepublik sei und bleibe die Generallinie des sowjetischen Handelns. Bestandteil der deutsch-sowjetischen Beziehungen sei nicht nur die Politik, sondern auch die Wirtschaft. Insbesondere letzterer wende die sowjetische Regierung entsprechende Aufmerksamkeit zu.

Was die von Minister Genscher angesprochene aktuelle Frage der Einbeziehung Berlins anbelange, so könne er nur erklären, daß die sowjetische Regierung bestrebt sei, das Vier-Mächte-Abkommen strikt einzuhalten. Die strikte Einhaltung des Vier-Mächte-Abkommens sei nicht nur Prüfstein für die Beziehungen mit der Bundesrepublik, sondern auch für die Beziehungen mit den drei Westmächten. Die Sowjetunion wolle mit den Drei Mächten noch mehr Abkommen abschließen. Falls jedoch das Vier-Mächte-Abkommen, das ein Schlüsselabkommen im Verhältnis der Sowjetunion zu den Drei Mächten sei, nicht eingehalten werde, so würde darunter die allgemeine Glaubwürdigkeit der Vertragspolitik leiden.

Er wolle nochmals unterstreichen, daß die Sowjetunion das Vier-Mächte-Abkommen voll erfüllen und anwenden wolle. Er erinnere sich genau, daß Breschnew dies dem Herrn Bundeskanzler und dem Minister anläßlich deren Besuch in Moskau so gesagt habe[4], und die sowjetische Seite habe damals gut verstanden, daß dies von der deutschen Seite mit Genugtuung aufgenommen und empfunden worden sei. Die Begleitung des amerikanischen Außenministers durch BM Genscher nach Berlin habe aber gezeigt, daß die Bundesregierung die Teile des Abkommens, die für sie günstig seien, in ihrem Sinne auslege und anwende, die für sie ungünstigen Teile aber praktisch fallenlasse. Für die Sowjetunion sei die Grenze des Möglichen erreicht. Die Mitreise des deutschen Außenministers in seiner offiziellen Funktion als Außenminister nach Berlin gehe über den Rahmen des Vierseitigen Abkommens hinaus. Die Sowjetunion habe sich verpflichtet gefühlt, hiergegen Einspruch einzulegen. Dieser habe sich nicht persönlich gegen Bundesaußenminister Genscher gerichtet; er sei vielmehr eine Reaktion auf die Nichteinhaltung des Abkommens gewesen.

Samjatin legte Wert darauf festzustellen, daß die DDR seit Unterzeichnung des Abkommens[5] sich keiner Verletzung des Vier-Mächte-Abkommens schuldig gemacht habe. Es sei der Bundesregierung nicht möglich, das Gegenteil zu beweisen; dies wiederum zeige, daß die Sowjetunion und die DDR alles unternehmen würden, um eine entspannte Situation herbeizuführen.

Was die Erklärung nach dem Vierer-Essen in Paris zu Berlin anbelange[6], so sei das nichts Neues. Dasselbe sei schon 1969 passiert.[7] Damals hätten aller-

---

[4] Bundeskanzler Schmidt und Bundesminister Genscher hielten sich vom 28. bis 31. Oktober 1974 in der UdSSR auf. Für das Gespräch mit dem Generalsekretär des ZK der KPdSU, Breschnew, am 29. Oktober 1974 in Moskau über Berlin vgl. AAPD 1974, II, Dok. 311.

[5] Das Vier-Mächte-Abkommen über Berlin wurde am 3. September 1971 unterzeichnet, das Schlußprotokoll am 3. Juni 1972.

[6] Am 28. Mai 1975 erklärten die Außenminister Genscher (Bundesrepublik), Sauvagnargues (Frankreich), Callaghan (Großbritannien) und Kissinger (USA): „Die Minister haben eingehend aktuelle und langfristige Fragen bezüglich Berlins geprüft. Sie haben den Vier-Mächte-Status von Berlin bekräftigt sowie die Notwendigkeit, alle Bestimmungen des Vier-Mächte-Abkommens vom 3. Sep-

dings die Westmächte gesagt, daß das damalige Verhalten nicht richtig gewesen sei. Die Bundesrepublik habe keine Beziehungen zum Status West-Berlins. Auch hier sei die Sowjetunion praktisch zu Reaktionen gezwungen gewesen. Er wolle die Frage stellen, ob es nützlich gewesen sei, die gegenseitigen Beziehungen so auf die Probe zu stellen. Seine Antwort sei klar: Nein.

Er wolle darauf hinweisen, daß in der Bundesrepublik bald gewählt werde.[8] Die Opposition nutze diese Streitereien alle aus, um die Koalition zu schwächen. Nützlicher sei doch vielmehr, darüber nachzudenken, wie man eine gemeinsame Linie[9] finden könne. Es sei doch nicht richtig, die Opposition in ihrer Kritik zu stärken.

Samjatin betonte weiter, daß es nicht gut sei, wenn dauernd versucht werde, das Vier-Mächte-Abkommen zu interpretieren; dies insbesondere durch die Bundesrepublik. Er wolle klar betonen, daß der Sowjetunion an der Verbesserung der Beziehungen zur Bundesrepublik liege. Was Breschnew anläßlich des Besuchs des Bundeskanzlers und des Außenministers in Moskau gesagt habe, bleibe in Kraft.

Minister erklärte, er habe bei verschiedenen Gelegenheiten seine Überzeugung zum Ausdruck gebracht, daß Rahmenbedingungen und Voraussetzungen für die Entspannungspolitik in allen Punkten nach wie vor gelten würden. Als er das letzte Mal in der Öffentlichkeit zu diesem Fragenkreis Stellung genommen habe[10], habe er sich allerdings gefragt, ob er es nach den Angriffen der Sowjetunion aus der letzten Zeit so noch sagen könne. Er habe sich entschlossen, es zu tun.

Die derzeitige Regierungskoalition habe in der Bevölkerung eine breite Unterstützung; dies hätten die letzten Landtagswahlen[11] gezeigt. Es habe hierüber

Fortsetzung Fußnote von Seite 678
  tember 1971 strikt einzuhalten und voll anzuwenden. Sie haben die Bedeutung unterstrichen, die sie der Lebensfähigkeit und Sicherheit von Berlin-West beimessen, die sie als essentielle Elemente der Entspannung betrachten." Vgl. BULLETIN 1975, S. 654.
7 Vor dem Hintergrund von Störungen des Verkehrs nach Berlin (West) im Zusammenhang mit der dortigen Abhaltung der Bundesversammlung am 7. März 1969 wurde am 9. April 1969 im Gespräch des Bundesministers Brandt mit den Außenministern Debré (Frankreich), Stewart (Großbritannien) und Rogers (USA) in Washington beschlossen, der Presse mitzuteilen, daß die Minister sich gegen die jüngsten Behinderungen des Zugangs nach Berlin (West) gewandt und ihre Entschlossenheit bekräftigt hätten, den freien Zugang aufrechtzuerhalten. Vgl. dazu auch AAPD 1969, I, Dok. 120.
8 Die Wahlen zum Bundestag fanden am 3. Oktober 1976 statt.
9 Die Wörter „eine gemeinsame Linie" wurden von Ministerialdirigent Meyer-Landrut hervorgehoben. Dazu vermerkte er handschriftlich: „Gegen die Opposition in unserem Lande!! – ganz schöner Grad von Einmischung in innere Angelegenheiten."
10 Bundesminister Genscher äußerte am 15. Mai 1975 im Bundestag: „Nach der Meinung der Bundesregierung sind die Rahmenbedingungen für die Politik der Entspannung und des Ausgleichs mit den Staaten Osteuropas unverändert vorhanden. Das gleiche gilt für die Interessenlagen, und zwar auf beiden Seiten.[...] Es gibt in Wahrheit zu der von uns gemeinsam mit unseren Verbündeten verfolgten realistischen Entspannungspolitik keine vertretbare Alternative." Dazu gehöre auch, „daß wir die Rolle Berlins im internationalen Entspannungskonzept erkennen und entsprechend wahrnehmen. In Berlin muß sich die Entspannungspolitik bewähren." Vgl. BT STENOGRAPHISCHE BERICHTE, Bd. 93, S. 11869f.
11 Am 2. März 1975 fanden die Wahlen zum Berliner Abgeordnetenhaus statt, bei denen die SPD einen Stimmenanteil von 42,6%, die FDP 7,1% erhielten. Es folgten am 9. März bzw. am 13. April 1975 die Wahlen zu den Landtagen in Rheinland-Pfalz und Schleswig-Holstein, bei denen auf die SPD 38,5% bzw. 40,1% und die FDP 5,6% bzw. 7,1% der abgegebenen Stimmen entfielen. Bei den Wahlen am 4. Mai 1975 zu den Landtagen im Saarland und in Nordrhein-Westfalen erhielten die

Fehleinschätzungen gegeben, insbesondere auch über die weitere Entwicklung. Nach den letzten Landtagswahlen sehe das In- und Ausland den klaren Kurs und auch den Fortbestand der Koalition als gegeben an; dasselbe gelte für die Politik dieser Koalition, die sie im Hinblick auf die Ostpolitik unverändert fortzusetzen gedenke.

Zur Berlin-Problematik: Es bleibe bei der Notwendigkeit der strikten Einhaltung und vollen Anwendung des VMA. Eine weitere Diskussion über die Einhaltung oder Nichteinhaltung des Vier-Mächte-Abkommens in der Öffentlichkeit sei schlecht.

Intern wolle er aber doch fragen, worin – nach sowjetischer Ansicht – durch seine Begleitung von Außenminister Kissinger nach Berlin das Vier-Mächte-Abkommen verletzt sei. In dieser Frage gebe es weder in der Bundesregierung noch in der öffentlichen Meinung irgendeinen Meinungsunterschied; aus unserer Sicht werde die Mitreise als absolut mit dem Vier-Mächte-Abkommen vereinbar angesehen. Bundesregierung habe dies vor Antritt der Reise sorgfältig geprüft.

Zum Kommuniqué nach dem Vierer-Essen: TASS habe sich in der Behauptung geirrt, das Abkommen sei unterschrieben worden.[12] Es sei nicht unterschrieben.

Im übrigen müsse Bundesregierung zu jeder Zeit das Recht für sich in Anspruch nehmen, sich zum Vier-Mächte-Abkommen zu äußern. Es sei absolut abwegig anzunehmen, daß der deutsche Außenminister sich hierzu nicht äußern dürfe.

Samjatin wies darauf hin, daß es sich bei dem Kommuniqué um eine Äußerung der drei Außenminister[13] gehandelt habe.

Minister erwiderte, daß dem in der Tat so sei, allerdings stimme die Bundesregierung mit dieser Meinung voll überein. Das habe er auch in Paris zum Ausdruck gebracht. Er wolle doch darauf hinweisen, daß beispielsweise auch die DDR ihre eigene Meinung zum Vier-Mächte-Abkommen haben und sich auch dazu äußern könne.

Samjatin antwortete ausweichend; er habe den Standpunkt seiner Regierung dargelegt, im übrigen sei Botschafter Falin der richtige Gesprächspartner in diesen Fragen für die Bundesregierung.

Minister erklärte, wenn Politiker sich treffen, sollten sie auch sich offen sagen, was sie denken und was sie bewegt. Selbstverständlich spreche er auch gern

---

Fortsetzung Fußnote von Seite 679
SPD 41,8% bzw. 45,1%, die FDP 7,4% bzw. 6,7%. Vgl. dazu WAHLHANDBUCH, S. 383, S. 853, S. 970, S. 1066 und S. 1143.

12 Am 3. Juni 1975 wurde in der sowjetischen Presse über das Treffen der Außenminister Genscher (Bundesrepublik), Sauvagnargues (Frankreich), Callaghan (Großbritannien) und Kissinger (USA) am 28. Mai 1975 in Paris berichtet. Das Kommuniqué, das auch von Genscher unterschrieben worden sei, habe mit der Realität nichts zu tun: Während Berlin (West) unter der Verantwortung der Vier Mächte stehe, sei Ost-Berlin seit 25 Jahren die Hauptstadt eines souveränen Staates, der DDR, und deren unzertrennbarer und integrierter Bestandteil. Es sei absolut unangemessen, Berlin (West) und die Hauptstadt der DDR auf eine Ebene zu stellen. Vgl. dazu den Artikel „Soglašenie dolžno vypolnjat'sja"; IZVESTIJA vom 3. Juni 1975, S. 3.

13 Jean Sauvagnargues (Frankreich), James Callaghan (Großbritannien) und Henry A. Kissinger (USA).

über diese Fragen mit Botschafter Falin. Bundesregierung sei stark daran interessiert, die Periode der gegenseitigen Vorwürfe zu überwinden.

Falin erklärte, die Begleitung von Außenminister Kissinger durch Außenminister Genscher sei zu messen an den Bedingungen des Vier-Mächte-Abkommens. Das besage, daß der besondere Charakter von Berlin-West nicht verletzt werden dürfe. Nach Meinung der sowjetischen Regierung gehe die Begleitung durch Minister Genscher nicht konform mit dem, was in dem Abkommen beschlossen worden sei. In der bisherigen Zeit seit Abschluß des Abkommens sei es viel ruhiger gewesen um Berlin. Die Sowjetunion gehe davon aus, daß es so bleibe. Herr van Well habe ihn vor dem Besuch Kissingers in Berlin angerufen und ihn darauf hingewiesen, daß Herr Genscher Herrn Kissinger aus Courtoisie begleite; hierzu könne er nur sagen, daß dies eine hochempfindliche „Courtoisie" sei.

Minister antwortete, dafür habe auch TASS in seiner Erklärung jetzt „hochempfindlich geschossen". Im übrigen stelle er nochmals die Frage, worin die Verletzung des Abkommens bestehe bzw. welche Bestimmung des Abkommens verletzt sei.

Falin antwortete, die offizielle Verletzung des Abkommens habe darin gelegen, daß durch die Mitreise Genschers eine Handlung vorgenommen worden sei, die den besonderen Charakter Berlins betreffe.

Samjatin gab ausweichend zu erkennen, daß er über diesen Punkt ungern weiter sprechen wolle; er wies darauf hin, daß er keine verantwortliche sowjetische Person sei; er bat darum, andere, beide Seiten interessierende Fragen anzusprechen.

Minister betonte, daß Bundesregierung beabsichtige, die vorliegenden Abkommen[14] möglichst bald zu Ende zu führen. Eine baldige Unterzeichnung wäre

---

14 Am 6. Juni 1975 resümierte Ministerialdirektor van Well den Stand der Gespräche mit der UdSSR über den Rechtshilfeverkehr in Zivil- und Handelssachen, das Zweijahresprogramm zum Kulturabkommen und das Abkommen über wissenschaftlich-technische Zusammenarbeit. Eine „definitive sowjetische Reaktion zu unserem auf besonderem Kanal übermittelten Formulierungsvorschlag" für eine zweiseitige sowjetische Protokollnotiz sowie eine einseitige sowjetische Protokollnotiz zum Übermittlungsweg von Rechtshilfeersuchen stehe noch aus; zusätzlich müsse eine Übereinkunft erzielt werden, daß der Rechtshilfeverkehr entsprechend den Protokollnotizen gleichzeitig aufgenommen werde und weitere Rechtsakte nicht erforderlich seien. Was das Zweijahresprogramm angehe, so seien einseitige Erklärungen beider Seiten zur Einbeziehung von Berlin (West) vorgesehen. Ungeklärt sei noch die Frage der Betreuung von Teilnehmern aus Berlin (West) am Kulturaustausch durch die diplomatischen Vertretungen; die Aussagen der sowjetischen Botschaft dazu seien „entweder zu vage oder unakzeptabel. Insbesondere muß sichergestellt werden, daß bei Berliner Veranstaltungen in der UdSSR Berliner Fahnen nicht aufgezogen werden können." Beim Abkommen über wissenschaftlich-technische Zusammenarbeit stelle sich weiterhin das Problem der Einbeziehung von Mitarbeitern der Bundesämter in Berlin (West), ohne die „ein Großteil des auf deutscher Seite in den einschlägigen Fachbereichen vorhandenen Sachverstandes für die Zusammenarbeit" verlorengehe. Die „personenbezogene Lösung" sehe vor, daß die UdSSR „alle Berliner Wissenschaftler, auch wenn sie Beamte sind", akzeptiere; jedoch sei sie hierzu im Falle der Leiter und stellvertretenden Leiter von Bundesämtern nicht bereit. Vgl. Referat 213, Bd. 112789.
Am 13. Juni 1975 schlug Ministerialdirigent Meyer-Landrut vor, die Gespräche mit der sowjetischen Botschaft über den Rechtshilfeverkehr und das Zweijahresprogramm zum Kulturabkommen weiterzuführen, das Projekt eines Abkommens über wissenschaftlich-technische Zusammenarbeit aber nicht weiterzuverfolgen, „bis die sowjetische Seite nicht mehr auf Ausschluß der Leiter und stellvertretenden Leiter der Berliner Bundesämter besteht". Auch sollten „Gespräche mit der sowjetischen Seite wegen des Termins der Ministerkonsultationen erst dann aufgenommen werden, wenn bei Rechtshilfe und Kulturprogramm in der Sache Einigung erzielt ist". Vgl. Referat 213, Bd. 112791.

ein Schritt nach vorn. Er hoffe, daß Botschafter Falin von seiner Sowjetunion-Reise mit positiven Antworten zurückgekommen sei und bald Kontakt mit dem Auswärtigen Amt aufnehmen werde.[15]

Auf die KSZE eingehend, erklärte der Minister, Bundesregierung sei daran interessiert, Konferenz bald zu Ende zu bringen. Der Bundeskanzler und er selber hätten dies immer wieder gesagt. Von diesem Bestreben lasse sich Bundesregierung auch dann leiten, wenn es von ganz bestimmter Seite Kritik einbringe. An uns solle baldiger Abschluß nicht scheitern.

Van Well wies auf die guten Fortschritte der letzten Zeit hin, insbesondere bei den Journalisten betreffenden Fragen.[16] Was den Abschlußtermin anbelange, so brauchten die Finnen bald grünes Licht.[17] Insgesamt seien es noch wenig offene Punkte. Er glaube, daß die offenen Fragen bald gelöst werden könnten.

Samjatin bewertete die Entwicklung der KSZE positiv. Offen bleiben nach seiner Meinung noch gewisse organisatorische Fragen. Aus sowjetischer Sicht bestünden keine Schwierigkeiten, die dem Abschluß entgegenstünden. Die sowjetische Regierung wolle die Konferenz in diesem Sommer abschließen. In den Massenmedien in der Bundesrepublik Deutschland sei zu lesen, daß die KSZE größte Vorteile für die UdSSR bringe. Deshalb bestehe auch vielfach der Eindruck, die Sowjetunion werde gegen Schluß der Konferenz alle westlichen Forderungen akzeptieren, um sie zu Ende zu bringen.

Ja, es werde sogar die Meinung vertreten, die Sowjetunion wolle das Ende der Konferenz um jeden Preis. Er wolle doch darauf hinweisen, daß die Konferenz allen Staaten nütze, auch und insbesondere der Bundesrepublik Deutschland. Die Bundesregierung müsse eine Interesse daran haben, daß durch das Ergebnis der Konferenz gezeigt werde, daß die Gesamtentwicklung in eine friedliche Richtung gehe. Die letzte Stufe der Konferenz gebe schließlich ja auch die Möglichkeit für bilaterale Kontakte.

Er wolle noch auf eine weitere Spekulation der Massenmedien hinweisen. Es werde kolportiert, die USA würden nach ihrer Niederlage in Vietnam[18] durch die Schlußphase der KSZE ein weiteres Tief für ihre Politik durchmachen. Die sowjetische Presse habe sich nie in dieser Richtung geäußert. Er lege Wert auf die Feststellung, daß die USA bei der KSZE außerordentlich viel Positives geleistet hätten.

Minister erwiderte, was die von Samjatin genannten Spekulationen angehe, so habe die Bundesregierung immer zum Ausdruck gebracht, daß sie die positiven

---

[15] Am 12. Juni 1975 notierte Vortragender Legationsrat I. Klasse Kühn aus einem Gespräch des Staatssekretärs Gehlhoff mit dem sowjetischen Botschafter am 6. Juni 1975: „Zur Frage der zur Zeit laufenden Verhandlungen über die deutsch-sowjetischen Abkommensprojekte konnte Falin – entgegen unseren Erwartungen – nichts Konkretes sagen". Vgl. Referat 010, Bd. 178577.

[16] Am 28. Mai 1975 akzeptierte die sowjetische KSZE-Delegation den Globalvorschlag westlicher Delegationen vom 15. Mai 1975 zu menschlichen Kontakten und Informationsaustausch. Vgl. dazu Dok. 138, Anm. 21.

[17] Am 28. Mai 1975 erklärte die finnische Delegation auf der KSZE in Genf: „Finland is, and will remain, ready to receive the third stage of the conference about four weeks after the taking of the decision regarding its date". Vgl. den Drahtbericht Nr. 1063 des Botschafters Blech, Genf (KSZE-Delegation); Referat 212, Bd. 100011.

[18] Zur Kapitulation der Regierung der Republik Vietnam (Südvietnam) gegenüber der Provisorischen Revolutionsregierung der Republik Südvietnam am 30. April 1975 vgl. Dok. 105, Anm. 4.

Seiten der KSZE sehe und unterstütze. Deshalb habe sich die Bundesregierung auch bei der KSZE so engagiert. Die überwiegende Presse sehe das auch in der Bundesrepublik Deutschland so. Beispielsweise sei ihm noch nie bei einer öffentlichen Versammlung die Frage vorgelegt worden, ob eine deutsche Teilnahme an der KSZE überhaupt sinnvoll sei. Im übrigen habe die Bundesregierung mit Aufmerksamkeit registriert, daß die sowjetische Presse nach Vietnam in der Beurteilung der amerikanischen Haltung außerordentlich zurückhaltend gewesen sei.

Sowohl die USA als auch die Bundesregierung seien an einem guten Ergebnis der KSZE interessiert. Gemeinsam werde der Entspannungsfortschritt gesehen. Das Interesse der Vereinigten Staaten an einem raschen Abschluß der KSZE habe nicht nachgelassen. Er habe dies mit Kissinger vor kurzem ausführlich besprochen.[19]

Samjatin stellte die Frage, wie Bundesminister die Nahost-Problematik sehe.

Minister erläuterte die deutsche Haltung, insbesondere die Neuner-Erklärung vom 6.11.1973.[20] Er wies darauf hin, daß wir diese unsere Haltung den arabischen Staaten und Israel mit zunehmend positiver Resonanz sagen würden. Minister berichtete über seine Nahost-Reise[21] und wies auf die besonders verantwortungsvolle Haltung von Sadat hin. Auch Israel habe in den letzten Tagen positive Signale gesetzt.[22] Bundesregierung begrüße alle dem Frieden dienenden Gespräche. Es sei dringend notwendig, alles zu tun, um friedliche Regelung anzustreben. Es habe in letzter Zeit auch den Anschein, daß keine fundamental verschiedene Einschätzung der Lage sichtbar würde.

Samjatin stellte die Frage, ob die USA nach deutscher Einschätzung eher einer erneuten Shuttle-Diplomatie zuneigen oder nach Genf[23] gehen wollten.

Minister antwortete, daß step-by-step-Diplomatie und Genf keine Gegensätze seien. Die Vereinigten Staaten würden wohl erst nach ihrem Gespräch mit Rabin[24] ihre endgültige Meinung festlegen.

Van Well wies darauf hin, daß Kissinger anläßlich seines letzten Besuchs die Teilnahme der PLO angesprochen habe.[25] Die offizielle Haltung der Vereinig-

---

[19] Zu den Gesprächen des Bundesministers Genscher mit dem amerikanischen Außenminister Kissinger am 21. Mai 1975 über die KSZE vgl. Dok. 127 und Dok. 130.

[20] Zur Nahost-Erklärung der Außenminister der EG-Mitgliedstaaten vom 6. November 1973 vgl. Dok. 29, Anm. 3.

[21] Bundesminister Genscher hielt sich vom 14. bis 16. April 1975 in Ägypten auf, besuchte am 16./17. April 1975 Saudi-Arabien und hielt sich am 18. April 1975 erneut in Kairo auf. Vgl. dazu Dok. 80 und Dok. 89.

[22] Am 2. Juni 1975 erklärte die israelische Regierung sich aus Anlaß der Wiedereröffnung des Suezkanals am 5. Juni 1975 zu Truppenreduzierungen am Suezkanal bereit. Für die Erklärung, die der Bundesregierung mit Schreiben des israelischen Botschafters Meroz vom 4. Juni 1975 an Bundesminister Genscher zur Kenntnis gegeben wurde, vgl. Referat 310, Bd. 104964.

[23] Zur Friedenskonferenz für den Nahen Osten in Genf vgl. Dok. 76, Anm. 20.

[24] Ministerpräsident Rabin führte vom 10. bis 13. Juni 1975 Gespräche mit Präsident Ford und dem amerikanischen Außenminister Kissinger in Washington. Vgl. dazu Dok. 163, Anm. 14.

[25] Der amerikanische Außenminister Kissinger äußerte während seines Besuchs in der Bundesrepublik am 15./16. Februar 1975 gegenüber der Presse auf Schloß Gymnich: „We have nothing to discuss with the PLO until the PLO recognizes the existence of Israel and of the relevant resolutions." Vgl. DEPARTMENT OF STATE BULLETIN, Bd. 72 (1975), S. 289.

ten Staaten sei deshalb besonders schwierig festzulegen, weil die öffentliche Meinung in den USA in der PLO-Frage absolut negativ festgelegt sei.

Minister erklärte, er habe positiv verstanden, daß die sowjetische Seite bei ihren Gesprächen mit Arafat auf das Problem der Existenzsicherung Israels hingewiesen habe.[26]

Samjatin betonte, die Sowjetunion habe dies immer getan. Ägypten sei damit einverstanden.

Falin fügte hinzu, die Sowjetunion habe die Existenz Israels nie in Frage gestellt. Sie habe vielmehr darüber bereits eingehend mit Nasser Verhandlungen geführt.

Samjatin kam nochmals auf die Shuttle-Diplomatie Kissingers zurück und erinnerte an Breschnew-Erklärung, daß die Sowjetunion nichts gegen eine step-by-step-Politik im Nahen Osten habe, wenn es deren Ziel sei, die durch Israel besetzten Gebiete freizubekommen.

Die Shuttle-Diplomatie könne aber nur zu einer Zwischenlösung führen, nämlich zu einem Truppen-Disengagement. Dies werde aber zur Folge haben, daß Israel auch weiterhin gegen die arabischen Länder vorgehe. Nur eine Zwischenlösung sei aber aus der Sicht der Sowjetunion nicht ideal.

Minister erklärte, nach seiner Einschätzung wollten die USA die Nahost-Frage endgültig lösen. Dies gehe natürlich manchmal nur schrittweise in der Praxis.

Van Well betonte, daß die USA schon wegen der bevorstehenden Wahl in den Vereinigten Staaten[27] eine endgültige Lösung anstrebten.

Minister betonte, daß der amerikanische Präsident[28] große und ehrliche Anstrengungen mache, um in der Nahost-Frage voranzukommen, ebenso Außenminister Kissinger.

Samjatin kam nochmals darauf zurück, daß ein Disengagement das Problem nicht endgültig löse. Ein Krieg könne sich trotzdem entfalten. Ein Rückzug lediglich der Panzer bringe keine endgültige Lösung. Deshalb müsse es zu Genf kommen, und Genf müsse sorgfältig vorbereitet sein.

Minister erklärte, daß die step-by-step-Diplomatie den Sinn habe, den Abbau der Konfrontation zu fördern.

Samjatin bedankte sich abschließend für das Gespräch. Er wies darauf hin, daß für ihn insbesondere auch die Gespräche mit den Abgeordneten des Deutschen Bundestages interessant gewesen seien.

Im übrigen sollte nach Meinung des Ministers überlegt werden, was am 12. August getan werden könne, um eine positive Würdigung des deutsch-sowjeti-

---

26 Der PLO-Vorsitzende Arafat hielt sich vom 28. April bis 5. Mai 1975 in der UdSSR auf und führte mehrere Gespräche mit dem sowjetischen Außenminister Gromyko. Gesandter Balser, Moskau, teilte dazu am 8. Mai 1975 mit: „Für eine Änderung der PLO-Haltung gegenüber Israel gibt das Kommuniqué keine Anhaltspunkte. Gerüchteweise verlautet aus hiesigen arabischen Botschaften, Sowjets hätten während der Verhandlungen versucht, Arafat dafür zu gewinnen, Israel in den Grenzen von 1967 zu akzeptieren, vorausgesetzt, daß die Israelis die PLO als alleinige Vertreterin des pal[ästinensischen] Volkes anerkennen." Vgl. den Drahtbericht Nr. 1544; Referat 310, Bd. 104963.
27 Am 2. November 1976 fanden in den USA Präsidentschaftswahlen sowie Wahlen zum Repräsentantenhaus und Teilwahlen zum Senat statt.
28 Gerald R. Ford.

schen Abkommens²⁹ zu ermöglichen. Auch der Öffentlichkeit sollte gezeigt werden, daß wir an einer Entspannung interessiert sind.

Referat 213, Bd. 112758

148

Aufzeichnung des Staatssekretärs Gehlhoff

014-893/75 geheim 6. Juni 1975

Betr.: Deutsch-polnische Beziehungen

Zu obigem Thema fand heute unter Leitung des Bundeskanzlers eine Besprechung statt. Weitere Gesprächsteilnehmer: BM Genscher, BM Apel, BM Arendt, StS Schüler, StS Gehlhoff, MD Sanne. Dauer der Besprechung von 9.30 Uhr bis 11.10 Uhr.

Der Bundeskanzler leitete mit der Bemerkung ein, die polnische Seite sei an einer Rentenpauschale, an einer hiermit verbundenen „politischen Komponente"[1] und an einem Finanzkredit interessiert. Das deutsche Interesse richte sich in erster Linie auf die Umsiedlung. Diese Komplexe gelte es zu erörtern.

BM Apel führte eingangs aus, er sei von der politischen Notwendigkeit, eine derartige, für uns mit hohen finanziellen Aufwendungen verbundene Regelung zu treffen, nicht überzeugt; wohl aber sei er bereit, eine solche Regelung nach außen voll mitzutragen. Wegen des Finanzkredits seien drei Wege untersucht worden: 1) Bereitstellung des Kredits durch die Bundesbank. Dieser Weg habe sich, trotz eines gewissen Wohlwollens von Präsident Klasen, als nicht gangbar erwiesen. 2) Volle Einstellung in den Haushalt. Dies sei innenpolitisch außerordentlich schwer zu verteidigen. 3) Infolgedessen bleibe nur der Weg, den Finanzkredit durch die KW[2] bereitstellen zu lassen. Rechtlich sei dies ohne weiteres möglich. Im Rahmen eines durch die KW zu gewährenden Kredits sei allerdings die Form eines liefergebundenen, mit präferentiellen Zinssätzen ausgestatteten Kredits nicht möglich, da Polen ein Industrieland sei. Also müßte die notwendige Zinsverbilligung über den Haushalt finanziert werden. Belastung für den Haushalt etwa 50 bis 60 Mio. DM jährlich. Hierin stecke ein gefährliches Präjudiz. Außerdem könne nicht völlig ausgeschlossen werden, daß

---

[29] Für den Wortlaut des Vertrags vom 12. August 1970 zwischen der Bundesrepublik und der UdSSR vgl. BUNDESGESETZBLATT 1972, Teil II, S. 354 f.

[1] Am 22. April 1975 führte Ministerialdirigent Dreher aus, Polen fordere eine Rentenpauschale in Höhe von 1,3 Mrd. DM: „Dieser Betrag wird in 700 Millionen DM für die Sozialversicherung und in einen Betrag von 600 Millionen DM für Wiedergutmachung aufgeteilt." Dem stehe das Angebot der Bundesregierung von 500 Millionen DM gegenüber. Vgl. Referat 513, Bd. 1228.
Vgl. dazu auch Dok. 61.

[2] Kreditanstalt für Wiederaufbau.

unter Hinweis auf Artikel 110 GG (Schattenhaushalt!)[3] gewisse verfassungsrechtliche Bedenken auftauchen könnten, doch müsse man dies wohl in Kauf nehmen. Jedenfalls gebe es keinen anderen Weg.

Der Bundeskanzler erwähnte noch, daß die noch im vorigen Jahr ins Auge gefaßte Möglichkeit, den Finanzkredit aus der Ausgleichsrücklage zu finanzieren, inzwischen gegenstandslos geworden sei. Außerdem wies er darauf hin, daß die KW sich die Gelder für den Kredit aus Saudi-Arabien holen werde; die KW habe berichtet, daß Saudi-Arabien geradezu nach soliden Anlagemöglichkeiten suche.

BM Arendt führte zum Rentenproblem aus: Wegen der 1960[4] vorgenommenen Reform der RVO[5] seien wir rechtlich bisher nicht verpflichtet, individuelle oder pauschale Renten nach Polen zu zahlen. Allerdings gebe es ein Urteil zweiter Instanz in der Sozialgerichtsbarkeit, das uns zu diesen Zahlungen doch verpflichten könnte.[6] Hier bleibe die vor dem Bundessozialgericht anhängige Revision abzuwarten. Infolgedessen bestehe ein gewisses deutsches Interesse an einer Rentenpauschalzahlung an Polen. 500 Mio. DM seien angeboten worden. In den deutsch-polnischen Verhandlungen sei von den Polen der vorgesehene Artikel 16, welcher die Zahlung aufgrund individueller Ansprüche ausschließen solle[7], zuletzt wieder in Frage gestellt worden. Die Polen sagten uns, sie

---

[3] In Artikel 110 Absatz 2 des Grundgesetzes vom 23. Mai 1949 war festgelegt: „Der Haushaltsplan wird vor Beginn des Rechnungsjahres durch Gesetz festgestellt. Die Ausgaben werden in der Regel für ein Jahr bewilligt; sie können in besonderen Fällen auch für einen längeren Zeitraum bewilligt werden. Im übrigen dürfen in das Bundeshaushaltsgesetz keine Vorschriften aufgenommen werden, die über das Rechnungsjahr hinausgehen oder sich nicht auf die Einnahmen und Ausgaben des Bundes oder seiner Verwaltung beziehen." Vgl. BUNDESGESETZBLATT 1949, S. 15.

[4] Korrigiert aus: „1961".

[5] Die Reichsversicherungsordnung vom 19. Juli 1911 wurde durch Artikel 2 des Gesetzes vom 25. Februar 1960 zur Neuregelung des Fremdrentenrechts und Auslandsrentenrechts und zur Anpassung der Berliner Rentenversicherung an die Vorschriften des Arbeiterrentenversicherungs-Neuregelungsgesetzes und des Angestelltenversicherungs-Neuregelungsgesetzes (Fremdrenten- und Auslandsrenten-Neuregelungsgesetz – FANG) geändert. Für den Wortlaut vgl. BUNDESGESETZBLATT 1960, Teil I, S. 113–116.

[6] Ministerialdirigent Dreher führte dazu am 22. April 1975 aus, daß aufgrund eines Urteils des Landessozialgerichts Nordrhein-Westfalen vom 6. Dezember 1973 nach den Bestimmungen der Reichsversicherungsordnung „insbesondere zwei Personengruppen Ansprüche auf Rentenzahlungen gegenüber den deutschen Versicherungsträgern geltend machen" könnten: „in Polen lebende Deutsche im Sinne des Art. 116 GG, die im früheren deutschen Reichsgebiet (nach dem Stande vom 31. Dezember 1937) einen reichsgesetzlichen Versicherungstatbestand erfüllt haben […]; Polen, die im Deutschen Reich entweder als Wanderarbeitnehmer in den Jahren 1920 bis 1933 oder als Zwangsarbeiter in den Jahren 1939 bis 1945 gearbeitet haben und dabei einen versicherungsrechtlichen Tatbestand erfüllt haben. Das Urteil beruht auf den §§ 1318 und 1321 RVO. Das Landessozialgericht hat die ehemaligen Ostgebiete auf Grund der durch den Warschauer Vertrag veränderten völkerrechtlichen Lage als Ausland bzw. Gebiet eines auswärtigen Staates angesehen. Die Auffassung des BMA und des Auswärtigen Amts, daß es sich weiterhin um sogenanntes rentenrechtliches Niemandsland (ebenso wie die DDR) handele, wurde vom Gericht nicht geteilt. Es muß damit gerechnet werden, daß das Bundessozialgericht die Auffassung des Landessozialgerichts bestätigen wird." Würde dieses Urteil rechtskräftig, hätte dies nach Berechnungen des Bundesministeriums für Arbeit „eine jährliche Belastung von 350–450 Millionen DM zur Folge". Vgl. Referat 513, Bd. 1228.

[7] Artikel 16 des Entwurfs für ein Abkommen zwischen der Bundesrepublik und Polen über Renten- und Unfallversicherung in der vom 21. bis 25. April 1975 ausgehandelten Fassung: „Leistungen der Renten- und Unfallversicherung, die nach den Vorschriften der Bundesrepublik Deutschland nicht als Leistungen der Sozialen Sicherheit gelten, werden Personen, die im Gebiet der Volksrepublik Polen wohnen, nicht gewährt." Vgl. Referat 214, Bd. 116657.

6. Juni 1975: Aufzeichnung von Gehlhoff   148

hätten Verständnis für unsere Probleme, doch sei ihnen eine Akzeptierung des vorgesehenen Artikels 16 nicht möglich, vielmehr sollten wir Paragraph 1321 der RVO[8] ändern.[9] Was die Höhe der Rentenpauschale anbetreffe, so wolle er betonen, daß eine einmalige Zahlung ausgeschlossen sei und nur eine Ratenzahlung in Frage komme.

Der Bundeskanzler warf ein, Artikel 16 müßte ein Bestandteil des Vertrages werden; dies müsse gegenüber Polen auch erreichbar sein.

StS Gehlhoff warf ein, es sei bisher nicht klar erkennbar, ob die Polen Artikel 16 aus grundsätzlichen Erwägungen wieder in Frage gestellt hätten oder aber aus taktischen Erwägungen, um eine Trumpfkarte in der Hand zu behalten. Außerdem wies er darauf hin, daß Artikel 16 als eine lex specialis gegenüber Paragraph 1321 RVO angesehen werden müßte.

Der Bundeskanzler forderte, daß dieser Aspekt (lex specialis) in der Begründung zum Ratifizierungsgesetz für das Rentenabkommen aufgeführt werden müsse.

BM Genscher bedauerte, daß die von ihm schon vor vielen Wochen aufgeworfene Frage, ob das vorgesehene und weitgehend ausgehandelte Abkommen ver-

---

[8] Paragraph 1321 der Reichsversicherungsordnung in der Fassung vom 25. Februar 1960: „1) Deutschen im Sinne des Artikels 116 Abs. 1 des Grundgesetzes und früheren deutschen Staatsangehörigen im Sinne des Artikels 116 Abs. 2 Satz 1 des Grundgesetzes, die sich gewöhnlich im Gebiet eines auswärtigen Staates aufhalten, in dem die Bundesrepublik Deutschland eine amtliche Vertretung hat, kann die Rente insoweit gezahlt werden, als sie nicht auf nach dem Fremdrentengesetz gleichgestellte Zeiten und auf Grund solcher Zeiten anrechenbare Ersatz- und Ausfallzeiten entfällt. [...] 5) Früheren deutschen Staatsangehörigen im Sinne des Artikels 116 Abs. 2 Satz 1 des Grundgesetzes stehen Personen gleich, die zwischen dem 30. Januar 1933 und dem 8. Mai 1945 das Gebiet des Deutschen Reichs verlassen haben, um sich einer von ihnen nicht zu vertretenden und durch die politischen Verhältnisse bedingten besonderen Zwangslage zu entziehen, oder aus den gleichen Gründen nicht in das Gebiet des Deutschen Reichs zurückkehren konnten. 6) Die Bundesregierung kann durch Rechtsverordnung mit Zustimmung des Bundesrates bestimmen, daß der gewöhnliche Aufenthalt in einem sonstigen Gebiet außerhalb des Geltungsbereichs dieses Gesetzes dem gewöhnlichen Aufenthalt im Gebiet eines auswärtigen Staates gleichsteht, in dem die Bundesrepublik Deutschland eine amtliche Vertretung hat." Vgl. BUNDESGESETZBLATT 1960, Teil I, S. 114.

[9] Am 6. Mai 1975 berichtete Botschafter Ruete, Warschau, daß ihm der stellvertretende Abteilungsleiter im polnischen Außenministerium, Makosa, mitgeteilt habe, „daß die jetzige Form des Artikels 16 des Sozialversicherungsabkommens für die polnische Regierung nicht akzeptabel sei. [...] Wahrscheinlich werde für die polnische Seite nur eine einseitige deutsche Erklärung in Betracht kommen." Vgl. den Drahtbericht Nr. 350; Referat 214, Bd. 116657.
Ministerialdirigent Haase, Bundesministerium für Arbeit und Sozialordnung, z. Z. Warschau, informierte am 15. Mai 1975 über Expertengespräche vom 13./14. Mai 1975: „Beide Seiten stimmen darin überein, daß Ermessensleistungen gemäß Para[graph] 1321 RVO auch nach Inkrafttreten des Abkommens nicht nach Polen überwiesen werden sollten." Es sei aber unmöglich gewesen, dafür eine Vertragsformulierung zu finden. Die polnische Seite habe kein Verständnis dafür gezeigt, daß das Abkommen und die vorgesehene Pauschalzahlung in der Bundesrepublik nur dann zu rechtfertigen seien, wenn „nicht nur der Export von Pflichtleistungen aus dem Bereich der Renten- und Unfallversicherung grundsätzlich ausgeschlossen bleibt, sondern in gleicher Weise auch der Export der finanziell erheblich mehr ins Gewicht fallenden Ermessensleistungen gemäß Para. 1321 RVO. Demgegenüber gab die polnische Seite deutlich zu erkennen, daß es ihr lediglich darum gehe zu vermeiden, daß durch Ermessensleistungen polnische Staatsangehörige, die nach deutscher Auffassung auch deutsche Staatsangehörige sind, günstiger behandelt werden als alle anderen polnischen Staatsangehörigen. [...] Der polnischen Seite sei es nicht möglich, durch die Annahme des Art. 16 zusätzliche Umsiedlungsanreize zu schaffen". Zudem könne sie auch keine Formulierung akzeptieren, die die These stütze, „daß die Oder-Neiße-Gebiete kein Ausland seien". Vgl. den Drahtbericht Nr. 377; Referat 214, Bd. 116657.

687

fassungskonform sei[10], noch nicht abschließend geprüft sei. Der Bundeskanzler wies daraufhin StS Schüler an, in einem zweiten Schreiben an das BMJ diese Frage nochmals anzumahnen und hiervon Doppel an das AA und das BMA zu richten.[11]

Der Bundeskanzler warf sodann die Frage der „politischen Komponente" auf: Woher könnten die 600 Mio. DM genommen werden; welche Verpackung ließe sich dafür finden?

BM Arendt kam darauf zurück, daß Paragraph 1321 RVO kein altes (traditionelles) Recht sei. Dieser Artikel sei lediglich zugunsten Israels und der USA in die RVO eingefügt worden. Außerdem handele es sich lediglich um eine Kann-Bestimmung. Es stelle sich also die Frage, ob man diesen Artikel ändern (streichen) könne und solle. Eine Möglichkeit hierfür sei vielleicht aus Anlaß des Rentenanpassungsgesetzes gegeben, das zum 1. Juli 1976 verabschiedet werden müsse.[12]

BM Arendt erklärte sodann, daß die 700 Mio. DM-Pauschale aus der Rentenversicherung aufgebracht werden könnte, jedenfalls wenn die Pauschale zeitlich gestreckt ausgezahlt werde. Er äußerte, daß wohl auch die „politische Komponente" aus der Rentenversicherung aufgebracht werden könne.

Hierzu erklärte der Bundeskanzler die Bereitschaft, die Rentenversicherung hinsichtlich der 600 Mio. DM zu remutionieren[13].

Die Bundesminister Arendt und Apel wurden alsdann beauftragt, durch ihre Staatssekretäre Eicher bzw. Pöhl prüfen zu lassen, in welcher Weise die 600 Mio. DM durch die Rentenversicherung aufgebracht werden könnten.

BM Arendt erklärte, daß die 700 Mio. DM-Pauschale nur in drei Raten ausgezahlt werden könne. Es wurde sodann übereinstimmend festgestellt, daß dies auch für die 600 Mio. DM gelten müsse, daß die Auszahlung beider Beträge also synchronisiert erfolgen müsse. Auf Hinweis von StS Gehlhoff, daß mit Zahlung der Rentenpauschale erst nach Ratifizierung des Abkommens begonnen werden könne, wurde nach kurzer Diskussion einmütig festgestellt, daß dann auch der Beginn der Auszahlungen aus dem Finanzkredit (in drei Raten) erst 1976 erfolgen könne. Der Bundeskanzler warf noch auf, es wäre wünschenswert, wenn die Höhe der Ratenzahlung nicht völlig gleichmäßig wäre, sondern daß, falls möglich, auf eine geringere erste Rate eine stärkere zweite Rate folgen und dann wieder eine geringere dritte Rate gezahlt werden sollte. Dieser Punkt wurde jedoch nicht vertieft.

Zu den Konditionen des Finanzkredits äußerte BM Apel: Maximales Zugeständnis sei eine Laufzeit von 15 Jahren bei fünf Freijahren und Auszahlung in drei Raten; der Zinssatz dürfe auf allerhöchstens 2,5 Prozent gesenkt werden.

---

10 Vgl. dazu das Schreiben des Ministerialdirigenten Dreher vom 16. Mai 1975 an das Bundesministerium für Arbeit und Sozialordnung; Dok. 113, Anm. 4.

11 Für das Schreiben des Staatssekretärs Schüler, Bundeskanzleramt, vom 11. Juni 1975 an Bundesminister Vogel vgl. Referat 513, Bd. 1228.
Für die am 7. Juli 1975 übermittelte verfassungsrechtliche Stellungnahme der Bundesministerien des Innern und der Justiz vgl. Referat 214, Bd. 116657.

12 Für den Wortlaut des 19. Rentenanpassungsgesetzes vom 3. Juni 1976 vgl. BUNDESGESETZBLATT 1976, Teil I, S. 1373–1380.

13 So in der Vorlage.

Der Bundeskanzler bezeichnet es als ein Verhandlungsziel, die Rückzahlungspflicht mindestens pro rata Auszahlung der Tranchen, vielleicht sogar schon von Auszahlung der ersten Tranche an laufen zu lassen. In gleicher Weise sollte auch über das Problem der fünf Freijahre verhandelt werden.

Zum Thema Umsiedlung erinnerte BM Genscher daran, daß wir 1973 eine Umsiedlerzahl von 150 000 plus Besserungsklausel verlangt hätten.[14] Heute seien wir mit unseren Gesamtzahlungen von einer auf vielleicht 2,3 Mrd. DM hinaufgegangen. Verhandlungsnotwendigkeit sei also, ein gewisses Fixum für die Umsiedlerzahl sowie eine Offenhalteklausel zu erreichen. Wir müßten nach außen deutlich machen, daß 1973 zwar deutsche Wünsche geäußert wurden, aber keine Vereinbarung erreicht worden sei. Wir müßten das anzustrebende Fixum an Umsiedlern in drei Jahren abwickeln, die Umsiedlung möglichst schnell in Gang bringen und dürften unter keinen Umständen unter 100 000 bleiben. In einer allgemeinen kurzen Diskussion wurde bestätigt, daß die Zahl von 100 000 Umsiedlern (abgesehen vom Besserungsschein) die äußerste Rückfallposition sei.[15]

Gehlhoff

VS-Bd. 524 (014)

---

[14] Zu den Ergebnissen des Besuchs des polnischen Außenministers Olszowski am 6./7. Dezember 1973 in der Bundesrepublik vgl. Dok. 11, Anm. 9.

[15] Am 13. Juni 1975 vermerkte Staatssekretär Gehlhoff, er habe „gemäß der Besprechung im Bundeskanzleramt vom 6. Juni 1975" dem polnischen Botschafter Piątkowski Gespräche „mit dem Ziel der vollen Normalisierung" der Beziehungen zwischen der Bundesrepublik und Polen vorgeschlagen: „Die Bundesregierung hoffe, daß dieser neue Anlauf zu einem vollen Erfolg führen werde; sie könne freilich eine Garantie hierüber nicht abgeben. Infolge dessen halte sie es für zweckmäßig, wenn der neue Anlauf zunächst ganz besonders vertraulich unternommen werde." Er rege daher an, daß Piątkowski den Ersten Sekretär des ZK der PVAP, Gierek, in Warschau persönlich über die Absichten der Bundesregierung unterrichte. Die Bundesregierung halte es auch für zweckmäßig, wenn „zumindest für den Beginn der Gespräche und Verhandlungen der polnische Botschafter in Bonn einen entsprechenden Auftrag erhalte. Letztlich sei es aber Sache der polnischen Staatsführung, wen sie zu ihrem Gesprächs- und Verhandlungsführer bestimme." Vgl. VS-Bd. 524 (014); B 150, Aktenkopien 1975.
Am 18. Juni 1975 überbrachte Piątkowski das Einverständnis der polnischen Regierung zu diesen Vorschlägen. Vgl. dazu die Aufzeichnung von Gehlhoff; VS-Bd. 524 (014); B 150, Aktenkopien 1975.

149

Botschafter Freiherr von Wechmar, New York (UNO), an das Auswärtige Amt

114-13002/75 VS-vertraulich Aufgabe: 6. Juni 1975, 09.30 Uhr[1]
Fernschreiben Nr. 1038 Ankunft: 6. Juni 1975, 15.53 Uhr
Citissime

Betr.: Südafrika
hier: angebliche Kooperation NATO–Südafrika
Bezug: Erlaß vom 23.9.74 – 232-381.28

1) Aus der Vertretung Dänemarks bei den VN wurde uns vertraulich ein Schreiben des Sekretärs der britischen Anti-Apartheidbewegung, Abdul S. Minty, vom 3.6.75 an den Vorsitzenden des VN-Apartheidausschuß[2] mit Memorandum und Dokumenten in Fotokopie zugeleitet. In dem Schreiben wird mitgeteilt, daß die britische Anti-Apartheid-Bewegung in den Besitz von Dokumenten gelangt ist, die eine militärische Kooperation auf hoher Ebene zwischen Südafrika und mehreren Westmächten enthüllen. Die Dokumente decken angeblich auf, daß der NATO-Verteidigungscode der Regierung in Pretoria zur Verfügung steht und zur Kodifizierung von Ausrüstungsgegenständen und Ersatzteilen für das neue militärische Kommunikationssystem (Project Advokaat) verwendet wurde.[3]

In dem Memorandum wird auf den Beitrag verwiesen, den deutsche Firmen (AEG-Telefunken, Siemens, MAN) bei der Entwicklung des Projekts Advokaat leisteten. Neben den USA, Großbritannien und Frankreich werden zum ersten Mal auch die Niederlande und Dänemark als Mitwirkende genannt.[4]

Die Anschuldigungen werden untermauert durch Fotokopien von NATO-Kodifizierungslisten für Ersatzteile und Ablichtungen von Schreiben des südafrikanischen Marinehauptquartiers vom 18.5.73 an die Südafrika-Botschaft in Köln und von der Firma AEG-Telefunken an das Materialamt der Bundeswehr vom 30.8.72, das der südafrikanischen Botschaft in Bonn nachrichtlich zuging. Die

---

[1] Hat Vortragendem Legationsrat I. Klasse Schmitz vorgelegen.
[2] Edwin Ogebe Ogbu.
[3] Für das Schreiben des Sekretärs der britischen Anti-Apartheitbewegung, Minty, vgl. Referat 232, Bd. 115772.
[4] In dem Memorandum wurde erläutert, daß das „Projekt Advokaat" der Überwachung von Schiffsbewegungen diene und den gesamten afrikanischen Kontinent abdecken könne. Weiter wurde ausgeführt: „Project Advokaat is just one of a series of projects undertaken by the Pretoria régime to expand its defence role in the South Atlantic and Indian Oceans and promote a closer military alliance with the major Western Powers. [...] Documents which we have recently received expose the high level of involvement of companies in several NATO countries in developing the Advokaat system. Even more serious is the fact that NATO and several of its members have been directly engaged in the planning and development of this system which is directly linked to NATO's interest and activity outside its defined regional area. We also know that the Federal Republic of Germany was directly involved in this system; it is public knowledge that certain German companies played a major role in helping to develop this system – AEG-Telefunken, Siemens and MAN." Vgl. Referat 232, Bd. 115772.

NATO-Kodifizierungslisten enthalten handschriftliche Eintragungen. Weiteres detaillierteres „Beweismaterial" wird angekündigt.

2) Es ist zu erwarten, daß besonders aufgrund unserer wiederholten Dementis einer Zusammenarbeit zwischen NATO und Südafrika uns die „Enthüllungen" des Herrn Minty im Kreis der afrikanischen Staaten bei den VN erhebliche Schwierigkeiten bereiten werden. Sicherlich wird der Ostblock die Situation auszuschlachten versuchen.

3) Abdul S. Minty hat am 4.6.75 nachmittags auf einer VN-Pressekonferenz die unter 1) aufgeführten Unterlagen an VN-Journalisten verteilt, einschließlich der Ablichtungen der fünf Seiten NATO-Materialkodifizierungslisten. Minty behauptete auf der Pressekonferenz, die geheimen NATO-Dokumente erwiesen die Einbeziehung Südafrikas in die NATO-Zusammenarbeit. Fragen nach dem Ursprung der Listen wich er aus.

Auf Anfragen von Presse und Agenturen zu den Behauptungen Mintys und dem Wert der vorgelegten Dokumentation hat Vertretung nach Rücksprache mit Pressereferat und dem Militärattachéstab der Botschaft Washington als erste vorläufige Stellungnahme erklärt, daß Sache von zuständiger Seite geprüft würde, und hat darauf verwiesen, daß diese NATO-Kodifizierungslisten keineswegs geheim seien, sondern in den NATO-Mitgliedsländern von den Firmen, die als Lieferanten für den gesamten militärischen Beschaffungsbereich tätig werden, als Materialkodifizierungshilfe Verwendung finden. Eine große Zahl der auf den Listen aufgeführten Artikel hätten sowohl einen zivilen wie militärischen Verwendungszweck.

4) Vertretung bittet um drahtliche Sprachregelung für die zu erwartende Diskussion in den VN und Öffentlichkeit.[5]

Die Unterlagen (Brief, Memorandum und Korrespondenz) werden mit nächstem Kurier vorgelegt.[6]

[gez.] Wechmar

VS-Bd. 9975 (232)

---

[5] Am 11. Juni 1975 übermittelte das Bundesministerium der Verteidigung eine „Formulierungshilfe" für die Weisung an die Ständige Vertretung bei der UNO in New York: „1) Aus dem Vorhandensein von in der NATO üblichen Materialkatalogen in Südafrika auf eine militärische Zusammenarbeit zu schließen, ist unzulässig, da solche Listen offen sind und auch teilweise im kommerziellen Bereich verwendet werden. 2) Trotz der strengen Rüstungsexportbestimmungen, die sich die Bundesregierung selbst auferlegt hat, kann nicht ausgeschlossen werden, daß in Einzelfällen ausgeführtes Gerät von dem Empfängerland einer militärischen Verwendung zugeführt wird. Auch daraus kann keine militärische Zusammenarbeit abgeleitet werden." Zu Erläuterung wurde mitgeteilt, daß das System zur Katalogisierung von Material und Versorgungsartikeln „keine Ausrüstungsdaten" enthalte: „Einen sogenannten ‚NATO-Verteidigungskode' gibt es im System nicht." Was das „Advokaat"-Projekt angehe, so werde dafür Gerät der Firma AEG-Telefunken eingesetzt. Sofern eine Genehmigungspflicht bestehe, sei diese 1968 durch das Bundesamt für gewerbliche Wirtschaft erteilt worden. Vgl. VS-Bd. 9608 (201); B 150, Aktenkopien 1975.

[6] Die Unterlagen wurden mit Schriftbericht Nr. 1128 am 6. Juni 1975 von Gesandtem von Hassell, New York (UNO), übermittelt. Vgl. Referat 232, Bd. 115772.

150

Aufzeichnung des Vortragenden Legationsrats I. Klasse Rumpf

511-544.10/1   10. Juni 1975[1]

Über Herrn Staatssekretär[2] Herrn Minister[3]

Betr.: Veröffentlichung der Kriegsgefangenendokumentation[4]

Zweck der Vorlage: Herbeiführung der Entscheidung des Herrn Ministers über Freigabe der Dokumentation

Vorschlag: Zustimmung zur Freigabe der Dokumentation für den Vertrieb durch den Buchhandel

Anlagen: 1) Schnellbrief des BMI vom 15.5.1975[5]
2) Abweichendes Votum der Abt. 2 vom 6. Juni 1975[6]

1) Die Dokumentation „Zur Geschichte der deutschen Kriegsgefangenen des Zweiten Weltkrieges", die im Auftrage und mit Mitteln des Bundesministeriums des Innern von einer Wissenschaftlerkommission erarbeitet wurde, ist Anfang 1975 abgeschlossen worden. Sie umfaßt 20 Bände und zwei Beihefte.

Gemäß Beschluß des Haushaltsausschusses des Bundestages von 1963 ist für Freigabe zum Vertrieb durch den Buchhandel Zustimmung des Auswärtigen Amts erforderlich.

---

[1] Die Aufzeichnung wurde von Vortragendem Legationsrat I. Klasse Strothmann und von Vortragendem Legationsrat Urbanek konzipiert.

[2] Hat Staatssekretär Sachs am 10. Juni 1975 vorgelegen.

[3] Hat Bundesminister Genscher vorgelegen, der handschriftlich für Ministerialdirigent Kinkel vermerkte: „1) Ich bitte zunächst die Notiz über das einschlägige Ko[alitions]-Gespr[äch] vom Bu[ndes] K[anzler]A[mt] beizuziehen. 2) W[ieder]v[orlage] 13.6."
Hat Kinkel am 10. Juni 1975 vorgelegen.

[4] Am 23. November 1974 teilte Bundesminister Maihofer Bundesminister Genscher mit, daß in Kürze der letzte Band der Dokumentation zur Geschichte der deutschen Kriegsgefangenen des Zweiten Weltkriegs vorliegen werde, über deren Freigabe das Auswärtige Amt zu entscheiden habe: „Ich möchte mich für die Freigabe aussprechen. [...] Bei den Überlegungen über die Freigabe oder weitere Sperre sollte auch bedacht werden, daß im Ausland bekannt ist, daß wir Material gesammelt, ausgewertet und gedruckt haben. Im Falle anhaltender Sperre könnte dort gefolgert werden, daß die Dokumentation unwissenschaftlich sei, Greuelnachrichten enthalte und infolge dessen der Öffentlichkeit nicht übergeben werden könne. Ich meine, das Gegenteil trifft zu." Vgl. Referat 511, Bd. 102663.
Im Koalitionsgespräch am 21. März 1975 stellte Maihofer fest, „daß ein Erscheinen im gegenwärtigen Zeitpunkt ein Politikum sei". Bundeskanzler Schmidt vertrat „die Auffassung, daß man heute nicht anders handeln solle als Bundesregierung vor der Großen Koalition, die diese Dokumentation zur VS-Sache erklärt habe. Man müsse die Frage stellen, wem diese Dokumentation dienen solle." Bundesminister Genscher sprach sich dafür aus, die Dokumentation vor einer Entscheidung über ihre Freigabe zunächst von Sachverständigen lesen zu lassen. Schmidt beauftragte Maihofer daraufhin, „einen Kabinettsbeschluß auf der Grundlage dieser Diskussion" vorzubereiten: „Es sollte die Möglichkeit geben, die abschließende Drucklegung zu verschieben." Vgl. Helmut-Schmidt-Archiv, 1/HSAA 009369.

[5] Dem Vorgang beigefügt. Das Bundesministerium des Innern übermittelte den Entwurf einer Kabinettvorlage zur Dokumentation „Zur Geschichte der deutschen Kriegsgefangenen des Zweiten Weltkrieges". Vgl. dazu Anm. 9.

[6] Dem Vorgang beigefügt. Vgl. Anm. 12.

Eine solche Zustimmung wurde 1964 für die beiden ersten (Jugoslawien betreffenden) Bände erteilt. Gegen Freigabe der später gedruckten Bände erhob das Auswärtige Amt bislang außenpolitische Bedenken. Es gestattete jedoch deren Weitergabe an 430 Behörden und Institutionen (darunter 39 Bibliotheken im Ausland) unter der Bedingung, daß die Dokumentation nur für amtliche oder wissenschaftliche Zwecke zugänglich gemacht wird. Die Dokumentation war zwischen 1969 und 1974 Gegenstand von sechs parlamentarischen Anfragen im Bundestag. In den Antworten wurde jeweils erklärt, daß über die Freigabe erst bei Vorliegen der Gesamtdokumentation entschieden werden würde.[7]

Der damalige Bundesinnenminister Genscher erklärte am 11.5.1973, daß „die Dokumentation nach Abschluß, also etwa 1974, sicher allen zugänglich gemacht werde".[8]

In dem Entwurf für die Kabinettvorlage schlägt das Bundesministerium des Innern die Freigabe der Dokumentation für den Vertrieb durch den Buchhandel vor.[9]

2) Für die Freigabe spricht:

2.1) Die Dokumentation ist mit wissenschaftlicher Genauigkeit und höchstmöglicher Objektivität erarbeitet worden. Sie ist auf umfangreiches Grundlagenmaterial gestützt, darunter auch auf veröffentlichte Berichte internationaler Organisationen (Rotes Kreuz u. a.) und amtliche Darstellungen einzelner Gewahrsamsmächte.

Sie ist keine Dokumentation der Bundesregierung, sondern das Ergebnis freier wissenschaftlicher Forschung.

---

[7] Der CDU-Abgeordnete Baier stellte am 25. April 1969 im Bundestag die Frage, wie viele Bände der Dokumentation über das Schicksal der deutschen Kriegsgefangenen des Zweiten Weltkriegs fertiggestellt seien, ob es zutreffe, „daß das Auswärtige Amt gegen die Veröffentlichung dieser Bände Einspruch erhoben hat", und welche Gründe es dafür gebe. Bundesminister Brandt stellte dazu fest, bereits bei Einsetzung „der zur Herausgabe der Dokumentation bestimmten Kommission" 1957 sei vereinbart worden, „daß die Forschungsergebnisse nicht veröffentlicht werden sollten. Diese sollten vielmehr archivarischen Charakter haben und für wissenschaftliche Arbeiten zur Verfügung stehen". Vgl. BT STENOGRAPHISCHE BERICHTE, Bd. 69, S. 12629.
Am 22. Oktober 1971 antwortete Parlamentarischer Staatssekretär Moersch auf eine erneute Anfrage von Baier: „Die Veröffentlichung der Gesamtdokumentation wird nach dem Vorliegen aller Bände, wie vorgesehen, geprüft." Vgl. BT STENOGRAPHISCHE BERICHTE, Bd. 77, S. 8408.
Weitere Anfragen stellten die CDU-Abgeordneten Josten, Reddemann, Schmöle und Werner am 11. Mai 1973 bzw. am 25. September 1974. Vgl. dazu BT STENOGRAPHISCHE BERICHTE, Bd. 82, S. 1679, und Bd. 89, S. 7910 f.

[8] Für den Wortlaut der Ausführungen des Bundesministers Genscher vgl. BT STENOGRAPHISCHE BERICHTE, Bd. 82, S. 1679.

[9] In dem am 15. Mai 1975 übermittelten Entwurf einer Kabinettvorlage zur Dokumentation „Zur Geschichte der deutschen Kriegsgefangenen des Zweiten Weltkrieges" führte das Bundesministerium des Innern zur Begründung des Votums auf Freigabe an, daß die in der Vergangenheit geäußerte Sorge des Auswärtigen Amts, die Dokumentation werde „die Beziehungen einiger Gewahrsamsländer zur Bundesrepublik belasten [...], weil dort der Eindruck einer ‚Gegenrechnung' entstehen könnte, in der die deutsche Kriegsgefangenschaft und ihre Opfer aufgerechnet wurden gegen die eigenen Kriegsschäden oder die in Deutschland verstorbenen ausländischen Kriegsgefangenen", unbegründet sei. Mit der Vielzahl der verwendeten Quellengruppen sei „für die Geschichte der deutschen Kriegsgefangenschaft in den betreffenden Ländern ein Grad von Objektivität erreicht, wie er gerade in der Zeitgeschichtsforschung keineswegs selbstverständlich ist. Das Prinzip höchstmöglicher Objektivität ist auch dadurch nicht eingeschränkt worden, daß die gesamten Kosten aus Mitteln des Bundeshaushalts getragen worden sind." Vgl. Referat 511, Bd. 111825.

2.2) Die Dokumentation kann bereits, wenn auch unter einschränkenden Voraussetzungen, an 430 Stellen, darunter Universitätsbibliotheken, eingesehen werden; sie dürfte daher allen interessierten Regierungen bekannt sein. Bisher sind hieraus keine Belastungen für die Beziehungen zu den ehemaligen Gewahrsamsmächten entstanden.

Eine im Frühjahr 1972 in der Illustrierten „Quick" in sechs Fortsetzungen erschienene auszugsweise Wiedergabe der Kriegsgefangenendokumentation[10] hatte so gut wie keinen Widerhall in der Öffentlichkeit.

2.3) Der zeitliche Abstand von 30 Jahren dürfte bei den meisten Lesern bewirken, daß die früher mit starken Emotionen beladenen Fragen heute mehr aus historischer Perspektive gesehen werden. Derzeitiger Preis pro Band 59,- DM. Die Veranstaltungen zum 30. Jahrestag des Kriegsendes sind inzwischen überall zu Ende. Die Veröffentlichung der Dokumentation kann daher jetzt kaum noch als Versuch einer Aufrechnung mit Schilderungen der Verhältnisse in deutschen Gefangenenlagern gedeutet werden.

2.4) Im Rahmen unserer offenen Gesellschaftsordnung muß jede Art der Geheimhaltung die begründete Ausnahme bleiben. Eine anhaltende Sperre würde mit Sicherheit zu Protesten, nicht nur des Heimkehrerverbandes, führen. Bundesminister Genscher könnte mit seiner Erklärung vom 11.5.1973 konfrontiert werden. Die Dokumentation würde dann erst recht, und auf ungünstige Weise, in das Rampenlicht gezogen werden.

2.5) Bei den Überlegungen über Freigabe oder Sperre sollte auch bedacht werden, daß im Ausland bekannt ist, daß hier jahrelang umfangreiches Material gesammelt und ausgewertet wurde. Im Falle anhaltender Sperre könnten uneingeweihte Kreise folgern, daß die Dokumentation die früheren Gewahrsamsmächte stark belaste oder gar Greuelmärchen enthalte und infolgedessen der Öffentlichkeit nicht übergeben werden könne.

2.6) In der Sowjetunion und in der DDR sind zahlreiche einschlägige Arbeiten erschienen, die als zentrales Thema die erfolgreiche ideologische Umerziehung der deutschen Kriegsgefangenen behandeln. Bei anhaltender Sperre für unsere Dokumentation würde in der internationalen Meinungsbildung zwangsläufig allein das von der östlichen Seite geprägte Bild gelten.

3) Abteilung 2 befürchtet eine polemische Reaktion der Sowjetunion und ihrer Verbündeten[11] und hat sich deshalb in anliegendem Votum vom 6.6.1975 gegen eine völlige Freigabe des Vertriebs durch den Buchhandel ausgesprochen.[12]

---

[10] Die Illustrierte „Quick" veröffentlichte in wöchentlichen Folgen vom 8. März bis 2. August 1972 eine Serie unter dem Titel „Die geheime Kriegsgefangenen-Dokumentation", als deren Quelle neben anderen die Dokumentation „Zur Geschichte der deutschen Kriegsgefangenen des Zweiten Weltkriegs" angegeben war. Die ersten sechs, vom 8. März bis 12. April 1972 erschienenen Fortsetzungen befaßten sich mit den deutschen Kriegsgefangenen in der UdSSR.

[11] Zu den Reaktionen der sowjetischen bzw. polnischen Regierung auf Pressemeldungen über eine bevorstehende Veröffentlichung der Dokumentation der Vertreibung bzw. zur Geschichte der deutschen Kriegsgefangenen des Zweiten Weltkriegs vgl. Dok. 38 und Dok. 47.

[12] Ministerialdirektor van Well führte aus: „Gegen den dortigen Vorschlag, dem Kabinettsentwurf des BMI für eine unbeschränkte Freigabe der Dokumentation zum Vertrieb durch den Buchhandel zuzustimmen, bestehen erhebliche außenpolitische Bedenken [...]. Die fruchtlose Diskussion würde auf beiden Seiten in Gang gesetzt. Eine derartige Entwicklung, die nur zu einer Belastung unserer Beziehungen mit dem Osten führen müßte, sollte vermieden werden." Van Well schlug vor, eine unbeschränkte Freigabe für den Buchhandel abzulehnen; „gegen eine angemessene Erweiterung

4) Abteilung 5 hält an dem Vorschlag, die Zustimmung zu erteilen, fest und bittet um Entscheidung, welche Stellungnahme das Auswärtige Amt gegenüber dem Bundesminister des Innern abgeben soll.[13]

i.V. Rumpf

Referat 511, Bd. 111825

151

Deutsch-ungarische Regierungsgespräche

214-321.11 UNG   11./12. Juni 1975[1]

An den Gesprächen[2] haben teilgenommen

auf deutscher Seite: BM Genscher, Botschafter Kersting, MD van Well, MD Dr. Hermes, Dg Schödel, VLR I Dr. Finke-Osiander (214), VLR I Terfloth (013), VLR Hölscher (421), VLR Disdorn (214), Dolmetscher Aufricht;

auf ungarischer Seite: AM Puja, Botschafter Hamburger, Dr. Randé, Dr. Petrán, Herr Nagy, Dr. Kovács, Lajos Deli, Dolmetscher Czeglédi.

Fortsetzung Fußnote von Seite 694

des bisherigen Empfängerkreises bestehen jedoch keine Bedenken". Bei einem abweichenden Votum des Kabinetts „wäre den politischen Bedenken des AA mindestens insoweit Rechnung zu tragen, daß die Veröffentlichung der Dokumentation frühestens im kommenden Jahr freigegeben wird". Vgl. Referat 511, Bd. 111825.

13 Am 7. Oktober 1975 vermerkte Staatssekretär Gehlhoff, daß das Bundesministerium des Innern „möglichst bald die Zustimmung des Auswärtigen Amts zur Veröffentlichung der Kriegsgefangenendokumentation zu erhalten" wünsche. Er habe darauf hingewiesen, daß zunächst der Besuch des Bundespräsidenten Scheel vom 10. bis 15. November 1975 in der UdSSR abzuwarten sei und erst danach eine Entscheidung getroffen werden solle. Nach außen hin sei „von der noch nicht abgeschlossenen Prüfung durch die Bundesregierung zu sprechen, nicht aber auf die fehlende Zustimmung des Auswärtigen Amts hinzuweisen". Vgl. Referat 511, Bd. 111825.
Am 17. Oktober 1975 wurde auf einer Ressortbesprechung mitgeteilt, „daß auf der Frankfurter Buchmesse im Druffel-Verlag ein Buch über das Schicksal der deutschen Kriegsgefangenen in Osteuropa unter dem Titel ‚Verbrechen der Sieger' ausgestellt gewesen sei, und zwar als ‚Blindband'". Dabei handele es sich nach Auskunft des für den Druck und Vertrieb der Kriegsgefangenendokumentation zuständigen Verlages Gieseking um Auszüge aus den einschlägigen Bänden. Vgl. die Aufzeichnung des Ministerialdirigenten Dreher; Referat 213, Bd. 112793.
Am 8. Dezember 1975 vermerkte Dreher, der Verlag Gieseking habe am 5. November 1975 dem Bundesministerium des Innern mitgeteilt, „daß für ihn ein längeres Warten nicht mehr zumutbar sei, zumal ihm mit der angekündigten Veröffentlichung von Auszügen der Dokumentation ein weiterer Schaden drohe. Er werde mit der Verbreitung der verlagseigenen Exemplare im Dezember d. J. beginnen. Bei Prüfung der Vertragsunterlagen stellte das Bundesministerium des Innern fest, daß der Gieseking-Verlag für sein Vorhaben nicht auf die vorherige Freigabe durch die Bundesregierung angewiesen ist." Dreher teilte mit, daß die Institutionen, die die Dokumentation bereits besäßen, informiert worden seien, „daß ihre Verpflichtung zur Sekretierung nunmehr gegenstandslos geworden sei". Vgl. Referat 511, Bd. 131685.

1 Die Gesprächsaufzeichnung wurde von Vortragendem Legationsrat Disdorn am 20. Juni 1975 gefertigt.
2 Der ungarische Außenminister Puja hielt sich vom 11. bis 13. Juni 1975 in der Bundesrepublik auf. Für das Gespräch mit Bundeskanzler Schmidt am 12. Juni 1975 vgl. Dok. 156.

Dauer der Gespräche am 11. Juni: 16.30–18.30 Uhr, am 12. Juni: 10.00–11.45 Uhr.

Bundesminister *Genscher* begrüßte den ungarischen Gast und schlug – unter Bezugnahme auf das zuvor (im Ministerzimmer) geführte Begrüßungsgespräch – vor, zuerst die internationalen Fragen zu behandeln.

BM Genscher erläuterte dann den Stand und unsere Einschätzung der Entspannungspolitik in Europa. Unsere mit den osteuropäischen Staaten abgeschlossenen Verträge[3] befänden sich jetzt in der Anwendungsphase. Die mit diesen Verträgen eingeleitete bilaterale Entspannung betrachteten wir als einen wichtigen Teil unserer Entspannungsbemühungen, als deren anderer Teil wir unsere Bemühungen im Rahmen der KSZE ansähen.

In der KSZE seien erstaunliche Fortschritte erzielt worden. Er wolle auch erwähnen, daß sich in einer Debatte im Bundestag über die KSZE im vergangenen Herbst[4] eine große Übereinstimmung auch hinsichtlich der Standpunkte der Oppositionsparteien ergeben habe. Die Bundesregierung habe immer vertreten, daß bei entsprechenden Ergebnissen die Konferenz bald und auf höchster Ebene abgeschlossen werden könne. Wir seien der Auffassung, daß die noch offenen Fragen lösbar sind. Die Bundesregierung sei sehr daran interessiert, daß die Konferenz zu einem Abschluß komme, weil wir glaubten, daß dies für die Entspannung einen wesentlichen Schritt nach vorn bedeute und dann auch die Lösung einer Reihe bilateraler Fragen leichter werde.

Außenminister *Puja* erwiderte, daß er für eine ganze Reihe von Punkten feststellen könne, daß sich auch die ungarischen Ansichten mit den eben gehörten Ausführungen über die internationale Lage und die KSZE deckten.

Ungarischerseits pflichte man der Auffassung bei[5], daß die Bemühungen um Entspannung in der letzten Zeit vorangekommen sind. Richtig sei auch, daß die internationale Entspannungspolitik gegenwärtig zur Hauptrichtung der internationalen Politik geworden sei. Ein wichtiges Element in der europäischen Entspannungspolitik sei jedoch das Deutschland-Problem. Ungarischerseits habe man die Vertragsabschlüsse der Bundesrepublik Deutschland mit der Sowjetunion, der DDR[6] und anderen osteuropäischen Staaten mit Interesse verfolgt.

Er wolle jedoch auf einige Erscheinungen hinweisen, die Sorge bereiteten. Ungarn habe immer vertreten, daß die KSZE zu einem schnellen Abschluß gebracht werden solle. Ungarischerseits sei man immer davon ausgegangen, daß

---

[3] Die Bundesrepublik unterzeichnete am 12. August 1970 in Moskau den Vertrag mit der UdSSR; es folgte am 7. Dezember 1970 der Vertrag mit Polen über die Grundlagen der Normalisierung ihrer gegenseitigen Beziehungen. Für den Wortlaut vgl. BUNDESGESETZBLATT 1972, Teil II, S. 354 f. und S. 362 f.
Am 11. Dezember 1973 wurde in Prag der Vertrag über die gegenseitigen Beziehungen zwischen der Bundesrepublik und der ČSSR unterzeichnet. Für den Wortlaut vgl. BUNDESGESETZBLATT 1974, Teil II, S. 990–992.
Am 21. Dezember 1973 vereinbarte die Bundesrepublik die Aufnahme diplomatischer Beziehungen mit Bulgarien und Ungarn. Zu den Notenwechseln vgl. AAPD 1973, III, Dok. 420 und Dok. 421.

[4] Am 17. Oktober 1974 fand im Bundestag eine Debatte zur Großen Anfrage der CDU/CSU-Fraktion über die KSZE statt. Vgl. dazu BT STENOGRAPHISCHE BERICHTE, Bd. 89, S. 8326–8420.

[5] Korrigiert aus: „zu".

[6] Am 21. Dezember 1972 wurde der Vertrag über die Grundlagen der Beziehungen zwischen der Bundesrepublik und der DDR unterzeichnet. Für den Wortlaut des Vertrags sowie der begleitenden Dokumente vgl. BUNDESGESETZBLATT 1973, Teil II, S. 423–429.

die Konferenz nicht sämtliche Probleme lösen könne. Sie sei eine wichtige Etappe, die nun abgeschlossen werden sollte. Ein erfolgreicher Abschluß der KSZE trage dazu bei, daß die Probleme im einzelnen dann auf der Ebene der bilateralen Beziehungen gelöst werden könnten. In Genf seien in den letzten Wochen große Erfolge erzielt worden. Die Bereitschaft aller Teilnehmer vorausgesetzt, könne die Konferenz nach ungarischer Auffassung bis Ende Juli zum Abschluß gebracht werden. Ungarn sei gegen jede Art von Verzögerungstaktik und werde dagegen auftreten. Die jetzt noch offenen Probleme seien nicht von großer Wichtigkeit.

Wenn die Konferenz erst unter Dach und Fach sei, dann sei die Möglichkeit gegeben, in bilateralen Vereinbarungen die erreichten Ergebnisse zu realisieren. Denn es sei nicht genug, sich in Konferenzdokumenten etwa für die Förderung der Kulturbeziehungen auszusprechen, wichtig sei vor allem, was dann in bilateralen Abkommen festgelegt werde. Darauf komme es vor allem deshalb an, weil es auch innerhalb der einzelnen Gruppen im Osten und Westen unterschiedliche Auffassungen gebe. Ungarn wolle z. B. seine Beziehungen zur Türkei fördern. Ungarischerseits wisse man aber schon jetzt, daß die Türkei niemals z. B. im Informationsaustausch so weit gehen könnte wie Österreich. Er sei, um ein anderes Beispiel zu nennen, auch sicher, daß die Bundesrepublik Deutschland weiter gehen könne als Rumänien. Ohne bilaterale Vereinbarungen, die die Grundsätze der KSZE ausfüllten, gehe es daher nicht. Das bedeute aber auch, daß es nicht notwendig erscheine, in Genf über die kleinen Probleme zu verhandeln. Dies führe nur dazu, daß der Abschluß hinausgezögert werde. Er habe in den letzten Tagen mit dem französischen Außenminister und auch mit dem französischen Staatspräsidenten gesprochen.[7] Auch sie seien der Meinung, daß die KSZE zu einem baldigen Abschluß kommen könne. Die Engländer, Belgier, Dänen und neuerdings auch die USA verzögerten die Verhandlungen.

Ungarn sei für einen baldigen Abschluß der Konferenz. Wenn sie andererseits erst im Oktober abgeschlossen werden könne, dann sei dies auch keine Katastrophe. Ihm sei bekannt, daß es im Westen Spekulationen gebe, daß die Sowjetunion und andere sozialistische Staaten auf eine Verzögerung der Konferenz aus seien. Dies treffe jedoch nicht zu. Man halte den Abschluß für dringend, jedoch wolle man ihn nicht um jeden Preis haben.

Ungarn interessiere besonders die Fortführung nach dem Abschluß der Konferenz. Ungarischerseits wird die Haltung der Gemeinschaft in dieser Frage nicht verstanden. Ungarn sei der Meinung, daß eine ständige Organisation notwendig sei, die sich mit den nach Abschluß der Konferenz neu auftretenden Problemen beschäftige und die die Vorbereitungen für eine weitere Sicherheitskonferenz einleite.[8] Die langfristige ungarische Perspektive gehe davon aus, daß es in Zukunft keine Blöcke mehr gebe. In diese Richtung gehe die Entwicklung. Der Abschluß der Konferenz auf höchster Ebene sei von wesentlicher Be-

---

[7] Der ungarische Außenminister Puja hielt sich vom 5. bis 7. Juni 1975 zu Gesprächen mit dem französischen Außenminister Sauvagnargues in Paris auf und wurde auch von Staatspräsident Giscard d'Estaing empfangen. Vgl. dazu das Kommuniqué; LA POLITIQUE ETRANGÈRE 1975, I, S. 197 f.

[8] Zur Diskussion über ein Folgeorgan der KSZE vgl. Dok. 133, besonders Anm. 19 und 20.

deutung. Ohne einen solchen Abschluß wäre ein Rückschlag für die europäischen Entspannungsbemühungen zu befürchten.

Nach seinen Informationen schiene ihm, als ob die deutsche Delegation auf der KSZE zur Zeit besonders die militärischen Aspekte vorantreibe. Ungarischerseits verstehe man nicht den Sinn solcher Bemühungen. Nach dem Treffen zwischen Gromyko und Kissinger[9] habe man eigentlich das Gegenteil erwarten können. Bei dieser Gelegenheit habe AM Kissinger erklärt, daß durch Beobachtungssatelliten alles festgestellt werden könne, auch der kleinste LKW. Kissinger habe allerdings hinzugefügt, daß die europäischen Verbündeten gleichwohl weiterhin größten Wert auf die vertrauensbildenden Maßnahmen legten. Seit Wochen werde davon gesprochen, ob der einzubeziehende Gebietsstreifen 100 oder 150 km tief sein solle, über die Größe der Truppeneinheiten und anderes.[10] All dies habe jedoch keine praktische Bedeutung. Ungarischerseits habe man auch Verständnis dafür, wenn die neutralen Staaten großen Wert auf die vertrauensbildenden Maßnahmen legten, weil sie keinen Zugang zu Informationen haben. Innerhalb des NATO-Bündnisses gebe es aber einen solchen Informationsaustausch. Er habe daher für die Haltung der westeuropäischen Staaten kein Verständnis. Man verliere nur Zeit. Er sei der Meinung, daß die Konferenz jetzt zu einem Ende kommen sollte. Die zweite Phase sei erschöpft.

BM *Genscher* wies in seiner Erwiderung darauf hin, daß alle Teilnehmer an einem baldigen Abschluß der Konferenz interessiert seien. Es sei nicht richtig, daß wir die militärischen Dinge in besonderem Maße betonten. Allerdings hielten wir die territorialen Parameter für besonders wichtig. Wir seien der Überzeugung, daß auch in dieser Hinsicht ein vernünftiges Maß an Gegenseitigkeit erreicht werden müsse. Die Bundesrepublik Deutschland stelle ihr ganzes Territorium zur Verfügung. Sie könne deshalb auch erwarten, daß Länder, die nicht ihr ganzes Territorium zur Verfügung stellten, in einem vernünftigen Ausmaß einbezogen würden.

In der Frage einer Nachfolgeorganisation zur KSZE gingen wir davon aus, daß die Konferenz damit jetzt nicht belastet werden sollte. Die Mitgliedstaaten der EG seien der Meinung, daß erst Erfahrungen gesammelt werden müßten. Erst nach Ablauf von etwa zwei Jahren könne man sagen, daß eine gewisse Übersicht gewonnen sei. Im Grundgedanken: Ablehnung der Vorstellung, daß die Konferenz zu Ende sei und dann nichts mehr weiter passiere, sei man sich einig. Man unterscheide sich nur in der Frage der organisatorischen Form für die Zeit nach Abschluß der Konferenz.

Für die Konferenz selbst komme es darauf an, daß Lösungen gefunden werden, die für alle Teilnehmer annehmbar sind. Wir stünden unter keinem Zeitdruck. Unsere Delegation sei jedoch angewiesen worden, so zügig wie möglich zu verhandeln. BM Genscher stellte dann an D 2 die Frage, wann die Verhandlungen zu Ende sein müßten, damit die Konferenz noch im Juli abgeschlossen werden könne.

---

[9] Zum Gespräch des sowjetischen Außenministers Gromyko mit dem amerikanischen Außenminister Kissinger am 19./20. Mai 1975 in Wien vgl. Dok. 127.
[10] Zur Diskussion auf der KSZE in Genf über die Parameter bei Manövervorankündigungen vgl. Dok. 154.

D 2 erwiderte, daß Finnland erklärt habe, daß es für die Organisation des Treffens in Helsinki eine Vorbereitungszeit von vier Wochen benötige.[11] Wenn die Konferenz somit noch im Juli abgeschlossen werden solle, müßten die Verhandlungen bis zum 30. Juni abgeschlossen sein.

BM *Genscher* sagte dann, daß er noch einige Ausführungen zur Entspannung insgesamt machen wolle. Nach Auffassung der Bundesregierung seien die Voraussetzungen der Entspannung auch im bilateralen Verhältnis unverändert. Das gelte für unser Verhältnis zur Sowjetunion wie auch für das zur DDR. Es gebe einige Differenzen, die Berlin beträfen, aber wir hofften, daß sie bald beseitigt würden und daß dann zur sachlichen Arbeit übergegangen werden könne. Das Vier-Mächte-Abkommen wollten wir strikt, aber auch voll anwenden. Mit der DDR stünden einige sehr interessante Vertragsprojekte an. Wir hofften, daß wir auch im Verhältnis zur DDR das Klima des Vertrauens erhöhen könnten.

Erfreulich sei die Entwicklung der wirtschaftlichen Beziehungen. Gerade treffe sich die deutsch-sowjetische Kommission in Bonn.[12] Es zeige sich, daß gerade in diesem Bereich Perspektiven vorhanden seien, die in die Zukunft wiesen. Es gebe einige gemeinsame langfristige Projekte, die ein wichtiges Element des Vertrauens darstellten. In den wirtschaftlichen Beziehungen sähen wir nicht nur die ökonomische Seite, sondern auch die Möglichkeit, das gegenseitige Vertrauen zu erhöhen. In diesem Sinne seien auch die Wirtschaftsbeziehungen unter politischem Aspekt zu sehen.

AM *Puja* wiederholte, daß ungarischerseits die Lage der internationalen Entspannung generell positiv eingeschätzt werde. Er sei nicht pessimistisch. Dennoch müsse er sagen, daß einige kalte Winde wehten, die einen negativen Einfluß ausübten. Ungarischerseits glaube man nicht, daß diese Einflüsse in der Lage wären, den Prozeß der Entspannung umzukehren; jedoch sei möglich, daß sie ihn für eine gewisse Zeit zum Stillstand brächten. Negative Einflüsse habe es bereits vor dem Auszug der Amerikaner aus Vietnam[13] gegeben. In letzter Zeit hätten sie sich jedoch gehäuft.

So komme man zu ganz unterschiedlichen Beurteilungen bei der Lektüre von Erklärungen AM Kissingers und des amerikanischen Verteidigungsministers Schlesinger. Störende Einflüsse gingen auch von China aus. China sei zwar ein sozialistisches Land, in Wirklichkeit habe seine Politik jedoch damit nichts zu tun. Sie werde vielmehr zunehmend von einer anti-sowjetischen Haltung bestimmt. Auch deutsche Zeitungen schrieben bereits, daß China darauf aus sei, gemeinsam mit den kapitalistischen Ländern die Sowjetunion politisch einzukreisen. Diese Politik stelle eine Gefahr dar, weil China nicht die entsprechende Macht habe und seine Politik deshalb unberechenbar werde. Dies könne nicht in alle Zeit so weitergehen. Man hoffe deshalb, daß in China bald eine Gruppe an die Macht komme, die eine realistische Politik betreibe. Die gegenwärtige Politik Chinas habe negative Auswirkungen auf die Entspannung.

---

11 Vgl. dazu die Mitteilung der finnischen KSZE-Delegation vom 28. Mai 1975; Dok. 147, Anm. 17.
12 Die fünfte Tagung der deutsch-sowjetischen Kommission für wirtschaftliche und wissenschaftlich-technische Zusammenarbeit fand vom 9. bis 11. Juni 1975 statt. Vgl. dazu Dok. 155, Anm. 3 und 5.
13 Zur Kapitulation der Regierung der Republik Vietnam (Südvietnam) gegenüber der Provisorischen Revolutionsregierung der Republik Südvietnam am 30. April 1975 vgl. Dok. 105, Anm. 4.

Nach ungarischer Auffassung seien auch die europäischen Integrationsbestrebungen zu den negativen Einflüssen zu zählen. Man sehe darin eine echte Gefahr für die Entspannung. Die wirtschaftlichen Diskriminierungen bremsten auch die Entspannungsbemühungen ab. Er wolle nur den Importstop der EG für Rindfleisch[14] erwähnen. Die ungarische Wirtschaft habe daraus einen außerordentlich hohen Schaden erlitten. Ungarn habe sich mit seiner Rinderzucht auf die westliche Nachfrage eingestellt. Aufgrund nur eines Federstriches habe die Produktion nicht mehr verkauft werden können. Ein Ausweg habe nur dadurch gefunden werden können, daß die Sowjetunion die Fleischproduktion mit freien Devisen aufgekauft habe. Für Ungarn stelle sich die Frage, wohin es sich orientieren solle. Derartige Maßnahmen schränkten die Möglichkeiten ein. Zwar sei Ungarn der deutsche Standpunkt in der Rindfleischfrage bekannt, doch sei dies ein schwacher Trost.

Ein weiterer Gefahrenpunkt für die Entspannung sei die politische Einigung Europas unter Einschluß der Verteidigung. Der Plan einer europäischen Verteidigungsgemeinschaft liege zwar – wie ihm auch der französische Ministerpräsident[15] gesagt habe – noch in weiter Zukunft, aber er habe schon heute Auswirkungen. Hinsichtlich der Verteidigungsgemeinschaft verstehe man nicht, wozu sie dienen solle. EG- und NATO-Beschlüsse hätten blockbildenden Charakter mit generell negativen Rückwirkungen für die sozialistischen Staaten.

Im Rahmen der Entspannungsbemühungen spielten auch die deutsch-deutschen Beziehungen eine große Rolle. Wenn in diesem Bereich Störungen aufträten, so habe dies Rückwirkungen auf den Entspannungsprozeß insgesamt. Wenn die DDR oder die Bundesrepublik Deutschland behaupte, sie habe in einer bestimmten Frage recht, so möge dies in der Sache bedeutungslos sein. Von Bedeutung sei aber die Auswirkung auf die Entspannung. Auch Ungarn beschäftige sich sehr mit dem Deutschland-Problem. Wenn die Bundesrepublik Deutschland die DDR nicht als einen gleichberechtigten Staat ansehe, dann könnten hieraus viele Probleme entstehen. Entsprechendes gelte in der Berlin-Frage. Das Vier-Mächte-Abkommen habe nicht für alle Fragen eine Regelung geben können. So komme es, daß die Bundesrepublik Deutschland ihm in vielen Punkten eine andere Deutung gebe. Das führe dazu, daß die Atmosphäre schlechter werde. Nach ungarischer Auffassung wäre es besser für den Entspannungsprozeß, wenn die Bundesrepublik Deutschland in der Berlin-Frage weniger demonstrativ handele. Ungarischerseits sei es unverständlich, warum das Bundesamt für Umweltschutz nach Berlin gelegt worden sei.[16] Er wolle nicht kritisieren, aber er sei der Meinung, daß dies kein guter Schritt gewesen sei. Sicherlich hätte man auch eine andere Lösung finden können. So wie die Bundesrepublik Deutschland mit ihren Verbündeten konsultiere, so stimme sich auch Ungarn mit seinen Verbündeten ab. Daraus entstünden Entscheidungen, die zu Konfrontationen führten. Es sei leicht zu zerstören, aber schwer aufzubauen. Man glaube nicht, daß die Regierung der Bundesrepublik Deutsch-

---

[14] Am 21. Februar 1974 erließ die EG-Kommission eine Verordnung, wonach die Einfuhr von lebenden Tieren und von Rindfleisch eine Einfuhrlizenz erforderte, die nur nach Hinterlegung einer Kaution erteilt werden sollte. Gleichzeitig wurden Frankreich und Italien ermächtigt, bis zum 24. März 1974 ein Einfuhrverbot für Rindfleisch zu verhängen. Vgl. dazu BULLETIN DER EG, 2/1974, S. 61.

[15] Jacques Chirac.

[16] Zur Errichtung des Umweltbundesamts in Berlin (West) vgl. Dok. 9, Anm. 8.

land Unfrieden wolle. Man gehe davon aus, daß auch für die Bundesrepublik Deutschland der Frieden die einzige Alternative sei. Ein solches Verhalten wie in Berlin schaffe aber Spannung.

Aus dem westlichen Ausland höre er von Auffassungen, wonach die sozialistischen Staaten West-Berlin abschnüren wollten. Dies treffe keinesfalls zu. Nach dem Vier-Mächte-Abkommen sei West-Berlin keinem Land zugeordnet. Es treffe nicht zu, daß irgend jemand den Status von West-Berlin abändern wolle.

BM *Genscher* führte in seiner Erwiderung aus, daß für die Bundesregierung die Entspannung zentrales Ziel ihrer Politik sei. Sie denke nicht daran, unsere Beziehungen zu China gegenüber der Sowjetunion auszuspielen. Was andere dazu sagen, sei nicht maßgebend. Unsere Politik gegenüber der Sowjetunion sei aufrichtig und nicht doppelbödig.

Die Beziehungen zwischen den USA und der Sowjetunion seien Grundlage auch unserer Entspannungspolitik. Die außerordentlich verantwortliche amerikanische Politik gegenüber der Sowjetunion und weltweit verdiene unsere volle Unterstützung. Uns sei bewußt, daß wir Entspannungspolitik nur betreiben könnten, wenn die großen Mächte USA und Sowjetunion die Rahmenbedingungen dafür setzten. Aus unseren engen Kontakten zu den verantwortlichen Politikern der USA wüßten wir, daß die Fortsetzung der Entspannung nicht in Frage gestellt ist.

Die Ereignisse in Vietnam hätten selbstverständlich zu weitreichenden Diskussionen in den USA geführt. Daraus werde sich jedoch ganz sicher keine Änderung für die Entspannungspolitik ergeben. Aus der unterschiedlichen Tonart des amerikanischen Außenministers und des amerikanischen Verteidigungsministers seien keine Rückschlüsse zu ziehen. Das bringe das Amt mit sich und werde übrigens auch in den Äußerungen Gromykos und Gretschkos sichtbar.

Die europäische Einigung sei ein wesentliches Element der Friedenssicherung. Die europäische Verteidigungsgemeinschaft sei kein aktuelles Problem. Die politische Union allerdings sei ein wichtiges Ziel. Die ökonomischen Außenwirkungen der Gemeinschaft seien ein Punkt, der uns Sorge mache. Die Bundesrepublik Deutschland trete sehr für eine großzügigere Handhabung ein. Wir müßten jedoch anerkennen, daß den mit dem Zusammenwachsen des Marktes unausweichlich auftretenden Strukturproblemen Rechnung getragen werden müsse.

Was Berlin angehe, so habe AM Puja eine Grundwahrheit ausgesprochen. Es bestehe in der Tat ein enger Zusammenhang der Lage in Berlin mit der Entspannungspolitik. Deshalb sei es so wichtig, daß das Vier-Mächte-Abkommen strikt und voll angewendet werde. Die Bundesregierung sei um Behutsamkeit bemüht. Er verstehe nicht, was die ungarische Seite als Demonstration ansehen könne. Zum Bundesamt für Umweltschutz wolle er sagen, daß sich die Bundesrepublik Deutschland wie alle Industriestaaten in einer gesellschaftlichen und wirtschaftlichen Entwicklung befinde, die den Anteil der Dienstleistungen an der Gesamtwirtschaft immer wichtiger mache. Das Bundesamt für Umweltschutz gehöre in diesen Bereich. Es hieße, die Entwicklung in Berlin einfrieren, wenn nicht auch in diesem Bereich für die Weiterentwicklung Sorge getragen werde. Die Entscheidung für die Errichtung des Bundesamtes in Berlin sei mit Überlegung getroffen worden, weil man der Meinung gewesen sei, daß das Bundesamt schon nach der Art seiner Tätigkeit keine Belastung darstellen könne. Daß die Errichtung des Bundesamtes in Berlin kein Verstoß gegen das Vier-Mächte-Abkommen darstelle, sei offenkundig. Dies sei auch nicht demonstrativ gemeint gewesen. Die Bundesregierung dächte gar nicht daran, den Status Berlins zu verändern. Im Gegenteil sehe sie das Vier-Mächte-Abkommen als einen wichtigen Fortschritt an. Die Bundesrepublik Deutschland wolle mit diesem Abkommen leben und es nicht gefährden. Man halte sich andererseits auch für berechtigt, das Abkommen voll auszuschöpfen. Aus der im Abkommen verwendeten Formel „Bindungen"[17] ergebe sich, daß die Entwicklung in Berlin nicht einzufrieren brauche.

Was das Verhältnis zur DDR angehe, so sei ihm nicht bewußt, daß die Bundesrepublik Deutschland die DDR als nicht gleichberechtigtes Land behandele. Die Besonderheiten, die wir in unseren Beziehungen zur DDR sähen, seien nicht solche der Diskriminierung. Er sei der Meinung, daß dieser Komplex ein gutes Stück mehr Gelassenheit verdiene.

AM *Puja* erwiderte darauf, daß es in dieser Frage sicher einige Meinungsverschiedenheiten gebe. Er kenne nämlich auch die Meinung der anderen Seite.

Was das Verhältnis zur Dritten Welt angehe, so wolle er betonen, daß nach ungarischer Ansicht diesen Ländern das Recht zugestanden werden müsse, über ihre Rohstoffe frei zu verfügen. Die sozialistischen Staaten könnten sich allerdings nicht mit einer Erhöhung der Rohstoffpreise einverstanden erklären. Die Preisproblematik berühre Ungarn weniger, weil es drei Viertel seiner Rohstoffe aus sozialistischen Staaten einführe. Die Sondergeneralversammlung[18] werde sich eingehend mit dieser Thematik zu befassen haben.

Die Ölkrise habe Einfluß auf die europäische Wirtschaftskrise gehabt, wenngleich sie nicht die Hauptursache gewesen sei. Auch Ungarn werde von der Krise berührt. Es sei allerdings gelungen, die Auswirkungen in Grenzen zu halten.

BM *Genscher* führte dazu aus, daß das Verhältnis zur Dritten Welt sich generell durch die Öl-Problematik verändert habe. Er gehöre zu denen, die zustimmen, daß in der Vergangenheit die Rohstoffe unterbewertet waren. Die Bundesrepublik Deutschland gehöre zu den Industriestaaten, die die höheren Ölpreise voll verkraftet hätten. Die Erhöhung der Industriepreise sei nicht allein auf die höheren Ölpreise zurückzuführen. In ihrem Verhältnis zur Dritten Welt werden sich die Industriestaaten – sozialistische wie die westlichen – ihrer Verantwortung bewußt sein müssen. Heute sei es schwer, pauschal von der Dritten Welt zu sprechen. Es gebe Entwicklungsländer, die über genügend finanzielle Mittel verfügten. Mit diesen versuchten wir, in eine Art Dreieckskooperation zugunsten der wirklich armen Entwicklungsländer zu kommen. Er wolle das Beispiel Sri Lanka erwähnen, wo unsere Entwicklungshilfe 1974 genau den Betrag ausgemacht habe, wie dieses Land mehr für die Einfuhr von ausländischem Dünger haben aufwenden müssen. Im Rahmen unserer Roh-

---

[17] Vgl. dazu Teil II B des Vier-Mächte-Abkommens über Berlin vom 3. September 1971; Dok. 22, Anm. 4.
[18] Vom 1. bis 16. September 1975 fand in New York die 7. UNO-Sondergeneralversammlung für Entwicklung und internationale Zusammenarbeit statt. Vgl. dazu Dok. 270.

stoffpolitik wollten wir versuchen, im Verhältnis zu den ärmsten Entwicklungsländern mehr Stabilität zu schaffen. Ob wir damit rechnen könnten, daß sich auch die sozialistischen Länder an einer Preisstabilisierung in Rohstoffabkommen beteiligten? Für uns sei dies nicht nur eine ökonomische oder auch moralische Frage, sondern eine Maßnahme der Friedenssicherung. Ein explosives Ansteigen von sozialen Spannungen gefährde den Frieden.

Die von uns gewünschte Entwicklung in den Entwicklungsländern setze voraus, daß ein hohes Maß an Investitionsbereitschaft bestehe. Das sei nur möglich, wenn Garantien gegeben würden.

Die Rohstoffpolitik bestimme ganz wesentlich die Geschicke der Dritten Welt. Allerdings sei nicht zu übersehen, daß hier ganz unterschiedliche Interessenlagen bestünden. Zum Beispiel würden bei einer Preiserhöhung für Mineralien 50% des Mehrerlöses in die USA, die Sowjetunion, Kanada und Australien fließen. Wir seien jedoch nicht der Meinung, daß diese Länder von uns Entwicklungshilfe erhalten müßten.

Er stimme der Auffassung zu, daß die Entwicklungsländer eigene Verfügungsgewalt über ihre Rohstoffe und Energiequellen haben müßten. Er sei auch der Meinung, daß die Rohstoffe bisher unterbewertet waren. Das könne allerdings nicht bedeuten, daß man bei der Erhöhung der Preise jetzt in das andere Extrem gehen könne. In diesem Bereich gebe es noch eine Fülle von Problemen. Die Sondergeneralversammlung betrachteten wir als ein wichtiges Ereignis, in der wegweisende Entscheidungen getroffen werden können.

Er stelle auch hier ein großes Maß an Übereinstimmung der beiderseitigen Standpunkte fest. Er sei richtig froh, daß AM Puja auf das Bundesamt für Umweltschutz zu sprechen gekommen sei, damit man wenigstens in einem Punkt eine Meinungsverschiedenheit feststellen könne.

AM *Puja* erwiderte, daß es noch einen anderen Punkt gebe, in dem unterschiedliche Meinungen bestünden. Er betreffe Portugal. Die Hauptrichtung der dortigen Entwicklung werde ungarischerseits als günstig eingeschätzt. Bis zu einer endgültigen Gestaltung sei es möglich, daß sich dort doch einiges ereigne, was nicht jedem passe. Ungarischerseits wolle man nicht, daß sich jemand in die inneren Angelegenheiten Portugals einmische. In Ungarn sei man der Meinung, daß es bereits eine derartige Einmischung gebe: durch die NATO, durch diplomatische Schritte. Derartige Einmischungsversuche seien nach ungarischer Auffassung nicht glücklich. Er sei nicht der Meinung, daß die militärische Bewegung eine marxistische Bewegung sei. Über den Sturz der faschistischen Diktatur[19] hinaus wolle sie weitere Änderungen herbeiführen: in der Struktur der Vermögensverteilung, durch die Verstaatlichung des landwirtschaftlich genutzten Grundbesitzes und der Großbanken usw.[20] Dies seien alles Maßnahmen, die in den meisten westlichen Staaten bereits durchgeführt worden seien. Er verstehe deshalb nicht die Aufregung in der westlichen Welt, die den Teufel des Kommunismus an die Wand male.

---

19 Zum Regierungsumsturz in Portugal am 25. April 1974 vgl. Dok. 23, Anm. 38.
20 Zur Verstaatlichung von Privatbanken, Versicherungsgesellschaften und Schlüsselindustrien in Portugal vgl. Dok. 141, Anm. 12.

AM Puja wies dann auf einen Artikel der ungarischen Zeitung „Népszabadság" hin, in dem ausgeführt sei, daß die NATO-Länder gegen Portugal eine Einschüchterungskampagne führten, in der auch Bundeskanzler Schmidt eine führende Rolle spiele.[21]

BM *Genscher* erwiderte, daß Portugal für uns ein verbündetes Land sei, mit dem wir enge freundschaftliche Beziehungen unterhielten. Es habe uns bedrückt, daß in Portugal kein demokratisches System geherrscht habe. Das Ende der faschistischen Diktatur, das zugleich das Ende der kolonialistischen Politik bedeute, hätten wir begrüßt. Nun suche Portugal seinen Weg zur Demokratie. Selbstverständlich gebe es in einer solchen Phase eine Fülle von Diskussionen. Für uns sei wichtig, was das portugiesische Volk sage. Das sei deutlich ausgesprochen worden, und zwar in den Wahlen, in denen sich eine große Mehrheit für die demokratischen Parteien entschieden habe.[22] Es sei richtig, daß die Bewegung der Militärs nicht marxistisch sei. In ihr seien verschiedene Richtungen vertreten, auch Marxisten.

Die deutsche SPD unterhalte enge Beziehungen zu den Sozialisten in Portugal und zu deren Führer Soares. Es sei selbstverständlich, daß in diesem Verhältnis Ratschläge gegeben werden. Das sei keine Einmischung. Auch die Bundesregierung habe Gespräche mit dem portugiesischen Ministerpräsidenten[23] gehabt. Erst kürzlich habe ein Besuch des portugiesischen Außenminister stattgefunden.[24] Wir wünschten, daß der Wille des portugiesischen Volkes so zum Tragen komme, wie das portugiesische Volk in der Abstimmung entschieden habe. Wichtig sei, daß die portugiesische Regierung an ihren Bündnisverpflichtungen festhalte. Dies sei ein wichtiger Sachverhalt. Wir unternähmen alle Anstrengungen, um Portugal wirtschaftlich zu helfen.

AM *Puja* setzte seine Ausführungen fort mit der Feststellung, daß es in der Zypern-Frage keine großen Differenzen gebe. Auch die Bundesregierung sei für ein unabhängiges Zypern. Man wolle keine Enosis[25].

---

[21] Am 10. Juni 1975 faßte die ungarische Nachrichtenagentur MTI einen Artikel der ungarischen Tageszeitung „Népszabadság" zusammen. Berichtet werde, daß die NATO „ihre Einschüchterungskampagne gegen Portugal mit verstärkter Heftigkeit" betreibe und Bundeskanzler Schmidt dabei eine führende Rolle spiele. Weiter schreibe die Zeitung: „In Lissabon ist die Neuigkeit ans Tageslicht gekommen, daß das BRD-Kabinett die Portugal bereits früher zugesagte Wirtschaftshilfe in Höhe von Hunderten von Millionen nicht gewähren möchte, weil – wie in Bonn erklärt wurde – die politische Lage im Lande ungewiß sei. Wenn die stärkste kapitalistische Macht Westeuropas gegenüber dem ärmsten Land Westeuropas, das gerade von der 50jährigen Unterdrückung durch den Faschismus befreit worden ist, auf solch eine Weise handelt, dann ist es keineswegs eine Übertreibung zu sagen, daß die NATO Druck auf Portugal ausübt und daß die einflußreichsten und stärksten Mächte der NATO versuchen, sich offen in die inneren Angelegenheiten Portugals einzumischen." Vgl. Referat 214, Bd. 116585.
[22] Zum Ergebnis der Wahlen in Portugal vom 25. April 1975 vgl. Dok. 96, Anm. 6.
[23] Für das Gespräch des Bundeskanzlers Schmidt mit Ministerpräsident Gonçalves am 30. Mai 1975 in Brüssel vgl. Dok. 141.
[24] Der portugiesische Außenminister Melo Antunes hielt sich vom 19. bis 21. Mai 1975 in der Bundesrepublik auf. Vgl. dazu Dok. 122.
[25] Griechisch: Vereinigung. Der Begriff „Enosis" ging in seiner politischen Bedeutung auf die im 19. Jahrhundert aus dem Widerstand gegen die osmanische Herrschaft entstandene Enosis-Bewegung der griechischen Bevölkerungsmehrheit auf Zypern zurück, die für eine staatliche Vereinigung mit Griechenland eintrat.

BM *Genscher* erwiderte, daß nach unserem Eindruck die jüngsten türkisch-griechischen Gespräche[26] das Klima verbessert hätten und[27] beide Seiten bemüht seien, die Spannungen abzubauen. Beide Seiten sähen eine Lösung im Rahmen der Republik Zypern. Wichtig sei, daß die Volksgruppen selbst eine Lösung fänden.

AM *Puja* führte dann aus, daß Ungarn hinsichtlich einer günstigen Entwicklung im Nahen Osten keine große Hoffnungen habe. Man sei sicher, daß die zweiseitigen Gespräche zwischen den USA, Israel und Ägypten zu keinem Ergebnis führen könnten. Ägypten werde keiner Kompromißlösung zustimmen können. Die inneren Kräfte in diesem Land seien sehr groß. Es bestehe die Gefahr einer erneuten Auseinandersetzung. Es sei gut, wenn die Genfer Konferenz[28] wieder zusammentrete. Dies sei jedoch nur sinnvoll, wenn ihr Erfolg gesichert sei.

Ungarn sei beunruhigt über die Situation im Persischen Golf, weil deutlich werde, daß die USA zusammen mit dem Iran dort die Kontrolle übernehmen wollten. Vielleicht sehe er die Dinge zu schwarz, aber es mehrten sich die Anzeichen, die auf eine solche Entwicklung hinwiesen. Ungarn sei nicht an dem dort geförderten Öl interessiert. Aber die angedeutete Entwicklung wäre ungut, weil die Scheichtümer und der Irak sich solchen Bestrebungen widersetzen würden.

Was Vietnam angehe, so wolle er zunächst hervorheben, daß nach ungarischer Ansicht die USA dort keine große Niederlage erlitten hätten. Zwar handele es sich um eine Niederlage, sie sei aber einkalkuliert gewesen. Viele Monate vorher habe die USA begonnen, einen Weg zu suchen, wie sie aus Vietnam herauskommen könne. Man hoffe sehr, daß die Entwicklung in Vietnam durch China nicht zu einer weiteren Komplizierung führe. Ungarn sei an einem starken einheitlichen Vietnam interessiert. Man sei überzeugt, daß dann eine große Stabilität erreicht wäre, an der alle benachbarten Staaten interessiert sein müßten. Wann es zu einer Vereinigung Vietnams komme, lasse sich nicht sagen. Wahrscheinlich werde es eine Übergangsperiode geben, die dann zur Vereinigung führe. Es wäre gut, wenn dann die alten Diskussionen vergessen werden könnten, wenn Vietnam nicht nur Unterstützung von den sozialistischen Staaten, sondern auch von der übrigen Welt erhalten würde. Insbesondere die USA hätten dort vieles wieder gutzumachen.

BM *Genscher* erwiderte, daß im Nahen Osten in den letzten Wochen eine positive Entwicklung eingesetzt habe. Er wolle die Eröffnung des Kanals[29] erwähnen, aber auch die Signale, die beide Seiten inzwischen gesetzt hätten.[30] Er

---

26 Am 31. Mai 1975 trafen in Brüssel die Ministerpräsidenten Karamanlis und Demirel zusammen. Vgl. dazu Dok. 143, Anm. 17.
Vom 5. bis 7. Juni 1975 fand in Wien die zweite Runde der Gespräche der Vertreter der griechischen bzw. türkischen Volksgruppe auf Zypern, Klerides und Denktasch, unter der Schirmherrschaft des UNO-Generalsekretärs Waldheim statt. Vgl. dazu Dok. 139, Anm. 6.
27 Korrigiert aus: „verbessert und".
28 Zur Friedenskonferenz für den Nahen Osten in Genf vgl. Dok. 76, Anm. 20.
29 Zur Schließung des Suez-Kanals am 6. Juni 1967 vgl. Dok. 29, Anm. 16.
Der Suez-Kanal wurde am 5. Juni 1975 wieder eröffnet.
30 Vgl. dazu den israelischen Beschluß vom 2. Juni 1975 zum Rückzug vom Suez-Kanal; Dok. 147, Anm. 22.
Vgl. dazu auch die Ergebnisse der Gespräche des Präsidenten Ford mit Präsident Sadat am 1./2.

könne die amerikanischen Bemühungen nicht so pessimistisch bewerten. Sie hätten schon in der Vergangenheit positive Auswirkungen gehabt. Vor etwa sechs bis neun Monaten habe man allerorts vorausgesagt, daß es wieder zu einer militärischen Auseinandersetzung kommen werde. Inzwischen habe sich gezeigt, nicht zuletzt durch das sehr verantwortungsvolle Verhalten des ägyptischen Staatspräsidenten[31], daß die Entwicklung auch anders verlaufen könne. Auch in Israel sei ein notwendiger Prozeß der Meinungsbildung im Gange.

Der Nahe Osten sei eine Europa unmittelbar berührende Frage. Eine Lösung werde sich nicht über Nacht finden lassen. Wichtig sei eine Periode der Abkühlung. Wenn beide Seiten die Entwicklung weiter so vorantreiben wie in den vergangenen Monaten, dann hätten wir eine Chance, daß sich bald vernünftige Lösungen ergeben.

Was Vietnam angehe, so seien wir bereit, Unterstützung zu leisten. Dies sei auch im Kreis der Neun bereits abgestimmt.[32] Auch in der Vergangenheit sei unsere humanitäre Hilfe nie von der Frage abhängig gemacht worden, wer in welchem Territorium die Gewalt ausübe. Uns gehe es darum, den Menschen zu helfen.

Der Rückzug der USA aus Vietnam sei zwar nicht als Niederlage zu werten, habe aber einen Prozeß der Meinungsbildung ausgelöst und sei zum Anlaß für eine Überprüfung der amerikanischen Politik geworden. Dies sei kein Zeichen von Schwäche, sondern Zeichen der großen moralischen Kraft der USA.

Abschließend wolle er hervorheben, daß beide Seiten die anstehenden Fragen mit großer Offenheit behandelt hätten. Das sei zu begrüßen, denn man würde in der Tat seine Zeit verschwenden, wenn solche Gespräche über den Austausch von Höflichkeiten nicht hinausgelangten.

(Fortsetzung der Gespräche am 12. Juni 1975.)

AM *Puja* eröffnete den bilateralen Teil der Gespräche mit der Feststellung, daß sich das bilaterale Verhältnis nach Aufnahme der diplomatischen Beziehungen günstig entwickelt habe. Es habe einen regen Besucheraustausch gegeben: Bundesminister Scheel, Bundesminister Friderichs und Staatsminister Wischnewski seien in Ungarn gewesen.[33] Er nehme jedoch an, daß beide Seiten sich einig seien, daß damit noch nicht alle Möglichkeiten ausgeschöpft seien. Er wolle auch hinzufügen, daß es wohl nicht aufrichtig wäre zu sagen, daß sämtliche Probleme bereits gelöst seien. Die noch offenen Probleme seien nicht groß, es seien kleine Probleme. Er sehe den Sinn dieser Gespräche darin, zu untersuchen, wo Fortschritte zu erreichen seien.

Die ungarische Seite schätze die dynamische Entwicklung der Wirtschaftsbeziehungen positiv ein. Die Struktur des Warenaustausches sowie die Koopera-

---

Fortsetzung Fußnote von Seite 705
Juni 1975 in Salzburg und die israelischen Vorstellungen dazu; Dok. 159, Anm. 24 und 25, sowie Dok. 163, Anm. 14.

31 Anwar el-Sadat.

32 Zu den von der EG-Ministerratstagung am 14./15. April 1975 in Luxemburg beschlossenen Hilfsmaßnahmen für Vietnam vgl. Dok. 76, Anm. 32.

33 Bundesminister Scheel besuchte Ungarn vom 7. bis 9. April 1974. Vgl. dazu AAPD 1974, I, Dok. 116. Bundesminister Friderichs hielt sich vom 9. bis 12. November 1974 in Ungarn auf, Staatsminister Wischnewski vom 9. bis 12. Januar 1975. Vgl. dazu Dok. 52, Anm. 11.

tionsbeziehungen hätten sich wesentlich verbessert. Im Warenaustausch wie in den Kooperationsbeziehungen stehe die Bundesrepublik Deutschland an erster Stelle unter den westlichen Handelspartner Ungarns. Er wolle aber auch auf einige unerfreuliche Zeichen hinweisen. Das Defizit habe 1974 eine Größenordnung von etwa 850 Mio. DM erreicht. Die ungarische Wirtschaft könne dieses Defizit nur durch höhere Exporte einem Ausgleich näher bringen. Höhere Exporte seien jedoch nur möglich, wenn die handelspolitischen Bedingungen verbessert würden. Das Problem werde dadurch nicht leichter, daß es zwischen Ungarn und der Bundesrepublik Deutschland kein Handelsabkommen gäbe. Die ungarische Seite wisse, daß dies mit dem Übergang der Kompetenzen auf die EG[34] zusammenhänge. Vielleicht ließe sich das Problem dadurch lösen, daß Handelsabkommen bilateral abgeschlossen und dann der EG zur Billigung vorgelegt werden. Auf die Exportverluste durch den Importstop für Rindfleisch habe er schon hingewiesen. In der Frage der Liberalisierung würde die ungarische Seite wünschen, daß die Bundesrepublik Deutschland Ungarn die gleichen Möglichkeiten wie den übrigen Mitgliedstaaten der EG einräume. Ungarn habe feststellen müssen, daß die Bundesrepublik Deutschland im Genehmigungsverfahren zurückliege. Man wisse, daß es strukturelle Schwierigkeiten gäbe, sehe aber nicht ein, warum ihre Beseitigung sich zum Nachteil der ungarischen Wirtschaft auswirken müsse. Es sei erwünscht, daß die Bundesrepublik Deutschland in der EG ihren Einfluß auf weitere Liberalisierung der Einfuhren geltend mache. Wenn es nicht gelinge, das Defizit einem Ausgleich nahezubringen, so werde die Folge eine Stagnation sein. Vielleicht messe die deutsche Seite ihren wirtschaftlichen Beziehungen zu Ungarn kein besonderes Gewicht bei, aus ungarischer Sicht sei eine Dynamisierung der bilateralen Wirtschafts- und Handelsbeziehungen jedenfalls sehr erwünscht. Dabei seien handelspolitische Maßnahmen nicht allein ausreichend, um einen „gesunden" Warenverkehr herzustellen. Zur Steigerung des Exports sei es nötig, die Wirtschaftsstruktur zu verbessern, was wiederum erhöhte Investitionen voraussetze. Schon im letzten November 1974 habe man BM Friderichs in Budapest die ungarischen Vorstellungen vorgetragen, wie die deutsche Seite größere Projekte unterstützen und finanzieren könnte (insbesondere im Bereich der Infrastruktur, der Halbfertigwaren und bei Erzeugnissen mit hohem Rohstoffanteil), ohne allerdings bis heute eine Antwort erhalten zu haben. Ungarn würde es begrüßen, wenn die Bundesregierung in dieser Hinsicht Schritte unternehmen könnte.

Am 11. November vorigen Jahres sei das Kooperationsabkommen[35] durch beiderseitige Unterzeichnung in Kraft getreten. Dieses Abkommen gebe den rechtlichen Rahmen für Kooperationsbeziehungen zwischen Unternehmen. Die Möglichkeiten für zunehmende Abschlüsse seien gestiegen. Die Zahl der bisher bereits abgeschlossenen Verträge betrage derzeit etwa 200. Die Warenbewegungen, die aus diesen Verträgen resultierten, machten prozentual gesehen jedoch immer noch einen nur geringen Anteil aus.

---

34 Vgl. dazu Dok. 144, Anm. 10.
35 Für den Wortlaut des Abkommens vom 11. November 1974 zwischen der Bundesrepublik und Ungarn über die wirtschaftliche, industrielle und technische Zusammenarbeit vgl. BUNDESGESETZBLATT 1975, Teil II, S. 36 f.

Die Wirtschaftsbeziehungen würden noch auf lange Zeit hinaus ein bestimmender Faktor der Beziehungen sein. Die ungarische Seite sei deshalb auch der Meinung, daß die Gemischte Kommission[36] nicht nur Fragen der Kooperation, sondern auch Fragen, die die gesamte Wirtschaft berührten, zu behandeln habe. Größere Kooperationen von bedeutendem Volumen gebe es nicht – oder doch nur wenige. Aufgabe der Gemischten Kommission müsse es sein, Fragen der staatlichen Genehmigung, der staatlichen Unterstützung von Kooperationsvorhaben und Fragen der Finanzierung zu klären.

Die ungarische Seite beurteile die Entwicklung der Beziehungen als gut. Den geplanten Abkommen[37] werde ebenfalls große Bedeutung beigemessen. Die Ausarbeitung dieser Abkommen werde allerdings durch die Berlin-Frage erschwert. Ungarn halte im Einklang mit seinen Verbündeten am Vier-Mächte-Abkommen fest. Die deutsche Seite sei sicherlich der Auffassung, daß ihre Auslegung richtig sei. Man müsse demnach warten, bis eine Regelung gefunden sei. Einseitige Schritte würden nur zu einer Verschärfung führen.

Der kulturelle Austausch habe sich auch ohne Abkommen gut entwickelt. Über 100 ungarische Wissenschaftler hätten die Bundesrepublik Deutschland besucht, Vorträge gehalten, mit Hilfe von Stipendien Studien betrieben. Die bisherigen Ergebnisse würden von der ungarischen Seite als befriedigend angesehen, obwohl es auch hier noch Entwicklungsmöglichkeiten gebe. Ungarn mache in der KSZE seine Partner darauf aufmerksam, daß derzeit der Kulturaustausch äußerst einseitig vor sich gehe. Beim Austausch von Büchern, Filmen und Theater, Veranstaltungen also mit großer Publikumswirksamkeit, sei die Bundesrepublik Deutschland im Vorteil. Allein die Zahl der übernommenen Theaterveranstaltungen führe auch bei Berücksichtigung der fünfmal höheren Einwohnerzahl der Bundesrepublik Deutschland zu dem Schluß, daß Ungarn mehr Kulturveranstaltungen übernehme, als das umgekehrt der Fall sei. In den meisten westlichen Ländern sei der Austausch von Kulturgütern eine wirtschaftliche Angelegenheit. Wenn ein Verleger davon ausgehe, daß er nicht auf seine Rechnung komme, werde er ein Buch nicht verlegen. In Ungarn sei man dagegen beispielsweise nicht der Auffassung, daß die Herausgabe einer deutschen Zeitung ein Geschäft sein müsse. Es müsse deshalb ein Weg gefunden werden, wie die gegenseitige Bilanz des kulturellen Austausches ins Gleichgewicht gebracht werden könne. Die ungarische Seite lege das Hauptgewicht auf das Abkommen über wissenschaftlich-technische Zusammenarbeit. Man verschließt sich aber auch nicht vor einem Kulturabkommen. Die ungarische Seite habe in-

---

[36] In Artikel 9 des Abkommens vom 11. November 1974 zwischen der Bundesrepublik und Ungarn über die wirtschaftliche, industrielle und technische Zusammenarbeit war die Einsetzung einer Gemischten Regierungskommission vorgesehen, die einmal jährlich zusammentreten sollte. Neben der Unterstützung der Durchführung des Abkommens und dem regelmäßigen Meinungsaustausch über die Weiterentwicklung der Zusammenarbeit gehörte es zu ihren Aufgaben, „neue Kooperationsmöglichkeiten und Themen für bestimmte Bereiche in beiden Ländern und auf dritten Märkten festzustellen" und „langfristige Produktkooperationen größerer Bedeutung sowohl zwischen kleinen und mittleren als auch zwischen größeren Unternehmen anzuregen und zu fördern". Vgl. BUNDESGESETZBLATT 1975, Teil II, S. 37.
Die Gemischte Regierungskommission trat erstmals am 14./15. Januar 1976 zusammen.

[37] Anläßlich des Besuchs des Bundesministers Scheel vom 7. bis 9. April 1974 in Budapest wurde vereinbart, Abkommen über die Entwicklung der wirtschaftlichen, industriellen und technischen Zusammenarbeit sowie über wissenschaftlich-technische Zusammenarbeit zu schließen, ferner ein Kulturabkommen und verschiedene Abkommen auf dem Gebiet des Verkehrswesens.

zwischen den deutschen Entwurf für ein Kulturabkommen erhalten.³⁸ Er werde gegenwärtig geprüft und ein Gegenentwurf vorbereitet.³⁹ Die ungarische Seite sei bereit, dann die Verhandlungen aufzunehmen. Aber auch hierzu wolle er sagen, daß der erfolgreiche Abschluß der KSZE die Zusammenarbeit auf diesem Gebiet wesentlich erleichtern werde.

Eine weitere Frage, die er anschneiden wolle, sei die der negativen Propaganda, die vom Territorium der Bundesrepublik Deutschland ausgehe. Er meine die Sendungen des RFE.⁴⁰ Unser Standpunkt hierzu sei ihm bekannt: Wir würden die Tätigkeit dieses Senders nicht beeinflussen. Es gebe auch andere Publikationen, die eine negative Propaganda gegen Ungarn enthielten. Diese Tatsache könnte die Verhandlungen der KSZE zum Thema Austausch von Informationen negativ beeinflussen. Die Arbeit deutscher Journalisten werde, wenn sie auch nur annähernd objektiv sei, nicht behindert. Unbegründete Informationen über Ungarn würden aber auch künftig nicht zugelassen. Deshalb komme es vor, wenn auch nur äußerst selten, daß solchen Journalisten die Einreise verweigert werde. Man bitte die Bundesregierung, dafür Sorge zu tragen, daß derartige Aktivitäten unterbunden werden.

In diesem Zusammenhang wolle er auch auf die Problematik der faschistischen ungarischen Emigranten zu sprechen kommen. Der ungarischen Seite sei bekannt, daß es mehrere solcher Vereinigungen in der Bundesrepublik Deutschland gebe. Sie agierten nicht nur gegen Ungarn, sondern auch gegen andere Staaten, die für eine Zusammenarbeit seien, und gegen die KSZE.

Zusammenfassend wolle er wiederholen, daß die ungarische Seite mit der Entwicklung der Beziehungen zufrieden sei. Die Beziehungen könnten sich jedoch besser gestalten, wenn für die von ihm angeschnittenen Probleme eine Lösung gefunden werden könne.

Abschließend wolle er noch sagen, daß die ungarische Seite dem Meinungsaustausch zwischen hohen Beamten der beiden Außenministerien große Bedeutung beimesse. Die bisherigen Konsultationen hätten eine gute Zusammenarbeit bewiesen. Die ungarische Seite sei immer bereit, im Falle des Auftretens aktueller Probleme auch ad hoc einen Meinungsaustausch durchzuführen.

Es sei ihm ein Vergnügen, BM Genscher zu einem Besuch in Ungarn einzuladen. Der Termin könne später vereinbart werden.⁴¹

---

38 Der Entwurf vom 2. Januar 1975 für ein Kulturabkommen zwischen der Bundesrepublik und Ungarn wurde der Botschaft in Budapest am 8. Januar 1975 von Vortragendem Legationsrat I. Klasse Schmid übermittelt. Für den Wortlaut vgl. Referat 610, Bd. 107790.

39 Der ungarische Entwurf für ein Kulturabkommen mit der Bundesrepublik wurde am 26. Januar 1976 übergeben.

40 Der 1949 gegründete Sender „Radio Free Europe" mit Sitz in München strahlte landessprachliche Sendungen für Bulgarien, die ČSSR, Polen, Rumänien und Ungarn aus. Dazu hieß es in einem Memorandum der Nordatlantischen Versammlung vom November 1972: „It had the task of broadcasting the voices of the exiles to their former countries to ‚sustain the morale of captive peoples and stimulate them in a spirit of non-cooperation.' [...] Between May 1949 and June 1971, 86 % of RFE's income was derived from US Government sources. The remainder of the income was raised from public subscription by the Radio Free Europe Fund". Vgl. Referat 212, Bd. 109291.

41 Bundesminister Genscher hielt sich vom 28. bis 30. April 1976 in Ungarn auf. Für die Gespräche mit dem ungarischen Außenminister Puja am 29. April und mit dem Ersten Sekretär des ZK der USAP, Kádár, am 30. April 1976 vgl. AAPD 1976.

Die ungarische Seite würde auch einen Besuch auf höherer Ebene sehr begrüßen. Bekanntlich habe der frühere ungarische Ministerpräsident Fock Bundeskanzler Schmidt zu einem Besuch in Ungarn eingeladen.[42] Er habe jetzt die erneute Einladung des neuen ungarischen Ministerpräsidenten Lázár mitgebracht.[43] Die ungarische Seite wisse, daß der Bundeskanzler sehr beschäftigt sei. Trotzdem würde man sich freuen, wenn es in absehbarer Zeit zu diesem Besuch kommen könne. Er sei sicher, daß der Aufschwung der gegenseitigen Beziehungen und die Verständigung zwischen beiden Ländern durch eine solche Begegnung weiter vertieft würden.

BM *Genscher* bedankte sich für die ausführlichen Darlegungen und für die Einladung, die er gerne annehme.

Bundeskanzler Schmidt habe seinerseits den ungarischen Parteichef Kádár zu einem Besuch in der Bundesrepublik Deutschland eingeladen.[44] Der Bundeskanzler sei nicht nur sehr beschäftigt, sondern auch wenig reisefreudig. Man müsse sehen, welcher der beiden Besuche zuerst stattfinden könne.[45]

Die gegenseitigen Beziehungen hätten sich schon vor Aufnahme der diplomatischen Beziehungen intensiv gestaltet. Wir seien daran interessiert, die Zusammenarbeit unkompliziert zu gestalten. Mit ad hoc vereinbarten Konsultationen zu aktuellen Fragen seien wir einverstanden.

Auf die von der ungarischen Seite angeschnittenen Punkte werde er gerne eingehen.

Die publizistische Tätigkeit sei in der Bundesrepublik Deutschland, soweit sie nicht gegen Gesetze verstoße, frei. Kritische Äußerungen könnten nicht unterbunden werden. Auch die Bundesregierung sei oft Gegenstand heftigster Kritik. Die Bundesregierung sehe ihre Aufgabe darin, ihre Meinung objektiv und klar darzustellen. Ähnliches gelte auch für die von der ungarischen Seite erwähnten Rundfunkprogramme.

Die Lage nach dem Krieg habe es mit sich gebracht, daß Emigranten aus verschiedenen Ländern in der Bundesrepublik Deutschland ihren Wohnsitz genommen hätten. Unser Eindruck sei, daß sich die ungarischen Emigranten mit politischen Aktivitäten vergleichsweise sehr zurückhaltend verhielten. Meinungsäußerungen dieser Gruppen zu verhindern, sei schwer. Wir versuchten natürlich, unsere Beziehungen zu anderen Ländern durch die Tätigkeit von Emigranten nicht belasten zu lassen. Unsere Möglichkeiten seien jedoch begrenzt.

Was wir in unseren Wirtschaftsbeziehungen mit Ungarn so positiv empfänden, sei die Tatsache, daß die Kooperation so außerordentlich weit entwickelt sei. Dies helfe, die Probleme der Handelsbilanz zu lösen. Die Einfuhr von Kooperationswaren außerhalb der Kontingente könne das Problem erleichtern. Wir

---

[42] Für das Einladungsschreiben vom 14. Juni 1974 vgl. Referat 214, Bd. 116586.

[43] Für das Einladungsschreiben vom 3. Juni 1975 vgl. Referat 214, Bd. 116586.

[44] Am 4. Juni 1975 bestätigte Bundeskanzler Schmidt die bereits von Staatsminister Wischnewski bei seinem Besuch in Ungarn vom 9. bis 12. Januar 1975 mündlich ausgesprochene Einladung an den Ersten Sekretär des ZK der USAP, Kádár, zu einem Besuch in der Bundesrepublik. Für das Schreiben vgl. Referat 214, Bd. 116586.

[45] Der Erste Sekretär des ZK der USAP, Kádár, besuchte die Bundesrepublik vom 4. bis 7. Juli 1977. Bundeskanzler Schmidt hielt sich vom 4. bis 6. September 1979 in Ungarn auf.

setzten uns in der EG für eine liberalere Handhabung der bestehenden Regeln ein. In Prozenten ausgedrückt, sei der Anteil des Handels mit Ungarn am gesamten deutschen Außenhandel vielleicht nicht so bedeutend. Wir hätten jedoch ein politisches Interesse, daß die dynamische Entwicklung unserer Wirtschaftsbeziehungen anhalte. In Brüssel würden wir uns dafür einsetzen, daß für Ungarn etwas geschehe. Angesichts der Lage am deutschen Textilmarkt sei es allerdings schwer, im Textilbereich Kontingente aufzustocken. Er sei sich dabei bewußt, daß die Auswirkungen der Textilexporte für Ungarn gesamtwirtschaftlich von größerem Gewicht seien als für unseren Markt.

MD *Dr. Hermes* ergänzte auf Bitte des Bundesministers, daß pro Kopf der Bevölkerung gerechnet unser Außenhandel mit Ungarn der intensivste im ganzen RGW-Bereich sei. Wir hofften, diesen Standard aufrechterhalten zu können. Nach Übergang der handelspolitischen Kompetenz auf die EG könne zwischen Ungarn und der Bundesrepublik Deutschland kein bilaterales Handelsabkommen mehr geschlossen werden. Bekanntlich habe die EG aber allen RGW-Mitgliedern ein Vertragsangebot unterbreitet, d.h. die EG sei bereit, mit jedem Staatshandelsland Osteuropas einen Handelsvertrag abzuschließen.[46] Daneben hätten wir ein Kooperationsabkommen abgeschlossen, das gut laufe. Mit 176 Fällen sei die Zahl der mit Ungarn abgeschlossenen Kooperationen höher als mit irgendeinem anderen sozialistischen Land. In Brüssel seien wir um eine Liberalisierung der Handelsbeziehungen bemüht, soweit die ökonomischen Verhältnisse dies jeweils erlaubten. „Diskriminierung" sei ein Wort, das wir – auch im Verhältnis zu sozialistischen Ländern – nicht verwendeten. Es gehe nicht um einen Abbau von Beschränkungen, sondern um eine Gleichwertigkeit der Rechte und Verpflichtungen. Dabei könne es sich nicht um eine formale Gleichheit handeln, sondern um eine gleichgewichtige Gegenseitigkeit. Dieses Problem werde auch im Rahmen der KSZE erörtert. Das Prinzip der gegenseitigen Ausgewogenheit von Rechten und Verpflichtungen sei ein adäquater und der Entwicklung dienlicher Grundsatz. Hinsichtlich der Gemischten Kommission seien wir mit der ungarischen Seite einer Auffassung, daß jede Möglichkeit für einen umfassenden Meinungsaustausch genutzt werden sollte.

BM *Genscher* stimmte dem zu und bat dann Frau Dr. Finke-Osiander, im Anschluß an ein Gespräch mit dem ungarischen Außenminister anläßlich des Abendessens am Vorabend zu den kulturellen Beziehungen Stellung zu nehmen.

Frau *Dr. Finke-Osiander* erläuterte, daß der ungarische Außenminister in diesem Gespräch darauf abgehoben habe, daß Ungarn in der Lage sei, ein höheres Maß an Informationsaustausch anzubieten als Rumänien. Der Stand sei jedoch

---

46 Am 7. November 1974 billigte der EG-Ministerrat den von der EG-Kommission ausgearbeiteten Entwurf für Handelsabkommen zwischen den Europäischen Gemeinschaften und den RGW-Mitgliedstaaten. Darin erklärten die Europäischen Gemeinschaften ihre Bereitschaft, mit den einzelnen RGW-Mitgliedstaaten „langfristige, nicht präferenzielle Handelsabkommen auf der Grundlage gegenseitiger Vereinbarungen mit gleichwertigen Vorteilen und Verpflichtungen" abzuschließen: „Die einzelnen Abkommen würden die jeweilige Struktur des Handels der Gemeinschaft mit den verschiedenen Ländern berücksichtigen. Die Gemeinschaft beabsichtigt, vorbehaltlich der üblichen Ausnahmen, die Meistbegünstigung auf zolltariflichem Gebiet zu gewähren. Auch Bestimmungen für den Agrarsektor sind nicht ausgeschlossen. Wie in solchen Abkommen üblich, sieht der Entwurf die Einführung gemischter Ausschüsse und entsprechender Schutzmechanismen vor." Vgl. BULLETIN DER EG 11/1974, S. 14.

im Augenblick so, daß unser Austausch mit Rumänien höher sei als mit Ungarn. Der ungarische Außenminister habe demgegenüber darauf hingewiesen, daß die Aufnahme der diplomatischen Beziehungen mit Rumänien schon länger zurückliege[47] und daß auch schon ein Kulturabkommen abgeschlossen sei.[48] Aber auch außerhalb des Kulturabkommens habe der Austausch ein erfreuliches Maß erreicht. Sie wolle nur die gerade veranstaltete Deutsche Woche in Bukarest[49] und verschiedene Theatergastspiele erwähnen. Als Beispiel für die weiter entwickelten Beziehungen in diesem Bereich sei auch auf die deutschen Lektoren hinzuweisen, die an verschiedenen Universitäten in Rumänien tätig seien. Rumänische Deutschlehrer könnten von uns betreut und z. B. Fachbücher an sie verteilt werden.

Dg *Schödel* ergänzte mit dem Hinweis, daß die kulturellen Beziehungen auch mit Ungarn eine erfreuliche Entwicklung genommen hätten. 1974 sei allerdings eine Stagnation eingetreten. Wir wüßten nicht, worauf das zurückzuführen sei, gingen aber davon aus, daß das Kulturabkommen eine Initialwirkung haben werde.

Die Einseitigkeit im kulturellen Austausch sei ein weites Feld. Hier spiele die Unterschiedlichkeit der Wirtschaftsordnungen eine gewisse Rolle. Allerdings stellten wir fest, daß die DDR in Ungarn auf dem Gebiet der deutschen Sprache eine Vorzugsstellung einnehme. Im Bücheraustausch wendeten wir einige Millionen DM für das Buchförderungsprogramm auf.

Hinsichtlich des Kulturabkommens hätte die deutsche Seite ihren Entwurf übergeben. Nach Eingang des Gegenentwurfes könnten die Verhandlungen etwa vier bis sechs Wochen später aufgenommen und zum Abschluß gebracht werden.

BM *Genscher* fragte, wann nach ungarischer Auffassung der Gegenentwurf vorliegen könne.

AM *Puja* erwiderte, daß der ungarische Entwurf in Bearbeitung sei. Mit der Übergabe sei in kurzer Zeit zu rechnen.

Er fuhr dann fort, daß die ungarische Seite die Ausführungen zu den Wirtschaftsbeziehungen zur Kenntnis nähme. Sie könnten ihn nicht befriedigen; er schlage deshalb vor, hierüber weitere Gespräche zu führen. Auch andere Fragen wolle die ungarische Seite weiter behandeln.

Hinsichtlich der Verhandlungen zwischen EG und RGW[50] sei für die ungarische Seite der Eindruck entstanden, daß diese Verhandlungen von seiten der EG verzögert würden. Die ungarische Seite begrüße diese Verhandlungen zwischen den beiden Integrationsgemeinschaften. Das schließe aber nicht aus, daß daneben nicht auch noch bilaterale Verhandlungen geführt werden könnten.

---

[47] Rumänien nahm am 31. Januar 1967 die diplomatischen Beziehungen zur Bundesrepublik auf. Vgl. dazu AAPD 1967, I, Dok. 39.
[48] Für den Wortlaut des Abkommens vom 29. Juni 1973 zwischen der Bundesrepublik und Rumänien über kulturelle und wissenschaftliche Zusammenarbeit vgl. BUNDESGESETZBLATT 1974, Teil II, S. 919 f.
[49] Vom 19. bis 25. Mai 1975 fand in Bukarest eine „Woche der Bundesrepublik Deutschland" statt.
[50] Vom 2. bis 7. Februar 1975 führte der Generaldirektor für Auswärtige Beziehungen der EG-Kommission, Wellenstein, in Moskau Gespräche mit einer Delegation des RGW. Vgl. dazu Dok. 43, Anm. 14.

Was die kulturellen Beziehungen angehe, so sei er nicht der Meinung, daß von einer Stagnation gesprochen werden könne. Es gebe Perioden, in denen sich Veranstaltungen häuften, und andere, in denen weniger anfalle. Die ungarische Seite habe keine restriktiven Maßnahmen getroffen und beabsichtige solche auch nicht.

Die ungarische Seite sei bereit, die kulturellen Beziehungen mit der Bundesrepublik Deutschland zu vertiefen. Die Einseitigkeit zugunsten der DDR werde allerdings weiterbestehen, zumal die DDR ein sozialistisches Land sei, zu dem Ungarn gute Beziehungen unterhalte. Auch wir pflegten mit einigen westlichen Staaten einen intensiveren Austausch. Dieses Maß könnten wir nicht erreichen. Wir müßten vielmehr vergleichen, wo wir in der Vergangenheit standen und wo wir jetzt stehen.

Die Diskussion über Rumänien wolle er nicht fortführen. Er bleibe dabei, daß Ungarn mit Auslandskontakten viel weiter als Rumänien gehen könne. Hier müsse die Gesamtheit der Beziehungen gesehen werden. Es sei möglich, daß Ungarn auf einigen Gebieten noch zurück sei. Das hänge damit zusammen, daß die diplomatischen Beziehungen später aufgenommen und auch verschiedene Abkommen noch nicht abgeschlossen worden seien. Bekannt sei, daß Rumänien eine stärkere innere Kontrolle ausübe als Ungarn.

BM *Genscher* wies darauf hin, daß der Hinweis auf die Beziehungen mit Rumänien scherzhaft gemeint gewesen sei. Wir wollten sie nicht zum Maßstab machen.

Hinsichtlich der Behandlung von Journalisten wolle er noch erwähnen, daß er darauf aufmerksam gemacht worden sei, daß mit Fernsehjournalisten in Ungarn restriktiv umgegangen werde.[51] Er wäre dankbar, wenn sich der ungarische Außenminister dieser Angelegenheit annehmen könnte.

Er sei der Auffassung, daß sich die Beziehungen insgesamt sehr positiv entwickelten. Es gebe noch einige kritische Punkte, aber auch hier könne man sich verständigen.

MD *Dr. Hermes* nahm dann noch einmal zu den Kontakten RGW–EG Stellung. Das erste Gespräch zwischen einer Delegation der EG und dem Generalsekretariat des RGW habe nicht so weit geführt, wie es hätte führen können, wenn es auf seiten des RGW besser vorbereitet gewesen wäre. Die EG habe jetzt eine Delegation des RGW nach Brüssel eingeladen. Wir hofften, daß die Rahmenabstimmung zu einem guten Verhältnis führe und schlössen auch eine Formalisierung nicht aus. Allerdings seien uns die Vorstellungen des RGW zu wenig bekannt, um hier bestimmte Formen ins Auge fassen zu können. Vielleicht habe Ungarn bestimmte diesbezügliche Vorstellungen?

AM *Puja* erwiderte, daß es wohl richtig sei, daß die gegenseitigen Vorstellungen zu wenig bekannt seien. Die ungarische Seite sei der Meinung, daß die EG

---

51 Am 14. Mai 1975 berichtete der ARD-Korrespondent in Wien, Neumann, daß zwar „die für die Presse und die dpa in Ungarn tätigen Journalisten nicht in gleicher Weise behindert werden wie die zuständigen Fernsehkorrespondenten" und auch für den Hörfunk tätige Journalisten keine größeren Schwierigkeiten hätten: „Für die beiden Wiener Auslandsstudios von ARD und ZDF aber ist seit Anfang 74 nicht nur keine ‚Normalisierung' eingetreten. Vielmehr ist die jahrelang übliche, relativ liberale Behandlung unserer Wünsche einer immer restriktiveren Praxis gewichen." Vgl. Referat 214, Bd. 116585.

verzögere, wir seien der Meinung, daß der RGW verzögere. Er sei der Auffassung, daß ein Fortschritt möglich sei.

Die Einschränkung für Fernsehjournalisten sei nur für die Zeit des Parteikongresses[52] angeordnet gewesen. Sie habe sich nur auf eigentliche Fernsehreporter bezogen. Die Maßnahme sei auf entsprechenden Wunsch der Ersten Sekretäre getroffen worden. Einen weiteren Grund gebe es nicht.

BM *Genscher* unterstrich abschließend, daß eine Würdigung der Gespräche ergebe, daß es eine übereinstimmende Auffassung zur Fortsetzung der Entspannungspolitik gebe. Auch für die KSZE gebe es eine weitgehende Übereinstimmung. Gleiches gelte für den Nahen Osten und Zypern. Man habe auch einen intensiven Meinungsaustausch über das Verhältnis zur Dritten Welt und über die Rohstoff- und Energieproblematik geführt.

Zum wissenschaftlich-technischen Abkommen hoffe er, daß die noch vorhandenen Schwierigkeiten bald überwunden werden. Im kulturellen Bereich sähen wir die Sonderbeziehungen Ungarns zur DDR, aber wir glaubten, daß wir auf der Basis des geplanten Abkommens vorankommen könnten. Wir erwarteten jetzt den Gegenentwurf.

Er bedanke sich für die Offenheit der Gespräche und freue sich auf seinen Besuch in Ungarn.

AM *Puja* erwiderte, daß auch er die Gespräche positiv bewerte. Er sei in der Tat der Meinung, daß es nur die offenen Worte seien, die die gemeinsame Sache weiter voranbringen könnten. Mit Genugtuung nehme er zur Kenntnis, daß wir die Beziehungen mit Ungarn hoch einschätzten. Er brauche nicht unter Beweis zu stellen, daß Ungarn den Beziehungen mit der Bundesrepublik Deutschland ganz große Bedeutung beimesse. Das ergebe sich aus dem Standort, aus dem Gewicht der Bundesrepublik Deutschland und habe auch traditionelle Gründe. Er sei der Meinung, daß es für die weitere Entwicklung der Beziehungen keine großen Hindernisse gebe. Er bedanke sich nochmals für das offene Gespräch und den herzlichen Empfang.

Referat 214, Bd. 116585

---

[52] Der XI. Parteitag der USAP fand vom 17. bis 22. März 1975 in Budapest statt.

152

Aufzeichnung des Ministerialdirektors van Well

210-507.00-1538/75 VS-vertraulich   11. Juni 1975[1]

Herrn Staatssekretär[2]

Betr.: Konsularverträge DDR/Drittstaaten
        hier: Sicherung der konsularischen Betreuungsbefugnisse der Auslandsvertretungen der Bundesrepublik Deutschland für alle Deutschen im Sinne des Art. 116 GG[3], die eine solche konsularische Betreuung wünschen

Bezug: Mündliche Weisung des Herrn Staatssekretärs, eine Sachstandsdarstellung vorzulegen

Zur Information

Österreich:

Der Konsularvertrag Österreich/DDR ist mit Bezugnahme auf die Staatsbürgerschaftsgesetzgebung der DDR[4] am 26.3.1975 unterzeichnet worden.[5] Ratifizierung soll Anfang 1976 erfolgen.

Österreichische Seite hat zugesagt, in amtlichen Erläuterungen zum Ausdruck zu bringen, daß die bisherige konsularische Betreuungspraxis keine Änderung erfahren wird.[6] Auf eine entsprechende Frage der Botschaft (Verbalnote) wird das österreichische Außenministerium nach Ratifizierung des Vertrages diese Erläuterungen in einer Verbalnote an die Botschaft inhaltlich wiederholen. Offen ist noch, ob österreichische Seite diese Verbalnote noch durch den Zusatz

---

[1] Die Aufzeichnung wurde von Vortragendem Legationsrat I. Klasse Lücking und von Legationsrat I. Klasse Oestreich konzipiert.

[2] Hat Staatssekretär Gehlhoff am 14. Juni 1975 vorgelegen, der die Weiterleitung an Bundesminister Genscher „zur Unterrichtung" verfügte.
Hat Genscher am 21. Juni 1975 vorgelegen.

[3] Für Artikel 116 des Grundgesetzes vom 23. Mai 1949 vgl. Dok. 20, Anm. 5.

[4] Nach Paragraph 1 des Gesetzes vom 20. Februar 1967 über die Staatsbürgerschaft der DDR (Staatsbürgerschaftsgesetz) war Staatsbürger der DDR, wer „zum Zeitpunkt der Gründung der Deutschen Demokratischen Republik deutscher Staatsangehöriger war, in der Deutschen Demokratischen Republik seinen Wohnsitz oder ständigen Aufenthalt hatte und die Staatsbürgerschaft der Deutschen Demokratischen Republik seitdem nicht verloren hat". Vgl. GESETZBLATT DER DDR 1967, Teil I, S. 3.
Das Gesetz vom 16. Oktober 1972 zur Regelung von Fragen der Staatsbürgerschaft legte fest, daß „Bürger der Deutschen Demokratischen Republik, die vor dem 1. Januar 1972 unter Verletzung der Gesetze des Arbeiter-und-Bauern-Staates die Deutsche Demokratische Republik verlassen und ihren Wohnsitz nicht wieder in der Deutschen Demokratischen Republik genommen haben", mit Inkrafttreten des Gesetzes am 17. Oktober 1972 die Staatsbürgerschaft der DDR verloren. Vgl. GESETZBLATT DER DDR 1972, Teil I, S. 265.

[5] In Artikel 2 Absatz 2 des Konsularvertrags vom 26. März 1975 zwischen der DDR und Österreich war definiert: „Staatsbürger des Entsendestaates sind die Personen, die nach den Rechtsvorschriften dieses Staates dessen Staatsbürgerschaft haben. Für das Vertretungsrecht für eine Person, die die Staatsbürgerschaft des Entsendestaates und des Empfangsstaates besitzt, gegenüber den Staatsorganen/Behörden des Empfangsstaates sowie für die Handlungspflichten des Empfangsstaates nach diesem Vertrag ist die Staatsbürgerschaft in erster Linie nach dem Wohnsitz zu beurteilen." Vgl. AUSSENPOLITIK DER DDR, Bd. XXIII/2, S. 893.

[6] Zu den von österreichischer Seite während des Besuchs des Bundesministers Genscher am 6./7. Februar 1975 in Wien gegebenen Zusagen vgl. Dok. 20.

ergänzen wird, daß sich Mehrstaater an die konsularische Vertretung ihrer Wahl wenden können.

Falls bis zum Besuch von Bundeskanzler Kreisky in Bonn[7] kein Einvernehmen in dieser Frage hergestellt werden kann, soll das Thema in Bonn gegenüber Bundeskanzler Kreisky erneut aufgenommen werden.

(Hinsichtlich der bisher erzielten Ergebnisse wird als Anlage 1 eine Weisung an die Botschaft Wien vom 6.6.1975 beigefügt.)[8]

Finnland:

Der Konsularvertrag Finnland/DDR ist mit Bezugnahme auf die Staatsbürgerschaftsgesetzgebung der DDR am 28.4.1975 unterzeichnet worden.[9] Die Ratifizierung steht noch aus.

Anläßlich der Unterzeichnung des Vertrages hat das finnische Außenministerium in einer Presseerklärung u. a. bekanntgegeben, daß der Vertrag keine Änderungen für die Vertragsverpflichtungen Finnlands bedeute und auch keine Auswirkungen auf die Rechte und Pflichten dritter Staaten hat.[10]

---

[7] Bundeskanzler Kreisky hielt sich vom 22. bis 24. Juni 1975 in der Bundesrepublik auf. Vgl. dazu Dok. 172 und Dok. 174.

[8] Dem Vorgang nicht beigefügt.
Am 6. Juni 1975 übermittelte Ministerialdirektor van Well der Botschaft in Wien eine Zusammenfassung des Stands der Verhandlungen mit Österreich über einen Briefwechsel zum Konsularvertrag zwischen der DDR und Österreich. Danach sollte die österreichische Regierung folgende amtliche Erklärung zu dem Vertrag abgeben: „Die in vorliegendem Vertrag enthaltene Staatsbürgerschaftsbestimmung enthält somit – ohne zu Grundsatzfragen der Staatsangehörigkeit Stellung zu nehmen – eine Definition des in Betracht kommenden Personenkreises für die Zwecke des Vertrages. Die allgemein anerkannten Regeln des Völkerrechts über die Behandlung von Mehrstaatlern und insbesondere auch die sich für die Mitgliedstaaten des Wiener Übereinkommens über konsularische Beziehungen ergebenden Verpflichtungen werden durch diese Bestimmung nicht berührt, so daß sich auch kein Grund für eine Änderung der bisherigen Praxis ergibt." Am Tag nach der Beschlußfassung durch das österreichische Parlament sollte der Abteilungsleiter im österreichischen Außenministerium, Nettel, den Vertragstext und die amtliche Erläuterung der Botschaft der Bundesrepublik übermitteln, woraufhin Botschafter Grabert, Wien, mit Verbalnote den Eingang bestätigen und ausführen würde, daß die Bundesregierung die amtliche Erläuterung dahingehend verstehe, „daß die konsularischen Vertretungen der Bundesrepublik Deutschland in Österreich auch nach Inkrafttreten des genannten Abkommens weiterhin die Befugnis haben, alle Deutschen im Sinne des in der Bundesrepublik Deutschland geltenden Staatsangehörigkeitsrechts, die dies wünschen, wie bisher konsularisch zu betreuen. Die Botschaft wäre dem Bundesministerium für auswärtige Angelegenheiten für eine Bestätigung (Rückfallposition: Stellungnahme) dankbar." Die österreichische Regierung würde daraufhin in einer Antwortnote unmittelbar nach Austausch der Ratifikationsurkunden zum Konsularvertrag mit der DDR die amtliche Erläuterung wiederholen. Diese „bloße Wiederholung" allein, so führte van Well aus, ohne den „für unser Anliegen wesentlichen Zusatz, daß sich Mehrstaatler auch weiterhin an die konsularische Vertretung ihrer Wahl wenden können, ist für uns nicht akzeptabel". Vgl. VS-Bd. 9938 (202); B 150, Aktenkopien 1975.
Am 9. Juli 1975 übersandte Grabert den mit der österreichischen Regierung vereinbarten Schriftwechsel. In der österreichischen Verbalnote zur Beantwortung der Anfrage der Botschaft der Bundesrepublik wurde ausgeführt: „Die bisher von den Organen der Republik Österreich eingehaltene Praxis bei der Behandlung von Personen mit mehrfacher Staatsbürgerschaft, die sich an den obenerwähnten Regelungen orientiert und die es insbesondere keiner Person verbietet, sich mit ihrem Anliegen an eine beliebige konsularische Vertretung zu wenden, wird auch in der Zukunft keine Änderung erfahren." Vgl. den Drahtbericht Nr. 444; VS-Bd. 9938 (202); B 150, Aktenkopien 1975.

[9] In Artikel 1 Absatz 2 des Konsularvertrags vom 28. April 1975 zwischen der DDR und Finnland war festgelegt: „Staatsbürger des Entsendestaates sind die Personen, die nach den Rechtsvorschriften dieses Staates dessen Staatsbürgerschaft haben." Vgl. AUSSENPOLITIK DER DDR, Bd. XXIII/2, S. 815.

[10] Für den deutschen Wortlaut der von der finnischen Regierung abgegebenen Erklärung vgl. den Drahtbericht Nr. 124 des Botschafters Simon, Helsinki, vom 5. Mai 1975; Referat 502, Bd. 167020.

Der finnischen Seite ist mitgeteilt worden, daß die Angelegenheit mit dieser Presseerklärung für uns noch nicht erledigt sein könne, sondern noch einer bilateralen Feststellung hinsichtlich unseres konsularischen Betreuungsrechts bedürfe.[11]

Ein erneuter Vorstoß bei der finnischen Seite soll erst erfolgen, wenn mit der österreichischen Seite ein Einvernehmen erzielt ist, das der finnischen Regierung als Modell empfohlen werden kann.[12]

Großbritannien:

Die Konsularvertragsverhandlungen Großbritannien/DDR[13] konnten bisher noch nicht abgeschlossen werden, da die britische Seite noch auf Zugeständnisse der DDR hinsichtlich der Anwesenheit von britischen Konsuln bei Strafverfahren gegen britische Staatsangehörige in der DDR drängt.

Auch britische Seite hat Bezugnahme auf DDR-Staatsbürgerschaftsgesetzgebung akzeptiert. Sie hat aber zugesagt, hinsichtlich unserer konsularischen Betreuungsbefugnisse einen Klarstellungsbriefwechsel mit uns zu führen. Texte und Zeitpunkt dieses unser Anliegen befriedigenden Briefwechsels sind zwischen uns und der britischen Seite abschließend abgestimmt.[14]

Frankreich:

Frankreich hat es mit dem Abschluß eines Konsularvertrages mit der DDR bisher nicht eilig. Französische Seite steht einem Briefwechsel mit uns nach briti-

---

[11] Am 14. Mai 1975 berichtete Botschafter Simon, Helsinki, er habe gegenüber dem Abteilungsleiter im finnischen Außenministerium, Gustafsson, ausgeführt, „daß man auf unserer Seite die Presseverlautbarung mit dem ausdrücklichen Hinweis darauf, daß der Abschluß des Konsularvertrages keine Auswirkung auf die Rechte und Pflichten dritter Staaten habe, grundsätzlich begrüße, die Tragweite dieser Aussage im Hinblick auf das Problem, um das es dabei für uns gehe, jedoch noch prüfe. Es sei von rechtlicher und politischer Bedeutung, daß bilateral zwischen uns verbindlich festgestellt werde, daß sich an der bisherigen Praxis der Befugnis der Vertretungen der Bundesrepublik Deutschland, alle Deutschen im Sinne des in der Bundesrepublik Deutschland geltenden Staatsangehörigkeitsrechts konsularisch zu betreuen, nichts ändere. In welcher Form eine solche bilaterale Feststellung getroffen werden könne, werde zu überlegen sein. Das Auswärtige Amt werde nach Abschluß seiner Prüfungen auf die Angelegenheit noch einmal zurückkommen." Vgl. den Drahtbericht Nr. 134; Referat 502, Bd. 167020.

[12] Am 19. September 1975 wies Ministerialdirigent Meyer-Landrut die Botschaft in Helsinki an, „die Frage einer Klarstellung unseres Rechts auf konsularische Betreuung aller deutschen Staatsangehörigen, die dies wünschen, wieder aufzunehmen. Dabei ist primär darauf hinzuwirken, daß die finnische Seite sich überhaupt zur Abgabe einer Erklärung uns gegenüber bereit erklärt." Dabei sei auf das Verhalten der übrigen westlichen, auch neutraler Staaten sowie die „Präzedenzfälle Großbritannien und Österreich" hinzuweisen. Anzustreben sei eine Regelung entsprechend dem Notenwechsel mit Großbritannien; eine Minimallösung sei der Notenwechsel mit Österreich, in dem die Interessen der Bundesregierung allerdings „nur schwach berücksichtigt worden sind". Vgl. den Drahterlaß Nr. 156; Referat 502, Bd. 167021.

[13] Zu den Verhandlungen zwischen Großbritannien und der DDR über einen Konsularvertrag vgl. Dok. 123, Anm. 10.

[14] Zu dem zwischen der Bundesrepublik und Großbritannien vereinbarten Notenwechsel im Zusammenhang mit dem Abschluß eines Konsularvertrags zwischen Großbritannien und der DDR vgl. Dok. 20, Anm. 9.
Am 17. April 1975 übermittelte Vortragender Legationsrat I. Klasse Hoffmann der Botschaft in Helsinki den Wortlaut des vorgesehenen Notenwechsels mit Großbritannien und teilte dazu mit: „Der Text dieses Notenwechsels soll im Bulletin veröffentlicht werden." Vgl. den Drahterlaß Nr. 1607; VS-Bd. 10774 (502); B 150, Aktenkopien 1975.

schem Muster mit Unbehagen gegenüber[15] und hat Bezugnahme auf DDR-Staatsbürgerschaftsgesetzgebung bisher energisch abgelehnt.[16]

Ein Abschluß der Verhandlungen ist bisher noch nicht abzusehen.

Außenminister Sauvagnargues hat am 22.1.1975 auf eine Frage bezüglich eines Konsularvertrages Frankreich/DDR vor der Presse in Bonn erklärt: „Wir werden in diesem Zusammenhang nichts tun, was mit der französischen Haltung bezüglich Deutschland als Ganzem unvereinbar wäre."[17]

Unser Anliegen wurde zuletzt in den deutsch-französischen Konsultationen der Politischen Direktoren Ende Februar in Paris angesprochen.[18]

USA:

Die USA verhandeln bisher ebenfalls auf der Linie, eine Bezugnahme auf die DDR-Staatsbürgerschaftsgesetzgebung zu vermeiden.[19]

---

[15] Am 5. Februar 1975 berichtete Botschafter Freiherr von Braun, Paris, daß der Mitarbeiter im französischen Außenministerium, Plaisant, erklärt habe, „das Konsularabkommen Großbritannien–DDR sei ein ärgerlicher Präzedenzfall und stelle seine auf Referatsebene angestellte Überlegung in Frage, Frankreich könne in einem Abkommen mit der DDR eine Bezugnahme auf das DDR-Staatsbürgerrecht umgehen." Vgl. den Drahtbericht Nr. 372; VS-Bd. 9937 (202); B 150, Aktenkopien 1975.

[16] Botschafter Freiherr von Braun, Paris, berichtete am 12. Mai 1975: „Die franz[ösische] Regierung zeigt nach wie vor keine Eile, mit Verhandlungen über einen Konsularvertrag zu beginnen. Nach Auskunft des Quai von Ende April ist der franz. Gegenentwurf eines Konsularvertrags der DDR immer noch nicht zugeleitet worden. Die franz. Seite hat sich zunächst einmal darauf festgelegt, Fragen der Staatsangehörigkeit nicht im Konsularvertrag zu behandeln." Vgl. den Drahtbericht Nr. 1570; Referat 210, Bd. 111569.

Braun teilte am 9. Juni 1975 ergänzend mit, nach Auskunft des französischen Außenministeriums sei ein französischer Entwurf für einen Konsularvertrag einige Tage zuvor nach Ost-Berlin übermittelt worden: „Wie uns schon mitgeteilt, enthalte der Gegenentwurf keine Bezugnahme auf die Staatsangehörigkeitsgesetzgebung. [...] Ob die französische Position bis zum Verhandlungsschluß durchzuhalten sei, lasse sich nicht voraussehen. Zwischen dieser Position und den von uns in Wien und in London akzeptierten Lösungen sei aber, so der französische Gesprächspartner, eine sehr weite Verhandlungsmarge." Vgl. den Drahtbericht Nr. 1974; Referat 210, Bd. 111569.

[17] Zu den Äußerungen des französischen Außenministers Sauvagnargues vgl. den Artikel „La principale condition américaine à la conférence énergétique est remplie, estiment Paris et Bonn"; LE MONDE vom 24. Januar 1975, S. 34.

[18] Über das Gespräch des Ministerialdirektors van Well mit dem Abteilungsleiter im französischen Außenministerium, de Laboulaye, am 21. Februar 1975 in Paris vermerkte Vortragender Legationsrat I. Klasse Feit am 24. Februar 1975, van Well habe zum Thema Konsularvertrag zwischen Frankreich und der DDR ausgeführt: „Priorität sei Vermeidung einer Bezugnahme auf DDR-Staatsbürgerschaft. Wir wünschten hilfsweise (wie im Fall Großbritanniens) weiteres Betreuungsrecht unserer Auslandsvertretungen klarstellenden Briefwechsel." Vgl. VS-Bd. 9937 (202); B 150, Aktenkopien 1975.

[19] Am 5. März 1975 berichtete Botschafter von Staden, Washington, er habe am Vortag dem Abteilungsleiter im amerikanischen Außenministerium, Hartman, den Wunsch vorgetragen, „von der Administration im Zusammenhang mit dem Konsularvertrag zwischen den USA und der DDR eine Zusicherung zu erhalten, daß die deutschen Auslandsvertretungen in den USA wie bisher alle Deutschen, die dies wünschen, konsularisch betreuen können". Hartman habe geäußert, daß dem „von amerikanischer Seite grundsätzlich nichts im Wege stehe. Für die Abgabe einer solchen Zusicherung sei es aber wohl noch zu früh, da die Verhandlungen mit der DDR noch nicht sehr weit gediehen seien." Der Mitarbeiter im amerikanischen Außenministerium, Anderson, habe ergänzt, „Hauptstreitpunkt sei nach wie vor die Staatsangehörigkeitsfrage, die die Amerikaner im Gegensatz zur DDR ganz ausklammern wollten. [...] Da die Amerikaner nicht die Absicht hätten, sich auf die Staatsangehörigkeitsfrage einzulassen, bestehe streng genommen auch keine Notwendigkeit einer Zusicherung an uns." Vgl. den Drahtbericht Nr. 580; Referat 010, Bd. 178600.

Staden teilte am 13. Juni 1975 mit, daß von beiden Seiten inzwischen Neufassungen ihrer Vertragsentwürfe vorgelegt worden seien: „Hauptstreitpunkt ist weiterhin die Staatsangehörigkeitsfrage". Mit weiteren Verhandlungen sei vor Ende Juli nicht zu rechnen. Vgl. den Drahtbericht Nr. 1744; Referat 204, Bd. 110297.

Italien:

Nach zwei Verhandlungsrunden[20] wartet Italien den Abschluß der Verhandlungen Großbritannien/DDR ab. Bisher hat Italien eine Bezugnahme auf die DDR-Staatsbürgerschaftsgesetzgebung abgelehnt.

Belgien:

Belgien hat bisher ebenfalls eine Bezugnahme auf die Staatsbürgerschaftsgesetzgebung der DDR abgelehnt. Die nächste Verhandlungsrunde mit der DDR ist für Oktober vorgesehen.[21] Belgische Seite hat für den Fall, daß sich bisherige Verhandlungslinie nicht durchhalten lassen wird, eine mit uns noch abzustimmende Regelung zur Sicherung unseres konsularischen Betreuungsrechtes zugesagt.[22]

Luxemburg:

Wird von Belgien konsularisch vertreten und an den Konsularverhandlungen Belgien/DDR beteiligt.

Schweden und Norwegen:

Sind von seiten der DDR ebenfalls auf den Abschluß von Konsularverträgen angesprochen worden, haben derartige Verhandlungen aber unter Hinweis auf die Regelungen des WÜK[23] abgelehnt. Mit einer Änderung ihrer Haltung wäre erst zu rechnen, wenn diese Staaten in der DDR im Vergleich zu Staaten, die mit der DDR bilaterale Konsularverträge abgeschlossen haben, eine diskriminierende Behandlung bei der konsularischen Betreuung ihrer Staatsangehörigen erfahren würden.

van Well

VS-Bd. 10186 (210)

---

[20] Zu den Verhandlungen zwischen Italien und der DDR über einen Konsularvertrag vgl. Dok. 123, Anm. 15.

[21] Zu den Verhandlungen zwischen Belgien und der DDR über einen Konsularvertrag vgl. Dok. 123, Anm. 13.
Ministerialrat Bräutigam, Ost-Berlin, berichtete am 27. Mai 1975: „Wie AA bereits bekannt sein dürfte, ist in der letzten Verhandlungsrunde in Brüssel eine Einigung in der Staatsangehörigkeitsfrage erwartungsgemäß nicht zustande gekommen. Die belgische Seite hat, wie wir aus der hiesigen belgischen Botschaft hören, noch nicht über das weitere Vorgehen in dieser Frage entschieden. Als mögliche Rückfallposition wird offenbar (statt einer Staatsangehörigkeitsklausel im Abkommen) ein Brief der belgischen Seite erwogen, in dem das Recht der DDR zur völkerrechtlichen Vertretung ihrer eigenen Staatsangehörigen (auf der Grundlage ihrer diesbezüglichen Gesetzgebung?) bestätigt würde. [...] Die Verhandlungen sollen im Oktober in Ostberlin fortgesetzt werden. Da die meisten konsulartechnischen Fragen bereits gelöst zu sein scheinen, hält man einen Abschluß der Verhandlungen in der nächsten Runde nicht für ausgeschlossen. Das Abkommen wäre dann etwa im November unterschriftsreif." Vgl. den Drahtbericht Nr. 802; Referat 210, Bd. 111635.

[22] Am 27. Mai 1975 teilte Botschaftsrat I. Klasse Arz von Straussenburg, Brüssel, mit, daß der stellvertretende Abteilungsleiter im belgischen Außenministerium, van Dyck, inzwischen nicht mehr so optimistisch sei, „die Absicht der DDR vereiteln zu können, eine Staatsangehörigkeitsdefinition durchzusetzen. Auf jeden Fall werde uns die belgische Regierung in der von uns gewünschten Form versichern, daß jeder Deutsche im Sinne unseres Staatsangehörigkeitsrechts in Belgien wie bisher unbehindert seine Betreuung durch die deutschen Auslandsvertretungen frei wird wählen können." Vgl. den Drahtbericht Nr. 156; Referat 502, Bd. 167019.

[23] Für den Wortlaut des Wiener Übereinkommens vom 24. April 1963 über konsularische Beziehungen vgl. BUNDESGESETZBLATT 1969, Teil II, S. 1587–1703.

153

Aufzeichnung des Ministerialdirektors van Well

221-372.20/7-923/75 geheim   11. Juni 1975[1]

Betr.: MBFR;
hier: Ministergespräch am 6. Juni 1975
Anlg.: 1

Am 6. Juni erörterten der Bundesminister und der Bundesminister der Verteidigung[2] MBFR-Fragen.

Sie bestätigten die in der Anlage beigefügten Leitlinien für die MBFR-Verhandlungen.[3] Die Minister stimmten darin überein, daß die in den Leitlinien vertretene Position die Grundlage unserer Verhandlungsführung sein muß. Sollte diese Position in entscheidenden Fragen, wie z. B. der Einbindung europäischer Streitkräfte, nicht durchgesetzt werden können, sind neue Entscheidungen der Minister erforderlich.

Teilnehmer am Kolloquium außer den beiden Bundesministern waren:

Auswärtiges Amt: Staatssekretär Dr. Gehlhoff, MD van Well, Botschafter Roth, MDg Dr. Kinkel, VLR I Dr. Pfeffer, VLR I Dr. Ruth.

Bundesministerium der Verteidigung: Staatssekretär Dr. Mann, Vizeadmiral Steinhaus, Konteradmiral Trebesch, Dr. Stützle, Oberst i. G. Tandecki.

Dieser Vermerk ist mit dem BMVg abgestimmt.

van Well

Anlage

2. Juni 1975

Leitlinien für die MBFR-Verhandlungen

I. Allgemeine Leitsätze

1) Zielsetzung: Übereinstimmende Höchststärken im Personalbestand, herzustellen in zwei Phasen. In der ersten Phase sowjetische und amerikanische Personalreduzierungen.[4]

2) Keine nationalen, sondern gemeinschaftliche Höchststärken (Offenhaltung der europäischen Option). Ausnahme: Höchststärke für den amerikanischen und sowjetischen Personalbestand nach Reduzierungen.[5]

---

[1] Die Aufzeichnung wurde von Vortragendem Legationsrat I. Klasse Ruth konzipiert.
Hat Bundesminister Genscher vorgelegen.
[2] Georg Leber.
[3] Vom 16. Mai bis 17. Juli 1975 fand in Wien die sechste Runde der MBFR-Verhandlungen statt.
[4] Vgl. dazu die am 22. November 1973 von den an den MBFR-Verhandlungen teilnehmenden NATO-Mitgliedstaaten vorgelegten Rahmenvorschläge; Dok. 12, Anm. 5.
[5] Am 2. Juni 1975 führte Referat 221 dazu aus, nationale Höchststärken seien „für die westeuropäischen Staaten nicht annehmbar, weil sie sich nachteilig auf die künftige gemeinsame europäische Verteidigung auswirken würden. [...] Für den europäischen Einigungsprozeß ist es bedeutsam, über die nationale Zusammensetzung europäischer Streitkräfte im Raum der Reduzierungen auch

3) Keine verbandsweise Reduzierung der Bundeswehr, sondern Reduzierung durch Ausdünnung und Kaderung (Offenhaltung struktureller Reformen).[6]

4) Keine vereinbarten Reduzierungen der Luftstreitkräfte, jedoch Einbeziehung in den kombinierten Land/Luft-common-ceiling.[7]

5) Keine permanente flächendeckende Verifikation durch Inspektionsteams im Raum der Reduzierungen, aber

– nationale technische Mittel,

– ständige Kontrolle an vereinbarten Zufuhr- und Ausfuhrpunkten zur Überwachung der Einhaltung eines Reduzierungsabkommens der ersten Phase (US-sowjetische Truppen).[8]

6) Keine Reduzierung von Material auf westlicher Seite außer den amerikanischen Option-III-Elementen.[9]

Fortsetzung Fußnote von Seite 720

künftig frei entscheiden zu können. Gerade über die Festlegung nationaler Höchststärken würde die Sowjetunion eine Möglichkeit zur Einmischung in die sicherheitspolitischen Belange Westeuropas erhalten." Für die am 4. Juni 1975 von Botschafter Roth vorgelegte Aufzeichnung vgl. VS-Bd. 9486 (221); B 150, Aktenkopien 1975.

6 Referat 221 erläuterte am 2. Juni 1975, daß nach sowjetischen Vorstellungen die Streitkräfte verbandsweise reduziert werden sollten, was für stationierte Streitkräfte lediglich einen Standortwechsel, für einheimische Streitkräfte aber „eine regelrechte Abrüstungsmaßnahme" bedeute: „Für die Bundeswehr hieße dieses Reduzierungsverfahren: Festschreiben eines verkleinerten Friedensumfangs, Festschreiben der Zahl der verbleibenden Verbände/Einheiten und damit Festschreiben der Organisationsstruktur. Die Bundeswehr hätte damit keine Möglichkeit mehr, durch Wehrstruktur-Reformen auf Wechselfälle aus politischen, technischen oder organisatorischen Gründen zu reagieren, z. B. durch Veränderung der Anzahl ihrer Verbände." Für die am 4. Juni 1975 von Botschafter Roth vorgelegte Aufzeichnung vgl. VS-Bd. 9486 (221); B 150, Aktenkopien 1975.

7 Am 2. Juni 1975 vermerkte Referat 221, daß eine Reduzierung der Luftstreitkräfte dem Interesse der Bundesregierung widersprechen würde, „strukturell oder organisatorisch weit in die Zukunft wirkende Hemmnisse für die Bundeswehr auszuschließen und weitere Modernisierungen und Umstrukturierungen der Streitkräfte zu ermöglichen". Auch würde die Kampfkraft des Bündnisses vermindert, denn es würde „die Flexibilität und Handlungsfreiheit gerade derjenigen Teilstreitkraft eingeschränkt, die wesentlich zur Aufrechterhaltung und Abschreckung gemäß MC 14/3 und zur Vorneverteidigung beiträgt, da sie aufgrund der ihr eigentümlichen Charakteristik (Mobilität, Flexibilität, dual role capacity, Geschwindigkeit, Reichweite, Präsenz, Reaktionszeit usw.) besonders prädestiniert ist, gerade bei Überraschungsangriffen diesen Kriterien der MC 14/3 zu entsprechen." Für die am 4. Juni 1975 von Botschafter Roth vorgelegte Aufzeichnung vgl. VS-Bd. 9486 (221); B 150, Aktenkopien 1975.

8 Zum Problem der Verifikation notierte Referat 221 am 2. Juni 1975, daß diese auch für die NATO-Mitgliedstaaten „wesentlicher Bestandteil von MBFR-Vereinbarungen" sei und sich sowohl auf Satellitenaufklärung als auch auf Inspektionen durch Beobachter stützen solle. Erstere sei unproblematisch, jedoch könne die „Errichtung eines auf Dauer angelegten Inspektionssystems [...] für die territorial betroffenen Staaten (auf westlicher Seite vor allem die Bundesrepublik Deutschland) erhebliche politische Belastungen mit sich bringen, insbesondere: die Gefahr des Entstehens einer besonderen Kontrollzone; mögliche Beeinträchtigung der Integrationsfähigkeit im europäischen oder atlantischen Rahmen". Diese Bedenken seien auch gegen „ein flächendeckendes System mobiler Teams", wie es zunächst auch von den Bündnispartnern beabsichtigt worden sei, vorgebracht und von seiten der Bundesregierung zunächst ein befristeter Austausch von Beobachtern und eine beschränkte Errichtung von Inspektionsposten vorgeschlagen worden. Für die am 4. Juni 1975 von Botschafter Roth vorgelegte Aufzeichnung vgl. VS-Bd. 9486 (221); B 150, Aktenkopien 1975.

9 Referat 221 erläuterte dazu am 2. Juni 1975, daß eine Reduzierung von Material für Stationierungskräfte eine Verlagerung, für einheimische Streitkräfte aber eine Abrüstungsmaßnahme und die Festlegung von Höchstgrenzen für die Ausrüstung darstelle: „Für die Westeuropäer, besonders für die Bundesrepublik Deutschland, entsteht die Gefahr einer rüstungspolitischen Kontrollzone verminderten Rechts." Für die am 4. Juni 1975 von Botschafter Roth vorgelegte Aufzeichnung vgl. VS-Bd. 9486 (221); B 150, Aktenkopien 1975.

II. Option III

1) Akzeptierung des amerikanischen Vorschlags, die Option III auszuspielen.[10]

2) Bedingungen:

a) – Reduzierung begrenzt auf amerikanische nukleare Systeme,
 – einmalige Zugabe in der ersten Phase,
 – Vermeidung einer Präjudizwirkung für die zweite Phase,
 – Erhaltung der Konzentration auf Personalreduzierungen,
 – keine generelle Einbeziehung von Waffensystemen in die MBFR-Verhandlungen.

b) Limitierung der reduzierten Systeme (amerikanische Option-III-Systeme und sowjetische Panzer)

 – vorzugsweise auf dem Wege beiderseitiger Limitierung des Personalbestands (amerikanisches und sowjetisches Land- und Luftpersonal),
 – allenfalls numerische Limitierung der klar definierten betroffenen amerikanischen und sowjetischen Systeme bei Offenhaltung qualitativer Entwicklungen.

c) Vermeidung einer Limitierung europäischer vergleichbarer Waffensysteme. Nichtumgehung sowjetisch-amerikanischer Vereinbarungen, daher allein über die vereinbarten kollektiven Höchststärken für Land- und Luftstreitkräftepersonal.

d) Keine qualitative Begrenzung der Waffensysteme, insbesondere Offenhaltung konventioneller Entwicklungen.

e) Keine Beeinträchtigung der europäischen Optionen.

f) Keine Beeinträchtigung der westlichen Verteidigung und der Glaubwürdigkeit der Abschreckung.

3) Gegenleistung für Option III

a) Zustimmung zum common ceiling
 – wenn möglich, numerisch definiert,
 – jedenfalls aber Einigung auf seine Herstellung am Ende der zweiten Phase.

b) Zustimmung zum Phasenkonzept mit sowjetischen und amerikanischen Reduzierungen in der ersten Phase.

c) Reduzierung einer Panzerarmee – die im wesentlichen amerikanische Forderung – unter Berücksichtigung der bestehenden Disparitäten zwischen Ost und West und Ausschluß negativer Konsequenzen für den westlichen Panzerbestand.

4) Verhandlungstaktische Leitlinien

a) Sorgfältige Ausarbeitung aller zu erwartenden Teilaspekte in der NATO vor Einführung der Option III in Wien.[11]

---

10 Zu den amerikanischen Überlegungen hinsichtlich der Einbeziehung amerikanischer nuklearer Komponenten in die MBFR-Verhandlungen (Option III) vgl. Dok. 101.
11 Zu den Beratungen der NATO-Mitgliedstaaten über eine Einbeziehung amerikanischer nuklearer Komponenten in die MBFR-Verhandlungen (Option III) vgl. Dok. 202.

b) Einigung darüber, daß die Möglichkeit eines Fehlschlags bei der Einführung der Option III einkalkuliert wird und daß die Option III nicht unter verhandlungstaktischem Zugzwang ausgeweitet werden darf und unter allen Umständen ein Reduzierungsergebnis haben muß.

c) Verzicht auf Teilangebote in anderen Bereichen der MBFR-Verhandlungen, wie z. B. dem kombinierten ceiling für Land/Luft-Personal vor Einführung der Option III; Maximierung der Wirkung der Option III.

d) Sorgfältige Vorbereitung der Präsentation der Option III in der Öffentlichkeit.

e) Berücksichtigung des Standes anderer Ost-West-Verhandlungen (KSZE/SALT) und des allgemeinen Standes der Ost-West-Beziehungen.

VS-Bd. 14065 (010)

154

Ministerialdirektor van Well an Botschafter von Staden, Washington

221-341.32/2-924/75 geheim Aufgabe: 11. Juni 1975, 20.46 Uhr[1]
Fernschreiben Nr. 639
Citissime

Betr.: KSZE/CBM
hier: Fernschreiben Außenminister Kissingers

Für Botschafter

Bundesminister erhielt am 9. Juni die als Anlage 1 zur eigenen Kenntnis übermittelte Botschaft Außenminister Kissingers.

Als Anlage 2 folgt die Antwort des Bundesministers. Es wird gebeten, sie dem amerikanischen Außenminister zu übermitteln.

van Well[2]

Anlage 1:

Dear Hans:

At our Quadripartite meeting in Paris[3] we reviewed the negotiating status of the confidence-building measure on advance notification of military maneu-

---

[1] Der Drahterlaß wurde von Vortragendem Legationsrat I. Klasse Ruth konzipiert.
Hat Vortragendem Legationsrat I. Klasse Schönfeld vorgelegen, der handschriftlich vermerkte: „Nach Abänderung durch den Herrn Minister nochmals Herrn D 2 u. Herrn StS vorzulegen."
Hat Staatssekretär Gehlhoff am 11. Juni 1975 vorgelegen.
Hat Botschafter Roth am 12. Juni 1975 vorgelegen.
[2] Paraphe.
[3] Zum Gespräch des Bundesministers Genscher mit den Außenministern Sauvagnargues (Frankreich), Callaghan (Großbritannien) und Kissinger (USA) am 28. Mai 1975 vgl. Dok. 147, Anm. 6.

vers. In assessing which aspect of the measure is most important to Western interests, we reached a general consensus that it would be most important to have depth of territory increased and that the number of troops involved and the number of days' notice would be by comparison of secondary importance. Since returning to Washington, I have learned from the Soviets that they are now prepared to consider a zone of 250 kilometers in depth providing that the other parameters remain at 18 days and 30 000 men.[4] It is my impression that this represents an important concession and adequately meets Allied requirements.

I would appreciate your reaction to the Soviet proposal and if you agree with me that it provides a basis for satisfactory compromise on this issue, that you will so notify your representative in Geneva.

I am also sending this message to our British[5] and French colleagues[6].

Warm regards,
signed: Henry A. Kissinger

Anlage 2:

Lieber Henry,

ich danke Ihnen für Ihr Fernschreiben zum Problem der Vorankündigung größerer Manöver. Ich stimme mit Ihnen überein, daß die Einlassung der Sowjets in der Tat einen wichtigen Schritt vorwärts darstellt, und ich danke Ihnen für Ihre Bemühungen in dieser Frage.

Wie Sie wissen, haben wir immer besonderen Wert auf eine befriedigende Regelung der Tiefe des einzubeziehenden sowjetischen Territoriums gelegt. Sie werden sich erinnern, daß ich bei unserem Vierertreffen in Paris eine Tiefe von 300 km als das für uns annehmbare Minimum bezeichnet habe. Diese Größenordnung habe ich inzwischen sowohl bei den Neun als auch bei Gesprächen mit Neutralen vertreten.[7] Wir sollten versuchen, nach Möglichkeit an dieser Größenordnung festzuhalten.

Da der Westen in Genf als Antwort auf die von den Sowjets vorgeschlagenen 150 km vor kurzem einen Geltungsbereich von 450 km vorgeschlagen hat[8], wä-

---

[4] Zu den bislang von sowjetischer Seite vorgeschlagenen Parametern für Manövervorankündigungen vgl. Dok. 127, besonders Anm. 9.
Das neue sowjetische Angebot wurde dem amerikanischen Außenminister Kissinger am 7. Juni 1975 vom sowjetischen Botschafter in Washington, Dobrynin, unterbreitet. Vgl. dazu den Drahtbericht Nr. 1169 des Botschafters Blech, Genf (KSZE-Delegation), vom 11. Juni 1975; VS-Bd. 6112 (212); B 150, Aktenkopien 1975.

[5] James Callaghan.

[6] Jean Sauvagnargues.

[7] Vgl. dazu die Ausführungen des Bundesministers Genscher auf der Konferenz der Außenminister der EG-Mitgliedstaaten im Rahmen der EPZ am 26. Mai 1975 in Dublin; Dok. 135.

[8] Botschafter Blech, Genf (KSZE-Delegation), berichtete am 3. Juni 1975: „NATO-Caucus einigte sich heute – nach drittem Versuch und mit Vorbehalt der Niederlande – auf folgende neue Position als westliche Reaktion auf sowj[etische] Einführung der ‚Wiener Zahlen': 450 km Gebietsstreifentiefe, fünf Wochen Ankündigungsfrist ohne Bedingungen, 30 Tage (Position der Neutralen und Ungebundenen) bei weiterem östlichen Entgegenkommen, 16 000 für Größenordnung." Vgl. den Drahtbericht Nr. 1114; VS-Bd. 10201 (212); B 150, Aktenkopien 1975.

ren 300 km für beide Seiten eine mittlere Position.⁹ Wir sollten einen ernsthaften Versuch unternehmen, die Zustimmung der Sowjets zu dieser mittleren Position zu erhalten.

Ich würde empfehlen, in Genf zunächst die sowjetische Reaktion auf die britischen Sondierungen abzuwarten¹⁰ und dann endgültig zu entscheiden, ob man auf den sowjetischen Vorschlag eingeht oder ob man 300 km für durchsetzbar hält.

Mit freundlichen Grüßen
Hans-Dietrich Genscher

VS-Bd. 9474 (221)

155

Gespräch des Bundeskanzlers Schmidt mit dem sowjetischen Stellvertretenden Ministerpräsidenten Nowikow

12. Juni 1975¹

Aufzeichnung über ein Gespräch zwischen Bundeskanzler Schmidt und dem Stellvertretenden Vorsitzenden des Ministerrats der UdSSR, W. N. Nowikow am 12. Juni 1975 von 8.30 bis 9.30 Uhr im Bundeskanzleramt²
Deutscherseits waren zugegen: Bundeswirtschaftsminister Dr. Friderichs, Botschafter Sahm, Legationsrat Erster Klasse Leonberger und der Unterzeichnete, Regierungsdirektor Koy, BMWi, als Dolmetscher.

---

⁹ Am 11. Juni 1975 teilte Botschafter Blech, Genf (KSZE-Delegation), mit, daß „im NATO-Caucus am 10. Juni 1975 Verbündete zu ‚Dobrynin-Zahlen' Stellung" genommen hätten: „Ohne daß Minimalposition fixiert worden wäre, ergab sich als Verhandlungsziel: 300 km, höchstens 25 000 Mann, 21 Tage (= Zahlen, die Neutrale und Ungebundene einzubringen beabsichtigen)." Vgl. den Drahtbericht Nr. 1169; VS-Bd. 6112 (212); B 150, Aktenkopien 1975.

¹⁰ Am 12. Juni 1975 vermerkte Ministerialdirektor van Well zu den Gesprächen über Parameter für vertrauensbildende Maßnahmen bei der KSZE in Genf: „Im Auftrag des NATO-Caucus hat der britische Delegationsleiter den Sowjets informell vorgeschlagen: Gebietsstreifentiefe für SU – 300 km (nicht negoziabel); Größenordnung – 20 000 bis 22 000 Mann (negoziabel); Ankündigungsfrist – 28 Tage (negoziabel)." Vgl. VS-Bd. 14061 (010); B 150, Aktenkopien 1975.

¹ Ablichtung.
Die Gesprächsaufzeichnung wurde von Regierungsdirektor Koy, Bundesministerium für Wirtschaft, gefertigt.
Hat Ministerialdirigent Kinkel am 23. Juni 1975 vorgelegen, der die Weiterleitung an die Staatssekretäre Gehlhoff und Sachs verfügte.
Hat Gehlhoff und Sachs vorgelegen.
Hat Vortragendem Legationsrat I. Klasse Schönfeld vorgelegen, der handschriftlich vermerkte: „Danach über Ministerbüro Herrn D 4 z[ur] Übernahme bzw. Verbleib."
Hat Ministerialdirektor Hermes am 24. Juni 1975 vorgelegen.

² Der sowjetische Stellvertretende Ministerpräsident Nowikow hielt sich vom 8. bis 14. Juni 1975 in der Bundesrepublik auf.

Sowjetischerseits: der Stellvertretende Minister für Außenhandel Manschulo, Botschafter Falin und der Zweite Sekretär des sowjetischen Außenministeriums, Kurpakow, als Dolmetscher.

Der *Bundeskanzler* erklärte einleitend, er freue sich sehr, daß Herr Nowikow im Rahmen der Tagung der deutsch-sowjetischen Wirtschaftskommission[3] eine halbe Stunde Zeit für ein Gespräch im kleinen Kreise gefunden habe. Er, der Bundeskanzler, wolle sich in die Gespräche, die Herr Nowikow mit Herrn Friderichs führe, nicht einmischen, er wolle aber einleitend einige kurze Worte allgemeiner Natur sagen. Er, der Bundeskanzler, sei kein Wirtschaftspolitiker, und er wolle das, was er zu sagen habe, nicht nur aus wirtschaftlicher, sondern aus allgemeinpolitischer Sicht äußern. Generell könne man sagen, daß bei einigen großen Problemen, die im wirtschaftlichen Bereich behandelt würden, und bei einigen Vorschlägen für eine wirtschaftliche Zusammenarbeit gute Ergebnisse zu verzeichnen seien; es seien aber auch noch Provinzen vorhanden, in denen eine zügigere Entwicklung dieser Zusammenarbeit wünschenswert wäre.

Herr Nowikow habe in seinen Gesprächen mit Herrn Friderichs über Fragen der beiderseitigen Wirtschaftsbilanz und über erste große Projekte offen gesprochen, und es hätten in diesem Zusammenhang eine Reihe von Gesprächen stattgefunden. Er, der Bundeskanzler, wolle sich jedoch auf einige Punkte beschränken, die für beide Seiten von politischem Interesse seien.

Herr *Nowikow* bedankte sich für die Begrüßung und erwiderte, er freue sich, den Herrn Bundeskanzler bei guter Gesundheit zu sehen. In der Presse hätte es Meldungen gegeben, daß der Bundeskanzler etwas krank gewesen sei; aber die Verbreitung solcher Meldungen beträfe ja nicht nur ihn, sondern gelegentlich auch andere Persönlichkeiten.

Der *Bundeskanzler* bemerkte, gerade über so etwas würden die Zeitungen ja gern berichten.

Herr *Nowikow* fuhr fort, er wolle sich namens seiner ganzen Delegation wie in seinem eigenen Namen für die Gastfreundschaft bedanken, die ihnen hier im Lande zuteil geworden sei. Heute seien nur einige Mitglieder der Kommission anwesend: aus der Regierungsebene und aus dem außenpolitischen Bereich, dementsprechend auf der deutschen Seite Herr Friderichs und Herr Sahm.

Er wolle sich ferner dafür bedanken, daß er die Möglichkeit gehabt habe, einige Industrieprojekte zu besichtigen, die im Rahmen der Nutzung der Atomenergie für friedliche Zwecke interessant seien, so einen im Bau befindlichen Reaktor mit dem dazugehörigen Dampferzeuger für große Atomkraftwerke, ferner nach neuen Prinzipien arbeitende Ausrüstungen für solche Kraftwerke. Dies alles sei sehr nützlich auch im Hinblick auf die Zukunft gewesen, und zwar nicht nur unter technischem Blickwinkel, sondern auch in praktischer Hinsicht für die Entwicklung der beiderseitigen Zusammenarbeit.

Dank der Initiative von Herrn Friderichs habe er einen Besuch in Trier machen können, der ihm sehr gut gefallen habe. Er habe dabei Zeugnisse einer

---

[3] Die fünfte Tagung der deutsch-sowjetischen Kommission für wirtschaftliche und wissenschaftlich-technische Zusammenarbeit fand vom 9. bis 11. Juni 1975 statt. Dazu vermerkte Vortragender Legationsrat Hölscher am 16. Juni 1975: „Von allen bisherigen Tagungen wies diese letzte die geringsten Ergebnisse auf." Vgl. Referat 421, Bd. 117685.

2000 Jahre alten geschichtlichen Vergangenheit gesehen, die Porta Nigra, aber auch das Geburtshaus von Karl Marx (die erstere jedoch habe – so flocht Botschafter *Sahm* ein – bereits ca. 2000 Jahre vor Marx existiert).

Herr *Nowikow* fuhr fort, die Bevölkerung von Trier sei stolz auf zwei Personen, die Weltgeschichte gemacht hätten: einmal auf Konstantin den Großen, den römischen Kaiser, und auf Karl Marx.

Vor seiner Abreise in die Bundesrepublik habe er, Nowikow, mit einer Reihe führender Persönlichkeiten aus Partei und Regierungsspitze seines Landes gesprochen. Er habe den Auftrag, dem Bundeskanzler herzliche Grüße von Herrn Breschnew, Herrn Podgornyj und Herrn Kossygin sowie deren gute Wünsche für das Wohlbefinden des Herrn Bundeskanzlers zu übermitteln. Besonders ausführlich habe er vor seiner Abreise mit Herrn Kossygin gesprochen, der sich noch gern an die Gespräche erinnere, die er mit dem Herrn Bundeskanzler gehabt habe.[4]

Der Herr Bundeskanzler habe von dem Stand der wirtschaftlichen Beziehungen gesprochen. Auch die sowjetische Seite sei der Auffassung, daß die wirtschaftlichen Beziehungen nicht schlecht aussähen. Es gäbe zwar noch gewisse Mängel, Dinge, über die er mit Herrn Friderichs gesprochen habe, diese Schwierigkeiten seien aber nicht unüberwindbar.

Während einer Pressekonferenz am gestrigen Tage sei er, Nowikow, gefragt worden, wie er die Weiterentwicklung des beiderseitigen Handels einschätze. Er habe geantwortet, daß er zwar kein Prophet sei, aber der Überzeugung sei, daß wir weiterhin eine gute Entwicklung des beiderseitigen Handels erwarten könnten.

Zwischen den Sitzungen der beiderseitigen Wirtschaftskommission sei bereits in einer Reihe von Fragen vieles für die künftige Zusammenarbeit im wirtschaftlichen Bereich geregelt worden, so zum Beispiel der Vertrag über die Gaslieferungen aus dem Iran über sowjetisches Territorium in die Bundesrepublik[5] und eine Reihe anderer Fragen.

---

[4] Bundeskanzler Schmidt und Bundesminister Genscher hielten sich vom 28. bis 31. Oktober 1974 in der UdSSR auf. Für die Gespräche mit Ministerpräsident Kossygin vgl. AAPD 1974, II, Dok. 311, Dok. 313 und Dok. 321.

[5] Botschafter von Lilienfeld, Teheran, berichtete am 12. April 1973 über ein geplantes Dreiecksgeschäft zwischen der Bundesrepublik, dem Iran und der UdSSR über die Lieferung von Erdgas. Die Firma Ruhrgas AG sei bereit, jährlich ca. zehn Milliarden Kubikmeter Erdgas „auf etwa 20 Jahre abzunehmen. Iranisches Erdgas aus dem Saraks-Feld (Nordost-Iran) soll über Astara in das sowjetische Kaukasus-Gebiet geleitet werden, wofür Rußland Erdgas aus seinen westlichen Vorkommen an Ruhrgas liefert. Die geschätzten Kosten der dazu erforderlichen Pipeline in Iran betragen ca. 600 Mio. US-Dollar. Russen übernehmen 200 Mio. US-Dollar mit Verlegungsarbeiten und Kompressor-Stationen, Thyssen 400 Mio. (wahrscheinlich Konsortium mit Deutscher Bank). Bezahlung letztlich aus dem Verkaufserlös der Erdgaslieferungen an Ruhrgas." Vgl. den Drahtbericht Nr. 295; Referat 311, Bd. 104745.
Am 28. Januar 1975 resümierte Vortragender Legationsrat Hölscher den Stand der Verhandlungen nach Dreiergesprächen im Dezember 1974 in Essen: „Zwischen den Beteiligten ist die Frage des Preises des persischen Gases noch offen. Auch die Frage, wieviel Erdgas der Iran liefern soll, ist noch nicht geklärt. [...] Unter der Voraussetzung, daß die Bundesrepublik Deutschland infolge dieses Dreiecksgeschäfts weitere 6 Mrd. cbm Erdgas aus der Sowjetunion erhalten würde, würden sich unsere Erdgas-Bezüge aus der Sowjetunion um mehr als 50% erhöhen, so daß bei Erdgas eine Abhängigkeit von 12–14% von sowjetischen Importen gegeben sein könnte." Vgl. Referat 421, Bd. 117683.
Während der fünften Tagung der deutsch-sowjetischen Kommission für wirtschaftliche und wissenschaftlich-technische Zusammenarbeit vom 9. bis 11. Juni 1975 erläuterte der Abteilungsleiter im

Er, Nowikow, habe ein Gespräch mit Herrn Genscher gehabt – über das Herr Genscher wohl schon berichtet habe –, und Herr Genscher habe ihm den Standpunkt seiner Regierung zu einigen politischen Fragen erläutert, so zum Beispiel die Einstellung zu der Konferenz für Sicherheit und Zusammenarbeit in Europa, die positiv sei, mit der sich die Hoffnung auf eine gemeinsame Arbeit in der Konferenz und auf einen guten Abschluß dieser Konferenz verknüpfe.[6]

Der *Bundeskanzler* entgegnete, er wolle gerade zu der Frage der Konferenz für Sicherheit und Zusammenarbeit in Europa einige Bemerkungen machen. Vor zwei Wochen habe er mit Präsident Ford und Herrn Kissinger über diese Frage gesprochen.[7] Er habe dabei geäußert, daß in diesem Bereich Breschnew und Ford die Hauptinteressenten seien. Aber auch für kleinere Länder, wie zum Beispiel die Bundesrepublik Deutschland oder Luxemburg, seien diese Konferenz und ihre Ergebnisse wichtig. Er, der Bundeskanzler, halte es für nützlich, wenn im Rahmen des Abschlußtreffens für diese Konferenz am Rande der Konferenz eine Möglichkeit zu informellen Gesprächen geschaffen würde. Sicherlich habe auch Herr Breschnew ein Interesse an Kontakten außerhalb des Sitzungssaales der Konferenz, und nicht nur er, sondern auch andere Persönlichkeiten aus Ost und West seien an solchen Kontakten, an solchen Gesprächen sicher interessiert. Er, der Bundeskanzler, habe daher die Bitte, man möge einen guten Konferenzabschluß nicht in der Form gestalten, daß man sich kurz dreimal zu einem Essen treffe, unterschreibe und wieder abreise, sondern eben diese Möglichkeiten zu Gesprächen am Rande miteingebaut würden. Es sei natürlich nicht notwendig, daß die Schlußsitzung so lange Tage wie der Wiener Kongreß, d.h. drei Monate, dauere[8], aber einige Tage sollte man eben wegen dieser Gespräche am Rande vorsehen.

Herrn Breschnew wolle er baldige volle Wiederherstellung seiner Gesundheit wünschen, und er erwidere dessen Grüße herzlich.

Schon in einer Vorabsprache im Oktober vergangenen Jahres in Moskau habe er Herrn Breschnew zu einem Besuch in unserem Land eingeladen; jetzt wolle er formell diese mündliche Einladung wiederholen.[9]

Er bäte ferner, die ihm übermittelten Grüße von Herrn Kossygin und Herrn Podgornyj zu erwidern.

Fortsetzung Fußnote von Seite 727
   Staatlichen Planungskomitee der UdSSR (Gosplan), Bobrow, zu dem Projekt: „Die ČSSR habe ihre Zustimmung zur Verlegung der Gasleitung durch das Gebiet der ČSSR erteilt. Bankenabkommen über die Kreditierung der Lieferungen von Röhren und Ausrüstungen für die sowjetische Gasindustrie im Zusammenhang mit diesem Projekt seien bisher nicht abgeschlossen worden. Verhandlungen über die nun abzuschließenden Einzelverträge, die nach der am 10. April 1975 in Moskau unterzeichneten Generalvereinbarung bis 30. November 1975 abgeschlossen sein müssen, beginnen am 23. Juni 1975 in Düsseldorf." Vgl. die Aufzeichnung von Hölscher vom 16. Juni 1975; Referat 421, Bd. 117685.
[6] Bundesminister Genscher traf am 10. Juni 1975 mit dem sowjetischen Stellvertretenden Ministerpräsidenten Nowikow zusammen. Neben der KSZE wurden bilaterale politische und Wirtschaftsfragen sowie der fünfte Jahrestag des Vertrags vom 12. August 1970 zwischen der Bundesrepublik und der UdSSR angesprochen. Vgl. dazu die Gesprächsaufzeichnung; Referat 010, Bd. 178577.
[7] Für das Gespräch am 29. Mai 1975 in Brüssel vgl. Dok. 138.
[8] Der Wiener Kongreß tagte vom 18. September 1814 bis 9. Juni 1815.
[9] Bundeskanzler Schmidt lud den Generalsekretär des ZK der KPdSU, Breschnew, am 30. Oktober 1974 zu einem Gegenbesuch in die Bundesrepublik ein. Vgl. dazu AAPD 1974, II, Dok. 315. Zur Erneuerung der Einladung vgl. Dok. 106, Anm. 20.

Der Bundeskanzler bemerkte weiter, Herr Nowikow habe in seinen Ausführungen auf die unterschiedlichen Betriebsformen in den beiden Ländern hingewiesen. Er, der Bundeskanzler, würde es begrüßen, wenn die sowjetische Regierung der Zusammenarbeit zwischen den sowjetischen Außenwirtschaftsorganisationen und den deutschen privaten Firmen besondere Aufmerksamkeit widmen würde. Gerade dadurch, daß die Struktur der beiderseits teilnehmenden Institutionen bzw. Firmen unterschiedlich sei, sei dieser Bereich das schwächste Glied im Rahmen der Zusammenarbeit zwischen beiden Ländern. Je enger diese Zusammenarbeit gestaltet werden könne, desto tiefer und erfolgreicher werde sie sein. Man sollte also versuchen, die Überwindung von Schwierigkeiten bei der Zusammenarbeit, die aus der unterschiedlichen Struktur der beiderseitigen Systeme resultierten, besser zu organisieren.

Wenn er darauf hinweise, sei das von ihm, dem Kanzler, nicht einschränkend gemeint, sondern werde im Gegenteil gesagt, um der deutsch-sowjetischen Zusammenarbeit zu helfen. Der sowjetische Anteil an den außenwirtschaftlichen Beziehungen mit der Bundesrepublik nehme zwar zu, aber man könne heute noch nicht ganz damit zufrieden sein. Beide Seiten, sowohl Herr Breschnew und Herr Kossygin als auch Vertreter der Regierung unseres Landes, seien sich klar darüber, daß es dem Prestige beider Seiten sehr zustatten komme, wenn es gelänge, gemeinsame große Projekte zügig zu verwirklichen.

Wenn aber möglicherweise über viele Monate hinweg der Presse gesagt werden müsse, daß zum Beispiel im Bereich des Baues von Kernkraftwerken[10] keinerlei Fortschritte zu verzeichnen seien, dann, so wolle er ganz offen sagen, sei dies unangenehm, und zwar nicht nur aus wirtschaftlichen Gründen, sondern auch aus außenpolitischen Erwägungen heraus.

An dem Zustandekommen dieses Projekts, des Baues eines Kernkraftwerkes, bestünde ein spektakuläres Interesse, und dieses Projekt habe für die Entwicklung der Beziehungen zwischen beiden Ländern symbolhafte Bedeutung.

Vor acht Monaten habe er mit Herrn Kossygin und Herrn Breschnew über dieses Projekt gesprochen; man habe festgestellt, daß über bestimmte Details im Zusammenhang mit diesem Projekt noch mit den Staaten gesprochen werden müsse, die zwischen uns liegen. Die sowjetische Führung habe beabsichtigt, dies zu tun, und Herr Kossygin habe dann anschließend auf ihn zukommen wollen. Bisher jedoch seien die Ergebnisse der Gespräche, die die sowjetische Seite mit Polen und der DDR habe führen wollen, nicht mitgeteilt worden.[11] Er, der Bundeskanzler, rechne jedoch weiterhin damit, hierzu eine Nachricht zu erhalten.

In den Gesprächen mit Herrn Friderichs hierzu habe Herr Nowikow statt der obengenannten Frage vor allem Fragen der Kosten, der Preise und der Zinssätze als noch ungeklärt herausgestellt. Er, der Bundeskanzler, halte diese Dinge nicht für so gravierend, denn bei den großen Projekten hätten beide Seiten für diese Fragen immer noch Lösungen gefunden, und er halte das auch im

---

[10] Zur geplanten Lieferung eines Kernkraftwerks aus der Bundesrepublik in die UdSSR gegen sowjetische Stromlieferungen an die Bundesrepublik und an Berlin (West), vgl. Dok. 1, Anm. 26.
[11] Zur Frage der Trassenführung für die Stromlieferungen aus der UdSSR vgl. Dok. 51, besonders Anm. 5.

Fall des Kernkraftprojekts nicht für unmöglich. Er wäre Herrn Nowikow dankbar, wenn er Herrn Kossygin oder Herrn Breschnew diese Bitte um Übermittlung einer Nachricht weitergeben würde. Er wolle jedenfalls unser Interesse an diesem Projekt nicht nur aus wirtschaftlicher, sondern auch aus außenpolitischer Sicht wiederholen.

Eine zweite Frage, die er zur Sprache bringen wolle, sei die Beteiligung von mittleren und kleineren Betrieben in dem beiderseitigen wirtschaftlichen Austausch. Es sei dies eine Frage, die Herr Friderichs vor allem aus wirtschaftlicher Sicht betrachte, er aber, der Bundeskanzler, auch unter außenpolitischem Aspekt sehen müsse.

Die Beteiligung obengenannter Firmen als solche sei vielleicht vom Ergebnis her nicht so sehr spektakulär, aber die Wirkung gegenüber der Öffentlichkeit und der Unternehmerschaft auf unserer Seite durch einen möglicherweise entstehenden negativen Eindruck sollte nicht unterschätzt werden.

Die Resonanz, die Berichte von kleineren Unternehmen bei ihren Kollegen auf deren Stimmung haben könnten, sei ein wesentlicher Faktor auch für die öffentliche Meinungsbildung hinsichtlich des Umfangs der Beteiligung solcher Betriebe. Hinzu käme, daß die Mitarbeit solcher Betriebe, die sich durch Tüchtigkeit und auf zweckmäßige Fertigung ausgerichtete Arbeit sowie durch gute Organisation auszeichneten, für die deutsch-sowjetische Zusammenarbeit einen wichtigen Faktor darstellten.

Einen dritten handelspolitischen Punkt wolle er noch zur Sprache bringen: Er habe gehört, daß einige Firmen der Bundesrepublik Deutschland bereits mit entsprechenden sowjetischen Stellen, die für die Organisation der Olympischen Sommerspiele 1980 in Moskau zuständig seien, Kontakte aufgenommen hätten. Die amtlichen Stellen seines Landes begrüßten diese Kontakte, und seine Seite sei bereit, im Dienstleistungsbereich und im Bereich auch sonstiger Fragen die Sowjetunion bei den Vorbereitungen zu den Olympischen Spielen zu unterstützen. Er, der Bundeskanzler, würde sich freuen, wenn hier gewisse Ergebnisse erreicht werden könnten.

Allen diesen Dingen müsse ja nicht nur eine wirtschaftliche, sondern auch eine tiefe psychologische und politische Bedeutung beigemessen werden, und für die beiderseitige Zusammenarbeit sei nicht nur das wirtschaftliche Interesse, sondern seien auch die politischen Motive von Wichtigkeit. Wenn wir zu einer Verdichtung der Kooperation zwischen unseren beiden Ländern, die dann auch einer Entspannung im politischen Bereich diene, kommen könnten, dann sei das eine sehr wichtige Sache. Durch Erfolge im Bereich der wirtschaftlichen Zusammenarbeit könnten die politischen Ergebnisse untermauert werden. Natürlich solle es nicht so sein, daß die Politik die Wirtschaft am Erzielen vernünftiger Ergebnisse behindern dürfe. So müsse zum Beispiel eine ausgeglichene Bilanz zwischen beiden Ländern erstrebt werden. Die Bundesrepublik könne an hohen Exportüberschüssen nicht interessiert sein, weil diese auf die Dauer gesehen die Entwicklung der beiderseitigen wirtschaftlichen Beziehungen beeinträchtigen würde. In der Frage der Ausgeglichenheit der beiderseitigen Wirtschaftsbilanz seien das deutsche wirtschaftliche Interesse und das sowjetische wirtschaftliche Interesse identisch; wir seien jedenfalls daran interessiert, daß der sowjetische Export in unser Land zum Ausgleich der Bilanz zunehme.

12. Juni 1975: Gespräch zwischen Schmidt und Nowikow 155

Das sei das, worüber er mit Herrn Nowikow habe sprechen wollen; er bitte um Entschuldigung, daß er so lange gesprochen habe.

Herr *Nowikow* bedankte sich für die Ausführungen des Bundeskanzlers, die er mit Interesse zur Kenntnis genommen habe.

Er werde über alles, was der Bundeskanzler ihm mitgeteilt habe, Herrn Breschnew, dem Zentralkomitee seiner Partei und seiner Regierung berichten. Es sei für uns alle ein ermutigendes Zeichen, daß beide Seiten, beide Regierungen, die Bedeutung eines positiven Ausgangs der Konferenz für Sicherheit und Zusammenarbeit in Europa verstanden hätten.

Die Ausführungen des Bundeskanzlers zu einigen organisatorischen Fragen und Aspekten verdienten sorgfältige Aufmerksamkeit, er werde auch diese Erwägungen weiterleiten.[12]

Er, Nowikow, teile den Standpunkt des Bundeskanzlers, daß Fortschritte im politischen Bereich durch große bedeutende Schritte in der wirtschaftlichen Entwicklung untermauert werden müßten.

Er erinnere sich dabei an das[13], was er Herrn Genscher gesagt habe, nämlich, daß die Tatsache, daß die sowjetische Seite demnächst 10 Mrd. cbm Erdgas an die Bundesrepublik liefern werde[14], davon zeuge, wie stark das Vertrauen bei-

---

[12] Am 16. Juni 1975 übergab der sowjetische Botschafter Falin Staatssekretär Schüler, Bundeskanzleramt, eine „dem Bundeskanzler bereits vorliegende Botschaft des Generalsekretärs Breschnew". In dieser wurde vorgeschlagen, die dritte Phase der KSZE auf der Ebene der Staats- und Regierungschefs „in der dritten Dekade von Juli, sagen wir ab 22. Juli", durchzuführen. Vgl. die Gesprächsaufzeichnung bzw. die inoffizielle Übersetzung des Schreibens; Referat 010, Bd. 178580.
In seiner Antwort vom 19. Juni 1975 schloß Bundeskanzler Schmidt einen Beginn der KSZE-Schlußkonferenz im Juli nicht aus und sprach die Hoffnung aus, daß die genaue Terminfestlegung „in allernächster Zeit" möglich sein werde: „Nach meiner Überzeugung wäre uns allen aber nicht damit gedient, wenn wir in die Abschlußphase der Konferenz hineingingen, ohne sicher zu sein, daß wir sie zu einem erfolgreichen Abschluß führen können." Für das mit Drahterlaß Nr. 2425 des Vortragenden Legationsrats Gehl am 20. Juni 1975 an die Botschaft in Moskau übermittelte Schreiben vgl. Referat 212, Bd. 111517.

[13] Korrigiert aus: „dabei daran an das".

[14] Am 1. Februar 1970 wurden zwischen Vertretern der Energiewirtschaft der Bundesrepublik und staatlichen Stellen der UdSSR zwei privatrechtliche Verträge unterzeichnet („Erdgas-Röhren-Geschäft"). Der eine sah die Lieferung von sowjetischem Erdgas an die Ruhrgas AG für einen Zeitraum von 20 Jahren, beginnend 1973, vor. Im zweiten Vertrag verpflichteten sich die Firmen Mannesmann AG und Thyssen Röhrenwerke AG zur Lieferung von 1,2 Mio. t Rohre im Wert von 1,2 Mrd. DM an die UdSSR. Vgl. dazu die Aufzeichnung des Ministerialdirektors Herbst vom 11. Dezember 1969; Referat III A 6, Bd. 435. Vgl. dazu ferner AAPD 1970, I, Dok. 23.
Ein zweites Abkommen wurde am 6. Juli 1972 durch Vertreter der Mannesmann Export AG, der Thyssen Stahlunion Export GmbH, der Ruhrgas AG sowie der Deutschen Bank AG und den sowjetische Stellvertretenden Außenhandelsminister Ossipow in Düsseldorf unterzeichnet. Es umfaßte einen Erdgas-Vertrag mit einer Laufzeit von 20 Jahren und einem Wert von „weit über 10 Mrd. DM", einen Vertrag über die Lieferung geschweißter Großrohre im Wert von 1,235 Mrd. DM und einen Kreditvertrag zwischen einem Bankenkonsortium der Deutschen Bank AG und der sowjetischen Außenhandelsbank in Höhe von 1,050 Mrd. DM. Vgl. den Drahterlaß Nr. 2886 des Vortragenden Legationsrats I. Klasse Klarenaar vom 7. Juli 1972; Referat III A 6, Bd. 501.
Ein drittes Abkommen wurde am 29. Oktober 1974 durch Vertreter der Mannesmann Export AG, der Thyssen Stahlunion Export GmbH, der Ruhrgas AG sowie der Deutschen Bank AG und der sowjetischen Außenhandelsbank in Moskau unterzeichnet. Referat 421 vermerkte dazu am 21. November 1974: „Das neue Geschäft sieht in den Jahren 1975 und 1976 Röhrenlieferungen im Werte von rd. 1,5 Mrd. DM an die Sowjetunion vor (405 000 t im Jahr 1975, 480 000 t im Jahre 1976). Die Röhrenlieferungen werden von der sowjetischen Seite mit Erdgas-Rücklieferungen (bis zum Jahre 2000) bezahlt werden. Aufgrund der beiden ersten Erdgas-Röhren-Geschäfte liefert die Sowjetunion gegenwärtig ca. 7 Mrd. cbm jährlich. Vorgesehen ist jetzt durch das dritte Geschäft eine Erhö-

731

der Seiten zueinander sei. Denn in diesen Größenordnungen gehe es schon um große Energieversorgungsfragen, die somit auch Einfluß auf das chemische Potential des jeweiligen Landes haben könnten.

Er danke dem Herrn Bundeskanzler dafür, daß er die Schritte für die Verwirklichung großer Projekte, die beide Seiten eingeleitet hätten, begrüße. Im einzelnen wolle er zu den vom Bundeskanzler angeschnittenen Fragen folgendes bemerken.

Zur Frage der Organisation der Olympischen Spiele treffe es zu, daß bereits Kontakte zwischen Firmen der Bundesrepublik und sowjetischen Organisationen bestünden, so zum Beispiel bestünden Kontakte zu der Firma Siemens. Das Sowjetische Olympische Komitee sei aber erst kürzlich gebildet und müsse sich erst ein Bild über den Umfang der insgesamt erforderlichen Maßnahmen schaffen. Sobald dies geschehen sei, werde auch das Ausmaß des seitens der Bundesrepublik gewünschten Anteils für dieses Vorhaben zu überblicken sein.

Zur Frage der Beteiligung kleiner und mittlerer Firmen in der beiderseitigen Kooperation sei zu sagen, daß dies eine Frage sei, deren Umfang „sich schwer kontrollieren lasse".

Die sowjetische Seite lege auf die Teilnahme kleiner und mittlerer Firmen bei der Entwicklung der beiderseitigen Beziehungen Wert. Sie habe eine spezielle Arbeitsgruppe, zu der auch Vertreter der sowjetischen Außenhandelskammer gehörten, gebildet.

Auch auf der gestrigen Pressekonferenz sei durch Journalisten die Frage der Beteiligung solcher Firmen aufgeworfen worden. Er, Nowikow, habe als Beispiel für die Beteiligung kleiner und mittlerer Firmen das Kama-Projekt erwähnt, in dessen Rahmen der deutschen Seite ein Auftrag im Wert von über 300 Mio. D-Mark erteilt worden sei.[15] Wie groß der Anteil der Beteiligung kleiner Firmen bei dieser Kooperation sei, lasse sich schwer überblicken, denn die Auftragnehmer auf der deutschen Seite würden einen großen Teil der hier anfallenden Lieferwünsche an kleine Firmen weitergeben; die deutschen Firmen ihrerseits kooperierten ja mit einer Vielzahl kleiner Zulieferbetriebe. Das glei-

Fortsetzung Fußnote von Seite 731

hung um fortschreitend 1,5–2,5 Mrd. cbm jährlich bis auf eine jährliche Gesamtmenge von etwa 10 Mrd. cbm Erdgas. Diese Menge macht 10 % unserer Importe aus, 90 % unserer Erdgasimporte kommen aus den Niederlanden. Das Erdgas-Röhren-Geschäft mit der Sowjetunion wird von einem Bankenkonsortium ohne staatliche Subventionen finanziert." Vgl. Referat 421, Bd. 117691.

15 Im September 1969 begannen Gespräche zwischen sowjetischen Stellen und der Daimler-Benz AG über die Beteiligung am Bau einer LKW-Fabrik in der UdSSR (Kama-Projekt), die jedoch wegen Differenzen hinsichtlich der Lizenzgebühren zu keinem Abschluß führten. Mit der Gesamtkonzeption für die Durchführung des Projekts wurde die Firma Renault beauftragt. Vgl. dazu die Aufzeichnung des Referats III A 6 vom 27. Mai 1971 sowie den Drahtbericht Nr. 1671 des Botschafters Ruete, Paris, vom 8. Juni 1971; Referat III A 6, Bd. 502.
Am 11. Januar 1973 wurde in der Presse berichtet, daß ein Konsortium, dem 43 Firmen aus der Bundesrepublik sowie vier ausländische Hersteller angehörten, unter der Generalunternehmerschaft der Liebherr Verzahntechnik GmbH, Kempten, „von sowjetischen Stellen gegen amerikanische Konkurrenz den Auftrag erhalten, das Kamagetriebewerk in allen Einzelheiten zu projektieren und einen großen Teil der dort benötigten Maschinen, Automations- und Verkettungsanlagen zu liefern und zu montieren. Das Gesamtvolumen des Auftrags übersteigt nach dieser Information 400 Millionen DM." Das Unternehmen Liebherr Verzahntechnik habe damit die gleiche Stellung „wie die Régie Renault, die für die im selben Werk befindliche Motorenfertigung verantwortlich ist. Beide müssen sich in der Gesamtplanung noch aufeinander abstimmen." Vgl. den Artikel „Liebherr-Konsortium errichtet Kama-Getriebewerk"; FRANKFURTER ALLGEMEINE ZEITUNG vom 11. Januar 1973, S. 12.

che gelte auch für einen Auftrag an die Firma Klöckner-Humboldt-Deutz, die einen Lieferauftrag für einen großen Posten Lastkraftwagen erhalten habe.[16] Diese Lkws seien für den Bau der großen Eisenbahnlinie vom Baikal-See zum Amur vorgesehen, und auch hier würde deutscherseits sicherlich eine Vielzahl von Unterlieferanten beteiligt.

Man solle versuchen, diese Frage gemeinsam zu klären, die Frage als solche sei von der sowjetischen Seite nicht aufgeworfen worden, aber die sowjetische Seite verstünde die Bedeutung, die seitens der Bundesrepublik dieser Frage beigemessen werde, und man müßte eine Form finden, das eben zu regeln.

Der *Bundeskanzler* flocht hier ein, er sehe, daß sich Herr Nowikow des Problems und seiner Bedeutung bewußt sei, und nehme das mit Befriedigung zur Kenntnis.

Herr *Nowikow* fuhr dann fort, zur Frage des Stromprojekts habe Herr Kossygin ja seinen Standpunkt gegenüber dem Herrn Bundeskanzler dargelegt, und es sei vereinbart worden, weiter auf seiner Ebene in Verbindung zu bleiben. Da aber in dieser Frage vier Länder, nämlich die Bundesrepublik Deutschland, die Sowjetunion, Polen und die Deutsche Demokratische Republik, zu der Frage der Trassenführung gehört werden müßten, sei dies eine Frage, die weiter zu prüfen sei. Herr Kossygin habe damals die Vorstellungen der sowjetischen Seite über die Trassenführung geäußert und habe den Wunsch der anderen Seite zur Kenntnis genommen.

Er, Nowikow, bäte darum, daß das, was er heute über das Projekt geäußert habe, seitens des Herrn Bundeskanzlers richtig verstanden werde. Denn außer der Frage der Trassenführung, im Zusammenhang mit welcher die sowjetische Seite die Versorgung West-Berlins mit Strom habe garantieren wollen, gebe es ja noch andere Fragen, die nicht gelöst seien, so zum Beispiel das Problem der Frequenz oder eine Frage, die auftauche, wenn man die beiderseitigen Stromverbundnetze miteinander verkoppeln wolle. Die Firmen auf der Seite der Bundesrepublik Deutschland hätten in der Preisfrage den Standpunkt vertreten, es müsse sich um einen Strompreis handeln, der so hoch sei wie der in der Bundesrepublik Deutschland geltende Strompreis. Dabei sei aber nicht berücksichtigt worden, daß 1500 km Leitung gebaut werden und die Stromlieferung über diese Entfernung erfolgen müsse, und das koste ja auch etwas.

Der *Bundeskanzler* flocht hier ein, wenn man über dieses Projekt noch lange verhandele, dann werde der Strompreis noch höher werden, als er jetzt schon sei.

Er, der Bundeskanzler, habe Bundesminister Friderichs gebeten, das Stromprojekt nicht so laut und so ausführlich in der Öffentlichkeit zu behandeln, wie das mit dem Projekt Kursk[17] der Fall gewesen sei.

---

[16] Am 2. Oktober 1974 schloß die Firma Klöckner-Humboldt-Deutz AG mit der sowjetischen Allunionsvereinigung „Avtoexport" einen Vertrag über die Lieferung von 9000 Lastkraftwagen in den Jahren 1975 und 1976 im Wert von etwa 1 Mrd. DM. Am 8. Oktober 1974 vermerkte das Vorstandsmitglied der Klöckner-Humboldt-Deutz AG, Selowsky, dazu: „Die Finanzierung von 78 % des Auftragswertes wird aller Voraussicht nach über einen Bestellerkredit geregelt werden, der von einem deutschen Bankenkonsortium unter Führung der Deutsche Bank AG der sowjetischen Bank für Außenhandel zur Verfügung gestellt wird." Vgl. Referat 421, Bd. 117692.

[17] Am 16. November 1972 unterzeichneten die Salzgitter AG und die Korf-Stahl AG in Moskau eine Vereinbarung mit der sowjetischen Handelsvereinigung Metallurgimport über den Bau eines integrierten Hüttenwerks auf der Basis der Direktreduktion in Mittelrußland (Kursk). Dazu wurde

Damals seien durch diese ausführliche öffentliche Behandlung die Dinge fast so weit gekommen, daß es hieß, wenn dieser Kontrakt nicht zustande kommt, dieser Kontrakt mit Kursk, dann werden wir überhaupt keine wirtschaftlichen Beziehungen mehr zur Sowjetunion haben.

Botschafter *Falin* warf hier ein, es sei damals sogar gesagt worden dann werde es zu einer zweiten Schlacht bei Kursk[18] kommen.

Nowikow erwiderte, er werde seiner Führung berichten, daß der Herr Bundeskanzler durch die für dieses Projekt eingetretene Verzögerung besorgt sei. Er, Nowikow, habe offen dargelegt, wie auf seiner Seite der Stand dieser Frage betrachtet werde, und er sei der Meinung, daß solche Dinge nur vorwärts kämen, wenn man offen über sie spreche.

Er wolle dem Herrn Bundeskanzler noch einmal danken für seine Darlegungen zu der Frage der wirtschaftlichen und politischen Beziehungen und zu internationalen Fragen, so zum Stand der Konferenz für Sicherheit und Zusammenarbeit in Europa. Er werde über alle diese Dinge berichten.

Nachdem Herr Nowikow eine Frage des Bundeskanzlers, ob Herrn Nowikows Zeitplanung noch einige Ausführungen gestatte, bejahte, fuhr der *Bundeskanzler* fort, er wolle noch einige Anmerkungen zu seinen und Herrn Nowikows Ausführungen machen.

Zu der Frage des Kernkraftwerks stimme er dem, was Herr Nowikow gesagt habe, zu.

Die Presse habe damals in der Frage Kursk sehr emotional reagiert. Die Sowjetunion spreche in der Presse ja nur mit einer Stimme, wir, unsere Seite, hätten nur wenig Einfluß auf die Meinungsbildung unserer Presse; der größte Teil dessen, was die Presse bei uns sage, läge außerhalb unserer Einwirkungsmöglichkeit. Unter tausend Pressestimmen seien eben leider oft 999 dagegen und nur eine dafür.

Zu der Frage der Trassenführung für dieses Stromprojekt habe er aus dem damaligen Gespräch mit Herrn Kossygin noch eine von Herrn Kossygin ent-

---

Fortsetzung Fußnote von Seite 733

mitgeteilt: „Das geplante Hüttenwerk soll eine Jahreskapazität von etwa 3 Mio. Tonnen Walzprodukte und 5 Mio. Tonnen reduzierte Pellets haben. Hierbei wird es sich um das bisher größte Industrieprojekt handeln, bei dem westdeutsche und sowjetische Unternehmen zusammenarbeiten." Vgl. BULLETIN 1972, S. 1931.

Vertreter des Konsortiums von Firmen aus der Bundesrepublik, dem seit Sommer 1973 auch die Fried. Krupp GmbH angehörte, sowie der sowjetische Stellvertretende Außenhandelsminister Komarow paraphierten am 15. Dezember 1973 in Köln eine Generalvereinbarung zur Zusammenarbeit bei der Errichtung des Hüttenwerks. Vortragender Legationsrat I. Klasse Sieger teilte der Botschaft in Moskau am 19. Dezember 1973 dazu mit, daß über die Frage der Finanzierung sowie insbesondere über die Höhe des Zinssatzes noch keine Einigung erzielt worden sei: „Der Devisenanteil für die erste Stufe (Formstahl) wird bei Gesamtkosten von ca. 6 Mrd. DM auf ca. 3,5 Mrd. DM geschätzt. Die Kosten für das Vorprojekt und Arbeitsprojekt, die in den Jahren 1974/75 erstellt werden sollen, dürften 30 bis 50 Mio. DM betragen. Der Devisenanteil für die zweite Stufe (Bleche), die bis auf weiteres noch nicht zur Diskussion steht, soll bei 2,3 bis 2,5 Mrd. DM liegen." Vgl. den Schrifterlaß; Referat 421, Bd. 117692.

Am 12. Dezember 1974 wurde in Moskau der Vertrag über das auf 18 Monate angelegte Vorprojekt unterschrieben. Dazu führte Ministerialdirektor Hermes am 13. Dezember 1974 aus: „Es handelt sich um den Know-how-Vertrag. Kaufpreis 93,83 Mio. DM. [...] Diesem Know-how-Vertrag wird mit größter Wahrscheinlichkeit auch der Auftrag zur Lieferung des Hüttenwerks folgen." Vgl. Referat 421, Bd. 117692.

[18] Die Schlacht bei Kursk fand vom 5. bis 13. Juli 1943 statt.

worfene Skizze über die Streckenführung, die ihm vorschwebte, in seinem Besitz. Diese Skizze liege in seinem Safe.

Er warte also auf das Ergebnis des Gesprächs zwischen Herrn Kossygin einerseits und Polen und der DDR andererseits und auf entsprechende Nachricht.

Dieses Gespräch habe aber auch eine andere außenpolitische Bedeutung – nicht nur für die Beziehungen der Sowjetunion zur Bundesrepublik Deutschland oder auch für unsere Beziehungen zu Polen und der DDR, sondern auch für unser Verhältnis zu den Vereinigten Staaten von Amerika.

Für uns ist das Gelingen dieses Projekts ein Testfall. Wenn es uns nämlich gelinge, in diesem Vorhaben der friedlichen Nutzung der Atomenergie zu einem konkreten Ergebnis zu kommen, dann sei dies für uns eine Möglichkeit, uns von einer Bevormundung durch die Vereinigten Staaten von Amerika freizumachen. In dem zwischen Brasilien und der Bundesrepublik Deutschland sich anbahnenden Projekt über eine Kooperation im Bereich der Kernenergieversorgung seien analoge Beobachtungen zu machen.[19] Er, Herr Nowikow, wisse sicher, daß es in der Konzeption der Vereinigten Staaten noch den sogenannten Non-Proliferation-Vertrag[20] gebe, einen Vertrag, hinter dem mächtige Monopole der USA stünden, und es sei sehr wesentlich, hier einen Durchbruch gegenüber diesen Monopolen zu schaffen.[21]

Dies sei eine Sache, die wir durchstehen müßten, aber wir seien daran interessiert, dieses Projekt durchzuführen, und er, der Bundeskanzler, habe auf diesen Teilaspekt des Projekts hinweisen wollen. Diese Komponente und Teilüberlegung sei bisher gegenüber der Presse diskret behandelt worden; er lege Wert darauf, daß dies weiterhin auch so bleibe.

Eine weitere Überlegung wolle er jedoch anschließen. In fünfzehn Monaten stünden bei uns die Wahlen für den neuen Bundestag[22] heran. Er, der Bundeskanzler, meine, es sei wichtig, wenn der sowjetischen Seite auch nach diesen Wahlen die gleiche Besetzung, also er, der Bundeskanzler selber, Herr Friderichs, Herr Genscher und Herr Brandt gegenübersäße. Es wäre nun für seine Seite zweifellos eine Hilfe, wenn der Öffentlichkeit vor dem Wahltag mitgeteilt werden könnte, daß die Verhandlungen über das beiderseitige Stromprojekt einen positiven Abschluß gefunden hätten. Auch dies sei eine Überlegung, die nicht für die Presse bestimmt sei.

---

19 Zum Abkommen zwischen der Bundesrepublik und Brasilien über Zusammenarbeit auf dem Gebiet der friedlichen Nutzung der Kernenergie und zur Haltung der USA vgl. Dok. 157.
20 Für den Wortlaut des Nichtverbreitungsvertrags vom 1. Juli 1968 vgl. BUNDESGESETZBLATT 1974, Teil II, S. 785–793.
21 Zur Haltung der USA zu der geplanten Lieferung eines Kernkraftwerks aus der Bundesrepublik in die UdSSR gegen sowjetische Stromlieferungen an die Bundesrepublik und an Berlin (West) vgl. Dok. 9, Anm. 26.
Botschafter von Staden, Washington, berichtete am 4. Februar 1975 über die „auf Arbeitsebene zum Ausdruck gebrachten weiteren amerikanischen Besorgnisse (möglicher Technologietransfer insbesondere von ‚unique American technologies' sowie möglicher sowjetischer Zugang zu ‚strategic manufacturing know-how')". Der amerikanische Außenminister Kissinger habe geäußert, „die USA seien nicht gegen die Lieferung des Werkes, der amerikanischen Regierung sei nur daran gelegen, daß ausreichende Kontrollmaßnahmen (safeguards) vereinbart würden". Vgl. den Drahtbericht Nr. 292; Referat 421, Bd. 117699.
22 Die Wahlen zum Bundestag fanden am 3. Oktober 1976 statt.

Wenn er, der Bundeskanzler, diese Aspekte erwähnt habe, dann, um damit gleichzeitig auch Herrn Nowikow gewissermaßen einen Blick bei uns nach innen zu gewähren.

Daß das Stromprojekt darüber hinaus die Versorgung West-Berlins mit Strom gewährleisten solle, das sei, so meine er, so selbstverständlich, daß es überflüssig sei, dies noch extra zu sagen.

Herr *Nowikow* erwiderte, er werde auch dies an Herrn Kossygin weiter berichten. Er wolle sich noch einmal bedanken für das Gespräch und für den freundlichen Empfang, den er und seine Delegation in der Bundesrepublik Deutschland gefunden hätten. Er habe bereits seinen Dank für den guten Verlauf der Kommission zum Ausdruck gebracht; dieser Verlauf habe ja gleichzeitig auch eine große Bedeutung sowohl für die außenwirtschaftlichen als auch für einen Teil der sonstigen bilateralen Beziehungen.

Der *Bundeskanzler* bat abschließend noch einmal, beste Grüße an den Herrn Generalsekretär Breschnew und Wünsche für dessen baldige völlige Genesung zu übermitteln.

Botschafter *Falin* bemerkte an dieser Stelle, Herr Breschnew sei gesund, er werde morgen in seinem Wahlbezirk eine Rede halten.[23]

Der *Bundeskanzler* meinte, gerade das sei wichtig, daß man wisse, Herr Breschnew sei gesund, denn die Presse habe immer wieder hierzu anderslautende Meldungen verbreitet.[24]

Referat 213, Bd. 112758

---

[23] Am 13. Juni 1975 führte der Generalsekretär des ZK der KPdSU, Breschnew, während einer Wahlkundgebung in Moskau aus: „Unser Land war und bleibt ein konsequenter Vertreter der Begrenzung und Einschränkung der Rüstung, ein Verfechter der Abrüstung. [...] In diesem Zusammenhang möchte ich auf die Bedeutung einer wichtigen Frage hinweisen. Sie hat in den Abkommen zwischen den Staaten noch keine Widerspiegelung gefunden, doch wird sie nach unserer Überzeugung mit jedem Tag dringlicher und unaufschiebbarer. Es geht darum, daß die Staaten, vor allem aber die Großmächte, ein Abkommen abschließen, das verbietet, neue Arten von Massenvernichtungsmitteln sowie neue Systeme solcher Waffen zu entwickeln. Der Stand der heutigen Wissenschaft und Technik ist so hoch, daß die ernste Gefahr besteht, daß eine noch schrecklichere Waffe als die Kernwaffe entwickelt wird. Verstand und Gewissen der Menschheit diktieren die Notwendigkeit, einer solchen Waffe eine unüberwindliche Barriere entgegenzustellen. Diese Aufgabe erfordert natürlich die Anstrengung eines breiten Kreises von Staaten und in erster Linie die der Großmächte." Vgl. den Artikel „Politik der UdSSR dient der Sicherheit aller Völker"; NEUES DEUTSCHLAND vom 14./15. Juni 1975, S. 4.

[24] Vgl. dazu den Artikel „Breschnew zeigt sich wieder"; FRANKFURTER ALLGEMEINE ZEITUNG vom 11. Juni 1975, S. 5. Vgl. ferner den Artikel „Breschnew nach Operation noch sprachbehindert"; FRANKFURTER ALLGEMEINE ZEITUNG vom 12. Juni 1975, S. 3.

156

Gespräch des Bundeskanzlers Schmidt
mit dem ungarischen Außenminister Puja

VS-NfD   12. Juni 1975[1]

Weitere Teilnehmer: der ungarische Botschafter, László Hamburger, MD van Well, Botschafter Kersting, MDg Loeck, als Dolmetscher: János Czeglédi.

Das Gespräch dauerte von 12.05–12.50 Uhr.

Der *Außenminister* berichtet über sein Gespräch mit BM Genscher, das Einigkeit über die gute Entwicklung der Beziehungen ergeben habe.[2] Es gebe im deutsch-ungarischen Verhältnis nur einige kleinere Probleme zu lösen:

– Baldiger Abbau des hohen ungarischen Passivsaldos im deutsch-ungarischen Warenverkehr, unter Aufrechterhaltung des umfangreichen Handelsvolumens. Der Passivsaldo gehe sowohl auf Importbeschränkungsmaßnahmen der EG als auch auf noch bestehende deutsche Importbeschränkungen zurück.

– Es bedürfe zur Regelung der ungarischen Wiedergutmachungs- und Entschädigungsansprüche[3] einer politischen Lösung. Diese solle durch Expertengespräche vorbereitet werden.

Der *Bundeskanzler* hofft, Parteisekretär Kádár bald in Bonn zu sehen.[4]

Er betont, daß wir Exportüberschüsse keineswegs als wünschenswert betrachten. Sie entziehen unserer Wirtschaft Ressourcen, die sie selber braucht. Die ungarische Kritik an den Importrestriktionen der Gemeinschaft (insbesondere für Rindfleisch) bezeichnet der Bundeskanzler als berechtigt.

Zu den ungarischen Wiedergutmachungsforderungen unterstreicht der Bundeskanzler, daß kein Rechtsgrund für solche Ansprüche erkennbar sei. Er fragt den Minister, ob Ungarn sich mit solchen Wünschen auch an die DDR gewandt habe. Es habe keinen Zweck, über dieses Thema Expertengespräche anzuberaumen, da sie sowieso ohne Ergebnis bleiben müßten. Der Bundeskanzler erklärt, er könne es nicht verstehen, daß solche Fragen von der ungarischen Regierung zunehmend in den Vordergrund geschoben würden, da dies der sonst so befriedigenden Entwicklung unserer Beziehungen nicht förderlich sei.

---

[1] Ablichtung.
Die Gesprächsaufzeichnung wurde von Ministerialdirigent Loeck, Bundeskanzleramt, am 13. Juni 1975 gefertigt und am selben Tag „vorbehaltlich der Zustimmung des Bundeskanzlers" an Vortragenden Legationsrat I. Klasse Schönfeld übermittelt.
Hat Schönfeld am 13. Juni 1975 vorgelegen, der handschriftlich vermerkte: „Referat 214 m[it] d[er] B[itte] u[m] Übernahme (auch der Unterrichtung der Amtsleitung, falls angezeigt)." Vgl. den Begleitvermerk; Referat 214, Bd. 116585.
[2] Für die Gespräche am 11./12. Juni 1975 vgl. Dok. 151.
[3] Zu den ungarischen Wiedergutmachungsforderungen vgl. Dok. 52.
[4] Zur Einladung des Bundeskanzlers Schmidt vom 4. Juni 1975 an den Ersten Sekretär des ZK der USAP, Kádár, vgl. Dok. 151, Anm. 44.
Kádár besuchte die Bundesrepublik vom 4. bis 7. Juli 1977.

Der Bundeskanzler bemerkt, er habe die Einladung des ungarischen Ministerpräsidenten[5] angenommen. Dabei bleibe es. Er würde sich aber freuen, Parteisekretär Kádár vorher in Bonn zu sehen.

Der *Außenminister* dankt für die Einladung Kádárs und fügt hinzu, es werde den Besuch Kádárs in Bonn erleichtern, wenn der Bundeskanzler vorher nach Budapest komme.[6]

Zu den Wiedergutmachungsforderungen führt er aus, daß die ungarische Regierung diese Fragen im Verhältnis zur Bundesrepublik Deutschland keineswegs in den Vordergrund stelle. Sie sollten keinen Schatten auf unsere Beziehungen werfen. Deshalb erlaube seine Regierung nicht, daß dieses Thema in der Presse behandelt oder sonst öffentlich diskutiert werde.

Zur wirtschaftlichen Seite bittet der Minister

– um deutsche Unterstützung bei der Fortsetzung der EG-Einfuhrliberalisierung auf der Grundlage der beiderseitigen Zugehörigkeit zum GATT;
– die Bundesregierung möge Aufnahme eines ungarischen Kredits bei einem deutschen Bankenkonsortium zum Zweck der Finanzierung ungarischer Infrastrukturprojekte unterstützen.

Er verweist auf die Möglichkeit, den ungarischen Handelsbilanzsaldo durch Lieferungen aus erweiterter industrieller Kooperation deutscher und ungarischer Unternehmen abzubauen.

Der *Bundeskanzler* drückt sein besonderes Interesse an baldigem Abschluß eines Kulturabkommens aus. Es sei dringend wünschenswert, daß es auch auf dem Kulturgebiet wieder zu einer breiteren Berührung der beiden Völker komme.

Zu den Kontakten auf hoher Ebene bemerkt er folgendes: Er nehme an, daß er in jedem Falle noch in diesem Jahr mit Parteisekretär Kádár zusammentreffen werde, und zwar auf der KSZE-Konferenz.[7] Falls die ungarische Seite hieran Interesse habe, sollten die Mitarbeiter gebeten werden, diesen Gedanken festzuhalten. Es sollte nicht ein Gespräch „im Vorübergehen", sondern ein eingehender Gedankenaustausch ins Auge gefaßt werden.

Der Außenminister bezeichnet ein solches Treffen als sehr nützlich und will den Gedanken an Kádár weitergeben. Er erklärt, daß die ungarische Seite zum baldigen Zustandekommen eines Kulturabkommens beitragen wolle.

Referat 214, Bd. 116585

---

[5] Für die Einladungsschreiben des Ministerpräsidenten Fock vom 14. Juni 1974 bzw. des Ministerpräsidenten Lázár vom 3. Juni 1975 an Bundeskanzler Schmidt vgl. Referat 214, Bd. 116586.
[6] Bundeskanzler Schmidt besuchte Ungarn vom 4. bis 6. September 1979.
[7] Bundeskanzler Schmidt und der Erste Sekretär des ZK der USAP, Kádár, trafen am 30. Juli 1975 in Helsinki zusammen. Themen waren ein Besuch von Kádár in der Bundesrepublik, die Ostpolitik der Bundesregierung, die Beziehungen zwischen Ungarn und den Europäischen Gemeinschaften sowie die EG-Agrarpolitik. Vgl. dazu die Gesprächsaufzeichnung; Referat 214, Bd. 116586.

157

Ministerialdirektor Hermes an die Botschaft in Washington

413-491.09 USA-653/75 VS-vertraulich   Aufgabe: 12. Juni 1975, 12.51 Uhr[1]
Fernschreiben Nr. 641
Citissime

Betr.: Amerikanische Reaktion auf deutsch-brasilianisches Regierungsabkommen über friedliche Nutzung der Kernenergie[2]

I. 1) Am 11. Juni hat mich Botschafter Hillenbrand auf eigene Initiative aufgesucht, um anhand eines Katalogs (siehe Anlage) Klarheit darüber zu gewinnen, inwieweit die amerikanischen Sicherungs- und Exportkontrollvorstellungen mit den deutsch-brasilianischen Vereinbarungen übereinstimmen. Hillenbrand bezeichnete Katalog ausdrücklich als „Non-paper".

2) Einleitende Ausführungen von Botschafter Hillenbrand zu dem Grund seines Besuches ließen erkennen, daß dieser Besuch nicht als „Beschwerde" der amerikanischen Regierung über einzelne Bestimmungen – insbesondere im sensitiven Bereich – zu werten ist. Hillenbrand stellte zu Beginn fest, daß amerikanische Regierung nicht für Indiskretionen in US-Presse[3] verantwortlich sei. Gleichzeitig ließ er durchblicken, daß das deutsch-brasilianische Abkommen

---

[1] Durchdruck.
Der Drahterlaß wurde von Vortragendem Legationsrat I. Klasse Rouget konzipiert.
[2] Am 30. April 1975 stimmte das Kabinett dem Entwurf des Abkommens mit Brasilien über ein Abkommen zur Zusammenarbeit bei der friedlichen Nutzung der Kernenergie zu. Dazu teilte Ministerialdirigent Lautenschlager der Botschaft in Brasilia am selben Tag mit: „Ohne Änderung des Textes des Abkommens soll jedoch versucht werden, von den Brasilianern noch zusätzlich folgende Zusagen zu erhalten [...]: 1) Art. 3 des Abkommens sieht vor, daß in bezug auf die gelieferten Gegenstände von Technologie ein Sicherheitskontrollabkommen zu schließen ist. Die USA, aber auch andere Teilnehmerstaaten auf der Suppliers Conference legen großen Wert darauf, daß derartige Abkommen nicht bilateral, sondern trilateral zwischen Lieferstaat – Empfangsstaat und der IAEO zu schließen sind. Hier müssen wir die Brasilianer noch davon unterrichten, daß wir ggf. den Abschluß eines solchen trilateralen Abkommens [für] notwendig halten werden. 2) [...] Wir haben den USA zugesagt, uns um eine Verstärkung des deutschen Einflusses bei den vorgesehenen joint ventures zu bemühen. Gegenüber Brasilien müßte versucht werden, hier noch etwas in den von der deutschen Industrie abzuschließenden Verträgen zu erreichen. Intern werden wir versuchen, den Einfluß der Bundesregierung auf die betroffenen deutschen Unternehmen zu verstärken." Vgl. den Drahterlaß Nr. 1784; Referat 413, Bd. 114243.
[3] Am 2. Juni 1975 wurde in der amerikanischen Presse berichtet: „Brazil has arranged to obtain from West Germany the technology that would give Brazil the capability to produce nuclear weapons. U.S. officials are concerned that the military-dominated Brazilian government has decided to opt for the bomb." Vgl. den Artikel „W[est] German Firm to Provide Nuclear Capability to Brazil"; INTERNATIONAL HERALD TRIBUNE vom 2. Juni 1975, S. 4.
Am 3. Juni 1975 informierte Botschafter von Staden, Washington, über kritische Artikel in der Tageszeitung „Washington Post" bzw. in der Zeitschrift „Science". Letzterer deute an, „daß die deutsche N[icht]v[erbreitungs]-Moral offensichtlich weniger hoch sei als die amerikanische". Vgl. den Drahtbericht Nr. 1537; Referat 413, Bd. 114243. Für den am selben Tag mit Schriftbericht übermittelten Artikel „Brazil Nuclear Deal Raises U. S. Concern" bzw. „Nuclear Proliferation: India, Germany May Accelerate the Process" vgl. Referat 413, Bd. 114243.
Am 11. Juni 1975 wurde mitgeteilt, daß die Bundesrepublik ungeachtet amerikanischer Bedenken das Abkommen mit Brasilien im Wert von mehreren Milliarden Dollar abzuschließen beabsichtige, das neben der Lieferung mehrerer Kernkraftwerke einen vollen nuklearen Brennstoffkreislauf umfasse. Vgl. den Artikel „Bonn–Brazil A-Pact Ignores U. S. Fears"; INTERNATIONAL HERALD TRIBUNE vom 11. Juni 1975, S. 5.

eher in der Bundesrepublik und Brasilien Gegenstand von Indiskretionen gewesen sei als in seinem eigenen Land.

Ich habe für diese Haltung der amerikanischen Regierung gedankt und mich auf die Anstrengungen des State Department bezogen, das durch seinen Sprecher (Anderson) am 4.6. in einem Hintergrundgespräch sich bemüht habe, amerikanischen Pressevertretern ein korrektes Bild über die deutsch-amerikanischen Konsultationen zu vermitteln.[4] Gleichzeitig habe ich Herrn Hillenbrand darauf hingewiesen, daß die verzerrten bis unrichtigen Darstellungen in der Presse das AA veranlaßt hätten, zu einem möglichst frühen Zeitpunkt dieser fast kampagne-ähnlichen Entwicklung entgegenzutreten. Aus diesem Grund hätte ich einen ausgewählten Kreis deutscher Journalisten entsprechend unterrichtet.

3) Die allgemeinen Ausführungen von Hillenbrand lassen sich wie folgt zusammenfassen: Die amerikanische Regierung

– hat – im sensitiven Bereich – Bedenken gegen das deutsch-brasilianische Abkommen,

– hält diese Bedenken weiterhin aufrecht (ohne jedoch auf einer konkreten Berücksichtigung dieser Bedenken in bezug auf das deutsch-brasilianische Abkommen zu bestehen),

– ist an einer weiteren Zusammenarbeit mit der Bundesregierung über die Frage der Anwendung von Sicherungsmaßnahmen und Exportkontrollen – im Zusammenhang mit der Suppliers Conference[5] – sehr interessiert und möchte diese bilateralen Konsultationen längerfristig verstanden sehen.

4) Als wesentliches politisches Fazit dieses Besuches ist festzuhalten, daß die amerikanische Regierung

– keinen allgemeinen politischen Druck (als Folge ihrer Verstimmung über das deutsch-brasilianische Abkommen) auf die Bundesregierung auszuüben beabsichtigt,

– in bezug auf das deutsch-brasilianische Abkommen nicht von uns verlangt, amerikanischen Vorstellungen entsprechende Änderungen im Vertragstext vorzunehmen bzw. die Unterzeichnung des Vertrages (anläßlich des Besuches des brasilianischen Außenministers in Bonn am 26./27. Juni[6]) aufzuschieben.

5) Die Ausführungen von Botschafter Hillenbrand lassen den Schluß zu, daß die amerikanische Regierung bestrebt ist, die nach ihrer Auffassung offenen

---

[4] Im Pressespiegel des Presse- und Informationsamts vom 4. Juni 1975 wurden Agenturmeldungen wiedergegeben, wonach der Sprecher des amerikanischen Außenministeriums, Anderson, sich zufrieden gezeigt habe, „daß die Bundesregierung bei ihren Kernkraftwerk-Verhandlungen mit Brasilien ‚strenge Sicherheiten' zur Verhütung der Ausnutzung der Nukleartechnologie zur Herstellung von Waffen fordere". Innerhalb der amerikanischen Regierung gebe es unterschiedliche Auffassungen zu dem Geschäft, man könne aber „nicht von einem heftigen Streit in dieser Frage sprechen". Vgl. Referat 413, Bd. 114243.

[5] Zur Konferenz der wichtigsten Lieferstaaten von Kerntechnologie (Suppliers Conference) am 23. April 1975 in London vgl. Dok. 104.

[6] Für das Gespräch des Bundesministers Genscher mit dem brasilianischen Außenminister Azeredo da Silveira am 27. Juni 1975 vgl. Dok. 179.

bzw. zu ihrer Zufriedenheit nicht geklärten Fragen im Rahmen bilateraler Konsultationen weiter zu erörtern.[7]

II. Zu den in dem Katalog enthaltenen Fragen habe ich in der dort aufgeführten Reihenfolge wie folgt Stellung genommen:

Zu Ziff. 1): Feststellung, daß wir amerikanische Auffassung über Nützlichkeit privaten Dialogs der unter dieser Ziffer aufgeführten Materien begrüßen.

Zu Ziff. 2): Wir seien ebenfalls der Meinung, daß Konsultationen im Bereich von Kernenergie-Export zu einer fruchtbaren Zusammenarbeit zwischen unseren beiden Ländern auf der Suppliers Conference am 18.6. in London führen sollten. Bilaterale Konsultationen zwischen den beiden Delegationen seien für den 17.6. vorgesehen.[8]

Zu Ziff. 3): Einverstanden.

Zu Ziff. 4): Hinweis, daß der Verkauf deutscher nuklearer Technologie an Brasilien kein Anlaß zu Bedenken sein sollte, da wir – über den NV-Vertrag[9] hinausgehend – auch die Technologie vereinbarungsgemäß den IAEO-Sicherheitskontrollen unterstellten. Insofern keine Präjudizierung der Suppliers Conference am 18.6.1975. Das deutsch-brasilianische Abkommen schließt aus, daß die von uns gelieferten Kernmaterialien, Ausrüstungen und Einrichtungen und das in den Anlagen hergestellte, vertriebene oder verwendete Ausgangs- oder spaltbare Material sowie die einschlägigen technologischen Informationen für Kernwaffen oder sonstige Kernsprengkörper verwendet werden.[10]

Zu Ziff. 5): Wir glauben, daß die von uns erreichte Lösung in bezug auf den von uns gelieferten Brennstoffkreislauf ausreicht. Insoweit das deutsch-brasilianische Abkommen angesprochen ist, siehe Ziffer 4).

Zu Ziff. 6): Bestätigung der dort aufgeführten, von Brasilien abgegebenen Versicherung. Insbesondere Hinweis auf die Einflußnahme, die wir im Sicherheits-

---

[7] Am 12. Juni 1975 erläuterte Botschafter von Staden, Washington, dazu: „Es kann kaum ein Zweifel daran bestehen, daß Hillenbrand weisungsgemäß gehandelt hat und daß die von ihm übermittelten Punkte in Washington formuliert worden sind. Gleichzeitig aber läßt die eher vage Form des Schritts vermuten, daß niemand in der Lage gewesen ist, dem Botschafter eine klare Weisung zu erteilen. Darauf dürfte es meiner Ansicht nach zurückzuführen sein, daß er einerseits sehr präzise Petita vorgebracht hat, andererseits aber genötigt war, seinen Schritt als seine eigene Initiative und seine Aufzeichnung als ein ‚Non-paper' zu bezeichnen." Mit amerikanischen Wünschen hinsichtlich einer Änderung des mit Brasilien vereinbarten Vertragstextes sei wohl nicht mehr zu rechnen: „Es ist aber damit noch nicht sicher, daß die amerikanische Seite sich im weiteren Verlauf der Durchführung des Abkommens, der Verhandlungen mit der IAEO und im Zuge der weiteren deutschen Exportpolitik des politischen Drucks auf uns enthält." Vgl. den Drahtbericht Nr. 1707; VS-Bd. 9497 (222); B 150, Aktenkopien 1975.

[8] Zur Konferenz der wichtigsten Lieferstaaten von Kerntechnologie am 18./19. Juni 1975 in London und zu den bilateralen Konsultationen im Vorfeld am 17. Juni 1975 vgl. Dok. 168.

[9] Für den Wortlaut des Nichtverbreitungsvertrags vom 1. Juli 1968 vgl. BUNDESGESETZBLATT 1974, Teil II, S. 785–793.

[10] Artikel 3 des Abkommens vom 27. Juni 1975 zwischen der Bundesrepublik und Brasilien über Zusammenarbeit auf dem Gebiet der friedlichen Nutzung der Kernenergie machte die „Lieferung von Ausgangs- und besonderem spaltbarem Material, von Ausrüstungen und Materialien, die eigens für die Herstellung, die Verwendung oder Verarbeitung von besonderem spaltbarem Material vorgesehen oder hergerichtet sind, sowie für die Übermittlung einschlägiger technologischer Informationen" vom Abschluß eines Sicherungsabkommens mit der IAEO abhängig, das sicherstellen sollte, daß die Materialien oder technologischen Informationen „nicht für Kernwaffen oder sonstige Kernsprengkörper verwendet werden". Vgl. BUNDESGESETZBLATT 1976, Teil II, S. 335.

bereich dadurch erhalten, daß wir Vertragspartei des zwischen Brasilien und IAEO abzuschließenden Abkommens[11] werden.

Zu Ziff. 7): Bestätigung, daß Brasilien bereit ist, uns als Vertragspartei zu akzeptieren (siehe Ziff. 6).

Zu Ziff. 8): Diese Frage ist auch in dem amerikanischen Papier für die Suppliers Conference „Discussion Paper on Safeguards and Export Controls"[12] enthalten. Wir stehen der Idee von joint ventures im Prinzip positiv gegenüber, sind uns aber darüber im klaren, daß wir auf unsere private Industrie keinen staatlichen Einfluß ausüben können. Im übrigen halten wir die Formulierung „to the extent feasible" als geeignet, um im Einzelfall von der Möglichkeit von joint ventures Gebrauch zu machen.

Zu Ziff. 9): Wir teilen die Auffassung, bei der Belieferung Brasiliens mit Nukleartechnologie den jeweiligen Entwicklungsstand und seine Erfordernisse in Rechnung zu stellen. Wir betrachten diese Angelegenheit als eine „matter of policy".

Zu Ziff. 10): Auch diese Idee ist Gegenstand des unter Ziffer 8 erwähnten amerikanischen Diskussionspapiers für die Suppliers Conference. Wir sehen die Problematik, im sensitiven Bereich durch multinationale Einrichtungen auf regionaler Ebene optimale Sicherungsmaßnahmen bei Wiederaufarbeitung einzuführen.

Zu Ziff. 11): Der in dieser Ziffer angesprochene Argwohn zwischen Brasilien und Argentinien stellt sich im Endergebnis für jedes Lieferland.

Zu Ziff. 12): Einverstanden.

Zu Ziff. 13): Die dort angesprochene und theoretische Möglichkeit würde einer Ideallösung entsprechen.

Zu Ziff. 14): Einverstanden.

Zu Ziff. 15): Erneuter Hinweis auf bilaterale Konsultationen am Vorabend der Suppliers Conference am 18.6. in London.

Hermes[13]

Anlage

1) The United States has appreciated the opportunity to exchange views with the Federal Republic in a private dialogue about our mutual concerns with re-

---

[11] Am 6. Juni 1975 teilte das brasilianische Außenministerium mit, „daß nichts in dem Text des genannten Abkommensentwurfes der Beteiligung der deutschen Regierung an einem Abkommen zwischen Brasilien und der IAEO entgegensteht, das die auf die bilaterale nukleare Zusammenarbeit zwischen den beiden Ländern anzuwendenden Sicherungsmaßnahmen zum Gegenstand hat". Vgl. die Verbalnote; Referat 413, Bd. 114196.
Ein Entwurf der Bundesregierung vom 10. September 1975 für ein Übereinkommen zwischen der IAEO, der Bundesrepublik und Brasilien über Anwendung von Sicherungsmaßnahmen wurde am 25. September 1975 der brasilianischen Delegation bei den Internationalen Organisationen in Wien übergeben. Vgl. dazu den Drahtbericht Nr. 291 des Gesandten Ungerer, Wien (Internationale Organisationen), vom 26. September 1975; Referat 413, Bd. 114196.
Für den Entwurf vgl. Referat 413, Bd. 114196.

[12] Am 20. Mai 1975 wurde der Botschaft in Washington die amerikanische Aufzeichnung „Discussion Paper on Safeguards and Export Controls" übergeben und am selben Tag von der Botschaft übermittelt. Unterbreitet wurden Vorschläge zu „Safeguards and Special Controls on Transfers", „Supporting Activities" und „Consultations on Special Export Cases". Vgl. Referat 413, Bd. 105361.

[13] Paraphe.

spect to appropriate physical security measures for nuclear materials and facilities and about safeguards and nuclear export controls designed to prevent the proliferation of nuclear weapons.

2) We have engaged in these consultations, not to seek a commercial advantage, but in a constructive spirit to develop a mutual appreciation of our respective concerns and policies toward nuclear exports and to help insure a productive relationship between the FRG and the US at the forthcoming June 18 Suppliers' Meeting.

3) We hope to continue these consultations, to discuss both short-term problems and to seek possible long-term solutions.

4) We remain concerned about the planned sale of German nuclear technology to Brazil. This sale sets a precedent for the forthcoming Suppliers' Meeting. It involves the sales of both enrichment and reprocessing technology to a country antagonistic toward the NPT[14] and which is interested in an indigenous programme for the production of „Peaceful Nuclear Explosives" (PNE).

5) We understand that the FRG was not successful in negotiating comprehensive safeguards on the entire Brazilian nuclear fuel cycle, nor was the FRG successful in its efforts to obtain an general „no-PNE commitment" from Brazil.

6) However, we understand that the FRG will obtain formal assurances from Brazil that the materials, facilities and the technology supplied by Germany will be:
– subject to IAEA safeguards,
– will not be used to produce PNEs,
– will be subject to adequate physical security measures.

We also understand that the FRG is seeking an assurance from Brazil that the proposed agreement will permit the FRG to undertake a trilateral safeguards' agreement with the IAEA and Brazil.

7) We would appreciate confirmation of our understanding, particularly the points mentioned in Paragraph 6, above. Has the Federal Republic been successful in obtaining Brazilian acceptance of a trilateral safeguards' agreement including the IAEA? How will this concept be included in the FRG–Brazil agreement?

8) We urge that the FRG assure its continuing involvement, as the supplier nation, in the construction and operation of reprocessing and enrichment plants for both pilot and commercial facilities. „Joint FRG–Brazil Ventures" with governmental direction to the extent feasible, would help satisfy this criterion, thereby minimizing the risk of proliferation without jeopardizing the sale of German nuclear technology.

9) We urge that the FRG retain as much flexibility as possible in stretching out the schedule for transfers of nuclear technology, consistent with Brazil's evolving economic requirements and the general interest in regional stability.

10) We believe that there is an important distinction between pilot and commercial-scale facilities. Should the FRG be unable to achieve supplier involvement in pilot facilities, even after determined efforts, we urge that the FRG

---

14 Non-Proliferation Treaty.

work with other suppliers to encourage the construction of larger-scale, multinational facilities with supplier involvement and major Brazilian participation which would be able to serve regional needs.

11) In view of the broad capability to be transferred to Brazil, and Argentine-Brazilian mutual suspicions, it seems clear to the US that concern about nuclear proliferation will be recurrent during the whole course of the FRG–Brazil (and US–Brazil) nuclear cooperation.

12) We believe that we must seriously and continuously review this situation and look at ways to deal with proliferation concerns.

13) While we recognize substantial political obstacles, one theoretical possibility would be for Argentina and Brazil to arrive at some sort of agreement or understanding according to which all facilities would be safeguarded and, conceivably, to coordinate reprocessing plants on a regional basis.

14) We would like to discuss with the FRG these or other possible long-term ways of dealing with the problem.

15) The US would be prepared to review the „Discussion Paper" for the June 18 Suppliers' Meeting with the FRG on a bilateral basis and to answer any questions that the FRG may have. To what extent will the proposed FRG–Brazil agreement follow the concepts outlined in this paper?

VS-Bd. 8888 (413)

158

Aufzeichnung der Botschaft in Paris

VS-vertraulich 13. Juni 1975[1]

Kurzfassung Vier-Augen-Gespräch Genscher/Sauvagnargues, 13. Juni 1975, 17.30 Uhr

1) Deutsch-Französischer Gipfel sei auf 31. Juli/1. August festgelegt.[2]

2) Genscher: Wir haben begonnen, unsere Politik gegenüber der Dritten Welt zu überprüfen[3], insbesondere auch unsere Rohstoffpolitik.[4] Problem: Wie kön-

---

[1] Durchdruck.
Hat Ministerialdirektor Hermes am 16. Juni 1975 vorgelegen, der die Weiterleitung an die Ministerialdirigenten Lautenschlager und Sigrist sowie Referat 420 verfügte und handschriftlich dazu vermerkte: „(Portugal)."
Hat Lautenschlager und Sigrist am 16. bzw. 18. Juni 1975 vorgelegen.
Hat Vortragendem Legationsrat Trumpf am 19. Juni 1975 vorgelegen.
Hat Vortragendem Legationsrat I. Klasse Mühlen am 20. Juni 1975 vorgelegen.

[2] Die deutsch-französischen Konsultationen fanden am 25./26. Juli 1975 statt. Vgl. dazu Dok. 223 und Dok. 228.

[3] Auf einer Klausurtagung am 9. Juni 1975 auf Schloß Gymnich verabschiedete das Kabinett 25 Thesen zur Politik der Zusammenarbeit mit den Entwicklungsländern. Für den Wortlaut vgl. BULLETIN 1975, S. 698 f.

ne man den armen Ländern helfen? Wie stünden wir zur Indexierung? Bei Öl seien wir z.B. dagegen, wenn wir auch den Zusammenhang zwischen industriellen und Rohstoffexportpreisen anerkennen.

Sauvagnargues: Es komme auf die Garantierung des Einkommens an. Diese Forderung sei nicht ganz unbegründet. Bei einigen Rohstoffen seien die USA und Kanada die hauptsächlichen Lieferanten und damit potentielle Nutznießer von Preisgarantien. Bei anderen lieferten Drittländer wesentliche Prozentsätze. Man müsse dieses berücksichtigen. Eine Formel ähnlich wie Lomé[5] schwebe ihnen jedoch für dieses Abkommen nicht vor.

Genscher: Wir würden Ende des Monats unsere Position ausgearbeitet haben und dann einen hochrangigen Beamten, vielleicht Wischnewski, nach Saudi-Arabien und vielleicht andere Länder entsenden.[6] Möglicherweise werde er sogar selbst fahren.

S. erwähnte, daß er sich am 10. Juli mit Kissinger in Washington treffen und über die Kontakte mit den Produzenten sprechen werde.[7] Er denke daran, entweder Froment-Meurice oder Guiringaud auf Tour zu senden. Es sei wichtig, sich über dieses Thema mit den Amerikanern abzustimmen.

Er erwähnte, daß die Algerier wohl bei der Eröffnung des Dialogs Schwierigkeiten bereiten würden.[8]

Die jetzige amerikanische Haltung habe zwar Fortschritte gezeigt, sei aber noch nicht ausreichend für ein Ergebnis des Dialogs. Im ganzen sähe er diese

Fortsetzung Fußnote von Seite 744

[4] Am 22. April 1975 befaßte sich eine Ressortbesprechung mit den Folgerungen aus der Vorkonferenz der erdölproduzierenden und -verbrauchenden Staaten vom 7. bis 15. April 1975 in Paris. Ministerialdirektor Hermes vermerkte dazu, daß angesichts der Forderung insbesondere der Entwicklungsländer nach Ausweitung der Themen der Konferenz neben der Energiepolitik, Entwicklungshilfe und monetären Fragen auch Überlegungen als notwendig erachtet würden zum „Rohstoffkomplex einschließlich der von ‚Sieben' sehr stark in den Vordergrund gestellten Indexierungsfrage – Bindung der Energie- und Rohstoffpreise an die Preise industrieller Güter". Vgl. Referat 405, Bd. 113909. Am 20. Juni 1975 wurde eine interministerielle Aufzeichnung über die „Grundsätze der Bundesregierung für den Dialog mit den erdölproduzierenden und anderen Entwicklungsländern" vorgelegt. Zur Rohstoffpolitik wurde darin ausgeführt, die Bundesregierung wolle „stabilere Exporterlöse insbesondere für die ärmsten unter den rohstoffexportierenden Entwicklungsländern" erreichen sowie „die Sicherung einer stetigen und ausreichenden Versorgung der Wirtschaft mit Rohstoffen zu angemessenen Preisen". Für die Erreichung dieser Ziele seien ungeeignet „3.1) Globallösungen, wie sie etwa das integrierte Programm der UNCTAD enthält; sie begünstigen bzw. belasten undifferenziert arme und reiche Länder, führen zu unwirtschaftlichen Strukturverfestigungen und hohen Kosten; 3.2) Rohstoffabkommen, die durch Preise oberhalb des langfristigen Gleichgewichtspreises einen Ressourcentransfer auf die Entwicklungsländer erreichen wollen; derartige reglementierende Eingriffe in den Preismechanismus der Rohstoffmärkte führen zu kostspieligen und unwirtschaftlichen Mittelübertragungen. Auch hier würden die ärmsten Entwicklungsländer leer ausgehen oder sogar belastet, manche rohstoffreiche Entwicklungs- und sogar Industrieländer jedoch unverhältnismäßig begünstigt; 3.3) eine automatische Bindung von Exportpreisen für Rohstoffe an Importpreise für Fertigprodukte (Indexierung); sie würde zu einer Inflationsautomatik sowie zu weltweiten Struktur- und Wettbewerbsverzerrungen führen [...]; 3.4) Erzeugerkartelle." Vgl. Referat 010, Bd. 178638.
[5] Zum AKP-EWG-Abkommen von Lomé vom 28. Februar 1975 vgl. Dok. 15, Anm. 18.
[6] Zur Vorbereitung der „Fact-finding Mission" des Staatsministers Wischnewski vgl. Dok. 173.
Zum Ergebnis der Gespräche vom 25. Juni bis 4. August 1975 vgl. Dok. 259.
[7] Der französische Außenminister Sauvagnargues traf am 9./10. Juli 1975 in Paris mit dem amerikanischen Außenminister Kissinger zusammen. Vgl. dazu Dok. 204, Anm. 1.
[8] Zur Diskussion zwischen Algerien und den Industriestaaten über eine Beteiligung der Internationalen Energie-Agentur (IEA) an der Konferenz der erdölproduzierenden und -verbrauchenden Staaten vgl. Dok. 87, Anm. 8.

Entwicklung recht positiv. Es sei wichtig, die Verfahrensfragen vorher festzulegen und mit Plänen für das Vorgehen aufzutreten, die jeder Kritik standhalten. Eine Einigung unter den OECD-Ländern sei vorher notwendig.

G. schnitt sodann das Thema Ägypten an. Hierüber habe zwischen Laboulaye und Lahusen eine Unterhaltung stattgefunden. Die Amerikaner hätten als Plan für die notleidenden Ägypter eine Zielvorstellung von 1 Milliarde Dollar entwickelt.[9] Davon sollten 25% die USA, 25% der Iran, 25% Saudi-Arabien, 100 Millionen Japan, einen gewissen Betrag Kuwait und den Rest die Neun aufbringen. Wir hätten den USA gesagt, daß wir bis zu 50 Millionen Dollar zu geben bereit seien als Teil eines gesamteuropäischen Beitrages. Wir wollten uns mit den Franzosen hierüber abstimmen und bäten um eine rechtzeitige Mitteilung des französischen Standpunktes, da am nächsten Montag die Politischen Direktoren hierüber einen gemeinsamen deutsch-französischen Vorschlag besprechen könnten.[10] Dies werde guten politischen Effekt auslösen. Wir möchten den gleichen Betrag zusagen wie die Franzosen. Der Vorschlag solle besser von den Ministern als von der Kommission kommen.[11]

Portugal

S.: Heute sei ein Kommissionsvorschlag eingegangen über die Hilfe an Portugal[12], den Präsident Giscard d'Estaing kurz gesehen und als zu groß empfunden habe. Er, Sauvagnargues, habe dem Präsidenten mit Mühe und Not sein Einverständnis damit abgerungen, daß er das Prinzip einer Hilfe nicht ablehnt, es jedoch im Detail noch studieren wolle. S. fügte hinzu, man müsse auch die Rückwirkung auf die italienischen Kommunisten berücksichtigen. Hierin stimme er mit der amerikanischen Position überein. Costa Gomes habe hier guten Eindruck gemacht.[13] Er habe aber Schwierigkeiten und habe erklärt, keine Garantie dafür geben zu können, daß er den Kommunismus im Zaume halten könne.

G. erklärte den Kommissionsvorschlag für sympathisch, weil nationale Leistungen angerechnet werden (Deutschland leiste bereits 70 Millionen[14]). Innerhalb

---

[9] Zu den Überlegungen hinsichtlich einer Stützungsaktion für Ägypten vgl. Dok. 138, Anm. 20.

[10] Zu den Beratungen des Politischen Komitees im Rahmen der EPZ über eine Stützungsaktion für Ägypten am 16. Juni 1975 in Dublin vgl. Dok. 163, Anm. 12.

[11] Zur Erörterung einer Stützungsaktion für Ägypten am Rande der EG-Ministerratstagung am 24. Juni 1975 in Luxemburg vgl. Dok. 181.

[12] Am 12. Juni 1975 berichtete Botschafter Lebsanft, Brüssel (EG), über die von der EG-Kommission vorgelegten Vorschläge zur Unterstützung von Portugal. Dazu sei ausgeführt worden, „daß im handelspolitischen Bereich kaum noch etwas für Portugal getan werden könne, da die bestehenden Zollgrenzen weitgehend abgebaut seien. Wichtiger sei rasche Hilfe für Portugal im finanziellen Bereich." Bis zum Inkrafttreten eines Finanzprotokolls müsse eine „Zwischenlösung gefunden werden: Portugal brauche dringend Investitionen. Es habe z. Z. noch genug Devisen, um Importe zu bezahlen. Investitionstätigkeit sei jedoch zu vollständigem Stillstand gekommen. [...] Um rasche Hilfe zu ermöglichen, schlage Komm[ission] die Koordinierung der bilateralen Hilfe der Mitgliedstaaten f[ür] Portugal vor. Mit der Bitte um streng vertrauliche Behandlung stelle sich Komm. folgende gebündelte Hilfe der Mitgliedstaaten vor: erstes Jahr 400 Mio. R[echnungs]E[inheiten], zweites Jahr 200 Mio. RE, drittes Jahr 100 Mio. RE." Vgl. den Drahtbericht Nr. 2054; Referat 410, Bd. 105615. Lebsanft teilte am 24. Juni 1975 mit, daß in einer Besprechung am Rande der EG-Ministerratstagung am selben Tag in Luxemburg „das Prinzip einer Sofort-Finanzhilfe" an Portugal akzeptiert worden sei: „Höhe und Modalitäten der Hilfe blieben noch offen." Vgl. den Drahtbericht Nr. 66; Referat 410, Bd. 105615.

[13] Präsident Costa Gomes besuchte Frankreich vom 4. bis 7. Juni 1975.

[14] Zur Kapitalhilfe der Bundesrepublik für Portugal vgl. Dok. 75, Anm. 10.

der Sozialdemokratischen Partei sei die Tendenz, in Portugal einzugreifen – wie Brandt sie im Parlament vertreten habe –, im Augenblick aber etwas im Abflauen, da Soares zur Zurückhaltung geraten habe.[15] In Portugal werde die Entscheidung wohl innerhalb des MFA gefällt und nicht unter den anderen Gruppen. Die MFA hätte ein Drei-Kammer-System für ihre neue Verfassung vorgeschlagen, in dem die MFA die wichtigste Kammer mit allen Entscheidungsbefugnissen stellen sollte.[16]

Wir hätten unsere wirtschaftliche Hilfe fortgesetzt, damit Ruhe und Touristenverkehr wiederkehren. Wir hätten von den Portugiesen einen Investitionskodex erbeten[17], von dem sie uns einen ersten, aber noch recht unklaren Entwurf gezeigt hätten.

Europäische Verteidigung

S. schnitt dieses Thema an mit der Bemerkung, die Äußerungen des Präsidenten[18] seien mißverstanden worden. Er habe auch etwas anderes gemeint, als was Leber gesagt habe.[19] Für Frankreich sei jede Verteidigung immer atlantisch. USA und Westeuropa seien verteidigungspolitisch eben eng verknüpft.

---

[15] Der SPD-Vorsitzende Brandt stellte am 15. Mai 1975 im Bundestag die Frage: „Was hat der Westen eigentlich im Laufe eines guten Jahres getan, um den Portugiesen bei dem zu helfen, worum es für sie eigentlich geht, nämlich Zusammenarbeit zum Nutzen der wirtschaftlichen und demokratischen Stabilität? [...] Das Atlantische Bündnis hat sich früher nicht in die inneren Verhältnisse Portugals eingemischt. Warum sollten jetzt ganz andere Maßstäbe angelegt werden? Die Bewegung der Streitkräfte und die Regierung in Lissabon versichern, daß sie zu den bestehenden Verträgen stehen, und das heißt konkret: auch zum Bündnis." Man solle sie „doch beim Wort" nehmen. Vgl. BT STENOGRAPHISCHE BERICHTE, Bd. 93, S. 11857.

[16] Vgl. dazu das Übereinkommen zwischen der Bewegung der Streitkräfte und den politischen Parteien vom 11. April 1975; Dok. 122, Anm. 4.

[17] Zu dem von der portugiesischen Regierung geplanten Kodex für ausländische Investitionen vgl. Dok. 141, Anm. 12.

[18] Am 21. Mai 1975 wurde Staatspräsident Giscard d'Estaing auf einer Pressekonferenz um Stellungnahme zu der Behauptung des Ersten Sekretärs des ZK der KPF, Marchais, gebeten, wonach die französische Regierung die Rückkehr in eine europäische Verteidigungsgemeinschaft und die Stationierung von taktischen Atomwaffen auf dem Territorium der Bundesrepublik betreibe. Giscard d'Estaing erklärte dazu, daß es bislang keinerlei Gespräche mit der Bundesregierung über eine solche Stationierung gegeben habe. Was eine europäische Verteidigung angehe, so könne diese aus zwei Gründen derzeit nicht vorangetrieben werden: „d'une part, les craintes - et je dirai les craintes explicables – que suscitent pour l'Union soviétique des projets d'organisation de défense européenne dans lesquels l'Union soviétique voit, au moins à terme, le risque d'une certaine menace ou d'une certaine pression militaire européenne vis-à-vis d'elle-même. [...] second motif pour lequel cette question ne peut pas, à mon avis, être abordée utilement, c'est que certains de nos partenaires européens ont exprimé à plusieurs reprises leur préférence pour un système intégré avec les Etats-Unis d'Amérique, système auquel nous ne participerons pas, auquel nous n'avons pas l'intention de participer". Vgl. LA POLITIQUE ETRANGÈRE 1975, I, S. 168.

[19] Bundesminister Leber nahm am 4. Juni 1975 auf der Europa-Tagung der Konrad-Adenauer-Stiftung zu den Äußerungen des Staatspräsidenten Giscard d'Estaing Stellung, der von sowjetischen Befürchtungen gegenüber einer europäischen Verteidigung gesprochen habe: „Aber wir können das, was wir als unser eigenes Interesse erkannt haben, nicht unterlassen, weil wir sowjetische Befürchtungen erwarten." Auch der zweite von Giscard d'Estaing genannte Grund gegen eine Initiative zur europäischen Verteidigung zum gegenwärtigen Zeitpunkt, das integrierte System mit den USA, sei ihm nicht recht verständlich: Der französische Staatspräsident unterstelle damit, „daß die europäischen Partner eine Wahl hätten zwischen einem rein europäischen Verteidigungssystem auf der einen und einem mit Amerika verbunden System auf der anderen Seite. Tatsächlich besteht angesichts des globalen Kräfteverhältnisses diese Wahlmöglichkeit gar nicht. Selbst nach Vollendung einer Politischen Union in Westeuropa ist es für mich nicht vorstellbar, wie ein ausreichendes militärisches Gleichgewicht in Europa ohne die Partnerschaft der USA aufrechterhalten werden könnte." Vgl. BULLETIN 1975, S. 675.

Die Vorstellung von einer EVG, die eine politische Union fördere, sei ein politisches Trugbild. Zunächst müsse die politische Entscheidungsbefugnis vorhanden sein. Eine Verteidigungsgemeinschaft könne nicht nuklear sein, auch weil die nukleare Potenz nicht der Gemeinschaft übergeben werden könne. Eine Verteidigungsgemeinschaft – dies müsse er wiederholen – sei nicht ein Mittel, um zur politischen Union zu kommen. Die Frage der französischen Nuklearwaffen sei dagegen rein militärisch. Es handele sich um die Frage des französische Beitrages im Falle eines Angriffes auf die BRD. Eine solche Verwendung setze Gespräche mit SACEUR voraus (die bereits in einer sehr vagen und auf Umrisse begrenzten Form zwischen den Generalen Maurin und Haig stattgefunden hätten). Die Modalitäten des Einsatzes müßten mit der Bundesregierung festgelegt werden.

All dieses bewege sich außerhalb des Versuchs, Frankreich wieder in die NATO zu bringen.[20] „Wir sind nicht drin und kommen nicht zurück, nicht nur aus innenpolitischen Gründen, sondern auch, weil unsere Nuklearmacht nicht integrierbar ist; wir lehnen es jedoch nicht ab, die Zusammenarbeit zwischen den Integrierten und Nicht-Integrierten zu fördern." Das Thema sollte von der Öffentlichkeit verschwinden. Es schafft innenpolitische Schwierigkeiten und auch Reibereien mit den Russen. Allerdings haben diese nicht mitzureden. Obwohl dies so ist, obwohl die Russen also nicht mitreden dürfen, ist es trotzdem notwendig, Schwierigkeiten mit ihnen zu vermeiden. Dies sei im großen und ganzen der französische approach. Darüber hinaus gäbe es ein langfristiges Problem, über das in anderem Gremium gesprochen werden könne. Es sei nicht notwendig, darüber jetzt zu diskutieren. Wenn wir auf unsere indépendance pochen, dann meinen wir nicht eine etwa schweizerische Unabhängigkeit.

G. betonte, daß Fragen nach einer Diskussion von Verteidigungsthemen bei uns nicht aus Regierungskreisen stammten, sondern in der Presse und auch von Opposition erörtert wurden. Allerdings würde dabei auch das Problem einer europäischen atomaren Verteidigung behandelt.[21]

S. bemerkte hierzu, daß dies für ihn ein unlösbares Problem darstelle. Wir hätten bereits genug Probleme, als daß wir uns diesem jetzt noch zuwenden könnten. Eine Diskussion der militärischen Probleme könne aber durchaus stattfinden, und zwar auch beim nächsten Gipfel.

Eine Erörterung unserer polnischen Wünsche wurde auf das Abendessen verschoben.

VS-Bd. 8889 (414)

---

[20] Frankreich schied am 1. Juli 1966 aus der militärischen Integration der NATO aus.
[21] Die Presse befaßte sich wiederholt mit den Ausführungen des Staatspräsidenten Giscard d'Estaing vom 21. Mai 1975 zur europäischen Verteidigung, dem Verhältnis zwischen Frankreich und der NATO und der Rolle der französischen Atommacht. Vgl. dazu den Artikel „Die Diskriminierung der Bundesrepublik soll beendet werden. Bonn ist seit 20 Jahren in der Westeuropäischen Union"; FRANKFURTER ALLGEMEINE ZEITUNG vom 23. Mai 1975, S. 1. Vgl. ferner den Artikel „Frankreichs Deutschland-Politik"; FRANKFURTER ALLGEMEINE ZEITUNG vom 6. Juni 1975, S. 1.

159

Vortragender Legationsrat I. Klasse Feit, z.Z. Paris, an das Auswärtige Amt

VS-NfD
Fernschreiben Nr. 397
Citissime

Aufgabe: 14. Juni 1975, 02.00 Uhr[1]
Ankunft: 14. Juni 1975, 07.44 Uhr

Auch für MD van Well

Betr.: Deutsch-französische Konsultation der Außenminister am 13.6.75 in Paris

Die Außenminister behandelten nach einem halbstündigen Vier-Augen-Gespräch[2]:

Die Lage Europas nach dem britischen Referendum[3] (für die Gemeinschaft und in politischen Fragen). Bei dem Thema der Ausgestaltung der Beziehungen zwischen Europa und der Dritten Welt galt ein Hauptpunkt den Beziehungen zwischen Europa und den Erdöl- und Entwicklungsländern (Weiterführung der Pariser Vorkonferenz[4]) sowie wesentlichen Fragen des Europäisch-Arabischen Dialogs. Einzelfragen der KSZE wurden ebenso behandelt wie der griechische Antrag auf EG-Mitgliedschaft.[5]

Im einzelnen:

1) Die beiden Minister waren sich einig, daß der Ausgang des britischen Referendums einen positiven Anlauf in europäischen Angelegenheiten ermöglicht, daß Großbritannien bald alle seine Sitze im Europäischen Parlament einnehmen werde und daß jetzt der Zeitpunkt gekommen sei, an dem Großbritannien seine formelle Reserve gegen die Entschließung zu europäischen Direktwahlen[6] zurückziehen müßte, z.B. während des nächsten Europäischen Rats.[7]

PM Wilson werde jetzt zeigen müssen, wie er zu seinen Absichtserklärungen (Paris und Dublin) steht.[8]

---

[1] Der Bereitschaftsdienst vermerkte handschriftlich auf dem Drahtbericht: „Korrekturen nach Ferngespräch mit VLR Rosengarten (Ref. 202)." Vgl. Anm. 10 und 15.

[2] Vgl. dazu Dok. 158.

[3] Zum Ergebnis des Referendums vom 5. Juni 1975 über die britische EG-Mitgliedschaft vgl. Dok. 145, Anm. 5.

[4] Zur Vorkonferenz der erdölproduzierenden und -verbrauchenden Staaten vom 7. bis 15. April 1975 in Paris vgl. Dok. 87.

[5] Griechenland stellte am 12. Juni 1975 einen Antrag auf Beitritt zu den Europäischen Gemeinschaften. Vgl. dazu BULLETIN DER EG 6/1975, S. 11–14.

[6] Zu den Beschlüssen der Gipfelkonferenz der EG-Mitgliedstaaten am 9./10. Dezember 1974 in Paris und zur Direktwahl zum Europäischen Parlament vgl. Dok. 54, Anm. 13.

[7] Zur Tagung des Europäischen Rats am 16./17. Juli 1975 in Brüssel vgl. Dok. 209.

[8] Auf der Gipfelkonferenz der EG-Mitgliedstaaten am 9./10. Dezember 1974 in Paris erklärte Premierminister Wilson zur angestrebten Direktwahl des Europäischen Parlaments, die britische Regierung „wolle die Regierungen der anderen acht Mitgliedstaaten nicht daran hindern, auf dem Wege zur allgemeinen Wahl des Europäischen Parlaments Fortschritte zu machen. Die britische Regierung könne ihrerseits nicht zu dem Vorschlag Stellung nehmen, bevor der Prozeß der Neuverhand-

Alle im Pariser Kommuniqué vom Dezember 1974 gefaßten Beschlüsse, insbesondere zur Paßunion und zu den Rechten als Angehörige der Gemeinschaft[9], müßten nun verwirklicht werden.

Die Behandlung der Frage, ob und in welchem Umfang für das Ziel der Europäischen Union, im Bereich der Wirtschafts- und Währungsunion und einer gemeinsamen Außenpolitik Europas jetzt besondere Fortschritte erzielt oder Initiativen ergriffen werden können, ergab:

Von französischer Seite sind keine besonderen Vorschläge für das „Instrument, nicht Institution" des Europäischen Rates zu erwarten.

Paris wird sich auf den beiden europäischen Räten[10] in diesem Jahr dafür verwenden, dieses Instrument „allgemein" zugunsten Europas zu nutzen.

Paris hat zur Zeit nicht vor, spezielle Vorschläge für politische Institutionen zu machen. Es glaubt, daß man keinen Perfektionismus für diesen Bereich anstreben soll, weil die Gestaltung der europäischen Außenpolitik in der EPZ für den EAD, bei der KSZE, also „ad hoc" gut funktioniert.

AM Sauvagnargues hob hervor, daß Europa als einem politischen Willenszentrum in französischer Sicht mehr Bedeutung zukomme als institutionellen Fragen. Nur an einem institutionellen Punkt halte Paris hartnäckig fest: der Beschränkung des Teilnehmerkreises des Europäischen Rates auf die politisch Verantwortlichen unter Ausschluß der höheren Beamten.

AM Sauvagnargues kam trotz einleitender Ankündigung auf den Bereich der Wirtschafts- und Währungsunion nicht zurück. Er meinte beiläufig, daß er nicht wisse, ob sich die Finanzminister[11] hierüber unterhielten.

Er hielt eine französische Anregung zur Schaffung einer europäischen zivilen Luftfahrtindustrie für möglich.[12]

AM Genscher stimmte im großen und ganzen den französischen Bemerkungen zu und meinte, neben den bisherigen „Ad-hoc"-Koordinierungen sollte Europa anfangen, sein Verhältnis zur Dritten Welt auszubauen und weiter zu entwickeln.

AM Sauvagnargues pflichtete dem bei und befaßte sich ausführlich mit der Fortsetzung des multilateralen Dialogs mit Erdöl- und Entwicklungsländern.

3) Zur Fortsetzung des multilateralen Dialogs mit den Erdöl- und Entwicklungsländern bemerkte AM Sauvagnargues im einzelnen, daß die von den Fran-

---

Fortsetzung Fußnote von Seite 749
    lungen abgeschlossen und die Ergebnisse dieser Neuverhandlungen dem britischen Volk unterbreitet worden seien." Vgl. EUROPA-ARCHIV 1975, D 43.
    Zur britischen Haltung vgl. auch Dok. 145, Anm. 7.

[9] Zur Paßunion vgl. Ziffer 10 des Kommuniqués der Gipfelkonferenz der EG-Mitgliedstaaten am 9./10. Dezember 1974 in Paris; Dok. 54, Anm. 14.
    In Ziffer 11 des Kommuniqués wurde eine Arbeitsgruppe „beauftragt zu untersuchen, unter welchen Voraussetzungen und mit welchen Fristen den Bürgern der neun Mitgliedstaaten besondere Rechte als Angehörige der Gemeinschaft zuerkannt werden könnten". Vgl. EUROPA-ARCHIV 1975, D 42.

[10] Die Wörter „europäischen Räten" wurden auf Veranlassung des Vortragenden Legationsrats Rosengarten, z. Z. Paris, handschriftlich eingefügt. Dafür wurde gestrichen: „Europaräten".
    Die dritte Tagung des Europäischen Rats fand am 1./2. Dezember 1975 in Rom statt. Vgl. dazu Dok. 367.

[11] Hans Apel und Jean-Pierre Fourcade.

[12] Zu französischen Überlegungen hinsichtlich einer europäischen Zusammenarbeit in der zivilen Luftfahrt- und Raumfahrtindustrie vgl. Dok. 68, besonders Anm. 4.

zosen bereits bei der ersten Vorkonferenz gesehene Notwendigkeit, über drei Bereiche (Energie, Rohstoffe und Probleme der am meisten betroffenen Entwicklungsländer) zu sprechen, nunmehr allseits anerkannt werde.[13] In der neuen Konferenzphase bedürfe es einleitend einer gewissen globalen Sicht (approche globale), nach der eine Differenzierung erfolgen und bei der jeder Bereich im einzelnen behandelt werden soll. Am Ende dieser Arbeiten müsse dann wieder eine Zusammenfassung der Einzelergebnisse stehen. Es gebe eine Reihe von Verfahrensproblemen (u. a. ob sich Großbritannien durch die Gemeinschaft vertreten lasse sowie unterschiedliche Positionen zur Teilnehmerzahl), die man ausdiskutieren müsse.

BM Genscher unterstrich hierauf unser Interesse an prozeduraler Einigung zwischen Frankreich und den USA.[14] Wir können mit jedem amerikanisch-französischen Kompromiß leben.

AM Sauvagnargues ließ Vorbehalte gegenüber den amerikanischen Vorstellungen erkennen.

Franzosen verträten die Auffassung, das man auch über die Rohstoffpreisgarantien[15] sprechen müßte. Nicht notwendig sei, daß Westen von vornherein eine feste Verhandlungsposition haben müsse, bevor er sich überhaupt im Dialog einlasse. Wichtig sei vor allem, daß Dialog zustande komme und nicht zu spät aufgenommen werde.

BM Genscher unterstrich, daß nach unserer Sicht gewisse gemeinsame Grundkonzeptionen der Industrienationen in der Rohstoff-Frage erarbeitet sein müß-

---

[13] Botschafter Freiherr von Braun, Paris, berichtete am 6. Mai 1975 von französischen Überlegungen zur Vorkonferenz der erdölproduzierenden und -verbrauchenden Staaten: „Noch einmal bei der Pariser Vorkonferenz anzufangen, wird für unzweckmäßig, wenn nicht aussichtslos gehalten. Dies nicht nur mangels bisheriger Einigung der Zehn, sondern vor allem auch wegen der Gewichtsverlagerung, welche die Konferenz für die drei Hauptprobleme ergeben habe. Im Vordergrund stünden jetzt die Anliegen der Rohstoffländer; Erdöl und Energie fänden sich an zweiter Stelle. An dritten Platz werde man die Bemühungen um eine Reform der Weltwirtschaftsordnung zu sehen haben. [...] Im Quai d'Orsay habe man den Eindruck gewonnen, daß sich die Mehrzahl der EG-Mitgliedsländer mit Frankreich nicht länger der These verschließen wolle, wonach die Behandlung der Rohstoffprobleme künftighin mindestens zu gleichem Rang mit der Behandlung der Energiefragen stehen müsse." Vgl. den Drahtbericht Nr. 1480; Referat 405, Bd. 113910.
[14] Zu den unterschiedlichen amerikanischen und französischen Vorstellungen für eine Fortsetzung der Vorkonferenz der erdölproduzierenden und -verbrauchenden Staaten vermerkte Ministerialdirektor Hermes am 6. Juni 1975, der amerikanische Außenminister Kissinger habe am 27. Mai 1975 auf der IEA-Ministertagung vorgeschlagen, die Vorkonferenz solle in gleicher Zusammensetzung in Paris zusammentreten und drei Kommissionen bilden, „die sich mit den wesentlichen Bereichen Energie, Rohstoffe und Probleme der am meisten betroffenen Entwicklungsländer zu befassen hätten. Die Kommissionen müßten eine beschränkte, jedoch für den jeweiligen Bereich repräsentative und sachgerechte Zusammensetzung haben und alle von den Beteiligten gewünschten Themen erörtern. Die Aufgaben der Kommissionen sollten langfristig sein; sie müßten jedoch nicht gleichzeitig zu Ergebnissen kommen." Demgegenüber habe Frankreich in einem Non-Paper vom 5. Juni 1975 eine Konferenz auf Ministerebene „mit einem zwar beschränkten, aber erweiterten Teilnehmerkreis" vorgeschlagen, die ein Arbeitsprogramm festlegen solle: „Die drei Themenkreise Energie, Rohstoffe und Entwicklung sollten in Arbeitsgruppen parallel und gleichzeitig ‚pari passu' behandelt werden. Die Konferenz solle über die Zusammensetzung der Arbeitsgruppen entscheiden und deren Bericht periodisch entgegennehmen. [...] Es ist zu befürchten, daß die französische Initiative, die den Entwicklungsländern weit entgegenkommt, eine Einigung mit den westlichen Industrieländern erschweren dürfte. Das Angebot der Amerikaner an die Entwicklungsländer erscheint durch den sehr viel weitergehenden französischen Vorschlag entwertet." Vgl. Referat 405, Bd. 113906.
[15] Dieses Wort wurde auf Veranlassung des Vortragenden Legationsrats Rosengarten, z. Z. Paris, handschriftlich eingefügt. Dafür wurde gestrichen: „Rohstoffpreise".

ten. Wir bejahten z. B. grundsätzlich eine gewisse Anpassung an die Preisentwicklung, lehnten jedoch eine automatische Indexierung ab.[16]

Bundesminister unterstrich, daß Westen aus Neinsagerposition herauskommen müsse. Er stimmte der von AM Sauvagnargues vertretenen Ansicht zu, daß erste Vorkonferenz positive Auswirkungen hinsichtlich des Überdenkens von Grundpositionen – auch bei Amerikanern – gehabt habe.

AM Sauvagnargues stellte in diesem Bereich erhebliche Übereinstimmung mit deutschen Vorstellungen fest. Zur Rohstoff-Frage betonten Franzosen ergänzend Wichtigkeit der Lösung der Finanzierungsprobleme durch multilaterale Organisationen und brachten Interesse am Meinungsaustausch mit Auswärtigem Amt (noch vor Ende Juni) zum Ausdruck. Bundesminister stimmte zu und schlug Gespräch mit der bei uns bestehenden Arbeitsgruppe (Vorsitz D 4[17]) vor.[18]

Deutsche Seite gab ferner Erläuterungen über Verwaltungsratsitzung der IEA am 11.6.[19] Wir unterstrichen Notwendigkeit, daß sich Gemeinschaft unter Berücksichtigung der Ergebnisse der Agentursitzung möglichst bereits am 24. Juni über gemeinsame Linie für weitere Verfolgung multilateralen Dialogs einige.[20]

AM Sauvagnargues machte klar, daß sich für Frankreich, das eine nützliche Rolle zwischen den Lagern spiele, die Frage eines Beitritts zur Agentur nicht mehr stelle. Er kritisierte IEA, die für Rohstoffe und Entwicklungsfragen nicht zuständig sei und im Dialog mit den Rohstoffländern Extremisten als willkommene Zielscheibe diene. Sauvagnargues bezeichnete es als illusionär, anzuneh-

---

[16] Zu den Überlegungen der Bundesregierung zur Rohstoffpolitik vgl. Dok. 158, besonders Anm. 4.
[17] Peter Hermes.
[18] Am 27. Juni 1975 berichtete Ministerialdirektor Hermes, Gespräche mit einer französischen Delegation am Vortag über Energie- und Rohstoff-Fragen hätten deutlich gemacht, „daß Frankreich das Hauptgewicht auf den Abschluß von Rohstoffabkommen legt, in der Erlösstabilisierung und der IWF-Finanzierung jedoch nur flankierende Maßnahmen sieht. Unser Argument, damit würden auch Industrie- und reiche Entwicklungsländer begünstigt, blieb nicht ohne Eindruck. Kostenberechnungen der französischen Überlegungen liegen noch nicht vor. Einigkeit besteht in der Ablehnung der Indexierung und des integrierten Rohstoffprogramms der UNCTAD, wobei die französische Ablehnung weicher und nuancierter als unsere ist." Vgl. Referat 405, Bd. 113910.
[19] Vortragender Legationsrat I. Klasse Dohms berichtete am 13. Juni 1975, der Verwaltungsrat der Internationalen Energieagentur (IEA) am 11. Juni 1975 in Brüssel habe versucht, einen „Mittelweg zwischen amerikanischen und französischen Vorstellungen zur Wiederaufnahme VK zu finden" und folgende Grundsätze für die Fortsetzung des Dialogs zwischen erdölproduzierenden und -verbrauchenden Staaten beschlossen: „Mitgliedstaaten IEA sind bereit, über die drei Bereiche: Energie, Rohstoffe, Entwicklungshilfe in substantielle Diskussion einzutreten; dafür sollen drei Kommissionen gebildet werden, deren Zusammensetzung noch auszuhandeln ist und die gleiches Gewicht haben sollen. [...] IEA würde begrüßen, wenn VK (= Vorkonferenz) in bisheriger Zusammensetzung zu zehnt zusammentritt, um Kommissionsarbeit auf den Weg zu bringen". Sie solle aber erst zusammentreten, „wenn hinreichend Klarheit über die Bereitschaft der sieben Entwicklungs- und Ölländer, die an der Pariser Vorkonferenz teilgenommen haben (Zaire, Brasilien, Indien; Venezuela, Algerien, Saudi-Arabien, Iran), besteht, sich auf die Arbeit in den Kommissionen in der skizzierten Form einzulassen". Der französischen Idee eines ständigen Leitungsorgans der Konferenz stehe der Verwaltungsrat „skeptisch gegenüber, befürwortet Einrichtung eines Sekretariats". Vgl. den Runderlaß Nr. 82; Referat 240, Bd. 102880.
[20] Am 27. Juni 1975 teilte Vortragender Legationsrat Engels mit, daß auf der EG-Ministerratstagung am 24./25. Juni 1975 in Luxemburg beschlossen worden sei: „Zentrales Thema des Europäischen Rats wird die Erarbeitung einer gemeinsamen Haltung zu den Energie-, Rohstoff- und Entwicklungsproblemen im Hinblick auf die 7. S[onder]G[eneral]V[ersammlung] der VN und den multilateralen Konferenzdialog sein. Der Ausschuß der Ständigen Vertreter wurde beauftragt, die erforderlichen Vorbereitungsarbeiten mit Vorrang vorzunehmen." Vgl. den Runderlaß Nr. 95; Referat 240, Bd. 102880.

14. Juni 1975: Feit an Auswärtiges Amt 159

men, daß wir Agentur der Dritten Welt (Algerien!) als Gesprächspartner aufzwingen könnten.²¹ Wegen einer möglichen Rolle der IEA auf der Vorkonferenz sehe er noch erhebliche Schwierigkeiten mit Amerikanern voraus. Unabhängig von dieser Kritik halte er jedoch gegenseitige Unterrichtung für nützlich. Ohne Vorliegen weiterer Informationen könne er nicht abschließend beurteilen, inwieweit Ergebnisse der Sitzung vom 11.6. für Frankreich ausreichend seien oder nicht.

4) Zum Thema der europäisch-arabischen Beziehungen erläuterte Bundesminister, daß wir Vorschlägen der EG-Kommission zu baldiger Aufnahme von Verhandlungen mit den Maschrekländern zustimmten einschließlich der diese Länder und Israel begünstigenden finanziellen Vorschläge.²² Unsere Haltung werde hierbei geleitet von dem Prinzip der Ausgewogenheit der europäischen Nahostpolitik. Die erheblichen finanziellen Belastungen kämen billiger als ein neuer Nahost-Krieg. Europa dürfe sich nicht auf Wiederholungen von politischen Erklärungen beschränken, sondern müsse handeln. Eventuellen negativen arabischen Reaktionen auf Hilfeleistung auch für Israel²³ könnte durch bilaterale Aufklärungsaktionen vorgebeugt werden.

AM Sauvagnargues äußerte sich besorgt wegen möglicher arabischer Reaktion auf finanzielle Unterstützung für Israel, insbesondere wegen der Auswirkung auf den EAD.

Zur Lage im Nahen Osten vertrat er die Auffassung, daß zwar die Ägypter mit dem von den USA wieder angestrebten neuen Disengagement-Abkommen einverstanden seien²⁴, die Israelis jedoch trotz ihrer anderslautenden Erklärungen²⁵ zu keinen Konzessionen neigten. Er betrachte daher die Lage mit Skepsis.²⁶

---

21 Zur Diskussion zwischen Algerien und den Industriestaaten über eine Beteiligung der Internationalen Energie-Agentur (IEA) an der Konferenz der erdölproduzierenden und -verbrauchenden Staaten vgl. Dok. 87, Anm. 8.
22 Zu den Vorschlägen der EG-Kommission vom 22. Januar 1975 zur Aufnahme von Verhandlungen mit den Maschrek-Staaten Ägypten, Jordanien, Libanon und Syrien und zur Haltung der Bundesregierung vgl. Dok. 112, Anm. 18.
23 Vgl. dazu die Äußerungen des syrischen Außenministers Khaddam gegenüber Bundesminister Genscher am 12. Mai 1975; Dok. 112.
24 Am 1./2. Juni 1975 erörterte Präsident Ford in Salzburg mit Präsident Sadat die Aussichten für die Friedensverhandlungen im Nahen Osten. Dazu wurde in der Presse berichtet: „Mr. Sadat said that ‚belligerency' will end only after Israel recognizes the Palestinians' right to a ‚national home' and accepts the proposition that territory cannot be occupied by force." Ägyptischen Äußerungen zufolge bleibe die Forderung nach einem verhandelten Rückzug Israels von der Sinai-Halbinsel und daran anschließend von den Golan-Höhen bestehen. Daran solle sich eine Friedenskonferenz in Genf anschließen. Vgl. den Artikel „Sadat Bids U. S. Find Key to Israeli Pullout"; INTERNATIONAL HERALD TRIBUNE vom 2. Juni 1975, S. 1.
25 Botschafter Fischer, Tel Aviv, berichtete am 10. Juni 1975 über einen Beschluß der israelischen Regierung. Dieser bestätige „Priorität für neues ägyptisch-israelisches Zwischenabkommen unter US-Vermittlung, wobei allerdings zunächst auch Bereitschaft zu Gesamtregelung inner- und außerhalb Genfs erklärt wird". Aus einem Gespräch mit dem israelischen Außenminister teilte Fischer außerdem mit, Allon habe ausgeführt: „Israel sei im Sinai weiterhin zu drei Lösungen bereit: sehr weitgehende Räumung gegen Frieden, ‚mittlere' Lösung mit Räumung der Hälfte des Sinai gegen Nicht-Kriegsführungsverpflichtung, ‚kleinere' Lösung mit Räumung der Pässe und Ölfelder gegen Gewaltverzicht und politische ‚good-will-Handlungen'. [...] Er bestand allerdings auf glaubwürdigerer Formulierung des Gewaltverzichts als in März-Verhandlungen, mehr als dreijähriger Dauer des Abkommens und nur loser Verbindung mit syrisch-israelischem Abkommen (Bereitschaftserklärung zu Verhandlungsaufnahme, wobei selbst er weiteren Teilrückzug auf Golan aus-

753

Bundesminister unterrichtete Franzosen über unseren Vorschlag einer neuen politischen Nahost-Initiative der Neun, den wir am 16.6. in PK einbringen würden.²⁷ Sie bedeutet eine gute politische Abdeckung unserer wirtschaftlichen Stützungsaktion für den nahöstlichen Raum. Deutsche Seite erläuterte dann im einzelnen unsere Motive (legitimes Interesse Europas, Gefahren eines Zustandes zwischen Krieg und Frieden).

AM Sauvagnargues stimmte grundsätzlich zu.

5) KSZE

Beide Minister stimmten darin überein, daß Konferenz möglichst rasch beendet werden sollte. Bei den noch offenen Fragen (CBMs, Rechtswahrungsklausel, Konferenzfolgen) wurde eingehend über Stand der französischen Verhandlungen über Rechtswahrungsklausel gesprochen.²⁸ Sauvagnargues legte dar, daß es entscheidend sei, in den KSZE-Dokumenten eine solche Klausel unterzubringen. Auch die französische Präferenz gehe auf eine Klausel, in der die „Verantwortlichkeiten" ohne nähere Qualifizierung stipuliert wird. In dieser Frage seien aber die Jugoslawen unbeweglich (Breschnew-Doktrin²⁹). Die von

---

Fortsetzung Fußnote von Seite 753

schloß). Auf meine drängende Frage, wo Israels Konzessionsbereitschaft unter diesen Umständen liege, antwortete er, daß er bei Vorliegen sonstiger Bedingungen zur Abtretung Gesamtpässe bereit sei." Vgl. den Drahtbericht Nr. 199; Referat 310, Bd. 104964.

Vgl. dazu auch die Äußerungen des Ministerpräsidenten Rabin gegenüber der Presse in Washington am 13. Juni 1975; Dok. 163, Anm. 14.

26 Am 13. Juni 1975 befaßte sich Botschafter Steltzer, Kairo, mit dem „Näherrücken einer erneuten Runde der Ford–Kissingerschen Versuche, den Nahost-Konflikt schrittweise zu lösen". So habe Präsident Ford beim Treffen mit Präsident Sadat am 2. Juni 1975 in Salzburg „Sadats Forderung nach synchronem Fortschritt an den beiden Hauptfronten gegenüber Israel, der Sinai-Halbinsel und den Golanhöhen", akzeptiert. Allerdings habe sich die Lage „gegenüber dem Frühjahr nicht wesentlich verschoben. Die letzte Kissinger-Runde war vor allem daran gescheitert, daß Israel durch ein Separatabkommen mit Ägypten den Bruch des Kriegsbündnisses zwischen Kairo und Damaskus zu erreichen trachtete. Die beharrliche Forderung Jerusalems nach Beendigung des Kriegszustandes zwischen Ägypten und Israel als Preis für die Aufgabe der Pässe und Ölfelder auf der Sinai-Halbinsel hatte zum Ziel, den Bruch zwischen Kairo und Damaskus herbeizuführen und so die arabische Drohung des Zwei-Fronten-Kriegs gegen Israel unwirksam zu machen. Sadat setzte dagegen die Forderung nach einem dem Sinai-Abkommen folgenden zweiten Schritt auf den Golanhöhen, sei es auch nur in der Form einer amerikanischen Verpflichtung, Verhandlungen darüber zuwege zu bringen. Sie bleibt auf dem Tisch – siehe Salzburg." Vgl. den Schriftbericht Nr. 1055; Referat 310, Bd. 104964.

27 Zum Vorschlag für eine europäische Nahost-Initiative und zur Erörterung im Politischen Komitee im Rahmen der EPZ am 16. Juni 1975 vgl. Dok. 176.

28 Zur Diskussion über eine Rechtswahrungsklausel („Unberührtheitsklausel") auf der KSZE in Genf vgl. Dok. 133, Anm. 18.

29 Am 3. Oktober 1968 erläuterte der sowjetische Außenminister Gromyko vor der UNO-Generalversammlung die sowjetische Auffassung von einem „sozialistischen Commonwealth": „Diese Gemeinschaft ist ein untrennbares Ganzes, das durch unzerstörbare Bande zusammengeschweißt ist, wie sie die Geschichte bisher nicht kannte. [...] Die Sowjetunion erachtet es für notwendig, auch von dieser Tribüne zu erklären, daß die sozialistischen Staaten keine Situation zulassen können und werden, in der die Lebensinteressen des Sozialismus verletzt und Übergriffe auf die Unantastbarkeit der Grenzen der sozialistischen Gemeinschaft und damit auf die Grundlagen des Weltfriedens vorgenommen werden." Vgl. EUROPA-ARCHIV 1968, D 555–557.

Am 12. November 1968 griff der Generalsekretär des ZK der KPdSU, Breschnew, diese Thesen auf dem V. Parteitag der PVAP in Warschau auf („Breschnew-Doktrin"): „Und wenn die inneren und äußeren dem Sozialismus feindlichen Kräfte die Entwicklung irgendeines sozialistischen Landes auf die Restauration der kapitalistischen Ordnung zu lenken versuchen, wenn eine Gefahr für den Sozialismus in diesem Land, eine Gefahr für die Sicherheit der gesamten sozialistischen Staatengemeinschaft entsteht, ist das nicht nur ein Problem des Volkes des betreffenden Landes, sondern ein allgemeines Problem, um das sich alle sozialistischen Staaten kümmern müssen." Vgl. DzD V/2, S. 1478.

den Franzosen mit den Jugoslawen ausgehandelte Qualifizierung der „Verantwortlichkeiten"[30] ändere im übrigen nichts an der Rechtslage für Berlin und Deutschland als ganzes. Auf unsere Frage, ob man nicht jeden Bezug auf „Verantwortlichkeiten" fallenlassen könne[31], wies Sauvagnargues auf sowjetische Widerstände hin. Auf Sauvagnargues Frage, ob, wenn USA französisch-jugoslawische Formel akzeptierten, wir auch zustimmen könnten, antwortete Minister, wir würden Frage prüfen.[32]

Zu den Konferenzfolgen waren sich beide Seiten einig, daß grundsätzlich am dänischen Vorschlag (Interimsperiode bis 1977)[33] festgehalten werden solle.

6) Beide Seiten waren sich einig, daß griechischer Aufnahmeantrag nach üblichem EG-Verfahren behandelt und unterstützt werden sollte.

[gez.] Feit

Referat 202, Bd. 111207

---

[30] Gesandter Freiherr von Groll, Genf (KSZE-Delegation), berichtete am 9. Juni 1975, „Hauptdiskussionspartner in der Frage der Unberührtheitsklausel" seien die französische und die jugoslawische Delegation. Von französischer Seite sei am 28. Mai 1975 der Text vorgeschlagen worden: „Les états participants constatent que la présente (titre du document) ne peut affecter et n'affectera pas leurs droits, obligations ou responsabilités, spécifiquement définies et reconnues, non plus que les traités, accords et arrangements correspondants." Der jugoslawische Gegenvorschlag laute: „Les états participants constatent que la présente (titre du document) ne peut affecter et n'affectera pas leurs droits et obligations, y compris leurs responsabilités spécifiquement définies et reconnues, non plus que les traités, conventions, arrangements et autres accords correspondants." Vgl. den Drahtbericht Nr. 1152 in der mit Drahtbericht Nr. 1208 vom 17. Juni 1975 korrigierten Fassung; Referat 212, Bd. 100012.

[31] Am 9. Juni 1975 teilte Gesandter Freiherr von Groll, Genf (KSZE-Delegation), zu den Gesprächen über eine Rechtswahrungsklausel („Unberührtheitsklausel") mit: „Aus neutraler Quelle erfuhren wir, daß die Franzosen vielleicht bereit sind, den Hinweis auf die ‚Verantwortlichkeiten' gänzlich fallenzulassen, da ihnen eine Qualifizierung wie ‚völkerrechtlich' oder ‚völkerrechtsgemäß' zu eng ist. In der Ausweitung des Begriffes der Verantwortlichkeiten in den politischen Raum liegt jedoch der Grund des Widerstandes bei den anderen Delegationen." Während die amerikanische Delegation „Weisung habe, eine einschränkende Formulierung der Verantwortlichkeiten durch ‚spezifisch definiert und anerkannt' abzulehnen", bestehe „die einzige für die britische Delegation annehmbare Qualifikation von Verantwortlichkeiten weiterhin in ‚under' oder ‚in conformity with international law'. Amerikaner und Briten können wie wir auf die Erwähnung der Verantwortlichkeiten verzichten." Vgl. den Drahtbericht Nr. 1152; Referat 212, Bd. 100012.

[32] Zu der am 5. Juli 1975 vereinbarten Formulierung einer Rechtswahrungsklausel („Unberührtheitsklausel") vgl. Dok. 171, Anm. 7.

[33] Zum revidierten dänischen Vorschlag zu den Konferenzfolgen vgl. Dok. 127, Anm. 16.

160

Gespräch des Bundeskanzlers Schmidt mit dem Vorsitzenden der Portugiesischen Sozialistischen Partei, Soares

VS-vertraulich 16. Juni 1975[1]

Der *Bundeskanzler* berichtete eingangs, daß der Eindruck, den Ministerpräsident Gonçalves bei seinen Gesprächen in Brüssel[2] hinterlassen habe, bei einigen Partnern Sorgen über die innenpolitische Entwicklung in Portugal bestätigt und verstärkt habe. Hierdurch sei der relativ positive Eindruck, den einige über die portugiesische Politik gehabt hätten, abgeschwächt worden. Ungünstig sei auch die Tatsache vermerkt worden, daß nicht Außenminister Antunes, sondern Rosa Coutinho den Ministerpräsidenten begleitet habe. Hierzu sagte *Soares*, Antunes sei absichtlich nicht mit nach Brüssel gefahren, um sich von Gonçalves zu „desolidarisieren", da er dessen Haltung mißbillige.

Zu Rosa Coutinho (der Bundeskanzler verwies auf dessen Einladung in die Bundesrepublik[3]) führte Soares aus: Der Admiral sei zunächst als möglicher Ersatzmann für Gonçalves angesehen worden, jetzt aber hätten aufgrund seines eigenwilligen Verhaltens sein Ansehen und seine Macht im Revolutionsrat und in den Streitkräften abgenommen. Bei Gesprächen über die Benennung eines stellvertretenden Ministerpräsidenten in den letzten Sitzungen des Revolutionsrates sei Rosa Coutinho von vornherein ausgeschaltet worden. Im Unterschied zu Gonçalves, der sich mit einem kommunistischen Stab umgebe, sei Rosa Coutinho isoliert. Klarheit über die Vorstellungen des Admirals bestehe nicht, vielleicht schwebe ihm aber etwas Ähnliches wie seinerzeit Nasser vor, d. h. ein national orientierter Sozialismus, wobei nach einer bestimmten Zeit die Kommunisten ausgeschaltet werden sollten. Gonçalves werde ganz von Cunhal beherrscht, den er zwei- bis dreimal täglich sehe. Es sei möglich, daß die portugiesischen Kommunisten über die DDR Geld aus dem Osten erhielten.

---

[1] Die Gesprächsaufzeichnung wurde von Ministerialdirigent Loeck, Bundeskanzleramt, am 24. Juni 1975 an Vortragenden Legationsrat I. Klasse Schönfeld übermittelt. Loeck teilte dazu mit, das Gespräch habe um 17.30 Uhr „in Anwesenheit von MD Dr. Sanne und – zum Abschluß – von BM Apel" stattgefunden. Außerdem bat er „zu veranlassen, daß die Unterrichtung der USA – wie von Bundeskanzler gemäß der Gesprächsaufzeichnung zugesagt – erfolgt".
Hat Schönfeld am 25. Juni 1975 vorgelegen, der die Weiterleitung an Staatssekretär Gehlhoff verfügte.
Hat Gehlhoff am 26. Juni 1975 vorgelegen, der die Weiterleitung an Ministerialdirektor van Well „z[ur] w[eiteren] V[erwendung]" verfügte.
Hat van Well am 26. Juni 1975 vorgelegen.
Hat Ministerialdirigent Ruhfus vorgelegen. Vgl. den Begleitvermerk; VS-Bd. 9948 (203); B 150, Aktenkopien 1975.

[2] Für das Gespräch des Bundeskanzlers Schmidt mit Ministerpräsident Gonçalves am 30. Mai 1975 am Rande der NATO-Ratstagung auf der Ebene der Staats- und Regierungschefs vgl. Dok. 141.

[3] Botschafter Roth vermerkte am 4. Juni 1975, daß Bundeskanzler Schmidt in Brüssel „bei dem Mittagessen mit dem portugiesischen Ministerpräsidenten Gonçalves und Admiral Coutinho letzteren zu einem Besuch in die Bundesrepublik Deutschland eingeladen" habe. Schmidt habe Bundesminister Leber gebeten, die Einladung auszusprechen. Vgl. Referat 203, Bd. 110244.
Am 5. Juni 1975 übermittelte Leber dem Mitglied des Portugiesischen Revolutionsrats, Rosa Coutinho, ein Einladungsschreiben. Für das Schreiben vgl. Referat 010, Bd. 178566.

Der *Bundeskanzler* ging auf die geplante deutsche Kapitalhilfe[4] ein und fragte, ob die Gefahr bestehe, daß Gelder in die Kassen der KP Portugals fließen könnten. *Soares* hielt es für möglich, daß, falls die befürchtete Entwicklung tatsächlich eintreten sollte, die Hilfe einem zusammengebrochenen, dem Kommunismus verfallenen Staat zufließen könnte.

Soares wies darauf hin, daß er eine Verknüpfung zwischen der Haltung der Sowjetunion gegenüber Portugal und der Abschlußkonferenz der KSZE für die einzige Waffe halte, die der Westen gegenüber der Sowjetunion ausspielen könne. Bis zum Sommer (Juni/Juli) werde sich die Lage in Portugal so oder so klären; mit einem Coup der KP oder ihrer Niederlage sei zu rechnen.

Der *Bundeskanzler* verwies darauf, daß es in Moskau auch andere Kräfte gebe, denen die KSZE nicht so wichtig sei. Er glaube, daß die Sowjetunion in bezug auf Portugal in den nächsten Wochen und Monaten keine einheitliche Strategie betreibe; es sei aber möglich, daß dies nicht so bleibe. Auf Fragen des Bundeskanzlers, ob Soares eine Weiterleitung seiner Anregung an die USA wünsche, antwortete *Soares*, daß er eine Intervention von offizieller Regierungsseite für sehr wünschenswert halte; dies sagte der *Bundeskanzler* zu.[5]

An Ausführungen zur inneren Lage in Portugal anknüpfend bemerkte *Soares*, daß im Gegensatz zu den Ländern des Westens der Ostblock in Portugal eine sehr aktive Diplomatie betreibe. Er schlage folgendes vor: formelle Mahnung an die Sowjetunion; gleichzeitig Mahnung an Portugal, daß bei einer Änderung im kommunistischen Sinne ein weiteres Verbleiben in der NATO nicht möglich sei; ferner Hinweis darauf, daß allein der Westen Portugal aus seiner verzweifelten wirtschaftlichen Lage helfen könne, unter der Voraussetzung einer pluralistischen demokratischen Entwicklung. Er wies darauf hin, daß die Haltung der westlichen Länder in Brüssel auf Gonçalves Eindruck gemacht habe; man habe feststellen können, daß er als Folge seiner Brüsseler Begegnungen gegenüber früheren Positionen zurückgesteckt habe. Nach den wirtschaftlichen Kenntnissen von Gonçalves befragt, antwortete Soares, der Ministerpräsident sei politisch nicht auf die Rolle eines Staatsmannes vorbereitet, habe von wirtschaftlichen Dingen keinerlei Vorstellung und das Land bis zum Rand des völligen Bankrotts geführt.

In diesem Zusammenhang bemerkte der *Bundeskanzler*, er habe Gonçalves auf die Notwendigkeit hingewiesen, das Vertrauen der ausländischen Kreditgeber zu erhalten; Rosa Coutinho werde er deutlich machen, daß Portugal nicht mit einer dauerhaften wirtschaftlichen Unterstützung durch die Sowjetunion rechnen könne.[6] *Soares* bemerkte, daß nach seiner Überzeugung ebenfalls auf Hilfe aus der Sowjetunion nicht zu zählen sei.

---

[4] Zur Kapitalhilfe der Bundesrepublik für Portugal vgl. Dok. 75, Anm. 10.
[5] Am 1. Juli 1975 berichtete Botschafter von Staden, Washington, er habe „weisungsgemäß" das amerikanische Außenministerium über das Gespräch des Bundeskanzlers Schmidt mit dem Vorsitzenden der Portugiesischen Sozialistischen Partei am 16. Juni 1975 unterrichtet: „Nur mit Vorbehalt wurde die Anregung von Soares (keine dritte Phase bei KSZE, falls SU sich nicht korrekt gegenüber Portugal verhält) weitergegeben, da sie zum jetzigen Zeitpunkt kaum noch von operativer Relevanz sein dürfte." Vgl. den Drahtbericht Nr. 1911; VS-Bd. 9948 (203); B 150, Aktenkopien 1975.
[6] Das Mitglied des Portugiesischen Revolutionsrats, Rosa Coutinho, besuchte die Bundesrepublik vom 30. Juni bis 2. Juli 1975. Über das Gespräch mit Bundeskanzler Schmidt am 1. Juli 1975 teilte

Auf Fragen nach der Rolle von Carvalho führte Soares aus, Carvalho sei seiner Auffassung nach kein Kommunist, jedoch unberechenbar. Er befürchte wohl, daß die Kommunisten andere Militärs an seine Stelle setzen könnten. In der jetzigen Lage wisse niemand, wo die Macht liege und wer sie ausübe.

Zur Lage auf den Azoren und in Madeira bemerkte Soares, daß bei der dortigen Bevölkerung, die mit nur 2% für die KP gestimmt habe und sich sehr eng mit den Amerikanern verbunden fühle, große Unzufriedenheit herrsche; es sei zu einer separatistischen, möglicherweise diskret von den Amerikanern ermutigten Bewegung gekommen.[7]

Im Hinblick auf die künftigen Beziehungen stimmte Soares dem Bundeskanzler zu, daß ein gegenseitiger Besucheraustausch nützlich sei. Er werde dem Bundeskanzler eine Liste von einflußreichen Persönlichkeiten übermitteln. Auch die Entsendung von deutschen Persönlichkeiten aus dem Wirtschaftsbereich wäre sehr hilfreich.

Der *Bundeskanzler* unterstrich, daß er aufgrund von Informationen von Soares mehrfach in Gesprächen mit Staats- und Regierungschefs tätig geworden sei. Auch in Zukunft sei er dazu bereit, wenn Soares ihm entsprechende Anregungen und Vorschläge übermittle. Dies sagte *Soares* zu. Er bemerkte, hinsichtlich der langfristigen Entwicklung sei er nicht pessimistisch.

VS-Bd. 9948 (203)

Fortsetzung Fußnote von Seite 757
Vortragender Legationsrat I. Klasse Munz den Botschaften in Lissabon, London, Paris und Washington sowie der Ständigen Vertretung bei der NATO in Brüssel am 4. Juli 1975 mit, Schmidt habe den geplanten Investitionskodex angemahnt: „Wie jedes andere Land sei auch Portugal darauf angewiesen, im Außenhandel Kredite privater Firmen in Anspruch zu nehmen. Kredit aber könne man nicht kommandieren, er beruhe auf Vertrauen. Der Wirtschaft in den Partnerstaaten Portugals müsse die Sorge vor plötzlichen Systemveränderungen innerhalb der portugiesischen Wirtschaft und Verwaltung genommen werden." Rosa Coutinho habe erklärt: „Der Investitionskodex befinde sich in der Phase letzter Beratung. Mit der Verabschiedung sei in ein bis zwei Wochen zu rechnen." Vgl. den Drahterlaß Nr. 2669; Referat 203, Bd. 110244.

[7] Am 9. Juni 1975 wurde in der Presse berichtet, daß Mitglieder der „Bewegung für die Selbstbestimmung des azorischen Volkes" eine Landebahn des Flughafens zerstört, einen Radiosender besetzt und die Unabhängigkeit der Azoren gefordert hätten. Aktiv sei außerdem eine „Befreiungsfront der Azoren". In der amerikanischen Presse werde „eine Unterstützung der Unabhängigkeitsbewegungen durch amerikanischen Organisationen angedeutet". Vgl. den Artikel „,República' kann wieder erscheinen"; FRANKFURTER ALLGEMEINE ZEITUNG vom 9. Juni 1975, S. 1.

161

Aufzeichnung des
Vortragenden Legationsrats I. Klasse Lücking

210-321.05 DDR VS-NfD   **16. Juni 1975**[1]

Betr.: Verhandlungen mit der DDR über ein Post- und Fernmeldeabkommen
hier: Ergebnis der zweiten Staatssekretärbesprechung, die am 13.6. um 9.30 Uhr im BMB unter Vorsitz von BM Franke zur Frage der Einbeziehung Berlins in ein Post- und Fernmeldeabkommen mit der DDR stattfand[2]

I. Ergebnis

Die interministerielle Arbeitsgruppe soll erneut zusammentreten[3], um zu prüfen:

1 a) Welche praktische Tragweite hat die im Gespräch Gaus/Nier[4] erörterte Frank-Falin-Klausel[5] mit dem Zusatz:

„Bestehende Vereinbarungen zwischen dem Senat und der Regierung der Deutschen Demokratischen Republik werden dadurch nicht berührt"?

b) Sollte nicht besser anstatt „Vereinbarungen" von „Regelungen" gesprochen werden?

c) Sollten die Worte „zwischen dem Senat und der Regierung der Deutschen Demokratischen Republik" nicht besser weggelassen werden?

2) Könnte das Problem dadurch gelöst werden, daß beide Seiten getrennt zu Protokoll eine Erklärung abgeben, in welcher der Inhalt des Art. 9 des Grundvertrages wiedergegeben wird?

---

[1] Hat Staatssekretär Gehlhoff am 16. Juni 1975 vorgelegen.
Hat Bundesminister Genscher am 21. Juni 1975 vorgelegen, der handschriftlich vermerkte: „1) Ich bitte unbedingt an Frank-Falin-Formel festzuhalten. 2) Strikte Haltung einnehmen. 3) R[ücksprache]."
Hat Vortragendem Legationsrat I. Klasse Schönfeld am 30. Juni 1975 vorgelegen.
Hat Ministerialdirektor van Well am 1. Juli 1975 vorgelegen.
Hat Ministerialdirigent Meyer-Landrut vorgelegen.

[2] Zur ersten Staatssekretärbesprechung am 16. April 1975 zur Einbeziehung von Berlin (West) in ein Post- und Fernmeldeabkommen mit der DDR vgl. Dok. 88.

[3] Die auf der Staatssekretärbesprechung am 16. April 1975 beschlossene interministerielle Arbeitsgruppe trat am 23. April 1975 zusammen und entwickelte drei Modelle für die Einbeziehung von Berlin (West) in ein Post- und Fernmeldeabkommen mit der DDR. Vgl. dazu Anm. 10.

[4] Staatssekretär Gaus, Ost-Berlin, vermerkte am 2. Juni 1975 über das Gespräch mit dem Stellvertretenden Außenminister der DDR zur Berlin-Klausel, Nier habe erklärt: „Nach der Sach- und Rechtslage komme für das Postabkommen nur eine Berlin-Klausel in Betracht, wie sie im Verkehrsvertrag enthalten sei. Das sei das maximal Mögliche." Auf die Frage, warum die DDR eine Zusatzerklärung zur Frank-Falin-Klausel für notwendig erachte, habe Nier ausgeführt, „daß es zwischen West-Berlin und der DDR eine Reihe von Regelungen gebe, die unberührt bleiben müßten. Außerdem gebe es in diesem Bereich hoheitsrechtliche Fragen, die den Status bzw. die Sicherheit West-Berlins berührten. Auch insoweit komme eine Einbeziehung von Berlin (West) naturgemäß nicht in Betracht." Er, Gaus, habe daraufhin zu erwägen gegeben, „den Hinweis über die bestehenden Regelungen mit West-Berlin der Frank-Falin-Formel anzufügen". Vgl. den Auszug aus der Aufzeichnung von Gaus; Referat 210, Bd. 111589.

[5] Zu der im April 1972 zwischen Staatssekretär Frank und dem sowjetischen Botschafter Falin vereinbarten Berlin-Klausel vgl. Dok. 1, Anm. 22.

(Art. 9 lautet: „Die Bundesrepublik Deutschland und die Deutsche Demokratische Republik stimmen darin überein, daß durch diesen Vertrag die von ihnen früher abgeschlossenen oder sie betreffenden zweiseitigen und mehrseitigen internationalen Verträge und Vereinbarungen nicht berührt werden.")[6]

Der Vorschlag wurde von Herrn Weichert gemacht.

II. Bewertung des Besprechungsergebnisses

1) Die vom Auswärtigen Amt vertretene Auffassung, daß eine Erklärung von seiten der DDR[7] des Inhalts, das Abkommen könne keine Anwendung auf Berlin (West) finden, soweit Fragen des Status und der Sicherheit berührt sind, für uns inakzeptabel ist, gewinnt bei den anderen Ressorts an Boden. Unser Standpunkt wird vom Innenministerium, dem Justizministerium und auch der Landesvertretung Berlin geteilt. Das Bundeskanzleramt und das Ministerium für innerdeutsche Beziehungen haben sich unserer Auffassung noch nicht angeschlossen, vermögen unsere Bedenken aber auch nicht mit überzeugenden Argumenten auszuräumen.

2) Es bedarf sorgfältiger Prüfung, welcher Bereich durch einen Zusatz zur Frank-Falin-Klausel („Bestehende Vereinbarungen") erfaßt würde und ob und inwieweit daneben dann überhaupt noch Raum für die Anwendung des Abkommens auf Berlin (West) bleibt.

Es gilt weiter zu prüfen, ob die bisherigen, auf das Protokoll von 1971[8] zurückgehenden rein technischen Kontakte der LPD[9] Berlin (West) mit Dienststellen der DDR uns durch die Hinnahme eines Zusatzes später als bestehende Regelungen zwischen Senat und DDR entgegengehalten werden könnten.

Auf entsprechende Fragen nach der praktischen Tragweite der Zusatzformel vermochte StS Elias keine befriedigende Antwort zu geben.

III. Verlauf der Besprechung

StS Elias sagte, die von der interministeriellen Arbeitsgruppe vorgelegten Modelle 1 und 2[10] könnten wohl nur dazu dienen, das Gespräch mit der DDR

---

[6] Vgl. BUNDESGESETZBLATT 1973, Teil II, S. 424.
[7] Für die von der DDR gewünschte Erklärung vgl. Dok. 88, Anm. 5.
[8] Für den Wortlaut des Protokolls vom 30. September 1971 über Verhandlungen zwischen dem Bundesministerium für das Post- und Fernmeldewesen und dem Ministerium für Post- und Fernmeldewesen der DDR vgl. BULLETIN 1971, S. 1522 f.
[9] Landespostdirektion.
[10] Zu den von der interministeriellen Arbeitsgruppe entwickelten Modellen zur Einbeziehung von Berlin (West) in ein Post- und Fernmeldeabkommen mit einer „abgeschwächten DDR-Erklärung und einer Gegenerklärung der Bundesregierung zur Erklärung der DDR" führte Botschafter Roth am 14. Mai 1975 aus: „Nach den Textmodellen 1 und 2 würde die mündliche Zusatzerklärung der DDR zur Frank-Falin-Klausel so entschärft, daß diese im Zusammenwirken mit einer vorgesehenen Gegenerklärung der Bundesregierung trotz grundsätzlicher Bedenken gegen jede Modifizierung der Frank-Falin-Klausel noch annehmbar erscheint. Textmodell 3 sieht dagegen außer der Gegenerklärung der Bundesregierung lediglich die Streichung des Wortes ‚sinngemäß' aus dem DDR-Vorschlag vor. Die Bundesregierung würde damit hinnehmen und durch ihre Gegenerklärung nicht ausschließen können, daß die DDR unter Berufung auf die Notwendigkeit von Direktregelungen mit dem Berliner Senat oder mit der Behauptung, die Einhaltung des Abkommens sei in Berlin nicht (mehr) gewährleistet, Berlin (West) – trotz der Frank-Falin-Klausel im Vertrag – in die Anwendung des Postabkommens nicht effektiv einbezieht bzw. später Schwierigkeiten macht (d. h. mindestens partieller Dissens)." Vgl. VS-Bd. 10167 (210); B 150, Aktenkopien 1975.

nicht abreißen zu lassen; akzeptabel seien sie für Ostberlin sicherlich nicht. Die DDR müsse doch sagen können, daß nach ihrer Auffassung Fragen des Status und der Sicherheit berührt würden. Wir könnten doch einen offenen Dissens akzeptieren. Wir müßten über die Modelle 1 und 2 hinausgehen und der DDR mehr entgegenkommen.

StS Gehlhoff führte aus, wir hätten grundsätzlich Sorge wegen einer Aufweichung der Frank-Falin-Klausel. Wir sähen aber das materielle und politische Interesse am Abschluß der Vereinbarung. Wir hätten aus diesem Grunde unsere Bedenken zurückgestellt und dem Modell 1 und 2 zugestimmt. Modell 3 müsse dagegen im Kabinett behandelt werden, falls diese Lösungsmöglichkeit weiter verfolgt werden solle.

Nun sei inzwischen in einem Gespräch zwischen StS Gaus und DDR-Vizeaußenminister Nier folgende Zusatzformel zur Frank-Falin-Klausel in die Diskussion gekommen:

„Bestehende Vereinbarungen zwischen dem Senat und der Regierung der Deutschen Demokratischen Republik werden dadurch nicht berührt."

Diese Formel entspreche inhaltlich dem Modell 2. Das Auswärtige Amt könne daher zustimmen; es sei in erster Linie Sache des Postministeriums und des Senats, zu beurteilen, ob diese Formel Risiken in sich berge.

Zu der zweiten im Gespräch Gaus/Nier erörterten Formel (DDR-Erklärung zu Protokoll ohne Widerspruch unserer Seite: „Soweit Fragen des Status und der Sicherheit berührt sind, finden die Abkommen auf Berlin (West) keine Anwendung") sagte StS Gehlhoff, wir hätten dagegen grundsätzliche Bedenken. Die Interpretation des Vier-Mächte-Abkommens könne nicht zu einem Verhandlungsgegenstand mit der DDR gemacht werden. Nicht nur die DDR, sondern auch die osteuropäischen Staaten würden in Zukunft von uns beim Abschluß von Verträgen in steigendem Maße verlangen, daß in den Vertrag bestimmte einschränkende Aussagen über Status und Sicherheit aufgenommen würden. Das sei für uns nicht akzeptabel.

Es könnte jedoch erwogen werden, daß wir zur Frank-Falin-Klausel eine Protokollerklärung abgeben, die auf die Rechte und Verantwortlichkeiten der Drei Mächte hinweist. Schließlich wäre auch eine Erklärung, etwa des Inhalts, denkbar:

„Die Ausdehnung der Abkommen ... erfolgt unter der im Vier-Mächte-Abkommen vom 3.9.1971 in Anlage IV A/B Ziff. 2[11] genannten Voraussetzung, daß Angelegenheiten der Sicherheit und des Status nicht berührt werden."

Schließlich sei eine baldige Unterrichtung der Drei Mächte erforderlich. Diese würden unruhig und stellten bereits Spekulationen über unsere Verhandlungen mit der DDR an. Es sei sicher, daß die Drei Mächte einer einseitigen Erklärung der DDR zu Status und Sicherheit nicht zustimmen würden.

StS Elias warf ein, er halte die Chance, die DDR von einer solchen Erklärung abzubringen, für sehr gering.

---

[11] Zu Anlagen IV A und IV B des Vier-Mächte-Abkommens über Berlin vom 3. September 1971 vgl. Dok. 22, Anm. 6.

Senator Stobbe sagte, es müßte eine Regelung gefunden werden, die in der Praxis keine Diskriminierung Berlins bringe. Er frage sich, wie sich die Formel „Bestehende Vereinbarungen oder Regelungen oder Übungen" in der Praxis auswirken werde. Er stimme mit StS Gehlhoff darin überein, daß wir eine einseitige Erklärung der DDR, Status und Sicherheit seien berührt, nicht akzeptieren könnten. Die Drei Mächte hätten doch schon festgestellt, daß nach ihrer Auffassung Status und Sicherheit nicht berührt seien.

Es entspann sich eine längere Diskussion über die praktische Tragweite der Formel „Bestehende Vereinbarungen". StS Elias vermochte die aufgeworfenen Fragen nicht befriedigend zu beantworten.

MD Sanne führte aus, selbst mit der Frank-Falin-Klausel ohne irgendeinen Zusatz werde man die Schwierigkeiten nicht ausschließen können. Im übrigen gebe es keinen Grundsatz, daß die Frank-Falin-Klausel das letzte Wort der Bundesregierung darstelle.[12] Das weit überwiegende Interesse am Abschluß des Abkommens liege auf unserer Seite. Wir müßten Zugeständnisse machen; der Dissens sollte offen dargelegt werden, dann lasse sich das Abkommen auch leichter im Parlament verteidigen, als wenn man mit einem versteckten Dissens arbeite. Es sei taktisch nicht klug, von den Drei Mächten guidance zu erwarten. StS Gehlhoff betonte, sicherlich könnten selbst durch kluge Formulierungen nicht alle Schwierigkeiten ausgeschlossen werden. Aber die Einführung jeder spezifischen Formel neben der Frank-Falin-Klausel bedeute, daß von Berlin etwas „abgeschnitten" werde. BM Franke führte aus, eine starre Anwendung der Frank-Falin-Klausel entspreche nicht unserem Interesse. Diese Formel sei eine Brücke im Verhältnis zur Sowjetunion. Wir müßten politisch an Fortschritten interessiert sein. Eine ideale Formel für die Einbeziehung Berlins würden wir nicht zustande bringen.

MD Weichert schlug dann vor, die Frank-Falin-Klausel solle in das Abkommen aufgenommen werden, und jede Seite solle zu Protokoll eine Erklärung im Sinne von Art. 9 des Grundvertrages abgeben.

Eine kurze Diskussion ergab, daß dieser Vorschlag prüfenswert ist und nicht von vornherein Bedenken begegnet.

StS Gehlhoff sagte zusammenfassend:

Es besteht weitgehende Übereinstimmung in folgenden Punkten:

1) Formel Gaus/Nier („Bestehende Vereinbarungen (oder Regelungen) ...") kann akzeptiert werden, wenn Postministerium und Berlin keine Bedenken haben.

2) Frank-Falin-Klausel mit Protokollerklärungen gemäß Art. 9 Grundvertrag erscheint akzeptabel, muß aber noch von den Experten geprüft werden.

3) Vorstellbar ist auch eine einseitige Erklärung unserer Delegation zu Status und Sicherheit.

4) Geprüft werden sollte weiter das von Herrn Sanne wieder ins Gespräch gebrachte Modell von Erklärung und Gegenerklärung. Auszugehen ist dabei aber davon, daß Modell 3 nicht akzeptabel ist.

---

[12] Dieser Satz wurde von Bundesminister Genscher hervorgehoben. Dazu vermerkte er handschriftlich: „Für mich schon!"

5) Die Drei Mächte werden unterrichtet, sobald die interministerielle Arbeitsgruppe ihren Auftrag erfüllt hat.¹³

Lücking

VS-Bd. 10168 (210)

162

Botschafter Sahm, Moskau, an das Auswärtige Amt

114-13189/75 VS-vertraulich Aufgabe: 17. Juni 1975, 11.17 Uhr¹
Fernschreiben Nr. 2075 Ankunft: 17. Juni 1975, 10.50 Uhr
Citissime

Betr.: Sowjetische Haltung zum 17. Juni
Bezug: Telefongespräch mit MDg Meyer-Landrut am 16.6.75²

I. Bondarenko bestellte mich kurzfristig am 16. Juni 1975, 19.00 Uhr, und gab die bereits fernmündlich übermittelte mündliche Erklärung zu der angeblich

---

13 Am 18. September 1975 vermerkte Ministerialdirigent Meyer-Landrut, daß in den weiteren Beratungen die Überlegungen hinsichtlich einer einseitigen Erklärung der DDR und einer Gegenerklärung der Bundesregierung fallengelassen worden seien: „Der DDR soll vielmehr vorgeschlagen werden, an Stelle von einseitigen Erklärungen eine gemeinsame Erklärung im Sinne von Art. 9 des Grundlagenvertrages abzugeben. Es sollte außerdem unser Einverständnis erklärt werden, daß die Frank-Falin-Klausel durch den Satz ‚Bestehende Regelungen zwischen den zuständigen Organen (Behörden) der Deutschen Demokratischen Republik und von Berlin (West), die Fragen des Post- und Fernmeldeverkehrs zwischen der Deutschen Demokratischen Republik und Berlin (West) betreffen, bleiben hiervon unberührt' ergänzt wird." Die Drei Mächte seien in der Bonner Vierergruppe am 19. Juni 1975 entsprechend informiert worden und hätten „keine Bedenken erhoben". Vgl. VS-Bd. 10168 (210); B 150, Aktenkopien 1975.

1 Hat Ministerialdirigent Meyer-Landrut vorgelegen, der die Weiterleitung an Ministerialdirektor van Well verfügte und für Referat 213 handschriftlich vermerkte: „Bitte auch V[er]t[retun]g Ost-B[er]l[i]n und BK-Amt beteiligen. Im übrigen hat es eine ähn[liche] Demarche auf der Ebene Zweiter Sekretäre in Budapest gegeben."
Hat van Well vorgelegen.
Hat Vortragendem Legationsrat I. Klasse Kühn am 20. Juni 1975 vorgelegen, der handschriftlich vermerkte: „Wird von 214 mit erledigt."

2 Botschafter Sahm, Moskau, übermittelte eine mündliche Erklärung der sowjetischen Regierung. Darin wurde ausgeführt: „Wie aus den Pressemeldungen bekannt wurde, hat das Auswärtige Amt der Bundesrepublik Deutschland an alle diplomatischen Vertretungen im Ausland die Anweisung erteilt, am 17. Juni, d. h. am Jahrestag der 1953 stattgefundenen Versuche, in der DDR einen konterrevolutionären Putsch zu organisieren, die Bundesflagge zu hissen. Wenn diese Meldungen der Wirklichkeit entsprechen, so möchten wir im voraus und mit aller Offenheit darauf hinweisen, daß das Hissen der Flagge aus Anlaß des erwähnten Ereignisses nicht anders eingeschätzt werden könnte als eine feindselige Demonstration gegenüber der mit der Sowjetunion befreundeten DDR, als ein Schritt, der sowohl mit dem Gesamtstand als auch der Hauptrichtung der Entwicklung der Beziehungen zwischen der Bundesrepublik Deutschland und der Sowjetunion sowie Berlin (West) und anderen sozialistischen Ländern nicht übereinstimmt." Die sowjetische Regierung hoffe, daß die Bundesregierung „entsprechende Konsequenzen" ziehen werde.
Dazu vermerkte Ministerialdirigent Meyer-Landrut handschriftlich: „Diese Demarche wurde von

vom Auswärtigen Amt angeordneten Beflaggung der Auslandsvertretungen anläßlich des 17. Juni 1975³ ab.

Ich erwiderte darauf folgendes:

1) Ich hätte einen solchen Erlaß anläßlich des 17. Juni 1975 nicht erhalten. Es gebe aber ein Gesetz des Deutschen Bundestages aus dem Jahre 1954 oder 1953, nach dem der 17. Juni zum nationalen Gedenktag erklärt wurde.⁴ Die Festlegung nationaler Gedenktage sei Sache der Souveränität eines jeden Staates. Es bestehe eine Anweisung des Auswärtigen Amts, wonach an nationalen Festtagen wie dem Verfassungstag und dem 17. Juni an den Dienstgebäuden des Bundes die Bundesflagge zu hissen ist.⁵ Dementsprechend werde an allen Auslandsvertretungen, und auch von der Botschaft in Moskau seit ihrem Bestehen⁶, am 17. Juni die Flagge aufgezogen.

2) Ich sei überrascht, daß sich die SU 1975 über diesen Punkt aufhalte, während sie ihn in den vergangenen Jahren nicht zum Anlaß genommen habe, sich in die inneren Angelegenheiten der Bundesrepublik Deutschland einzumischen.

3) Ich würde der Bundesregierung berichten. Bestehende Weisungen könne ich nicht verletzen. Ich würde daher am folgenden Tage die Flagge aufziehen lassen.

An diese Ausführungen schloß sich ein nahezu einstündiges Gespräch, in dem Bondarenko zunächst meine Bemerkung zurückwies, daß dies ein Versuch der Einmischung in die inneren Angelegenheiten der Bundesrepublik Deutschland wäre. Die UdSSR hätte seinerzeit, als dieser Tag zum Gedenktag erklärt wurde, zwar keine Note geschickt, aber nichtsdestoweniger habe sie ihre politische Meinung zu dieser Aktion des Bundestages vollkommen klar zum Ausdruck gebracht. Sie habe dazu das Recht, wie jedes andere Land auch. Der politische Hintergrund dieser Maßnahme sei völlig klar: Wenn man es seinem Wesen nach überdenke, so habe die Bundesrepublik Deutschland einen Tag zum Gedenktag erklärt im Zusammenhang mit gewissen Ereignissen, die nicht in der BRD, sondern in der DDR stattgefunden haben. Es sei zu gut bekannt, daß die Festsetzung dieses Tages von äußerst feindseliger Propaganda gegen die SU und die DDR begleitet war. Dies wiederhole sich fast jedes Jahr. Im übrigen sei es bekannt, daß nicht alle Politiker in der BRD den 17. Juni als Feiertag billig-

---

Fortsetzung Fußnote von Seite 763

B[otschafter] Sahm durchtelefoniert (er war zu Bondarenko bestellt worden). Habe StS telef[onisch] unterrichtet. Sahm wird sich an Weisung von 55 halten." Vgl. den Begleitvermerk; VS-Bd. 10213 (213); B 150, Aktenkopien 1975.

³ Am 12. Juni 1975 wurde in der Presse gemeldet, das Auswärtige Amt habe alle Auslandsvertretungen angewiesen, die Dienstgebäude anläßlich des Tags der deutschen Einheit am 17. Juni zu beflaggen: „Ob das auch für die Bonner Vertretung in Ost-Berlin gilt, war gestern noch unklar. Wie es hieß, müsse sich Staatssekretär Günter Gaus noch mit dem Bonner Kanzleramt beraten." Vgl. DIE WELT vom 12. Juni 1975, S. 2.

⁴ Für den Wortlaut des Gesetzes vom 4. August 1953 über den Tag der deutschen Einheit vgl. BUNDESGESETZBLATT 1953, Teil I, S. 778.

⁵ Mit Erlaß vom 12. März 1955 wurde zur Beflaggung der Dienstgebäude der Vertretungen der Bundesrepublik im Ausland angeordnet: „Ohne besondere Anordnung ist an folgenden Tagen zu flaggen: [...] c) am Jahrestage der Verkündung des Grundgesetzes (23. Mai), d) am Tage der deutschen Einheit (17. Juni)". Vgl. AUSWÄRTIGES AMT, MITTEILUNGSBLATT vom 28. März 1955, S. 19.

⁶ Die Botschaft der Bundesrepublik in Moskau wurde am 12. März 1956 eröffnet.

ten.⁷ Sowjetische Seite weise auch auf politische Seite der Angelegenheit hin, da sie nach positiver Entwicklung der Beziehungen strebe. Ich könne wohl nicht bestreiten, daß eine solche Maßnahme (Flaggenhissung) der Richtung unserer Beziehungen widerspreche. Die sowjetische Seite könne im übrigen nicht auf jeden Schritt, der dem Geist der Beziehungen nicht entspreche, reagieren, da es sehr viele Anlässe gebe. Nicht reagieren sei nicht gleich billigen.

Er kam dann auf die Frage, ob auch die Ständige Vertretung der Bundesrepublik Deutschland in der DDR die Flagge hissen werde, wie es in der Presseerklärung als noch unentschieden bezeichnet worden sei.⁸

Ich fragte zurück, ob dies nicht eigentlich Sache der DDR sei, wobei ich auf deren Souveränität hinwies. Jedes Land und jedes Volk hätte seine nationalen Ziele und seine Vorstellungen über seine Zukunft. Die Politik unseres Landes sei auf die Herstellung der nationalen Einheit gerichtet, wie dies in dem Schreiben des damaligen Außenministers Scheel an Gromyko bei der Unterzeichnung des Moskauer Vertrages zum Ausdruck gebracht worden sei.⁹

Die Reden zum 17. Juni würden nicht feindselig, sondern der Einheit der Deutschen gewidmet sein. Die Bundesregierung werde wenig Verständnis für die Haltung der Sowjetregierung haben. Bei Bekanntwerden könnte ein Schaden für die Beziehungen durch negative Reaktionen auf den sowjetischen Schritt entstehen.

Ein Land könne sich nicht zum Richter über Gedenktage eines anderen Landes machen. Diskussionen über den Sinn eines Gedenktages am 17. Juni seien bei uns üblich, aber kein Anlaß für eine ausländische Macht, sich darauf zu berufen.

Maßgebend sei allein Entscheidung des Deutschen Bundestages, die für alle verbindlich ist.

Bondarenko erwiderte mit einem Rückblick auf Geschichte und erinnerte an Äußerungen voller unversöhnlicher Feindseligkeit gegen SU im Zusammenhang mit 17. Juni. SU müsse sich äußern, wenn wir bei Lösung unserer inneren Probleme die SU angriffen. Der 17. Juni 1953 sei der Versuch des Sturzes des sozialistischen Systems in der DDR gewesen. Er frage, ob es vernünftig sei, das Ziel der Wiedervereinigung durch Sturz des sozialistischen Systems erreichen zu wollen.

Ich erwiderte, daß das Zeichen der Flagge kein Angriff sei, und bedauerte erneut die möglichen nachteiligen Folgen für Beziehungen, an denen mit viel Mühe seit fünf Jahren gearbeitet werde.

Das Gespräch endete mit einem Hinweis Bondarenkos, daß sowjetische Seite diesen Vorgang nicht veröffentlichen werde.

II. Bondarenko gab sich sowohl vor wie während der Gespräche ungewöhnlich gelockert. Es war erkennbar, daß er von der Güte seiner eigenen Argumente

---

7 Zur Diskussion um eine Abschaffung des 17. Juni als Feiertag vgl. Dok. 9, Anm. 36, 38 und 39.
8 In der Presse wurde am 18. Juni 1975 mitgeteilt, daß die Ständige Vertretung in Ost-Berlin als „einzige Behörde der Bundesregierung innerhalb und außerhalb des Bundesgebietes" darauf verzichtet habe, ihr Gebäude zum Tag der deutschen Einheit zu beflaggen. Vgl. den Artikel „Nur Gaus zog keine Bundesflagge auf"; DIE WELT vom 18. Juni 1975, S. 2.
9 Zum „Brief zur deutschen Einheit" vom 12. August 1970 vgl. Dok. 106, Anm. 7.

nicht ganz überzeugt war und einen Auftrag ausführen mußte. Während des Gesprächs betonte er wiederholt, daß er – abgesehen von der Einleitungserklärung, die von Gromyko gebilligt sei –, nur seine persönliche Meinung zum Ausdruck bringe.

Ich nehme an, daß dieser sowjetische Schritt keine weiteren Folgen haben wird.

Die Bundesflagge weht vor der Botschaft.

[gez.] Sahm

VS-Bd. 10213 (213)

163

Botschafter von Staden, Washington, an das Auswärtige Amt

114-13202/75 VS-vertraulich Aufgabe: 17. Juni 1975, 12.20 Uhr[1]
Fernschreiben Nr. 1753 Ankunft: 17. Juni 1975, 18.54 Uhr
Cito

Betr.: Gespräche Bundesaußenministers mit AM Dr. Kissinger und Senatoren in Washington am 16.6.1975

I. Anläßlich des Staatsbesuchs des Bundespräsidenten[2] führte Bundesminister eingehendes Gespräch mit Dr. Kissinger. Er traf sich ferner mit führenden Mitgliedern des amerikanischen Senats. Bundesminister nahm auch an Gespräch zwischen Bundespräsident und Präsident Ford teil. Aus den Gesprächen sind folgende Punkte hervorzuheben:

II. 1) Beziehungen Europa–USA

Bundespräsident und Bundesminister wiesen nachdrücklich auf Notwendigkeit atlantischer Solidarität hin und unterstrichen, daß fortschreitende europäische Einigung auch im amerikanischen Interesse liege. Präsident Ford äußerte Verständnis für die europäische Entwicklung und sagte der Einigung Europas die Unterstützung der USA zu.

Auch Senator Javits äußerte Bereitschaft des Senats, mehr als bisher zu tun, um die Beziehungen zu Europa als Hauptverbündeten der USA zu intensivieren. Bundesminister erklärte, daß dies auf dreifachem Wege geschehen könne: Stärkung der Atlantischen Allianz im Sinne der Erklärungen von Präsident

---

[1] Hat Vortragendem Legationsrat Wentker vorgelegen, der die Weiterleitung an Vortragenden Legationsrat I. Klasse Dannenbring „n[ach] R[ückkehr]" verfügte.
Hat Dannenbring am 23. Juni 1975 vorgelegen.
[2] Bundespräsident Scheel besuchte die USA vom 15. bis 20. Juni 1975. Vom 15. bis 17. Juni 1975 wurde er von Bundesminister Genscher begleitet.

Ford auf dem NATO-Gipfel[3], Förderung der politischen Einigung Europas durch die USA und stärkere Abstimmung des wirtschaftlichen Verhaltens von USA und Europa, wie dies im Dezember 1974 von Bundeskanzler eingeleitet[4] und auf NATO-Gipfel fortgesetzt worden sei.

2) KSZE

Kissinger berichtete, daß Sowjets der amerikanischen Regierung vorgeworfen hätten, den Abschluß der KSZE zu verzögern. Er bekräftigte die amerikanische Haltung, daß befriedigende Ergebnisse wichtiger seien als schnelle Beendigung der Konferenz. Amerikanische Regierung würde es nicht als Nachteil empfinden, wenn KSZE noch nicht im Juli abgeschlossen werden könne[5], er persönlich habe immer eine Präferenz für September gehabt. Zum Thema der vertrauensbildenden Maßnahmen erklärte Bundesminister, daß Bundesregierung hinsichtlich der Anmeldefristen und Truppenstärke flexibel sei, aber auf Tiefe des Raumes größten Wert lege, man solle deshalb bei der Forderung von 300 Kilometer bleiben. Kissinger bezeichnete sowjetisches Angebot von 250 Kilometer als Fortschritt[6], erklärte sich aber bereit, die deutsche Position zu unterstützen.

Kissinger berichtete ferner, er habe Sauvagnargues am 14.6.75 brieflich mitgeteilt, daß er in der Frage des Rechtsvorbehalts[7] die deutsche Position unterstütze. (Hierzu gesonderter Drahtbericht.[8])

---

[3] Zur Erklärung des Präsidenten Ford am 29. Mai 1975 auf der NATO-Ratstagung auf der Ebene der Staats- und Regierungschefs in Brüssel vgl. Dok. 143.

[4] Bundeskanzler Schmidt und Bundesminister Genscher hielten sich vom 4. bis 7. Dezember 1974 in den USA auf. In den Gesprächen mit Präsident Ford standen wirtschaftspolitische Fragen im Mittelpunkt. Vgl. dazu AAPD 1974, II, Dok. 354, Dok. 355 und Dok. 358.

[5] Am 17. Juni 1975 berichtete Botschafter von Staden, Washington, der amerikanische Außenminister Kissinger habe Bundesminister Genscher darüber informiert, daß am Vortag „auch in Washington eine Botschaft von Breschnew empfangen worden sei. Der Generalsekretär beklage sich darin über die angebliche Verzögerungstaktik des Westens und schlage vor, die dritte Phase auf Gipfelebene am 22.7.1975 beginnen zu lassen." Bezüglich des Termins habe Kissinger „eine gewisse persönliche Präferenz für einen Gipfel im Oktober" zum Ausdruck gebracht. Sollten jedoch „positive Ergebnisse der KSZE rechtzeitig vorliegen, die es der sowjetischen Führung ermöglichen würden, die KPdSU auf dem Parteikongreß auf die Linie der Entspannung festzulegen, dann wäre es besser, den KSZE-Gipfel nicht erst im Herbst abzuhalten". Aus Termingründen müsse die KSZE-Schlußkonferenz dann aber spätestens am 28. Juli 1975 beginnen. Vgl. den Drahtbericht Nr. 1757; VS-Bd. 9967 (204); B 150, Aktenkopien 1975.

[6] Zur Diskussion über die Parameter für vertrauensbildende Maßnahmen auf der KSZE in Genf vgl. Dok. 154.

[7] Zu den französischen Vorschlägen für eine Rechtswahrungsklausel („Unberührtheitsklausel") auf der KSZE in Genf vgl. Dok. 159, Anm. 30 und 31.

[8] Am 17. Juni 1975 übermittelte Ministerialdirigent Ruhfus, z. Z. Washington, den Text des Schreibens, mit dem der amerikanische Außenminister Kissinger am 14. Juni 1975 dem französischen Außenminister Sauvagnargues folgende Vorschläge zur Rechtswahrungsklausel („Unberührtheitsklausel") in der KSZE-Schlußakte unterbreitete: „It might be advisable to turn to the approach of eliminating all mention of the word ‚responsibilities'. This is certain to meet neutral approval, in view of the Swiss text, and has already passed the hurdle of approval by the four Western allies. [...] Another tack might be to qualify ‚responsibilities' with ‚under or in conformity with international law', an approach which the four allies and the USSR have already found acceptable. [...] Finally, we could accept the following minor modification of your formula: ‚... cannot and will not affect their rights, obligations and specifically defined or recognized responsibilities, or the corresponding treaties, agreements and arrangements'." Ruhfus teilte dazu mit, Bundesminister Genscher habe Kissinger nach Prüfung der Vorschläge am 17. Juni 1975 wissen lassen, die beiden ersten Formulierungen seien annehmbar, während die dritte Alternative „auf erhebliche Bedenken" stoße:

3) Energie- und Rohstoffpolitik

Bundesminister teilte mit, daß die Bundesregierung eine Untersuchung der Frage in Auftrag gegeben habe, welche Konsequenzen eine Preisstabilisierung bei verschiedenen Rohstoffen, insbesondere für die ärmsten Länder, erbringen würde.[9]

Zu diesem Zweck werde eine deutsche „Fact-finding Mission" mehrere Entwicklungsländer besuchen.[10] Mit dieser Untersuchung solle erreicht werden, daß der Westen aus der Rolle des Neinsagers in Rohstoff-Fragen herauskomme und konstruktive Vorschläge machen könne. Der Bundeskanzler beabsichtige, die Ergebnisse der Untersuchung im Juli 1975 dem Europäischen Rat[11] vorzulegen. Die Bundesregierung sei bereit, die amerikanische Regierung durch die Entsendung des zuständigen Experten (MD Hermes) nach Washington zu unterrichten. Kissinger erklärte, daß seine Regierung an Konsultationen über diese Frage sehr interessiert sei. Er brachte seine grundsätzliche Skepsis gegenüber Preisstabilisierungen zum Ausdruck, man müsse nicht immer Ja sagen.

4) Stützungsaktion für Ägypten

Bundesminister berichtete, daß diese Frage am gleichen Tage (16.6.) vom Politischen Komitee in Dublin behandelt werde.[12] Er fragte, welche Zusagen die amerikanische Regierung inzwischen erhalten habe. Kissinger teilte mit, daß folgende Zusagen vorlägen:

– Japan 100 Mio. Dollar,

– Kuwait 500 Mio. Dollar,

– Saudi-Arabien 600 Mio. Dollar,

– Iran 200 Mio. Dollar (davon 100 Mio. Dollar frei und 100 Mio. Dollar liefergebunden),

– USA 250 Mio. Dollar,

– als nächstes würden die USA an die Emirate herantreten.

Auf Befragen Kissingers erklärte Bundesminister, daß der Bundeskanzler für die Beteiligung der Bundesrepublik bereits eine Obergrenze festgelegt habe.[13]

Fortsetzung Fußnote von Seite 767

„Die Formulierung ‚recognized responsibilities' könnte Ansatz für ungünstige sowjetische Interpretationen bieten." Vgl. den Drahtbericht Nr. 1756; VS-Bd. 10191 (212); B 150, Aktenkopien 1975.

[9] Vgl. dazu die Aufzeichnung der interministeriellen Arbeitsgruppe vom 20. Juni 1975; Dok. 158, Anm. 4.

[10] Zur Vorbereitung der „Fact-finding Mission" des Staatsministers Wischnewski vgl. Dok. 173. Zum Ergebnis der Gespräche vom 25. Juni bis 4. August 1975 vgl. Dok. 259.

[11] Zur Tagung des Europäischen Rats am 16./17. Juli 1975 in Brüssel vgl. Dok. 209.

[12] Über die Beratungen des Politischen Komitees im Rahmen der EPZ am 16. Juni 1975 in Dublin teilte Vortragender Legationsrat I. Klasse von der Gablentz mit, Ministerialdirektor van Well habe „Prüfung einer Beteiligung aller EG-Staaten an einer internationalen Stützungsaktion für Ägypten zur Abwendung einer ernsten Zahlungsbilanzkrise" angeregt und erläutert, daß die Bundesregierung den USA gegenüber „deutsche Bereitschaft, aber auch Präferenz für Beteiligung aller EG-Staaten hätte erkennen lassen, die der gemeinsamen Nahost-Politik entspreche. Direktoren waren sich einig über politische Bedeutung der Stützung des Sadatschen Ägyptens und äußerten allgemeine Präferenz für gemeinsames Vorgehen der Neun, konnten aber naturgemäß keine finanziellen Zusagen machen." Das Thema solle auf der EG-Ministerratstagung am 24. Juni 1975 aufgenommen werden. Vgl. den Runderlaß Nr. 2390; VS-Bd. 9978 (200); B 150, Aktenkopien 1975.

[13] Vgl. dazu die Ausführungen des Bundeskanzlers Schmidt im Gespräch mit Präsident Ford am 29. Mai 1975 in Brüssel; Dok. 138. Vgl. dazu ferner die Äußerung des Bundesministers Genscher gegenüber dem französischen Außenminister Sauvagnargues am 13. Juni 1975 in Paris; Dok. 158.

Er hoffe, daß sich auch Frankreich beteiligen werde. Dazu Kissinger: Er könne sich denken, daß Frankreich einen Alleingang machen wolle, er würde jedoch ein „Konsortium" vorziehen.

5) Nahost

Auf den kürzlichen Washingtoner Besuch Rabins[14] eingehend, erklärte Kissinger, daß die Gespräche keine klaren Ergebnisse erbracht hätten. Es sei schwer zu unterscheiden, welche Äußerungen Rabins in erster Linie für den Gebrauch der amerikanischen Öffentlichkeit bestimmt gewesen seien. Die israelische Kabinettssitzung vom 17.6. werde hoffentlich größere Klarheit schaffen.[15] Nach seiner Meinung sei es nicht möglich, den gegenwärtigen Stillstand (stalemate) unbegrenzt aufrechtzuerhalten, ohne den Wiederausbruch des Krieges oder eine größere Krise zu riskieren. Er werde seine Reisediplomatie im Nahen Osten nur wiederaufnehmen, wenn er vorher bindende Zusicherungen (mindestens 90 Prozent Erfolgschance) der Beteiligten erhalte, denn sonst würde er wieder in eine Falle laufen. Diese Zusicherungen müßten sich auf wirkliche Fortschritte beziehen, denn die USA würde nicht den gegenwärtigen Stillstand (stalemate) garantieren. Der Bundesminister berichtete, daß im Kreise der Neun Überlegungen angestellt würden, auf der Grundlage der Erklärung vom November 1973[16] eine neue Nahost-Initiative zu ergreifen.[17] Damit sollten aber nicht die amerikanischen Kreise gestört werden. Kissinger bat darum, zunächst das Ergebnis der amerikanischen Kontakte abzuwarten. Er wolle jedoch nicht ausschließen, daß eine europäische Initiative nach etwa einem Monat nützlich sein könne. Der Bundesminister wies darauf hin, daß Rabin am 10.7. nach

---

[14] Ministerpräsident Rabin führte vom 10. bis 13. Juni 1975 Gespräche mit Präsident Ford und dem amerikanischen Außenminister Kissinger in Washington. Am 13. Juni 1975 berichtete Botschafter von Staden, Washington, Rabin habe gegenüber der Presse zu einem Interimsabkommen mit Ägypten ausgeführt: „Wenn Israel Abu Rodeis und die Pässe aufgeben solle, so müsse Ägypten etwas tun, um den Charaker der israelisch-ägyptischen Beziehungen für mehrere Jahre zu verbessern. Er hoffe auf Änderung der ägyptischen Haltung. Komme es dazu nicht, werde auch Israel seine Haltung nicht ändern. Von neuen Vereinbarungen erwarte israelische Regierung Zulassung der Durchfuhr für Israel bestimmter Güter durch den Suezkanal. [...] Ferner erwarte Israel ‚symbolische Schritte', so die Lockerung des Israel-Boykotts gegenüber Firmen u. ä." Vgl. den Drahtbericht Nr. 1734; Referat 310, Bd. 104791.

[15] Am 18. Juni 1975 berichtete Botschafter Fischer, Tel Aviv: „Mit Besuch PM Rabin in Washington haben israelisch-ägyptische Verhandlungen unter US-Vermittlung nach hiesiger Ansicht praktisch wieder begonnen." Der Abteilungsleiter im israelischen Außenministerium, Shek, habe dazu ausgeführt: „Als Umrisse neuen Interim-Abkommens biete sich an: ägyptische Flexibilität hinsichtlich Dauer UN-Mandats bis zu drei Jahren, was für Israel vielleicht akzeptabel sein werde; Einigung zwischen beiden Partnern auf Konzept des Gewaltverzichts anstatt ‚Nichtkriegsführung'; Akzeptierung durch Ägypten einiger Elemente aus israelischer Liste ‚vertrauensbildender Maßnahmen' ohne öffentliche Deklaration oder formelle Unterschrift wie z. B. Erweiterung Liste nicht-blockierter Firmen, Touristenreisen, ‚offene Brücke', Reduzierung Verbot Umgang mit Israelis bei internationalen Treffen; je nach Ausmaß ägyptischen Entgegenkommens entsprechend tiefere israelische territoriale Konzessionen im Sinai, d. h. Paßhöhe oder durch Ostseite Pässe sowie Abu Rodeis; Gedanken Radarstellung zur Vermeidung Überraschungsangriffe auf Paßhöhe ggf. unter UN-Bemannung sei wieder in Prüfung." Vgl. den Drahtbericht Nr. 215; Referat 310, Bd. 104964.

[16] Zur Nahost-Erklärung der Außenminister der EG-Mitgliedstaaten vom 6. November 1973 vgl. Dok. 29, Anm. 3.

[17] Zu den Überlegungen für eine europäische Nahost-Initiative vgl. Dok. 176.

Bonn komme[18], und bat darum, vorher von der amerikanischen Regierung umfassend unterrichtet zu werden – dies sagte Kissinger zu.[19]

6) Türkei

Kissinger sprach die bevorstehende Türkei-Reise des Bundesministers an.[20] Nach soeben eingegangenen Meldungen sei zu befürchten, daß die türkische Regierung nunmehr mit festem Zeitplan Schritte gegen amerikanische Einrichtungen in der Türkei beschließen werde.[21]

Demirel befinde sich unter starkem innenpolitischem Druck und wolle mit den antiamerikanischen Maßnahmen den nationalistischen Forderungen Erbakans und vielleicht auch der Streitkräfte entgegenkommen. Der türkische Außenminister[22] habe ihm auf einen kürzlichen Appell zur Mäßigung brieflich erwidert, daß die Entwicklung eigengesetzlich verlaufe und kaum noch zu beeinflussen sei. Kissinger bat den Bundesminister, bei seinem Besuch in Ankara nachdrücklich darauf hinzuwirken, daß die türkische Regierung hinsichtlich der amerikanischen Stützpunkte eine gemäßigte Haltung einnehme. Die Bemühungen der Administration, im Kongreß eine positivere Haltung gegenüber der Türkei durchzusetzen[23], werden durch antiamerikanische Maßnahmen der türkischen Regierung erheblich erschwert werden.

---

[18] Ministerpräsident Rabin besuchte die Bundesrepublik vom 8. bis 12. Juli 1975. Vgl. dazu Dok. 194 und Dok. 199.

[19] Am 8. Juli 1975 vermerkte Ministerialdirektor Lahn: „Die amerikanische Regierung (Assistant Secretary Atherton) hat unserer Botschaft im Hinblick auf den Besuch PM Rabins erklärt, daß sie es für nützlich hielte, wenn wir bei den Gesprächen unterstreichen könnten, welche Nachteile für Israel entstünden, falls es nicht zu einem Interimsabkommen käme. Es sei angebracht, dabei insbesondere auf die für Israel wenig günstigen Alternativen hinzuweisen. [...] Die amerikanische Regierung bittet ferner, PM Rabin unsere eigenen Eindrücke von den Absichten Sadats darzulegen, da die Israelis den Arabern gegenüber ungewöhnlich mißtrauisch seien." Vgl. VS-Bd. 9992 (310); B 150, Aktenkopien 1975.

[20] Bundesminister Genscher hielt sich vom 18. bis 20. Juni 1975 in der Türkei auf. Vgl. dazu Dok. 170 und Dok. 177.

[21] Am 18. Juni 1975 wurde in der Presse berichtet, die türkische Regierung habe den USA „eine Frist von einem Monat gesetzt, um das gegen die Türkei verhängte Waffenembargo zu überprüfen". Vgl. den Artikel „Türkei stellt USA ein Ultimatum: Waffen oder Stützpunkte"; DIE WELT vom 18. Juni 1975, S. 4.
Außerdem wurde mitgeteilt, die türkische Regierung habe die USA mit Note vom 17. Juni 1975 davon in Kenntnis gesetzt, daß die Türkei die Verträge über die Verteidigungszusammenarbeit mit den USA, die auch die Regelungen für die amerikanischen Stützpunkte in der Türkei enthielten, aufgrund der Einstellung der amerikanischen Waffenlieferungen als nicht mehr bestehend betrachte: „In Ankara wird damit gerechnet, daß von den 25 Stützpunkten, die den Amerikanern in den Verträgen von 1969 für die Luftwaffe, die Versorgung der 6. Flotte und im Rahmen des Frühwarnsystems verfügbar blieben, mehrere in Kürze geschlossen werden." Vgl. den Artikel „Die Südostflanke der NATO vor dem Zusammenbruch"; FRANKFURTER ALLGEMEINE ZEITUNG vom 18. Juni 1975, S. 1.

[22] Ihsan Sabri Çaglayangil.

[23] Zu den Bemühungen der amerikanischen Regierung, den Kongreß zur Aufhebung des Beschlusses vom 17. Oktober bzw. 17./18. Dezember 1974 über die Einstellung der Verteidigungshilfe für die Türkei zu bewegen, vgl. Dok. 79, Anm. 9.
Am 19. Mai 1975 stimmte der amerikanische Senat mit 41 gegen 40 Stimmen für eine begrenzte Wiederaufnahme der Waffenlieferungen an die Türkei. Am 20. Mai 1975 berichtete Gesandter Hansen, Washington: „Der Abstimmung war nochmals ein intensives Lobbying der Administration vorausgegangen, in das sich auch Außenminister Kissinger und Verteidigungsminister Schlesinger persönlich eingeschaltet hatten." Im amerikanischen Außenministerium gebe man sich aber „keinen Hoffnungen hin, daß das Repräsentantenhaus in nächster Zeit eine ähnliche Haltung einnehmen wird". Vgl. den Drahtbericht Nr. 1400; Referat 203, Bd. 110270.

7) Portugal

Der Bundesminister bekräftigte unsere Haltung, daß trotz der bedenklichen Entwicklung in Portugal nichts unversucht gelassen werden sollte, um die demokratischen Kräfte zu stützen. Nach seiner Meinung werde die Entscheidung nicht zwischen den Parteien und der Bewegung der Streitkräfte, sondern innerhalb der Bewegung der Streitkräfte fallen. Kissinger stimmte dieser Auffassung lebhaft zu und bemerkte, er habe keine Hoffnung mehr, daß die Parteien überleben würden. Vielmehr sei zu befürchten, daß die Bewegung der Streitkräfte die Macht nicht mehr aufgeben würde. In diesem Zusammenhang äußerte er sich kritisch über Gonçalves, den er bestenfalls für einen Anhänger der Dritten Welt nach Art Boumediennes halte. Jedenfalls bestünden begründete Zweifel, ob Gonçalves ein aufrichtiger Anhänger der NATO sei. Der Bundesminister wies darauf hin, daß sich bei den führenden Persönlichkeiten in Lissabon offenbar noch keine klare politische Konzeption entwickelt habe. Kissinger äußerte, daß man die weitere Entwicklung in Portugal für die nächsten sechs bis neun Monate abwarten sollte, bis zur Dezember-Tagung der NATO[24] werde man vielleicht schon klarer sehen. In diesem Zusammenhang äußerte Kissinger starke Besorgnis über die soeben eingegangenen Wahlergebnisse aus Italien.[25] Er regte an, sich rechtzeitig über eine neue NATO-Konzeption Gedanken zu machen, für den Fall, daß die Kommunisten in mehreren Regierungen von NATO-Mitgliedsländern vertreten sein würden.

8) Lieferung von deutschen Kernanlagen an Brasilien[26]

Diese Frage, die in der letzten Zeit im Kongreß[27] und in der amerikanischen

---

[24] Zur NATO-Ministerratstagung am 11./12. Dezember 1975 in Brüssel vgl. Dok. 379, Dok. 381 und Dok. 383.

[25] Bei den Regionalwahlen in Italien am 15./16. Juni 1975 erhielt die Kommunistische Partei Italiens 33,4 % der Stimmen. Stärkste Partei blieb die Democrazia Cristiana mit 35,3 %; die Sozialistische Partei erhielt 12 %, die Sozialbewegung 6,4 % und die Sozialdemokraten 5,6 %.
Botschafter Meyer-Lindenberg, Rom, führte am 1. Juli 1975 den starken „Linksrutsch einer Wählerschaft, die bisher für ihr konservatives Wahlverhalten bekannt war, [...] auf zwei Hauptursachen zurück, nämlich die personelle und sachliche Abnutzung der DC als Regierungspartei der letzten 30 Jahre, zu der breite Wählerschichten kein Vertrauen mehr haben, und die erfolgreiche Profilierung der PCI als unverbrauchte Kraft der Erneuerung, die der Wähler nicht mehr fürchten zu müssen glaubt". Vgl. den Schriftbericht; Referat 203, Bd. 110228.

[26] Zum Abkommen zwischen der Bundesrepublik und Brasilien über Zusammenarbeit bei der friedlichen Nutzung der Kernenergie und zur amerikanischen Haltung dazu vgl. Dok. 157.

[27] Am 3. Juni 1975 debattierte der amerikanische Senat über das geplante Abkommen zwischen der Bundesrepublik und Brasilien. Dazu führte Senator Pastore aus: „West Germany is about to enter into an agreement with the Brazilian Government to provide several large nuclear reactors, a fuel reprocessing plant, and a uranium enrichment plant. [...] West Germany is going to provide essentially a complete fuel cycle which could assist Brazil in making a nuclear bomb, if it so desires. Brazilian officials have been quite frank to indicate that Brazil does not plan to sign the Nonproliferation Treaty. [...] I strongly stress the need and importance for the United States to urge the Federal Republic of Germany not to proceed with the arrangement, until these matters, which are of the gravest international concern, receive the most deliberate and careful consideration at the highest levels of international diplomacy. West Germany's apparent disregard of the plea of our Government on this important international policy issue is really difficult for me to understand and accept. The United States has gone out of its way to assure our NATO allies, and particularly the West Germans, that we would defend them and has backed up this commitment with positive actions. Yet despite this, and despite the obvious need for reason and sound judgement to prevail, the pleas of our Government have been to no avail. And what concerns me to no end is the fact that this is a likely peril being instituted by an ally in our own backyard, so to speak, while, at the same time, the U.S. Government is heavily committed in West Germany's backyard to defend them against

Presse kritisch diskutiert worden war[28], wurde von Präsident Ford überhaupt nicht, von Kissinger nur kurz angesprochen. Kissinger schlug vor, den wartenden Journalisten zu erklären, daß sich beide Seiten über die Zielsetzung der Nichtverbreitungspolitik einig seien und bezüglich des deutschen Brasilien-Geschäfts ihre beiderseitigen Standpunkte dargelegt hätten. Im Senat erläuterte der Bundesminister auf Befragen einiger Senatoren, daß die im Brasilien-Vertrag vorgesehenen Kontrollen mit dem Nichtverbreitungsvertrag voll im Einklang stünden und z. T. wesentlich darüber hinausgingen.

[gez.] Staden

VS-Bd. 9961 (204)

164

Aufzeichnung des Botschafters Roth

222-491.00 BRA-1626/75 VS-vertraulich   **18. Juni 1975**[1]

Betr.: Nichtverbreitungspolitik der Bundesregierung und deutsch-brasilianisches Abkommen über die Zusammenarbeit im Bereich der friedlichen Nutzung der Kernenergie

1) Die öffentliche Diskussion, vor allem in der Bundesrepublik Deutschland, über das deutsch-brasilianische Abkommen beschäftigt sich fast ausschließlich mit

---

Fortsetzung Fußnote von Seite 771

a likely peril." Senator Ribicoff schloß sich dem an: „I share Senator Pastore's concern that the ability to make atomic bombs will proliferate among nations in our own hemisphere and around the world unless West Germany and our other nuclear ‚allies' refrain from making clearly dangerous nuclear exports." Vgl. CONGRESSIONAL RECORD, Bd. 121, Teil 13, S. 16581 f. bzw. S. 16592.

28 Zur Reaktion in der amerikanischen Presse vgl. Dok. 157, Anm. 3.

1 Am 18. Juni 1975 leitete Botschafter Roth die Aufzeichnung an Staatssekretär Gehlhoff und teilte dazu mit: „Anbei lege ich eine Aufzeichnung über den Brasilienvertrag aus meiner Sicht vor. Auf eine weitere Verteilung habe ich bewußt verzichtet. Ich möchte es Ihrer Entscheidung überlassen, ob diese Aufzeichnung dem Herrn Bundesminister oder anderen Stellen des Hauses zur Kenntnis gegeben werden soll."
Hat Gehlhoff am 21. Juni 1975 vorgelegen, der die Weiterleitung an Bundesminister Genscher, Staatssekretär Sachs sowie Ministerialdirektor Hermes und Wiedervorlage bei Roth verfügte.
Hat Genscher am 29. Juni 1975 vorgelegen, der handschriftlich vermerkte: „Ich halte eine Rücksprache über diese mir heute zur Kenntnis gekommene Vorlage für erforderlich." Vgl. den Begleitvermerk; VS-Bd. 9497 (222); B 150, Aktenkopien 1975.
Hat Vortragendem Legationsrat Reiche am 14. August 1975 vorgelegen, der handschriftlich für Legationsrat I. Klasse Dohmes vermerkte: „Mit StS G[ehlhoff] wie folgt verblieben: Vorlage Herrn StS Hermes u. Herrn D 4 zur Kenntnis u. R[ück]spr[ache] nach Urlaub StS G[ehlhoff]."
Hat Hermes am 2. September 1975 vorgelegen.
Hat Ministerialdirigent Lautenschlager am 4. September 1975 vorgelegen.
Hat Roth am 21. Oktober 1975 erneut vorgelegen, der handschriftlich vermerkte: „Pers[önlicher] Ref[erent] StS Gehlhoff, Herrn Dr. Reiche: Was soll mit diesem Vorgang nun geschehen?"
Hat Reiche am 14. November 1975 erneut vorgelegen, der handschriftlich vermerkte: „StS G[ehlhoff] hält Besprechung über die Vorlage, nachdem R[ück]spr[ache] bei BM bisher nicht zustande gekom-

den wirtschaftlichen Aspekten und hier wieder vor allem mit Wettbewerbsfragen.²

Die mit dem Abkommen in engem Zusammenhang stehende Nichtverbreitungsproblematik wird kaum und wenn, dann unzureichend oder falsch dargestellt. Die Berichterstattung ist nicht zuletzt durch uns selbst in diese Richtung gesteuert worden. Wir haben nach außen behauptet, der Brasilienvertrag stehe in voller Übereinstimmung mit der Nichtverbreitungspolitik der Regierung.

Nachdem das Kabinett dem Brasilienvertrag zugestimmt hat³, bleibt auch mir kein anderer Weg, als ihn nach außen zu rechtfertigen. Ich halte es jedoch wie in der Vergangenheit auch in der Zukunft für meine Pflicht, intern auf die Problematik dieses Vertrages und seiner Auswirkungen immer wieder hinzuweisen.

2) Die Vorstellung, daß es mit dem Brasilienvertrag gelungen sei, die berechtigten Exportinteressen der Bundesrepublik Deutschland und die von der Bundesregierung vertretene Nichtverbreitungspolitik in Übereinstimmung zu bringen, ist eine Selbsttäuschung. Sie entspringt einer legalistischen Betrachtung des Nichtverbreitungsproblems, der Vorstellung, wir hätten mit der Einhaltung der Bestimmungen des NV-Vertrages⁴ und seiner derzeitigen Handhabung genug getan. Die Hinweise, wir seien sogar für die derzeitige Handhabung der Sicherungsmaßnahmen gegenüber Nicht-NV-Vertragsparteien über den NV-Vertrag hinausgegangen, sind als Schutzbehauptungen verständlich. Der Realität entsprechen sie nicht.

3) Einige Staaten, vor allem Kanada und die Vereinigten Staaten, gehen in den laufenden Verhandlungen mit dritten Ländern über das in Brasilien Erreichte hinaus. Wir machen es uns auch zu leicht, wenn wir in den Brasilienvertrag zwar hineingeschrieben haben, daß auch der Technologie-Transfer IAEO-Kontrollen unterstellt werden soll⁵, gleichzeitig aber nicht wissen, ob und wie Technologie-Transfer kontrolliert werden kann. Fachleute wissen auch, daß eine Kontrolle von Wiederaufbereitungsanlagen bis heute noch schwierige Probleme

---

Fortsetzung Fußnote von Seite 772
    men ist, durch tatsächl[iche] Entwicklung wie gleichartige, inzwischen unabhängig von der Vorlage angestellte Überlegungen für nicht mehr dringend." Vgl. den Begleitvermerk; VS-Bd. 9497 (222); B 150, Aktenkopien 1975.
2 In der Presse wurde berichtet, daß das erste brasilianische Atomkraftwerk in Angra dos Reis von der amerikanischen Firma Westinghouse geliefert werde. Dies habe den USA aber nicht den Durchbruch auf dem brasilianischen Markt gebracht: „Ganz im Gegenteil: die Brasilianer ärgerten sich über die umfassenden Auflagen und Kontrollen für die Uranlieferung und erkannten zugleich immer klarer, daß die Amerikaner ihnen auf keinen Fall beim Aufbau einer unabhängigen Nuklear-Industrie helfen würden." Vgl. den Artikel „Spekulationen um einen atomaren Wettlauf in Südamerika"; FRANKFURTER ALLGEMEINE ZEITUNG vom 3. Juni 1975, S. 5.
    Außerdem wurde über „Störfeuer aus den USA" gegen das geplante Abkommen zwischen der Bundesrepublik und Brasilien informiert und von einer „Episode in dem mit harten Bandagen ausgetragenen Kampf um den Markt" gesprochen. Vgl. den Artikel „Störfeuer gegen Kernkraftwerk-Geschäft"; GENERAL-ANZEIGER vom 4. Juni 1975, S. 2. Vgl. ferner den Artikel „Kampf um den Markt mit harten Bandagen"; FRANKFURTER RUNDSCHAU vom 4. Juni 1975, S. 2.
3 Zum Kabinettsbeschluß vom 30. April 1975 vgl. Dok. 157, Anm. 2.
4 Für den Wortlaut des Nichtverbreitungsvertrags vom 1. Juli 1968 vgl. BUNDESGESETZBLATT 1974, Teil II, S. 785–793.
5 Vgl. dazu Artikel 3 des Abkommens vom 27. Juni 1975 zwischen der Bundesrepublik und Brasilien über Zusammenarbeit bei der friedlichen Nutzung der Kernenergie; Dok. 157, Anm. 10.

aufweist. Ebenso steht fest, daß der Wortlaut des Vertrags mit Brasilien dieses Land nicht daran hindert, nukleare Sprengkörper für „friedliche Zwecke" zu bauen, wenn die brasilianische Regierung dies will, und daß sie aus der Zusammenarbeit mit der deutschen Industrie Nutzen ziehen kann und wird.

Die am 12. Juni 1975 vom amerikanischen Botschafter übergebenen Punkte amerikanischer Besorgnisse und Wünsche[6] zeigen sehr deutlich, daß die amerikanische Regierung die Schwächen des Brasilienvertrags genau kennt. (Siehe hierzu auch laufende Berichterstattung unserer Botschaft in Washington.)[7]

4) Ich verkenne die drängenden wirtschaftlichen Fragen nicht, und wir haben uns in Genf während der NV-Überprüfungskonferenz[8] mit Erfolg dafür eingesetzt, daß vor allem bei der Ausformulierung von Empfehlungen zu den Artikeln III und IV des NV-Vertrages die wirtschaftlichen Erfordernisse der Bundesrepublik Deutschland voll abgedeckt wurden.

Ich muß aber die Frage stellen, ob bei allen derzeitigen wirtschaftlichen Sorgen das Nachdenken darüber nicht zu kurz kommt, was geschehen würde, wenn in den nächsten 10 bis 15 Jahren an irgendeiner Stelle der Welt eine nukleare Waffe eingesetzt würde. Das Kernproblem ist dabei nicht, ob irgendein peripheres Land uns direkt bedrohen würde. Andere Fragen stellen sich, z. B. die Möglichkeit einer Erpressung durch bestimmte Rohstoff- oder Entwicklungsländer gegenüber den Industriestaaten und vor allem die Frage, in welche Lage die beiden Großmächte gebracht würden, wenn in einem regionalen Konflikt, z. B. Nahost, einer der beteiligten Klienten einer Großmacht nukleare Waffen einsetzen würde? Nichts fürchten beide Großmächte so sehr als eine Triggerfunktion, die sich ein dritter Staat durch den Einsatz nuklearer Waffen verschaffen könnte. Hier liegt das Hauptinteresse der beiden Großmächte an der Nichtverbreitungspolitik, und diese Sorge sollte wohl von uns geteilt werden.

Die Bundesregierung muß sich klarwerden, ob sie eine verbale und auf eine legalistische Auslegung der NV-Vertragsbindungen gegründete Nichtverbreitungspolitik für ausreichend hält oder ob die Nichtverbreitung nuklearer Waffen auch für uns eine vitale Existenzfrage werden kann. Ich habe den Eindruck, daß diese Problematik nicht überall gesehen wird.

5) Es wurde in den letzten Tagen von verschiedenen Seiten die Auffassung vertreten, daß nach Unterzeichnung des Brasilienvertrages[9] sich die Aufregung legen würde. Dies scheint mir nicht zutreffend zu sein. Die öffentliche Diskussion in der Presse und anderen Medien mag in Kürze abflauen, wenn der Brasilienvertrag unterzeichnet ist und[10] damit an öffentlicher Aktualität verliert. Die politischen Auswirkungen werden dann erst voll sichtbar werden.

---

[6] Für das vom amerikanischen Botschafter Hillenbrand übergebene Non-paper vgl. Dok. 157.

[7] Am 13. Juni 1975 berichtete Botschafter von Staden, Washington, es werde „in camera caritatis vor allem mit dem Argument gearbeitet, daß Regierungen wechseln können, daß Sicherheitskontrollen nicht erzwingbar" und „die physische Verfügung über sensitive Technologien im Sinne der Nichtverbreitung relevant" seien. Vgl. den Drahtbericht Nr. 1728; VS-Bd. 8888 (413); B 150, Aktenkopien 1975.

[8] Die Überprüfungskonferenz zum Nichtverbreitungsvertrag vom 1. Juli 1968 fand vom 5. bis 30. Mai 1975 in Genf statt. Vgl. dazu Dok. 146.

[9] Das Abkommen zwischen der Bundesrepublik und Brasilien über Zusammenarbeit auf dem Gebiet der friedlichen Nutzung der Kernenergie wurde am 27. Juni 1975 von Bundesminister Genscher und dem brasilianischen Außenminister Azeredo da Silveira unterzeichnet. Vgl. dazu Dok. 179.

[10] Korrigiert aus: „unterzeichnet und".

Wir müssen damit rechnen, daß in den Vereinigten Staaten die Debatte über die zukünftige amerikanische Nuklearpolitik im friedlichen Bereich im Kongreß weitergeht und die amerikanische Regierung nicht untätig bleiben kann. In welche Richtung die amerikanische Nuklearpolitik im friedlichen Bereich sich entwickelt, ist nicht vorauszusehen. Auch in anderen Staaten wird die interne Diskussion weitergehen, ganz besonders bei den Vertragsparteien von Almelo.[11]

6) Das Brasiliengeschäft mag nach den internationalen Wettbewerbsgepflogenheiten eingeleitet und abgeschlossen worden sein. Im politischen Bereich mag man in den Vereinigten Staaten und anderwärts unser Verhalten jedoch nicht als besonders fair empfunden haben. Dazu sind wir sicher nicht verpflichtet. Die Frage ist, ob wir auf längere Frist nicht besser gefahren wären, wenn wir auf Sorgen und Empfindlichkeiten von Freunden rechtzeitiger und etwas mehr Rücksicht genommen hätten.

Ich möchte sehr dazu raten,
– die Freude über das Brasiliengeschäft nicht überzubetonen;
– den Brasilienvertrag nicht als beispielhaft zu bezeichnen, sondern zurückhaltender zu argumentieren (sind wir wirklich davon überzeugt, daß alles versucht wurde, um Nichtverbreitungspolitik und wirtschaftliche Interessen in Übereinstimmung zu bringen?);
– bei der Weiterentwicklung proliferationshemmender Absprachen und internationaler Regelungen aktiv mitzuarbeiten[12] und den Brasilienvertrag nicht als das Maximum des Erreichbaren zu bezeichnen;
– bei der zukünftigen Ausarbeitung eines trilateralen Safeguard-Abkommens[13] sehr ernsthaft auch unsere Interessen an einer Nichtverbreitungspolitik abzusichern[14], soweit dies im Rahmen des bereits paraphierten Abkommens mit Brasilien noch möglich ist;
– bei zukünftigen Abkommen in diesem Bereich der Nichtverbreitungspolitik einen höheren Rang beizumessen.

Roth

VS-Bd. 9497 (222)

---

[11] Am 4. März 1970 unterzeichneten die Bundesrepublik, Großbritannien und die Niederlande in Almelo ein Übereinkommen über die Zusammenarbeit bei der Entwicklung und Nutzung des Gasultrazentrifugenverfahrens zur Herstellung angereicherten Urans. Für den Wortlaut vgl. BUNDESGESETZBLATT 1971, Teil II, S. 930–949.

[12] Der Passus „bei der Weiterentwicklung ... mitzuarbeiten" wurde von Staatssekretär Gehlhoff hervorgehoben. Dazu vermerkte er handschriftlich: „r[ichtig]".

[13] Zu dem geplanten Abkommen zwischen Brasilien und der IAEO, bei dem auch die Bundesrepublik Vertragspartner sein sollte, vgl. Dok. 157, Anm. 11.

[14] Der Passus „bei der zukünftigen Ausarbeitung ... abzusichern" wurde von Staatssekretär Gehlhoff hervorgehoben. Dazu vermerkte er handschriftlich: „r[ichtig]".

165

Botschafter Steltzer, Kairo, an das Auswärtige Amt

114-13241/75 VS-vertraulich   Aufgabe: 18. Juni 1975, 13.15 Uhr[1]
Fernschreiben Nr. 1016   Ankunft: 19. Juni 1975, 08.37 Uhr

Betr.: Gespräche mit Staatsminister Mohammed Riad und Unterstaatssekretär Ghaffar

In ausführlichem Gespräch mit UStS Ghaffar und einem kurzen Gedankenaustausch mit Staatsminister Mohammed Riad wurden einige Kernfragen der ägyptischen Außenpolitik berührt.

1) Nahost-Konflikt

UStS Ghaffar, der Außenminister Fahmi nach London und Madrid[2] begleitet hatte, gab mir einen Überblick über den letzten Stand der Bemühungen zur Lösung des Nahost-Konflikts. Er erklärte, daß Präsident Ford an einem „package deal" arbeite, der nach Abstimmung mit dem Kongreß, mit dessen Zustimmung gerechnet werde, bis Ende des Monats bekanntgegeben würde. Es sei ihm jedoch nicht klar, ob diesem Globalvorschlag eine Disengagementsoperation vorgeschaltet oder ob diese ein Teil des Ganzen sein würde. Nach seinen Informationen sei in Gesprächen zwischen Ford und Rabin[3] auf der Grundlage der ägyptischen Vorschläge für eine Sinai-Regelung, wie sie bei der letzten Disengagementsrunde den Israelis übermittelt worden war[4], eine weitgehende Einigung erzielt worden. Offen sei noch die Einbeziehung des Golan-Komplexes, auf der die Ägypter mit Rücksicht auf ihre syrischen Alliierten bestehen müßten.

Israelische Regierung hätte Bereitschaft zu weiterer „step by step"-Politik erkennen lassen, weil sie anderenfalls befürchten müsse, entsprechend amerikanischer Absicht sofort mit Genf[5] und einer Globallösung konfrontiert zu werden. Israelis brauchten jedoch Zeit, um ihre Öffentlichkeit auf weitere Verzichte vorzubereiten.

Nach ägyptischen Informationen werde es sich bei dem amerikanischen Vorschlag um einen fortentwickelten Rogers-Plan[6] handeln, der jedoch mehr Durchschlagskraft haben werde, weil jetzt der amerikanische Präsident mit dem Gewicht seiner Persönlichkeit dahinterstehe. Ford müsse seinem Ruf, ein schwacher Präsident zu sein, entgegenwirken, besonders im Hinblick auf den bevor-

---

[1] Hat Vortragendem Legationsrat Richter am 19. Juni 1975 vorgelegen.
Hat Vortragendem Legationsrat I. Klasse Böcker am 27. Juni 1975 vorgelegen, der handschriftlich vermerkte: „Eilt! 1) 310/7: Dies FS auch an BMVg FüS II 4 (VS-Sache!!). 2) 310/3: Kommt Shafei auch zum AA?"
[2] Der ägyptische Außenminister Fahmi hielt sich vom 10. bis 12. Juni 1975 in Großbritannien auf und besuchte vom 12. bis 15. Juni 1975 Spanien.
[3] Ministerpräsident Rabin führte vom 10. bis 13. Juni 1975 Gespräche mit Präsident Ford und dem amerikanischen Außenminister Kissinger in Washington. Vgl. dazu Dok. 163, Anm. 14.
[4] Zu den ägyptischen Vorschlägen vom März 1975 vgl. Dok. 62, Anm. 11.
[5] Zur Friedenskonferenz für den Nahen Osten in Genf vgl. Dok. 76, Anm. 20.
[6] Zu den Rogers-Plänen vom 9. Dezember 1969, vom 19. Juni 1970 bzw. vom 4. Oktober 1971 vgl. Dok. 112, Anm. 4.

stehenden Wahlkampf.⁷ Ägypter rechneten daher damit, daß sich Ford und Kissinger dafür stark machen würden, ihre Vorstellungen für eine Konfliktlösung durchzusetzen.

Ägyptische Regierung hoffe, daß sich westeuropäische Staaten mit vereinten Kräften hinter amerikanische Vorschläge stellen würden. Frankreich und Spanien hätten diese Bereitschaft bereits zu erkennen gegeben. Briten hätten trotz starken Drängens von Fahmi zunächst gezögert, weil sie „keine Katze im Sack" kaufen wollten, aber am letzten Tage der Gespräche, wahrscheinlich als Ergebnis einer Kabinettssitzung, zugestimmt, amerikanische Lösungsvorschläge zu unterstützen. Ägypten hoffe, daß sich auch Bundesregierung bei bevorstehenden Gesprächen mit Rabin⁸ entsprechend verhalten werde.

UStS Ghaffar hielt es für sehr wahrscheinlich, daß Kissinger in erster Juli-Woche neue Nahost-Reise unternehmen würde, falls bis dahin Vereinbarkeit der israelischen und ägyptischen Standpunkte in Sicht sei.

Staatsminister Riad zeigte sich indessen weniger zuversichtlich. Während er sich zu den amerikanischen Absichten nicht äußern wollte, weil es darüber zur Zeit nur Spekulationen geben könnte, stellte er über die Aussichten eines weiteren Disengagements eher pessimistische Betrachtungen an. Nach seinen Informationen habe sich Rabin in Washington und New York äußerst unnachgiebig gezeigt. Auf meine Frage nach dem Haupthindernis für weitere Fortschritte meinte der Minister, daß es vor allem um die Frage der Beendigung des Kriegszustandes gehe. Nach seiner Auffassung müßten Regierungen, die sich ernsthaft um eine Lösung des Nahost-Konflikts bemühten, auf die Israelis in dem Sinne einzuwirken versuchen, der gemäßigten Politik Sadats entgegenzukommen. Anderenfalls könnte eine sehr ernste Lage eintreten. Er wisse, daß sich Bundesminister Genscher in der Nahost-Frage engagiert habe, und hoffe, daß er Rabin in Bonn größere Nachgiebigkeit empfehlen werde.

Er, Mohammed Riad, habe den Eindruck, daß gerade Rabin besonders starr sei, während Allon und sogar Peres größere Flexibilität erkennen ließen.

2) Hussein-Assad-Kommuniqué⁹

Meine Frage, ob sich Hussein-Assad-Vereinbarungen in Übereinstimmung mit Kairo befänden, wurde von beiden Gesprächspartnern bejaht. Es läge im Interesse ägyptischer Außenpolitik, daß beide Regierungen enger zusammenar-

---

⁷ Am 2. November 1976 fanden in den USA Präsidentschaftswahlen sowie Wahlen zum Repräsentantenhaus und Teilwahlen zum Senat statt.

⁸ Ministerpräsident Rabin besuchte die Bundesrepublik vom 8. bis 12. Juli 1975. Vgl. dazu Dok. 194 und Dok. 199.

⁹ Am 14. Juni 1975 übermittelte Botschafter Schmidt-Dornedden, Amman, das Kommuniqué über den Besuch des Präsidenten Assad vom 10. bis 12. Juni 1975 in Jordanien. Darin wurde ausgeführt: „The two leaders debated on the explosive situation in the region and the continuation of the Israel enemy in rejecting withdrawal from the occupied Arab land, recognition of the national rights of the Palestinian Arab people to its homeland, and the grave consequences on the international security and peace to which this situation might lead. They expressed their desire in bringing about a just peace based on the total Israeli withdrawal from all the occupied Arab territories since the June 1967 aggression, including Jerusalem first and foremost and on ensuring the national rights of the people of Palestine." Vereinbart wurde außerdem die Bildung eines „supreme joint committee", das Kooperations- und Koordinationsprogramme im politischen, wirtschaftlichen und militärischen, aber auch im Informations-, Bildungs- und Kulturbereich ausarbeiten sollte. Vgl. den Drahtbericht Nr. 237; Referat 310, Bd. 108739.

beiteten, Hussein in erster Genfer Verhandlungsphase für Palästinenser spreche und dabei[10] Weg für spätere Teilnahme der PLO ebnete. Damit könnten auch die Voraussetzungen für ein zukünftiges friedliches Nebeneinander Jordaniens mit einem palästinensischen Westbank-Staat geschaffen werden.

Meine Frage, ob die im Kommuniqué enthaltene Forderung nach engerer Koordination und Kontakten der Konfrontationsstaaten eine gegen Ägypten gerichtete Spitze sein könnte, wurde verneint. Syrien und die PLO hätten von Ägypten klare Zusicherungen erhalten, daß ein ägyptischer Alleingang mit Israel nicht in Betracht käme. Es gebe daher in dieser Hinsicht keine Meinungsverschiedenheiten. Mohammed Riad meinte sogar, daß sich der Solidaritätsappell in erster Linie an die Adresse der PLO richte und vielleicht sogar an die Jordaniens. Er fügte einschränkend hinzu, daß auch etwaige Kritik aus dieser Richtung ägyptische Regierung nicht besonders beeindrucken würde, weil beide Staaten und die PLO viel stärker auf Ägypten angewiesen seien, als es umgekehrt der Fall sei.

3) Libysch-sowjetische Beziehungen

Mohammed Riad nahm die jüngsten militärischen Vereinbarungen zwischen Libyen und der Sowjetunion[11] sehr ernst. Er bestätigte die bereits übermittelten Zahlenangaben (siehe DB vom 29.5.75 322.LIY)[12] und bemerkte, daß sich Libyen zu einem sowjetischen Stützpunkt besonderer Art entwickle. Die Sowjetunion werde in großem Umfang Waffen und militärische Ausrüstung in Libyen einlagern, die im Ernstfall von militärischen Verbänden, die aus der Sowjetunion eingeflogen würden, übernommen werden sollen. Damit könne die Sowjetunion in kürzester Frist über voll ausgerüstete Verbände auf der Südseite des Mittelmeers in strategisch günstiger Position und unabhängig von Ölzufuhren verfügen. Der Minister hielt es für völlig ausgeschlossen, daß Libyen in absehbarer Zeit in der Lage sein werde, mit den sowjetischen Waffen umzugehen, abgesehen davon, daß die zugesagte Menge an Kriegsmaterial viel zu umfangreich sei, um in einem angemessenen Verhältnis zur Bevölkerungszahl

---

10 Korrigiert aus: „beiden".
11 Am 19. Mai 1975 berichtete Botschafter Naupert, Tunis, Ministerpräsident Kossygin habe während eines Besuchs vom 12. bis 15. Mai 1975 in Libyen „ein Abkommen über die Lieferung modernster sowjetischer Waffen (MIG 23, 25, Raketen und andere) in Höhe von 1 Mrd. Dollar" abgeschlossen. Vgl. den Drahtbericht Nr. 122; Referat 213, Bd. 112771.
   Botschafter Sahm, Moskau, bat am 22. Mai 1975 um Auskunft, woher die Botschaft in Tunis „die sehr konkreten Angaben" habe: „Aus hiesiger Sicht ist es sehr unwahrscheinlich, daß Sowjets die angegebenen Waffentypen an Libyen liefern, und zudem in dem Umfang von 1 Mrd. Dollar." Vgl. den Drahtbericht Nr. 1735; Referat 310, Bd. 108812.
   Dazu teilte Naupert am 25. Mai 1975 mit, das Abkommen bewege sich „in Höhe von mehr als zwei Milliarden US-Dollar, wie nunmehr aus besonderen arabischen und westlichen Quellen zu erfahren war". Dabei handele es sich um „Waffen in Form von etwa 50 MIG-23, 12 MIG-25, einer ‚ausreichenden' Anzahl von SAM-Raketen des Typs 7, Panzerabwehrraketen, Panzern und gepanzerten Fahrzeugen sowie Ausrüstungen für die Logistik und für die Aufstockung des sowjetischen Fachpersonals auf etwa 2500 bis 3000 (die Kosten für letztere rangieren unter ‚technischer Hilfe')". Vgl. den Drahtbericht Nr. 127; Referat 213, Bd. 112771.
12 Gesandter Witte, Kairo, berichtete, daß die ägyptische Presse am 24. Mai 1975 gemeldet habe, „SU habe mit Libyen ein Rüstungsgeschäft über 4 Mrd. US-Dollar (Al Ahram: 12 Mrd. US-Dollar) vereinbart. Es sehe u. a. Lieferung von 2000 modernen Panzern, ferner von Kampfflugzeugen und Raketen vor. Als Gegenleistung räume Libyen der SU Militärbasen (u. a. Tobruk) ein. Lieferung ultramoderner Waffen mache Entsendung sowjetischer Militärexperten nach Libyen erforderlich." Vgl. den Drahtbericht Nr. 873; Referat 310, Bd. 108812.

zu stehen. Nach seiner Meinung seien die sowjetischen Absichten darauf gerichtet, das unbotmäßige Ägypten unter vermehrten Druck zu setzen und die Südflanke Europas zu bedrohen.[13] Die Sowjetunion habe sich die Abneigung Ghadafis gegen Präsident Sadat geschickt zunutze gemacht.

Mohammed Riad zeigte sich darüber verwundert, daß sich die USA und gerade Westeuropa angesichts dieser Entwicklung so gelassen zeigten. So vermisse er aus der Bundesrepublik Deutschland eine Stellungnahme.[14] Nur die Schweiz habe sich bisher sehr besorgt geäußert. Ich sagte dem Minister, daß diese Entwicklungen sicher bei uns sehr aufmerksam beobachtet würden, daß es aber manchmal besser sei, nicht sofort die Öffentlichkeit zu alarmieren.

4) Wirtschaftshilfe für Ägypten

Mohammed Riad sprach mich auf ein Konsortium an, das auf Initiative der USA ins Leben gerufen sei und dem bisher außer den USA Saudi-Arabien, Iran und Japan angehörten.[15] Er sei darüber unterrichtet, daß die Bundesregierung für die schwierige Lage Ägyptens Verständnis gezeigt, aber bereits alle für eine Hilfe in Betracht kommenden Haushaltsmittel für 1975 verplant habe und zur Zeit prüfe, ob und welche anderen Möglichkeiten für eine etwaige Beteiligung an dem Konsortium bestünden. Der Minister betonte, daß Ägypten an einer Beteiligung der Bundesrepublik Deutschland besonders interessiert sei, weil hierdurch die Hilfsbereitschaft anderer westeuropäischer und nahöstlicher Staaten angespornt würde. Ägypten sei dringend auf eine Übergangshilfe angewiesen, wenn man eine Katastrophe vermeiden wolle. Ägyptische Regierung überlege zur Zeit, den am Sonntag[16] auf Einladung des DIHT nach Bonn reisenden Wirtschaftsminister, Professor Shafei, zu bitten, bei den zuständigen deutschen Stellen vorstellig zu werden, um den Ernst der ägyptischen Wirtschaftslage darzulegen.

Bewertung

Zu 1) (NO-Konflikt) Botschaft neigt eher der skeptischeren Beurteilung des erfahrenen Mohammed Riad zu, zumal sich bereits bei früheren Gelegenheiten Ghaffars Optimismus und Informationswert als weniger zuverlässig herausgestellt haben. Auch Berichterstattung unserer Vertretungen in Washington und London im Anschluß an Rabin-Gespräche in USA und GB[17] lassen den Schluß

---

[13] Am 20. Mai 1975 bewertete Botschafter Werner, Tripolis, den Besuch des Ministerpräsidenten Kossygin vom 12. bis 15. Mai 1975 in Libyen. Es sei der UdSSR gelungen, „endgültig in dem Machtvakuum an der libyschen Küste Fuß zu fassen […]. Voraussetzung waren hierfür wohl die zugesagten reichlichen Waffenlieferungen, die von sowjetischer Seite sicherlich aber auch nicht uneigennützig gegeben wurden, da sie mit gleichzeitigem Einsatz eines größeren Kontingents sowjetischer Experten verbunden worden ist. Die strategisch günstig gelegene Gegenküste zum weichen Unterleib Europas erhält durch diesen Besuch einen erhöhten Stellenwert." Vgl. den Drahtbericht Nr. 218; Referat 311, Bd. 108812.

[14] Dieser Satz wurde von Vortragendem Legationsrat Richter hervorgehoben. Dazu Ausrufezeichen.

[15] Zu den Überlegungen hinsichtlich einer Stützungsaktion für Ägypten vgl. Dok. 138, besonders Anm. 20.

[16] 22. Juni 1975.

[17] Zum Bericht des Botschafters von Staden, Washington, vom 13. Juni 1975 vgl. Dok. 163, Anm. 14. Am 13. Juni 1975 berichtete Botschafter von Hase, London, über das Gespräch des Premierministers Wilson und des britischen Außenministers Callaghan mit dem israelischen Ministerpräsidenten. Rabin habe erklärt, „Israel könne erst dann Konzessionen machen, wenn es über das ganze Ausmaß der ägyptischen Bereitschaft zum Entgegenkommen unterrichtet sei. Unabdingbar für ihn sei, daß ein neues Interimsabkommen und das verlängerte Mandat der UNEF fünf Jahre dauerten.

zu, daß eine neue Kissinger-Mission so lange mit Vorbehalt gesehen werden muß, als Israel nicht Zeichen neuer Kompromißbereitschaft erkennen läßt. Ein israelisches Beharren auf Verhandlungspositionen, die im März zum Scheitern der amerikanischen Bemühungen führten, läßt nichts Gutes für einen neuen Versuch Kissingers erhoffen.

Zu 2) (Hussein-Assad-Kommuniqué) Die optimistische Bewertung der Ergebnisse der Begegnung von Amman kann nicht überraschen, da sie inhaltlich fast genau den Ausführungen Sadats im jüngsten Interview mit der libanesischen Zeitung „Al Nahar"[18] entspricht. Die Botschaft kommt in der eigenen Analyse zu einer teilweise abweichenden Bewertung (vgl. DB Nr. 1012 vom 18.6.75 Pl 320.00/1)[19].

Zu 3) (Libysch-sowjetische Beziehungen) Den bei Kossygins jüngstem Besuch in Tripolis erkennbar gewordenen Bemühungen der SU, sich nach dem Ausfall Ägyptens in Libyen eine neue politisch-militärische Basis zu schaffen, galt Riads besondere Sorge. Auch ich bin der Auffassung, daß dieser Vorgang nicht als bloße Zwischenphase im bilateralen Verhältnis SU–Libyen abgetan werden kann, sondern möglicherweise Rückschlüsse auf ein neues sowjetisches Globalkonzept im Mittelmeerraum zuläßt. Die Botschaft wird ihre Überlegungen zu dieser Frage in einer gesonderten Analyse darstellen und ist daher sehr daran interessiert, eventuell in Moskau oder Tripolis verfügbare Informationen zu diesem Komplex zu erhalten.[20]

4) (Wirtschaftshilfe für Ägypten) Im Lichte der Äußerungen von Riad wiederhole ich nachdrücklich den in DB 991 vom 16.6.75 Wi 400[21] enthaltenen Vorschlag, Begegnungen Shafeis mit den BM Friderichs und Bahr sowie StM Wischnewski, wenn irgend möglich, herbeizuführen.

[gez.] Steltzer

VS-Bd. 9988 (310)

Fortsetzung Fußnote von Seite 779

Hinsichtlich der israelischen Rückzugsbereitschaft habe sich Rabin nicht festlegen wollen." Vgl. den Drahtbericht Nr. 1169; Referat 310, Bd. 104964.

[18] Botschafter Lankes, Beirut, berichtete am 18. Juni 1975 über das am Vortag „nicht im ganzen Wortlaut", sondern in Zusammenfassung in der Tageszeitung „An-Nahar" abgedruckte Interview des Präsidenten Sadat: „Die Annäherung zwischen Syrien und Jordanien sei die bedeutendste Entwicklung an der Ostfront und stärke das arabische Lager militärisch und politisch. Sadat habe erneut die Bildung einer provisorischen palästinensischen Regierung gefordert, die im internationalen Konzept für die Palästinenser sprechen und über eine Teilnahme an Genf entscheiden könne. Auch die USA könnten nur mit einer provisorischen Regierung, aber nicht mit einer Befreiungsbewegung Kontakt aufnehmen." Vgl. den Schriftbericht Nr. 722; Referat 310, Bd. 104964.

[19] Botschafter Steltzer, Kairo, stellte zu dem Interview des Präsidenten Sadat mit der libanesischen Tageszeitung „An-Nahar" vom 17. Juni 1975 fest: „Sadat bekräftigt sein Vertrauen in die Aufrichtigkeit der amerikanischen Friedensbemühungen. Ägypten wird in Übereinstimmung mit den Beschlüssen von Rabat auf keinen Fußbreit arabischen Bodens verzichten und kompromißlos für Rechte des palästinensischen Volkes eintreten. Sadat begrüßt die jüngst von Assad und Hussein in Amman beschlossene enge Koordination zwischen Syrien und Jordanien. Diese muß jedoch durch Koordination mit Ägypten ergänzt werden. [...] Ägypten fordert erneut umgehende Ausrufung provisorischer palästinensischer Regierung." Steltzer wertete diese Vorschläge als „Gegenoffensive gegen die sich an der Ostfront des Nahost-Konflikts abzeichnende verstärkte Koordination zwischen Syrien, Jordanien und wahrscheinlich auch PLO unter vorläufiger Aussparung Ägyptens". Deutlich werde die ägyptische Besorgnis, „an den Koordinationsbemühungen an der israelischen Ostfront nicht ausreichend beteiligt zu sein". Vgl. Referat 310, Bd. 104964.

[20] Dieser Satz wurde von Vortragendem Legationsrat Richter mit Pfeil hervorgehoben.

[21] Für den Drahtbericht des Botschafters Steltzer, Kairo, vgl. Referat 310, Bd. 104687.

166

Aufzeichnung des Vortragenden Legationsrats I. Klasse Ruth

221-372.20/31-988/75 geheim 19. Juni 1975[1]

Betr.: MBFR;
    hier: Gegenwärtig diskutierte Themen

I. Neben der Option III müssen in Brüssel zur Zeit gemeinsame Positionen zu folgenden Themen ausgearbeitet werden:

1) Einbeziehung von Luftstreitkräfte-Personal in einem kombinierten common ceiling[2]

Hierzu liegt ein neues amerikanisches Papier[3] und der Abschlußbericht der MBFR Working Group[4] vor. Wir legen Wert darauf, daß dieses Problem im Zusammenhang mit der Option III gesehen und in die Verhandlungen eingeführt wird.

2) Änderung des Angebots über den Zeitraum zwischen den beiden Phasen

Hierzu gibt es ebenfalls ein amerikanisches Papier.[5] Es ist darauf angelegt, noch vor Ausspielung der Option III einen entsprechenden Vorstoß in Wien zu machen. Wir sind der Auffassung, daß auch in dieser Frage erst die Einführung der Option III abgewartet werden sollte.

3) Definitions- und Datenproblematik

Hierzu haben die Sowjets in Wien nunmehr Fragen gestellt.[6] Wir haben in die-

---

[1] Hat Botschafter Roth am 19. Juni 1975 vorgelegen, der handschriftlich vermerkte: „D 2 zur Unterrichtung: Ich wäre dankbar, wenn auch Sie bei sich gebenden Gelegenheiten amerikanischer Seite darauf hinweisen würden, daß alle in Zusammenhang mit Option III zu behandelnden Fragen gründlich in Brüssel besprochen werden müssen u. daß gründliche Vorbereitung Vorrang vor Zeit haben muß."
Hat Ministerialdirektor van Well vorgelegen.

[2] Zu den amerikanischen Überlegungen hinsichtlich einer Einbeziehung des Personals von Luftstreitkräften in die MBFR-Verhandlungen vgl. Dok. 12, Anm. 15.
Zur Haltung der Bundesregierung dazu vgl. Dok. 153, Anm. 7.

[3] Am 17. Juni 1975 informierte Gesandter Boss, Brüssel (NATO), daß die USA am 13. Juni 1975 ein Schreiben zu „MBFR: Air manpower" zirkuliert hätten. Darin werde ausgeführt: „We believe that an offer to include air manpower in the common ceiling would allow the West to regain a degree of tactical initiative without incurring the objections which the allies find to air manpower reductions. [...] we would envision the use of an illustrative common ceiling figure of about 900 000. If asked by the East, we would respond that we continue to oppose the inclusion of airmen in MBFR reductions."
Vgl. den Drahtbericht Nr. 875; VS-Bd. 9483 (221); B 150, Aktenkopien 1975.

[4] Für den Bericht „Air manpower in MBFR" in Fassung vom 15. April vgl. VS-Bd. 9489 (221).

[5] Das amerikanische Papier „MBFR: Duration of fixed period of time between phases" wurde am 15. Mai 1975 im Politischen Ausschuß der NATO auf Gesandtenebene eingeführt. Vgl. dazu den Drahtbericht Nr. 703 des Botschafters Krapf, Brüssel (NATO), vom 15. Mai 1975; VS-Bd. 9489 (221); B 150, Aktenkopien 1975.
Am 19. Juni 1975 teilte Gesandter Boss, Brüssel (NATO), mit, daß die USA wegen der Bedenken der Bündnispartner, „weil die Durchführung der sowjetischen Reduzierungen nicht völlig gesichert sei", folgende neue Formulierung vorgeschlagen hätten: „The allied negotiators are also authorized to point out to the East that in any event implementation of phase I reductions would have to be completed before signature of the phase II agreement." Vgl. den Drahtbericht Nr. 895; VS-Bd. 9489 (221); B 150, Aktenkopien 1975.

[6] Am 5. Juni 1975 berichtete Botschafter Behrends, Wien (MBFR-Delegation), daß die an den MBFR-Verhandlungen teilnehmenden NATO-Mitgliedstaaten die Warschauer-Pakt-Staaten „bisher mit

ser Frage ein nationales Papier verfaßt[7], das in der NATO noch nicht zirkuliert wurde. Es ist zu überlegen, ob angesichts der neuen Entwicklung dieses Thema nicht zur Sprache gebracht werden sollte. Die Notwendigkeit hierzu ergibt sich auch im Zusammenhang mit der Diskussion der Einbeziehung des Luftstreitkräfte-Personals.

4) Nationale Reduzierungsverpflichtungen[8]

Hierzu gibt es jetzt die Bitte der Ad-hoc-Gruppe in Wien um baldige Weisung.[9] Die Diskussion über dieses Thema wird heute beginnen. Wir sind dabei, zusammen mit der Rechtsabteilung eine Weisung mit Lösungsvorschlägen vorzube-

---

Fortsetzung Fußnote von Seite 781

der Forderung nach einem Datenaustausch über Personalstärken in Verlegenheit" hätten setzen können, da deren Weigerung, über dieses Thema zu sprechen, in der Presse „als Schwäche, ja als Beweis der Unaufrichtigkeit der östlichen Position interpretiert" worden sei. Nun habe aber der Leiter der sowjetischen MBFR-Delegation, Chlestow, gefragt, „ob der Westen auch bereit sei, Daten für nukleare Sprengköpfe und nukleare Trägermittel zu erörtern". Behrends stellte fest: „Wenn der Osten zu einer Datendiskussion bereit ist, kann sich die für den Westen günstige taktische Situation in ihr Gegenteil verkehren. Wenn der Osten für einen umfassenden Datenaustausch über alle für die militärische Situation in Mitteleuropa relevanten Daten eintritt, die NATO-Staaten aber daran festhalten, daß der Datenaustausch sich auf einige wenige Zahlen (Globalzahlen für Personal) beschränken muß, werden die westlichen Staaten in eine schwierige taktische Lage geraten. Es wird gegenüber der Öffentlichkeit kaum möglich sein, überzeugend zu vertreten, daß Länder mit einer freien Gesellschaft in der Frage der Diskussion militärischer Fakten eine restriktivere Haltung als kommunistische Staaten einnehmen." Vgl. den Drahtbericht Nr. 346; VS-Bd. 9487 (221); B 150, Aktenkopien 1975.

[7] Am 13. Juni 1975 befaßte sich Vortragender Legationsrat I. Klasse Ruth mit Überlegungen der an den MBFR-Verhandlungen teilnehmenden NATO-Mitgliedstaaten, die in Reduzierungen einzubeziehenden Streitkräfte neu zu definieren. Dazu sei ein Arbeitspapier verfaßt worden, „das im wesentlichen zu folgendem Schluß kommt: Neudefinition wäre nur sinnvoll bei klarer Begrenzung auf die Landstreitkräfte. Sie ist jedoch bereits durch das Angebot eines temporären no-increase für das Luftwaffenpersonal aufgegeben. Denkbar wäre eine Neudefinition auch bei genereller Einbeziehung des Luftstreitkräftepersonals in die Reduzierungen. Das würde voraussetzen, daß als Folge der Neudefinition auch bei den Luftstreitkräften asymmetrische Reduzierungen erforderlich wären. Da eine generelle Einbeziehung nicht beabsichtigt ist, sollte von einer Neudefinition gemäß bisherigem Ansatz (Verminderung der Asymmetrie) abgesehen werden." Vgl. VS-Bd. 9489 (221); B 150, Aktenkopien 1975.

[8] Botschafter Behrends, Wien (MBFR-Delegation), berichtete am 5. Juni 1975 von Meinungsverschiedenheiten in der Ad-hoc-Gruppe der an den MBFR-Verhandlungen teilnehmenden NATO-Mitgliedstaaten darüber, „ob der Westen mit dem Angebot seiner ‚all participants clause' individuelle Verminderungsverpflichtungen bereits in Aussicht gestellt habe oder nicht". Ein Teil der Vertreter sei der Ansicht, daß sich aus der Formulierung der Klausel „die individuelle Natur" der Reduzierungsverpflichtungen der direkten Teilnehmerstaaten ergebe: „Der Osten habe es jedenfalls nicht anders verstehen können." Demgegenüber habe er, Behrends, mit Unterstützung der Leiter der belgischen bzw. der britischen MBFR-Delegation, Adriaenssen und Rose, die Auffassung vertreten, „daß die Frage der Natur der Reduzierungsverpflichtungen bei Verabschiedung der Ratsweisung zur ‚all participants clause' [...] offengeblieben sei. Die von den westlichen Unterhändlern verwandten Formeln seien bewußt ambivalent gehalten worden." Vgl. den Drahtbericht Nr. 347; VS-Bd. 9489 (221); B 150, Aktenkopien 1975.
Die Delegationen der an den MBFR-Verhandlungen teilnehmenden Warschauer-Pakt-Staaten bekräftigten in den Emissärsgesprächen am 3. und 10. Juni 1975 ihre Forderung, „daß alle direkten Teilnehmer an konkrete Reduzierungsverpflichtungen eingehen müßten", und äußerten den Verdacht, „daß die Westeuropäer und Kanada das common-ceiling-Konzept benutzten", um solche Reduzierungsverpflichtungen zu umgehen. Vgl. den Drahtbericht Nr. 372 von Behrends vom 12. Juni 1975; VS-Bd. 9491 (221); B 150, Aktenkopien 1975. Vgl. dazu ferner den Drahtbericht Nr. 349 von Behrends vom 5. Juni 1975; VS-Bd. 9487 (221); B 150, Aktenkopien 1975.

[9] Gesandter Boss, Brüssel (NATO), bat am 19. Juni 1975 um Weisung, weil der Bericht der Ad-hoc-Gruppe der an den MBFR-Verhandlungen teilnehmenden NATO-Mitgliedstaaten über die Form der nationalen Reduzierungsverpflichtungen am 26. Juni 1975 beraten werden solle. Vgl. dazu den Drahtbericht Nr. 896; VS-Bd. 9489 (221) B 150, Aktenkopien 1975.

reiten. Der von der Ad-hoc-Gruppe anvisierte Zeitplan für eine Beantwortung dieser Frage wird mit Sicherheit nicht einzuhalten sein.[10]

5) Verifikation

Die Amerikaner haben die Vorstellung, man könne noch in dieser Verhandlungsrunde einen neuen Vorstoß in der Verifikationsfrage gegenüber der anderen Seite machen.[11] Dies ist jedoch völlig ausgeschlossen, da es zwar eine Annäherung zwischen uns und den Amerikanern bei der Verifikation gibt[12]; eine Einigung in der NATO insgesamt ist jedoch noch nicht vorbereitet.

Den Amerikanern schwebt offensichtlich vor, diese Themen oder einen Teil davon von der Option-III-Gruppe, die nach Brüssel kommt[13], diskutieren und klären zu lassen. Das würde bedeuten, daß die nächsten Wochen bei MBFR in Brüssel unter einem starken Arbeits- und Zeitdruck stehen würden. Wir müssen wohl von Anfang an klarmachen, daß unter dem Arbeitsdruck die Qualität der Ergebnisse nicht leiden darf.

---

[10] Am 25. Juni 1975 übermittelte Vortragender Legationsrat I. Klasse Ruth eine Stellungnahme zu nationalen Reduzierungsverpflichtungen: „U[nseres] E[rachtens] darf nichts geschehen, was die zweite Phase in Richtung auf nationale Reduzierungsverpflichtungen präjudizieren könnte. Eine Festlegung der Allianz auf gemeinschaftliche Reduzierungsverpflichtungen würde unseres Erachtens eine wünschenswerte Klärung unserer Position bedeuten. [...] Die von sowjetischer Seite vorgeschlagene Unterscheidung zwischen individuellen nationalen Reduzierungsverpflichtungen und gemeinschaftlicher Höchststärke ist zwar juristisch denkbar, doch politisch höchst problematisch. [...] Auch eine kollektive Reduzierungsverpflichtung, die ohne Zusammenhang mit einer kollektiven Verpflichtung zur Einhaltung des common ceiling eingegangen würde, könnte der Behauptung nationaler ceilings den Weg ebnen." Vgl. den Drahterlaß Nr. 2498; VS-Bd. 9489 (221); B 150, Aktenkopien 1975. Botschafter Behrends, Wien (MBFR-Delegation), berichtete am 25. Juni 1975, daß im Bericht der Ad-hoc-Gruppe der an den MBFR-Verhandlungen teilnehmenden NATO-Mitgliedstaaten zur Frage nationaler Reduzierungsverpflichtungen ausgeführt werde, „daß es für den Westen sehr schwierig ist, das Phasenkonzept wirkungsvoll und offensiv zu vertreten, solange die bestehenden Meinungsverschiedenheiten in der Allianz über die Natur der Reduzierungsverpflichtungen in der zweiten Phase fortbestehen". Ein Eingehen auf nationale Reduzierungsverpflichtungen werde die Bereitschaft der Warschauer-Pakt-Staaten, sich auf das Phasenkonzept einzulassen, auch nicht fördern. Vielmehr wäre dies „ein weiterer Schritt zur Fusionierung beider Phasen und zur Umwandlung von Verhandlungsphasen nach westlicher Vorstellung in Implementierungsphasen nach östlichem Konzept." Vgl. den Drahtbericht Nr. 416; VS-Bd. 9489 (221); B 150, Aktenkopien 1975.
[11] Am 15. Mai 1975 informierte Botschafter Roth die Botschaft in Washington über am 12. Mai 1975 übergebene amerikanische Überlegungen zur Verifikation: „Danach werden wegen unserer Bedenken gegen das ursprünglich vorgeschlagene System mobiler Inspektionsteams amerikanischerseits nunmehr folgende Verifikationsmaßnahmen für erste Phase (nur US- und sowjetische Truppen) in Erwägung gezogen: a) A provision for verifying that the forces to be reduced are in fact withdrawn. [...] b) A provision restricting movement of US and Soviet forces into and out of the reduction area to a fixed number of declared entry and exit points. [...] c) In addition, a provision giving each side the right to establish inspection posts at each of the designated entry/exit points to observe withdrawals, and in the post-reduction period, the movement of US or Soviet forces into and out of the area. [...] Amerikaner sind sich bewußt, daß außer ‚non-interference with national technical means' jede andere Verifikationsart schwer zu verhandeln sein dürfte. Sie befürchten, daß die Aussichten für irgendeine Form von vereinbarter Inspektion (negotiated inspection) noch geringer werden, wenn nicht rechtzeitig eine westliche Position hierzu eingebracht wird." Vgl. den Drahterlaß Nr. 1977; VS-Bd. 9497 (222); B 150, Aktenkopien 1975.
[12] Zu den Überlegungen der Bundesregierung zur Verifikation im Rahmen der MBFR-Verhandlungen vgl. Dok. 153, Anm. 8.
[13] Ende Juni begann der Politische Ausschuß der NATO auf Gesandtenebene mit Beratungen über eine Weisung zu Option III für die Ad-hoc-Gruppe der an den MBFR-Verhandlungen teilnehmenden NATO-Mitgliedstaaten in Wien. Sie legte dem Ständigen NATO-Rat am 17. September 1975 einen Zwischenbericht vor. Vgl. dazu den Drahtbericht Nr. 1291 des Botschafters Krapf, Brüssel (NATO), vom 17. September 1975; VS-Bd. 9484 (221); B 150, Aktenkopien 1975.

II. Herr Hofmann teilte mir soeben mit, daß die Sowjets begonnen haben, schwache Stellen in unserer Verhandlungsposition zu befragen:

1) Sie wollen wissen, was „combat capability" heißt.[14] Unsere Antwort darauf kann im Grunde nur sein, daß es bedeutet, daß die Panzerdisparitäten berücksichtigt werden müssen. Andererseits kann man es den Sowjets nicht verdenken, wenn sie feststellen, daß für die „combat capability" alle Waffensysteme von Bedeutung sind. Die Forderung, den Begriff der „combat capability" in das Verhandlungspapier aufzunehmen, geht auf einen britischen Wunsch zurück. Wir werden das Thema mit Tickell am 4. Juli erörtern müssen.[15]

2) Smirnowskij hat gefragt, ob die Forderung nach Abzug einer Panzerarmee bedeutet, daß alle zur Panzerarmee gehörigen Waffensysteme (also auch Raketen und Artillerie) abgezogen werden müßten, und ob dies auf beiden Seiten ceilings für die abgezogenen oder entsprechenden Waffensysteme bedeuten würde.[16] Hier werden sich die Amerikaner besonders äußern müssen. Mir scheint, daß die Frage Smirnowskijs zeigt, mit welcher Gelassenheit die Sowjets gegenwärtig die Verhandlungen führen.

Die letzten sowjetischen Fragen zeigen, daß es gefährlich ist, Forderungen in eine Verhandlungsposition aufzunehmen, die entweder nicht ausreichend abgeklärt sind oder bei denen es sich um einen Formelkompromiß handelt. Wir müssen meines Erachtens für die Option-III-Diskussion hieraus die Lehre ziehen und einer Weisung an Wien nur zustimmen, wenn die Substanz aller vorherschaubaren Fragen eindeutig geklärt ist. Dazu bedarf es eines ausführlichen Richtlinienpapiers zur Substanz der Option III.

Ruth

VS-Bd. 9489 (221)

---

[14] Botschafter Behrends, Wien (MBFR-Delegation), berichtete am 19. Juni 1975, daß der Leiter der MBFR-Delegation der DDR, Oeser, im Emissärgespräch am 17. Juni 1975 die Frage gestellt habe: „Was bedeute der Passus ‚unter Berücksichtigung der Kampfkraft' im common-ceiling-Vorschlag der westlichen Rahmenvorschläge?" Dazu sei von den Vertretern der an den MBFR-Verhandlungen teilnehmenden NATO-Mitgliedstaaten ausgeführt worden: „Die Worte ‚unter Berücksichtigung der Kampfkraft' modifizierten den Begriff Parität, weil der Westen zwar beim Personal der Landstreitkräfte einen präzisen Gleichstand anstrebe, bei den Kampfpanzern jedoch keinen Gleichstand, sondern nur eine Milderung der bestehenden ernsten Disparitäten. [...] De Vos führte aus, die westliche Seite sei sich darüber im klaren, daß für die Beurteilung der Kampfkraft eine Vielzahl von Faktoren von Bedeutung sei. Die westlichen Reduzierungsvorschläge sähen jedoch nur eine Milderung der Disparität bei den Kampfpanzern vor, weil dies das wesentlichste Element der Kampfkraft sei." Vgl. den Drahtbericht Nr. 397; VS-Bd. 9491 (221); B 150, Aktenkopien 1975.

[15] Am 4. Juli 1975 fand in Bonn ein amerikanisch-britisch-deutsches MBFR-Gespräch statt.

[16] Am 19. Juni 1975 teilte Botschafter Behrends, Wien (MBFR-Delegation), mit, das Mitglied der sowjetischen MBFR-Delegation, Smirnowskij, habe im Gespräch mit einem britischen Kollegen am Vortag „folgende Fragen angekündigt: „a) Bedeutet die westliche Forderung nach Abzug einer sowjetischen Panzerarmee, daß nicht nur die Panzer, sondern auch alle anderen zur Armee gehörenden Waffen und Ausrüstungsgegenstände einschließlich der nuklearen Trägermittel abgezogen werden sollen? b) Bedeutet die Forderung nach Abzug von 1700 Panzern, daß nach Implementierung ein ceiling für sowjetische Kampfpanzer entsteht?" Dazu stellte Behrends fest: „Nach dem bestehenden NATO-Mandat müssen beide Fragen bejaht werden. Diese Antwort auf die Frage a) wird es der westlichen Seite nicht erleichtern, das westliche Verhandlungsziel eines Ausschlusses jeder Begrenzung von Rüstungen auf der NATO-Seite wirksam zu vertreten." Vgl. den Drahtbericht Nr. 397; VS-Bd. 9491 (221); B 150, Aktenkopien 1975.

167

Botschafter Pauls, Peking, an das Auswärtige Amt

Fernschreiben Nr. 261 Aufgabe: 19. Juni 1975, 08.00 Uhr[1]
Ankunft: 19. Juni 1975, 08.42 Uhr

Betr.: Deutsch-chinesische Beziehungen
hier: Gespräch mit Chiao Kuan-hua

1) Am 16. Juni empfing mich der chinesische Außenminister Chiao Kuan-hua zu einem etwa zweistündigen Gespräch über gemeinsam interessierende Fragen. Das Gespräch war im Hinblick auf meinen bevorstehenden Heimaturlaub[2] auf meinen Wunsch zustande gekommen, um die chinesische Seite über unsere Einschätzung wichtiger Fragen zu unterrichten.

2) Der Minister nahm meine Darlegungen über die Entwicklung in Europa nach dem Referendum in Großbritannien[3] und unseren Wunsch nach einer verstärkten politischen Zusammenarbeit mit sichtlichem Interesse auf. Von den weiteren Themen, die die Wirtschaftslage, unsere Entspannungsbemühungen, die sowjetische Haltung zu Berlin, das Atlantische Bündnis, unsere verstärkten Bemühungen um die Aufrechterhaltung der Sicherheit, die Probleme im Mittelmeer und den Nahost-Konflikt umfaßten, schienen den Minister vor allem die Auswirkungen der Energie- und Rohstoffproblematik auf die Volkswirtschaften der europäischen Staaten und den politischen Einigungsprozeß zu interessieren.

Hier wie in anderen Fällen zeigte sich erneut, daß die chinesischen Gesprächspartner zwar über einzelne Tatbestände gut unterrichtet sind, ihnen jedoch die Zusammenhänge im weiteren Rahmen und die Auswirkungen auf andere Bereiche nicht immer verständlich sind. Selbst ein so intelligenter Politiker wie Chiao Kuan-hua hat offenbar Mühe, die Gefahren zu erkennen, die von der Ölpreisentwicklung auf die europäischen Volkswirtschaften ausgehen und durch Störung der Finanz-, Wirtschafts- und Sozialordnungen zu einer Schwächung der Verteidigungsbereitschaft führen können.

Ein weiteres Thema, über das sich der AM sehr eingehend erkundigte, war die rüstungswirtschaftliche Zusammenarbeit in Europa unter Bezugnahme auf die Beschaffung des Kampfflugzeuges F-16.[4] Nach seiner Meinung sollte Europa sich bemühen, die Kooperation im Rüstungsbereich voranzutreiben, um zu einer gleichberechtigten Partnerschaft zu den USA zu gelangen. Dies sei auch deshalb wichtig, weil die Wirtschaften der USA und Europas sich unterscheiden; die USA verfügten über einen großen inneren Markt, während der Markt der Europäischen Gemeinschaft kleiner sei, die Verschlechterung der weltwirt-

---

[1] Hat Vortragendem Legationsrat I. Klasse Hellbeck am 19. Juni 1975 vorgelegen.
[2] Botschafter Pauls hielt sich vom 2. Juli bis 29. August 1975 in der Bundesrepublik auf.
[3] Zum Ergebnis des Referendums vom 5. Juni 1975 über die britische EG-Mitgliedschaft vgl. Dok. 145, Anm. 5.
[4] Zur Entscheidung Belgiens, Dänemarks, der Niederlande und Norwegens zur Beschaffung des Kampfflugzeugs vom Typ F-16 vgl. Dok. 132, besonders Anm. 8.

schaftlichen Situation sich stärker auf Europa als auf die USA auswirke, und die Vereinigten Staaten durch Zollerhebungen und andere protektionistische Maßnahmen starke Mittel in der Hand hätten, um den Bedrohungen für ihre Wirtschaft zu begegnen.

Meine Ausführungen über die europäischen Bemühungen, im Rahmen der OECD und anderer Institutionen einen sowohl die USA wie auch Europa befriedigenden Ausgleich der Interessen zu finden, nahm der Minister sehr aufmerksam auf. Er gab jedoch zu erkennen, daß er über die nach seiner Meinung sehr komplizierten Zusammenhänge unzureichend unterrichtet sei.

Ich rege an, daß gelegentlich des Besuches des Herrn Bundeswirtschaftsministers[5] auch über die weltwirtschaftlichen Zusammenhänge gerade im Hinblick auf die einseitige chinesische Haltung in bezug auf Energie- und Rohstoff-Fragen eingehend gesprochen wird.

3) Chiao Kuan-hua gab im weiteren einen Überblick über die chinesische Einschätzung der weltpolitischen Lage nach Beendigung des Indochina-Krieges.[6] Die USA hätten nach der Beendigung ihres Engagements in Indochina Gelegenheit, die Initiative zurückzugewinnen und ihre Kräfte auf wichtige Gebiete zu konzentrieren. Als Beispiel dafür sah er den Besuch von Präsident Ford in Europa[7] an. Andererseits sei die Reaktion im Westen auf das Ende des Indochina-Konflikts nach seiner Meinung zu aufgeregt gewesen. Der eingetretene Ausgang des Konflikts sei unvermeidlich, lediglich der Zeitpunkt sei offen gewesen. Nicht zu bestreiten sei allerdings, daß der damit ausgelöste Wandel in Südostasien und die Wiedereröffnung des Suez-Kanals[8] sich günstig für die Sowjetunion auswirkten. Die vor mehreren Wochen abgehaltenen Marinemanöver der Sowjets und andere Bewegungen ihrer Seestreitkräfte im Pazifik[9] hätten lediglich die Welt von dem strategischen Raum ablenken sollen, der

---

5 Bundesminister Friderichs hielt sich vom 3. bis 8. September 1975 zur Eröffnung der „Technischen Ausstellung der Bundesrepublik Deutschland 1975" (Technogerma 1975) in Peking auf.

6 Am 16. Mai 1975 übermittelte Botschafter Pauls, Peking, die Einschätzung, daß sich die „Freude Pekings über den Sieg der ‚fortschrittlichen Kräfte' in Indochina" durchaus in Grenzen halten dürfte: „Die Chinesen müssen befürchten, daß die Sowjetunion, die sich mit Unterstützung ihrer Satelliten materiell stark in Vietnam engagiert hat, an der chinesischen Südgrenze entscheidenden politischen Einfluß zu gewinnen sucht. Dies muß Peking zu verhindern trachten. [...] In Kambodscha hängt dies im wesentlichen von der inneren Entwicklung ab, vor allem davon, welche Kräfte sich innerhalb der Nationalen Einheitsfront durchsetzen werden; denn damit wird auch über die zukünftige Außenorientierung Kambodschas entschieden. Pekings Chancen sind dabei nicht schlecht. Moskau scheint in kambodschanischen Augen derzeit noch diskreditiert, und vietnamesischen Vorherrschaftsgelüsten steht eine historisch bedingte, antivietnamesische Haltung der Khmer gegenüber. Die zukünftigen bilateralen Beziehungen zwischen der VR China und Vietnam werden im wesentlichen davon bestimmt sein, ob es Moskau gelingt, seinen jetzigen Einfluß in Hanoi zu bewahren oder sogar zu verstärken, ob Vietnam ideologisch und politisch derartig eigenständig in Südostasien operiert, daß Pekings Kreise gestört werden, und ob die Frage der Hoheitsgrenzen im südchinesischen Meer zwischen den beiden Ländern einvernehmlich gelöst werden kann." Vgl. den Schriftbericht Nr. 698; Referat 303, Bd. 101542.

7 Präsident Ford hielt sich vom 28. bis 30. Mai 1975 anläßlich der NATO-Ratstagung auf der Ebene der Staats- und Regierungschefs in Brüssel auf, besuchte am 31. Mai und 1. Juni Spanien und am 1./2. Juni 1975 Österreich, wo er in Salzburg auch mit Präsident Sadat zusammentraf. Am 3. Juni 1975 führte Ford Gespräche in Rom.

8 Zur Schließung des Suez-Kanals am 6. Juni 1967 vgl. Dok. 29, Anm. 16.
Der Suez-Kanal wurde am 5. Juni 1975 wieder eröffnet.

9 Zum sowjetischen Flottenmanöver „Okean 1975" vgl. Dok. 132, Anm. 17.

nach chinesischer Meinung allein für die SU von Bedeutung ist, nämlich von Europa und der an seiner Flanke liegenden nahöstlichen Region.

In Südostasien könne er feststellen, daß die Länder gewarnt und gegenüber den sowjetischen Ambitionen wachsam seien. China sei zwar grundsätzlich gegen Stützpunkte auf fremden Territorien, es sei jedoch unrecht, sich vor den Realitäten zu verschließen. Die Erfahrung im Umgang mit den Sowjets lehre, daß diese eine expansionistische Politik betreiben und nach dem Ende des China-Konflikts und der Wiedereröffnung des Suez-Kanals eine Erweiterung ihrer Einflußsphäre in Asien anstrebten. In diesem Zusammenhang müßten Diego Garcia[10] und die US-Basen auf den Philippinen[11] gesehen werden. China gebe den Rat, den Tiger nicht zur Hintertür hereinzulassen, wenn man den Wolf an der Haustür hinaustreibe.

Der Minister führte aus, daß die USA zu lange und mit zu großem Kräfteeinsatz an Indochina festgehalten hätten und die SU die dadurch entstandene Lücke in Südasien und im Mittleren Osten zu ihren Gunsten ausnützen konnte. Ohne dies ausdrücklich zu bemerken, ließ er erkennen, daß China die US-Basen auf den Philippinen zum gegenwärtigen Zeitpunkt nicht als störend empfindet und wohl auch Präsident Marcos zu verstehen gegeben hat, er solle in seinen Beziehungen zu den USA nicht überstürzt handeln.[12]

Zum Korea-Problem und den Ausführungen Kim Il Sungs anläßlich seines Aufenthalts in Peking[13] befragt, führte der Minister aus, daß er nicht einverstanden sei mit der Haltung Japans, das Korea als wichtig für seine Sicherheit ansehe. Zwischen Sato und den USA habe früher Einverständnis darüber bestanden, daß Taiwan und Korea für die Sicherheit Japans von Bedeutung seien. Heute sehe Japan nur noch Korea so an. Dies sei jedoch nicht richtig. Chi-

---

[10] Seit 1971 bauten die USA den Marinestützpunkt Diego Garcia im Indischen Ozean aus.
[11] Botschafter Eger, Manila, berichtete am 9. Mai 1975 zu Überlegungen des Präsidenten Marcos: „Die kommunistischen Siege in Kambodscha und Vietnam veränderten das Gleichgewicht der Kräfte in Südostasien und in Gesamtasien. Die USA überprüften ihre Asienpolitik. Ihre Verteidigungslinie in diesem Raum werde sich ändern und die Philippinen, wie auch Indonesien und Australien, in die Frontlinie bringen [...]. Die großen US-Militärbasen (Subic Naval Base und Clark Air Base) könnten Ziel etwaiger Angriffe mit konventionellen oder gar Nuklearwaffen gegen die USA werden. Das bilaterale Verteidigungsabkommen zwischen den USA und den Philippinen sei von zweifelhaftem Wert, da es nur bei Angriffen von außen wirksam werde, vor allem aber, da es keine Garantie für einen automatischen amerikanischen Gegenschlag enthalte [...]. Unter diesen Umständen sei eine grundlegende Neuorientierung der philippinischen Außen- und Sicherheitspolitik unerläßlich", die eine „Überprüfung der Abkommen mit den USA auch hinsichtlich der Militärbasen" beinhalten müsse. Vgl. den Schriftbericht Nr. 260; Referat 302, Bd. 101699.
Am 25. Juni 1975 teilte Eger mit, im Hintergrund der philippinischen Überlegungen stehe die Vorstellung der „Schaffung einer Friedens- und Neutralitätszone in Südostasien"; trotzdem gebe es offenbar Bereitschaft zur vorläufigen Aufrechterhaltung der amerikanischen Militärbasen: „Die Filipinos wollen die Hoheit über die beiden Stützpunkte erhalten; in Subic und Clark soll allein die philippinische Flagge wehen. Die Amerikaner scheinen zu den gewünschten Zugeständnis bereit, vorausgesetzt, daß sich an der militärischen Kommandostruktur de facto nichts ändert. Offen ist, ob die Filipinos auch eine Verkürzung des Stützpunktabkommens, das noch 16 Jahre läuft, fordern werden." Vgl. den Schriftbericht Nr. 387; Referat 302, Bd. 101699.
[12] Präsident Marcos hielt sich vom 7. bis 11. Juni 1975 in der Volksrepublik China auf. Botschafter Eger, Manila, berichtete am 27. Juni 1975, offenbar habe die „chinesische Führung auch sehr deutlich vor zu schnellem Abbau amerikanischer Militärpräsenz gewarnt". Vgl. den Schriftbericht Nr. 357; Referat 302, Bd. 101699.
[13] Präsident Kim Il Sung hielt sich vom 18. bis 24. April 1975 in der Volksrepublik China auf. Zum Kommuniqué über den Besuch vgl. Dok. 198, Anm. 7.

na vermöge nicht einzusehen, inwiefern ein wiedervereinigtes Korea die Sicherheit Japans bedrohen könne. Nordkorea strebe keine militärische Unterwerfung Südkoreas an. Im übrigen glaube er nicht, daß es zu einer kriegerischen Auseinandersetzung auf der Halbinsel kommen werde, sofern nicht ein unvorhergesehenes Ereignis eintrete.

GK Hongkong erhält Durchdruck unmittelbar.

[gez.] Pauls

Referat 303, Bd. 101536

168

Botschafter z. b. V. Balken, z. Z. London, an das Auswärtige Amt

114-13242/75 VS-vertraulich   Aufgabe: 19. Juni 1975, 11.15 Uhr[1]
Fernschreiben Nr. 1223   Ankunft: 19. Juni 1975, 14.24 Uhr
Citissime

Betr.: Konferenz der Hauptlieferländer in London 18./19. Juni 1975

Bezug: Ferngespräch Botschafter Balken /D 4[2] am 18.6.

I. 1) Am 17.6. haben wir mit Briten, Franzosen und Kanadiern bilateral konsultiert. Briten und Franzosen äußerten sich zu dem amerikanischen Papier „Discussion paper on safeguards and export controls"[3] in dem Sinne, daß es über den auf dem ersten Treffen der Hauptlieferländer[4] erreichten Konsensus weit hinausginge, im Inhalt zu legalistisch und in der Sprache zu vertragsähnlich abgefaßt sei.

Franzosen übten schärfste Kritik mit der Feststellung, daß sie nicht in der Lage seien, auf der Grundlage dieses Papiers zu verhandeln.

Kanadier äußerten sich kaum zu amerikanischem Papier und konzentrierten Hauptinteresse in bilateraler Konsultation auf Frage nach Bedingungen unseres mit Brasilien abzuschließenden Abkommens, mit dem Hinweis, daß Bedingungsumfang Brasiliengeschäfts für ihre Verhandlungen mit Argentinien nützlich sein könnte. Wir haben erklärt, daß der Vertrag nach seiner Unterzeichnung veröffentlicht werde[5] und wir dann zu Konsultationen bereitstünden.

---

1 Hat Ministerialdirigent Ruhfus vorgelegen.
2 Peter Hermes.
3 Zu der am 20. Mai 1975 über die Botschaft in Washington übermittelten amerikanischen Aufzeichnung vgl. Dok. 157, Anm. 12.
4 Zur ersten Konferenz der wichtigsten Lieferstaaten von Kerntechnologie (Suppliers Conference) am 23. April 1975 in London vgl. Dok. 104.
5 Das Abkommen zwischen der Bundesrepublik und Brasilien über Zusammenarbeit auf dem Gebiet der friedlichen Nutzung der Kernenergie wurde am 27. Juni 1975 von Bundesminister Genscher und dem brasilianischen Außenminister Azeredo da Silveira unterzeichnet. Vgl. dazu Dok. 179. Für den Wortlaut vgl. BUNDESGESETZBLATT 1976, Teil II, S. 335 f.

2) Konsultationen mit Amerikanern verliefen in freimütiger Atmosphäre. Wir haben uns in den Gesprächen darauf beschränkt, Fragen zu den einzelnen Ziffern des amerikanischen Papiers zu stellen, wobei wir uns den von Briten und Franzosen geäußerten Bedenken (s. 1) anschlossen. Amerikaner erklärten uns, daß sie eine Art Kurzfassung der ersten Fassung ihres Papiers vorbereiteten, um sie der Konferenz am 18.6. vorzulegen. Hierbei würden sie französischen Wunsch, mehr allgemeine Prinzipien und weniger legalistische Sprache, entsprechend berücksichtigen.

Diskussion befaßte sich in erster Linie mit den umstrittenen Fragen der Unterstellung des gesamten Brennstoffkreislaufs unter IAEO-Kontrollen sowie der zusätzlichen amerikanischen Forderung, sensitive Anlagen in Form multinationaler Unternehmen (Management und Betrieb) zu führen. Darin müßte sichergestellt sein, daß das Lieferland einen hinreichenden Anteil hat. Wir haben die amerikanischen Ausführungen und Erläuterungen zur Kenntnis genommen.

3) In den bilateralen Konsultationen ist der Komplex Brasilien wie auch Iran[6] offiziell nicht zur Sprache gekommen.[7]

II. 1) Zu Beginn Konferenz Hauptlieferländer haben Amerikaner Zusammenfassung der ersten Fassung ihres Papiers unter der Überschrift „Abstract discussion paper" zirkuliert.[8] Sie qualifizierten zweite Fassung mit der Feststellung, daß diese keine Veränderung ihrer Vorstellungen enthalten, sondern eine thesenartige Zusammenfassung sei mit dem Ziel, dem Wunsch nach einer Diskussion über die Prinzipien entgegenzukommen.

2) Es wurde Übereinstimmung erzielt, auf Grundlage dieses Papiers die Bereiche der Übereinstimmung und der zur Zeit noch abweichenden Auffassungen festzustellen. Die Endfassung, die eckige Klammern enthalten wird, dieses Pa-

---

[6] Vom 16. bis 19. April 1975 verhandelte eine Delegation aus der Bundesrepublik in Teheran „über ein Ressortabkommen zwischen dem BMFT und der Atomic Energy Organisation of Iran (AEOI) über die Zusammenarbeit auf dem Gebiet der friedlichen Nutzung der Kernenergie. Der Abkommensentwurf sieht eine Zusammenarbeit auch im sensitiven Bereich, allerdings ohne nähere Konkretisierung vor (Anreicherung, Wiederaufarbeitung)." Ministerialdirigent Lautenschlager vermerkte dazu am 24. Juli 1975, der Iran sei bereit, seinen gesamten Brennstoffkreislauf IAEO-Kontrollen zu unterwerfen, und habe ein besonderes Interesse an „der Wiederaufarbeitung (Lieferung von Wiederaufbereitungsanlagen und Austausch von know-how). Sein Interesse im Bereich der Anreicherung bezieht sich auf das Zentrifugenverfahren, über das wir aber wegen der Zusammenarbeit in der Troika (mit Großbritannien und den Niederlanden) ohnehin allein nicht verfügen können. Der Iran wäre deshalb notfalls bereit, sich lediglich an einer Troika-Anlage in Europa zu beteiligen und auf die Lieferung von hardware und Technologie zu verzichten." Die für Anfang Juli 1975 vorgesehene Paraphierung des Abkommensentwurfs sei angesichts „der heftigen Reaktionen in den USA auf das deutsch-brasilianische Abkommen" verschoben worden. Vgl. Referat 413, Bd. 114257.

[7] Am 24. Juni 1975 zog Botschafter z.b.V. Balken folgende Schlußfolgerungen aus den Diskussionen am 18./19. Juni 1975 in London: „1) Der Konferenzverlauf hat gezeigt, daß auf unbestimmte Zeit mit einem vollständigen Konsensus über Sicherungsmaßnahmen und Exportkontrollen im sensitiven Bereich nicht zu rechnen ist. 2) Auf der Konferenz sind laufende konkrete Geschäftsvorhaben nicht angesprochen worden. 3) Dennoch bedarf die Frage, inwieweit wir uns durch unsere Teilnahme zeitweilige Abstinenz auferlegt haben, ernsthafter Prüfung. 4) Auf jeden Fall sollten wir – im Rahmen der Konsultationen zur Vorbereitung der dritten Konferenz – in dieser Übergangszeit laufende Geschäftsvorhaben (z.B. Iran) mit den Amerikanern konsultieren, um unerwünschten Reaktionen in der Öffentlichkeit zu begegnen." Vgl. Referat 413, Bd. 105361.

[8] Für die Aufzeichnung „Abstract of discussion paper" vgl. Referat 413, Bd. 105361.

piers, die am 19.6. von britischer Delegation vorgelegt wird, soll zunächst von den Regierungen der beteiligten Ländern geprüft und abschließend auf der für den 16./17.9. vorgesehenen dritten vorbereitenden Konferenz – soweit von allen annehmbar – verabschiedet werden.

III. 1) Bereiche der Übereinstimmung:
- Erstellung einer Exporttriggerliste sowie gemeinsamer Kriterien für Übertragung Technologie,
- Ausschluß von Kernenergieexplosionen in jedem Kooperationsabkommen,
- Unterstellung der auf Triggerliste gelieferten Waren unter IAEO-Sicherungsmaßnahmen, wobei sich Kontrolle über Lebensdauer erstreckt (keine Bindung an die Vertragsdauer),
- Anwendung der genannten Sicherungsmaßnahmen und eines Objektschutzes auf Wiederaufarbeitungs-, Anreicherungs- oder Schwerwasser-Produktionsanlagen,
- besondere Kontrollen des Exports von Anreicherungsanlagen,
- Ausrüstungsgegenstände, -technologie (Sondergenehmigung für Anreicherung über 20 Prozent),
- Re-exportkontrolle (Zustimmung des Lieferanten bei Re-export erforderlich und End-Empfängerland muß gleiche Bedingungen erfüllen wie erster Empfänger),
- Bereitschaft der Lieferländer, multinational für die Versorgung von Weltregionen vorgesehene Unternehmen der chemischen Wiederaufarbeitung und Anreicherung zu fördern,
- internationaler Informationsaustausch und Zusammenarbeit beim Objektschutz,
- Unterstützung der IAEO-Sicherungsmaßnahmen,
- falls zweckmäßig, Konsultationen unter den Hauptlieferländern in speziellen Exportfällen (Exporte sollen nicht zum Konflikt und Stabilitätsrisiko beitragen).

2) Abweichende Auffassungen:
- Bei Objektschutz haben wir Standpunkt vertreten, von international vereinbarten Minimalstandards auszugehen und diese fallweise zu erhöhen. Franzosen haben sich gegen international vereinbarte Minimalstandards aus grundsätzlichen Erwägungen ausgesprochen, wobei sie insbesondere auf das Risiko solcher Minimalstandards hingewiesen haben. Frage ist offen geblieben und soll am 16./17.9 abschließend behandelt werden.
- In den Fällen, in denen Empfängerland Unterstellung des gesamten Brennstoffkreislaufes unter IAEO-Sicherungsmaßnahmen nicht zustimmt, sieht US-Papier vor, daß die IAEO diejenigen Anlagen kontrolliert, die auf der exportierten Technologie basieren. Die Feststellung, um welche Anlagen es sich handelt, soll dem Lieferland obliegen. Wir haben vorgeschlagen, die Bestimmung nicht nur dem Lieferland zu überlassen, sondern sie in Zusammenarbeit mit dem Empfängerland durchzuführen. Eine ausschließliche Beziehung auf das Lieferland würde bei den Empfängern – Entwicklungslän-

dern – neokolonialistische Resistenzen auslösen. Die Frage ist offen geblieben und soll am 16./17.9. abschließend behandelt werden.⁹
– Die Frage der Ausübung von Sicherungsmaßnahmen qua multinationaler Unternehmungen stand zwangsläufig im Vordergrund der Diskussion. Amerikanische Delegation wies darauf hin, daß starke Strömungen in ihrem Lande zur Zeit gegen jede Lieferung von „sensitiver Ware" an Länder der Dritten Welt seien, da das Risiko einer militärischen Verwendung des bei der Wiederaufarbeitung anfallenden Plutoniums sehr hoch eingeschätzt würde und die bestehenden Sicherungsmaßnahmen der IAEO hierfür nicht ausreichend erscheinen. Der Vorschlag, durch multinationale Unternehmungen zusätzliche Kontrollen einzubauen, um dieses Risiko abzufangen, sei ein Kompromiß.

Briten halten Rückgriff auf multinationale Unternehmungen als zusätzliche Sicherung im sensitiven Bereich nicht für ausreichend. Sie sind vielmehr der Auffassung, daß nur die vollständige Unterstellung des Brennstoffkreislaufs das Problem grundsätzlich lösen könne.

Französische Delegation hielt an ihrer bereits auf erster Konferenz geäußerten Auffassung fest, daß die Forderung nach Unterstellung des gesamten Brennstoffkreislaufs sowohl unrealistisch als auch mit der Souveränität der betreffenden Staaten unvereinbar sei.

Wir haben die Wirksamkeit einer wie immer gearteten Kontrollausübung durch Angehörige privater Firmen in Frage gestellt und insbesondere darauf hingewiesen, daß wir aufgrund unserer Wirtschaftsform private Firmen nicht veranlassen oder sogar zwingen könnten, staatliche Kontrollfunktion auszuüben. Die Frage ist offen geblieben und soll am 16./17.9. abschließend behandelt werden.¹⁰

Sonderkontrollen über geliefertes oder erzeugtes spaltbares Material, das zur Waffenherstellung genutzt werden kann.
Der amerikanische Vorschlag sieht vor, daß Lieferländer von Uran und anderem spaltbarem Material sowie Lieferländer von Reaktoren einen starken Einfluß auf die Lagerung, Gebrauch und Änderung dieses zur Waffenherstellung geeigneten Materials ausüben. Diese amerikanischen Kontrollvorstellungen stie-

---

9 Botschafter z. b. V. Balken vermerkte am 24. Juni 1975 zur Behandlung der Unterstellung des Brennstoffkreislaufs unter IAEO-Kontrollen auf der Konferenz der wichtigsten Lieferstaaten am 18./19. Juni 1975 in London: „Kanada, USA, UdSSR und im Endergebnis auch Japan sprechen sich für eine vollständige Unterstellung des Brennstoffkreislaufs von Nicht-Mitgliedstaaten des NV-Vertrags unter IAEO-Sonderkontrollen aus. Bundesrepublik Deutschland und Frankreich sind bei Nicht-Mitgliedstaaten des NV-Vertrags nur für eine Unterstellung des Brennstoffkreislaufs, den sie auch tatsächlich geliefert haben, da es unrealistisch sei, von einem Land, das nicht Partei des NV-Vertrags ist, Gleiches wie bei einem Mitgliedsland zu verlangen." Vgl. Referat 413, Bd. 105361.
10 Am 20. Juni 1975 berichtete Botschafter von Hase, London, die Konferenz der wichtigsten Lieferstaaten von Kerntechnologie sei am 19. Juni 1975 mit der Redaktion von „Preliminary draft guidelines" beendet worden. Die übermittelten „guidelines" schlügen „wesentliche Bedingungen für den Export von Kernenergieanlagen, spaltbarem Material und den zugehörigen Technologien" vor und sollten „von den beteiligten Regierungen geprüft, gegebenenfalls mit Änderungsvorschlägen versehen und auf der nächsten Sitzung verabschiedet werden". Vgl. den Drahtbericht Nr. 1233; Referat 413, Bd. 105361.

ßen auf große Zurückhaltung bei allen Delegationen. Dieser Komplex soll ebenfalls am 16./17.9. behandelt werden.[11]

[gez.] Balken

VS-Bd. 9968 (204)

169

Botschafter Wieck, Teheran, an das Auswärtige Amt

Fernschreiben Nr. 582 **Aufgabe: 19. Juni 1975, 12.40 Uhr**
Ankunft: 19. Juni 1975, 16.32 Uhr

Betr.: Politische Rückwirkungen der öffentlichen Behandlung des Leopard-Projekts[1]

Bezug: DE 312 vom 16.6.1974 – 240-320.40

I. 1) General Toufanian, der für Rüstungsfragen zuständige stellvertretende Verteidigungsminister Irans, hat in einer Pressekonferenz am 11. Juni in zum Teil polemischer Form die in der AFP-Meldung 176 aus Bonn vom 2. Juni 1975 implizierte und dem Bundesminister Leber zugeschriebene Behauptung zurückgewiesen, daß das Leopard-Projekt wegen iranischer Sinneswandlung gescheitert sei.[2] Er machte in erster Linie die deutschen Firmen wegen unseriöser Preis- und Sachvorschläge für das Scheitern verantwortlich.[3]

---

[11] Über die Konferenz der wichtigsten Lieferstaaten von Kerntechnologie am 16./17. September 1975 in London teilte Botschafter z. b. V. Balken, z. Z. London, am 18. September 1975 mit, daß ad referendum über eine Reihe von Prinzipien Einvernehmen erzielt worden sei. „Zur Überraschung aller Beteiligten" habe jedoch die kanadische Delegation erklärt, „daß sie aufgrund Weisung von höchster politischer Stelle nur der Maximal-Lösung der ersten Alternative (Unterstellung des gesamten Brennstoffkreislaufes) zustimmen könne. Sie sei weder in der Lage, die zweite Alternative noch eine Verbindung von beiden (Darstellung des Idealziels verbunden mit praktischen Interimsvorkehrungen) zu akzeptieren. [...] Diese Haltung hat den von uns und anderen Delegationen für erreichbar betrachteten Kompromiß in dieser Frage verhindert und, wie ich vermute, französische Haltung zu diesem Punkt verhärtet." Jedoch hätten die Teilnehmerstaaten die Absicht erklärt, „möglichst bald Richtlinien zu verabschieden". Vgl. den Drahtbericht Nr. 1912; Referat 413, Bd. 114135.

[1] Der Iran bemühte sich seit 1968 um den Erwerb von Panzern des Typs „Leopard" von der Bundesrepublik. Im Oktober 1970 äußerte die iranische Regierung ferner Interesse an einer Lizenzproduktion des „Leopard" im Iran. Vgl. dazu AAPD 1970, III, Dok. 477. Vgl. ferner AAPD 1974, I, Dok. 66. Am 30. Oktober 1974 teilte der stellvertretende iranische Verteidigungsminister Toufanian Botschafter Wieck, Teheran, mit, daß der Iran britische Panzer des Typs „Chieftain V" erwerben werde. Vgl. dazu AAPD 1974, II, Dok. 320.

[2] Am 12. Juni 1975 berichtete Militärattaché von Wietersheim, Teheran, der stellvertretende iranische Kriegsminister habe ihm gegenüber am 10. Juni 1975 ausgeführt: „Ihm, Toufanian, sei eine Pressebemerkung von Bundesverteidigungsminister Leber vom Hof zur Stellungnahme zugegangen. Minister Leber habe auf die Frage der Presse, warum das Panzergeschäft mit Iran nicht zustande gekommen sei, bildlich geantwortet: Man habe eine Verabredung mit einer hübschen Dame gehabt, aber die Dame sei leider nicht gekommen." Vgl. den Drahtbericht Nr. 555; Referat 422, Bd. 117155.

[3] Am 11. Juni 1975 meldete die Nachrichtenagentur Reuters: „Iran has rejected the West German

2) Der iranischen Regierung, und zwar dem Hofminister Alam wie dem stellvertretenden iranischen Verteidigungsminister Toufanian, habe ich erklärt, daß es kein Interview des Bundesministers der Verteidigung des besagten Inhalts und keine dahingehende öffentliche Erklärung gegeben hat. Was im Laufe eines nicht zur unmittelbaren Auswertung bestimmten Gesprächs in der Vereinigung der Auslandspresse am 2. Juni gesagt worden sei, werde noch im einzelnen festgestellt.

3) Unbeschadet einiger noch zu erwartender Pressekommentare dürfte die öffentliche Behandlung dieser Frage wohl abgeschlossen sein.

II. Zur Beurteilung der Frage, welche Faktoren zu der scharfen Toufanian-Erklärung geführt und welche Rückwirkungen dieser Episode auf andere Aspekte der deutsch-iranischen Zusammenarbeit zu erwarten sind, u.a. auch auf rüstungswirtschaftlichem Gebiet, möchte ich folgendes berichten:

1) General Toufanian hat vom Zeitpunkt der sich abzeichnenden iranischen Entscheidung zugunsten des Chieftain-Projektes keine Gelegenheit verstreichen lassen, um mit wechselnden Argumenten die Sachentscheidung zu rechtfertigen und der deutschen Seite, vor allem der Industrie und der Konsortiumsführung sowie in gewissem Maße auch Regierungsstellen und -vertretern, die Schuld für das Scheitern des Projekts anzulasten.[4] Eine amtliche deutsche Erklärung mit einer anderen Tendenz mußte seine und die gesamtiranische Position in Frage stellen.

Ohne das Ergebnis der Bemühungen abzuwarten, eine Aufklärung (Bestätigung, Dementi etc.) zu der angeblichen Leber-Äußerung vom 2. Juni 1975 zu erhalten, hat er – mit Billigung der politischen Führung des Landes – die iranische Betrachtungsweise öffentlich dargelegt – in der persischen, zu Übertreibungen neigenden Art. Es war seine erste Pressekonferenz. Erfahrungs-

---

Fortsetzung Fußnote von Seite 792
Leopard tank for its armed forces in favour of more British Chieftains, it was announced today. Iran's vice minister of war, General Hassan Toufanian, told a news conference that West Germany's terms for supplying the Leopard were ridiculous and not acceptable to anyone. He did not give details of the terms. But he said the price for the Leopard I and the Leopard II had not been adopted by the West German Army and was not proven. He added the West German government had not issued export permits for the Leopard." Vgl. Referat 014, Bd. 225.

Dazu vermerkte Staatssekretär Sachs am 12. Juni 1975: „Ob es sich dieses Mal um eine wirklich ‚endgültige Entscheidung' handelt, bleibt wohl zunächst abzuwarten." Das Bundesministerium der Verteidigung sei der Ansicht, „daß die Bundesregierung dem Vorwurf entgegentreten müsse, sie habe zunächst das Geschäft gefördert, dann aber die notwendigen Lizenzen nicht erteilt". Vgl. Referat 014, Bd. 225.

[4] Zu den Hintergründen vermerkte Ministerialdirektor Hermes am 20. Juni 1975, daß dem Iran schon im April 1974 die Bereitschaft der Bundesregierung mitgeteilt worden sei, „die Lizenzfertigung des Leopard II im Iran und die Ausfuhr von Zulieferungen für die Fertigung zu genehmigen". Im September 1974 seien die beteiligten Ministerien übereingekommen, „daß auch die Fertigung des Leopard I im Iran genehmigt werden solle, falls der Iran dies wünsche. Eine Lieferung fertiger Leopard I wurde nicht in Betracht gezogen. Dagegen wurde für Leopard I einer degressiven Teillieferung zugestimmt. Die Frage, ob einige komplette Sätze für die Montage von Prototypen geliefert werden könnten, blieb offen." Der stellvertretende iranische Verteidigungsminister Toufanian habe im November 1974 mehrfach „definitiv erklärt, daß der Schah an der Lizenzfertigung des Leopard II kein Interesse habe". Er sei darauf hingewiesen worden, daß eine iranische Bitte bezüglich des Nachbaus des Leopard I noch ausstehe. Am 24. Mai 1975 habe Botschafter Wieck, Teheran, dann berichtet, „General Toufanian habe ihm im April dieses Jahres von sich aus erklärt, wenn die Briten nicht imstande sein, ihre Zusagen für eine verbesserte Chieftain-Version einzuhalten, sei eine neue Lage gegeben." Vgl. VS-Bd. 8877 (403); B 150, Aktenkopien 1975.

mangel mag dazu beigetragen haben, daß die Erklärungen unausgewogen waren. Die Pressekonferenz war nur für die persische Presse zugänglich.

2) General Toufanian verhandelt zur Zeit, ungeachtet der iranischen Enttäuschungen über die deutschen Vorstellungen in der Panzerfrage, eine Vielzahl von rüstungswirtschaftlichen Projekten mit deutschen Unternehmen, zum Teil mit konkreten Abschlüssen (Diehl-Kettenwerk, Fritz-Werner-Fabrikationsstätten, KHD-Erweiterung, AKKU Hagen) sowie über die Herstellung von Militär- und Zivil-Lastkraftwagen. Er hat auch um die Fortsetzung der Tätigkeit der deutschen Beratergruppe unter Leitung des Brigadegenerals a. D. Bensien gebeten, und zwar auf Kosten der iranischen Regierung.[5] Eine Wandlung der Einstellung zur Bundesrepublik ist in den Gesprächen mit ihm, wie ich selbst feststellen konnte und wie von deutschen Industrie-Vertretern berichtet wurde, nicht eingetreten.

3) Ich habe Hofminister Alam über die deutsche Haltung und die amtlichen deutschen Erklärungen unterrichtet. Dabei habe ich in allgemeiner Form auch das Interesse der deutschen Seite an der Fortsetzung der Zusammenarbeit auf rüstungswirtschaftlichem Gebiet zum Ausdruck gebracht und zu erkennen gegeben, daß wir, auch wenn sich in der Vergangenheit offenbar Bedingungen und Erwartungen beider Seiten nicht haben harmonisieren lassen, zur Wiederaufnahme des Dialogs auch in der Panzerfrage bereit seien.[6]

Schließlich habe ich den Hofminister gefragt, ob die jüngste Kontroverse etwa Schatten auf die sonst positive Entwicklung der deutsch-iranischen Kooperation und Verständigung geworfen habe. Dies wurde von Alam mit den Worten

---

[5] Am 2. Juni 1971 bat die iranische Regierung um Entsendung von Beratern zu Ausbildungszwecken für die iranische Militär-Industrie-Organisation (MIO). Am 19./20. Dezember 1972 wurde in Teheran die Entsendung einer Beratergruppe sowie die Ausbildung von iranischem technischem Personal in der Bundesrepublik vereinbart. Vgl. dazu AAPD 1973, I, Dok. 6.
Botschafter Wieck, Teheran, berichtete am 20. Mai 1975 über den iranischen Wunsch, die Tätigkeit der Beratergruppe über das Vertragsende am 1. Februar 1976 hinaus zu verlängern und ihr zusätzlich Aufgaben bei der Zusammenarbeit zwischen ziviler und militärischer Produktion zu übertragen. Brigadegeneral a. D. Bensien sei grundsätzlich dazu bereit. Militärattaché von Wietersheim, Teheran, habe sich gegen eine Fortsetzung der Tätigkeit zu den von iranischer Seite genannten Bedingungen ausgesprochen, denn der „Leiter der Beratergruppe könnte, selbst in einer gewissen Grauzone arbeitend, zur Schlüsselfigur werden für einen wesentlichen Teil der deutsch-iranischen Handelsbziehungen. Das kann nicht im Interesse des BMVg sein." Außerdem sei die Beratergruppe – ebenso wie Vertreter anderer Staaten – in der MIO „so abgeschottet, daß sie weder einen nennenswerten Einblick noch Einfluß" habe. Wieck führte dazu aus, er teile diese Einschätzung nicht und befürworte nicht nur die Fortsetzung der Tätigkeit, sondern auch den Plan, die Aufgabenstellung auszuweiten: „Zum einen sichern wir uns einen gewissen Einblick und Einfluß – auch in das Wirken der USA, Großbritannien und Frankreich auf diesen Gebieten –, zum anderen hilft dieses Thema auch in vielerlei Weise den deutschen Unternehmen, die innerhalb der Militärorganisation Anlagen bauen und betreiben und die nicht immer in dieser Nähe zur Leitung der Militär-Organisation sein können, wie es bei der Beratergruppe der Fall sein würde." Vgl. den Schriftbericht Nr. 762; Referat 320/304, Bd. 101272.
Am 8. Juli 1975 teilte Ministerialdirektor Lahn der Botschaft in Teheran mit: „Das Auswärtige Amt sieht sich nicht in der Lage, einer Fortsetzung der Beratertätigkeit im Iran bei der Iranischen Militärindustrie-Organisation (MIO) auf der Grundlage der dortigen Vorschläge zuzustimmen." Die Tätigkeit der Beratergruppe würde weiter mit der Bundesregierung in Verbindung gebracht, „ohne daß diese auf die personelle Zusammensetzung der Gruppe und ihre Arbeit Einfluß nehmen könnte, zumal die Berater wirtschaftlich ausschließlich von der iranischen Seite abhängen würden". Vgl. den Schrifterlaß; Referat 320/304, Bd. 101272.

[6] Der Passus „auch das Interesse ... bereit seien" wurde von Ministerialdirektor Hermes hervorgehoben. Dazu Ausrufezeichen.

zurückgewiesen, daß viele große Projekte schwebten und daß man sich nicht durch eine solche Sache von dem guten Kurs abbringen lassen sollte. Einen Tag nach dem Gespräch erklärte mir Alam, daß er diese Angelegenheit dem Schah[7] vorgetragen habe und beauftragt worden sei, mir folgendes mitzuteilen:

Die Bedingungen für das Panzerprojekt seien für die iranische Seite nicht akzeptabel gewesen. In dieser Frage sei die Entscheidung gefallen, wie wir wüßten. Iran sei auf rüstungswirtschaftlichem Gebiet an enger Zusammenarbeit auf der Grundlage angemessener Bedingungen interessiert. Deutsche Vorschläge würden auf verschiedenen Gebieten gerne in Betracht gezogen.

III. 1) Ich bin auf der Grundlage vorstehend wiedergegebener iranischer Einlassungen zu dem Ergebnis gekommen, daß das jedenfalls vorläufige Scheitern des Leopard-Projektes nicht einer generell ablehnenden Haltung zur Zusammenarbeit mit uns entspringt, sondern aus den Zusammenhängen des Projekts zu erklären ist. Wir sollten ungeachtet des Fehlschlags die unseren Interessen an stabilen sicherheitspolitischen Entwicklungen in diesem Raum entsprechende Politik der rüstungswirtschaftlichen Zusammenarbeit fortführen und – schließlich mit Rücksicht auf Auslastung und Preisorientierung unserer Industrie – auch eine aktive Zusammenarbeit anstreben.

Ich schlage daher vor,

a) in einiger Zeit einen Orientierungsbesuch des Staatssekretärs des Bundesministeriums der Verteidigung[8] in Iran vorzusehen,

b) die Thematik der rüstungswirtschaftlichen Zusammenarbeit auch in die bevorstehenden Aussprachen von Bundeswirtschaftsminister Friderichs in Teheran[9] vorzusehen.

c) Schließlich wäre es gut, wenn mir zur abschließenden Unterrichtung der iranischen Seite eine Orientierung über den tatsächlichen Verlauf des Gesprächs des Bundesministers für Verteidigung mit der Auslandspresse vom 2. Juni 1975 zugeleitet würde. Von öffentlichen deutschen Erklärungen sollte wegen Zeitablaufs nun wohl abgesehen werden.[10]

IV. Ich rege an, diesen Bericht dem Herrn Bundesminister und dem Herrn Staatssekretär[11] vorzulegen.

[gez.] Wieck

VS-Bd. 8877 (403)

---

[7] Mohammed Reza Pahlevi.

[8] Siegfried Mann.

[9] Legationsrat I. Klasse Dohmes vermerkte am 18. Juni 1975, daß nach Auffassung der Staatssekretäre Mann, Bundesministerium der Verteidigung, und Rohwedder, Bundesministerium für Wirtschaft, Bundesminister Friderichs für seine Reise Ende Juli in den Iran „ein zwischen AA, BMWi und BMVg abgestimmtes Papier in der Hand haben müsse […]. Hauptthema – wenn auch nicht das ausschließliche Thema – dieses Papiers solle die Angelegenheit Leopard sein." Vgl. Referat 014, Bd. 229.

[10] Am 14. August 1975 teilte Botschafter Wieck, Teheran, mit, er habe den stellvertretenden iranischen Verteidigungsminister Toufanian „über den tatsächlichen Verlauf" des Gesprächs des Bundesministers Leber am 2. Juni 1975 mit dem Verein der Auslandspresse unterrichtet: „General Toufanian zeigte sich sehr befriedigt und sagte Unterrichtung des Schah zu. Die Angelegenheit ist als erledigt anzusehen." Vgl. den Drahtbericht Nr. 769; Referat 010, Bd. 178638.

[11] Hans-Georg Sachs.

170

**Ministerialdirektor van Well, z. Z. Ankara,
an das Auswärtige Amt**

114-13253/75 VS-vertraulich Aufgabe: 19. Juni 1975, 21.00 Uhr[1]
Fernschreiben Nr. 643 Ankunft: 19. Juni 1975, 19.56 Uhr
Citissime nachts

Betr.: Gespräch des Bundesaußenministers mit Ministerpräsident Demirel am 19.6.[2] über das Verhältnis der Türkei zur NATO und den USA

Demirel eröffnete das Gespräch sofort mit der Bemerkung, er wolle mit dem Minister das Hauptproblem, das sich der türkischen Außenpolitik zur Zeit stelle, erörtern. Als treuer NATO-Verbündeter habe die Türkei über lange Jahre hinweg alles getan, um den Westen zu schützen. Die jüngste Haltung der USA und die Embargo-Erklärung[3], die nicht von der Türkei provoziert worden seien, hätten das türkische Volk tief bestürzt. Das Ziel des Bündnisses sei, die gemeinsame Sicherheit zu gewährleisten und möglichen Gefahren rechtzeitig zu begegnen. Auf dem Gipfel in Brüssel[4] hätten alle Teilnehmer die Aufrechterhaltung der Solidarität gefordert.

Für die Türkei ergebe sich das Paradox, daß einerseits die Solidarität gestärkt werden solle, andererseits jedoch das amerikanische Waffenembargo die Allianz dort schwäche, wo Stärke nötig sei. Die Türkei habe bisher ihre NATO-Verpflichtungen voll erfüllt. Die NATO brauche die Türkei, und die Türkei brauche die NATO. Mit dem Embargo werde nicht nur die Türkei geschwächt, sondern die Südflanke des Bündnisses. Er habe das alles in Brüssel Ford und Kissinger dargelegt und ihnen gesagt, es sei sinnlos für die Vereinigten Staaten, sich in die Streitigkeiten zwischen der Türkei und Griechenland in dieser Form einzuschalten. Es sei für ihn unbegreiflich, wie die USA es auf sich nehmen könnten, die Sicherheit der Türkei in Frage zu stellen. Durch Druck auf die Türkei sei die Zypern-Frage nicht zu lösen. Er hoffe, daß die Bundesrepublik die Lage genau sehe und verstehe. Es sei eine Lage entstanden, die sämtliche Beziehungen zum Westen, die seit dem Zweiten Weltkrieg aufgebaut worden seien, in Frage stellen könne. Das türkische Volk sei sehr traurig, man könne nicht verstehen, wie die USA an ca. 90 Länder, einschließlich kommunistischer Staaten wie Jugoslawien, Waffen verkaufen könnten, nicht aber an einen der wichtigsten Verbündeten. In Brüssel hätten der Bundeskanzler und Wilson dafür plädiert, die Wirtschaftslage zu konsolidieren und die Verteidigung wei-

---

[1] Hat Vortragendem Legationsrat Wentker am 20. Juni 1975 vorgelegen, der die Weiterleitung an Vortragenden Legationsrat I. Klasse Dannenbring „n[ach] R[ückkehr]" verfügte.
Hat Dannenbring am 23. Juni 1975 vorgelegen.
[2] Bundesminister Genscher hielt sich vom 18. bis 20. Juni 1975 in der Türkei auf. Vgl. dazu auch Dok. 177.
[3] Zum Beschluß des amerikanischen Kongresses vom 17. Oktober bzw. 17./18. Dezember 1974 über die Einstellung der Verteidigungshilfe für die Türkei zum 5. Februar 1975 vgl. Dok. 28, Anm. 21.
[4] Zur Tagung des NATO-Rats auf der Ebene der Staats- und Regierungschefs am 29./30. Mai 1975 vgl. Dok. 143.

ter auszubauen. Jetzt sei man in der paradoxen Lage, beides im Fall der Türkei zu untergraben. Er hoffe, daß die Freunde der Türkei nicht damit einverstanden seien, daß sein Land so bestraft werde, ein Land, das so großen Wert auf die Zugehörigkeit zur westlichen Gemeinschaft lege. Diese Frage sei für ihn, Demirel, das Hauptproblem. Er habe dem Minister sein Herz ausschütten wollen, da er, der Außenminister, ein eng befreundetes Land vertrete.

Der Bundesaußenminister betonte, daß das angeschnittene Thema aus gemeinsamem Interesse auch für uns besondere Priorität habe. Einleitend möchte er feststellen, daß die Haltung der Regierungen in Ankara, Bonn und Washington übereinstimme. Das Problem läge nicht im Verhältnis der Regierungen untereinander, sondern in den Beziehungen zwischen dem amerikanischen Kongreß und der Regierung in Washington. Präsident Ford büße für die Sünden seines Vorgängers[5]. Er, Minister Genscher, habe auf seiner jüngsten Reise in Washington[6] mit einer Reihe von Kongreßmitgliedern gesprochen und überall gehört, daß die Embargo-Entscheidung jetzt als falsch betrachtet wird. Der Senat habe bereits eine neue Entscheidung getroffen[7], und er sei überzeugt, daß sich die Meinungsänderung auch im Repräsentantenhaus fortsetzen werde, und zwar bald. Er sei ferner überzeugt, daß Ford und Kissinger alles tun werden, um eine solche Meinungsänderung herbeizuführen. Jetzt gehe es darum, daß man diesen Prozeß fördere und ihn nicht störe. Das wichtigste für die öffentliche Meinung in Amerika sei, daß die türkische Note[8] nicht als Ultimatum aufgefaßt wird, sonst bestünde die Gefahr einer Trotzreaktion im Repräsentantenhaus. Die USA gingen zur Zeit noch durch eine schwere innenpolitische Krise. Sie suchten nach einer neuen Machtbalance zwischen Regierung und Parlament. Es läge wohl in unser aller Interesse, alles zu vermeiden, damit aus den Meinungsverschiedenheiten zwischen Verbündeten nicht die Sowjetunion Vorteile ziehe. Er, Genscher, bitte den Ministerpräsidenten, die besondere amerikanische Problematik zu sehen. Auch im Repräsentantenhaus stünde eine neue Entscheidung kurz bevor.[9] Im letzten Moment möge die Türkei doch die Geduld zeigen, die sie so lange bewahrt habe.

Die Bundesregierung lege großes Gewicht auf die Entspannungspolitik. Sie sei aber völlig frei von jeder Illusion. Wir befänden uns in einer Phase verstärkter sowjetischer Rüstungsanstrengungen, vor allem im maritimen Bereich. Dies könne große politische Wirkungen auslösen. Zudem gebe es bei einer Reihe von Bündnispartnern besorgniserregende innenpolitische Entwicklungen. Hierzu zählen auch die jüngsten italienischen Wahlen.[10] Allerdings seien auch positive Entwicklungen zu verzeichnen, wie z. B. in der Haltung der arabischen Staaten zu den westlichen Ländern. Wir dürften die Attraktion, die wir für sie darstellten, nicht durch Familienstreitigkeiten herabsetzen.

---

5 Richard M. Nixon.
6 Bundesminister Genscher hielt sich vom 15. bis 17. Juni 1975 in den USA auf. Vgl. dazu Dok. 163.
7 Zur Abstimmung im amerikanischen Senat am 19. Mai 1975 vgl. Dok. 163, Anm. 23.
8 Zur Note der türkischen Regierung vom 17. Juni 1975 vgl. Dok. 163, Anm. 21.
9 Zur Entscheidung des amerikanischen Repräsentantenhauses vom 24. Juli 1975 vgl. Dok. 222, Anm. 4.
10 Zum Ergebnis der Regionalwahlen in Italien am 15./16. Juni 1975 vgl. Dok. 163, Anm. 25.

Wir hätten auch ein kritisches Parlament, aber wir hätten uns zur Wiederaufnahme der Verteidigungshilfe an die Türkei[11] entschlossen, weil wir ihre Bedeutung und die Griechenlands für gemeinsame Sicherheit klar sehen. Die Bundesregierung werde alles tun, um bei der Lösung der Probleme zwischen der Türkei und den USA zu helfen.

Demirel gab seiner Freude darüber Ausdruck, daß der Minister die Lage aus dieser Sicht betrachte. Die Haltung der drei Regierungen bedeute allerdings nicht viel, wenn der amerikanische Kongreß seine Haltung nicht ändere. Es stimme zwar, daß es auch unter Freunden Meinungsverschiedenheiten gebe, aber es dürften nicht solche von einer Dimension sein, die die Freundschaft zerstörten. Seine Sorge gelte der Möglichkeit einer Schwächung der Verteidigungskraft der Allianz. Er hoffe auf eine befriedigende Lösung.

Der Bundesaußenminister betonte nochmals, wie wichtig es sei, den Eindruck eines türkischen Ultimatums zu beseitigen. Der Kongreß könne darauf sehr empfindlich und – wie er befürchte – nicht vernünftig reagieren.

Demirel erwiderte, die Türkei habe die Note übergeben, um dem amerikanischen Kongreß die Möglichkeit zu geben, nachzudenken. Die Note sei kein Ultimatum. Die Regierung sei sogar von der Opposition und von Teilen der öffentlichen Meinung angegriffen worden, weil sie kein Ultimatum gestellt habe. Ziel der türkischen Demarche sei gewesen, den Amerikanern klarzumachen: Hier brennt es, trefft die erforderlichen Vorkehrungen, damit niemand später sagt, ihr habt uns die Lage nicht richtig erklärt.

Der Minister unterstrich die Bedeutung der Frage der Präsentation. Er stellte als wichtig fest, die Note sei eine Mahnung und kein Ultimatum.

Demirel verwies darauf, daß die Note das Wort Embargo nicht benutze. Sie beziehe sich nur auf die bilateralen Beziehungen, daß sie gestört seien und daß sie auf bilateraler Basis wieder in Ordnung gebracht werden müssen. Es sei nicht möglich, daß nur einer von zwei Partnern seine Verpflichtungen erfülle.

Der Minister erwähnte, daß Kissinger und Hartmann ihm gegenüber den Wortlaut der Note als zurückhaltend und objektiv bezeichnet hätten.

Demirel sprach die Hoffnung aus, daß beide Persönlichkeiten sich weiter um eine Lösung bemühen werden.

Der Minister erinnerte erneut daran, die Sowjetunion solle keinen Vorteil aus dieser Lage ziehen. Hier handele es sich nicht nur um die eine Frage der unmittelbaren Sicherheitspolitik, sondern darum, daß in unseren Völkern der Wille zur Allianz und das Vertrauen in die Zusammenarbeit erhalten bleibe. Es gebe ohnehin in den Bündnisländern zu viele Leute, die glaubten, mit dem Wort Entspannung sei schon der potentielle Gegner abgerüstet und der Friede ausgebrochen.

Demirel erklärte hierzu, daß die Entspannung das Werk eines starken NATO-Bündnisses sei. Wenn die Stärke abnehme, werde die Ost-West-Politik zwangsläufig in andere Bahnen gelangen. Dann werde sich der Wechsel von feind-

---

[11] Zur Wiederaufnahme der Verteidigungshilfe an die Türkei durch die Bundesregierung vgl. Dok. 57.

lichen Gefühlen in friedliche Kooperation wieder ändern. Man müsse darauf achten, daß durch die Entspannung keine Schwächung der Wachsamkeit eintrete.

Der Minister erwiderte, mit einseitiger Entspannung nehme man der anderen Seite das Interesse an der Entspannungspolitik.

Auf die Frage des Ministers nach der Einschätzung des NATO-Gipfels durch Demirel antwortete dieser, die Konferenz habe ihren Zweck erfüllt. Ford sei es gelungen, die europäischen Zweifel wegen der Auswirkungen des Debakels in Südostasien zu zerstreuen. Er glaube nicht, daß die USA auf Europa verzichten könnten. Sie würden auch nicht die Freundschaft der Türkei zerstören wollen.

Der Minister verwies auf einen für die Meinungsbildung in den USA wichtigen Aspekt, nämlich daß eine Generation von amerikanischen Parlamentariern abtrete, die unmittelbar mit dem Aufbau der NATO verbunden gewesen sei. Jetzt trete eine neue Generation in die Verantwortung, die mit den Problemen Europas nicht vertraut sei. Deshalb sei es wichtig, die neuen Leute nach Europa einzuladen und sie in den USA zu besuchen.

Demirel hielt das grundsätzlich für richtig. Die jüngsten Entwicklungen hinderten die Türkei jedoch, solche Ideen in die Tat umzusetzen.[12]

[gez.] van Well

VS-Bd. 9965 (204)

---

[12] Mit Schreiben vom 23. Juni 1975 teilte Bundesminister Genscher dem amerikanischen Außenminister Kissinger mit, seine Gespräche in Ankara hätten ihn „mit beträchtlicher Sorge" erfüllt: „Ganz zweifellos hat die türkische Regierung nicht die Absicht, eine Konfrontation mit den Vereinigten Staaten einzuleiten." Jedoch stehe sie unter erheblichem innenpolitischen Druck; die Note vom 17. Juni 1975 an die USA sei vor diesem Hintergrund zu verstehen. Der türkische Außenminister Çaglayangil habe „mit großem Ernst und Nachdruck auf die Folgen des amerikanischen Embargos hingewiesen. Die Türkei könne ihre militärischen Bündnisverpflichtungen nur noch in sehr beschränktem Maße einhalten. Militärische Übungen, insbesondere der Luftwaffe, könnten infolge Mangels an Ersatzteilen nur noch unter großen Schwierigkeiten durchgeführt werden." Vgl. VS-Bd. 9949 (203); B 150, Aktenkopien 1975.

171

Botschafter Blech, Genf (KSZE-Delegation), an das Auswärtige Amt

114-13268/75 VS-vertraulich	Aufgabe: 20. Juni 1975, 00.30 Uhr
Fernschreiben Nr. 1230	Ankunft: 20. Juni 1975, 02.38 Uhr
Citissime nachts	

Vorlage bei Dienstbeginn

Betr.: KSZE – friedliche Grenzänderungen
hier: deutscher Text[1]

Bezug: a) DB Nr. 1195 vom 14.6.1975[2]
b) Besprechung bei Herrn StS Gehlhoff am 18.6.

Delegationsbericht Nr. 1048

Bitte um Weisung

I. 1) Am 19. suchte mich Bock auf. Er teilte mir erwartungsgemäß mit, er habe die Zustimmung für das zwischen uns abgesprochene Gesamtarrangement[3]

---

[1] Für die zwischen der UdSSR und den USA abgestimmte Formel zu friedlichen Grenzänderungen („peaceful change") und zu ihrer Einbringung in der Unterkommission 1 (Prinzipien) der KSZE in Genf am 17. März 1975 vgl. Dok. 34, Anm. 13, bzw. Dok. 53, Anm. 10.
Am 14. Juni 1975 teilte Botschafter Blech, Genf (KSZE-Delegation), mit, er habe sich mit dem Leiter der KSZE-Delegation der DDR, Bock, auf folgende deutsche Formulierung für den Satz über „peaceful change" geeinigt: „Die Teilnehmerstaaten sind der Auffassung, daß ihre Grenzen, in Übereinstimmung mit dem Völkerrecht, durch friedliche Mittel und durch Vereinbarung verändert werden können." Vgl. den Drahtbericht Nr. 1196; Referat 212, Bd. 100012.

[2] Botschafter Blech, Genf (KSZE-Delegation), berichtete: „Mit DDR-Delegationsleiter Bock wurde gestern ad referendum der Wortlaut unserer Erklärung anläßlich der Registrierung des ersten Prinzips unter Einschluß der Formel über die friedliche Grenzänderungen abgestimmt. [...] Die Aufnahme eines neuen zweiten Absatzes, der ausdrücklich auf den deutschen Text Bezug nimmt, geht auf einen Wunsch Bocks zurück; offenbar erwartet er, daß eine etwas engere Anbindung der ganzen Erklärung an den deutschen Text mögliche Einwendungen im Kreise seiner Verbündeten (insbesondere Rumäniens) verhindert. Für uns ist eine solche Bezugnahme eher eine Klarstellung, daß wir uns mit unseren Vorstellungen durchgesetzt haben. Der frühere Absatz 2 wurde gestrichen, weil er sachlich den folgenden präziseren Absätzen nichts hinzufügt. Zwar ist damit auch eine ausdrückliche Bezugnahme auf das Fortdauern der Zulässigkeit der friedlichen Grenzänderung (die in der ursprünglichen Fassung ohnehin für die DDR nicht akzeptabel war) entfallen. Der Gedanke der Kontinuität ist aber im jetzigen dritten Absatz enthalten". Blech übermittelte zudem die abgesprochene Erklärung, deren Absätze 2 und 3 lauteten: „[2.] Die Formel, mit der wir es hier zu tun haben, bringt zum Ausdruck, daß das Völkerrecht den Staaten die Möglichkeit gibt, sich über friedliche Änderungen ihrer Grenzen zu einigen, und daß diese Grenzänderungen sich in Übereinstimmung mit dem Völkerrecht zu vollziehen haben. [3.] Wir sehen in der jetzt registrierten Aussage über die Möglichkeit friedlicher und einvernehmlicher Grenzänderungen ein Korrelat zum Verbot von Grenzänderungen durch Gewalt oder durch Androhung von Gewalt, welches das Prinzip der Unverletzlichkeit der Grenzen nicht einschränkt, so wenig wie dieses Prinzip die Zulässigkeit der friedlichen und einvernehmlichen Grenzänderung einzuschränken oder aufzuheben vermag." Vgl. Referat 212, Bd. 100012.

[3] Am 23. Mai 1975 teilte Botschafter Blech, Genf (KSZE-Delegation), mit, er habe mit dem Leiter der KSZE-Delegation der DDR, Bock, zur Behandlung des deutschen Textes der „peaceful-change-Formel" folgendes Szenario abgesprochen: „Von uns wird anläßlich der Registrierung des ersten Prinzips unter Einschluß der ‚peaceful-change-Formel' eine Erklärung abgegeben, die an meine Erklärung vom 17. März dieses Jahres anlehnt und deren Wortlaut noch im einzelnen erörtert wird. Eine deutsche Sprachfassung der Formel entsprechend unseren Wünschen wird als die in der deut-

nicht in vollem Umfang erhalten; der dritte Absatz der von mir abzugebenden Erklärung (s. Anlage zum Bezugs-FS; einvernehmliche Grenzänderung als Korrelat des Verbots von Grenzänderungen durch Gewalt) sei auf Widerspruch gestoßen. Aus seinem später erklärten Bedauern, daß es nicht zu gelingen scheine, ein kompliziertes Problem durch Einvernehmen der beiden deutschen Regierungen zu regeln, schließe ich, daß der Hauptwiderstand von sowjetischer, möglicherweise auch von polnischer Seite kommt.

2) Gemäß der mündlichen Weisung des Herrn Staatssekretärs vom 18.6. erwiderte ich, daß

– nicht wir eine erneute Erklärung entsprechend der vom 17.3.[4] gewünscht hätten,
– wir der DDR schon durch die Erörterung des Wortlautes einer solchen Erklärung weit entgegengekommen seien, um ihr die Gesichtswahrung bei der Zustimmung zur einzig zutreffenden deutschen Version der PCF[5]-Formel zu erleichtern,
– eine solche Erklärung aber keinesfalls nur Teile derjenigen vom 17.3. enthalten könne, mit der für uns unannehmbaren Implikation, daß wir die anderen, für uns gleichermaßen wichtigen Aspekte aufgegeben hätten,
– der jetzige Wunsch der DDR genau darauf hinauslaufe und daher für uns nicht akzeptabel sei,
– man dann, wenn die DDR auf dieser Änderung bestehe und weiterhin die Zustimmung zur zutreffenden Übersetzung verweigere, auf anderen Wegen zu der für uns unverzichtbaren Lösung der Übersetzungsfrage kommen müsse, mit allen Folgerungen für die Atmosphäre und für den Zeitablauf,
– zwar noch denkbar sei, daß die DDR angesichts der jetzt gegebenen Schwierigkeiten auf unsere Erklärung ganz verzichte und die zutreffende deutsche Fassung der PCF-Formel ohne weitere Diskussion akzeptiere,
– wir aber auch dann noch eine unabgestimmte Erklärung in Betracht ziehen müßten, um unser Verständnis der Formel angesichts der Unmöglichkeit, hierüber eine abgestimmte Aussage zu machen, klarzustellen.

Ich wies darauf hin, daß dies meinen Weisungen entspreche.

3) Bock bemühte sich sehr um Konzilianz. Er betonte wiederholt, es gehe seiner Seite um die Wahrung des Gesichts. In der Sache bekämen wir doch alles.

Fortsetzung Fußnote von Seite 800

    schen Sprachgruppe abgestimmte in die Konferenz eingeführt und registriert (Bock und ich gehen beide davon aus, daß die drei anderen in der deutschen Sprachengruppe vertretenen Staaten mit diesem Text einverstanden sein werden). Bei der Registrierung des dritten Prinzips werden wir uns zu dieser Frage in der Substanz nicht mehr äußern." Vgl. den Drahtbericht Nr. 1041; Referat 212, Bd. 100011.

4 Anläßlich der Einbringung der Formulierung zu friedlichen Grenzänderungen („peaceful change") in der Unterkommission 1 (Prinzipien) der KSZE in Genf am 17. März 1975 führte Botschafter Blech, Genf (KSZE-Delegation), aus: „Wir sehen in einer solchen Feststellung ein Korrelat zum Verbot von Grenzänderungen durch Gewalt oder durch Androhung von Gewalt. Beide Feststellungen sind komplementär. Eine Aussage über die Zulässigkeiten friedlicher und einvernehmlicher Grenzänderungen schränkt daher das Prinzip der Unverletzlichkeit der Grenzen nicht ein, so wenig wie dieses Prinzip die Zulässigkeit der friedlichen und einvernehmlichen Grenzänderung einzuschränken oder aufzuheben vermag. Wir betrachten es als eine Selbstverständlichkeit, daß über allem die Regeln des Völkerrechts stehen." Vgl. den Drahtbericht Nr. 464; Referat 212, Bd. 100010.

5 Peaceful change of frontiers.

Niemand könne an einer neuen Kontroverse interessiert sein. Die DDR und ihre Freunde hätten meine Erklärung vom 17.3., mit der alles gesagt sei, doch schweigend hingenommen.

4) Bock wies wiederholt darauf hin, daß auf diese Erklärung ja immer noch Bezug genommen wäre, wenn man die neue Erklärung entsprechend seinen Wünschen kürzen würde.

Unter ausdrücklichem Hinweis darauf, daß ich mich hier außerhalb meiner Instruktionen bewegte, nahm ich den Gedanken des Verweises auf die Erklärung vom 17.3. insoweit auf, als ich sagte, daß ein solcher Verweis, wenn überhaupt, nur unter der Voraussetzung als ausreichend betrachtet werden könnte, daß er sich nicht nur, wie bisher, auf zwei rein formale Aspekte bezöge („begrüßt", „geäußerte Zuversicht"), sondern klar auf den gesamten sachlichen Inhalt.

Bock gab zu erkennen, daß er dies für eine aussichtsreiche Lösung halte. Ich hatte den Eindruck, daß er, wohl schon in Abstimmung mit seinen Freunden, diese Rückfallposition ins Auge gefaßt hatte. Ich sagte ihm, daß ich einen solchen Gedanken als rein persönliche Erwägung mit der Bitte um Prüfung zusammen mit meinem Bericht über unser Gespräch nach Bonn geben würde, daß ich angesichts der Haltung meiner Vorgesetzten, wie sie sich in meinen Weisungen ausdrücke, ihm aber keine konkreten Erwartungen eröffnen könne.

II. 1) So unerfreulich die Fortsetzung der Diskussion ist, so sollte doch ernsthaft geprüft werden, ob die in Ziffer 4[6] wiedergegebene Möglichkeit eine akzeptable Lösung darstellt. Hierbei ist folgendes in Betracht zu ziehen:

a) Wir werden spätere Streitigkeiten nicht ausschließen können. Wenn es jedoch darum geht, dann frühere in der Konferenz abgegebene Erklärungen zu zitieren, wird es von sekundärer Bedeutung sein, ob die heranzuziehenden Sätze im Juli oder im März 1975 gefallen sind, vorausgesetzt, daß sie den gleichen Status haben. Dies wäre durch den inhaltlichen Verweis der neuen Erklärung auf die alte sicherzustellen.

b) Der zweite Absatz des Entwurfs einer solchen Erklärung im Bezugsbericht gibt den Grundgedanken des Kompromisses von Washington wieder; dieser besteht in einer ambivalenten Plazierung des Bezugsartikels des Völkerrechts, der einmal besagt, daß die friedliche Grenzänderung grundsätzlich nach dem Völkerrecht möglich ist (Vermutung der Völkerrechtsmäßigkeit der friedlichen und einvernehmlichen Grenzänderung), zum anderen aber auch, daß bei einer solchen Grenzänderung im Einzelfall relevante völkerrechtliche Normen zu beachten sein mögen (Qualifizierung, die dann auch im Einzelfall erst nachgewiesen werden müßte). Daß der letztgenannte Aspekt hier relevant ist, dürfte nicht geleugnet werden können; jedenfalls würden wir mit einer solchen Ansicht auch bei unseren Verbündeten auf Widerstände stoßen (Frage der Beteiligung der Vier Mächte bei einer Wiederherstellung der Einheit Deutschlands kraft ihrer Verantwortlichkeiten in bezug auf Deutschland als Ganzes). Entscheidend ist, daß nach dieser Konstruktion nicht behauptet werden kann, die friedliche und einvernehmliche Grenzänderung sei nur bei Vorliegen besonderer, daher erst nachzuweisender gestattender Völkerrechtssätze erlaubt.

---

[6] Korrigiert aus: „Ziffer 5".

Insofern fügt der dritte Absatz dem rechtlichen Grundgedanken nichts Neues hinzu, sondern paraphrasiert ihn in einer unseren Interessen selbstverständlich entsprechenden und klarstellenden Weise. In der Erklärung vom 17.3. ist diese Paraphrasierung voll enthalten.

c) Sollte eine wenn auch verkürzte einvernehmliche Lösung mit der DDR nicht gewährt werden, wird es unvermeidlich sein, die amerikanische Delegation um eine nachdrückliche Vertretung unserer Interessen (Forderung an das Exekutivsekretariat nach Zurückziehung des bisherigen informellen deutschen Textes und nach dessen Ersetzung durch zutreffende Übersetzung) und die anderen uns verbündeten Delegationen um eine entsprechende Unterstützung zu bitten. Es wird dann schwer verständlich zu machen sein, daß wir den Weg der Konfrontation des Bündnisses mit der östlichen Seite über diese Frage gewählt haben, obwohl die DDR sich zu einer Übernahme des von uns als zutreffend bezeichneten Textes unter Voraussetzungen bereit erklärt hat, deren Unannehmbarkeit durch uns auch unseren Freunden nicht ohne weiteres einsichtig sein wird. Wir können dann nicht ausschließen, daß dann gerade das zustande kommt, was wir bisher vermieden haben: Die Diskussion einer dritten deutschen Sprachfassung, die zu einem Kompromiß zwischen der vom Exekutivsekretariat herausgegebenen inoffiziellen Version und der von uns als allein zutreffend und daher nicht-negotiabel bezeichneten Version geraten würde.

d) Es besteht die Möglichkeit einer Einigung über die Rechtswahrungsklausel in den nächsten Tagen.[7] Diese würde dazu führen, daß schon Anfang nächster Woche die zweite Lesung des Prinzipienkataloges beginnen könnte und sich damit die Frage der Registrierung des ersten Prinzips unter Einschluß der PCF in allen Sprachen stellen würde.

2) Ein Text, wie er für eine verkürzte Erklärung in Frage kommen könnte, wird mit der Bitte um Überprüfung als Anlage übermittelt.

III. Ich habe heute vormittag sowohl im Kreise der Fünfzehn wie auch – detaillierter – gegenüber den Delegationsleitern der Drei Mächte[8] auf die Problematik des deutschen Textes des PCF hingewiesen und unsere Linie gemäß der

---

[7] Zur Diskussion über eine Rechtswahrungsklausel („Unberührtheitsklausel") auf der KSZE in Genf vgl. Dok. 159, Anm. 30 und 31.
Am 27. Juni 1975 führte die französische Delegation einen „revidierten Text zur Unberührtheitsklausel in die Prinzipien-Unterkommission mit folgendem Wortlaut ein: ‚Les états participants constatent que la présente (titre du document) ne peut affecter et n'affectera leurs droits et obligations, non plus que les traités, accords et arrangements correspondants.'" Dazu teilte Botschafter Blech, Genf (KSZE-Delegation), am 28. Juni 1975 mit, einige Delegationen hätten zusätzlich eine Qualifizierung der angesprochenen Verträge, Vereinbarungen und Arrangements „durch eine Formulierung über ihre Vereinbarung mit dem Völkerrecht" gefordert; Rumänien befürchte zudem, „die Klausel könne eine politische Grundlage für Angriffe auf die rum[änische] Souveränität und Unabhängigkeit sein". Vgl. den Drahtbericht Nr. 1291; Referat 212, Bd. 100012.
Am 6. Juli 1975 berichtete Blech: „Prinzipienunterkommission produzierte am späten Abend des 5.7. folgenden englischen Text der Unberührtheitsklausel zur Aufnahme in die Schlußklauseln des Prinzipienkatalogs (also nicht in Prinzip 10): ‚The participating states, paying due regard to the principles above and, in particular, to the first sentence of (the tenth principle), note that the present (title of document) does not affect their rights and obligations, nor the corresponding treaties and other agreements and arrangements.'" Mit Ausnahme von Rumänien hätten alle Delegationen diesen Text ad referendum angenommen. Vgl. den Drahtbericht Nr. 1364; Referat 212, Bd. 100013.

[8] Gérard André (Frankreich), David Hildyard (Großbritannien), Albert W. Sherer (USA).

mir gegebenen Weisung dargelegt. Eine Diskussion fand nicht statt. Die drei Botschafter waren an einer Fortsetzung meines Gesprächs mit Bock interessiert.

IV. Um Weisung wird gebeten.[9]

[gez.] Blech

Anlage

Die Delegation der Vereinigten Staaten hat am 17. März dieses Jahres eine Formel zum sogenannten peaceful change of frontiers eingeführt. Bei dieser Gelegenheit habe ich eine Erklärung abgegeben, der ich nichts hinzuzufügen habe. Ich möchte jedoch wiederholen, daß die Bundesregierung es aus einer Reihe von Gründen begrüßt, daß es gelungen ist, einen Text zu formulieren, wonach die Teilnehmerstaaten der Konferenz ... (folgt Zitat).

Diese Formel bringt zum Ausdruck, daß das Völkerrecht den Staaten die Möglichkeit gibt, sich über friedliche Änderungen ihrer Grenzen zu einigen, und daß diese Grenzänderungen sich in Übereinstimmung mit dem Völkerrecht zu vollziehen haben.

Ich stelle mit Befriedigung fest, daß meine am 17. März geäußerte Zuversicht bezüglich der Erarbeitung eines deutschen Textes dieser Aussage sich ebenfalls als begründet erwiesen hat.

Wie alle hier Anwesenden wissen, lagen vor dem Ergebnis, das wir heute verzeichnen, nicht unbeträchtliche Schwierigkeiten. Ich möchte an dieser Stelle all denen danken, die im Rahmen unserer Konferenz oder außerhalb mit großem Engagement, mit Energie und Ausdauer mitgeholfen haben, eine Lösung zu finden, die so gestaltet ist, daß sie für uns alle annehmbar ist.

VS-Bd. 10201 (212)

---

[9] Am 20. Juni 1975 teilte Vortragender Legationsrat Gehl der KSZE-Delegation in Genf mit, die Bundesregierung sei „enttäuscht und beunruhigt" darüber, daß die DDR einen Text in Frage stelle, der „bereits ein Höchstmaß an Entgegenkommen bedeutet". Gehl übermittelte vier Vorschläge zum weiteren Verfahren und bat darum, die KSZE-Delegation der DDR darauf hinzuweisen, daß die Einigung auf eine Formulierung zur friedlichen Grenzänderung „für uns eines der wesentlichen Elemente für unsere Zustimmung zum Beginn der dritten Phase Ende Juli" sei. Vgl. den Drahterlaß Nr. 487; VS-Bd. 10201 (212); B 150, Aktenkopien 1975.

172

Gespräch des Bundeskanzlers Schmidt
mit Bundeskanzler Kreisky

23. Juni 1975[1]

Vermerk über ein Gespräch des Bundeskanzlers mit dem österreichischen Bundeskanzler am 23. Juni 1975 in Bonn[2]

Der erste Teil des Gesprächs fand unter vier Augen statt. Hierüber liegen keine Aufzeichnungen vor.

An der anschließenden Unterhaltung in größerem Kreis nahmen teil:

von österreichischer Seite: Klubobmann Peter, Botschafter Schober, Kabinettchef Reiter, Botschafter Gredler;

von deutscher Seite: StS Gehlhoff, Botschafter Grabert, MD Sanne.

Bundeskanzler *Kreisky* wies auf das für Österreich extrem hohe Defizit im Handel mit der Bundesrepublik hin.[3] Wenn dieses Defizit auch zum größten Teil durch die Leistungsbilanz wieder ausgeglichen werde, entstünden doch aus dem Ungleichgewicht im Handel für Österreich große Belastungen. Ein besonderes Problem gebe es beim Viehexport. Österreich habe auf diesem Gebiet außergewöhnliche Leistungen vollbracht und sich einen internationalen Ruf erworben. Mit österreichischer Hilfe würden Zuchtanstalten in den nordafrikanischen Ländern und im Iran errichtet. Wenn die gegenwärtigen Absatzschwierigkeiten im europäischen Bereich anhielten, werde der ganze Wirtschaftszweig in eine Krise geraten. Die Beseitigung der Aussperrungsmaßnahmen der EG[4] sei für Österreich ein Problem von allererster ordnungspolitischer Bedeutung. Er bitte um die Unterstützung der deutschen Bundesregierung.

Bundeskanzler *Schmidt* bestätigte, daß die Bundesregierung hierüber genauso denke. Die Maßnahmen seien ein Ausfluß der verfehlten Agrarpolitik der Europäischen Gemeinschaft. Änderungen seien dringend notwendig, aber nur schwer zustande zu bringen. Es gebe einmal die historische Entwicklung, auf der diese Agrarpolitik beruhe, und zum zweiten innenpolitische Gründe in einigen Mitgliedstaaten, die ihre Verbesserung verhinderten. Er sei bereit, seine Meinung

---

1 Ablichtung.
Die Gesprächsaufzeichnung wurde von Ministerialdirektor Sanne, Bundeskanzleramt, am 25. Juni 1975 gefertigt.
Am 30. Juni 1975 übermittelte Ministerialdirigent Loeck, Bundeskanzleramt, die Gesprächsaufzeichnung an Vortragenden Legationsrat I. Klasse Schönfeld. Vgl. dazu den Begleitvermerk; Referat 420, Bd. 108696.
2 Bundeskanzler Kreisky besuchte die Bundesrepublik vom 22. bis 24. Juni 1975. Am 24. Juni 1975 hielt er sich zur Besichtigung des im Bau befindlichen Rhein-Main-Donau-Kanals in Nürnberg auf. Zum Gespräch mit Bundesminister Genscher am 23. Juni 1975 vgl. Dok. 174.
3 Das Bundesministerium für Wirtschaft teilte dazu am 20. Mai 1975 mit: „Das strukturell bedingte österreichische Handelsbilanzdefizit gegenüber der Bundesrepublik erreichte 1974 6629 Mio. DM. Bisher konnte es überwiegend durch Devisenaufkommen aus dem Touristenverkehr ausgeglichen werden." Vgl. Referat 420, Bd. 108696.
4 Zu den Einfuhrbeschränkungen der Europäischen Gemeinschaften für Rindfleisch vgl. Dok. 151, Anm. 14.

dazu im Europäischen Rat in drei Wochen[5] erneut zu sagen, aber er müsse darauf hinweisen, daß unsere Anstrengungen nicht mehr bedeuten würden als den steten Tropfen, der den Stein höhlen solle.

Bundeskanzler *Kreisky* sprach dann die Frage des Rhein-Main-Donau-Kanals[6] an. Die Fertigstellung des Kanals sei für Österreich von einer Bedeutung, die im Ausland oft nicht richtig erkannt werde. Es handele sich um die wichtige Frage des Güterabflusses. Wenn der Kanal nicht, wie ursprünglich vorgesehen, am Anfang der 80er Jahre, sondern erst gegen Mitte des nächsten Jahrzehnts fertig werde, dann würden für Österreich große Probleme entstehen. Zur Zeit erfolge der Transport von Massengütern bis Regensburg auf dem Wasser, dann werde auf die Eisenbahn umgeladen, und in Nürnberg werde wieder auf Schiffe umgeladen. Dies sei eine ungeheure Erschwerung und gehe auf österreichische Kosten. Österreich wisse, daß die Bundesrepublik Deutschland den Kanalbau allein finanzieren müsse. Hier könne sein Land nicht helfen. Aber sonst sei es in jeder Weise bereit, deutschen Wünschen Rechnung zu tragen, z. B. bei den Fragen, die mit den anderen Anrainern hinsichtlich der Donauschiffahrt Schwierigkeiten verursachten. Die Wasserstraße von der Nordsee bis zum Schwarzen Meer sei das einzig wirklich nennenswerte Objekt der praktischen Zusammenarbeit zwischen Ost und West.

Bundeskanzler *Schmidt* erwiderte, er verstehe das sehr gut. Man möge sich am Ballhausplatz die Rede ansehen, die er im Frühjahr 1974 in Regensburg gehalten habe.[7] Er wolle zu diesem Thema noch drei Bemerkungen machen:

1) In der Bundesrepublik Deutschland würden mehr Kanäle gebaut und ausgebaut, als es gut sei. Die Kosten müßten ausschließlich aus dem Haushalt finanziert werden. Er könne nicht ausschließen, daß die Termine der Fertigstellung des Rhein-Main-Donau-Kanals und ebenso der anderen Kanäle noch einmal gestreckt werden müßten. Auch der Betrieb der Kanäle koste Geld und bringe nichts ein. Eine Beschleunigung des Rhein-Main-Donau-Projekts sei unwahrscheinlich. Andererseits faßten wir auch keinen Abbruch ins Auge. Gegenwärtig investierten wir 130 Mio. DM jährlich (90 Mio. DM aus dem Bundeshaushalt und 40 Mio. DM aus dem Haushalt des Freistaates Bayern) in den Kanalbau. Das sei sehr viel Geld.

---

[5] Zur Tagung des Europäischen Rats am 16./17. Juli 1975 in Brüssel vgl. Dok. 209.

[6] Mit dem Duisburger Vertrag vom 16. September 1966 trafen der Bund und der Freistaat Bayern Vereinbarungen über den Bau des Main-Donau-Kanals zwischen Nürnberg und Regensburg. Danach sollte der Kanal bis Kehlheim und der Ausbau der Donau zwischen Kehlheim und Straubing durch Staustufen bis 1981 fertiggestellt sein, die Strecke zwischen Straubing und Vilshofen bis 1989. Die Kosten wurden auf 1,8 Mrd. DM veranschlagt. Wegen der „angespannten Finanzlage" verzögerten sich die Bauarbeiten jedoch. Vgl. den Sprechzettel für Bundesminister Gscheidle anläßlich der Besichtigung des Rhein-Main-Donau-Kanals mit Bundeskanzler Kreisky am 24. Juni 1975, den Botschafter Grabert, Wien, am 30. Juni 1975 übermittelte; Referat 202, Bd. 109210.

[7] Bundesminister Schmidt wies am 3. April 1974 in Regensburg auf die Investitionen der Bundesregierung in die Strukturförderung in der Oberpfalz und Ostbayern hin, die auch mit Blick auf die Donauschiffahrt erfolgt seien: Diese könne „nur dann wirtschaftlich erfolgreich sein, wenn sie in einer wirtschaftlich sicheren Region operieren kann". Die Bundesregierung strebe zudem „eine möglichst rasche Fertigstellung der Großschiffahrtstraße an", wofür 1972 bis 1975 fast 400 Mio. DM zur Verfügung gestellt würden, und werde „die Entwicklung auf der Donau sorgfältig beobachten und die Interessen der deutschen Donauschiffahrt nachhaltig vertreten". Vgl. Referat 423, Bd. 117956.

2) Die Schiffahrt auf dem Kanal bedürfe vertraglicher Regelungen. Fragen des Wettbewerbs, der Frachtraten usw. spielten eine große Rolle. Auf keinen Fall wollten wir den Kanal einem internationalen Regime unterstellen.

3) Da der österreichische Bundeskanzler dieses Thema zur Erörterung gestellt habe, wolle er nun seinerseits (entgegen seiner ursprünglichen Absicht) auf das Problem der Beziehungen zwischen dem Bayerischen Lloyd und der Donaudampfschiffahrtsgesellschaft[8] hinweisen. Bei beiden handele es sich um quasi staatliche Unternehmen. Er sei dafür, daß die Beziehungen zwischen den Gesellschaften noch etwas intensiviert würden. Im Hinblick auf das österreichische Interesse am Verkehr Wien–Rotterdam würde es gut sein, wenn die beiden Gesellschaften ihre bisherige Zusammenarbeit ungestört weiterführten. Ein kooperatives Verhalten könne dazu beitragen, daß sich alle diese Fragen vernünftig entwickelten.

Bundeskanzler *Kreisky* sprach als nächsten Punkt die Frage an, wie man den seit 30 Jahren in Italien inhaftierten Kriegsverurteilten Reder und Kappler[9] helfen könne. Seine Regierung habe alle, auch unkonventionelle, Wege eingeschlagen, um die italienische Regierung zu einem Gnadenakt zu veranlassen. Er wisse, daß ein solcher Akt für die italienische Seite mit Schwierigkeiten verbunden sei, aber er sei davon überzeugt, daß sich der Lärm bald legen würde, wenn die Regierung in Rom einmal den Mut zum Handeln aufbringe.

Bundeskanzler *Schmidt* wies auf die unendliche Folge von Interventionen der Bundesregierung hin. Die Bundesregierung sei 16mal in fünf Jahren vorstellig geworden. Er habe im vorigen Jahr das Problem mit Ministerpräsident Rumor erörtert; aber selbst die Tatsache, daß die Bundesrepublik Italien einen 2-Mrd.-DM-Kredit zur gleichen Zeit eingeräumt habe[10], sei ohne Einfluß auf die italie-

---

8 Am 20. Juni 1975 teilte die Bayerische Lloyd Schiffahrts-AG Bundeskanzler Schmidt mit: „Der Bayerische Lloyd hat einen sogenannten Quotisierungsvertrag mit der österreichischen Donauschiffahrt DDSG, der zum Jahresende ausläuft. Die DDSG will diesen Vertrag ab dem Jahr 1976 mit wesentlichen Änderungen [...] fortsetzen". Durch diese Änderungen würde die Bayerische Lloyd Schiffahrts-AG von den „Südost-Verkehren" ausgeschlossen und damit eine wesentliche Grundlage für die Lloyd-Flotte in Frage gestellt. Schmidt wurde gebeten, die Bemühungen der Gesellschaft „zur unveränderten Fortsetzung des Quotisierungsvertrages mit der DDSG" zu unterstützen. Vgl. Referat 423, Bd. 117957.

9 Zum Fall des in Italien inhaftierten ehemaligen SS-Obersturmbannführers Kappler vgl. Dok. 35, Anm. 20.
Der aus Österreich stammende Walter Reder wurde am 30. Oktober 1951 von einem italienischen Militärgericht in Bologna zu lebenslanger Haft verurteilt. Dem ehemaligen SS-Sturmbannführer wurde eine Reihe von Massakern zur Last gelegt, die Angehörige der 16. SS-Panzergrenadierdivision unter seinem Kommando im September und Oktober 1944 in der Umgebung von Bologna als Vergeltung für Partisanenüberfälle verübt hatten.

10 Bundeskanzler Schmidt traf am 30./31. August 1974 mit Ministerpräsident Rumor in Bellagio zusammen. Vgl. dazu AAPD 1974, II, Dok. 247 und Dok. 248.
Im Kommuniqué wurde ausgeführt, daß sich die Gesprächspartner „in Übereinstimmung mit ihren Finanzministern auf die Anlage eines Betrages von zwei Mrd. Dollar aus den Währungsreserven der Deutschen Bundesbank bei der Banca d'Italia gegen ein Golddepot der Banca d'Italia bei der Deutschen Bundesbank" geeinigt hätten: „Das Gold wird bei diesem Geschäft mit 80 Prozent des durchschnittlichen Preises der letzten zwei Monate am Londoner Markt bewertet. Dieses Abkommen ist das Ergebnis der Initiative, die in Zeist von Finanzministern aus EG-Mitgliedstaaten ergriffen und von der Zehnergruppe in Washington bestätigt worden war. Die Regierungschefs drückten ihre Genugtuung darüber aus, daß damit eine Mobilisierung des Währungsgoldes, bewertet zu einem marktnahen Preis, eingeleitet worden ist." Vgl. BULLETIN 1974, S. 1036.

nische Haltung in der Frage der Kriegsverurteilten geblieben. Ganz offensichtlich sei die italienische Regierung zu schwach, um eine Lösung durchzustehen.

Bundeskanzler *Kreisky* wies dann auf die Schwierigkeiten zwischen der Lufthansa und der österreichischen Luftfahrtgesellschaft hin. Man streite sich um Landerechte in Düsseldorf. Die Lufthansa wolle für dieses Zugeständnis Gegenleistungen, die für die AUA ruinös wären.[11]

StS *Gehlhoff* regte an, daß die Regierungen diese Frage noch einmal mit den Luftfahrtgesellschaften behandeln sollten. Es empfehle sich, am morgigen Tag beim Besuch von Bundeskanzler Kreisky in Nürnberg darüber zu sprechen, denn dort seien auch die beiden Verkehrsminister[12] anwesend.[13]

Bundeskanzler *Kreisky* sprach kurz die Schwierigkeiten an, die der Import österreichischen Weines in die Bundesrepublik bereite.[14] Bundeskanzler *Schmidt* bestätigte, daß er in diesem Punkt auf der Seite Österreichs stehe. Bundeskanzler *Kreisky* kündigte an, daß er die Probleme noch einmal schriftlich darlegen lassen würde.

Abschließend dankte Bundeskanzler Kreisky dem Bundeskanzler für die deutsche Unterstützung in der Frage des Amtssitzes der Vereinten Nationen in Wien.[15] Es seien erhebliche Fortschritte erzielt worden, und man stehe wohl jetzt vor dem endgültigen Beschluß.[16]

Referat 420, Bd. 108696

---

[11] Zu den Gesprächen über Landerechte für die österreichische Luftfahrtgesellschaft AUA in Düsseldorf vgl. Dok. 20, Anm. 20 und 21.
[12] Kurt Gscheidle und Erwin Lanc.
[13] Mit Schreiben vom 25. November 1975 teilte das Bundesministerium für Verkehr dem österreichischen Bundesministerium für Verkehr mit, daß die Lufthansa der österreichischen Luftfahrtgesellschaft AUA in Verhandlungen am 8./9. Oktober 1975 „ein großzügiges und faires Angebot für die Kapazitäts- und Streckenaufteilung bis 1977 gemacht" habe, das in einigen Punkten von der AUA noch angenommen werden müsse. Deshalb sei die Genehmigung eines Flugdienstes von Wien nach Düsseldorf vorerst zurückgestellt worden. Vgl. Referat 423, Bd. 117999.
[14] Dazu teilte das Bundesministerium für Jugend, Familie und Gesundheit am 11. Juni 1975 mit, österreichische Prädikatsweine seien beanstandet worden, weil sie „nach Ansicht deutscher Sachverständiger aufgrund der analytischen Untersuchungsergebnisse offensichtlich manipuliert sind und damit auch den österreichischen weinrechtlichen Bestimmungen nicht entsprechen". Wirtschaftliche Gründe spielten insofern eine Rolle, als „eine ungleiche Behandlung ausländischer Weine mit deutschen Qualitätsbezeichnungen gegenüber vergleichbaren deutschen Weinen nach den deutschen weinrechtlichen Vorschriften nicht zulässig ist". Vgl. Referat 420, Bd. 108696.
[15] Referat 210 vermerkte am 13. November 1974, Österreich strebe an, „daß die Vereinten Nationen neben New York und Genf auch Wien offiziell zu einem VN-Konferenzzentrum erklären. Die österreichische Regierung hat angeboten, Räumlichkeiten kostenlos zur Verfügung zu stellen. Das Donaupark-Projekt, das in erster Linie für UNIDO und IAEO vorgesehen ist, wird nach seiner Fertigstellung im Jahre 1978 noch Raum für weitere Sekretariatseinheiten sowie für Konferenzen bieten. Die österreichische Regierung hat die Bundesregierung um Unterstützung ihrer Bemühungen […] gebeten. Bundeskanzler Kreisky hat sich deswegen in einem Schreiben vom 18.10.1974 an Bundeskanzler Schmidt gewandt. Dieser hat mitgeteilt, daß wir den österreichischen Vorschlägen positiv gegenüberstehen und den Antrag in New York unterstützen werden." Vgl. Referat 010, Bd. 178600. Am 6. Februar 1975 dankte Bundeskanzler Kreisky Bundesminister Genscher in Wien „für die Unterstützung der Bundesregierung in Sachen ‚UNO-Konferenzzentrum'. Er wies darauf hin, daß Wien – etwas am Rande gelegen – auf solche Einrichtungen dringend angewiesen sei. Deshalb sei er für die Unterstützung der Bundesregierung besonders dankbar." Vgl. die Gesprächsaufzeichnung; VS-Bd. 9936 (202); B 150, Aktenkopien 1975.
[16] Die UNO-Generalversammlung beschloß am 16. Dezember 1975, das österreichische Angebot zur Nutzung des Donauparks in Wien für die UNO anzunehmen. Vgl. dazu die Resolution Nr. 3529; UNITED NATIONS RESOLUTIONS, Serie I, Bd. XV, S. 572.

173

Besprechung bei Bundeskanzler Schmidt

405-411.70 SB-721/75 VS-vertraulich 23. Juni 1975

Protokoll über das Gespräch bei dem Herrn Bundeskanzler am Montag, dem 23. Juni 1975, von 16.00 bis 18.00 Uhr zur Vorbereitung der „Fact-finding"-Mission von Herrn StM Wischnewski in die an der Pariser Vorkonferenz[1] teilnehmenden Erdöl- und Entwicklungsländer[2]

I. Der *Bundeskanzler* stellte einleitend fest, die Themen, denen die Mission von StM Wischnewski gilt, bildeten gegenwärtig die bedeutendste politische und außenpolitische Aufgabe. Er glaube nicht an einen schnellen Erfolg. Das Problem sei, daß es den Regierungen an Verständnis für die Problematik dieser bisher schwersten Krise seit den 30er Jahren fehle. Es habe allseits nur hilflose Reaktionen auf die gegenwärtigen Strukturverwerfungen, die Anpassungsprobleme und die Rezession gegeben, keine der anderen Regierungen sei weit genug in die Probleme eingedrungen. Auch im Kreise der USA, Frankreichs, Großbritanniens, Japans und der Bundesrepublik sei man sich über die Beurteilung der gegenwärtigen Weltwirtschaftskrise nicht einig, geschweige denn über die Therapie. Selbst die USA, auch Kissinger, werteten die Problematik unter herkömmlichen Gesichtspunkten der Machtpolitik. Der Kreisky-Besuch[3] habe einmal mehr verdeutlicht, daß man von uns erwarte, zu wissen, wie es weitergehen solle. Ob wir diesem Anspruch gerecht werden können, wisse er nicht.

Gymnich[4] sei erst ein Beginn gewesen: Man habe Energie-, Rohstoff- und Entwicklungspolitik zusammengefügt, Probleme der Währungspolitik seien dagegen nur teilweise, die Weltkonjunkturpolitik überhaupt nicht einbezogen worden.

Mit diesen Ausführungen wolle er die Mission von StM Wischnewski nicht erschweren, sondern ihre besondere Bedeutung herausstellen.

II. Ziele der Mission im einzelnen

1) Darlegung unserer Sorge über die Weltwirtschaftslage

Der Bundeskanzler führte aus, was fehle und was wir den Entwicklungsländern darstellen müßten, sei unsere Analyse der Gründe für die Weltrezession und unsere Vorstellungen zu weiteren Entwicklungen. Auch wir hätten uns allerdings mit dieser Problematik noch nicht genug beschäftigt, hierzu müßten BMF und BMWi noch geeignete Untersuchungen durchführen. Die Regierun-

---

[1] Zur Vorkonferenz der erdölproduzierenden und -verbrauchenden Staaten vom 7. bis 15. April 1975 in Paris vgl. Dok. 87.
[2] An dem Gespräch nahmen teil: Bundeskanzler Schmidt; Staatsminister Wischnewski; Ministerialdirektor Hermes; die Ministerialdirektoren Hiss und Sanne, Bundeskanzleramt, sowie Legationsrat I. Klasse Metzger.
[3] Bundeskanzler Kreisky hielt sich vom 22. bis 24. Juni 1975 in der Bundesrepublik auf. Vgl. dazu Dok. 172 und Dok. 174.
[4] Auf einer Klausurtagung am 9. Juni 1975 auf Schloß Gymnich verabschiedete das Kabinett 25 Thesen zur Politik der Zusammenarbeit mit den Entwicklungsländern. Für den Wortlaut vgl. BULLETIN 1975, S. 698 f.

gen der von StM Wischnewski besuchten Länder sollten aber erfahren, wie tief die Besorgnis des Bundeskanzlers über die Doppelkrise sei, in der sich die Welt gegenwärtig befinde, nämlich die Währungs- und die Rezessionskrise. Mitursächlich für die Weltwirtschaftskrise der 30er Jahre sei gewesen, daß keiner der Regierungen bewußt gewesen sei, wohin der Weg der Weltwirtschaft führte. Auch die „Sterntaler-Menschen", die glaubten, der Goldregen ihrer Öleinnahmen werde nie ein Ende nehmen, müßten erkennen lernen, daß sie im Falle eines noch schwereren Rückschlages der Weltwirtschaft nicht verschont bleiben. Diese Erkenntnis zu vermitteln, werde besonders schwierig sein.

Die Genesis der gegenwärtigen Weltwirtschaftsentwicklung, so führte der Bundeskanzler aus, gehe darauf zurück, daß jahrzehntelang alle übrigen Länder bemüht sein mußten, den US-Dollar stabil zu halten, während sich die USA eine hemmungslose Inflation geleistet hätten. Als dann das System von Bretton Woods[5] – notwendigerweise – zerbrach und der Dollar nicht mehr wie bisher akzeptiert wurde, seien die Auswirkungen auf die Weltwirtschaft unausweichlich gewesen. Die Inflationswelle in vielen Ländern sei durch die Nachgiebigkeit der Regierungen und der Parlamente noch zusätzlich gefördert worden.

1973 sei ein globales Währungssystem zusammengebrochen; die Folgen dieses Zusammenbruchs seien noch gar nicht abzusehen, und durch die nur ein halbes Jahr später erfolgte Ölpreisexplosion, die die Wirkungen noch potenziert habe, seien weitere Tiefenwirkungen noch unbekannten Ausmaßes entstanden.

Das gegenwärtige Weltwirtschaftssystem beruhe auf der traditionellen Fiktion, daß der Dollar alles in allem ein brauchbarer Wertmaßstab bleiben werde. Das könne so sein, müsse es aber nicht sein. Sobald man aus dem Dollar „aussteige", was auch aus rein politischen Motiven geschehen könne, sei eine weitere Deroutierung des Weltwirtschaftssystems möglich.

Das gegenwärtige System der schwebenden Wechselkurse – von Papierwährungen – erleichtere den inflatorischen Prozeß außerordentlich: Alles erfolge automatisch, ohne daß sich Regierungen für eine Abwertung rechtfertigen müßten. Nur im DM-Block und im Dollar-Block sei dies anders, allerdings sei es durchaus möglich, daß etwa Saudi-Arabien aus dem Dollar-Block aussteige.

Der Welthandel sei durch die bestehende Unsicherheit stark belastet, nichts sei mehr langfristig überschaubar, es gebe keine Kurssicherheit. MD *Dr. Hiss* wies zusätzlich darauf hin, daß das Kostenrisiko die Exporteure oft mehr belaste als das Wechselkursrisiko.

Der *Bundeskanzler* betonte, man müsse den Ölländern klar vor Augen führen, daß es heute die größte Arbeitslosigkeit seit Mitte der 30er Jahre und seit dem Zweiten Weltkrieg gebe und sehr viele mehr Hungernde als damals. Man solle die Ölländer deshalb auch direkt in die Verantwortung in den zuständigen Organisationen (IWF, Weltbank) einbeziehen und ihnen z.B. wichtige Stellen im Management übertragen. Bezüglich des Iran gebe es etwa mit Hoveyda, Ansari

---

5 Für den Wortlaut des Abkommens von Bretton Woods vom 27. Dezember 1945 über die Errichtung des Internationalen Währungsfonds und der Weltbank vgl. UNTS, Bd. 2, S. 39–205. Für den deutschen Wortlaut vgl. BUNDESGESETZBLATT 1952, Teil II, S. 638–683.
Für die am 31. Mai 1968 beschlossene, geänderte Fassung vgl. UNTS, Bd. 726, S. 266–319. Für den deutschen Wortlaut vgl. BUNDESGESETZBLATT 1968, Teil II, S. 1227–1250.

oder dem NIOC-Präsidenten[6] geeignete Persönlichkeiten für hochrangige Aufgaben.

Der Bundeskanzler führte schließlich aus, er glaube, es werde auch 1976 weltweit weiterhin Rezession oder Stagnation geben, hingegen einen kleinen Aufschwung in der Bundesrepublik Deutschland, der aber durch die Weltrezession abgeflacht werde.

2) Darlegung unserer Sorge über die Ölpreisentwicklung und die Indexierungsforderungen

Der Bundeskanzler führte aus, im Herbst seien weitere Ölpreiserhöhungen und weitere Kartellierungsversuche im Rohstoffbereich wahrscheinlich. Dies werde zusätzliches Elend in den armen Entwicklungsländern verursachen und könne schon innerhalb von zwei weiteren Jahren die Funktionsfähigkeit der Weltwirtschaft zerstören, ohne daß jemand ein Konzept habe, wie man aus dieser Situation herausfinde. Die Folgen der Ölpreiserhöhung würden Zahlungsbilanzgefüge und Währungsmechanismen berühren.

Der Bundeskanzler betonte, man müsse den Ölländern darstellen, was die Ölpreisvervierfachung schon bewirkt habe und was weitere Preissteigerungen für die Weltwirtschaft bedeuteten. Sie müßten erkennen, welche ungeheure Auswirkungen bereits eine Steigerung von „nur" 10%, geschweige denn 25 oder 30% haben.

Man müsse den Erdöl- und Entwicklungsländern, so fuhr der Bundeskanzler fort, entgegenkommen und ihnen auf ihre Forderungen etwas bieten, ohne dabei die Weltwirtschaft noch weiter in Mitleidenschaft zu ziehen. So wolle z.B. Frankreich die Indexierung anbieten[7] (ob es die Folgen und Gefahren wirklich nicht erkenne, wisse er nicht); selbst ein so intelligenter Mann wie Kreisky glaube, daß eine Indexierung helfe.

Es gehe darum, den Erdöl- und Rohstoffländern klar zu machen, welche Rückwirkungen eine Indexierung auf ihre eigene Wirtschaft und Entwicklung haben werde. Hinsichtlich der dafür zu verwendenden Argumentation ergab sich im Verlauf der Besprechung, daß vor allem darauf hingewiesen werden sollte, daß die Bundesrepublik Deutschland deswegen eine so relativ große Widerstandskraft in der gegenwärtigen Weltwirtschaftskrise bewiesen habe, weil wir uns geweigert haben, abgesehen vom Bereich der Sozialversicherung, eine Indexierung anzuwenden. Mit Vorsicht sei dagegen das Argument zu gebrauchen, stabilitätsbewußte Länder wie die Bundesrepublik Deutschland würden durch eine Indexierung bestraft. Dem könne entgegengehalten werden, daß wir mit den für uns günstigen Wechselkursen unsere terms-of-trade verbessert haben.

MD *Dr. Hermes* betonte, man müsse den Ölländern klarmachen, daß sie bei einem Zusammenbruch der Weltwirtschaft selbst bedroht seien.

3) Darlegung unserer Auffassung über die Natur der Krise

Der *Bundeskanzler* unterstrich, die gegenwärtige Weltwirtschaftslage und Depression unterscheide sich von den in den Theorien von Keynes zugrunde gelegten Modellen dadurch, daß man heute über Liquidität im Überfluß verfüge,

---

6 Manoutchehr Eghbal.
7 Zur französischen Haltung hinsichtlich der Rohstoffprobleme vgl. Dok. 159, Anm. 18.

während Keynes gemeint habe, man könne eine Rezession mit Geld stoppen. Der vorhandenen Liquidität, die nicht zu Nachfragesteigerungen und Investitionen führe, stehe aber auf der Güterseite eine Schrumpfung in allen Bereichen, Produktion, Verbrauch und Realeinkommen gegenüber. StM Wischnewski müsse seinen Gesprächspartnern klarmachen, daß wir es mit einer völlig neuartigen Form von Rezession zu tun haben, die noch in keinem Lehrbuch beschrieben sei. MD *Dr. Hiss* wies auf den kumulativen Effekt des Rückgangs der Realeinkommen und der mangelnden Investitionsbereitschaft hin und meinte, im Falle eines Wirtschaftsaufschwungs gebe es den umgekehrten kumulativen Effekt (verstärkte Investitionen würden von einem bestimmten Augenblick an trotz unausgelasteter Kapazitäten getätigt werden). Auch der Lagerzyklus werde, vor allem in den USA, zu einer Belebung führen.

Den Hinweis von StM *Wischnewski*, angesichts der Rezession sei etwa der Kupferpreis für Zaire um ein Drittel gefallen, bezeichnete der *Bundeskanzler* als ein gutes Beispiel für die allgemeine Entwicklung: Bei den Rohstoffen gehe der Preis zurück, beim Monopolgut Öl sinke dagegen das Volumen. Letzteres führe im übrigen zu einer ernsten Schiffsbaukrise im kommenden Jahr und damit zu einem weiteren Rückgang der Beschäftigung. Die Kapazitäten der Schiffsbauindustrie seien auf die vor der Energiekrise erwarteten Steigerungen des Welthandels mit Erdöl ausgelegt.

III. Weitere Überlegungen zur Lösung der Krise

1) Der Bundeskanzler führte aus, um objektive, sachgerechte Lösungen zu finden, müsse man sich vorstellen, eine „Weltwirtschaftsregierung" zu sein, die ihre wirtschaftspolitischen Entscheidungen von einem Standpunkt außerhalb der deutschen Interessen treffe und sich die Fragen stelle:

– Woran krankt das System?
– Was denken die Beteiligten darüber?
– Stimmt das?
– Welche Therapie ist angezeigt?

MD *Dr. Hiss* weist darauf hin, daß für die vielschichtige Problematik keine Lösung „aus einem Guß" möglich sei. Man müsse nicht nur international, sondern auch auf nationaler Ebene durch Stärkung der Inlandsnachfrage die Probleme angehen. Dann werde sich auch der Welthandel erholen. Der *Bundeskanzler* stimmte dem zu.

2) Der Bundeskanzler unterstrich, daß er es für notwendig erachte, die gesamte Problematik im Kreise privater internationaler Experten behandeln zu lassen. Es sei ihm gelungen, zweimal fünf westliche Fachleute zu diesem Zweck zusammenzubringen[8], doch sei es zu seinem Bedauern nicht möglich gewesen, noch vor der Pariser Vorkonferenz ein Treffen auch mit Fachleuten aus den Ölländern einzuberufen. Dies sei an den USA und Großbritannien, aber auch daran gescheitert, daß Frankreich oder der Iran nicht den Mut gehabt hätten,

---

[8] Ein erstes privates Treffen unabhängiger Sachverständiger aus erdölverbrauchenden Staaten fand am 2./3. Februar 1975 in Kronberg statt, ein zweites am 22./23. März 1975 in New York. Vgl. dazu Dok. 41, Anm. 5 und 6.

Algerien auf diese Initiative anzusprechen.⁹ Andere Länder wollten ohne Algerien nicht teilnehmen. Statt dessen habe man in Paris sich mit „banalen" Vorfragen abgegeben. Er befürchte, daß eine Wiederaufnahme der Konferenz außer Verbalkompromissen nichts Neues bringen werde. MD *Dr. Hermes* wies darauf hin, daß es zumindest als Fortschritt zu bezeichnen sei, wenn die Industrieländer nunmehr bereit seien, gleichgewichtig nebeneinander Energiefragen, Rohstoff-Fragen und Entwicklungsfragen zu behandeln. Dem stimmte der *Bundeskanzler* zu, meinte jedoch, über die Ziele sei man sich nach wie vor nicht einig. Der Bundeskanzler gab die Weisung, Herrn StM Wischnewski die Gutachten der privaten Sachverständigengruppe zugänglich zu machen und ihm Fotokopien von Briefen, etwa der Herren Giersch, Sohl, Mommsen usw., mit zum Teil guten Anregungen zu der Problematik zur Verfügung zu stellen. Er regte an, daß StM Wischnewski auch den Text der Rede des Bundeskanzlers auf dem NATO-Gipfel¹⁰ auf seine Mission mitnehme.

IV. Anregungen des Bundeskanzlers zur Vorbereitung und Durchführung der Mission von StM Wischnewski

Der Bundeskanzler empfahl, falls es möglich sei, auf dem Wege nach Algier in Paris einen Zwischenaufenthalt einzulegen, eine zweistündige Unterhaltung mit Herrn Lantzke zu führen. Ebenso halte er es für sinnvoll, wenn StM Wischnewski nach seiner Rückkehr aus Algier und vor Antritt der zweiten Reiseetappe etwa einen halben Tag mit Herrn Dr. Wilfried Guth zusammentreffe.

Im Iran seien Gespräche mit Hoveyda, Ansari und dem NIOC-Präsidenten angezeigt; in Algerien, so führte StM *Wischnewski* aus, u. a. mit Erdöl- und Energieminister Belaid Abdessalam und dem Chef von Sonatrach¹¹. Der *Bundeskanzler* riet StM Wischnewski, sich für seinen Saudi-Arabien-Besuch über die Absprachen zwischen den Saudis und der KfW und mit Herrn BM Friderichs (saudische Anlagen in der Bundesrepublik Deutschland)¹² zu unterrichten. Er habe den Eindruck, Saudi-Arabien sei uns gegenüber sehr kooperationsbereit.

Der Bundeskanzler bat den Staatsminister, auf seiner Reise besonders auch darauf zu achten, wo es in den von ihm besuchten Ländern geeignete Experten für die von ihm für wichtig erachteten privaten Expertentreffen gebe.

Der Bundeskanzler hielt es für besonders zweckmäßig, daß StM Wischnewski zum Abschluß seiner Mission Gespräche auch in den USA führt. Er regte Unterredungen insbesondere mit George Shultz und mit David Rockefeller (er werde ein Empfehlungsschreiben mitgeben) an. Darüber hinaus frage er sich, ob es nicht sinnvoll wäre, auch mit den Herren des IWF und der Weltbank zu sprechen. MD Weber solle gebeten werden, Gespräche mit McNamara und Wit-

---

9 Zu den Bemühungen des Bundeskanzlers Schmidt um eine private Konferenz unabhängiger Sachverständiger für Energie- und Finanzfragen aus erdölexportierenden und -verbrauchenden Staaten vgl. Dok. 97 und Dok. 108. Zum vorläufigen Ergebnis dieser Bemühungen vgl. Dok. 138, Anm. 19.
10 Zur Rede des Bundeskanzlers Schmidt am 30. Mai 1975 in Brüssel vgl. Dok. 143.
11 Sid Achmed Ghozali.
12 Seit Anfang April 1975 verhandelte die Kreditanstalt für Wiederaufbau mit der Saudi Arabian Monetary Agency über die Aufnahme eines Darlehens. Am 25. September 1975 berichtete Botschafter Montfort, Djidda, über die Unterzeichnung mehrerer Abmachungen: „Es handelt sich um Darlehensaufnahmen in Höhe von 400 Mio. DM (200 + 200) und 32 Mio. US-Dollar." Die Laufzeiten lägen zwischen zwei und acht Jahren, über die Höhe des Zinssatzes seien keine Angaben gemacht worden. Vgl. den Drahtbericht Nr. 587; Referat 311, Bd. 108834.

teveen für StM Wischnewski in Washington vorzubereiten und zu diesem Zweck einen Tag vorher nach Washington zu fliegen.

Der Bundeskanzler bat StM Wischnewski, bei seinen Gesprächen in den USA nicht zu viel über seine Schlußfolgerungen zu erzählen. Er wolle dies ggf. Präsident Ford direkt mitteilen.

Der Bundeskanzler bat ferner, im Iran mitzuteilen, er werde im Oktober dort Station machen.[13]

V. Allgemein führte der Bundeskanzler aus, die Reise von StM Wischnewski werde auch seitens der Industrieländer als wichtige Initiative gewertet werden. Präsident Ford werde weitgehend auf uns hören. Wenn die USA und die Bundesrepublik Deutschland zu einer gemeinsamen Auffassung gelangten, so habe dies ein unerhörtes Gewicht, dem könne sich auch Frankreich nicht entziehen. Man müsse allerdings die USA darauf hinweisen, daß unsere Energie- und Rohstoffposition von der ihren wesentlich verschieden sei.

Die USA brauchten hohe Energiepreise, wir hofften weiterhin wenigstens auf eine reale Senkung. Der Bundeskanzler wies darauf hin, wenn der geltende nominelle Ölpreis gehalten werden könne, werde der Kohlenbergbau belebt und die Investitionsbereitschaft im Kernenergiebereich gefördert.

Im Zusammenhang mit den USA wies MD *Dr. Hermes* darauf hin, daß zwar die Administration, nicht aber der Kongreß ein energiepolitisches Konzept habe. Der *Bundeskanzler* erwiderte, auch wir müßten mit Problemen im Parlament rechnen (öffentliche Finanzpolitik).

Zur Dialogfortführung war der Bundeskanzler der Meinung, daß es besser gewesen wäre, die Schaffung von vier Kommissionen ins Auge zu fassen.[14] Auf die Frage von MD *Dr. Hermes*, ob angesichts der Skepsis des Bundeskanzlers hinsichtlich der Wiederaufnahme des Dialogs nicht besser eine Wiederaufnahme erst nach Beginn der 7. SGV[15] erwogen werden sollte, erwiderte der *Bundeskanzler*, in dieser Frage wolle er sich gegenwärtig noch keine Meinung bilden. Jedoch, was auf der 7. SGV von uns vorgetragen werde, müsse zuerst mit dem Bundeskanzler erörtert werden, dies sei keine Routineangelegenheit.

VI. Im Rahmen des Gesprächs gab MD *Dr. Hiss* einen kurzen Bericht über seine Besprechungen in London mit Herrn Lever. Hierzu folgt ggf. gesonderter Vermerk.

VII. Der *Bundeskanzler* wird in der Kabinettssitzung vom 25.6.75 einige Worte zu der Mission von StM Wischnewski sagen.

Er ist damit einverstanden, daß die Reise Kinshasa, Neu Delhi, Teheran und Riad in einer Boeing 707 der Luftwaffe durchgeführt wird.

VIII. StM *Wischnewski* gab folgenden Plan für die Durchführung seiner Mission bekannt:

---

13 Bundeskanzler Schmidt besuchte den Iran vom 2. bis 4. November 1975. Vgl. dazu Dok. 333, und Dok. 337.

14 Zu den Überlegungen der Industriestaaten, auf einer weiteren Vorkonferenz der erdölproduzierenden und -verbrauchenden Staaten Kommissionen für Energie-, Rohstoff- und Entwicklungsfragen einzusetzen, vgl. Dok. 159, Anm. 14 und 19.

15 Zur 7. UNO-Sondergeneralversammlung für Entwicklung und internationale Zusammenarbeit vom 1. bis 16. September 1975 in New York vgl. Dok. 270.

Algier: 25.–27.6.75, falls notwendig, kann ein zusätzlicher Tag vorgesehen werden.[16]
Kinshasa: 30.6.–5.7.75[17]
Neu Delhi, Teheran, Riad: 6.–12.7.75[18]
Die Ergebnisse der Reise werden vor dem Europäischen Rat am 16./17. Juli[19] vorliegen.
Caracas: 2. Hälfte Juli[20]
Washington: 2. Hälfte Juli[21]
Begleitung: u. a. MD Dr. Hermes, Auswärtiges Amt, MD Dr. Weber, BMF, MDg Dr. Mueller-Thuns, BMWi.[22]

VS-Bd. 8882 (405)

174

Aufzeichnung des Ministerialdirektors van Well

202-321.36 OST-1232/75 VS-vertraulich   **23. Juni 1975**

Betr.: Gespräch des Bundesaußenministers mit dem österreichischen Bundeskanzler am 23. Juni[1]

D 4 wird über die Fragen einen Vermerk fertigen, die in die Zuständigkeit der Abteilung 4 fallen.[2]

Über politische Fragen wurde folgendes erörtert:

1) Deutsche und österreichische Kriegsgefangene in Italien

Bundeskanzler Kreisky äußerte sich sehr enttäuscht und verbittert darüber, daß immer noch ein österreichischer Kriegsgefangener[3] in Italien einsitzt. Die

---

16 Zum Besuch des Staatsministers Wischnewski in Algerien vgl. Dok. 180.
17 Staatsminister Wischnewski besuchte Zaire am 4./5. Juli 1975.
18 Staatsminister Wischnewski führte am 7./8. Juni 1975 Gespräche in Indien und am 9./10. Juli 1975 im Iran. Die Gespräche in Saudi-Arabien wurden auf den 2./3. August 1975 verlegt.
19 Zur Tagung des Europäischen Rats in Brüssel vgl. Dok. 209.
20 Staatsminister Wischnewski besuchte Venezuela vom 20. bis 23. Juli 1975.
21 Am 27. Juni 1975 vermerkte Ministerialdirektor Hermes: „Gestern wurde Ortex gemacht über Wischnewski-Mission; der Minister hat Weisung gegeben, daß er sich die Frage, wie, wo und von wem die USA informiert und konsultiert werden sollen, vorbehält. Es kann daher heute noch nicht gesagt werden, daß Herr Wischnewski diese Konsultationen auf dem Wege von Venezuela nach Bonn in Washington durchführt." Vgl. Referat 405, Bd. 113911.
22 Zum Ergebnis der „Fact-finding Mission" des Staatsministers Wischnewski vgl. Dok. 259.
1 Bundeskanzler Kreisky hielt sich vom 22. bis 24. Juni 1975 in der Bundesrepublik auf. Für das Gespräch mit Bundeskanzler Schmidt am 23. Juni 1975 vgl. Dok. 172.
2 Ministerialdirektor Hermes vermerkte am 23. Juni 1975, Bundeskanzler Kreisky habe gegenüber Bundesminister Genscher „den katastrophalen Rückgang der österreichischen Schlachtrinder und Rindfleischausfuhren in der EG" angesprochen und Überlegungen zum künftigen Verhältnis zwischen Österreich und den Europäischen Gemeinschaften entwickelt. Vgl. Referat 420, Bd. 108696.
3 Zum Fall des in Italien inhaftierten ehemaligen SS-Sturmbannführers Reder vgl. Dok. 172, Anm. 9.

österreichische Regierung und er persönlich hätten sich nachdrücklich für die Freilassung eingesetzt, aber nur vage und nichtssagende Antworten erhalten. Die Italiener hätten darauf hingewiesen, daß die KPI großen Lärm machen würde. Kreisky meinte, den müsse man eben einmal durchstehen. Der damalige Staatspräsident Saragat habe sich ihm gegenüber bereit erklärt, den Gefangenen zu begnadigen. Die italienische Regierung habe es aber nicht vermocht, einen entsprechenden Vorschlag zu unterbreiten. Es sei ein unerträglicher Gedanke, daß immer noch jemand festgehalten wird, der nach der eigenen Gesetzgebung längst hätte freigelassen werden müssen. Es bleibe nichts weiter übrig, als immer weiter zu intervenieren.

Der Bundesminister berichtete, daß er bei seinem kürzlichen Besuch in Rom gegenüber Außenminister Rumor mit großem Nachdruck auf die Freilassung des deutschen Kriegsgefangenen gedrungen habe, ohne aber eine Zusage zu erhalten.[4]

2) Die Stärkung des Europarats

Der Bundesminister erwähnte, daß er bereits in dem heutigen Gespräch mit dem Vorsitzenden der österreichischen liberalen Partei FPÖ, Herrn Peter, erörtert habe, wie man das Gewicht des Europarats stärken könnte. Auf seinen Skandinavien-Reisen[5] habe er die Brückenfunktion des ER zwischen dem Europa der Neun und den übrigen europäischen Demokratien erörtert. Es sei der Gedanke vorgetragen worden, daß einmal im Jahr unmittelbar vor einer Tagung des Ministerkomitees des ER die EPZ zusammentrete, damit alle neun Außenminister gleichzeitig in Straßburg versammelt sind.

Herr Kreisky stimmte dem Gedanken einer Stärkung der Funktion des ER zu. Der ER sei das einzige Gremium von Parlamentariern des ganzen demokratischen Europa. Die Kontakte zu den Neun sollten verbessert werden.

3) Verhältnis EG–Österreich

Bundeskanzler Kreisky berichtete über seine Absicht, Österreich näher an die EG heranzuführen. Wenn die KSZE abgeschlossen sei, sei er bereit, eine neue Etappe im Verhältnis Österreichs zur EG zu beginnen unter der Voraussetzung, daß die allgemeine Entspannung in Europa keine Mißverständnisse aufkommen lasse. Österreich könne sich dann ein größeres Maß an Integration mit der EG leisten. Allerdings käme eine Übertragung von Souveränitätsrechten nicht in Betracht. Die Sowjetunion werde wahrscheinlich negativ reagieren, aber das störe die österreichische Regierung nicht. Man wisse, was man tun könne. Die EG solle die Initiative ergreifen für eine engere Beteiligung der Außenseiter. Er denke vor allem an eine Beteiligung am Sozialbereich, aber auch an anderen Aktivitäten.

Schon vor acht Jahren habe er sich für einen Drei-Phasen-Plan eingesetzt, nämlich

a) Milderung der Diskriminierung der europäischen Außenseiter seitens der EG;

---

[4] Zu den Gesprächen des Bundesministers Genscher mit dem italienischen Außenminister Rumor am 20./21. Februar 1975, in denen auch der Fall des in Italien inhaftierten ehemaligen SS-Obersturmbannführers Kappler zur Sprache kam, vgl. Dok. 35.

[5] Bundesminister Genscher besuchte am 23./24. Januar 1975 Finnland, vom 13. bis 15. Februar 1975 Schweden und am 3./4. Juni 1975 Norwegen.

b) allgemeine EFTA-Lösung (Überwindung des von Hallstein aufgebauten Hindernisses der Ablehnung einer europäischen Freihandelszone[6]);

c) im Zuge der Ost-West-Entspannung Anvisierung eines österreichischen Nahverhältnisses besonderer Art.[7]

Im Kielwasser der KSZE müsse man jetzt vorsichtig diese dritte Stufe einleiten. Dies gehöre zu den nächsten Aufgaben der österreichischen Politik. Man werde in Österreich Studiengruppen bilden, und er werde es bei nächster Gelegenheit beim Europarat in Straßburg öffentlich erwähnen.[8] Er hoffe, daß von der EG-Seite eine entsprechende Reaktion komme.

Bundeskanzler Kreisky hat anschließend bei der Tischrede im Bundeskanzleramt öffentlich etwa folgendes erklärt:

Im Zuge der Entspannung in Europa beabsichtige Österreich, neue Möglichkeiten der Beteiligung an der europäischen Integration zu verwirklichen.[9]

4) KSZE

Kreisky war der Auffassung, daß man jetzt einen Punkt machen müsse und zum Schluß kommen solle.[10] Er glaubte, daß man den einen oder anderen Punkt noch für Helsinki offenlassen solle, damit auch auf der Gipfelebene noch ein materielles Ergebnis beigesteuert werden könne.

Hierzu erwiderte der Bundesminister, daß er dieser Meinung nicht beipflichten könne, weil Breschnew sich in Helsinki wohl kaum mehr bewegen werde.

---

[6] Auf Beschluß des Rats der OEEC vom 17. Oktober 1957 führte eine zwischenstaatliche Kommission unter Vorsitz des Sonderbeauftragten der britischen Regierung, Maudling, Verhandlungen über die Errichtung einer Freihandelszone. Ziel war der Abbau von Zollschranken und Kontingentierungen zwischen den potentiellen Mitgliedstaaten, denen aber – anders als in der mit gemeinsamen Außenzöllen operierenden EWG – die Zollautonomie gegenüber Drittstaaten belassen werden sollte. Da die französische Regierung diesen Vorstellungen nicht zustimmte, wurden die Gespräche im November 1958 abgebrochen. Für die von Maudling am 30. Oktober 1957 vorgelegten Vorschläge vgl. Referat 200, Bd. 456.

Am 26. Februar 1959 legte die EWG-Kommission ein erstes Memorandum über die Probleme einer Europäischen Wirtschaftsassoziation vor, das im Laufe des Jahres mehrfach überarbeitet, aber von den kurz vor Vertragsabschluß stehenden EFTA-Staaten abgelehnt wurde. Für das Memorandum vgl. BT ANLAGEN, Bd. 61, Drucksache Nr. 958, Anlage 6.

1961 kam es zu erneuten Gesprächen über eine Assoziierung der EFTA mit der EWG. Der EFTA-Rat betonte im Londoner Kommuniqué vom 28. Juni 1961 den Wunsch nach einer „wirtschaftlichen Integration von Europa als Ganzem in Form eines einzigen Marktes". Vgl. EFTA BULLETIN 2 (1961), Nr. 7, S. 8 f.

Dieser „Brückenschlag" zwischen EFTA und EWG scheiterte 1962 am Widerspruch sowohl einzelner EWG-Mitgliedstaaten als auch der UdSSR, die sich gegen eine Assoziierung neutraler Staaten mit der EWG wandte.

[7] Nach dem Scheitern des britischen EWG-Beitritts am 28./29. Januar 1963 erwog die österreichische Regierung, die am 12. Dezember 1961 beantragte Assoziierung mit der EWG ungeachtet der österreichischen EFTA-Mitgliedschaft weiter zu betreiben. Am 3. Dezember 1963 sprach Außenminister Kreisky gegenüber Bundeskanzler Erhard die Hoffnung auf eine multilaterale Lösung aus. Vgl. dazu AAPD 1963, III, Dok. 445.

[8] Das Ministerkomitee des Europarats tagte am 27. November 1975 in Paris. Dazu teilte Vortragender Legationsrat I. Klasse Engels am 1. Dezember 1975 mit: „Dänen und Österreicher appellierten erneut an Außenminister der EG-Staaten, persönlich an Sitzungen des M[inister]K[omitees] teilzunehmen, um dem in der Welt entstandenen Eindruck entgegenzuwirken, als bestehe Westeuropa nur aus der Europäischen Gemeinschaft." Vgl. den Runderlaß Nr. 160; Referat 240, Bd. 102882.

[9] Für den Wortlaut der Rede des Bundeskanzlers Kreisky vom 23. Mai 1975 vgl. BULLETIN 1975, S. 755 f.

[10] Zur Diskussion über den Termin für die KSZE-Schlußkonferenz vgl. Dok. 147, Anm. 17, und Dok. 155, Anm. 12.

5) Nahost

Der Bundesminister würdigte die positive Haltung von Präsident Sadat. Die Chance eines solchen verantwortungsbewußten Staatsmannes solle man für die Aushandlung einer Friedensregelung voll nutzen. Kreisky fragte nach dem Eindruck über den syrischen Außenminister Khaddam, den er früher als extrem pro-sowjetisch kennengelernt habe. Der Bundesminister berichtete hierzu, daß Khaddam sich in Bonn[11] flexibel und verantwortungsbewußt gezeigt habe.

Kreisky meinte, daß die Israelis dazu veranlaßt werden müßten, ihre Intransigenz aufzugeben, denn eine weitere Verzögerung bei einer Friedensregelung werde uns alle sehr gefährden. Präsident Ford habe in Salzburg klargemacht, daß die USA Israel nicht nur Geld und Waffen, sondern auch „advice" liefern würden.[12] Er, Kreisky, habe den Eindruck, daß Ford, wenn die nächste Disengagement-Phase scheitere, mit einem umfassenden Plan nach Genf[13] gehen werde. Er werde trotz der Israel-Lobby in den USA sich dann für die Verhandlungen in Genf stark machen.

6) Türkei

Der Bundesminister berichtete über seine Gespräche in Ankara[14], insbesondere über die Probleme, die im türkisch-amerikanischen Verhältnis aufgetreten sind. Er habe den Eindruck, daß die Türken sich vor der Lösung der Frage der amerikanischen Verteidigungshilfe[15] in der Zypern-Frage nicht bewegen werden.

7) Polen

Kreisky berichtete anhand eines ihm vorliegenden polnischen Papiers über ein Gespräch, das er im Januar mit dem polnischen Ministerpräsidenten Jaroszewicz geführt hat.[16] Dieser habe ausgeführt, daß seit dem Wechsel im Amt des Bundeskanzlers[17] die politischen Gespräche zwischen beiden Ländern praktisch zum Stillstand gekommen seien. Die jetzige Haltung, wonach das Sozialversicherungsabkommen ratifiziert werden müsse[18], lasse Zweifel daran auftauchen, ob es überhaupt in Kraft treten werde. Die polnische Regierung stünde unter starkem Druck der ehemaligen Widerstandskämpfer und Häftlinge. In

---

[11] Der syrische Außenminister Khaddam hielt sich vom 12. bis 14. Mai 1975 in der Bundesrepublik auf. Für das Gespräch mit Bundesminister Genscher am 12. Mai 1975 vgl. Dok. 112.

[12] Präsident Ford traf am 1./2. Juni 1975 in Salzburg mit Bundeskanzler Kreisky und mit Präsident Sadat zusammen. Vgl. dazu Dok. 159, Anm. 24.

[13] Zur Friedenskonferenz für den Nahen Osten in Genf vgl. Dok. 76, Anm. 20.

[14] Bundesminister Genscher besuchte die Türkei vom 18. bis 20. Juni 1975. Vgl. dazu Dok. 170 und Dok. 177.

[15] Zum Beschluß des amerikanischen Kongresses vom 17. Oktober bzw. 17./18. Dezember 1974 über die Einstellung der Verteidigungshilfe für die Türkei zum 5. Februar 1975 vgl. Dok. 28, Anm. 21.
Zu den Bemühungen, diesen Beschluß rückgängig zu machen, vgl. Dok. 163, besonders Anm. 23.

[16] Bundeskanzler Kreisky hielt sich vom 31. Januar bis 2. Februar 1975 „zu einem nichtoffiziellen Besuch" in Zakopane auf und traf dort mit Ministerpräsident Jaroszewicz zusammen. Vgl. den Drahtbericht Nr. 93 des Botschaftsrats Vogel, Warschau, vom 3. Februar 1975; Referat 203, Bd. 109212.

[17] Bundeskanzler Brandt trat am 6. Mai 1974 zurück. Am 16. Mai 1974 wurde Helmut Schmidt zum Bundeskanzler gewählt.

[18] Zu der während der Verhandlungen zwischen der Bundesrepublik und Polen über ein Sozialversicherungsabkommen vom 7. bis 10. Januar 1975 aufgekommenen Frage der Ratifizierungsbedürftigkeit eines solchen Abkommens vgl. Dok. 47, Anm. 11.

Polen gebe es keineswegs Hunderttausende von Umsiedlungswilligen deutscher Volkszugehörigkeit, wie die Bundesregierung es behaupte. Angesichts des hohen Handelsdefizits werde man genötigt sein, die wirtschaftlichen Beziehungen schrittweise einzuschränken. Man wolle dies aber nicht in drastischer Weise tun, um nicht die Position der Bundesregierung zu erschweren.

van Well

VS-Bd. 9937 (202)

175

Aufzeichnung der Ministerialdirektoren van Well und Hermes

410/412-423.00
200-350.00

23. Juni 1975[1]

Herrn Staatsminister Wischnewski
Über Herrn Staatssekretär[2] Herrn Minister[3]

Betr.: Europa nach dem Referendum[4]
hier: Europapolitisches Arbeitsprogramm

Zweck der Vorlage: Der Ausgang des britischen Referendums befreit die Europapolitik von einer Hypothek, beseitigt aber nicht die objektiven Schwierigkeiten, die vor allem der weiteren wirtschaftlichen Integration im Wege stehen. Dennoch wird vorgeschlagen, den politisch-psychologischen Auftrieb zu nutzen, um durch ein realistisches europapolitisches Arbeitsprogramm

– bei Regierungen und Bevölkerungen den Sinn für Dringlichkeit und Vorrang europäischer Einigungspolitik zu schärfen,

– die anstehenden Entscheidungen energisch anzupacken und die Wiederherstellung des wirtschaftlichen Gleichgewichts unter den Neun zu fördern,

– die bereits vom Pariser Gipfel 1974[5] angestrebte Kohärenz europäischer politischer Willensbildung schrittweise durchzusetzen.

---

[1] Die Aufzeichnung wurde von den Vortragenden Legationsräten I. Klasse Jelonek und von der Gablentz sowie von Vortragendem Legationsrat Trumpf konzipiert.
Hat Ministerialdirigent Kinkel am 3. Juli 1975 vorgelegen.

[2] Hat Staatssekretär Sachs am 27. Juni 1975 vorgelegen, der für Staatssekretär Gehlhoff vermerkte: „Ich bin der Meinung, daß vielleicht folgender Gesichtspunkt stärker herausgearbeitet werden sollte: Es muß klar sein, daß die Randgebiete der Europäischen Gemeinschaften – Portugal, Spanien, Griechenland, Türkei, Österreich – nicht sich selbst überlassen bleiben dürfen, da von ihnen eine Gefährdung des Kerngebiets der neun EG-Länder ausgehen kann. Diese Länder brauchen unsere Unterstützung."
Hat Gehlhoff am 3. Juli 1975 vorgelegen.

[3] Hat Bundesminister Genscher vorgelegen.

[4] Zum Ergebnis des Referendums vom 5. Juni 1975 über die britische EG-Mitgliedschaft vgl. Dok. 145, Anm. 5.

[5] Zur Gipfelkonferenz der EG-Mitgliedstaaten am 9./10. Dezember 1974 vgl. AAPD 1974, II, Dok. 369.

I. Ein europapolitisches Arbeitsprogramm sollte nur das zur Zeit politisch Mögliche zusammenfassen und keine übertriebenen Erwartungen wecken. Denn die objektiven Schwierigkeiten dauern an:

Wirtschafts- und währungspolitische Einigung sind unter dem Eindruck innerer und äußerer Störungen fast zum Stillstand gekommen. Die Gemeinschaft mußte sich seit zwei Jahren vor allem auf die Erhaltung des bisher Errungenen konzentrieren. Der Spielraum für Fortschritte in Richtung auf die Wirtschafts- und Währungsunion ist angesichts der anhaltend unsicheren internationalen Wirtschafts- und Währungslage eng begrenzt. Die Bereitschaft, für diese langfristig für richtig gehaltene Politik kurzfristig finanzielle Opfer zu bringen, ist gering. Dennoch müssen alle Möglichkeiten weiterhin voll genutzt werden.

Infolge innerer Stagnation und der von außen an die Gemeinschaft herangetragenen Erwartungen und Forderungen hat sich der Schwerpunkt auf die auswärtige Politik verlagert. Hier liegen auch die Chancen – allerdings innerhalb finanzieller Grenzen –, kurzfristig durch eine gemeinsame oder koordinierte Politik das Gewicht der Gemeinschaft in der Weltpolitik zur Geltung zu bringen und damit auch den inneren Zusammenhalt zu stärken, dessen eigentliches Kernstück die Wirtschafts- und Währungsunion bleiben muß.

II. Das vorgeschlagene Arbeitsprogramm sollte sich auf die folgenden vier Bereiche konzentrieren:

1) Verdeutlichung der politischen Zielsetzung

Es geht darum, durch einen neuen Sinn für die Dringlichkeit europäischer Lösungen den in der Regierungserklärung verankerten Vorrang der Europapolitik[6] praktisch zur Geltung zu bringen, den notwendigen finanziellen Einsatz zu rechtfertigen und europapolitischen Ermüdungserscheinungen entgegenzuwirken. Im Europäischen Rat sollte mit diesem Ziel vereinbart werden:

– Eine konzertierte Öffentlichkeitsarbeit in allen EG-Staaten zu folgendem Thema: Nur die Einigungspolitik bietet den Westeuropäern die Chance zum Aufbau einer genügend breiten Aktionsbasis, die auch in Zukunft die Mitwirkung an den weltpolitischen Entscheidungen ermöglicht, die ihr Schicksal bestimmen. Die neun Regierungssprecher und die Kommission sollten beauftragt werden, die Einzelheiten festzulegen.

– Die Mission Tindemans (Bericht über Europäische Union bis Ende 1975[7], vorbereitende Gespräche mit Regierungen und politischen Gruppen) sollte in allen neun Staaten als Kristallisationspunkt nationaler Meinungsbildung über die Zielsetzung der Europapolitik genutzt werden.

2) Wiederaufnahme der Arbeiten an der Wirtschafts- und Währungsunion

Nachdem der Bereich des inneren Ausbaus längere Zeit ganz im Zeichen des Krisenmanagements stand, geht es jetzt darum, den Prozeß der inneren Schwä-

---

[6] Für den Wortlaut der Ausführungen des Bundeskanzlers Schmidt vom 17. Mai 1974 vor dem Bundestag zur Außen- und insbesondere zur Europapolitik vgl. BT STENOGRAPHISCHE BERICHTE, Bd. 88, S. 6597–6599.

[7] Zur Beauftragung des Ministerpräsidenten Tindemans mit einem Bericht über die Europäische Union vgl. Dok. 76, Anm. 2.

chung endgültig zu beenden, die Lage zu konsolidieren und allmählich wieder auf Fortschritte in Richtung WWU umzuschalten. Tempo und Ausmaß des Neubeginns werden dabei ganz erheblich von der weiteren weltwirtschaftlichen Entwicklung abhängen:
- Fortsetzung des Prozesses der inneren Stabilisierung durch Wiederherstellung größerer Konvergenz zwischen den Konjunkturverläufen,
- Überwindung von Rezession und Eindämmung des Preisauftriebs durch konsequent komplementäre Maßnahmen der Überschuß- und Defizitpartner,
- nach der Reintegration Frankreichs[8] allmähliche Wiederannäherung Italiens, Irlands, und Großbritanniens an den europäischen Währungsverbund[9], wobei die Hauptlast der Anpassung von diesen Ländern zu tragen sein wird,
- Nutzung des währungspolitischen Solidaritätsdispositivs zur Abstützung nationaler Stabilisierungsprogramme,
- Einsatz der regional- und sozialpolitischen Gemeinschaftsinstrumente zum Abbau von Ungleichgewichten und zur Bekämpfung von Beschäftigungsproblemen.

3) Instrumente

Es geht darum, im Verfolg der Pariser Gipfelbeschlüsse 1974 die Institutionen zu stärken, die geeignet sind, eine einheitliche politische Willensbildung in der EG nach innen und außen deutlich zu machen.

a) Ausbildung der „Richtlinienkompetenz" des Europäischen Rats durch Orientierungen für eine gemeinsame Politik nach innen und außen.

b) Stärkung des Europäischen Parlaments und der Mitwirkung aller politischen Kräfte im Einigungsprozeß:
- Direktwahl bis Mai 1978, Aufhebung des britischen und dänischen Vorbehalts zum Pariser Gipfelbeschluß 1974[10]; rasche Erörterung im Rat mit dem Ziel eines Ratsbeschlusses 1976, um rechtzeitige Vorbereitung nationaler Maßnahmen zu ermöglichen;
- parallel Beginn interner Diskussion über Erweiterung der Befugnisse des EP;
- Förderung der Zusammenarbeit der Parteien und Verbände über die Grenzen hinweg in Vorbereitung der Direktwahl.

---

8 Zum Ausscheiden Frankreichs aus der europäischen Währungsschlange am 19. Januar 1974 und zur Ankündigung des Wiedereintritts durch Staatspräsident Giscard d'Estaing am 9. Mai 1975 vgl. Dok. 140, Anm. 5.

9 Am 23. Juni 1972 beschloß die britische Regierung die Freigabe des Wechselkurses des Pfund Sterling und schied damit aus der europäischen Währungsschlange aus.
Am 24. Juni 1972 wurde in der Presse der Beschluß der irischen Zentralbank bekanntgegeben, daß eine Neubewertung des Irischen Pfund gegenüber dem Pfund Sterling nicht in Betracht gezogen werde, womit auch Irland aus dem Währungsverbund ausschied.
Um Währungsspekulationen gegen die Lira zu stoppen und den Zustrom von amerikanischen Dollars einzudämmen, beschloß die italienische Regierung per 21. Januar 1973 die Spaltung des Devisenmarktes in eine Handels-Lira mit festem Wechselkurs und eine Kapital-Lira mit freiem Wechselkurs. Am 13. Februar 1973 wurde auch die Handels-Lira freigegeben.

10 Zum Beschluß der Gipfelkonferenz der EG-Mitgliedstaaten am 9./10. Dezember 1974 über Direktwahlen zum Europäischen Parlament vgl. Dok. 27, Anm. 15.
Zum britischen Vorbehalt gegen diesen Beschluß vgl. Dok. 159, Anm. 8.
Dänemark erklärte auf der Gipfelkonferenz, es könne „sich im jetzigen Stadium noch nicht zur Einführung der allgemeinen Wahl im Jahre 1978 verpflichten". Vgl. EUROPA-ARCHIV 1975, D 43.

c) Zusammentreten der vom Pariser Gipfel beschlossenen Arbeitsgruppen „Paßunion" und „Europäische Bürgerrechte".[11]

d) Förderung des Zusammenwirkens EG und EPZ bei der Ausarbeitung einer kohärenten europäischen Außenpolitik (u. a. Nutzung administrativer Infrastruktur des EG-Rats für EPZ-Arbeit; vermehrte gegenseitige Beteiligung EG–EPZ bei grundsätzlichen außenpolitischen Fragen).

4) Kohärente Außenpolitik

Es geht darum, die in der letzten Zeit in EG und EPZ gemachten außenpolitischen Fortschritte (Abkommen von Lomé[12], Mittelmeer- und Nahostpolitik, Europäisch-Arabischer Dialog[13], KSZE, gemeinsame Handelspolitik/Ost) und die fälligen Entscheidungen für eine gemeinsame oder koordinierte Politik zum multilateralen Energie- und Rohstoffdialog insbesondere in den VN schrittweise zu einer zusammenhängenden europäischen Außenpolitik auf den drei großen Gebieten Osteuropa/Entspannung, Mittelmeer/Nahost und Dritte Welt/VN auszubilden.

a) Osteuropa/Entspannungspolitik:

– Weiterentwicklung der bei KSZE erarbeiteten Elemente gemeinsamer Neuerhaltung (Schwerpunkt Osteuropa-Arbeitsgruppe der EPZ mit Beteiligung der Kommission);

– Weiterentwicklung der EG-Handelspolitik gegenüber Osteuropa; in dem Zusammenhang schrittweise Vergemeinschaftung kooperationspolitischer Instrumente;

– anknüpfend an KSZE-Erfahrungen vertrauliche Gespräche im EPZ-Rahmen über gemeinsame Vertretung europapolitischer Interessen und Gesichtspunkte bei laufenden Entspannungs-, Abrüstungs- und Rüstungskontroll-Verhand-

---

[11] Vgl. dazu Ziffern 10 und 11 des Kommuniqués der Gipfelkonferenz der EG-Mitgliedstaaten am 9./10. Dezember 1974; Dok. 54, Anm. 14, und Dok. 159, Anm. 9.

[12] Zum AKP-EWG-Abkommen von Lomé vom 28. Februar 1975 vgl. Dok. 15, Anm. 18.

[13] Vom 10. bis 15. Juni 1975 fand in Kairo das erste Expertentreffen im Rahmen des Europäisch-Arabischen Dialogs statt. Verabschiedet wurde ein Memorandum, „bestehend aus einer allgemeinen Beschreibung der Ziele des EAD (Einleitung), einem Themenkatalog für die beabsichtigte Zusammenarbeit sowie einer Abschlußbemerkung über die künftige Arbeit". Zu den Einzelheiten teilte Vortragender Legationsrat Engels am 19. Juni 1975 mit: „Zwar haben die Neun nach langen Verhandlungen der Einsetzung eines besonderen Abschnitts ‚Handel' und damit auch der Bildung einer entsprechenden Arbeitsgruppe zugestimmt. Entgegen den Vorankündigungen bestand die arabische Seite aber nicht auf der Einrichtung einer besonderen Arbeitsgruppe ‚friedliche Nutzung der Kernenergie'. Etwaige Kooperationsmöglichkeiten sollen in den Bereichen ‚Landwirtschaft' und ‚Technologie' geprüft werden. Ein Informationsaustausch über Arbeits- und Sozialfragen soll unter dem Gesprächsthema ‚kulturelle und technologische Zusammenarbeit' erfolgen. Die Einsetzung eines besonderen Abschnitts über Arbeitsfragen konnte jedoch vermieden werden. Die Möglichkeit der Erörterung von eventuellen Dreieckskooperationen in Drittländern konnte im Schlußteil des Kapitels ‚finanzielle Kooperation' offengehalten werden." Die arabischen Staaten hätten sich vorbehalten, dem Memorandum gesonderte Erklärungen über „Technologietransfer zu besonders vorteilhaften Bedingungen; Abbau tarifärer und nicht-tarifärer Handelshemmnisse; Garantie für arabische Kapitalanlagen in Europa; Zusammenarbeit auf dem Gebiet der Beschäftigung arabischer Arbeiter in Europa und ihrer Berufsausbildung" beizufügen. Vgl. den Runderlaß Nr. 87; Referat 240, Bd. 102880.
Für das Memorandum vom 14. Juni 1975 vgl. Referat 411, Bd. 407.

lungen mit längerfristigem Ziel einer gemeinsamen Neuner-Haltung in sicherheitspolitischen Fragen.

b) Mittelmeer- und Nahostpolitik:

- Beitritt Griechenlands[14], ggf. Neuordnung der Beziehungen zu den übrigen europäischen Mittelmeer-Ländern einschließlich der Türkei;
- Vollendung der Mittelmeerpolitik der EG, insbesondere rascher Abschluß überfälliger Abkommen mit Maghreb-Staaten[15], Spanien[16] und Malta[17]; baldige Aufnahme von Verhandlungen mit Maschrek-Ländern (Ägypten, Libanon, Syrien, Jordanien)[18];
- gemeinsame Haltung in Mittelmeerfragen (Fortsetzung gemeinsamer Zypernpolitik, Entwicklung gemeinsamer Haltung zu Fragen der Iberischen Halbinsel);
- Europäisch-Arabischer Dialog;
- Weiterentwicklung der mit Nahost-Erklärung vom November 1973[19] begonnen gemeinsamen Nahostpolitik (Neuner-Initiative[20], interne Vorarbeiten zur Garantiefrage).

c) Verhältnis zur Dritten Welt, insbesondere im multilateralen Rahmen:

- Zentrales Thema, auch des bevorstehenden Europäischen Rats[21]:

Erarbeitung einer gemeinsamen Haltung zu den Energie-, Rohstoff- und Entwicklungsproblemen im Hinblick auf die 7. Sondervollversammlung der Vereinten Nationen[22] und den multilateralen Konferenzdialog.[23]

---

[14] Griechenland stellte am 12. Juni 1975 einen Antrag auf Beitritt zu den Europäischen Gemeinschaften. Vgl. dazu BULLETIN DER EG 6/1975, S. 11–14.

[15] Zu den Verhandlungen zwischen den Europäischen Gemeinschaften und den Maghreb-Staaten vgl. Dok. 76, Anm. 25.

[16] Am 29. Juni 1970 unterzeichneten Spanien und die Europäischen Gemeinschaften ein präferentielles Handelsabkommen, das den schrittweisen Abbau von Handelshindernissen und Zöllen zum Ziel hatte. Es trat am 1. Oktober 1970 in Kraft. Für den Wortlaut vgl. AMTSBLATT DER EUROPÄISCHEN GEMEINSCHAFTEN, Nr. L 182 vom 16. August 1970, S. 4–8.
Von Juli bis Oktober 1973 fanden drei Verhandlungsrunden über ein neues Abkommen zwischen den Europäischen Gemeinschaften und Spanien statt, in denen es zu keiner Einigung kam. Auch nach der Verabschiedung neuer Verhandlungsrichtlinien und einer weiteren Gesprächsrunde am 20./21. November 1974 kam kein Abkommen zustande. Vgl. dazu SIEBENTER GESAMTBERICHT 1973, S. 414f. Vgl. ferner ACHTER GESAMTBERICHT 1974, S. 284.

[17] Zu den Gesprächen zwischen den Europäischen Gemeinschaften und Malta vgl. Dok. 185, besonders Anm. 9 und 10.

[18] Zu den Vorschlägen der EG-Kommission vom 22. Januar 1975 zur Aufnahme von Verhandlungen mit den Maschrek-Staaten und zur Haltung der Bundesregierung vgl. Dok. 112, Anm. 18.
Zur Mittelmeerpolitik der Europäischen Gemeinschaften vgl. auch Dok. 181, Anm. 2.

[19] Zur Nahost-Erklärung der Außenminister der EG-Mitgliedstaaten vom 6. November 1973 vgl. Dok. 29, Anm. 3.

[20] Zum Vorschlag für eine europäische Nahost-Initiative und zur Erörterung im Politischen Komitee im Rahmen der EPZ am 16. Juni 1975 vgl. Dok. 176.

[21] Zur Tagung des Europäischen Rats am 16./17. Juli 1975 in Brüssel vgl. Dok. 209.

[22] Zur 7. UNO-Sondergeneralversammlung für Entwicklung und internationale Zusammenarbeit vom 1. bis 16. September 1975 in New York vgl. Dok. 270.

[23] Zu den Überlegungen hinsichtlich einer Wiederaufnahme der Vorkonferenz erdölexportierender und -verbrauchender Staaten vgl. Dok. 159, Anm. 14 und 19.

− Entwicklung gemeinsamer VN-Politik als dritter Schwerpunkt der EPZ.[24]

van Well   Hermes

Referat 410, Bd. 105665

176

Aufzeichnung des Ministerialdirektors Lahn

310-350.42   23. Juni 1975[1]

Herrn Staatssekretär[2]

Betr.: Europäische Nahost-Initiative
hier: Erörterung in der EPZ-Nahost-Arbeitsgruppe am 27. Juni 1975

Bezug: Staatssekretärsvorlage vom 6. Juni 1975 – 310-350.42 (liegt bei)[3]

Vorschlag: Billigung[4] unseres Vorgehens in der EPZ-Nahost-Arbeitsgruppe am 27. Juni 1975

1) Das PK beauftragte am 16.6.1975 die Nahost-Arbeitsgruppe, die Opportunität einer Nahost-Initiative und unseren Entwurf einer Demarche und Erklärung der Neun zu prüfen.[5] Die Arbeitsgruppe tritt am 27.6. in Dublin zusammen.

---

[24] Am 13. Februar 1975 stimmten die Außenminister der EG-Mitgliedstaaten auf ihrer Konferenz im Rahmen der EPZ in Dublin einem Vorschlag der Bundesregierung zu, die Zusammenarbeit in der UNO zu verstärken. Vgl. dazu Dok. 27.

[1] Die Aufzeichnung wurde von Vortragendem Legationsrat I. Klasse Böcker und von Vortragendem Legationsrat Richter konzipiert.

[2] Hat Staatssekretär Gehlhoff am 23. Juni 1975 vorgelegen.

[3] Dem Vorgang beigefügt. Ministerialdirektor Lahn legte den Entwurf einer europäischen Nahost-Initiative vor, der als Grundlage für eine Erörterung durch das Politische Komitee im Rahmen der EPZ am 16. Juni 1975 in Dublin bestimmt war. Dazu teilte er mit, daß Bundesminister Genscher zugestimmt habe, „den konkreten Vorschlag einer europäischen Demarche, verbunden mit unserem Entwurf des Wortlauts, am 16. Juni 1975 im PK einzubringen". Das Politische Komitee sei am 26. Mai 1975 von der Konferenz der Außenminister der EG-Mitgliedstaaten im Rahmen der EPZ zur Prüfung einer solchen Nahost-Initiative beauftragt worden: „Ein Mandat zur Vorbereitung einer konkreten Demarche wurde noch nicht erteilt." Vgl. Referat 310, Bd. 109111.
Im Entwurf vom 22. Mai 1975 für eine Demarche und Erklärung der EG-Mitgliedstaaten gegenüber den am Nahost-Konflikt beteiligten Staaten wurde an deren besondere Verantwortung erinnert und darauf hingewiesen, „daß die internationale Gemeinschaft es nicht hinnehmen kann, durch einen Konflikt vorwiegend regionalen Ursprungs höchst gefahrvollen Entwicklungen ausgesetzt zu werden". Wie bereits im Vorentwurf vom 30. April 1975 wurde Israel aufgefordert, die Rechte des palästinensischen Volkes anzuerkennen und die territoriale Besetzung zu beenden. Gleichzeitig sollten die arabischen Staaten und die Palästinenser „das Recht Israels auf Existenz in gesicherten Grenzen" anerkennen. Die Rechte beider Seiten dürften „sich nicht gegenseitig behindern und gefährden". Vgl. Referat 310, Bd. 109111.
Zum Vorentwurf vom 30. April 1975 vgl. Dok. 98, Anm. 12.

[4] Dieses Wort wurde von Staatssekretär Gehlhoff hervorgehoben.

[5] Zur Erörterung einer europäischen Nahost-Initiative auf der Sitzung des Politischen Komitees im Rahmen der EPZ am 16. Juni 1975 in Dublin vermerkte Vortragender Legationsrat Richter am 18.

Unsere Initiative wurde im PK von Frankreich, Italien, Irland und Luxemburg begrüßt. Die Niederlande, Dänemark und Großbritannien äußerten sich zurückhaltend; die Vermittlungsbemühungen der USA seien gegenwärtig vorrangig. Irland berichtete über den gegenüber AM FitzGerald geäußerten Wunsch Ägyptens nach einer aktiven Rolle Europas bei der Suche nach einer Nahost-Friedenslösung[6] und über wachsendes amerikanisches Verständnis für entsprechende europäische Bemühungen.

2) Der Herr Bundesminister berichtete AM Kissinger am 16.6. in Washington über die bisherigen Überlegungen hinsichtlich einer Initiative der Neun.[7] Die amerikanischen Kreise sollten damit nicht gestört werden. Kissinger bat darum, zunächst das Ergebnis der amerikanischen Kontakte abzuwarten. Nach etwa einem Monat könnte eine europäische Initiative durchaus nützlich sein.

3) Die Demarche des israelischen Botschafters bei Herrn D 2 am 23.6.[8] überrascht nicht, da Israel bereits nach der gemeinsamen Erklärung der neun Außenminister vom 6.11.1973[9] sein Mißfallen über die darin zum Ausdruck kommende Nahostpolitik geäußert hatte[10] und davon auszugehen ist, daß auch künftig jede Bezugnahme auf diese Erklärung von Israel abgelehnt wird. Es trifft im übrigen nicht zu, daß Israel nur „gerüchteweise" von der geplanten In-

---

Fortsetzung Fußnote von Seite 824

Juni 1975, Ministerialdirektor van Well habe den Entwurf des Auswärtigen Amts erläutert: „Um der Stimme der Neun vor der Wiederaufnahme der Genfer Konferenz Gehör zu verschaffen und um das europäische Interesse an einer Friedenslösung herauszustellen, sollten die Neun die wesentlichen Elemente ihrer Erklärung vom 6.11.1973 bekräftigen und betonen, daß die Fortsetzung des Schwebezustands zwischen Nicht-Krieg und Nicht-Frieden mit großen Gefahren verbunden ist und nicht hingenommen werden darf." Vgl. VS-Bd. 9997 (310); B 150, Aktenkopien 1975.
Zu den Ergebnissen der Sitzung des Politischen Komitees am 16. Juni 1975 vgl. auch den Runderlaß Nr. 2390 des Vortragenden Legationsrats I. Klasse von der Gablentz vom 18. Juni 1975; VS-Bd. 9978 (200); B 150, Aktenkopien 1975.

6 Der irische Außenminister FitzGerald hielt sich am 25. Mai 1975 zu Gesprächen mit dem Generalsekretär der Arabischen Liga, Riad, in Kairo auf. Am 26. Mai 1975 billigte die Konferenz der Außenminister im Rahmen der EPZ in Dublin die von FitzGerald in Kairo übergebenen Erläuterungen zum Abkommen vom 11. Mai 1975 zwischen den Europäischen Gemeinschaften und Israel mit dem Ziel, „die noch bestehenden arabischen Bedenken gegen ein europäisch-arabisches Expertentreffen am 10.6. auszuräumen. Hauptargumente: Ersatz des Abkommens von 1970, geographischer Geltungsbereich wie bisher Staat Israel und nicht seit 1967 besetzte Gebiete, insbesondere keine industrielle Kooperation in besetzten Gebieten." Vgl. den Runderlaß Nr. 73 des Vortragenden Legationsrats I. Klasse Dohms vom 27. Mai 1975; Referat 240, Bd. 102880.

7 Zum Gespräch des Bundesministers Genscher mit dem amerikanischen Außenminister Kissinger vgl. Dok. 163.

8 Am 23. Juni 1975 sprach der israelische Botschafter Meroz bei Ministerialdirektor van Well vor, „um den Bundesminister auf die großen Bedenken Israels gegen eine politische Nahost-Initiative der Neun hinzuweisen, von deren Vorbereitung Israel gerüchteweise gehört habe. […] Israel habe Verständnis für das europäische Interesse an einer friedlichen Nahost-Lösung und bejahe eine europäische Rolle im Nahen Osten, die aber nur auf wirtschaftlichem, nicht auf politisch-strategischem Gebiet aussichtsreich sei. ‚Wirtschaftlich' sei natürlich ein weiter Begriff, umfasse aber nicht z. B. Fragen der Garantien und der Entmilitarisierung. Eine neue politische Erklärung der Neun sei der friedlichen Entwicklung nicht dienlich." Vgl. die Aufzeichnung des Vortragenden Legationsrats I. Klasse von der Gablentz vom 23. Juni 1975; Referat 010, Bd. 178584.

9 Zur Nahost-Erklärung der Außenminister der EG-Mitgliedstaaten vom 6. November 1973 vgl. Dok. 29, Anm. 3.

10 Ministerpräsidentin Meir äußerte auf der Tagung der Sozialistischen Internationale am 11./12. November 1973 in London, daß die Nahost-Erklärung der Außenminister der EG-Mitgliedstaaten vom 6. November 1973 falsch gewesen sei. Vgl. dazu AAPD 1973, III, Dok. 371.
Zur israelischen Haltung vgl. außerdem den Artikel „Israelis dismayed by statement's hint of concession to Arabs"; THE TIMES vom 7. November 1973, S. 1.

itiative Kenntnis erhalten hat. Der israelische Gesandte Ben Ari wurde vielmehr am 13.6.75 vom Referatsleiter 310[11] in groben Zügen über unsere Absichten unterrichtet, nachdem bereits Pressemeldungen darüber erschienen waren.[12]

4) Wir sollten die Äußerung Kissingers, daß nach etwa einem Monat eine europäische Initiative durchaus nützlich sein könne, in der Nahost-Arbeitsgruppe erwähnen, um die britischen, niederländischen und dänischen Bedenken auszuräumen. Außerdem wäre noch einmal zu betonen, daß die Initiative erst kurz vor der Wiedereinberufung der Genfer Konferenz[13] erfolgen soll, mit der nicht vor September zu rechnen ist. Bis dahin sollten die Neun jedoch ohne Zeitdruck einen allseits annehmbaren Text ausarbeiten, der dann sehr kurzfristig verwendet werden könnte. Änderungswünsche der Acht zu unserem Entwurf sollten so weit wie möglich berücksichtigt werden, sofern mit ihnen kein Abweichen von den in der gemeinsamen Erklärung vom 6.11.1973 niedergelegten Grundsätzen verbunden ist.

Auch diejenigen Delegationen, die möglicherweise die Opportunität einer Initiative verneinen, würden gebeten werden, an der Ausarbeitung eines gemeinsamen Textes mitzuwirken. Sie könnten ihren fortbestehenden Vorbehalt dann später zurückziehen.

Ich bitte, diese Verhandlungsführung zu billigen.[14]

Herr D 2[15] hat mitgezeichnet.

Lahn

Referat 310, Bd. 109111

---

11 Alfons Böcker.
12 Am 25. Juni 1975 teilte Vortragender Legationsrat I. Klasse Böcker den Botschaften in Damaskus, Kairo und Tel Aviv mit, der israelische Gesandte Ben Ari sei „erneut über die wesentlichen Ziele einer N[ah]O[st]-Initiative unterrichtet worden, wobei auch darauf hingewiesen wurde, daß die Pressespekulationen über den Inhalt der Erklärung nach hiesiger Auffassung nicht dem israelischen Interesse dienlich sind. Sie könnten gerade in diesem Zeitpunkt die arabische Seite zu der irrigen Auffassung verleiten, es handele sich um einen einseitig auf arabische Wünsche eingehenden europäischen Schritt." Vgl. den Drahterlaß Nr. 2500; Referat 310, Bd. 109111.
13 Zur Friedenskonferenz für den Nahen Osten in Genf vgl. Dok. 76, Anm. 20.
14 Zur Erörterung einer europäischen Nahost-Initiative durch das Politische Komitee im Rahmen der EPZ am 27. Juni 1975 in Dublin vgl. Dok. 187.
15 Günther van Well.

177

Botschafter Sonnenhol, Ankara, an Ministerialdirektor Hoppe

114-13310/75 VS-vertraulich Aufgabe: 23. Juni 1975, 11.00 Uhr
Fernschreiben Nr. 655 Ankunft: 23. Juni 1975, 11.15 Uhr
Citissime

Nur für D 1[1]
Betr.: Ministerbesuch[2]
    hier: Vor der Abreise Botschafter übergebene Besprechungsvermerke

Da sichere Kuriergelegenheit im Moment nicht besteht, werden die beiden VS-Vermerke vom 19.6. nachstehend durchgegeben.

[gez.] Sonnenhol

Anlage 1

Betr.: Gespräch der Außenminister im kleinen Kreis am Vormittag des 19.6.1975 über Fragen der sowjetischen Militärpolitik

Außenminister Çaglayangil sagte einleitend, die Vergangenheit der deutsch-türkischen Beziehungen sei für ihn ermutigend und eine gute Basis für die Zusammenarbeit in der Zukunft.

Der Bundesminister verwies auf die gemeinsame Verantwortung im Mittelmeer und im gemeinsamen Bündnis, der wir uns stellen müßten. Die Türkei und die Bundesrepublik Deutschland seien die einzigen Allianz-Partner, die über längere Entfernungen hinweg in unmittelbarer Berührung mit dem Warschauer Pakt stünden.

Außenminister Çaglayangil meinte, Bedrohungen und Schicksal seien für beide vergleichbar. Vor einigen Wochen habe er mit dem Schah[3] ein Vier-Augen-Gespräch geführt.[4] Der Schah habe ein sehr waches Gefühl für die Gefährdung aus dem Osten. Er sei sehr beunruhigt über sowjetische Aktivitäten im Persischen Golf und im Indischen Ozean. Der Iran könnte zwar den Golf kontrollieren, nicht jedoch die Golf-Mündung. Dort kreuzten 30 sowjetische Kriegsschiffe, die zum Teil mit Raketen bestückt seien. Auch der Zugang zum Suez-Kanal müsse als unter der Kontrolle der sowjetischen Marine angesehen werden. Dies alles werfe größte Probleme für die Emirate und Saudi-Arabien und sogar für den Irak auf. Die sowjetische Bedrohung habe den Schah zur Aussöhnung zwischen Iran und Irak[5] veranlaßt. Er habe im Zusammenhang mit dem Arrange-

---

[1] Hat Ministerialdirektor Hoppe am 23. Juni 1975 vorgelegen, der für Oberamtsrat Nikodemus handschriftlich vermerkte: „Dies gehört auf den Tisch von Herrn D 2."
[2] Bundesminister Genscher besuchte die Türkei vom 18. bis 20. Juni 1975. Vgl. dazu auch Dok. 170.
[3] Mohammed Reza Pahlevi.
[4] Der türkische Außenminister Çaglayangil begleitete Präsident Korutürk bei dessen Besuch im Iran vom 2. bis 7. Juni 1975.
[5] Vom 17. bis 19. Januar 1975 führten die Außenminister Hammadi (Irak) und Khalatbari (Iran) in Istanbul Gespräche über die zwischen beiden Staaten strittigen Fragen, insbesondere Kurdistan und den Grenzverlauf am Schatt-el-Arab. Die irakisch-iranischen Gespräche wurden am Rande der

ment mit dem Irak auf die Lösung der Kurdenfrage[6] gedrängt, um so die Möglichkeiten zu verbessern, den Irak von einer engeren Bindung an die Sowjetunion abzuhalten.

Der Schah habe mit großer Sorge darauf verwiesen, daß die Sowjetunion militärische Hilfe in großem Umfang an Indien leiste. Falls diese Waffen für den Fall eines Konflikts mit Pakistan geliefert worden seien, so sei der Umfang relativ groß, seien sie jedoch gegen China gerichtet, so sei er relativ zu klein. Der Schah möchte es vermieden sehen, daß Indien eine Hilfsfunktion für die Sowjetunion in der Region übernehme. Der Schah sei beunruhigt darüber, daß zusätzlich zu den langen iranisch-sowjetischen Grenzen auch noch ein prosowjetisches Indien käme. Eine solche Entwicklung würde große Probleme für die Sicherung des Iran aufwerfen. Hinzu käme, daß die Sowjetunion in Afghanistan sehr aktiv sei, um dort ihren politischen Einfluß zu erweitern. Sie nutze in der Region vorhandene innere Probleme aus und stimuliere sie.

Der Schah habe von Präsident Sadat gehört, Libyen habe für 12 Mrd. US-Dollar militärische Ausrüstung von der Sowjetunion gekauft.[7] Die 2 Mio. Einwohner Libyens könnten damit nicht umgehen, für die Ausbildung würden etwa sechs Divisionen von Offizieren und Experten aus der Sowjetunion benötigt. Hinzu käme, daß an der Spitze Libyens junge Abenteurer stünden.[8]

Fortsetzung Fußnote von Seite 827
OPEC-Konferenz vom 4. bis 6. März 1975 in Algier fortgesetzt und führten zu ersten Vereinbarungen. Dazu teilte Botschafter Voigt, Bagdad, am 8. März 1975 mit, das Ergebnis sei „zwar nicht unerwartet, doch in tatsächlichem Ausmaß überraschend. Mit Anerkennung Talweg-Prinzip für Flußgrenzen (Schatt-el-Arab) gibt Irak bisher hartnäckig verfochtene Rechtsposition auf. Saddam Hussein geht damit beträchtliches Risiko ein (möglicher Vorwurf: Verzicht auf arabisches Gebiet), das nur durch Einhaltung iranischer Verpflichtung zur strikten und effektiven Kontrolle der Grenzen, die in Praxis Beendigung Unterstützung für Kurden bedeuten müßte, kompensiert werden kann." Vgl. den Drahtbericht Nr. 32; Referat 311, Bd. 104753.
Am 17. März 1975 wurde in Teheran ein Protokoll über die Vereinbarungen von Algier unterzeichnet. Die kurdischen Flüchtlinge wurden aufgefordert, bis zur Einsetzung verschärfter Grenzkontrollen an der irakisch-iranischen Grenze am 1. April 1975 „über Rückkehr oder Verbleiben im Iran zu entscheiden"; die irakische Regierung sicherte den ehemaligen kurdischen Kämpfern eine Amnestie zu. Vgl. den Drahtbericht Nr. 269 des Botschafters Wieck, Teheran, vom 18. März 1975; Referat 311, Bd. 104753.

[6] Im März 1974 kam es zu Auseinandersetzungen zwischen der irakischen Regierung und der kurdischen Bevölkerungsgruppe, nachdem ein Abkommen über die kurdische Autonomie nicht zustande gekommen war. Im August 1974 rückten irakische Streitkräfte in kurdische Siedlungsgebiete vor; bis Oktober strömten mehr als 100 000 kurdische Flüchtlinge in den Iran, „um den Angriffen irakischer Kampfflugzeuge auf jede Art von Besiedlung mit Spreng-, Brand- und Napalmbomben zu entgehen". Als weiteres Fluchtmotiv nannte Botschafter Wieck, Teheran, „Angst vor Deportation nach dem Süden, die der kurdischen Zivilbevölkerung nach Eroberung durch Regierungstruppen droht". Vgl. den Drahtbericht Nr. 941 vom 5. Oktober 1974; Referat 311, Bd. 108806.
Am 25. März 1975 berichtete Botschaftsrat I. Klasse Nowak, Teheran, nach den Vereinbarungen zwischen dem Irak und dem Iran vom 17. März 1975 habe die Führung der kurdischen Autonomiebewegung die Bevölkerung zur Einstellung des Kampfes aufgefordert: „Kurdenkrieger bevorzugen überwiegend Übertritt auf iranisches Gebiet, während Zivilpersonen sich Irakis überstellen. [...] Hier herrscht Eindruck vor, daß Kurdenführung Aussichtslosigkeit des Kampfes erkannt hat, irakischem Amnestieangebot aber mißtraut. Iranische Regierung rechnet mit sprunghaftem Ansteigen der Flüchtlingszahlen bis 1. April." Vgl. den Drahtbericht Nr. 286; Referat 311, Bd. 108806.
[7] Zu den Meldungen über sowjetische Waffenlieferungen an Libyen vgl. Dok. 165, Anm. 11 und 12.
[8] Weitere Themen der Gespräche des Bundesministers Genscher mit dem türkischen Außenminister Çaglayangil vom 18. bis 20. Juni 1975 waren insbesondere der Zypern-Konflikt, das Verhältnis zwischen den Europäischen Gemeinschaften und Griechenland, der Türkei und Zypern, wirtschaftliche Fragen, Probleme bezüglich der türkischen Gastarbeiter in der Bundesrepublik und die Verteidigungshilfe an die Türkei. Vgl. dazu den Runderlaß Nr. 89 des Vortragenden Legationsrats Engels vom 20. Juni 1975; Referat 240, Bd. 102880.

Anlage 2

Betr.: Gespräch des Bundesaußenministers mit Ministerpräsident Demirel beim Mittagessen am 19.6.1975 über Nahost

Der Bundesminister[9] sagte einleitend, wir hätten gute Beziehungen mit beiden Seiten des Nahost-Konflikts. Beide Parteien seien sich der Gefahren wachsenden sowjetischen Einflusses bewußt. Wir schätzten die Rolle Sadats sehr hoch ein. Er wende sich zunehmend nach Westen, vor allem suche er eine enge Bindung mit Westeuropa.

Demirel betonte, er sei nicht optimistisch, daß es in den nächsten zehn Jahren zu einer friedlichen Regelung käme. Er habe die Entwicklung seit der Entstehung Israels genau verfolgt. Die türkisch-arabischen Beziehungen hätten sich seit 1965 sehr freundschaftlich entwickelt. Die Türkei habe einen wesentlichen Anteil daran, daß der Irak nicht in den sowjetischen Machtbereich abgeschwommen sei. Auch habe die Türkei sich sehr darum bemüht, Iran und Irak zusammenzuhalten.

Das Problem, das sich der Lösung des Nahost-Konflikts entgegenstelle, liege darin, daß die arabischen Staaten zwar zusammenhalten wollten, aber gegenüber dem Konflikt eine unterschiedliche Interessenlage hätten. Er, Demirel, habe z.B. Jordanien immer wieder ermutigt, sich direkt mit Israel zu verständigen, aber dem hätten sich immer wieder arabische Staaten entgegengestellt, die weitab vom Schuß seien und deren eigene Interessen kaum berührt seien, wie Marokko, Algerien und der Sudan. Demirel glaube nicht, daß der arabisch-israelische Disput gelöst werden könne. Israel werde nicht alle besetzten Gebiete räumen, und die Araber würden keinen dauerhaften Frieden machen.

Für die Türkei sei dieser Dauerkonflikt eine große Gefahr. Sein Land habe schon 1947 in den Vereinten Nationen gegen die Schaffung Israels gestimmt[10], weil es klar sein mußte, daß sich ein bedrohlicher Gefahrenherd daraus entwickeln würde. Nach der Entstehung Israels habe sich die Türkei sehr darum bemüht, daß sich die arabischen Länder möglichst schnell mit dem Faktum abfinden. Man habe den Arabern gesagt, es sei ja ein kleines Gebiet und eine Art von Vertretung der westlichen Länder, aus denen die Siedler gekommen seien.

Hauptsache für die Türkei sei, daß aus dem Konflikt kein Konfrontationsgebiet für die Supermächte gemacht werde. Man solle den Konflikt so lassen, wie er sei. Die einzigen, die auf arabischer Seite darunter litten, seien Jordanien und Ägypten, wobei sie allerdings den Konflikt für eigene innenpolitische Zwecke nutzten. Er glaube, daß die USA und die Sowjetunion ein gewisses Übereinkommen über Ägypten getroffen haben. Bisher sei nichts weiter erreicht worden, als die Spannung zu verringern, aber das sei schon wichtig. Solange es keine Lösung für die Flüchtlingsfrage gebe, werde sich der Konflikt nicht lösen lassen.

Zu der Ölkrise bemerkte Demirel, daß die Sowjetunion und die USA dabei eine Rolle gespielt hätten, denn sie hätten nicht gewollt, daß zwei weitere Großmächte, nämlich die EG und Japan, entstehen.

---

[9] Korrigiert aus: „Ministerpräsident".
[10] Am 29. November 1947 stimmte die UNO-Generalversammlung einer Teilung Palästinas zu. Für den Wortlaut der Resolution Nr. 181 vgl. UNITED NATIONS RESOLUTIONS, Serie I, Bd. 1, S. 322–343.

Die Bedeutung der Türkei werde im Zuge der Erhöhung des Gewichts der arabischen Nachbarstaaten ebenfalls zunehmen. Zu den arabischen Nachbarn hätte die Türkei sehr freundschaftliche Beziehungen, vor allem auch zum Iran. Es sei sicher, daß diese Länder zum Teil ihren neugewonnen Reichtum für die Entwicklung der Türkei einsetzen würden. So benötige die Türkei etwa 1 Mrd. US-Dollar, um das Verkehrsnetz (Straßen, Häfen) mit dem Iran zu verbessern; der Iran sei bereit, diese Mittel bereitzustellen. – Abschließend erläuterte der Bundesminister unsere Nahostpolitik, die auf der Neuner-Deklaration vom 6.11.1973[11] basiere. Es entwickle sich eine enge Kooperation zwischen Europa und den arabischen Staaten. Das könne zu einer großen Verschiebung der Gewichte in diesem Raum führen.

VS-Bd. 9949 (203)

178

Bundeskanzler Schmidt an Staatspräsident Giscard d'Estaing

St.S. 973/75 VS-vertraulich   **25. Juni 1975**[1]

Sehr geehrter Herr Präsident!
Wie ich zu meiner Freude erfahren habe, hat Minister Fourcade sich nach den jüngsten Beratungen der Wirtschafts- und Finanzminister der Europäischen Gemeinschaft[2] befriedigt über deren Ergebnis geäußert und angekündigt, daß sich das französische Kabinett in der nächsten Zeit mit dem Wiedereintritt des

---

[11] Zur Nahost-Erklärung der Außenminister der EG-Mitgliedstaaten vom 6. November 1973 vgl. Dok. 29, Anm. 3.

[1] Ablichtung.
Das Schreiben wurde von Vortragendem Legationsrat I. Klasse Schönfeld am 27. Juni 1975 „mit der Bitte um Weiterleitung an den Empfänger" an die Botschaft in Paris übermittelt. Dazu teilte er mit: „Eine Höflichkeitsübersetzung wurde vom Bundeskanzleramt offenbar noch nicht veranlaßt. Es wird noch versucht werden, dies nachzuholen."
Hat Staatssekretär Gehlhoff am 2. Juli 1975 vorgelegen. Vgl. den Drahterlaß; VS-Bd. 526 (014); B 150, Aktenkopien 1975.

[2] Am 16. Juni 1975 fand in Luxemburg eine EG-Ratstagung auf der Ebene der Wirtschafts- und Finanzminister statt. Erörtert wurden die Konjunkturlage in den EG-Mitgliedstaaten, der französische Wiedereintritt in die europäische Währungsschlange und „das Begehren der Schweiz auf Aufnahme in den europäischen Währungsverbund". Letzteres sei auf „überraschend harten" französischen Widerstand gestoßen. Frankreich befürchte Aufwertungseffekte und mögliche Probleme im schweizerischen Steuersystem. Vgl. die Artikel „Die EWG-Partner drängen: Bonn soll mehr Gas geben" und „Paris im Juli wieder im Währungsclub"; FRANKFURTER ALLGEMEINE ZEITUNG vom 18. Juni 1975, S. 9.
Zur französischen Haltung wurde außerdem berichtet, es gebe „seit Wochen anhaltende hartnäckige Gerüchte", daß Frankreich einen „Eintrittspreis" von der Schweiz verlange und dieser offenbar in der Aufhebung der Schweizer Nummernkonten bestehe. Vgl. den Artikel „Frankreich will Zugang zu den Schweizer Nummernkonten"; FRANKFURTER ALLGEMEINE ZEITUNG vom 18. Juni 1975, S. 9.

Franc in die europäische Währungsschlange befassen wird.³ Ich begrüße es, daß es der französischen Regierung durch eine konsequente Wirtschaftspolitik gelungen ist, den Kurs des Franc wieder auf sein früheres Niveau zu heben. Ich habe die Hoffnung, daß der Wiedereintritt des Franc in die Schlange dazu beitragen wird, unsere Bemühungen um Wiederherstellung der wirtschaftlichen Stabilität und der Vollbeschäftigung in Europa zu fördern.⁴

Sobald die französische Regierung ihre angekündigte Entscheidung über den Beitritt des Franc getroffen hat, werden die an der Schlange beteiligten Länder sich zu dem Wunsch auf Assoziierung des Schweizer Franken⁵ äußern müssen. Bei der Schweiz handelt es sich um ein Land, dessen gesamte Wirtschaftsstruktur und Wirtschaftspolitik den Schluß zulassen, daß es Regeln und Bedingungen des europäischen Währungssystems einhalten und diesem Verbund in der Welt der floatierenden Wechselkurse zusätzliches Gewicht verleihen wird. Die Einbeziehung eines weiteren bedeutenden Partners in unser System eng verbundener Wechselkurse würde die Anziehungskraft dieses Systems auf eindrucksvolle Weise demonstrieren.

Ich verkenne nicht, daß mit der Assoziierung des Schweizer Franken der Einfluß der Nicht-Mitgliedstaaten in dieser EG-Institution steigt. Die Unterstützung, die ich mir durch das Mitwirken der Schweiz für unsere Stabilitätspolitik erhoffe, veranlaßt mich jedoch, dies in Kauf zu nehmen. Hinzu kommt, daß wir nach Gründung der Schlange anderen europäischen Staaten eine Assoziation angeboten haben, wovon Norwegen und Schweden Gebrauch machten. Wenn wir jetzt den Schweizer Antrag ablehnen, würden wir uns den Vorwurf der Diskriminierung zuziehen.

Wenn der Schweizer Eintrittskurs vernünftig gewählt wird, sehe ich für den Zusammenhalt der Schlange keine Schwierigkeiten voraus, zumal die Schweiz bereit ist, die von den Notenbankgouverneuren als notwendig erachteten Voraussetzungen zu erfüllen. Dazu gehört auch, daß sie nicht die vollen Rechte

---

3 Zur Ankündigung des Staatspräsidenten Giscard d'Estaing vom 9. Mai 1975, Frankreich werde in die europäische Währungsschlange zurückkehren, vgl. Dok. 140, Anm. 5.
Am 16. Juni 1975 vereinbarten die Wirtschafts- und Finanzminister auf der EG-Ratstagung in Luxemburg, daß diese Entscheidung auf der EG-Ministerratstagung am 10. Juli 1975 ebenso formell bestätigt werden solle wie „gewisse Änderungen in der Interventions- und Abrechnungstechnik der Notenbanken [...]. Bei heiklen Situationen innerhalb der ‚Schlange' können Interventionen in Dollar vorgesehen werden, um die Interventionen des Landes mit der schwächeren Währung zu verringern." Weiter wurde in der Presse berichtet, daß die von Frankreich gewünschten festen Regeln von den übrigen Ministern abgelehnt worden seien. Ferner hätten die Notenbankpräsidenten sich gegen die Festlegung einer gemeinsamen Haltung gegenüber dem Dollar ausgesprochen. Bei der Saldenabrechnung solle Gold unberücksichtigt bleiben; außerdem sei die Frist für den Saldenausgleich von sechs Wochen auf drei Monate verlängert worden mit der Möglichkeit einer weiteren Verlängerung um drei Monate. Vgl. den Artikel „Paris im Juli wieder im Währungsclub"; FRANKFURTER ALLGEMEINE ZEITUNG vom 18. Juni 1975, S. 9.

4 Auf der EG-Ratstagung auf der Ebene der Wirtschafts- und Finanzminister am 10. Juli 1975 in Brüssel erklärte der französische Finanzminister Fourcade offiziell die „Rückkehr in die Währungsschlange zum ursprünglichen Leitkurs (1 DM = 1,725 FFr.)" und führte weiter aus: „Wir hoffen, daß französisches Beispiel bei noch frei floatenden EG-Ländern Schule machen wird." Vgl. den Runderlaß Nr. 101 des Vortragenden Legationsrats Engels vom 11. Juli 1975; Referat 240, Bd. 102881.

5 Am 27. März 1975 berichtete Botschafter Diesel, Bern: „Schweizerische Regierung hat gestern der Zentralbank (Schweizerischen Notenbank) Verhandlungsmandat für Verhandlungen mit Notenbanken betr. evtl. Anschluß an Währungsschlange erteilt. Eine Entscheidung zum Beitritt der Schweiz ist hiermit noch nicht gefallen". Vgl. den Drahtbericht Nr. 50; Referat 412, Bd. 105675.

eines EG-Mitgliedstaates in Anspruch nehmen kann, sondern wie Norwegen und Schweden auf die Befugnisse aus der Assoziation beschränkt bleibt.

Ich bin mir darüber im klaren, daß die Schweizer Steuergesetzgebung international Schwierigkeiten bereitet. Auch für die Bundesrepublik hat sich das Problem durch das neue Deutsch-Schweizer-Doppelbesteuerungsabkommen[6] nur teilweise entschärft. Dennoch halte ich eine Verbindung der währungspolitischen mit den steuer- und finanzpolitischen Bedingungen für nicht angezeigt.

Bei Abwägung aller dieser Gesichtspunkte glaubt die Bundesregierung, dem Schweizer Begehren auf Assoziation an den gemeinsamen Währungsverbund zustimmen zu können. Ich wäre Ihnen dankbar, wenn Sie diese Gesichtspunkte in Ihre Würdigung des Schweizer Antrags einbeziehen könnten.[7]

Mit freundlichen Grüßen
stets Ihr
Helmut Schmidt

VS-Bd. 526 (014)

179

Gespräch des Bundesministers Genscher mit dem brasilianischen Außenminister Azeredo da Silveira

105-41.A/75   26. Juni 1975[1]

Besuch des brasilianischen Außenministers Antonio F. Azeredo da Silveira in der Bundesrepublik Deutschland vom 25.6. bis 27.6.1975
hier: Dolmetscheraufzeichnung über das Vier-Augen-Gespräch des brasilianischen Außenministers mit dem Herrn Bundesminister des Auswärtigen am 26.6.1975 um 9.30 Uhr

Der *brasilianische Außenminister* gab dem Herrn Bundesminister als erstes ein telegraphisches Schreiben von AM Kissinger zu lesen, das er während seines soeben beendeten Besuches der Elfenbeinküste erhalten hatte. Mit Bezug auf dieses Schreiben meinte der brasilianische AM, es sei aufschlußreicher als

---

[6] Für den Wortlaut des Abkommens vom 11. August 1971 zwischen der Bundesrepublik und der Schweiz zur Vermeidung der Doppelbesteuerung auf dem Gebiet der Steuern vom Einkommen und vom Vermögen vgl. BUNDESGESETZBLATT 1972, Teil II, S. 1022–1032.

[7] Die EG-Ratstagung auf der Ebene der Wirtschafts- und Finanzminister beschloß am 10. Juli 1975 in Brüssel, zum nächsten Treffen am 22. September 1975 eine schweizerische Delegation nach Brüssel einzuladen; dann solle auch eine Entscheidung getroffen werden. Vgl. dazu den Runderlaß Nr. 101 des Vortragenden Legationsrats Engels vom 11. Juli 1975; Referat 240, Bd. 102881.

[1] Die Gesprächsaufzeichnung wurde von Dolmetscherin Eichhorn am 1. Juli gefertigt und am 2. Juli 1975 dem Ministerbüro übermittelt.
Hat Bundesminister Genscher am 10. Juli 1975 vorgelegen. Vgl. den Begleitvermerk; Referat 010, Bd. 178648.

die Demarchen der USA bei der brasilianischen Regierung, die im übrigen immer korrekt, nie aufdringlich gewesen seien. Die Entscheidung Brasiliens, das Abkommen mit der Bundesrepublik Deutschland abzuschließen[2], sei definitiv. Die Amerikaner müßten dieses Abkommen richtig verstehen, das keine Beanstandungen zuließe, da es ausschließlich friedlichen Zwecken diene. Er habe seinem Freund Kissinger gegenüber erklärt, daß die Amerikaner nicht das Recht hätten, sich in diese bilaterale Übereinkunft einzumischen. Kissinger habe dies richtig verstanden.

Die brasilianische Regierung habe alles getan, um das Aufkommen anti-amerikanischer Gefühle im Lande zu verhindern. Alle Parteien, einschließlich der Opposition und deren aggressivste Mitglieder, hätten sich für dieses Abkommen ausgesprochen. Die Angelegenheit sei von der brasilianischen Regierung mit großer Diskretion behandelt worden, denn man wisse, wie wichtig die USA sowohl für die Bundesrepublik Deutschland als auch für Brasilien seien. Es sei jedoch notwendig, daß beide Länder eine eigene Position einnähmen, um auf diese Weise den USA helfen zu können.

Der Herr *Bundesminister* entgegnete, die Situation in der Bundesrepublik Deutschland sei im Grunde die gleiche. Die Bundesrepublik Deutschland unterhalte die engsten Freundschaftsbeziehungen zu den USA. Die Sicherheit der Bundesrepublik Deutschland und West-Berlins sei ohne die Amerikaner nicht denkbar. Deshalb habe man die Beziehungen zu den USA nicht beeinträchtigen wollen. Auf diese Bemühungen sei auch die Verzögerung beim Abschluß des Abkommens zurückzuführen.

In der „Washington Post" sei anläßlich des Besuches des Bundespräsidenten[3] ein wenig freundlicher Leitartikel veröffentlicht worden, der sich auf das Abkommen zwischen Brasilien und der Bundesrepublik Deutschland bezog.[4] Präsident Ford habe dieses Thema jedoch nicht angesprochen. Er selbst habe aber seinen amerikanischen Kollegen Kissinger in einer Unterredung darauf angesprochen.[5] Dieser habe ihm vertraulich versichert, er bringe der Haltung der Bundesrepublik Deutschland vollstes Verständnis entgegen, und er und seine Regierung beabsichtigten nicht, die Bundesrepublik zu kritisieren. Der Herr Bundesminister fuhr fort, er habe die Gelegenheit eines Treffens mit der amerikanischen Presse wahrgenommen, um einige Punkte klarzustellen. Seiner Meinung nach sei die Kritik der amerikanischen Presse und des Parlaments auf zwei Faktoren zurückzuführen: 1) Die Abgeordneten suchten ständig Gele-

---

2 Das Abkommen zwischen der Bundesrepublik und Brasilien über Zusammenarbeit auf dem Gebiet der friedlichen Nutzung der Kernenergie wurde am 27. Juni 1975 von Bundesminister Genscher und dem brasilianischen Außenminister Azeredo da Silveira unterzeichnet. Für den Wortlaut vgl. BUNDESGESETZBLATT 1976, Teil II, S. 335 f.

3 Bundespräsident Scheel besuchte die USA vom 15. bis 20. Juni 1975.

4 Am 16. Juni 1975 übermittelte Botschafter von Staden, Washington, die Leitartikel „A message for President Scheel" und „Germany's nuclear deal with Brazil" der Tageszeitungen „Washington Post" und „Baltimore Sun" vom selben Tag und führte dazu aus: „Washington Post nennt es ‚reckless', wenn die Bundesrepublik das Abkommen wie vorgesehen durchführen würde, Baltimore Sun stellt, wie früher New York Times, einen Zusammenhang dieser Frage und dem Verbleib von US-Truppen her." Vgl. den Drahtbericht Nr. 1746; Referat 413, Bd. 114243.

5 Bundesminister Genscher begleitete Bundespräsident Scheel vom 15. bis 17. Juni 1975 bei dessen Gesprächen in Washington. Zum Gespräch mit dem amerikanischen Außenminister Kissinger am 16. Juni 1975 vgl. Dok. 163.

genheit, die Regierung anzugreifen. 2) Es gebe starke wirtschaftliche Interessen in den USA.

Brasilien und die Bundesrepublik dürften sich von den Ereignissen nicht beirren lassen. Die bestehenden guten Beziehungen würden dadurch nicht beeinträchtigt. Auch die deutsche Bundesregierung sei diskret vorgegangen. Wie in Brasilien sei das Abkommen in der Bundesrepublik unumstritten. Die beiden Parteien der Regierungskoalition und die Opposition hätten sich für das Abkommen ausgesprochen. Lediglich die extreme Linke, die ohnehin gegen alles protestiere, sei dagegen. Das Abkommen sei Ausdruck der gemeinsamen Verantwortung der beiden Länder Brasilien und Bundesrepublik Deutschland im Rahmen ihrer engen Zusammenarbeit.

AM *Azeredo da Silveira* gab seiner großen Befriedigung über diese Übereinstimmung der Auffassungen Ausdruck. Brasilien und die Bundesrepublik seien sich bewußt, daß die USA Fehler machen könnten, aber trotz dieser Fehler seien sie als Führer der westlichen Welt unersetzlich. Brasilien und die Bundesrepublik hätten beide an ihrer eindeutig westlichen Haltung nie Zweifel aufkommen lassen. Trotz der politischen Öffnung, besonders in der Außenpolitik, seien beide, wie er zu sagen pflege, „radikal" westlich.

Die hochentwickelte amerikanische Gesellschaft habe immer eine enorme Fähigkeit besessen, soziale und rassische Probleme zu absorbieren. Derzeit gebe es jedoch in den USA eine Krise im Zentrum der Macht, unter der der Entscheidungsmechanismus leide. Durch das bestehende Lobby-System würden zudem spezifische Interessen auf bestimmten Gebieten oft über die Massen direkt vertreten. Nach Watergate[6] habe eine Selbstzerstörung der amerikanischen Führungsspitze stattgefunden. Kissinger selbst habe Schwierigkeiten, gewisse Strömungen in seinem eigenen Ministerium zu kontrollieren, dies z. B. auch in bezug auf seinen Unterstaatssekretär William Rogers. Kissinger sehe die Notwendigkeit, sich mehr um sein eigenes Ministerium zu kümmern, denn seine Mitarbeiter seien zum Teil nicht mit der Sorgfalt ausgesucht, die man z. B. in Brasilien bei deren Auswahl an den Tag lege.

Auch die USA hätten sich bemüht, ein entsprechendes Abkommen mit Brasilien abzuschließen. Es sei jedoch wohl besser, daß dieses Abkommen nicht zustande kam, da es von der brasilianischen Öffentlichkeit als Abhängigkeit von den USA interpretiert und von der eigenen Opposition sicherlich scharf kritisiert worden wäre.

Der Herr *Bundesminister* erwiderte, in den Vereinigten Staaten habe sich in den letzten Jahrzehnten eine Neuabgrenzung der Kompetenzen vollzogen: Regierung und Parlament hätten den Einfluß des Präsidenten stärken wollen, damit die USA ihre Funktion als Weltmacht ausüben könnten. Die Krise um Präsident Nixon stelle einen Rückschlag in diesem Prozeß dar und sei der Handlungsfreiheit der USA nicht zuträglich gewesen. Brasilien und die Bundesrepublik müßten dem amerikanischen Präsidenten, dem Außenminister und der Regierung helfen, denn die USA seien unerläßlich in der Auseinandersetzung mit dem Kommunismus, über dessen langfristige Ziele man sich trotz der Entspannungspolitik keine Illusionen machen dürfe. Angesichts der Be-

---

6 Zur „Watergate-Affäre" vgl. Dok. 85, Anm. 6.

deutung der USA als westliche Führungsmacht müsse man auch dann, wenn Kritik berechtigt sei, mit Diskretion vorgehen, um das Selbstvertrauen der USA nicht weiter zu erschüttern. So habe er z. B. auch bei seinem Besuch in der Türkei[7] erklärt, daß die Entscheidung des amerikanischen Senats und Abgeordnetenhauses, die Verteidigungshilfe der USA an die Türkei zu sperren[8], nicht gegen dieses Land, sondern gegen die eigene Regierung gerichtet gewesen sei. Er habe sich durch die amerikanische Kritik nicht belastet gefühlt, denn er habe gewußt, daß die amerikanische Regierung wie die deutsche denke. Da Brasilien und die Bundesrepublik verantwortungsvoll und nicht emotional vorgegangen seien, habe sich an dem freundschaftlichen Verhältnis zu den USA nichts geändert.

Azeredo da Silveira erwiderte, er teile die Ansichten des Herrn Bundesministers völlig.

Vor einiger Zeit, bei einem Arbeitstreffen mit Kissinger, habe er diesen darauf aufmerksam gemacht, daß er bei einem früheren Treffen praktisch kein Interesse für das portugiesische Problem gezeigt habe, obwohl es auf der Tagesordnung stand, während er diesmal fast hysterisch reagiert habe.

An den Gedanken der notwendigen Unterstützung für die USA anknüpfend, hob AM Azeredo da Silveira hervor, die USA hätten den Vormarsch des Kommunismus in der Welt und das Ziel der Kommunisten, die Weltherrschaft zu erlangen, aus dem Blick verloren. Sie sähen die Dinge zu intellektuell und nicht in ihrem Gesamtzusammenhang. Sie befaßten sich mit den jeweils anstehenden Tagesproblemen und übersähen dabei das sich von langer Hand anbahnende Entstehen von problematischen Situationen in verschiedenen Teilen der Welt.

So hätten sich z. B. einige afrikanische Führer an Brasilien gewandt und gebeten, den Amerikanern deutlich zu machen, daß eine vernünftige amerikanische Politik auch die Entwicklungsprobleme der afrikanischen Staaten berücksichtigen oder ihr Entstehen verhindern müsse, da andernfalls der Kommunismus dort Fuß fasse. Die USA schienen zu vergessen, daß auch Afrika zum Westen gehöre. Dasselbe gelte für die Araber, die, wie die Erdölkrise bewiesen habe, ohne den Westen nicht leben könnten.

Brasilien versuche, den USA klarzumachen, daß der Westen größer sei, als sie meinten. Er habe Kissinger in aller Offenheit gesagt, daß Brasilien über die Situation in den USA besorgt sei. Brasilien und die Bundesrepublik seien in gewisser Weise Wächter-Staaten der USA und müßten den Vereinigten Staaten sagen, wo sie Fehler machen. Dies sei keine Herausforderung, sondern vielmehr ein Aufmerksammachen und gehöre zu einer konstruktiven Haltung. Bei seinem Besuch der Elfenbeinküste habe Präsident Houphouët-Boigny sich besorgt geäußert über das Vorrücken des Kommunismus. Der Präsident halte Asien für bereits fast verloren, und er mache sich entsprechend Sorgen um Afrika.

---

[7] Bundesminister Genscher hielt sich vom 18. bis 20. Juni 1975 in der Türkei auf. Vgl. dazu Dok. 170 und Dok. 177.
[8] Zum Beschluß des amerikanischen Kongresses vom 17. Oktober bzw. 17./18. Dezember 1974 über die Einstellung der Verteidigungshilfe für die Türkei zum 5. Februar 1975 vgl. Dok. 28, Anm. 21.

Der Herr *Bundesminister* erwähnte sein Treffen mit den afrikanischen Botschaftern vom Vortage[9] und sagte, er werde am folgenden Wochenende zu einem zehntägigen Besuch nach Afrika reisen[10], um das Interesse der Bundesrepublik Deutschland an Afrika und seinen Problemen zu demonstrieren. Niemand könne an einem Verlust der afrikanischen Staaten an das kommunistische Lager interessiert sein.

Präsident Sadat sei ein verantwortungsvoller Staatsmann, der eine vernünftige Lösung für den Konflikt mit Israel suche, damit die Araber freie Hand bekämen für die Lösung ihrer wirtschaftlichen und sozialen Probleme. Die Europäer betrachteten die arabische Welt als ihnen benachbarte Region, und es gebe eine Annäherung der Interessen zwischen beiden Seiten. Zum Beispiel die Expansion der Warschauer-Pakt-Staaten im Mittelmeer stelle eine gemeinsame Sorge dar, denn der Mittelmeerraum sei von lebenswichtiger Bedeutung sowohl für die Europäer als auch für die Araber.

Angesichts der kommunistischen Bedrohung schlössen sich die Europäer immer enger zusammen. Sorge bereite auch das Ergebnis der Wahlen in Italien[11], ebenso eine Reihe von Problemen in anderen europäischen Staaten.

Die Bundesrepublik bleibe weiterhin wachsam und mache sich in der Entspannungspolitik keine Illusionen. Diese Politik sei Bestandteil der deutschen Außenpolitik, die jedoch auf drei Faktoren basiere: 1) Die Verankerung im westlichen Bündnis und die Freundschaft mit den Vereinigten Staaten, 2) die Verankerung in der Europäischen Gemeinschaft und 3) die Entspannungspolitik, die ohne die vorgenannten festen Basiselemente lebensgefährlich wäre. Im übrigen rechne man mit einer neuen Propaganda-Offensive der Kommunisten gegen die NATO und die Präsenz der Amerikaner auf dem europäischen Kontinent.

Zu einer positiven Bewältigung von Situationen und Verhinderung von gefährlichen Entwicklungen gehöre seines Erachtens auch, daß die Politiker die Öffentlichkeit jeweils mit deutlicher Sprache aufklärten und sie nicht etwa „benebeln". Dies bedeute: ein klares „Ja" zur Entspannungspolitik, aber daneben die deutliche Erklärung, daß dies nicht innenpolitische Annäherung heiße.

Der *brasilianische Außenminister* bemerkte, bei seinem letzten Zusammentreffen mit Kissinger habe dieser sich über die Treulosigkeit der Russen beklagt

---

[9] Am 25. Juni 1975 fand auf Schloß Gymnich ein Kolloquium des Bundesministers Genscher und des Staatssekretärs Gehlhoff mit Botschaftern aus afrikanischen Staaten südlich der Sahara statt. Vortragender Legationsrat I. Klasse Freiherr von Pfetten-Arnbach faßte die Diskussion am 2. Juli 1975 dahingehend zusammen, daß insbesondere Fragen der Entwicklungshilfe und Wirtschaftspolitik diskutiert worden seien. Gegen die Überlegungen der Bundesregierung, „wie man, ohne die bestehende Weltwirtschaftsordnung zu beeinträchtigen, mit einem gezielten Konzept den 40 least developed countries, die auch von der Energiekrise am stärksten betroffen seien, am wirkungsvollsten helfen könne", sei eingewandt worden: „Die angebotenen Regelungen führten nur zu rückzahlbaren soft loans, gingen jedoch nicht auf das Anliegen der Dritten Welt auf eine gerechte Neuverteilung innerhalb eines reformierten Weltwirtschaftssystems ein." Eine Indexierung der Rohstoffpreise solle dazu beitragen, und man erhoffe von der Bundesregierung „eine Abkehr von der Mentalität eines Geberlandes hin zu einer Betrachtungsweise der Interdependenz und des fairplay. Soziale Gerechtigkeit müsse nicht nur im inneren, sondern auch im äußeren Bereich verwirklicht werden." Vgl. Referat 010, Bd. 178574.
[10] Zur Afrika-Reise des Bundesministers Genscher vom 30. Juni bis 7. Juli 1975 vgl. Dok. 221.
[11] Zum Ergebnis der Regionalwahlen in Italien am 15./16. Juni 1975 vgl. Dok. 163, Anm. 25.

und anhand von Landkarten deutlich gemacht, in welcher Form die Sowjetunion z.B. im Nahen Osten aus Gebietsverlusten der Amerikaner Kapital schlage, um ihren Einfluß zu vergrößern. Er – Kissinger – sei gezwungen, Initiativen zu ergreifen. Täte er dies nicht, verharre die Sowjetunion in Unbeweglichkeit. Er – Azeredo da Silveira – sei der Ansicht – dies habe er auch gegenüber Kissinger erklärt –, daß sich der amerikanische Außenminister zu sehr exponiere. Es müsse eine Form des Dialoges mit den Arabern gefunden werden, in dem auch die Sowjetunion Verantwortung übernehme. Nur so käme man aus der Sackgasse heraus.

Kissinger habe andererseits die Vertragstreue der Chinesen gelobt. Dies halte er, Azeredo da Silveira, jedoch für zu optimistisch. Die USA müßten seiner Meinung nach einmal begreifen, daß die „lobbies" im Lande zu mächtig seien.

Kissinger sei das Opfer der Angriffe aller Minderheiten in den USA. Daraus resultierten die Schwierigkeiten in der Innenpolitik. Brasilien sei für eine Verständigung zwischen den USA und der UdSSR, aber nur, solange dies die Interessen des Westens nicht beeinträchtige. Eine Entspannung, die einer Niederlage gleichkomme, könne man nicht akzeptieren. Die schrittweise Entspannung sei gefährlich, und deshalb müsse man sich jeden Schritt klar bewußt machen. Entspannung sei kein Wert an sich, sie sei nur in dem Maße gut, in dem sie funktioniere.

Bundesminister *Genscher* gab abschließend seiner Befriedigung Ausdruck über die Übereinstimmung beider Seiten in wesentlichen Fragen und über die vertrauensvolle Atmosphäre des Gesprächs.

Das Gespräch endete gegen 10.30 Uhr.

Referat 010, Bd. 178648

180

Gespräch des Staatsministers Wischnewski mit Präsident Boumedienne in Algier

Dg 40 VS-NfD   **26. Juni 1975**[1]

I. Staatsminister *Wischnewski* überbrachte die Grüße des Bundeskanzlers und von Willy Brandt. Er erläuterte seinen Auftrag[2] und erklärte, die Bundesregierung wünsche, einen positiven Beitrag zur Weiterführung des Dialogs zu lei-

---

[1] Die Gesprächsaufzeichnung wurde von Ministerialdirigent Sigrist am 30. Juni 1975 gefertigt.
Hat Ministerialdirigent Kinkel am 4. Juli 1975 vorgelegen, der die Weiterleitung an Bundesminister Genscher „n[ach] R[ückkehr]" verfügte.
Hat Genscher vorgelegen.
[2] Staatsminister Wischnewski hielt sich im Rahmen einer „Fact-finding Mission" am 25./26. Juni 1975 in Algerien auf. Zur Vorbereitung der Reise vgl. Dok. 173.

sten. Er werde die sieben Entwicklungsländer besuchen, die an der Pariser Vorkonferenz³ teilgenommen haben, und komme zuerst nach Algerien.⁴

Die weltwirtschaftliche Situation bereite dem Bundeskanzler große Sorge. Alle maßgebenden Länder der Welt müßten gemeinsam versuchen, die aktuellen Probleme zu lösen. Seine Mission führe ihn zuerst nach Algerien, weil Algerien als Sprecher der Dritten Welt auftrete, weil die Erklärung von Algier⁵ positive Elemente enthalte, weil der bilaterale Dialog zwischen Algerien und der Bundesrepublik Deutschland besonders wichtig sei.

Um die Vorkonferenz wieder aufnehmen zu können, sei die Bundesregierung nunmehr bereit, über Energie, Rohstoff-Fragen und Entwicklungspolitik zu sprechen. Sie trete für die Bildung von drei Kommissionen ein. Unter Umständen könnte auch eine vierte Kommission für Währungsfragen gebildet werden.⁶

Um eine brauchbare Lösung für die Rohstoffprobleme zu finden, habe die Bundesregierung die Probleme untersuchen lassen, die sich bei 22 ausgewählten Rohstoffen stellen. Sie sei zu dem Ergebnis gekommen, daß es falsch wäre, globale Preis- und Erlösstabilisierungsmaßnahmen vorzusehen, weil dies in einem größeren Maße den reichen Ländern, z. B. den USA, der Sowjetunion und Kanada, zugute käme.⁷ Deshalb sei die Bundesregierung für differenziertes Vorgehen, um den armen EL⁸ Vorteile zu sichern. Zur Finanzierung einer Lösung könnte der Internationale Währungsfonds beitragen, wobei auch an den Verkauf eines Teils des Goldes gedacht werden könnte. In den Währungsinstitutionen sollten die EEL⁹ eine größere Rolle spielen.

Die Bundesregierung sei gegen die Indexierung der Erdölpreise, weil das nicht weiterhelfe. An diesem Punkt kam die erste Zwischenfrage von *Boumedienne*. Er wollte wissen, welche andere Lösung wir vorschlagen.

Wischnewski: Die Bundesregierung habe die Indexierungsfragen sorgfältig geprüft. Die erste Schwierigkeit komme daher, daß wir eine Inflationsrate von etwa 6% haben, während sie in anderen Staaten bei 25% liege. Der zweite Punkt ist, daß nach unserer Auffassung die Indexierung ein zusätzliches Infla-

---

3 Zur Vorkonferenz der erdölproduzierenden und -verbrauchenden Staaten vom 7. bis 15. April 1975 in Paris vgl. Dok. 87.

4 Im Anschluß an den Besuch in Algerien führte Staatsminister Wischnewski am 4./5. Juli 1975 Gespräche in Zaire, am 7./8. Juli in Indien, am 9./10. Juli im Iran, vom 20. bis 23. Juli in Venezuela, am 24./25. Juli in Brasilien und am 2./3. August 1975 in Saudi-Arabien. Zu den Ergebnissen der Reise vgl. Dok. 259.

5 In der Erklärung der Gipfelkonferenz der OPEC-Mitgliedstaaten vom 4. bis 6. März 1975 in Algier wurde eine internationale Konferenz „zu dem Zwecke, entwickelte und in der Entwicklung befindliche Länder zusammenzubringen", befürwortet. Sie könne jedoch nicht auf Energiefragen beschränkt bleiben, sondern müsse „auch andere Punkte umfassen, um Stabilität für die Weltwirtschaft zu sichern, wie Rohmaterialfragen der Entwicklungsländer, eine Reform des internationalen Währungssystems und die Frage internationaler Zusammenarbeit im Interesse der Entwicklung". Die Teilnehmer bekräftigten ihren Willen „weiterhin positive Beiträge zur Lösung der die Weltwirtschaft betreffenden wichtigen Probleme zu leisten und echte Zusammenarbeit zu fördern". Vgl. EUROPA-ARCHIV 1975, D 271 f.

6 Zu den Überlegungen der Industriestaaten, auf einer weiteren Vorkonferenz der erdölproduzierenden und -verbrauchenden Staaten Kommissionen für Energie-, Rohstoff- und Entwicklungsfragen einzusetzen, vgl. Dok. 159, Anm. 14 und 19.

7 Zu den Überlegungen der Bundesregierung zur Rohstoffpolitik vgl. Dok. 158, besonders Anm. 4.

8 Entwicklungsländer.

9 Erdölexportierende Länder.

tionselement ist. Belgien, obwohl mit uns in der europäischen Währungsschlange verbunden, habe eine Inflationsrate von 12%, und wir vermuten, daß das mit der in Belgien üblichen Indexierung zusammenhängt.

Boumedienne bestritt diese Feststellung nicht und fragte nach einer Ersatzlösung. Daraufhin erläuterte Staatsminister *Wischnewski* unser Konzept der Konsultationen. Wir führen 96% unseres Erdöls ein und seien deshalb an einem guten Verhältnis zu den Erdölproduzenten interessiert. Deshalb habe sich die Bundesregierung auch entschlossen, auf dem Gebiet der Rohstoffe eine Lösung zu suchen und auf diesem entscheidenden Gebiet der Weltpolitik größere Aktivität zu entfalten. *Boumedienne* bezeichnete das als einen positiven Beitrag und würdigte die Person Wischnewskis als Leiter der Delegation.

Wischnewski erklärte, daß die Bundesregierung zu Kompromissen bereit sei, Kompromisse aber auch von ihren Partnern erwarte. Es nutze niemand, wenn es den IL[10] schlechtgehe. Auf eine Frage Boumediennes sagte Wischnewski, daß die Ostblockländer ihre Verantwortung übernehmen, aber zur Pariser Konferenz nicht eingeladen werden sollten. Wenn Staatspräsident Boumedienne und der Bundeskanzler versuchen würden, eine Lösung auf dem Wege der Konsultationen zu finden, dann wäre Kooperation möglich. Die Pariser Konferenz könnte in Kommissionen organisiert werden, wenn das allgemein als nützlich empfunden würde. Dabei könnten auch Rohstoff-Fragen behandelt werden, wie Algerien das wünsche. Auf die Frage *Boumediennes*, ob diese Verhandlungen in Paris stattfinden sollten, sagte Staatsminister *Wischnewski*, dies sei für die Bundesregierung nicht entscheidend. Wir träten jedenfalls für eine begrenzte Teilnehmerzahl ein.

Boumedienne: In Paris sei eine Teilnehmerzahl von 20 bis 26 vereinbart worden. Dabei könne man bleiben, man solle nicht weiter als bis zu 30 Teilnehmern gehen.

II. Präsident Boumedienne dankte in seiner Erwiderung für die deutsche Initiative, in der er einen Beweis für die konstruktive Haltung zum Dialog sehe. Auch Algerien sei für den Dialog. Das habe er schon in seiner Rede vor den Vereinten Nationen erklärt, Konfrontation sei gefährlich.[11] Die EL seien für den Dialog, weil sie sich in einer Position der Schwäche befinden. Erst in der Ölkrise habe sich ihre Position verstärkt.

Offen gesagt, hätten die IL die Dritte Welt bisher als Staatengruppe ohne Bedeutung angesehen. Auf den Konferenzen in Algier und New Delhi sei gefordert worden, ein Prozent des Einkommens der IL in den EL zu investieren. Darauf sei aber das Echo ausgeblieben. Die Lage sei gefährlich. Die IL wollten immer reicher werden, sie strebten mehr Luxus an, während der Lebensstandard der EL absinke. Die Kluft werde größer. Er frage sich, ob die Mißstände in den

---

10 Industrieländer.
11 Anläßlich der Eröffnung der 6. Sondergeneralversammlung der UNO über Rohstoffe und Entwicklung bezeichnete Präsident Boumedienne am 10. April 1974 in New York die Energiekonferenz vom 11. bis 13. Februar 1974 in Washington „als Ausgangspunkt einer Konfrontation" und als Versuch zur „Bildung einer Koalition Industrieländer gegen ölproduzierende Länder. Diese Konferenz reflektiere nicht Wunsch nach internationaler Zusammenarbeit." Vgl. den Drahtbericht Nr. 631 des Botschafters Gehlhoff, New York (UNO), vom 12. April 1974; Referat 402, Bd. 122083.

EL ein Schicksal sind oder ob ihre Gründe nicht im Kolonialismus und der Ausbeutung zu sehen sind. In der Entwicklung der Dritten Welt könne man zwei Phasen feststellen.

Die erste Phase: Die Bewegung des Antikolonialismus sei beendet.

Die zweite Phase: Die wirtschaftliche Befreiung sei langwierig und schwierig. Dabei müsse man nicht nur die Wirtschaft der IL sehen, sondern auch die wirtschaftliche Lage der EL.

Der Bundeskanzler habe neulich gesagt, man müsse sich neue Gedanken über das Weltwirtschaftssystem machen. Wer aber habe dieses System geschaffen? Die Industrieländer. Die Dritte Welt solle an seiner Verbesserung mitwirken.

Auch er sei für Ausgleich der Interessen. Man solle praktisch damit beginnen. Seit Jahrzehnten dominiere der US-Dollar. Die Amerikaner haben ihre Währung zugunsten ihrer Vorherrschaft eingesetzt. Dann hätten die Amerikaner die Rolle des Dollar verändert, ohne die betroffenen armen Länder zu konsultieren. Dafür habe er kein Verständnis.

Die Ölfrage sei wichtig. Aber man müsse auch sehen, daß die EL bisher nur Rohstoffe exportieren können. Dies erfordere die Indexierung, weil die Preise der Industrieprodukte steigen, während die Preise der Rohstoffe gleichbleiben oder fallen.

Die IL verfügen über alles, was Herrschaft bewirkt: Währung, Industrie, Technologie. Da sei Ausgleich notwendig. Er wolle das am Beispiel Saudi-Arabiens erläutern, dem Land, das am meisten Erdöl produziert. Die Saudi-Arabier hätten viel Geld in den Banken. Trotzdem sei der Staat rückständig.

Anders sei es um die IL bestellt. Offenbar weigern sie sich, die Industrialisierung der Dritten Welt zu fördern. Heute seien 11 bis 12 Millionen ausländische Arbeiter in Europa tätig. Das sei nicht richtig.

Algerien wolle keine Hilfe, sondern Rechte durchsetzen. Der objektive Wert der Rohstoffe solle anerkannt werden. Dann können die EL sich besser entwickeln und sich industrialisieren. Sie können Industrieprodukte kaufen, Technologie übernehmen und bessere Partner werden.

In der Tat seien die heutigen Schwierigkeiten mit klassischen Formeln nicht zu erklären. Die Wissenschaft in den IL habe die Gesichtspunkte der Dritten Welt nicht berücksichtigt. Die EL seien bedeutend als Lieferanten von Rohstoffen, als Absatzmärkte, für die Bereitstellung von Arbeitskräften. Das müsse gesehen werden, sonst reden wir weiter aneinander vorbei.

Die Energie stelle kein Problem dar. Sie sei vor den Toren Europas. Europa kann Energie haben, wenn es Industrien liefert. Europa und die Erdölländer ergänzen sich gegenseitig. Die IL werfen den Erdölländern vor, daß die Ölpreise hoch seien. Das sei relativ. Im übrigen: Wenn die Indexierung nicht gut sei, welche Lösung werde statt dessen vorgeschlagen. Die Dollars der Ölländer seien in den Banken in Europa, den USA und Japan.

Die Erhöhung der Rohstoffpreise sollte auch nach algerischer Ansicht nicht die Reichen begünstigen. Die reichen Länder sollen für die Mißstände zahlen. Die USA und die Sowjetunion geben viel Geld aus für Waffen und Raumfahrt, als ob es auf der Erde nicht genügend Probleme gebe.

Algerien sei für den Dialog. Der Dialog dürfe sich aber nicht auf die Energie beschränken. Die Energie gehöre zu den wichtigsten Rohstoffen, andere Bereiche dürften aber nicht vergessen werden, sonst gebe es eine wirtschaftliche Rückentwicklung für die ganze Welt. Die Entwicklungshilfeproblematik sei fundamentaler Bestandteil der Krise. Wenn die gegenwärtige wirtschaftliche Entwicklung so weiterlaufe, dann würden in Zukunft die USA, Europa und Japan eine wirtschaftliche Aristokratie darstellen. Die Bürger der EL dagegen seien zu allen Arbeiten bereit.

Die Arbeit von Paris soll fortgesetzt werden, und zwar, wie vereinbart, in begrenztem Rahmen. Der Erfolg des Dialogs hänge davon ab, daß jeder die Probleme des anderen richtig sehe. Die Industrieländer sollten nicht Zwietracht unter den EL säen. Im übrigen hoffe er – das sei als Scherz gemeint –, daß unsere Aktivität nicht mit der OPEC-Konferenz im September[12] zusammenhänge.

Staatsminister *Wischnewski* trat dieser Vermutung entgegen und sagte, daß wir unseren Beitrag zu einem langfristigen Dialog leisten wollen. Unsere Überlegungen seien noch nicht zu Ende. Zweck seines Besuchs sei, die Vorstellungen der anderen Seite kennenzulernen und sie einzubeziehen. Unsere Ansichten stimmten in vielen Punkten überein. In einem Punkt wolle er widersprechen. Es sei nicht richtig, daß wir nicht bereit seien, Fabriken zu verkaufen. Wir seien für jeden Auftrag dankbar und würden Fabriken in Saudi-Arabien und auch in anderen Ländern bauen. *Boumedienne* räumte ein, daß Saudi-Arabien vielleicht als Beispiel schlecht gewählt war. Er habe sagen wollen, die Bundesrepublik habe keine Rohstoffe, sei aber ein reiches Land.

Wischnewski: Tatsächlich habe Deutschland außer Kohle keine Rohstoffe. 24% unseres Bruttosozialproduktes komme aus dem Export. Wir seien zur Kooperation gezwungen. Wegen der Schwierigkeiten in Constantine[13] sei er betrübt. Die Bundesrepublik wolle noch möglichst viele Industrien für Algerien bauen. *Boumedienne* erinnerte daran, daß er kürzlich deutschen Industrievertretern gesagt habe, daß Deutschland langfristig Öl haben könne, wenn es sich an der Industrialisierung seines Landes beteilige. An dem Projekt Constantine sei er persönlich interessiert. Da gebe es Probleme, aber keine grundsätzlichen Schwierigkeiten.

Wischnewski: In der Entwicklungspolitik seien wir mit unseren eigenen Leistungen nicht zufrieden. Die Rezession mindere die Steuereinnahmen, die Bundesrepublik habe 30 Mrd. DM Schulden, mehr als eine Million Arbeitslose gäbe es bei uns. Unsere Währungsreserven könnten nicht für den Bundeshaushalt verwendet werden. Trotzdem gebe es Fortschritte in der Entwicklungshilfe. Im Vertrag von Lomé[14] habe die Bundesrepublik einen guten Teil der Lasten übernommen. Am 25. Juni seien Beschlüsse in Brüssel gefaßt worden, die Fortschritte in den Verhandlungen mit den Staaten des Maghreb und des Maschrek er-

---

12 Zur Ministerkonferenz der OPEC-Mitgliedstaaten vom 24. bis 27. September 1975 in Wien vgl. Dok. 259, Anm. 20.
13 Am 29. April 1975 berichtete Botschafter Moltmann, Algier, daß über ein Kraftwerk „mit vier Gasturbinen und 100 Megawatt in der Gegend von Constantine – Batna – Sétif" verhandelt werde und die Firma AEG Interesse habe: „Bisher sollen allerdings noch Schwierigkeiten bei der Finanzierung (und angeblich auch bei der Hermes-Absicherung) bestehen." Vgl. den Schriftbericht Nr. 398; Referat 311, Bd. 104709.
14 Zum AKP-EWG-Abkommen von Lomé vom 28. Februar 1975 vgl. Dok. 15, Anm. 18.

möglichten.[15] *Boumedienne* zeigte Verständnis für die Probleme. Er stellte fest, Algerien wolle keine Entwicklungshilfe, sondern Verständnis für seine Entwicklungspolitik. Wenn z. B. die Verhandlungen über das Gasprojekt[16] stocken, so liege das an der deutschen Seite. Wenn das Projekt fertiggestellt sei, dann könnte Algerien neue Industrien kaufen. Staatsminister *Wischnewski* meinte, die letzten Gespräche seien nicht so schlecht gelaufen. Die Stagnation sei überwunden. Verhandlungspartner sei aber nicht die Bundesregierung, sondern private Unternehmen. Man solle die Schuldfrage gerechter beurteilen. Preisverhandlungen seien immer schwierig.

Boumedienne: Viel Zeit sei inzwischen verloren worden, auch glaube er, daß die Firmen nicht ganz unabhängig von der Regierung seien. Von der Gasverflüssigung könne Deutschland profitieren. Es sei jetzt ein Projekt mit Frankreich über Pipelines fertiggestellt worden, das eine neue Verbindung zwischen Europa und Afrika darstelle.[17] Er sei nicht gegen die IL eingestellt, er wolle gemeinsame Lösungen suchen. Manchmal verstopften die IL ihre Ohren, um das Geschrei der EL nicht zu hören.

Wischnewski: Das Problem sei, daß die Erdölländer unseren Reichtum zu hoch einschätzten, vielleicht machten aber auch die IL Fehler in der Einschätzung der Erdölländer.

Boumedienne wiederholte, daß er die IL nicht schädigen wolle. Er suche Verständigung und Zusammenarbeit. Ein wirtschaftlicher Zusammenbruch in den westlichen Ländern würde auch den EEL schaden. Zum Schluß des „offenen" Gesprächs bat er, dem Bundeskanzler zu sagen, daß er für kontinuierliche Konsultation und für einen sinnvollen, offenen Dialog sei. Staatsminister *Wischnew-*

---

15 Zu den Ergebnissen der EG-Ministerratstagung am 24./25. Juni 1975 in Luxemburg vgl. Dok. 181, Anm. 2.

16 Dazu führte Referat 303 am 4. März 1974 aus: „Der zwischen dem europäischen Gaskonsortium und der Sonatrach abgeschlossene Vertrag über Lieferung von 15,5 Mrd. kbm Erdgas (Lieferbeginn: 1977/78) ist seit 25.10.73 in Kraft. An dem Vertrag partizipieren drei süddeutsche Gesellschaften Saar-Gas, Bayern-Gas und Gas-Versorgung Süddeutschland mit insgesamt 6,5 Mrd. kbm. Der Bund hat sich bereit erklärt, Anlagelieferungen an Algerien bis zu 440 Mio. Dollar abzusichern. Er hat überdies für die sich zusätzlich ergebenden Risiken eine weitere Deckungszusage in Höhe von 250 Mio. DM gegeben. Die technischen Vorbereitungen zur Realisierung des Projekts sind angelaufen." Vgl. Referat 311, Bd. 104702.
Bei der Durchführung der Vereinbarungen ergaben sich in der Folgezeit jedoch Schwierigkeiten. Am 19. Dezember 1974 übermittelte Staatssekretär Rohwedder, Bundesministerium für Wirtschaft, Staatsminister Wischnewski ein Schreiben des Bundesministers Friderichs, das mit Datum des Folgetags an den algerischen Minister für Industrie und Energie, Abdessalam, gesandt wurde und in dem Friderichs das Interesse bekundete, die Erdgasverhandlungen zwischen der algerischen Gesellschaft „Sonatrach" und dem europäischen Käuferkonsortium „Sagape" zu einem erfolgreichen Abschluß zu bringen. Dazu teilte Rohwedder mit: „Den Grund für das Scheitern der bisherigen Bemühungen sehe ich darin, daß niemand bereit war (und auch nicht sein konnte), das Risiko für eine Investition von weit mehr als 1 Mrd. Dollar in Algerien zu tragen, wenn gleichzeitig die zukünftige Entwicklung des Gaspreises von Algerien unkalkulierbar gemacht wird." Vgl. Referat 311, Bd. 104709.

17 Auf einer Pressekonferenz am 12. April 1975 in Algier erwähnte Staatspräsident Giscard d'Estaing, daß während seiner Gespräche vom 10. bis 12. April 1975 in Algerien auch über wirtschaftliche Zusammenarbeit und insbesondere über den Bau einer Erdgasleitung zwischen Algerien und Frankreich gesprochen worden sei. Vgl. dazu LA POLITIQUE ETRANGÈRE 1975, I, S. 130.
Dazu teilte Botschafter Moltmann, Algier, am 18. April 1975 mit, „daß es sich hier um den seit Jahren im Gespräch befindlichen Gazoduc über Spanien handle. Bisher sei nur ganz allgemein und unter dem Vorbehalt der Zustimmung der übrigen Partner (Marokko und Spanien) über das Projekt gesprochen worden, so daß man bisher eher von Absichtserklärungen als von konkreten Verpflichtungen sprechen könne." Vgl. den Schriftbericht Nr. 374; Referat 311, Bd. 104709.

ski dankte für den freundlichen Empfang und meinte, daß der Bundeskanzler Präsident Boumedienne vielleicht gelegentlich schreiben könnte, wenn unsere Gedanken soweit konkretisiert seien. Jedenfalls freuten sich der Bundespräsident, die Bundesregierung und die Menschen in unserem Lande auf seinen Besuch in Deutschland.[18]

Referat 405, Bd. 113911

181

Runderlaß des Ministerialdirektors van Well

200-350.31-1277/75 VS-vertraulich **Aufgabe: 26. Juni 1975, 10.40 Uhr**[1]
Fernschreiben Nr. 2509 Plurex

Betr.: EPZ-Themen am Rande des EG-Ministerrats am 24.6.75 in Luxemburg[2]

1) KSZE

Die irische Präsidentschaft trug die Hauptelemente des vom Sous-Comité in Genf übermittelten Entwurfs vor (Drahtbericht aus Genf Nr. 1240 vom 21.6.)[3].

---

[18] Ein Besuch des Präsidenten Boumedienne in der Bundesrepublik war für den 26. bis 29. Januar 1976 in Aussicht genommen worden, kam zu diesem Termin aber nicht zustande.

[1] Durchdruck.

[2] Über die EG-Ministerratstagung am 24./25. Juni 1975 teilte Vortragender Legationsrat Engels am 27. Juni 1975 mit: „Schwerpunkt der Arbeit des Rats waren die Interims- und internen Regelungen, die durch das Abkommen von Lomé erforderlich wurden, sowie die Mittelmeerpolitik einschließlich griechischem Beitrittsantrag; Schwerpunkt der EPZ-Arbeiten die KSZE-Frage. Die Tagung kann insgesamt als erfolgreich bezeichnet werden. Das Gesamtpaket der AKP-Regelungen wurde verabschiedet. In der M[ittel]M[eer]politik eröffnete die Kompromißlösung des gleichzeitig tagenden Agrarrats hinsichtlich der italienischen Ausgleichsforderungen den Weg für einen baldigen Abschluß der Abkommen mit den westlichen MM-Staaten. [...]. Bemerkenswert war, daß der Rat einige seiner Beschlüsse durch Abstimmung mit qualifizierter Mehrheit faßte und damit auch im Bereich der Außenbeziehungen der EG gemäß den Beschlüssen der Pariser Gipfelkonferenz von 1974 den ersten Schritt zu einer flexibleren Willensbildung tat." Die EG-Kommission habe mitgeteilt, daß die Verhandlungen mit den Maghreb-Staaten im Juli fortgesetzt werden sollten; über das weitere Vorgehen in den Gesprächen mit Spanien, Malta und den Maschrek-Staaten sei aus Zeitmangel nicht beraten worden. Ein weiteres Thema war die Zusammenarbeit mit Kanada. Vgl. den Runderlaß Nr. 95; Referat 240, Bd. 102880.

[3] Botschafter Blech, Genf (KSZE-Delegation), berichtete: „Im anliegenden Text, den die Neun hier ausgearbeitet haben und der von der irischen Präsidentschaft in Luxemburg vorgetragen wird, werden die Außenminister um eine Entscheidung darüber gebeten, wie die Frage nach einer möglichen Abhaltung der dritten Phase der KSZE Ende Juli in Helsinki beantwortet werden soll." Die endgültige Entscheidung könne allerdings „nur ‚kollektiv' durch einen Beschluß des Koordinationsausschusses, d.h. durch Konsensus, nicht bilateral durch die Regierungen gegeben werden". Weiter werde auf die wichtigsten noch ungeklärten Fragen hingewiesen, darunter die Parameter für Manövervorankündigungen, „der ‚peaceful change', der zwar politisch gelöst, aber in der vereinbarten Form noch nicht registrierfähig erklärt worden ist", die Rechtwahrungsklausel („Unberührtheitsklausel") und die Formel über den Interpretationszusammenhang der Prinzipien. Besondere Probleme gebe es zudem mit der Türkei und Malta. Der Bericht ziehe den Schluß: „Ein bedingungsloses ‚Ja' zur dritten Phase Ende Juli ist angesichts der Menge

Nach Stellungnahmen aller neun Minister wurde nachfolgender Beschluß gefaßt, der den Delegationen in Genf als Richtlinie dienen soll für die Sitzung des Koordinationsausschusses am 26.6. und der von der Präsidentschaft nach der Sitzung der Presse in Luxemburg zur Verfügung gestellt wurde:

„The Foreign Ministers of the Nine are willing to complete the work of the conference as soon as possible. Taking into account the substantial progress accomplished on numerous subjects, they think that it is now both desirable and feasible to complete the negotiations in Geneva so that the third phase can take place by the end of July. If this hope is to be realised, an acceleration of the work and efforts of all the delegations will be necessary in order to secure general agreement on certain outstanding points. The Nine, for their part, are ready to make every effort to contribute to this end."

Die Minister waren sich ferner einig, daß ein genaues Datum für den KSZE-Gipfel erst festgelegt werden könne, wenn alle Texte registriert sind.[4]

Nach Vortrag von Präsident Ortoli beschlossen die Minister, daß der italienische Ministerpräsident[5] das Schlußdokument ausdrücklich auch in seiner Eigenschaft als Präsident des Ministerrats der EG unterzeichnen solle und daß die übrigen Konferenzteilnehmer hiervon rechtzeitig unterrichtet werden sollen. Der Bundesaußenminister verwies darauf, daß die EG zum Konferenzergebnis auch als solche beigetragen habe und daß es selbstverständlich sein sollte, daß die EG als Teilnehmer dieses zukunftsweisenden Dokuments aufgeführt wird. Er könne sich nicht vorstellen, daß der Osten sich ernsthaft dagegen wenden würde.

Präsident Ortoli unterstrich die Bedeutung einer annehmbaren Lösung für die noch offene Frage der Gegenseitigkeit der Handelsvorteile.

Frankreich, Großbritannien und Dänemark drängten darauf, daß die Neun ihre Bereitschaft erklären, auf der Grundlage des jetzt erzielten Ergebnisses abzuschließen. Sie schlossen sich jedoch dem oben zitierten Beschluß nach Diskussion an.

2) Glückwunschadresse zur Unabhängigkeit Mosambiks[6]

Außenminister FitzGerald wurde ermächtigt, als Präsident im Namen der neun Außenminister die nachfolgende Glückwunschadresse aus Anlaß der Unabhängigkeit Mosambiks zu übermitteln:

Fortsetzung Fußnote von Seite 843
    und der Qualität der noch offenen Fragen nicht möglich; auch ein bedingungsloses ‚Nein' scheidet aus allgemeinen politischen Gründen [...] aus." Vgl. Referat 212, Bd. 100012.

[4] In der Sitzung des Koordinationsausschusses der KSZE in Genf am 26. Juni 1975 schlug die schwedische Delegation „förmlich die Festlegung des Datums für den Beginn der dritten Phase auf Montag, den 28. Juli 1975, vor. Die Entscheidung sollte jetzt getroffen werden, auch wenn die Arbeiten der zweiten Phase noch nicht abgeschlossen seien; sie werde diesen Abschluß gerade erleichtern". Zur Diskussion dieses Vorschlags teilte Botschafter Blech, Genf (KSZE-Delegation), am 28. Juni 1975 mit, die Warschauer-Pakt-Staaten mit Ausnahme Rumäniens hätten den schwedischen Vorschlag unterstützt. Die meisten übrigen Delegationen hätten „Hoffnung auf als erwünscht und möglich bezeichneten raschen Abschluß Ende Juli; Betonung der Notwendigkeit der Regelung der offenen Fragen; keine förmliche Festlegung auf einen Zeitpunkt" zu Protokoll gegeben, während die Türkei, Spanien und Rumänien „keinerlei Festlegung auf eine zeitliche Perspektive" hätten zustimmen wollen, da erst nach Lösung aller offenen Fragen eine Terminfestlegung möglich sei. Vgl. den Drahtbericht Nr. 1289; Referat 212, Bd. 100012.

[5] Aldo Moro.

[6] Mosambik wurde am 25. Juni 1975 unabhängig.

„Als amtierender Präsident bin ich von den Außenministern der neun Mitgliedstaaten der Gemeinschaft, die heute unmittelbar vor der Unabhängigkeit von Mosambik zusammentrafen, beauftragt worden, Eurer Exzellenz und über Sie auch der Regierung und dem Volk von Mosambik unsere aufrichtigsten Glückwünsche für die Erlangung der Unabhängigkeit zu übermitteln.

Wir freuen uns, daß Mosambik seinen rechtmäßigen Platz in der Gemeinschaft der unabhängigen Staaten einnimmt und geben unserer Entschlossenheit Ausdruck, die Zusammenarbeit mit ihrem Land einzeln und gemeinsam zu fördern.

Ich benutze ferner die Gelegenheit, um Eurer Exzellenz und dem Volk der Republik Mosambik unsere besten Wünsche für Wohlergehen und Glück zu übermitteln."

3) Französischer Vorschlag einer Neuner-Demarche in Ankara

Der französische Außenminister bezog sich auf Informationen, wonach die türkischen Behörden in Zypern seit kurzer Zeit die Besiedlung der bisher vakant gelassenen griechischen Neustadt von Famagusta durch türkische Siedler zulassen. Er schlug öffentliche Erklärung der Neun vor, die vor einseitigen Veränderungen der gegenwärtigen Lage warnen sollte, um den Verhandlungsprozeß nicht zu stören. Einige Außenminister, vor allen Dingen der britische Außenminister, hielten jedoch den Zeitpunkt für eine solche Erklärung nicht für günstig, da einmal die Informationen nicht bestätigt seien und zum anderen ein zu Mißverständnissen Anlaß gebender Zusammenhang mit der Sitzung des Assoziationsrats EG–Zypern am gleichen Tage[7] hergestellt werden könnte. Daraufhin zog Außenminister Sauvagnargues seinen Vorschlag zurück.

4) Internationale Stützungsaktion für Ägypten

Der Bundesaußenminister bezog sich in seiner einleitenden Erklärung auf die Erörterung des Themas beim Politischen Komitee am 16.6. in Dublin.[8] Er bezeichnete es als wichtig, auf das ägyptische Hilfsersuchen, das von der amerikanischen Regierung aktiv gefördert wird, positiv zu reagieren, und zwar möglichst als Teil der gemeinsamen Nahostpolitik der Neun. Er habe begründeten Anlaß zu der Annahme, daß auch Israel keine Kritik üben würde, wenn Präsident Sadat bei der Abwendung einer ernsten Zahlungsbilanzkrise geholfen werde. Die Bundesregierung sei grundsätzlich bereit, sich an einer solchen gemeinsamen europäischen Aktion zu beteiligen, und er würde sich freuen, wenn die neun Außenminister bei der heutigen Sitzung eine gemeinsame Grundsatzentscheidung in diesem Sinne treffen könnten.

---

[7] Über die Tagung des Assoziationsrats EWG–Zypern am 24. Juni 1975 teilte Vortragender Legationsrat Engels am 27. Juni 1975 mit, die zyprische Delegation habe sich an die Abmachung gehalten, daß „der Rat nicht zum Forum für politische Fragen außerhalb der Tragweite des Assoziierungsabkommens gemacht werden sollte. Kernpunkt der zyprischen Wünsche war die Bitte, Zypern bei der Überwindung der entstandenen wirtschaftlichen Notlage zu helfen, und zwar durch die Gewährung neuer Zollzugeständnisse, eine endgültige Einfuhrregelung für Cyprus-Sherry und möglichst schnelle finanzielle und technische Hilfe im Rahmen der approche globale." Vgl. den Runderlaß Nr. 95; Referat 240, Bd. 102880.

[8] Zu den Beratungen des Politischen Komitees im Rahmen der EPZ am 16. Juni 1975 über eine Stützungsaktion für Ägypten vgl. Dok. 163, Anm. 12.

Der französische Außenminister erklärte, daß seine Regierung bereits begonnen habe, den Vorschlag in sehr günstigem Geiste zu prüfen. Die Haltung des französischen Außenministeriums sei sehr positiv, aber noch nicht mit dem Finanzministerium abgestimmt. Er sprach sich für ein intergouvernementales Vorgehen – allerdings unter den Neun koordiniert – aus. (Der französische Politische Direktor[9] stellte zusätzlich uns gegenüber klar, daß die französischen Vorstellungen auf ein klassisches Hilfskonsortium hinausliefen, wonach die Abwicklung der Hilfszusagen bilateral zu erfolgen hätte.) Sauvagnargues erwähnte noch, daß Frankreich mit Ägypten ein Finanzprotokoll habe.

Der dänische Außenminister[10] fand den Vorschlag sehr interessant, wollte ihn jedoch dem Ausschuß der Ständigen Vertreter zuweisen als Teil der Aktivitäten der Gemeinschaft gegenüber den Mittelmeerländern.

Callaghan äußerte Zweifel an der Opportunität des Vorschlags. Man müsse auf die Ausgewogenheit gegenüber Israel achten. Die Lage sei anders für die Vereinigten Staaten, weil sie 2,6 Mrd. Dollar Budgethilfe für Israel leisteten.

Der irische Außenminister hatte das Bedenken, Finanzhilfe an ein Land zu leisten, das in umfangreichem Maße Waffen kaufe.

Rumor berichtete, daß seine Regierung die Möglichkeit multilateraler Hilfe prüfe.

Der holländische Außenminister[11] verwies darauf, daß seine Regierung bereits umfangreiche Mittel bilateral für Ägypten vorgesehen habe. Er schlug vor, daß das Politische Komitee am 7./8. Juli in Rom die Frage weiter erörterte und eine Stellungnahme ausarbeite.[12] Alsdann solle sich der Ausschuß der Ständigen Vertreter mit der Sache befassen. Die Minister sollten auf ihrer nächsten Ratssitzung am 15./16. Juli die Angelegenheit weiter erörtern.[13]

Die Minister nahmen diesen Vorschlag an.

van Well[14]

VS-Bd. 9919 (200)

---

[9] François Lefebvre de Laboulaye.
[10] Knud Børge Andersen.
[11] Max van der Stoel.
[12] Über die Beratungen des Politischen Komitees im Rahmen der EPZ am 7./8. Juli 1975 berichtete Vortragender Legationsrat I. Klasse von der Gablentz am 10. Juli 1975: „PK wertete Neuner-Beteiligung an geplanter internationaler Stützungsaktion als notwendige politische Geste im Rahmen gemeinsamer Nahostpolitik, beauftragte dementsprechend Präsidentschaft, im Namen der Neun Erkundigungen bei USA einzuziehen und nahm eine positive Stellungnahme an die Minister nach Eingang der amerikanischen Antwort in Aussicht. PK ging davon aus, daß sich nicht EG als solche, sondern die einzelnen Länder an der Aktion beteiligen, ihre Beiträge aber gebündelt als Neuner-Aktion präsentieren sollten." Über die Höhe der Beiträge sei nicht gesprochen worden. Vgl. den Runderlaß Nr. 2753; VS-Bd. 9978 (200); B 150, Aktenkopien 1975.
[13] Zur EG-Ministerratstagung am 15./16. Juli 1975 in Brüssel vgl. Dok. 206, besonders Anm. 1.
[14] Paraphe.

182

Aufzeichnung des Vortragenden Legationsrats Lewalter

27. Juni 1975[1]

Betr.: Europäische Zusammenarbeit auf dem Forschungssektor[2]

Dr. Brunner rief heute an und bat mich, dem Herrn Minister folgendes zu übermitteln:

Das Auftreten der Bundesregierung im Europäischen Rat in Sachen Fortführung der gemeinsamen Forschung sei das Peinlichste gewesen, was er bisher in Luxemburg oder Brüssel erlebt habe.[3] Die vorgeschobene Begründung für den beabsichtigten Ausstieg aus der Zusammenarbeit sei schlecht durchdacht und vor allem auch schlecht vorgetragen gewesen. Die anderen Acht hätten uns vorgeworfen, unser Verhalten liefe auf die Sabotage der Europapolitik hinaus und sei materiell ein Wortbruch. Wir seien so unbekümmert aufgetreten, daß sogar Wedgwood Benn, der selbst Vorbehalte habe, sich völlig hinter uns habe ver-

---

[1] Hat Bundesminister Genscher am 29. Juni 1975 vorgelegen.

[2] Mit Schreiben vom 15. April 1975 wies EG-Kommissar Brunner Bundesminister Genscher auf das Problem der Finanzierung des am 8. Januar 1975 von der EG-Kommission vorgelegten Energieforschungsprogramms hin. Bundesminister Matthöfer sei bereit, 70 % der Kosten, die „im Durchschnitt der Jahre 1975 bis 1978 jährlich 15 Millionen DM" betragen würden, zu übernehmen; für die restlichen 30 % fehle aber die Zustimmung des Bundesministeriums der Finanzen. Scheitere das Programm am Widerstand der Bundesrepublik, sei mit „schwerwiegenden Folgen" zu rechnen: „Die gemeinsame Energiepolitik würde, entgegen den Bekundungen der Bundesregierung und auch des Herrn Bundeskanzlers, in einem entscheidenden Punkt, nämlich der Entwicklung neuer Energiequellen, zu Fall gebracht. Die Gemeinschaft wäre nicht mehr in der Lage, in der Energieagentur in Paris in dem auch von amerikanischer Seite als vorrangig eingestuften Bereich der Energieforschung mitzuarbeiten. Starke Spannungen mit Frankreich wären unvermeidlich [...]. Heftige Reaktionen wären auch vom Europäischen Parlament zu erwarten, das bereits den geringen Umfang des Programms bemängelt hat". Vgl. Referat 010, Bd. 178596.
Ministerialdirigent Lautenschlager berichtete am 17. Juni 1975 über die Absicht von Matthöfer, „durch Verweigerung der Zustimmung" zum EG-Mehrjahresforschungsprogramm eine „Grundsatzdiskussion über die Forschungspolitik und den weiteren Betrieb der EURATOM-Zentren zu erzwingen. Nur durch Ausübung von Druck könnten Mißstände wie die zahlreichen Streiks" abgestellt werden. Vgl. Büro Staatsminister, Bd. 106153.
Zum EG-Energieforschungsprogramm vom 8. Januar 1975 bzw. zu den am 26. Juni 1975 erörterten Vorschlägen für das EG-Mehrjahresforschungsprogramm vgl. BULLETIN DER EG 1/1975, S. 18–22, bzw. BULLETIN DER EG 6/1975, S. 58.

[3] Mit Schreiben vom 30. Juni 1975 teilte EG-Kommissar Brunner Bundesminister Genscher ergänzend zur EG-Ratstagung auf der Ebene der Minister für Wissenschaft und Forschung am 26. Juni 1975 in Luxemburg mit, Bundesminister Matthöfer habe zu erkennen gegeben, „daß er das 1973 auf Betreiben der deutschen Delegation beschlossene Forschungsprogramm der Gemeinsamen Forschungsstelle nicht mehr durchzuführen bereit ist. Die Ratsprotokolle von 1973 weisen aus, daß die heute von Herrn Matthöfer genannten und leider übertriebenen Mängel seinerzeit von der deutschen Delegation bewußt in Kauf genommen worden sind. Herrn Matthöfers Haltung vermittelte folglich den Eindruck, daß die deutsche Seite nicht mehr zu ihrem vor zwei Jahren gegebenen Wort zu stehen bereit ist. Das gleiche gilt für das neue Programm für das Zentrum Petten in Holland [...]. Die Weigerung von Herrn Matthöfer, sich für ein Energieforschungsprogramm für vier Jahre mit einem festen Finanzvolumen von 59 Millionen Rechnungseinheiten festzulegen und stattdessen lediglich eine Anlaufphase zu akzeptieren, mußte bei allen Delegationen den Eindruck erwecken, daß die deutsche Seite im Grunde kein gemeinschaftliches Energieforschungsprogramm wünscht." Brunner wies darauf hin, daß der „politische Schaden, der hier angerichtet wird, in keinem Verhältnis zu den Finanzmitteln steht, um die es geht". Vgl. Referat 010, Bd. 178640.

847

stecken und schließlich sogar mit der Mehrheit gegen uns habe argumentieren können. In den stundenlangen Auseinandersetzungen habe es ständig 8:1 gegen uns gestanden. Schließlich habe der Präsident[4] gesagt, er habe alles Verständnis für unsere schwierige Haushaltslage, denn die seine sei nicht besser. Aber im Unterschied zu uns sei Irland zudem noch ein armes Land.

Schließlich habe der deutsche Vertreter in aller Form einen Vorbehalt gegen die weitere Zusammenarbeit angemeldet. Wenn dieser bis zum 15. nicht aufgehoben wird, würden die anderen Acht den Rat der Außenminister befassen.[5]

Lewalter

Referat 010, Bd. 178584

183

Ministerialdirektor Lahn an Botschafter Fischer, Tel Aviv

310-310.10 VS-NfD 27. Juni 1975[1]
Fernschreiben Nr. 151 Aufgabe: 30. Juni 1975, 10.46 Uhr
Citissime nachts

Betr.: Israelische Reaktion auf innereuropäische Diskussion über eine europäische Nahost-Initiative[2]

Bezug: DB 235 vom 26.6.[3]

Sie werden gebeten, die als Anhang wiedergegebene persönliche Botschaft des Bundesministers an AM Allon zu übermitteln.

---

[4] Justin Keating.
[5] Am 15./16. Juli 1975 befaßte sich der EG-Ministerrat mit dem EG-Energieforschungsprogramm und dem Mehrjahresforschungsprogramm. Vgl. dazu Dok. 206.

[1] Der Drahterlaß wurde von Vortragendem Legationsrat I. Klasse Böcker konzipiert.
Am 27. Juni 1975 leitete Ministerialdirektor Lahn den Drahterlaß über Staatssekretär Gehlhoff Bundesminister Genscher zu und erläuterte dazu: „Die israelische Enttäuschung, daß der Bundesminister Außenminister Allon nicht vor der Einbringung unseres Vorschlags konsultiert hat, sollte allein mit dem Hinweis, daß die EPZ-Beratungen vertraulich sind und auch die arabische Seite hätte konsultiert werden müssen, beantwortet werden. Hier ist vor allem wichtig, daß wir nicht implicite – zum Beispiel durch den Hinweis, daß die Konsultation zu diesem Zeitpunkt oder bei diesem Stand der Beratungen nicht opportun gewesen wäre – eine spätere Konsultationsbereitschaft anerkennen." Hat Gehlhoff am 27. Juni 1975 vorgelegen.
Hat Vortragendem Legationsrat Lewalter vorgelegen, der handschriftlich vermerkte: „Hat dem Herrn Minister vorgelegen, der S. 5 des Drahterlasses geändert hat." Vgl. den Begleitvermerk; Referat 310, Bd. 109111.
Zu den Änderungen des Bundesministers Genscher vgl. Anm. 13.
[2] Zur israelischen Reaktion auf Überlegungen zu einer europäischen Nahost-Initiative vgl. Dok. 176, Anm. 8 und 12.
[3] Botschafter Fischer, Tel Aviv, berichtete über ein Gespräch mit dem Staatssekretär im israelischen Außenministerium, in dem Kidron „‚tiefe Besorgnis' über deutschen Vorschlag europäischer Nahost-Initiative" vorgebracht und bedauert habe, daß im Vorfeld kein Meinungsaustausch zwischen

Ferner werden Sie gebeten, in Ergänzung Ihrer Ausführungen vom 26.6. StS Kidron folgendes zu antworten:

Im Kreise der Neun ist man sich einig, daß es zur Frage der zeitlichen Opportunität eines europäischen Schrittes der ständigen Abstimmung mit der amerikanischen Regierung bedarf. Die Amerikaner haben uns im Rahmen der kürzlichen Konsultationen wissen lassen, daß ein europäischer Schritt in einigen Wochen durchaus nützlich sein kann.[4] Man werde schon bald wissen, ob es zu einer neuen Interimsvereinbarung zwischen Israel und Ägypten kommen werde. Der zentrale Punkt unseres Arbeitspapiers, das wir kürzlich in das PK einführten[5], ist unsere Besorgnis, daß eine Fortdauer des Schwebezustands zwischen Nichtkrieg und Nichtfrieden zu höchst gefahrvollen Entwicklungen führen kann und sich die am Nahost-Konflikt beteiligten Staaten daher ihrer besonderen Verantwortung bewußt sein sollen. Wir teilen nicht die israelische Ansicht, daß Europa sich im Nahen Osten auf eine wirtschaftliche Rolle beschränken solle. Wir glauben vielmehr, daß wir uns nicht auf eine bloße Zuschauerrolle beschränken können, wenn eine Friedenslösung im Rahmen der Genfer Konferenz in Angriff genommen wird. Wir müssen in Betracht ziehen, daß die Öffentlichkeit von uns eine aktive Nahostpolitik erwartet, die geeignet ist, die Friedensbemühungen zu fördern.

Eine „Neuauflage" der Erklärung der Neun vom 6.11.73[6] ist nicht Teil unserer Vorstellungen, wohl aber eine Bezugnahme auf sie. Zur Frage der Rechte der Palästinenser können Sie in Ergänzung Ihrer Ausführungen auf das Interview des BM mit Al Ahram vom 14.4. und der MENA kurz zuvor[7] hinweisen.

Es kommt uns und den übrigen Mitgliedern der Gemeinschaft darauf an, an der Ausgewogenheit und Aufrichtigkeit unserer NO-Politik unter allen Umständen festzuhalten. Dies hat auch seinen Ausdruck gefunden darin, daß die Bundesregierung beim Besuch von AM Allon in Düsseldorf am 2.5.[8] unverzüglich den israelischen Wunsch unterstützt hat, eine baldige Unterzeichnung des

---

Fortsetzung Fußnote von Seite 848

der Bundesregierung und Israel stattgefunden habe. Durch eine solche Initiative würden nach israelischer Auffassung die arabischen Staaten „in ihrer Euphorie bestärkt, daß durch Druck seitens USA und Westeuropas Israel zur Aufgabe seiner selbst gebracht werden könne. Neue europäische Nahost-Initiative würde im gegenwärtigen delikaten Augenblick jeden Fortschritt blockieren und zu Lasten Israels ausschlagen." Er, Fischer, habe klargestellt, Meldungen in der israelischen Presse „über deutsche Friedenspläne seien irreführend. [...] Wir handelten aus Sorge um Bedrohung von Weltfrieden und Weltwirtschaftsordnung durch neue Krise, insbesondere aber aus Sorge um Israels langfristiges Schicksal bei Aufrechterhaltung Schwebezustands. [...] Wir würden keinerlei Parteinahme vornehmen und keineswegs arabischer Bitte entsprechen, ‚Druck auf Israel' ausüben." Vgl. Referat 310, Bd. 109111.

[4] Vgl. dazu das Gespräch des Bundesministers Genscher mit dem amerikanischen Außenminister Kissinger am 16. Juni 1975 in Washington; Dok. 163.

[5] Zur Erörterung des Entwurfs der Bundesregierung für eine europäische Nahost-Initiative durch das Politische Komitee im Rahmen der EPZ am 16. Juni 1975 in Dublin vgl. Dok. 176.

[6] Zur Nahost-Erklärung der Außenminister der EG-Mitgliedstaaten vom 6. November 1973 vgl. Dok. 29, Anm. 3.

[7] Zu den Interviews des Bundesministers Genscher mit der ägyptischen Tageszeitung „Al Ahram" bzw. der Middle East News Agency vgl. Dok. 62, Anm. 18, bzw. Dok. 80, Anm. 18.

[8] Zum Gespräch des Bundesministers Genscher mit dem israelischen Außenminister Allon am 2. Mai 1975 vgl. Dok. 102, Anm. 20.

Freihandelsabkommens der EG mit Israel vorzusehen.[9] Wir haben uns für diesen Schritt entschieden, obwohl wir uns bewußt waren, daß wir damit die heftige Kritik der arabischen Staaten herausfordern würden. Diese Kritik drohte zeitweilig den Europäisch-Arabischen Dialog ernsthaft zu gefährden. Wir haben die arabischen Staaten, insbesondere auch AM Khaddam, der unmittelbar nach der Unterzeichnung des Abkommens in Bonn war[10], darauf hingewiesen, daß es für uns nicht in Betracht kommen kann, durch Zurückstellung des Abkommens mit Israel arabischen Vorstellungen entgegenzukommen, „Druck auszuüben". Wir haben vielmehr darauf hingewiesen, daß die Zeichnung des Vertrags, nicht Pressionen, Fortschritten bei der Lösung des Nahost-Konflikts dienlich sind.

Wir würden es bedauern, wenn durch weitere Pressemeldungen über innereuropäische Überlegungen die Aufmerksamkeit der Öffentlichkeit in unangemessener Weise auf die vertraulichen Beratungen im Kreise der Neun gelenkt würde und damit gerade die Wirkung entstünde, die wir alle zu verhindern suchen.

Anhang

Lieber Yigal,

nachdem ich von Botschafter Fischer über die israelische Reaktion auf unsere Überlegungen unterrichtet worden bin, möchte ich Gelegenheit nehmen, Ihnen persönlich zu schreiben, um Mißverständnisse auszuräumen.

Der innereuropäische Meinungsaustausch im Rahmen des Politischen Komitees, in welcher Weise und zu welchem Zeitpunkt die Staaten der Gemeinschaft ihr Interesse an einer Lösung des Nahost-Konflikts zum Ausdruck bringen könnten, ist ein kontinuierlicher Prozeß. Nachdem die Mission des amerikanischen Außenministers abgebrochen worden war[11], haben wir kürzlich die Diskussion in der EG durch Einführung eines Arbeitspapiers wiederbelebt. Es ist bedauerlich, daß diese Tatsache an die Öffentlichkeit gelangte.

Unsere Überlegungen gehen dahin, vor Beginn der Genfer Konferenz[12] die am Konflikt Beteiligten daran zu erinnern, daß durch die Fortdauer des Schwebezustands zwischen Nichtkrieg und Nichtfrieden die internationale Staatengemeinschaft höchst gefahrvollen Entwicklungen ausgesetzt werden kann. Sie können versichert sein, daß ein solcher Schritt der europäischen Staaten jede Einseitigkeit vermeidet und nicht zum Ziel hat, auf die Konfliktparteien Druck auszuüben. Der entscheidende Ausgangspunkt unserer Überlegungen ist, daß Europa sich nicht auf eine bloße Beobachterrolle beschränken sollte, wenn im

---

[9] Das Abkommen zwischen Israel und den Europäischen Gemeinschaften wurde am 11. Mai 1975 unterzeichnet. Für den Wortlaut vgl. AMTSBLATT DER EUROPÄISCHEN GEMEINSCHAFTEN, Nr. L 136 vom 28. Mai 1975, S. 1–190.

[10] Der syrische Außenminister Khaddam hielt sich vom 12. bis 14. Mai 1975 in der Bundesrepublik auf. Vgl. dazu Dok. 112.

[11] Zum Abbruch der Bemühungen des amerikanischen Außenministers Kissinger um eine Vermittlung im Nahost-Konflikt vgl. Dok. 62, Anm. 11.

[12] Zur Friedenskonferenz für den Nahen Osten in Genf vgl. Dok. 76, Anm. 20.

184

Botschafter Blech, Genf (KSZE-Delegation), an das Auswärtige Amt

114-13442/75 VS-vertraulich   Aufgabe: 28. Juni 1975, 22.00 Uhr[1]
Fernschreiben Nr. 1294   Ankunft: 28. Juni 1975, 23.27 Uhr
Citissime

Bereitschaftsdienst: Bitte sofort Herrn StS Gehlhoff und Herrn D 2[2] zuleiten

Betr.: KSZE – vertrauensbildende Maßnahmen

Delegationsbericht Nr. 1080

Bitte um baldige Weisung

1) In heutiger Sitzung der Delegationsleiter der Neun berichteten britischer und französischer Delegationsleiter[3] über letzte Gespräche mit Kowaljow zum Thema CBM, und zwar mit grundsätzlich gleichem Tenor:

– Alles spreche dafür, daß Sowjetunion mit letztem Angebot, nämlich Raumtiefe 250 km, Schwellenwert 25 000 Mann (einschließlich Marine- und Luftlandetruppen, ausgenommen Schiffs- und Flugzeugbesatzung), 21 Tage Ankündigungsfrist[4], Annahme schwedischen Vorschlages (Einschluß der Küsten in 250-km-Streifen, der landeinwärts gemessen wird)[5], am Ende ihrer Konzessionsbereitschaft angelangt und allenfalls noch zu Verzicht auf Streichung des Wortes „therefore" im britischen Text[6] bereit sei. Zweifellos habe Kowaljow sehr förmliche Instruktionen, auch sei er persönlich sehr engagiert.[7]

– Auch einen Kompromiß bei 275 km Raumtiefe[8] weise die SU klar zurück.

---

[1] Hat Botschafter Roth am 30. Juni 1975 vorgelegen, der die Weiterleitung an Referat 221 verfügte. Hat Botschaftsrat I. Klasse Gescher am 1. Juli 1975 vorgelegen.

[2] Günther van Well.

[3] Gérard André.

[4] Zum sowjetischen Vorschlag vom 7. Juni 1975 zu den Parametern für Manövervorankündigungen vgl. Dok. 154.

[5] Botschafter Blech, Genf (KSZE-Delegation), berichtete am 3. Juni 1975, die schwedische KSZE-Delegation habe die Forderung, „daß zu vereinbarende Kilometer-Zahl von Seegrenzen landeinwärts zu messen ist, zur conditio sine qua non für CBM-Vereinbarung" erklärt. Vgl. den Drahtbericht Nr. 1114; VS-Bd. 10201 (212); B 150, Aktenkopien 1975.

[6] Zum britischen Vorschlag vom 14. Mai 1975 für eine Präambel zum Absatz über Manövervorankündigungen vgl. Dok. 127, Anm. 5.

[7] Am 23. Juni 1975 berichtete Botschafter Blech, Genf (KSZE-Delegation), daß der Leiter der sowjetischen KSZE-Delegation, Kowaljow, seinem britischen Kollegen Hildyard am Vortag ein entsprechendes Angebot unterbreitet und dargelegt habe: „Bei Annahme schwedischer Formel, zu der SU trotz erheblicher Schwierigkeiten bereit sei, könne SU nicht über 250 km hinausgehen." Blech berichtete weiter: „Erörterung im NATO-Caucus heute nachmittag ergab Übereinstimmung, daß weiterhin an 300 km für Gebietsstreifentiefe festgehalten werden solle. [...] Niederl[ändischer] Botschafter erklärte, sowjetisches Angebot sei insbesondere hinsichtlich Grenzstreifentiefe nicht ausreichend, um seine Regierung zum Überdenken ablehnender Haltung zur freiwilligen Grundlage zu veranlassen." Vgl. den Drahtbericht Nr. 1252; VS-Bd. 10201 (212); B 150, Aktenkopien 1975.

[8] Botschafter Blech, Genf (KSZE-Delegation), informierte am 25. Juni 1975 über eine Diskussion im Rahmen der Delegationen aus den NATO-Mitgliedstaaten, in der der Leiter der britischen KSZE-Delegation, Hildyard, um das Mandat gebeten habe, „das ihm erlauben würde, SU vorzuschlagen:

Rahmen der Genfer Konferenz eine Friedenslösung in der Nahost-Region, mit der wir eng verbunden sind, in Angriff genommen wird.

Der Zeitpunkt eines europäischen Schrittes ist selbstverständlich von entscheidender Bedeutung. Wir haben die Diskussion deshalb kürzlich aufgenommen, um ohne Zeitdruck die Vorbereitungen treffen zu können, damit der Schritt vor Beginn der Genfer Konferenz unternommen werden kann. Es wird dabei bedacht, daß die derzeitigen Bemühungen, doch noch zu einer Zwischenlösung zu kommen, nicht beeinträchtigt werden. Es liegt mir sehr daran, über unsere weiteren Schritte mit Ihnen persönlich in Kontakt zu bleiben. Ich denke, daß es zwischen uns keine Mißverständnisse geben kann.[13]

Der bevorstehende Besuch Ihres Premierministers in der Bundesrepublik[14] wird Gelegenheit geben, den Meinungsaustausch zu vertiefen. Ich hoffe, daß die israelische Regierung unsere Überlegungen verstehen wird und überzeugt bleibt, daß wir weiterhin an unserer Nahostpolitik der Ausgewogenheit und Aufrichtigkeit festhalten. Überdies wird, dessen bin ich sicher, der Besuch Ihres Ministerpräsidenten die freundschaftliche Verbundenheit der Bundesrepublik Deutschland mit Israel erneut bestätigen.

Mit den besten Grüßen bin ich Ihr
gez. Hans-Dietrich Genscher

Lahn[15]

Referat 310, Bd. 109111

---

[13] Der Passus: „Es liegt mir ... Mißverständnisse geben kann" wurde von Bundesminister Genscher handschriftlich eingefügt. Vorher lautete er: „Eine Konsultation der israelischen Regierung – und der arabischen Seite – wäre mit der Vertraulichkeit der innereuropäischen Beratungen nicht vereinbar gewesen."
[14] Ministerpräsident Rabin besuchte die Bundesrepublik vom 8. bis 12. Juli 1975. Vgl. dazu Dok. 194 und Dok. 199.
[15] Paraphe.

28. Juni 1975: Blech an Auswärtiges Amt **184**

- Unter diesen Umständen rate man (offenkundig in erster Linie an unsere Adresse gerichtet), möglichst schnell auf der Basis der jetzt bestehenden sowjetischen Bereitschaft abzuschließen. Da in den nächsten drei bis vier Tagen das türkische Problem[9] ganz im Vordergrund stehen werde, könne man während dieser kurzen Zeit noch förmlich an der Forderung nach 300 km mit der Andeutung einer Kompromißlösung bei 275 km festhalten. Dann werde jedoch endgültig Stellung zu nehmen sein.
- Auch alle Neutralen seien jetzt bereit, sich mit 250 km zufrieden zu geben. (Bemerkung: Wir können diese Behauptung im Augenblick nicht aus eigener Kenntnis bestätigen.)[10]
- Man könne in Betracht ziehen, für eine Einigung auf 250 km Konzessionen in anderen wichtigen Bereichen von der SU zu verlangen. (Wie aus einem persönlichen Gespräch mit Hildyard, der diesen Gedanken besonders vertritt, hervorgeht, denkt er hier vor allem an die Nutznießerklausel (Berlin) im politischen Text der Schlußakte.[11] Briten wie Franzosen zeigen wenig

Fortsetzung Fußnote von Seite 852
300 km, 25 000 Mann, 21 Tage, plus, als westliches Zugeständnis bei ‚voluntary basis', die Formulierung: ‚recognizes that this measure, deriving from political decision, rests upon a voluntary basis'". Hildyard habe außerdem „275 km als Rückfallposition" vorgeschlagen. Vgl. den Drahtbericht Nr. 1262; VS-Bd. 6112 (212); B 150, Aktenkopien 1975.

[9] Am 21. Juni 1975 berichtete Botschafter Blech, Genf (KSZE-Delegation), aufgrund des Zypern-Konflikt spiele „die Türkei auch bei den CBM eine Sonderrolle – solange die Sowjetunion als das andere europäische Land mit außereuropäischen Grenzen einen Grenzstreifen von nur 100 km anbot, verhielt sich die Türkei ruhig; nachdem sie bis auf 250 km gegangen ist, verlangt die Türkei eine komplizierte Sonderregelung, die es ihr insbesondere gestatten würde, ihre Zypern gegenüberliegenden strategischen Küstengebiete von der Anmeldung größerer Manöver auszunehmen. Sie wendet sich daher immer schärfer gegen den besonders von uns in der NATO als Priorität festgelegten Anwendungsbereich und gibt der SU ein Argument, auf jeden Fall nicht mehr über 250 km hinauszugehen. Bei unseren Hauptverbündeten besteht die Neigung, die Türkei in der CBM-Frage allein zu lassen, d.h. unsere Positionen ohne Berücksichtigung der türkischen gegenüber der SU durchzusetzen und es der Türkei zu überlassen, ihre Sonderwünsche zu vertreten. Dies erscheint unter rein konferenztaktischen Gesichtspunkten zwar zweckmäßig, unter allgemeinen politischen Aspekten aber nicht unproblematisch (Bündnis)." Vgl. den Drahtbericht Nr. 1240; Referat 212, Bd. 100012.

[10] Botschafter Blech, Genf (KSZE-Delegation), teilte am 25. Juni 1975 mit: „Zahlen Neutraler und Ungebundener, die Westen bei Umfang seiner Positionsmodifizierung als Endergebnis anvisierte, liegen jetzt, mit Ausnahme der Ankündigungsfrist, in der Mitte zwischen östlichen und westlichen Zahlen (300 km, 25 000 Mann, 21 Tage)." Dem stünden das offizielle sowjetische Angebot von „250 km, 30 000 Mann, 18 Tage" und das am 24. Juni 1975 von britischer Seite für die NATO-Mitgliedstaaten auf der KSZE eingebrachte Angebot von „Gebietsstreifentiefe: statt bisher 450 km jetzt 350 km, Größenordnung: statt bisher 16 000 Mann jetzt 20 000 Mann; Ankündigungsfrist vier Wochen ohne Bedingungen" gegenüber. Vgl. den Drahtbericht Nr. 1262; VS-Bd. 6112 (212); B 150, Aktenkopien 1975.

[11] Botschafter Blech, Genf (KSZE-Delegation), übermittelte am 21. Juni 1975 den rumänischen Entwurf für eine KSZE-Schlußakte, der in einer informellen Arbeitsgruppe beraten werden solle: „Ich übermittle ihn insbesondere zum Zwecke der Prüfung, in welcher Weise der politische Einleitungssatz durch die Anwendungsformel zugunsten Berlins ergänzt werden kann." Vgl. den Drahtbericht Nr. 1241; Referat 212, Bd. 100012.
Am 27. Juni 1975 berichtete Blech, daß die informelle Arbeitsgruppe zur Beratung über die Schlußakte beschlossen habe, den rumänischen Entwurf zur Grundlage zu machen: „Allerdings müsse er, so der niederländische Botschafter, ‚revidiert' werden." Angestrebt werde von seiten der EG-Mitgliedstaaten, die „politische Aussagekraft abzuschwächen. Unsere Interessen gehen allerdings in eine andere Richtung: Dieser Text ist der Ansatzpunkt für die Unterbringung der ‚Nutznießerklausel', die wir aus berlinpolitischen Gründen brauchen." Vgl. den Drahtbericht Nr. 1279; Referat 212, Bd. 100012.
Vortragender Legationsrat I. Klasse Lücking teilte der KSZE-Delegation in Genf am selben Tag mit, daß sich die Drei Mächte in der Bonner Vierergruppe dafür ausgesprochen hätten, „daß die

853

Neigung, für eine solche Klausel der Sowjetunion in der Frage der Unumkehrbarkeit der Entspannung[12] entgegenzukommen.) Hildyard führte ferner aus, er sei vor einigen Wochen überzeugt gewesen, daß Aussicht auf Durchsetzung der 300 km bestehe; dies sei auch die Auffassung der Neutralen gewesen. Nach den Gesprächen Kissinger/Dobrynin in Washington[13] sei die sowjetische Flexibilität geschwunden.

Italienischer Delegationsleiter Farace bedauerte, daß Tiefe von 300 km nicht erreicht werden könne. Indessen sei es auch keine gute Politik, der Öffentlichkeit eine krumme Zahl wie 275 km als Kompromiß plausibel machen zu müssen. Er habe deshalb seiner Regierung Zustimmung zu 250 km vorgeschlagen, bisher jedoch noch keine Weisung erhalten.

Auch dänischer Delegationsleiter[14] ließ erkennen, daß für ihn 250 km akzeptabel seien. Die anderen äußerten sich nicht. Unter Hinweis darauf, daß ich über die verschiedenen Darlegungen berichten würde, stellte ich fest, meine Instruktionen seien unverändert, nach welchen wir eine Raumtiefe von 300 km wünschten und erforderlichenfalls einen Kompromiß bei 275 km nicht ausschlössen. (Zu dem Gedanken Hildyards, für eine Hinnahme der 250 km Konzessionen auf anderen Gebieten, insbesondere bei der Nutznießerklausel zu verlangen, hatte ich Hildyard in genanntem persönlichem Gespräch schon gesagt, daß ich zu einem solchen Geschäft nicht ermächtigt sei; wir glaubten, die Nutznießerklausel auch so bekommen zu können.)

2) In heutigem kurzem Gespräch mit Mendelewitsch blieb dieser auf der von Kowaljow bei unserem Mittagessen am 25.6. vertretenen, völlig negativen Linie (vgl. Del.Bericht Nr. 1066 VS-v).[15] Auf eine entsprechende Frage (Mendelewitsch selbst hatte mir vor etwa zwei Wochen zu verstehen gegeben, daß 250 km nicht das letzte Wort zu sein brauchte, Gegenangebote jedoch von west-

---

Fortsetzung Fußnote von Seite 853

Schlußerklärungen einen Passus über Berlin enthalten sollten". Dieser müsse „so formuliert sein, daß er in erster Linie eine politische und nicht eine juristische Aussage darstelle. Begründung: Konferenzergebnissen dürfe kein ‚unduly legal flavour' gegeben werden. [...] Entscheidend sei die Feststellung in der einen oder anderen Form, daß auch Berlin in den Genuß der Konferenzergebnisse komme (benefit)." Vgl. den Drahterlaß Nr. 511; Referat 212, Bd. 100022.

12 Zu der von sowjetischer Seite gewünschten Aufnahme einer Formulierung über die „Unumkehrbarkeit der Entspannung" in die Präambel der KSZE-Schlußakte führte Ministerialdirigent Meyer-Landrut am 30. Mai 1975 aus: „Bei allgemeinen Umschreibungen der Ziele der Teilnehmerstaaten in Präambeln sollten wir unter allen Umständen Begriff der ‚friedlichen Koexistenz' vermeiden. Gegenüber der Formulierung ‚Unumkehrbarkeit der Entspannung' würden wir Formulierungen wie ‚Kontinuität', ‚Langfristigkeit der Entspannung' oder ähnliches vorziehen." Vgl. den Drahterlaß Nr. 2127 an die KSZE-Delegation in Genf; Referat 212, Bd. 100022.

13 Das Gespräch des amerikanischen Außenministers Kissinger mit dem sowjetischen Botschafter in Washington, Dobrynin, fand am 7. Juni 1975 statt. Vgl. dazu den Drahtbericht Nr. 1169 des Botschafter Blech, Genf (KSZE-Delegation), vom 11. Juni 1975; VS-Bd. 6112 (212); B 150, Aktenkopien 1975.

14 Skjøld Gustav Mellbin.

15 Botschafter Blech, Genf (KSZE-Delegation), teilte am 26. Juni 1975 mit, der Leiter der sowjetischen KSZE-Delegation, Kowaljow, habe in einem Gespräch am Vortag „mit allem Nachdruck" auf dem geographischen Parameter von 250 km für Manövervorankündigungen bestanden. Daß er mit einiger Aussicht auf Erfolg der sowjetischen Regierung die Annahme des schwedischen Vorschlags auf Einbeziehung der Küstenstreifen empfehlen könne, „mache deutlich, wie unüberschreitbar die 250 km-Grenze sei: Bei Verwirklichung des schwedischen Vorschlags wäre die abgedeckte Fläche wesentlich größer als bei einer Erweiterung des dann allerdings nur auf die westlichen Landgrenzen beschränkten Streifens auf 300 km, außerdem werde beim schwedischen Vorschlag auch die militärisch wichtige und sensitive Schwarzmeerküste erfaßt." Vgl. den Drahtbericht Nr. 1272; VS-Bd. 6112 (212); B 150, Aktenkopien 1975.

licher Seite kommen müßten) räumte er ein, daß in der Tat bis vor kurzem die SU zu einer über die jetzige Ziffer hinausgehenden Flexibilität bei der Raumtiefe unter gleichzeitigem festen Beharren auf einem höheren Schwellenwert (30 000) bereit gewesen sei; heute sei dies aufgrund strikter Weisungen jedoch umgekehrt. Er gab zu verstehen, daß dies mit den CBM-Gesprächen in Washington zu tun habe.

Ich wiederholte, was ich schon Kowaljow gesagt hatte: Damit sei die Lage schwierig geworden, da wir nach wie vor 300 km wünschten, wenn ich auch einen Kompromiß bei 275 km nicht ausschlösse.

Wie nach vorherigem Gesprächsverlauf nicht anders zu erwarten, machte Mendelewitsch keine Anstalten, diese Bemerkung positiv aufzugreifen.

3) Delegation verfügt aus ihren letzten Kontakten mit östlichen Delegationen, insbesondere mit der sowjetischen, über keine Erkenntnisse, die ein hoffnungsvolleres Bild der sowjetischen Kompromißbereitschaft als das von meinen westlichen Kollegen gegebene zu zeichnen rechtfertigen.

Wir werden (dies entspricht auch der Beurteilung des für die CBM auf westlicher Seite federführenden britischen Delegationsleiters) davon ausgehen müssen, daß in einer die Sicherheitspolitik berührenden Frage wie den Manövervorankündigungen die SU die Notwendigkeit eigener Konzessionen wesentlich am amerikanischen Interesse an bestimmten Lösungen mißt. Dieses Interesse ist ihr in Washington als ein begrenztes deutlich geworden. Solange sie nicht mit nachhaltigem amerikanischem Druck rechnen muß, und dies ist im jetzigen Stadium der Konferenz noch weniger wahrscheinlich als vor wenigen Wochen, nimmt sie die Auseinandersetzung mit den anderen westlichen Staaten und den Neutralen in Kauf, zumal sie weiß, daß auch dort das Interesse an einer Raumtiefe von 300 km durchaus nicht gleich verteilt ist. Es kommt hinzu, daß die sowjetische Delegation nur mit großer Mühe in Moskau erreicht hat, im Interesse eines Fortgangs der Konferenz überhaupt über einigermaßen diskutable Modalitäten der Manövervorankündigungen verhandeln zu können. Sie wird daher schon aus internen Gründen alles daransetzen, die Konzessionen so klein wie möglich zu halten.

4) Unter den gegebenen Umständen dürfte im wesentlichen nur zwischen folgenden Wegen zu wählen sein:
– Wir halten auch dann an der Forderung von 300 oder mindestens 275 km fest, wenn sich die sowjetische Haltung in den nächsten drei bis vier Tagen, die wir nach der oben zitierten Ansicht des britischen Verhandlungsführers noch haben, nicht ändern sollte. Wir würden damit in Kauf nehmen, eine Einigung vor einem Zeitpunkt, der die dritte Phase Ende Juli noch möglich macht[16], zu verhindern. Wir würden dies wesentlich allein durchstehen müssen, mehr als eine nur durch die Bündnissolidarität motivierte, verbale und offenkundig laue Unterstützung durch unsere Verbündeten können wir nicht erwarten. Insbesondere würden wir eine sonst wohl mögliche Einigung vor dem 3.7. verhindern und damit in die weitere Diskussion der Terminfestlegung für die dritte Phase mit einer Hypothek belastet hineingehen. Zu be-

---

[16] Zur Diskussion über den Termin für die KSZE-Schlußkonferenz vgl. Dok. 147, Anm. 17, Dok. 155, Anm. 12, und Dok. 181, Anm. 4.

achten ist ferner, daß ein zwar unwahrscheinliches, aber im Augenblick doch nicht ganz auszuschließendes sowjetisches Einlenken im letzten Moment dann mit Sicherheit nicht mehr erwartet werden kann, wenn die Abhaltung der dritten Phase Ende Juli oder Anfang August unmöglich und der weitere Verlauf ungewiß geworden ist.

— Wir lassen uns auf 250 km ein. Dann wäre zu prüfen, welche Gegenleistungen wir für eine solche wesentliche Konzession verlangen sollten. Der Wert dieser Konzession würde sich unter den gegebenen Umständen weniger nach der Tatsache, daß sie überhaupt gemacht wird, und mehr nach ihrem den schnellen Konferenzfortgang fördernden Zeitpunkt bemessen. Es schiene mir nicht angemessen, ein quid pro quo nach den oben zitierten Vorstellungen des britischen Delegationsleiters bei der sowjetischen Nutznießerklausel (Berlin) vorzunehmen; wir haben hier mit der sowjetischen Seite bereits ein aussichtsreiches Arrangement getroffen[17], das wir nicht durch ein Wechseln unserer Taktik in Frage stellen sollten. Eher käme in Betracht, die Gegenleistung in einer auf unsere Interessen eingehenden sowjetischen Haltung bei der abschließenden Redaktion des Prinzipienkatalogs und bei der Abfassung des Schlußdokuments (insbesondere beim declinatoire bezüglich der Rechtsnatur[18]) zu suchen. Sollte 250 km von uns überhaupt akzeptiert werden, spricht noch folgende Erwägung für einen baldigen Zeitpunkt: Es ist möglich, daß es spätestens in der zweiten Hälfte der nächsten Woche zu einer kritischen Entwicklung wegen des Türken-Problems kommt. Diese Entwicklung könnte in einer uns höchst unerwünschten Weise die bisher in Umrissen wenigstens sichtbare Lösung grundsätzlich in Frage stellen und insbesondere zu einer Wiederbelebung des Grenzzonenkonzepts[19] führen, die wir in der dann gegebenen konferenztaktischen Lage sehr ernst nehmen müßten. Eine vorherige Einigung wäre geeignet, diese Gefahr weitgehend auszuschließen.

---

[17] Botschafter Blech, Genf (KSZE-Delegation), teilte am 26. Juni 1975 mit, er habe dem Leiter der sowjetischen KSZE-Delegation, Kowaljow, gegenüber das Interesse unterstrichen, „in einer politischen Weise klarzustellen, daß Berlin und die Berliner von Fortschritten der Entspannung und der Zusammenarbeit in Europa nicht ausgeschlossen bleiben könnten", und folgenden Satz zur Aufnahme in die Präambel der Schlußakte vorgeschlagen: „aware of the necessity of giving effect to the results of the conference in the whole of Europe'". Kowaljow habe sich zu einer solchen Lösung bereit erklärt und bemerkt, es werde „keinen Eisberg in der Entspannung geben, nur sollte der Eisberg in der Konferenz nicht mit Namen genannt werden. Auch die DDR sei entsprechend eingestimmt". Vgl. den Drahtbericht Nr. 1272; VS-Bd. 6112 (212); B 150, Aktenkopien 1975.

[18] Botschafter Blech, Genf (KSZE-Delegation), berichtete am 21. Juni 1975, die informelle Arbeitsgruppe zur Beratung über die Schlußakte habe auch über die „Klarstellung des nichtvertraglichen Charakters der Konferenzbeschlüsse" gesprochen. Vorgeschlagen worden seien ein ausdrücklicher Vorbehalt im Text der Schlußakte oder aber der „Ausschluß der Registrierung der Konferenzbeschlüsse (Ausschluß des Verfahrens nach Art. 102 der VN-Charta) durch Konsens, über entsprechend gefaßtes finnisches Übermittlungsschreiben". Vgl. den Drahtbericht Nr. 1241; Referat 212, Bd. 100012.

Am 27. Juni 1975 teilte Blech mit: „Rumänen und Schweizer haben die Notwendigkeit im Prinzip anerkannt, einen Hinweis auf den nichtjuristischen Charakter der Schlußdokumente schriftlich zu fixieren, und eine Präferenz für unsere Lösung (Ausschluß der Registrierung) erklärt." Vgl. den Drahtbericht Nr. 1279; Referat 212, Bd. 100012.

[19] Am 25. Juni 1975 berichtete Botschafter Blech, Genf (KSZE-Delegation), daß angesichts der türkischen Ausnahmewünsche bei den Manövervorankündigungen Griechenland „jetzt Gleichbehandlung mit Türkei und daher praktisch Rückkehr zum uns ganz unerwünschten Grenzzonenkonzept" fordere. Vgl. den Drahtbericht Nr. 1262; VS-Bd. 6112 (212); B 150, Aktenkopien 1975.

5) Es wird um baldige Weisung gebeten.²⁰

[gez.] Blech

VS-Bd. 9474 (221)

185

Gespräch des Bundeskanzlers Schmidt
mit Ministerpräsident Mintoff

30. Juni 1975¹

Vermerk über ein Gespräch des Bundeskanzlers mit dem Ministerpräsidenten von Malta, Dom Mintoff, am 30. Juni 1975 in Bonn²
Teilnehmer von maltesischer Seite: Botschafter Kingswell, Generalanwalt Mizzi; von deutscher Seite: StS Gehlhoff, Botschafter Steinbach, MDg Loeck.

---

20 Am 30. Juni 1975 wies Ministerialdirektor van Well die KSZE-Delegation in Genf an, zunächst an der Forderung nach 300 km Raumtiefe für Manövervorankündigungen – gegebenenfalls 275 km – festzuhalten und sich in der Zeit, in der weiter mit der UdSSR darüber verhandelt werde, im Bündnis um eine Klärung der türkischen Vorstellungen zu bemühen: „Die Alternative zu dem vorgeschlagenen Vorgehen, nämlich den Abschluß der Diskussion über den Geltungsbereich zu formalisieren, bevor die Diskussion des türkischen Problems angegangen wird, würden wir nicht für unbedenklich halten. Wir sehen zwar die Notwendigkeit, das mit der SU erreichte Ergebnis nicht mehr in Frage zu stellen. Andererseits halten wir es aus Gründen der Allianzsolidarität nicht für tunlich, eine abschließende Vereinbarung mit der SU zu treffen, bevor das Allianzproblem gelöst ist." In einem Zusatz für Bundesminister Genscher, z. Z. Monrovia, bat van Well um Zustimmung für das Verfahren, „zum taktisch günstigsten Zeitpunkt unsere Forderung hinsichtlich des Geltungsbereichs für die SU zu modifizieren und die Ausdehnung von 250 km gleichzeitig mit einer abschließenden Klärung der türkischen Problematik hinzunehmen". Vgl. den Drahterlaß Nr. 2585; VS-Bd. 9474 (221); B 150, Aktenkopien 1975.

1 Ablichtung.
Die Gesprächsaufzeichnung wurde von Ministerialdirigent Loeck, Bundeskanzleramt, am 1. Juli 1975 gefertigt und am selben Tag Vortragendem Legationsrat I. Klasse Schönfeld „vorbehaltlich endgültiger Zustimmung des Bundeskanzlers" übermittelt. Weiter teilte Loeck mit: „Wie sich aus der Niederschrift ergibt, hat der Bundeskanzler dem Ministerpräsidenten in Aussicht gestellt, die Gründe für das Stocken der Verhandlungen zur Anpassung des Assoziierungsabkommens EG–Malta an die Erweiterung der Gemeinschaft sowie die Möglichkeiten für eine Malta befriedigende Lösung prüfen zu lassen und ihn binnen vier Wochen zu unterrichten. Das Auswärtige Amt wird hiermit um eine Stellungnahme hierzu sowie zu den Perspektiven einer baldigen Wiederaufnahme der Verhandlungen und ihrer zügigen Durchführung gebeten." Außerdem wies Loeck auf die maltesischen Wünsche nach Überlassung zweier Flugzeuge und „Wiederauffüllung der Milchkuhbestände" hin.
Hat Schönfeld am 2. Juli 1975 vorgelegen, der die Weiterleitung an Ministerialdirigent Lautenschlager verfügte mit dem Hinweis: „Termin 17.7."
Hat Lautenschlager am 4. Juli 1975 vorgelegen, der die Weiterleitung an Referat 410 „z[ur] w[eiteren] V[erwendung]" verfügte.
Hat Vortragendem Legationsrat I. Klasse Trumpf am 7. Juli 1975 vorgelegen, der die Weiterleitung an Legationsrat I. Klasse Barth verfügte und handschriftlich vermerkte: „z.w.V. (Termin!). Wie verlief Prüfung im BMZ?"
Hat Barth am 9. Juli 1975 vorgelegen, der handschriftlich vermerkte: „Positiv, BM Bahr hat zugestimmt (Auskunft von H[errn] Benkert)." Zu dem Hinweis auf den Termin vermerkte Barth handschriftlich: „Erst nach Rat am 15. Juli möglich." Vgl. den Begleitvermerk; Referat 410, Bd. 114309.
2 Ministerpräsident Mintoff hielt sich vom 29. Juni bis 2. Juli 1975 in der Bundesrepublik auf.

Der *Bundeskanzler* erkundigte sich nach den maltesischen Beziehungen zu Libyen und der maltesischen Beurteilung der libyschen Innen- und Außenpolitik. Er fragte, ob Libyen durch die Politik Ghadafis in der arabischen Welt in Isolierung gerate.

MP *Mintoff* erklärt, Malta stehe nicht nur Libyen, sondern allen arabischen Ländern nahe, darüber hinaus auch Italien. Zu Libyen bestehe allerdings ein besonderes Vertrauensverhältnis. So hätten die Libyer Malta seit 1.5.1975 einen Präferenzpreis für Rohöl zugestanden. Der einzige schwierige Punkt in den Beziehungen sei die Abgrenzung des Festlandsockels. Malta werde voraussichtlich beim Haager Gerichtshof einen Schiedsspruch erbitten. Offenbar sei Libyen bereit, hierbei mitzuwirken.

Es sei nicht richtig, daß Ghadafi in Libyen allein entscheide. Er sei manchmal tagelang für Regierungsgeschäfte nicht verfügbar. In Libyen regiere die Gruppe, die durch die Revolution an die Macht gekommen sei[3], wenn auch Ghadafi in ihr eine führende Rolle einnehme. Libyen sei in der arabischen Welt durchaus nicht isoliert. Es habe mit seiner rückhaltlosen Unterstützung der Palästinenser eine Spaltung der Araber in zwei Lager bewirkt, die nicht nur quer durch die Länder, sondern auch durch die Bevölkerung der einzelnen Länder gehe. Die eine Seite halte Ghadafi für großmannssüchtig, die andere werfe Sadat vor, er verrate arabische Interessen an den Westen. Insgesamt könne man sagen: Viele Araber unterstützen Sadat versteckt. Viele andere unterstützen Ghadafi offen.

Der *Bundeskanzler* fragt nach dem Verhältnis Libyens zur Sowjetunion.

MP *Mintoff* erwidert, es gebe keine sowjetischen Basen in Libyen.[4] Die Libyer wollten sich der Sowjetunion nur gezielt zur Durchsetzung der arabischen Forderungen gegen Israel bedienen. Selbstverständlich seien sowjetische Berater in Libyen.

Die von Libyen erworbenen Mirage würden von palästinensischen, aber auch von libyschen Piloten, deren Schulung in Gang sei, geflogen.

Der Ministerpräsident bezeichnet die gegenwärtige Lage im Mittelmeer und Nahen Osten als überaus gefährlich. Die Konfrontation strebe auf einen neuen Höhepunkt zu, weil Israel zu spät Kompromißbereitschaft gezeigt habe.

Der *Bundeskanzler* legt den deutschen Standpunkt zum Nahost-Konflikt dar. Er fragt, wie wir denn zu einem Kompromiß beitragen könnten.

MP *Mintoff* entgegnet, wir könnten viel größeren Einfluß in Libyen haben. Die Voraussetzungen hierfür bestünden. Man müsse dem sowjetischen Einfluß entgegenwirken.

StS *Gehlhoff* bemerkt, daß es nicht unsere Sache sei, anderen Regierungen klarzumachen, daß sie keine Experten aus dritten Ländern bei sich aufnehmen sollten.

---

[3] Am 1. September 1969 übernahm eine Gruppe jüngerer Offiziere die Macht in Libyen. Der „Revolutionäre Kommandorat der Arabischen Republik Libyen" bildete am 8. September 1969 ein neues Kabinett. Präsident wurde Muamar el-Ghadafi. Vgl. dazu AAPD 1969, II, Dok. 281.

[4] Zu den Meldungen über sowjetische Waffenlieferungen an Libyen und die Errichtung sowjetischer Stützpunkte vgl. Dok. 165, Anm. 11 und 12.

MP *Mintoff* macht auf die Möglichkeit einer „Dreieckskooperation" aufmerksam. Mit Hilfe deutscher Technologie und arabischem (libyschem) Kapital sollten die industriellen Produktionskapazitäten Maltas (vor allem Schiffbau und Bohr-Inseln) ausgebaut werden.

Der *Bundeskanzler* weist darauf hin, daß aufgrund der weltweiten Rezession und des Rückgangs an Frachtaufkommen (vor allem Rohöl) mit einer internationalen Schiffbaukrise zu rechnen sei, die im Herbst 1975 beginnen und deren Auswirkungen sich ab 1976/1977 zeigen würden. Deshalb sei Erweiterung der Werften gegenwärtig problematisch.

MP *Mintoff* entgegnet, Malta werde von arabischer Seite hinreichend Aufträge erhalten. Er sei bereits mit den führenden deutschen Unternehmen, insbesondere für den Bau von Bohrinseln, im Gespräch und erbitte die Unterstützung der Bundesregierung. Er brauche kein Geld, sondern Beratung, und erinnere dabei an frühere deutsche Unterstützung für die maltesischen Werften.

Der *Bundeskanzler* äußert sich positiv. Er nennt die in Betracht kommenden deutschen Unternehmen.

MP *Mintoff* erbittet deutsche Hilfe für die maltesische Küstenüberwachung (Schmuggelbekämpfung). Die von uns seinerzeit geschenkten Hubschrauber seien für diesen Zweck nicht geeignet und zu teuer. Er brauche zwei kleine Flugzeuge mit geringer Geschwindigkeit.

Der *Bundeskanzler* sagt Prüfung zu. Der maltesische Botschafter soll sich mit den in Betracht kommenden deutschen Stellen in Verbindung setzen.

MP *Mintoff* bittet außerdem um technische Hilfe bei der Wiederaufstockung der durch Krankheit dezimierten maltesischen Viehbestände. Man brauche 6000 Milchkühe.

Diese Frage wird nicht vertieft.

Der *Bundeskanzler* fragt, ob MP Mintoff an der KSZE-Abschlußkonferenz[5] in Helsinki teilnehmen werde.

MP *Mintoff* antwortet, die Sowjetunion habe ihm eine sehr ungehörige Note geschickt, in der er beschuldigt werde, durch seine Haltung die KSZE zu verschleppen.[6] So sei Malta jetzt an Stelle der Bundesrepublik Deutschland der Sün-

---

[5] Zur Diskussion über den Termin für die KSZE-Schlußkonferenz vgl. Dok. 147, Anm. 17, Dok. 155, Anm. 12, und Dok. 181, Anm. 4.

[6] Am 24. Mai 1975 schlug die maltesische Delegation in der Mittelmeer-Arbeitsgruppe der KSZE in Genf eine neue Formulierung zur Mittelmeer-Erklärung vor: „[I.] In order to advance the objectives set forth above, and to promote peace in Europe and the Mediterranean, the participating states will seek to amplify the dialogue initiated by the CSCE Mediterranean states, the Gulf states and Iran, with the purpose of constructing concrete plans based on co-operation, so that political understanding will lead to concerted action. II. A monitoring committee will be set up to stimulate and encourage progress in this direction. III. The US and USSR will ‚pari-passu' with the growth of this association of states gradually withdraw their forces from the region." Botschafter Blech, Genf (KSZE-Delegation), berichtete am gleichen Tag, dies hätten sofort „USA, Frankreich, Italien und Großbritannien abgelehnt mit der Begründung, daß der Vorschlag zu weit geht und mit den Helsinki S[chluß]E[mpfehlungen] nicht in Einklang zu bringen sei." Vgl. den Drahtbericht Nr. 1046; Referat 212, Bd. 100011.
Der Leiter der maltesischen KSZE-Delegation, Gauci, teilte Blech am 26. Juni 1975 mit, er habe Weisung, „nicht, wie ursprünglich beabsichtigt, die Teilnahme der nordafrikanischen Mittelmeeranrainer auch für die dritte Phase zu fordern, und daß er auch nicht unbedingt auf seinem Formulierungsvorschlag für die Mittelmeerresolution bestehen müsse. Malta wünsche jedoch, daß in die

denbock. Früher habe man ihn, Mintoff, auf westlicher Seite – allerdings mit Ausnahme des Bundeskanzlers – als „Kommunist" verdächtigt. Jetzt habe sich das Blatt gewendet. Tatsächlich seien die Beziehungen Maltas zu anderen Mittelmeerländern, auch zu Jugoslawien, stets von deren Verhältnis zur Sowjetunion abhängig. Seit die algerisch-sowjetischen Beziehungen abgekühlt seien, habe Malta ein gutes Verhältnis zu Algerien. Die zweite Phase der KSZE habe für den nördlichen Teil Europas viel an zusätzlicher Sicherheit und Bereitschaft zur Zusammenarbeit erreicht. Er beanstande, daß nichts geschehen sei, was auf eine künftige Stabilisierung der Lage im Mittelmeerraum hinwirken könnte.[7] Gegenwärtig gehe es in der KSZE darum, ob man einen Sicherheitsmechanismus errichte oder ob man sich erst 1977 wieder treffe, um die Lage zu überprüfen.[8]

Der *Bundeskanzler* erklärt, daß eine Institutionalisierung nahezu einseitig den Zwecken der russischen Politik dienen würde und daher abzulehnen sei. Es gehe in der KSZE überhaupt nicht um die Errichtung eines Sicherheitssystems. Sie sei ein Glied in der Kette zahlreicher Entspannungsschritte, denen weitere folgen würden.

Helsinki müsse dazu dienen, miteinander zu sprechen, damit man in die Lage versetzt werde, künftig die Vorstellungen und Reaktionen der anderen Seite besser abzuschätzen.

StS *Gehlhoff* fügt hinzu, daß die KSZE kein Instrument zur Lösung der Mittelmeerprobleme sei.

MP *Mintoff* meint, daß die europäischen Länder nicht hinreichend am Mittelmeerraum interessiert seien.

Dies zeige sich auch am Verhalten der EG gegenüber Malta. Die EG habe die Verhandlungen über die Anpassung des bestehenden Assoziierungsabkommens[9]

Fortsetzung Fußnote von Seite 859
   Erklärung der Gedanke der Fortsetzung des Dialogs und des Ablaufs der Konfrontation im Mittelmeer klar zum Ausdruck komme [...]. Dies bedeute keineswegs, daß seine Regierung ihre weiterreichenden Ziele aufgegeben habe, deren Zweckmäßigkeit allgemeine Anerkennung verdiente, wenn sie z. Z. vielleicht auch noch nicht durchzusetzen seien." Vgl. den Drahtbericht Nr. 1280; Referat 212, Bd. 100012.

[7] Am 27. Juni 1975 übermittelte Botschafter Blech, Genf (KSZE-Delegation), die bislang verabschiedeten Passagen einer Mittelmeer-Erklärung. Darin wurde u. a. ausgeführt: „The participating states [...], declare their intention: to promote the development of good neighbourly relations with the non-participating Mediterranean states [...], to seek, by further improving their relations with the non-participating Mediterranean states, to increase mutual confidence, so as to promote security and stability in the Mediterranean area as a whole". Weitere Abschnitte betrafen die wirtschaftliche Zusammenarbeit und die Zusammenarbeit beim Umweltschutz im Mittelmeerraum. Vgl. den Drahtbericht Nr. 1280; Referat 212, Bd. 100012.

[8] Am 6. Juli 1975 berichtete Botschafter Blech, Genf (KSZE-Delegation), daß sich die inoffizielle Arbeitsgruppe auf einen Text zu den Konferenzfolgen geeinigt habe: „Er scheint für alle Delegationen annehmbar zu sein, vielleicht mit Ausnahme Maltas, das sich noch um eine ‚follow-up'-Formel für die Mittelmeerdeklaration bemüht." Vgl. den Drahtbericht Nr. 1361; Referat 212, Bd. 100013. Vgl. dazu auch DBPO III/II, S. 429.

[9] Am 5. Dezember 1970 wurde ein Assoziierungsabkommen zwischen der EWG und Malta abgeschlossen. Auf der ersten Tagung des Assoziationsrates EWG–Malta am 24. April 1972 stellte die maltesische Delegation einen Antrag auf Erweiterung des Abkommens. Insbesondere wünschte sie eine Ergänzung durch Bestimmungen über eine industrielle Zusammenarbeit, die Aufnahme eines Agrarteils sowie die Einbeziehung Maltas in das Allgemeine Präferenzsystem. Vgl. dazu BULLETIN DER EG 6/1972, S. 84.

an die Lage nach Erweiterung der Gemeinschaft von 1972 bis 1974 unterbrochen. Seit September 1974 seien sie erneut unterbrochen.

Die Angebote der Gemeinschaft auf dem Finanz- und Agrarsektor seien ganz ungenügend. Dies liege am Rat, der sich geweigert habe, die für Malta positiven Vorschläge der Kommission zu akzeptieren[10], und das weitere Verfahren blockiere.

Der *Bundeskanzler* weist darauf hin, daß die ungeklärte Frage der EG-Finanzhilfe für Malta für die Unterbrechung maßgebend sei. Er erklärt sich bereit, die Gründe für das Stocken der Verhandlungen und die Möglichkeiten für eine Malta befriedigende Lösung prüfen zu lassen, und sagt Unterrichtung des Ministerpräsidenten nach Ablauf von vier Wochen zu.[11]

MP *Mintoff* erklärt, das Interesse Maltas an dem Ausbau seiner bilateralen Beziehungen zur Bundesrepublik Deutschland sei stärker als sein Interesse an seiner EG-Assoziierung.

Er lädt den Bundeskanzler zu einem Besuch Maltas ein.

Der *Bundeskanzler* nimmt die Einladung im Prinzip an, weist jedoch darauf hin, daß er nicht in der Lage sein werde, ihr in den nächsten zwei Jahren zu folgen.

Referat 410, Bd. 114309

---

[10] Nach Erkundungsgesprächen in Malta vom 7. bis 10. Juni 1972 legte die EG-Kommission dem EG-Ministerrat im Juli 1972 einen Ergebnisbericht über „Möglichkeiten einer Ausweitung des gegenwärtigen Assoziationsabkommens" vor. Vgl. dazu BULLETIN DER EG 9/1972, S. 107.
Vom 11. bis 13. Juli 1974 führte der Vizepräsident der EG-Kommission, Soames, in Valletta Gespräche mit Ministerpräsident Mintoff zu den Vorschlägen der EG-Kommission über die Ausdehnung des Assoziierungsabkommens auf den Agrarbereich und die Zusammenarbeit mit. Dazu teilte Kanzler Wittek, Valletta, am 16. Juli 1974 mit: „Gesprächslinie Mintoffs war: a) Malta würde von den eingeräumten Präferenzen auf industriellem Gebiet kaum profitieren, da es kaum industrialisiert sei; b) die Konzessionen im Bereich der Landwirtschaft seien wertlos, da Malta in den vorgesehenen Perioden mit ermäßigten Zöllen nicht exportieren; c) die Verminderung der ursprünglich vorgesehenen Finanzhilfe auf 21 Mio. V[errechnungs]E[inheiten] seien ein Hohn für Malta, wörtlich ‚something which was simply not worth considering'. Die Gemeinschaft müsse Malta als Sonderfall behandeln und dazu beitragen, Malta zu industrialisieren, sonst würde es sich bei anderen Ländern wie China um Unterstützung bemühen. Sollte das Verhandlungsmandat definitiv auf der Grundlage von 21 Mio. VE und der vorgesehenen Aufteilung verabschiedet werden, würde es Malta ablehnen, Verhandlungen auch nur zu eröffnen." Vgl. den Drahtbericht Nr. 52; Referat 410, Bd. 114309.
Nach der Verabschiedung von Leitlinien für die Verhandlungen mit Malta auf der EG-Ministerratstagung am 22./23. Juli 1974 in Brüssel wurden am 25. September 1974 die Gespräche weitergeführt. Vgl. dazu BULLETIN DER EG 9/1974, S. 62.

[11] Auf der EG-Ministerratstagung am 22. Juli 1975 in Brüssel befürwortete Bundesminister Genscher eine begrenzte Aufstockung der Malta angebotenen Finanzmittel, jedoch blieb Frankreich „bei seiner ablehnenden Haltung". Die Erörterung wurde vertagt. Vgl. den Runderlaß Nr. 105 des Vortragenden Legationsrats Engels vom 24. Juli 1975; Referat 240, Bd. 102881.

186

Vortragender Legationsrat I. Klasse Hellbeck
an die Botschaft in Seoul

303-321.36 KOR Aufgabe: 30. Juni 1975, 19.22 Uhr[1]
Fernschreiben Nr. 109

Betr.: Gespräch des stellvertretenden Ministerpräsidenten Nam Duck Woo mit Bundesminister am 26.6.

Bundesminister empfing stv. Ministerpräsidenten Nam Duck Woo zusammen mit Shin Byung Hyun (Berater des Präsidenten für Wirtschaftsfragen) am 26.6. zu einem halbstündigen Gespräch.

Es wurde zunächst über die Wirtschaftslage (Inflation, Arbeitsmarktlage, Investition) in beiden Ländern gesprochen.

BM erkundigte sich sodann nach Nord-Süd-Verhältnis in Korea. Der Gast erläuterte die südkoreanischen Bemühungen um einen Nord-Süd-Dialog[2], den er als gescheitert bezeichnete. Ebenso müsse man die südkoreanischen Bemühungen für eine Zusammenarbeit der beiden koreanischen Staaten in den VN und ihren Sonderorganisationen als gescheitert betrachten. Die Nordkoreaner hätten ihre aggressiven Absichten gegen den Süden nie wirklich aufgegeben und in letzter Zeit wiederum verstärkt zum Ausdruck gebracht. Es sei zu befürchten, daß die Ereignisse in Indochina Kim Il Sung in seinen aggressiven Absich-

---

[1] Durchdruck.
Der Drahterlaß wurde von Vortragendem Legationsrat Wegner konzipiert.
Hat Ministerialdirigent Kinkel am 30. Juni 1975 vorgelegen.

[2] Am 12. April 1971 legte der nordkoreanische Außenminister Ho Dam den Bericht „Über die gegenwärtige internationale Lage und die Förderung der selbständigen Wiedervereinigung des Vaterlandes" vor. Darin hieß es in Punkt 8: „Eine politische konsultative Versammlung von Nord- und Südkorea ist unter Beteiligung aller politischen Parteien und öffentlichen Organisationen sowie aller Massenorganisationen abzuhalten, um über die genannten Probleme zu verhandeln." Am 15. August 1971 erklärte Präsident Park Chung Hee die Bereitschaft der Republik Korea (Südkorea), an Verhandlungen über eine friedliche Wiedervereinigung teilzunehmen. Vgl. dazu AdG 1971, S. 16215.
Nach Gesprächen vom 2. bis 5. Mai 1972 in Pjöngjang und vom 29. Mai bis 1. Juni 1972 in Seoul kamen Vertreter der Demokratischen Volksrepublik Korea (Nordkorea) und der Republik Korea (Südkorea) überein, Schritte zur „Einigung des Vaterlands" zu unternehmen: „Als homogenes Volk soll eine große nationale Einheit über allem angestrebt werden, die über die Unterschiede der Ideen, Ideologien und Systeme hinübergreift." Vereinbart wurden u. a. Austauschprogramme und Gespräche der Rot-Kreuz-Gesellschaften sowie die Einrichtung eines Koordinierungsausschusses. Vgl. das Kommuniqué vom 4. Juli 1972; EUROPA-ARCHIV 1972, D 361 f.
Am 30. August 1972 traten Vertreter der Rot-Kreuz-Gesellschaften Nord- und Südkoreas in Pjöngjang zur Erörterung von Fragen der Familienzusammenführung sowie menschlicher Erleichterungen zusammen. Der gemeinsame Koordinierungsausschuß tagte erstmals am 12. Oktober 1972 in Panmunjom. Am 11. Juli 1973 teilte Botschaftsrat Gehl, Seoul, mit, sowohl die Rot-Kreuz-Gespräche als auch die politischen Gespräche träten „auf der Stelle und lassen völlig gegensätzliche Auffassungen und Taktiken erkennen. [...] Die Eröffnung des Süd-Nord-Dialogs hat bilateral keine Fortschritte gebracht, international die Anerkennung Nordkoreas beschleunigt und die Zwei-Korea-Lösung verwirklicht." Vgl. den Schriftbericht Nr. 381; Referat 303, Bd. 100239.
Nachdem die nordkoreanische Regierung am 28. August 1973 den Dialog abgebrochen hatte, wurden lediglich informelle Gespräche sowohl auf der Ebene der Rot-Kreuz-Gesellschaften als auch im Koordinierungsausschuß fortgesetzt, ohne jedoch Ergebnisse zu erzielen. Vgl. dazu den Schriftbericht Nr. 222 des Botschafters Leuteritz, Seoul, vom 10. April 1975; Referat 303, Bd. 101638.

ten ermutigt haben.³ Dieser sei unberechenbar, und es sei schon schlimm genug, wenn China und andere Staaten eine Aggression von Kim Il Sung tolerieren, auch ohne sie direkt zu unterstützen. China übernehme allmählich die führende Rolle in Nordkorea.

Zur inneren Situation in Südkorea führte der Gast aus, daß sein Land nicht mit Vietnam zu vergleichen sei und die Bevölkerung geschlossen antikommunistisch sei und besser vorbereitet auf jede Eventualitäten als vor 25 Jahren. Für die grundsätzlich freiheitliche Demokratie antikommunistischer Ordnung in Südkorea müsse man einen Preis bezahlen, der unglücklicherweise als Einschränkung gewisser demokratischer Freiheiten erscheine.⁴ Man bejahe eine Demokratie in der Form wie in den USA, könne sie aber angesichts der Verhältnisse auf der koreanischen Halbinsel in Südkorea nicht praktizieren.

BM äußerte darauf, daß die Kritik in Deutschland und Europa an Korea⁵ keine

---

3 Zur Machtübernahme der Roten Khmer in Kambodscha vgl. Dok. 77, Anm. 7.
Zur Kapitulation der Regierung der Republik Vietnam (Südvietnam) gegenüber der Provisorischen Revolutionsregierung der Republik Südvietnam am 30. April 1975 vgl. Dok. 105, Anm. 4.
Am 12. Mai 1975 legte Ministerialdirektor Lahn die Aufzeichnung einer Expertengruppe vom 7. Mai 1975 vor, in dem ausgeführt wurde: „Die Auswirkungen der Ereignisse in Indochina sind bedrohlich für die Lage in Korea. Kim Il Sungs plötzlicher Besuch in Peking und seine militanten Reden dort lassen es für möglich erscheinen, daß er glaubt, die amerikanische Bereitschaft und Verpflichtung zur Verteidigung von Südkorea solle getestet werden. Nordkoreas Entschlossenheit, die Wiedervereinigung wenn nötig mit Gewalt herbeizuführen, wurde auch durch die Entdeckung eines größeren Tunnelnetzes an der Demarkationslinie und durch Übergriffe in den traditionellen südkoreanischen Fischereizonen unterstrichen. [...] Es bleibt die Gefahr, daß Kim damit rechnen könnte, daß sowohl China als auch die Sowjetunion dazu gezwungen wären, ihm zu Hilfe zu kommen, falls er eine revolutionäre Situation in Südkorea, von der er sprach, herbeiführen könnte." Vgl. Referat 303, Bd. 101641.

4 Am 25. Januar 1973 berichtete Botschafter Sarrazin, Seoul, über das „Ende des Demokratie-Experiments" in der Republik Korea (Südkorea): „Mit den ‚Erneuerungs'- und Verfassungsreformen vom Oktober beendete Präsident Park den Versuch, eine Demokratie westlicher Prägung in Südkorea Fuß fassen zu lassen." Das System der Gewaltenteilung sei beseitigt worden: Der Präsident könne „die Nationalversammlung jederzeit ohne besonderen Grund" auflösen, ernenne nach einem Gesetz vom 19. Januar 1973 auch den Obersten Richter und könne „gegen Richter Disziplinarmaßnahmen ergreifen, sie aus dem Amt entlassen, vom Amt suspendieren oder ihre Gehälter kürzen". Vgl. den Schriftbericht Nr. 35; Referat 303, Bd. 100239.
Protesten und Forderungen auf Änderung der Verfassung begegnete die südkoreanische Regierung in der Folgezeit mit dem Erlaß von Notstandsmaßnahmen. Am 8. April 1975 wurde die Korea-Universität nach Studentenprotesten geschlossen, „jede Demonstration auf dem Universitätsgelände verboten [...] und Verletzungen dieser Vorschriften unter Gefängnisstrafen von drei bis zehn Jahren gestellt". Das Universitätsgelände wurde von Soldaten besetzt. Botschafter Leuteritz, Seoul, berichtete am 16. April 1975, daß 9. April 1975 acht Todesurteile gegen Mitglieder der Revolutionären Volkspartei und der „National Democratic Youth Students League" vollstreckt worden seien. Außerdem habe es zahlreiche Verhaftungen gegeben, die sich „in erster Linie gegen regierungsfeindliche Studenten und Geistliche" gerichtet hätten. Ministerpräsident Kim Jong Pil habe laut Presseberichten erklärt, daß seine Regierung „die Menschenrechte ‚in its own way' respektiere". Vgl. den Schriftbericht Nr. 256; Referat 303, Bd. 101638.
Am 28. Mai 1975 teilte Leuteritz mit, daß am 13. Mai 1975 „die Verbreitung falscher Nachrichten oder Gerüchte, das Verlangen nach Verfassungsänderung, politische Demonstrationen von Studenten" verboten und unter Strafe von mindestens einem Jahr gestellt worden seien. Vgl. den Schriftbericht Nr. 358; Referat 303, Bd. 101641.

5 In der Presse wurde die Republik Korea (Südkorea) unter Präsident Park Chung Hee als Polizeistaat bezeichnet und insbesondere die Notstandsgesetze kritisiert, durch die Versammlungen und Demonstrationen verboten wurden sowie ohne Gerichtsbeschluß Zeitungen und Bücher verboten werden und Personen aus ihren Stellungen entlassen werden konnten. Vgl. dazu den Artikel „Bis zum letzten Mann"; DER SPIEGEL vom 26. Mai 1975, S. 108 und 110.
Am 7. Juni 1975 wurde in der Presse über den bevorstehenden Prozeß gegen vier Priester berichtet, denen Unterschlagung von Spendengeldern und deren Weiterleitung „an die imaginäre ‚Revo-

feindselige Bedeutung habe, sondern freundschaftlich gemeint sei. Auch wir seien gezwungen, in einem geteilten Land zu leben. Auch bei uns gebe es das Problem der Abwehr gegen kommunistische Staaten-Nachbarn. Die beste Abwehr liege jedoch in dem Beispiel und der Stabilität eines freiheitlich demokratischen Staatswesens.

Der Gast brachte seine Wertschätzung für die Bundesrepublik Deutschland als Beispiel eines geteilten Landes zum Ausdruck.

Zum Schluß trug der Gast den Wunsch nach einem Abkommen über deutsch-koreanische Zusammenarbeit auf technisch-wissenschaftlichem Gebiet vor. Er nahm dabei Bezug auf bisherige gute Erfahrungen, z.B. mit der Berufsbildungsschule in Pusan. Es bestand Einverständnis darüber, daß eine Diskussion über dieses Thema begonnen werden solle.

Hellbeck[6]

Referat 303, Bd. 101641

Fortsetzung Fußnote von Seite 863
lutionäre Volkspartei"" vorgeworfen werde: „Acht angebliche Anführer dieser Partei waren wenige Tage nach der Verhaftung der Pfarrer in Seoul hingerichtet worden, obwohl weder ihre subversive Tätigkeit noch auch die Existenz dieser Revolutionspartei eindeutig nachzuweisen war. [...] Die Aktion gegen die Pfarrer ist in Wirklichkeit ein gezielter Schlag der Regierung gegen die beiden christlichen Kirchen, die als letzte gesellschaftspolitische Gruppen noch gewagt hatten, ihre kritische Meinung zur Degeneration der sozialen und politischen Verhältnisse des Landes zu äußern." Vgl. den Artikel „Südkoreas Regierung zielt gegen die christlichen Kirchen"; FRANKFURTER ALLGEMEINE ZEITUNG vom 7. Juni 1975, S. 2.
[6] Paraphe.